D1641239

NomosKommentar

Prof. Dr. Wolfgang Däubler |
Martin Bertzbach [Hrsg.]

Allgemeines Gleichbehandlungsgesetz

Handkommentar

4. Auflage

Thorsten Beck, Präsident des Landesarbeitsgerichts Bremen | **Martin Bertzbach,** Präsident des Landesarbeitsgerichts Bremen a.D. | **Dr. Sandro Blanke,** Bundesministerium für Arbeit und Soziales, Berlin | **Anna Braunroth,** Antidiskriminierungsstelle des Bundes, Berlin | **Prof. Dr. Christiane Brors,** Universität Oldenburg | **Rudolf Buschmann,** Gewerkschaftliches Centrum für Revision und Europäisches Recht, Lehrbeauftragter für Arbeitsrecht, Universität Kassel | **Prof. Dr. Wolfgang Däubler,** Universität Bremen | **Prof. Dr. Olaf Deinert,** Universität Göttingen | **Dieter Dette,** Rechtsanwalt und Notar, Fachanwalt für Arbeitsrecht, Bremen | **Prof. Dr. Dr. h.c. Eberhard Eichenhofer,** Universität Jena | **Hildegund Ernst,** Bundesministerium für Familie, Senioren, Frauen und Jugend, Bonn | **Bernhard Franke,** Antidiskriminierungsstelle des Bundes, Berlin | **Dr. Bettina Graue,** Arbeitnehmerkammer Bremen | **Hanno Herrmann,** Rechtsanwalt, Fachanwalt für Arbeitsrecht und Fachanwalt für Verwaltungsrecht, Baden-Baden | **Dr. Oda Hinrichs,** Richterin am Landesarbeitsgericht, Berlin | **Alexander Klose,** Büro für Recht und Wissenschaft, Berlin | **Prof. Dr. Matthias Mahlmann,** Universität Zürich | **Gisbert Schlichtmann,** Bundesministerium für Familie, Senioren, Frauen und Jugend, Bonn | **Dr. Peter Schrader,** Rechtsanwalt und Fachanwalt für Arbeitsrecht, Hannover | **Prof. Dr. Jens Schubert,** ver.di Bundesverwaltung, Leuphana Universität Lüneburg | **Prof. Dr. Peter Wedde,** Frankfurt University of Applied Sciences | **Prof. Dr. Reingard Zimmer,** Hochschule für Wirtschaft und Recht, Berlin

Zitiervorschlag

Däubler/Bertzbach-*Bearbeiter*, § 1 Rn 2

Die Deutsche Nationalbibliothek verzeichnet diese Publikation in der Deutschen Nationalbibliografie; detaillierte bibliografische Daten sind im Internet über http://dnb.d-nb.de abrufbar.

ISBN 978-3-8487-4228-8

4. Auflage 2018

Vorwort zur vierten Auflage

Das AGG ist entgegen ursprünglicher Skepsis zu einem anerkannten Bestandteil der Rechtsordnung geworden. Ob es um Stellenausschreibungen, um Differenzierungen bei der Vergütung, um das Ausscheiden aus Altersgründen oder um die Bildung von Altersgruppen beim Sozialplan geht – immer muss auch das AGG Berücksichtigung finden. Die zahlreichen gerichtlichen Entscheidungen, die inzwischen vorliegen, haben für mehr Rechtssicherheit gesorgt, was eine „Aussöhnung" vieler Beteiligter mit dem Gesetz zusätzlich erleichtert hat.

Die vorliegende vierte Auflage bringt den Handkommentar auf den Stand von Januar 2018. An vielen Stellen ist eine Vertiefung erfolgt. Hinzu gekommen ist eine Kommentierung des Entgelttransparenzgesetzes, die Oda Hinrichs und Reingard Zimmer in dankenswerter Weise übernommen haben. Ob es sich bei diesem Gesetz um eine bloße Luftnummer oder um einen ernsthaften Beitrag zur Herstellung von mehr Lohngleichheit handelt, ist derzeit noch nicht absehbar.

Auf Wunsch des Verlages wurden die Randnummern neu durchgezählt und bisher existierende -a, -b, und -c-Randnummern getilgt. Verweise und Stichwortregister wurden angepasst. Für die dadurch entstandene Verzögerung bitten wir um Verständnis.

Der Autorenkreis ist im Wesentlichen derselbe geblieben. Die Kommentierung zu den §§ 22 und 23 wurde jedoch von Thorsten Beck, Präsident des Landesarbeitsgerichts Bremen, übernommen.

Anregungen, Kritik und Verbesserungsvorschläge sind jederzeit willkommen.

Bremen, im März 2018

Wolfgang Däubler — Martin Bertzbach

Inhaltsverzeichnis

Abschnitt 4: Rechtsschutz

Abschnitt 5: Sonderregelungen für öffentlich-rechtliche Dienstverhältnisse

Abschnitt 6: Antidiskriminierungsstelle

Abschnitt 7: Schlussvorschriften

Gesetz zur Förderung der Entgelttransparenz zwischen Frauen und Männern (Entgelttransparenzgesetz – EntgTranspG)

Abschnitt 1: Allgemeine Bestimmungen

Abschnitt 2: Individuelle Verfahren zur Überprüfung von Entgeltgleichheit

Abschnitt 3: Betriebliche Verfahren zur Überprüfung und Herstellung von Entgeltgleichheit

Abschnitt 4: Berichtspflichten für Arbeitgeber

Abschnitt 5: Evaluation, Aufgabe der Gleichstellungsbeauftragten, Übergangsbestimmungen

Autorenverzeichnis

Thorsten Beck, Präsident des Landesarbeitsgerichts Bremen (§§ 22, 23)

Martin Bertzbach, Präsident des Landesarbeitsgerichts Bremen a.D. (§§ 22, 23)

Dr. Sandro Blanke, Bundesministerium für Arbeit und Soziales, Berlin (Einleitung Teil VI)

Anna Braunroth, Antidiskriminierungsstelle des Bundes, Berlin (§ 2 Teil B III 3, § 19 Teile III 4, IV–VI, § 20 Teile III 4–IV, § 33 Teil III 4)

Prof. Dr. Christiane Brors, Universität Oldenburg (§§ 8, 10)

Rudolf Buschmann, Gewerkschaftliches Centrum für Revision und Europäisches Recht, Lehrbeauftragter für (Europäisches) Arbeitsrecht, Universität Kassel (§§ 11–14, 17)

Prof. Dr. Wolfgang Däubler, Universität Bremen (Einleitung Teile I–V, VII, § 1, § 2 Teile A und F, § 4, § 7 Teile I–IV, VIII–XI, §§ 31, 32, § 33 Teile I–III 3)

Prof. Dr. Olaf Deinert, Universität Göttingen (§ 3 Teil II 6, §§ 15, 16, 21)

Dieter Dette, Rechtsanwalt und Notar, Fachanwalt für Arbeitsrecht, Bremen (§ 7 Teile V–VII)

Prof. Dr. Dr. h.c. Eberhard Eichenhofer, Universität Jena (§ 2 Teil C)

Hildegund Ernst, Bundesministerium für Familie, Senioren, Frauen und Jugend, Bonn (§§ 25–30)

Bernhard Franke, Antidiskriminierungsstelle des Bundes, Berlin (§ 2 Teil B I–III 2, § 19 Teile I–III 3, III 5, § 20 Teile I–III 3)

Dr. Bettina Graue, Arbeitnehmerkammer Bremen (Einleitung Teil VI)

Hanno Herrmann, Rechtsanwalt, Fachanwalt für Arbeitsrecht und Fachanwalt für Verwaltungsrecht, Baden-Baden (§ 18)

Dr. Oda Hinrichs, Richterin am Landesarbeitsgericht Berlin (§§ 10–20 EntgTranspG)

Alexander Klose, Büro für Recht und Wissenschaft, Berlin (§ 2 Teil B III 3, § 19 Teile III 4, IV–VI, § 20 Teile III 4–IV, § 24 Teil VII, § 33 Teil III 4)

Prof. Dr. Matthias Mahlmann, Universität Zürich (§ 24 Teile I–VI)

Gisbert Schlichtmann, Bundesministerium für Familie, Senioren, Frauen und Jugend, Bonn (§ 19 Teile I–III 3, III 5, § 20 Teile I–III 3)

Dr. Peter Schrader, Rechtsanwalt und Fachanwalt für Arbeitsrecht, Hannover (§ 2 Teil D, § 3 Teile I–II 5, III, § 6)

Prof. Dr. Jens Schubert, ver.di Bundesverwaltung, Leiter Bereich Recht/ Rechtspolitik, Berlin, Leuphana Universität Lüneburg (§ 2 Teil D, § 3 Teile I–II 5, III, § 6)

Prof. Dr. Peter Wedde, Professor für Arbeitsrecht und Recht der Informationsgesellschaft an der Frankfurt University of Applied Sciences (§ 9)

Prof. Dr. Reingard Zimmer, Hochschule für Wirtschaft und Recht Berlin (§ 2 Teil E, § 5 sowie Einleitung, §§ 1–9 und 21–25 EntgTranspG)

Abkürzungsverzeichnis

aA	anderer Ansicht
AAG	Aufwendungsausgleichsgesetz
ADG	Antidiskriminierungsgesetz
AEUV	Vertrag über die Arbeitsweise der Europäischen Union
aF	alte Fassung
aaO	am angegebenen Ort
aE	am Ende
AbgG	Abgeordnetengesetz
ABl.	Amtsblatt
Abs.	Absatz
abw.	abweichend
AcP	Archiv für die civilistische Praxis (Band, Jahr und Seite)
AG	Amtsgericht
AGB	Allgemeine Geschäftsbedingungen
AGG	Allgemeines Gleichbehandlungsgesetz
ai	aktuelle Informationen, Zeitschrift des Deutschen Juristinnenbundes (Jahr und Seite)
AiB	Arbeitsrecht im Betrieb (Jahr und Seite)
Anm.	Anmerkung(en)
AP	Arbeitsrechtliche Praxis (Entscheidungssammlung), Nachschlagewerk des Bundesarbeitsgerichts
APS	Ascheid/Preis/Schmidt (s. Literaturverzeichnis)
APUZ	Aus Politik und Zeitgeschichte
AR-Blattei	Arbeitsrechts-Blattei (Loseblattwerk)
ArbG	Arbeitsgericht
ArbGG	Arbeitsgerichtsgesetz
ArbPlSchG	Arbeitsplatzschutzgesetz
ArbRB	Arbeitsrechts-Berichte (Jahr und Seite)
ArbSchG	Arbeitsschutzgesetz
Art.	Artikel
ASiG	Arbeitssicherheitsgesetz
AuA	Arbeit und Arbeitsrecht (Jahr und Seite)
Aufl.	Auflage
AuR	Arbeit und Recht (Jahr und Seite)
BaFin	Bundesanstalt für Finanzdienstleistungsaufsicht
BAföG	Bundesausbildungsförderungsgesetz
BAG	Bundesarbeitsgericht
BAGE	Entscheidungen des Bundesarbeitsgerichts (Band und Seite)
BAT	Bundes-Angestelltentarifvertrag
BayObLG	Bayerisches Oberstes Landesgericht
BayVGH	Bayerischer Verwaltungsgerichtshof
BB	Betriebs-Berater (Jahr und Seite)
BBiG	Berufsbildungsgesetz
Bd.	Band
BDSG	Bundesdatenschutzgesetz
Bearb.	Bearbeiter
Begr.	Begründung; Begründer
Beil.	Beilage
BEEG	Bundeselterngeld- und Elternzeitgesetz
betr.	betreffend
BetrVG	Betriebsverfassungsgesetz
BFH	Bundesfinanzhof

BGB	Bürgerliches Gesetzbuch
BGBl.	Bundesgesetzblatt
BGG	Behindertengleichstellungsgesetz
BGH	Bundesgerichtshof
BGHZ	Entscheidungen des Bundesgerichtshofs in Zivilsachen (Band und Seite)
BGleiG	Bundesgleichstellungsgesetz
BImSchG	Bundes-Immissionsschutzgesetz
BMAS	Bundesministerium für Arbeit und Soziales
BPersVG	Bundespersonalvertretungsgesetz
BR-Drs.	Drucksachen des Bundesrats
BSG	Bundessozialgericht
BSGE	Entscheidungen des Bundessozialgerichts (Band und Seite)
BT-Drs.	Drucksachen des Deutschen Bundestages (Wahlperiode und Nummer)
BVerfG	Bundesverfassungsgericht
BVerfGE	Entscheidungen des Bundesverfassungsgerichts (Band und Seite)
BVerwG	Bundesverwaltungsgericht
BVerwGE	Amtliche Sammlung der Entscheidungen des Bundesverwaltungsgerichts (Jahr und Seite)
bzw.	beziehungsweise
CEDAW	Convention on the Elimination of All Forms of Discrimination against Women
CERD	Convention on the Elimination of All Forms of Racial Discrimination
CMLR	Common Market Law Review (Band, Jahr und Seite)
DAV	Deutsche Aktuarvereinigung eV
DB	Der Betrieb (Jahr und Seite)
Dbr	Der Betriebsrat (Jahr und Seite)
ders.	derselbe
DJT	Deutscher Juristentag
DKKW	Däubler/Kittner/Klebe/Wedde (s. Literaturverzeichnis)
DR	Decisions and Reports (der Europäischen Kommission für Menschenrechte)
DRdA	Das Recht der Arbeit (Jahr und Seite), Wien
DRiG	Deutsches Richtergesetz
DrittelbG	Drittelbeteiligungsgesetz
DS	Droit Social (Jahr und Seite)
DVBl	Deutsches Verwaltungsblatt (Jahr und Seite)
EBRG	Europäische Betriebsräte-Gesetz
EG	Europäische Gemeinschaft; EG-Vertrag in der Fassung vom 1.5.1999 (Amsterdam)
EGBGB	Einführungsgesetz zum Bürgerlichen Gesetzbuch
EGMR	Europäischer Gerichtshof für Menschenrechte
EGV	EG-Vertrag
Einl.	Einleitung
EMRK	Europaische Menschenrechtskonvention
ErfK	Erfurter Kommentar (s. Literaturverzeichnis)
ESC	Europäische Sozialcharta
EU	Europäische Union
EuAbgG	Europaabgeordnetengesetz

EuGH	Europäischer Gerichtshof
EuGHE	Entscheidungen des Europäischen Gerichtshofs (Jahr, Teil und Seite)
EU-GRC	Europäische Grundrechtecharta
EuGMR	Europäischer Gerichtshof für Menschenrechte
EuGRZ	Europäische Grundrechtezeitschrift (Jahr und Seite)
Eur. Law Journal	European Law Journal (Band, Jahr und Seite)
Eur. Law Review	European Law Review (Band, Jahr und Seite)
EuroAS	Informationsdienst zum europäischen Arbeits- und Sozialrecht (Jahr und Seite)
Europ. Kom.	Europäische Kommission
EuZW	Europäische Zeitschrift für Wirtschaftsrecht (Jahr und Seite)
EWG	Europäische Wirtschaftsgemeinschaft
EWS	Europäisches Wirtschafts- und Steuerrecht (Jahr und Seite)
EzA	Entscheidungssammlung zum Arbeitsrecht
EzA-SD	Entscheidungssammlung zum Arbeitsrecht – Schnelldienst
f., ff.	folgende, fortfolgende
Fn.	Fußnote
FS	Festschrift
GbV	Gefahrgutbeauftragtenverordnung
GDLRI	Giornale di Diritto del Lavoro e di Relazioni Industriali (Band, Jahr und Seite)
GG	Grundgesetz
ggf.	gegebenenfalls
GK	Gemeinschaftskommentar zum BetrVG (s. Literaturverzeichnis unter Wiese ua)
GK-SGB IX	Gemeinschaftskommentar zum SGB IX (s. Literaturverzeichnis unter Großmann)
GS	Gedächtnisschrift
hM	herrschende Meinung
Hrsg.	Herausgeber
HWK	Henssler/Willemsen/Kalb (s. Literaturverzeichnis)
iSv	im Sinne von
iVm	in Verbindung mit
iwS	im weiteren Sinne
ILO	International Labour Organization (= Internationale Arbeitsorganisation)
Jura	Jura, juristische Ausbildungszeitschrift (Jahr und Seite)
JuS	Juristische Schulung (Jahr und Seite)
JZ	Juristen-Zeitung (Jahr und Seite)
KDZ	Kittner/Däubler/Zwanziger (s. Literaturverzeichnis)
KJ	Kritische Justiz (Jahr und Seite)
KOM	EG-Kommission
Kor	Korinther Brief (Neues Testament)
KR	Gemeinschaftskommentar zum Kündigungsschutzgesetz und zu sonstigen kündigungsschutzrechtlichen Vorschriften (s. Literaturverzeichnis unter Becker ua)
KritV	Kritische Vierteljahresschrift (Jahr und Seite)
KrW-/AbfG	Kreislaufwirtschafts- und Abfallgesetz

KSchG	Kündigungsschutzgesetz
LAG	Landesarbeitsgericht
LAGE	Sammlung von Entscheidungen der Landesarbeitsgerichte
LG	Landgericht
lit.	litera (Buchstabe)
Ls.	Leitsatz
MAVO	Mitarbeitervertretungsordnung
mwN	mit weiteren Nachweisen
MDR	Monatsschrift für deutsches Recht (Jahr und Seite)
MitbestG	Mitbestimmungsgesetz
MJ	Maastricht Journal of European and Comparative Law (Band, Jahr und Seite)
MLR	Modern Law Review (Jahr und Seite)
Montan-MitBestErgG	Montan-Mitbestimmungsergänzungsgesetz
MüKo	Münchener Kommentar zum BGB (s. Literaturverzeichnis)
MünchArbR	Münchener Handbuch des Arbeitsrechts (s. Literaturverzeichnis unter Richardi/Wlotzke)
MuSchG	Mutterschutzgesetz
MVG	Mitarbeitervertretungsgesetz
nF	neue Fassung
nv	nicht veröffentlicht
NJW	Neue juristische Wochenschrift (Jahr und Seite)
NJW-RR	NJW-Rechtsprechungs-Report
NVwZ	Neue Zeitschrift für Verwaltungsrecht (Jahr und Seite)
NVwZ-RR	NVwZ-Rechtsprechungs-Report
NZA	Neue Zeitschrift für Arbeitsrecht (Jahr und Seite)
NZA-RR	NZA-Rechtsprechungs-Report
NZG	Neue Zeitschrift für Gesellschaftsrecht (Jahr und Seite)
NZM	Neue Zeitschrift für Miet- und Wohnungsrecht (Jahr und Seite)
NZS	Neue Zeitschrift für Sozialrecht (Jahr und Seite)
OLG	Oberlandesgericht
OVG NW	Oberverwaltungsgericht Nordrhein-Westfalen
PWW	Prütting/Wegen/Weinreich (s. Literaturverzeichnis)
PKV	Private Krankenversicherung
RabelsZ	Rabels Zeitschrift für ausländisches und internationales Recht (Band, Jahr und Seite)
RdA	Recht der Arbeit (Jahr und Seite)
RdJB	Recht der Jugend und des Bildungswesens (Jahr und Seite)
RIW	Recht der internationalen Wirtschaft
RL	Richtlinie; Relaciones Laborales (Heft, Jahr und Seite)
Rn.	Randnummer
Rs.	Rechtssache
Rspr.	Rechtsprechung
SAE	Sammlung Arbeitsrechtlicher Entscheidungen (Jahr und Seite)
SchlHA	Schleswig-Holsteinische Anzeigen (Jahr und Seite)
SDSRV	Schriftenreihe des Deutschen Sozialrechtsverbandes

SGB	Sozialgesetzbuch
SGb	Die Sozialgerichtsbarkeit (Jahr und Seite)
Slg	Sammlung der Rechtsprechung des EuGH
SoldGG	Gesetz über die Gleichbehandlung der Soldatinnen und Soldaten
st. Rspr.	ständige Rechtsprechung
SozR	Sozialrecht (Entscheidungssammlung)
SprAuG	Sprecherausschussgesetz
SR	Soziales Recht (Jahr und Seite)
StrlSchV	Strahlenschutzverordnung
TierSchG	Tierschutzgesetz
TVG	Tarifvertragsgesetz
TV-L	Tarifvertrag für den öffentlichen Dienst der Länder
TVöD	Tarifvertrag für den öffentlichen Dienst
Tz.	Textziffer
TzBfG	Teilzeit- und Befristungsgesetz
VAG	Versicherungsaufsichtsgesetz
VersR	Versicherungsrecht (Jahr und Seite)
vgl.	vergleiche
VO	Verordnung
Vol.	Volume (Band)
Vor	Vorbemerkung
VVDStRL	Veröffentlichungen der Vereinigung der deutschen Staatsrechtslehrer (Band, Jahr und Seite)
VVG	Versicherungsvertragsgesetz
WGSVG	Gesetz zur Regelung der Wiedergutmachung nationalsozialistischen Unrechts in der Sozialversicherung
WHG	Wasserhaushaltsgesetz
WSI-Mitt.	WSI-Mitteilungen
WuM	Wohnraum und Miete (Jahr und Seite)
ZAR	Zeitschrift für Ausländerrecht und Ausländerpolitik (Jahr und Seite)
ZDG	Zivildienstgesetz
ZESAR	Zeitschrift für europäisches Sozial- und Arbeitsrecht (Jahr und Seite)
ZEuP	Zeitschrift für europäisches Privatrecht (Jahr und Seite)
ZEuS	Zeitschrift für europäische Studien (Jahr und Seite)
ZfA	Zeitschrift für Arbeitsrecht (Jahr und Seite)
ZfF	Zeitschrift für das Fürsorgewesen (Jahr und Seite)
ZGR	Zeitschrift für Unternehmens- u. Gesellschaftsrecht
ZIAS	Zeitschrift für internationales und ausländisches Arbeits- und Sozialrecht (Jahr und Seite)
Ziff.	Ziffer
ZIP	Zeitschrift für Wirtschaftsrecht und Insolvenzpraxis (Jahr und Seite)
zit.	zitiert
ZMR	Zeitschrift für Miet- und Raumrecht (Jahr und Seite)
ZPO	Zivilprozessordnung
ZRP	Zeitschrift für Rechtspolitik (Jahr und Seite)
ZTR	Zeitschrift für Tarif-, Arbeits- und Sozialrecht des öffentlichen Dienstes (Jahr und Seite)

Einleitung

I. Das AGG – Ein Überblick

1 Das „Allgemeine Gleichbehandlungsgesetz – AGG“ ist am 18.8.2006 in Kraft getreten. Nach seinem § 1 will es **Benachteiligungen** „aus Gründen der Rasse oder wegen der ethnischen Herkunft, des Geschlechts, der Religion oder Weltanschauung, einer Behinderung, des Alters oder der sexuellen Identität“ **verhindern**. Sollte es gleichwohl zu einer solchen Benachteiligung kommen, ist diese zu „beseitigen“ (Wendeling-Schröder, NZA 2004, 1320). Das AGG deckt damit einen wesentlichen Teilbereich des Art. 21 EU-GRC ab, der als weitere Gründe ua die soziale Herkunft, genetische Merkmale, politische oder sonstige Anschauungen sowie Vermögen und Geburt nennt (Einzelheiten bei Meyer (Hrsg.), EU-GRC Art. 21 Rn. 1 ff.). Bezüglich der vom AGG nicht erfassten Benachteiligungsgründe kann auf die Kommentierung zu § 2 Abs. 3 (→ § 2 Rn. 200 ff.) verwiesen werden.

2 Das AGG ist **Art. 1** des „Gesetzes zur Umsetzung europäischer Antidiskriminierungsrichtlinien“ vom 14.8.2006 (BGBl. I, 1897). **Art. 2** bringt das „Gesetz über die Gleichbehandlung der Soldatinnen und Soldaten – SoldGG“, während **Art. 3** Änderungen einzelner Gesetze wie zB des BetrVG und des ArbGG enthält, die in die vorliegende Kommentierung

eingearbeitet sind. **Art. 4** regelt das Inkrafttreten und hebt zugleich das Beschäftigtenschutzgesetz auf.

1. EG-rechtlicher Hintergrund

3 Das AGG dient der **Umsetzung von insgesamt vier EG-Richtlinien**. Im Einzelnen handelt es sich um die

- Richtlinie 2000/43/EG des Rates vom 29.6.2000 zur Anwendung des Gleichbehandlungsgrundsatzes ohne Unterschied der Rasse oder der ethnischen Herkunft (ABl. EG Nr. L 180 S. 22); sie wird im Folgenden einem verbreiteten Sprachgebrauch entsprechend als „**Antirassismus-Richtlinie**" bezeichnet.
- Richtlinie 2000/78/EG des Rates vom 27.11.2000 zur Festlegung eines allgemeinen Rahmens für die Verwirklichung der Gleichbehandlung in Beschäftigung und Beruf (ABl. EG Nr. L 303 S. 16); sie wird im Folgenden als „**Rahmenrichtlinie**" bezeichnet, was gleichfalls verbreiteter Übung entspricht und der Tatsache Rechnung trägt, dass es sich insoweit nur um einen für alle Mitgliedstaaten gemeinsamen Mindeststandard handelt (so Brown, Yearbook of European Law Vol. 21 (2002), S. 209; ähnlich Baer, ZESAR 2004, 257).
- Richtlinie 2002/73/EG des Europäischen Parlaments und des Rates vom 23.9.2002 zur Änderung der Richtlinie 76/207/EWG des Rates zur Verwirklichung des Grundsatzes der Gleichbehandlung von Männern und Frauen hinsichtlich des Zugangs zur Beschäftigung, zur Berufsbildung und zum beruflichen Aufstieg sowie in Bezug auf die Arbeitsbedingungen (ABl. EG Nr. L 269 S. 15). Im Folgenden wird sie als „**Gender-Richtlinie** aF" bezeichnet. Der Name „Gleichberechtigungsrichtlinie" würde zwar naheliegen, wäre jedoch insoweit missverständlich, als es auch in den übrigen Richtlinien um die Gleichberechtigung von bestimmten Gruppen geht (ebenso die Terminologie bei Laskowski/Welti, ZESAR 2003, 215).
- Richtlinie 2004/113/EG des Rates vom 13.12.2004 zur Verwirklichung des Grundsatzes der Gleichbehandlung von Männern und Frauen beim Zugang zu und bei der Versorgung mit Gütern und Dienstleistungen (ABl. EU Nr. L 373 S. 37). Sie wird im Folgenden als „**Gender-Richtlinie Zivilrecht**" bezeichnet.

4 Im Bereich der **Entgeltgleichheit von Mann und Frau** gilt die Spezialregelung des Art. 157 AEUV (früher: Art. 141 EG) weiter. Sie wurde zunächst durch die Richtlinie 75/117/EWG des Rates vom 10.2.1975 zur Angleichung der Rechtsvorschriften der Mitgliedstaaten über die Anwendung des Grundsatzes des gleichen Entgelts für Männer und Frauen (ABl. EG Nr. L 45 S. 19) konkretisiert. Außerdem war insoweit auch die Richtlinie 97/80/EG des Rates vom 15.12.1997 über die **Beweislast** bei Diskriminierung aufgrund des Geschlechts (ABl. EG Nr. L 14 vom 20.1.1998 S. 6) von Bedeutung, die durch die Richtlinie 98/52/EG des Rates vom 13.7.1998 (ABl. EG Nr. L 205 S. 66) auf das Vereinigte Königreich und Nordirland ausgedehnt wurde. Diese beiden Richtlinien wurden zusammen mit der Gender-Richtlinie aF zu der einheitlichen Richtlinie 2006/54/EG des Europäischen Parlaments und des Rates vom 5.7.2006 „zur Verwirk-

lichung des Grundsatzes der Chancengleichheit und Gleichbehandlung von Männern und Frauen in Arbeits- und Beschäftigungsfragen" zusammengefasst (ABl EU 26.7.2006 L 204/23). Nach ihrem Art. 33 Abs. 1 war sie bis 15.8.2008 umzusetzen; am 15.8.2009 traten die ihr zugrunde liegenden vier Richtlinien (75/117/EWG, 76/207/EWG, 86/378/EWG und 97/80/EG) außer Kraft. Im Bereich der Diskriminierung wegen des Geschlechts ist ab 15.8.2008 diese **„konsolidierte Gender-Richtlinie"**, **auch Gender-Richtlinie nF** genannt, Bezugsgröße für die richtlinienkonforme Interpretation (zu dieser → Rn. 81 ff.). Gegenüber der vorher geltenden Rechtslage brachte sie – soweit ersichtlich – nur insoweit ein neues Element, als Art. 18 2006/54/EG Schadensersatz und Entschädigung zu obligatorischen Sanktionen macht (Umfassender Überblick über den Inhalt bei Lanquetin, DS 2007, 861–878).

5 Durch das AGG hat das deutsche Arbeitsrecht eine **zusätzliche europarechtliche Prägung** erhalten (Thüsing, ZfA 2001, 397). Auch für andere Mitgliedstaaten lässt sich Entsprechendes konstatieren (Rebhahn-Rebhahn, Einl. Rn. 3 ff.).

6 Die Antirassismus-Richtlinie wäre nach ihrem Art. 16 Abs. 1 bis zum 19.7.2003, die Rahmenrichtlinie nach ihrem Art. 18 Abs. 1 bis zum 2.12.2003 **umzusetzen gewesen**. Eine Ausnahme bestand nur für den Diskriminierungsgrund „Alter", da die Bundesrepublik insoweit von der Möglichkeit des Art. 18 Abs. 2 der Rahmenrichtlinie Gebrauch gemacht und eine Verlängerung um drei Jahre, dh bis 2.12.2006 erhalten hatte. Bei der Gender-Richtlinie aF war die Umsetzungsfrist am 5.10.2005 abgelaufen; allein bei der Gender-Richtlinie Zivilrecht blieb die Frist (21.12.2007) gewahrt (zu dieser Riesenhuber/Franck, JZ 2004, 529 ff.). Die **Säumigkeit des deutschen Gesetzgebers** hatte zwei Verfahren vor dem **EuGH** zur Folge, die beide mit der Feststellung endeten, die **Bundesrepublik** habe ihre **Pflichten aus der Antirassismus-** bzw. **der Rahmenrichtlinie verletzt** (EuGH 28.4.2005 – Rs. C-329/04 (Antirassismus-Richtlinie) – AuR 2005, 236 = EuZW 2005, 444; EuGH 23.2.2006 – Rs. C-43/05 (Rahmenrichtlinie) – EuZW 2006, 216 = NZA 2006, 553, Ls.). Sanktionen wurden zunächst nicht verhängt (zu den entsprechenden Möglichkeiten s. Rust, ZESAR 2005, 198, 205; sie wären ohne das AGG für Anfang 2007 zu erwarten gewesen: Busch, AiB 2006, 332).

7 Die **Verzögerung bei der Umsetzung** der Richtlinien ist auf politische Widerstände, aber auch darauf zurückzuführen, dass keine Regierung einen wirklich schlüssigen Entwurf vorlegte, der nicht schon Einwände wegen handwerklicher Mängel provozierte.

2. Entstehungsgeschichte: Vom ADG zum AGG

8 Da die Antirassismus-Richtlinie auch das Zivilrecht einbezieht, legte das Bundesjustizministerium am 10.12.**2001** den **Diskussionsentwurf** eines Gesetzes zur Verhinderung von Diskriminierungen im Zivilrecht vor (im Wortlaut wiedergegeben bei Rust/Däubler ua, Loccumer Protokolle 40/03, S. 490 ff.; in wesentlichen Teilen auch abgedruckt in DB 2002, 470). Der Vorschlag wollte die „verbotene Benachteiligung" als besonderen Untertitel ins BGB einfügen (§§ 319 a–319 e) und nicht nur Rasse und ethnische

Zugehörigkeit, sondern auch die anderen Eigenschaften des heutigen § 1 AGG einbeziehen (dazu auch Reichold, ZESAR 2006, 387). Die Tatsache, dass beim Abschluss bestimmter zivilrechtlicher Verträge die genannten Merkmale wie Rasse, Geschlecht usw keine Rolle mehr spielen sollten, wurde **in scharfer Form kritisiert**. Der freie Vertrag werde abgeschafft (Adomeit, NJW 2002, 1622 und NJW 2003, 1162), den Teilnehmern am Zivilrechtsverkehr werde eine bestimmte Gesinnung abverlangt (Säcker, ZRP 2002, 286 ff. – „Tugendrepublik der neuen Jakobiner"), man sei deshalb auf dem Wege zum Totalitarismus (so der – möglicherweise nicht ganz ernst gemeinte – Beitrag von Braun, JuS 2002, 424 ff.). Dem standen jedoch eine Reihe **differenziert argumentierender Beiträge** gegenüber (Baer, ZRP 2002, 290 ff.; Neuner, JZ 2003, 57; Wiedemann/Thüsing, DB 2002, 463 ff.; Wölfl, ZRP 2003, 297). Sie verstanden den Sinn eines „Diskussionsentwurfs" zu Recht als **Aufforderung zu konstruktiver** (durchaus auch scharfer) **Kritik**, nicht als Verkündung einer definitiven Entscheidung. Für die erste Gruppe schien die Vorstellung eines lernbereiten Gesetzgebers noch immer jenseits ihres Erfahrungshorizonts zu liegen, was sie den Untergang der Freiheit beschwören ließ, obwohl es nur um die Erkundung des gesellschaftlichen Klimas und die bessere Durchdringung einer nicht unkomplizierten Materie ging. Entsprechende Erscheinungen hatte es im Zusammenhang mit der Schuldrechtsmodernisierung gegeben (dazu Däubler, in: Lorenz (Hrsg.), Karlsruher Forum 2002, S. 170 ff.). Mit der Neubildung der Regierung nach den Bundestagswahlen vom **September 2002** war der **Dialog** mit Wissenschaft und Öffentlichkeit **zunächst unterbrochen**.

9 Am **6.5.2004** legte das Bundesministerium für Familie, Senioren, Frauen und Jugend den Entwurf eines Artikelgesetzes vor, das ein **separates „arbeitsrechtliches Antidiskriminierungsgesetz"** und ein „zivilrechtliches Antidiskriminierungsgesetz" enthielt, das in Form der §§ 319 a–319 g ins BGB eingefügt werden sollte. Der arbeitsrechtliche Entwurf erfuhr eingehende Darstellung und Kritik (Herms/Meinel, DB 2004, 2370). Wenige Zeit später wurde auf Regierungsebene entschieden, **ein einheitliches Antidiskriminierungsgesetz** ausarbeiten zu lassen. Um Zeit zu gewinnen, wurde dieses **durch die Koalitionsfraktionen am 16.12.2004** unmittelbar **im Parlament eingebracht** (BT-Drs. 15/4538). Am 21.1.2005 beriet der Bundestag in erster Lesung über das Gesetz. Am 7.3.2005 fand eine Anhörung vor dem Ausschuss für Familie, Senioren, Frauen und Jugend statt (zu den Stellungnahmen von Arbeitgeberverbänden und Gewerkschaften s. Reichold, ZESAR 2006, 389 f.). Der Bundesrat hatte auf Antrag des Landes Baden-Württemberg vom 10.2.2005 (BR-Drs. 103/05) zuvor eine Entschließung gefasst, in der er eine Reihe von Punkten des Gesetzentwurfes nachhaltig kritisierte, diesen jedoch nicht insgesamt in Frage stellte. Am 18.3.2005 legten die **Koalitionsfraktionen** einen **veränderten Entwurf** vor, der eine Reihe von Gesichtspunkten aufgriff, die in der Anhörung genannt worden waren. Im arbeitsrechtlichen Teil wurde insbesondere die Zulässigkeit der Anknüpfung an das Alter erweitert und die Haftung des Arbeitgebers für diskriminierende Handlungen Dritter beseitigt. Im zivilrechtlichen Teil wurden größere Spielräume bei der Vermietung von Wohnungen vorgesehen. Der **Bericht des Ausschusses** für Familie, Senioren, Frauen und Jugend

vom 15.6.2005 (BT-Drs. 15/5717) entsprach im Wesentlichen diesen Änderungen. Das Parlament fasste **am 17.6.2005** in zweiter und dritter Lesung einen entsprechenden **Gesetzgebungsbeschluss**. In seiner Sitzung vom 8.7.2005 erhob der Bundesrat **Einspruch** und verwies den Entwurf an den Vermittlungsausschuss (BR-Drs. 445/05 = BT-Drs. 15/5915). Durch die Auflösung des Bundestags und die Neuwahlen konnte das Gesetzgebungsverfahren nicht mehr zu Ende geführt werden (dazu Klumpp, NZA 2005, 848 ff.). Mit Rücksicht auf den **Grundsatz der Diskontinuität** musste es in der folgenden Legislaturperiode wieder von vorne begonnen werden.

10 Am **18.5.2006** brachte die **Bundesregierung** einen **Gesetzentwurf** ein, der praktisch völlig mit der Endfassung identisch war, die im Jahr zuvor nicht mehr verabschiedet werden konnte (BR-Drs. 329/06 = BT-Drs. 16/1780). Die Gesetzesbezeichnung wurde in „**Allgemeines Gleichbehandlungsgesetz (AGG)**" geändert, was allerdings weit über den Regelungsgegenstand des Gesetzes hinausreicht und deshalb zu Missverständnissen führt (Preis, ZESAR 2007, 250). Der Bundesrat nahm zu dem Entwurf kritisch Stellung und verlangte eine Reihe wichtiger Änderungen (BT-Drs. 16/1852 = BR-Drs. 329/06 Beschluss). Dem wurde in den Beratungen des **Rechtsausschusses** weithin Rechnung getragen (Ausschuss-Drs. 16(11)337). Nach kontroverser Debatte stimmte der Bundestag in seiner Sitzung vom 29.6.2006 mit großer Mehrheit zu; der Bundesrat legte in seiner Sitzung vom 7.7.2006 keinen Einspruch ein. Das Gesetz wurde am 17.8.2006 im Bundesgesetzblatt verkündet; nach seinem Art. 4 trat es am folgenden Tag in Kraft. Bereits im November 2006 wurde das AGG jedoch wieder geändert: Durch das Zweite Gesetz zur Änderung des Betriebsrentengesetzes (BR-Drs. 741/06) erfolgte neben der Korrektur einiger redaktioneller Fehler eine Neufassung des § 10 (siehe dort).

11 Das Gesetz sah sich von vornherein einer Reihe EG-rechtlicher Einwendungen ausgesetzt. Die **Herausnahme der betrieblichen Altersversorgung, insbesondere aber des Kündigungsschutzes** aus seinem Anwendungsbereich (§ 2 Abs. 2 S. 2 bzw. § 2 Abs. 4) bedeutet, dass Teile des Arbeitsrechts und damit wichtige Bereiche potenzieller Benachteiligungen vom Wortlaut her den Diskriminierungsverboten entzogen waren. Ob sich dies mithilfe einer richtlinienkonformen Auslegung korrigieren ließ, erschien zweifelhaft (dazu → § 2 Rn. 164 f., 288 ff.). Bedenken erweckte (und erweckt) weiter die Tatsache, dass § 15 Abs. 1 den **Ersatz des materiellen Schadens vom Verschulden** des Diskriminierenden **abhängig** macht (dazu → § 15 Rn. 31). Im zivilrechtlichen Bereich ist zwar das Merkmal „Religion", nicht aber das Merkmal „**Weltanschauung**" aufgenommen worden, was gegen den allgemeinen Gleichbehandlungsgrundsatz des EU-Rechts (dazu EuGH 12.12.2002 – Rs. C-442/00 (Rodríguez Caballero) – NZA 2003, 211 Rn. 32), aber auch gegen Art. 4 Abs. 1 und 2 GG verstößt, der das religiöse und das weltanschauliche Bekenntnis generell gleich behandelt. Auch ist keine Rechtfertigung dafür zu erkennen, dass nur solche Vermieter an die Diskriminierungsverbote gebunden sind, die über **mehr als 50 Wohnungen** verfügen (§ 19 Abs. 5 S. 3). Auf diese Weise sind vermeidbare Kollisionen mit dem EG-Recht geschaffen worden, die erhebliche Rechtsunsicherheit zur Folge haben. Von einer 1:1-Umsetzung kann jedenfalls nicht die Rede

sein (Deutliche Kritik auch bei Wolf, AuA 1/2007, 26; Bauer, NZA 2006, 774: „Flickwerk", „Ein Handwerker, der so arbeiten würde wie unser Gesetzgeber, wäre in kürzester Zeit pleite"; Däubler, dbr 2006, 3 – Kolumne. Eingehende kritische Auseinandersetzung mit dem arbeitsrechtlichen Teil bei Preis, ZESAR 2007, 253 ff.).

3. Aufbau des Gesetzes

12 Die Existenz eines **einheitlichen Gesetzes** dient der **Transparenz** des Rechts und damit der Rechtssicherheit. (Abschreckendes) Gegenbeispiel ist die Umsetzung der Rahmenrichtlinie in Großbritannien, die selbst ohne Einbeziehung des Kriteriums „Alter" zum Erlass von mehr als 100 Verordnungen geführt hat (mitgeteilt bei Gay, Beilage zu NZA Heft 22/2004, S. 31, 32). Auch in Italien sind zwei gesetzesvertretende Verordnungen ergangen (mitgeteilt bei Guarriello, GDLRI 2003, 341, 349). Der Vorschlag, auch bei uns Regelungen in eine Vielzahl von Gesetzen aufzunehmen (Reichold/Hahn/Heinrich, NZA 2005, 1270), ist vom Gesetzgeber nicht aufgegriffen worden.

13 Das AGG gliedert sich in sieben Abschnitte.

Abschnitt 1 enthält in den §§ 1–5 einen „Allgemeinen Teil", der Grundsatzfragen regelt, die sowohl für den arbeitsrechtlichen wie für den zivilrechtlichen Teil maßgebend sind.

Abschnitt 2 (§§ 6–18) betrifft das Arbeitsrecht. Wesentlich ist insbesondere das Benachteiligungsverbot nach § 7, dem in den §§ 8–10 eine Reihe von Durchbrechungsmöglichkeiten folgen. In den §§ 11–18 finden sich neben der Schadensersatzpflicht nach § 15 auch zahlreiche präventive Regelungen.

Abschnitt 3 (§§ 19–21) regelt den „Schutz vor Benachteiligung im Zivilrechtsverkehr" und bestimmt im Einzelnen die erfassten Verträge, aber auch die Durchbrechungsmöglichkeiten sowie die Sanktionen.

Abschnitt 4 (§§ 22, 23) enthält den prozessualen Teil, der aus einer wichtigen Regelung zur Beweislast und der neu geschaffenen Unterstützungsbefugnis der Antidiskriminierungsverbände besteht.

Abschnitt 5 betrifft Sonderregelungen für öffentlich-rechtliche Dienstverhältnisse (§ 24), **Abschnitt 6** enthält eine eingehende Regelung über die Antidiskriminierungsstelle des Bundes (§§ 25–30). **Abschnitt 7** betrifft die Schlussvorschriften, zu denen die Unabdingbarkeit des Gesetzes (§ 31) und die Übergangsbestimmungen (§ 33) gehören.

4. Der Allgemeine Teil

14 **§ 1** legt das Ziel des Gesetzes fest, wonach es um die Verhinderung oder Beseitigung von Benachteiligungen geht, die „aus Gründen der Rasse oder wegen der ethnischen Herkunft, des Geschlechts, der Religion oder Weltanschauung, einer Behinderung, des Alters oder der sexuellen Identität" erfolgen.

15 In **§ 2** Abs. 1 wird der Anwendungsbereich des Gesetzes festgelegt. Der arbeitsrechtliche Teil ist in den Nrn. 1–4, der zivilrechtliche Teil in den

Nrn. 5–8 enthalten. § 2 Abs. 2 benennt die wichtigsten Änderungen des SGB, klammert jedoch gleichzeitig die **betriebliche Altersversorgung** aus. § 2 Abs. 3 lässt andere Benachteiligungsverbote unberührt. Dies betrifft etwa Art. 18 AEUV (keine Diskriminierung wegen Zugehörigkeit zu einem anderen EU-Mitgliedstaat) oder das in Art. 9 Abs. 3 S. 2 GG enthaltene Verbot der Diskriminierung wegen Zugehörigkeit zu einer Gewerkschaft. Inwieweit einzelne Bestimmungen des Gesetzes, wie zB die Regelung über die Beweislast in § 22 auch auf diese Fälle übertragen werden können, ist unten (→ § 2 Rn. 278 ff.) im Einzelnen behandelt. § 2 Abs. 4 bestimmt, dass für **Kündigungen** „ausschließlich" die Bestimmungen zum allgemeinen und besonderen Kündigungsschutz gelten; dies weckt erhebliche EU-rechtliche Bedenken (dazu → § 2 Rn. 288 ff.).

16 § 3 definiert in Abs. 1 die unmittelbare, in Abs. 2 die mittelbare Benachteiligung. Gleichgestellt wird durch Abs. 3 die sog Belästigung und durch Abs. 4 die sexuelle Belästigung; Abs. 5 sieht auch die Anweisung zu einer Benachteiligung als Diskriminierung an.

17 § 4 behandelt das Phänomen der Mehrfach-Diskriminierung, § 5 betrifft die Zulässigkeit positiver Maßnahmen, die potenzielle Nachteile wegen Zugehörigkeit zu einer der geschützten Gruppen verhindern oder vorhandene Nachteile ausgleichen wollen.

5. Der arbeitsrechtliche Teil des Gesetzes

18 Das AGG kennt **keine Kleinbetriebsklausel**, findet also auf alle Arbeitsverhältnisse ohne Rücksicht auf die Größe der fraglichen Einheit Anwendung (allgemeine Meinung; s. statt aller Kuras, Sonderbeilage zu RdA 2003, S. 13; Linsenmaier, Sonderbeilage zu RdA 2003, S. 25). § 6 des Gesetzes bezieht außerdem die zu ihrer Berufsbildung Beschäftigten sowie **arbeitnehmerähnliche Personen** ein. Den Vorgaben der Richtlinien entsprechend erfassen die Vorschriften über den Zugang zur Beschäftigung und den beruflichen Aufstieg auch **wirtschaftlich selbstständige Personen unter Einschluss von** Vorstandsmitgliedern und Geschäftsführern.

19 § 7 **verbietet jede Benachteiligung** im Sinne des § 3. Diese kann rechtsgeschäftlichen Charakter haben (zB Nichteinstellung eines Bewerbers, Vereinbarung eines niedrigeren Entgelts, Auflösung des Arbeitsverhältnisses), aber auch in rein faktischen Nachteilen liegen, wie sie sich etwa in einer Belästigung nach § 3 Abs. 3 des Gesetzes zeigen.

20 Die **Ausnahmebestimmungen der** §§ **8–10** betreffen der Sache nach nur die unmittelbare Diskriminierung, da bei der mittelbaren die Rechtfertigungsmöglichkeiten nach § 3 Abs. 2 des Gesetzes in aller Regel weiter reichen.

21 Dem Präventionszweck des Gesetzes entsprechend verpflichtet § **11** zu einer **„merkmalsneutralen" Ausschreibung**; § **12** verlangt vom Arbeitgeber näher beschriebene **Vorkehrungen**, um – pauschal gesprochen – ein diskriminierungsfreies Betriebsklima zu schaffen. Die §§ 13, 14 geben dem Arbeitnehmer ein **Beschwerde**- bzw. im Falle der Belästigung ein **Leistungsverweigerungsrecht**.

22 Die größte Aufmerksamkeit hat in der öffentlichen Diskussion § **15** erfahren, der in seinem Abs. 1 den Arbeitgeber zum **Schadensersatz** verpflichtet,

wobei sich jedoch der Arbeitgeber exkulpieren kann. Abs. 2 sieht auch den Ersatz des immateriellen Schadens in Form einer „angemessenen Entschädigung" vor, wobei es nicht auf das Verschulden ankommt. Bei Diskriminierungen im Zusammenhang mit Einstellungen besteht eine **Obergrenze** von drei Monatsgehältern. Die Ansprüche sind innerhalb von zwei Monaten geltend zu machen; der Abschluss eines Arbeitsvertrags kann nicht verlangt werden.

23 § **16** sieht ähnlich wie § 612 a BGB ein **Maßregelungsverbot** vor.

§ **17** Abs. 1 fordert die Tarif- wie die Betriebsparteien auf, im Wege des **sozialen Dialogs** Diskriminierungen entgegenzuwirken (dazu Deinert, in: Rust/Däubler ua, Loccumer Protokolle 40/03, S. 381 ff.). § **17 Abs. 2** gibt im Geltungsbereich des BetrVG dem Betriebsrat sowie einer im Betrieb vertretenen Gewerkschaft das Recht, bei groben Verstößen des Arbeitgebers gegen das AGG ein Verfahren entsprechend § 23 Abs. 3 BetrVG einzuleiten.

6. Der zivilrechtliche Teil des AGG

24 § 19 Abs. 1 beschränkt das Benachteiligungsverbot wegen der in § 1 genannten Merkmale auf sog **Massengeschäfte** und auf privatrechtliche **Versicherungen** und nimmt gleichzeitig das Merkmal „Weltanschauung" aus. Wer bis zu 50 Wohnungen zu vermieten hat, fällt nicht unter die Anbieter von „Massengeschäften" und ist deshalb von den Diskriminierungsverboten ausgenommen. Bei **allen zivilrechtlichen Verträgen** gilt nach § 19 Abs. 2 jedoch das Benachteiligungsverbot aus Gründen der Rasse oder der ethnischen Herkunft. Dies hängt damit zusammen, dass lediglich die Antirassismus-Richtlinie einen entsprechend weiten Geltungsanspruch hat, während die Erstreckung der Rahmenrichtlinie – abgesehen vom Merkmal des Geschlechts – auf zivilrechtliche Vertragsverhältnisse einer freiwilligen Entscheidung des deutschen Gesetzgebers entspricht. Sie lässt sich unschwer damit rechtfertigen, dass ein innerer Grund für eine Differenzierung zwischen den verschiedenen Gründen einer Benachteiligung nicht ersichtlich ist.

25 Abgesehen vom Verbot der Benachteiligung aus Gründen der Rasse oder wegen der ethnischen Herkunft ist das zivilrechtliche Diskriminierungsverbot schwächer ausgestaltet als das arbeitsrechtliche, da § 20 **schon** einen **„sachlichen Grund" als Rechtfertigung** genügen lässt. Außerdem sehen die Abs. 3–5 von § 19 drei generelle Ausnahmen zugunsten der Schaffung und Erhaltung sozial stabiler Bewohnerstrukturen und ausgewogener Siedlungsstrukturen, zugunsten familien- und erbrechtlicher Schuldverhältnisse sowie zugunsten von solchen zivilrechtlichen Schuldverhältnissen vor, „bei denen ein besonderes Nähe- oder Vertrauensverhältnis der Parteien oder ihrer Angehörigen begründet wird." Bei Mietverhältnissen kann dies „insbesondere" der Fall sein, wenn die Parteien oder ihre Angehörigen Wohnraum auf demselben Grundstück nutzen.

26 Soweit diese Ausnahmen nicht eingreifen, besteht nach § 21 ein **Beseitigungs- und Unterlassungsanspruch**; auch kann im Falle der Vertragsverweigerung – anders als im Arbeitsrecht – der Abschluss eines Vertrages ver-

langt werden. Weiter besteht ggf. eine Schadensersatzpflicht, wobei der Geschädigte eine Frist von zwei Monaten wahren muss.

7. Der prozessuale Teil

§ 22 enthält eine **Beweislastregelung**, die ursprünglich § 611 a Abs. 1 S. 3 BGB nachgebildet war. Nach der Gesetz gewordenen Fassung wird verlangt, dass das potenzielle Diskriminierungsopfer „Indizien" beweist, die eine Benachteiligung wegen eines in § 1 genannten Grundes vermuten lassen (EG-rechtliche Bedenken dagegen bei Thüsing, NZA 2006, 774). Ist diese Voraussetzung gegeben, muss die andere Seite beweisen, dass keine Diskriminierung im Spiele war. Die Handhabung dieser Vorschrift entscheidet letztlich darüber, ob eingetretene Diskriminierungen auch effektiv sanktioniert und damit verhindert werden können (s. etwa BVerfG 6.10.1999 – 1 BvR 2110/93 – NZA 2000, 110, 111; KR-Pfeiffer, 7. Aufl., BGB § 611 a Rn. 136; KR-Treber § 22 Rn. 4). Die in § 23 ermöglichte Unterstützung durch Antidiskriminierungsverbände stellt **keine Verbandsklage** dar, doch besteht diese nach § 85 SGB IX (§ 63 SGB IX aF bis 31.12.2016) zugunsten von Behindertenverbänden. Auch ist an das Recht von Betriebsrat und im Betrieb vertretener Gewerkschaft zu erinnern, in Diskriminierungsfällen entsprechend § 23 Abs. 3 BetrVG vorzugehen (§ 17 Abs. 2). 27

8. Weitere Bestimmungen

§ 24 ordnet die entsprechende Anwendung des Gesetzes auf **Beamte und Richter** an, wobei ihre besondere Rechtsstellung zu berücksichtigen ist. Von Bedeutung ist hierbei insbesondere Art. 33 Abs. 2 GG. Für Soldaten gilt das erwähnte SoldGG (→ Rn. 2), das keine ausdrücklichen Diskriminierungsverbote wegen Alters oder wegen des Geschlechts kennt, jedoch die Belästigung und die sexuelle Belästigung gleichfalls verbietet (zur Zulässigkeit spezifischer Altersgrenzen s. Gramß-Siegismund, aaO). 28

Die **Antidiskriminierungsstelle** des Bundes (§§ 25–30) hat ua die Aufgabe, Personen zu beraten, die sich als diskriminiert betrachten. Das Gesetz regelt detailliert Aufbau und Kompetenz der damals neu zu errichtenden Behörde. 29

Die **Schlussvorschriften** stellen die Unabdingbarkeit der gesetzlichen Regelung sowie die Tatsache klar, dass das AGG allgemeine Bestimmungen (zB des Deliktsrechts) nur dann verdrängt, wenn dies ausdrücklich bestimmt ist. Widerspruch verdient die Vorschrift, wonach zivilrechtliche Dauerschuldverhältnisse, die vor Inkrafttreten des Gesetzes begründet wurden, lediglich im Hinblick auf spätere Änderungen erfasst werden. 30

9. Weiterentwicklung durch die Gerichte

Angesichts wenig überzeugender Gesetzesformulierungen sind zahlreiche Zweifelsfragen entstanden, die einer **gerichtlichen Klärung** bedürfen. Auch kann man nicht immer damit rechnen, dass Betroffene und ihre Rechtsvertreter einen Verstoß gegen das AGG automatisch als solchen erkennen. Durch die Auseinandersetzungen im Gesetzgebungsverfahren ist allerdings ein **gewisses Maß an Sensibilität** entstanden. Dies erklärt es, dass nach einer **Umfrage des LAG Baden-Württemberg** bei den ihm nachgeordneten 31

Gerichten während der **ersten acht Monate** nach Inkrafttreten des Gesetzes insgesamt **109 Verfahren** eingeleitet wurden, bei denen Vorschriften des AGG entscheidungserheblich waren (DArbGV-Mitteilungen September 2007 S. 37). Davon führten allerdings nur zwölf Verfahren zu einem Urteil (DArbVG-Mitteilungen September 2007 S. 37). Inzwischen liegt eine große Zahl von arbeitsgerichtlichen, insbesondere von BAG-Urteilen vor, die in die Kommentierung eingearbeitet sind. Auch hat der EuGH seit 2006 zahlreiche Entscheidungen zum Antidiskriminierungsrecht gefällt, die wichtige Fragen einer Klärung nähergebracht haben (über eine Reihe nicht ganz selbstverständlicher Entscheidungen berichtet Wendeling-Schröder, AuR 2015, 49 ff.).

II. Das Verhältnis zum früher geltenden Recht

32 **Vor** Inkrafttreten des **AGG** gab es **keine „Kodifikation"** des Antidiskriminierungsrechts. Während im Arbeitsrecht eine Reihe von Vorschriften existierte, die Benachteiligungen aufgrund einzelner „verpönter Merkmale" verboten, existierten im Zivilrecht nur Überlegungen in der Literatur sowie einzelne gerichtliche Entscheidungen auf der Basis von Generalklauseln. In keinem der beiden Gebiete waren wirksame Regeln zur Diskriminierungsprävention ausgebildet, obwohl schon mit Rücksicht auf Art. 3 GG und der Abgrenzung gegenüber der NS-Vergangenheit die Rechtsordnung als Ganze Diskriminierungen entschieden ablehnte (dazu Fuchs, ZESAR 2006, 377).

1. Die arbeitsrechtliche Situation

a) Das Diskriminierungsverbot nach § 611 a BGB aF

33 Seit 1980 existierte das in § 611 a BGB aF geregelte Verbot der **Diskriminierung wegen des Geschlechts**. Gegenüber anderen Benachteiligungsverboten hatte es **Vorreiterfunktion**, obwohl anderwärts zu Recht festgestellt wurde, angesichts einer jahrhundertealten Benachteiligung von Frauen seien aktuelle gesetzgeberische Aktivitäten „irritierend spät" erfolgt (Fredman, Discrimination Law, S. 27 – „disturbingly recent"; ähnlich Montoya Melgar, FS Rodriguez-Piñero, p. 413 ss.). Das in § 611 a Abs. 1 S. 1 BGB aF enthaltene Verbot erfasste die unmittelbare wie die mittelbare Diskriminierung (s. etwa BAG 2.12.1992 – 4 AZR 152/92 – AP § 23 a BAT Nr. 28; MüKo-Müller-Glöge, 4. Aufl., BGB § 611 a Rn. 25 ff.). Während die unmittelbare Diskriminierung nach § 611 a Abs. 1 S. 2 BGB aF nur dann erlaubt war, wenn ein bestimmtes Geschlecht „unverzichtbare Voraussetzung" für die fragliche Tätigkeit war, konnte die **mittelbare Diskriminierung** nach der insoweit maßgebenden Rechtsprechung des EuGH schon durch ein „wirkliches Bedürfnis des Unternehmens" gerechtfertigt werden, sofern das verfolgte Ziel legitim und das dafür eingesetzte Mittel geeignet und erforderlich war (EuGH 13.5.1986 – Rs. C-170/84 (Bilka) – NZA 1986, 599). Machte der Arbeitnehmer im Streitfall Tatsachen glaubhaft, die eine Benachteiligung wegen des Geschlechts vermuten ließen, trug nach § 611 a Abs. 1 S. 3 BGB aF der Arbeitgeber die **Beweislast** dafür, dass nicht auf das Geschlecht bezogene, sachliche Gründe eine unterschiedliche Behandlung rechtfertigten oder das Geschlecht unverzichtbare Voraussetzung

für die auszuübende Tätigkeit war. Verstöße des Arbeitgebers gegen das Benachteiligungsverbot führten zu einem **Anspruch auf angemessene Entschädigung** in Geld; wäre der Bewerber auch bei benachteiligungsfreier Auswahl nicht eingestellt worden, durfte diese drei Monatsverdienste nicht übersteigen. In knapp 25 Jahren wurden nur 112 Klagen auf § 611 a BGB aF gestützt (Raasch, ZESAR 2005, 209 Fn. 4).

34 Die **Entgeltgleichheit** war in § 612 Abs. 3 BGB geregelt, der es ausschloss, für gleiche oder auch für gleichwertige Arbeit wegen des Geschlechts des Arbeitnehmers eine niedrigere Vergütung zu vereinbaren; mögliche Differenzierungen bestimmten sich nach § 611 a Abs. 1 S. 3 BGB aF, dh nach denselben Grundsätzen, die bei Einstellung, Beförderung, Kündigung usw anzuwenden waren.

35 Im Vergleich zu dieser Regelung bringt das **AGG** eine Reihe nicht unwichtiger **Veränderungen.** Der **Diskriminierungsbegriff** wird in verschiedenen Punkten **erweitert.**

36 Eine unmittelbare Benachteiligung liegt nach § 3 Abs. 1 S. 1 auch dann vor, wenn eine andere Person ohne das verpönte Merkmal in einer vergleichbaren Situation eine günstigere Behandlung erfahren würde; einbezogen ist daher auch eine **hypothetische Vergleichsperson.** Scheiden etwa die wenigen und gut vergüteten Vollzeitbeschäftigten aus, deren Entgelt Referenzgröße für die Bezahlung von Teilzeitkräften war, so wäre nunmehr davon auszugehen, dass eine Vollzeitkraft auch weiterhin in derselben Weise vergütet worden wäre.

37 Bei der mittelbaren Benachteiligung muss **kein statistischer Nachweis mehr** geführt werden, dass die fragliche „neutrale Vorschrift" eine Gruppe von Merkmalsträgern stärker benachteiligt als die Nicht-Merkmalsträger; vielmehr reicht es aus, dass dies **auf andere Weise deutlich gemacht** wird (s. Wank, FS Wiedemann, S. 609; I. Schmidt, FS Wißmann, S. 85; Einzelheiten → § 3 Rn. 49 ff.). Dies eröffnet die Möglichkeit, auch gegen die Benachteiligung ganzer Gruppen vorzugehen (vgl. Skidmore, AuR 2005, 361).

38 Die **Belästigung** wird in § 3 Abs. 3, 4 einer unzulässigen Diskriminierung gleichgestellt. Es bedarf daher keiner realen oder hypothetischen Vergleichsperson, da sich die Benachteiligung insoweit von selbst versteht. Die systematische Schikane eines Menschen unterschreitet in deutlicher Weise das allgemeine Niveau sozialer Normen, die im zwischenmenschlichen Verkehr als angemessen betrachtet werden.

39 Als Diskriminierung gilt nach § 3 Abs. 5 auch die **Anweisung** zu einem entsprechenden Verhalten. Der Tatbestand der Benachteiligung ist so etwas früher als nach altem Recht gegeben (s. etwa Waddington, MJ 11 (2004) S. 4; skeptisch dazu Izzi, GDLRI 2003, 423 ff.).

40 Der **Schadensersatzanspruch** nach § 15 bezieht sich anders als der im früheren § 611 a BGB normierte nicht nur auf die sachwidrig unterbliebene Einstellung und Beförderung, sondern auf **jede Form der Benachteiligung.** Auch eine diskriminierende Kündigung kann daher einen Schadensersatzanspruch zur Folge haben (Einzelheiten → § 15 Rn. 36 ff.).

41 Selbst wenn man die präventiven Elemente des neuen Gesetzes und die Hilfsfunktion der Antidiskriminierungsverbände im Verfahren hinzu-

nimmt, wird man **nicht** sagen könnten, dass eine „**neue Ära**" (so der Beitrag von Herms/Meinel, DB 2004, 2370) begonnen habe. Eine schon seit 25 Jahren vorhandene Grundstruktur wurde weiterentwickelt und in einer Reihe von Punkten ergänzt.

b) Das Diskriminierungsverbot wegen Schwerbehinderung

42 **§ 164 Abs. 2 S. 1 SGB IX** (§ 81 Abs. 2 S. SGB IX aF) enthält ein Diskriminierungsverbot zugunsten von Schwerbehinderten. Seine bisherige Ausgestaltung entsprach dem § 611 a BGB aF (dazu BAG 15.2.2005 – 9 AZR 635/03 – NZA 2005, 870), doch verweist S. 2 nunmehr auf das AGG. Dazu kommt das selbstständige **Klagerecht von Behindertenverbänden** nach § 85 SGB IX (§ 63 SGB IX aF).

43 Das AGG hat der Gruppe der Behinderten keine spezifischen Regeln gewidmet. Da sie in § 1 genannt sind, unterfallen sie allerdings dem Benachteiligungsverbot des § 7 Abs. 1. Daraus ergibt sich eine Reihe von im Gesetz nicht angesprochenen Folgefragen.

44 Der **Begriff des Behinderten** ist nicht mit dem des Schwerbehinderten identisch; vielmehr ist insoweit auf § 2 Abs. 1 SGB IX zurückzugreifen (Einzelheiten bei → § 1 Rn. 81). Damit ist die Frage aufgeworfen, wie die durch Art. 5 der Rahmenrichtlinie vorgeschriebenen angemessenen Vorkehrungen bei den „einfachen Behinderten" realisiert werden sollen (→ § 7 Rn. 80). Außerdem **fehlte bisher** die in Art. 17 der Rahmenrichtlinie vorgeschriebene **Sanktion** nicht nur bei den „einfachen Behinderten", sondern auch bei einer Benachteiligung von Schwerbehinderten, die zB als arbeitnehmerähnliche Personen nicht unter das SGB IX fallen. Diese Lücke ist nunmehr durch das AGG geschlossen.

c) Die Diskriminierungsverbote des § 75 Abs. 1 BetrVG

45 § 75 Abs. 1 BetrVG griff schon in seiner früheren Fassung, dh ohne die Änderungen im Zusammenhang mit dem AGG, neben dem Geschlecht weitere der jetzt in § 1 genannten Merkmale auf. Verboten war schon nach früherem Recht jede unterschiedliche Behandlung von Personen wegen ihrer **Religion**, wozu auch die Weltanschauung gezählt wurde (Fitting, 23. Aufl., BetrVG § 75 Rn. 44). Das weiter genannte Diskriminierungsverbot wegen **Abstammung und Herkunft** wird als im Wesentlichen deckungsgleich mit den in der Antirassismus-Richtlinie genannten Merkmalen angesehen („Rasse und ethnische Herkunft" – so DKK-Berg, 10. Aufl., BetrVG § 75 Rn. 11; Fitting, 23. Aufl., BetrVG § 75 Rn. 43). Durch das Änderungsgesetz von 2001 war in teilweiser Vorwegnahme der Rahmenrichtlinie das Merkmal „**sexuelle Identität**" hinzugekommen. Ein Defizit blieb insoweit, als § 75 Abs. 1 S. 2 BetrVG lediglich ein Benachteiligungsverbot wegen „**Überschreitung bestimmter Altersstufen**" enthielt, anders als die Richtlinie und § 1 also **jüngeres Alter** nicht zum Merkmal erhob (Einzelheiten → § 1 Rn. 95). Auf der anderen Seite geht § 75 Abs. 1 BetrVG in der früheren (wie in der jetzt geltenden) Fassung hinsichtlich der erfassten Merkmale deutlich über die Richtlinien und das AGG hinaus. Ausdrücklich einbezogen ist die „**Nationalität**", worunter die Staatsangehörigkeit zu verstehen ist (Fitting, BetrVG § 75 Rn. 67), ebenso die sonstige, insbes. die **regionale**

und soziale Herkunft (Fitting, BetrVG § 75 Rn. 66). Dies lässt sich allenfalls im Wege der Interpretation unter die Merkmale „Rasse und ethnische Herkunft" subsumieren (dazu → § 1 Rn. 37 ff.). Dazu kommen **politische und gewerkschaftliche Einstellung und Betätigung**, die jedenfalls nicht prima vista durch das Merkmal der „Weltanschauung" erfasst sind. Der wichtigste Unterschied besteht aber möglicherweise darin, dass § 75 Abs. 1 S. 1 BetrVG **keinen abschließenden Katalog** enthält, sondern – wie das Wörtchen „insbesondere" deutlich macht – auch die Entwicklung anderer Benachteiligungsverbote möglich macht, deren Praktizierung einen Verstoß gegen die im ersten Satzteil erwähnten „Grundsätze von Recht und Billigkeit" darstellen würde.

46 Die **Probleme** des § 75 Abs. 1 BetrVG liegen weniger in den erfassten Phänomenen als **im realen Anwendungsbereich** und den Sanktionen. Umstritten ist, ob die Vorschrift angesichts der ausdrücklichen Erwähnung der „im Betrieb tätigen Personen" auch Einstellungsvorgänge erfasst; die Literatur geht mehrheitlich davon aus, dass dies nur dann der Fall sei, wenn insoweit eine Regelung durch Betriebsrat und Arbeitgeber erfolge, wie dies etwa bei der Vereinbarung von Einstellungsrichtlinien nach § 95 Abs. 1 BetrVG der Fall sei (Fitting, BetrVG § 75 Rn. 16; GK-Kreutz, BetrVG § 75 Rn. 44; erweiternd DKKW-Berg, BetrVG § 75 Rn. 12). Gravierender ist, dass die Vorschrift **in Betrieben ohne Betriebsrat** nach herrschender Auffassung wirkungslos bleibt (Nachweise bei GK-Kreutz, BetrVG § 75 Rn. 4) und dass die **Grundsätze** des § 75 Abs. 1 BetrVG **nicht unmittelbar in die Arbeitsverträge eingehen**, sondern deren Inhalt nur mittelbar beeinflussen (ErfK-Kania, BetrVG § 75 Rn. 1). Dies hat zur Folge, dass der Einzelne sich eher mit geringen Aussichten auf diese Vorschrift berufen kann, wenn er sich zB wegen seiner Religion oder seines höheren Alters benachteiligt sieht.

47 **Auf kollektivrechtlicher Ebene** steht dem Betriebsrat nach der Rechtsprechung **kein Anspruch** gegen den Arbeitgeber zu, die nach § 75 Abs. 1 BetrVG unzulässigen **Maßnahmen zu unterlassen** (BAG 28.5.2002 – 1 ABR 32/01 – AP § 87 BetrVG 1972 Ordnung des Betriebs Nr. 29; BAG 27.1.2004 – 1 ABR 7/03 – AP § 87 BetrVG 1972 Überwachung Nr. 40). Nur wenn er sich zum „Komplizen" macht, sind diskriminierende Betriebsvereinbarungen oder Betriebsabsprachen wegen Verstoßes gegen ein gesetzliches Verbot nach § 134 BGB unwirksam (BAG 8.6.1999 – 1 ABR 67/98 – DB 1999, 2218, 2219; DKKW-Berg, BetrVG § 75 Rn. 142; Fitting, BetrVG § 75 Rn. 177; GK-Kreutz, BetrVG § 75 Rn. 152). Nach der Rechtsprechung (BAG 5.4.1984 – 2 AZR 513/82 – AP § 17 BBiG Nr. 2) und der wohl herrschenden Auffassung in der Literatur (DKKW-Berg, BetrVG § 75 Rn. 147; ErfK-Kania, BetrVG § 75 Rn. 12; Fitting, BetrVG § 75 Rn. 177; aA GK-Kreutz, BetrVG § 75 Rn. 151 mwN; Richardi, BetrVG § 75 Rn. 53) stellt § 75 Abs. 1 BetrVG insoweit ein **Schutzgesetz** nach § 823 Abs. 2 BGB dar, dessen Verletzung den Arbeitgeber zum Schadensersatz gegenüber den im Betrieb Beschäftigten verpflichtet. Erkennbare praktische Bedeutung ist dem bislang allerdings nicht zugekommen.

48 **§ 67 Abs. 1 BPersVG** traf für den öffentlichen Dienst des Bundes eine an § 75 Abs. 1 S. 1 BetrVG aF angelehnte Regelung. Unterschiede ergaben

sich insoweit, als das Merkmal „sexuelle Identität" nicht aufgenommen wurde und auch eine Bestimmung fehlte, wonach die Überschreitung bestimmter Altersstufen keine Nachteile zur Folge haben durfte. Eine über § 75 Abs. 1 BetrVG hinausgehende „Durchschlagskraft" ist nicht ersichtlich (Einzelheiten bei Altvater ua, BPersVG, 5. Aufl., BPersVG § 67 Rn. 26 ff., wo sich auch Hinweise auf die entsprechenden landesrechtlichen Bestimmungen finden). 2006 ist § 67 Abs. 1 BPersVG in gleicher Weise wie § 75 Abs. 1 BetrVG ans AGG angeglichen worden.

d) Diskriminierungsschutz aufgrund mittelbarer Drittwirkung von Grundrechten

49 **Art. 3 Abs. 3 S. 1 GG** verbietet Benachteiligungen oder Bevorzugungen aufgrund des Geschlechts, der Abstammung, der Rasse, der Sprache, der Heimat und Herkunft, des Glaubens, der religiösen oder politischen Anschauungen. Außerdem ist im Jahre 1994 **Art. 3 Abs. 3 S. 2 GG** eingefügt worden, wonach niemand wegen seiner Behinderung benachteiligt werden darf. Damit sind – grob gesprochen – außer der sexuellen Identität und dem Alter alle Merkmale des § 1 erfasst.

50 In der Rechtsprechung hat Art. 3 Abs. 3 GG bislang eine sehr bescheidene Rolle gespielt. Zu einer Zeit, als die Rechtsprechung der unmittelbaren Drittwirkung der Grundrechte zumindest noch nahe stand, vertrat das BAG die Auffassung, nur dann, wenn eine Kündigung ausschließlich wegen der politischen Betätigung des Gekündigten ausgesprochen werde, sei sie wegen Verstoßes gegen Art. 3 Abs. 3 GG unwirksam (BAG 28.9.1972 – 2 AZR 469/71 – AP § 134 BGB Nr. 2). Nach heutiger Auffassung bestimmt sich die Einwirkung von Grundrechten auf das Verhältnis zwischen Privaten nach der sog **Schutzpflichtlehre**. Diese ist im hier interessierenden Zusammenhang nur ansatzweise konkretisiert worden (ErfK-Schmidt, GG Art. 3 Rn. 68 ff., 76; Lingscheid, S. 39).

51 **Tarifliche Schlechterstellungen von Beschäftigten in den neuen Bundesländern** wurden trotz des Verbots der Diskriminierung wegen Heimat und Herkunft bestätigt (BAG 30.7.1992 – 6 AZR 11/92 – AP TV-Ang Bundespost § 1 Nr. 1). Dabei wurde freilich nur eine Differenzierung nach dem Arbeitsort akzeptiert; das bloße **„Stammen" aus dem Beitrittsgebiet** rechtfertigt jedenfalls seit 1996 keine Benachteiligung im Bereich der Vergütung mehr (BAG 15.5.2001 – 1 AZR 672/00 – BB 2001, 2166 ff.). Bei einem Richter wurde allerdings trotz Erfüllung aller laufbahnrechtlichen Voraussetzungen für einen ergänzenden Zuschuss noch im Jahre 2003 darauf abgestellt, dass er sein Studium in der früheren DDR absolviert hatte (BVerfG 12.2.2003 – 2 BvR 709/99 – NJW 2003, 3335). Das Verbot der Diskriminierung wegen der Heimat nach Art. 3 Abs. 3 S. 1 GG sei nicht unmittelbar verletzt, da ja nur an den Hochschulort angeknüpft werde. Eine mittelbare Diskriminierung (dazu ErfK-Schmidt, GG Art. 3 Rn. 76) sei jedenfalls gerechtfertigt, da es um die Bewältigung von Transformationsproblemen im Zuge der Wiedervereinigung gehe.

52 Auch dort, wo unmittelbar das Bürger-Staat-Verhältnis in Rede steht, ist eine gewisse **Unwilligkeit der Gerichte** festzustellen, **sich auf** die Diskriminierungsverbote des **Art. 3 Abs. 3 S. 1 GG einzulassen** (verkannt bei Säcker,

ZEuP 2006, 1). Dies wird nicht zuletzt daran deutlich, dass das BVerfG die niedrigeren Rechtsanwaltsvergütungen in den neuen Bundesländern (nur) am allgemeinen Gleichheitssatz des Art. 3 Abs. 1 GG scheitern ließ (BVerfG 28.1.2003 – 1 BvR 487/01 – NJW 2003, 737). Auch wurde die Frage, ob die Schlechterstellung als „Ossi" bei Bewerbungen zulässig sei, allein danach entschieden, ob eine Diskriminierung wegen ethnischer Herkunft vorliege (→ § 1 Rn. 46). Mit Recht wurde deshalb betont, es sei nach bisherigem Stand zweifelhaft, ob überhaupt im Verhältnis zwischen Privaten von einem aus Art. 3 Abs. 3 S. 1 GG abgeleiteten gleichheitsrechtlichen Minimum die Rede sein könne (Hoppe/Wege, Anm. zu ArbG Wuppertal LAGE § 626 BGB 2002 Nr. 2 a). Demgegenüber kann Art. 3 Abs. 3 GG im Sozialrecht erhebliche Bedeutung gewinnen (Bieback, ZESAR 2006, 143, 147 ff.).

53 Soweit die **verpönten Merkmale** wie etwa die Religion **zugleich Gegenstand eines Freiheitsrechts** sind, ergibt sich eine eher als reichhaltig zu qualifizierende Rechtsprechung, die durch Abwägung zwischen dem Freiheitsrecht und den Gegenrechten des Arbeitgebers zu Resultaten kommt, die auch diskriminierungsrechtlich begründet werden könnten (zur – eingeschränkten – Äquivalenz von freiheitsrechtlichen und diskriminierungsrechtlichen Lösungen desselben Problems s. Däubler, GS Zachert, S. 227 ff.; dazu auch das Anschauungsmaterial bei Brose/Greiner/Preis, NZA 2011, 369, 379).

54 Das religiös motivierte Tragen einer bestimmten Kleidung wurde akzeptiert, soweit dadurch die betrieblichen Abläufe nicht wesentlich gestört wurden. Dies gilt etwa für das Outfit – rote Kleidung und Mala – der Bhagwan-Bewegung (LAG Düsseldorf 22.3.1984 – 14 Sa 1905/83 – BB 1985, 391), aber auch für den Turban eines **Sikh**, der als Arbeitnehmer einer großen Imbisskette an sich eine weiße Papierfaltmütze hätte tragen müssen (ArbG Hamburg 3.1.1996 – 19 Ca 141/95 – AuR 1996, 243). Das **Tragen des muslimischen Kopftuchs** durch eine Warenhausverkäuferin wurde vom **BAG** (BAG 10.10.2002 – 2 AZR 472/01 – NZA 2003, 483) gebilligt, was das **BVerfG** als verfassungsrechtlich unbedenklich qualifiziert hat (BVerfG 30.7.2003 – 1 BvR 792/03 – NZA 2003, 959). Der **EuGH** (EuGH 14.3.2017 – Rs. C-185/15 – NZA 2017, 375) lässt den **Wunsch eines Kunden nicht als Rechtfertigung** für ein Verbot genügen. Ist allerdings im Betrieb das sichtbare Tragen jedes politischen, philosophischen oder religiösen Zeichens am Arbeitsplatz untersagt, so liege allenfalls eine mittelbare Diskriminierung vor (EuGH 14.3.2017 – Rs. C-157/15 – NZA 2017, 373); ob dies der Fall sei, habe im Einzelnen der nationale Richter zu entscheiden (zu beiden Entscheidungen s. Hartmeyer, EuZA 10 (2017), 545 ff.; Berka, EuZA 10 (2017), 465 ff.; J. Schubert, NJW 2017, 2582 ff.). Der **EGMR** hatte sich mit der Problematik zu befassen, dass in Frankreich ein befristeter Arbeitsvertrag nicht verlängert wurde, weil sich die Arbeitnehmerin weigerte, auf das Tragen eines Kopftuchs zu verzichten: Angesichts des laizistischen Charakters des französischen Staates liege **keine Verletzung** der Religionsfreiheit nach Art. 9 EMRK vor (EGMR 26.11.2015 – 64846/11 (E./.Frankreich) – NZA-RR 2017, 62; dazu Mareck, jM 2017, 416).

55 Auch einer **Kindergärtnerin** wurde zunächst das Tragen des Kopftuchs erlaubt (ArbG Dortmund 16.1.2003 – 6 Ca 5736/02 – EzA-SD 2003, 11), doch gab es anschließend zum Teil abweichende landesgesetzliche Regelungen für den **Lehrerberuf.** Das entsprechende baden-württembergische Gesetz wurde zwar vom BAG (BAG 12.8.2010 – 2 AZR 593/09 – NZA-RR 2011, 162) gebilligt, nicht aber vom **BVerfG** (BVerfG 10.10.2016 – 1 BvR 354/11 – NZA 2016, 1522), das ein Verbot nur dann akzeptierte, wenn andernfalls eine **konkrete Gefahr** für die Eignung, die Neutralität und den inneren Frieden der Einrichtung drohen würde. Ebenso hat in jüngerer Zeit das LAG Berlin-Brandenburg (9.2.2017 – 14 Sa 1038/16) entschieden und das Berliner Landesgesetz verfassungskonform interpretiert. Damit sind auch die zu anderen Landesregelungen ergangenen Urteile in Bezug auf Lehrerinnen an öffentlichen Schulen in Frage gestellt: Ein generelles Kopftuchverbot war insoweit von der Rechtsprechung gebilligt worden (BAG 20.8.2009 – 2 AZR 499/08 – NZA 2010, 227; ebenso für einen „Altfall" VG Osnabrück 18.1.2017 – 3 A 24/16). Dabei wurde sogar der Fall einbezogen, dass die Lehrerin als „Ersatz" eine **Wollmütze** trug, die Haare, Haaransatz und Ohren vollständig bedeckte (BAG 20.8.2009 – 2 AZR 499/08 – NZA 2010, 227). Selbst eine **Baskenmütze** wurde als **unerlaubtes Surrogat** behandelt (LAG Düsseldorf 10.4.2008 – 5 Sa 1836/07 – LAGE Art. 4 GG Nr. 6; zustimmend Schleusener/Suckow/Voigt-Schleusener, § 1 Rn. 57). In Zukunft wird zu prüfen sein, ob die Tätigkeit der Muslima zu einer konkreten Gefahr für die Neutralität und den inneren Frieden der Einrichtung führt (Klostermann-Schneider, jurisPR-ArbR 16/2017 Anm. 3), was nur in absoluten Ausnahmefällen anzunehmen ist.

56 Einer Gerichtsreferendarin wurde in Hessen aufgrund eines „Hinweisblattes" verboten, während der Sitzungsvertretung für die Staatsanwaltschaft und bei anderem öffentlichem Tätigwerden für die Justiz ein Kopftuch zu tragen. Das VG Frankfurt/M. (VG Frankfurt/M. 13.4.2017 – 9 L 1298/17.F) hat diese Entscheidung mangels gesetzlicher Grundlage im Eilverfahren aufgehoben; auch sah es keine inhaltliche Rechtfertigung für diesen weitgehenden Grundrechtseingriff. Zustimmung verdient im Ergebnis eine Entscheidung des BAG, wonach eine **christlich-kirchliche Einrichtung** grundsätzlich verlangen kann, dass sich ihre Beschäftigten nicht während der Arbeit zu einer anderen Religion bekennen (BAG 24.9.2014 – 5 AZR 611/12 – NZA 2014, 1407). In einer **Zahnarztpraxis** besteht demgegenüber kein Grund, das Tragen des Kopftuchs zu verbieten, weshalb einer abgelehnten Bewerberin ein Schadensersatzanspruch zugesprochen wurde (ArbG Berlin 28.3.2012 – 55 Ca 2426/12 – NZA-RR 2012, 627). In streng laizistischen Staaten wie Frankreich kann ohne einen Verstoß gegen die EMRK in **Krankenhäusern** ein Kopftuchverbot angeordnet werden (so EGMR 26.11.2015 – 64846/11 – NZA-RR 2017, 62), doch können andere Rechtsordnungen der Religionsfreiheit größeren Spielraum gewähren.

57 Ähnliche Maßstäbe gelten für **religiöse Aussagen**, die als solche erlaubt sind, die aber die Erfüllung der übernommenen arbeitsvertraglichen Pflichten nicht beeinträchtigen dürfen. Letzteres wurde im Falle einer Krankenschwester angenommen: Sie hatte den Patienten gegenüber geäußert, die Krankheit sei Ausdruck der Lebensschuld des Betroffenen und seiner Fami-

lie; auch hatte sie gemeint, im Krankenhaus herrsche der Teufel und eine Chemotherapie sei überflüssig, weil Jesus auch ohne Ärzte helfen könne. Die verhaltensbedingte Kündigung wurde zu Recht bestätigt (ArbG Reutlingen 5.1.1993 – 1 Ca 378/92 – BB 1993, 1012, im Detail wiedergegeben bei Wege, S. 78).

58 Ging es um eine **Arbeitsverweigerung an religiösen Feiertagen**, suchte die Rechtsprechung regelmäßig einen Ausgleich (etwa in Form einer unbezahlten Freistellung); nur soweit dem Arbeitgeber keine Maßnahmen zur Verfügung standen, um dem Konflikt auszuweichen, hatten letztlich seine Interessen den Vorrang.

59 So war etwa in einem frühen vom LAG Düsseldorf (LAG Düsseldorf 14.2.1963 – 7 Sa 581/62 – JZ 1964, 258) entschiedenen Fall der Arbeitgeber bereit gewesen, einen freien Tag für das moslemische Kurban-Beyram-Fest zu gewähren, doch hatte ein Beschäftigter vier Tage in Anspruch genommen und damit seine (berechtigte) Kündigung provoziert (gleichwohl kritisch Habscheid, JZ 1964, 246 ff.). Dementsprechend hat auch das ArbG Paderborn (ArbG Paderborn 8.1.1997 – 2 Ca 1222/96 – EzA § 1 KSchG Verhaltensbedingte Kündigung Nr. 49) eine Kündigung bestätigt, als ein Arbeitnehmer einer Auslandstätigkeit fernblieb, von der er erst am Karfreitag zurückgekehrt wäre, so dass er nicht an einer Kreuzwegprozession hätte teilnehmen können. Muslimische **Gebetspausen** von wenigen Minuten sind unproblematisch, wenn keine betrieblichen Störungen verursacht werden (LAG Hamm 18.1.2002 – 5 Sa 1782/01 – NZA 2002, 675); tritt eine Kollision ein, ist durch Rücksprache mit dem Vorgesetzten nach einer Lösung zu suchen (LAG Hamm 26.2.2002 – 5 Sa 1582/01 – NZA 2002, 1090). Insoweit besteht grundsätzliche Übereinstimmung mit dem niederländischen Recht (Hoge Raad, NJ 1985, 350), während die anderen kontinentalen Rechtsordnungen der Arbeitspflicht absoluten Vorrang einräumen (Valdés Dal-Ré, FS Rodríguez-Pinero, S. 602 ff.). Bemerkenswert ist eine Entscheidung des LAG Schleswig-Holstein (LAG Schleswig-Holstein 22.6.2005 – 4 Sa 120/05 – AuR 2005, 382 = AuA 2005, 617), wonach bei **Schichtplänen** auf das religiös begründete Verbot der Arbeit am Samstag Rücksicht zu nehmen ist: Nur wenn andernfalls konkrete Gefahren für den Betriebsablauf bestehen würden, kann ein Mitglied der Sieben-ten-Tages-Adventisten verpflichtet werden, auch am Samstag zu arbeiten. Anders war noch vor 70 Jahren für einen Angehörigen derselben religiösen Gruppe entschieden worden, der als Angestellter der Reichsbahn darum gebeten hatte, niemals samstags eingeteilt zu werden (LAG Frankfurt/M.16.9.1947 – II LA 81/47, mitgeteilt bei Wege, S. 64).

60 Auf die **Weltanschauungsfreiheit** lässt sich die Rechtsprechung stützen, wonach ein angestellter Drucker, der als Kriegsdienstverweigerer anerkannt war, die Mitwirkung an der Herstellung kriegsverherrlichender Literatur verweigern konnte (BAG 20.12.1984 – 2 AZR 436/83 – NZA 1986, 21, 22; s. bereits BAG 29.1.1960 – 1 AZR 200/58 – NJW 1960, 1734). Auch in anderen Fällen wurde die Verweigerung bestimmter Arbeiten nicht als Vertragsverletzung gewertet, weil der Arbeitnehmer sich **auf sein Gewissen berufen** konnte und ein anderer Einsatz möglich gewesen wäre (Zusammenfassung bei Däubler, Arbeitsrecht 2, Rn. 553). Dabei war es nicht Vor-

aussetzung (wenn auch in der Regel der Fall), dass die Gewissensentscheidung religiös oder weltanschaulich begründet war. Die Arbeitgeberinteressen hatten allerdings verständlicherweise den Vorrang, wenn der Arbeitnehmer die fragliche Tätigkeit bei den Einstellungsverhandlungen zugesagt und dann nach Arbeitsantritt unter Berufung auf ein religiöses Tabu verweigert hatte (BAG 22.5.2003 – 2 AZR 426/02 – AP § 1 KSchG 1969 Wartezeit Nr. 18 – **Sinti** als Leichenbestatter). Anders verhielt es sich im Falle eines stellvertretenden Konzertmeisters, der aus christlicher Überzeugung heraus die Mitwirkung an einer Oper wegen deren blasphemischem Gehalt verweigert hatte, aber unschwer hätte auch bei anderen Aufführungen eingesetzt werden können (LAG Düsseldorf 7.8.1992 – 9 Sa 794/92 – NZA 1993, 411).

61 Auch Fragen der **Benachteiligung wegen Alters** wurden vor Erlass des AGG „freiheitsrechtlich" gelöst. Das BAG hat **Altersgrenzen** an Art. 12 GG gemessen und das Bestandsschutzinteresse des Arbeitnehmers nur dann zurückstehen lassen, wenn dieser eine ausreichende Versorgung besaß (BAG 14.8.2002 – 7 AZR 469/01 – DB 2003, 394). Dies entspricht früheren Aussagen des Gerichts, wonach eine durch Betriebsvereinbarung festgesetzte Altersgrenze 65 nur dann wirksam war, wenn der Betroffene Rentenansprüche aus der Sozialversicherung besaß; eine zusätzliche betriebliche Altersversorgung war jedoch nicht erforderlich (BAG 20.11.1987 – 2 AZR 284/86 – DB 1988, 1501, 1502). In dieser gerichtlichen Kontrolle kommt die staatliche Schutzpflicht zugunsten der Berufsfreiheit des Arbeitnehmers nach Art. 12 Abs. 1 GG zum Ausdruck, die auch für Tarifverträge gilt (BAG 27.11.2002 – 7 AZR 414/01 – NZA 2003, 812). Unter 65 Jahren liegende Altersgrenzen für Piloten wurden zu jener Zeit gebilligt (BAG 27.11.2002 – 7 AZR 414/01 – NZA 2003, 812), doch wurde die **Altersgrenze 55 für Kabinenpersonal** in Flugzeugen für **unzulässig** erklärt (BAG 21.1.2001 – 7 AZR 140/01 – NZA 2002, 1155). Die gleichheitsrechtliche Dimension spielte so gut wie keine Rolle (immerhin angesprochen in BAG 12.2.1992 – 7 AZR 100/91 – DB 1993, 443). In Frankreich wurde eine Altersgrenze von 39 Jahren für einen Tänzer in den „Folies Bergères" nicht akzeptiert (Cour de Cassation, 6 déc. 2005 No 92–40 389, Bull. civ. V, No 331; dazu Langlois, DS 2006, 155 ff.).

62 Weithin unbeachtet blieben einige frühe BAG-Entscheidungen zu **Art. 24 Abs. 2 der Verfassung des Landes NRW**, wonach für gleiche Tätigkeit und gleiche Leistung Anspruch auf gleichen Lohn besteht und dies ausdrücklich auch „für Frauen und Jugendliche" gilt. Das BAG (BAG 14.7.1961 – 1 AZR 154/60 – AP Art. 24 VerfNRW Nr. 1) hat deshalb eine Tarifklausel beanstandet, wonach es zulässig sein sollte, bei **Weiterarbeit nach dem 65. Lebensjahr** die Hälfte der Rente aus der Sozialversicherung auf die Vergütung anzurechnen. Eine weitere Entscheidung (BAG 18.10.1961 – 1 AZR 417/60 – AP Art. 24 VerfNRW Nr. 2) befasste sich ausdrücklich mit der **Benachteiligung wegen jugendlichen Alters** und erklärte eine Tarifnorm für unwirksam, die unterschiedliche Akkordrichtsätze für jugendliche und für andere Arbeitnehmer festgelegt hatte.

63 Das Verbot der **Diskriminierung wegen sexueller Orientierung** war schon vor Inkrafttreten des AGG im Begriff, sich als Teil des innerstaatlichen

Rechts durchzusetzen. Das BAG hat in seiner Entscheidung vom 29.4.2004 (BAG 29.4.2004 – 6 AZR 101/03 – NZA 2005, 57) festgestellt, Tarifverträge über einen Ortszuschlag im öffentlichen Dienst würden in Bezug auf das neue familienrechtliche Institut der Lebenspartnerschaft eine Lücke aufweisen, die durch entsprechende Anwendung der für die Ehe geltenden Regelungen zu schließen sei. Auch hier wird nicht primär diskriminierungsrechtlich, sondern mit sachgerechter Auslegung des einschlägigen Tarifvertrags argumentiert; im Ergebnis sind jedoch keine ins Gewicht fallenden Unterschiede ersichtlich. Dasselbe gilt für das **Verbot**, einem Arbeitnehmer während der Probezeit **wegen seiner Homosexualität zu kündigen** (BAG 23.6.1994 – 2 AZR 617/93 – NZA 1994, 1080; dazu auch Fuchs, ZESAR 2006, 383).

e) Arbeitsrechtlicher Gleichbehandlungsgrundsatz

64 Ein Einfallstor für diskriminierungsrechtliche Wertungen könnte an sich der richterrechtlich entwickelte und vom Gesetzgeber im BetrAVG anerkannte arbeitsrechtliche Gleichbehandlungsgrundsatz sein (zu diesem ErfK-Preis, BGB § 611 Rn. 572 ff. mwN und im hier relevanten Kontext Fuchs, ZESAR 2006, 382). Er wurde in diesem Sinne aber wenig genutzt, was damit zusammenhängen mag, dass er nach herrschender Sicht die **Einstellung nicht** und die **Kündigung nur mit Einschränkungen** erfasst (dazu Wiedemann, FS 50 Jahre BAG, S. 265 ff.). Auch haben in Bezug auf Vergütung und Arbeitsbedingungen einzelvertragliche Abmachungen Vorrang, wobei letztlich ungeklärt ist, ob diese „ausgehandelt" sein müssen oder nicht. Ein unterschiedlicher Ansatz besteht auch insoweit, als der Gleichbehandlungsgrundsatz jeden „sachlichen Grund" für eine Differenzierung genügen lässt, also nach einer im Prinzip offenen Zahl an Rechtfertigungsmöglichkeiten sucht, während ein Diskriminierungsverbot bestimmte Gründe definitiv ausschließt (vgl. Wiedemann, FS 50 Jahre BAG, S. 266). Allerdings gibt es keine grundsätzlichen Hindernisse, den Gleichbehandlungsgrundsatz beispielsweise im Wege einer richtlinienkonformen Interpretation in der Richtung weiterzuentwickeln, dass seine Verletzung immer dann angenommen würde, wenn eine unterschiedliche Behandlung auf ein „verpöntes Merkmal" gestützt wird (zur Frage, wann die Differenzierungsgründe offengelegt werden müssen, s. BAG 23.2.2011 – 5 AZR 84/10 – NZA 2011, 693).

2. Die zivilrechtliche Situation

65 Anders als das Arbeitsrecht kennt das überkommene Zivilrecht **keine ausdrücklichen Diskriminierungsverbote** nach Art des AGG. Aus dem Versicherungsaufsichtsrecht ist **allerdings § 81 e VAG** aF zu nennen, der Diskriminierungen aufgrund der Nationalität und der ethnischen Zugehörigkeit verbot. „Türken-Tarife" oder „Balkan-Tarife" sind daher bei privaten Versicherungen ausgeschlossen. Weitere Verbote sind nicht ersichtlich. Erheblicher Diskussionsbedarf besteht insbesondere bei der Frage, inwieweit das Abstellen auf geschlechtsspezifische Risiken gegen Art. 3 Abs. 2 GG verstößt (Ambrosius, AuR 2005, 86 ff.; Schiek, Differenzierte Gerechtigkeit, S. 204 ff.). Andere verpönte Merkmale haben ersichtlich bisher kaum eine Rolle gespielt.

66 Aus der **Rechtsprechung** ist in erster Linie über Entscheidungen zu berichten, bei denen es um **diskriminierende Vertragsverweigerung** ging. Hervorzuheben ist ein Urteil des LG Karlsruhe (LG Karlsruhe 11.8.2000 – 2 O 243/00 – NJW-RR 2002, 111), das einen möglichen Aufnahmeanspruch eines von Homosexuellen gebildeten Gesangvereins in den Badischen Sängerbund als Dachorganisation betraf. Da Letzterer eine überragende Position mit Quasi-Monopolcharakter einnahm, waren die allgemeinen Voraussetzungen für einen Kontrahierungszwang gegeben (dazu Däubler, BGB kompakt, Kap. 11 Rn. 118 ff.). Die Aufnahme abzulehnen, hätte ein legitimes und überwiegendes Interesse der bisherigen Mitglieder vorausgesetzt, das vom LG Karlsruhe zu Recht verneint wurde; die sexuelle Ausrichtung der Mitglieder des beitrittswilligen Vereins konnte ein solches jedenfalls nicht konstituieren.

67 Erhebliche Bedeutung hat die Frage, inwieweit die **ethnische Zugehörigkeit** nicht nur in Fällen des Kontrahierungszwangs, sondern generell bei öffentlich angebotenen Gütern ein Ausschlussgrund sein kann. Das OLG Frankfurt hatte darüber zu entscheiden, ob sich der Inhaber einer Gastwirtschaft dadurch wegen Volksverhetzung strafbar machte, dass er vor seinem Lokal ein Schild mit der Aufschrift „Türken dürfen dieses Lokal nicht betreten" aufgehängt hatte (OLG Frankfurt 8.1.1985 – 5 Ss 286/84 – NJW 1985, 1720). Eine Verurteilung wurde mit der Begründung abgelehnt, die Menschenwürde sei nicht verletzt, da Türken nicht als „unterwertig" behandelt würden oder ihnen das Lebensrecht in der bestehenden Gesellschaft bestritten worden sei (kritisch dazu mit Recht Lohse, NJW 1985, 1677 ff.). Die neuere Literatur vertritt den Standpunkt, dass in derartigen Fällen ein „ausgeschlossener" Interessent den Abschluss eines Vertrages verlangen kann (Bezzenberger, AcP 196 (1996), 395 ff.; zustimmend Palandt-Heinrichs, 66. Aufl., Anhang nach § 319 Art. 2 Antirassismus-Richtlinie Rn. 8); in der Verweigerung des Vertragsabschlusses würde überdies eine erhebliche Verletzung des allgemeinen Persönlichkeitsrechts des Betroffenen liegen, die zum Ersatz auch des immateriellen Schadens verpflichte (Säcker, BB-Special 6/2004, 27; Däubler, BGB kompakt, Kap. 11 Rn. 141, jeweils im Anschluss an die Rechtsprechung des BAG zu § 611 a BGB). Im Bereich von **Gaststätten und Diskotheken** kommt überdies auch der Entzug der Gaststättenerlaubnis wegen Unzuverlässigkeit in Betracht (Hailbronner, ZAR 2001, 254; eingehend zum Zugang zu Gaststätten s. die Monographie von Fries). Zum Teil wird bei der Vertragsverweigerung aus rassistischen Gründen mit Recht auch § 826 BGB angewandt (Neuner, JZ 2003, 57 ff.).

68 Die **Benachteiligung von Behinderten** hat in der Vergangenheit unterschiedliche Fragen aufgeworfen. Einmal ging (und geht) es um das Problem, dass eine mögliche oder bestehende Ausgrenzung durch eine bestimmte Handhabung zivilrechtlicher Normen noch verstärkt werden könnte. Signalwirkung hatte insoweit eine Entscheidung des LG Frankfurt/M. (LG Frankfurt/M. 25.2.1980 – 2/24 S 282/79 – NJW 1980, 1169), die es als „**Reisemangel**" qualifizierte, wenn Ferienreisende gemeinsam mit (unartikulierte Laute ausstoßenden) Behinderten im Speisesaal essen mussten (ebenso AG Flensburg 27.8.1992 – 63 C 265/92 – NJW 1993, 272). An-

ders hat in jüngerer Zeit das AG Kleve (AG Kleve 12.3.1999 – 3 C 460/98 – NJW 2000, 84) entschieden und hierfür in der Literatur Zustimmung erfahren (Neuner, NJW 2000, 1822, 1833). Einen vernünftigen Kompromiss im Rahmen eines ähnlich gelagerten Nachbarschaftsstreits fand das OLG Köln (OLG Köln 8.1.1998 – 7 U 83/96 – NJW 1998, 763).

69 **Zweites Problem** kann die **Verweigerung von Vertragsschlüssen** mit Behinderten sein, was angesichts der genannten Rechtsprechung des LG Frankfurt/M. aus Sicht eines Reisebüros durchaus naheliegend wäre. Dies würde allerdings nicht anders als im Verhältnis zu ethnischen Minderheiten eine Verletzung der Menschenwürde darstellen, die als unzumutbarer Eingriff in das allgemeine Persönlichkeitsrecht zum Schadensersatz verpflichten würde (Neuner, NJW 2000, 1822, 1824).

70 Der **dritte Problemkomplex** betrifft die Frage, dass die auf dem Markt angebotenen **Güter nicht** notwendig **behindertengerecht** sind. Insoweit wären – ähnlich wie dies Art. 5 der Rahmenrichtlinie für das Arbeitsleben vorschreibt – angemessene Vorkehrungen zu treffen, um die Zugänglichkeit von Angeboten auch für Behinderte sicherzustellen. Vorreiterfunktion hat insoweit **§ 554 a BGB**, wonach der Mieter vom Vermieter die Zustimmung zu baulichen Veränderungen oder sonstigen Einrichtungen verlangen kann, die für eine behindertengerechte Nutzung der Mietsache oder den Zugang zu ihr erforderlich sind; der Vermieter kann nur aus überwiegendem Eigeninteresse seine Zustimmung verweigern. Eine sachlich übereinstimmende Entscheidung hatte kurz vor Inkrafttreten dieser Bestimmung das BVerfG getroffen (BVerfG 28.3.2000 – 1 BvR 1460/99 – NJW 2000, 2658). Eine generelle Regelung brachte dann das sog Behinderten-Gleichstellungsgesetz vom 27.4.2002 (BGBl. I, 1467), das in seinem § 4 die generelle Herstellung von **Barrierefreiheit in einem umfassenden Sinn** verlangt: Dabei geht es nicht nur um bauliche, sondern auch um kommunikative Barrieren, deren Überwindung zB durch Benutzung der Gebärdensprache oder mithilfe einer Ergänzung des PC durch ein Sprechprogramm sichergestellt werden kann. Die Ausgrenzung geistig Behinderter mindert die Vorschrift des § 105 a BGB, die Bargeschäfte des täglichen Lebens auch solchen erwachsenen Personen ermöglicht, die nicht geschäftsfähig sind.

71 Das Verbot der **Diskriminierung wegen (jüngeren oder höheren) Alters** hat in der Praxis bislang – soweit ersichtlich – keine wesentliche Rolle gespielt. Bemerkenswert ist immerhin, dass die Frage des Reisemangels auch im Zusammenhang mit Kinderlärm zu einem von den Gerichten zu entscheidenden Problem geworden ist (LG Kleve 20.12.1996 – 6 S 34/96 – NJW-RR 1997, 1208).

3. Einschätzung

a) Kontinuität

72 Der Überblick über die Rechtslage vor Inkrafttreten des AGG macht deutlich, dass dieses **keine grundsätzlich neuen Strukturen** schuf (ebenso im Grundsatz Fuchs, ZESAR 2006, 383), und zwar weder im Arbeits- noch im Zivilrecht. **Im Arbeitsrecht** wird ganz im Gegenteil eine **lange Tradition fortgeführt**: Der Gleichbehandlungsgrundsatz wurde 1936 zum ersten Mal in der Rechtsprechung anerkannt, die Diskriminierungsverbote des § 75

Abs. 1 S. 1 BetrVG stimmen – abgesehen von dem Merkmal „sexuelle Identität" – wörtlich mit der Vorgängervorschrift des § 51 S. 1 BetrVG 1952 überein. Dass der Stellenwert dieser Grundsätze und Vorschriften geringer war als der des 1980 geschaffenen § 611 a BGB aF kann niemanden überraschen. Es geht um einen **Entwicklungsprozess**, der durch das AGG ein Stück weiter vorangebracht wurde.

73 In der Literatur wird diese vergleichsweise hohe Kontinuität von zahlreichen Autoren anerkannt (s. statt aller Prütting, FS 50 Jahre BAG, S. 1312; Waas, ZIP 2000, 2154). Wendeling-Schröder (FS Schwerdtner, S. 271) spricht von „Fortführung und Untermauerung des Bestehenden", Säcker (BB-Special 6/2004, 18) stellt nunmehr (ein wenig pauschal) fest, schon bisher sei ein Arbeitnehmer vor jeder Diskriminierung aus den in Art. 13 EG (jetzt: Art. 18 AEUV) genannten Gründen geschützt gewesen. Dabei ist – wie oben insbesondere am Beispiel der Religionsfreiheit gezeigt – die Rechtsprechung bisweilen **einen anderen als den diskriminierungsrechtlichen Weg** gegangen, ohne deshalb jedoch zu wesentlich abweichenden Ergebnissen zu gelangen. Wenn Adomeit (NJW 2002, 1623) gleichwohl von „sozialistischer Regulierung" spricht, scheint er davon auszugehen, dass die Menschen in der Bundesrepublik über Jahrzehnte hinweg unbemerkt in einer sozialistischen Ordnung gelebt haben.

b) Unmittelbare Drittwirkung als Novum?

74 Als qualitativ neu wird von Wank (FS Wißmann, S. 600) der **Umschlag von der mittelbaren in die unmittelbare Drittwirkung** der Diskriminierungsverbote qualifiziert. Dies kann allerdings nur für jene Gründe gelten, die nicht bereits durch § 611 a BGB aF und § 81 Abs. 2 SGB IX aF erfasst waren. Insoweit könnte zwar ein Blick auf Art. 3 Abs. 3 GG und die (als Umweg benutzte) Religionsfreiheit des Art. 4 Abs. 1 GG in der Tat zu dem Schluss verleiten, was früher nur eine Schutzpflicht ausgelöst habe, sei nunmehr unmittelbar im Verhältnis zwischen Arbeitgeber und Arbeitnehmer verbindlich. Doch ist auf der anderen Seite zu beachten, dass § 75 Abs. 1 BetrVG und der arbeitsrechtliche Gleichbehandlungsgrundsatz durchaus hätten so ausgelegt werden können, dass auch sie unmittelbar Abschluss und Inhalt des einzelnen Arbeitsverhältnisses gestaltet hätten.

75 Auch wenn man diese Interpretationsmöglichkeit außer Betracht lässt – die **Diskriminierungsverbote** haben **keinen absoluten Charakter**, sondern lassen die Berücksichtigung von Gegeninteressen des Arbeitgebers zu. Deren Umfang ist – sieht man von den Sonderfällen der §§ 9 und 10 ab – bei der unmittelbaren Diskriminierung durch § 8 den unionsrechtlichen Vorgaben entsprechend relativ eng bestimmt, während § 3 Abs. 2 bei der mittelbaren Diskriminierung eine weit gefasste „Rechtfertigung" zulässt. Dies stellt strukturell nichts anderes als jene Interessenabwägung dar, die im Rahmen der mittelbaren Drittwirkung (etwa der Religionsfreiheit) erfolgen muss. Mit Recht hat sich Bryde (Sonderbeilage RdA 2003, S. 10) verwundert gezeigt, dass ein Land, in dem die „Drittwirkung" erfunden wurde, so große Schwierigkeiten mit unmittelbar zwischen Privaten wirkenden Diskriminierungsverboten habe.

c) Sanktionen als Novum?

76 Von anderer Seite wurde betont, das eigentlich Neue am AGG seien die Sanktionen, insbesondere der „abschreckende" Charakter, der dem Schadensersatzanspruch zukommen solle (Bauer/Krieger, BB-Special 6/2004, S. 20). Demgegenüber verweisen andere darauf, damit würden nur EG-rechtliche Vorgaben nachvollzogen, wie sie seit der Draehmpaehl-Entscheidung des EuGH (EuGH 22.4.1997 – Rs. C-180/95 – DB 1997, 983) unbestreitbar und auch im vorliegenden Zusammenhang zu beachten seien (Herms/Meinel, DB 2004, 2370, 2373). Wenn insoweit ein „Fremdkörper" im deutschen Schadensrecht diagnostiziert wird, weil dieses ausschließlich am Ausgleichsgedanken orientiert sei, so erweist sich dies allerdings als Irrtum: Die Rechtsprechung des BGH zum immateriellen Schadensersatz bei Verletzungen des Persönlichkeitsrechts durch die Presse stellt seit rund zehn Jahren auf den Präventionsgedanken ab; nur wenn „fühlbare" Sanktionen verhängt würden, könne mit einer Respektierung der Persönlichkeitssphäre des Einzelnen gerechnet werden (BGH 15.11.1994 – VI ZR 56/94 – NJW 1995, 861; BGH 5.12.1995 – VI ZR 332/94 – NJW 1996, 984 – Caroline von Monaco). Davon ganz abgesehen, darf man mit dem Abschreckungs- oder Präventionsgedanken nicht die Vorstellung verbinden, nunmehr seien „punitive damages" in US-amerikanischer Höhe zu erwarten. Dies würde völlig an der Praxis der deutschen Gerichte vorbeigehen, für deren Änderung es keinerlei Anhaltspunkte gibt (zur englischen Praxis, die bei erfolgreichen Verfahren den Diskriminierungsopfern im Durchschnitt ca. 10.000 EUR zuspricht, s. Skidmore, AuR 2005, 363).

d) Gefahr für die Privatautonomie?

77 Eine weitere Position sah durch die Antidiskriminierungsgesetzgebung die Privatautonomie gefährdet; dem Einzelnen würden die Ziele seines Handelns vorgegeben, was sich auf den Abschluss wie auf den Inhalt von Verträgen entscheidend auswirke (so insbesondere Picker, JZ 2003, 540, 543; ähnlich Reichold, JZ 2004, 384, 389 und – ungleich pauschaler – Säcker, ZEuP 2006, 3). Dabei wird verkannt, dass Diskriminierungsverbote im Kern **nur** ein **Nicht-Anknüpfen an bestimmten Merkmalen** verlangen, im Übrigen aber die subjektive Beliebigkeit unberührt lassen (richtig Rebhahn, in: ders. (Hrsg.), Einl. Rn. 8). Sie sind gerade nicht identisch mit einer allgemeinen Pflicht, nur noch aus sachlichem Grund zu kontrahieren, der inhaltlich vom Gesetzgeber oder der an seiner Stelle handelnden Rechtsprechung vorgegeben wäre. Lägen die Dinge so und würde man einen derartigen Grundsatz über den (nie solche Ängste provozierenden) arbeitsrechtlichen Gleichbehandlungsgrundsatz hinaus zu einem allgemeinen Prinzip des Vertragsrechts machen, wäre die Kritik Pickers berechtigt. Von einer solchen „Fernsteuerung" der Privatrechtssubjekte kann jedoch nicht im Entferntesten die Rede sein. Dies wird nicht zuletzt daran deutlich, dass **der bisherige**, bereits weitreichende Diskriminierungsverbote enthaltende **Rechtszustand keineswegs zum „Tod" der Privatautonomie geführt** hat. Dies gilt auch für den Bereich des Zivilrechts, wo die Änderungen sichtbareren Charakter als im Arbeitsrecht haben. Insoweit werden nur Entwicklungen nachvollzogen, die es in Großbritannien, Irland, den Niederlanden und Belgien zum Teil seit Jahrzehnten gibt (Nachweise bei Schöbener/

Stork, ZEuS 2004, 46, 69 ff.) und die auch in den USA mittlerweile längst etabliert sind (Neuner, JZ 2003, 57). Vergessen wird dabei überdies, dass die Privatautonomie auch die **Selbstbestimmung des potenziellen Diskriminierungsopfers** umfasst; eine entsprechende Benachteiligung zuzulassen, würde bedeuten, ihm jeden Ansatz von Selbstbestimmung in der fraglichen Situation zu nehmen (Neuner, JZ 2003, 57, 59: Diskriminierungsschutz gehört zu den materiellen Freiheitsbedingungen).

e) Harmonisierung mit dem deutschen Recht

78 Die Umsetzung der Richtlinien schuf unter diesen Umständen nichts anderes als eine Weiterentwicklung und konsequentere Ausgestaltung bereits vorhandener Institutionen (dies verkennt Säcker, ZEuP 2006, 5, wenn er behauptet, die neuen Antidiskriminierungsregeln würden „Eulen nach Athen" tragen). Sie fügt sich insoweit in das bestehende System der Arbeitsbeziehungen ein (vgl. Schiek, AuR 2003, 48), man schafft keineswegs einen Fremdkörper (so aber Reichold/Hahn/Heinrich, NZA 2005, 1270, 1272). Zutreffend wurde von Anfang an prognostiziert, aller Voraussicht nach werde das AGG bei weitem **nicht die Bedeutung wie das Antidiskriminierungsrecht in den USA** erlangen (Thüsing, Beilage zu NZA Heft 22/2004, S. 3). Auch ist wenig wahrscheinlich, dass in absehbarer Zukunft wie 2003 in England ca. 20 % aller Klagen auf Verstöße gegen Diskriminierungsverbote gestützt werden (Daten zu England und Wales bei Skidmore, AuR 2005, 361). Dies hängt ua damit zusammen, dass viele Benachteiligungen, die insbesondere in den USA nur über das Antidiskriminierungsrecht aufgefangen werden können, bei uns bereits an allgemeinen arbeitsrechtlichen Grundsätzen scheitern. Wird etwa ein dunkelhäutiger Arbeitnehmer ohne Abmahnung gekündigt, während seine weißen Arbeitskollegen bei vergleichbaren Pflichtverletzungen immer erst eine derartige „Warnung" erhalten, so wäre dies ein evidenter Fall von Diskriminierung. In Deutschland würde die verhaltensbedingte Kündigung des Dunkelhäutigen im Regelfall schon daran scheitern, dass eine vorangehende Abmahnung Voraussetzung für eine rechtmäßige Kündigung ist. Weiter wird die Rechtsprechung bei uns sehr viel bescheidenere Sanktionen verhängen.

79 Ein Letztes kommt hinzu. Die EG-Richtlinien wie das AGG gestatten zahlreiche Durchbrechungen der Diskriminierungsverbote. Sie zu konkretisieren, liegt im Wesentlichen in der Hand des nationalen Gesetzgebers und des nationalen Richters, da die unionsrechtlichen Vorgaben von hohem Abstraktionsgrad sind und durch die Rechtsprechung des EuGH nur wenig konkretisiert werden. Damit ist eine Handhabung möglich, die die jeweilige Akzeptanz in der Gesellschaft in erheblichem Umfang mitberücksichtigt. Die **Diskriminierungsverbote** haben insoweit **„evolutiven" Charakter** (Moreau, DS 2002, 1117).

III. Das Unionsrecht als Maßstab für Inhalt und Gültigkeit des AGG und anderer nationaler Vorschriften

80 **Auslegung** und Anwendung des AGG werfen Zweifelsfragen auf, deren Lösung möglicherweise durch Rückgriff auf die Richtlinien erleichtert werden kann. Denkbar ist weiter – etwa im Bereich der Haftung nach § 15 oder

bei der Ausklammerung des Kündigungsschutzes nach § 2 Abs. 4 – ein **offener Widerspruch zwischen** den Vorgaben des Unionsrechts, insbesondere einer **Richtlinie, und dem deutschen Recht**. Weiter lässt sich der Fall nicht von vorneherein ausschließen, dass einzelne Teile der Richtlinien (bewusst oder unbewusst) nicht in deutsches Recht umgesetzt wurden. Zu denken ist etwa an Art. 5 der Rahmenrichtlinie, der nur für Schwerbehinderte, nicht aber für andere behinderte Menschen eine ausdrückliche Umsetzung erfahren hat.

Für derartige Konfliktfälle hat sich eine Reihe von Regeln herausgebildet, die im Folgenden darzustellen sind.

1. Die richtlinienkonforme Auslegung

a) Der Grundsatz

81 Nationales Recht ist nach allgemeiner Auffassung so auszulegen und zu handhaben, dass **Widersprüche zum Unionsrecht vermieden** werden (ErfK-Wißmann, AEUV Vor Rn. 35 ff.). Im vorliegenden Zusammenhang ist dabei praktisch nur der Spezialfall der richtlinienkonformen Auslegung von Bedeutung (zur Unterscheidung von unionsrechtskonformer und richtlinienkonformer Auslegung s. Franzen, S. 299 ff.).

82 Nach der Rechtsprechung des **EuGH** ist das innerstaatliche Recht „so weit wie möglich" anhand des Wortlauts und des Zwecks der einschlägigen Richtlinie zu interpretieren (EuGH 5.10.2004 – Rs. C-397/01 (Pfeiffer) – NZA 2004, 1145; zuletzt EuGH 24.1.2012 – Rs. C-282/10 (Dominguez) – NZA 2012, 139; EuGH 19.4.2016 – Rs. C-441/14 (Dansk Industri) – NZA 2016, 537 Rn. 31; ebenso bereits EuGH 10.4.1984 – Rs. 14/83 (von Colson und Kamann) – NZA 1984, 157, Ls. 3; EuGH 14.7.1994 – Rs. C-91/92 (Faccini Dori) – NJW 1994, 2473, 2474; EuGH 13.11.1990 – Rs. C-106/89 (Marleasing) – EuGHE 1990 I-4156 ff.; EuGH 17.9.1997 – Rs. C-54/96 (Dorsch) – NJW 1997, 3365, 3367; EuGH 27.6.2000 – verbundene Rs. C-240/98–C-244/98 (Océano Grupo Editorial) – NJW 2000, 2571, 2572). An anderer Stelle ist in gleichem Sinn davon die Rede, nationales Recht müsse **„im Lichte des Wortlauts und des Zwecks der Richtlinie"** ausgelegt werden (EuGH 15.5.1986 – Rs. C-222/84 (Johnston) – NJW 1986, 1663). Die **deutsche Rechtsprechung** wendet diesen Grundsatz gleichfalls an (BGH 5.2.1998 – I ZR 211/95 – NJW 1998, 2208; BAG 18.2.2003 – 9 AZR 272/01 – AP § 611 a BGB Nr. 22; weitere Nachweise bei ErfK-Wißmann, AEUV Vor Rn. 36 f.).

83 **Grundlage** ist die in **Art. 288 Abs. 3 AEUV** (früher: Art. 249 Abs. 3 EG) niedergelegte **Verpflichtung der Mitgliedstaaten**, Richtlinien effektiv umzusetzen; eine Pflicht, die sämtliche Staatsorgane einschließlich der Gerichte trifft (so etwa EuGH 10.4.1984 – Rs. C-14/83 (von Colson und Kamann) – NZA 1984, 157, 158; in der Literatur s. insbesondere Franzen, S. 300). Daneben wird auch auf **Art. 4 Abs. 3 EUV** (früher: Art. 10 EG, der Art. 5 EGV ablöste) verwiesen, wonach die Mitgliedstaaten alle geeigneten Maßnahmen treffen müssen, um ihre Verpflichtungen zu erfüllen, die sich aus dem Vertrag oder aus Handlungen der Organe der Union ergeben (EuGH 14.7.1994 – Rs. C-91/92 (Faccini Dori) – NJW 1994, 2473, 2474). Zum Teil wird diese zweite Grundlage in den Vordergrund gestellt (BGH

5.2.1998 – I ZR 211/95 – NJW 1998, 2208, 2210; s. auch Hummel, EuZW 2007, 71 ff.). Unterschiedliche praktische Konsequenzen sind insoweit nicht ersichtlich (zur Herleitung des Gebots richtlinienkonformer Auslegung s. insbesondere auch Canaris, FS Bydlinski, S. 49 ff.; vgl. auch Wöhlermann, S. 91 ff.).

b) Konkrete Handhabung

84 „Richtlinienkonforme Auslegung" bedeutet, dass das Gericht im Rahmen der ihm vom nationalen Recht gelassenen Spielräume **diejenige Lösung** wählt, **die dem Wortlaut und Zweck der Richtlinie am besten entspricht**. Dies bedeutet einmal, dass bei mehreren möglichen Auslegungen, die gleichermaßen mit der Richtlinie vereinbar sind, diejenige zugrunde zu legen ist, die deren Zweck am besten verwirklicht. Zum Zweiten ist damit aber auch der praktisch sehr viel bedeutsamere Fall erfasst, dass von verschiedenen Auslegungsmöglichkeiten nur eine mit der Richtlinie in Einklang steht und deshalb zu wählen ist. Man spricht insoweit von „**inhaltsbestimmender**" und „**inhaltskontrollierender**" Wirkung der Richtlinien (Wank, in: Hanau/Steinmeyer/Wank, § 9 Rn. 261 ff.). Dem Gesichtspunkt der Richtlinienkonformität kommt somit **Vorrang vor allen anderen Auslegungsregeln** zu. Diese „Vorrangregel" (Canaris, FS Bydlinski, S. 64 ff.; Franzen, S. 343 ff.; Schürnbrand, JZ 2007, 911) rechtfertigt sich damit, dass die Richtlinie am höheren Rang des Unionsrechts gegenüber dem nationalen Recht teilhat und dass es aus pragmatischen Gründen sinnvoller ist, einen Konflikt mit dem Unionsrecht zu vermeiden, der zu einem Verfahren nach Art. 258 AEUV (früher: Art. 226 EG) und ggf. zu einer Schadensersatzpflicht des Mitgliedstaats gegenüber betroffenen Bürgern führt (Canaris, FS Bydlinski, S. 64 ff.).

85 Die Verpflichtung zur richtlinienkonformen Interpretation erstreckt sich auf das **gesamte nationale Recht**, nicht nur auf jene Normen, die zur Durchführung der Richtlinie erlassen wurden (so ausdrücklich EuGH 5.10.2004 – Rs. C-397/01 (Pfeiffer) – NZA 2004, 1145, bestätigt in EuGH 24.1.2012 – Rs. C-282/10 (Dominguez) – NZA 2012, 139). Sie besteht auch in Bezug auf vorher erlassenes Recht, was insbesondere dann von Bedeutung ist, wenn der Mitgliedstaat die Richtlinie ganz oder teilweise überhaupt nicht oder verspätet umsetzt. So wäre es beispielsweise denkbar gewesen, § 75 Abs. 1 BetrVG in der Weise richtlinienkonform zu interpretieren, dass er in allen Betrieben (auch in solchen ohne Betriebsrat) Anwendung findet und dass er auch auf die Einstellung erstreckt wird. Notfalls ist auch eine ständige Rechtsprechung zu ändern (EuGH 19.4.2016 – Rs. C-441/14 (Dansk Industri) – NZA 2016, 537 Rn. 33).

c) Situation während der Umsetzungsfrist

86 Wird eine **Richtlinie vorzeitig umgesetzt** (was im vorliegenden Zusammenhang für die Gender-Richtlinie Zivilrecht der Fall war), hat eine richtlinienkonforme Auslegung gleichwohl Platz zu greifen. Sie kann sich allerdings nicht allein auf die unionsrechtlichen Verpflichtungen stützen, sondern muss ergänzend den Willen des nationalen Gesetzgebers heranziehen, der sich durch seine Entscheidung bewusst den für die Richtlinienumsetzung

geltenden Regeln unterstellt hat (vgl. Canaris, FS Bydlinski, S. 51; Junker/Aldea, EuZW 2007, 13, 16).

87 Im **Zeitraum zwischen dem Erlass** der Richtlinie **und** dem **Ablauf der Umsetzungsfrist** ist dem Mitgliedstaat jede Maßnahme untersagt, die geeignet ist, „das in der Richtlinie vorgesehene Ziel ernsthaft in Frage zu stellen" (so EuGH 18.12.1997 – Rs. C-129/69 (Inter-Environnement Wallonie) – EuGHE 1997 I-7435 Rn. 45; bestätigt durch EuGH 12.11.2005 – Rs. C-144/04 (Mangold) – NZA 2005, 1345, 1348 Rn. 67; ebenso BAG 18.2.2003 – 9 AZR 272/01 – AP § 611 a BGB Nr. 22 Bl. 5). Eine **richtlinienkonforme Auslegung** ist innerhalb dieses Zeitraums **möglich**, aber nicht zwingend geboten, wie der BGH (BGH 5.2.1998 – I ZR 211/95 – NJW 1998, 2208) am Beispiel der Anpassung seiner Rechtsprechung zu § 1 UWG an die Zulassung vergleichender Werbung durch eine EG-Richtlinie deutlich gemacht hat (vgl. auch Canaris, FS Bydlinski, S. 75: Auslegungselement neben anderen, Junker/Aldea, EuZW 2007, 13, 16 und ErfK-Wißmann AEUV Vor Rn. 36).

d) „Überschießende" Umsetzung

88 Insbesondere im Zusammenhang mit der Schuldrechtsmodernisierung ist die Frage problematisiert worden, ob solche **Normen des nationalen Rechts, die über die Vorgaben der Richtlinie hinausgehen**, beispielsweise einen weiteren Verbraucherbegriff als das Unionsrecht vorsehen (§ 13 BGB), auch insoweit richtlinienkonform auszulegen sind. Eine EU-rechtliche Verpflichtung lässt sich schwerlich annehmen, da die Union ja auf dem fraglichen Gebiet keine Kompetenzen hat oder von ihnen jedenfalls keinen Gebrauch machte (insoweit zutreffend Mayer/Schürnbrand, JZ 2004, 545, 549). Allerdings wird es normalerweise dem **Willen des nationalen Gesetzgebers** entsprechen, dass es zu einer einheitlichen Auslegung der von ihm erlassenen Normen kommt; eine „gespaltene Rechtsanwendung" für den unionsrechtlich determinierten und für den „freien" Teil dürfte nur dann in Kauf genommen werden, wenn andernfalls evident sachwidrige Lösungen die Folge wären (dazu Mayer/Schürnbrand, JZ 2004, 545, 549 ff.; für einheitliche Auslegung Bärenz, DB 2003, 375; Heß, RabelsZ 66 (2002), 470, 486). Der EuGH (EuGH 18.10.2012 – Rs. C 583/10 – ZESAR 2013, 235) hat sich dieser Position angeschlossen und nur für den Fall eine Ausnahme gemacht, dass der Unionsgesetzgeber bewusst einen Bereich aus einer Richtlinie ausgenommen und der nationale Gesetzgeber keine eindeutige Entscheidung zugunsten einer einheitlichen Auslegung getroffen hat. Im vorliegenden Zusammenhang haben diese Grundsätze insbesondere Bedeutung für die **Erstreckung des zivilrechtlichen Diskriminierungsverbots** auf solche Merkmale, die nicht „Rasse und ethnische Herkunft" und „Geschlecht" betreffen. Dass beispielsweise der Begriff Religion im Zivilrecht einen anderen Bedeutungsgehalt als in dem richtliniendeterminierten Arbeitsrecht haben sollte, erscheint relativ fernliegend und ist bislang auch von niemandem behauptet worden.

e) Grenzen der richtlinienkonformen Auslegung

89 Die Pflicht zur richtlinienkonformen Auslegung besteht **nur innerhalb des Rahmens, der dem Richter nach nationalem Recht zur Verfügung** steht. Be-

wusst wird deshalb in der Rechtsprechung des EuGH immer der Vorbehalt „so weit wie möglich" gemacht (s. etwa EuGH 24.1.2012 – Rs. C-282/10 (Dominguez) – NZA 2012, 139, Ls. 2 und EuGH 13.11.1990 – Rs. C-106/89 (Marleasing) – EuGHE 1990 I-4156 Rn. 8). Den Richter zu einer Entscheidung contra legem zu verpflichten, würde gegen Art. 20 Abs. 3 GG verstoßen (Canaris, FS Bydlinski, S. 57); eine Norm kann nicht in ihr Gegenteil verkehrt oder mit einem Inhalt versehen werden, der vom Gesetzgeber ersichtlich nicht gewollt war (so Linsenmaier, Sonderbeilage zu RdA 2003, S. 23; zum Ganzen Schürnbrand, JZ 2007, 910, 917). Canaris (FS Bydlinski, S. 92 ff.) hat diese Grenze dort gezogen, wo **Wortsinn und Zweck** der nationalen Regelung einen **eindeutigen Inhalt** ergeben. Allein der Wortlaut oder allein der Zweck kann nicht genügen.

90 Im Einzelfall stellt sich häufig die Frage, wie weit der Geltungsanspruch der nationalen Norm reicht; nur insoweit kann eine unauflösbare Kollision entstehen. Wichtig ist dies insbesondere dann, wenn sich die **nationale Umsetzungsvorschrift** – verglichen mit dem Normprogramm des Gesetzgebers – als **lückenhaft** erweist. Eine solche Lücke wäre als „planwidrig" zu qualifizieren, da man davon ausgehen muss, der Gesetzgeber habe die fragliche Richtlinie loyal vollziehen wollen (so ausdrücklich EuGH 5.10.2004 – Rs. C-397/01 (Pfeiffer) – NZA 2004, 1145, 1151 Rn. 112). So hat etwa § 613 a BGB den Fall nicht geregelt, dass in dem übergehenden Betrieb keine gesetzliche, sondern eine kollektivvertraglich geschaffene betriebliche Interessenvertretung besteht (näher dazu Däubler, DB 2005, 666 ff.). Eine solche Lücke ist durch analoge Anwendung anderer nationaler Vorschriften oder unmittelbar unter Heranziehung der Regelungen der Richtlinie zu schließen.

f) Vorlage an den EuGH

91 Ist der **genaue Inhalt der Richtlinie unklar**, kann das Gericht eine Vorabentscheidung des EuGH nach Art. 267 AEUV (früher: Art. 234 EG) einholen. Letztinstanzliche Gerichte sind hierzu verpflichtet; eine objektiv willkürliche Nichtvorlage würde gegen das Grundrecht auf den gesetzlichen Richter nach Art. 101 Abs. 1 S. 2 GG verstoßen (BVerfG 8.4.1987 – 2 BvR 687/85 – BVerfGE 75, 223, 245; zuletzt BVerfG 15.12.2016 – 2 BvR 221/11, stattgebender Kammerbeschluss – willkürliche Annahme eines „acte clair").

92 **Ob** eine **Vorlage zulässig** ist, entscheidet das **nationale Gericht weitestgehend in eigener Zuständigkeit** (EuGH 6.6.2000 – Rs. C-281/98 (Angonese) – AP Art. 39 EG Nr. 3; EuGH 7.12.2000 – Rs. C-79/99 (Schnorbus) – NZA 2001, 141; EuGH 12.10.2004 – Rs. C-60/03 (Wolff & Müller) – NZA 2004, 1211, 1212). Möglich ist auch, bewusst einen Teil des Rechtsstreits herauszugreifen und insoweit den EuGH einzuschalten (s. EuGH 27.10.1993 – Rs. C-127/92 (Enderby) – NZA 1994, 797, wo bei einem Outsourcing-Fall allein nach der Lohngleichheit zwischen den Beschäftigten in der neuen und denen in der alten Gesellschaft gefragt wurde, die Betriebsübergangsrichtlinie jedoch ausgeklammert bleiben sollte). Die Zulässigkeit entfällt nur dann, wenn die gestellten Fragen **offensichtlich in keinem Zusammenhang mit dem anhängigen Rechtsstreit** stehen, also hypo-

thetischer Natur sind (EuGH 7.12.2000 – Rs. C-79/99 (Schnorbus) – NZA 2001, 141 Rn. 23; EuGH 6.6.2000 – Rs. C-281/98 (Angonese) – AP Art. 39 EG Nr. 3; EuGH 12.10.2004 – Rs. C-60/03 (Wolff & Müller) – NZA 2004, 1211, 1212). Dasselbe gilt dann, wenn sich die Frage nicht auf die Auslegung des Unionsrechts bezieht (EuGH 12.10.2004 – Rs. C-60/03 (Wolff & Müller) – NZA 2004, 1211, 1212) oder wenn die tatsächlichen und rechtlichen Angaben fehlen, die Voraussetzung für eine sinnvolle Entscheidung durch den EuGH sind (EuGH 7.12.2000 – Rs. C-79/99 (Schnorbus) – NZA 2001, 141 Rn. 23; EuGH 27.10.1993 – Rs. C-127/92 (Enderby) – NZA 1994, 797).

93 Eine EuGH-Entscheidung hat zwar **formale Bindungswirkung nur im Rahmen des konkreten Verfahrens** (BAG 9.10.1991 – 5 AZR 598/90 – NZA 1992, 259 = DB 1992, 330; LAG Baden-Württemberg 11.12.1992 – 8 Sa 41/92 – DB 1993, 1826), doch ist anzunehmen, dass auch andere Gerichte sich die Auslegung des Unionsrechts durch den EuGH zu Eigen machen werden. Geschieht dies nicht, ist jedenfalls das im konkreten Streitfall in letzter Instanz entscheidende Gericht verpflichtet, **erneut** eine **Vorlage** zu beschließen, da andernfalls die Einheitlichkeit der Auslegung und Anwendung des Unionsrechts durchbrochen wäre. In einem solchen Fall nicht vorzulegen, würde auch einen Verstoß gegen den gesetzlichen Richter nach Art. 101 Abs. 1 S. 2 GG darstellen (s. den Fall BVerfG 8.4.1987 – 2 BvR 687/85 – BVerfGE 75, 222, 245).

2. Vorrang der Richtlinie bei unauflösbarem Widerspruch?

94 Scheitert die richtlinienkonforme Auslegung an einer konträren Entscheidung des nationalen Gesetzgebers, stellt sich das Problem, ob und unter welchen Voraussetzungen die Richtlinie am Anwendungsvorrang des Unionsrechts teilhat. Insoweit ist nach der Rechtsprechung des EuGH zunächst zu unterscheiden:

a) Anforderungen an die Richtlinie

95 Ist eine Richtlinienbestimmung nicht **„unbedingt“ und „hinreichend bestimmt“**, kommt eine Anwendbarkeit in den Mitgliedstaaten nicht in Betracht. **Unbedingtheit** ist dann gegeben, wenn keine weiteren Ereignisse oder Handlungen vorausgesetzt sind, um die fragliche Bestimmung einem Urteil zugrunde zu legen. Eine **hinreichende Präzision** ist dann gegeben, wenn sich die Vorschrift auf konkrete Streitfälle anwenden lässt (s. aus der Rechtsprechung EuGH 19.1.1982 – Rs. 8/81 (Becker) – NJW 1982, 499; EuGH 19.11.1991 – Rs. C-6/90, 9/90 (Francovich und Bonifaci) – NJW 1992, 165; EuGH 14.7.1994 – Rs. C-91/92 (Faccini Dori) – NJW 1994, 2473; EuGH 20.3.2003 – Rs. C-187/00 (Kutz-Bauer) – NZA 2003, 57; EuGH 5.10.2004 – Rs. C-391/01–C-403/01 (Pfeiffer) – NZA 2004, 1145, 1151). Die hinreichende Bestimmtheit wurde etwa für die wöchentliche Höchstarbeitszeit von 48 Stunden bejaht; auch die Tatsache, dass der Bezugszeitraum je nach nationaler Entscheidung bis zu einem Jahr betragen kann, hat nicht etwa eine „Bedingtheit“ der Regelung zur Folge, sondern führt dazu, dass jedenfalls das **Minimum als hinreichend genau garantiert** angesehen wird (EuGH 5.10.2004 – Rs. C-391/01–C-403/01 (Pfeiffer) –

NZA 2004, 1145, 1151 Rn. 105). Dasselbe wurde für das Diskriminierungsverbot des Art. 5 Abs. 1 RL 76/207/EWG angenommen (EuGH 20.3.2003 – Rs. C-187/00 (Kutz-Bauer) – NZA 2003, 507). Als nicht hinreichend genau wurde demgegenüber die Sanktionsvorschrift derselben Richtlinie angesehen, die dem Mitgliedstaat (ebenso wie der heutige Art. 17 der Rahmenrichtlinie) die Wahl zwischen einem Anspruch auf Vertragsabschluss und einem Anspruch auf Schadensersatz lässt (EuGH 10.4.1984 – Rs. 14/83 (von Colson und Kamann) – NZA 1984, 157, 158).

b) Die sog vertikale Wirkung

96 Ist eine Richtlinienbestimmung in dem beschriebenen Sinne „unbedingt" und hinreichend bestimmt, so findet sie nach Ablauf der Umsetzungsfrist im **Verhältnis zwischen Bürger und Staat** unmittelbar Anwendung (sog vertikale Wirkung). Dies ist in der Rechtsprechung des EuGH im Wesentlichen damit begründet worden, es sei nicht hinzunehmen, dass der Staat aus der rechtswidrigen Nichtumsetzung Nutzen ziehe, indem er dem Bürger Rechte vorenthalte oder richtlinienwidrige (Steuer-)Pflichten bestehen lasse (grundlegend EuGH 9.3.1978 – Rs. 106/77 (Simmenthal) – NJW 1978, 1741; ebenso EuGH 19.1.1982 – Rs. 8/81 (Becker) – NJW 1982, 499; EuGH 26.2.1986 – Rs. 152/84 (Marshall) – NJW 1986, 2178, 2180; EuGH 12.7.1990 – Rs. C-188/89 (Foster) – NJW 1991, 3086; EuGH 14.7.1994 – Rs. C-91/92 (Faccini Dori) – NJW 1994, 2473; EuGH 7.3.1996 – Rs. C-192/94 (El Corte Inglés) – NJW 1996, 141). Weiter wird betont, der nationale Richter sei verpflichtet, in einem solchen Fall sein eigenes Recht außer Anwendung zu lassen; die Wirksamkeit des Gemeinschaftsrechts würde beeinträchtigt, wollte man etwa die „Nichtanwendungskompetenz" bei bestimmten Gerichten konzentrieren oder hierfür ein spezielles Verfahren vorsehen (EuGH 9.3.1978 – Rs. 106/77 (Simmenthal) – NJW 1978, 1741; EuGH 20.3.2003 – Rs. C-187/00 (Kutz-Bauer) – NZA 2003, 507, 509). Der Anwendungsvorrang des Unionsrechts gilt auch gegenüber Tarifverträgen (EuGH 20.3.2003 – Rs. C-187/00 (Kutz-Bauer) – NZA 2003, 507, 509). Da das Gericht das geltende Recht **von Amts wegen berücksichtigen** muss („iura novit curia"), ist es nicht erforderlich, dass der einzelne Bürger sich ausdrücklich auf die Richtlinienwidrigkeit des bestehenden innerstaatlichen Rechts beruft (EuGH 11.7.1991 – Rs. C-87/90 – EuZW 1993, 60).

c) Einbeziehung öffentlicher Arbeitgeber

97 Der Anwendungsvorrang unbedingter und hinreichend genauer Richtlinienbestimmungen gilt auch im Verhältnis zu territorialen **Untergliederungen des Staates** wie zB den Gemeinden (EuGH 4.10.2001 – Rs. C-438/99 (Jiménez Melgar) – NZA 2001, 1243). Einbezogen sind auch solche **Unternehmen**, die mehrheitlich der öffentlichen Hand gehören oder die einer spezifischen Aufsicht unterstehen oder die **mit besonderen Rechten** ausgestattet sind, die normalen Privatrechtssubjekten nicht zukommen. Dies wurde beispielsweise für British Gas bejaht (EuGH 12.7.1990 – Rs. C-188/89 (Foster) – NJW 1991, 3086). **Keine Rolle** spielt in allen Fällen, **ob** die öffentliche Hand als **Hoheitsträger** oder als privatrechtlicher Arbeitgeber handelt (EuGH 26.2.1986 – Rs. 152/84 (Marshall) – NJW

1986, 2178, 2180 Rn. 49; EuGH 12.7.1990 – Rs. C-188/89 (Foster) – NJW 1991, 3086).

d) Die sog horizontale Wirkung

98 Im Verhältnis zwischen Privaten kommt den Richtlinienbestimmungen nach ständiger Rechtsprechung des EuGH keine unmittelbare, die Rechtsbeziehungen gestaltende Wirkung zu. Die Richtlinie könne nur den Mitgliedstaaten, nicht aber dem Einzelnen Pflichten auferlegen (in diesem Sinne EuGH 5.10.2004 – Rs. C-397/01–C-403/01 (Pfeiffer) – NZA 2004, 1145, 1151 Rn. 109; s. aus der früheren Rechtsprechung EuGH 26.2.1986 – Rs. 152/84 (Marshall) – NJW 1986, 2178, 2180; EuGH 14.7.1994 – Rs. C-91/92 (Faccini Dori) – NJW 1994, 2473; EuGH 7.3.1996 – Rs. C-192/94 (El Corte Inglés) – NJW 1996, 1401). Eine horizontale Wirkung existiert nicht. Insoweit bleibt richtlinienwidriges Recht zunächst in Kraft, es sei denn, es würde zugleich gegen primäres Unionsrecht verstoßen (→ Rn. 105 ff.).

3. Schadensersatzpflicht des Mitgliedstaats bei mangelhafter Umsetzung

a) Allgemeines

99 Die direkte Anwendung von Richtlinienbestimmungen im Verhältnis Bürger – öffentliche Hand kann daran scheitern, dass es an einer die „Vollziehbarkeit“ der Norm herstellenden **nationalen Entscheidung fehlt**. Dies war etwa der Fall, als die Italienische Republik die Konkursausfallgeldrichtlinie nicht umgesetzt hatte, die den Mitgliedstaaten die Wahl lässt, ob sie für die rückständigen Entgeltansprüche der letzten drei Monate vor Eintritt des Insolvenzfalles selbst eintreten oder ob sie damit auf Versicherungsbasis eine selbstständige Institution betrauen wollen. In solchen Fällen kommt ein Schadensersatzanspruch der betroffenen Personen in Betracht. Dies gilt auch für den Fall, dass sich ein **letztinstanzliches nationales Gericht über EU-Recht hinwegsetzt** (EuGH 30.9.2003 – Rs. C-224/01 (Köbler) – JZ 2004, 295 mAnm v. Danwitz), beispielsweise ersichtlich richtlinienwidrig entscheidet. Weiter kommt der eben erörterte Fall in Betracht, dass die Richtlinie nicht bis auf die Beziehungen zwischen den Bürgern „durchschlägt“, weil **entgegenstehendes nationales Recht** seiner Eindeutigkeit wegen **nicht richtlinienkonform interpretiert werden kann**. In allen diesen Situationen hat der Bürger nach ständiger Rechtsprechung des EuGH einen Anspruch auf Schadensersatz gegen den Mitgliedstaat, sofern in concreto **vier Voraussetzungen** erfüllt sind (grundlegend EuGH 19.11.1991 – Rs. C-6/90, 9/90 (Francovich und Bonifaci) – NJW 1992, 165; wesentlich außerdem EuGH 8.10.1996 – Rs. C-178/94 ua (Dillenkofer) – NJW 1996, 3141; Überblick bei Bieber/Epiney/Haag, § 2 Rn. 71 ff.):

b) Hinreichend qualifizierter Verstoß

100 Es muss ein „hinreichend qualifizierter“ Verstoß gegen Unionsrecht vorliegen. Dies ist dann der Fall, wenn unionsrechtliche Pflichten „offenkundig und erheblich“ verletzt werden oder wenn zwar nur ein „einfacher“ Verstoß vorliegt, der Mitgliedstaat aber einen geringen Entscheidungsspielraum besaß und von daher keinen Grund hatte, sich seinen Pflichten vor-

übergehend zu entziehen. Die Nichtumsetzung einer Richtlinie stellt immer eine offenkundige und erhebliche Pflichtverletzung dar (EuGH 8.10.1996 – Rs. C-178/94 ua (Dillenkofer) – NJW 1996, 3141; diese Voraussetzung war in der Entscheidung EuGH 19.11.1991 – Rs. C-6/90, 9/90 (Francovich und Bonifaci) – NJW 1992, 165 noch nicht enthalten). Bei rechtskräftigen Gerichtsentscheidungen bedarf die „Offenkundigkeit" besonderer Begründung (v. Danwitz, JZ 2003, 301).

c) Verleihung von Rechten an Bürger

101 Die fraglichen Richtlinienbestimmungen müssen dem Bürger Rechte verleihen wollen, was im Falle des Konkursausfallgeldes, aber auch bei Diskriminierungsverboten unproblematisch ist (EuGH 19.11.1991 – Rs. C-6/90, 9/90 (Francovich und Bonifaci) – NJW 1992, 165; bestätigt durch EuGH 14.7.1994 – Rs. C-91/92 (Faccini Dori) – NJW 1994, 2473, 2474 und durch EuGH 7.1.1996 – Rs. C-192/94 (El Corte Inglés) – NJW 1996, 1401; EuGH 8.10.1996 – Rs. C-178/94 ua (Dillenkofer) – NJW 1996, 3141).

d) Bestimmbarer Inhalt

102 Der Inhalt der dem Einzelnen zugedachten Rechte muss auf der Grundlage der Richtlinie bestimmbar sein; eine pauschale Rechtseinräumung würde nicht genügen. Auch dies ist im Fall des Konkursausfallgelds wie in dem der Diskriminierungsverbote unproblematisch (EuGH 19.11.1991 – Rs. C-6/90, 9/90 (Francovich und Bonifaci) – NJW 1992, 165, ständige Rechtsprechung).

e) Entstehung eines Schadens

103 Schließlich muss **dem Einzelnen** durch die Nichtumsetzung der Richtlinie ein Schaden entstanden sein. Dass der Mitgliedstaat dabei schuldhaft gehandelt hat, wird nicht vorausgesetzt (EuGH 19.11.1991 – Rs. C-6/90, 9/90 (Francovich und Bonifaci) – NJW 1992, 165, bestätigt durch EuGH 14.7.1994 – Rs. C-91/92 (Faccini Dori) – NJW 1994, 2473, 2474 und EuGH 7.1.1996 – Rs. C-192/94 (El Corte Inglés) – NJW 1996, 1401). Ein Fall dieser Art ist etwa wegen der Rückkehr des Gesetzgebers zum Verschuldensprinzip in § 15 AGG denkbar. Würde ein Arbeitnehmer auf seinem Schaden „sitzen bleiben", weil der Arbeitgeber sich exkulpieren kann, so wären die Voraussetzungen erfüllt: Das Abstellen auf Verschulden ist angesichts der EuGH-Rechtsprechung zum Bereich der geschlechtsbezogenen Diskriminierung (EuGH 20.4.1997 – Rs. C-180/95 (Draehmpaehl) – NZA 1997, 645 = AP § 611 a BGB Nr. 13) ein offenkundiger Rechtsverstoß; außerdem will Art. 17 der Rahmenrichtlinie ebenso wie Art. 15 der Antirassismus-Richtlinie dem Einzelnen bestimmte konkrete Rechte einräumen, die zumindest einen Schadensersatz umfassen müssen. Im Einzelfall wäre gleichwohl zu prüfen, inwieweit nicht doch eine richtlinienkonforme Auslegung möglich ist (s. dazu EuGH 16.12.1993 – Rs. C-334/92 (Wagner Miret) – NJW 1994, 921, wo es darum ging, ob nicht die im spanischen Recht ausgeklammerten leitenden Angestellten in das System des Konkursausfallgelds einbezogen werden können), doch ist ein solcher Aus-

weg verschlossen, wenn der Gesetzgeber bewusst eine Richtlinienentscheidung missachtet hat.

4. Prüfungsmaßstäbe für die Gültigkeit der Richtlinien

104 Im Einzelfall kann das Problem auftreten, dass eine Richtlinie ihrerseits in ihrer Gültigkeit umstritten ist. Wäre sie wegen Verstoßes gegen primäres Unionsrecht unwirksam, würden die bisherigen Ausführungen gegenstandslos werden. Von daher bietet es sich an, im Folgenden die Vereinbarkeit der hier im Mittelpunkt stehenden Richtlinien mit dem primären Unionsrecht zu untersuchen und damit einen von verschiedener Seite in die Diskussion eingebrachten Punkt aufzugreifen. Dazu im Folgenden → Rn. 107 ff. Zuvor ist allerdings noch der insbesondere durch die Mangold-Entscheidung des EuGH (EuGH 22.11.2005 – Rs. C-144/04 – NZA 2005, 1345) aufgeworfenen Frage nachzugehen, was geschehen soll, wenn ein Widerspruch zwischen deutschem Recht, insbesondere einem Gesetz, und primärem Unionsrecht besteht. Dies ist insbesondere bei Richtlinien von Bedeutung, die Unionsgrundrechte konkretisieren und umsetzen.

5. Verstoß des AGG oder anderer Gesetze gegen primäres Unionsrecht?

105 Soweit **nationales Recht** dem primären Unionsrecht, insbesondere den Verträgen und der EU-Grundrechtecharta widerspricht, muss es nach allgemeiner Auffassung **außer Anwendung** bleiben (s. etwa EuGH 20.3.2003 – Rs. C-187/00 (Kutz-Bauer) – NZA 2003, 507, 509; EuGH 19.4.2016 – Rs. C-441/14 (Dansk Industri) – NZA 2016, 537); auch förmliche Gesetze darf der nationale Richter nicht mehr anwenden. Dies gilt allerdings nur, wenn und soweit sich der nationale Gesetzgeber im Geltungsbereich des Unionsrechts bewegt (so ausdrücklich EuGH 22.11.2005 – Rs. C-144/04 (Mangold) – NZA 2005, 1345, 1348 Rn. 75). Im vorliegenden Zusammenhang ist der Vorrang des Unionsrechts insbesondere dann von Bedeutung, wenn sich dieses unmittelbar auf das Verhältnis zwischen Bürgern bezieht. Würde es beispielsweise noch heute Lohnabschlagsklauseln zulasten von Frauen in Tarifverträgen oder in einem Gesetz geben, so wären diese wegen Verstoßes gegen den Lohngleichheitsgrundsatz des Art. 157 AEUV (früher: Art. 141 EG) unanwendbar. Zu allen übrigen Fragen des Antidiskriminierungsrechts fehlt im Vertragstext eine vergleichbare Bestimmung. Allerdings gilt seit 1.12.2009 die **EU-Grundrechtecharta**, die in ihrem **Art. 21** ua auch die in den Richtlinien und im AGG genannten Diskriminierungen erfasst. Zugleich macht sie in ihrem Art. 53 deutlich, dass die bisher als allgemeine Grundsätze des Unionsrechts anerkannten Grundrechte unberührt bleiben sollen und so gegen eine Verschlechterung geschützt sind. Die Frage der „Horizontalwirkung" zwischen Bürgern ist dagegen nicht ausdrücklich angesprochen.

106 In ständiger Rechtsprechung nahm der EuGH längst vor Inkrafttreten der Grundrechtecharta ein **allgemeines Grundrecht auf Gleichbehandlung** an. Dieses gehöre zu den „wesentlichen Grundsätzen des Gemeinschaftsrechts" und verlange, dass vergleichbare Sachverhalte nicht unterschiedlich behandelt würden, es sei denn, eine Differenzierung wäre objektiv gerechtfertigt (EuGH 12.7.2001 – Rs. C-189/01 (Jippes) – EuZW 2001, 728

Rn. 129, unter Bezugnahme auf frühere Rechtsprechung). In einer anderen Entscheidung wird derselbe Rechtsgrundsatz als Diskriminierungsverbot bezeichnet (EuGH 23.11.2000 – Rs. C-149/96 (Portugal gegen Rat) – EuZW 2000, 276 Rn. 91). Zunächst wurde dieses Prinzip nur verstärkend in Bereichen herangezogen, wo – wie bei der Arbeitnehmerfreizügigkeit oder der Lohngleichheit von Mann und Frau – bereits an anderer Stelle ein Differenzierungsverbot vorhanden war (dazu Schiek, AuR 2006, 146). Spätestens seit der Entscheidung in Sachen Rodríguez Caballero (EuGH 12.12.2002 – Rs. C-442/00 – NZA 2003, 211, 212 Rn. 32) besitzt es jedoch die **Bedeutung einer eigenständigen Norm des primären Unionsrechts**: Eine spanische Gesetzesvorschrift, die nur gerichtlich festgestellte Abfindungsansprüche (nicht aber durch gerichtlichen Vergleich begründete) in den Insolvenzschutz einbezog, wurde mangels ausreichender sachlicher Rechtfertigung als Verstoß gegen den Grundsatz der Gleichheit und der Nichtdiskriminierung qualifiziert.

107 In der **Mangold-Entscheidung** wurde diese Entwicklungslinie fortgesetzt und auf das **Verbot der Diskriminierung wegen Alters** erstreckt (EuGH 22.11.2005 – Rs. C-144/04 – NZA 2005, 1345). Auch dieses ist Teil des primären Unionsrechts. Die gegebene Begründung war knapp und wenig überzeugend (Preis, NZA 2006, 401, 404), doch ließ sich das Ergebnis auf Art. 3 Abs. 2 EG stützen, der die Gemeinschaft, und damit auch alle ihre Organe verpflichtete, „Ungleichheiten zu beseitigen“ (heute: Art. 8 AEUV; vgl. auch EuGH 15.2.1996 – Rs. C-63/93 (Duff ua) – EuZW 1996, 309 ff. Rn. 26). Auch konnte man Art. 13 EG als Ausdruck einer das gesamte EG-Recht charakterisierenden Wertung verstehen (ähnlich im Ansatz Mahlmann, ZEuS 2002, 418, 420; Wendeling-Schröder, NZA 2004, 1321). In seiner Entscheidung vom 19.1.2010 hat der EuGH (EuGH 19.1.2010 – Rs. C-555/07 (**Kücükdeveci**) – NZA 2010, 85) seine früheren Feststellungen bestätigt und betont, das Verbot der Diskriminierung wegen Alters sei ein allgemeiner Grundsatz des Unionsrechts, der durch die Rahmenrichtlinie konkretisiert werde (Rn. 21). Außerdem verwies er auf **Art. 21 EU-GRC** (Rn. 22). Die Rahmenrichtlinie habe bewirkt, dass die Entlassungsbedingungen des nationalen Rechts in den Anwendungsbereich des Unionsrechts fallen (Rn. 25) und deshalb an diesem zu messen seien. Dies führte dazu, dass § 622 Abs. 2 S. 2 BGB in Zukunft außer Anwendung bleiben musste, da die Nichtberücksichtigung der Zeiten vor Vollendung des 25. Lebensjahres bei der Berechnung der Betriebszugehörigkeit und damit bei der Bestimmung der Kündigungsfristen eine unmittelbare Diskriminierung wegen Alters darstellt. Inwieweit Bestimmungen der Grundrechtecharta ohne eine entsprechende „Aktivierung“ durch eine Richtlinie ähnliche Wirkungen entfalten, ist noch nicht ausreichend erörtert (zurückhaltend Willemsen/Sagan, NZA 2011, 258 ff.). Auch die jüngere Rechtsprechung (EuGH 26.2.2013 – Rs. C-617/10 (Akerberg Fransson) – NZA 2013, 498) hat dazu keine Klarheit geschaffen, neigt aber dazu, das Unionsrecht einschließlich der Grundrechtecharta eingreifen zu lassen, wenn auch nur ein Teil eines Lebenssachverhalts unionsrechtlich geregelt ist (dazu Winter NZA 2013, 473 ff.).

108 Was für die Diskriminierung wegen Alters gilt, muss auch für die anderen Diskriminierungsgründe der Richtlinien und des AGG gelten. Auch insoweit bestehen primärrechtliche Garantien, was nicht zuletzt Art. 21 EU-GRC deutlich macht. Dafür spricht weiter, dass der Unionsgesetzgeber in den Begründungen zu den vier Antidiskriminierungsrichtlinien davon ausging, menschenrechtliche Prinzipien zu konkretisieren (Schiek, AuR 2006, 149), was eine unterschiedliche Behandlung der einzelnen Merkmale ausschließt. Von daher besteht kein Anlass, die Rechtsprechung des EuGH auf das „Alter" zu beschränken; sie gilt **auch** für die **übrigen Merkmale** (Schiek, AuR 2006, 145, 147). Für den **Diskriminierungsgrund des Geschlechts** (EuGH 15.6.1978 – Rs. 149/77 (Defrenne III) – NJW 1978, 2445, 2446) und den **der Behinderung** (EuGH 11.7.2006 – Rs. C-13/05 (Chacón Navas) – DB 2005, 1617 Rn. 56) hat dies die Rechtsprechung ausdrücklich angenommen. Angesichts dieses Ausgangspunkts erweckt das **AGG** insoweit **Bedenken**, als es in § 2 Abs. 2 S. 2 die betriebliche Altersversorgung und in § 2 Abs. 4 den Kündigungsschutz ausgenommen und so wichtige Bereiche von vorne herein dem Diskriminierungsschutz entzogen hat (zu weiteren problematischen Regeln → Rn. 11). Über die konkreten Konsequenzen ist bei den fraglichen Bestimmungen das Nötige zu sagen (→ § 2 Rn. 164 f., 288 ff.; → § 15 Rn. 31).

IV. Wirksamkeit und Auslegung der EU-Richtlinien

1. Art. 13 EG als ursprüngliche Rechtsgrundlage

109 Alle vier dem AGG zugrunde liegenden Richtlinien (→ Rn. 3) wurden auf Art. 13 EG gestützt, der heute als **Art. 19 AEUV** weitergilt. Dieser bestimmt:

(1) Unbeschadet der sonstigen Bestimmungen der Verträge kann der Rat im Rahmen der durch die Verträge auf die Union übertragenen Zuständigkeiten gemäß einem besonderen Gesetzgebungsverfahren und nach Zustimmung des Europäischen Parlaments einstimmig geeignete Vorkehrungen treffen, um Diskriminierungen aus Gründen des Geschlechts, der Rasse, der ethnischen Herkunft, der Religion oder der Weltanschauung, einer Behinderung, des Alters oder der sexuellen Ausrichtung zu bekämpfen.

(2) Abweichend von Absatz 1 können das Europäische Parlament und der Rat gemäß dem ordentlichen Gesetzgebungsverfahren die Grundprinzipien für Fördermaßnahmen der Union unter Ausschluss jeglicher Harmonisierung der Rechts- und Verwaltungsvorschriften der Mitgliedstaaten zur Unterstützung der Maßnahmen festlegen, die die Mitgliedstaaten treffen, um zur Verwirklichung der in Absatz 1 genannten Ziele beizutragen.

Im Vergleich zu Art. 13 EG ist die Rolle des Europäischen Parlaments gestärkt worden, da aus seinem Anhörungs- ein Zustimmungsrecht gemacht wurde.

a) Ermächtigung – keine unmittelbare Begründung von Rechten

110 Art. 19 AEUV stellt wie Art. 13 EG seinem Wortlaut nach eine **selbstständige Ermächtigungsgrundlage** für den Rat dar, „geeignete Vorkehrungen" zur Bekämpfung von Diskriminierungen aus den ausdrücklich erwähnten Gründen zu treffen. Art. 19 AEUV steht genau wie Art. 13 EG inhaltlich

wie seiner systematischen Stellung nach in dem „Grundsätze" erfassenden Ersten Teil des Vertrages. Zu diesen zählt ua die Querschnittsklausel des Art. 8 AEUV, wonach die Union bei allen ihren Tätigkeiten genau wie der frühere Art. 3 Abs. 2 EG darauf hinwirkt, „**Ungleichheiten zu beseitigen und die Gleichstellung von Männern und Frauen zu fördern**". Dies wird durch die **weitere Querschnittsklausel des Art. 10 AEUV** gestützt, wonach die Union bei der Festlegung und Durchführung ihrer Politik und ihrer Maßnahmen darauf abzielt, „Diskriminierungen aus Gründen des Geschlechts, der Rasse, der ethnischen Herkunft, der Religion oder der Weltanschauung, einer Behinderung, des Alters oder der sexuellen Ausrichtung zu bekämpfen." Art. 19 AEUV konkretisiert daher genau wie Art. 13 EG ein Grundprinzip der Union. Weil Art. 13 EG aus dem blauen Himmel europäischer Deklarationen herabsteigt und konkrete Maßnahmen ermöglicht, wurde er als „landmark achievement" gefeiert (O´Hare, MJ 8 (2001) 142).

111 Die dem Art. 13 EG zugrunde liegende Zielsetzung, das fundamentale Menschenrecht der Gleichheit gegen bestimmte Verletzungen zu schützen, hat schon in der Vergangenheit Anlass zu der These gegeben, Art. 13 EG **setze Diskriminierungsverbote** bereits **voraus**, was sich in gleicher Weise für Art. 19 AEUV sagen lässt (Holoubek, in: Schwarze (Hrsg.), AEUV Art. 19 Rn. 4). Ausdrücklich wurde dies durch die oben (→ Rn. 107 f.) genannte Rechtsprechung des EuGH bestätigt, doch ändert dies nichts daran, dass Art. 19 AEUV bzw. Art. 13 EG lediglich **Ermächtigungs- und Kompetenznormen** sind und als solche keine unmittelbare Wirkung in den Mitgliedstaaten entfalten (Hailbronner, ZAR 2001, 256; Lenz, in: Lenz/Borchardt (Hrsg.), AEUV Art. 19 Rn. 21; Mahlmann, ZEuS 2002, 408; Runggaldier, FS Doralt, S. 512; Schneider-Sievers, FS Wißmann, S. 588; Triepel, ZESAR 2007, 212; Waddington/Bell, CMLR 38 (2001) 587 ff.; Wernsmann, JZ 2005, 224, 227; Zuleeg, in: von der Groeben/Schwarze (Hrsg.), 6. Aufl. 2004, Art. 13 Rn. 2).

b) Verhältnis zu anderen Vertragsbestimmungen

112 Die Ermächtigung des Art. 19 AEUV erfolgt „**unbeschadet der sonstigen Bestimmungen der Verträge**". Dies bedeutet, dass Art. 19 andere Vorschriften nicht verdrängt, ihnen gegenüber aber auch nicht subsidiär ist (ebenso Holoubek, in: Schwarze (Hrsg.), AEUV Art. 19 Rn. 6 f.; zu Art. 13 EG Zuleeg, in: von der Groeben/Schwarze (Hrsg.), 8. Aufl. 2002, Art. 13 Rn. 15). Jede andere Lösung würde zu Friktionen führen, die nicht gewollt sein können. **Hätte** etwa im Bereich des Arbeitslebens **Art. 153 AEUV** (früher: Art. 137 EG) **Vorrang**, wäre für diesen Sektor ein anderes Rechtsetzungsverfahren als das in Art. 19 EG vorgesehene zu beachten. Im Zivilrechtsverkehr könnte man demgegenüber möglicherweise auf Art. 19 AEUV zurückgreifen, soweit man nicht wiederum der Rechtsangleichungsvorschrift des Art. 114 AEUV (früher: Art. 95 EG) den Vorrang einräumen wollte. Im Ergebnis hätte man eine nach Lebensbereichen segmentierte Form des Diskriminierungsschutzes, die ersichtlich von niemandem gewünscht wird und die ihrerseits Gleichheitsprobleme heraufbeschwören würde.

113 Für den engen Bereich der Lohngleichheit von Mann und Frau wird allerdings ein **Vorrang des Art. 157 AEUV** (früher: Art. 141 EG) angenommen (Lenz, in: Lenz/Borchardt (Hrsg.), AEUV Art. 19 Rn. 8; in Bezug auf Art. 141 EG Zuleeg, in: von der Groeben/Schwarze (Hrsg.), 6. Aufl. 2004, Art. 13 Rn. 15). Dies lässt sich nur mit der Erwägung rechtfertigen, dass es gleichfalls um ein Diskriminierungsverbot geht, das im Wege unmittelbar anwendbarer Normen die Grundsatzentscheidung des Art. 19 konkretisiert. **Ausgeschlossen** ist dagegen ein Rückgriff auf die **Vertragsergänzungsvorschrift des Art. 352 AEUV** (früher: Art. 308 EG); insoweit fehlt die dort genannte Voraussetzung, dass die erforderlichen Befugnisse der Union im Vertrag nicht vorgesehen sind (ebenso im Ergebnis Holoubek, in: Schwarze (Hrsg.), AEUV Art. 19 Rn. 8; Lenz, in: Lenz/Borchardt (Hrsg.), AEUV Art. 19 Rn. 10; Epiney, in: Calliess/Ruffert, Art. 19 AEUV Rn. 3).

c) Geeignete Vorkehrungen

114 Die Ermächtigung des Art. 19 AEUV bzw. des Art. 13 EG richtet sich auf „geeignete Vorkehrungen", die in Empfehlungen und Programmen (s. den Beschluss des Rates v. 27.11.2000 über ein **Aktionsprogramm** der Gemeinschaft zur Bekämpfung von Diskriminierungen (2001–2006), 2000/750/EG, ABl. EG v. 2.12.2000, Nr. L 303 S. 23), aber auch in verbindlichen Akten bestehen können. Zu diesen zählen insbesondere **Verordnungen und Richtlinien** (s. statt aller Lenz, in: Lenz/Borchardt (Hrsg.), AEUV Art. 19 Rn. 20; Holoubek, in: Schwarze (Hrsg.), AEUV Art. 19 Rn. 20). Auch gezielte Fördermaßnahmen sind erfasst (Holoubek, in: Schwarze (Hrsg.), AEUV Art. 19 Rn. 21; Epiney, in: Caliess/Ruffert, AEUV Art. 19 Rn. 9 a). Die geeigneten Vorkehrungen können auch in Vorgaben für das Verhalten Privater bestehen (Wernsmann, JZ 2005, 224, 227).

2. Einzelfragen

a) Sachgebiete ohne Unionskompetenz

115 Fraglich könnte sein, ob die Union Antidiskriminierungsregeln auch auf solchen Gebieten erlassen darf, auf denen sie keine Zuständigkeit zu substantiellen Regelungen hat. Dies könnte etwa im Zusammenhang mit **Art. 153 Abs. 5 AEUV** (früher: Art. 137 Abs. 5 EG) problematisch werden, der das Arbeitsentgelt, das Koalitionsrecht, das Streikrecht sowie das Aussperrungsrecht aus der sozialpolitischen Regelungsermächtigung ausnimmt. Weiter wäre an **Art. 168 Abs. 7 AEUV** (früher: Art. 152 Abs. 5 EG) zu denken, wonach die Organisation des Gesundheitswesens und der medizinischen Versorgung in vollem Umfang in der Verantwortung der Mitgliedstaaten bleibt.

116 Auch insoweit bestehen jedoch **keine Bedenken gegen die Anwendung des Art. 19 AEUV** und der auf seiner Grundlage erlassenen Richtlinien. Art. 153 Abs. 5 AEUV will lediglich die vorangegangenen Absätze nicht auf das Arbeitsentgelt usw anwenden, und die Organisation des Gesundheitswesens und der medizinischen Versorgung im Sinne des Art. 168 Abs. 5 AEUV wird nicht berührt, wenn auch in diesem Lebensbereich Diskriminierungsverbote gewahrt bleiben. Für eine begrenzte Geltung oder einen Ausschluss menschenrechtlich fundierter Regeln bieten beide Vor-

schriften keinen Anhaltspunkt (ebenso im Ergebnis zu Art. 149 Abs. 4 und Art. 152 Abs. 4 aF Bell, Eur. Law Journal 8 (2002), 386, 388; Whittle/Bell, Eur. Law Review 27 (2002), 677, 687 – allerdings unter unzutreffender Heranziehung der Grundsätze über die Unionsbürgerschaft). Auch ist in diesem Zusammenhang die EuGH-Rechtsprechung von Bedeutung, wonach die **Organisation der Landesverteidigung** und die Wehrpflicht vom Unionsrecht nicht erfasst sind (EuGH 11.1.2000 – Rs. C-285/98 (Kreil) – NZA 2000, 137; EuGH 11.3.2003 – Rs. C-186/01 (Dory) – NJW 2003, 1379), dies aber keineswegs ausschließt, den (gleichfalls menschenrechtlich begründeten) gleichen Zugang von Männern und Frauen zu den fraglichen Arbeitsplätzen als unionsrechtlich begründet zu qualifizieren (EuGH 11.1.2000 – Rs. C-285/98 (Kreil) – NZA 2000, 137; s. weiter EuGH 26.10.1999 – Rs. C-273/97 (Sirdar) – NZA 2000, 25). Auch die den Mitgliedstaaten durch Art. 3 Abs. 4 der Rahmenrichtlinie eröffnete Möglichkeit, die Diskriminierungsverbote wegen Behinderung und wegen Alters nicht auf die Streitkräfte anzuwenden, bestätigt mittelbar, dass der europäische Gesetzgeber von einem solchen weiten Verständnis des Art. 19 AEUV ausging, ohne dabei die EuGH-Rechtsprechung in Bezug auf die Gleichbehandlung von Mann und Frau korrigieren zu wollen.

b) Subsidiarität und Verhältnismäßigkeit

117 Wenig substanziiert sind Einwände gegen die Richtlinien, die sich auf eine Verletzung des Subsidiaritätsprinzips und des Verhältnismäßigkeitsprinzips stützen, die heute in Art. 5 EUV verankert sind (von dahin gehenden Bedenken in der österreichischen Diskussion berichtet Kuras, Sonderbeilage zu RdA 2003, S. 11). Angesichts des erheblichen **Beurteilungsspielraums,** der den Unionsorganen in diesem Bereich zukommt, müsste detailliert dargelegt werden, weshalb eine äquivalente Lösung auf nationaler Ebene möglich wäre; dies ist bisher nicht ernsthaft in Angriff genommen werden. Zu Recht haben überdies Schöbener/Stork (ZEuS 2004, 47) darauf verwiesen, sogar der Erlass einer Antidiskriminierungs-Verordnung sei an sich möglich gewesen. Durch die Wahl des Mittels Richtlinie hat der Ministerrat deshalb den Mitgliedstaaten bewusst **Spielräume gelassen**, die dadurch noch größer werden, dass die Ausnahmen von den Diskriminierungsverboten weithin in der Beurteilungskompetenz der Mitgliedstaaten liegen (→ Rn. 79).

c) Differenzierung zwischen den einzelnen Merkmalen

118 In der Literatur ist weiter die Frage aufgeworfen worden, ob Art. 19 AEUV bzw. Art. 13 EG eigentlich unterschiedliche Regelungen in Bezug auf die einzelnen Diskriminierungsgründe zulässt (Schmidt/Senne, RdA 2002, 89; vgl. auch Baer, ZESAR 2004, 206: Alle Diskriminierungsverbote „im Kern“ analog gesehen). In der Tat sind **in den Richtlinien** hier **deutliche Unterschiede** vorhanden. Den größten Anwendungsbereich und die geringsten Ausnahmen kennt die Antirassismus-Richtlinie (vgl. Brown, Yearbook of European Law, 21/2002, S. 222: „Pole Position“ für Antirassismus-Richtlinie), doch hat die Geschlechtergleichbehandlung, die in der Entwicklung des Unionsrechts immer im Vordergrund stand (Eichenhofer, Beilage zu NZA Heft 22/2004, S. 27), durch die Verabschiedung der Gen-

der-Richtlinie Zivilrecht entscheidend aufgeholt. Differenzierungen ergeben sich auch insoweit, als beispielsweise Art. 5 der Rahmenrichtlinie Schutzvorkehrungen für Behinderte vorsieht, dass jedoch auch andere Gruppen wie zB Angehörige religiöser Minderheiten besondere (wenn auch ungleich bescheidenere) Vorkehrungen benötigen, um reale Gleichberechtigung am Arbeitsmarkt zu erlangen (vgl. Bell/Waddington, Eur. Law Review 28 (2003), 349, 360; Stein NZA 2014, 1053). **Die meisten Durchbrechungen hat das Diskriminierungsverbot wegen Alters** erfahren (Art. 6 der Rahmenrichtlinie, § 10 AGG), wobei man hier sogar die Frage stellen mag, inwieweit nicht eine Antastung des Wesensgehalts vorliegt. Eine gewisse **innere Rechtfertigung** mag darin liegen, dass die stigmatisierende Wirkung des Alters geringer als die anderer Merkmale ist, weil jeder Mensch jede Altersstufe durchläuft (Reichold/Hahn/Heinrich, NZA 2005, 1275).

119 Diese Differenzierungen für illegal zu erklären, wäre lebensfremd. Bei aller (durchaus angebrachten) Kritik im Detail sind sie den **unterschiedlichen Gefährdungssituationen** und ihrer Wahrnehmung durch die politischen Akteure geschuldet (insoweit zutreffend Zöllner, GS Blomeyer, S. 532). Die geeigneten Vorkehrungen im Sinne des Art. 19 AEUV bzw. des Art. 13 Abs. 1 EG können den faktischen wie den politischen Umständen nach bei den einzelnen Gründen durchaus unterschiedlich ausfallen (→ § 1 Rn. 7). Wollte man anders entscheiden, würde man ein erhebliches Risiko eingehen, Art. 19 AEUV weitgehend funktionslos zu machen, weil sich für einen schematischen, alles über einen Kamm scherenden Diskriminierungsschutz keine Einstimmigkeit im Rat erreichen ließe. Im Ergebnis ist man sich deshalb auch weitgehend einig, dass die **„Inequalities in European Equality Law“** (Bell/Waddington, Eur. Law Review 28 (2003), 349, 350) zu **keinen rechtlichen Bedenken** Anlass geben (s. neben Bell/Waddington auch Brown, Yearbook of European Law, 21 (2002) S. 222 f.; O'Hare, MJ 8 (2001), S. 144); in der deutschen Diskussion hat die Frage bislang eine (unangemessen) geringe Rolle gespielt.

3. Vereinbarkeit mit Unionsgrundrechten

120 Die hier interessierenden Richtlinien sind nicht nur im Hinblick darauf zu untersuchen, ob sie sich im Rahmen der (richtig verstandenen) Ermächtigungsnorm des Art. 19 AEUV bzw. des Art. 13 EG bewegen. Vielmehr kann man auch die Frage stellen, ob sie inhaltlich gegen bestimmte Grundrechte verstoßen.

a) Die Grundrechtsbindung der Unionsorgane

121 Beim Erlass von Rechtsakten ist die Union an Grundrechte gebunden. Diese finden sich heute in der EU-Grundrechtecharta. Daneben sind sie (meist) **ungeschriebener Bestandteil des primären Unionsrechts** und haben die Qualität allgemeiner Rechtsgrundsätze (so bereits im hier interessierenden Zusammenhang EuGH 15.6.1978 – Rs. 149/77 (Defrenne III) – NJW 1978, 2445; zu den Anfängen s. Däubler, Market and Social Justice in the EC, S. 93 ff. mwN). Der EuGH hat dies in seinem Gutachten zum EMRK-Beitritt der Gemeinschaft wie folgt umschrieben (EuGH 28.3.1996 – Rs. C-2/94 (EMRK) – EuZW 1996, 307):

„Nach ständiger Rechtsprechung gehören die Grundrechte zu den allgemeinen Rechtsgrundsätzen, deren Wahrung der Gerichtshof zu sichern hat. Dabei lässt sich der Gerichtshof von den gemeinsamen Verfassungstraditionen der Mitgliedstaaten sowie von den Hinweisen leiten, die die völkerrechtlichen Verträge über den Schutz der Menschenrechte geben, an deren Abschluss die Mitgliedstaaten beteiligt waren oder denen sie beigetreten sind. In diesem Rahmen kommt der Europäischen Menschenrechtskonvention, wie der Gerichtshof ausgeführt hat, besondere Bedeutung zu …"

122 Die Union ist außerdem an rechtsstaatliche Grundsätze gebunden. Dies wurde in der Rechtsprechung für die Wahrung der Rechte der Verteidigung (EuGH 18.10.1989 – Rs. C-374/87 (Orkem) – EuZW 1991, 417 ff. Rn. 32) und für den Vertrauensschutzgrundsatz (EuGH 15.2.1996 – Rs. C-63/93 (Duff ua) – EuZW 1996, 309 Rn. 20) ausdrücklich hervorgehoben (ebenso EuGH 3.5.2007 – Rs. C-303/05 – NJW 2007, 2237 = EuZW 2007, 374).

123 Die Grundrechtsbindung bedeutet nicht, dass den Organen der Union Eingriffe unmöglich wären. **Beschränkungen** sind **zulässig**, müssen jedoch den Zielen der Union entsprechen und dürfen nicht unverhältnismäßig sein oder den Wesensgehalt des Grundrechts antasten (so EuGH 17.10.1995 – Rs. C-44/94 (The Queen/Minister of Agriculture) – EuZW 1996, 313; zur Wahrung des Wesensgehalts ebenso EuGH 15.2.1996 – Rs. C-63/93 (Duff ua) – EuZW 1996, 309 Rn. 30 und aus neuerer Zeit EuGH 6.10.2015 – Rs. C-362/14 (Safe Harbor) – NJW 2015, 3151 Rn. 90 ff. bei voraussetzungslosen Eingriffen ausländischer Staatsgewalt in die Privatsphäre). Art. 52 Abs. 1 EU-GRC dürfte insoweit auch auf die ungeschriebenen Grundrechte des Primärrechts anwendbar sein.

b) Verstoß gegen die Diskriminierungsverbote des primären Unionsrechts?

124 Bereits an anderer Stelle (→ Rn. 106–108) ist dargelegt worden, dass das Primärrecht Diskriminierungsverbote enthält, die durch die Richtlinien konkretisiert werden. Inwieweit dieser Konkretisierungsprozess bestimmte Vorgaben zu beachten hat, ist bisher wenig erörtert; vermutlich wird die auf Einschränkungen bezogene Vorschrift des Art. 52 Abs. 1 EU-GRC auch hier Anwendung finden. Bedenken gegen einzelne Bestimmungen der Richtlinien sind bisher nicht artikuliert worden.

c) Verstoß gegen die unionsrechtliche Garantie der Vertragsfreiheit?

125 Selbst wenn man von der spezifischen Ermächtigung des Art. 19 AEUV absieht, bestehen **keine ernsthaften Bedenken** gegen die Gültigkeit der Richtlinien. Durch sie ist die Vertragsfreiheit betroffen, deren grundrechtliche Garantie im Unionsrecht lange Zeit eher ein Schattendasein führte (dazu eingehend Schöbener/Stork, ZEuS 2004, 47, 55 ff. mwN). Zutreffend wird von einem „Auffanggrundrecht" gesprochen (Rengeling/Szczekalla, Rn. 648), das nur in einzelnen Andeutungen in der Rechtsprechung des EuGH vorkommt (EuGH 16.1.1979 – Rs. 151/78 – EuGHE 1979, 1 ff.). Auch die Aussage, Verträge seien im Allgemeinen durch das Prinzip der **Privatautonomie** gekennzeichnet und ein Vertrag zulasten Dritter sei deshalb unzulässig (EuGH 9.3.2006 – Rs. C-499/04 (Werhof) – NZA 2006,

376), hat daran nichts geändert. Selbst wenn man aber die Vertragsfreiheit in den Rang eines expliziten Grundrechts erheben würde, lassen sich die bestehenden durch die Richtlinien und die Umsetzungsakte konkretisierten Diskriminierungsverbote mit Art. 8 AEUV rechtfertigen, der den Gleichheitssatz als Ziel der Union positiviert. Überdies spricht nichts dafür, dass die Beschränkung der Vertragsfreiheit unverhältnismäßig wäre, geht es doch um das einzige erkennbare Mittel, um dem potenziellen Diskriminierungsopfer, dh der schwächeren Seite ein Stück der auch ihr zustehenden Vertragsfreiheit zu erhalten (ebenso Mahlmann, ZEuS 2002, 418, 421; Schöbener/Stork, ZEuS 2004, 47, 61, 64; anders Picker, in: Lorenz (Hrsg.), Karlsruher Forum 2004, S. 103 ff.). Ausdrücklich ist denn auch in der neueren Literatur betont worden, die Antirassismus-Richtlinie sei grundrechtlich auch auf Unionsebene unbedenklich (Rengeling/Szczekalla, Rn. 649). Dass der **EuGH der Vertragsfreiheit der stärkeren Seite keinen besonders hohen Stellenwert einräumt**, wird nicht zuletzt daran deutlich, dass er die einen Generalunternehmer treffende **Bürgenhaftung** für die Mindestlöhne, die seine Subunternehmen nach der Entsenderichtlinie schulden, überhaupt nicht am Maßstab der Gemeinschaftsgrundrechte überprüft hat (EuGH 12.10.2004 – Rs. C-60/03 (Wolff & Müller) – NZA 2004, 1211 ff.). Das BAG (6.11.2002 – 5 AZR 617/01 (A), NZA 2003, 490) hatte demgegenüber in der Vereinbarkeit der deutschen Ausführungsregelung (§ 1 a AEntG aF) mit Art. 12 GG ein Problem gesehen, allerdings mit überzeugender Begründung einen Verstoß verneint (die sehr viel geringere Kontrolldichte des Gemeinschaftsrechts konstatiert auch Wernsmann, JZ 2005, 224, 232). Schließlich kann nicht unerwähnt bleiben, dass der **EuGH** in beiden Verfahren, in denen die Bundesrepublik wegen Nichtumsetzung der Antirassismus- bzw. der Rahmenrichtlinie verurteilt wurde, die Gültigkeit der **Richtlinien mit keinem Wort** auch nur hypothetisch **in Frage gestellt** hat (Nachweise → Rn. 6).

d) Immanente Grenzen

126 Ein Problem immanenter Grundrechtsschranken stellt sich dann, wenn jemand die (zB) weltanschaulich begründete Forderung erhebt, die Diskriminierungsverbote seien abzuschaffen und die völkische Einheit wiederherzustellen, sich dann jedoch im Falle einer deshalb erfolgenden Benachteiligung gerade auf die Richtlinien beruft. Diese sprechen das Problem nicht ausdrücklich an, doch behandelt es Art. 54 EU-GRC. Dort heißt es:

Artikel 54 Verbot des Missbrauchs der Rechte

Keine Bestimmung dieser Charta ist so auszulegen, als begründe sie das Recht, eine Tätigkeit auszuüben oder eine Handlung vorzunehmen, die darauf abzielt, die in der Charta anerkannten Rechte und Freiheiten abzuschaffen oder sie stärker einzuschränken als dies in der Charta vorgesehen ist.

Der darin zum Ausdruck gekommene **Grundgedanke lässt sich** auf den Fall des Antidiskriminierungsrechts **übertragen**; mit Recht wird in einer neueren Kommentierung zu Art. 54 EU-GRC darauf hingewiesen, die Ächtung und Ahndung rassistischer und ausländerfeindlicher Bestrebungen sei voraussichtlich der Hauptanwendungsfall dieser Vorschrift (Borowsky, in: Meyer (Hrsg.), EU-GRC Art. 54 Rn. 11; vgl. auch Pache, in: Frankfurter

Kommentar zu EUV, GRC und AEUV, Bd. 1, Tübingen 2017, GRC Art. 54 Rn. 8 ff.).

e) Grundgesetz als Maßstab?

127 Eine Überprüfung des Richtlinieninhalts am Maßstab des Grundgesetzes findet wegen des Vorrangs des Unionsrechts nicht statt. Ob dies darüber hinaus auch für die Umsetzungsakte gilt, ist umstritten (dazu Schöbener/Stork, ZEuS 2004, 49), kann jedoch letztlich dahingestellt bleiben, da Verstöße des deutschen Gesetzgebers beim Erlass des AGG nicht ersichtlich sind (→ Rn. 77).

4. Auslegung der Richtlinien

128 Die Antidiskriminierungs-Richtlinien sind nicht in der Weise „selbst erklärend", dass sich ihr Sinn im Wege schlichter Lektüre erschließen würde. Sie verzichten insbesondere darauf, die „verpönten Merkmale" im Einzelnen zu definieren und die Ausnahmetatbestände mit exakten Begriffen zu umschreiben. Das sich hier (wie auch in anderen Fällen) stellende Interpretationsproblem weist gegenüber der Auslegung deutscher Gesetze einige **Besonderheiten** auf:

129 Zum einen muss ein **Auslegungsergebnis** gefunden werden, das **für die gesamte Union gilt**; andernfalls wäre die Einheitlichkeit des Rechtsraumes nicht mehr gewahrt. Dies impliziert, dass man **sämtliche** offiziell als gleichberechtigt anerkannten **Amtssprachen** berücksichtigt, was bei unterschiedlichem Bedeutungsgehalt zu erheblichen Problemen führen kann. Zum Zweiten ist jede Richtlinie mit **„Erwägungsgründen"** versehen, deren Stellenwert im Einzelnen zu bestimmen ist. Schließlich geht es gerade im hier interessierenden Bereich auch um die Frage, welchen **Einfluss** das **Völkerrecht** auf die zu beachtenden allgemeinen Grundsätze des Unionsrechts hat; die oben (→ Rn. 121) wiedergegebene Stellungnahme des EuGH im Gutachten zum EMRK-Beitritt legt einen erheblichen Einfluss zumindest nahe.

a) Allgemeine Grundsätze

130 Das primäre wie das sekundäre Unionsrecht werden grundsätzlich nach dem **„traditionellen Kanon"** ausgelegt. Der Inhalt einer Norm kann „nur unter Berücksichtigung ihres Wortlauts, ihres Zweckes sowie ihrer Stellung im System des Vertrags und des rechtlichen Zusammenhangs, in den sie sich einfügt, bestimmt werden." (so EuGH 17.2.1998 – Rs. C-249/96 (Grant) – NZA 1998, 301; s. weiter Bieber/Epiney/Haag, § 9 Rn. 14 ff.). Die **Entstehungsgeschichte** wird insbesondere mit Rücksicht auf die mangelnde Zugänglichkeit der Materialien bei der Schaffung des EWG-Vertrags und der späteren Änderungen beim primären Unionsrecht weitgehend ausgeklammert. Sie spielt jedoch bei den hier interessierenden Richtlinien als Teil des **sekundären Unionsrechts** eine durchaus **nicht unbedeutende Rolle** (P. Mayer, Jura 1994, 455, 456). Einigkeit besteht weiter darüber, dass sekundäres Unionsrecht „primärrechtskonform" auszulegen ist (Oppermann/Classen/Nettesheim, § 10 II 1, Rn. 39, 43; Wank, in: Hanau/Steinmeyer/Wank, § 9 Rn. 207 ff.).

Die Handhabung dieser (einfach klingenden) Grundsätze wirft zahlreiche Fragen auf, die jedoch nur insoweit expliziert werden sollen, als sie im Rahmen des Antidiskriminierungsrechts potenziell von Bedeutung sind (zu Weiterem s. insbesondere Franzen, S. 445 ff.). 131

b) Der Wortlaut – ein wenig verlässlicher Ausgangspunkt

Die Vorstellung, ein klarer und eindeutiger Wortlaut könne jede weitere Bemühung um Auslegung überflüssig machen, hat sich im Laufe der Entwicklung des Unionsrechts als wenig weiterführend erwiesen (Grundmann/Riesenhuber, JuS 2001, 529, 534). Dies hängt zum einen mit dem **hohen Abstraktionsgrad vieler** unionsrechtlicher **Normen** und der nicht seltenen Beschränkung auf Zielsetzungen zusammen. Als Beispiel sei an die „positiven Maßnahmen" im Sinne des Art. 5 der Antirassismus-Richtlinie bzw. die „positiven und spezifischen Maßnahmen" des Art. 7 der Rahmenrichtlinie erinnert. 132

Gewichtiger ist zum Zweiten die Tatsache, dass das Unionsrecht in den **Fassungen aller Sprachen** der Mitgliedstaaten gilt (Bieber/Epiney/Haag, § 7 Rn. 53; vgl. VO Nr. 1 des Rates vom 15.4.1958, zuletzt geändert durch Beitrittsakte 2003 v. 16.4.2003, ABl. EG Nr. L 236 S. 33, abgedruckt auch in der Nomos-Textausgabe Europarecht unter Nr. 9). Dies folgt heute aus Art. 55 EUV, auf den Art. 358 AEUV verweist. Maßgebend sind danach in gleicher Weise die bulgarische, dänische, deutsche, englische, estnische, finnische, französische, griechische, italienische, kroatische, lettische, litauische, maltesische, niederländische, polnische, portugiesische, rumänische, schwedische, slowakische, slowenische, spanische, tschechische und ungarische Fassung. Dies wirft ein enormes Maß an praktischen Schwierigkeiten auf, zumal man schwerlich Menschen finden wird, die auch nur über passive Sprachkenntnisse in allen diesen Sprachen verfügen (zu den Problemen schon vor der Osterweiterung s. Oppermann, ZEuS 2001, 1 ff.). 133

Im Bereich der Auslegung ergibt sich das spezifische Problem, wie mit einem **unterschiedlichen Bedeutungsgehalt** zu verfahren ist. Ein reines Mehrheitsprinzip wird abgelehnt. Als erstes versucht man, einen einheitlichen Bedeutungsgehalt dadurch zu erreichen, dass man die mehrdeutige Formulierung einer Sprache im Sinne der anderen Fassungen auslegt, sofern sich dort ein eindeutiger Norminhalt findet. So lässt etwa Art. 288 Abs. 3 AEUV in anderen Unionssprachen die Festlegung von „Resultaten" durch Richtlinien zu, weshalb der unspezifischere und mehrdeutige Begriff Ziele der deutschen Fassung in diesem Sinne ausgelegt wird (Grundmann/Riesenhuber, JuS 2001, 529, 530). 134

Ist eine solche **„Harmonisierung" nicht möglich**, wird auf andere Methoden, insbesondere darauf zurückgegriffen, welcher **Zweck** mit der fraglichen Regelung verfolgt wird (Streinz, ZEuS 2004, 387, 402). Dies ist insbesondere dann unabdingbar, wenn eine Vielfalt von Ausdrücken verwendet wird, die mehr als eine Auslegungsvariante zulassen (vgl. EuGH 27.10.1977 – Rs. 30/77 (Bouchereau) – EuGHE 1977, 1999 Rn. 3/14; EuGH 28.3.1985 – Rs. 100/84 (Kommission gegen Bundesrepublik) – EuGHE 1985, 1169 Rn. 16, wo es um die spannende Frage ging, ob das „Fangen" von Fischen deren vollständige Entfernung aus dem Wasser vor- 135 aussetzt). In anderen Fällen wurde **dem nach den meisten Sprachfassungen maßgebenden Inhalt** jedenfalls die Bedeutung eines **wichtigen Indizes** beigemessen (EuGH 7.7.1988 – Rs. 55/87 (Moksel) – EuGHE 1988, 3865 ff. Rn. 16 ff.). Übereinstimmung besteht in der Richtung, dass anders als im Völkerrecht nicht nur der kleinste gemeinsame Nenner zugrunde zu legen ist (Wank, in: Hanau/Steinmeyer/Wank, § 9 Rn. 217). Im hier interessierenden Zusammenhang taucht eine Wortlautdivergenz insbesondere bei dem **Begriff Weltanschauung** auf (dazu → § 1 Rn. 65 ff.). Auch bei der Ausklammerung von Leistungen sozialer Systeme durch Art. 3 Abs. 3 der Rahmenrichtlinie bestehen entsprechende Schwierigkeiten (Bieback, ZESAR 2006, 143, 145).

136 Ein drittes Problem ergibt sich insoweit, als das **Unionsrecht grundsätzlich eigenständige Begriffe** verwendet, sofern nicht im Einzelfall ausdrücklich oder sinngemäß auf nationales Recht verwiesen wird (Wank, in: Hanau/Steinmeyer/Wank, § 9 Rn. 218). Bei Grundrechten und Grundfreiheiten des Unionsrechts und ihren Konkretisierungen ist immer ein eigenständiger unionsrechtlicher Begriffsgebrauch anzunehmen; dies ergibt sich aus ihrer elementaren Bedeutung für die Unionsrechtsordnung (vgl. Franzen, S. 475 ff.). In solchen Fällen bietet es sich an, den Bedeutungsgehalt nicht nur aus der unionsrechtlichen Rechtsquelle selbst, sondern **rechtsvergleichend zu erschließen.** Dabei ist diejenige Lösung zu suchen, die dem von dem fraglichen Rechtsakt verfolgten Ziel am nächsten kommt (Wegener, in: Callies/Ruffert, 5. Aufl., EUV Art. 19 Rn. 17, 20 ff.; ebenso bereits in Vorahnung künftiger Entwicklungen Däubler, NJW 1965, 1646, 1648 ff., dort in Anlehnung an Generalanwalt Lagrange als „fortschrittlichste" Lösung bezeichnet).

c) Probleme der systematischen Auslegung

137 Nicht anders als im innerstaatlichen Recht bedeutet der Rückgriff auf die Systematik eines Rechtsakts, dass man ihn als innere Einheit begreift, dass man Widersprüche zwischen einzelnen Vorschriften verhindert (P. Mayer, Jura 1994, 455, 456) und keine Auslegung wählt, die andere Bestimmungen sinnlos werden lässt (EuGH 5.10.2004 – Rs. C-397/01 bis 403/01 (Pfeiffer) – NZA 2004, 1145 Rn. 62).

138 Besonders bedeutsam ist die Frage, wie mit **Ausnahmevorschriften** umzugehen ist. Sie **eng auszulegen** ist nicht generell, sondern nur dann geboten, wenn es um Ausnahmen von grundlegenden Prinzipien geht (so bereits EuGH 4.12.1974 – Rs. 41/74 (Van Duyn) – EuGHE 1974, 1337, 1350; EuGH 27.10.1977 – Rs. 30/77 (Bouchereau) – EuGHE 1977, 1999 Rn. 33/35; ebenso für Ausnahmen von der Höchstarbeitszeit von 48 Wochenstunden nach der Arbeitszeitrichtlinie EuGH 5.10.2004 – Rs. C-397/01 bis 403/01 (Pfeiffer) – NZA 2004, 1145 Rn. 52; in der Literatur Franzen, S. 449; P. Mayer, Jura 1994, 455, 458 und aus dem arbeitsrechtlichen Schrifttum Linsenmaier, Sonderbeilage zu RdA 2003, S. 26; Schmidt/Senne, RdA 2002, 80, 83 mwN). Dies kann im vorliegenden Zusammenhang insbesondere für **Durchbrechungen der Diskriminierungsverbote** von Bedeutung sein, die als solche in Art. 19 AEUV bzw. Art. 13 EG nicht einmal ausdrücklich gestattet sind. Der EuGH hat bisweilen sogar in

verfahrensrechtlicher Hinsicht besonders strenge Maßstäbe bei der Überprüfung von Ausnahmebestimmungen angelegt und deshalb beispielsweise die Vorschriften über die (zollfreien) „Butterfahrten" wegen allzu pauschaler amtlicher Begründung für unwirksam erklärt (EuGH 7.7.1981 – Rs. 158/80 (REWE) – EuGHE 1981, 1805).

d) Abstellen auf Sinn und Zweck

139 Die am häufigsten benutzte Auslegungsmethode ist die Heranziehung von Sinn und Zweck einer Regelung (Wank, in: Hanau/Steinmeyer/Wank, § 7 Rn. 241), wobei dieses **„telos" häufig aus der Systematik rückgeschlossen** wird, so dass sich eine eindeutige Trennung zwischen teleologischer und systematischer Auslegung kaum vornehmen lässt (Franzen, S. 447; Oppermann/Classen/Nettesheim, § 9 Rn. 176 ff.; Streinz, ZEuS 2004, 387, 405). In der Praxis kommt dieser Methode häufig **entscheidende Bedeutung** zu (so Streinz, ZEuS 2004, 387, 404), was die richterlichen Spielräume eher erweitert als einengt. Dabei kann sich der Sinn und Zweck auch aus der Bezugnahme auf nicht verbindliche Regeln wie die Gemeinschaftscharta der sozialen Rechte der Arbeitnehmer von 1989 ergeben (EuGH 5.10.2004 – Rs. C-397/01 bis 403/01 (Pfeiffer) – NZA 2004, 1145 Rn. 91).

140 Das Abstellen auf Sinn und Zweck einer Regelung hat den Vorzug, dass Normen auch **angesichts veränderter Umstände** eine **angemessene Konkretisierung** erfahren können (P. Mayer, Jura 1994, 455, 457). Auch ergibt sich daraus das Gebot zur Auslegung nach dem sog **effet utile**, also zu einer Interpretation „im Sinne einer Optimierung des praktischen Nutzens" (Oppermann/Classen/Nettesheim, § 9 Rn. 178), die die praktische Durchschlagskraft der Normen erhöht und ihnen zu effektiver Wirksamkeit verhilft (Mayer, Jura 1994, 455, 457; vgl. weiter Wank, in: Hanau/Steinmeyer/Wank, § 9 Rn. 203). Allerdings ist darauf zu achten, dass auf diesem Wege nicht die Kompetenzen der Union unter der Hand ausgeweitet werden (vgl. die Maastricht-Entscheidung des BVerfG 12.10.1993 – 2 BvR 2134, 2159/92 – BVerfGE 89, 155, 210).

e) Rückgriff auf die Entstehungsgeschichte

141 Im Bereich des sekundären Unionsrechts besteht anders als bei den Verträgen selbst Einigkeit darüber, dass auch der Entstehungsgeschichte bei der Ermittlung des Norminhalts erhebliche Bedeutung zukommt (vgl. etwa Streinz, ZEuS 2004, 387, 402; Wank, in: Hanau/Steinmeyer/Wank, § 9 Rn. 195, 236). Bei Richtlinien (und Verordnungen) kommt diese häufig in den **Erwägungsgründen** zum Ausdruck, die dem eigentlichen Normtext nach Art einer (oft recht langen) Präambel vorangestellt sind. Daneben sind Vorschläge und Vorentwürfe der Kommission (Wank, in: Hanau/Steinmeyer/Wank, § 9 Rn. 236) sowie die Arbeiten des Europäischen Parlaments zu berücksichtigen. Auch die Stellungnahmen des Wirtschafts- und Sozialausschusses können trotz ihres unverbindlichen Charakters herangezogen werden (Franzen, S. 452). Dies gilt freilich alles nur dann, wenn die fraglichen Äußerungen der Unionsorgane oder ihrer Mitglieder öffentlich zugänglich sind (P. Mayer, Jura 1994, 455, 457). Die **objektive Zielsetzung**, die mit einem Rechtsakt verfolgt wird, ist dabei allerdings **wichtiger als die subjektiven Absichten einzelner Akteure** (EuGH 11.6.1991 – Rs. C-300/89

– EuGHE I 1991, 2867; ebenso Wank, in: Hanau/Steinmeyer/Wank, § 9 Rn. 238). Von praktischer Bedeutung sind diese Fragen im hier interessierenden Zusammenhang etwa bei der **Zulässigkeit von Altersgrenzen**: Sie einzuführen oder beizubehalten, war im Kommissionsentwurf noch als ausdrückliche Ausnahme vom Verbot der Altersdiskriminierung genannt worden; in der Endfassung findet sich diese Vorstellung nur noch in den Erwägungsgründen unter Nr. 14 (Schlachter, GS Blomeyer, S. 363 ff.).

f) Primärrechtskonforme Interpretation

142 Nach der Rechtsprechung des EuGH (EuGH 8.4.1976 – Rs. 48/75 – EuGHE 1976, 497, 512) spricht eine Vermutung dafür, dass Richtlinien **Begriffe im gleichen Sinn wie das primäre Unionsrecht** verwenden (zustimmend Oppermann/Classen/Nettesheim, § 9 Rn. 173). Davon ist auch im Falle des Art. 19 AEUV und der vier dem AGG zugrunde liegenden Richtlinien auszugehen. Insoweit ergeben sich keine spezifischen Probleme vertragsrechtskonformer Interpretation.

143 Zum primären Unionsrecht gehören jedoch auch **allgemeine Rechtsgrundsätze**, die ihrerseits die Auslegung von Richtlinienbestimmungen determinieren können. So wurde etwa die in Art. 6 Richtlinie 76/207/EWG vorgesehene Möglichkeit, dass eine wegen ihres Geschlechts benachteiligte Person ihre Rechte gerichtlich geltend machen kann, vom EuGH in der Weise interpretiert, dass „effektiver Rechtschutz" gewährleistet sein müsse, weil dies ein allgemeiner Grundsatz des Gemeinschaftsrechts sei (EuGH 22.9.1998 – Rs. C-185/97 (Coote) – NZA 1998, 1223; EuGH 13.3.2007 – Rs. C-432/05 (Unibet) – EuZW 2007, 247 = EuroAS 2007, 60 Rn. 37). Dies könnte im vorliegenden Zusammenhang Bedeutung für die Behandlung der Beweislastfragen nach § 22 haben (s. dort).

144 Von Bedeutung ist weiter, dass die allgemeinen Rechtsgrundsätze des Unionsrechts **durch Völkerrechtsnormen bestimmt** werden, die entweder allgemein anerkannt oder jedenfalls von den Mitgliedstaaten oder der Union akzeptiert sind. Soweit sie reichen und sich in dieser Weise „verdichtet" haben, sind sie auch bei der Auslegung von Richtlinien zu berücksichtigen. Bestätigt wird dies durch Erwägungsgrund 3 der Antirassismus-Richtlinie, der auf zahlreiche völkerrechtliche Abkommen, ua auch auf das Internationale Übereinkommen zur Beseitigung jeder Form von Rassendiskriminierung verweist. Ähnliches findet sich in **Erwägungsgrund 4 der Rahmenrichtlinie**, wo es heißt:

„Die Gleichheit aller Menschen vor dem Gesetz und der Schutz vor Diskriminierung ist ein allgemeines Menschenrecht; dieses Recht wurde in der Allgemeinen Erklärung der Menschenrechte, im VN-Übereinkommen zur Beseitigung aller Formen der Diskriminierung von Frauen, im Internationalen Pakt der VN über bürgerliche und politische Rechte, im Internationalen Pakt der VN über wirtschaftliche, soziale und kulturelle Rechte sowie in der Europäischen Konvention zum Schutze der Menschenrechte und Grundfreiheiten anerkannt, die von allen Mitgliedstaaten unterzeichnet wurden. Das Übereinkommen 111 der Internationalen Arbeitsorganisation untersagt Diskriminierungen in Beschäftigung und Beruf."

145 Ähnliche Formulierungen finden sich in der Gender-Richtlinie nF und in der Gender-Richtlinie Zivilrecht (jeweils Erwägungsgrund 2). Mit diesen ausdrücklichen Bekundungen hat der Richtliniengeber deutlich gemacht, dass er sich der Bedeutung dieses ungeschriebenen Teils des Unionsrechts bewusst war, ja ihn als entscheidende Orientierung betrachtete. Insoweit ist in Übereinstimmung mit der Rechtsprechung des EuGH dafür zu sorgen, dass die ins Unionsrecht übernommenen völkerrechtlichen Vorgaben (Nachweise → Rn. 173, 181, 188, 194, 200) auch bei der Auslegung der Richtlinien konsequent umgesetzt werden (vgl. auch Bryde, Sonderbeilage zu RdA 2003, S. 6/7; Rust, ZESAR 2004, 200; Rust/Falke-Giegerich, Einl. Rn. 187).

V. Völkerrechtliche Diskriminierungsverbote

146 Diskriminierungsverbote besitzen im Völkerrecht einen hohen Stellenwert; sie gehören nicht nur zum „Kernbereich der Menschenrechte", sondern haben auch den Charakter von zwingendem **Gewohnheitsrecht** (Kadelbach, S. 280; Neuner, JZ 2003, 59). Der folgende Überblick wird sich dabei insbesondere auf die Fragen konzentrieren, die bei der Auslegung und Konkretisierung der hier interessierenden EG-Richtlinien und im Rahmen des AGG von Bedeutung sein können. Dafür besteht umso mehr Anlass, als der EuGH (EuGH 18.3.2014 – Rs. C-363/12 – NZA 2014, 525) ausdrücklich darauf hingewiesen hat, die Rahmenrichtlinie sei nach Möglichkeit in Übereinstimmung mit der UN-Behindertenrechts-Konvention auszulegen (für völkerrechtskonforme Auslegung der Richtlinien auch Grünberger in Preis/Sagan, EurArbeitsrecht, 2015, § 3 Rn. 31). Wichtig ist deshalb insbesondere, wie die **„verpönten" Merkmale** definiert werden, welchen **Diskriminierungsbegriff** das jeweilige Abkommen verwendet, ob außer dem Berufsleben im engeren Sinne auch der **Zivilrechtsverkehr** erfasst ist, welche **Durchsetzungsmechanismen** vorgesehen werden und ob auch **positive Maßnahmen** zulässig sind.

1. UN-Charta und Allgemeine Erklärung der Menschenrechte

a) Die Texte

147 Die **Charta** der Vereinten Nationen vom 26.6.1945 (BGBl. 1973 II, 430, in wesentlichen Teilen auch abgedruckt bei Däubler/Kittner/Lörcher unter Nr. 101) bekennt sich in ihrer **Präambel** zu „unserem Glauben an die Grundrechte des Menschen, an Würde und Wert der menschlichen Persönlichkeit (sowie) an die Gleichberechtigung von Mann und Frau." Der Text selbst bestimmt in **Art. 1 Ziffer 3** als ein Ziel der Vereinten Nationen,

> eine internationale Zusammenarbeit herbeizuführen, um internationale Probleme wirtschaftlicher, sozialer, kultureller und humanitärer Art zu lösen und die Achtung vor den Menschenrechten und Grundfreiheiten für alle ohne Unterschied der Rasse, des Geschlechts, der Sprache oder der Religion zu fördern und zu festigen.

In ähnlicher Weise sieht **Art. 55 der Charta** die Aufgabe der Vereinten Nationen darin, die allgemeine Achtung und Verwirklichung der Menschenrechte und Grundfreiheiten für alle ohne Unterschied der Rasse, des Geschlechts, der Sprache oder der Religion

zu fördern.

148 Die **Allgemeine Erklärung der Menschenrechte** vom 10.12.1948 (abgedruckt bei Däubler/Kittner/Lörcher, unter Nr. 110) enthält in **Art. 2** ein allgemeines Diskriminierungsverbot, das wie folgt lautet:

1. Jeder Mensch hat Anspruch auf die in dieser Erklärung verkündeten Rechte und Freiheiten, ohne irgendeine Unterscheidung, wie etwa nach Rasse, Farbe, Geschlecht, Sprache, Religion, politischer oder sonstiger Überzeugung, nationaler oder sozialer Herkunft, nach Eigentum, Geburt oder sonstigen Umständen.

2. Weiter darf keine Unterscheidung gemacht werden aufgrund der politischen, rechtlichen oder internationalen Stellung des Landes oder Gebietes, dem eine Person angehört, ohne Rücksicht darauf, ob es unabhängig ist, unter Treuhandschaft steht, keine Selbstregierung besitzt oder irgendeiner anderen Beschränkung seiner Souveränität unterworfen ist.

Art. 7 derselben Erklärung bekennt sich zur „Gleichheit vor dem Gesetz" und bestimmt:

Alle Menschen sind vor dem Gesetze gleich und haben ohne Unterschied Anspruch auf gleichen Schutz durch das Gesetz. Alle haben Anspruch auf den gleichen Schutz gegen jede unterschiedliche Behandlung, welche die vorliegende Erklärung verletzen würde, und gegen jede Aufreizung zu einer derartigen unterschiedlichen Behandlung.

b) Rechtliche Verbindlichkeit

149 Die **UN-Charta** ist als solche ein rechtsverbindlicher Vertrag, dessen diskriminierungsrechtliche Bestandteile bislang allerdings so gut wie nicht zur Kenntnis genommen wurden.

150 Die **Allgemeine Erklärung der Menschenrechte** war im Jahre 1948 von der UN-Generalversammlung beschlossen worden und hatte, da diese grundsätzlich keine Rechtsetzungsbefugnisse besitzt, zunächst keinerlei unmittelbare rechtliche Relevanz. Man sprach von einer reinen Empfehlung. In der Zwischenzeit wird ihr jedoch **gewohnheitsrechtliche Bedeutung** jedenfalls insoweit beigemessen, als es um die hier interessierenden Diskriminierungsverbote geht (Brinkmeier, in: Klein (Hrsg.), Rassische Diskriminierung, S. 93 ff.; Wendeling-Schröder/Stein, Einl. Rn. 20; die Frage blieb dahinstehend bei Rust/Falke-Giegerich, Einl. Rn. 33). Auch der deutsche Gesetzgeber ist ersichtlich von der generellen Rechtsverbindlichkeit der Allgemeinen Erklärung der Menschenrechte ausgegangen, da er in Anlage I Kap. XIX Sachgebiet A Abschnitt III Nr. 1 zum **Einigungsvertrag** bestimmte, ein früherer Mitarbeiter des öffentlichen Dienstes der DDR könne ua dann außerordentlich gekündigt werden, wenn er „die in der Allgemeinen Erklärung der Menschenrechte vom 10. Dezember 1948 enthaltenen Grundsätze" verletzt habe (Abs. 5 Nr. 1; Einigungsvertrag vom 31.8.1990, BGBl. II, 885).

151 Mit dieser gewohnheitsrechtlichen Geltung ist allerdings nur die Konsequenz verbunden, dass die festgelegten **Grundsätze** nach Art. 25 GG **im Verhältnis Bürger – Staat** gelten. Eine „Horizontalwirkung", die das Ver-

hältnis einzelner Bürger untereinander wie Arbeitgeber und Arbeitnehmer oder Anbieter und Nachfrager auf dem Gütermarkt regeln würde, ist damit nicht verbunden (vgl. Neuner, JZ 2003, 59).

152 Die dem AGG zugrunde liegenden **EG-Richtlinien** haben in ihren Erwägungsgründen gleichwohl auf die Allgemeine Erklärung der Menschenrechte sowie auf weitere internationale Abkommen **Bezug genommen**, was erkennen lässt, dass es sich für den Unionsgesetzgeber um wesentliche Orientierungspunkte handelt. So bestimmt **Erwägungsgrund Nr. 3 der Antirassismus-Richtlinie:**

Die Gleichheit vor dem Gesetz und der Schutz aller Menschen vor Diskriminierung ist ein allgemeines Menschenrecht. Dieses Recht wurde in der Allgemeinen Erklärung der Menschenrechte, im VN-Übereinkommen über die Beseitigung aller Formen der Diskriminierung von Frauen, im Internationalen Übereinkommen zur Beseitigung jeder Form von Rassendiskriminierung, im Internationalen Pakt der VN über bürgerliche und politische Rechte sowie im Internationalen Pakt der VN über wirtschaftliche, soziale und kulturelle Rechte und in der Europäischen Konvention zum Schutz der Menschenrechte und der Grundfreiheiten anerkannt, die von allen Mitgliedstaaten unterzeichnet wurden.

153 **Erwägungsgrund Nr. 4 der Rahmenrichtlinie** übernimmt dies wörtlich und fügt noch den Satz hinzu: „Das Übereinkommen 111 der Internationalen Arbeitsorganisation untersagt Diskriminierungen in Beschäftigung und Beruf.“ **Erwägungsgrund 2 der Gender-Richtlinie** nF übernimmt gleichfalls wörtlich die Formulierung der Antirassismus-Richtlinie, lässt jedoch den Hinweis auf das ILO-Übereinkommen Nr. 111 ebenfalls weg. Dasselbe gilt für **Erwägungsgrund Nr. 2 der Gender-Richtlinie Zivilrecht.**

2. Internationales Übereinkommen zur Beseitigung jeder Form von Rassendiskriminierung (CERD)

a) Der Text

154 Das Internationale Übereinkommen zur Beseitigung jeder Form von Rassendiskriminierung vom 7.3.1966 wurde von der Bundesrepublik 1969 ratifiziert (BGBl. II, 961; dokumentiert auch bei Däubler/Kittner/Lörcher unter Nr. 150); seinem englischen Titel entsprechend (International Convention on the Elimination of all forms of Racial Discrimination) wird es üblicherweise **CERD** abgekürzt. Auch auf dieses Abkommen wird in Erwägungsgrund 3 der Antirassismus-Richtlinie ausdrücklich Bezug genommen. Ihm wird deshalb „einige Relevanz“ bei der Auslegung der Antirassismus-Richtlinie zugesprochen (Schöbener/Stork, ZEuS 2004, 68).

155 Art. 1 Abs. 1 definiert die „Rassendiskriminierung“, indem er bestimmt:

In diesem Übereinkommen bezeichnet der Ausdruck ‚Rassendiskriminierung‘ jede auf der Rasse, der Hautfarbe, der Abstammung, dem nationalen Ursprung oder dem Volkstum beruhende Unterscheidung, Ausschließung, Beschränkung oder Bevorzugung, die zum Ziel oder zur Folge hat, dass dadurch ein gleichberechtigtes Anerkennen, Genießen oder Ausüben von Menschenrechten und Grundfreiheiten im politischen, wirtschaftlichen, sozialen, kulturellen oder jedem sonstigen Bereich des öffentlichen Lebens vereitelt oder beeinträchtigt wird.

156 Dieses Verbot umfasst **auch** die **mittelbare Diskriminierung**, da es das „Bewirken einer Beeinträchtigung" genügen lässt (Fries, S. 81 ff.; van Boven, in: Kälin (Hrsg.), S. 12). Eine **Rechtfertigung durch legitime Zwecke** wird im Wege der Auslegung akzeptiert, obwohl sie **im Wortlaut keine Grundlage** findet (Britz, EuGRZ 2002, 381, 384; Fries, S. 76 ff.).

b) Bedeutung für das Verhältnis der Bürger untereinander

157 Der **Schwerpunkt** der Konvention liegt weniger auf dem Benachteiligungsverbot als auf **staatlichen Handlungspflichten**. Diese bestehen nach Art. 4 im Erlass von Strafvorschriften für bestimmte Formen rassistischer Betätigung. Darüber hinaus wird durch Art. 5 den einzelnen Staaten die Pflicht auferlegt, ua ihr Vertragsrecht in diskriminierungsfreier Weise auszugestalten; dies bezieht sich auf das Arbeitsleben wie auch auf die Gewährung von Gütern und Dienstleistungen. Von Interesse sind im vorliegenden Zusammenhang **Art. 5 lit. e** und **Art. 5 lit. f.**, die bestimmen:

Im Einklang mit den in Art. 2 niedergelegten grundsätzlichen Verpflichtungen werden die Vertragsstaaten die Rassendiskriminierung in jeder Form verbieten und beseitigen und das Recht jedes Einzelnen, ohne Unterschied der Rasse, der Hautfarbe, des nationalen Ursprungs oder des Volkstums, auf Gleichheit vor dem Gesetz gewährleisten; dies gilt insbesondere für folgende Rechte:

a.–d. …

e) Wirtschaftliche, soziale und kulturelle Rechte, insbesondere

…

i) Das Recht auf Arbeit, auf die freie Wahl des Arbeitsplatzes, auf gerechte und befriedigende Arbeitsbedingungen, auf Schutz gegen Arbeitslosigkeit, auf gleiches Entgelt für gleiche Arbeit, auf gerechte und befriedigende Entlohnung,
ii) das Recht, Gewerkschaften zu bilden und ihnen beizutreten,
iii) das Recht auf Wohnung,
iv) das Recht auf öffentliche Gesundheitsfürsorge, ärztliche Betreuung, soziale Sicherheit und soziale Dienstleistungen,
v) das Recht auf Erziehung und Ausbildung,
vi) das Recht auf eine gleichberechtigte Teilnahme an kulturellen Tätigkeiten,

f) Das Recht auf Zugang zu jedem Ort oder Dienst, der für die Benutzung durch die Öffentlichkeit vorgesehen ist, wie Verkehrsmittel, Hotels, Gaststätten, Cafés, Theater und Parks.

c) Beschwerdeverfahren trotz fehlender subjektiver Rechte

158 **Dem Staat** wird hier ein **weitreichender Auftrag** erteilt, der auch das **Sozialrecht und** das **Zivilrecht** in sich schließt (Rust/Falke-Giegerich, Einl. Rn. 88). Der eine Diskriminierung geltend machende Bürger kann aus dem Abkommen allerdings **keine** unmittelbar für ihn geltenden **subjektiven Rechte** herleiten (Hailbronner, ZAR 2001, 255; Schöbener/Stork, ZEuS 2004, 67); dieses ist vielmehr auf **staatliche Schutzpflichten** angelegt (Bryde, in: Klein (Hrsg.), Rassische Diskriminierung, S. 64). **Den Betroffenen** steht allerdings das **Recht** zu, sich an den zuständigen **Ausschuss der Vereinten Nationen** mit der Begründung **zu wenden**, der Staat habe seine aus dem Abkommen folgenden Pflichten nicht erfüllt (zu diesem Verfahren insbesondere Britz, EuGRZ 2002, 381; Bryde, in: Klein (Hrsg.), Rassische Diskriminierung, S. 61 ff.); die Bundesrepublik hat sich im August 2001

diesem Verfahren ausdrücklich unterworfen (mitgeteilt bei Britz, EuGRZ 2002, 381).

d) Bedeutung für die Auslegung der Richtlinien und des AGG

159 Das CERD lässt in gewissem Umfang auch eine **kompensatorische Begünstigung ethnischer Minderheiten** zu (Einzelheiten bei Britz, EuGRZ 2002, 381, 385). Seine Umsetzung im Wege völkerrechtskonformer Auslegung (dazu eingehend Fries, S. 219 ff.) wird durch das AGG weithin überflüssig, doch ist für die **Bestimmung des Begriffes „Rasse und ethnische Herkunft"** von erheblicher Bedeutung, dass die in Art. 1 Abs. 1 CERD enthaltene Definition auf völkerrechtlicher Ebene allgemeine Anerkennung gefunden hat (Brinkmeier, in: Klein (Hrsg.), Rassische Diskriminierung, S. 84). Das BAG (BAG 21.6.2012 – 8 AZR 364/11 – NZA 2012, 1345 Rn. 31) hat im Rahmen der Bestimmung des Merkmals ethnische Herkunft auf das CERD zurückgegriffen und deshalb „Rasse, Hautfarbe, Abstammung, nationaler Ursprung oder Volkstum" einbezogen. Auch verdient es Interesse, dass der zuständige UN-Ausschuss den **Nichtabschluss von Darlehensverträgen mit Ausländern in Dänemark** beanstandet hat (Die Entscheidung ist wiedergegeben in EuGRZ 2002, 398). Wichtig ist weiter die Mitteilung eines früheren Mitglieds des Ausschusses, die Häufigkeit von Verfahren gegenüber skandinavischen Staaten hänge damit zusammen, dass sich dort einige **Rechtsanwälte** auf dieses Gebiet **spezialisiert** hätten (Bryde, in: Klein (Hrsg.), Rassische Diskriminierung, S. 75).

3. Übereinkommen über die Beseitigung aller Formen der Diskriminierung von Frauen (CEDAW)

a) Der Text

160 Das Übereinkommen über die Beseitigung aller Formen der Diskriminierung von Frauen vom 18.12.1979 ist von der Bundesrepublik im Jahre 1985 ratifiziert worden (BGBl. II, 648). Mit Rücksicht auf die englische Bezeichnung „Convention on the Elimination of All Forms of Discrimination against Women" wird es üblicherweise **CEDAW** abgekürzt. Sein Wortlaut ist bei König/Lange ua (Hrsg.), Loccumer Protokolle 71/03, S. 329 ff., bei Klein (Hrsg.), 20 Jahre Übereinkommen zur Beseitigung jeder Form von Diskriminierung der Frau (CEDAW), S. 90 ff. und (in wesentlichen Teilen) bei Däubler/Kittner/Lörcher unter Nr. 140 wiedergegeben.

161 Das CEDAW weist viele Parallelen zum eben beschriebenen CERD auf. Es hat dadurch zusätzliche Aufmerksamkeit erfahren, dass das **Bundesverfassungsgericht** die aus Art. 3 Abs. 2 S. 2 GG folgende Pflicht zur Beseitigung auch mittelbarer und faktischer Diskriminierungen zusätzlich auf dieses Übereinkommen gestützt hat (BVerfG 18.11.2003 – 1 BvR 302/96 – NZA 2004, 33, 37).

162 In Art. 1 definiert es die erfassten Tatbestände:

In diesem Übereinkommen bezeichnet der Ausdruck ‚Diskriminierung der Frau' jede mit dem Geschlecht begründete Unterscheidung, Ausschließung oder Beschränkung, die zur Folge oder zum Ziel hat, dass die auf die Gleichberechtigung von Mann und Frau gegründete Anerkennung, Inanspruchnahme oder Ausübung der Menschenrechte und Grundfreiheiten durch die Frau – ungeachtet ihres Familienstands – im

politischen, wirtschaftlichen, sozialen, kulturellen, staatsbürgerlichen oder jedem sonstigen Bereich beeinträchtigt oder vereitelt wird.

b) Auswirkungen auf das Verhältnis zwischen Privaten

163 Der **Geltungsbereich** ist ein **umfassender** und reicht von der Beteiligung an politischen Wahlen (Art. 7) über den Erwerb der Staatsangehörigkeit (Art. 9) und den Bildungsbereich (Art. 10) bis hin zum Berufsleben (Art. 11) und zu allen anderen Bereichen „des wirtschaftlichen und sozialen Lebens, um der Frau nach dem Gleichheitsgrundsatz die gleichen Rechte wie dem Mann zu gewährleisten." (Art. 13). Als **Beispiel** wird das Recht genannt, **Bankdarlehen** und andere Finanzkredite in Anspruch zu nehmen.

164 Im Gegensatz zu vielen anderen einschlägigen völkerrechtlichen Abkommen werden die Unterzeichnerstaaten dazu verpflichtet, **unverzüglich** mit allen geeigneten Mitteln auf die Beseitigung von Diskriminierungen hinzuwirken (Neuhold, in: Neuhold/Pirstner/Ulrich, S. 52; Schöpp-Schilling, Friedens-Warte 1999, 204, 213). Ausdrücklich sind **auch private „Diskriminierer"** angesprochen; nach Art. 2 lit. e CEDAW erstreckt sich die staatliche Handlungspflicht auf die Beseitigung von Diskriminierungen „durch Personen, Organisationen oder Unternehmen". Allerdings können **Privatpersonen** aus dem Abkommen **keine unmittelbaren Ansprüche gegen andere Privatpersonen** herleiten (Schöpp-Schilling, Friedens-Warte 1999, 204, 217; Schöbener/Stork, ZEuS 2004, 69). Im Rahmen der **völkerrechtskonformen Auslegung** des innerstaatlichen Arbeits- und Zivilrechts ist das Abkommen aber zu berücksichtigen (König, ZESAR 2004, 214, 219; von unmittelbar geltendem Recht spricht Schöpp-Schilling, in: Klein (Hrsg.), 20 Jahre Übereinkommen zur Beseitigung jeder Form von Diskriminierung der Frau, S. 27). Das BAG (BAG 27.1.2011 – 6 AZR 526/09 – NZA 2011, 1361 Rn. 22–24) hat dazu nicht ausdrücklich Stellung genommen, sondern lediglich betont, das CEDAW verpflichte nur die Bundesrepublik, nicht die Tarifparteien und beziehe sich außerdem nur auf den Mutterschaftsurlaub, nicht auf die (im Streit befindliche) Elternzeit.

c) Positive Maßnahmen

165 Nach Art. 3 und 4 CEDAW sind die Unterzeichnerstaaten ggf. auch verpflichtet, **„zeitweilige Sondermaßnahmen"** zur beschleunigten Herstellung der „De-facto-Gleichberechtigung von Mann und Frau" zu treffen, die mit einer Benachteiligung von Männern verbunden sein können (Schöpp-Schilling, Friedens-Warte 1999, 204, 209/210; Neuhold, in: Neuhold/Pirstner/Ulrich, S. 51; Rust/Falke-Giegerich, Einl. Rn. 97). Insoweit geht das CEDAW wohl **über die Quoten-Rechtsprechung des EuGH hinaus** (dazu → § 5 Rn. 37 ff.).

d) Individualbeschwerde

166 Über die Einhaltung des Abkommens wacht nach näherer Maßgabe der Art. 17 bis 22 der sog **CEDAW-Ausschuss** (zu ihm Wörgetter, in: Klein (Hrsg.), 20 Jahre Übereinkommen zur Beseitigung jeder Form von Diskriminierung der Frau, S. 53 ff.). Seine Bedeutung ist durch das sog **Fakultativprotokoll** v. 6.10.1999 entscheidend gewachsen, das **Individualbeschwerden** durch Betroffene oder Gruppen von Betroffenen zulässt. Es ist von der

Bundesrepublik im Jahre 2001 ratifiziert worden (BGBl. II, 1237; im Wortlaut auch wiedergegeben bei König/Lange ua (Hrsg.), Loccumer Protokolle 71/03, S. 347 ff.). Die früher durchaus in Zweifel gezogene Rechtsverbindlichkeit des Abkommens ist seither unbestritten (König, ZESAR 2004, 214, 218). Art. 2 sieht anders als das EU-Recht nicht immer eine **Beteiligung des Opfers am Verfahren** vor; vielmehr ist seine Zustimmung dann entbehrlich, wenn die Beschwerdeführer „rechtfertigen" können, **ohne** eine solche **Zustimmung** zu handeln (zur sog Verbandsklage in den Antidiskriminierungs-Richtlinien s. E. Kocher, in: König/Lange ua (Hrsg.), Loccumer Protokolle 71/03, S. 185 ff.). Der Ausschuss fordert zum Teil auch Nicht-Regierungsorganisationen auf, sog **Schattenberichte** zu erstellen, die Fragen ansprechen, denen von offizieller Seite nicht nachgegangen wurde (Rust, ZESAR 2004, 202).

4. UN-Behindertenrechtskonvention

167 Das „Übereinkommen der Vereinten Nationen über die Rechte von Menschen mit Behinderungen" vom 13.12.2006 ist aufgrund des deutschen Zustimmungsgesetzes vom 21.12.2008 (BGBl. II, 1419) am 26.3.2009 für Deutschland verbindlich geworden (Helbig AiB 2010, 230; eingehender Überblick über die Konvention bei Schulte ZESAR 2012, 69 ff.). Es orientiert sich am Gedanken der **„Inklusion" von Behinderten** und verpflichtet die Unterzeichnerstaaten zu einer schrittweisen Realisierung dieses Zieles. Die „Behindertenrechtskonvention" (BRK) enthält Regelungen zu fast allen Lebensbereichen; sie will die Menschenrechte auch unter den spezifischen Bedingungen einer Behinderung voll zur Geltung kommen lassen (Petri/Stähler, ZESAR 2008, 167). Art. 27 BRK betrifft „Arbeit und Beschäftigung"; in vielen Bereichen dient die Konvention als Referenzgröße, um neue Initiativen zu legitimieren (Schulte, ZESAR 2012, 69, 72).

a) Der Text

168 Art. 1 Abs. 2 BRK enthält eine **Definition** und bestimmt:

Zu den Menschen mit Behinderungen zählen Menschen, die langfristige körperliche, seelische, geistige oder Sinnesbeeinträchtigungen haben, welche sie in Wechselwirkung mit verschiedenen Barrieren an der vollen, wirksamen und gleichberechtigten Teilhabe an der Gesellschaft hindern können.

Schon der Wortlaut macht deutlich, dass damit ein größerer Kreis als die Schwerbehinderten im Sinne des SGB IX angesprochen ist.

Art. 27 Abs. 1 BRK will eine **gleiche Teilhabe am Arbeitsleben** ermöglichen; deshalb sind die Vertragsstaaten verpflichtet, die Verwirklichung des Rechts auf Arbeit zu sichern und zu fördern und dabei auch Menschen einzubeziehen, die während der Beschäftigung eine Behinderung erworben haben (weitere Einzelheiten bei Schulte, ZESAR 2012, 112, 115 ff.). Zu diesem Zweck sind „geeignete Schritte" zu unternehmen, die auch den Erlass von Rechtsvorschriften umfassen. Unter anderem sind Diskriminierungen aufgrund von Behinderungen in allen Fragen der Beschäftigung zu verbieten, wozu insbesondere die Einstellung, die Arbeitsbedingungen und der berufliche Aufstieg gehören. Nach Art. 27 Abs. 1 S. 2 Buchst. i BRK müssen die Vertragsstaaten sicherstellen, „dass am Arbeitsplatz **angemessene Vorkehrungen** für Menschen mit Behinderungen getroffen werden."

b) Auswirkungen auf das Verhältnis zwischen Privaten

169 Ihrem Wortlaut nach enthält die BRK nur Staatenverpflichtungen, keine Regelungen, die direkt im Verhältnis zwischen Arbeitgeber und Arbeitnehmer eingreifen können (Deinert/Welti/Banafsche, SWK-BR, 2014 Nr. 24 (Behindertenrechtskonvention) Rn. 14). Allerdings besteht auch hier die Verpflichtung zur **völkerrechtskonformen Auslegung** des innerstaatlichen Rechts, die angesichts der vielen konkreten Vorgaben der BRK von höherer Bedeutung als bei anderen UN-Konventionen ist. So sind etwa die Arbeitgeberpflichten gegenüber **einfach Behinderten** in einer Weise zu konkretisieren, dass die Behinderung bei der Arbeit möglichst ohne Bedeutung bleibt: Wer langfristig Schwierigkeiten beim Sitzen hat, muss auch dann ein Stehpult bekommen, wenn er nicht als Schwerbehinderter anerkannt ist.

c) Positive Maßnahmen

170 Die BRK sieht zahlreiche positive Maßnahmen zugunsten von Behinderten vor. Ergeben sich dabei **Nachteile für Nicht-Behinderte**, so stellen diese nach Art. 5 Abs. 4 BRK keine Diskriminierung dar.

d) Individualbeschwerde

171 Die BRK wird durch ein „**Fakultativprotokoll**" ergänzt, das von der Bundesrepublik ebenfalls ratifiziert wurde (BGBl. 2008 II, 1453). Nach seinem Art. 1 eröffnet es Einzelpersonen und Personengruppen die Möglichkeit, sich an den (UN-)„Ausschuss für die Rechte von Menschen mit Behinderungen" zu wenden, sofern sie behaupten, Opfer einer Verletzung des Übereinkommens durch einen Vertragsstaat geworden zu sein. Dort kann man allerdings keine Beschwerde einlegen, sondern nur eine Mitteilung machen, die dann ein Überprüfungsverfahren zur Folge hat. Kommt der **Ausschuss** zu dem Ergebnis, dass der Vertragsstaat eine Verpflichtung nicht erfüllt hat, so kann er **Vorschläge und Empfehlungen zur Abhilfe** machen (Art. 5). Sanktionen gegen vertragsbrüchige Staaten sind nicht vorgesehen; es ist Sache der internationalen wie insbesondere der nationalen Öffentlichkeit, durch Kritik und Ausübung von moralischem Druck eine Beachtung der Konvention zu erreichen.

e) Bedeutung für das EU-Recht

172 Die EU hat die Behindertenrechtskonvention gleichfalls ratifiziert. Dies führt nach der Rechtsprechung des EuGH (EuGH 11.4.2013 – Rs. C-335/11 ua (Ring und Skouboe Werge) – NZA 2013, 553 Rn. 32) dazu, dass die auf Behinderte bezogenen Regeln der Rahmenrichtlinie 2000/78/EG in Übereinstimmung mit dieser Konvention zu interpretieren sind (ebenso EuGH 18.3.2014 – Rs. C-363/12 (Z/A) – NZA 2014, 525). Praktische Bedeutung erlangt dies insbesondere für den Begriff des Behinderten und für die Bestimmung der in Art. 5 der Richtlinie vorgesehenen Maßnahmen (EuGH 11.4.2013 – Rs. C-335/11 ua (Ring und Skouboe Werge) – NZA 2013, 553 Rn. 38, 55).

5. Internationaler Pakt über bürgerliche und politische Rechte

173 Die Bundesrepublik Deutschland ist dem Internationalen Pakt über bürgerliche und politische Rechte vom 19.12.1966 im Jahre 1973 beigetreten (BGBl. II, 1553, in Teilen auch wiedergegeben bei Däubler/Kittner/Lörcher unter Nr. 120).

a) Der Text

174 Die **Art. 2 Abs. 1 und 3** des Paktes enthalten ein **„akzessorisches" Diskriminierungsverbot** in dem Sinne, dass die garantierten Rechte allen auf dem Gebiet eines Vertragsstaates befindlichen Personen gleichermaßen zustehen. Art. 2 Abs. 1 bestimmt:

Jeder Vertragsstaat verpflichtet sich, die in diesem Pakt anerkannten Rechte zu achten und sie allen in seinem Gebiet befindlichen und seiner Herrschaftsgewalt unterstehenden Personen ohne Unterschied wie insbesondere der Rasse, der Hautfarbe, des Geschlechts, der Sprache, der Religion, der politischen oder sonstigen Anschauung, der nationalen oder sozialen Herkunft, des Vermögens, der Geburt oder des sonstigen Status zu gewährleisten.

Art. 3 überträgt diesen Grundsatz auf die Gleichberechtigung von Mann und Frau.

175 Ein **eigenständiges Diskriminierungsverbot**, das nicht an den Gebrauch der übrigen Rechte anknüpft, findet sich in **Art. 26** des Paktes (Brinkmeier, in: Klein (Hrsg.), Rassische Diskriminierung, S. 96, 102). Er lautet:

Alle Menschen sind vor dem Gesetz gleich und haben ohne Diskriminierung Anspruch auf gleichen Schutz durch das Gesetz. In dieser Hinsicht hat das Gesetz jede Diskriminierung zu verbieten und allen Menschen gegen jede Diskriminierung, wie insbesondere wegen der Rasse, der Hautfarbe, des Geschlechts, der Sprache, der Religion, der politischen oder sonstigen Anschauung, der nationalen oder sozialen Herkunft, des Vermögens, der Geburt oder des sonstigen Status, gleichen und wirksamen Schutz zu gewähren.

b) Anwendungsbereich des Diskriminierungsverbots

176 Schon von den ausdrücklich genannten **Merkmalen** her geht Art. 26 des Paktes **erheblich über Art. 19 AEUV** und die auf seiner Grundlage erlassenen Richtlinien **hinaus**. Außerdem haben die genannten Gründe keinen abschließenden Charakter, da auch auf den **„sonstigen Status"** verwiesen wird.

177 Art. 26 betrifft nicht nur das Verhältnis zwischen Bürger und Staat, sondern will auch **Diskriminierungen durch Privatrechtssubjekte**, etwa auf dem Arbeitsmarkt oder in Hotels und Gaststätten vermeiden (Nowak, Art. 26 Rn. 4; Schöbener/Stork, ZEuS 2004, 68). Lediglich die Privatsphäre des Einzelnen ist ausgenommen (Brinkmeier, in: Klein (Hrsg.), Rassische Diskriminierung, S. 96, 111; Schöbener/Stork, ZEuS 2004, 68). Die den einzelnen Staat treffende **Schutzpflicht** ist auch bei der Auslegung von Verträgen zu berücksichtigen (Brinkmeier, in: Klein (Hrsg.), Rassische Diskriminierung, S. 96, S. 114). **Ansprüche** gegenüber anderen Privatrechtssubjekten können allerdings **nicht unmittelbar aus dem Pakt** hergeleitet werden. Bemerkenswert ist jedoch eine Entscheidung des französischen Kassationshofs vom 6.7.2005 (Droit Ouvrier 2006, 4), der eine Gesetzesvor-

schrift zur Entgeltzahlung bei Verkürzung der Arbeitszeit außer Anwendung ließ, weil sie gegen Art. 26 verstieß (dazu Bonnechère, Droit Ouvrier 2006, 1 ff.).

c) Beschwerde an den UN-Menschenrechtsausschuss

178 Über die Einhaltung der einzelnen Bestimmungen wacht der sog UN-Menschenrechtsausschuss, dem gegenüber die einzelnen Vertragsstaaten berichtspflichtig sind. Er besteht aus 18 unabhängigen Sachverständigen (Schäfer/Weiß, in: König/Lange ua (Hrsg.), Loccumer Protokolle 71/03, S. 97). Aufgrund des von der Bundesrepublik im Jahre 1992 ratifizierten **Fakultativprotokolls** (BGBl. II, 1246) haben **einzelne Betroffene** das Recht, sich nach Erschöpfung der innerstaatlichen Rechtsschutzmöglichkeiten unmittelbar an den Menschenrechtsausschuss zu wenden (Schäfer/Weiß, in: König/Lange ua (Hrsg.), Loccumer Protokolle 71/03, S. 110 ff.). **Auch Dritten** ist dies möglich, sofern der Betroffene nicht zu eigenem Handeln in der Lage ist; dabei wird allerdings eine hinreichend nahe Beziehung vorausgesetzt, wie sie gegenüber Familienangehörigen oder Ehegatten besteht (Schäfer/Weiß, in: König/Lange ua (Hrsg.), Loccumer Protokolle 71/03, S. 102). Das Ergebnis der Überprüfung wird dem betroffenen Staat und dem Beschwerdeführer mitgeteilt (Wendeling-Schröder/Stein, Einl. Rn. 21).

179 Der Ausschuss überprüft, ob einzelne Rechte verletzt sind. Bei Diskriminierungsfällen wird dies nur dann angenommen, wenn vernünftige und objektive Gründe fehlen, die eine differenzierende Behandlung rechtfertigen könnten. So wurde es etwa für gerechtfertigt erklärt, dass ein **Sikh** aus Gründen des Arbeitsschutzes einen Helm aufsetzen und dabei seinen Turban ablegen musste; auch ein **Kopftuchverbot** in Schulen wurde akzeptiert (Nachweise bei Brinkmeier, in: Klein (Hrsg.), Rassische Diskriminierung, S. 105 ff.; Schäfer/Weiß, in: König/Lange ua (Hrsg.), Loccumer Protokolle 71/03, S. 119). Interesse verdient eine Art **Umkehrung der Beweislast**, wonach der Staat die nötige Aufklärung leisten muss, um den Vorwurf einer Diskriminierung auszuräumen; im Text des Paktes und des Fakultativprotokolls ist Entsprechendes nicht ausdrücklich erwähnt (Schäfer/Weiß, in: König/Lange ua (Hrsg.), Loccumer Protokolle 71/03, S. 112).

d) Bedeutung für das EU-Recht

180 In der Rechtsprechung des **EuGH** fand der Pakt **ausdrückliche Hervorhebung.** So heißt es in der Entscheidung vom 17.2.1998 (EuGH 17.2.1998 – Rs. C-249/96 (Grant) – NZA 1998, 301 Rn. 44):

„Der Internationale Pakt über bürgerliche und politische Rechte gehört zu den völkerrechtlichen Übereinkünften zum Schutz der Menschenrechte, denen der Gerichtshof bei der Anwendung der allgemeinen Grundsätze des Gemeinschaftsrechts Rechnung trägt."

Dies bedeutet allerdings nicht, dass er pauschal die Interpretationen des Menschenrechtsausschusses übernehmen würde (EuGH 17.2.1998 – Rs. C-249/96 (Grant) – NZA 1998, 301 Rn. 47).

6. Internationaler Pakt über wirtschaftliche, soziale und kulturelle Rechte

Der Internationale Pakt über wirtschaftliche, soziale und kulturelle Rechte vom 19.12.1966 ist von der Bundesrepublik im Jahre 1973 ratifiziert worden (BGBl. II, 1570). Auch die übrigen EU-Mitgliedstaaten einschließlich der am 1.5.2004 beigetretenen Länder haben den Pakt ratifiziert (Nachweise im Einzelnen bei Haratsch, in: Klein (Hrsg.), MenschenRechtsMagazin Themenheft „25 Jahre Sozial- und Zivilpakt", S. 35). 181

a) Der Text

Der Pakt enthält **kein selbstständiges Diskriminierungsverbot**. Er bestimmt jedoch in Art. 2 Abs. 2 und 3 sowie in Art. 3, dass bei der Verwirklichung der im Pakt vorgesehenen Rechte niemand wegen bestimmter Merkmale ausgegrenzt werden darf. Im Einzelnen ist bestimmt: 182

Artikel 2

(1) ...

(2) Die Vertragsstaaten verpflichten sich zu gewährleisten, dass die in diesem Pakt verkündeten Rechte ohne Diskriminierung hinsichtlich der Rasse, der Hautfarbe, des Geschlechts, der Sprache, der Religion, der politischen oder sonstigen Anschauung, der nationalen oder sozialen Herkunft, des Vermögens, der Geburt oder des sonstigen Status ausgeübt werden.

(3) Entwicklungsländer können unter gebührender Berücksichtigung der Menschenrechte und der Erfordernisse ihrer Volkswirtschaft entscheiden, inwieweit sie Personen, die nicht ihre Staatsangehörigkeit besitzen, die in diesem Pakt anerkannten wirtschaftlichen Rechte gewährleisten wollen.

Artikel 3

Die Vertragsstaaten verpflichten sich, die Gleichberechtigung von Mann und Frau bei der Ausübung der in diesem Pakt festgelegten wirtschaftlichen, sozialen und kulturellen Rechte sicherzustellen.

b) Tragweite des Diskriminierungsverbots

Diese Regelungen haben zur Folge, dass bei der Umsetzung der in dem Pakt garantierten Rechte eine **Ausklammerung** zB der Frauen, ethnischer oder religiöser Minderheiten von vorneherein **ausscheidet** (Scherf, S. 61; Zuleeg, RdA 1974, 321, 325). Dies hat beträchtliche Bedeutung, wenn man bedenkt, dass zB die Art. 6 ff. des Paktes **Rechte** garantieren, **die sich auf das gesamte Arbeitsleben beziehen**. So wird etwa ein Arbeitsentgelt verlangt, das einen angemessenen Lebensunterhalt sichert, ebenso wie regelmäßiger bezahlter Urlaub und ein Recht auf soziale Sicherheit. Eine **Herausnahme der „Merkmalsträger"** wird in der Literatur nur insoweit akzeptiert, als der Pakt selbst Durchbrechungen seiner Prinzipien vorsieht, sowie dann, wenn Gründe für eine Ausklammerung sprechen, die ein größeres Gewicht als das Benachteiligungsverbot haben (Scherf, S. 61; Zuleeg, RdA 1974, 321, 326). 183

Die aufgezählten Merkmale haben erschöpfenden Charakter (Scherf, S. 59). Zu dem in Art. 2 Abs. 2 am Ende genannten „Status" gehört auch die jeweilige Staatsangehörigkeit, was der Wortsinn nahe legt, was aber 184 auch aus einem Gegenschluss aus Abs. 3 folgt (Zuleeg, RdA 1974, 321, 325).

c) Innerstaatliche Bedeutung

185 Der Pakt ist **Teil des innerstaatlichen Rechts** (Piepenstock, FS Stein, S. 379; Scherf, S. 30; Zuleeg, RdA 1974, 321, 324). Er verpflichtet jedoch ausschließlich die einzelnen Staaten; **subjektive Rechte kann der Einzelne** aus dem Pakt **nicht herleiten** (Piepenstock, S. 380; Scherf, S. 64 ff.; Zuleeg, RdA 1974, 321, 326). In Richtung auf eine unmittelbare Drittwirkung gehende Aussagen der Präambel sind insoweit ohne Bedeutung (Zuleeg, RdA 1974, 321, 326).

d) Kontrollmechanismus

186 Im Vergleich zum Internationalen Pakt über bürgerliche und politische Rechte sind die Kontrollmechanismen **defizitär**. Die Vertragsstaaten müssen lediglich periodische Berichte erstellen, über die ein aus 18 unabhängigen Personen bestehender „Ausschuss für wirtschaftliche, soziale und kulturelle Rechte" berät (Weiß, in: Klein (Hrsg.), MenschenRechtsMagazin Themenheft „25 Jahre Sozial- und Zivilpakt", S. 151). Dies wird als sehr unbefriedigend angesehen (vgl. Décaux, in: Mélanges Valticos, S. 407 ff.), zumal in einem Konfliktfall auf diese Weise **nur eine Seite gehört wird.** Um mit dem Internationalen Pakt über bürgerliche und politische Rechte gleichzuziehen und damit auch die Gleichrangigkeit sozialer Grundrechte zu betonen, wurde seit 1990 der Abschluss eines **Fakultativprotokolls gefordert.** Ein entsprechender Entwurf, der Individual- und Gruppenbeschwerden vorsieht (dazu Weiß, in: Klein (Hrsg.), MenschenRechtsMagazin Themenheft „25 Jahre Sozial- und Zivilpakt", S. 157 ff.), ist 2009 vorgelegt worden, aber bisher nicht in Kraft getreten. Die Bundesrepublik hat es weder unterzeichnet noch gar ratifiziert (http://www.institut-fuer-menschenrechte.de/publikationen/show/aktuell-52015-das-fakultativprotokoll-zum-un-sozialpakt-endlich-annehmen/ – Zugriff am 15.4.2017).

e) Bedeutung für das EU-Recht

187 Der **EuGH** hatte bislang keine Gelegenheit, den Pakt bei der Konkretisierung unionsrechtlicher Grundsätze heranzuziehen. Dennoch besteht keinerlei Anlass, insoweit anders als mit dem Internationalen Pakt über bürgerliche und politische Rechte zu verfahren (eingehend Haratsch, in: Klein (Hrsg.), MenschenRechtsMagazin Themenheft „25 Jahre Sozial- und Zivilpakt", S. 29, 34 ff.). Auch Generalanwalt Tesauro (Rs. C-200/96 EuGHE 1998, I-1953, 1956, 1960) und Generalanwalt Tizzano (Rs. C-173/99 – EuGHE I 2002, 4881) haben allerdings ausdrücklich den Internationalen Pakt über wirtschaftliche, soziale und kulturelle Rechte herangezogen, als es um den Inhalt gemeinschaftsrechtlicher Grundrechte ging.

7. ILO-Übereinkommen Nr. 111

a) Der Text

188 Diskriminierungsverbote finden sich weiter in dem ILO-Übereinkommen Nr. 111 vom 25.6.1958, das wenige Jahre später von der Bundesrepublik

ratifiziert wurde (BGBl. 1961 II, 97; abgedruckt auch bei Däubler/Kittner/Lörcher unter Nr. 217). Daneben stehen weitere ILO-Übereinkommen, die einzelne Aspekte wie die Lohngleichheit von Mann und Frau (Übereinkommen Nr. 100) oder die Gleichbehandlung der Wanderarbeitnehmer (Nr. 97) betreffen (Überblick zu ratifizierten und (von Deutschland) nicht ratifizierten Übereinkommen bei Rust/Falke-Giegerich, Einl. 109 ff., 133 ff.). In seiner Präambel beruft sich das Übereinkommen Nr. 111 auf die Erklärung von Philadelphia, wonach „alle Menschen, ungeachtet ihrer Rasse, ihres Glaubens und ihres Geschlechts, das Recht haben, materiellen Wohlstand und geistige Entwicklung in Freiheit und Würde, in wirtschaftlicher Sicherheit und unter gleich günstigen Bedingungen zu erstreben." Außerdem wird betont, dass Diskriminierung eine Verletzung von Rechten bedeute, die in der Allgemeinen Erklärung der Menschenrechte niedergelegt seien. Art. 1 des Übereinkommens bestimmt im Einzelnen:

1. Im Sinne dieses Übereinkommens gilt als ‚Diskriminierung'
   a) jede Unterscheidung, Ausschließung oder Bevorzugung, die aufgrund der Rasse, der Hautfarbe, des Geschlechts, des Glaubensbekenntnisses, der politischen Meinung, der nationalen Abstammung oder der sozialen Herkunft vorgenommen wird und die dazu führt, die Gleichheit der Gelegenheiten oder der Behandlung in Beschäftigung oder Beruf aufzuheben oder zu beeinträchtigen;
   b) jede andere Unterscheidung, Ausschließung oder Bevorzugung, die dazu führt, die Gleichheit der Gelegenheiten oder der Behandlung in Beschäftigung oder Beruf aufzuheben oder zu beeinträchtigen, und die von dem betreffenden Mitglied nach Anhörung der maßgebenden Arbeitgeber- und Arbeitnehmerverbände, soweit solche bestehen, und anderer geeigneter Stellen bestimmt wird.
2. Eine Unterscheidung, Ausschließung oder Bevorzugung hinsichtlich einer bestimmten Beschäftigung, die in den Erfordernissen dieser Beschäftigung begründet ist, gilt nicht als Diskriminierung.
3. Die Ausdrücke ‚Beschäftigung' und ‚Beruf' im Sinne dieses Übereinkommens umfassen die Zulassung zur Berufsausbildung, zur Beschäftigung und zu den einzelnen Berufen sowie die Beschäftigungsbedingungen.

189 Die **„verpönten Merkmale"** stimmen ersichtlich **nur teilweise** mit **Art. 19 AEUV** überein. Auf der einen Seite ist die politische Meinung und die soziale Herkunft einbezogen, während auf der anderen Seite die sexuelle Orientierung und das Alter fehlen. Allerdings ergibt sich insofern eine „Öffnung", als Abs. 1 lit. b **eine Art allgemeinen Gleichbehandlungsgrundsatz** vorsieht, der als solcher auch in der Rechtsprechung des BAG (BAG 25.3.1998 – 4 AZR 128/97 – NZA 1998, 1072, 1075) Berücksichtigung fand. Die in Art. 1 Abs. 2 vorgesehene Ausnahme entspricht inhaltlich weitgehend dem § 8 Abs. 1 AGG; sie wird im Übrigen noch durch Art. 4 des ILO-Übereinkommen Nr. 111 ergänzt, wonach Sanktionen aufgrund des Verdachts die staatliche Sicherheit gefährdenden Verhaltens nicht als Diskriminierung angesehen werden.

b) Vertragsstaaten

190 Art. 2 enthält einen umfassenden Auftrag an die Vertragsstaaten, indem er bestimmt:

Jedes Mitglied, für das dieses Übereinkommen in Kraft ist, verpflichtet sich, eine innerstaatliche Politik festzulegen und zu verfolgen, die darauf abzielt, mit Methoden, die den innerstaatlichen Verhältnissen und Gepflogenheiten angepasst sind, die Gleichheit der Gelegenheiten und der Behandlung in Bezug auf Beschäftigung und Beruf zu fördern, um jegliche Diskriminierung auf diesem Gebiet auszuschalten.

191 Der an den einzelnen Staat gerichtete Handlungsauftrag ist – wie der Wortlaut deutlich macht – umfassender Natur. Zu bekämpfen sind auch **mittelbare Diskriminierungen und De-facto-Hindernisse**, die einer effektiven Gleichbehandlung entgegenstehen (Ölz, ZIAS 2002, 334).

192 Inwieweit Art. 1 dem einzelnen Bürger subjektive Rechte verleiht oder mindestens zu einer entsprechenden **völkerrechtskonformen Auslegung** deutscher Arbeitsrechtsnormen führt, ist insbesondere im Hinblick auf das Merkmal „politische Meinung" umstritten. Während das ArbG Oldenburg (ArbG Oldenburg 21.8.1987 – 2 Ca 284/87 – BB 1988, 565) eine aufgeschlossene Haltung zeigte, war das BAG (BAG 13.10.1988 – 6 AZR 144/85 – NZA 1989, 716) insoweit deutlich ablehnend; es handle sich um eine reine Staatenverpflichtung, die für den Einzelnen keinerlei Konsequenzen mit sich bringe. Auch der Bericht eines ILO-Untersuchungsausschusses habe nur den Stellenwert eines beliebigen Gutachtens.

c) Bedeutung im Unionsrecht

193 Der EuGH hat in seiner Defrenne-III-Entscheidung (EuGH 15.6.1978 – Rs. 149/77 – NJW 1978, 2445, 2446) den Standpunkt vertreten, zu den als allgemeine Grundsätze des Gemeinschaftsrechts zu wahrenden Grundrechten gehöre auch das Diskriminierungsverbot wegen des Geschlechts – eine Auffassung, die in gleicher Weise auch in der ILO-Konvention Nr. 111 vertreten werde. Insoweit stellt diese auf europäischer Ebene eine weitere Rechtserkenntnisquelle dar (näher Heuschmid, SR 2014, 1 ff.).

8. Europäische Menschenrechtskonvention

a) Ein Verbot mit beschränkter Reichweite

194 Die Konvention zum Schutze der Menschenrechte und Grundfreiheiten vom 4.11.1950 (BGBl. 1952 II, 686, 953; abgedruckt auch bei Däubler/Kittner/Lörcher unter Nr. 310) enthält in ihrem **Art. 14** ein Diskriminierungsverbot. Es lautet:

Der Genuss der in der vorliegenden Konvention festgelegten Rechte und Freiheiten muss ohne Unterschied des Geschlechts, der Rasse, Hautfarbe, Sprache, Religion, politischen oder sonstigen Anschauungen, nationaler oder sozialer Herkunft, Zugehörigkeit zu einer nationalen Minderheit, des Vermögens, der Geburt oder des sonstigen Status gewährleistet werden.

195 Wie schon der Wortlaut deutlich macht, handelt es sich um ein **„akzessorisches" Benachteiligungsverbot**, das nur in Bezug auf die in der EMRK gewährleisteten Rechte wirkt (O´Hare, MJ 8 (2001) S. 133, 135; Schöbener/Stork, ZEuS 2004, 63). Dies ist deshalb gravierend, weil die **Konvention**

zahlreiche Bereiche ausspart, beispielsweise keine Garantie der Berufsfreiheit enthält. Mit Recht wird deshalb gesagt, Art. 14 EMRK vermittle nur schwachen Schutz (Hepple, MLR 2004, 5), die Errungenschaften der Konvention auf diesem Gebiet seien wenig bemerkenswert (O´Hare, MJ 8 (2001) S. 133: „The achievements of the European Convention on Human Rights in respect of Equality matters have been unremarkable").

b) Rechtsprechung des EGMR

196 Die Rechtsprechung des EGMR hat auf der einen Seite ein gewisses Maß an Großzügigkeit walten lassen, wenn es um die Frage ging, ob ein in der Konvention garantiertes Recht in Frage stand (s. den Fall Gaygusuc, mitgeteilt bei Trechsel, in: Wolfrum (Hrsg.), Gleichheit und Nichtdiskriminierung, S. 126 f.). Auf der anderen Seite wurde im sog **belgischen Sprachenfall** trotz des an sich eindeutigen Wortlauts nicht jede Anknüpfung an den verpönten Merkmalen verboten; vielmehr wurde eine Rechtfertigung der Art zugelassen, dass keine Diskriminierung vorliege, wenn ein berechtigtes Ziel verfolgt werde und ein angemessenes Verhältnis zwischen diesem und den eingesetzten Mitteln bestehe (mitgeteilt bei Rengeling/Szczekalla, Rn. 899). Insoweit besteht kein Anlass, die mitgeteilte Einschätzung zur Bedeutung des Art. 14 EMRK zu relativieren.

197 Die Rechtslage nach der EMRK würde unvollständig wiedergegeben, wollte man nicht auch jene Entscheidungen berücksichtigen, in denen andere in der Konvention garantierte Rechte zur **„Auffanggröße" für Fälle** wurden, **die normalerweise** unter dem Stichwort der **Diskriminierung** abgehandelt würden. **Kein geeignetes Beispiel** hierfür ist allerdings die Rechtsprechung zur **Religionsfreiheit des Art. 9 EMRK**; wer aus religiösen Gründen die Moschee besuchen oder Sonntagsarbeit verweigern will, kann ohne Verstoß gegen Art. 9 EMRK gekündigt werden (dazu mit Nachweisen Vickers, The International Journal of Comparative Labour Law 20 (2004) S. 177, 180 mwN; zur andersartigen Rechtslage nach deutschem Recht → Rn. 58 ff.). Bemerkenswert sind jedoch zwei Entscheidungen des EGMR (EGMR 27.9.1999, Antrag Nr. 33985/96 und EGMR 25.7.2000, Antrag Nr. 33986/96 – Fall Smith und Grady, AuR 2004, 311), in denen der **Ausschluss homosexueller Soldaten von der Tätigkeit in der britischen Armee** und die damit verbundenen Untersuchungsverfahren als unzulässiger Eingriff in die **Privatsphäre nach Art. 8 EMRK** qualifiziert wurden. Entsprechendes wird in der Literatur für die Belästigung („harassment") erwogen (O´Hare, MJ 8 (2001) 133, 139 Fn. 23). In extremen Fällen kann weiter eine **nach Art. 3 EMRK verbotene unmenschliche oder erniedrigende Behandlung** vorliegen. Ein solcher Fall wurde etwa angenommen, als sich Großbritannien weigerte, Ostafrikaner asiatischer Herkunft mit britischem Pass bei sich aufzunehmen (Entscheidung der Europäischen Kommission für Menschenrechte, Bericht v. 14.12.1993, DR 78 A (1994) S. 5 – East African Asians gegen Vereinigtes Königreich). Im Streit **Zypern gegen die Türkei** wurde festgestellt, dass Angehörige der griechischen Minderheit im türkischen Teil Zyperns systematisch diskriminiert würden, so dass gleichfalls eine Verletzung des Art. 3 EMRK angenommen wurde (mitgeteilt bei Trechsel, in: Wolfrum (Hrsg.), Gleichheit und Nichtdiskriminierung, S. 128).

c) 12. Zusatzprotokoll

198 Das 12. Zusatzprotokoll zur EMRK soll die bestehenden gleichheitsrechtlichen Defizite ausgleichen, doch ist es von der Mehrheit der Mitgliedstaaten des Europarats noch nicht ratifiziert worden. Auch die Bundesrepublik hat sich bislang nicht zu einem solchen Schritt entschlossen (vgl. auch Rust/Falke-Giegerich, Einl. Rn. 186). Inhaltlich geht das 12. ZP nur insoweit über Art. 14 EMRK hinaus, als es auf die Ausübung jedes Rechts, nicht nur eines von der Konvention garantierten abstellt. Damit ist **weder ein allgemeiner Gleichbehandlungsgrundsatz noch ein Gebot zur Angleichung der Lebensverhältnisse von Männern und Frauen** erreicht (kritisch deshalb auch O'Hare, MJ 8 (2001) 133, 137 ff.; Trechsel, in: Wolfrum (Hrsg.), Gleichheit und Nichtdiskriminierung, S. 133). Auch fehlt anders als in CERD und CEDAW jede Ermächtigung zu positiven Aktionen (O'Hare, MJ 8 (2001) 133, 140).

d) Bedeutung für das EU-Recht

199 Der **EuGH** zieht die EMRK in ständiger Rechtsprechung heran, um den Inhalt von Grundrechten zu bestimmen. Art. 6 Abs. 3 EUV bekundet ausdrücklich, dass die Union die Grundrechte achtet, „wie sie in der Europäischen Konvention zum Schutze der Menschenrechte und Grundfreiheiten gewährleistet sind", doch verbietet dies nicht, dass die Union in bestimmten Sektoren darüber hinausgeht: Zweiter Bezugspunkt sind auch nach Art. 6 Abs. 3 EUV die Grundrechte, „wie sie sich aus den gemeinsamen Verfassungsüberlieferungen der Mitgliedstaaten ergeben." Dies schließt die Berücksichtigung völkerrechtlicher Grundsätze mit ein. Auch bekennt sich Art. 60 EMRK ausdrücklich dazu, dass anderweitig festgelegte Menschenrechte und grundsätzliche Freiheiten durch die Konvention nicht eingeschränkt werden dürfen.

9. Europäische Sozialcharta

200 Die Europäische Sozialcharta vom 18.10.1961 (BGBl. 1964 II, 1262) enthält kein eigenständiges, generelles Diskriminierungsverbot. Zu erwähnen ist lediglich **Abs. 3 der Präambel**, wo es heißt:

> **In der Erwägung, dass die Ausübung sozialer Rechte sichergestellt sein muss, und zwar ohne Diskriminierung aus Gründen der Rasse, der Hautfarbe, des Geschlechts, der Religion, der politischen Meinung, der nationalen Abstammung oder der sozialen Herkunft, […]**

201 In der **revidierten Fassung**, die von der Bundesrepublik (und anderen Mitgliedstaaten) jedoch noch nicht ratifiziert wurde, findet sich eine entsprechende Formulierung in Art. E Teil IV, wobei als weitere verpönte Merkmale „Sprache" und „jeder andere Status" einbezogen sind (Belorgey, DS 2002, 684).

202 **Mittelbar** sind **einige Fragenkomplexe** behandelt, die bei anderer Herangehensweise in den Anwendungsbereich des Antidiskriminierungsrechts fallen würden. So garantiert Art. 4 Nr. 3 ESC „das Recht männlicher und weiblicher Arbeitnehmer auf **gleiches Entgelt für gleichwertige Arbeit**". Die Frage des (jugendlichen) Alters ist in Art. 7 ESC angesprochen, wonach beispielsweise die Arbeitszeit von Jugendlichen unter 16 Jahren entspre-

chend den Erfordernissen ihrer Entwicklung und insbesondere ihrer Berufsausbildung zu begrenzen ist. Erwähnenswert ist weiter das **Verbot der Nachtarbeit** für Personen unter 18 Jahren, das allerdings für einzelne, im innerstaatlichen Recht festgelegte Arbeiten durchbrochen werden kann. Art. 15 ESC sieht einen spezifischen **Schutz für Behinderte** vor und bestimmt:

Um die wirksame Ausübung des Rechtes der körperlich, geistig oder seelisch Behinderten auf berufliche Ausbildung sowie auf berufliche und soziale Eingliederung oder Wiedereingliederung zu gewährleisten, verpflichten sich die Vertragsparteien,

1. geeignete Maßnahmen zu treffen für die Bereitstellung von Ausbildungsmöglichkeiten, erforderlichenfalls unter Einschluss von öffentlichen oder privaten Sondereinrichtungen;
2. geeignete Maßnahmen zu treffen für die Vermittlung Behinderter auf Arbeitsplätze, namentlich durch besondere Arbeitsvermittlungsdienste, durch Ermöglichung wettbewerbsgeschützter Beschäftigung und durch Maßnahmen, die den Arbeitgebern einen Anreiz zur Einstellung von Behinderten bieten.

Insoweit sind gewisse **Ähnlichkeiten mit Art. 5 der Rahmenrichtlinie nicht zu verkennen.**

203 Auch die ESC findet in der Rechtsprechung des EuGH Berücksichtigung. In der **Defrenne-III-Entscheidung** (EuGH 15.6.1978 – Rs. 149/77 – NJW 1978, 2445, 2446) wird etwa betont, das einen allgemeinen Grundsatz des Gemeinschaftsrechts darstellende Verbot der Diskriminierung von Männern und Frauen sei im Übrigen auch in der ESC enthalten. 1999 erfolgte dadurch eine erhebliche Aufwertung, dass Art. 136 Abs. 1 EG ausdrücklich auf die ESC Bezug nahm, was sich heute in Art. 151 Abs. 1 AEUV wiederfindet.

10. Rahmenabkommen zum Schutz nationaler Minderheiten

204 Am 1.2.1995 wurde in Straßburg das „Rahmenübereinkommen zum Schutz nationaler Minderheiten“ geschlossen, das am 1.2.1998 in Kraft trat und derzeit von 39 Staaten, darunter auch von der Bundesrepublik, ratifiziert wurde. Es enthält ausschließlich Regelungen, die in den Schutzbereich des Verbots der Diskriminierung wegen Rasse und ethnischer Zugehörigkeit fallen.

11. Einschätzung

205 Die völkerrechtlichen Garantien gewähren einen **relativ weitgehenden Diskriminierungsschutz**. Dieser variiert in den einzelnen Abkommen, berührt jedoch fast alle wichtigeren Fragen, die im Rahmen der hier interessierenden Richtlinien und des AGG auftauchen. Dies ist insbesondere dort von Bedeutung, wo die Richtlinien uninterpretierte Begriffe verwenden oder eine mehrdeutige Regelung enthalten. Hier ist nach dem Grundsatz der **primärrechtskonformen Auslegung** diejenige Lösung zu wählen, die mit den aus den völkerrechtlichen Abkommen abgeleiteten Grundrechtsgarantien des Unionsrechts übereinstimmt.

206 Aus den völkerrechtlichen Vorgaben wird überdies deutlich, dass Art. 13 EG bzw. Art. 19 AEUV und die auf seiner Grundlage erlassenen **Richtlinien keineswegs als diskriminierungsrechtlicher „Vorposten“** qualifiziert wer-

den können. Sie tragen vielmehr einer **weltweiten Tendenz** zugunsten eines umfassenden Diskriminierungsschutzes in gewissem Umfang Rechnung (vgl. Mahlmann, ZEuS 2002, 408), wobei bemerkenswert ist, dass **in zahlreichen Abkommen auch andere verpönte Merkmale** einbezogen sind. Die im AGG vorgenommene Erstreckung auf zivilrechtliche Verträge lässt sich nicht nur (zusätzlich) für die Merkmale Rasse und Geschlecht mit dem CERD bzw. dem CEDAW rechtfertigen. Die staatliche Schutzpflicht, die sich beispielsweise aus Art. 26 des Internationalen Pakts über bürgerliche und politische Rechte ergibt, legt auch die Einbeziehung weiterer Merkmale nahe. Die rechtspolitische Diskussion im Vorfeld des AGG wäre fundierter gewesen, hätte man die völkerrechtlichen Verpflichtungen der Bundesrepublik ernsthaft zur Kenntnis genommen.

VI. Das Gleichheitskonzept der EU-Antidiskriminierungs-Richtlinien

1. Prinzipien der arbeits- und sozialrechtlichen Integration in der EU

207 Von Märkten behauptet die Ökonomie: Sie wachsen zusammen. Für **Arbeitsmärkte** gilt dies jedoch nicht oder allenfalls sehr eingeschränkt. Dies zeigt sich, denken wir nur an den „mezzogiorno" Italiens, die Neuen Bundesländer oder generell an die Beschäftigungslage von Frauen, sogar innerhalb von nationalen Ökonomien. Selbst wo die Menschen politisch zusammengehören, wachsen Arbeitsmärkte nicht von selbst zusammen. Hierfür bedarf es vielmehr der **Regulierung**.

208 Über die herausragende Bedeutung, die dem **Europäischen Arbeits- und Sozialrecht** für das **Zusammenwachsen der Mitgliedstaaten** zur Europäischen Union zukommt, besteht im Grundsatz Einigkeit. Die Angleichung der sehr unterschiedlichen Strukturen und Traditionen der nationalen Arbeitsrechtssysteme trägt entscheidend zur Harmonisierung der Produktionsbedingungen der Unternehmen bei und führt durch die Vereinheitlichung der Konkurrenzbedingungen zum Ausgleich der unterschiedlichen Standortvoraussetzungen. Die Investitionsbereitschaft nationaler Unternehmen in anderen Mitgliedstaaten wird gefördert, wenn der rechtliche Rahmen einheitlich ausgestaltet ist. Die hohen Transaktionskosten für Information und Schulung in fremden Arbeits- und Sozialrechtssystemen sinken. Zugleich sind erhebliche Gewinne an Rechtssicherheit zu verzeichnen. Und nicht zuletzt ist die Vereinheitlichung des Arbeits- und Sozialrechts eine zentrale Voraussetzung für die **Mobilität der Arbeitnehmer**, weil ihre Bereitschaft, in einem anderen Mitgliedstaat eine Beschäftigung nachzusuchen, entscheidend davon abhängt, dass ein solcher Wechsel für sie zumindest nicht mit spürbaren Nachteilen verbunden ist.

209 Gleichwohl liegt die **Vereinheitlichung** der unterschiedlichen nationalen Systeme des Arbeits- und Sozialrechts noch **in weiter Ferne**. Die Gründe hierfür sind vielfältig (vgl. Däubler, FS Reich, S. 441 ff.). Sie liegen in der **politischen Prioritätensetzung** innerhalb der Union, in deren Zentrum die Herstellung einheitlicher Funktionsvoraussetzungen für die Guter- und Warenmärkte standen, in begrenzten und an Einstimmigkeitserfordernisse gebundenen **Kompetenzen** der EU auf dem Gebiet der Sozialpolitik (unter diesen Begriff wird auf EU-Ebene auch die Arbeitsrechtspolitik subsumiert), sowie an dem **Interesse der Mitgliedstaaten**, ihre Primärzuständig-

keit auf diesem für die gesellschaftliche Integration höchst sensiblen Feld zu behalten. An dieser Priorität der Wirtschafts- vor der Sozialpolitik hat sich auch durch die zunehmende Betonung des Grundsatzes der Gleichberechtigung der Geschlechter bei der sozialen und wirtschaftlichen Integration und die Aufnahme des Abkommens über die Sozialpolitik in den ehemaligen EG-Vertrag (Art. 136–138 EG aF; jetzt Art. 151–159 AEUV) mit dem Vertrag von Amsterdam wenig geändert (Epiney, in: Bieber/Epiney/Haag/Kotzur, S. 521 Rn. 6 sieht in Art. 9 AEUV, der die Berücksichtigung der sozialpolitischen Anliegen bei allen Unionspolitiken vorsieht, eine Querschnittsklausel, aus der inzwischen jedenfalls nicht mehr automatisch die Priorität der Wirtschafts- vor der Sozialpolitik hervorgeht), auch wenn die Kommission mit ihrem **Vorschlag zur Errichtung einer europäischen Säule sozialer Rechte** jüngst wieder die Initiative auf diesem Politikfeld ergriffen hat. Erschwert wird der Aufbau eines europäischen Arbeits- und Sozialrechts zudem durch die stark voneinander **abweichenden Strukturen der Arbeitsbeziehungen**, in denen sich die Geschichte der jeweiligen nationalen Solidaritätskultur und ihre wohlfahrtsstaatliche Ausformung widerspiegelt (ein besonders prägnantes Beispiel für die dadurch hervorgerufenen Schwierigkeiten einer Rechtsvereinheitlichung bildet die Entstehungsgeschichte der Europäischen Aktiengesellschaft (SE), vgl. dazu Mävers, Die Mitbestimmung der Arbeitnehmer in der Europäischen Aktiengesellschaft, 2002; Kleinsorge, RdA 2001, 343 ff.) sowie durch die divergierenden Traditionen der **industriellen Beziehungen** mit ihren je spezifischen Formen der Interessenvertretung und Organisationsprinzipien (vgl. Blanke/Rose (Hrsg.), Collective Bargaining). Dadurch fehlt es auf der Ebene der EU an dem für die Entwicklung des Arbeitsrechts entscheidenden **Motor** (Däubler, FS Reich, S. 441, 450). Die Aussicht, durch einen **Katalog sozialer Grundrechte** ein rechtlich tragfähiges Fundament für die Entwicklung eines Sozialen Europa legen zu können, hat mit den Abstimmungsniederlagen über den **Entwurf der Europäischen Verfassung** (ABl. EU Nr. C 310 vom 16.12.2004) in den Referenden in Frankreich und den Niederlanden im Jahr 2005 zunächst einen starken Dämpfer erhalten. Durch die ausdrückliche Aufnahme der Grundrechte-Charta in Art. 6 Abs. 1 EUV und die Klarstellung, dass die Charta gleichrangig mit den Verträgen ist, haben die in der Charta verankerten Grundrechte nunmehr gleichwohl die primärrechtliche Verbindlichkeit der Vertragsnormen mit entsprechender unmittelbarer Wirkung in den Mitgliedstaaten (→ Rn. 105 ff.).

210 Nicht zuletzt die – mit erheblicher Verspätung erfolgte – Verabschiedung des AGG, dem nicht weniger als vier EG-Richtlinien (eine fünfte Richtlinie des Europäischen Parlaments und des Rates zur Verwirklichung des Grundsatzes der Chancengleichheit und Gleichbehandlung von Männern und Frauen in Arbeits- und Beschäftigungsfragen – RL 2006/54/EG, ABl. EU L 204 v. 26.7.2006 – hat ua die im AGG umgesetzte RL 2002/73/EG neu gefasst und die übrigen Richtlinien zur Gleichbehandlung von Frauen und Männern im Arbeitsleben zu einem Paket gebündelt. Die Integration in das AGG war im Zeitpunkt des Inkrafttretens des Gesetzes im August 2006 aufgrund der zeitlichen Überschneidungen nicht möglich – eine Umsetzung ins deutsche Recht musste jedoch bis zum 15.8.2008 erfolgen. Vgl. dazu Rust/Falke-Rust, AGG Einl. Rn. 230 ff.) zugrunde lie-

gen (s. ErfK-Schlachter, AGG Vor Rn. 1), macht aber deutlich, dass es eine **eigenständige Entwicklung des Arbeitsrechts auf Unionsebene** gibt. Diese schreitet bisweilen sogar erheblich rascher voran als auf nationalstaatlicher Ebene. Wie sich diese erhebliche Dynamik erklärt, wird nachstehend dargestellt. Dabei treten zugleich die Besonderheiten hervor, die für das Europäische Antidiskriminierungsrecht charakteristisch sind.

a) Freizügigkeit und Arbeitsmarktintegration

211 Bedingung der Möglichkeit einer Arbeitsmarktintegration, die auf der Mobilität der Beschäftigten beruht, ist zunächst die **Garantie der Freiheit**, sich in jedes Mitgliedsland begeben, dort Arbeit nachsuchen und eine Beschäftigung aufnehmen zu können. Der entsprechende rechtliche Terminus hierfür lautet: Freizügigkeit. Sie wird im Vertrag über die Arbeitsweise der Europäischen Union (AEUV) gleich zweifach gewährleistet: Einmal als **allgemeine Bürgerfreiheit in Art. 21 AEUV**, zum anderen als **spezielle Arbeitnehmerfreiheit in Art. 45 ff. AEUV**. Nähere Ausgestaltung hat sie in einer Fülle von Verordnungen und Richtlinien gefunden (Langer, in: Fuchs (Hrsg.), Europäisches Sozialrecht, Vorb. zu Art. 45–48 AEUV, S. 57 ff.). Mit der Verordnung (EU) Nr. 492/2011 vom 5.4.2011 über die Freizügigkeit der Arbeitnehmer innerhalb der Union (ABl. EG Nr. L 141, S. 1 vom 27.5.2011) wird Art. 45 AEUV konkretisiert (ErfK-Wißmann, AEUV Art. 45 Rn. 1 a) und gleichzeitig die bisherige Verordnung (EWG) Nr. 1612/68 aufgehoben. Während Art. 45 Abs. 1 AEUV die Arbeitnehmerfreizügigkeit an sich garantiert, spricht Art. 45 Abs. 2 AEUV ein **Verbot der unmittelbaren und mittelbaren Diskriminierung aufgrund der Staatsangehörigkeit** (dazu HK-ArbR/Schubert, AEUV Rn. 76) in einem EU-Mitgliedstaat aus, so dass sowohl offensichtliche als auch versteckte Formen der Diskriminierung erfasst sind (Brechmann, in: Calliess/Ruffert (Hrsg.), AEUV Art. 45 Rn. 46 f.). Nach Art. 45 Abs. 3 AEUV beinhaltet die **Freizügigkeit** der Arbeitnehmer der EU-Mitgliedstaaten

- das Recht auf Bewerbung und Arbeitsaufnahme in jedem Mitgliedstaat,
- das Recht auf freie Einreise und freie Bewegung im Hoheitsgebiet der Mitgliedstaaten,
- ein Aufenthaltsrecht jedes europäischen Arbeitnehmers in jedem Mitgliedsland zum Zweck der Arbeitssuche und der Ausübung der Arbeit,
- ein Verbleiberecht auf dem Hoheitsgebiet des Mitgliedslandes auch nach Beendigung der Beschäftigung.

Damit sind alle ausländerrechtlichen Bestimmungen unvereinbar, die für Arbeitnehmer der EU besondere Aufenthaltsgenehmigungen und Arbeitserlaubnisse vorsehen. Staatsangehörige von EU-Mitgliedsländern sind in ihrer Eigenschaft als Teilnehmer am Arbeitsmarkt gegenüber den jeweiligen inländischen Beschäftigten der einzelnen Mitgliedstaaten **gleichberechtigt**. Sie sind Marktbürger eines einheitlichen europäischen Arbeitsmarktes, der neben der Gewährleistung der **Arbeitnehmerfreizügigkeit** aus Art. 45 AEUV auch durch die **Niederlassungsfreiheit** gemäß Art. 49 AEUV sowie die **Dienstleistungsfreiheit** nach Art. 56 AEUV beeinflusst wird. Art. 45 AEUV ist demzufolge kein isoliertes Rechtsinstitut (vgl. Krimphove,

S. 110 f. Rn. 163; ähnlich Fuchs/Marhold, S. 53). Im Zusammenhang mit dem grenzüberschreitenden Einsatz von Arbeitskräften aufgrund dieser vom AEUV garantierten Grundfreiheiten wird auch von einer „Globalisierung des Arbeitsmarktes" (Koberski/Asshoff/Hold, S. 9 Rn. 2) gesprochen, die erhebliche Probleme, insbesondere die Gefahr des sozialen Dumpings (**Lohndumping** und sonstige **unfaire Arbeitsbedingungen**), mit sich bringt (Epiney, in: Bieber/Epiney/Haag/Kotzur, S. 520 Rn. 2 f.; Däubler-Lakies TVG § 5 Anhang 2 Rn. 12 ff.).

212 Hier verdeutlicht sich, dass die Garantie der Freizügigkeit dann in ein Dilemma führt, wenn die **ausländischen Arbeitskräfte** zu ihren **heimischen Arbeitsbedingungen** im Inland beschäftigt werden. Dies macht Regelungen zum **Schutz der inländischen Arbeitnehmer** erforderlich, die eine konkurrenzbedingte Abwärtsspirale ihrer Arbeitsbedingungen verhindern sollen, ohne zugleich die Garantie der Freizügigkeit und das Prinzip der Gleichbehandlung ausländischer mit inländischen Arbeitnehmern einzuschränken. Die Lösung dieser Aufgabe, die zunächst wie eine Quadratur des Kreises anmutet, ist vergleichsweise einfach: Es kommt darauf an, die Arbeitsbedingungen, die am Ort des Arbeitseinsatzes gelten, mit allgemeiner Verbindlichkeit – etwa in Form **gesetzlicher oder tariflicher Mindestlöhne** – auszugestalten (vgl. Peter, Mindestlohn, 1995, S. 127 f.; Peter/Kempen/Zachert, aaO; Sterkel/Schulten/Wiedemuth (Hrsg.), Mindestlöhne gegen Lohndumping, 2006). Inzwischen verfügen 22 der 28 europäischen Mitgliedstaaten über einen gesetzlichen Mindestlohn. Und zum 1.1.2015 ist mit dem Gesetz zur Regelung eines allgemeinen Mindestlohnes (MiLoG vom 11.8.2014, BGBl. I, 1348) auch in Deutschland ein allgemeiner gesetzlicher Mindestlohn in Kraft getreten. Nach § 20 MiLoG besteht die Pflicht der Arbeitgeber zur Zahlung des Mindestlohnes – selbstverständlich unabhängig von der Staatsbürgerschaft – für alle im Inland beschäftigten Arbeitnehmerinnen und Arbeitnehmer.

aa) Das Aufsprengen von „Inländer-Nationalparks"

213 Die Garantie der **Arbeitnehmerfreizügigkeit** in Verbindung mit dem **Diskriminierungsverbot** aus Art. 45 Abs. 2 AEUV wegen der Staatsangehörigkeit entfaltet ihre eigene Dynamik, die zur Niederreißung immer weiterer juristischer **Schranken der Arbeitnehmermobilität** führt. So interpretiert der EuGH nicht nur den **Arbeitnehmerbegriff** deutlich weiter als dies etwa nach deutschem Recht der Fall ist (EuGH 7.9.2004 – Rs. C-456/02 (Trojani/Centre public daide sociale de Bruxelles) – EuroAS 2004, 123, Nr. 29, Rn. 16: „... ist es für die Arbeitnehmereigenschaft im Sinne des Gemeinschaftsrechts ohne Bedeutung, dass das Beschäftigungsverhältnis nach nationalem Recht ein Rechtsverhältnis sui generis ist, wie hoch die Produktivität des Betreffenden ist, woher die Mittel für die Vergütung stammen oder dass sich die Höhe der Vergütung in Grenzen hält". Nach diesen Grundsätzen kann auch ein Obdachloser, der gegen Kost und Logis sowie ein Taschengeld bei der Heilsarmee Arbeiten im hauswirtschaftlichen Bereich ausführt, Arbeitnehmer sein, sofern es sich nicht nur um Tätigkeiten handelt, die allein der Rehabilitation dienen und nicht als tatsächliche und echte wirtschaftliche Tätigkeiten angesehen werden können) und rechnet hierzu ggf. auch – nach nationalem Rechtsverständnis – Selbstständige

(EuGH 13.1.2004 – Rs. C-256/01 (Allonby) – NZA 2004, 201; dazu Colneric, FS Wißmann, S. 535, 540), Geschäftsführer (EuGH 11.11.2010 – Rs. C-232/09 (Danosa) – NZA 2011, 143; EuGH 9.7.2015 – Rs. C-229/14 (Balkaya) – NZA 2015, 861), Sozialhilfeempfänger (EuGH 7.9.2004 – Rs. C-456/02 (Trojani) – EuroAS 2004, 123, Nr. 29), Praktikanten (EuGH 9.7.2015 – Rs. C-229/14 (Balkaya) – NZA 2015, 861 und **Beamte**, soweit diese nicht ausschließlich im hoheitlichen Bereich der Staatstätigkeit beschäftigt sind (EuGH 3.7.1986 – Rs. 66/85 (Lawrie-Blum) – EuGHE 1986, 2121: Zulassung zum Vorbereitungsdienst für das Lehramt an deutschen Schulen bejaht wegen Arbeitnehmereigenschaft trotz Beamtenstatus von Studienreferendaren; EuGH 3.5.2012 – Rs. C-337/10 (Neidel) – NVwZ 2012, 688: Urlaubsabgeltung für einen Feuerwehrbeamten nach der Arbeitszeitrichtlinie 2003/88/EG). Dementsprechend hat der EuGH auch die Regelung in Art. 45 Abs. 4 AEUV, wonach der Bereich der **öffentlichen Verwaltung** von der Garantie der Freizügigkeit der Arbeitnehmer ausgenommen ist, entsprechend restriktiv ausgelegt: Öffentliche Verwaltung im Sinne dieser Vorschrift ist nur die Hoheitsverwaltung (EuGH 17.12.1980 – Rs. 149/79 (Kommission gegen Belgien) – EuGHE 1980, 3881). Post, Bahn, Schulen, Universitäten, Forschungseinrichtungen, Arbeitsverwaltung und sonstige öffentliche Einrichtungen, die wirtschaftliche Leistungen erbringen, sind danach „Unternehmen“ iSd EU-Rechts. Die in diesen Bereichen Beschäftigten sind nach EU-Recht auch dann Arbeitnehmer, wenn sie nach nationalem Recht den Status von Beamten besitzen. Folglich müssen sie für Staatsangehörige von EU-Mitgliedsländern geöffnet und bestehende Zugangs-, aber auch Ausbildungs- (EuGH 3.7.1986 – Rs. 66/85 (Lawrie-Blum) – EuGHE 1986, 2121) und Beförderungsbarrieren aufgehoben werden. Im Beamtenstatusgesetz (BeamtStG) wird dies durch § 7 Abs. 1 BeamtStG und im Bundesbeamtengesetz (BBG) in § 7 Abs. 1 BBG sichergestellt. Die Landesbeamtengesetze enthalten entsprechende Regelungen. Das Recht auf freien Zugang zum europäischen Arbeitsmarkt beinhaltet damit auch die Chancengleichheit der Bewerber aus anderen europäischen Mitgliedstaaten (EuGH 23.2.1994 – Rs. C-419/92 (Scholz) – Slg 1994, S. 505; vgl. dazu Krimphove, S. 122 Rn. 187). Das Ausländer-Diskriminierungsverbot frisst sich auf diese Weise gleichsam durch die Umzäunungen bestehender „Nationalparks“. So entsteht zugleich auch von Seiten des Arbeitsrechts Druck in Richtung auf eine **Auflösung** von – wirtschaftlich relevanten – **Staatsmonopolen** und ihre **Öffnung für den Wettbewerb**.

214 Dies gilt auch **außerhalb des staatlichen Bereichs**, wie das Urteil des EuGH im Fall Bosman (EuGH 15.12.1995 – Rs. C-415/93 – NZA 1996, 191) gezeigt hat: In der Entscheidung erfolgte zugleich die Weiterentwicklung der Arbeitnehmerfreizügigkeit von einem Diskriminierungs- zu einem allgemeinen Beschränkungsverbot. Danach muss auch eine nicht diskriminierende Bestimmung nach Maßgabe von Verhältnismäßigkeitsgesichtspunkten mit dem Unionsrecht vereinbar sein (vgl. HK-ArbR/Schubert, AEUV Rn. 78). Auch die von Sportverbänden und -vereinen aufgestellten Zugangs- und Beschäftigungsbarrieren, wie sie in zahlreichen Profisportarten in Gestalt sog Ausländerquoten praktiziert wurden, um die kulturell-nationalen Identifikationschancen mit der jeweiligen Mannschaft zu stützen, sind dem Diskriminierungsverbot zum Opfer gefallen (zuvor bereits ebenso die frühe

Entscheidung des EuGH 14.7.1976 – Rs. 12/76 (Gaetano Donà) – EuGHE 1976, 1333).

215 Der **weite europarechtliche Arbeitnehmerbegriff** (Brechmann, in: Callies/Ruffert (Hrsg.), AEUV Art. 45 Rn. 11) wird sekundiert von einer ebenfalls **weiten Auslegung des Arbeitsbegriffs**. So ist nach Auffassung des EuGH (31.5.1989 – Rs. 344/87 (I. Bettray) – EuGHE 1989, 1621, mit der Folge, dass dem Antrag auf Erteilung einer Aufenthaltserlaubnis entsprochen werden musste) die Tätigkeit von Mitgliedern der Bhagwan-Sekte für ihre Vereinigung unabhängig von der Höhe des Entgelts als wirtschaftlich relevante Leistung anzusehen und die Arbeitnehmereigenschaft des Sektenmitglieds zu bejahen (eine Grenze der Freizügigkeit ist der Schutz der öffentlichen Sicherheit und Ordnung, die der EuGH zumeist restriktiv auslegt. In der Entscheidung EuGH 4.12.1974 – Rs. 41/74 (Yvonne van Duyn) – EuGHE 1974, 1337, hat er das von den britischen Behörden unter Hinweis auf die Gefährlichkeit dieser Organisation verhängte Einreiseverbot gegen eine Niederländerin, die im Vereinigten Königreich als Sekretärin der „Church of Scientology" arbeiten wollte, allerdings bestätigt. Diese Entscheidung ist im Lichte der Entscheidung EuGH 18.5.1982 – Rs. 115 und 116/81 (Adoui und Cornuaille) – EuGHE 1982, 1665 im Hinblick auf das dort angesprochene Prinzip der „Inländergleichbehandlung" zu relativieren: Was der Staat – hier ging es um Einreise und Aufenthalt zum Zweck der Prostitution – bei seinen eigenen Staatsangehörigen toleriere, dürfe er gegenüber EU-Staatsangehörigen nicht sanktionieren). Vor diesem Hintergrund ist die im deutschen Arbeitsrecht bis heute grundsätzlich verneinte Arbeitnehmereigenschaft von Rote-Kreuz-Schwestern (allerdings hat das BAG auf der Grundlage der Rechtsprechung des EuGH, EuGH 17.11.2016 – Rs. 216/15 (Betriebsrat der Ruhrlandklinik) – NZA 2017, 41, anerkannt, dass die Rot-Kreuz-Schwestern Arbeitnehmerinnen im Sinne der EU-Leiharbeitsrichtlinie sind, BAG 21.2.2017 – 1 ABR 62/12, vgl. dazu Mestwerdt, jurisPR-ArbR 23/2017 Anm. 2) sowie möglicherweise auch diejenige von Ordensschwestern ebenfalls als europarechtswidrig einzustufen.

bb) Arbeitnehmerfreizügigkeit und sozialrechtliche Gleichstellungsgebote

216 Um die **Mobilität von Arbeitnehmern** diskriminierungsfrei zu ermöglichen und einen einheitlichen Binnenmarkt auch auf dem Gebiet der Beschäftigungsverhältnisse herzustellen, reicht es nicht aus, den Arbeitnehmern **Freizügigkeits-, Bewegungs-, Aufenthalts- und Beschäftigungsrechte** zu gleichen Bedingungen wie Inländern zu geben. Notwendig ist sehr viel mehr: Zunächst darf die Mobilität nicht dadurch beschränkt sein, dass sie zum **Verlust** bereits erworbener **arbeits- und sozialrechtlicher Ansprüche** führt. Geht bei einem Wechsel zu einem Arbeitgeber in einem anderen Mitgliedstaat etwa ein bereits anteilig erworbener Anspruch auf eine Betriebsrente im Inland verloren (vgl. hierzu die RL 98/49/EG v. 29.6.1998 zur Wahrung ergänzender Rentenansprüche von Arbeitnehmern und Selbstständigen, die innerhalb der Gemeinschaft zu- und abwandern, ABl. EG Nr. L 209, S. 46 vom 25.7.1998; dazu Steinmeyer, in: Fuchs (Hrsg.), Europäisches Sozialrecht, RL 98/49/EG, Rn. 1 ff.; zum Wechsel in einen anderen Mitgliedstaat bei demselben Arbeitgeber EuGH 10.3.2011 – Rs. C-379/09 (Casteels) –

NZA 2011, 561), entfällt während der Ableistung des Wehrdienstes im Herkunftsland die ausländische Arbeitsstelle oder wird diese Zeit nicht auf die Dauer der Betriebszugehörigkeit – und damit etwa auf die Berechnung der Länge von Kündigungsfristen – angerechnet (EuGH 15.10.1969 – Rs. 15/69 (Ugliola) – EuGHE 1969, 363; die Rechtsprechung des EuGH ist bei der Anrechnung von Wehrdienstzeiten nicht frei von Widersprüchen, vgl. Langer, in: Fuchs (Hrsg.), Europäisches Sozialrecht, AEUV Art. 45 Rn. 33), dann stellt sich derjenige Arbeitnehmer besser, der in der Heimat bleibt. Ganz unmittelbar einleuchtend ist auch das Erfordernis zur wechselseitigen Anerkennung und Angleichung von Schulabschlüssen, Ausbildungsgängen, Studienleistungen und Berufsbildern sowie die Garantie eines eigenständigen Rechts auf Freizügigkeit für diesen Personenkreis (vgl. die RL 2004/38/EG über das Recht der Unionsbürger und ihrer Familienangehörigen, sich im Hoheitsgebiet der Mitgliedstaaten frei zu bewegen und aufzuhalten vom 29.4.2004, ABL. EG Nr. L 158, S. 77 vom 30.4.2004; die VO 307/1999 vom 8.2.1999 – ABl. EG Nr. L 38, S. 1 vom 12.2.1999 –, durch die Studierende in den Geltungsbereich der VO 1408/71 vom 14.7.1971 – ABl. EG Nr. L 149, S. 2 vom 5.7.1971 – über die Anwendung der Systeme der sozialen Sicherheit auf Arbeitnehmer und Selbstständige sowie deren Familienangehörige, die innerhalb der Gemeinschaft zu- und abwandern, einbezogen wurden; die VO 1408/71 wurde durch die VO 883/2004 zur Koordinierung der Systeme der sozialen Sicherheit, ABL. EG Nr. L 116, S. 1 vom 30.4.2004 abgelöst und ist seit dem 1.5.2010 mit Erlass der Durchführungs-Verordnung 987/2009 vom 16.9.2009, ABl. EG Nr. L 284, S. 1 in Kraft; die RL 2005/36/EG des EP und des Rates vom 7.9.2005, ABl. EG Nr. L 255, S. 22 v. 30.9.2005 über die Anerkennung von Berufsqualifikationen).

217 Aber die Felder, die bis zu einer **effektiven Gleichstellung** zu bestellen sind, sind noch erheblich weiter: Weil die Auszubildenden und Arbeitnehmer keine Waren sind, die als isolierte Dinge hin und her transportiert werden können, sondern soziale Wesen aus Fleisch und Blut, müssen sie ferner das Recht erhalten, jedenfalls ein Stück weit auch ihr **soziales Umfeld**, ihren **Ehe- oder Lebenspartner**, ihre **Kinder**, **Eltern** und **sonstigen Angehörigen** bei einem Arbeitsplatzwechsel in ein anderes Mitgliedsland mitbringen zu können. Doch wie weitreichend soll dieses „soziale Umfeld“ definiert werden? Zu klären ist zB: Welche Angehörigen dürfen gewissermaßen im „Schlepptau“ des Freizügigkeitsrechts des EU-Arbeitnehmers für welchen Zeitraum und mit welchen rechtlichen Konsequenzen etwa für sozial(versicherungs)rechtliche Ansprüche „mitgenommen“ werden? Sind ihre Rechte nur aus der Freizügigkeit des Arbeitnehmers abgeleitete Ansprüche oder eigene Rechte? Welche Rechte genießen Angehörige, die die Staatsangehörigkeit eines Landes besitzen, welches nicht EU-Mitglied ist? Kann ein Arbeitnehmer deutscher Staatsangehörigkeit, der in Italien beschäftigt war, nach dem Eintritt in den Ruhestand seinen Lebensabend mit seiner japanischen Frau in der Provence verbringen oder bedarf seine Gattin hierfür einer Aufenthaltserlaubnis (nach der RL 2004/38/EG hat die Ehefrau ein eigenständiges, nicht mehr von der Arbeitnehmerfreizügigkeit abgeleitetes Aufenthaltsrecht in jedem europäischen Mitgliedstaat)? Welche Rechte besitzt sie, wenn ihr Gatte stirbt? Hat sie Ansprüche auf staatliche Unterstützungsleis-

tungen zur Absicherung des Existenzminimums? Welchen Schutz genießen nichteheliche Lebensgemeinschaften von Arbeitnehmern?

218 Die Arbeitnehmer leben aber nicht nur in diesem „**Biotop**" von Angehörigen, sondern auch in einem „**Soziotop**", einem gesellschaftlichen Umfeld, welches ihnen bestimmte grundlegende soziale Rechte und Leistungen gewährt, sei es als staatsbürgerliche Existenzgrundsicherung, als Absicherung der Risiken abhängiger Erwerbstätigkeit oder als spezifische Familienstandsleistungen: Sozialhilfe und ergänzende Unterstützung von geringverdienenden Arbeitnehmern, Mindestlöhne und Altersmindesteinkommen, Ausbildungsbeihilfe, besondere Hilfen für Menschen mit Behinderung und Leistungen für ihre Teilhabe am Arbeitsleben, Hilfen bei der Beschaffung von Wohnraum, staatliche finanzielle Familienunterstützung und verbilligte Bahnfahrkarten für kinderreiche Familien. Wenn die Mobilität von Arbeitnehmern gefördert werden soll, welche dieser Rechte soll der Arbeitnehmer – und gegebenenfalls seine Angehörigen – dann „mitnehmen" können und welche Rechte soll er aufgrund seiner Beschäftigung in einem anderen Mitgliedstaat von diesem erhalten? Wie lassen sich hier verlässliche und sinnvolle Abgrenzungen finden? Kann es bei Ansprüchen von Familienangehörigen – zB auf verbilligte Eisenbahnfahrkarten für kinderreiche Familien – darauf ankommen, wo der Wohnsitz und Aufenthaltsort des antragstellenden Familienangehörigen ist (EuGH 30.9.1975 – Rs. 32/75 (Christini) – EuGHE 1975, 1085: Die Verweigerung aufgrund des ausländischen Aufenthaltsorts ist eine unzulässige Diskriminierung der Familienangehörigen. EU-Arbeitnehmer und ihre Angehörigen müssen sich beim Leistungsempfang nicht im Land der Leistungsgewährung aufhalten; so auch EuGH 13.11.1990 – Rs. 308/89 (di Leo) – EuGHE I 1990, 4185: Anspruch der Tochter eines in Deutschland lebenden italienischen Arbeitnehmers auf staatliche Studienförderung nach dem Bundesausbildungsförderungsgesetz für ein Studium in Italien. Zum Anspruch polnischer Arbeitnehmer auf Kindergeld für Kinder, die nicht im Mitgliedstaat, in dem die Arbeit ausgeführt wird, wohnen: EuGH 12.6.2012 – Rs 611/10 (Hudzinski), und Rs C-612/10 (Wawrzyniak) – ZAR 2012, 348)?

219 Im Detail ist dies nicht nur ein weites, sondern auch **rechtlich unübersichtliches Feld**, das bislang äußerst unzureichend strukturiert ist (vgl. zu der höchst komplexen Rechtslage umfassend Fuchs (Hrsg.), Europäisches Sozialrecht). Eine Vielzahl von einander teils ergänzenden, teils korrigierenden Verordnungen und Richtlinien sowie divergierende Urteile des EuGH erschweren zudem den Überblick erheblich. Auch ist die in der Vergangenheit zu beobachtende generelle **Tendenz zur Ausweitung des Begünstigtenkreises** und der **Verbindlichkeit ihrer Rechtsansprüche** inzwischen deutlich **abgeschwächt** (→ Rn. 221). Jedenfalls lässt sich der erreichte Integrationsstand auf keine einfache und klare Formel bringen (Aussagen wie die, dass „sowohl der aus dem Erwerbsleben Ausgeschiedene als auch seine Familienangehörigen ... zu den Bürgern ihres Aufnahmelandes gleichberechtigt (sind)", provozieren vielmehr eher Missverständnisse. Denn in dem Urteil „Lebon" des EuGH (18.6.1987 – Rs. 316/85 – EuGHE 1987, 2811), dem dieser Satz entlehnt ist, wurde der 24-jährigen französischen Tochter eines in Belgien in den Ruhestand getretenen, französischen Arbeitnehmers der

Anspruch auf staatliche Mittel für ihren Lebensunterhalt verweigert. Arbeitslose belgische Frauen hätten dagegen einen derartigen Anspruch besessen, so dass insoweit von Gleichberechtigung der Familienangehörigen der ausländischen EU-Arbeitnehmer keine Rede sein kann).

220 Der Grund für die beträchtliche **Differenz** zwischen **Gleichheitsprinzip** und **Ergebnis seiner Anwendung auf den Einzelfall** liegt darin, dass die sozialrechtlichen Ansprüche des Familienangehörigen eines EU-Arbeitnehmers bis Mitte der 90er-Jahre als von dessen Freizügigkeitsrecht **abgeleitete Rechte** angesehen wurden. Sie wurden demnach nicht als eigene Ansprüche des Angehörigen, sondern als **akzessorische Ansprüche** verstanden. Folglich reichten sie nur so weit, wie der Sinn dieser Akzessorietät trägt. Dieser Sinn besteht darin, dass der EU-Arbeitnehmer in seiner Mobilitätsbereitschaft gefördert werden soll. Er soll möglichst durch die Aufnahme einer Beschäftigung in einem anderen Mitgliedstaat keine Nachteile erleiden. Die Anknüpfung der sozialstaatlichen Rechte des Einzelnen an seine Arbeitnehmerstellung und die Anknüpfung der sozialstaatlichen Rechte seiner Angehörigen an ihre familienrechtlichen Bande erwiesen sich auf Dauer als eine Fessel der europäischen Arbeitsmarktintegration.

221 Der EuGH hat bedeutsame Schritte unternommen, die auf eine Aufgabe dieser Grundsätze hindeuten, indem er **erstens** auch den **Familienangehörigen** auf der Grundlage des **Gleichbehandlungsprinzips originäre Ansprüche auf soziale Leistungen** zuerkannt (EuGH Rs. C-308/93 (Cabanis Issarte) – EuGHE 1996, I-2097; Rs. C-211/97 (Gomez Rivero) – EuGHE I 1999, 3219) und **zweitens** einen **generellen Anspruch** der europäischen Bürger kraft ihrer **europäischen Staatsbürgerschaft aus Art. 21 AEUV** in Verbindung mit dem **Diskriminierungsverbot des Art. 18 AEUV** auf **Gleichstellung** mit den eigenen **Staatsangehörigen des betroffenen Mitgliedstaates** bejaht hat (EuGH Rs. C-98/96 (Martinez Sala) – Slg 1997, I-5179; EuGH 7.9.2004 – Rs. C-456/02 (Trojani) – EuroAS 2004, 123, Nr. 29, Rn. 39, 44). So hat der EuGH mit Urteil vom 19.7.2012 (Rs. C-522/10 (Reichel-Albert) – NZS 2012, 935; dazu Klauk/Klein, juris-ArbR 45/2012 Anm. 6) die §§ 56, 57 SGB VI am Maßstab des Art. 21 AEUV gemessen und klargestellt, dass im europäischen Ausland erworbene Kindererziehungszeiten, die nicht auf Pflichtbeitragszeiten aufgrund eigener Erwerbstätigkeit im anderen Mitgliedstaat zurückgingen, gleichwohl vom deutschen Rentenversicherungsträger anzuerkennen seien. Das Bestreben zur Ablösung des Systems der sozialen Sicherheit von der Eigenschaft als Arbeitnehmer oder Selbstständiger sowie deren Familienangehörigen liegt auch der umfassenden Reform der VO (EWG) Nr. 1408/71 über die Koordinierung dieser Systeme durch die VO (EG) Nr. 631/2004 und VO (EG) Nr. 883/2004 zugrunde (zu den Einzelheiten vgl. Langer, in: von der Groeben/Schwarze, EG Art. 42 Rn. 126 ff.). Die VO (EG) Nr. 883/2004 wird seit dem 1.5.2010 durch die Durchführungsverordnung – VO (EG) 987/2009 (ABl. EG L 284, S. 1) – aktualisiert und vereinfacht (Epiney, in: Bieber/Epiney/Haag/Kotzur, S. 374 Rn. 108).

Gleichzeitig hat der EuGH in einer Reihe jüngerer Entscheidungen zum Zugang von EU-Bürgern zu Leistungen nach dem SGB II (EuGH 11.11.2014 – Rs. C-333/13 (Dano) – NJW 2015, 145; EuGH 15.9.2015 –

Rs. C-67/14 (Alimanovic) – NJW 2016, 555 und EuGH 25.2.2016 – Rs. C-299/14 (Garcia-Nieto) – ZAR 2016, 187; dazu Kingreen, NVwZ 2015, 1503 ff.; Brechmann, in: Calliess/Ruffert (Hrsg.), AEUV Art. 45 Rn. 73 ff.) streng zwischen den Sozialleistungsansprüchen Erwerbstätiger und Nichterwerbstätiger unterschieden und damit eine sozialpolitische Dimension der Unionsbürgerschaft – jenseits der Eigenschaft als Arbeitnehmer oder Selbstständiger – wieder deutlich relativiert.

b) Arbeitsrechtliche Gleichbehandlung von Mann und Frau

222 Die größte öffentliche Aufmerksamkeit hat das **Diskriminierungsverbot** im Arbeitsrecht in Gestalt der **Entgeltgleichheit von Frauen und Männern** gefunden. Was diese Ausprägung des Gleichheitsgrundsatzes mit der Garantie der Freizügigkeit verbindet, erschließt sich nicht auf den ersten Blick. Doch schon auf den zweiten Blick wird deutlich, dass die **Mobilität von Arbeitnehmerinnen** erheblich beeinträchtigt wird, wenn sie in einem Mitgliedsland in selbstverständlicher Weise den Männern arbeitsrechtlich gleichgestellt sind, in einem anderen jedoch nicht: Dann werden sie mit dem Wechsel in ein solches Mitgliedsland als **„Arbeitnehmer zweiter Klasse“** behandelt (bemerkenswerterweise findet dieser Aspekt bei der Aufzählung der Gründe für die integrationsfördernde Wirkung des Gleichbehandlungsgebots von Männern und Frauen bei Krimphove, S. 143 Rn. 232 keine Erwähnung). Dass darin **nicht nur eine arbeitsrechtliche**, sondern auch eine allgemeine gesellschaftliche, **staatsbürgerliche Diskriminierung** liegt, ist evident.

aa) Entgeltgleichheit: Vom ökonomischen Kalkül zum Gleichheitsprinzip

223 Motiviert war die Aufnahme des früheren Art. 119 (jetzt Art. 157 AEUV) in den Vertrag wesentlich durch die Befürchtungen insbesondere Frankreichs vor **ökonomischen Wettbewerbsnachteilen** aufgrund seines im Vergleich zu den anderen EU-Mitgliedstaaten **relativ hohen Anteils weiblicher Erwerbstätiger** bei gleichzeitig vergleichsweise **strikter Anwendung** des arbeitsrechtlichen **Gleichbehandlungsgebots** (vgl. Langenfeld, S. 30 ff.). Dadurch lagen die von französischen Unternehmen aufzubringenden Kosten für einen „Frauenarbeitsplatz“ über denjenigen ausländischer Konkurrenten. Das ausdrückliche Gleichbehandlungsgebot des Art. 157 AEUV, so das Kalkül, werde zur **Angleichung der Frauenlöhne in den anderen Mitgliedstaaten** an das Niveau der Männerlöhne führen und dadurch den Wettbewerbsnachteil der Gleichbehandlung im Geburtsland von „liberté, égalité, fraternité“ aufheben.

224 Das Gebot der **Entgeltgleichheit von Männern und Frauen** hat sich rasch weit über seinen Ursprung in wettbewerbspolitischen Motiven und der Förderung der Arbeitnehmerfreizügigkeit hinaus zu einem **allgemeinen Prinzip der Gleichbehandlung von Männern und Frauen** und damit zu einem **eigenständigen europäischen Grundrecht** weiter entwickelt, der durch Art. 21, 23 EU-GRC unterstrichen wird (Epiney, in: Bieber/Epiney/Haag/Kotzur, S. 535 Rn. 33). **Wichtige Schritte** hierbei waren die weite Fassung des Entgeltbegriffs in der Rechtsprechung des EuGH (Überblick bei Schiek, Europäisches Arbeitsrecht, S. 227 ff.) und durch die RL 75/117/EWG, die Ausdehnung des Grundsatzes der Gleichbehandlung auf den Zu-

gang zur Beschäftigung, zur Berufsbildung und zum beruflichen Aufstieg sowie in Bezug auf die Arbeitsbedingungen durch die RL 76/207/EWG sowie auf die betrieblichen Systeme der sozialen Sicherung durch die RL 86/378/EWG (geändert durch die RL 96/97/EG) und die RL 97/80/EG und 98/52/EG hinsichtlich der Beweislast bei Diskriminierung aufgrund des Geschlechts. Mit der RL 2006/54/EG zur Verwirklichung des Grundsatzes der Chancengleichheit und Gleichbehandlung von Männern und Frauen in Arbeits- und Beschäftigungsfragen vom 5.7.2006 (ABl. EG Nr. L 204, S. 23 vom 26.7.2006) wurden diese Richtlinien in einer einzigen Richtlinie zusammengefasst – sie flankiert den auf die Entgeltgleichheit beschränkten Art. 157 Abs. 1 und 2 AEUV (Krebber, in: Callies/Ruffert (Hrsg.), AEUV Art. 157 Rn. 9). Seit der Rechtsprechung des EuGH in der Rechtssache Defrenne/Sabena (EuGH 8.4.1976 – Rs. 43/75 (Defrenne II) – EuGHE 1976, 482 sowie EuGH 15.6.1978 – Rs. 149/77 (Defrenne III) – EuGHE 1978, 1365; eine wichtige Brückenfunktion nahm hierbei die RL 76/207/EWG ein, die jetzt in der RL 2006/54/EG aufgegangen ist, vgl. Mohn, Der Gleichheitssatz, S. 15) ist Art. 157 AEUV, der bei seiner Schaffung als Art. 119 EWG-Vertrag im Jahr 1957 ausschließlich auf das Verbot der geschlechtsbedingten Lohndiskriminierung bezogen gewesen ist, als **spezielles Grundrecht** in Ausprägung des allgemeinen Gleichheitssatzes interpretiert worden (Generalanwalt Trabucchi, Schlussanträge v. 10.3.1976 – Rs. 43/75 (Defrenne II) – EuGHE 1976, 482, 490; zur Bedeutung, die den übrigen Richtlinien auf dem Gebiet der Gleichbehandlung der Geschlechter für die Weiterentwicklung dieses Unionsgrundrechts zukam, vgl. Graue, S. 165 ff.). So will die RL 2006/54/EG aber nicht nur die wichtigsten Bestimmungen des og Themenkomplexes angleichen, sondern auch die neueste Rechtsprechungsentwicklung des EuGH aufnehmen. Darüber hinaus erweitert die Richtlinie den Anwendungsradius der Antidiskriminierungsstelle (vgl. §§ 25 bis 30) auf die Gewährleistung der Lohngleichheit und die betrieblichen Systeme der sozialen Sicherheit (vgl. Schiek (Hrsg.), S. 32 f. Rn. 36, vgl. zum Richtlinienentwurf Philipp, EuZW 2005, 515; zum aktuellen Stand der Gleichstellungspolitik der EU vgl. die „Strategie für die Gleichstellung von Frauen und Männern 2010 – 2015“ der Kommission, KOM (2010) 491 vom 21.9.2010 sowie den Europäischen Pakt für die Gleichstellung der Geschlechter 2011 – 2020, Ratsdokument 7370/11). Diese Entwicklung ist nicht abgeschlossen, sondern weiter im Fluss. Dies wird auch an weiteren Richtlinienaktivitäten der EU deutlich. Ein Beispiel hierfür ist die RL 2010/41/EU zur Verwirklichung des Grundsatzes der Gleichbehandlung von Männern und Frauen, die eine selbstständige Erwerbstätigkeit ausüben und zur Aufhebung der RL 86/613/EWG vom 7.7.2010 (ABl. EG Nr. L 180, S. 1 vom 15.7.2010). Auch die VO (EG) Nr. 1922/2006 vom 20.12.2006 (ABl. EG Nr. L 403, S. 9) zur Gründung des Europäischen Instituts für Gleichstellungsfragen ist ein weiterer Beitrag der Fortentwicklung einer effektiven europaweiten Gleichstellungspolitik (Coen, in: Lenz/Borchardt (Hrsg.), EU-Verträge Kommentar, AEUV Art. 157 Rn. 3).

bb) Differenzierungen des Gleichheitsgebots: Formale Rechtsgleichheit, Diskriminierungsverbot und Gleichstellung

225 Die Bedeutung dieser vom Entgeltgleichheitsgebot ausgehenden „Initialzündung“ für die **Entwicklung des europäischen Gleichheits- und Gleichbehandlungsgrundsatzes und des Antidiskriminierungsrechts** kann kaum überschätzt werden. So zeigen insbesondere auch die neuesten Entwicklungen zur Herstellung von Entgeltgleichheit in Deutschland durch das Gesetz zur Förderung der Entgelttransparenz zwischen Frauen und Männern (Entgelttransparenzgesetz 30.6.2017, BGBl. I, 2152), das am 6.7.2017 in Kraft getreten ist, wie sich die europäischen Anforderungen an das Gebot der Entgeltgleichheit in der nationalen Rechtsordnung Bahn brechen. Das dem Entgeltgleichheitsgebot außerdem eine elementare (mittelbare) Bedeutung für den Gleichheits- und Gleichbehandlungsgrundsatz zukommt, wird auf der nationalen Ebene außerdem im Gesetz über die gleichberechtigte Teilhabe von Frauen und Männern in Führungspositionen in der Privatwirtschaft und im öffentlichen Dienst (Gesetz v. 24.4.2015, BGBl. I, 642, zuletzt geändert durch Art. 11 Gesetz v. 11.4.2017, BGBl. I, 802) deutlich. Hintergrund ist der Vorschlag der Kommission für eine Richtlinie des Europäischen Parlaments und des Rates zur Gewährleistung einer ausgewogeneren Vertretung von Frauen und Männern unter den nicht geschäftsführenden Direktoren/Aufsichtsratsmitgliedern börsennotierter Gesellschaften und über damit zusammenhängende Maßnahmen vom 14.11.2012 (KOM (2012) 614 endg.) gewesen, Frauenquoten in börsennotierten Unternehmen innerhalb der EU einzuführen. Inzwischen gehört die Gleichstellung von Männern und Frauen seit dem Inkrafttreten des Vertrages von Amsterdam am 1.5.1999 zu den grundlegenden Werten und Zielen der Union (Art. 2 und 3 Abs. 3 EUV). Hinzu kommt die bei allen Unionstätigkeiten zu beachtende **Querschnittsklausel** des Art. 8 AEUV. Als Vertragsziel schreibt die Gleichstellung nicht nur ein Programm vor, sondern stellt ebenfalls eine Auslegungshilfe bei der Ermittlung des Sinns anderer Unionsrechtsnormen dar (Calliess, in: Calliess/Ruffert (Hrsg.), EUV Art. 2 Rn. 6) und fungiert als Baustein der Rechtsfortbildung (Zuleeg, in: von der Groeben/Schwarze (Hrsg.), EUV Art. 2 Rn. 3). Als Querschnittsklausel zielt Art. 8 AEUV auf die systematische Einbeziehung der unterschiedlichen Lebensverhältnisse, Situationen und Bedürfnisse von Frauen und Männern in allen Politik- und Handlungsfeldern der Gemeinschaft (**Gender Mainstreaming**; Mitteilung der Kommission an die Mitgliedstaaten der EU vom 21.2.1996 „Einbindung der Chancengleichheit in sämtliche politischen Konzepte und Maßnahmen der Gemeinschaft“, KOM (96) 67 endg.; Coen, in: Lenz/Borchardt (Hrsg.), AEUV Art. 157 Rn. 1). Damit soll die Geschlechterperspektive bereits primärrechtlich in alle Entscheidungsprozesse zur Durchsetzung tatsächlicher Gleichheit einfließen – sie erfordert von der Union eine **aktive Strategie** zur **Beseitigung von Ungleichheiten** sowie zur **Förderung der Gleichstellung** von Männern und Frauen (Europäisches Parlament, Generaldirektion Wissenschaft (Hrsg.), Die Rechte der Frau und der Vertrag von Amsterdam, Reihe Rechte der Frau, Luxemburg 1998, S. 43). Gleichwohl stellt die Querschnittsklausel des Art. 8 AEUV im Unterschied zu Art. 157 AEUV und Art. 21, 23 EU-GRC dem Einzelnen

kein subjektives Recht zur Verfügung (Rossi, in: Callies/Ruffert (Hrsg.), AEUV Art. 8 Rn. 6).

226 Von entscheidender Bedeutung für diese Entwicklung war die bemerkenswerte **Ergänzung des formellen Gleichheitsprinzips** zunächst – **über die Rechtsfigur des Diskriminierungsverbots** hinaus – um ein **materielles Gleichbehandlungsgebot** und sodann um die rechtliche **Zulassung von Gleichstellungsmaßnahmen**, welches auch die gezielte Förderung des unterrepräsentierten Geschlechts und den Ausgleich von beruflichen Benachteiligungen (sog „**positive action**") erlaubt. So enthält Art. 157 AEUV neben der Garantie der Lohngleichheit bzw. des Verbots der Lohndiskriminierung bei gleicher und gleichwertiger Arbeit (Art. 157 Abs. 1, 2 AEUV) seit dem Vertrag von Amsterdam von 1997 in Abs. 4 die ausdrückliche Klarstellung, dass im Hinblick auf die **effektive Gewährleistung der Gleichstellung** von Männern und Frauen im Arbeitsleben der **Grundsatz der Gleichbehandlung die Mitgliedstaaten nicht daran hindert**, zur Erleichterung der Berufstätigkeit des unterrepräsentierten Geschlechts oder zur Verhinderung bzw. zum Ausgleich von Benachteiligungen in der beruflichen Laufbahn **spezifische Vergünstigungen beizubehalten oder zu beschließen**. Mit der Ergänzung des Art. 157 Abs. 4 AEUV ist die Herstellung tatsächlicher Gleichheit durch positive Maßnahmen, die einseitig die benachteiligte (Geschlechts-)Gruppe begünstigen, **nicht mehr als Ausnahme** vom **individuellen Recht auf Gleichbehandlung** zu verstehen und demnach eng auszulegen. Vielmehr erhält der **Gleichbehandlungsgrundsatz eine kollektive Dimension** (Stellungnahme des Europäischen Parlaments vom 27.1.1999 zu dem Vorschlag der Kommission für eine Richtlinie des Rates zur Änderung der RL 76/207/EWG (KOM (96) 93 endg.) PE 225.922/end, S. 11 f.), die das subjektive Recht des Einzelnen auf Gleichbehandlung und Nichtdiskriminierung objektivrechtlich um gruppengrundrechtliche Aspekte anreichert und damit effektiver ausgestaltet (Sacksofsky, Grundrecht, S. 312 ff.).

227 Art. 157 Abs. 4 AEUV ist Anknüpfungspunkt für die **Zulässigkeit positiver Maßnahmen**, die eine faktische **Neupositionierung der benachteiligten Gruppe** in sozialer Hinsicht bewirken und damit über die bloße Gewährleistung gleicher Chancen zB beim Zugang zur Beschäftigung hinausgehen. Dadurch wird deutlich, dass der viel beschworene Widerspruch zwischen formeller und materieller Gleichheit inzwischen überwunden ist. Formelle und materielle Gleichheit sind gleichermaßen Ausprägungen des Grundsatzes der Gleichbehandlung (vgl. zur rechtsphilosophischen Auseinandersetzung Mahlmann, in: Rudolf/Mahlmann, GlBR, § 1 Rn. 22 ff.; dazu auch Schiek, in: Schiek (Hrsg.), AGG, S. 45 ff. Rn. 51 ff.). Das in Art. 157 Abs. 4 AEUV eröffnete Recht zu **Maßnahmen substantieller Gleichstellung** stellt nichts anderes dar als eine inhaltliche Präzisierung und Weiterentwicklung des Gebots der Herstellung materieller Gleichheit innerhalb des Gleichbehandlungsprinzips (vgl. dazu instruktiv Generalanwalt Saggio, Schlussanträge v. 10.6.1999 – Rs. C-158/97 (Badeck ua) – EuGHE 2000, 1877 Rn. 26 ff.). Das Recht und ggf. die Pflicht, Maßnahmen zu ergreifen, die der Herstellung tatsächlich gleichberechtigter Lebensverhältnisse dienen, sind gewiss rechtlich wie faktisch **anspruchsvolle Weiterentwicklungen** des Gleichheitsgebots. Aber sie verlassen den Schutzbereich dieses Grundrechts

so lange nicht, wie sie erst die faktischen Voraussetzungen dafür schaffen, dass die grundrechtliche Gewährleistung tatsächlich von den durch sie Begünstigten genutzt werden kann.

228 Mit den Entscheidungen in den Rechtssachen **Kalanke** (EuGH 17.10.1995 – Rs. C-450/93 (Kalanke) – EuGHE 1995, 3051), **Marschall** (EuGH 11.11.1997 – Rs. C-409/95 (Marschall) – EuGHE 1997, 6363), **Badeck** ua (EuGH 28.3.2000 – Rs. C-158/97 (Badeck ua) – EuGHE 2000, 1902) sowie **Abrahamsson** (EuGH 6.7.2000 – Rs. C-407/98 (Abrahamsson, Anderson/Fogelquist) – EuGHE 2000, 5562) hat der EuGH **Maßstäbe und Grenzen** für die Zulässigkeit von **positiven Maßnahmen** zugunsten eines Geschlechts **im öffentlichen Dienst**, insbesondere bei leistungsabhängigen Vorrangregelungen mit Härtefallklausel und Zielvorgaben im Bereich der Einstellungen und Beförderungen, gesetzt. Eine vergleichbare Profilbildung im Hinblick auf andere Merkmale wie Rasse, Behinderung, Altersdiskriminierung, sexuelle Ausrichtung etc steht allerdings noch aus (Mahlmann, Gerechtigkeitsfragen im Gemeinschaftsrecht, in: Rust ua (Hrsg.), S. 47, 50 f.). Da positive Maßnahmen nach dem AGG aber nicht mehr nur auf (gesetzgeberische) Aktivitäten des Staates und seiner Einrichtungen beschränkt sind (zu den verfassungsrechtlichen Bedenken eines Gleichstellungsgesetzes für die Privatwirtschaft Adomeit/Mohr, § 5 Rn. 8; zu den Bedenken der Ausdehnung auf Tarifvertrags-, Betriebs- und Arbeitsvertragsparteien ErfK-Schlachter, § 5 Rn. 2), sondern auch private Arbeitgeber und Anbieter von Waren und Dienstleistungen ausdrücklich ermächtigt, sind neben Gesetzen, Rechtsverordnungen und Satzungen auch Regelungen in Tarifverträgen, Betriebsvereinbarungen, Auswahlrichtlinien, Integrationsvereinbarungen, Arbeits- und Privatrechtsverträgen etc denkbar (LAG Rheinland-Pfalz 29.9.2011 – 10 Sa 314/11 – ZTR 2012, 52 mit dem Beispiel eines privaten Arbeitgebers für die Vergabe von PKW-Stellplätzen auf einem Firmenparkplatz nach dem Zuteilungskriterium „Frauen vor Männern"; VG Saarland 4.4.2017 – 2 L 236/17 mit dem Beispiel eines Coachings nur für im öffentlichen Dienst tätige Mütter; vgl. Bauer/Krieger, § 5 Rn. 3, 7; vgl. auch BT-Drs. 16/1780, 34). Schließlich können positive Maßnahmen auch das nach amerikanischem Vorbild bereits von einigen deutschen Firmen genutzte Personalentwicklungskonzept des Diversity Management beinhalten, das auf die Förderung der personalen Vielfalt in den Unternehmensstrukturen setzt (vgl. Franke/Merx, AuR 2007, 235, 237 f.; Mallmann, AiB 2012, 298 ff.).

Eine weitergehende Profilbildung insbesondere auch in Bezug auf die übrigen Fallgruppen ist damit ein anzunehmendes Resultat. Überschneidungen mit bislang schon existierenden Vorschriften aus dem BetrVG (§ 80 Abs. 1 Nr. 2 a, 2 b BetrVG und § 95 BetrVG) oder dem § 166 SGB IX (§ 83 SGB IX aF) sind unschädlich, denn diese werden in ihrer Zulässigkeit gestützt.

Schließlich ist die Einführung einer Geschlechterquote für Führungsgremien in der Wirtschaft wie Aufsichtsräte, Vorstände und Geschäftsführer (vgl. dazu Ossenbühl, NJW 2012, 417 ff.; Kempter/Koch, BB 2012, 3009 ff.) durch das Gesetz über die gleichberechtigte Teilhabe von Frauen und Männern in Führungspositionen in der Privatwirtschaft und im öffentlichen Dienst (Gesetz v. 24.4.2015, BGBl. I, 642, zuletzt geändert durch Art. 11 Gesetz v. 11.4.2017, BGBl. I, 802) ein Zeichen für die voranschreitende Profilierung. Art. 157 Abs. 4 AEUV, Art. 8 AEUV und Art. 23 EU-GRC gebieten die effektive Durchsetzung der Gleichberechtigung von Frauen und Männern – wenn der Frauenanteil in den Aufsichtsräten deutscher Unternehmen unter 10 % liegt (Düwell, in: jurisPR-ArbR 48/2012 Anm. 1), dann ist dieser Befund ein starkes Indiz für eine geschlechtsbedingte Diskriminierung von Frauen, die durch eine Quotenregelung, die sowohl das Leistungsprinzip als auch den Verhältnismäßigkeitsgrundsatz iSd Rechtsprechung des EuGH zu den leistungsabhängigen Vorrangregelungen im öffentlichen Dienst zu wahren hat, gerechtfertigt ist.

c) Allgemeine Diskriminierungsverbote

229 Die in der **Ausdifferenzierung des Gleichheitspostulats** im Verhältnis von Männern und Frauen rechtlich bereits vorgedachte und **entwickelte Konzeption** wurde mit den durch das AGG umgesetzten **EG-Richtlinien** auf die **allgemeinen Diskriminierungsverbote** aufgrund von Rasse, ethnischer Herkunft, Religion, Weltanschauung, Alter (vgl. dazu EuGH 19.1.2010 – Rs. C-555/07 (Kücükdeveci) – EuGHE I-2010, 365 = NZA 2010, 85 ff.; EuGH 22.11.2005 – Rs. C-144/04 (Mangold) – EuGHE I-2005, 9981 = NZA 2005, 1345 ff. und BAG 26.4.2006 – 7 AZR 500/04; zur EuGH-Entscheidung in Sachen Mangold vgl. Schiek, AuR 2006, 145 sowie Preis, NZA 2006, 401), Behinderung (ArbG Berlin 13.7.2005, NZA-RR 2005, 608; vgl. dazu Thüsing/Wege, NZA 2006, 136) und sexueller Ausrichtung, die erst mit dem **Vertrag von Amsterdam** in Art. 19 Abs. 1 AEUV (Art. 13 Abs. 1 EGV aF) vergleichsweise spät im Unionsrecht ausdrückliche Anerkennung (die EU-Kommission sieht darin einen „Quantensprung nach vorn bei der Bekämpfung von Diskriminierungen auf EU-Ebene“, vgl. das Grünbuch der Europäischen Kommission „Gleichstellung sowie Bekämpfung von Diskriminierungen in einer erweiterten Europäischen Union“, 2004, S. 9) fanden (dazu → Rn. 110 ff.), **übertragen**. Dies gilt insbesondere für die **Definitionen von unmittelbarer und mittelbarer Diskriminierung**, die Erfassung der Belästigung, die Integration der sexuellen Belästigung sowie die Anweisung zur Benachteiligung, für den **Anwendungsbereich der Diskriminierungsverbote** und die **Zulässigkeit „positiver Maßnahmen“** (vgl. § 5; Überblicke bei M. Schmidt, Arbeitsrecht der EG, S. 183 ff.; Leuchten, NZA 2002, 1254; v. Roetteken, PersR 2004, 138; MüKo-Thüsing, Einl. Rn. 10).

2. Entwicklungsdynamik der Diskriminierungsverbote

230 Wohl keine andere Rechtsfigur hat in der Geschichte der EU einen solchen **Siegeszug** erfahren wie das Diskriminierungsverbot (vgl. I. Schmidt, FS Wißmann, S. 80 ff.). Das ist **im Ausgangspunkt** und bezogen auf die **Diskriminierung wegen der Staatsangehörigkeit** bei einem auf **supranationale Integration** angelegten Projekt wie der EU, die sich des **Marktes als Motor** bedient, auch nicht verwunderlich. Erklärungsbedürftiger ist dagegen die fortschreitende **Ausweitung des Antidiskriminierungsrechts** auf immer weitere soziale Gruppen und Merkmale (so gibt es in einigen Mitgliedstaaten sehr umfassende Kataloge von Diskriminierungsverboten, in Belgien und

Ungarn sogar Regelungen, die auf jede Art der Unterscheidung anwendbar sind, vgl. Mahlmann, in: Rudolf/Mahlmann, GlBR, § 1 Rn. 35) und die Rechtfertigung „positiver“ Maßnahmen der sozialen Gleichstellung. Wodurch wird diese Weiterentwicklung des Antidiskriminierungsrechts angetrieben?

231 Diskriminierungen bezeichnen eine **vielfältige Gemengelage**: Sie treffen Personen in ihrer **Würde** (besonders deutlich bei Belästigungen und „Mobbing“), in ihrer **Freiheit der Persönlichkeitsentfaltung** (besonders deutlich bei Behinderungen des beruflichen Fortkommens) und in ihrem Anspruch auf rechtliche und faktische **Gleichbehandlung** (etwa zwischen Männern und Frauen, Teilzeit- und Vollzeitbeschäftigten etc). Was Diskriminierungen gesellschaftlich besonders „anstößig“ macht und bereits im Terminus „Diskriminierung“, der nach verbreiteter juristischer Auffassung in Deutschland eine problematische Vermischung von Tatbestand und Rechtfertigung (dazu Wank, FS Wißmann, S. 599, 602; das deutsche Gesetz verwendet deshalb den Begriff der „Benachteiligung“ an Stelle des Diskriminierungsbegriffs, vgl. v. Steinau-Steinrück ua, NZA 2005, 28, 29) darstellt, deutlich zum Ausdruck kommt, ist keineswegs allein oder auch nur primär der Verstoß gegen das Gleichheitsprinzip, sondern der **Angriff auf die „Authentizität“** einer Person. Indem sie einer Merkmalsgruppe zugerechnet und aufgrund dieser Zuschreibung nachteilig behandelt oder ihre freie religiöse, weltanschauliche oder politische Überzeugungsbildung oder ihre sexuelle Ausrichtung negiert wird, stets wird ihre **personale Freiheit** negiert, selbst über die sie auszeichnenden Charakteristika und Persönlichkeitsmerkmale bestimmen zu können. Eine **Person wird dadurch zur Chiffre**, zur Nummer in einer Gruppe, ohne dass sie selbst noch darüber entscheiden kann, ob sie dieser Gruppe zugehörig sein will, ob sie ihr zugerechnet werden will und welche Relevanz die Zugehörigkeit oder Zurechnung für sie besitzt.

232 Entsprechend **vielschichtig** angelegt ist auch das **Antidiskriminierungsrecht**. Es tangiert rechtliche Schutzbereiche, die zur Sphäre der **Würde** einer Person, ihrer persönlichen **Entfaltungsfreiheit** und der **Gleichheit** gehören. Hier stellt sich deshalb auch die Frage nach dem Verhältnis von Freiheit und Gleichheit – der ohne Zweifel bestehende Spannungsbogen kann jedoch durch die Anwendung von Gerechtigkeitsprinzipien (Festlegung von Verteilungssphären) einem Ausgleich zugeführt werden (Mahlmann, in: Rudolf/Mahlmann, GlBR, § 1 Rn. 10 ff.; vgl. Bauer/Krieger, Einl. Rn. 32 d mwN). Die **rechtliche Multivarianz** des Antidiskriminierungsrechts hat zur Folge, dass es die Schemata juristischer Kategorien, in denen die Struktur gesellschaftlicher Verhältnisse reflektiert wird, sprengt: Weder lässt es sich schlicht einem der klassischen Kontinente des Rechts, dem **öffentlichen Recht oder dem Privatrecht**, zuordnen (in der deutschen Rechtsdogmatik bewirkt das Antidiskriminierungsrecht – zumindest – den „Umschlag von einer bloß mittelbaren Diskriminierung von Vorschriften aus dem Verhältnis Staat-Bürger (ua aus Art. 3 GG) zu einer unmittelbaren Anwendung auf Arbeitsverhältnisse, also auf Private untereinander“, so Wank, FS Wißmann, S. 599, 602), noch lässt sich die **Grenze** zwischen **zulässigen und unzulässigen Diskriminierungen über einen Leisten schlagen**: Während

der apodiktische Satz „die **Würde** des Menschen ist unantastbar" dafür spricht, dass Diskriminierungsverbote bestimmte Differenzierungen unabhängig von deren Erheblichkeit (Thüsing, Stellungnahme zum Entwurf eines ADG in der Anhörung des BT-Ausschusses für Familie, Senioren, Frauen und Jugend vom 7.3.2005, A-Drs. 15(12)440-C, S. 4) mit einem absoluten Verbot belegen, an das „verpönte Merkmal" (in welcher Weise auch immer) anzuknüpfen und die **Freiheit der Persönlichkeitsentfaltung** unter einem rechtlichen Schrankentrias steht und damit sehr viel weitergehend beschränkbar ist, variiert die Schärfe, mit der das **Gleichheitsgebot** Geltung verlangt, entscheidend je nach dem Rechtsgrundsatz, der aus ihm abgeleitet wird: Die (abstrakte, formale) Gesetzesgleichheit verlangt prinzipielle, ausnahmslose Anerkennung, Gleichstellungsgebote reichen dagegen nur so weit, wie dies in der Konkurrenz mit anderen Rechtsgütern (zu denen auch ökonomische und fiskalische Gründe zählen können) der Grundsatz der **Verhältnismäßigkeit** gebietet. Die Antidiskriminierungsrichtlinien zielen nicht in gleicher Weise auf den Schutz der Würde, der freien Entfaltung der Persönlichkeit und die Verwirklichung des Gleichbehandlungsgrundsatzes. Vielmehr steht, wie bereits in den Titeln der Richtlinien – und mittlerweile auch im AGG – zum Ausdruck kommt, die Verwirklichung der **Gleichbehandlung als gemeinsame Zielsetzung der Richtlinien** im Vordergrund (Schiek, NZA 2004, 873). Dies ist nicht als nivellierende „Gleichmacherei" zu verstehen, sondern soll zugleich Differenzierungen erhalten und ermöglichen (vgl. die Informationskampagne der Europäischen Kommission mit dem bezeichnenden Titel: „Für Vielfalt. Gegen Diskriminierung", Jahresbericht 2004 „Gleichbehandlung und Antidiskriminierung" der Europäischen Kommission, S. 3, 5) – Gleichheit und Freiheit sind gleichermaßen zur Geltung zu bringen (Bauer/Krieger, Einl. Rn. 32 d).

233 „**Authentizität**" bezeichnet die **subjektive Wahrhaftigkeit einer Aussage**, die Übereinstimmung von Gemeintem und Gesagtem (Habermas, Der philosophische Diskurs der Moderne, 1985, S. 364). Zweifel an der Authentizität eines Anderen zerstören das Fundament möglicher rationaler Kommunikation und Verständigung. Der wahrheitssemantische Geltungsgrund der Authentizität ist Ausdruck der **Autonomie einer Person**: Wahrhaftigkeit setzt die Fähigkeit zur „wirklichen" **Selbst**bestimmung, **Selbst**definition und **Selbst**verwirklichung voraus. Eine ästhetische Empfindung, ein Gefühlsausdruck oder eine sprachliche Äußerung sind dann authentisch, wenn sie exakt dem **Selbstverständnis einer unverwechselbaren Person** entsprechen, vorgestanzte soziale „patterns" und abrufbare Schablonen und Etikettierungen vermeiden. **Diskriminierung negiert diese Autonomie** der individuellen, subjektiven Selbstbestimmung, rechnet zu, packt in Schubladen und hakt ab. Nicht jede dieser Schablonisierungen ist gleichermaßen „schlimm", verletzend und gesellschaftlich unakzeptabel: Vielmehr hängt es entscheidend von historischen Erfahrungen, gesellschaftlichen Ausgrenzungen und ihrer Verarbeitung ab, ob und in welchem Maß Diskriminierungen die Grenze des Akzeptablen überschreiten. Diese Grenzen sind von Nation zu Nation, von Region zu Region, von sozialer Gruppe zu sozialer Gruppe und von Mensch zu Mensch unterschiedlich.

Im **Ausmaß empfundener Verletzung** kommt die Spanne zwischen den idealen gesellschaftlichen „Selbstansprüchen", ihren moralischen Prinzipien und der sozialen Praxis zum Ausdruck (Habermas, Diskursethik – Notizen zu einem Begründungsprogramm, in: ders., Moralbewusstsein und kommunikatives Handeln, 1983, S. 53 ff.). **Verletzung, Scham und Empörung** sind die subjektiven Empfindungen, die **moralischen Gefühle**, die als Triebfedern des gesellschaftlichen Kampfes um Anerkennung wirken und damit zur normativen (auch rechtlichen) Weiterentwicklung von Gesellschaft beitragen (Honneth, Kampf um Anerkennung. Zur moralischen Grammatik sozialer Auseinandersetzungen, 1992). Antidiskriminierungsrecht verankert den Stachel moralischer Empörung im Rechtssystem. Dadurch wird eine **Dynamik erzeugt**, die expansiv auf die immer weiter gehende **Sensibilisierung für Diskriminierungen** angelegt ist: Zur Pönalisierung der Diskriminierung wegen „Rasse" tritt die „ethnische Herkunft" und „Abstammung" hinzu, die verbotene Diskriminierung wegen des „Geschlechts" wird ergänzt um das Diskriminierungsverbot wegen „sexueller Identität" oder „Ausrichtung" (zu den dadurch auftretenden Problemen der begrifflichen Abgrenzung vgl. Stork, ZeuS 2005, 1, 11 ff.). 234

Dieselbe Entwicklung lässt sich auch für die verschiedenen Formen von Diskriminierungen konstatieren: Auch diese werden generalisiert und erweitert. So kommt es für eine unmittelbare Diskriminierung nicht länger auf die **diskriminierende Absicht** an und wird das Erfordernis der günstiger behandelten **Vergleichsperson** eingeschränkt, indem auch die Berufung auf eine hypothetische Vergleichsperson möglich ist (Schieck, Europäisches Arbeitsrecht, S. 231). Bei der **mittelbaren Diskriminierung** wird auf den Nachweis der **statistisch signifikanten Gruppenbenachteiligung** verzichtet. Erfasst vom Diskriminierungsverbot werden nach den Richtlinien auch die **Anweisung zur Diskriminierung** und die **Belästigung**. Der Überblick über die Erscheinungsformen von Diskriminierungen wäre unvollständig, wenn nicht auch die „faktische" Diskriminierung einbezogen würde, die durch die nicht intendierten Ausgrenzungseffekte arbeits- und sozialrechtlicher Schutznormen entstehen kann. Vgl. hierzu Däubler, ZfA 2006, 476 ff., der diesen Effekt am Beispiel der Entscheidung des BVerfG zum Mutterschaftsgeld (BVerfG 18.11.2003 – 1 BvR 302/96 – NZA 2004, 33) verdeutlicht. Die Entscheidung führte zur Verabschiedung des Gesetzes über den Ausgleich der Arbeitgeberaufwendungen für Entgeltfortzahlung (Aufwendungsausgleichsgesetz – AAG) vom 22.12.2005, BGBl. I, 3686). 235

Im Verlauf der relativ kurzen **Geschichte der allgemeinen Diskriminierungsverbote** im EU-Recht wurde folglich der **Kanon der verpönten Merkmale erweitert** (besonders ausgeprägt in Art. 21 EU-GRC, der zusätzlich zum Gleichheitsgebot im Verhältnis von Männern und Frauen nach Art. 23 EU-GRC in einer nicht abschließenden Aufzählung Diskriminierungen „insbesondere wegen des Geschlechts, der Rasse, der Hautfarbe, der ethnischen oder sozialen Herkunft, der genetischen Merkmale, der Sprache, der Religion oder der Weltanschauung, der politischen oder sonstigen Anschauung, der Zugehörigkeit zu einer nationalen Minderheit, des Vermögens, der Geburt, einer Behinderung, des Alters oder der sexuellen Ausrichtung" verbietet und die **Regelungsdichte der Verbotsbestimmungen** zuneh- 236 mend **enger** gefasst hat. Dadurch werden nach und nach zunehmend mehr **Differenzen,** die zur **Ungleichbehandlung** von **potenziellen Marktteilnehmern** führen (können), **rechtfertigungsbedürftig.** Im Übrigen kommt ihnen die Aufgabe der Sensibilisierung von Staat und Bürger für eventuelle Ansätze von Diskriminierungen zu (vgl. Falke, in: Rust/Falke (Hrsg.), S. 119 f. Rn. 295). „Demos“ und „ethnos“, Herkunft und Zugehörigkeit, Stand und Geschlecht, religiöse und politische Überzeugung, Alter und körperliche Ausstattung, kurzum alle biologischen, „natürlichen“ und gesellschaftlichen, sozialen, religiösen und kulturellen Differenzen werden zu Attributen, die **nicht schon per se ungleiche Behandlung** legitimieren. Auf diese Eigenschaften, die doch als wesentliche Grundlage von individueller wie kollektiver Identität gelten, darf zur Begründung unterschiedlicher rechtlicher Behandlung nicht abgestellt werden. Soweit sie auf **freier Wahl und Entscheidung** beruhen, sind sie als Ausdruck **individueller Selbstbestimmung** zu respektieren und besitzen darin ihren Wert und ihre **Würde.** Damit einher geht das Bemühen, immer weitere Merkmale zu „entontologisieren“, ihrer „natur-“ oder „gottgegebenen“ Substantialität zu entkleiden und zu variablen Elementen, sei es zu wählbaren Optionen oder sozialen Zuschreibungen (askriptive Merkmale), zu verflüssigen.

237 Die **Grenze** zwischen diesen einzelnen **Merkmalsgruppen ist fließend** und hat sich im Verlauf der wissenschaftlichen Reflexion und Aufklärung über diskriminierende Praktiken verschoben; so gelten heute „gender“, „Rasse“ und teilweise auch „Behinderung“ als zugeschriebene Merkmale (vgl. Schiek, AuR 2003, 44; Neuner, JZ 2003, 57, 83; Stork, ZeuS 2005, 1, 15 f.). Die Unterscheidung von Merkmalen bzw. Attributen danach, ob sie auf **freier Entscheidung** beruhen, ob sie Resultate **sozialer Zuschreibungen** sind oder ob es sich um **schicksalhaft „gegebene“ Merkmale** handelt, ist rechtlich folgenreich. Das biologische Geschlecht („sex“), Behinderung, Gesundheit und Alter sind Merkmale, die individuell nicht oder jedenfalls kaum wählbar sind. Andere wie religiöse, politische und weltanschauliche Überzeugungen, aber auch das soziale Geschlecht iSv „gender“ sind demgegenüber Resultate individueller Optionen und freier Selbstbestimmung. Wenn die Rechtsordnung beide Gruppen vor Diskriminierung schützt, dann bildet die Annahme einer besonderen Verletzlichkeit des Einzelnen den gemeinsamen Ausgangspunkt. Jedoch werden die **Ansätze,** die **Begründung und Reichweite rechtlicher Schutzbestimmungen** vor diskriminierenden Praktiken jeweils **unterschiedlich ausgestaltet sein müssen** (hierzu näher Schiek, European Law Journal 2000, 290). Gleiches gilt für **spezifische Förderregelungen** zugunsten von Personen, die zu einer aufgrund eines der og Merkmale diskriminierten Gruppe gehören und die der Herstellung faktischer Gleichberechtigung mit der nicht-diskriminierten Gruppe dienen (erinnert sei an dieser Stelle nur an die leistungsabhängigen Vorrang- bzw. Quotenregelungen mit Härtefallklausel zugunsten von Frauen im öffentlichen Dienst, die Vorbild für ähnliche Vorschriften in anderen Bereichen der Diskriminierung zB wegen der Rasse oder einer Behinderung etc sein können; dies gilt auch im Hinblick auf Quotenregelungen für Führungskräfte in Aufsichtsräten, Vorständen und Geschäftsführungen deutscher Unternehmen, die durch das Gesetz für die gleichberechtigte Teilhabe von Frauen und Männern an Führungspositionen in der Privatwirtschaft und im öf-

fentlichen Dienst vom 24.4.2015 zum 1.1.2016 gemäß Art. 24 Abs. 1 des Gesetzes eingeführt worden sind).

238 Die **Antidiskriminierungsrichtlinien** sind der **Versuch**, mit rechtlichen Mitteln den Herausforderungen der Integration der unterschiedlichen Nationen und Kulturen in Europa gerecht zu werden und allen Ansätzen aufkeimender Xenophobie im europäischen Haus zu wehren. In diesem Zuge bildet die EU ein spezifisches **„post-nationales", menschenrechtliches Profil** aus (vgl. dazu Giegerich, in: Rust/Falke (Hrsg.), S. 83 ff. Rn. 186 ff.), welches diesem unstaatlichen Staatsgebilde ein Fundament legt, das nicht auf „demos" und „ethnos" gründet, sondern auf **„Werten" und „Prinzipien"**. Wenn **Europa eine Identität** ausbildet, dann besitzt diese keine Hautfarbe, keine Tempel und Gotteshäuser, sondern trägt **Züge einer Wertegemeinschaft von „Verfassungspatrioten"**, deren Heimat ein gemeinsames Verständnis von Demokratie, Rechts- und Sozialstaat, von Menschenwürde, Freiheit und Gleichheit ist (instruktiv Eichenhofer, in: Rust/Däubler ua, Loccumer Protokolle 40/03, S. 87 f.).

3. Antidiskriminierungsrecht als Neuorientierung der Gleichheitsidee?

239 Der Siegeszug, den das Antidiskriminierungsrecht auf der Ebene der EU angetreten hat, wirft die Frage auf, ob es dazu angetan ist, die nachlassenden Energien zu kompensieren, aus denen sich der Fortschritt der **„sozialstaatlichen" Gleichheitskonzeption** speiste. Das Antidiskriminierungsrecht könnte in diesem Sinne als **Platzhalter** für die weitgehend erschöpften Potenzen des tradierten, kontinentaleuropäischen Weges zur Gleichheit dienen. Jeder **Gleichheitsvorstellung** liegen – mehr oder minder ausgeprägte – **Orientierungsmuster** zugrunde, die zumeist nicht offen ausgewiesen und kritisch hinterfragt oder gerechtfertigt werden: Das kontinentale, sozialstaatliche Gleichheitskonzept war auf **Normalitätskriterien** bezogen, die alles andere als egalitär waren. Es unterstellte namentlich in Deutschland Sozialstandards wie das männliche Normalarbeitsverhältnis, die patriarchalische Familie und eine in gegeneinander abgeschottete soziale Klassen und Schichten gegliederte Gesellschaft.

240 Das Antidiskriminierungskonzept der EU-Richtlinien, das sich nicht zufällig aus **anglo-amerikanischen Wurzeln** speist (Däubler, FS Reich, S. 441, 447; Sacksofsky, in: König ua (Hrsg.), Loccumer Protokolle 73/03, S. 155, 157; Schöbener/Stork, ZeuS 2004, 43, 69 ff.; Skidmore, AuR 2005, 360; MüKo-Thüsing, Einl. Rn. 9), ist orientiert am **Ideal des Individuums**, das **Bindungen nur so weit akzeptiert**, wie sie im Durchgang durch dessen kritisches Raisonnement bestätigt und gehärtet sind. Dieses Konzept setzt fortschreitend alle tradierten Differenzierungsmuster, die mit der Zuweisung von sozialen Gütern verbunden sind, unter **Rechtfertigungszwang** und damit unter **„rationalen Stress"**. Was diesem Stress-Test nicht standhält, fällt unter das Verdikt der verbotenen Ungleichbehandlung. Auf diese Weise entsteht ein immer engmaschigeres Netz von Argumentationen, die zulässige von unzulässigen Unterscheidungen differenzieren. Die Merkmalskataloge problematischer Unterscheidungen und die respektiven Legitimationsmuster differenzieren sich aus, die Sensibilität für Situationen der

Diskriminierung nimmt progressiv zu, die Verfahren ihrer Wahrnehmung und sozialen Ächtung pluralisieren sich.

4. Wirtschaftliche Effizienzverluste durch Diskriminierungsverbote?

241 Die Frage, wie die wirtschaftliche Effizienz von Diskriminierungsverboten einzuschätzen ist, ist bislang noch nicht Gegenstand empirischer Untersuchungen gewesen. Die Debatte hierüber ist deshalb auf **Schlussfolgerungen aus theoretischen Hypothesen** angewiesen (exemplarisch Thüsing, RdA 2003, 257; dazu auch Mahlmann, in: Rudolf/Mahlmann, GlBR, § 1 Rn. 49 ff.). Diese beruhen regelmäßig auf der (problematischen) ökonomietheoretischen Annahme des **methodischen Individualismus nutzenmaximierender Einzelsubjekte**. Unter dieser Prämisse hängt die Effizienz arbeitsrechtlicher Diskriminierungsverbote im Wesentlichen von den **Gründen der Diskriminierung** ab. Insgesamt wird ihnen aus dieser Sicht ein eher schlechtes Zeugnis ausgestellt, weil sie **zu unspezifisch** ansetzten: Ungleichbehandlung aus **finanziellen Gründen** sei danach besser als mit aufwendigen Kontrollmaßnahmen durch die **selektive Förderung der benachteiligten Gruppen** beizukommen. Diskriminierungen aufgrund von **Vorurteilsstrukturen** sei durch Maßnahmen zu begegnen, die diese abzubauen helfen. Marktwirtschaftliche Effizienz und diskriminierende Praktiken scheinen jedenfalls nicht prinzipiell unvereinbar (Schiek, Differenzierte Gerechtigkeit, S. 313 f.).

242 Die **Förderung benachteiligter Gruppen** kann am ehesten durch Quotierungsregelungen bewirkt werden. Die **zahlenmäßigen Effekte von Quotierungsregelungen,** wie das Beispiel der leistungsabhängigen Quotenregelungen zugunsten von Frauen im öffentlichen Dienst zeigt und die **gesetzlichen Quotenregelungen** für Aufsichtsräte, Vorstände und Geschäftsführungen durch das Gesetz für die gleichberechtigte Teilhabe von Frauen und Männern an Führungspositionen in der Privatwirtschaft und im öffentlichen Dienst vom 24.4.2015 zeigen inzwischen relativen Erfolg. Gleichwohl sind die Unternehmen ohne gesetzliche Quotenregelung nach wie vor schlecht aufgestellt (vgl. Spiegel online v. 29.6.2017, http://www.spiegel.de/wirtschaft/unternehmen/frauenquote-firmen-ohne-quote-holen-oefter-maenner-a-1154991.html). Es bedarf also nach wie vor weiterer strukturorientierter Ansätze zum Aufbrechen tradierter Vorurteile und Lebenswirklichkeiten: Hier kann das auf dem Gebiet der Gleichstellung der Geschlechter im Jahr 1996 durch die Europäische Kommission (Einbindung der Chancengleichheit in sämtliche politischen Konzepte und Maßnahmen der Gemeinschaft, KOM (96) 67 endg. vom 21.2.1996) eingeführte und in Art. 8 AEUV verankerte Instrument des **Gender Mainstreaming** als Modell für eine (weichere) **Fortentwicklung des Gleichheitskonzepts** in allen zur Zeit im Raum stehenden Diskriminierungsbereichen stehen, das in Ergänzung von positiven Maßnahmen insbesondere auf **Sensibilisierung für Diskriminierungen der benachteiligten Gruppe** und die **Analyse der diskriminierenden Faktoren** setzt (vgl. Art. 4 der Entscheidung des Rates 2001/51/EG über ein 5. Aktionsprogramm betreffend die Gemeinschaftsstrategie für die Gleichstellung von Frauen und Männern (2001–2005) vom 20.12.2000, ABl. EG Nr. L 17, S. 22 vom 19.1.2001; vgl. auch die Strategie für die Gleichstellung von

Frauen und Männern 2010 – 2015 v. 21.9.2010, KOM (2010) 491 endg., S. 4; zur Umsetzung von Gender Mainstreaming in der Praxis vgl. Stiegler (Hrsg.), Wie Gender in den Mainstream kommt, Konzepte, Argumente und Praxisbeispiele zur EU-Strategie des Gender Mainstreaming, Wirtschafts- und sozialpolitisches Forschungs- und Beratungszentrum der Friedrich-Ebert-Stiftung Abteilung Arbeits- und Sozialpolitik, 2000; instruktiv ferner die Berichte in PersR 2004, 406). Das dynamische Gleichheitskonzept der Antidiskriminierungsrichtlinien ist dabei offen für strukturorientierte, nicht auf das Geschlecht beschränkte Konzeptionen. Schließlich bedarf auch das im Zuge des Antidiskriminierungsrechts in den USA entwickelte Personalentwicklungskonzept des Diversity Management der Aufmerksamkeit (Franke/Merx, AuR 2007, 235, 237 f.; Mallmann, AiB 2012, 298), denn es verspricht die Einbindung von Menschen verschiedener Herkunft, Hautfarben, Kulturen etc im Sinne der multikulturellen Organisation eines Unternehmens oder einer öffentlichen Institution, die zur Steigerung der Produktivität durch den positiven Umgang mit den vorhandenen Unterschieden führen soll.

5. Antidiskriminierungsrichtlinien: vom marktliberalen Antidiskriminierungsrecht zum Menschenrecht und zur Herstellung realer Chancengleichheit

243 Die **Erfordernisse grenzüberschreitender Arbeitsmarktintegration** haben ihren Niederschlag in einer im Ausgangspunkt marktliberalen Antidiskriminierungskonzeption gefunden. Das Antidiskriminierungsrecht hat gestützt auf das Gebot der Entgeltgleichheit von Männern und Frauen eine Entwicklungsdynamik entfaltet, die vermehrt Ungleichbehandlungen wahrnimmt, pönalisiert und unter Rechtfertigungsdruck setzt. Eine der Folgen ist der Umschlag des marktliberalen Antidiskriminierungsparadigmas in Prinzipien, in denen die **menschenrechtliche Dimension** des Gleichbehandlungsgebots Ausdruck erhält. Die andere Folge ist die **Ergänzung des individualistisch ansetzenden Antidiskriminierungskonzepts** durch eine zunehmend breite Fülle positiver Maßnahmen und kollektiver Instrumente der Rechtsdurchsetzung wie **Verbandsklagerechten, Integrationsvereinbarungen und Quotierungen**. Sowohl positive Maßnahmen als auch kollektive Instrumente der Rechtsdurchsetzung haben die durch ein verpöntes Merkmal charakterisierbare benachteiligte Gruppe im Blickfeld. In der Konsequenz erfährt die kollektive Dimension der Gleichheit damit eine Aufwertung, die im Spannungsfeld zwischen individuellem Abwehrrecht des Einzelnen gegen Diskriminierungen und Anspruch der benachteiligten Gruppe auf faktische Gleichstellung in der sozialen Wirklichkeit einer Abwägung der widerstreitenden Rechtsgüter unter Verhältnismäßigkeitsgesichtspunkten bedarf.

244 Das **Verbot diskriminierender Einzelakte** führt zumeist nicht zu dem Ergebnis, dass die inkriminierten Verhaltensweisen künftig unterbleiben. Dafür erweisen sich die kulturellen oder religiösen Einstellungen als zu tief verwurzelt, die ökonomischen Kalküle, die Ungleichbehandlungen stützen, als zu hartnäckig, um sich präventiv einem etwaigen Rechtszwang, dem nur auf individuellem Klagewege Nachdruck verliehen werden kann, anzubequemen (Leuchten, NZA 2002, 1254). Der Übergang zu einer aktiven

Gleichstellungspolitik durch Recht erklärt sich aus den **Defiziten der individuell ansetzenden „liberalen" Gleichheitskonzeption**: Diese erweist sich vor allem deshalb als ungenügend, weil individuelle Strategien der Rechtsverfolgung und -durchsetzung zahlreichen Hindernissen begegnen, die dazu führen, dass sich eine gleichmäßig befolgte Antidiskriminierungspraxis im Ergebnis nicht herstellt. Deshalb wurden schon frühzeitig Instrumente entwickelt, die die Chancen individueller Rechtsverfolgung verbessern sollten, zB Beweiserleichterungen, institutionelle und organisatorische Unterstützung bei der Rechtsverfolgung etc (Details bei Bell/Waddington, E.L.R., 2003, 349, 352).

245 Aber all diese Hilfsinstrumente bleiben **gebunden an eine identifizierbare individuelle Rechtsverfolgung** – eine Restriktion, von der nach Auffassung zahlreicher Autoren bereits heute gesagt werden kann, dass sie zu einer insgesamt als **unzureichend** anzusehenden, wenn nicht gar gescheiterten Strategie der Rechtsdurchsetzung rechnet (Bell/Waddington, E.L.R., 2003, 349, 353; Dickens, Anti-discrimination legislation: exploring and explaining the impact on womens employment, in: McCarthy (ed.), Legal Interventions in Industrial Relations: Gains and Losses, 1992, 131; Schiek, E.L.J. 2002, 290, 299). Deutlich wird dies ua auch in der Forderung zur Reform des AGG, die Bündnis 90/DIE GRÜNEN am 6.7.2016 (BT-Drs. 18/9055) in den Bundestag eingebracht haben. Auch aus dem Evaluationsbericht zum zehnjährigen Bestehen des AGG von Oktober 2016 geht hervor, dass das AGG insbesondere in Bezug auf die Rechtsdurchsetzung, zB bei den derzeitigen Fristen und dem Fehlen eines Verbandsklagerechtes für qualifizierte Antidiskriminierungsverbände etc, der Nachbesserung bedarf (Antidiskriminierungsstelle des Bundes, Evaluation des AGG, S. 8). Individuell ansetzendes, „formelles" und „liberales" Antidiskriminierungsrecht, das seinen Ausgang nimmt mit dem Versuch der Herstellung von Märkten, erweist sich zur **Korrektur von Marktgeschehen** als überfordert. Dies gilt auch dann, wenn es „aufgerüstet" wird durch verschiedene prozedurale und institutionelle Stützen der Rechtsverfolgung und Rechtsdurchsetzung.

246 Aufgrund dieser Restriktionen ist das individuelle Modell ergänzt bzw. weiterentwickelt worden um eine **Konzeption gruppenbezogener Gleichheit** (vgl. dazu Sacksofsky, Grundrecht, S. 312 ff.; Kokott, NJW 1995, 1049, 1050; Vogel, FS Benda, S. 359, 415 ff.). Dieses geht von dem zutreffenden Tatbestand aus, dass die Diskriminierungssachverhalte überwiegend auf kollektiven Vorurteilsmustern und Zuschreibungen beruhen. Im Rahmen dieser Strategie werden **drei Ansatzpunkte zur Herstellung von Gleichheit** unterschieden (Fredman, Combating racism with human rights: the right to equality, in: Fredman (ed.), Discrimination and human rights – The Case of Racism (2001), S. 21). **Prozedurale Lösungen** (wie zB Transparenz von Entscheidungsvorgängen), die **Schaffung substantieller Voraussetzungen** für die faktische Inanspruchnahme gleicher Rechte (wie zB Ganztagskindergärten für Frauen, flexible Arbeitszeiten etc) und schließlich rechtliche und tatsächliche Maßnahmen, die auch der Erzielung von **Ergebnisgleichheit** dienen (Quotenregelungen, Zielvorgaben etc). Die Definition der **mittelbaren Diskriminierung**, die in allen Richtlinien enthalten ist, bildet zwar als Diskriminierungstatbestand eine Art **Brücke zwischen der in-**

dividuellen und der gruppenbezogenen Gleichheit, bleibt aber auf den Kontext individueller Rechtsverfolgung beschränkt. Sowohl das Verbot der unmittelbaren als auch der mittelbaren Diskriminierung reicht über die Konzentration auf einen Verbotstatbestand (Epiney, FS Schnyder, S. 206) nicht hinaus – gesellschaftlich und sozial begründbare Defizite benachteiligter Gruppen ua im Arbeitsleben können über sie nicht ausgeglichen bzw. kompensiert werden (Hanau/Preis, ZfA 1988, 177, 206).

247 **„Positive Maßnahmen“**, die sich als Maßnahmen der Gegensteuerung gegen soziale oder auch strukturelle Diskriminierung (vgl. zu diesen Begriffen Benda, Gutachten, S. 7 und Arioli, Frauenförderungsmaßnahmen im Erwerbsleben unter besonderer Berücksichtigung der Verfassungsmäßigkeit von Quotenregelungen, 1992, S. 49; Klose/Merx, Expertise „Positive Maßnahmen zur Verhinderung oder zum Ausgleich bestehender Nachteile im Sinne des § 5 AGG“ im Auftrag der Antidiskriminierungsstelle des Bundes, 2010) verstehen lassen, sind das **einschlägige Instrumentarium der Antidiskriminierungsrichtlinien zur Erreichung von Gleichstellung**, wobei die Richtlinien diese für alle Diskriminierungsmerkmale für zulässig erklären und damit über die Gewährleistung in nationalen Rechten hinausgehen (zu Hinweisen auf die Rechtslage in Irland und den Niederlanden vgl. Bell/Waddington, E.L.R., 2003, 349, 356 Fn. 49, 50; zu weiteren europäischen Mitgliedstaaten Klose/Merx, aaO, S. 31 ff.). Auch diese Maßnahmen **gruppenbezogener Antidiskriminierungsstrategien** sind, wie empirische Untersuchungen belegt haben, **kein Allheilmittel**: Sie tendieren dazu, die am wenigsten verletzlichen Gruppenmitglieder zu fördern, nämlich diejenigen, die sich trotz generell gegebener Gruppenbenachteiligung noch relativ am besten in Ausbildung und Beruf entfaltet haben (vgl. das bei Bell/Waddington, E.L.R., 2003, 349, 356 angeführte Beispiel der deutlich besseren Beschäftigungslage von Frauen aus der Karibik gegenüber solchen aus Bangladesh in Großbritannien. Sie folgern daraus die Notwendigkeit unterschiedlicher positiver Maßnahmen je nach der Zugehörigkeit zu „Untergruppen“ im Rahmen diskriminierter Gruppen. Hierzu muss ein Konzept „multipler“ Diskriminierung entwickelt werden („Mehrfachdiskriminierung“, vgl. zum Begriff und zu den Schwierigkeiten der Handhabung Antidiskriminierungsstelle des Bundes, Evaluation des AGG v. Oktober 2016, S. 53 ff.).

248 Schließlich wird auf die allmähliche Herausbildung eines **neuen Modells von Gleichheit** hingewiesen, welches in der positiven **Verpflichtung zur Schaffung von Teilnahmerechten** besteht (Bell/Waddington, E.L.R., 2003, 349, 357): Verwiesen wird in diesem Zusammenhang insbesondere auf **anglo-amerikanische Vorbilder**: In den USA sind alle „Federal contractors“ verpflichtet, „affirmative action“-Programme aufzustellen. Ausgeweitet ist diese Verpflichtung per Gesetz seit 1998 in Irland, wonach jeder Arbeitgeber der öffentlichen Hand einen Gleichstellungs(förderungs)plan aufstellen muss und diesen in seinen Effekten überprüfen sowie die Ergebnisse publizieren muss. Für Deutschland ist ein analoges Instrumentarium vorgesehen im Kontext der speziellen Schutzregelungen zugunsten Schwerbehinderter und ihnen gleichgestellter behinderter Menschen im **SGB IX**, die neben einer **Beschäftigungspflicht** privater und öffentlicher Arbeitgeber (§ 154 SGB IX) ein **Benachteiligungsverbot** (§ 164 SGB IX; vgl. dazu die instrukti-

ven Äußerungen des ArbG Berlin vom 13.7.2005, NZA-RR 2005, 608 sowie die Besprechung von Thüsing/Wege, NZA 2006, 136: Das Gericht stellte klar, dass der Begriff der Behinderung iSd der Richtlinie 2000/78/EG weiter gefasst sei als das auf die Schwerbehinderung beschränkte Diskriminierungsverbot des § 81 Abs. 2 SGB IX (jetzt § 164 Abs. 2 SGB IX); dementsprechend gestand es der (lediglich) behinderten Bewerberin um einen Arbeitsplatz in der Parkraumüberwachung bei der Berliner Polizei, deren Bewerbung mit dem Hinweis auf ihre mangelnde gesundheitliche Eignung abgelehnt worden war, einen Schadensersatzanspruch auf der Basis der Antidiskriminierungsrichtlinie iVm § 81 Abs. 2 SGB IX zu; Bestätigung durch LAG Berlin-Brandenburg 31.1.2008 – 5 Sa 1755/07 mAnm Gagel, jurisPR-ArbR 11/2009 Anm. 2) und ein **Förderungsgebot** (§ 164 SGB IX) vorsehen, das durch eine **„Integrationsvereinbarung“** zwischen Arbeitgeber, Schwerbehindertenvertretung, Betriebs- bzw. Personalrat und dem Beauftragten des Arbeitgebers konkretisiert werden soll (Laskowski, in: Rust ua (Hrsg.), S. 261 ff.). Inzwischen ist durch die Rechtsprechung zum Behinderungsbegriff klar, dass auch chronische Erkrankungen wie zB Adipositas, Rheuma, Diabetes mellitus, Arthrose oder eine symptomlose HIV-Infektion unter den weit zu verstehenden Behinderungsbegriff fallen und vom AGG folglich erfasst sind (EuGH 11.4.2013 – Rs. C-335/11 (Ring/HK Danmark); BAG 19.12.2013 – 6 AZR 190/12; EuGH 18.12.2014 – Rs. C-354/13 (Kaltoft)).

249 Die vorstehend beschriebenen **Antidiskriminierungsmaßnahmen** rechtfertigen sich nicht – zumindest nicht in erster Linie – aus demokratischen Motiven wie etwa ihrem Effekt für die Partizipation an der demokratischen Willensbildung, sondern aus der **Idee gleichberechtigter Partizipation** an den – als alternativlos vorgestellten – **Möglichkeiten der Reproduktionssicherung durch Marktintegration.** Im Europäischen Kontext wachsen diesen Legitimationsgrundlagen der Antidiskriminierung zwar menschenrechtliche Flügel, aber auch an diesen haftet – ungeachtet ihrer Fundierung im Grundsatz der Menschenwürde, wie dies in der Charta der Grundrechte der EU geschehen ist (vgl. auch Schiek-Schiek, Einl. AGG Rn. 30) – die Schwerkraft des Marktes. Dies kommt sehr deutlich im **sachlichen Geltungsbereich der Richtlinien** zum Ausdruck, die sich in erster Linie auf die Teilnahme am Arbeitsmarkt, die berufliche Entwicklung, die Mitgliedschaft in den Gewerkschaften und Arbeitgeberverbänden, die Systeme der (auch privaten) sozialen Sicherung und die Teilnahme als Konsumenten an essentiell lebenswichtigen privaten Güter- und Dienstleistungsmärkten beziehen. Auch wenn dies, namentlich in der deutschen Debatte, verbreitet als **unzulässige Strangulierung der Privatautonomie** (exemplarisch: Säcker, ZRP 2002, 286; Schmelz, ZRP 2003, 67 ff.; Reichold, JZ 2004, 384; dagegen Wölfl, ZRP 2003, 297; Nickel, Stellungnahme in der öffentlichen Anhörung des BT-Ausschusses für Familie, Senioren, Frauen und Jugend v. 7.3.2005, A-Drs. 15(12)440-Q, S. 3 f.; eingehend Stork, ZeuS 2005, 1; vgl. die Auseinandersetzung mit den Beschränkungen der Vertragsfreiheit auch bei Adomeit/Mohr, Einl. AGG Rn. 82 ff.) und juristische Übergriffigkeit in die **Willkürfreiheitssphäre des Privatrechts** begriffen wird, bleibt die Antidiskriminierungsprogrammatik doch ein **Instrument der Marktregulierung.** Die Aufnahme der Querschnittsklauseln der Art. 8 und 10 AEUV än-

dert daran wenig, auch wenn diese Klauseln den automatischen Vorrang von wirtschaftspolitischen Zielen der EU vor sozialpolitischen Zielen zugunsten eines angemessenen Ausgleichs (vgl. dazu Epiney, in: Bieber/Epiney/Haag/Kotzur, S. 521 Rn. 6) modifizieren.

250 **Gesellschaftliche Emanzipation** nimmt ihren Ausgang bei der Marktemanzipation, das ist die immanente Botschaft der Antidiskriminierungspolitik. Insofern ist sie der „kontinental- und alteuropäischen", sozialstaatlichen Programmatik, die auf den Auf- und Ausbau marktexogener sozialer Sphären der sozialen Sicherheit, Sozialisation, Bildung, Kultur und Öffentlichkeit mit ihren den Marktgesetzen enthobenen Eigenlogiken setzte, diametral entgegengesetzt. Aber diese Entgegensetzung ist nur eine solche des Ausgangspunkts: In ihrer Weiterbildung zu einer breiten Vielfalt von Maßnahmen der Herstellung von tatsächlicher Chancengleichheit, erst recht von faktischer Ergebnisgleichheit, transzendiert der marktzentrierte Ansatz seine immanente Beschränktheit.

VII. Kollisionsrecht

1. Grundsätze

251 Weist ein Rechtsverhältnis Bezüge zu anderen Staaten auf, so spricht man vom Tatbestand der **Auslandsberührung**. Wichtigste arbeitsrechtliche Anwendungsfälle sind die Arbeit für einen ausländischen Arbeitgeber im Inland und die Auslandstätigkeit für einen inländischen Arbeitgeber. Im Zivilrecht kommen etwa Fälle in Betracht, in denen beide Vertragspartner in unterschiedlichen Staaten wohnen bzw. ihren Sitz haben. Auch kann man sich unschwer einen Vertrag zB mit einem Reiseveranstalter vorstellen, der **ausschließlich im Ausland erfüllt wird**.

252 Liegt eine Auslandsberührung in diesem Sinne vor, bestimmt sich das auf Verträge anwendbare Recht nach der **Rom I-VO**, offizieller Titel: Verordnung (EG) Nr. 593/2008 des Europäischen Parlaments und des Rates über das auf vertragliche Schuldverhältnisse anwendbare Recht vom 17.6.2008 (ABl. EU Nr. L 177/6, berichtigt 2009 Nr. L 309/87). Auf Verträge, die vor dem 17.12.2009 abgeschlossen wurden, finden weiter die **Art. 27 ff. EGBGB** Anwendung. Eine Ausnahme gilt nur dann, wenn der alte Vertrag so grundlegend verändert wurde, dass er wie ein nach dem 17.12.2009 abgeschlossener behandelt werden muss (EuGH 18.10.2016 – Rs. C-135/15 (Republik Griechenland) – NZA 2016, 1389). Im Einzelnen sind zu unterscheiden:

a) Arbeitsrecht

253 Die anwendbare Rechtsordnung richtet sich grundsätzlich nach Art. 8 Rom I-VO. Gegenüber dem früher geltenden Art. 30 EGBGB ergeben sich nur geringfügige Änderungen, die im vorliegenden Zusammenhang kaum von Interesse sind (dazu Junker, RIW 2006, 401; Mauer/Sadtler, DB 2007, 1586). Zu unterscheiden ist zwischen zwei Fallkonstellationen:

(1) Die Arbeitsvertragsparteien treffen keine Regelung über das anwendbare Recht. Nach Art. 8 Abs. 2–4 Rom I-VO (früher: Art. 30 Abs. 2 EGBGB) findet eine „objektive Anknüpfung" statt; es gilt dann im Regelfall das **Recht des Arbeitsorts**.

(2) Einigen sich die Arbeitsvertragsparteien über die Anwendung einer bestimmten Rechtsordnung (**Rechtswahl**), so ist dies nach Art. 8 Abs. 1 Rom I-VO grundsätzlich wirksam. Allerdings besteht im Vergleich zu der Rechtslage bis 1986 ein entscheidender Unterschied: Die gewählte Rechtsordnung darf den Arbeitnehmer nicht schlechter stellen als die zwingenden Normen der nach objektiven Gesichtspunkten gemäß Art. 8 Abs. 2 Rom I-VO eingreifenden Rechtsordnung. Von daher ist die Rechtswahl für die Arbeitgeberseite relativ uninteressant geworden.

254 Die „**objektive Anknüpfung**" in Art. 8 Abs. 2–4 Rom I-VO enthält **vier Aussagen**:

(1) Nach Art. 8 Abs. 2 S. 1 Rom I-VO (früher: Art. 30 Abs. 2 Nr. 1 EGBGB) ist das Recht des Staates maßgebend, in dem der Arbeitnehmer **gewöhnlich seine Arbeit verrichtet**. Wer üblicherweise in Frankreich arbeitet, unterliegt französischem, wer üblicherweise in Deutschland arbeitet, unterliegt deutschem Recht. Gleichgestellt ist nunmehr der Fall, dass der Arbeitnehmer seine Tätigkeit „von einem bestimmten Staat aus" erbringt, ohne sich überwiegend dort aufzuhalten.

(2) Das Recht des Arbeitsorts bleibt nach Art. 8 Abs. 2 S. 2 Rom I-VO auch dann maßgebend, wenn der Arbeitnehmer **vorübergehend in ein anderes Land entsandt** wird. Wenn der in Paris beschäftigte Arbeitnehmer sechs Monate in Deutschland tätig ist, ändert sich nichts an der Anwendbarkeit des französischen Rechts.

(3) Auf den Arbeitsort kommt es nach Art. 8 Abs. 4 Rom I-VO dann nicht an, wenn **engere Verbindungen zu einem anderen Staat** bestehen: Ein Pilot amerikanischer Staatsangehörigkeit wird von einer amerikanischen Fluglinie beschäftigt und außerdem in Dollar bezahlt. Sein Arbeitsvertrag ist auf Englisch abgefasst und entspricht dem in den USA Üblichen. Wenn er ausschließlich für innerdeutsche Flüge eingesetzt wird, hat er zwar einen deutschen Arbeitsort, doch bestehen die engeren Beziehungen ersichtlich zu den USA (vgl. den Fall BAG 24.8.1989 – 2 AZR 3/89 – NZA 1990, 841; zustimmend Meinel/Heyn/Herms, Einl. Rn. 41).

(4) In einzelnen Fällen ist denkbar, dass der Arbeitnehmer „**gewöhnlich**" seine Tätigkeit **nicht in ein und demselben Staat** verrichtet. Ein Vertriebsbeauftragter ist beispielsweise bei Bedarf in unterschiedlichen Staaten aktiv und kehrt auch nicht immer wieder an denselben Ort zurück. Für solche (Sonder-)Fälle stellt Art. 8 Abs. 2 S. 1 Alt. 2 Rom I-VO (früher: Art. 30 Abs. 2 Nr. 2 EGBGB) auf den Ort der **Niederlassung** ab, **die den Arbeitnehmer eingestellt hat**. Auch hier gilt allerdings der Grundsatz, dass die „engeren Beziehungen" zu einem anderen Staat den Vorrang haben (vgl. den Fall LAG Baden-Württemberg 15.10.2002 – 11 Sa 49/02 – BB 2003, 900) und dass die vorübergehende Entsendung in ein anderes „Rechtsgebiet" nichts am anwendbaren Recht ändert.

255 Soweit nach diesen Grundsätzen ausländisches Arbeitsrecht Anwendung findet, sind gleichwohl die **zwingenden Normen** des Inlandsrechts **nach Art. 9 Rom I-VO** (früher: Art. 34 EGBGB) zu beachten. Das BAG verlangt für derartige „Eingriffsnormen", dass sie nicht nur Individualkonflikte re-

geln, sondern ein öffentliches Interesse verwirklichen wollen (BAG 24.8.1989 – 2 AZR 3/89 – NZA 1990, 841; BAG 29.10.1992 – 2 AZR 267/92 – NZA 1993, 743; BAG 12.12.2001 – 5 AZR 255/00 – NZA 2002, 735; kritisch wegen angeblich inkonsequenter Handhabung Schrader/Straube, NZA 2007, 184, 185; grundlegend Deinert, Internationales Arbeitsrecht, § 10 Rn. 11 ff.). Inwieweit dazu auch Antidiskriminierungsnormen zählen, wird uns im Einzelnen beschäftigen.

b) Zivilrecht

256 Ausgangspunkt ist bei zivilrechtlichen Verträgen die **freie Wahl des anwendbaren Rechts** durch die Parteien nach näherer Maßgabe des Art. 3 Rom I-VO (früher: Art. 27 EGBGB). Eine Grenze besteht nur insoweit, als in Fällen ohne jede Auslandsberührung durch Wahl eines fremden Rechts nicht von den zwingenden Vorschriften der „eigentlich" anwendbaren Rechtsordnung abgewichen werden kann (Art. 3 Abs. 3 Rom I-VO; früher: Art. 27 Abs. 3 EGBGB).

257 **Fehlt** eine solche **Rechtswahl**, so greift nach Art. 3 Rom I-VO (früher: Art. 28 EGBGB) die Rechtsordnung des Staates ein, in dem die Vertragspartei ihren Sitz oder Wohnsitz hat, die die für den Vertrag „**charakteristische Leistung**" zu erbringen hat. Art. 3 Abs. 1 Rom I-VO verdeutlicht dies an einer Reihe von Beispielen. Bestehen jedoch offensichtlich „engere Verbindungen" zu einem anderen Staat, so ist nach Art. 4 Abs. 3 Rom I-VO dessen Recht anwendbar.

258 **Für Verbraucher gelten Sonderregeln**. Schließt ein Verbraucher einen Vertrag mit einem Unternehmer, so sieht Art. 6 Abs. 1 und 2 Rom I-VO (früher: Art. 29 Abs. 1, 2 EGBGB) eine Regelung vor, die strukturell der des Art. 8 Rom I-VO bzw. des Art. 30 EGBGB entspricht. Erfolgt keine Rechtswahl, ist im Regelfall das Recht des Staates anwendbar, in dem der **Verbraucher** seinen **gewöhnlichen Aufenthalt** hat. Wird das anwendbare Recht einvernehmlich bestimmt, so behält der Verbraucher den **Schutz durch die an seinem gewöhnlichen Aufenthalt geltenden zwingenden Vorschriften**.

259 Sind diese nicht vorhanden oder bezieht sich der Vertrag auf die Erbringung von Dienstleistungen, die ausschließlich in einem anderen Land als dem des gewöhnlichen Aufenthalts des Verbrauchers erbracht werden, so gelten die allgemeinen Grundsätze; es kann daher eine andere Rechtsordnung, zB die des Verkäufers oder Vermieters vereinbart werden.

c) Überlagerung durch zwingende EU-Normen

260 Das hier in groben Zügen skizzierte Kollisionsrecht erfährt insoweit eine Ergänzung, als nach der Rechtsprechung des EuGH das EU-Recht einschließlich der Richtlinien seinen Anwendungsbereich „autonom" bestimmt. Dies kann dazu führen, dass EU-rechtliche Vorgaben auch dort zur Geltung kommen, wo nach Kollisionsrecht an sich ausschließlich eine fremde Rechtsordnung eingreifen müsste; das **Unionsrecht** hat insoweit die **Natur von zwingendem Recht im Sinne des Art. 9 Rom I-VO** (früher: Art. 34 EGBGB – vgl. etwa Pfeiffer, FS Schwerdtner, S. 777 ff.; Reich, EuZW 2001, 51).

261 Die Rechtsprechung des **EuGH** hatte bisher im Wesentlichen Probleme der Arbeitnehmerfreizügigkeit und des mit ihr verbundenen Diskriminierungsverbots sowie der Handelsvertreter-Richtlinie zu entscheiden. Im Fall **Boukhalfa** (EuGH 30.4.1996 – Rs. C-214/94 – NZA 1996, 971) ging es darum, dass eine belgische Staatsangehörige bei der deutschen Botschaft in Algier beschäftigt war und dabei nicht den Regeln über deutsche, sondern denen über ausländische Ortskräfte unterstellt wurde. Nach Auffassung des EuGH kann EU-Recht auch auf eine außerhalb des Unionsgebiets ausgeübte berufliche Tätigkeit anwendbar sein, „wenn das Arbeitsverhältnis einen **hinreichend engen Bezug zum Gemeinschaftsgebiet** behält." (Rn. 15). Diese Voraussetzung wurde im konkreten Fall bejaht, da der Arbeitsvertrag nach deutschem Recht abgeschlossen wurde und nur auf algerisches Recht verwiesen hatte; außerdem war als Gerichtsstand Bonn vereinbart und eine Beitragspflicht zur deutschen Rentenversicherung vorgesehen worden. Vergleichbares hatte der EuGH schon zuvor für die Tätigkeit auf einem niederländischen Schiff (EuGH 27.9.1989 – Rs. 9/88 (Lopes da Veiga) – NJW 1990, 3069) und für die Entsendung eines niederländischen Staatsangehörigen durch eine deutsche Firma nach Thailand festgestellt (EuGH 29.6.1994 – Rs. C-60/93 (**Aldewereld**) – DB 1994, 1732); auch hier wurde darauf abgestellt, ob eine „hinreichend enge Verbindung" mit dem Unionsgebiet aufrechterhalten wurde (was in beiden Fällen zu bejahen war).

262 In der **Handelsvertreter-Entscheidung** (EuGH 9.11.2000 – Rs. C-381/98 (**Ingmar GB Ltd**) – NJW 2001, 2007) war der Vertrag zwischen einer US-amerikanischen Firma und dem britischen Handelsvertreter kalifornischem Recht unterstellt worden. Dadurch konnte der in der Richtlinie 86/653/EWG vorgesehene Entschädigungsanspruch bei Auflösung des Vertragsverhältnisses (im deutschen Recht: Ausgleichsanspruch nach § 89 b HGB) nicht mehr Platz greifen. Der EuGH sah die Vorgaben der Richtlinie als nicht beachtet an. Diese schütze durch zwingendes Recht den Handelsvertreter, wolle aber auch für gleiche Wettbewerbsbedingungen in der EG sorgen. Um diesen Zielen Rechnung zu tragen, müsse die Richtlinie unabhängig von der anwendbaren Rechtsordnung immer dann Anwendung finden, „wenn der Sachverhalt einen **starken Gemeinschaftsbezug** aufweist, etwa weil der Handelsvertreter seine Tätigkeit im Gebiet eines Mitgliedstaats ausübt."

263 Aus diesen Entscheidungen wird deutlich, dass der EuGH eine „extraterritoriale" Anwendung immer dann bejaht, wenn dies von der **Zielsetzung der fraglichen Normen** des Unionsrechts her geboten ist oder zumindest nahegelegt wird. Die Literatur hat dem im Wesentlichen zugestimmt (Adomeit/Mohr, 1. Aufl., Anhang zu § 31 Rn. 16, Kindler, BB 2001, 11, Pfeiffer, FS Schwerdtner, S. 775 ff.; Reich, EuZW 2001, 51).

2. Der unproblematische Fall: Deutsches Vertragsrecht findet Anwendung

264 Ist nach den (unter → Rn. 253 ff.) geschilderten Grundsätzen deutsches Vertragsrecht anwendbar, greift auch das **AGG** ein (ebenso Bauer/Krieger, Einl. Rn. 36; Meinel/Heyn/Herms, Einl. Rn. 38; Thüsing, Arbeitsrechtli-

cher Diskriminierungsschutz, Rn. 81). Dabei spielt es keine Rolle, wo die diskriminierende Handlung begangen wird, ob beispielsweise das Vorstellungsgespräch und die nachfolgende Entscheidung in England, in China oder in den USA erfolgen (Bauer/Krieger, Einl. Rn. 41). Das AGG **gehört zum (zwingenden) Arbeits- bzw. Schuldvertragsrecht** (Lüttringhaus, S. 167; ebenso für Österreich Rebhahn, in: ders. (Hrsg.), § 1 Rn. 30); bei deutschem Arbeitsort könnte daher auch die Vereinbarung eines ausländischen Sachrechts nichts an der Anwendung des AGG ändern. Der vertragliche (und nicht deliktische) Charakter der Ansprüche ergibt sich mittelbar aus § 7 Abs. 3 (Bauer/Krieger, Einl. Rn. 36; Meinel/Heyn/Herms, Einl. Rn. 38), doch sind auch deliktische Ansprüche denkbar; bei ihnen bestimmt sich das anwendbare Recht nach der Rom II-VO (Einzelheiten bei Lüttringhaus, S. 168). Ob dem AGG darüber hinaus auch die Qualität einer Eingriffsnorm im Sinne des Art. 9 Rom I-VO bzw. des Art. 34 EGBGB zukommt, spielt in diesem Zusammenhang keine Rolle (Pfeiffer, FS Schwerdtner, S. 776 mit Fn. 5; anders Birk, FS Siehr, S. 53 ff.). Eine Qualifizierung als öffentliches Recht (das nach herrschender Auffassung dem Territorialitätsprinzip folgen würde) kommt ersichtlich nicht in Betracht.

265 Im Einzelfall kann dies dazu führen, dass das AGG auch auf das Arbeitsverhältnis eines **auf Dauer ins Ausland entsandten Arbeitnehmers** anzuwenden ist, weil die fragliche Person wegen engerer Verbindungen zum Inland oder kraft Rechtswahl weiterhin dem deutschen Recht unterliegt. Das deutsche Recht geht hier möglicherweise über den von der Richtlinie geforderten Anwendungsbereich hinaus. Zur möglichen Kollision mit einem ausländischen Antidiskriminierungsrecht → Rn. 275. Bei **zivilrechtlichen Verträgen** gilt nichts prinzipiell anderes. Werden etwa Massengüter in die Schweiz verkauft, wird dabei jedoch ein Interessent wegen seiner ethnischen Zugehörigkeit benachteiligt, läge ein Verstoß gegen das AGG vor.

266 Soweit ein Vertrag fremdem Recht unterliegt, ist sinnvollerweise zwischen dem Bereich „Arbeit" und allgemeinen zivilrechtlichen Verträgen zu unterscheiden.

3. Arbeit unter ausländischem Arbeitsvertragsstatut

a) Tätigkeitsschwerpunkt im Inland

267 Der Fall, dass im Inland nach ausländischem Arbeitsrecht gearbeitet wird, ist in der jüngsten Vergangenheit **immer häufiger** aufgetreten. Am bekanntesten ist die **vorübergehende Entsendung** durch einen ausländischen Arbeitgeber, wie sie beispielsweise im Bausektor, aber auch in Schlachthöfen und bei Reinigungsarbeiten verbreitet ist. Möglich ist weiter, dass ein Arbeitsverhältnis aus anderen Gründen **„engere Verbindungen"** zu einem ausländischen Staat aufweist (s. den Fall der Arbeit auf einer englischen Kanalfähre: BAG 14.8.1989 – 2 AZR 3/89 – DB 1990, 1666). Dies kann auch der Fall sein, wenn ein ausländischer Arbeitgeber auf dem deutschen Arbeitsmarkt Arbeitskräfte für ein hier durchzuführendes Projekt rekrutiert.

268 Für Fälle dieser Art enthält **§ 2 AEntG** eine **Sonderregelung,** die einen „harten Kern" des deutschen Arbeitsrechts für unabdingbar erklärt. Dazu gehören im Einzelnen ua Höchstarbeitszeiten, bezahlter Mindestjahresurlaub

und Mindestentgeltsätze. § 2 Nr. 7 AEntG bezieht die „**Gleichbehandlung von Männern und Frauen sowie andere Nichtdiskriminierungsbestimmungen**" mit ein (zu weiteren Einzelheiten s. Däubler, RIW 2000, 255, 257 ff.; die Vorschrift ist übersehen bei Schrader/Straube, NZA 2007, 184, 186).

269 Trotz seiner Stellung im Arbeitnehmerentsendegesetz betrifft § 2 AEntG **nicht nur Fälle der Entsendung**; Wortlaut und Entstehungsgeschichte sprechen vielmehr dafür, dass alle Arbeitsverhältnisse zwischen einem im Inland tätigen Arbeitnehmer und einem Arbeitgeber mit Sitz im Ausland erfasst sind (Deinert, Internationales Arbeitsrecht, § 10 Rn. 97; ErfK-Schlachter, AEntG § 2 Rn. 1; Däubler-Lakies, TVG Anhang 2 zu § 5, AEntG § 2 Rn. 3; Meinel/Heyn/Herms, Einl. Rn. 44; Pfeiffer, FS Schwerdtner, S. 776; HWK-Tillmanns, AEntG § 2 Rn. 3; Däubler, RIW 2000, 255, 257). Ausdrücklich wird auch der Fall genannt, dass ein Arbeitnehmer in Deutschland eingestellt wird (ErfK-Schlachter, AEntG § 2 Rn. 1; HWK-Tillmanns, AEntG § 2 Rn. 3; Däubler, RIW 2000, 255, 257). Auch besteht Einigkeit darüber, dass dieser Teil des AEntG schon bisher auf **alle Branchen** (und nicht nur auf die Bauwirtschaft und andere Branchen mit Mindestlöhnen) Anwendung fand (ErfK-Schlachter, AEntG § 2 Rn. 1; Däubler-Lakies, AEntG § 2 Rn. 1; HWK-Tillmanns, AEntG § 2 Rn. 3; Däubler, RIW 2000, 255, 256). Seit der Ausdehnung der tariflichen Mindestlöhne auf alle Branchen im Zusammenhang mit dem Mindestlohngesetz versteht sich dies von selbst.

270 Wichtigster Anwendungsfall von § 2 Nr. 7 AEntG war ursprünglich § 611 a BGB aF, doch wurde auch auf Art. 141 EG, auf Art. 3 GG und auf § 81 Abs. 2 SGB IX aF verwiesen (Däubler-Lakies, 2. Aufl., AEntG § 7 Rn. 13). Soweit die Antirassismus-Richtlinie und die Rahmenrichtlinie in der Literatur Erwähnung fanden, wurden sie bzw. das zu erwartende Umsetzungsgesetz gleichfalls hier eingeordnet (Pfeiffer, FS Schwerdtner, S. 777; HWK-Strick, 2. Aufl., AEntG § 7 Rn. 5). **Erfasst** ist damit der **gesamte Regelungsbereich des AGG** einschließlich der Einstellung (Meinel/Heyn/Herms, Einl. Rn. 44; Thüsing, Arbeitsrechtlicher Diskriminierungsschutz, Rn. 84; anders zur Einstellung Pfeiffer, FS Schwerdtner, S. 777). Trotz des ausländischen Arbeitsvertragsrechts findet es daher Anwendung (§ 2 Nr. 7 AEntG ist nicht bedacht bei Bauer/Krieger, Einl. Rn. 41, 2. Fallkonstellation; für die Annahme einer Eingriffsnorm auch Deinert, Internationales Arbeitsrecht, § 10 Rn. 108; Lüttringhaus, S. 273).

b) Tätigkeitsschwerpunkt im Ausland

271 Soweit im Ausland nach ausländischem Recht gearbeitet wird, jedoch ein **„enger Bezug" zur Union** bzw. einem Mitgliedstaat besteht, stellt sich das Problem, inwieweit die vom EuGH entwickelten Grundsätze auch zu einer Anwendung des Antidiskriminierungsrechts über die Grenzen der Union hinaus führen. Ähnlich wie im Handelsvertreterrecht geht es auch hier darum, bestimmte Personengruppen zu schützen und außerdem dafür zu sorgen, dass innerhalb der Union insoweit für alle Arbeitgeber und Arbeitnehmer gleiche Wettbewerbsbedingungen bestehen. Soweit sich die Literatur zu dieser Frage geäußert hat, wird eine Übertragung der EuGH-Rechtsprechung auf den vorliegenden Zusammenhang bejaht (Pfeiffer, FS

Schwerdtner, S. 775, 780; Birk, FS Siehr, S. 45, 53 ff.; für Übertragung auf das Verbraucherrecht Reich, EuZW 2001, 51).

272 Ein „**enger Bezug**" zur Union kann dann bestehen, **wenn vorübergehend in Deutschland gearbeitet** wird; in diesem Fall greift allerdings die Spezialvorschrift des § 2 Nr. 7 AEntG ein. Denkbar sind jedoch daneben Fälle nach Art der belgischen Angestellten bei einer Botschaft in einem Drittland (s. den Fall EuGH 30.4.1996 – Rs. C-214/94 (Boukhalfa) – NZA 1996, 971), doch wäre beispielsweise auch an Büros von Reiseunternehmen zu denken, deren Tätigkeit vom Inland aus gesteuert wird (s. den Fall BAG 7.12.1989 – 2 AZR 228/89 – AP Internationales Privatrecht Arbeitsrecht Nr. 27), wo jedoch die Inlandsbeziehungen nicht so intensiv sind, dass deutsches materielles Recht Anwendung findet (ähnlich Thüsing, Arbeitsrechtlicher Diskriminierungsschutz, Rn. 85). **Fehlt** es an einem **gewöhnlichen Arbeitsort,** ist darauf abzustellen, ob der Arbeitseinsatz von Deutschland aus dirigiert wird (Birk, FS Siehr, S. 45, 53). In allen diesen Fällen würde – wenn es zu einem Verfahren vor deutschen Gerichten kommt – das AGG mit Rücksicht auf den Geltungsanspruch der Richtlinien in deren Gefolge Anwendung finden.

273 Wird nach dem **Recht eines anderen Mitgliedstaats** gearbeitet, ist dessen Antidiskriminierungsrecht maßgebend (zustimmend Meinel/Heyn/Herms, Einl. Rn. 43).

274 Wird nach dem Arbeitsrecht eines Drittstaats gearbeitet, wird jedoch der **EU-Bezug durch einen anderen Mitgliedstaat vermittelt,** so stellt sich das Problem, ob dessen Antidiskriminierungsrecht oder das AGG anwendbar ist. Für die erste Alternative spricht, dass zu diesem Land die **engeren Beziehungen** bestehen. Außerdem sind die nationalen Umsetzungsnormen grundsätzlich als gleichwertig zu qualifizieren, so dass eine solche Lösung dem Geltungsanspruch der Richtlinien keinen Abbruch tut.

275 Die Anwendung des AGG oder eines anderen die Richtlinien transformierenden Gesetzes auf bestimmte Auslandssachverhalte kann zu **Konflikten mit dem Antidiskriminierungsrecht ausländischer Staaten** führen (dazu Lüttringhaus, S. 303 ff.). Dies gilt insbesondere in Bezug auf die USA, deren nationale Normen sich auch auf solche amerikanischen Staatsangehörigen erstrecken, die in ausländischen Tochtergesellschaften amerikanischer Unternehmen tätig sind (Birk, FS Siehr, S. 45, 54 ff. mwN). Die herrschende Sicht des Art. 9 Rom I-VO bzw. des Art. 34 EGBGB geht dahin, dass sich im Konfliktfall ausschließlich die deutschen zwingenden Normen durchsetzen (Palandt-Thorn, Rom I-VO Art. 9 Rn. 16). Vom Sinn der Vorschriften her erscheint dies nicht unbedingt geboten. Da die Richtlinien ausdrücklich ein Mehr an Diskriminierungsschutz zulassen (Art. 6 Abs. 1 Antirassismus-Richtlinie, Art. 8 Abs. 1 Rahmenrichtlinie, Art. 8 e Gender-Richtlinie nF, Art. 7 Abs. 1 Gender-Richtlinie Zivilrecht), liegt es näher, die für das Opfer günstigere, zB mit einer leichter zu handhabenden Beweislastregelung oder höheren Sanktionen verbundene Regelung anzuwenden. Dies kann bedeuten, dass das **US-Verbot der Diskriminierung wegen Alters** auf eine deutsche Tochtergesellschaft eines amerikanischen Unternehmens angewandt wird, sofern nicht etwa zwingende deutsche Normen wie zB ein die Altersgrenze 65 wirksam festschreibender Tarifvertrag (für und gegen

seine Zulässigkeit → § 10 Rn. 100 ff.) dem entgegenstehen (so Birk, FS Siehr, S. 45, 57). Gerichtliche Entscheidungen zu dieser Frage sind in Deutschland bisher nicht ersichtlich (zu weiteren Lösungsmöglichkeiten s. Lüttringhaus, S. 304 ff.).

4. Zivilrechtsverträge nach ausländischem Recht

276 Der größere Spielraum, der – verglichen mit dem Arbeitsrecht – der Parteiautonomie sogar im Verbraucherrecht eröffnet ist, kann **häufig zu Verträgen unter ausländischem Recht führen**. Auch fehlt für bestimmte Fälle des Inlandsbezugs eine Sonderregelung nach Art des § 2 Nr. 7 AEntG. Dem Geltungsanspruch der EG-Richtlinien kommt daher im vorliegenden Zusammenhang gesteigerte Bedeutung zu. Die Kriterien sind dabei keine anderen als im Arbeitsrecht; Voraussetzung ist ein **„enger Bezug" zur Union** (vgl. Pfeiffer, FS Schwerdtner, S. 785; ihm folgend Adomeit/Mohr, 1. Aufl., Anhang zu § 31 Rn. 22).

277 Wann ein solcher enger Bezug vorliegt, lässt sich nur in vorsichtiger Anlehnung an die EuGH-Rechtsprechung bestimmen. Haben **beide Vertragspartner ihren Sitz in der Union**, wird man einen solchen Tatbestand annehmen. Dies gilt für Massengeschäfte und Versicherungen in gleicher Weise wie für sonstige Abmachungen. Hat **nur ein Vertragspartner** seinen Wohnsitz oder Sitz in der EU, müssen noch weitere Elemente wie zB die Erbringung der Leistung im Inland hinzukommen. Genannt wird etwa das Beispiel eines ausländischen Hoteliers, der Touristen aus seiner Heimat im Inland beherbergt (vgl. Pfeiffer, FS Schwerdtner, S. 775, 786). Sind **beide Parteien in Drittstaaten** ansässig, reicht die Erbringung der Leistung im Territorium der EU nur dann aus, wenn es sich um einen Vorgang von erheblicher Dauer wie zB die Durchführung eines Dauerschuldverhältnisses handelt. Bei Mietverträgen über Grundstücke und Eigentumswohnungen, die in der Union belegen sind, ist etwa ein solcher enger Bezug gegeben.

278 Liegt ein Verbrauchergeschäft nach Art. 6 Rom I-VO vor und sind die Voraussetzungen des Abs. 2 dieser Vorschrift erfüllt, bleibt das **gesamte zwingende Recht des Staates erhalten**, in dem der Verbraucher seinen gewöhnlichen Aufenthalt hat; da dazu nicht nur spezifisch verbraucherschützende Normen zählen, wird **auch** das **AGG** erfasst (Pfeiffer, FS Schwerdtner, S. 786).

Allgemeines Gleichbehandlungsgesetz (AGG)

Vom 14. August 2006 (BGBl. I S. 1897) (FNA 402-40)
zuletzt geändert durch Art. 8 SEPA-Begleitgesetz vom 3. April 2013
(BGBl. I S. 610)

Abschnitt 1 Allgemeiner Teil

§ 1 Ziel des Gesetzes

Ziel des Gesetzes ist, Benachteiligungen aus Gründen der Rasse oder wegen der ethnischen Herkunft, des Geschlechts, der Religion oder Weltanschauung, einer Behinderung, des Alters oder der sexuellen Identität zu verhindern oder zu beseitigen.

I. Einleitung

1. Prävention und Beseitigung von Nachteilen

1 § 1 umschreibt die **doppelte Zielsetzung** des Gesetzes: Benachteiligungen aus den angeführten Gründen sollen „verhindert" oder – wenn sie gleichwohl eintreten – „beseitigt" werden. Das Gesetz enthält deshalb gleichermaßen „präventive" wie „reparierende" Vorschriften (HK-ArbR-Braun, § 1 Rn. 3; Schiek, NZA 2004, 877; Wendeling-Schröder/Stein, § 1 Rn. 1).

2 Zum **präventiven Teil** zählen insbesondere die **Maßnahmen, die Arbeitgeber nach § 12 treffen müssen,** und deren Unterbleiben die Beschäftigten nach § 14 zur Leistungsverweigerung berechtigt. Weiter gehört in diesen

Rahmen der in § 18 Abs. 1 enthaltene Appell an Tarifparteien, Arbeitgeber, Beschäftigte und deren Vertretungen, an der Verwirklichung der gesetzlichen Ziele mitzuwirken. Dies setzt die Richtlinienbestimmungen zum **sozialen Dialog** um (dazu Deinert, in: Rust/Däubler ua, Loccumer Protokolle 40/03, S. 381 ff.). Weiter hat die **Antidiskriminierungsstelle des Bundes** nach § 27 Abs. 3 Nr. 2 auch die Aufgabe, Maßnahmen zur Verhinderung von Benachteiligungen in die Wege zu leiten. Nach § 27 Abs. 4 S. 1 müssen die periodisch abzugebenden Berichte auch Empfehlungen darüber enthalten, wie in Zukunft Benachteiligungen vermieden werden können. Schließlich können positive Maßnahmen nach § 5 dazu führen, dass in Zukunft das „Diskriminierungsrisiko" vermindert wird.

3 Auch die Vorschriften zur **Beseitigung einer einmal eingetretenen Benachteiligung** sind zahlreich. § 13 gibt der betroffenen Person ein **Beschwerderecht,** § 14 lässt das **Zurückbehaltungsrecht** nach § 273 BGB unberührt, das insbesondere bei Belästigungen nach § 3 Abs. 3, 4 Platz greifen kann. § 15 räumt dem Opfer einen **Schadensersatzanspruch** ein, § 16 enthält ein Maßregelungsverbot. Soweit Einzelne gleichwohl aufgrund einer möglichen Ausübung ihrer Rechte zusätzliche Nachteile befürchten (müssen), kann die Antragsbefugnis des Betriebsrats und jeder im Betrieb vertretenen Gewerkschaft nach § 17 Abs. 2 des Gesetzes von Nutzen sein, wodurch der Arbeitgeber zur Rückgängigmachung der fraglichen Maßnahme gezwungen werden kann. Die vorgesehenen **Sanktionen** haben im Übrigen **auch präventiven Charakter**; drohende Konflikte und Schadensersatzpflichten lassen es für jeden Arbeitgeber sinnvoll erscheinen, sich aktiv für ein diskriminierungsfreies Betriebsklima einzusetzen.

4 Im **Zivilrecht** existieren **keine spezifischen Präventionsvorschriften.** Dafür ist das **Instrumentarium gegenüber** einmal eingetretener **Benachteiligungen reicher:** § 21 Abs. 1 sieht Beseitigungs- und Unterlassungsansprüche vor; der Betroffene kann im Einzelfall neben Schadensersatz auch Abschluss eines Vertrages verlangen (§ 21 Abs. 2, 3).

2. Menschenrechte und Beschäftigungspolitik

5 Hinter den expliziten Zielen des § 1 steht zum einen ein **menschenrechtlicher Ansatz:** Es geht darum, besonders gravierende Verstöße gegen den fundamentalen Wert der Gleichheit zu bekämpfen (Mohr, S. 189; Niessen, Eur. Journal of Migration and Law 5 (2003) S. 249, 250; vgl. auch Bauer/Krieger, § 1 Rn. 11: Schutzgut des Gesetzes ist die Würde des Menschen). Dies wird auch in Erwägungsgrund 3 der Antirassismus-Richtlinie und in Erwägungsgrund 4 der Rahmenrichtlinie hinreichend deutlich gemacht. Zum Zweiten geht es um **„soziale Eingliederung"**, also darum, die Träger der „verponten Merkmale" in den Arbeitsmarkt und – wenn auch in abgeschwächter Form – in den Markt für Waren und Dienstleistungen als gleichberechtigte Teilnehmer zu integrieren. Auch dies ist in den Erwägungsgründen 8 ff. der Antirassismus-Richtlinie, im Erwägungsgrund 8 der Rahmenrichtlinie und in den Erwägungsgründen 9 bis 11 der Gender-Richtlinie Zivilrecht zum Ausdruck gekommen. In der Literatur ist insoweit zu Recht von **zwei verschiedenen Strömen** die Rede (McInerney, Eur. Law Review 27 (2002), S. 72, 73 mwN; anders Grünberger, in: Preis/

Sagan, EurArbeitsrecht, § 3 Rn. 4, der nur die Marktorientierung sieht). Die Regelung wirkt sich zugunsten bestimmter Gruppen wie Ausländer, Frauen, Homosexuelle usw aus, ohne jedoch darauf beschränkt zu sein (eingehend ErfK-Schlachter, § 1 Rn. 1); im Einzelfall kann auch ein Angehöriger der „Mehrheit" ihren Schutz beanspruchen (KR-Pfeiffer, 9. Aufl., AGG Rn. 16, vgl. auch KR-Treber, 11. Aufl., § 1 Rn. 19). Durch Diskriminierungsverbote werden keine neuen **Arbeitsplätze** geschaffen, jedoch die bestehenden tendenziell **gerechter verteilt** (Whittle, Eur. Law Review 27 (2002), S. 305). Auch kann man die Richtlinien und die sie umsetzenden Gesetze als bewusste politische **Reaktion darauf** verstehen, dass das **egalitäre Paradigma** in Teilen der Gesellschaft einem **Erosionsprozess** unterliegt, werden doch Ausgrenzungen in immer weitergehendem Umfang ohne sichtbaren Protest hingenommen (Amato, Lavoro e Diritto 2003, 127; zum verfassungsrechtlichen Verbot der Ausgrenzung nach deutschem Recht, das insbesondere bei den Leistungen der Sozialhilfe virulent wird, s. Däubler, NZS 2005, 225). Auch hat der politische Diskurs bisher noch kaum zur Kenntnis genommen, dass Gesellschaften mit einem geringeren Maß an Ungleichheiten als andere nicht nur stabiler sind, sondern auch geringere Kriminalitätsraten aufweisen und ihren Bürgern eine höhere Lebenszufriedenheit und eine längere Lebenserwartung verschaffen (umfassende Nachweise bei Wilkinson/Pickett, Gleichheit ist Glück. Warum gerechte Gesellschaften für alle besser sind, 2. Aufl., Frankfurt/Main 2011).

3. Beschränkung auf bestimmte Merkmale

6 Die in § 1 genannten Diskriminierungsgründe sind mit denen des Art. 19 Abs. 1 AEVU (früher: Art. 13 EG) identisch; insoweit haben sie abschließenden Charakter. **Gegenüber dem vor dem Amsterdamer Vertrag bestehenden Rechtszustand** stellt sich dies als **erhebliche Erweiterung** dar, die angesichts der Entwicklung des Menschenrechtsschutzes im Völkerrecht allerdings nur noch eine Frage der Zeit war (Thüsing, NZA 2001, 1061). Auf der anderen Seite wird eine **gewisse „Willkürlichkeit"** der herausgegriffenen Gründe kritisiert (Barbera, GDLRI 2003, 399, 402: Die Auswahl sei „unprincipled"). Familien mit kleinen Kindern würden häufiger diskriminiert als Ältere (Säcker, BB-Special 6/2004, 19; ähnlich Adomeit/Mohr, § 1 Rn. 38), für eine Bewerberin sei es genauso schmerzlich, wenn sie nicht wegen ihrer Hautfarbe sondern ihrer Hässlichkeit abgewiesen werde (Runggaldier, FS Doralt, S. 523). Diese Einwände sind sicherlich nicht völlig von der Hand zu weisen, doch hat es wenig Sinn, hier rechtspolitische Klage zu führen: Ein erwünschter **Rechtsfortschritt könnte** immer noch **größer sein**, solange das Paradies nicht erreicht ist. Weitere Merkmale sind seit 1.12.2009 durch **Art. 21 EU-GRC** in das geltende Recht einbezogen, wo ausdrücklich ua auf genetische Merkmale, Sprache, politische und sonstige Anschauung, Vermögen und Geburt abgestellt wird. Wie das vorangestellte Wort insbesondere deutlich macht, sind dies nur Beispiele, so dass keine Hindernisse bestehen, etwa das äußere Erscheinungsbild eines Menschen mit einzubeziehen. Allerdings greift die Charta nach ihrem Art. 51 Abs. 1 nur im Geltungsbereich des Unionsrechts ein; soweit Rechtsbeziehungen innerhalb eines Mitgliedstaats in Rede stehen, ist ein Rückgriff auf die Charta daher nur möglich, wenn es um die **Umsetzung von**

Verordnungen und Richtlinien geht (vgl. EuGH 5.2.2015 – Rs. C-117/14 – NZA 2015, 349: Rein mitgliedstaatlich geprägte Sachverhalte nicht erfasst). Außerdem unterliegen die Grundrechte nach Art. 52 EU-GRC einem allgemeinen Gesetzesvorbehalt, der auch die Gleichheitsrechte erfasst (vgl. Willemsen/Sagan, NZA 2011, 258 ff.). Einzelheiten sind im Rahmen der Kommentierung von § 2 Abs. 3 abgehandelt (→ § 2 Rn. 207 ff.).

7 Die Beschränkung auf die in Art. 19 AEUV (früher: Art. 13 EG) wie in § 1 AGG genannten Gründe lässt sich nicht damit erklären, dass es sich um unveränderliche Kennzeichen handle (so aber Högenauer, S. 105). Diese liegen beispielsweise auch bei der genetischen Veranlagung oder der Abstammung und regionalen Herkunft vor, die nicht in § 1 enthalten sind. Zugrunde liegt letztlich eine **politische Wertentscheidung** bei der Schaffung des Art. 13 EG: Bei den dort genannten Gründen wurde das größte Risiko einer faktischen Zurücksetzung gesehen (zustimmend Grünberger, in: Preis/Sagan, EurArbeitsrecht, § 3 Rn. 56). Angesichts der Benachteiligung von ethnischen Minderheiten, Frauen, Behinderten usw lässt sich dies auch **keineswegs** als **unsachlich** qualifizieren. Dies schließt allerdings nicht aus, dass es zwischen den einzelnen Diskriminierungsmerkmalen insoweit Unterschiede gibt, als **flankierende Maßnahmen unterschiedlicher Größenordnung und Intensität** erforderlich sind. So setzt etwa reale Gleichberechtigung von Frauen eine andere Verteilung der häuslichen Nichterwerbsarbeit voraus (Rodriguez-Piñero, Relaciones Laborales 8/2006 S. 1 ff.), während es beispielsweise bei Behinderten primär auf Maßnahmen innerhalb des Arbeitsprozesses ankommt (s. Art. 5 der Rahmenrichtlinie).

8 Die in Art. 13 EG (heute: Art. 19 AEUV) genannten Gründe können nicht analog auf andere potenzielle Benachteiligungssituationen erstreckt werden (Adomeit/Mohr, § 1 Rn. 4; ErfK-Schlachter, § 1 Rn. 3; Wendeling-Schröder/Stein, § 1 Rn. 8). So lässt sich etwa nach der Rechtsprechung des EuGH (11.7.2006 – Rs. C-13/05 (Chacón Navas) – DB 2006, 1617 Rn. 46) das Verbot der Diskriminierung wegen Behinderung nicht auf jede Krankheit ausdehnen. Auch das BAG (9.4.2008 – 4 AZR 104/07 – NZA-RR 2009, 79 Rn. 48) tendiert in diese Richtung. Im Übrigen ist jedoch darauf hinzuweisen, dass weder Art. 19 AEUV noch § 1 AGG für die **Verwendung sonstiger unsachlicher Gründe** einen Freibrief ausstellen (so aber wohl Högenauer, S. 105): Wie § 2 Abs. 3 ausdrücklich hervorhebt, bleiben **andere Benachteiligungsverbote unberührt.** Erinnert sei in diesem Zusammenhang an die Entscheidung des ArbG Marburg (13.2.1998 – 2 Ca 482/97 – NZA-RR 1999, 124 = LAGE § 1004 BGB Nr. 4), wonach es eine Verletzung des allgemeinen Persönlichkeitsrechts darstellen kann, wenn jemand wegen seiner Körperfülle nach Auslaufen seines befristeten Arbeitsvertrags nicht weiterbeschäftigt wird, obwohl an seiner Eignung für die bisher ausgeübte Tätigkeit keinerlei Zweifel besteht und diese auch weiter notwendig ist (Die vom ArbG Marburg behandelte Problematik wurde nicht beachtet bei LAG Niedersachsen 29.11.2016 – 10 Sa 216/16 – LAGE § 7 AGG Nr. 8). In Extremfällen kann sich **Fettleibigkeit** als (einfache) Behinderung darstellen, wenn dadurch – anders als in dem genannten Fall – die Teilhabe am Berufsleben beeinträchtigt ist (EuGH 18.12.2014 – Rs. C-354/13 – NZA 2015, 33; Bauer/Krieger, § 1 Rn. 44; Thüsing, Ar-

beitsrechtlicher Diskriminierungsschutz, Rn. 206; zustimmend Adomeit/Mohr, § 1 Rn. 137; nicht ausreichend berücksichtigt bei LAG Niedersachsen 29.11.2016 – 10 Sa 216/16 – LAGE § 7 AGG Nr. 8). In der Praxis werden Mobilitätsbeschränkungen und bestimmte Krankheitsbilder die Regel sein, so dass eine Behinderung vorliegt (richtig K. Vossen, DB 2017, 853; vgl. weiter ArbG Düsseldorf 17.12.2015 – 7 Ca 4616/15 – AuR 2016, 482, wo die Kündigung, aber auch der Ersatzanspruch nach § 15 Abs. 2 daran scheiterten, dass relevante Leistungsmängel nicht nachgewiesen werden konnten; dazu Käckenmeister, jurisPR-ArbR 13/2016 Anm. 5). Konturenschärfer ist insoweit das französische Recht, das ausdrücklich Diskriminierungen wegen des „körperlichen Erscheinungsbildes" verbietet (Le Friant, AuR 2003, 53. Zur Diskussion über diese Frage in Spanien s. González Biedma, FS Rodriguez Piñero, p. 673 ff.). Das Diskriminierungsverbot wegen gewerkschaftlicher Betätigung hat in Frankreich eine ähnliche Ausgestaltung wie Verbote nach den Richtlinien erfahren (dazu Bonnard-Plancke/Verkindt, Droit Social 2006, 393). Auch **Raucher** werden als solche nicht vom Gesetz erfasst (Bauer/Krieger, § 1 Rn. 44), doch kann bei starker Sucht eine Behinderung vorliegen. Zur Einbeziehung weiterer Merkmale in Irland (ua Zugehörigkeit zum fahrenden Volk), Finnland und Schweden (ua Gesundheit) sowie Dänemark (ua soziale Herkunft) s. Schiek-Schiek, § 1 Rn. 4.

9 Wenig Aufmerksamkeit hat man bislang auf die Frage verwendet, **welche Entscheidungskriterien** eigentlich **übrig bleiben**, wenn man den vorliegenden Katalog der Diskriminierungsgründe über die Grundrechtecharta hinaus verdoppeln oder verdreifachen würde. Wollte man außerdem Durchbrechungsmöglichkeiten nur in sehr engem Umfang zulassen, wären im Grunde nur noch Auswahlentscheidungen **nach möglichst anonymisierten Leistungskriterien rechtlich unangreifbar**. Damit würden marktwirtschaftliche Grundsätze auf die Spitze getrieben, da letztlich der **Markt** darüber **entscheidet, was** als **„Leistung"** zu qualifizieren ist; die Individualität des Einzelnen und ihr spezifischer Wert bliebe auf der Strecke. Bei dem heute erreichten Maß von Diskriminierungsschutz ist eine solche Gefahr nicht vorhanden, da es primär um die Herstellung von Chancengleichheit für potenziell Benachteiligte geht (Wendeling-Schröder, NZA 2004, 1320); insoweit haben auch die Durchbrechungen nach den §§ 3 Abs. 2, 8–10 und § 20 eine durchaus positiv zu wertende Bedeutung.

10 Der **selektive Charakter** des bestehenden Antidiskriminierungsrechts ließe sich weiter unter dem Aspekt kritisieren, dass ausschließlich an persönlichen Merkmalen, **nicht** aber an der **Stellung auf dem Arbeitsmarkt** angesetzt wird. Beides ist häufig verbunden, was an der überproportionalen Arbeitslosigkeit von Ausländern oder Behinderten ablesbar ist, doch ist dies nicht immer der Fall. Die im geltenden Recht vorhandenen Diskriminierungsverbote in Bezug auf Teilzeitkräfte, befristet Beschäftigte und Leiharbeitnehmer könnten diese Lücke an sich schließen, doch sind die Durchbrechungsmöglichkeiten so weit geraten, dass die Schutzfunktion fast völlig auf der Strecke bleibt (näher dazu Däubler, Anm. zu BAG 11.12.2003 – 6 AZR 64/03 – AP § 4 TzBfG Nr. 7). Auch **fehlen** relevante **Ansätze für** eine faktische **Gleichbehandlung wirtschaftlich abhängiger Selbstständiger**,

die ähnlich wie ein Arbeitnehmer nur ihre eigene Arbeitskraft einsetzen können; § 6 Abs. 1 Nr. 3 könnte hier ein Stück realen (Bestands-)Schutzes schaffen (zur Anwendung anderer arbeitsrechtlicher Normen auf arbeitnehmerähnliche Personen s. Deinert, Soloselbstständige zwischen Arbeitsrecht und Wirtschaftsrecht, S. 5 ff.; Däubler, Arbeitsrecht 2, Rn. 2097 ff. Dazu kommt seit 2009 § 3 Abs. 11 BDSG aF, der nunmehr als § 26 Abs. 8 BDSG-neu weitergilt).

II. Benachteiligung – Merkmale – Kausalität

11 § 1 setzt voraus, dass eine Benachteiligung „aus Gründen der Rasse" oder „wegen" der weiteren Merkmale erfolgt. Dies bedeutet im Einzelnen:

1. Benachteiligung

12 Das AGG spricht nicht von „Diskriminierung", sondern verwendet den **neutraleren Begriff** der „Benachteiligung". Dies geschieht bewusst, weil sich „Benachteiligungen" im Einzelfall rechtfertigen lassen, der Begriff „Diskriminierung" jedoch schon ein Unwerturteil in sich trägt (so bereits BT-Drs. 15/4538, 28; von Steinau-Steinrück ua, NZA 2005, 28, 29). Wann eine „Benachteiligung" vorliegt, ist im Rahmen des § 7 zu erörtern (→ § 7 Rn. 3 ff.).

2. Merkmale und damit zusammenhängende Eigenschaften und Verhaltensweisen

13 Das Gesetz nennt insgesamt **sechs „verpönte" Merkmale**, sofern man „Rasse und ethnische Herkunft" sowie „Religion oder Weltanschauung" jeweils zu einer Einheit zusammenfasst. Diese Merkmale, die bisweilen auch als „geschützte" bezeichnet werden (Husmann, ZESAR 2005, 110), dürfen keine Benachteiligung zur Folge haben.

14 Die benachteiligende Instanz wird häufig nicht unmittelbar an dem fraglichen Merkmal anknüpfen, sondern auf eine **bestimmte Eigenschaft, eine Handlung oder einen Zustand** abstellen, **die mit dem fraglichen Merkmal verbunden sind.** Der Entwurf des ADG sah deshalb in seiner ursprünglichen Fassung einen § 3 Abs. 1 S. 2 vor, der bestimmte (BT-Drs. 15/4538, 5):

„Eine unmittelbare Benachteiligung wegen eines in § 1 genannten Grundes liegt in Bezug auf § 2 Abs. 1 Nr. 1–4 auch dann vor, wenn die unterschiedliche Behandlung wegen eines Merkmals erfolgt, das mit einem in § 1 genannten Grund in Zusammenhang steht, insbesondere im Fall einer ungünstigeren Behandlung einer Frau wegen Schwangerschaft oder Mutterschaft."

Die Endfassung des § 3 Abs. 1 S. 2 beschränkt sich demgegenüber auf den Fall der Schwangerschaft und der Mutterschaft, ohne dass dies als grundlegende Änderung verstanden wurde. Der Gesetzgeber ging weiter davon aus, dass sich die Diskriminierungsverbote auch auf **Eigenschaften, Handlungen oder Zustände** beziehen, die **mit den „eigentlichen" Diskriminierungsgründen in Zusammenhang stehen**. Eine **Trennung** wäre auch **praktisch kaum durchführbar**; wird etwa das religiös motivierte Tragen eines Kopftuchs verboten, so ist an sich nur eine „Handlung" und nicht das religiöse Bekenntnis als solches betroffen, doch sind die unmittelbaren Rückwirkungen nicht zu bestreiten. Wollte man davon absehen, wäre der Anwendungsbereich der Diskriminierungsverbote auf einen ganz kleinen Rest von Fällen beschränkt, da die reinen Merkmale als solche nur selten Anlass für Benachteiligungen sind und zudem immer die „Ausweichmöglichkeit" bestünde, an eine typische Verhaltensweise anzuknüpfen. Eine solche Handhabung würde dem Rang der Diskriminierungsverbote im nationalen wie im Unionsrecht (→ Einl. Rn. 105 ff.) nicht gerecht.

15 Einig ist man sich deshalb darüber, dass das **Anknüpfen an einer Eigenschaft**, einer Handlung oder einem Zustand, die **notwendigerweise** mit einem der verpönten Merkmale **verbunden** sind, **gleichfalls unter das Gesetz fällt** (so auch die amtliche Begründung, BR-Drs. 329/06, Erläuterung zu § 3 Abs. 1 3. Absatz; ebenso Bauer/Krieger, § 1 Rn. 56; im Prinzip auch Kamanabrou, RdA 2006, 324 f.). Wichtigste Beispiele sind die Schwangerschaft und der Wehrdienst (zur Schwangerschaft ebenso EuGH 8.11.1990 – Rs. C-177/88 (Dekker) – NZA 1991, 171; EuGH 3.2.2000 – Rs. C-207/98 (Mahlburg) – NZA 2000, 255, 256. Zum Wehrdienst s. EuGH 7.12.2000 – Rs. C-79/99 (Schnorbus) – NZA 2001, 141). Ausreichend sind erst recht bloße zugeschriebene Eigenschaften, wonach zB die Frauenarbeit von schlechterer Qualität als die von Männern erbrachte sein soll (EuGH 17.10.1989 – Rs. 109/88 (Danfoss) – NZA 1990, 772 Rn. 20; Hanau, ZIP 2006, 2191; Moreau, DS 2002, 1114; Schiek/Horstkötter, NZA 1998, 863) oder dasselbe von der Arbeit durch Ausländer angenommen wird (Hepple, MLR 2004, 13).

16 Genügend ist es weiter, wenn ein **„typischer" oder „regelmäßiger" Zusammenhang** zwischen dem verpönten Merkmal und der fraglichen Eigenschaft oder Betätigung besteht (HK-ArbR-Braun § 1 Rn. 1 aE; Rebhahn/Windisch-Graetz, § 19 Rn. 1; einschränkend Hanau, ZIP 2006, 2191; Preis, ZESAR 2007, 313). Dies gilt etwa für das Engagement von Frauen in in einer antisexistischen Initiative (aktuell: „me too") und für **religiös bestimmte Kleidung** (Högenauer, S. 106) oder für das Praktizieren von Kirchgang und Gebeten. Bei ethnischen Minderheiten können **sprachliche Besonderheiten** eine Rolle spielen; so hat es die zuständige niederländische Instanz als Diskriminierung angesehen, eine Bewerberin deshalb nicht als Empfangsdame einzustellen, weil sie holländisch mit surinamesischem Akzent sprach (mitgeteilt bei Hailbronner, ZAR 2001, 257; zustimmend Rebhahn/Windisch-Graetz, § 17 Rn. 12). Ähnliches gilt, wenn jemand wegen **„afrikanischem Kräuselhaar"** benachteiligt wird (s. den Fall bei Schiek, AuR 2003, 46, 47). Auch die homosexuelle Betätigung ist erfasst (Rebhahn/Windisch-Graetz, § 17 Rn. 42).

17 Problematisch ist der Fall, dass **innerhalb der Geschlechter, Ethnien** usw nach **Kriterien** differenziert wird, **die von § 1 nicht erfasst** werden. Lediglich übergewichtige Frauen, nicht aber übergewichtige Männer werden abgelehnt; nicht die Homosexualität, wohl aber das Tragen eines darauf hinweisenden Stickers wird als Anlass für eine Absage genommen (Beispiele bei Thüsing, Beilage zu NZA Heft 22/2004, S. 5). Im ersten Fall ist das Geschlecht letztlich maßgebend; anders wäre es nur, wenn fettleibige Personen insgesamt nicht akzeptiert würden. Auch die Manifestation der Homo-

sexualität fällt unter § 1, der nicht danach differenziert, ob ein heimlicher oder offen zur Schau getragener „Zustand" vorliegt (aA Bauer/Krieger § 1 Rn. 57 a). Anders wäre nur dann zu entscheiden, wenn es – die verfassungsrechtliche Zulässigkeit einmal unterstellt – im Betrieb ein generelles Stickerverbot gäbe; in diesem Fall wäre der Zusammenhang mit dem verpönten Merkmal nach § 1 gelöst (etwas anders Thüsing, Beilage zu NZA Heft 22/2004, S. 5. Wie hier im Ergebnis DDZ-Zwanziger, AGG Rn. 37; ähnlich, wenn auch einen „untrennbaren Zusammenhang" verlangend Bauer/Krieger § 3 Rn. 19; KR-Treber, § 1 Rn. 23; HWK-Rupp, § 3 Rn. 5. Vgl. auch Adomeit/Mohr, § 3 Rn. 71; → § 3 Rn. 41).

3. Kausalität

18 An der Kausalität zwischen **verpöntem Merkmal** und Benachteiligung fehlt es dann, wenn das Merkmal **dem Arbeitgeber nicht bekannt** war. Wusste er nichts von der Schwangerschaft der Arbeitnehmerin, so hat eine ausgesprochene Kündigung keinen diskriminierenden Charakter (BAG 17.10.2013 – 8 AZR 742/12 – NZA 2014, 303). Dasselbe gilt dann, wenn eine Behinderung dem Arbeitgeber nicht zur Kenntnis gekommen ist. Ein Bewerber muss deshalb in seinem Bewerbungsschreiben oder in seinem Lebenslauf deutlich auf diese hinweisen, wenn er später einen Anspruch wegen diskriminierender Nichteinstellung geltend machen will; eine in den Lebenslauf „eingestreute" Bemerkung genügt nicht (BAG 26.9.2013 – 8 AZR 650/12 – NZA 2014, 258).

19 In der Praxis wird nicht selten der Fall auftreten, dass es außer dem Anknüpfen an das verpönte Merkmal für die Benachteiligung auch noch **andere Gründe** gab. Neben dem Alter des Bewerbers spielte beispielsweise auch ein etwas reserviert formuliertes Zeugnis eines früheren Arbeitgebers eine Rolle (zur Kausalität s. auch Husmann, ZESAR 2005, 168).

20 Im Bereich der geschlechtsspezifischen Diskriminierung hat sich eine **Rechtsprechung des BVerfG** (16.11.1993 – 1 BvR 258/86 – AP § 611 a BGB Nr. 9 Bl. 4R) **und des BAG** (grundlegend BAG 5.2.2004 – 8 AZR 112/03 – NZA 2004, 540, 544; aus neuerer Zeit BAG 21.6.2012 – 8 AZR 364/11 – NZA 2012, 1345 Rn. 32 und BAG 17.12.2015 – 8 AZR 421/14, NZA 2016, 888 Rn. 22) herausgebildet, wonach es genügt, dass das Geschlecht innerhalb eines **„Motivbündels"** ein Gesichtspunkt war, der neben anderen Berücksichtigung fand (zustimmend Högenauer, S. 93; Kamanabrou, RdA 2006, 325; Lingscheid, S. 80; Schiek/Horstkötter, NZA 1998, 863, allerdings mit der nicht näher begründeten Einschränkung, das Geschlecht müsse neben anderen Gesichtspunkten „eine wesentliche Rolle" spielen; Wank, Beilage zu NZA Heft 22/2004, S. 21. Preis, ZESAR 2007, 314 verlangt demgegenüber, dass es sich um ein „maßgebliches Motiv" handeln muss). Dies muss man **auf die anderen Merkmale des § 1 übertragen** (so auch BAG 21.7.2009 – 9 AZR 431/08 – NZA 2009,1087 Rn. 40 – Schwerbehinderung; BAG 22.10.2009 – 8 AZR 642/08 – NZA 2010, 280 Rn. 27 – Behinderung; BAG 18.3.2010 – 8 AZR 1044/08 – NZA 2010, 1129 Rn. 32 – Alter; BAG 7.7.2011 – 2 AZR 396/10 – NZA 2012, 34 Rn. 33 – Schwerbehinderung; Bezani/Richter, Rn. 161; Hanau, ZIP 2006, 2195; Wank, Beilage zu NZA Heft 22/2004, S. 21), da die Si-

tuation dort keine andere ist. Die Diskriminierungsverbote wären überdies entscheidend entwertet, würde schon ein (schwer zu widerlegendes) konkurrierendes Motiv den Rückgriff auf das AGG ausschließen. Praktische Bedeutung hat dies insbesondere bei den Fällen von unmittelbarer Diskriminierung (→ § 3 Rn. 45 ff.). Bei **Gremienentscheidungen** kommt es auf die Motivation der Mehrheit an (Bauer/Krieger, § 7 Rn. 16; Hey, in: Hey/Forst § 7 Rn. 7); dabei spielt es keine Rolle, ob bei den einzelnen Mitgliedern der Mehrheit unterschiedliche diskriminierende Überlegungen vorlagen, die einen den Bewerber etwa wegen seines Alters, die andern wegen seines religiösen Bekenntnisses ablehnten (Bauer/Arnold, ZIP 2008, 993, 1001). Ist dem Arbeitgeber das fragliche **Merkmal nicht bekannt**, so scheidet eine Diskriminierung mangels Kausalität aus. Dies gilt auch dann, wenn zB eine Schwerbehinderung **nur beiläufig im Lebenslauf erwähnt** wird (BAG 18.9.2014 – 8 AZR 759/13 – ZTR 2015, 216). Wird sie allerdings an dessen Ende als „besonderes persönliches Merkmal" hervorgehoben, ist die Situation eine andere (LAG Hamm 13.6.2017 – 14 Sa 1427/16).

21 Bei der **mittelbaren Diskriminierung** kommt es entscheidend auf die objektive Wirkung, nicht auf die Motivation des Diskriminierenden an. Insoweit genügt ein **„Zurechnungszusammenhang"** (Wank, Beilage zu NZA Heft 22/2004, S. 21); der Benachteiligende muss die Regel zumindest mitgesetzt und die Maßnahme mitgetroffen haben, aus der sich die Schlechterstellung des oder der Betroffenen ergibt (Einzelheiten → § 3 Rn. 45 ff.).

III. Rasse und ethnische Herkunft

1. Das Merkmal „Rasse"

22 Wann eine Benachteiligung wegen der „Rasse" vorliegen kann, ist auf den ersten Blick schwer zu bestimmen. Art. 19 AEUV verwendet wie Art. 13 EG als Vorgängervorschrift denselben Begriff, ohne ihn näher zu bestimmen; die **Antirassismusrichtlinie** unternimmt gleichfalls keinen Definitionsversuch, bestimmt aber in ihrem **Erwägungsgrund 6** ausdrücklich:

„Die Europäische Union weist Theorien, mit denen versucht wird, die Existenz verschiedener menschlicher Rassen zu belegen, zurück. Die Verwendung des Begriffs ‚Rasse' in dieser Richtlinie impliziert nicht die Akzeptanz solcher Theorien."

23 In der **Rechtsprechung** (LAG Sachsen 17.9.2010 – 3 TaBV 2/10 – NZA-RR 2011, 72) und der **Literatur** ist man sich deshalb einig darüber, dass es nicht darum geht, auf die Zugehörigkeit zu einer (tatsächlichen) Rasse („Arier", „Neger") abzustellen (s. statt aller Nollert-Borasio/Perreng, § 1 Rn. 5; Schiek, AuR 2003, 44; Schöbener/Stork, ZEuS 2004, 45; Thüsing, Beilage zu NZA Heft 22/2004, S. 9; ebenso mit Nachweisen aus der französischen Literatur Le Friant, AuR 2003, 53), zumal Vorstellungen dieser Art in der Regel mit dem Glauben an die biologische Überlegenheit einer bestimmten Rasse verbunden sind (Hepple, MLR 2004, 12; v. Roetteken, § 1 Rn. 118).

24 Die Irritation, die dadurch entsteht, dass das Gesetz an etwas anknüpft, was es gar nicht gibt (Runggaldier, FS Doralt, S. 524), lässt sich auflösen: Gemeint ist **die durch Vorurteile geprägte Vorstellung über Rassen** und de-

ren spezifische Eigenschaften. Das belgische Recht spricht deshalb zu Recht von „vorgeblicher Rasse" (**„Race prétendue"**; dazu Willekens, in: Rust/Däubler ua, Loccumer Protokolle 40/03, S. 156; Thüsing, Beilage zu NZA Heft 22/2004, S. 9; zustimmend Boemke/Danko, § 2 Rn. 4; v. Roetteken, § 1 Rn. 118). Diese Sicht rechtfertigt sich nicht zuletzt damit, dass schon der Kommissionsentwurf als Mittel zur Bekämpfung des Rassismus konzipiert war (KOM (1999) 566 endg.; Nollert-Borasio/Perreng, § 1 Rn. 5; Wendeling-Schröder, FS Schwerdtner, S. 274) und dies auch in den Erwägungsgründen 7 bis 12 der Antirassismusrichtlinie zum Ausdruck kommt (ebenso im Ergebnis Bauer/Krieger, § 1 Rn. 15).

25 Die Vorstellung von „Rassen" knüpft **an äußerliche körperliche Merkmale** an (ebenso Kocher, in: Schlachter/Heinig, EurArbeits- und Sozialrecht, § 5 Rn. 87); dazu zählt die Hautfarbe, aber auch die Augenform (so auch LAG Sachsen 17.9. 2010 – 3 TaBV 2/10 – NZA-RR 2011, 72) und die für bestimmte Gruppen charakteristische Haartracht (Annuß, BB 2006, 1630; Boemke/Danko, § 2 Rn. 5; Eichenhofer, in: Rust/Däubler ua, Loccumer Protokolle 40/03, S. 77; Meinel/Heyn/Herms, § 1 Rn. 11; v. Roetteken, § 1 Rn. 120; Staudinger-Richardi, BGB Vor § 611 Rn. 81; Thüsing, Beilage zu NZA Heft 22/2004, S. 9; Voggenreiter, in: Rudolf/Mahlmann, § 8 Rn. 23). Auch das Abstellen darauf, dass bestimmte Merkmale besonders intensiv ausgeprägt sind („tiefschwarz" wird abgelehnt, „dunkelhäutig" nicht), ist von § 1 erfasst (zustimmend Schleusener/Suckow/Voigt-Schleusener, § 1 Rn. 41; ebenso auch Thüsing, Arbeitsrechtlicher Diskriminierungsschutz, Rn. 181).

2. Ethnische Herkunft

26 Auch der Begriff der ethnischen Herkunft ist **weder in § 1 AGG noch in der Antirassismusrichtlinie oder in Art. 19 AEUV definiert.** Soweit ersichtlich, stellen auch die dem Verfasser zugänglichen ausländischen Fassungen auf die ethnische „Herkunft" und nicht auf die „Zugehörigkeit" zu einer Gruppe ab („ethnic origen", „l´origine éthnique", „orígen étnico", „origene etnica", „afstamming", „etnisk oprindelse"). Nach BAG (21.6.2012 – 8 AZR 364/11 – NZA 2012, 1345 Rn. 31) ist das Merkmal der ethnischen Herkunft in einem „umfassenden Sinn" zu verstehen, um so einen möglichst lückenlosen Schutz gegen Benachteiligungen zu gewährleisten.

27 Der **EuGH** hatte bisher **keine Gelegenheit, sich** zum Begriff der „Rasse" oder der Ethnie **abschließend zu äußern.** In den bislang entschiedenen Fällen konnten keine Zweifel und Abgrenzungsprobleme aufkommen. So erklärte sich der Gerichtshof mit Recht für unzuständig, über die Frage zu entscheiden, ob das in Ungarn bestehende Verbot, einen fünfzackigen roten Stern zu tragen („Sowjetstern"), nicht ua auch gegen das Verbot der Rassendiskriminierung verstieß, da in anderen Mitgliedstaaten der Gebrauch desselben Symbols völlig unproblematisch sei (EuGH 6.10.2005 – Rs. C 328/04 (Vajnai Attila) – EuGRZ 2005, 699). Im zweiten Fall ging es darum, dass ein belgischer Unternehmer öffentlich erklärt hatte, mit Rücksicht auf seine Kunden keine „Menschen fremder Herkunft" beschäftigen zu wollen (EuGH 10.7.2008 – Rs. C-54/07 (Feryn) – NZA 2008, 929). Auch diese Entscheidung war für die Begriffsbestimmung völlig unergiebig.

Der dritte Fall bezog sich auf die Gruppe der **Roma**; wer zu ihnen gehöre, habe „unstreitig“ eine bestimmte ethnische Herkunft (EuGH 16.7.2015 – Rs. C-83/14 (CHEZ) – EuGRZ 2015, 482 Rn. 46 = NZA 2015, 1247 Ls.). Diese beruhe auf dem Gedanken, dass gesellschaftliche Gruppen „insbesondere durch eine Gemeinsamkeit der Staatsangehörigkeit, Religion, Sprache, kulturelle und traditionelle Herkunft und Lebensumgebung gekennzeichnet“ seien. Dabei wird ersichtlich nicht verlangt, dass die fraglichen Merkmale im Einzelfall sämtlich vorliegen müssen, da Roma beispielsweise nicht über eine gemeinsame Staatsangehörigkeit verfügen.

28 Es liegt nahe, auf die **Begriffsverwendung in völkerrechtlichen Abkommen** zurückzugreifen, die den Bereich der Benachteiligung wegen Rasse und ethnischer Herkunft inhaltlich regeln. Dies nicht nur deshalb, weil sich aus diesen Übereinkommen allgemeine Grundsätze des Unionsrechts ergeben (→ Einl. Rn. 180, 187), sondern auch mit Rücksicht darauf, dass sich der deutsche Gesetzgeber gerade im hier interessierenden Bereich darauf berufen hat, er wolle aus dem CERD (dazu → Einl. Rn. 154 ff.) folgende Verpflichtungen erfüllen (BR-Drs. 329/06 S. 18). Auch vom BAG (21.6.2012 – 8 AZR 364/11 – NZA 2012, 1345 Rn. 31) und in der Literatur wird ein solcher Rückgriff generell als nützlich angesehen (Bauer/Krieger, § 1 Rn. 18; Hailbronner, ZAR 2001, 255; Schiek, AuR 2003, 44, 45 und Schiek-Schiek, § 1 Rn. 13; Schleusener/Suckow/Voigt-Schleusener, § 1 Rn. 41; Thüsing, Beilage zu NZA Heft 22/2004, S. 9; Wendeling-Schröder, FS Schwerdtner, S. 274).

29 Die **Allgemeine Erklärung der Menschenrechte** spricht von „Rasse, Hautfarbe, Sprache und nationaler Herkunft“, eine Terminologie, die von Art. 26 des **Internationalen Pakts über bürgerliche und politische Rechte** wiederholt wird. Das CERD spricht von „Rasse, Hautfarbe, Abstammung, nationalem Ursprung und Volkstum“, wobei vermutlich das Element „Sprache“ in dem Merkmal „Volkstum“ mitenthalten ist. Eine direkte Inhaltsbestimmung des Begriffs „ethnische Herkunft“ ist mit Rücksicht auf diese andersartige Terminologie nicht möglich. Allerdings liegt ein Rückschluss der Art nahe, dass mit den Merkmalen „Rasse und ethnische Herkunft“ **kein geringerer Bereich** als der in den völkerrechtlichen Abkommen genannte erfasst sein soll. Dies trägt dem antirassistischen Anspruch der Richtlinie und der Umsetzungsgesetzgebung Rechnung; auch ist man sich in der Literatur im Wesentlichen einig, dass die Merkmale „Rasse und ethnische Herkunft“ eine **weite Auslegung** erfahren müssen (BT-Drs. 16/1780, 31; Bauer/Krieger, § 1 Rn. 18; ErfK-Schlachter, § 1 Rn. 4; Hoppe/Wege, Anm. zu ArbG Wuppertal LAGE § 626 BGB 2002 Nr. 2 a; Thüsing, NJW 2003, 3443).

30 Legt man dies zugrunde, so lassen sich einzelne **Elemente** bestimmen, **die für das Vorliegen einer Ethnie** sprechen. Eine wichtige Rolle spielen eine lange gemeinsame **Geschichte der Gruppe,** der sich ihre Mitglieder bewusst sind, eine eigene **kulturelle Tradition** und spezifische familiäre und soziale **Gebräuche und Sitten.** Die englische Rechtsprechung hat dies alles zu notwendigen Voraussetzungen einer Ethnie erklärt und Sikhs sowie Juden, nicht aber Rastafaris als eigenständige Gruppen anerkannt (Brown, Yearbook of European Law 21 (2002), 195, 204 mN). Die dadurch errichtete

Schwelle ist sehr hoch und letztlich nicht aus dem Zweck der Vorschrift heraus zu rechtfertigen (so auch die Kritik von Fredman, S. 68 ff.). Sinnvoller ist deshalb, in Übereinstimmung mit der Rechtsprechung des EuGH (→ Rn. 27) auch **weitere Gesichtspunkte** wie die gemeinsame **Sprache** und die gemeinsame **Religion** heranzuziehen und nicht das Vorliegen aller dieser Elemente zu verlangen (ebenso v. Roetteken, § 1 Rn. 124). Vielmehr stellen sie **nur Indizien** dar, die bei einer Gesamtbetrachtung zu berücksichtigen sind (HWK-Rupp, § 1 Rn. 3). Selbst eines dieser Elemente kann im Einzelfall schon ausreichen (HK-ArbR-Braun, § 1 Rn. 5). Weiter ist zu beachten, dass das AGG auch eine Diskriminierung wegen eines nur angenommenen Merkmals verbietet (→ Rn. 106 f.), so dass eine Benachteiligung wegen „Nicht-Hierher-Gehörens" möglicherweise auch dann verboten ist, wenn die fragliche Gruppe keine Ethnie darstellt (so Nollert-Borasio/Perreng, § 1 Rn. 6).

31 Ob man schon das Vorliegen einzelner dieser Elemente effektiv genügen lässt, hängt im Ergebnis davon ab, **ob sie zu Vorurteilen in der jeweiligen Umgebung führen können** oder bereits geführt haben (ähnlich Thüsing, Beilage zu NZA Heft 22/2004, S. 9). Ausgeklammert bleiben äußerliche physische Merkmale, weil sie unter den Begriff „Rasse" fallen; ist das religiöse Bekenntnis gruppenkonstituierend oder jedenfalls von überragender Bedeutung, greift primär der Schutzbereich des Diskriminierungsverbots wegen der Religion ein. Gleichwohl wird auf diese Weise sichergestellt, dass das Merkmal „ethnische Herkunft", aber auch die übrigen Merkmale ihren eigenen Anwendungsbereich behalten (vgl. Stalder, S. 109). Die „soziale Herkunft" ist allerdings nicht erfasst (v. Roetteken, § 1 Rn. 123), doch erwähnt sie Art. 21 Abs. 1 EU-GRC (dazu Meyer-Hölscheidt EU-GRC Art. 21 Rn. 35 a).

32 Im Ergebnis werden durch „Rasse" und ethnische Herkunft **alle Personen** erfasst, **die als fremd wahrgenommen** werden, „weil sie aufgrund bestimmter Unterschiede von der regionalen Mehrheit als nicht zugehörig angesehen werden." (so die **Definition** von Schiek, AuR 2003, 44, 46; ähnlich Kocher, in: Schlachter/Heinig, EurArbeits- und Sozialrecht, § 5 Rn. 88; ErfK-Schlachter, § 1 Rn. 4). Nur bei einem solchen Ansatz kann der vom BAG (21.6.2012 – 8 AZR 364/11 – NZA 2012, 1345 Rn. 31) gewollte umfassende Schutz realisiert werden (zustimmend Adomeit/Mohr, § 1 Rn. 52 und Schleusener/Suckow/Voigt-Schleusener, § 1 Rn. 42; dahin neigend auch DDZ-Zwanziger, AGG Rn. 21; ablehnend ohne auf den Sinn des Diskriminierungsverbots zu rekurrieren EUArbR-Mohr, Nr. 510 Art. 1 Rn. 6; für einen einheitlichen Begriff „Rasse und ethnische Herkunft" Kamanabrou, RdA 2006, 322; Grünberger, in: Preis/Sagan, EurArbeitsrecht, § 3 Rn. 61). Ob die „Fremdheit" und das „Anderssein" der Realität entspricht oder nur „zugeschrieben" ist, spielt dabei keine Rolle.

3. Ausklammerung der Staatsangehörigkeit?

33 Die **Antirassismusrichtlinie** sieht in **Art. 3 Abs. 2** eine Ausnahme von dem angeordneten Diskriminierungsverbot vor, indem sie bestimmt:

Diese Richtlinie betrifft nicht unterschiedliche Behandlungen aus Gründen der Staatsangehörigkeit und berührt nicht die Vorschriften und Bedingungen für die Ein-

reise von Staatsangehörigen dritter Staaten oder staatenloser Personen in das Hoheitsgebiet der Mitgliedstaaten oder deren Aufenthalt in diesem Hoheitsgebiet sowie eine Behandlung, die sich aus der Rechtsstellung von Staatsangehörigen dritter Staaten oder staatenlosen Personen ergibt.

Eine entsprechende Regelung findet sich in **Art. 3 Abs. 2 der Rahmenrichtlinie.** Nach Erwägungsgrund 13 der Antirassismusrichtlinie sind damit insbesondere Einreise- und Aufenthaltsvorschriften sowie solche Bestimmungen gemeint, die den Zugang zu Beschäftigung und Beruf regeln.

34 Der Sinn dieser Regelung liegt darin, das Recht der Mitgliedstaaten, ihre Einwanderungspolitik zu bestimmen, unberührt zu lassen. Erfasst sind damit **nur Hoheitsakte**, nicht etwa diskriminierende Maßnahmen im Rahmen eines Arbeitsverhältnisses oder des Abschlusses zivilrechtlicher Verträge (Fredman, S. 70; Högenauer, S. 115; Hoppe/Wege, Anm. zu ArbG Wuppertal LAGE § 626 BGB 2002 Nr. 2 a; Nickel, NJW 2001, 2669; Schiek, NZA 2004, 876. Gegen Benachteiligung bei den Arbeitsbedingungen auch Rebhahn/Windisch-Graetz, § 17 Rn. 18). Soweit sich **Drittstaatsangehörige** oder Staatenlose erlaubterweise im Gebiet der EU aufhalten (zur Behandlung der „Illegalen" s. Huber, NZA 2012, 477) und auch am Arbeitsmarkt partizipieren können, gelten die **Diskriminierungsverbote auch für sie.** Dies ist nicht zuletzt deshalb wichtig, weil gerade solche Personengruppen einem sehr starken Diskriminierungsrisiko ausgesetzt sind (vgl. Brown, Yearbook of European Law 21 (2002) 195, 212). Wird etwa für den Zugang zu einer bestimmten Tätigkeit wie der des Heilpraktikers die deutsche Staatsangehörigkeit verlangt, so liegt darin eine mittelbare Benachteiligung wegen der ethnischen Zugehörigkeit (Schiek-Schiek, § 1 Rn. 18).

35 Das **AGG** hat darauf **verzichtet**, die **Frage der Staatsangehörigkeit** ausdrücklich **anzusprechen.** Eine inhaltliche Regelung war in der Tat entbehrlich; dass sich Aufenthalts- und Arbeitserlaubnis nach den einschlägigen Vorschriften des öffentlichen Rechts bestimmen (Aufenthaltsgesetz v. 30.7.2004, BGBl. I, 1950 und Durchführungsverordnungen; Asylrecht), versteht sich im Grunde von selbst. Scheitert eine Einstellung oder Weiterbeschäftigung am Fehlen der nötigen Erlaubnis, liegt darin kein Verstoß gegen das AGG (Voggenreiter, in: Rudolf/Mahlmann, § 8 Rn. 100). Deshalb darf auch eine entsprechende Frage gestellt werden (Adomeit/Mohr, § 1 Rn. 63). Unbeanstandet blieb auch die Praxis eines Unternehmens, das die E-Mail-Adressen aller Mitarbeiter, die die Staatsangehörigkeit bestimmter, in US-Außenhandelsvorschriften genannter Länder hatten, mit einem **TR**(„trade restricted")**-Zusatz** versah: Darin liege nur ein Anknüpfen an die Staatsangehörigkeit, nicht an die ethnische Herkunft (LAG Sachsen 17.9.2011 – 3 TaBV 2/10 – NZA-RR 2011, 72). Einleuchtender wäre gewesen, dies durchaus als Benachteiligung aus ethnischen Gründen anzusehen, jedoch nach einer Rechtfertigung gemäß § 8 zu fragen.

36 Wird in einer Maßnahme auf die ausländische Staatsangehörigkeit abgestellt (der Arbeitgeber erklärt „Ich will keine Algerier"), so liegt eine **unmittelbare Diskriminierung** wegen ethnischer Herkunft vor, wenn der fragliche ausländische Staat durch ein **„Staatsvolk"** charakterisiert wird, das die Voraussetzungen einer „Ethnie" erfüllt (BAG 21.6.2012 – 8 AZR 364/11 – NZA 2012, 1235 Rn. 31). Dies wird in aller Regel der Fall sein

(Meinel/Heyn/Herms, § 1 Rn. 14; für mittelbare Diskriminierung dagegen Schiek, NZA 2004, 876).

4. Konkretisierung: Erfasste Gruppen

37 Unter den Begriff „Rasse" fallen alle Menschen mit bestimmter **Hautfarbe**. Weiter sind mit Rücksicht auf die **Gesichtsform** Ostasiaten, insbesondere Chinesen, Japaner, Koreaner und Thailänder erfasst. Wegen ihrer Haartracht würde man in Deutschland auch die Rastafaris hier einordnen.

38 Eine eigene Ethnie stellen in Übereinstimmung mit der britischen Rechtsprechung **Sikhs und Juden** dar (ebenso für Juden Schiek-Schiek, § 1 Rn. 17). **Sinti und Roma** sind gleichfalls erfasst (EuGH 16.7.2015 – Rs. C-83/14 – NZA 2015, 1247 Rn. 46; Brown, Yearbook of European Law 21 (2002) 195, 196; Bauer/Krieger, § 1 Rn. 21; Boemke/Danko, § 2 Rn. 11; Thüsing, Beilage zu NZA Heft 22/2004, S. 10; ders., Arbeitsrechtlicher Diskriminierungsschutz, Rn. 181; ebenso für Roma EuGH 16.7.2015 – Rs. C-83/14 (CHEZ) – EuGRZ 2015, 482 Rn. 46 = NZA 2015, 1247 Ls.), was aus ihrer Tradition und ihrer von der Umgebung abweichenden Lebensführung folgt; sie sind im Übrigen die am meisten benachteiligte Gruppe im modernen Europa (Hepple, MLR 2004, 4).

39 Aufgrund der gemeinsamen Sprache und Tradition sind die **Sorben** eine selbstständige ethnische Gruppe (ebenso Bauer/Krieger, § 1 Rn. 21; Thüsing, Beilage zu NZA Heft 22/2004, S. 10); dasselbe ist für die **dänische Minderheit** in Schleswig-Holstein anzunehmen (Schleusener/Suckow/Voigt-Schleusener, § 1 Rn. 43 aE).

40 Wer als **Ausländer in der Bundesrepublik** wohnt oder sich hier aufhält, ist Angehöriger eines fremden Volkes und deshalb gleichfalls erfasst (BAG 21.6.2012 – 8 AZR 364/11 – NZA 2012, 1345 Rn. 31; Palandt-Ellenberger § 1 Rn. 2). Anknüpfung an nichtdeutscher Herkunft genügt (BAG 21.6.2012 – 8 AZR 364/11 – NZA 2012, 1345 Rn. 31). Wer „als Türke", „als Tunesier" oder „als Ukrainer" hier lebt, ist gleichfalls durch das AGG geschützt; es kommt nicht darauf an, dass sich gerade auch die in Deutschland befindlichen Angehörigen einer Ethnie durch bestimmte Gemeinsamkeiten auszeichnen (BAG 21.6.2012 – 8 AZR 364/11 – NZA 2012, 1345 Rn. 31). Dabei spielt es **keine Rolle**, ob der Einzelne die **deutsche Staatsangehörigkeit** angenommen hat; die ethnische Zugehörigkeit ändert sich dadurch nicht (Palandt-Ellenberger, § 1 Rn. 2). Bei **gemischt-ethnischen Personen** (Vater Türke, Mutter Deutsche) greift das Diskriminierungsverbot ein, wenn das ausländische „Element" für eine Benachteiligung mitursächlich war (zustimmend Hey, in: Hey/Forst § 1 Rn. 19). In Einzelfällen ist es denkbar, dass jemand seine **ursprüngliche ethnische Zugehörigkeit verlässt** und Teil eines anderen Volkes wird – wer als Türke mit fünf Jahren nach Deutschland kommt und hier 50 Jahre gelebt hat, ist möglicherweise seinem Lebensstil und seinen kulturellen Interessen, aber auch seiner Sprache nach zu einem Deutschen geworden. Das BAG (28.1.2010 – 2 AZR 764/08 – NZA 2010, 625 Rn. 17) hatte in einem ähnlichen Fall deshalb Bedenken, ob jemand allein wegen Geburt und Schulbesuch in Spanien noch nach Jahrzehnten zum spanischen Volk gehöre, so dass ggf. eine ethnische Diskriminierung vorliege. Dem steht entgegen, dass § 1 ebenso wie

die Rassismusrichtlinie auf die ethnische „Herkunft“ abstellt, was einen späteren Wandel ausschließen dürfte (anders Hey, in: Hey/Forst § 1 Rn. 17).

41 Auch **Angehörige anderer EU-Mitgliedstaaten** sind grundsätzlich erfasst. Allerdings dürfte das Diskriminierungsverbot des Art. 18 AEUV (früher: Art. 12 EG) und der VO 1612/68/EWG bzw. 492/2011/EG innerhalb seines Anwendungsbereichs Vorrang haben.

42 **Minderheiten aus andern Staaten** wie zB **Basken oder Kurden** (ebenso für Kurden Bauer/Krieger, § 1 Rn. 21; Schleusener/Suckow/Voigt-Schleusener, § 1 Rn. 43) sind gleichfalls eine Ethnie und werden durch das Gesetz geschützt. Auch solche „Minderheiten in der Minderheit“ sind erfasst.

43 Auch **ausländische Arbeitgeber** oder Anbieter von Waren und Dienstleistungen sind Adressaten des § 1. Ein Kurde darf also von einem türkischen Gastwirt nicht wegen seiner Volkszugehörigkeit zurückgewiesen werden; genauso wenig darf ein Spanier als „nicht hineinpassend“ angesehen werden.

44 Auch die Gruppe der **Spätaussiedler**, die insbesondere aus den Ländern der früheren Sowjetunion kommen, verfügt typischerweise über eine **eigene Gruppenidentität.** Dies zeigt sich in eigenen Zeitungen, im zumindest partiellen Beibehalten der bisherigen realen Muttersprache sowie in dem sehr viel stärkeren familiären Zusammenhalt (ebenso im Ergebnis LAG Bremen 29.6.2010 – 1 Sa 29/10 – NZA-RR 2010, 510; Schiek-Schiek, § 1 Rn. 15: „Russlanddeutsche“).

45 Ob man auch **die deutschen „Stämme“** als eigene Ethnien qualifizieren kann, ist durchaus umstritten. Eine höchstrichterliche Klärung fehlt. Das ArbG Würzburg (23.1.2009 – 3 Ca 664/08 – AE 2009, 275) hat den Standpunkt vertreten, Ost- und Westdeutsche, Bayern und Schwaben, Düsseldorfer und Kölner seien keine selbstständigen Ethnien, sondern Teil eines einheitlichen Volkes. Die Bezeichnung „Lusche aus dem Osten“ stelle daher keine Diskriminierung dar – wobei ein im Hinblick auf § 3 höchst angreifbarer Diskriminierungsbegriff zugrunde gelegt wurde. Das ArbG Stuttgart (15.4.2010 – 17 Ca 8907/09 – NZA-RR 2010, 344) hatte gleichfalls das AGG nicht angewandt, als eine Bewerbung abgelehnt wurde und auf den zurückgeschickten Unterlagen der **Vermerk „Ossi“** mit einem daneben eingekreisten Minuszeichen angebracht war und bei der Beschreibung früherer Tätigkeiten zwei Mal handschriftlich „DDR“ angefügt wurde: „Ossis“ seien keine abgrenzbare Ethnie; trotz der Entwicklung nach dem Zweiten Weltkrieg habe eine gemeinsame Geschichte und Kultur sowie trotz vielfältiger Dialekte eine einheitliche Sprache bestanden. Dass es trotz dieser beschworenen Gemeinsamkeiten Diskriminierungen wegen der Herkunft aus bestimmten Bundesländern geben kann, macht das Grundgesetz selbst deutlich: Schließlich geht es um die Abwehr potenzieller Benachteiligungen, wenn Art. 33 Abs. 1 GG bestimmt, jeder Deutsche habe in jedem Bundesland die gleichen staatsbürgerlichen Rechte und Pflichten. Der Begünstigung von „Landeskindern“ sind insoweit enge Grenzen gezogen. Außerdem verbietet Art. 3 Abs. 3 GG ausdrücklich jede Benachteiligung (und Bevorzugung) wegen „Heimat und Herkunft“ – eine Vorschrift, die in

den beiden arbeitsgerichtlich entschiedenen Fällen schon prima facie sehr viel „passender" war als das Verbot der Benachteiligung wegen ethnischer Herkunft. Ein Blick ins Grundgesetz hätte beiden Gerichten die Arbeit erheblich erleichtert (im Ergebnis wie hier Hey, in: Hey/Forst § 1 Rn. 15). Die Frage, ob die Menschen aus der ehemaligen DDR als eigene Ethnie zu qualifizieren sind, blieb dahingestellt in LAG Hessen (7.2.2012 – 2 Sa 1411/10 – juris Rn. 59).

46 Legt man die allgemeinen Voraussetzungen der „Ethnie" zugrunde (→ Rn. 30), so spricht etwa bei **Bayern, Sachsen und Schwaben** angesichts eines geschlossenen Siedlungsraums und eigenständiger sprachlicher und kultureller Entwicklung sehr viel für die Annahme einer selbstständigen Ethnie (so Bauer/Krieger, § 1 Rn. 23; ebenso Bezani/Richter, § 1 Rn. 129; Boemke/Danko, § 2 Rn. 12; MünchArbR-Oetker, § 14 Rn. 8; Greiner, DB 2010, 1940 ff.; Meinel/Heyn/Herms, § 1 Rn. 13; Rust/Falke, § 1 Rn. 21; anders Adomeit/Mohr, § 1 Rn. 59; Schleusener/Suckow/Voigt-Schleusener, § 1 Rn. 43; KR-Treber, § 1 Rn. 34; Thüsing, Arbeitsrechtlicher Diskriminierungsschutz, Rn. 181: Wir sind ein Volk). Eine weite Auslegung erscheint auch deshalb geboten, weil die **Gefahr** nicht von der Hand zu weisen ist, **dass** die **Zugehörigkeit zu einer anderen Region zu Benachteiligungen führt** – die Klage des Bundestagsvizepräsidenten Thierse zum Jahreswechsel 2012/2013, in Teilen Berlins gebe es eine Massierung von Schwaben, ist wohl nicht ganz ohne Grund zu einem öffentlichen Thema geworden (s. www.tagesspiegel.de). Mit Rücksicht darauf können auch **„Ossis"** und **„Wessis"** als **eigene Ethnie** betrachtet werden (Bauer/Krieger, § 1 Rn. 23; Kocher, in: Schlachter/Heinig, EurArbeits- und Sozialrecht, § 5 Rn. 88; Meinel/Heyn/Herms, § 1 Rn. 13; Nollert-Borasio/Perreng, § 1 Rn. 6; ähnlich DDZ-Zwanziger, AGG Rn. 21 sowie HK-ArbR-Braun, § 1 Rn. 5 und für Österreich Rebhahn/Windisch-Graetz, § 17 Rn. 8; dahingestellt bei LAG Hessen 7.2.2012 – 2 Sa 1411/10 – juris Rn. 59; ablehnend ArbG Stuttgart 15.4.2010 – 17 Ca 8907/09 – NZA-RR 2010, 344; dazu kritisch ErfK-Schlachter, § 1 Rn. 4 a). Zum Verbot der Benachteiligung nach Art. 3 Abs. 3 GG wegen **Herkunft aus den neuen Bundesländern** → Einl. Rn. 51.

47 Eine Diskriminierung wegen Rasse und ethnischer Herkunft liegt auch dann vor, wenn die Benachteiligung **nicht wegen einer ganz bestimmten ethnischen Zugehörigkeit** erfolgt, sondern alle Personen betrifft, die nicht als Deutsche qualifiziert werden. Das Inserat einer Wohnungsverwaltungsgesellschaft **„an Ausländer wird nicht vermietet"** hätte deshalb diskriminierenden Charakter (ebenso Högenauer, S. 115; Rebhahn/Windisch-Graetz, § 17 Rn. 12). Dasselbe gilt, wenn eine Stelle **„nur für deutsche Muttersprachler"** ausgeschrieben wird, und zwar auch dann, wenn perfekte deutsche Sprachkenntnisse für die fragliche Tätigkeit erforderlich waren (ArbG Berlin 11.2.2009 – 55 Ca 16952/08 – NZA-RR 2010, 16) – diese können auch Ausländer vorweisen. Dasselbe gilt, wenn im Rahmen des Arbeitsverhältnisses oder zivilrechtlicher Verträge **den in der Umgebung Wohnenden Sonderrechte** eingeräumt werden („nur schwäbische Mieter"). Damit sind zwar auch zahlreiche Deutsche ausgeklammert, doch ändert dies nichts am diskriminierenden Ausschluss aller Ausländer. Dies ergibt sich nicht zuletzt

daraus, dass der EuGH Entsprechendes in Bezug auf die Gleichbehandlung von In- und EU-Ausländern im Namen der Arbeitnehmerfreizügigkeit angenommen hat (EuGH 6.6.2000 – Rs. C-281/98 (Angonese) – AP Art. 39 EG Nr. 3 : Rechtswidrig, dass der Nachweis deutscher Sprachkenntnisse nur durch ein Südtiroler Zeugnis geführt werden konnte, das für andere Gemeinschaftsbürger nur schwer erreichbar war) und dass nach seiner Rechtsprechung entgegen (dem damaligen) Art. 12 EG (heute: Art. 18 AEUV) eine Benachteiligung anderer EG-Staatsangehöriger darin lag, dass der unentgeltliche Besuch des Dogenpalastes in Venedig nur für die dort und in der Umgebung Lebenden über Sechzigjährigen, nicht aber für sonstige Menschen eröffnet war (EuGH 16.1.2003 – Rs. C-388/01 (Kommission gegen Italienische Republik) – NJW 2003, 1442 = EuZW 2003, 186).

IV. Geschlecht

48 Im deutschen wie im EU-Recht ältestes „verpöntes Merkmal" ist das Geschlecht. Keine Person darf deshalb benachteiligt werden, weil sie **männlichen oder weiblichen Geschlechts** ist. Auch ein Hermaphrodit (Zwitter) darf wegen dieser biologischen Besonderheit, die auch als **„Intersexualität"** bezeichnet wird, nicht diskriminiert werden (Annuß, BB 2006, 1630; Boemke/Danko, § 2 Rn. 18; Kocher, in: Schlachter/Heinig, EurArbeits- und Sozialrecht, § 5 Rn. 84; Meinel/Heyn/Herms, § 1 Rn. 15; v. Roetteken, § 1 Rn. 134; Schiek-Schiek, § 1 Rn. 25; ErfK-Schlachter, § 1 Rn. 6; Thüsing, Beilage zu NZA Heft 22/2004, S. 10; Voggenreiter, in: Rudolf/Mahlmann, § 8 Rn. 25). Dies wirft – beginnend mit dem Personenstandsregister – zahlreiche Fragen auf, die typischerweise außerhalb der beruflichen Sphäre angesiedelt sind (eingehend und weiterführend Rust/Falke-Plett, § 1 Rn. 48 ff.). Das **BVerfG** hat jüngst anerkannt, jeder Mensch habe ein Recht auf Anerkennung seiner geschlechtlichen Identität (BVerfG 10.10.2017 – 1 BvR 2019/16 – NJW 2017, 3643, auch zum Folgenden). Das Personenstandsrecht müsse daher bis 31.12.2018 in der Weise geändert werden, dass neben dem männlichen und dem weiblichen auch ein drittes Geschlecht eintragungsfähig sei. Dieses umfasse alle Menschen, die sich **weder dem männlichen noch dem weiblichen Geschlecht zuordnen** lassen. Zugleich wurde klargestellt, dass das Benachteiligungsverbot des Art. 3 Abs. 3 S. 1 GG auch für diesen Personenkreis gilt (BVerfG 10.10.2017 – 1 BvR 2019/16 – NJW 2017, 3643 Rn. 58). Diese Konsequenz ist entsprechend dem schon bisher Angenommenen auch für § 1 zu ziehen. Sonderfragen sind mit der **Transsexualität** verbunden, bei der körperliches Geschlecht und psychisches Geschlecht auseinanderfallen. Das Unionsrecht rechnet sie dem Merkmal „Geschlecht" (EuGH 30.4.1996 – Rs. C-13/94 (P/S) – NZA 1996, 695), der Gesetzgeber des AGG dem Merkmal „sexuelle Identität" zu (BT-Drs. 16/1780, 31). In unionskonformer Auslegung hat das BAG eine **Zuordnung zu beiden Merkmalen** vorgenommen (BAG 17.12.2015 – 8 AZR 421/14 – NZA 2016, 888 Rn. 31), was im Ergebnis allerdings ohne sichtbare Folgen bleibt. Im Übrigen bewegen sich die Auslegungs- und Abgrenzungsfragen beim Merkmal „Geschlecht" in relativ engem Rahmen.

49 Eine unerlaubte Anknüpfung liegt auch dann vor, wenn **nur ein Teil der Gruppe** „Frauen" oder „Männer" benachteiligt wird (Epiney/Abt, S. 71),

wenn also neben dem Geschlecht an ein weiteres Merkmal angeknüpft wird. Man spricht insoweit von einer sog **Sex plus-Situation**. Historisch wichtigstes Beispiel ist die **Benachteiligung verheirateter Frauen** (EuGH 28.9.1994 – Rs. C-7/93 (Beune) – EuGHE 1994, I-4471; zustimmend Rebhahn-Rebhahn, § 3 Rn. 35). Dem trug die Formulierung des Art. 2 Abs. 1 der Gender-Richtlinie aF Rechnung, wonach eine Diskriminierung aufgrund des Geschlechts „insbesondere unter Bezugnahme auf den Ehe- oder Familienstand" verboten war (vgl. auch v. Roetteken, § 1 Rn. 136). Die Neufassung durch die Richtlinie 2006/54/EG stellt nur noch auf das Geschlecht als solches ab, doch ändert dies nichts daran, dass beispielsweise eine männlichen Arbeitnehmern bezahlte „Ehefrauenzulage" eine unzulässige Diskriminierung darstellt, wenn weibliche Arbeitnehmer keine „Ehemännerzulage" bekommen (BAG 13.11.1985 – 4 AZR 234/84 – NZA 1986, 321). Auch eine Schlechterstellung von Frauen mit Kindern verstieße grundsätzlich gegen das Diskriminierungsverbot. Der **Familienstand als solcher** kann aber durchaus Anknüpfungspunkt für Regelungen (zB der Hinterbliebenenversorgung) sein, sofern diese keine benachteiligenden Wirkungen haben (EuGH 7.1.2004 – Rs. C-117/01 (K. B.) – NJW 2004, 1440 Rn. 28; näher Adomeit/Mohr, § 1 Rn. 82 ff.). Weitere Anwendungsfälle der Sex-plus-Situation: Körperfülle führt nur bei Frauen, nicht aber bei Männern zu nachteiligen Entscheidungen (zustimmend HK-ArbR-Braun, § 1 Rn. 8; vgl. weiter Rebhahn-Rebhahn, § 3 Rn. 35, der die Differenzierung dann zulassen will, wenn das fragliche Merkmal bei der anderen Hauptgruppe nicht vorhanden ist, es also im Beispiel keine dicken Männer gibt. Dann ist aber immer nach einer hypothetischen Vergleichsperson zu fragen). Vergleichbar ist die Rechtsprechung des BVerwG (31.1.2002 – 2 C 1/01 – NJW 2002, 2045), wonach es unzulässig ist, wegen Haarausfalls benötigte **Perücken** bei Frauen generell, bei Männern jedoch nur bis zu einem Alter von 30 Jahren für beihilfefähig zu erklären.

50 Eine unerlaubte Anknüpfung an das Geschlecht liegt weiter dann vor, wenn an **geschlechtsspezifischen Eigenschaften wie Schwangerschaft und Mutterschaft** angeknüpft wird. Dies gilt etwa für die Einstellung (EuGH 8.11.1990 – Rs. 177/88 (Dekker) – NZA 1991, 171), und zwar sogar dann, wenn an dem in Aussicht genommenen Arbeitsplatz ein **Beschäftigungsverbot** für Schwangere besteht (EuGH 3.2.2000 – Rs. C-207/98 (Mahlburg) – NZA 2000, 255). Auch ein Verlust des Arbeitsplatzes aufgrund der Schwangerschaft stellt eine Diskriminierung dar (EuGH 14.7.1994 – Rs. C-32/93 (Webb) – NZA 1994, 783), ebenso die Zuweisung eines schlechteren Arbeitsplatzes nach der Rückkehr aus dem Mutterschaftsurlaub (ArbG Wiesbaden 18.12.2008 – 5 Ca 46/08). Dies gilt ebenfalls für **schwangerschaftsbedingte Krankheiten** (EuGH 30.6.1998 – Rs. C-394/96 (Brown) – NZA 1998, 871), doch wird vom EuGH (8.11.1990 – Rs. C-179/88 – NZA 1991, 173, bestätigt durch EuGH 8.9.2005 – Rs. C-191/03 – NZA 2005, 1105) in durchaus angreifbarer Weise Abweichendes angenommen, wenn sich die **Krankheit über** die spezifischen **Schutzfristen hinaus** fortsetzt. Die Inanspruchnahme von **Mutterschaftsurlaub** hat in Art. 9 Abs. 1 Buchst. g Richtlinie 2006/54/EG (und innerstaatlich im BEEG) eine Sonderregelung erfahren. Art. 33 Abs. 2 EU-GRC enthält ein generelles Verbot der Benachteiligung wegen Mutterschaft. Wird eine Frau wegen ihres dem Arbeitgeber bekannt gewordenen **Wunsches nach Schwangerschaft** benachteiligt oder gekündigt, stellt auch dies eine unerlaubte Diskriminierung dar (übersehen in ArbG Elmshorn 29.1.1997 – 1 e Ca 1902/96 – EzA § 242 BGB Nr. 40 = AiB 1997, 364 mAnm Schirge und in LAG Schleswig-Holstein 17.11.1997 – 5 Sa 184/97 – LAGE § 242 BGB Nr. 3). Dasselbe gilt, wenn sie sich einer künstlichen Befruchtung unterzieht; eine Kündigung ist unzulässig, wenn die Befruchtung stattgefunden hat, der Embryo aber noch nicht eingepflanzt wurde (EuGH 26.2.2008 – Rs. C-506/06 (Mayr) – NZA 2008, 345). Eine **Bestellmutter**, die ihr Kind von einer anderen Frau austragen lässt, wird nicht wegen ihres Geschlechts benachteiligt, wenn sie anlässlich der Geburt des Kindes keinen Mutterschaftsurlaub erhält (EuGH 18.3.2014 – Rs. C-363/12 – NZA 2014, 525). Die **Mutterschaft** wird insbesondere dann relevant, wenn wegen der Erkrankung von Kindern erhebliche Fehlzeiten nach § 45 SGB V entstehen. Wird bei der (abschlägig beschiedenen) Bewerbung auf das Vorhandensein eines 7-jährigen Kindes abgestellt, so ist dies ein Diskriminierungsindiz nach § 22 (BAG 18.9.2014 – 8 AZR 753/13 – AP § 3 AGG Nr. 10). Dasselbe dürfte für **frauenpolitische Aktivitäten** gelten (→ Rn. 16), doch können diese auch als Ausdruck weltanschaulicher Überzeugung qualifiziert werden (→ Rn. 74).

51 An das Geschlecht wird auch dann angeknüpft, wenn dessen Veränderung Anlass für eine Schlechterstellung ist. **Transsexualität** darf deshalb nicht zum Anlass für eine Benachteiligung genommen werden (EuGH 30.4.1996 – Rs. C-13/94 (P/S) – NZA 1996, 695; Karl, in: Tomandl/Schrammel (Hrsg.), S. 59; zustimmend Meinel/Heyn/Herms, § 1 Rn. 15; KR-Treber, § 1 Rn. 36; v. Roetteken, § 1 Rn. 133; Thüsing, Arbeitsrechtlicher Diskriminierungsschutz, Rn. 182; Grünberger, in: Preis/Sagan, EurArbeitsrecht, § 3 Rn. 74; aA Adomeit/Mohr, § 1 Rn. 76: Qualifizierung als Fall der sexuellen Identität). Dies gilt ohne Rücksicht darauf, ob lediglich der Wunsch besteht, sich dem empfundenen Geschlecht auch biologisch anzupassen, oder ob Veränderungen des Namens (im deutschen Recht die sog kleine Lösung) und der biologischen Merkmale vorgenommen wurden (sog große Lösung). Insoweit stimmt auch die Literatur zu (Epiney/Abt, S. 72; Kocher, AiB 2004, 656; Thüsing, Beilage zu NZA Heft 22/2004, S. 10). Ist eine **Geschlechtsumwandlung effektiv vollzogen,** besteht nach Art. 12 EMRK auch ein **Recht auf Eheschließung** (EGMR 11.7.2002 – 28957/95 – NJW-RR 2004, 289 – Christine Goodwin). Soweit das nationale Recht – anders als das deutsche – dem nicht Rechnung trägt und eine Eheschließung deshalb unterbleiben muss, liegt eine unerlaubte Diskriminierung wegen des Geschlechts vor, wenn aufgrund dieser Tatsache **keine betriebliche Hinterbliebenenrente** erworben werden kann (EuGH 7.1.2004 – Rs. C-117/01 (K. B.) – NJW 2004, 1440).

52 Die **„sexuelle Ausrichtung“** ist in Art. 19 AEUV (früher: Art. 13 Abs. 1 EG) und in Art. 1 der Rahmenrichtlinie als selbstständiges Merkmal erfasst; § 1 AGG spricht insoweit von der „sexuellen Identität“. Deshalb erübrigt sich der Streit, ob der EuGH die unterschiedliche Behandlung von homo- und heterosexuellen Gemeinschaften als geschlechtsspezifische Diskriminierung hätte qualifizieren müssen (ablehnend insoweit EuGH 17.2.1998 –

Rs. C-249/96 (Grant) – NZA 1998, 301, 303; wie hier Epiney/Abt, S. 72 mN zum bisherigen Streitstand). Auch ist es ohne Bedeutung, ob eine Benachteiligung wegen Transsexualität dem Bereich „Geschlecht" oder dem Bereich „sexuelle Identität" zugeordnet wird (für Zuordnung zu beiden Bereichen BAG 17.12.2015 – 8 AZR 421/14 – NZA 2016, 888 Rn. 31).

53 Nicht vom Verbot der Diskriminierung wegen des Geschlechts erfasst werden sog **Transvestiten**, die sich lediglich wie Personen des anderen Geschlechts kleiden, an deren Zuordnung jedoch kein Zweifel besteht (Adomeit/Mohr, § 1 Rn. 77; Schleusener/Suckow/Voigt-Schleusener, § 1 Rn. 47). Allerdings ist denkbar, dass die fragliche Person einem falschen Geschlecht zugeordnet und in dieser Eigenschaft benachteiligt wird – auch dies wird vom Gesetz erfasst (→ Rn. 106 ff.). Weiter kann das Verbot der Diskriminierung wegen sexueller Orientierung eingreifen.

V. Religion und Weltanschauung

54 Der Text des § 1 fasst grammatikalisch „Religion oder Weltanschauung" zusammen, dasselbe tut Art. 19 AEUV (früher: Art. 13 Abs. 1 EG) und Art. 1 der Rahmenrichtlinie. Beide sollen deshalb zusammen behandelt werden.

1. Religion

55 Wann von einer „Religion" die Rede sein kann, lässt sich abstrakt nur schwer bestimmen (Mohr, S. 201). Stellt man allein auf die subjektiven Überzeugungen der sich auf „Religionsfreiheit" berufenden Menschen ab, ist eine uferlose Ausweitung denkbar. Beschränkt man sich (objektiv) auf die traditionelle Sicht des Religiösen, engt man den Anwendungsbereich stark ein und begrenzt damit entgegen der religiös-weltanschaulichen Neutralität des Staates die Entwicklung neuer Vorstellungen (Kokott, in: Sachs (Hrsg.), GG Art. 4 Rn. 30). Vom Sinn des Diskriminierungsverbotes her, das einen allgemeinen Grundsatz des Unionsrechts zum Ausdruck bringt, ist eine **eher weite Auslegung** angemessen.

56 Keine Zweifel bestehen zunächst daran, dass die „großen **Weltreligionen**" erfasst sind. Dies gilt nicht nur für das Christentum, sondern auch für die jüdische Religion, für den Islam, für den Buddhismus, für den Hinduismus und für den Shintoismus (gegen eine Begrenzung auf abendländische Traditionen zum deutschen Recht auch Morlok, in: Dreier (Hrsg.), GG Art. 4 Rn. 67 mwN). Miterfasst sind dabei auch **interne Untergliederungen** wie die in Katholiken und Protestanten (Vickers, International Journal of Comparative Labour Law 2004, 177). § 1 würde deshalb auch dann eingreifen, wenn in einer arabischen Gaststätte ein Kellner deshalb nicht eingestellt oder entlassen wird, weil er nicht wie der Inhaber zu den **Schiiten**, sondern zu den **Sunniten** zählt (zustimmend DDZ-Zwanziger, AGG Rn. 24). Auch wenn die beiden Vertragsparteien **derselben Glaubensrichtung** angehören, die eine aber **die andere als „inkonsequent", „lax" und „wenig gläubig" qualifiziert,** liegt eine verbotene Anknüpfung an einem von § 1 erfassten Merkmal vor. Beispiel wäre etwa ein pietistisch eingestellter Arbeitgeber aus Württemberg, der einen protestantischen Bewerber deshalb nicht einstellt, weil er diesen nie beim Kirchgang gesehen hat.

57 Die eigentlichen Probleme beginnen bei **kleinen Organisationen**, die es dann besonders schwer haben, wenn sie nicht über ein Leitwerk wie die Bibel oder den Koran verfügen (Vickers, International Journal of Comparative Labour Law 2004, 177, 181; vgl. auch ErfK-Schlachter, § 1 Rn. 7 aE: Sekten besonders diskriminierungsgefährdet; ebenso HK-ArbR-Braun, § 1 Rn. 11). Auch sie sind nach nationalem deutschen Recht geschützt, da es nach der Rechtsprechung des BVerfG **nicht** auf die Zahl der Anhänger und die **soziale Relevanz** der Organisation ankommt (BVerfG 19.10.1971 – 1 BvR 387/65 – BVerfGE 32, 98, 106; ebenso Kokott, in: Sachs (Hrsg.), GG Art. 4 Rn. 17, 30; Nollert-Borasio/Perreng, § 1 Rn. 15). Keine Schwierigkeiten werden sich bei solchen Gemeinschaften ergeben, die in Deutschland den **Status einer Körperschaft des öffentlichen Rechts** besitzen; das Unionsrecht, das die Auslegung des § 1 im Konfliktsfalle dominiert, hat keinen engeren Begriff. Erfasst sind deshalb die **Zeugen Jehovas** (BVerfG 19.12.2000 – 2 BvR 1500/97 – BVerfGE 102, 370 ff.), aber auch die Neuapostolische Kirche, die Gemeinschaft der **Mormonen** (zu dieser BAG 24.4.1997 – 2 AZR 268/96 – AP § 611 BGB Kirchendienst Nr. 27) und die Heilsarmee (eine Aufzählung weiterer Körperschaften findet sich in BVerfG 19.12.2000 – 2 BvR 1500/97 – BVerfGE 102, 370, 372). Auch die Baháí-Religion dürfte dazu zählen (BVerfG 5.2.1991 – 2 BvR 263/86 – BVerfGE 83, 341, 353 = NJW 1991, 2623).

58 Bei anderen Organisationen stellt sich in der Tat ein Abgrenzungsproblem. Dabei kommt es **nicht** darauf an, ob die fraglichen Überzeugungen **für andere plausibel** sind. So werden auch sog **Kreationisten** den Religionsgemeinschaften zugerechnet (Bauer/Krieger, § 1 Rn. 32 a; ihnen zustimmend Adomeit/Mohr, § 1 Rn. 91 aE), ebenso die Anhänger des Schamanentums (Bauer/Krieger, § 1 Rn. 32 a), doch wäre es keine „Religion", würde sich die Überzeugung darauf beschränken, die Einnahme von Drogen zu befürworten oder die „body modification" im Wege des „piercing" zu praktizieren (Adomeit/Mohr, § 1 Rn. 97; Bauer/Krieger, § 1 Rn. 32). Für eine „Religion" ist ein **transzendenter Bezug** charakteristisch (Kokott, in: Sachs (Hrsg.), GG Art. 4 Rn. 19; Schiek-Schiek, § 1 Rn. 20; Staudinger-Richardi, BGB Vor § 611 Rn. 84; eingehend Thüsing, Arbeitsrechtlicher Diskriminierungsschutz, Rn. 187 ff.), dh die Erklärung der Welt und der menschlichen Existenz mit Gründen, die aus einem mit wissenschaftlichen Methoden nicht erschließbaren Zusammenhang stammen. Dabei ist der Glaube an einen Gott häufige, aber keineswegs notwendige Bedingung (zum Religionsbegriff in Großbritannien, USA, Frankreich und Deutschland s. die vergleichende Untersuchung von Thüsing, Gedächtnisschrift Krüger, S. 352 ff. – am Beispiel der Auseinandersetzungen um Scientology). Vorausgesetzt ist dabei, dass **der Einzelne** jedenfalls **im Grundsatz die Aussagen der Religionsgemeinschaft glaubt** und ihre Verhaltensregeln als für sich verbindlich ansieht. Dabei wird immer ein **organisatorischer Zusammenhang** vorausgesetzt; rein individuelle Überzeugungen fallen in den Schutzbereich der Gewissens- und der Meinungsfreiheit (EGMR 5.4.2007 – 18147/02 – NJW 2008, 495). Dabei genügt die bloße Behauptung, eine Religionsgemeinschaft zu sein, nicht (BVerfG 5.2.1991 – 2 BvR 263/86 – NJW 1991, 2623). Nicht auf die Religionsfreiheit kann sich deshalb berufen, wer die religiösen Lehren nur als „Vorwand" für die Verfolgung wirtschaftlicher

Ziele benutzt (was bei einzelnen erwerbswirtschaftlichen Betätigungen einer Kirche noch nicht der Fall ist – Schleusener/Suckow/Voigt-Schleusener, § 1 Rn. 52). Dies, dh die Bezugnahme als Vorwand, wurde vom BAG (22.3.1995 – 5 AZB 21/94 – NZA 1995, 823 = NJW 1996, 143) für die **„Scientology Kirche Hamburg** eV" angenommen. Würden deren Mitglieder mit Rücksicht auf ihre Mitgliedschaft benachteiligt, läge deshalb keine Diskriminierung wegen Zugehörigkeit zu einer Religion vor. So hat es das BVerfG (16.8.2002 – 1 BvR 1241/97 – NJW 2002, 3458) als unbedenklich qualifiziert, wenn vor einem Jazz-Pianisten wegen dessen Mitgliedschaft bei Scientology gewarnt und die **Nichtgewährung von Subventionen** für Veranstaltungen in Aussicht gestellt wurde, auf denen er auftreten sollte. Dabei hat das BVerfG die Frage der Qualifizierung von Scientology als Religionsgemeinschaft offen gelassen und auch für den Fall einer positiven Antwort keine Verletzung der Religionsfreiheit angenommen. Dies will nicht unbedingt einleuchten. In der Literatur wird zum Teil der nicht unplausible Standpunkt vertreten, ein einzelnes überzeugtes Mitglied von Scientology könne sich durchaus auf § 1 berufen (Meinel/Heyn/Herms, § 1 Rn. 19; ErfK-Schlachter, § 1 Rn. 8 aE; in ähnliche Richtung Boemke/Danko, § 2 Rn. 30; anders Adomeit/Mohr, § 1 Rn. 95). Auch wird empfohlen, bis zu einer Klärung durch den EuGH auf die Frage nach der Scientology-Zugehörigkeit zu verzichten (Bauer/Krieger, § 1 Rn. 33). Dafür besteht umso mehr Anlass, als der EGMR (5.4.2007 – 18147/02 – NJW 2008, 495) die Nicht-Registrierung von Scientology in Russland als Verstoß gegen Art. 9 EGMR qualifiziert hat, ohne allerdings die Frage definitiv zu entscheiden, ob Scientology die Voraussetzungen einer Religionsgemeinschaft erfüllt.

59 Zur Religion gehört auch das **Recht, die eigene Lebensführung an ihren Prinzipien auszurichten** (BVerfG 19.10.1971 – 1 BvR 307/65 – BVerfGE 32, 98, 106; ebenso Thüsing, in: Tomandl/Schrammel (Hrsg.), S. 15). Dabei reicht es aus, dass die fragliche Person die religiösen Gebote als für sich verbindlich empfindet, auch wenn andere Personen derselben Religionsgemeinschaft insoweit eine abweichende Auffassung haben (vgl. nur BAG 10.10.2002 – 2 AZR 472/01 – NZA 2003, 483, 486; s. schon BVerfG 16.10.1968 – 1 BvR 241/66 – BVerfGE 24, 236, 245 ff. – Altmaterialsammlung). So wurde etwa in Kanada ein **Mennonit** von der (dort möglichen) Pflicht zum Gewerkschaftsbeitritt befreit, obwohl die Glaubensgemeinschaft der Mennoniten Gewerkschaften nicht prinzipiell ablehnt (mitgeteilt bei Vickers, International Journal of Comparative Labour Law 2004, 190). Auch wer ein christliches Amulett trägt, kann nicht darauf verwiesen werden, der christliche Glaube schreibe dies nicht zwingend vor (Högenauer, S. 106).

60 **Konflikte** können sich **im Arbeitsleben** insbesondere im Hinblick auf religiös bedingte **Bekleidungsregeln** (insbesondere zum **„Kopftuchstreit"** → Einl. Rn. 54 ff. und Rohe, GS Blomeyer II, S. 217 ff.) sowie bestimmte Zeiträume ergeben, die für Gebete oder Feiertage reserviert sind. Auch der Speiseplan der Betriebskantine kann betroffen sein (s. bereits die knappe Rechtsprechungsübersicht in → Einl. Rn. 54 ff.). Dabei steht typischerweise die Situation im Vordergrund, dass **eine für alle gleichermaßen geltende**

Norm wie zB eine ungeschriebene Kleiderordnung sich zulasten bestimmter Bekenntnisse auswirkt. Die darin liegende mittelbare Diskriminierung ist nur dann nach § 3 Abs. 2 gerechtfertigt, wenn **keine zumutbaren Ausweichmöglichkeiten** bestehen, die den Konflikt vermeiden. Dies hat der EuGH bereits in einer frühen Entscheidung (EuGH 27.10.1976 – Rs. 130/75 (Prais) – EuGHE 1976, 1589, 1598) betont, wonach eine Behörde im Rahmen eines Auswahlverfahrens bei der Festlegung des Prüfungstermins auf religiöse Feiertage Rücksicht nehmen muss. Insoweit kommt den **angemessenen Vorkehrungen,** die Art. 5 der Rahmenrichtlinie zugunsten der Gruppe der Behinderten vorsieht, keine Exklusivwirkung zu (dazu Valdés Dal-Ré, FS Rodriguez-Piñero, S. 565 ff.; sehr vorsichtig Stein, NZA 2014, 1053 ff.). Auch in der Literatur ist im Wesentlichen anerkannt, dass der Arbeitgeber im Rahmen des Zumutbaren eine Konfliktsvermeidungsstrategie verfolgen muss (Kummer, S. 74; Thüsing, ZfA 2001, 406; Vickers, International Journal of Comparative Labour Law 2004, 177). Allerdings darf dabei nicht eine Gruppe gegenüber anderen privilegiert werden; was einer christlichen Konfession gestattet wird, darf Moslems nicht verweigert werden (Bauer/Krieger, § 1 Rn. 36: teilweise Arbeitsbefreiung an einem staatlich nicht anerkannten Feiertag, Gestattung von missionarischer Tätigkeit). Sonderprobleme ergeben sich für Religionsgemeinschaften als Arbeitgeber (Vickers, International Journal of Comparative Labour Law 2004, 177, 182 ff.); ihnen ist im Rahmen der Kommentierung des § 9 nachzugehen. Derzeit ist die Frage beim EuGH anhängig, ob es zulässig ist, dass ein kirchlicher Arbeitgeber an Angestellte, die ihm selbst angehören, höhere Ansprüche stellt als an Angehörige anderer Konfessionen (BAG 28.7.2016 – 2 AZR 746/14 – NZA 2017, 388).

61 Eine unerlaubte Anknüpfung am Merkmal „Religion" würde auch dann vorliegen, wenn jemand wegen seiner **atheistischen Überzeugungen** benachteiligt würde (Adomeit/Mohr, § 1 Rn. 93; Schleusener/Suckow/Voigt-Schleusener, § 1 Rn. 59; Grünberger, in: Preis/Sagan, EurArbeitsrecht, § 3 Rn. 80; Vickers, International Journal of Comparative Labour Law 2004, 177, 181); entsprechend wird im deutschen Verfassungsrecht verfahren (BVerfG 8.11.1960 – 1 BvR 59/56 – BVerfGE 12, 1, 3). Auch die **Gleichgültigkeit in religiösen Fragen** darf im Anwendungsbereich des AGG keine Rolle spielen (HK-ArbR-Braun, § 1 Rn. 12; Högenauer, S. 106; Meinel/Heyn/Herms, § 1 Rn. 17; EUArbR-Mohr, Nr. 520 Art. 1 Rn. 20; Rebhahn/Windisch-Graetz, § 17 Rn. 24; Schleusener/Suckow/Voigt-Schleusener, § 1 Rn. 52); entsprechend wird nach deutschem Verfassungsrecht entschieden (Kokott, in: Sachs (Hrsg.), GG Art. 4 Rn. 29; Morlok, in: Dreier (Hrsg.), GG Art. 4 Rn. 68).

2. Weltanschauung

62 Nach deutschem Rechtsverständnis unterscheidet sich die Weltanschauung von der Religion nur dadurch, dass die **Transzendenz fehlt.** Die Stellungnahme zum **Sinn des Weltgeschehens** (Kokott, in: Sachs (Hrsg.), GG Art. 4 Rn. 22) wird **aus innerweltlichen (irdischen) Erkenntnissen gewonnen.** Auch hier wird eine „wertende Stellungnahme zum Ganzen der Welt und zur Stellung des Menschen darin" vorausgesetzt (vgl. von Campenhausen,

in: Isensee/Kirchhof (Hrsg.), Handbuch des Staatsrechts, Bd. VI, § 136 Rn. 43; ähnlich Bauer/Krieger, § 1 Rn. 30: Weltlicher Zwilling der Religion). Das BAG (22.3.1995 – 5 AZB 21/94 – NZA 1995, 823, 827) fasst die herrschende Sicht wie folgt zusammen:

63 „Unter Religion oder Weltanschauung versteht die Rechtsprechung eine nur mit der Person des Menschen verbundene Gewissheit über bestimmte Aussagen zum Weltganzen sowie zur Herkunft und zum Ziel des menschlichen Lebens. Die Religion legt eine den Menschen überschreitende und umgreifende (‚transzendente') Wirklichkeit zugrunde, während sich die Weltanschauung auf innerweltliche (‚immanente') Bezüge beschränkt."

64 Diese Voraussetzung erfüllt etwa der **Marxismus** als gesamtgesellschaftliche Theorie (ebenso ArbG Berlin 30. 7.2009 – 33 Ca 5772/09 – NZA-RR 2010, 70; Adomeit/Mohr, § 1 Rn. 105; HK-ArbR-Braun, § 1 Rn. 13; Mahlmann, in: Rudolf/Mahlmann § 3 Rn. 99; wohl auch Wendeling-Schröder/Stein, § 1 Rn. 37 und ErfK-Schlachter, § 1 Rn. 8; ähnlich Schiek-Schiek, § 1 Rn. 23; Wendeling-Schröder, FS Schwerdtner, S. 274; in diesem Sinne wohl auch BVerfG 12.2.1969 – 1 BvR 42/69 – BVerfGE 25, 230, 233, 234). Die **Anthroposophie** Rudolf Steiners dürfte dem ebenfalls entsprechen (BVerfG 16.5.1996 – 1 BvR 1087/91 – BVerfGE 93, 1 ff. – Kruzifix; ebenso Palandt-Ellenberger, § 1 Rn. 5). Ersichtlich geht es nicht um „Religion zu billigen Preisen" (Thüsing, Beilage zu NZA Heft 22/2004, S. 11). Ob „Ausländerfeindlichkeit" eine Weltanschauung sein kann, blieb dahingestellt bei LAG Berlin-Brandenburg 23.3.2017 – 5 Sa 1843/16 – ZTR 2017, 613.

65 Allerdings stellt sich das Problem, ob diese deutsche Sicht des Merkmals Weltanschauung mit der des Art. 19 AEUV (früher: Art. 13 Abs. 1 EG) und des Art. 1 der Rahmenrichtlinie übereinstimmt (die Problematik ist völlig übersehen bei Rust/Falke-Stein, § 1 Rn. 65 ff.). Dies deshalb, weil **die anderen sprachlichen Fassungen der Richtlinie** durchweg nicht den engen Begriff der Weltanschauung, sondern den sehr viel weiteren der „Überzeugung" benutzen (dazu Däubler, NJW 2006, 2608). Dies wird bei Grünberger (in: Preis/Sagan, EurArbeitsrecht, § 3 Rn. 85) übersehen.

66 Die **französische** Fassung des Art. 1 spricht vom Kampf „contre la discrimination fondée sur la religion ou les convictions"; die **spanische** Fassung spricht von „discriminación por motivos de religión o convicciones." Im **Portugiesischen** ist von „convicções" die Rede, während die **italienische** Fassung die Formulierung „discriminazioni fondate sulla religione o le convinzioni personali" verwendet und so noch deutlicher auf den Einzelnen und seine Überzeugung statt auf eine in einem organisatorischen Zusammenhang stehende Anschauung über die Welt als Ganze hinweist.

67 Auch das **englische** Wort „belief" bezeichnet eher eine feste persönliche Überzeugung als eine „Weltanschauung" in dem beschriebenen Sinn. Wenn in der englischen Umsetzungsnorm von „religious belief or similar philosophical belief" die Rede ist (darauf bezieht sich Thüsing, Beilage zu NZA Heft 22/2004, S. 11), so kann dies genauso wenig als autoritative Interpretation des Unionsrechts gelten wie der Sprachgebrauch des deutschen Gesetzgebers. Aus der Hinzufügung von „religious" und „philosophical" wird gerade die Einengung gegenüber Art. 1 der Richtlinie deutlich, wo in

aller Klarheit von „discrimination on the grounds of religion or belief" die Rede ist.

68 Auch in der **niederländischen** Fassung ist von „overtuiging" die Rede. Im **Dänischen** heißt es „religion eller tro", was „für wahr halten" bedeutet. Im **Schwedischen** ist von „religion eller övertygelse" die Rede, was sich gleichfalls nur mit „Überzeugung" wiedergeben lässt. In der **finnischen** Fassung finden sich die Worte „uskontoon tai vakaumukseen", was sich bei näherem Hinsehen mithilfe des Lexikons als Genitiv von „uskonto" (= Religion) und von „vakaumus" (= Überzeugung) herausstellt. Auch das **griechische** „pepithisi" ist nach Auskunft von Prof. Travlos aus Athen mit „Überzeugung" zu übersetzen. Die an anderer Stelle zu findende Wiedergabe im Sinne von vorgefasster Ansicht und Vorurteil (Runggaldier, FS Doralt, S. 524) trifft so nicht zu.

69 Die **Sprachen der am 1.5.2004 beigetretenen Mitgliedstaaten** müssen mit Rücksicht auf die Gleichwertigkeit aller Amtssprachen (→ Einl. Rn. 133) gleichfalls berücksichtigt werden. Die Benutzung von Lexika ist unabdingbar und kann auch nur deshalb einigermaßen zum Ziel führen, weil es um einen einzelnen Begriff geht, der sich in einer (überall gleichen) Aufzählung befindet und so relativ leicht zu ermitteln ist.

70 Im **Slowenischen** ist von „boja proti diskriminaciji" (= Kampf gegen Diskriminierung) „zaradi vere ali preprianja" die Rede, was „wegen des Glaubens oder der Überzeugung" bedeutet. Auch die **polnische** Fassung spricht von Diskriminierung „ze wzgledu na religie lub przekonania", was „mit Rücksicht auf Religion oder Überzeugung" bedeutet. Das Wörterbuch der Rechts- und Wirtschaftssprache von Kilian nennt als weitere Übersetzungsmöglichkeiten „Anschauung" und „Ansicht". Im **Slowakischen** heißt es „na základe náboenstva alebo viery", was laut Lexikon „im Hinblick auf Religion oder Glauben" bedeutet. Ähnlich im **Tschechischen**: „na záglade naboenského vyznáni i víry", wobei „Glaube" nicht der religiöse sein kann, sondern ähnlich wie im Englischen die Überzeugung, dass etwas wahr und richtig ist. Der **ungarische** Text verwendet die Ausdrücke „valláson" und „meggyözödésen", wobei „vallás" Religion und „meggyözödés" Überzeugung bedeutet. Auch das **Maltesische** stimmt damit überein (s. Däubler, NJW 2006, 2608, 2609).

71 Das **Estnische** ist zwar dem Finnischen ähnlich, doch hilft dies hier nur bei sehr mutig betriebenem Ratespiel weiter. Nach dem einschlägigen Lexikon bedeutet „usutunnistus" „Konfession" oder „Glaube", während „veendumus" mit „Überzeugung" übersetzt wird. Im Richtlinientext heißt es „usutinnistuse" und „veendumuste", was – so steht zu vermuten – mit den Genitiv-Endungen zusammenhängt. Die **lettische** Fassung verlangt gleichfalls ein wenig Kombinationsgabe. Im Richtlinientext ist von „religias" und „uzskatu" die Rede; während sich das Erstere von selbst erklärt, bedeutet „uzskats" laut Lexikon „Anschauung"; auch die „Weltanschauung" existiert, nennt sich aber „pausales uzskats", ist also wohl eine besonders qualifizierte Form von Überzeugung. Der **litauische** Richtlinientext spricht von „religijos ar isitikinimu", wobei „isitikinimas" laut Lexikon gleichfalls „Überzeugung" bedeutet.

72 Auch die Sprachen der seit der Vorauflage hinzugekommenen Mitgliedstaaten weisen in dieselbe Richtung. Die **rumänische** Formulierung, Diskriminierung „pe motive de apartenență religioasă sau convingeri“ sei zu bekämpfen, stellt mit „convingeri“ auf „Überzeugung“ ab. Im **Kroatischen** ist von „vijere ili uvjerenja“ die Rede, was „Glaube oder Überzeugung“ bedeutet. Dem entspricht der **bulgarische** Wortlaut „религия или убеждение“(religia ili ubjeschdjenije).

73 Der den Anspruch des EU-Rechts ernst nehmende (und damit partiell ad absurdum führende) **Überblick** hat **deutlich gemacht**, dass sich ein **Widerspruch zu allen anderen** in gleicher Weise maßgebenden ausländischen **Sprachfassungen** ergeben würde, wollte man **„Weltanschauung“ mit dem traditionellen deutschen Begriffsinhalt** versehen. In solchen Fällen praktiziert der EuGH zwar in der Regel kein Mehrheitsprinzip, doch misst er der Präponderanz eines bestimmten Sprachgebrauchs erhebliche Bedeutung bei (→ Einl. Rn. 135; so auch Schiek-Schiek, § 1 Rn. 23). Entscheidend wird daneben auf den **Zweck der Regelung** abgestellt. Diese will ein Grundprinzip des Unionsrechts realisieren, weshalb eine **weite Auslegung** der verwandten Begriffe geboten ist. Für eine Auslegung im Sinne von „Überzeugung“ spricht auch die Formulierung in **Art. 14 EMRK**, der neben der Religion die **„politischen oder sonstigen Anschauungen“** nennt; dass man angesichts der durch Art. 6 Abs. 2 EU-Vertrag (heute: Art. 6 Abs. 3 EUV) hervorgehobenen Bedeutung der EMRK hinter die dort benutzten Merkmale zurückfallen wollte, erscheint wenig einsichtig (ebenso im Ergebnis Högenauer, S. 107; Runggaldier, FS Doralt, S. 525; anders Schiek-Schiek, § 1 Rn. 23). Weiter nennt Art. 21 Abs. 1 EU-GRC die „politische oder sonstige Anschauung“ neben der Religion und der Weltanschauung, was gleichfalls eher gegen ein enges Verständnis spricht. Dem Argument, die Religion stelle einen Oberbegriff dar, weil sie zuerst genannt sei (so Meinel/Heyn/Herms, § 1 Rn. 22) kommt demgegenüber kein Gewicht zu. Letztlich wird eine **Klärung erst durch** den **EuGH** erfolgen (so auch Palandt-Ellenberger, § 1 Rn. 5), der aller Voraussicht nach über das deutsche Begriffsverständnis von „Weltanschauung“ hinausgehen wird (so auch Boemke/Danko, § 2 Rn. 34).

74 Wie der Zusammenhang mit dem Merkmal „Religion“ deutlich macht, ist durch den Begriff „Überzeugung“ nicht jede Meinung und jedes Für-richtig-Halten erfasst. Vielmehr muss es sich um eine **„feste Überzeugung“** handeln, hinter der die fragliche Person steht und durch die sie sich von anderen unterscheidet (ebenso LAG Köln 13.2.2012 – 2 Sa 768/11; im Ansatz ähnlich HK-ArbR-Braun, § 1 Rn. 13). Dem entspricht es, wenn nach Auffassung des EGMR der Begriff „belief“ im Sinne des Art. 9 EMRK Ansichten bezeichnet, die ein gewisses Niveau an Überzeugungskraft, Ernsthaftigkeit, Widerspruchsfreiheit und Bedeutsamkeit erreichen (EGMR 25.2.1982, Série A, Nr. 48: „belief denotes views that attain a certain level of cogency, seriousness, cohesion and importance“). Wer sich als **Tierschützer** engagiert, hat eine bestimmte Überzeugung, die man jedoch schwerlich als „Weltanschauung“ im herkömmlichen deutschen Sinne qualifizieren würde. Wer aus Überzeugung kein Fleisch isst, tut dies gleichfalls nicht notwendigerweise aufgrund einer dem Anspruch nach die Welt erklä-

renden Konzeption. **Mitgliedschaft und Aktivität in politischen Parteien** sind allerdings **keineswegs immer** mit „Überzeugung" gleichzusetzen (so aber Kummer, S. 73); vielmehr können dahinter sehr unterschiedliche Erwägungen bis hin zur Karriereplanung stehen. Anders dann, wenn jemand in einer bestimmten Partei auch **persönlich für bestimmte Inhalte eintritt,** beispielsweise sich in der Entwicklungshilfe, in der Abrüstung oder auch für die Pflege der deutschen Sprache im Ausland einsetzt (weitergehend Runggaldier, FS Doralt, S. 525, der politische Überzeugungen generell einbeziehen will; ähnlich Rebhahn/Windisch-Graetz, § 17 Rn. 23 für das österreichische Recht). Die hier zugrunde gelegte Differenzierung ist auch für Tätigkeiten innerhalb einer Gewerkschaft vorzunehmen (ähnlich im Ergebnis Nollert-Borasio/Perreng, § 1 Rn. 18, die Gewissensentscheidungen einbeziehen wollen). Durch diese Eingrenzung wird die reductio ad absurdum von Adomeit/Mohr (§ 1 Rn. 105 f.) gegenstandslos, eine weite Auslegung führe zu einer Art universellem Vetorecht des Arbeitnehmers, was sich nicht mit der unternehmerischen Freiheit vereinbaren lasse.

75 Das **BAG** (12.5.2011 – 2 AZR 479/09 – NZA-RR 2012, 43 Rn. 38, bestätigt in BAG 21.9.2011 – 7 AZR 150/10 – NZA 2012, 317 Rn. 28) hat die Frage ausdrücklich **unentschieden gelassen**, ob die Zugehörigkeit zu einer Partei und das Eintreten für ihre Ziele unter das Merkmal „Weltanschauung" zu subsumieren sei. Sympathie für die Volksrepublik China und für die dortige Regierung könne jedenfalls nicht einer „Weltanschauung" gleichgestellt werden (BAG 20.6.2013 – 8 AZR 482/12 – NZA 2014, 21). Das ArbG Wuppertal (1.3.2012 – 6 Ca 3382/11) betonte, das Engagement in einem Betriebsrat stelle keine Weltanschauung, sondern eine „individuelle Wertehaltung" dar. Ähnlich entschied das LAG München (10.1.2012 – 7 Sa 851/11), wonach das Bekenntnis zu bestimmten Prinzipien des kollektiven Arbeitsrechts keine „Weltanschauung" sei. Das BVerwG (7.7.2004 – 6 C 17/03 – NJW 2005, 85, 88) hatte für das innerstaatliche Recht und vor Inkrafttreten des AGG entschieden, eine politische Überzeugung stelle keine Weltanschauung dar, was dem traditionellen deutschen Begriffsverständnis entspricht. Eine **Auseinandersetzung mit** dem Inhalt der **Richtlinie fehlt** bisher.

76 Das **deutsche Recht** ist **richtlinienkonform zu interpretieren.** Der Wortlaut des § 1 ist angesichts der Zwecksetzung der Richtlinie wie des Gesetzes kein unübersteigbares Hindernis. Die Grenze für eine richtlinienkonforme Interpretation wäre erst dann überschritten, wenn Wortlaut **und** Zweck in eine andere Richtung weisen würden (→ Einl. Rn. 89). Dies ist hier nicht der Fall. Zur Ausklammerung der Weltanschauung aus den verpönten Merkmalen nach § 19 → § 19 Rn. 16 f.

3. Grenzen

77 Religiöse oder überzeugungsgeleitete Aktivitäten können im Einzelfall **gegen geltendes Recht verstoßen.** Das religiös bedingte Schlachten von Tieren ohne Betäubung (sog Schächten) überschreitet nach der Rechtsprechung des BVerfG (15.1.2002 – 1 BvR 1783/99 – NJW 2002, 663) noch nicht diese Grenze, doch wäre dies bei schweren Beleidigungen, Körperverletzungen, Erpressungen und erst recht natürlich bei dem Lehrbuchbeispiel

der Menschenopfer der Fall. Wer wegen solcher Handlungen im Arbeitsleben oder bei Abschluss zivilrechtlicher Verträge benachteiligt wird, kann sich nicht auf § 1 berufen. Die **Rahmenrichtlinie** enthält in **Art. 2 Abs. 5** eine ausdrücklich Ermächtigung an die Mitgliedstaaten, alle Maßnahmen zu ergreifen, „die in einer demokratischen Gesellschaft für die Gewährleistung der öffentlichen Sicherheit, die Verteidigung der Ordnung und die Verhütung von Straftaten, zum Schutz der Gesundheit und zum Schutz der Rechte und Freiheiten anderer notwendig sind." Wer diese Grenzen überschreitet, kann sich nicht auf das Diskriminierungsverbot berufen. Dies wäre etwa der Fall, würde man „Ausländerfeindlichkeit" als Weltanschauung ansehen (→ Rn. 64), da eine solche Haltung die Rechte und Freiheiten anderer verletzt. Dasselbe gilt für Personen, die **Diskriminierungsverbote insgesamt abschaffen** wollen und sich für eine solche Überzeugung auf § 1 berufen (ebenso Palandt-Ellenberger, § 1 Rn. 5: Die Richtlinie kann ihre Ziele nur erreichen, wenn gegen sie gerichtete Bekenntnisse nicht in ihren Schutz einbezogen werden; → Einl. Rn. 126). Andere wollen Auffassungen, die sich offen gegen die freiheitlich-demokratische Grundordnung stellen, von vorneherein aus dem Schutzbereich des § 1 ausnehmen (Meinel/Heyn/Herms, § 1 Rn. 23; ähnlich Adomeit/Mohr, § 1 Rn. 96; Bauer/Krieger, § 1 Rn. 31).

VI. Behinderung

1. Eingrenzung des Begriffs

78 Was man unter „Behinderung" zu verstehen hat, ist weder im AGG noch in der Rahmenrichtlinie oder in Art. 19 Abs. 1 AEUV (früher: Art. 13 Abs. 1 EG) definiert (Schneider-Sievers, FS Wißmann, S. 590; zur historischen Entwicklung des Begriffs s. Leder, S. 95 ff.). Schon vom Wortsinn her geht es allerdings um einen größeren Kreis als den der „Schwerbehinderten" (Annuß, BB 2006, 1631; Thüsing, Beilage zu NZA Heft 22/2004, S. 11). Ihrem Sinn nach will die Richtlinie **Chancengleichheit auf dem Arbeitsmarkt** herstellen. Dies rechtfertigt es, alle jene Personen einzubeziehen, die aufgrund ihrer nicht nur ganz vorübergehenden gesundheitlichen Situation gehandicapt sind (Oppermann, ZESAR 2004, 290; Runggaldier, FS Doralt, S. 524). Diese Voraussetzung kann auch bei Personen erfüllt sein, die die **Grenze 50** beim **Grad der Behinderung nicht erreichen**. Weiter konkretisieren die Diskriminierungsverbote der Richtlinien den **Gleichheitssatz als fundamentales Prinzip** des Unionsrechts, was eine weite Auslegung zumindest nahe legt (Schiek, NZA 2004, 881). In Rechtsprechung (BAG 3.4.2007 – 9 AZR 823/06 – NZA 2007, 1098 Rn. 18) und Literatur besteht daher heute praktisch Einigkeit darüber, dass das Benachteiligungsverbot des AGG auch die sog **Einfach-Behinderten** erfasst (BAG 3.4.2007 – 9 AZR 823/06 – NZA 2007, 1098; BAG 17.12.2009 – 8 AZR 670/08 – NZA 2010, 383, 385 Rn. 25; BAG 27.1.2011 – 8 AZR 580/09 – NZA 2011, 737; BAG 19.12.2013 – 6 AZR 190/12 – NZA 2014, 372; aus der Lit. s. statt aller Annuß, BB 2006, 1631; Bauer/Krieger, § 1 Rn. 39; Düwell, BB 2006, 1741, 1742; ErfK-Schlachter, § 1 Rn. 9; Högenauer, S. 189; Hunold, NZA-RR 2009, 113, 116; KR-Treber, § 1 Rn. 51; Kummer, S. 79; Nollert-Borasio/Perreng, § 1 Rn. 26 b; Palandt-Ellenberger, § 1

Rn. 6; Rolfs/Paschke, BB 2002, 1260, 1261; Schiek, NZA 2004, 881; Schneider-Sievers, FS Wißmann S. 590; Thüsing, ZfA 2001, 402; Wank, Beilage zu NZA Heft 22/2004, S. 20). Der EuGH (23.2.2006 – Rs. C-43/05 – EuZW 2006, 216 = NZA 2006, 553 Ls.) hat konsequenterweise die Bundesrepublik auch deshalb wegen (ursprünglicher) Nichtumsetzung der Richtlinie verurteilt, weil sie das Diskriminierungsverbot „wegen Behinderung" nicht umgesetzt hatte, obwohl es damals schon ausreichende Schutzvorschriften zugunsten Schwerbehinderter gab (darauf stützt sich auch BAG 3.4.2007 – 9 AZR 823/06 – NZA 2007, 1098 Rn. 21). In seiner neuesten Rechtsprechung (EuGH 11.4.2013 – Rs. C-335/11 ua (Ring und Skouboe Werge) – NZA 2013, 553) hat sich der EuGH an der Definition der UN-Behindertenrechtskonvention (→ Einl. Rn. 167 ff.) orientiert, wonach eine Behinderung „eine Einschränkung erfasst, die insbesondere auf physische, geistige oder psychische Beeinträchtigungen zurückzuführen ist, die in Wechselwirkung mit verschiedenen Barrieren den Betreffenden an der vollen und wirksamen Teilhabe am Berufsleben, gleichberechtigt mit den anderen Arbeitnehmern, hindern können." Dass dies nicht nur bei Schwerbehinderten der Fall sein kann, liegt auf der Hand.

79 Im deutschen Recht wurde „Behinderung" seit einer Reihe von Jahren in § 2 Abs. 1 SGB IX definiert, der bestimmte:

„Menschen sind behindert, wenn ihre körperliche Funktion, geistige Fähigkeit oder seelische Gesundheit mit hoher Wahrscheinlichkeit länger als sechs Monate von dem für das Lebensalter typischen Zustand abweichen und daher ihre Teilhabe am Leben in der Gesellschaft beeinträchtigt ist. Sie sind von Behinderung bedroht, wenn die Beeinträchtigung zu erwarten ist."

Seit **1.1.2018** gilt eine **neue Fassung** des § 2 Abs. 1 SGB IX, die lautet:

„Menschen mit Behinderungen sind Menschen, die körperliche, seelische, geistige oder Sinnesbeeinträchtigungen haben, die sie in Wechselwirkung mit einstellungs- und umweltbedingten Barrieren an der gleichberechtigten Teilhabe an der Gesellschaft mit hoher Wahrscheinlichkeit länger als sechs Monate hindern können. Eine Beeinträchtigung nach Satz 1 liegt vor, wenn der Körper- und Gesundheitszustand von dem für das Lebensalter typischen Zustand abweicht. Menschen sind von Behinderungen bedroht, wenn eine Beeinträchtigung nach Satz 1 zu erwarten ist."

80 Damit hat der deutsche Gesetzgeber vom Ansatz her die **Definition der Weltgesundheitsorganisation übernommen** und sich nicht für einen rein medizinischen, sondern für einen medizinisch-sozialen Behindertenbegriff entschieden (Schiek-Schiek, § 1 Rn. 37). Danach kommt es entscheidend darauf an, ob die körperlichen, geistigen oder seelischen Abweichungen vom alterstypischen Zustand dazu führen, dass die Teilhabe am Leben in der Gesellschaft beeinträchtigt ist (Laskowski/Welti, ZESAR 2003, 216, 217; Mohr, S. 205; Schneider-Sievers, FS Wißmann, S. 590; Welti, NJW 2001, 2210, 2211). **Praktische Bedeutung** hat dies insoweit, als durch **Änderung der Kontextbedingungen** die Beeinträchtigung der Teilhabe am Leben in der Gesellschaft gemildert oder aufgehoben werden kann; die **Barrierefreiheit** (zu diesem Konzept → Einl. Rn. 70) ist hierfür ein wesentliches Mittel (Einzelheiten zum Behindertenbegriff bei HK-SGB IX-Welti, § 2 Rn. 3, 18 ff.). Gegen die Ausklammerung alterstypischer Abweichungen

Schiek-Schiek, § 1 Rn. 42, doch können diese vom Merkmal „Alter" erfasst werden (v. Roetteken, § 1 Rn. 171).

81 Angesichts der internationalen Entwicklung ist davon auszugehen, dass auch der **Richtlinie ein entsprechendes Begriffsverständnis** zugrunde liegt (Wells, ILJ 2003, 253, 260 ff.; ebenso im deutschen Schrifttum Högenauer, S. 113; Meinel/Heyn/Herms, § 1 Rn. 24; Mohr, S. 205; DDZ-Zwanziger, AGG Rn. 27). Genauso verfährt die Rechtsprechung des EuGH (11.7.2006 – Rs. C-13/05 (Chacón Navas) – DB 2005, 1617 Rn. 39 ff.; zustimmend Welti, ZESAR 2007, 47 sowie insbesondere EuGH 11.4.2013 – Rs. C-335/11 ua (Ring und Skouboe Werge) – NZA 2013, 553 Rn. 38). Das BAG (3.4.2007 – 9 AZR 823/06 – NZA 2007, 1098; 22.10. 2009 – 8 AZR 642/08 – NZA 2010, 280 Rn. 20) hat sich dem angeschlossen. Schon in dem der Richtlinie vorausgehenden „Soft Law" (dazu Garrido Pérez, Temas Laborales 2001, 165 ff.) war verschiedentlich auf dieses in den 90er Jahren entwickelte Verständnis zurückgegriffen worden (Wells, ILJ 2003, 253, 260; aus dem deutschen Schrifttum s. insbesondere Steinmeyer, in: Hanau/Steinmeyer/Wank, § 27).

82 Dies rechtfertigt es, mit der amtlichen Begründung (BR-Drs. 329/06, 31, 9. Abs. der Erläuterungen zu § 1) und der vorherrschenden Auffassung der Literatur den medizinisch-sozialen **Behindertenbegriff des § 2 Abs. 1 SGB IX** (dessen S. 1 weitgehend mit § 3 Behinderten-Gleichstellungsgesetz nF übereinstimmt) **auch im Antidiskriminierungsrecht zugrunde zu legen** (aus der Lit. s. Adomeit/Mohr, § 1 Rn. 123 ff.; Annuß, BB 2006, 1631; Bauer/Krieger, § 1 Rn. 38 ff.; Boemke/Danko, § 2 Rn. 35; Deinert, in: Neumann (Hrsg.), § 16 Rn. 8, § 17 Rn. 98; Düwell, BB 2006, 1741, 1742; Küttner-Kania, Personalbuch 2007, Diskriminierung Rn. 44; Laskowski/Welti, ZESAR 2003, 216 ff.; Oppermann, ZESAR 2004, 290; Reichold/Hahn/Heinrich, NZA 2005, 1275; v. Roetteken, § 1 Rn. 159; Rolfs/Paschke, BB 2002, 1260, 1261; Schiek, NZA 2004, 881; Schleusener/Suckow/Voigt-Schleusener, § 1 Rn. 62; Schneider-Sievers, FS Wißmann, S. 590; Staudinger-Richardi, BGB Vor § 611 Rn. 85; Wank, Beilage zu NZA Heft 22/2004, S. 20; Voggenreiter, in: Rudolf/Mahlmann, § 8 Rn. 26; Wendeling-Schröder, FS Schwerdtner, S. 276; DDZ-Zwanziger, AGG Rn. 27; Wendeling-Schröder/Stein, § 1 Rn. 47 ff.; einschränkend ErfK-Schlachter, § 1 Rn. 9 f.; Palandt-Ellenberger, § 1 Rn. 6; Thüsing, Arbeitsrechtlicher Diskriminierungsschutz, Rn. 205).

83 Das **BAG** (3.4.2007 – 9 AZR 823/06 – NZA 2007, 1098, 1099 Rn. 20; 17.12.2009 – 8 AZR 670/08 – NZA 2010, 383, 385 Rn. 25; 16.2.2012 – 8 AZR 697/10 – NZA 2012, 667) stimmt dem jedenfalls im Ergebnis zu. Allerdings gibt es auch inhaltliche Unterschiede. Ob die in § 2 Abs. 1 SGB IX genannten „sechs Monate" mit der „langen Dauer" identisch sind, von der der EuGH (11.7.2006 – Rs. C-13/05 – DB 2005, 1617 = NZA 2006, 839 Rn. 45; 1.12.2016 – Rs. C-395/15 – ZESAR 2017, 505) und das UN-Übereinkommen, das für die Auslegung der Richtllinie maßgebend ist, sprechen, erscheint zweifelhaft, da der EuGH im ersten genannten Fall acht Monate nicht ausreichen ließ. Die Frage kann jedoch letztlich unentschieden bleiben, da das nationale Recht durch Erweiterung von Merkmalen **über das Unionsrecht hinausgehen** darf (so ausdrücklich BAG

19.12.2013 – 6 AZR 190/12 – NZA 2014, 372; ebenso Adomeit/Mohr, § 1 Rn. 132; MünchArbR-Oetker, § 14 Rn. 18; keine Bedenken auch bei Klein, jurisPR-ArbR 1/2017 Anm. 2). Die **Sechs-Monats-Grenze** hat deshalb auch im Antidiskriminierungsrecht Bestand.

84 Eine weitere Divergenz besteht insoweit, als die UN-Behindertenrechtskonvention auf die „Teilhabe am Berufsleben" abstellt (Formulierung → Rn. 78 aE), während § 2 Abs. 1 SGB IX alter wie neuer Fassung von der **„Teilhabe am Leben in der Gesellschaft"** bzw. von der **„gleichberechtigen Teilhabe an der Gesellschaft"** spricht (→ Rn. 79) und damit einen weiteren Begriff zugrunde legt. Auch hier hat das deutsche Recht als günstigere Norm den Vorrang (BAG 19.12.2013 – 6 AZR 190/12 – NZA 2014, 372).

85 Ob eine **Krankheit** so schwer und langwierig ist, dass sie die Voraussetzungen einer Behinderung erfüllt, muss im Einzelfall entschieden werden (so auch EuGH 11.4.2013 – Rs. C-335/11 ua (Ring und Skouboe Werge) – NZA 2013, 553 Rn. 69 ff., sowie Bezani/Richter, § 1 Rn. 152; v. Roetteken, § 1 Rn. 164; s. auch BAG 3.4.2007 – 9 AZR 823/06 – NZA 2007, 1099 Rn. 20: Krankheit und Behinderung dürfen „nicht ohne Weiteres" gleichgesetzt werden).

86 Eine **ungünstige genetische Anlage** eines Menschen wird wohl vom Begriff der Behinderung nicht erfasst, da sie den aktuellen Gesundheitszustand und die Teilhabe am beruflichen Leben nicht beeinträchtigt. Würde man im Rahmen des Einstellungsverfahrens allerdings gentechnische Untersuchungen zulassen (was das Gendiagnostikgesetz grundsätzlich verbietet; s. näher Däubler, Gläserne Belegschaften?, Rn. 232 ff.), so entstünde automatisch eine Gruppe von „Gen-Behinderten", die deutlich schlechtere Einstellungschancen hätten. Dies würde eine **Gleichstellung erwägenswert** machen. Außerdem enthält **Art. 21 Abs. 1 EU-GRC** (→ Einl. Rn. 120 ff.) auch ein Verbot der Diskriminierung wegen genetischer Merkmale, so dass im Anwendungsbereich des Unionsrechts ein ausdrückliches Diskriminierungsverbot besteht.

2. Konkrete Konsequenzen

87 § 164 SGB IX nF betrifft ausschließlich Schwerbehinderte, was nach § 2 Abs. 2 SGB IX einen Grad der Behinderung von wenigstens 50 voraussetzt. Eine **Gleichstellung** ist nach § 2 Abs. 3 SGB IX dann möglich, wenn der Grad der Behinderung mindestens 30 beträgt und wenn die betroffene Person infolge ihrer Behinderung ohne die Gleichstellung einen Arbeitsplatz nicht erlangen oder nicht behalten könnte. Auch für Personen mit Grad der Behinderung ab 30 ist daher keineswegs generell eine Gleichstellung möglich.

88 Der bei weitem zu knapp geratene **personelle Anwendungsbereich** des § 164 SGB IX nF ist **nicht sein einziges Defizit** in Bezug auf die Vorgaben der Richtlinie. Die **Schadensersatzpflicht** war auf Diskriminierung bei Einstellung und Beförderung beschränkt; auch war die **selbstständige Tätigkeit** entgegen der Richtlinie **nicht einbezogen**. Der Begriff „Beschäftigter" ließ sich zwar noch auf arbeitnehmerähnliche Personen beziehen, doch war der Zugang zu (wirtschaftlich) selbstständiger Tätigkeit wie beim Beitritt zu einer Gesellschaft von Freiberuflern nicht erfasst. Schließlich verlangt

auch § 2 Abs. 2 SGB IX nF einen **„gewöhnlichen Aufenthalt“ oder „Wohnsitz“ oder eine „Beschäftigung“ im Geltungsbereich des SGB IX,** was Personen ausschließt, die nach deutschem Arbeitsrecht auf Dauer im Ausland tätig sind. Dies lässt sich schwerlich mit Art. 45 Abs. 2 AEUV (früher: Art. 39 Abs. 2 EG) vereinbaren.

89 In der **Literatur** wurde versucht, alle diese **Mängel durch richtlinienkonforme Auslegung** zu bewältigen. So wurde etwa vorgeschlagen, auf diesem Wege die Untergrenze des Grades der Behinderung mit 50 und das Wohnsitzerfordernis zu beseitigen (Schiek, NZA 2004, 881, 884) und auch den Schadensersatz zu verallgemeinern (Deinert, in: Neumann (Hrsg.), § 16 Rn. 8) sowie die Regelung auf Selbstständige zu erstrecken (ErfK-Rolfs, SGB IX § 81 Rn. 4). Dieses füllt im Rahmen der kollisionsrechtlichen Grundsätze (→ Einl. Rn. 253 ff.) auch die Lücke, die wegen des Erfordernisses eines inländischen gewöhnlichen Aufenthalts geblieben war.

90 Das AGG hat es jedoch versäumt, für andere Personen als Schwerbehinderte die in Art. 5 der Richtlinie vorgeschriebenen **„angemessenen Vorkehrungen“** zu treffen, um die Chancengleichheit der „einfachen“ Behinderten sicherzustellen. Insoweit käme an sich eine **entsprechende Anwendung von § 81 Abs. 4 SGB IX (nunmehr: § 164 Abs. 4 SGB IX nF)** in Betracht (ebenso Högenauer, S. 190; Schiek-Schiek, § 3 Rn. 81), der einen Anspruch auf – pauschal gesprochen – die Behinderung kompensierende Maßnahmen des Arbeitgebers vorsieht (zum Anspruch im Einzelnen Rolfs/Paschke, BB 2002, 1260, 1263). Dies entspräche methodisch dem Vorgehen des BAG bei der fehlenden Schadensersatzsanktion vor Inkrafttreten des AGG (BAG 3.4.2007 – 9 AZR 823/06 – NZA 2007, 1098: Anwendung der Schadensersatzvorschrift des § 81 Abs. 2 S. 2 SGB IX auf alle Behinderten). Da § 81 Abs. 4 SGB IX aF bzw. § 164 Abs. 4 nF auf die konkrete Situation des einzelnen behinderten Menschen abstellt, erschiene er als geeignetste Vorschrift, um die vom Gesetzgeber gelassene Lücke zu schließen (Bedenken bei Leder, S. 244; zur österreichischen Situation s. Brodil, in: Tomandl/Schrammel (Hrsg.), S. 80 f.). Das **BAG** (27.1.2011 – 8 AZR 580/09 – NZA 2011, 737 Rn. 37 ff.) hat jedoch **anders entschieden** und eine entsprechende Anwendung der Vorschriften des SGB IX auf Einfach-Behinderte abgelehnt. Dies bedeutet, dass nur ein Rückgriff auf allgemeine Vorschriften wie die **Nebenpflichten nach § 241 Abs. 2 BGB** möglich ist, um den Vorgaben der Richtlinie gerecht zu werden: Auch auf einer solchen Grundlage besteht eine Pflicht des Arbeitgebers, der Behinderung des Arbeitnehmers Rechnung zu tragen und ggf. kompensatorische Maßnahmen zu ergreifen und bei der Übertragung von Aufgaben entsprechende Rücksicht walten zu lassen (vgl. den Fall LAG Köln 9.5.2007 – 7 Sa 1363/06 – NZA-RR 2007, 628 und Nassibi, NZA 2012, 720 ff.). Zu den Maßnahmen kann auch die Reduzierung auf Teilzeit gehören (EuGH 11.4.2013 – Rs. C-335/1 ua (Ring und Skouboe Werge) – NZA 2013, 553 Rn. 56 ff.). Soweit es für die Koordination mit der Arbeit anderer Beschäftigter erforderlich ist, kann das Tätigkeitsspektrum einer behinderten Person auch im Betrieb bekannt gemacht werden (LAG Köln 9.5.2007 – 7 Sa 1363/06 – NZA-RR 2007, 628). Eine ausdrückliche Verpflichtung zur Rücksichtnahme auf eine Behinderung enthält **§ 106 S. 3 GewO,** der die Ausübung des Direktions-

rechts regelt. Die konkreten Konsequenzen sind im Rahmen des Benachteiligungsverbots nach § 7 und seinen Auswirkungen auf die Arbeitsbedingungen abzuhandeln (→ § 7 Rn. 76 ff., 224 ff., 259 ff.).

91 Soweit der deutsche Gesetzgeber für die Gruppe der **Schwerbehinderten** über das durch Art. 5 der Rahmenrichtlinie gebotene Maß hinausgegangen ist, liegen **positive Maßnahmen im Sinne des Art. 7 der Rahmenrichtlinie** vor. Diese allein auf Schwerbehinderte zu beziehen, kann sich auf einleuchtende sachliche Gesichtspunkte stützen (Högenauer, S. 191). Dies gilt insbesondere für die **5 %-Quote** des § 154 Abs. 1 SGB IX nF, die auch weiterhin auf Schwerbehinderte beschränkt bleibt.

3. Einzelfragen

92 Wann eine einfache Behinderung vorliegt, kann hier nicht abschließend geklärt werden; eine bloße **Krankheit genügt nicht** (EuGH 11.7.2006 – Rs. C-13/05 (Chacón Navas) – NZA 2006, 839; Adomeit/Mohr, § 1 Rn. 128; ErfK-Schlachter, § 1 Rn. 9 a; Palandt-Ellenberger, § 1 Rn. 6; Wendeling-Schröder/Stein, § 1 Rn. 48 ua). Eine **HIV-Infektion** wurde demgegenüber als Behinderung eingestuft, auch wenn sich keinerlei Krankheitssymptome zeigen; angesichts des „Vermeidungsverhaltens“ durch andere und die darauf beruhende Stigmatisierung sei die Teilhabe am Leben in der Gesellschaft eingeschränkt (BAG 19.12.2013 – 6 ZR 190/12 – NZA 2014, 372; zustimmend Kocher, in: Schlachter/Heinig, EurArbeits- und Sozialrecht, § 5 Rn. 99). Schon früher wurde in der Literatur zustimmend auf die Rechtsprechung des US Supreme Court verwiesen, der die symptomlose HIV-Infektion gleichfalls genügen lässt (Mohr, S. 204 Fn. 131; Schiek-Schiek, § 1 Rn. 43; Thüsing, ZfA 2001, 401; ebenso im Ergebnis HK-ArbR-Braun, § 1 Rn. 14 unter Hinweis auf die Versorgungsmedizin-VO; aA Adomeit/Mohr, § 1 Rn. 135; v. Roetteken, § 1 Rn. 166). Einzubeziehen wären weiter **Bulimie** und leichtere psychische Erkrankungen, die wie manche **Phobien** die Teilnahme am sozialen Leben deutlich beeinträchtigen. Auch **Drogenabhängigkeit** ist von § 2 Abs. 1 SGB IX und damit auch von § 1 AGG erfasst (ebenso für § 2 Abs. 1 SGB IX BAG 14.1.2004 – 10 AZR 188/03 – NZA 2005, 839; wie hier Boemke/Danko, § 2 Rn. 40, Hey, in: Hey/Forst § 1 Rn. 100 und nunmehr auch Bauer/Krieger, § 1 Rn. 44). Gleiches gilt für **Alkoholabhängigkeit**, wobei hier der Krankheitswert besonders sorgfältig zu prüfen ist. Die Teilnahme am gesellschaftlichen wie am beruflichen Leben ist außerdem bei **entstellenden Narben** und **totalem Haarausfall** bei Frauen beeinträchtigt, wobei hier die Kommunikationsmöglichkeiten nicht durch die beschränkten Möglichkeiten des Betroffenen, sondern durch die typische Reaktion Dritter entscheidend reduziert sind (Schiek-Schiek, § 1 Rn. 43; Thüsing, Arbeitsrechtlicher Diskriminierungsschutz, Rn. 206; vgl. auch Schleusener/Suckow/Voigt-Schleusener, § 1 Rn. 64). Wer besonders groß oder besonders klein ist, ist deshalb noch nicht behindert (VG Düsseldorf 2.10.2007 – 2 K 2070/07), doch gilt Abweichendes bei **Zwergenwuchs** (Bauer/Krieger, § 1 Rn. 44). Dieser wird bei einer Körpergröße zwischen 1,30 und 1,40 m angenommen und führt in einem solchen Fall zu einem Grad der Behinderung zwischen 30 und 40 (näher Hey, in: Hey/Forst § 1 Rn. 98). Auch **psychische Störungen** können

zu einer Behinderung führen; die Abgrenzung zur bloßen Krankheit verläuft nach denselben Grundsätzen wie in anderen Fällen. Kann eine Frau **keine Kinder austragen**, ist ihre berufliche Betätigung dadurch nicht beeinträchtigt, so dass die Rechtsprechung keine Behinderung annimmt (EuGH 18.3.2014 – Rs. C-363/12 – NZA 2014, 525 Rn. 68 ff.). Zum Problem der **Fettleibigkeit** und der Nikotinsucht → Rn. 8.

93 Eine gewisse Aufmerksamkeit hat die Frage erfahren, ob ein **Hang zur Kleptomanie, zum Exhibitionismus und zur Pyromanie** als Behinderung qualifiziert werden kann. In den USA gibt es für solche Fälle eine ausdrückliche Ausnahmeklausel (Thüsing, Beilage zu NZA Heft 22/2004, S. 11). Insoweit greift jedoch der Vorbehalt des **Art. 2 Abs. 5 der Richtlinie** ein, der insbesondere Strafvorschriften des nationalen Rechts unberührt lässt. Dies bedeutet, dass die fraglichen Verhaltensweisen aus dem Diskriminierungsschutz herausgenommen sind; etwaige **Persönlichkeitsdefizite** sind von den Strafgerichten **im Rahmen der Schuldfähigkeit** zu berücksichtigen (zustimmend Adomeit/Mohr, § 1 Rn. 137). Der Ausweg von Kummer (S. 78), es liege gar keine Behinderung vor, da die gewöhnlichen Lebensaktivitäten nicht beeinträchtigt seien, scheint nicht gangbar: Die Teilhabe am Leben in der Gesellschaft bzw. die gleichberechtigte Teilhabe an der Gesellschaft im Sinne des § 2 Abs. 1 SGB IX ist auch ohne Rücksicht auf die strafrechtliche Seite erheblich beeinträchtigt, wenn eine Person die fraglichen Verhaltensweisen zeigt.

VII. Alter

94 Das **Wort** „Alter" ist im Deutschen **doppeldeutig:** Es wird – neutral – zur Bezeichnung des Zeitraums verwendet, der seit der Geburt eines Menschen verstrichen ist, es bezeichnet aber auch das „fortgeschrittenere Alter", das irgendwo zwischen 45 und 60 Jahren beginnt. Im Französischen spricht man im ersten Fall von „âge", im zweiten von „vieillesse", der Engländer unterscheidet zwischen „age" und einer „old aged person" (vgl. Nußberger, JZ 2002, 524 Fn. 1).

95 Es könnte nahe liegen, bei § 1 primär an den Schutz älterer Beschäftigter zu denken. Dies ist aber nicht gemeint: Die Vorschrift erfasst **jedes, das niedrige wie das höhere Alter**. Insoweit bestand von Anfang an ein erstaunliches Maß an Übereinstimmung in der Literatur (Bauer, NJW 2001, 2673; Bertelsmann, ZESAR 2005, 242; Eichenhofer, in: Rust/Däubler ua, Loccumer Protokolle 40/03, S. 80; ders., Beilage zu NZA Heft 22/2004, S. 29; ErfK-Schlachter, § 1 Rn. 12; Hanau, ZIP 2006, 2190; Kummer, S. 72; König, ZESAR 2005, 218; Kuras, Sonderbeilage zu RdA 2003 S. 12; Leuchten, NZA 2002, 1257; Linsenmaier, Sonderbeilage zu RdA 2003, S. 25, Löwisch, FS Schwerdtner, S. 770; Meinel/Heyn/Herms, § 1 Rn. 26; Palandt-Ellenberger, § 1 Rn. 9; v. Roetteken, § 1 Rn. 172; Rust/Falke-Bertelsmann, § 1 Rn. 85 ff.; Schiek-Schmidt, § 1 Rn. 46; Schmidt/Senne, RdA 2002, 80, 82; Schweibert, FS 25 Jahre AG Arbeitsrecht im DAV, S. 1005; Skidmore, Eur. Law Review 29 (2004) 59; Staudinger-Richardi, BGB Vor § 611 Rn. 87; Thüsing, Beilage zu NZA Heft 22/2004, S. 12; Voggenreiter, in: Rudolf/Mahlmann § 8 Rn. 35; Wank, Beilage zu NZA Heft 22/2004, S. 20; Weber, AuR 2002, 402; einschränkend Mohr, S. 207 ff.). Dies lässt

sich einmal damit rechtfertigen, dass in den **anderen Sprachfassungen** von der dort gegebenen Differenzierungsmöglichkeit kein Gebrauch gemacht wurde, sondern die neutralen Begriffe wie „âge", „age", „edad", „età" und „leeftijd" benutzt wurden. Außerdem sieht **Art. 6 Abs. 1 Unterabs. 2 lit. b der Rahmenrichtlinie** die Festlegung eines Mindestalters vor, was keinen Sinn geben würde, ginge es nur um ältere Arbeitnehmer (Adomeit/Mohr, § 1 Rn. 153; Kuras, Sonderbeilage zu RdA 2003, S. 12; Schlachter, GS Blomeyer, S. 357). Auch bietet die Richtlinie keinerlei Anhaltspunkt dafür, **von welcher Schwelle an das schutzbedürftige Alter beginnen** würde (Linsenmaier, Sonderbeilage zu RdA 2003, S. 25). Die Rechtsprechung des EuGH (19.1.2010 – Rs. C-555/07 (Kücükdeveci) – NZA 2010, 85) und des BAG (5.11.2009 – 2 AZR 676/08 – NZA 2010, 457 Rn. 25; BAG 29.9.2011 – 2 AZR 177/10 – NZA 2012, 754) hat sich dem angeschlossen. In den USA wird im Gegensatz dazu ausdrücklich im Gesetz festgelegt, dass nur Personen ab 40 Jahren gegen Altersdiskriminierung geschützt sind (Birk, FS Siehr, S. 46, 48; Adomeit/Mohr, § 1 Rn. 150).

96 Mit Rücksicht darauf ist man sich einig darüber, dass auch **jüngere Arbeitnehmer gegen Benachteiligungen geschützt** sind (Eichenhofer, Beilage zu NZA Heft 22/2004, S. 29; Kuras, Sonderbeilage zu RdA 2003, S. 12; Leuchten, NZA 2002, 1257; Linsenmaier, Sonderbeilage zu RdA 2003, S. 25; Löwisch, FS Schwerdtner, S. 770; v. Roetteken, § 1 Rn. 172; Schlachter, GS Blomeyer, S. 357; Schmidt/Senne, RdA 2002, 80, 82; Wank, Beilage zu NZA Heft 22/2004, S. 20). Die an anderer Stelle (→ Einl. Rn. 62) mitgeteilte Rechtsprechung zu Art. 24 der Verfassung von NRW vermag dies zusätzlich zu unterstreichen. Praktische Bedeutung hat dies in verschiedenen Zusammenhängen erlangt: Entgegen dem Wortlaut des § 622 Abs. 2 S. 2 BGB müssen die vor dem 25. Lebensjahr liegenden Zeiten bei der Berechnung der Betriebszugehörigkeit und damit bei der Bestimmung der **Kündigungsfristen** mitberücksichtigt werden (EuGH 19.1.2010 – Rs. C-555/07 (Kücükdeveci) – NZA 2010, 85; BAG 9.9.2010 – 2 AZR 714/08 – NZA 2011, 343), doch ist gegen die Verlängerung der Kündigungsfristen in Abhängigkeit von der Betriebszugehörigkeit nichts einzuwenden (BAG 18.9.2014 – 6 AZR 636/13 – NZA 2014, 1400). Ein geringerer **Urlaub** für jüngere Arbeitnehmer ist unzulässig (BAG 20.3.2012 – 9 AZR 529/10 – NZA 2012, 803), und die Vergütung darf anders als nach dem früheren BAT nicht nach **Lebensaltersstufen** bestimmt werden (BAG 10.11.2011 – 6 AZR 481/09 – NZA-RR 2012, 100). Keine Bedenken bestehen dagegen, Arbeitnehmern **ab 50** einen **längeren Urlaub** zu gewähren, um der häufig bestehenden erhöhten Erholungsbedürftigkeit Rechnung zu tragen (LAG Mecklenburg-Vorpommern 23.2.2016 – 2 Sa 192/15). Erst recht trifft dies zu, wenn die Tätigkeit körperlich anstrengend ist und der längere Urlaub erst mit dem 58. Lebensjahr einsetzt (BAG 21.10.2014 – 9 AZR 956/12 – NZA 2015, 297). Dasselbe gilt auch für eine kürzere Wochenarbeitszeit. Eine gerechtfertigte Benachteiligung wegen Alters stellt die tarifliche **Altersgrenze** von 65 Jahren (BAG 8.12.2010 – 7 AZR 438/09 – NZA 2011, 586) und von 67 Jahren (EuGH 5.7.2012 – Rs. C-141/11 (Hörnfeldt) – NZA 2012, 785) dar, was an anderer Stelle (→ § 10 Rn. 100 ff.) eingehend erörtert ist. Auch eine einzelvertragliche Abrede ist nach der Rechtsprechung unbedenklich, sofern der Arbeitnehmer einen

Anspruch aus der gesetzlichen Rentenversicherung hat (BAG 9.12.2015 – 7 AZR 68/14 – NZA 2016, 695). Nach OLG Hamm (19.6.2017 – 8 U 18/17 – ZIP 2017, 1665) soll sogar die Vereinbarung zulässig sein, dass das Dienstverhältnis eines Fremdgeschäftsführers endet, wenn er das 60. Lebensjahr vollendet hat und eine angemessene Altersversorgung erhält, doch kann dies nicht überzeugen (Nolting, EWiR 2017, 619). Keine unzulässige Diskriminierung der Jüngeren liegt vor, wenn ältere Arbeitnehmer jenseits der Altersgrenze weiterbeschäftigt werden und dafür eine Extrazulage erhalten (LAG Düsseldorf 12.4.2012 – 11 Sa 1362/11 – NZA-RR 2012, 511); sich den Sachverstand und die Erfahrung Älterer durch Anreize zu sichern, stellt ein legitimes Ziel des Arbeitgebers im Sinne des § 10 S. 1 dar.

97 Der Tatbestand einer Benachteiligung wegen Alters ist nicht bereits dann erfüllt, wenn eine bestimmte Person anders als die Vergleichsperson(en) behandelt wird. Vielmehr muss nach der Rechtsprechung des BAG (25.2.2010 – 6 AZR 911/08 – NZA 2010, 561 Rn. 25) eine **Ungleichbehandlung** vorliegen, die einen **eindeutigen Nachteil** mit sich bringt (ebenso Schaub-Linck, § 36 Rn. 34 ff.). Trotz dieser Beschränkung ist das Verbot der Altersdiskriminierung als **eine der** großen **Herausforderungen** für das deutsche Arbeitsrecht bezeichnet worden (Thüsing, NJW 2003, 3444). In der Tat spielt das Lebensalter bei vielen arbeitsrechtlichen Bestimmungen bis hin zur Altersgrenze (dazu unten § 10 und EuGH 6.11.2012 – Rs. C-286/12 (Kommission gegen Ungarn) – EuGRZ 2012, 752) eine wichtige Rolle, die noch dadurch verstärkt wird, dass das Abstellen auf die Dauer der Betriebszugehörigkeit mittelbar ältere Arbeitnehmer begünstigt. Angesichts der dadurch geschaffenen komplizierten Lage hatte die Bundesregierung von der Möglichkeit des Art. 18 Abs. 2 der Rahmenrichtlinie Gebrauch gemacht und eine **Zusatzfrist von drei Jahren** in Anspruch genommen, die bis 2.12.2006 reichte. Allerdings kam es dennoch nicht dazu, das geltende Arbeitsrecht generell im Hinblick auf unzulässige Altersdiskriminierungen zu überprüfen. Insoweit gibt es automatisch zahlreiche offene Fragen, doch hat sich die **Rechtsprechung um Kontinuität bemüht** und deshalb Benachteiligungen wegen fortgeschrittenerer Alters in den meisten Fällen über Art. 6 der Rahmenrichtlinie bzw. § 10 gerechtfertigt (s. etwa BAG 19.7.2011 – 3 AZR 434/09 – NZA 2012, 155 zur zeitratierlichen Berechnung der betrieblichen Altersversorgung).

98 Art. 6 der Rahmenrichtlinie gewährt dem nationalen **Gesetzgeber umfassende Gestaltungsmöglichkeiten,** deren volle Ausschöpfung die Frage aufwerfen kann, was von dem grundsätzlichen Diskriminierungsverbot überhaupt noch übrig bleibt (ähnlich Langlois, Droit Social 2006, 155). § 10 hat von den eröffneten Möglichkeiten in weitem Umfang Gebrauch gemacht; auf die dortigen Ausführungen sei verwiesen. Der sehr viel stärkere Schutz älterer Arbeitnehmer lässt sich unschwer damit rechtfertigen, dass ihnen häufiger Benachteiligungen drohen und dass diese definitiven Charakter haben, während jüngere Mitbürger im Laufe der Zeit aus der benachteiligten Gruppe „herauswachsen" (Fredman, Discrimination Law, S. 59).

VIII. Sexuelle Identität

1. Wortwahl

99 § 1 erfasst Benachteiligungen wegen der „sexuellen Identität“, während Art. 19 Abs. 1 AEUV (früher: Art. 13 Abs. 1 EG) und Art. 1 der Rahmenrichtlinie von „**sexueller Ausrichtung**“ sprechen. Das AGG stimmt insoweit mit § 75 Abs. 1 S. 1 BetrVG überein, der aufgrund des Gesetzes zur Reform der Betriebsverfassung im Jahre 2001 durch das Merkmal „sexuelle Identität“ ergänzt wurde. In beiden Fällen vertrat der deutsche Gesetzgeber den Standpunkt, **inhaltlich** bestehe **kein Unterschied** zwischen dem EG-rechtlichen und dem deutschen Ausdruck (BT-Drs. 14/5741, 45 bzw. BT-Drs. 15/4538, 28). Auch die Literatur geht mehrheitlich davon aus, dass beides identisch ist (Bauer/Krieger, BB-Special 6/2004, S. 20; DKKW-Berg, BetrVG § 75 Rn. 102; GK-Kreutz, BetrVG § 75 Rn. 100; Meinel/Heyn/Herms, § 1 Rn. 27, 29; Richardi-Richardi/Maschmann BetrVG § 75 Rn. 31; Thüsing, Beilage zu NZA Heft 22/2004, S. 13), doch fragt man sich, weshalb dann überhaupt die terminologische Abweichung gewählt wurde. Für ein erweitertes Verständnis von „Identität“ im Verhältnis zur „Orientierung“ Annuß (BB 2006, 1631) und Schlachter, (ZESAR 2006, 394), wonach die „Identität“ auch das Verhalten umfasse. Vom Wortsinn her legt dies aber eher die „Ausrichtung“ nahe; das Ergebnis ist jedoch dasselbe.

2. Begriffsinhalt und Abgrenzung zum Merkmal „Geschlecht“

100 Das Merkmal „sexuelle Identität“ und das Merkmal „Geschlecht“ schließen sich wechselseitig aus (Thüsing, Beilage zu Heft 22/2004, S. 13); auch die Rechtsprechung des EuGH (17.2.1998 – Rs. C-249/96 (Grant) – NZA 1998, 301, 303) hat insoweit eine eindeutige **Trennlinie** gezogen. Bei der „Identität“ bzw. „Ausrichtung“ geht es um die Beziehung zu anderen Personen im sexuellen Bereich. Erfasst ist neben der heterosexuellen Ausrichtung die **männliche** wie die **weibliche Homosexualität**; hier liegt auch faktisch der Schwerpunkt des Diskriminierungsverbots. Zu Benachteiligungen in der Vergangenheit (Wasmuth, in: Jellonnek/Lautmann (Hrsg.), S. 173 ff.; ders., Der Staat 2002, 47 ff.), aber auch in der Gegenwart (Manknell, ILJ 2003, 297, Fall Pearce) gibt es erschreckendes Material. Die praktische Konsequenz des Diskriminierungsverbots liegt heute primär darin, dass eingetragene **Lebenspartnerschaften grundsätzlich wie Ehen** zu behandeln sind (so für ein berufsständisches Versorgungssystem EuGH 1.4.2008 – Rs. C-267/06 (Tadao Maruko) – NZA 2008, 459 und für Zusatzversorgungsbezüge EuGH 10.5.2011 – Rs. C-147/08 (Römer) – NZA 2011, 557 sowie bereits im Wege der Tarifauslegung und Lückenfüllung BAG 29.4.2004 – 6 AZR 101/03 – AuR 2004, 230 = NZA 2005, 57; anders noch nach früherem Gemeinschaftsrecht EuGH 31.5.2001 – Rs. C-122/99 P und C-125/99 P (D und Königreich Schweden/Rat) – NJW 2002, 356 Ls. = NVwZ 2001, 1259 sowie nach innerstaatlichem Recht für ein kirchliches Arbeitsverhältnis BAG 26.10.2006 – 6 AZR 307/06 – NZA 2007, 1179, mit Recht als überholt behandelt bei Schaub-Linck, § 36 Rn. 14 a). Das BVerfG (7.7.2009 – 1 BvR 1164/07 – NJW 2010, 1439) kommt auf der Grundlage des Art. 3 Abs. 1 GG nunmehr zum selben Ergebnis. Werden

Leistungen an **Paare** bezahlt, die **ohne Trauschein** zusammenleben, muss dies auch für homosexuelle Zweierbeziehungen gelten (DKKW-Berg, BetrVG § 75 Rn. 105; Högenauer, S. 108; überholt insoweit EuGH 17.2.1998 – Rs. C-249/96 (Grant) – NZA 1998, 301, 303).

101 Zur sexuellen Identität zählt auch die heterosexuelle Ausrichtung, die allerdings nur in singulären Fällen Anlass für eine Diskriminierung sein wird. Auch die Tatsache, dass eine Person **bisexuell** orientiert ist, wird einbezogen (Schiek-Schiek, § 1 Rn. 31; Thüsing, Beilage zu NZA Heft 22/2004, S. 13; GK-Kreutz, BetrVG § 75 Rn. 100). Vom Merkmal „Geschlecht" erfasst ist demgegenüber die **Transsexualität** (EuGH 30.4.1996 – Rs. C-13/94 – NZA 1996, 695; GK-Kreutz, BetrVG § 75 Rn. 100 aE), was jedoch von der amtlichen Begründung des AGG (BT-Drs. 15/4538 S. 28) und verschiedenen Stimmen in der Literatur (Wank, Beilage zu NZA Heft 22/2004, S. 20; Wendeling-Schröder, FS Schwerdtner, S. 276) zu Unrecht anders gesehen wird. Das BAG (17.12.2015 – 8 AZR 421/14 – NZA 2016, 888 Rn. 31) hat sich für eine Zuordnung zu beiden Merkmalen ausgesprochen. Auch Zwitter sind beim „Geschlecht" und nicht hier einzuordnen (→ Rn. 48). Praktische Bedeutung hat dies derzeit noch für die Anwendung des Art. 157 AEUV (früher: Art. 141 EG) und der Gender-Richtlinien, die ausschließlich auf das Geschlecht abstellen (vgl. Schiek, Europäisches Arbeitsrecht, Teil 2 B Rn. 54).

3. Einzelfragen

102 Die sexuelle Identität bzw. Ausrichtung kann sich im Laufe eines Lebens **ändern**; weiter ist denkbar, dass sich eine Person selbst nicht eindeutig festlegen kann. Auch solche Fälle sind durch die „sexuelle Identität" erfasst (Oliver, ILJ 2004, 1, 18 ff.).

103 Die sexuelle Identität betrifft einen **Kernbereich der individuellen Persönlichkeit** (Fredman, S. 54) und genießt deshalb auch den Schutz der Privatsphäre durch Art. 8 EMRK (zur Rechtsprechung des EGMR → Einl. Rn. 196 ff.). Dies hat Konsequenzen insbesondere für die Frage, ob man im Rahmen eines Antidiskriminierungsverfahrens die eigene **sexuelle Identität aufdecken muss** (dazu → Rn. 107). Liegt eine freiwillige Preisgabe vor, so ist grundsätzlich auch das der Orientierung entsprechende Verhalten mitgeschützt. Eine Diskriminierung würde deshalb auch vorliegen, wenn sie nicht wegen der Homosexualität eines Arbeitnehmers, sondern deshalb erfolgen würde, weil er mit seinem Partner in der Öffentlichkeit Zärtlichkeiten ausgetauscht hat. Die Maßstäbe für hetero- und für homosexuelle Paare müssen insoweit dieselben sein.

104 Relativ wenig erörtert ist die Frage, inwieweit **sozial wenig angesehene, aber nicht strafbare sexuelle Praktiken** vom Merkmal der „Identität" oder „Ausrichtung" erfasst sind (vgl. aber Boemke/Danko, § 2 Rn. 48; Wendeling-Schröder/Stein, § 1 Rn. 82; Karl, in: Tomandl/Schrammel (Hrsg.), S. 46: Lack und Lederfetischisten; Schiek-Schiek, § 1 Rn. 31: Transvestiten; generell gegen die Einbeziehung von Praktiken Adomeit/Mohr, § 1 Rn. 164, was aber gegen den Grundsatz verstößt, dass auch das mit den verpönten Merkmalen zusammenhängende Verhalten Diskriminierungsschutz genießt; → Rn. 14 ff.). Die deutsche Rechtsprechung löst bisher das

Problem „freiheitsrechtlich", indem sie entsprechende Verhaltensweisen der Privatsphäre zuweist, die das Arbeitsverhältnis unberührt lassen muss (zum Verhältnis beider Lösungswege s. Däubler, GS Zachert, S. 227 ff.). So stellte es nach Auffassung des ArbG Passau (11.12.1997 – 2 Ca 711/97 D – NZA 1998, 427) keine Pflichtverletzung dar, wenn eine Umschülerin in ihrer Freizeit an **Softporno-Aufnahmen** mitwirkte, bei denen auch gewisse exhibitionistische Neigungen zum Ausdruck kommen können. Auch die Tatsache, dass eine Grundschullehrerin des Öfteren in einem **Swingerclub** verkehrte und diesen mitbetrieb, war nach Auffassung des LAG Hamm (19.1.2001 – 5 Sa 491/00 – AuR 2002, 433) eine reine Privatsache. Schließlich vertrat das ArbG Berlin (7.7.1999 – 36 Ca 30545/98 – BB 2000, 1042) den Standpunkt, das Bekenntnis eines Krankenpflegers zu **sado-masochistischen Praktiken** bei einer Fernseh-Talkshow lasse nicht den Rückschluss zu, es könne auch bei der Arbeit zu Übergriffen oder zu unangemessenem Verhalten gegenüber Patienten kommen. Diese Rechtsprechung lässt sich heute auch diskriminierungsrechtlich begründen (dafür Meinel/Heyn/Herms, § 1 Rn. 27; wie hier HK-ArbR-Braun, § 1 Rn. 16; Wendeling-Schröder/Stein, § 1 Rn. 82).

105 Ist die **Grenze zur Strafbarkeit überschritten**, greift Art. 2 Abs. 5 der Rahmenrichtlinie ein. Niemand kann deshalb mit der Behauptung Gehör finden, zu seiner sexuellen Identität gehöre die Unzucht mit Kindern oder die Verbreitung von Gewaltpornographie. Insoweit sind Besorgnisse wegen einer zu weiten Ausdehnung des Diskriminierungsverbots (Adomeit/Mohr, § 1 Rn. 165; Bauer/Krieger, BB-Special 6/2004, S. 20) unberechtigt (wie hier im Ergebnis Boemke/Danko, § 2 Rn. 48; Grünberger, in: Preis/Sagan, EurArbeitsrecht, § 3 Rn. 88; Meinel/Heyn/Herms, § 1 Rn. 30; Preis, ZESAR 2007, 311; Schiek-Schiek, § 1 Rn. 31; KR-Treber, § 1 Rn. 63; DDZ-Zwanziger, § 1 Rn. 30). Bestimmte Praktiken sind außerdem gesetz- und richtlinienwidrig, weil sie zu einer Belästigung im Sinne des § 3 Abs. 3 oder zu einer sexuellen Belästigung nach § 3 Abs. 4 führen würden (v. Roetteken, § 1 Rn. 182).

IX. Einzelprobleme

1. Benachteiligung wegen eines nur angenommenen Merkmals

106 In nicht wenigen Fällen kann die Situation eintreten, dass zweifelhaft ist, ob die benachteiligte Person überhaupt Träger des „verpönten" Merkmals ist. Eine Rolle kann dies insbesondere bei der **sexuellen Identität** spielen, die möglicherweise aus einem von der Norm abweichenden Verhalten geschlossen wird (Oliver, ILJ 2004, 1, 4); dies ist bei transsexuellen Personen zu einem Problem geworden (BAG 17.12.2015 – 8 AZR 421/14 – NZA 2016, 888 Rn. 31). Wichtig kann das Problem weiter bei der **Zugehörigkeit zu ethnischen oder religiösen Minderheiten** sein, die weder im äußeren Erscheinungsbild einer Person noch im Namen zum Ausdruck kommt (s. den Fall EuGH 16.7.2015 – Rs. C-83/14 (CHEZ) – EuGRZ 2015, 482 Rn. 46 = NZA 2015, 1247 Ls., wo es um die Diskriminierung von in einem Stadtviertel wohnenden Roma ging). Auch eine Behinderung ist nicht immer erkennbar und kann deshalb irrtümlich angenommen werden (s. den Fall BAG 17.12.2009 – 8 AZR 670/08 – NZA 2010, 383 sowie LAG Rheinland-Pfalz 9.3.2017 – 2 Sa 440/16). Möglich ist auch, dass je-

mandem eine Weltanschauung unterstellt wird, die er gar nicht hat (vgl. den Fall BAG 20.6.2013 – 8 AZR 482/12 – NZA 2014, 21). Ein Irrtum kann auch drin liegen, dass eine Krankheit zu Unrecht als Behinderung angesehen wird (Meinel/Heyn/Herms, § 1 Rn. 25).

107 Geht der „Benachteiliger“ davon aus, dass die andere Seite Träger des fraglichen Merkmals ist und spielt dies bei seiner Entscheidung (mit) eine Rolle (zur Kausalität → Rn. 18 ff.), so könnte das Problem auftreten, dass der Diskriminierungsschutz erst dann greift, wenn der **Betroffene** den **Nachweis** führt, tatsächlich **Träger des fraglichen Merkmals zu sein**. Der Einzelne müsste daher zB seine Homosexualität, seine Zugehörigkeit zu einer Minderheitenreligion wie zB zum jüdischen Glauben oder seine Behinderung nachweisen. Dies ist schon deshalb **nicht zumutbar**, weil auf diese Weise ein Zwang ausgeübt würde, höchstpersönliche Daten preiszugeben (auf den Opferschutz verweisen auch Bauer/Krieger, § 7 Rn. 12). Dies könnte eine vom Gesetz gerade nicht gewollte **Außenseiterstellung noch weiter verstärken.** Davon ganz abgesehen, wäre es in manchen Fällen faktisch kaum leistbar, einen eindeutigen Beweis zu führen; als Beispiel mag die sexuelle Identität dienen. § 7 Abs. 1 Hs. 2 lässt deshalb die bloße Annahme eines verpönten Merkmals für das Vorliegen des Diskriminierungstatbestands genügen. Die Rechtsprechung hat diesen Grundsatz in zahlreichen Fällen zugrunde gelegt (s. etwa EuGH 16.7.2015 – Rs. C-83/14 (CHEZ) – EuGRZ 2015, 482 Rn. 46 = NZA 2015, 1247; BAG 20.6.2013 – 8 AZR 482/12 – NZA 2014, 21; BAG 17.12.2015 – 8 AZR 421/14 – NZA 2016, 888).

108 Bei der Behandlung der „Putativmerkmale“ handelt es sich um ein **allgemeines Problem des Antidiskriminierungsrechts**, so dass der systematisch richtige Standort der Vorschrift bei den §§ 1–5 gewesen wäre. Auch ohne eine solche Klarstellung besteht jedoch im Ergebnis kein Zweifel, dass in (den von § 7 nicht erfassten) zivilrechtlichen Beziehungen ebenfalls die bloße Annahme eines Merkmals genügt (im Ergebnis wie hier Adomeit/Mohr, § 1 Rn. 176; Annuß, BB 2006, 1629 Fn. 9; Herms/Meinel, DB 2004, 2371; Preis, ZESAR 2007, 313; Schiek-Schiek, § 1 Rn. 7; Schlachter, ZESAR 2006, 392; Wank, Beilage zu NZA Heft 22/2004, S. 21; aA jedoch Palandt-Ellenberger, § 1 Rn. 1, der eine Beschränkung auf das Arbeitsrecht befürwortet). Missverständlich wäre es allerdings, von einem „untauglichen Benachteiligungsversuch“ zu reden (so Herms/Meinel, DB 2004, 2371); es geht um eine effektive Benachteiligung, die deshalb als Diskriminierung zu werten ist, weil sich der Handelnde an den Merkmalen des § 1 orientierte.

2. Benachteiligung wegen eines verpönten Merkmals in der Person eines Dritten

109 Nicht ausdrücklich gesetzlich geregelt ist die Frage, ob eine Benachteiligung wegen eines in § 1 genannten Merkmals auch dann vorliegt, wenn **nicht der Betroffene**, sondern **Dritte dieses Merkmal** (vermutlich) aufweisen. Der „schwule Sohn“ wird zum Anlass für die Kündigung des Vaters genommen (Beispiel bei Oliver, ILJ 2004, 1, 4), der Beschäftigten wird die Tauglichkeit zu einer sicherheitsrelevanten Aufgabe mit der Begründung

abgesprochen, ihr **Lebenspartner** sei ein **häufiger Moscheegänger** oder gar der Bruder eines islamischen Terroristen (vgl. den ähnlichen Fall BAG 26.10.1978 – 2 AZR 24/77 – DB 1979, 895 – Zusammenleben mit der Schwester von Gudrun Ensslin). Auch die **Eltern eines behinderten Kindes** sind hier einzuordnen (Bauer/Krieger, § 1 Rn. 59; Palandt-Ellenberger, § 1 Rn. 11; Brodil, in: Tomandl/Schrammel (Hrsg.), S. 68). Der EuGH (17.7.2008 – Rs. C-303/06 (Coleman) – NZA 2008, 932) hat das Vorliegen eines Diskriminierungsmerkmals für den Fall der Kündigung einer Mutter bestätigt, die für ihr behindertes Kind zu sorgen hatte (zustimmend Bauer/Krieger, § 1 Rn. 59; Bayreuther, NZA 2008, 986; HK-ArbR-Braun, § 1 Rn. 2; Lindner, NJW 2008, 2750; Palandt-Ellenberger, § 1 Rn. 11; kritisch Sprenger, BB 2008, 2405, 2409 und ansatzweise auch Schlachter, RdA 2010, 108 f.).

110 Was die **Rechtsfolgen** betrifft, so wird man **im Falle des behinderten Kindes** auch den Grundgedanken des Art. 5 der Rahmenrichtlinie und des § 106 S. 3 GewO heranziehen können und den Arbeitgeber für verpflichtet ansehen, **bei der Arbeitszeitgestaltung** auf die Belastung durch das Kind Rücksicht zu nehmen oder über die Vorschriften von § 616 BGB, § 45 SGB V hinaus (zu diesen Brose, NZA 2011, 719 ff.) nach § 275 Abs. 3 BGB eine **unentgeltliche Freistellung** zu gewähren. Dies wird zusätzlich durch **Art. 33 Abs. 2 EU-GRC** untermauert, wonach es möglich sein muss, **Familien- und Berufsleben miteinander in Einklang** zu bringen. Auch die Rechte des Kindes in Art. 24 EU-GRC (regelmäßige Beziehungen zu beiden Elternteilen) und das Gebot der Integration von Menschen mit Behinderungen nach Art. 26 EU-GRC sprechen für ein solches Ergebnis. Die UN-**Behindertenrechtskonvention**, die auch für die EU verbindlich ist (→ Einl. Rn. 167 ff.), gibt behinderten Kindern das Recht, ein Leben mit ihren Familien zu führen. Schließlich spricht sich die Neufassung der Elternurlaubsrichtlinie (2010/18/EU) in Erwägungsgrund 17 dafür aus, „die besonderen Bedürfnisse von Eltern von Kindern mit einer Behinderung oder Langzeiterkrankung zu berücksichtigen" (Nebe, Deutsche Vereinigung für Rehabilitation, Diskussionsforum Rehabilitations- und Teilhaberecht, 14.1.2011, Diskussionsbeitrag 1/2011). Ein unmittelbarer Rückgriff auf Art. 5 scheidet dagegen nach der Rechtsprechung des EuGH aus, weil er das Vorliegen einer Behinderung beim Arbeitnehmer selbst voraussetzt (gegen jegliche kompensatorische Maßnahmen und für eine rein formale Gleichbehandlung deshalb Bayreuther, NZA 2008, 986, 987; Schlachter, RdA 2010, 109). **Bei anderen verpönten Merkmalen** als bei der Behinderung taucht das Problem nicht auf. Ansprüche – etwa wegen diskriminierender Nichteinstellung – stehen nur dem Benachteiligten, nicht dem „Merkmalsträger" zu (Bauer/Krieger, § 1 Rn. 59).

111 Merkmalsträger, die das Diskriminierungsverbot auslösen, können nicht nur Kinder, sondern auch sonstige **Angehörige** wie Ehegatten, Eltern und Geschwister sein. Einzubeziehen sind auch andere mit dem Arbeitnehmer verbundene Personen (Bauer/Krieger, § 1 Rn. 59; Schiek-Schiek, § 3 Rn. 14), zu denen insbesondere **Lebenspartner**, Pflegekinder und in den Haushalt aufgenommene Verwandte gehören (zum Abstellen auf die faktische Familie in anderen Zusammenhängen s. Däubler, BGB kompakt,

2. Aufl., Kap. 39). Der EuGH (16.7.2015 – Rs. C-83/14 (CHEZ) – EuGRZ 2015, 482 Rn. 46 = NZA 2015, 1247) hat im Fall des **Roma-Stadtviertels** alle dort Wohnenden als (potenziell) diskriminiert angesehen, auch wenn sie selbst nicht zur Gruppe der Roma gehörten. Das AGG will Ausgrenzungen und dadurch bedingte Benachteiligungen verhindern (→ Rn. 5). Das Recht, **als Gleicher unter Gleichen behandelt zu werden**, ist eher **noch stärker berührt**, wenn man wegen der Merkmale nahestehender oder im gleichen Viertel wohnender Personen benachteiligt wird – eine Situation, die umgangssprachlich als Sippenhaft bezeichnet wird. Auch vom Eingliederungszweck des Antidiskriminierungsrechts her ist es geboten, solche Fälle einzubeziehen; eine Marginalisierung würde andernfalls einen sehr viel größeren Personenkreis treffen als bei der üblichen „Individualdiskriminierung". Auch die Literatur spricht sich für eine solche Handhabung aus (Bauer/Krieger, § 1 Rn. 59; Bayreuther, NZA 2008, 987; Vickers, International Journal of Comparative Labour Law 2004, 178; Wank, Beilage zu NZA Heft 22/2004, S. 21; Whittle, Eur. Law Review 27 (2002), 321); in England wird dasselbe für Rasse, Religion und sexuelle Orientierung, nicht aber für eine Behinderung angenommen (Skidmore, AuR 2005, 362). Eine **Sonderregelung** besteht durch das Anknüpfungsverbot an die **sexuelle Orientierung**; insoweit stellt sich das Problem nicht mehr, ob jemand wegen seines eigenen, sondern wegen des Geschlechts seines Partners benachteiligt wird.

112 Ausdrücklich geregelt ist der **Sonderfall der Anweisung zur Diskriminierung** in § 3 Abs. 5. Weigert sich der Angewiesene, den diskriminierenden Weisungen Folge zu leisten und wird er deshalb selbst benachteiligt, so liegt eine unerlaubte Diskriminierung vor (Hoppe/Wege, Anm. zu ArbG Wuppertal LAGE § 626 BGB 2002 Nr. 2 a).

113 Nicht einbezogen ist der Fall, dass **einem Dritten** dadurch **Nachteile** entstehen, dass zugunsten eines Merkmalsträgers Maßnahmen ergriffen werden: Müssen Überstunden geleistet werden, weil ein Arbeitskollege an einem Feiertag seiner Religion freigestellt wird, oder muss jemand in ein anderes Büro ziehen, weil sein bisheriges besonders gut für einen behinderten Kollegen geeignet ist, so fallen diese Vorgänge nicht unter das AGG (vgl. KR-Treber, § 5 Rn. 2 ff.).

3. Schutz von Drittstaatsangehörigen

114 Wie im Zusammenhang der Benachteiligung wegen Rasse und ethnischer Zugehörigkeit bereits ausgeführt (→ Rn. 33 ff.), sind Drittstaatsangehörige von den Richtlinien und damit auch vom AGG erfasst, soweit es nicht um hoheitliche Maßnahmen (Bewilligung des Aufenthalts, Zulassung zur Erwerbstätigkeit) geht. Entsprechendes haben der Erwägungsgrund 13 der Antirassismusrichtlinie und der Erwägungsgrund 13 der Rahmenrichtlinie klargestellt. Auch in der Literatur besteht insoweit Einigkeit (Eichenhofer, in: Rust/Däubler ua, Loccumer Protokolle 40/2003, S. 77; Hailbronner, ZAR 2001, 258; Högenauer, S. 89; Küttner-Kania, Personalbuch, Diskriminierung, Rn. 47; Kummer, S. 48; Lingscheid, S. 88).

4. Schutz von Personenzusammenschlüssen

115 Die in § 1 genannten **Merkmale** beziehen sich auf **natürliche Personen.** Nur diese können einer „Rasse“ oder „Ethnie“ zugerechnet werden, nur diese haben ein Geschlecht, eine Religion oder eine Weltanschauung, sind behindert, weisen ein bestimmtes Alter auf oder sind durch eine bestimmte sexuelle Identität charakterisiert. Gleichwohl kann der Fall eintreten, dass eine **juristische Person** oder ein sonstiger Zusammenschluss **benachteiligt** wird, weil einzelne (oder alle) seiner Mitglieder ein „verpöntes Merkmal“ aufweisen. Aus diesem Anlass bestimmt **Erwägungsgrund 16 der Antirassismus-Richtlinie:**

„Es ist wichtig, alle natürlichen Personen gegen Diskriminierung aus Gründen der Rasse oder der ethnischen Herkunft zu schützen. Die Mitgliedstaaten sollten auch, soweit es angemessen ist und im Einklang mit ihren nationalen Gepflogenheiten und Verfahren steht, den Schutz juristischer Personen vorsehen, wenn diese aufgrund der Rasse oder der ethnischen Herkunft ihrer Mitglieder Diskriminierungen erleiden.“

116 In der Rahmenrichtlinie findet sich keine ausdrückliche Festlegung dieser Art, doch ist unschwer denkbar, dass beispielsweise eine **Vereinigung von Behinderten oder Schwulen** benachteiligt wird oder dass dies mit durchaus „neutralen“ Organisationen geschieht, weil einzelne ihrer Mitglieder sich beispielsweise zu einer bestimmten Weltanschauung bekennen.

117 Die Gründe, die unter → Rn. 109 angeführt wurden, um das Antidiskriminierungsrecht auch auf die Fälle zu erstrecken, in denen die Benachteiligung wegen der Eigenschaften eines Dritten erfolgt, gelten auch hier: Eine **ungerechtfertigte Zurücksetzung** wegen bestimmter Merkmale ist erst recht nicht hinnehmbar, wenn sie nicht nur eine Einzelperson, sondern **eine ganze Gruppe trifft** oder wenn sie gar „Unschuldige“ einbezieht, die zugleich mitausgegrenzt werden. Eine solche Sicht könnte praktische Bedeutung gewinnen, wenn beispielsweise ein **von Ausländern dominierter Sportverein** Mitglied in einer Dachorganisation werden will. Dass in einer solchen Anwendung des Antidiskriminierungsrechts nichts prinzipiell Neues zu sehen ist, wird an der schon vor Erlass des AGG ergangenen Entscheidung des LG Karlsruhe deutlich, die **einem von Schwulen gebildeten Gesangverein** einen Anspruch auf Aufnahme in den Badischen Sängerbund gewährte (LG Karlsruhe 11.8.2000 – 2 O 243/00 – NJW-RR 2002, 111). Zu Berufsverbänden s. die Kommentierung zu § 18.

§ 2 Anwendungsbereich

(1) Benachteiligungen aus einem in § 1 genannten Grund sind nach Maßgabe dieses Gesetzes unzulässig in Bezug auf:

1. **die Bedingungen, einschließlich Auswahlkriterien und Einstellungsbedingungen, für den Zugang zu unselbstständiger und selbstständiger Erwerbstätigkeit, unabhängig von Tätigkeitsfeld und beruflicher Position, sowie für den beruflichen Aufstieg,**
2. **die Beschäftigungs- und Arbeitsbedingungen einschließlich Arbeitsentgelt und Entlassungsbedingungen, insbesondere in individual- und kol-**

lektivrechtlichen Vereinbarungen und Maßnahmen bei der Durchführung und Beendigung eines Beschäftigungsverhältnisses sowie beim beruflichen Aufstieg,
3. den Zugang zu allen Formen und allen Ebenen der Berufsberatung, der Berufsbildung einschließlich der Berufsausbildung, der beruflichen Weiterbildung und der Umschulung sowie der praktischen Berufserfahrung,
4. die Mitgliedschaft und Mitwirkung in einer Beschäftigten- oder Arbeitgebervereinigung oder einer Vereinigung, deren Mitglieder einer bestimmten Berufsgruppe angehören, einschließlich der Inanspruchnahme der Leistungen solcher Vereinigungen,
5. den Sozialschutz, einschließlich der sozialen Sicherheit und der Gesundheitsdienste,
6. die sozialen Vergünstigungen,
7. die Bildung,
8. den Zugang zu und die Versorgung mit Gütern und Dienstleistungen, die der Öffentlichkeit zur Verfügung stehen, einschließlich von Wohnraum.

(2) [1]Für Leistungen nach dem Sozialgesetzbuch gelten § 33 c des Ersten Buches Sozialgesetzbuch und § 19 a des Vierten Buches Sozialgesetzbuch. [2]Für die betriebliche Altersvorsorge gilt das Betriebsrentengesetz.

(3) [1]Die Geltung sonstiger Benachteiligungsverbote oder Gebote der Gleichbehandlung wird durch dieses Gesetz nicht berührt. [2]Dies gilt auch für öffentlich-rechtliche Vorschriften, die dem Schutz bestimmter Personengruppen dienen.

(4) Für Kündigungen gelten ausschließlich die Bestimmungen zum allgemeinen und besonderen Kündigungsschutz.

A. Unselbstständige und selbstständige Erwerbstätigkeit (Abs. 1 Nr. 1–4)

I. Einleitung

1 **Abs. 1** umschreibt den **Anwendungsbereich des Gesetzes** in personeller und sachlicher Hinsicht. Inhaltlich steht in Nr. 1–4 die unselbstständige und die selbstständige **Erwerbstätigkeit** im Mittelpunkt. Nr. 5–8 betreffen in erster Linie **zivilrechtliche Verträge** über bestimmte Gegenstände. Die benutzte Terminologie ist weitestgehend dem Text der Richtlinien entnommen, was weder der Lesbarkeit noch der Präzision zugutekommt (kritisch auch Adomeit/Mohr, § 2 Rn. 1: „Übernahme der europarechtlichen Vorgaben"; Bauer/Krieger, § 2 Rn. 3: „sklavische Umsetzung" der Richtlinienbestimmungen durch den deutschen Gesetzgeber; Kamanabrou, RdA 2006, 323).

2 **Abs. 2** betrifft die Auswirkungen der Diskriminierungsverbote auf die Leistungen nach dem **Sozialgesetzbuch;** für die betriebliche Altersversorgung wird auf das BetrAVG verwiesen. **Abs. 3** lässt **sonstige Benachteiligungsverbote unberührt,** die sich zB in Art. 18 Abs. 1 AEUV und in Art. 9 Abs. 3 S. 2 GG finden. Inwieweit diese im Hinblick auf das AGG weiterentwickelt werden können, ist damit weder positiv noch negativ vorentschieden. **Abs. 4** will den geltenden Kündigungsschutz gegen das AGG abschirmen.

II. Erwerbstätigkeit im Sinne des Abs. 1 Nr. 1–4

1. Selbstständige und unselbstständige Tätigkeit

3 Die Gegenstandsbeschreibungen in Abs. 1 Nr. 1–4 betreffen grundsätzlich die selbstständige wie die unselbstständige Erwerbstätigkeit. Bei Abs. 1 Nr. 1 ist dies im Wortlaut ausdrücklich hervorgehoben; bei Nr. 2–4 ist die Frage im Wege der Interpretation zu beantworten. Diskriminierungsverbote im Zusammenhang mit selbstständiger Tätigkeit sind bisher kaum erörtert (s. jedoch aus der italienischen Diskussion Corazza, in: Nogler, Le Attività Autonome, p. 107 ff.).

4 **Erwerbstätigkeit definiert sich** dadurch, dass sie auf eine Gegenleistung gerichtet ist (Kummer, S. 35; Meinel/Heyn/Herms, § 2 Rn. 6; Schmidt/Senne, RdA 2002, 80, 82). Daran fehlt es bei der Erfüllung staatsbürgerlicher Pflichten wie der Tätigkeit als Wahlhelfer (vgl. v. Roetteken, § 2 Rn. 12). Ob eine Erwerbstätigkeit vorliegt, ist **getrennt** für selbstständig und unselbstständig tätige Personen zu prüfen. Weiter kann eine karitative Organisation Arbeitnehmer beschäftigen, die aus dieser Tätigkeit ihren Lebensunterhalt bestreiten wollen und damit erwerbstätig sind. Der **Zivildienst** wird in § 24 Nr. 3 einer Erwerbstätigkeit gleichgestellt.

2. Selbstständige Erwerbstätigkeit

5 Selbstständig tätig sind alle Unternehmer im Sinne des § 14 BGB (zustimmend Meinel/Heyn/Herms, § 2 Rn. 9). Weder dort noch im Rahmen des AGG wird ein **Gewerbe** im Sinne des § 1 Abs. 1 GewO vorausgesetzt. Vielmehr sind **auch freie Berufe** wie Rechtsanwälte, Ärzte und Architekten erfasst. Hier können sich in besonderem Maße Zugangsprobleme ergeben.

6 Selbstständige Tätigkeit liegt auch dann vor, wenn jemand **einer Gesellschaft beitritt,** um in deren Organen mitzuarbeiten. Dies wäre etwa beim Eintritt in eine als Gesellschaft des bürgerlichen Rechts organisierte **An-**

waltssozietät der Fall (Thüsing, Beilage zu NZA Heft 22/2004, S. 4 verweist auf die britische Praxis, die die Aufnahme in eine Partnerschaft mit einbezieht). Wer einer Gesellschaft lediglich beitritt, um – zB als Kommanditist – sein Kapital zu mehren, ist insoweit nicht selbstständig erwerbstätig. Dasselbe gilt, wenn trotz Beteiligung an der Gesellschaft nur **in untergeordneter Position mitgearbeitet** wird. Einbezogen sind demgegenüber Tätigkeiten als **Vorstandsmitglied oder Geschäftsführer** einer fremden AG bzw. GmbH (zustimmend Hey, in: Hey/Forst, § 2 Rn. 10; ebenso Thüsing, Beilage zu NZA Heft 22/2004, S. 3); das Kollegialitätsprinzip im Leitungsorgan macht die Tätigkeit noch nicht zu einer unselbstständigen.

7 Seinem Sinn nach will Abs. 1 Nr. 1–4 nur den Zugang zu selbstständiger Erwerbstätigkeit als solcher und ihre Bedingungen unter Diskriminierungsschutz stellen (Thüsing, Beilage zu NZA Heft 22/2004, S. 4). Dies ist beispielsweise beim Beitritt zu einer Gesellschaft oder beim Abschluss eines Franchise-Vertrages, **nicht** aber **bei jedem einzelnen Dienst- oder Werkvertrag** der Fall (zustimmend Hey, in: Hey/Forst, § 2 Rn. 15; ebenso im Ergebnis Bauer/Krieger, § 2 Rn. 16; Meinel/Heyn/Herms, § 2 Rn. 10; Nollert-Borasio/Perreng, § 2 Rn. 4; Rebhahn-Rebhahn, § 1 Rn. 47). Die Ausübung einer selbstständigen Erwerbstätigkeit unterliegt nur den §§ 19 ff. (Thüsing, Arbeitsrechtlicher Diskriminierungsschutz, Rn. 94).

8 Werden mit einer Tätigkeit **ideelle Zwecke** verfolgt, greift das AGG insoweit nicht ein. Eine Kirche, eine Partei oder eine Gewerkschaft ist nicht selbstständig erwerbstätig; das schließt nicht aus, dass das Gesetz deshalb eingreift, weil die von einer solchen Organisation beschäftigten Arbeitnehmer oder arbeitnehmerähnlichen Personen ihrerseits Erwerbszwecke verfolgen. Nicht erfasst ist weiter eine **selbstständige ehrenamtliche Tätigkeit** (Hey, in: Hey/Forst, § 2 Rn. 4) wie die eines leitenden Kommunalbeamten (Meinel/Heyn/Herms, § 2 Rn. 6); wird Aufwendungsersatz gewährt, ändert sich dadurch allein nichts, doch gilt Abweichendes, wenn dieser den tatsächlichen Aufwand erheblich übersteigt (v. Roetteken, § 2 Rn. 12). Nicht vom AGG erfasst ist auch eine **unbezahlte Tätigkeit in einem Vereinsvorstand,** sofern der Verein unter § 21 BGB fällt; in der Regel wird in solchen Fällen auch steuerrechtliche Gemeinnützigkeit vorliegen.

9 Eine **Ausnahme** ist dann zu erwägen, wenn die ehrenamtliche Tätigkeit etwa im angesehenen lokalen Sportverein zugleich die eigene gewerbliche Betätigung fördert. Die Erwähnung der „guten Taten" in der Lokalpresse kann ungleich wichtiger als drei teure Inserate sein. Würde man nun beispielsweise bei der Kooptation neuer Mitglieder im Vorstand oder Beirat Angehörige einer Minderheitenkonfession oder fremder ethnischer Zugehörigkeit ausklammern, wäre dies **ein für das Erwerbsleben relevanter Tatbestand;** insoweit müsste das AGG zumindest entsprechende Anwendung finden.

3. Unselbstständige Erwerbstätigkeit

a) Arbeitsverhältnis

10 Wichtigster Anwendungsfall von Abs. 1 Nr. 1–4 ist der Arbeitsvertrag, bei dem ein Entgelt für eine bestimmte weisungsgebundene Tätigkeit vorgesehen ist. Die Natur des Arbeitgebers spielt insoweit keine Rolle; eine abhän-

gige Erwerbstätigkeit liegt auch bei Arbeitsverhältnissen im Haushalt vor (ebenso für den früheren § 611 a BGB aF MüKo-Müller-Glöge, 4. Aufl., BGB § 611 a Rn. 5). Auf den Umfang der Tätigkeit kommt es nicht an; **auch geringfügig Beschäftigte** im Sinne des § 8 SGB IV sind erfasst (EuGH 9.9.1999 – Rs. C-281/97 (Krüger) – NJW 2000, 647; zustimmend Bauer/Krieger, § 2 Rn. 13; Meinel/Heyn/Herms, § 2 Rn. 6; Mohr, S. 212). Zu **Beamten** und anderen in einem öffentlich-rechtlichen Beschäftigungsverhältnis Stehenden s. § 24. Für Einbeziehung der Zivildienstleistenden Düwell, BB 2006, 1741, 1742. Ohne Bedeutung ist, in welchem Teil der Rechtsordnung sich die entsprechenden materiellen Bestimmungen finden; auch das SGB IX enthält zahlreiche arbeitsrechtliche Vorschriften (Husmann, ZESAR 2005, 110). Auszubildende werden von Nr. 3 erfasst.

b) Arbeitnehmerähnliche Personen

11 Wie schon früher § 611 a BGB aF (APS-Linck, 2. Aufl., BGB § 611 a Rn. 13; KR-Pfeiffer, 7. Aufl., BGB § 611 a Rn. 16) erfasst das AGG auch arbeitnehmerähnliche Personen (dazu Schiek-Schiek, § 2 Rn. 4; Thüsing, Arbeitsrechtlicher Diskriminierungsschutz, Rn. 96 aE). Dies wird schon daran deutlich, dass etwa in Abs. 1 Nr. 2 von „Beschäftigungs- und Arbeitsbedingungen" die Rede ist; wären nur Arbeitnehmer erfasst, hätte die Erwähnung von „Arbeitsbedingungen" genügt (ähnlich Rebhahn-Rebhahn, § 1 Rn. 36). § 6 Abs. 1 Nr. 3 stellt die Arbeitnehmerähnlichen ausdrücklich den Arbeitnehmern gleich, was auch den Vorgaben der Richtlinie entspricht (Husmann, ZESAR 2005, 110; vgl. auch Mohr, S. 212). Einzelheiten sind bei § 6 abgehandelt.

c) Weisungsabhängige Tätigkeit als Vereinsmitglied oder Gesellschafter

12 Wird für eine **Tätigkeit im Verein**, dessen Mitglied man ist, ein über einen Aufwendungsersatz hinausgehendes **Entgelt** vereinbart, liegt eine Erwerbstätigkeit im Sinne des Abs. 1 vor. **Amateure im Sport** erhalten bloßen Aufwendungsersatz. Wichtigstes Abgrenzungskriterium ist, ob für ein Nicht-Erscheinen oder Nicht-Mitmachen in der Regel eine schlichte Entschuldigung genügt (vgl. BAG 10.5.1990 – 2 AZR 607/89 – NZA 1991, 308 Ls. = EWiR 1990, 1067). Gehen die Pflichten darüber hinaus, ist insbesondere im Fußball ohne Rücksicht auf die Höhe der Gegenleistung ein Arbeitsverhältnis (und damit eine Erwerbstätigkeit) anzunehmen (Meinel/Heyn/Herms, § 2 Rn. 6).

13 Sonderprobleme ergeben sich bei **Rote-Kreuz-Schwestern**. Nach der Rechtsprechung des BAG (6.7.1995 – 5 AZB 9/93 – NZA 1996, 32 = DB 1995, 2612) sind sie **keine Arbeitnehmerinnen**, weil sich ihre Arbeitspflicht aus der Mitgliedschaft im jeweiligen Verein ergibt. Dies würde für sich allein allerdings noch nicht ausreichen, um das Arbeitsrecht unanwendbar zu machen: Das BAG verlangt weiter, dass die ideelle Zielsetzung im Vordergrund steht, dass das einzelne Mitglied über die Geschicke des Vereins mitbestimmen kann und dass es eine **angemessene Vergütung und Versorgung** erhält. Mit Rücksicht gerade auf diesen zuletzt genannten Punkt liegt deshalb eine **Erwerbstätigkeit** im Sinne des Abs. 1 vor (aA Meinel/Heyn/Herms, § 2 Rn. 6). Dafür spricht auch, dass die Überlassung von Rote-Kreuz-Schwestern an einen anderen Arbeitgeber der Leiharbeitsrichtlinie

bzw. dem AÜG unterliegt (EuGH 17.11.2016 – Rs. C-216/15 – NZA 2017, 41; BAG 21.2.2017 – 1 ABR 62/12 – NZA 2017, 662), was eine „wirtschaftliche Tätigkeit" voraussetzt. Da die Sicherungen bei den Beschäftigten der **Scientology** eV fehlten, nahm das BAG dort automatisch ein Arbeitsverhältnis an (BAG 22.3.1995 – 5 AZB 21/94 – NZA 1995, 823 = DB 1995, 1714). Nicht die grundsätzlich andere Natur der Beschäftigung, sondern die als Äquivalent empfundene Ausgestaltung der vereinsrechtlichen Stellung der Rote-Kreuz-Schwestern war letztlich maßgebend dafür, dass das Arbeitsrecht grundsätzlich keine Anwendung fand. Damit stehen der Anwendung des AGG jedoch keine Hindernisse entgegen.

d) Ehrenamtliche und sonstige unentgeltliche Tätigkeit

14 Wer ein mit abhängiger Tätigkeit verbundenes Ehrenamt übernimmt, fällt nicht unter das AGG. Dies gilt für den Vereinskassier nicht anders als für **kirchliche Helfer** oder für den **Wahlkampfeinsatz von Parteimitgliedern.** Dasselbe gilt, wenn man aus **Gefälligkeit** oder im Rahmen von Nachbarschaftshilfe anderen unentgeltlich Hilfe leistet. Ein im Europäischen Parlament unternommener Versuch, unbezahlte und freiwillige Arbeit sowie die Wahrnehmung von „official duties" in die Richtlinien aufzunehmen, blieb ohne Erfolg (mitgeteilt bei Kummer, S. 35; O'Hare, MJ 8 (2001), S. 145). Im Einzelfall kann die oben (→ Rn. 9) gemachte Ausnahme zugunsten eines „werbewirksamen" Ehrenamtes auch hier Platz greifen.

15 **Ausnahmen** stellen das in Abs. 1 **Nr. 3** am Ende erwähnte **Praktikum im Betrieb** sowie die in **Nr. 4** erfasste Tätigkeit in Gewerkschaften, Arbeitgeberverbänden und Berufsverbänden dar. Auch wenn sie nicht mit einem Entgelt verbunden sind, wird der Bezug zur Erwerbsarbeit als ausreichend eng angesehen. Dies gilt jedoch nicht für **Betriebs- und Personalräte,** die kraft ausdrücklicher gesetzlicher Regelung ein Ehrenamt bekleiden (§ 37 Abs. 1 BetrVG, § 46 Abs. 1 BPersVG). Überdies wäre schwer vorstellbar, bei den (geheimen) Wahlen die verpönten Merkmale des § 1 als rechtsverbindlich zu betrachten mit der Folge, dass bei einem „falschen" Resultat die Wahl unwirksam wäre. Für den Bereich der Gleichberechtigung von Mann und Frau trifft **§ 15 Abs. 2 BetrVG** eine **Sonderregelung.**

16 Gegen diskriminierendes Verhalten des Betriebsrats bzw. des Personalrats schützen § 75 Abs. 1 BetrVG und § 67 Abs. 1 BPersVG; sie sind auch auf Entscheidungen zu erstrecken, die wie zB die Freistellung für eine Schulungsteilnahme nach § 37 Abs. 6 BetrVG das einzelne Betriebsratsmitglied betreffen und bei denen ein Diskriminierungsschutz sehr wohl angebracht ist (Einzelheiten bei Däubler, Schulung und Fortbildung, Rn. 326).

e) Tätigkeit in Werkstätten für Behinderte

17 Ob die Arbeit in Werkstätten für Behinderte von der Rahmenrichtlinie erfasst wird, ist in der englischen Literatur – bezogen auf die dortigen Verhältnisse – als zweifelhaft bezeichnet worden (Whittle, Eur. Law Review 27 (2002), 303, 323 f.). Nach der Rechtsprechung des EuGH wird nicht verlangt, dass das erzielte Einkommen existenzsichernd ist; auch Tätigkeiten von geringem Umfang sind erfasst. **Notwendig** ist nur, dass man **am „Wirtschaftsleben" teilnimmt,** was dann nicht mehr der Fall ist, wenn sich die

Tätigkeit „als völlig untergeordnet und unwesentlich" darstellt (EuGH 23.3.1982 – Rs. 53/81 – NJW 1983, 1249, 1250). Letzteres wird man bei den Werkstätten nach § § 219 SGB IX nF nicht annehmen können, da Abs. 1 S. 1 Nr. 1 dieser Vorschrift eine „Beschäftigung zu einem der Leistung angemessenen **Arbeitsentgelt**" voraussetzt. Daneben werden **Ausbildungszwecke** verfolgt, die nach § 219 Abs. 1 S. 3 SGB IX nF bei geeigneten Personen zu einem Übergang in den allgemeinen Arbeitsmarkt führen sollen; dieser Zweck ist von Abs. 1 Nr. 3 erfasst. Insoweit ist auch eine spätere EuGH-Entscheidung nicht einschlägig, die davon ausging, eine Tätigkeit, die nur Mittel zur Rehabilitation und Wiedereingliederung sei, stelle keine Arbeit in diesem Sinne dar (EuGH 31.5.1989 – Rs. 344/87 – EuGHE 1989, 1621 ff.). Dies trifft auf die **Arbeitstherapie,** nicht aber für die Fälle des § 219 SGB IX nF zu; dort ist überdies in Abs. 2 S. 1 vorausgesetzt, dass der Einzelne „wenigstens ein **Mindestmaß wirtschaftlich verwertbarer Arbeitsleistung** erbringen" kann. Dass die öffentliche Hand Zuschüsse leistet, ist ohne Bedeutung (Bieback, ZESAR 2006, 143, 145). Von daher ist das AGG auch auf die spezifischen Beschäftigungsverhältnisse in einer **Werkstatt für Behinderte** anwendbar (so auch die amtliche Begründung, BR-Drs. 329/06, 28, Erläuterungen zu Art. 3 und S. 35 Erläuterungen zu § 6 Abs. 1; wie hier Meinel/Heyn/Herms, § 2 Rn. 6).

f) Tätigkeit als Strafgefangener

18 Die Anwendung des AGG auf die Arbeit von Strafgefangenen scheitert nicht am **öffentlich-rechtlichen Charakter** des Strafvollzugsverhältnisses, da die Rahmenrichtlinie in Art. 3 Abs. 3 „alle Personen in öffentlichen und privaten Bereichen" erfasst, was nicht ausschließlich Beamte, Richter und Soldaten meint. Da der Wortlaut der einzelnen Nummern von Abs. 1 einer solchen Erstreckung nicht entgegensteht, bestehen insoweit keine Hindernisse (Einzelheiten bei AK-StVollzG-Däubler/Galli, StVollzG Vor § 37 Rn. 38 ff., StVollzG § 37 Rn. 14 ff.). Im Einzelnen ist zu unterscheiden:

19 Ist der Strafgefangene ein **„Freigänger"**, der ein **Arbeitsverhältnis** außerhalb der Anstalt eingegangen ist, besitzt er insoweit einen normalen Arbeitnehmerstatus; an der Anwendung des AGG bestehen daher keine Zweifel.

20 Absolviert der Gefangene eine **berufliche Aus- oder Weiterbildung** im Sinne des § 37 Abs. 3 StVollzG (bzw. der diesen ablösenden landesrechtlichen Vorschriften), so fällt er unter § 2 Abs. 1 Nr. 3, der jede Form von beruflicher Qualifizierung erfasst.

21 Wird der Strafgefangene – wie in der Regel – **zu** einer **Arbeit eingeteilt,** so soll diese nach § 37 Abs. 2 StVollzG bzw. entsprechenden landesrechtlichen Vorschriften „wirtschaftlich ergiebig" sein. Er erhält dafür nach näherer Maßgabe des § 43 StVollzG (bzw. des Landesrechts) eine Vergütung, deren Höhe sich nach der ausgeübten Tätigkeit bestimmt. Überstunden und Feiertagsarbeit werden gesondert vergütet. Dass der Strafgefangene über das **Entgelt** nicht in vollem Umfang verfügen kann, spielt in diesem Rahmen keine entscheidende Rolle; seine **Arbeit dient dem Erwerb** und ist – was dem Angleichungsgrundsatz des § 3 Abs. 1 StVollzG entspricht – mit einer Arbeit aufgrund eines Arbeitsvertrags durchaus vergleichbar. Das AGG greift daher auch insoweit ein. Dem entspricht es, dass Strafgefangene nach

der Rechtsprechung des EuGH Arbeitnehmer im Sinne der (sozialrechtlichen) VO 1408/71 sind, weil sie Beiträge zur Arbeitslosenversicherung entrichten (EuGH 20.1.2005 – Rs. C-302/02 (Effing) – ZESAR 2006, 431, 435 Rn. 32 f. mAnm Kötter). Durch die Landesgesetze über den Strafvollzug hat sich insoweit nichts Grundsätzliches geändert.

22 Wird dem Strafgefangenen nach § 39 Abs. 2 StVollzG bzw. nach Landesrecht eine sog **Selbstbeschäftigung** gestattet, so stellt diese eine selbstständige Erwerbstätigkeit dar. In der Regel handelt es sich um eine freiberufliche Tätigkeit (Einzelheiten bei AK-StVollzG-Däubler/Galli, StVollzG § 39 Rn. 27 ff.).

23 Wird ein Strafgefangener nach § 37 Abs. 5 StVollzG bzw. nach landesrechtlichen Vorschriften **arbeitstherapeutisch beschäftigt,** weil er zu wirtschaftlich ergiebiger Arbeit nicht fähig ist, greift das AGG nicht ein; insoweit fehlt der Bezug zur Erwerbstätigkeit.

g) Ein-Euro-Jobs

24 Die nach § 16 d SGB II möglichen sog Ein-Euro-Jobs führen nicht zur Begründung eines Arbeitsverhältnisses mit der Einsatzdienststelle bzw. dem Einsatzbetrieb. Es geht um eine **Maßnahme im Rahmen des öffentlichrechtlichen Verhältnisses zur Bundesagentur für Arbeit**; insoweit greifen bei der Auswahl der einzelnen Personen für bestimmte Tätigkeiten die in § 2 Abs. 2 genannten Diskriminierungsverbote ein (für Anwendung von Abs. 1 Nr. 6, 7 v. Roetteken, § 2 Rn. 11).

III. Zugang zur Erwerbstätigkeit und beruflicher Aufstieg (Abs. 1 Nr. 1)

1. Selbstständige Tätigkeit

25 Wer sich als **Einzelunternehmer** niederlassen will, kann nur dann Zugangsprobleme haben, wenn er insoweit einer vorherigen staatlichen Genehmigung bedarf. Muss jemand beispielsweise zunächst eine **Steuerberaterprüfung** absolvieren, gilt insoweit das Antidiskriminierungsrecht; entsprechend hat der EuGH gerade in einem solchen Fall zur geschlechtsbezogenen (mittelbaren) Diskriminierung entschieden (EuGH 2.10.1997 – Rs. C-100/95 (Kording) – NZA 1997, 1221). Dasselbe gilt, wenn eine **Zuverlässigkeitsüberprüfung** wie zB im Bewachungsgewerbe erfolgt. Würde diese beispielsweise gegenüber ausländischen Bewerbern oder religiösen Minderheiten nach schärferen Kriterien durchgeführt, läge eine Benachteiligung im Sinne des § 7 Abs. 1 vor.

26 Erfolgt der Zugang zu einer selbstständigen Tätigkeit durch **Beitritt zu** einer bereits bestehenden **Gesellschaft**, dürfen die vorhandenen Gesellschafter keinen „Bewerber" aus den in § 1 genannten Gründen benachteiligen. Insoweit macht es keinen Unterschied, ob sich jemand als Arbeitnehmer (so der Fall BAG 5.2.2004 – 8 AZR 112/03 – AP § 611 a BGB Nr. 23) oder als Partner einer Anwaltssozietät bewirbt. Eine Diskriminierung scheidet bei einer Bewerbung als Partner auch nicht deshalb aus, weil eine diskriminierungsfreie Tätigkeit als Angestellter als Alternative angeboten wird. Allerdings dürfte bei einer diskriminierenden Ablehnung § 15 Abs. 6 entsprechend anwendbar sein, so dass kein Anspruch auf Aufnahme entsteht (Bauer/Krieger, § 2 Rn. 16). Das Benachteiligungsverbot gilt nach § 6

Abs. 3 auch **für Vorstandsmitglieder** und Geschäftsführer, und zwar sowohl in Bezug auf ihren Dienstvertrag wie auch auf die Bestellung zum Organmitglied (BGH 23.4.2012 – II ZR 163/10 – NZA 2012, 797 Rn. 19 sowie OLG Köln 29.7.2010 – 18 U 196/09 – NZA 2011, 211 als Vorinstanz; Bauer/Krieger, § 2 Rn. 16; Thüsing, Arbeitsrechtlicher Diskriminierungsschutz, Rn. 97).

27 Im Einzelfall ist sorgfältig zu prüfen, ob einer der **Ausnahmetatbestände** der §§ 8–10 eingreift (Bauer/Krieger, § 2 Rn. 16). Das Kriterium der „Eignung" wird durch die Anwendung des AGG nicht in Frage gestellt; sie muss lediglich in einem diskriminierungsfreien Verfahren bestimmt werden. Gibt es nur einen Bewerber/eine Bewerberin, weil keine Ausschreibung erfolgte und die zu besetzende Position auch nicht auf andere Weise bekannt wurde, bestehen gegen das Zustandekommen des Vertrages keine diskriminierungsrechtlichen Bedenken. Im Rahmen des früheren § 611 a BGB sind soweit ersichtlich keine Streitfälle bekannt geworden.

28 Der „Zugang" erfasst auch die **freie Entscheidung** darüber, **wie lange** man eine bestimmte Tätigkeit ausüben will. So hat etwa der EuGH (6.4.2000 – Rs. C 226/98 (Jorgensen) – AP EWG-Richtlinie Nr. 76/207 Nr. 21) die Bedingungen für den Verkauf einer Kassenarztpraxis dem Diskriminierungsverbot wegen des Geschlechts unterstellt (v. Roetteken, § 2 Rn. 21). Auch beim **„Ausstieg"** darf daher **niemand** wegen eines der Merkmale des § 1 **benachteiligt** werden (ebenso Thüsing, Arbeitsrechtlicher Diskriminierungsschutz, Rn. 98; aA Adomeit/Mohr, § 2 Rn. 8, die jedoch die EuGH-Rechtsprechung nicht berücksichtigen).

2. Zugang zu unselbstständiger Tätigkeit

29 Bewirbt sich jemand um eine Stelle als Arbeitnehmer oder arbeitnehmerähnliche Person, so müssen insbesondere die Auswahlkriterien und die Einstellungsbedingungen diskriminierungsfrei sein. Dies bezieht sich zB auf Auswahlrichtlinien nach § 95 Abs. 1, 2 BetrVG (Kummer, S. 35), doch dürfen auch im Einzelfall bestimmten Personen, die Träger eines „verpönten Merkmals" nach § 1 sind, keine schlechteren Arbeitsbedingungen angeboten werden. Einzelheiten des Ausschreibungsverfahrens sind im Zusammenhang mit § 11, die Kriterien für die Einstellungsentscheidung sind im Rahmen des § 7 Abs. 1 zu behandeln (s. dort). Auch Transfermaßnahmen nach §§ 110 ff. SGB III fallen unter „Zugang" (Bieback, ZESAR 2006, 143, 145 für die frühere Regelung).

30 Bei Arbeitnehmern kann gleichfalls das Problem auftreten, dass die Ausübung einer Tätigkeit von der vorherigen **Absolvierung eines Examens** oder vom **positiven Ergebnis einer Sicherheitsüberprüfung** abhängt (zu Letzterer s. Däubler, Gläserne Belegschaften?, Rn. 901 ff. mwN). Auch bei diesen Entscheidungen sind die Grundsätze des AGG zu beachten.

3. Beruflicher Aufstieg

31 Was für den Zugang zu einer selbstständigen Tätigkeit bzw. einer abhängigen Beschäftigung gilt, erstreckt sich nach Abs. 1 Nr. 1 auch auf den „beruflichen Aufstieg". Dies ist im Rahmen abhängiger Beschäftigung bei § 611 a BGB bisweilen praktisch relevant geworden (s. LAG Köln

10.5.1990 – 8 Sa 462/89 – LAGE § 611 a BGB Nr. 5, bestätigt durch BAG 17.10.1991 – 8 AZR 321/90). **Besonderheiten gegenüber dem Zugang** bestehen nur insoweit, als angesichts möglicher „Parallelkarrieren" der Nachweis einer Benachteiligung eher in Betracht kommen wird als bei der Einstellung eines einzelnen Arbeitnehmers.

32 Der „Aufstieg" liegt in der **Übertragung einer höherwertigen Tätigkeit** (Boemke/Danko, § 4 Rn. 42), was durch die Umstände wie zB die Gewährung eines Dienstwagens indiziert sein kann (Bauer/Krieger, § 2 Rn. 17). Dabei kommt es nicht allein auf die Eingruppierung an; vielmehr genügen auch bereits angenehmere Arbeitsbedingungen oder die Verbesserung der Chancen für künftigen Aufstieg (Adomeit/Mohr, 1. Aufl., § 2 Rn. 70). Eine bloße Gehaltserhöhung bei sonst unveränderten Arbeitbedingungen genügt nicht; sie fällt unter Nr. 2 (ErfK-Schlachter, § 2 Rn. 7).

33 Bei der **selbstständigen Tätigkeit** hängt ein „beruflicher Aufstieg" in punkto Verdienst und Ansehen häufig vom Markt ab, was sich nicht durch Diskriminierungsverbote korrigieren lässt. Auch fehlt es in solchen Fällen an einem „Entscheider", der für eine Benachteiligung verantwortlich wäre. **Praktische Bedeutung** hat die aus der Richtlinie übernommene Gesetzesformulierung jedoch dann, wenn es um den Erwerb einer Spezialqualifikation wie der des Fachanwalts oder des Facharztes geht (v. Roetteken, § 2 Rn. 17). Daneben stehen die **eher singulären Fälle,** in denen eine Gesellschaft über „Seniorpartner" und „Juniorpartner" verfügt. Der Aufstieg zum Ersteren wäre dann von Diskriminierungen freizuhalten. Dasselbe gilt für den Aufstieg zum „Hauptgeschäftsführer" oder zum **Vorstandsvorsitzenden** (Adomeit/Mohr, § 2 Rn. 92; Meinel/Heyn/Herms, § 2 Rn. 19; aA v. Roetteken, § 2 Rn. 22).

34 Der **Wechsel von der unselbstständigen zur selbstständigen Tätigkeit** (zB als Geschäftsführer) stellt keinen Fall des Aufstiegs, sondern des Zugangs zu einer andersartigen Erwerbstätigkeit dar (Adomeit/Mohr, § 2 Rn. 92; Bauer/Krieger, § 2 Rn. 18). Dasselbe gilt für einen „Berufswechsel" in umgekehrter Richtung.

IV. Beschäftigungs- und Arbeitsbedingungen (Abs. 1 Nr. 2)

35 Nr. 2 betrifft nur die nicht selbstständige Tätigkeit; allein bei dieser kann von „Arbeitsentgelt und Entlassungsbedingungen" und von deren Festlegung in „kollektivrechtlichen Vereinbarungen" die Rede sein (aA v. Roetteken, § 2 Rn. 22). Gleichzeitig macht jedoch die Verwendung des Terminus „**Beschäftigungsverhältnis**" deutlich, dass es **nicht allein** um **Arbeitsverhältnisse**, sondern auch um die Rechtsverhältnisse arbeitnehmerähnlicher Personen im Sinne des § 6 Abs. 1 Nr. 3 geht.

36 Inhaltlich sind **alle Bedingungen** und **Leistungen** erfasst, die mit der Beschäftigung als Arbeitnehmer oder arbeitnehmerähnliche Person verbunden sind (Schmidt/Senne, RdA 2002, 80, 82); dabei spielt es keine Rolle, ob sie arbeitsvertraglich ausgehandelt oder – etwa durch Kollektivvertrag – normativ vorgegeben sind (Nollert-Borasio/Perreng, § 2 Rn. 20; v. Roetteken, § 2 Rn. 25; ErfK-Schlachter, § 2 Rn. 8). Zu den „Bedingungen" zählen auch einseitige Maßnahmen des Arbeitgebers (Bauer/Krieger, § 2 Rn. 19; Meinel/Heyn/Herms, § 2 Rn. 30; Thüsing, Arbeitsrechtlicher Dis-

kriminierungsschutz, Rn. 100). Der Hinweis auf das Arbeitsentgelt und die „Entlassungsbedingungen" haben nur Beispielcharakter (Kummer, S. 37); ein wichtiger Bereich sind daneben die betrieblichen Sozialleistungen. Erfasst sind auch Werkswohnungen und andere Leistungen, die zu besonders günstigen Bedingungen angeboten werden. Da **„Entlassungsbedingungen"** nicht nur die Kündigungsvoraussetzungen betreffen, sondern ersichtlich auch in individualrechtlichen Vereinbarungen festgelegt werden können, sind auch der **Aufhebungsvertrag** (ebenso BAG 25.2.2010 – 6 AZR 911/08 – NZA 2010, 561 Rn. 23; Adomeit/Mohr, § 2 Rn. 99; HK-ArbR-Braun, § 2 Rn. 4; Wendeling-Schröder/Stein, § 2 Rn. 16) und das automatische Ausscheiden bei Erreichen der Altersgrenze erfasst (EuGH 12.9.2013 – Rs. C-614/11 (Kuso) – NZA 2013, 1071). Auch Abfindungsregelungen sind einbezogen (EuGH 12.10.2010 – Rs. C-499/08 – NZA 2010, 1341). Weiter wäre es denkbar, dass ein befristetes Beschäftigungsverhältnis aus den in § 1 genannten Gründen nicht verlängert und dem Betroffenen dadurch eine Benachteiligung zugefügt wird. Einzelheiten sind im Rahmen des § 7 erörtert (→ § 7 Rn. 326 ff.). Auch nachvertragliche Pflichten wie zB zur Zeugniserteilung sind erfasst (EuGH 22.9.1998 – Rs. C-185/97 – NZA 1998, 1223; Meinel/Heyn/Herms, § 2 Rn. 20).

V. Berufsberatung, Berufsbildung, Praktika (Abs. 1 Nr. 3)

37 Nr. 3 erfasst den Gesamtbereich der „Vorbereitung" zu einer Erwerbsarbeit und ist bewusst **umfassend formuliert**, da vom Zugang „zu allen Formen und allen Ebenen" die Rede ist. Der „Zugang" erfasst allerdings nicht den Inhalt der in Frage stehenden Rechtsverhältnisse (Bauer/Krieger, § 2 Rn. 33). Zur **Beratung** gehören alle Elemente einer aktiven Arbeitsförderung einschl. Trainingsmaßnahmen, Übernahme von Bewerbungskosten und Gewährung von Mobilitätshilfen (Kummer, S. 37). Ob die Beratung durch die Bundesagentur für Arbeit oder einen privaten Anbieter erfolgt, spielt keine Rolle (Bieback, ZESAR 2006, 143, 145; Meinel/Heyn/Herms, § 2 Rn. 33; Schiek-Schiek, § 2 Rn. 4; aA Adomeit/Mohr, § 2 Rn. 119). Soweit die Schul- und Hochschulausbildung dieselbe Funktion erfüllt, ist auch sie über die unionsrechtlichen Vorgaben hinaus erfasst (Meinel/Heyn/Herms, § 2 Rn. 34; aA v. Roetteken, § 2 Rn. 29).

38 Zur **Berufsbildung** gehören alle Vertragsarten, die im Berufsbildungsgesetz (BBiG) vom 23.3.2005 (BGBl. I, 931) geregelt sind. Erfasst ist daher das Berufsausbildungsverhältnis (§§ 10 ff. BBiG), aber auch die berufliche Fortbildung (§§ 53 ff. BBiG), die berufliche Umschulung (§§ 58 ff. BBiG) und die Berufsausbildungsvorbereitung (§§ 68–70 BBiG). Bei den speziellen Vorschriften zugunsten Behinderter (§§ 64 ff. BBiG) handelt es sich um eine Umsetzung des Art. 5 der Rahmenrichtlinie in einem Teilbereich. Auch öffentlich-rechtliche Ausbildungsverhältnisse wie das Referendariat sind erfasst; das AGG findet insoweit nach seinem § 24 entsprechende Anwendung.

39 Zur **„praktischen Berufserfahrung"** gehören Tätigkeiten als Volontär, aber auch **Praktika,** die durch schulische oder universitäre Ausbildungsordnungen vorgeschrieben oder empfohlen sind (v. Roetteken, § 2 Rn. 27). Einbezogen sind auch Praktika, die nur faktisch Voraussetzung für eine Dauer-

beschäftigung sind (Schiek-Schiek, § 2 Rn. 4), sowie **unbezahlte Freistellungen** in einem Arbeitsverhältnis zum Zwecke der Teilnahme an Weiterbildungsmaßnahmen (vgl. Adomeit/Mohr, § 2 Rn. 128). Ein Ausbildungsverhältnis kann **gleichzeitig** die Voraussetzungen einer **abhängigen Erwerbstätigkeit** nach Nr. 1 und 2 erfüllen (EuGH 26.2.1992 – Rs. C-3/90 (Bernini) – NZA 1992, 736, 737 Rn. 15, unter Bezugnahme auf EuGH 3.7.1986 – Rs. 66/85 (Lawrie-Blum) – NJW 1987, 1138 – Tätigkeit als Studienreferendarin).

VI. Gewerkschaften, Arbeitgeberverbände, Berufsverbände (Abs. 1 Nr. 4)

40 Nr. 4 geht davon aus, dass die angesprochenen Organisationen wesentlichen Einfluss auf die Bedingungen der Erwerbsarbeit haben, so dass dem Einzelnen ein diskriminierungsfreier Zugang ermöglicht werden muss. Größere **Probleme** scheint es in diesem Bereich **derzeit nicht** zu geben. Immerhin wird aus der Praxis von dem Fall berichtet, dass eine große deutsche Gewerkschaft einem 68-Jährigen die Mitgliedschaft verweigerte, weil er zu alt sei (für Unzulässigkeit auch HK-ArbR-Braun, § 2 Rn. 7). In England gab es Anfang des 20. Jahrhunderts jüdische Gewerkschaften, die vermutlich keine Nichtjuden aufnahmen (Fredman, S. 37), und in Frankreich existieren Berufsverbände, die ausschließlich homosexuelle Menschen organisieren (Le Friant, AuR 2003, 53). Würden sie ihre **Aufnahme in eine Dachorganisation** verlangen, könnte sich eine Diskriminierungsproblematik ergeben.

41 Das Gesetz spricht im Anschluss an die Richtlinie **nicht** von **„Gewerkschaft" sondern** von **„Beschäftigtenvereinigung"**, was deutlich macht, dass es nicht allein um Arbeitnehmer, sondern um alle abhängig Beschäftigten, insbesondere auch um arbeitnehmerähnliche Personen geht. Da diese jedoch nach den Satzungen der vorhandenen Gewerkschaften jederzeit Mitglied werden können, ergeben sich insoweit keine Probleme. Das Diskriminierungsverbot bezieht sich einmal auf die Einräumung der **Mitgliedschaft**; sie darf nicht aus den in § 1 genannten Gründen verweigert oder wieder entzogen werden. Weiter ist die **„Mitwirkung"** in der Organisation erfasst, was insbesondere das aktive und das passive Wahlrecht betrifft. Einen spezifischen Minderheitenschutz bei Wahlen sieht das Gesetz nicht vor. Auch bleibt die autonome Entscheidung der Gewerkschaft erhalten, selbst darüber zu bestimmen, in welchen Branchen oder Berufsgruppen sie Mitglieder rekrutieren will (Wank, FS Wißmann, S. 614). Ausdrücklich einbezogen sind auch die von der Organisation erbrachten Leistungen, so dass beispielsweise der von einer Gewerkschaft gewährte Rechtsschutz nicht nach den Merkmalen des § 1 differenzieren darf (Meinel/Heyn/Herms, § 2 Rn. 41). Auch berufsständische Versorgungswerke sind erfasst (v. Roetteken, § 2 Rn. 38). S. im Übrigen die Kommentierung zu § 18.

42 **Arbeitnehmerkammern** dürften ihrer Funktion nach gleichzustellen sein (ebenso v. Roetteken, § 2 Rn. 34 sowie Rebhahn-Rebhahn § 1 Rn. 43 für das österreichische Recht). Der EuGH hat jedenfalls für die luxemburgischen Arbeitnehmerkammern entschieden, dass Staatsangehörige anderer EU-Mitgliedstaaten keine geringeren Rechte haben dürfen (EuGH

18.5.1994 – Rs. C-118/92 – EuGHE I 1994, 1891). Dazu auch → § 18 Rn. 14.

43 **Betriebs- und Personalräte** sind keine „Beschäftigtenvereinigung" und unterliegen deshalb nicht dem AGG (zustimmend Meinel/Heyn/Herms, § 2 Rn. 39; zweifelnd Kummer, S. 39).

44 Für die **Arbeitgeberverbände** gelten keine Besonderheiten (v. Roetteken, § 2 Rn. 35). Auch der türkische oder chinesische Gastwirt darf nicht wegen seiner ethnischen Zugehörigkeit aus dem Arbeitgeberverband des Gaststättengewerbes ferngehalten oder ausgeschlossen werden. Praktische Probleme dieser Art sind bislang nicht bekannt geworden, zumal die Organisationen angesichts des verbreiteten Mitgliederschwunds einen ausnahmsweise eintretenden Mitgliederzuwachs in aller Regel nachhaltig begrüßen.

45 Auch bei **Berufsverbänden** zB von Rechtsanwälten, Architekten, Ingenieuren und Wissenschaftlern, die uU gleichermaßen selbstständig Tätige wie abhängig Beschäftigte einer Profession aufnehmen, gelten dieselben Grundsätze (vgl. v. Roetteken, § 2 Rn. 36; Thüsing, Arbeitsrechtlicher Diskriminierungsschutz, Rn. 104). Bei **Sportverbänden** ergibt sich die Pflicht zur Aufnahme schon aus ihrer faktischen Monopolstellung. Die Gründe des § 1 können niemals ein berechtigtes Interesse konstituieren, die Aufnahme einer Einzelperson oder von Vereinen abzulehnen oder diesen eine geminderte Rechtsstellung zuzuweisen.

B. Zivilrecht (Abs. 1 Nr. 5–8)

I. Anwendungsbereich von Abs. 1 Nr. 5–8 – Überblick

46 Nr. 5–8 des Abs. 1 bestimmen als weiteren Anwendungsbereich des Gesetzes den **Sozialschutz**, einschließlich sozialer Sicherheit und die Gesundheitsdienste, die **sozialen Vergünstigungen**, die **Bildung** sowie den Zugang zu und die Versorgung mit **Gütern und Dienstleistungen, die der Öffentlichkeit zur Verfügung stehen**, einschließlich von Wohnraum. Die Regelung entspricht wörtlich dem Art. 3 Abs. 1 lit. e–h der Antirassismusrichtlinie. Diese geht – anders als die Rahmenrichtlinie 2000/78/EG und die Gender-Richtlinie Arbeitsrecht nF (früher RL 2002/73/EG) – über Beschäftigung und Beruf hinaus (eingehend zu den divergierenden Anwendungsbereichen der Richtlinien Husmann, ZESAR 2005, 107, 108 f.). In ihrem Erwägungsgrund 12 wird dies mit weitergehenden Teilhabeaspekten begründet, die spezifische Maßnahmen zur Bekämpfung von Diskriminierungen aus Gründen der Rasse oder der ethnischen Herkunft auch über die Gewährleistung des Zugangs zu unselbstständiger und selbstständiger Erwerbstätigkeit hinaus notwendig machen, um die Entwicklung demokratischer und toleranter Gesellschaften zu sichern. Diese müssen allen Menschen ohne Unterschied der Rasse oder der ethnischen Herkunft insbesondere die **gleichberechtigte Teilhabe am Markt** ermöglichen (Nickel, NJW 2001, 2669). Die traditionelle Arbeitsmarktorientierung der europäischen Sozialpolitik wird dabei durchbrochen (Bell, Anti-Discrimination Law and the European Union, S. 136), was in der Gender-Richtlinie Zivilrecht in Bezug auf die Versorgung mit Gütern und Dienstleistungen einschließlich privater Versicherungen seine Fortsetzung findet. Unterschiedliche Gruppen sollen

so nicht nur in den Arbeitsmarkt, sondern auch in öffentliche Gütermärkte integriert werden (Blanke/Hoffmann, KJ 2006, 134, 146).

Diese Erweiterung des Diskriminierungsschutzes auf europäischer Ebene ist allerdings ins Stocken geraten. Die EU-Kommission hat zwar am 2.7.2008 einen Vorschlag für eine 5. Richtlinie des Rates zur Anwendung des Grundsatzes der Gleichbehandlung ungeachtet der Religion oder Weltanschauung, einer Behinderung, des Alters oder der sexuellen Identität vorgelegt, dessen Ziel die Bekämpfung der Diskriminierung wegen der genannten Merkmale außerhalb von Beschäftigung und Beruf ist (KOM (2008) 426 endgültig). Das Schicksal dieses Vorschlags ist aber wegen der Vorbehalte einiger Mitgliedstaaten, ua Deutschlands, nicht abzusehen. Unter estnischem Vorsitz wurde in der Ratsarbeitsgruppe Sozialfragen die Prüfung des Vorschlags zu den Themenbereichen „Mehrfachdiskriminierung" und „Gleichstellungsdaten" in 2017 fortgesetzt. Trotz erzielter Fortschritte sind weitere politische Beratungen notwendig, bevor die erforderliche Einstimmigkeit im Rat erzielt werden kann (näher dazu Ratsdokument Nr. 14867/17 vom 24.11.2017).

47 Trotz wortgleicher Übernahme des **Art. 3 Abs. 1 lit. e–h** bleibt die **Umsetzung** im AGG **fragmentarisch**. Die genannten Sektoren sind in Deutschland entweder ausschließlich oder doch überwiegend durch öffentlich-rechtliche Vorschriften bestimmt. Auf **§ 2 Abs. 1 Nr. 5–8** bezieht sich jedoch allein das in **§ 19 Abs. 2** geregelte zivilrechtliche Benachteiligungsverbot. Erfasst sind damit nur Benachteiligungen aus Gründen der Rasse oder wegen der ethnischen Herkunft bei Begründung, Durchführung und Beendigung zivilrechtlicher Schuldverhältnisse. Handelt es sich bei diesen Schuldverhältnissen um Massengeschäfte oder diesen vergleichbare Geschäfte ist zugleich der Anwendungsbereich des § 19 Abs. 1 mit eröffnet (so zutr. Elsuni, Diskriminierungsschutz im Gesundheitswesen, S. 14; näher dazu → § 19 Rn. 25 ff., 35). Öffentlich-rechtliche Regelungen über den **Sozialschutz** und die **soziale Sicherheit** sind nur in Abs. 2 angesprochen (kritisch dazu die Stellungnahmen des Deutschen Paritätischen Wohlfahrtsverbandes und des DGB, Teil II-Anlagen zum Wortprotokoll, S. 463 ff., 464 bzw. 530 ff., 530, Protokoll Nr. 15/51). Ob dies den Anforderungen der Richtlinie gerecht wird, ist im Rahmen des Abs. 2 zu erörtern (→ Rn. 65 ff., 131 ff., 161).

Bei weitem im Vordergrund wird daher Abs. 1 Nr. 8 stehen. Allerdings gibt es gesundheits- und bildungsbezogene Leistungen iSv **Abs. 1 Nr. 5, 7**, die in privatrechtlicher Form erbracht werden.

II. Anwendungsfälle des Abs. 1 Nr. 5–7

1. Abs. 1 Nr. 5

48 Abs. 1 Nr. 5 erstreckt den Anwendungsbereich des zivilrechtlichen Benachteiligungsverbots nach **§ 19 Abs. 2** auf **den Sozialschutz,** der den Bereich sozialer Sicherheit und die Gesundheitsdienste umschließt. Anders als bei Abs. 1 Nr. 8 kommt es nicht darauf an, ob entsprechende Leistungen der Öffentlichkeit zur Verfügung stehen. Was dies konkret bedeutet (dazu → Rn. 59 ff.), ist daher für Nr. 5 ohne Belang. Die hier genannten Leistungen müssen stets diskriminierungsfrei zugänglich sein (vgl. Stork, ZEuS 2005, 1, 23), so dass es nicht auf die Art und Weise des Angebots ankommt.

49 Ein Anwendungsbereich des zivilrechtlichen Benachteiligungsverbots nach § 19 **Abs. 2** im Rahmen des **Abs. 1 Nr. 5** ist das sog Erfüllungsverhältnis im sozialrechtlichen Leistungserbringungsrecht. Während die Rechtsverhältnisse zwischen Sozialleistungsträgern und Leistungserbringern (sog Leistungsbeschaffungsverhältnis) bzw. Privaten (sog Grundverhältnis) regelmäßig öffentlich-rechtlich ausgestaltet sind, kommen zwischen den einzelnen Leistungserbringern (Ärzten, Krankenhäusern, Pflegediensten, Heimen) und den Leistungsempfängern im sog Erfüllungsverhältnis zivilrechtliche Verträge zustande (eingehend dazu Oppermann, ZESAR, 2006, 432, 437). Erfasst wird beispielsweise der **Behandlungsvertrag** zwischen dem **Kassenpatienten** und dem **Kassenarzt**, der in Rechtsprechung und Literatur als privatrechtlicher Dienstvertrag qualifiziert wird (Bamberger/Roth-Fuchs, BGB § 611 Rn. 16 mwN).

Zu nennen ist weiter der **Krankenhausvertrag** (zu dessen unterschiedlichen Gestaltungsformen s. Palandt-Weidenkaff, Einf. vor BGB § 611 Rn. 105–107) zwischen Krankenhaus(träger) und Kassenpatienten; die öffentlich-rechtliche Rechtsform des Krankenhauses spielt dabei keine Rolle (MüKo-Müller-Glöge, BGB § 611 Rn. 105–107). Zu nennen sind auch **Kaufverträge über Medikamente** durch Kassenpatienten in Apotheken, die **Lieferung von Heil- und Hilfsmitteln** an Kassenpatienten, Verträge mit **ambulanten Pflegediensten** und **Heimverträge** (Oppermann, ZESAR 2006, 432, 436 mwN). Schließlich zählen hierher auch Verträge mit anderen Heilbehandlern, zum Beispiel mit **psychologischen Psychotherapeuten, Heilpraktikern, Diätassistenten, Logopäden** etc (umfassender Überblick MüKo-Müller-Glöge, BGB § 611 Rn. 116 f.).

Darüber hinaus kann § 19 Abs. 2 selbstverständlich auch **Behandlungsverträge** zwischen dem **Arzt** oder **Krankenhaus** und einem **Privatpatienten** erfassen, bei denen es sich ebenfalls um Dienstverträge handelt (Bamberger/Roth-Fuchs, BGB § 611 Rn. 16). Bei den genannten Verträgen ist es im Übrigen unerheblich, ob sie der eigenen Heilung dienen. Erfasst sind auch solche Verträge, die lediglich auf sog Schönheitsoperationen (Gaier/Wendtland, Rn. 32) oder eine fremdnützige Blutspende gerichtet sind, die zugunsten der Allgemeinheit erfolgt. Rechtlich ist die Blutspende als eigentypischer Vertrag zu qualifizieren, dem die Merkmale der Gewährung, Unentgeltlichkeit, Aufklärung, Einwilligung, Widerruflichkeit und Aufwandentschädigung eigen sind (näher dazu Spickhoff, Medizinrecht, TFG § 2 Rn. 3) und bei dem der Spender für die Dauer des Blutspendevorgangs als Patient anzusehen ist (BGHZ 166, 336). Auch wenn die Spenderauswahl dabei im Hinblick auf die Übertragung schwerer Infektionskrankheiten (zB von HIV) risikobasiert erfolgt, darf sie nicht an die ethnische Herkunft des Spendenwilligen anknüpfen. Der EuGH erachtet ein gesetzliches Verbot für Männer in Frankreich, die sexuelle Beziehungen mit Männern hatten, unter zwei Voraussetzungen mit dem Verbot der Diskriminierung wegen der sexuellen Orientierung gem. Art. 21 EU-GRC für vereinbar. Zum einen muss ausgeschlossen sein, dass es nach dem aktuellsten Stand der Wissenschaft und unter Berücksichtigung des Grundsatzes der Verhältnismäßigkeit keine wirksamen Techniken zum Nachweis von HIV bei dem individuellen Spender gibt, um die Übertragung auf die Empfänger zu vermeiden.

Für den Fall das es keine derartigen Techniken gibt, darf es zum anderen auch keine weniger belastenden Methoden als den dauerhaften Ausschluss geben, um ein hohes Gesundheitsschutzniveau der Empfänger der Blutspende sicherzustellen, zB durch einen Fragebogen und die persönliche Befragung des Spenders, wodurch die Verhaltensweisen genauer identifiziert werden können, die mit einem Gesundheitsrisiko für die Empfänger verbunden sind (EuGH 29.4.2015 – Rs. C-528/13 (Léger) Rn. 63 f., 65 f.). Die in Deutschland geltenden Hämotherapierichtlinien des Paul-Ehlich-Instituts (PEI) wurden am 26.6.2017 geändert. Für Personen, deren Sexualverhalten ein gegenüber der Allgemeinbevölkerung deutlich höheres Übertragungsrisiko für durch Blut übertragbare schwere Infektionskrankheiten birgt, ist unter Ziff. 2.2.4.3.2.2. kein genereller Ausschluss mehr, sondern eine zeitlich begrenzte Rückstellung von der Blutspende für 12 Monate vorgesehen (abrufbar unter www.pei.de, letzter Zugriff 15.1.2018). Zur Frage, ob bei Behandlungsverträgen mit Ärzten, Krankenhäusern etc **§ 19 Abs. 2** unanwendbar ist, weil entsprechende gesundheitsbezogene Leistungen ein Nähe- oder Vertrauensverhältnis voraussetzen und deshalb unter § 19 Abs. 5 S. 1 fallen → § 19 Rn. 66.

Außer bei Verträgen über vorwiegend gesundheitsbezogene Leistungen kann das Benachteiligungsverbot des § 19 Abs. 2 im Bereich des **Abs. 1 Nr. 5** auch bei Verträgen zur privaten Arbeitsvermittlung relevant werden, die ebenfalls unter den Begriff der **sozialen Sicherheit** zu fassen ist (Oppermann, ZESAR 2006 432, 437, MüKo-Thüsing, § 2 Rn. 29).

Mit Diskriminierungen bei Gesundheitsdiensten wurde die Rechtsprechung bislang kaum befasst (zum Krankenhausbehandlungsvertrag s. AG Köln 4.2.2009 – 147 C 247/08 – abrufbar unter: www.nrwe.de, letzter Zugriff: 15.1.2018, das eine unmittelbare Benachteiligung wegen der ethnischen Herkunft im Zusammenhang mit einer verschmutzten Patiententoilette allerdings mangels Kausalität verneint). Das Bundesverfassungsgericht hat einem aus dem Irak stammenden Kurden, dem aufgrund mangelnder deutscher Sprachkenntnisse die Aufnahme auf eine Warteliste für eine Organvermittlung verweigert wurde, Prozesskostenhilfe für eine Schadenersatzklage gegen eine Klinik nach § 21 Abs. 2 zugesprochen. In dem Beschluss wird betont, dass es nicht auszuschließen sei, dass das Verhalten der Klinik eine mittelbare Diskriminierung wegen der ethnischen Herkunft darstellt und es für die Verhältnismäßigkeitsprüfung auf die bislang noch ungeklärte Frage ankomme, ob das Verlangen hinreichender Sprachkenntnisse für die Erfolgsaussicht einer Organübertragung erforderlich sei (BVerfG 28.1.2013 – 1 BvR 274/12).

50 Nicht unter gesundheitsbezogene Leistungen fallen Dienst- oder Werkverträge mit **Tierärzten;** nach allgemeiner Anschauung und den Vorgaben der Antirassismusrichtlinie beziehen sich **„Gesundheitsdienste"** ausschließlich auf die Behandlung von Menschen. Insoweit ist jedoch **Abs. 1 Nr. 8** anwendbar. Dasselbe gilt für sonstige Dienstverträge, die zB mit Freiberuflern wie mit **Rechtsanwälten, Steuerberatern, Wirtschaftsprüfern** etc abgeschlossen werden (Überblick bei MüKo-Müller-Glöge, BGB § 611 Rn. 118 ff.).

2. Abs. 1 Nr. 6

51 Bei den in Abs. 1 Nr. 6 genannten **sozialen Vergünstigungen** handelt es sich um Vorteile wirtschaftlicher und kultureller Art, die entweder von öffentlichen Stellen oder von privaten Einrichtungen in den Mitgliedstaaten gewährt werden (KOM (1999) 566, S. 8). Beispiele für zivilrechtlich relevante soziale Vergünstigungen können kostenlose oder **verbilligte Fahrten mit Verkehrsmitteln** oder **Preisnachlässe für kulturelle** oder andere **Veranstaltungen** sein. Es handelt sich in der Regel um Angebote, die aus sozialen Gründen zu besonders guten Konditionen Zugang zu Gütern und Dienstleistungen gewähren. Anders als in Abs. 1 Nr. 8 kommt es aber hier nicht darauf an, ob sie „der Öffentlichkeit zur Verfügung stehen". In der Praxis ist häufigstes Differenzierungskriterium das Lebensalter, eine Behinderung oder eine bestimmte Anzahl von Kindern. Museen oder Veranstaltungen gewähren zB ermäßigte Eintrittspreise für Jugendliche und/oder Senioren, für Schwerbehinderte oder für kinderreiche Familien. Dies ist in aller Regel **nach § 20 Abs. 1 Nr. 3 gerechtfertigt.** Der Anwendungsbereich von Abs. 1 Nr. 6 iVm § 19 Abs. 2 beschränkt sich daher auf die eher theoretische Möglichkeit, dass solche Leistungen zB Menschen wegen ihrer ethnischen Herkunft vorenthalten oder nur zu ungünstigeren Preisen gewährt werden. Gratiseintritte werden beispielsweise nur Einheimischen gewährt.

3. Abs. 1 Nr. 7

52 Abs. 1 Nr. 7 bezieht **die Bildung** in den Anwendungsbereich des zivilrechtlichen Benachteiligungsverbots ein. Da wesentliche Teile des Bildungswesens in Deutschland öffentlich-rechtlich organisiert sind, ist insofern kein Anwendungsbereich für ein zivilrechtliches Benachteiligungsverbot eröffnet (hierzu Rust/Falke-Richter, § 2 Rn. 163, mit der Kritik der „Scheinumsetzung" der Antirassismusrichtlinie, weil die Verortung des Abs. 1 Nr. 7 im Allgemeinen Teil des AGG den Anschein erwecke, auch den öffentlich-rechtlichen Bildungsbereich zu erfassen). Vom zivilrechtlichen Benachteiligungsverbot erfasst sind demnach nur auf die Erbringung von Bildungsleistungen gerichtete privatrechtliche Verträge.

Unter **Bildung** ist in Übereinstimmung mit **Art. 3 Abs. 1 lit. g** der Antirassismusrichtlinie **Allgemeinbildung** zu verstehen (Husmann, ZESAR 2005, 107, 108; Schiek-Schiek, § 2 Rn. 6). Die Frage, ob Stipendienvergaben durch einen eingetragenen Verein, die Forschungs- oder Studienvorhaben im Ausland fördern sollen, unter den Begriff „Bildung" der genannten Richtlinienbestimmung fallen, hat der BGH dem EuGH zur Vorabentscheidung vorgelegt (BGH 1.6.2017 – I ZR 272/15).

Nach anderer Auffassung ist der Begriff Bildung in **Abs. 1 Nr. 7** zur Vermeidung europarechtlicher Schutzlücken nicht auf die Allgemeinbildung beschränkt, sondern umfassend zu verstehen. Eine Lücke wird insbesondere darin gesehen, dass nach der Rechtsprechung des EuGH auch ein Universitätsstudium zur Berufsausbildung gehören kann, während der engere deutsche Begriff der Berufsausbildung nicht die Hochschulausbildung umfasst. Daher soll der Bildungsbegriff auch die Berufsbildung, zu der insbesondere die Berufsausbildung gehört, erfassen. Nur soweit diese im Verantwortungsbereich des Arbeitgebers liegt, soll **Abs. 1 Nr. 3** als Spezialregelung einschlägig sein (MüKo-Thüsing, § 2 Rn. 32).

Jedoch ist eine Notwendigkeit, den Bildungsbegriff des Abs. 1 Nr. 7 im Sinne eines Oberbegriffs weit auszulegen, um die Hochschulausbildung als Berufsausbildung miterfassen zu können, aus Sicht des Gesetzes nicht ersichtlich. Wenn man wie hier (→ Rn. 53, 37 ff.) dazu neigt, darauf abzustellen, dass ein Hochschulstudium heute in erster Linie dem Erwerb eines berufsqualifizierenden Abschlusses dient, sind entsprechende privatrechtliche Verträge mit privaten Hochschulen als Berufsausbildungsverträge zu qualifizieren und werden damit schon über **Abs. 1 Nr. 3** in den Anwendungsbereich des AGG einbezogen.

Betont man demgegenüber mehr den allgemeinbildenden Charakter einer Hochschulausbildung (so Rust/Falke-Richter, § 2 Rn. 135), ergibt sich von vornherein keine Notwendigkeit einer weiten Auslegung des Bildungsbegriffs in Abs. 1 Nr. 7.

Die **Berufsbildung** einschließlich der Erstausbildung fällt demnach unter **Abs. 1 Nr. 3** (dazu → Rn. 37 ff.) und nicht unter Abs. 1 Nr. 7.

Von Nr. 7 erfasst sind alle Arten von privatrechtlichen Unterrichtsverträgen, die in der Regel Dienstverträge sind (Bamberger/Roth-Fuchs, BGB § 611 Rn. 26). Beispiele sind Verträge mit Fahr-, Sprach-, Tanz- oder Reitschulen oder über Musik-, Mal-, Zeichen- und Töpferkurse. Zu nennen sind weiter EDV-Lehrgänge (soweit kein beruflicher Bezug besteht), aber auch eher ungewöhnliche Angebote, wie Kurse zum Erlernen der Fußreflexzonenmassage (umfassend zur Palette solcher Verträge Gounalakis/Gounalakis, RdJB 1997, 229 ff.). Im Einzelfall kann hier die Abgrenzung zu reinen **Freizeitveranstaltungen** nicht einfach sein. Diese dürften aber ohnehin schon von **Abs. 1 Nr. 8** erfasst sein (MüKo-Thüsing, § 2 Rn. 33).

53 Liegt ein **finanzierter Unterrichtsvertrag** vor, bei dem die Zahlungen des Teilnehmers von dritter Seite vorfinanziert werden, wird in der Regel ein Verbraucherdarlehensvertrag nach §§ 491 ff. BGB gegeben sein. Da beide Verträge zumindest wirtschaftlich, meist aber auch rechtlich verbunden sind und oft erst das Darlehen die Teilhabe an privaten Bildungsveranstaltungen ermöglicht, erstreckt sich das **Benachteiligungsverbot** des **§ 19 Abs. 2** iVm § 2 Abs. 1 Nr. 7 auch auf entsprechende Darlehensverträge. Gleiches gilt für die zunehmend an Bedeutung gewinnenden **privaten Studienkredite** zur Finanzierung eines Hochschulstudiums (so auch MüKo-Thüsing, § 2 Rn. 32 im Hinblick auf bildungsunterstützende Leistungen). Auch hier besteht ein enger Sachzusammenhang mit der Teilhabe an universitären Bildungsangeboten, wobei allerdings im Regelfall Abs. 1 Nr. 3 einschlägig sein dürfte (→ Rn. 52). Werden solche Darlehen zu besonders günstigen Konditionen vergeben, handelt es sich auch um **soziale Vergünstigungen** iSv **Abs. 1 Nr. 6**.

54 Von Abs. 1 Nr. 7 werden zudem Verträge **mit Privatschulen, privaten Ersatzschulen** (näher hierzu Rust/Falke-Richter, § 2 Rn. 131 f.) **und privaten Kindergärten** erfasst. Sofern solche Verträge Massengeschäfte oder vergleichbare Geschäfte iSd § 19 Abs. 1 Nr. 1 sind (ablehnend insoweit Rust/Falke-Richter § 2 Rn. 132, mit der Begründung, dass es auch bei entspre-

chenden Standardverträgen zumindest bei der Durchführung darauf ankommt, ob das individuelle Kind in eine bestimmte Lerngemeinschaft passt), kann die bevorzugte Aufnahme konfessionszugehöriger Kinder zwar nach § 20 Abs. 1 Nr. 4 gerechtfertigt sein. Allerdings stellt sich die Frage, ob nicht eine verdeckte unmittelbare Diskriminierung nach § 19 Abs. 2 vorliegt (→ § 3 Rn. 39), wenn mit der formal an die Religion anknüpfenden Differenzierung in der Sache die ethnische Zugehörigkeit gemeint ist (vgl. amtl. Begründung BT-Drs. 16/1780, 31), und man beispielsweise den Anteil von Kindern einer bestimmten ethnischen Herkunft unter dem Vorwand ihrer Religionszugehörigkeit in Grenzen halten möchte.

III. Anwendungsfälle des Abs. 1 Nr. 8

1. Die erfassten Gegenstände

55 Nach Abs. 1 Nr. 8 gilt das Benachteiligungsverbot des § 19 Abs. 2 beim Zugang zu und der Versorgung mit **Gütern und Dienstleistungen, die der Öffentlichkeit zur Verfügung stehen**, wobei der **Wohnraum eingeschlossen** ist. Hier dürfte der Hauptanwendungsbereich des § 19 Abs. 2 liegen. Der diskriminierungsfreie Zugang zu und die diskriminierungsfreie Versorgung mit Gütern und Dienstleistungen hat die Rechtsprechung bislang nur wenig beschäftigt (s. aber die Nachweise → Einl. Rn. 65 ff.). Zu dem Anwendungsbereich **Güter und Dienstleistungen** der Antirassismusrichtlinie 2000/43/EG liegt mittlerweile eine Entscheidung des EuGH vor (EuGH 16.6.2015 – Rs. C-83/14 (CHEZ Razpredelenie Bulgaria)). In dieser Rechtssache ging es um die Praxis eines bulgarischen Stromversorgungsunternehmens, das in einem überwiegend von Roma bewohnten Stadtteil Stromzähler an Betonmasten in einer Höhe von 6–7 Metern montieren ließ. In anderen Stadtvierteln, in denen weniger Roma wohnten, wurden die Zähler hingegen in einer Höhe von 1,70 Metern angebracht. Die Klägerin betrieb ein Geschäft in dem überwiegend von Roma bewohnten Viertel und sah sich durch diese Praxis diskriminiert, auch wenn sie selbst nicht der Gruppe der Roma angehörte. Die Elektrizitätsversorgung fällt zweifellos in den Anwendungsbereich der Richtlinie 2000/43/EG. Art. 3 Abs. 1 lit. h dieser Richtlinie ist aus Sicht des EuGH dahin gehend auszulegen, dass auch die Anbringung eines Stromzählers beim Endverbraucher einen untrennbar mit der Stromversorgung verbundenen Nebengegenstand darstellt, der vom Anwendungsbereich dieser Vorschrift erfasst wird (Rn. 43). Der EuGH erachtete eine unmittelbare bzw. mittelbare Diskriminierung für möglich, obwohl die Klägerin selbst nicht Merkmalsträgerin war und folgt damit dem bereits in der Rs. Coleman (EuGH 17.7.2008 – Rs. C-303/06) entwickelten Konzept der **Diskriminierung durch Assoziierung**. Danach ist auch der Diskriminierungsschutz der Richtlinie 2000/43/EG nicht nur auf Personen einer bestimmten ethnischen Herkunft anwendbar, sondern darüber hinaus auf Personen, die zwar selbst nicht die betreffende ethnische Herkunft aufweisen, aber durch eine diskriminierende Maßnahme zusammen mit Personen dieser Herkunft weniger günstig behandelt oder in besonderer Weise benachteiligt werden (Rn. 56 f.).

56 Hinsichtlich der Begriffe **Güter** und **Dienstleistungen** soll die Regelung dem Sprachgebrauch des AEUV (früher EG-Vertrag) und den dort garantierten

Freiheiten, insbesondere dem Waren- und Dienstleistungsverkehr (Art. 28 ff., 56 ff. AEUV, früher Art. 23 ff., 49 ff. EG-Vertrag) entsprechen (amtl. Begründung BT-Drs. 16/1780, 32). Während der **Dienstleistungsbegriff** in Art. 56 AEUV (früher Art. 50 EGV) definiert ist und Leistungen erfasst, die in der Regel gegen Entgelt erbracht werden, enthält der EG-Vertrag keine ausdrückliche Begriffsbestimmung der **Ware**. Nach der Rechtsprechung des EuGH sind damit körperliche Gegenstände gemeint, die einen Geldwert haben und die Gegenstand von Handelsgeschäften sein können (Streinz-Kammann, EUV/AEUV, Art. 28 Rn. 13 ff. mwN aus der Rspr.). Die Entgeltlichkeit ist daher immer vorausgesetzt (Schöbener/Stork, ZEuS 2004, 43, 65 mwN).

57 **Schenkung** und **Leihe** fallen unter diesen Umständen nicht unter Abs. 1 Nr. 8. Die **kostenlose Verteilung von Warenproben auf öffentlichen Plätzen** ist der Sache nach eine Schenkung und daher von vornherein ausgenommen (insoweit unzutreffend und alarmistisch die Stellungnahme des DIHK, Teil II – Anlagen zum Wortprotokoll, S. 567 ff., 589, Protokoll Nr. 15/5, in der die Gefahr von zahlreichen Prozessen beschworen wird, wenn sich jemand findet, der bezeugt, dass beispielsweise interessierte Ausländer nichts erhalten hätten. Marktveränderungen durch die Einführung neuer Produkte würden so be- oder gar verhindert).

Nicht erfasst wird von Abs. 1 Nr. 8 die Vereinsmitgliedschaft (zu Ausnahmen s. § 18 Abs. 1 Nr. 2), da es sich hier weder um ein Gut noch eine Dienstleistung handelt (Rudolf/Mahlmann-Armbrüster, GlBR, § 7 Rn. 73). Die äußerliche Gestaltung ist dabei aber nicht entscheidend. So begründen Verträge von Fitnessstudios mit ihren Kunden zB kein vereinsrechtliches Mitgliedschaftsverhältnis und sind von Abs. 1 Nr. 8 erfasst, auch wenn in der Praxis der Kunde häufig als „Mitglied" und das Entgelt als „Mitgliedsbeitrag" bezeichnet werden (vgl. auch AG Hagen 9.6.2008 – 140 C 26/08 – abrufbar unter: www.nrwe.de, letzter Zugriff: 15.1.2018, zur diskriminierenden Aufnahmeverweigerung in ein Fitnessstudio). Bei diesen Verträgen steht schwerpunktmäßig ein schuldrechtliches Austauschverhältnis im Vordergrund, das die entgeltliche Benutzung von Trainingsmöglichkeiten zum Gegenstand hat, und kein vereinsrechtliches Mitgliedschaftsverhältnis (näher dazu Schwefer, Die Wirksamkeit Allgemeiner Geschäftsbedingungen in Fitness-Verträgen, S. 7). Gleiches dürfte für vergleichbare „Mitgliedschaften", zB Buchclubs, gelten.

58 Mit Dienstleistungen sind nicht nur Dienst- und Werkverträge (§§ 611, 631 BGB) gemeint. Die amtliche Begründung nennt als weitere Beispiele **Geschäftsbesorgungsverträge**, Mietverträge, Finanzdienstleistungen wie zB Kredit- und Versicherungsverträge, Leasingverträge etc (vgl. BT-Drs. 16/1780, 32). Auch der Zugang zu und die Versorgung mit **Wohnraum** ist nicht von einer bestimmten Vertragsform abhängig und umfasst sowohl **Miete/Untermiete/Pacht** als auch den **Kauf** (Adomeit/Mohr, § 2 Rn. 152).

2. „Der Öffentlichkeit zur Verfügung stehen"

59 Eingeschränkt wird der weite Anwendungsbereich des **Abs. 1 Nr. 8**, der alle Güter, vom Kaugummi bis zur Luxuslimousine, und alle Dienstleistungen, vom Haarschnitt bis zum Kredit, erfasst (pointiert auf den Punkt ge-

bracht von Rebhahn-Posch, § 30 Rn. 22 zur vergleichbaren Regelung im österreichischen Gleichbehandlungsgesetz), durch das Erfordernis, dass die Güter und Dienstleistungen „der Öffentlichkeit zur Verfügung stehen" müssen (amtl. Begründung BT-Drs. 16/1780, 32). Die Voraussetzung der Öffentlichkeit ist wörtlich der Antirassismus-Richtlinie (Art. 3 Abs. 1 lit. h) entnommen. Sie beruht auf der Erwägung, dass nur nach einem öffentlichen Angebot der diskriminierende Anbieter auf die Menschen trifft, die er ausgrenzen will, und sie mit seinem Verhalten konfrontiert (Diskussionsentwurf vom 10.12.2001 S. 46). Bei einer im privaten Kreis verborgenen Diskriminierung tritt wenigstens keine Kränkung abgewiesener Bewerber ein. Die amtliche Begründung sieht dieses Erfordernis dann als erfüllt an, wenn ein Vertragsschluss durch **Anzeigen in Tageszeitungen, in Schaufensterauslagen, im Internet oder auf vergleichbare Weise** öffentlich angeboten wird. Die Größe der angesprochenen Öffentlichkeit ist dabei unerheblich; es kommt nur darauf an, dass die Erklärung die Privatsphäre des Anbietenden verlassen hat (BT-Drs. 16/1780, 32).

60 An dieser Begründung wird **kritisiert**, sie korrespondiere nicht mit dem Gesetzeswortlaut, weil das schlichte Abstellen auf ein öffentlich gemachtes Angebot nicht mit der Formulierung „der Öffentlichkeit zur Verfügung stehen" identisch sei (Stellungnahme des Deutschen Anwaltsvereins eV durch den Zivilrechtsausschuss, Teil II, Anlagen zum Wortprotokoll, S. 489, 497 Protokoll Nr. 15/51; Stork, ZEuS 2005, 1, 20). Auch wird vermutet, dass die Begründung sich möglicherweise noch auf einen alten Entwurf, dh auf den 2001 geplanten § 319 a BGB beziehe (Stork, ZeuS 2005, 1, 20; der Entwurf ist abgedruckt in Loccumer Protokolle 40/03, S. 490 ff.). **Gefordert** wird daher, das Tatbestandsmerkmal „der Öffentlichkeit zur Verfügung stehen", **eng auszulegen** und den Anwendungsbereich auf **Unternehmer iSd § 14 BGB** zu beschränken. Dabei wird zur Begründung insbes. auf den 4. Erwägungsgrund der Antirassismusrichtlinie zurückgegriffen (Stork, ZEuS 2005, 1, 20 f.), wo es im zweiten Satz heißt: „Ferner ist es wichtig, dass im Zusammenhang mit dem Zugang zu und der Versorgung mit Gütern und Dienstleistungen der Schutz der Privatsphäre und des Familienlebens sowie der in diesem Kontext getätigten Geschäfte gewahrt bleibt."

61 Diesem Versuch zur **Einschränkung** des Anwendungsbereichs von Abs. 1 Nr. 8 mittels des Öffentlichkeitserfordernisses ist aber gerade im Hinblick auf diesen Erwägungsgrund und mit Rücksicht auf die Systematik des Gesetzes **nicht zu folgen.**

Im 4. Erwägungsgrund der Antirassismusrichtlinie geht es ersichtlich allein um den Schutz der Privatsphäre und des Familienlebens; nur die in diesem Kontext getätigten Geschäfte bleiben ausgeklammert. Im Umkehrschluss folgt daraus, dass alle **Verträge**, die **weder die Privatsphäre noch das Familienleben** berühren, in den **Anwendungsbereich der Richtlinie** fallen (Rebhahn-Posch, § 30 Rn. 22). Der 4. Erwägungsgrund stellt damit keine Grundlage für eine allgemeine Ausnahmeregelung zugunsten aller Nicht-Unternehmer dar. Diese Sicht gewinnt auch dadurch an Gewicht, dass die Antirassismusrichtlinie mit **Rechtfertigungsgründen sehr sparsam** verfährt und sich auf die mittelbare Diskriminierung (Art. 3 Abs. 2 lit. b), auf wesentliche und entscheidende berufliche Anforderungen (Art. 4) und auf positive Maßnahmen (Art. 5) beschränkt. Ihren personellen Anwendungsbereich auf der Tatbestandsebene einzuschränken, würde daher ihrem Gesamtanliegen eines strikten Diskriminierungsschutzes völlig zuwiderlaufen. Dem Anliegen des 4. Erwägungsgrundes ist durch die Vorschrift des **§ 19 Abs. 5 S. 1** ausdrücklich Rechnung getragen, wonach das Benachteiligungsverbot des **§ 19 Abs. 2** auf zivilrechtliche Schuldverhältnisse keine Anwendung findet, bei denen ein besonderes Nähe- oder Vertrauensverhältnis der Parteien oder ihrer Angehörigen besteht (so auch die amtl. Begründung BT-Drs. 16/1780, 42 unter ausdrücklicher Bezugnahme auf den 4. Erwägungsgrund). Ersichtlich entsprach es auch nicht dem Willen des deutschen Gesetzgebers, Rechtsgeschäfte Privater, die weder den Familienkreis noch die Privatsphäre berühren, vom sachlichen Anwendungsbereich des **Abs. 1 Nr. 8** auszunehmen. Es kommt daher allein darauf an, dass die Güter und Dienstleistungen einem unbestimmten Adressatenkreis angeboten werden (so auch Riesenhuber/Franck, JZ 2004, 529, 530 mwN; Rebhahn-Posch, § 30 Rn. 22 zu der entsprechenden Regelung des österreichischen Gleichbehandlungsgesetzes). Eine Beschränkung auf Angebote durch Unternehmer iSd § 14 BGB hat deshalb keine gesetzliche Grundlage.

62 Die Auslegung des Merkmals „der Öffentlichkeit zur Verfügung stehen" ist im Schrifttum nach wie vor streitig. Die hier vertretene weite Auslegung dürfte mittlerweile die hM bilden (im Ergebnis wie hier unter → Rn. 61: Gaier-Wendtland, Rn. 31, Rühl/Schmid/Viethen, S. 114; Schiek-Schiek, § 2 Rn. 7; Schrader/Schubert, AGG, Rn. 664; Bauer/Krieger, § 2 Rn. 42; ErfK-Schlachter, § 2 Rn. 11; Erman/Belling-Armbrüster, § 2 Rn. 28; dagegen, mit teilweise unterschiedlichen Begründungen einer Einschränkung: Maier-Reimer, NJW 2006, 2577, 2580; MüKo-Thüsing, § 2 Rn. 36; Palandt-Ellenberger, § 2 Rn. 9; Jauernig-Mansel, § 2 Rn. 12).

3. Insbesondere: Versorgung mit Wohnraum

63 Der Zugang zu und die Versorgung mit Wohnraum betrifft die **Vermietung**, aber auch den **Verkauf** von Eigentumswohnungen und Wohnhäusern, soweit der Kaufinteressent den eigenen Wohnungsbedarf oder den Bedarf ihm verbundener Personen decken will, also nicht bloß eine Kapitalanlage sucht. Der Zweck der Vorschrift, die Träger verpönter Merkmale bei der Beschaffung von Wohnraum nicht zu benachteiligen, verlangt, dass sie auch **auf dem (Wohn-)Immobilienmarkt nicht diskriminiert** werden dürfen und auch andere Verträge umfasst werden, die zur Versorgung mit Wohnraum dienen können (ErfK-Schlachter, → § 2 Rn. 14; Meinel/Heyn/Herms, → § 2 Rn. 52). So gehört die Aufnahme als **Mitglied** in eine **Wohnungs(bau)genossenschaft** ebenso zum Zugang zu Wohnraum wie die Bereitstellung einer Obdachlosenunterkunft. Zur Definition von Mietverhältnissen über Wohnraum kann auf die Kommentierungen zu § 549 BGB verwiesen werden. Darunter fallen auch die Überlassung einer Übernachtungsmöglichkeit, zB die Vermietung eines Hotelzimmers oder einer Ferienwohnung, sowie ein Heimvertrag, dessen Hauptzweck das Wohnen ist.

64 Wie die anderen Güter und Dienstleistungen muss auch der Wohnraum **der Öffentlichkeit zur Verfügung stehen** (→ Rn. 59). Der Wortlaut von Nr. 8, in dem die Erwähnung des Wohnraums dem Öffentlichkeitserfordernis

nachfolgt, mag zwar insoweit nicht eindeutig sein, wohl aber ist es die amtliche Begründung (BT-Drs. 16/1780, 32). Eine andere Auslegung verbietet sich auch aufgrund des schon in den Richtlinien proklamierten Schutzes der Privatsphäre und der in diesem Kontext getätigten Geschäfte (Antirassismus-Richtlinie Erwägungsgrund 4; Gender-Richtlinie Zivilrecht Erwägungsgründe 3, 13, 16, Art. 3 Abs. 1), den auch der deutsche Gesetzgeber gewährleisten wollte (§ 19 Abs. 4, 5, amtl. Begründung BT-Drs. 16/1780, 42). Die **Vergabe von Wohnraum im Wege privater Beziehungen** fällt daher nicht in den Anwendungsbereich der Vorschrift. Diese Einschränkung wird allenfalls bei einer Diskriminierung durch kleine Vermieter mit bis zu 50 Wohnungen relevant. Da diese in der Regel keine mit Massengeschäften vergleichbaren Geschäfte betreiben, sind sie nur an das Diskriminierungsverbot des § 19 Abs. 2 gebunden, das allein für rassistische und ethnische Diskriminierungen gilt (→ § 19 Rn. 1, 45). Unzulässig wäre es dagegen, wenn große Vermieter die Vergabe ihrer Wohnungen „unter der Hand" betrieben, um auf diese Weise das Benachteiligungsverbot des § 19 Abs. 1 Nr. 1 zu umgehen. Zur Diskriminierung bei der Vergabe von Wohnraum → § 19 Rn. 46 ff.

C. Sozialrecht (§ 2 Abs. 1 Nr. 5 und 6, Abs. 2 S. 1)

I. Vorbemerkung

1. Öffentliches Recht als Gegenstand des AGG

65 Soweit das AGG die Arbeits- sowie Unternehmer/Konsumenten-Beziehungen gestaltet (§ 2 Abs. 1 Nr. 1, 2, 8), regelt es Privatrecht. Es begrenzt die Vertragsfreiheit für Arbeitgeber und Unternehmer, um dadurch die Vertragsfreiheit für Arbeitnehmer und Nachfrager zu gewährleisten (Eichenhofer, Diskriminierungsverbote und Vertragsfreiheit, AuR 2013, 62). Das Gesetz folgt damit dem biblischen Prinzip: „Sehet aber zu, dass diese eure Freiheit nicht gerate zu einem Anstoß für die Schwachen!" (1. Kor 8, 9). Das AGG verhindert, dass Verträge wegen einer in § 1 genannten Benachteiligung nicht geschlossen werden. Es erfüllt damit den sozialstaatlichen Auftrag der Sicherung von Teilhabe am Rechtsverkehr (eingehend: Britz, Diskriminierungsschutz und Privatautonomie, VVDStRL Bd. 64 (2005), S. 355, 384 ff.; Eichenhofer, DVBl. 2004, 1078). Es begrenzt für Unternehmer die negative Vertragsfreiheit, um Arbeitnehmern und Verbrauchern die positive Vertragsfreiheit zu sichern. Mögliche Benachteiligungen sind nicht auf das Privatrecht beschränkt; sie können auch im **öffentlichen Recht** vorkommen. Demgemäß wird das AGG auf die öffentlich-rechtlichen Dienstverhältnisse (§ 24), auch von Soldatinnen und Soldaten (SoldGG), sowie auf die Leistungen nach dem **Sozialgesetzbuch** (SGB) erstreckt (§ 2 Abs. 2 S. 1). Darüber hinaus untersagt § 2 Abs. 1 Nr. 5, 6 Benachteiligungen im **Sozialschutz** und bei **sozialen Vergünstigungen**. Daraus folgt insgesamt ein **sozialrechtliches Benachteiligungsverbot**.

2. Modus und Inhalte sozialrechtlicher Gleichbehandlungsregeln

66 § 2 Abs. 2 S. 1 untersagt eine sozialrechtliche Benachteiligung aus allen in § 1 genannten Gründen. Das Nähere wird in **§ 33 c SGB I** und **§ 19 a SGB IV** spezialgesetzlich geregelt. Diese Bestimmungen werden ihrerseits

durch weitere – in § 2 Abs. 2 S. 1 allerdings nicht genannte – Normen (**§ 36 Abs. 2 SGB III, § 164 Abs. 2 SGB IX**) ergänzt. Die Gesamtregelung wirft die Frage auf, inwieweit das AGG für das Sozialrecht Bedeutung erlangt (Bieback, ZESAR 2006, 143 ff.; Kocher, SGb 2011, 545; Husmann, NZA Beilage 2008 Nr. 2, 94 ff.; Oppermann, ZESAR 2006, 402; Welti, Sozialrecht aktuell 2007, 161). Die sozialrechtliche Benachteiligung wird primär durch das SGB und nur ausnahmsweise durch das AGG verboten. Denn jedes spezielle Benachteiligungsverbot geht dem AGG vor (Thür LSG – 8.5.2014 – L15 V 1263/10). Die in § 33 c SGB I, § 19 a SGB IV getroffenen Verbote unterscheiden sich in Anwendungsbereich wie Reichweite der angeführten Benachteiligungsgründe. Beide Regelungen werden durch § 36 Abs. 2 SGB III, § 164 Abs. 2 SGB IX ergänzt. § 2 Abs. 3 lässt aber die Geltung sonstiger Benachteiligungsverbote oder Gleichbehandlungsgebote unberührt: Das Verbot der Benachteiligung wird also primär durch § 33 c SGB I, § 19 a SGB IV, ergänzend durch § 36 Abs. 2 SGB III, § 164 Abs. 2 SGB IX und nur höchst hilfsweise durch die nach § 2 Abs. 1 Nr. 5, 6 auch auf das Sozialrecht anwendbaren Regeln des AGG verwirklicht.

67 § 33 c SGB I verbietet bei Inanspruchnahme sozialer Leistungen jede Benachteiligung wegen Rasse, ethnischer Herkunft oder Behinderung. Aus § 33 c SGB I können Ansprüche „nur insoweit geltend gemacht oder hergeleitet werden, als deren Voraussetzung und Inhalt durch die Vorschriften der besonderen Teile dieses Gesetzbuches im Einzelnen bestimmt sind" (§ 33 c S. 2 SGB I). Daraus folgt kein eigener Leistungsanspruch (Schiek-Welti, SGB I § 33 c Rn. 3; Rudolf, in: Rudolf/Mahlmann, GlBR, § 6 Rn. 161), sondern die Bestimmung ergänzt andere Leistungsansprüche. Das auf Leistungen beruflicher Bildung beschränkte Benachteiligungsverbot des § 19 a SGB IV wird zwar hinsichtlich der betroffenen Rechte enger als § 33 c SGB I gefasst, erweitert aber die Tatbestände einer sachlich unstatthaften Benachteiligung auf sämtliche in § 1 enthaltene Gründe. Die in § 2 Abs. 2 S. 1 vorgesehene **Verdoppelung** des Schutzes vor einer sozialrechtlichen Benachteiligung in § 33 c SGB I, § 19 a SGB IV wirft die Frage nach deren wechselseitigem Verhältnis sowie der Bedeutung der sonstigen Regelungen des AGG, namentlich den verfahrensrechtlichen Regelungen, für das Sozialrecht auf.

3. Verfassungs- und EU-rechtliches Fundament

68 Bei Gewährung von Leistungen nach dem SGB handelt die Sozialverwaltung hoheitlich. Art. 19 Abs. 4 GG gebietet deren gerichtliche Überprüfung zwingend. Art. 1 Abs. 3 GG bindet Gesetzgebung, Verwaltung und Rechtsprechung bei Schaffung, Vollzug und Überprüfung öffentlich-rechtlicher Regeln an die Grundrechte als unmittelbar geltendes Recht. Hierzu gehört auch Art. 3 Abs. 2, 3 GG. Danach sind Frauen und Männer gleichberechtigt und jede Benachteiligung wegen des Geschlechts, der Abstammung, Rasse, Sprache, Heimat, Herkunft, des Glaubens, der religiösen oder politischen Anschauungen oder einer Behinderung ist unstatthaft. Wegen dieser Gebote unterliegt das gesamte **Sozialrecht** einem umfassenden verfassungsrechtlichen **Benachteiligungsverbot**. Die aus dem GG folgenden Gebote gehen über die in § 33 c SGB I getroffene Verbotstatbestände deutlich

hinaus. Deshalb erschöpfen die mit dem AGG geschaffenen Regeln die im Sozialrecht gültigen Benachteiligungsverbote nicht annähernd.

69 Des Weiteren sieht das **EU-Recht** Benachteiligungsverbote vor, die neben die in § 2 Abs. 2 S. 1 AGG, § 33 c SGB I, § 19 a SGB IV enthaltenen Verbote treten. Sie sollen namentlich die aus anderen Mitgliedstaaten kommenden Marktteilnehmer vor Benachteiligungen im Binnenmarkt bewahren. Darüber hinaus untersagt das EU-Recht, Frauen gegenüber Männern zu benachteiligen (Art. 157 Abs. 3 AEUV). Die Befolgung dieses Gebots wird im Sozialrecht namentlich durch die „Richtlinie zur schrittweisen Verwirklichung des Grundsatzes der Gleichbehandlung von Männern und Frauen im Bereich der sozialen Sicherheit" (RL 79/7/EWG) gewährleistet. Schließlich kann die Europäische Union nach Art. 19 Abs. 1 AEUV „geeignete Vorkehrungen treffen, um Diskriminierungen aus Gründen des Geschlechts, der Rasse, der ethnischen Herkunft, der Religion und der Weltanschauung, einer Behinderung, des Alters oder der sexuellen Ausrichtung zu bekämpfen". Auf dieser Grundlage verabschiedete der Rat die Richtlinien 2000/43/EG, 2000/78/EG und 2002/73/EG. Deren Umsetzung in deutsches Recht bezwecken das AGG und seine Begleitregelungen. Soweit die genannten Richtlinien für das Sozialrecht gelten, gelten diese auch für das **AGG**, § 33 c SGB I und § 19 a SGB IV.

II. Kommentierung

1. Bedeutung des AGG für Sozialrecht

70 Das AGG nimmt auf das **Sozialrecht** – verstanden als Inbegriff der als soziale Sicherheit im SGB geregelten Leistungen sowie die **„sozialen Vergünstigungen"** (§ 2 Abs. 1 Nr. 6) – doppelt Bezug: zunächst ist in § 2 Abs. 1 Nr. 5, 6 und § 4 bestimmt, dass jede nach § 2 Abs. 1 Nr. 5, 6 zu qualifizierende Benachteiligung aus einem in § 1 genannten Grund unstatthaft sei; sodann bestimmt § 2 Abs. 2 S. 1, dass § 33 c SGB I, § 19 a SGB IV für Leistungen nach dem SGB gelten. Nach der erstgenannten Aussage gilt das AGG grundsätzlich für alle als **„Sozialschutz"** oder **„soziale Vergünstigung"** zu qualifizierenden Maßnahmen; aus der letztgenannten Aussage folgt, dass für die dem SGB folgenden Leistungen dessen spezielle Benachteiligungsverbote gelten.

71 Der Gesetzgeber (vgl. zum AGG: BT-Drs. 16/1780, 22; ähnlich die insoweit unveränderten Vorschläge des ADG – BT-Drs. 15/4538, 22) erstreckte die im AGG enthaltenen Bestimmungen auf den „Sozialschutz" (§ 2 Abs. 1 Nr. 5) und „die sozialen Vergünstigungen" (§ 2 Abs. 1 Nr. 6). Die Aufnahme ergänzender Regelungen in § 33 c SGB I, § 19 a SGB IV schafft ergänzende Benachteiligungsverbote, ohne dass der Gesetzgeber dafür ein Motiv angibt. Nach der für § 2 gegebenen Begründung sollen beide Regelungen aus den im AGG umzusetzenden vier Richtlinien des Gemeinschaftsrechts folgen (vgl. zum AGG: BT-Drs. 16/1780, 22; ähnlich die insoweit unveränderten Vorschläge des ADG: BT-Drs. 15/4538, 29). Die Differenz in den vom Benachteiligungsverbot umfassten Merkmalen wird in § 33 c SGB I und § 19 a SGB IV nachvollzogen. Offen ist, ob diese Differenzierung auch für § 2 Abs. 1 Nr. 5, 6 gilt.

72 Die differenzierende Regelung folgt daraus, dass die RL 2000/43/EG „Beschäftigung und Beruf" und den „Sozialschutz und die sozialen Vergünstigungen" umfasst, wogegen sich die RL 2000/78/EG sowie die RL 2002/73/EG auf ein Diskriminierungsverbot für „Beschäftigung und Beruf" beschränken (vgl. zu dieser Problematik eingehend Bieback, ZESAR 2006, 143). Daher untersagt § 33 c SGB I jede Benachteiligung wegen Rasse und ethnischer Herkunft und – über die Anti-Rassismus-Richtlinie hinaus – einer Behinderung. Dieses Gebot ist zwar in der Rahmenrichtlinie 2000/78/EG enthalten; diese ist auf den sozialen Schutz (Art. 3 Abs. 3 RL 2000/78/EG) nicht anzuwenden. Das Benachteiligungsverbot wegen einer **Behinderung** rechtfertigt sich statt aus dem EU-Recht aus dem **Verfassungsgebot**, wonach jegliche Benachteiligung wegen einer Behinderung zu unterbinden ist (Art. 3 Abs. 3 S. 2 GG). Hingegen folgt § 19 a SGB IV in seinem über § 33 c SGB I hinausgehenden Gehalt aus der Erwägung, dass die dort aufgeführten Sozialleistungen den unmittelbaren Zugang zum Beruf ebnen (ähnlich Rust/Falke-Oppermann, § 2 Rn. 199 f.). Die Nähe der Sozialleistungen zum Erwerbszugang rechtfertigt es, sie dem gegenständlich umfassenden Benachteiligungsverbot der RL 2000/78/EG zu unterwerfen.

73 Nach der **Gesetzeslage** bleibt allerdings **unklar**, ob § 2 Abs. 1 Nr. 5, 6 über diese differenziert abschichtende Regelung hinausgeht. Der Wortlaut des § 2 Abs. 1 Nr. 5, 6 legt diese Auslegung zwar nahe: Soll eine „Benachteiligung aus einem in § 1 genannten Grund" in Bezug auf Sozialschutz und soziale Vergünstigungen unzulässig sein, kommt jeder in § 1 genannte Grund als Verbotsumstand in Betracht. Da der Gesetzgeber aber die differenzierte Umsetzung der Richtlinien bezweckte (Art. 3 Abs. 3 RL 2000/78/EG), folgt aus § 2 Abs. 2 S. 1, dass für sämtliche Leistungen nach dem SGB §§ 33 c SGB I, 19 a SGB IV gelten. Folglich gilt für das im SGB geregelte Sozialrecht das Benachteiligungsverbot in der vorgesehenen Differenzierung: Im Sozialrecht sind Benachteiligungen wegen des Geschlechts, der Religion oder Weltanschauung, des Alter oder der sexuellen Identität also nicht nach § 2 Abs. 1 Nr. 5 unstatthaft. Denn diese Bestimmungen werden durch § 2 Abs. 2 S. 1 konkretisiert und in ihrem Anwendungsbereich durch die in § 33 c SGB I, § 19 a SGB IV getroffenen Regelungen näher ausgestaltet (Kocher, SGb 2011, 545, 547; Rudolf, in: Rudolf/Mahlmann, GlBR, § 6 Rn. 160 f.; Rust/Falke-Oppermann, § 2 Rn. 140).

74 § 2 Abs. 2 S. 1 ist nur für die Leistungen nach dem SGB anzuwenden. Dagegen gilt für sämtliche nicht dem SGB unterworfene Leistungen das in § 2 Abs. 1 formulierte Grundprinzip. Für die in § 2 Abs. 1, Nr. 5, 6 umschriebenen Regelungsmaterien folgt daraus, Benachteiligungen im Sozialschutz oder bei sozialen Vergünstigungen, welche zugleich Leistungen nach dem SGB darstellen, sind nach § 33 c SGB I, § 19 a SGB IV verboten – andere dagegen nicht. Deren Anwendungsbereich ergibt sich stattdessen aus § 2 Abs. 1. Demgemäß beruht – entgegen dem ersten Eindruck – das AGG **nicht** auf einer **doppelten**, in sich widersprüchlichen, sondern einer **einheitlichen**, freilich nicht einfachen Regel. Für Leistungen des SGB gelten demgemäß abschließend § 33 c SGB I, § 19 a SGB IV, § 2 Abs. 2 AGG; für andere sozialrechtliche Materien dagegen § 2 Abs. 1 Nr. 5, 6 AGG.

2. Sachlicher Anwendungsbereich der Benachteiligungsverbote in § 2 Abs. 1 Nr. 5 und 6, Abs. 2

a) Verhältnis § 2 Abs. 1 Nr. 5, 6 zu § 2 Abs. 2 S. 1

75 Die erste Grundfrage nach Anwendung des § 2 Abs. 1 Nr. 5, 6, Abs. 2 lautet: Wie sind beide Leistungsgattungen zu unterscheiden? Der gegenständliche Anwendungsbereich wird durch § 2 Abs. 2 S. 1 und § 33c SGB I unterschiedlich umschrieben. § 2 Abs. 2 S. 1 bezeichnet dessen Anwendungsbereich als „Leistungen nach dem Sozialgesetzbuch". Dagegen spricht § 33c SGB I von der „Inanspruchnahme sozialer Rechte". Beide Umschreibungen beziehen sich auf sozialrechtliche **Leistungsansprüche** unterscheiden sich jedoch hinsichtlich der **Mitgliedschaftsrechte**, insbesondere in der Selbstverwaltung der Sozialversicherungsträger (§§ 29 ff. SGB IV). Nach dem Wortlaut des § 2 Abs. 2 S. 1 wäre die Erstreckung auf Mitgliedschaftsrechte zu verneinen, indes nach § 33c SGB I zu bejahen. Dies hat Folgen, lässt es doch offen: Besteht ein Benachteiligungsverbot auch für sozialrechtliche Pflichten – namentlich **Beitrags-** oder **Meldepflichten** sowie **Obliegenheiten**? Weil die Beitragspflichten um der Finanzierung und damit der Ermöglichung sozialer Leistungen willen bestehen, ermöglichen sie den Leistungsbezug und sind daher von § 33c SGB I umfasst (BSGE 92, 113; Oppermann, ZESAR 2006, 403). Mitgliedschaftsrechte in einem auf Leistungsgewährung gerichteten System sozialer Sicherheit sind Teilhaberechte und unterliegen daher ebenfalls dem Gleichbehandlungsgebot. Sozialrechtliche Obliegenheiten gestalten die Voraussetzungen für die Inanspruchnahme von Leistungen (§§ 61 ff. SGB I). Folglich sind § 2 Abs. 2 AGG, § 33c SGB I auf alle Rechtsfragen zu erstrecken, welche durch das SGB geregelt sind, namentlich Leistungsansprüche, Mitgliedschaftsrechte, Melde- und Beitragspflichten. Nicht dem SGB unterfallen – wiewohl im SGB V geregelt – das Berufsrecht der Vertragsärzte (Oppermann, ZESAR 2006, 403). Dieses unterliegt unmittelbar dem Recht der Beschäftigung (Art. 3 Abs. 1 lit. a RL 2000/78/EG) (so auch Bieback, ZESAR, 2006, 143 f.; Rust/Falke-Oppermann, § 2 Rn. 193; Rixen, ZESAR 2007, 345; Waltermann, ZESAR 2007, 361; Eichenhofer, SGb 2007, 580; Husmann, ZESAR 2007, 13, 14 ff., 58 ff.).

76 Ein weiteres Problem des sachlichen Anwendungsbereichs stellt sich wegen der in § 2 Abs. 1 Nr. 5, 6 gebrauchten Begriffe. Diese entstammen dem EU-Recht. Sie sind deswegen im Einklang mit diesem auszulegen. Danach steht der Begriff „Sozialschutz, einschließlich der sozialen Sicherheit und der Gesundheitsdienste" für die im europäischen koordinierenden Sozialrecht in Art. 3 VO (EG) Nr. 883/2004 mit dem Begriff der „sozialen Sicherheit" umschriebenen einzelnen Zweige sozialer Leistungen. Diese dienen sozialer Vorsorge, bezwecken den Schutz bei Verwirklichung der anerkannten sozialen Risiken: Krankheit sowie Mutter- und Vaterschaft, Arbeitsunfall und Berufskrankheiten, Invalidität, Alter und im Hinterbliebenenfall, Arbeitslosigkeit und Familienleistungen. Davon zu unterscheiden sind die sozialen Vergünstigungen. Hier folgt das AGG dem in Art. 7 Abs. 2 VO (EU) 492/2011 üblichen Sprachgebrauch. Diesem Begriff unterfallen die nach der Rechtsprechung des EuGH darunter subsumierten Leistungsgattungen (dazu näher → Rn. 82).

b) Soziale Sicherheit (§ 2 Abs. 1 Nr. 5)

77 Art. 3 VO (EG) Nr. 883/2004 umschreibt **soziale Sicherheit** durch Aufzählung der ihr unterfallenden Leistungszweige wie durch die abstrakte Bestimmung von deren Eigenschaften. Sie kann positiv und negativ umschrieben werden. Danach kommt es für die soziale Sicherheit weder auf deren Finanzierung noch Rechtsform, Trägerschaft noch die Bestimmung der Berechtigten an (Art. 3 Abs. 2 VO (EG) Nr. 883/2004). Einerlei ob durch Steuern oder Beiträge finanziert, öffentlich oder vom Arbeitgeber getragen, die gesamte Wohn- oder Erwerbsbevölkerung, die Arbeitnehmerschaft oder einzelne Gruppen von Erwerbstätigen oder Arbeitnehmern umschließend – soziale Sicherheit liegt stets vor, falls bei Eintritt der in Art. 3 VO (EG) Nr. 883/2004 aufgeführten sozialen Risiken Leistungsansprüche bestehen. Auch für steuerfinanzierte beitragsunabhängige Geldleistungen (Art. 70 VO (EG) Nr. 883/2004) gilt die VO, falls die Leistung an den Eintritt eines in Art. 3 Abs. 1 VO (EG) Nr. 883/2004 umrissenen sozialen Risikos geknüpft oder an Behinderte zwecks Ausgleichs von Nachteilen gewährt wird. Für diese Gattung von Leistungen sozialer Sicherheit entfällt lediglich das Gebot zum Leistungsexport (Art. 7 VO (EG) Nr. 883/2004), dagegen dispensiert die Regelung den Gesetzgeber nicht von der Gleichbehandlung (Art. 4 VO (EG) Nr. 883/2004; EuGH Rs. C-184/99 (Grzelczyk) – Slg 2001, I-6193).

78 Nicht zur sozialen Sicherung gehören **Sozialhilfe** und die Leistungen für Kriegsopfer – **soziale Entschädigung** (Art. 3 Abs. 4, 5 a VO (EG) Nr. 883/2004). Die Sozialhilfe ist nicht risiko-, sondern bedarfsbezogen (EuGH Rs. 249/83 (Hoeckx) – Slg 1985, 973, 986). Höhe und Berechtigung der Leistung hängen vom konkreten und individuellen Bedarf ab, wogegen die Leistungen **sozialer Sicherheit bedarfsunabhängig** und abstrakt bemessen sind. Die am typischen Bedarf ausgerichtete Leistungen der **Sozialhilfe** setzen eine umfassende, an Einkommen und Vermögen ausgerichtete und beide umschließende **Bedürftigkeitsprüfung** voraus; sie werden nur bei fehlendem Einkommen und Vermögen gewährt. Leistungen sozialer Sicherheit werden dagegen unabhängig vom Vermögen erbracht; sie können ausnahmsweise wegen anderweitigen Einkommens entfallen (EuGH Rs. C-356/89 (Newton) – Slg 1991, I-3017).

79 Leistungen für „Opfer des Krieges und seiner Folgen" (Art. 3 Abs. 5 lit. b VO (EG) Nr. 883/2004) gleichen die an Leben, Leib oder Vermögen bestehenden Opfer aus dem für einen Mitgliedstaat erbrachten **Militärdienst** aus (EuGH Rs. 9/78 (Gillard) – Slg 1978, 1661; Rs. 207/78 (Even) – Slg 1979, 2019). Sie bezwecken die soziale Entschädigung – den staatlichen Ausgleich für Personenschäden, welche der Einzelne bei Tätigkeiten im Interesse der **Allgemeinheit** erlitten hat. Dagegen fallen darunter nicht Sozialleistungen, welche den politisch oder rassisch Verfolgten ihre in der sozialen Sicherheit erlittenen Schäden (namentlich Beitragsausfälle durch Beschäftigungsverbote oder Internierung) ausgleichen (vgl. Die deutschen WGSVG – Wiedergutmachung von NS-Unrecht in der Sozialversicherung: EuGH Rs. 70/80 (Vigier) – Slg 1981, 229). Sie bezwecken den Schadensausgleich in der sozialen Sicherung von **Verfolgten** und zählen deshalb als Leistungen **sozialer Sicherheit**.

80 Die den **Beamten** vorbehaltenen Sondersysteme (vgl. Art. 1 lit. d VO (EG) Nr. 883/2004) zur Begründung zugunsten der bei öffentlichen Körperschaften oder Anstalten Beschäftigten einer eigenständigen soziale Sicherung unabhängig von den für sonstige Erwerbstätige bestehenden Sicherungen oder in Ergänzung zu diesen waren nach Art. 4 Abs. 4 VO (EWG) Nr. 1408/71 aF aus dem Geltungsbereich der Koordination ausgenommen. Nach dem Urteil des EuGH in der Rs. Vougioukas (Slg 1995, 4033) wurden mit VO (EWG) Nr. 1606/98 vom 29.6.1998 (ABl. EG Nr. L 209 vom 25.6.1998) die Regeln der zwischenstaatlichen Sozialrechtskoordination auf die von Sondersystemen erfassten Beamten grundsätzlich erstreckt. Obgleich hinsichtlich der Einzelheiten der Ausgestaltung für Beamte Sonderregeln (vgl. Art. 11 Abs. 3 lit. b VO (EG) Nr. 883/2004) gelten, gehören sie insgesamt zur sozialen Sicherheit. Für deren Rechtsstellung nach dem AGG gelten die in § **24** niedergelegten Regeln.

c) „Soziale Vergünstigung" (§ 2 Abs. 1 Nr. 6)

81 Der Begriff „soziale Vergünstigung" ist weit zu verstehen. Er ist in Art. 7 Abs. 2 VO (EWG) Nr. 1612/68 = 7 Abs. 2 VO (EU) 492/2011 gebraucht und wurde durch die Rechtsprechung des EuGH umfassend verstanden. Er ist auch im Rahmen des AGG maßgebend (Schiek, § 2 Rn. 6). Die Vergünstigung muss **nicht** aufgrund des **Arbeitsverhältnisses** gewährt werden (anders noch EuGH Rs. 76/72 (Michel) – Slg 1973, 457); als solche gilt vielmehr **jede** öffentliche **Zuwendung** in Geld wie Geldeswert oder Dienstleistung an eine in einem Mitgliedstaat arbeitende und/oder sich gewöhnlich aufhaltende Person, die deren wirtschaftliche und soziale Lage verbessern soll. Auch Leistungen an **Familienangehörige** des Beschäftigten oder Bewohners sind soziale Vergünstigungen für diesen selbst (EuGH Rs. 157/84 (Frascogna I) – Slg 1985, 1739; Rs. C-308/89 (di Leo) Slg 1990, I-4185). Der Anwendungsbereich des Art. 7 Abs. 2 VO (EU) Nr. 492/2011 überschneidet sich so mit dem Geltungsbereich von Art. 10 VO (EU) Nr. 492/2011, aus dem sich ebenfalls ein allgemeines Diskriminierungsverbot gegenüber den Familienangehörigen eines Wanderarbeitnehmers in der Schul- und Berufsausbildung ergibt. Ferner sieht die Rechtsprechung (EuGH Rs. 157/84 (Frascogna I) – Slg 1985, 1739; Rs. 256/86 (Frascogna II) – Slg 1987, 3431; Rs. C-326/90 (Kommission/Belgien) – Slg 1992, I-5517) in jedem Verstoß gegen das in Art. 4 VO (EG) Nr. 883/2004 niedergelegte Diskriminierungsverbot zugleich als Verletzung des Art. 7 Abs. 2 VO (EU) Nr. 492/2011.

82 Nach der **Rechtsprechung** des EuGH zählen zu den sozialen Vergünstigungen namentlich Fahrpreisermäßigungen für Kinderreiche (EuGH Rs. 32/75 (Cristini) – Slg 1975, 1085), Mindesteinkommen für Ältere, Eltern des Wanderarbeitnehmers (EuGH Rs. 157/84 (Frascogna I) – Slg 1985, 1739) oder behinderte Menschen (EuGH Rs. 76/72 (Michel) – Slg 1973, 457; Rs. 63/76 (Inzirillo) – Slg 1976, 2057), Sterbegelder (EuGH Rs. C-237/94 (O'Flynn) – Slg 1996, I-2617), Sozialhilfe (EuGH Rs. C-140/12 (Brey) – Slg 2013 I = ECLI:EU:C:2013:565), Ausbildungsbeihilfen (zB BAföG: EuGH Rs. C-308/89 (di Leo) – Slg 1990, I-4185; vgl. ferner EuGH Rs. 39/86 (Lair) – Slg 1988, 3161; Rs. 389/87 (Echternach) – Slg 1989, 723; Rs. C-3/90 (Bernini) – Slg 1992, I-1071; Rs. C-111/91 (Kommission/

Luxemburg) – Slg 1993, I-817), Geburts- (EuGH Rs. 65/81 (Reina) – Slg 1982, 33) und Mutterschaftsbeihilfen. Problematisch ist die Einbeziehung der **Sozialhilfe** in den Begriff sozialer Vergünstigung. Danach darf ein Arbeitnehmer eines anderen Mitgliedstaates bei Bedürftigkeit nicht schlechter gestellt werden. Entsprechendes gilt kraft Assoziationsrecht im Hinblick auf die Türkei (EuGH Rs. C-1/97 (Birden/Stadtgemeinde Bremen) – Slg 1998, I-7747). Mit Erweiterung der Freizügigkeit auf die **Nichterwerbstätigen** (RL 90/364/EWG, ABl. EG Nr. L 180, 26 vom 13.7.1990) ist der Anwendungsbereich auch auf sämtliche Nichterwerbstätigen ausgedehnt, falls für sie ein Versicherungsschutz bei **Krankheit** besteht. Damit soll die Wanderung zum Zweck des Sozialhilfebezuges unterbunden werden. Daher stehen EWR-/EU-Bürger den Deutschen im Sozialhilferecht aufgrund von Art. 7 Abs. 2 VO (EU) Nr. 492/2011 gleich, es sei denn, die Einwanderung habe den Sozialhilfeerwerb bezweckt (§ 23 Abs. 3 SGB XII). Der Bezug von Sozialhilfe zählt folglich auch zu den sozialen Vergünstigungen.

d) Folgerungen für das AGG

83 Weil risikobezogene Leistungen sozialer Vorsorge den Gegenstand der Sozialversicherung und damit Kernbestand des Sozialrechts ausmachen, bilden deren Bestimmungen den „**sozialen Schutz**“. Auch die unabhängig von sozialer Vorsorge eine Grundsicherung bezweckenden Leistungen – in Deutschland namentlich die Grundsicherung für Arbeitsuchende, bei Erwerbsminderung und im Alter (SGB II, §§ 41 ff. SGB XII) – sind grundsätzlich als Leistungen sozialen Schutzes (§ 2 Abs. 1 Nr. 5) zu betrachten. Zum sozialen Schutz gehören dagegen nicht die Leistungen der Sozialhilfe, sozialen Entschädigung und Förderung. Diese sind als soziale Vergünstigung anzusehen und demgemäß dem Diskriminierungsverbot nach § 2 Abs. 1 Nr. 6 unterworfen. Da § 2 Abs. 2 S. 1 jedoch eine Sonderregelung für alle im Sozialgesetzbuch (SGB) geregelten Leistungen trifft, und in diesem nicht nur der „Sozialschutz“ (§ 2 Abs. 1 Nr. 5), sondern die „**soziale Vergünstigung**“ (§ 2 Abs. 1 Nr. 6) geregelt ist, erstreckt sich auch der Anwendungsbereich des § 2 Abs. 2 S. 1 auf beide in § 2 Abs. 1 Nr. 5, 6 normierten Materien: den Sozialschutz wie die sozialen Vergünstigungen.

3. Benachteiligungsmerkmale

a) Rasse und ethnische Herkunft

84 Durch die berüchtigten „Nürnberger Gesetze“ wurden seit 1935 die Juden aus der deutschen Sozialversicherung ausgeschlossen (Stolleis, Geschichte des Sozialrechts in Deutschland, 2003, S. 184 ff.): Dies ist das schändlichste wie historisch markanteste Beispiel einer an Rasse und ethnischer Herkunft orientierten sozialrechtlichen Regel. Vergleichbare Vorschriften, die einen offenen Rassismus erkennen lassen, sind geltendem Recht selbstverständlich fremd. Stattdessen sind Beschäftigungs- (§§ 3 ff. SGB IV überlagert durch Art. 11 ff. VO (EG) Nr. 883/2004) oder Wohnort (§ 30 SGB I, Art. 11 Abs. 3 lit. e VO (EG) Nr. 883/2004) die zentralen Anknüpfungspunkte des deutschen **Internationalen Sozialrechts** (Eichenhofer, Internationales Sozialrecht, 1994, S. 119 ff.; Devetzi, Die Kollisionsnormen des

europäischen Sozialrechts, 2000, S. 40 ff; Eichenhofer, Sozialrecht der EU, 6. Aufl. 2015, Rn. 129 ff.; zur Frage nach einer möglichen Diskriminierung vgl. BSGE 89, 124). Die Einbeziehung in das deutsche Sozialrecht hängt danach maßgebend von einer in Deutschland ausgeübten Beschäftigung oder einem dort innegehabten Wohnsitz ab. Eine Unterscheidung nach der **Staatsangehörigkeit** ist unter EU-Bürgern sowohl bei Gewährung von Leistungen sozialer Sicherheit (Art. 4 VO (EG) Nr. 883/2004), als auch bei sonstigen sozialen Leistungen (Art. 7 VO (EWG) Nr. 1612/68 = Art. 7 VO (EU) 492/2011) ausgeschlossen. Diese Regeln konkretisieren die in Art. 18 AEUV niedergelegten Verbote jeglicher Differenzierung aufgrund der Staatsangehörigkeit unter EU-Bürgern (zur Einbeziehung von Angehörigen aus Staaten, die mit der EU ein die Nichtdiskriminierung bei Leistungen sozialer Sicherheit vorsehendes Assoziierungsabkommen schlossen, vgl. BSGE 89, 129).

85 Die wichtigste Ausnahme von diesen allgemeinen Grundsätzen findet sich in den Regeln des deutschen **Flüchtlings-** und **Vertriebenenrecht**. Danach werden die aus den (vormaligen) Vertreibungsgebieten nach Deutschland gekommenen Deutschen in die deutsche Sozialversicherung einbezogen. Als „Deutsche" sind danach nicht nur die deutschen Staatsangehörigen, sondern auch die Angehörigen deutscher **Volks**zugehörigkeit (Art. 116 GG, § 20 WGSVG) erfasst. Diesem gehören die in den Herkunftsstaaten dem deutschen Sprach- und Kulturkreis Zugehörigen an (BSGE 50, 279, 281; BSG SozR 3-5070 § 20 Nr. 1).

86 Diese Regelung weist soziale Rechte zwar nach dem **ethnischen** Merkmal der deutschen Sprache zu. Sie dient jedoch der sozialrechtlichen Bewältigung der Vertreibung Deutscher aus Mittel- und Osteuropa nach dem Zweiten Weltkrieg. Diese Erwägung stellt eine objektive Rechtfertigung im Sinne von Art. 5 RL 2000/43/EG dar, weil die Bestimmung in der Verfolgung Deutscher in den **Vertreibungs**staaten ihren Rechtsgrund findet. Freilich trägt diese Begründung nur, solange der Verfolgtenstatus fortdauert. Prekär wird diese Rechtfertigung indes, wenn – wie gegenwärtig – statt kultureller, ökonomische Motive die Übersiedlung leiten. Sie wurde auch in der Rechtsprechung des EuGH (Rs C-396, 419, 450/05 (Habelt, Möser und Wachter) – Slg 2007 I 11895; Rs. C-499/06 (Nerkowska) – Slg 2008 I 3993) insoweit überwunden, als Bürgern aus anderen EU-Staaten oder aufgrund von deren Wohnsitz in einem anderen Mitgliedstaat die rentenrechtliche Abgeltung der vormals im Deutschen Reich außerhalb des Gebiets der Bundesrepublik Deutschland zurückgelegten Versicherungszeiten vorenthalten werden darf.

b) Behinderung

87 Fraglich ist weiter, ob eine Diskriminierung wegen einer **Behinderung** im Sozialrecht untersagt ist (Joussen, ZESAR 2005, 375; Kocher, SGb 2011, 545, 548; Laskowski/Welti, ZESAR 2003, 215; Welti, SGb 2015, 523). Weil dieses im Behindertenschutz (§ 10 SGB I) einen zentralen Regelungsgegenstand findet, weist es zahlreiche Bestimmungen zugunsten behinderter Menschen auf. Das SGB IX widmet ein gesamtes sozial- und arbeitsrechtliches Teilgebiet dem Schutz behinderter Menschen. In solcher An-

spruchsgewährung liegt keine Benachteiligung, sondern die gezielte **Bevorzugung** behinderter Menschen, freilich – und darin liegt ein Problem – auf schwerbehinderte Menschen beschränkt. Diese Maßnahme kann auch gegenüber den nicht behinderten Menschen grundsätzlich als eine die aus Behinderung erwachsenden Nachteile kompensierende Maßnahme gerechtfertigt werden. Wenn die Rechtsprechung behinderten Versicherten bei der Heil- und Hilfsmittelversorgung in der Krankenversicherung einen Anspruch auf die zum Ausgleich der Behinderung dienenden Mittel einräumt (BSG SozR 3-2500 § 33 Nr. 22, 26), so liegt darin **keine gleichheitswidrige Bevorzugung**, sondern der spezifische Ausgleich der Benachteiligung behinderter Menschen. Das Benachteiligungsverbot wegen einer Behinderung ist jedoch verletzt, falls ein Ausgleich für behinderungsbedingte Benachteiligungen durch die **Krankenversicherung** versagt wird (BSG SozR 4-2500 § 33 Nr. 6; BSGE 90, 150, 152 f.), namentlich falls durch Versagung von Heil- und Hilfsmitteln behinderten Menschen die Chancen auf Selbstentfaltung oder Sozialintegration genommen würde. Diese Verweigerung kann nicht mit der in der Rechtsprechung allerdings leitenden Erwägung gerechtfertigt werden, Behindertenbetreuung sei nicht Aufgabe der Krankenversicherung (BSGE 76, 109; BSG SozR 4-2500 § 32 Nr. 1; BSGE 99, 111): Auch sie ist Trägerin der Rehabilitation und hat deshalb zur Überwindung einer Behinderung beizutragen. Eine Behinderung ist nicht auf die angeborene Beeinträchtigung beschränkt und zu beschränken, sondern gilt auch für die auf Erkrankung beruhenden Erwerbseinschränkungen (EuGH Rs C-335/11, 337/11 (Ring und Werge) – ECLI:EU:C:2013:222); eine Behinderung kann auch bei Adipositas vorliegen (EuGH Rs. C-354/13 (Fag og Arbejde) – ECLI:EU:C:2014:2463). Dem EU-Recht liegt der soziale Behinderungsbegriff der UN-BRK zugrunde, die nach deren Zeichnung durch die EU (Beschluss 2010/48/EG vom 26.11.2009 (ABl. EG L 23, 35) zum Teil des Unionsrechts geworden ist.

88 Ob das deutsche Recht den **Zugang zur Arbeit** zu ermöglichen und Gleichstellung der Beschäftigungs- und Arbeitsbedingungen zu sichern hat, bestimmt das Arbeitsrecht in dessen Regelungen über den Schutz schwerbehinderter Menschen (Kohte, in: Igl/Welti/Felix (Hrsg.), Gesundheitliche Prävention im Sozialrecht, 2003, S. 107 ff.). Danach haben Arbeitgeber mit mehr als 20 Beschäftigten, mindestens 5 % der Arbeitsplätze mit Schwerbehinderten zu besetzen (§ 154 SGB IX). Darüber hinaus hat der Arbeitgeber unter den schwerbehinderten Arbeitnehmern, Arbeitnehmer mit besonderen Benachteiligungen **bevorzugt** zu **berücksichtigen** (§ 155 SGB IX). Arbeitgeber, die dieser Pflicht nicht oder nicht zureichend nachkommen, schulden eine an das Integrationsamt zu entrichtende Ausgleichsabgabe, deren Höhe vom Maß der Unterschreitung der Beschäftigungsquote abhängt. Hinsichtlich der Beschäftigungsbedingungen haben schwerbehinderte Menschen Anspruch auf Gleichbehandlung (§ 164 Abs. 2 SGB IX) und die **behinderungsgerechte Gestaltung** von **Arbeitsplätzen** sowie die Berücksichtigung der Behinderung bei der Ausgestaltung von Arbeitsorganisationen und Arbeitsplatzgestaltung (§ 164 Abs. 4 Nr. 5 SGB IX). Arbeitgeber und Schwerbehindertenvertretung haben eine Inklusionsvereinbarung (§ 166 SGB IX) abzuschließen (Laskowski, Welti, Positive Maßnahmen als Option: Integrationsvereinbarungen nach § 83 SGB IX als Lehrbeispiel?,

in: Rust/Däubler ua, Loccumer Protokolle 40/03, S. 261, 277), um die Einzelheiten der behindertengerechten Regelung der Arbeit konkret zu bestimmen. Die schwerbehinderten Beschäftigten genießen einen **Sonderkündigungsschutz** (§§ 168 ff. SGB IX), damit niemand wegen seiner Behinderung aus dem Arbeitsverhältnis entlassen werden kann.

89 Bedenklich ist § 7 SGB III, wonach die Ermessensleistungen der aktiven Arbeitsförderung Personen mit möglichst geringen Vermittlungshindernissen vorzubehalten sind. Eine in § 8 SGB III für Frauen vorgesehene vergleichbare Vorzugsregelung fehlt für behinderte Menschen; darin liegt eine Benachteiligung wegen einer Behinderung (so auch Welti, SDSRV Bd. 52 (2004), 85, 110; Davy, SDSRV Bd. 49 (2001), 7, 26 f.; vgl. ferner BT-Drs. 15/877, 32). Das deutsche Recht wird ansonsten den in Richtlinie 2000/78/EG getroffenen Anforderungen weithin gerecht, hält insbesondere im Verbot der Diskriminierung von behinderten Menschen in der Beschäftigung und beim Zugang zur Arbeit den EU-rechtlichen Diskriminierungsverboten stand. Es muss sichergestellt sein, dass die Regeln im Einklang mit dem Recht angewendet werden. Dazu gehört die Übernahme von Kosten für Hörgeschädigte (Gebärdendolmetscher), deshalb sind Leistungen durch das Integrationsamt (§ 82 SGB IX) nicht zu tragen (BayVGH 25.5.2012 – 12 ZB 11.152). Es enthält zahlreiche Sonderregeln, welche den behinderten Menschen Vorteile gegenüber den übrigen Arbeitnehmern sichern. Diese gleichen die auf die Behinderung zurückgehenden Nachteile aus. Sie werden damit durch den Förderauftrag (Art. 5 RL 2000/78/EG) legitimiert. Es fehlt allerdings noch ein tragfähiger Schutz vor **Belästigungen** wegen einer Behinderung. Außerdem bleibt unklar, ob behinderte Menschen, die mangels Anerkennung als „**Schwerbehinderter**" einen vergleichbaren Schutz aufgrund des AGG beanspruchen können, ebenfalls in das SGB IX eingeschlossen werden können. Gegen diese Möglichkeit spricht zwar die Systematik des SGB IX; das Diskriminierungsverbot ist aber **auf Schwerbehinderte** weder beschränkt noch zu **beschränken**. Folglich kommt dieser Gruppe behinderter Menschen der Schutz zu, der für den **Ausgleich** ihrer **Behinderung geeignet** ist. Die Problematik einer Diskriminierung wegen einer Behinderung stellt sich auch in der Krankenversicherung – etwa im Zusammenhang mit der Frage, ob das Recht auf psychotherapeutische Versorgung das Recht umschließt, zum Ausgleich sprachbehinderter Erschwernisse Psychotherapie in der Muttersprache des Versicherten zu erhalten (verneinend BSG 6.2.2008 – B 6 KA 40/06 R = SGb 2009, 292 mAnm Davy).

c) Religion und Weltanschauung

90 Der auf **Bekenntnis-** und **Glaubensfreiheit** der Bürger gründende moderne Staat wie dessen sozialrechtliche Hervorbringungen – Sozialversicherung, soziale Entschädigung und Sozialhilfe – sind religiös und weltanschaulich neutral. Obgleich in Deutschland soziale Dienste (zB Krankenhausbehandlung, Pflege, Rehabilitation, Sozial- und Jugendarbeit) von kirchlichen (Caritas und Diakonisches Werk) oder gemeinnützigen Trägern bestimmter weltanschaulicher Ausrichtung (zB Arbeiterwohlfahrt) erbracht werden, sichern die das Recht sozialer Dienstleistungserbringung prägenden **Wunsch-** und **Wahlrechte** des Empfängers (vgl. § 33 SGB I, § 8 SGB IX; vgl. dazu

grundlegend Ganner, Selbstbestimmung im Alter, 2005, S. 249 ff., 297 ff.), dass dem Berechtigten kein Träger einer bestimmten religiösen oder weltanschaulichen Ausrichtung bei Erbringung sozialer Dienste vorgegeben wird. Das Wunsch- und Wahlrecht ermöglicht damit, dass dem Empfänger eine Sozialleistung von einem Träger seines Bekenntnisses oder seiner weltanschaulichen Ausrichtung gewährt werden kann.

91 Eine Probe auf die Diskriminierungsfestigkeit des Sozialrechts im Hinblick auf Religion und Weltanschauung eröffnen **Arbeitsverwaltung** und **Arbeitslosenversicherung**. Dort fragt sich, ob die Mitgliedschaft in einer religiösen Gemeinschaft die Zuverlässigkeit eines privaten Arbeitsvermittlers beeinträchtigt (BSGE 87, 208 [Scientology, nein – da keine Glaubensgemeinschaft]). Die Leistungen der Arbeitslosenversicherung berühren den **Zugang** zur **Erwerbstätigkeit** oder beruflicher **Weiterbildung** (§ 19 a SGB IV). Namentlich hinsichtlich der **Obliegenheiten** zur Überwindung von Arbeitslosigkeit, deren Nichterfüllung mit einer **Sperrzeit** (§ 159 Abs. 1 Nr. 2–6 SGB III) sanktioniert sind, ergeben sich Konflikte zwischen der Glaubens- und Bekenntnisfreiheit des Berechtigten und sozialrechtlichen Loyalitätspflichten gegenüber der **Solidargemeinschaft**. Es sind Kriterien für die Zumutbarkeit von Arbeit zu bestimmen. Die Problematik entzündet sich im Beispiel eines arbeitslosen Kriegsdienstverweigerers (BSGE 54, 7), der wegen seiner pazifistischen Einstellung eine Arbeitsaufnahme in einem Rüstungsbetrieb verweigert oder ein arbeitsloser Sieben-Tage-Adventist oder Jude, die Samstagsarbeitsruhe einzuhalten haben und deswegen ein zu **Samstagsarbeit** anhaltendes Arbeitsangebot ablehnen (BSGE 51, 70, 71). Können gegen sie Sperrzeiten verhängt werden? Die Thematik stellt sich auch für eine arbeitslose Kopftuch tragende erwachsene Muslimin, der eine Arbeit angeboten wird, die sie zur Tätigkeit ohne Kopftuch anhalten würde (BAG NJW 2003, 1685 ff.).

92 Das **Sozialrecht** folgt bei Bewältigung dieser Problematik denselben Regeln wie das **Arbeitsrecht**. **Diskriminierungs-** und **freiheitsrechtliche** Begründungsansätzen fallen zusammen. Die Parallelität beider Rechtsgebiete folgt aus der Nähe sozialrechtlicher Gestaltungen zu den arbeitsrechtlich geregelten Institutionen von Arbeitsmarkt und Beschäftigung. § 275 Abs. 3 BGB gibt dem zur persönlichen Dienstleistungserbringung verpflichteten Schuldner ein **Leistungsverweigerungsrecht**, falls die Leistungserbringung unter Abwägung der Schuldner- und Gläubigerbelange ihm nicht zuzumuten ist. Der unbestimmte Rechtsbegriff der „Unzumutbarkeit" ist im Einklang mit den verfassungsrechtlichen **Wertentscheidungen** – namentlich der Glaubens- und Bekenntnisfreiheit (Art. 4 Abs. 1 GG) – und den Anforderungen an eine von **Diskriminierungen** wegen Religion oder Weltanschauung freien Arbeits- und Sozialrechtsordnung zu gewinnen. Die Glaubens- und Bekenntnisfreiheit ist nur gewährleistet, wenn ein Diskriminierungsverbot also deren Gebrauch und Entfaltung schützt. Das Diskriminierungsverbot untersagt generell, an den Freiheitsgebrauch nachteilige Rechtsfolgen zu knüpfen. Daher tritt in den genannten Beispielsfällen eine Sperrzeit wegen Arbeitsaufgabe oder Arbeitsablehnung nicht ein, weil die genannten Verhaltensweisen durch die Glaubens- und Bekenntnisfreiheit gestützt und getragen sind. Generell gesprochen, sind **Diskriminierungsverbote** den **Frei-**

heitsrechten nicht entgegengesetzt, sondern deren unverzichtbare Begleitregelung.

d) Alter

93 Der Tatbestand der „Alters"-Diskriminierung ist bei Benachteiligung aufgrund jeglichen **Alters** erfüllt (Schmidt, Das Arbeitsrecht der EG, 2001, Tz. III-203). Verboten ist die Ausgrenzung älterer ebenso wie jüngerer Menschen. Zwar sind die sozialen Leistungen nicht Gegenstand der Rahmenrichtlinie (Art. 3 Abs. 3 RL 2000/78/EG) wie Altersgrenzen der Rentenversicherung nicht dem Verbot der Altersdiskriminierung unterliegen (Bieback, ZESAR 2006, 143, 145 f.). Erwägungsgrund 14 der RL 2000/78/EG nimmt **Altersgrenzen** aus. Altersgrenzen dienen einer ausgeglichenen Beschäftigtenstruktur (EuGH Rs. C-159/10 (Fuchs) und Rs. C-160/10 (Köhler) – AP RL 2000/78/EG Nr. 21). Weil der soziale Schutz jedoch über den Erwerbszugang entscheidet, könnten die Regeln über Versicherungspflicht und Versicherungsberechtigung an den Diskriminierungsverboten im Hinblick auf den Erwerbszugang (§ 2 Abs. 1 Nr. 1, 3) zu messen sein. Ferner anerkennt der EuGH (Rs. C-144/04 (Mangold/Helm) – Slg 2005, I-9981; EuGH Rs. C-411/05 (Palacios de la Villa) – Slg 2007, I 8531; EuGH Rs. C-341/08 (Petersen) – Slg 2010, I-00047; EuGH Rs. C-45/09 (Rosenbladt) – Slg I 9391; EuGH Rs. C-159/10 (Fuchs und Köhler) – Slg 2011, I 6919; EuGH Rs. C-141/11 (Torsten Hörnfeldt) – ECLI:EU:C:2012:421) die **Altersdiskriminierung** als einen allgemeinen Rechtsgrundsatz des EU-Rechts (kritisch dazu: Kocher, SGb 2011, 545, 548 f.; Reichold, ZESAR 2006, 55; König, ZESAR 2005, 218; Nussberger, JZ 2002, 524). Das Alter bildet auch eine Voraussetzung des Zugangs zur Arbeit und des daran hängenden sozialrechtlichen Schutzes. Dementsprechend ist es keine Diskriminierung, wenn Ausbildungsförderung (VG Ansbach 31.7.2012 – AN 2 K 11.01748; VG Frankfurt 17.12.2014 – 3 RL 247/14) oder der Schutz durch die studentische Krankenversicherung (BSGE 117, 117) ab Vollendung eines bestimmten Lebensalters nicht mehr gewährt wird. Keinen Bestand vor dem Verbot der Altersdiskriminierung finden dagegen solche Grenzen, die vor der Regelaltersgrenze liegen, und bestimmte Gruppen mit der Begründung von der Arbeit ausschließen, altersbedingt dazu nicht mehr in der Lage zu sein (EuGH Rs. C-447/09 (Prigge ua) – NZA 2011, 103; vgl. auch BVerfG 24.10.2011 – 1 BvR 1103/11).

94 Wegen der Versicherungsfälle **Erwerbsminderung** und **Alter** wird in der gesetzlichen Rentenversicherung mit Eintritt eines bestimmten **Lebensalters** (§ 35 SGB VI) der Eintritt der geminderten Erwerbsfähigkeit unwiderleglich vermutet. Anders als bei den das Arbeitsvertragsende ab einem bestimmten Lebensjahr vorsehenden **Tarifregeln**, begründet die Zuerkennung eines Rentenanspruchs einen Rechtsvorteil. Dennoch kann die Gewährung eines Rechtsvorteils ab einem bestimmten Lebensjahr eine Benachteiligung darstellen, falls dessen Nichtinanspruchnahme mit Rechtsnachteilen verbunden wäre. Zwar wird kein Rentner mit Vollendung des Rentenalters zum **Rentenbezug** gezwungen, tritt dieser doch erst mit Rentenantragstellung ein (§ 115 SGB VI). Ferner wird ein vom Zeitpunkt der **Rentenantragstellung** nach Vollendung des Rentenalters die Rentenhöhe steigernder Zugangsfaktor anerkannt (§ 77 Abs. 2 Nr. 2 lit. b SGB VI). Deshalb führt das

Überschreiten des Rentenalters nicht zum Rechtsverlust. Vielmehr ist bereits heute das **Rentenalter** nach deutschem Recht hinreichend **flexibilisiert**, so dass nach der geltenden Rechtslage eine Altersdiskriminierung nicht zu erkennen ist. Das Rentenalter entfaltet also im Gegensatz zu den verbreiteten tarifrechtlichen Altersgrenzen keine rechtsversagende Wirkung

95 Weil das Sozialrecht die Sicherung für elementare **Lebensrisiken** – namentlich bei **Krankheit** oder **Pflegebedürftigkeit** – vorsieht, erscheint ferner fraglich, ob ein von Geburt an krankes und pflegebedürftiges **Kind** durch die Kranken- und Pflegeversicherung gesichert ist. Nach geltendem Recht ist ein Kind von Geburt an gesichert, falls dessen Eltern sozial versichert sind. Die Familienversicherung (§ 10 SGB V, § 25 SGB XI) knüpft den sozialversicherungsrechtlichen Schutz der Kinder an denjenigen ihrer Eltern. Für andere von Geburt an behinderte Personen mit Wohnsitz in Deutschland, die nicht der gesetzlichen Pflegeversicherung unterworfen sind, wurde zwar aufgrund eines Urteils des Bundesverfassungsgerichts (BVerfGE 103, 225, 236 ff.) ein Beitrittsrecht in die gesetzliche Pflegeversicherung geschaffen (vgl. § 26 a SGB XI). Dem steht ein Beitrittsrecht in die gesetzliche Krankenversicherung jedoch nicht zur Seite. Dieses wird auch nicht entbehrlich aufgrund der für Sozialhilfeempfänger bestehenden Versicherungspflicht in der gesetzlichen Krankenversicherung. Denn die beitrittsberechtigten Kinder müssen nicht notwendig sozialhilfebedürftig sein (zB bei vorhandenem eigenen Vermögen, dessen Ertrag dem Lebensunterhalt des kranken und behinderten Kindes sichert – Basis der in § 26 a SGB XI getroffenen Regelung). Da die Versicherungspflicht erst ab dem 15. Lebensjahr – zeitliche Grenze des Jugendarbeitsschutzrechts – eintritt, könnte im Ausschluss der – kleinen – Gruppe der von Geburt an behinderten, kranken und pflegebedürftigen Kinder deren mittelbare Diskriminierung liegen. Diesen könnte über eine Erstreckung des Beitrittsrechts aus § 26 a SGB XI auf die Krankenversicherung jedoch unschwer geholfen werden. Der Ausschluss von Leistungen der künstlichen Befruchtung für Ehefrauen über 40 Lebensjahren ist keine Altersdiskriminierung (BSG SozR 4-2500 § 27 a Nr. 8, 7).

e) Sexuelle Identität

96 Seitdem gleichgeschlechtliche **Lebenspartnerschaften** in der Kranken- und Pflegeversicherung in Familienversicherung (§ 10 SGB V, § 25 SGB XI), Hinterbliebenenversorgung (BT-Drs. 15/3445, 38: Einbeziehung der Lebenspartner in Hinterbliebenenversorgung und Rentensplitting; anders BR-Drs. 523/04; BT-Drs. 15/2477) und Versorgungsausgleich (BT-Drs. 15/3445, 44) einbezogen sind, ist deren vormalige Benachteiligung gegenüber der Ehe beseitigt. Sie besteht auch nicht mehr in der VBL fort (BVerfGE 124, 199). Die umfassende Gleichstellung geschah durch die Ehe für alle. Da außerdem die gesetzliche Krankenversicherung Leistungen bei **Transsexualität** schuldet, die „Geschlechtsumwandlung" mithin bei Transsexuellen als Heileingriff anerkannt ist (BSGE 62, 83), genügt das geltende Sozialrecht den Anforderungen an das Verbot einer Diskriminierung wegen der sexuellen Identität.

f) Geschlecht

97 Die Richtlinie 79/7/EWG sollte die Gleichberechtigung von Frauen und Männern in der sozialen Sicherheit schrittweise verwirklichen. Sie präzisiert zwar dieses Gebot. Da die Leistungen der Hinterbliebenensicherung sowie die Familienleistungen davon ausgenommen sind (Art. 3 Abs. 2 RL 79/7/EWG), gilt es jedoch **nicht** für **sämtliche Zweige sozialer Sicherheit**. Des Weiteren sind die Mitgliedstaaten befugt, einzelne in Art. 7 Abs. 1 RL 79/7/EWG niedergelegte gleichheitswidrige Regelungen unverändert fortzuführen (Pennings, European Social Security Law, 2010, 5th ed., p. 305).

98 Die Richtlinie beschränkt sich auf die **Erwerbstätigen** (Pennings, European Social Security Law, 2010, 5th ed., p. 306); die soziale Sicherung Nichterwerbstätiger wird von der Richtlinie nicht berührt (vgl. Art. 2 RL 79/7/EWG). Die Abgrenzung zwischen Erwerbstätigen und Nichterwerbstätigen wird durch Art. 2 RL 79/7/EWG dahin präzisiert, dass zu Ersteren neben Arbeitnehmern und Selbstständigen auch diejenigen zählen, deren Erwerbsarbeit durch Krankheit oder Unfall unterbrochen wurde, ferner die Arbeitsuchenden, die sich im Ruhestand Befindlichen sowie die arbeitsunfähigen Arbeitnehmer und Selbstständigen. Nach der Rechtsprechung gehören zu den **Erwerbstätigen** auch Personen, die ihre Erwerbstätigkeit unterbrechen, weil Dritte krank, behindert oder pflegebedürftig werden und als vormals Erwerbstätige diese Personen pflegen (EuGH Rs. 150/85 (Drake) – Slg 1986, 1995; Rs. C-31/90 (Johnson) – Slg 1991, I-3723). Dem persönlichen Anwendungsbereich der Richtlinie unterfällt dagegen nicht, wer dem Arbeitsmarkt während seines Lebens niemals zur Verfügung stand und ihm auch künftig nicht zur Verfügung stehen will, ohne dass der Grund dafür im Eintritt der in der Richtlinie genannten Risiken liegt (EuGH Rs. 48/88 (Achterberg-te Riele) – Slg 1989, 1963; Rs. C-77/95 (Züchner) – Slg 1996, I-5689; Haverkate/Huster, Europäisches Sozialrecht, 1999, Rn. 685 ff.; Pennings, European Social Security Law, 2010, 5th ed., p. 311).

99 Nach Art. 3 Abs. 1 RL 79/7/EWG gilt der Grundsatz der Nichtdiskriminierung für die gesetzlichen Systeme zum Schutz vor den **Risiken** Krankheit, Invalidität, Alter, Arbeitsunfall und Berufskrankheiten sowie Arbeitslosigkeit. Ferner sind die diese Systeme **ergänzenden** oder **ersetzenden** Sozialhilferegelungen erfasst. Nicht enthalten sind dagegen die betrieblichen Systeme sozialer Sicherheit (Art. 3 Abs. 3 RL 79/7/EWG). Für diese Abgrenzung ist nicht die vom Gesetzgeber verfolgte Absicht, sondern die objektive Ausrichtung und Funktion des einzelnen Leistungssystems maßgebend (EuGH Rs. C-63/91 (Jackson und Cresswell) – Slg 1992, I-4737). Daher sind weder die Regeln über Wohnbeihilfen (EuGH Rs. C-243/90 (The Queen/Secretary of State for Social Security) – Slg 1992, I-467), noch Einkommenshilfen bei Bedürftigkeit (EuGH Rs. C-63/91 (Jackson und Cresswell) – Slg 1992, I-4737) oder Fahrpreisermäßigungen für Behinderte oder ältere Menschen (EuGH Rs. C-228/94 (Atkins) – Slg 1996, I-3633) erfasst. Dagegen ist die Befreiung von Krankenversicherten von der Rezeptgebühr der Richtlinie unterworfen, weil diese Gestaltung die Sicherung bei Eintritt des Risikos betrifft (EuGH Rs. C-137/94 (Richardson) – Slg 1995, I-3407). Auch die Leistungen der Pflegeversicherung oder Arbeitsförderung sind als

Ausdruck risikobezogener Schutzmaßnahmen der Richtlinie unterworfen (Haverkate/Huster, Europäisches Sozialrecht, 1999, Rn. 690 ff.; Pennings, European Social Security Law, 2010, 5th ed.).

100 Als unmittelbar wegen des Geschlechts **diskriminierend** sind Regeln sozialer Sicherheit anzusehen, die für Frauen und Männer unterschiedliche Rechte im Hinblick auf deren Einbeziehung in die soziale Sicherung, namentlich Beiträge oder Leistungen vorsehen. Daher hat der EuGH Regelungen von Mitgliedstaaten als Verstoß gegen Art. 4 Abs. 1 RL 79/7/EWG verworfen, die zwar verheirateten Frauen und Witwen, nicht aber verheirateten Männern und Witwern die Möglichkeit einer Beitragsbefreiung einräumen (EuGH Rs. C-373/89 (Rouvroy) – Slg 1990, I-4243), den Zuschlag für verheiratete Männer und Frauen hinsichtlich des Nachweises bestehender Familienunterhaltspflichten unterschiedlich ausgestalten (EuGH Rs. C-377/89 (Cotter, McDermott) – Slg 1991, I-1155) oder die Altersrente für Männer und Frauen unterschiedlich berechnen, obgleich das Rentenalter von Männern und Frauen gesetzlich angeglichen worden ist (EuGH Rs. C-154/92 (van Cant) – Slg 1993, I-3811). Desgleichen verboten, ist eine Regelung, die Invalidenrenten zwar bei Bezug einer Witwen-, nicht aber einer Witwerrente vorsieht (EuGH Rs. C-337/91 (van Gemert-Derks) – Slg 1993, I-5435). Solche Regeln diskriminieren ein Geschlecht unmittelbar, weil sozialrechtserhebliche Unterschiede in der Rechtsstellung des Einzelnen auf dem Geschlechterunterschied gründen. Die Angehörigen des benachteiligten sind sozialrechtlich denjenigen des bevorzugten Geschlechts gleichzustellen (EuGH Rs. 71/85 (Vakbeweging) – Slg 1986, 3855; Rs. 286/85 (McDermott/Cotter) – Slg 1987, 1453).

101 Für die **mittelbare Diskriminierung** anfällige (Haverkate/Huster, Europäisches Sozialrecht, 1999, Rn. 702) geschlechtsneutrale Merkmale sind etwa die Differenzierung nach dem Ausmaß der Erwerbsbeteiligung (Voll- und Teilzeitarbeit [EuGH Rs. 102/88 (Ruzius-Wilbrink) – Slg 1989, 4311; Däubler, ZfA 2006, 479] oder Normalarbeit und geringfügige Tätigkeit; EuGH Rs. C-317/93 (Nolte) – Slg 1995, I-4625; Rs. C-444/93 (Megner und Scheffel) – Slg 1995, I-4741), der Haushaltsführung, dem Maß der Unterhaltspflicht oder der Kontinuität der Beschäftigung. Ein solches geschlechtsneutral gefasstes Merkmal begründet eine sich auf die Geschlechter unterschiedlich auswirkende Differenzierung, wenn Angehörige eines Geschlechts in der benachteiligten Gruppe die des anderen Geschlechts deutlich überwiegen. Nach der Rechtsprechung indiziert eine solche Verteilung die Vermutung für eine mittelbare Diskriminierung, welche jedoch bei Vorliegen objektiver Rechtfertigung entkräftet werden kann.

102 Als **objektive Rechtfertigung** werden Begünstigungen aus allgemein sozialpolitischen Erwägungen anerkannt. So ist eine Arbeitslosen- und Invaliditätssicherung objektiv gerechtfertigt, die Familien ein bedarfsdeckendes Einkommen garantiert und daher eine Leistung von der Unterhaltspflicht gegenüber Familienangehörigen und deren Einkünften unabhängig macht. Desgleichen ist als berechtigtes Ziel der Sozialpolitik und damit als objektive Rechtfertigung anerkannt, wenn Ehegattenzulagen für den sich noch nicht im Rentenalter befindenden Ehegatten von dessen Erwerbseinkommen abhängig gemacht werden, weil nur so gesichert werden kann, dass

die Leistung dem Betrag entspricht, den das Ehepaar bei Eintritt des Ruhestandes des anderen Ehegatten erhält (EuGH Rs. C-226/91 (Molenbroek) – Slg 1992, I-5943). Schließlich wurde der Ausschluss geringfügig Beschäftigter aus der sozialen Sicherung als objektiv gerechtfertigt angesehen (EuGH Rs. C-317/93 (Nolte) – Slg 1995, I-4625; Rs. C-444/93 (Megner und Scheffel) – Slg 1995, I-4741), um deren Beschäftigungschancen zu erhöhen, illegale Beschäftigung zu bekämpfen und die Leistungen auf diejenigen zu konzentrieren, die ihren Lebensunterhalt wesentlich aus Erwerbsarbeit beziehen.

103 Die Richtlinie 97/80/EG (ABl. EG L 14, 6 v. 20.1.1998) über die **Beweislastverteilung** bei Diskriminierung wegen des Geschlechts gilt für das Arbeits- und Sozialrecht. Denn dieses Gebot gilt nicht nur für die unmittelbaren Regelungen zur Unterbindung sämtlicher arbeitsrechtlicher Diskriminierungen, sondern ist auch im Verwaltungsverfahren zu beachten, zu dem die Gewährung von Leistungen der sozialen Sicherheit zählt. Die Richtlinie erlegt die **Begründungslast** für objektive Rechtfertigungen einer scheinbar mittelbaren Diskriminierung demjenigen auf, welcher die diskriminierende Regelung für sich in Anspruch nimmt. Dies ist bei sozialer Sicherung stets der Leistungsträger. Dieser hat objektive Rechtfertigungen für scheinbare Diskriminierungen zu finden. Bei einer unmittelbaren Diskriminierung ist dies nur schwerlich möglich; bei einer scheinbar mittelbaren Diskriminierung ist dies jedoch leichter vorstellbar, weil dem Gesetzgeber grundsätzlich ein Gestaltungs- und damit ein Differenzierungsspielraum in der Ausgestaltung sozialer Sicherung zukommt.

104 Da die Richtlinie 79/7/EWG die Gleichbehandlung nur „**schrittweise**" zu **verwirklichen** bezweckt und deshalb die Hinterbliebenen- und Familienleistungen von dem Gebot der Gleichbehandlung generell ausnimmt, sind unterschiedliche Leistungen für Witwen und Witwer nach dem Tod eines Versicherten ebenso statthaft wie für Väter und Mütter unterschiedliche Bestimmungen für das Kindergeld. Familienbezogene Zuschläge für die in Art. 3 Abs. 1 RL 79/7/EWG genannten Risiken unterliegen dagegen dem Verbot der Diskriminierung (Art. 3 Abs. 2 RL 79/7/EWG). Diese Ausnahme erklärt sich aus der traditionellen Rollenverteilung für Mann und Frau, die noch Jahrzehnte nachwirkt. Art. 7 Abs. 1 RL 79/7/EWG gestattet außerdem die Aufrechterhaltung des Geschlechterunterschieds in einigen speziellen sozialpolitischen Regelungszusammenhängen. Art. 7 Abs. 2 RL 79/7/EWG gibt den Mitgliedstaaten allerdings auf, die vom Diskriminierungsverbot freigestellten Regelungen in regelmäßigen Abständen auf ihre Zeitgemäßheit und fortwirkende sozialpolitische wie menschenrechtliche Angemessenheit zu überprüfen. Die wichtigsten Tatbestände sind das unterschiedliche Rentenalter von Männern und Frauen, die Zuerkennung von Kindererziehungszeiten, der Schutz der Ehefrau bei Alter und Invalidität aufgrund der Versicherung des Ehemannes sowie die Gewährung von Zuschlägen einschließlich der für die Realisierung dieser Ziele maßgebenden Begleitregelung (EuGH Rs. C-104/98 (Buchner) – Slg 2000, I-3625; Rs. C-196/98 (Hepple) – Slg 2000, I-3701; Kohlbacher ZESAR 2015, 210).

4. Benachteiligung bei Inanspruchnahme sozialer Leistungen

a) Unmittelbare Benachteiligung

105 Vergleichsweise unproblematisch ist die Würdigung des materiellen Sozialrechts auf eine mögliche **unmittelbare Benachteiligung**. Eine solche liegt vor, falls an das Vorliegen eines in den Richtlinien aufgeführten Diskriminierungsumstands unmittelbare Rechtsnachteile geknüpft sind (vgl. Rebhahn-Rebhahn, § 5 Rn. 2 ff.). Dieser liegt vor, wenn die eine inkriminierte Eigenschaft aufweisende Person **Rechtsverluste** hinzunehmen hat, wogegen andere Personen ohne dieses Merkmal solchen Nachteil nicht zu tragen haben. Wegen der das **Sozialrecht** als Rechtsrahmen staatlicher Leistungsgewährung insgesamt leitenden Tendenz, dem Berechtigten Leistungsansprüche auf dessen Antrag einzuräumen, ist es insgesamt auf die Begründung von **Rechtsvorteilen** angelegt. Werden diese an die Zugehörigkeit zum deutschen Sprach- und Kulturkreis, eine Behinderung oder die Verwirklichung des **Rentenalters** geknüpft, nimmt es zwar auf ein verpöntes Merkmal Bezug, jedoch geschieht dies **nicht** in **diskriminatorischer Absicht**. Sozialrecht sucht im Gegenteil, die aus dem Merkmal den Betroffenen entstandenen Nachteile eigenständig und zielgerichtet auszugleichen. Dies steht im Einklang mit § 5: Positive Maßnahmen differenzieren nicht, um zu diskriminieren – sondern umgekehrt um bislang wirkmächtige **Diskriminierungen** zu **überwinden**. Die Beispiele zeigen: Sozialrecht wie Gleichbehandlungsrecht stimmen in Grundanliegen wie den zu dessen Verwirklichung eingesetzten Mitteln überein.

b) Mittelbare Benachteiligung

106 Weit schwieriger, weil ein **Grundsatzproblem** des Sozialrechts berührend, ist die Frage zu würdigen: Welche Bedeutung verlangt das Verbot **mittelbarer Benachteiligung** im Sozialrecht? Dieser Begriff ist schon für sich genommen schwieriger als „unmittelbare Benachteiligung“ zu bestimmen. Denn im Gegensatz zu dieser erschließt sich jene nicht aus der äußeren Struktur des zu würdigenden Normsatzes – nämlich der tatbestandlichen Verknüpfung eines **Diskriminierungsmerkmals** mit einem Rechtsnachteil. Eine mittelbare Diskriminierung erwächst vielmehr aus einem scheinbar nicht diskriminierenden Normsatz, der erst in seiner Anwendung tatsächlich diskriminierende Wirkungen **zeitigt** (Rebhahn-Rebhahn, § 5 Rn. 24 ff.; Tobler, Indirect Discrimination, 2005). Die Diskriminierung folgt bei der mittelbaren Benachteiligung statt aus der Norm aus dem Zusammenwirken von Norm und Wirklichkeit. Das durch Sozialrecht faktisch Bewirkte ist seinerseits am Antidiskriminierungsrecht zu messen, namentlich darauf zu prüfen, ob es exkludiert.

107 Für das Sozialrecht erwächst aus dem Verbot mittelbarer Benachteiligung ein **Grundsatzproblem**. Weil es sich auf die Schutzbedürftigen beschränkt, ist seine Grundtendenz selektiv. Es hat einzelne Zielgruppen (targeting) im Blick und schließt dazu die Adressentengruppen sozialen Schutzes ein; gleichzeitig schließt es die anderen aus. Sozialrechtlicher Schutz ist auf die seiner Bedürftigen begrenzt; regelmäßig Nutznießer des Sozialrechts ist, wer den anerkannten **sozialen Risiken** ausgesetzt ist. Die Geschichte des Sozialrechts kennt viele Beispiele, wie die durch seine Selektivität bewirk-

ten Lücken durch Gesetzgebung nachträglich geschlossen wurden. Unter dem Verbot mittelbarer Benachteiligung aufgrund sämtlicher in § 1 aufgeführter Umstände ist daher jede sozialrechtliche Norm darauf zu überprüfen, inwieweit sie ihre propagierten Zielen umfassend erreicht. Behinderte Menschen, die trotz tendenziell umfassenden Behindertenschutzes nicht geschützt sind, oder alte Menschen, die trotz umfassender sozialrechtlicher Alterssicherung schutzlos blieben, könnten unter Berufung auf das Verbot mittelbarer Benachteiligungen ohne gesetzliche Grundlage sozialrechtlichen Schutz einfordern. Von dem Verbot mittelbarer Benachteiligung wegen einer Behinderung oder des Alters geht insoweit eine **positiv-rechtliche Lücken** schließende, in der Grundanlage den sozialrechtlichen Schutz expandierende Tendenz aus. Ihm wohnt eine egalisierende, Begrenzungen sozialen Schutzes auf einzelne Gruppen überwindende Tendenz inne.

108 Dies wächst sich zum Grundsatzproblem aus, weil mit jeder Ausweitung von Sozialleistungen – stets und notwendig – konkrete **Finanzierungslasten** verknüpft sind. Deshalb reicht im Interesse der Ausgewogenheit von Leistung und Finanzierung eine Ausweitung des Leistungsprogramms nicht hin, ohne dass gleichzeitig kompensierende Finanzierungen – die Gegenfinanzierung – mitbeschlossen werden. Eine als lückenhaft erscheinende sozialrechtliche Regelung kann deshalb unter Berufung auf das Verbot mittelbarer Benachteiligung regelmäßig verworfen werden, sofern deren Folgelasten finanziell nicht ins Gewicht fallen. Vor diesem Hintergrund konfrontiert das Antidiskriminierungsrecht mit einer Fragestellung, vor der bereits das **Verfassungsrecht** steht: Können und sollen die über die Einhaltung des Gleichbehandlungsgebots wachenden Gerichte eine sozialrechtliche Norm als mittelbar benachteiligend verwerfen und dem Gesetzgeber aufgeben, durch Schaffung entsprechender **Begleitregelungen** den rechtswidrigen Zustand nach Ablauf einer Übergangsfrist an den gesollten Rechtszustand anzupassen? Das geltende Recht kennt solche Gestaltung noch nicht. Die Prüfung sozialrechtlicher Normen am Maß mittelbarer Benachteiligung macht die Schaffung solcher Möglichkeit indes nötig. Sie stellt sich auch im Hinblick auf unterschiedliche Sozialleistungsniveaus in unterschiedlichen EU-Mitgliedstaaten (EuGH Rs. C-268/13 (Petru) – ECLI:EU:C:2014:2271).

5. Aufgrund des AGG ergangene spezialgesetzliche sozialrechtliche Benachteiligungsverbote

a) Überblick

109 Nach § 2 Abs. 2 S. 1 gelten für sämtliche, dem SGB unterfallenden Berechtigungen und Verpflichtungen die in den einzelnen Büchern des SGB jeweils enthaltenen sozialrechtlichen Diskriminierungsverbote. Das Gesetz verweist in § 2 Abs. 2 S. 1 auf § 33 c SGB I und § 19 a SGB IV. Ergänzend fügt es in § 36 Abs. 2 SGB III, § 164 Abs. 2 SGB IX weitere Diskriminierungsverbote in einzelne **Leistungsgesetze** ein. Aus der Entstehungsgeschichte des Gesetzes folgt also, dass die in § 2 Abs. 2 S. 1 enthaltene Verweisung auf sozialrechtliche Benachteiligungsverbote statt eines **abschließenden einen exemplarischen Charakter** hat. Diese Auslegung wird durch die auf Geltung „sonstiger Benachteiligungsverbote oder Gebote der Gleichbehandlung" verweisende Begründung des § 2 Abs. 3 bestärkt.

b) § 33 c SGB I

110 § 33 c SGB I lautet:

Benachteiligungsverbot

Bei der Inanspruchnahme sozialer Rechte darf niemand aus Gründen der Rasse, wegen der ethnischen Herkunft oder einer Behinderung benachteiligt werden. Ansprüche können nur insoweit geltend gemacht oder hergeleitet werden, als deren Voraussetzungen und Inhalt durch die Vorschriften der besonderen Teile dieses Gesetzbuches im Einzelnen bestimmt sind.

Der Gesetzgeber wollte durch diese Bestimmung die Anti-Rassismus-Richtlinie 2000/43/EG umsetzen (BT-Drs. 16/1780, 57). Weiter heißt es in der Gesetzesbegründung: „Unter die Sozialen Rechte fallen die in den Büchern des Sozialgesetzbuches vorgesehenen Dienst-, Sach- und Geldleistungen (§ 11 SGB I), insbesondere auch die Aufklärung, Auskunft und Beratung im Sinne des Sozialgesetzbuches (§§ 13–15 SGB I). Daraus entstehen keine neuen sozialen Rechte; diese sind allein in den einzelnen Büchern des Sozialgesetzbuches festgelegt." (BT-Drs. 16/1780, 57; vgl. dazu Eichenhofer, in: ders./von Koppenfeld-Spies/Wenner, SGB I, 2017, SGB I § 33 c Rn. 22).

111 Der sachliche Geltungsbereich der Bestimmung erstreckt sich auf das **gesamte SGB** (so auch Rust/Falke-Oppermann, § 2 Rn. 193). Zu diesem zählen die in den einzelnen Büchern des SGB geregelten Rechtsgebiete der Sozialversicherung (§§ 4, 21 ff. SGB I), Bildungs- und Ausbildungsförderung (§§ 3, 18 SGB I), soziale Entschädigung (§§ 5, 24 SGB I), Familienleistungen (§§ 6, 25 SGB I), Wohngeld (§§ 7, 26 SGB I), Kinder- und Jugendhilfe (§§ 8, 27 SGB I), Sozialhilfe (§§ 9, 28 SGB I) und Teilhabe behinderter Menschen (§§ 10, 29 SGB I). „Leistungen nach dem Sozialgesetzbuch" (§ 2 Abs. 2 S. 1) sind nicht nur die im SGB formell aufgenommenen Regeln, sondern auch die § 68 SGB I bis zur endgültigen Einordnung in das SGB in den anderen, in § 68 SGB I aufgeführten Sozialgesetzen getroffenen Ansprüchen. Der Begriff „soziale Rechte" ist weit auszulegen, umfasst neben den Leistungsansprüchen auch Teilhabe- und Mitwirkungsrechte sowie sämtliche Pflichten und Obliegenheiten. Diese müssen aber mit der Leistungsgewährung zusammenhängen. Nicht erfasst sind die berufsrechtlichen Regeln des Vertragsarztrechts. Auch die Ost-West-Unterschiede bei der Rente berühren nicht § 33 c SGB I (LSG Sachsen 5.1.2016 – L 160/15; SG Halle 13.7.2015 – S 4 R 403/13).

112 Die Bestimmung sollte als **Auslegungsprinzip** (Eichenhofer, in: ders./von Koppenfeld-Spies/Wenner, SGB I, 2017, SGB I § 33 c Rn. 4) wirken. Ausweislich ihres letzten Satzes stellt sie selbst **keine Anspruchsgrundlage** dar; vielmehr sollen sich Einzelansprüche ausschließlich aus den besonderen Teilen des SGB ergeben (BSG SozR 4-2500 § 33 Nr 40). Ihre hauptsächliche Bedeutung erfüllt sie bei Auslegung unbestimmter Rechtsbegriffe (Schiek-Welti, SGB I § 33 c Rn. 3) – namentlich der **Zumutbarkeit** sozialrechtlich erwartbarer Handlungen (Ausbildung oder Arbeitsaufnahme) und weiteren **Mitwirkungshandlungen** (Untersuchung, Heilbehandlung, Rehabilitation) oder Beteiligungsrechte von Behinderten-Vertretern an Entscheidungen des GBA (BSG SozR 4-2500 § 140 f. Nr. 1). Die als benachteiligend und damit verboten erachteten Diskriminierungstatumstände sind

Rasse, ethnische Herkunft und Behinderung. § 33 c SGB I ist auch bei der Zuerkennung von Ermessensleistungen als Prüfungsmaßstab heranzuziehen (Schiek-Welti, SGB I § 33 c Rn. 3).

113 Der Begriff der Benachteiligung ist im Einklang mit den Grundregeln des Gleichbehandlungsrechts auszulegen. Hieraus folgt insbesondere – weil gerade auch für das Sozialrecht elementar wichtig –, dass als Benachteiligung nicht differenzierende Regeln anzusehen sind, welche die tatsächlich erlittenen Benachteiligungen auszugleichen bezwecken. Für andere, in § 33 c SGB I nicht enthaltene Diskriminierungsmerkmale begründet die Bestimmung nicht etwa eine Erlaubnis zur Benachteiligung. Vielmehr folgt aus § 2 Abs. 3, dass neben § 33 c SGB I die rechtlich anders begründeten Benachteiligungsverbote unberührt bleiben. Dieser Grundsatz gilt auch für die Auslegung des § 33 c SGB I: Das darin getroffene Verbot wirkt **nicht abschließend.** Die UN-BRK als Teil des innerstaatlichen Rechts ist Auslegungshilfe und konkretisiert das in Art. 3 Abs. 3 S. 2 GG formulierte Diskriminierungsverbot wegen einer Behinderung (BVerfGE 128, 282, 306; BSGE 110, 192).

c) § 19 a SGB IV

114 § 19 a SGB IV lautet:

Benachteiligungsverbot

Bei der Inanspruchnahme von Leistungen, die den Zugang zu allen Formen und allen Ebenen der Berufsberatung, der Berufsbildung, der beruflichen Weiterbildung, der Umschulung einschließlich der praktischen Berufserfahrung betreffen, darf niemand aus Gründen der Rasse oder wegen der ethnischen Herkunft, des Geschlechts, der Religion oder Weltanschauung, einer Behinderung, des Alters oder der sexuellen Identität benachteiligt werden. Ansprüche können nur insoweit geltend gemacht oder hergeleitet werden, als deren Voraussetzungen und Inhalte durch die Vorschriften der besonderen Teile dieses Gesetzbuches im Einzelnen bestimmt sind.

115 Der Gesetzgeber führte zur Begründung aus, die Bestimmung diene der Umsetzung der Richtlinien 2000/43/EG, 2000/78/EG und 2002/73/EG für die Berufsberatung; im Übrigen gelte die für § 33 c SGB I gegebene Begründung (BT-Drs. 16/1780, 57). Die Bestimmung ist nicht nur als Konkretisierung des in § 2 Abs. 1 Nr. 3 ohnehin gültigen Benachteiligungsverbots zu verstehen, sondern ihr kommt wegen ihres nicht auf die **Berufsberatung** begrenzten Wortlauts hinaus Bedeutung zu für alle Sozialleistungsträger (§ 1 SGB IV), die **Berufsförderung** betreiben (Unfall-, Renten-, Kranken- und Arbeitslosenversicherung). Diese sind neben der Arbeitsverwaltung vor allem die Träger der Rehabilitation und Teilhabe. Das in dieser Bestimmung formulierte Gebot findet in § 36 Abs. 2 SGB III, § 164 Abs. 2 SGB IX seine Entsprechung.

116 Die Bestimmung dient vor allem als Maß- und Richtgröße für die bei **Berufs-** und **Arbeitsförderung** sowie Teilhabe bereitgestellten Dienstleistungen (Einzelheiten bei Schiek-Welti, SGB IV § 19 a Rn. 2). Für diese Ermessensleistungen konkretisiert § 19 a SGB IV die für die **Ermessensbetätigung** leitenden Maßstäbe. Die inkriminierten Merkmale sind umfassender als bei § 33 c SGB I formuliert. § 19 a SGB IV geht für die dem SGB IV unterliegenden Leistungsträger (§ 1 SGB IV) dem in § 33 c SGB I niedergelegten

Diskriminierungsverbot hinsichtlich der Vergabe sozialrechtlicher Dienstleistungen vor. Die Regelung untersagt eine Benachteiligung aus jedem einzelnen der in § 19 a SGB IV aufgeführten Gründe.

d) § 36 Abs. 2 SGB III

117 Der durch Art. 3 (8) Nr. 2 des Gesetzes zur Umsetzung europäischer Richtlinien zur Verwirklichung des Grundsatzes der Gleichbehandlung (vom 14.8.2006, BGBl. I S. 1897) neu gestaltete § 36 Abs. 2 SGB III bestimmt:

Die Agentur für Arbeit darf Einschränkungen, die der Arbeitgeber für eine Vermittlung aus Gründen der Rasse oder wegen der ethnischen Herkunft, der Religion oder Weltanschauung, einer Behinderung oder der sexuellen Identität des Ausbildungssuchenden oder Arbeitsuchenden vornimmt, nur berücksichtigen, soweit sie nach dem Allgemeinen Gleichbehandlungsgesetz zulässig sind.

Der Gesetzgeber bezweckt damit, im Recht der Arbeitsvermittlung die Grundsätze des AGG zu bekräftigen, die dieses für die Begründung von Arbeitsverhältnissen aufstellt (BT-Drs. 16/1780, 57). Die Arbeitsverwaltung darf – anders formuliert – **Vermittlungsgesuche** von Arbeitgebern oder Ausbildungsunternehmen nicht entgegennehmen, die auf ein gegen § 1 verstoßendes Beschäftigungsverhältnis zielen. Die Arbeitsverwaltung würde andernfalls einer verbotenen Benachteiligung Vorschub leisten und damit zum Verstoß von **Arbeitgeber** und **Arbeitnehmer** gegen das Gleichbehandlungsrecht einen eigenen **Beitrag** leisten.

e) § 164 Abs. 2 SGB IX

118 Die Rechte der Teilnehmer von Leistungen beruflicher Rehabilitation (= Teilhabe) werden durch § 49 SGB IX dahin ergänzt, dass auch den als Rehabilitanden in einem Unternehmen wie Arbeitnehmer tätigen Berechtigten der Arbeitnehmern durch das AGG vermittelte Schutz vor Benachteiligungen zuteil werden soll. Diese Bestimmung ist nach § 221 SGB IX auch auf die in **Werkstätten für behinderte Menschen** beschäftigten Personen anzuwenden (BT-Drs. 15/4538, 55). Damit wird der Schutz des AGG auf den Personenkreis der Nicht-Arbeitnehmer erstreckt – namentlich auf die vom **Behindertenrecht** (SGB IX) erfassten Personen (Rudolf, in: Rudolf/Mahlmann, GlBR, § 6 Rn. 168). Des Weiteren wird das bereits in § 164 Abs. 2 SGB IX enthaltene Benachteiligungsverbot für behinderte Menschen konkretisiert, insoweit das SGB IX auf das AGG verweist. § 164 Abs. 2 SGB IX enthält den Inhalt: „Im Einzelnen gelten hierzu die Regelungen des Allgemeinen Gleichbehandlungsgesetzes."

6. Verfahrensrechtliche Regeln des AGG

a) Schutz vor Viktimisierung

119 Der Schutz vor Viktimisierung betrifft zentral den privatrechtlichen Rechtsverkehr (§ 19), nicht das Sozialrecht. Die Beziehungen zwischen Träger und Sozialleistungsempfänger sind regelmäßig anonym. Das Rechtsstaatsprinzip (Art. 20 Abs. 3, 28 Abs. 1 GG) und die umfassende Garantie von Rechtsschutz gegenüber sämtlichen Akten öffentlicher Gewalt (Art. 19 Abs. 4 GG) sind gesicherte verwaltungsrechtliche Gewährleistungen, die auch für den Umgang von Sozialverwaltung und Leistungsbe-

rechtigten Maßstäbe setzen. Wer demnach gegen den Sozialleistungsträger Rechtsschutz begehrt, erleidet regelmäßig keinen Nachteil, auch wenn der Kläger einen Verstoß gegen Diskriminierungsverbote dem Sozialleistungsträger entgegenhielte. Der Schutz vor Viktimisierung hat seinen systematischen Ort zwar nicht im Recht der sozialen Sicherheit, sondern der Zivilgesellschaft (vgl. insbesondere § 612 a BGB: Schutz vor Maßregelungen durch den Arbeitgeber, falls ein Arbeitnehmer Rechtsschutzbegehren erhebt). Allerdings könnten **auch** Sozialleistungsträger tatsächlich viktimisieren. § 21 schützt nicht nur vor der zivilrechtlichen Benachteiligung. Eine Erstreckung des Viktimisierungsverbots auch auf die Sozialverwaltung ist daher ein **Gebot richtlinienkonformer Auslegung**.

b) Schutz vor Belästigungen

120 Ein integraler Bestandteil des Antidiskriminierungsrechts ist der Schutz vor Belästigungen (vgl. dazu M. Schmidt, Arbeitsrecht der EG, 2001, Tz. III-144 für die sexuelle Belästigung: der Schutz vor Belästigungen steht mit der Antidiskriminierung in Sachzusammenhang; Däubler, ZfA 2006, 479 ff.). Belästigungen sind Herabsetzungen eines Menschen im Hinblick auf einzelne sie charakterisierende **Diskriminierungsmerkmale**. Dieses Gebot wendet sich primär an die Zivilgesellschaft; es hat aber auch Bedeutung für die Sozialverwaltung. Es fordert insbesondere die behinderten- und altengerechte Ausgestaltung von Verwaltungen und Stätten der **Sozialleistungserbringung**, aber auch eine Kommunikation, welche behinderten oder alten Menschen sowie Migrantinnen und Migranten hinreichend **Teilhabechancen** eröffnet. Damit ist ein wahrlich weites Feld von Möglichkeiten von Rechtsverletzungen eröffnet (Bieback, in: Rust/Däubler ua, Loccumer Protokolle 40/03, S. 93, 106 ff.). Extreme Benachteiligungen – die Teilhabechancen aufheben – sind als **Rechtsverstoß** zu ahnden.

7. Sozialrechtlicher Schutz vor Diskriminierung jenseits des AGG

a) Staatsangehörigkeit

121 Ein tragendes Gebot des EU-Rechts ist die **Gleichbehandlung unter EU-Bürgern** (Art. 18 AEUV). Dieses Gebot wird für die Leistungen sozialer Sicherheit in Art. 4 VO (EG) Nr. 883/2004 und für die sozialen Vergünstigungen in Art. 7 Abs. 2 VO (EU) Nr. 492/2011 konkretisiert. In der sozialen Sicherheit ist das Gebot der Gleichbehandlung nicht auf die EU-Bürger zu erstrecken, sondern seit Öffnung des Koordinationsrechts für **Drittstaatsangehörige** durch die VO (EG) Nr. 859/2003 vom 14.5.2003 (ABl. EU Nr. L 124 vom 20.5.2003) auf alle vom System der sozialen Sicherung erfassten Personen zu erstrecken.

122 Für die dem **Europarat** angehörenden Staaten, alle Staaten Europas einschließlich Russland und der Türkei – außer Weißrussland –, gebietet die seit 1961 geltende Europäische Sozialcharta (ESC) den Schutz der Wanderarbeitnehmer, namentlich deren Einbeziehung in das System sozialen Schutzes des jeweiligen Beschäftigungsstaates (Art. 19, 20 ESC). Ferner gilt unter den Staaten des Europarats die EMRK. Die in der EMRK niedergelegten bürgerlichen und politischen Rechte wirken sich auch auf die sozialrechtliche Stellung aus. Denn Ansprüche auf Sozialleistung gelten nach der

Rechtsprechung des EGMR als **Eigentum** (Art. 1, 1. Zusatzprotokoll zur EMRK), einerlei, ob sie durch Beiträge (Application No. 17371/90 (Gaygusuz)) oder Steuern (Application No. 40892/98 (Koua Poirrez)) finanziert sind.

123 Die 1919 im Rahmen des Friedensvertrages von Versailles zwischen Deutschland und Frankreich (Teil 8, Art. 387 ff.) gegründete Weltorganisation zur Vereinheitlichung des Arbeits- und Sozialrechts IAO untersagt mit Übereinkommen Nr. 118 (International Labour Organisation, 1972, Vol. I c 118, p. 753) jegliche Diskriminierung aufgrund der **Staatsangehörigkeit** und der sozialen Sicherung. Zwar hat der Vorschlag, die Staaten mögen die Stellung von In- und Ausländern in der sozialen Sicherheit vereinheitlichen, keine Mehrheit gefunden (46. Tagung der Internationalen Arbeitskonferenz, Gleichbehandlung von In- und Ausländern der sozialen Sicherheit, 1962, Bericht V). Dieses Gebot sollte vielmehr von der Verbürgung der **Gegenseitigkeit** abhängen. Allerdings sieht das Übereinkommen vor, dass **Flüchtlinge** und **Staatenlose**, die in einem Staat Aufnahme gefunden haben, den Inländern sozialrechtlich gleichzustellen sind. Außerdem sei bei dem Abschluss von Abkommen über Sozialversicherung sicherzustellen, dass deren Vorteile sämtlichen Versicherten unabhängig von deren Staatsangehörigkeit zugutekommen.

124 Aus allen diesen Regeln folgt, dass der in der rechtspolitischen Diskussion vereinzelt erhobene Vorschlag (Sodan, JZ 2002, 53), die **Zugangs**berechtigung für Sozialleistungen an die **Staatsangehörigkeit** des Berechtigten zu knüpfen oder von dem Sozialleistungsniveau im Heimatstaat des Berechtigten abhängig zu machen, mit den genannten EU-, europa- und internationalrechtlichen Grundsätzen in erklärtem **Widerspruch** stehen würde (dazu Eichenhofer/Abig, Zugang zu steuerfinanzierten Sozialleistungen nach dem Staatsangehörigkeitsprinzip?, 2004; und zwar auch in Form mittelbarer Diskriminierung wegen der Staatsangehörigkeit – EuGH Rs. C-237/94 (O'Flynn) – Slg 1996 I-2617: englische Sterbegeldregelung, beschränkt auf in England erfolgende Bestattungen).

b) Sozialrechtliche Gleichbehandlung im Kontext der Binnenmarktfreiheiten (EU-Recht)

125 Eine weitere Dimension des Schutzes von Diskriminierung ergibt sich aus dem EU-Recht – namentlich dessen **Binnenmarktziel**. Dieses kann nur erreicht werden, wenn durch die Öffnung nationaler Märkte und die Eröffnung des Marktzugangs zugunsten aller Marktteilnehmer gleiche Zugangsbedingungen verwirklicht werden. Da der sozialrechtliche Schutz an Erwerbsarbeit, und die **Inanspruchnahme sozialer Leistungen** an privatrechtliche Voraussetzungen gebunden ist, hat der Gebrauch der **Grundfreiheiten** zu unionsrechtlicher Erwerbsarbeit, Wanderarbeit oder Dienstleistungserbringung sozialrechtliche Wirkungen. Soll der Gebrauch von Grundfreiheiten nicht sozialrechtlich abträgliche Wirkungen zeitigen, ist das **europäische koordinierende Sozialrecht** notig, und zwar in der Ausgestaltung wie es in der VO (EG) Nr. 883/2004 niedergelegt ist.

126 In der Rechtsprechung besteht die Tendenz, Lücken im sekundären Unionsrecht unter Rückgriff auf das Verbot der **indirekten Benachteiligung**

wegen der Staatsangehörigkeit zu schließen (EuGH Rs. C-228/88 (Bronzino) – Slg 1990, I-531; Rs. C-12/89 (Gatto) – Slg 1990, I-557; Rs. C-245/94 und C-312/94 (Hoever/Zachow) – Slg 1996, I-4895; Rs. C-57/96 (Meints) – Slg 1997, I-6689; Rs. C-124/99 (Borawitz) – Slg 2000, I-7293; Rs. C-135/99 (Elsen) – Slg 2000, I-10409). Diese Argumentationsfigur wurde aus den Grundsätzen der Diskriminierung wegen des Geschlechts entwickelt und auf weitere Dimensionen des Unionsrechts erstreckt. Auch die sozialrechtliche Rechtsprechung hat diese Figur übernommen (vgl. BSG SozR 4-1200 § 33 a Nr. 2).

127 Auch im Koordinationsrecht hat das Prinzip der mittelbaren Diskriminierung wegen der Staatsangehörigkeit eine große Bedeutung erlangt. In der Rechtsprechung des EuGH besteht die Tendenz, Lücken im sekundären Unionsrecht unter Rückgriff auf das Verbot der indirekten oder mittelbaren Benachteiligung wegen der Staatsangehörigkeit zu schließen (EuGH Rs. 228/88 (Bronzino) – Slg 1990, I-531; Rs. C-12/89 (Gatto) – Slg 1990, I-557; Rs. C-245/94 u. C-312/94 (Hoever/Zachow) – Slg 1996, I-4895; Rs. C-57/96 (Meints) – Slg 1997, I-6689; Rs. C-124/99 (Borawitz) – Slg 2000, I-7293; Rs. C-135/99 (Elsen) – Slg 2000, I-10409; Cornelissen, in: Swedish National Social Insurance Board, 25 Years of Regulation [EEC] No 1408/71, 1997, 25, 37 ff.). Diese Argumentationsfigur wurde von der Rechtsprechung zu ex-Art. 119 EGV (jetzt: Art. 157 AEUV) entwickelt (zur Bedeutung dieser Bestimmung für das Europäische Sozialrecht: Langer, in: von Maydell/Bernd Schulte [Hrsg.], Zukunftsperspektiven des Europäischen Sozialrechts, 1995, S. 25 ff.; Eichenhofer, DRdA 2002, 79). Danach gilt als mittelbare Benachteiligung eine Regelung, die zwar keine unterschiedlichen Rechtsfolgen für die Personengruppen vorsieht, zwischen denen unterschiedliche Regelungen verboten sind, im Falle des ex-Art. 119 EGV (Art. 157 AEUV) also zwischen Männer und Frauen, im Falle des Art. 4 VO (EG) Nr. 883/2004 zwischen **Staatsangehörigen** verschiedener Mitgliedstaaten sowie **Flüchtlingen** und **Staatenlosen**. Daneben ist es denkbar, dass ein geschlechts- oder **staatsangehörigkeitsneutral** formulierter Rechtssatz sich auf die Personengruppen unterschiedlich auswirkt, zwischen denen eine Diskriminierung untersagt ist. Solche Regelungen gelten nach der genannten Rechtsprechung ebenfalls als diskriminierend, falls die unterschiedlichen Auswirkungen **nicht objektiv gerechtfertigt** werden können (vgl. dazu Bieback, in: Zuleeg/Eichenhofer [Hrsg.], Die Rechtsprechung des Europäischen Gerichtshofes, 1995, S. 103).

128 Ferner erwachsen aus der **Dienstleistungsfreiheit** sozialrechtliche Differenzierungsverbote in dem Maße, wie die Dienstleistungserbringung durch Sozialrecht ermöglicht und gesichert wird. Die Leitentscheidung hatte der EuGH in der Rechtssache Cowan (EuGH Rs. 186/87 – Slg 1989, 195) getroffen. Danach sei es unstatthaft, wenn bei der staatlichen Entschädigung der **Opfer von Gewaltverbrechen** rechtliche Unterschiede unter EU-Bürgern getroffen würden – Entschädigungsleistungen namentlich den Staatsangehörigen des die Entschädigung vorsehenden Staates gezahlt, Staatsangehörige anderer Mitgliedstaaten jedoch ausgeschlossen würden. Die auch in Gestalt passiver Dienstleistungsfreiheit (EuGH Rs. 286/82, 26/83 (Luisi und Carbone) – Slg 1984, 377) gewährleistete Grundfreiheit (Art. 49 EG,

jetzt: Art. 56 AEUV) berechtige jeden EU-Bürger, sich zur Inanspruchnahme von Dienstleistungen in einen anderen Mitgliedstaat zu begeben. Würden zur Sicherung dieser Freiheit Leistungen bei Gewaltverbrechen gewährt, so führten Differenzierungen bei der Sicherung nach der Staatsangehörigkeit des Opfers zu Beeinträchtigungen der passiven Dienstleistungsfreiheit. Diese Entscheidung kann dahin verallgemeinert werden, dass das Diskriminierungsverbot über die Gewaltopferentschädigung hinaus für sämtliche zum Ausgleich von **Opferlagen der Zivilgesellschaft** geschaffenen Systeme sozialer Entschädigung – zum Beispiel für Lebensretter, Verwaltungshelfer und ehrenamtlich Tätige – gilt, die in Deutschland systematisch in der unechten Unfallversicherung als eigenständiger Zweig sozialer Entschädigung ausgebildet sind. Eine weitere Dimension der angesprochenen Problematik wurde schließlich in den Entscheidungen in den Rechtssachen Rush Portuguesa (EuGH Rs. C-113/89 – Slg 1990, I-1417) und Vander Elst (EuGH Rs. C-43/93 – Slg 1994, I-3803) sichtbar. Darin ging es nicht um Diskriminierung unter EU-Bürgern, sondern um Diskriminierung von Drittstaatsangehörigen. Es war fraglich, inwieweit Arbeitgeber im Rahmen des Dienstleistungsverkehrs hierfür einer Arbeitserlaubnis für den Personaleinsatz von Drittstaatsangehörigen bedürften. Der EuGH befand, dass diese Pflicht nicht bestehe, weil durch das Erfordernis einer Erlaubnis die Dienstleistungsfreiheit beeinträchtigt werde. Diese Rechtfertigung verdeutlicht, dass grenzüberschreitende Arbeitsleistungen auf Geheiß des Arbeitgebers nicht in den Schutzbereich der Freizügigkeit, sondern der Dienstleistungsfreiheit fallen.

c) Gleichbehandlung aus Verfassungsgründen

129 Eine weitere Dimension des Schutzes vor Diskriminierung ist auch durch das Verfassungsrecht vorgezeichnet. Namentlich im Hinblick auf die Ausgestaltung des Sozialrechts stellt sich regelmäßig die Frage, inwieweit der **allgemeine** Grundsatz der **Gleichbehandlung** (Art. 3 Abs. 1 GG) oder **spezielle** verfassungsrechtliche **Gleichbehandlungsgebote** (Art. 3 Abs. 2, 3 GG) gewahrt sind. Verletzungen der Gleichbehandlungspflichten münden regelmäßig in dem Vorwurf unstatthafter Diskriminierung der Ungleichbehandelten aus. Nach der Rechtsprechung des Bundesverfassungsgerichts werden allerdings hohe Anforderungen an Verstöße gegen den allgemeinen Gleichheitsgrundsatz gerichtet. So ist dem Gesetzgeber die Typisierung selbst unter dem Preis individueller Benachteiligung erlaubt (BVerfGE 63, 119; 66, 66, 78; 67, 231). Jede auf einem einleuchtenden Grund beruhte Differenzierung ist dem Gesetzgeber danach zugestanden und gestattet (BVerfGE 3, 162, 182; 51, 295, 300 f.; 59, 287, 300; 68, 193).

130 Das dem AGG zugrunde liegende Anliegen findet bereits in Art. 3 Abs. 3 GG eine Grundlage, die es konkretisieren soll. Weil aber die in § 33 c SGB I enthaltenen **Diskriminierungsumstände** enger als die in Art. 3 Abs. 3 GG formulierten Umstände gefasst sind, kann eine nach § 33 c SGB I mangels einschlägigen – in dieser Bestimmung eigens aufgeführten – Benachteiligungsgrundes dennoch an Art. 3 Abs. 3 GG gemessen unstatthaft sein. Diese Möglichkeit ist namentlich für Benachteiligungen wegen der sozialen **Herkunft**, der **Sprache**, der **Religion** (keine Hinterbliebenenrente für Witwen und Witwer von Jehovas Zeugen, wenn diese eine heilbringende Blut-

transfusion aus religiösen Gründen ablehnt: BSG SozR 4-2200 § 589 Nr. 1) oder **Weltanschauung** (Pazifist nimmt als Arbeitsloser keine Tätigkeit in Rüstungsbetrieb auf: BSGE 54, 7; 61, 158) in Betracht zu ziehen. In solchen Konstellationen bleibt das AGG hinter dem Verfassungsrecht zurück, so dass sich ein Diskriminierungsverbot nur aus Art. 3 Abs. 3 GG herleiten lässt.

D. Betriebliche Altersversorgung (§ 2 Abs. 2 S. 2)

I. Systeme der betrieblichen Altersversorgung

131 Spricht man allgemein von **Betriebsrentengesetz** und die für dieses geltenden Benachteiligungsverbote, führt dies allein nicht weiter: Das Betriebsrentengesetz lässt unterschiedliche Wege zur Durchführung der betrieblichen Altersversorgung zu. Die Benachteiligungsverbote beziehen sich auf diese Durchführungswege. Für die Durchführung der betrieblichen Altersversorgung stehen fünf Wege zur Verfügung.

1. Versorgungszusage

132 Der auch vom Gesetzgeber (§ 1 Abs. 1 BetrAVG) an erster Stelle geregelte Ausgangsfall ist der der unmittelbaren Versorgungszusage. Der Arbeitgeber verspricht dem Arbeitnehmer, diesen in den Fällen des Alters, der Invalidität oder des Todes zu versorgen (vgl. im Einzelnen Schaub/Schrader/Straube/Vogelsang, A. Rn. 287 ff.).

133 Der Arbeitnehmer hat in diesem Fall einen vertraglichen Anspruch gegen den Arbeitgeber. Für die Erfüllung dieser Zusage haftet der Arbeitgeber mit dem Betriebsvermögen und – soweit es sich um einen Einzelkaufmann oder einen persönlich haftenden Gesellschafter handelt – auch mit seinem Privatvermögen (vgl. Wortmann in: Tschöpe (Hrsg.), Anwalts-Handbuch Arbeitsrecht, Teil 2 E Rn. 90). Der Arbeitgeber kann die **Pensionsverpflichtung** (**Pensionsrückstellung**) bei seinem Jahresabschluss als ertrags- und damit steuermindernd geltend machen (sein Vermögen vermindert sich durch die zusätzlich eingegangene Versorgungsverpflichtung, ohne dass bereits zu diesem Zeitpunkt Liquidität benötigt wird, vgl. § 249 Abs. 1 HGB, § 6 a EStG). Der Arbeitnehmer erhält Geldleistungen erst nach Eintritt des Versorgungsfalles. Erst bei Zahlung dieser Geldleistungen (Zuflussprinzip: § 11 Abs. 1 S. 1 EStG) fällt für ihn Lohnsteuer bzw. Einkommenssteuer an (Küttner-Macher, Betriebliche Altersversorgung Rn. 178). Die Bezüge, die der Arbeitnehmer vom Arbeitgeber als betriebliche Altersversorgung erhält, gehören zu den Einkünften aus nicht selbstständiger Arbeit nach § 19 Abs. 1 EStG (vgl. Blomeyer/Rolfs/Otto, BetrAVG, StR B Rn. 2).

§ 7 Abs. 1 S. 1 BetrAVG federt das Risiko des Arbeitnehmers ab, dass der Arbeitgeber insolvent und somit der Versorgungsanspruch des Arbeitnehmers wertlos wird (Schaub/Schrader/Straube/Vogelsang, A. Rn. 290).

2. Direktversicherung

134 Unter einer Direktversicherung versteht man folgendes Versorgungsmodell (vgl. im Einzelnen Schaub/Schrader/Straube/Vogelsang A. Rn. 291 ff.): Der Arbeitgeber schließt mit einem Versicherungsunternehmen einen Versiche-

rungsvertrag auf das Leben des Arbeitnehmers ab. Vertragspartner sind somit Arbeitgeber und Versicherungsgesellschaft (vgl. Blomeyer/Rolfs/Otto, BetrAVG § 1 Rn. 214). Die Lebensversicherung wird zugunsten des Arbeitnehmers abgeschlossen, dieser ist bezugsberechtigt. Durch die Beitragszahlung erhält der Arbeitnehmer einen Anspruch gegen die Lebensversicherung. Da dem Arbeitnehmer damit Leistungen aus dem Arbeitsverhältnis zufließen, ist die Beitragszahlung auf die Direktversicherung an sich lohnsteuerpflichtig. Nach § 3 Nr. 63 EStG sind jedoch Beiträge zu einer Direktversicherung bis zu 4 % der Beitragsbemessungsgrenze der Rentenversicherung (West) zuzüglich 1.800 EUR für Neuzusagen steuerfrei (vgl. Heubeck/Seybold, DB 2007, 592).

135 Keine Direktversicherung liegt vor, wenn der Arbeitnehmer selbst **Versicherungsnehmer** ist und der Arbeitgeber lediglich die **Prämienzahlungen** übernimmt (vgl. BAG 10.3.1992 – 3 AZR 153/91 – AP § 1 BetrAVG Lebensversicherung Nr. 17). Dies gilt auch dann, wenn der Arbeitgeber die Rahmenbedingungen durch einen Gruppenversicherungsvertrag festgelegt hat oder dann, wenn er dem Arbeitnehmer einen Beitragszuschuss leistet.

136 Im **Versicherungsvertrag** kann dem Versicherungsnehmer als Versichertem die **Anwartschaft** auf die Versicherungsleistung entweder unwiderruflich oder widerruflich eingeräumt werden. Das Bezugsrecht ist widerruflich, wenn nicht ausdrücklich ein unwiderrufliches Bezugsrecht vereinbart wird (§ 159 Abs. 1 VVG). Bei einem widerruflichen Bezugsrecht kann der Arbeitgeber einseitig die Person des Bezugsberechtigten verändern. Der Arbeitgeber kann die Rechte aus dem Versicherungsvertrag abtreten, beleihen oder verpfänden. Auch nach Eintritt der Unverfallbarkeitsvoraussetzungen ist der Widerruf des Bezugsrechtes zwar versicherungsrechtlich noch möglich, arbeitsrechtlich aber unwirksam. Der Arbeitgeber ist dann zum Schadensersatz verpflichtet. Er muss dem Arbeitnehmer eine beitragsfreie Versicherungsanwartschaft verschaffen, deren Wert dem widerrufenen Bezugsrecht bei Beendigung des Arbeitsverhältnisses entspricht (vgl. BAG 28.7.1987 – 3 AZR 694/85 – AP § 1 BetrAVG Lebensversicherung Nr. 4). Wird ein Insolvenzverfahren gegen den Arbeitnehmer eröffnet, so fällt bei einer widerruflichen Bezugsberechtigung der Anspruch auf den Rückkaufswert in die Masse (Schaub/Schrader/Straube/Vogelsang, A. Rn. 293). Eines Widerrufs der Bezugsberechtigung bedarf es nicht (BGH 4.3.1993 – IX ZR 169/92 – NJW 1993, 1994).

137 Bei Einräumung eines unwiderruflichen **Bezugsrechtes** erwirbt der bezugsberechtigte Arbeitnehmer ein durch den Eintritt des Versorgungsfalles bedingtes, vom Arbeitgeber auch nicht mehr beeinflussbares Recht auf die Leistungen aus dem Versicherungsvertrag. Eine wirtschaftliche Nutzung durch den Arbeitgeber ist nur mit Zustimmung des Arbeitsnehmers zulässig (Schaub/Schrader/Straube/Vogelsang, A. Rn. 294).

138 § 1 b Abs. 2 S. 3 BetrAVG enthält für die Direktversicherung die Verpflichtung des Arbeitsgebers, beim Ausscheiden des Arbeitnehmers nach Erfüllung der **Unverfallbarkeitsvoraussetzungen** etwaige Beleihungen oder Abtretungen der Ansprüche aus der Direktversicherung rückgängig zu machen. Da der Arbeitgeber Versicherungsnehmer ist und ihm damit alle Rechte aus dem Versicherungsvertrag zustehen, ist diese Verpflichtung ver-

sicherungsvertragsrechtlich nicht durchsetzbar (vgl. Wortmann in: Tschöpe (Hrsg.), Anwalts-Handbuch Arbeitsrecht, Teil 2 E Rn. 104). Verstößt der Arbeitgeber gegen diese Vorschrift, macht er sich im Versorgungsverhältnis zu seinem Arbeitnehmer jedoch schadensersatzpflichtig, wenn er es unterlässt, die wirtschaftliche Nutzungsmöglichkeit des Versicherungsvertrages rechtzeitig wiederherzustellen. Er hat die ohne Beleihung und Abtretung aus dem Versicherungsvertrag fließenden Versorgungsleistungen dann unmittelbar selbst zu erbringen.

3. Pensionskasse

139 Eine Pensionskasse ist eine Lebensversicherung auf Unternehmens- oder Konzernebene (vgl. im Einzelnen: Schaub/Schrader/Straube/Vogelsang, A. Rn. 297). Es handelt sich um eine Sonderform einer Lebensversicherung (§ 1 b Abs. 3 BetrAVG). Besonderes Merkmal der Pensionskassen ist, dass sie regelmäßig nur bestimmte Gruppen von Arbeitnehmern versichern. Hierbei handelt es sich um Angehörige eines oder mehrerer Trägerunternehmen. Sie wird genauso abgewickelt wie eine Direktversicherung, unterscheidet sich von dieser aber dadurch, dass die Ansprüche der Arbeitnehmer gegen die Pensionskasse, die häufig auch zT mit eigenen Beiträgen der Arbeitnehmer finanziert worden sind, **nicht beliehen oder abgetreten** werden können.

4. Unterstützungskasse

140 Die Unterstützungskasse ist in § 1 b Abs. 4 BetrAVG gesetzlich definiert (vgl. Höfer/Reiners/Wüst, Gesetz zur Verbesserung der betrieblichen Altersversorgung, ART Rn. 192, Löschhorn, in: Förster/Cisch/Karst, BetrAVG § 1 b Rn. 83)

Eine Unterstützungskasse ist eine juristische Person, im Regelfall ein Verein, manchmal auch eine GmbH (vgl. Blomeyer/Rolfs/Otto, BetrAVG § 1 Rn. 257), deren satzungsmäßiger Zweck es ist, Versorgungsleistungen ausschließlich auf freiwilliger Basis und **ohne Rechtsanspruch** zu erbringen. Würde die Unterstützungskasse einen Rechtsanspruch einräumen, wäre sie eine Versicherungsgesellschaft mit allen Konsequenzen des Direktversicherungsmodells, nämlich

- Steuerpflicht der Beitragszahlung;
- Versicherungsaufsicht und restriktive Bestimmungen hinsichtlich der Anlage des Vermögens des Unternehmens.

141 Diese Konsequenzen wollte man bei Unterstützungskassen, die es schon lange vor Inkrafttreten des BetrAVG gab, vermeiden. Im Einzelnen (vgl. auch Schaub/Schrader/Straube/Vogelsang, A. Rn. 300 ff.):

Da die Unterstützungskasse keinen Rechtsanspruch gewährt, also keinerlei Verpflichtungen eingeht, handelt es sich um **keine Versicherungsgesellschaft** mit der Folge, dass

- sie nicht der **Versicherungsaufsicht** unterliegt (vgl. Höfers/Reiners/Wüst, Gesetz zur Verbesserung der betrieblichen Altersversorgung, ART Rn. 196, Löschhorn, in: Förster/Cisch/Karst, BetrAVG § 1 b Rn. 84);

- sie in der Lage ist, ihr Vermögen beliebig anzulegen, insbesondere auch, es vollständig einem Arbeitgeber als Darlehen zu gewähren.

142 Da die Unterstützungskasse keinen Rechtsanspruch gewährt, wendet der Arbeitgeber, wenn er die Unterstützungskasse mit Geldern dotiert, dem Arbeitnehmer nichts zu, auch keinen Anspruch (vgl. zum Umfang der Dotierung § 4 d EStG). Aus diesem Grunde sind Zahlungen des Arbeitgebers an die Unterstützungskasse (im Gegensatz zur Direktversicherung) nicht lohnsteuerpflichtig. Dem Arbeitnehmer fließt erst dann etwas zu, wenn er von der Unterstützungskasse die (freiwilligen) Pensionsleistungen erhält. Diese unterliegen der Lohnsteuer (vgl. Küttner-Macher, Betriebliche Altersversorgung Rn. 151).

143 Auch wenn eine Altersversorgung über eine Unterstützungskasse und somit ohne Rechtsanspruch durchgeführt wird, wird damit ein **Vertrauen** der Arbeitnehmer auf eine Altersversorgung begründet. Aus diesem Grunde entschied das Bundesarbeitsgericht im Jahre 1973: „Im Bereich der betrieblichen Altersversorgung bedeutet der „Ausschluss des Rechtsanspruches" ein Widerrufsrecht, das an Treu und Glauben, dh an billiges Ermessen, und damit an sachliche Gründe gebunden ist." (vgl. BAG 17.5.1973 – 3 AZR 381/72 – AP § 242 BGB Ruhegehalt-Unterstützungskassen Nr. 6).

144 Auch nachdem der Gesetzgeber durch das Ende 1974 in Kraft getretene BetrAVG eine Unterstützungskasse gesetzlich als eine Versorgungseinrichtung **ohne Rechtsanspruch** definierte, blieb das Bundesarbeitsgericht bei seiner Rechtsauffassung, dass der Arbeitnehmer einen Rechtsanspruch gegen die Unterstützungskasse habe, der nur deshalb vom Gesetzgeber als Ausschluss des Rechtsanspruches behandelt worden sei, um den steuerrechtlichen und versicherungsaufsichtsrechtlichen Gestaltungsmöglichkeiten nachzukommen (vgl. BAG 5.7.1979 – 3 AZR 197/78 – AP § 242 BGB Ruhegehalt-Unterstützungskassen Nr. 9). Diese Rechtsprechung des Bundesarbeitsgerichtes ist durch das Bundesverfassungsgericht im Großen und Ganzen bestätigt worden (vgl. BVerfG 16.2.1987 – 1 BvR 727/81 – AP § 1 BetrAVG Unterstützungskassen Nr. 13). Es ist daher heute davon auszugehen, dass der **Ausschluss des Rechtsanspruches die Einräumung eines solchen**, wenn auch mit Widerrufsvorbehalt, bedeutet.

145 Die **eigentliche Versorgungszusage** erblickt die Rechtsprechung nicht im Verhältnis Arbeitnehmer/Unterstützungskasse, sondern im Verhältnis Arbeitnehmer/Arbeitgeber (vgl. Wortmann, in: Tschöpe (Hrsg.), Anwalts-Handbuch Arbeitsrecht, Teil 2 E Rn. 140). Der Arbeitgeber hat durch die Einführung der Unterstützungskassenversorgung dem Arbeitnehmer einen Anspruch dahin gehend zugesagt, dass er, der Arbeitgeber, dafür sorgen werde, dass der Arbeitnehmer eine Altersversorgung erhalte, sei es über die Unterstützungskasse oder, falls dies nicht gelingt, durch den Arbeitgeber selbst. Das Bundesarbeitsgericht betont ausdrücklich, dass auch dann, wenn der Arbeitgeber eine Versorgungsleistung durch eine Unterstützungskasse verspricht, es sich um eine Gegenleistung des Arbeitgebers für die vom Arbeitnehmer erbrachte **Betriebstreue** handelt (vgl. BAG 24.1.1980 – 3 AZR 181/79). Daraus folgt, dass sich der Arbeitnehmer hinsichtlich seiner Altersversorgungsansprüche zunächst an die Unterstützungskasse halten muss (vgl. BAG 10.11.1977 – 3 AZR 705/76 – AP § 242 BGB Ruhege-

halt-Unterstützungskassen Nr. 8; LAG Hamm 20.7.1983 – 12 Sa 613/83 – BB 1983, 1923); ist diese jedoch zahlungsunfähig, kann er auch unmittelbar den Arbeitgeber verklagen (vgl. BAG 24.1.1989 – 3 AZR 519/88 – AP § 7 BetrAVG Widerruf Nr. 15; BAG 22.10.1991 – 3 AZR 486/90 – AP § 7 BetrAVG Widerruf Nr. 17; BAG 11.2.1992 – 3 AZR 138/91 – AP § 1 BetrAVG Unterstützungskassen Nr. 32).

146 Die Versorgungszusage über eine Unterstützungskasse ist daher letztlich eine **Sonderform** der unmittelbaren Versorgungszusage (vgl. Höfer/Reiners/Wüst, Gesetz zur Verbesserung der betrieblichen Altersversorgung, ART Rn. 199; Löschhorn, in: Förster/Cisch/Karst, BetrAVG § 1 b Rn. 88; BVerfG 16.2.1987 – 1 BvR 727/81 – AP § 1 BetrAVG Unterstützungskassen Nr. 13). Für den Arbeitgeber besteht der Unterschied zwischen einer unmittelbaren Versorgungszusage und einer Unterstützungskassenversorgung im Wesentlichen in unterschiedlichen steuerrechtlichen Regelungen. Bei einer unmittelbaren Versorgungszusage kann der Arbeitgeber den künftigen Versorgungsaufwand bereits jetzt als Versorgungsverbindlichkeit geltend machen mit der Folge, dass er eine Ergebnisbelastung und damit eine Steuerminderung erzielt. Ihm wird jedoch in § 6 a EStG ein bestimmtes Schema vorgeschrieben. An die Unterstützungskasse kann der Arbeitgeber Geldzahlungen überweisen (dotieren), die in bestimmten Grenzen (§ 4 d EStG) steuermindernd wirken. Dabei ist er in Zeit und Höhe weitgehend frei, hat aber weniger steuerliche Vorteile.

5. Pensionsfonds

147 Der Pensionsfonds wurde als neuer, fünfter Durchführungsweg mit dem Altersvermögensgesetz (AVmG) vom 26.6.2001 in das BetrAVG aufgenommen. Bei dem Pensionsfonds handelt es sich nach den §§ 112 Abs. 1, 113 Abs. 2 Nr. 3 VAG um eine rechtlich selbstständige, rechtsfähige Einrichtung in Form einer AG oder eines Pensionsfondsvereins auf Gegenseitigkeit, die rechtlich weitgehend wie ein Versicherungsunternehmen zu behandeln ist und versicherungsrechtlich der Aufsicht durch das Bundesaufsichtsamt für Versicherungswesen unterliegt. Der Pensionsfonds kann die betriebliche Altersversorgung für einen oder mehrere Arbeitgeber durchführen. Nach § 112 Abs. 1 Nr. 3 VAG besteht ein unmittelbarer Leistungsanspruch der Arbeitnehmer gegenüber dem Pensionsfonds, der seinerseits nach § 112 Abs. 1 Nr. 4 VAG verpflichtet ist, die Altersversorgungsleistungen als lebenslange Altersrente bzw. in Form eines Auszahlungsplanes mit unmittelbar anschließender Restverrentung zu erbringen. Pensionsfonds können sowohl mit Leistungs- als auch mit Beitragszusagen kombiniert werden, Gleiches gilt für Entgeltumwandlungen (vgl. Küttner-Kreitner, Betriebliche Altersversorgung Rn. 30).

148 Im **Versorgungsfall „Alter“** kann im Pensionsfall nur eine lebenslange Rente zugesagt werden (§ 112 Abs. 1 S. 2 Nr. 4 VAG). Invaliditäts- und Hinterbliebenenleistungen können als Kapital oder Rente gezahlt werden. Bei Inanspruchnahme der steuerlichen Förderung gem. § 1 Abs. 3 BetrAVG sind auch Invaliditäts- und Hinterbliebenenleistungen nur in Form einer Rente möglich (§ 1 a Abs. 3 iVm §§ 10 a, 82 Abs. 2 EStG, vgl. HWK/Schipp BetrAVG Vor Rn. 72).

149 Der Pensionsfonds unterscheidet sich von der Pensionskasse dadurch, dass die Höhe der Altersversorgungsleistungen oder die Höhe der für diese Leistungen zu entrichtenden künftigen Beiträge nicht für alle im Pensionsplan vorgesehenen Leistungsfälle zugesagt werden kann, also der Arbeitnehmer ein gewisses Anlagerisiko trägt.

6. Zusammenfassung

150 Es gibt **fünf Durchführungswege**, nämlich die Versorgungszusage, die Direktversicherung, die Pensionskasse, die Unterstützungskasse und den Pensionsfonds. Unabhängig davon, welchen dieser Durchführungswege der Arbeitgeber wählt, wird er Gleichbehandlungsgesichtspunkte zu beachten haben. Gerade für den arbeitsrechtlichen Praktiker ist es relevant, nicht allgemein von „betrieblicher Altersversorgung" auszugehen, sondern sich den konkreten Durchführungsweg anzusehen und diesen daraufhin zu untersuchen, ob überhaupt, in welcher Form und rechtlich relevant Verstöße gegen Gleichbehandlungsgesichtspunkte vorliegen oder nicht. Er muss daher genau differenzieren, wer eine Zusage auf welchem Wege tätigt oder auch umgekehrt, wer eine Zusage aus welchem Versicherungsweg widerruft.

151 Besonderheiten gelten bei der betrieblichen Altersversorgung in der Insolvenz (vgl. hierzu die einschlägige Spezialliteratur, beispielsweise Schaub/ArbR-HdB, § 281 Rn. 1 ff.; Schrader/Straube, Insolvenzarbeitsrecht, 186 ff. jew. mzN).

II. Zweck der Regelung

152 § 2 Abs. 2 S. 2 bestimmt, dass für die betriebliche Altersversorgung das **Betriebsrentengesetz** gilt. Zweck der Regelung ist ausweislich der Gesetzesmaterialien, dass für die betriebliche Altersversorgung die auf der Grundlage des Betriebsrentengesetzes geregelten Benachteiligungsverbote gelten. Darüber hinaus soll die Richtlinie **86/378/EWG** (geändert durch die Richtlinie **96/97/EG** und zusammengefasst und aufgegangen in der Richtlinie **2006/54/EG**) zur Verwirklichung des Grundsatzes der Gleichbehandlung von Männern und Frauen bei den betrieblichen Systemen der sozialen Sicherheit gelten und maßgeblich bleiben (vgl. die Entwurfsbegründung zum Allgemeinen Gleichbehandlungsgesetz, BR-Drs. 329/06, 33).

1. Benachteiligungsschutz im BetrAVG

153 Die gesetzgeberische Regelung ist problematisch. Das BetrAVG enthält nämlich **keinerlei Benachteiligungsverbot** in seinem Gesetzeswortlaut. Allerdings gibt es eine umfangreiche Rechtsprechung und Literatur aus allgemeinen arbeitsrechtlichen Grundsätzen (wie beispielsweise den arbeitsrechtlichen Gleichbehandlungsgrundsatz), die die Frage der Ungleichbehandlung im Rahmen der betrieblichen Altersvorsorge behandeln (vgl. unter III).

154 Da nicht davon auszugehen ist, dass der Gesetzgeber die Schutzbestimmungen zugunsten der Arbeitnehmer und die Benachteiligungsverbote durch das AGG außer Kraft treten lassen wollte, folgt daraus, dass der Wille des Gesetzgebers dahin ging, es bei der **bisherigen** Rechtsprechung und Rechtslage zur Ungleichbehandlung im Rahmen der betrieblichen Al-

tersversorgung zu belassen. Den Gesetzesmaterialien lässt sich kein Ansatzpunkt entnehmen, dass die bisherigen Schutzvorschriften und die dazu ergangene Rechtsprechung außer Kraft treten sollten.

2. Europarechtlicher Bezugspunkt: RL 86/378/EWG (RL 96/97/EG und RL 2006/54/EG)

155 Die Richtlinie 86/378/EWG, geändert durch die Richtlinie 96/97/EG des Rates vom 20.12.1996 (ABl. EG Nr. L 46 vom 17.2.1997, S. 20 und aufgegangen in der Richtlinie 2006/54/EG, ABl. EG Nr. L 204 vom 26.7.2006, S. 23) beinhaltet zunächst den Grundsatz der Gleichbehandlung von Männer und Frauen bei den betrieblichen Systemen der sozialen Sicherheit. Dabei ist von besonderer Bedeutung, wie europarechtlich die Beiträge zu einem betrieblichen Altersversorgungssystem bewertet werden. Mit seinem Urteil vom 17.5.1990 in der Rechtssache 262/88 (Barber gegen Guardian Royal Exchange Assurance Group) erkennt der EuGH an, dass alle Formen von Betriebsrenten Bestandteil des **Entgelts** im Sinne von Art. 119 EWG-Vertrag (jetzt 157 AEUV) sind (NZA 1990, 775; vgl. zuvor bereits EuGH 11.3.1981 – Rs. 69/80 – NJW 1981, 2637). Dies gilt auch, soweit Arbeitnehmerbeiträge zu einem **gesetzlichen Rentensystem** vom Arbeitgeber übernommen und im Namen des Arbeitnehmers abgeführt werden und dies zu einem unterschiedlichen Bruttolohn für Männer und Frauen führt (EuGH 18.9.1984 – Rs. C-23/83 – EuGHE 1984, 3225). Für das deutsche Rechtssystem und die betriebliche Altersversorgung ist ferner das „Bilka-Urteil" relevant: Es betraf den Zugang von Teilzeitbeschäftigten zu Leistungen einer auf Tarifvertrag beruhenden betrieblichen Altersversorgung. Der EuGH ging davon aus, dass es sich bei Leistungen aufgrund eines nicht unmittelbar durch Gesetz geregelten Sozialversicherungssystems um eine Vergütung handelt, die der Arbeitgeber den Arbeitnehmern aufgrund des Arbeitsvertrages zahlt (EuGH 13.5.1986 – Rs. C-170/84 – AP Art. 119 EWG-Vertrag Nr. 10). Auch eine ausschließlich von Arbeitnehmern und Arbeitgebern ohne finanzielle Beteiligung der öffentlichen Hand aufgrund eines für obligatorisch erklärten betrieblichen Altersversorgungssystems gewährte Hinterbliebenenrente ist Entgelt iSv Art. 141 EG/Art. 157 AEUV (EuGH 6.10.1993 – Rs. C-109/91 – NZA 1993, 1125).

156 Ein Betriebsrentensystem darf nicht **unmittelbar** diskriminieren. So wäre beispielsweise ein Betriebsrentensystem, das ein bestimmtes Geschlecht (konkret: verheiratete Frauen) ausschließt, eine unmittelbare Diskriminierung, ein solcher Ausschluss wäre unwirksam (EuGH 28.9.1994 – Rs. C-57/93 – BetrAVG 1994, 252; EuGH 17.5.1990 – Rs. C-262/88 – AP Art. 119 EWG-Vertrag Nr. 20). Im Falle **mittelbarer** Diskriminierung (Ausschluss Teilzeitbeschäftigter, die Teilzeitbeschäftigten werden primär von einem Geschlecht, im konkreten Fall von Frauen, gestellt) gilt, dass ein Unternehmen gegen Art. 157 AEUV verstößt, das Teilzeitarbeitnehmerinnen von betrieblichen Altersversorgungssystemen ausschließt, wenn davon wesentlich mehr Frauen betroffen sind, es sei denn, das Unternehmen erbringt den Nachweis, dass der Ausschluss auf **objektiv gerechtfertigten,** nicht mit der Diskriminierung aufgrund des Geschlechts zusammenhängenden Faktoren beruht (EuGH 28.9.1994 – Rs. C-57/93 – BetrAVG 1994,

252). Es wird also in jedem Einzelfall zu betrachten sein, welchen objektiven Grund der Arbeitgeber für den Ausschluss Teilzeitbeschäftigter von der betrieblichen Altersversorgung anführt. Insoweit gelten dieselben Erwägungen, wie sie vom EuGH hinsichtlich der Ungleichbehandlung beim Entgelt wegen des Geschlechtes aufgestellt worden sind.

157 Davon zu trennen ist die Frage der konkreten **Ausgestaltung** von betrieblichen Versorgungssystemen: Sieht das betriebliche Versorgungssystem den Zugang unabhängig vom Geschlecht oder von der Teilzeitbeschäftigung vor, bedarf es im Wesentlichen innerhalb dieses betrieblichen Versorgungssystems der Gleichbehandlung (EuGH 14.12.1993 – Rs. C-110/91 – AP § 1 BetrAVG Gleichbehandlung Nr. 16).

3. Rechtsfolge einer Ungleichbehandlung

158 Die Rechtsfolge einer Ungleichbehandlung ist eindeutig: Im Falle einer Diskriminierung muss der benachteiligte Arbeitnehmer durch die Herstellung der Gleichbehandlung in dieselbe Lage wie der Arbeitnehmer versetzt werden, dem gegenüber er benachteiligt wurde. Es besteht kein Anspruch auf eine bessere, sondern nur auf eine Gleichbehandlung (ständige Rechtsprechung EuGH, vgl. auch EuGH 21.6.2007 – Rs. C-231/06 bis C-233/06 – EuroAS 2007, 96 ff. mwN). Dies entspricht auch ständiger Rechtsprechung des BAG (BAG 19.3.2003 – 10 AZR 365/02 – BAGE 105, 266; BAG 21.3.2001 – 10 AZR 444/00 – AP § 33 a BAT Nr. 17; BAG 2.8.2006 – 10 AZR 572/05 – NZA 2007, 55). Allerdings ist regelmäßige Rechtsfolge eine „Anpassung nach oben", und zwar mit demjenigen Inhalt, der die Benachteiligung entfallen lässt (BAG 22.10.2015 – 8 AZR 168/14 – zitiert nach juris, dort unter Rn. 30).

4. Zwischenergebnis

159 Der Wille des Gesetzgebers geht somit dahin, die Wertungen aufgrund der Richtlinie 86/378/EWG, geändert durch die Richtlinie 96/97/EG und zusammengefasst in der Richtlinie 2006/54/EG, **beizubehalten**. Auch sollen die früheren Erwägungen zum Betriebsrentenrecht gelten. Jedenfalls sieht der Gesetzgeber keinen Bedarf, das Betriebsrentenrecht vom AGG miterfassen zu lassen.

160 Angedachte Änderungen dieser Rechtslage (vgl. den Entwurf einer EU-Richtlinie zur Verbesserung der Portabilität von Zusatzrentenansprüchen) sind auch durch die Richtlinie 2014/50/EU (Mobilitäts-Richtlinie) und das entsprechende nationale Umsetzungsgesetz (BGBl. I 2015, 2553 ff.) nicht realisiert worden.

III. Vereinbarkeit von § 2 Abs. 2 S. 2 mit den Antidiskriminierungsrichtlinien

161 Die (vermutete) Absicht des Gesetzgebers hinsichtlich der Beibehaltung des gegenwärtigen Rechtsschutzrahmens für die betriebliche Altersversorgung könnte vor dem Hintergrund der Antidiskriminierungsrichtlinien **bedenklich** sein. Die vorgestellte Richtlinie 86/378/EWG in der Fassung 2006/54/EG beschäftigt sich nämlich ausdrücklich nur mit der Verwirklichung des Grundsatzes der Gleichbehandlung von **Männern und Frauen**,

nicht jedoch mit einem Benachteiligungsverbot hinsichtlich der übrigen verpönten Merkmale des § 1. Die einschlägigen Richtlinien schließen allerdings die betriebliche Altersversorgung gerade nicht aus. Auch gibt es in diesen **keine Begrenzungen** nur auf bestimmte Merkmale. In Art. 3 Abs. 1 Buchst. c RL 2000/78/EG vom 27.11.2000, ABl. Nr. L 303, 16, ist zB geregelt, dass im Rahmen der auf die Union übertragenen Zuständigkeiten diese Richtlinie auch in Bezug auf die Beschäftigungs- und Arbeitsbedingungen gilt, einschließlich der Entlassungsbedingungen und des Arbeitsentgeltes. Wie erwähnt, gehören Leistungen zur betrieblichen Altersversorgung zum Arbeitsentgelt bzw. werden dem Arbeitsentgeltbegriff zugeordnet.

162 Aus diesem **Verweis** wird deutlich, dass der europäische Richtliniengeber keineswegs die Absicht hatte, betriebliche Altersversorgungssysteme aus dem Bereich des Diskriminierungsschutzes herauszunehmen. Ein solcher Wille lässt sich weder in den Richtlinien noch in den Begründungen zu den Richtlinien finden; das Gegenteil ist der Fall. Konsequenz hieraus ist, dass an dieser Stelle das AGG die Richtlinien nicht korrekt umsetzt. § 2 Abs. 2 S. 2 ist **richtlinienwidrig** (so auch Bauer/Thüsing/Schunder, NZA 2006, 774, 777; Bauer/Krieger, § 2 Rn. 47; Thüsing, Arbeitsrechtlicher Diskriminierungsschutz, Rn. 119; Rengier, NZA 2006, 1251, 1252).

163 Diese eindeutig fehlerhafte Umsetzung führt zunächst nur dazu, dass sich die **öffentliche Hand** (öffentlich-rechtliche Arbeitgeber) gegenüber dem Bürger (Arbeitnehmer) nicht auf die richtlinienwidrigen Normen berufen kann. Im Verhältnis der **Bürger** untereinander (privater Arbeitgeber) ist dies so einfach nicht, grundsätzlich verbleibt es beim nationalen Recht (BAG 18.2.2003 – 1 ABR 2/02 – NZA 2003, 742; BAG 5.6.2003 – 6 AZR 114/02 – NZA 2004, 165; → Einl. Rn. 95 ff.). Es fehlt Richtlinien – wie Art. 288 AEUV zeigt – an einer unmittelbaren horizontalen Wirkung. Eine andere Frage ist, ob sich vor dem Hintergrund der Francovich-Entscheidung des EuGH (19.11.1991 – verbundene Rechtssachen C-6/90 und C-9/90 – ZIP 1991, 1610 ff.) ein **Staatshaftungsanspruch** einzelner Betroffener gegen den Staat Bundesrepublik Deutschland wegen verspäteter Umsetzung bzw. falscher Umsetzung der Richtlinien an dieser Stelle ergibt.

164 Auch die Möglichkeiten zu einer **richtlinienkonformen Auslegung** sind im vorliegenden Problemkreis **beschränkt.** Eine solche ist überhaupt nur dann möglich, wenn ein Auslegungsspielraum besteht (Gebauer, in: Gebauer/Wiedmann, Zivilrecht unter europäischem Einfluss, Kap. 4 Rn. 40 ff.). Sind Wortlaut und Zweck des Gesetzes eindeutig (hier: eindeutig richtlinienwidrig), so fehlt es an diesem Auslegungsspielraum und der Weg über eine richtlinienkonforme Auslegung ist, auch wegen Art. 20 Abs. 3 GG, nicht gangbar (BAG 18.2.2004 – 1 ABR 2/02 – NZA 2003, 742, 748; Canaris, Die richtlinienkonforme Auslegung und Rechtsfortbildung, FS Bydlinski, 2002, S. 47, 91; Gebauer, in: Gebauer/Wiedmann, Zivilrecht unter europäischem Einfluss, Kap. 4 Rn. 43; → Einl. Rn. 89). Vor diesem Hintergrund ist fraglich, ob die Gerichte Benachteiligungen zB wegen des Alters trotz des Wortlautes in § 2 Abs. 2 S. 2 über eine richtlinienkonforme Auslegung dieser Norm lösen werden. Die Diskussion würde sich dann darauf verlagern, ob der Gesetzgeber tatsächlich Wortlaut und Zweck eindeutig formuliert hat – die Motive sind hier in keiner Richtung erhellend.

165 Zu bedenken ist vielmehr Folgendes: Die Herausnahme der betrieblichen Altersversorgung verstößt gegen das vom EuGH ausdrücklich benannte **allgemeine Diskriminierungsverbot** (so auch Bauer/Thüsing/Schunder, NZA 2006, 774, 777). Die Regelungen der Antidiskriminierungsrichtlinien stellen hiernach nur eine Ausgestaltung des allgemeinen Grundsatzes der Gleichbehandlung dar, welcher seine Grundlagen in den Verfassungstraditionen der Mitgliedstaaten und in völkerrechtlichen Verträgen findet (EuGH 22.11.2005 – Rs. C-144/04 (Mangold) – NZA 2005, 1345, 1348). Eine Diskriminierung beispielsweise wegen des Alters, des Geschlechts oder der ethnischen Herkunft beim Abschluss oder der Gestaltung eines betrieblichen Altersversorgungssystems (zB: die Unverfallbarkeit wird bei Arbeitnehmern islamischen Glaubens qualitativ schlechter geregelt als bei Christen) stellt nicht nur eine Verletzung der Antidiskriminierungsrichtlinien, sondern auch dieses allgemeinen Gleichbehandlungsgrundsatzes selbst dar. Dabei steht dieser Grundsatz auf der Ebene des **Primärrechts** mit Wirkung auch für Private (EuGH 22.11.2005 – Rs. C-144/04 (Mangold) – NZA 2005, 1345, 1348; vgl. auch Bauer/Arnold, NJW 2006, 6; Schiek, AuR 2006, 145). Der Verstoß des Gesetzgebers liegt hierbei in der Herausnahme einer ganzen Materie über alle Merkmale des § 1 hinweg, was schwerer wiegt als die Abweichung von den Richtlinien hinsichtlich einzelner Merkmale (so im Falle Mangold hinsichtlich des Merkmals Alter in § 14 Abs. 3 TzBfG).

166 Das bedeutet insgesamt, dass die Bereichsausnahme für die betriebliche Altersversorgung nicht mit den europäischen Richtlinien im Einklang steht. Insoweit ist der Gesetzgeber seinen **Umsetzungspflichten nicht nachgekommen** (vgl. ErfK-Steinmeyer, BetrAVG Vor Rn. 42) und die Bereichsausnahme ist wegen Verstoßes gegen geltendes EU-Recht nicht anwendbar (vgl. Rengier, NZA 2006, 1251, 1252).

167 Die Konsequenzen dieser Einordnung sind beachtlich. Hält sich der nationale Gesetzgeber nicht an primäres Unionsrecht, so bedarf es nicht des Mittels der Auslegung, vielmehr besitzt das primäre EU-Recht immer dann einen **Anwendungsvorrang**, wenn der Gesetzgeber im Anwendungsbereich des Unionsrechts tätig wird (EuGH 22.11.2005 – Rs. C-144/04 (Mangold) – NZA 2005, 1345, 1348; → Einl. Rn. 105). Das AGG erfüllt diese Voraussetzung unstreitig. Die Regelung in § 2 Abs. 2 S. 2 ist somit europarechtswidrig (primärrechtswidrig und nicht nur richtlinienwidrig) und muss daher **außer Anwendung** bleiben (vgl. auch Annuß, BB 2006, 777; ErfK-Steinmeyer, BetrAVG Vor Rn. 42; Rengier, NZA 2006, 1251). Die Einbeziehung ist europarechtlich geboten, weil eine sachliche Regelung spezifisch zur Altersversorgung im Gesetz normiert ist und das AGG in seiner Begründung die betriebliche Altersversorgung als erfasst ansieht, so dass insgesamt von einer Anwendbarkeit des AGG auf den Bereich der betrieblichen Altersversorgung auszugehen ist (vgl. Thüsing, Arbeitsrechtlicher Diskriminierungsschutz Rn. 119). Folgerichtig ist es unzutreffend, davon auszugehen, dass das AGG gar nicht auf das BetrAVG Anwendung findet, sondern nur die Vorschriften des BetrAVG richtlinienkonform auszulegen sind (vgl. zum Streitstand auch Bauer/Krieger, § 2 Rn. 47). In der Konsequenz gilt daher § 7 auch für das Gebiet der betrieblichen Altersversor-

gung (für § 2 Abs. 4 → Rn. 288 ff.). Insoweit kann auf die für die Vergütung geltenden Grundsätze verwiesen werden (→ § 7 Rn. 82 ff.). Allgemein gesagt: Das AGG findet grundsätzlich im Bereich der betrieblichen Altersversorgung Anwendung, die Bereichsausnahme des § 2 Abs. 2 S. 2 greift nicht (Rengier, NZA 2006, 1251). Das BAG geht indessen einen Mittelweg. Es hat entschieden (BAG 11.12.2007 – 3 AZR 249/06 – NZA 2008, 532), dass § 2 Abs. 2 S. 2 lediglich eine **Kollisionsregel** darstelle. Das BetrAVG habe nur dort Vorrang, wo es an die Diskriminierungsmerkmale des AGG (zB Alter, Geschlecht) anknüpfe. Im Übrigen müssen Altersversorgungsklauseln künftig auf AGG-Konformität geprüft werden (vgl. auch BAG 17.4.2012 – 3 AZR 481/10 – NZA 2012, 929). Das BAG hält auch in aktuelleren Entscheidungen an dieser Rechtsprechung fest. Das Allgemeine Gleichbehandlungsgesetz gilt trotz der in § 2 Abs. 2 S. 2 enthaltenen Verweisung auf das Betriebsrentengesetz auch für die betriebliche Altersversorgung, soweit das Betriebsrentenrecht nicht vorrangige Sonderregelungen enthält (BAG 15.10.2013 – 3 AZR 653/11, Rn. 30; BAG 13.10.2016 – 3 AZR 439/15, Rn. 58; vgl. auch LAG Düsseldorf 28.5.2014 – 12 Sa 1475/13, Rn. 73).

168 Diese unsichere Rechtslage könnte mit Blick auf anstehende Verfahren wohl einige **Vorabentscheidungsverfahren** nach Art. 267 AEUV nach sich ziehen, insbesondere zur Frage der Reichweite des primärrechtlichen Gleichbehandlungsgebotes. Allerdings ist zu beachten, dass das BAG die Anwendbarkeit des AGG auch auf die betriebliche Altersversorgung aus nationalem Recht herleitet (BAG 11.12.2007 – 3 AZR 249/06 – NZA 2008, 532).

169 Das BAG hat mit Vorlagebeschluss vom 27.6.2006 (3 AZR 352/05 (A) – AP § 1 b BetrAVG Nr. 6) dem EuGH zur Vorabentscheidung ua die Frage vorgelegt, ob die Diskriminierungsbestimmungen in den europarechtlichen Richtlinien mit dem Verbot der Benachteiligung wegen des Alters die Gerichte der Mitgliedsstaaten zwingt, Diskriminierungsschutz auch dann zu gewährleisten, wenn die möglicherweise diskriminierende Behandlung keinen gemeinschaftsrechtlichen Bezug aufweist. Dies hat der EuGH abgelehnt (EuGH 23.9.2008 – Rs. C-427/06 – NZA 2008, 1119) und damit zur Reichweite des primärrechtlichen Gleichbehandlungsgebotes bzw. Diskriminierungsverbotes eine erste Tendenz erkennen lassen.

IV. Bisheriger Benachteiligungsschutz im Betriebsrentenrecht

170 Fragen der Behandlung von Benachteiligungen bei der betrieblichen Altersversorgung haben in der Vergangenheit zu einer umfangreichen Rechtsprechung geführt, so zB bei **unterschiedlichen Altersgrenzen für Männer und Frauen**, beim Ausschluss von Teilzeitbeschäftigten oder der für Männer und Frauen unterschiedlichen Ausgestaltung der Hinterbliebenen-Versorgung. Geringfügig Beschäftigte dürfen hingegen von der betrieblichen Altersversorgung ausgenommen werden (BAG 12.3.1996 – 3 AZR 993/94). Aus diesem Grunde dürfte es in der arbeitsrechtlichen Praxis mittlerweile nur noch wenige Versorgungswerke geben, die eindeutig benachteiligende Regelungen enthalten (vgl. Bauer/Krieger, § 2 Rn. 48).

171 Eine besondere Rolle hat dabei die Anwendung des arbeitsrechtlichen **Gleichbehandlungsgrundsatzes** gespielt. Die hierzu angestellten Überlegungen gelten – sofern sie nicht den Regelungen des (anwendbaren) AGG widersprechen – weiter, die vorzufindende **Kasuistik** kann ein hilfreicher „Steinbruch" für Argumentationslinien hinsichtlich aller Merkmale des § 1 sein.

1. Arbeitsrechtlicher Gleichbehandlungsgrundsatz

172 Der allgemeine arbeitsrechtliche Gleichbehandlungsgrundsatz verbietet die **willkürliche**, dh sachfremde Schlechterstellung einzelner Arbeitnehmer gegenüber anderen Arbeitnehmern in vergleichbarer Lage; es gilt das Verbot der sachfremden Differenzierung zwischen Arbeitnehmern in einer bestimmten Ordnung. Die dogmatische Herleitung ist umstritten, letztlich dürfte aber Art. 3 Abs. 1 GG dogmatische Basis sein (vgl. im Einzelnen Schaub/ArbR-HdB, § 112 Rn. 1 ff.; → Einl. Rn. 64; s. auch BAG 17.6.2014 – 3 AZR 757/12). Zumindest ist er gewohnheitsrechtlich anerkannt (BAG 12.10.2011 – 10 AZR 510/10, Rn. 13).

173 Bildet der Arbeitgeber **Gruppen** von begünstigten und benachteiligten Arbeitnehmern, muss die Gruppenbildung **sachlichen Kriterien** entsprechen (BAG 28.3.1996 – 6 AZR 501/95 – AP § 2 BeschFG 1985 Nr. 49). Eine solche – zulässige – Gruppenbildung kann beispielsweise darin bestehen, bestimmte Arbeitnehmergruppen (konkret: Lektoren) nicht in den Geltungsbereich eines Tarifvertrages (hier: BAT) mit einzubeziehen. Beziehen Tarifvertragsparteien eine bestimmte Arbeitnehmergruppe nicht in den Geltungsbereich eines Tarifvertrages ein, verzichten sie auf eine ihnen mögliche Normensetzung. Das ist Teil der grundrechtlichen Gewährleistung des Art. 9 Abs. 3 GG. Ein solcher Regelungsverzicht verstößt nicht gegen Art. 3 Abs. 1 GG, wenn bei typisierender Betrachtung der jeweiligen Gruppen sachbezogene Gruppenunterschiede erkennbar sind, die eine Nichteinbeziehung der betreffenden Arbeitnehmergruppen in den persönlichen Geltungsbereich eines solchen Tarifvertrages rechtfertigen (BAG 27.5.2004 – 6 AZR 129/03 – BB 2005, 159). Ein Verstoß gegen den arbeitsrechtlichen Gleichbehandlungsgrundsatz läge dann nicht vor. Bei den Lektoren bestanden die sachlichen Unterschiede, die die Nichteinbeziehung in den Geltungsbereich des Tarifvertrages rechtfertigten und somit keinen Verstoß gegen den arbeitsrechtlichen Gleichbehandlungsgrundsatz darstellten, in der strukturellen, zeitlichen sowie inhaltlichen Einbindung ihrer geschuldeten Arbeitsleistung in einen durch Art. 5 Abs. 3 GG geschützten Bereich, die bei den übrigen angestellten Arbeitnehmern mit anderen Aufgabeninhalten fehlte (BAG 27.5.2004 – 6 AZR 129/03 – BB 2005, 159, 163).

174 Im Bereich der **Vergutung**, also der Hauptleistungspflicht des Arbeitgebers, ist der Gleichbehandlungsgrundsatz trotz des Vorrangs der Vertragsfreiheit anwendbar, wenn der Arbeitgeber die Leistung nach einem **allgemeinen Prinzip** gewährt, indem er bestimmte Voraussetzungen oder Zwecke festlegt (BAG 27.7.2010 – 1 AZR 874/08 – NZA 2010, 1369). Allein die Begünstigung einzelner Arbeitnehmer erlaubt allerdings noch nicht den Schluss, diese Arbeitnehmer bildeten eine Gruppe. Eine Gruppenbildung liegt vielmehr nur dann vor, wenn die Besserstellung nach einem oder meh-

reren Kriterien vorgenommen wird, die bei allen Begünstigten vorliegen. Der Gleichbehandlungsgrundsatz kommt deshalb nicht zur Anwendung, wenn es sich um individuell vereinbarte Löhne und Gehälter handelt. So gilt beispielsweise der arbeitsrechtliche Gleichbehandlungsgrundsatz nicht für Gehaltserhöhungen, soweit ihnen individuelle Vereinbarungen ohne eine abstrakte Regelhaftigkeit zugrunde liegen (BAG 1.12.2004 – 5 AZR 664/03 – AP § 242 BGB Auskunftspflicht Nr. 38). Das bedeutet: Nimmt der Arbeitgeber Lohn- und Gehaltserhöhungen nach Leistungsgesichtspunkten vor, liegt solange kein Verstoß gegen den arbeitsrechtlichen Gleichbehandlungsgrundsatz vor, solange sich den Lohn- und Gehaltserhöhungen keine generalisierende, abstrakte Linie entnehmen lässt (zB eine lineare Komponente, dh eine grundsätzliche Gehaltserhöhung für alle Arbeitnehmer mit Abweichungen nach oben für besondere Leistungsträger oder ein grundsätzlicher Ausgleich der Inflationsrate mit Abweichungen nach oben zugunsten bestimmter Arbeitnehmer; insoweit besteht ein Auskunftsanspruch des benachteiligten Arbeitnehmers, BAG 1.12.2004 – 5 AZR 664/03 – AP § 242 BGB Auskunftspflicht Nr. 38). Erfolgt die Besserstellung einzelner Arbeitnehmer unabhängig von abstrakten Differenzierungsmerkmalen in Einzelfällen, können sich andere Arbeitnehmer hierauf zur Begründung gleichartiger Ansprüche nicht berufen (BAG 29.9.2004 – 5 AZR 43/04 – AP § 242 BGB Gleichbehandlung Nr. 192).

175 Allerdings ist streitig, ob nach der Einführung des AGG der allgemeine Gleichbehandlungsgrundsatz überhaupt noch Anwendung findet (vgl. zum Sach- und Streitstand ausführlich Hinrichs/Zwanziger/Maier/Mehlich, DB 2007, 574 ff. sowie Maier/Mehlich, DB 2007, 110 ff.). Richtigerweise gilt der allgemeine Gleichbehandlungsgrundsatz weiter und wird weder durch das AGG noch durch die Antidiskriminierungsrichtlinien oder sonstiges Unionsrecht verdrängt. Dies ergibt sich bereits überzeugend aus dem Wortlaut des § 2 Abs. 3 S. 1, nach dem die „Geltung sonstiger Benachteiligungsverbote oder Gebote der Gleichbehandlung" durch das AGG „nicht berührt" werden. Wenn dem so ist, gilt auch der **arbeitsrechtliche Gleichbehandlungsgrundsatz** weiter (vgl. auch Adomeit/Mohr, § 2 Rn. 215, Bauer/Krieger, § 2 Rn. 52).

2. Arbeitsrechtlicher Gleichbehandlungsgrundsatz und betriebliche Altersversorgung

176 Ohne einen **besonderen Rechtsgrund** ist der Arbeitgeber nicht verpflichtet, seinen Arbeitnehmern eine Versorgungszusage zu erteilen und Ruhegeld zu zahlen (Schaub/ArbR-HdB § 274 Rn. 1 ff.). Der Gleichbehandlungsgrundsatz als Begründungstatbestand von Ruhegeldansprüchen ist nunmehr geregelt in § 1 b Abs. 1 S. 4 BetrAVG (Schaub/ArbR-HdB, § 274 Rn. 13 ff.).

177 Dem Arbeitgeber steht es frei, sich unmittelbar zu verpflichten oder einen rechtlich selbstständigen Versorgungsträger einzuschalten (Unterstützungs-, Pensionskasse, Pensionsfonds oder Lebensversicherung, im Einzelnen → Rn. 132 ff.). Ein **Anspruch** der Arbeitnehmer **auf Erteilung einer Versorgungszusage besteht nicht**, mit einer Ausnahme: Die Arbeitnehmer haben Anspruch auf eine betriebliche Altersversorgung durch Entgeltumwandlung (§ 1 a BetrAVG). Der Arbeitgeber ist aber bei der Entgeltum-

wandlung lediglich verpflichtet, einen Durchführungsweg zur Verfügung zu stellen, nicht aber dazu, eigene finanzielle Leistungen zu erbringen (Schaub/ArbR-HdB, § 274 Rn. 51 ff. mwN).

178 Hat der Arbeitgeber seinen Arbeitnehmern allerdings Versorgungsleistungen vertraglich **zugesagt** oder erbringt er solche, ohne dazu durch Gesetz oder Tarifvertrag verpflichtet zu sein (BAG 16.9.1986 – GS 1/82 – NZA 1987, 168 ff., 171), hat er den arbeitsrechtlichen Gleichbehandlungsgrundsatz zu beachten (vgl. auch Andresen/Förster/Rößler/Rühmann, Arbeitsrecht der betrieblichen Altersversorgung, Teil 7 B Rn. 43; Cisch/Böhm, BB 2007, 602). Dieser kann sogar gemäß § 1 b Abs. 1 S. 4 BetrAVG als Anspruchsgrundlage fungieren (BAG 21.8.2012 – 3 AZR 81/10). Daneben sind die verfassungsrechtlichen (Art. 3 GG), gesetzlichen (§ 75 BetrVG und § 4 Abs. 1 TzBfG) sowie tariflichen Gleichbehandlungspflichten zu berücksichtigen.

3. Kasuistik

179 In der Rechtsprechung wurden im Rahmen der betrieblichen Altersversorgung hauptsächlich Benachteiligungen wegen des Geschlechtes behandelt. Darüber hinaus ist an die Benachteiligung ausländischer Arbeitnehmer oder von Arbeitern im Verhältnis zu Angestellten zu denken.

a) Benachteiligung wegen des Geschlechtes

180 Zum **Arbeitsentgelt** iSv Art. 157 AEUV gehören – wie erwähnt – auch Leistungen der betrieblichen Altersversorgung (vgl. auch EuGH 13.5.1986 – Rs. 170/84 – AP Art. 119 EWG-Vertrag Nr. 10; BAG 14.10.1986 – 3 AZR 66/83 – AP Art. 119 EWG-Vertrag Nr. 11). Das bedeutet, dass alle Ausgestaltungen betrieblicher Versorgungsregelungen am Lohngleichheitsgebot des Art. 157 AEUV zu überprüfen sind. Auslegungshilfe ist die vom Gesetzgeber in den Motiven erwähnte EG-Richtlinie vom 24.7.1986 zur Verwirklichung des Grundsatzes der Gleichbehandlung von Männern und Frauen bei den betrieblichen Systemen der sozialen Sicherheit (RL 86/378/EWG, ABl. EG Nr. L 225 vom 12.8.1986, S. 40), geändert durch die Richtlinie 96/97/EG, ABl. EG Nr. L 46 vom 17.2.1997, S. 20 und neugefasst durch die Richtlinie 2006/54/EG, ABl. EG Nr. L 204 vom 26.7.2006, S. 23. Im Einzelnen:

181 ■ Nach der ursprünglichen Gesetzeslage bedurfte es zur Unverfallbarkeit einer betrieblichen Altersversorgung ua der Vollendung des 35. Lebensjahres. Eine mittelbare **Geschlechtsdiskriminierung** konnte daher in Betracht kommen, wenn man bedenkt, dass mehr Frauen im Zusammenhang mit der Geburt und des Aufziehens von Kindern ohne unverfallbare Anwartschaft aus einem Arbeitsverhältnis ausscheiden. Nach Auffassung des BAG lag darin aber weder eine unmittelbare noch eine mittelbare geschlechtsbezogene Diskriminierung, da allein auf das Alter, nicht jedoch auf geschlechtsbezogene Merkmale abgestellt wurde. Eine **Altersgrenze** von 35 Jahren diene einem angemessenen Ausgleich zwischen den widerstreitenden Interessen der unternehmerischen Freiheit des Arbeitgebers einerseits und dem Sozialschutz der Arbeitnehmer andererseits. Da auch das Gemeinschaftsrecht den Mitgliedstaaten zur

Verwirklichung ihrer sozial- und beschäftigungspolitischen Ziele einen weiten Entscheidungsspielraum einräume, sei in einer solchen Regelung weder eine mittelbare noch eine unmittelbare Diskriminierung zu sehen (BAG 18.10.2005 – 3 AZR 506/04 – AP § 1 BetrAVG Unverfallbarkeit Nr. 13).

- 182 § 1 b BetrAVG schrieb seit 2001 für die **Unverfallbarkeit** ein **Mindestalter** von 30 Lebensjahren vor. Auch hier wurde ein Verstoß gegen das verpönte Merkmal „Alter" diskutiert. Die Herabsetzung des Mindestalters vom vollendeten 35. auf das 30. Lebensjahr war allerdings im Gesetzgebungsverfahren so selbstverständlich, dass sie in den Gesetzesmaterialien keine Erwähnung fand (vgl. Blomeyer/Rolfs/Otto, BetrAVG § 1 b Rn. 71).Wie bei der vorherigen Mindestaltersgrenze von 35 Jahren schien auch hier die Regelung nicht gegen Benachteiligungsverbote zu verstoßen: Sachlicher Grund für die Mindestaltersgrenze war die Tatsache, dass die Fluktuationsrate bis zum 30. Lebensjahr erfahrungsgemäß besonders groß ist (so auch Bauer/Krieger, § 2 Rn. 49). Darüber hinaus wurde argumentiert, dass die bis zu diesem Zeitpunkt aufgebauten Versorgungsanwartschaften idR noch kein großes Gewicht hätten und die verbleibende Lebenszeit bis zum Aufbau einer entsprechenden Altersversorgung ausreiche (vgl. Bauer/Krieger, § 2 Rn. 49 mwN). Aus diesen Gründen blieb die mit der Festlegung der Mindestaltersgrenze verbundene Benachteiligung jüngerer Arbeitnehmer gerechtfertigt (zutreffend Rengier, NZA 2006, 1251).
- 183 Eine weitere **Herabsetzung** des Mindestalters **auf 25 Jahre** erfolgte durch das Gesetz zur Förderung der zusätzlichen Altersvorsorge und zur Änderung des dritten Buches Sozialgesetzbuch vom 10.12.2007 (BGBl. I, 2838) mit Wirkung zum 1.1.2009. Auch diese Herabsetzung wurde mit gleichstellungspolitischen Motiven begründet. Es ging darum, möglichst vielen Beschäftigten, besonders jungen Frauen, künftig ihre betriebliche Altersversorgung zu erhalten (vgl. Blomeyer/Rolfs/Otto, BetrAVG § 1 b Rn. 72 unter Verweis auf BT-Drs. 16/6539, 7). Dabei gilt das Mindestalter von 25 Jahren uneingeschränkt nur für Zusagen, die nach dem 31.12.2008 erteilt worden sind. Ansonsten kommt die Übergangsregelung des § 30 f. BetrAVG zur Anwendung (vgl. Blomeyer/Rolfs/Otto, BetrAVG § 1 b Rn. 73).
- 184 Einen Verstoß gegen den Gleichberechtigungsgrundsatz des Art. 3 Abs. 2 GG hat das BAG festgestellt bei einer Versorgungsregelung, die ein Ausscheiden weiblicher Arbeitnehmer aus **Ruhegeldeinrichtungen** vorsah, sobald der Ehemann bei demselben Arbeitgeber eine Anwartschaft auf Ruhegeld erworben hatte (BAG 28.3.1958 – 1 AZR 336/57 – AP Art. 3 GG Nr. 28; vgl. auch BAG 10.1.1989 – 3 AZR 308/87 – AP § 1 BetrAVG Hinterbliebenenversorgung Nr. 5).
- 185 Gegen Art. 3 Abs. 2 GG verstoßen auch Versorgungsregelungen, die bei den Anspruchsvoraussetzungen zwischen Männern und Frauen **unterscheiden**, etwa hinsichtlich des Eintrittsalters (BAG 31.8.1978 – 3 AZR 313/77 – AP § 1 BetrAVG Gleichberechtigung Nr. 1), anrechnungsfähiger Dienstzeiten, unterschiedlicher Wartezeiten oder unterschiedlicher fester Altersgrenzen (EuGH 17.5.1990 – Rs. C-262/88 (Barber) – AP

Art. 119 EWG-Vertrag Nr. 20; EuGH 14.12.1993 – Rs. C-110/91 (Moroni) – AP Art. 119 EWG-Vertrag Nr. 54; zur Rechtsprechungsentwicklung im Einzelnen und Übergangsregelung vgl. Schaub/ArbR-HdB, § 274 Rn. 28 ff.; Blomeyer/Rolfs/Otto, BetrAVG Anh. § 1 Rn. 48 ff.; Ahrend/Förster/Rößler/Rühmann, Arbeitsrecht der betrieblichen Altersversorgung, Teil 7 B Rn. 176 ff. jew. mwN). Zeiten des Mutterschutzes müssen anwartschaftssteigernd berücksichtigt werden (BVerfG 28.4.2011 – 1 BvR 1409/10 – NZA 2011, 857).

186 ■ Eine Regelung, die für Witwen früherer Arbeitnehmer ohne weitere Voraussetzung eine betriebliche **Witwenrente**, für Witwer früherer Arbeitnehmerinnen aber nur dann Witwerrente in Aussicht stellt, wenn diese den Unterhalt ihrer Familie überwiegend bestritten haben, stellt eine Entgeltdiskriminierung wegen des Geschlechtes dar. Die anspruchseinschränkende Bestimmung ist deshalb nicht anzuwenden (BAG 19.11.2002 – 3 AZR 631/97 – AP § 1 BetrAVG Gleichberechtigung Nr. 13). **Haupternährerklauseln**, also solche, bei denen die Hinterbliebenenleistungen davon abhängig gemacht werden, dass der verstorbene Arbeitnehmer oder Betriebsrentner den Unterhalt der Familie überwiegend bestritten hat, sind rechtlich zweifelhaft (unbedenklich nach LAG Hamm 8.12.1998 – 6 Sa 674/98 – NZA-RR 1999, 431; BAG 26.9.2000 – 3 AZR 387/99 – NZA 2002, 54). Unzweifelhaft sieht das BAG Haupternährerklauseln als mittelbare Diskriminierung an, weil sie im Ergebnis überwiegend weibliche Arbeitnehmer benachteiligen (BAG 26.9.2000 – 3 AZR 387/99; BAG 19.11.2002 – 3 AZR 631/97). Unzulässig ist eine Regelung, nach der männlichen Arbeitnehmern eine betriebliche Altersversorgung inklusive unbedingter Witwenversorgung gewährt und zugleich weiblichen Arbeitnehmern nur eine betriebliche Altersversorgung mit einer Witwerversorgung zugesagt wird, die unter der Bedingung steht, dass die Ehefrau den überwiegenden Teil des Unterhalts bestritten hat (BAG 11.12.2007 – 3 AZR 249/06 – NZA 2008, 532).

187 ■ **„Spätehenklauseln“** sind solche, die Ansprüche dann ausschließen, wenn die Ehe erst nach Beendigung des Arbeitsverhältnisses, nach einem bestimmten Höchstlebensalter des Arbeitnehmers oder nach Eintritt des Versorgungsfalles geschlossen wird (vgl. BVerfG 1.3.2010 – 1 BvR 2584/06 (allgemein zu Differenzierungsklauseln); BAG 26.8.1997 – 3 AZR 235/96 – AP § 1 BetrAVG Ablösung Nr. 27; BAG 19.12.2000 – 3 AZR 186/00 – AP § 1 BetrAVG Hinterbliebenenversorgung Nr. 19; BAG 28.7.2005 – 3 AZR 457/04 – AP § 1 BetrAVG Hinterbliebenenversorgung Nr. 25). Sie sind grundsätzlich zulässig (vgl. BAG 20.4.2010 – 3 AZR 509/08 – NZA 2011, 1092). In einer aktuelleren Entscheidung hat das BAG eine Spätehenklausel jedoch für unzulässig erklärt. Im konkreten Fall wurde es zur Voraussetzung gemacht, dass die Ehe vor der Vollendung des 60. Lebensjahres durch den Versorgungsberechtigten geschlossen sein muss. Dies stellt laut Ansicht des BAG eine unmittelbare Benachteiligung wegen des Alters dar (BAG 4.8.2015 – 3 AZR 137/13 mit zust. Anm. Schubert, AP § 1 BetrAVG Hinterbliebenenversorgung Nr. 33). Gleiches gilt für „Altersdifferenzie-

rungsklauseln": Dabei handelt es sich um Klauseln, nach denen eine Altersversorgung ausgeschlossen wird, wenn die Altersdifferenz der Eheleute einen gewissen Wert überschreitet. Sie sollen einen Missbrauch („Versorgungsehe zwischen Alt und Jung") verhindern. Die Zulässigkeitsgrenze ist noch nicht endgültig entschieden: Anerkannt ist eine Altersdifferenz von 25 Jahren (vgl. BVerfG 11.9.1979 – 1 BvR 92/79 – AP § 242 BGB Ruhegehalt Nr. 182; BAG 19.12.2000 – 3 AZR 186/00 – AP § 1 BetrAVG Hinterbliebenenversorgung Nr. 19). Zulässig dürfte auch eine Differenzierungsklausel von 15 Jahren sein (vgl. LAG Düsseldorf 19.5.2005 – 5 Sa 509/05 – DB 2005, 2143; LAG Rheinland-Pfalz 19.12.2008 – 6 Sa 399/08; aA LAG Hessen 12.3.1997 – 8 Sa 177/96 – DB 1997, 2182). Zulässig dürfte in jedem Fall eine Altersdifferenzierungsklausel von mehr als zehn Jahren sein (vgl. Blomeyer/Rolfs/Otto, BetrAVG Anh. § 1 Rn. 202 a; Bauer/Krieger, § 2 Rn. 49). Argument hierfür ist insbesondere die Vertragsfreiheit: Von einer Hinterbliebenenversorgung kann auch grundsätzlich abgesehen werden, so dass weder Art. 3 Abs. 1 GG noch Art. 6 Abs. 1 GG berührt wären (vgl. Blomeyer/Rolfs/Otto, BetrAVG Anh. § 1 Rn. 202).

- Die Frage, ob **Teilzeitbeschäftigte** von einem betrieblichen Versorgungssystem ausgenommen werden können, hat sowohl die bundesdeutsche wie auch die europäische Rechtsprechung über Jahrzehnte hinweg beschäftigt. Das BAG hielt über lange Zeit hinweg eine unterschiedliche Behandlung von Teil- und Vollzeitbeschäftigten für gerechtfertigt, wenn ein unabweisbares Bedürfnis des Unternehmens bestand, der Ausschluss für die Erreichung der unternehmerischen Ziele geeignet und erforderlich war und unter Berücksichtigung der Bedeutung des Grundsatzes der Lohngleichheit der Verhältnismäßigkeit entsprach (BAG 14.3.1989 – 3 AZR 490/87 – AP § 1 BetrAVG Gleichberechtigung Nr. 5; BAG 23.1.1990 – 3 AZR 58/88 – AP § 1 BetrAVG Gleichberechtigung Nr. 7). Der an sich geschlechtsneutral formulierte Ausschluss der Teilzeitbeschäftigten von der betrieblichen Altersversorgung führte allerdings zu ungleichen Wirkungen bei Männern und Frauen, die sich nicht anders als mit dem Geschlecht erklären ließen. Teilzeitarbeit ist – auch heutzutage noch – überwiegend Frauenarbeit. Der Anteil der Frauen an der Gesamtzahl der Teilzeitbeschäftigten liegt bei weit über 50 % (vgl. Wortmann, in: Tschöpe (Hrsg.), Anwalts-Handbuch Arbeitsrecht, Teil 2 E Rn. 191). Der Ausschluss von Teilzeitbeschäftigten von betrieblichen Versorgungssystemen stellt daher nach Auffassung des EuGH eine mittelbare Diskriminierung dar, wenn dadurch ein wesentlich höherer Prozentsatz weiblicher als männlicher Arbeitnehmer betroffen wurde und dies nicht durch sachliche Gründe gerechtfertigt war, die nichts mit der Diskriminierung aufgrund des Geschlechtes zu tun haben (EuGH 10.2.2000 – Rs. C-50/96 – AP § 1 BetrAVG Teilzeit Nr. 14; so auch EuGH 1.3.2012 – Rs. C-393/10 – NZA 2012, 313). Durch die Einführung des TzBfG vom 21.12.2000 (BGBl. I, 1966) wurde das Gleichbehandlungsgebot für den Bereich der Teilzeitarbeit konkretisiert: Nach § 4 Abs. 1 TzBfG darf der Arbeitgeber einen teilzeitbeschäftigten Arbeitnehmer nicht wegen der Teilzeit ohne sachlichen Grund gegenüber vollzeitbeschäftigten Arbeitnehmern 188 unterschiedlich behandeln. Es ist daher **unzulässig**, Teilzeitkräfte allein wegen ihrer geringeren Arbeitszeit von Leistungen der betrieblichen Altersversorgung auszuschließen (Schaub/ArbR-HdB, § 274 Rn. 43; ErfK-Steinmeyer, BetrAVG Vor Rn. 35; Blomeyer/Rolfs/Otto, BetrAVG Anh. § 1 Rn. 59; Andresen/Förster/Rößler/Rühmann, Arbeitsrecht der betrieblichen Altersversorgung, Teil 7 B Rn. 317). Die für den Ausschluss Teilzeitbeschäftigter maßgeblichen Gründe müssen anderer Art sein, etwa die Arbeitsleistung, die Qualifikation, Berufserfahrung oder unterschiedliche Anforderungen (BAG 25.10.1994 – 3 AZR 149/94 – NZA 1995, 730; vgl. auch Schaub/ArbR-HdB, § 274 Rn. 43 mwN). Das Argument, Teilzeitbeschäftigte könnten keine Führungsaufgaben übernehmen und vermögen keine Kunden zu binden, hat das BAG ebenso wenig akzeptiert wie die Begründung, Teilzeitbeschäftigte identifizierten sich nicht mit dem Unternehmen und wollten nicht zu ungünstigen Zeiten arbeiten (BAG 23.1.1990 – 3 AZR 58/88 – AP § 1 BetrAVG Gleichberechtigung Nr. 7). Umstritten ist, ob Kostengesichtspunkte den Ausschluss von Teilzeitkräften aus der betrieblichen Altersversorgung rechtfertigen können (zum Sach- und Streitstand vgl. Andresen/Förster/Rößler/Rühmann, Arbeitsrecht der betrieblichen Altersversorgung, Teil 7 B Rn. 317 mwN). Akzeptiert man dieses Argument, würde der Arbeitgeber die volle Darlegungs- und Beweislast tragen, die auch darauf hinausliefe, bei einem Kosten-Nutzen-Vergleich alle Kostenfaktoren miteinander zu vergleichen. Der Hinweis auf einzelne Kostenträger würde nicht ausreichen (BAG 14.3.1989 – 3 AZR 490/87 – AP § 1 BetrAVG Gleichberechtigung Nr. 5). Das bedeutet, dass die Teilzeitbeschäftigten die abgestuften **Leistungen** wie die Vollzeitbeschäftigten verlangen können (vgl. BAG 27.9.1983 – 3 AZR 297/81 – AP § 1 BetrAVG Nr. 9; vgl. Schaub/ArbR-HdB § 274 Rn. 43). Nach Ansicht des BAG entspricht eine solche Pro-rata-temporis-Berechnung der Regelung des § 4 Abs. 1 S. 2 TzBfG (BAG 28.5.2013 – 3 AZR 266/11).

189 ▪ Einen Sonderfall bilden die **geringfügig beschäftigten** Teilzeitarbeitnehmer: Hier hat der EuGH bereits im Jahre 1995 entschieden, dass eine nationale Regelung Beschäftigungen mit regelmäßig weniger als 15 Stunden in der Woche und einem Arbeitsentgelt, das 1/7 der monatlichen Bezugsgröße nicht übersteigt, von der gesetzlichen Rentenversicherung ausschließen kann. Dies gelte selbst dann, wenn sie erheblich mehr Frauen als Männer betrifft, da der nationale Gesetzgeber in vertretbarer Weise davon ausgehen kann, dass die fraglichen Rechtsvorschriften erforderlich waren, um ein sozialpolitisches Ziel zu erreichen, das mit einer Diskriminierung aufgrund des Geschlechtes nichts zu tun hat (EuGH 14.12.1995 – Rs. C-317/93 – NZA 1996, 129 (Nolte/LVA Hannover)). Von Leistungen der betrieblichen Altersversorgung ausgeschlossen werden dürfen auch nach dem BAG geringfügig Beschäftigte (BAG 12.3.1996 – 3 AZR 993/94 – NZA 1996, 939). Nach Auffassung des BAG war der tarifvertragliche Ausschluss von geringfügig Beschäftigten aus der Zusatzversorgung im öffentlichen Dienst aufgrund des von den Tarifvertragsparteien gewählten Gesamtversorgungssystems jedenfalls bis zum 31.3.1999 sachlich gerechtfertigt (BAG 22.2.2000 – 3 AZR 845/98 – AP § 1 BetrAVG Gleichbehandlung

Nr. 44; vgl. auch BAG 27.2.1996 – 3 AZR 886/94 – AP § 1 BetrAVG Gleichbehandlung Nr. 28). Allerdings sieht der TV Altersversorgung für Beschäftigte des öffentlichen Dienstes vom 1.3.2002 nach wie vor den Ausschluss geringfügig Beschäftigter vor, obwohl das neu gestaltete Versorgungssystem von der gesetzlichen Rentenversicherung unabhängig ist.

190 Zunächst nicht im Rahmen der betrieblichen Altersversorgung rechtshängig geworden war die Frage der **eingetragenen Lebenspartnerschaft**. Allerdings hatte sich das BAG zur Frage des Ortszuschlages mit der Problematik auseinanderzusetzen. Nach Eingehung einer Lebenspartnerschaft ist ein Arbeitnehmer nicht mehr ledig. Das Rechtsinstitut der eingetragenen Lebenspartnerschaft ist für gleichgeschlechtliche Paare gegenüber dem Familienstand „ledig" ein anderer Personenstand. Es ist insoweit ein „Aliud". Ein Arbeitnehmer, der eine Lebenspartnerschaft begründet hat, ist andererseits aber kein verheirateter Arbeitnehmer. Die Lebenspartnerschaft ist insoweit keine Ehe iSv Art. 6 Abs. 1 GG. Allerdings sind entsprechende Vorschriften, die Leistungen an verheiratete Arbeitnehmer vorsehen, auszulegen. Für den Bereich des BAT hat das BAG entschieden, dass das familienstandsbezogene Stufensystem des Ortszuschlages, das die Lebenspartnerschaft nicht berücksichtige, damit lückenhaft sei und sich im Wege der Auslegung unter Berücksichtigung des Regelungskonzeptes und der familienbezogenen Ausgleichsfunktion ein Anspruch ergäbe (vgl. im Einzelnen: BAG 29.4.2004 – 6 AZR 101/03 – AP § 26 BAT Nr. 2). Übertragen auf die betriebliche Altersversorgung war damit zu rechnen, dass dem überlebenden Teil einer eingetragenen Lebenspartnerschaft ein ähnlicher Anspruch im Wege der Auslegung einer Versorgungsregelung wie dem überlebenden Teil einer Ehe mit der Witwen- oder Witwerversorgung zuerkannt wird. Dies ist nunmehr geschehen. Zunächst hat sich der EuGH positioniert. Er hat eine unzulässige Benachteiligung wegen der sexuellen Identität angenommen, wenn der überlebende Partner nach Versterben seines Lebenspartners keine Hinterbliebenenversorgung entsprechend einem überlebenden Ehegatten erhält, obwohl die Lebenspartnerschaft nach nationalem Recht Personen gleichen Geschlechts in eine Situation versetzt, die in Bezug auf diese Hinterbliebenenversorgung mit der Situation von Ehegatten vergleichbar ist (EuGH 1.4.2008 – Rs. C-267/06 – NZA 2008, 459). Dem hat sich das BAG in zwei Entscheidungen mit der Argumentation angeschlossen, dass sich hinterbliebene Lebenspartner nach deutschem Recht hinsichtlich der Hinterbliebenenversorgung in einer Eheleuten vergleichbaren Situation befinden (BAG 14.1.2009 – 3 AZR 20/07 – NZA 2009, 489; BAG 15.9.2009 – 3 AZR 294/09 – NZA 2010, 216). Gleichsam hat das BVerfG im Bereich der betrieblichen Hinterbliebenenversorgung für Arbeitnehmer des öffentlichen Dienstes, die bei der Versorgungsanstalt des Bundes und der Länder zusatzversichert sind, entschieden. Danach sei die Ungleichbehandlung von Ehe und eingetragener Lebenspartnerschaft mit Art. 3 Abs. 1 GG unvereinbar (BVerfG 7.7.2009 – 1 BvR 1164/07 – DB 2009, 2441). Daraus folgt die Gleichstellung der einge-

tragenen Lebenspartner mit Ehegatten im Bereich der betrieblichen Altersversorgung.

191 ■ Es ist keine verbotene Diskriminierung von Frauen, wenn Zeiten eines **ruhenden Arbeitsverhältnisses** nicht rentensteigernd berücksichtigt werden (im konkreten Fall die Elternzeit). Der Erziehungsurlaub (jetzt Elternzeit) lässt den Bestand des Arbeitsverhältnisses unberührt, er führt nur zum Ruhen des Arbeitsverhältnisses. Die Zeiten der Elternzeit zählen für den Lauf der Unverfallbarkeitsfristen (§ 1 b BetrAVG) und die Dauer der Betriebszugehörigkeit (§ 2 BetrAVG) mit. Allerdings ist der Arbeitgeber nicht gehindert, Zeiten der Elternzeit von Steigerungen einer Anwartschaft auf Leistungen der betrieblichen Altersversorgung (dienstzeitabhängige Berechnung) auszunehmen (BAG 15.2.1994 – 3 AZR 708/93 – AP § 1 BetrAVG Gleichberechtigung Nr. 12). Der Arbeitgeber kann in einer Versorgungsregelung vorsehen, dass während der Elternzeit keine die Leistung steigernden Anwartschaften erworben werden (BAG 20.4.2010 – 3 AZR 370/08 – NZA 2010, 1188). Mit § 1 a Abs. 4 BetrAVG erwächst dem Arbeitnehmer jedoch die Möglichkeit, für die Zeit des Ruhens des Arbeitsverhältnisses den Aufbau der betrieblichen Altersversorgung lückenlos fortzusetzen (Blomeyer/Rolfs/Otto BetrAVG § 1 a Rn. 70).

192 ■ Der arbeitsrechtliche Gleichbehandlungsgrundsatz verbietet es dem Arbeitgeber nicht, denjenigen Arbeitnehmern eine Gesamtzusage auf Zahlung höherer Prämien zu einer zu ihren Gunsten abgeschlossenen Direktversicherung zu erteilen, die in Betrieben häufig beschäftigt werden, in denen Bestimmungen einer mit dem Gesamtbetriebsrat abgeschlossenen Vereinbarung zur **flexiblen Gestaltung der Arbeitszeit** umgesetzt werden. Sofern diesen Arbeitnehmern eine höhere Flexibilität abverlangt wird, ist dies ein sachlicher Grund für eine Differenzierung. Eine Ungleichbehandlung oder Benachteiligung wegen eines der in § 1 aufgeführten Merkmale ist hierin nicht zu sehen (vgl. BAG 18.9.2007 – 3 AZR 639/06).

b) Ausländische Arbeitnehmer

193 Ausländische Arbeitnehmer dürfen aufgrund der absoluten Differenzierungsverbote in Art. 3 Abs. 1 GG, § 75 BetrVG sowie in internationalen Abkommen (vgl. etwa die Verordnung (EWG) des Rates über die Freizügigkeit der Arbeitnehmer innerhalb der Gemeinschaft vom 15.10.1968 (Nr. 1612/68), ABl. EG Nr. L 257 vom 19.10.1968; Übereinkommen 111 der IAO) weder benachteiligt noch bevorzugt werden. Soweit Ausländer den Mitgliedstaaten der EU angehören, ist Art. 45 Abs. 2 AEUV zu beachten. Unter Berücksichtigung der Rechtsprechung des EuGH zu Art. 141 EG/Art. 157 AEUV dürfte auch eine „mittelbare Diskriminierung“ an sich unzulässig sein (EuGH 20.10.1993 – Rs. C-272/92 – NZA 1994, 115; vgl. auch LAG München 11.2.2004 – 5 Sa 276/02). Das BAG hat eine mittelbare Diskriminierung einer griechischen Staatsangehörigen, die in ihrem Heimatland im Rahmen eines Sondersystems für Beamte versichert ist und aus der Zusatzversorgung des Bundes und der Länger ausgenommen wurde, abgelehnt (BAG 19.8.2008 – 3 AZR 922/06 – NZA-RR 2009, 449).

c) Differenzierungen nach dem Eintrittsalter und Höchstaltersgrenzen

194 Es stellt keinen Verstoß gegen den Gleichbehandlungsgrundsatz dar, wenn Versorgungsregelungen Leistungen davon abhängig machen, dass die Begünstigten bei Beginn des Arbeitsverhältnisses ein bestimmtes **Höchsteintrittsalter** nicht überschritten haben (BAG 14.1.1986 – 3 AZR 456/84 – AP § 1 BetrAVG Gleichbehandlung Nr. 5; die dagegen eingelegte Verfassungsbeschwerde – 1 BvR 945/96 – wurde durch Beschluss vom 27.11.1989 zurückgewiesen). Sachlicher Grund für die Differenzierung ist, dass mit der betrieblichen Altersversorgung die **Betriebstreue** der Arbeitnehmer belohnt werden soll, die ein erst spät eintretender Arbeitnehmer gar nicht im erwarteten Umfang erbringen kann (BAG 7.7.1977 – 3 AZR 422/76 – AP § 1 BetrAVG Wartezeit Nr. 1; BAG 31.8.1978 – 3 AZR 313/77 – AP § 1 BetrAVG Gleichberechtigung Nr. 1). Zu beachten ist, dass beim Eintrittsalter nicht zwischen Männern und Frauen unterschieden werden darf (BAG 31.8.1978 – 3 AZR 313/77 – AP § 1 BetrAVG Gleichberechtigung Nr. 1). Unwirksam ist jedoch eine Bestimmung, nach der ein Anspruch auf eine betriebliche Altersrente nicht besteht, wenn der Arbeitnehmer bei Erfüllung der nach der Versorgungsordnung vorgesehenen zehnjährigen Wartezeit das 55. Lebensjahr vollendet hat (BAG 18.3.2014 – 3 AZR 69/12). Eine solche Regelung verstößt gegen das Verbot der Benachteiligung wegen des Alters nach § 7 Abs. 2.

d) Differenzierung zwischen Arbeitern und Angestellten bzw. Arbeitnehmergruppen

195 Eine allein an den unterschiedlichen **Status** von Arbeitern und Angestellten anknüpfende Ungleichbehandlung von Arbeitern und Angestellten in der betrieblichen Altersversorgung verletzt den Gleichbehandlungsgrundsatz. Allenfalls für die Zeit bis zum 30.6.1993 (dieses Datum hatte das BVerfG als letztmöglichen Zeitpunkt für den Gesetzgeber festgelegt, die unterschiedlichen Kündigungsfristen für Arbeiter und Angestellte anzugleichen, BVerfG 30.5.1990 – 1 BVL 2/83 – NZA 1990, 721) durften Versorgungsschuldner darauf vertrauen, dass eine allein an den unterschiedlichen Status von Arbeitern und Angestellten anknüpfende Differenzierung zulässig sei (BAG 10.12.2002 – 3 AZR 3/02 – AP § 1 BetrAVG Gleichbehandlung Nr. 56).

196 Für eine Differenzierung zwischen Arbeitern und Angestellten darf der Arbeitgeber in einer betrieblichen Versorgungsregelung bei einem typischerweise unterschiedlichen Versorgungsbedarf einzelne **Arbeitnehmergruppen** ungleich behandeln. Eine derartige Differenzierung steht in Übereinstimmung mit den üblichen Zwecken betrieblicher Versorgungswerke. Zu beachten ist jedoch, dass das alleinige Anknüpfen an den Status von Arbeitern und Angestellten unzulässig ist (Schaub/ArbR-HdB, § 274 Rn. 16). Vielmehr liegt ein gerechtfertigtes Differenzierungsmerkmal nur dann vor, wenn damit gleichzeitig an einen Lebenssachverhalt angeknüpft wird, der gemessen am Differenzierungsgrund geeignet ist, die sich hieraus ergebenden unterschiedlichen Rechtsfolgen zu tragen (ebd.). Das ist nach Ansicht des BAG an dem Regelungszweck und dem hieraus folgenden Differenzierungsgrund zu messen (BAG 17.6.2014 – 3 AZR 757/12). Der Arbeitgeber kann deshalb eine Arbeitnehmergruppe von der betrieblichen Altersversor-

gung ausschließen, die ein erheblich höheres Einkommen als die in das Versorgungswerk einbezogene Gruppe erzielt. Denn in einem solchen Fall ist die benachteiligte Gruppe in der Lage, sich selbst eine angemessene Versorgung im Alter zu verschaffen. Der Arbeitgeber kann dieser von ihm zu überblickenden Leistungssituation Rechnung tragen und aus sozialen Gründen nur schlechter verdienenden Arbeitnehmern einen Anspruch auf betriebliche Altersversorgung einräumen, weil sie nicht in vergleichbarer Weise zur Eigenverantwortung in der Lage sind (BAG 9.12.1997 – 3 AZR 661/96 – AP § 1 BetrAVG Gleichbehandlung Nr. 40). Jedoch verbietet es der Gleichbehandlungsgrundsatz dem Arbeitgeber, sachfremde Unterscheidungen zwischen Arbeitnehmern in vergleichbarer Lage vorzunehmen (BAG 25.2.1999 – 3 AZR 113/97 – AP § 1 BetrAVG Nr. 37). Man wird daher für jeden Einzelfall der unterschiedlichen Behandlung von Arbeitnehmergruppen den sachlichen Differenzierungsgrund betrachten und beurteilen müssen, eine schematische Beurteilung ist nicht angebracht.

197 Ein Beispiel für die unterschiedliche Behandlung von Arbeitnehmergruppen ist die der **Außendienstmitarbeiter** im Vergleich zu den Innendienstmitarbeitern: Der Ausschluss einer Gruppe von Arbeitnehmern von Leistungen der betrieblichen Altersversorgung – hier: Mitarbeiter im Außendienst – ist nur dann mit dem arbeitsrechtlichen Gleichbehandlungsgrundsatz vereinbar, wenn er nach dem Zweck der Leistung gerechtfertigt ist. Der Zweck einer betrieblichen Altersversorgung wiederum besteht primär darin, zur Versorgung der Arbeitnehmer im Alter beizutragen sowie idR Betriebstreue zu fördern und zu belohnen. Der Arbeitgeber darf Außendienstmitarbeiter von Leistungen der betrieblichen Altersversorgung nicht allein deshalb ausschließen, weil diese ein höheres Entgelt (Fixum und Provision) als Mitarbeiter im Innendienst erhalten (BAG 20.7.1993 – 3 AZR 52/93 – AP § 1 BetrAVG Gleichbehandlung Nr. 11). Die höhere Vergütung der Außendienstmitarbeiter wäre nur dann als Argument zur sachlichen Rechtfertigung der unterschiedlichen Behandlung heranzuziehen, wenn sich darin Gehaltsbestandteile finden, die einen gleichwertigen Ausgleich für die Benachteiligung im Bereich des Versorgungslohnes bezwecken. Handelt es sich bei der höheren Vergütung jedoch ausschließlich um „erdientes" Entgelt, also eine Gegenleistung für die erbrachte Leistung (nichts anderes sind Fixum und Provision) lässt sich der Vergütung kein Bestandteil entnehmen, der dazu dienen soll, eine Versorgungslücke auszugleichen (BAG 20.7.1993 – 3 AZR 52/93 – AP § 1 BetrAVG Gleichbehandlung Nr. 11). Von daher gesehen war die Ungleichbehandlung zwischen den beiden Arbeitnehmergruppen sachlich nicht gerechtfertigt. Gleiches gilt für (Alt-) und (Neu-)Außendienstmitarbeiter; eine Differenzierung nach dem Eintrittsdatum hat das BAG nicht für gerechtfertigt gehalten, da die Arbeitgeberin bzw. deren Rechtsvorgängerin eine zunächst gleichbehandelte Gruppe nachträglich aufgespalten hatte (BAG 28.6.2011 – 3 AZR 448/09).

e) „Organisatorischer" Diskriminierungsschutz

198 Art. 157 AEUV ist dahin auszulegen, dass **Einrichtungen**, die damit betraut sind, Leistungen eines Betriebsrentensystems zu erbringen (zB Pensionskasse), die Gleichbehandlung von Männern und Frauen sicherzustellen haben. Dies gilt, obwohl Arbeitnehmer, die aufgrund ihres Geschlechtes diskrimi-

niert sind, gegenüber ihren unmittelbaren Versorgungsschuldnern, den Arbeitgebern als Parteien der Arbeitsverträge, einen insolvenzgeschützten, die Diskriminierung ausschließenden Anspruch zur Verfügung haben. Ein solcher Dritter, wie eine Pensionskasse deutschen Rechts, kann in seiner Eigenschaft als Versicherungsunternehmen dem Versicherungsrecht unterliegen, mit der Folge, dass ein eigenständiger versicherungsrechtlicher Gleichbehandlungsgrundsatz besteht, aus dem die Arbeitnehmer Rechte gegenüber dem Dritten, also der Einrichtung, die Leistungen eines Betriebsrentensystems erbringt (konkret entschieden für die Pensionskasse), Ansprüche geltend machen kann (EuGH 9.10.2001 – Rs. C-379/99 – AP § 1 BetrAVG Pensionskasse Nr. 5). Es kann also auch ein zivilrechtliches Benachteiligungsverbot bestehen (vgl. hierzu auch BAG 7.9.2004 – 3 AZR 550/03 – NZA 2005, 1239).

V. Ergebnis

199 Das AGG findet Anwendung auch im Bereich der **betrieblichen Altersversorgung**. Das bedeutet konkret, dass bei den einzelnen Durchführungswegen der betrieblichen Altersversorgung zu fragen ist, ob gegen eines der verpönten Merkmale des § 1 verstoßen wird oder nicht. Da allerdings auch in der bisherigen Rechtsprechung des Bundesarbeitsgerichtes verpönte Merkmale, insbesondere unter dem Gesichtspunkt des Verstoßes gegen den allgemeinen Gleichbehandlungsgrundsatz geprüft worden sind, dürften wesentliche Neuerungen in der Rechtsprechung wohl nicht zu erwarten sein.

E. Benachteiligungsverbote und Gleichbehandlungsgebote außerhalb des AGG (Abs. 3)

I. Regelungsgehalt

200 Nach § 2 Abs. 3 bleiben Benachteiligungsverbote und Gleichbehandlungsgebote, die auf anderen Rechtsvorschriften beruhen, sowie öffentlich-rechtliche Vorschriften zum Schutz bestimmter Personengruppen, wie die Mutterschutzvorschriften, Jugendschutzvorschriften und Vorschriften zum Schutz von Menschen mit Behinderung **vom AGG unberührt**. Dadurch soll klargestellt werden, dass das AGG lediglich der Umsetzung der Antidiskriminierungs-Richtlinien dient und **keine vollständige und abschließende Regelung des Schutzes vor Benachteiligung** darstellt (s. die Gesetzesbegründung, BT-Drs. 16/1780, 32). Weitere ebenfalls klarstellende Regelungen finden sich in § 15 Abs. 5, wonach Ansprüche gegen den Arbeitgeber aus anderen Rechtsvorschriften von den Regelungen über Entschädigungs- und Schadensersatzansprüche nach § 15 unberührt bleiben (näher dazu → § 15 Rn. 143 ff.), und § 21 Abs. 3, wonach bei unzulässigen Ungleichbehandlungen im Zivilrechtsverkehr Ansprüche aus unerlaubter Handlung von den in § 21 geregelten Ansprüchen unberührt bleiben (näher dazu → § 21 Rn. 99 ff.), sowie in § 32, wonach die allgemeinen Bestimmungen gelten, sofern im AGG nicht Abweichendes bestimmt ist (näher dazu → § 32 Rn. 1 ff.).

201 Soweit **im Unions- und Verfassungsrecht verankerte Benachteiligungsverbote und Gleichbehandlungsgebote** auf privatrechtliche Rechtsverhältnisse zwischen Bürgern sowie auf öffentlich-rechtliche und privatrechtliche

Rechtsverhältnisse mit dem Staat unmittelbar anwendbar sind, folgt dies bereits daraus, dass es sich im Verhältnis zum AGG um höherrangiges Recht handelt. Soweit es sich um **einfachgesetzliche Benachteiligungsverbote und Gleichbehandlungsgebote** handelt, gelten diese neben dem AGG weiter. Dies gilt auch für den von der Rechtsprechung entwickelten **arbeitsrechtlichen Gleichbehandlungsgrundsatz**, weil dieser letztlich auf einem in zahlreichen Rechtsvorschriften verankerten allgemeinen Rechtsgrundsatz beruht (Hinrichs/Zwanziger, DB 2007, 574 ff.; Fuhlrott, ArbRAktuell 2015, 141; LAG Schleswig-Holstein 12.12.2013 – 5 Sa 173/13 – ArbRAktuell 2014, 137; vgl. auch Nollert-Borasio/Perreng, § 2 Rn. 56; Meinel/Heyn/Herms, § 2 Rn. 57; Bauer/Krieger, § 2 Rn. 52; Adomeit/Mohr, § 2 Rn. 215; Rust/Falke-Falke, § 2 Rn. 218; näher zum arbeitsrechtlichen Gleichbehandlungsgrundsatz und zu dessen Verhältnis zum AGG → Rn. 230 ff.). Die Annahme, der arbeitsrechtliche Gleichbehandlungsgrundsatz werde durch das AGG verdrängt (so Maier/Mehlich, DB 2007, 110 ff.), entbehrt jeder Grundlage (Hinrichs/Zwanziger, DB 2007, 574 ff.).

II. Gleichbehandlungsgebote

1. Völkerrechtliche Gleichbehandlungsgebote

a) Völkerrechtliche Verträge

202 Völkerrechtliche Gleichbehandlungsgebote bzw. Diskriminierungsverbote finden sich in zahlreichen **Pakten der UNO** (United Nations Organization) **und Übereinkommen der ILO** (International Labour Organization) (näher dazu → Einl. Rn. 146 ff.). Diese völkerrechtlichen Verträge sind von der Bundesrepublik Deutschland ganz **überwiegend durch Bundesgesetz ratifiziert** worden und haben gem. Art. 59 Abs. 2 GG den **Rang unmittelbar geltenden einfachen Rechts** (Zimmer, in: Däubler/Zimmer, Arbeitsvölkerrecht S. 29 ff.; vgl. auch BVerfG 14.10.2004 – 2 BvR 1481/04 – NJW 2004, 3407; Meyer-Ladewig, Einl. Rn. 18 sowie Zimmer in: Schlachter/Heuschmid/Ulber (Hrsg.), Arbeitsvölkerrecht, § 5 (ILO); → Einl. Rn. 146 ff.). Allerdings begründen sie nur unmittelbare Ansprüche; sofern sie als self-executing eingeordnet werden können, sind weitere Umsetzungsschritte erforderlich, verpflichten völkerrechtliche Normen die Vertragsstaaten, geeignete Maßnahmen zur Verwirklichung der in den Abkommen vorgesehenen Ziele zu ergreifen (näher dazu Frowein/Peukert-Frowein, EMRK Art. 1 Rn. 11 ff.; Zimmer, in: Däubler/Zimmer, Arbeitsvölkerrecht S. 29 ff.). Soweit sie ratifiziert sind, binden sie jedoch die staatlichen Organe einschließlich der Gerichte und sind bei der Auslegung und Anwendung des innerstaatlichen Rechts mittels völkerrechtskonformer Auslegung zu beachten (BVerfG 14.10.2004 – 2 BvR 1481/04 – NJW 2004, 3407). Völkerrechtliches Gewohnheitsrecht hingegen geht gem. Art. 25 GG als allgemeine Regel des Völkerrechts den Gesetzen vor und erzeugt „Rechte und Pflichten unmittelbar für die Bewohner des Bundesgebietes“ (vgl. Däubler/Kittner/Lörcher, Einl. S. 30 f.; zum in ILO-Übereinkommen 100 und 111 verankerten Grundsatz der Nichtdiskriminierung im Erwerbsleben als völkerrechtliches Gewohnheitsrecht s. Zimmer, 2008, S. 72 ff.). Teilweise sind die Gleichbehandlungsgebote bzw. Diskriminierungsverbote von ihrem Inhalt her identisch mit dem Ungleichbehand-

lungsverbot des AGG, so dass ein Rückgriff insoweit nicht erforderlich ist. Teilweise gehen sie aber auch über den Regelungsbereich des AGG hinaus (→ Einl. Rn. 146 ff.).

b) EMRK

203 Die Europäische Konvention zum Schutz der Menschenrechte und Grundfreiheiten vom 4.11.1959, geändert durch das am 1.11.1998 in Kraft getretene Protokoll Nr. 11 vom 11.5.1994 (Europäische Menschenrechtskonvention – EMRK), formuliert in **Art. 14 EMRK** ein **Gleichbehandlungsgebot im Hinblick auf** die **in der Konvention festgelegten Rechte und Freiheiten** für die Merkmale Geschlecht, „Rasse“, Hautfarbe, **Sprache**, Religion, **politische oder sonstige Anschauungen**, nationale oder **soziale Herkunft**, Zugehörigkeit zu einer nationalen Minderheit, **Vermögen, Geburt oder sonstiger Status**, die Aufzählung ist nicht abschließend. Die Diskriminierungsmerkmale sind somit nicht mit denen des AGG deckungsgleich, sondern gehen insbesondere im Hinblick auf den sozialen Status deutlich darüber hinaus (näher dazu → Einl. Rn. 194 ff.; zur Europäischen Sozialcharta → Einl. Rn. 200 ff.). Das Diskriminierungsverbot gilt für alle Sachverhalte, die in den Anwendungsbereich der Vorschriften der Konvention fallen, wobei es nicht darauf ankommt, dass eine dieser Vorschriften verletzt ist (Meyer-Ladewig, EMRK Art. 14 Rn. 5; Frowein/Peukert-Peukert, EMRK Art. 14 Rn. 2; jeweils mwN). Es verbietet sowohl die unterschiedliche Behandlung von Personen in einer vergleichbaren Lage als auch die gleiche Behandlung von Personen in einer eindeutig unterschiedlichen Lage ohne sachlichen Grund (Meyer-Ladewig, EMRK Art. 14 Rn. 9; ausführlich zur Vergleichbarkeit und zu den Anforderungen an eine Rechtfertigung Frowein/Peukert-Peukert, EMRK Art. 14 Rn. 7 ff.).

204 Auf der Grundlage der Ratifizierung der EMRK durch das Gesetz vom 7.8.1952 (BGBl. II, 685) und das Gesetz vom 24.7.1995 (BGBl. II, 578) findet Art. 14 EMRK in Deutschland **unmittelbar Anwendung** und ist einschließlich der Entscheidungen des EGMR bei der Auslegung und Anwendung des innerstaatlichen Rechts zu beachten (BVerfG 14.10.2004 – 2 BvR 1481/04 – NJW 2004, 3407). **Klagen vor dem EGMR** richten sich jeweils **gegen den Staat,** dem es aufgrund positiver Schutzpflichten obliegt, die Verletzung von Grundrechten seiner Bürger (auch) durch Dritte zu verhindern (Seifert, EuZW 2011, 696 ff.; ausführlich zur Individualbeschwerde nach Art. 34 EMRK Meyer-Ladewig/Raumer, Einl. Rn. 47 ff.).

Im Vergleich zum AGG ist der **Anwendungsbereich** des Art. 14 EMRK teilweise enger wegen der Beschränkung auf die in der EMRK verankerten Rechte, zT aber auch weiter, weil sich das Gleichbehandlungsgebot nicht nur auf die vom AGG erfassten Merkmale, sondern auch auf die Merkmale Sprache, politische und sonstige Anschauungen, nationale und soziale Herkunft, Zugehörigkeit zu einer nationalen Minderheit, Vermögen, Geburt und sonstiger Status bezieht und damit alle den Status einer Person betreffende Eigenschaften erfasst (näher dazu Frowein/Peukert-Peukert, EMRK Art. 14 Rn. 13 ff.).

205 In etlichen Entscheidungen des EGMR zu Art. 14 EMRK mit arbeitsrechtlichem Bezug ging es um die **Verletzung der Religionsfreiheit (Art. 9**

EMRK) iVm Art. 14 EMRK, so bspw. in der Entscheidung Eweida, in welcher British Airways gerügt wurde, da es Bodenangestellten untersagt hatte, während der Arbeit sichtbar ein Kreuz an einer Halskette zu tragen, obwohl dies nicht die Sicherheit gefährdete (EGMR 15.1.2013 – 48420/10, 59842/10, 51671/10, 36516/10 – NJW 2014, 1935). Bereits in der Entscheidung Thlimmenos, in welcher ein Zeuge Jehovas, der aus religiösen Gründen den Wehrdienst verweigert hatte, wegen seiner Vorstrafe nicht als beeideter Wirtschaftsprüfer zugelassen wurde, hatte der EGMR die Verletzung von Art. 9 iVm Art. 14 EMRK gerügt (EGMR 6.4.2000 – 34369/97 – ÖJZ 2001, 518). Eine **Diskriminierung nepalesischer Gurkha-Soldaten** in der Britischen Armee wurde vom EGMR hingegen verneint. Der Gerichtshof sah die Ungleichbehandlung **aufgrund der Nationalität** (und des Alters) bei der Gewährung von Rentenansprüchen als sachlich gerechtfertigt an, da das Rentensystem die besondere historische Situation der Soldaten nepalesischer Herkunft berücksichtige (EGMR 19.9.2016 – 44818/11 – http://hudoc.echr.coe.int/eng#{%22itemid%22:[%22001-166691%22]}, letzter Zugriff: 10.1.2018).

Infrage kommt bei Diskriminierungstatbeständen auch eine **Verletzung des Rechts auf Schutz der Privatsphäre (Art. 8 EMRK)** iVm Art. 14 EMRK, der Gerichtshof hat verschiedentlich betont, dass der Schutzbereich von Art. 8 EMRK auch Beschäftigungen umfasst. So sah der EGMR **Art. 14 iVm Art. 8 EMRK** in der Rs. Topčić-Rosenberg (EGMR 14.11.2013 – 19391/11 – http://hudoc.echr.coe.int/eng#{%22itemid%22:[%22001-128053%22]}, letzter Zugriff 10.1.2018) als verletzt an, als einer **selbstständigen Adoptivmutter** aus Zagreb durch die kroatische Krankenversicherung der **Mutterschaftsurlaub verweigert wurde**. Als leiblicher Mutter hätte ihr ein solcher Anspruch zugestanden. Auch im Fall Schüth erachtete der Gerichtshof das Recht auf Schutz des Privatlebens aus Art. 8 EMRK als verletzt, welches er mit der kirchlichen Autonomie als Teil der Religionsfreiheit abzuwägen hatte. Die Kündigung des von seiner Ehefrau getrennt und mit einer neuen Partnerin zusammenlebenden Organisten durch die katholische Kirche wegen Ehebruchs und Bigamie, verstieß gegen Art. 8 EMRK (EGMR 23.9.2010 – 1620/03 – NZA 2011, 277, sowie bzgl. der Höhe der Entschädigung nach Art. 41 EMRK: EGMR 28.6.2012 – 1620/03 – NZA 2011, 279). Diese Auslegung wurde in weiteren Entscheidungen bestätigt, so führt der Gerichtshof in der Rs. Fernández Martínez (EGMR gr. Kammer 12.6.2014 – 56030/07 – NZA 2015, 533) aus, dass der **Schutz des Privatlebens durch Art. 8 EMRK sich nicht nur auf einen „Inner Circle" beziehe**, sondern dass **auch berufliche Aktivitäten** unter den Schutz des Privatlebens fallen können. Inhaltlich ging es um die Nichtverlängerung eines befristeten Arbeitsvertrags eines verheirateten Priesters mit fünf Kindern. Bei der Prüfung ob der Eingriff in Art. 8 EMRK **verhältnismäßig**, mithin **„notwendig in einer demokratischen Gesellschaft"** war, hatte der EGMR das Recht auf Achtung des Privat- und Famlienlebens mit der Pflicht des Staates zum Schutz der Kirchenautonomie abzuwägen; er setzte sich intensiv mit den – freiwillig eingegangenen – Loyalitätspflichten des Priesters und deren Grenzen auseinander. Im Ergebnis wurde die Nichtverlängerung des Arbeitsverhältnisses als zulässig erachtet (vgl. die kritische Anm. von Lörcher, HSI-Newsletter 3/2014, unter III sowie vertiefend zu Art. 8

EMRK: Hendrickx/van Bever, in: Dorssemon/Lörcher/Schömann (Hrsg.), Art. 8 ECHR: Judicial Patterns of Employment Privacy Protection, S. 183 ff.).

Auch in Fällen einer möglichen **Diskriminierung aufgrund des Geschlechts** kann Art. 14 EMRK durch das Zusammenspiel mit Art. 8 EMRK einschlägig sein, sofern eine Ausstrahlung in das Privatleben gegeben ist. Im Fall der Entlassung der türkischen Beamtenbewerberin Emel Boyraz (EGMR 2.12.2014 – 61960/08 – http://hudoc.echr.coe.int/eng?i=001-148271, letzter Zugriff 13.1.2018), erachtete der EGMR die Argumentation, die Tätigkeit als Sicherheitsoffizierin sei Männern vorbehalten, nicht als Rechtfertigung der Ungleichbehandlung, sondern stellte eine Verletzung von Art. 8 EMRK iVm Art. 14 EMRK fest. Eine Verletzung von Art. 14 iVm Art. 8 EMRK wegen einer **mittelbaren Diskriminierung aufgrund des Geschlechts** sah der EGMR im Fall der Schweizerin Di Trizio als gegeben (EGMR 2.2.2016 – 7186/09 – NJW 2011, 3773). Zu beurteilen war, ob die gewählte sog „gemischte Methode" zur Berechnung der Invalidenrente sich bei Frauen nach der Geburt überproportional negativ in Bezug auf die Höhe der Rente auswirkt, was der Gerichtshof bejahte, so dass die Ungleichbehandlung in Bezug auf die Gewährung/Höhe der Rente nach der Geburt der Kinder der Beschwerdeführerin nicht gerechtfertigt war. Nicht als Diskriminierung iSv Art. 14 iVm Art. 8 EMRK erachtet der Gerichtshof die Versagung einer Witwerrente für einen gleichgeschlechtlichen Partner einer „eheähnlichen Beziehung" aus Spanien (EGMR 14.6.2016 –3524109 (Aldeguer Tomás) – http://hudoc.echr.coe.int/eng?i=001-163660, letzter Zugriff 5.1.2018), der die Rente vor den Gesetzesänderungen zur Anerkennung **gleichgeschlechtlicher Partnerschaften** geltend gemacht hatte. Anknüpfend an seine Rechtsprechung in der Rs. Schalk und Kopf (EGMR 24.6.2010 – 30141/04 – NJW 2011, 1421) führte der EGMR aus, dass die Staaten insoweit einen **Ermessensspielraum** haben, wann sie ihre **nationalen Gesetze anpassen** (vertiefend zu Art. 14 EMRK vgl. Bruun, in: Dorssemon/Lörcher/Schömann (Hrsg.), The European Convention on Human Rights and the Employment Relation, S. 367 ff.).

2. Unionsrechtliche Gleichbehandlungsgebote

a) Allgemeines

206 Unionsrechtliche Gleichbehandlungsgebote bzw. Diskriminierungsverbote finden sich in den Verträgen und der EU-Grundrechtecharta, dem ungeschriebenen Unionsrecht sowie in mehreren Verordnungen und Richtlinien. Welche **Wirkung** diese in den Mitgliedstaaten entfalten und ob der einzelne Bürger daraus Ansprüche herleiten kann, hängt zum einen davon ab, was Inhalt und wer Adressat der jeweiligen Vorschrift ist, und zum anderen davon, auf welcher Ebene des Unionsrechts sie angesiedelt sind (zu den Auswirkungen der EMRK und der weiteren völkerrechtlichen Verträge auf das Unionsrecht → Einl. Rn. 146 ff., 159, 180, 187, 192, 199; zum Verhältnis des Unionsrechts zum deutschen Verfassungsrecht s. BVerfG 21.10.1986 – 2 BvR 197/83 – NJW 1987, 577 (Solange II); BVerfG 7.6.2000 – 2 BvL 1/97 – NJW 2000, 3124; BVerfG 30.6.2009 – 2 BvE 2/08 – NJW 2009, 2267 (Lissabon-Entscheidung). Gleichbehandlungsgebote im Primärrecht

der Union **wirken unmittelbar** in den Mitgliedstaaten, sofern die Normen unbedingt und hinreichend bestimmt sind (wie bspw. Art. 157 Abs. 1 AEUV); sie haben dann **Vorrang vor dem nationalen Recht**. Gleiches gilt unter bestimmten Umständen für das ebenfalls zum Primärrecht gehörende **ungeschriebene Unionsrecht** (→ Rn. 209). Ebenfalls unmittelbare Geltung entfalten nach Art. 288 Abs. 2 AEUV **Verordnungen**. Hingegen bedürfen **Richtlinien** grundsätzlich der **Umsetzung in das nationale Recht**. Sie sind nach Art. 288 Abs. 3 AEUV nur hinsichtlich der zu erreichenden Ziele verbindlich. Die Wahl der Form und Mittel bleibt den Mitgliedstaaten überlassen (→ Einl. Rn. 98). **Unmittelbar anwendbar** sind sie **nur ausnahmsweise** im Verhältnis zwischen Bürger und Staat, wenn sie inhaltlich unbedingt, hinreichend konkret und genau gefasst sind (näher dazu → Einl. Rn. 95, 96 f.).

207 **Art. 6 Abs. 1 EUV**, wonach sich die Union zu den in der EU-GRC verankerten Grundrechten bekennt, **bindet nur die Organe der Union**. Der einzelne Bürger kann sich auf diese Vorschrift nicht berufen. Gleiches gilt für **Art. 8 AEUV und Art. 157 Abs. 3, 4 AEUV**, weil es sich um **reine Kompetenznormen** handelt (→ Einl. Rn. 110 f. sowie ausdrücklich EuGH 11.7.2006 – Rs. C-13/05 (Chacón Navas) – DB 2006, 1617 Rn. 55, zu Art. 19 AEUV (Ex-Art. 13 EG). Art. 8 AEUV ist eine allgemeine Querschnittskompetenzklausel für Aktivitäten der Union zur Beseitigung von Ungleichheiten und zur Förderung der Gleichstellung von Männern und Frauen (Vedder/Heintschel von Heinegg-Folz, AEUV § 8 Rn. 2); diese wird in Bezug auf die anderen Diskriminierungsmerkmale ergänzt durch die Querschnittsklausel des Art. 10 AEUV (→ Einl. Rn. 110). Art. 19 Abs. 1, 2 AEUV ermächtigt den Rat, Rechtsakte und Fördermaßnahmen zur **Bekämpfung von Diskriminierungen** aus Gründen des **Geschlechts, der Rasse, der ethnischen Herkunft, der Religion oder Weltanschauung, einer Behinderung, des Alters oder der sexuellen Orientierung** im Rahmen der der Union übertragenen Zuständigkeiten zu erlassen (näher dazu → Einl. Rn. 115 ff.). Darüber hinaus ermächtigt Art. 157 Abs. 3 AEUV den Rat, Maßnahmen speziell zur Herstellung der Chancengleichheit und der **Gleichbehandlung von Männern und Frauen** zu beschließen, einschließlich des Grundsatzes des gleichen Entgelts bei gleicher oder gleichwertiger Arbeit (vgl. Kommentierung zum EntgTransparenzG im Anschluss an die Kommentierung des AGG). Art. 157 Abs. 4 AEUV ermächtigt die Mitgliedstaaten zudem, diesbzgl. positive Maßnahmen vorzusehen (näher dazu → § 5 Rn. 6, 17).

208 Mit Inkrafttreten des Vertrags von Lissabon am 1.12.2009 ist die **EU-Grundrechtecharta** (ABl. Nr. C 303 S. 1) gem. Art. 6 Abs. 1 EUV den Verträgen gleichgestellt und somit **rechtlich verbindlich**. Die EU-GRC formuliert in den Art. 20, 21 und 23 Gleichbehandlungsgebote bzw. Diskriminierungsverbote. Während Art. 20 EU-GRC den allgemeinen Gleichheitssatz normiert, enthält Art. 21 Abs. 1 EU-GRC das Verbot der Diskriminierung aufgrund des Geschlechts, der „Rasse", der Hautfarbe, der ethnischen oder **sozialen Herkunft**, der **genetischen Merkmale**, der **Sprache**, der Religion oder Weltanschauung, der **politischen oder sonstigen Anschauung**, der Zugehörigkeit zu einer **nationalen Minderheit**, des **Vermögens**, der **Geburt**,

einer Behinderung, des Alters oder der sexuellen Ausrichtung; die Aufzählung ist nicht abschließend. Die Diskriminierungsmerkmale der EU-GRC sind somit nicht mit denen der auf Art. 19 Abs. 1 AEUV fußenden Anti-Diskriminierungsrichtlinien und dem AGG als nationalem Umsetzungsgesetz deckungsgleich, sondern gehen weit darüber hinaus, was insbesondere in Bezug auf eine Ungleichbehandlung wegen politischer Einstellung oder im Hinblick auf den sozialen Status von Bedeutung ist. Das Verbot der Verarbeitung genetischer Daten ist zudem in in Art. 9 Abs. 1 DSGVO normiert, auf innerstaatlicher Ebene untersagt darüber hinaus § 4 Abs. 1 GenDG die Benachteiligung aufgrund genetischer Merkmale (vgl. Däubler, Gläserne Belegschaften, § 5 Rn. 195 a, 238 sowie § 6 Rn. 285 f.). Für die übrigen, nicht in den Antidiskriminierungs-Richtlinien enthaltenen Merkmale, besteht seit Inkrafttreten der EU-GRC Handlungsbedarf, um in einer **weiteren EU-Richtlinie** auch den Schutz der Diskriminierungsmerkmale soziale Herkunft, Sprache, politische oder sonstigen Anschauung sowie Zugehörigkeit zu einer nationalen Minderheit zu gewährleisten und das Verbot von Diskriminierung aufgrund mangelnden Vermögens sicherzustellen. Zur Klarstellung könnte auch das Verbot der Diskriminierung aufgrund genetischer Merkmale in eine solchen Richtlinie aufgenommen werden. Bzgl. Diskriminierung aufgrund des Geschlechts ist **Art. 23 Abs. 1 EU-GRC** lex specialis; die Mitgliedstaaten werden verpflichtet, „in allen Bereichen, einschließlich der Beschäftigung, der Arbeit und des Arbeitsentgelts ..., die **Gleichheit von Frauen und Männern** ... sicherzustellen". Art. 23 Abs. 2 EU-GRC normiert zudem die Zulässigkeit positiver Maßnahmen „für das unterrepräsentierte Geschlecht". Der EuGH hatte die Charta zuvor bereits als Teil der gemeinsamen Verfassungstraditionen der Mitgliedstaaten bei der Auslegung des Unionsrechts berücksichtigt (Callies/Ruffert-Kingreen, EUV Art. 6 Rn. 1; s. auch EuGH 22.5.2005 – Rs. C-144/04 (Mangold) – NZA 2005, 1345 Rn. 74).

209 Die EU-GRC bindet gem. Art. 51 Abs. 1 S. 1 EU-GRC die Organe, Einrichtungen und sonstigen Stellen der Union, die **Mitgliedstaaten** sind an die GRC „ausschließlich bei der **Durchführung des Rechts der Union**" gebunden. Das ist bei unmittelbarem Vollzug von Unionsrecht unstrittig, also bei der Konkretisierung von Verordnungen und Entscheidungen der Unionsorgane und bei der **Umsetzung von Richtlinien**. Fraglich ist jedoch, ob die Grundrechtsbindung der Mitgliedstaaten nur für den zwingend vorgegebenen Teil oder auch für den Teil von Richtlinien gilt, bei denen der nationale Gesetzgeber Entscheidungsfreiheit besitzt. Der EuGH legt einen **weiten „Anwendungsbereich** des Unionsrechts" zugrunde (EuGH 13.7.1989 – Rs. C-5/88 (Wachauf) – Slg 1989, 2609; EuGH 18.6.1991 – Rs. C-260/89 (ERT) – Slg 1991, I-2925; EuGH 18.12.97 – Rs. C-309/96 (Annibaldi) – Slg 1997, I-7493; EuGH 13.4.2000 – Rs. C-292/97 – Slg 2000, I-2737; EuGH 27.6.2006 – Rs. C-540/03 (Parlament/Rat) – Slg 2006-5769). In der Entscheidung Fransson führt er aus, dass der „Anwendungsbereich" des Unionsrechts und die „Durchführung des Rechts der Union" als deckungsgleich anzusehen sind (EuGH 26.2.2013 – Rs. C-616/10 (Fransson) – EuZW 2013, 302 ff.), wobei der Gerichtshof die Begründungsanforderungen an den notwendigen Zusammenhang zwischen Sekundärrecht und nationalem Rechtsakt in der Entscheidung Hernández wieder erhöht (EuGH

10.7.2014 – Rs. C-198/13 – NZA 2014, 1325); insoweit bleibt die weitere Rechtsprechung abzuwarten (vgl. Snell, EPL 21/2015, 285, 296 ff. sowie Terhechte, GSH, EU-Recht, GRCh Art. 51 Rn. 11 f.). Die Argumentation für einen weiten Anwendungsbereich des Unionsrechts bezieht sich auf die Erläuterungen zu Art. 51 EU-GRC, die gem. Art. 52 Abs. 7 bei der Auslegung „gebührend zu berücksichtigen" sind (Brummund, 2011, S. 67 f. mwN; Ehlers, § 14 Rn. 50 ff.; Jarass, EU-GR § 4 Rn. 13; Bogdandy/Bast-Kühling, S. 682 f.; Schwarze-Hatje, EU-GRC Art. 51 Rn. 18 f.; Tettinger/Stern-Ladenburger, EU-GRC Art. 51 Rn. 27). Die Gegenauffassung geht vom Wortlaut der Norm aus und argumentiert, für nicht von der Richtlinie vorgegebene Umsetzungsakte gelte der Maßstab der EU-GRC nicht (Calliess/Ruffert-Kingreen, GRC Art. 51 Rn. 8 ff.; Streinz-Streinz/Michl, EU-GRC Art. 51 Rn. 9; Willemsen/Sagan, NZA 2011, 258 f.). Diese Position wird durch die Rechtsprechung des BVerfG gestützt, das dem EuGH ausdrücklich widerspricht. Im Hinblick auf die **für die verfassungsrechtliche nationale Identität notwendigen Grundrechtsstandards** wird zurückgewiesen, dass „jeder sachliche Bezug einer Regelung zum bloß abstrakten Anwendungsbereich des Unionsrechts oder rein tatsächliche Auswirkungen auf dieses" ausreichten, um eine Bindung der Mitgliedstaaten an die Unionsgrundrechte auszulösen (BVerfG 24.4.2013 – 1 BvR 1215/07 – BVerfGE 133, 267, 316; unter Bezugnahme auf BVerfG 2.3.2010 – 1 BvR 256/08, 1 BvR 263/08, 1 BvR 586/08 – BVerfGE 125, 260, 306; BVerfG 11.3.2008 – 1 BvR 256/08 – BVerfGE 121, 1, 15; BVerfG 13.7.2007 – 1 BvF 1/05 – BVerfGE 118, 79, 95 f.; s. auch Calliess/Ruffert-Kingreen GRC Art. 51 Rn. 11). Auch diese Auffassung argumentiert mit Art. 51 Abs. 1 S. 1 EU-GRC, der verdeutliche, dass die Charta (im Unterschied zur EMRK) keinen durchgängigen supranationalen Grundrechtsschutz etabliert, sondern das Modell eines zwischen Union und Mitgliedstaaten geteilten Grundrechtsschutzes zugrunde lege (Calliess/Ruffert-Kingreen, GRC Art. 51 Rn. 14; Britz, EuGRZ 2015, 275, 276; Masing, JZ 2015, 477, 480; Snell, EPL 21/2015, 285, 299). Dieser Position ist zuzustimmen, da ein Mitgliedstaat, der Grundrechtseingriffe jenseits der Vorgaben einer Richtlinie tätigt, kein Unionsrecht durchführt, das einer einheitlichen Anwendung bedürfte (Calliess/Ruffert-Kingreen, GRC Art. 51 Rn. 14). Auch unter dem Aspekt der Notwendigkeit einer einheitlichen Anwendung des Unionsrechts überzeugt die Rechtsprechung des EuGH nicht. Macht ein Mitgliedstaat von Ausnahmeklauseln Gebrauch und geht über die Vorgaben einer Richtlinie hinaus, sind uneinheitliche Regelungen strukturell vorgegeben. Die Mitgliedstaaten sind folglich nur bei der legislativen Umsetzung des durch die Richtlinie vorgegebenen Teils an die EU-GRC gebunden (Calliess/Ruffert-Kingreen, GRC Art. 51 Rn. 14, 19 f.) Bei **rein innerstaatlichen Sachverhalten** findet die EU-GRC ohnehin **keine Anwendung**, in diesen Fällen kann nicht auf die über § 1 hinausgehenden Grundrechte zurückgegriffen werden.

b) Allgemeiner Gleichbehandlungsgrundsatz

210 Die **EU-GRC** normiert den allgemeinen Gleichheitsgrundsatz in **Art. 20.** Der EuGH nahm jedoch in richterrechtlicher Rechtsfortbildung bereits vor Inkrafttreten der EU-GRC ein **allgemeines Grundrecht auf Gleichbehand-**

lung an, welches zu den „wesentlichen Grundsätzen des Gemeinschaftsrechts" gehöre. Vergleichbare Sachverhalte dürften nicht unterschiedlich behandelt werden, es sei denn, eine Differenzierung wäre objektiv gerechtfertigt; Entsprechendes gilt für den umgekehrten Fall, dass ungleiche Sachverhalte gleich behandelt werden (EuGH 12.7.2001 – Rs. C-189/01 (Jippes) – EuZW 2001, 728 Rn. 129, unter Bezugnahme auf frühere Rechtsprechung). Als Rechtsgrundlage zog der EuGH die EMRK sowie die Verfassungsüberlieferungen der Mitgliedstaaten heran (EuGH 11.7.2006 – Rs. C-13/05 (Chacón Navas) – DB 2006, 1617 Rn. 56; EuGH 22.5.2005 – Rs. C-144/04 (Mangold) – NZA 2005, 1345 Rn. 74; EuGH 12.12.2002 – Rs. C-442/00 (Caballero) – NZA 2003, 211 Rn. 30, 32; → Einl. Rn. 106 f.). Mittlerweile hat der in Art. 20 EU-GRC normierte allgemeine Gleichbehandlungsgrundsatz aufgrund von Art. 6 Abs. 1 EUV Primärrechtsqualität (→ Rn. 208), gem. Art. 6 Abs. 3 EUV bleiben die auf der EMRK sowie den gemeinsamen Verfassungsüberlieferungen der Mitgliedstaaten basierenden **allgemeinen Grundsätze des Unionsrechts** bestehen. Der EuGH führt allerdings aus, dass auch das „Verbot der Diskriminierung wegen des Alters ein allgemeiner Grundsatz des Unionsrechts ist, da er eine spezifische Anwendung des allgemeinen Gleichbehandlungsgrundsatzes darstellt" (EuGH 9.3.2017 – Rs. C-406/15 (Milkova), Rn. 54 ff.; EuGH 5.7.2017 – Rs. C-190/16 (Fries), Rn. 29 ff.; EuGH 19.1.2010 – Rs. C-555/07 (Kücükdeveci) – NZA 2010, 85 Rn. 51). Der Grundsatz der Gleichheit und der Nichtdiskriminierung ist im Anwendungsbereich des Unionsrechts außer für die Organe der Union auch **für die Mitgliedstaaten einschließlich der Gerichte verbindlich** (EuGH 12.12.2002 – Rs. C-442/00 (Caballero) – NZA 2003, 211 Rn. 30; EuGH 22.5.2005 – Rs. C-144/04 (Mangold) – NZA 2005, 1345 Rn. 77). **Verstoßen nationale Vorschriften gegen den Gleichbehandlungsgrundsatz,** haben die nationalen Gerichte diese außer Anwendung zu lassen (EuGH 19.1.2010 – Rs. C-555/07 (Kücükdeveci) – NZA 2010, 85; EuGH 22.5.2005 – Rs. C-144/04 (Mangold) – NZA 2005, 1345; EuGH 12.12.2002 – Rs. C-442/00 (Caballero) – NZA 2003, 211 Rn. 43; s. dazu auch BAG 26.4.2006 – 7 AZR 500/04 – BB 2006, 1858 und BAG 3.4.2007 – 9 AZR 823/06 – NZA 2007, 1098 sowie → Einl. Rn. 105). Stattdessen sind die Regelungen anzuwenden, die ohne die gleichheitswidrige Vorschrift gelten bzw. die für die Personengruppe gelten, mit der die betroffene Personengruppe vergleichbar ist (EuGH 12.12.2002 – Rs. C-442/00 (Caballero) – NZA 2003, 211). Der EuGH hat in verschiedenen Entscheidungen klargestellt, dass auch die Tarif- und Betriebsparteien sowie Privatpersonen an den Gleichbehandlungsgrundsatz gebunden sind (EuGH 6.12.2012 – Rs. C-152 (Odar) – NZA 2012, 1435; EuGH 13.9.2011 – Rs. C-447/09 (Prigge) – NZA 2011, 1039; EuGH 8.9.2011 – verb. Rs. C-297/10 u. C-298/10 (Hennings/Mai) – NZA 2011, 1100; EuGH 18.11.2010 – Rs. C-356/09 (Kleist) – NZA 2010, 1401). **Bedeutung** hat der allgemeine Gleichbehandlungsgrundsatz nur, soweit im Primärrecht bzw. dem unmittelbar anwendbaren Sekundärrecht **keine ausdrückliche Gleichbehandlungsvorschrift** existiert, von welcher der Sachverhalt erfasst wird.

c) Art. 18 Abs. 1 AEUV

211 Art. 18 AEUV enthält ein **allgemeines Diskriminierungsverbot aus Gründen der Staatsbürgerschaft.** Es greift immer dann ein, wenn der Sachverhalt in den **Anwendungsbereich des Unionsrechts** fällt (Calliess/Ruffert-Epiney, AEUV Art. 18 Rn. 15; näher dazu → Rn. 209) und nicht von einem besonderen an die Staatsbürgerschaft anknüpfenden Diskriminierungsverbot erfasst wird (Streinz-Streinz, AEUV Art. 18 Rn. 14; vertiefend Schwarze-Holoubek, AEUV Art. 18 Rn. 5 ff.). Der EuGH bestimmt den Anwendungsbereich nach dem Einzelfall, unter Rückgriff auf den „gegenwärtigen Entwicklungsstand" des Unionrechts (EuGH 6.10.2009 – Rs. C-123/08 (Wolzenburg) – NJW 2010, 283; EuGH 23.1.1997 – Rs. C-29/95 (Pastoors) – Slg 1997, I-285). Das Verbot der Diskriminierung aus Gründen der Staatangehörigkeit findet sich zudem in Art. 21 Abs. 1 EU-GRC, wobei der EuGH den **Anspruch auf Inländerbehandlung** aus einer kombinierten Anwendung von Art. 21 Abs. 1 EU-GRC und Art. 18 AEUV herleitet, die Normen sollen in einer wechselseitigen Verklammerung wirken (EuGH 27.3.2014 – Rs. C-322/13 (Grauel Rüffer) – EuZW 2014, 393 Rn. 18; EuGH 4.12.2012 – Rs. C-75/11 (Kommission/Österreich) – NVwZ-RR 2012, 948 Rn. 39; vgl. zudem Grabenwarter-Wendel, § 18 Rn. 84 f.). Besondere an die Staatsbürgerschaft anknüpfende Diskriminierungsverbote existieren zudem in den Vorschriften über die Grundfreiheiten, wie zB in Art. 45 AEUV über die Freizügigkeit der Arbeitnehmer, in Art. 49 AEUV über die Niederlassungsfreiheit und in Art. 56 AEUV über die Dienstleistungsfreiheit.

212 Art. 18 Abs. 1 AEUV **bindet** in erster Linie die **Mitgliedstaaten** und den **Unionsgesetzgeber** (Calliess/Ruffert-Epiney, AEUV Art. 18 Rn. 40; Grabenwarter-Schmahl, § 15 Rn. 66; Schwarze-Holoubek, AEUV Art. 18 Rn. 39 f.; Streinz-Streinz, AEUV Art. 18 Rn. 40; jeweils mwN) und findet zudem Anwendung auf **juristische Personen** iSd **Art. 54 AEUV. Unionsbürger**, mithin Staatsbürger der einzelnen Mitgliedstaaten, können sich gegenüber dem Staat und seinen Institutionen direkt auf Art. 18 AEUV berufen; ob dieses auch gegenüber Privaten gilt, ist in der Literatur umstritten. Die Frage wird in der Literatur zT bejaht (Grabitz/Hilf/Nettesheim-Bogdandy, AEUV Art. 18 Rn. 28; wohl auch Grabenwarter-Schmahl, § 15 Rn. 67), zumeist jedoch eher ablehnend betrachtet (Schwarze-Holoubek, AEUV Art. 18 Rn. 44 f.; Streinz-Streinz, AEUV Art. 18 Rn. 43 ff.; GSH-Rust, AEUV Art. 18 Rn. 44; Rossi, EuR 2000, 197, 217 f.; Grabenwarter-Wendel, § 18 Rn. 67 ff.). Der EuGH hat sich noch nicht zu einer **möglichen Drittwirkung von Art. 18 AEUV** geäußert, diese allerdings in Bezug auf die **Grundfreiheiten bejaht** (EuGH 17.7.2008 – Rs. C-94/07 (Raccanelli) – Slg 2008, I-5939 – NZA 2008, 995; EuGH, 11.12.2007 – Rs. C-438/05 (Viking) – NZA 2008, 124; EuGH 18.12.2007 – Rs. C-341/05 (Laval) – NZA 2008, 159; EuGH 16.11.2000 – Rs. C-281/98 (Angonese) – AP Art. 39 EG Nr. 3 zu Art. 48 EGV, jetzt Art. 45; EuGH 15.12.1995 – Rs. C-415/93 (Bosman) – NZA 1996, 191 Rn. 69 ff.; EuGH 12.12.1974 – Rs. 36/74 (Walrave und Koch) – NJW 1975, 1093 Rn. 25; ablehnend in Bezug auf eine Horizontalwirkung der Grundfreiheiten: Riesenhuber, S. 101 ff.; Körber, S. 796 f.). Es ist fraglich, ob eine generelle Drittwirkung von Art. 18 AEUV angenommen werden kann, da dieser eher auf eine Ho-

heitsträger-Bürger-Beziehung zugeschnitten ist. Allerdings spricht vieles dafür, dass Art. 18 AEUV zwischen Privaten bei einem solchen Machtgefälle zur Anwendung kommen kann, das mit dem zwischen Bürger-Staat vergleichbar ist. In solchen Fällen können sich auch Private unmittelbar auf die Norm berufen (Calliess/Ruffert-Epiney, AEUV Art. 18 Rn. 40). Staatenlose oder Bürger von Ländern außerhalb der EU (Drittstaaten) hingegen können sich nicht auf Art. 18 Abs. 1 AEUV berufen (Streinz-Streinz, AEUV Art. 18 Rn. 38 ff.; Schwarze-Holoubek, AEUV Art. 18 Rn. 36 ff.). Weiter gilt das Diskriminierungsverbot nur für sog **grenzüberschreitende Sachverhalte**, dh für Sachverhalte, von denen Angehörige eines anderen Mitgliedstaates betroffen sind. Auf reine Inlandssachverhalte findet die Vorschrift ebenso wenig Anwendung wie auf unterschiedliche Regelungen in verschiedenen Mitgliedstaaten (Streinz-Streinz, AEUV Art. 18 Rn. 6, 62 ff.; differenzierend Schwarze-Holoubek, AEUV Art. 18 Rn. 28 sowie Calliess/Ruffert-Epiney, AEUV Art. 18 Rn. 27 ff.). Um keinen reinen Inlandssachverhalt handelt es sich, wenn sich ein Inländer in einer vergleichbaren Lage mit einem Ausländer befindet, zB weil er seine Qualifikation in einem anderen Mitgliedstaat erworben hat oder Waren aus einem anderen Mitgliedstaat einführt (Schwarze-Holoubek, AEUV Art. 18 Rn. 28).

213 Art. 18 Abs. 1 AEUV verbietet jede Diskriminierung aus Gründen der Staatsangehörigkeit. Erfasst werden **neben** der **unmittelbaren**, direkten oder auch formalen Diskriminierung auch die **mittelbare**, indirekte oder materielle sowie alle sonstigen Formen einer **versteckten Diskriminierung** (Streinz-Streinz, AEUV Art. 18 Rn. 51 ff.; Calliess/Ruffert-Epiney, AEUV Art. 18 Rn. 12 ff.; Schwarze-Holoubek, AEUV Art. 18 Rn. 5 ff.). Streitig ist, ob eine unterschiedliche Behandlung wegen der Staatsangehörigkeit im Sinne eines relativen Diskriminierungsverbots **durch sachliche Gründe objektiv gerechtfertigt** sein kann (Calliess/Ruffert-Epiney, AEUV Art. 18 Rn. 37) oder ob es sich um ein absolutes Diskriminierungsverbot handelt (zum Meinungsstand Streinz-Streinz, AEUV Art. 18 Rn. 59). Nach der Rechtsprechung des EuGH können jedenfalls mittelbare Ungleichbehandlungen wegen der Staatsangehörigkeit objektiv gerechtfertigt sein (EuGH 10.2.1994 – Rs. C-398/92 (Mund u. Fester) – NJW 1994, 1271 Rn. 17 ff.; EuGH 23.1.1997 – Rs. C-29/95 (Pastoors) – Slg I 1997, 285 Rn. 19; EuGH 5.5.1998 – Rs. C-180/96 (Vereinigtes Königreich/Kommission) – Slg I 1998, 2211 Rn. 114; EuGH 7.7.2005 – Rs. C-147/03 (Kommission/Österreich) – Slg 2005, I 5969 Rn. 49 ff.) Dafür, dass es sich insgesamt um ein **relatives Diskriminierungsverbot** handelt, spricht, dass Art. 18 Abs. 1 AEUV lediglich eine spezielle Ausformung des allgemeinen Gleichbehandlungsgrundsatzes darstellt (EuGH 16.10.1980 – Rs. C-147/79 (Hochstrass) – Slg 1980, 3005 Rn. 7; vgl. EuGH 20.3.1995 – Rs. C-323/95 (Hayes) – NJW 1998, 2127 Rn. 24 f.; EuGH 20.10.1997 – Rs. C-122/96 (Saldanha) – NJW 1997, 689 Rn. 26 ff.), und Art. 45 Abs. 3 AEUV sowie Art. 52 Abs. 1 AEUV die Möglichkeit einer Rechtfertigung durch differenzierende Maßnahmen ausdrücklich vorsehen (Streinz-Streinz, AEUV Art. 18 Rn. 60). Außerdem ist nach dem Wortlaut und dem Zweck des Art. 18 Abs. 1 AEUV kein Grund für eine Differenzierung zwischen offenen und versteckten Ungleichbehandlungen ersichtlich (vgl. Streinz-Streinz, AEUV Art. 18 Rn. 60; Calliess/Ruffert-Epiney, AEUV Art. 18 Rn. 37). Allerdings

werden sachliche Gründe für eine unmittelbar an die Staatsangehörigkeit anknüpfende Ungleichbehandlung nur selten vorliegen (Streinz-Streinz, AEUV Art. 18 Rn. 60; Calliess/Ruffert-Epiney, AEUV Art. 18 Rn. 37).

214 **Rechtsfolge** eines Verstoßes gegen Art. 18 Abs. 1 AEUV ist, dass Angehörige eines anderen Mitgliedstaates an den für Inländern geltenden begünstigenden Regelungen teilhaben (näher dazu ErfK-Wißmann, AEUV Art. 45 Rn. 53).

d) Art. 45 Abs. 2 AEUV

215 Art. 45 Abs. 2 AEUV knüpft an Art. 18 Abs. 1 AEUV an und enthält ein **spezifisches Diskriminierungsverbot** wegen der Staatsbürgerschaft bezogen auf die **Freizügigkeit der Arbeitnehmer** der Mitgliedstaaten. Insoweit gelten die gleichen Grundsätze wie für Art. 18 Abs. 1 AEUV (dazu → Rn. 212 ff.).

216 Bei dem Begriff **„Arbeitnehmer"** handelt es sich um einen **unionsrechtlichen Begriff**, der **weit zu verstehen** ist. Arbeitnehmer im Sinne der Vorschrift ist jede Person, die für einen anderen nach dessen Weisung Leistungen erbringt und dafür eine Vergütung erhält, es sei denn, es handelt sich um eine von ihrem Umfang her völlig untergeordnete, unwesentliche Tätigkeit (EuGH 23.3.2004 – Rs. C-138/02 (Collins) – AP Art. 39 EG Nr. 14). Erfasst werden neben Arbeitnehmern und zur Berufsausbildung Beschäftigten nach dem deutschen Verständnis auch **Geschäftsführer**, sofern es sich nicht um den Alleingesellschafter handelt (EuGH 27.6.1996 – Rs. C-107/94 (Asscher) – NJW 1996, 2921; EuGH 7.5.1998 – Rs. C-350/96 (Clean Car) – EuZW 1998, 601; EuGH 11.11.2010 – Rs. C-232/09 (Danosa) – NZA 2011, 143) sowie Personen, die aufgrund eines öffentlich-rechtlichen Verhältnisses tätig sind, wie **Beamte** (EuGH 22.6.2017 – Rs. C-20/16 (Bechtel) – BeckRS 2017, 113947 Rn. 33; EuGH 3.7.1986 – Rs. C-66/85 (Lawrie-Blum) – Slg 1986, 2121) oder auch Ein-Euro-Jobber.

217 Die Vorschrift findet nur auf **grenzüberschreitende Sachverhalte** Anwendung (dazu → Rn. 211) und gilt nach der Rechtsprechung des EuGH sowohl gegenüber dem Staat als auch Privaten **unmittelbar** (EuGH 16.11.2000 – Rs. C-281/98 (Angonese) – AP Art. 39 EG Nr. 3). Sie **untersagt** jede auf der Staatsbürgerschaft beruhende **unterschiedliche Behandlung** in Bezug auf **Beschäftigung, Entlohnung** und **sonstige Arbeitsbedingungen**, es sei denn, es liegt ein objektiver Rechtfertigungsgrund vor (→ Rn. 213). Erfasst werden nicht nur unmittelbar an die Staatsbürgerschaft anknüpfende Diskriminierungen, sondern **auch mittelbare Ungleichbehandlungen** (EuGH 18.7.2007 – Rs. C-212/05 (Hartmann) – EuZW 2007, 549; EuGH 30.11.2000 – Rs. C-195/98 (Österreichischer Gewerkschaftsbund) – AP Art. 39 EG Nr. 10). Ein Verstoß gegen das Diskriminierungsverbot liegt zB vor, wenn Fremdsprachenlektoren aus anderen Mitgliedstaaten nur deshalb befristet beschäftigt werden, weil sie sonst den Bezug zum Heimatland verlieren (EuGH 20.10.1993 – Rs. C-272/92 (Spotti) – NZA 1994, 115; s. dazu auch BAG 12.2.1997 – 7 AZR 133/96 – NZA 1997, 998). Differenzierungen bei Trennungsentschädigungen dürfen nicht wegen des Wohnsitzes in einem anderen Mitgliedstaat vorgenommen werden, es sei denn, dies ist aus sachlichen Gründen gerechtfertigt oder läuft

im Ergebnis nicht auf eine Ungleichbehandlung hinaus (EuGH 12.2.1974 – Rs. C-152/73 (Sotgiu) – AP Art. 177 EWG-Vertrag Nr. 6; BAG 6.7.1974 – 4 AZR 240/72 – AP Art. 177 EWG-Vertrag Nr. 7). Im Hinblick auf den Bewährungsaufstieg nach dem Bundes-Angestelltentarifvertrag sind vergleichbare Tätigkeiten im öffentlichen Dienst eines anderen Mitgliedstaates zu berücksichtigen (EuGH 15.1.1998 – Rs. C-15/96 (Schöning-Kougetbetopoulou) – NZA 1998, 165; vgl. dazu auch EuGH 26.10.2006 – Rs. C-371/04 (Kommission/Italien) – ZESAR 2007, 77). Ärztlichen Attesten und sonstigen Urkunden, die in einem anderen Mitgliedstaat ausgestellt sind, kommt die gleiche Beweiskraft wie im Inland ausgestellten zu (EuGH 3.6.1992 – Rs. C-45/90 (Paletta I) – NJW 1992, 2687; EuGH 2.5.1996 – Rs. C-206/94 (Paletta II) – NZA 1996, 1881; EuGH 2.12.1997 – Rs. C-336/94 (Dafeki) – EuZW 1998, 47). Bei steuerabhängigen Leistungen ist, wenn die betroffene Person in einem anderen Mitgliedstaat steuerpflichtig ist, auf das dortige Steuerrecht abzustellen (BAG 10.3.2005 – 6 AZR 317/01 – AP § 4 TV SozSich Nr. 1). Prämienzahlungen dürfen nicht davon abhängig gemacht werden, dass die betreffende Person eine bestimmte Zeit im Inland gearbeitet hat (EuGH 30.9.2003 – Rs. C-224/01 (Köbler) – NJW 2003, 3539).

218 **Keine Anwendung** findet die Vorschrift auf die **öffentliche Verwaltung**, wobei der Begriff „öffentliche Verwaltung“ unionsrechtlich zu bestimmen und eng auszulegen ist. Angehörige anderer Mitgliedstaaten können von einer Tätigkeit im öffentlichen Dienst nur ausgenommen werden, wenn die Stelle mit **hoheitlichen Befugnissen** ausgestattet ist oder der Stelleninhaber Verantwortung für die Wahrung der allgemeinen Belange des Staates oder anderer öffentlich-rechtlicher Körperschaften trägt, wobei die Ausnahme auf das beschränkt ist, was zur Wahrung dieser Belange unbedingt erforderlich ist (EuGH 30.9.2003 – Rs. C-405/01 (Colegio de Oficiales de la Marina Mercante Española) – Slg I 2003, 10391).

219 **Konkretisiert** wird Art. 45 Abs. 2 AEUV durch die Verordnung (EU) Nr. 492/2011 über die Freizügigkeit der Arbeitnehmer innerhalb der Union (Abl. 2011 Nr. L 141/1), welche die VO Nr. 1612/68 ersetzt, sowie durch die Unionsbürger-Richtlinie 2004/38/EG vom 29.4.2004 (ber. Fassung ABl. 2004 Nr. L 229/35) ua bezogen auf Familienangehörige von EU-Bürgern, die Staatsangehörige eines Drittstaates sind.

220 Weiter existieren **zahlreiche Assoziierungsabkommen** nach Art. 217 AEUV sowie sonstige Abkommen **der Union mit Drittstaaten**, darunter der Türkei, Island, Norwegen und Liechtenstein, der Schweiz, verschiedenen mittel- und osteuropäischen Staaten, Algerien, Tunesien und Marokko und den sog AKP-Staaten (vgl. Auflistung der Europäischen Kommission unter: http://ec.europa.eu/trade/policy/countries-and-regions/agreements/, letzter Zugriff 17.1.2018), die **Diskriminierungsverbote** bezogen auf eine legale Beschäftigung in einem der Mitgliedstaaten vorsehen (zu den Einzelheiten Schwarze-Herrnfeld, AEUV Art. 217 Rn. 1 ff.). Der EuGH ordnet Assoziierungsabkommen vom Zeitpunkt ihres Inkrafttretens als einen integrierten Bestandteil der Unionsrechtsordnung ein (EuGH 29.4.2004 – Rs. C-171/01 (Wählergruppe Gemeinsam) – Slg 2003, I-4301 Rn. 54 mit zahlreichen weiteren Rechtsprechungsverweisen, sowie EuGH 29.1.2002 –

Rs. C-162/00 (Pokrzeptowicz-Meyer) – Slg 2002, I-1049 Rn. 19, 30, 45; zum Partnerschaftsabkommen Gemeinschaften-Russland EuGH 12.4.2005 – Rs. C-265/03 (Simutenkov) – EuZW 2005, 337). Außerdem ist die Bundesrepublik Deutschland nach Art. 6 des seit 1959 ratifizierten **ILO-Übereinkommens Nr. 97 über Wanderarbeiter** vom 1.7.1949 (BGBl. II, 87, abgedruckt bei Däubler/Kittner/Lörcher Nr. 255) verpflichtet, ausländische Arbeitnehmer, die Angehörige der Vertragsstaaten sind, in Bezug auf Arbeits- und sonstige Beschäftigungsbedingungen, Koalitionsfreiheit, Unterkunft, soziale Sicherheit, Wahrung von Ansprüchen und Anwartschaften, steuerliche Behandlung und Rechtsschutz gleich zu behandeln.

e) Art. 157 Abs. 1 AEUV

221 Art. 157 Abs. 1 AEUV regelt den Grundsatz der **Gleichbehandlung von Männern und Frauen bezogen auf das Entgelt bei gleicher und gleichwertiger Arbeit**. Erläuterungen zu diesem Komplex finden sich in → EntgTranspG Einl. Rn. 2.

f) § 4 der Rahmenvereinbarung über Teilzeitarbeit

222 Nach § 4 der Rahmenvereinbarung über Teilzeitarbeit (aufgenommen in die Richtlinie 97/81/EG vom 15.12.1997, ABl. EG Nr. L 14 S. 9 und L 128 S. 71; geändert durch die Richtlinie 98/23/EG vom 7.4.1998, ABl. EG Nr. L 131 S. 10) dürfen Teilzeitbeschäftigte wegen des **unterschiedlichen Arbeitszeitvolumens** ohne sachlichen Grund nicht schlechter behandelt werden als Vollzeitbeschäftigte. Hinsichtlich der Vergütung gilt das **pro-rata-temporis-Prinzip**, hierunter fallen auch Urlaubsgeld, Zuwendung und vermögenswirksame Leistungen (BAG 24.9.2008 – 6 AZR 657/07 – NZA 2009, 69). § 4 der Rahmenvereinbarung ist durch § 4 Abs. 1 TzBfG in das deutsche Recht umgesetzt worden (näher dazu → Rn. 235 ff., 239 ff.).

g) § 4 der Rahmenvereinbarung über befristete Arbeitsverträge

223 § 4 der Rahmenvereinbarung über befristete Arbeitsverträge (aufgenommen in die Richtlinie 1999/70/EG vom 28.6.1999, ABl. EG Nr. L 175 S. 43) verbietet eine sachlich nicht gerechtfertigte Schlechterstellung von Beschäftigten, deren Arbeitsverhältnis befristet oder auflösend bedingt ist (§ 3 Abs. 1 der Rahmenvereinbarung), **aufgrund** der **Befristung** oder **auflösenden Bedingung** (Abs. 1). Hinsichtlich der Vergütung gilt das **pro-rata-temporis-Prinzip** (Abs. 2). Weiter erstreckt sich das Gleichbehandlungsgebot ausdrücklich auf die **Anrechnung von Beschäftigungszeiten** (Abs. 3) (vgl. BAG 27.4.2017 – 6 AZR 459/16). § 4 der Rahmenvereinbarung ist durch § 4 Abs. 2 TzBfG in das deutsche Recht umgesetzt worden (näher dazu → Rn. 235 ff., 244 ff.).

3. Verfassungsrechtliche Gleichbehandlungsgebote (Art. 3 GG)

224 Der **allgemeine Gleichheitssatz des Art. 3 Abs. 1 GG**, wonach alle Menschen vor dem Gesetz gleich sind, ist Ausdruck des Gerechtigkeitsgedankens im Grundgesetz und fundamentales Rechtsprinzip. Er zielt darauf ab, eine Gleichbehandlung von Personen in vergleichbaren Sachverhalten sicherzustellen und gleichheitswidrige Regelbildungen auszuschließen. Dabei begründet er nicht nur ein **Abwehrrecht** gegenüber dem Staat als Gesetzge-

ber, sondern auch eine Schutzpflicht durch den Staat. Der Staat als Gesetzgeber und subsidiär auch die Rechtsprechung sind verpflichtet, dafür zu sorgen, dass **auch bei der Ausgestaltung der Privatrechtsordnung** gleichheitswidrige Regelungen unterbleiben bzw. sich solche rechtlich nicht durchsetzen können (ErfK-Schmidt, GG Art. 3 Rn. 11). Eine Verletzung des Gleichheitssatzes liegt vor, wenn vergleichbare Sachverhalte, Personen oder Personengruppen wesentlich ungleich behandelt werden (BVerfG 7.5.2013 – 2 BvR 909/06, 2 BvR 1981/06, 2 BvR 1988/07 – BVerfGE 133, 377 Rn. 70) oder wesentlich unterschiedliche Sachverhalte, Personen oder Personengruppen gleich behandelt werden, ohne dass dies aus sachlichen Gründen gerechtfertigt ist (vgl. ErfK-Schmidt, GG Art. 3 Rn. 33 mwN). Der **Maßstab** für die sachliche **Rechtfertigung** reicht je nach Eingriffsintensität von einer Willkürkontrolle bis hin zur einer strengen Verhältnismäßigkeitsprüfung (BVerfG 7.5.2013 – 2 BvR 909/06, 2 BvR 1981/06, 2 BvR 1988/07 – BVerfGE 133, 377 Rn. 71; BVerfG 18.7.2012 – 1 BvL 16/11 – NJW 2012, 2719; BVerfG 8.4.1997 – 1 BvR 48/94 – NJW 1997, 1974; BAG 27.5.2005 – 6 AZR 129/03 – NZA 2004, 2538 mwN). Dabei steht dem Gesetzgeber hinsichtlich der tatsächlichen Grundlagen einer Regelung und bei der Einschätzung der voraussichtlichen Wirkungen ein **weiter Beurteilungs- und Prognosespielraum** zu (ErfK-Schmidt, GG Art. 3 Rn. 16).

225 Ergänzt wird der allgemeine Gleichheitssatz durch den an die Merkmale Geschlecht, zugeschriebene Rasse, Sprache, Heimat und Herkunft, Glauben, religiöse oder politische Anschauungen sowie Behinderung anknüpfenden **speziellen Gleichheitssatz des Art. 3 Abs. 3 GG** (→ Einl. Rn. 49 ff.). Darüber hinaus sieht Art. 3 Abs. 2 GG sowie Art. 3 Abs. 3 S. 2 GG bezogen auf das Geschlecht und Menschen mit Behinderung **Förderpflichten des Staates** zur tatsächlichen Verwirklichung des Gleichbehandlungsgrundsatzes durch sog **positive Maßnahmen** vor (→ § 5 Rn. 9).

226 Verstößt ein Gesetz gegen Art. 3 GG, führt dies grundsätzlich **nicht** zu einer **Angleichung nach oben**. Vielmehr bleibt aus Gründen der Gewaltenteilung regelmäßig dem Gesetzgeber überlassen, in welcher Weise er den Anforderungen an den Gleichheitssatz genügen will (s. bspw. BVerfG 7.10.2015 – 2 BvR 459/15; BVerfG 30.5.1990 – 1 BvL 2/83 – NZA 1990, 721). Etwas anderes gilt nur dann, wenn die Gleichheitswidrigkeit nur durch eine Anpassung nach oben beseitigt werden kann (s. bspw. BVerfG 8.10.1980 – 1 BvL 122/78 ua – NJW 1981, 445, im Fall einer Übergangsregelung), oder wenn mit Sicherheit davon auszugehen ist, dass der Gesetzgeber bei Beachtung des Gleichheitssatzes die begünstigenden Regelungen auf die bisher ausgeschlossene Gruppe erstrecken würde (BVerfG 18.11.1986 – 1 BvL 29/83 ua – NJW 1987, 2001; BVerfG 26.1.1993 – 1 BvL 38/92 ua – NJW 1993, 1517).

227 Auf **privatrechtliche Rechtssubjekte** findet Art. 3 GG **keine unmittelbare Anwendung.** Allerdings müssen die **Tarifparteien** aufgrund der Schutzpflichtfunktion der Grundrechte bei ihrer tariflichen Normsetzung den allgemeinen Gleichheitssatz des Art. 3 Abs. 1 GG sowie die speziellen Gleichheitsgebote des Art. 3 Abs. 3 GG beachten (BAG 19.1.2016 – 9 AZR 564/14 – NZA 2016, 776; BAG 16.10.2014 – 6 AZR 661/12 – NZA

2015, 827; BAG 18.3.2010 – 6 AZR 434/07 – NZA 2010, 824; Baer/Markard, in: v. Mangoldt/Klein/Starck, GG Art. 3 Rn. 364). Dies führt dazu, dass für Tarifverträge die **gleichen Prüfungsmaßstäbe wie für Gesetze** gelten (BAG 27.5.2004 – 6 AZR 129/03 – NZA 2004, 1399). Auch die Tarifparteien haben wegen der durch Art. 9 Abs. 3 GG verfassungsrechtlich geschützten Tarifautonomie einen weiten Gestaltungsspielraum sowie eine Einschätzungsprärogative in Bezug auf die sachlichen Gegebenheiten und die betroffenen Interessen (BAG 11.12.2013 – 10 AZR 736/12 – NZA 2014, 669; ErfK-Schmidt, GG Art. 3 Rn. 26; Kittner/Zwanziger/Deinert-Zwanziger, § 92 Rn. 13). Sie sind nicht verpflichtet, die jeweils zweckmäßigste, vernünftigste oder gerechteste Lösung zu wählen (BAG 27.5.2004 – 6 AZR 129/03 – NZA 2004, 1399 mwN). Die Betriebsparteien sind **nach § 75 Abs. 1 BetrVG** beim Abschluss von Betriebsvereinbarungen und sonstigen Regelungen ebenfalls an die in Art. 3 GG niedergelegten Grundsätze gebunden (→ Rn. 247 f.). Für die Beziehungen unter **Privaten** kommt Art. 3 GG im Wege der verfassungskonformen Auslegung der zivilrechtlichen Generalklauseln Bedeutung zu und für die Arbeitsvertragsparteien insbesondere auch über den **allgemeinen arbeitsrechtlichen Gleichbehandlungsgrundsatz** (→ Rn. 230 ff.). Das Gleiche gilt für den Staat, wenn er sich als Privatrechtssubjekt betätigt, weil die fiskalische Verwaltung nach überwiegender Meinung nicht unmittelbar an Art. 3 GG gebunden ist (ErfK-Schmidt, GG Art. 3 Rn. 29 mwN).

228 **Verstößt ein Tarifvertrag gegen Art. 3 GG**, ist danach zu unterscheiden, ob eine Angleichung nach oben im Wege der **ergänzenden Auslegung** der tariflichen Normen möglich ist. Dies ist dann gegeben, wenn davon auszugehen ist, dass die Tarifparteien, wenn sie die Gleichheitswidrigkeit erkannt hätten, die Regelung mit dem erweiterten Anwendungsbereich gleichwohl getroffen hätten. In diesem Fall wird eine Teilnichtigkeit angenommen, mit der Folge, dass für die bisher **ausgeschlossene Gruppe** die gleichen **tariflichen Regelungen wie für die begünstigte Gruppe** gelten (BAG 18.3.2010 – 6 AZR 434/07 – NZA 2010, 824; BAG 7.3.1995 – 3 AZR 282/94 – NZA 1996, 48; BAG 28.5.1996 – 3 AZR 752/95 – NZA 1997, 101). Ist eine **ergänzende Auslegung nicht möglich**, wird teilweise angenommen, dass die gesamte Regelung nichtig sei, so dass der Anspruch auch für die bisher begünstigte Gruppe entfällt (BAG 28.5.1996 – 3 AZR 752/95 – NZA 1997, 101). Nach anderer Ansicht bleibt die begünstigende Regelung erhalten, weil nicht diese gegen den Gleichheitssatz verstößt, sondern lediglich der Ausschluss der benachteiligten Gruppe (BAG 4.5.2010 – 9 AZR 181/09 – BB 2011, 320; BAG 17.12.1997 – 5 AZR 78/97 – NZA 1998, 550; DDZ-Zwanziger, GG Art. 3 Rn. 35). Folgt man dieser Ansicht, bleibt es den Tarifparteien überlassen, wie sie den gleichheitswidrigen Zustand beenden wollen. Bis sie eine Lösung gefunden haben, hat die ausgenommene Gruppe einen Anspruch auf die begünstigende Leistung (DDZ-Zwanziger, GG Art. 3 Rn. 35). Nach einhelliger Meinung hat die benachteiligte Gruppe jedenfalls für die **Vergangenheit** einen **Anspruch auf Angleichung nach oben**, sofern nur auf diesem Weg dem Gleichheitssatz Rechnung getragen werden kann. Dies ist immer dann der Fall, wenn von der begünstigten Gruppe die Leistung nicht mehr zurückgefordert werden kann, bspw. weil dem tarifliche Ausschlussfristen entgegenstehen (BAG 18.3.2010 – 6 AZR 434/07 –

NZA 2010, 824; BAG 28.5.1998 – 6 AZR 585/96 – NZA 1999, 93; BAG 28.5.1996 – 3 AZR 752/95 – NZA 1997, 101; zur Anwendung dieser Grundsätze auf Betriebsvereinbarungen → Rn. 248).

4. Einfachgesetzliche und richterrechtliche Gleichbehandlungsgebote

a) Allgemeiner arbeitsrechtlicher Gleichbehandlungsgrundsatz

229 Der von der Rechtsprechung entwickelte arbeitsrechtliche Gleichbehandlungsgrundsatz **gehört zu den tragenden Prinzipien des Arbeitsrechts**. Er begründet sich auf einem allgemeinen Rechtsprinzip, das in dem allgemeinen Gleichheitssatz des Art. 3 Abs. 1 GG, der nach den Grundsätzen von Treu und Glauben nach § 242 BGB im gewissen Rahmen auch im Verhältnis zwischen Privaten gilt (→ Rn. 227), und insbesondere auch in § 75 Abs. 1 BetrVG sowie § 1 b Abs. 1 S. 4 BetrAVG zum Ausdruck kommt (ErfK-Preis, BGB § 611 Rn. 574; Schaub-Linck, § 112 Rn. 1). Im Verhältnis zum AGG findet er Anwendung, wenn eine Ungleichbehandlung nicht im Zusammenhang mit den vom AGG erfassten Merkmalen steht (Hinrichs/Zwanziger, DB 2007, 575 f.; → Rn. 201).

230 Nach dem arbeitsrechtlichen Gleichbehandlungsgrundsatz ist der Arbeitgeber verpflichtet, die bei ihm beschäftigten Arbeitnehmer oder Gruppen von Arbeitnehmern, die sich in einer vergleichbaren Lage befinden, gleich zu behandeln. Er beschränkt sich damit **nicht nur** auf den **einzelnen Betrieb**, sondern erstreckt sich auf das **ganze Unternehmen** (BAG 17.11.1998 – 1 AZR 147/98 – NZA 1999, 606; zur ausnahmsweise konzernweiten Geltung Thüsing, Arbeitsrechtlicher Diskriminierungsschutz, Rn. 907). Der arbeitsrechtliche Gleichbehandlungsgrundsatz **verbietet** sowohl die **willkürliche Schlechterstellung einzelner Arbeitnehmer** innerhalb einer Gruppe als auch eine **sachfremde Gruppenbildung** (st. Rspr. des BAG, s. bspw. BAG 29.9.2004 – 5 AZR 43/04 – AP § 242 BGB Gleichbehandlung Nr. 192 mwN). Er erstreckt sich auf **sämtliche Arbeitsbedingungen einschließlich** des **Arbeitsentgelts**, sofern diesen erkennbar ein bestimmtes generalisierendes Prinzip zugrunde liegt. **Keine Anwendung** findet er auf frei ausgehandelte Vertragsbedingungen oder echte Einzelfallregelungen, weil insoweit der Grundsatz der Vertragsfreiheit Vorrang genießt (BAG 21.10.2009 – 10 AZR 664/08 – NZA-RR 2010, 289; BAG 29.9.2004 – 5 AZR 43/04, AP § 242 BGB Gleichbehandlung Nr. 192 mwN; BAG 25.5.2004 – 3 AZR 15/03 – AP § 1 b BetrAVG Nr. 5; BAG 21.3.2002 – 5 AZR 713/00 – NZA 2003, 215; BAG 12.1.1994 – 5 AZR 6/93 – NZA 1994, 993). Weiter gilt der arbeitsrechtliche Gleichbehandlungsgrundsatz nur für gestaltendes Verhalten des Arbeitgebers, nicht hingegen, wenn er lediglich Rechtsnormen aufgrund von Gesetzen, Tarifverträgen, Betriebs- bzw. Dienstvereinbarungen oder sonstigen Regelungen vollzieht (BAG 21.5.2014 – 4 AZR 50/13 – NZA 2015, 115). Allerdings kann der Gleichbehandlungsgrundsatz dann eingreifen, wenn der Normenvollzug auf einem Irrtum beruht und der Arbeitgeber, nachdem er den Irrtum erkannt hat, die bisherige Praxis beibehält oder nicht alle ihm möglichen und zumutbaren Maßnahmen ergreift, den Irrtum zu korrigieren (BAG 26.4.2005 – 1 AZR 76/04 – NZA 2005, 892; BAG 26.11.1998 – 6 AZR 335/97 – NZA 1999, 1108). Darauf, ob die begünstigte Gruppe kleiner ist als die nicht begünstigte, kommt es nicht

an (BAG 27.9.2001 – 6 AZR 462/00 – EzA § 11 ArbGG 1979 Nr. 15; BAG 21.3.2002 – 6 AZR 144/01 – EzA § 242 BGB Gleichbehandlung Nr. 88; BAG 15.5.2001 – 1 AZR 672/99 – AP § 242 BGB Gleichbehandlung Nr. 176; aA wohl BAG 13.2.2002 – 5 AZR 713/00 – NZA 2003, 215, zur Kritik an der Entscheidung Thüsing, Arbeitsrechtlicher Diskriminierungsschutz, Rn. 919).

231 Zulässig sind Differenzierungen, wenn der Zweck einer Leistung dies rechtfertigt (BAG 12.10.2011 – 10 AZR 510/10 – NZA 2011, 693; BAG 19.3.2003 – 10 AZR 365/03 – NZA 2003, 724; BAG 23.4.1997 – 10 AZR 603/96 – NZA 1997, 1177 mwN). **Sachfremd** bzw. willkürlich sind Differenzierungen, die nicht auf vernünftigen Erwägungen beruhen oder gegen verfassungsrechtliche bzw. sonstige übergeordnete Wertentscheidungen verstoßen (BAG 28.3.2007 – 10 AZR 261/06 – NZA 2007, 687; BAG 21.5.2003 – 10 AZR 524/03 – NZA 2003, 3150). Dementsprechend sind zB die in § 1 oder anderen Gleichbehandlungsgeboten genannten Merkmale als Differenzierungsgrund von vornherein nicht geeignet (vgl. ErfK-Preis, BGB § 611 Rn. 591). Gleiches gilt für öffentlich-rechtliche Pflichten aus besonderen Schutzvorschriften oder sozialversicherungs- und steuerrechtlichen Regelungen (BAG 29.3.1996 – 6 AZR 501/95 – NZA 1996, 1280; BAG 7.9.1995 – 3 AZR 282/94 – NZA 1996, 48; zu einzelnen Fallgestaltungen Küttner-Kania, Gleichbehandlung Rn. 22 ff.; ErfK-Preis, BGB § 611 Rn. 591 ff.; Thüsing, Arbeitsrechtlicher Diskriminierungsschutz, Rn. 924 ff.).

232 Rechtsfolge eines Verstoßes gegen den arbeitsrechtlichen Gleichbehandlungsgrundsatz ist eine **Angleichung nach oben** (Schaub-Linck, § 112 Rn. 31). Die übergangenen Arbeitnehmer können verlangen, nach Maßgabe der allgemeinen Regel behandelt zu werden. Sie haben einen Anspruch auf die Leistung, welche die begünstigte Gruppe erhalten hat (ErfK-Preis, BGB § 611 Rn. 606 mwN; zur Problematik einer möglichen Überkompensation und des erforderlichen Gesamtvergleichs vgl. BAG 3.9.2014 – NZA 2015, 222); zu gleichheitswidrigen Tarifverträgen, Betriebs- oder Dienstvereinbarungen → Rn. 229, 248). Auf ein Verschulden des Arbeitgebers kommt es nicht an (BAG 12.10.2011 – 10 AZR 510/10 – NZA 2011, 693; BAG 28.7.1992 – 3 AZR 173/92 – NZA 1993, 215).

233 Bei **Kündigungen** ist der arbeitsrechtliche Gleichbehandlungsgrundsatz nach der höchstrichterlichen Rechtsprechung **nicht unmittelbar anwendbar**, sondern **nur im Rahmen der Interessenabwägung zu berücksichtigen** (BAG 3.7.2003 – 2 AZR 617/02 – AP § 2 KSchG 1969 Nr. 73 mwN; kritisch KR-Griebeling, KSchG § 1 Rn. 233; Kittner/Zwanziger/Deinert-Zwanziger, § 92 Rn. 33; Däubler, Arbeitsrecht 2 Rn. 612 a). Wie der EuGH in der Entscheidung Chacon Navas klarstellte, ist bei der Umsetzung der Antidiskriminierungsrichtlinen (vorliegend RL 2000/78/EG in Bezug auf das Diskriminierungsmerkmal Behinderung) zu beachten, dass diese auch einen Schutz vor diskriminierenden Kündigungen vermitteln (EuGH 11.7.2006 – Rs. C-13/05, NZA 2006, 839). Bei **herausgreifenden Kündigungen** muss der Arbeitgeber überzeugende Gründe vorbringen, weshalb er bestimmten Beschäftigten gekündigt hat, und anderen, welche die gleiche Pflichtverletzung begangen haben, nicht, weil andernfalls die Vermu-

tung naheliegt, dass in Wahrheit aus gleichheitswidrigen Gründen gekündigt worden ist (DDZ-Däubler, BGB § 626 Rn. 54 a; KR-Fischermeier, BGB § 626 Rn. 324 ff.; ErfK-Müller-Glöge, BGB § 626 Rn. 199; → Rn. 234 ff.). Gleiches gilt bei sonstigen nachteiligen einseitigen Maßnahmen, zB Versetzungen, zumindest im Rahmen des billigen Ermessens nach § 106 GewO iVm § 315 Abs. 1 BGB. Widerspricht ein Änderungsangebot im Rahmen einer Änderungskündigung dem arbeitsrechtlichen Gleichbehandlungsgrundsatz, ist die **Änderungskündigung unwirksam**, weil der Arbeitgeber nur solche Änderungen vorsehen darf, welche der Arbeitnehmer billigerweise hinnehmen muss (BAG 3.7.2003 – 2 AZR 617/02 – AP § 2 KSchG 1969 Nr. 73).

b) § 4 TzBfG

234 § 4 TzBfG dient der Umsetzung des § 4 der Rahmenvereinbarung über Teilzeitarbeit sowie des § 4 der Rahmenvereinbarung über befristete Arbeitsverträge in das deutsche Recht (→ Rn. 223 f.). Die Vorschrift konkretisiert den allgemeinen arbeitsrechtlichen Gleichbehandlungsgrundsatz für Teilzeitarbeit (Abs. 1) und befristete Arbeitsverhältnisse (Abs. 2). Insoweit gelten die gleichen Grundsätze (→ Rn. 231 ff.). Als speziellere Vorschrift geht § 4 TzBFG vor.

235 Im Verhältnis zum AGG findet § 4 TzBfG **gleichzeitig Anwendung**, da es sich um unterschiedliche Tatbestände mit unterschiedlichen Regelungszwecken handelt, die sich zwar überschneiden können, aber nicht müssen (vgl. Schaub-Linck, § 43 Rn. 37). Während § 4 TzBfG eine Schlechterstellung wegen der Ausgestaltung des Arbeitsverhältnisses verbietet, knüpft das AGG an bestimmte persönliche Merkmale an. Eine gleichzeitige Anwendung kommt immer dann in Betracht, wenn sich ein Verstoß gegen § 4 TzBfG zugleich als Diskriminierung wegen eines der vom AGG erfassten Merkmale darstellt. So liegt bei einem **Verstoß gegen § 4 Abs. 1 TzBfG** wegen Teilzeitarbeit, weil die überwiegende Zahl der Teilzeitbeschäftigten nach wie vor Frauen sind, in der Regel auch ein Verstoß gegen das AGG in Form der **mittelbaren Ungleichbehandlung wegen des Geschlechts** vor (zum Tatbestand der mittelbaren Ungleichbehandlung → § 3 Rn. 49 ff. sowie Laux/Schlachter-Laux, TzBfG § 4 Rn. 31). Ebenso ist eine mittelbare Ungleichbehandlung iSd AGG bei einem Verstoß gegen § 4 Abs. 2 TzBfG wegen der Befristung des Arbeitsverhältnisses möglich, zB wenn befristet Beschäftigte überwiegend Frauen oder Menschen einer bestimmten Altersgruppe sind. Bedeutung hat dies insbesondere im Hinblick auf die Rechtsfolgen, weil § 15 Abs. 2 AGG anders als § 4 Abs. 1 TzBfG auch einen Anspruch auf Entschädigung wegen des immateriellen Schadens vorsieht (näher dazu → § 15 Rn. 56 ff.). Das AGG geht über § 4 TzBfG auch insoweit hinaus, als nicht nur das bestehende Arbeitsverhältnis, sondern auch dessen Begründung erfasst wird.

236 **Art. 157 Abs. 1 AEUV** und **Art. 3 Abs. 3 GG** sind als höherrangiges Recht ebenfalls neben § 4 TzBfG anzuwenden.

237 Die Diskriminierungsverbote des § 4 TzBfG gelten für **alle Arbeitsbedingungen** unabhängig von der Rechtsgrundlage. Erfasst werden neben **Arbeitsverträgen** und **einseitigen Anordnungen** des Arbeitgebers auch **Tarif-**

verträge und **Betriebs- oder Dienstvereinbarungen** (BAG 25.4.2007 – 6 AZR 746/06 – NZA 2007, 881; Laux/Schlachter-Laux, TzBfG § 4 Rn. 19; Thüsing, Arbeitsrechtlicher Diskriminierungsschutz, Rn. 712). Eine Pflicht, Vollzeitarbeitsplätze zu schaffen, besteht nicht (BAG 18.2.2003 – 9 AZR 272/01 – AP § 611 a BGB Nr. 22).

238 Ein Verstoß gegen die Diskriminierungsverbote führt nach § 134 BGB zur **Nichtigkeit der benachteiligenden Vereinbarung** oder Maßnahme und nach dem Rechtsgedanken des § 612 BGB zur **Angleichung nach oben** (ErfK-Preis, TzBfG § 4 Rn. 72 ff.; Küttner-Reinecke, Teilzeitbeschäftigung Rn. 12; DDZ-Däubler, TzBfG § 4 Rn. 14, der § 4 Abs. 1 TzBfG als eigenständige Anspruchsgrundlage ansieht; Thüsing, Arbeitsrechtlicher Diskriminierungsschutz, Rn. 794; zur Anwendbarkeit von Ausschlussfristen → Rn. 277). Außerdem kommen Schadensersatzansprüche in Betracht (BAG 12.6.2006 – 5 AZR 960/94 – NZA 1997, 191; gegen den Charakter als Schutzgesetz ErfK-Preis TzBfG § 4 Rn. 6; Thüsing, Arbeitsrechtlicher Diskriminierungsschutz, Rn. 712).

aa) Teilzeitarbeit

239 Nach § 4 Abs. 1 S. 1 TzBfG dürfen teilzeitbeschäftigte Arbeitnehmer wegen der Verringerung der Arbeitszeit **nicht schlechter als vergleichbare vollzeitbeschäftigte Arbeitnehmer** behandelt werden. Nach § 4 Abs. 1 S. 2 TzBfG sind **Arbeitsentgelt** oder andere teilbare geldwerten Leistungen mindestens in dem Umfang zu gewähren, der dem Anteil der Arbeitszeit an der Arbeitszeit vergleichbarer Vollzeitbeschäftigter entspricht (pro-rata-temporis-Prinzip). Eine schlechtere Behandlung im Sinne des § 4 Abs. 1 S. 1 TzBfG kann auch darin liegen, dass teilzeitbeschäftigte Arbeitnehmer aufgrund unterschiedlicher Vertragsgestaltung Nachteile erleiden, die Vollzeitbeschäftigte nicht haben (BAG 14.12.2011 – 4 AZR 457/10 – NZA 2012, 663).

240 **Vergleichbar** sind nach der Legaldefinition des § 2 S. 3 TzBfG Vollzeitbeschäftigte mit derselben Art des Arbeitsverhältnisses und der **gleichen oder einer ähnlichen Tätigkeit**. Sind im Betrieb keine vergleichbaren Vollzeitbeschäftigten vorhanden, ist auf den anwendbaren Tarifvertrag abzustellen und, wenn ein solcher nicht existiert, auf den jeweiligen Wirtschaftszweig (näher dazu ErfK-Preis, TzBfG § 2 Rn. 2 f.; Laux/Schlachter-Laux, TzBfG § 4 Rn. 36 ff.).

241 Die Vorschrift greift immer dann ein, wenn eine unterschiedliche Behandlung **objektiv an die Dauer der Arbeitszeit anknüpft**, nicht jedoch, wenn andere Gründe, die keinen Bezug zur Arbeitszeit haben, ausschlaggebend sind (ErfK-Preis, TzBfG § 4 Rn. 34 f.; Thüsing, Arbeitsrechtlicher Diskriminierungsschutz, Rn. 725). Darauf, ob der Differenzierung eine Diskriminierungsabsicht zugrunde liegt, kommt es nicht an (ErfK-Preis, TzBfG § 4 Rn. 37; Thüsing, Arbeitsrechtlicher Diskriminierungsschutz, Rn. 728).

242 **Kein Verstoß** gegen das Diskriminierungsverbot des § 4 Abs. 1 S. 1 TzBfG liegt vor, wenn die unterschiedliche Behandlung **sachlich gerechtfertigt** ist (s. ErfK-Preis TzBfG § 4 Rn. 38 ff.; Schaub-Linck, § 43 Rn. 38 ff., sowie die zahlreichen Beispiele aus der Rechtsprechung bei Küttner-Reinecke, Teilzeitbeschäftigung Rn. 76 ff.). Wie beim arbeitsrechtlichen Gleichbehand-

lungsgrundsatz (→ Rn. 230 f.) handelt es sich um ein relatives Diskriminierungsverbot, das Ungleichbehandlungen aus sachlichen Gründen zulässt. Dies gilt nach der Rechtsprechung des BAG und der überwiegenden Meinung in der Literatur entgegen dem Wortlaut des § 4 Abs. 1 S. 2 TzBfG auch für den **Bereich Entgelt**, weil durch S. 2 lediglich S. 1 des § 4 Abs. 1 TzBfG konkretisiert werde (BAG 5.8.2009 – 10 AZR 634/08 – NZA-RR 2010, 336; BAG 5.11.2003 – 5 AZR 8/03 – NZA 2005, 222 mit Verweis auf die Gesetzesbegründung, BT-Drs. 14/4374, 15, sowie BAG 11.12.2003 – 6 AZR 64/03 – AP § 4 TzBfG Nr. 7, mit abl. Anm. von Däubler zu der vergleichbaren Vorschrift des § 4 Abs. 2 S. 2 TzBfG; zum Meinungsstand in der Literatur ErfK-Preis, TzBfG § 4 Rn. 11 f.; Schaub-Linck, § 43 Rn. 44 ff.). Allerdings sind sachliche Gründe für eine vom pro-rata-temporis-Prinzip abweichende unterschiedliche Behandlung nur in seltenen Ausnahmefällen denkbar (Zimmer, WSI-Mitt. 2012, 50 ff.; Thüsing, Arbeitsrechtlicher Diskriminierungsschutz, Rn. 755).

243 Erfasst werden sowohl **unmittelbare als auch mittelbare Benachteiligungen** (vgl. DDZ-Däubler/Wroblewski, TzBfG § 4 Rn. 13; KR-Bader, TzBfG § 4 Rn. 11). Dies folgt nach den Grundsätzen der richtlinienkonformen Auslegung (näher dazu → Einl. Rn. 81) aus dem aus Art. 4 Abs. 3 Unterabs. 2 EUV abgeleiteten **Prinzip der Effektivität des Unionsrechts** (effet utile). Denn andernfalls ist nicht gewährleistet, dass das Diskriminierungsverbot im Rechtsalltag auch tatsächliche Wirksamkeit erlangt und Teilzeitbeschäftigte nicht auf Umwegen über scheinbar neutrale Regelungen schlechter gestellt werden (vgl. dazu auch Calliess/Ruffert-Wegener, EUV Art. 19 Rn. 13 ff.; Calliess/Ruffert-Rossi, AEUV Art. 352 Rn. 61).

bb) Befristete und auflösend bedingte Arbeitsverhältnisse

244 Nach § 4 Abs. 2 S. 1 TzBfG dürfen befristet beschäftigte Arbeitnehmer wegen der Befristung nicht schlechter als vergleichbare unbefristet beschäftigte Arbeitnehmer behandelt werden. Vergleichbar sind nach § 3 Abs. 2 TzBfG unbefristet beschäftigte Arbeitnehmer mit einer gleichen oder einer ähnlichen Tätigkeit. Sind im Betrieb keine vergleichbaren unbefristeten Beschäftigten vorhanden, ist wie bei § 4 Abs. 1 TzBfG (→ Rn. 240) auf den anwendbaren Tarifvertrag und, wenn ein solcher nicht existiert, auf den jeweiligen Wirtschaftszweig abzustellen. Nach § 4 Abs. 2 S. 2 TzBfG sind **Arbeitsentgelt** oder andere teilbare geldwerte Leistungen, die für einen bestimmten Bemessungszeitraum gewährt werden, mindestens in dem Umfang zu gewähren, der dem Anteil der Beschäftigungsdauer am Bemessungszeitraum entspricht (pro-rata-temporis-Prinzip). Sind bestimmte **Arbeitsbedingungen von** der **Dauer des Arbeitsverhältnisses abhängig**, sind nach § 4 Abs. 2 S. 3 TzBfG dieselben Zeiten zu berücksichtigen wie bei unbefristeten Beschäftigten, es sei denn, eine unterschiedliche Berücksichtigung ist sachlich gerechtfertigt (vgl. BAG 27.4.2017 – 6 AZR 459/16). Entsprechendes gilt nach § 21 TzBfG für **auflösend bedingte Arbeitsverhältnisse**.

245 § 4 Abs. 2 TzBfG erfasst wie § 4 Abs. 1 TzBfG neben einer unmittelbaren Diskriminierung auch **mittelbare Diskriminierungen** (Laux/Schlachter-Laux, TzBfG § 4 Rn. 241 ff.; DDZ-Däubler/Wroblewski, TzBfG § 4

Rn. 13; Däubler, Anm. zu BAG 11.12.2003 – 6 AZR 64/03 – AP § 4 TzBfG Nr. 7; KR-Bader, TzBfG § 4 Rn. 11, 13; dazu näher → Rn. 243). Eine mittelbare Diskriminierung kann zB vorliegen, wenn in einer Abteilung hauptsächlich befristete Aushilfen eingesetzt werden und die dort herrschenden Arbeitsbedingungen schlechter als in anderen Abteilungen sind (DDZ-Däubler/Wroblewski, TzBfG § 4 Rn. 13), oder wenn bestimmte Leistungen wie zB die kostenlose Benutzung des Werkbusses, Fahrtkostenzuschüsse oder vergünstigte Kantinenpreise erst nach einer bestimmten Dauer der Betriebszugehörigkeit gewährt werden, ohne dass hierfür nachvollziehbare Gründe vorliegen.

246 Hinsichtlich der Frage, wann § 4 Abs. 2 TzBfG eingreift, und ob und unter welchen Voraussetzungen eine unterschiedliche Behandlung **sachlich gerechtfertigt** sein kann, gelten die zu § 4 Abs. 1 TzBfG dargestellten Grundsätze entsprechend (→ Rn. 241 f.).

c) § 75 BetrVG

247 Nach § 75 Abs. 1 BetrVG haben **Arbeitgeber und Betriebsrat darüber zu wachen**, dass alle im Betrieb tätigen Personen nach den Grundsätzen von Recht und Billigkeit behandelt werden und insbesondere jede Benachteiligung von Personen aus Gründen ihrer Rasse oder wegen ihrer ethnischen Herkunft, ihrer Abstammung oder sonstigen Herkunft, ihrer Nationalität, ihrer Religion oder Weltanschauung, ihrer Behinderung, ihres Alters, ihrer politischen oder gewerkschaftlichen Betätigung oder Einstellung oder wegen ihres Geschlechts oder ihrer sexuellen Identität unterbleibt (→ Einl. Rn. 45 ff.). Die Grundsätze von Recht und Billigkeit beinhalten einen **allgemeinen betriebsverfassungsrechtlichen Gleichbehandlungsgrundsatz** (vgl. DKKW-Berg, BetrVG § 75 Rn. 1 ff.), der sich am allgemeinen Gleichheitssatz des Art. 3 Abs. 1 GG als übergeordnetes Rechtsprinzip orientiert (BAG 22.3.2005 – 1 AZR 49/04 – NZA 2005, 773; näher → Rn. 225, 228).

248 Die Vorschrift richtet sich in erster Linie an die **Betriebsparteien** und hat kollektivrechtlichen Charakter (Fitting, BetrVG § 75 Rn. 24). Ob und inwieweit die Beschäftigten daraus Ansprüche herleiten können, ist umstritten (dafür BAG 5.4.1984 – 2 AZR 513/82 – NZA 1985, 329; DKKW-Berg, BetrVG § 75 Rn. 10 f.; dagegen BAG 3.12.1985 – 4 ABR 60/85 – AP § 74 BAT Nr. 2; Fitting, BetrVG § 75 Rn. 24; ErfK-Kania, BetrVG § 75 Rn. 1; offen gelassen BAG 14.1.1986 – 3 AZR 456/84 – NZA 1987, 23). Da jedoch der arbeitsrechtliche Gleichbehandlungsgrundsatz durch die Grundsätze des § 75 BetrVG mitgeprägt ist, deren Einhaltung die Beschäftigten gerichtlich durchsetzen können, (ErfK-Kania, BetrVG § 75 Rn. 1; GK-BetrVG-Kreutz, BetrVG § 75 Rn. 25), kommt es auf eine Auflösung des Streitstandes nicht an. Soweit eines der vom AGG erfassten Merkmale betroffen ist, findet das AGG Anwendung. Darüber hinaus hat die Vorschrift Bedeutung als **Auslegungsregel** für die inhaltliche Ausgestaltung der Beteiligungsrechte des Betriebsrats sowie für die Rechte der Beschäftigten nach den §§ 81 ff. BetrVG (Fitting, BetrVG § 75 Rn. 4; ErfK-Kania, BetrVG § 75 Rn. 1). **Betriebsvereinbarungen**, die gegen § 75 Abs. 1 BetrVG verstoßen, sind **unwirksam**. Soweit diese übertarifliche Zulagen oder Sonderzahlungen vorsehen, findet der **Rechtsgedanke des § 612 BGB** Anwen-

dung. Das bedeutet, dass die benachteiligten Beschäftigten einen Anspruch auf die entgangene Vergütung als übliche Vergütung haben und damit auf Angleichung nach oben (DKKW-Berg, BetrVG § 75 Rn. 107; offen gelassen BAG 22.3.2005 – 1 AZR 49/04 – NZA 2005, 773). Außerdem gelten jedenfalls die zu Tarifverträgen entwickelten Grundsätze (→ Rn. 227 f.).

249 Auf die übrigen **betriebverfassungsrechtlichen Organe** bzw. Gremien (→ Rn. 272 f.) findet die Vorschrift entsprechende Anwendung (DKKW-Berg, BetrVG § 75 Rn. 9; Fitting, BetrVG § 75 Rn. 6). Für **leitende Angestellte** enthält § 27 Abs. 1 SprAuG eine inhaltlich identische Regelung. Gleiches gilt nach § 67 Abs. 1 BPersVG und den entsprechenden landesrechtlichen Regelungen für den **öffentlichen Dienst**.

d) AÜG

250 Die **§§ 3 Abs. 1 Nr. 3, 9 Nr. 2 AÜG** enthalten ein auf Art. 5 Abs. 1 Leiharbeits-RL (2008/104/EG) basierendes grundsätzliches **Gebot der Gleichheit der Arbeitsbedingungen zwischen Leih- und Stammarbeitnehmern**, welches durch § 10 Abs. 4 AÜG abgesichert wird (näher zum Ganzen ErfK-Wank, AÜG § 3 Rn. 13 ff.; Schüren/Hamann-Riederer v. Paar, AÜG, Einl. Rn. 608; Thüsing, Arbeitsrechtlicher Diskriminierungsschutz, Rn. 801 ff.; Ulber-J. Ulber, AÜG § 10 Rn. 1 ff.; Zimmer, NZA 2013, 289). Da allerdings von diesen Vorschriften nach wie vor **durch Tarifvertrag abgewichen werden kann** und derartige Tarifverträge weitgehend üblich sind (Ulber-J. Ulber, AÜG, Einl. E. Rn. 11 f.), können sich Leiharbeitnehmer nur selten auf den Gleichbehandlungsgrundsatz berufen (s. dazu BAG 12.1.2006 – 2 AZR 126/05 – NZA 2006, 587; zur Unwirksamkeit der Tarifverträge der CGZP s. BAG 14.12. 2010 – 1 ABR 19/10 – NZA 2011, 289). In einigen Branchen wurden allerdings für den Einsatz von Leiharbeitnehmern Zuschläge vereinbart, die nach der Dauer der Einsatzzeiten gestaffelt sind. Muster der aktuellen tariflichen Regelungen ist der zwischen der IG-Metall und den Arbeitgeber-Verbänden aus dem Bereich der Leiharbeit (IGZ u. BAP) zum 1.11.2012 abgeschlossene Tarifvertrag, welcher der erste Abschluss dieser Art war. Abhängig von der Einsatzdauer sind ab der 7. Woche, dem 4. Monat, dem 6. Monat, dem 8. Monat und dem 10. Monat prozentual ansteigende Zuschläge vom Einsatzbetrieb zu zahlen (vgl. Auflistung durch das WSI unter: https://www.boeckler.de/wsi-tarifarchiv_41617.htm, letzter Aufruf: 14.1.2018). Diese Tarifverträge verringern zwar die Differenz zwischen den Tarifentgelten in der Leiharbeit und den in den Entleihbetrieben, ohne tarifvertragliche Regelungen würde jedoch die gesetzlich normierte Gleichbehandlung greifen. (zur aktuellen Rechtslage, vgl. Ulber, J., AuR 6/2017, 238 ff.).

e) Sozialrechtliche Gleichbehandlungsgebote

251 Neben § 2 Abs. 2, der hinsichtlich der Inanspruchnahme von sozialen Leistungen auf **§ 33 c SGB I** und **§ 19 a SGB IV** verweist, hat der Gesetzgeber im Zuge der Verabschiedung des AGG weitere Gleichbehandlungsgebote bzw. Diskriminierungsverbote in **§ 36 Abs. 2 SGB III** bezogen auf die Vermittlungstätigkeit der Agenturen für Arbeit und in **§ 52 S. 3 SGB IX** auf die berufliche Rehabilitation behinderter Menschen aufgestellt (näher zum Ganzen → Rn. 109 ff.; zum Gleichbehandlungsgrundsatz bezogen auf

„Ein-Euro-Jobs" nach dem SGB II s. auch Schmidt-De Caluwe, FS-Kohte, S. 791 ff. sowie Zwanziger, AuR 2004, 12).

252 In **§ 164 Abs. 2 SGB IX** hat der Gesetzgeber das **Gleichbehandlungsgebot wegen Schwerbehinderung** neben dem AGG aufrechterhalten und im Übrigen auf die Regelungen des AGG verwiesen. Zu den Gründen hierfür ist der Gesetzesbegründung nichts zu entnehmen. Bedeutung könnte der Vorschrift möglicherweise im Verhältnis zwischen behinderten und schwerbehinderten Menschen zukommen (vgl. Düwell, BB 2006, 1741; Schrader/Klagges, NZA-RR 2009, 169; Stümper, öAT 2017, 114 ff.; zur Durchsetzung Nassibi, NZA 2012, 720). Seit dem 30.12.2016 ist die **ohne vorherige Beteiligung der Schwerbehindertenvertretung erfolgte Kündigung** eines Menschen mit Schwerbehinderung gem. **§ 178 Abs. 2 S. 3 SGB IX unwirksam** (Neufassung des § 95 SGB IX durch das Bundesteilhabegesetz, BGBl. 2016 I, 66, 3234 (3308), vgl. Bayreuther, NZA 2017, 87 ff.).

III. Benachteiligungsverbote

253 Neben Gleichbehandlungsgeboten bestehen außerhalb des AGG auch zahlreiche Benachteiligungsverbote im Sinne sog **Maßregelungsverbote.**

1. Allgemeines

254 Sog. Maßregelungsverbote sehen als Ausdruck eines **allgemeinen Rechtsprinzips** vor, dass niemand wegen der Ausübung von Rechten bzw. wegen der Wahrnehmung der ihm obliegenden Funktionen benachteiligt werden darf (grundlegend: Benecke, NZA 2011, 481 ff.).

255 **Rechtsgeschäfte** wie zB eine Kündigung, die gegen ein solches Benachteiligungsverbot verstoßen, sind ohne Weiteres (→ § 16 Rn. 41), jedenfalls aber nach § 134 BGB **nichtig** (ErfK-Preis, BGB § 612 a Rn. 23). **Tatsächliche Maßnahmen** wie gegen ein Benachteiligungsverbot verstoßende Arbeitsanweisungen und sonstige Anordnungen sind **rechtswidrig und** deshalb für den Arbeitnehmer **nicht verbindlich** (vgl. ErfK-Preis BGB § 612 a Rn. 23). Nach § 273 BGB besteht ein **Zurückbehaltungsrecht** (→ § 16 Rn. 43 mwN). Im Fall einer Wiederholungsgefahr hat der Arbeitnehmer entsprechend § 1004 BGB einen Anspruch auf **Unterlassen.** Wirkt eine rechtswidrige Benachteiligung fort, kann er **Beseitigung** verlangen (ErfK-Preis, BGB § 612 a Rn. 23). Er kann zB die gleichen Vergünstigungen beanspruchen, die der Arbeitgeber Beschäftigten gewährt, die ihre Rechte nicht ausgeübt haben (vgl. BAG 23.2.2000 – 10 AZR 1/99 – NZA 2001, 680 zu § 612 a BGB). Bezogen auf die Vergangenheit, kommt nach § 280 Abs. 1 BGB bzw. § 823 Abs. 2 BGB ein **Anspruch auf Schadensersatz** in Betracht (vgl. ErfK-Preis, BGB § 612 a Rn. 23).

2. Unionsrechtliche Benachteiligungsverbote

256 Auf unionsrechtlicher Ebene sehen einzelne Richtlinien im Zusammenhang mit der Ausübung von Rechten oder besonderen Funktionen ein Benachteiligungsverbot vor. Nach **Art. 11 Abs. 4 der Arbeitsschutz-Rahmen-Richtlinie 89/391/EWG** vom 12.6.1989 (ABl. EG Nr. L 183 S. 1) dürfen Arbeitnehmern bzw. deren Vertretern sowie Arbeitnehmern mit einer besonderen Funktion in Sicherheits- und Gesundheitsfragen am Arbeitsplatz aufgrund

der Ausübung ihrer Tätigkeit bzw. ihrer durch die Richtlinie vorgesehenen Rechte keine Nachteile entstehen. **Art. 10 der Europäischen Betriebsrats-Richtlinie 2009/38/EG** vom 6.5.2009 (ABl. EU Nr. L 122 S. 28 ff.), **Art. 10 der Europäischen Gesellschafts-Ergänzungs-Richtlinie** 2001/86/EG vom 8.10.2001 (ABl. EG Nr. L 294 S. 22) und Art. 12 der Europäischen Genossenschafts-Ergänzungs-Richtlinie 2003/72/EG vom 18.8.2003 (ABl. EU Nr. L 207 S. 25) verweisen hinsichtlich des Schutzes und der Sicherheiten der Arbeitnehmervertreter auf die jeweiligen nationalen Rechtsvorschriften und Gepflogenheiten. **Art. 7 der Unterrichtungs- und Anhörungs-Rahmenrichtlinie** 2002/14/EG vom 11.3.2002 (ABl. EG Nr. L 80 S. 29) wiederum verlangt, dass die Mitgliedstaaten für einen ausreichenden Schutz und ausreichende Sicherheiten der Arbeitnehmervertreter sorgen.

257 Weiter sieht **§ 5 Abs. 2 der Rahmenvereinbarung über Teilzeitarbeit** (aufgenommen in die Richtlinie 97/81/EG vom 15.12.1997, ABl. EG Nr. L 14 S. 9 und L 128 S. 71; geändert durch die Richtlinie 98/23/EG vom 7.4.1998, ABl. EG Nr. L 131 S. 10) ein Kündigungsverbot vor, wenn sich Beschäftigte weigern, von einem Vollzeitarbeitsverhältnis in ein Teilzeitarbeitsverhältnis oder umgekehrt überzuwechseln.

258 Das deutsche Recht enthält in § 612 a BGB ein allgemeines Maßregelungsverbot (näher dazu → Rn. 262 ff.). Gleichwohl hat der Gesetzgeber vorstehenden Bestimmungen Rechnung getragen und entsprechende klarstellende Regelungen getroffen (näher dazu → Rn. 267 ff.).

3. Verfassungsrechtliche Benachteiligungsverbote

a) Art. 9 Abs. 3 GG

259 Art. 9 Abs. 3 S. 1 GG schützt neben der kollektiven Koalitionsfreiheit auch die **individuelle Koalitionsfreiheit** der Arbeitnehmer und der Arbeitgeber, wobei allerdings der Koalitionsfreiheit der Arbeitnehmer ein stärkeres Gewicht zukommt (AK-GG-Kittner/Schiek, GG Art. 9 Abs. 3 Rn. 80 ff., 103). Auf der Arbeitnehmerseite umfasst dies das Recht, eine Gewerkschaft zu gründen, einer Gewerkschaft beizutreten und in dieser zu verbleiben oder auch aus einer Gewerkschaft auszutreten bzw. generell einer Gewerkschaft fernzubleiben, sowie das Recht, sich gewerkschaftlich zu betätigen. Dazu gehört ua das Recht, an einem von einer Gewerkschaft geführten Streik teilzunehmen und im Betrieb für eine Gewerkschaft zu werben (BVerfG 14.11.1995 – 1 BvR 601/92 – NZA 1996, 381) oder im Betrieb eine Streikversammlung abzuhalten (Däubler, Gewerkschaftsrechte im Betrieb, § 17 Rn. 500). Das Recht zur gewerkschaftlichen Betätigung besteht auch während der Arbeitszeit, sofern dadurch der Betriebsablauf oder der Betriebsfrieden nicht unzumutbar gestört wird oder andere verfassungsrechtlich geschützte Interessen des Arbeitgebers nicht überwiegen (BVerfG 6.2.2007 – 1 BvR 978/05 – NZA 2007, 394; BVerfG 14.11.1995 – 1 BvR 601/92 – NZA 1996, 381; BAG 20.1.2009 – 1 AZR 515/08 – NZA 2009, 615; BAG 25.1.2005 – 1 AZR 657/03 – NZA 2005, 592). **Sanktionen** oder **sonstige Benachteiligungen** im Zusammenhang mit der Wahrnehmung dieser Rechte sind verfassungsrechtlich **unzulässig.** Dies ergibt sich aus Art. 9 Abs. 3 S. 2 GG, wonach Abreden, die dieses Recht einschränken oder zu behindern suchen, nichtig und hierauf gerichtete Maßnahmen

rechtswidrig sind. Die Vorschrift sieht damit ein **generelles Benachteiligungsverbot** vor, das auch für Private gilt (vgl. BVerfG 14.11.1995 – 1 BvR 601/92 – NZA 1996, 381; BAG 10.6.1980 – 1 AZR 331/79 – AP Art. 9 GG Arbeitskampf Nr. 66; BAG 2.6.1987 – 1 AZR 651/85 – NZA 1988, 651; sowie DDZ-Däubler, GG Art. 9 Rn. 16 ff.; Gamillscheg, S. 193 f.; jeweils mit zahlreichen Beispielen). Ein Verstoß gegen das Benachteiligungsverbot ist nicht nur dann gegeben, wenn die benachteiligende Maßnahme ausschließlich auf **koalitionsfeindlichen Motiven** beruht, sondern bereits dann, wenn solche Beweggründe mitursächlich waren (DDZ-Däubler, GG Art. 9 Rn. 21 f.).

b) Art. 48 Abs. 2 GG

260 Nach Art. 48 Abs. 2 S. 1 GG darf niemand gehindert werden, das Amt eines Abgeordneten zu übernehmen und auszuüben. Eine Kündigung aus diesem Grunde ist nach Art. 48 Abs. 2 S. 2 GG unzulässig. Erfasst werden von dem Behinderungsverbot nur Handlungen und Maßnahmen, die darauf gerichtet sind, die **Kandidatur oder die Ausübung des Mandats** zu behindern. Rein faktische Erschwernisse reichen nicht aus (BVerfG 21.9.1976 – 2 BvR 350/75 – NJW 1976, 2123). Konkretisiert wird das Behinderungsverbot durch § 2 Abs. 2 AbgG, wonach eine Benachteiligung am Arbeitsplatz untersagt ist (→ Rn. 276).

4. Einfachgesetzliche Benachteiligungsverbote

261 Neben § 16, der im Zusammenhang mit den Regelungen des AGG für betroffene Beschäftigte, unterstützenden Personen und Zeugen ein umfassendes Maßregelungsverbot vorsieht (näher dazu die Kommentierung zu § 16), existieren zahlreiche weitere einfachgesetzliche Maßregelungsverbote.

a) Wahrnehmung von Rechten

aa) § 612 a BGB

262 Nach § 612 a BGB darf der Arbeitgeber einen Arbeitnehmer bei einer Vereinbarung oder einer Maßnahme nicht benachteiligen, weil der Arbeitnehmer in zulässiger Weise seine Rechte ausübt.

263 Die Vorschrift gilt für **alle abhängig Beschäftigten** einschließlich der Auszubildenden, Volontäre, Praktikanten, Umschüler und leitenden Angestellten sowie nach ihrem Schutzzweck auch für **arbeitnehmerähnliche Personen** (ErfK-Preis, BGB § 612 a Rn. 4; KR-Treber, BGB § 612 a Rn. 7; DDZ-Däubler, BGB § 612 a Rn. 7; Schaub-Linck, § 108 Rn. 2, jeweils mwN; aA bezüglich der arbeitnehmerähnlichen Personen BAG 14.12.2004 – 9 AZR 23/04 – NZA 2005, 637, das stattdessen auf § 138 BGB abstellt). Da Stellenbewerber noch keinen Arbeitnehmerstatus haben, findet die Norm auf sie keine Anwendung (BAG 15.11.2012 – 6 AZR 339/11 – NZA 2013, 429 Rn. 13).

264 Das Maßregelungsverbot erstreckt sich nicht nur auf die sich aus dem Arbeitsvertrag ergebenden Rechte, sondern **umfasst jede Form der zulässigen Rechtsausübung**, insbesondere den gesamten Bereich der Grundrechtsausübung wie die allgemeine Handlungsfreiheit oder das Recht auf Meinungs-

freiheit (ErK-Preis, BGB § 612 a Rn. 2; vgl. auch DDZ-Däubler, BGB § 612 a Rn. 11; zum Streikrecht → Rn. 259). Ob eine Rechtsausübung zulässig ist, beurteilt sich nach der Rechtsordnung als ganzer. Zulässig ist die Rechtsausübung immer dann, **wenn** das geltend gemachte **Recht tatsächlich besteht und im Einklang mit der Rechtsordnung ausgeübt** wird. Beispielsweise haben Arbeitnehmer stets das Recht, Ansprüche, die sie für gegeben halten dürfen, gerichtlich durchzusetzen. Darauf, ob die Klage erfolgreich ist, kommt es nicht an. Eine unzulässige Rechtsausübung liegt nur dann vor, wenn die Klage mutwillig oder rechtsmissbräuchlich ist (BAG 21.9.2011 – 7 AZR 150/10 – NZA 2012, 317; BAG 15.2.2005 – 9 AZR 116/04 – NZA 2005, 1117; BAG 23.2.2000 – 10 AZR 1/99 – NZA 2001, 680).

265 Zur Feststellung der Benachteiligung ist ein **Vergleich vor und nach der Maßnahme** durchzuführen, ein Nachteil ist gegeben, wenn sich die bisherige Rechtsposition verschlechtert (BAG 15.9.2009 – 9 AZR 685/08 – AP § 611 BGB Lehrer, Dozenten Nr. 186). Unzulässig ist jede ungünstigere Behandlung rechtlicher oder tatsächlicher Art, soweit sie in einem **unmittelbaren Zusammenhang mit der Rechtsausübung** steht. Dies setzt nach herrschender Meinung voraus, dass die Rechtsausübung das wesentliche Motiv bzw. der tragende Beweggrund und nicht nur in irgendeiner Weise ursächlich bzw. der äußerliche Anlass für die weniger günstige Behandlung ist (BAG 22.10.2015 – 2 AZR 569/14 – NZA 2016, 417; BAG 17.3.2010 – 5 AZR 168/09 – NZA 2010, 696; BAG 14.3.2007 – 5 AZR 420/06 – NZA 2007, 862; BAG 22.9.2005 – 6 AZR 607/04 – NZA 2006, 429; BAG 16.9.2004 – 2 AZR 511/03 – AP § 102 BetrVG 1972 Nr. 142; BAG 22.5.2003 – 2 AZR 426/03 – AP § 1 KSchG 1969 Wartezeit Nr. 18; ErfK-Preis, BGB § 612 a Rn. 11; KR-Treber, BGB § 612 a Rn. 10; MüKo-Müller-Glöge, § 612 a BGB Rn. 8). Allerdings führt das Erfordernis einer solchen Benachteiligungsabsicht zu einem engen Anwendungsbereich, da der Nachweis oftmals in der Praxis nur schwer zu erbringen ist (DDZ-Däubler, BGB § 612 a Rn. 17, 22).

266 Die Vorschrift untersagt jede Form der Benachteiligung. Ein **Verstoß** gegen § 612 a BGB liegt deshalb nicht nur dann vor, wenn dem betroffenen Arbeitnehmer bestimmte Leistungen oder Vergünstigungen entzogen werden, sondern auch, wenn ein befristeter Arbeitsvertrag nicht verlängert wird, weil der Arbeitnehmer von ihm zustehenden Rechten Gebrauch gemacht hat (BAG 21.9.2011 – 7 AZR 150/10 – NZA 2012, 317). § 612 a BGB ist ferner einschlägig, wenn anderen Arbeitnehmern, die ihre Rechte nicht ausgeübt haben, Vergünstigungen gewährt werden (st. Rspr. des BAG, s. BAG 17.3.2010 – 5 AZR 168/09 – NZA 2010, 696; BAG 31.5.2005 – 1 AZR 254/04 – NZA 2005, 997; BAG 15.2.2005 – 9 AZR 116/04 – NZA 2005, 1117). Macht der Arbeitgeber eine freiwillige Abfindung davon abhängig, dass die betroffenen Arbeitnehmer gegen die Kündigung nicht gerichtlich vorgehen, wird darin kein Verstoß gegen das Maßregelungsverbot gesehen, weil die **Abfindung** die **Gegenleistung für den Klageverzicht** darstellt und es dem Arbeitnehmer freisteht, ob er sich darauf einlässt (BAG 31.5.2005 – 1 AZR 254/04 – NZA 2005, 997; BAG 15.2.2005 – 9 AZR 116/04 – NZA 2005, 1117). Etwas anderes gilt für **Abfindungs-**

ansprüche aus einem Sozialplan (BAG 31.5.2005 – 1 AZR 254/04 – NZA 2005, 997 mwN). Hingegen liegt ein Verstoß gegen § 612 a BGB vor, wenn der Arbeitgeber eine freiwillige Höhergruppierung davon abhängig macht, dass die Arbeitnehmer keine Eingruppierungsklage erheben bzw. eine bereits erhobenen Klage wieder zurücknehmen (BAG 23.2.2000 – 10 AZR 1/99 – NZA 2001, 680; zu weiteren Fallgestaltungen ErfK-Preis, BGB § 612 a Rn. 13 ff.). **Rechtsfolge**: Eine im Widerspruch zu § 612 a BGB stehende Maßnahme ist wegen Verstoßes gegen ein gesetzliches Verbot gem. § 134 BGB nichtig und die Benachteiligung zu beseitigen, der Arbeitnehmer ist so zu stellen, als wäre die Maßregelung nicht erfolgt; die vorenthaltene Leistung ist somit zu gewähren (DDZ-Däubler, § 612 a Rn. 20; KR-Treber, § 612 a Rn. 25 f.; Schaub-Linck, § 108 Rn. 22 f.). Besteht die Maßregelung in einem Unterlassen, ist die vorenthaltene Maßnahme durchzuführen bzw. die Leistung zu gewähren. Eine Beschränkung der Rechtsfolge auf die Leistung von Schadensersatz ist nicht mit der Einordnung von § 612 a BGB als Verbotsgesetz zu vereinbaren (so aber in analoger Anwendung von § 15 Abs. 6 BAG 21.9.2011 – 7 AZR 150/10 – NZA 2012, 317). Eine Analogie zu § 15 Abs. 6 ist nicht angezeigt, da insoweit keine Rechtslücke besteht.

bb) § 5 TzBfG

267 Nach § 5 TzBfG darf der Arbeitgeber Arbeitnehmer **nicht wegen der Inanspruchnahme von Rechten nach dem Teilzeit- und Befristungsgesetz benachteiligen**. Die Vorschrift entspricht inhaltlich § 612 a BGB, weshalb § 5 TzBfG nur eingreift, wenn die Rechte tatsächlich bestehen und in zulässiger Weise geltend gemacht werden (ErfK-Preis, TzBfG § 5 Rn. 1). Bedeutung hat die Vorschrift bei der Geltendmachung des Rechts auf Arbeitszeitverringerung nach § 8 TzBfG, der Weigerung, bei einer Arbeitsplatzteilung die Vertretung des anderen Kollegen nach § 13 Abs. 1 TzBfG zu übernehmen, der Weigerung, die Arbeit trotz Nichteinhaltung der Abrufrist des § 12 Abs. 2 TzBfG aufzunehmen, sowie bei der Geltendmachung der Unwirksamkeit einer Befristung nach § 17 TzBfG (ErfK-Preis, TzBfG § 5 Rn. 2).

cc) § 84 Abs. 3 BetrVG

268 Nach § 84 Abs. 3 BetrVG dürfen Arbeitnehmern **wegen der Erhebung einer Beschwerde** iSd § 84 Abs. 1 S. 1 BetrVG **keine Nachteile entstehen** (zum Beschwerderecht nach dem AGG → § 13 Rn. 37 ff.). Der Vorschrift kommt gegenüber § 612 a BGB klarstellende Bedeutung zu. Anders als § 612 a BGB gilt sie jedoch nicht für leitende Angestellte iSd § 5 Abs. 3 BetrVG. Da die Beschäftigten nach § 84 Abs. 1 S. 1 BetrVG nicht nur das Recht haben, sich bei den zuständigen Stellen des Betriebes zu beschweren, wenn sie von dem Arbeitgeber oder von anderen Beschäftigten benachteiligt oder ungerecht behandelt oder in sonstiger Weise beeinträchtigt worden sind, sondern auch dann, wenn sie sich so fühlen, kommt es für das Benachteiligungsverbot nicht darauf an, ob die Beschwerde tatsächlich berechtigt ist. Auf das **Beschwerderecht beim Betriebsrat** nach § 85 BetrVG findet die Vorschrift **entsprechende Anwendung** (Fitting, § BetrVG 85 Rn. 11; DKKW-Buschmann, BetrVG § 84 Rn. 34 u. BetrVG § 85 Rn. 28).

dd) § 17 Abs. 2 S. 2 ArbSchG

269 § 17 Abs. 2 S. 2 ArbSchG sieht ein entsprechendes **Benachteiligungsverbot** bezüglich des **Rechts** vor, **sich an die zuständige Behörde zu wenden**, wenn Beschäftigte aufgrund konkreter Anhaltspunkte der Auffassung sind, dass die vom Arbeitgeber getroffenen Maßnahmen und bereitgestellten Mittel nicht ausreichen, um die Sicherheit und den Gesundheitsschutz bei der Arbeit zu gewährleisten und der Arbeitgeber entsprechenden Beschwerden nicht abhilft. Zuständige Behörde ist das Gewerbeaufsichtsamt (bzw. das Amt für Arbeitsschutz) oder der Unfallversicherungsträger.

ee) § 20 Abs. 1 und 2 BetrVG

270 Nach § 20 Abs. 1 S. 2 BetrVG darf kein Arbeitnehmer in der Ausübung des aktiven und passiven Wahlrechts beschränkt werden. Die Vorschrift dient dem **Schutz der Betriebsratswahlen** und der dadurch betroffenen Arbeitnehmer. Sie stellt zugleich ein **Maßregelungsverbot** wegen einer **Kandidatur** zum Betriebsrat oder der **Ausübung des Stimmrechts** auf. Das bedeutet jedoch nicht, dass Kündigungen oder Versetzungen generell ausgeschlossen sind, sondern nur solche, die im unmittelbaren Zusammenhang mit der Ausübung des Wahlrechts stehen bzw. mit dem Ziel vorgenommen werden, Beschäftigte an der Ausübung ihres Wahlrechts zu hindern, zu maßregeln oder die Wahl zu erschweren (ErfK-Koch, BetrVG § 20 Rn. 5). Ergänzt wird dieses Maßregelungsverbot durch das an die **freie Willensbildung** anknüpfende **Benachteiligungs- und Begünstigungsverbot** des § 20 Abs. 2 BetrVG, wonach niemand die Wahl des Betriebsrats durch Zufügung oder Androhung von Nachteilen oder durch Gewährung oder Versprechen von Vorteilen beeinflussen darf.

271 Für die Wahlen zu anderen Arbeitnehmervertretungen gelten teilweise wortgleiche bzw. mehr oder weniger inhaltsgleiche Vorschriften (s. zB § 63 Abs. 2 S. 2 BetrVG, §§ 24 Abs. 1 S. 1 u. 2, 60 Abs. 1 BPersVG, § 8 Abs. 2 SprAuG, § 20 Abs. 1, 2 MitbestG, § 10 Abs. 1, 2 DrittelbG und für die evangelische Kirche § 13 Abs. 1 S. 2 MVG).

b) Amts- bzw. Funktionsträger

272 Zahlreiche weitere spezialgesetzliche Benachteiligungsverbote knüpfen an die **Ausübung** eines **Amtes** bzw. **einer Funktion oder** die **Wahrnehmung bestimmter Aufgaben** innerhalb eines Betriebes oder einer Verwaltung an. Im Einzelnen handelt es sich, ohne den Anspruch auf Vollständigkeit zu erheben, um folgende Vorschriften:

aa) Arbeitnehmervertreter

273 Die jeweiligen Vorschriften zur rechtlichen Stellung von ArbeitnehmervertreterInnen sehen außer einem umfassenden **Benachteiligungsverbot**, das ähnlich wie die Maßregelungsverbote ausgestaltet ist und sich auch auf die berufliche Entwicklung erstreckt, regelmäßig auch ein **Begünstigungsverbot** vor:

- **§ 78 S. 2 BetrVG:** für Mitglieder des Betriebsrats, des Gesamtbetriebsrats, des Konzernbetriebsrats, der Jugend- und Auszubildendenvertretung, der Gesamt-Jugend- und Auszubildendenvertretung, der Konzern-Jugend- und Auszubildendenvertretung, des Wirtschaftsausschusses, der Bordvertretung, des Seebetriebsrats, und der weiteren in § 3 Abs. 1 BetrVG genannten Arbeitnehmervertretungen wie zB der Spartenbetriebsräte und unternehmensübergreifenden Arbeitsgemeinschaften, für die Mitglieder der Einigungsstelle nach § 76 Abs. 2 BetrVG, einer tariflichen Schlichtungsstelle nach § 76 Abs. 8 BetrVG und einer betrieblichen Beschwerdestelle nach § 86 BetrVG sowie für Auskunftspersonen nach § 80 Abs. 3 BetrVG,

- **§ 40 Abs. 1 EBRG:** für Mitglieder des Europäischen Betriebsrats,
- **§ 8 BPersVG und entsprechende Regelungen der Personalvertretungsgesetze der Länder:** für Mitglieder des Personalrats und der Stufenvertretungen,
- **§§ 2 Abs. 3 S. 1, 20 Abs. 4 SprAuG:** für Mitglieder des Sprecherausschusses und des Unternehmenssprecherausschusses der leitenden Angestellten,
- **§ 58 Abs. 3 S. 2 DRiG:** für Mitglieder des Richterrats,
- **§§ 26 S. 2, 3 MitbestG, 9 S. 2, 3 DrittelbG:** für Arbeitnehmervertreter im Aufsichtsrat,
- **§ 179 Abs. 2 SGB IX:** für Vertrauenspersonen der schwerbehinderten Menschen und für die Mitglieder der betriebs- und verwaltungsübergreifenden Schwerbehindertenvertretungen,
- **§ 18 Abs. 5 BGleiG und entsprechende Regelungen der Gleichstellungsgesetze der Länder:** für Gleichstellungsbeauftragte.
- **Kirchenrecht:** §§ 19 Abs. 1 S. 2 MVG, 18 Abs. 1 MAVO für Mitglieder der kirchlichen Mitarbeitervertretungen.

bb) Arbeits-/Umweltschutzbeauftragte und sonstige Beauftragte

274 Die Vorschriften zur Rechtsstellung der betrieblichen Arbeits- und Umweltschutzbeauftragten und sonstigen Beauftragten enthalten regelmäßig ein **Benachteiligungsverbot im Sinne eines Maßregelungsverbots**. Sie sehen vor, dass die jeweiligen Personen wegen der Erfüllung der ihnen übertragenen Aufgaben nicht benachteiligt werden dürfen. Im Einzelnen handelt es sich um folgende Personengruppen:

- Betriebsärzte und Fachkräfte für Arbeitssicherheit (§ 8 Abs. 1 S. 2 ASiG),
- Betriebsbeauftragte für Abfall (§ 55 Abs. 3 KrW-/AbfG, der auf § 58 BImSchG verweist),
- Datenschutzbeauftragte (§ 4 f Abs. 3 S. 3 BDSG und entsprechende Regelungen der Landesdatenschutzgesetze),
- Gefahrgutbeauftragte (§ 9 Abs. 1 GbV),
- Gewässerschutzbeauftragte (§ 66 WHG, der auf § 58 BImSchG verweist),
- Immissionsschutzbeauftragte (§ 58 Abs. 1, 2 BImSchG),
- Störfallbeauftragte (§ 58 d BimSchG, der auf § 58 BimSchG verweist),
- Strahlenschutzbeauftragte (§ 32 Abs. 5 StrlSchV),
- Tierschutzbeauftragte (§ 5 Abs. 6 S. 2 TierSchVersV).

cc) Sonstige Funktionsträger

275 **Ehrenamtliche Richter:** Ehrenamtliche Richter und Schöffen dürfen wegen der Übernahme oder Ausübung ihres Amtes nicht benachteiligt werden (§ 26 Abs. 1 ArbGG, § 20 Abs. 1 SGG, § 45 Abs. 1 a S. 1 DRiG).

276 **Abgeordnete, Kreis- oder Gemeinderäte:** Im Zusammenhang mit der Bewerbung um ein Mandat und der Annahme und Ausübung des Mandats sind Benachteiligungen von Abgeordneten und Kreis- oder Gemeinderäten am Arbeitsplatz unzulässig (§ 2 Abs. 2 AbgG, § 3 Abs. 2 EuAbgG und entsprechend Regelungen der Landesabgeordnetengesetze, Landkreis- und Gemeindeordnungen).

IV. Geltendmachung und prozessuale Fragen

1. Fristen

277 Die **im AGG** für die außergerichtliche Geltendmachung von Ansprüchen in den §§ 15, 21 **geregelten Fristen** (§§ 15 Abs. 4, 21 Abs. 5) finden auf Ansprüche wegen Verstoßes gegen die sonstigen Benachteiligungsverbote und Gleichbehandlungsgebote **weder unmittelbar noch analog Anwendung.** Gleiches gilt für die Klagefrist des § 61 b ArbGG. Hingegen sind einzel- und tarifvertragliche Ausschlussfristen, soweit die Ansprüche von diesen erfasst werden, grundsätzlich zu beachten (zur Reichweite von einzelvertraglichen und tariflichen Ausschlussfristen Küttner-Eisemann, Ausschlussfrist Rn. 6 ff.; Kittner/Zwanziger/Deinert-Bantle, § 12 Rn. 29 ff.; zur Anwendbarkeit von Ausschlussfristen bei einem Verstoß gegen § 4 TzBfG ErfK-Preis, TzBfG § 4 Rn. 78 f.; Thüsing, Arbeitsrechtlicher Diskriminierungsschutz, Rn. 799). Darüber hinaus können die Ansprüche lediglich nach § 242 BGB verwirken und unterliegen dem Einwand der Verjährung nach den allgemeinen Verjährungsregeln (§§ 194 ff. BGB).

2. Darlegungs- und Beweislast

278 Hinsichtlich der Darlegungs- und Beweislast gelten die **allgemeinen prozessualen Regeln**. Danach hat der Anspruchsteller die Darlegungs- und Beweislast für die rechtsbegründenden Tatbestandsmerkmale und der Anspruchsgegner für die rechtshindernden, rechtsvernichtenden und rechtshemmenden Merkmale (→ § 22 Rn. 5 mwN). Beruft sich eine Partei auf ein sonstiges Gleichbehandlungsgebot, hat sie grundsätzlich im vollen Umfang darzulegen und im Bestreitensfall zu beweisen, dass eine Ungleichbehandlung im Sinne des jeweiligen Gleichbehandlungsgebots vorliegt. Steht dies fest, trägt die gegnerische Partei die Darlegungs- und Beweislast dafür, dass die Ungleichbehandlung sachlich gerechtfertigt ist (zu den Einzelheiten → § 7 Rn. 201 ff.). Beruft sich eine Partei auf einen Verstoß gegen ein Benachteiligungsverbot im Sinne eines Maßregelungsverbots, hat sie darzulegen und ggf. zu beweisen, dass die tatbestandlichen Voraussetzungen einschließlich des Kausalzusammenhangs zwischen der Rechtsausübung oder Aufgabenwahrnehmung und der angegriffenen Maßnahme gegeben sind (zu den Einzelheiten des Maßregelungsverbotes → Rn. 253 ff.).

279 Die von den allgemeinen Grundsätzen abweichende **Beweislastregel des § 22**, wonach das Beweismaß für sämtliche Tatbestandsvoraussetzungen

gesenkt ist (näher dazu die Kommentierung zu § 22), gilt nur für Benachteiligungen iSd AGG. Sie findet auf sonstige Gleichbehandlungsgebote sowie auf Benachteiligungs- bzw. Maßregelungsverbote **keine unmittelbare Anwendung**. Eine analoge Anwendung scheidet mangels einer planwidrigen Gesetzeslücke ebenfalls aus. Anhaltspunkte dafür, dass sich der Gesetzgeber bei der Verabschiedung des AGG über die tatbestandliche Beschränkung des § 22 auf Benachteiligungen wegen der in § 1 genannten Gründe nicht im Klaren war, sind nicht gegeben. Nach der Gesetzesbegründung ist vielmehr davon auszugehen, dass er die Beweislastregel bewusst nicht auf die sonstigen Gleichbehandlungsgebote sowie die Benachteiligungs- bzw. Maßregelungsverbote erstreckt hat (BT-Drs. 16/1780, 47).

280 Die Tatbestandsmerkmale können ua dadurch bewiesen werden, dass der Anspruchsteller sog **Hilfstatsachen, Indizientatsachen oder Anzeichen** vorträgt und im Bestreitensfall beweist, die nach der Lebenserfahrung auf das Vorliegen der Haupttatsachen schließen lassen (BVerfG 30.6.1993 – 2 BvR 549/93 – NJW 1993, 2165). Von Bedeutung ist der Indizienbeweis insbesondere bei **inneren Tatsachen**. Beispielweise kann unter Umständen aus früheren Äußerungen des Arbeitgebers oder aus einer ständigen betrieblichen Praxis, Angehörige einer bestimmten Personengruppe langsamer zu befördern, häufiger zu kündigen, häufiger zu Überstunden heranzuziehen oder anderen nachteiligen Maßnahmen auszusetzen, auf eine ablehnende Haltung des Arbeitgebers diesen gegenüber geschlossen werden (vgl. Däubler, Arbeitsrecht 1, Rn. 131; AK-GG-Kittner/Schiek, GG Art. 9 Abs. 3 Rn. 107). Jedoch ist es – anders als im Rahmen des § 22 – **nicht ausreichend**, wenn nur eine **überwiegende Wahrscheinlichkeit** für das Vorhandensein der zu beweisenden Tatsachen spricht (→ § 22 Rn. 33 f.). Es ist vielmehr erforderlich, dass aufgrund der Indiztatsachen aller Wahrscheinlichkeit nach davon auszugehen ist, dass die Tatsachen gegeben sind, wobei rein theoretische Zweifel außer Acht zu bleiben haben (BVerfG 30.6.1993 – 2 BvR 549/93 – NJW 1993, 2165; näher zum Ganzen Baumgärtel, Rn. 273 ff.).

281 Weiter sind **Beweiserleichterungen nach den allgemeinen Regeln** möglich. Denn ebenso wie im Rahmen des AGG befinden sich die Anspruchsteller, in der Regel die klagende Partei, häufig in einer Situation, in der es kaum gelingen wird, die Tatbestandsvoraussetzungen einer Ungleichbehandlung oder Maßregelung in vollem Umfang zu beweisen. Dies liegt zum einen daran, dass Diskriminierungen selten direkt und offen stattfinden, sondern indirekte, mittelbare oder versteckte Ungleichbehandlungen und Maßregelungen sehr viel häufiger vorkommen, und zum anderen daran, dass die maßgeblichen Umstände vielfach in der Sphäre des Anspruchsgegners liegen bzw. es sich um innere Tatsachen handelt, die die darlegungs- und beweisbelastete Partei nicht kennt und auch nicht kennen kann (→ § 22 Rn. 6; vgl. auch Gamillscheg, S. 194; AK-GG-Kittner/Schiek, GG Art. 9 Abs. 3 Rn. 107; KDZ-Däubler, BGB § 612 a Rn. 23 ErfK-Schmidt, GG Art. 3 Rn. 50; Prütting, FS 50 Jahre BAG, S. 1314). Deshalb dürfen **keine unzumutbar hohen Anforderungen an die Darlegungen** des Anspruchstellers gestellt werden. Zugunsten einer dem materiellen Recht entsprechenden Entscheidung kann immer nur das verlangt werden, was dem An-

spruchsteller auch tatsächlich möglich ist (vgl. KDZ-Zwanziger, GG Art. 3 Rn. 72). Dies gilt insbesondere im grundrechtsrelevanten Bereich (BVerfG 3.7.1973 – 1 BvR 153/69 – NJW 1974, 229; BVerfG 23.4.1974 – 1 BvR 6/74 ua – NJW 1974, 1499 zu Art. 14 GG; BVerfG 27.1.1998 – 1 BvL 15/87 – NZA 1998, 470, und BVerfG 6.10.1999 – 1 BvR 2110/93 – NZA 2000, 110 zu Art. 12 GG).

282 Hat der Anspruchsteller keine tieferen Einblicke in den zu beweisenden Sachverhalt, weil die maßgeblichen **Umstände in der Sphäre des Anspruchgegners** liegen, ist es nach den Grundsätzen der **abgestuften Darlegungslast** zunächst ausreichend, wenn er Anhaltspunkte vorträgt, die eine Ungleichbehandlung bzw. Maßregelung nahelegen. Der Anspruchgegner muss sich hierzu nach § 138 Abs. 2 ZPO konkret erklären und in zumutbarem Umfang die ihm bekannten Einzelheiten darlegen. Nur wenn er dieser sekundären Behauptungslast in ausreichendem Maß nachgekommen ist, obliegt es dem Anspruchsteller zu beweisen, dass die Tatbestandsvoraussetzungen gegeben sind, indem er das Vorbringen des Anspruchgegners widerlegt (BAG 10.5.2005 – 9 AZR 230/04 – NZA 2006, 155; BGH 24.2.1993 – IV ZR 239/91 – NJW 1993, 2168; BGH 11.6.1990 – II ZR 159/89 – NJW 1990, 3151; BAG 28.3.2003 – 2 AZR 333/02 – AP § 242 BGB Kündigung Nr. 17; BAG 20.11.2003 – 8 AZR 580/02 – NZA 2004, 489; BAG 11.12.2003 – 2 AZR 667/02 – NZA 2004, 784; Kittner/Zwanziger/Deinert-Zwanziger, § 147 Rn. 42, 44; GMP-Prütting, ArbGG § 58 Rn. 89). **Gleiches gilt**, wenn es sich um sog **Negativtatsachen** handelt, wie zB, dass für eine bestimmte Maßnahme andere als die verpönten Gründe nicht maßgeblich waren. Diesbezüglich reicht es zunächst aus, wenn der Anspruchsteller allgemein behauptet, dass solche Gründe nicht vorgelegen haben (Kittner/Zwanziger/Deinert-Zwanziger, § 147 Rn. 43).

283 Außerdem sind Beweiserleichterungen nach den Grundsätzen des **Anscheinsbeweises** möglich. Unter einem Anscheinsbeweis versteht man einen **typischen Geschehensablauf**, der aufgrund seiner Typizität auf bestimmte Tatsachen bzw. einen bestimmten Handlungsverlauf schließen lässt, ohne dass es auf die Feststellung der Einzelumstände ankommt. Dies kann je nach den Umständen für den ursächlichen Zusammenhang zwischen der Ausübung eines Rechts oder der Wahrnehmung bestimmter Aufgaben und nachteiligen Maßnahmen des Arbeitgebers von Bedeutung sein (vgl. Däubler, Arbeitsrecht 1, Rn. 131; KDZ-Däubler, BGB § 612 a Rn. 23; AK-GG-Kittner/Schiek, GG Art. 9 Abs. 3 Rn. 107). Der Anscheinsbeweis führt allerdings weder zu einer Absenkung des Beweismaßes noch zu einer Umkehr der Beweislast. Für die den Anschein begründenden Tatsachen ist der volle Beweis zu erbringen. Der Anspruchsgegner kann den Anscheinsbeweis dadurch **erschüttern**, dass er Tatsachen darlegt und ggf. beweist, aus denen sich im konkreten Fall die ernsthafte Möglichkeit eines abweichenden Geschehensablaufs ergibt (näher zum Ganzen MüKo-ZPO-Prütting, ZPO § 286 Rn. 48 ff., sowie Baumgärtel, Rn. 227 ff.).

284 Wenn **gesetzliche Vorschriften, Tarifverträge** oder **Betriebsvereinbarungen** betroffen sind, sind die maßgeblichen **Tatsachen** für einen Verstoß gegen Gleichbehandlungsgebote entsprechend § 293 ZPO **von Amts wegen aufzuklären** (ErfK-Schmidt, GG Art. 3 Rn. 48; KDZ-Zwanziger, GG Art. 3

Rn. 54), sofern die Parteien dafür ausreichende Anhaltspunkte vortragen (BAG 10.12.1997 – 4 AZR 264/96 – NZA 1998, 599). Auf die Verteilung der Beweislast kommt es nur an, wenn sich diese Tatsachen nicht feststellen lassen (ErfK-Schmidt, GG Art. 3 Rn. 49).

3. Auskunftsanspruch – Nachschieben von Gründen

285 Bei möglichen **Verstößen gegen Gleichbehandlungsgebote auf der individualrechtlichen Ebene** haben Arbeitnehmer, wenn sie die Kriterien, nach denen der Arbeitgeber bestimmte Leistungen gewährt hat, bzw. die Gründe, weshalb sie von den Leistungen ausgenommen worden sind, nicht kennen, gegen den Arbeitgeber nach § 241 Abs. 2 BGB einen Anspruch auf Auskunft als arbeitsvertraglichen Nebenanspruch (BAG 20.5.2010 – 8 AZR 287/08 – NZA 2010, 1006; vgl. dazu auch BAG 19.4.2005 – 9 AZR 188/04 – NZA 2005, 983; BAG 1.12.2004 – 5 AZR 664/03 – NZA 2005, 289; BAG 21.11.2000 – 9 AZR 665/99 – NZA 2001, 1727; → § 22 Rn. 40 ff.). Der Auskunftsanspruch kann im Rahmen einer **Stufenklage** auf Gleichbehandlung geltend gemacht werden (BAG 1.12.2004 – 5 AZR 664/03 – NZA 2005, 289).

286 Darüber hinaus ist der Arbeitgeber verpflichtet, wenn sich die Gründe für eine unterschiedliche Behandlung nicht bereits aus dem Zweck der Maßnahme ergeben oder dieser für die Arbeitnehmer objektiv nicht erkennbar ist, diese spätestens dann **offenzulegen**, wenn sich die betroffenen Arbeitnehmer auf Gleichbehandlung berufen. In einem gerichtlichen Verfahren kann er sich nur auf solche Sachgründe berufen, die er rechtzeitig offengelegt hat (BAG 5.3.1980 – 5 AZR 881/78 – AP § 242 BGB Gleichbehandlung Nr. 44; BAG 20.7.1993 – 3 AZR 52/93 – NZA 1994, 125; BAG 27.10.1998 – 9 AZR 299/97 – NZA 1999, 700; BAG 19.3.2003 – 10 AZR 365/02 – NZA 2003, 724). Die Offenbarungspflicht dient zum einen dazu, dass sich die betroffenen Arbeitnehmer darüber klarwerden können, ob die unterschiedliche Behandlung sachlich gerechtfertigt ist (BAG 5.3.1980 – 5 AZR 881/78 – AP § 242 BGB Gleichbehandlung Nr. 44; BAG 20.7.1993 – 3 AZR 52/93 – NZA 1994, 125), und zum anderen dazu, zu verhindern, dass der Arbeitgeber willkürliche Differenzierungen im Nachhinein durch vorgeschobene sachliche Gründe rechtfertigen kann (BAG 27.10.1998 – 9 AZR 299/87 – NZA 1999, 700; BAG 19.3.2003 – 10 AZR 365/02 – NZA 2003, 724). Ansonsten können Differenzierungsgründe **nur nachträglich vorgebracht** werden, wenn aufgrund besonderer Umstände erkennbar ist, dass diese tatsächlich bestanden haben und nicht vorgeschoben sind (BAG 3.7.2003 – 2 AZR 617/02 – AP § 2 KSchG 1969 Nr. 73).

287 **Differenzierungen in Gesetzen, Tarifverträgen und Betriebsvereinbarungen** sind darauf zu überprüfen, ob sie objektiv gegen Gleichbehandlungsgebote verstoßen (Kittner/Zwanziger/Deinert-Zwanziger, § 92 Rn. 7 ff.), wobei nur solche Zweckbestimmungen beachtlich sind, die in den jeweiligen Rechtsnormen einen Niederschlag gefunden haben (ErfK-Schmidt, GG Art. 3 Rn. 74).

F. Ausklammerung des Kündigungsschutzes (Abs. 4)

I. Entstehungsgeschichte der Vorschrift

288 Nach Abs. 4 sollen für Kündigungen „**ausschließlich** die Bestimmungen zum allgemeinen und besonderen Kündigungsschutz" gelten. Eine ähnliche, wenn auch auf das Wort „ausschließlich" verzichtende Regelung enthält Abs. 2 S. 2, wonach sich die betriebliche Altersversorgung nach dem BetrAVG richtet. Abs. 4 hat seine Fassung **erst auf der Grundlage des Berichts des Rechtsausschusses** des Bundestags erhalten (BT-Drs. 16/2022, 8), der seinerseits einem Wunsch des Bundesrates nachkam (BT-Drs. 16/1852, 2). Der Regierungsentwurf (BT-Drs. 16/1780, 7) hatte demgegenüber noch in Übereinstimmung mit dem in der vorherigen Legislaturperiode erreichten Kompromiss bestimmt, dass für Kündigungen „**vorrangig**" die Bestimmungen des Kündigungsschutzgesetzes gelten würden. Diese Formulierung war allerdings zu Recht auf Kritik gestoßen (Preis, NZA 2006, 401, 409: „Placebo-Gesetzgebung"; Busch, AiB 2006, 333).

289 Die **Begründung** des Rechtsausschusses für die nunmehr geltende Fassung ist **wenig hilfreich**. Sinn der Regelung sei es, das Verhältnis von AGG und KSchG in der Weise zu präzisieren, dass für Kündigungen ausschließlich die Bestimmungen zum allgemeinen und besonderen Kündigungsschutz Anwendung finden. Dies erscheine sachgerechter, weil sie speziell auf Kündigungen zugeschnitten seien. Es folgt eine Aufzählung der wichtigsten einschlägigen Gesetze (BT-Drs. 16/2022, 26). Im Ergebnis stellt sich die „Präzisierung" als Ausklammerung des Kündigungsschutzes aus dem AGG dar, da das Wort „ausschließlich" sonst keinen Sinn ergibt. Die Frage, ob es das Unionsrecht zulässt, bestimmte Bereiche aus den Diskriminierungsverboten auszuklammern, wird nicht angesprochen.

290 Die **Begründung der abweichenden Formulierung des Regierungsentwurfs** vermittelt gleichfalls keine weitergehenden Aufschlüsse. Dort heißt es, Abs. 4 diene der Klarstellung, dass die Vorschriften des KSchG unberührt bleiben würden. Sie solle der Praxis zugleich verdeutlichen, dass Rechtsstreitigkeiten bei Kündigungen auch in Zukunft „vorwiegend" nach dem Kündigungsschutzgesetz zu entscheiden seien. Was dies konkret bedeutet, wie insbesondere Widersprüche zwischen AGG und KSchG zu behandeln wären, wird nicht deutlich. Auch fehlt jeder Hinweis auf die Möglichkeit einer richtlinienkonformen Interpretation, der ja auch das KSchG unterliegt. Die endgültige Fassung hat somit lediglich insoweit Klarheit gebracht, als sie die Kündigung aus dem AGG ausklammert. Im Übrigen hat der deutsche Gesetzgeber hier wie auch an anderen Stellen seinen Unwillen bewiesen, die EG-Richtlinien korrekt umzusetzen (v. Roetteken, § 2 Rn. 65; Busch, AiB 2006, 467).

291 § 2 Abs. 4 ist nur schlecht in das System des **AGG** einzupassen, weil dieses **an anderer Stelle ebenfalls kündigungsschutzrechtliche Fragen regelt**. So veränderte etwa § 10 S. 3 Nr. 6 in der Fassung des Gesetzes vom 14.8.2006 (BGBl. I, 1897) die Grundsätze über die **soziale Auswahl** bei der betriebsbedingten Kündigung, und § 10 S. 3 Nr. 7 modifizierte die Rechtsfolgen einer individual- oder kollektivrechtlich vereinbarten **Unkündbarkeit**. Diese **Ungereimtheiten** wurden zwar durch das Zweite Gesetz zur Änderung

des Betriebsrentengesetzes v. 2.12.2006 (BGBl. I, 2742), durch das Nr. 6 und 7 des § 10 S. 3 gestrichen wurden, **beseitigt**. Geblieben ist allerdings die Regelung des § 10 S. 3 Nr. 8 (jetzt Nr. 6) über Sozialplanleistungen, die auch mit Kündigungen in Zusammenhang stehen. Wichtiger ist, dass § 2 Abs. 1 Nr. 2 als sachlichen Anwendungsbereich des Gesetzes weiter die „Entlassungsbedingungen" nennt. § 6 Abs. 1 S. 2 erstreckt den Geltungsbereich des Gesetzes pauschal auf alle Personen, deren Beschäftigungsverhältnis „beendet" ist; damit sind auch gekündigte Arbeitnehmer und gekündigte arbeitnehmerähnliche Personen einbezogen. Diese **systematische Inkonsistenz** ist – milde gesagt – unerfreulich (mit Recht kritisch auch Annuß, BB 2006, 1630: Gesetzgeber wird so manchen Spott ernten), lässt aber die Gültigkeit des § 2 Abs. 4 unberührt. Seinem Wortlaut nach klammert er das Phänomen „Kündigung" insgesamt aus dem Anwendungsbereich des AGG aus, nicht nur Fälle, in denen das KSchG oder der Sonderkündigungsschutz Anwendung finden (Meinel/Heyn/Herms, § 2 Rn. 59; Schiek-Schiek, § 2 Rn. 12). Dass tarifliche und durch Betriebsvereinbarung geschaffene Kündigungsbeschränkungen gleichwohl am Maßstab des AGG zu überprüfen seien (Löwisch, DB 2006, 1729; v. Roetteken, § 2 Rn. 64), ist unter diesen Umständen nicht einsehbar; gerade die Streichung des § 10 S. 3 Nr. 7 aF macht deutlich, dass auch insoweit das AGG ohne unmittelbaren Einfluss bleiben sollte.

II. Verstoß gegen EU-Recht

1. Verstoß gegen primäres Unionsrecht

292 In der Literatur ist schon vor Inkrafttreten des Gesetzes darauf hingewiesen worden, dass § 2 Abs. 4 gegen Unionsrecht verstößt (Annuß, BB 2006, 1630; Düwell, jurisPR-ArbR 28/2006 Anm. 7; Thüsing, NZA 2006, 777; Wisskirchen, DB 2006, 1495; vgl. auch Diller/Krieger/Arnold, NZA 2006, 887, 889; deutliche Bedenken weiter bei Bauer, NZA 2006, 776). Die Antirassismusrichtlinie und die Rahmenrichtlinie erstrecken ihren sachlichen Anwendungsbereich ausdrücklich auch auf „Entlassungsbedingungen", die jeweils in Art. 3 Abs. 1 Buchst. c genannt sind. Die Gender-Richtlinie aF stimmte in ihrem Art. 3 Abs. 1 Buchst. c damit wörtlich überein. Auch der EuGH hat das Verbot der Diskriminierung wegen Behinderung ausdrücklich auf die Kündigung bezogen (EuGH 11.7.2006 – Rs. C-13/05 (Chacón Navas) – DB 2006, 1617 Rn. 37). Dem nationalen Gesetzgeber ist es ersichtlich nicht erlaubt, eine große Gruppe potenzieller Benachteiligungen von vorneherein aus dem Antidiskriminierungsrecht auszuklammern, die Richtlinien also von ihrem Gegenstand her nur zu 60 oder 70 % umzusetzen (ebenso Bayreuther, DB 2006, 1842). Diese Auffassung hat sich auch in der Kommentarliteratur weitgehend durchgesetzt (Meinel/Heyn/Herms, § 2 Rn. 60, 63; Nollert-Borasio/Perreng, § 2 Rn. 36; v. Roetteken, § 2 Rn. 65 ff.; Schiek-Schiek, § 2 Rn. 13; Schleusener/Suckow/Voigt-Schleusener, § 2 Rn. 35; Thüsing, Arbeitsrechtlicher Diskriminierungsschutz, Rn. 108 ff.; im Prinzip auch Adomeit/Mohr, § 2 Rn. 226 ff.; für die Wirksamkeit eines – eng interpretierten – § 2 Abs. 4 Wendeling-Schröder/Stein, § 2 Rn. 39 ff. sowie Bauer/Krieger, § 2 Rn. 59, 59 a, die aber bei trotz Dis-

kriminierung wirksamer Kündigung einen Entschädigungsanspruch nach § 15 Abs. 2 zusprechen wollen).

293 Eine solche, in der Tat schwer zu bestreitende Richtlinienwidrigkeit führt im Regelfall allerdings nur dazu, dass sich die öffentliche Hand einschließlich der von ihr beeinflussten Unternehmen dem Bürger gegenüber nicht auf die bisherigen, nunmehr richtlinienwidrigen Normen berufen kann. Im Verhältnis der Bürger untereinander, dh im Beschäftigungsverhältnis bei einem privaten Arbeitgeber, bleibt es beim nationalen Recht (Einzelheiten → Einl. Rn. 95 ff.).

294 Im vorliegenden Fall verstößt nun allerdings die Herausnahme der Kündigung zugleich gegen das primärrechtliche Diskriminierungsverbot. Dieses ist – bezogen auf die Merkmale des § 1 – in der jüngeren Rechtsprechung des EuGH ausdrücklich anerkannt worden (grundlegend EuGH 22.11.2005 – Rs. C-144/04 (Mangold/Helm) – NZA 2005, 1345, 1348 Rn. 74; EuGH 11.7.2006 – Rs. C-13/05 (Chacón Navas) – DB 2006, 1617 Rn. 56), und findet sich nunmehr in Art. 21 EU-GRC (Einzelheiten in → Einl. Rn. 106–108; wie hier im Ergebnis auch Schiek, AuR 2006, 145, 147). Ein Verstoß liegt nicht nur dann vor, wenn der Gesetzgeber wie in § 14 Abs. 3 TzBfG aF über die Ermächtigung der Richtlinie hinaus an einem verpönten Merkmal anknüpft. Eine sehr viel weitergehende Missachtung ist vielmehr dann gegeben, wenn ganze Sachbereiche von vorneherein aus dem Antidiskriminierungsrecht ausgenommen werden. Insoweit liegt der Verstoß gegen primäres Unionsrecht auf der Hand.

2. „Reparatur" durch richtlinienkonforme Interpretation?

295 Dieses Ergebnis wäre zu revidieren, wenn im Bereich „Kündigung" auf andere Weise ein richtlinienkonformer Zustand herbeigeführt worden wäre, wenn es beispielsweise ein Sondergesetz über „Diskriminierungsschutz bei Kündigungen" geben würde. Dies ist aber ersichtlich nicht der Fall. Entgegen Bayreuther (DB 2006, 1842 ff.), Preis (ZESAR 2007, 309) und zahlreichen anderen Stimmen vermag auch eine **richtlinienkonforme Auslegung** den **von der Richtlinie gewollten Zustand nicht herzustellen**, und zwar aus vier Gründen (dazu auch Domröse, NZA 2006, 1323 f.):

- Das **Transparenzgebot** wäre nicht beachtet, da der Einzelne nicht klar erkennen könnte, wie seine Rechte beschaffen sind (EuGH 19.9.1996 – Rs. C-236/95 – Slg 1996, I-4459 Rn. 12 ff.; Preis, ZESAR 2007, 309; Thüsing, Arbeitsrechtlicher Diskriminierungsschutz, Rn. 115). So hat es der EuGH (10.5.2001 – Rs. C-144/99 – ZIP 2001, 1373 Rn. 17) als nicht ausreichend erachtet, dass eine Bestimmung der Klauselrichtlinie auch durch richtlinienkonforme Auslegung hätte umgesetzt werden können.
- Mit § 2 Abs. 4 wäre gegenüber dem vorher bestehenden Zustand ein **Rechtsabbau** verbunden, da § 611 a BGB aF und § 81 Abs. 2 SGB IX aF in Fällen der Diskriminierung wegen des Geschlechts bzw. einer Behinderung die Kündigung einbezogen und im Falle eines Verstoßes ihre Unwirksamkeit angeordnet hatten (vgl. auch Diller/Krieger/Arnold, NZA 2006, 887, 889). Dies verbietet aber Art. 6 Abs. 2 der Antirassis-

mus-Richtlinie, Art. 8 Abs. 2 der Rahmenrichtlinie und Art. 8 e Abs. 2 der Gender-Richtlinie aF.

- Eine richtlinienkonforme Auslegung des Kündigungsschutzrechts führt dazu, dass Kündigungen, die eine (unmittelbare oder mittelbare) Diskriminierung darstellen, unwirksam sind, sofern rechtzeitig Klage erhoben wird. Daneben kann kein Ersatz des immateriellen Schadens nach § 15 Abs. 2 verlangt werden, da die Richtlinien nur **„wirksame, verhältnismäßige und abschreckende" Sanktionen** verlangen, aber keinen Schadensersatz vorschreiben. Die bloße Unwirksamkeit der Kündigung genügt dem nicht (v. Roetteken, § 2 Rn. 68); beschäftigt der Arbeitgeber den gekündigten Arbeitnehmer während des gerichtlichen Verfahrens weiter, so entsteht dem Arbeitgeber keinerlei wirtschaftlicher Nachteil, wenn er „es mal probieren" will. Um Derartiges zu verhindern, sieht Art. 18 RL 2006/54/EG im Fall der geschlechtsbezogenen Diskriminierung auch einen obligatorischen Schadensersatz vor.
- Eine Beschränkung des Kündigungsschutzrechts auf die richtlinienkonforme Auslegung führt zu **Verstößen gegen** den **unionsrechtlichen Gleichbehandlungsgrundsatz**. So ist kein sachlicher Grund erkennbar, weshalb zwar Versetzungen und Abmahnungen dem AGG einschließlich seines § 15 unterliegen sollen, nicht aber die Kündigung mit ihren sehr viel weiter reichenden Wirkungen. Ebenso willkürlich erscheint es, nur die Kündigung eines Arbeitsverhältnisses, nicht aber die eines Vertrags auszuklammern, der mit einer arbeitnehmerähnlichen Person besteht (ähnlich Meinel/Heyn/Herms, § 2 Rn. 63; v. Roetteken, § 2 Rn. 68).

Die **richtlinienkonforme Auslegung** ist unter diesen Umständen **kein Mittel**, das die Nichtanwendung des AGG ausgleichen könnte (vgl. auch Bauer/Krieger NZA 2016, 1041, 1043: richtlinienkonforme Auslegung „verbiegt die Vorschrift bis zur Umkehr ihres Sinngehalts"). Auch ein Rechtszustand „Richtlinienkonforme Auslegung bei der Kündigung, AGG bei den übrigen Fragen des Arbeitsverhältnisses" lässt sich nicht mit den primärrechtlichen Diskriminierungsverboten vereinbaren.

3. Rechtsfolgen

296 Hält sich der nationale Gesetzgeber nicht an primäres Unionsrecht, so ist dieses, nicht die nationale Norm anzuwenden. Das EU-Recht besitzt insoweit einen **Anwendungsvorrang** (Einzelheiten → Einl. Rn. 105). Dies gilt allerdings nicht generell, sondern nur dann, wenn der Gesetzgeber **im Anwendungsbereich des Unionsrechts** tätig wird (EuGH 22.11.2005 – Rs. C-144/04 (Mangold/Helm) – NZA 2005, 1345, 1348 Rn. 75; nochmals klargestellt in EuGH 11.7.2006 – Rs. C-13/05 (Chacón Navas) – DB 2006, 1617 Rn. 56; weitergehend Annuß, BB 2006, 325 ff.). Diese Voraussetzung ist beim AGG unstreitig gegeben. Die Herausnahme von Kündigungen steht im Widerspruch zum primärrechtlichen Diskriminierungsverbot; **§ 2 Abs. 4** muss daher **außer Anwendung** bleiben (ebenso Busch, AiB 2006, 467, 468; Däubler, AiB 2006, 738 ff.; Nollert-Borasio/Perreng, § 2 Rn. 36; Schleusener/Suckow/Voigt-Schleusener, § 2 Rn. 35; Schrader/Schubert, Rn. 435 d; Thüsing, Arbeitsrechtlicher Diskriminierungsschutz,

Rn. 116 ff.; im Prinzip auch Meinel/Heyn/Herms, § 2 Rn. 66; Sagan, NZA 2006, 1259; Schiek-Schiek, § 2 Rn. 13). Auch das ArbG Osnabrück (5.2.2007 – 3 Ca 677/06 – DB 2007, 1200; 5.2.2007 – 3 Ca 724/06 – NZA 2007, 626) hat sich dieser Auffassung angeschlossen, während das ArbG Bielefeld (25.4.2007 – 6 Ca 2886/06 – BB 2007, 1961 mAnm Neufeld) die Frage dahinstehen ließ. Die Konsequenz ist, dass durch „Streichung" dieser Bereichsausnahme das **AGG voll zur Anwendung** kommt (Schrader/Schubert, Rn. 435 e). Insoweit gilt nichts anderes als bei der Europarechtswidrigkeit des § 14 Abs. 3 TzBfG aF: Auch sie führte dazu, dass (nur noch) die allgemeinen Befristungsvorschriften nach § 14 Abs. 1, 2, 2 a TzBfG Anwendung fanden.

297 Die These von der „heilenden" Wirkung der richtlinienkonformen Auslegung (für sie auch Nicolai, Rn. 194 ff.; ErfK-Schlachter, § 2 Rn. 18; Willemsen/Schweibert, NJW 2006, 2583, 2585) wird auch **mit einschränkenden Modifikationen** vertreten. So meinen etwa Diller/Krieger/Arnold (NZA 2006, 887 ff.) zu Recht, Kündigungen, die allein auf einem diskriminierenden Motiv beruhen, seien von vorneherein nach § 138 BGB sittenwidrig und würden deshalb nur die allgemeinen Rechtsfolgen (Unwirksamkeit der Kündigung; ggf. Anspruch auf Entschädigung wegen Verletzung des allgemeinen Persönlichkeitsrechts) auslösen. Soweit ein Kündigungsgrund nach § 242 BGB, § 1 Abs. 2 KSchG oder § 626 BGB vorliege und ein diskriminierendes Motiv hinzukomme, ändere dies zwar nichts an der Wirksamkeit der Kündigung, führe jedoch in richtlinienkonformer Auslegung zu einem Anspruch auf angemessene Entschädigung entsprechend § 15 Abs. 2. Dies **überzeugt** schon **wertungsmäßig nicht**, da die im Zweifel stärkere Verletzung des Persönlichkeitsrechts ohne Entschädigungsanspruch bleibt, während dieser gewährt wird, wenn die Diskriminierungsabsicht nur eines unter mehreren Motiven war. Weiter ist nicht ersichtlich, wie ein solcher selektiver Rückgriff auf eine Bestimmung des AGG damit vereinbar ist, dass § 2 Abs. 4 nach Wortlaut und Zweck die Kündigung aus dem Anwendungsbereich des AGG ausklammern möchte, eine richtlinienkonforme Interpretation aber bei eindeutigem Wortlaut und Zweck ausscheiden muss (dazu → Einl. Rn. 89 ff.). Weiter klammern die Autoren die **mittelbar diskriminierende Kündigung** völlig aus ihren Betrachtungen aus (zu ihr Däubler, AiB 2007, 97 ff.), was einem Zurückbleiben hinter den Anforderungen der Richtlinie gleichkommt (anders mit Recht Thüsing, Arbeitsrechtlicher Diskriminierungsschutz, Rn. 111, der auf die downsizing-Fälle im US-Recht hinweist). Auch die weitere Auffassung, in § 2 Abs. 4 eine (verdeckte) Beweislastregelung zu sehen, wonach das vom Arbeitgeber zu beweisende Vorliegen eines Kündigungsgrundes eine Diskriminierung grundsätzlich ausschließe und der Arbeitnehmer eine gleichwohl bestehende Diskriminierungsabsicht beweisen müsse (Bayreuther, DB 2006, 1842 ff.), kommt nicht ohne Rückgriff auf die richtlinienkonforme Auslegung aus, die – wie gezeigt – wegen ihrer immanenten Grenzen keinen der Richtlinie entsprechenden Zustand herbeiführen kann.

III. Rechtsprechung des BAG

298 Das BAG hat sich erstmals in der Entscheidung vom 6.11.2008 (2 AZR 523/07 – NZA 2009, 361) für eine **richtlinienkonforme Auslegung** entschieden und gleichzeitig dem § 2 Abs. 4 nur einen sehr beschränkten Inhalt zugewiesen (bestätigt in BAG 22.10.2009 – 8 AZR 642/08 – NZA 2010, 280; BAG 5.11.2009 – 2 AZR 676/08 – NZA 2010, 457; BAG 15.12.2011 – 2 AZR 42/10 – NZA 2012, 1044 Rn. 47; zustimmend Adomeit/Mohr, NJW 2009, 2255; kritisch Bauer/Krieger, § 2 Rn. 59). Danach sind die **Diskriminierungsverbote** des AGG **„im Rahmen der Prüfung der Sozialwidrigkeit zu beachten"**, sie dienen der Konkretisierung der Sozialwidrigkeit (so BAG 6.11.2008 – 2 AZR 523/07 – NZA 2009, 361 Rn. 34; BAG 5.11.2009 – 2 AZR 676/08 – NZA 2010, 457 Rn. 24). Dies bedeutet, dass eine Kündigung auch dann rechtswidrig ist, wenn an sich ein Kündigungsgrund nach dem KSchG oder allgemeinen Grundsätzen vorliegt, zugleich aber gegen ein Diskriminierungsverbot verstoßen wurde (s. etwa den Fall BAG 23.7.2015 – 6 AZR 457/14 – NZA 2015, 1380). § 2 Abs. 4 intendiere die „Verzahnung" mit anderen Rechtsgebieten und wolle nur verhindern, dass es neben der „Kündigungsschutzklage" auch eine „Diskriminierungsklage" gebe (BAG 6.11.2008 – 2 AZR 523/07 – NZA 2009, 361 Rn. 39 ff.). In allen Entscheidungen blieb **dahingestellt**, ob ein unter Verstoß gegen ein Diskriminierungsverbot gekündigter Arbeitnehmer **Schadensersatzansprüche nach § 15** hat (BAG 6.11.2008 – 2 AZR 523/07 – NZA 2009, 361 Rn. 40; BAG 22.10.2009 – 8 AZR 642/08 – NZA 2010, 280 Ls. 1; BAG 5.11.2009 – 2 AZR 676/08 – NZA 2010, 457), doch signalisierte der 8. Senat schon damals eher Zustimmung, indem er betonte, ein solcher Anspruch sei jedenfalls nicht systemwidrig (BAG 22.10.2009 – 8 AZR 642/08 – NZA 2010, 280 Rn. 16). Inzwischen hat er mit Urteil vom 12.12.2013 einen **Ersatzanspruch nach § 15 Abs. 2** mit aller Deutlichkeit **bejaht** (BAG 12.12.2013 – 8 AZR 838/12 – NZA 2014, 722 = AP § 15 AGG Nr. 17 mAnm Däubler) und damit dem § 2 Abs. 4 einen weiteren Teil seiner Wirkung genommen (zustimmend Hey, in: Hey/Forst, § 2 Rn. 58). Auf diese Weise ist zugleich in einem wichtigen Bereich den Vorgaben der Richtlinie 2006/54/EG Rechnung getragen, die bei einem Verstoß gegen den Grundsatz der Gleichbehandlung von Mann und Frau durch Kündigung einen „abschreckenden, aber angemessenen" Schadensersatz vorschreibt, wenn es nicht zu einer Wiedereinstellung kommt (dazu EuGH 17.12.2015 – Rs. C-407/14 (Camacho) – NZA 2016, 471 = AuR 2016, 425 mAnm Buschmann). Weiter vertritt das BAG nunmehr in ständiger Rechtsprechung die Auffassung, **außerhalb des Anwendungsbereichs des KSchG** greife § 2 Abs. 4 nicht ein; eine diskriminierende Kündigung sei deshalb nach § 134 BGB in Verbindung mit § 7 Abs. 1 unwirksam (BAG 19.12.2013 – 6 AZR 190/12 – NZA 2014, 372; BAG 26.3.2015 – 2 AZR 237/14 – NZA 2015, 734; BAG 23.7.2015 – 6 AZR 457/14 – NZA 2015, 1380). Dies betrifft Arbeitsverhältnisse, die noch nicht länger als sechs Monate gedauert haben, sowie Arbeitsverhältnisse in Kleinbetrieben nach § 23 Abs. 1 S. 3 KSchG, bei denen nicht mehr als zehn Arbeitnehmer beschäftigt sind.

299 Mit dieser Rechtsprechung hat sich das **BAG** in entscheidenden Punkten **an die** (hier vertretene) **Auffassung angenähert**, die Vorschrift des **§ 2 Abs. 4** müsse als **unionsrechtswidrig** außer Anwendung bleiben (vgl. dazu auch Benecke, AuR 2016, 9, 14; Wenckebach, AuR 2010, 499, 504). Im materiellen Kündigungsschutz wie in den unmittelbaren Rechtsfolgen einer diskriminierenden Kündigung ist weitestgehende Übereinstimmung hergestellt. Allerdings wird der immaterielle Schaden vorläufig nur erstattet, wenn die Belastung des Betroffenen über das Normalmaß hinausgeht. Ob dasselbe auch dann gilt, wenn nur ein „Normalmaß an Kränkung" vorliegt, hat das BAG zunächst dahingestellt gelassen. Auch muss man sich fragen, ob die Kündigung wegen einer Krankheit, die sich als Behinderung erweist, wirklich nur dann zugelassen wird, wenn das Fehlen der Behinderung eine „wesentliche und entscheidende berufliche Anforderung" im Sinne des § 8 ist. Dazu gibt es noch keine höchstrichterliche Festlegung. Insoweit ist **das gleiche Schutzniveau noch nicht sicher** erreicht.

300 **Defizitär** bleibt die Rechtsprechung im Hinblick auf das **Verfahren**. Den Status quo der Rechtsentwicklung wird man **schwerlich als „transparent" bezeichnen** können, obwohl das Unionsrecht eine Umsetzung verlangt, wonach der Einzelne seine Rechte kennen muss (s. etwa Art. 12 der Rahmenrichtlinie). Weiter stellt sich das Problem, ob die kurze Frist von drei Wochen mit den **unionsrechtlichen Vorgaben eines effektiven Rechtsschutzes** vereinbar ist (dazu im hier interessierenden Zusammenhang EuGH 8.7.2010 – Rs. C-246/09 – NZA 2010, 869). Dies kann insbesondere deshalb zweifelhaft sein, weil § 4 KSchG nicht darauf abstellt, dass der Betroffene die Indizien kannte, auf die er die Vermutung stützen konnte, er sei aus einem der Gründe des § 1 benachteiligt worden. Eine solche Kenntnis ist aber nach der eigenen Rechtsprechung des BAG (15.3.2012 – 8 AZR 37/11 – NZA 2012, 910) durch das Unionsrecht geboten, wenn es um die Fristen für die Geltendmachung von Ansprüchen nach § 15 geht. Beim Vorgehen gegen die Kündigung selbst kann schwerlich etwas anderes gelten. Im Einzelnen wird darauf an späterer Stelle (→ § 7 Rn. 336 ff.) eingegangen. Schließlich erweckt die Abfindungsregelung nach §§ 9, 10 KSchG unionsrechtliche Bedenken (Buschmann, AuR 2016, 426), auf die ebenfalls im Zusammenhang mit der effektiven Behandlung von Kündigungen zurückzukommen ist (→ § 7 Rn. 322 ff.).

301 Die Kommentierung geht im Folgenden davon aus, dass auch die **Kündigung in** den **Benachteiligungsschutz** nach § 7 Abs. 1 **einbezogen** ist. Insoweit macht es keinen Unterschied, ob man § 2 Abs. 4 für unanwendbar hält oder der Position des BAG folgt. Bei Arbeitsverhältnissen, die nicht dem KSchG unterliegen, ist die richtlinienkonforme Auslegung inzwischen unproblematisch.

§ 3 Begriffsbestimmungen

(1) [1]Eine unmittelbare Benachteiligung liegt vor, wenn eine Person wegen eines in § 1 genannten Grundes eine weniger günstige Behandlung erfährt, als eine andere Person in einer vergleichbaren Situation erfährt, erfahren

hat oder erfahren würde. [2]Eine unmittelbare Benachteiligung wegen des Geschlechts liegt in Bezug auf § 2 Abs. 1 Nr. 1 bis 4 auch im Falle einer ungünstigeren Behandlung einer Frau wegen Schwangerschaft oder Mutterschaft vor.

(2) Eine mittelbare Benachteiligung liegt vor, wenn dem Anschein nach neutrale Vorschriften, Kriterien oder Verfahren Personen wegen eines in § 1 genannten Grundes gegenüber anderen Personen in besonderer Weise benachteiligen können, es sei denn, die betreffenden Vorschriften, Kriterien oder Verfahren sind durch ein rechtmäßiges Ziel sachlich gerechtfertigt und die Mittel sind zur Erreichung dieses Ziels angemessen und erforderlich.

(3) Eine Belästigung ist eine Benachteiligung, wenn unerwünschte Verhaltensweisen, die mit einem in § 1 genannten Grund in Zusammenhang stehen, bezwecken oder bewirken, dass die Würde der betreffenden Person verletzt und ein von Einschüchterungen, Anfeindungen, Erniedrigungen, Entwürdigungen oder Beleidigungen gekennzeichnetes Umfeld geschaffen wird.

(4) Eine sexuelle Belästigung ist eine Benachteiligung in Bezug auf § 2 Abs. 1 Nr. 1 bis 4, wenn ein unerwünschtes, sexuell bestimmtes Verhalten, wozu auch unerwünschte sexuelle Handlungen und Aufforderungen zu diesen, sexuell bestimmte körperliche Berührungen, Bemerkungen sexuellen Inhalts sowie unerwünschtes Zeigen und sichtbares Anbringen von pornographischen Darstellungen gehören, bezweckt oder bewirkt, dass die Würde der betreffenden Person verletzt wird, insbesondere wenn ein von Einschüchterungen, Anfeindungen, Erniedrigungen, Entwürdigungen oder Beleidigungen gekennzeichnetes Umfeld geschaffen wird.

(5) [1]Die Anweisung zur Benachteiligung einer Person aus einem in § 1 genannten Grund gilt als Benachteiligung. [2]Eine solche Anweisung liegt in Bezug auf § 2 Abs. 1 Nr. 1 bis 4 insbesondere vor, wenn jemand eine Person zu einem Verhalten bestimmt, das einen Beschäftigten oder eine Beschäftigte wegen eines in § 1 genannten Grundes benachteiligt oder benachteiligen kann.

I. Vorbemerkungen

1 § 3 stellt eine der **Zentralnormen** des Gleichbehandlungsrechtes dar. Sie nennt die wichtigsten Formen einer (grundsätzlich nicht gewollten) Benachteiligung und gilt – wenn nicht anders geregelt – sowohl für den arbeitsrechtlichen als auch für den zivilrechtlichen Teil, im Arbeitsrecht auch für kollektivvertragliche Normen. Ob darüber hinaus eine Geltung für das gesamte Zivilrecht oder gar die gesamte Rechtsordnung anzunehmen ist, ist umstritten. Gelegentlich wird angenommen, dass sich aus § 2 Abs. 3 eine Beschränkung ergebe. Die Norm, die festlegt, dass durch das AGG andere Benachteiligungsverbote unberührt bleiben, soll hiernach gleichzeitig einer Übertragbarkeit der allgemeinen Definitionen entgegenstehen (so Bauer/Krieger, § 3 Rn. 6). Diesem Ansatz wird man wohl in dieser Absolutheit nicht folgen können. Das AGG ist bereits von seiner Konstruktion her als Querschnittsgesetz angelegt. Es hat daher eine Durchdringung weiter Teile der Rechtsordnung zum Gegenstand. Die Bestimmungen des Allgemeinen Teils des AGG und die darin enthaltenen Legaldefinitionen können daher zumindest ergänzend herangezogen werden, wenn anderweitige Legaldefinitionen fehlen und/oder wenn auf die Merkmale des § 1 Bezug genommen wird (ähnlich v. Roetteken, § 3 Rn. 84). Im Übrigen soll § 2 Abs. 3 lediglich dafür sorgen, dass bestehende Benachteiligungsverbote (zB § 4 TzBfG, § 75 BetrVG, allg. Gleichbehandlungsgrundsatz) erhalten bleiben und nicht etwa durch das (allgemeinere) AGG verdrängt werden (ErfK-Schlachter, § 2 Rn. 16). Eine strikte Abgrenzung im Sinne von Bauer/Krieger ist in der Norm daher nicht zu erblicken.

2 Das neue Entgelttransparenzgesetz (EntgTranspG) enthält in § 3 Abs. 2 und 3 eine eigenständige Definition von unmittelbarer und mittelbarer Benachteiligung. Diese ist konkret bezogen auf das Merkmal Geschlecht und die Arbeitsbedingung Entgelt, die dogmatische Struktur (Typen von Vergleichspersonen, Rechtfertigungsmöglichkeit durch sachlichen Grund bei mittelbarer Benachteiligung etc) entspricht aber der des § 3 Abs. 1, 2 AGG. Dies wird durch Querverweise im EntgTranspG auf das AGG noch unterstrichen (§§ 2 Abs. 2, 3 Abs. 4 EntgTranspG). In der Anwendung ist daher zunächst als lex specialis vom EntgTranspG auszugehen (ErfK-Schlachter, 18. Aufl., EntgTranspG § 2 Rn. 2; HK-ArbR/Berg, AGG Anh. zu § 8 Abs. 2 Rn. 4; BT-Drs. 18/11133, 48), die Ausführungen zu § 3 können aber in der Regel übertragen werden.

1. Europarechtliche Vorgaben

3 Die Antidiskriminierungsrichtlinien 2000/43/EG, 2000/78/EG, 2002/73/EG (Änderung der RL 76/207/EWG, nunmehr RL 2006/54/EG) und 2004/113/EG enthalten jeweils in ihrem **Art. 2** Definitionen der verschiedenen Erscheinungsformen von Diskriminierung (zum unionsrechtlichen Hintergrund vgl. Grünberger, in: Preis/Sagan, Europäisches Arbeitsrecht, § 3 Rn. 103 ff. sowie → Einl. Rn. 3, 80 ff., 120 ff.). Zwar behandeln die einzelnen Richtlinien unterschiedliche Rechtskomplexe (Arbeitsrecht sowie zivilrechtliche Rechtsbeziehungen), für den bundesdeutschen Gesetzgeber stellen sie sich allerdings als ein „Gesamtwerk" dar, weswegen er alle Benachteiligungsformen in die **Grundnorm des § 3** aufgenommen hat. Die europarechtlichen Vorgaben sind im Rahmen einer ggf. erforderlichen **richtlinienkonformen Auslegung** des § 3 zu beachten (→ Einl. Rn. 81). Zum unionsrechtlichen Verständnis der Begriffe unmittelbare und mittelbare Diskriminierung kann neben den Definitionen aus den Richtlinien auf die umfangreiche Rechtsprechung zu Art. 157 AEUV (und dessen Vorgängerregelungen) zurückgegriffen werden (Rust, in: von der Groeben/Schwarze/Hatje, Europäisches Unionsrecht, 7. Aufl., AEUV Art. 157 Rn. 236 ff.; EUArbR/Franzen, AEUV Art. 157 Rn. 38 ff.; EuGH 28.2.2013 – Rs. C-427/11 (Kenny) – NZA 2013, 315; EuGH 18.11.2010 – Rs. C-356/09 (Kleist) – NZA 2010, 1401). Dabei ist allerdings der Anwendungsbereich dieser Vorschrift – Merkmal Geschlecht und Bezug auf Arbeitsentgelt bzw. Arbeitsbedingungen – zu beachten. Auf die Definitionen des Sekundärrechts wird im Übrigen zur Ausfüllung des Art. 21 EU-GRC zurückgegriffen (vgl. EuGH 21.12.2016 – Rs C-539/15 (Bowman) – NZA 2017, 109; EUArbR/Mohr, EU-GRC Art. 21 Rn. 85, 94).

4 Die Behandlung und Einordnung von Diskriminierungen hat durch die Richtlinien zwei bedeutsame Veränderungen erfahren: Der EuGH verlangte zum einen ursprünglich lange Zeit im Zusammenhang mit unmittelbaren Diskriminierungen das Vorliegen einer **konkreten Vergleichsperson**. Nur in Schwangerschaftsfällen, in denen es eine männliche Vergleichsperson nicht geben kann, verzichtete er auf das Kriterium einer konkreten Vergleichsperson (vgl. EuGH 27.3.1980 – Rs. 129/79 – NJW 1980, 2014; zur Entwicklung Schiek, NZA 2004, 873, 874). Im AGG ist dagegen nicht nur diese als Anknüpfungspunkt zulässig, sondern auch eine **(lediglich) hypothetische Vergleichsperson**, also eine Person, die in der Realität nicht existiert, deren gedachte Existenz aber belegen kann, dass die betroffene Person schlechter behandelt wird (Grünberger, in: Preis/Sagan, Europäisches Arbeitsrecht, § 3 Rn. 123; Meinel/Heyn/Herms, § 3 Rn. 5; Schleusener/Suckow/Voigt, § 3 Rn. 5; Schiek-Schiek, § 3 Rn. 12; dies., NZA 2004, 873, 874). Es genügt daher nach dieser Definition eine hypothetische Vergleichsperson, die überdies nicht unbedingt eine andere zugeschriebene Rasse, ein anderes Geschlecht, eine andere Religion oder eine andere Weltanschauung bzw. sexuelle Orientierung oder Alter bzw. Behinderung haben muss (→ Rn. 29).

5 Im Bereich der mittelbaren Diskriminierung hatte es folgende Entwicklung gegeben: Während der EuGH für die Annahme einer mittelbaren Diskriminierung auf **statistische Daten** abstellte (EuGH 30.11.1993 – Rs. C-189/91

(Kirsammer-Hack) – EuZW 1994, 91), ist dieses nach der Konzeption des AGG nicht länger erforderlich, ohne dass der statistische Nachweis unzulässig würde. Die Veränderung ist darauf zurückzuführen, dass die Europäische Kommission zu Recht Defizite an Statistiken bei anderen Merkmalen als dem Geschlecht feststellte und der EuGH im Rahmen des Art. 12 EG (jetzt Art. 18 AEUV) gleichfalls anders vorgegangen war. In **Erwägungsgrund 15** der RL 2000/78/EG wird dies untermauert, wonach die Feststellung der mittelbaren Diskriminierung „mit allen Mitteln, einschließlich statistischer Beweise“ vorzunehmen ist. Statt des streng statistischen Beweises kann daher auch auf eine andere Weise plausibel gemacht werden, dass eine Personengruppe nachteilig betroffen ist (→ Rn. 49 ff. sowie Rust, in: Rust/Falke, § 3 Rn. 13; v. Roetteken, § 3 Rn. 171; Mahlmann, in: Rudolf/Mahlmann, § 3 Rn. 30; ErfK-Schlachter, § 3 Rn. 12; Schiek, NZA 2004, 873, 875; Wank, FS Wißmann, 2005, S. 599, 608; Grünberger, in: Preis/Sagan, Europäisches Arbeitsrecht, § 3 Rn. 150 ff.; jetzt wie hier BauerKrieger, § 3 Rn. 26 a; kritisch Meinel/Heyn/Herms, § 3 Rn. 21). Die Anforderungen hinsichtlich der Feststellung einer mittelbaren Diskriminierung sind mithin abgesenkt worden.

6 Während das nationale Recht richtlinienkonform auszulegen ist, ist die Richtlinie selbst an der verbindlichen **EU-Grundrechtecharta** (Art. 6 Abs. 1 EUV) zu messen. Über diese Brücken fließen damit Vorgaben der Charta auch in das nationale Recht (ErfK-Wißmann, AEUV Vor Rn. 5). Im Übrigen unterliegen die Charta-Grundrechte dem Anwendungsbereich des Art. 51 Abs. 1 EU-GRC. Hiernach sind die Mitgliedstaaten nur bei der Anwendung des Unionsrechts an die Charta gebunden (EuGH 28.2.2013 – Rs. C-617/10 (Akerberg Fransson) – NJW 2013, 1415; EuGH 6.3.2014 – Rs. C-206/13 (Siragusa) – NJW 2014, 575). Im Antidiskriminierungsrecht bewegt sich das AGG im Anwendungsbereich des Unionsrechts. Mehr noch, der Anwendungsbereich des Unionsrechts kann nach der Rechtsprechung des EuGH sogar dann gegeben sein, wenn nationale Normen zwar nicht eine Richtlinienumsetzung darstellen, wohl aber einen Gegenstand einer Anti-Diskriminierungsrichtlinie betreffen (EuGH 19.1.2010 – Rs. C-555/07 (Kücükdeveci) – EuZW 2010, 177 mAnm Schubert zu § 622 Abs. 2 S. 2 BGB). Den hier beachtlichen Art. 21 EU-GRC prüft der EuGH regelmäßig im Verbund mit Anti-Diskriminierungsrichtlinien und versteht diese als „Konkretisierung“ der Grundrechtsnorm; er verbleibt dann freilich bei den Tatbestandsmerkmalen der Richtlinie (zB EuGH 8.9.2011 – Rs. C-297/10, C-298/10 (Hennigs und Mai) – EuZW 2011, 883), bzw. als Teil eines Normenbündels, das die Auslegung einschlägiger Normen bestimmt (zB EuGH 9.3.2017 – Rs. C-406/15 (Milkova) – NZA 2017, 439).

7 Das Unionsrecht ist an einigen Stellen mit der EMRK (und dem Arbeitsvölkerrecht insgesamt) verzahnt (vgl. allg. Schubert, Arbeitsvölkerrecht, 70 ff.). Normen wie Art. 6 Abs. 3 EUV, Art. 52 Abs. 3, Art. 53 der EU-GRC belegen dies. Für das Antidiskriminierungsrecht kann Art. 14 EMRK jedenfalls mittelbar Bedeutung erlangen, möglicherweise sogar zu einer Verstärkung der Chartarechte führen (vgl. ErfK-Wißmann, AEUV Vor Rn. 8; HK-ArbR/Schubert, AEUV Rn. 23). Der EuGH bezieht sich immer wieder direkt auf die Rechtsprechung des EGMR (zB EuGH 22.12.2010 –

Rs. C-279/09 (DEB) – EuZW 2011, 137). Die Bedeutung der EMRK besteht dabei bereits aktuell, noch vor dem Beitritt der EU zur Konvention (Art. 6 Abs. 3 EUV; zum Beitritt vgl. Gutachten EuGH 18.12.2014 – Rs. 2/13 – JZ 2015, 773; Obwexer, EuR 2012, 115; Lörcher, AuR 2013, 23). Art. 14 EMRK begründet zwar keinen autonomen Diskriminierungsschutz wie es die Richtlinien vorsehen; die Norm kennt nur das Gebot der Nichtdiskriminierung im Hinblick auf die Rechte, die die EMRK gewährt (= akzessorisch). Gleichwohl wirkt Art. 14 EMRK ggf. großzügig über Art. 8 EMRK (Ausgangspunkt: EGMR 23.7.1968 – Nr. 1474/62, Belgischer Sprachenfall; Schubert, Arbeitsvölkerrecht, S. 126). In der Rechtsprechung des EGMR sind im Übrigen die Erscheinungsformen unmittelbar und mittelbar etabliert (EGMR 13.11.2007 – Nr. 57325/00 – NVwZ 2008, 533; EGMR 2.2.2016 – Nr. 7186/09, Di Trizio/Schweiz, Hudoc; König/Peters, in: Dörr/Grote/Marauhn, Konkordanzkommentar, Kap. 21, Rn. 55 ff.). Weitere völkerrechtliche Rechtsquellen können ebenfalls über die Rechtsprechung des EGMR und des EuGH in das nationale Recht einfließen. Hierzu gehören das ILO-Übereinkommen 111 sowie Teil II Art. 4 Nr. 3 ESC (Näheres → Einl. Rn. 188 ff., 200 ff.).

2. Allgemeine Begrifflichkeit

8 Das AGG spricht von „**Benachteiligung**" und verwendet somit nicht den europarechtlichen Begriff der Diskriminierung (anders noch die Gesetzesbezeichnung des in der 15. Wahlperiode eingebrachten Antidiskriminierungsgesetzes). Der Gesetzgeber will damit deutlich machen, dass nicht jede unterschiedliche Behandlung, die mit der Zufügung eines Nachteils verbunden ist, diskriminierenden Charakter hat. Unter „Diskriminierung" werde nämlich schon im allgemeinen Sprachgebrauch nur die rechtswidrige, sozial verwerfliche Ungleichbehandlung verstanden. Indessen gibt es auch Fälle der zulässigen unterschiedlichen Behandlung, wie sie sich aus den §§ 8–10 und § 20 ergibt (Entwurfsbegründung BR-Drs. 329/06, 31 und BT-Drs. 16/1780, 30; Meinel/Heyn/Herms, § 3 Rn. 1). Eine Benachteiligung wird daher erst dann zu einer Diskriminierung, wenn **keine Rechtfertigung** für jene gegeben ist. Ob sich dies im allgemeinen Sprachgebrauch stets bestätigt, kann offen bleiben. Im Ergebnis ist jedenfalls davon auszugehen, dass der Gesetzgeber trotz der unterschiedlichen Wortwahl die Eingreifschwellen der europäischen Richtlinien weder zum Nachteil von Betroffenen noch zum Nachteil von anderen Marktteilnehmern verändern wollte (ähnlich Rust, in: Rust/Falke, § 3 Rn. 2). Dies wäre auch europarechtlich bedenklich. Teilweise wird die Begrifflichkeit begrüßt, weil so allgemein verständlich die **Nachteilszufügung** erkennbar gemacht wird (Stork, ZEuS 2005, 1, 35; kritisch mit dem Benachteiligungsbegriff, Antidiskriminierungsstelle des Bundes, Evaluation des AGG, 2016, S. 25 f.).

9 Aus dem Wort Nachteil wird deutlich, dass geringfügige Unterschiede nicht die Nachteilsschwelle im Sinne des Gesetzes überschreiten. Wird zB Arbeitnehmerinnen gestattet, wenige Minuten früher den Arbeitsplatz zu verlassen als den männlichen Kollegen, so dürfte von einem Nachteil nicht mehr zu sprechen sein (Schiek-Schiek, § 3 Rn. 9 mit Verweis auf Court of Appeal 1978 CA Peake v. Automotive Products Ltd., Queen´s Bench 233).

Diese Form einer arbeitsrechtlichen „**de-minimis-Regel**" ist allerdings sehr eng auszulegen (zu Recht Schiek-Schiek, § 3 Rn. 9).

10 Hinsichtlich des Merkmals Alter verlangt das BAG zur Feststellung einer objektiv vorliegenden Benachteiligung iSd § 3 Abs. 1 S. 1, dass bereits auf der **Tatbestandsebene** die Ungleichbehandlung für den Betroffenen einen eindeutigen Nachteil bewirkt. Das BAG begründet dies mit der Sonderstellung des Merkmals Alter im Vergleich zu den weiteren Merkmalen des § 1. Alter sei eine lineare Eigenschaft; jeder Beschäftigte weise irgendein Alter auf, das sich auf einer horizontalen, nach Lebensjahren eingeteilten Skala entwickle, auf der sich Abschnitte festlegen und Differenzierungen nach Altersstufen vornehmen lassen. Deshalb können auch bei der Anknüpfung an dieses Merkmal die Betroffenen tatsächlich nicht nachteilig belastet sein. Das Differenzieren nach Alter indiziere also eine rechtswidrige Benachteiligung nicht (BAG 25.2.2010 – 6 AZR 911/08 – NZA 2010, 561). Im Fall ging es um die Frage, ob der Arbeitgeber zum Abschluss eines Aufhebungsvertrages mit Abfindung verpflichtet ist, wenn er dies freiwillig anderen (jüngeren) anbietet, dem Kläger allerdings nicht, dieser aber keinen Nachteil erleidet, weil er im Arbeitsverhältnis verbleibt.

3. Bedeutung des Begriffs der Benachteiligung

11 Der Begriff der Benachteiligung ist in mehrfacher Hinsicht von Bedeutung:

Der Gesetzgeber stellt rechtstechnisch im Allgemeinen Teil des AGG Erscheinungsformen von Benachteiligungen vor, die für das gesamte AGG gelten (hinsichtlich einer weitergehenden Bedeutung → Rn. 1).

12 Weiter geht es um eine Anknüpfung einer Handlung oder Situation an eine bestimmte Person. Das Gesetz regelt somit auch, dass erste Voraussetzung für die Rechtsfolgen des AGG das Vorliegen einer Benachteiligung bei einer **konkreten Person** sein muss. Dies hat gewichtige Konsequenzen für die Frage, wer Rechte geltend machen kann. Der Gesetzgeber hat sich im Falle des AGG dafür entschieden, dass **nur der Betroffene**, also der Benachteiligte, Rechte geltend machen kann. Ein **Verbandsklagerecht** zB für Gewerkschaften gibt es im AGG gerade nicht (ob ein solches aus dem Wettbewerbsrecht folgt, untersucht Klocke, Gewerkschaften als Verbraucherschützer, in: Latzel/Picker (Hrsg.), Neue Arbeitswelt, 2014, S. 145 ff.). Die Antidiskriminierungsverbände (s. Kommentierung § 23) können nur Unterstützungsleistungen erbringen, nicht aber in eigenem Namen klagen, wie dies in einem Vorentwurf zum rot-grünen Antidiskriminierungsgesetz noch vorgesehen war (anders § 63 SGB IX aF bzw. jetzt § 85 SGB IX); vgl. Schleusener/Suckow/Voigt, § 23 Rn. 3). Auch die bis Juni 2006 im Entwurf zu findende Möglichkeit des Betriebsrates oder einer im Betrieb vertretenen Gewerkschaft, eigenständig Rechte von Betroffenen einzuklagen (§ 17 Abs. 2 AGG-E), wurde aufgrund der Einwendungen des Bundesrates (BT-Ausschussdrs. 16(11)337) gestrichen. Der Gesetzestext ist nunmehr in § 17 Abs. 2 S. 2 eindeutig. Ferner sind sog Class Actions (eine Einzelperson klagt als Repräsentant einer Gruppe, und das Ergebnis der Klage gilt für alle Gruppenmitglieder – dazu Pfarr/Kocher, FS Däubler, S. 1010 ff.) nicht im AGG verankert worden.

13 § 3 schlägt letztlich die Brücke zu den Merkmalen des § 1. Benachteiligungen beziehen sich auf sämtliche in § 1 aufgeführten Merkmale (Broy, in: Herberger/Martinek/Rüßmann ua, jurisPK-BGB, 8. Aufl. 2017, § 3 Rn. 5 ff.). An einigen Stellen hat der Gesetzgeber allerdings Beschränkungen vorgenommen, so in § 19, wo gegen Ende des Gesetzgebungsverfahrens das Merkmal „Weltanschauung" gestrichen wurde, so dass sich die Norm nicht mehr auf alle Merkmale des § 1 bezieht (BT-Ausschussdrs. 16(11)337).

II. Begriff der Benachteiligung im AGG

14 Das AGG normiert in §§ 7, 19 die Benachteiligungsverbote, die im Arbeitsrecht bzw. im Zivilrecht gelten. § 1 nennt die geschützten Merkmale. Zwischen diesen Komplexen steht § 3. Er definiert die Handlungen, die unerwünscht sind.

1. Überblick

15 Zu unterscheiden sind **unmittelbare Benachteiligungen** (Abs. 1), **mittelbare Benachteiligungen** (Abs. 2) sowie **Belästigungen** (Abs. 3) und **sexuelle Belästigungen** (Abs. 4). Hinzu kommt die **Anweisung** zur Diskriminierung (Abs. 5). Benachteiligungen sind stets Zurücksetzungen, die sich auf ein Merkmal nach § 1 beziehen. Solche Benachteiligungen dürfen nicht mit **Mobbing** gleichgesetzt werden. Es mag Überschneidungen geben, die Schutzbereiche sind aber durchaus verschieden (zum Begriff Mobbing: BAG 15.9.2016 – 8 AZR 351/15; BSG 14.2.2001 – B 9 VG 4/00 R – AP § 611 BGB Mobbing Nr. 1; LAG Thüringen 10.4.2001 – 5 Sa 403/2000 – NZA-RR 2001, 347; im Übrigen Wohlmerath, Mobbing, 4. Aufl. 2013; Gaul/Naumann, ArbRB 2005, 50, 51). Am ehesten wird man den Begriff der Belästigung aus § 3 Abs. 3 in das Umfeld von Mobbing einordnen können (BAG 25.10.2007 – 8 AZR 593/06 – NZA 2008, 223). Beim „weiten" Mobbing fehlt es allerdings an der im Gleichbehandlungsrecht zwingenden Verknüpfung mit den Merkmalen des § 1 (Eggert-Weyand, in: Rust/Falke, § 3 Rn. 65 f.; Worzalla, § 3 Rn. 60; HK-ArbR/Braun, § 3 Rn. 17).

16 Die Erscheinungsformen unmittelbare und mittelbare Benachteiligung sind nicht nur im AGG geregelt, sondern auch – bezogen auf das Merkmal Geschlecht und die Arbeitsbedingung Entgelt – im neuen **EntgTranspG** (dort ebenfalls § 3). Dieses Gesetz will insbesondere durch einen individuellen Auskunftsanspruch die Entgeltlücke (**Gender Pay Gap**) beim Verdienst zwischen Männern und Frauen schließen helfen (hierzu ErfK-Schlachter, 18. Aufl., EntgTranspG § 1 Rn. 1; HK-ArbR/Berg, AGG Anh. zu § 8 Abs. 2 mwN; Oberthür, NJW 2017, 2228; Franzen, NZA 2017, 814). Einen konkreten Anspruch wie Art. 157 AEUV enthält das neue Gesetz nicht, allerdings verbietet es unmittelbare und mittelbare Benachteiligungen wegen des Geschlechts im Hinblick auf sämtliche Entgeltbestandteile und Entgeltbedingungen bei gleicher oder gleichwertiger Arbeit (§ 3 Abs. 1 EntgTranspG). § 134 BGB ist anzuwenden.

2. Unmittelbare Benachteiligungen (Abs. 1)

17 Eine unmittelbare Benachteiligung (§ 3 Abs. 1 S. 1) liegt vor, wenn eine Person **eine weniger günstige Behandlung erfährt als eine andere Person in vergleichbarer Lage** erfährt, erfahren hat oder erfahren würde. Die Vorschrift nimmt dabei Bezug auf die Merkmale des § 1. Der Nachteil, der in einer Zurücksetzung besteht, muss also mindestens durch ein Merkmal des § 1 motiviert sein bzw. der Benachteiligende muss bei seiner Handlung (oder Unterlassen → Rn. 35) hieran anknüpfen (so bereits die Motive in BT-Drs. 15/4538, 29; BR-Drs. 329/06, 33; Schleusener/Suckow/Voigt, § 3 Rn. 1; Däubler, AiB 2007, 22; Schiek, NZA 2004, 873, 874; Wernsmann, JZ 2005, 224, 227; Palandt-Ellenberger, § 3 Rn. 2).

18 Eine unmittelbare Benachteiligung wegen des Geschlechts liegt in Bezug auf § 2 Abs. 1 Nr. 1–4 auch im Fall einer ungünstigeren Behandlung einer Frau wegen **Schwangerschaft** oder **Mutterschaft** vor, § 3 Abs. 1 S. 2. Die Norm folgt der Rechtsprechung des EuGH (8.11.1990 – Rs. C-177/88 (Dekker) – NZA 1991, 171 ff.; vgl. auch Rust, in: Rust/Falke, § 3 Rn. 27; Meinel/Heyn/Herms, § 3 Rn. 12 ff.).

19 Die „weniger günstige Behandlung" kann dabei **beispielsweise** in der Ablehnung eines Vertragsschlusses, im Diktieren ungünstigerer Vertragsbedingungen oder in einer Kündigung eines Vertragsverhältnisses bestehen. Ferner ist an die Nichtberücksichtigung in einem Bewerbungsverfahren (BVerfG 16.11.1993 – 1 BvR 258/86 – NZA 1994, 745; BAG 23.8.2012 – 8 AZR 285/11 – NZA 2013, 37 = Vorenthalten von Chancen) oder im Rahmen der Auswahl für eine Beförderungsstelle (LAG Köln 10.5.1990 – 8 Sa 462/89 – LAGE § 611 a BGB Nr. 5) zu denken. Auch rein **faktische** Vorgänge, wie zB ein selektiver Einsatz von Kontrollmaßnahmen oder der Ausschluss von Arbeitnehmern von der Internetnutzung, sind erfasst (Rebhahn-Rebhahn, § 3 Rn. 11; Däubler, ZfA 2006, 479 ff.). Insgesamt geht es um ein negatives Betroffensein.

20 Zahlreiche weitere **Beispielsfälle** lassen sich denken. Hierzu gehören Ausschreibungstexte, die sich nur an ein Geschlecht oder an ein bestimmtes (junges) Alter richten. Auch das Verlangen einer Wohnungsbaugesellschaft, dass sich Mieter bestimmter religiöser Handlungen zu enthalten haben, gehört hierzu. Wird bei der Vergabe von Leistungen auf den Ehestand abgestellt und dabei die Lebenspartnerschaft ausgegrenzt, so kann auch hierin eine unmittelbare Diskriminierung liegen (Merkmal sexuelle Identität). Beispielhaft wäre eine entsprechende Behandlung in einem Sozialplan (zu den Beispielen vgl. v. Roetteken, § 3 Rn. 124 ff.; Boemke/Danko, § 3 Rn. 10; Schiek-Schiek, § 3 Rn. 8).

21 Die Festlegung von **Altersgrenzen** in Tarifverträgen („65. Lebensjahr") kann ebenfalls eine unmittelbare Benachteiligung enthalten. Allerdings sind solche Altersgrenzen dann gerechtfertigt, wenn die Regelung objektiv und angemessen ist und im Rahmen des nationalen Rechts durch ein legitimes Ziel, das in Beziehung zur Beschäftigungspolitik und zum Arbeitsmarkt steht, gedeckt ist; die Mittel müssen zudem verhältnismäßig sein (EuGH 16.10.2007 – Rs. C-411/05 (Palacios de la Villa) – NZA 2007, 1219; EuGH 12.10.2010 – Rs. C-45/09 (Rosenbladt) – NZA 2010, 1167; EuGH 13.9.2011 – Rs. C-447/09 (Prigge) – NZA 2011, 1039; BAG 8.12.2010 –

7 AZR 438/09 – NZA 2011, 586; HK-ArbR/Berg, § 19 Rn. 10 ff.; vgl. auch die Kommentierung zu § 10). Altersgrenzen können zudem auch jüngere Personen betreffen, wenn es um Mindestaltersregeln oder Höchstaltersregeln für den Berufseinstieg geht (EuGH 15.11.2016 – Rs. C-258/15 (Sorondo); EuGH 12.1.2010 – Rs. C-229/08 (Wolf) – EuZW 2010, 142), Rechtspositionen erst nach diesen erwachsen sollen (EuGH 18.6.2009 – Rs. C-88/08 (Hütter) – NZA 2009, 891) oder von diesen Grenzen Ansprüche der betrieblichen Altersversorgung abhängen (zur Spätehenklausel BAG 4.8.2015 – 3 AZR 137/13 – AP § 1 BetrAVG Hinterbliebenenversorgung Nr. 33 mAnm Schubert). **Altersstaffeln** sind hiervon zu unterscheiden. Das BAG erkennt in einer altersabhängigen Staffelung der Urlaubsdauer (Tarifvertrag), die auf den Schutz älterer Arbeitnehmer abstellt, aber Regelungen bereits bei der Vollendung des 30. bzw. 40. Lebensjahres vorsieht, eine unmittelbare nicht gerechtfertigte Benachteiligung (BAG 20.3.2012 – 9 AZR 529/10 – NZA 2012, 803; vgl. auch BAG 15.11.2016 – 9 AZR 534/15 – NZA 2017, 339; zur Arbeitszeit vgl. BAG 22.10.2015 – 8 AZR 168/14 – NZA 2016, 1081; im Übrigen s. bereits Preis, NZA 2010, 1323). Ein weiteres Beispiel einer unmittelbaren Benachteiligung verknüpft mit dem Merkmal Alter stellt die Frage nach der Kürzung einer Entlassungsentschädigung wegen möglicher Altersrenten dar. In der Sache Andersen machte der EuGH deutlich, dass Arbeitnehmern, die zwar eine Altersrente beziehen könnten, sich aber für einen Verbleib auf dem Arbeitsmarkt entscheiden wollen, nicht die Abfindung entzogen werden könne (EuGH 21.10.2010 – Rs. C-499/08 (Andersen) – Slg 2010, I-9343; vgl. in diesem Zusammenhang auch § 41 SGB IV). Diese Entscheidung hat nicht zur Konsequenz, dass in Sozialplänen nicht zwischen rentennah und rentenfern unterschieden werden dürfe (LAG Düsseldorf 14.6.2011 – 16 Sa 401/11 – Arbeitsrecht Aktuell 2011, 647; LAG Düsseldorf 10.11.2011 – 11 Sa 764/11 – AuR 2012, 225; auch BAG 12.4.2011 – 1 AZR 743/09 – NZA 2011, 985). Im Übrigen ist aber exakt zwischen § 10 S. 3 Nr. 5 und Nr. 6 zu unterscheiden (BAG 23.7.2015 – 6 AZR 457/14 – NZA 2015, 1380). Zudem kann in diesen Fällen eine unmittelbare Benachteiligung von schwerbehinderten Menschen vorliegen, die früher Altersrente beziehen können, aber geringe Abfindungen erhalten (wegen kürzerer Betriebszugehörigkeit; BAG 17.11.2015 – 1 AZR 938/13 – NZA 2016, 501).

Auch **Kündigungen** von Arbeitsverhältnissen können ganz grundsätzlich unmittelbare Benachteiligungen darstellen (zur Einordnung des § 2 Abs. 4 vgl. BAG 6.11.2008 – 2 AZR 523/07 – AuR 2009, 358 sowie die entsprechende Kommentierung zu § 2 Abs. 4). Keine unmittelbare Benachteiligung kann nach dem BAG allerdings in der Frage nach einer bestehenden **Schwerbehinderung** im Vorfeld einer Kündigung gesehen werden, denn sie diene im Gegenteil der Wahrung der Ansprüche des schwerbehinderten Menschen (BAG 16.2.2012 – 6 AZR 553/10 – NZA 2012, 555; zum neuen Kündigungsschutz schwerbehinderter Menschen und wann der Arbeitgeber die Frage nach der Schwerbehinderung stellen darf vgl. Bayreuther, NZA 2017, 87 ff.). Eine weitere unmittelbare Benachteiligung wegen des Merkmals der **sexuellen Identität** ist dagegen gegeben, wenn einem überlebenden Ehepartner Leistungen gewährt werden, die einem überlebenden Partner einer eingetragenen Lebenspartnerschaft nicht gewährt werden

(EuGH 1.4.2008 – Rs. C-267/06 (Maruko) – Slg 2008, I-1757; BAG 15.9.2009 – 3 AZR 294/09 – NJW 2010, 1474; BVerwG 28.10.2010 – 2 C 47/09 – NVwZ 2011, 499; an einer unmittelbaren Benachteiligung fehlt es allerdings dann, wenn der Mitgliedstaat gleichgeschlechtliche Lebenspartnerschaften noch gar nicht anerkannt hat (Irland), EuGH 24.11.2016 – Rs. C-443/15 (Parris) – NZA 2017, 233). Eine unmittelbare Benachteiligung wegen des Geschlechts liegt vor, wenn einer **befristet beschäftigten Schwangeren wegen** der Schwangerschaft eine Verlängerung versagt wird (EuGH 4.10.2001 – Rs. C-438/99 (Melgar) – Slg 2001, I-6915).

a) Feststellung der unmittelbaren Benachteiligung

22 Aufgrund des Gesetzeswortlauts in § 3 Abs. 1 S. 1 sind für die Feststellung einer unmittelbaren Benachteiligung gleich **mehrere Ebenen** zu unterscheiden. So ist zunächst nach den Kriterien für das Tatbestandsmerkmal der vergleichbaren Situation (Lage) zu fragen (→ Rn. 23). Hiernach sind die Anforderungen an die Vergleichsperson zu ermitteln (→ Rn. 27). Letztlich sind es die Anforderungen an die konkret betrachtete (möglicherweise) benachteiligte Person, die abgeklärt werden müssen (→ Rn. 32).

23 Wenn der Gesetzgeber eine **vergleichbare Situation** verlangt, so kommt hierin der Grundsatz zur Geltung, dass nur Vergleichbares (Ähnliches; vgl. Rupp, RdA 2009, 307) miteinander in Bezug gesetzt werden soll. Dieser Grundsatz ist allen Gleichheitssätzen immanent und verhindert Vereinheitlichungen an Stellen, an denen eine solche nicht geboten ist (v. Roetteken, § 3 Rn. 14). Für die **Bewerbungssituation** hat das BAG Klarstellungen vorgenommen (vgl. BAG 18.3.2010 – 8 AZR 1044/08 – NJW 2010, 2970; BAG 13.10.2011 – 8 AZR 608/10 – Behindertenrecht 2012, 169; BAG 23.8.2012 – 8 AZR 285/11 – NZA 2013, 37; vgl. in diesem Zusammenhang auch EuGH 28.7.2016 – Rs. C-423/15 (Kratzer) – NZA 2016, 1014). Vergleichbar sind dabei nur die Personen, die objektiv für die Stelle geeignet sind. Die Benachteiligung kann allerdings bereits in der **Versagung einer Chance** liegen, wenn zB keine Einladung zum Vorstellungsgespräch erfolgt ist (hinsichtlich eines Auskunftsanspruchs vgl. EuGH 19.4.2012 – Rs. C-415/10 (Meister) – ZESAR 2012, 433; bezüglich der Rechtsfolgen ist § 15 Abs. 6 beachtlich). Vergleichbar meint dabei **nicht gleich** (bzw. identisch), wie das BAG in einem Klammerzusatz zur Entscheidung vom 13.10.2011 (8 AZR 608/10 – Behindertenrecht 2012, 169) sagt. Die zu vergleichenden Situationen müssen daher nicht in allen Belangen übereinstimmen, es geht vielmehr um Lebenssachverhalte, die in ähnlichen Kontexten stehen. Es ist im Übrigen vor schnellen Einordnungen zu warnen. Eine Vergleichsperson – zB im Arbeitsrecht – lässt sich nicht ausschließlich im selben Betrieb, auf gleicher Hierarchieebene und nur mit zumindest ähnlicher Tätigkeit finden. Dies kann in Vergütungsfällen so sein, wenn beispielsweise Frauen weniger Entgelt gezahlt wird als Männern und sich die betroffene Frau mit einem Vorgesetzten oder gänzlich anders tätigen Kollegen vergleichen will. Hier wäre die Bezugsgröße falsch gewählt (vgl. auch BAG 26.1.2005 – 4 AZR 171/03 – NZA 2005, 1059, 1061). Vielmehr wären zum Finden der Vergleichsperson die Art der Tätigkeit, die Vorbildung und die Arbeitsplatzgestaltung bzw. die Arbeitsbedingungen

von Relevanz. Hierbei können auch Regelungen in Tarifverträgen (zB TVöD) helfen (v. Roetteken, § 3 Rn. 19; Däubler, ZfA 2006, 479 ff.).

24 Allerdings darf dies eben nicht zu dem Missverständnis führen, dass eine gleiche **Hierarchieebene** oder gleiche Tätigkeiten stets gegeben sein müssen. Erhalten zB alle Arbeitnehmer einen Internetanschluss, nur der Arbeitnehmer islamischen Glaubens nicht, so kommt es auf die Hierarchien im Betrieb nicht an. Werden weiter zB Beförderungen von Arbeitnehmern anderer Hautfarbe generell über alle Hierarchieebenen hinweg später vorgenommen, weil diese angeblich nicht so fleißig seien, so ist es denkbar, als Vergleichsperson auch einen höher gestellten Kollegen anzuführen, um die kürzeren Beförderungsintervalle zu belegen.

25 Insgesamt ist für das Finden einer vergleichbaren Person eine **Gesamtbetrachtung** erforderlich, bei welcher als Kriterien die genannten angeführt werden können, aber auch die Art der Benachteiligung sowie vom Arbeitgeber definierte Regeln, die sich über die Betriebsgrenzen hinweg erstrecken und damit den Bezugsrahmen auf den Konzern erweitern können, in Betracht kommen (Rebhahn-Rebhahn, § 3 Rn. 8; v. Roetteken, § 3 Rn. 14 ff.).

26 Im **Zivilrecht** wären als Kriterien für die vergleichbare Situation beispielsweise Risikofaktoren im Versicherungsrecht (vgl. die Rechtsprechung des EuGH zu Unisex-Tarifen, EuGH 1.3.2011 – Rs. C-236/09 (Association Belge des Consommateurs Test-Achats) – Slg 2011, I-773) oder die Ausstattung von Wohnraum (Luxuswohnung – sozialer Wohnungsbau) im Mietrecht zu nennen.

27 Als zweites ist die Vergleichsperson zu ermitteln. Für die Feststellung der unmittelbaren Benachteiligung können als **Vergleichspersonen** („andere Person in vergleichbarer Situation") herangezogen werden:

- eine konkrete Vergleichsperson („erfährt"),
- eine Vergleichsperson, die früher in der Situation des Betroffenen war („erfahren hat") und
- eine hypothetische Vergleichsperson („erfahren würde").

28 Es sind daher drei Zeitebenen zu unterscheiden. Die vergleichbare Situation kann sich zu einer aktuell bestehenden Vergleichsperson ergeben („erfährt" – die Vergleichsperson ist beispielsweise ein Kollege, dessen Arbeitsverhältnis wie das der möglicherweise benachteiligten Person aktuell andauert), darüber hinaus kann sie aber auch zu einer Person, die sich in der **Vergangenheit** in vergleichbarer Lage befunden hat („erfahren hat"), festgestellt werden. Erhält eine Arbeitnehmerin beispielsweise auf einer Stelle weniger Grundgehalt als ihr Vorgänger, kann dies eine unmittelbare Benachteiligung bedeuten (v. Roetteken, § 3 Rn. 87; bei unterschiedlich vorliegender Qualifikation und unterschiedlichen Tätigkeiten kann eine gleiche Tätigkeit entfallen, vgl. EuGH 11.5.1999 – Rs. C-309/97 (Wiener Gebietskrankenkasse) – Slg 1999, I-2865; EuGH 28.2.2013 – Rs. C-427/11 (Kenny) – NZA 2013, 315).

29 Anknüpfungspunkt kann schließlich auch eine **hypothetische Vergleichsperson** sein („erfahren würde"). Diese kann sogar selbst einen Merkmalsträger darstellen (Schiek, NZA 2004, 873, 874; Stork, ZEuS 2005, 1, 36).

Einer konkreten Vergleichsperson – wie früher verlangt (zB EuGH 27.3.1980 – Rs. 129/79 – NJW 1980, 2014) – bedarf es somit generell (und nicht nur in Schwangerschaftsfällen) nicht mehr, so dass Problemfälle entfallen, in denen das Finden einer konkreten Vergleichsperson unmöglich ist (Schleusener/Suckow/Voigt, § 3 Rn. 5 f.).

30 Fallgruppen hierzu sind allerdings noch immer schwer auszumachen. Schiek (NZA 2004, 873, 874) verweist beispielsweise auf den **Migrantenbetrieb**, in welchem keine deutschen Arbeitnehmer beschäftigt sind. In diesem Falle wird die hypothetische Vergleichsperson (ein deutscher Arbeitnehmer) relevant (auch Meinel/Heyn/Herms, § 3 Rn. 6). Ferner ist an Fälle zu denken, in denen es Personen mit einer gegenteiligen Merkmalsausprägung schlicht nicht geben kann. Bekannt geworden ist hier der Fall in einem Berliner Hotel. Hier wurde eine afrikanische Bewerberin nicht deshalb benachteiligt, weil sie schwarz ist, sondern weil sie ihr Haar nicht künstlich glättet und stattdessen Zöpfe trägt (Kleffner, Frankfurter Rundschau v. 24.9.1997, S. 5, zitiert nach Schiek, NZA 2004, 873, 874; ferner Schiek-Schiek, § 3 Rn. 13). Eine weiße Frau mit krausem Haar zu finden, die in vergleichbarer Situation anders behandelt werden würde, dürfte nahezu unmöglich sein. Gleichwohl fällt auch dies unter die unmittelbare Benachteiligung, weil eine solche Behandlungen allein wegen krauser Haare auf rassistische Hintergründe verweist. Die hypothetische Vergleichsperson kann auch bei **Entgeltdiskriminierungen** angeführt werden, wenn konkrete Anhaltspunkte vorliegen, dass eine solche Vergleichsperson tatsächlich anders behandelt werden würde (vgl. ErfK-Schlachter, § 3 Rn. 5; Rudolf/Mahlmann, § 7 Rn. 99; aA Schleusener/Suckow/Voigt, § 3 Rn. 7; als Scheinproblem ansehend Grünberger, in: Preis/Sagan, Europäisches Arbeitsrecht, § 3 Rn. 123). Zugegebenermaßen sind Beispiele schwer zu finden. Verweigerte man aber hier ein Anknüpfen an eine hypothetische Vergleichsperson, wären Umgehungen denkbar, wie das Beispiel des Migrantenbetriebs zeigt. In der Literatur werden dabei jedenfalls **konkrete Anhaltspunkte** verlangt, wie denn eine hypothetische Vergleichsperson behandelt werden würde (ErfK-Schlachter, § 3 Rn. 5). Völlig losgelöst vom Fall soll die hypothetische Vergleichsperson nicht sein. Allzu große Anforderungen wird man hieran aber gleichwohl nicht stellen dürfen, um die Möglichkeit dieses Vergleiches nicht leerlaufen zu lassen. Es geht vielmehr um willkürliche und völlig fernliegende Vergleiche. Das neue EntgTranspG schließt die hypothetische Vergleichsperson nicht aus. Damit hat der Gesetzgeber diese ein weiteres Mal anerkannt.

31 Aufgrund der dünnen Materiallage zu diesem Problemfeld ist möglicherweise der Blick auf **§ 37 Abs. 4 BetrVG** hilfreich (Däubler, ZfA 2006, 479 ff., 482). In dieser Norm wird geregelt, dass das Arbeitsentgelt von Mitgliedern des Betriebsrates einschließlich eines Zeitraums von einem Jahr nach Beendigung der Amtszeit nicht geringer bemessen werden darf als das Arbeitsentgelt vergleichbarer Arbeitnehmer mit betriebsüblicher beruflicher Entwicklung. Auch hierbei kommt es nicht darauf an, dass im Betrieb tatsächlich und konkret ein vergleichbarer Arbeitskollege einen Arbeitsverlauf hat, wie ihn das Betriebsratsmitglied hätte, wäre er nicht Betriebsratsmitglied geworden. Der Gesetzgeber hat bei § 37 Abs. 4 BetrVG

versucht, durch einen ausdrücklich benannten Vergleichsmaßstab (vergleichbare Arbeitnehmer mit betriebsüblicher beruflicher Entwicklung) die notwendige hypothetische Betrachtungsweise zu objektivieren (vgl. Fitting, BetrVG § 37 Rn. 118 ff.; ErfK-Koch, BetrVG § 37 Rn. 9 sprechen vom „am ehesten vergleichbaren Arbeitnehmer"). In dieser hypothetischen Betrachtungsweise finden vergleichbare Qualifikationen, persönliche Leistungsfähigkeit, aber auch außergewöhnliche Leistungen, Betriebsüblichkeit uÄ Berücksichtigung (vgl. hierzu BAG 18.1.2017 – 7 AZR 205/15; BAG 15.1.1992 – 7 AZR 194/91 – AP § 37 BetrVG 1972 Nr. 84; BAG 21.4.1983 – 6 AZR 407/80 – AP § 37 BetrVG 1972 Nr. 43; BAG 19.1.2005 – 7 AZR 208/04 – AuA 2005, 436; BAG 13.11.1987 – 7 AZR 550/86 – AP § 37 BetrVG 1972 Nr. 61; BAG 17.5.1977 – 1 AZR 458/74 – AP § 37 BetrVG 1972 Nr. 28). Daher kann bei der hypothetischen Vergleichsperson zumindest hilfsweise auf die Rechtsprechung zu § 37 Abs. 4 BetrVG zurückgegriffen werden.

32 Hinsichtlich der in der Gesetzesfassung verwendeten **Zeitmomente** muss aber nochmals differenziert werden (3. Ebene). Die erste Verwendung des Wortes „erfahren" steht im Präsens („erfährt") und bezieht sich nur auf die diskriminierte Person. Es geht um eine **aktuelle** Benachteiligung hinsichtlich dieser Person und nicht etwa um hypothetische Benachteiligungen oder solche, die abstrakt denkbar sind (Annuß, BB 2006, 1629, 1631; v. Roetteken, § 3 Rn. 85; ErfK-Schlachter, § 3 Rn. 3).

33 Die zweite Verwendung des Wortes „erfahren" betrifft dagegen nur die Vergleichsperson. Nur für diese kommt es auf eine Behandlung an, die sie erfährt, erfahren hat oder erfahren würde. Die Zeitmomente unterscheiden sich also. In einem älteren Entwurf (ADG-E vom 17.6.2005, BT-Drs. 15/4538) bezog die Norm diesen weiteren Zeitrahmen auch auf die diskriminierte Person. Nach dieser früheren Fassung konnte man daher davon ausgehen, dass auch zeitversetzte Ungleichbehandlungen erfasst sind. Hiernach hätte der Arbeitgeber beispielsweise stets zu prüfen gehabt, ob neben seinen aktuellen Maßnahmen auch solche aus der Vergangenheit und zukünftig geplante Vorhaben mit dem Antidiskriminierungsrecht übereinstimmen. Hieran hat der Gesetzgeber nicht festgehalten. In den Motiven heißt es, dass die unmittelbare Benachteiligung entweder noch andauern muss oder die **konkrete Gefahr bestehen** muss, dass eine solche Benachteiligung eintritt (Entwurfsbegründung BR-Drs. 329/06, 33; BT-Drs. 16/1780, 32). Aus Sinn und Zweck der Vorschrift kann daher Folgendes geschlossen werden:

- Diskriminierungen in der Vergangenheit, die keine Auswirkungen auf die Gegenwart haben, sind nicht zu kompensieren. Wann noch von Auswirkungen gesprochen werden kann, ist im Einzelfall zu ermitteln. Hierbei sind nachvollziehbare Zurechnungserwägungen anzusetzen. In der Vergangenheit möglicherweise entstandene Ansprüche bleiben unberührt.
- Diskriminierungen, die in der Vergangenheit begonnen haben und die sich in der Gegenwart auswirken, sind nach dem AGG zu behandeln.
- Hinsichtlich zukünftiger geplanter Maßnahmen kommt es darauf an, dass bereits eine konkrete Gefahr besteht (so die Gesetzesmaterialien,

anders v. Roetteken, § 3 Rn. 91, der vom Risikobegriff ausgeht; gänzlich die Anerkennung einer Benachteiligungsgefahr ablehnend Thüsing, Arbeitsrechtlicher Diskriminierungsschutz, Rn. 237).

34 Die Aufzählung in § 3 Abs. 1 S. 1 ist als notwendige **Rangfolge** zu verstehen (ErfK-Schlachter, § 3 Rn. 5; Diller/Krieger/Arnold, NZA 2006, 887, 892). Hiernach kann bei Vorliegen einer aktuellen Vergleichsperson eine ungünstigere Behandlung nur zu dieser festgestellt werden. Auf eine frühere oder hypothetische Vergleichsperson ist somit in diesen Fällen nicht abzustellen. Nur wenn jene fehlt, können die anderen Typen von Vergleichspersonen herangezogen werden. Andernfalls würde man doch wieder zeitversetzte Ungleichbehandlungen ermöglichen, was der Gesetzgeber gerade vermeiden wollte. Wird also beispielsweise eine Arbeitnehmerin wegen des Geschlechts zwar schlechter behandelt als ein früherer männlicher Mitarbeiter, aber zu den aktuell Beschäftigten gleich behandelt, liegt keine Ungleichbehandlung vor.

35 Die Benachteiligung muss ferner nicht aus aktivem Tun bestehen, sie ist auch dann gegeben, wenn ein **Unterlassen** vorliegt (BAG 21.6.2012 – 8 AZR 364/11 – AuR 2012, 328; Entwurfsbegründung BR-Drs. 329/06, 33; BT-Drs. 16/1780, 32; Boemke/Danko, § 3 Rn. 5; Bauer/Krieger, § 3 Rn. 9; Stork, ZEuS 2005, 1, 36; Schleusener/Suckow/Voigt, § 3 Rn. 8). Dieses Unterlassen setzt auch nicht voraus, dass bezüglich der Person, die durch Unterlassen benachteiligt, eine Handlungspflicht besteht (aA NK-GA/v. Steinau-Steinrück/Schneider, § 3 Rn. 5). So besteht beispielsweise für einen Arbeitgeber keine Handlungspflicht, einen Arbeitnehmer zu befördern. Will er allerdings eine Beförderungsmaßnahme durchführen, so sind sowohl ein aktives Tun wie auch ein Unterlassen an den Vorgaben des AGG zu messen.

36 Zudem kann es problematisch werden, wenn es um das Unterlassen angemessener Vorkehrungen zum **Schutze behinderter Menschen** geht (vgl. Art. 5 RL 2000/78/EG und Art. 27 UN-BRK). Diese Vorgabe gewinnt im deutschen Recht auch deswegen an Brisanz, weil das SGB IX zwischen behinderten und schwerbehinderten Menschen unterscheidet und einen europarechtskonformen Schutzrahmen eigentlich nur für letztere Gruppe vorhält (hierzu Däubler, ZfA 2006, 479, 485). Allerdings ist zwischen einer Benachteiligung durch Unterlassen und dem Unterlassen angemessener Vorkehrungen (vgl. hierzu EuGH 11.4.2013 – Rs. C-335/11 ua (Ring/Skouboe Werge)) hinsichtlich der Rechtfertigungsebene zu unterscheiden. Nur die „angemessenen Vorkehrungen" iSv Art. 5 RL 2000/78/EG können wegen unverhältnismäßiger Belastung des Arbeitgebers unterlassen werden. Unmittelbare Benachteiligungen durch Unterlassen in den „allgemeinen" Fällen können dagegen nur nach den Regeln des AGG gerechtfertigt werden (Schiek, NZA 2004, 873, 875); dies ist bei einer richtlinienkonformen Auslegung zu beachten.

37 § 3 Abs. 1 verlangt eine tatsächliche Benachteiligung bzw. eine hinreichend konkrete Gefahr. Nicht ausreichend ist deshalb eine lediglich abstrakte Gefahr. Erforderlich ist daher entweder eine **Wiederholungsgefahr** – bei bereits erfolgter Benachteiligung – oder eine **ernsthafte Erstbegehungsgefahr**

(Entwurfsbegründung BR-Drs. 329/06, 33; BT-Drs. 16/1780, 32; aA Thüsing, Arbeitsrechtlicher Diskriminierungsschutz, Rn. 237).

38 Unmittelbar diskriminierend kann ferner auch die **Benachteiligung von Teilen der Merkmalsträger** sein. Dies gilt zB, wenn ein Arbeitgeber zwar homosexuelle Männer, aber keine lesbischen Frauen einstellt oder Muslima nur dann zurückweist, wenn sie ein Kopftuch tragen (Thüsing, Beilage zu NZA Heft 22/2004, S. 3, 5; hierzu jüngst EuGH 14.3.2017 – Rs. C-157/15 (G4S Secure Solution) – NZA 2017, 373; EuGH 14.3.2017 – Rs. C-188/15 (Bougnaoui u. ADDH) – NZA 2017, 375).

39 Hinzu kommen versteckte bzw. **verdeckte unmittelbare Diskriminierungen**. Darunter kann man Fälle verstehen, bei denen an Eigenschaften angeknüpft wird, die für die Merkmalsträger (angeblich) typisch sind, ohne das Merkmal direkt zu nennen (Thüsing, Beilage zu NZA Heft 22/2004, S. 3, 5). Es werden also Merkmale, die außerhalb von § 1 stehen und auf den ersten Blick nichts mit einer Benachteiligung zu tun haben, vorgeschoben. Wenn beispielsweise ohne einsichtigen Grund verlangt wird, dass eine Frau bereits ein Kind hat oder dass ein Bewerber langjährige Erfahrung bei der Bundeswehr aufweist (Däubler, ZfA 2006, 479, 485), so stellt dies eine versteckte Diskriminierung dar. Hierzu gehört zB auch der Fall, dass ein Restaurant Festsäle ausdrücklich nur für Hochzeiten vermietet und damit (versteckt) nicht für Feierlichkeiten nach Eintragung einer Lebenspartnerschaft zur Verfügung stellt (zwei Homosexuelle wollen den Tag der Eintragung ihrer Lebenspartnerschaft feiern, das Restaurant verweigert allerdings die Anmietung des Hochzeitssaals). Solche Diskriminierungen werden wie offene unmittelbare Diskriminierungen (Benachteiligungen) behandelt (vgl. bereits Pfarr, NZA 1986, 585, 586; BAG 22.7.2010 – 8 AZR 1012/08 – NZA 2011, 93).

40 Von diesen verdeckten bzw. vorgeschobenen Merkmalen sind solche unmittelbaren Diskriminierungen zu unterscheiden, in denen Maßnahmen nur auf **Vorurteile** gestützt werden, die bei manchen Mitbürgern in Bezug auf die Merkmalsträger vorhanden sind. Wird zB in einer Tischlerei eine Tischlerin deshalb nicht befördert, weil man ihr unterstellt, sie könne körperlich schwere Holzschränke bzw. Holzteile ohne fremde Hilfe nicht tragen, ohne dass dies jemals verifiziert wurde, so hätte die Personalmaßnahme unmittelbar diskriminierenden Charakter und wäre deshalb unwirksam (vgl. Däubler, ZfA 2006, 479, 486; handelt es sich um eine allgemeine Regelung, kann das Anknüpfen an die Körperkraft auch zu einer mittelbaren Benachteiligung führen).

b) Zusammenhangseigenschaft

41 In einer früheren Entwurfsfassung (ADG-E, BT-Drs. 15/4538) wurden explizit Benachteiligungen wegen Eigenschaften aufgenommen, die im Zusammenhang mit einem Merkmal stehen. Diese sog Zusammenhangseigenschaften finden allerdings in § 3 Abs. 1 keine gesonderte Erwähnung. Gleichwohl sind sie **weiterhin geschützt**, wie die Motive deutlich machen (Entwurfsbegründung BR-Drs. 329/06, 33; BT-Drs. 16/1780, 32; Rebhahn/Windisch-Graetz, § 19 Rn. 1; Rupp, RdA 2009, 307, 308; → § 1 Rn. 16). Das bedeutsamste Beispiel ist allerdings nach wie vor die Schwangerschaft.

Dieser spezielle Fall ist im Gesetz verblieben. So liegt eine unmittelbare Benachteiligung wegen des Geschlechts auch im Fall einer ungünstigeren Behandlung einer Frau wegen Schwangerschaft oder Mutterschaft vor (§ 3 Abs. 1 S. 2). Dies nimmt die Wertung der EuGH-Entscheidung „Dekker" auf (EuGH 8.11.1990 – Rs. C-177/88 – AP Art. 119 EWG-Vertrag Nr. 23).

c) Annahme des Merkmals

42 Es genügt, wenn der Diskriminierende das Merkmal nur **vermutet**. Der Betroffene muss daher nicht tatsächlich der Gruppe, wegen der er diskriminiert wird, zugehörig sein, er muss auch nicht seine fehlende Zugehörigkeit beweisen (§ 7 Abs. 1 Hs. 2). Dies gilt trotz Fehlens einer entsprechenden Vorschrift auch für den Bereich des Zivilrechts. Dies ergibt sich aus den Wertungen der Richtlinien (Stork, ZEuS 2005, 1, 10). Es ist davon auszugehen, dass es der Gesetzgeber schlicht übersehen hat, eine entsprechende Norm in den zivilrechtlichen Teil mit aufzunehmen bzw. den Gedanken von § 7 Abs. 1 Hs. 2 in den allgemeinen Teil des Gesetzes zu integrieren (Meinel/Heyn/Herms, § 3 Rn. 3).

d) Adressat der Benachteiligung

43 Der Merkmalsträger muss nicht **Adressat der diskriminierenden Maßnahme** sein. So ist an den Fall zu denken, dass eine Arbeitnehmerin deshalb benachteiligt wird, weil ihr Kind behindert ist und der Arbeitgeber annimmt, behinderte Kinder seien häufiger krank mit der Folge erhöhter Ausfallzeiten der Mütter (zB Verweigerung einer sonst vorgenommenen Beförderung). Der EuGH hat den Schutzkreis der RL 2000/78/EG entsprechend gezogen (EuGH 17.7.2008 – Rs. C-303/06 (Coleman) – NJW 2008, 2763; Schlachter, RdA 2010, 104).

44 Noch weiter ist der Schutz anzulegen, wenn ein **konkretes Opfer** der Benachteiligung **fehlt**. So hatte er EuGH den Fall zu beurteilen, dass ein Arbeitgeber grundsätzlich erklärte, keine Personen bestimmter Rasse oder ethnischer Herkunft einstellen zu wollen. Obgleich sich diese Ankündigung noch nicht in einer konkrete Situation manifestiert hatte, hat der EuGH einen Verstoß gegen die RL 2000/43/EG angenommen (EuGH 10.7.2008 – Rs. C-54/07 (Feryn) – EuZW 2008, 500). Diese Feststellung ist dabei nicht nur von abstrakter Bedeutung, öffnet sie doch den Weg zu § 17 Abs. 2 (Schleusener/Suckow/Voigt, § 3 Rn. 20 c).

e) Kausalität und Absichtserfordernis

45 Eine unmittelbare Benachteiligung wegen des Vorliegens eines Merkmales ist dann gegeben, wenn die konkret durchgeführte Maßnahme der Tatsache, dass ein Merkmal vorliegt, **zugerechnet** werden kann. Der Gesetzgeber formuliert, dass die unmittelbare Benachteiligung „**wegen**" eines der Merkmale des § 1 erfolgt. Die benachteiligende Maßnahme muss daher durch eines oder durch mehrere Merkmale motiviert sein bzw. der Benachteiliger knüpft bei seiner Handlung hieran an (Entwurfsbegründung BR-Drs. 329/06, 33; BT-Drs. 16/1780, 32). Hinsichtlich des Merkmals Geschlecht hatte das BVerfG und ihm folgend das BAG es genügen lassen, wenn das Merkmal ein Gesichtspunkt ist, der innerhalb eines „**Motivbündels**" eine Rolle spielt, also (lediglich) **mitursächlich** für die Zurücksetzung der be-

troffenen Person ist (BVerfG 16.11.1993 – 1 BvR 258/86 – NZA 1994, 745; BAG 5.2.2004 – 8 AZR 112/03 – NZA 2004, 540, 544; Meinel/Heyn/Herms, § 3 Rn. 7; NK-GA/v. Steinau-Steinrück/Schneider, § 3 Rn. 4). Dies kann auf alle Merkmale übertragen werden, so dass diese im jeweiligen konkreten Fall nicht das alleinige und entscheidende Motiv sein müssen (v. Roetteken, § 3 Rn. 119; zum Merkmal Alter vgl. BAG 23.8.2012 – 8 AZR 285/11 – NZA 2013, 37).

46 Eine irgendwie geartete **Absicht** ist nicht erforderlich (Bauer/Krieger, § 3 Rn. 10; Rebhahn-Rebhahn, § 3 Rn. 6; Knittel, SGB IX/AGG, 2017, § 3 Rn. 27). Trotz Befolgung eines fachmännischen Rates durch einen Dritten (Sachverständigen) und damit Fehlens eines Vertretenmüssens durch den Handelnden kann daher eine Benachteiligung vorliegen (zutreffend Stork, ZEuS 2005, 1, 36). Im Bereich des Arbeitsrechtes hat der EuGH in zwei Entscheidungen bereits allgemein festgestellt, dass es auf eine Absicht nicht ankommt (EuGH 22.4.1997 – Rs. C-180/95 (Draempaehl) – NJW 1997, 1839; EuGH 8.11.1990 – Rs. C-177/88 (Dekker) – AP Art. 119 EWG-Vertrag Nr. 23; vgl. hierzu Wendeling-Schröder/Buschkröger, in: FS Däubler, S. 127 ff.).

47 Eine Benachteiligung wird ferner nicht dadurch ausgeschlossen, dass der Benachteiligte in die Benachteiligung **einwilligt** (Schleusener/Suckow/Voigt, § 3 Rn. 21).

48 Unmittelbare Diskriminierungen können im Arbeitsrecht nach den §§ 5, 8–10 **gerechtfertigt** sein. Im Zivilrecht finden sich (großzügigere) Rechtfertigungsfälle in § 20 (s. hierzu die entsprechenden Kommentierungen).

3. Mittelbare Benachteiligungen (Abs. 2)

49 Die Aufnahme der mittelbaren Benachteiligung in den Kanon der nicht gewollten Handlungen schließt Schutzlücken und kann auf eine lange Akzeptanz zurückverweisen (zB EuGH 27.10.1993 – Rs. C-127/92 (Enderby) – AuR 1993, 409; EuGH 26.6.2001 – Rs. C-381/99 (Brunnhofer) – NZA 2001, 883; kritisch Adomeit/Mohr, RdA 2011, 102, 106). Gleichwohl bestehen tatsächliche wie dogmatische Probleme im Umfeld der mittelbaren Benachteiligung nach § 3 Abs. 2. Dem Anschein nach neutrale Vorschriften, Kriterien oder Verfahren können wegen ihrer Auswirkungen auf Merkmalsträger ebenfalls benachteiligend sein. Hierzu ist grds. die **Bildung einer Vergleichsgruppe** notwendig (Entwurfsbegründung BR-Drs. 329/06, 33; BT-Drs. 16/1780, 32 f.). Dabei wird üblicherweise auf statistische Verfahren zurückgegriffen (BAG 8.6.2005 – 4 AZR 412/04 – NZA 2006, 611 = ZTR 2006, 270), jedoch ist der Nachweis einer statistischen Ungleichbehandlung nach geltendem Recht nicht mehr zwingend geboten (→ Rn. 5; Schleusener/Suckow/Voigt, § 3 Rn. 77; Knittel, SGB IX/AGG, 2017, § 3 Rn. 44). Mit den Tatbestandsmerkmalen „Vorschriften, Kriterien oder Verfahren" sollen alle rechtlichen wie tatsächlichen Formen einer mittelbaren Benachteiligung erfasst werden; Abs. 2 meint abstrakt generelle Regelungen (PWW/Lingemann, 11. Aufl. 2016, § 3 Rn. 14).

50 Es werden aber auch zukünftig **statistische Daten** eine besondere Rolle spielen (Zahlenmaterial (allerdings älter) liefern zB Rottleuthner/Mahlmann, Diskriminierung in Deutschland, 2011). Problemfelder sind hier,

welche Aspekte für die Gruppenbildung maßgebend sind und welches zahlenmäßige Verhältnis (Schwellenwerte) erforderlich ist. Absolute Zahlen oder Prozentsätze sind (noch) nicht erarbeitet worden. Bislang tauchten nur eindeutige Fälle auf, die vor allem im Bereich Teilzeitarbeit angesiedelt waren, die aber eine generalisierende Betrachtung noch nicht ermöglichen (Thüsing, Beilage zu NZA Heft 22/2004, S. 3, 7 mwN). Im Schrifttum sind allerdings erste Überlegungen angestellt worden (→ Rn. 56).

51 Bei der Ermittlung der negativen Betroffenheit bestimmter Merkmalsträger ist als **Bezugsgröße** zwar häufig der Betrieb die maßgebliche Einheit. Dies ist allerdings nicht zwingend. Bei Maßnahmen iSd §§ 111 ff. BetrVG ist beispielsweise das Unternehmen entscheidend. Im Übrigen ergibt sich die Bezugsgröße bei tariflichen und betrieblichen Regelungen aus dem jeweils festgelegten Geltungsbereich (Schleusener/Suckow/Voigt, § 3 Rn. 82).

52 Für die weitere Betrachtung ist es sinnvoll, Fälle, bei denen statistische Daten erhoben werden können, von solchen zu unterscheiden, bei denen es statistische Daten schlicht nicht gibt oder diese nicht erhoben werden können/dürfen (man denke an die „inneren" Merkmale Weltanschauung, Religion oder sexuelle Identität, vgl. Schleusener/Suckow/Voigt, § 3 Rn. 79).

53 Nach Rechtsprechung des BAG gehört zum Tatbestand der mittelbaren Benachteiligung, dass benachteiligte und begünstigte Personen **einem Vergleich** sachlogisch **zugänglich** sind. Dies gilt unabhängig davon, ob der Nachweis mit oder ohne statistische Daten erfolgt. Keine Vergleichbarkeit ist zB zwischen Arbeitnehmern gegeben, die einen Anspruch auf gesetzliche Rente haben, und solchen, die einen derartigen Anspruch noch nicht geltend machen können (BAG 6.10.2011 – 6 AZN 815/11 – NZA 2011, 1431). Ein weiteres Beispiel ist die fehlende Vergleichbarkeit aktiver und solcher Arbeitnehmer, deren Arbeitsverhältnis wegen Elternzeit ruht (BAG 27.1.2011 – 6 AZR 526/09 – ZTR 2011, 357).

a) Regeln bei Vorliegen statistischer Daten

54 Zu den klassischen Beispielen einer mittelbaren Diskriminierung gehören **Differenzierungen bei Voll- und Teilzeitarbeit** (EuGH 22.11.2012 – Rs. C-385/11 (Moreno) – NZA 2012, 1425). Hierzu zählen aber auch Fälle, in denen in Sozialplänen an die **Dauer der Betriebszugehörigkeit** angeknüpft wird, aber die typischerweise von Frauen genommene Elternzeit herausgerechnet wird (hierzu BAG 12.11.2002 – 1 AZR 58/02 – NZA 2003, 1287, das den Fall mittels der Wertungen des Art. 6 GG löst; das BAG bewertet Elternzeit dagegen als zulässiges Differenzierungskriterium bei der Berechnung der Stufenlaufzeit für den Stufenaufstieg, BAG 27.1.2011 – 6 AZR 526/09 – BAGE 137, 80). Scheinbar neutrale Maßnahmen betreffen in diesen Fällen in der Lebenswirklichkeit mehr Personen, die ein Merkmal des § 1 verwirklichen. Entsprechende statistische Daten erhält man zB vom Statistischen Bundesamt oder dem WSI der Hans Böckler Stiftung. In bestimmten Fällen (so der Sozialplanfall) müssen Statistiken selbst erhoben werden.

55 Sinnvollerweise sollte bei Vorliegen von Statistiken in folgenden **drei Schritten** geprüft werden (in Anlehnung an Schiek, Europäisches Arbeits-

recht, S. 202; vgl. auch Erman/Armbrüster, 14. Aufl. 2014, § 3 Rn. 15 sowie bereits Hanau/Preis, ZfA 1988, 177, 186):

1. Zwei Gruppen von Personen (zB Beschäftigte) werden unterschiedlich behandelt, ohne dass formal an ein Merkmal des § 1 angeknüpft wird („scheinbar neutrale Vorschriften, Kriterien und Verfahren").
2. In der schlechter behandelten Gruppe sind unverhältnismäßig mehr Personen vertreten, die ein Merkmal des § 1 verwirklichen, verglichen mit ihrem Gesamtanteil an den Beschäftigten.
3. Die festgestellte (widerlegbare) diskriminierende Wirkung ist dahin gehend zu betrachten, ob
   a) für diese Ungleichbehandlung sachliche Gründe, die unabhängig von den Merkmalen des § 1 stehen, zu erkennen sind und
   b) die sachlichen Gründe Verhältnismäßigkeitserwägungen genügen.

56 Diesbezüglich sind die zwei bereits angerissenen Punkte (→ Rn. 50) zu beachten. Zunächst darf nach der Rechtsprechung des EuGH der **Unterschied in der Betroffenheit nicht unwesentlich** sein. Diese Bedingung fehlte, als der britische Gesetzgeber die Wartezeit für das Eingreifen des gesetzlichen Anspruchs auf Abfindung bei ungerechtfertigter Entlassung auf zwei Jahre heraufsetzte. Zwar erfüllten 77,4 % der männlichen Beschäftigten, aber nur 68,9 % der weiblichen Beschäftigten die neue Voraussetzung, jedoch wurde dies nicht als ausreichender Unterschied gewertet (EuGH 9.2.1999 – Rs. C-167/97 (Seymour-Smith & Perez) – Slg 1999 I, 623). Ein **Relationsunterschied** von 75 % wie in der Literatur diskutiert erscheint allerdings vor dem Schutzgedanken der Norm sehr hoch (so aber ErfK/Schlachter, § 3 Rn. 10; Bauer/Krieger, § 3 Rn. 26; PWW/Lingemann, 11. Aufl. 2016, § 3 Rn. 13; differenzierend Wißmann, FS Wlotzke, S. 807 ff., 814). Die auch in anderen Zusammenhängen bekannte 2/3-Grenze (ca. 67 %) scheint als Grenzziehung ausreichend zu sein. Das BAG spricht in einer Entscheidung aus dem Jahre 2011 (BAG 19.1.2011 – 3 AZR 29/09 – NZA 2011, 860) lediglich von „wesentlich mehr", was beide Zahlenwerte ausfüllen dürften. Der EuGH hat in der Entscheidung Kenny einen Relationsunterschied von mehr als 75 % zu betrachten gehabt, in seinen „Grundregeln" (→ Rn. 57) aber den Relationsunterschied als solchen nicht mit Vorgaben näher konkretisiert (EuGH 28.2.2013 – Rs. C-427/11 – NZA 2013, 315). Im Schrifttum wird sich dem Thema zudem noch von einer anderen Seite genähert. Relationsunterschiede könnten weniger Relevanz haben, wenn man den Hebel an der Rechtfertigung anlegt: Je geringer der Unterschied desto geringer die Anforderungen an eine Rechtfertigung (Däubler, ZfA 2006, 479, 487; wohl auch Schlachter, GS Blomeyer, S. 358). Konsequenz ist, dass auch bei geringeren Relationsunterschieden tatbestandlich von einer Benachteiligung zu sprechen ist. Dogmatisch stellt sich aber die Frage, ob hier der zweite Schritt vor dem ersten getan wird. So ist der Relationsunterschied wohl Bestandteil der Feststellung einer Benachteiligung, insbesondere wenn Statistiken vorliegen. Sind aber nur sehr geringe Relationsunterschiede gegeben, liegt allein deshalb keine mittelbare Benachteiligung vor, einer Rechtfertigung bedarf es dann nicht mehr.

57 Weiter ist zu beachten, dass für den Vergleich gewisse **Gruppengrößen** erforderlich sind. Anderenfalls könnten beispielsweise in Kleinstbetrieben Probleme auftreten. Wenn in einem Betrieb mit fünf Arbeitnehmern die einzige Frau gekündigt wird, so können „statistische" Daten an dieser Stelle nicht eine Benachteiligung begründen. Hierfür spricht zunächst, dass bereits begrifflich eine Gruppe immer aus mehreren Personen bestehen muss. Zwar können aus einer Großgruppe (zB Betrieb oder Unternehmen) auch Teilgruppen isoliert betrachtet werden (BAG 23.2.1994 – 4 AZR 219/93 – NZA 1994, 1136, 1139), aber auch in diesem Falle bedarf es einer gewissen im Einzelfall zu bewertenden Gruppengröße. Weiter können die Überlegungen zum arbeitsrechtlichen Gleichbehandlungsgrundsatz angeführt werden: Hier hatte das BAG bezüglich der Rechtsfolge bei Verletzung dieses Grundsatzes und der Frage der „Anpassung nach oben" festgestellt, dass bei einer außerordentlich kleinen bevorteilten Gruppe trotz der Benachteiligung für die Übrigen keine Anpassung nach oben erfolge (BAG 13.2.2002 – 5 AZR 713/00 – AP § 242 BGB Gleichbehandlung Nr. 184). Der Grundsatz der Verteilungsgerechtigkeit scheitert nämlich hier an stärkeren Rechtspositionen des Arbeitgebers und Verhältnismäßigkeitserwägungen. Insbesondere die Erwägungen zur Verhältnismäßigkeit können auf den hier untersuchten Problemkreis übertragen werden. Die Vergleichsgruppen müssen daher – je nach Einzelfall (!) – eine gewisse Gruppenstärke aufweisen (vgl. auch ErfK-Schlachter, § 3 Rn. 10; EuGH 27.10.1993 – Rs. C-127/92 – AP Art. 119 EWG-Vertrag Nr. 50; EuGH 31.5.1995 – Rs. C-400/93 – BB 1995, 1484). 2013 hat der EuGH quasi als Grundregeln zusammenfassend festgestellt, dass statistische Angaben frei von zufälligen oder konjunkturellen Erscheinungen zu sein haben, generell aussagefähig sein und sich auf eine auseichende Zahl von Personen beziehen müssen. Diese Feststellungen hat im jeweiligen Einzelfall das nationale Gericht zu treffen. Ein Vergleich von Gruppen ist nicht aussagekräftig, wenn diese willkürlich zusammengestellt wurden (EuGH 28.2.2013 – Rs. C-427/11 (Kenny) – NZA 2013, 315).

58 **Beispiele** für eine mittelbare Benachteiligung mit der Möglichkeit des statistischen Nachweises sind neben der Teilzeitbeschäftigung das allgemeine Anknüpfen an eine abgeleistete Wehrpflicht (hier ist die Abgrenzung zur unmittelbaren, verdeckten Benachteiligung schwierig; entscheidend ist, ob eine Maßnahme verallgemeinert, neutral formuliert oder einer Person direkt entgegengehalten wird, vgl. zur Abgrenzung der beiden Benachteiligungsformen auch Schiek-Schiek, § 3 Rn. 18) sowie das Erfordernis einer bestimmten Körpergröße (Erman/Armbrüster, § 3 Rn. 19; EuGH 18.10.2017 – Rs. C-409/16 – EuZW 2017, 948). Auch der Fall, dass ein Werkbus nicht in Wohnvierteln hält, die überwiegend von ausländischen Mitarbeitern bewohnt werden, gehört hierzu. Ferner ist an die Nichtberücksichtigung von Kinderbetreuungszeiten (Elternzeit) für Sozialplanleistungen zu denken (weitere Nachweise für die Beispiele: Boemke/Danko, § 3 Rn. 19; Wisskirchen, DB 2006, 1491 ff.; Biester, jurisPR-ArbR 35/2006 Nr. 6, A I 2 b; Bauer/Krieger, § 3 Rn. 38 ff.). Ebenso kann die **Kündigung** unter bestimmten Bedingungen eine mittelbare Benachteiligung darstellen (zur Einordnung des § 2 Abs. 4 → Rn. 288 ff.). Zu denken ist etwa an den Fall, dass eine Konzernspitze einen Personalabbau abstrakt von 15 % an-

ordnet, die Umsetzung dieser neutralen Regel aber exakt in dem Tochterunternehmen stattfindet, in dem mehr Frauen (oder behinderte Menschen) beschäftigt sind und diese deshalb zahlenmäßig mehr betroffen sind (Beispiel nach Däubler, AiB 2007, 97). Das Erfordernis von Sprachkenntnissen kann sowohl eine unmittelbare (Arbeitgeber stellt nur deutsche Muttersprachler ein, ArbG Berlin 11.2.2009 – 55 Ca 16952/08 – NZA-RR 2010, 16) als auch eine mittelbare Benachteiligung wegen Ethnie darstellen („sicheres Deutsch", akzentfrei deutsch", wenn gar kein Kundenkontakt gegeben ist bzw. andere Arbeitnehmer ebenfalls nicht akzentfrei deutsch sprechen, vgl. BAG 15.12.2016 – 8 AZR 418/15; Schleusener/Suckow/Voigt, § 3 Rn. 115; MüKo-Thüsing, § 3 Rn. 51). Hinsichtlich der Kündigung eines Arbeitnehmers islamischen Glaubens nach dessen Weigerung, als Ladenhilfe Alkohol in Regale einzusortieren, kommt eine mittelbare Benachteiligung in Betracht. Sie ist aber nach BAG durch ein rechtmäßiges Ziel sachlich gerechtfertigt und auch verhältnismäßig, wenn der Arbeitnehmer wegen seiner Glaubensüberzeugungen subjektiv nicht in der Lage ist, die vertraglich übernommenen Aufgaben zu verrichten, und anderweitig nicht eingesetzt werden kann (BAG 24.2.2011 – 2 AZR 636/09 – NZA 2011, 1087).

59 Ist eine statistische Feststellung schwierig, so kann sich gleichwohl eine mittelbare Benachteiligung ergeben, und zwar nach den sogleich dargestellten Regeln.

b) Fehlen statistischer Daten

60 Das Vorliegen statistischer Daten erleichtert einerseits die Behauptung einer mittelbaren Diskriminierung. Andererseits ist – wie erwähnt – auch ohne solche Daten das Vorliegen einer mittelbaren Diskriminierung möglich (Rust, in: Rust/Falke, § 3 Rn. 13; v. Roetteken, § 3 Rn. 171; MüKo-Thüsing, § 3 Rn. 32; ErfK-Schlachter, § 3 Rn. 12; Schiek, NZA 2004, 873, 875; Wank, FS Wißmann, S. 599, 608; Richtlinienbegründung KOM (1999), 565 endg., 9; jetzt auch Bauer/Krieger, § 3 Rn. 26 a; kritisch Meinel/Heyn/Herms, § 3 Rn. 21 und wohl auch PWW/Lingemann, 11. Aufl. 2016, § 3 Rn. 13). Die Gegenansicht, die weiterhin auf einen statistischen Verweis besteht, übersieht zum einen den Wortlaut der Richtlinien (vom bundesdeutschen Gesetzgeber wortgleich übernommen), der vor dem Hintergrund der O´Flynn-Entscheidung abgefasst wurde, also gerade auf den statistischen Verweis verzichten wollte (KOM (1999), 565 endg. 9 / Erwägungsgrund 15 RL 2000/78/EG). Zum anderen werden **tatsächliche Hindernisse** in Erhebung und im Vorhandensein von Statistiken übersehen, was zu einer erheblichen Schutzlücke führen würde und gegen Sinn und Zweck der Vorschrift, nämlich Schutz vor mittelbaren Benachteiligungen und Umgehungen, spräche (Schleusener/Suckow/Voigt, § 3 Rn. 55 f.).

61 Prüfungstechnisch kann das beschriebene **Prüfungsschema** in diesen Fällen auf die Gesetzesfassung verkürzt werden:

1. Es ist festzustellen, ob die anscheinend neutralen Kriterien und Vorschriften oder Verfahren geeignet sind, eine Person oder eine Personengruppe wegen eines unzulässigen Diskriminierungsmerkmals in beson-

derer Weise gegenüber anderen Personen benachteiligen zu können (Plausibilitätsprüfung).

2. Wenn dies positiv festgestellt werden kann, so gilt die widerlegbare Vermutung der verbotenen Benachteiligung, die nur dann widerlegt ist, wenn die Vorschriften, Kriterien oder Verfahren durch ein rechtmäßiges Ziel sachlich gerechtfertigt sind und die Mittel zur Erreichung dieses Ziels erforderlich und angemessen sind.

62 Der Anknüpfungspunkt für die Feststellung einer Benachteiligung ohne statistischen Nachweis liegt in einer Art **Plausibilitätsprüfung** (Schiek-Schiek, § 3 Rn. 43 ff.; Däubler, AiB 2007, 97, 98; Grünberger, in: Preis/Sagan, Europäisches Arbeitsrecht, § 3 Rn. 153). Dies darf allerdings nicht zu der Fehleinschätzung führen, dass subjektive Überlegungen genügten. Vielmehr bedarf es anderweitiger objektivierbarer Daten. Diese können durch Sachverständige erbracht werden oder auch durch flankierende Statistiken, die nicht selbst einen Nachweis stützen können, wohl aber die Rahmenbedingungen erhellen (Schiek-Schiek, § 3 Rn. 45 f.; ErfK-Schlachter, § 3 Rn. 12). Gelegentlich wird mit Bezug auf den WSA (ABl. 2000 Nr. C 204, 85, 87) die einfache Formel verwendet, dass eine mittelbare Diskriminierung vorliegt, wenn ein scheinbar neutrales Merkmal von Personen **leichter erfüllt** werden kann, die einer bestimmten durch ein Merkmal iSv § 1 unterscheidbaren Gruppe angehören, und die dieser Gruppe nicht angehörenden Personen das gleiche Merkmal weniger leicht erfüllen können (v. Roetteken, § 3 Rn. 202). Die Regelung eines Mitgliedstaates der EU (England), dass ein Sterbegeld nur für diejenigen Arbeitnehmer bezahlt werde, die sich im eigenen Land begraben lassen, verstößt beispielsweise mittelbar gegen die Rechte von Wanderarbeitnehmern, da diese häufiger nicht in ihrem Heimatland begraben werden (EuGH 23.5.1996 – Rs. C-237/94 (OFlynn) – EuroAS 1996, 97). Statistiken gibt es hierzu zwar nicht, gleichwohl erscheint die mittelbare Benachteiligung (in diesem Falle wegen der Staatsangehörigkeit) plausibel.

63 Herangezogen werden können ferner Überlegungen, die zu **Art. 12 EG** (Art. 18 AEUV) angestellt wurden. Denkbar sind dabei Fälle, in denen rechtliche Besonderheiten eine Rolle spielen (Streinz, EUV/EGV, Art. 12 Rn. 51). Wenn zB Führerscheine in verschiedenen Ländern andere Gewichtsgrenzen für das Führen von Lkw vorsehen, eine Spedition aber nur Fahrer einstellt, die einen Lkw-Führerschein besitzen, der zum Führen von Fahrzeugen mit bestimmten Eigenschaften berechtigt, so kann mittelbar eine Diskriminierung vorliegen, die statistisch kaum nachweisbar ist. Dies wäre insbesondere dann gegeben, wenn hinsichtlich des Führerscheins an das Alter des Fahrers angeknüpft wird.

64 **Beispiele** einer mittelbaren Benachteiligung ohne Möglichkeit eines statistischen Nachweises:

Erhöht der Arbeitgeber die Anforderungen von Flexibilität hinsichtlich Arbeitszeit und Arbeitsort, kann aus den Daten darüber, dass immer noch mehr Frauen als Männer im Haushalt und bezüglich der Kinderbetreuung tätig sind, geschlossen werden, dass die Maßnahme mittelbar benachteiligend wirkt, ohne dass es derzeit (dies mag nach einer gewissen Laufzeit der Gesetze zur besseren Vereinbarkeit von Familie und Beruf anders sein) genaue statistische Daten zum Verbleib von Frauen im Haushalt gibt (vgl. Schiek-Schiek, § 3 Rn. 44; EuGH 19.10.1989 – Rs. C-109/88 (Danfoss) – Slg 1989, 3199). Auch das Abstellen auf Körperkraft kann eine mittelbare Diskriminierung – ohne dass es Statistiken hierzu gibt und obgleich der Tatsache, dass Frauen durchaus mehr Körperkraft besitzen können als Männer – darstellen (vgl. EuGH 1.7.1986 – Rs. C-237/85 (Rummler) – Slg 1986, 2101). Eine innerbetriebliche Stellenausschreibung, die den Bewerberkreis auf Personen „im ersten Berufs-/Tätigkeitsjahr" beschränkt, stellt nach BAG ebenfalls eine mittelbare Benachteiligung dar, auch ohne statistischen Nachweis (BAG 18.8.2009 – 1 ABR 47/08 – NZA 2010, 222; BAG 15.12.2016 – 8 AZR 454/15 – NZA 2017, 715). In eine ähnliche Kategorie fällt die Anforderung, dass der Berufsabschluss erst ein Jahr zurückliegen darf (mittelbare Altersdiskriminierung, für eine Trainee-Stelle aber gerechtfertigt nach LAG Hessen 16.1.2012 – 7 Sa 615/11 – NZA-RR 2012, 464. Die Sache ist als Entscheidung „Kratzer" beim EuGH entschieden worden. Es ging im Kern um den Erhalt des Status eines Bewerbers allein deshalb, um eine Entschädigung erreichen zu können. Der EuGH hat den Bewerberstatus bei Fehlen einer ernsthaften Beschäftigungsabsicht verneint. Keine mittelbare Diskriminierung liegt vor, wenn absolvierte Schulzeiten für eine Entgelteinstufung für alle Arbeitnehmer jeglichen Alters eingerechnet werden (auch rückwirkend), nur die Zeiten für ein Vorrücken in höhere Bezugsstufen variieren (zunächst fünf, dann jeweils zwei Jahre, EuGH 21.12.2016 – Rs. C-539/15 (Bowman) – NZA 2017, 109).

c) Anforderungen an die Gefährdungslage – Erheblichkeit der Benachteiligung

65 Ebenso wie bei der unmittelbaren Benachteiligung genügt eine abstrakte Gefährdungslage nicht. Die Benachteiligten müssen von der mittelbaren Benachteiligung konkret betroffen sein bzw. es muss eine **hinreichend konkrete Gefahr** bestehen, dass den Betroffenen im Vergleich zu Angehörigen anderer Personengruppen ein besonderer Nachteil droht (Entwurfsbegründung BR-Drs. 329/06, 34; BT-Drs. 16/1780, 33).

66 Darüber hinaus sind von der Norm **Bagatellen** nicht erfasst. Dies ergibt sich bereits aus dem Wortlaut der Vorschrift („in besonderer Weise"; Meinel/Heyn/Herms, § 3 Rn. 22). Allerdings darf aus Gründen des Sinns und Zwecks der Vorschrift (Umgehungsschutz) nicht eine zu hohe Erheblichkeitsschwelle verlangt werden. Überdies verlangt eine mittelbare Benachteiligung als Bezugsgröße, anders als eine unmittelbare Benachteiligung, gerade keine konkrete Person in vergleichbarer Lage. Der Vergleichsrahmen ist daher bei der mittelbaren Benachteiligung weiter.

d) Beschränkung des Tatbestandes

67 Der tatbestandlich weit gefasste Anwendungsbereich wird gemäß § 3 Abs. 2 auf gleicher Ebene eingeschränkt. Die möglichen sachlichen Gründe werden daher gesetzestechnisch nicht wie **Rechtfertigungsgründe** verstanden, sondern sind Teil des Tatbestandes (so auch Bauer/Krieger, § 3 Rn. 31; Erman/Armbrüster, § 3 Rn. 16). Das bedeutet, dass eine mittelbare Benachteiligung tatbestandsmäßig bereits dann nicht vorliegt, wenn ein entsprechender „Rechtfertigungsgrund" besteht. Dies ist für das deutsche Recht

methodisch ungewöhnlich (eine Art negatives Tatbestandsmerkmal) und entspricht auch nicht der sonstigen Systematik des AGG. Bei der unmittelbaren Benachteiligung sind nämlich die einzelnen Diskriminierungstatbestände tatbestandlich abzuprüfen und dann ist auf der nächsten Ebene eine mögliche Rechtfertigung zu untersuchen. Gesetzestechnisch wird dies durch die Normierung in zwei getrennten Bereichen deutlich. Regeln die §§ 3, 7 beispielsweise den Tatbestand, so finden sich in den §§ 8–10 sowie in § 20 entsprechende Rechtfertigungsgründe; anders bei der mittelbaren Diskriminierung. Unionsrechtlich ist die Einengung des Tatbestandes allerdings kein Neuland. So hat der EuGH bereits in der Cassis-Rechtsprechung die „zwingenden Erfordernisse" im Rahmen des Art. 28 EG (jetzt 34 AEUV) auf der Tatbestandsseite wirken lassen (EuGH 20.2.1979 – Rs. 120/78 – NJW 1979, 1766).

aa) Rechtmäßiges Ziel/sachlicher Grund

68 Der Tatbestand kann entfallen, wenn ein rechtmäßiges Ziel vorliegt und dessen Verfolgung nebst der eingesetzten Mittel dem Verhältnismäßigkeitsgrundsatz genügt (BAG 7.7.2011 – 2 AZR 355/10 – NJW 2011, 3803; BAG 22.6.2011 – 8 AZR 48/10 – DB 2011, 2438).

69 Was Inhalt eines rechtmäßigen Ziels ist, wird in der Begründung zum Gesetz nicht dargelegt. Das BAG verlangt für das rechtmäßige Ziel jedenfalls **weniger als für das „legitime Ziel" des Art. 6 Abs. 1 RL 2000/78/EG** (insbesondere Beschäftigungspolitik, Arbeitsmarkt und berufliche Bildung) und verwendet eine Formel, wonach rechtmäßige Ziele alle nicht ihrerseits diskriminierenden und auch sonst legalen Ziele sein können (BAG 15.2.2011 – 9 AZR 584/09, NZA-RR 2011, 467). Diese Formulierung lädt zu einem doch recht weiten Verständnis ein (vgl. Schleusener/Suckow/Voigt, § 3 Rn. 89). Gegen ein allzu großzügiges Zulassen von rechtmäßigen Zielen sprechen freilich Sinn und Zweck der Regelung. Ziel ist schließlich die **Verhinderung von Umgehungsmöglichkeiten** im Rahmen des Benachteiligungsverbotes. Das Diskriminierungsverbot hat darüber hinaus sowohl im europäischen Recht als auch im deutschen Verfassungsrecht eine überragende Bedeutung. Allerdings kann schon festgestellt werden, dass in der Regel die Eingriffstiefe bei der mittelbaren Benachteiligung nicht so intensiv ist wie bei der unmittelbaren Benachteiligung (dies betonend Bauer/Krieger, § 3 Rn. 32). Es bedarf daher Überlegungen für den jeweiligen **Einzelfall**. Die genaue Bestimmung des Inhalts von sachlichen Gründen ist nicht zuletzt deshalb von Bedeutung, weil nach (umstrittener) Ansicht des Gesetzgebers der Anspruchsteller, also der mutmaßlich mittelbar benachteiligte Mensch, das Fehlen sachlicher Gründe zu beweisen hat (→ Rn. 83).

70 Hinweise zur Lösung im Einzelfall könnte ältere Rechtsprechung des BAG geben. In dieser hat das Gericht den Maßstab des sachlichen Grundes aus dem Befristungsrecht (heute § 4 TzBfG) oder dem allgemeinen Gleichbehandlungsgrundsatz gerade nicht auf Diskriminierungsfälle übertragen – das BAG hielt vielmehr **strengere Maßstäbe** für angebracht (BAG 14.3.1989 – 3 AZR 490/87 – NZA 1990, 25; BAG 26.5.1993 – 5 AZR 184/92 – NZA 1994, 413). Begründet wurde dies damit, dass die Wertig-

keit des Prinzips der Gleichbehandlung bzw. des Schutzes vor Diskriminierung höher stehe als der Bereich, der beispielsweise gegenwärtig durch § 4 TzBfG geschützt werden soll (BAG 14.3.1989 – 3 AZR 490/87 – NZA 1990, 25, 26). Dass der Gesetzgeber des AGG nicht die Worte sachlicher Grund verwendet sondern rechtmäßiges Ziel, ist bei diesen Überlegungen unbeachtlich, da dieser die Begriffe synonym versteht (BT-Drs. 16/1780, 33). Der EuGH benutzt die Worte „sachliche Rechtfertigung“, was ebenfalls sachliche Gründe meint (EuGH 28.2.2013 – Rs. C-427/11 (Kenny) – NZA 2013, 315).

71 Gegen die Heranziehung dieser älteren Rechtsprechung wird sich allein wegen der sprachlichen Vergleichbarkeit im Befristungsrecht einerseits und dem Antidiskriminierungsrecht andererseits gewandt. Zudem seien Abgrenzungen schwierig. Nach dieser Ansicht entspricht der sachliche Grund (also das rechtmäßige Ziel) in § 3 Abs. 2 für den Bereich des Zivilrechts nur dem Rechtfertigungsgrund nach § 20. Im Arbeitsrecht würde der sachliche Grund dagegen deutlich hinter § 8 zurückbleiben, eine Rechtfertigung wäre daher stets erleichtert möglich (Bauer/Krieger, § 3 Rn. 32; MüKo-Thüsing, § 3 Rn. 39).

72 Angemessener erscheint aber folgende vermittelnde Herangehensweise: Die sachlichen Gründe aus dem Befristungsrecht oder hinsichtlich des allgemeinen arbeitsrechtlichen Gleichbehandlungsanspruches werden **in der Regel** auch den Maßstab für einen sachlichen Grund (das rechtmäßige Ziel) für eine mittelbare Benachteiligung darstellen. Im Einzelfall können sich allerdings strengere Maßstäbe ergeben. Dies ist im Rahmen einer **Abwägungsentscheidung** zu ermitteln (Annuß, BB 2006, 1629, 1632; Boemke/Danko, § 3 Rn. 18). Einfachste Gründe zur Rechtfertigung von mittelbaren Benachteiligungen können nicht akzeptiert werden. Darüber hinaus lässt sich weder aus den europarechtlichen Erwägungen noch aus der gesetzgeberischen Begründung entnehmen, dass für die mittelbare Diskriminierung in allen Fällen der sachliche Grund hinter der Rechtfertigung für die unmittelbare Benachteiligung zurückbleiben muss. So ist beispielsweise bei Sozialplanleistungen, die Erziehungszeiten unberücksichtigt lassen und damit zwar mittelbar allerdings gleichwohl tief in Rechtspositionen von Frauen eingreifen, zu fragen, warum hier eine Rechtfertigung erleichtert möglich sein soll. Bloßes Einsparen von Kosten genügt im Übrigen in keinem Falle (in diese Richtung EuGH 20.3.2003 – Rs. C-187/00 – EuZW 2003, 276; deutlicher Däubler, ZfA 2006, 479, 488; aA Schleusener/Suckow/Voigt, § 3 Rn. 89). Ein Gefälle zwischen Rechtfertigungsgründen und sachlichen Gründen ist daher nicht absolut anzunehmen (so auch Meinel/Heyn/Herms, § 3 Rn. 27). Eine Grenzziehung hat das BAG allerdings vorgenommen: Die Anforderungen an die Rechtfertigung einer mittelbaren Benachteiligung sind (umgekehrt) **jedenfalls nicht höher** als diejenigen an die Rechtfertigung einer unmittelbaren Benachteiligung. Und ist eine unmittelbare Benachteiligung gerechtfertigt, so ist eine damit in Verbindung stehende mittelbare Benachteiligung automatisch ebenfalls gerechtfertigt (BAG 11.8.2009 – 3 AZR 23/08 – NZA 2010, 408).

73 Insgesamt sind solche Gründe beachtlich, die **billigenswert** sind, das heißt, die auf vernünftigen einleuchtenden Erwägungen beruhen und die gegen

keine verfassungsrechtlichen oder sonstigen übergeordneten Wertentscheidungen verstoßen (BAG 28.1.2010 – 2 AZR 764/08 – BAGE 133, 141; BAG 18.9.2001 – 3 AZR 656/00 – DB 2002, 225; BAG 18.5.2006 – 6 AZR 631/05 – NZA 2007, 103 ff. mAnm v. Roetteken, jurisPR-ArbR 3/2007 Anm. 1. Hier hatte das BAG die Gewährung einer Überbrückungsbeihilfe abgelehnt, obgleich statistisch eine mittelbare Benachteiligung festgestellt werden konnte. Diese sei aber durch den Überbrückungszweck sachlich gerechtfertigt). Billigenswert bedeutet zudem **mehr als die bloße Einhaltung der Willkürgrenze** (BAG 23.1.1990 – 3 AZR 58/88 – NZA 1990, 778; Schleusener/Suckow/Voigt, § 3 Rn. 89). Es gibt schließlich keine Hinweise in den Richtlinien oder in der Rechtsprechung des EuGH, dass die Anforderungen an die sachlichen Gründe bei mittelbaren Benachteiligungen, deren Nachweis nicht über Statistiken erfolgt, geringer wären als im Übrigen. In Fällen, in denen Statistiken nicht vorliegen, ist daher eine Benachteiligung nicht etwa erleichtert begründbar.

74 Es muss aber nicht nur ein sachlicher Grund gegeben sein, damit der Tatbestand entfällt, es müssen – wie erwähnt – auch die **eingesetzten Mittel verhältnismäßig** sein. Ist daher ein milderes Mittel möglich, kann trotz Vorliegen eines sachlichen Grundes eine Diskriminierung gegeben sein (Schleusener/Suckow/Voigt, § 3 Rn. 91 ff.; Däubler, ZfA 2006, 479 ff.; Schiek, Europäisches Arbeitsrecht, S. 202).

75 Zu prüfen ist daher stets, ob der sachliche Grund verhältnismäßig ist bzw. ob nicht ein milderes, weniger benachteiligendes Mittel gefunden werden kann. Geht man von der klassischen Verhältnismäßigkeitsprüfung aus, so muss der sachliche Grund **geeignet, erforderlich und angemessen** (verhältnismäßig im engeren Sinne) sein. Der sachliche Grund muss daher zunächst an sich geeignet sein, eine Differenzierung, die nachvollziehbar und möglicherweise sogar erwünscht ist, zu ermöglichen. Zweitens ist stets zu prüfen, ob ein milderes Mittel gegeben ist. Liegen diese beiden Voraussetzungen vor, ist in einem letzten Schritt zu überdenken, ob die Maßnahme angemessen, dh verhältnismäßig im engeren Sinne ist. Hier kommt es auf eine Zweck-/Mittel-Relation an (vgl. auch Schleusener/Suckow/Voigt, § 3 Rn. 91 ff.). Vor dem Hintergrund der Bedeutung, die der europäische und der deutsche Gesetzgeber dem Bereich der Antidiskriminierung beimessen, muss der jeweilige sachliche Grund (in Konturierung der Entscheidung BAG 15.2.2011 – 9 AZR 584/09 – NZA-RR 2011, 467) gewissen Anforderungen genügen (vgl. Schiek-Schiek, § 3 Rn. 50 ff.).

76 Eine vom BAG geklärte, aber unionsrechtlich wohl nicht so einfach zu beantwortende Frage stellt sich beim Verhältnis des Diskriminierungsschutzes zur Tarifautonomie. Das BAG hatte in der Entscheidung vom 19.1.2011 ausgeführt: „Das Verbot der mittelbaren Diskriminierung wegen des Geschlechts ist auch von den Tarifvertragsparteien zu beachten. Ihnen gebührt allerdings aufgrund der Tarifautonomie eine **Einschätzungsprärogative** in Bezug auf die sachlichen Gegebenheiten, die betroffenen Interessen und die Regelungsfolgen sowie ein Beurteilungs- und Ermessensspielraum hinsichtlich der inhaltlichen Gestaltung der von ihnen getroffenen Regelungen. Dies ist bei der Prüfung, ob eine Benachteiligung wegen des Geschlechts sachlich gerechtfertigt ist, zu berücksichtigen.“ Diese Entschei-

dung ist das Ergebnis des Abwägungsprozesses des Diskriminierungsschutzes mit Art. 9 Abs. 3 GG.

77 Ob dies der EuGH genauso sieht, ist zweifelhaft. Zwar betont auch er zB in den Entscheidungen Hennigs und Mai (EuGH 8.9.2011 – Rs. C-297/10, C-298/10 – EuZW 2011, 883) sowie Rosenbladt (EuGH 12.10.2010 – Rs. C-45/09 – NZA 2010, 1167) die Bedeutung der Tarifautonomie und einen entsprechenden Spielraum (vgl. auch BAG 23.9.2010 – 6 AZR 180/09 – ZTR 2011, 21). Allerdings ist bei der starken Bedeutung, die der EuGH dem Diskriminierungsschutz in der Union beimisst (EuGH 22.11.2005 – Rs. C-144/04 (Mangold) – AuR 2006, 167; EuGH 19.1.2010 – Rs. C-555/07 (Kücükdeveci) – EuZW 2010, 177 mAnm Schubert) zu vermuten, dass er im Zweifel dem Diskriminierungsschutz (Art. 21 EU-GRC) Vorrang einräumen wird (trotz Art. 28 EU-GRC). Damit würde tariflicher Spielraum genommen werden, der beispielsweise für Systeme mit langfristigen Ausgleichsmechanismen erforderlich ist. Die Tarifvertragsparteien sind jedenfalls gehalten, sich nicht allein auf ihren Entscheidungsspielraum zu stützen, sondern die jeweils vorliegenden Gründe deutlich zu beschreiben, ggf. in einer Protokollnotiz (vgl. auch ErfK-Schlachter, § 3 Rn. 14).

78 Liegen sachlich rechtfertigende Gründe vor, müssen die speziellen Rechtfertigungsgründe, die das Gesetz in den §§ 8–10 sowie in § 20 vorsieht, regelmäßig nicht mehr geprüft werden (Entwurfsbegründung BR-Drs. 329/06, 34; BT-Drs. 16/1780, 33; Bauer/Krieger, § 3 Rn. 32).

79 **Beispiele** für verhältnismäßige sachliche Gründe sind:

Die Gewährung von Zusatzurlaub erst ab 51 % der regelmäßigen Arbeitszeit, wenn der Gesundheitsschutz als Rechtfertigung angeführt wird (BAG 19.3.2002 – 9 AZR 109/01 – ZTR 2002, 481, 483). Ähnliches gilt für Zulagen und Arbeitsfreistellungen nur für Vollzeitbeschäftigte, wenn besondere Belastungen ausgeglichen werden sollen (EuGH 19.10.1989 – Rs. C-109/88 (Danfoss) – NZA 1990, 772). Der EuGH hatte ferner die Nichtgewährung von Weihnachtsgratifikationen an solche Arbeitnehmer, die infolge Elternzeit keine Leistungen erbracht haben, dann für zulässig erachtet, wenn die Gratifikation nur eine Honorierung für im abgelaufenen Jahr erbrachte Leistungen sein sollte (EuGH 21.10.1999 – Rs. C-333/97 – EzA Art. 119 EWG Nr. 57; Meinel/Heyn/Herms, § 3 Rn. 28). Das BAG sieht keine mittelbare Benachteiligung in der Herausnahme von Elternzeitphasen für die Berechnung des Stufenaufstiegs (§ 17 Abs. 3 S. 2 TVöD-AT), weil in diesem anwachsende Berufserfahrung honoriert werden soll, und in der Elternzeit keine Berufserfahrung gewonnen wird (BAG 27.1.2011 – 6 AZR 526/09 – NZA 2011, 1361). Anders als in der Bewerbungssituation (→ Rn. 58) kann die Aufforderung des Arbeitgebers an einen Arbeitnehmer im laufenden Arbeitsverhältnis, einen Deutschkurs zu besuchen, um arbeitsnotwendige Sprachkenntnisse zu erwerben, einen sachlichen Grund darstellen (BAG 22.6.2011 – 8 AZR 48/10 – NZA 2011, 1226). Das BAG hat darüber hinaus als sachlichen Grund Anreize für eine zukünftige Betriebszugehörigkeit gelten lassen (BAG 30.11.2010 – 3 AZR 754/08 – NZA-RR 2011, 593).

bb) Subjektives Element

80 Außerordentlich problematisch ist die Frage, ob es für die tatbestandliche Seite eines subjektiven Elementes bedarf. Aus dem reinen Gesetzestext ist zu erkennen, dass subjektive Elemente fehlen. Mittelbare Benachteiligungen können daher **fahrlässig**, aber auch **schuldlos** erfolgen. Hierzu ist Folgendes zu bemerken:

81 Das deutsche Recht kennt sowohl verschuldensabhängige Tatbestände als auch solche, bei denen es auf ein Verschulden nicht ankommt. Das AGG selbst unterscheidet ebenfalls in § 15 verschuldensunabhängige Entschädigungen sowie verschuldensabhängigen Schadensersatz. Es ist daher anzunehmen, dass ein **subjektives Element bewusst weggelassen** wurde (für Parallelfälle: ErfK-Preis, TzBfG § 4 Rn. 37). Einer Diskriminierungsabsicht bedarf es daher – wie bei der unmittelbaren Diskriminierung – nicht (HK-ArbR/Braun, § 3 Rn. 9; Schleusener/Suckow/Voigt, § 3 Rn. 93; Meinel/Heyn/Herms, § 3 Rn. 30; Bauer/Krieger, § 3 Rn. 29; bereits früher Pfarr, NZA 1986, 585, 586).

82 Dies gilt nicht nur für das Arbeitsrecht, sondern auch für das **Zivilrecht** insgesamt.

cc) Beweislast

83 Nach der amtlichen Begründung ist entgegen § 22 der **Anspruchsteller** (Arbeitnehmer) darlegungs- und beweispflichtig dafür, dass sachliche Gründe fehlen (BR-Drs. 329/06, 33; BT-Drs. 16/1780, 33; Meinel/Heyn/Herms, § 3 Rn. 29; Bauer/Krieger, § 3 Rn. 37; PWW/Lingemann, 11. Aufl. 2016, § 3 Rn. 46; aA Grobys, NZA 2006, 898, 899). **Entgegen der 2. Aufl.** bleibt die Kommentierung an dieser Stelle bei der in der 3. Aufl. geäußerten Auffassung, dass § 22, anders als die Gesetzesbegründung, in Gänze auch für die mittelbare Benachteiligung gilt (**so jetzt auch BAG** 15.12.2016 – 8 AZR 454/15 – NZA 2017, 715; in diese Richtung auch EuGH 28.2.2013 – Rs. C-427/11 (Kenny) – NZA 2013, 315). Zugegebenermaßen ist der Anwendungsbereich der mittelbaren Benachteiligung recht weit, was für eine Einengung über die Beweisregeln sprechen könnte (so Erman/Armbrüster, § 22 Rn. 3; mit dieser Tendenz Wendeling-Schröder/Stein, § 22 Rn. 30 f.). Allerdings spricht der Wortlaut des § 3 Abs. 2 klar den Benachteiligenden an („es sei denn“), der damit aufgefordert ist, seine Gründe anzuführen (so auch die Wortwahl und Konsequenz in der Beweislast in § 22 Abs. 1 S. 1 MiLoG). § 22 kennt zudem keine Begrenzung, sondern betrifft, auch systematisch, alle Formen des § 3. Noch gewichtiger sind aber unionale Überlegungen. So stünde es dem vom EuGH entwickelten Prinzip des effektiven Rechtsschutzes (EuGH 29.10.2009 – Rs. C-63/08 (Pontin) – Slg 2009, I-10467, Rn. 43) entgegen, wenn der Zweck der Richtlinie über Beweisverteilungsregeln umgangen werden könnte. Arbeitnehmern dürfte es bei der mittelbaren Benachteiligung schwerfallen, Tatsachen aus dem Handlungsumfeld des Benachteiligenden zu beweisen(wie hier und genauer s. Kommentierung § 22). Es bleibt daher auch bei der mittelbaren Benachteiligung bei den Beweiserleichterungen nach § 22 (MüKo-Thüsing, § 22 Rn. 17; vgl. auch HK-ArbR/Braun, § 22 Rn. 8; schwächer Schleusener/Suckow/Voigt, § 3 Rn. 94; ErfK-Schlachter, § 3 Rn. 13 spricht von „in den Grenzen des

§ 22"). Daran ändert auch die Einordnung des sachlichen Grundes als negatives Tatbestandsmerkmals nichts (MüKo-Thüsing, § 22 Rn. 17). Der EuGH formuliert in der Sache Kenny (EuGH 28.2.2013 – Rs. C-427/11 – NZA 2013, 315): „Art. 141 EG und die Richtlinie 75/117/EWG des Rates vom 10. Februar 1975 zur Angleichung der Rechtsvorschriften der Mitgliedstaaten über die Anwendung des Grundsatzes des gleichen Entgelts für Männer und Frauen sind dahin auszulegen, dass (...) im Rahmen einer mittelbaren Entgeltdiskriminierung der Arbeitgeber eine sachliche Rechtfertigung des festgestellten Entgeltunterschieds zwischen den Arbeitnehmern, die sich für diskriminiert halten, und den Vergleichspersonen beizubringen hat."

4. Belästigung (Abs. 3)

84 Belästigungen sind in § 3 Abs. 3 geregelt. Die Norm findet sowohl im Arbeitsrecht als auch für das zivilrechtliche Benachteiligungsverbot (§ 19) Anwendung (Meinel/Heyn/Herms, § 3 Rn. 32). **Kumulativ** (jüngst nochmals BAG 18.5.2017 – 8 AZR 74/18 – NZA 2017, 1531, 1541) müssen **zwei Merkmale** gegeben sein.

85 **1. Merkmal:** Eine Belästigung, also eine unerwünschte Verhaltensweise, die bewirkt oder bezweckt, dass die Würde der betroffenen Person verletzt wird.

Gemeint sind **sowohl verbale wie nonverbale Verhaltensweisen** (Schleusener/Suckow/Voigt, § 3 Rn. 140). Maßgeblich ist dabei die Sicht eines objektiven Dritten (Meinel/Heyn/Herms, § 3 Rn. 34). Ist man aus dessen Sichtweise der Ansicht, dass der Handelnde davon ausgehen durfte, der Betroffene werde das Verhalten nicht akzeptieren, liegt eine Belästigung vor. Belästigung ist dabei aber mehr als eine Missfallen erregende Handlung. Eine erkennbare Ablehnung durch den Betroffenen ist nicht erforderlich. Dies ist auch vernünftig, da viele betroffene Personen aus Scham oder Angst Äußerungen und Abwehrmaßnahmen unterlassen. Die Belästigung muss in Zusammenhang mit einem Merkmal (§ 1) stehen. Sie kann in Verleumdungen, Beleidigungen, Anfeindungen, Drohungen oder auch körperlichen Übergriffen bestehen (Schleusener/Suckow/Voigt, § 3 Rn. 140; Boemke/Danko, § 3 Rn. 21; Bauer/Krieger, § 3 Rn. 41; Thüsing, Beilage zu NZA Heft 22/2004, S. 3, 7).

86 **2. Merkmal:** Die Folge, dass durch die Belästigung ein von Einschüchterungen, Anfeindungen, Erniedrigungen, Entwürdigungen oder Beleidigungen gekennzeichnetes (feindliches) **Umfeld** geschaffen wird (BAG 25.10.2007 – 8 AZR 593/06 – NZA 2008, 223; BAG 18.5.2017 – 8 AZR 74/18 – NZA 2017, 1531, 1541; Meinel/Heyn/Herms, § 3 Rn. 36, sehen hierin lediglich eine Konkretisierung des Merkmals „unerwünschte Verhaltensweise").

Zu weit dürfte es gehen, wenn gefordert wird, dass das feindliche Umfeld für das konkrete Arbeitsverhältnis „prägend" ist (so aber PWW/Lingemann, 11. Aufl. 2016, § 3 Rn. 36). Vielmehr ist auf die Korrelation von Belästigungshandlung und dem dadurch entstehenden (ggf. punktuellen) feindlichen Umfeld abzustellen, nicht aber darauf, dass sich das Arbeitsverhältnis insgesamt, also zB gegenüber allen Vorgesetzten, als feindlich darstellt. Andernfalls könnte ein Belästiger darauf hinweisen, dass das Arbeitsverhältnis an anderer Stelle „doch gut laufe" und deshalb ein feindliches Umfeld nicht prägend für das Arbeitsverhältnis vorliegen könne. Das BAG (25.10.2007 – 8 AZR 593/06 – NZA 2008, 223; BAG 18.5.2017 – 8 AZR 74/18 – NZA 2017, 1531, 1541) spricht deshalb auch von einem von Einschüchterungen, Anfeindungen etc **gekennzeichneten** Umfeld. Das feindliche Umfeld überlagert den normalen Verlauf des Arbeitsverhältnisses, ist aber nicht ausschließlich für dieses maßgebend.

87 Die Worte „bewirken" und „bezwecken" stehen im Gesetz alternativ (Schleusener/Suckow/Voigt, § 3 Rn. 141). Aus dem Wort „bewirken" wird deutlich, dass eine Art **Kausalität** erforderlich ist (Eggert-Weyand, in: Rust/Falke, § 3 Rn. 61), aus dem Wort „bezwecken" ist erkennbar, dass ein **subjektives Element** eingewoben ist. Dabei ist zu beachten, dass der Belästigende die Belästigung bereits bezweckt, wenn er die Würdeverletzung billigend in Kauf nimmt (Armbrüster, in: Rudolf/Mahlmann, § 7 Rn. 122). Zu weit dürfte es allerdings gehen, für das Bezwecken auch fahrlässiges Handeln ausreichen zu lassen (wie hier Eggert-Weyand, in: Rust, § 3 Rn. 60; Wank, NZA Sonderbeilage zu Heft 22/2004, 19; aA v. Roetteken, § 3 Rn. 358).

88 Nicht ganz klar ist, was zuerst gegeben sein muss: die Verletzungshandlung oder das feindliche Umfeld. Nach dem Gesetzestext müsste Ersteres zunächst festzustellen sein. Aus Sinn und Zweck dieser Regelung kann es aber keinen juristischen Unterschied machen, wenn aus einem gegebenen feindlichen Umfeld heraus ein verletzender Eingriff erfolgt (Däubler, ZfA 2006, 479 ff.).

89 Geringfügige Eingriffe (zB harmlose Witze, das Nichtaufhalten von Türen für Damen) scheiden allerdings aus, so dass eine **gewisse Schwelle** überschritten sein muss; ein harmloser Witz kann kein feindliches Umfeld entstehen lassen. Ähnliches kennt man bezüglich der verhaltensbedingten Kündigung. Die Verletzungshandlung braucht andererseits nicht das Niveau von Art. 1 GG zu erreichen (Schleusener/Suckow/Voigt, § 3 Rn. 142). Erforderlich ist ferner nicht, dass eine Verletzung auch tatsächlich eintritt („**bezwecken**"). Es soll also nicht der besonders hart gesottene Kollege weniger geschützt werden als der empfindliche (Entwurfsbegründung BR-Drs. 329/06, 34; BT-Drs. 16/1780, 33). Das Erreichen des **Versuchsstadiums** reicht aus (ErfK-Schlachter, § 3 Rn. 18; Eggert-Weyand, in: Rust, § 3 Rn. 60).

90 Eine Belästigung ist aber auch dann gegeben, wenn ein Verhalten die Würde des Betroffenen verletzt, **ohne** dass dies **vorsätzlich** geschieht („**bewirken**"). Das BAG hat dies bestätigt (BAG 9.6.2011 – 2 AZR 323/10 – NZA 2011, 1342 Rn. 19). Auf der Weihnachtsfeier erzählt beispielsweise ein Arbeitgeber einen geschmacklosen Witz über „Zigeuner", ohne zu wissen, dass ein Mitarbeiter Roma ist. Darüber hinaus gilt, dass auch **einmalige** Handlungen ausreichen, wenn das feindliche Umfeld die Folge ist (Entwurfsbegründung BR-Drs. 329/06, 34; BT-Drs. 16/1780, 33; BAG 18.5.2017 – 8 AZR 74/18 – NZA 2017, 1531 1541: „in der Regel nicht durch ein einmaliges ... Verhalten"). Es ist aber bei solchen einmaligen Belästigungshandlungen eine gewisse Schwere der Würdeverletzung zu ver-

langen (Meinel/Heyn/Herms, § 3 Rn. 36; Armbrüster, in: Rudolf/Mahlmann, § 7 Rn. 124). Umgekehrt dürfen nicht mehrere benachteiligende Verhaltensweisen „isoliert“ werden, um eine fortdauernde Belästigung zu verharmlosen; eine Gesamtbetrachtung aller Handlungen und Verhaltensweisen, die einen Bezug zum betrachteten Umfeld haben, ist vorzunehmen (BAG 18.5.2017 – 8 AZR 74/18 – NZA 2017, 1531, 1541).

91 **Mobbing** wird dann zu einer Belästigung iSd AGG, wenn an die Merkmale des § 1 angeknüpft wird. Umgekehrt ist Mobbing dann keine Belästigung, wenn ein Bezug zu den Merkmalen fehlt; wenn also beispielsweise von Kollegen vor Vorgesetzten permanent auf angebliche fachliche Unzulänglichkeiten verwiesen wird, so ist dies Mobbing, aber kein Fall des AGG. Allerdings kann der Belästigungsbegriff des § 3 Abs. 3 auf Fälle von Mobbing übertragen werden (BAG 25.10.2007 – 8 AZR 593/06 – NZA 2008, 223).

92 Im Anwendungsbereich des **zivilrechtlichen Benachteiligungsverbotes** (§§ 19 ff.) wird es eines Rückgriffs auf § 3 Abs. 3 selten bedürfen: Wer im Rahmen eines Vertrages eine Person wegen der in § 1 genannten Merkmale belästigt, lässt die **nach § 241 Abs. 2 BGB** gebotene Rücksichtnahme auf die Rechte, Rechtsgüter und Interessen der anderen Partei außer Acht und verletzt damit seine vertraglichen Pflichten. Dies gilt nach **§ 311 Abs. 2 BGB** auch bereits in der vorvertraglichen Phase, also bei der Aufnahme von Vertragsverhandlungen, der Anbahnung eines Vertrages oder bei ähnlichen geschäftlichen Kontakten (Entwurfsbegründung BR-Drs. 329/06, 34). Hier sind zahlreiche Fälle im Mietrecht denkbar.

93 Im Umfeld des § 3 Abs. 3 besteht durchaus das Problem, dass „Querulanten“ oder überempfindliche Personen ermuntert werden, Klagen einzureichen. Allerdings ist zu beachten, dass durch die Belästigung ein **feindliches Umfeld** geschaffen werden muss. Hieraus ergibt sich, dass – je nach Einzelfall – eine gewisse Kontinuität und Dauer für die Annahme einer Belästigung erforderlich sein kann (Schleusener/Suckow/Voigt, § 3 Rn. 143) Hinzu kommt, dass das BAG den „im Arbeitsleben üblichen Konfliktsituationen“ keine belästigende (Mobbing-)Wirkung zukommen lässt (BAG 15.9.2016 – 8 AZR 351/15). Wie erwähnt können zwar einmalige Verhaltensweisen ausreichen, diese bedürfen aber einer gewissen Schwere der Belästigung (vgl. auch Thüsing, Arbeitsrechtlicher Diskriminierungsschutz, Rn. 284). Die vorliegenden Statistiken und Erhebungen haben überdies keine Bestätigung der generellen Angst vor „Querulantentum“ belegen können (vgl. Rottleuthner/Mahlmann, Diskriminierung in Deutschland, 2011, S. 340 ff. sowie zuvor die Statistik des LAG Baden-Württemberg v. 27.6.2007; sa Erhebung der Antidiskriminierungsstelle des Bundes, Evaluation des AGG, 2016, S. 166 ff. Zu sog AGG-Hoppern vgl. LAG Baden-Württemberg 13.8.2007 – 3 Ta 119/07; LAG Hamburg 23.6.2010 – 5 Sa 14/10 – NZA-RR 2010, 629). Extremfälle werden im Übrigen von der Rechtsprechung angemessen behandelt (EuGH 28.7.2016 – Rs. C-423/15 (Kratzer) – NZA 2016, 1014). Das BAG hat ausländerfeindliche Schmierereien auf einer Toilette im Betrieb nicht als Belästigung gewertet. Das erforderliche feindliche Umfeld ergebe sich aus einer Gesamtschau, und bei Schmierereien, deren Urheber nicht zu ermitteln und die möglicherweise

vor langer Zeit in zwei von fünf Kabinen angebracht worden sind, sei dieses noch nicht erreicht. Etwas anderes gilt dann, wenn sich ein Vorgesetzter die Inhalte der Schmierereien zu Eigen macht (BAG 24.9.2009 – 8 AZR 705/08 – DB 2010, 618).

94 Im Arbeitsrecht kommen als „Täter" einer Belästigung nicht nur Arbeitgeber, sondern auch andere Beschäftigte und Kunden in Betracht. Dies ergibt sich mittelbar aus § 12 Abs. 3, 4 (Schleusener/Suckow/Voigt, § 3 Rn. 145 f.). Ferner muss die Belästigung nicht zwingend am Arbeitsplatz ausgeübt werden, sie muss allerdings auf das Arbeitsverhältnis **ausstrahlen** (Schleusener/Suckow/Voigt, § 3 Rn. 147).

95 Belästigungen sind qua Gesetz als Benachteiligungen anzusehen.

5. Sexuelle Belästigung (Abs. 4)

96 Die Bekämpfung einer sexuellen Belästigung findet ihre Rechtsgrundlage in § 3 Abs. 4 (Hintergründe bei Martini, AiB 2013, 224 mwN; Schiek-Schiek, § 3 Rn. 56 ff.). Die Norm bezieht sich auf § 2 Abs. 1 Nr. 1–4, also auf das **Arbeitsrecht.** Gemeint sind Belästigungen nach § 3 Abs. 3, die allerdings aus sexuellen Motiven erfolgen; die Aufzählung im Gesetz ist dabei nur beispielhaft. Im Vergleich zu § 2 Abs. 2 BeschSchG ist die Definition des AGG weiter (Entwurfsbegründung BR-Drs. 329/06, 34; BT-Drs. 16/1780, 33). Dabei wird der Begriff „unerwünscht" anstelle von „vorsätzlich" und „abgelehntes Verhalten" verwendet. Beteiligt sich die betroffene Person an Gesprächen mit sexuellem Bezug aktiv, kann das Tatbestandsmerkmal „unerwünscht" entfallen (ArbG Nienburg 19.4.2012 – 2 Ca 460/11). Es ist objektiv festzustellen, eine aktive ablehnende Handlung des Betroffenen ist nicht erforderlich (BAG 9.6.2011 – 2 AZR 323/10 – NZA 2011, 1342).

97 Die Ausführungen zur Belästigung gelten auch für die sexuelle Belästigung. An einem Punkt unterscheiden sich beide Erscheinungsformen allerdings. Während bei der Belästigung kumulativ die unerwünschte Behandlung und ein sich hieraus ergebendes entwürdigendes Umfeld vorhanden sein müssen, verlangt die sexuelle Belästigung dies nicht. Das feindliche Umfeld ist nur ein Beispiel dafür, wann von einer Würdeverletzung ausgegangen werden kann („insbesondere"). Die Anforderungen an die sexuelle Belästigung sind daher **niedriger**, weil der Eingriff in die Persönlichkeitssphäre bereits per se höher ist (ErfK-Schlachter, § 3 Rn. 20; Bauer/Krieger, § 3 Rn. 60; v. Roetteken, § 3 Rn. 372; LAG Hessen 27.2.2012 – 16 Sa 1357/11 – NZA-RR 2012, 471). Für die Annahme einer sexuellen Belästigung kann eine einzelne Handlung ausreichend sein; einer Wiederholungsgefahr bedarf es nicht (BAG 20.11.2014 – 2 AZR 651/13 – NZA 2015, 294; BAG 9.6.2011 – 2 AZR 323/10 – NZA 2011, 1342; Boemke/Danko, § 3 Rn. 35). Die vom AGG und dem unionsrechtlichen Richtliniengeber vorgenommene Einordnung der sexuellen Belästigung und der entsprechend hohe Schutz vor dieser wird vom BVerwG nicht nachvollzogen. In der Entscheidung vom 16.7.2009 wird die Schutzwirkung von § 3 Abs. 4 erst so spät zur Geltung gebracht, dass die Norm leerzulaufen droht (BVerwG 16.7.2009 – 2 AV 4.09 – BGleiG E.II.2.13 BDG § 13 Nr. 1). In der Sache ließ das BVerwG mehrere verbale Grenzüberschreitungen gegenüber verschiedenen Untergebenen sowie körperliche Übergriffe (!) dahinstehen, da sie selbst

bei ihrem Vorliegen keine dienstrechtlichen Konsequenzen nach sich ziehen würden.

98 **Beispiele** einer sexuellen Belästigung können aus § 2 Abs. 2 BeschSchG abgeleitet werden (MüKo-Thüsing, § 3 Rn. 65). Hierunter fallen daher sexuelle Handlungen, die nach dem StGB unter Strafe gestellt sind (§§ 174 ff. StGB) sowie sonstige sexuelle Handlungen und Aufforderungen zu diesen, sexuell bestimmte körperliche Berührungen, Bemerkungen sexuellen Inhalts sowie Zeigen und sichtbares Anbringen von pornographischen Darstellungen, wobei es aber nicht auf eine aktive Ablehnung der/des Betroffenen ankommt (ErfK-Schlachter, § 3 Rn. 22). Konkret stellen aufgedrängte Küsse (ArbG Ludwigshafen 29.11.2000 – 3 Ca 2096/00 – FA 2001, 146), das Klapsen des Gesäßes (Boemke/Danko, § 3 Rn. 37; LAG Köln 7.7.2005 – 7 Sa 508/04 – NZA-RR 2006, 237) oder das Umarmen einer Auszubildenden durch einen Vorgesetzten in eindeutig sexueller Absicht (Eggert-Weyand, in: Rust, § 3 Rn. 76) Beispiele dar. Wird auf die harmlose Frage nach der Ansteckungsgefahr einer Infektion eines krank zum Dienst erscheinenden Kollegen entgegnet, dass nichts passieren könne, man wolle sich schließlich nicht leidenschaftlich küssen oder Körperflüssigkeiten austauschen, so liegt hierin eine Bemerkung sexuellen Inhalts. Auch das Versenden von Bildern sexueller Natur an eine Kollegin über digitale Medien, die der Arbeitgeber zur Verfügung stellt, erfüllt den Tatbestand.

99 Auf der Rechtsfolgenseite entstehen Ansprüche nach dem AGG, also **Entschädigungs- und Schadensersatzansprüche** (§§ 7 Abs. 3, 15, 21) sowie Ansprüche nach §§ 823, 253 Abs. 2 BGB. Möglich sind darüber hinaus strafrechtliche Konsequenzen. Der Entschädigungsanspruch ist wegen seines Zwecks des Ausgleichs eines immateriellen Schadens nebst Schaffung einer Art Genugtuung (vgl. Palandt-Grüneberg, BGB § 253 Rn. 4) wegen Benachteiligung nicht verrechenbar mit andere Zwecke verfolgende Zahlungen nach §§ 9, 10 KSchG.

6. Anweisung zur Benachteiligung (Abs. 5)

a) Allgemeines

100 Die Anweisung zur Benachteiligung wird der **Benachteiligung gleichgestellt** (S. 1). Das gilt nicht nur für den arbeitsrechtlichen Bereich, sondern auch für den allgemeinen zivilrechtlichen Bereich (Armbrüster, in: Rudolf/Mahlmann, GlBR, § 7 Rn. 127; Erman/Armbrüster, § 3 Rn. 25). Damit soll verhindert werden, dass der eigentliche Urheber sich der Verantwortung entziehen kann (vgl. Riesenhuber/Franck, EWS 2005, 245, 248; Kummer, S. 31; zur Genese s. Schiek-Schiek, § 3 Rn. 76; Rust/Falke-Rust, § 3 Rn. 89). Auf diese Weise wird sichergestellt – das ist der **Normzweck** –, dass vor Benachteiligungen **nachhaltig geschützt** wird (Thüsing, Beilage zu NZA Heft 22/2004, S. 3, 8). Wie nötig das ist, zeigt ein Urteil des ArbG Wuppertal (10.12.2003 – 3 Ca 4927/03 – LAGE § 626 BGB 2002 Nr. 2 a), in dem die Anweisung, keine Türken einzustellen, nicht nur als rechtmäßig, sondern die Nichtbefolgung dieser Anweisung sogar als Kündigungsgrund angesehen wurde (zur rechtlichen Bewertung nach dem AGG → Rn. 107, zum Maßregelungsschutz in diesem Fall → § 16 Rn. 24). Die Anweisung verkörpert eine Bedrohung des geschützten Rechtsguts und ist da-

her selbst wie eine Verletzung des Rechtsguts zu behandeln (Husmann, ZESAR 2005, 167, 168; vgl. BeckOGK/Block, § 3 Rn. 140). Dadurch werden auch die Rechtsschutzmöglichkeiten vorverlagert: Das Opfer muss nicht erst die Diskriminierung abwarten, sondern kann bereits der diesbezüglichen Anweisung entgegentreten (Kummer, S. 30). Allerdings wird es häufig an der dafür erforderlichen Zeit fehlen. Immerhin lässt sich § 3 Abs. 5 schon aus diesem Grunde nicht als „keine Besonderheit(en)" (so aber Leder, S. 225; iE wohl auch Rust/Falke-Rust, § 3 Rn. 91) bezeichnen. Denn in einer solchen Konstellation kommt eine Zurechnung des Verhaltens Dritter (→ § 15 Rn. 154 ff.) mangels eines entsprechenden Verhaltens nicht in Betracht (vgl. ErfK-Schlachter, § 3 Rn. 23; Palandt-Ellenberger, § 3 Rn. 7; vgl. auch Hinz, SchlHA 2007, 265, 270). Gleichwohl ist § 3 Abs. 5 seinerseits keine Zurechnungsnorm, sondern knüpft an eigenes Verhalten des Anweisenden an (Wagner/Potsch, JZ 2006, 1085, 1090). Er kann deshalb auch die Zurechnung nach allgemeinen Vorschriften (→ § 15 Rn. 27, 60, 155; → § 21 Rn. 21, 40, 61, 79) nicht infrage stellen (in diesem Sinne wohl Hanau, ZIP 2006, 2189, 2197).

101 Die Bestimmung geht zurück auf den jeweiligen Art. 2 Abs. 2 der Richtlinien 2000/43/EG, 2000/78/EG und 76/207/EWG idF des Art. 1 RL 2002/73/EG (nunmehr RL 2006/54/EG, dort ebenfalls Art. 2 Abs. 2) sowie Art. 4 Abs. 2 RL 2004/113/EG.

102 Ein Umsetzungsbedarf für die Anweisungsfälle wurde mit der Behauptung bestritten, dass Arbeitgeber und Vorgesetzte bereits nach § 2 Abs. 1 BeschSchG aF zum Schutz vor sexuellen Belästigungen verpflichtet seien (Hadeler, NZA 2003, 77, 79). Doch wurden dadurch keineswegs alle Fälle möglicher Benachteiligungen iSd § 7 erfasst. Hinzu kommt, dass die Haftung des Arbeitgebers bei Versäumung der Pflichten aus § 2 Abs. 1 BeschSchG aF verschuldensabhängig war (Bauer, NZA 2001, 2672, 2677), die Haftung für Benachteiligungen, zu denen nunmehr auch Anweisungen zur Benachteiligung zählen, hingegen verschuldensunabhängig ausgestaltet sein muss (→ § 15 Rn. 5) und richtiger Ansicht nach auch ist.

103 Eine entsprechende Bestimmung ist in § 3 Abs. 5 SoldGG enthalten.

b) Anweisung (S. 1, 2)

104 Was konkret eine Anweisung ist, wird vom Gesetz nur unzureichend definiert. Lediglich für die arbeitsrechtlichen Anwendungsbereichsbestimmungen des § 2 Abs. 1 Nr. 1–4 findet sich eine teilweise Legaldefinition, die sich zudem auf eine „insbesondere"-Beschreibung beschränkt.

105 S. 2 enthält für diese Bereiche zunächst die Aussage, dass eine Anweisung darin liegen könne, dass eine Person zur Benachteiligung eines Beschäftigten **„bestimmt"** werde. Darin wurden zu Recht Anklänge an den Anstiftungsbegriff des § 26 StGB gesehen (bei Mohr, S. 319, erfolgt bereits eine begriffliche Gleichsetzung) und deshalb auf das **willentliche Hervorrufen des Tatentschlusses** beim Angestifteten abgestellt (Thüsing, Beilage zu NZA Heft 22/2004, S. 3, 8). Dies muss im Übrigen nicht ausdrücklich erfolgen, sondern ist auch implizit, beispielsweise über einen „Stil des Hauses", möglich (vgl. OHare, Maastricht Journal of European and Comparative Law 2001, 133, 149; Korthaus, S. 104). Ferner kommt sogar eine An-

weisung durch Unterlassen in Betracht, etwa wenn der Arbeitgeber erkennt, dass Arbeitnehmer irrtümlich von einer Anweisung ausgehen, und dies billigend zur Kenntnis nimmt. Hingegen kann Abs. 5 den Arbeitgeber nicht aktiv zu Präventionsmaßnahmen zwingen (ebenso für die Richtlinien 2000/43/EG und 2000/78/EG Lingscheid, S. 61).

106 Allerdings wird man dies in dem Sinne beschränken müssen, dass nur die **von einer** entsprechenden **rechtlichen oder faktischen Weisungsbefugnis oder -möglichkeit gedeckte** Hervorrufung des Entschlusses zu einer benachteiligenden Verhaltensweise als Anweisung anzusehen ist (vgl. Hey/Forst-Hey, § 3 Rn. 100; KR-Treber, § 3 Rn. 81; ähnlich auch Thüsing, Beilage zu NZA Heft 22/2004, S. 3, 8). Das deckt sich beispielsweise mit dem englischen Richtlinientext, wo von einer „instruction" die Rede ist. Der „Anweisende" muss **infolge rechtlicher, sozialer, wirtschaftlicher oder intellektueller Macht** Druck auf den „Angewiesenen" ausüben können (vgl. Gaier/Wendtland-Wendtland, Rn. 84; BeckOGK/Block, § 3 Rn. 144; vgl. auch Kummer, S. 31, der – im Kontext der RL 2000/78/EG – eine unspezifische Machtstellung verlangt). Die Beschränkung auf eine rechtliche Weisungsmöglichkeit (Rolfs, NJW 2007, 1489, 1492; ErfK-Schlachter, § 3 Rn. 23; NK-GA/v.Steinau-Steinrück/Schneider, § 3 Rn. 22; Erman/Armbrüster, § 3 Rn. 26; Schäfer, S. 80 f.) ist viel zu eng (wie hier wohl auch Hinz, SchlHA 2007, 265, 270). Auch kann die Verkürzung auf die „Ausnutzung eines Weisungsverhältnisses" (Annuß, BB 2006, 1629, 1632; vgl. Schreier, JuS 2007, 308) nicht überzeugen. Es genügt eine faktische Weisungsgebundenheit (DDZ-Zwanziger, AGG Rn. 54), wenn die Nichtbefolgung für den Angewiesenen zu negativen Konsequenzen führen kann (Rebhahn/Posch, §§ 6–7 Rn. 66), wobei es reicht, wenn der Anweisende diese Macht nur vorgibt. Eine Einschränkung allein auf den Arbeitgeber als potenziellen Anweisenden (so Adomeit/Mohr, § 3 Rn. 264, wo allerdings eine Zurechnung der Anweisungen durch andere, zB Vorgesetze, für möglich gehalten wird) ist nach allem viel zu eng. Ob es sich um eine generelle oder um eine Einzelweisung handelt, ist unerheblich (Bezani/Richter, § 3 Rn. 119; MüKo-Thüsing, § 3 Rn. 82; DDZ-Zwanziger, AGG Rn. 55). Es ist auch unerheblich, ob die Befolgung erzwingbar erscheint, vielmehr reicht es, wenn sie die „sozial übliche Folge" der Anweisung ist (v. Roetteken, § 3 Rn. 1017).

107 Dabei wird in aller Regel nur ein Fall faktischer Weisungsbefugnis vorliegen, weil die Weisung, diskriminierendes Verhalten an den Tag zu legen, gem. § 7 Abs. 2 nichtig ist (Däubler, ZfA 2006, 479, 490; → § 15 Rn. 19). Ein Widersetzen ist deshalb regelmäßig zulässig. Die Anweisung wird dadurch aber nicht infrage gestellt (→ Rn. 116). Zweifelhaft ist allerdings, ob in der Anweisung zugleich eine Diskriminierung des Angewiesenen liegt (so wohl Schiek-Schick, § 3 Rn. 78). Nach dem oben herausgearbeiteten Zweck des Abs. 5 (→ Rn. 100) dürfte dies zu verneinen sein. Angesichts der Rechtswidrigkeit der Anweisung ist eine solche Annahme wohl auch nicht erforderlich.

108 Nicht genügend ist die bloße Hilfe zur Diskriminierung, sie ist keine Benachteiligung iSd Abs. 5 (MüKo-Thüsing, § 3 Rn. 75; Bauer/Krieger, § 3

Rn. 66). Dasselbe wird für eine **vertragliche Vereinbarung** anzunehmen sein (Armbrüster, in: Rudolf/Mahlmann, GlBR, § 7 Rn. 128).

109 Zumindest im Wege der Analogie kann man der Anweisung zur Diskriminierung die **Duldung** gleichstellen. Denn das Opfer ist in diesem Fall nicht weniger schutzwürdig und der Duldende umgekehrt nicht schutzwürdiger als der Anweisende.

110 Demgegenüber genügt die irrtümliche Annahme einer Weisung durch den (vermeintlich) Angewiesenen nicht (Boemke/Danko, § 3 Rn. 41; Worzalla, S. 70).

111 Nicht erforderlich ist, dass der Angewiesene Beschäftigter ist (ErfK-Schlachter, § 3 Rn. 23). So ist auch die Anweisung an einen Vertragspartner zur Diskriminierung von dessen Beschäftigten oder Kunden (→ Rn. 113) von § 3 Abs. 5 erfasst.

112 Eine Anweisung kann auch vorliegen, wenn der Angewiesene seinerseits bereits zuvor zur Diskriminierung entschlossen war (BeckOGK/Block, § 3 Rn. 141). Auch in diesem Fall kann die Benachteiligungsgefahr durch die Anweisung verstärkt werden.

113 Keinesfalls ist allerdings die Benachteiligung durch Anweisung auf Fälle beschränkt, in denen der solchermaßen Angewiesene einen *Beschäftigten* diskriminiert. Dies lässt sich nicht aus S. 2 der Bestimmung ableiten (Boemke/Danko, § 3 Rn. 43; MüKo-Thüsing, § 3 Rn. 81). Denn S. 2 ist keine Legaldefinition, beschränkt sich zudem auf die Teile des gesetzlichen Anwendungsbereichs mit Bezug zum Arbeitsleben und findet schließlich noch eine Beschränkung darin, dass es nur um Fälle geht, in denen „insbesondere“ eine Anweisung vorliegen soll. Vielmehr sind Anweisungen auch in der Weise denkbar, dass jemand bestimmt wird, Dritte zu benachteiligen. Die arbeitsrechtliche Weisung beispielsweise, Autos von Angehörigen ethnischer Minderheiten nicht zu waschen, stellt mithin gleichermaßen als Anweisung eine unzulässige Benachteiligung dar. Die Anweisung ist folglich **nicht auf Anweisungen zur Diskriminierung Beschäftigter beschränkt** (BeckOGK/Block, § 3 Rn. 145; Nollert-Borasio/Perreng, § 3 Rn. 44; v. Roetteken, § 3 Rn. 1006; aA Schleusener/Suckow/Voigt, § 3 Rn. 166). Man wird aber wohl verlangen müssen, dass die im Wege der Anweisung verlangte Diskriminierung ihrerseits in den Anwendungsbereich des AGG fällt, m.a.W. die Diskriminierung durch den Angewiesenen nach dem AGG verboten wäre (vgl. MüKo-Thüsing, § 3 Rn. 81).

114 Die in → Rn. 106 entwickelte Definition greift **auch für den allgemeinen Privatrechtsverkehr**. In diesem Sinne ist der marktstarke Hauptabnehmer, der seinen Lieferanten auffordert, doch die muslimische Vertreterin zu versetzen, selbst Diskriminierer nach Abs. 5 und macht sich insoweit nach § 21 schadensersatzpflichtig.

115 Erforderlich für die Annahme einer *Anweisung* ist jedenfalls **Vorsatz** hinsichtlich der Hervorrufung des Entschlusses zu einer Behandlung, die rechtlich als Benachteiligung zu bewerten ist (MüKo-Thüsing, § 3 Rn. 74; Wendeling-Schröder/Stein-Wendeling-Schröder, § 3 Rn. 52; aA Rust/Falke-Rust, § 3 Rn. 90; v. Roetteken, § 3 Rn. 1013; krit. auch Nollert-Borasio/Perreng, § 3 Rn. 43), wobei es aber, da die Benachteiligung nach § 3 grund-

sätzlich selbst nicht von einem entsprechenden Vorsatz abhängt, nicht erforderlich ist, dass der Anweisende sich der Verbotswidrigkeit der Handlung bewusst ist (Reg.Begr., BT-Drs. 16/1780, 33; BeckOGK/Block, § 3 Rn. 146; jurisPK/Broy, § 3 Rn. 65; Meinel/Heyn/Herms, § 3 Rn. 53; PWW/Lingemann, § 3 Rn. 43).

116 **Unerheblich** ist, ob der Angewiesene der Anweisung **Folge leistet** (Reg.Begr., BT-Drs. 16/1780, 33; NK-GA/v.Steinau-Steinrück/Schneider, § 3 Rn. 22; Erman/Armbrüster, § 3 Rn. 26; Meinel/Heyn/Herms, § 3 Rn. 53; Küttner/Kania, Diskriminierung Rn. 66; Wendeling-Schröder/Stein-Wendeling-Schröder, § 3 Rn. 51; aA Adomeit/Mohr, § 3 Rn. 161 unter Berufung auf § 30 StGB; wohl auch ErfK-Schlachter, § 3 Rn. 23). Auch wenn er sich widersetzt, bleibt es beim Vorliegen einer Anweisung (Thüsing, Beilage zu NZA Heft 22/2004, S. 3, 8). Der Unwertgehalt liegt in der Herabwürdigung der Person des in Aussicht genommenen Opfers. Diese Herabwürdigung ist von der Durchführung der geforderten diskriminierenden Handlung und der darin liegenden weiteren Persönlichkeitsrechtsverletzung unabhängig. Ließe man es auf die Befolgung der Anweisung ankommen, würde im Übrigen der Zweck einer Vorverlagerung der Rechtsschutzmöglichkeiten (→ Rn. 100) weitgehend verfehlt (Bauer/Krieger, § 3 Rn. 68). Der **Entschädigungsanspruch** nach § 21 oder nach § 15 wird deshalb unabhängig von der Beachtung der Anweisung sein, lediglich am materiellen Schaden wird es im Falle der Weigerung zumeist fehlen. Allerdings wird der Entschädigungsanspruch im Falle der nicht beachteten Anweisung wegen des geringeren Eingriffs in das Persönlichkeitsrecht **geringer** ausfallen müssen als im Falle einer von Erfolg gekrönten Anweisung. Als Richtwert wurde hier die Hälfte der sonst zuzusprechenden Entschädigung vorgeschlagen (Thüsing, Beilage zu NZA Heft 22/2004, S. 3, 8).

117 Soweit **Tarifverträge diskriminierende Vorschriften** im normativen Teil enthalten, ist den Tarifvertragsparteien zugleich der Vorwurf einer **Anweisung zur Diskriminierung** iSd Abs. 5 zu machen (aA Wendeling-Schröder/Stein-Wendeling-Schröder, § 3 Rn. 53). Denn sie rufen iSd Definition unter → Rn. 106 in der Person des Arbeitgebers den Entschluss zu einem diskriminierenden Verhalten hervor und dies ist von einer rechtlichen (§§ 4, 5 TVG im Falle der Tarifgebundenheit, allerdings nur vermeintlich, tatsächlich ist die Tarifnorm nach § 7 Abs. 2 nichtig, s. BT-Drs. 16/1780, 38) oder intellektuellen Übermacht (im Falle der Bezugnahme auf Tarifverträge; aA Adomeit/Mohr, § 3 Rn. 267; Meinel/Heyn/Herms, § 3 Rn. 56: keine Anweisung in diesem Fall) getragen. Man kann auch nicht etwa argumentieren, im Falle der Richtlinienumsetzung durch Tarifvertrag sei mit Blick auf Art. 153 Abs. 3 AEUV in erster Linie eine staatliche Garantenpflicht für die Umsetzung der Antidiskriminierungsrichtlinien gegeben, aus der eine primäre Staatshaftung (dazu EuGH 19.11.1991 – Rs. C-6/90, C-9/90 (Francovich) – Slg 1991 I-5357; EuGH 8.10.1996 – Rs. C-178/94 ua (Dillenkofer ua) – Slg 1996 I-4845; EuGH 14.7.1994 – Rs. C-91/92 (Faccini Dori) – Slg 1994 I-3325) für defizitäre Richtlinienumsetzung folge. Denn diskriminierende Tarifverträge werden regelmäßig nicht in Umsetzung der Antidiskriminierungsrichtlinien abgeschlossen. In vielen Fällen wird es aber nicht zur Haftung der Tarifvertragsparteien kommen, weil es an

einem Schaden fehlt, wenn der Arbeitnehmer Ansprüche gegen den Arbeitgeber unter Berufung auf die Unwirksamkeit einer diskriminierenden Tarifnorm geltend machen kann.

118 Allein diese Lösung ist auch mit dem **Unionsrecht** vereinbar, das wirksame und abschreckende Sanktionen für unzulässige Diskriminierungen verlangt (→ § 15 Rn. 4).

119 Auf diese Weise kommt es zu einer gesamtschuldnerischen Haftung des Arbeitgebers (als unmittelbarem Diskriminierer gem. § 15) und der Tarifvertragsparteien (Brummer, S. 294 ff., 307; rechtspolit. Krit. bei Kamanabrou, ZfA 2006, 327, 344), wobei Letztere wiederum gesamtschuldnerisch haften. Für die Verpflichtung im Innenverhältnis wird man zu berücksichtigen haben, dass eine Haftung für legislatives Unrecht im deutschen Recht grundsätzlich unbekannt ist (vgl. etwa OLG Köln 8.3.2001 – 7 U 146/00 – ZIP 2001, 967, 969) und die Haftung der Tarifvertragsparteien gegenüber dem benachteiligten Arbeitnehmer auf europarechtlichen (Antidiskriminierungsrichtlinien) und innerstaatlichen (§ 3 Abs. 5) Sondernormen beruht, die nicht einfach auf das Verhältnis der Tarifvertragsparteien zum Arbeitgeber übertragen werden können. Im **Innenverhältnis** haftet deshalb der **Arbeitgeber** allein (aA Meinel/Heyn/Herms, § 3 Rn. 57 ff.: Verpflichtung der Tarifvertragsparteien im Innenverhältnis, bei Allgemeinverbindlicherklärung auch des BMAS). Für dieses Ergebnis spricht auch die gesetzgeberische Wertung, die in § 15 Abs. 3 enthalten ist (so iE Brummer, S. 307).

120 Für die Betriebsparteien gilt im Grundsatz nichts anderes. Soweit der Arbeitgeber als Betriebspartei mit dem Betriebsrat gesamtschuldnerisch für diskriminierende Betriebsvereinbarungen haftet, läuft dies im Ergebnis wegen § 40 BetrVG auf eine Alleinhaftung des Arbeitgebers hinaus. Für eine anteilige Reduzierung der Ansprüche Beschäftigter im Hinblick auf den Beitrag des Betriebsrats nach Sphärengesichtspunkten (Brummer, S. 324 ff.) gibt es keine rechtliche Grundlage.

121 Das vom Anweisenden geforderte Verhalten muss eine Benachteiligung iSd § 3 sein. Folglich geht es nicht allein um Anweisungen zu unmittelbaren oder mittelbaren Benachteiligungen, sondern auch um Anweisungen zu Belästigungen oder sexuellen Belästigungen (vgl. für die RL 2000/78/EG Kummer, S. 29).

c) Haftung Dritter

122 Die Haftung des Anweisenden wird häufig schon aus §§ 15, 21 folgen. Allerdings sind Fälle denkbar, in denen nur der Angewiesene, nicht aber der Anweisende an die Diskriminierungsverbote gebunden ist, etwa wenn Kunden einen Arbeitgeber zur Druckkündigung gegenüber einem Arbeitnehmer nötigen. Sie sind insoweit nicht an § 21 gebunden. Sie haften allerdings unter Berücksichtigung der in § 3 Abs. 5 enthaltenen Wertung wegen Verletzung des Allgemeinen Persönlichkeitsrechts nach § 823 Abs. 1 BGB (Thüsing, Arbeitsrechtlicher Diskriminierungsschutz, Rn. 305; Deinert, RdA 2007, 275, 281, 283; DDZ-Deinert, KSchG § 1 Rn. 349; iE auch E. M. Wolf, S. 272 f.). Hingegen wird man § 3 Abs. 5 nicht als Schutzgesetz iSd § 823 Abs. 2 BGB ansehen können (Deinert, RdA 2007, 275, 281). Für

Vorgesetzte, deren Haftung sich nicht aus § 15 ergibt, haftet der Arbeitgeber nach § 278 BGB (→ § 15 Rn. 159 f.).

123 Unterliegt der Anweisende selbst als Arbeitgeber (zB bei einer abgenötigten Versetzung) oder Anbieter von Gütern oder Dienstleistungen den Diskriminierungsverboten, so haftet er auch selbst nach §§ 15, 21. In allen anderen Fällen haftet er nach allgemeinen Vorschriften, sofern deren Voraussetzungen vorliegen (dazu → § 15 Rn. 156 ff.).

124 Sofern der Angewiesene Arbeitnehmer ist, entschuldigt die sich im Arbeitsverhältnis ergebende Drucksituation regelmäßig nicht die Diskriminierung im Verhältnis zu Dritten (Thüsing, Beilage zu NZA Heft 22/2004, S. 3, 9). Nach § 16 Abs. 1 S. 1 steht er zudem unter dem Schutz des Maßregelungsverbots für Fälle der Verweigerung einer Anweisung zu Diskriminierungen. Allenfalls kann über einen entschuldbaren Rechtsirrtum (s. dazu Palandt-Grüneberg, BGB § 276 Rn. 22) nachgedacht werden. Bleibt es bei der Haftung, wird der Arbeitgeber, der als Diskriminierer ebenfalls als Gesamtschuldner (§§ 421, 840 BGB) mithaftet (BeckOGK/Block, § 3 Rn. 149), im Innenverhältnis (§ 426 BGB) wegen seines stärkeren Beitrags allein entgegen der Wertung aus § 840 Abs. 2 BGB verpflichtet sein.

125 Denkbar sind schließlich Fälle, die eigentlich Anweisungen darstellen, indes von Arbeitnehmern verübt werden, die selbst nicht als Arbeitgeber oder Anbieter von Gütern oder Dienstleistungen von §§ 15, 21 erfasst werden. Für deren Benachteiligungen durch Anweisung zur Benachteiligung haftet der Arbeitgeber nach allgemeinen Vorschriften (dazu → § 15 Rn. 156 ff.), also nicht schon nach Abs. 5 (zutr. Hjort/Richter, AR-Blattei SD 800.1 Rn. 81).

d) Prozessuale Hinweise

126 Die Voraussetzungen einer Anweisung sind eine dem Diskriminierungsopfer günstige Tatsache, deren Vorliegen es im Streitfall beweisen muss. Allerdings kommt ihm die **Beweiserleichterung** des § 22 zugute, so dass es zur Beweislastumkehr insbesondere reichen muss, wenn Indizien dafür bewiesen werden, dass ein Arbeitnehmer auf Anweisung seines Arbeitgebers gehandelt hat.

III. Sonderfälle außerhalb des § 3

1. Benachteiligung aus mehreren Gründen

127 Außerhalb des § 3 regelt § 4 eine unterschiedliche Behandlung aus mehreren Gründen (s. Kommentierung zu § 4, zu Rechtstatsächlichem vgl. Evaluation des AGG, Antidiskriminierungsstelle des Bundes, 2016, S. 55 ff.). Die Regelung meint, dass bei mehrfacher Diskriminierung eine Rechtfertigung isoliert für jeden Grund des § 1 zu prüfen ist. Gerechtfertigt sind also **Mehrfachdiskriminierungen** nur, wenn für jeden Diskriminierungsfall eine eigene Rechtfertigung vorgebracht werden kann (Palandt-Ellenberger, § 4 Rn. 1; ErfK-Schlachter, § 4 Rn. 1). Die Norm bezieht sich auf die Ausnahmetatbestände von §§ 8–10 und § 20 (eine tiefer gehende Untersuchung zum Phänomen der Mehrfachdiskriminierung auch rechtsvergleichend hat V. Chege vorgenommen (Multidimensional Discrimination in EU Law: Sex, Race and Ethnicity, 2011).

128 Eine Mehrfachdiskriminierung liegt zB vor, wenn eine Wohnung von einer Wohnungsbaugesellschaft nicht an behinderte Frauen vermietet wird, weil davon ausgegangen wird, dass Frauen per se schlechter mit Behinderungen umgehen können als Männer und Behinderte überdies als Mieter abgelehnt werden (zu der Spezialform der Mehrfachdiskriminierung, der intersektionellen Diskriminierung → § 4 Rn. 19 ff.).

129 Von der Mehrfachdiskriminierung ist der Fall zu unterscheiden, dass nur Teilfelder verschiedener Diskriminierungsgründe gegeben sind, die für sich jeweils tatbestandlich keine Benachteiligung ergeben, zusammengenommen aber ein Niveau einer Diskriminierung erreichen könnten. Dieser Art der Kombination mit einer neuen Diskriminierungskategorie hat der EuGH (24.11.2016 – Rs. C-443/15 (Parris) – NZA 2017, 233 Rn. 79 ff.) allerdings eine Absage erteilt (im Fall kamen die Merkmale sexuelle Orientierung und Alter in Betracht).

2. Positive Maßnahmen

130 Ebenfalls nicht in § 3 geregelt sind die in § 5 (s. Kommentierung zu § 5) aufgenommenen positiven Maßnahmen zum Ausgleich bestehender Nachteile (sogenannte **affirmative actions**). Hierbei sind insbesondere **Quoten** gemeint. Dies schließt nach der Rechtsprechung des EuGH allerdings einen absoluten Vorrang der zu fördernden Gruppe aus (EuGH 17.10.1995 – Rs. C-450/93 (Kalanke) – NZA 1995, 1095). Die Richtlinien erlauben positive Maßnahmen, und auch das Primärrecht kennt diese, wie Art. 157 Abs. 4 AEUV zeigt. Das Besondere bei positiven Maßnahmen ist, dass diese zugleich die Benachteiligung einer anderen Gruppe beinhalten können. So kann beispielsweise die Einführung einer Geschlechterquote zwar dadurch motiviert sein, die bisher unterrepräsentierte Geschlechtergruppe heranzuführen. Dies führt aber unweigerlich dazu, die bisher majorisierte Gruppe in Zukunft weniger zu berücksichtigen.

131 Zulässig sind nach § 5 gezielte Maßnahmen zur Förderung bisher benachteiligter Gruppen nicht nur durch den Gesetzgeber, sondern auch durch Arbeitgeber, Tarifvertragsparteien, Betriebspartner und die Parteien eines privatrechtlichen Vertrages (Entwurfsbegründung BR-Drs. 329/06, 35). Die Vorschrift ermöglicht sowohl Maßnahmen zur Behebung bestehender Nachteile als auch präventive Maßnahmen zur Vermeidung künftiger Nachteile. In jedem Falle müssen die Maßnahmen aber geeignet und angemessen sein und bedürfen im jeweiligen Einzelfall einer Abwägung mit Rechtspositionen der von ihnen negativ Betroffenen – diese Herangehensweise ist der Kalanke-Rechtsprechung des EuGH geschuldet (Entwurfsbegründung BR-Drs. 329/06, 35; EuGH 17.10.1995 – Rs. C-450/93 (Kalanke) – NZA 1995, 1095). § 5 stellt dogmatisch einen weiteren Rechtfertigungsgrund neben den §§ 8–10, 20 dar, der nicht etwa in der Praxis auf das Merkmal Geschlecht beschränkt wäre. In der Entscheidung Milkova hat der EuGH jüngst in der Beteiligung einer staatlichen Instanz bei der arbeitgeberseitigen Kündigung, vergleichbar dem Integrationsamt, eine positive Maßnahme iS Art. 7 Abs. 2 RL 2000/78/EG gesehen (EuGH 9.3.2017 – Rs.C-406/15 – NZA 2017, 439).

132 Wieder bezogen auf das Merkmal Geschlecht sind positive Maßnahmen in den recht neu gefassten Regelungen zu Mindestgeschlechterquoten in **Aufsichtsgremien** von börsennotierten Unternehmen zu sehen (§ 96 Abs. 2 AktG). Auch wenn diese starre Quoten neutral erscheinen (beide Geschlechter sind angesprochen), sollen sie zuförderst weibliche AR-Mitglieder betreffen, die bislang stark unterrepräsentiert sind (vgl. hierzu Düwell, FA 2015, 100; ErfK-Oetker, AktG § 96 Rn. 2 mwN).

3. Faktische Diskriminierung

133 Bisher von der Literatur kaum aufgegriffen ist der Begriff der „faktischen Diskriminierung". Diese Form der Diskriminierung, die auch als **diskriminierende Fernwirkung von Rechtsnormen** beschrieben werden kann, ist erstmals durch die Entscheidung des BVerfG zum Mutterschaftsgeld aufgekommen (BVerfG 18.11.2003 – 1 BvR 302/96 – NZA 2004, 33). In diesem Falle ging es darum, dass die Belastung von Arbeitgebern mit dem Zuschuss zum Mutterschaftsgeld und mit der Entgeltfortzahlung bei schwangerschaftsbedingten Beschäftigungsverboten dazu führt, dass die Arbeitsmarktchancen von Frauen im gebärfähigen Alter gemindert sind. Eine solche negative Steuerungswirkung, dh die Schaffung eines Einstellungshindernisses, verstößt gegen das Gleichstellungsgebot des Art. 3 Abs. 2 S. 2 GG. Hierauf hat der Gesetzgeber mit dem Gesetz über den Ausgleich der Arbeitgeberaufwendungen für Entgeltfortzahlung vom 22.12.2005 (BGBl. I, 3686) reagiert.

134 Im Übrigen ist diese Fernwirkung von Rechtsnormen in der Rechtsprechung noch nicht betrachtet worden. Däubler (ZfA 2006, 479 ff.) fragt daher zu Recht, wie andere Schutznormen, die eine Benachteiligung eigentlich verhindern wollen, ausgestaltet werden müssten, damit diese nicht zu einem **faktischen Einstellungshindernis** werden. Er denkt an die Ausgleichsabgabe für schwerbehinderte Menschen. Der häufig zu findenden Kritik, dass Antidiskriminierungsregeln, je stärker sie konstruiert werden, irgendwann umschlagen zu einem Einstellungshindernis, kann daher (leider) nur teilweise begegnet werden. In der Praxis können diese sich tatsächlich in dieser Weise auswirken. Möglicherweise müsste dem Gesetzgeber aufgegeben werden, die §§ 154 ff. SGB IX (§§ 71 ff. SGB IX aF) derart auszugestalten, dass die Einstellung von schwerbehinderten Menschen noch mehr unterstützt wird, und zwar im Hinblick auf die zu zahlende Ausgleichsabgabe. So darf die Zahlung der Ausgleichsabgabe nicht günstiger sein als die Kosten für eine Einstellung schwerbehinderter Menschen abzüglich der Förderleistungen. Darüber hinaus könnte der Bereich der §§ 155, 159 SGB IX (§§ 72, 76 SGB IX aF; besonders betroffene schwerbehinderte Menschen) ergänzt werden, um weitere Einstellungsanreize zu setzen. Juristisch begründet werden könnte dies mit Art. 3 Abs. 3 S. 2 GG und Art. 5 RL 2000/78/EG.

§ 4 Unterschiedliche Behandlung wegen mehrerer Gründe

Erfolgt eine unterschiedliche Behandlung wegen mehrerer der in § 1 genannten Gründe, so kann diese unterschiedliche Behandlung nach den §§ 8 bis 10 und 20 nur gerechtfertigt werden, wenn sich die Rechtfertigung auf alle diese Gründe erstreckt, derentwegen die unterschiedliche Behandlung erfolgt.

I. Normative Ausgangslage

1 Nach der amtlichen Begründung des Regierungsentwurfs (BR-Drs. 329/06, 35) sind **bestimmte Personengruppen typischerweise der Gefahr ausgesetzt,** gleichzeitig aus mehreren Gründen benachteiligt zu werden. Die Richtlinien enthalten für solche Fälle keine ausdrücklichen Regelungen. Allerdings wird in den Erwägungsgründen das Problem angesprochen, dass Frauen nicht nur wegen ihres Geschlechts, sondern auch wegen anderer Merkmale benachteiligt werden. So lautet etwa **Erwägungsgrund 14** der Antirassismus-Richtlinie:

„Bei der Anwendung des Grundsatzes der Gleichbehandlung ohne Ansehen der Rasse oder der ethnischen Herkunft sollte die Gemeinschaft im Einklang mit Artikel 3 Abs. 2 EG-Vertrag bemüht sein, Ungleichheiten zu beseitigen und die Gleichstellung von Männern und Frauen zu fördern, zumal Frauen häufig Opfer mehrfacher Diskriminierungen sind."

2 Sachlich übereinstimmend heißt es in Erwägungsgrund 3 der Rahmenrichtlinie:

„Bei der Anwendung des Grundsatzes der Gleichbehandlung ist die Gemeinschaft gemäß Artikel 3 Absatz 2 des EG-Vertrags bemüht, Ungleichheiten zu beseitigen und die Gleichstellung von Männern und Frauen zu fördern, zumal Frauen häufig Opfer mehrfacher Diskriminierung sind."

3 Einen ähnlichen Ansatz verfolgt **§ 2 des Behinderten-Gleichstellungsgesetzes** vom 27.4.2002 (BGBl. I, 1467, zuletzt geändert durch Art. 2 Gesetz v. 19.7.2016, BGBl I, 1757), wo es in der heute gültigen Fassung heißt:

(1) Zur Durchsetzung der Gleichberechtigung von Frauen und Männern und zur Vermeidung von Benachteiligungen von Frauen mit Behinderungen wegen mehrerer Gründe sind die besonderen Belange von Frauen mit Behinderungen zu berücksichtigen und bestehende Benachteiligungen zu beseitigen. Dabei sind besondere Maßnahmen zur Förderung der tatsächlichen Durchsetzung der Gleichberechtigung von Frauen mit Behinderungen und zur Beseitigung bestehender Benachteiligungen zulässig.

(2) Unabhängig von Abs. 1 sind die besonderen Belange von Menschen mit Behinderungen, die von Benachteiligungen wegen einer Behinderung und wenigstens einem weiteren in § 1 des Allgemeinen Gleichbehandlungsgesetzes genannten Grundes betroffen sein können, zu berücksichtigen.

4 § 4 geht darüber insoweit hinaus, als er **alle in § 1 genannten Merkmale** (und nicht nur die Kombination von weiblichem Geschlecht und anderen „Risikofaktoren") behandelt.

II. Tatbestand der Mehrfachdiskriminierung

1. Fälle in der Realität

5 Wie in der Literatur hervorgehoben wurde (Herms/Meinel, DB 2004, 2370), erfüllt **jeder Mensch zwingend mehrere verpönte Merkmale**: Der Einzelne gehört einer bestimmten Ethnie an, ist Mann oder Frau, hat religiöse oder areligiöse Überzeugungen, verfügt über ein bestimmtes Alter und hat eine spezifische sexuelle Identität. Die **Anfälligkeit gegenüber Diskriminierungen** ist dabei jedoch sehr **unterschiedlich**: Die Wahrscheinlichkeit, dass man wegen deutscher Volkszugehörigkeit, als Mann, als Katholik oder Protestant oder als gesunder Vierzigjähriger mit heterosexueller Ausrichtung benachteiligt wird, ist denkbar gering. Interesse verdienen deshalb primär jene Fälle, in denen der **Einzelne von der „Norm" abweicht**: Ausländer, religiöse Minderheiten, sehr junge und insbesondere ältere Menschen, homosexuell Veranlagte und Behinderte sehen sich einer realen Benachteiligungsgefahr ausgesetzt. Dies gilt angesichts einer durch männliche Standards geprägten Arbeitswelt und insbesondere mit Rücksicht auf die traditionelle Aufteilung der Familienarbeit auch für Frauen. Wer **gleichzeitig in mehrere dieser Gruppen** fällt, geht ein noch **größeres Risiko** als andere ein.

6 **Anschauungsmaterial** bieten einmal die **„Kopftuch-Fälle"** (→ Einl. Rn. 54 ff.): Eine Frau, die bei der Arbeit das aus religiösen Gründen gewünschte Kopftuch nicht tragen darf, ist wegen ihrer Religion, in der Regel aber auch wegen ihrer ethnischen Zugehörigkeit (Deutsche haben typischerweise das Problem nicht) und auch wegen des Geschlechts (Kleidervorschriften gibt es fast nur für Frauen) benachteiligt (vgl. Hailbronner, ZAR 2001, 257; Brown, Yearbook of European Law, 21 (2003) S. 204; Schiek-Schiek, § 4 Rn. 11). Aus Großbritannien wird berichtet, dass **Behinderungen** bei Frauen und bei Älteren im Rahmen der Arbeitsmarktchancen stärker ins Gewicht fallen als bei Männern oder bei jüngeren Bewerbern (Bell/Waddington, Eur. Law Review 28 (2003) 364). Hier liegt ersichtlich eine Kumulation der mit bestimmten Merkmalen verbundenen Nachteile vor.

7 In der Realität werden Diskriminierungen nicht von Juristen begangen, die zuvor § 1 gelesen haben. Die **Gründe für eine Benachteiligung** und Ausgrenzung sind vielschichtig (Rohe, GS Blomeyer II, S. 226), bestimmte Personen werden als „nicht dazu passend" nicht eingestellt oder gekündigt, **ohne** dass **präzise Vorstellungen** darüber bestehen, ob die Ausländereigenschaft, die sexuelle Orientierung oder das Alter der wirklich maßgebende Faktor ist (Baer, ZESAR 2004, 206; Eichenhofer, in: Rust/Däubler ua, Loccumer Protokolle 40/2003, S. 76). Rechtlich wirft dies deshalb keine besonders gravierenden Probleme auf, weil es für die Annahme einer (unmittelbaren) Diskriminierung genügt, dass das fragliche Merkmal ein **Motiv innerhalb eines „Motivbündels"** ist (→ § 1 Rn. 20). Nur dann, wenn nach dem dominierenden Motiv zu fragen wäre, würden sich Schwierigkeiten er-

geben, doch verlangt dies § 4 nicht. Vielmehr genügt es, dass die mehreren verpönten Merkmale innerhalb eines „Motivbündels" vorhanden sind, ohne deshalb besonders gewichtig sein zu müssen (KR-Treber, § 4 Rn. 3 mwN). Selbst ein „unbedeutendes Nebenmotiv" genügt (HWK-Rupp, § 4 Rn. 1).

2. Rechtliche Erscheinungsformen

8 Eine Benachteiligung aus mehr als einem Grund kann in der Weise erfolgen, dass ein und dieselbe **Maßnahme an zwei** (oder mehr) **Merkmalen** im Sinne des § 1 **anknüpft.** Eine Altersgrenze von 40 Jahren allein für weibliche Stewardessen (s. EuGH 15.6.1978 – Rs. 149/77 – NJW 1978, 2445) würde sowohl an das Alter wie an das Geschlecht anknüpfen.

9 **Der eine oder der andere Grund** kann dabei **„versteckt"** sein. Wird beispielsweise eine normale Verwaltungstätigkeit mit der Anforderung verbunden, man verlange mehrjährige Erfahrung bei der Bundeswehr, soll dies den Umständen nach Frauen von der Stelle ausschließen. Wird nun eine ausländische Bewerberin unter Hinweis auf ihre ethnische Zugehörigkeit nicht berücksichtigt, liegt gleichzeitig eine unmittelbare und offen erklärte Diskriminierung wegen der ethnischen Herkunft, daneben aber auch eine verdeckte wegen des Geschlechts vor (zu der Begrifflichkeit → § 3 Rn. 15 ff., 39).

10 Relativ häufig wird die **Kombination zwischen unmittelbarer und mittelbarer Benachteiligung** vorkommen. Das im Einzelfall ausgesprochene Kopftuchverbot knüpft unmittelbar an die Religionszugehörigkeit an, doch liegt gleichzeitig auch eine mittelbare Diskriminierung wegen der ethnischen Zugehörigkeit vor, weil das fragliche Problem nur bei einer verschwindend geringen Minderheit deutscher Frauen auftauchen wird.

11 Möglich ist auch eine **mittelbare Diskriminierung aus verschiedenen Gründen** (v. Roetteken, § 4 Rn. 4; KR-Treber, § 4 Rn. 4). Stellt man etwa auf die Dauer der **Betriebszugehörigkeit** ab, so sind Ältere gegenüber Jüngeren bevorzugt. Auch haben Frauen und Zuwanderer im Durchschnitt weniger Chancen, eine längere Betriebszugehörigkeit samt der damit verbundenen Vorteile zu erwerben (Skidmore, Eur. Law Review 29 (2004), 69). Thüsing (Arbeitsrechtlicher Diskriminierungsschutz, Rn. 309) nennt als weiteres Beispiel die Schließung einer Betriebsstätte, in der überproportional viele Frauen und Ältere beschäftigt sind.

12 Auch bei **Belästigungen** nach § 3 Abs. 3, 4 können insbesondere Geschlecht und Rasse gleichzeitig eine Rolle spielen. Frauen, die zu rassischen Minderheiten gehören, können hier einem zusätzlichen Risiko ausgesetzt sein (s. den Fall bei Hannett, Oxford Journal of Legal Studies 23 (2003) S. 71).

13 Mehrfachdiskriminierungen sind schließlich auch in der Weise denkbar, dass verschiedene Benachteiligungen, dh Einzelakte erfolgen, die an unterschiedliche Gründe anknüpfen (Schleusener/Suckow/Voigt-Voigt, § 4 Rn. 5; Schiek, NZA 2004, 875). Dass hier nur dann ein Verstoß gegen das AGG ausscheidet, wenn in jedem Einzelfall eine Rechtfertigung möglich ist, liegt auf der Hand (vgl. Adomeit/Mohr, § 4 Rn. 7).

III. Rechtsfolgen

14 Sind verschiedene Gründe für eine Benachteiligung ursächlich, scheidet eine Diskriminierung nur dann aus, wenn jeder der Gründe nach Maßgabe der §§ 8–10 oder des § 3 Abs. 2 gerechtfertigt ist (BAG 26.1.2017 – 8 AZR 848/13). Dies kann auch aufgrund derselben Umstände der Fall sein, wenn beispielsweise ein älterer schwerbehinderter Arbeitnehmer nicht mit einer bestimmten Aufgabe betraut wird, die ihn überfordern würde (Meinel/Heyn/Herms, § 4 Rn. 4; vgl. auch Schleusener/Suckow/Voigt-Voigt, § 4 Rn. 8). Auch § 5 kommt als **Rechtfertigungsgrund** in Betracht, obwohl er im Gesetzestext nicht erwähnt ist (Hey, in: Hey/Forst, § 4 Rn. 4; Meinel/Heyn/Herms, § 4 Rn. 4; Schiek-Schiek, § 4 Rn. 5; ErfK-Schlachter § 4 Rn. 1; Thüsing, Arbeitsrechtlicher Diskriminierungsschutz, Rn. 311; KR-Treber, § 4 Rn. 2). Dies kann insbesondere bei der gezielten Förderung besonders risikobelasteter Beschäftigter, etwa von ausländischen Frauen von Bedeutung sein. **Gelingt dies nur bei einem Grund nicht**, liegt ein Gesetzesverstoß vor, der entsprechende Rechtsfolgen auslöst (Meinel/Heyn/Herms, § 4 Rn. 4; v. Roetteken, § 4 Rn. 5; ErfK-Schlachter, § 4 Rn. 1; Thüsing, Arbeitsrechtlicher Diskriminierungsschutz, Rn. 311).

15 Wer Träger mehrerer „verpönter" Merkmale ist und dabei mehrfach von der „Norm" abweicht (→ Rn. 5), trägt ein **höheres Risiko, Opfer** von Diskriminierung **zu werden**. An das Beispiel der Kombination von Behinderung und höherem Alter sowie zwischen Behinderung und Geschlecht sei erinnert (→ Rn. 6). Vermutlich wird es sogar nicht einmal bei einer bloßen Addition der Nachteile bleiben, vielmehr ein weiterer Verstärkungseffekt eintreten (Fredman, Discrimination Law, S. 75).

16 Diese faktische Situation sollte auch bei den **Anforderungen an die „Glaubhaftmachung"** im Sinne des § 22 berücksichtigt werden: Angesichts der erhöhten Wahrscheinlichkeit einer Benachteiligung sind die Anforderungen an die Tatsachen **geringer,** die die in § 22 angesprochene Vermutungswirkung auslösen (Schleusener/Suckow/Voigt-Voigt, § 4 Rn. 9; anders Rebhahn-Rebhahn, § 3 Rn. 52).

17 Eine weitere Konsequenz ist in der amtlichen Begründung des Fraktionsentwurfs angesprochen (BT-Drs. 15/4538, 35): Bei der Bemessung der nach § 15 geschuldeten **Entschädigung** sei ein **höherer Betrag geboten,** „wenn ein Beschäftigter aus mehreren Gründen unzulässig benachteiligt oder belästigt wird". In diese Richtung tendiert auch das LAG Hamm (13.6.2017 – 14 Sa 1427/16 – juris Rn. 121) für den Fall der gleichzeitigen Benachteiligung wegen Alters und wegen Behinderung. In der Tat stellt eine Mehrfachdiskriminierung einen stärkeren Eingriff in die Persönlichkeitssphäre dar und indiziert im Falle der unmittelbaren Diskriminierung auch ein besonderes Maß an Gleichgültigkeit aufseiten des Handelnden (Bauer/Krieger, § 4 Rn. 7; Hey, in: Hey/Forst, § 4 Rn. 9; Mallmann, AiB 2008, 212, 214; Meinel/Heyn/Herms, § 4 Rn. 6; Schiek-Schiek, § 4 Rn. 9; Thüsing, Arbeitsrechtlicher Diskriminierungsschutz, Rn. 312; zwischen unmittelbarer und mittelbarer Diskriminierung differenzierend Adomeit/Mohr, § 4 Rn. 12, doch bietet das Gesetz hierfür keine Anhaltspunkte. Vgl. zur österreichischen Rechtslage auch Rebhahn-Rebhahn, § 3 Rn. 52). Die Obergrenze des § 15 Abs. 2 wird dadurch aber nicht in Frage gestellt (Hey, in:

Hey/Forst, § 4 Rn. 9; Thüsing, Arbeitsrechtlicher Diskriminierungsschutz, Rn. 312).

18 Es bleibt abzuwarten, inwieweit die Praxis **überhaupt** Mehrfachdiskriminierungen **zur Kenntnis nimmt** oder sich immer nur auf den „handfestesten" Grund beschränkt. Aus Großbritannien wird insoweit über besondere Schwierigkeiten berichtet (Hannett, Oxford Journal of Legal Studies 23 (2003), S. 65 ff.). Diese wurden auch im Fall des ArbG Wiesbaden (18.12.2008 – 5 Ca 46/08) deutlich, wo die Indizien, die für eine Benachteiligung wegen Schwangerschaft sprachen, nicht die behauptete Benachteiligung wegen ethnischer Herkunft stützen konnten. Auch dafür „Material" zu finden, war der betroffenen Arbeitnehmerin nicht möglich.

IV. Sonderfälle

1. Sogenannte intersektionelle Diskriminierung

19 In den USA wird viel über die Konstellation diskutiert dass sich die Diskriminierung auf solche Personen beschränkt, die gleichzeitig zu mehreren potenziell benachteiligten Gruppen gehören (Nachweise zur amerikanischen Diskussion bei Hannett, Oxford Journal of Legal Studies 23 (2003), S. 67 Fn. 9 sowie bei Schiek-Schiek, § 4 Rn. 7, 8). Gemeint ist der Fall, dass Männer und Frauen gleich behandelt und auch keine Rassendiskriminierung praktiziert wird; wohl aber werden dunkelhäutige Frauen benachteiligt. Man könnte im Deutschen von **„Schnittmengen-Diskriminierung"** sprechen (aktueller Diskussionsstand in der anglo-amerikanischen Welt bei Schiek/Lawson (ed.), European Union Non-Discrimination Law and Intersectionality. Investigating the Triangle of Racial, Gender and Disability Discrimination, Farnham (GB) and Burlington (USA) 2011).

20 Dass es sich insoweit auch unter dem AGG um ein **effektives Problem** handelt, ist bislang **nicht dargetan**. Die im Beispiel genannte Frau mit dunkler Hautfarbe könnte jederzeit geltend machen, dass sie – verglichen mit einer hypothetischen Vergleichsperson auf ihrem Arbeitsplatz ohne ihre ethnische Besonderheit – nicht benachteiligt worden wäre. Nur wenn man wie in den USA nach realen Vergleichspersonen suchen muss und die Einteilung der Vergleichsgruppen relativ starr gehandhabt wird, können sich Schwierigkeiten ergeben.

21 Wie das weitere von Hannett (Oxford Journal of Legal Studies 23 (2003), S. 65, 69) gebildete Beispiel belegt, stellt sich auch in den USA die Frage **praktisch nur bei Einstellungen**. Hier ist es durchaus denkbar, dass bei 100 zu vergebenden Plätzen Männer und Frauen, Personen weißer und Personen schwarzer Hautfarbe gleich behandelt werden, Frauen afrikanischer Herkunft aber keine Chance haben. Geht es um Arbeitsbedingungen oder Kündigungen, liegt der Fall anders: Würde man drei Frauen schwarzer Hautfarbe von einer **Lohnerhöhung** oder einer Beförderungsaktion ausnehmen, müsste man dies zugleich mit einer entsprechenden Anzahl weißer Männer tun, da andernfalls die Prämisse (keine Diskriminierung wegen Geschlechts oder Rasse) nicht mehr stimmen würde. Auch das weitere Beispiel, dass sich eine **Kleidervorschrift** nur zulasten einer ganz bestimmten asiatischen Gruppe auswirkt (Hannett, Oxford Journal of Legal Studies 23 (2003), S. 73), ist mit den traditionellen Kategorien des Antidiskriminie-

rungsrechts zu bewältigen. Wenn alle Europäer mit der Vorschrift keine Schwierigkeiten haben, dies aber bei 10 % der Ausländer der Fall ist, liegt eine mittelbare ethnische Diskriminierung vor, die ggf. nach § 3 Abs. 2 gerechtfertigt ist. Auf die deutsche Rechtsprechung zur Behandlung von Sikhs (→ Einl. Rn. 54) kann verwiesen werden.

2. Diskriminierung des Diskriminierers?

22 In der deutschen Literatur wurde das Beispiel gebildet, dass ein Vertriebsleiter aus religiösen Gründen Homosexualität ablehnt und deshalb einen entsprechend orientierten Untergebenen schikaniert. Der Arbeitgeber, dem dies zu Ohren kommt, versetzt den Vertriebsleiter und stellt die besorgte Frage, ob er nunmehr aufgrund einer Benachteiligung wegen religiös fundierter Betätigung Schadensersatz bezahlen müsse (Bauer/Krieger, BB-Special 6/2004, 23). Auch hier handelt es sich im weitesten Sinn um das Auftreten mehrerer Diskriminierungsgründe im Rahmen eines Lebenssachverhalts. Wie schon an anderer Stelle ausgeführt (→ Einl. Rn. 126), **schützen die Diskriminierungsverbote nicht denjenigen, der sie als solche beseitigen will** (zustimmend Hey, in: Hey/Forst, § 4 Rn. 9). Dies gilt in gleicher Weise dann, wenn sich jemand im Einzelfall über Diskriminierungsverbote hinwegsetzt, sich aber (wie evtl. der Betriebsleiter in dem genannten Beispiel) seinerseits unter Berufung auf sie verteidigt. Ein solches Verhalten ist vom Gesetz nicht gedeckt (so dass die Versetzung zu Recht erfolgt wäre); **lediglich Kirchen** haben nach § 9 das Recht, sich in gewissem Umfang über das Benachteiligungsverbot wegen der Religionszugehörigkeit hinwegzusetzen, können sich also durchaus auf die (anderen) Diskriminierungsverbote berufen, obwohl sie selbst ein bestimmtes Verbot nicht beachten (müssen).

§ 5 Positive Maßnahmen

Ungeachtet der in den §§ 8 bis 10 sowie in § 20 benannten Gründe ist eine unterschiedliche Behandlung auch zulässig, wenn durch geeignete und angemessene Maßnahmen bestehende Nachteile wegen eines in § 1 genannten Grundes verhindert oder ausgeglichen werden sollen.

I. Vorbemerkungen

1. Regelungsgehalt

1 Die Vorschrift regelt die Zulässigkeit von **„positiven Maßnahmen" zur Verhinderung oder zum Ausgleich bestehender Nachteile** durch den Gesetzgeber sowie durch Tarifvertrags- oder Betriebsparteien und einzelne Arbeitgeber (BT-Drs. 16/1780, 33 f.) wegen eines oder mehrerer der vom AGG erfassten und in § 1 genannten Merkmale („Rasse", ethnische Herkunft, Geschlecht, Religion, Weltanschauung, Behinderung, Alter und sexuelle Identität).

2 Der Begriff „positive Maßnahmen" geht auf den in den USA entwickelten Begriff **„affirmativ action"** zurück (näher dazu Porsche, Bedeutung, Auslegung und Realisierung des Konzepts der positiven Maßnahmen, S. 109 ff.; Schlachter, S. 371 ff.; Liebscher, S. 109 f. sowie Adomeit/Mohr, § 5 Rn. 5 f.) und bezieht sich auf Maßnahmen für Angehörige einer nicht notwendigerweise mehrheitlichen Gruppe, die im Vergleich zur dominierenden wegen bestimmter Merkmale typischerweise benachteiligt wird. Der benachteiligten Gruppe werden zum Ausgleich gewisse Vorteile beim Zugang zu Positionen, Gütern und Leistungen eingeräumt (näher dazu Porsche, S. 31 ff.; Sacksofsky, ZESAR 2004, 208 ff.). Es handelt sich um Maßnahmen, die zwar **dem Anschein nach diskriminierend** sind, tatsächlich aber in der sozialen bzw. gesellschaftlichen Wirklichkeit bestehende **faktische Ungleichheiten beseitigen** oder zumindest verringern sollen (st. Rspr. des EuGH, s. zB EuGH 11.11.1997 – Rs. C-409/95 (Marschall) – NZA 1997, 1337

Rn. 26). Ausdrückliche Regelungen zu „positiven Maßnahmen" finden sich auch in der **UN-Behindertenrechtskonvention** (→ Einl. Rn. 167 ff.), so verpflichtet Art. 27 Abs. 1 S. 2 UN-BRK zu einem offenen, integrativen Arbeitsmarkt, der für Menschen mit Behinderung zugänglich ist. Zudem haben die Vertragsstaaten das Recht auf Arbeit für Menschen mit Behinderung durch geeignete Schritte, bspw. „Programme für positive Maßnahmen" zu sichern und zu fördern (Art. 27 Abs. 1 S. 2 lit. h UN-BRK). Art. 5 Abs. 4 UN-BRK normiert zudem, dass „besondere Maßnahmen" zur Beschleunigung oder Herbeiführung der tatsächlichen Gleichberechtigung nicht als Diskriminierung zu werten sind.

3 Hintergrund ist die Erkenntnis, dass die **formale Gleichstellung** vor dem Gesetz und **Diskriminierungsverbote** allein häufig nicht genügen, um sicherzustellen, dass alle Menschen unabhängig von ihrem Aussehen oder ihrer Herkunft, ihrem Geschlecht, ihrer Religion oder Weltanschauung, ihrem Alter, ihrer sexuellen Identität oder gewissen körperlichen, geistigen oder psychischen Einschränkungen auch in der Realität gleich behandelt werden bzw. die **gleichen Chancen** haben, sich entsprechend ihren Interessen, Möglichkeiten und Fähigkeiten innerhalb der Gesellschaft zu verwirklichen (s. dazu auch die amtliche Begründung BT-Drs. 16/1780, 23 ff. sowie Porsche, S. 31 ff.; Laskowski/Welti, ZESAR 2003, 217; → Einl. Rn. 244).

4 Die **Gründe** für die **faktische Benachteiligung** bestimmter Gruppen sind meist vielfältig und schwer fassbar. Sie können sowohl auf objektiven, insbesondere strukturellen Gegebenheiten beruhen, als auch Ausdruck von subjektiven Vorstellungen, Vorurteilen und Ressentiments sein (Sacksofsky, ZESAR 2004, 212; zu den verschiedenen Formen von Diskriminierung ausführlich Rottleutner/Mahlmann, S. 39 ff.). Deutlich wird eine gruppenbezogene Benachteiligung in der Regel dadurch, dass die Angehörigen der jeweiligen Gruppe in bestimmten sozialen Situationen erheblich unterrepräsentiert sind (Sacksofsky, ZESAR 2004, 208; ErfK-Schmidt, GG Art. 3 Rn. 91).

5 **Unterschiedliche Auffassungen** bestehen darüber, ob positive Maßnahmen und so auch § 5 der **Ausgestaltung des allgemeinen Gleichbehandlungsgebots** dienen und damit das Vorliegen einer Diskriminierung bereits tatbestandlich ausschließen (vgl. Epiney/Freiermuth Abt, S. 200, Rust/Falke-Raasch, § 5 Rn. 11; Ambrüster, in: Rudolf/Mahlmann, § 7 Rn. 159; wohl auch Schiek, NZA 2004, 877 und Laskowsky/Welti, ZESAR 2003, 217; → Einl. Rn. 226), als Ausnahme vom Grundsatz der Gleichbehandlung anzusehen sind (ErfK-Schlachter, AEUV Art. 157 Rn. 30; dies., ZESAR 2006, 395 f.; Rebhahn-Rebhahn, § 8 Rn. 3; Thüsing, Beilage zu NZA 22/2004, S. 14; Schneider-Sievers, S. 595, die von einer partiellen Durchbrechung der Systematik der Diskriminierungsverbote spricht) oder lediglich einen **speziellen Rechtfertigungsgrund** für Ungleichbehandlungen darstellen (so die amtliche Begründung BT-Drs. 16/1780, 33; EuGH 17.7.2014 – Rs. C-173/13 (Leone et Leone), ABl. C 315, 15.9.2014, S. 12; Wank, FS Wißmann, S. 613; Adomeit/Mohr, § 5 Rn. 1; Bauer/Krieger, § 5 Rn. 4; Calliess/Ruffert-Krebber, AEUV Art. 157 Rn. 74). Hierauf kommt es jedoch letztlich nicht an. Denn jedenfalls liegt in positiven Maßnahmen, wenn die

Voraussetzungen des § 5 erfüllt sind, keine unzulässige Benachteiligung der jeweils anderen nicht begünstigten Gruppe.

2. Verhältnis zum Unionsrecht

6 Nach **Art. 5 RL 2000/43/EG** („Antirassismus-Richtlinie"), **Art. 7 Abs. 1 RL 2000/78/EG** („Rahmen-Richtlinie") und **Art. 6 RL 2004/113/EG** („Gender-Richtlinie Zivilrecht") sowie **Art. 3 RL 2006/54/EG** (neue Gender-Richtlinie) hindert der Gleichbehandlungsgrundsatz die Mitgliedstaaten nicht, zur Gewährleistung der vollen bzw. völligen Gleichstellung spezifische Maßnahmen beizubehalten oder zu beschließen, mit denen Benachteiligungen wegen einem der von den Richtlinien erfassten Diskriminierungsgrund verhindert oder ausgeglichen werden. **Richtlinie 2006/54/EG** fasst mehrere Antidiskriminierungsrichtlinien zum Merkmal Geschlecht zusammen und ersetzt diese, darunter die Richtlinie 76/207/EWG (→ Einl. Rn. 4). **Art. 3 RL 2006/54/EG** verweist bezüglich positiver Maßnahmen auf **Art. 157 Abs. 4 AEUV**, wonach im Hinblick auf die effektive Gewährleistung der **vollen Gleichstellung von Männern und Frauen im Arbeitsleben** der Gleichbehandlungsgrundsatz die Mitgliedstaaten nicht daran hindert, zur Erleichterung der Berufstätigkeit des unterrepräsentierten Geschlechts oder zur Verhinderung bzw. zum Ausgleich von Benachteiligungen in der beruflichen Laufbahn spezifische Vergünstigungen beizubehalten oder zu beschließen. Von dieser den Mitgliedstaaten eingeräumten Möglichkeit hat der bundesdeutsche Gesetzgeber durch § 5 ausdrücklich Gebrauch gemacht (BT-Drs. 16/1780, 33). Indem der Gesetzgeber positive Maßnahmen einheitlich für alle Merkmale nur zur Verhinderung und zum Ausgleich bestehender Nachteile zugelassen hat, nicht aber spezifische Maßnahmen zur Erleichterung der Berufstätigkeit des unterrepräsentierten Geschlechts, hat er die erste Alternative des Art. 157 Abs. 4 AEUV außer Acht gelassen (zu den unterschiedlichen Anforderungen der 1. und 2. Alt. des Art. 157 Abs. 4 AEUV Calliess/Ruffert-Krebber, AEUV Art. 157 Rn. 75, 80 ff.; ErfK-Schlachter, AEUV Art. 157 Rn. 31).

7 Anhaltspunkte dafür, dass der Gesetzgeber durch den etwas anderen Wortlaut auch hinter der zweiten Alternative des in der Gender-Richtlinie in Bezug genommenen Art. 157 Abs. 4 AEUV bzw. hinter den den Mitgliedstaaten durch die Richtlinien eingeräumten Möglichkeiten zurückbleiben wollte, sind nicht ersichtlich (→ Rn. 19 ff.; aA, soweit ersichtlich, nur Wank, NZA 2004, 24). Danach kommt den **einschlägigen Unionsbestimmungen** und der dazu ergangenen **Rechtsprechung des EuGH** für die Auslegung und Anwendung des § 5 – unabhängig von der Verpflichtung zur unionskonformen Auslegung nationalen Rechts (näher dazu → Einl. Rn. 81 ff.) – eine entscheidende Bedeutung zu.

8 Die ersten **Entscheidungen des EuGH zur Zulässigkeit positiver Maßnahmen** beziehen sich auf Art. 2 Abs. 4 der ursprünglichen Fassung der Gender-Richtlinie 76/207/EWG vom 9.2.1976. Danach sind Maßnahmen zur Förderung der Chancengleichheit für Männer und Frauen, insbesondere durch die Beseitigung der tatsächlich bestehenden Ungleichheiten zulässig, welche die Chancen der Frauen in den von der Richtlinie erfassten Bereichen beeinträchtigen. In zwei weiteren Entscheidungen hat sich der EuGH

darüber hinaus auch mit Art. 157 Abs. 4 Alt. 2 AEUV (ex. Art. 141 Abs. 4, Alt. 2 EG) befasst, ohne von den bisher entwickelten Grundsätzen abzurücken (EuGH 6.7.2000 – Rs. C-407/98 (Abrahamsson u. Anderson) – NZA 2000, 935 Rn. 54 f.; EuGH 30.9.2004 – Rs. C-319/03 (Briheche) – AP EWG-Richtlinie 76/207 Nr. 37 Rn. 29 ff.; näher zu diesen Grundsätzen und zu weiteren EuGH-Entscheidungen → Rn. 27 ff.). Kürzlich hat der EuGH auch den besonderen Kündigungsschutz für Arbeitnehmer mit Behinderung dem Konzept der positiven Maßnahmen nach Art. 7 Abs. 2 RL 2000/78/EG zugeordnet (EuGH 9.3.2017 – Rs. C-406/15 (Milkova) – NZA 2017, 439 Rn. 50 mAnm Porsche, ZESAR 10/2017, 444 ff.). Da sich die Formulierungen in den übrigen Richtlinien weitgehend an die Formulierung in Art. 157 Abs. 4 Alt. 2 AEUV anlehnen, kommt der Rechtsprechung auch für die Zulässigkeit positiver Maßnahmen im Zusammenhang mit den anderen in § 1 genannten Merkmalen Bedeutung zu (Porsche, S. 419 ff.; Schiek-Schiek, § 5 Rn. 8; Mahlmann, in: Rudolf/Mahlmann, GlBR, § 3 Rn. 124; Waddington/Bell, CMLR 38 (2001), 601 f.; Högenauer, S. 152; aA Wiedemann/Thüsing, NZA 2002, 1240).

3. Verhältnis zum Verfassungsrecht

9 In **Art. 3 GG** sind besondere **Förderpflichten des Staates** zur tatsächlichen Durchsetzung des Gleichbehandlungsgrundsatzes bisher nur für Frauen (Abs. 2 S. 2) und Menschen mit Behinderung (Abs. 3 S. 2) vorgesehen (Porsche, S. 52 ff.; Wendeling-Schröder, FS Schwerdtner S. 271, 277). Dies bedeutet jedoch nicht, dass unter Beachtung des Verhältnismäßigkeitsgrundsatzes begünstigende Maßnahmen zur Förderung von realer und chancenmäßiger Gleichheit bezogen auf die übrigen vom AGG erfassten Merkmale verfassungsrechtlich unzulässig wären. Vielmehr ergibt sich aus Art. 3 Abs. 1 GG als allgemeiner Gleichheitssatz iVm mit dem in Art. 20 Abs. 1 GG verankerten Sozialstaatsprinzip auch eine Pflicht des Staates, gravierenden Unterschieden in der sozialen Wirklichkeit realitätsnah entgegenzuwirken (ErfK-Schmidt, GG Art. 3 Rn. 11 mwN; Maunz/Dürig-Langenfeld, GG Art. 3 Abs. 2 Rn. 58; ausführlich AK-GG-Stein, GG Art. 3 Abs. 1 Rn. 20 ff.; vgl. auch BAG 22.6.1993 – 1 AZR 590/92 – NZA 1994, 77). Gleiches ergibt sich, wenn man auf die Grundrechtspositionen der in der Realität benachteiligten Personengruppen abstellt (vgl. Adomeit/Mohr, § 5 Rn. 7; Meinel/Heyn/Herms, § 5 Rn. 4; Rust/Falke-Raasch, § 5 Rn. 28 f.). Ebenso wenig verbietet Art. 3 Abs. 3 S. 1 GG als spezieller Gleichheitssatz, bezogen auf die dort genannten Merkmale begünstigende Ausgleichsregeln zu schaffen, um faktische Nachteile, die typischerweise mit der Zugehörigkeit zu einer der von der Verfassungsnorm geschützten Gruppen verbunden sind, auszugleichen. Denn andernfalls würde sich der Sinn der Bestimmung in sein Gegenteil verkehren (DDZ-Zwanziger, GG Art. 3 Rn. 12; ähnlich auch Sacksofsky, ZESAR 2004, 211; zur Schutzpflicht ErfK-Schmidt, GG Art. 3 Rn. 67 f.; AK-GG-Eckertz-Höfer, GG Art. 3 Abs. 2, 3 Rn. 89, 94 ff.; einschränkend Wendeling-Schröder, FS Schwerdtner, S. 277, die Differenzierungen zwischen den einzelnen Merkmalen verfassungsrechtlich für geboten hält; dies., NZA 2004, 1322).

4. Verhältnis zu den §§ 8–10 und § 20 sowie § 3 Abs. 2

10 § 5 kommt innerhalb des AGG eine **Auffangfunktion** zu. Dies ergibt sich aus dem Wortlaut, wonach ungeachtet der in den §§ 8–10 sowie § 20 genannten Gründe eine unterschiedliche Behandlung auch unter den in der Vorschrift genannten Voraussetzungen zulässig ist. Das bedeutet, dass es für die Zulässigkeit begünstigender Maßnahmen auf die in § 5 genannten Voraussetzungen nur dann ankommt, wenn die Ungleichbehandlung nicht bereits nach den §§ 8–10 bzw. § 20 gerechtfertigt ist. Bei begünstigenden Maßnahmen, die nicht unmittelbar, sondern nur mittelbar an eines der in § 1 genannten Merkmale anknüpfen, ist darüber hinaus noch vor den Rechtfertigungsgründen der §§ 8–10 und § 20 zu prüfen, ob die Ungleichbehandlung nach § 3 Abs. 2 gerechtfertigt ist, da andernfalls schon deshalb keine unzulässige Benachteiligung iSd AGG gegeben ist (s. dazu die amtliche Begründung BT-Drs. 16/1780, 33).

5. Verhältnis zu anderen gesetzlichen Bestimmungen

11 Nach der amtlichen Begründung werden **aus sonstigen Gründen erlaubte Bevorzugungen** durch § 5 nicht berührt (BT-Drs. 16/1780, 34). Das bedeutet, dass solche Bevorzugungen zulässig sind, unabhängig davon, ob ein Rechtfertigungsgrund iSd § 3 Abs. 2, §§ 8–10, 20 eingreift oder ob die Voraussetzungen des § 5 gegeben sind. Um welche erlaubten Bevorzugungen es sich dabei im Einzelnen handeln soll, dazu schweigt sich der Gesetzgeber weitgehend aus. Als Beispiel wird lediglich unter Bezugnahme auf die Gender-Richtlinie die Gewährung von Vaterschaftsurlaub genannt (dazu Rühl/Viethen/Schmid, S. 77). Im Rahmen der richtlinienkonformen Auslegung kann angenommen werden, dass Regelungen gemeint sind, die zwar an eines der verpönten Merkmale anknüpfen, jedoch nicht unter den Geltungsbereich der „Antidiskriminierungsrichtlinien" fallen oder die nach den Richtlinien ausdrücklich erlaubt bzw. vorgeschrieben sind. Dies betrifft derzeit folgende gesetzliche Regelungen:

- die Schutzbestimmungen für schwangere Arbeitnehmerinnen, Wöchnerinnen und stillende Arbeitnehmerinnen nach dem **MuSchG** (Art. 2 Abs. 7 RL 2004/113/EG sowie Art. 2 Abs. 2 lit. c, Art. 15 RL 2006/54/EG),
- die Bestimmungen zur Elternzeit nach dem **BEEG** (Art. 2 Abs. 7 der Gender-Richtlinie),
- die Verpflichtung zur behindertengerechten Ausgestaltung der Arbeitsverhältnisse nach **§ 164 Abs. 4, 5 SGB IX** (zur Neufassung des SGB IX zum 1.1.2018 durch das Bundesteilhabegesetz vgl. Kainz, NZS 2017, 649 ff.) (Art. 5 der Rahmen-Richtlinie).

12 Soweit es der Gesetzgeber im Rahmen des AGG versäumt hat, § 164 Abs. 4, 5 SGB IX, der auch nach der Reform (zum 1.1.2018) immer noch lediglich für schwerbehinderte und mit diesen gleichgestellte behinderte Menschen iSd § 2 Abs. 2, 3 SGB IX gilt, auf **alle Menschen** mit **Behinderung** unabhängig vom Grad der Behinderung zu erstrecken, sind diese Vorschriften nach den Grundsätzen der richtlinienkonformen Anwendung auf den ausgenommenen Personenkreis gleichwohl anzuwenden (vgl. BAG 3.4.2007 – 9 AZR 823/06 – NZA 2007, 1098 Rn. 23, 26 f.; näher dazu

auch → § 1 Rn. 76 ff., insbes. → § 1 Rn. 83). Daneben kommen entsprechende Pflichten nach § 241 Abs. 2 BGB in Betracht (näher noch zu § 81 Abs. 4, 5 SGB IX aF: Rolfs/Paschke, BB 2002, 1263 f.; GK-SGB IX-Großmann, § 81 Rn. 20, 211). Ergreift der Arbeitgeber Maßnahmen nach § 164 Abs. 4, 5 SGB IX, sind diese jedenfalls als positive Maßnahmen iSd § 5 zulässig (vgl. BVerwG 3.3.2011 – 5 C 16/10 – BVerwGE 139, 135 ff.; → Rn. 52 ff.).

6. Gegenläufige Risiken

13 Bei positiven Maßnahmen besteht grundsätzlich die Problematik, dass sie einerseits vielfach notwendig sind, um der faktischen Benachteiligung bestimmter Gruppen entgegenzuwirken, andererseits aber auch die Gefahr in sich bergen, dass die Gruppe, deren Schutz die Maßnahme bezweckt, wegen der Heraushebung erst recht **ausgegrenzt** wird (Hailbronner, ZAR 2001, 258; Klose/Merx, S. 9; Kummer, 171 f.; Gaier/Wendtland, § 2 Rn. 139). Teilweise können positive Maßnahmen sogar **kontraproduktiv** sein. Dies ist zB dann der Fall, wenn ältere oder Menschen mit Behinderung nicht eingestellt werden, weil für sie besondere Arbeitsbedingungen gelten (vgl. Waddington/Bell, CLMR 38 (2001), 603 f.; Krimphove, Rn. 397, 405, sowie BVerfG 18.11.2003 – 1 BvR 302/96 – NZA 2004, 33 zum Mutterschaftsgeld), oder wenn die Qualifikationen von Frauen schlechter bewertet werden, um nicht Gefahr zu laufen, eine Frau einstellen oder befördern zu müssen (Sacksofsky, ZESAR 2004, 213). Außerdem zeigen empirische Untersuchungen, dass **positive Maßnahmen dahin tendieren**, gerade die Angehörigen der benachteiligten Gruppe zu fördern, die am wenigsten darauf angewiesen sind (→ Einl. Rn. 247; Klose/Merx, S. 9; Sacksofsky, ZESAR 2004, 213). Schließlich besteht wegen der verschiedenen Gruppen, die der Förderung bzw. des Schutzes gegen Benachteiligung bedürfen, die Gefahr, dass positive Maßnahmen zu einer **Überreglementierung** führen. Im Extremfall kann dies darauf hinauslaufen, dass diejenigen, die keiner der benachteiligten Gruppen angehören, ihrerseits benachteiligt werden (Wendeling-Schröder, FS Schwerdtner, S. 277; vgl. auch Högenauer, S. 153). Wenn Maßnahmen nach § 5 ergriffen werden, sollten deshalb stets deren Auswirkungen und die kontraproduktiven Mechanismen, die diese auslösen können, in die Überlegungen miteinbezogen werden.

7. Diversity Management

14 Einen ähnlichen Ansatz verfolgt das in den USA entwickelte **personalwirtschaftliche Konzept** „Diversity Management“, das auf die Schaffung einer **möglichst breitgefächerten Beschäftigtenstruktur** abzielt (Döge, Der Diversity-Check, S. 158 ff., Bauschke, § 5 Rn. 6; Bauer/Krieger, § 5 Rn. 18, ausführlich Franke/Merx, AuR 2007, 237 f.; Krell/Sieben, 2011, S. 155 ff.; Mallmann, AiB 2012, 298 ff.). Unternehmen versprechen sich davon positive Effekte für die Produktivität, das Betriebsklima und ihr Unternehmensimage (Bauschke, § 5 Rn. 6; Franke/Merx, AuR 2007, 238; Krell/Sieben, 2011, S. 155 ff.). Der Ansatz bietet **zahlreiche Möglichkeiten für positive Maßnahmen**, wobei sich konkrete Begünstigungen jeweils an § 5 messen lassen müssen (Rust/Falke-Raasch, § 5 Rn. 44; Adomeit/Mohr, § 5

Rn. 27). Im Übrigen geht er aber weit darüber hinaus (Kamanabrou, Beilage zu NZA 24/2006, 139). Der **Vorteil**, den dieser Ansatz bietet, ist, dass er anders als § 5 nicht an bestehende Nachteile, die vielfach als real vorhandene Defizite wahrgenommen werden, anknüpft, sondern **proaktiv** die **individuellen Potentiale** in den Vordergrund stellt (vgl. Franke/Merx, AuR 2007, 237 f.). „Anders sein" wird nicht als Problem von „Minderheitengruppen" betrachtet, sondern die Verschiedenheit und Vielfalt der Beschäftigten als – wenn auch vornehmlich wirtschaftlich verwertbare – Chance gesehen (Franke/Merx, AuR 2007, 237 f.). Einzelne Zielgruppen werden nicht herausgegriffen (dazu → Rn. 33 ff.), sondern durch vielfältige **zielgruppenübergreifende Maßnahmen** soll ein **insgesamt diskriminierungsfreies Klima** geschaffen werden (Franke/Merx, AuR 2007, 238). Dadurch kann auch der Komplexität mehrdimensional miteinander verflochtener Benachteiligungsmuster (Mehrfachdiskriminierung) eher Rechnung getragen werden (vgl. Franke/Merx, AuR 2007, 237 f.). Als **ökonomische Strategie**, die **auf Freiwilligkeit beruht**, kann Diversity Management jedoch sehr unterschiedlich praktiziert und jederzeit aus Kostengründen reduziert werden. Die Personalentwicklungsstrategie muss sich letztlich für das Unternehmen lohnen und profitabel sein, anders als normative Gerechtigkeitsstrategien (zur Kritik an der Konzeption bereits Busch, AiB 2007, 207 f.; Mallmann, AiB 2012, 300).

II. Inhalt der Regelung

1. Anwendungsbereich

a) Sachlicher Anwendungsbereich

15 Der sachliche Anwendungsbereich des § 5 umfasst **alle vom AGG erfassten Bereiche**. Dies folgt daraus, dass die Vorschrift als quasi vor die Klammer gezogen im Allgemeinen Teil des AGG angesiedelt und nach ihrem Wortlaut nicht auf bestimmte Bereiche beschränkt ist. Welche Bereiche vom AGG erfasst werden, ergibt sich aus § 2. Danach sind positive Maßnahmen sowohl im Bereich **unselbstständige und selbstständige Erwerbstätigkeit** und der damit zusammenhängenden Bereiche wie Berufsberatung, Berufsbildung einschließlich Praktika und Mitgliedschaft in einer Gewerkschaft, einem Arbeitgeberverband oder einem Berufsverband (§ 2 Abs. 1 Nr. 1–4) als auch im Bereich Sozialschutz und soziale Vergünstigungen (§ 2 Abs. 1 Nr. 5, 6), im sonstigen Bildungsbereich (§ 2 Abs. 1 Nr. 7) sowie im gesamten Zivilrechtsverkehr (§ 2 Abs. 1 Nr. 8) grundsätzlich zulässig (näher zum Anwendungsbereich des AGG s. die Kommentierung zu § 2).

b) Funktioneller Anwendungsbereich

16 Im Rahmen des funktionellen Anwendungsbereichs geht es um die Frage, wer positive Maßnahmen zur Gewährleistung der Gleichbehandlung einer bisher benachteiligten Gruppe ergreifen darf und mit welchen Mitteln. § 5 enthält diesbezüglich keine – weder eine positive noch eine negative – ausdrückliche Regelung. In der Gesetzesbegründung hat der Gesetzgeber jedoch klargestellt, dass diese nicht dem Gesetzgeber vorbehalten sind, sondern auch einzelne Arbeitgeber, die Tarifvertragsparteien, die Betriebspartner und die Parteien eines zivilrechtlichen Vertrages positive Maßnahmen

iSd Vorschrift vorsehen dürfen (BT-Drs. 16/1780, 34). Dadurch hat der Gesetzgeber zum Ausdruck gebracht, dass der **Kreis der Akteure** grundsätzlich nicht beschränkt ist, sondern alle im sachlichen Anwendungsbereich des AGG Handelnden im Rahmen ihrer jeweiligen Zuständigkeiten und rechtlichen Handlungsmöglichkeiten berechtigt sind, positive Maßnahmen zu ergreifen. Dabei ist der Begriff „Maßnahme" weit zu verstehen. Er umfasst **alle denkbaren Handlungsmöglichkeiten** (Bauer/Krieger, § 5 Rn. 6 f.; Bauschke, § 5 Rn. 4). Positive Maßnahmen können grundsätzlich sowohl durch spezielle Bundesgesetze als auch durch Landesgesetze, Rechtsverordnungen, Satzungen, Verwaltungsvorschriften, Richtlinien, Tarifverträge, Betriebs- oder Dienstvereinbarungen, betriebliche Einheitsregelungen, allgemeine Geschäftsbedingungen und Einzelverträge vorgesehen werden.

17 **Unionsrechtliche Bedenken** bestehen gegen die Übertragung der näheren Ausgestaltung positiver Maßnahmen auf die im rechtlichen Alltag mit der Umsetzung des Gleichbehandlungsgebots befassten Personen und Institutionen nicht. Nach den einschlägigen Bestimmungen des Unionsrechts sind zwar nur die Mitgliedstaaten befugt, positive Maßnahmen zur Gewährleistung der vollen bzw. völligen Gleichstellung beizubehalten oder zu beschließen. Dies bedeutet jedoch nicht, dass die Mitgliedstaaten die entsprechenden Maßnahmen auch selbst bis ins Detail regeln müssen (Laskowski/Welti, ZESAR 2002, 221; Wiedemann/Thüsing, NZA 2002, 1241; Schleusener/Suckow/Voigt, § 5 Rn. 2; Epiney/Freiermuth Abt, S. 207; wohl auch Calliess/Ruffert-Krebber, AEUV Art. 157 Rn. 78). Dies wäre auch wenig sinnvoll, weil es dem Gesetzgeber nicht möglich ist, allgemein und für alle Bereiche sämtliche Gleichbehandlungsschieflagen zu erfassen und einer angemessenen Lösung zuzuführen (vgl. dazu auch BVerwG 18.7.2002 – 3 C 54/01 – NVwZ 2003, 92; Bauer/Krieger, § 5 Rn. 3; Meinel/Heyn/Herms, § 5 Rn. 3; Schiek-Schiek, § 5 Rn. 11; Burg, S. 45; Klose/Merx, S. 20). Außerdem wären andernfalls weite Teile des Arbeitsrechts von positiven Maßnahmen ausgeschlossen, weil diese typischerweise – teilweise sogar zwingend – auf tariflicher, betrieblicher oder einzelvertraglicher Ebene geregelt werden (Calliess/Ruffert-Krebber, AEUV Art. 157 Rn. 78; Epiney/Freiermuth Abt, S. 207). Ausreichend ist vielmehr, wenn ein Mitgliedstaat wie der deutsche Gesetzgeber in § 5, positive Maßnahmen grundsätzlich zulässt und den rechtlichen Rahmen, innerhalb dem solche Maßnahmen zulässig sind, in Übereinstimmung mit dem Unionsrecht vorgibt (Adomeit/Mohr, § 5 Rn. 12; Epiney/Freiermuth Abt, S. 207; Laskowski/Welti, ZESAR 2002, 221; Rust/Falke-Raasch, § 5 Rn. 35; aA Annuß, BB 2006, 1634; Kamanabrou, Beilage zu NZA 24/2006, S. 141 sowie ErfK-Schlachter, § 5 Rn. 2; Schlachter, ZESAR 2006, 396; Rebhahn-Rebhahn, § 8 Rn. 4, 11, die eine genauere Umschreibung der zulässigen Maßnahmen durch den Gesetzgeber für erforderlich halten).

18 **Weitergehende Anforderungen** ergeben sich auch nicht aus der Verfassung, insbesondere nicht aus dem in Art. 20 Abs. 2 GG verankerten Rechtsstaatsprinzip und Demokratieprinzip. Nach der sog Wesentlichkeitstheorie ist der Gesetzgeber insbesondere in grundrechtsrelevanten Bereichen gehalten, alle wesentlichen Entscheidungen selbst zu treffen, wobei nicht alle

Fragen, die Grundrechte berühren, als „wesentlich" gelten, sondern nur solche, die wesentlich für die Verwirklichung der Grundrechte sind (BVerfG 14.7.1998 – 1 BvR 1640/97 – NJW 1998, 251 unter C I 2d bb der Gründe mwN; Maidowski, S. 176). Diesen Anforderungen genügt § 5. Mit der Vorschrift hat der Gesetzgeber zum einen die Grundentscheidung getroffen, von den Öffnungsklauseln des Unionsrechts Gebrauch zu machen, und zum anderen die wesentlichen Bedingungen festgelegt, unter denen positive Maßnahmen zulässig sind (vgl. dazu auch BVerfG 24.5.2006 – 2 BvR 669/04 – NVwZ 2006, 807). Eine darüber hinausgehende Festlegung der Einzelheiten positiver Maßnahmen durch den Gesetzgeber ist nicht erforderlich, weil das Rechtsstaatsprinzip, insbesondere der Grundsatz der Gewaltenteilung, auch darauf abzielt, dass staatliche Entscheidungen möglichst richtig, dh von den Organen bzw. Normgebern getroffen werden, die dafür nach ihrer Organisation, Zusammensetzung, Funktion und Verfahrensweise über die besten Voraussetzungen verfügen (BVerfG 14.7.1998 – 1 BvR 1640/97 – NJW 1998, 251, aaO; BVerfG 11.12.2000 – 1 BvL 15/00 – NVwZ-RR 2001, 311). Dies sind diejenigen, die im Rechtsalltag konkret mit der Umsetzung des Gleichbehandlungsgebots befasst sind.

2. Zulässigkeitsvoraussetzungen

19 § 5 bestimmt, dass eine unterschiedliche Behandlung zulässig ist, wenn durch geeignete und angemessene Maßnahmen bestehende Nachteile wegen eines in § 1 genannten Grundes verhindert oder ausgeglichen werden sollen. Damit benennt die Vorschrift für die Zulässigkeit positiver Maßnahmen **zwei Voraussetzungen**, die ihrerseits an weitere Voraussetzungen gebunden sind. Die erste Voraussetzung betrifft den mit einer positiven Maßnahme verfolgten Zweck, die zweite die Verhältnismäßigkeit der Maßnahme.

a) Zweck der Maßnahme

aa) Verhinderung oder Ausgleich von Nachteilen

20 Zunächst fallen unter § 5 nur Maßnahmen, die der Verhinderung oder dem Ausgleich von Nachteilen dienen. Gemeint sind Maßnahmen, die einer auf bestimmten Faktoren beruhenden in der sozialen Wirklichkeit praktizierten faktischen Ungleichbehandlung bestimmter Personengruppen entgegenwirken sollen, um auf diese Weise über die rein formale Gleichstellung hinaus eine tatsächliche Gleichbehandlung zu erreichen (vgl. Porsche, S. 108; Schneider-Sievers, FS Wißmann, S. 595). Nicht ausreichend ist unter Berücksichtigung des Unionsrechts, wenn sich eine Maßnahme nur irgendwie positiv auf die tendenziell benachteiligten Personen auswirkt. Es ist vielmehr erforderlich, dass die Maßnahmen **gezielt und unmittelbar** zur Verhinderung oder zum Ausgleich der fraglichen Nachteile ergriffen werden (vgl. EuGH 17.7.2014 – Rs.C-173/13; ErfK-Schlachter, AEUV Art. 157 Rn. 31; Calliess/Ruffert-Krebber, AEUV Art. 157 Rn. 81; Schleusener/Suckow/Voigt, § 5 Rn. 51; verneinend zB EuGH 25.10.1988 – Rs. 312/86 (Kommission/Frankreich) – NJW 1989, 3086, wenn begünstigende Maßnahmen für Frauen an Eigenschaften anknüpfen, die bei beiden Geschlechtern gleichermaßen vorliegen können). Maßnahmen, die Perso-

nen oder Personengruppen **aus anderen Gründen** besserstellen, werden von der Vorschrift nicht erfasst. So stellen zB die Gewährung einer höheren Vergütung wegen der Lage auf dem Arbeitsmarkt oder Maßnahmen, die vorrangig dem Wunsch des Arbeitgebers nach einer ausgewogenen Personalstruktur dienen, keine positive Maßnahmen iSd § 5 dar (Rebhahn-Rebhahn, § 8 Rn. 24; zur Rechtfertigung von Arbeitsmarktzulagen aus anderen Gründen s. zB BAG 21.3.2001 – 10 AZR 444/00 – NZA 2001, 782; BAG 27.9.2001 – 6 AZR 308/01 – ZTR 2002, 291, jeweils mwN).

bb) Nachteile

21 **Nachteile** iSd § 5 sind alle Umstände, die dazu führen, dass Personen aufgrund eines der in § 1 genannten Merkmale im Arbeitsleben oder beim Abschluss zivilrechtlicher Verträge oder in einem anderen der in § 2 genannten Bereiche (→ Rn. 15) schlechtere Chancen als andere Personen haben, bestimmte Positionen, Güter oder Leistungen zu erlangen.

22 Solche Umstände können in **objektiven Eigenschaften** der tendenziell benachteiligten Personengruppe liegen, wie zB dass nur Frauen und nicht auch Männer schwanger werden können oder dass Menschen mit Behinderung körperlichen, geistigen oder psychischen Einschränkungen unterliegen. Sie können aber auch in bestehenden **gesellschaftlichen Strukturen** begründet sein, wie zB der traditionellen Rollenverteilung zwischen Mann und Frau, oder auf **Verallgemeinerungen, Vorurteilen und Ressentiments** beruhen, wie zB, dass Menschen einer bestimmten ethnischen Herkunft faul oder unpünktlich seien oder sonstige negativ bewertete Eigenschaften und Verhaltensweisen hätten, Frauen keine Führungsqualitäten hätten oder körperlich weniger leistungsfähig seien (vgl. dazu LAG Köln 8.11.2000 – 3 Sa 974/00 – LAGE BGB § 611 a Nr. 4), behinderte Menschen besonders krankheitsanfällig seien (vgl. dazu ArbG Berlin 13.7.2005 – 86 Ca 24618/04 – LAGE § 81 SGB IX Nr. 5, bestätigt durch BAG 3.4.2007 – 9 AZR 823/06 – NZA 2007, 1098), ältere Menschen weniger kreativ und innovativ und jüngere Menschen sprunghaft und weniger verlässlich seien oder homosexuelle Männer hemmungslos seien und zu sexuellen Übergriffen auf kleine Jungs neigten (zu einem ähnlich gelagerten Fall eines Krankenpflegers, der sich zu sado-masochistischen Sexualpraktiken bekannt hatte, ArbG Berlin 7.7.1999 – 36 Ca 30545/98 – LAGE § 611 BGB Kirchliche Arbeitnehmer Nr. 11). Darauf, worauf die Nachteile im Einzelnen beruhen bzw. was die konkreten Ursachen für die Nachteile sind, kommt es nicht an. § 5 knüpft im Einklang mit den EU-Richtlinien ausschließlich an das Bestehen von Nachteilen an und beschränkt diese nicht auf bestimmte Ursachen. In den meisten Fällen gehen die Nachteile ohnehin auf verschiedene, nur schwer voneinander zu trennende Faktoren zurück (Geschke, APUZ 16-17/2012, 1 f.; Sacksofsky, ZESAR 2004, 212; EuGH 11.11.1997 – Rs. C-409/95 (Marschall) – NZA 1997, 1337; BVerwG 18.7.2002 – 2 C 54/01 – NVwZ 2003, 92; Schiek, Anm. zu BAG 5.3.1996 – 1 AZR 590/92 (A) – AP Art. 3 GG Nr. 226, zur Benachteiligung von Frauen im Berufsleben).

23 Erforderlich ist, dass die Nachteile **tatsächlich noch bestehen**, wobei nach der Gesetzesbegründung auch **präventive Maßnahmen** zur Vermeidung zu-

künftiger Nachteile möglich sind (BT-Drs. 16/1780, 34). Dies wird dadurch deutlich, dass § 5 auf „bestehende Nachteile" abstellt. Positive Maßnahmen können danach nicht auf Nachteile gestützt werden, die frühere Generationen von Frauen, Migranten, behinderten, älteren bzw. jüngeren oder homosexuellen Menschen erlitten haben, sondern nur auf solche, denen die jeweils betroffene Gruppe aktuell ausgesetzt ist (Wank, Beilage zu NZA 22/2004, S. 24; ebenso zu Art. 3 Abs. 2 GG Sacksofsky, ZESAR 2004, 212; Maidowski, S. 127 ff.; Rust/Falke-Raasch, § 5 Rn. 41). Die Vorschrift bezweckt nicht den Ausgleich von Nachteilen in der Vergangenheit im Sinne einer umfassenden, Generationen übergreifenden gesellschaftlichen Gerechtigkeit, sondern soll gemessen an den heutigen gesellschaftlichen Bedingungen und unter Berücksichtigung des aktuellen sozialen Kontextes (dazu Waddington/Bell, CMLR 38 (2001), 603) einen Betrag zur tatsächlichen Verwirklichung des Gleichbehandlungsgrundsatzes leisten. Dabei darf allerdings nicht außer Acht gelassen werden, dass **in der Vergangenheit erfahrene Diskriminierungen häufig nachwirken** und sich auch aktuell noch nachteilig auswirken können. Beispielsweise haben Benachteiligungen bei der Schul- oder Berufsausbildung in der Regel auch schlechtere Berufs- und Aufstiegschancen zur Folge (Schiek, Anm. zu BAG 5.3.1996 – 1 AZR 590/92 (A) – AP Art. 3 GG Nr. 226; ebenso Sacksofsky, RdJB 2002, 200, die zu Recht darauf hinweist, dass formal gleiche Qualifikationen von Frauen und Männern nichts über deren Begabungsprofile und in der Vergangenheit erfahrene den Erwerb der Qualifikation beeinflussende Diskriminierungen und Privilegierungen aussagen; ausführlich auch Maidowski, S. 129).

24 Ein **wesentliches Indiz** dafür, dass solche Nachteile bestehen, ist, wenn die betreffende Personengruppe im Verhältnis zu ihrer sonstigen Größe in bestimmten Bereichen erheblich **unterrepräsentiert** ist (vgl. Adomeit/Mohr, § 5 Rn. 16; Rebhahn-Rebhahn, § 8 Rn. 15; ErfK-Schlachter, AEUV Art. 157 Rn. 31; ErfK-Schmidt, GG Art. 3 Rn. 93; s. dazu auch die Ausführungen in der amtlichen Begründung zur sozialen Lage bestimmter Gruppen in Deutschland, BT-Drs. 16/1780, 23 ff.). Sind zB Männer in bestimmten Positionen deutlich überdurchschnittlich vertreten, ist davon auszugehen, dass Frauen bei der Besetzung dieser Positionen Nachteile haben (Sacksofsky, ZESAR 2004, 208; BAG 22.6.1993 – 1 AZR 590/92 – NZA 1994, 77; BAG 22.7.2010 – 8 AZR 1012/08 – NZA 2011, 93).

cc) Bezugsrahmen

25 Die Nachteile können, müssen aber nicht im jeweiligen **Betrieb** oder **Unternehmen** bestehen. Bezugsrahmen für positive Maßnahmen können vielmehr auch eine bestimmte **Region** oder ein **Wirtschaftszweig** oder die **gesamtgesellschaftlichen Verhältnisse** sein (Bauer/Krieger, § 5 Rn. 9; Franke/Merx, AuR 2007, 235). So ist es zB zulässig, wenn der öffentliche Dienst Ausbildungsplätze in technischen Berufen bevorzugt an weibliche Bewerberinnen vergibt, um deren Schwierigkeiten im Privatsektor auszugleichen. Ebenso kann ein Unternehmen, das bereits überproportional viele Ältere oder Personen mit Migrationshintergrund beschäftigt, weiterhin bevorzugt Ältere oder Migrantinnen und Migranten einstellen.

dd) Anknüpfungspunkt

26 § 5 regelt nur die Verhinderung und den Ausgleich von Nachteilen im Zusammenhang mit einem der **in § 1 genannten Gründe**. Das bedeutet, dass unter die Vorschrift nur solche positiven Maßnahmen fallen, die einer Benachteiligung wegen der zugeschriebenen Rasse oder ethnischen Herkunft, des Geschlechts, der Religion oder Weltanschauung, einer Behinderung, des Alters oder der sexuellen Identität entgegenwirken sollen, nicht hingegen Maßnahmen, die an Nachteile aus anderen Gründen wie zum Beispiel wegen der sozialen Herkunft anknüpfen (vgl. auch Schleusener/Suckow/Voigt, § 5 Rn. 11). Die Zulässigkeit von positiven Maßnahmen, die **andere Nachteile** ausgleichen sollen und nicht gegen das Gleichbehandlungsgebot des AGG verstoßen, richtet sich nach den sonstigen Gleichbehandlungsgeboten wie zB dem arbeitsrechtlichen Gleichbehandlungsgrundsatz (näher dazu die Kommentierung zu § 2 Abs. 3).

b) Verhältnismäßigkeit der Maßnahmen

27 Weiter sind nach § 5 positive Maßnahmen nur zulässig, wenn sie geeignet und angemessen sind. Damit trägt die Vorschrift den unionsrechtlichen und verfassungsrechtlichen Anforderungen an die Verhältnismäßigkeit positiver Maßnahmen Rechnung (dazu EuGH 30.9.2004 – Rs. C-319/03 (Briheche) – AP EWG-Richtlinie 76/207 Nr. 37 Rn. 31; EuGH 19.3.2002 – Rs. C-476/99 (Lommers) – NZA 2002, 501 Rn. 39; Epiney/Freiermuth Abt, S. 207 ff.; Calliess/Ruffert-Krebber, AEUV Art. 157 Rn. 76 f.; BAG 22.6.1993 – 1 AZR 590/92 – NZA 1994, 77; Sachs-Osterloh, GG Art. 3 Rn. 3; Maunz/Dürig-Langenfeld, GG Art. 3 Abs. 2 Rn. 30 ff.; vgl. auch BVerfG 18.11.2003 – 1 BvR 302/96 – NZA 2004, 33). Verhältnismäßig sind positive Maßnahmen, wenn sie **objektiv geeignet, erforderlich und insgesamt angemessen** sind, wobei die Angemessenheit in der Regel die größte Bedeutung hat (ausführlich zur Verhältnismäßigkeit Epiney/Freiermuth Abt, S. 209 ff.). § 5 stellt zwar nicht ausdrücklich auf die Erforderlichkeit der Maßnahmen ab. Jedoch kann daraus nicht geschlossen werden, dass dieses Kriterium keine Rolle spielen soll. Denn eine Maßnahme ist nur dann angemessen, wenn sie zur Erreichung des mit ihr verfolgten Ziels auch erforderlich ist.

aa) Geeignetheit

28 Geeignet sind positive Maßnahmen, wenn objektiv die Wahrscheinlichkeit besteht, dass durch die Maßnahme das bezweckte Ziel auch erreicht wird (ErfK-Schlachter, AEUV Art. 157 Rn. 31; Schiek-Schiek, § 5 Rn. 13). Allerdings dürfen an die Wahrscheinlichkeit **keine zu hohen Anforderungen** gestellt werden, weil dies dem Zweck, die Chancengleichheit zu erhöhen, zuwiderliefe (Klose/Merx, S. 22; Schleusener/Suckow/Voigt, § 5 Rn. 19; Epiney/Freiermuth Abt, S. 210, die darauf abstellen, dass nur offensichtlich ungeeignete Maßnahmen ausgeschlossen sind; ebenso Meinel/Heyn/Herms, § 5 Rn. 9). Nicht geeignet sind nach Auffassung des EuGH Maßnahmen, die erst **nach der Beendigung der Erwerbstätigkeit** eingreifen, weil sie auf die berufliche Laufbahn keinen positiven Einfluss mehr haben können (ähnlich EuGH 17.7.2014 – Rs. C-173/13 (Leone et Leone) – Abl. C 315, 12; EuGH 29.11.2001 – Rs. C-366/99 (Griesmar) – NZA 2002, 143; Epi-

ney/Freiermuth Abt, S. 204; Rebhahn-Rebhahn, § 8 Rn. 16). So sah der EuGH in der Entscheidung Leone Maßnahmen zur Verbesserung des Dienstalters bei der Versetzung in den Ruhestand von Beamten (pro im Haushalt aufgezogenem Kind 1 Jahr) zum Ausgleich von Laufbahnnachteilen, die sich aus einer Unterbrechung der Erwerbstätigkeit aufgrund der Geburt, der Aufnahme in den Haushalt oder der Kindererziehung ergeben, als mittelbare Benachteiligung männlicher Beamter an. Die Maßnahmen seien nicht gerechtfertigt, da sie nicht dazu beitrügen, den Schwierigkeiten abzuhelfen, auf welche die Beamtinnen während der beruflichen Laufbahn stoßen könnten. Hier scheint sich der inhaltliche Prüfmaßstab des EuGH auf Art. 157 Abs. 4 Var. 1 AEUV zu verengen. Inwieweit die og Maßnahme nicht geeignet sein soll, Benachteiligungen, die Beamte hinsichtlich ihrer Laufbahn hinzunehmen hatten, iSv Art. 157 Abs. 4 Var. 2 AEUV auszugleichen, vermag sich nicht zu erschließen. Der EuGH stellt vielmehr einseitig darauf ab, dass Maßnahmen dem unterrepräsentierten Geschlecht in der beruflichen Laufbahn helfen und damit die volle Gleichstellung von Männern und Frauen im Arbeitsleben effektiv gewährleistet wird (Rn. 101). Auch **Kompensationsmaßnahmen im Entgeltbereich** haben in der Regel keinen positiven Einfluss auf die berufliche Laufbahn (ErfK-Schlachter, AEUV Art. 157 Rn. 31; anders im Fall EuGH 16.9.1999 – Rs. C-218/98 (Abdoulaye ua) – AP Art. 119 EG-Vertrag Nr. 13). Weiter kann es an der Geeignetheit fehlen, wenn die Maßnahme die **herkömmliche Rollenverteilung** zwischen Mann und Frau verfestigt, weil dadurch die fehlende Chancengleichheit von Frauen auf dem Arbeitsmarkt nicht korrigiert, sondern eher noch perpetuiert wird (Thüsing, DB 2002, 1453; Epiney/Freiermuth Abt, S. 210; vgl. dazu auch BVerfG 24.1.1995 – 1 BvL 18/93 ua – NJW 1995, 1733, sowie ErfK-Schmidt, GG Art. 3 Rn. 90; Maunz/Dürig-Langenfeld, GG Art. 3 Abs. 2 Rn. 59 ff. mwN; kritisch zu EuGH 19.3.2002 – Rs. C-476/99 (Lommers) – NZA 2002, 501; Rebhahn-Rebhahn, § 8 Rn. 16; näher dazu → Rn. 44). Keinesfalls geeignet sind Maßnahmen, die lediglich vorgeben, dem Schutz einer bestimmten Personengruppe zu dienen, tatsächlich aber den Effekt haben, dass die Personengruppe **auf dem Arbeitsmarkt eher benachteiligt** als integriert wird (EuGH 25.7.1991 – Rs. C-345/89 (Stoeckel) – AP Art. 119 EWG-Vertrag Nr. 28; BVerfG 28.1.1992 – 1 BvR 1025/82 ua – NZA 1992, 270 zum Nachtarbeitsverbot für Frauen; zur Gefahr der Kontraproduktivität positiver Maßnahmen → Rn. 13).

bb) Erforderlichkeit

29 An der Erforderlichkeit der Maßnahme fehlt es, wenn ein gleich wirksames bzw. **gleich effektives Mittel** zur Verfügung steht, das sich weniger nachteilig auf die nicht begünstigte Gruppe auswirkt (EuGH 19.3.2002 – Rs. C-476/99 (Lommers) – NZA 2002, 501 Rn. 42; BAG 22.6.1993 – 1 AZR 590/92 – NZA 1994, 77; BVerwG 18.7.2002 – 2 C 54/01 – NVwZ 2003, 92). Zumeist werden weniger intensive Maßnahmen, die bspw. geschlechtsneutral ausgestaltet sind (vgl. GA Jacobs 26.1.1993 – Rs. C-271/91 (Marschall) – Slg 1993, I-4367) jedoch nicht gleich effektiv sein. Lediglich bei Maßnahmen zur besseren Vereinbarkeit von Beruf und Familie bzw. Privatleben können solche Maßnahmen, die sich an beide Ge-

schlechter richten, die Erwerbstätigkeit von Frauen trotz familiärer Verpflichtungen besser fördern (vgl. Porsche, S. 202 f.) als Maßnahmen, die ausschließlich an Frauen adressiert sind und eine stereotype Rollenverteilung aufrechterhalten, wonach in erster Linie Frauen die reproduktiven Pflichten in Familie und Partnerschaft zu erfüllen haben. **Art. 3 Abs. 2 GG** enthält jedoch einen **Verfassungsauftrag**, der auf die **Überwindung tradierter Rollenverteilungen** gerichtet ist (Baer/Markard, in: v. Mangoldt/Klein/Starck, GG Art. 3 Rn. 354; Maunz/Dürig-Langenfeld, GG Art. 3 Abs. 2 Rn. 59 ff.).

cc) Angemessenheit

30 Angemessen ieS sind positive Maßnahmen, wenn sie unter Berücksichtigung des Ausmaßes der Nachteile die jeweils andere Gruppe nicht überproportional belasten (Wank, FS Wißmann, S. 615; Wiedemann/Thüsing, NZA 2002, 1240; EuGH 19.3.2002 – Rs. C-476/99 (Lommers) – NZA 2002, 501 Rn. 39; BAG 22.6.1993 – 1 AZR 590/92 – NZA 1994, 77; BAG 18.3.1997 – 3 AZR 759/95 – NZA 1997, 824). Diesbezüglich bedarf es einer **umfassenden Abwägung** des Ausmaßes der bestehenden faktischen Benachteiligung und der Effektivität der Maßnahme mit den nachteiligen Auswirkungen auf die jeweils andere Gruppe (Thüsing DB 2002, 1453; amtliche Begründung BT-Drs. 16/1780, 34; EuGH 19.3.2002 – Rs. C-476/99 (Lommers) – NZA 2002, 501 Rn. 39). Da die Maßnahmen gerade den Zweck verfolgen, Nachteile zu verhindern oder auszugleichen, denen bestimmte gesellschaftliche Gruppen typischerweise ausgesetzt sind und die sich im Einzelfall kaum verifizieren lassen, ist die Abwägung **gruppenbezogen** vorzunehmen (näher zur kollektiven Dimension des Gleichbehandlungsgrundsatzes → Einl. Rn. 226, 246). Das bedeutet, dass es auf die **„typische Betroffenheit"** der jeweiligen Gruppen ankommt (Epiney/Freiermuth Abt, S. 212; vgl. auch Rust/Falke-Raasch, § 5 Rn. 41).

31 Außerdem darf der begünstigten Gruppe **kein absoluter, unbedingter Vorrang** eingeräumt werden. Es ist vielmehr eine abschließende Einzelfallabwägung erforderlich (amtliche Begründung BT-Drs. 16/1780, 34), die sicherstellt, dass Angehörige der nicht begünstigten Gruppe, die sich im **konkreten Einzelfall** in einer **vergleichbaren Situation** befinden oder welche die **Nichtberücksichtigung besonders hart treffen würde**, nicht ausgeschlossen werden (EuGH 19.3.2002 – Rs. C-476/99 (Lommers) – NZA 2002, 501 zum Anspruch eines allein erziehenden Vaters auf einen Platz in einer Betriebskindertagesstätte; EuGH 30.9.2000 – Rs. C-319/03 (Briheche) – AP EWG-Richtlinie 76/207 Nr. 37 zum Anspruch eines alleinstehenden Witwers auf Gleichbehandlung mit alleinstehenden Witwen; EuGH 17.10.1995 – Rs. C-450/93 (Kalanke) – NZA 1995, 1095; EuGH 11.11.1997 – Rs. C-409/95 (Marschall) – NZA 1997, 1337, EuGH 6.7.2000 – Rs. C-407/98 (Abrahamsson u. Anderson) – NZA 2000, 935 zu Quotenregelungen für Frauen bei der Einstellung). Regelungstechnisch kann dies ua durch eine entsprechende **Öffnungsklausel oder Härtefallklausel** gewährleistet werden (EuGH 19.3.2002 – Rs. C-476/99 (Lommers) – NZA 2002, 501; EuGH 11.11.1997 – Rs. C-409/95 (Marschall) – NZA 1997, 1337; umfassend Porsche, S. 204 ff.).

32 Hinsichtlich der typischen Auswirkungen positiver Maßnahmen auf die jeweils andere Gruppe sind grundsätzlich zwei Kategorien von Maßnahmen zu unterscheiden:

- Die **erste Kategorie** betrifft Maßnahmen, die eine benachteiligte Gruppe begünstigen, der **anderen Gruppe** jedoch **keinen Vorteil** bringen würden, wenn sie ebenfalls in den Genuss der Maßnahme käme. Hierzu zählen zB Förderprogramme für Migranten zur Erlangung oder Verbesserung ihrer Deutschkenntnisse und spezielle Hilfsmittel für Menschen mit Behinderung. Bei dieser Art Maßnahmen ist schon fraglich, ob sie überhaupt in den Schutzbereich des AGG fallen, weil sie keinerlei nachteiligen Auswirkungen auf die nicht begünstigte Gruppe haben (aA wohl Wank, FS Wißmann, S. 613). Jedenfalls sind solche positiven Maßnahmen unproblematisch zulässig.
- Die **zweite Kategorie** betrifft positive Maßnahmen, welche die andere Gruppe schlechter als die begünstigte Gruppe stellen, sei es, dass die Maßnahmen Vorteile vorsehen, welche die **andere Gruppe ebenfalls gerne für sich in Anspruch nehmen** würde, wie zB kürzere Arbeitszeiten oder mehr Urlaub, sei es, dass Angehörige der beiden Gruppen bei der Vergabe bestimmter Positionen, Güter oder Leistungen in einem **unmittelbaren Konkurrenzverhältnis** zueinanderstehen. Hinsichtlich der Angemessenheit dieser Maßnahmen ist zum einen die **Art der Positionen, Güter oder Leistungen** von Bedeutung. Beispielsweise werden bei der Vergabe von Ausbildungsplätzen und befristeten Qualifizierungsstellen, die erst die Voraussetzungen für einen benachteiligungsfreien Zugang zum Arbeitsmarkt schaffen, stärker belastende Maßnahmen als zulässig angesehen, als wenn es, wie bei der Besetzung von Arbeitsplätzen und Beförderungsstellen, um den unmittelbaren Zugang zum Arbeitsmarkt geht (EuGH 19.3.2002 – Rs. C-476/99 (Lommers) – NZA 2002, 501 Rn. 33; EuGH 28.3.2000 – Rs. C-158/97 – (Badeck ua) – NZA 2000, 473 Rn. 39 ff., 52 ff.; s. dazu auch Porsche, S. 208 ff. sowie Waddington/Bell, CMLR 38 (2001), 601 f.). Gleiches gilt, wenn sich eine positive Maßnahme lediglich auf die Arbeitsbedingungen bezieht (EuGH 19.3.2002 – Rs. C-476/99 (Lommers) – NZA 2002, 501 Rn. 38). Bei diesen Maßnahmen ist somit keine Kollision mit dem Grundsatz formaler Gleichbehandlung gegeben (Porsche, S. 209). Zum anderen ist von Bedeutung, **wie deutlich die begünstigte Gruppe bisher benachteiligt** worden ist (Epiney/Freiermuth Abt, S. 213), **in welchem Maß der benachteiligten Gruppe ein Vorrang eingeräumt** wird (EuGH 28.3.2000 – Rs. C-158/97 (Badeck ua) – NZA 2000, 473 Rn. 42) und ob die fraglichen Positionen, Güter oder Leistungen ausschließlich im Anwendungsbereich der positiven Maßnahme zur Verfügung stehen oder darüber hinaus **auf dem freien Markt zugänglich** sind (EuGH 19.3.2002 – Rs. C-476/99 (Lommers) – NZA 2002, 501 Rn. 33; EuGH 28.3.2000 – Rs. C-158/97 (Badeck ua) – NZA 2000, 473 Rn. 53; zur Typologie positiver Maßnahmen vgl. umfassend Porsche, S. 211 ff.).

3. Konkurrenzen

33 § 5 sieht keine Verpflichtung zur Durchführung positiver Maßnahmen vor. Dementsprechend besteht insoweit auch **kein Anspruch auf Gleichbehand-**

lung. Existiert in einem Betrieb zB ein Förderprogramm für Menschen mit Behinderung oder Frauen, können Angehörige anderer tendenziell benachteiligter Gruppen keine entsprechende Regelung für sich (Schleusener/Suckow/Voigt, § 5 Rn. 17; Adomeit/Mohr, § 5 Rn. 14 oder einen Ausgleich für die ihnen nicht zugutekommenden Vorteile verlangen (vgl. dazu Jauernig-Jauernig, § 5 Rn. 2). Aufgrund der Gleichrangigkeit der in § 1 genannten Merkmale besteht erst recht **kein Anspruch** einer bestimmten benachteiligten Gruppe **auf bevorzugte Förderung** (vgl. Rust/Falke-Raasch, § 5 Rn. 86; zu den Besonderheiten beim Merkmal Behinderung → Rn. 60). Vielmehr kann ein Arbeitgeber oder ein Anbieter von Gütern oder Dienstleistungen frei entscheiden, welche benachteiligte Gruppe er fördern bzw. welche Nachteile er verhindern oder ausgleichen will. Es ist auch zulässig, nur eine **Teilgruppe** (zB allein erziehende Frauen oder gering qualifizierte Migranten) zu fördern **oder mehrere Merkmale** miteinander zu kombinieren (zB Frauen mit Migrationshintergrund oder ältere behinderte Menschen).

34 Hingegen sind Maßnahmen unzulässig, die eine benachteiligte Gruppe nur scheinbar fördern, in Wahrheit aber dazu dienen, eine **andere benachteiligte Gruppe auszugrenzen** (Schleusener/Suckow/Voigt, § 5 Rn. 18). Darüber hinaus sind Benachteiligungen, denen eine andere Gruppe typischerweise ausgesetzt ist, insbesondere in unmittelbaren Konkurrenzsituationen im Rahmen des **Verhältnismäßigkeitsgrundsatzes** zu berücksichtigen (→ Rn. 30 ff.; vgl. auch Rust/Falke-Raasch, § 5 Rn. 87). Beispielsweise kann bei einer zulässigen Frauenförderung im Einzelfall einem gleich qualifizierten erheblich älteren oder behinderten männlichen Bewerber oder einem gleich qualifizierten Bewerber mit Migrationshintergrund gegenüber einer jüngeren deutschen nicht behinderten weiblichen Bewerberin der Vorzug zu geben sein.

35 Innerhalb derselben Merkmalsgruppe führt die fehlende Verpflichtung, positive Maßnahmen zu ergreifen, dazu, dass bei **Mehrfachbenachteiligungen** kein Anspruch auf bevorzugte Berücksichtigung besteht. Entschließt sich ein Arbeitgeber Frauen zu fördern, haben zB behinderte oder ältere Frauen gegenüber nicht behinderten oder jüngeren Frauen grundsätzlich keinen Vorrang. Etwas anderes gilt nur dann, wenn einem **Angehörigen einer nicht geförderten Gruppe** in der gleichen Situation **Vorrang** einzuräumen wäre (vgl. dazu auch Rust/Falke-Raasch, § 5 Rn. 89; zu den Besonderheiten beim Merkmal Behinderung → Rn. 61).

III. Zulässige Maßnahmen

1. Erwerbsleben

a) Geschlecht

aa) Allgemeines

36 Bezogen auf das Merkmal „Geschlecht" kommen im Bereich des Erwerbslebens positive Maßnahmen **in aller Regel nur zugunsten von Frauen** in Betracht, weil Männer im Berufsleben als das traditionell dominierende Geschlecht gegenüber Frauen typischerweise bevorzugt und nicht benachteiligt werden. Sind Männer in bestimmten Bereichen wie den traditionellen

Frauenberufen unterrepräsentiert, können positive Maßnahmen zu ihren Gunsten nur zulässig sein, wenn im Einzelfall ausreichende Hinweise darauf bestehen, dass Männer aufgrund ihres Geschlechts tatsächlich **geringere Chancen als Frauen** haben. So sind zB in Tätigkeitsbereichen, in denen es entscheidend auf kooperative, kommunikative und soziale Fähigkeiten ankommt, spezielle Fördermaßnahmen für Männer zur Erlangung dieser Fähigkeiten möglich. Keine geschlechtsbezogene Benachteiligung ist gegeben, wenn ein öffentlicher Arbeitgeber in einer Stellenausschreibung auf die vorrangige Berücksichtigung von Frauen bei gleichwertiger Qualifikation verweist und damit lediglich die Vorgaben des Landesgleichstellungsgesetzes erfüllt (BAG 24.1.2013 – 8 AZR 429/11).

bb) Quotenregelungen

37 Zum Teil werden positive Maßnahmen in Form von Quoten zugunsten von Frauen als dem benachteiligten Geschlecht als „umgekehrte Diskriminierung" kritisiert. Hier wird jedoch der staatliche Auftrag, durch aktives Handeln Benachteiligung von Frauen zu beseitigen, nicht ausreichend gewürdigt. **Positive Maßnahmen wie Quotierungen** können nicht mit jener Diskriminierung gleichgesetzt werden, gegen die sie sich richten, sondern sind vielmehr als **asymmetrisch-materielle Rechte** zu begreifen. Die Förderung durch Quoten verwirklicht somit Diskriminierungsschutz; soweit sie aber nicht nur Nachteile beseitigt, sondern Dritte beeinträchtigt, muss dies gerechtfertigt werden können (Baer/Markard, in: v. Mangoldt/Klein/Starck, GG Art. 3 Rn. 372; → Rn. 27 ff.).

Entscheidungsquoten:

Einstellung und Beförderung: In Bereichen, in denen Frauen unterrepräsentiert sind, sind Quotenregelungen zugunsten von Frauen unter der Voraussetzung zulässig, dass

- die weiblichen Bewerberinnen über die **gleiche** oder zumindest **fast gleiche Qualifikation** wie ihre männlichen Mitbewerber verfügen (EuGH 6.7.2000 – Rs. C-407/98 (Abrahamsson u. Anderson) – NZA 2000, 935 Rn. 62); im öffentlichen Dienst wegen Art. 33 Abs. 2 GG allerdings nur bei gleicher Qualifikation (BAG 21.1.2003 – 9 AZR 307/02 – NZA 2003, 1036),
- den weiblichen Bewerberinnen **kein absoluter, unbedingter Vorrang** eingeräumt wird,
- das Auswahlverfahren transparent und nachprüfbar ist und auf objektiven Kriterien beruht,
- sämtliche die Person der Bewerberinnen und Bewerber betreffenden Kriterien berücksichtigt werden,
- die jeweiligen Kriterien selbst keine diskriminierende Wirkung haben, wobei Kriterien, die Frauen tendenziell begünstigen, herangezogen werden dürfen

(sog **leistungsabhängige, flexible Entscheidungsquoten**, zusammenfassend EuGH 6.7.2000 – Rs. C-407/98 (Abrahamsson u. Anderson) – NZA 2000, 935).

38 **Ergebnisquoten:**

Ausbildungsplätze und befristete Qualifizierungsstellen: Bei der Vergabe von Ausbildungsplätzen in Ausbildungsberufen, in denen Frauen unterrepräsentiert sind und in denen die Ausbildungsstelle über kein Ausbildungsmonopol verfügt, sind auch sog **starre Ergebnisquoten** zulässig, dh Quoten, wonach bei einer ausreichenden Bewerberzahl ein bestimmter Mindestprozentsatz weiblichen Auszubildenden vorbehalten ist (EuGH 28.3.2000 – Rs. C-158/97 (Badeck ua) – NZA 2000, 473). Gleiches gilt bei befristeten Qualifizierungsstellen, die der weiteren Ausbildung dienen. So sind zB im Hochschulbereich Quoten zulässig, wonach Stellen für wissenschaftliche Hilfskräfte, Promotions- und Habilitationsstellen mit mindestens dem Prozentsatz an Frauen zu besetzen ist, der ihrem Anteil an den Studierenden, den Absolventinnen und Absolventen bzw. den Promovierten eines bestimmten Fachbereichs entspricht (EuGH 28.3.2000 – Rs. C-158/97 (Badeck ua) – NZA 2000, 473). Auf andere Qualifizierungen wie Praktika, Berufsanerkennungsjahr, befristete Weiterbeschäftigung unmittelbar im Anschluss an die Berufsausbildung, Volontariate, die Facharztausbildung oder berufliche Wiedereinstiegsmaßnahmen lassen sich diese Grundsätze übertragen.

39 **Quotierung bei der Besetzung von Aufsichtsräten:** Nach wie vor entspricht der Frauenanteil in Aufsichtsräten deutscher Unternehmen mit aktuell 22 % nicht dem prozentualen Anteil von Frauen an den Beschäftigten der meisten Sektoren, wenngleich er sich von 12 % im Jahr 2005 deutlich steigerte (Weckes, 2016). Mit dem Gesetz für die gleichberechtigte Teilhabe von Frauen und Männern an Führungspositionen in der Privatwirtschaft und im öffentlichen Dienst (v. 24.4.2015, BGBl. I, 642, in der Fassung v. 11.4.2017, BGBl. I, 802) führte der Gesetzgeber zum 1.1.2016 eine **verbindliche Quote von 30 % für das unterrepräsentierte Geschlecht** in börsennotierten und voll mitbestimmungspflichtigen Unternehmen ein (vgl. § 96 Abs. 2 S. 2 AktG, §§ 17 Abs. 2, 24 Abs. 3 SEAG, § 7 Abs. 3 MitbestG, § 5 a MontanMitbestG sowie § 5 a MontanMitbestErgG; vgl. zudem Fuchs/Köstler/Pütz, Handbuch-AR, Rn. 716 ff.), hierunter fallen in Deutschland rund 100 Unternehmen (vgl. BMFSFJ, online: https://www.bmfsfj.de/bmfsfj/themen/gleichstellung/frauen-und-arbeitswelt/quote-privatwitschaft/quote-fuer-mehr-frauen-in-fuehrungspositionen--privatwirtschaft/78562?view=DEFAULT, 20.7.2017). Voll mitbestimmungspflichtig sind gem. § 1 Abs. 1 MitbestG Unternehmen mit idR mehr als 2000 Beschäftigten, deren Aufsichtsrat paritätisch von Arbeitgeber- und Arbeitnehmerseite besetzt ist (und die in der Rechtsform einer AG, KG aA, GmbH, SE o. Genossenschaft betrieben werden). Seit 1.1.2016 sind neu zu besetzende Aufsichtsratsmandate bis zum Erreichen der Quote zwingend mit Frauen als unterrepräsentiertem Geschlecht zu besetzen, bestehende Mandate können bis zum regulären Ablauf der Amtsperiode fortgesetzt werden. Bei **Nichteinhaltung der Quote** bleiben **die dem unterrepräsentierten Geschlecht vorbehaltenen Plätze unbesetzt,** § 96 Abs. 2 S. 6 AktG (siehe vertiefend: Fuchs/Köstler/Pütz, Handbuch-AR, Rn. 716 ff. sowie Röder/Arnold, NZA 2015, 279 ff.). Die Quote gilt für die Zusammensetzung des Kollegialorgans, nicht aber für die konkrete Personalentscheidung (vgl. Olbrich/Krois, NZA

2015, 1288, 1291). Verpflichtend ist zudem, dass Unternehmen, die entweder börsennotiert oder mitbestimmt sind (hier reicht auch Drittelparität aus) **Zielgrößen zur Erhöhung des Frauenanteils** für ihre Aufsichtsräte, Vorstände und obersten Management-Ebenen festlegen, hierbei ist der Betriebsrat nach § 92 Abs. 3 BetrVG in Bezug auf Beschäftigte mit Arbeitnehmerstatus zu beteiligen. Das Gesetz sieht keinerlei Sanktionen vor, falls ein Unternehmen die formulierten Zielgrößen später nicht einhält (Röder/Arnold, NZA 2015, 1281). Die betroffenen Unternehmen sind jedoch gem. § 289 c Abs. 2 Nr. 2, Abs. 3, 4 HGB verpflichtet, in der Erklärung zur Unternehmensführung als Teil des **Lageberichts** oder auf ihrer Internetseite (sofern keine Pflicht zur Offenlegung eines Lageberichts besteht) über die selbst gesetzten Zielgrößen und ihre Einhaltung, sowie über Gründe für eine etwaige Verfehlung zu berichten (vertiefend: Röder/Arnold, NZA 2015, 1281, 1287 ff.; vgl. zudem: Schüppen/Walz, WPg 22/2015, 1155 ff.). Bei der Schaffung des Gesetzes dienten die skandinavischen Länder – insbes. Norwegen – als Vorbild, wo nach dem Scheitern freiwilliger Selbstverpflichtungen 2006 eine Quote von 40 % gesetzlich festgeschrieben und der Frauenanteil von 6 % (2009) auf 44 % gesteigert werden konnte (2012, Datenbank EU-KOM: Frauen u. Männer in Entscheidungsprozessen), die Einhaltung der Quote ist in Norwegen Voraussetzung zur Eintragung ins Handelsregister (Körner, FS Pfarr, S. 221 ff.).

40 Die Quotierung der Leitungsgremien von Unternehmen wird zum Teil in der Literatur als unzulässig kritisiert, da als absolute und unbedingte Regelung nicht verhältnismäßig und zudem mit der Rechtsprechung des EuGH nicht vereinbar (Francois-Poncet/Deilmann/Otte, NZG 2011, 454; Kempter/Koch, BB 2012, 3013; Olbrich/Krois, NZA 2015, 1288, 1291 f.; Schleusener, NZA-Beilage 2016, 50, 54). Der EuGH hatte in der Rs. Badeck eine als Soll-Vorschrift ausgestaltete verbindliche Frauenquote bei der Besetzung von Aufsichtsräten durch die öffentliche Hand als zulässig erachtet (EuGH 28.3.2000 – Rs. C-158/97 (Badeck) – NZA 2000, 473 Rn. 64 ff.), zu entscheiden war jedoch nicht über eine „starre Quote" bei der Besetzung von Aufsichtsräten. Eine Quotierung des Frauenanteils in Aufsichtsräten bezieht sich – ebenso wie in der Rs. Badeck – nicht auf den Zugang zu Arbeitsplätzen, sondern lediglich auf die **Vertretung in einem Wahlgremium für einen befristeten Zeitraum** (Bachmann, ZIP 2011, 1131, 1135), so dass die für den Zugang zum Arbeitsmarkt entwickelte Doktrin des EuGH in Bezug auf „starre Quoten", auf die vorliegende Gesetzesregelung nicht passt. In einem solchen Leitungsgremium ist nicht Leistung entscheidend, es gelten vielmehr Kriterien der **Repräsentation**, zu denen auch das Geschlecht zählen kann, um im Einklang mit Art. 3 Abs. 2 S. 2 GG Frauen zu fördern (Baer/Markard, in: v. Mangoldt/Klein/Starck GG Art. 3 Rn. 379). Da die Regelung zudem geeignet ist, die **individuelle Chancengleichheit von Frauen** auf unterschiedliche Hierarchieebenen im Unternehmen zu erhöhen (Ossenbühl, NJW 2012, 420 ff.), ist das Gesetz zur Quotierung der Aufsichtsratsmandate daher als positive Maßnahme gem. Art. 3 RL 2006/53 EG iVm Art. 157 Abs. 4 AEUV gerechtfertigt (ähnlich Papier/Heidebach, ZGR 2011, 331 f. sowie Waas, Geschlechterquoten für die Besetzung der Leitungsgremien von Unternehmen, S. 38 f., 51 ff.), so dass die europarechtliche Zulässigkeit zu bejahen ist (iE ebenso: Körner, FS

Pfarr, S. 228). Von der europarechtlichen Zulässigkeit einer solchen Quote geht auch die Europäische Kommission aus, die am 14.11.2012 den Entwurf einer Richtlinie vorlegte, wonach eine Quote von mindestens 40 % des unterrepräsentierten Geschlechts unter den nicht geschäftsführenden Direktoren/Aufsichtsratsmitgliedern börsennotierter Gesellschaften festgelegt wird (die allerdings eine Öffnungsklausel enthält, so dass in begründeten Ausnahmefällen von der starren Quote abgewichen werden kann).

Die Kritiker führen zudem verfassungsrechtliche Bedenken an, da die Quotierung der Aufsichtsratsmandate einen Eingriff in das von Art. 14 Abs. 1 GG geschützte Eigentum der Anteilseigner und Aktionäre sowie in die Berufsfreiheit aus Art. 12 Abs. 1 GG darstellt. Zwar wird Art. 3 Abs. 2 S. 2 GG als Anknüpfungspunkt für die verfassungsmäßige Rechtfertigung angeführt, in erster Linie wird jedoch mit der Kritik, die starre Quote berücksichtige weder die Qualifikation der Kandidaten, die nicht zum Zuge kommen, noch die Umstände des Einzelfalls (so bspw. Schleusener, NZA-Beilage 2016, 50, 54), auf eine Diskriminierung männlicher Bewerber abgestellt. Hier wird jedoch verkannt, dass Art. 3 Abs. 2 S. 2 GG einen Verfassungsauftrag zur **Verwirklichung der Gleichberechtigung in der gesellschaftlichen Wirklichkeit** normiert, der Staat mithin tätig werden muss (Baer/Markard, in: v. Mangoldt/Klein/Starck, GG Art. 3 Rn. 354 f.; Maunz/Dürig-Langenfeld, GG Art. 3 Abs. 2 Rn. 58). Der Gleichstellungsauftrag aus Art. 3 Abs. 2 S. 2 GG kann insoweit als Legitimationsgrundlage für die Grundrechtseingriffe herangezogen werden (ähnlich: Baer/Markard, in: v. Mangoldt/Klein/Starck, GG Art. 3 Rn. 379; Maunz/Dürig-Langenfeld, GG Art. 3 Abs. 2 Rn. 63), diese sind jedoch verhältnismäßig, da es dem Gesetzgeber in Bezug auf Art. 14 Abs. 1 GG obliegt, Inhalt und Schranken zu bestimmen und bei den Grundrechtsabwägungen insgesamt Art. 3 Abs. 2 GG zu berücksichtigen ist (vgl. die Argumentation im Mitbestimmungsurteil des BVerfG, BVerfGE 50, 290 ff., 340, 343, 349; ähnlich argumentierend: Jarass/Pieroth-Jarass, GG Art. 3 Rn. 106; Maunz/Dürig-Langenfeld, GG Art. 3 Abs. 2 Rn. 106 ff.; Papier/Heidebach, ZGR 2011, 323 ff.; Sachs-Osterloh/Nußberger, GG Art. 3 Rn. 286 ff.; AK-GG-Eckertz-Höfer, GG Art. 3 Rn. 66 ff.; die verfassungsrechtliche Zulässigkeit einer Frauenquote bei Sozialwahlen bejahend: Däubler, Gutachten, 2012).

41 **Vorstellungsgespräch:** Im Zusammenhang mit der Einladung zum Vorstellungsgespräch sind Quoten ebenfalls in einem sehr viel weiteren Rahmen zulässig, weil dadurch qualifizierten Frauen lediglich zusätzliche Chancen geboten werden (EuGH 28.3.2000 – Rs. C-158/97 (Badeck ua) – NZA 2000, 473 Rn. 60).

42 **Fort- und Weiterbildung:** Im Bereich Fort- und Weiterbildung sind Quoten nach den gleichen Grundsätzen wie im Bereich Ausbildung und Qualifizierung zulässig (vgl. Joussen/Husemann/Mätzig, RdA 2014, 279, 282 ff.).

cc) Sonstige Maßnahmen

43 **Spezielle Aus- und Weiterbildungsangebote:** Spezielle Aus- und Weiterbildungsangebote für Frauen sind zulässig, wenn sie dazu dienen, Frauen unter eigens auf sie ausgerichteten Bedingungen den Erwerb bestimmter beruflicher Fähigkeiten und Kenntnisse zu erleichtern.

44 **Maßnahmen zur Förderung der Vereinbarkeit von Beruf und Privatleben (Familie):** Dazu gehören zB flexible Arbeitszeiten, Teilzeitangebote oder auch betriebliche Kinderbetreuungsplätze. Werden solche Maßnahmen ausschließlich zugunsten von Frauen mit Kindern bereitgestellt, stellt sich die Frage, ob sie überhaupt geeignet sind, die Chancengleichheit der Geschlechter auf dem Arbeitsmarkt zu erhöhen (→ Rn. 28). Einerseits versetzen sie Frauen, die durch familiäre Pflichten nach wie vor stärker als Männer belastet sind, eher in die Lage, einer Erwerbstätigkeit nachzugehen (EuGH 19.3.2002 – Rs. C-476/99 (Lommers) – NZA 2002, 501 Rn. 36 ff.). Andererseits zementieren solche Maßnahmen die herkömmliche Rollenverteilung zwischen Männern und Frauen (EuGH 19.3.2002 – Rs. C-476/99 (Lommers) – NZA 2002, 501 Rn. 41), zudem sind Teilzeitarbeit und geringfügige Beschäftigung (als Bestandteile einer stereotypen Rollenzuweisung) nicht existenzsichernd (vgl. Zimmer, WSI-Mitt. 1/2012, 50 f.; dies., FS Pfarr, S. 298). Letztlich wird somit genau das Gegenteil von dem erreicht, was die Maßnahmen ursprünglich bezweckten, nämlich, dass Frauen in der Gesellschaft und damit auch in ihrer beruflichen Laufbahn weiterhin strukturell benachteiligt sind. **Maßnahmen zur Vereinbarkeit von Beruf und Privatleben** (Familie) sind daher **geschlechtsneutral zu formulieren**, da nur so dem Verfassungsauftrag aus Art. 3 Abs. 2 GG, überkommene Rollenverteilungen zwischen den Geschlechtern abzubauen (vgl. Baer/Markard, in: v. Mangoldt/Klein/Starck, GG Art. 3 Rn. 354; Maunz/Dürig-Langenfeld, GG Art. 3 Abs. 2 Rn. 59 ff.), Rechnung getragen werden kann. Zu Recht wird allerdings zunehmend die Akzeptanz der Vereinbarkeit von Beruf und Privatleben für **beide Geschlechter** eingefordert.

45 **Förderung selbstständiger Tätigkeit:** Nach einer Entscheidung des BVerwG ist es zulässig, wenn Frauen eine längere Frist zur Aufnahme einer selbstständigen Tätigkeit eingeräumt wird als Männern, um in den Genuss einer Existenzgründungsbeihilfe zu kommen (BVerwG 18.7.2002 – 3 C 54/01 – NVwZ 2003, 92). Ähnliche Fördermaßnahmen wären auch bei anderen rechtlich zulässigen Subventionen möglich. Zulässig ist ferner die häufigere Bestellung von Frauen als verantwortliche Leitung von Insolvenzverfahren durch Insolvenzgerichte, da Frauen als Insolvenzverwalterinnen deutlich unterrepräsentiert sind (AG Frankfurt 22.10.2013 – 3 IN 385/13 – NJW-RR 2014, 164, sowie Anm. Mayer, FD-RVG 2013, 352668).

46 **Vergaberecht:** Etliche Bundesländer haben ihre Vergabegesetze dahin gehend geändert, dass bei der Vergabe von öffentlichen Aufträgen ab einem bestimmten Auftragswert neben wirtschaftlichen Gesichtspunkten auch Gleichstellungsaspekte wie Frauenförderung oder Chancengleichheit zu berücksichtigen sind (Berlin, in Kraft seit 23.7.2010; Bremen, in Kraft seit 24.11.2009; Niedersachsen, in Kraft seit 30.10.2013; Nordrhein-Westfalen, in Kraft seit 10.1.2012; Rheinland-Pfalz, in Kraft seit 17.11.2010; Schleswig-Holstein, in Kraft seit 19.7.2011; Thüringen, in Kraft seit 15.4.2011). Das Vergabegesetz von Sachsen-Anhalt stellt auf Entgeltgleichheit und Maßnahmen zur Familienförderung ab (in Kraft seit 1.1.2013). Denkbar ist zudem, in Anlehnung an Einstellungs- und Beförderungsquoten, Frauenbetriebe unter bestimmten Voraussetzungen bevorzugt zu berücksichtigen (vgl. umfassend zur Praxis der Länder in Bezug auf Entgelt-

gleichheit als Kriterium in der öffentlichen Auftragsvergabe Heinrich, 2009, S. 32 ff.).

47 Im **Bereich des öffentlichen Dienstes** haben sowohl der Bund als auch die Länder Frauengleichstellungsgesetze verabschiedet (zu den Einzelheiten s. die Kommentierungen in Schiek ua; zu den unterschiedlichen Förderinstrumenten Schiek ua; Vieten, Rn. 138 ff.).

48 Ebenfalls zulässig ist die **vorrangige Vergabe von Firmenparkplätzen an Frauen**, da diese einer größeren Gefahr ausgesetzt sind, Opfer von Straftaten gegen die sexuelle Selbstbestimmung zu werden (Zimmermann, jurisPR-ArbR 7/2012, Anm. 1).

b) Zugeschriebene Rasse und ethnische Herkunft

49 Personengruppen, die aufgrund der ihnen zugeschriebenen „Rasse" oder ihrer ethnischen Herkunft typischerweise benachteiligt werden, dürfen unter den **gleichen Voraussetzungen wie Frauen** begünstigt werden (Hailbronner, ZAR 2001, 258; Schiek, NZA 2004, 877; → Rn. 36 ff.; zu Möglichkeiten und Grenzen der Verbesserung der Chancen von Personen mit Migrationshintergrund im öffentlichen Dienst: Ziekow, DÖV 2014, 765 ff.; zum rechtlichen Schutz vor rassistischer Diskriminierung: Payandeh, JUS 2015, 695 ff.).

50 Darüber hinaus wäre es auch zulässig, Migranten, die weitläufige familiäre Bindungen in ihr Ursprungsland haben, bei der **Urlaubsplanung** hinsichtlich der Dauer des zusammenhängenden Urlaubs gewisse Vergünstigungen gegenüber den anderen Beschäftigten einzuräumen.

c) Religion und Weltanschauung

51 Im Bereich Religion und Weltanschauung wäre es beispielsweise zulässig, Beschäftigte, die einer Glaubensrichtung angehören, für die der Freitag bzw. der Samstag eine ähnliche Bedeutung hat wie für Christen der Sonntag, in Betrieben, in denen von montags bis samstags gearbeitet wird, von der Freitags- bzw. Samstagsarbeit auszunehmen (vgl. auch Adomeit/Mohr, § 5 Rn. 32). Allerdings darf der Arbeitgeber solche Vergünstigungen nicht nur für bestimmte Glaubensrichtungen vorsehen (vgl. Högenauer, S. 241).

d) Behinderung

52 Positive Maßnahmen zur Förderung der Erwerbstätigkeit von Menschen mit Behinderung sind **in weit größerem Maße zulässig** als bezogen auf die übrigen Merkmale. Dies hängt insbesondere damit zusammen, dass Menschen mit Behinderung in aller Regel sehr viel häufiger und umfassender im Arbeitsleben benachteiligt werden als Angehörige der übrigen Gruppen (s. dazu auch Art. 7 Abs. 2 der Rahmen-Richtlinie); so lag die Beschäftigungsquote von Menschen mit Schwerbehinderung 2015 lediglich bei 4,7 % (in der Privatwirtschaft betrug die Quote 4,1 %, im öffentlichen Dienst 6,6 %, vgl. REHADAT v. April 2017 (IW), online: https://www.rehadat-statistik.de/de/berufliche-teilhabe/Beschaeftigung/BA_Schwerbehindertenstatistik/index.html, zuletzt abgerufen: 24.7.2017). Der EuGH hat Maßnahmen zugunsten von Menschen mit Behinderung als positive Maßnahmen nach Art. 7 Abs. 2 RL 2000/78/EG als zulässig erachtet, sofern

diese der Eingliederung von Menschen mit Behinderung in die Arbeitswelt dienen oder diese Eingliederung fördern (EuGH 9.3.2017 – Rs. C-406/15 (Milkova) – NZA 2017, 439 mAnm Porsche, ZESAR 2017, 444 ff.). Bei dieser Entscheidung bezog sich der Gerichtshof ausdrücklich auf die UN-Behindertenrechtskonvention. Als positive Maßnahmen gelten grundsätzlich nur solche Maßnahmen, die über die Verpflichtung des Arbeitgebers nach § 164 Abs. 4, 5 SGB IX bzw. § 241 Abs. 2 BGB (vgl. Art. 5 der Rahmen-Richtlinie) zur behindertengerechten Ausgestaltung der Arbeitsverhältnisse hinausgehen (Högenauer, S. 189 ff.; Nollert-Borasio/Perreng, § 5 Rn. 3; → Rn. 11 f.; näher zu Art. 5 der Rahmen-Richtlinie Adomeit-Mohr, § 5 Rn. 29; Rust/Falke-Raasch, § 5 Rn. 94 ff.).

aa) Gesetzliche Vorschriften

53 Positive Maßnahmen zugunsten von Menschen mit Behinderung sind ua folgende gesetzliche Vorschriften:

- die Beschäftigungsquote (§§ 154 ff. SGB IX),
- die Verpflichtung öffentlicher Arbeitgeber zur Einladung zum Vorstellungsgespräch (§ 165 S. 3 SGB IX, vgl. BVerwG 3.3.2011 – 5 C 16/10 – BVerwGE 139, 135 ff.), die Verpflichtung zum Abschluss einer Inklusionsvereinbarung (§ 166 SGB IX), soweit diese nicht lediglich die Pflichten aus § 164 Abs. 4, 5 SGB IX konkretisiert (bestehende Integrationsvereinbarungen im Sinne des § 83 SGB IX in der bis zum 30.12.2016 geltenden Fassung gelten gem. § 241 Abs. 6 SGB IX als Inklusionsvereinbarung fort).
- die Befreiung von Mehrarbeit auf Verlangen (§ 207 SGB IX),
- der Zusatzurlaub (§ 208 SGB IX),
- die Verpflichtung zur Prävention (§ 167 Abs. 1 SGB IX),
- der besondere Kündigungsschutz (§§ 168 ff. SGB IX, vgl. EuGH 9.3.2017 – Rs. C-406/15 (Milkova), NZA 2017, 439 mAnm Porsche, ZESAR 2017, 444),
- die Berücksichtigung einer Schwerbehinderung bei der Sozialauswahl (§ 1 Abs. 3 KSchG).

54 Da der EuGH **Maßnahmen des besonderen Kündigungsschutzes für Menschen mit Behinderung** ungeachtet des Status (Arbeitnehmer oder Beamter) als „positive Maßnahmen" eingeordnet und somit auch auf Beamte angewendet hat (EuGH 9.3.2017 – Rs. C-406/15 (Milkova) – NZA 2017, 439), wird der besondere Kündigungsschutz im deutschen Recht (§§ 168 ff. SGB IX) zukünftig auch auf Beamte Anwendung finden müssen. **Die Zustimmung des Integrationsamtes ist folglich auch vor der Beendigung beamtenrechtlicher Dienstverhältnisse einzuholen** (vgl. Anm. Porsche zu EuGH 9.3.2017 – Rs. C-406/15 (Milkova), ZESAR 2017, 444).

55 Da die Mitgliedstaaten nicht verpflichtet sind, positive Maßnahmen einzuführen und dem Gesetzgeber im Rahmen der Schutzfunktion des Art. 3 Abs. 3 S. 2 GG ein Einschätzungsspielraum zusteht, ab welchem Grad der Behinderung Menschen mit Behinderung besonders schutz- oder förderungsbedürftig sind (vgl. BAG 22.6.1993 – 1 AZR 590/92 – NZA 1994, 77; AK-GG-Eckertz-Höfer, GG Art. 3 Abs. 2, 3 Rn. 139), ist die **Beschränkung** dieser Vorschriften **auf Menschen mit Schwerbehinderung** und diesen

Gleichgestellte grundsätzlich zulässig (ebenso Högenauer, S. 191). Jedoch ist in **„Härtefällen"**, bspw. wenn sich ein noch nicht „Schwer"-Behinderter in einer vergleichbaren Lage befindet, eine entsprechende Anwendung geboten (→ Rn. 31).

56 Allerdings stellt sich die Frage, ob die **Ausgleichsabgabe** nach § 160 SGB IX, die zu zahlen ist, wenn die 2001 von 6 auf 5 % gesenkte Beschäftigungsquote nach den §§ 154 SGB IX nicht erfüllt wird, nicht höher sein müsste, damit sich die Vorschriften zum Schutz von Menschen mit Behinderung nicht eher beschäftigungshemmend als beschäftigungsfördernd auswirken (vgl. Pressemitteilung des deutschen Behindertenrats v. 16.3.2012; Däubler, ZfA 3/2006, 479; dazu auch → Rn. 13). Da Arbeitgeber im Wege der Selbstveranlagung die entsprechenden **Daten selbst ermitteln** und errechnen, ob sie der Beschäftigungspflicht nachgekommen sind (Knickrehm/Kreikebohm/Waltermann-Kothe, SGB IX § 80 Rn. 17), ist zudem fraglich, ob die Angaben stets zutreffend sind.

bb) Weitere positive Maßnahmen

57 Über die gesetzlichen Maßnahmen hinaus kommen **wie im Bereich der Frauenförderung** Quotenregelungen, spezifische Aus- und Weiterbildungsangebote, die Förderung selbstständiger Tätigkeit durch Subventionen und die bevorzugte Vergabe von öffentlichen Aufträgen an behinderte Selbstständige sowie Unternehmen, die Beschäftigte mit Behinderung besonders fördern, in Betracht (Schiek, NZA 2004, 877; näher dazu → Rn. 37 ff.).

58 **Quotenregelungen** zugunsten von Beschäftigten mit Behinderung sind dabei auch unter **weniger strengen Voraussetzungen** als bei den anderen Merkmalen möglich. Beispielsweise wäre die bevorzugte Einstellung und Beförderung von Menschen mit Behinderung abhängig vom Grad der Behinderung und der damit einhergehenden Nachteile – außer im öffentlichen Dienst wegen Art. 33 Abs. 2 GG – auch bei nur hinreichender Qualifikation möglich (MüKo-Thüsing, § 5 Rn. 20). Hingegen wäre ein absoluter, unbedingter Vorrang, der keinen Raum für eine **Einzelfallabwägung** lässt, wegen Verstoßes gegen den Verhältnismäßigkeitsgrundsatz auch zugunsten von Menschen mit Behinderung unzulässig (→ Rn. 31; zum Verbot der Diskriminierung wegen einer Behinderung in der Rechtsprechung des EuGH vgl. Colneric, FS-Kohte, S. 243 ff.).

cc) Auswirkungen von in Inklusionsvereinbarungen verankerten positiven Maßnahmen auf Fragerecht nach Schwerbehinderung

59 Hat der Arbeitgeber bspw. einen Inklusionsplan in Form einer mit dem Betriebsrat – unter Beteiligung der Schwerbehindertenvertretung – getroffenen Betriebsvereinbarung, wonach Stellen vorrangig mit behinderten Beschäftigten besetzt werden sollen, so kann diese Verpflichtung nur erfüllt werden, wenn im Bewerbungsgespräch – ausnahmsweise – die **Frage nach einer Schwerbehinderung** gestellt werden darf. Die Frage erfolgt in einer solchen Konstellation nicht in diskriminierender Absicht und kann daher **ausnahmsweise zulässig** sein, da sie dazu dient, eine positive Maßnahme iSv § 5 umzusetzen (Joussen, NZA 2007, 178 f.; umfassend: Husemann, RdA 2014, S. 16 ff.).

dd) Verhältnis zu anderen benachteiligten Gruppen

60 Nach § 205 SGB IX haben **Menschen mit Schwerbehinderung** gegenüber anderen benachteiligten Gruppen einen **begrenzten Vorrang** bezogen auf die **Beschäftigungsquote** nach den §§ 154 ff. SGB IX (Rust/Falke-Raasch, § 5 Rn. 88; ErfK-Rolfs, SGB IX § 122 Rn. 1, sowie ausführlich Kossens/von der Heide/Maaß, SGB IX § 122 Rn. 1 ff.; Hoffmann, Anm. zu BAG v. 16.2.2012, jurisPR-24/2012, Anm. 1). Im Umkehrschluss dazu geht die Vorschrift wie das AGG von der Gleichrangigkeit (schwer) behinderter Menschen und anderen benachteiligten Gruppen aus (Neumann/Pahlen/Majerski-Pahlen/Pahlen, SGB IX § 122 Rn. 1 ff.; → Rn. 33; aA Wendeling-Schröder, NZA 2004, 1323; dies., FS Schwerdtner, S. 277).

61 Nach § 154 Abs. 1 S. 2 SGB IX sind **schwerbehinderte Frauen** und nach § 155 Abs. 1 Nr. 2 SGB IX **schwerbehinderte Menschen ab dem 50. Lebensjahr** im Rahmen der Beschäftigungsquote besonders bzw. angemessen zu berücksichtigen. Gleiches gilt für Frauen mit Schwerbehinderung nach § 166 Abs. 2 SGB IX bei der Personalplanung im Rahmen einer Inklusionsvereinbarung (vgl. Joussen, NZA 2007, 177 f.). Außerdem ist den besonderen Belangen behinderter Frauen nach § 1 S. 4 BGleiG und § 7 Abs. 1 S. 4 BGG bei Maßnahmen zur faktischen Gleichstellung von Frauen und Männern Rechnung zu tragen. Dies bedeutet jedoch nicht, dass Frauen mit Behinderung oder ältere Behinderte gegenüber anderen Menschen mit Behinderung oder Frauen stets Vorrang genießen (Rust/Falke-Raasch, § 5 Rn. 90, 92; aA GK-SGB IX-Großmann, SGB IX § 71 Rn. 44 ff.) Vielmehr bedarf es auch hier immer einer Einzelfallabwägung.

e) Alter

62 Bezogen auf das Merkmal „Alter" besteht die Besonderheit, dass § 10 anknüpfend an Art. 6 der „Rahmenrichtlinie" einen **speziellen Rechtfertigungsgrund** normiert und zahlreiche Bereiche benennt, in denen dieser Rechtfertigungsgrund insbesondere zum Tragen kommen soll (näher dazu die Kommentierung zu § 10). Das bedeutet, dass sich die Frage, ob Maßnahmen, die bestimmte Altersgruppen begünstigen, als positive Maßnahme zulässig sind, regelmäßig nur dann stellt, wenn die betreffende Maßnahme nicht nach § 10 gerechtfertigt ist (→ Rn. 10).

aa) Einstellung

63 Zur **Förderung der Beschäftigung älterer Menschen**, die typischerweise schlechtere Chancen haben, einen Arbeitsplatz zu finden (insbes. ab über 50 Jahren, s. Online-Statistik der BAA sowie Gesetzesbegründung BT-Drs. 16/1780, 23 ff.), sind **Fördermaßnahmen** unter den gleichen Voraussetzungen wie bei Frauen zulässig (dazu → Rn. 42 ff.).

64 Zur Förderung der Beschäftigung **jüngerer Menschen** könnten befristete Stellen ausschließlich für **Berufsanfänger** vorgesehen werden, um ihnen Gelegenheit zu geben, Berufserfahrung zu sammeln (→ Rn. 32, 38). Hierzu zählen zB tarifvertragliche Ansprüche auf befristete (oder unbefristete) Weiterbeschäftigung nach Abschluss der Ausbildung. Außerdem wäre es zulässig, dem Kriterium Berufserfahrung im Rahmen des Qualifikationsvergleichs eine nur untergeordnete Bedeutung beizumessen (→ Rn. 37).

Ferner können Vergünstigungen für Jüngere bei betrieblichen **Invalidenrenten** als positive Maßnahme zulässig sein (Cisch/Böhm, BB 2007, 609).

bb) Arbeitsbedingungen

65 **Vergütung:** Keine positive Maßnahme ist eine nach dem Alter **gestaffelte Vergütung,** weil dadurch keine bestehenden Nachteile ausgeglichen werden. Die Regelung stellt vielmehr eine unmittelbare Benachteiligung wegen des Alters und damit eine Diskriminierung dar (EuGH 8.9.2011 – Rs. C-297/10, C-298/10 (Hennings/Mai); BAG 10.11.2011 – 6 AZR 148/09). Ähnlich zu bewerten sind Vergütungsstaffelungen nach Berufserfahrung oder Betriebszugehörigkeit (Thüsing, Beilage zu NZA 22/2004, S. 14). Etwas anderes gilt für sog **Verdienstsicherungsklauseln** im Bereich der Leistungsentlohnung, wenn sie dazu dienen, die mit zunehmendem Alter typischerweise abnehmende Leistungsfähigkeit auszugleichen (Bertelsmann, ZESAR 2005, 245).

66 **Sonstige Arbeitsbedingungen:** Im Bereich der sonstigen Arbeitsbedingungen kommen als positive Maßnahmen zugunsten von älteren Beschäftigten **bezahlte Pausen, kürzere Arbeitszeiten bei gleicher Vergütung, Altersermäßigungen**, die wie die Reduzierung der Unterrichtstunden für ältere Lehrkräfte der Entdichtung der Arbeit dienen (vgl. BVerwG 10.1.2006 – 6 P 10/04 – ZTR 2006, 220; LAG Berlin 3.11.2005 – 10 Sa 1490/05) sowie **mehr Urlaub** in Betracht, weil ältere Menschen, je nachdem wie belastend ihre Tätigkeit ist, ein erhöhtes Erholungs- bzw. Regenerationsbedürfnis haben (vgl. Thüsing, Beilage zu NZA 22/2004, S. 14; Bertelsmann ZESAR 2005, 146; Waltermann NZA 2005, 1269; zu § 27 Abs. 4 S. 4 TVöD/TV-L Wulfers/Hecht, ZTR 2007, 478). Dem steht nicht entgegen, dass älteren Arbeitnehmern nicht pauschal unterstellt werden kann, sie seien weniger belastbar als jüngere (dazu auch → § 8 Rn. 24 ff. Das BAG hat Regelungen wie § 26 Abs. 1 S. 2 TVöD/TV-L, wonach Beschäftigte bereits ab dem 30. Lebensjahr drei Arbeitstage und ab dem 40. Lebensjahr einen Arbeitstag mehr Erholungsurlaub erhalten, zu Recht als unzulässige Benachteiligung jüngerer Arbeitnehmer eingeordnet (BAG 20.3.2012 – 9 AZR 529/10 – NZA 2012, 803). Es ist schon nicht erkennbar, dass die Regelung tatsächlich dem Ausgleich eines erhöhten Regenerationsbedürfnisses dient, jedenfalls aber ist sie unverhältnismäßig (vgl. auch Wulfers/Hecht, ZTR 2007, 477 f.).

67 **Altersteilzeit:** Tarifvertragliche Regelungen zur **Altersteilzeit** stellen keine positiven Maßnahmen iSd § 5 dar, weil sie nicht den Zweck verfolgen, ältere Menschen möglichst lange in Beschäftigung zu halten, sondern dazu dienen, älteren Menschen durch finanzielle Vergünstigungen einen gleitenden Übergang in den Ruhestand bzw. ein früheres Ausscheiden aus dem Berufsleben zu erleichtern (vgl. Bertelsmann, ZESAR 2005, 246; Däubler-Heuschmid, TVG § 1 Rn. 733 ff.; Schmidt/Senne, RdA 2002, 85 f.; Wiedemann/Thüsing, NZA 2004, 1241). Hingegen können Regelungen, die älteren Menschen lediglich **Teilzeitarbeit unter erleichterten Bedingungen** ermöglichen, als positive Maßnahmen zugunsten von älteren Beschäftigten zulässig sein. Als erleichterte Bedingungen kommen neben einem Anspruch auf Teilzeitarbeit auch gewisse Verdienstausgleichsregelungen in Betracht

(vgl. Bertelsmann, ZESAR 2005, 246). Voraussetzung ist jedoch, dass andere mildere Mittel nicht ebenso gut geeignet bzw. ausreichend sind, um älteren Beschäftigten den Verbleib im Berufsleben zu erleichtern (→ Rn. 66, 29, 30).

cc) Beendigungsbedingungen

68 **Altersgrenzen:** Gesetzliche oder tarifliche Altersgrenzen sind schon deshalb keine positiven Maßnahmen iSd § 5, weil sie **keine bestehenden Nachteile** von älteren oder jüngeren Beschäftigten verhindern oder ausgleichen, sondern ältere Beschäftigte lediglich systematisch durch jüngere ersetzen (Schlachter, FS Blomeyer, S. 365 f.).

69 **Längere Kündigungsfristen, ordentliche Unkündbarkeit:** Regelungen, die längere Kündigungsfristen für ältere bzw. langjährig Beschäftigte vorsehen, sind als positive Maßnahmen zugunsten von Älteren grundsätzlich zulässig, weil sich die Schwierigkeiten, einen neuen Arbeitsplatz zu finden, mit zunehmendem Alter erhöhen (vgl. Wiedemann/Thüsing, NZA 2004, 1241). Gleiches gilt, wenn Beschäftigte langjährig bei ein und demselben Arbeitgeber beschäftigt waren, weil sie dann häufig dem Vorurteil ausgesetzt sind, sie seien nicht flexibel bzw. könnten sich nicht mehr auf veränderte Verhältnisse einstellen. Aus den gleichen Gründen sind auch tarifliche Regelungen, die den Ausschluss einer ordentlichen Kündigung abhängig vom Lebensalter und der Dauer der Betriebszugehörigkeit vorsehen (s. zB § 34 Abs. 2 S. 1 TVöD/TV-L, ab dem 40. Lebensjahr und einer Beschäftigungszeit von mehr als 15 Jahren), als positive Maßnahmen zulässig (Wiedemann/Thüsing, NZA 2004, 1241; kritisch zur Altersgrenze Wulfers/Hecht, ZTR 2007, 479 f.). Ab welchem Lebensalter die Chancen auf dem Arbeitsmarkt tatsächlich deutlich schlechter sind, lässt sich allerdings nicht allgemein sagen, sondern hängt von der Art der Tätigkeit und der jeweiligen Branche ab (→ § 10 Rn. 66 ff.).

70 **Sozialauswahl im Rahmen von betriebsbedingten Kündigungen:** Die Berücksichtigung des Lebensalters und der Betriebszugehörigkeit im Rahmen der Sozialauswahl nach § 1 Abs. 3 KSchG kann als positive Maßnahme zugunsten von älteren Beschäftigten zulässig sein, soweit damit tatsächlich bestehende Nachteile auf dem Arbeitsmarkt ausgeglichen werden sollen, diesen Kriterien kein absoluter, unbedingter Vorrang eingeräumt wird und im Einzelfall besondere Umstände von jüngeren oder kürzer Beschäftigten bei der Abwägung Berücksichtigung finden (Schmidt/Senne, RdA 2002, 83 f.; → Rn. 31; → § 10 Rn. 66, 102 ff.). Dementsprechend dürfen auch **ordentlich unkündbare Beschäftigte** nicht generell aus der Sozialauswahl aus genommen werden (Linsenmaier, RdA 2003, 32). Es hat vielmehr auch diesbezüglich eine Einzelfallabwägung zur Berücksichtigung besonderer Härten stattzufinden (vgl. Bertelsmann, ZESAR 2005, 247; Waltermann, NZA 2005, 1269; Annuß, BB 2006, 326; DDZ-Deinert, KSchG § 1 Rn. 491; enger Brors, § 10 Rn. 66 ff., die verlangt, dass in jedem Einzelfall geprüft wird, ob der ordentlich unkündbare ältere Arbeitnehmer tatsächlich schlechtere Chancen auf dem Arbeitsmarkt hat).

71 **Regelungen in Sozialplänen:** Nach dem Alter und der Dauer der Beschäftigungszeit gestaffelte **Abfindungen** sind keine positiven Maßnahmen iSd

§ 5, weil sie nicht dazu dienen, die Chancen auf dem Arbeitsmarkt zu erhöhen, sondern nur Nachteile im Zusammenhang mit dem Verlust des Arbeitsplatzes ausgleichen (zur Rechtfertigung nach § 10 → § 10 Rn. 102 ff.). Etwas anderes gilt, wenn Sozialpläne **Maßnahmen zur Wiedereingliederung in den Arbeitsmarkt** wie zB die Unterstützung bei der Arbeitsuche („outplacement“) vorsehen. Bei solchen Maßnahmen ist eine Bevorzugung von älteren gegenüber jüngeren Beschäftigten grundsätzlich zulässig.

f) Sexuelle Identität

72 Positive Maßnahmen kommen auch in Bezug auf die sexuelle Identität in Betracht, bspw. in Form betrieblicher Netzwerke für Lesben und Schwule, wie sie in einigen Großunternehmen aufgebaut wurden, um Diskriminierung abzubauen und es den Beschäftigten zu ermöglichen, ihre Identität nicht (länger) am Arbeitsplatz zu verstecken (Klose/Merx, S. 81; Franke/Merx, AuR 2007, 237).

2. Zivilrechtsverkehr

a) Spezielle Einrichtungen

73 Im Bereich des Zivilrechts sind positive Maßnahmen beispielsweise in der Weise möglich, dass Unternehmen ihre **Leistungen ausschließlich oder zu bestimmten Zeiten** nur einer bestimmten benachteiligten Gruppe anbieten, um dieser zu ermöglichen, ihren Bedürfnissen und Interessen in einer benachteiligungsfreien Atmosphäre nachzugehen. Hierzu zählen zB Frauen- und Behindertenparkplätze, Frauenhotels und Frauenlokale, Frauenfreizeit- und -bildungseinrichtungen, Schwulenbars und Zeiten in Schwimmbädern und Saunen ausschließlich für körperbehinderte oder auch ältere Menschen (vgl. auch Palandt-Ellenberger, § 5 Rn. 3).

b) Wohnraum

74 Im Bereich der Versorgung mit Wohnraum kommen **Frauenwohnprojekte** (Tro y Baumann, ai 2007, 11; vgl. auch Schmidt-Räntsch, NZM 2007, 13), ausschließlich **Menschen mit Behinderung vorbehaltener Wohnraum** (Schiek-Schiek, § 5 Rn. 14) sowie sog **begrenzte Förderquoten** zugunsten von benachteiligten Minderheiten in Betracht. Keine positive Maßnahme ist, wenn Bewerber mit Migrationshintergrund abgelehnt werden, weil andernfalls das Wohnumfeld zu „kippen“ droht (Metzger, WM 2007, 49; aA Bauer/Krieger, § 5 Rn. 18) Der Erhalt einer **ausgewogenen Bewohnerstruktur** ist ebenso wie der Erhalt einer ausgewogenen Personalstruktur schon deshalb **keine positive Maßnahme**, weil sie nicht gezielt und unmittelbar der Verhinderung oder dem Ausgleich von Nachteilen dient (→ Rn. 20).

c) Sonstige Leistungen

75 Denkbar wäre zB, dass Banken jüngeren Menschen in der Anschaffungsphase **Darlehen** zu günstigeren Konditionen anbieten. Allerdings müssten sie dann Personen, die sich zB nach einer Trennung oder Scheidung in einer vergleichbaren Lage befinden, die günstigeren Konditionen ebenfalls gewähren.

IV. Sonstige Rechtsfragen/Prozessuales

1. Beteiligungsrechte der Arbeitnehmervertretungen

76 Bei der Einführung positiver Maßnahmen iSd § 5 auf betrieblicher Ebene sind die Beteiligungsrechte des **Betriebsrats** zu beachten. Von Bedeutung sind dabei insbesondere die Beteiligungsrechte des Betriebsrats in sozialen Angelegenheiten nach § 87 Abs. 1 BetrVG, bei der Personalplanung nach § 92 BetrVG sowie bei Auswahlrichtlinien für Einstellungen, Versetzungen, Umgruppierungen und Kündigungen nach § 95 Abs. 1 BetrVG. Ein Initiativrecht hat der Betriebsrat bei § 95 BetrVG gem. Abs. 2 allerdings erst ab einer Betriebsgröße von mehr als 500 Arbeitnehmern. Positive Maßnahmen können mit dem Betriebsrat durch Betriebsvereinbarung iSd § 77 BetrVG vereinbart werden, sofern kein Mitbestimmungsrecht besteht durch freiwillige Betriebsvereinbarung (§ 88 BetrVG), oder auf der Basis einer formlosen Regelungsabrede. Soweit dem Betriebsrat ein echtes Mitbestimmungsrecht zusteht, kann dieser die Einführung von positiven Maßnahmen vom Arbeitgeber auch verlangen (§§ 95 Abs. 2, 87 Abs. 1, 2 BetrVG) und in der Einigungsstelle eine Regelung durchsetzen (Beispiele für Betriebs- und Dienstvereinbarungen finden sich bei Dälken, 2012; Maschke/Zurholt, 2013; Ullenboom, 2012). § 75 BetrVG steht positiven Maßnahmen iSd § 5 nicht entgegen. **Haftungsrechtlich** ist der Arbeitgeber gem. § 15 Abs. 3 bei der Anwendung von Kollektivverträgen privilegiert, er haftet nur bei vorsätzlichem oder grob fahrlässigem Handeln (→ § 15 Rn. 101).

77 In Betrieben und Verwaltungen, in denen **Personalräte, kirchliche Mitarbeitervertretungen oder Richterräte** etc existieren, sind deren Beteiligungsrechte zu beachten.

2. Prozessuale Fragen

78 Positive Maßnahmen können im Rahmen von Rechtsstreitigkeiten eine Rolle spielen, entweder, wenn die klagende Partei **eine positive Maßnahme für sich in Anspruch nimmt, oder** geltend macht, **durch eine solche Maßnahme benachteiligt** worden zu sein. Im ersteren Fall muss die klagende Partei darlegen und ggf. beweisen, dass sie zu der von der Maßnahme erfassten benachteiligten Gruppe gehört und auch die weiteren Tatbestandvoraussetzungen der konkreten Maßnahme erfüllt sind bzw. dass sie sich in einer mit der benachteiligten Gruppe vergleichbaren Lage befindet. Im letzteren Fall ist es Sache der beklagten Partei darzulegen und ggf. zu beweisen, dass die Maßnahme den Anforderungen des § 5 entspricht, insbesondere dass die Maßnahme verhältnismäßig ist (Meinel/Heyn/Herms, § 2 Rn. 2; Bauer/Krieger, § 5 Rn. 4; s. dazu auch die Kommentierung zu § 22).

Abschnitt 2 Schutz der Beschäftigten vor Benachteiligung

Unterabschnitt 1 Verbot der Benachteiligung

§ 6 Persönlicher Anwendungsbereich

(1) [1]Beschäftigte im Sinne dieses Gesetzes sind
1. Arbeitnehmerinnen und Arbeitnehmer,
2. die zu ihrer Berufsbildung Beschäftigten,
3. Personen, die wegen ihrer wirtschaftlichen Unselbstständigkeit als arbeitnehmerähnliche Personen anzusehen sind; zu diesen gehören auch die in Heimarbeit Beschäftigten und die ihnen Gleichgestellten.

[2]Als Beschäftigte gelten auch die Bewerberinnen und Bewerber für ein Beschäftigungsverhältnis sowie die Personen, deren Beschäftigungsverhältnis beendet ist.

(2) [1]Arbeitgeber (Arbeitgeber und Arbeitgeberinnen) im Sinne dieses Abschnitts sind natürliche und juristische Personen sowie rechtsfähige Personengesellschaften, die Personen nach Absatz 1 beschäftigen. [2]Werden Beschäftigte einem Dritten zur Arbeitsleistung überlassen, so gilt auch dieser als Arbeitgeber im Sinne dieses Abschnitts. [3]Für die in Heimarbeit Beschäftigten und die ihnen Gleichgestellten tritt an die Stelle des Arbeitgebers der Auftraggeber oder Zwischenmeister.

(3) Soweit es die Bedingungen für den Zugang zur Erwerbstätigkeit sowie den beruflichen Aufstieg betrifft, gelten die Vorschriften dieses Abschnitts für Selbstständige und Organmitglieder, insbesondere Geschäftsführer oder Geschäftsführerinnen und Vorstände, entsprechend.

I. Überblick

1 Der **persönliche Anwendungsbereich** ist für das Arbeitsrecht und für selbstständige Beschäftigte in § 6 geregelt. Geschützt sind Arbeitnehmer, Auszubildende und arbeitnehmerähnliche Personen. Geschützt werden darüber

hinaus auch Bewerber sowie nach § 6 Abs. 3 Selbstständige und Organmitglieder (Geschäftsführer und Vorstände), wenn es um Bedingungen für den Zugang zur Erwerbstätigkeit sowie den beruflichen Aufstieg geht. Erfasst werden grds. alle Beschäftigten in der Privatwirtschaft und im öffentlichen Dienst und – unter Berücksichtigung ihrer besonderen Rechtsstellung – über § 24 zudem Beamte und Richter (ErfK-Schlachter, § 6 Rn. 1).

2 Die Norm hat keine Entsprechung in den europäischen Antidiskriminierungsrichtlinien (Bauer/Krieger, § 6 Rn. 3), wurde aber vom bundesdeutschen Gesetzgeber eingeführt, um den Anwendungsbereich der Regelungen zum Schutz der Beschäftigten in persönlicher Hinsicht **klarzustellen**. Sie steht neben dem sachlichen Anwendungsbereich (§ 2 Abs. 1 Nr. 1–4).

3 Darüber hinaus leistet die Norm aber ein Weiteres. In § 6 Abs. 1 und Abs. 3 nennt sie den Kreis der geschützten Personen und damit die **möglichen Anspruchsteller**. In § 6 Abs. 2 werden dann die **möglichen Anspruchsgegner** (Arbeitgeber) aufgeführt (vgl. Bauer/Krieger, § 6 Rn. 3).

4 § 6 Abs. 1 verwendet den Oberbegriff des **Beschäftigten**. Die Bestimmungen des zweiten Abschnitts des AGG gelten damit zwar in erster Linie für Arbeitnehmer. Darüber hinaus erstreckt sich der persönliche Anwendungsbereich aber auch auf Gruppen, denen ein vergleichbares Schutzbedürfnis zugebilligt wird (zur Berufsbildung Beschäftigte, arbeitnehmerähnliche Personen, zu denen auch die in Heimarbeit Beschäftigten und die ihnen Gleichgestellten gehören). Ebenfalls als Beschäftigte zählen nach § 6 Abs. 1 S. 2 **Bewerber** für ein Beschäftigungsverhältnis sowie Personen, deren Beschäftigungsverhältnis beendet ist (vgl. ErfK-Schlachter, § 6 Rn. 3 mwN). Dieser Bestimmung liegt ein formaler Bewerberbegriff zugrunde, nach dem Bewerber derjenige ist, der eine Bewerbung eingereicht hat (BAG 11.8.2016 – 8 AZR 375/15 – juris, Rn. 32). Zu beachten ist zudem, dass die Bewerbung nicht subjektiv ernsthaft, dh mit der Absicht die ausgeschriebene Stelle zu erhalten, abgegeben werden muss (BAG 11.8.2016 – 8 AZR 809/14 – juris, Rn. 60; BAG 19.5.2016 – 8 AZR 470/14). Hierbei geht es lediglich um einen möglichen Verstoß gegen Treu und Glauben, nicht jedoch um den formalen Status als Bewerber iSd § 6 Abs. 1 S. 2. Außerdem ist es unerheblich, ob der Bewerber für die ausgeschriebene Stelle objektiv geeignet ist (BAG 23.1.2014 – 8 AZR 118/13 – juris, Rn. 18) Schutz vor Benachteiligung soll vor der Anbahnung des Arbeitsverhältnisses, während seiner Durchführung bis hin zu seiner Beendigung und darüber hinaus geboten werden (vgl. BAG 27.1.2011 – 8 AZR 580/09 – NZA 2011, 737; BAG 16.2.2012 – 8 AZR 697/10 – NZA 2012, 669).

5 Der zweite Abschnitt des AGG regelt das Verhältnis **zwischen** den Personengruppen, die unter den persönlichen Geltungsbereich fallen (einerseits § 6 Abs. 1 und Abs. 3, die möglichen Anspruchsteller, andererseits § 6 Abs. 2, die möglichen Anspruchsgegner). Zwar ist nach § 7 Abs. 3 auch eine Benachteiligung durch einen anderen Beschäftigten eine Verletzung arbeitsvertraglicher Pflichten. Diese entfaltet aber primär Rechtsfolgen nur im Verhältnis zwischen dem benachteiligten Beschäftigten und dem Arbeitgeber (Bauer/Krieger, § 7 Rn. 34). Mögliche Sanktionen gegen den benachteiligenden Beschäftigten sind erst in zweiter Linie Regelungsgegenstand des AGG (zum Rechtsverhältnis zwischen dem benachteiligten Arbeitneh-

mer und dem benachteiligenden Arbeitnehmer ausführlich → § 7 Rn. 343 ff.).

II. Beschäftigte

6 Beschäftigte iSv § 6 Abs. 1 sind Arbeitnehmer und Arbeitnehmerinnen (§ 6 Abs. 1 Nr. 1), die zu ihrer Berufsausbildung Beschäftigten (§ 6 Abs. 1 Nr. 2) sowie Personen, die wegen ihrer wirtschaftlichen Unselbstständigkeit als **arbeitnehmerähnliche** Personen anzusehen sind; zu diesen gehören auch die in Heimarbeit Beschäftigten und die ihnen Gleichgestellten (§ 6 Abs. 1 Nr. 3).

1. Arbeitnehmer und Arbeitnehmerinnen

7 Nach hM ist Arbeitnehmer derjenige, der aufgrund eines privatrechtlichen Vertrages im Dienste eines anderen (des Arbeitgebers) **zur Leistung fremdbestimmter Arbeit in persönlicher Abhängigkeit verpflichtet** ist. Insoweit enthält § 84 Abs. 1 S. 2 HGB ein typisches Abgrenzungsmerkmal: Nach dieser Bestimmung ist **selbstständig**, wer im Wesentlichen frei seine Tätigkeit gestalten und seine Arbeitszeit bestimmen kann (vgl. auch BAG 9.6.2010 – 5 AZR 332/09 – NZA 2010, 877). Unselbstständig und deshalb persönlich abhängig ist dagegen der Mitarbeiter, dem dies nicht möglich ist (ständige Rechtsprechung, vgl. BAG 20.8.2003 – 5 AZR 610/02 – NZA 2004, 39). Zwar gilt diese Regelung unmittelbar nur für die Abgrenzung des selbstständigen Handelsvertreters vom abhängig beschäftigten Handlungsgehilfen. Über diesen unmittelbaren Anwendungsbereich hinaus enthält die Vorschrift jedoch eine allgemeine gesetzgeberische Wertung, die bei der Abgrenzung des Dienstvertrages vom Arbeitsvertrag zu beachten ist, zumal dies die einzige Norm ist, die hierfür Kriterien enthält (BAG 20.9.2000 – 5 AZR 61/99 – NZA 2001, 551). Unterliegt also der Beschäftigte hinsichtlich Zeit, Dauer, Ort sowie der Ausführung der versprochenen Dienste einem umfassenden Weisungsrecht, liegt ein Arbeitsverhältnis vor. Kann er im Wesentlichen die Arbeitsbedingungen frei gestalten, ist er ein freier Mitarbeiter (ständige Rechtsprechung des BAG, vgl. statt aller: BAG 9.5.1984 – 5 AZR 195/82 – AP § 611 BGB Abhängigkeit Nr. 45; BAG 25.3.1992 – 7 ABR 52/91 – AP § 5 BetrVG 1972 Nr. 48; BAG 20.5.2009 – 5 AZR 31/08 – NZA-RR 2010, 172; BAG 9.6.2010 – 5 AZR 332/09 – NZA 2010, 877; vgl. ausführlich DKKW-Trümmer, BetrVG § 5 Rn. 9 mzN).

8 Eine gesetzliche Definition des Arbeitnehmers (des Arbeitsvertrags) findet sich in § 611 a BGB. Nach dem Willen des Gesetzgebers soll die Definition in § 611 a BGB aber letztendlich nichts anderes bewirken, als die Rechtsprechung des BAG zur Abgrenzung zwischen Arbeitnehmern, freien Dienstnehmern und aufgrund eines Werkvertrages Tätigen wiederzugeben. Die Definition in § 611 a BGB entspricht daher der Rechtsprechung des BAG (vgl. Richardi, NZA 2017, 36 ff., 36; Henssler, AÖ 2017, 5, 6).

9 Der Arbeitnehmerbegriff ist darüber hinaus gesetzlich bestimmt in § 5 Abs. 1 BetrVG. Hiermit werden ausdrücklich die zu ihrer Berufsausbildung Beschäftigten unter den betriebsverfassungsrechtlichen Arbeitnehmerbegriff gefasst, obgleich ihre Arbeitnehmereigenschaft im vertragsrechtlichen

Sinne umstritten ist (DKKW-Trümner, BetrVG § 5 Rn. 3). Ähnliches gilt für die in Heimarbeit Beschäftigten. Diese fallen ausdrücklich unter den betriebsverfassungsrechtlichen Arbeitnehmerbegriff. Etwas anderes gilt für leitende Angestellte. Obwohl sie vertragsrechtlich Arbeitnehmer sind, fallen sie aufgrund des § 5 Abs. 3 BetrVG nicht unter den Begriff des betriebsverfassungsrechtlichen Arbeitnehmers (ebd.). Zusammenfassend lässt sich also sagen, dass der betriebsverfassungsrechtliche Arbeitnehmerbegriff in § 5 BetrVG zum Teil weiter, zum Teil enger ist, als der vertragsrechtliche (DKKW-Trümner, BetrVG § 5 Rn. 2).

10 Keine Arbeitnehmer sind „Ein-Euro-Jobber". Das Rechtsverhältnis zwischen einem erwerbsfähigen Hilfebedürftigen und einer Leistungserbringerin auf der Basis des früheren § 16 d S. 2 SGB II, jetzt § 16 d Abs. 7 (sogenannter **Ein-Euro-Job**) ist kein Arbeitsverhältnis, sondern öffentlich-rechtlicher Natur (vgl. BAG 20.2.2008 – 5 AZR 290/07 – NZA-RR 2008, 401; BAG 26.9.2007 – 5 AZR 857/06 – NZA 2007, 1422). Selbiges gilt für Arbeitsgelegenheiten iSd §§ 5, 5 a AsylbLG.

11 Auch bei modernen Arbeitsformen wie beispielsweise beim Crowdworking wird die Abgrenzung dahin gehend, ob jemand Arbeitnehmer, arbeitnehmerähnliche Person, freier Mitarbeiter etc ist, nach den klassischen Kriterien vorgenommen, mit denen das BAG bereits seit Jahren versucht, Arbeitnehmer und Selbstständige voneinander abzugrenzen (vgl. hierzu Köhler, Arbeitswelt 4.0, S. 61 ff.; Brandt, AiB 2016, 16 ff.; Däubler, AiB extra 2015, 29 ff.; Däubler/Klebe, NZA 2015, 1032 ff.).

2. Selbstständige

12 Der Arbeitnehmer ist abzugrenzen von den selbstständig Tätigen, auf die das Arbeitsrecht keine Anwendung findet. Das BAG unterscheidet dabei insbesondere den **Grad der persönlichen Abhängigkeit** und die **Eingliederung in die Arbeitsorganisation**: Danach unterscheidet sich das Arbeitsverhältnis vom Rechtsverhältnis eines freien Mitarbeiters durch den Grad der persönlichen Abhängigkeit, in welchem der zur Dienstleistung Verpflichtete jeweils zum Dienstberechtigten steht. Arbeitnehmer ist, wer seine Dienstleistung gegenüber einem Dritten im Rahmen einer von diesem bestimmten Arbeitsorganisation zu erbringen hat. Die Eingliederung in die fremde Arbeitsorganisation wird insbesondere dadurch deutlich, dass der Arbeitnehmer hinsichtlich Zeit, Dauer und Ort der Ausführung der übernommenen Dienste einem umfassenden **Weisungsrecht** des Arbeitgebers unterliegt. Häufig – bei Diensten höherer Art nicht notwendig – tritt auch eine fachliche Weisungsgebundenheit hinzu (ständige Rechtsprechung: BAG 13.1.1983 – 5 AZR 149/82 – AP § 611 BGB Abhängigkeit Nr. 42; BAG 29.5.1991 – 7 ABR 67/90 – AP § 9 BetrVG 1972 Nr. 2; BAG 6.5.1998 – 5 AZR 347/97 – AP § 611 BGB Abhängigkeit Nr. 94). Die weitgehende Bestimmung der zu erbringenden Leistungen bereits im Vertrag selbst spricht erheblich gegen eine persönliche Abhängigkeit vom Dienstberechtigten mit der Folge, dass kein Arbeitsverhältnis vorliegt. Bei der Frage nach der persönlichen Abhängigkeit des Mitarbeiters muss vor allem auf die **Eigenart der jeweiligen Tätigkeit** abgestellt werden. Denn abstrakte, für alle Arbeitsverhältnisse geltende Kriterien lassen sich nicht auf-

stellen (BAG 13.1.1983 – 5 AZR 149/82 – AP § 611 BGB Abhängigkeit Nr. 42; BAG 20.1.2010 – 5 AZR 99/09 – AP § 611 BGB Abhängigkeit Nr. 119). Eine Anzahl von Tätigkeiten kann sowohl im Rahmen eines Arbeitsverhältnisses als auch im Rahmen eines freien Dienstverhältnisses (freies Mitarbeiterverhältnis) erbracht werden. Maßgeblich für ein Arbeitsverhältnis ist insoweit, dass der Arbeitgeber innerhalb eines bestimmten, zeitlichen Rahmens über die Arbeitsleistung des Arbeitnehmers verfügen darf (BAG 27.3.1991 – 5 AZR 194/90 – AP § 611 BGB Abhängigkeit Nr. 53; BAG 20.5.2009 – 5 AZR 31/08 – AP § 611 BGB Arbeitnehmerähnlichkeit Nr. 16; BAG 15.2.2012 – 10 AZR 301/10 – NZA 2012, 731). Hierfür ist auch kennzeichnend, dass der Arbeitgeber über die Verteilung der **Arbeitszeit** auf die einzelnen Arbeitstage sowie über Beginn und Ende der regelmäßigen Arbeitszeit entscheidet (BAG 30.10.1991 – 7 ABR 19/91 – AP § 611 BGB Abhängigkeit Nr. 59).

13 Die Abgrenzung im Einzelfall ist höchst problematisch, wie die umfangreich dazu ergangene Judikatur (vgl. die Aufstellung bei Schaub/ArbR-HdB, § 8 Rn. 48, 49 mwN; Küttner-Röller, 190 Freie Mitarbeit Rn. 2 ff.) zeigt. Die Einzelheiten der Abgrenzung und der Merkmale sind umstritten (vgl. insoweit die einschlägige Standardliteratur, DKKW-Trümner, BetrVG § 5 Rn. 63 ff.; HWK/Thüsing, BGB Vor § 611 Rn. 42 ff.; Schaub/ArbR-HdB, § 8 Rn. 9 ff.). In der arbeitsrechtlichen Praxis sind diese unterschiedlichen Rechtsauffassungen nicht recht weiterführend. Es wird in erster Linie darum gehen, den Sachverhalt vernünftig und umfassend aufzuklären. Wenn der Sachverhalt vernünftig und umfassend geklärt ist, wird man idR unter Berücksichtigung der oben aufgeführten Kriterien die Frage, ob jemand Arbeitnehmer oder freier Mitarbeiter (Selbstständiger) ist, entscheiden können. Es empfiehlt sich, die Abklärung des Sachverhaltes anhand von Indizien vorzunehmen, die alleine für sich nicht ausschlaggebend sind, insgesamt jedoch ein Bild dahin gehend geben können, ob jemand als Arbeitnehmer oder freier Mitarbeiter anzusehen ist. Solche **Merkmale und Indizien für das Vorliegen abhängiger Beschäftigung als Arbeitnehmer** können sein:

14
1. Persönliche Abhängigkeit, die sich
   a) in der Weisungsbefugnis des Arbeitgebers und/bzw.
   b) Eingliederung in den Betrieb zeigt
2. Fehlende Befugnis des Betroffenen, seine Arbeitsleistung auf andere Personen zu delegieren
3. Weitreichende Kontroll- und Mitspracherechte des Auftraggebers
   a) bezüglich der Produktions- und Betriebsmittel
   b) bezüglich der Ablehnung von Aufträgen
   c) bezüglich der Preiskalkulation
   d) bezüglich der Werbemaßnahmen, Kundenakquisition
4. Umfangreiche Berichtspflicht
5. Fehlende Beschäftigung weiterer Arbeitnehmer bzw.
   a) nur geringfügig Beschäftigter
   b) nur Familienangehöriger
   c) durch den Betroffenen

6. Fehlende eigene Betriebs- und Produktionsmittel bzw. Beschaffung der Betriebs- und Produktionsmittel vor allem mit Darlehen/Kapital des Auftraggebers
7. Bestehen einer Ausschließlichkeitsklausel (Bindung an nur einen Auftraggeber)/fehlende Möglichkeit, auch für andere Auftraggeber tätig zu sein
8. Verbot, gegenüber Kunden mit eigenem Logo, im eigenen Namen, auf eigene Rechnung aufzutreten
9. Vorherige Ausübung der gleichen Tätigkeit als Arbeitnehmer beim gleichen Arbeitgeber
10. Bezeichnung der Entlohnung als festes Gehalt anstelle einer Umsatzbeteiligung
11. Bestehen von (tariflichen) Urlaubs- und Lohnfortzahlungsansprüchen
12. Fehlen eines Unternehmerrisikos
13. Existenz eines direkten Vorgesetzten, der den Arbeitsablauf regelt
14. Fehlen einer eigenen Betriebsstätte
15. Jederzeitige Zugriffs- und Einwirkungsmöglichkeiten des Auftraggebers (zB durch Betriebsfunk, Online-Dienste)
16. Fehlende Mitgliedschaft in Organisationen (zB IHK, Handwerkskammer)
17. Bewertung der Einkünfte durch die Finanzverwaltung als Einkünfte aus nichtselbstständiger Tätigkeit

15 Auf der anderen Seite kann man mit einer ähnlichen Checkliste versuchen, sich anhand von Indizien im Rahmen der Sachverhaltsaufklärung der Beantwortung der Frage zu nähern, ob der Sachverhalt eher für eine Arbeitnehmereigenschaft oder eine **Selbstständigkeit** spricht. Solche Indizien können sein:

16

1. Tätigkeit für eine unbestimmte Anzahl von Auftraggebern
2. Einkünfte von verschiedenen Auftraggebern
3. Keine Ausschließlichkeitsbindung an einen Auftraggeber, Möglichkeit des Wechsels des Auftraggebers
4. Beschäftigung von Mitarbeitern
5. Ggf. Gewerbeanmeldung, soweit rechtlich erforderlich
6. Ggf. Zahlung von Gewerbesteuer, soweit gewerbesteuerpflichtig
7. Ggf. Handelsregisteranmeldung, soweit rechtlich erforderlich
8. Beantragung einer eigenen Betriebsnummer beim Arbeitsamt zur Beschäftigung von Arbeitnehmern – wenn auch nicht sofort, so doch evtl. später bei Bedarf
9. Eigene Geschäfts-/Betriebs-/Büroeröffnung, ua mit
   a) eigenen Geschäfts- und Büroräumen
   b) eigenem Türschild
   c) Telefonbucheintrag
   d) Eintrag in die Gelben Seiten
   e) eigenem Fax, ggf. E-Mail
   f) Tragung von sämtlichen Betriebskosten wie Miete, Strom, Wasser, Telefon, Büromaterial, Porto, Reinigung der Büroräume etc
   g) Betriebskonto, keine Vermengung mit privaten Kontenbewegungen

10. (weitestgehend) freie Verfügungsmöglichkeit in rechtlicher und tatsächlicher Hinsicht über die eigene Arbeitskraft („ob und wie")
11. Keine Vereinbarung einer regelmäßigen Arbeits- oder Anwesenheitszeit und damit keine Führung eines Anwesenheitsnachweises
12. Kein Anspruch auf Fortzahlung der Vergütung im Krankheitsfall
13. Rechtliche Möglichkeit, sich im Krankheitsfall durch eine Ersatzkraft vertreten zu lassen
14. Möglichkeit, bei (länger andauernder) Erkrankung nicht erledigte Aufträge an den Auftraggeber zurückzugeben – soweit wirtschaftlich opportun
15. Keine Pflicht, sich bei einem Auftraggeber krank zu melden
16. Kein Anspruch auf bezahlten Urlaub
17. Arbeit (überwiegend) in eigenen Büroräumen – je nach Art der Tätigkeit –, jedenfalls nicht (überwiegend) in den Büroräumen eines Auftraggebers
18. Weisungsfreiheit hinsichtlich Ort, Zeit, Dauer und Inhalt der Tätigkeit; keine Bindung an feste Arbeitszeiten/Kernzeiten/Arbeitszeiterfassung mit eigenem Zeitkonto, keine ständige Dienst-/Abrufbereitschaft, Einteilung in Dienstpläne oder „erwartete" Anwesenheit während der üblichen Bürostunden
19. Mittelpunkt eines eigenen Betriebs mit selbstständiger Betriebsorganisation; keine fremdbestimmte Tätigkeit als dienendes Glied einer fremden Betriebsorganisation mit persönlicher Arbeitspflicht; insbesondere nicht identische Tätigkeit wie andere Arbeitnehmer desselben Auftraggebers
20. Kontrolle des Arbeitserfolgs zum Beispiel durch Abnahme nach Werkvertragsrecht
21. Recht, sich bei der Ausübung der Tätigkeit von Dritten vertreten zu lassen
22. Eigene Akquisitionsmaßnahmen, Werbung
23. Keine Verpflichtung zur Benutzung bestimmter Arbeitsmittel (Dienstkleidung/Firmenfahrzeug)
24. Eigene Entscheidung über Beschaffung wesentlicher Arbeitsmittel und/oder Arbeitsmaterialien und eigene Kostentragung dafür
25. Einsatz eigenen Kapitals, ggf. Erhalt von Förderungsmitteln für Existenzgründer; kein Erhalt von Finanzierungshilfen durch einen der Auftraggeber
26. Möglichkeit und Recht, angetragene Aufträge abzulehnen
27. Freie Kalkulation; Auftragserhalt aufgrund eines Angebots, Ausschreibung, eigene Preisgestaltung, Wettbewerbssituation
28. Bestehen und Tragung eines eigenen Unternehmerrisikos mit vollen unternehmerischen Chancen, Ungewissheit hinsichtlich des Erfolgs der eingesetzten Arbeitskraft
29. Erbringung der Leistung im eigenen Namen und auf eigene Rechnung
30. Gewährleistung für eigene Tätigkeit/ggf. Vereinbarung einer Konventionalstrafe
31. Eigene berufliche Haftpflichtversicherung
32. Ggf. eigene betriebliche Unfallversicherung bei der Berufsgenossenschaft

33. Vergütung durch Rechnungsstellung/Honorar; kein Erhalt typischer Arbeitgeberleistungen wie festes und konstant gleiches Gehalt/Honorar, Reise- und Übernachtungsspesen, Erstattung von Auslagen für die Benutzung des eigenen Pkw, PC, Fax, Versicherungsbeiträge, verbilligtes Kantinenessen etc
34. Anmeldung der Aufnahme der selbstständigen Tätigkeit beim Finanzamt, Steuernummer für Einkommensteuer und Umsatzsteuer

17 Auch hier gilt: Die einzelnen Kriterien haben keine absolute Aussagekraft, zusammengenommen können die Indizien ein Bild ergeben, ob jemand als Arbeitnehmer oder freier Mitarbeiter (Selbstständiger) einzustufen ist. Man spricht insoweit von einem „Typus".

18 **Beispiel:** Ein Mitarbeiter hat mit einem Unternehmen einen Vertrag. Es gibt eine Rahmenvereinbarung, die sich auf eine Tätigkeit als „freier Mitarbeiter" bezieht. Für jede einzelne Tätigkeit werden gesonderte Vereinbarungen abgeschlossen. Die Vereinbarungen sind befristet. Der Mitarbeiter arbeitet mehr oder weniger regelmäßig in einem relativ hohen Umfang. Der Mitarbeiter ist – mehr oder weniger – in den Organisationsablauf eingebunden und weisungsgebunden. Nach Ablauf einer Befristung – oder anders ausgedrückt: unterlassener Verlängerung durch das Unternehmen – fällt es dem Mitarbeiter ein, dass er doch Arbeitnehmer ist und er erhebt eine Statusklage und macht geltend, Arbeitnehmer zu sein. Das Unternehmen fordert bezahlte Honorare zurück, da es geltend macht, einem Arbeitnehmer regelmäßig weniger zu zahlen als einem freien Mitarbeiter. Diese Fallkonstellationen finden sich vielfach im Rundfunkbereich, (vgl. beispielsweise BAG 8.11.2006 – 5 AZR 706/05 – NZA 2007, 321). Anhand der oben aufgeführten Kriterien wird subsumiert, wie im Einzelfall entschieden, ob es sich bei dem Mitarbeiter um einen Arbeitnehmer oder freien Mitarbeiter handelt. Ist er Arbeitnehmer, sind Befristungen nach dem TzBfG zu überprüfen, hinsichtlich des Honorars kommen, soweit das Honorar das übliche Entgelt für einen Arbeitnehmer übersteigt, Rückforderungsansprüche durch das Unternehmen in Betracht. Den Einwand, die jeweils andere Partei verhalte sich rechtsmissbräuchlich (der freie Mitarbeiter, weil er nach Jahren der Zusammenarbeit geltend macht, Arbeitnehmer zu sein; der Arbeitgeber, weil er trotz entsprechender Handhabung und Abrechnung überzahlte Honorare zurückfordert), lässt das BAG idR nicht durchgreifen (vgl. statt aller: BAG 8.11.2006 – 5 AZR 706/05 – NZA 2007, 321).

19 Die Frage der Abgrenzung Arbeitnehmer/freier Mitarbeiter (Selbstständiger) ist ebenfalls relevant für die Frage des **Gerichtsweges:** Für Klagen von Arbeitnehmern sind idR die Gerichte für Arbeitssachen nach § 2 Abs. 1 Nr. 3, 4 ArbGG zuständig, die nach § 2 Abs. 5 ArbGG iVm §§ 46 ff. ArbGG im Urteilsverfahren entscheiden. Für Rechtsstreitigkeiten von Selbstständigen wäre dagegen die Zuständigkeit der ordentlichen Gerichte gegeben (§ 13 GVG) (zur Zuständigkeitsprüfung vgl. im Einzelnen GMP-Schlewing ArbGG § 2 Rn. 5 ff.; Grunsky, ArbGG § 2 Rn. 8 ff.; Walker, in: Schwab/Weth, ArbGG § 2 Rn. 36 ff.).

3. Sonderfall: Geschäftsführer als Arbeitnehmer

20 Grundsätzlich voneinander zu trennen ist der Akt der **Bestellung** als gesellschaftsrechtlicher Vorgang, durch die die Organstellung des Geschäftsführers begründet wird, von dem der **Organstellung** zugrunde liegenden (Dienst-)Vertrag (vgl. ausführlich Schrader/Schubert, DB 2005, 1457). Daraus ergibt sich einmal: Der Geschäftsführer, der zum Organ einer GmbH bestellt wird, ist immer „echter" Geschäftsführer iSd GmbH-Gesetzes. Eine vollkommen andere Frage ist diejenige, als was das Rechtsverhältnis, das der Organstellung zugrunde liegt, zu qualifizieren ist. Hier gibt es unterschiedliche Rechtsauffassungen des BGH einerseits und des BAG andererseits.

a) Rechtsprechung des BGH

21 Die Rechtsprechung des BGH ist und bleibt derzeit eindeutig: Der Geschäftsführer ist kein Arbeitnehmer. Bereits in älteren Entscheidungen heißt es ausdrücklich, dass der **organschaftliche Vertreter** einer GmbH arbeitsrechtlich kein Arbeitnehmer sei (BGH 9.11.1967 – II ZR 64/67 – BGHZ 49, 30; BGH 9.2.1978 – II ZR 189/76 – DB 1978, 878; BGH 29.1.1981 – II ZR 92/80 – DB 1981, 982). Die Frage, ob ein Fremdgeschäftsführer, der nicht an der GmbH beteiligt ist, im Wege der Auslegung des § 6 Abs. 1 abweichend als Beschäftigter und damit als Arbeitnehmer anzusehen ist, hat der BGH bis dato unbeantwortet gelassen (BGH 23.4.2012 – II ZR 163/10 – DB 2012, 1499).

22 Bei der Frage der Kündigung des Vertragsverhältnisses eines Geschäftsführers und der Wirksamkeit dieser Kündigung beschäftigt sich der BGH überhaupt nicht mit der Frage, ob der Geschäftsführer Arbeitnehmer sei oder nicht. Wörtlich:

23 „Die ordentliche Kündigung des Anstellungsverhältnisses des Geschäftsführers einer GmbH bedarf mit Rücksicht auf seine Vertrauensstellung als organschaftlicher Vertreter der Gesellschaft mit Unternehmerfunktion keines sie rechtfertigenden Grundes. Sie ist, sofern ihre formellen Voraussetzungen erfüllt sind, auch dann wirksam, wenn sie sich auf keinen anderen Grund als den Willen des kündigungsberechtigten Organs stützen kann. ... Die Gesellschaft verhält sich damit grundsätzlich ordnungsgemäß, wenn sie die sofortige **Abberufung** aus der Organstellung mit der ordentlichen Kündigung des Anstellungsvertrages zu dem vertraglich oder gesetzlich vorgesehenen Beendigungszeitpunkt verbindet. ... Diese Kündigung trägt ihre Rechtfertigung in sich; sie ist vom Geschäftsführer hinzunehmen, auf welchen Erwägungen sie auch beruhen mag" (vgl. BGH 3.11.2003 – II ZR 158/01 – ZIP 2004, 461).

24 Dies zeigt sich an einer Reihe von weiteren Entscheidungen: So findet auf Geschäftsführer beispielsweise mangels Arbeitnehmerstellung nicht das **Arbeitnehmererfindungsgesetz** Anwendung (BGH 26.9.2006 – X ZR 181/03).

25 Allenfalls stellt sich für den BGH nach einer Abberufung als Organ und Weiterbeschäftigung die Frage, ob ein Arbeitsverhältnis vorliegen könnte, allerdings nicht während der laufenden Bestellung zum Organ (BGH 23.1.2003 – IX ZR 39/02 – ZIP 2003, 485).

26 Die Begründung des BGH ist gleichlautend: Der Geschäftsführer kann nicht Arbeitnehmer der Gesellschaft sein, da er Organ ist. Als Organ gehört es zu seinen **Leitungsaufgaben**, dass er für die Ordnungsgemäßheit und Rechtmäßigkeit des Verhaltens der Gesellschaft und der für sie handelnden Personen nach außen die Verantwortung trägt und im Innenverhältnis die Arbeitgeberfunktion erfüllt. Er ist – um es zu wiederholen – nach der Rechtsprechung nicht Arbeitnehmer einer Gesellschaft, die Begründung liegt in der Wahrnehmung der organschaftlichen Aufgabe (so ausdrücklich BGH 10.9.2001 – II ZR 14/00 – ZIP 2001, 1957).

27 Aus diesem Grunde bedarf es vor der fristlosen Kündigung eines Geschäftsführers regelmäßig auch keiner Abmahnung. Das Institut der **Abmahnung** gilt ausdrücklich nur im Arbeitsverhältnis im Hinblick auf die soziale Schutzbedürftigkeit abhängig Beschäftigter und nicht für Leitungsorgane von Kapitalgesellschaften: Diese kennen regelmäßig die ihnen obliegenden Pflichten und sind sich über die Tragweite etwaiger Pflichtverletzungen auch ohne besondere Hinweise und Ermahnungen im Klaren (BGH 14.2.2000 – II ZR 218/98 – NJW 2000, 1638). Pflichtverletzungen eines Leitungsorgans führen in aller Regel zu einer nachhaltigen Störung des der Organstellung zugrunde liegenden Vertrauensverhältnisses, weswegen eine Abmahnung auch nach dem Verständnis von § 314 Abs. 2 BGB (hier iVm § 323 Abs. 2 Nr. 3 BGB) entbehrlich ist (BGH 2.7.2007 – II ZR 71/06 – NJW-RR 2007, 1520; Palandt-Grüneberg, BGB § 314 Rn. 8).

28 Für den BGH ergibt sich nach alledem kraft Gesetzes, dass ein Geschäftsführer kein Arbeitnehmer ist (so bereits BGH 11.7.1953 – II ZR 126/52 – BGHZ 10, 187). Allerdings steht es nach dem BGH den Vertragspartnern des Dienstvertrages frei, die entsprechende Geltung arbeitsvertraglicher Normen zu vereinbaren und deren Regelungsgehalt zum Vertragsinhalt zu machen. Der BGH hat mit Urteil vom 10.5.2010 (BGH 10.5.2010 – II ZR 70/09 – NZA 2010, 889) die Vereinbarung der Anwendung des Kündigungsschutzes auf das Dienstverhältnis von Geschäftsführern für zulässig erklärt. Den Parteien eines Geschäftsführeranstellungsvertrages ist es danach rechtlich nicht verwehrt, dem Geschäftsführer vertraglich eine zusätzliche Rechtsposition einzuräumen, die darin besteht, die Wirksamkeit der Kündigung vom Erfordernis eines Kündigungsgrundes iSv § 1 Abs. 2 KSchG abhängig zu machen (vertiefend Stagat, NZA 2010, 975).

b) Rechtsauffassung in der Literatur

29 Soweit ersichtlich, wird in der gesellschaftsrechtlichen Literatur ebenfalls keine anderweitige Auffassung vertreten. Es wird relativ einhellig davon ausgegangen, dass es sich bei dem der Organstellung zugrunde liegenden Vertrag um einen freien Dienstvertrag und gerade nicht um einen Arbeitsvertrag handelt (vgl. Marsch-Barner/Diekmann, in: Münch. HdB GesR, § 43 Rn. 8 f. mwN; Roth/Altmeppen, GmbHG, § 6 Rn. 73 ff.; Zöllner/Noack, in: Baumbach/Hueck, GmbH-Gesetz, GmbHG § 35 Rn. 172 f. mwN; Reiserer/Heß-Emmerich, Der GmbH-Geschäftsführer, S. 20 f. mwN; Arens/Beckmann, Die anwaltliche Beratung des GmbH-Geschäftsführers, S. 23). Organmitgliedern fehle es nicht nur an der **persönlichen Abhängigkeit**, sie repräsentieren vielmehr die juristische Person unmittelbar als Ar-

beitgeber, so dass sie gerade keine Arbeitnehmer darstellen können (so auch ErfK-Preis, BGB § 611 Rn. 137 f. mwN; Henssler, RdA 1992, 289 mwN). Daraus folgt: Auch nach der weitaus herrschenden Auffassung in der Lehre ist der Geschäftsführer einer GmbH nie Arbeitnehmer.

c) Rechtsauffassung des EuGH

30 Der EuGH hat mit Urteil vom 11.11.2010 (vgl. EuGH 11.11.2010 – Rs. C-232/09; neu: EuGH 10.9.2015 – Rs. C-47/14 (Holtermann) – EuZW 2015, 922) entschieden, dass auch GmbH-Geschäftsführer Arbeitnehmer im Sinne der europarechtlichen Vorschriften und Normen sind. Im konkreten Fall ging es um die Abberufung einer Geschäftsführerin und ihre Kündigung. In dem konkreten Verfahren hatte der Arbeitgeber sich darauf berufen, die betreffende Geschäftsführerin (Frau Danosa) würde keinen arbeitsrechtlichen Weisungen unterliegen, sondern nur gesellschaftsrechtlichen. Insoweit ist die rechtliche Konstruktion identisch mit dem deutschen Gesellschaftsrecht. In den Entscheidungsgründen wird ausdrücklich klargestellt, dass

- auch die Weisungsgebundenheit gegenüber den Gesellschaftern ein Unterordnungsverhältnis und damit eine Arbeitnehmerstellung begründet (vgl. EuGH 11.11.2010 – Rs. C-232/09 – juris, Rn. 47),
- eine Rechenschaftspflicht gegenüber den Gesellschaftern besteht (vgl. EuGH 11.11.2010 – Rs. C-232/09 – juris, Rn. 49),
- eine Abberufungsmöglichkeit besteht, ohne dass eine Kontrolle besteht bzw. gegen den Willen der betroffenen Geschäftsführerin entschieden werden kann (vgl. EuGH 11.11.2010 – Rs. C-232/09 – juris, Rn. 50).

Weiter heißt es wörtlich:

„Zwar ist nicht auszuschließen, dass die Mitglieder eines Leitungsorgans einer Gesellschaft, wie es das Kollegium der Geschäftsführer ist, in Anbetracht ihrer spezifischen Aufgaben und des Rahmens sowie der Art und Weise der Ausübung dieser Aufgaben nicht unter den Arbeitnehmerbegriff fallen, ..., doch erfüllt ein Mitglied der Unternehmensleitung, das gegen Entgelt Leistungen gegenüber der Gesellschaft erbringt, die es bestellt hat und in die es eingegliedert ist, das seine Tätigkeit nach der Weisung oder unter der Aufsicht eines anderen Organs dieser Gesellschaft ausübt und das jederzeit ohne Einschränkung von seinem Amt abberufen werden kann, dem ersten Anschein nach die Voraussetzungen, um als Arbeitnehmer im Sinne der oben aufgeführten Rechtsprechung des Gerichtshofs zu gelten.“ (vgl. EuGH 11.11.2010 – Rs. C-232/09 – juris, Rn. 51).

In Rn. 39 der Entscheidung wird der europarechtliche Arbeitnehmerbegriff definiert (vgl. EuGH 11.11.2010 – Rs. C-232/09 – juris, Rn. 39).

Dort heißt es, dass das wesentliche Merkmal des Arbeitsverhältnisses darin besteht, dass eine Person während einer bestimmten Zeit für eine andere nach deren Weisung Leistungen erbringt, für die sie als Gegenleistung eine Vergütung erhält. Weiter heißt es (Rn. 40), dass es für die Arbeitnehmereigenschaft im Sinne des Unionsrechts ohne Bedeutung ist, ob das Beschäftigungsverhältnis nach nationalem Recht ein Rechtsverhältnis sui generis ist.

31 Im Zuge und im Lichte dieser Entscheidung ist die Frage, ob Geschäftsführer nunmehr Arbeitnehmer sind oder nicht, in der Literatur höchst kontrovers diskutiert worden (für Arbeitnehmereigenschaft: Brötzmann, GmbHR 2015, 984 f.; ErfK-Preis, BGB § 611 Rn. 138; gegen Arbeitnehmereigenschaft: BGH 10.5.2010 – II ZR 70/09; Altmeppen, in: Roth/Altmeppen, GmbHG, § 6 Rn. 73; Paefgen, in: Ulmer/Habersack/Löbbe, GmbHG, § 35 Rn. 245; Kleindiek, in: Lutter/Hommelhoff, GmbHG, Anh. zu § 6, Rn. 3 ff.; Graef/Heilemann, GmbHR 2015, 225).

In der instanzgerichtlichen Rechtsprechung wurde die Arbeitnehmereigenschaft des GmbH-Geschäftsführers bisher verneint, da für die Frage der Arbeitnehmerstellung nicht auf den unionsrechtlichen Arbeitnehmerbegriff abgestellt werden könne, wenn eine Kündigung nicht im Anwendungsbereich von unionsrechtlichen Richtlinien ausgesprochen wurde. Da das Kündigungsschutzgesetz nicht auf einer unionsrechtlichen Richtlinie beruht, solle der unionsrechtliche Arbeitnehmerbegriff keine Anwendung finden (ArbG Stuttgart 21.12.2016 – 26 Ca 735/16 – NZA-RR 2017, 69, 74).

32 Wenn es zur Anwendung von Schutzbestimmungen kommt, so ist dies nicht Ausfluss einer Anerkennung des Geschäftsführers als Arbeitnehmer, sondern § 37 GmbH geschuldet. Nur mittels dieser Brücke gelangt man zu einer gewissen sozialen Schutzbedürftigkeit, die zB zu der entsprechenden Anwendung des § 622 BGB führt, aber auch nur dann, wenn der Geschäftsführer nicht am Kapital der Gesellschaft beteiligt ist (ErfK-Preis, BGB § 611 Rn. 138; BGH 29.1.1981 – II ZR 92/80 – BB 1981, 752).

d) Rechtsauffassung des BAG

33 Das BAG steht demgegenüber auf dem Standpunkt, dass bei einem GmbH-Geschäftsführer jedenfalls die Möglichkeit bestehe, dass dieser als Arbeitnehmer einzustufen sei (vgl. BAG 15.4.1982 – 2 AZR 1101/79 – ZIP 1983, 607; BAG 13.5.1992 – 5 AZR 344/91 – ZIP 1992, 1496; BAG 31.8.1998 – 5 AZB 21/98; BAG 26.5.1999 – 5 AZR 664/98 – DB 1999, 1906). Ansonsten bestünde die Gefahr, dass **arbeitsrechtliche Schutzbestimmungen** umgangen würden. Dies soll dann der Fall sein, wenn der Geschäftsführer aufgrund des Gesellschafts- bzw. Anstellungsvertrages überhaupt keine Rechte im Innenverhältnis hat. In diesem Fall stelle sich der Anstellungsvertrag als objektive Umgehung der arbeitsrechtlichen Schutzbestimmungen dar. Wenn aber arbeitsrechtliche Schutzbestimmungen objektiv umgangen werden, so sei das Rechtsverhältnis, das der Anstellung des Geschäftsführers zugrunde liege, als Arbeitsverhältnis zu qualifizieren (BAG 15.4.1982 – 2 AZR 1101/79 – DB 1983, 1442; BAG 13.5.1992 – 5 AZR 344/91 – ZIP 1992, 1496; BAG 22.3.1995 – 5 AZB 21/94 – NZA 1995, 823; BAG 31.8.1998 – 5 AZB 21/98). Das BAG nimmt insoweit die Abgrenzung nach den allgemeinen Kriterien der Unterscheidung von Arbeitsvertrag und von Dienstverhältnis vor (BAG 26.5.1999 – 5 AZR 664/98 – DB 1999, 1906).

34 Diese Rechtsprechung führt zu einem nicht unerheblichen Spannungsverhältnis zwischen der Bestellung zum **Vertretungsorgan** einerseits und **Weisungsgebundenheit** andererseits, wie folgendes Beispiel deutlich macht:

Die Klägerin war neben weiteren Geschäftsführern zur Geschäftsführerin der beklagten GmbH bestellt. Gemäß Geschäftsführervertrag war die Klägerin für das neue Geschäft der Beklagten und der gesamten Unternehmensgruppe verantwortlich. Nachdem die Klägerin die Beklagte von ihrer Schwangerschaft unterrichtet hatte, kündigte die Beklagte den Geschäftsführervertrag unter Beachtung der vertraglich vereinbarten Frist. Die Klägerin erhob Kündigungsschutzklage. Sie vertrat die Auffassung, trotz ihrer formalen Stellung als Geschäftsführerin aufgrund strikter Auflagen und Weisungen Arbeitnehmerin der Beklagten gewesen zu sein. Die Klage blieb in allen Instanzen erfolglos. Das BAG betonte, dass im Ausnahmefall der Anstellungsvertrag als Arbeitsverhältnis angesehen werden könne, wenn die GmbH im Rahmen einer von ihr bestimmten Arbeitsorganisation ihrem Geschäftsführer auch „arbeitsbegleitende und verfahrensorientierende Weisungen" erteile und auf diese Weise „die konkreten Modalitäten der Leistungserbringung" bestimme. Damit wendet sich das BAG gegen die ständige Rechtsprechung des BGH und die herrschende Lehre, derzufolge der entgeltliche Anstellungsvertrag eines GmbH-Geschäftsführers stets als freier Dienstvertrag eines selbstständig Tätigen mit Geschäftsbesorgungscharakter (§§ 611, 675 BGB) zu qualifizieren ist (BAG 26.5.1999 – 5 AZR 664/98 – DB 1999, 1906).

35 Allerdings ist das BAG auch in seiner Entscheidung relativ restriktiv. Es akzeptiert, dass der Geschäftsführer selbstverständlich Weisungen durch die Gesellschafterversammlung erhält und unterscheidet nur danach, ob die **Weisungen** über solche **gesellschaftsrechtlich zulässigen Weisungen** hinausgehen. Soweit ersichtlich, gibt es nur eine einzige Entscheidung, in der auch das BAG jemals die Arbeitnehmerstellung eines Geschäftsführers bejaht hat. In dem damaligen Fall war allerdings der Kläger laut Stellenbeschreibung dem Hauptgesellschafter als disziplinarischem Vorgesetzten mit Einspruchsrecht in Sachfragen unterstellt, dessen Zustimmung bei „Aufnahmen und Entlassungen" notwendig sein sollte. Bei allen im Einzelfall aufgeführten Aufgaben war vermerkt, dass „Sachanweisungen" von der „Zentrale" erteilt werden. Die Prokura des betreffenden Geschäftsführers für die KG (es handelte sich um den Geschäftsführer einer Komplementär-GmbH) war nicht gelöscht worden, er zeichnete weiter mit dem Zusatz „ppa.". Zeitweise war für die Anschaffung von Investitionsgütern ein Limit von damals 800 DM (geringwertige Wirtschaftsgüter) gesetzt worden. Das BAG hat ausgeführt, dass diese Vertragsgestaltung eine für einen Geschäftsführer außergewöhnliche rechtliche Einengung seiner Befugnisse enthalte. Dies spreche dafür, dass nicht nur der Aufgabenbereich, sondern auch der arbeitsrechtliche Status derselbe geblieben sei (es ging um die Beförderung eines Arbeitnehmers zum Geschäftsführer ...) und ihm „formal die Stellung eines Organvertreters der geschäftsführenden Komplementär-GmbH übertragen worden sei" (BAG 15.4.1982 – 2 AZR 1101/79 – AP § 14 KSchG 1969 Nr. 1).

36 **Fazit:** Zwar vertritt das BAG eine andere Auffassung als der BGH und die herrschende Lehre in der gesellschaftsrechtlichen Literatur. Betrachtet man sich allerdings die tatsächlichen Entscheidungen des BAG, wird man feststellen, dass diese sehr restriktiv sind und nur in engen Ausnahmefällen

überhaupt eine Arbeitnehmerstellung eines GmbH-Geschäftsführers für denkbar erachten. In nur einem – extremen – Fall wurde eine Arbeitnehmerstellung bejaht, hier durfte der Geschäftsführer allerdings nicht selbstständig einstellen und entlassen. Er durfte nur Investitionen in Höhe von geringwertigen Wirtschaftsgütern tätigen etc Darüber hinaus wäre es unzutreffend, allein die Abgrenzung zwischen Arbeitnehmer und freiem Mitarbeiter für die Einschätzung, ob der Geschäftsführer Arbeitnehmer oder selbstständiger Dienstnehmer ist, heranzuziehen. Die Voraussetzungen sind strenger, da auch der Geschäftsführer gesellschaftsrechtlichen Weisungen unterliegt, das GmbH-Recht sieht dies ausdrücklich vor (§ 46 GmbHG, vgl. Zöllner/Noack, in: Baumbach/Hueck, GmbH-Gesetz, GmbHG, § 46 Rn. 91). In der Praxis kommt das BAG daher allerdings fast ausnahmslos zu dem Ergebnis, den Vertrag des Geschäftsführers als Dienst- und nicht als Arbeitsvertrag zu qualifizieren. Abzuwarten bleibt, ob das BAG vor dem Hintergrund der Rechtsprechung des EuGH bei diesem Ergebnis bleibt. Der EuGH hat die Arbeitnehmereigenschaft eines Mitgliedes der Unternehmensleitung einer Kapitalgesellschaft bejaht, soweit die Tätigkeit bestimmten Weisungen unterliegt und gegen Entgelt erfolgt (EuGH 11.11.2010 – Rs. C-232/09 – NZA 2011, 143), was dazu führt, dass in der Literatur und in der instanzgerichtlichen Rechtsprechung problematisiert und bejaht wird, ob der Geschäftsführer nicht doch Arbeitnehmer sei. Wie gesagt: Mit der Frage der Qualifizierung des Geschäftsführers als Arbeitnehmer unter Berücksichtigung der neueren Rechtsprechung des EuGH hat sich das BAG – wie auch der BGH – bisher noch nicht beschäftigt.

e) Stellungnahme

37 Die Rechtsprechung des BGH erscheint insgesamt zu formalistisch, trotzdem steht es den Parteien des Dienstvertrages frei, die Geltung arbeitsvertraglicher Normen zu vereinbaren und deren Regelungsgehalt zum Vertragsinhalt zu machen. Mit der Rechtsprechung des BAG lassen sich dagegen **Missbrauchsfälle** „einfangen". Und genau darum geht es: Der Regelfall ist – und hier stimmen BGH und BAG überein –, dass das der Geschäftsführung zugrunde liegende Rechtsverhältnis ein Dienstverhältnis ist. BGH und BAG stimmen auch darin überein, dass selbstverständlich die Gesellschafter bzw. die Gesellschafterversammlung dem Geschäftsführer Weisungen erteilen darf, das Gesetz sieht dies ausdrücklich vor. Das Abgrenzungskriterium kann daher nicht sein, auf die Rechtsprechung zur Unterscheidung zwischen Arbeitsverhältnis und freiem Dienstverhältnis zurückzugreifen. Das Heranziehen dieses Abgrenzungskriteriums übersieht gerade, dass der Geschäftsführer ausdrücklich gesetzlich vorgesehenen Weisungen unterliegt. Aus der Entscheidung des EuGH vom 11.11.2010 könnte im Ergebnis allerdings die Notwendigkeit resultieren, in Umsetzung des unionsrechtlichen Arbeitnehmerbegriffes die nationalen Gesetze entsprechend anzupassen. Für eine Vielzahl von arbeitsrechtlichen Schutzbestimmungen dürfte die Erweiterung des Arbeitnehmerbegriffes auf GmbH-Geschäftsführer insoweit nichts bringen, als dass der Geltungsbereich von bestimmten arbeitsrechtlichen Schutzvorschriften für „echte" leitende Angestellte und Organvertreter ausgenommen ist (beispielsweise § 14 KSchG). Nur wo dies nicht der Fall ist (zum Beispiel beim MuSchG) wird man darüber

nachdenken müssen, ob unter Berücksichtigung des unionsrechtlichen Arbeitnehmerbegriffes, unter den Geschäftsführer wohl fallen dürften, eine abändernde Auslegung der nationalen Gesetze notwendig ist (so beispielsweise Oberthür, NZA 2011, 253, 258).

Immerhin: Die Arbeitsgerichte haben die nationalen Gesetze im Lichte der europarechtlichen Vorgaben auszulegen. Kommt es zu einer Kollision von nationalem Recht und Europarecht, wie beispielsweise bei der Frage des Arbeitnehmerbegriffes, so entspricht es der ständigen Rechtsprechung des EuGH, dass das Europarecht anzuwenden ist und die nationalen Regelungen unangewendet bleiben müssen, sogenannter Anwendungsvorrang des Europarechts. So hat der EuGH beispielsweise in seiner Grundsatzentscheidung vom 15.7.1964 festgehalten:

„Aus alledem folgt, dass dem vom Vertrag geschaffenen, somit aus einer autonomen Rechtsquelle fließenden Recht wegen dieser seiner Eigenständigkeit keine wie immer gearteten innerstaatlichen Rechtsvorschriften vorgehen können, wenn ihm nicht sein Charakter als Gemeinschaftsrecht aberkannt und wenn nicht die Rechtsgrundlage der Gemeinschaft selbst in Frage gestellt werden soll.“ (EuGH 15.7.1964 – Rs. C-6/64 – BeckEuRS 1964, 5203, S. 1270).

Nach Rechtsprechung des EuGH sind Adressaten des Anwendungsvorrangs des Europarechts gerade die nationalen Gerichte:

„Aus alledem folgt, daß jeder im Rahmen seiner Zuständigkeit angerufene staatliche Richter verpflichtet ist, das Gemeinschaftsrecht uneingeschränkt anzuwenden und die Rechte, die es den einzelnen verleiht, zu schützen, indem er jede möglicherweise entgegenstehende Bestimmung des nationalen Rechts, gleichgültig, ob sie früher oder später als die Gemeinschaftsnorm ergangen ist, unangewendet läßt.“ (vgl. EuGH 9.3.1978 – Rs. 106/77 – NJW 1978, 1741).

Das BAG ist dieser Verpflichtung dergestalt nachgekommen, dass es entweder nationale Normen unangewendet gelassen hat (vgl. etwa BAG 26.4.2006 – 7 AZR 500/04 – AP § 14 TzBfG Nr. 23) oder kollidierende nationale Normen so ausgelegt hat, dass es schon gar nicht zu einer Kollision kommen konnte bzw. dass die Auslegung dem Erfordernis der europarechtskonformen Auslegung des nationalen deutschen Rechts entspricht. So hat das BAG bspw. § 2 Abs. 4, nach dessen reinem Wortlaut für Kündigungen ausschließlich die Bestimmungen zum allgemeinen und besonderen Kündigungsschutz gelten, so ausgelegt, dass die Diskriminierungsverbote des AGG doch im Rahmen der Prüfung der Sozialwidrigkeit von Kündigungen zu beachten sind (vgl. BAG 6.11.2008 – 2 AZR 945/07 – BeckRS 2009, 64619, Rn. 24 ff., 38).

Wenn es einen unionsrechtlichen Arbeitnehmerbegriff gibt, wäre dieser auch im Falle des Kündigungsschutzgesetzes anzuwenden. Berücksichtigt man darüber hinaus die Tendenz, Organvertreter nicht mehr mit einem solchen Umfang zu schützen, wie dies vertraglich in der Vergangenheit war (in der Regel befristete Verträge von drei bis fünf Jahren, aktuelle Tendenz Anwendung von Kündigungsfristen, die mehr oder weniger im Ausnahmefall mehr oder weniger lange sind), zeigt sich jedenfalls vom Ergebnis her, dass eine gewisse Schutzbedürftigkeit der GmbH-Geschäftsführer besteht. Diese ist letztendlich auch vor dem Hintergrund des umfassenden Weisungs- und Direktionsrechtes wegen der im nationalen Gesellschaftsrecht ebenfalls bestehenden Bindung der Geschäftsführer an die Weisung der Gesellschafter gegeben. Es ist mithin nicht ganz fernliegend, Geschäftsführer als Arbeitnehmer im Sinne des Arbeitnehmerbegriffes des Unionsrechtes anzusehen. Die praktischen Auswirkungen sind überschaubar, da es bei den Bereichsausnahmen (§ 14 KSchG ua) bleibt. Trotzdem insgesamt: Das Schutzniveau der Geschäftsführer würde erhöht, so dass es vorzugswürdig ist, den unionsrechtlichen Arbeitnehmerbegriff auf den Geschäftsführer zur Anwendung zu bringen.

f) Abgrenzungskriterium

38 Fraglich ist, wie der Geschäftsführer als Dienstnehmer oder Arbeitnehmer voneinander abzugrenzen ist (vgl. Schrader/Schubert, BB 2007, 1617).

39 Das Abgrenzungskriterium ergibt sich aus dem GmbH-Recht selbst: Bei **konkreter Entscheidungstätigkeit** darf die Gesellschafterversammlung nicht so weit gehen, sämtliche Geschäftsführerentscheidungen selbst zu treffen und damit den Geschäftsführern jeden Spielraum zur eigenen Geschäftsführungsentscheidung zu nehmen. Der Geschäftsführer darf nicht auf die Funktion eines reinen Ausführungsorgans zurückgedrängt werden (vgl. Zöllner/Noack, in: Baumbach/Hueck, GmbH-Gesetz, GmbHG § 37 Rn. 18, Zöllner/Noack benutzen die treffende Bezeichnung einer „Vertretungsmarionette"); Küttner-Kania, 203 Geschäftsführer Rn. 18).

40 Anders gesagt: Bestehen **Spielräume**, ist das der Geschäftsführerbestellung zugrunde liegende Rechtsverhältnis ein freies Dienstverhältnis. Nur dann, wenn keine Spielräume bestehen, wäre an ein Arbeitsverhältnis zu denken. Die instanzgerichtliche Rechtsprechung begeht zurzeit mehr oder weniger den Fehler, genau umgedreht zu argumentieren und sich die Frage zu stellen, ob genug Spielräume bestehen. Dies kann aber unter Beachtung des GmbH-Gesetzes nicht der zutreffende Ausgangspunkt sein.

41 Ein weiteres wichtiges Kriterium stellt dagegen die Tatsache dar, ob und in welchem Umfang der Geschäftsführer Anteile an der Gesellschaft hält. Je größer die Einflussnahme des Geschäftsführers aus seiner Gesellschafterstellung zu bewerten ist, desto unwahrscheinlicher ist es, dass er in seiner Geschäftsführerstellung stark beschnitten ist (BAG 13.5.1992 – 5 AZR 344/91 – ZIP 1992, 1496). Dies bestätigt auch die EuGH-Rechtsprechung zum GmbH-Fremdgeschäftsführer. Der EuGH hat einen eher funktional geprägten Arbeitnehmerbegriff entwickelt, der auf eine etwaige Weisungsabhängigkeit, die Kontrolldichte und Abberufungsmöglichkeit durch die Aufsichtsgremien abstellt. Daraus lässt sich schließen, dass ein GmbH-Fremdgeschäftsführer aufgrund seiner Weisungsabhängigkeit (§ 37 Abs. 1 GmbHG), seiner umfassenden Rechenschaftspflicht (§ 51 a GmbH) und seiner jederzeitigen Abberufbarkeit (§ 38 Abs. 1 GmbHG) als Arbeitnehmer zumindest iSd § 6 Abs. 1 eingestuft werden kann. Dies gerade vor dem Hintergrund, dass bei der Auslegung des AGG ein Anwendungsvorrang des Unionsrechts besteht (vgl. hierzu im Einzelnen Miras, GWR 2012, 311).

4. Arbeitnehmerähnliche Personen

42 Arbeitnehmerähnliche Personen sind keine Arbeitnehmer, sondern Selbstständige. Dies kann an der fehlenden Eingliederung in eine fremde betriebliche Organisation, der fehlenden Bestimmung des Ortes und der Zeit ihrer Tätigkeit und auch an anderen Gründen liegen. Die arbeitnehmerähnliche Person unterscheidet sich also von Arbeitnehmern durch den Grad ihrer persönlichen Abhängigkeit. Sie ist in wesentlich geringerem Maße persönlich abhängig als ein Arbeitnehmer. An die Stelle der persönlichen Abhängigkeit tritt das Merkmal der **wirtschaftlichen Abhängigkeit** (BAG 15.2.2011 – 10 AZR 111/11 – NZA 2012, 733). Allerdings muss der wirtschaftlich Abhängige seiner gesamten sozialen Stellung nach einem Arbeitnehmer vergleichbar sozial schutzbedürftig sein (ständige Rechtsprechung, vgl. BAG 17.6.1999 – 5 AZB 23/98 – NZA 1999, 1175; BAG 30.8.2000 – 5 AZB 12/00 – NZA 2000, 1359; BAG 21.12.2010 – 10 AZB 14/10 – NZA 2011, 309).

43 Ausdrücklich wird die arbeitnehmerähnliche Person nur noch in § 12 a TVG, § 2 BUrlG und in § 5 Abs. 1 S. 2 ArbGG erwähnt. Folgende **Berufsgruppen** wurden von der Rechtsprechung als arbeitnehmerähnliche Personen angesehen (vgl. Schaub/ArbR-HdB, § 10 Rn. 4):

44
- Künstler und Schriftsteller
- Dozenten an gewerblichen Weiterbildungsinstituten (vgl. BAG 11.4.1997 – 5 AZB 33/96 – AP § 5 ArbGG 1979 Nr. 30)
- Volkshochschuldozenten (vgl. BAG 17.1.2006 – 9 AZR 61/05 – DB 2006, 1502)
- Fernsehjournalisten (vgl. BAG 19.10.2004 – 9 AZR 411/03 – NZA 2005, 529)
- Rechtsanwälte (so beispielsweise LAG Köln 6.5.2005 – 4 Ta 40/05 – AR-Blattei Nr. 21 ES 120)
- EDV-Fachkräfte (vgl. OLG Karlsruhe 24.10.2001 – 9 W 91/01 – DB 2002, 379)
- Rundfunkgebührenbeauftragte (vgl. BAG 15.2.2005 – 9 AZR 51/04 – NZA 2006, 223).

45 **Beispiel:** Eine Mitarbeiterin war in einer Privatklinik als Nachtwache gegen ein Entgelt von 71,70 EUR pro Schicht tätig. Der Nachtschicht-Bereitschaftsdienst dauerte von 19.30 Uhr bis 7.30 Uhr. Den Nachtwachendienstplan hat die Privatklinik nicht selbst erstellt, es war den Mitarbeitern überlassen, sich nach Absprache selbst in den Dienstplan einzutragen. Vorrang hatte derjenige, der sich als Erster eintrug. Die betreffende Mitarbeiterin leistete zwischen zehn und 18 Dienste. Die Mitarbeiterin beantragte Urlaub, das Unternehmen wies darauf hin, sie könne jederzeit ihre Tätigkeit beenden. Die Mitarbeiterin klagte für die Zeit des Urlaubs Urlaubsentgelt ein. Nach § 2 S. 2 BUrlG gelten als Arbeitnehmer iSd BUrlG auch Personen, die wegen ihrer wirtschaftlichen Unselbstständigkeit als arbeitnehmerähnliche Personen anzusehen sind. Als wirtschaftlich unselbstständig iSv § 2 S. 2 BUrlG ist derjenige anzusehen, der im Wesentlichen für einen Auftraggeber tätig ist und für den die hieraus fließende Vergütung seine Existenzgrundlage darstellt (vgl. BAG 15.11.2005 – 9 AZR 626/04 – AP § 611 BGB Arbeitnehmerähnlichkeit Nr. 12). Dabei ist eine wirtschaftliche Ab-

hängigkeit regelmäßig nur anzunehmen, wenn eine gewisse Dauerbeziehung begründet wird (vgl. BAG 6.12.1974 – 5 AZR 418/74 – AP § 611 BGB Abhängigkeit Nr. 14). Das BAG hat dies bejaht, die Mitarbeiterin erhielt Urlaubsgeld.

46 Für die Frage des Rechtsweges ist die Abgrenzung zu den freien Mitarbeitern (Selbstständigen) relevant, da für die arbeitnehmerähnlichen Personen der Rechtsweg zu den Arbeitsgerichten nach § 2 Abs. 1 Nr. 4, Abs. 5 ArbGG iVm § 46 ff. ArbGG über § 5 Abs. 1 S. 2 ArbGG eröffnet ist. Denn als Arbeitnehmer iSd ArbGG gelten auch die sonstigen Personen, die wegen ihrer wirtschaftlichen Unselbstständigkeit als arbeitnehmerähnliche Personen anzusehen sind.

5. In Heimarbeit Beschäftigte

47 Die in Heimarbeit Beschäftigten und die ihnen gleichgestellten Personen sind in **§ 1 Abs. 1, 2 HAG** (vom 14.3.1951, BGBl. I, 191) definiert. Heimarbeiter sind nach der Legaldefinition in § 2 Abs. 1 HAG Personen, die in selbst gewählter Arbeitsstätte (eigener Wohnung oder selbst gewählter Betriebsstätte) allein oder mit ihren Familienangehörigen im Auftrag von Gewerbetreibenden oder Zwischenmeistern erwerbsmäßig arbeiten, jedoch die Verwertung der Arbeitsergebnisse dem unmittelbar oder mittelbar Auftrag gebenden Gewerbetreibenden überlassen. Beschafft der Heimarbeiter Roh- und Hilfsstoffe selbst, so wird hierdurch seine Eigenschaft als Heimarbeiter nicht beeinträchtigt. Heimarbeit ist also **reine Lohnarbeit**, der Heimarbeiter trägt kein Absatzrisiko und er nimmt nicht am Unternehmensgewinn teil. Aus der tatsächlichen und wirtschaftlichen Abhängigkeit vom Auftraggeber folgt seine Schutzbedürftigkeit (BVerfG 11.2.1976 – 2 BvL 2/73 – DB 1976, 727).

48 Der Heimarbeiter unterscheidet sich vom Gewerbetreibenden dadurch, dass er **keinerlei Risiko seiner gewerblichen Tätigkeit** trägt. Ihn unterscheidet vom Arbeitnehmer, dass er sich seine Arbeitsstätte selbst wählt und nicht im Betrieb des Arbeitgebers tätig wird. Daraus ergibt sich für den Heimarbeiter eine persönliche Selbstständigkeit in der Art und Weise der Arbeitserledigung, der Arbeitsleistung und der Nutzung der Arbeitszeit, wie sie bei den in den Betrieb und seine Ordnung eingegliederten Arbeitnehmern nicht vorhanden ist (BAG 9.6.1993 – 5 AZR 123/92 – NZA 1994, 169). Das heißt allerdings nicht, dass der Heimarbeiter einem Selbstständigen vollkommen gleich steht. Er ist zwar persönlich in dem Sinne selbstständig, als dass er zu Hause im Wesentlichen unkontrolliert seine Arbeitsleistung erbringt, er ist aber insofern in eine fremde Arbeitsorganisation eingebunden, als dass ihm der Auftraggeber die genauen Aufgaben und die dafür benötigte Zeit in der Regel vorgibt.

49 **Hausgewerbetreibende** sind nach § 1 Abs. 1 Buchst. b iVm § 2 Abs. 2 HAG Personen, die in eigener Arbeitsstätte (eigener Wohnung oder selbst gewählter Betriebsstätte) mit nicht mehr als zwei fremden Hilfskräften oder Heimarbeitern im Auftrag von Gewerbetreibenden oder Zwischenmeistern Waren herstellen, bearbeiten oder verpacken, wobei sie selbst wesentlich am Stück mitarbeiten, die Verwertung der Arbeitsergebnisse jedoch den unmittelbar oder mittelbar Auftrag gebenden Gewerbetreibenden überlas-

sen. Hausgewerbetreibende sind zwar auch selbstständig Gewerbetreibende, die von ihnen getätigten Kapitalinvestitionen für Maschinen und Werkzeuge dienen jedoch lediglich als bloßes Hilfsmittel einer im Wesentlichen manuellen Tätigkeit (Schmidt/Koberski/Tiemann/Wascher, HAG § 2 Rn. 25). Im Unterschied zum unselbstständigen Heimarbeiter ist der Hausgewerbetreibende also ein selbstständig Gewerbetreibender. In Abgrenzung zum „normalen“ Gewerbetreibenden ist der Hausgewerbetreibende wirtschaftlich vom beauftragenden Unternehmen abhängig. Wegen dieser Abhängigkeit bedarf der Hausgewerbetreibende eines besonderen Schutzes (BAG 3.4.1990 – 3 AZR 258/88 – NZA 1991, 267, 269).

50 Unter bestimmten Voraussetzungen können sich sonstige schutzbedürftige Personen nach § 1 Abs. 2 HAG den in Heimarbeit Beschäftigten (also den Heimarbeitern und den Hausgewerbetreibenden, § 1 Abs. 1 HAG) gleichstellen lassen. Dies bedarf eines Antrages (§ 1 Abs. 4 HAG), die Gleichstellung bedarf der Zustimmung der zuständigen Arbeitsbehörde (oberste Arbeitsbehörde des Landes, § 1 Abs. 4 S. 2 iVm § 3 Abs. 1 HAG). Das Verfahren im Einzelnen ist geregelt in der Rechtsverordnung zur Durchführung des HAG (abgedruckt bei Nipperdey I, Textsammlung Arbeitsrecht, Loseblatt, Stand 2017, Ordnungsnummer 450 a).

51 **Beispiel:** Heimarbeiter haben im HAG eigene, ausgefeilte Regelungen zu Kündigungsschutz und Vergütung. So haben Heimarbeiter für die Dauer der Kündigungsfrist eine Verdienstsicherung (§ 29 Abs. 7 HAG), bei der das Stückentgelt, der Unkostenzuschlag und der Krankengeldzuschlag zu berücksichtigen sind, Feiertagsgelder sind stets außer Ansatz zu lassen. Urlaubszahlungen sind einzubeziehen, soweit dem Heimarbeiter auf seinen Antrag Urlaub gewährt worden ist (vgl. beispielsweise BAG 11.7.2006 – 9 AZR 516/05 – AP § 29 HAG Nr. 5).

52 Bei Heimarbeitern tritt an die Stelle des Arbeitgebers der Auftraggeber oder Zwischenmeister (§ 6 Abs. 2 S. 3). Auftraggeber ist derjenige, in dessen Auftrag der Heimarbeiter tätig wird (zB der Gewerbetreibende). Zwischenmeister ist entsprechend der Definition des § 2 Abs. 3 HAG derjenige, der, ohne Arbeitnehmer zu sein, die ihm von Gewerbetreibenden übertragene Arbeit an Heimarbeiter oder Hausgewerbetreibende weitergibt. Er ist damit der Mittler zwischen dem Auftrag gebenden Gewerbetreibenden und den in Heimarbeit Beschäftigten (vgl. Schmidt/Koberski/Tiemann/Wascher, HAG § 2 Rn. 43).

53 Auch für die in Heimarbeit Beschäftigten und die ihnen Gleichgestellten ist der **Rechtsweg zu den Arbeitsgerichten** nach §§ 2 Abs. 1 Nr. 4, Abs. 5 ArbGG iVm §§ 46 ff., § 5 Abs. 1 S. 2 ArbGG eröffnet.

6. Auszubildende

54 Vom Anwendungsbereich des AGG erfasst sind nach § 6 Abs. 1 S. 1 Nr. 2 die **zu ihrer Berufsausbildung Beschäftigten**. Damit sind Beschäftigte erfasst, die unter den Geltungsbereich des BBiG fallen (BGBl. 2005 I, 1112). Auszubildender ist gemäß § 1 Abs. 3 BBiG derjenige, der aufgrund eines Berufsausbildungsvertrages systematisch in einem geordneten Ausbildungsgang eine breit angelegte berufliche Grundausbildung und die für die Ausbildung einer qualifizierten beruflichen Tätigkeit notwendigen fachlichen

Fähigkeiten und Kenntnisse (berufliche Handlungsfähigkeit) vermittelt erhält (Schaub/ArbR-HdB, § 15 Rn. 4). All diejenigen, die in einem anerkannten Ausbildungsberuf ausgebildet werden, sind demnach die zu ihrer Berufsausbildung Beschäftigten.

55 Nach § 6 Abs. 1 S. 1 Nr. 2 sind die zu ihrer Berufsbildung Beschäftigten erfasst. Zur Berufsbildung zählt nach § 1 Abs. 1 BBiG die Berufsausbildungsvorbereitung, die Berufsausbildung, die berufliche Fortbildung und die berufliche Umschulung.

56 Der Begriff in § 6 Abs. 1 S. 1 Nr. 2 ist damit weiter als der, der zu ihrer Berufsausbildung Beschäftigten, der in anderen Gesetzen unter den Arbeitnehmerbegriff subsumiert wird (so § 5 Abs. 1 BetrVG, § 17 Abs. 1 S. 1 BetrAVG; vgl. auch § 2 S. 2 BUrlG, § 5 Abs. 1 S. 1 ArbGG). Es werden auch Umschüler, Volontäre, Praktikanten und andere, die außerhalb eines Arbeitsverhältnisses eingestellt werden, um berufliche Fertigkeiten, Kenntnisse oder Erfahrungen zu erwerben, vom Anwendungsbereich umfasst (ErfK-Schlachter, § 6 Rn. 2).

57 Der Begriff des Beschäftigungsverhältnisses in § 6 Abs. 1 S. 2 Alt. 1 erfasst nicht nur das Arbeitsverhältnis, sondern alle Formen der Beschäftigung nach § 6 Abs. 1 S. 1. Unter den persönlichen Geltungsbereich des zweiten Abschnittes fallen daher auch Bewerber um ein Berufsausbildungsverhältnis sowie Bewerber um die Aufnahme arbeitnehmerähnlicher Tätigkeiten und von Heimarbeit (vgl. Bauer/Krieger, § 6 Rn. 13).

58 Arbeitnehmer, deren Beschäftigungsverhältnis beendet ist (§ 6 Abs. 1 S. 2 Alt. 2), sind solche, deren Beschäftigungsverhältnis, sei es aufgrund einer Kündigung, einer Eigenkündigung oder einer vertraglichen Vereinbarung, beendet ist.

7. Beamte, Richter, Zivildienstleistende und Soldaten

59 Beschäftigte iSv § 6 Abs. 1 sind nicht Beamte, Richter, Zivildienstleistende und Soldaten. Nach § 24 ist das AGG nur entsprechend anzuwenden (vgl. im Einzelnen die Kommentierung zu § 24).

8. Arbeitnehmerüberlassung

60 Bei der Arbeitnehmerüberlassung ist nicht nur der Verleiher als Arbeitgeber betroffen. Nach § 6 Abs. 2 S. 2 wird die Arbeitgebereigenschaft des Entleihers fingiert (BAG 15.3.2011 – 10 AZB 49/10 – NZA 2011, 653). Dies ist arbeitsrechtlich nicht ganz unproblematisch. Kennzeichen der erlaubten Arbeitnehmerüberlassung ist gerade, dass mit dem Entleiher kein Arbeitsverhältnis begründet wird, sondern arbeitsrechtliche Beziehungen ausschließlich zwischen dem Verleiher und dem überlassenen Arbeitnehmer bestehen. Im Zusammenhang mit der Schutzfunktion des AGG ist die Regelung des Gesetzgebers allerdings nachvollziehbar: Tatsächlich kann das Risiko einer verbotenen Benachteiligung auch im Verhältnis zwischen Entleiher und Leiharbeitnehmer bestehen, so dass durch § 6 Abs. 2 S. 2 sichergestellt werden soll, dass keine Lücke im Schutz von Beschäftigten vor Benachteiligungen im Beruf- und Arbeitsleben entsteht (vgl. ErfK-Schlachter, § 6 Rn. 2). Im Falle der unerlaubten Arbeitnehmerüberlassung

(§§ 9 Nr. 1, 10 Abs. 1 AÜG) wird ein Arbeitsverhältnis zwischen dem Entleiher und dem Leiharbeitnehmer fingiert. Der Entleiher ist somit Arbeitgeber des unerlaubt überlassenen Leiharbeitnehmers.

9. Bewerber und ehemalige Arbeitnehmer

61 Das Gesetz stellt in § 6 Abs. 1 aE klar, dass als Beschäftigte auch die Bewerberinnen und Bewerber für ein Beschäftigungsverhältnis sowie die Personen, deren Beschäftigungsverhältnis beendet ist, gelten. Das bedeutet, dass auch im **Anbahnungsverhältnis** die Diskriminierungsverbote nach dem AGG zu beachten sind (BAG 27.1.2011 – 8 AZR 580/09 – NZA 2011, 737; BAG 16.2.2012 – 8 AZR 697/10 – NZA 2012, 667), Gleiches gilt für **beendete Arbeitsverhältnisse** (vgl. Annuß, BB 2006, 1629, 1630), hier insbesondere hinsichtlich der betrieblichen Altersversorgung (vgl. auch BAG 17.4.2012 – 3 AZR 481/10 – NZA 2012, 929). In den Gesetzesmaterialien wird insoweit ausdrücklich darauf hingewiesen, dass sich aus beendeten Rechtsverhältnissen (Anbahnungsverhältnis, aber auch Arbeitsverhältnis) nachwirkende Folgen ergeben, wie beispielsweise die betriebliche Altersversorgung, die ausdrücklich unter den Schutzbereich des Gesetzes fallen soll (vgl. die Entwurfsbegründung zum Allgemeinen Gleichbehandlungsgesetz, BR-Drs. 329/06, 34), oder die Erteilung von Zeugnissen. Nach dem BAG können Personen nach dem Ende des Beschäftigungsverhältnisses nur insoweit noch als Beschäftigte anerkannt werden, wie noch nachwirkende Beziehungen aus dem Arbeitsverhältnis bestehen (ErfK-Schlachter, § 6 Rn. 3 mwN).

62 Nach früherer Rechtsprechung war Bewerber derjenige, der sich subjektiv ernsthaft um eine Stelle beworben hat und objektiv für die zu besetzende Stelle in Betracht kam (vgl. BAG 12.11.1998 – 8 AZR 365/97 – AP § 611 a BGB Nr. 16). An der subjektiven Ernsthaftigkeit fehlte es beispielsweise, wenn sich ein Arbeitnehmer in ungekündigter Stellung auf eine erheblich geringer dotierte Position beworben hat (Syndikusanwalt mit einer Vergütung von rund 5.400 EUR auf eine Position als Berufsanfänger mit rund 2.500 EUR; vgl. ArbG Potsdam 13.7.2005 – 8 Ca 1150/05 – NZA-RR 2005, 651). Schickte der Bewerber nur unvollständige Bewerbungsunterlagen oder erkundigte er sich nur, ob eine Bewerbung Sinn macht, sollte es sich ebenfalls um eine nicht ernsthaft gemeinte Bewerbung handeln (vgl. LAG Berlin 30.3.2006 – 10 Sa 2395/05 – ArbRB 2006, 162; ArbG Düsseldorf 3.5.2005 – 5 Ca 7937/04 – AE 2005, Heft 3 Nr. 254). Wies der Bewerber in seiner Bewerbung auf abschreckende Umstände hin (frühere Tätigkeit als Grillverkäufer oder Pizzafabrikarbeiter, Hinweis auf Geschlechtsumwandlungen; vgl. LAG Rheinland-Pfalz 16.8.1996 – 4 Ta 162/96 – NZA 1997, 115; LAG Berlin 14.7.2005 – 15 Sa 417/04 – NZA-RR 2005, 124), sprach dies ebenfalls gegen die Ernsthaftigkeit der Bewerbung. An einer objektiven Eignung fehlte es, wenn sich jemand auf eine Position bewarb und das Anforderungsprofil nicht erfüllt hat (zB fehlende Sprachkenntnisse, vgl. LAG Berlin 30.3.2006 – 10 Sa 2395/05 – ArbRB 2006, 162). Nach neuerer Rechtsprechung des BAG ist allerdings die objektive Eignung eines Bewerbers für eine zu besetzende Stelle keine Tatbestandsvoraussetzung für einen Entschädigungs- oder Schadensersatzan-

spruch nach § 15 Abs. 1 oder 2 iVm § 6 Abs. 1 S. 2 (BAG 18.3.2010 – 8 AZR 77/09 – NZA 2010, 872). Bereits der Wortlaut des § 6 Abs. 1 S. 2 biete hierfür keinen Anhaltspunkt. Für eine Auslegung über den Wortlaut hinaus besteht nach dem BAG auch angesichts des § 3 Abs. 1 kein Bedürfnis (BAG 18.3.2010 – 8 AZR 77/09 – NZA 2010, 872). Das BAG ordnet demnach eine etwa mangelnde Eignung eines Bewerbers dem Tatbestand der Vergleichbarkeit bei der Feststellung einer „Benachteiligung" gemäß § 3 Abs. 1 S. 1 zu (ErfK-Schlachter, § 6 Rn. 3). Auch ist für den Bewerberstatus nach dem BAG die subjektive Ernsthaftigkeit der Bewerbung keine Voraussetzung mehr (BAG 16.2.2012 – 8 AZR 697/10 – NZA 2012, 667). Die fehlende subjektive Ernsthaftigkeit kann nach dem BAG allenfalls den Einwand des Rechtsmissbrauchs nach § 242 BGB begründen (BAG 23.8.2012 – 8 AZR 285/11 – NZA 2013, 37). Damit ist der Adressatenkreis in Bezug auf den Begriff des Bewerbers erheblich ausgedehnt worden.

III. Arbeitgeber

63 § 6 Abs. 2 regelt den Arbeitgeberbegriff. Arbeitgeber iSd AGG sind natürliche und juristische Personen sowie rechtsfähige Personengesellschaften, die Arbeitnehmer, arbeitnehmerähnliche Personen oder zu ihrer Berufsausbildung Beschäftigte beschäftigen. Arbeitgeber ist nach dem BAG derjenige, der um Bewerbungen bittet (BAG 16.2.2012 – 8 AZR 697/10 – NZA 2012, 667; BAG 27.1.2011 – 8 AZR 580/09 – NZA 2011, 737; BAG 19.8.2010 – 8 AZR 370/09 – NZA 2011, 200).

64 Arbeitgeber iSd Arbeitsrechts ist jeder, der mindestens einen Arbeitnehmer beschäftigt und von diesem die Erbringung von Dienstleistungen auf der Grundlage eines Arbeitsvertrags fordern kann (Schaub/ArbR-HdB, § 17 Rn. 1). § 6 Abs. 2 S. 1 stellt zunächst einmal klar, dass es auf die Rechtsform nicht ankommt. Das bedeutet, dass Arbeitgeber jede natürliche und jede juristische Person, aber auch jede rechtsfähige Personengesellschaft sein kann. Auch die Gesellschaft bürgerlichen Rechts kann Arbeitgeber sein (vgl. zur Rechtsfähigkeit Palandt-Sprau, BGB § 705 Rn. 24; BGH 15.7.1997 – XI ZR 154/96 – NJW 1997, 2754; BGH 29.1.2001 – II ZR 331/00 – ZIP 2001, 330). Weiter ist zu beachten:

1. Konzern

65 Unter Konzern wird die **Verbindung mehrerer Unternehmen** verstanden, und zwar entweder als abhängige Unternehmen unter der einheitlichen Leitung eines herrschenden Unternehmens (Unterordnungskonzern) oder ein Zusammenschluss unter mehreren Unternehmen, bei dem kein Unternehmen vom anderen abhängig ist (Gleichordnungskonzern) (vgl. § 18 AktG). Einen Arbeitsvertrag schließt ein Arbeitnehmer nicht mit einem Konzern, weil dieser nur eine Unternehmensverbindung darstellt, sondern mit einem Unternehmen des Konzerns. Gleichwohl werden vor allem Führungskräfte der mittleren und oberen Leitungsebene bundesweit oder sogar international innerhalb eines Konzerns versetzt. Dies ist rechtlich zulässig, insbesondere stellt es im Falle der nicht dauernden Arbeitnehmerüberlassung keine unerlaubte Arbeitnehmerüberlassung dar (§ 1 Abs. 3 Nr. 2 AÜG). Konzernweite Versetzungen können zahlreiche arbeitsrechtliche Probleme mit sich

bringen (vgl. im Einzelnen Windbichler, Arbeitsrecht im Konzern; Schaub/ArbR-HdB, 17. Aufl. 2017, § 18). Für das AGG bleibt es aber dabei, dass Arbeitgeber der „Vertragspartner" des Arbeitnehmers ist, also das Unternehmen, mit dem er den Arbeitsvertrag abgeschlossen hat. Dies ergibt insbesondere ein Blick auf § 6 Abs. 2 S. 2, in dem es heißt, dass für den Fall, dass Beschäftigte einem Dritten zur Arbeitsleistung überlassen werden, auch dieser als Arbeitgeber iSd Abschnittes gilt. § 6 Abs. 2 S. 2 berücksichtigt insoweit die Situation von Beschäftigten, die zur Arbeitsleistung an einen anderen Arbeitgeber überlassen werden, indem der entleihende Arbeitgeber neben den die Beschäftigten überlassenden Arbeitgeber auch als Arbeitgeber iSd AGG tritt (vgl. Entwurfsbegründung zum Allgemeinen Gleichbehandlungsgesetz, BR-Drs. 329/06, 34). Daraus folgt als Umkehrschluss, dass grundsätzlich abzustellen ist auf denjenigen Vertragspartner, mit dem der Arbeitsvertrag geschlossen wird, dieser ist grundsätzlich der Primärarbeitgeber. Nur im Fall der Leihe kann neben den eigentlichen Arbeitgeber ein zweiter Arbeitgeber treten, damit die Schutzvorschriften des AGG nicht ins Leere laufen und auch dieser an die Schutzvorschriften gebunden ist.

2. Arbeitgebermehrheit

66 Es ist zu trennen: Mehrere Unternehmen, also mehrere Arbeitgeber, können einen gemeinsamen Betrieb bilden (vgl. im Einzelnen DKKW-Trümner, BetrVG § 1 Rn. 88 ff. mwN). Führen mehrere Unternehmen aber einen gemeinsamen Betrieb unter einheitlicher Leitung, werden dadurch nicht die Unternehmen Arbeitgeber aller in diesem gemeinsamen Betrieb beschäftigten Arbeitnehmer (BAG 5.3.1987 – 2 AZR 623/85 – AP § 15 KSchG 1969 Nr. 30). Vielmehr bleibt jedes Unternehmen Arbeitgeber derjenigen Arbeitnehmer, denen gegenüber das Unternehmen vertraglich verpflichtet ist.

67 Allerdings können Arbeitnehmer in der Tat einen **Arbeitsvertrag mit mehreren Arbeitgebern** abschließen. Es ist rechtlich zulässig, dass auch auf Arbeitgeberseite mehrere natürliche oder juristische Personen an einem Arbeitsverhältnis beteiligt sind (BAG 27.3.1981 – 7 AZR 523/78 – AP § 611 BGB Arbeitgebergruppe Nr. 1). Für die Annahme eines einheitlichen Arbeitsverhältnisses ist nicht Voraussetzung, dass die Arbeitgeber zueinander in einem bestimmten – insbesondere gesellschaftsrechtlichen – Rechtsverhältnis stehen, einen gemeinsamen Betrieb führen oder den Arbeitsvertrag gemeinsam abschließen. Erforderlich ist vielmehr ein rechtlicher Zusammenhang zwischen den arbeitsvertraglichen Beziehungen des Arbeitnehmers zu den einzelnen Arbeitgebern, der es verbietet, diese Beziehungen rechtlich getrennt zu behandeln. Dieser rechtliche Zusammenhang kann sich aus einer Auslegung des Vertragswerks der Parteien, aber auch aus zwingenden rechtlichen Wertungen ergeben. Folge einer Mehrheit von Arbeitgebern ist, dass diese gegenüber dem Arbeitnehmer als Gesamtschuldner haften. Das gilt insbesondere hinsichtlich der Vergütungspflicht. Liegt ein einheitliches Arbeitsverhältnis vor, kann dies nur von und gegenüber allen auf einer Vertragsseite Beteiligten gekündigt werden. Dabei müssen die Kündigungsvoraussetzungen grundsätzlich im Verhältnis zu jedem der

Beteiligten gegeben sein (BAG 27.3.1981 – 7 AZR 523/78 – AP § 611 BGB Arbeitgebergruppe Nr. 1; LAG Hessen 3.1.2007 – 8 Sa 689/06).

68 Die Fälle, in denen sich mehrere Arbeitgeber auf Arbeitgeberseite gegenüber einem Arbeitnehmer verpflichten, sind in der Praxis eher selten anzufinden.

3. Arbeitnehmeranzahl

69 Während in vielen arbeitsrechtlichen Schutzgesetzen das Vorhandensein einer bestimmten Mitarbeiteranzahl für das Eingreifen der Norm relevant ist (zB mehr als zehn Arbeitnehmer zur Anwendung des KSchG (§ 23 Abs. 1 KSchG) oder aber für die Bildung von Betriebsräten das Vorhandensein von mindestens fünf ständig wahlberechtigten Arbeitnehmern (§ 1 Abs. 1 BetrVG), findet sich eine solche **Kleinstbetriebsklausel** im AGG nicht. Das bedeutet, dass das AGG auf alle Arbeitgeber Anwendung findet, unabhängig davon, wie viele Arbeitnehmer sie beschäftigen.

4. Entleiher

70 Bei der gewerblichen wie bei der nichtgewerblichen Arbeitnehmerüberlassung liegt das Direktionsrecht über die konkreten Arbeitsvollzüge beim Entleiher. Dieser kann daher einen Leiharbeitnehmer aus den Gründen des § 1 benachteiligen, so dass § 6 Abs. 2 S. 2 auch ihn in die Pflicht nimmt. Die Abgrenzung zu anderen Formen des drittbezogenen Personaleinsatzes erfolgt entsprechend der tatsächlichen Vertragsdurchführung (ErfK-Schlachter, § 6 Rn. 4).

IV. Organmitglieder und Selbstständige

71 Selbstständige werden aufgrund eines erteilten Dienst- oder Werkvertrages tätig. Bei Organmitgliedern, zB dem Geschäftsführer einer GmbH (§ 35 GmbHG) oder dem Vorstand einer Aktiengesellschaft (§ 76 AktG), ist zwischen der Bestellung als gesellschaftsrechtlichem Akt, durch die die Organstellung des Geschäftsführers oder des Vorstandes begründet wird, und dem zugrunde liegenden Dienstvertrag zu unterscheiden, welcher die persönlichen Rechte und Pflichten zwischen dem Geschäftsführer und der Gesellschaft regelt (vgl. im Einzelnen zum Geschäftsführer: Schrader/Schubert, DB 2005, 1457; Schrader/Schubert, BB 2007, 1617; im Einzelnen → Rn. 20 ff. mzN). Bei der Anbahnung und Begründung des Dienstverhältnisses des Organmitgliedes, also idR des Geschäftsführers oder des Vorstandes, soll dieser genauso dem Schutzbereich des AGG unterliegen wie der Selbstständige bei der Anbahnung und dem Abschluss seines Dienst- oder Werkvertrages (BAG 23.8.2012 – 8 AZR 285/11 – DB 2012, 2811). Dies stellt § 6 Abs. 3 bereits vom Wortlaut her klar. Darüber hinaus hat der BGH nunmehr entschieden, dass unter das Merkmal des Zugangs zur Erwerbstätigkeit iSd § 2 Abs. 1 Nr. 1 AGG auch die Bestellung zum Geschäftsführer nach §§ 6, 35 ff. GmbHG fällt (BGH 23.4.2012 – II ZR 163/10 – DB 2012, 1499).

1. Freier Dienstnehmer oder Arbeitnehmer?

72 Die Gesetzeslage ist trotzdem nicht unproblematisch und wird Auswirkungen auf die arbeitsrechtliche Praxis haben: Der Geschäftsführer ist nach bisheriger Rechtsprechung regelmäßig kein Arbeitnehmer, zuständig für Klagen seinen Dienstvertrag betreffend ist das Landgericht (zum Geschäftsführer als Arbeitnehmer ausführlich → Rn. 20 ff.; Schrader/Schubert, DB 2005, 1457 mzN; Schrader/Schubert, BB 2007, 1617). Für den Dienstvertrag eines Geschäftsführers gelten Besonderheiten, nicht nur für die Höhe der Vergütung, sondern auch für die Laufzeit als Ausgleich dafür, dass eben kein Kündigungsschutz besteht. Wenn aber über § 6 Abs. 3 die Bestimmungen des allgemeinen Gleichbehandlungsgrundsatzes in das Geschäftsführerdienstverhältnis mit einfließen, ist unter Schutzgesichtspunkten eine weitgehende Gleichstellung zwischen Arbeitnehmern und Dienstnehmern einerseits wie Geschäftsführern andererseits zu erwarten. Dies erscheint in der Praxis nicht unproblematisch, da über den „Umweg" des AGG arbeitnehmerähnliche Schutzvorschriften und Schutzgedanken in das freie Dienstverhältnis des Geschäftsführers eingeführt werden können.

73 Sofern sich erweisen sollte, dass der Geschäftsführer tatsächlich Arbeitnehmer ist, dürfte er originär aufgrund seiner Arbeitnehmereigenschaft als Arbeitnehmer unter den Schutzbereich fallen (§ 6 Abs. 1 Nr. 1). Soweit er als Geschäftsführer freier Dienstnehmer ist, fällt er ebenfalls unter den Geltungsbereich des AGG, dann allerdings nicht unter § 6 Abs. 1 Nr. 1, sondern unter der Berücksichtigung von § 6 Abs. 3. Die Abgrenzung des Rechtsverhältnisses, das der Organbestellung des Geschäftsführers zugrunde liegt (freier Dienstnehmer oder Arbeitnehmer), hat daher originär Bedeutung für die Frage, in welchem Umfang das AGG Anwendung findet: Findet es insgesamt Anwendung, da der Geschäftsführer Arbeitnehmer ist (§ 6 Abs. 1 Nr. 1) oder findet es nur eingeschränkt Anwendung, da der Geschäftsführer freier Dienstnehmer (dann § 6 Abs. 3) ist.

2. Schutzbereich

74 Problematisch ist der Schutzbereich, der sich aus § 6 Abs. 3 ergibt: Nach dem Wortlaut gilt das Benachteiligungsverbot nur für den Zugang zur Erwerbstätigkeit und den beruflichen Aufstieg.

75 Die Problematik relativiert sich unter Berücksichtigung der **Entstehungsgeschichte**: Der deutsche Gesetzgeber war aufgrund der Vorgaben in Art. 3 Abs. 1 lit. a RL 2000/78/EG gezwungen, eine Ausdehnung des Anwendungsbereiches über den Kreis der abhängig Beschäftigten hinaus vorzunehmen, da dort festgeschrieben ist, dass der Zugang „zur unselbstständigen und selbstständigen Erwerbstätigkeit, unabhängig von Tätigkeitsfeld und beruflicher Position, einschließlich des beruflichen Aufstieges" von der Richtlinie erfasst wird (vgl. Willemsen/Schweibert, NJW 2006, 2583, 2584). Daraus folgt, dass es auch mit freien Mitarbeitern, hochrangigen Beratern und Organvertretern zu Streitigkeiten über Benachteiligungen kommen kann und wird. Allerdings ist die Erstreckung des Geltungsbereiches auf diesen Personenkreis ausdrücklich auf die Fälle des Zugangs zur Beschäftigung und den Aufstieg begrenzt. Daher müssen sich weder Vertragsgestaltungen noch die Vorgänge im Zusammenhang mit der Beendi-

gung eines Vertragsverhältnisses an den strengen Maßstäben des AGG messen lassen (vgl. Bauer/Göpfert/Krieger, DB 2005, 595, 598; Bauer/Krieger, § 6 Rn. 31). Eine Argumentation, wonach die Termini „Zugang und Aufstieg" denknotwenig auch den „Austritt bzw. den Abstieg" mit umfassen, erscheint nicht vertretbar (so überzeugend Willemsen/Schweibert, NJW 2006, 2583, 2584).

76 Zur Verdeutlichung ein **Beispiel**: Der befristete Arbeitsvertrag eines Geschäftsführers wird nicht verlängert. Ohne das AGG bedeutet dies, dass der Vertrag endet, Entschädigungs- oder Abfindungsansprüche bestehen nicht. Argumentiert der Geschäftsführer aber nun, die Nichtverlängerung sei aus Diskriminierungs- bzw. Benachteiligungsgesichtspunkten (zB Alter) erfolgt, kann er versuchen, über diesen Weg gleich einem Arbeitnehmer eine Schadensersatz- oder Entschädigungszahlung nach § 15 Abs. 1 und § 15 Abs. 2 einzufordern. Der entscheidende Gesichtspunkt ist dabei nicht, dass der Dienstvertrag endet, der entscheidende Gesichtspunkt ist, dass er nicht verlängert wird, beispielsweise weil aus unternehmenspolitischen Gesichtspunkten Dienstverträge mit Geschäftsführern oder Vorständen mit Vollendung des 60. Lebensjahres auslaufen. Argumente, eine Ungleichbehandlung darzustellen, werden sich in der arbeitsrechtlichen Praxis finden lassen, so dass letztendlich die Unterscheidungen zwischen Geschäftsführern und Arbeitnehmern unter arbeitsrechtlichen Schutzgesichtspunkten fließend werden können.

77 § 6 Abs. 3 beschränkt den Geltungsbereich auf den Zugang zur Tätigkeit und den beruflichen Aufstieg, das AGG gilt daher nicht für die anderen in § 2 Abs. 1 Nr. 2 geregelten Sachverhalte und damit insbesondere nicht für die Beendigung des dem Organverhältnis zugrunde liegenden Dienstverhältnisses (Willemsen/Schweibert, NJW 2006, 2583, 2584). Daraus folgt, dass es grundsätzlich unzulässig ist, die Anstellung einer Person als Vorstand abzulehnen mit der Begründung, sie sei zu alt. Die Kündigung eines Vorstandes wegen seines Alters wäre dagegen grundsätzlich zulässig. Ebenfalls unzulässig wäre es, einen befristeten Dienstvertrag nicht zu verlängern, weil der Vorstand ein bestimmtes Alter erreicht hat (aA Bauer/Krieger, § 6 Rn. 31). Die Entscheidung über die Nichtverlängerung eines Vorstandsvertrages führt zwar zur Beendigung des Tätigkeitsverhältnisses und zählt damit funktional zu den Beendigungsbedingungen und nicht zu den von § 6 Abs. 3 erfassten Zugangsbedingungen. Allerdings liegt darin eben nicht nur ein Beendigungstatbestand, sondern gleichzeitig ein Zugangstatbestand zu einer beruflichen Tätigkeit (weitere Tätigkeit im Rahmen eines befristeten Arbeitsverhältnisses) oder gar ein beruflicher Aufstieg (Sprecher der Geschäftsführung oÄ). Die Entscheidung über die Nichtverlängerung alleine als Beendigungstatbestand anzusehen, und letztendlich die darin liegende Entscheidung über die Nichtverlängerung zu ignorieren, dürfte sich nicht durchsetzen. Zu beachten ist ergänzend, dass im Ausnahmefall sowohl die Kündigung eines Dienstverhältnisses als auch die Entscheidung über die Nichtverlängerung gegen Treu und Glauben oder gegen die guten Sitten (§§ 242, 138 BGB) verstoßen kann, etwa weil ein Geschäftsführer ausschließlich wegen seiner ethnischen Herkunft gekündigt wird, ohne dass hierfür sachliche Gründe vorliegen (vgl. beispielsweise LG Frank-

furt/M. 7.3.2001 – 3–13 O 78/00 – NZA-RR 2001, 298). Beispiel für das Benachteiligungsverbot wegen des beruflichen Aufstieges wäre beispielsweise eine „Beförderung“ als Sprecher der Geschäftsführung oder als Vorsitzender des Vorstandes (vgl. Bauer/Krieger, § 6 Rn. 32).

78 § 6 Abs. 3 erfasst auch nicht ausschließlich die Fallkonstellation des innerbetrieblichen Aufstieges eines Arbeitnehmers zum Geschäftsführer (vgl. insbesondere zur Form des § 623 BGB für den aufzuhebenden Arbeitsvertrag Schrader/Straube, GmbH-Rundschau 2005, 904). Die Gesetzesmaterialien sprechen ausdrücklich auch von einem „Fortkommen in dieser Tätigkeit“ (vgl. die Entwurfsbegründung zum Allgemeinen Gleichbehandlungsgesetz, BR-Drs. 329/06, 34), so dass darunter auch die Tatsache der Nichtverlängerung des befristeten Vertrages oder gar die Kündigung des Dienstvertrages des Geschäftsführers gehören dürfte.

79 Die vorstehenden Grundsätze zum persönlichen Anwendungsbereich des AGG hat der **BGH** in Bezug auf einen Geschäftsführer nunmehr bestätigt. Der BGH subsumiert unter den Begriff **„Zugang zur Erwerbstätigkeit“** den Fall, dass die Bestellung eines Geschäftsführers aufgrund einer Befristung endet und die Stelle neu besetzt werden soll. Wenn sich der bisherige, infolge Fristablaufs aus seinem Anstellungsverhältnis und seinem Amt ausgeschiedene Geschäftsführer wiederum um die Stelle des Geschäftsführers bewerbe, erstrebe er damit einen neuen Zugang zu dieser Tätigkeit. Etwas anderes gilt nach dem BGH allein dann, wenn es der Gesellschafterversammlung beziehungsweise dem Aufsichtsrat darum geht, das Anstellungsverhältnis eines Geschäftsführers der Gesellschaft durch Entlassung zu beenden und seine Bestellung zum Geschäftsführer zu widerrufen. Nur dann solle keine Abwägung nach dem AGG erforderlich werden (BGH 23.4.2012 – II ZR 163/10 – DB 2012, 1499). Im Ergebnis hat der BGH erstmals den Anwendungsbereich des AGG in Bezug auf Geschäftsführer und damit auch auf Organmitglieder insgesamt präzisiert. Personalentscheidungen im Hinblick auf Organvertreter sind daher zukünftig, gerade wenn es um die Ersetzung lebensälterer Organmitglieder durch jüngere geht, sehr sorgfältig zu treffen. Die konkrete Personalentscheidung darf nicht von Motiven geprägt sein, die nach § 1 AGG als unzulässige Differenzierungskriterien verpönt sind; außerdem sollte die Personalentscheidung nicht offen nach außen kommuniziert werden (zu den Konsequenzen und Rechtsfolgen der BGH-Entscheidung vergleiche im Einzelnen Arnold, Arbeitsrecht Aktuell 2012, 354; Miras, GWR 2012, 311; Wolff, BB 2012, 1932).

§ 7 Benachteiligungsverbot

(1) Beschäftigte dürfen nicht wegen eines in § 1 genannten Grundes benachteiligt werden; dies gilt auch, wenn die Person, die die Benachteiligung begeht, das Vorliegen eines in § 1 genannten Grundes bei der Benachteiligung nur annimmt.

(2) Bestimmungen in Vereinbarungen, die gegen das Benachteiligungsverbot des Absatzes 1 verstoßen, sind unwirksam.

(3) Eine Benachteiligung nach Absatz 1 durch Arbeitgeber oder Beschäftigte ist eine Verletzung vertraglicher Pflichten.

I. Einleitung

1 Nach der amtlichen Begründung hat die Vorschrift des § 7 zentrale Bedeutung für die Diskriminierungsverbote in Beschäftigung und Beruf (BR-Drs. 329/06, 35, Erl. zu § 7; ähnlich Annuß, BB 2006, 1629: arbeitsrechtliche Grundnorm). Allerdings ist sie nicht aus sich selbst heraus, sondern **nur im Gesamtkontext** des Gesetzes **verständlich**. Wann eine unmittelbare oder mittelbare Benachteiligung oder eine Belästigung vorliegt, bestimmt sich nach § 3. Rechtfertigungsgründe finden sich in den §§ 8–10 sowie in § 5. Die Rechtsfolgen sind in § 7 nur fragmentarisch geregelt. Ergänzend ist auf die §§ 13–16, insbesondere auf die Ersatzpflicht nach § 15 zu verweisen. **Abs. 3** enthält eine **Klarstellung** in dem Sinne, dass die Beachtung der Diskriminierungsverbote auch eine arbeitsvertragliche Nebenpflicht darstellt.

2 Im Folgenden soll zunächst dargestellt werden, **wann** eine **„Benachteiligung** wegen eines in § 1 genannten Grundes" vorliegt. Dabei wird es insbesondere um ihre unterschiedlichen Erscheinungsformen gehen (→ Rn. 3 ff.). Im Anschluss wird die Benachteiligung bei der **Einstellung** (→ Rn. 34 ff.) und beim **beruflichen Aufstieg** (→ Rn. 95 ff.) behandelt. Dabei erfolgt eine Differenzierung nach unmittelbarer und mittelbarer Diskriminierung; innerhalb dieses Rahmens werden jeweils die „verpönten" Merkmale im Sinne des § 1 abgehandelt. Im Anschluss geht es um Benachteiligungen bei der **Vergütung** (→ Rn. 99 ff.), bei der **Arbeitszeit** (→ Rn. 183 ff.) und bei **sonstigen Arbeitsbedingungen** (→ Rn. 203 ff.). Den Abschluss bilden **diskriminierende Kündigungen** (→ Rn. 237 ff.) und **sonstige Formen der Beendigung** des Arbeitsverhältnisses (→ Rn. 323 ff.). Die kurzen Fristen, die für das Vorgehen gegen Kündigungen und Befristungen vorgesehen sind, werfen spezifische Probleme auf (→ Rn. 336 ff.). Einer separaten Erläuterung bedarf § 7 **Abs. 3** (→ Rn. 343 ff.).

II. Benachteiligung wegen eines in § 1 genannten Grundes

1. Überblick

3 Eine „Benachteiligung" setzt in der Regel mindestens eine **Bezugsperson** voraus, **im Verhältnis zu der** man schlechter gestellt wird. Die amtliche Begründung benutzt das Wort „Zurücksetzung" (BR-Drs. 329/06, 33, Erl. zu § 3 Abs. 1), was sachlich auf dasselbe hinausläuft. Wer als „Bezugsgröße" in Betracht kommt, ist in den Erläuterungen zu § 3 abgehandelt (s. dort).

Hier geht es deshalb nur noch darum zu klären, **in welchen Feldern eines Arbeitsverhältnisses** eine derartige „Zurücksetzung“ erfolgen kann.

4 **Nicht jede unterschiedliche Behandlung** ist **zugleich** eine **„Benachteiligung“**. Tragen Männer und Frauen verschiedene Dienstkleidungen, so ist dies grundsätzlich eine „neutrale“ Differenzierung, es sei denn, die eine oder die andere erweckt den Eindruck der Schäbigkeit oder macht den Träger lächerlich (Thüsing, Arbeitsrechtlicher Diskriminierungsschutz, Rn. 227 mit dem weiteren Beispiel, dass Türken und Kurden zu unterschiedlichen Schichten eingeteilt werden). Dabei können nur eng zusammengehörende Bereiche verglichen werden (Beispiele → § 3 Rn. 17 ff.). Werden Ältere nicht in die Angebote zum Abschluss von Aufhebungsverträgen einbezogen, so stellt dies nach der Rechtsprechung des BAG (25.2.2010 – 6 AZR 911/08 – NZA 2010, 561) keine Benachteiligung dar. **Bevorzugungen** werden von § 7 nicht erfasst, doch können sie im Einzelfall gegenüber Dritten diskriminierend wirken. Dann sind nur diese, nicht die Begünstigten benachteiligt, so dass auch nur ihnen gegenüber die Rechtsfolgen des § 7 Abs. 2 eintreten (v. Roetteken, § 7 Rn. 17, 44). Bedeutsam ist dies etwa dann, wenn ältere Arbeitnehmer so stark begünstigt werden, dass darin eine Diskriminierung Jüngerer liegt.

5 Auch andere, im Rahmen des § 7 Abs. 1 Hs. 1 maßgebende Fragen wurden bereits angesprochen. Dies gilt nicht nur für den genauen Inhalt der **Merkmale nach § 1**, sondern auch für deren **Kausalität** für die benachteiligende Maßnahme: Es genügt, wenn es sich um einen Gesichtspunkt handelt, der bei der fraglichen Entscheidung eine Rolle spielt; es muss sich lediglich um eine Erwägung im Rahmen eines **„Motivbündels“** handeln (→ § 1 Rn. 19 f. mwN). Daran fehlt es zB, wenn von vornherein ein **Ehegattenarbeitsverhältnis** begründet werden soll. Auf eine Benachteiligungsabsicht kommt es nicht an (EUArbR/Mohr, Nr. 520 Art. 2 Rn. 15)

6 § 7 **Abs. 1 Hs. 2** stellt klar, dass es genügt, wenn der Benachteiligende die fragliche Eigenschaft nach § 1 lediglich annimmt; ihre Existenz muss daher nicht bewiesen werden (X wird benachteiligt, „weil er ein Moslem ist“; unzulässig, auch wenn er in Wahrheit dem christlichen Glauben anhängt). Da es sich dabei um ein **allgemeines Problem** handelt, das nicht nur im Arbeitsrecht eine Rolle spielt, sind zu den „Pseudomerkmalen“ oder „Putativmerkmalen“ bereits in → § 1 Rn. 106 ff. Ausführungen gemacht.

7 Der **Benachteiligte** muss **nicht selbst Träger des Merkmals** sein. Es genügt, dass ihm verbundene Dritte, insbesondere Familienangehörige, eine entsprechende Eigenschaft aufweisen und dies als (zumindest) ein Grund in die Entscheidung des Benachteiligenden eingeht. Auch dabei handelt es sich um keine spezifisch arbeitsrechtliche Frage; auf die obigen Ausführungen in → § 1 Rn. 109 ff. kann verwiesen werden. Eine Diskriminierung liegt auch dann vor, wenn das verpönte Merkmal in der Person des Dritten irrtümlich angenommen wird (HK-ArbR/Berg, § 7 Rn. 8).

8 Das Benachteiligungsverbot erstreckt sich auf alle **„Beschäftigten“** im Sinne des § 6 Abs. 1. Wie dieser Begriff zu bestimmen ist, ist dort abgehandelt.

2. Erscheinungsformen der Benachteiligung

a) Rechtlich oder faktisch

9 Die Schlechterstellung von Beschäftigten kann rechtsgeschäftlichen Charakter tragen, aber auch in rein faktischen Beeinträchtigungen bestehen (Meinel/Heyn/Herms, § 7 Rn. 16 und Schleusener/Suckow/Voigt-Schleusener, § 7 Rn. 5: auch einseitige Maßnahmen und Realakte); entscheidend ist die Wirkung für die Betroffenen (Nollert-Borasio/Perreng, § 7 Rn. 6). § 612 a BGB und der (aufgehobene) § 611 a Abs. 1 S. 1 BGB aF verwenden insoweit die Ausdrücke „**Vereinbarung oder Maßnahme**“, doch kann im Rahmen des § 7 Abs. 1 nichts anderes gelten. Beide Bereiche sind überdies bisweilen sehr schwer abgrenzbar, wie etwa die Zuweisung völlig sinnloser Arbeit im Wege des (missbrauchten) Direktionsrechts deutlich macht (s. den Fall LAG Schleswig-Holstein 25.7.1989 – 1 (3) Sa 557/88 – LAGE § 612 a BGB Nr. 4; ebenso Lingscheid, S. 81). Im Zusammenhang mit der Gleichstellung von Mann und Frau bezieht auch der EuGH (13.7.1995 – Rs. C-116/94 – EuZW 1995, 739 = NZA-RR 1996, 121) das Verbot der Schlechterstellung auf **alle mit dem Arbeitsverhältnis verbundenen Umstände**. Der Eintritt eines Vermögensschadens ist nicht erforderlich. Auch soll es genügen, wenn die Benachteiligung noch nicht eingetreten ist, aber unmittelbar droht (dazu → § 3 Rn. 33), doch kommt dann nur ein Unterlassungsanspruch als Sanktion in Betracht.

b) Einstellung und Bewerbungsverfahren („AGG-Hopping“)

10 Eine Benachteiligung kann dadurch erfolgen, dass eine **Bewerbung abschlägig beschieden** wird, während zumindest ein vergleichbarer Bewerber Erfolg hatte. Von zwei Volljuristen, die sich auf eine Stelle bewerben, wird der eine genommen, während der andere trotz besserer Examensnote seines türkischen Namens wegen leer ausgeht. Kann er Anhaltspunkte dafür beweisen, dass sein Name bei der Entscheidung eine Rolle spielte, kommt für ihn ein Schadensersatzanspruch nach § 15 Abs. 2 in Betracht.

11 Die Situation ist auf den ersten Blick eine andere, wenn der erfolglose Bewerber **objektiv nicht geeignet** war. In diesem Fall war er zwar Bewerber im Rechtssinne und fiel damit nach § 6 Abs. 1 S. 2 unter das AGG. Er war aber mit den „geeigneten“ Mitbewerbern nicht vergleichbar, so dass keine Benachteiligung im Rechtssinne eintreten konnte; ein Anspruch nach § 15 Abs. 2 kam deshalb nicht in Betracht (BAG 13.10.2011 – 8 AZR 608/10 – AP § 15 AGG Nr. 9). Dies entsprach der ständigen Rechtsprechung des BAG (BAG 24.1.2013 – 8 AZR 188/12 – NZA 2013, 896 Rn. 17; BAG 24.1.2013 – 8 AZR 429/11 – NZA 2013, 498 Rn. 25; BAG 21.2.2013 – 8 AZR 180/12 – NZA 2013, 840 Rn. 28; BAG 22.8.2013 – 8 AZR 563/12 – NZA 2014, 82 Rn. 42; zur vorherigen Situation s. Horcher NZA 2015, 1047). Die Eignung bestimmte sich nach den Anforderungen, die der Arbeitgeber billigerweise stellen durfte. Verlangte er **ein „überdurchschnittlich gutes“ juristisches Examen**, so war ein Bewerber mit einem knappen „befriedigend“ ungeeignet und konnte deshalb von vornherein keine Ansprüche aus § 15 Abs. 1, 2 geltend machen (BAG 14.11.2013 – 8 AZR 997/12 – NZA 2014, 489). Dies galt auch dann, wenn die fehlende Eignung dem Arbeitgeber gar nicht bekannt war (BAG aaO). Soweit der Ar-

beitgeber eine Stellenbeschreibung veröffentlicht hatte, war er **an das** dort genannte **Anforderungsprofil** während des ganzen Bewerbungsverfahrens **gebunden** (BAG 13.10.2011 – 8 AZR 608/10 – AP § 15 AGG Nr. 9 Rn. 27). Für den **öffentlichen Dienst** galten (und gelten) besondere Regeln. Der öffentliche Arbeitgeber war (und ist) verpflichtet, für die zu besetzende Stelle ein Anforderungsprofil festzulegen und zu dokumentieren, da andernfalls nicht überprüft werden könnte, ob entsprechend Art. 33 Abs. 2 GG ausschließlich nach Eignung, Befähigung und fachlicher Leistung entschieden wurde (BAG 7.4.2011 – 8 AZR 679/09 – NZA-RR 2011, 494 Rn. 43).

12 Die **scheinbar gefestigte Rechtsprechung des BAG**, wonach ein objektiv ungeeigneter Bewerber von vornherein nicht in einer vergleichbaren Lage wie die geeigneten Bewerber war und deshalb auch im Falle einer Diskriminierung keine Ansprüche nach § 15 geltend machen kann, ist im Mai 2016 **aufgegeben** worden (grundlegend BAG 19.5.2016 – 8 AZR 470/14 – NZA 2016, 1394; bestätigt zuletzt durch BAG 26.1.2017 – 8 AZR 73/16 – NZA-RR 2017, 342; zustimmend LAG Saarland 11.1.2017 – 2 Sa 6/16 – NZA-RR 2017, 463). Die Abgrenzung der geeigneten vom ungeeigneten Bewerber sei schwierig und erschwere in unzumutbarer Weise die Geltendmachung der Rechte, die einem Opfer diskriminierender Handlungen nach Unionsrecht zustehen. Außerdem sei auch an den Fall zu denken, dass es nur einen Bewerber gebe; werde er abgelehnt, gebe es nur eine hypothetische Vergleichsperson, deren Eignung sich nicht feststellen ließe. **Auch einer** objektiv für die fragliche Stelle **nicht geeigneten Person** komme daher der **Status eines Bewerbers** im Sinne des § 6 Abs. 1 S. 2 zu. In einem Parallelverfahren entschied der **EuGH** (28.7.2016 – Rs. C-423/15 (Kratzer) – NZA 2016, 1014) **in gleichem Sinne** (zustimmend Kappler, AuR 2017, 33). Ungeeignete Bewerber können daher einen Ersatz des immateriellen Schadens nach § 15 Abs. 2 verlangen, wenn sie zB wegen ihrer aus dem Namen erkennbaren ethnischen Zugehörigkeit, wegen ihres Geschlechts oder wegen ihrer Weltanschauung benachteiligt wurden. Ob bei „völlig ungeeigneten" Bewerbern eine Ausnahme zu machen ist, scheint derzeit offen (dafür Wank, RdA 2017, 261). Soweit nicht auf die verpönten Merkmale des § 1 abgestellt wird, können selbstverständlich alle ungeeigneten Bewerber abgewiesen werden.

13 Die Rechtsprechung hatte sich weiter mit dem Phänomen zu befassen, dass Bewerbungen von Personen eingereicht wurden, die die fragliche Stelle gar nicht haben wollten, denen es daher – so musste man schlussfolgern – **ausschließlich um die Erlangung eines Anspruchs nach § 15 Abs. 2 ging**. Gab es ausreichende Anhaltspunkte für eine Diskriminierung wie zB eine gegen § 11 verstoßende Stellenausschreibung, so war die Gefahr nicht von der Hand zu weisen, dass es zu zahlreichen Scheinbewerbungen kommen würde. Einzelne Personen konnten sich bewusst missglückte Stellenausschreibungen aussuchen und mit der Aussicht auf Schadensersatz von einer „Bewerbung" zur anderen „hüpfen" (was zu dem Ausdruck **„AGG-Hopping"** geführt hat). Aus Anlass dieser Problematik hat das BAG (18.6.2015 – 8 AZR 848/13 A – NZA 2015, 1063) den EuGH eingeschaltet und angefragt, ob es in einem solchen Fall schon an der Bewerbereigenschaft fehle

oder ob ein Anspruch wegen Rechtsmissbrauchs ausscheide. Die Antwort des EuGH (28.7.2016 – Rs. C-423/15 (Kratzer) – NZA 2016, 1014) bejahte – wie in der vorigen Rn. erwähnt – die Eigenschaft als Bewerber, anerkannte jedoch die Möglichkeit, einen Schadensersatzanspruch wegen **Rechtsmissbrauchs** abzulehnen. Dabei ist eine nicht ernst gemeinte Bewerbung, also eine Bewerbung, bei der der Bewerber die Stelle gar nicht haben will, als Rechtsmissbrauch anzusehen, doch besteht für den Arbeitgeber die Schwierigkeit, dies im Streitfall beweisen zu müssen. **Gegen die Ernstlichkeit** spricht es ua, dass der Bewerber, wie in dem zur Vorlage an den EuGH führenden Fall (BAG 18.6.2015 – 8 AZR 848/13 A – NZA 2015, 1063), in seine Bewerbung Aussagen aufnimmt, die gegen ihn sprechen und jeden vernünftigen Arbeitgeber abschrecken müssen. Ein weiteres Indiz ist, dass er zu einer ersichtlich wesentlichen Einstellungsvoraussetzung („fließend Englisch in Wort und Schrift") keine Angaben macht oder dass er absolut unrealistische Vergütungsvorstellungen äußert (Bauer/Krieger NZA 2016, 1041, 1042). Dasselbe gilt für offensichtliche Abweichungen vom Anforderungsprofil: Wird dort lange Berufserfahrung vorausgesetzt, meldet sich jedoch ein Anfänger, ist ein solcher Fall ebenso gegeben, wie wenn sich eine Person ohne Fahrerlaubnis um die Tätigkeit eines Chauffeurs bewerben würde.

14 Für die Annahme einer solchen **Scheinbewerbung** genügt es jedoch nicht, dass ein Bewerber eine Vielzahl von Bewerbungen eingereicht und **zahlreiche Klagen** auf Schadensersatz erhoben hat. Auch ist es irrelevant, ob das Bewerbungsschreiben samt Unterlagen „ansprechend" ist oder nicht (BAG 19.5.2016 – 8 AZR 470/14 – NZA 2016, 1394). Schon früher hatte das BAG entschieden, es stehe jedem schwerbehinderten Bewerber frei, Klage gegen die öffentliche Hand zu erheben, weil er entgegen § 82 S. 2 SGB IX aF (jetzt: § 165 S. 3 SGB IX nF) nicht zu einem Vorstellungsgespräch eingeladen worden war (BAG 21.7.2009 – 9 AZR 431/08 – NZA 2009, 1087, 1091 Rn. 52). Anders hatte noch das LAG Berlin (14.7.2004 – 15 Sa 417/04 – NZA-RR 2004, 124) geurteilt, wonach das **massenhafte Absenden von Bewerbungen** auf Stellen, die unter Verstoß gegen § 11 ausgeschrieben worden waren, ein gewichtiges Indiz für fehlende Ernsthaftigkeit sei. Im konkreten Fall hatte dieselbe Person 27 Verfahren allein in der Berliner Arbeitsgerichtsbarkeit anhängig gemacht. Auch häufige Bewerbungen auf Stellen, deren Ausschreibung dem Anschein nach gegen § 11 verstießen, und anschließende Klagen sind nach dem BAG nicht zu beanstanden, weil der Kläger das Kostenrisiko trage und außerdem jederzeit denkbar sei, dass zB das Abstellen auf das Alter durch § 10 gerechtfertigt sein könne (BAG 19.5.2016 – 8 AZR 470/14 – NZA 2016, 1394). Die Voraussetzungen für einen Rechtsmissbrauch sind daher nur relativ selten erfüllt. Dem „AGG-Hopping" werden so weite Türen geöffnet, was letztlich die Legitimität des Antidiskriminierungsrechts untergräbt (zum **AGG-Hopping** s. Rolfs NZA 2016, 586 ff.; für Zulässigkeit einer AGG-Hopper-Datei OLG Stuttgart 11.4.2013 – 2 U 111/12 – NZA-RR 2014, 82; einschränkend mit beachtlichen Gründen Benecke, EuZA 10 (2017), 47, 53 ff.). Bei **Ausschreibungen** ist unter diesen Umständen peinlich genau darauf zu achten, dass **keine Diskriminierungen indizierende Formulierung** verwendet wird. Auch sind nach Möglichkeit die weiteren Schritte bei der Auswahl unter

den Bewerbern zu dokumentieren (vgl. Zaumseil, DB 2017, 1036). Weiter ist zu beachten, dass dem Arbeitgeber die Berufung auf eine Rechtfertigung nach §§ 8–10 und nach § 5 offensteht, und dass er den Beweis führen kann, dass dem Bewerber eine „unverzichtbare Anforderung" gefehlt habe, was in der Stellenbeschreibung seinen „Anklang" gefunden haben muss (BAG 11.8.2016 – 8 AZR 406/14 – AP § 15 AGG Nr. 22).

15 Ist der Bewerber an der Stelle interessiert, erhalten aber andere den Vorzug, so kann ein Ersatzanspruch nach § 15 Abs. 1 und Abs. 2 in Betracht kommen, ohne dass der Einwand des Rechtsmissbrauchs eine Rolle spielt. Er scheidet auch dann aus, wenn **Testpersonen** eingesetzt werden, um das Vorliegen von Diskriminierungen beweisen zu können (Kappler, AuR 2017, 34). So wird etwa von einer Untersuchung berichtet, die eine **Schlechterstellung von Bewerberinnen mit türkischen Namen** und erst recht von solchen zu Tage förderte, die ein Kopftuch trugen: Während „Sandra Bauer" in 20 % aller Fälle zu einem Bewerbungsgespräch eingeladen wurde, erfolgte dies bei „Meryem Öztürk" trotz exakt gleicher Qualifikation nur in 13,5 % aller Fälle. Trug Meryem Öztürk auf dem Bewerbungsfoto ein Kopftuch, sank die Einladungsquote auf 4,2 % (Mätzig, RdA 2017, 185 unter Bezugnahme auf eine Untersuchung des IZA von Weichselbaumer). Von vergleichbaren Erfahrungen berichtet auch die Migrationsbeauftragte der Bundesregierung (mitgeteilt bei Oesterling, AuB 9/2017, 53). In der Literatur wird mit Recht der Standpunkt vertreten, dass schon die **Benachteiligung einer** einzelnen **Testperson** ein **Diskriminierungsindiz** im Sinne des § 22 sein kann (Bauer/Evers, NZA 2006, 893, 895; im Grundsatz auch LAG Schleswig-Holstein 9.4.2014 – 3 Sa 401/13 – LAGE § 22 AGG Nr. 10) und deshalb der Test nicht etwa einen Rechtsmissbrauch darstellt. Das **Testverfahren** will Diskriminierungsgefahren aufdecken und hat deshalb eine völlig andere Zielsetzung als das AGG-Hopping.

16 Eine **Benachteiligung** kann **der Nicht-Einstellung** auch **vorgelagert** sein, weil kein diskriminierungsfreies Auswahlverfahren stattgefunden hat (BAG 21.7.2009 – 9 AZR 431/08 – NZA 2009, 1087). Werden beispielsweise Bewerbungen von Frauen oder von Personen über 40 Jahren von vornherein als „ungeeignet" ausgesondert oder kommen sie faktisch nie in die engere Auswahl, so wäre ein solcher Fall gegeben (v. Roetteken, § 7 Rn. 15: Verfahrenshandlungen genügen). Dies hat das BAG (3.4.2007 – 9 AZR 823/06 – NZA 2007, 1098 Rn. 33; 21.7.2009 – 9 AZR 431/08 – NZA 2009, 1087 Ls. 5) im Fall einer behinderten Bewerberin genauso gesehen („Recht auf diskriminierungsfreies Bewerbungsverfahren"). Für das Verbot der Diskriminierung wegen des Geschlechts hat das BVerfG (16.11.1993 – 1 BvR 258/86 – NZA 1994, 745 = AP § 611 a BGB Nr. 9 Bl. 4) die Konsequenz gezogen, dass es in solchen Fällen nicht mehr darauf ankomme, ob das Geschlecht bei der abschließenden Einstellungsentscheidung noch eine nachweisbare Rolle gespielt habe (ebenso BAG 21.7.2009 – 9 AZR 431/08 – NZA 2009, 1087, 1090 Rn. 42). **Fehlerhaft** und diskriminierend ist ein **Bewerbungsverfahren** auch dann, wenn nach dem Vorliegen der Merkmale des § 1 gefragt wurde (näher → Rn. 34 ff.).

c) Beförderung

17 Eine Benachteiligung kann weiter beim **beruflichen Aufstieg** eintreten. Dabei ist nicht allein an den Fall zu denken, dass bei einer Beförderung ausdrücklich auf ein verpöntes Merkmal abgestellt wird („Nicht-Deutsche sind für Führungspositionen ungeeignet"). Vielmehr ist auch hier eine **Benachteiligung im Verfahren** denkbar, wenn beispielsweise vergleichbare Beschäftigte zu einem Gespräch geladen wurden (s. den Fall LAG Köln 10.5.1990 – 8 Sa 462/89 – LAGE § 611 a BGB Nr. 5). Dasselbe gilt dann, wenn bestimmte **karrierefördernde Aufgaben nicht zugewiesen** werden, wenn beispielsweise von vornherein keine Gelegenheit zum Sammeln von Auslandserfahrungen gegeben wurde (LAG Köln 10.5.1990 – 8 Sa 462/89 – LAGE § 611 a BGB Nr. 5). Von einem „beruflichen Aufstieg" kann im Übrigen nur die Rede sein, wenn ein neuer Tätigkeits- oder Verantwortungsbereich eingeräumt wird; die **bloße Gehaltserhöhung** bzw. der Bewährungsaufstieg oder die Höhergruppierung bei gleicher Tätigkeit fallen in die Rubrik „Vergütung" (Kort, RdA 1997, 277 ff.; → § 2 Rn. 31 ff.).

d) Arbeitsbedingungen

18 Eine Benachteiligung kann weiter darin liegen, dass mit dem fraglichen Beschäftigten ein **schlechterer Arbeitsvertrag** als mit anderen abgeschlossen wird. Dabei spielt es keine Rolle, ob dieser faktisch vom Arbeitgeber diktiert oder im Einzelnen ausgehandelt wurde (Rebhahn-Rebhahn, § 3 Rn. 11); nach § 31 steht der Diskriminierungsschutz nicht zur Disposition der Beteiligten. Dies gilt auch für **Leiharbeitnehmer** im Verhältnis zu Stammarbeitnehmern, sofern sie eine deutlich abweichende (zB geschlechtsspezifische) Zusammensetzung haben. Dies wird häufig anzunehmen sein, da Leiharbeitnehmer zu mehr als drei Viertel männlichen Geschlechts sind (näher → Rn. 144 ff.). Denkbar ist weiter die **Vorenthaltung von freiwilligen Sozialleistungen**. Beispiel ist die Nicht-Einbeziehung in eine **Erfolgs- und Umsatzbeteiligung** (vgl. den Fall BAG 12.6.2002 – 10 AZR 340/01 – NZA 2002, 1389, wo dies die gegen § 612 a BGB verstoßende Antwort darauf war, dass die Betroffenen der vertraglichen Verlängerung der Wochenarbeitszeit ohne Lohnausgleich nicht zugestimmt hatten). Ähnliches gilt, wenn bei strittiger Eingruppierung bestimmte Personen **höher gruppiert** werden, nicht aber die Merkmalsträger des § 1 (vgl. den Fall BAG 23.2.2000 – 10 AZR 1/99 – NZA 2001, 680, wo sich die Benachteiligung gegen die Gruppe derjenigen richtete, die ihre Rechte gerichtlich geltend gemacht hatten). Die Vorenthaltung von Leistungen als „Nachteil" kann auch im Zusammenhang mit **Gesamtzusagen und Betriebsübungen** auftreten (nur die Vollzeitbeschäftigten erhalten zB eine betriebliche Altersversorgung, nur die Männer bekommen seit Jahren eine freiwillige Familienzulage). Diskriminierend kann auch die Nichtberücksichtigung bei der Verlängerung der Wochenarbeitszeit nach § 9 TzBfG sein (BAG 26.1.2017 – 8 AZR 736/15 – NZA 2017, 854 – dort insbesondere auch zu Beweisfragen).

19 Auch **Betriebsvereinbarungen und Tarifverträge** können benachteiligend wirken, indem sie beispielsweise bei Eingruppierungskatalogen frauenspezifischen Fähigkeiten keine Bedeutung beimessen (dazu Colneric, AiB 1988, 308) oder indem sie eine **Kleiderordnung** vorschreiben, die nur für

diejenigen belastend wirkt, die aus religiösen Gründen ein Kopftuch tragen wollen.

e) Belästigung und gezielte Benachteiligung

20 Eine sehr weitreichende „Zurücksetzung" ist die **Belästigung** nach § 3 Abs. 3 bzw. die sexuelle Belästigung nach § 3 Abs. 4, die als Diskriminierung behandelt werden. Auf die dortigen Ausführungen kann verwiesen werden (→ § 3 Rn. 84 ff.). Das dort vorausgesetzte Niveau der Beeinträchtigung ist noch nicht erreicht, wenn „lediglich" **sinnlose Arbeiten zugewiesen** werden oder wenn trotz Vorhandenseins eines Zeiterfassungssystems eine persönliche An- und Abmeldung beim Vorgesetzten verlangt wird. Beides stellt selbstredend eine Benachteiligung dar (s. den Fall LAG Schleswig-Holstein 25.7.1989 – 1 (3) Sa 557/88 – LAGE § 612 a BGB Nr. 4, wo beides als Reaktion auf die Geltendmachung eines Weiterbeschäftigungsanspruchs praktiziert wurde). Auch eine **Versetzung** auf einen anderen Arbeitsplatz gegen den Wunsch des Betroffenen kann benachteiligend sein, wenn andere Arbeitnehmer hierfür ebenfalls in Betracht gekommen wären (s. den Fall LAG Thüringen 10.3.2005 – 1 Sa 578/03).

f) Beendigung des Arbeitsverhältnisses

21 Eine Benachteiligung ist weiter dann gegeben, wenn **mit Trägern bestimmter Merkmale** nach § 1 **befristete** Arbeitsverträge geschlossen, **mit anderen** Bewerbern jedoch **unbefristete** Arbeitsverhältnisse begründet werden. Dasselbe gilt dann, wenn der Arbeitgeber zunächst einen unbefristeten Arbeitsvertrag anbietet, dann jedoch nur noch einen befristeten schließen will, nachdem er vom Kinderwunsch der Bewerberin erfahren hat (ArbG Wiesbaden 12.2.1992 – 6 Ca 2/92 – AiB 1992, 298). Hier wären alle hypothetischen männlichen Bewerber Vergleichspersonen.

22 Auch eine **Kündigung** kann eine Benachteiligung aus den Gründen des § 1 darstellen; daran hat die Vorschrift des § 2 Abs. 4 nichts geändert (→ § 2 Rn. 288 ff.). Denkbar ist, dass **direkt an** eines der fraglichen **Merkmale angeknüpft** wird, doch sind insbesondere bei Massenentlassungen auch mittelbare Diskriminierungen möglich. Andere einseitige Beendigungstatbestände wie die Anfechtung (zB wegen Irrtums über das Bestehen einer Schwangerschaft) sind gleichfalls vom Benachteiligungsverbot erfasst (vgl. EuGH 4.10.2001 – Rs. C-109/00 (Tele Danmark) – NZA 2001, 1241; → Rn. 324 ff.).

23 Eher weniger erörtert ist bislang die Frage, ob auch das **Angebot von Aufhebungsverträgen** eine „Benachteiligung" darstellen kann, weil es den Betroffenen der Sache nach vor Augen führt, dass auf ihre Dienste verzichtet werden kann (vgl. Lingscheid, S. 85). Man wird die Frage bejahen müssen, sofern betriebsbedingte Kündigungen nicht langfristig ausgeschlossen sind. Anders dann, wenn es sich um ausgesprochene Vorzugskonditionen handelt, wenn beispielsweise volle Gehaltszahlung bis zum Rentenalter (oder eine Abfindung in entsprechender Höhe) zugesagt wird (für Einbeziehung der Aufhebungsverträge in den Diskriminierungsschutz BAG 25.2.2010 – 6 AZR 911/08 – NZA 2010, 561; Rust/Falke-Rust/Bertelsmann, § 7 Rn. 147; Einzelheiten → Rn. 324).

g) Abwicklung

24 Auch bei der Abwicklung **eines aufgelösten Arbeitsverhältnisses** kann eine Benachteiligung eintreten. Dies ist durch § 6 Abs. 1 S. 2 ausdrücklich klargestellt. Erfasst ist etwa der Fall, dass sich der Arbeitgeber mit Rücksicht auf eines der Merkmale nach § 1 weigert, ein **Zeugnis** auszustellen (EuGH 22.9.1998 – Rs. C-185/97 (Coote) – NZA 1998, 1223) oder dass dieses besonders reserviert ausfällt. Eine ähnliche Funktion hat es, wenn potenziellen künftigen Arbeitgebern gegenüber erklärt wird, der Arbeitnehmer zeige Handlungsweisen, die in den Schutzbereich des § 1 fallen („häufiger Moscheegänger", „Mitglied im Homosexuellenverband" usw). Hierin liegt zumindest eine faktische Benachteiligung des Betroffenen. Bei der **Beurteilung von Behinderten** sollen behinderungsbedingte quantitative Minderleistungen nicht ins Gewicht fallen, wohl aber qualitative Mängel (OVG Saarloius 24.2.2017 – 1 A 94/16 – jurisPR-ArbR 24/17), was schwierige Abgrenzungsprobleme aufwirft und außerdem psychisch Erkrankte gegenüber anderen benachteiligt (Ehmann, jurisPR-ArbR 24/17 Anm. 3). Die **Beurteilung von Frauen** weist häufig Einseitigkeiten auf (dazu Jochmann-Döll, PersR 12/2017, 12 ff.), die nach Möglichkeit zu vermeiden sind. Auf Wunsch des ausgeschiedenen Arbeitnehmers ist das Geburtsdatum im Zeugnis nicht zu erwähnen, da dies zu einer Benachteiligung wegen Alters (→ Rn. 52) führen kann. Soweit Name und Adresse zur Identifizierung nicht ausreichen, kann auf die Personalausweisnummer zurückgegriffen werden.

3. § 7 Abs. 2 und weitere Rechtsfolgen

a) Allgemeiner Rahmen

25 In § 7 **Abs. 2** ist nur die **Unwirksamkeit von „Vereinbarungen"** erwähnt, was sich auch auf Kollektivverträge wie Tarifverträge und Betriebsvereinbarungen erstreckt (BAG 13.10.2009 – 9 AZR 722/08 – NZA 2010, 327 Rn. 46). Auch Betriebsabsprachen oder Kollektivverträge eigener Art wie der Interessenausgleich nach § 112 BetrVG und die Vereinbarung zur Errichtung eines EBR sowie **Betriebsübungen** sind erfasst (HK-ArbR/Berg, § 7 Rn. 16). Dasselbe gilt für **kirchliche Arbeitsbedingungen**, denen keine normative Wirkung zukommt (Meinel/Heyn/Herms, § 7 Rn. 33). Einseitige Akte wie eine Versetzung, eine Abmahnung oder eine Kündigung sind nicht ausdrücklich genannt, obwohl sie gleichfalls eine unzulässige Benachteiligung im Sinne des § 7 **Abs. 1** darstellen können. Ihre Unwirksamkeit ergibt sich nicht allein aus § 7 Abs. 1, sondern aus diesem zusammen mit § **134 BGB** (Annuß, BB 2006, 1629, 1634; HK-ArbR/Berg, § 7 Rn. 1; Kamanabrou, RdA 2006, 333; Meinel/Heyn/Herms, § 7 Rn. 33 aE; v. Roetteken, § 7 Rn. 14; Schiek-Schmidt, § 7 Rn. 2; Schlachter, ZESAR 2006, 397). Sie bleiben daher ebenfalls ohne rechtliche Wirkung. Genauso wäre eine Gesamtzusage zu behandeln, sofern man sie als einseitigen verpflichtenden Akt und nicht als Angebot zu einer Vertragsänderung auffasst, die durch widerspruchsloses Weiterarbeiten angenommen wird. Die Unwirksamkeit setzt voraus, dass die Maßnahme bzw. Vereinbarung zumindest auch auf einem verpönten **Merkmal** nach § 1 beruht (HK-ArbR/

Berg, § 7 Rn. 7), wobei es genügt, wenn der Benachteiligende dieses **nur angenommen** hat (Meinel/Heyn/Herms, § 7 Rn. 20).

26 Die **Rechtsfolgen** von Verstößen gegen das Benachteiligungsverbot beschränken sich nicht auf die **Unwirksamkeit** der in Frage stehenden Rechtsgeschäfte. In vielen Fällen geht es primär darum, eingetretene Beeinträchtigungen wieder rückgängig zu machen. Neben den **Ersatzansprüchen** nach § 15 Abs. 1, 2 kommt dabei ein quasi-negatorischer **Beseitigungsanspruch** analog § 1004 BGB in Betracht (dafür auch die amtliche Begründung in BT-Drs. 16/1780, 38), da die Diskriminierung einen Eingriff in das allgemeine Persönlichkeitsrecht darstellt, zumindest aber gegen ein Schutzgesetz im Sinne des § 823 Abs. 2 BGB verstößt (für Schutzgesetzeigenschaft Meinel/Heyn/Herms, § 7 Rn. 7; v. Roetteken, § 7 Rn. 23; Schiek-Schmidt, § 7 Rn. 1; dazu → § 15 Rn. 143). Drohen weitere Benachteiligungen, kommt auch ein **Unterlassungsanspruch** in Betracht. Wird unter Verstoß gegen § 7 Abs. 1 und § 1 eine zu niedrige Vergütung bezahlt, so kann neben dem Anspruch auf Gleichbehandlung auch ein Ersatzanspruch nach § 15 Abs. 2 geltend gemacht werden (LAG Rheinland-Pfalz 28.10.2015 – 4 Sa 12/14 – AuR 2016, 430 mAnm Feldhoff, jurisPR-ArbR 33/2016 Anm. 2).

b) Diskriminierung durch Dritte

27 Das Benachteiligungsverbot richtet sich nicht nur an den Arbeitgeber, sondern auch an die für ihn handelnden Personen sowie an **Arbeitskollegen** und an **Dritte** (Nollert-Borasio/Perreng, § 7 Rn. 4; ebenso Bauer/Krieger, § 7 Rn. 6; Kamanabrou, RdA 2006, 333; Meinel/Heyn/Herms, § 7 Rn. 12; Schiek-Schmidt, § 7 Rn. 1; Schleusener/Suckow/Voigt-Schleusener, § 7 Rn. 4). Während der Arbeitgeber für Vorgesetzte und Mitarbeiter der Personalabteilung grundsätzlich nach § 278 BGB einstehen muss, ist dies bei Arbeitskollegen und Dritten wie zB Kunden nicht der Fall. Diese haften jedoch ggf. selbst auf Schadensersatz und Unterlassung wegen Verletzung eines Schutzgesetzes nach § 823 Abs. 2 BGB (HK-ArbR/Berg, § 7 Rn. 15; Schiek-Schmidt, § 7 Rn. 1; Wobst NZA-RR 2016, 508, 512; aA Bauer/Krieger, § 7 Rn. 7; Hey, in: Hey/Forst § 7 Rn. 5) oder nach § 826 BGB. Ein **materieller Schaden** lässt sich aber nur höchst selten belegen; in der Rechtsprechung ist, soweit ersichtlich, **kein einziger Fall dokumentiert.** Ersatz für **immaterielle Schäden** wäre durchaus denkbar – so wenn beispielsweise ein Arbeitskollege türkischer Herkunft als „Taliban“ oder als „Terrorist“ beschimpft wird oder wenn bei der Schichtablösung ein inländischer Beschäftigter demonstrativ nach einem **Desinfektionsspray** verlangt, bevor er sich auf den Platz eines ausländischen Mitarbeiters setzt (Beispiele bei Oesterling, AiB 9/2017, 51). Faktisch wird aber die Intervention des Betriebsrats sehr viel mehr als die (doch nicht durchgesetzte) Drohung mit Schadensersatz bewirken (näher Oesterling, AiB 9/2017, 51 ff.). Erhält ein angestellter Taxifahrer wegen seiner schwarzen Hautfarbe weniger Trinkgeld als andere, so ist dies zwar eine Diskriminierung, doch steht die Rechtsverfolgung praktisch auf dem Papier. Auf der anderen Seite sind Kundenpräferenzen zugunsten eines Merkmalträgers nach § 1 durchaus legitim und stellen keinen Verstoß gegen § 7 Abs. 1 dar: Wenn Besucher von Gymnastikkursen weibliche Leiter bevorzugen, ist ihnen dies unbenommen, auch

wenn dadurch ein männlicher Leiter mangels Nachfrage seinen Tätigkeitsbereich verliert (→ Rn. 247).

c) Diskriminierende Kollektivverträge

28 Soweit Tarifverträge und Betriebsvereinbarungen gegen Diskriminierungsverbote verstoßen, sind die **Tarifparteien** bzw. der **Betriebsrat/Personalrat** verantwortlich (Bauer/Krieger, § 7 Rn. 6; Nollert-Borasio/Perreng, § 7 Rn. 5; v. Roetteken, § 7 Rn. 19). Allerdings dürfte es sich mit ihrer Stellung als Normsetzer schwerlich vereinbaren lassen, dass sie auf Schadensersatz in Anspruch genommen werden können; sie sind lediglich verpflichtet, durch Korrektur der Kollektivverträge wieder einen rechtmäßigen Zustand herbeizuführen. Beim Betriebsrat und beim Personalrat kommt hinzu, dass sie nicht vermögensfähig sind, so dass die Haftung des Gremiums ohne wirtschaftlliche Bedeutung ist. Der Arbeitgeber haftet bei der Anwendung von Kollektivverträgen nach § 15 Abs. 3 nur für grobe Fahrlässigkeit.

d) Einzelfragen der Unwirksamkeit

29 Soweit eine Regelung in Tarifverträgen, Betriebsvereinbarungen oder Arbeitsverträgen diskriminierenden Charakter hat, **bleiben** in Abweichung von § 139 BGB die **übrigen Teile des Vertragswerks bestehen** (HK-ArbR/Berg, § 7 Rn. 18). Dies ist für Tarifverträge (BAG 16.11.2011 – 4 AZR 856/09 – NZA-RR 2012, 308; Däubler-Nebe, TVG § 1 Rn. 187 mwN) ebenso anerkannt wie für Betriebsvereinbarungen (Nachweise bei Fitting, BetrVG § 77 Rn. 32); auch bei Arbeitsverträgen gilt nichts anderes (Schaub-Linck, § 34 Rn. 20). Bei Kollektivverträgen besteht nur dann eine Ausnahme, wenn der verbleibende Teil keine sinnvolle Regelung mehr enthält; dann tritt – anders als bei Arbeitsverträgen – Gesamtnichtigkeit ein (s. den Fall BAG 13.10.2009 – 9 AZR 722/08 – NZA 2010, 327, 333 Rn. 72).

30 Das AGG trifft selbst keine Aussage darüber, was **anstelle der unwirksamen Vorschriften** gilt. Enthielten diese **lediglich** eine **Belastung** bestimmter Merkmalsträger (für Kabinenpersonal in Flugzeugen wird beispielsweise eine Altersgrenze von 55 Jahren festgelegt – s. den Fall BAG 23.6.2010 – 7 AZR 1021/08 – NZA 2010, 1248), so **fällt** diese **ersatzlos weg**. Die fragliche Gruppe muss genauso wie die übrigen behandelt werden (die allgemeine Altersgrenze gilt also auch für Kabinenpersonal). Angesichts der gesetzlichen Regelung sind andere Bestimmungen schwer denkbar. Dasselbe gilt bei Arbeitsverträgen, wobei eine Gleichbehandlung mit anderen nur in Betracht kommt, wenn es sich um Standardbedingungen handelt. Eine **Sonderregelung** für Rechtsverstöße trifft **§ 16 TzBfG** für den Fall einer unwirksamen Befristungsabrede, da in diesem Fall automatisch ein unbefristetes Arbeitsverhältnis entsteht.

31 Möglich ist zum zweiten, dass bestimmten Merkmalsträgern nach § 1 Ansprüche vorenthalten werden, die andere eingeräumt bekommen (Frauen bekommen keine „Ehemännerzulage“, während Männer eine „Ehefrauenzulage“ erhalten – s. BAG 13.11.1985 – 4 AZR 234/84 – DB 1986, 542). Hier muss eine **Gleichstellung mit den Begünstigten** erfolgen, ohne dass es auf die zahlenmäßige Verteilung zwischen den beiden Gruppen an-

käme (→ Rn. 126–133). Liegt eine arbeitsvertragliche Diskriminierung vor, so ist der **Arbeitsvertrag Rechtsgrundlage für eine Anhebung** auf das Niveau der nicht-diskriminierten Gruppe (ebenso Meinel/Heyn/Herms, § 7 Rn. 4).

32 Die Umstellung eines diskriminierenden kollektivvertraglichen Entlohnungssystems erweist sich als besonders schwierig, wenn die Benachteiligung nicht in einer „Sonderregelung" oder der Nicht-Gewährung bestimmter Leistungen, sondern darin besteht, dass bei der Bewertung der Arbeit diskriminierende Elemente eine Rolle spielten. Hier wird im Interesse der Tarifautonomie eine **angemessene Übergangszeit** eingeräumt, innerhalb derer die diskriminierenden Regelungen fortbestehen dürfen, damit die Tarifparteien eine neue adäquate Regelung finden können (Kocher, ZESAR 2011, 265 ff.; Däubler-Winter/Zimmer, TVG § 1 Rn. 547). Der EuGH (8.9.2011 – Rs. C-297/10, C-298/10 (Hennigs) – NZA 2011, 1100) hat dies anerkannt, soweit auf diese Weise **verhindert** werden soll, dass einzelne Beschäftigte durch die Umstellung auf das diskriminierungsfreie System **Entgelteinbußen** erleiden. Zum Übergang von den gleichheitswidrigen Lebensaltersstufen nach BAT in den TVöD s. BAG 8.12.2011 – 6 AZR 319/09 – NZA 2012, 275 ff.

33 Hat ein **Auswahlsystem** (zB bei Einstellung oder Beförderung) diskriminierenden Charakter, so stellt sich gleichfalls die Frage, was an die Stelle der unzulässigen Kriterien treten soll. Das BAG verpflichtet in solchen Fällen den Arbeitgeber, gemäß § 315 BGB **nach billigem Ermessen** zu entscheiden (BAG 13.10.2009 – 9 AZR 722/08 – NZA 2010, 327, 333 Rn. 71 ff.).

III. Benachteiligung im Bewerbungsverfahren und bei der Einstellung

34 Eine Benachteiligung aus den Gründen des § 1 kann darin liegen, dass der Arbeitgeber unzulässige Fragen stellt (→ Rn. 35 ff.) oder dass das Einstellungsverfahren andere Mängel aufweist, die im Zusammenhang mit einem der verpönten Merkmale nach § 1 stehen (→ Rn. 56 ff.). Schließlich kann auch die Einstellungsentscheidung als solche, etwa wegen der dabei verwandten Kriterien, diskriminierenden Charakter haben (→ Rn. 67 ff.).

1. Diskriminierende Fragen des Arbeitgebers

a) Grundsatz

35 Nach allgemeinen arbeitsrechtlichen Grundsätzen darf der Arbeitgeber einen Bewerber nur nach solchen Tatsachen fragen, die mit der in Aussicht genommenen Tätigkeit zusammenhängen: Nur dann hat er ein „**berechtigtes, billigenswertes und schutzwertes Interesse**" daran, in die Individualsphäre des Bewerbers einzudringen (BAG 7.6.1984 – 2 AZR 270/83 – NZA 1985, 57, st. Rspr.; aus der Literatur s. Schaub-Linck, § 26 Rn. 16 ff.). An einem derartigen Interesse des Arbeitgebers fehlt es in Bezug auf alle **Angaben, die zu einer Diskriminierung** aus den Gründen des § 1 **führen können** (Däubler, Gläserne Belegschaften?, Rn. 212; DKKW-Klebe, BetrVG § 94 Rn. 12 ff.; Riesenhuber, NZA 2012, 771 ff.; ErfK-Schlachter, § 2 Rn. 4; HWK-Thüsing, BGB § 123 Rn. 7; Küttner-Kania, Diskriminierung, Rn. 5; Wisskirchen, DB 2006, 1494; ähnlich Lingscheid, S. 76). Das Diskriminierungsverbot wird so von der verfahrensrechtlichen Seite her ab-

gesichert; dies entspricht dem Präventionszweck des AGG (Wisskirchen/Bissels, NZA 2007, 170). Diese Grundsätze sind auch dann anzuwenden, wenn – ausnahmsweise – **Informationen bei Dritten** erhoben werden (Däubler, Gläserne Belegschaften?, Rn. 241 ff.) oder wenn auf allgemein zugängliche Daten, die zB im **Internet** verfügbar sind, zugegriffen wird (dazu Kania/Sansone, NZA 2012, 360 ff.).

36 Der durch die Begrenzung des Fragerechts geschaffene **Schutz** hat durchaus **beschränkten** Charakter. Rasse und ethnische Herkunft werden häufig beim Bewerbungsgespräch deutlich; dasselbe gilt für das Geschlecht. Auch Schwangerschaften lassen sich in einem späten Stadium nicht verbergen, bestimmte Behinderungen sind unschwer äußerlich erkennbar. Beim Alter lässt sich auch ohne gezielte Nachfrage zumindest ein grober Rahmen bestimmen. Gleichwohl ist es sinnvoll, zumindest in den verbleibenden Fällen eine gewisse „Abschirmung" vorzunehmen. Ob es ein datenschutzrechtliches Informationserhebungsverbot mit Erlaubnisvorbehalt gibt (dafür Riesenhuber, NZA 2012, 773 f.), kann an dieser Stelle dahinstehen, da es sich nicht auf die Ergebnisse auswirkt. Bisweilen werden in Pilotprojekten **anonyme Bewerbungen** erprobt (dazu Döse, NZA 2012, 781; Mätzig, RdA 2017, 185), doch kann die Anonymisierung nur für eine objektive Selektion der Personen sorgen, die in die engere Auswahl kommen: Beim Bewerbungsgespräch selbst lassen sich dann die erwähnten Merkmale nicht mehr verbergen. Allerdings ist die erste Phase des Verfahrens, bei der nur schriftliche oder digitale Unterlagen vorhanden sind, sehr viel diskriminierungsanfälliger als die dann folgende, weil ein Bewerber im persönlichen Gespräch zahlreiche Vorbehalte auflösen kann (Mätzig, RdA 2017, 187 unter Bezugnahme auf die Untersuchung von Krause/Rinne/Zimmermann, abrufbar unter http://legacy.iza.org/en/webcontent/publications/reports/report_pdfs/iza_report_27.pdf, 13.1.2018).

b) Rasse und ethnische Herkunft

37 Eine **Frage nach Rasse und ethnischer Herkunft** ist grundsätzlich **ausgeschlossen** (GK-Raab, BetrVG § 94 Rn. 27; zu diesen Merkmalen → § 1 Rn. 22 ff.). Der Arbeitgeber darf sich also nicht danach erkundigen, ob der Bewerber Sinti oder Türke ist. Ein berechtigtes Interesse besteht nur in den seltenen Fällen des § 8 Abs. 1, in denen (zB bei einer Theaterrolle) eine bestimmte ethnische Herkunft ein wesentliches und entscheidendes Erfordernis der zu erfüllenden Tätigkeit darstellt. Weiter hat der Arbeitgeber ein berechtigtes Interesse zu erfahren, ob ein **Aufenthaltstitel** und eine **Berechtigung zu abhängiger Arbeit** erforderlich sind und ob sie ggf. im Einzelfall vorliegen (vgl. Küttner-Kania, Personalbuch, Diskriminierung, Rn. 36).

38 Probleme können sich bereits dadurch ergeben, dass der Name eindeutig auf eine fremde ethnische Zugehörigkeit verweist. So wurden etwa in Frankreich zahlreiche Bewerbungen einmal unter dem schönen französischen Vornamen „Thierry", das andere Mal unter dem nordafrikanischen Vornamen „Raouf" eingereicht; nur „Thierry" wurde zu Vorstellungsgesprächen eingeladen, obwohl Lebenslauf, Vorqualifikation usw praktisch identisch waren (Le Friant, AuR 2003, 51, 54 f.). Für ein Gebot, alle eingehenden **Bewerbungen** zu **pseudonymisieren**, besteht nach deutschem Recht

allerdings derzeit keine Grundlage, ebenso wenig für einen generellen Verzicht auf ein Foto.

39 Die **Frage nach deutschen Sprachkenntnissen** wirkt zwar mittelbar diskriminierend (Wisskirchen, DB 2006, 1491), ist jedoch überall dort nach § 3 Abs. 2 berechtigt, wo diese für die Erfüllung der Tätigkeit notwendig sind. Bei einem Arbeitsplatz mit Publikumsverkehr sind daher höhere Anforderungen zu stellen als bei einem Omnibusfahrer, der praktisch nie von Fahrgästen kontaktiert wird. Grundkenntnisse, die für eine Orientierung im Verkehr erforderlich sind, wären selbstredend auch bei ihm notwendig. Ein bloßer ausländischer Akzent ist grundsätzlich kein Kriterium (ebenso die niederländische Gleichstellungsbehörde, mitgeteilt bei Hailbronner, ZAR 2001, 255); nur bei Rundfunksprechern, Schauspielern und in vergleichbaren Fällen würde anderes gelten. Nach der Rechtsprechung des BAG (15.12.2016 – 8 AZR 418/15) ist die Frage nach deutschen Sprachkenntnissen für sich allein kein ausreichendes Indiz im Sinne des § 22, wohl aber eine Absage mit der Begründung, die Bewerberin sei **keine deutsche Muttersprachlerin** (ArbG Berlin 11.2.2009 – 55 Ca 16952/08 – NZA-RR 2010, 16). Gehört ein telefonischer Erstkontakt zum Bewerbungsverfahren und werden aufgrund des Gesprächs einzelne Bewerber ausgesondert, so kann darin eine mittelbare Diskriminierung liegen (ArbG Hamburg 26.1.2010 – 25 Ca 282/09 – AuR 2010, 223 Ls.; zustimmend Böning/Klapp, PersR 12/2016, 30).

c) Geschlecht

40 Das Verbot der Diskriminierung wegen des Geschlechts wirkt sich in erster Linie bei der **Frage nach der Schwangerschaft** aus. Die Rechtsprechung des BAG hat insoweit eine wechselvolle Geschichte hinter sich (dazu Däubler, Arbeitsrecht 2, Rn. 53 ff.). Zuletzt vertrat das Gericht den Standpunkt, die Frage sei im Normalfall unzulässig, jedoch dann nicht zu beanstanden, wenn die in Aussicht genommene Tätigkeit von einer Schwangeren wegen eines **Beschäftigungsverbots** vorübergehend gar nicht wahrgenommen werden könne (BAG 1.7.1993 – 2 AZR 25/93 – DB 1993, 1978). Dies wurde durch die **Rechtsprechung des EuGH** zunächst für den Fall der unbefristeten Beschäftigung korrigiert; die Einstellung dürfe nicht mit dem Argument abgelehnt werden, während der Schwangerschaft könne die auf der Stelle anfallende Arbeit nicht geleistet werden (EuGH 3.2.2000 – Rs. C-207/98 (Mahlburg) – NZA 2000, 255). Damit war sinngemäß auch eine entsprechende Frage ausgeschlossen. Gut ein Jahr später entschied der EuGH in gleicher Weise für ein **befristetes Arbeitsverhältnis**, das mit Rücksicht auf die Schwangerschaft zu einem wesentlichen Teil seitens der Bewerberin gar nicht erfüllt werden konnte (EuGH 4.10.2001 – Rs. C-109/00 (Tele Danmark) – NZA 2001, 1241). Damit ist auch hier eine entsprechende Frage ausgeschlossen (ebenso LAG Köln 11.10.2012 – 6 Sa 641/12 – NZA-RR 2013, 232; zu möglichen Ausnahmen HWK-Thüsing, BGB § 123 Rn. 24).

41 Der vom Unionsrecht gewollte Schutz kann auch nicht dadurch unterlaufen werden, dass der **Arbeitgeber** seine Erklärung **wegen Irrtums** über eine verkehrswesentliche Eigenschaft nach § 119 Abs. 2 BGB **anficht**. Dies ist für den Fall einer mit Zustimmung des Arbeitgebers vorzeitig aus der El-

ternzeit zurückkehrenden Frau entschieden worden, die erneut schwanger war (EuGH 27.2.2003 – Rs. C-320/01 (Wiebke Busch) – NZA 2003, 373), doch kann bei einer Einstellung schwerlich anderes gelten.

42 Das BVerfG hat erkannt, dass ein weit ausgebauter Mutterschutz Arbeitgeber davon abhalten kann, überhaupt Frauen im gebärfähigen Alter einzustellen (BVerfG 18.11.2003 – 1 BvR 302/96 – NZA 2004, 33). Es verlangt deshalb, der Gesetzgeber müsse einen Ausgleich für die „Mutterschutzlasten" schaffen. Dem hat dieser durch Erlass des Aufwendungsausgleichsgesetzes (AAG) vom 22.12.2005 (BGBl. I, 3686) Rechnung getragen, das die wirtschaftliche Belastung entscheidend reduziert. Gleichwohl ergibt sich die Schwierigkeit, dass der Ausfall einer Arbeitskraft und die Einweisung einer neuen mit Aufwendungen verbunden sind, die sich finanziell nicht genau bestimmen lassen und die deshalb auch nicht ausgleichsfähig sind.

43 In **Extremfällen** wird man auf § **8 Abs. 1** zurückgreifen können. Besteht während der gesamten Dauer der in Aussicht genommenen befristeten Tätigkeit ein Beschäftigungsverbot nach dem MuSchG, so fehlt es an einer wesentlichen und entscheidenden Anforderung für die vertragliche Tätigkeit (Beispiel: Die Arbeitnehmerin, die als Vertretung für eine schwanger gewordene Beschäftigte vorübergehend eingestellt wird, weil diese die Tätigkeit wegen eines Beschäftigungsverbots nicht mehr ausüben kann, ist ihrerseits schwanger). In einer solchen Konstellation muss dann auch eine entsprechende Frage zulässig sein (ebenso Pallasch NZA-RR 2013, 233). Thüsing/Lambrich (BB 2002, 1146) nehmen außerdem für den Fall ein **missbräuchliches Verhalten** an, dass die Bewerberin ihre Schwangerschaft kennt, sich gleichwohl bewirbt und dann während der Hälfte der vorgesehenen Zeit ausfällt. Für generelle Unzulässigkeit der Frage nach der Schwangerschaft DKKW-Klebe, BetrVG § 94 Rn. 14; Fitting, BetrVG § 94 Rn. 22; ErfK-Preis, BGB § 611 Rn. 274; Richardi/Thüsing, BetrVG § 94 Rn. 13.

44 Potenziell diskriminierenden Charakter hat auch die Frage, **wer** denn die **Kinder** eines Bewerbers bzw. einer Bewerberin **betreue**. Nach aller Erfahrung wird in einem solchen Fall bei Frauen sehr viel häufiger als bei Männern eine „Doppelbelastung" auftreten, die sich zulasten einer Bewerberin auswirkt (DDZ-Däubler, BGB §§ 123, 124 Rn. 13; Fitting, BetrVG § 94 Rn. 20). Auch § 8 Abs. 1 ermöglicht hier keine Ausnahme. Zwar gibt es Tätigkeiten zB im Außendienst, die sich schon wegen der räumlichen Entfernung vom Wohnort nicht mit der Betreuung von Kindern vereinbaren lassen, doch muss in einem solchen Fall die Bewerberin für Abhilfe sorgen, indem sie auf Familienangehörige zurückgreift oder eine Hausangestellte engagiert. Eine vergleichbare Bedeutung hat die Frage nach der örtlichen Flexibilität, die dann unzulässig ist, wenn diese bei der konkreten Aufgabe gar nicht erforderlich ist (Rust/Falke-Rust, § 7 Rn. 37).

45 Die Frage, ob bereits **Wehr- oder Zivildienst** abgeleistet wurde, kann sich nur an Männer richten und hat von daher diskriminierenden Charakter. In der Literatur ist man sich hierüber mittlerweile weitgehend einig (Däubler, Arbeitsrecht 2, Rn. 53 b; DKKW-Klebe, BetrVG § 94 Rn. 24; GK-Raab, BetrVG § 94 Rn. 35; HWK-Thüsing, BGB § 123 Rn. 27 mwN). Der Sache nach müssen hier dieselben Grundsätze wie bei der Schwangerschaft gel-

ten. Auch durch die Abschaffung der Wehrpflicht hat sich an der Unzulässigkeit nichts geändert (HWK-Thüsing, BGB § 123 Rn. 27).

46 Nach der Rechtsprechung des EuGH (30.4.1996 – Rs. C-13/94 (P/S) – NZA 1996, 695) stellt es eine Diskriminierung wegen des Geschlechts dar, wenn der Betroffene deshalb benachteiligt wird, weil er früher einem anderen Geschlecht angehörte (**Transsexualität**). Einige Jahre vorher hatte das BAG entschieden, eine transsexuelle Person müsse zwar diese Tatsache nicht von sich aus mitteilen, doch könne der Arbeitgeber den Arbeitsvertrag ggf. wegen Irrtums nach § 119 Abs. 2 BGB anfechten (BAG 21.2.1991 – 2 AZR 449/90 – DB 1991, 1934). Dies lässt sich so nicht mehr aufrechterhalten. Mit Rücksicht auf den Ausschluss der Anfechtung beim geschlechtsspezifischen Merkmal „Schwangerschaft" (EuGH 27.2.2003 – Rs. C-320/01 (Wiebke Busch) – NZA 2003, 373) kann hier nichts anderes gelten, zumal die Beeinträchtigung des Arbeitsverhältnisses ungleich geringer sein wird. Dies schließt auch **eine entsprechende Frage** aus, die allerdings nur unter ganz singulären Bedingungen nahe liegen wird (Däubler, Arbeitsrecht 2, Rn. 53 c).

d) Religion und Weltanschauung

47 Nach der Religionszugehörigkeit zu fragen, ist dem Arbeitgeber traditionellerweise untersagt; hier **fehlt** in aller Regel jeder **Zusammenhang mit dem Arbeitsverhältnis** (Däubler, Gläserne Belegschaften?, Rn. 212; GK-Raab, BetrVG § 94 Rn. 46; HWK-Thüsing, BGB § 123 Rn. 16). Eine Ausnahme ist nur zulässig, wenn es um die Einstellung durch eine Religionsgemeinschaft nach § 9 geht. Auch mittelbare Beeinträchtigungen sind verboten; so darf die Bereitschaft zur Samstagsarbeit nur abgefragt werden, wenn diese auch wirklich anfallen kann; andernfalls läge eine Benachteiligung von jüdischen Bewerbern vor (Thüsing, Arbeitsrechtlicher Diskriminierungsschutz, Rn. 695).

48 Soweit **Scientology** nicht als Religions- oder Weltanschauungsgemeinschaft betrachtet werden kann (verneint für „Scientology Kirche Hamburg eV" von BAG 22.3.1995 – 5 AZB 21/94 – NZA 1995, 823), scheitert eine entsprechende Frage nicht am Verbot der Diskriminierung wegen Religion und Weltanschauung. Soweit es sich – wie im Fall des BAG – um ein vorwiegend kommerzielles Unternehmen handelt, ist ein berechtigtes Informationsinteresse allerdings nur bei Vertrauensstellungen vorhanden, bei denen sich Loyalitätskonflikte ergeben könnten.

49 Das Problem der Benachteiligung wegen einer bestimmten **Weltanschauung** kann insbesondere bei der Frage nach früherer **Stasi-Mitarbeit** und nach einer Tätigkeit in der SED praktisch werden (vgl. BAG 16.12.2004 – 2 AZR 148/04 – ZTR 2005, 379 = DB 2005, 892). Sie ist nunmehr grundsätzlich unzulässig. Folgt man dem hier vertretenen weiten Begriff von Weltanschauung, der auch **gefestigte persönliche Überzeugungen** in sich schließt (→ § 1 Rn. 62 ff.), so darf auch nicht nach politischen oder gewerkschaftlichen Auffassungen gefragt werden. Die bisherige Rechtsprechung geht allerdings weiter und schließt schon die Frage nach der Zugehörigkeit zu einer Partei oder einer Gewerkschaft aus (Däubler, Gläserne Belegschaften?, Rn. 212 mwN).

e) Anerkennung als Schwerbehinderter und Behinderung

50 Der Arbeitgeber ist befugt, die **gesundheitliche Eignung** des Arbeitnehmers für die in Aussicht genommene Tätigkeit zu erkunden oder sie im Wege einer Einstellungsuntersuchung überprüfen zu lassen. Ergeben sich hier Defizite, kann er ohne Verstoß gegen Diskriminierungsverbote einen anderen Bewerber einstellen oder auf die Besetzung der Stelle verzichten (Hanau, ZIP 2006, 2193). Soweit Eignungstests eingesetzt werden, müssen sie „barrierefrei" in dem Sinne sein, dass in ihnen Defizite keine Rolle spielen dürfen, die für die Tätigkeit ohne Bedeutung sind (näher Schulte/Dillmann, ZTR 2017, 524 ff., 577 ff.). Von der Frage nach der gesundheitlichen Eignung ist das Problem zu unterscheiden, ob **nach** der **Anerkennung als Schwerbehinderter** bzw. einer **Gleichstellung** gefragt werden darf. Dies war nach der überkommenen Rechtsprechung des BAG zwar zulässig (s. etwa BAG 5.10.1995 – 2 AZR 923/94 – AP § 123 BGB Nr. 40), doch wird es mittlerweile in der Literatur fast allgemein abgelehnt (Brors, DB 2003, 1734 ff.; Däubler, Arbeitsrecht 2, Rn. 56; Deinert, in: Deinert/Welti (Hrsg.), Nr. 56 Rn. 5; Düwell, BB 2001, 1527, 1529 und BB 2006, 1741, 1743; ErfK-Preis, BGB § 611 Rn. 274 a; Hey, in: Hey/Forst § 7 Rn. 105; Joussen, NZA 2007, 175 ff.; DKKW-Klebe, BetrVG § 94 Rn. 13; GK-Raab, BetrVG § 94 Rn. 37; von Koppenfels-Spies, AuR 2004, 43, 45; Lingscheid, S. 199; Messingschlager, NZA 2003, 301, 303; Pahlen, RdA 2001, 143, 145 ff.; Rolfs/Paschke, BB 2002, 1260, 1261; Thüsing, Arbeitsrechtlicher Diskriminierungsschutz, Rn. 698; Wisskirchen/Bissels, NZA 2007, 173; aA Schaub, NZA 2003, 299 f. Vgl. weiter Wisskirchen, DB 2006, 1494: nur wenn Fehlen wesentliche und entscheidende Voraussetzung für die Tätigkeit ist). Dies wurde zu Recht unter Rückgriff auf das ausdrückliche Diskriminierungsverbot des § 81 Abs. 2 S. 1 SGB IX aF begründet, das dem früheren § 611 a BGB aF nachgebildet war. Heute würde eine entsprechende Frage gegen das Benachteiligungsverbot nach § 7 Abs. 1 iVm § 1 verstoßen. Das **BAG** hat diese Frage allerdings bislang nur **beiläufig im Sinne der herrschenden Meinung** entschieden. Im Zusammenhang mit dem Problem, ob der Arbeitgeber von sich aus eine Schwerbehinderung ermitteln müsse, führte das Gericht aus (BAG 13.10.2011 – 8 AZR 608/10 – AP § 15 AGG Nr. 9 Rn. 43): Eine „Pflicht zur Erkundigung besteht schon deshalb nicht, weil der Arbeitgeber nicht berechtigt ist, sich tätigkeitsneutral nach dem Bestehen einer Schwerbehinderteneigenschaft zu erkundigen, wenn er hiermit keine positive Fördermaßnahme verbinden will." In einer weiteren Entscheidung konnte die Frage allerdings dahinstehen (BAG 7.7.2011 – 2 AZR 396/10 – NZA 2012, 34). Das LAG Hessen (24.3.2010 – 6/7 Sa 1373/09 AE 2011, 39) und das LAG Baden-Württemberg (6.9.2010 – 4 Sa 18/10 – juris Rn. 56) lehnten dagegen die Frage nach der Schwerbehindeteneigenschaft ebenso wie das ArbG Hamburg (27.6.2017 – 20 Ca 22/17, mit Kommentar Luickhardt, jurisPR-ArbR 49/217 Anm. 5) ausdrücklich ab. **Im bestehenden Arbeitsverhältnis** ist nach der BAG-Rechtsprechung demgegenüber der Arbeitgeber spätestens nach sechs Monaten, also nach Erwerb des Kündigungsschutzes durch die schwerbehinderte Person nach §§ 168 ff. SGB IX nF, berechtigt, nach der Schwerbehinderung zu fragen; dies gelte insbesondere, wenn er eine Kündigung in Erwägung ziehe (BAG 16.2.2012 – 6 AZR 553/10 – NZA 2012, 555 =

NZA-RR 2012, 403). Gebe der Arbeitnehmer in einer solchen Situation eine falsche Antwort, könne er sich im Kündigungsschutzverfahren nicht mehr auf seine Schwerbehinderung berufen, da dies ein gegen Treu und Glauben verstoßendes widersprüchliches Verhalten sei (BAG 16.2.2012 – 6 AZR 553/10 – NZA 2012, 555 = NZA-RR 2012, 403).

51 Bei **einfachen Behinderungen** im Sinne des § 2 Abs. 1 SGB IX (zu ihrer Einbeziehung → § 1 Rn. 81) gilt nichts Abweichendes. Leidet jemand an einer gesundheitlichen Beeinträchtigung, die die Voraussetzungen des § 2 Abs. 1 SGB IX erfüllt, ist aber die Einsatzfähigkeit auf dem fraglichen Arbeitsplatz in keiner wesentlich ins Gewicht fallenden Weise beeinträchtigt, so darf sich der Arbeitgeber nicht für die Behinderung interessieren (Deinert, in: Deinert/Welti (Hrsg.) Nr. 56 Rn. 4; DKKW-Klebe, BetrVG § 94 Rn. 13; GK-Raab, BetrVG § 94 Rn. 36; Wisskirchen/Bissels, NZA 2007, 173). Ein abgelehnter Bewerber muss Indizien im Sinne des § 22 dafür belegen, dass er wegen seiner Behinderung benachteiligt worden sei; die Nichtbeachtung der §§ 151 ff. SGB IX nF spielt dabei keine Rolle, da sie nicht auf Einfach-Behinderte anwendbar sind (BAG 27.1.2011 – 8 AZR 580/09 – NZA 2011, 737 Rn. 27 ff.). **In der Praxis** wird es allerdings **häufig Überschneidungen** der Art geben, dass eine gesundheitliche Beeinträchtigung, die die Eignung für den Arbeitsplatz herabsetzt, zugleich die Voraussetzungen einer Behinderung erfüllt. Dies macht die Frage nicht unzulässig (enger Thüsing, Arbeitsrechtlicher Diskriminierungsschutz, Rn. 698, der in solchen Fällen die Frage nur zulassen will, soweit die Voraussetzungen des § 8 gegeben sind). Auch nach Drogen- und Alkoholabhängigkeit kann gefragt werden, sofern Anhaltspunkte für ihr Vorliegen bestehen (enger und die Frage nach der Abhängigkeit nur unter den Voraussetzungen des § 8 Abs. 1 zulassend Wisskirchen/Bissels, NZA 2007, 171). Will der Arbeitgeber nach § 5 gezielt Behinderte fördern, darf er auch nach einer entsprechenden Eigenschaft fragen (Joussen, NZA 2007, 178). Gibt ein Bewerber diese dennoch nicht preis und wird er eingestellt, kann der Arbeitgeber mangels Kausalität nicht nach § 123 BGB anfechten (Düwell, BB 2006, 1741, 1743).

f) Alter

52 Die Frage nach dem Alter ist nur dort zulässig, wo dieses Kriterium bei der Einstellung selbst Berücksichtigung finden darf. Dies ist etwa der Fall, wenn von vornherein eine Verbeamtung in Aussicht genommen werden soll, die nur bis zu einem bestimmten Höchstalter möglich ist (so der Fall BAG 11.4.2006 – 9 AZR 528/05 – NZA 2006, 1217). In der Regel ist die Frage aber **ausgeschlossen** (Schiek-Schmidt, § 10 Rn. 34; Wisskirchen, DB 2006, 1494; Wisskirchen/Bissels, NZA 2007, 172). Da mit Rücksicht auf § 10 bzw. Art. 6 der Rahmenrichtlinie Ausnahmen sehr viel häufiger als bei anderen Merkmalen des § 1 sind, schließen Teile der Literatur, dass die Frage im Normalfall weiter zulässig sei (Hanau, ZIP 2006, 2193). Demgegenüber ist an einer differenzierenden Lösung festzuhalten. Wird nach **„Berufsanfängern“** gesucht, so liegt darin eine mittelbare Benachteiligung wegen Alters, doch ist diese durch das unternehmerische Interesse legitimiert, „unverbildete und lernfähige“ Mitarbeiter zu gewinnen (so Wichert/Zange, DB 2007, 970).

g) Sexuelle Identität

53 Was die sexuelle Identität betrifft, so darf danach nur in den Extremfällen gefragt werden, in denen § 8 die Berücksichtigung dieser Eigenschaft ermöglicht (Richardi/Thüsing, BetrVG § 94 Rn. 17). Eine generelle Frage, ob ein Bewerber oder eine Bewerberin in einer **gleichgeschlechtlichen Lebenspartnerschaft** lebe, ist unzulässig (ErfK-Preis, BGB § 611 Rn. 274; Fitting, BetrVG § 94 Rn. 20; HWK-Thüsing, BGB § 123 Rn. 18; GK-Raab, BetrVG § 94 Rn. 44; Wisskirchen, DB 2006, 1494). Auch dürfte in solchen Fällen ein übermäßiger Eingriff in die Privatsphäre vorliegen, die durch Art. 8 EMRK geschützt ist (→ Einl. Rn. 197 unter Bezugnahme auf die Rechtsprechung des EGMR). Auch die Frage, ob jemand **verheiratet ist**, muss unter diesen Umständen ausscheiden (vgl. Wisskirchen, DB 2006, 1494). Ungefragt offen gelegte Merkmale sind bei der Einstellungsentscheidung nur zu berücksichtigen, wenn nach ihnen auch gefragt werden durfte.

h) Folgen unzulässiger Fragen

54 Wird eine unzulässige Frage gleichwohl gestellt, darf sie der Bewerber unrichtig beantworten, beispielsweise ein geringeres Alter angeben. Dem Arbeitgeber steht insoweit kein Anfechtungsrecht wegen arglistiger Täuschung zu, der Arbeitnehmer hat ein „Recht zur Lüge" (Schaub-Linck, § 26 Rn. 16; HWK-Thüsing, BGB § 123 Rn. 8). Außerdem ist damit in gleicher Weise wie durch einen Verstoß gegen § 11 ein gewichtiges **Indiz** dafür gesetzt, dass im Einstellungsprozess eine **Benachteiligung** wegen eines in § 1 genannten Merkmals erfolgte. Dies ist im vorliegenden Zusammenhang von entscheidender Bedeutung.

i) Selbstständige Tätigkeit

55 Die hier skizzierten Grundsätze gelten für alle Beschäftigten im Sinne des § 6. Auch der Zugang zu selbstständiger Tätigkeit, etwa innerhalb einer Anwalts- oder Steuerberatersozietät darf nicht durch Verletzung der hier skizzierten Grundsätze beeinträchtigt werden.

2. Andere Fälle eines nicht diskriminierungsfreien Verfahrens

56 Insbesondere im Bereich der Benachteiligung wegen des Geschlechts sind in den vergangenen 25 Jahren eine Reihe von weiteren Verhaltensweisen bekannt geworden, die im Ergebnis diskriminierenden Charakter haben.

57 Denkbar ist, dass eine **bestimmte Kategorie** von Bewerbern **von vornherein aus dem Verfahren ausgesondert** oder jedenfalls nicht in die engere Wahl gezogen wird. Dies ist in der Rechtsprechung des BVerfG dokumentiert für eine **Schlosserin** (BVerfG 16.11.1993 – 1 BvR 258/86 – AP § 611 a BGB Nr. 9), doch kann dasselbe mit ausländischen Bewerbern geschehen. So hatte etwa das ArbG Wuppertal (10.12.2003 – 3 Ca 4927/03 – LAGE § 626 BGB 2002 Nr. 2 a) über den Fall zu entscheiden, dass der Personalverantwortliche die Weisung erhielt, keine türkischen Arbeitnehmerinnen mehr einzustellen. Erfasst ist auch der zumindest in Frankreich und England gar nicht so seltene Fall, dass **Bewerber mit ausländischem Namen** nicht berücksichtigt, die mit einheimischem Namen aber trotz praktisch identischer Qualifikation zu einem Bewerbungsgespräch eingeladen wer-

den (zu Frankreich s. Le Friant, AuR 2003, 51, 54: „Thierry" hatte ungleich bessere Chancen als „Raouf"; über entsprechende Praktiken in Großbritannien berichtet Thüsing, NZA 2006, 776). Dasselbe „Ausschlussverhalten" ist in Bezug auf Schwerbehinderte oder in Bezug auf ältere Arbeitnehmer denkbar („Wir berücksichtigen nur Bewerber/Bewerberinnen, die nicht älter als 35 Jahre sind"). Das BAG (17.8.2010 – 9 AZR 839/08 – NZA 2011, 153) hatte über den Fall zu entscheiden, dass der Arbeitgeber die Chancen eines behinderten Bewerbers durch eine **vorzeitige Stellenbesetzung** zunichtegemacht hatte; auch dies war ein ausreichendes Indiz im Sinne des § 22. Nicht anders verhält es sich dann, wenn das Verfahren mit einer Nichtbesetzung der Stelle endet, einige Zeit später dann aber einer der Bewerber eingestellt wird; auch hier kann eine Diskriminierung im Bewerbungsverfahren zu einem Anspruch nach § 15 Abs. 2 führen (BAG 23.8.2012 – 8 AZR 285/11 – NZA 2013, 37 Rn. 23). Nicht damit zu vergleichen ist der Fall, dass die Bewerbungsfrist abgelaufen und die Stelle besetzt war, der behinderte Bewerber sich aber deshalb noch bewarb, weil die Ausschreibung irrtümlich nicht aus dem Internet entfernt worden war, hier steht ihm kein Ersatzanspruch zu (BAG 19.8.2010 – 8 AZR 370/09 – NZA 2011, 200).

58 Denkbar ist neben dieser Form der unmittelbaren Benachteiligung weiter, dass an bestimmte Merkmalsträger **erhöhte Anforderungen** gestellt werden oder dass man sie einem **speziellen Verfahren** unterwirft. In der Literatur ist etwa der Fall dokumentiert, dass bei der Zulassung zur Krankenpflegeausbildung nur bei Bewerberinnen, nicht aber bei Bewerbern eine halbjährige hauswirtschaftliche Tätigkeit verlangt wurde (Pfarr/Bertelsmann, Diskriminierung im Erwerbsleben, S. 159) oder dass bei Frauen höhere Mindestnoten im Abiturzeugnis vorausgesetzt wurden (Pfarr/Bertelsmann, S. 165). Genauso unzulässig wäre es, würde man von Nicht-Deutschen ein „Abitur" verlangen, obwohl sie in ihrem Heimatland die Hochschulreife erlangt haben und keine Anhaltspunkte dafür sprechen, dass sie für den fraglichen Ausbildungs- oder Arbeitsplatz weniger geeignet wären. **Zusätzliche Verfahrenshürden** würden errichtet, wollte man nur bei Nicht-Deutschen, Frauen, Schwerbehinderten und Älteren eine Einstellungsuntersuchung oder einen besonderen Eignungstest verlangen. In solchen Fällen liegt gleichfalls eine unmittelbare Diskriminierung vor.

59 Soweit sich ein **Test** nicht nur auf die am Arbeitsplatz notwendigen konkreten Fähigkeiten, sondern zB auf das **Allgemeinwissen** bezieht, ist auf eine Fragestellung zu achten, die nicht bestimmte Merkmalsträger benachteiligt. Wird etwa verlangt, die Funktionsweise eines Otto-Motors zu erklären, haben im Zweifel aufgrund herkömmlicher Sozialisation junge Männer bessere Chancen als junge Frauen (Pfarr/Bertelsmann, Diskriminierung im Erwerbsleben, S. 184). Soll man sich zum „Wunder von Bern" äußern, so wird ein im Ausland aufgewachsener Bewerber eher ratlos sein als jemand, der die letzten zehn Jahre in Deutschland verbracht hat. Die Frage hat deshalb (mittelbar) diskriminierenden Charakter. Dasselbe gilt für einen mit Bewerbern auf Azubi-Stellen veranstalteten Sprachtest, der nichts über die Berufseignung aussagt (Lingscheid, S. 74 f.).

60 **Religiöse Überzeugungen** können es ausschließen, sich an einem bestimmten Tag einem Prüfungsverfahren zu unterziehen. Nach der Rechtsprechung des EuGH (27.10.1976 – Rs. 130/75 (Prais) – EuGHE 1976, 1589, 1598) muss darauf im Einzelfall Rücksicht genommen werden, soweit der Bewerber rechtzeitig auf den möglichen Konflikt hingewiesen hat.

61 Ein fehlerhaftes Verfahren liegt auch dann vor, wenn **für** die **„dominierende Gruppe“** formell oder informell eine bestimmte **Quote** festgelegt wird. Obwohl sich üblicherweise 75 % Frauen und 25 % Männer bewerben, wird beispielsweise eine hälftige Aufteilung der Arbeits- oder Ausbildungsplätze vorgegeben. Ähnlich liegt der Fall, dass in einem kleinen Unternehmen „nicht mehr als ein Ausländer“ toleriert wird (s. das Beispiel bei Le Friant, AuR 2003, 51, 54: „Zwei Schwarze in einem Geschäft, das ist nicht möglich“, was zu einer Geldstrafe von 15 000 FF führte). Dasselbe gilt für die übrigen Merkmale.

62 Entspricht eine **Ausschreibung** nicht den Voraussetzungen des § 11 (Einzelheiten s. dort), liegt gleichfalls ein diskriminierendes Verfahren vor. Dies ist etwa der Fall, wenn „nur Deutsche“ oder nur „Bewerber bis zu 30 Jahren“ gesucht werden. Dasselbe gilt, wenn ein **öffentlicher Arbeitgeber** entgegen § 165 S. 3, 4 SGB IX nF einen **schwerbehinderten Bewerber nicht** zu einem Gespräch **einlädt** (BAG 11.8.2016 – 8 AZR 375/15 – NZA 2017, 43) oder die Einladung mit der Frage verbindet, ob er seine Bewerbung wirklich aufrechterhalten wolle (LAG Baden-Württemberg 3.11.2014 – 1 Sa 13/14 – NZA-RR 2015, 163). Der Verfahrensfehler bleibt auch dann bestehen, wenn der schwerbehinderte Bewerber nach einer Absage auf dem **Gespräch** besteht und dieses effektiv **nachgeholt** wird (BAG 22.8.2013 – 8 AZR 563/12 – NZA 2014, 82). Auch die **Nichteinschaltung der Schwerbehindertenvertretung** entgegen § 164 Abs. 1 S. 4 SGB IX nF ist eine Benachteiligung, die ein Diskriminierungsindiz nach § 22 darstellt (VGH Mannheim 10.9.2013 – 4 S 547/12 – NZA-RR 2014, 159). Dasselbe gilt, wenn die Förderungspflicht nach § 164 Abs. 1 SGB IX nF und die **5 %-Quote** nach § 154 Abs. 1 SGB IX nF nicht beachtet sind oder wenn kein Inklusionsbeauftragter nach § 181 SGB IX nF bestellt ist (LAG Hamm 13.6.2017 – 14 Sa 1427/16). Wird eine „Verstärkung unseres jungen Teams“ mit einem **„frisch gebackenen Juristen“** gesucht, so stellt dies einen ausreichenden Anhaltspunkt für eine Diskriminierung wegen Alters nach § 22 dar (LAG Hamm 13.6.2017 – 14 Sa 1427/16; dazu K. Vossen, DB 2017, 2868). Ebenso verhält es sich, wenn der Hochschulabschluss nicht länger als ein Jahr zurückliegen soll (BAG 26.1.2017 – 8 AZR 848/13). Als großzügig erwies sich das LAG Köln (18.5.2017 – 7 Sa 913/16), wonach sich die **gezielte Suche nach einer Frau** mit dem in die Anzeige aufgenommenen Slogan: „Frauen an die Macht“ mit § 8 Abs. 1 rechtfertigen ließ, weil sich in dem fraglichen Autohaus keine einzige Frau unter den Autoverkäufern befunden hatte. Etwas überraschend ist dagegen die Auffassung, die Verwendung des Begriffs **„Bürofee“** könne auch geschlechtsneutral gemeint sein, so dass kein Indiz für eine Diskriminierung im Sinne des § 22 vorliege (LAG Rheinland-Pfalz 27.3.2017 – 3 Sa 487/16). Dies entspricht nicht dem allgemeinen Verständnis dieses Ausdrucks.

63 Wird ein **Personalvermittler** eingeschaltet, so ist er grundsätzlich Erfüllungsgehilfe des eine Arbeitskraft suchenden Arbeitgebers, sobald ein Kontakt zustande kommt. Sein diskriminierendes Verhalten ist daher nach § 278 BGB dem Arbeitgeber zuzurechnen. Eine Ausnahme kommt allenfalls dann in Betracht, wenn er „Herr des Verfahrens" war (Diller, NZA 2007, 652). Der betroffene Bewerber hat einen **Anspruch** gegen den Personalberater **auf Namhaftmachung** seines Auftraggebers; andernfalls würde der Anspruch aus § 15 Abs. 2 und damit der Diskriminierungsschutz leerlaufen (Diller, NZA 2007, 652; Schwab, NZA 2007, 179). Solange man davon ausgehen musste, dass die Zweimonatsfrist des § 15 Abs. 4 erst ab Zugang der Ablehnung läuft (anders Diller, NZA 2007, 653 und nunmehr BAG 15.3.2012 – 8 AZR 37/11 – NZA 2012, 910, die auf die Kenntnis von Indizien abstellen, die für eine Diskriminierung sprechen), blieb nur der Weg über eine einstweilige Verfügung, wenn der Berater Namen und Adresse des Unternehmens nicht freiwillig mitteilte (Schwab, NZA 2007, 179).

64 Eine mittelbare Benachteiligung wegen des Gechlechts liegt vor, wenn wie bei Volvo von allen Bewerbern eine **Mindestgröße von 1,63 m** vorausgesetzt wird (Hey, in: Hey/Forst § 7 Rn. 24) oder wenn wie bei der Lufthansa Piloten nur zwischen 1,65 und 1,98 m groß sein dürfen (ArbG Köln 28.11.2013 – 15 Ca 3879/13 – LAGE § 3 AGG Bl. 4, insoweit bestätigt durch LAG Köln 25.6.2014 – 5 Sa 75/14 – ZTR 2015, 22). Die Anforderung lässt sich nicht mit der Sicherheit des Luftverkehrs rechtfertigen (LAG Köln aaO), so dass eine Diskriminierung vorliegt. Dasselbe gilt, wenn für **Zugbegleiter** eine bestimmte Mindestgröße vorausgesetzt wird (LAG Baden-Württemberg 29.4.2016 – 19 Sa 45/15) oder wenn für den **Polizeivollzugsdienst** mindestens 1,63 m verlangt werden (VG Schleswig-Holstein 26.3.2015 – 12 A 120/14; anders OVG Berlin-Brandenburg 27.1.2017 – OVG 4 S 48.16, wonach mit Rücksicht auf den Beurteilungsspielraum des Dienstherrn in Bezug auf Eignungsmerkmale 1,60 m nicht zu beanstanden seien).

65 Noch wenig erörtert ist die Frage, ob vom Bewerber das Beifügen eines **Lichtbilds verlangt** werden kann, aus dem sich das Geschlecht, häufig aber auch die ethnische Zugehörigkeit und andeutungsweise das Alter ergeben. Da das Äußere für die Tätigkeit typischerweise nicht von entscheidender Bedeutung ist, sollte im Interesse eines präventiven Diskriminierungsschutzes auf eine solche Aufforderung verzichtet werden (ebenso im Ergebnis Wolf, AuA 2007, 26). Würden Bewerbungen ohne Lichtbild ausgesondert, würde dies von vornherein für das Vorliegen einer Diskriminierung sprechen.

66 Die Aufforderung, einen **Lebenslauf** einzureichen, ist legitim. Soweit die Frage nach dem Alter unzulässig ist (→ Rn. 57), sollte von vornherein klargestellt werden, dass das Geburtsdatum nicht interessiert. Die Ausklammerung des Alters sollte allerdings auch bei der Formulierung von Zeugnissen beachtet werden, die das Geburtsdatum entgegen der bisherigen Übung nicht ausweisen sollten (→ Rn. 24).

3. Benachteiligende Einstellungsentscheidung

a) Unmittelbare Diskriminierung

aa) Rasse und ethnische Herkunft

67 Denkbar (wenn auch in der Praxis eher selten) ist, dass eine Einstellung unter direkter Bezugnahme auf eines der Merkmale des § 1 abgelehnt wird. Dem Bewerber wird zB geschrieben, im Betrieb seien keine zusätzlichen türkischen Arbeitskräfte erwünscht (s. den Fall ArbG Wuppertal 10.12.2003 – 3 Ca 4927/03 – LAGE § 626 BGB 2002 Nr. 2 a). Dabei ist eine Rechtfertigung nur unter den Voraussetzungen des § 8 Abs. 1 möglich (Einzelheiten s. dort), so dass beispielsweise **negative Erfahrungen mit Landsleuten** eines Bewerbers nicht genügen. Auch **Kundenpräferenzen**, wonach ein „farbiger" Verkäufer nicht gerne gesehen wird, spielen **keine Rolle**, sofern nicht die Tätigkeit insgesamt dadurch unmöglich wird (Schiek, AuR 2003, 44, 48; Wisskirchen, DB 2006, 1493).

68 Gleichzustellen ist der Fall, dass an **Vorstellungen über bestimmte Merkmalsträger** angeknüpft wird, die sich nicht verifizieren lassen und die auf reinen **Vorurteilen** beruhen können. Wird etwa gesagt oder geschrieben, dunkelhäutige Menschen seien „nicht so fleißig" (zu den entsprechenden Vorurteilsstrukturen s. Gronemeyer (Hrsg.), Der faule Neger. Vom weißen Kreuzzug gegen den schwarzen Müßiggang, Reinbek 1991), so läge ein entsprechender Fall vor. Dasselbe gilt von der Vorstellung, bei der Beschäftigung von Türkinnen sei man im Konfliktsfalle immer mit der gesamten Familie konfrontiert, die ggf. auch mit Gewalt drohe (so im Fall ArbG Wuppertal 10.12.2003 – 3 Ca 4927/03 – LAGE § 626 BGB 2002 Nr. 2 a). Zulässig ist dagegen die Frage, ob der Bewerber aus einem Staat außerhalb von EU und EWR kommt und ggf. über die nötigen Erlaubnisse für die Aufnahme einer Erwerbstätigkeit verfügt (Wisskirchen/Bissels, NZA 2007, 171).

bb) Geschlecht

69 Dokumentiert sind weiter Fälle, in denen eine Bewerberin allein mit dem Argument abgelehnt wurde, **man suche** für die fragliche Stelle **einen Mann** (Pfarr/Bertelsmann, Diskriminierung im Erwerbsleben, S. 189 ff.). Soweit nicht die Voraussetzungen des § 8 Abs. 1 vorliegen, ist hier die Diskriminierung offenkundig. Häufiger ist der Fall, dass auf **Fähigkeiten** abgestellt wird, **die Frauen angeblich nicht besitzen**. So hatte etwa das LAG Köln (8.11.2000 – 3 Sa 974/00 – NZA-RR 2001, 232) über den Fall zu entscheiden, dass auf einem bestimmten Arbeitsplatz von Zeit zu Zeit **Säcke mit 50 Kilogramm** Gewicht zu schleppen waren; einer Bewerberin war mitgeteilt worden, ihr als Frau sei dies in keiner Weise zuzumuten. Das LAG Köln betonte zu Recht, der Arbeitgeber hätte nur an den tatsächlichen Fähigkeiten anknüpfen dürfen. Es gebe sehr wohl Frauen, die einer solchen körperlichen Belastung gewachsen seien, genau wie umgekehrt bei Männern eine Überforderung bestehen könne (zustimmend Wisskirchen, DB 2006, 1492). Bisweilen wird allerdings auf **völlig Irrationales** abgestellt. So wird etwa behauptet, Frauen seien durch **Tierpflege** im Zoo überfordert oder sie würden als **Standesbeamtin** weniger Autorität ausstrahlen als ein Mann (Fälle bei Pfarr/Bertelsmann, Diskriminierung im Erwerbsle-

ben, S. 190). Vergleichbares widerfuhr einer **Landschaftsgärtnerin**, der gesagt wurde, als Frau könne sie keine hohen Bäume fällen oder Platten verlegen (ArbG Herne 17.1.1985 – 3 Ca 2105/85, mitgeteilt bei Schiek/Horstkötter, NZA 1998, 863). Hier wird an **Stereotypen** angeknüpft, also an empirisch nicht belegten Standardvorstellungen über Frauen, was auf dasselbe hinausläuft, wie wenn man unmittelbar an das Geschlecht als solches anknüpfen würde.

70 Auf eine geschlechtsspezifische Eigenschaft wird abgestellt, wenn eine Bewerberin **wegen** ihrer **Schwangerschaft nicht eingestellt** wird, die von ihr freiwillig mitgeteilt wird oder die äußerlich erkennbar ist. Die Diskriminierung liegt auch hier auf der Hand (EuGH 8.11.1990 – Rs. C-177/88 (Dekker) – NZA 1991, 171). Dasselbe gilt, wenn eine Bewerberin einen **Kinderwunsch** mitteilt und daraufhin nicht (oder zu schlechteren Bedingungen) eingestellt wird (ArbG Wiesbaden 12.2.1992 – 6 Ca 2/92 – AiB 1992, 298). Zur Problematik einer Frauenquote als Gegenmittel → § 5 Rn. 37 ff.

cc) Religion und Weltanschauung

71 An Religion und Weltanschauung wird dann angeknüpft, wenn jemand nicht eingestellt wird, weil er „kein Christ" oder „Katholik" oder „Freidenker" ist (zum Begriff der Religion und Weltanschauung → § 1 Rn. 54 ff.). Zuschreibungen bestimmter Eigenschaften sind hier sehr viel seltener als beim Geschlecht. Würde die in der Vergangenheit in manchen Gegenden vorfindbare Vorstellung „Katholiken lügen, denn sie können es beichten" tatsächlich heute noch existieren und bei Einstellungsentscheidungen eine Rolle spielen, wäre ein solcher Fall gegeben. Realistischer scheint die gleichfalls auf **Vorurteilen** beruhende Vorstellung, ein in die Moschee gehender **Moslem** sei ein potenzieller Terrorist und deshalb als „**Sicherheitsrisiko**" einzustufen, das man lieber nicht im Betrieb haben wolle.

72 Handlungsweisen, die mit einer Religion zusammenhängen, haben im Zusammenhang mit Kündigungsschutzverfahren wegen des Tragens eines **islamischen Kopftuchs** Bedeutung erlangt (BAG 10.10.2002 – 2 AZR 472/01 – NZA 2003, 483; weitere Rechtsprechung → Einl. Rn. 54 ff.). Würde eine Bewerberin beim Einstellungsgespräch mitteilen, sie lege Wert darauf, auch am Arbeitsplatz ein Kopftuch zu tragen, und würde sie deshalb nicht eingestellt, läge eine Verletzung des § 7 Abs. 1 vor, sofern nicht die Ausnahme des § 8 Abs. 1 Platz greifen oder eine entsprechende gesetzliche Regelung bestehen würde, die beispielsweise Lehrerinnen eine entsprechende Bekleidung verbietet. Dasselbe gilt dann, wenn der Bewerber zu erkennen gibt, er wolle kurze Gebetspausen von wenigen Minuten einlegen und dies die Betriebsabläufe nicht stören würde (Nachweise zur Rechtsprechung im Zusammenhang mit Kündigungen → Einl. Rn. 59 ff.).

73 Bei **Zeugen Jehovas** wäre denkbar, dass man ihnen missionarischen Eifer am Arbeitsplatz unterstellt, was die Arbeitsproduktivität beeinträchtigen könnte (zur Anerkennung ihrer Religionsgemeinschaft als öffentlich-rechtliche Körperschaft s. BVerfG 19.12.2000 – 2 BvR 1500/97 – BVerfGE 102, 370 ff.). Eigene Erfahrungen mit einer bestimmten religiösen Gruppe können eine Ablehnung zwar verständlicher machen, reichen dafür rechtlich

aber nicht aus. Eine Diskriminierung liegt auch dann vor, wenn der **Bewerber** zwar derselben Glaubensgemeinschaft angehört, vom Arbeitgeber aber als **nicht fromm genug** eingestuft wird. Derartiges wäre etwa bei Pietisten oder bei bestimmten Moslemgruppen denkbar.

74 Das Verbot der Benachteiligung wegen **Weltanschauung** schützt nicht solche Auffassungen, die sich gerade gegen Diskriminierungsverbote wenden, indem beispielsweise das exakte Gegenteil offensiv vertreten wird. Wer einen Button mit „Ausländer raus" trägt oder die Auffassung vertritt, Deutschland müsse ein islamischer Gottesstaat werden, kann sich nicht auf § 7 Abs. 1 berufen, wenn er deshalb nicht eingestellt wird (→ § 1 Rn. 77).

75 Unklar ist, ob eine Einstellung auch deshalb unterbleiben darf, weil der Bewerber ankündigt, wegen einer bestimmten persönlichen Überzeugung (zB als Pazifist) **bestimmte Aufgaben nicht übernehmen** zu wollen, zB keine kriegsverherrlichende Literatur zu drucken (s. die Fälle → Einl. Rn. 60). Wenn dadurch nicht wesentliche und entscheidende Erfordernisse der Tätigkeit betroffen sind, dürfte die Einstellung nicht aus diesem Grund unterbleiben. Weiter dürfen Tendenzbetriebe wie Arbeitgeberverbände, Gewerkschaften und insbesondere Presseunternehmen die Einstellung nicht mehr vom Teilen bestimmter persönlicher Überzeugungen abhängig machen (Wisskirchen, DB 2006, 1492).

dd) Behinderung

76 Das Verbot der Benachteiligung wegen Behinderung gilt **für alle Behinderten** im Sinne des § 2 SGB IX (→ § 1 Rn. 87 f.). Für die Gruppe der Schwerbehinderten hat es in § 164 Abs. 2 S. 1 SGB IX nF eine spezielle Hervorhebung erfahren, doch bestimmen sich alle weiteren Fragen gemäß § 164 Abs. 2 S. 2 SGB IX nF nach dem AGG.

77 Unbestritten ist zunächst, dass das **direkte Anknüpfen an der Behinderteneigenschaft** bzw. an der Anerkennung als Schwerbehinderter eine unerlaubte Benachteiligung darstellt (so auch der Fall BAG 3.4.2007 – 9 AZR 823/06 – NZA 2007, 1098), wenn die Eignung für die in Aussicht genommene Tätigkeit in keiner Weise beeinträchtigt ist: Der gehbehinderte Programmierer arbeitet vorwiegend vom häuslichen Bildschirm aus; zu den erforderlichen Besprechungen im Betrieb kommt er ohne Schwierigkeiten mit seinem Fahrzeug. Gerade deshalb ist auch die Frage nach der Anerkennung als Schwerbehinderter nicht zulässig (→ Rn. 50). Dasselbe gilt erst recht, wenn eine Ablehnung nur deshalb erfolgt, weil man der Arbeit von Behinderten generell misstraut und ihr eine **geringere Qualität zuspricht**. Nach der Rechtsprechung des BAG (3.4.2007 – 9 AZR 823/06 – NZA 2007, 1098, 1101 Rn. 38) kann es auch keine Ablehnung rechtfertigen, dass der Arbeitgeber die Zahl **„krankheitsbedingter Arbeitsunfähigkeitszeiten" möglichst gering** halten möchte.

78 Schwierig ist allein die Frage, ob das Benachteiligungsverbot auch in den Fällen greift, in denen zwar die Eignung für den in Aussicht genommenen Arbeitsplatz vorliegt, **andere Bewerber** aber wegen Fehlens der Behinderung **gleich oder** (deutlich) **besser geeignet** sind. Nach § 164 Abs. 1 S. 1 SGB IX nF hat der Arbeitgeber **zu prüfen**, ob freie Arbeitsplätze **mit schwerbehinderten Menschen besetzt** werden können. Unterlässt er dies,

kann der **Betriebsrat** der Einstellung eines Nicht-Behinderten nach § 99 Abs. 2 Nr. 1 BetrVG **widersprechen** (so BAG 14.11.1989 – 1 ABR 88/88 – DB 1990, 636 – zur früheren Vorschrift des § 14 Abs. 1 SchwbG). In dieser Entscheidung wird gleichzeitig betont, der Arbeitgeber bleibe in der Entscheidung frei, mit welchem Bewerber er den Arbeitsplatz besetzen wolle. In einem späteren Urteil (BAG 15.2.2005 – 9 AZR 635/03 – NZA 2005, 870) scheiterte die Bewerbung eines vom Verfahren her benachteiligten Schwerbehinderten daran, dass er die in der Ausschreibung geforderten **Schreibmaschinenkenntnisse nicht besaß**; insofern konnte das Gericht keine Aussage zu der Frage treffen, wie im Verhältnis zu anderen Bewerbern zu entscheiden wäre, die dieselbe oder eine bessere Eignung aufweisen. Dies gilt auch für die Entscheidung des ArbG Lüneburg (27.5.1986 – 2 BV 3/86 – NZA 1987, 67), die lediglich ein generelles **Zustimmungsverweigerungsrecht** in allen Fällen ablehnte, in denen der Arbeitgeber die Mindestbeschäftigungsquote von (heute) 5 % Schwerbehinderten nicht erfüllt hatte. In der Literatur wird demgegenüber betont, ein Zustimmungsverweigerungsrecht zu einer Einstellung könne sehr wohl darauf gestützt werden, dass die **Quote** noch **nicht erreicht** sei und ein schwerbehinderter Bewerber vorhanden wäre (DKKW-Bachner, BetrVG § 99 Rn. 197; Richardi/Thüsing, BetrVG § 99 Rn. 215).

79 Die **Rahmenrichtlinie** sieht in ihrem **Art. 5** S. 2 ua vor, der Arbeitgeber müsse „die geeigneten und im konkreten Fall erforderlichen Maßnahmen" ergreifen, um Menschen mit Behinderung den Zugang zur Beschäftigung zu ermöglichen, es sei denn, diese Maßnahmen würden den Arbeitgeber unverhältnismäßig belasten. Weitere Aufschlüsse kann **Erwägungsgrund 17** der Richtlinie geben, wo es heißt:

> **Mit dieser Richtlinie wird unbeschadet der Verpflichtung, für Menschen mit Behinderung angemessene Vorkehrungen zu treffen, nicht die Einstellung, der berufliche Aufstieg, die Weiterbeschäftigung oder die Teilnahme an Aus- und Weiterbildungsmaßnahmen einer Person vorgeschrieben, wenn diese Person für die Erfüllung der wesentlichen Funktionen des Arbeitsplatzes oder zur Absolvierung einer bestimmten Ausbildung nicht kompetent, fähig oder verfügbar ist.**

80 Daraus lässt sich der Schluss ziehen, dass es trotz der Handlungspflichten nach Art. 5 **keine Diskriminierung** eines behinderten Bewerbers darstellt, wenn er **mangels Eignung nicht berücksichtigt** wird. Das LAG Berlin-Brandenburg (3.3.2017 – 2 Sa 1827/16) hat deshalb dem Gesetzeswortlaut entsprechend die im öffentlichen Dienst bestehende Pflicht, schwerbehinderte Bewerber zu einem Vorstellungsgespräch einzuladen, entfallen lassen, wenn die fragliche Person für die ausgeschriebene Stelle objektiv ungeeignet war. Allerdings müssen sich die Defizite auf „**wesentliche Funktionen**" des Arbeitsplatzes beziehen; dass jemand ein untergeordnetes Erfordernis, zB eine einmal pro Monat anfallende Transportaufgabe nicht erfüllen kann, ist ohne Bedeutung. Auch wird man im Rahmen der von Art. 5 der Richtlinie als Grenze genannten Zumutbarkeit verlangen können, dass der Arbeitgeber **Vorkehrungen** trifft, um eine vollwertige Arbeit zu ermöglichen (BAG 22.8.2014 – 8 AZR 662/13 – NZA 2014, 924), beispielsweise einem **Rollstuhlfahrer** den Zugang zu seinem Arbeitsplatz zu ermöglichen (Wisskirchen, DB 2006, 1492). Fragen dieser Art sind Gegenstand einer

Inklusionsvereinbarung nach § 166 Abs. 2 SGB IX nF; bei **Behinderten**, die **nicht** den Status eines **Schwerbehinderten** besitzen, müssen die aus dem Anbahnungsverhältnis nach § 242 BGB folgenden Pflichten richtlinienkonform bestimmt werden (zur richtlinienkonformen Interpretation des nationalen Rechts → Einl. Rn. 81 ff.). Kommen für den Arbeitgeber Vorkehrungen nach Art. 5 der Richtlinie von vornherein nicht in Betracht, so liegt darin eine mittelbare Benachteiligung behinderter Bewerber, für die im Regelfall keine Rechtfertigung ersichtlich ist (BAG 22.8.2014 – 8 AZR 662/13 – NZA 2014, 924; Schiek-Schiek, § 3 Rn. 81).

81 Ist ein **behinderter Bewerber** unter Berücksichtigung dieser Rahmenbedingungen **besser geeignet** als die übrigen Bewerber, so ließe sich eine Nichteinstellung nur noch mit § 8 Abs. 1 rechtfertigen, was aber praktisch nach Bejahung der Eignung nicht mehr in Betracht kommt. Die **Nichteinstellung** würde daher eine **unerlaubte Diskriminierung** darstellen; zumindest würde es dem Arbeitgeber schwerfallen, einen Grund zu belegen, weshalb er die weniger qualifizierte Person ausgesucht hat. Häufiger ist mit dem Fall zu rechnen, dass die behinderte Person und andere Bewerber eine vergleichbare Eignung aufweisen. Hier wäre einem Schwerbehinderten überall dort der Vorrang einzuräumen, wo die **5 %-Quote nicht erfüllt** ist (zum Zustimmungsverweigerungsrecht des Betriebsrats in einem solchen Fall → Rn. 78). Ein Gegenschluss aus § 166 Abs. 3 SGB IX nF, wonach sich die Inklusionsvereinbarung ua auf die „angemessene Berücksichtigung schwerbehinderter Menschen bei der Besetzung freier, frei werdender oder neuer Stellen" beziehen kann, erscheint nicht angebracht: Die **Förderungspflicht** des Art. 5 der Richtlinie ist **eine unbedingte**, so dass § 166 Abs. 3 SGB IX nF nur den Sinn einer weiteren Konkretisierung und Spezifizierung hat. Durch diese Vorschrift dürfte insbesondere der Fall erfasst sein, dass eine Konkurrenz zwischen einem geeigneten Behinderten und einem besser geeigneten Nicht-Behinderten besteht. Einzelheiten wird die Rechtsprechung zu entscheiden haben.

ee) Alter

82 Das Abstellen auf das Alter ist nur in Fällen zulässig, die von § 10 gedeckt sind (s. dort). Dies ist nicht der Fall, wenn ein Tarifvertrag für Piloten ein Höchstalter von 32 Jahren und 364 Tagen bei der Einstellung vorschreibt (BAG 8.12.2010 – 7 ABR 98/09 – NZA 2011, 751). Die Tatsache, dass das **Unternehmen** gegenüber Kunden und in der Öffentlichkeit als **„jugendlich" und „dynamisch"** erscheinen will, reicht für die Zurückweisung älterer Arbeitnehmer nicht aus. Anders verhält es sich dann, wenn eine altersmäßige Entsprechung zwischen maßgebenden Repräsentanten des Unternehmens und der größten Kundengruppe erwartet wird: Die Zeitschrift für Jugendmode sollte von Personen jüngeren Alters gestaltet werden, doch darf das Lebensalter beim technischen und administrativen Personal keine Rolle spielen. Einzelheiten sind im Rahmen des § 8 abzuhandeln.

ff) Sexuelle Identität

83 Die sexuelle Identität darf als solche **kein Grund** sein, um die Einstellung eines Bewerbers abzulehnen. Dasselbe gilt für das Zusammenleben in einer (registrierten oder nicht registrierten) Lebenspartnerschaft Gleichge-

schlechtlicher. Auch das Verheiratetsein darf nicht zu einer Einstellungsvoraussetzung gemacht werden (Wisskirchen, DB 2006, 1491). Diskriminierend ist auch das Abstellen auf Vorurteile („Schwule machen immer andere an", „Schwule werden von Kunden und Geschäftspartnern nicht ernstgenommen"). Bemerkenswert ist der Fall der britischen Fluggesellschaft Dan Air, die als Bordpersonal keine Männer einstellte: Wer sich als Mann für eine solche Tätigkeit bewerbe, sei oft schwul, Homosexuelle seien aber häufig mit HIV infiziert. Mit Rücksicht auf die Sicherheit der Passagiere entscheide man sich deshalb ausschließlich für Frauen. Dies wurde als unmittelbare Diskriminierung wegen des Geschlechts qualifiziert (der Fall ist mitgeteilt bei Mallmann, AiB 2008, 214), hätte aber auch unter „sexuelle Identität" eingeordnet werden können. Inwieweit ausnahmsweise eine bestimmte sexuelle Orientierung eine wesentliche und entscheidende berufliche Anforderung darstellt, ist im Zusammenhang mit § 8 erörtert (→ § 8 Rn. 51). Sonderprobleme ergeben sich für die Beschäftigung bei einem kirchlichen Arbeitgeber (→ § 9 Rn. 66).

gg) Fiktive Anforderungen

84 Im Zusammenhang mit allen Gründen im Sinne des § 1 kann das Problem auftreten, dass Anforderungen aufgestellt werden, die mit der in Aussicht genommenen Tätigkeit überhaupt nichts zu tun haben. Wird für die Übernahme einer Außendiensttätigkeit, eines Hausmeisterjobs oder einer Arbeit als Bankangestellter **„Dienst bei der Bundeswehr"** verlangt, so dient dies objektiv als vorgeschobenes Argument, um Frauen, Nichtdeutsche, Behinderte und Pazifisten auszuschließen. Eine solche **versteckte Diskriminierung** ist wie eine offene zu behandeln. Im Regelfall werden die Dinge allerdings weniger klar zu Tage liegen. Immerhin ist an den Fall zu denken, dass bei **ganz einfachen Tätigkeiten**, bei denen eine Einweisung von wenigen Stunden genügt, eine **„langjährige Berufserfahrung"** verlangt wird. Dies würde Jüngere im Verhältnis zu Älteren ungerechtfertigt benachteiligen, ohne dass dafür eine Rechtfertigung nach § 10 besteht. Andere „Pseudo-Anforderungen" sind in gleicher Weise zu behandeln.

hh) Subjektive Gründe

85 Dem Arbeitgeber steht es frei, eine Einstellung deshalb vorzunehmen, weil er für den Bewerber **persönliche Sympathie** empfindet, weil „die Chemie stimmt" (insoweit zutreffend Adomeit/Mohr, NZA 2007, 182). Ein **Problem** kann sich nur dann ergeben, wenn Indizien für eine Benachteiligung eines andern vorliegen und der Rückgriff auf rein subjektive Überlegungen nicht besonders glaubhaft erscheint (Wisskirchen, DB 2006, 1494 f.).

b) Mittelbare Diskriminierung

86 Einzelne der oben (→ Rn. 56 ff.) behandelten Verfahrensgrundsätze stellen nicht direkt auf ein „verpöntes" Merkmal im Sinne des § 1 ab, wirken sich aber im Ergebnis gleichwohl zulasten bestimmter Merkmalsträger aus. Deutlich wird dies etwa an der Frage, **wer für die** minderjährigen **Kinder sorge** (→ Rn. 44). Auch **Tests und Fragebögen** können mittelbar diskriminierend wirken, wenn beispielsweise nach Dingen gefragt wird, die ein

Mann oder eine in Deutschland aufgewachsene Person sehr viel besser kennt als andere Bewerber (→ Rn. 59).

87 Auch die **Kriterien für die Einstellung** können mittelbar diskriminierend sein. So hat etwa das BAG im Falle der Nichteinstellung eines Schwerbehinderten geprüft, ob denn das Erfordernis **„Schreibmaschinenkenntnisse“** mittelbar benachteiligend sei und dabei zugunsten des abgewiesenen Bewerbers unterstellt, dass Schwerbehinderte häufiger durch dieses Kriterium negativ betroffen sein können (BAG 13.2.2005 – 9 AZR 635/03 – NZA 2005, 870, 873). Im konkreten Fall war diese Anforderung allerdings **durch** ein **rechtmäßiges Ziel sachlich gerechtfertigt**, da an dem fraglichen Arbeitsplatz derartige Kenntnisse notwendig waren. Probleme können sich daher primär bei Anforderungen ergeben, die auf dem fraglichen Arbeitsplatz nützlich, aber nicht erforderlich sind. Mit Recht ist eine mittelbare Diskriminierung darin gesehen worden, dass „uneingeschränkte körperliche Belastbarkeit“ verlangt wurde, obwohl diese nicht durch die Aufgabe geboten war (Wisskirchen, DB 2006, 1491).

88 Die Frage, wann in der Verweigerung einer Einstellung eine mittelbare Diskriminierung liegt, scheint auch im Rahmen des § 611 a BGB aF in der Literatur kaum behandelt worden zu sein (vgl. Pfarr/Bertelsmann, Diskriminierung im Erwerbsleben, S. 130 ff.; ErfK-Schlachter, § 3 Rn. 9 ff.). Der EuGH hatte über die Frage zu entscheiden, ob es zulässig ist, bei der **Wartezeit zum Referendariat** auch den abgeleisteten Wehrdienst zu berücksichtigen, obwohl dies ausschließlich Männer betrifft. Die darin liegende mittelbare Benachteiligung weiblicher Bewerber sei jedoch gerechtfertigt, da es sich um einen nicht unverhältnismäßigen Vorteil zugunsten der männlichen Bewerber handle, deren Ausbildung sich aufgrund der Erfüllung ihrer Dienstpflicht verzögert habe (EuGH 7.12.2000 – Rs. C-79/99 (Schnorbus) – NZA 2001, 141, 143 Rn. 43 ff.).

89 Der traditionelle **statistische Nachweis** einer mittelbaren Benachteiligung ist zwar nicht mehr obligatorisch, kommt jedoch zB dann in Betracht, wenn eine größere Anzahl von Arbeitsplätzen neu besetzt wird. Ist der Anteil bestimmter Merkmalsträger in der Gruppe der Eingestellten signifikant geringer als in der Gruppe aller Bewerber, spricht dies für eine mittelbare Diskriminierung, so dass nach einem rechtfertigenden sachlichen Grund zu fragen ist. Sind etwa unter den 25 Eingestellten nur zwei Frauen und ein Angehöriger einer ethnischen Minderheit, so ist dies eine signifikante Abweichung, wenn sich 50 % Frauen und 15 % Nicht-Deutsche beworben hatten. Stattdessen auf die Zusammensetzung des relevanten Arbeitsmarkts abzustellen, erscheint nicht sinnvoll; abgesehen von Abgrenzungsproblemen würde dies den Arbeitgeber unangemessen benachteiligen, wenn keine entsprechende Bewerberstruktur vorhanden ist und sich auch keine weiteren Bewerbungen initiieren lassen. Entsprechen die Einstellungen nicht der Zusammensetzung der Gruppe der Bewerber, muss im Streitfalle der **Arbeitgeber belegen**, welche **sachlichen Gründe** für die getroffene Auswahl letztlich maßgebend waren.

90 Werden nur **ganz wenige Personen** eingestellt, so **versagt der statistische „Beweis“**, weil die Benachteiligung bzw. Bevorzugung bestimmter Merkmalsträger auf Zufall beruhen kann. Da § 3 Abs. 2 jedoch schon die bloße

Möglichkeit der Benachteiligung einer Gruppe genügen lässt, sind die **Anforderungen** an die Aussagekraft eines statistischen Zusammenhangs geringer geworden. So kann es ausreichen, wenn bei der Besetzung von fünf Arbeitsplätzen bestimmte Gruppen keine Berücksichtigung gefunden haben.

91 Scheidet auch eine solche Möglichkeit aus, weil beispielsweise **nur ein Arbeitsplatz besetzt** wurde, ist nach der **bisherigen Einstellungspolitik des Unternehmens** zu fragen. Hatten sich beispielsweise um die konkrete Stelle 60 Personen, darunter 20 Frauen, 15 Personen über 45 Jahre und zehn Angehörige ethnischer Minderheiten beworben, wurde aber ein männlicher Bewerber mit 35 Jahren eingestellt, so ist eine **Benachteiligung** jedenfalls dann **plausibel**, wenn in den letzten fünf Jahren vorwiegend jüngere Männer eingestellt wurden.

92 Fanden **keine Einstellungen** statt, kann man auf die **Zusammensetzung der Belegschaft** abheben; weist diese bestimmte Einseitigkeiten durch verstärkte Berücksichtigung der Gruppe auf, der auch der nunmehr Eingestellte angehört, so ist nach einem rechtfertigenden Grund zu fragen. Die Anforderungen für diesen werden allerdings relativ niedrig sein, da die Basis der „Diskriminierungsvermutung" ihrerseits keine sehr festgefügte ist: Die Zusammensetzung der Belegschaft wird nicht allein durch das Einstellungsverhalten des Arbeitgebers, sondern auch dadurch beeinflusst, dass einzelne Beschäftigte in der Zwischenzeit durch Kündigung oder auf andere Weise ausgeschieden sind. Einzelheiten wird die Rechtsprechung zu entscheiden haben.

c) Rechtsfolgen einer Benachteiligung

93 Wird ein **Bewerber** im Verfahren oder bei der Entscheidung selbst **diskriminiert**, so steht ihm nach § 15 Abs. 6 kein Einstellungsanspruch zu. Vielmehr ist er nach § 15 Abs. 1, 2 auf Schadensersatzansprüche beschränkt. Zum Auskunftsanspruch eines abgewiesenen Bewerbers gegen den Arbeitgeber s. EuGH 19.4.2012 – Rs. C-415/10 (Meister) – NZA 2012, 493 (dazu Picker, NZA 2012, 641) und § 22. Andere Rechtsvorschriften bleiben nach § 15 Abs. 5 unberührt. Bewerber um ein öffentliches Amt können sich daher auf Art. 33 Abs. 2 GG berufen; um die dort festgelegten Auswahlgrundsätze nicht gegenstandslos werden zu lassen, kann notfalls eine **einstweilige Verfügung**, gerichtet auf die Unterlassung der Stellenbesetzung, erwirkt werden (vgl. LAG Schleswig-Holstein 16.8.2011 – 1 SaGa 8a/11 – NZA-RR 2012, 49). Wird das Stellenbesetzungsverfahren aus sachlichen Gründen wie zB wegen Verfahrensfehlern abgebrochen, sind allerdings auch derartige prozessuale Rechte gegenstandslos (BAG 17.8.2010 – 9 AZR 347/09 – NZA 2011, 516). Zu allen näheren Einzelheiten ist auf die Erläuterungen zu § 15 sowie auf die obigen Ausführungen (→ Rn. 25 ff.) zu verweisen.

d) Beweisprobleme

94 Der abgelehnte Bewerber hat nach der Rechtsprechung grundsätzlich **keinen Anspruch** zu erfahren, **wer die fragliche Stelle erhalten** und welche **Kriterien** der Arbeitgeber bei seiner Entscheidung zugrunde gelegt hat (BAG 25.4.2013 – 8 AZR 287/08 – DB 2013, 2509). Dies darf jedoch nach der

Rechtsprechung des EuGH (19.4.2012 – Rs. C-415/10 – AP Richtlinie 2000/78/EG Nr. 24) nicht dazu führen, dass die Ziele der Richtlinie beeinträchtigt werden. Der Bewerber hat daher ausnahmsweise doch einen Anspruch, wenn er Umstände belegen kann, aus denen deutlich wird, „dass und warum es ihm durch die vom Arbeitgeber verweigerte Information unmöglich gemacht oder zumindest unzumutbar erschwert wird, Tatsachen gemäß § 22 AGG darzulegen, die eine unzulässige Benachteiligung vermuten lassen, oder warum die Verweigerung der Auskunft ein Indiz iSd § 22 AGG für eine unzulässige Benachteiligung darstellt. Dazu genügt es nicht, wenn der Bewerber lediglich Tatsachen benennt, die für sich betrachtet und/oder in ihrer Gesamtschau ‚neutral' sind, dh keine Indizien für die Vermutung einer unzulässigen Benachteiligung begründen." Vielmehr muss er entweder Anhaltspunkte schlüssig darlegen, erst die geforderte, aber verweigerte Auskunft werde es ihm ermöglichen, eine gegen § 7 verstoßende Benachteiligung entsprechend der Beweislastregel des § 22 nachzuweisen. Oder er tut schlüssig dar, aus welchen Gründen gerade die Verweigerung der Auskunft für sich allein betrachtet oder in der Gesamtschau aller Umstände die Vermutung einer Benachteiligung (§ 22) begründet. In diesem Zusammenhang darf sich der abgelehnte Bewerber nicht auf Behauptungen ins Blaue hinein beschränken (so BAG 25.4.2013 – 8 AZR 287/08 – DB 2013, 2509 Rn. 59). Diese **Anforderungen** zu **erfüllen**, wird **im Normalfall nicht möglich** sein. Wie will ein Bewerber, der außer einem Ablehnungsschreiben nichts in der Hand hat, Indizien finden, die zusammen mit der Auskunftsverweigerung für eine Diskriminierungsvermutung im Sinne des § 22 ausreichen? Leider hat das BAG keine Beispiele geliefert, die die praktische Umsetzung seiner Thesen hätten illustrieren können (oder die ihre Realitätsfremdheit belegt hätten – kritisch auch C. Picker NZA 2012, 641, dessen Überlegungen aber auch nicht zu operationablen Kriterien führen). Denkbar wäre allenfalls, dass der Bewerber eine Art „**Anfangsverdacht**" darlegen kann, der noch nicht die Voraussetzungen des § 22 erfüllt, dass er zusammen mit der erteilten Auskunft dann jedoch effektiv die Voraussetzungen des § 22 erfüllen kann. **In der Praxis** führt dies dazu, dass Anhaltspunkte für Diskriminierungen im Sinne des § 22 immer nur aus (leichter belegbaren) **Verfahrensmängeln** wie diskriminierender Ausschreibung oder Nichteinladung von Schwerbehinderten abgeleitet werden. Zu den berechtigten Versuchen, nach deutschem Recht einen Auskunftsanspruch zu entwickeln → § 22 Rn. 40 ff.

IV. Benachteiligung beim beruflichen Aufstieg

95 Die Probleme, die sich im Zusammenhang mit der Einstellung, dh dem „Einstieg" ins Unternehmen ergeben, stellen sich in ganz ähnlicher Weise beim Aufstieg in eine höhere Position (zum Begriff → Rn. 17). Auch hier können die **Grenzen des Fragerechts** (→ Rn. 35 ff.) eine Rolle spielen, wenngleich der **Informationsbedarf** des Arbeitgebers **sehr viel geringer** als gegenüber einem externen Bewerber ist. Auch hier kann das **Verfahren „Schlagseite"** in dem Sinne haben, dass es den Trägern eines bestimmten Merkmals geringere Möglichkeiten einräumt. Soweit dabei eine **gewisse Formalisierung** erfolgt – die Beförderungsstelle wird beispielsweise be-

triebsintern ausgeschrieben – wird sich die Benachteiligung leichter belegen lassen als dann, wenn lediglich informelle Gespräche geführt werden.

96 Will ein Arbeitnehmer geltend machen, er sei wegen einem der Gründe nach § 1 nicht befördert worden, so kann er sich ggf. auf ein **fehlerhaftes Verfahren**, zB darauf stützen, dass er anders als der zum Zuge gekommene Arbeitskollege schon gar nicht zu einem Gespräch geladen wurde (so der Fall LAG Köln 10.5.1990 – 8 Sa 462/89 – LAGE § 611 a BGB Nr. 5) oder dass die vorgesehene jährliche Beurteilung anders als bei Arbeitskollegen unterblieb (Lingscheid, S. 90). Dabei geht es um die ungleiche Behandlung innerhalb der Gruppe der Bewerber. Liegt (wie in der Regel) die Initiative ausschließlich beim Arbeitgeber, der einige in die engere Wahl nimmt und mit ihnen Gespräche führt, kommt es auf den **Kreis der vergleichbaren Arbeitnehmer** an, die mit Rücksicht auf die bisherige Tätigkeit und die persönliche Qualifikation für eine Beförderung in Betracht kommen. Wird etwa die Stelle eines Abteilungsleiters frei und werden vier der fünf Sachgruppenleiter zu einem Gespräch geladen, während der fünfte „als Ausländer" von vornherein außen vor bleibt, wäre eine solche Situation gegeben. In der Literatur ist der Fall dokumentiert, dass einer ausgebildeten Köchin, die als Küchenhilfe eingestellt worden war, gleich zu Beginn ihrer Tätigkeit mitgeteilt wurde, Küchenleiterin könne sie nie werden, das sei ausschließlich Männersache (Pfarr/Bertelsmann, Diskriminierung im Erwerbsleben, S. 190). In solchen Fällen ist die Besetzung der Beförderungsstelle von vornherein nach diskriminierenden Regelungen ausgestaltet. Fälle dieser Art werden selten zu belegen sein.

97 Fehlt es an „unvorsichtigen" Äußerungen dieser Art, lässt sich nur selten mit Aussicht auf Erfolg behaupten, eines der Merkmale des § 1 sei für die Nichtbeförderung mitentscheidend gewesen: Anders als bei der Einstellung stehen dem Arbeitgeber so viele Gesichtspunkte zur Würdigung der Qualifikation und Eignung zur Verfügung, dass sich **so gut wie immer** eine **unangreifbare Begründung** finden lässt. In der gerichtlichen Praxis haben deshalb Streitigkeiten in diesem Bereich im Rahmen des früheren § 611 a BGB noch eine sehr viel geringere Bedeutung als Auseinandersetzungen bei der Einstellung erlangt. Der Ausnahmefall des LAG Köln (10.5.1990 – 8 Sa 496/89 – LAGE § 611 a BGB Nr. 5, bestätigt durch BAG 17.10.1991 – 8 AZR 321/90) ist allerdings auch insofern von Interesse, als eine Benachteiligung ua darin gesehen wurde, die fragliche Person habe **nicht** die gleiche **Möglichkeit** wie andere gehabt, sich durch **Auslandserfahrungen** für die höhere Position zu qualifizieren. Auch wird im Abstellen auf eine ununterbrochene Betriebszugehörigkeit eine mittelbare Benachteiligung von Frauen gesehen (Wisskirchen, DB 2006, 1491). Berechtigte Aufmerksamkeit hat in jüngerer Zeit im Zusammenhang mit dem Diskriminierungsmerkmal „Geschlecht" die **statistische Zusammensetzung der Belegschaft** erfahren (BAG 22.7.2010 – 8 AZR 1012/08 – NZA 2011, 93; BAG 27.1.2011 – 8 AZR 483/09 – NZA 2011, 689; LAG Berlin-Brandenburg AuR 2009, 134 = LAGE § 22 AGG Nr. 1). Dabei soll nach der Rechtsprechung des BAG die bloße Unterrepräsentierung von Frauen in der Gruppe der Führungskräfte kein Indiz im Sinne des § 22 für eine diskriminierende Nicht-Beförderung darstellen; vielmehr sei dies erst dann der Fall, wenn

sich auf der darunter befindlichen Hierarchiestufe auch Frauen befinden, die keine Berücksichtigung gefunden haben (BAG 22.7.2010 – 8 AZR 1012/08 – NZA 2011, 93: „gläserne Decke"). Zu den Einzelheiten s. § 22

98 „Der berufliche Aufstieg" bezieht sich auch auf die **selbstständige Tätigkeit.** Dies kann Bedeutung wohl nur in den Fällen haben, in denen bei einer Sozietät von Freiberuflern oder in Handelsgesellschaften, wo Gesellschafter persönlich mitarbeiten, Mitgliedschaften mit höherem oder geringerem Gewinnanteil bestehen (→ § 2 Rn. 33).

V. Verbot der Benachteiligung bei der Vergütung

1. Überblick

99 Das im AGG enthaltene Benachteiligungsverbot bezieht sich gemäß § 2 Abs. 1 Nr. 2 iVm § 7 Abs. 1 auch auf das **Arbeitsentgelt.** Erfasst sind **unmittelbare und mittelbare Benachteiligungen** bezogen auf sämtliche Entgeltformen. Als **Rechtfertigungsgrund** für die **unmittelbare Vergütungsbenachteiligung** kommt nur § 8 in Betracht. Danach müsste das verpönte Merkmal eine wesentliche und entscheidende berufliche Anforderung darstellen, sofern der damit verfolgte Zweck rechtmäßig und die Anforderung angemessen ist. Für das verpönte Merkmal **Alter** gelten zusätzlich die Sonderregelungen des § 10 Nr. 1–6.

Im Falle **mittelbarer Entgeltbenachteiligung** reichen gemäß **§ 3 Abs. 2** ein rechtmäßiges Ziel sowie die Tatsache aus, dass dieses mit angemessenen und erforderlichen Mitteln verfolgt wird.

Der Anspruch auf Zahlung gleichen Entgelts bei gleicher oder gleichwertiger Arbeit **unabhängig vom Geschlecht** ergab sich bis zum Inkrafttreten des AGG aus **§ 612 Abs. 3 BGB** (BAG 10.12.1997 – 4 AZR 264/96 – NZA 1998, 599). Die damalige Vorschrift wurde durch das arbeitsrechtliche EG-Anpassungsgesetz vom 13.8.1980 (BGBl. I, 1308) als Umsetzung des europarechtlichen Grundsatzes der Lohngleichheit für Männer und Frauen (**Art. 141 EG; Richtlinie 75/117/EWG**) innerstaatlich eingefügt. Das Verbot der Entgeltdiskriminierung aus Art. 141 EG – jetzt Art. 157 AEUV – gilt unmittelbar im Privatrecht, also auch „horizontal" zwischen dem einzelnen privaten Arbeitgeber und dem einzelnen Arbeitnehmer. Damit berechtigt das Entgeltgleichheitsgebot auch zur **Überprüfung individueller Vereinbarungen** (Schiek, Gleichbehandlungsrichtlinien, S. 874). § 612 Abs. 3 BGB ist ebenso wie die Regelungen der §§ 611 a aF, 611 b BGB mit der Einführung des AGG aufgehoben worden. Da das AGG keine Übergangsregelung enthält, gilt sein Prüfungsmaßstab auch für vor Inkrafttreten des Gesetzes vereinbarte Individual- und Kollektivverträge (vgl. Löwisch, DB 2006, 1732).

100 Das Lohngefälle zwischen Männern und Frauen in der EU betrug 2005 noch durchschnittlich 15 %, wobei es innerhalb der Mitgliedstaaten erhebliche Differenzen von Malta (4 %) bis zu Estland und Zypern (25 %) gab. Deutschland nahm eine Spitzenstellung mit Gehaltsdifferenzen von ca. 20 % ein. Hier war sogar eine Steigerung um 1 % zwischen 1995 und 2005 festzustellen. Im Jahre 2015 lag nach dem Statistischen Bundesamt der Verdienstunterschied zwischen Frauen und Männern in Deutsch-

land weiterhin bei 21 % (Gender Pay Gap). Seit 2002 ist der Wert nahezu konstant. Dabei gibt es nach wie vor erhebliche Differenzen zwischen den alten und den neueren Bundesländern (23 % zu 8 %). In Branchen mit hohem Gender Pay Gap sind Männer in leitender Stellung gegenüber Frauen deutlich überrepräsentiert (NZA aktuell 22/2009). Demgegenüber beträgt beispielsweise der Einkommensunterschied in Frankreich nur 12 %. Diese Feststellung hat die EU-Kommission veranlasst, die Überarbeitung der RL 75/117/EG zu fordern, insbesondere unter Berücksichtigung der Tatsache, dass Frauen wegen der Kindererziehungszeiten über eine geringere Berufserfahrung verfügen (vgl. zu allem: Studie der EU-Kommission zur unterschiedlichen Bezahlung von Männern und Frauen vom März 2007; Ziff. 21 der Entschließung des Europäischen Parlaments vom 13.3.2007 zu dem Fahrplan für die Gleichstellung von Frauen und Männern 2006–2010). Im Jahre 2016 waren 14,5 Mio. Frauen berufstätig, davon 53 % in Vollzeit und 47 % in Teilzeit (Bundesagentur für Arbeit, Statistik/Arbeitsmarktberichterstattung, Berichte: Blickpunkt Arbeitsmarkt – Die Arbeitsmarktsituation von Frauen und Männern 2016, Nürnberg, Juli 2017). Die Teilzeitquote hat sich gegenüber den Zahlen für 2007 um mehr als ein Drittel erhöht. Überwiegend wird die Betreuung von Kindern bzw. Pflegebedürftigen als Grund für die Teilzeitbeschäftigung angegeben (alle Angaben aus der Pressemitteilung des Statistischen Bundeamtes März 2013). Auch die geringfügige Beschäftigung hat seit 2003 nochmals erheblich zugenommen. Ende 2016 waren in Deutschland ca. 6,98 Mio geringfügig tätig, wobei in der Gruppe der geringfügig Beschäftigten Frauen mit 60 % konstant die Mehrheit stellen (dazu Rust/Falke-Feldhoff, § 7 Rn. 93). Nach einer Studie des IAT erhalten 85,8 % aller ausschließlich geringfügig Beschäftigten ein Entgelt, welches unterhalb der der Niedriglohnschwelle von EUR 1.890 brutto (West) und EUR 1.379 brutto (Ost) monatlich (OECD für das Jahr 2010) liegt (Rust/Falke-Feldhoff, § 7 Rn. 92 mwN). Im Jahre 2010 arbeiteten 20,6 % aller Beschäftigten in Betrieben mit zehn und mehr Mitarbeitern für einen Niedriglohn. 2006 lag der entsprechende Anteil noch bei 18,7 %. Fast jeder zweite atypisch Beschäftigte (Teilzeitbeschäftigung bis zu 20 Wochenarbeitsstunden, befristete Beschäftigung, Zeitarbeit und Minijobs) erhielt 2010 einen Verdienst unter der Niedriglohngrenze (Statistik NZA 2012, 18). Davon sind nun wiederum überwiegend Frauen betroffen.

Ein weiterer Grund für das Einkommensgefälle zwischen Männern und Frauen liegt darin, dass Frauen in wesentlichem Umfang auch deshalb geringer qualifizierte Tätigkeiten annehmen, da die Notwendigkeit beruflicher Fort- und Weiterbildung dort in der Regel entfällt und diese für Frauen neben der in erheblichem Umfang durchgeführten Haushaltstätigkeit zeitlich nicht realisierbar wäre.

2. Arbeitsentgelt

101 Der Begriff des Arbeitsentgelts im Sinne des AGG entspricht dem **Entgeltbegriff** des Art. 141 EG (jetzt Art. 157 AEUV), an dem sich auch der Begriff der Vergütung gemäß § 612 Abs. 3 BGB bis zum Inkrafttreten des AGG orientierte (BAG 20.8.2002 – 9 AZR 750/00 – DB 2003, 727). Er-

fasst werden alle gegenwärtigen oder künftigen, bar oder in Sachleistungen gewährten **Zuwendungen,** sofern sie wenigstens **mittelbar im Zusammenhang mit dem Beschäftigungsverhältnis** geleistet werden (EuGH 30.3.2000 – Rs. C-236/98 – AP EWG-Richtlinie 75/117 Nr. 15). Dabei ist es unerheblich, ob die Leistungen aufgrund des **Arbeitsvertrages, kraft Rechtsvorschrift oder freiwillig** vom Arbeitgeber erbracht werden (EuGH 4.6.1992 – Rs. C-360/90 – DB 1992, 1481; EuGH 21.10.1999 – Rs. C-333/97 – NZA 1999, 1325). Nicht zur Vergütung gehören gesetzlich geregelte und primär sozialpolitisch bestimmte Leistungen, die nicht im unmittelbaren Austauschverhältnis zur Arbeitsleistung stehen (Schlachter, in: Oetker/Preis, EAS B 4100 Rn. 13; EuGH 25.5.1971 – Rs. C-80/70 (Defrenne I) – EuGHE 17, 445). Deshalb wird der **Arbeitgeberanteil** an der Finanzierung staatlicher Altersversorgungssysteme nicht als Entgelt angesehen (EuGH 14.12.1993 – Rs. C-110/91 (Moroni) – DB 1994, 228).

102 Die **Beiträge zu einem betrieblichen Altersversorgungssystem** (EuGH 13.5.1986 – Rs. C-175/84 (Bilka) – NJW 1986, 3020) haben ebenso Entgeltcharakter wie der Anspruch, in ein solches Versorgungssystem einbezogen zu werden (EuGH aaO; EuGH 28.9.1994 – Rs. C-57/93 (Vroege) – EuGHE I 1994, 4541).

Versorgungsansprüche sind dann Entgelt iSv Art. 157 AEUV (EuGH 10.6.2010 – Rs. C-395 u.398/08 (INPS/Bruno, Lotti) – NZA 2010, 753–759), wenn sie nur einer besonderen Gruppe von Beschäftigten gezahlt werden, sie unmittelbar von der Länge der Dienstzeit abhängen, die Höhe nach den letzten Bezügen des Beschäftigten berechnet wird.

Vom Vergütungsbegriff erfasst sind neben dem Entgelt im engeren Sinne (Grundvergütung) insbesondere: **Erschwerniszulagen, Zuschläge** für ungünstige Arbeitszeit (EuGH 30.3.2000 – Rs. C-236/98 (JämO) – AP EWG-Richtlinie 75/117 Nr. 15); **Nacht-, Spät- und Wechselschichtzulagen** (BAG 28.8.1996 – 10 AZR 174/96 – AP § 36 BAT Nr. 8; BAG 9.12.1998 – 10 AZR 207/98 – AP § 33 a BAT Nr. 15). Entgeltcharakter haben ferner **Sozialzulagen,** die aufgrund einer besonderen sozialen Situation des Arbeitnehmers gezahlt werden, wie zB Verheirateten-, Kinder-, Alters-, Wohn- oder Ortszuschläge (BAG 24.11.1971 – 4 AZR 63/71 – AP TVG § 1 Tarifverträge: Versicherungsgewerbe Nr. 3); **Leistungszuschläge, Provisionen, Tantiemen, Jahresabschlussvergütungen** bzw. **Ergebnisbeteiligungen** (dazu BAG 8.9.1998 – 9 AZR 273/97 – AP § 611 BGB Tantieme Nr. 2). Vergütungscharakter haben **Gratifikationen, das 13. Gehalt, Weihnachtsgeld, Urlaubsgeld oder Jubiläumszuwendungen,** unabhängig davon, ob sie freiwillig gewährt werden und welche Zweckrichtung damit überwiegend oder ausschließlich verfolgt wird (EuGH 21.10.1999 – Rs. C-333/97 – AP EG-Vertrag Art. 119 Nr. 14; BAG 18.1.1978 – 5 AZR 56/77 – AP § 611 BGB Gratifikation Nr. 92; BAG 23.10.2002 – 10 AZR 48/02 – AP § 611 BGB Gratifikation Nr. 243; LAG Düsseldorf 27.6.1996 – 12 Sa 506/96 – NZA-RR 1996, 441). Kinderzulagen auf Basis eines Kollektivvertrages sind Entgelt (EuGH 5.11.2014 – Rs. C-476/12 (österr.Gewerkschaftsbund)). Erst jüngst hat der EuGH entschieden (EuGH 14.7.2016 – Rs. C-333/15 (Ornano)), dass nur an tatsächlich Arbeitende gezahlte Zulagen, dort ging es um eine Richterzulage, mangels Vergleichbarkeit keine Diskriminierung darstellen, solange der Zweck des Mutterschaftsurlaubs nicht gefährdet sei (hierzu auch Hartmann, EuZA 2017, 153 (185).

103 Zur Vergütung gehört auch der zu zahlende Einkommensausgleich wegen Teilnahme an für die Betriebsrats- bzw. Personalratsarbeit erforderlichen **Schulungsveranstaltungen** (EuGH 6.2.1996 – Rs. C-457/93 – AP EWG-Vertrag Art. 119 Nr. 72). Ebenso **Leistungen**, die vom Arbeitgeber aufgrund von Rechtsvorschriften oder nach dem Arbeitsvertrag zur **Absicherung der Arbeitnehmerin** während Zeiten erbracht werden, in denen diese die von ihr geschuldete Arbeitsleistung nicht erbringt (**Mutterschutzzeiten:** EuGH 13.2.1996 – Rs. C-342/93 – AP EWG-Vertrag Art. 119 Nr. 74). Dem Entgeltbegriff unterliegen auch **Aufstiegsmodalitäten** innerhalb eines Vergütungssystems (zur differenzierenden **Dienstzeitanrechnung** für Voll- bzw. Teilzeitbeschäftigte EuGH 2.10.1997 – Rs. C-1/95 – NZA 1997, 1277; ebenso Ansprüche auf **dienstzeitabhängige Gehaltssteigerungen:** EuGH 13.5.1986 – Rs. C-175/84 (Bilka) – NJW 1986, 3020; EuGH 17.5.1990 – Rs. C-262/ 88 (Barber) – NZA 1990, 775). Auch der Umstand, dass bestimmte Leistungen anlässlich der **Beendigung des Arbeitsverhältnisses** erbracht werden, schließt deren Vergütungscharakter nicht aus (EuGH 14.12.1993 – Rs. C-110/91 (Moroni) – DB 1994, 228); zum **Übergangsgeld:** EuGH 27.6.1990 – Rs. C-33/89 – AP EWG-Vertrag Art. 119 Nr. 21).

104 Die Vergütung kann auch in **Naturalien** gewährt werden (Sachbezüge, Deputate etc). Die Überlassung des auch privat zu nutzenden **Dienstwagens** hat Entgeltcharakter (BAG 16.11.1995 – 8 AZR 240/95 – AP BGB § 611 Sachbezüge Nr. 4).

Unter Art. 141 EG und damit unter den auch hier maßgeblichen Entgeltbegriff fallen auch Regelungen, die lediglich **mittelbar Vergütungsauswirkung** haben. Dies gilt für die **Eingruppierung** in einen Tarifvertrag bzw. ein AT-Vergütungssystem ebenso wie für (überwiegend tarifliche) **Besitzstandszulagen** (zB Verdienstsicherung).

Besonderer Aufmerksamkeit bedürfen unter diskriminierungsrechtlichen Gesichtspunkten **Zielvereinbarungsverfahren**, aus denen sich unmittelbar Vergütungsansprüche ergeben (vgl. auch Däubler-Winter, TVG § 1 Rn. 373 a mwN). Eine **Mitarbeiterbeteiligung** im weiteren Sinne (also keine Kapitalbeteiligung am Unternehmen) hat ebenfalls Vergütungsfunktion. Auch **Mehrarbeits-** bzw. **Überstundenzuschläge** haben Entgeltcharakter. Zuschläge dafür sind nur dann zu zahlen, wenn eine individual- oder kollektivrechtliche Anspruchsgrundlage besteht oder die Zahlung betriebs- oder branchenüblich ist.

105 Die **Altersfreizeit** war Entgelt iSv § 612 Abs. 3 BGB und Art. 141 EG (dazu BAG 20.8.2002 – 9 AZR 750/00 – AP § 1 TVG Tarifverträge: Süßwarenindustrie Nr. 6) und ist damit auch Entgelt im Sinne des § 2 Abs. 1 Nr. 2.

3. Gleiche und gleichwertige Arbeit

106 Eine diskriminierende Benachteiligung im Rahmen von Vergütungsfestsetzungen setzt voraus, dass der Merkmalsträger im Verhältnis zu den zu vergleichenden Personen eine gleiche oder gleichwertige Tätigkeit ausübt. Da-

bei dürfte es auf die vor Inkrafttreten des AGG erörterte Frage, ob sich gemeinschaftsrechtlich das Entgeltbenachteiligungsverbot über die **Geschlechtsdiskriminierung** hinaus **im selben Umfang auch auf die anderen Merkmale erstreckt**, nicht mehr ankommen. Problematisiert wurde dies im Hinblick auf die insoweit gegenüber Art. 141 EG abweichenden Formulierungen in den Richtlinien 2000/43/EG und 2000/78/EG, die keine Bezugnahme auf die Begriffe der gleichen oder gleichwertigen Arbeit enthalten (Däubler-Winter, TVG § 1 Rn. 502). Das AGG formuliert keine unterschiedlichen Definitionen hinsichtlich des Umfangs des Entgeltbenachteiligungsverbotes bezogen auf die Diskriminierungsmerkmale des § 1. Der **Schutzbereich** ist offensichtlich für alle Merkmale einheitlich gefasst. Dem nationalen Gesetzgeber ist es unbenommen, ganz oder teilweise über den europarechtlich garantierten diskriminierungsrechtlichen Mindeststandard hinauszugehen. Abgesehen davon ist die Frage nach dem **andernfalls verbleibenden Anwendungsbereich** zu Recht aufgeworfen worden (Däubler-Winter, TVG § 1 Rn. 426 g).

107 Die **Vergleichsmerkmale** der gleichen bzw. gleichwertigen Tätigkeit sind deshalb unter Bezugnahme auf die zu § 612 Abs. 3 BGB ergangene Rechtsprechung und Literatur der Diskriminierungsprüfung zugrunde zu legen. Danach liegt gleiche Arbeit bei (nahezu) identischen Tätigkeiten vor, die Beschäftigten sind also praktisch austauschbar. Es ist ein **Gesamtvergleich** vorzunehmen. Zu berücksichtigen sind die **überwiegenden Arbeitsvorgänge** (BAG 23.8.1995 – 5 AZR 942/93 – NZA 1996, 579). Zur Feststellung der Gleichheit bzw. Gleichwertigkeit von Tätigkeiten sind objektive Faktoren (Art der Arbeit/Ausbildungsanforderungen/Arbeitsbedingungen) zu prüfen und zu vergleichen (EuGH 31.5.1995 – Rs. C-400/93 (Royal Copenhagen) – BB 1995, 1484; dazu jetzt EuGH 28.2.2013 – Rs. C-427/11 (Kenny),wonach die Berufsausbildung zu den Beurteilungskriterien für die Feststellung der Ausübung gleicher Arbeit gehören kann).

Die Feststellung der Gleichheit bzw. Gleichwertigkeit kann **nicht einseitig durch den Arbeitgeber** im Wege einer Stellenbewertung erfolgen (EuGH 6.7.1982 – Rs. C-61/81 (Komm/UK) – EuGHE 1982, 2601 Rn. 9). Bei der Durchführung eines **Gesamtvergleichs** zur Feststellung gleicher bzw. gleichwertiger Tätigkeit ist die **tatsächlich zu verrichtende Arbeit** maßgeblich, nicht davon abweichende oder nicht umgesetzte vertragliche bzw. tarifliche Vereinbarungen bzw. Tätigkeitsbeschreibungen (vgl. Schlachter, in: Oetker/Preis, EAS B 4100, Rn. 29).

108 Wesentliches Vergleichskriterium ist der **Arbeitswert** (BAG 23.8.1995 – 5 AZR 942/93 – NZA 1996, 579). Keine Rolle spielen der ökonomische Nutzen der Arbeit für den Arbeitgeber oder etwa die persönliche Leistungsfähigkeit (Rust/Falke-Feldhoff, § 7 Rn. 58 mwN). Fraglich ist, ob insoweit auch **Marktbewertungskriterien** in die Beurteilung der Gleichwertigkeit einzubeziehen sind (so Rebhahn-Rebhahn, § 3 Rn. 111). Das Abstellen auf den Arbeitswert ergab sich bereits bis zum Inkrafttreten des AGG aus der Begründung des Regierungsentwurfs zu § 612 Abs. 3 BGB (BT-Drs. 8/3317, 10). Die **Praxis der Tarifvertragsparteien** und die **allgemeine Verkehrsanschauung** können insoweit als Anhaltspunkte dienen. Für die qualitative Wertigkeit einer Arbeit kann unter anderem das Maß der er-

forderlichen Vorkenntnisse und Fähigkeiten nach Art, Vielfalt und Qualität bedeutsam sein (BAG 23.8.1995 – 5 AZR 942/93 – NZA 1996, 579).

Im Rahmen der **Gleichwertigkeitsprüfung** können auch **verschiedenartige Arbeiten** miteinander verglichen werden (Hebamme und Krankenhausingenieur: EuGH 30.3.2000 – Rs. C-236/98 (JämO) – AP § 612 BGB Nr. 59). Zu Recht wird in der Literatur darauf hingewiesen (dazu Däubler-Winter, TVG § 1 Rn. 508), dass in der Bundesrepublik insoweit bei der Überprüfungs- und Vergleichsmethodik verschiedenartiger Tätigkeiten gegenüber dem **internationalen Standard** noch erhebliche Zurückhaltung herrscht. Durch die internationale Konferenz „Equal-Pay-Modelle und Initiativen zur Entgeltgleichheit“ in Berlin vom 17.–19.6.2002 schien sich eine größere Sensibilität zu entwickeln. Diese Hoffnung wurde aber enttäuscht. Nach wie vor nimmt die Bundesrepublik Deutschland in Europa einen der vorderen Plätze bei den geschlechtsspezifischen Entgeltunterschieden ein. Nur in 6 EU-Ländern sind die Differenzen noch größer, was zu Recht beanstandet wird (vgl. Ergebniskonferenz „Mehr Wert!“ vom 10.11.2011 in Hamburg).

109 Umstritten ist der Einfluss **unterschiedlicher Ausbildungsabschlüsse** auf die vergleichende Bewertung von Tätigkeiten.

Keine Gleichwertigkeit soll vorliegen, wenn Arbeitnehmer mit unterschiedlicher Ausbildung eine auf den ersten Anschein gleiche Arbeit ausüben, sofern die Ausbildungsunterschiede zu **unterschiedlicher Berufsausübungsberechtigung** führen (Psychologen/Ärzte als Psychotherapeuten – EuGH 11.5.1999 – Rs. C-309/97 (Angestelltenbetriebsrat der Wiener Gebietskrankenkasse) – EuGHE I 1999, 2865 Rn. 20 f.). Eine derartige unterschiedliche Berufausübungsberechtigung liegt aber nur dann vor, wenn im Rahmen der Gesamttätigkeit auch die Übertragung von Aufgaben vorgesehen ist, deren Durchführung bzw. Übernahme wiederum von der unterschiedlichen Ausbildung abhängt.

Das BAG hatte bereits früher entschieden, dass eine **Vergütungsdifferenzierung** nicht bereits aufgrund einer unterschiedlichen Ausbildung gerechtfertigt sei, sondern im Einzelfall geprüft werden müsse, ob die **Ausbildung** für die Ausführung der dem Arbeitnehmer übertragenen Aufgaben von **spezifischer Bedeutung** ist (BAG 23.2.1994 – 4 AZR 219/93 – DB 1995, 226). Dies gilt auch für **tarifliche Regelungen**, die Ausbildungsanforderungen vergütungssteigernd berücksichtigen (zutreffend Däubler-Winter, TVG § 1 Rn. 527).

110 **Unterschiedlicher Beschäftigungsumfang** (Vollzeit/Teilzeit) ist bei der Bewertung gleicher bzw. gleichwertiger Tätigkeiten außer Acht zu lassen (EuGH 31.3.1981 – Rs. C-96/80 (Jenkins) – NJW 1981, 2639): Auf das Entgeltgleichheitsgebot kann sich auch berufen, wer **hoherwertige Arbeit** leistet, um mindestens das gleiche Entgelt zu erhalten wie jemand, der geringwertigere Tätigkeiten ausführt (EuGH 4.2.1988 – Rs. C-157/86 (Murphy) Rn. 9 f. – Slg 1988, 673).

111 Die derzeit hauptsächlich verwendeten **Arbeitsbewertungsverfahren** beruhen im Wesentlichen auf **summarischen** oder **analytischen Verfahrensformen**.

Auch **tarifliche Entgeltsysteme** unterliegen in diesem Zusammenhang einer Transparenzprüfung, wobei das bislang im tariflichen Bereich überwiegend verwendete summarische Bewertungsverfahren wegen mangelnder Durchschaubarkeit und Nachvollziehbarkeit erheblichen Bedenken ausgesetzt ist und zusätzliche Diskriminierungspotenziale enthält (Winter, ZTR 2001, 9).

112 Eine differenzierte Anwendung von Arbeitsbewertungskriterien wie körperliche Anforderungen, Geschicklichkeit, Ausbildung, Stressbelastung, Verantwortungsumfang etc kann im Rahmen eines **systematischen Gesamtvergleichs** zu **gerechtfertigten Entgeltunterschieden** führen (EuGH 31.5.1995 – Rs. C-400/93 (Royal Copenhagen) – BB 1995, 1484). Es dürfen allerdings in diesem Zusammenhang **nicht nur entgelterhöhend** diejenigen Anforderungskriterien berücksichtigt werden, die typischerweise einem Geschlecht zugutekommen, wenn nicht **auch in umgekehrter Weise** verfahren wird (EuGH 1.7.1986 – Rs. C-237/85 (Rummler), Rn. 15 – NJW 1986, 1138, 1140). Es müssen, sofern die Art der zu beurteilenden Tätigkeiten es zulässt, innerhalb eines Bewertungssystems auch solche Arbeitsplätze als gleichwertig erfasst werden, bei denen Kriterien Berücksichtigung finden, hinsichtlich derer **weibliche Arbeitnehmer besonders geeignet** sind (vgl. dazu Colneric, AiB 1988, 307: Besprechung der Entscheidung des BAG 27.4.1988 – 4 AZR 707/87 – DB 1988, 1657).

Die Schaffung von sog indirekten **Frauenlohngruppen** ist deshalb unzulässig (vgl. Rebhahn-Rebhahn, § 3 Rn. 113; EuGH 27.10.1993 – Rs. C-127/92 (Enderby) – NZA 1994, 797). Die Differenzierungskriterien müssen diskriminierungsfrei gewichtet werden. Die **Körperkraft** kann nicht allein typischen Männerberufen zugeordnet werden, was unmittelbar einleuchtet, wenn man sich die Tätigkeiten etwa von Kassiererinnen, Altenpflegerinnen oder Reinigungskräften ansieht. Dieses Merkmal darf also nicht nur in Männerberufen entgelterhöhend berücksichtigt werden (so zutreffend Däubler-Winter, TVG § 1 Rn. 536 mwN; Schiek-Schiek, § 3 Rn. 44).

113 Die **tarifliche Eingruppierung** ist nur ein Kriterium von mehreren Kriterien für die Beurteilung gleicher oder gleichwertiger Tätigkeiten (EuGH 26.6.2001 – Rs. C-381/99 (Brunnhofer) – NZA 2001, 883). Fraglich ist, inwieweit **individuelle Entlohnungsvorstellungen** im Zusammenhang mit Vertragsverhandlungen Entgeltdifferenzierungen rechtfertigen können (vgl. dazu Rebhahn-Rebhahn, § 3 Rn. 127 mit Hinweis auf die dazu ergangene österreichische Rechtsprechung). Es wäre eine mittelbare Diskriminierung zu prüfen. Die Wechselwirkung von geschlechtsspezifischen Vergütungsbenachteiligungen einerseits und der subjektiven Wertschätzung der eigenen Arbeit andererseits dürfte kaum von der Hand zu weisen sein, so dass etwa niedrigere Vergütungsvorstellungen weiblicher Arbeitnehmer entsprechende geringere Entgelte nicht rechtfertigen können.

4. Allgemein: Diskriminierungspotenziale in Vergütungssystemen und Rechtsfolgen

114 Im Rahmen der **Diskriminierungsprüfung** ist jeweils die **Gesamtheit des Entgeltsystems** zu beurteilen (BAG 29.7.1992 – 4 AZR 502/91 – EzA § 4 TVG Einzelhandel Nr. 19; BAG 10.12.1997 – 4 AZR 264/96 – EzA § 612

BGB Nr. 22). Dabei muss **Diskriminierungsfreiheit für jeden einzelnen Entgelttatbestand** bestehen (EuGH 1.7.1986 – Rs. C-237/85 (Rummler) – NJW 1986, 1138, 1140; EuGH 17.5.1990 – Rs. C-262/88 (Barber) – NZA 1990, 775; EuGH 26.6.2001 – Rs. C-381/99 (Brunnhofer) – NZA 2001, 883).

Eine **Kompensation** diskriminierender Einzelregelungen durch das Gesamtsystem ist nicht zulässig. Nicht eindeutig ist in diesem Zusammenhang allerdings die bisherige Rechtsprechung in den Fällen, in denen zur Bemessung der Vergütung innerhalb eines Systems unterschiedliche Faktoren berücksichtigt und kombiniert werden müssen. Hier wird zum Teil eine **Gesamtsaldierung** vorgenommen (EuGH 1.7.1986 – Rs. C-237/85 (Rummler) – NJW 1986, 1138, 1140), in anderen Entscheidungen fordert der EuGH auch in diesen Fällen zu Recht die Diskriminierungsfreiheit jedes einzelnen Bemessungsfaktors (EuGH 17.10.1989 – Rs. C-109/88 (Danfoss) – NZA 1990, 772, 775; EuGH 17.5.1990 – Rs. C-262/88 (Barber) – NZA 1990, 775).

115 Das Verbot der Entgeltdiskriminierung schließt nicht aus, dass in einem Betrieb **unterschiedliche Vergütungssysteme** angewendet werden (BAG 18.11.2003 – 9 AZR 604/02 – NZA 2004, 803). Allerdings wird sich eine vergleichende Diskriminierungsprüfung dann gegebenenfalls auf alle Entgeltsysteme erstrecken (anders die Entscheidung BAG 3.4.2003 – 6 AZR 633/01 – AP § 242 BGB Gleichbehandlung Nr. 185, m. krit. Anm. Schiek). Die Entscheidung ist zum **Gleichbehandlungsgrundsatz** ergangen. Ungeachtet der auch insoweit berechtigten Kritik ist es dem Arbeitgeber unter **diskriminierungsrechtlichen Gesichtspunkten** in jedem Fall untersagt, sich auf bei ihm angewendete unterschiedliche Entgeltsysteme zu berufen. Er ist als übergeordnete organisatorische „Instanz“ jederzeit in der Lage, dadurch entstandene merkmalbezogene Benachteiligungen zu vermeiden bzw. zu beseitigen.

116 Grundsätzlich gilt das Diskriminierungsverbot auch **im Verhältnis verschiedener Arbeitgeber untereinander** (EuGH 17.9.2002 – Rs. C-320/00 (Lawrence) – NJW 2002, 3160; EuGH 13.1.2004 – Rs. C-256/01 (Allonby) – NZA 2004, 201). Allerdings soll dies nach dem vom EuGH in diesen Entscheidungen formulierten Erfordernis der **einheitlichen Quelle** dann nicht gelten, wenn eine wechselseitige Einflussmöglichkeit der Arbeitgeber fehlt und deshalb die Diskriminierungsfreiheit nicht hergestellt werden kann (EuGH 17.9.2002 – Rs. C-320/00 (Lawrence) – NJW 2002, 3160; so auch BAG 3.4.2003 – 6 AZR 633/01 – NZA 2003, 1286). Nach der Auffassung des EuGH ist auch der Umstand unbeachtlich, dass die Höhe der von einem Arbeitgeber gezahlten Vergütung durch Zahlungen des anderen – vorherigen – Arbeitgebers jedenfalls mittelbar beeinflusst wird (Verleiher/Entleiher in der Entscheidung Allonby). Es kommt in diesem Zusammenhang wohl wesentlich auf die rechtlichen und faktischen wechselseitigen Einflussmöglichkeiten an.

117 Aus der bisherigen Rechtsprechung des EuGH zu diesem Problem kann deshalb der Schluss gezogen werden, dass die diskriminierungsrechtliche Vergleichsprüfung unternehmensübergreifend sein kann. **Konzerneinheitliche Vorgaben** etwa bei den Entgelt- und sonstigen Arbeitsbedingungen un-

terliegen dann ebenso einheitlichen Überprüfungsmaßstäben (so auch Rebhahn-Rebhahn, § 3 Rn. 124; ebenso der Generalanwalt in den Schlussanträgen in der Entscheidung EuGH 17.9.2002 – Rs. C-320/00 – NJW 2002, 3160).

118 Diskriminierende Vergütungsfestsetzungen sind nicht allein dadurch gerechtfertigt, dass sie in verschiedenen **unabhängig voneinander geführten Tarifverhandlungen** erfolgen und jeweils für sich diskriminierungsfrei sind (EuGH 27.10.1993 – Rs. C-127/92 (Enderby) – NZA 1994, 727). Grundsätzlich ist der **Zeitpunkt** einer benachteiligenden Vereinbarung unbeachtlich, so dass eine Diskriminierung auch dann entstehen kann, wenn neu eintretende Arbeitnehmer begünstigt werden (ArbG Berlin 28.6.1990 – 2 Ca 16/90 – AiB 1991, 107; ArbG Berlin 5.7.1990 – 4 Ca 16/90 – EzA § 612 BGB Nr. 13).

119 Im Falle einer Vergütungsdiskriminierung bestand nach der Rechtsprechung des BAG ein Anspruch auf **Zahlung der üblichen Vergütung** gemäß § 612 Abs. 2 BGB nur so lange, als tatsächlich durch Beschäftigung entsprechender Vergleichspersonen die **Benachteiligung andauerte** (so noch das BAG 17.4.2002 – 5 AZR 413/00 – NZA 2002, 1334). In dieser Entscheidung hatte das BAG einen zuvor rechtskräftig ausgeurteilten Vergütungsanspruch wegen Entgeltdiskriminierung für die Zukunft von dem Zeitpunkt an verneint, an dem der letzte Mitarbeiter der in diesem Verfahren beurteilten Vergleichsgruppe das Unternehmen verlassen hatte (Altersruhestand).

120 Diese Rechtsprechung ist wegen Einführung der **hypothetischen Vergleichsperson** in § 3 Abs. 1 überholt. Dieses Kriterium gilt natürlich auch für die Vergleichsprüfung im Rahmen der mittelbaren Diskriminierung (Rust/Falke-Feldhoff, § 7 Rn. 62 mwN). Für das Entgeltgleichheitsgebot bedeutet dies, dass eine Diskriminierung auch dann vorliegen kann, wenn in der betreffenden Gruppe ausschließlich Merkmalsträger beschäftigt werden, sofern eine Person, die nicht Träger eines verpönten Merkmals ist, im Falle ihrer Beschäftigung anders behandelt würde. Es wäre ausreichend für die Annahme einer Entgeltdiskriminierung wegen ethnischer Herkunft bezogen auf die realen Niedriglöhne der zB philippinischen Besatzung, wenn deutsche Seeleute im Falle ihrer Beschäftigung Anspruch auf eine höhere Vergütung hätten. Eine diskriminierende Entgeltbenachteiligung wegen ethnischer Herkunft ist deshalb auch im reinen Migrantenbetrieb möglich.

121 Benachteiligende **intransparente Vergütungssysteme** tragen die Diskriminierungsvermutung in sich (EuGH 17.10.1989 – Rs. C-109/88 (Danfoss) – NZA 1990, 772; BAG 23.9.1992 – 4 AZR 30/92 – DB 1993, 737). Dasselbe gilt bei nicht nachvollziehbarer **Kombination fixer und variabler Vergütungsbestandteile** (EuGH 31.5.1995 – Rs. C-400/93 (Royal Copenhagen) – BB 1995, 1484). Der Arbeitgeber ist in diesen Fällen darlegungs- und beweispflichtig für die diskriminierungsfreie Differenzierung.

122 Die **Leistungsentlohnung** an sich beinhaltet **erhebliche Diskriminierungspotenziale.** Diese ergeben sich insbesondere unter Berücksichtigung spezieller Steuerungselemente wie der Schaffung diskriminierender **Leistungskriterien, Vergütungsprinzipien und Bewertungsverfahren** (dazu Däubler-Winter,

TVG § 1 Rn. 422 b). Die Diskriminierungsgefahr besteht etwa bei niedriger festgesetzten Vorgabezeiten für überwiegend von Frauen ausgeübte Tätigkeiten gegenüber solchen, die vorwiegend von Männern wahrgenommen werden (Krell/Tondorf, S. 333, 338 mwN).

123 Deshalb müssen bei **leistungsbezogenen Vergütungen** (Akkord) die anzuwendenden **Maßeinheiten** diskriminierungsfrei für beide Geschlechter sein (EuGH 31.5.1995 – Rs. C-400/93 (Royal Copenhagen) – BB 1995, 1484). **Qualifikationsunterschiede** dürfen nur dann berücksichtigt werden, wenn sie sich jedenfalls auch teilweise auf die Ausübung der Tätigkeit auswirken. Bei Stücklohnsystemen unterliegen die Stücklohnansätze und Maßeinheiten für die Berechnung von variablen Entgeltanteilen der Diskriminierungsüberprüfung (EuGH 31.5.1995 – Rs. C-400/93 (Royal Copenhagen) – BB 1995, 1484). Beim **Zeitlohn** kann eine Differenzierung nicht durch Umstände gerechtfertigt werden, die sich erst **nach Abschluss des Arbeitsvertrages** bei dessen Durchführung zeigen (EuGH 26.6.2001 – Rs. C-381/99 (Brunnhofer) – NZA 2001, 883: Hier stellte der Arbeitgeber später Unterschiede in der persönlichen Leistungsfähigkeit der betroffenen Arbeitnehmer fest).

124 Entgeltdifferenzen können nicht allein dadurch gerechtfertigt werden, dass sie das **Ergebnis von Tarifverhandlungen** sind (EuGH 7.2.1991 – Rs. C-184/89 (Nimz) – NJW 1991, 2207; EuGH 27.6.1990 – Rs. C-33/89 (Kowalska) – DB 1991, 100). Eventuelle Rechtfertigungsgründe müssen sich allerdings nicht unmittelbar dem Tarifvertrag entnehmen lassen, sie müssen jedoch im Zeitpunkt der Festsetzung der unterschiedlichen Vergütungsregelung **bekannt und beurteilbar** gewesen sein (EuGH 26.6.2001 – Rs. C-381/99 (Brunnhofer) – NZA 2001, 883).

125 **Die Festsetzung des jeweiligen persönlichen Geltungsbereichs tariflicher Vergütungssysteme** bedarf ebenfalls einer Kontrolle unter dem Gesichtspunkt des Diskriminierungsschutzes. Die Abwägung zwischen der Tarifautonomie nach Art. 9 GG einerseits und dem Gleichheitssatz nach Art. 3 GG andererseits (BAG 27.5.2004 – 6 AZR 129/03 – NZA 2004, 1399) ist mit Inkrafttreten des AGG nicht mehr ausschließliches Beurteilungskriterium. Es wird im Hinblick auf das nunmehr gesetzlich geregelte Benachteiligungsverbot bei dem **Ausschluss von Arbeitnehmergruppen** aus dem Tarifvertrag zu prüfen sein, inwieweit hier Merkmalsträger betroffen sind und damit der Tatbestand der mittelbaren Diskriminierung vorliegt. Beispielhaft sei an dieser Stelle verwiesen auf den Ausschluss von Fremdsprachenlektoren aus dem BAT (BAG aaO) sowie des Abendpersonals an Theatern und Bühnen aus dem MTArb (BAG 16.12.2003 – 3 AZR 668/02 – DB 2004, 1623). Im ersten Fall kann das Merkmal ethnische Herkunft, im zweiten das Merkmal Geschlecht betroffen sein.

126 Das AGG kennt **drei Sanktionsregelungen** bei Verstößen gegen Diskriminierungsverbote. Während nach § 15 unter den dortigen Voraussetzungen sowohl materieller Schadensersatz als gegebenenfalls auch Entschädigung wegen eines immateriellen Schadens zu leisten ist, bestimmt § 7 Abs. 2 die Unwirksamkeit diskriminierender Vereinbarungen. Die sich daraus ergebenden Konsequenzen hinsichtlich der Rechtsfolgen bei Verstößen gegen § 7 Abs. 1 sind zum Teil umstritten, zum Teil völlig ungeklärt.

§ 7 Abs. 2 bezieht sich nicht nur auf Vereinbarungen bzw. Bestimmungen in Vereinbarungen, sondern auch auf einseitige Willenserklärungen (zB Kündigungen, Anfechtungserklärungen) und auf sonstige einseitige Maßnahmen (Versetzung, Abmahnung, Zuweisung von Tätigkeiten etc) (Schiek-Schmidt, § 7 Rn. 3; aA v. Roetteken, § 7 Rn. 35, der die Rechtsfolge insoweit direkt aus § 134 BGB letztlich mit demselben Ergebnis herleitet).

Darüber hinaus gilt § 7 Abs. 2 nur für Regelungen unterhalb von Gesetzen, also etwa für Tarifverträge, Betriebsvereinbarungen oder Arbeitsverträge (vgl. Thüsing, Arbeitsrechtlicher Diskriminierungsschutz, Rn. 494; Schiek-Schmidt, § 7 Rn. 4).

Einigkeit besteht weiter dahin gehend, dass aus § 7 Abs. 2 nicht etwa die Nichtigkeit der ganzen Norm bzw. Vereinbarung folgt, da dies mit dem Schutzzweck der Diskriminierungsverbote nicht vereinbar wäre (Däubler-Schiek, TVG, Einl. Rn. 451). Die Folge ist vielmehr die Teilnichtigkeit der diskriminierenden Regelung bzw. des diskriminierenden Teils der Vereinbarung. Die Nichtigkeit bezieht sich also nicht auf den begünstigenden Teil der Regelung (so auch v. Roetteken, § 7 Rn. 42).

127 Unter Anknüpfung an die Rechtsprechung des EuGH (EuGH 7.2.1991 – Rs. C-184/89 (Nimz) – NJW 1991, 2207) wird für Entgeltansprüche als Folge der Teilnichtigkeit das Prinzip der **Angleichung nach oben** als Rechtsfolge überwiegend anerkannt (Näheres → Rn. 130). Anpassungsmaßstab ist das Entgelt der besser behandelten Vergleichsgruppe (vgl. EuGH 27.6.1990 – Rs. C-33/89 (Kowalska) – DB 1991, 100; Wiedemann, NZA 2007, 950; Schiek-Schmidt, § 7 Rn. 5; Thüsing, Arbeitsrechtlicher Diskriminierungsschutz, Rn. 499). Die **Anpassung nach oben** als Rechtsfolge wird zutreffend mit dem Hinweis darauf begründet, dass das Unionsrecht effektive Sanktionen im Falle des Verstoßes gegen Diskriminierungsverbote verlangt (Thüsing, Arbeitsrechtlicher Diskriminierungsschutz, Rn. 499). Darüber hinaus dürfte es im Regelfall auch dogmatisch schwierig sein, Ansprüche der Gruppe der Begünstigten rückwirkend einseitig zu beseitigen (BAG 7.3.1995 – 3 AZR 282/94 – DB 1995, 2020). Der insoweit vertretenen Auffassung einer **Anpassung nach unten** (Bauer/Krieger, § 7 Rn. 26) kann deshalb nicht gefolgt werden. Ebenso wenig kann die Anzahl der Betroffenen taugliches Kriterium sein (Meinel/Heyn/Herms, § 7 Rn. 43; auch insoweit aA Bauer/Krieger, § 7 Rn. 27 ff.). Soweit unter verfassungsrechtlichen Gesichtspunkten (Art. 9 Abs. 3 GG) Bedenken gegenüber einer erheblichen Ausdehnung des finanziellen Volumens eines Tarifvertrages durch Anwendung des og Prinzips geltend gemacht werden (ua Thüsing, Arbeitsrechtlicher Diskriminierungsschutz, Rn. 497), ist jedenfalls bei Tarifverträgen dem entgegenzuhalten, dass es – anders als häufig bei Sozialplänen (dazu BAG 13.2.2002 – 5 AZR 713/00 – NZA 2003, 215) – einen Dotierungsrahmen in der Regel nicht gibt (Meinel/Heyn/Herms, § 7 Rn. 44; BAG 24.9.2003 – 10 AZR 675/02 – NZA 2004, 611 ff.; differenzierend noch: BAG 28.5.1996 – 3 AZR 702/95 – NZA 1997, 101). Die letztere Entscheidung erging zum Gleichbehandlungsgrundsatz. Das BAG hat finanzielle Mehrbelastungen des Arbeitgebers hier unberücksichtigt gelassen, soweit sie wirtschaftlich nicht ins Gewicht fielen. Dies wiederum

hängt in der Regel von der Größe der Gruppe der Begünstigten ab. Die finanzielle Mehrbelastung des Arbeitgebers in den Fällen, in denen die Gruppe der Begünstigten klein ist, ist nach Auffassung des BAG dennoch gerechtfertigt, wenn zugleich besondere verfassungsrechtliche oder unionsrechtliche Differenzierungsverbote, wie etwa das der Entgeltbenachteiligung wegen des Geschlechts, verletzt worden sind, da nur durch die Gewährung eines Zahlungsanspruchs für die Gruppe der benachteiligten Arbeitnehmer diesen Verboten nachhaltige Wirkung verliehen werden kann (BAG 26.6.1990 – 1 AZR 263/88 – BAGE 65, 199, 207).

Dabei gilt das Prinzip der **Anpassung nach oben** unabhängig davon, ob es sich um eine unmittelbare oder mittelbare Diskriminierung handelt und unabhängig davon, auf welcher Rechtsgrundlage die diskriminierende Bestimmung beruht (v. Roetteken, § 7 Rn. 45 mwN). Es kommt ebenfalls nicht darauf an, ob etwa ein Tarifvertrag einen allgemeinen Leistungstatbestand und diskriminierende Ausschlusstatbestände enthält oder bestimmte Leistungen von vornherein nur bestimmten Gruppen von Beschäftigten zukommen sollen (Wulfers/Hecht, S. 482).

Der EuGH hat allerdings in der Entscheidung vom 19.6.2014 (Rs. C-501/12 (Specht)) eine Anpassungsverpflichtung bei Entgeltsystemen mit Lebensaltersstufen für den Zeitraum vor der grundlegenden Entscheidung Hennings und Mai vom 8.9.2011 (Rs. C-297/10) verneint. Bei Fortbestand diskriminierender Entgeltsysteme besteht jedoch der Anpassungsanspruch „nach oben".

Der wegen einer Diskriminierung zu zahlende Differenzlohn ist kein Schadensersatzanspruch und kann deshalb auch nicht mit einem eventuellen Anspruch aus § 15 Abs. 2 verrechnet werden (LAG Rheinland-Pfalz 28.10.2015 – 4 Sa 12/14, rkr).

Der Differenzlohnanspruch als Erfüllungsanspruch unterliegt im Übrigen nicht der Frist des § 15 Abs. 4 (LAG Rheinland-Pfalz 13.5.2015 – 5 Sa 436/13).

128 Grundsätzlich sind mithin die möglichen Kosten der Diskriminierungsbeseitigung unbeachtlich. Anderenfalls würde der diskriminierende Zustand – zumindest teilweise – aufrechterhalten bleiben (v. Roetteken, § 7 Rn. 47).

Für die Zukunft können auch verschlechternde Regelungen – unter Beachtung diskriminierungsrechtlicher Grenzen und etwaiger Vertrauensschutzgesichtspunkte – erfolgen (EuGH 28.9.1994 – Rs. C-408/02 (Smith) – DB 1994, 2086). Auch hier ist allerdings der Verhältnismäßigkeitsgrundsatz zu beachten (v. Roetteken, § 7 Rn. 45 mwN).

Bei Leistungen unter Widerrufsvorbehalt käme ebenfalls eine Zukunftskorrektur in Betracht, wobei allerdings die Ausübung des Widerrufsvorbehalts ihrerseits diskriminierungsfrei erfolgen müsste (Thüsing, Arbeitsrechtlicher Diskriminierungsschutz, Rn. 920). Der diesbezügliche Vorschlag von Thüsing, die Tarifvertragsparteien sollten zukünftig eindeutige Dotierungsrahmen vorgeben (Thüsing, Arbeitsrechtlicher Diskriminierungsschutz, Rn. 498), ist möglicherweise umsetzbar bei Firmen- oder Haustarifverträgen, weniger realistisch allerdings im Rahmen von Flächentarifverträgen. Für die Vergangenheit können diskriminierungsfreie Ausschluss-, Klage-

bzw. Verjährungsfristen Ansprüche begrenzen (EuGH 6.12.1994 – Rs. C-410/92 (Johnson) – EuGHE I 1994, 5483).

129 Rechtsfolgeprobleme können sich aus einem intransparenten Entgeltsystem ergeben, welches nach der Rechtsprechung des EuGH (17.10.1989 – Rs. 109/88 (Danfoss) – AP Art. 119 EWG-Vertrag Nr. 127) die Diskriminierungsvermutung nach sich ziehen kann (auch BAG 23.9.1992 – 4 AZR 30/92 – AP § 612 BGB Diskriminierung Nr. 1). In dem vom BAG entschiedenen Sachverhalt konnten die betroffenen Arbeitnehmer trotz der mangelnden Durchschaubarkeit des Entgeltsystems schlüssig einen Vergütungsanspruch nach § 612 Abs. 3 S. 3 BGB iVm § 611 a Abs. 1 S. 3 BGB aF aus einer bestimmten Vergütungsgruppe eines anwendbaren Tarifvertrages herleiten.

In der Regel wird es jedoch an konkreten Bezugsgrößen für die Anpassung fehlen (dazu Däubler, Arbeitsrecht 2, Rn. 1589).

In diesen Fällen wird auch die Rechtsprechung des BAG, wonach darauf abzustellen sei, welche Regelung die Tarif- oder Betriebsparteien getroffen hätten, wäre ihnen die diskriminierende Struktur bekannt gewesen (BAG 7.3.1995 – 3 AZR 282/94 – NZA 1996, 48, 51), nicht weiterhelfen. Dies entspricht auch der Auffassung des EuGH in der Danfoss-Entscheidung, wo im Rahmen der Beweislast ebenfalls auf das **Durchschnittsentgelt einer entsprechend repräsentativen Arbeitnehmergruppe** im jeweiligen Vergleich abgestellt wird (EuGH 17.10.1989 – Rs. 109/88 – AP Art. 119 EWG-Vertrag Nr. 127). Im Hinblick auf die aktuelle Rechtsprechung des BAG zu altersabhängigen Vergütungsstaffeln (→ Rn. 150) wird man hier einen Anspruch nach der jeweils höchsten tatbestandlich anwendbaren Stufe bejahen müssen.

130 Es soll versucht werden, hier für die Praxis brauchbare Lösungsmöglichkeiten aufzuzeigen:

(1) Im Falle der **diskriminierenden Unkündbarkeitsregel** bleibt nur die Konsequenz der **Anpassung nach oben**. Dies kann dann dazu führen, dass dem Arbeitgeber nur noch unkündbare Beschäftigte gegenüberstehen. Auch in diesen Fällen ist die Möglichkeit der betriebsbedingten außerordentlichen Kündigung mit Auslauffrist nicht ausgeschlossen (KR-Fischermeier, BGB § 626 Rn. 301 ff.; für den öffentlichen Dienst: BAG 6.10.2005 – 2 AZR 362/04 – ZTR 2006, 437–440). Differenzierungsinstrument zwischen den „Unkündbaren“ wäre dann folgerichtig wieder die Sozialauswahl. Der Rechtfertigungsmaßstab für derartige außerordentliche Kündigungen wäre aber deutlich strenger (KR-Fischermeier, aaO; BAG 10.5.2007 – 2 AZR 626/05 – AuR 2007, 364; BAG 12.1.2006 – 2 AZR 242/05 – AP § 626 BGB Krankheit Nr. 13).
Eine lediglich relative Unwirksamkeit derartiger diskriminierender Unkündbarkeitsregelungen etwa in Anlehnung an die zur groben Fehlerhaftigkeit entwickelten Grundsätze (KR-Griebeling, KSchG § 1 Rn. 665 b mwN) kommt wegen der in § 7 Abs. 2 formulierten generellen Unwirksamkeitsbestimmung nicht in Betracht.

(2) Bei diskriminierenden Entgeltstaffeln führt die konsequente Umsetzung des Prinzips der **Anpassung nach oben** zum Anspruch auf die jeweils höchste Leistung. Zum Teil wird dies als zurzeit einzig konsequente

Rechtsfolge angesehen (vgl. Thüsing, Arbeitsrechtlicher Diskriminierungsschutz, Rn. 499). Diese Auffassung vertritt jetzt auch das BAG (dazu → Rn. 150).

(3) Das BAG hält **altersabhängige Urlaubsstaffelungen** für insgesamt unwirksam mit der Folge einer Anpassung an die höchste Stufe bis zur Schaffung einer diskriminierungsfreien Neuregelung (dazu ausführlich → Rn. 209). Ob es eine „Legitimitätsgrenze" (zB 50. Lebensjahr) geben kann, mit der Folge, dass eine Urlaubsstaffelung hinsichtlich der Altersgrenzen unterhalb des 50. Lebensjahres diskriminierungsrechtlich unzulässig wäre, soweit nicht im Einzelfall andere Zwecke (Honorierung von Betriebstreue) verfolgt werden, ist bislang nicht entschieden (dazu → Rn. 209).

131 Diskriminierende Weisungen, die nach der Regelung des § 7 Abs. 2 unwirksam und damit nichtig sind, müssen nicht befolgt werden. Die Betroffenen haben ein Leistungsverweigerungsrecht (ErfK-Schlachter, BGB § 611 Rn. 31; v. Roetteken, § 7 Rn. 53). Jede diskriminierende Ausübung des Direktionsrechts ist nicht nur unbillig, sondern nichtig (v. Roetteken, § 7 Rn. 54). Dasselbe gilt für diskriminierende Umsetzungen, Abordnungen oder Versetzungen, soweit diese Regelungen nicht ohnehin schon mit dem Maßregelungsverbot des § 16 kollidieren.

132 Fraglich ist, ob sich das Entgeltdiskriminierungsverbot auch auf die nach einem **Betriebsübergang** zusammengeführten Belegschaftsteile im Verhältnis zueinander auswirkt. Die Tarifvertragsparteien verstoßen nicht gegen den allgemeinen Gleichheitssatz (Art. 3 Abs. 1 GG), wenn sie von einem anderen Arbeitgeber übernommene Beschäftigte im Sinne einer **Besitzstandswahrung** entsprechend ihrer bisherigen Vergütung eingruppieren und nicht der Stammbelegschaft gleichstellen (BAG 29.8.2001 – 4 AZR 352/00 – AP Art. 3 GG Nr. 291). Es kann nach Auffassung des BAG tarifpolitisch zweckmäßig und sinnvoll sein, mit zunehmendem Zeitablauf dem **Gesichtspunkt der Gleichbehandlung** mehr Gewicht einzuräumen. Vorgaben in rechtlicher Hinsicht können den Tarifvertragsparteien insoweit jedoch nicht gemacht werden (BAG 25.8.1976 – 5 AZR 788/75 – AP § 242 BGB Gleichbehandlung Nr. 41). 2007 hat das BAG in einer Entscheidung (BAG 14.3.2007 – 5 AZR 420/06 – DB 2007, 1817) einerseits die Angleichung der Arbeitsbedingungen nach einem Betriebsübergang als sachlichen Differenzierungsgrund gewertet, andererseits der übernommenen Belegschaft **keinen Anspruch auf Angleichung** an bestehende bessere Arbeitsbedingungen bei der Stammbelegschaft gewährt.

133 Die Differenzierung zwischen der Stammbelegschaft und den übernommenen Beschäftigten ist unter dem Gesichtspunkt zutreffend, dass andernfalls die Pflicht zur Gleichbehandlung beider Belegschaftsteile zu einer Anpassung nach oben (**Meistbegünstigung**) führen würde (BAG 30.8.1979 – 3 AZR 58/78 – AP § 613 a BGB Nr. 6; zuletzt dazu BAG 31.8.2005 – 5 AZR 517/04 – AP § 613 a BGB Nr. 288). Hier rechtfertigt das BAG die Differenzierung zusätzlich mit der Begründung, der Arbeitgeber vollziehe nur die sich aus § 613 a BGB ergebenden Rechtsfolgen. Auch wenn man dieser Auffassung folgt, wonach das in § 613 a BGB zum Ausdruck kommende Prinzip der Besitzstandswahrung im Fall der mittelbaren Entgeltbe-

nachteiligung als rechtmäßiges Ziel iSd § 3 Abs. 2 anzusehen wäre, kann dies nur für die Aufrechterhaltung des **Status quo** gelten, aber entgegen dem LAG München (22.12.2005 – 4 Sa 760/05) nicht mehr, wenn der Arbeitgeber später gestaltend in die Vergütungsstruktur eingreift, etwa durch **allgemeine Gehaltserhöhungen** (so auch BAG 31.8.2005 – AP § 613 a BGB Nr. 288). Insoweit können Differenzierungen zwischen Stamm- und übernommener Belegschaft **nicht mehr** unter Berufung auf die Zielsetzung des § 613 a BGB **diskriminierungsfrei** vorgenommen werden. Die Unbedenklichkeit von Besitzstandswahrungsregelungen steht grundsätzlich unter dem Vorbehalt der Diskriminierungsfreiheit. Sie sind deshalb gemäß § 7 Abs. 2 **unwirksam,** soweit sie etwa bereits bestehende Vergütungsdiskriminierungen festschreiben.

5. Diskriminierung bei der Grundvergütung

a) Unmittelbare Diskriminierung wegen des Geschlechts

134 Bei unmittelbarer geschlechtsbezogener Entgeltdiskriminierung im Falle gleicher oder gleichwertiger Tätigkeit sind **Rechtfertigungsgründe** kaum denkbar (Däubler-Winter, TVG § 1 Rn. 524; Rebhahn-Rebhahn, § 3 Rn. 115). Die bisher dazu ergangene Rechtsprechung bezieht sich im Wesentlichen auf Entgelte bzw. Zusatzleistungen bei **Schwangerschaft und Mutterschutz,** die vom AGG ebenfalls erfasst sind (§ 3 Abs. 1 S. 2).

135 **Arbeitsunfähige Schwangere** dürfen hinsichtlich der **Entgeltfortzahlung** nicht schlechter gestellt werden als andere arbeitsunfähige Personen (EuGH 19.11.1998 – Rs. C-66/96 (Pedersen) – NZA 1999, 757). Damit nicht mehr vereinbar ist in diesem Zusammenhang die Auffassung des LAG Köln, wonach die Kürzung einer freiwilligen Weihnachtsgratifikation wegen krankheitsbedingter Fehlzeiten auch dann zulässig sein soll, wenn diese durch Schwangerschaftsbeschwerden verursacht worden sind (LAG Köln 24.11.1993 – 7 Sa 832/92 – LAGE § 611 BGB Gratifikation Nr. 20).

Es verstößt gegen das Entgeltdiskriminierungsverbot, wenn der Arbeitgeber eine schwangere – nicht arbeitsunfähige – Frau mit der Begründung von der Arbeit freistellt, er könne sie nicht beschäftigen (EuGH 19.11.1998 – Rs. C-66/96 (Pedersen) – NZA 1999, 757).

136 **Mutterschutzzeiten** sind aktiven Beschäftigungszeiten gleichgestellt (EuGH 13.1.1995 – Rs. C-356/03 – EuZW 2005, 150; BAG 15.4.2003 – 9 AZR 137/02 – EzA Art. 141 EG 1999 Nr. 14), auch bei der Berechnung von Anwartschaftszeiten der betrieblichen Altersversorgung (EuGH 27.10.1998 – Rs. C-411/96 (Boyle) – EuGHE I 1998, 6401). Soweit das **Mutterschaftsgeld** von der Höhe des zuvor bezogenen Lohnes abhängt, sind deshalb für die Berechnung **Lohnerhöhungen** während des Mutterschaftsurlaubes einzubeziehen (EuGH 30.3.2004 – Rs. C-147/02 (Alabaster) – NZA 2004, 839). Insoweit auch konsequent ist das BAG, wonach eine tarifliche Vergütungsregelung, die Mutterschutzfristen nicht in die Bemessungsgrundlage eines ergebnisbezogenen Entgelts einbezieht, ebenfalls unwirksam ist (BAG 2.8.2006 – 10 AZR 425/05 – DB 2006, 2636).

Bei der Berechnung des Zuschusses zum Mutterschaftsgeld sind innerhalb der Schutzfristen wirksam werdende allgemeine Entgelterhöhungen zu berücksichtigen, und zwar sowohl Erhöhungen des Tarifentgelts als auch Erhöhungen, die durch die Geburt des Kindes verursacht worden sind, wie zB höhere Ortszuschlagsstufen (BAG 31.7.1996 – 5 AZR 9/95 – DB 1996, 2340).

Der Anspruch auf Mutterschutzlohn nach § 18 S. 1 MuSchG nF besteht nur, wenn allein das mutterschutzrechtliche Beschäftigungsverbot zur Aussetzung mit der Arbeit führt, nicht bei gleichzeitiger Arbeitsunfähigkeit (BAG 17.10.2013 – 8 AZR 742/12).

137 Stellt ein **tariflicher Freischichtenanspruch** auf tatsächliche Arbeitsleistung ab, können nach Auffassung des BAG diskriminierungsfrei **Kinderbetreuungszeiten** unberücksichtigt bleiben (BAG 5.9.1995 – 3 AZR 216/95 – AP § 1 TVG Tarifverträge: Papierindustrie Nr. 11). Mit dieser Argumentation ist auch die **Nichtanrechnung des Wochenurlaubs** nach § 244 AGB-DDR auf eine Bewährungszeit nach dem BAT-O nicht als unmittelbare Geschlechtsdiskriminierung im Entgeltbereich angesehen worden, soweit die Dauer des Wochenurlaubs über die der Schutzfristen des Mutterschutzgesetzes hinausgeht. Begründet wird dies mit der unterschiedlichen Zielsetzung der Regelungen, da die längere Dauer des Wochenurlaubs die Sicherung der Kindesbetreuung bezweckte, die über die eigentliche Schutzfunktion des Mutterschutzgesetzes hinausgeht (BAG 16.6.2005 – 6 AZR 108/01 – NZA 2006, 283; vorgehend EuGH 18.11.2004 – Rs. C-284/02 (Sass) – NZA 2005, 399, der die Prüfung dieser Zweckbestimmung den nationalen Gerichten überlassen hat).

138 Es ist zulässig, den **Entgeltanspruch** einer Arbeitnehmerin im **Mutterschaftsurlaub** und im Rahmen einer schwangerschaftsbedingten vorübergehenden Beurlaubung jedenfalls um die Anteile zu kürzen, die mehrarbeitsbedingte Zusatzbelastungen (hier: Journaldienstzulage) ausgleichen sollen (EuGH 1.7.2010 – Rs. C-194/08 (Gassmayr) – NZA 2010, 1113–1119; 1.7.2010 – Rs. C-471/08 (Parviainen) – NZA 2010, 1284–1288). Hier hat der EuGH an seine bisherige Rechtsprechung angeknüpft, wonach auch die anspruchsmindernde Berücksichtigung der **Elternzeit** bei Entgeltbestandteilen, die auf die tatsächliche Beschäftigung im Arbeitsverhältnis abstellen, gerechtfertigt ist (EuGH 21.10.1999 – Rs. C-333/97 (Lewen) – NZA 1999, 1325–1328; vgl. auch EuGH 16.7.2015 – Ra C-222/14 (Maistrellis) zu der Frage der Anknüpfung des Anspruchs auf Elternzeit an die Erwerbssituation des Ehepartners. Der EuGH bejaht hierbei das Recht zur Inanspruchnahme von Elternzeit unabhängig von der Erwerbssituation des Ehepartners). Die Umsetzung der RL 92/85/EG verlangt lediglich die Sicherstellung der Vergütungszahlung während der schwangerschafts- bzw. mutterschaftsbedingten Arbeitsunterbrechung in Höhe des Durchschnittsverdienstes nach Maßgabe des entsprechenden Referenzzeitraumes. Eine Kürzung kommt deshalb nicht in Betracht bei Entgeltbestandteilen, die sich an der beruflichen Stellung, der Dauer der Betriebszugehörigkeit oder der beruflichen Qualifikation orientieren (EuGH 1.7.2010 – Rs. C-194/08 (Gassmayr) – NZA 2010, 1113–1119).

In Fortführung dieser Rechtsprechung hat das BAG die Hemmung der **Stufenlaufzeit** im Entgeltsystem des TVöD bei Inanspruchnahme von Elternzeit unter Hinweis auf die Honorierung größerer Berufserfahrung akzeptiert (BAG 27.1.2011 – 6 AZR 526/09 – NZA 2011, 1361–1370).

Dies gilt auch für die entsprechende Minderung eines tariflichen **Urlaubsgeldes** (so schon BAG 15.4.2003 – 9 AZR 137/02 – NZA 2004, 47–49). Orientiert sich das Urlaubsgeld an dem tätigkeitsbedingten Erholungsbedürfnis, gehört es nicht zu den og, einer Kürzung nicht zugänglichen Entgeltbestandteilen. Das Bundessozialgericht wiederum hält die anspruchsmindernde Berücksichtigung von Elternzeiten bei der (fiktiven) Ermittlung des für das **Arbeitslosengeld** bemessungsrelevanten Arbeitsentgelts gemäß den §§ 149 ff. SGB III für zulässig (BSG 25.8.2011 – B 11 AL 19/10 R – AuR 2011, 417 zu §§ 130 ff. SGB III aF). Die Begründung überzeugt nicht, insbesondere der Hinweis auf die eingeführte Versicherungspflicht für Erziehende ist kein geeignetes Argument zur Rechtfertigung der Benachteiligung.

139 Der Tatbestand der Entgeltdiskriminierung wurde auch bejaht bei dem Ausschluss weiblicher Arbeitnehmer von der **Inanspruchnahme von Altersfreizeit** ab Vollendung des 60. Lebensjahres mit der Begründung, sie könnten vorgezogenes **Altersruhegeld** in Anspruch nehmen (BAG 20.8.2002 – 9 AZR 750/00 – AP § 1 TVG Tarifverträge: Süßwarenindustrie Nr. 6).

140 Soweit nationale gesetzliche Regelungen bestimmen, dass es einem/r **Transsexuellen** nicht möglich ist, eine Person des Geschlechts zu heiraten, dem er/sie vor der Geschlechtsumwandlung angehörte, da beide personenstandsrechtlich gleichen Geschlechts geblieben sind, ist diese Regelung diskriminierend, soweit sie zur Versagung einer **Hinterbliebenenrente** führt. Art. 157 AEUV steht grundsätzlich einer Regelung entgegen, die es einem Transsexuellen unmöglich macht, mit einem Partner des anderen – seines früheren – Geschlechts die Ehe einzugehen und so die Voraussetzungen dafür zu erfüllen, dass dem einen von ihnen ein Bestandteil des Entgelts des anderen gewährt werden kann (EuGH 7.1.2004 – Rs. C-117/01 (National Health) – NJW 2004, 1440).

b) Mittelbare Diskriminierung wegen des Geschlechts

141 Die Rechtsprechung beschäftigte sich im Rahmen der mittelbaren Entgeltbenachteiligung überwiegend mit der Benachteiligung von Teilzeitbeschäftigten, die wiederum vorwiegend weiblich sind. Deshalb trifft die Feststellung zu, dass jede Benachteiligung von Teilzeitbeschäftigten eine mittelbare Benachteiligung aufgrund des Geschlechts darstellt (Rebhahn-Rebhahn, § 3 Rn. 123). Bislang wurden folgende **Differenzierungsgründe** im Falle mittelbarer Benachteiligung erörtert:

- Orientierung an **Angebot und Nachfrage** (EuGH 27.10.1993 – Rs. C-127/92 (Enderby) – NZA 1994, 797; s. auch BAG 21.3.2001 – 10 AZR 444/00 – DB 2001, 1369).
- Das **betriebliche Erfordernis**, möglichst wenig Teilzeitkräfte zu beschäftigen (EuGH 13.5.1986 – Rs. C-170/84 (Bilka) – NJW 1986, 3020). Hier hat der EuGH zu Recht das Vorliegen eines wirklichen unternehmerischen Bedürfnisses verlangt. Dies gilt umso mehr unter Berücksichtigung der durch das TzBfG im zweiten Abschnitt eingeführten Förderungspflicht von Teilzeitarbeit.

- Eine besondere **Ausbildung** bzw. **Qualifikation**, wenn diese für die speziell geforderte Arbeit bedeutsam bzw. notwendig ist (EuGH 17.10.1989 – Rs. C-109/88 (Danfoss) – NZA 1990, 772).
- **Besondere Anforderungen der Arbeit** bzw. Arbeitserschwernisse (EuGH 31.5.1995 – Rs. C-400/93 (Royal Copenhagen) – BB 1995, 1484).
- **Belastung von Kleinunternehmern** (EuGH 30.11.1993 – Rs. C 189/91 (Kirsammer/Hack) – DB 1994, 50). Im Hinblick darauf, dass das AGG keine dem § 23 KSchG entsprechende Bereichsausnahme für Kleinbetriebe enthält und unionsrechtlich wirtschaftliche Belastungen keine Diskriminierung rechtfertigen, spielt diese Erwägung keine Rolle mehr bei der Benachteiligungsprüfung.
- **Geringere Berufserfahrung von Teilzeitbeschäftigten**, sofern diese nachweislich Auswirkungen auf Qualität bzw. Quantität der verrichteten Arbeit hat (EuGH 17.6.1998 – Rs. C-243/95 (Hill/Stapleton) EuGHE I 1998, 3739; s. auch zum Kriterium „Dienstalter" EuGH 7.2.1991 – Rs. C-184/89 (Nimz) – NJW 1991, 2207).
- **Honorierung der Betriebstreue** und Anerkennung der Berufserfahrung (EuGH 10.3.2005 – Rs. C-196/02 (Nikoloudi) – NZA 2005, 807). Dies gilt jedoch nur dann, wenn das erstrebte Ziel mit dieser Leistung auch tatsächlich erreicht werden kann.
- **Haushaltserwägungen** (EuGH 24.2.1994 – Rs. C-343/92 (Roks) – SozR 3-6083 Art. 4 Nr. 6) sind kein Rechtfertigungsgrund (EuGH 28.1.2015 – Rs. C-417/13 (Starjakob)).
- **Zeitaufstieg** im BAT und Freizügigkeitsgebot (EuGH 15.1.1998 – Rs. C-15/96 (Schöning-Kougebetopoulou) – NZA 1998, 205).

142 **Vergütungsabsenkung** aus beschäftigungspolitischen Gründen (etwa Vermeidung von Auslagerungsmaßnahmen) kann nach der Auffassung des BAG Rechtfertigungsgrund sein (zur Berufsgruppeneinführung beim Diakonischen Werk die Entscheidung BAG 26.1.2005 – 4 AZR 171/03 – NZA 2005, 1059: Rechtfertigung soll die **Beschäftigungssicherung** durch Senkung der Vergütung auf das in der Privatwirtschaft übliche Niveau sein). Zweifelhaft ist, ob dieser Sachgrund tragfähig ist, wenn die Outsourcinggefahr ihrerseits auf diskriminierenden Gründen beruht. Soweit sich der EuGH mit diesem Argument zu befassen hatte, hat er klargestellt, dass allein die **Behauptung der beschäftigungspolitischen Eignung** einer Maßnahme nicht ausreichend ist, sondern die Diskriminierungsfreiheit der Zielsetzung im Einzelnen darzulegen ist (EuGH 20.3.2003 – Rs. C-187/00 (Kutz-Bauer) – NZA 2003, 506; BAG 27.4.2004 – 9 AZR 18/03 – NZA 2005, 821). Die Eignung beschäftigungspolitischer Erwägungen als Rechtfertigungsgrund für Entgeltbenachteiligungen ist auch deshalb **kritisch** zu beurteilen, weil derartige Überlegungen häufig auf gering abgesicherten Perspektivannahmen beruhen (insgesamt zu dieser Problematik zu Recht kritisch: EuGH 9.9.1999 – Rs. C-281/97 (Krüger) – EuGHE I 1999, 5127). Grundsätzlich verlangt der EuGH in diesem Zusammenhang zu Recht ein **wesentliches unternehmerisches Bedürfnis** als rechtfertigenden Differenzierungsgrund (Schlachter, Rn. 49). Allgemeine gruppenbezogene Bewertungen wie unterschiedliche „Arbeitsmotivation" oder „Betriebsbindung" rei-

chen zur Begründung des erforderlichen wesentlichen Bedürfnisses nicht aus (Schlachter, Rn. 49).

Auch wenn aufgrund der wirtschaftlichen Lage des Unternehmens etwa im Zusammenhang mit **Beschäftigungssicherungsmaßnahmen** Entgeltsenkungen vereinbart werden, haben diese grundsätzlich den **Diskriminierungsschutz** zu beachten. Dies gilt auch für entsprechende tarifliche Regelungen.

Allgemein zur Begründung von Budget-Begrenzungen für die Entgeltbenachteiligung: Schiek-Schiek, § 3 Rn. 52, 53 mwN. Es ist selbstverständlich, dass das für die Rechtfertigung einer mittelbaren Benachteiligung nach § 3 Abs. 2 erforderliche **rechtmäßige Ziel** seinerseits nicht diskriminierend sein darf (Entgeltdifferenzierung zum Zwecke der Einschränkung von Doppelverdiener-Ehen: s. das Beispiel bei Däubler, Arbeitsrecht 2, S. 595).

143 Im Zusammenhang mit der Benachteiligung von Teilzeitbeschäftigten hatte sich die Rechtsprechung mit einer Vielzahl von potenziellen Diskriminierungstatbeständen zu befassen. Entschieden wurde etwa, dass Teilzeitbeschäftigte, die ihre bisherige Arbeitszeit verringern, ohne nach § 3 Abs. 1 TV ATZ einen Altersteilzeitarbeitsvertrag zu schließen, keinen Anspruch auf den tariflichen **Aufstockungsbetrag** haben. Die beschäftigungspolitischen Ziele des **Altersteilzeitgesetzes (Wiederbesetzung von Arbeitsplätzen)** rechtfertigten eine unterschiedliche Behandlung (BAG 20.8.2002 – 9 AZR 710/00 – DB 2003, 727). Bei der Rückkehr von Teilzeitbeschäftigten in die Vollzeitarbeit ist die Vergütung ohne Abschläge entsprechend wieder zu erhöhen (EuGH 17.6.1998 – Rs. C-243/95 (Hill/Stapleton) – EuGHE I 1998, 3739). Eine mittelbare Entgeltdiskriminierung liegt auch vor bei dem Ausschluss Teilzeitbeschäftigter aus dem Geltungsbereich eines Tarifvertrages (BAG 15.10.2003 – 4 AZR 606/02 – EzA § 4 TzBfG Nr. 7). Ein bei dem Ausscheiden aus dem Arbeitsverhältnis gewährtes Übergangsgeld fällt unter den Entgeltbegriff des Art. 157 AEUV. Der insoweit erfolgte tarifvertragliche Ausschluss von Teilzeitbeschäftigten erfüllt den Tatbestand der Entgeltdiskriminierung (EuGH 27.6.1990 – Rs. C-33/89 (Kowalska) – DB 1991, 100 ff.). Das Benachteiligungsverbot gilt auch zwischen verschiedenen Formen der Teilzeitbeschäftigung (zu § 4 Abs. 1 S. 1 TzBfG: BAG 25.4.2007 – 6 AZR 746/06 – DB 2007, 1596).

144 Auch die **tarifliche Vergütung von Leiharbeitnehmern** kann unter diskriminierungsrechtlichen Gesichtspunkten ganz neue Fragen aufwerfen. Frauen stellen 29 % aller Leiharbeitnehmer, Männer 71 % (vgl. Mitteilung der Bundesagentur für Arbeit vom Januar 2013 für das Jahr 2012). Die geringere Vergütung kann also eine mittelbare geschlechtsbezogene Diskriminierung darstellen. Wie die Rechtsprechung unter Geltung des zum 1.4.2017 reformierten AÜG urteilen wird, bleibt abzuwarten (vgl. zur vorherigen Rechtslage Voraufl. Rn. 116 ff.).

145 Das Verbot der geschlechtsspezifischen Entgeltdiskriminierung erlaubt nicht, eine **Dienstzeitanrechnung** im Rahmen der Aufstiegsmodalitäten eines Vergütungssystems bei Teilzeitbeschäftigten nur anteilig vorzunehmen. Bei Fehlen besonderer Rechtfertigungsgründe hat die Dienstzeitanrechnung so zu erfolgen wie bei Vollzeitbeschäftigten (EuGH 7.2.1991 –

Rs. C-184/89 (Nimz) – NJW 1991, 2207). Derartige Rechtfertigungsgründe wären zu messen an § 3 Abs. 2. Es müsste zumindest plausibel dargelegt werden, dass die Steigerung der für die Tätigkeit erforderlichen Fachkenntnisse mit der tatsächlichen Beschäftigungszeit einhergeht. Die differenzierende Anrechnung fiktiver anderer Dienst- oder Berufszeiten wäre jedoch diskriminierungsfrei nicht möglich. Insoweit setzt das Diskriminierungsverbot des AGG auch **einzelvertraglichen** Anrechnungsvereinbarungen Grenzen. Ein Arbeitgeber könnte individualrechtlich nicht vereinbaren, dass nur für Männer oder nur für deutsche Arbeitnehmer bestimmte anderweitige Berufszeiten vergütungserhöhend angerechnet werden.

146 Ebenso unzulässig ist unter diskriminierungsrechtlichen Gesichtspunkten eine differenzierende Anrechnung von **inländischen** bzw. **ausländischen Berufszeiten**. Hier könnten Merkmalsträger unter dem Gesichtspunkt der **ethnischen Herkunft** bzw. **Rasse** diskriminiert werden (vgl. zur Anrechnung früherer Beschäftigungszeiten in der öffentlichen Verwaltung anderer Mitgliedstaaten: EuGH 23.2.1994 – Rs. C-419/92 (Scholz) – NJW 1995, 39). Der EuGH hat in diesen Fällen jeweils eine mittelbare Diskriminierung wegen der Staatsangehörigkeit bejaht. Im Hinblick auf die ethnozentrische Ausrichtung des deutschen Staatsangehörigkeitsrechts wird in der Regel ebenso die Betroffenheit nach den Merkmalen ethnische Herkunft oder Rasse gegeben sein (dazu Däubler-Schiek, Einl. Rn. 429). Dasselbe gilt auch dann, wenn die Anforderungen an die entsprechenden bei ausländischen Arbeitgebern verbrachten Zeiten qualitativ und/oder quantitativ nachteilig gegenüber inländischen vergleichbaren Tätigkeitszeiten differieren (EuGH 30.11.2000 – Rs. C-195/98 (Österreichischer Gewerkschaftsbund) – AP Art. 39 EG Nr. 10).

c) Diskriminierung wegen des Alters

147 Bezogen auf das verpönte Merkmal Alter sind überwiegend **unmittelbare Benachteiligungen** denkbar, deren mögliche Rechtfertigung sich aus den §§ 8, 10 ergeben könnte. Bereits frühzeitig hatte das BAG eine Tarifbestimmung beanstandet, nach der bei einer Weiterarbeit nach Vollendung des 65. Lebensjahres die Hälfte der **Sozialversicherungsrente** auf die Vergütung angerechnet werden sollte (BAG 14.7.1961 – 1 AZR 154/60 – DB 1961, 1167). Diese Regelung stellt jetzt einen Fall der unmittelbaren altersbedingten Entgeltdiskriminierung dar.

148 Die Nichtberücksichtigung von „Vorarbeitszeiten" in der Aktivphase eines **Altersteilzeitarbeitsverhältnisses** im Blockmodell als Voraussetzung für einen Bewährungsaufstieg stellt keine unzulässige Benachteiligung wegen des Alters dar (BAG 4.5.2010 – 9 AZR 184/09 – NZA 2011, 644–651). Die Tarifvertragsparteien sind berechtigt, den Bewährungsaufstieg zeitlich von der Ableistung einer bestimmten an Jahren gemessenen Zeit abhängig zu machen und sich nicht an einer bestimmten Zahl von Arbeitsstunden, die auch in einem kürzeren Zeitabschnitt abzuleisten wären, zu orientieren. Mit der zunehmenden Zeitdauer wächst erfahrungsgemäß auch die Befähigung des Arbeitnehmers zur kontinuierlichen Leistungserbringung. Die Berücksichtigung der vorzeitigen Möglichkeit zur Inanspruchnahme von Altersrente wegen Schwerbehinderung bei der Befristung eines Altersteilzeit-

arbeitsverhältnisses im Blockmodell stellt eine unzulässige Ungleichbehandlung gegenüber nicht schwerbehinderten Arbeitnehmern dar (BAG 12.11.2013 – 9 AZR 484/12).

149 **Tarifliche Lohnabschlagsklauseln**, die für jüngere Arbeitnehmer im Rahmen bestimmter Altersstufen prozentuale Lohnminderungen trotz Ausübung gleicher bzw. gleichwertiger Tätigkeiten vorsehen (vgl. § 2 TV zur Regelung der Löhne im Bauten- und Eisenschutzgewerbe vom 19.4.2000), sind wegen unmittelbarer Altersdiskriminierung **unzulässig** (so zutreffend auch Bertelsmann, ZESAR 2005, 242, 245). Die Rechtsprechung wird sich in diesem Zusammenhang mit der Frage zu beschäftigen haben, inwieweit eine derartige Tarifpraxis unter dem Gesichtspunkt der beruflichen Eingliederung von Jugendlichen gemäß § 10 Nr. 1 gerechtfertigt werden kann. Das VG Berlin hat zu einer vergleichbaren Problematik (altersabhängiges Grundgehalt eines Beamten bei Begründung des Beamtenverhältnissses) den EuGH im Hinblick auf die Prüfung einer möglichen Altersdiskriminierung angerufen (VG Berlin 13.11.2012 – 7 K 323.12). Insgesamt sind **Einstiegstarife** unter dem Gesichtspunkt der Altersdiskriminierung und Vergütungsabsenkungen etwa im Zusammenhang mit Leistungseinschränkungen unter dem der möglichen Diskriminierung Behinderter zu überprüfen (dazu Däubler-Winter, TVG § 1 Rn. 406).

150 Diskriminierungsrechtlich unzulässig sind weiter die allein an das **Lebensalter anknüpfenden Vergütungsstaffeln** unter Hinweis auf die angeblich mit steigendem Alter wachsende Lebenserfahrung (Linsenmaier, RdA 2003, Sonderbeilage 5, S. 22 ff.).

Die **altersstufenabhängige Vergütungsregelung** des BAT diskriminiert jüngere Beschäftigte (EuGH 8.9.2011 – Rs. C-297/10 (Hennings) – NZA 2011, 1100–1105). Der EuGH hat zwar grundsätzlich das Dienstalter als Honorierungskriterium wegen der damit regelmäßig verbundenen erhöhten Berufserfahrung anerkannt (EuGH 3.10.2006 – Rs. C-17/05 (Cadman) – NZA 2006, 1205; EuGH 17.10.1998 – Rs. C-109/88 (Danfoss) – NZA 1999, 772), zuletzt jedoch Zweifel geäußert an der Eignung dieses Kriteriums (EuGH 18.6.2009 – Rs. C-88/08 (Hütter) – NZA 2009, 891–894; vgl. auch VG Halle 28.9.2011 – 5 A 72/10 HAL). Dem Arbeitnehmer bleibt es unbenommen, erhebliche Zweifel an der Eignung dieses Kriteriums im konkreten Fall darzulegen und zu beweisen (vgl. Schiek-Schiek, § 3 Rn. 51; Kamanabrou, S. 141, 142). Erst jüngst hat der EuGH (EuGH 21.12.2016 – Rs.C-539/15 (Bowman)) zur Zulässigkeit differenzierter Anrechnungen von Dienstzeiten einer tariflichen Gehaltsstaffelung (hierzu auch Hartmann, EuZA 2017, 153) entschieden, dass diese weder unmittelbare, noch mittelbare Diskriminierungen darstellen.

Der konkrete Rückgriff auf die „**Berufserfahrung**“ rechtfertigt grundsätzlich eine unterschiedliche Eingruppierung (EuGH 7.6.2012 – Rs. C-132/11 (Tyrolaen Airways) – NZA 2012, 742–743). Eine mittelbare Altersdiskriminierung erscheint hier aber denkbar im Hinblick darauf, dass nach der strittigen Vergütungsbestimmung Berufserfahrung, die bei einem anderen Konzernunternehmen erworben wurde, nicht berücksichtigt wird.

Zweifelhaft ist, ob steigendem **Dienstalter** regelmäßig auch eine Steigerung der beruflichen Erfahrung und dieser wiederum eine bessere Arbeitsleistung entspricht (vgl. auch Waltermann, NZA 2005, 1265). Eine **pauschale Feststellung** in obigem Sinne unabhängig von der jeweiligen Schwierigkeit der auszuführenden Tätigkeiten ist allerdings bedenklich (dazu Linsenmaier, RdA 2003, Sonderbeilage 5, S. 29). Bei einfachen Arbeiten können Entgeltdifferenzierungen, die allein auf die Beschäftigungs- oder Berufszeit abstellen, eine mittelbare Altersdiskriminierung darstellen. Anders kann dies bei Tätigkeiten mit einem höheren Anforderungsprofil aussehen. Tarifliche oder sonstige kollektive Altersregelungen im Vergütungsbereich rechtfertigen jedenfalls grundsätzlich Entgeltunterschiede nur dann, wenn sie für die auszuführende Tätigkeit tatsächlich von Bedeutung sind.

Eine konkrete Prüfung einer am Dienstalter oder der Betriebszugehörigkeit orientierten Vergütungsregelung ist unerlässlich, da in der Regel auch der Tatbestand der geschlechtsbezogenen Entgeltbenachteiligung vorliegen wird. Die durchschnittliche Betriebszugehörigkeit bei Frauen liegt in Deutschland um ca. ein Drittel niedriger als die bei männlichen Arbeitnehmern. Deshalb erscheint auch die Auffassung problematisch, der an der Betriebszugehörigkeit orientierte Stufenaufstieg in einem Vergütungssystem sei auch durch das Interesse des Arbeitgebers gerechtfertigt, Arbeitnehmer langfristig an sich zu binden, um eine Stärkung der corporate-identity zu erreichen (so Bauer/Krieger, § 10 Rn. 30; Lingemann/Gotham, NZA 2007, 663; Wulfers/Hecht, ZTR 2007, 480).

151 Tarifliche **Übergangsvorschriften** (zB vom BAT zum TVöD) unter befristeter Aufrechterhaltung der bestehenden diskriminierenden Ungleichbehandlung sind für einen überschaubaren Zeitraum zu akzeptieren (EuGH 8.9.2011 – Rs. C-297/10 (Hennings) – NZA 2011, 1100–1105; ebenso LAG Schleswig-Holstein 12.7.2012 – 4 Sa 90/12 – EzA SD 2012, Nr. 17, 13, welches einen Übergangszeitraum von drei Jahren für zulässig hält). Die dauerhafte Aufrechterhaltung einer diskriminierenden Ungleichbehandlung ist auch unter Harmonisierungs- oder Besitzstandsgesichtspunkten nicht zulässig (EuGH 1.3.2011 – Rs. C-236/09 (Association belge des Consommateurs Test-Achats) – NJW 2011, 907–909).

Als einzig mögliche Rechtsfolge zur Beseitigung der Diskriminierung besteht ein **„Anpassungsanspruch nach oben"** (Gleichstellung mit den Meistbegünstigten, BAG 10.11.2011 – 6 AZR 148/09 – NZA 2012, 161). Ein Rückgriff auf die Eingangsstufe des Vergütungssystems als übliche Vergütung iSv § 612 BGB beseitigt die Diskriminierungsfolgen nicht und im Übrigen steht einer rückwirkenden verschlechternden Abänderung der Vertrauensschutz entgegen. Bei einer altersdiskriminierenden Entgeltstaffel sind alle Stufen bis auf die höchste Stufe benachteiligend (BAG 10.11.2011 – 6 AZR 148/09 – NZA 2012, 161).

Diese Rechtsprechung hat Kritik erfahren: Gerügt wird eine Verletzung der Tarifautonomie nach Art. 9 Abs. 3 GG. Zu berücksichtigen seien das numerische Verhältnis zwischen begünstigten und benachteiligten Arbeitnehmern sowie die finanzielle Belastung des Arbeitgebers (vgl. Bauer/Krieger, FS Klaus Bepler, S. 1–14; vgl. auch Löwisch, Anm. zu BAG 10.11.2011 – 6 AZR 148/09 – NZA 2012, 161). Diese Kritik berücksichtigt nicht die

Absicht des Gesetzgebers, grundsätzlich Diskriminierungen spürbar zu sanktionieren und nicht die jeweils „mildeste" Lösung für den Verursacher zu suchen. Auch auf die finanzielle Belastung des Arbeitgebers kann es in diesem Zusammenhang deshalb nicht ankommen.

Die **Anpassungspflicht** endet mit der Ablösung durch ein diskriminierungsfreies Entgeltsystem (BAG 8.12.2011 – 6 AZR 319/09 – NZA 2012, 275–280).

152 Fraglich ist, ob, und wenn ja, in welchem Umfang das Verbot der Altersdiskriminierung Einfluss auf die im Rahmen von **Sozialplänen** vereinbarten altersabhängigen **Abfindungsregelungen** hat. Die Rechtsprechung erkennt einerseits die erhöhte Schutzbedürftigkeit und andererseits die Möglichkeit der Inanspruchnahme vorgezogenen Altersruhegeldes selbst bei Rentenminderung in der einen oder anderen Richtung als sachliche Differenzierungsgründe an (BAG 26.6.1990 – 1 AZR 263/88 – BAGE 65, 199 ff.; BAG 25.7.1988 – 1 AZR 156/87 – AP § 112 BetrVG 1972 Nr. 45). Maßgeblich für die gerichtliche Kontrollpraxis ist **§ 10 Nr. 6**. Wesentliche Berücksichtigung sollen danach einerseits die altersabhängigen Chancen auf dem Arbeitsmarkt und andererseits die wirtschaftliche Absicherung auch unter Einbeziehung eines möglichen Rentenbezugs finden. Das BAG hat in verschiedenen Entscheidungen die Zulässigkeit der Bildung von Altersgruppen zur **Abfindungsberechnung** in Sozialplänen akzeptiert. Voraussetzung ist allerdings immer, dass die Regelung geeignet ist, das verfolgte Ziel einer differenzierenden Berücksichtigung altersbedingter Nachteile zu erreichen (BAG 12.4.2011 – 1 AZR 764/09 – NZA 2011, 988–989; BAG 23.3.2010 – 1 AZR 823/08 – NZA 2010, 774–777; BAG 26.5.2009 – 1 AZR 198/08 – NZA 2009, 849–855). Es ist ebenfalls nicht zu beanstanden, bei Abfindungsberechnungen für ältere Mitarbeiter die Möglichkeit **vorzeitigen Rentenbezugs** (auch mit Abschlägen) zu berücksichtigen. Dies gilt allerdings dann nicht, wenn die Möglichkeit vorzeitigen Rentenbezugs auf der Schwerbehinderteneigenschaft beruht (EuGH 6.12.2012 – Rs. C-152/11 (Odar) – NZA 2012, 1435–1440), da dies wiederum eine Diskriminierung wegen einer **Behinderung** darstellt.

153 Erhebliche Bedenken ergeben sich unter dem Gesichtspunkt der Diskriminierung jüngerer Arbeitnehmer bei den einschlägigen **beamtenrechtlichen Besoldungsvorschriften** (§§ 27, 28 BBesG). Nähere Einzelheiten zur Altersdiskriminierung siehe die Kommentierung zum Merkmal **Alter** in § 10 sowie zum **öffentlichen Dienst** grundsätzlich in § 24.

d) Diskriminierung wegen ethnischer Herkunft oder Rasse

154 Eine **unmittelbare Entgeltbenachteiligung** ist bei den Merkmalen ethnische Herkunft oder Rasse eher unwahrscheinlich, da die fehlende Rechtfertigungsmöglichkeit offensichtlich ist. Durchaus denkbar sind in diesem Zusammenhang jedoch **mittelbare Benachteiligungen** wie etwa die Regelung im Tarifvertrag für den Erwerbsgartenbau in Baden-Württemberg, die eine zehnprozentige **Verdienstkürzung für sprachunkundige Arbeitnehmer** im ersten Jahr nach der Einstellung zulässt. Es ist nicht erkennbar, welches rechtmäßige Ziel iSd § 3 mit einer Sprachqualifizierung im Gartenbau verfolgt werden soll, und noch viel weniger ist ersichtlich, dass eine Entgelt-

minderung insoweit ein angemessenes und erforderliches Mittel sein könnte. Davon betroffen wären in erster Linie Merkmalsträger im hier erörterten Sinne. Grundsätzlich werden allgemeine und spezielle Eingruppierungsvoraussetzungen in Tarifverträgen zu prüfen sein. Das gilt nicht nur für das Erfordernis deutscher Sprachkenntnisse, sondern betrifft alle höheren Qualifikationsanforderungen für bestimmte Stellen. Generell sinken die Zutrittschancen für Merkmalsträger im Sinne dieses Abschnitts bei entsprechend **anspruchsvoll formulierten Stellenprofilen**. Diskriminierungsrechtlichen Bedenken begegnet etwa eine tarifliche Vergütungsordnung, die zwischen gering qualifizierten und durchschnittlich qualifizierten Tätigkeiten unterscheidet, wobei Bürohilfstätigkeiten zu Letzteren gehören sollen. Diese setzen in der Regel gewisse Deutschkenntnisse voraus, was zu einer Benachteiligung von Personen mit Migrationshintergrund führen könnte (Beispiel bei Busch, S. 107). Diskriminierungsrechtlich wird dies Bedeutung gewinnen, wenn Stellenprofil und tatsächliche Funktion einschließlich der dafür erforderlichen Kenntnisse und Qualifikationen nicht nur unerheblich differieren. Insbesondere werden Begriffe wie **„Führungsfähigkeit“** und **„Übernahme von Verantwortung“** genauer zu untersuchen sein im Hinblick auf die Frage, ob diese Fähigkeiten, die in der Regel mit entsprechenden Sprachkenntnissen verknüpft werden, wirklich für die jeweilige Tätigkeit erforderlich sind.

155 Dasselbe gilt, wenn bestimmte im Ausland erbrachte Tätigkeiten bei der Eingruppierung geringere (oder keine) Berücksichtigung finden, während dies bei inländischen Berufsjahren sehr wohl der Fall ist. Die Rechtsprechung wird weiter über die Frage entscheiden müssen, inwieweit die **Nichtberücksichtigung ausländischer Prüfungen** trotz vergleichbarer Inhalte (zB mit dem Abitur) sich mit dem Verbot der Diskriminierung wegen ethnischer Zugehörigkeit vereinbaren lässt.

e) Diskriminierung wegen Religion oder Weltanschauung

156 Zur unmittelbaren Benachteiligung wegen dieser Merkmale gilt das unter → Rn. 154 f. Gesagte. Die Merkmale Religion und ethnische Herkunft werden häufig zusammen vorliegen, so dass es bei Benachteiligungstatbeständen zu diskriminierungsrechtlichen Schnittmengen kommen wird. An diese Merkmale anknüpfende unmittelbare Benachteiligungen bei der **Grundvergütung** sind bislang nicht bekannt und dürften auch in Zukunft kaum denkbar sein. Dies gilt in jedem Fall für **kollektive** und damit in der Regel tarifliche **Vergütungssysteme**. Diese könnten dann gegen das Entgeltdiskriminierungsverbot des AGG verstoßen, wenn sie als **Eingruppierungsvoraussetzung** die Wahrnehmung von Tätigkeiten voraussetzen würden, die von bestimmten Personen typischerweise wegen ihrer Religion nicht übernommen werden könnten (zB das Schlachten von Schweinen durch strenggläubige Muslime). Das wäre aber wohl eher eine Problematik, die im Zusammenhang mit der Begründung des Arbeitsverhältnisses unter dem Gesichtspunkt der Eignung zu erörtern wäre.

f) Diskriminierung wegen Behinderung

157 Insbesondere in Vergütungssystemen bezogen auf **variable Entgeltbestandteile** kann Diskriminierungspotenzial enthalten sein. **Zielvereinbarungsre-**

gelungen sind unter dem Gesichtspunkt zu untersuchen, welche Auswirkungen eine länger dauernde Arbeitsunfähigkeit, die die Behinderungsdefinition des § 2 SGB IX erfüllt, auf den persönlichen Zielerreichungsgrad hat. Grundsätzlich müssen Zielerreichungskriterien auch von Behinderten erfüllbar sein.

Dabei ist das Diskriminierungsverbot nicht auf Personen beschränkt, die selbst behindert sind. Entscheidend für den Umfang möglicher Sanktionen sind die in der RL 2000/78/EG genannten Diskriminierungskriterien, nicht ein bestimmter Personenkreis (EuGH 17.7.2008 – Rs. C-303/06 (Coleman-Hettridge-Law) – NZA 2008, 923–936). Eine unmittelbare Diskriminierung liegt deshalb auch dann vor, wenn ein Arbeitnehmer wegen der **Behinderung seines Kindes** benachteiligt wird, für das er im Wesentlichen die **Pflegeleistungen** erbringt (kritisch dazu Schlachter, RdA 2010, 104–109).

158 Es verstößt gegen das Verbot der unmittelbaren Diskriminierung, bei der Neueinstellung behinderter Arbeitnehmern nur eine auf 80 % herabgesenkte Vergütung zu zahlen, während nicht behinderte Arbeitnehmer 100 % bekommen. Dies gilt auch dann, wenn das Arbeitsverhältnis mit den behinderten Arbeitnehmern im Rahmen eines Inklusionsbetriebs iSv § 215 ff. SGB IX durchgeführt wird (BAG 21.6.2011 – 9 AZR 226/10 – BehindertenR 2012, 65–68). Entscheidend ist allein der diskriminierungsfrei zu ermittelnde Arbeitswert.

g) Diskriminierung wegen sexueller Identität

159 Im Bereich der Grundvergütung sind unmittelbare und auch mittelbare Benachteiligungen bislang nicht Gegenstand gerichtlicher Auseinandersetzungen gewesen und eigentlich auch nicht denkbar. Insoweit liegt bislang die diskriminierungsrechtliche Problematik im Bereich der Zulagen und Zuschläge, soweit die Anspruchsvoraussetzungen an bestimmte **Personenstandsformen** (Ehe) anknüpfen. Näheres dazu unter → Rn. 160 ff.

6. Diskriminierung bei Sonderzahlungen, Zulagen und Zuschlägen

160 Auch Sonderzahlungen sowie Zulagen (zB Erschwernis- oder Leistungszulagen) unterliegen ebenso wie Zuschläge (zB für Mehrarbeit) dem **Verbot der Entgeltdiskriminierung**. Dabei steht es dem Arbeitgeber, den Tarifvertragsparteien oder den Betriebsparteien grundsätzlich frei festzulegen, ob zusätzliche Zahlungen erfolgen sollen, welche finanzielle Ausstattung sie haben sollen und welche Zwecke im Einzelnen damit verfolgt werden. Aus der Zweckbestimmung ergibt sich in der Regel auch der Adressatenkreis. Sie können also alle wesentlichen Voraussetzungen für derartige Leistungen autonom festlegen (BAG 10.5.1995 – 10 AZR 650/94 – AP § 611 BGB Gratifikation Nr. 171 zur Festlegung anspruchsausschließender bzw. anspruchsmindernder Zeiten). Den Tarifvertragsparteien ist von der Rechtsprechung eine weitgehende **Einschätzungsprärogative** zugebilligt worden. Die Tarifvertragsparteien sind allerdings nicht völlig frei in der Normsetzung. Als gesetzliche Grenze wird zusätzlich das AGG zu beachten sein, wobei sich die diskriminierungsrechtliche Fragestellung in der Regel auf die unter Berücksichtigung der autonomen Zwecksetzung zu treffende Definition des Kreises der Anspruchsberechtigten beziehen wird. So dürfen

sich etwa **Leistungskriterien** nicht auf unterschiedliche Leistungsfähigkeit, sondern nur auf die tatsächlich erbrachte Leistung beziehen (EuGH 26.6.2001 – Rs. C-381/99 (Brunnhofer) – NZA 2001, 883), woraus sich die Konsequenz ergibt, dass eine solche Zulage nicht nur Beschäftigten anzubieten ist, die für leistungsfähig gehalten werden, sondern zunächst allen Arbeitnehmern. Die tatsächliche Zahlung hängt dann von der erbrachten Leistung ab. Die Stichtagsregelung in § 20 Abs. 1 TVöD, wonach nur Beschäftigte, die am 1.12. eines Kalenderjahres im Arbeitsverhältnis stehen, einen Anspruch auf eine Jahressonderzahlung haben, enthält keine mittelbare Altersdiskriminierung (BAG 12.12.2012 – 10 AZR 718/11).

a) Diskriminierung wegen des Geschlechts

161 Insbesondere mit der Festlegung **anspruchsbegründender Voraussetzungen** für die Leistung von – auch freiwilligen – Sonderzahlungen hat sich die Rechtsprechung schon verschiedentlich beschäftigen müssen. So ist es nach der Auffassung des EuGH zulässig, bei der Gewährung einer freiwillig gezahlten Weihnachtsgratifikation, die auf tatsächliche Beschäftigungszeiten im Referenzzeitraum abstellt, die **Elternzeit** leistungsmindernd zu berücksichtigen (EuGH 21.10.1999 – Rs. C-333/97 (Lewen) – AP Art. 119 EWG-Vertrag Nr. 14; so auch das BAG zur Bewährungszeit für die Zulage gem. § 23 a Nr. 4 BAT: BAG 18.6.1997 – 4 AZR 647/95 – NZA 1998, 267). Soweit der EuGH in dieser Entscheidung eine geschlechtsspezifische Benachteiligung mit der Begründung verneint, Arbeitnehmer in der Elternzeit seien mit anderen Arbeitnehmern nicht zu vergleichen, ist dies wenig überzeugend. Unter der Geltung des AGG dürften diese Fälle eher nach Maßgabe des **Rechtfertigungsgebotes gemäß § 3 Abs. 2** zu entscheiden sein. Insoweit könnte die Zielsetzung von Bedeutung sein, bei der Gratifikation nur Zeiten des aktiven Arbeitsverhältnisses zu berücksichtigen. Im Unterschied zu Mutterschutzzeiten, die aktiven Beschäftigungszeiten insoweit gleichgestellt werden, könnten dann diskriminierungsfrei **Zeiten des ruhenden Arbeitsverhältnisses anspruchsmindernd** wirken. Ungeklärt ist etwa auch die Frage, ob Betreuungszeiten für erkrankte Kinder anspruchsmindernd bei freiwilligen Zulagen berücksichtigt werden können.

162 Das BAG hat den Anspruch einer angestellten Lehrerin auf Abschluss eines „beamtenähnlichen" Arbeitsvertrages mit entsprechenden Versorgungs- und Beihilfeleistungen, Reise- und Umzugskostenerstattung im Hinblick darauf bejaht, dass derartige Verträge mit männlichen angestellten Lehrkräften abgeschlossen wurden und deshalb der Tatbestand der geschlechtsbezogenen Benachteiligung verwirklicht sei (BAG 14.8.2007 – 9 AZR 943/06 – NZA aktuell, 16/2007).

163 Anderes muss bei **Sonderzahlungen mit Mischcharakter** gelten, die nicht nur anknüpfen an tatsächlich geleistete Arbeit im Referenzzeitraum, sondern gleichzeitig abstellen auf **vergangene und zukünftige Betriebstreue** (BAG 15.4.2003 – 9 AZR 137/02 – NZA 2004, 47). Diese kann auch während der Elternzeit erbracht werden. Im Einzelfall ist zu prüfen, welcher Zweck im Vordergrund der Leistung steht (dazu Däubler-Winter, TVG § 1 Rn. 457 mwN auch zur Tarifpraxis), unter Umständen besteht jedenfalls ein anteiliger Anspruch. Sind eindeutige Feststellungen im Hin-

blick auf die Formulierung der entsprechenden Regelung nicht möglich, gilt die **Unklarheitenregel** zulasten des Arbeitgebers.

Das LAG Rheinland-Pfalz (22.2.2007 – 4 Sa 791/06 – ZTR 2007, 501 ff.) hat entschieden, dass der kinderbezogene Anteil des Ortszuschlages als Besitzstandszulage nach § 11 TVÜ VKA auch dann zu zahlen ist, wenn im Berechnungsmonat das Arbeitsverhältnis wegen Elternzeit geruht hatte (aA LAG Köln 30.11.2006 – 5 Sa 973/06). Zu Recht weist das LAG Rheinland-Pfalz ausdrücklich darauf hin, dass ein rechtfertigender Grund für die Nichtberücksichtigung von Elternzeiten nur dann gegeben wäre, wenn die Zulage an das aktive Beschäftigungsverhältnis anknüpfen würde.

164 Auch bei **Jubiläumszahlungen** liegt die Zielrichtung in der Regel in der Honorierung der Betriebstreue (zB die Abstellung auf die vollendete Dienstzeit in § 39 BAT), was dazu führt, dass auch Zeiten des ruhenden Arbeitsverhältnisses (Elternzeit) zu berücksichtigen sind (BAG 5.4.2000 – 10 AZR 178/99 – AP § 39 BAT Nr. 2).

165 Kein Fall der mittelbaren Entgeltdiskriminierung sollte nach einer älteren Entscheidung des BAG bei einer **stichtagsbezogenen Berechnung einer Zuwendung** vorliegen (hier: Zuwendungs-TV für Angestellte vom 12.10.1973), da sie keine zusätzliche Vergütung für im Abrechnungszeitraum erfolgte Arbeitsleistung darstelle (BAG 18.9.1999 – 10 AZR 424/98 – AP §§ 22, 23 BAT Nr. 22). Diese Auffassung bedarf der Überprüfung im Hinblick auf ein mögliches Diskriminierungspotenzial, da auch hier der Gesichtspunkt der Honorierung von Betriebstreue im Vordergrund steht und die abstrakte Festsetzung von anspruchsbegründenden Voraussetzungen (hier: Stichtag) im Hinblick auf das Merkmal „Alter" besonders kritisch zu würdigen ist (EuGH 22.11.2005 – Rs. C-144/04 (Mangold) – DB 2005, 2638). Das LAG Köln hat in einer – nicht rechtskräftigen – Entscheidung eine **Stichtagsregelung** in einer Übergangsversorgungsbestimmung wegen mittelbarer Altersdiskriminierung für unwirksam erachtet (LAG Köln 8.5.2012 – 12 Sa 692/11 – AE 2013, 24–25). Grundsätzlich gilt auch hier, dass Stichtagsregelungen für Sonderzuwendungen ebenso wie solche in Sozialplänen an § 3 Abs. 2 zu messen sind (BAG 23.3.2011 – 10 AZR 701/09 – ZTR 2011, 555–557).

166 Ein einheitlicher **Kürzungsbetrag für Zulagen** im **Verhältnis von Teilzeit- zu Vollzeitbeschäftigten** ist unzulässig. Diskriminierungsfrei wäre lediglich eine quotale Kürzung (BAG 24.5.2000 – 10 AZR 629/99 – EzA § 611 BGB Gratifikation/Prämien Nr. 159). Nach der Auffassung des BAG ist die für Teilzeitbeschäftigte anteilige Quotierung der Beihilfe gemäß § 40 BAT zulässig, da es sich nach der Neufassung dieser Vorschrift dabei um einen Vergütungszuschuss handelt und deshalb die Beihilfe nicht mehr der Deckung des vollen Bedarfs diene (BAG 19.2.1998 – 6 AZR 460/96 – AP § 40 BAT Nr. 12). Der Ausschluss von Teilzeitbeschäftigten vom Bezug eines pauschalen Essensgeldzuschusses ist unzulässig, wenn alle diejenigen den Zuschuss erhalten, die typischerweise in der Mittagszeit essen, sofern dies auf Teilzeitbeschäftigte ebenfalls zutrifft (BAG 26.9.2001 – 10 AZR 714/00 – AP § 4 TzBfG Nr. 1).

167 Das Ziel der **Förderung geringfügiger Beschäftigung** (überwiegend von Frauen wahrgenommen: 60 % Frauen, 40 % Männer, IV. Quartalsbericht Aktuelle Entwicklungen im Bereich der geringfügigen Beschäftigung der Minijob Zentrale, S. 10) rechtfertigt nicht den Ausschluss derartig Beschäftigter von tariflichen **Sonderzuwendungen** (EuGH 9.9.1999 – Rs. C-281/97 (Krüger) – EuGHE I 1999, 5127). Gerechtfertigt sein soll allerdings der Ausschluss dieser Personen aus der **Sozialversicherungspflicht** (EuGH 14.12.1995 – Rs. C-317/93 (Nolte) – NJW 1996, 445), obwohl der bundesdeutsche Gesetzgeber nunmehr die Versicherungspflicht in der Rentenversicherung eingeführt hat. Begründet wurde diese Differenzierung damit, dass die Sozialversicherungsfreiheit der geringfügig Beschäftigten einziges Mittel sei, der sozialen Nachfrage nach derartigen Beschäftigungsformen zu entsprechen und andererseits unerwünschte graue oder schwarze Arbeitsmärkte zu vermeiden. Diskriminierend ist eine Tarifregelung, die vorsieht, dass Zeiten geringfügiger Beschäftigung, die vor einem bestimmten Stichtag zurückgelegt wurden, nicht als Beschäftigungszeit im Sinne des Tarifvertrages gelten (BAG 25.4.2007 – 6 AZR 746/06 – DB 2007, 1596).

168 Teilzeitbeschäftigte dürfen nicht von **Spät- und Nachtarbeitszuschlägen** ausgeschlossen werden, sofern sie in dieser Zeit arbeiten (BAG 15.12.1998 – 3 AZR 239/97 – AP § 2 BeschFG 1985 Nr. 71). Eine tarifliche Regelung, die Spätarbeitszuschläge nach 17 Uhr für Teilzeitbeschäftigte nur dann vorsieht, wenn diese Wechselschicht geleistet haben, während dies für Vollzeitbeschäftigte nicht gilt, erfüllt den Tatbestand der mittelbaren Geschlechtsdiskriminierung (BAG 25.9.2003 – 10 AZR 675/02 – AP § 4 TzBfG Nr. 4). Umstritten ist die Berechnung der Wechselschichtzulage. Das LAG Bremen bejaht einen Anspruch auf Zahlung der vollen Wechselschichtzulage auch für Teilzeitbeschäftigte und nicht lediglich pro rata temporis (LAG Bremen 17.7.2007 – 1 Sa 118/07; so auch LAG Schleswig-Holstein 30.5.2007 – 5 Sa 59/07 – AuR 2007, 405; nur pro rata temporis: LAG Berlin-Brandenburg 21.10.2011 – 8 Sa 136/11 – ZTR 2012, 283; LAG Hamm 17.5.2011 – 12 Sa 348/11). Eine Regelung, nach der **Mehrarbeitsvergütung** erst nach einer bestimmten Zahl von zusätzlichen Arbeitsstunden geleistet und diese Zahl für Voll- und Teilzeitbeschäftigte nicht im Verhältnis der jeweiligen individuellen Wochenarbeitszeit, sondern **einheitlich** festgesetzt wird, ist **unzulässig** (EuGH 27.5.2004 – Rs. C-285/02 (Elstner) – NZA 2004, 783).

169 Es liegt nach der Rechtsprechung kein Fall der Entgeltdiskriminierung vor, wenn teilzeitbeschäftigte Arbeitskräfte für zusätzliche Arbeitsstunden **Zeitzuschläge** erst nach Überschreiten der **regelmäßigen Vollarbeitszeit** erhalten (EuGH 15.12.1994 – Rs. C-34/93 (Helmig) – DB 1995, 49; BAG 25.7.1996 – 6 AZR 138/94 – AP § 35 BAT Nr. 6; BAG 5.11.2003 – 5 AZR 8/03 – AP § 4 TzBfG Nr. 6). Begründet wird diese Auffassung damit, die Zahlung von Mehrarbeitszuschlägen diene dem diskriminierungsfreien Ziel des Schutzes der Beschäftigten vor übermäßiger zeitlicher Arbeitsbelastung. Die Gegenansicht bejaht den Tatbestand der Entgeltdiskriminierung mit der Begründung, der Beschäftigte büße planwidrig Verfügungsmöglichkeiten über seine Freizeit ein (Däubler, Das Arbeitsrecht, 10. Aufl., Bd. 2, S. 931 ff.; Schüren, ZTR 1992, 355 ff.). In jedem Fall sind nur solche Entgeltdifferenzierungen zulässig, die zur Erreichung eines an und für sich dis-

kriminierungsfreien Zwecks geeignet bzw. nach § 3 Abs. 2 erforderlich sind (EuGH 20.3.2003 – Rs. C-187/00 (Kutz-Bauer) – NZA 2003, 506; EuGH 11.9.2003 – Rs. C-77/02 (Steinicke) – EuGHE I 2003, 9027).

170 Dass die Zahlung von **Mehrarbeitszuschlägen** eine **gesundheitliche Schutzfunktion** vor entsprechender Überforderung haben soll, ist nicht recht nachvollziehbar im Hinblick auf den Umfang der Mehrarbeit in der Bundesrepublik. Dies gilt umso mehr, als es einheitliche Zeitstandards unterhalb der Grenzen des Arbeitszeitgesetzes, anhand derer Belastungskriterien feststellbar wären, gar nicht gibt, vielmehr die jeweiligen zuschlagsauslösenden Vollarbeitszeiten branchenspezifisch und je nach Tarifgebiet sehr unterschiedlich sind und etwa zehn Stunden unter der wöchentlichen gesetzlichen Höchstarbeitszeit liegen. Insoweit sind Mehrarbeitszuschläge jeweils nach Überschreiten der individuellen Arbeitszeit zu zahlen, um eine Vergütungsdiskriminierung wegen des Geschlechts zu vermeiden.

b) Diskriminierung wegen des Alters

171 Die Problematik von Lebensaltersstufen ist bei der Grundvergütung erörtert und wird auch bei der Merkmalskommentierung „Alter" behandelt. Die grundsätzlichen Bedenken rein altersabhängiger Entgeltfestsetzungen würden sich natürlich auch im Bereich der Zulagen und Sonderzahlungen ergeben, insbesondere falls entsprechende Regelungen **Leistungskomponenten** enthalten, was zu einer mittelbaren Benachteiligung älterer Mitarbeiter (und unter Umständen auch Behinderter) führen könnte und umgekehrt auch dann, wenn **altersbedingte Zuschläge** geregelt sind, was wiederum jüngere Arbeitnehmer nachteilig treffen würde.

c) Diskriminierung wegen ethnischer Herkunft oder Rasse

172 Bislang geht es auch hier im Wesentlichen um die **Voraussetzungen für den Erhalt** bzw. **die Rückzahlung** von Sonderzuwendungen. **Rückzahlungsregeln** etwa hinsichtlich gewährter Gratifikationen unterliegen nicht mehr lediglich einer Verhältnismäßigkeitsprüfung der damit beabsichtigten Bindungsdauer, sondern sind auch diskriminierungsrechtlich zu untersuchen. Eine tarifliche Regelung, die eine entsprechende Rückzahlungsverpflichtung lediglich im Fall des Wechsels in den öffentlichen Dienst eines anderen Mitgliedstaates vorsieht, nicht jedoch bei Wechsel zu einem anderen inländischen Arbeitgeber, der denselben Tarifvertrag anwendet, kann einen Fall der **Staatsangehörigkeitsdiskriminierung** und damit in Deutschland in der Regel auch eine Diskriminierung wegen **der ethnischen Zugehörigkeit** bzw. **Rasse** darstellen (BAG 23.6.2004 – 10 AZR 533/03 – NZA 2004, 1404). Das mit derartigen Bestimmungen verfolgte Ziel der Honorierung der Betriebstreue zu einem Arbeitgeber ist im Hinblick auf die Eignung der Entgeltdifferenzierung zu untersuchen. Der EuGH hat eine entsprechende Regelung daran scheitern lassen, dass diese eher die **Mobilität** von Arbeitnehmern innerhalb einer Gruppe rechtlich unabhängiger Arbeitgeber gefördert hat (EuGH 15.1.1998 – Rs. C-15/96 (Schöning-Kougebetopoulou) – NZA 1998, 205).

d) Diskriminierung wegen Religion oder Weltanschauung

173 Grundsätzlich gilt hier das Gleiche wie hinsichtlich einer möglichen Benachteiligung bei der Grundvergütung. Diskriminierungsrechtlich relevant könnten Zulagen sein, die für die Übernahme zusätzlicher Sonderaufgaben gezahlt werden, die von Mitarbeitern wegen ihrer religiösen Überzeugung oder aus weltanschaulichen Gründen nicht wahrgenommen werden können. Allerdings muss in solchen Fällen das Vorliegen einer Benachteiligung iSd § 7 gesondert geprüft werden. Sofern diese Aufgaben zum Kernbereich der ohnehin vom Arbeitnehmer zu erbringenden Hauptleistung gehören, stellt sich insoweit eher die Frage eines Leistungsverweigerungsrechts aus Gewissensgründen (BAG 24.5.1989 – 2 AZR 285/88 – NZA 1990, 144).

e) Diskriminierung wegen Behinderung

174 Sofern ein Vergütungssystem Zulagen für Tätigkeiten vorsieht, die typischerweise von Behinderten nicht wahrgenommen werden können, kann dies den Tatbestand der mittelbaren Entgeltdiskriminierung erfüllen. Hier ist zusätzlich die Pflicht des Arbeitgebers zu beachten, aktiv tätig zu werden, um durch Schaffung entsprechender Vorkehrungen mögliche Benachteiligungen zu vermeiden. Hier könnte das etwa dadurch geschehen, dass entweder den Behinderten zusätzliche Hilfsmittel zur Verfügung gestellt werden, oder aber dadurch, dass von vorneherein eine behindertengerechte Modifizierung der Anspruchsvoraussetzungen geschaffen wird. Dies wird auch von den Tarifvertragsparteien bei der diskriminierungsrechtlichen Kontrolle von Vergütungsregelungen einschließlich der Festsetzung von Anspruchsvoraussetzungen für Zulagen zu berücksichtigen sein.

f) Diskriminierung wegen sexueller Identität

175 Auch hier gilt zunächst, dass eine **unmittelbare Benachteiligung beim Entgelt** wegen dieses Merkmals grundsätzlich nicht gerechtfertigt ist. Noch 1998 hat der EuGH eine Diskriminierung bei der Verweigerung einer **Fahrtvergünstigung** für den gleichgeschlechtlichen Lebensgefährten verneint (EuGH 17.2.1998 – Rs. C-249/96 – NJW 1998, 969). Auch eine **Zulagendifferenzierung** zwischen verheirateten Beamten und solchen, die in einer **eingetragenen Lebenspartnerschaft** leben, war nach der Rechtsprechung des EuGH zulässig (EuGH 31.5.2001 – Rs. C-122 und 125/99 – NVwZ 2001, 1259). Beide Entscheidungen sind mit dem Benachteiligungsverbot des AGG **nicht mehr vereinbar.**

176 Das gilt auch für die Entscheidung des BVerwG betreffend die Zahlung des **Familienzuschlages an Beamte** mit dem besonderen Hinweis auf die Nr. 22 der Begründungserwägungen zur RL 2000/78/EG (BVerwG 26.1.2006 – 2 C 43/04 – NJW 2006, 1828). Soweit danach nationale Regelungen hinsichtlich personenstandsbezogener Leistungen unberührt bleiben, ist diese **Bereichsausnahme** unter der Geltung des AGG nicht mehr von Bedeutung. Das **Gesetz verbietet generell** die auch nur **mittelbare Diskriminierung wegen sexueller Identität** unabhängig davon, ob die Rechtsform einer eingetragenen Lebenspartnerschaft gewählt wird. Jede diesen geschützten Bereich berührende Differenzierung verstößt gegen das Benachteiligungsverbot des § 7 (so zutreffend Wisskirchen, DB 2006, 1495 zum Familienzu-

schlag). Anders wäre die Sache zu beurteilen, wenn es sich um direkt kinderbezogene Leistungen handeln würde.

177 Der BGH hat in einer Entscheidung (BGH 14.2.2007 – IV ZR 267/04 – ZTR 2007, 452) den Anspruch eines Mitgliedes einer eingetragenen Lebenspartnerschaft auf Zahlung der ehegattenbezogenen VBL-Hinterbliebenenrente abgelehnt mit der Begründung, es werde nicht an das Geschlecht, sondern an den Familienstand angeknüpft. Dies sei unter Berücksichtigung des Erwägungsgrundes 22 der RL 2000/78/EG zulässig. Im Übrigen handele es sich auch nicht um eine Benachteiligung der Mitglieder eingetragener Lebenspartnerschaften, sondern um eine Begünstigung von Verheirateten. Diese sei unter Berücksichtigung des verfassungsrechtlich geschützten Institutes **Ehe** (Art. 6 GG) zulässig. Ähnlich hat das LAG München entschieden, als es einen Anspruch auf Zahlung des Auslandszuschlages für verheiratete Angestellte gemäß § 55 Abs. 2 BBesG an Mitglieder einer eingetragenen Lebenspartnerschaft verneint hat (LAG München 10.5.2007 – 2 Sa 1253/06).

Diese Auffassung ist abzulehnen. Tatsächlich ist auch das Argument, es werde an den Familienstand und nicht an die sexuelle Orientierung angeknüpft, unzutreffend. Der einzig zulässige Familienstand für homosexuelle Paare ist die eingetragene Lebenspartnerschaft gewesen, für heterosexuelle Paare die Ehe. Dies hat der Gesetzgeber nunmehr geändert und die Ehe auch für gleichgeschlechtliche Paare ermöglicht.

Darüber hinaus sprechen auch die parallel gestalteten Unterhaltspflichten zwischen Lebenspartnerschaft und Ehe (§§ 2, 5 LPG sowie §§ 1353, 1360, 1360 a BGB) dafür, die jeweiligen Institute gleich zu behandeln. Hinzu kommt, dass seit dem 1.1.2005 nach § 9 Abs. 7 LPG Lebenspartner das Kind des Lebenspartners adoptieren können, woraus sich wieder zwingende ökonomische und rechtliche Folgen wie bei der Ehe ergeben (dazu auch Rust/Falke-Feldhoff, § 7 Rn. 140, 141).

178 Dies ist durch eine neuere Entscheidung des EuGH bestätigt (EuGH 10.5.2011 – Rs. C-147/08 (Römer) – NZA 2011, 557–561). Nach dem LPartG obliegen den **Lebenspartnern** wechselseitige Fürsorge- und Unterstützungspflichten ebenso wie Ehepartnern. **Zusatzversorgungsbezüge**, die dazu dienen sollen, dem Betroffenen und den Personen, die mit ihm zusammenleben, beim Übergang in die Rente ein Ersatzeinkommen zu verschaffen, stehen deshalb auch Lebenspartnern im Sinne des Gesetzes zu. Der 22. Erwägungsgrund der RL 2000/78/EG, wonach diese die einzelstaatlichen Rechtsvorschriften über den Familienstand und davon abhängige Leistungen unberührt lässt, greift nicht ein.

Das gilt auch für die Zahlung von Mehrkosten der Haushaltsführung und der Auslandszuschläge im Falle der Auslandsabordnung an verpartnerte Beamte (BVerwG 28.10.2010 – 2 C 52 und 56/09 – AuR 2010, 529) sowie hinsichtlich der **Hinterbliebenenversorgung** an eingetragene Lebenspartner (BAG 11.12.2012 – 3 AZR 648/10 – NZA aktuell 24/2012).

179 Zweifelhaft ist, ob wegen § 9 Kirchen bzw. kirchliche Einrichtungen bei der Vergütungsbemessung einen größeren Spielraum haben. Zu BAT-KF hat das BAG festgestellt, dass hinsichtlich des an den Familienstand an-

knüpfenden Vergütungsbestandteils (Ortszuschlag) für Partner einer eingetragenen Lebenspartnerschaft eine Regelungslücke von den staatlichen Arbeitsgerichten durch Gleichstellung der Lebenspartner mit Verheirateten so lange nicht geschlossen werden könne, so lange nicht feststehe, dass dies mit dem Selbstverständnis der beteiligten Kirchen im Einklang stehe (BAG 26.10.2006 – 6 AZR 307/06 – AP § 611 BGB Kirchendienst Nr. 49). Diese Rechtsprechung ist nach der grundlegenden Entscheidung des Bundesverfassungsgerichts vom 19.6.2012 (BVerfG 19.6.2012 – 2 BvR 1397/09 – FamRZ 2012, 472) nicht mehr aufrechtzuerhalten (vgl. auch EuGH 6.12.2012 – Rs. C-124/11 (Dittrich) – NVwZ 2013, 132–134). Ein Sonderrecht für die Kirchen lässt sich hiermit in Bezug auf Vergütungsdifferenzierungen nicht vereinbaren. Dies gilt umso mehr, als der Wortlaut des § 9 hinsichtlich des Erfordernisses der „gerechtfertigten beruflichen Anforderung" unter Berücksichtigung des Erwägungsgrundes 23 zur Rahmenrichtlinie 2000/78/EG um die Begriffe „wesentlich" und „rechtmäßig" zu ergänzen ist (→ § 9 Rn. 4 ff.).

180 Für die Rechtslage vor Inkrafttreten des AGG verneint auch der BFH einen Verstoß gegen das völkerrechtliche Diskriminierungsverbot, wenn eingetragene Lebenspartner nicht wie Ehegatten zwischen getrennter Veranlagung und Zusammenveranlagung mit Splitting-Tarif wählen können (BFH 19.10.2006 – III R 29/06 – NV 2007, 663). Mit der Begründung, es werde nicht an die sexuelle Identität, sondern an den Familienstand angeknüpft, hat das LAG Köln den Anspruch von Verpartnerten auf eine tarifliche Witwen- und Witwerrente für überlebende Ehegatten verneint (LAG Köln 19.7.2006 – 7 Sa 139/06 – ZTR 2007, 267).

181 So hat das BAG bereits von seiner früheren Rechtsprechung Abstand genommen (BAG 15.5.1997 – 6 AZR 26/96 – DB 1998, 2612) und begründet die **analoge Anwendung** des BAT hinsichtlich des **Ortszuschlages für Verheiratete** auf Partner einer eingetragenen Lebenspartnerschaft mit einer nachträglichen planwidrigen tariflichen Regelungslücke (BAG 29.4.2004 – 6 AZR 101/03 – DB 2004, 2757).

182 Zu überprüfen ist auch die Bewertung von **Unterhaltspflichten,** und zwar nicht nur im Rahmen der Sozialauswahl bei betriebsbedingten Kündigungen (Wisskirchen, DB 2006, 1496), sondern auch bei **Punktsystemen zur Bemessung von Abfindungen** etwa in Sozialplänen. Es ist nicht mehr zulässig, insoweit im Hinblick auf die rechtliche Gleichstellung von eingetragenen Lebenspartnerschaften nur die Unterhaltspflichten heterosexueller Beschäftigter zu berücksichtigen. Diskriminierungsrechtlich unzulässig ist es ferner, bei der Bemessung von Abfindungsleistungen anspruchsmindernd die Möglichkeit der vorzeitigen Renteninanspruchnahme wegen Behinderung zu berücksichtigen (EuGH 6.12.2012 – Rs. C-152/11 (Odar) – NZA 2012, 1435–1440).

VI. Benachteiligung bei der Arbeitszeit

1. Arbeitszeit

183 Der Begriff der Arbeitszeit ist im **Arbeitszeitgesetz** geregelt. Diese findet auf alle Beschäftigten in allen Bereichen Anwendung. Ausnahmen bzw. Einschränkungen sind in den §§ 18 ff. ArbZG geregelt.

Keine Arbeitszeit sind **Wegezeiten** (von der Wohnung zum Betrieb und zurück, BAG 12.12.2012 – 5 AZR 355/12 – DB 2013, 759). Ob **sonstige Reisezeiten** als Arbeitszeit anzusehen sind, beurteilt sich nach dem Grad der Beanspruchung (Baeck/Löseler, NZA 2005, 247, 249). Nicht zur Arbeitszeit zählen **Wasch- und Umkleidezeiten** (BAG 25.4.1962 – 4 AZR 213/61 – AP § 611 BGB Mehrarbeitsvergütung Nr. 6); anders bei Sicherheits- oder Dienstkleidung (BAG 22.3.1995 – 5 AZR 934/93 – NZA 1996, 107).

184 **Arbeitsbereitschaft** ist Arbeitszeit (BAG 10.1.1991 – 6 AZR 352/89 – NZA 1991, 516). Zum Teil wird hier – zu Unrecht – nach dem Grad der Beanspruchung differenziert (Baeck/Löseler, NZA 2005, 247, 248). Nach der Grundsatzentscheidung des EuGH zählt auch der **Bereitschaftsdienst** zur Arbeitszeit (EuGH 9.9.2003 – Rs. C 151/02 (Jäger) – NZA 2003, 1019).

Nicht zur Arbeitszeit gehört die **Rufbereitschaft** (Baeck/Löseler, NZA 2005, 247, 249), wobei die Abgrenzung zwischen Bereitschaftsdienst und Rufbereitschaft unter Berücksichtigung der Zeitspanne vorzunehmen ist, die den Beschäftigten für die Arbeitsaufnahme zur Verfügung steht (BAG 31.1.2002 – 6 AZR 214/00 – NZA 2002, 871).

185 Für **schwerbehinderte Menschen** gilt der abweichende **Mehrarbeitsbegriff** nach § 207 SGB IX (BAG 3.12.2002 – 9 AZR 462/01 – DB 2004, 1621 zu § 124 SGB IX aF), wonach Mehrarbeit im Sinne dieser Regelung jede über acht Stunden täglich hinausgehende Arbeitszeit ist (§ 3 S. 1 ArbZG).

2. Diskriminierung bei der Arbeitszeit wegen aller Merkmale

186 Die diskriminierungsrechtliche Diskussion im Bereich der Arbeitszeit bezog sich im Wesentlichen auf **geschlechtsbezogene Benachteiligungen**. Deshalb ist an dieser Stelle davon abgesehen worden, eine gesonderte Abschnittskommentierung nach den einzelnen Merkmalen durchzuführen. **Andere Merkmale** betreffende Diskriminierungsprobleme werden in diesem Absatz mit erörtert. Die verstärkte Diskussion um Fragen der Jahresarbeitszeit, der Arbeitszeitflexibilisierung und der Vertrauensarbeitszeit wird – mit Ausnahme der Stichworte Alter und Geschlecht – merkmalunabhängig geführt.

187 Das BAG ist hinsichtlich der im Rahmen des Direktionsrechts vom Arbeitgeber festzusetzenden **Lage der Arbeitszeit** davon ausgegangen, dass im Rahmen billigen Ermessens – falls keine betrieblichen Gründe oder berechtigte Belange anderer Arbeitnehmer entgegenstehen – auch **familiäre Belange** zu berücksichtigen sind (BAG 23.9.2004 – 6 AZR 567/03 – NZA 2005, 359). Tatsächlich entgegenstehende betriebliche Gründe werden auch weiterhin – ebenso wie bei der Benachteiligung wegen Religion oder Weltanschauung – diskriminierungsrechtlich relevante Grenzen ziehen. Anders sieht es mit den berechtigten Belangen anderer Arbeitnehmer aus. Diese werden wohl – von Ausnahmefällen abgesehen – hinter dem gesetzlichen Diskriminierungsverbot zurücktreten müssen, es sei denn, sie würden sich ihrerseits auf diskriminierungsrechtliche Grundlagen stützen. Ein Unterschied in der Differenzierung kann zu gering sein, um eine Diskriminierung zu begründen. Der englische Court of Appeal hatte 1978 eine betriebliche Regelung, nach der Frauen fünf Minuten früher als Männer den Arbeits-

platz verlassen konnten, nicht als relevant angesehen (Schiek-Schiek, § 3 Rn. 9). Es gibt allerdings weder für die Relevanz der Benachteiligung noch für die Größe der Begünstigten- bzw. Benachteiligtengruppe feste Prozentsätze oder absolute Werte. Insoweit hilft auch die Rechtsprechung des BAG nicht weiter, wonach Anpassungsansprüche bei einem relativ kleinen begünstigten Personenkreis (dort weniger als 5 % der insgesamt Betroffenen) nicht gegeben seien (BAG 13.2.2002 – 5 AZR 713/00 – NZA 2003, 215). Diese Rechtsprechung ist zum Gleichbehandlungsgrundsatz ergangen. Die Erwägungen sind auf den Diskriminierungsschutz nicht zu übertragen.

188 Das nur für Frauen geltende **Nachtarbeitsverbot** ist unmittelbar geschlechtsdiskriminierend (EuGH 25.7.1991 – Rs. C-345/89 (Stoeckel) – DB 1991, 2194; BVerfG 28.1.1992 – 1 BvL 10/91 – NZA 1992, 270). Gesetzliche Ausnahmen von einem Nachtarbeitsverbot dürfen für Frauen nicht enger gefasst sein als für Männer, es sei denn, dies wäre zum **gesundheitlichen Schutz der Frauen zwingend erforderlich** (EuGH 3.2.1994 – Rs. C-13/93 (Minne) – AuR 1994, 199). Dies gilt grundsätzlich für alle geschlechtsspezifisch benachteiligenden Beschäftigungsverbote (EuGH 1.2.2005 – Rs. C-203/03 (Kommission/Österreich) – EuGHE I 2005, 935). Maßstab ist § 8. Die Fernhaltung von Frauen von „unangenehmen oder erschwerten" Arbeitsbedingungen, wie Nacht-, Schicht- oder Wechseldienst, ist geschlechtsdiskriminierend, da dadurch die Chance der Frauen auf Einstellung bzw. Aufstieg verringert wird (Rebhahn-Rebhahn, § 3 Rn. 148).

189 Eine Betriebsvereinbarung, die Teilzeitkräfte von der **Teilnahme an der gleitenden Arbeitszeit** ausschließt, kann gegen das Verbot der mittelbaren Geschlechtsdiskriminierung verstoßen (LAG Frankfurt/M. 10.11.1989 – 13 Sa 255/89 – LAGE § 611 a BGB Nr. 6). Der Geltungsbereich der Betriebsvereinbarung erstreckt sich dann auch auf die zu Unrecht ausgeschlossenen Personen. Die Rechtsfolge ist also die gleiche, wie sie sich bei einer diskriminierenden Ausnahmebestimmung ergeben würde. Dient eine **Verkürzung der wöchentlichen Arbeitszeit** unter Fortzahlung der Vergütung dem Ausgleich besonderer Nachteile, können Teilzeitbeschäftigte einen Anspruch auf (anteilige) Arbeitszeitverkürzung haben, sofern der Arbeitgeber nicht nachweist, dass diese besonderen Belastungen bei Teilzeitbeschäftigten nicht auftreten (BAG 29.1.1992 – 5 AZR 518/90 – AP § 2 BeschFG 1985 Nr. 18).

Bei Menschen mit Behinderung, die zumindest in Teilzeit arbeiten können, kann eine Arbeitszeitverkürzung eine angemessene Vorkehrung gemäß Art. 5 RL 2000/78 sein (EuGH 11.4.2013 – Rs.C-335/11 (Ring))

190 Wird zum Ausgleich besonderer **Belastungen im Wechselschichtdienst** eine tarifliche **Arbeitszeitverkürzung** gewährt, so stellt eine Regelung, wonach diese einer teilzeitbeschäftigten Mitarbeiterin erst bei einem Arbeitspensum von mindestens 51 % einer Vollzeitkraft zugutekommt, eine diskriminierende Benachteiligung dar. In der Quotenregelung allein sind mögliche **sachliche Differenzierungsgründe** wie Arbeitsleistung, Qualifikation, Berufserfahrung, soziale Lage, unterschiedliche Arbeitsplatzanforderungen, Erwägungen des Arbeitsschutzes bzw. arbeitsmedizinische Erkenntnisse nicht hinreichend berücksichtigt (BAG 11.3.1993 – 6 AZR 96/92 – ZTR 1994, 211).

191 Eine tarifliche Regelung, nach der nur Vollzeitbeschäftigte einen Anspruch auf vorübergehende **Verringerung ihrer Arbeitszeit aus familienpolitischen Gründen** haben, diskriminiert Teilzeitbeschäftigte (BAG 18.3.2003 – 9 AZR 126/02 – AP § 8 TzBfG Nr. 3). Im Einzelfall ist zu prüfen, ob pädagogische Konzepte als dringende betriebliche Gründe eine Benachteiligung rechtfertigen können (BAG aaO). Ebenso ist eine mögliche **Diskriminierung wegen sexueller Identität** zu prüfen unter dem Gesichtspunkt des Ausschlusses eingetragener Lebenspartnerschaften. Wird vollzeitbeschäftigten Lehrern eine **Ermäßigung der Unterrichtsverpflichtung wegen Alters** gewährt, ist diese anteilig auch teilzeitbeschäftigten Lehrkräften zu gewähren (BAG 16.1.2003 – 6 AZR 22/01 – AP § 4 TzBfG Nr. 3).

192 Die Ablehnung des **Wiederaufstockungsanspruchs** einer teilzeitbeschäftigten Arbeitnehmerin auf Vollzeit stellt keine Entgeltdiskriminierung gemäß Art. 157 AEUV dar. Ein Anspruch aus der Zugangsrichtlinie 76/207/EWG wurde mit der Begründung verneint, die Weigerung zur Erhöhung der Arbeitszeit beruhe auf einer Entscheidung des Haushaltsgesetzgebers über den Wegfall von Stellen, die wiederum diskriminierungsfrei erfolgt sei (BAG 13.11.2001 – 9 AZR 442/00 – AP § 15 b BAT Nr. 1).

193 Die Regelung des § 3 Abs. 1 TV-ATZ (öffentlicher Dienst), wonach die bisherige Arbeitszeit des Angestellten um die Hälfte gemindert werden muss zur Begründung eines **Altersteilzeitarbeitsverhältnisses**, soll keine mittelbare geschlechtsspezifische Diskriminierung im Hinblick auf den damit verfolgten arbeitsmarktpolitischen Zweck der Wiederbesetzung von Arbeitsplätzen darstellen (BAG 26.6.2001 – 9 AZR 244/00 – AP § 3 ATG Nr. 2). Die Benachteiligung für teilzeitbeschäftigte Arbeitnehmer liegt darin, dass in der Regel für sie die Halbierung ihrer individuellen Arbeitszeit unter ökonomischen Gesichtspunkten nicht möglich ist. Diese Regelung ist zu überprüfen unter dem Gesichtspunkt, dass derartige Bestimmungen jedenfalls zunächst dazu führen, dass weniger Altersteilzeitverträge abgeschlossen werden, dadurch entsprechend weniger Arbeitsplätze neu besetzt werden können und deshalb die **Eignung des gewählten Mittels** zur Zielerreichung durchaus **zweifelhaft** ist.

194 Ein Arbeitsvertrag mit der Vereinbarung von **Abrufarbeit** fällt nach Auffassung des EuGH nicht (ohne Weiteres) in den Geltungsbereich des Art. 157 AEUV bzw. der RL 75/117/EWG, sehr wohl jedoch unter den der Zugangsrichtlinie 76/207/EWG sowie der Anhangsvereinbarung zur Teilzeitrichtlinie 97/81/EG (EuGH 12.10.2004 – Rs. C-313/02 (Wippe) – NZA 2004, 1325; Schiek-Schiek, § 3 Rn. 11). Diese Entscheidung ist zum österreichischen Arbeitszeitgesetz ergangen. Eine Benachteiligung wurde vom EuGH mit der Begründung verneint, Abrufarbeitskräfte seien mit anderen Arbeitnehmern nicht vergleichbar. Die gleiche Auffassung vertrat der EuGH auch in der Sache Lewen (EuGH 21.10.1999 – Rs. C-333/97 – DB 2000, 223), in der er die Vergleichbarkeit von Arbeitnehmern in der Elternzeit mit aktiv Beschäftigten verneinte und deshalb von vorneherein keine Benachteiligung festgestellt hat. Durch die vom EuGH vorgenommene Einführung des Prüfungskriteriums der **Vergleichbarkeit einzelner Arbeitnehmergruppen** wird unzulässig der Tatbestand der mittelbaren Diskriminierung eingeschränkt bzw. die Abgrenzung zu der tätigkeitsbezogenen

Vergleichsfindung verwischt. Diskriminierungsrechtlich relevanter **Vergleichsmaßstab** kann insoweit nur die **Tätigkeit** (gleich bzw. gleichwertig) sein. Es ist darüber hinaus dogmatisch auch kaum zu begründen, Voll- und Teilzeitkräfte zu vergleichen, nicht aber Abrufarbeitnehmer und andere. Sofern also die Gruppe entsprechend relevant mit Merkmalträgern besetzt ist, sind mit ihnen vereinbarte Arbeitszeitregelungen unabhängig von § 12 TzBfG unter diskriminierungsrechtlichen Gesichtspunkten zu untersuchen.

195 Auch **verschlechternde tarifliche Regelungen** müssen sich gemäß **§ 12 Abs. 3 TzBfG** am Diskriminierungsverbot messen lassen. So ist die Auffassung des BAG, eine von § 12 TzBfG abweichende Tarifbestimmung, wonach sich die Arbeitszeit zwischen 0 und 40 Stunden bewegen könne, sei zulässig (BAG 12.3.1992 – 6 AZR 311/90 – AP § 4 BeschFG 1985 Nr. 1), nicht nur unter kündigungsschutzrechtlichen Gesichtspunkten zu kritisieren (so zutreffend Däubler-Hensche/Heuschmid, TVG § 1 Rn. 769 mwN), sondern auch mit dem Verbot der mittelbaren Geschlechtsdiskriminierung nicht zu vereinbaren, da eine ausreichende sachliche Begründung nicht erkennbar ist.

196 **Altersabhängige Arbeitszeitverkürzungen** unterliegen einer Diskriminierungskontrolle gemäß § 10 Nr. 1, wobei die Benachteiligung sowohl gegenüber älteren als auch gegenüber jüngeren Arbeitnehmern denkbar ist, etwa unter dem Gesichtspunkt eines bestehenden oder eben nicht bestehenden Lohnausgleichs.

197 Das BAG hat in zwei Entscheidungen die dem Arbeitgeber gegenüber **schwerbehinderten Arbeitnehmern** obliegende Pflicht zur Vermeidung von Benachteiligungen konkretisiert, die sich unmittelbar auf die Gestaltung der **Arbeitszeit** beziehen. Danach ist der Arbeitgeber verpflichtet, schwerbehinderte Personen nicht zur Nachtarbeit einzuteilen und die Wochenarbeitszeit auf die Fünf-Tage-Woche zu beschränken (BAG 3.12.2002 – 9 AZR 462/01 – AP § 124 SGB IX Nr. 1) bzw. einer behinderungsbedingten Verringerung der Arbeitszeit zuzustimmen (BAG 14.10.2003 – 9 AZR 100/03 – NZA 2004, 614). Diese Rechtsprechung ist unter diskriminierungsrechtlichen Gesichtspunkten auf Behinderte iSd § 2 SGB IX zu erstrecken. Da der Status der Behinderung im Sinne des AGG ein vorübergehender sein kann und unter Umständen auch durch eine langwierige Erkrankung erreicht werden kann, können sich auch entsprechende arbeitszeitgestaltende Verpflichtungen des Arbeitgebers gegenüber derartigen Merkmalsträgern unter dem Gesichtspunkt der Rehabilitation ergeben.

198 Es wird weiter die Frage erörtert werden, ob der Arbeitgeber verpflichtet ist, gegenüber einem Arbeitnehmer bei der Arbeitszeitgestaltung auf **religiös bedingte Arbeitsverbote** (Samstagsarbeit) Rücksicht zu nehmen zur Vermeidung einer Diskriminierung wegen Religion oder Weltanschauung (LAG Schleswig-Holstein 2.6.2005 – 4 Sa 120/05 – AuA 2005, 617). Hier kann auf die Ausführungen zum Benachteiligungsverbot hinsichtlich der Arbeitsbedingungen wegen dieser Merkmale verwiesen werden. Maßgeblich dürften auch hier die Kriterien Fürsorgepflicht, Rücksichtnahme und Zumutbarkeit sein.

VII. Benachteiligungsverbot bei sonstigen Beschäftigungs- und Arbeitsbedingungen

1. Beschäftigungs- und Arbeitsbedingungen

199 Unter dem **Begriff** der Beschäftigungs- und Arbeitsbedingungen sind alle Rechte und Pflichten zu verstehen, die sich aus dem Arbeitsverhältnis ergeben. Es kommt nicht darauf an, ob sie aus dem Arbeitsvertrag, aus kollektivrechtlichen Vereinbarungen oder aus gesetzlichen Vorschriften begründet werden. Der Begriff wird weit gefasst. Es fallen darunter alle Umstände, die unmittelbar auf das Arbeitsverhältnis einwirken oder auf ihm beruhen (EuGH 13.7.1995 – Rs. C-116/94 (Meyers) – NZA-RR 1996, 121; Eichinger, in: Oetker/Preis, EAS B 4200, 125).

Neben **Arbeitszeit** und **Urlaub** gehören dazu auch **ergonomisch relevante Faktoren** wie Arbeitsplatzverhältnisse, Sicherheitsvorkehrungen, Licht- und Luftverhältnisse, Lärm- oder Schmutzbedingungen. Andererseits fällt darunter auch die Übertragung von Nebenaufgaben, Informationszugang, Verhalten der Mitarbeiter untereinander sowie der Vorgesetzten zu Mitarbeitern und umgekehrt, Kommunikationsformen, Bekleidungsvorschriften, die Gewährung von Arbeitsunterbrechungen sowie die Ausübung von Kontrollverhalten.

Unter den Begriff der Arbeitsbedingungen fallen weiter die im Rahmen des Direktionsrechts erfolgte Einteilung des Arbeitsortes, das Tolerieren von kleineren Arbeitspflichtverletzungen, die Zuweisung von Tätigkeiten nach Ende einer Elternzeit (dazu Rebhahn-Rebhahn, § 3 Rn. 146).

200 Mögliche Benachteiligungen durch differenzierende Arbeitsbedingungen sind insbesondere im Zusammenhang mit Regelungen über **Arbeits- und Ruhezeiten** sowie **Bekleidungs- oder Frisurvorschriften** Gegenstand gerichtlicher Überprüfung gewesen.

Bei verschlechternder Veränderung von Arbeitsbedingungen können unterschiedliche Differenzierungskriterien und Diskriminierungsverbote miteinander **kollidieren**, wie Ehe und Familie einerseits und Benachteiligungsmerkmale des AGG andererseits (dazu auch Rebhahn-Rebhahn, § 3 Rn. 146). Eine Umsetzungsmaßnahme erfüllt dann den Diskriminierungstatbestand, wenn sie gegenüber einem Merkmalsträger zielgerichtet eingesetzt wird, um ihn zur Aufgabe des Arbeitsplatzes zu bewegen (LAG Schleswig-Holstein 12.2.2002 – 5 Sa 409 c/01 – DB 2002, 1056).

201 Bislang war im Einzelfall anhand der Maßstäbe des Unionsrechts zu überprüfen, ob für differenzierende Regelungen im Bereich der Arbeitsbedingungen eine **sachliche Rechtfertigung** bestand (EuGH 11.6.1987 – Rs. C-30/85 (Teuling) – EuGHE I 1987, 2516; EuGH 13.7.1989 – Rs. C-171/88 (Rinner/Kühn) – NJW 1989, 3087; Rebhahn-Windisch-Graetz, § 19 Rn. 8 mwN). Differenzierungen müssen auch hier nach **objektiven Kriterien** erfolgen und einem **wirklichen Bedürfnis des Unternehmens** entsprechen (EuGH 13.5.1986 – Rs. C-170/84 (Bilka) – NJW 1986, 3020). Nicht ausreichend sind rein wirtschaftliche Gründe oder Haushaltserwägungen des Staates (EuGH 28.4.1998 – Rs. C-120/95 (Dekker) – DB 1991, 286; EuGH 6.4.2000 – Rs. C-226/98 (Jörgensen) – AP EWG-Richtlinie 76/207 Nr. 21).

202 Nach der ständigen Rechtsprechung des BAG (23.9.2004 – 6 AZR 567/03 – AP § 611 BGB Direktionsrecht Nr. 460) hat die **Bestimmung von Inhalt, Ort und Zeit der Arbeitsleistung** durch den Arbeitgeber nach billigem Ermessen unter angemessener Berücksichtigung beiderseitiger Interessen zu erfolgen. Derartige Bestimmungen sind verstärkt am Diskriminierungsschutz zu messen (zur diskriminierenden Versetzung BAG 22.1.2009 – 8 AZR 906/07 – NZA 2009, 945–954). Diskriminierende Wirkung können auch Einzelmaßnahmen haben (siehe das Beispiel der besonders strengen Kontrolle ausländischer Mitarbeiter). Bei **diskriminierenden Weisungen** ergibt sich die unmittelbare Unwirksamkeit jetzt aus dem Gesetz, so dass von vorneherein ein Recht für den Beschäftigten besteht, die Befolgung zu verweigern.

2. Diskriminierung bei Arbeitsbedingungen

a) Diskriminierung wegen des Geschlechts

203 Die Rechtsprechung hatte sich mit diskriminierungsrechtlichen Fragen im Zusammenhang mit der **Urlaubsgewährung** sowie der **Beurteilung** von Mitarbeiterinnen zu befassen. Eine Arbeitnehmerin muss ihren Jahresurlaub auch dann zu einer anderen Zeit als der Elternzeit nehmen können, wenn diese zeitlich mit dem kollektiv festgelegten Jahresurlaub für die gesamte Belegschaft zusammenfällt (Betriebsferien).

Das gilt auch dann, wenn der nach nationalem Recht zu beanspruchende Urlaub länger ist als der **Mindesturlaub** nach der Richtlinie 93/104 vom 23.11.1993 über bestimmte Aspekte der Arbeitszeitgestaltung. Die Zugangsrichtlinie erfasst die **zeitliche Festlegung** des bezahlten Jahresurlaubs (EuGH 18.3.2004 – Rs. C-342/01 (Merino Gómez) – NZA 2004, 535). Diese Erwägungen gelten dann natürlich für alle nationalen gesetzlichen Mindesturlaubsregelungen.

Arbeitnehmer befinden sich als Mütter bzw. Väter von Kleinkindern hinsichtlich der Notwendigkeit, die tägliche Arbeitszeit zu verringern, um die Kinder zu versorgen, in einer vergleichbaren Lage, so dass ein (tariflicher) **Urlaubsanspruch** für die ersten neun Monate nach der Geburt eines Kindes dem Vater auch dann zusteht, wenn nicht beide Elternteile abhängig beschäftigt sind (EuGH 30.9.2010 – Rs. C-104/09 (Alvarez) – NZA 2010, 1281–1284).

Der Urlaubsanspruch für Teilzeitbeschäftigte ist pro-rata-temporis umzusetzen (BAG 27.1.2016 – 8 AZR 168/14).

Die Verweigerung der **jährlichen Aufstiegsbeurteilung** gegenüber Frauen, die sich während des Beurteilungszeitraums in der Elternzeit befanden, erfüllt den Tatbestand der unmittelbaren Geschlechtsdiskriminierung (EuGH 30.4.1998 – Rs. C-136/95 (Thibault) – EuGHE I 1998, 2011). Mutterschutzzeiten sind aktiven Beschäftigungszeiten gleichgestellt (vgl. dazu aber die Rechtsprechung des EuGH zum Umfang des Entgeltanspruchs im Referenzzeitraum, → Rn. 137).

204 Die Grenzen des Direktionsrechts nach Maßgabe des § 106 GewO sowie auch bei entsprechenden vertraglichen Änderungsvorbehalten sind ebenfalls am unionsrechtlichen Diskriminierungsverbot zu messen (ArbG Han-

nover 24.5.2007 – 10 Ca 384/06: Unzulässigkeit der Versetzung einer alleinerziehenden unterhaltspflichtigen Mutter als Verkäuferin in eine andere Filiale).

205 **Grundsätzlich gilt:** Die Ausübung von Rechten, die Frauen durch Schwangerschafts- und Mutterschutzvorschriften gewährt werden, darf andererseits für sie nicht zu Nachteilen bei den Arbeitsbedingungen führen (EuGH 18.3.2004 – Rs. C-342/01 (Merino Gómez) – NZA 2004, 535). Dies ergibt sich – für die unmittelbare Benachteiligung – unmittelbar aus § 8 Abs. 2. Der Arbeitgeber kann verpflichtet sein, eine schwangere Arbeitnehmerin, die wegen ihrer Schwangerschaft die bisherige Tätigkeit nicht mehr ausüben kann, auf einen für sie zumutbaren anderen Arbeitsplatz im Rahmen seines Direktionsrechts zu versetzen. Ist ihm dies zumutbar und unterlässt er es, kann darin eine geschlechtsbezogene Diskriminierung liegen (vgl. dazu Däubler, Arbeitsrecht 2, S. 573 mwN). Auch hier ist wieder zu unterscheiden zwischen der Vermeidung von Benachteiligungen und der Einräumung von Vorteilen. Kann eine Mitarbeiterin, deren Anwesenheit im Betrieb aufgrund des Tätigkeitsprofils nicht unbedingt erforderlich ist, vom Arbeitgeber verlangen, im Hinblick auf die erforderliche Pflege und Erziehung ihres Kindes von der Anwesenheit entbunden zu werden, um von zu Hause arbeiten zu können (Fallbeispiel bei Busch, S. 106)?

206 Die Aufnahme der **Elternzeit in ein Arbeitszeugnis** ist nach der Rechtsprechung unter dem Gesichtspunkt der Geschlechtsdiskriminierung **unzulässig**, es sei denn, wegen des Ausmaßes der Ausfallzeit ist ansonsten eine sachgerechte Beurteilung nicht möglich (BAG 10.5.2005 – 9 AZR 261/04 – AP § 630 BGB Nr. 30). Da die Inanspruchnahme von Elternzeit in der Regel zeitlich umfangreich ist, kann eine solche fehlende Beurteilungsmöglichkeit nur bei kürzerer Dauer des Arbeitsverhältnisses vorliegen, um hier nicht den Regel/Ausnahmefall umzudrehen.

207 Wenn die Zuweisung eher **geringer bewerteter Nebenaufgaben** (Reinigen, Aufräumen) in der Regel an weibliche – häufig ausländische – Mitarbeiterinnen erfolgt, wird eine derartige Praxis als Diskriminierung wegen des Geschlechts bzw. der Rasse oder ethnischen Herkunft angesehen werden müssen.

b) Diskriminierung wegen des Alters

208 In der Regel sind hier bislang Fälle der **unmittelbaren Benachteiligung** zu entscheiden gewesen.

Da das Verbot der Altersdiskriminierung sowohl **nach oben** als auch **nach unten** wirkt (dazu die Kommentierung zu § 10), können jüngere Arbeitnehmer zB durch die Gewährung von **zusätzlichem Urlaub** für ältere Arbeitnehmer benachteiligt werden. Eine **Rechtfertigung** derartiger unmittelbarer Benachteiligungen käme gemäß § 10 Nr. 1 dann in Betracht, wenn die Regelungen auf ein mit steigendem Alter wachsendes Erholungsbedürfnis abzielen, damit die Leistungsfähigkeit des älteren Mitarbeiters erhalten werden soll und die Maßnahmen insoweit angemessen und erforderlich sind (dazu auch Waltermann, NZA 2005, 1265).

209 Die **altersabhängige Urlaubsstaffel** des § 26 Abs. 1 TVöD diskriminiert jüngere Arbeitnehmer unmittelbar (BAG 20.3.2012 – 9 AZR 529/10 – NZA 2012, 803–808; so auch zur Urlaubsstaffel des TV zu § 71 BAT: BAG 12.4.2016 – 9 AZR 659/14). Eine Rechtfertigung nach § 8 entfällt, da die Urlaubsgewährung nicht tätigkeitsabhängig ist. Ein etwa beabsichtigter Schutz älterer Beschäftigter wird nicht erreicht, da der erhöhte Urlaub bereits nach Vollendung des 30. Lebensjahres gewährt wird.

Die Diskriminierung kann – jedenfalls für die Vergangenheit – nur durch eine Anpassung nach oben beseitigt werden. Insoweit kann auf die Korrektur der Ungleichbehandlung im Rahmen einer altersabhängigen Vergütungsstaffel verwiesen werden (BAG 10.11.2011 – 6 AZR 148/09 – NZA 2012, 161).

Bei über 50–60-jährigen Beschäftigten ist ein gesteigertes Erholungsbedürfnis eher nachvollziehbar (BAG 21.10.2014 – 9 AZR 956/12).

Die bevorzugte Auswahl von jüngeren Mitarbeitern im Hinblick auf neue Aufgaben und Tätigkeiten kann eine unzulässige Altersdiskriminierung darstellen (VG Frankfurt 23.5.2007 – 9 E 937/06).

210 Der EuGH hat in einer Entscheidung vom 20.9.2007 (Rs. C-116/06 (Kiiski)) entschieden, dass die Ablehnung eines Antrags auf Änderung der Dauer eines bereits bewilligten Erziehungsurlaubs infolge erneuter Schwangerschaft diskriminierend ist. Eine Lehrerin hatte eine Abkürzung einer bereits bewilligten Elternzeit mit der Begründung verlangt, sie sei erneut schwanger. Deshalb sollte ihr Ehemann nunmehr die Elternzeit in Anspruch nehmen, während sie Mutterschaftsurlaub bekäme.

Der hier anwendbare Tarifvertrag ließ eine Änderung der Dauer und des Zeitpunkts eines bereits bewilligten Erziehungsurlaubs nur aus einem unvorhersehbaren triftigen Grund zu. Eine erneute Schwangerschaft war ausdrücklich als solcher Grund im Tarifvertrag ausgeschlossen. Dies ist nach Auffassung des EuGH diskriminierend im Hinblick sowohl auf Art. 8 Abs. 1 RL 92/85 (Mutterschaftsurlaub) als auch im Hinblick auf Art. 2 Abs. 1 RL 76/207/EG. Der EuGH hat in dieser Entscheidung klargestellt, dass unter Berücksichtigung der og Richtlinien Regelungen diskriminierend sind, die der Schwangeren die Verkürzung des Erziehungsurlaubs verwehren.

211 Eine Betriebsvereinbarung, die bei einer tarifvertraglich vorgesehenen Arbeitszeitspanne von 37–40 Stunden wöchentlich vorsieht, dass **zunächst die ältesten Arbeitnehmer verkürzt – ohne Lohnausgleich – arbeiten** müssten, erfüllt den Tatbestand der – unmittelbaren – **Altersdiskriminierung** (anders noch das BAG, welches seinerzeit eine derartige Regelung für zulässig erachtete: BAG 18.8.1987 – 1 ABR 30/86 – NZA 1987, 779).

Sie würde auch durch die Ausnahmeregelungen der §§ 8, 10 nicht legitimiert. Sieht man den Nachteil in dem anteiligen Lohnverzicht, wäre der Tatbestand der altersbedingten Entgeltdiskriminierung gegeben. Dasselbe gilt grundsätzlich für die altersabhängige Differenzierung des Zugangs zu innerbetrieblichen bzw. arbeitgeberfinanzierten außerbetrieblichen **Fortbildungsmaßnahmen**, sofern nicht ein Rechtfertigungsgrund nach § 10 gegeben ist. Danach wäre die Festlegung eines bestimmten Höchstalters in diesem Zusammenhang nur zulässig, wenn Dauer und Kosten der Fortbildung in keinem vernünftigen Zusammenhang mit der voraussichtlichen weiteren Beschäftigungszeit bis zum Eintritt in den Ruhestand stehen.

212 Die privilegierte **Besteuerung von Abfindungen** als Anreiz zu freiwilligem Ausscheiden nach Maßgabe pauschal festgesetzter Lebensaltersstufen (50. bzw. 55. Lebensjahr) ist ein Fall der **unmittelbaren altersbezogenen Diskriminierung** im Bereich der Arbeitsbedingungen, wobei nach Auffassung des EuGH der Steuervorteil nicht zum Entgeltbegriff des Art. 141 EG gehört (EuGH 21.7.2005 – Rs. C-207/04 (Vergani) – EuroAS 2005, 144; HFR 2005, 1030).

c) Diskriminierung wegen Rasse oder ethnischer Herkunft

213 Hier sind durchaus Fälle der unmittelbaren und mittelbaren diskriminierenden Benachteiligung denkbar. Der Arbeitgeber praktiziert zum Beispiel eine **Betriebsvereinbarung** über Taschenkontrolle dergestalt, dass überwiegend ausländische Arbeitnehmer betroffen sind, ohne dass es dafür objektive Gründe gibt. Finanziell attraktive Neben- oder Zusatzaufgaben werden überwiegend deutschen Mitarbeitern übertragen. Für vergleichbares arbeitsvertragswidriges Verhalten werden im Wesentlichen ausländische Mitarbeiter abgemahnt, während bei deutschen Kollegen häufiger darüber hinweg gesehen wird. Insoweit können auch Sachverhalte diskriminierungsrechtlich relevant werden, die bislang unter dem Stichwort **Mobbing** abgehandelt wurden, obwohl Mobbing und Diskriminierung grundsätzlich unterschiedliche Bereiche erfassen, unter anderem im Hinblick darauf, dass Mobbing nicht auf Merkmalsträger beschränkt ist.

214 Nach der Rechtsprechung des BAG ist der Arbeitgeber berechtigt, von den Arbeitnehmern die Erlangung notwendiger **Sprachkenntnisse** etwa durch Teilnahme an einem Deutschkurs zu verlangen (BAG 22.6.2011 – 8 AZR 48/10 – NZA 2011, 1226–1230; BAG 28.1.2010 – 2 AZR 764/08 – NZA 2010, 625–627). Das BAG hatte hier eine Auseinandersetzung mit den Entscheidungen des EuGH in Sachen „Age Concern“ und „Hütter“ vermieden, wonach möglicherweise im Rahmen der Altersdiskriminierung nur noch Maßnahmen und Regelungen zur **Förderung des Allgemeinwohls** iSd Art. 6 Abs. 1 S. 1 RL 2000/78/EG als Rechtfertigungsgründe herangezogen werden können (EuGH 5.3.2009 – Rs. C-388/07 – NZA 2009, 305–310; EuGH 18.6.2009 – Rs. C-88/08 – NZA 2009, 891–894), da es sich hier nicht um eine Altersdiskriminierung, sondern um eine Benachteiligung aufgrund ethnischer Herkunft gehandelt habe. In jedem Fall ist erforderlich, dass die Sprachkenntnisse objektiv Voraussetzung zur Erbringung der vereinbarten Arbeitsleistung sind.

d) Diskriminierung wegen Religion und Weltanschauung

215 Uneinheitlich ist in diesem Zusammenhang die Rechtsprechung zu **Bekleidungsregeln**, wobei es fast immer um die Beurteilung von darauf gestützten Kündigungen ging. Bereits vor mehr als zwanzig Jahren ist eine Kündigung wegen Verstoßes gegen Art. 3 und 4 GG beanstandet worden, die damit begründet wurde, der Arbeitnehmer als Mitglied der Bhagwan-Bewegung

wolle die rote Kleidung und die Mala auch während der Arbeitszeit tragen (LAG Düsseldorf 22.3.1984 – 14 Sa 1905/83 – DB 1985, 391).

216 Nach Auffassung des Arbeitsgerichts Hamburg ist die Kündigung eines **Sikh,** der als Mitarbeiter in einer Imbisskette statt der vorgeschriebenen weißen Papiermütze den Turban trug, wegen Verstoßes gegen das Verbot der Religionsdiskriminierung ungerechtfertigt (ArbG Hamburg 3.1.1996 – 19 Ca 141/95 – AuR 1996, 243).

217 Das BAG ist dieser Rechtsprechung bei der Beurteilung der Kündigung einer Warenhausverkäuferin wegen Tragens eines **islamischen Kopftuches** gefolgt (BAG 10.10.2002 – 2 AZR 472/01 – AP § 1 KSchG Nr. 44). Weder eine personenbedingte noch eine verhaltensbedingte Kündigung (wegen Nichtbefolgung einer entsprechenden Weisung des Arbeitgebers) sei zulässig. Dabei stand im Vordergrund, dass jedenfalls in dem dort entschiedenen Fall die Mitarbeiterin auch mit Kopftuch ohne Weiteres in der Lage war, ihre arbeitsvertraglichen Pflichten zu erfüllen

Der EuGH hat klargestellt, dass das Kopftuchverbot in privaten Unternehmen mittelbar diskriminiert, wenn es dazu führt, dass Personen mit einer bestimmten Religion oder Weltanschauung besonders benachteiligt werden (EuGH 14.3.2017 – Rs.C-157/15 (Achbita)). **Kundenerwartungen** rechtfertigen derartige Verbote nicht, da sie keine relevante Berufsanforderung iSv § 8 Abs. 1 darstellen (EuGH 14.3.2017 – Rs. C-188/15 (Bougnaoui und ADDH)).

218 Die Untersagung religiöser Bekundungen durch Lehrkräfte muss grundsätzlich unterschiedslos erfolgen und das pauschale Kopftuchverbot für Lehrkräfte an öffentlichen Schulen ist deshalb verfassungswidrig (BVerfG 27.1.2015 – 1 BvR 471/10).

219 Gesetzliche Regelungen, die das Tragen islamischer **Kopftücher und vergleichbarer Kleidungsstücke** (Strickmütze!) in staatlichen Einrichtungen untersagen, verstoßen nach der neueren Rechtsprechung des BAG nicht gegen das Verbot der religionsbedingten Diskriminierung (BAG 12.8.2010 – 2 AZR 593/09 – NZA 2011, 479; BAG 20.8.2009 – 2 AZR 499/08 – NZA 2010, 227–230; BAG 10.12.2009 – 2 AZR 55/09 – NZA-RR 2010, 383–387). Das **Verbot religiöser Bekundungen** stellt eine wesentliche und entscheidende berufliche Anforderung dar, wenn diese Bekundungen geeignet sind, die Neutralität des Staates gegenüber Schülern und Eltern oder den religiösen Frieden zu gefährden. Dies wird im Einzelfall genau festzustellen sein (kritisch: Stein, Entscheidungsanmerkung zu BAG 20.8.2009 – 2 AZR 499/08 – NZA 2010, 227–230). Problematisch in diesem Zusammenhang ist auch das Argument, die (muslimische) Frau bedürfe des Schutzes vor Selbstdiskriminierung (angedeutet im Minderheiten-Votum zu BVerfG 24.9.2003 –2 BvR 1436/02 – NJW 2003, 3111). Es erscheint zweifelhaft, diese politische Frage im Rahmen des Diskriminierungsrechts lösen zu wollen (dazu auch Schiek-Schiek, § 4 Rn. 13).

Das **Arbeitsversäumnis** eines Mitarbeiters wegen der Teilnahme an der **Osterfeier** einer **syrisch-orthodoxen Gemeinde** stellt keine schwerwiegende Pflichtverletzung dar (BAG 25.1.1990 – 2 AZR 398/89). Das BAG hat in dieser Entscheidung jedoch betont, dass im Einzelfall **betriebliche Auswir-**

kungen einer derartigen, auf die Religionsausübung gestützten Arbeitsversäumnis kündigungsrelevant sein könnten. Ähnlich hat Jahre zuvor bereits das LAG Düsseldorf entschieden hinsichtlich der Teilnahme eines Arbeitnehmers am islamischen Kurban-Beyram-Fest (LAG Düsseldorf 14.2.1963 – 7 Sa 581/62 – JZ 1964, 258). Demgegenüber hat das OVG Nordrhein-Westfalen vor Inkrafttreten des AGG einen Anspruch auf Dienstbefreiung an religiösen Feiertagen unter Berufung auf Art. 4 GG verneint (OVG NRW 11.8.2006 – 1 A 2650/05 – RiA 2007, 125).

220 Arbeitsunterbrechungen durch Wahrnehmung von **Gebetspausen** haben die Gerichte ebenfalls zunehmend beschäftigt. Dabei geht das LAG Hamm (18.1.2002 – 5 Sa 1782/01 – NZA 2002, 675; LAG Hamm 26.2.2002 – 5 Sa 1582/01 – NZA 2002, 1090) grundsätzlich von einem durch Art. 4 GG geschützten Recht auf Wahrnehmung der Gebetspause durch den islamischen Arbeitnehmer aus, wobei allerdings **betriebliche Störungen** vermieden werden müssen und (deshalb) **vorherige Absprachen** mit den Vorgesetzten erforderlich seien.

221 Abzulehnen ist die Auffassung des BVerwG (25.11.2010 – 2 C 32/09 – DÖV 2011, 367), wonach zum Besuch eines Bezirkskongresses der Zeugen Jehovas kein **Sonderurlaubsanspruch** nach der SonderurlaubsVO des Bundes bestehe, sehr wohl jedoch zum Besuch eines der in der Vorschrift genannten katholischen oder evangelischen Kirchentages. Letztere würden wegen ihrer gesellschaftlichen Bedeutung gefördert, während der Bezirkskongress auf die Ausübung des religiösen Bekenntnisses beschränkt sei. Zum einen gibt der Gesetzeswortlaut dafür nichts her und zum anderen ist eben auch bei den genannten Kirchentagen die Religionsausübung wesentliches Kriterium, selbst wenn eine darüberhinausgehende kulturelle und gesellschaftliche Relevanz zu bejahen wäre. Diese findet ihre Ursache in der Bedeutung der beiden christlichen Religionen und das stellt wiederum kein Rechtfertigungskriterium iSd § 8 dar.

222 Im Bereich des religiösen Diskriminierungsverbotes ist es Aufgabe der Rechtsprechung, **brauchbare Abgrenzungskriterien** zwischen tatsächlichen **Benachteiligungstatbeständen** einerseits und religiös begründeter **Vorteilseinräumung** andererseits zu entwickeln. Letztere wird durch das AGG nicht geschützt. Es ist zumindest fraglich, ob der Arbeitgeber diskriminierungsrechtlich verpflichtet ist, auf religiös begründete Arbeitsverbote an bestimmten Tagen Rücksicht zu nehmen oder bestimmte koschere Speisen im Angebot zu halten. Es wird insoweit maßgeblich sein, ob und in welchem Maße jeweils der **Kern der Religionsausübung** betroffen ist. In diesem Zusammenhang wird es allerdings nicht auf die innere Glaubensüberzeugung des Einzelnen hinsichtlich der religiösen Verbindlichkeit ankommen, auf die die Rechtsprechung bei der Bestimmung des verfassungsrechtlichen Schutzes der Religionsfreiheit Rücksicht nimmt. Zur unterschiedlichen Behandlung verschiedener Religionen auch Ladeur/Augsberg: Toleranz – Religion – Recht.

223 Jenseits davon wird wohl entsprechend der Rechtsprechung im Einzelfall eine **Abwägung** zwischen den **betrieblichen Belangen** einerseits und der arbeitgeberseitigen **Rücksichtnahme-** bzw. **Fürsorgepflicht** andererseits vorzunehmen sein (Wisskirchen, DB 2006, 1495). Die Vornahme angemesse-

ner **Vorkehrungen** wird unionsrechtlich nur im Rahmen des **Diskriminierungsverbotes für Behinderte** verlangt (Art. 5 der Rahmenrichtlinie), nicht jedoch bezüglich der anderen Merkmale, während etwa das **US-amerikanische Arbeitsrecht** (Title VII of the Civil Rights Act of 1964) bezüglich des Schutzes der Religionsausübung ausdrücklich derartige aktive Vorkehrungspflichten des Arbeitgebers kennt (Thüsing/Leder, NZA 2004, 1312). Die Umsetzung dieses Handlungsgebotes durch die Rechtsprechung scheint dort allerdings durchaus zurückhaltend zu erfolgen (Thüsing/Leder, NZA 2004, 1312). Die Zumutbarkeit entsprechender Handlungs- oder Duldungspflichten wird die maßgebliche diskriminierungsrechtliche Grenze darstellen. Insoweit wird angeknüpft werden können an die Rechtsprechung des EuGH, der die Prüfung zumutbarer konfliktvermeidender Ausweichmöglichkeiten verlangt hat (EuGH 27.10.1976 – Rs. C-130/75 (Prais) – EuGHE 1976, 1589, 1598).

e) Diskriminierung wegen Behinderung

224 Im Bereich der unterschiedlichen Behandlung hinsichtlich der **Arbeitsbedingungen** wird das Diskriminierungsmerkmal der Behinderung Bedeutung gewinnen. Der **Begriff** der Behinderung iSv § 1 entspricht dem des **§ 2 Abs. 1 S. 1 SGB IX** (ArbG Berlin 13.7.2005 – 86 Ca 24618/04 – NZA-RR 2005, 608) Danach liegt eine Behinderung vor, wenn Menschen körperliche, seelische, geistige oder Sinnesbeeinträchtigungen haben, die sie in Wechselwirkung mit einstellungs- und umweltbedingten Barrieren an der gleichberechtigten Teilhabe an der Gesellschaft mit hoher Wahrscheinlichkeit länger als sechs Monate hindern können (§ 2 Abs. 1 S. 1 SGB IX nF).

225 Der EuGH hat auch die zuvor kontrovers diskutierte Frage entschieden, ob der Begriff der Behinderung den der **Krankheit** mit umfasst. Der EuGH hat dies verneint (EuGH 11.7.2006 – Rs. C-13/05 (Chacón Navas) – NZA 2006, 839), wobei natürlich eine **langwierige Erkrankung** zusätzlich den Behinderungstatbestand iSd § 2 SGB IX und damit des AGG erfüllen kann.

226 Das **Benachteiligungsverbot des § 164 Abs. 2 SGB IX** – ersetzt durch das AGG – bindet auch die Tarif- und Betriebsparteien (BAG 18.11.2003 – 9 AZR 122/03 – AP § 81 SGB IX Nr. 4). In dieser Entscheidung hatte das BAG eine tarifliche Regelung gebilligt, nach der die Dauer von Altersteilzeitarbeitsverhältnissen für Schwerbehinderte begrenzt wurde durch die Möglichkeit, vorzeitig ungeminderte Altersrente in Anspruch nehmen zu können. Die daraus resultierende Benachteiligung sei gerechtfertigt durch die mit dem Institut der Altersteilzeit beabsichtigte Förderung von Neueinstellungen. Ob dieses Ziel allerdings durch eine Regelung erreicht werden kann, die faktisch zu einer Verringerung von abgeschlossenen Altersteilzeitverträgen führt, erscheint doch eher zweifelhaft (kritisch insoweit Däubler-Schiek, TVG Einl. Rn. 433).

227 Von dem mittelbaren und unmittelbaren Diskriminierungsverbot zu unterscheiden ist hier das Verbot der diskriminierenden Benachteiligung durch **Unterlassen angemessener Vorkehrungen**. Die daraus resultierende Verpflichtung zum Tätigwerden besteht unionsrechtlich nur in Bezug auf Behinderte. Art. 5 RL 2000/78/EG verpflichtet Arbeitgeber zu arbeitsplatz-

und tätigkeitsbezogenen Maßnahmen, die die berufliche Gleichbehandlung Behinderter sicherstellen sollen. Die Durchführung steht allerdings unter dem **Vorbehalt unverhältnismäßiger wirtschaftlicher Belastungen** des Arbeitgebers, woraus zutreffend der Schluss gezogen wird, dass dann dieses Argument bei den anderen Merkmalsbereichen mittelbarer Diskriminierung keine Berücksichtigung im Sinne eines Rechtfertigungsgrundes finden kann (Schiek, NZA 2004, 875; Rebhahn-Rebhahn, Einl. Rn. 13).

Nach dem Erwägungsgrund 16 der RL 2000/78/EG ist eine Belastung nicht unverhältnismäßig, wenn sie durch geltende Maßnahmen im Rahmen der Behindertenpolitik des Mitgliedstaates ausreichend **kompensiert** wird.

Nach dem Erwägungsgrund Nr. 21 zu Art. 5 der Rahmenrichtlinie 2000/78/EG ist bei der Prüfung der wirtschaftlichen Belastungen nicht auf das Verhältnis zwischen Aufwand und einzelnem Arbeitsplatz abzustellen, sondern auf die finanzielle Leistungsfähigkeit des Unternehmens insgesamt.

228 Ob allerdings überhaupt die Berufung auf wirtschaftliche und/oder organisatorische Belastungen im Zusammenhang mit der beruflichen Gleichbehandlung Behinderter seit Inkrafttreten des AGG noch zulässig ist, erscheint zumindest zweifelhaft, betrachtet man die **Rechtsprechung des EuGH zur Beschäftigung von Schwangeren.** Allenfalls unverhältnismäßige wirtschaftliche Belastungen dürften hier noch Berücksichtigung finden (EuGH 11.4.2013 – Rs. C-335/11 (Ring, Skouboe Werge) – ArbR 2013, 235).

229 Da das AGG selbst keine der Regelung in § 164 Abs. 4 SGB IX entsprechenden Maßnahmen vorsieht, stellt sich die Frage nach einer **analogen Anwendung** dieses Maßnahmenkatalogs bzw. einer **richtlinienkonformen Auslegung** bezogen auf Behinderte iSd § 2 SGB IX. Der Arbeitgeber wäre dann durch Umsetzung der dort genannten Fördermaßnahmen verpflichtet, die konkreten Arbeitsbedingungen der Behinderten so zu gestalten, dass von vorneherein behindertenabhängige Diskriminierungen ausgeschlossen bzw. so weit wie möglich wieder beseitigt werden.

Es bestünde dann ein klagbarer Anspruch auf eine entsprechende Gestaltung der Beschäftigung und auf bevorzugte Teilnahme an Maßnahmen der innerbetrieblichen beruflichen Bildung (BAG 3.12.2002 – 9 AZR 481/01 – AP Nr. § 81 SGB IX Nr. 2; BAG 14.10.2003 – 9 AZR 100/03 – AP § 81 SGB IX Nr. 3). Praktisch erstreckt sich der Anspruch auf **behindertengerechte Einrichtung und Unterhaltung** der Arbeitsstätten, der Maschinen, der Arbeitsplätze, des Arbeitsumfeldes, der Arbeitsorganisation und nicht zuletzt der Arbeitszeit (so wohl auch unter Hinweis auf die richtlinienkonforme Auslegung Schiek-Welti, Art. 3, SGB IX § 81 Rn. 6).

230 Das im Jahr 2004 mit § 84 Abs. 2 SGB IX aF, jetzt § 167 Abs. 2 SGB IX, eingeführte betriebliche Eingliederungsmanagement erstreckt sich nicht nur auf Schwerbehinderte, sondern muss auch den erweiterten Behindertenbegriff des AGG erfassen. Dagegen dürfte eine analoge Anwendung der sonstigen Regelungen, die ausdrücklich für schwerbehinderte Menschen Anwendung finden sollen, auf alle Behinderten wegen des ausdrücklichen Geltungsbereichs in § 151 SGB IX mit Schwierigkeiten verbunden sein (dazu Rust/Falke-Raasch, § 5 Rn. 101).

Eine analoge Anwendung des § 164 Abs. 4 SGB IX bzw. der dogmatische Hilfsweg über eine richtlinienkonforme Auslegung wird zum Teil abgelehnt mit Hinweis auf das nationale Umsetzungsdefizit der Behindertenrichtlinie (Thüsing, Arbeitsrechtlicher Diskriminierungsschutz, Rn. 358).

231 Eine tarifvertragliche Regelung, nach der die Hauptpflichten aus dem Arbeitsverhältnis ruhen, kann nicht die Pflicht des Arbeitgebers aus § 164 SGB IX aufheben, den schwerbehinderten Menschen entsprechend seinen Fähigkeiten unter behinderungsbedingter Verringerung seiner Arbeitszeit zu beschäftigen, wenn er nach ärztlicher Feststellung noch in der Lage ist, trotz einer vom Rentenversicherungsträger festgestellten Erwerbsminderung mit **verringerter Arbeitszeit** tätig zu werden und dem Arbeitgeber diese Beschäftigung auch zumutbar ist (BAG 14.10.2003 – 9 AZR 100/03 – AP § 81 SGB IX Nr. 3).

232 Ungeklärt in diesem Zusammenhang ist das Merkmal **des Beschäftigungsanspruchs** nach § 164 Abs. 4 Nr. 1 SGB IX. Einigkeit besteht insoweit, dass sich der Anspruch zunächst auf den zugewiesenen konkreten Arbeitsplatz bezieht (Müller-Wenner/Schorn, Teil 2, Schwerbehindertenrecht, SGB IX § 81 Rn. 69). Der Anspruch kann sich jedoch zu einem solchen auf Übertragung einer behindertengerechten anderen Beschäftigung wandeln (Müller-Wenner/Schorn, aaO), zumindest im Rahmen des Direktionsrechts. Umstritten ist, ob ein Anspruch auf einen anderen bestimmten Arbeitsplatz besteht. In jedem Fall wäre der Arbeitgeber verpflichtet, dem schwerbehinderten Menschen einen freien behinderungsgerechten Arbeitsplatz im Betrieb zuzuweisen.

233 Die Verpflichtung zur Schaffung eines neuen behindertengerechten Arbeitsplatzes wird **überwiegend abgelehnt** (BAG 22.11.2005 – 1 ABR 49/04 – DB 2006, 343; BAG 3.12.2002 – 9 AZR 462/01 – AP § 124 SGB IX Nr. 1). Ein **Beförderungsanspruch** soll aus § 164 SGB IX ebenfalls nicht herzuleiten sein (BAG 10.5.2005 – 9 AZR 230/04 – AP § 81 SGB IX Nr. 8). Allerdings hat das BAG bei gleicher Qualifikation und dem Fehlen dagegen sprechender betrieblicher Gründe einen Anspruch auf gewisse Bevorzugung des schwerbehinderten Menschen in diesem Zusammenhang anerkannt (BAG 28.4.1998 – 9 AZR 348/97 – NZA 1999, 152). Ein **Unterlassen** dieser Bevorzugung bei Vorliegen entsprechender Voraussetzungen wäre dann als Diskriminierung im Sinne des AGG anzusehen.

Die Behinderung eines Arbeitnehmers und die daraus folgende eingeschränkte Möglichkeit der Aufgabenerfüllung ist auch im Rahmen einer Versetzung an einen anderen Arbeitsort in die Ermessenserwägung einzubeziehen (zur Versetzung eines Beamten zu einer anderen Dienststelle: VG Frankfurt 8.2.2007 – 9 E 3882/06 – ZBR 2007, 280).

234 Eine schuldhafte Verletzung der Verpflichtungen aus § 164 Abs. 4 SGB IX könnte einen **Schadensersatzanspruch** nach sich ziehen, der sich auf die entgangene Vergütung bezieht wegen der durch die Behinderung verursachten Unmöglichkeit der Erbringung der vertraglich geschuldeten Arbeitsleistung (BAG 4.10.2005 – 9 AZR 632/04 – AuR 2005, 413).

f) Diskriminierung wegen sexueller Identität

235 Hier können insbesondere **Kommunikationsformen** auf dem Prüfstand stehen, wenn direkt oder indirekt die sexuelle Ausrichtung des Merkmalträgers inhaltlich betroffen ist, soweit dies nicht schon den Tatbestand der sexuellen Belästigung nach § 3 Abs. 4 erfüllt. Auch **subtile Verhaltensweisen** werden erfasst. Handlungen, die früher unter dem Gesichtspunkt des Rechtsmissbrauchs erörtert wurden, wie etwa die Kündigung innerhalb der Probezeit wegen des persönlichen Sexualverhaltens (BAG 23.6.1994 – 2 AZR 617/93 – NZA 1994, 1080), sind unmittelbar nach dem Diskriminierungsverbot des AGG zu beurteilen. Diskriminierend wäre etwa die im Rahmen des **Direktionsrechts** erfolgte Entfernung eines homosexuellen Bankangestellten aus der direkten Kundenbetreuung mit dem Hinweis, Kleidung und Verhalten ließen ohne Weiteres Rückschlüsse auf seine persönliche Sexualpräferenz zu und dies sei den Kunden nicht zuzumuten. **Bekleidungsregeln**, die nicht betrieblich notwendig sind, sondern sich lediglich gegen bestimmte Mitarbeitergruppen richten (Verbot des Tragens eines „gay"-Stickers), sind diskriminierend. Gesichtspunkte wie die Wahrung des **Betriebsfriedens** oder **Kundenerwartungen** sind keine Rechtfertigungsgründe. Die Vorenthaltung sonst üblicher Zusatzaufgaben (zB Übernahme von Ausbildungstätigkeiten) kann den Diskriminierungstatbestand erfüllen.

Eine tarifliche Regelung, die anlässlich der **Eheschließung** bezahlten **Sonderurlaub** gewährt, diskriminiert Mitglieder einer eingetragenen Lebenspartnerschaft unter dem Gesichtspunkt der sexuellen Identität (EuGH 12.12.2013 – Rs.C-267/12 (Hay)).

236 Der französische Cour de Cassations hat in einer Entscheidung vom 18.5.2007 (Nr. 05/40 803 P+B+R+I) die Degradierung eines Arbeitnehmers wegen Empfangs von Privatpost sexueller Ausrichtung am Arbeitsplatz (Swinger-Lektüre in der Geschäftspost) als Diskriminierung angesehen (Entscheidungsabdruck in NZA aktuell, 15/2007 mAnm Zumfelde).

VIII. Kündigung des Arbeitsverhältnisses

237 Eine Benachteiligung kann auch dadurch erfolgen, dass das Arbeitsverhältnis gekündigt wird (EuGH 11.7.2006 – Rs. C-13/05 (Chacón Navas) – DB 2006, 1617). § 2 Abs. 4 wird in der Rechtsprechung des BAG so interpretiert, dass er einer Überprüfung von Kündigungen am Maßstab des AGG nicht entgegensteht (Nachweise → § 2 Rn. 298 ff.). Hält man ihn für unionsrechtswidrig (→ § 2 Rn. 292), findet das AGG automatisch in vollem Umfang Anwendung, so dass sich insoweit kein Unterschied ergibt (ähnlich DDZ-Deinert, KSchG § 1 Rn. 74). Die **EU-Grundrechtecharta** bringt als solche jedoch keine Erweiterung des Kündigungsschutzes, da die Rechtsprechung des EuGH ihren Bestimmungen bisher keine Wirkung im Verhältnis zwischen Privatrechtssubjekten („Horizontalwirkung", in Deutschland üblicherweise „Drittwirkung" genannt) zugesprochen hat (Biltgen, NZA 2016, 1245; vgl. auch M. Meyer, NZA 2014, 993 ff.).

238 Die Benachteiligung kann sich auf **alle Arten von Kündigungen** beziehen; Diskriminierungsverbote sind in gleicher Weise bei der außerordentlichen, der ordentlichen und der Änderungskündigung zu beachten. § 7 findet

auch in **Kleinbetrieben** Anwendung, die aus dem KSchG ausgeklammert sind; dasselbe gilt für die ersten sechs Monate des Arbeitsverhältnisses. Selbst eine in der **Probezeit** erklärte Kündigung darf nicht aus den Gründen des § 1 erfolgen. Dies kann von großer praktischer Bedeutung sein (s. den Fall BAG 23.7.2015 – 6 AZR 457/14 – NZA 2015, 1380).

239 Benachteiligend können auch gesetzliche oder tarifliche **Kündigungsfristen** wirken. Praktische Bedeutung kommt insbesondere der Tatsache zu, dass der bisherige § 622 Abs. 2 S. 2 BGB bei der Beschäftigungsdauer (die für die Länge der Kündigungsfrist maßgebend ist) die Zeiten vor der Vollendung des 25. Lebensjahres nicht berücksichtigte. Darin liegt – wie der EuGH (19.1.2010 – Rs. C-555/07 (Kücükdeveci) – NZA 2010, 85) festgestellt hat – eine **Diskriminierung wegen (jugendlichen) Alters**. Dem hat sich das BAG (1.9.2010 – 5 AZR 700/09 – DB 2010, 2620) angeschlossen und wendet deshalb die Vorschrift des § 622 Abs. 2 S. 2 BGB wegen des Anwendungsvorrangs des Unionsrechts nicht mehr an. Dies wurde auf entsprechende Tarifnormen erstreckt – und zwar auch dann, wenn sie nicht nur deklaratorisch auf § 622 Abs. 2 S. 2 BGB verweisen, sondern eine entsprechende eigenständige Regelung enthalten (BAG 29.9.2011 – 2 AZR 177/10 – NZA 2012, 754). Eine arbeitsvertragliche Bezugnahme geht dann insoweit ins Leere (BAG 29.9.2011 – 2 AZR 177/10 – NZA 2012, 754).

240 Auch eine **Abmahnung**, die selektiv gegen Merkmalsträger nach § 1 eingesetzt wird, stellt eine unzulässige Benachteiligung dar. Dies wäre beispielsweise dann der Fall, wenn Pflichtverstöße ethnischer Minderheiten immer mit einer Abmahnung beantwortet würden, während dies bei Deutschen in vergleichbaren Situationen nicht der Fall ist.

241 In der Literatur ist die Erwartung geäußert worden, dass das **AGG insbesondere im Zusammenhang mit Kündigungen** Bedeutung gewinnen würde (Bauer/Thüsing/Schunder, NZA 2005, 32, 36; Wisskirchen, DB 2006, 1495). Dies ist insbesondere für jene **Bereiche** plausibel, in denen das **KSchG keine Anwendung** findet: Neben den ersten sechs Monaten des Arbeitsverhältnisses sind dies insbesondere Kleinbetriebe im Sinne des § 23 Abs. 1 S. 2, 3 KSchG sowie die verschiedenen Gruppen von arbeitnehmerähnlichen Personen. Die Situation dieser Beschäftigten weist im Grundsatz einige Ähnlichkeiten mit der Stellung von Arbeitnehmern in den **USA** auf (Employment-at-Will-Doktrin, üblicherweise als „hire and fire" bezeichnet), wo der Diskriminierungsschutz zur dominierenden Form der Abwehr ungerechtfertigter Kündigungen wurde (Kittner/Kohler, Beilage 4 zu BB Heft 13/2000; Finkin, RdA 2002, 340). Eine erste Einführung in mögliche Anwendungsfälle der Diskriminierungsverbote bei Kündigungen findet sich bei Däubler, Kündigungsschutz im Arbeitsverhältnis, S. 75–95. In der Praxis scheinen sich diese Möglichkeiten bisher noch nicht ausreichend herumgesprochen zu haben.

242 Verletzt eine **Kündigung** ein Diskriminierungsverbot, so ist sie **unwirksam**. Dies ergibt sich aus dem KSchG, soweit mit Rücksicht auf § 2 Abs. 4 eine Überprüfung im Rahmen des Kündigungsschutzverfahrens, dh der sozialen Rechtfertigung erfolgt (→ Rn. 237). Lässt man § 2 Abs. 4 außer Anwendung, so ergibt sich die Unwirksamkeit aus **§ 7 Abs. 2**.

243 Im Folgenden soll zunächst die unmittelbar diskriminierende Kündigung (→ Rn. 244 ff.), dann das Problem diskriminierender Auswahlkriterien (→ Rn. 288 ff.) und anschließend die Kündigung im Zusammenhang mit einer Belästigung behandelt werden (→ Rn. 307 ff.). Den Abschluss bilden Ausführungen über mittelbar diskriminierende Kündigungen (→ Rn. 309 ff.).

1. Unmittelbar diskriminierende Kündigung

244 Denkbar ist, dass die Kündigung als solche unmittelbar an ein **Merkmal des § 1** anknüpft. Einbezogen sind dabei auch **Eigenschaften und Handlungen**, die mit den fraglichen Merkmalen in Zusammenhang stehen (dazu im Einzelnen → § 1 Rn. 14 ff.). In Betracht kommt weiter, dass **Träger** des Merkmals nicht der Gekündigte, sondern **eine** ihm **nahestehende Person** ist (→ § 1 Rn. 109 f.).

a) Diskriminierung wegen des Geschlechts

aa) Allgemeines

245 Dass eine Person unmittelbar und ausdrücklich **„als Frau"** oder „als Mann" **gekündigt** wird, ist in heutiger Zeit höchst unwahrscheinlich. Erinnert sei jedoch an die Kündigung zahlreicher verheirateter Frauen nach dem Zweiten Weltkrieg bis weit hinein in die 50er-Jahre: Man vertrat den Standpunkt, das Einkommen des Ehemannes müsse genügen, solange es noch arbeitslose Familienväter gäbe (Einzelheiten zu Kündigungen wegen sog **Doppelverdienertums** bei Pfarr/Bertelsmann, Diskriminierung im Erwerbsleben, S. 374). Zur Anwendung unterschiedlicher Maßstäbe bei Männern und Frauen, wenn es um eine verhaltens- oder eine personenbedingte Kündigung geht, → Rn. 288.

bb) Stereotype und Klischees

246 Eine ähnliche Situation ist auch heute noch gegeben, wenn der Arbeitsplatz einer Frau aus betrieblichen Gründen wegfällt, ein anderer **freier Arbeitsplatz** aber für sie **nicht** in Betracht kommen soll, **weil** sie dort **schwere Gegenstände** schleppen müsste (vgl. LAG Hamm 18.12.1987 – 17 Sa 1225/87 – NZA 1988, 586 Ls. = EzA § 612 a BGB Nr. 1). Soweit dabei mit Pauschalurteilen („Eine Frau kann keine Gegenstände mit 15 Kilo Gewicht tragen") gearbeitet wird, liegt eine unmittelbare Diskriminierung vor (Schiek/Horstkötter, NZA 1998, 864; im Ansatz übereinstimmend LAG Köln 8.11.2000 – 3 Sa 974/00 – NZA-RR 2001, 232).

247 Kündigungen sind denkbar auch mit Rücksicht auf andere **Klischeevorstellungen** in Bezug auf die weibliche oder die männliche Arbeitskraft: Eine Frau sei nicht in der Lage, Bierfässer zu rollen (so ein englisches Gericht) oder Bäume zu fällen und Pflastersteine zu verlegen (so der Fall ArbG Herne 17.1.1985 – 3 Ca 2105/85). Umgekehrt hätten Frauen bei Gymnastikkursen sehr viel bessere Resonanz als Männer, weshalb einem Mann gekündigt wurde (alle Beispiele nach Schiek/Horstkötter, NZA 1998, 863). Die Anknüpfung an derartige Geschlechtsrollenstereotype ist **einer** unmittelbaren **Anknüpfung an das Geschlecht gleich zu behandeln** (ebenso DDZ-Deinert, KSchG § 1 Rn. 198: „Frauen nicht als Gerüstbauerinnen").

cc) Schwangerschaft und Kündigung

248 Die Kündigung während der Schwangerschaft und in den ersten vier Monaten nach der Entbindung ist durch § 17 Abs. 1 MuSchG nF ausgeschlossen. Soweit sie nach § 17 Abs. 2 MuSchG nF mit Zustimmung der obersten Landesbehörde ausnahmsweise zulässig ist, darf kein Zusammenhang mit der Schwangerschaft und Geburt bestehen. Für Arbeitnehmerinnen ist das Diskriminierungsverbot daher praktisch ohne Relevanz (nicht bedacht bei Falke/Rust-Rust/Bertelsmann, § 7 Rn. 150 f.). Es gewinnt allerdings Bedeutung bei sonstigen Formen der Beendigung von Arbeitsverhältnissen, etwa bei der Nichtverlängerung eines befristeten Arbeitsvertrags (→ Rn. 327).

249 Von den **arbeitnehmerähnlichen Personen** werden durch § 17 Abs. 3 MuSchG nF lediglich die **Heimarbeiterinnen** und gleichgestellte Personen erfasst. Bei allen anderen arbeitnehmerähnlichen Personen ist eine Beendigung des Rechtsverhältnisses mit Rücksicht auf die Schwangerschaft nach § 7 Abs. 1 ausgeschlossen. Dabei kann die Regelung für Heimarbeiterinnen Anhaltspunkte dafür geben, unter welchen Bedingungen eine schwangerschaftsbedingte Beendigung vorliegt. Auch **bei selbstständiger Tätigkeit** gibt es einen Bestandsschutz, weil dieser nur die andere Seite des Zugangs ist (→ § 2 Rn. 28). Vgl. weiter EuGH 4.10.2001 – Rs. C-438/99 (Jiménez Melgar) – NZA 2001, 1243 Rn. 45 und dazu Corazza, in: Nogler [a cura di], S. 112 ff.). Dies ist vom EuGH (11.11.2010 – Rs. C-232/09 (Dita Danosa) – NZA 2011, 143) für eine schwangere Geschäftsführerin ausdrücklich bestätigt worden.

250 **Schwangerschaftsbedingte Krankheiten** dürfen im Grundsatz den Bestand des Arbeitsverhältnisses ebenfalls nicht in Gefahr bringen (EuGH 30.6.1998 – Rs. C-394/96 (Brown) – NZA 1998, 871), doch soll dies nicht gelten, wenn sich die Krankheit über die Schutzfristen hinaus fortsetzt (EuGH 8.11.1990 – Rs. C-179/88 – NZA 1991, 173, bestätigt durch EuGH 8.9.2005 – Rs. C-191/03 – NZA 2005, 1105). Dies ist abzulehnen, da die kausale Verbindung zu einem geschlechtsspezifischen Merkmal nicht vom Zeitfaktor abhängt und auch an der Benachteiligung kein Zweifel besteht. Geht es um die **Kündigung wegen wiederholter Erkrankung,** zählen die Fehlzeiten während der Schwangerschaft und der viermonatigen Schutzfrist nach der Geburt nicht mit (KR-Treber, § 3 Rn. 26). Eine andere Frage ist, inwieweit die Krankheit die Voraussetzungen einer (einfachen) Behinderung nach § 2 Abs. 1 SGB IX erfüllt (→ Rn. 265 ff.).

251 Auch eine **geplante Schwangerschaft** darf nicht mitursächlich für eine Kündigung sein (Schiek/Horstkötter, NZA 1998, 863, 864; zustimmend KR-Treber, § 3 Rn. 23). Dies gilt auch dann, wenn von den Möglichkeiten der modernen Reproduktionsmedizin Gebrauch gemacht wird (ebenso Schiek/Horstkötter, NZA 1998, 864; im Grundsatz auch EuGH 26.2.2008 – Rs. C-506/06 (Mayr) – NZA 2008, 345. Das ArbG Elmshorn 29.1.1997 – 1 e Ca 1902/96 – EzA § 242 BGB Nr. 40 = AiB 1997, 364 mAnm Schirge und das LAG Schleswig-Holstein 17.11.1997 – 5 Sa 184/97 – LAGE § 242 BGB Nr. 3 haben die diskriminierungsrechtliche Problematik völlig übersehen). Erst recht gilt dies für einen in allgemeiner Form geäußerten **Kinderwunsch** (so ArbG Wiesbaden 12.2.1992 – 6 Ca 2/92 – AiB 1992, 298).

dd) Frauenpolitisches Engagement

252 Frauenpolitisches Engagement darf gleichfalls nicht zu einer Kündigung führen, soweit es sich im Rahmen des allgemein Erlaubten bewegt. In einem solchen Fall wird an Handlungen angeknüpft, die mit dem Geschlecht unmittelbar in Zusammenhang stehen (zur Einbeziehung solcher Verhaltensweisen → § 1 Rn. 14 ff.; für bloße mittelbare Benachteiligung Rebhahn-Rebhahn, § 3 Rn. 38). Außerdem kommt in solchen Fällen auch eine **Benachteiligung wegen einer persönlichen Überzeugung** in Betracht (zu diesem Merkmal → § 1 Rn. 74 ff.).

ee) Transsexualität

253 Transsexuelle Personen, die ihr Geschlecht gewechselt haben oder die eine entsprechende Absicht haben, dürfen aus diesem Anlass nicht gekündigt werden (DDZ-Deinert, KSchG § 1 Rn. 229). Der EuGH (30.4.1996 – Rs. C-13/94 (P/S) – NZA 1996, 695 Rn. 21) sieht darin mit Recht eine unmittelbare Diskriminierung wegen des Geschlechts. Eine Rechtfertigung nach § 8 Abs. 1 ist schwer vorstellbar und kommt auf alle Fälle nur dann in Betracht, wenn die Transsexualität als solche irgendwie erkennbar ist (KR-Pfeiffer, 8. Aufl., AGG Rn. 126). Auch kann der Einzelne einen Anspruch haben, sich seinem Wunschgeschlecht entsprechend zu kleiden; eine gegenteilige Weisung wäre unwirksam, die Zuwiderhandlung könnte keine Kündigung rechtfertigen (Thüsing, JZ 2006, 223; zustimmend DDZ-Deinert, KSchG § 1 Rn. 230).

b) Diskriminierung aus Gründen der Rasse und der ethnischen Herkunft

254 Dass sich eine Kündigung ausdrücklich darauf stützt, der Betroffene sei kein Deutscher oder gehöre einer bestimmten Minderheitsgruppe an, wird in der Praxis selten vorkommen. Wollen **Kunden nicht gern mit einem „Farbigen“** oder einem Ostasiaten zusammenarbeiten, so ist dies hinzunehmen; würde man entsprechende Vorstellungen und Wünsche für eine Kündigung genügen lassen, wäre das Diskriminierungsverbot weithin gegenstandslos (DDZ-Däubler, BGB § 242 Rn. 51; Schiek, AuR 2003, 44, 48; Wisskirchen, DB 2006, 1491, 1493). Auch wirtschaftliche Einbußen müssen ggf. in Kauf genommen werden (Schiek, AuR 2003, 44, 48; Wisskirchen, DB 2006, 1491, 1493). Eine andere Beurteilung gilt nur dann, wenn die **Situation einer Druckkündigung** gegeben ist, weil der fragliche Unternehmensbereich angesichts des Verhaltens von Kunden nicht mehr funktionieren kann; darauf ist an späterer Stelle einzugehen (→ Rn. 308).

255 **Unmutsäußerungen innerhalb der Belegschaft**, dass man „so Einen“ oder „so Eine“ nicht schätze, sind kein Kündigungsgrund. Im Gegenteil verpflichtet § 12 den Arbeitgeber, derartigen Vorstellungen entgegenzuwirken. Soweit es gar zu Belästigungen im Sinne des § 3 Abs. 3 kommt, ist erst recht Schutz und nicht Auflösung des Arbeitsverhältnisses geboten (→ Rn. 307 ff.).

256 Ist die Zugehörigkeit oder Nicht-Zugehörigkeit zu einer bestimmten „Rasse oder Ethnie“ **wesentliche und entscheidende Voraussetzung** für die Ausübung einer Tätigkeit, liegt nach § 8 Abs. 1 eine erlaubte Benachteiligung vor. Praktische Bedeutung kann dies bei der betriebsbedingten Kündigung

dann gewinnen, wenn ein **Ersatzarbeitsplatz** an sich vorhanden wäre, dieser aber aus dem genannten Grund **von der** fraglichen **Person nicht ausgefüllt** werden kann (Beispiel: Im Außenhandelsunternehmen kann ein Iraner nicht in der Israel-Abteilung eingesetzt werden). Hier lässt sich auch die sog **Sinti-Kündigung** einordnen (BAG 22.5.2003 – 2 AZR 426/02 – AP § 1 KSchG 1969 Wartezeit Nr. 18): Wer einen Arbeitsvertrag als Leichenbestatter schließt und nach Antritt der Arbeit erklärt, dies sei für ihn ein Tabubruch, den er nicht begehen könne, kann wegen Fehlens wesentlicher und entscheidender Voraussetzungen für die Tätigkeit ohne Verstoß gegen § 7 Abs. 1 gekündigt werden.

257 Keine Diskriminierung wegen Rasse oder ethnischer Zugehörigkeit liegt vor, wenn einem Arbeitnehmer gekündigt wird, weil er seine **Befugnis zum Aufenthalt** in Deutschland und zu abhängiger Arbeit eingebüßt hat (oder diese von Anfang an nicht besaß). Insoweit kann auf die Rechtsprechung zu fehlender Arbeitserlaubnis von Ausländern zurückgegriffen werden (BAG 7.2.1990 – 2 AZR 359/89 – NZA 1991, 341 ff.).

258 Werden im Zusammenhang mit verhaltensbedingten Kündigungen unterschiedliche Maßstäbe für Deutsche und Nichtdeutsche angelegt, stellt auch dies eine unzulässige Benachteiligung dar. Führt jede nicht ganz unerhebliche Pflichtverletzung bei einem **Ausländer** zu einer **Abmahnung** und im Wiederholungsfalle zu einer Kündigung, während entsprechende Verhaltensweisen bei **Deutschen nur** zu einer **Ermahnung**, im Höchstfall zu einer Abmahnung führen, läge eine unmittelbare Diskriminierung vor (zustimmend DDZ-Deinert, KSchG § 1 Rn. 69). In der Praxis dürfte es allerdings nicht einfach sein, die Vergleichbarkeit der jeweiligen Fälle zu belegen. Sie ist am ehesten bei gleichartigen Pflichtverletzungen wie Zuspätkommen gegeben. Liegt einer solchen selektiven Personalpraxis die (beweisbare) Vorstellung zugrunde, „die Ausländer seien unpünktlich und müssten deshalb an deutsche Ordnung gewöhnt werden", wäre dies ein zusätzliches Indiz für das Vorliegen einer Diskriminierung.

c) Behinderung als Kündigungsgrund?

aa) Sonderkündigungsschutz Schwerbehinderter

259 Schwerbehinderte Menschen im Sinne des § 2 Abs. 2 SGB IX und ihnen Gleichgestellte nach § 2 Abs. 3 SGB IX genießen einen Sonderkündigungsschutz nach Maßgabe der §§ 168 ff. SGB IX nF. Dieser bezieht sich auch auf **Auszubildende** (KR-Weigand, BBiG §§ 21–23 Rn. 7); § 210 Abs. 2 S. 2 SGB IX nF erstreckt die Regelung auf schwerbehinderte **Heimarbeiter** und diesen Gleichgestellte. **Ausgeklammert** bleiben demgegenüber **„einfache" Behinderte** im Sinne des § 2 Abs. 1 SGB IX, bei denen eine Gleichstellung nicht möglich oder nicht erfolgt ist, sowie alle **arbeitnehmerähnlichen Personen** mit Ausnahme der Heimarbeiter (ErfK-Rolfs, SGB IX nF § 168 Rn. 3; KR-Rost, Arbeitnehmerähnliche Personen, Rn. 51). Personen, die wie Vorstandsmitglieder und Geschäftsführer auf der Grundlage eines Dienstvertrages tätig sind, werden gleichfalls nicht erfasst (ErfK-Rolfs, SGB IX nF § 168 Rn. 3). Auch bei Arbeitnehmern scheidet er ua aus, wenn das Arbeitsverhältnis noch **nicht länger als sechs Monate** gedauert hat

(§ 173 Abs. 1 Nr. 1 SGB IX nF) oder wenn es **ausschließlich im Ausland** vollzogen wird (vgl. auch Schaub-Koch § 178 Rn. 9).

260 Soweit die §§ 168 ff. SGB IX nF eingreifen, bedarf die Kündigung nach § 168 SGB IX nF der **vorherigen Zustimmung des Integrationsamtes.** Dieses entscheidet nach pflichtgemäßem Ermessen. Die dabei zu berücksichtigenden Interessen sind im Gesetz nur fragmentarisch benannt; insbesondere findet sich dort keine ausdrückliche Aussage darüber, wann eine behinderungsbedingte Minderleistung die Zustimmung zur Kündigung und diese selbst rechtfertigen kann. Wird das Integrationsamt nicht eingeschaltet, so ist nicht nur die Kündigung unwirksam; dem Schwerbehinderten steht vielmehr auch ein Ersatzanspruch nach § 15 Abs. 2 zu (ArbG Neumünster 1.7.2015 – 3 Ca 332a/15 – AiB 4/2016, 61).

261 Nach der Rechtsprechung des Bundesverwaltungsgerichts (BVerwG 5.6.1975 – V C 57.73 – BVerwGE 48, 264 ff.) sind „das Interesse des Arbeitgebers an der Erhaltung seiner Gestaltungsmöglichkeiten, seines Direktionsrechts und das Interesses des schwerbehinderten Arbeitnehmers an der Erhaltung seines Arbeitsplatzes abzuwägen." Soweit die Kündigung auf **Gründe** gestützt werden soll, **die in der Behinderung selbst ihre Ursache haben,** komme allerdings dem Schwerbehindertenschutz verstärktes Gewicht zu. In Ausnahmefällen sei der Arbeitgeber sogar verpflichtet, den schwerbehinderten Arbeitnehmer „durchzuschleppen", doch müsse eine Weiterbeschäftigung ausscheiden, wenn sie „allen Gesetzen wirtschaftlicher Vernunft" widerspreche (OVG NRW 27.2.1998 – 24 A 6870/95, mwN in Rn. 38). Wenn ein Arbeitnehmer während der vergangenen drei Jahre **mehr als die Hälfte der Arbeitstage krankheitsbedingt nicht gearbeitet** habe, sei die Grenze des für den Arbeitgeber Zumutbaren „weit überschritten" (OVG NRW 27.2.1998 – 24 A 6870/95). Der Arbeitgeber hat in allen Fällen genau wie das Integrationsamt zu prüfen, ob eine Weiterbeschäftigung auf einem anderen Arbeitsplatz möglich ist. Dabei ist nicht nur an aktuell freie Arbeitsplätze zu denken; vielmehr ist der Arbeitgeber nach § 164 Abs. 4 SGB IX nF verpflichtet, durch Ausübung seines Direktionsrechts ggf. einen **„leidensgerechten" Arbeitsplatz freizumachen** (BAG 29.1.1997 – 2 AZR 9/96 – NZA 1997, 709, 710). Zu weitergehenden organisatorischen Maßnahmen, insbesondere zum „Freikündigen" eines anderen Arbeitsplatzes ist er jedoch nicht verpflichtet (BAG 29.1.1997 – 2 AZR 9/96 – NZA 1997, 709, 710). Soweit sich der andere Arbeitsplatz nicht im Rahmen der vom Schwerbehinderten geschuldeten Arbeit bewegt, ist ihm eine **Vertragsänderung anzubieten**, doch ist der Arbeitgeber nicht verpflichtet, bei der Besetzung einer höherwertigen Stelle einen qualifizierteren Bewerber abzulehnen (BAG 28.4.1998 – 9 AZR 348/97 – NZA 1999, 152, 154). Dies dürfte im Grundsatz den Anforderungen des Art. 5 der Rahmenrichtlinie Rechnung tragen.

262 Die weitere **Konkretisierung** der §§ 168 ff. SGB IX nF hat in **richtlinienkonformer** Weise zu erfolgen. Dies bedeutet, dass jede Benachteiligung (und damit auch eine Kündigung) wegen der Schwerbehinderung nur dann erfolgen darf, wenn die fragliche Person eine „wesentliche und entscheidende berufliche Anforderung" im Sinne des Art. 4 Abs. 1 der Rahmenrichtlinie nicht mehr erfüllt, diese Anforderung angemessen ist und einem rechtmäßi-

gen Zweck dient. Dies entspricht der Regelung in § 8 Abs. 1. Was dies im Einzelnen bedeutet, wird der EuGH zu konkretisieren haben. Die erste einschlägige Entscheidung hält eine Kündigung für möglich, wenn der Arbeitnehmer für die Erfüllung der „wesentlichen Forderungen" seines Arbeitsplatzes „nicht kompetent, fähig oder verfügbar" ist (EuGH 11.7.2006 – Rs. C-13/05 (Chacón Navas) – DB 2006, 1617 Rn. 51). Generell ist vorauszusetzen, dass der Arbeitgeber seinen **Pflichten aus § 164 Abs. 4 SGB IX nF** in Bezug auf den bisherigen Arbeitsplatz nachgekommen ist, also im Rahmen des Zumutbaren bereits für behinderungsgerechte Umstände gesorgt hat (Einzelheiten bei Däubler, Arbeitsrecht 2, Rn. 1474 ff.). Fehlt es daran und könnten entsprechende Maßnahmen die Weiterarbeit des Betroffenen ermöglichen, würde eine Kündigung selbstredend als unverhältnismäßiges Mittel ausscheiden.

263 Bei **krankheitsbedingtem Arbeitsausfall** ist zunächst zu fragen, ob es sich um die Folge einer (einfachen) Behinderung handelt. Ist dies der Fall, so kommt es entscheidend darauf an, inwieweit dieser zu einer erheblichen betrieblichen Störung führt. Ist die Erbringung der Arbeit im Rahmen der betrieblichen Organisation als solche nicht gefährdet, weil sich **kurzfristig** Leiharbeitnehmer oder andere **Ersatzkräfte** finden lassen, muss eine Kündigung ausscheiden. Das undifferenzierte Abstellen auf die Höhe der Fehlzeiten lässt sich daher vor dem Hintergrund der Richtlinie nicht mehr rechtfertigen. Wirtschaftliche Belastungen des Arbeitgebers, die sich aus Entgeltfortzahlungskosten ergeben, sind nicht tätigkeitsbezogen und deshalb im Rahmen des Art. 4 Abs. 1 der Richtlinie ohne Bedeutung. Die Aussage vom „Durchschleppen", das (nur) ausnahmsweise geboten sei, lässt sich in dieser Pauschalität nicht aufrechterhalten.

264 Die Pflicht des Arbeitgebers, sich um eine Weiterbeschäftigungsmöglichkeit zu kümmern, folgt unionsrechtlich aus **Art. 5 der Rahmenrichtlinie**, wonach **„angemessene Vorkehrungen"** zu treffen sind, um Menschen mit Behinderung „die Ausübung eines Berufes" zu ermöglichen. Die vom Arbeitgeber geschuldeten Maßnahmen stehen dabei unter dem Vorbehalt des Verhältnismäßigkeitsgrundsatzes. Auch das Unionsrecht verlangt daher nicht, einen Arbeitsplatz freizukündigen oder den Gewinn eines Jahres in die Anpassung eines Arbeitsplatzes zu investieren. Bemerkenswert ist, dass die deutsche Rechtsprechung auch die Weiterbeschäftigung auf einem **besser bewerteten Arbeitsplatz** einbezieht (so im Grundsatz BAG 28.4.1998 – 9 AZR 348/97 – NZA 1999, 152, 154), was in Großbritannien durchaus als Problem gesehen wird (Hughes, ILJ 33 [2004] S. 358 ff. – Fall Archibald). Dass eine solche Variante ausscheidet, wenn für den fraglichen Arbeitsplatz ein besser qualifizierter Bewerber vorhanden ist, entspricht den bei der Einstellung angewandten Grundsätzen (→ Rn. 80 ff.).

bb) Kündigung „einfacher" Behinderter und anderer von den §§ 168 ff. SGB IX nF nicht erfasster Personen

265 Der von der Rahmenrichtlinie vorgeschriebene Diskriminierungsschutz beschränkt sich nicht auf Schwerbehinderte, sondern stellt auf „Behinderte" schlechthin ab. Dies ist in der Literatur heute anerkannt (Nachweise → § 1 Rn. 81) und wird inzwischen auch in der Rechtsprechung praktiziert

(ArbG Berlin 13.7.2005 – 86 Ca 24618/04 – NZA-RR 2005, 608, bestätigt durch BAG 3.4.2007 – 9 AZR 823/06 – NZA 2007, 1098). Die amtliche Begründung des AGG verweist darauf, der Begriff der „Behinderung" im Sinne des § 1 entspreche den gesetzlichen **Definitionen in § 2 Abs. 1 S. 1 SGB IX (aF)** und in § 3 Behinderten-Gleichstellungsgesetz (BR-Drs. 329/06, 31, 9. Absatz der Erläuterungen zu § 1). Dies wird auch in Rechtsprechung und Literatur weit überwiegend so gesehen (→ § 1 Rn. 78 ff.). Dies bedeutet, dass alle nicht von den §§ 168 ff. SGB IX nF erfassten Personen, die „behindert" im Sinne des § 2 Abs. 1 SGB IX sind, (nur) unter das Benachteiligungsverbot des § 7 Abs. 1 fallen. Zu dieser Gruppe zählen insbesondere Personen, die **aufgrund von Erkrankungen die Voraussetzungen des § 2 Abs. 1 SGB IX erfüllen**. Dies ist dann der Fall, wenn

- körperliche Funktionen, geistige Fähigkeiten oder die seelische Gesundheit
- mit hoher Wahrscheinlichkeit dazu führen, dass für einen Zeitraum von
- mehr als sechs Monaten
- eine Abweichung von dem für das Lebensalter typischen Zustand vorliegt und
- daher die gleichberechtigte Teilhabe des Betroffenen am Leben in der Gesellschaft beeinträchtigt ist.
- Dabei muss die Wechselwirkung mit einstellungs- und umweltbedingten Barrieren beachtet werden.

266 Das Abstellen auf den altersbedingten Gesundheitszustand als Bezugsgröße hat Kritik erfahren (Neumann, in: ders. (Hrsg.), § 5 Rn. 5; Schiek-Schiek, § 1 Rn. 42; Bedenken auch bei Welti, ZESAR 2007, 48), doch ist bis auf Weiteres von § 2 Abs. 1 SGB IX auszugehen. Erfasst sind beispielsweise **leichtere psychische Erkrankungen wie Platzangst**, die die Teilhabe am Leben in der Gesellschaft beeinträchtigen. Dasselbe gilt für Bulimie; auch wer einen Grad der Behinderung von 30 oder 40 besitzt, aber keine Gleichstellung erreicht (vgl. ArbG Berlin 13.7.2005 – 86 Ta 24618/04 – NZA-RR 2005, 608: Neurodermitis mit einem GdB von 40), ist einbezogen.

267 Die von der Rechtsprechung entwickelten Grundsätze über die **Kündigung wegen Krankheit** bedürfen insofern der Überprüfung, als im Einzelfall zu fragen ist, **ob** die Voraussetzungen einer **„einfachen" Behinderung** im Sinne des § 2 Abs. 1 SGB IX erfüllt sind (ebenso Thüsing/Wege, NZA 2006, 136, 139, die von einem möglichen Paradigmenwechsel sprechen). Dies wird auch von der Rechtsprechung des EuGH bestätigt (EuGH 11.7.2006 – Rs. C-13/05 (Chacón Navas) – DB 2006, 1617), die danach fragt, ob eine Krankheit eine Behinderung zur Folge hat.

268 Die **§§ 168 ff. SGB IX nF** können auf die Kündigung „einfacher" Behinderter und anderer vom SGB IX nicht erfasster Personen keine analoge Anwendung finden. Die Richtlinie verlangt nicht (sondern lässt es nur zu), dass die Kündigung eines Behinderten von der vorherigen staatlichen Genehmigung abhängig gemacht wird (richtig ErfK-Rolfs, SGB IX § 168 Rn. 3). Gegen eine Analogie spricht weiter, dass der Gesetzgeber den personellen Anwendungsbereich des SGB IX ausdrücklich bestimmt hat. Schließlich fehlt es an einer Lücke, da das **AGG** außerhalb des SGB IX **eingreift**

und nicht etwa durch dieses als lex specialis verdrängt wird. Probleme ergeben sich nur insoweit, als in Abweichung von dem für Schwerbehinderte Geltenden für die hier relevante Gruppe keine „angemessenen Vorkehrungen" im Sinne des Art. 5 der Richtlinie vorgeschrieben sind. Im vorliegenden Zusammenhang ist dies von Bedeutung, wenn es um die Anpassung des Arbeitsplatzes an eine erstmals auftretende Behinderung oder die Schaffung eines behinderungsgerechten Ausweicharbeitsplatzes geht. Entsprechend dem Ausmaß der Behinderung sind auch hier die erforderlichen Maßnahmen im Rahmen des Zumutbaren geschuldet. Zwar wendet die Rechtsprechung **§ 164 Abs. 4 SGB IX nF nicht entsprechend** an (BAG 27.1.2011 – 8 AZR 580/09 – NZA 2011, 737 Rn. 37 ff. zu § 81 Abs. 4 SGB IX aF), doch verpflichtet sie den Arbeitgeber ganz generell, dem Arbeitnehmer bei gesundheitlichen Beeinträchtigungen (die keine Behinderungen sein müssen) einen „leidensgerechten" Arbeitsplatz zuzuweisen; verletzt er diese Pflicht schuldhaft, haftet er auf Schadensersatz (BAG 19.5.2010 – 5 AZR 162/09 – NZA 2010, 1119; LAG Berlin-Brandenburg 6.6.2012 – 4 Sa 2152/11 – NZA-RR 2012, 624). Dies läuft auf eine **richtlinienkonforme**, dh Art. 5 der Rahmenrichtlinie verwirklichende **Auslegung arbeitsvertraglicher Nebenpflichten** nach § 241 Abs. 2 BGB hinaus (Welti, ZESAR 2007, 47).

269 **In vielen Fällen der krankheitsbedingten Kündigung** (zu ihren Zulässigkeitsvoraussetzungen s. ErfK-Oetker, KSchG § 1 Rn. 110 ff.; DDZ-Deinert, KSchG § 1 Rn. 95 ff.) wird eine **einfache Behinderung** im Sinne des § 2 Abs. 1 SGB IX vorliegen. Dies gilt insbesondere bei länger dauernden und bei wiederkehrenden Erkrankungen, die auf dieselbe Ursache zurückzuführen sind. In diesen Fällen ist eine Kündigung als benachteiligender Akt nur möglich, wenn die Voraussetzungen des § 8 Abs. 1 gegeben sind, wenn also aufgrund der Behinderung eine wesentliche und entscheidende berufliche Anforderung nicht mehr erfüllt werden kann (und diese nicht etwa „überzogen", sondern angemessen ist und einen rechtmäßigen Zweck verfolgt). Dies wird in aller Regel nur bei nicht überbrückbaren betrieblichen Störungen der Fall sein. Beim Rückgriff auf **Ersatzkräfte** ist Art. 5 der Rahmenrichtlinie zu beachten; danach ist ein **höherer Aufwand** als bei einem nicht behinderten Arbeitskollegen erforderlich, der (zB wegen Entzugs der Fahrerlaubnis) auf seinem bisherigen Arbeitsplatz nicht mehr weiterbeschäftigt werden kann.

270 **§ 8 Abs. 1** ist ausschließlich **tätigkeitsbezogen**, stellt also darauf ab, dass „wesentliche und entscheidende" Teile einer bestimmten Funktion von dem Betroffenen nicht mehr erfüllt werden. Die **finanzielle Belastung des Arbeitgebers** spielt insoweit **keine Rolle**, da sie sich nicht auf die Tätigkeit als solche bezieht. Dies bedeutet, dass in Abweichung von der bisherigen Rechtsprechung (grundlegend BAG 23.6.1983 – 2 AZR 15/82 – AP § 1 KSchG 1969 Krankheit Nr. 10; BAG 16.2.1989 – 2 AZR 299/88 – AP § 1 KSchG 1969 Krankheit Nr. 20; BAG 29.7.1993 – 2 AZR 155/93 – AP § 1 KSchG 1969 Krankheit Nr. 27) eine Kündigung bei Vorliegen einer einfachen Behinderung nicht mehr auf übergroße Entgeltfortzahlungskosten gestützt werden kann (ebenso Thüsing, NZA 2006, 777). Auf den kritischen Einwand, die Rechtsprechung „bestrafe" entgegen § 612 a BGB die Aus-

übung eines gesetzlichen Rechts (zum Diskussionsstand, der die Diskriminierungsfrage weithin ausklammert, vgl. ErfK-Oetker, KSchG §1 Rn. 141 ff.), kommt es daher in diesen Fällen nicht mehr an.

271 Sind die Voraussetzungen des §8 Abs. 1 erfüllt, ist unter Berücksichtigung der Maßstäbe von Art. 5 der Rahmenrichtlinie zu überprüfen, inwieweit die **Beschäftigung auf einem anderen Arbeitsplatz** möglich ist. Dabei sind grundsätzlich dieselben Maßstäbe wie im Rahmen der Kündigung Schwerbehinderter anzulegen (→ Rn. 261 ff.). Lediglich dann, wenn sich die Behinderung bei der Suche nach einem neuen Arbeitsplatz in keiner Weise negativ auswirkt, könnte sich der Arbeitgeber mit geringeren Bemühungen begnügen. Welche Maßstäbe im Einzelnen hier anzulegen sind, wird die Rechtsprechung zu entscheiden haben.

cc) Kündigung wegen der Behinderung eines nahen Angehörigen

272 Denkbar ist, dass nicht der Gekündigte selbst, wohl aber ein naher Angehöriger (zum Begriff → §1 Rn. 111) Träger des Merkmals „Behinderung" ist. Der Diskriminierungsschutz greift auch in einem solchen Fall ein (→ §1 Rn. 111). Muss etwa eine **Mutter** wegen **eines behinderten** und pflegebedürftigen **Kindes** häufig zu Hause bleiben und ihre gesetzlichen Rechte nach §616 BGB und §45 SGB V voll ausschöpfen, so wäre ein entsprechender Konfliktsfall gegeben (vgl. KR-Treber, §3 Rn. 11; Brodil, in: Tomandl/Schrammel (Hrsg.), S. 68). Dasselbe gilt, wenn es um einen Anspruch auf unbezahlte Freistellung geht (→ §1 Rn. 110). Eine Kündigung aus diesem Anlass würde gegen §7 Abs. 1 verstoßen. Eine Rechtfertigung nach §8 Abs. 1 erscheint eher unwahrscheinlich, da die betrieblichen Störungen sehr viel geringer sind als bei häufig auftretender oder länger dauernder Erkrankung.

d) Kündigung wegen Religion und Weltanschauung

273 Die **Religionszugehörigkeit als solche** wird in der Praxis kaum je als Kündigungsgrund bemüht. Dass ein privater Arbeitgeber mit der Begründung kündigt, in seinem Hause solle es nur Katholiken geben, erinnert eher an ein Lehrbuchbeispiel. Auch eine Benachteiligung wegen atheistischer Grundhaltung oder wegen Gleichgültigkeit in religiösen Fragen erscheint heutzutage weit hergeholt. Praktische Bedeutung gewann jedoch der Fall, dass sich einzelne türkische Arbeitnehmer weigerten, an betrieblichen Protestversammlungen anlässlich des 11.9.2001 teilzunehmen: Die Distanzierung oder Nicht-Distanzierung von bestimmten religiösen Auffassungen und Handlungsweisen ist Privatsache, mangels Pflichtverletzung lag kein Kündigungsgrund vor. Anders verhält es sich bei einer Tätigkeit für kirchliche Arbeitgeber; die dort auftretenden Sonderprobleme sind im Rahmen des §9 abgehandelt (s. dort).

274 Weltanschauung und **persönliche Überzeugungen** (zum Begriff → §1 Rn. 74 ff.) dürfen bei der Kündigung ebenso wenig wie die Religion eine Rolle spielen. Dies führt dazu, dass auch Tendenzbetriebe wie Arbeitgeberverbände, Gewerkschaften und Presseunternehmen **keine überzeugungsmäßige Identifizierung** ihrer Beschäftigten mit der Auffassung der Organisation verlangen können (Wisskirchen, DB 2006, 1491, 1492). Allerdings

dürfte dies nichts daran ändern, dass weiterhin eine Pflicht zu loyalem Verhalten besteht, das die abweichende eigene Auffassung eher in den Hintergrund treten lässt. Auch **„linksradikale" Überzeugungen** wären hier einzuordnen; der Rückgriff auf die Meinungsfreiheit (so EGMR 26.9.1995 – 7/1994/454/535 – AuR 1995, 471 (Dorothea Vogt) – wo die Entlassung einer Lehrerin wegen mangelnder Verfassungstreue als Verstoß gegen Art. 10 EMRK beanstandet wurde) ist insoweit nicht mehr erforderlich. Bei rechtsradikalen Überzeugungen ist insbesondere danach zu fragen, ob sie sich sinngemäß auch gegen Diskriminierungsverbote richten; dann kommt eine Berufung auf das Antidiskriminierungsrecht nicht in Betracht (→ Einl. Rn. 126).

275 Konfliktpunkte haben sich in der Rechtsprechung ergeben, als es um **religiös motivierte Kleidung**, um „Werbung" für eine bestimmte religiöse Auffassung, um **Zeiten des Gebets** oder Gottesdienstes, um religiöse **Feiertage** und um die **Verweigerung** einzelner Arbeiten ging.

276 Das BAG hat das Tragen eines **muslimischen Kopftuchs** durch eine Warenhausverkäuferin nicht als Kündigungsgrund anerkannt (BAG 10.10.2002 – 2 AZR 472/01 – NZA 2003, 483); dies folge aus der Religionsfreiheit der im konkreten Fall keine relevanten Gegeninteressen des Arbeitgebers gegenüber gestanden hätten. Nach dem AGG wäre eine Kündigung eine Benachteiligung wegen der Religion, die nur unter den Voraussetzungen des § 8 Abs. 1 gerechtfertigt werden könnte. Dies wäre etwa dann der Fall, wenn ein **Käuferboykott** wegen der fraglichen Person einsetzen würde und für sie auch keine andere Beschäftigungsmöglichkeit vorhanden wäre. Nicht anders ist beim **Turban eines Sikh** zu verfahren; die Rechtsprechung hat auch diesen Fall „freiheitsrechtlich" gelöst und kein überwiegendes Interesse des Arbeitgebers erkannt, dass alle Beschäftigten einer großen Imbisskette dieselbe Papierfaltmütze tragen (ArbG Hamburg 3.1.1996 – 19 Ca 141/95 – AuR 1996, 243). Auch das Auftreten nach Art der **Bhagwan-Bewegung** (rote Kleidung und Mala) wurde grundsätzlich toleriert (LAG Düsseldorf 22.3.1984 – 14 Sa 1905/83 – BB 1985, 391). Weitere Rechtsprechung → Einl. Rn. 54 ff. Zum religiös bedingten Piercing s. Thüsing, JZ 2006, 223, 226.

277 Ähnliche Maßstäbe gelten für **religiöse Aussagen**, die als solche erlaubt sind, aber die Erfüllung der übernommenen Pflichten nicht wesentlich beeinträchtigen dürfen. Dies wurde etwa im Falle einer Krankenschwester angenommen: Sie hatte den Patienten gegenüber geäußert, die **Krankheit** sei **Ausdruck der Lebensschuld** des Betroffenen und seiner Familie. Auch hatte sie gemeint, im Krankenhaus herrsche der Teufel und eine Chemotherapie sei überflüssig, weil Jesus auch ohne Ärzte helfen könne. Ihre verhaltensbedingte Kündigung wurde bestätigt (ArbG Reutlingen 5.1.1993 – 1 Ca 378/92 – BB 1993, 1012, im Detail wiedergegeben bei Wege, S. 78). Auch das Verteilen religiöser Schriften an Personen, die diese nicht haben wollen, wäre eine Pflichtverletzung. Ein bloßes „Angebot" ist gleichfalls nur während der Pausen zulässig.

278 Eine Kollision mit der Arbeitspflicht kann sich bei **Gebetszeiten** ergeben. Soweit sie in die offiziellen Pausen oder in andere Formen der Arbeitsunterbrechung gelegt werden, ist die betriebliche Ordnung nicht gestört, die

Vornahme der religiösen Handlungen daher unproblematisch (LAG Hamm 18.1.2002 – 5 Sa 1782/01 – NZA 2002, 675). Tritt eine Kollision ein, ist durch Rücksprache mit dem Vorgesetzten nach einer Lösung zu suchen (LAG Hamm 26.2.2002 – 5 Sa 1582/01 – NZA 2002, 1090). Ist diese nicht erreichbar, dürfte die Arbeitspflicht den Vorrang haben.

279 Bei **religiösen Feiertagen** sollte man grundsätzlich genauso entscheiden, dh zunächst den Versuch einer einvernehmlichen Regelung machen, zB eine **unbezahlte Freistellung** anbieten (s. LAG Düsseldorf 14.2.1963 – 7 Sa 581/62 – JZ 1964, 258). Bei **Schichtplänen** ist daher im Rahmen des Möglichen Rücksicht darauf zu nehmen, dass Moslems an Freitagen und Juden an Samstagen grundsätzlich nicht arbeiten sollen (ebenso LAG Schleswig-Holstein 22.6.2005 – 4 Sa 120/05 – AuR 2005, 382 = AuA 2005, 617 für ein Mitglied der Siebenten-Tages-Adventisten, die den Samstag als arbeitsfreien Tag ansehen). Unterbleiben derartige Abstimmungsversuche, wäre die **Kündigung nicht „letztes Mittel"** und daher rechtswidrig.

280 Die **Verweigerung einzelner Tätigkeiten** ist in der Regel Folge einer Gewissensentscheidung, die religiös oder weltanschaulich determiniert ist. Weigert sich eine Apothekenangestellte, **empfängnisverhütende Mittel** zu verkaufen, weil das ihrer katholischen Überzeugung widerspreche, so ließ sich dies nach einer älteren Entscheidung des LAG Mainz (15.4.1952 – Sa 125/51, mitgeteilt bei Wege, S. 64) nicht rechtfertigen. Heute würde man primär danach fragen, ob eine andere Einsatzmöglichkeit besteht. Diese wurde im Fall eines **stellvertretenden Konzertmeisters** bejaht, der sich geweigert hatte, an einer Opernaufführung mitzuwirken, die nach seiner Auffassung blasphemischen Charakter hatte (LAG Düsseldorf 7.8.1992 – 9 Sa 794/92 – NZA 1993, 411). Genauso wurde in Bezug auf die Mitwirkung von Ärzten bei der Entwicklung eines **Medikaments für den Nuklearkrieg** entschieden (BAG 24.5.1989 – 2 AZR 285/88 – DB 1989, 2538). Will eine Verkäuferin keine CDs der **„Böhsen Onkelz"** verkaufen, weil diese in der Vergangenheit fremdenfeindliche und rechtsradikale Texte gesungen haben, so muss der Arbeitgeber auf diese Gewissensentscheidung Rücksicht nehmen und ihr beispielsweise gestatten, interessierte Kunden an eine Kollegin zu verweisen (ArbG Hamburg 22.10.2001 – 21 Ca 187/01 – NZA-RR 2002, 87 = DB 2002, 51). Auch die Versetzung in eine andere Abteilung ist in Erwägung zu ziehen. Weigert sich ein bei der Deutschen Post AG beschäftigter Arbeitnehmer, eine **Postwurfsendung** der DVU **mit ausländerfeindlichem Inhalt** zu verbreiten, so ist auch dies grundsätzlich berechtigt (ArbG Frankfurt/M. 15.12.1993 – 17 Ca 3587/93 – AuR 1994, 314).

e) Alter als Kündigungsgrund?

281 In Rechtsprechung und Literatur besteht **Einigkeit** darüber, dass das Erreichen einer bestimmten Altersgrenze (etwa von 65 Jahren) **keinen Kündigungsgrund** nach dem KSchG darstellt (BAG 28.9.1961 – 2 AZR 428/60 – AP § 1 KSchG Personenbedingte Kündigung Nr. 1; BAG 20.11.1987 – 2 AZR 284/86 – DB 1988, 1501, 1502; aus der Literatur s. APS-Vossen, KSchG § 1 Rn. 252; DDZ-Deinert, KSchG § 1 Rn. 167; KR-Griebeling/Rachor, KSchG § 1 Rn. 289, jeweils mwN). In der Tat liegt darin kein

„personenbedingter Grund“. Das gilt auch dann, wenn sich das **Unternehmen** ein **„jugendliches Image“** geben möchte und deshalb langjährige Beschäftigte zu „Imagebelastungen“ werden. Heute lässt sich dieses Kündigungsverbot auf § 7 Abs. 1 iVm § 1 stützen. Es gilt daher auch außerhalb des Anwendungsbereichs des KSchG sowie gegenüber arbeitnehmerähnlichen Personen.

282 Das **Recht** eine **Altersrente** beziehen zu können, stellt nach § 41 S. 1 SGB VI gleichfalls keinen Kündigungsgrund dar. Auch bei Auswahlprozessen darf es nicht berücksichtigt werden (BAG 23.7.2015 – 6 AZR 457/14 – NZA 2015, 1380). Dies bestätigt das Verbot, ans Alter anzuknüpfen, da der Rentenanspruch seinerseits altersabhängig ist. Auch die **Möglichkeit Altersteilzeit** in Anspruch zu nehmen, stellt nach § 8 Abs. 1 ATG **keinen Kündigungsgrund** im Sinne des KSchG dar. Da die Möglichkeit zur Altersteilzeit ihrerseits ein bestimmtes Alter voraussetzt, geht es gleichfalls um einen Sonderfall des Verbots der Altersdiskriminierung. Aus diesem Grund können auch vom KSchG ausgeklammerte Arbeitnehmer und arbeitnehmerähnliche Personen nicht dadurch ihres Bestandsschutzes verlustig gehen, dass ihnen ein Altersteilzeitvertrag bzw. eine entsprechende Gestaltung angeboten wird und im Falle der Ablehnung eine Kündigung erfolgt.

283 Das Verbot, wegen Alters zu kündigen, gilt erst recht für Arbeitnehmer mit 55 oder 60 Jahren. Weiter ist es ausgeschlossen, einem älteren Arbeitnehmer mit der Begründung zu kündigen, **Ältere** seien **nicht mehr flexibel** und leistungsfähig und würden keinerlei neue Ideen mehr entwickeln. Insoweit handelt es sich um ein **Stereotyp**, das genauso wenig eine Kündigung rechtfertigen kann wie unbewiesene Annahmen über die angeblich geringe Qualität von Frauen- oder Ausländerarbeit.

284 Das Erreichen eines bestimmten Lebensalters begründet auch **keine Vermutung** dafür, dass der Arbeitnehmer seine vertraglichen **Pflichten nicht mehr ordnungsgemäß erfüllen** könne (so ausdrücklich BAG 20.11.1987 – 2 AZR 284/86 – NZA 1988, 617, 619). Der Arbeitgeber ist zudem verpflichtet, das **Nachlassen** der Leistungsfähigkeit wegen Alters **hinzunehmen** (APS-Vossen, KSchG § 1 Rn. 252; DDZ-Deinert, KSchG § 1 Rn. 167; KR-Griebeling/Rachor, KSchG § 1 Rn. 355 jeweils mwN). Bleibt die Leistung des älteren Arbeitnehmers jedoch deutlich hinter der vergleichbarer Arbeitnehmer mit ähnlichem Alter zurück, so kann dies auf ungenügendem Einsatz beruhen, was nach Abmahnung eine **verhaltensbedingte Kündigung** rechtfertigt (Einzelheiten in BAG 11.12.2003 – 2 AZR 667/02 – NZA 2004, 784). Kann davon nicht die Rede sein, weil sich der Betroffene im Rahmen seiner Möglichkeiten durchaus bemüht, so kommt eine **personenbedingte Kündigung** in Betracht, wenn das Leistungsniveau vergleichbarer Arbeitnehmer während eines längeren Zeitraums um mehr als ein Drittel unterschritten wird und auch eine Versetzung auf einen anderen Arbeitsplatz ausscheidet (BAG 11.12.2003 – 2 AZR 667/02 – NZA 2004, 784, 788). Das BAG (aaO) hat mit Recht die Parallele zum Wegfall der Geschäftsgrundlage gezogen und nur unter dieser Voraussetzung ein Kündigungsrecht des Arbeitgebers als Möglichkeit akzeptiert. Weiter ist zu prüfen, ob eine Behinderung im Sinne des § 2 Abs. 1 SGB IX vorliegt.

Zur diskriminierungsrechtlichen Zulässigkeit von Altersgrenzen → § 10 Rn. 92 ff. 285

f) Sexuelle Identität als Kündigungsgrund

286 Schon vor über zwanzig Jahren hat das BAG eine **Kündigung während der Probezeit** beanstandet, weil sie ausschließlich wegen des **homosexuellen Verhaltens** des Arbeitnehmers in der **Privatsphäre** ausgesprochen worden war und deshalb gegen § 242 BGB verstieß (BAG 23.6.1994 – 2 AZR 617/93 – NZA 1994, 1080). Damals wurde mit dem aus Art. 1 und Art. 2 GG folgenden Recht zur eigenen Lebensgestaltung argumentiert, das sich nur dann Beschränkungen gefallen lassen müsse, wenn sich – was hier nicht der Fall war – negative Auswirkungen auf den betrieblichen Bereich ergeben würden. Heute folgt dasselbe Ergebnis aus § 7 Abs. 1 iVm § 1: Die sexuelle Identität darf **auch nicht mitbestimmend für eine Kündigung** sein, es sei denn, durch sie könnten „wesentliche und entscheidende berufliche Anforderungen" im Sinne des § 8 Abs. 1 nicht erfüllt werden (was schwer denkbar ist). Die Unwirksamkeit der Kündigung ergibt sich aus § 7 Abs. 1 AGG iVm § 134 BGB (→ Rn. 25). Dieselben Grundsätze gelten auch dann, wenn sich der Arbeitnehmer bewusst zu seiner Homosexualität bekennt, beispielsweise einen **Sticker „Gay Pride"** trägt. Dass Kunden ggf. daran Anstoß nehmen, ist ohne rechtliche Bedeutung (ebenso DDZ-Deinert, KSchG § 1 Rn. 204). Faktisch wird es in solchen Fällen allerdings meist aufgrund einer Rücksprache in der Personalabteilung zu einer informellen Absprache kommen. Einen Sonderfall hatte das VG Augsburg (19.6.2012 – 3 K 12.266 – AuR 2012, 329) zu entscheiden: Eine **Erzieherin in einem katholischen Kindergarten** befand sich in Elternzeit und ging eine gleichgeschlechtliche Lebenspartnerschaft ein. Der Wunsch der Kirche, das Arbeitsverhältnis aufzulösen, wurde von der nach § 18 BEEG zuständigen Behörde abgelehnt, das VG Augsburg bestätigte diese Entscheidung.

287 Wer in seiner Freizeit **atypischen**, aber nicht strafbaren **sexuellen Neigungen** folgt, ist gegen Kündigungen aus diesem Anlass gleichfalls geschützt. Aus der Rechtsprechung ist an den Fall eines Krankenpflegers zu erinnern, der sich in einer Talkshow zu sadomasochistischen Praktiken bekannte und dessen Kündigung vom ArbG Berlin (7.7.1999 – 36 Ca 30545/98 – BB 2000, 1042) für unwirksam erklärt wurde. Auch die Mitwirkung an Softpornos, bei denen exhibitionistische Neigungen zum Ausdruck kamen, stellte nach Auffassung des ArbG Passau (11.12.1997 – 2 Ca 711/97 D – NZA 1998, 427) kein kündigungsrelevantes Verhalten dar.

2. Diskriminierende Auswahlkriterien

a) Verhaltens- und personenbedingte Kündigung

288 Ein Diskriminierungsproblem tritt auch dann auf, wenn **gegenüber bestimmten Merkmalsträgern** bei der Beurteilung von Pflichtverletzungen **strengere Maßstäbe** als im Normalfall angelegt werden. Wird beispielsweise ein Zuspätkommen von bis zu zehn Minuten allgemein toleriert, führt dieses aber bei bestimmten Gruppen (Frauen, Nichtdeutsche, einfache Behinderte usw) zu einer Abmahnung, so wäre diese wegen Verstoßes gegen § 7 Abs. 1 iVm § 1 gemäß § 134 BGB unwirksam (Meinel/Heyn/Herms,

§ 7 Rn. 25). Dasselbe gilt erst recht, wenn unter gleichen Rahmenbedingungen zur Kündigung geschritten wird, während andere bei gleichartigen Pflichtverletzungen allenfalls abgemahnt werden. Im Einzelfall können sich allerdings schwierige Beweisprobleme ergeben, weil sich Pflichtverletzungen nicht immer so einfach wie beim Zuspätkommen vergleichen lassen. Weiter kann es vorkommen, dass **nur ein Teil** der fraglichen Mitarbeiter **strengeren Maßstäben unterworfen** wird, doch würde dies an der diskriminierenden Wirkung nichts ändern. Werden auch einige Nicht-Merkmalsträger einbezogen (bei einzelnen Deutschen wird gleichfalls sehr schnell zur Abmahnung geschritten), kann sich die diskriminierende Wirkung nur aus dem Zahlenverhältnis ergeben; insoweit liegt eine mittelbare Diskriminierung vor (→ Rn. 309 ff.).

289 Auch bei **personenbedingten Kündigungen** ist eine selektive Verhaltensweise denkbar. So beispielsweise, dass der Arbeitgeber krankheitsbedingte Kündigungen im Normalfall nur dann ausspricht, wenn volle oder teilweise Erwerbsunfähigkeit eingetreten ist, während er einer bestimmten Gruppe von Beschäftigten gegenüber in vollem Umfang von den gesetzlichen Möglichkeiten Gebrauch macht (zur Beschränkung wegen des Verbots der Benachteiligung wegen Behinderung → Rn. 267 ff.). Die Tatsache, dass sich eine Vergleichsperson (der bei 20 % Fehlzeiten nicht gekündigt wurde) ggf. nur in der Vergangenheit findet, ist unerheblich (zum Vergleichspersonenkonzept nach § 3 Abs. 1 → § 3 Rn. 27 ff.; Däubler, ZfA 2006, 479 ff.).

b) Auswahlgrundsätze bei betriebsbedingter Kündigung

aa) Vorübergehende Neufassung der Auswahlkriterien

290 Geht es um eine oder mehrere betriebsbedingte Kündigungen, hat nach § 1 Abs. 3 KSchG eine **soziale Auswahl** zwischen (prinzipiell) allen vergleichbaren Arbeitnehmern stattzufinden (Einzelheiten bei ErfK-Oetker, KSchG § 1 Rn. 299 ff.). Diese Sozialauswahl hatte **durch § 10 S. 3 Nr. 6** bis zum Inkrafttreten des Zweiten Gesetzes zur Änderung des Betriebsrentengesetzes v. 2.12.2006 (BGBl. I, 2742) eine **Modifikation** erfahren. Im Auswahlprozess konnte der Arbeitgeber zwar weiter auch auf das Alter abstellen, doch durfte diesem kein genereller Vorrang gegenüber anderen Kriterien zukommen. Weiterhin waren die „Besonderheiten des Einzelfalls und die individuellen Unterschiede zwischen den vergleichbaren Beschäftigten, insbesondere die Chancen auf dem Arbeitsmarkt" in der Zeit vom Inkrafttreten des AGG am 18.8.2006 bis zum Inkrafttreten des Zweiten Gesetzes zur Änderung des Betriebsrentengesetzes zu berücksichtigen. Dies bedeutet für die in diesem Zeitraum ausgesprochenen Kündigungen, dass die zum 1.1.2004 eingeführte **Begrenzung auf vier Kriterien** (Lebensalter, Dauer der Betriebszugehörigkeit, Unterhaltspflichten und Schwerbehinderung) vorübergehend aufgehoben war. Wie die ausdrückliche Hervorhebung des „Einzelfalls" deutlich macht, war insoweit wieder wie vor 2004 auf alle konkreten Umstände abzustellen (zur Reform 2004 s. Däubler, NZA 2004, 177, 181). Der Gesetzgeber war sich offensichtlich dieser Entscheidung zunächst nicht bewusst. Er hat sie durch das **Zweite Gesetz zur Änderung des Betriebsrentengesetzes** v. 2.12.2006 (BGBl. I, 2742) **korrigiert**, so dass jetzt

keine ausdrücklichen Änderungen der Sozialauswahl mehr im AGG enthalten sind.

bb) Lebensalter, Betriebszugehörigkeit, Unterhaltspflicht, Schwerbehinderung

291 Das Lebensalter kann auch in Zukunft als **ein Kriterium unter mehreren** Berücksichtigung finden. Auch Art. 6 Abs. 1 zweiter Teil Buchst. a der Rahmenrichtlinie lässt Förderung und Schutz älterer Arbeitnehmer ua bei den „Bedingungen für Entlassung" ausdrücklich zu (näher zur Generalklausel des Art. 6 Abs. 1 → § 10 Rn. 33 ff.; ebenso die ganz herrschende Meinung in der Literatur, s. Preis, NZA 2006, 401, 409 mit Nachweisen in Fn. 91). Erfolgt die Auswahl nach einem Punktesystem, so müssten eigentlich die Jahre ab 40 verstärkt berücksichtigt werden, da insoweit die Chancen auf dem Arbeitsmarkt abnehmen (vgl. KR-Pfeiffer, 7. Aufl., AGG Rn. 121: frühere Jahre „nur mit geringerem Gewicht"; ähnlich Wendeling-Schröder, NZA 2007, 1403), doch hat das BAG eine lineare Steigerung akzeptiert (BAG 5.11.2009 – 2 AZR 676/08 – NZA 2010, 457, 459 Rn. 27; vgl. auch BAG 15.12.2011 – 2 AZR 42/10 – NZA 2012, 1044, 1050 Rn. 56).

292 Das Abstellen auf die **Dauer der Betriebszugehörigkeit** stellt eine **mittelbare Benachteiligung wegen Alters** dar (ebenso Wernsmann, JZ 2005, 224, 227), doch existiert eine Rechtfertigung nach § 3 Abs. 2. Nach BAG (15.12.2011 – 2 AZR 42/10 – NZA 2012, 1044, 1050 Rn. 58) besteht diese in der Honorierung der Betriebstreue. Daneben gibt es „arbeitsmarktbezogene" Gründe: Je länger man im Betrieb ist, umso stärker werden die betriebsspezifischen Qualifikationen ausgebildet und alle anderen vernachlässigt. Dadurch wird die Verhandlungsposition gegenüber dem Arbeitgeber eher schlechter, weil sein Interesse an einem möglicherweise zur Routine tendierenden Arbeitnehmer zurückgeht; die Einarbeitungs- und Fortbildungskosten sind längst amortisiert. Auch die Tatsache, dass **Männer** typischerweise eine deutlich **längere Betriebszugehörigkeit** als Frauen aufweisen (Pfarr/Bertelsmann, Diskriminierung im Erwerbsleben, S. 402: Frauen hatten in den 80er-Jahren im Durchschnitt 8,3 Männer 12,4 Jahre Betriebszugehörigkeit; in der Zwischenzeit dürfte sich daran nichts Entscheidendes geändert haben), verbietet einen Rückgriff auf dieses Kriterium nicht. Das unterschiedliche Betroffensein und die darin liegende mittelbare Benachteiligung wegen des Geschlechts ist **durch** einen **sachlichen Grund**, dh die typischerweise insbesondere auf dem Arbeitsmarkt bestehenden Nachteile infolge der langen Tätigkeit im selben Unternehmen, **gerechtfertigt** (ebenso im Ergebnis DDZ-Deinert, KSchG § 1 Rn. 533).

293 Die Bestimmung der Dauer der Betriebszugehörigkeit darf allerdings **nicht gegen andere Diskriminierungsverbote** verstoßen. So würde es eine Benachteiligung wegen einer anderen EU-Staatsangehörigkeit und damit eine Verletzung des **Art. 45 AEUV** darstellen, wenn man die Zeiten nicht anrechnen würde, die der Arbeitnehmer in einem Betrieb seines Arbeitgebers verbracht hat, der sich in einem anderen Mitgliedstaat befindet (EuGH 10.3.2011 – Rs. C-379/09 (Maurits Casteels) – NZA 2011, 561). Weiter muss die **Elternzeit wie eine Fortsetzung der Tätigkeit** gewertet werden (so

BAG 21.10.2003 – 1 AZR 407/02 – NZA 2004, 559 für die Berücksichtigung der Elternzeit bei der über die Abfindungshöhe nach dem Sozialplan mit entscheidenden Dauer der Betriebszugehörigkeit; ebenso BVerfG 28.4.2011 – 1 BvR 1409/10 – NZA 2011, 857 für die Mutterschutzzeiten). Zur Vermeidung einer Benachteiligung von Frauen muss dasselbe auch für **andere Unterbrechungen aus familiären Gründen** gelten; diese dürfen zumindest nicht dazu führen, dass früher im Betrieb verbrachte Zeiten nicht mehr angerechnet werden (vgl. KR-Griebeling/Rachor, KSchG § 1 Rn. 672, sofern ein Zusammenhang mit der späteren Tätigkeit bestand, und Schiek/Horstkötter NZA 1998, 866). In einer solchen Handhabung des Kriteriums „Betriebszugehörigkeit" liegt eine weniger benachteiligende Alternative. Die bloße Nichtberücksichtigung einer vor einer Unterbrechung liegenden Zeit der Betriebszugehörigkeit stellt als solche noch keine Diskriminierung wegen des Geschlechts dar (BAG 19.1.2011 – 3 AZR 29/09 – NZA 2011, 860). Im Übrigen hat das BAG (15.12.2011 – 2 AZR 42/10 – NZA 2012, 1044, 1050 Rn. 58) auch die kumulative Anknüpfung an Lebensalter und Dauer der Betriebszugehörigkeit gebilligt, obwohl beide die Älteren begünstigen und die Jüngeren benachteiligen.

294 Die Berücksichtigung von **Unterhaltspflichten** muss auf die aktuelle und absehbare künftige **tatsächliche Belastung** abstellen (so auch KR-Griebeling/Rachor, KSchG § 1 Rn. 677 ff.; gegen die Berücksichtigung selbst konkret absehbarer künftiger Unterhaltspflichten APS-Kiel, KSchG § 1 Rn. 646), zu der auch der „Naturalunterhalt" gehört, wie er beispielsweise von einer teilzeitbeschäftigten Mutter erbracht wird (für die Gleichstellung von Pflegeleistungen KR-Griebeling/Rachor, KSchG § 1 Rn. 677 b; s. weiter Horstkötter/Schiek, AuR 1998, 230). Geht etwa der Ehepartner selbst einer Vollzeiterwerbstätigkeit mit angemessener Vergütung nach, so mindert sich die ihm und den gemeinsamen Kindern gegenüber existierende Unterhaltspflicht entsprechend (KR-Griebeling/Rachor, KSchG § 1 Rn. 677 a). Das BAG (28.6.2012 – 6 AZR 682/10 – NZA 2012, 1090 Rn. 52 ff.) geht davon aus, dass unter Ehegatten und Lebenspartnern immer eine wechselseitige Unterhaltspflicht im Sinne eines Beitrags zur gemeinsamen Haushaltsführung besteht, deren Nichtberücksichtigung eine Namensliste selbst im Insolvenzfall grob fehlerhaft macht.

295 Nicht abschließend geklärt ist die Frage, wie die Unterhaltspflicht im Einzelnen zu bestimmen ist. Für den **Fall der Namensliste** in der Insolvenz nach § 125 InsO hat das BAG (28.6.2012 – 6 AZR 682/10 – NZA 2012, 1090 Rn. 48 ff.) entschieden, es genüge, wenn lediglich **die auf der Lohnsteuerkarte eingetragenen Kinder berücksichtigt** würden, auch wenn dies dazu führe, dass einzelne real bestehende Unterhaltspflichten unter den Tisch fallen. In der Insolvenz bestehe ein gesteigertes Bedürfnis, dass Entscheidungen zügig getroffen und umgesetzt werden könnten. Eine andere Lösung führe zu einem erheblichen Nachforschungsaufwand, verhindere rechtssichere Kündigungen und beeinträchtige so die Sanierung. Daraus lässt sich schließen, dass **im Normalfall** der sozialen Auswahl eine solche Pauschallösung **nicht in Betracht** kommt, sondern nach der tatsächlichen Belastung mit Unterhaltspflichten gefragt werden muss (dahingestellt in BAG 15.12.2011 – 2 AZR 42/10 – NZA 2012, 1044, 1052 Rn. 68 mwN).

Auf der anderen Seite übersieht das BAG, dass man ein schnelles Verfahren auf andere Weise bewirken könnte. Warum sollte es einen besonderen „Nachforschungsaufwand" bewirken, wenn man alle (potenziell) ausscheidenden Arbeitnehmer auffordern würde, die nicht aus der Lohnsteuerkarte ersichtlichen Unterhaltsverpflichtungen innerhalb von ein oder zwei Wochen „nachzumelden"?

296 Bei **Alleinerziehenden** hat die Unterhaltspflicht einen besonderen Stellenwert, da es einen großen Unterschied macht, ob jemand lediglich mit Zahlungspflichten belastet ist oder seine Zeit außerhalb der Arbeit vorwiegend damit verbringen muss, sich um sein Kind zu kümmern. Auch die Arbeitsmarktchancen werden durch die Eigenschaft als alleinerziehende Person gemindert. Da Alleinerziehende **vorwiegend Frauen** sind, läge eine **mittelbare Diskriminierung** wegen des Geschlechts vor, würde man ihrer spezifischen Situation nicht auch bei der Abwägung mit den anderen Kriterien, speziell mit dem Lebensalter und der Dauer der Betriebszugehörigkeit Rechnung tragen. Diese können einen rechtfertigenden Grund im Sinne von § 3 Abs. 2 darstellen, wenn beispielsweise in einem Punktesystem für jedes Jahr der Betriebszugehörigkeit zwei Punkte, für die Eigenschaft als alleinerziehende Person jedoch zwanzig Punkte in Anrechnung gebracht würden. Wäre das Verhältnis jedoch zwei Punkte pro Jahr und vier Punkte für die Eigenschaft als alleinerziehende Person, so läge effektiv eine mittelbare Diskriminierung vor.

297 Mit dem Abstellen auf die **effektive Unterhaltslast** wird die Tatsache berücksichtigt, dass eine Auflösung des Arbeitsverhältnisses über die (vorübergehende) Arbeitslosigkeit des Betroffenen hinaus noch weitere soziale Folgewirkungen hat. Die **tatsächliche Belastung** mit Unterhaltspflichten wird **bei Männern häufig höher** sein als bei Frauen, doch ist die darin liegende unterschiedliche Behandlung mit Rücksicht auf die soziale Schutzbedürftigkeit gerechtfertigt (KR-Griebeling/Rachor, KSchG § 1 Rn. 677 a). Unterhaltspflichten, die aus **registrierten Lebenspartnerschaften** Gleichgeschlechtlicher folgen, sind genauso wie andere Unterhaltspflichten zu behandeln; andernfalls läge eine Diskriminierung wegen der sexuellen Identität vor (Wisskirchen DB 2006, 1496; aA Preis, Individualarbeitsrecht, § 34 I 1 b). Die Tatsache, dass **heterosexuell** veranlagte Personen sehr viel häufiger **Kindern gegenüber unterhaltspflichtig** sind als homosexuell ausgerichtete (darauf verweist Rieble, BB 30/2006, Die Erste Seite), mag die Ersteren prima facie privilegieren, doch ist dies wegen der effektiven Belastungen nach § 3 Abs. 2 sachlich gerechtfertigt.

298 Das Abstellen auf die **Schwerbehinderung** ist als solches unproblematisch. Allerdings ist dafür zu sorgen, dass auch die **besondere Situation einfach Behinderter**, die gleichfalls unter dem Schutz der Rahmenrichtlinie und des § 1 stehen, in ausreichendem Umfang berücksichtigt wird. Würde man sie wie Nicht-Behinderte behandeln, wäre Art. 5 der Richtlinie verletzt, was im Wege richtlinienkonformer Interpretation zu verhindern ist. Im Rahmen des geltenden Rechts kann dies am ehesten dadurch geschehen, dass die einfache Behinderung bei der **Würdigung der Umstände des Einzelfalls** berücksichtigt wird (anders KR-Griebeling/Rachor, KSchG § 1 Rn. 678 a von der herrschenden Prämisse aus, dass neben den ausdrücklich genannten

Kriterien keine weiteren Gesichtspunkte berücksichtigt werden dürfen). Hierbei wird insbesondere eine Rolle spielen, ob und inwieweit die Chancen auf dem Arbeitsmarkt gemindert sind.

299 Die **anderen** in § 1 genannten **Gründe** (Rasse und ethnische Herkunft, Religion und Weltanschauung) dürfen als Kriterium im Rahmen des § 1 Abs. 3 KSchG keine Rolle spielen. Zur **Unkündbarkeit** s. LAG Baden-Württemberg 15.3.2007 – 21 Sa 97/06 und → § 10 Rn. 66 ff. Zu **Punkteschemata** in der Rechtsprechung des BAG Schmidt/Heidemann, AiB 2012, 44 ff.

cc) Leistungsträger und ausgewogene Personalstruktur

300 Liegt die Weiterbeschäftigung bestimmter Personen im **„berechtigten betrieblichen Interesse"**, so können sie aus dem Kreis der Arbeitnehmer herausgenommen werden, zwischen denen die soziale Auswahl erfolgen muss. Dabei handelt es sich um Ausnahmefälle, die das Prinzip als solches nicht in Frage stellen dürfen. Dies folgt aus der gesetzlichen Systematik (BAG 12.4.2002 – 2 AZR 706/00 – NZA 2003, 42, 44) und ist bei der Schaffung der heute geltenden Fassung des § 1 Abs. 3 KSchG ausdrücklich betont worden (BT-Drs. 15/1587, 27). Bei der praktischen Anwendung dieser Vorschrift muss – wie das BAG (12.4.2002 – 2 AZR 706/00 – NZA 2003, 42, 44) zu Recht betont hat – das betriebliche Interesse **gegen das Interesse des sozial schwächeren Arbeitnehmers abgewogen** werden (ebenso BAG 22.3.2012 – 2 AZR 167/11 – NZA 2012, 1040). Dies ist auch diskriminierungsrechtlich von Bedeutung.

301 Die Herausnahme von sog **Leistungsträgern,** also von Personen, deren Kenntnisse, Fähigkeiten und Leistungen eine Weiterbeschäftigung im Betrieb gebieten, stellt eine mittelbare Benachteiligung Behinderter dar. Ihr Anteil an den Leistungsträgern wird im Zweifel geringer als der der übrigen Arbeitnehmer sein. Dies dürfte jedenfalls eine plausible Annahme darstellen, obwohl darüber keine Statistiken oder empirische Untersuchungen existieren. Das BAG (15.2.2005 – 9 AZR 635/03 – NZA 2005, 870) unterstellte sogar, dass die mit einer Stelle verbundene Anforderung „Schreibmaschinenkenntnisse" **gegenüber Behinderten mittelbar diskriminierend** wirke. Bei der Bestimmung der sachlichen Rechtfertigung sowie der Angemessenheit und der Erforderlichkeit nach § 3 Abs. 2 ist zu berücksichtigen, dass die Behinderung ggf. dazu führt, dass die Nicht-Herausnahme besonders gravierende Konsequenzen haben kann. Im Übrigen bestimmt sich die „Rechtfertigung" nach den Umständen des Einzelfalls.

302 Ein berechtigtes betriebliches Interesse an der Weiterbeschäftigung einzelner Personen kann auch deshalb bestehen, weil dadurch eine **ausgewogene Personalstruktur** erhalten bleibt. Verbreitet ist, dabei **Altersgruppen** zu bilden und jeweils einen bestimmten Prozentsatz Personal abzubauen (s. den Fall BAG 23.11.2000 – 2 AZR 533/99 – NZA 2001, 601; deutlich BAG 22.3.2012 – 2 AZR 167/11 – NZA 2012, 1040). Dabei wird ein Stück des durch das Auswahlkriterium „Lebensalter" begründeten Schutzes zurückgenommen, da auch Ältere im Rahmen ihrer Gruppe gekündigt werden können. Dagegen ist meines Erachtens prinzipiell nichts einzuwenden, soweit es um Massenentlassungen im Sinne des § 17 KSchG innerhalb der Gruppe vergleichbarer Arbeitnehmer geht (ebenso BAG 22.3.2012 –

2 AZR 167/11 – NZA 2012, 1040 und BAG 15.12.2011 – 2 AZR 42/10 – NZA 2012, 1044; Annuß, BB 2006, 1674; differenzierend → § 10 Rn. 55 ff. mwN; generell ablehnend Rust/Falke-Rust/Bertelsmann, § 7 Rn. 161, 162; s. weiter DDZ-Deinert, KSchG § 1 Rn. 601; zur Einbeziehung von Unkündbaren, wenn andere deutlich schutzwürdiger sind, s. ArbG Stuttgart 20.1.2017 – 26 Ca 866/16). Ist die Grenze des § 17 KSchG nicht erreicht, fehlt es an einer ausreichenden Rechtfertigung für die Abweichung vom „Normalmodell" zulasten der Älteren (dahingestellt in BAG 22.3.2012 – 2 AZR 167/11 – NZA 2012, 1040). Auch die Erhaltung der **geschlechtsspezifischen Zusammensetzung** kann im Einzelfall einem berechtigten betrieblichen Bedürfnis entsprechen, wenn dies etwa bei einem Friseur- oder Massagebetrieb deutlichen Kundenpräferenzen entspricht. Anders wäre möglicherweise zu entscheiden, wenn der Status quo durch eine diskriminierende Praxis zustande kam, die zB Frauen oder ethnischen Minderheiten praktisch keine Chance ließ.

dd) Kollektivvertragliche Abweichungen

303 Tarifverträge und Richtlinien nach **§ 1 Abs. 4 KSchG** können lediglich die Gewichtung der einzelnen Kriterien zueinander bestimmen. Dabei darf keines völlig „unter den Tisch fallen". Obwohl die unsorgfältige Redigierung des § 10 S. 3 (dazu Preis NZA 2006, 401, 408) eindeutige Rückschlüsse erschwert, bleibt es wohl dabei, dass lediglich die vier Kriterien generell Berücksichtigung finden können und alles Übrige der Abwägung im Einzelfall überlassen bleibt.

304 Diskriminierende Wirkung kann auch eine **Namensliste** nach § 1 Abs. 5 KSchG haben, sofern Indizien dafür sprechen, dass einzelne Personen ua wegen der in § 1 genannten Gründe auf die Liste gekommen sind. **Häufiger** werden allerdings Fälle einer **mittelbaren Benachteiligung** auftreten, wenn etwa Ausländer 20 % der Gesamtbelegschaft ausmachen, aber zu 40 % auf der Namensliste vertreten sind. In solchen Fällen wäre diese rechtswidrig und unwirksam. Sie könnte den gesetzlichen Prüfungsmaßstab im Kündigungsschutzverfahren daher nicht verändern. Anders entscheidet insoweit das BAG (5.11.2009 – 2 AZR 676/08 – NZA 2010, 457), das lediglich eine „grobe Fehlerhaftigkeit" der Namensliste annimmt, deren Gültigkeit und gestaltende Wirkung im Übrigen aber bestehen lässt. Dies überrascht, weil normative Regelungen, die gegen höherrangiges Recht verstoßen, nach allgemeinen Grundsätzen unwirksam sind.

ee) Auswahlprobleme außerhalb des KSchG

305 Auch bei Kündigungen gegenüber Personen, die nicht in den Anwendungsbereich des KSchG fallen, können sich Probleme der Auswahl ergeben. Dies gilt etwa für Beschäftigte in Kleinbetrieben und für solche, die noch keine sechs Monate im Betrieb sind, aber auch für arbeitnehmerähnliche Personen, zB für freie Mitarbeiter bei der Presse oder bei Rundfunk- und Fernsehanstalten. § 242 BGB, der hier die entscheidende Grenze für Kündigungen darstellt, ist richtlinienkonform zu interpretieren. Dies bedeutet, dass das Kriterium „Alter" Berücksichtigung finden muss und dass nicht anders als im Rahmen des § 1 Abs. 3 KSchG auch Unterhaltspflichten relevant sind. Auch hier wäre es ausgeschlossen, auf Kriterien abzustellen, die

wie ethnische Herkunft und sexuelle Orientierung nichts mit der sozialen Schutzbedürftigkeit im Rahmen eines betrieblichen Auswahlprozesses zu tun haben. Demjenigen zu kündigen, der vorzeitig in Rente gehen kann, kann überdies eine Diskriminierung wegen Alters sein, die die Kündigung nach § 134 BGB iVm § 7 Abs. 1 und §§ 1, 3 unwirksam macht (BAG 23.7.2015 – 6 AZR 457/14 – NZA 2015, 1380).

306 Nicht erörtert ist bislang die Frage, inwieweit die Vorgaben der Richtlinien auch zu berücksichtigen sind, wenn sich eine **Personalabbaumaßnahme sowohl auf freie Mitarbeiter als auch auf Arbeitnehmer** erstreckt. Dabei könnte der bevorzugte Abbau freier Mitarbeiter eine mittelbare Diskriminierung zB wegen des Geschlechts darstellen, soweit es dort einen sehr viel höheren Frauenanteil als unter der Stammbelegschaft gibt. Dies soll unten näher behandelt werden (→ Rn. 321).

3. Kündigung im Zusammenhang mit einer Belästigung nach § 3 Abs. 3 oder 4

307 Kommt es zu einer Belästigung im Sinne des § 3 Abs. 3 oder zu einer sexuellen Belästigung im Sinne des § 3 Abs. 4, kann dies dazu führen, dass **die in eine „Außenseiterposition" gebrachte Person** wegen Leistungsmängeln oder aus anderen Gründen **gekündigt** wird. Aus Frankreich wird berichtet, dass über Belästigungsvorwürfe in der Regel in Kündigungsschutzverfahren zu entscheiden ist (Adam, Droit Ouvrier 2006, 57 ff.). Mit Rücksicht auf das in beiden Fällen vorausgesetzte Umfeld, das von „Einschüchterungen, Anfeindungen, Erniedrigungen, Entwürdigungen oder Beleidigungen" gekennzeichnet ist, kann es auch zu Eigenkündigungen der betroffenen Personen kommen. Auch dieses Verhalten wäre eine Folge der erlittenen Diskriminierung (Rebhahn-Rebhahn, § 3 Rn. 152).

308 Da Belästigungen als (nicht zu rechtfertigende) Diskriminierungen gelten, sind derartige **Kündigungen unwirksam.** Dies gilt sogar dann, wenn nach bisherigem Recht eine sog Druckkündigung vorliegt (dazu DDZ-Däubler, BGB § 626 Rn. 292). Diese ist im Grundsatz weiterhin zulässig, muss jedoch dort zurücktreten, wo der aufgebaute **Druck im Zusammenhang mit** einem der Merkmale nach **§ 1** steht. Anschauungsmaterial (Hetzjagd auf eine lesbische Lehrerin) lässt sich der englischen Literatur entnehmen (Manknell, ILJ 32 [2003], 297 ff.). In solchen Fällen ist die Kündigung wirkungslos, doch wird dies dem Opfer wenig nützen; im Vordergrund muss ein Schadensersatzanspruch stehen (dazu DDZ-Deinert, KSchG § 1 Rn. 350).

4. Mittelbar diskriminierende Kündigungen

a) Begriff und Beispiele

309 Erfolgen Kündigungen **ohne Anknüpfung an ein Merkmal nach § 1,** wirken sie sich jedoch objektiv zulasten einer der dort genannten Gruppen aus, ohne dass dies objektiv gerechtfertigt wäre, so liegt eine mittelbare Diskriminierung vor. Im Rahmen des § 611 a BGB aF hat sie in der **Theorie** eine beträchtliche, in der **Praxis** jedoch kaum eine Rolle gespielt (Schiek/Horstkötter, NZA 2004, 865).

310 Eine mittelbare Diskriminierung könnte im Rahmen der **Interessenabwägung** vorliegen, die bei jeder Kündigung zu erfolgen hat: Dies wäre der Fall, wenn auf Gesichtspunkte abgestellt würde, die bestimmte von § 1 erfasste Gruppen stärker als andere betreffen. So hatte sich das BAG (7.7.2011 – 2 AZR 355/10 – NZA 2011, 1413) mit der Frage zu befassen, ob das Abstellen auf die Dauer der Betriebszugehörigkeit bei der Interessenabwägung im Rahmen des § 626 BGB diskriminierenden Charakter hat: Die Frage wurde nicht anders als im Rahmen der sozialen Auswahl (→ Rn. 292) verneint, da der höhere Schutz der „Langgedienten" im Sinne des § 3 Abs. 2 sachlich gerechtfertigt war.

311 Das nachteilige Betroffensein im Sinne des § 3 Abs. 2 (s. dort) kann weiter dadurch eintreten, dass Frauen, Ausländer, Behinderte usw **in der Gruppe der Gekündigten** mit einem **sehr viel höheren Anteil** als in der Gesamtbelegschaft vertreten sind. Befinden sich etwa unter den Gekündigten 60 % Frauen, während diese vor der Kündigung nur 20 % der Gesamtbelegschaft ausmachten, so liegt das nachteilige Betroffensein auf der Hand. Denkbar ist weiter, dass zB eine Bank oder ein Warenhausunternehmen gerade solche **Zweigstellen** schließt, in denen **besonders viele ältere Arbeitnehmer** oder ethnische Minderheiten (zu diesem Fall Bauer/Krieger, § 2 Rn. 65) beschäftigt sind. Die zugrunde liegende unternehmerische Maßnahme ist nicht vom AGG freigestellt (Einzelheiten und weitere Nachweise bei Däubler, DB 2012, 2100, 2101 f.; ebenso Bauer/Krieger, § 2 Rn. 65; Hunold, NZA-RR 2009, 113 Fn. 1).

312 In allen diesen Fällen stellt sich die Frage, ob der Arbeitgeber für sein Vorgehen eine **sachliche Rechtfertigung** besitzt und ob die für sein Ziel (zB der Kosteneinsparung) eingesetzten Mittel „angemessen und erforderlich" sind (§ 3 Abs. 2).

b) Vergleichsgruppe

313 Bei der Personalabbauaktion ist danach zu fragen, ob sich diese über das **gesamte Unternehmen** erstreckte oder ob sie von vorneherein nur **auf bestimmte Bereiche** wie zB den Vertrieb oder die Kantine beschränkt war. Im ersten Fall muss die Gruppe der Gekündigten mit der Gesamtbelegschaft verglichen werden.

314 In der zweiten Alternative stellen sich zwei Fragen. Zum einen kann die **Beschränkung auf einen bestimmten Bereich selbst diskriminierenden Charakter** haben. Der ausgegliederte Teil ist so zugeschnitten, dass unverhältnismäßig viele Ältere, Behinderte usw erfasst sind. Häufig (aber keineswegs immer) wird sich dann eine betriebsorganisatorische Rechtfertigung finden lassen. Wird etwa die Kantine mit einem sehr hohen Frauenanteil ausgegliedert, so gibt es meist „diskriminierungsfreie" Gründe, gerade diesen Bereich auf eine andere Firma zu übertragen. Denkbar ist auch der Fall, dass **Aufträge** bewusst auf eine andere Konzerngesellschaft mit junger Belegschaft **umgeleitet** werden, während der Betrieb mit vielen älteren Beschäftigten eingeschränkt oder geschlossen wird (s. den Fall ArbG Berlin 17.2.2000 – 4 Ca 32471/99 – AuR 2001, 73, wo den Kündigungen wegen Missbrauchs der unternehmerischen Freiheit die Anerkennung versagt blieb). Darin läge eine Diskriminierung der Älteren. Zum anderen geht es

darum, inwieweit bestimmte **Merkmalsträger innerhalb der betroffenen Gruppe überrepräsentiert** sind. Im Falle der (sachlich gerechtfertigten) Betriebseinschränkung wäre beispielsweise nach der Gesamtheit der dort Beschäftigten und nach der Zusammensetzung der Gekündigten zu fragen.

c) Sachliche Rechtfertigung

315 Eine sachliche Rechtfertigung kann sich insbesondere aus organisatorischen Gründen ergeben. Lässt sich etwa nur die Tätigkeit bestimmter Funktionsbereiche **outsourcen**, indem deren Leistungen in Zukunft am Markt gekauft werden, während dies bei anderen Bereichen ausgeschlossen ist, wäre eine solche Rechtfertigung gegeben (ähnlich BAG 26.1.2005 – 4 AZR 171/03 – NZA 2005, 1059, 1062). Bei der **Filialschließung** käme es darauf an, ob gerade die geschlossenen Einheiten besonders große Geschäftseinbußen hatten oder aus anderen Gründen schlecht funktionierten. **Kein ausreichender Grund** wäre es, wollte man auf den besonders hohen **Einsparungseffekt** abstellen, den der **Wegfall der Vergütung älterer Arbeitnehmer** hätte; das rechtfertigende Ziel darf nicht in Zusammenhang mit den Diskriminierungsverboten stehen (ebenso im Bereich des Diskriminierungsverbots wegen des Geschlechts Bieback, Mittelbare Diskriminierung, S. 88 f.; Fuchsloch, S. 139; Horstkötter/Schiek, AuR 1998, 228). **Fehlen** solche **Begründungen**, liegt definitiv eine mittelbare Diskriminierung und damit eine gegen § 7 Abs. 1 verstoßende und deshalb nach § 134 BGB unwirksame Kündigung vor. Sind mehrere Gruppen nachteilig betroffen, weil die zur Schließung vorgesehene Filiale überproportional viele Behinderte und Ältere beschäftigt, so ist für jeden dieser Gründe nach einer Rechtfertigung zu suchen (Thüsing, Arbeitsrechtlicher Diskriminierungsschutz, Rn. 306 ff.). Zu den Voraussetzungen einer Rechtfertigung s. auch DDZ-Däubler, BGB § 242 Rn. 66 f.

316 Wird **im Gesamtunternehmen Personal abgebaut**, um die Kosten insgesamt zu verringern, so ist dies für sich allein kein ausreichender Grund, wenn durch die Abbaumaßnahmen überproportional mehr Frauen als Männer oder erheblich mehr Ausländer als Deutsche betroffen sind, sofern auch eine **„neutralere“ Variante möglich** wäre. Gibt es eine solche, ist diese zu wählen (Horstkötter/Schiek, AuR 1998, 228 unter Hinweis auf die Praxis in den USA). Dies gilt auch in den sonstigen Fällen: Hätte etwa die Schließung anderer Filialen einen vergleichbaren wirtschaftlichen Erfolg gebracht, ohne dass dabei eine einseitige Betroffenheit aufgetreten wäre, ist die einseitige Belastung von Frauen, Nicht-Deutschen, Behinderten, Älteren usw nicht zu rechtfertigen; die Kündigungen wären unwirksam.

317 Der Arbeitgeber wird sich in solchen Fällen **nicht** auf die **unternehmerische Freiheit** berufen können: Anders als das KSchG enthalten die Richtlinien sowie das AGG keinen stillschweigenden Vorbehalt zugunsten freier unternehmerischer Entscheidungen (BAG 28.1.2010 – 2 AZR 764/08 – DB 2010, 1071; Bauer/Krieger, § 2 Rn. 65; Däubler, DB 2012, 2101; DDZ-Deinert, KSchG § 1 Rn. 270; Hunold, NZA-RR 2009, 113 Fn. 1; HK-ArbR/M. Schubert, KSchG § 1 Rn. 372; Thüsing, Arbeitsrechtlicher Diskriminierungsschutz, Rn. 111). Fehlt es also wegen der einseitigen Betroffenheit an der Erforderlichkeit, kann sie der Arbeitgeber nicht durch einsei-

tige Bestimmung herbeiführen. Erfolgt der **Personalabbau quer durch alle Teile des Unternehmens**, müssen in den einzelnen Betrieben die Grundsätze über die Sozialauswahl eingehalten werden. Hierin liegt die sachliche Rechtfertigung dafür, dass ggf. überproportional viele Frauen oder Angehörige ethnischer Minderheiten betroffen sind. Dabei ist allerdings darauf zu achten, dass die Bestimmung und Handhabung der Auswahlkriterien selbst frei von Diskriminierungen bleibt.

d) Besonders nachteilige Betroffenheit auch ohne statistische Angaben

318 Der „statistische Nachweis" einer erheblich stärkeren nachteiligen Betroffenheit einer Gruppe versagt häufig dann, wenn es um sehr große Einheiten geht wie zB alle von einem Flächentarifvertrag erfassten Arbeitnehmer und keine oder keine verlässlichen statistischen Unterlagen verfügbar sind. Diese fehlen typischerweise auch in überschaubaren Einheiten, wenn es um andere Merkmale als das Geschlecht geht. Die Quotenregelung für Schwerbehinderte liefert zwar Zahlen, doch ist damit die Gruppe der **„einfachen" Behinderten nicht erfasst**. Erst recht gibt es in der Regel keine Angaben über **ethnische Minderheiten mit deutscher Staatsangehörigkeit** sowie darüber, wer welcher Religions- oder Weltanschauungsgemeinschaft angehört und wer welche sexuelle Orientierung besitzt. Außerdem führt der Zahlenvergleich dann nicht weiter, wenn es sich – wie zB in **Kleinbetrieben** – um Einheiten handelt, bei denen die Benachteiligung nicht auf statistisch relevanten Zusammenhängen (sondern auf Zufall) beruht oder beruhen kann.

319 Der Richtliniengeber und ebenso § 3 Abs. 2 haben daher die früher bestehende Festlegung auf statistische Methoden aufgegeben: Es reicht, wenn das besondere negative Betroffensein einer Gruppe von Merkmalsträgern möglich ist (→ § 3 Rn. 49 ff.). Hierfür genügen **plausible Vermutungen**. Sie liegen beispielsweise dann vor, wenn der **Anteil** der Frauen, ethnischen Minderheiten usw **an den Gekündigten nur um 10 % höher** als in der Gesamtgruppe ist (vgl. Pfarr/Bertelsmann, Diskriminierung im Erwerbsleben, S. 180). In **Kleinbetrieben** ist das nachteilige Betroffensein dann plausibel, wenn unter den bis zu 20 Beschäftigten (Teilzeitkräfte bis 20 Stunden wöchentlich zählen nur zur Hälfte) zwei oder drei Frauen sind und eine davon gekündigt wird, zumal eine so einseitige Zusammensetzung der Belegschaft evtl. auf eine diskriminierende Praxis in der Vergangenheit schließen lässt (DDZ-Däubler, BGB § 242 Rn. 72 f.). Ist der einzige Merkmalsträger, zB die einzige Frau, betroffen oder bestehen zusätzlich **Indizien** dafür, dass es dem Arbeitgeber darauf ankam, sich von Frauen, Ausländern, Behinderten usw zu trennen (weil er sich zB über diese Gruppen negativ geäußert hat), so steht eine **unmittelbare Diskriminierung** in Frage (→ § 22 Rn. 47). Nach der Rechtsprechung des BAG (28.1.2010 – 2 AZR 764/08 – DB 2010, 1071) liegt eine **mittelbare Benachteiligung von Ausländern** dann vor, wenn der Arbeitgeber schriftliche Arbeitsanweisungen einführt, die nur **Personen mit ordentlichen Deutschkenntnissen verstehen** können. Die Rechtfertigung lag in der freien Entscheidung des Arbeitgebers über den Arbeitsprozess; die Vorinstanz (LAG Hamm 17.7.2008 – 16 Sa 544/08 – DB 2009, 626; zustimmend ErfK-Oetker, KSchG § 1 Rn. 240) hatte in der Beibehaltung der bisherigen Arbeitsorganisation das mildere Mittel gesehen. Das wirft die Grundsatzfrage auf, ob unternehmerische Entscheidun-

gen nur dann anzuerkennen sind, wenn die hinter ihnen stehenden Interessen höher zu gewichten sind als die des betroffenen Arbeitnehmers (dazu Däubler, AuR 2013, 9 ff.).

320 Ist eine mittelbare Diskriminierung plausibel, so muss der Arbeitgeber für seine Entscheidung einen **Grund** nennen, der den **Anforderungen des § 3 Abs. 2 gerecht** wird. Dabei muss er immer auch klarstellen können, dass es kein milderes Mittel wie eine Abmahnung oder einen anderen Zuschnitt der Personalabbaumaßnahmen gab, das den Kündigungsanlass beseitigt hätte. Bestehen **Indizien für eine unmittelbare Diskriminierung**, muss der Arbeitgeber nachweisen, dass die Gründe des § 1 keine Rolle spielten oder dass ihm ein Rechtfertigungsgrund nach §§ 8–10 zur Seite stand.

e) Arbeitnehmer und freie Mitarbeiter

321 Weiter stellt sich das Sonderproblem, ob Arbeitnehmer und arbeitnehmerähnliche Personen zwei separate Gruppen sind, in denen jeweils getrennt das Vorliegen einer mittelbaren Diskriminierung zu prüfen ist. Da § 6 Abs. 1 S. 1 Nr. 3 in diskriminierungsrechtlicher Hinsicht eine vollständige Gleichstellung vornimmt, besteht kein Anlass zu einer Trennung. Baut etwa eine Rundfunkanstalt in der Gruppe der Journalisten ausschließlich freie Mitarbeiter ab, obwohl diese zu 90 % Frauen sind, während ihr Anteil bei den Festangestellten nur 30 % beträgt, so läge eine mittelbare Benachteiligung vor. Die leichtere Kündbarkeit von freien Mitarbeitern stellt keine sachliche Rechtfertigung dar. Wollte man anders entscheiden, könnte der nationale Gesetzgeber das Verbot mittelbarer Diskriminierung weitgehend unterlaufen, indem er bestimmten Beschäftigtengruppen keinen Kündigungsschutz gewährt. Von daher ist in diesem Fall genauso wie bei Arbeitnehmern vorzugehen (→ Rn. 309 ff.).

5. Probleme der Abfindung

322 Diskriminierungen können auch im Zusammenhang mit Abfindungsregelungen auftreten. Dies betrifft einmal Sozialplanabfindungen, bei denen insbesondere (aber nicht nur) Benachteiligungen wegen Alters zu prüfen sind (zur Altersdiskriminierung → § 10 Rn. 41 ff. 102 ff.; zu weiteren Diskriminierungsfällen DKKW-Däubler, BetrVG §§ 112, 112 a Rn. 96–107). Weiter sprechen gegen die Abfindungsregelung nach §§ 9, 10 KSchG insofern Bedenken, als diese eine Deckelung bei 12, 15 und 18 Monatsgehältern vorsehen, während der EuGH (17.12.2015 – Rs. C-407/14 (Camacho) – NZA 2016, 471) den Diskriminierungsopfern vollen Schadensersatz gewährt, der ggf. über diese Beträge hinausgehen kann.

IX. Sonstige Formen der Beendigung des Arbeitsverhältnisses

323 Eine unzulässige Benachteiligung kann auch darin liegen, dass mit Rücksicht auf die in § 1 genannten Gründe ein Arbeitsverhältnis auf andere Weise als durch Kündigung beendet wird. Konsequenterweise sprechen die Antirassismusrichtlinie und die Rahmenrichtlinie jeweils in Art. 3 Abs. 1 Buchst. c umfassend von **„Entlassungsbedingungen"**. Dieselbe Formulierung gebraucht die Gender-Richtlinie aF. Dem entspricht es, dass der EuGH auch die Anfechtung einbezog (EuGH 5.5.1994 – Rs. C-421/92

(Habermann-Beltermann) – NZA 1994, 609, 610 Rn. 25) und das Verbot der Benachteiligung von Staatsangehörigen anderer Mitgliedstaaten (heute: Art. 18 Abs. 1 AEUV) auf den Fall erstreckte, dass nur mit diesen befristete Arbeitsverträge abgeschlossen wurden, während Einheimische einen unbefristeten Vertrag erhielten (EuGH 2.8.1993 – Rs. C-259/91 – JZ 1994, 94). Auch das Angebot, Aufhebungsverträge zu schließen, kann diskriminierenden Charakter haben (BAG 25.2.2010 – 6 AZR 911/08 – NZA 2010, 561, 563 Rn. 23). Im Einzelnen sind insbesondere die folgenden Fallgruppen hervorzuheben:

1. Anfechtung statt Kündigung?

324 Hat sich der Arbeitgeber über das Vorliegen eines Merkmals nach § 1 oder eine damit in Zusammenhang stehende Eigenschaft geirrt, so könnte eine Anfechtung nach **§ 119 Abs. 2 BGB** in Betracht kommen. Der EuGH hat für den Fall der **Schwangerschaft** jedoch entschieden, diese dürfe bei einer Einstellung oder Kündigung nicht berücksichtigt werden und deshalb könne sie auch nicht als Grundlage für eine Anfechtung wegen Irrtums in Betracht kommen (EuGH 27.2.2003 – Rs. C-320/01 (Wiebke Busch) – NZA 2003, 373 Rn. 49). Die Literatur hat dem zugestimmt (KR-Treber, § 7 Rn. 10; Lingscheid, S. 89). Eine Anfechtung wegen **arglistiger Täuschung** kommt erst recht nicht in Betracht, da die Arbeitnehmerin nicht verpflichtet ist, Auskunft über ihre Schwangerschaft zu geben (EuGH 27.2.2003 – Rs. C-320/01 (Wiebke Busch) – NZA 2003, 373 Rn. 40; konsequent deshalb BAG 6.2.2003 – 2 AZR 621/01 – NZA 2003, 848).

325 Die auf das geschlechtsspezifische Merkmal Schwangerschaft bezogene Rechtsprechung muss auf **andere Merkmale nach § 1** erstreckt werden. Erkennt der Arbeitgeber nachträglich, dass der Arbeitnehmer jüdischen Glaubens ist oder eine homosexuelle Neigung besitzt, berechtigt dies nicht zur Anfechtung wegen Irrtums nach § 119 Abs. 2 BGB, wobei dahinstehen kann, ob es sich in solchen Fällen um eine „verkehrswesentliche Eigenschaft einer Person“ handelt. Auch falsche Vorstellungen über das Vorliegen einer Behinderung oder einer Schwerbehinderung berechtigen nicht zur Anfechtung (vgl. BAG 7.7.2011 – 2 AZR 396/10 – NZA 2012, 34). Eine Ausnahme kommt nur dann in Betracht, wenn das verpönte Merkmal im Rahmen der §§ 8–10 ausnahmsweise Berücksichtigung finden kann. Im Übrigen gilt auch außerhalb des Bereichs der Schwangerschaft, dass **auf unzulässige Fragen** (→ Rn. 35 ff.) die **Unwahrheit** gesagt werden darf und dass schon deshalb keine Anfechtung wegen arglistiger Täuschung in Betracht kommt (→ Rn. 54).

2. Befristung und Vorruhestand

326 Unzulässig ist es, aus Gründen des § 1 **mit bestimmten Personen befristete** Arbeitsverträge abzuschließen, während andere einen unbefristeten Vertrag erhalten. Dies gilt etwa dann, wenn Arbeitsverträge mit Bewerberinnen durchweg befristet werden, um sich so gegen das „Schwangerschaftsrisiko“ zu schützen und das insoweit fehlende Fragerecht (→ Rn. 40) auf diese Weise zu kompensieren (so LAG Köln 26.5.1994 – 10 Sa 244/94 – NZA 1995, 1105 = AuR 1995, 410). In solchen Fällen ist die Befristung unwirk-

sam, und es entsteht nach § 16 TzBfG ein unbefristetes Arbeitsverhältnis. Die Entscheidung des BAG, wonach nur ein Schadensersatzanspruch anzunehmen ist, wenn die Entfristung unter Verletzung des Maßregelungsverbots nach § 612 a BGB verweigert wird (BAG 21.9.2011 – 7 AZR 150/10 – NZA 2012, 317), steht nicht entgegen, da es sich um einen anderen Sachverhalt – die Nichtverlängerung – handelt, auf den § 16 TzBfG keine Anwendung finden kann.

327 Besondere Aufmerksamkeit hat die Frage erfahren, ob eine Diskriminierung vorliegt, wenn ein **befristeter Arbeitsvertrag während der Schwangerschaft** einer Arbeitnehmerin **endet** und sie im Gegensatz zu anderen Beschäftigten kein Angebot für ein neues Arbeitsverhältnis erhält (vgl. KR-Treber, § 3 Rn. 27). Der EuGH hat in einem solchen Fall das Vorliegen einer Diskriminierung wegen des Geschlechts bejaht; es liege keine Diskriminierung bei der Beendigung, wohl aber wegen **Verweigerung einer Einstellung** vor (EuGH 4.10.2001 – Rs. C-438/99 (Jiménez Melgar) – NZA 2001, 1243 = NJW 2002, 125 Rn. 45). Das LAG Düsseldorf (29.6.1992 – 10 Sa 595/92 – LAGE § 611 a BGB Nr. 8 = NZA 1992, 1134) hatte schon zuvor diesen Standpunkt vertreten, jedoch einen Schadensersatz wegen Persönlichkeitsverletzung verneint, weil der Arbeitgeber sich sachkundig gemacht, seine Haltung geändert und der Arbeitnehmerin weniger als einen Monat nach Ende ihres befristeten Vertrags ein Angebot auf Fortsetzung des Arbeitsverhältnisses unterbreitet hatte (LAG Düsseldorf 29.6.1992 – 10 Sa 595/92 – LAGE § 611 a BGB Nr. 8 = NZA 1992, 1134). Anders im Fall des ArbG Bochum (12.7.1991 – 2 Ca 2552/90 – BB 1992, 68 ff.), wo schwangere Arbeitnehmerinnen regelmäßig nicht in ein unbefristetes Arbeitsverhältnis übernommen wurden und dies als Faktum auch unbestritten war. In der Praxis wird es entscheidend darauf ankommen, welche **Indizien** ein Gericht genügen lässt, um eine **Vermutung zugunsten einer schwangerschaftsbedingten Nichtverlängerung** anzunehmen, die der Arbeitgeber dann – etwa durch Rückgriff auf in der Vergangenheit erbrachte (geringere) Leistungen – widerlegen muss. Der **BGH** (23.5.2012 – II ZR 163/10 – NZA 2012, 797) hatte über den Fall zu entscheiden, dass ein auslaufender Geschäftsführervertrag nicht verlängert wurde, weil der Geschäftsführer 61 Jahre alt war, und bejahte eine **Diskriminierung wegen Alters**, da keinerlei rechtfertigende Gründe vorlagen.

328 Da es sich um eine Frage des Zugangs handelt, dürfte § **15 Abs. 6** Anwendung finden mit der Folge, dass statt einer Weiterbeschäftigung nur Schadensersatz in Geld und eine Entschädigung nach § 15 Abs. 2 verlangt werden kann (so KR-Treber, § 15 Rn. 62; Meinel/Heyn/Herms, § 7 Rn. 27 und BGH 23.4.2012 – II ZR 163/10 – NZA 2012, 797 für einen unter das AGG fallenden Geschäftsführer). Das hat allerdings zur Folge, dass ein bei Abschluss des Vertrages begangener Verstoß gegen § 7 Abs. 1, nicht aber ein später erfolgender zu einer unbefristeten Weiterbeschäftigung führt. Wertungsmäßig ist dies nicht unbedingt überzeugend. Möglicherweise ließe sich § 15 Abs. 6 restriktiv interpretieren, wonach er nur die Begründung eines Arbeitsverhältnisses mit einer nicht gewollten Person verhindern, nicht aber Verlängerungen von Arbeitsverhältnissen mit schon Beschäftigten ausschließen will.

329 Befindet sich eine schwangere Arbeitnehmerin in der **Probezeit**, kann sie wegen der Schwangerschaft aber **kaum Arbeitsleistungen** erbringen, so stellt es keine unzulässige Benachteiligung dar, wenn ihr ein erneutes befristetes Arbeitsverhältnis angeboten wird, um ihre Fähigkeiten unter Beweis stellen zu können (ArbG Kaiserslautern 6.5.1992 – 4 Ca 677/91 – ARSt 1993, 67; zustimmend KR-Treber, § 3 Rn. 27).

330 Die Befristung darf auch nicht Reaktion darauf sein, dass die Arbeitnehmerin im Rahmen von Bewerbungsgesprächen einen **Kinderwunsch** äußert. Im Falle des ArbG Wiesbaden (12.2.1992 – 6 Ca 2/92 – AiB 1992, 298) hatte der Arbeitgeber der Bewerberin einen unbefristeten Arbeitsvertrag mit nach Hause gegeben; sie solle ihn bei der nächsten Besprechung unterschrieben wieder zurückbringen. Als sie dies tat und nunmehr erzählte, sie wünsche sich in absehbarer Zeit Kinder, erklärte der Arbeitgeber, nur einen befristeten Arbeitsvertrag über neun Monate abschließen zu wollen. Auch in einem solchen Fall entsteht nach § 16 TzBfG ein unbefristetes Arbeitsverhältnis.

331 Eine solche **selektive Befristung** im Hinblick auf die Merkmale des § 1 ist nicht nur in Bezug auf das Geschlecht und damit zusammengehörende Eigenschaften, sondern **generell untersagt**. Das ArbG Frankfurt/M. (25.6.2007 – 11 Ca 8952/06) hat deshalb einen **Schadensersatzanspruch wegen Altersdiskriminierung** bejaht, weil eine Fluggesellschaft eine 46 Jahre alte Stewardess mit dem Argument nicht in ein unbefristetes Arbeitsverhältnis übernahm, es sei zu befürchten, dass sie wegen ihres Alters öfters krank werde. Unzulässig wäre auch, Arbeitsverträge mit Nichtdeutschen generell nur befristen (vgl. EuGH 2.8.1993 – Rs. C-259/91 – JZ 1994, 94); eine solche Abrede wäre rechtswidrig, es würde automatisch ein unbefristetes Arbeitsverhältnis entstehen. Eine Ausnahme gilt allerdings dann, wenn es sich um den **Angehörigen eines Drittstaats** handelt, der nur eine befristete Erlaubnis zur Ausübung einer abhängigen Erwerbstätigkeit hat. Bei den anderen Merkmalen kommen Ausnahmen lediglich unter den Voraussetzungen der §§ 8–10 in Betracht. Soweit bei der Einstellung differenziert werden darf, ist dieses im Regelfall auch in Bezug auf die Dauer der Beschäftigung möglich. Zu beachten ist, dass den Presseunternehmen und Rundfunkanstalten anders als den Kirchen keine Sonderrechte in Zusammenhang mit dem Diskriminierungsschutz zustehen. Auch sie dürfen daher nicht etwa mit Behinderten, Homosexuellen oder älteren Arbeitnehmern nur befristete Verträge abschließen, während sie „Normalmenschen" unbefristet beschäftigen.

332 Der Gesetzgeber ist nicht befugt, den **Abschluss befristeter Verträge** ganz generell und ohne weitere Voraussetzungen **für ältere Arbeitnehmer** zuzulassen. § 14 Abs. 3 TzBfG aF verstieß insoweit gegen das Verbot der Altersdiskriminierung nach dem primären Gemeinschaftsrecht, so dass er nicht mehr angewandt werden durfte (EuGH 22.11.2005 – Rs. C-144/04 (Mangold/Helm) – NZA 2005, 1345). Auch gegen die Neufassung des § 14 Abs. 3 TzBfG bestehen gravierende Bedenken (DDZ-Wroblewski, TzBfG § 14 Rn. 241 ff.; etwas weniger kritisch KR-Lipke, TzBfG § 14 Rn. 660 ff.).

333 Auch die Vereinbarung einer **Altersgrenze** stellt nach der heutigen Rechtsprechung eine **Befristung** dar (BAG 14.8.2002 – 7 AZR 469/01 – NZA

2003, 1397 ff.). Ihre Zulässigkeit ist an anderer Stelle abgehandelt (→ § 10 Rn. 41 ff.). Wird eine Vorruhestands- oder **Altersteilzeitvereinbarung** getroffen und sollen die betrieblichen Leistungen enden, sobald eine Rente beansprucht werden kann, so liegt eine Benachteiligung wegen des Geschlechts vor, wenn (und solange) die gesetzliche Rentenversicherung ein **unterschiedliches Renteneintrittsalter** für Männer und Frauen vorsieht (BAG 15.2.2011 – 9 AZR 750/09 – NZA 2011, 740). Eine Diskriminierung stellt es dar, wenn das Altersteilzeit-Arbeitsverhältnis eines Schwerbehinderten wegen des vorgezogenen Rentenbeginns früher endet als bei einer nicht schwerbehinderten Person (LAG Berlin-Brandenburg 27.1.2017 – 26 Sa 1565/15).

3. Aufhebungsverträge

334 Im Einzelfall kann auch das Angebot zum Abschluss von Aufhebungsverträgen sowie dessen Abschluss selbst benachteiligenden Charakter haben (→ Rn. 23 sowie ErfK-Schlachter, § 2 Rn. 9; Schleusener/Suckow/Voigt-Schleusener, § 7 Rn. 72 ff.; KR-Treber, § 7 Rn. 14; Wendeling-Schröder/Stein, § 2 Rn. 16). Ein Verstoß gegen § 7 Abs. 1 liegt dann vor, wenn an die in § 1 genannten Merkmale angeknüpft wird, beispielsweise entsprechende **Angebote nur Frauen mit Kindern** oder Ausländern gemacht werden. Eine Rechtfertigung ist im Rahmen der §§ 8–10 möglich. Sind von einer „freiwilligen Abbauaktion" erheblich mehr Frauen mit Kindern als andere Personen oder erheblich mehr Ausländer erfasst, liegt eine mittelbare Diskriminierung nach § 3 Abs. 2 vor, die unter den dort genannten Voraussetzungen gerechtfertigt sein kann. Das BAG (25.2.2010 – 6 AZR 911/08 – NZA 2010, 561) hat die **Ausklammerung älterer Arbeitnehmer** aus den allen übrigen Beschäftigten gemachten Angeboten nicht als „Benachteiligung" angesehen, so dass die Frage einer Rechtfertigung gar nicht mehr auftauchte. Genauso entschied es, wenn die Angebote ausschließlich an Ältere adressiert waren (BAG 17.3.2016 – 8 AZR 677/14 – AuR 2016, 217). In der Literatur (Schleusener/Suckow/Voigt-Schleusener, § 7 Rn. 75) wird zum Teil die Auffassung vertreten, die Gewährung einer **angemessenen Abfindung** schließe eine „Benachteiligung" aus, doch dürfte das Entgelt nur in Extremfällen einen völligen Ausgleich für den Verlust des Arbeitsplatzes darstellen (Beispiel aus der Praxis: Ein 58-Jähriger bekommt als Abfindung die gesamte Vergütung, die er bis zum 65. Lebensjahr verdient hätte).

4. Abwicklung

335 Auch bei der Abwicklung eines aufgelösten Arbeitsverhältnisses können Benachteiligungen eintreten. Auf den Zeugnisanspruch (dazu EuGH 22.9.1998 – Rs. C-185/97 (Coote) – NZA 1998, 1223) und die Ausführungen in → Rn. 24 kann verwiesen werden.

X. Fristen für die Geltendmachung von Diskriminierungsgründen bei der Beendigung von Arbeitsverhältnissen

336 Wird ein Arbeitnehmer schriftlich gekündigt, muss er nach § 4 S. 1 KSchG **innerhalb von drei Wochen Kündigungsschutzklage** erheben. Versäumt er diese Frist trotz Anwendung aller ihm nach Lage der Umstände zuzumu-

tenden Sorgfalt, so kann er nach § 5 Abs. 1 S. 1 KSchG eine **nachträgliche Klagezulassung** erwirken. Nach § 5 Abs. 3 S. 1 KSchG muss er diesen Antrag innerhalb von zwei Wochen nach „Behebung des Hindernisses" stellen. § 5 Abs. 3 S. 2 KSchG sieht eine **absolute Ausschlussfrist von sechs Monaten** vor, die mit Ablauf der Dreiwochenfrist beginnt. Wird die Klagefrist versäumt und erfolgt auch keine nachträgliche Zulassung, so gilt die Kündigung nach § 7 KSchG als von Anfang an rechtswirksam.

337 **Für befristete Arbeitsverhältnisse** trifft § 17 TzBfG eine **entsprechende** Regelung. Die Dreiwochenfrist beginnt mit dem vereinbarten Ende des Arbeitsvertrags. Ob sich der Arbeitnehmer auch gegen eine **Anfechtung** durch den Arbeitgeber innerhalb von drei Wochen zur Wehr setzen muss, ist **umstritten** (eingehende Nachweise bei KR-Friedrich/Klose, KSchG § 4 Rn. 27; das BAG hat die Frage offen gelassen). Ist die Gültigkeit eines **Aufhebungsvertrags** im Streit, läuft keine Frist; allerdings kann Verwirkung eintreten (Einzelheiten bei DDZ-Däubler, KSchG § 13 Rn. 31 ff.).

338 Bei diskriminierender Beendigung des Arbeitsverhältnisses kann der Fall eintreten, dass beispielsweise der gekündigte **Arbeitnehmer Indizien** für das Vorliegen einer Diskriminierung **erst nach Ablauf der Dreiwochenfrist erfährt,** jedoch keine anderen Gründe Anlass boten, gegen die Kündigung gerichtlich vorzugehen (s. die Beispielsfälle bei Bertelsmann NZA 2016, 855). Eine Direktionssekretärin scheidet beispielsweise drei Monate nach erfolgter Kündigung des Betroffenen ihrerseits aus und teilt ihm (aus welchen Motiven heraus auch immer) die Umstände mit, die das Vorliegen einer Diskriminierung vermuten lassen. Oder als weiteres Beispiel: Eine befristet beschäftigte Arbeitnehmerin, deren Arbeitsvertrag während ihrer Schwangerschaft nicht „verlängert" wurde, war in einer kleinen Niederlassung eines Großunternehmens tätig. Erst nach vielen Wochen erfährt sie, dass die Übernahme befristet Beschäftigter im Unternehmen ansonsten allgemein üblich ist und lediglich vor zwei Jahren eine gleichfalls schwangere Beschäftigte ausscheiden musste. Eine nachträgliche Klagezulassung kommt nach bisheriger Auffassung (Nachweise bei KR-Friedrich/Bader, KSchG § 5 Rn. 63) in beiden Fällen nicht in Betracht, da die falsche Beurteilung von Erfolgsaussichten einer Klage keinen Grund im Sinne des § 5 Abs. 1 S. 1 KSchG darstellt. Im Ergebnis würden **beide Betroffenen ohne Rechtsschutz** bleiben (ebenso Bertelsmann NZA 2016, 855).

339 Art. 7 Abs. 1 der Antirassismusrichtlinie und Art. 9 Abs. 1 der Rahmenrichtlinie ordnen übereinstimmend an, die Mitgliedstaaten müssten dafür sorgen, dass alle **potenziellen Diskriminierungsopfer** ihre **Ansprüche gerichtlich** oder im Verwaltungsweg **geltend machen** können. Die Antirassismusrichtlinie spricht außerdem in Erwägungsgrund 19 von der Sicherung eines „angemessenen" Rechtsschutzes, der durch Beteiligung von Verbänden intensiviert werde. Dieselbe Aussage findet sich in Erwägungsgrund 29 der Rahmenrichtlinie. Art. 7 Abs. 3 der Antirassismusrichtlinie und Art. 9 Abs. 3 der Rahmenrichtlinie bestimmen ausdrücklich, dass „einzelstaatliche Regelungen über **Fristen für die Rechtsverfolgung** betreffend den Gleichbehandlungsgrundsatz" unberührt bleiben sollen. Art. 6 der Gender-Richtlinie aF enthält in Abs. 1 und 4 eine übereinstimmende Regelung. Der dortige Erwägungsgrund 17 hebt den grundlegenden Charakter des

Rechtsschutzes hervor; Erwägungsgrund 19 betont über die anderen Richtlinien hinaus, dass einzelstaatliche Fristen für die Rechtsverfolgung zulässig seien, „sofern sie die Ausübung der durch das Gemeinschaftsrecht gewährten Rechte nicht praktisch unmöglich machen."

340 In den angeführten Fällen einer **Kenntnis nach Fristablauf** steht das Recht zur **Abwehr von Diskriminierungen auf dem Papier**, wenn man eine nachträgliche Zulassung der Klage ablehnt. Dies verfehlt ersichtlich den Sinn der durch die Richtlinien hervorgehobenen Rechtsschutzgarantie. Diese gehört nach der Rechtsprechung des EuGH überdies zu den (ungeschriebenen) **allgemeinen Rechtsgrundsätzen des Unionsrechts**, an die der Richtliniengeber gebunden ist, aber auch der nationale Gesetzgeber, wenn er sich im Anwendungsbereich des Unionsrechts bewegt (so EuGH 22.11.2005 – Rs. C-144/04 (Mangold/Helm) – NZA 2005, 1345). Ausdrücklich betont der **EuGH** in der Entscheidung vom 22.9.1998 (EuGH 22.9.1998 – Rs. C-185/97 (**Coote**) – NZA 1998, 1223) in Rn. 21:

„Die in Art. 6 (der Gleichbehandlungsrichtlinie) vorgeschriebene gerichtliche Kontrolle ist Ausdruck eines allgemeinen Rechtsgrundsatzes, der den gemeinsamen Verfassungstraditionen der Mitgliedstaaten zugrunde liegt und auch in Art. 6 EMRK vom 4.11.1950 verankert ist."

Weiter heißt es in Rn. 22:

„Nach Art. 6 Richtlinie, ausgelegt im Licht dieses allgemeinen Grundsatzes, hat jedermann gegen Handlungen, die nach seiner Ansicht gegen das in der Richtlinie aufgestellte Gebot der Gleichbehandlung von Männern und Frauen verstoßen, Anspruch auf die Gewährung effektiven Rechtsschutzes durch ein zuständiges Gericht. Den Mitgliedstaaten obliegt es, eine effektive gerichtliche Kontrolle der Einhaltung der einschlägigen Bestimmungen des Gemeinschaftsrechts und des innerstaatlichen Rechts, das der Verwirklichung der in der Richtlinie vorgesehenen Rechte dient, sicherzustellen."

Art. 47 EU-GRC garantiert nunmehr ausdrücklich einen Anspruch auf wirksamen Rechtsschutz vor einem unabhängigen Gericht.

341 Dieser allgemeine Rechtsgrundsatz muss **bei der Interpretation des deutschen Rechts Beachtung** finden. Das gilt auch für solche Normen, die nicht zur Ausführung von Richtlinien erlassen wurden (so ausdrücklich EuGH 5.10.2004 – Rs. C-397/01 (Pfeiffer) – NZA 2004, 1145, bezogen auf die richtlinienkonforme Auslegung). Konkret bedeutet dies, dass § 5 KSchG und die auf ihn verweisende Vorschrift des § 17 S. 2 TzBfG so zu interpretieren sind, dass **auch** die **nachträgliche Kenntnis** von Diskriminierungsindizien zur **Klagezulassung** führt. Aus demselben Gedanken heraus lässt das BAG die Zweimonatsfrist des § 15 Abs. 4 erst beginnen, wenn der Betroffene Kenntnis von einem Indiz hatte, aus dem er die Vermutung seiner Benachteiligung nach § 22 ableiten konnte (BAG 15.3.2012 – 8 AZR 37/11 – NZA 2012, 910). Aus dieser Regelung leitet Bertelsmann (NZA 2016, 855, 858 ff.) mit guten Gründen die weitergehende Folgerung ab, dass § 4 KSchG auf die diskriminierende Kündigung überhaupt keine Anwendung finden könne; vielmehr müsse genau wie in anderen Diskriminierungsfällen

§ 15 Abs. 4 Anwendung finden, wonach eine Frist von zwei Monaten ab Kenntnisnahme eingreife.

342 Die „Behebung des Hindernisses", von der an die **Zweiwochenfrist** läuft, ist in dem Augenblick anzunehmen, in dem eine **Klageerhebung** unter Berücksichtigung von § 22 eine gewisse **Aussicht auf Erfolg** hat. Insoweit könnten die Maßstäbe für die Gewährung von Prozesskostenhilfe entsprechend herangezogen werden. Gegen die **Ausschlussfrist von sechs Monaten** ist mit Rücksicht auf die grundsätzliche Anerkennung der Fristen des nationalen Rechts in Art. 7 Abs. 3 Antirassismus-, Art. 9 Abs. 3 Rahmen- und Art. 6 Abs. 4 Gender-Richtlinie aF nichts einzuwenden: Wenn auch innerhalb von sechs Monaten keine Indizien zutage treten, ist nicht mehr mit einer erfolgversprechenden Rechtsverfolgung zu rechnen. Insofern liegt der Fall anders als bei einer Kündigung wegen Betriebsstilllegung mit langer Frist, bei der sich erst nach neun Monaten herausstellt, dass in Wirklichkeit ein Betriebsübergang stattfinden soll (dazu zutreffend Kamanabrou, NZA 2004, 950). Allerdings bleibt das Problem, dass zB bei einer Nichtbeförderung auch noch ein Jahr nach erfolgter Diskriminierung Ansprüche geltend gemacht werden könnten, während dies bei Kündigungen ausgeschlossen wäre (darauf verweist auch Bertelsmann, NZA 2016, 855, 861). Dies lässt sich nur mit dem Gedanken rechtfertigen, dass Unsicherheiten in Bezug auf Ersatzansprüche nach geltendem Recht leichter hinzunehmen sind als Unsicherheiten über den Fortbestand eines Arbeitsverhältnisses.

XI. Benachteiligungsverbot als arbeitsvertragliche Nebenpflicht

343 § 7 Abs. 3 stellt klar, dass die Einhaltung der Diskriminierungsverbote zugleich eine arbeitsvertragliche **Nebenpflicht des Arbeitgebers und der Arbeitskollegen** darstellt. Dies ist im Grunde selbstverständlich, da es sich um eine Pflicht zur Rücksichtnahme auf die Interessen, insbesondere die Persönlichkeitssphäre des Arbeitnehmers bzw. des anderen Arbeitnehmers handelt (ebenso Preis, ZESAR 2007, 256). In ähnlicher Weise ist seit Langem anerkannt, dass die Einhaltung öffentlich-rechtlicher Vorschriften des Arbeitsschutzes zugleich eine arbeitsvertragliche Nebenpflicht des Arbeitgebers darstellt, deren Verletzung die dafür vorgesehenen Sanktionen auslöst (BAG 2.2.1994 – 5 AZR 273/93 – DB 1994, 1087; BAG 8.5.1996 – 5 AZR 215/95 – DB 1996, 2446). Soweit noch kein Arbeitsvertrag zustande gekommen ist, fällt die Pflicht zu diskriminierungsfreiem Verhalten unter **§ 241 Abs. 2 BGB**, sofern ein vorvertragliches Vertrauensverhältnis entstanden ist. Daran fehlt es lediglich bei **unaufgeforderten Bewerbungen** (Thüsing, Arbeitsrechtlicher Diskriminierungsschutz, Rn. 505). Im Verhältnis des Leiharbeitnehmers zum **Entleiher** liegen vertragsähnliche Beziehungen vor, so dass § 241 Abs. 2 BGB zumindest entsprechende Anwendung finden kann.

344 Auch **die einzelnen Beschäftigten** sind nach § 7 Abs. 3 **zur Einhaltung** der Diskriminierungsverbote **verpflichtet** (Meinel/Heyn/Herms, § 7 Rn. 61). Dies ist im Grunde nur dort selbstverständlich, wo sie zB als Vorgesetzte, als **Mitarbeiter der Personalabteilung** oder als Betriebsarzt für den Arbeitgeber tätig werden (Bauer/Krieger, § 7 Rn. 37). § 7 Abs. 3 geht jedoch weiter und erlegt **generell** allen Beschäftigten eine **Pflicht zu diskriminierungs-**

freiem Verhalten auf (vgl. Wank, Beilage zu NZA Heft 22/2004, S. 18). Kein Arbeitnehmer darf sich deshalb an Belästigungen im Sinne des § 3 Abs. 3, 4 beteiligen oder mit Rücksicht auf die Merkmale des § 1 anderen Beschäftigten Nachteile zufügen. Dies erfasst auch **Verhaltensweisen**, die weit **unter der Schwelle der Belästigung** bleiben: Werden ausländische Kollegen wegen ihrer sprachlichen Besonderheiten nachgeäfft oder homosexuelle Kollegen gefragt, wann sie denn eine Frau zu heiraten gedächten, so wären solche Fälle gegeben. Dies können einmalige Ausrutscher, aber auch „Vorbereitungshandlungen" für die Schaffung einer feindseligen Atmosphäre im Sinne von § 3 Abs. 3 oder 4 sein.

345 Wird ein Arbeitnehmer **zu einem diskriminierenden Verhalten angewiesen**, stellt dies nach § 3 Abs. 5 schon für sich eine Diskriminierung dar. Dies hat zur Folge, dass die **Weisung unwirksam** ist. Der Arbeitnehmer ist nach § 7 Abs. 3 verpflichtet, sie nicht auszuführen. Hat er Schwierigkeiten, sich offen einer Anordnung zu widersetzen, so ist dies bei möglichen Sanktionen zu berücksichtigen. Würde ihn der Arbeitgeber wegen seines diskriminierenden Verhaltens auf Schadensersatz in Anspruch nehmen oder kündigen, so wäre dies ein gegen § 242 BGB verstoßendes widersprüchliches Verhalten, das keine rechtliche Anerkennung verdient (Bauer/Krieger, § 7 Rn. 42; Thüsing, Arbeitsrechtlicher Diskriminierungsschutz, Rn. 509).

346 **§ 12 Abs. 3** stellt klar, dass der Arbeitgeber die erforderlichen und angemessenen **Maßnahmen** treffen muss, um Benachteiligungen in Zukunft zu unterbinden; als Beispiele sind Abmahnung, Umsetzung, Versetzung und Kündigung genannt. In weniger gravierenden Fällen kann auch ein schlichtes Gespräch oder eine Ermahnung genügen.

347 Verletzt der **Arbeitgeber** seine Pflicht zu diskriminierungsfreiem Verhalten, so macht er sich nach § 280 Abs. 1 BGB **schadensersatzpflichtig**. Es gelten insoweit die allgemeinen Regeln des Leistungsstörungsrechts (HK-ArbR/Berg, § 7 Rn. 19). Daneben kann dem Betroffenen ein Anspruch aus unerlaubter Handlung, etwa wegen Eingriffs in das allgemeine Persönlichkeitsrecht zustehen. Abs. 3 hat nicht den Sinn, die nach allgemeinen Grundsätzen bestehenden Ansprüche einzuschränken, zumal sie durch § 32 im Grundsatz aufrechterhalten sind (ebenso v. Roetteken, § 7 Rn. 23, 83). Insoweit greifen auch die Fristen der §§ 15 Abs. 4, 61 b ArbGG nicht ein.

348 Soweit einzelne Beschäftigte als **Erfüllungsgehilfen des Arbeitgebers** tätig werden, muss er nach § 278 BGB für sie einstehen (verwunderlich die These von Adomeit/Mohr, NZA 2007, 182, der Entlastungsbeweis nach § 831 Abs. 1 S. 2 BGB sei im vorliegenden Zusammenhang auf § 278 BGB zu erstrecken; die Gesetzestreue stand bislang einer solchen These immer entgegen). Dies ist bei Vorgesetzten, aber auch bei allen Mitarbeitern der Personalabteilung sowie bei „Betriebsbeauftragten" der Fall, die wie der Betriebsarzt oder der Datenschutzbeauftragte für die Einhaltung bestimmter Rechtsgrundsätze sorgen müssen (Bauer/Krieger, § 7 Rn. 37). Dabei genügt es, wenn das fragliche Verhalten **in innerem Zusammenhang mit der Arbeit** steht, was in aller Regel der Fall sein wird. Auch bei einer Belästigung nach § 3 Abs. 3, 4 ist dies anzunehmen, es sei denn, der Belästiger wolle eine „Privatfehde" mit dem Opfer austragen (anders Bauer/Krieger, § 7 Rn. 38). In gleicher Weise wird ua bei Tätlichkeiten im Betrieb entschieden, die nur

dann keine (außerordentliche) Kündigung rechtfertigen, wenn es ausschließlich um eskalierende private Beziehungen geht (Nachweise bei DDZ-Däubler, BGB § 626 Rn. 124). Dem **Arbeitgeber** steht ggf. ein **Regressanspruch** gegen den bzw. die diskriminierenden Beschäftigten zu, wobei ihm allerdings die Beweiserleichterung des § 22 nicht zugutekommt (Bauer/Krieger, § 7 Rn. 45).

349 Gehen diskriminierende Handlungen von Arbeitskollegen auf derselben Hierarchiestufe oder von anderen Personen aus, die dem Betroffenen gegenüber keine Arbeitgeberpflichten zu erfüllen haben, so haftet der Arbeitgeber nur, wenn ihn bzw. die Vorgesetzten ein eigenes Verschulden trifft. Dieses kann insbesondere in fehlerhafter Organisation liegen, die dazu führt, dass man der Entstehung einer feindseligen Umwelt tatenlos zuschaut. Die **Handelnden haften persönlich** aus unerlaubter Handlung (v. Roetteken, § 7 Rn. 24), doch kommen auch vertragliche Ansprüche auf Schadensersatz in Betracht: Die in Abs. 3 genannten Pflichten erstrecken sich dezidiert auch auf andere Arbeitnehmer, so dass der Arbeitsvertrag auf diese Weise Schutzwirkung gegenüber Dritten erhält (anders Bauer/Krieger, § 7 Rn. 7).

350 Die **Pflichten** nach Abs. 3 können im Arbeitsvertrag **nicht abbedungen** werden (v. Roetteken, § 7 Rn. 86). Wie nicht zuletzt aus § 31 deutlich wird, lässt das Antidiskriminierungsrecht keine privatautonome Abschwächung zu. Möglich ist allenfalls eine Erweiterung seiner Schutznormen (→ § 31 Rn. 5).

§ 8 Zulässige unterschiedliche Behandlung wegen beruflicher Anforderungen

(1) Eine unterschiedliche Behandlung wegen eines in § 1 genannten Grundes ist zulässig, wenn dieser Grund wegen der Art der auszuübenden Tätigkeit oder der Bedingungen ihrer Ausübung eine wesentliche und entscheidende berufliche Anforderung darstellt, sofern der Zweck rechtmäßig und die Anforderung angemessen ist.

(2) Die Vereinbarung einer geringeren Vergütung für gleiche oder gleichwertige Arbeit wegen eines in § 1 genannten Grundes wird nicht dadurch gerechtfertigt, dass wegen eines in § 1 genannten Grundes besondere Schutzvorschriften gelten.

I. Allgemeines

1 In § 8 Abs. 1 wird geregelt, dass eine unterschiedliche Behandlung aufgrund eines an sich verbotenen Differenzierungskriteriums unter bestimmten Voraussetzungen zulässig ist. Zwar wird in der Vorschrift der Begriff „zulässig" verwendet, es handelt sich jedoch um einen Rechtfertigungsgrund. Die Vorschrift setzt Art. 4 Abs. 1 RL 2000/78/EG, 2000/43/EG und Art. 2 Abs. 6 RL 2002/73/EG um (Rust/Falke-Rust, § 8 Rn. 1; v. Roetteken, § 8 Rn. 1; Bauer/Krieger, § 8 Rn. 2). Nach dem Wortlaut der Richtlinien liegt dann keine Diskriminierung vor, wenn das an sich verbotene Differenzierungsmerkmal eine **wesentliche und entscheidende berufliche Voraussetzung** ist, soweit der verfolgte **Zweck rechtmäßig** und die **Anforderung angemessen** sind. Das bundesdeutsche Gesetz greift den Wortlaut der Richtlinien auf und schafft für alle Diskriminierungsverbote einen einheitlichen Rechtfertigungsmaßstab (BT-Drs. 16/1780, 35). In § 8 Abs. 2 wird § 612 Abs. 3 S. 2 BGB aF in das AGG übernommen und so für alle Diskriminierungsverbote der Grundsatz der Entgeltgleichheit klargestellt (BT-Drs. 16/1780, 35). Nach der Rechtsprechung folgt aus der Wertung von § 8 Abs. 2 iVm § 2 Abs. 1 Nr. 2 ein Anspruch auf gleiches Entgelt für gleiche oder gleichwertige Arbeit (BAG 11.12.2007 – 3 AZR 249/06 – NZA 2008, 532; LAG Rheinland-Pfalz 28.10.2015 – 4 Sa 15/14). Zur Entgeltgleichheit und zum Verhältnis des § 8 zum Entgelttransparenzgesetz → EntgTranspG Einl. Rn. 2 ff., 7; → EntgTranspG § 2 Rn. 3; → EntgTranspG § 3 Rn. 13.

II. Systematik der Vorschrift – Verhältnis der Rechtfertigungsgründe

2 Es handelt sich bei § 8 Abs. 1 nach der Gesetzesbegründung (BT-Drs. 16/1780, 35) um einen Rechtfertigungsgrund für **unmittelbare und mittelbare Diskriminierungen**, der für alle Diskriminierungsverbote gilt (Rust/Falke-Rust, § 8 Rn. 2). Bei mittelbaren Diskriminierungen greift in der Mehrzahl der Fälle § 3 Abs. 2, da die Rechtfertigung durch einen sachli-

chen Grund weiter gefasst ist als die der beruflichen Anforderung (nur auf unmittelbare Diskriminierungen anwendbar v. Roetteken, § 8 Rn. 41 unter Hinweis, dass bei § 3 Abs. 2 schon keine Diskriminierung mehr vorliegt; Meynel/Heyn/Herms, § 8 Rn. 4; Schiek-Schmidt, § 8 Rn. 1; Adomeit/Mohr, § 8 Rn. 3; Wendeling-Schröder/Stein, § 8 Rn. 2; Schleusener/Suckow/Voigt, § 8 Rn. 2). Die in § 5 und § 10 genannten Rechtfertigungsgründe sind tatbestandlich neben § 8 anzuwenden (Meinel/Heyn/Herms, § 8 Rn. 3; Zöllner, GS Blomeyer, S. 517, 531) und stehen in keinem sich gegenseitig ausschließenden Spezialitätsverhältnis. Nach § 5 und § 10 müssen die dort genannten Tatbestandsmerkmale erfüllt sein. Eine Diskriminierung kann daher nach mehreren Vorschriften gerechtfertigt sein. Eine Belästigung nach § 3 Abs. 3, 4 kann dagegen nicht gerechtfertigt werden (v. Roetteken, § 8 Rn. 46; Meinel/Heyn/Herms, § 8 Rn. 4 mwN; Adomeit/Mohr, § 8 Rn. 3).

1. Prüfung des Rechtfertigungsgrunds gem. § 8 Abs. 1

a) Zugrunde liegende Abwägungsentscheidung

3 Der Überlegung, ob es sich um eine zulässige Differenzierung handelt, liegt letztlich eine Abwägung zwischen dem Gleichbehandlungsinteresse des Arbeitnehmers und der unternehmerischen Freiheit (Lieske, S. 309; Adomeit/Mohr, § 8 Rn. 5) zugrunde. Freilich steht diese Abwägung unter den Vorgaben des § 8. Der vom Arbeitgeber gewählten, an sich untersagten Differenzierung muss ein Zweck zugrunde liegen, der im Lichte des Diskriminierungsverbots rechtmäßig ist. Im Gesetzeswortlaut kommt dies dadurch zum Ausdruck, dass der Grund eine **wesentliche** und **entscheidende** Voraussetzung der Tätigkeit sein muss. Das Kriterium kann nur dann rechtfertigen, wenn die konkrete Tätigkeit ohne Vorliegen des Merkmals nicht ordnungsgemäß durchgeführt werden kann (BAG 18.3.2010 – 8 AZR 77/09 – NZA 2010, 872; Meinel/Heyn/Herms, § 8 Rn. 7; Adomeit/Mohr, § 8 Rn. 23; Bauer/Krieger, § 8 Rn. 11; Schleusener/Suckow/Voigt, § 8 Rn. 12; Rothballer, S. 95). Die Rechtfertigung kann nach der Rechtsprechung des EuGH (13.9.2011 – Rs. C-447/09 (Prigge) – NJW 2011, 3209 mwN) nicht auf das untersagte Differenzierungskriterium selbst gestützt werden, sondern muss ein mit diesem Grund im Zusammenhang stehendes Merkmal als wesentliche und entscheidende berufliche Anforderung sein. In dieser Rechtsprechung zeigt sich der Unterschied der deutschen Umsetzung in § 8 zu Art. 4 RL 2000/78/EG, die darauf abstellt, dass das rechtfertigende Merkmal nicht – wie im deutschen Text – selbst das Diskriminierungsmerkmal ist, sondern mit diesem zusammenhängt (v. Roetteken, § 8 Rn. 7). Die deutsche Umsetzung ist aber richtlinienkonform so auszulegen, dass sich der rechtfertigende Grund aus der Art der Tätigkeit ergeben muss und nie das untersagte Diskriminierungsmerkmal allein sein kann (v. Roetteken, § 8 Rn. 13). Die deutsche Fassung ist insoweit missverständlich. Verstößt der Unternehmer mit dem von ihm selbst gesetzten Zweck nicht gegen ein Differenzierungsverbot, kann er die Stelle und die Anforderungen an seine Arbeitnehmer grundsätzlich in den arbeitsrechtlichen Grenzen Gleichbehandlungsgrundsatz, billiges Ermessen gem. § 106 GewO etc, frei bestimmen. Seine Entscheidungsfreiheit ist aber eingeschränkt, wenn ein Diskriminierungsverbot eingreift (für den Fall der unternehmerischen Frei-

heit bei Kündigungen Däubler, DB 2012, 2100, 2101). Gleichheitsregelungen sind keine systemfremden Überlegungen, sondern als Ausdruck der iustitia distributiva Voraussetzung der beiderseitigen Privatautonomie im Arbeitsrecht (Wiedemann, Gleichbehandlungsgrundsatz, S. 8). Dabei ist § 8 als **Ausnahmeregelung eng auszulegen** (EuGH 13.9.2011 – Rs. C-447/09 (Prigge) – NJW 2011, 209; BGH 23.4.2012 – II ZR 163/10 – NJW 2012, 2346; v. Roetteken, § 8 Rn. 7; zu Ausnahmen vom Verbot der Geschlechterdiskriminierung EuGH 15.5.1986 – Rs. C-222/84 (Johnston) – Slg 1651; Bauer/Krieger, § 8 Rn. 10; aA Mohr, NZA 2014, 459, 461: zu werten wie §§ 134, 139 BGB, was nicht dem europäischen Diskriminierungsschutz entspricht). Damit der Arbeitgeber Diskriminierungsverbote nicht durch eigene konstruierte Stellenanforderungen umgeht, kommt es bei den beruflichen Anforderungen auf die – diskriminierungsfreie – Verkehrsauffassung an (BAG 19.8.2010 – 8 AZR 466/09 – NZA 2011, 203; Bezug zur Tätigkeit, ErfK-Schlachter, § 8 Rn. 4; dazu kritisch v. Roetteken, § 8 Rn. 54 mwN; nur Willkürkontrolle, MüKo-Thüsing, § 8 Rn. 10; Schleusener/Suckow/Voigt, § 8 Rn. 7; Wendeling-Schröder/Stein, § 8 Rn. 8). Die zur Frage der Geschlechterdiskriminierung ergangene (strenge) Rechtsprechung gibt den Rahmen vor (Schiek, § 8 Rn. 3). Die Differenzierungsverbote können nicht mit unterschiedlichen Maßstäben gemessen werden (ebenso Rust/Falke-Rust, § 8 Rn. 8). Dabei ist der Rechtfertigungsmaßstab in dem aufgehobenen § 611 a aF BGB „unverzichtbar" gleich mit den in der Richtlinie aufgestellten Anforderungen (MüKo-Thüsing, § 8 Rn. 4; BeckOK-Roloff, § 8 Rn. 3; v. Roetteken, § 8 Rn. 22; Rothballer, S. 95).

4 Kann daher ein Arbeitnehmer **per se die verlangte Tätigkeit nicht leisten,** zB eine Arbeitnehmerin nicht die männliche Hauptrolle übernehmen, fällt das berechtigte Interesse des Arbeitgebers, die Art der Tätigkeit zu bestimmen, mit der konkreten Ausgestaltung des Stellenprofils direkt zusammen. Diese Voraussetzungen können als direkte berufliche Anforderungen bezeichnet werden (Rust/Falke-Rust, § 8 Rn. 10; v. Roetteken, § 8 Rn. 59). Schwieriger sind die Fallsituationen zu lösen, in denen das an sich verbotene Differenzierungsmerkmal zwar nicht begriffsnotwendig aus der Stellenbeschreibung folgt, jedoch aus von **außen gesetzten funktionellen Gründen** eine Unterscheidung zwischen Arbeitnehmern notwendig sein kann. Da der Arbeitgeber aber insoweit selbst die „Berufsbezogenheit" bestimmt, darf der Diskriminierungsschutz auf diesem Wege nicht umgangen werden. Problematisch ist dies insbesondere, wenn der Arbeitgeber auf **Kundenerwartungen** reagiert und eine Stelle aus wirtschaftlichen Überlegungen vorzugsweise „sozial rollengerecht" besetzen möchte (vgl. dazu Meinel/Heyn/Herms, § 8 Rn. 15 mit dem Beispiel des japanischen Sushi-Meisters, aber auch → Rn. 45 sowie Thüsing, Arbeitsrechtlicher Diskriminierungsschutz, Rn. 337 unter Hinweis auf die nicht diskriminierende Markttrennung). Nach der Rechtsprechung des EuGH (14.3.2017 – Rs. C-188/15 (Bougnaoui) – NZA 2017, 375) ist der Wunsch des Kunden keine wesentliche Voraussetzung der Tätigkeit und kann eine Schlechterstellung nicht rechtfertigen. Beruft sich der Arbeitgeber ausdrücklich darauf, Arbeitnehmer mit einer bestimmten ethnischen Herkunft nicht zu beschäftigen, liegt die Vermutung einer Diskriminierung nahe, die der Arbeitgeber zB durch eine

tatsächlich abweichende Einstellungspraxis widerlegen muss (EuGH 10.7.2008 – Rs. C-54/07 (Feryn) – NJW 2008, 2767). Hervorzuheben ist, dass der EuGH in dieser Entscheidung die Kundenerwartungen unberücksichtigt lässt (ErfK-Schlachter, § 8 Rn. 4). Die Popularität der traditionellen Rollenerwartung dient in diesem Fall der Gewinnsicherung. Dabei greift der Arbeitgeber unter Umständen aber genau die Vorurteile auf, die im Wege der Gleichbehandlung beseitigt werden sollen (ebenso Rust/Falke-Rust, § 8 Rn. 19 ff.; HK-ArbR/Berg, § 8 Rn. 4). Da nach den zugrunde liegenden Richtlinien wie nach dem Wortlaut des § 8 aber qualifizierte berufsbezogene Gründe die Differenzierung erlauben, kann der Arbeitgeber nur in einem engen Rahmen auch Kundenerwartungen aufgreifen (→ Rn. 10), damit das Diskriminierungsverbot nicht stets unterlaufen wird (ErfK-Schlachter, § 8 Rn. 5; vgl. auch Thüsing, Arbeitsrechtlicher Diskriminierungsschutz, Rn. 334 mit Hinweisen auf das amerikanische Recht; Schiek-Schmidt, § 8 Rn. 5). Die Argumentation, der Arbeitgeber könne frei den Zweck und damit auch die Ausgestaltung des Betriebs bestimmen, sofern nicht unsachliche Kriterien herangezogen werden (Adomeit/Mohr, § 8 Rn. 19), ist vor dem europarechtlichen Hintergrund nicht mehr tragfähig. Die Überlegung nur junge Frauen als Kellnerinnen oder nur Männer als Autoverkäufer zu beschäftigen, mag mit höheren Gewinnchancen sachlich begründbar sein. Aus dieser Überlegung heraus ist § 8 auch kein Rechtfertigungsgrund gerade Frauen in einem Autohaus verstärkt zu beschäftigen, um ein „Spektrum an Beratungsleistungen" zu bieten (so aber LAG Köln 18.5.2017 – 7 Sa 913/16). Vielmehr muss das Aufgreifen des an sich schon untersagten Differenzierungsmerkmals tätigkeitsbezogen gerechtfertigt werden. Allein **wirtschaftliche Erwägungen** können eine Diskriminierung nicht rechtfertigen (Rebhahn/Windisch-Graetz, § 20 Rn. 4; anders Adomeit/Mohr, § 8 Rn. 19, der entscheidend auf das Organisationskonzept des Arbeitgebers abstellt). Fälle einer **Bestandsgefährdung** (dazu Thüsing, RdA 2001, 319, 324; MüKo-Thüsing, § 8 Rn. 20) bei diskriminierungsfreiem Verhalten sind eher eine theoretische Überlegung. Sie werden eine seltene Ausnahme sein. Beruft sich der Arbeitgeber darauf, genügt der pauschale Vortrag nicht. Insbesondere die Kausalität zwischen der wirtschaftlichen Gefährdung und dem diskriminierungsfreiem Verhalten muss dargelegt werden, will man eine derartige Argumentation überhaupt zulassen. Dagegen spricht, dass wirtschaftliche Bestandsinteressen des Arbeitgebers bei anderen Verstößen gegen gesetzliche Verbote keine Rolle spielen. Zutreffend weist Rust/Falke-Rust, § 8 Rn. 22 auf den Widerspruch zu § 12 Abs. 4 hin, wonach der Arbeitgeber den Arbeitnehmer vor Diskriminierungen Dritter zu schützen hat.

Die Rechtfertigungsgründe können daher wie folgt systematisiert werden:

- unmittelbare (biologische/rechtliche) Rechtfertigung
- mittelbare Rechtfertigung bei Aufgreifen von äußeren Faktoren (Kundenerwartungen, Sozialrollen) durch den Arbeitgeber bei der Tätigkeitsbeschreibung nur in Ausnahmefällen (vgl. dazu im Folgenden die Beispiele).

b) Systematisierung der Rechtfertigungsgründe

5 Bei den nach § 8 möglichen Rechtfertigungsgründen können zwei Stufen unterschieden werden. Bei **unmittelbaren berufsbezogenen Rechtfertigungen** greift die Stellenbeschreibung begriffsnotwendig das an sich verbotene Merkmal auf, wie zB bei der Besetzung einer weiblichen Hauptrolle. Bei einer **mittelbar auf die Tätigkeit bezogenen Rechtfertigung** ist die verlangte Tätigkeit an sich neutral, der Arbeitgeber bezieht bei der Stellenbeschreibung aber Umweltfaktoren mit ein. Diese können zB in Kundenerwartungen (→ Rn. 10), aber auch in einem selbst gesetzten Unternehmenszweck (→ Rn. 17) bestehen. Während unmittelbar berufsbezogene Rechtfertigungen als seltene Ausnahmefälle wenig problematisch sind, ist es schwieriger zu entscheiden, wann der Arbeitgeber gerechtfertigt äußere Umstände aufgreifen und in das Stellenprofil mit aufnehmen kann.

c) Probleme bei mittelbar auf die Tätigkeit bezogener Rechtfertigung

6 Inwieweit der Arbeitgeber Umweltfaktoren in die Tätigkeitsbeschreibung mit aufnehmen und sich aus diesem, von ihm selbst geschaffenen Berufsbezug auf eine Rechtfertigung berufen kann, ist unklar. Der Gesetzeswortlaut erfordert, dass der **Zweck der Differenzierung in Anbetracht des Diskriminierungsverbots legitim** sein muss. Dies erscheint zunächst wie ein Widerspruch in sich, da eben das Aufgreifen des Merkmals selbst unzulässig ist. Das Diskriminierungsverbot kann nicht dadurch umgangen werden, dass der Arbeitgeber willkürlich eine berufsbezogene Voraussetzung aufstellt und die Schutzvorschriften so aufhebt. Es kann daher nicht jeder Zweck, mag er auch betriebsbezogen sein, rechtfertigend wirken.

7 Die berufsbezogene **Rechtfertigung der Geschlechterdiskriminierung** war vor Erlass des AGG in § 611 a Abs. 1 S. 2 BGB aF geregelt. Zwar wurde dort verlangt, dass das Geschlecht unverzichtbare Voraussetzung für die berufliche Tätigkeit sein müsse. Die Anforderungen der „unverzichtbaren" und der „wesentlichen und entscheidenden" berufsbezogenen Voraussetzung sind jedoch gleich (→ Rn. 3; Begründungserwägungen (11) der Richtlinie 2002/73/EG; HK-ArbR/Berg, § 8 Rn. 3; Thüsing, Arbeitsrechtlicher Diskriminierungsgrundsatz, Rn. 326; Schiek-Schmidt, § 8 Rn. 2; Schleusener/Suckow/Voigt, § 8 Rn. 5; aA Adomeit/Mohr, § 8 Rn. 13: Absenkung des Standards). Bei der Bestimmung des Rechtfertigungsgrunds kann daher insbesondere auf die Rechtsprechung des EuGH zur Geschlechterdiskriminierung zurückgegriffen werden.

aa) Öffentliche Sicherheit

8 In der Rechtsprechung des EuGH zur Geschlechterdiskriminierung sind **öffentliche Sicherheitsinteressen** der Mitgliedstaaten iSv Art. 2 Abs. 5 RL 2000/78/EG als legitime Ziele einer beruflichen Anforderung angesehen worden (EuGH 11.3.2003 – Rs. C-186/01 (Dory) – NZA 2003, 427; EuGH 11.1.2000 – Rs. C-285/98 (Krell) – NJW 2000, 497; EuGH 30.6.1988 – Rs. C-318/86 (Kommission/Frankreich) – Slg 1988, 3559; EuGH 26.10.1999 – Rs. C-273/97 – NZA 2000, 25; EuGH 15.5.1986 – Rs. C-222/84 (Johnston) – Slg 1986, 1651; Meinel/Heyn/Herms, § 8 Rn. 35). Das bedeutet zunächst nur, dass öffentliche Sicherheitsinteressen bei nationalstaatlichen Entscheidungen in besonderem Maße geeignet sind,

vor den Diskriminierungsschutz zu treten. In den Erwägungsgründen 18 und 19 der Richtlinie 200/78/EG findet sich dies wieder. Eine Einzelabwägung wird aber nicht obsolet. In den vom EuGH entschiedenen Fällen handelte es sich um öffentliche Arbeitgeber (wobei es auf die Aufgaben ankommt, so dass sich auch private Arbeitgeber darauf berufen können, Adomeit/Mohr, § 8 Rn. 28; Bauer/Krieger, § 8 Rn. 28), die Anforderungen bezogen sich auf:

- Aufsehertätigkeit in Justizvollzugsanstalten (EuGH 30.6.1988 – Rs. C-318/86 (Kommission/Frankreich) – Slg 1988, 3559) bzw
- Tätigkeiten bei den Streitkräften (EuGH 11.3.2003 – Rs. C-186/01 (Dory) – NZA 2003, 427; EuGH 11.1.2000 – Rs. C-285/98 (Kreil) – NJW 2000, 497; EuGH 15.5.1986 – Rs. C-222/84 – Slg 1986, 1651, 1663).
- Aktiven Dienst bei der Berufsfeuerwehr (EuGH 12.1.2010 – Rs. C-229/08 (Wolf) – EuZa 2010, 142).

9 Dabei stellte der EuGH darauf ab, dass es hinsichtlich organisatorischer Fragen in erster Linie Sache der Mitgliedstaaten selbst ist, ihre innere und äußere Sicherheit zu gewährleisten (EuGH 11.3.2003 – Rs. C-186/01 – NZA 2003, 427). Ob Sicherheitsinteressen betroffen sind, hängt nicht von einer Beschäftigung bei einem öffentlichen Arbeitgeber ab. Vielmehr kommt es darauf an, ob der Mitgliedstaat eine Regelung zur Gefahrenabwehr in diesem Bereich treffen wollte (so für die tarifliche Altersgrenze von Piloten EuGH 13.9.2011 – Rs. C-447/09 (Prigge) – NJW 2011, 3209; v. Roetteken, § 8 Rn. 145). Daher ist es nicht entscheidend, ob der Arbeitnehmer bei einem öffentlichen oder privaten Arbeitgeber zu dieser Aufgabenerfüllung beschäftigt ist. Die Erwägungen des EuGH beziehen sich hauptsächlich jedoch auf Organisationsentscheidungen der Mitgliedstaaten selbst. Bei diesen **eigenstaatlichen Organisationsentscheidungen** würde eine strikte Anwendung des europäischen Diskriminierungsverbots zu einem „Eingriff in die Zuständigkeiten der Mitgliedstaaten" führen (EuGH 11.3.2003 – Rs. C-186/01 – NZA 2003, 427, 429).

bb) Kundenerwartungen

10 Die Legitimität des Zwecks, dem die berufliche Anforderung dienen soll, ist der entscheidende Gesichtspunkt der Rechtfertigung nach § 8 (Rebhahn/Windisch-Graetz, § 20 Rn. 5; v. Roetteken, § 8 Rn. 47). Die Richtlinie verlangt eindeutig einen **Tätigkeitsbezug**. Ein Rollenbezug ist unerheblich bzw. soll – wenn er sich in Vorurteilen manifestiert hat – gerade beseitigt werden. Das BAG hat unter Bezugnahme auf den EuGH in seiner Rechtsprechung zum Verbot der Geschlechterdiskriminierung strenge Anforderungen an eine berufsbezogene Rechtfertigung aufgestellt. Danach ist eine berufsbezogene Rechtfertigung nur dann möglich, wenn ein Angehöriger des anderen Geschlechts die vertragsgemäße Leistung nicht erbringen könnte und dieses Unvermögen auf Gründen beruht, die ihrerseits der gesetzlichen Wertentscheidung der Gleichberechtigung beider Geschlechter genügen (BAG 12.11.1998 – 8 AZR 365/97 – NZA 1999, 371, 372). Letztlich ist diese Wertung auch auf die anderen im AGG genannten Diskriminierungsverbote zu übertragen. Es ist also auch bei der Frage, ob

Kundenerwartungen eine Diskriminierung rechtfertigen können, zu prüfen, ob

- ohne die Differenzierung die vertraglich versprochene Tätigkeit nicht erbracht werden kann und
- dafür in Anbetracht des Diskriminierungsverbots ein legitimer Grund besteht.

11 In den meisten Situationen wird eine berufsbezogene Rechtfertigung schon aus dem ersten Grund ausscheiden. Es spielt für die arbeitsvertragliche Tätigkeitsleistung zB im Verkauf keine Rolle, aus welchem Land der Arbeitnehmer kommt oder welcher Religion er angehört. Entscheidend ist allein, ob die **Fähigkeiten oder die Ausbildung** vorhanden sind, die für eine Verkaufstätigkeit erforderlich sind. Ob dies den – diskriminierenden – Kundenerwartungen entspricht, kann nicht zur Rechtfertigung der Diskriminierung führen, da eben in diesen Kundenerwartungen die tatsächliche Diskriminierung liegt (aA für den Fall der Bestandsgefährdung des Unternehmens MüKo-Thüsing, § 8 Rn. 20).

12 Problematisch ist es, wenn der Arbeitgeber aber das an sich **verbotene Differenzierungsmerkmal** in die vertragliche Tätigkeitsbeschreibung mit aufnimmt. In diesem Fall ist entscheidend, ob es sich – in Übertragung der Rechtsprechung zur Geschlechterdiskriminierung – um einen vor dem Hintergrund des Diskriminierungsschutzes **legitimen Zweck** handelt. Als eindeutig legitime Zwecke sind öffentliche Sicherheitsinteressen anerkannt worden (→ Rn. 8). Argumentiert man auch hier entlang der bereits für die Geschlechterdiskriminierung entwickelten Leitlinien, ergibt sich Folgendes:

13 Diskriminierende Kundenerwartungen können vom Arbeitgeber grundsätzlich nicht zur Rechtfertigung einer von ihm vorgenommenen Diskriminierung herangezogen werden. Ausnahmen ließ die Rechtsprechung nur dann zu, wenn die Tätigkeit ein **besonderes Vertrauensverhältnis** zu Kunden einer bestimmten Gruppe erforderte und diesem Vertrauen nur dann entsprochen werden konnte, wenn der Arbeitnehmer selbst dieser Gruppe angehörte, zB Frauenreferentin, Geschäftsführerin Frauenverband (→ Rn. 20). In der Literatur ist diese Voraussetzung als „Authentizität" bezeichnet worden (Meinel/Heyn/Herms, § 8 Rn. 35; MüKo-Thüsing, § 8 Rn. 25; Bauer/Krieger, § 8 Rn. 30). Diese Voraussetzung betrifft insbesondere beratende Tätigkeiten, bei denen eine besondere Vertrauensstellung durch die Gruppenzugehörigkeit sichergestellt wird. Damit ist die Rechtfertigung direkt **tätigkeitsbezogen**. Darüber hinaus widersprach die vom Arbeitgeber aufgegriffene Differenzierung **von seiner Zielsetzung her dem Diskriminierungsverbot nicht**. In den entschiedenen Fällen handelte sich gerade deshalb nicht um illegitime Ziele, da diese Tätigkeiten gerade zum Abbau von Diskriminierungen dienten (OVG Berlin Brandenburg 11.12.2015 – 4 N42.14 – kein Verstoß gegen höherrangiges Recht bei der Beschränkung der Wählbarkeit von Gleichstellungsbeauftragten auf Frauen.

14 Problematisch war in diesen Entscheidungen allein, ob die **Gruppenzugehörigkeit** tatsächlich Rückschlüsse auf das erforderliche Vertrauensverhältnis zuließ oder ob nicht auch ein Mitglied der anderen Gruppe qualifiziert beraten konnte, zB Mann als Frauenreferent. Der Rückschluss auf das Ver-

trauensverhältnis ist für die Rechtfertigung notwendige Voraussetzung. Sie ist zu bejahen, wenn das Vertrauensverhältnis mit der Gruppenzugehörigkeit „steht und fällt". So würde eine geschlechtsbezogene Ausschreibung für eine Stelle als Arzt in einer Frauenarztpraxis nicht gerechtfertigt sein, da ein Vertrauensverhältnis der Patientin unabhängig vom Geschlecht des Arztes bestehen kann.

15 In keiner der ergangenen Entscheidungen zur Geschlechterdiskriminierung ist es dem Arbeitgeber erlaubt worden, ein benachteiligendes Merkmal, das sich in Kundenerwartungen widerspiegelt, aufzugreifen und **über die Formulierung des Unternehmenszwecks** zu rechtfertigen. Freilich konnte auch dort die Stellenausschreibung nur für „weibliches Flugpersonal" (zu diesem Beispiel aus dem amerikanischen Recht Thüsing, RdA 2001, 321, 323) oder nur für „Kellnerinnen" letztlich durch das Aufgreifen von Kundenerwartungen finanziell interessant sein. Es war aber gerade durch das Diskriminierungsverbot untersagt. Damit hatte die Entscheidung des Arbeitgebers eben keinen legitimen Grund, der zu einer Rechtfertigung hätte führen können. Im Gegenteil: Die Kundenerwartung, von einer Stewardess und nicht von einem gleich qualifizierten Steward bedient zu werden, ist arbeitsrechtlich gerade die den Mann benachteiligende Diskriminierung.

16 Überträgt man diese Grundsätze auf die Frage nach dem rechtfertigenden Aufgreifen von Kundenerwartungen, so kann der Arbeitgeber – auch über die Bestimmung seines Betriebszwecks – **keine diskriminierende Kundenerwartung aufgreifen** (Novara, NZA 2015, 142, 147, der zutreffend darauf hinweist, dass Mitbewerber auf Unterlassung dieses wettbewerbswidrigen Verhaltens klagen können). Kundenerwartungen können nur dann eine Rolle spielen, wenn sie Voraussetzung eines besonderen Vertrauensverhältnisses in Beratungstätigkeiten sind und vor dem Hintergrund des Diskriminierungsverbots keiner illegalen Zielsetzung dienen. So wird man zB bei der Tätigkeit eines Sozialarbeiters, der ausländische Jugendliche betreuen und sozial integrieren soll, eine Herkunft verlangen können, die ethnische Spannungen nicht noch verstärkt. Im Übrigen handelt es sich dabei um Tätigkeiten, die Diskriminierungen entgegenwirken. Damit ist die Zielsetzung auch vor dem Hintergrund des Diskriminierungsverbots legitim.

17 Dagegen kann es dem Arbeitgeber unter Beachtung des Diskriminierungsverbots nicht erlaubt sein, über die **Definition seines Betriebs** diskriminierende Kundenerwartungen profitabel zu bedienen (Novara, NZA 2015, 142, 147). In diesem Fall ist schon die Zielsetzung nicht legal und verstößt gegen die Richtlinie 2000/78/EG. So kann eine ländliche Metzgerei einen qualifizierten Bewerber aus Spanien, Italien oder Indien für eine Stelle als Verkäufer nicht mit dem Argument zurückweisen, die Kunden wanderten aufgrund des fremdländischen Aussehens des Arbeitnehmers zur Konkurrenz ab. Eine Rechtfertigung folgt auch nicht daraus, dass der Metzger sein Geschäft „Deutsche Traditionswurstwaren" nennt. Hat der Stellenbewerber die erforderliche Qualifikation als Fachverkäufer, kann ihn der Arbeitgeber nicht zurückweisen, weil er die Diskriminierung in seinen Betriebszweck mit aufnimmt und so – kontraproduktiv zur Richtlinie 2000/78/EG – noch verstärkt. Dies gilt ebenso für die oft zitierten Fälle ethnischer Zugehörigkeiten im Servicebereich bei Restaurants (Rebhahn/Windisch-

Graetz, § 20 Rn. 4). Zwar kann der Betreiber des „Schwarzwaldstüberls" oder des „Bayrischen Biergartens" oder des „Multikulti-Restaurants" berechtigterweise auf besondere Bekleidung (Trachten etc) Wert legen. Er darf aber gleich qualifizierte Bewerber für eine Tätigkeit im Servicebereich nicht mit Rücksicht auf ihre Herkunft zurückweisen (→ Rn. 36). Dies gilt auch, wenn er dadurch die Wettbewerbsfähigkeit seines Betriebs zunächst beeinträchtigt (anders Thüsing, RdA 2001, 319, 325). Da das Differenzierungsverbot alle Arbeitgeber gleichmäßig betrifft, ändert sich durch das Angebot die Kundenpräferenz zwangsläufig. Daher kann insbesondere bei Kunden aus anderen Kulturkreisen und auch bei einem Einsatz in Ländern außerhalb der EU nicht darauf abgestellt werden, ob die Kunden einen „sachlichen Grund" für eine Differenzierung haben (so aber Adomeit/Mohr, § 8 Rn. 47). Es bleibt auch in diesen Fallgruppen nur bei der tätigkeitsbezogenen Anforderung, da es für die eingesetzten Arbeitnehmer und damit für die Frage der Schlechterstellung nur auf diese innereuropäische Wertung ankommt (Rothballer, S. 207).

2. Rechtfertigungsgründe im Einzelnen

a) Zulässige Differenzierung wegen Geschlechts

18 Eine unterschiedliche Behandlung wegen des Geschlechts ist nach § 8 Abs. 1 Nr. 1 zulässig, wenn das Geschlecht wegen der Art der auszuübenden Tätigkeit oder der Bedingung ihrer Ausübung eine **wesentliche und entscheidende Voraussetzung** für die Tätigkeit ist. Im Wortlaut des **§ 611 a Abs. 1 S. 2 BGB** aF hatte der Gesetzgeber in Umsetzung des Art. 2 Abs. 2 RL 76/207/EWG noch formuliert, dass das Geschlecht eine „unverzichtbare Voraussetzung" für die Tätigkeit sein müsse. Nach dem Wortlaut könnte man darauf schließen, dass durch eine „unverzichtbare Voraussetzung" höhere Anforderungen als durch eine „wesentliche und entscheidende" gestellt werden. Letztlich werden jedoch keine unterschiedlichen Anforderungen gestellt (→ Rn. 3; Begründungserwägung (11) der Richtlinie 2002/73/EG; LAG Niedersachsen 19.4.2012 – 4 SaGa 1732/11 – JAmt 2012, 428; HK-ArbR/Berg, § 8 Rn. 4; Schiek-Schmidt, § 8 Rn. 2; Nollert-Borasio/Perreng, § 8 Rn. 4; Bauer/Krieger, § 8 Rn. 8; Rust/Falke-Rust, § 8 Rn. 5 ff. unter Hinweis auf den europarechtlichen Hintergrund; aA Adomeit/Mohr, § 8 Rn. 16 und Worzalla, S. 98, die nur den deutschen Wortlaut auslegen). Bei der Auslegung des Tatbestandsmerkmals der „wesentlichen und entscheidenden Anforderungen" kann daher auf die zu § 611 a Abs. 1 S. 2 BGB aF ergangene Rechtsprechung zurückgegriffen werden. Das Diskriminierungsverbot und seine Rechtfertigung beziehen sich nicht nur auf die Einstellung, sondern auf jegliche Maßnahmen während der Durchführung des Vertrags. So ist auch die Versagung einer Beförderung wegen einer Schwangerschaft eine nicht gerechtfertigte Diskriminierung, wobei die Darlegungs- und Beweislastfrage praktisch entscheidend ist (Rolfs/Wessel, NJW 2009, 3329; BAG 24.4.2008 – 8 AZR 257/07 – NZA 2008, 1351: Kenntnis des Arbeitgebers von Schwangerschaft reicht nicht als Indiz; BAG 22.7.2010 – 8 AZR 1012/08 – NZA 2011, 93: Statistische Nachweise sind geeignet, müssen sich aber konkret auf den Arbeitgeber beziehen). Nicht gerechtfertigte Nachteile entstehen auch, wenn die Frau

während ihres Mutterschaftsurlaubs nicht an einer Weiterbildung teilnehmen kann und sich dies auf eine Beförderung auswirkt (EuGH 6.3.2014 – Rs. C-595/12 – NZA 2014, 715).

19 In der früheren Rechtsprechung zu § 611 a Abs. 1 S. 2 BGB aF wurde das Geschlecht als unverzichtbare Voraussetzung angesehen, wenn ein Angehöriger des anderen Geschlechts die vertragsgemäße Leistung nicht erbringen kann und dieses Unvermögen auf Gründen beruht, die ihrerseits der gesetzlichen Wertentscheidung der Gleichberechtigung beider Geschlechter genügen (BAG 12.11.1998 – 8 AZR 365/97 – NZA 1999, 371, 372). Damit verlangte die Rechtsprechung zwar eine Rechtfertigung, die über einen einfachen sachlichen Differenzierungsgrund hinausging. Sie ließ es aber offen, unter welchen konkreten Voraussetzungen angenommen werden sollte, dass ein Angehöriger des anderen Geschlechts die verlangte Leistung nicht erbringen konnte und klärte systematisch nicht, inwieweit Kundenerwartungen dabei eine Rolle spielen sollten (→ Rn. 10). Keinesfalls reichen zur Rechtfertigung nicht empirisch belegte Rollenvorteile aus, wie Männer haben ein „besseres" Technikverständnis oder Frauen sind in Stresssituationen „ruhiger" oder könnten eine andere Beratung anbieten (so aber LAG Köln 18.5.2017 – 7 Sa 913/16).

20 In der bisherigen Rechtsprechung ist es entscheidend, ob die Tätigkeit ohne Vorliegen des Merkmals ihrer Art nach nicht durchgeführt werden kann. Da es dabei auf die konkret durchzuführende Tätigkeit ankommt, kann der Arbeitgeber keine Anforderungen konstruieren, um den Diskriminierungsschutz zu umgehen. So wurde entschieden, dass das weibliche Geschlecht keine unverzichtbare Voraussetzung bei der Tätigkeit einer **Gleichstellungsbeauftragten** nach § 5 NWGO ist (BAG 12.11.1998 – 8 AZR 365/97 – NZA 1999, 371), da die Tätigkeit als solche auch von einem Mann übernommen werden kann. Anders kann aber zu entscheiden sein, wenn sich die Gleichstellung aufgrund der tatsächlichen Stellenbesetzung nur darauf bezieht, einem bestimmten Geschlecht die Teilhabe am Arbeitsmarkt zu ermöglichen. Dies ist zB der Fall bei der Besetzung einer Gleichstellungsbeauftragten deren Aufgabe es ist, darauf zu achten, dass in Berufungsverfahren Frauen an Hochschulen nicht unterrepräsentiert bleiben. Eine besondere Rolle spielen Beratungstätigkeiten, bei denen ein besonderes Vertrauensverhältnis erforderlich ist, das durch das Abstellen auf ein Geschlecht sichergestellt werden soll (v. Roetteken, § 8 Rn. 151). Richtet sich die Arbeit der Gleichstellungsbeauftragten gerade auf die Integration von Migrantinnen mit traditionellen Rollenvorstellungen, kann es die Tätigkeit erfordern, dass die Stelle mit einer Frau besetzt wird (BAG 18.3.2010 – 8 AZR 77/08 – NZA 2010, 872). Ebenso wurde es für zulässig erachtet, wenn ein **Frauenverband** die Stelle seiner Geschäftsführerin nur mit einer Frau besetzen wollte (ArbG München 14.2.2001 – 38 Ca 8663/00 – NZA-RR 2001, 365). Nach der Satzung des Frauenverbands als Verein folge diese Besetzung aus einem bestandswichtigen Zweck. Ebenso kann der Arbeitgeber entscheiden, dass Opfer von sexuellem Missbrauch nur von Arbeitnehmerinnen beraten werden sollen (ArbG Köln 12.1.2010 – 8 Ca 9872/09 – Streit 2010, 89) oder für ein Mädcheninternat die Stelle einer Lehrerin mit Nachtdiensten nur für eine Frau ausgeschrieben wird

(BAG 28.5.2009 – 8 AZR 536/08 – NZA 2009, 1016). Will eine **politische Partei** schon nach ihren Grundsätzen die Gleichbehandlung von Männern und Frauen verwirklichen, könne sie dieses Ziel auch zulässigerweise bei ihrer eigenen Stellenbesetzung verfolgen (ArbG Bonn 16.9.1987 – 4 Ca 1398/87 – NJW 1988, 510) und Stellen nur für Frauen ausschreiben bzw. die Stelle einer Frauenreferentin nur mit einer Frau besetzen (LAG Berlin 14.1.1998 – 8 Sa 118/97 – NZA 1998, 312). Ebenso konnte ein Finanzdienstleister, der sich ausschließlich auf die **Beratung von Frauen** spezialisiert hatte, gerechtfertigt Beratungsstellen nur mit Frauen besetzen (ArbG Bonn 8.3.2001 – 1 Ca 2980/00 – NZA-RR 2002, 100). Dabei stellte das Gericht darauf ab, dass der Arbeitgeber nicht nur eine ausschließlich auf weibliche Kunden zugeschnittene Marketingstrategie entwickelt habe, sondern einen besonderen frauenpolitischen Hintergrund für sich in Anspruch nehmen konnte. Diese Entscheidung widerspricht jedoch den oben dargelegten Grundsätzen, da sich die Rechtfertigung nicht aus einem Berufsbezug ergibt (ebenso Thüsing, Arbeitsrechtlicher Diskriminierungsschutz, Rn. 343; ebenso Rust/Falke-Rust, § 8 Rn. 67). Das für die Beratung erforderliche Vertrauensverhältnis lässt sich ebenso zu einem Mann herstellen (aA Meinel/Heyn/Herms, § 8 Rn. 31; Adomeit/Mohr, § 8 Rn. 58: freies unternehmerisches Konzept). Sicherlich mag es auf den ersten Blick plausibel erscheinen, nur eine Frau für frauenpolitische Belange einzusetzen. Allein die Zuordnung zu einem bestimmten Geschlecht ersetzt jedoch keine Kenntnisse. Für den Verkauf von **Damenoberbekleidung** einschließlich Badebekleidung wurde das weibliche Geschlecht als unverzichtbare Voraussetzung für die Besetzung einer Stelle als Verkäuferin angesehen (LAG Köln 19.7.1996 – 7 Sa 499/96 – NZA-RR 1997, 84; zustimmend Bauer/Krieger, § 8 Rn. 30). Auch hierbei fehlt letztlich der erforderliche Berufsbezug. Der Verkauf von Damenoberbekleidung berührt nicht in jedem Fall das Schamgefühl. Dabei wird es auf den Einzelfall ankommen, zB könnte eine Schlechterstellung in einem speziell auf Dessous ausgerichteten Geschäft eher zu rechtfertigen sein. Entgegen der Rechtsprechung (LAG Niedersachsen 19.4.2012 – 4 SaGa 1732/11 – JAmt 2012, 428) kann es keine Rolle spielen, dass sowohl weibliche als auch männliche Bewerber beschäftigt werden (für die Beschäftigung als Amtsvormund nach § 55 SGB VIII). Insoweit kann nur über § 5 bei faktischer Unterrepräsentation argumentiert werden (LAG Berlin Brandenburg 14.1.2011 – 9 Sa 1771/10 – DB 2011, 2040).

21 Eindeutig lehnte die Rechtsprechung eine Differenzierung aufgrund von vermuteten Unterschieden zwischen Männern und Frauen hinsichtlich der **körperlichen Kraft** ab (LAG Köln 8.11.2000 – 3 Sa 974/00 – NZA-RR 2001, 232; ArbG Oberhausen 8.2.1985 – 4 Ca 1275/84 – NZA 1985, 252; ErfK-Schlachter, § 8 Rn. 1). Auch wenn Frauen im Allgemeinen schwächer als Männer seien, gäbe es auch Frauen, die hinsichtlich der Körperkraft nicht hinter Männern zurückständen. Daher sei auf die individuelle Konstitution abzustellen. Ebenso könne ein Arbeitgeber weibliche Dienstanwärterinnen nicht pauschal unter Hinweis auf ihr Geschlecht bei Tätigkeiten in **Justizvollzugsanstalten** ablehnen (ArbG Hamm 6.9.1984 – 4 Ca 1076/82 – DB 1984, 2700; aA Bauer/Krieger, § 8 Rn. 28). Auch der pauschale Hinweis auf ein pädagogisches Konzept des Arbeitgebers, wo-

nach die Stelle eines **Heimerziehers** nur mit einem Mann besetzt werden könne, reichte der Rechtsprechung nicht aus (LAG Düsseldorf 1.2.2002 – 9 Sa 1451/01 – NZA-RR 2002, 345).

22 Eine besondere Problematik ergab sich in den Situationen, in denen bei Tätigkeiten aus einem **öffentlichen Sicherheitsbedürfnis** eine Unterscheidung zwischen männlichen und weiblichen Arbeitnehmern getroffen wurde. Wie der EuGH in ständiger Rechtsprechung ausführt, ist es Sache der Mitgliedstaaten, ihre innere und äußere Sicherheit zu gewährleisten (EuGH 11.1.2000 – Rs. C-285/98 – NJW 2000, 497; EuGH 26.10.1999 – Rs. C-273/97 – NZA 2000, 25; EuGH 15.5.1986 – Rs. C-222/84 – Slg 1986, 1651). Das Geschlecht kann danach für den nationalen Gesetzgeber unabdingbare Voraussetzung zur Gewährleistung der öffentlichen Sicherheit sein, wenn es um bestimmte Tätigkeiten bei der Polizei, bei den Streitkräften oder zB bei Aufsehertätigkeiten in Haftanstalten nur für männliche bzw. weibliche Insassen geht. Da der EuGH aber auch in diesen Fällen eine Rechtfertigung verlangt, kann der Einsatz von Polizistinnen nicht unter Hinweis auf besonders gewaltbereites männliches „Gefahrenpotential" ausgeschlossen werden (so aber Bauer/Krieger, § 8 Rn. 28 für Fußballhooligans oder bei der Resozialisierung männlicher Haftinsassen).

23 Entscheidend ist der konkrete Einzelfall, in dem das Geschlecht ein berufliches Erfordernis ist. Bei dem Ausschluss von Frauen **vom Dienst an der Waffe** in der Bundeswehr urteilte der EuGH (11.1.2000 – Rs. C-285/98 – NJW 2000, 497), dass ein pauschaler Ausschluss für alle militärischen Tätigkeiten nicht gerechtfertigt sei. Auch hier wird es auf die individuellen Fähigkeiten der Bewerberin ankommen. Bei Auslandseinsätzen soll dagegen eine Differenzierung zulässig sein, wenn Sicherheitsinteressen dies erfordern (Meinel/Heyn/Herms, § 8 Rn. 40). Auch hier ist allerdings genau zu prüfen. Kann eine Soldatin zB bei einem Einsatz in Afghanistan ihren Dienst gleichermaßen verrichten, ist eine Differenzierung unzulässig. So wird das Geschlecht bei einem Infanterie-Einsatz wegen der Ausrüstung kaum zu erkennen sein.

b) Zulässige Differenzierung wegen Alters

aa) Grundsätze

24 Das Anknüpfen an das Alter kann nach § 8 nur **in seltenen Fällen** gerechtfertigt werden (vgl. aber die besonderen Rechtfertigungsgründe nach § 10). Das Alter muss wesentliche und entscheidende berufliche Voraussetzung sein. Die Rechtsprechung zur Geschlechterdiskriminierung (→ Rn. 18 ff.) ist auf den Fall der gerechtfertigten Altersdiskriminierung zu übertragen (Wiedemann/Thüsing, NZA 2002, 1234, 1237). Rollenbesetzungen bei Schauspielern (Schmidt/Senne, RdA 2002, 80, 83) rechtfertigen direkt einen Altersbezug. Ebenso wird der Arbeitgeber auf das Alter abstellen dürfen, wenn der Beruf eine gewisse **körperliche Belastbarkeit** erfordert und wissenschaftlich nachgewiesen ist, dass diese mit dem Alter abnimmt (Thüsing, NZA 2002, 1061, 1063; Wiedemann/Thüsing, NZA 2002, 1234, 1237; Thüsing, Arbeitsrechtlicher Diskriminierungsschutz, Rn. 345). Davon zu trennen ist die Frage, wann Altersgrenzen nach § 10 Nr. 5 bei Bezug einer Altersabsicherung zu rechtfertigen sind.

25 Der EuGH hat die Anforderungen an eine tätigkeitsbezogene Altersgrenze in verschiedenen Entscheidungen konkretisiert, wobei einzelne Fragen noch offen sind. Altersgrenzen müssen vom Arbeitgeber für vergleichbare Tätigkeiten in sich schlüssig und kohärent eingeführt werden. Der EuGH hat die Altersgrenze 60 für Piloten schon deshalb als nicht gerechtfertigt angesehen, da sie in anderen anerkannten internationalen Regelungen 65 Jahre beträgt (EuGH 13.9.2011 – Rs. C-447/09 (Prigge) – NJW 2011, 3209). Ebenso hat der EuGH die tätigkeitsbezogene Rechtfertigung der Altersgrenze für Kassenärzte unter Hinweis auf die fehlende Altersgrenze für privat niedergelassene Ärzte unter diesem Gesichtspunkt fehlender Kohärenz verneint (EuGH 12.1.2010 – Rs. C-341/08 (Petersen) – NJW 2010, 587; im Ergebnis konnte die Regelung aber durch Überlegungen zur Finanzierbarkeit des Gesundheitssystems gerechtfertigt werden). Der EuGH (13.9.2011 – Rs. C-447/09 (Prigge) – NJW 2011, 3209) trennt bei der Prüfung der Altersgrenze zwei Schritte. In ersten untersucht er, ob die Altersgrenze ein legitimes Ziel hat, also grundsätzlich ein Zusammenhang zwischen Leistungsfähigkeit und Alter besteht. In einem zweiten Schritt untersucht der EuGH die Angemessenheit der konkreten Altersgrenze. Für den ersten Schritt hat es der EuGH in der Entscheidung Prigge (EuGH 13.9.2011 – Rs. C-447/09 – NJW 2011, 3209) ausreichen lassen, dass „die Verkehrspiloten über besondere körperliche Fähigkeiten verfügen“ müssen, „da körperliche Schwächen in diesem Beruf beträchtliche Konsequenzen haben können“ und diese „unbestreitbar mit zunehmendem Alter“ abnehmen. Erst für den zweiten Schritt (Angemessenheit) verlangt der EuGH einen vom Arbeitgeber vorzutragenden Nachweis, dass die konkrete Altersgrenze erforderlich ist. In der Entscheidung Prigge (EuGH 13.9.2011 – Rs. C-447/09 – NJW 2011, 3209) hatte der Arbeitgeber diesen konkreten Nachweis nicht geführt bzw. unterschiedliche Altersgrenzen angewendet. In der Entscheidung Wolf (EuGH 12.1.2010 – Rs. C-229/08 – EuZW 2010, 142) verlangte der EuGH vom Arbeitgeber für die Rechtfertigung einer tätigkeitsbezogenen Altersgrenze bei Einstellung eine aufgrund von sportmedizinischen Gutachten nachvollziehbare Prognose, dass die Grenze für das legitime Ziel der Sicherung des feuerwehrtechnischen Dienstes erforderlich ist. Damit kann der Arbeitgeber nicht mehr argumentieren, dass die **Leistungsfähigkeit** des Arbeitnehmers **im Alter generell schwinde** (ebenso Rust/Falke-Rust, § 8 Rn. 34; Bauer/Krieger, § 8 Rn. 37). Es gibt darüber hinaus keine gerontologischen Studien, die eine solche Annahme grundsätzlich für alle Tätigkeiten ab einem bestimmten Alter stützen (zusammenfassend Hahn, S. 32 ff.; Boecken, Band I, Gutachten (Teil B) für den 62. deutschen Juristentag (1988), S. 54; KG 29.3.2012 – 1 U 3/12 – NJW-RR 2012, 1382). Will der Arbeitgeber Altersgrenzen rechtfertigen, muss ein angenommener Leistungsabfall empirisch belegt sein. Die in der Rechtsprechung traditionell verwendete Formulierung, dass nach den allgemeinen Erfahrungen des Lebens … „mit dem Eintritt eines gewissen Lebensalters … Dienstunfähigkeit“ zu unterstellen ist (RG 14.3.1922 – III 689/21 – RGZ 104, 58, 62) oder „aus der allgemeinen Lebenserfahrung“ geschlossen werden kann, „dass die Gefahr einer Beeinträchtigung der Leistungsfähigkeit generell auch heute mit zunehmendem Alter größer wird“ (BAG 21.7.2004 – 7 AZR 589/03 – NZA 2004, 1352), kann vor dem Hinter-

grund des europäischen Diskriminierungsschutzes kein Rechtfertigungsgrund mehr sein, vielmehr muss die Altersgrenze konkret, zB anhand von Statistiken (EuGH 13.11.2014 – Rs. C-416/13: mangels Statistiken verneint für Höchstalter 30 Jahre Polizei; aber gerechtfertigt bei einem Höchstalter von 35 Jahren, EuGH 12.1.2010 – Rs. C-229/08 – EuZW 2010, 142; EuGH 15.11.2016 – Rs. C- 258/15 (Salaberria) – AuR 2017, 39; VG Freiburg 21.11.2017 – 3 K 4215/16 zur Höchstaltersgrenze von Polizisten; KG Berlin 29.3.2012 – 1 U 3/12 – NJW-RR 2012, 1382, keine Rechtfertigung der Altersgrenze für Trabrennfahrer bei 70; VGH Baden Württemberg 10.8.2016 – 5 S 852/15 – DÖV 16, 960 bezweifelnd für Höchstalter für Prüfsachverständige 70 Jahre; VG Neustadt 8.1.2015 – 4 K 561/14 NW: ohne Nachweis durch Statistiken Höchstalter Schornsteinfeger 67 Jahre) oder durch gutachterliche Stellungnahme (BVerwG 20.2.2012 – 2 B 136/11 Höchsteinsatzalter Polizei) begründet werden. Der EuGH hat eine Rechtfertigung zumindest bei Vorlage eines sportmedizinischen Gutachtens angenommen (EuGH 12.1.2010 – Rs. C-229/08 (Wolf) – EuZW 2010, 142). In der Entscheidung Fries (EuGH 5.7.2017 – Rs. C-190/16 – NZA 2017, 897) verlangt der EuGH zwar keine statistischen Daten, um die Altersgrenze von Piloten im Cargobereich auf 65 Jahre zu rechtfertigen. Er stützt sich aber auf die besonderen Sicherheitsinteressen und insbesondere den Umstand, dass FCL.065 Buchst. b des Anhangs I der Verordnung Nr. 1178/2011 eine völkerrechtliche Vorschrift auf dem Gebiet der internationalen gewerblichen Luftfahrt ist, die „auf einer intensiven Fachdiskussion sowie auf Sachverstand beruht und somit objektive und vernünftige Anhaltspunkte für die Altersgrenze gibt". Aufgrund dieser Besonderheit ist die Entscheidung nicht auf andere Altersgrenzen zu übertragen.

26 Zum Teil ist in der Literatur vertreten worden, dass eine Altersdiskriminierung auch dann nach § 8 gerechtfertigt sein kann, wenn der Arbeitgeber ein **Unternehmenskonzept** verfolge, das auf eine **bestimmte Altersgruppe** ausgerichtet sei (Waltermann, NZA 2005, 1265, 1267). Insoweit handelt es sich jedoch wieder um ein Aufgreifen selbst diskriminierender Kundenerwartungen. Eine derartige Argumentation rechtfertigt die Diskriminierung nicht (Rebhahn/Windisch-Graetz, § 20 Rn. 25; → Rn. 10). Dies gilt auch, wenn der Arbeitgeber ein **jugendliches Image** seines Betriebs vermitteln möchte. Ob ein Arbeitnehmer/Bewerber Clubmode, Skateboardartikel oder Jugendreisen verkaufen kann, richtet sich nach seinen Fähigkeiten (zB Kenntnisse über Skateboardartikel), und nicht nach seinem Alter (aA Adomeit/Mohr, § 8 Rn. 61 f.). Gleiches gilt in den Situationen, in denen ein fortgeschrittenes Alter Seriosität vermitteln soll, zB bei Beratungen oder Dienstleitungen (Rust/Falke-Rust, § 8 Rn. 33).

bb) Einzelfälle

27 Aufgrund des Alters kann der Arbeitgeber nicht gerechtfertigt auf bestimmte **Kenntnisse oder Fähigkeiten der Arbeitnehmer** schließen, wie zB bei Höchst- oder Mindestaltersgrenzen für den beruflichen Aufstieg (so für den Schluss vom Alter auf besondere Sachkunde BVerwG 1.2.2012 – 8 C 24/11 – NJW 2012, 1018: keine Rechtfertigung Höchstaltersgrenze öffentlich bestellter Sachverständiger bei 68 Jahren; aA noch vor der Entschei-

dung des EuGH 13.9.2011 – Rs. C-447/09 und deshalb überholt VG München 26.7.2011 – M 16K 11.1633: Höchstaltersgrenze 68 Jahre für Prüfingenieure und OVG Bremen 14.9.2010 – 1 A 265/09 – GewArch 2011, 47: Altersgrenze flugmedizinischer Sachverständiger 68 Jahre; LAG Hamm 26.2.2009 – 17 Sa 923/08: Höchstaltersgrenze für Verbeamtung nicht gerechtfertigt). Selbst Kriterien wie Lebenserfahrung sind biographie- und nicht altersabhängig.

28 **Feste Altersgrenzen** können in Übertragung der Rechtsprechung zur Geschlechterdiskriminierung nach § 8 gerechtfertigt sein, wenn empirisch belegt werden kann, dass ab einem bestimmten Alter die körperliche Leistungsfähigkeit abnimmt. Dabei spielt die Art der Tätigkeit keine Rolle.

29 Die öffentliche Sicherheit ist zB bei Tätigkeiten von **Polizei** oder **Feuerwehr** berührt (Thüsing, Arbeitsrechtlicher Diskriminierungsschutz, Rn. 347; Bauer/Krieger, § 8 Rn. 36). Der Gesetzgeber kann daher nach § 8 gerechtfertigte Altersgrenzen für diese Tätigkeiten festsetzen, wie zB in § 5 BPolBG (60 Jahre) (→ Rn. 25), § 41 a BBG Bundesfeuerwehr (60 Jahre) oder Prüfsachständige bei Tätigkeiten im Rahmen der öffentlichen Bausicherheit (70 Jahre, BVerwG 21.1.2015 – 10 CN 1/14 – AuR 2015, 118). Die Regelung von Höchstaltersgrenzen (65) für Bürgermeister und Landräte dient dagegen nur einem im Allgemeininteresse liegenden Ziel (Bayerischer VGH 19.12.2012 – Vf.5.–VII-12). Die damit einhergehende Regelung der passiven Wählbarkeit (65) ist jedoch wegen der geplanten Heraufsetzung auf 67 Jahre nicht kohärent mit abnehmender Leistungsfähigkeit begründbar (zu diesem Maßstab EuGH 12.1.2010 – Rs. C-341/08 (Petersen) – NJW 2010, 587).

30 Handelt es sich bei privaten Arbeitgebern um Tätigkeiten mit einer besonderen Verantwortung für eine Mehrzahl von Bürgern – wie bei Piloten oder Busfahrern –, kann sich der Arbeitgeber zur Rechtfertigung einer Altersgrenze auch auf öffentliche Sicherheitsaspekte berufen (→ Rn. 8). Es ist aber entsprechend der Rechtsprechung des EuGH (→ Rn. 25) zu unterscheiden:

1. Der Arbeitgeber hat in einem ersten Schritt vorzutragen, dass eine bestimmte Leistungsfähigkeit wesentlich für die Tätigkeit ist und die Leistungsfähigkeit mit dem Alter in Zusammenhang steht.
2. Für die Angemessenheit der tätigkeitsbezogenen Altersgrenze hat der Arbeitgeber konkret **empirisch zu belegen** (zB sportmedizinische Gutachten für die konkrete Tätigkeit), dass die gewählte Grenze erforderlich ist, um die wesentlichen Anforderungen an die Tätigkeit sicherzustellen. Dabei ist es Sache des Arbeitgebers, die dafür erforderlichen Tatsachen vorzutragen. Ihm obliegt die Darlegungs- und Beweislast für die ihm günstige Rechtfertigung.

31 Dabei geht es zulasten des Arbeitgebers, wenn seine Argumentation in sich nicht schlüssig ist, er diese Altersgrenze bei anderen Beschäftigten mit dieser Tätigkeit nicht zieht oder eine andere anerkannte höhere Altersgrenze ansonsten greift (EuGH 12.1.2010 – Rs. C-341/08 (Petersen) – NJW 2010, 587; BAG 15.2.2012 – 7 AZR 904/08 – AP § 14 TzBfG Nr. 94: Altersgrenze 60 bei Flugingenieuren nicht gerechtfertigt, da in anderen Regelungswerken Altersgrenze 65 anerkannt).

c) Zulässige Differenzierung wegen Behinderung

aa) Grundsätze

32 Für den Begriff der Behinderung kommt es nicht auf den im deutschen Arbeitsrecht verwendeten Begriff einer Schwerbehinderung und deren verfahrensrechtliche Anerkennung an (Meinel/Heyn/Herms, § 8 Rn. 52; vgl. zur Begriffsbestimmung § 1). Vielmehr ist der vom EuGH (11.4.2013 – Rs. C-335/11 (Ring) – NZA 2013, 553) verwendete Begriff zu verwenden, wonach „Behinderung“ so zu verstehen ist, dass Einschränkungen erfasst werden, die insbesondere auf physische, geistige oder psychische Beeinträchtigungen zurückzuführen sind, die in Wechselwirkung mit verschiedenen Barrieren den Betreffenden an der vollen und wirksamen Teilhabe am Berufsleben, gleichberechtigt mit den anderen Arbeitnehmern, hindern können. Daher muss das Merkmal einer Funktionsbeeinträchtigung nicht zwingend gegeben sein (dem folgend BAG 19.12.2013 – 6 AZR 190/12 – NZA 2014, 372). Bei der Rechtfertigung der Differenzierung nach einer Behinderung müssen zwei Fragen grundsätzlich voneinander getrennt werden. Bevor die Rechtfertigung erforderlich ist, muss feststehen, dass es sich um eine Diskriminierung handelt. Eine Diskriminierung wegen der Behinderung setzt voraus, dass es sich um einen **gleich geeigneten Arbeitnehmer** oder Stellenbewerber handelt, der **nur wegen seiner Behinderung schlechter gestellt** wird.

33 Ist der Betroffene schon aufgrund der Behinderung nicht geeignet, die Tätigkeit zu übernehmen, handelt es sich um keine nach § 7 untersagte Schlechterstellung. Es fehlt an der vergleichbaren Situation der Arbeitnehmer (LAG Hamm 7.8.2012 – 10 Sa 916/12; BAG 21.7.2009 – 9 AZR 431/08, NJW 2009, 3319). Bei der Prüfung der Eignung ist aber zu berücksichtigen, dass der Arbeitgeber nach Art. 5 RL 2000/78/EG gehalten ist, den **Arbeitsplatz in zumutbarem Maße** anzupassen (BAG 19.12.2013 – 6 AZR 190/12 – NZA 2014, 372; Thüsing, Arbeitsrechtlicher Diskriminierungsschutz, Rn. 358 mit dem Hinweis, dass § 81 SGB IX aF, ersetzt ab dem 1.1.2018 durch § 164 SGB IX, mit der Beschränkung auf Schwerbehinderungen und auf bestehende Arbeitsverhältnisse hinter den europäischen Anforderungen zurückbleibt). Tut er dies nicht, liegt in der Versagung selbst eine Diskriminierung (OVG Thüringen 30.10.2015 – 2 EO 201/14; Rebhahn-Rebhahn, Einl. Rn. 13). Bevor der Arbeitgeber sich also auf berufsbezogene Rechtfertigungsgründe nach § 8 berufen kann, muss feststehen, dass **Beurteilungsgrundlage der angepasste** und nicht nur der tatsächlich angebotene **Arbeitsplatz** ist (LAG Berlin Brandenburg 5.6.2014 – 26 Sa 427/14 – NZA-RR 2015, 74; Meinel/Heyn/Herms, § 8 Rn. 53; Rust/Falke-Rust, § 8 Rn. 29). Nur in diesem Rahmen ist die Frage des Arbeitgebers nach § 8 gerechtfertigt, ob der Stellenbewerber unter Berücksichtigung zumutbarer Anpassungsmaßnahmen für die konkrete Tätigkeit geeignet ist (Porsche, S. 45). Der Arbeitgeber kann daher den gehbehinderten Arbeitnehmer nicht unter Hinweis auf erschwerte Zugangsmöglichkeiten zum Arbeitsplatz ablehnen, wenn der Zugang einfach durch eine Rampe geschaffen werden kann. Die Berufung auf § 8 ist nur möglich, wenn im Hinblick auf den angepassten Arbeitsplatz ein berufsbezogener weiterer Grund eine Diskriminierung rechtfertigt. Die in der Stellenanzeige be-

schriebene Arbeitsplatzgestaltung ist daher nicht maßgeblich. Wäre dem so, könnten der Arbeitgeber stets berufsbezogen argumentieren und behinderte Bewerber gerechtfertigt ausschließen (zu Erfahrungen aus dem amerikanischen Recht Brors, RdA 2003, 223). Entgegen der verwaltungsgerichtlichen Rechtsprechung (VG Magdeburg 25.10.2012 – 5 A 256/11; VG Lüneburg 31.7.2012 – 5 LC 226/11 – DÖV 2012, 896; aA OVG Sachsen-Anhalt 30.5.2012 – 1 L 53/12 – NVwZ-RR 2012, 815, arbeitsplatzbezogene Argumentation) muss es auch bei der Überprüfung der Beschäftigung von Beamten gem. § 24 Nr. 1 iVm § 8 bei der konkreten auf den Arbeitsplatz bezogenen Perspektive bleiben, da der Gesetzgeber den Richtlinientext in § 8 ohne Einschränkungen übernommen hat. Wie auch bei der Unterscheidung aufgrund des Geschlechts ist problematisch, inwieweit der Arbeitgeber Sicherheitsinteressen gesondert berücksichtigen kann (Nebe, RdA 2015, 353). Wie das BAG zutreffend ausgeführt hat, muss der Arbeitgeber konkret ein messbares Risiko vortragen, um Unterscheidungen zu rechtfertigen (BAG 19.12.2013 – 6 AZR 190/12 – NZA 2014, 547; BAG 22.5.2014 – 8 AZR 66/13 – NZA 2014, 29).

34 Der Gesetzgeber hat den Text von § 8 bislang nicht an die Vorgaben der UN-Behindertenrechtskonvention (Ratifikation BGBl. II, 1419 v. 31.12.2008) angepasst. Darin wird die barrierefreie Zugänglichkeit gefordert und die Anpassung und Änderung der Verhältnisse durch „angemessene Vorkehrungen". Unabhängig von der Notwendigkeit einer Änderung des Gesetzestextes und Kodifikation eines Rechtsanspruchs (Evaluation AGG, S. 50), haben der EuGH (11.4.2013 – Rs. C 335/11 (Ring) – NZA 2013, 553) und ihm folgend das BAG (22.5.2014 – 8 AZR 662/13 – NZA 2014, 924; BAG 19.12.2013 – 6 AZR 190/12 – NZA 2014, 372) die Richtlinie und die nationale Vorschrift so ausgelegt, dass der Arbeitgeber „angemessene Vorkehrungen" treffen muss, also die verschiedenen Barrieren beseitigen muss, die einer vollen und wirksamen, gleichberechtigten Teilhabe der Menschen mit Behinderung am Berufsleben entgegenstehen (LAG Berlin-Brandenburg 5.6.2014 – 26 Sa 427/14 – NZA-RR 2015, 74; BAG 19.12.2013 – 6 AZR 190/12). Diese Pflicht bezieht sich auf alle notwendigen Maßnahmen, die im Prozess vom Arbeitgeber vorzutragen sind (Günther/Frey, NZA 2014, 584). Die Grenze der Unverhältnismäßigkeit ist anhand des finanziellen und sonstigen Aufwands unter Berücksichtigung der Größe und der Finanzkraft des Arbeitgebers sowie der Möglichkeit, öffentliche Mittel oder andere Unterstützungen in Anspruch zu nehmen, zu beurteilen. Die Anpassung muss aber auch nicht zwangsläufig mit Kosten verbunden sein (LAG Berlin-Brandenburg 4.12.2008 – 26 Sa 343/08 – LAGE § 3 AGG Nr. 1, Umstellung von Schichten). Die Einstellung von Arbeitnehmern darf auf der anderen Seite – dies wird in der Richtlinie auch nicht verlangt – kein Zuschussgeschäft für den Arbeitgeber sein. Dies wird anzunehmen sein, wenn die Anpassung zB durch eine Assistenz auf eine Verdopplung der Stelle hinausläuft (LAG Hamm 7.8.2012 – 10 Sa 916/12 – Anpassung Arbeitsplatz für Sehbehinderten). Kann der Arbeitgeber den Arbeitnehmer trotz zumutbarer und damit angepasster Beschäftigung wegen fehlender Eignung nicht beschäftigen, liegt keine Diskriminierung vor. Dies gilt auch für den Fall, dass die Anpassung zu teuer ist. In der Praxis wird sich diese Frage aber zumeist über die **Darlegungslast** lösen lassen:

Der Arbeitgeber muss nachvollziehbar die möglichen Kosten aufzeigen (BAG 19.12.2013 – 6 AZR 190/12 – NZA 2014, 372). Pauschale Hinweise genügen nicht. Schon daran wird es in den meisten Fällen fehlen. Die Prüfung gestaltet sich grundsätzlich wie folgt:

1. Schritt: Feststellung, dass es sich um eine Schlechterstellung **wegen** der Behinderung handelt. Dies scheidet aus, wenn der Arbeitnehmer/Bewerber nicht geeignet ist, dh auf dem zumutbar angepassten Arbeitsplatz die Tätigkeit nicht übernehmen kann. In diesem Fall liegt schon tatbestandlich keine Diskriminierung wegen der Behinderung vor – der Arbeitnehmer/Bewerber ist dann nicht geeignet.

2. Schritt: Nur wenn ein Arbeitnehmer auf dem zumutbar angepassten Arbeitsplatz beschäftigt werden kann, aber trotzdem wegen der Behinderung schlechter gestellt wird, kann eine Diskriminierung vorliegen.

3. Schritt: Nur wenn eine Diskriminierung im zweiten Schritt bejaht werden kann, kommt es auf den Rechtfertigungsgrund nach § 8 an.

bb) Einzelfälle

35 Die Frage, ob der Arbeitnehmer/Bewerber trotz seiner Behinderung die Arbeit leisten kann, stellt sich nach dem oben Ausgeführten schon beim Diskriminierungsbegriff. Steht die Eignung aber danach fest, wird sich der Arbeitgeber selten auf § 8 berufen können. Denkbares Beispiel könnte die Rollenbesetzung eines Schauspielers sein, die mit der Behinderung nicht zu vereinbaren ist. Aber auch hier werden letztlich die Fähigkeiten entscheiden. Auf die traditionellen Erwartungen des Publikums kann ebenso wie auf Kundenerwartungen (→ Rn. 10) nicht abgestellt werden, zB wird im Fall des gehbehinderten Opernsängers keine Rechtfertigung nach § 8 möglich sein, wenn nicht ein besonderes künstlerisches Konzept eine bestimmte Besetzung erfordert. Die Befürchtung höherer Krankheitszeiten ist dagegen kein Rechtfertigungsgrund (Meinel/Heyn/Herms, § 8 Rn. 57; ArbG Berlin 13.7.2005 – 86 Ca 24618/04 – NZA-RR 2005, 608; anders bei grundsätzlich fehlender Einsatzmöglichkeit LAG Berlin-Brandenburg 13.1.2012 – Sa 2159/11 – NZA-RR 2012, 183). Zahlt der Arbeitgeber Menschen mit einer Behinderung einen geringeren Lohn als vergleichbaren (also gleich geeigneten) Arbeitnehmern ist dies insbesondere nicht mit Kostensenkungsmaßnahmen zu rechtfertigen (BAG 21.6.2011 – 9 AZR 226/10 – Behindertenrecht 2012, 65: Lohnabschlag von 20 % von bei der Caritas beschäftigten Menschen mit einer Behinderung).

d) Zulässige Differenzierung wegen ethnischer Herkunft

aa) Grundsätzliches

36 Schon vor Inkrafttreten des AGG bestand ein Differenzierungsverbot gem. § 75 **BetrVG** wegen Abstammung, Nationalität und Herkunft. Im AGG wird das Diskriminierungsverbot klargestellt und insbesondere eindeutig auf die **Einstellungssituation** ausgeweitet (Nickel, NJW 2001, 2668, 2679). Dabei ist zu berücksichtigen, dass eine Rechtfertigung nach § 8 ausscheidet, wenn der Arbeitgeber mit der Differenzierung diskriminierende Kundenerwartungen aufgreift und davon profitieren will (→ Rn. 10).

bb) Einzelfälle

37 Ein Rechtfertigungsgrund gem. § 8 ist in der Literatur angenommen worden, wenn der Arbeitgeber Tätigkeiten wie kulturelle Darbietungen oder persönliche Dienstleistungen für eine bestimmte ethnische Gruppe anbietet (Waas, ZIP 2000, 2151, 2153). In dieser Situation ist zu unterscheiden.

(1) Rechtfertigung aus unmittelbarer Zugehörigkeit zu bestimmter ethnischer Gruppe

38 In diesen Situationen fällt die Tätigkeitsbeschreibung mit der Zugehörigkeit zu einer ethnischen Gruppe zusammen. Darunter fallen Rollenbesetzungen für Schauspieler wie auch andere Tätigkeiten aus dem Bereich der darstellenden Kunst, bei denen die **Gruppenzugehörigkeit unverzichtbares** Element des Konzepts der Darstellungsform ist. Voraussetzung dafür ist aber ein in sich schlüssiges Konzept, bei der die Herkunft die bestimmende Rolle spielt (Rust/Falke-Rust, § 8 Rn. 25), nicht bei der Besetzung zB von Othello mit einem dunkelhäutigen Sänger, da insoweit die Gesangsleistung im Vordergrund steht.

39 **Nicht nach § 8 rechtfertigen** lässt es sich, wenn im **indischen, italienischen oder deutschen Restaurant** nur Arbeitnehmer aus den Herkunftsländern im Servicebereich tätig sein sollen (Rebhahn/Windisch-Graetz, § 20 Rn. 7; anders Thüsing, Arbeitsrechtlicher Diskriminierungsschutz, Rn. 340; Schleusener/Suckow/Voigt, § 8 Rn. 35, nach unternehmerischem Konzept; Adomeit/Mohr, § 8 Rn. 5). Die Tätigkeit als solche verlangt dies nicht. Mit der Differenzierung greift der Arbeitgeber das verbotene Merkmal auf und nützt die diskriminierende Kundenerwartung für sich. Will er ein entsprechendes Ambiente, genügt zB eine einheitliche Kleidung. Geht es um die Herstellung der Speisen oder Getränke, kommt es ebenso ausschließlich auf die Fähigkeiten an. Der ausgebildete und in Indien geschulte Skandinavier kann für die **Stelle eines Kochs** im indischen Restaurant besser oder gleich geeignet sein. Wird in diesen Fällen darauf abgestellt, dass etwa der asiatische Sushikoch publikumswirksam verrichten und deshalb gerechtfertigt „asiatisch" aussehen soll (Meinel/Heyn/Herms, § 8 Rn. 12), entspricht dies nicht den europäischen Vorgaben (ebenso Rust/Falke-Rust, § 8 Rn. 25, „eher fraglich"). Vergleicht man das genannte Beispiel mit Fällen aus dem Bereich der Geschlechterdifferenzierung, wird die Argumentation klar. Einem Autoverkäufer kann es zB publikumswirksam darauf ankommen, keine Frauen als Autoverkäuferinnen zu beschäftigen. Nach verbreiteten Vorurteilen haben Männer „mehr Ahnung" von Autos als Frauen. Trotzdem könnte ein Arbeitgeber eine Stelle nicht geschlechtsbezogen vergeben, da es auf die Fähigkeiten ankommt. Genauso liegt es in dem Fall des asiatisch aussehenden Kochs. Vielleicht mag es so sein (dazu gibt es keine empirischen Belege), dass ein asiatisch aussehender Koch nach außen kompetenter wirkt. Auch hier kommt es aber nur auf die berufsbezogenen Fähigkeiten an (ebenso Rust/Falke-Rust, § 8 Rn. 25, „vermutete Präferenzen"). Allein das marktbezogene Aufgreifen von Vorurteilen rechtfertigt keine Differenzierungen, ist es auch lukrativ. Ebenso ist es nicht trennscharf, eine Diskriminierung von Fällen der „Markttrennung" abzugrenzen, in denen keine diskriminierenden Vorurteile aufgegriffen werden, sondern unterschiedliche Märkte existieren (Thüsing, Arbeitsrechtlicher Diskriminie-

rungsschutz, Rn. 337). Da es für die Diskriminierung nicht auf die Intention ankommt, muss die Unterscheidung durch die Fähigkeiten für die berufliche Tätigkeit gerechtfertigt sein. Zum Teil wird vertreten, dass es bei überragenden Sicherheitsinteressen gerechtfertigt sein kann, Bewerber aus terrorverdächtigen Ländern auszuschließen (Bauer/Krieger, § 8 Rn. 31 a). Dem kann nicht gefolgt werden. Zum einen kann Terror auch von eigenen Staatsbürgern weitergetragen werden. Zum anderen empfiehlt sich bei derartig überragenden Sicherheitsinteressen eine individuelle Überprüfung von jedem Bewerber.

40 Ebenso liegt kein Rechtfertigungsgrund vor, wenn die Tätigkeit als solche erbracht werden kann, aber zB die **Sprache** Rückschlüsse auf die Herkunft zulässt. So kann ein Arbeitgeber eine **Sekretärin am Empfang** nicht unter Hinweis auf ihren **Akzent** zurückweisen, der dem Unternehmensbild widerspreche (Hailbronner, ZAR 2001, 254, 257). Etwas anderes ist es, wenn die qualifizierte Tätigkeit als solche wegen mangelnder Sprachkenntnisse nicht erbracht werden kann (Adomeit/Mohr, § 8 Rn. 50; Bauer/Krieger, § 8 Rn. 31; ArbG Berlin 26.9.2007 – 14 Ca 10356/07 – AuR 2008, 112; Meinel/Heyn/Herms, § 8 Rn. 26; LAG Hamburg 19.5.2015 – 5 Sa 79/14: Englischkenntnisse; LAG Köln 13.2.2014 – 7 Sa 641/13). In der Aufforderung zum Besuch eines Deutschkurses liegt nach Ansicht des BAG (22.6.2011 – 8 AZR 48/10 – AP § 3 AGG Nr. 8 mit zust. Anm. Mohr) keine mittelbare Diskriminierung, wenn mit der Tätigkeitsrelevanz ein sachlicher Grund anzunehmen ist. Geht es um das Verstehen von schriftlichen Arbeitsanweisungen, muss über die reine Ausübung des Direktionsrechts ein konkreter Tätigkeitsbezug herzustellen sein (Lesen von ISO-Zertifizierungen in der Automobilbranche, BAG 28.1.2010 – 2 AZR 764/08 – AP § 3 AGG Nr. 4). Ebenso kann es sich um eine mittelbare Benachteiligung handeln, wenn der Arbeitgeber die Beherrschung einer Sprache als Muttersprache oder in Form „sehr guter Sprachkenntnisse" verlangt (Hinrichs/Stütze, NZA-RR 2011, 113, 114). Die Muttersprache (als Sprache der Eltern, Gruber, NZA 2009, 93) hat mittelbaren Bezug zur Herkunft. Die Rechtsprechung dazu ist uneinheitlich. So wird zum Teil kein konkreter Tätigkeitsbezug verlangt (LAG Nürnberg 5.10.2011 – 2 Sa 171/11 – AuR 2012, 40: Arbeitgeber kann zur Sicherstellung der Kommunikationsfähigkeit „sehr gute Deutschkenntnisse" verlangen; ArbG Berlin 26.9.2007 – 14 Ca 10356/07 – AuR 2008, 112; kein Zusammenhang zwischen Sprache und Diskriminierungsmerkmal; aA ArbG Berlin 11.2.2009 – 55 Ca 16952/08 – NZA-RR 2010, 16: „Muttersprache" als Voraussetzung in Stellenanzeige indiziert Diskriminierung, die konkret zu rechtfertigen ist). Die Diskriminierung kann aber auch in der Art des sprachlichen Eignungstests selbst liegen (ArbG Hamburg 26.1.2010 – 25 Ca 282/09 – AuR 2010, 223: Telefonat als Erstkontakt).

(2) Rechtfertigung aufgrund gruppenspezifischen Vertrauensverhältnisses

41 Eine Rechtfertigung kommt in Betracht, wenn die ethnische Zugehörigkeit Voraussetzung für ein Vertrauensverhältnis ist, das die Tätigkeit erst ermöglicht. Darunter fallen **Beratungstätigkeiten** für eine bestimmte ethnische Gruppe, bei denen die Gruppenzugehörigkeit erforderliche Voraussetzung des erforderlichen Vertrauensverhältnisses ist und die Tätigkeit der Diskriminierung entgegenwirkt. Dabei sind die Voraussetzungen aber im

Einzelfall zu prüfen. Eine Steuerberatungstätigkeit für einen türkischen Steuerverein erfordert Kenntnisse der türkischen Sprache, aber nicht eine eigene Herkunft aus der Türkei. Anders liegt der Fall, wenn gerade gemeinsame ethnische Gruppenerfahrungen (zB Flüchtlinge) maßgeblich sind (v. Roetteken, § 8 Rn. 65). Das kann der Fall sein bei **Beratungstätigkeiten zur Integration ausländischer Mitbürger**. Ebenso fällt darunter der **Sozialarbeiter, der ausländische Jugendliche** betreut. In diesen Fällen kann es darauf ankommen, Arbeitnehmer aus einem Herkunftsland zu gewinnen, das in keinem Konfliktverhältnis zu den zu Beratenden steht. Allerdings sind diese Fälle die Ausnahme (strenger Meinel/Heyn/Herms, § 8 Rn. 29, die in einer solchen Rechtfertigung gerade die Verfestigung von Integrationshindernissen sehen). Der Hinweis, durch die Einstellung von Arbeitnehmern einer bestimmten ethnischen Gruppe entständen „Spannungen" in der Belegschaft, reicht nicht zur Rechtfertigung der Differenzierung (Meinel/Heyn/Herms, § 8 Rn. 30; anders Thüsing, Rn. 340 unter Hinweis auf die zulässige Druckkündigung; Adomeit/Mohr, § 8 Rn. 52). Der Hinweis auf eine zulässige Druckkündigung bezieht sich allerdings auf die Rechtsprechung zur Wahrung des Betriebsfriedens vor Erlass der Richtlinie 2000/78/EG. Vor dem europarechtlichen Hintergrund unterliegt eine ethnische Differenzierung anderen Rechtfertigungsmaßstäben.

e) Zulässige Differenzierung wegen Religion oder Weltanschauung

aa) Grundsätzliches

42 Wie bei der Rechtfertigung einer Differenzierung aufgrund der Herkunft ist auch hier zwischen Tätigkeiten zu unterscheiden, die eine bestimmte Religionszugehörigkeit als solche erfordern, und den Situationen, in denen der Arbeitgeber die Tätigkeit in einen bestimmten Zusammenhang stellt und den Berufsbezug des Merkmals selbst begründet. Dabei ist zu beachten: Für die in § 9 Abs. 1 genannten Arbeitgeber (zB Religionsgemeinschaften) bestehen weitere Rechtfertigungsgründe (vgl. zum Tendenzschutz die Kommentierung zu § 9). Ein darüber hinausgehender Tendenzschutz ist dem AGG unbekannt. Daher kann von einem Redakteur auch keine besondere religiöse oder weltanschauliche Ansicht als Einstellungsvoraussetzung außerhalb des § 9 verlangt werden (aA Rust/Falke-Rust, § 8 Rn. 26 und Adomeit/Mohr, § 8 Rn. 66). Bei der Frage einer Diskriminierung des Arbeitnehmers wegen Ausübung seiner Religion ist zu unterscheiden, ob es sich um einen privaten (→ Rn. 43) oder den öffentlichen Arbeitgeber (→ Rn. 50) handelt und ob für das Arbeitsverhältnis eine wirksame vertragliche Verpflichtung zu „allgemeiner religiöser Neutralität" begründet worden ist (→ Rn. 48).

bb) Einzelfälle

43 Der Arbeitgeber kann einen Arbeitnehmer daher nicht grundsätzlich gerechtfertigt schlechter stellen, wenn dieser aufgrund seiner Religion **feste Gebetspausen** einlegen muss (aA wohl Meinel/Heyn/Herms, § 8 Rn. 50). Vielmehr kommt es auf eine Abwägung im Einzelfall an (Thüsing, Arbeitsrechtlicher Diskriminierungsschutz, Rn. 349). In der Rechtsprechung zur Ausübung des Direktionsrechts ist anerkannt, dass der Arbeitgeber das Arbeitsverhältnis mit Rücksicht auf die berechtigten Belange des Arbeitnehmers auszugestalten hat (BAG 10.10.2002 – 2 AZR 472/01 – NZA 2003,

483). Bei dem Nachweis der Erforderlichkeit der Gebetspausen kommt es nicht entscheidend darauf an, dass diese von religiösen Autoritäten einheitlich vorgegeben werden. Im Rahmen der **individuellen,** schon verfassungsrechtlich geschützten **Religionsfreiheit** kann der Arbeitnehmer wählen, bestimmte Verhaltensweisen zu befolgen, ohne dass diese von der religiösen Mehrheit anerkannt sind (BAG 10.10.2002 – 2 AZR 472/01 – NZA 2003, 483). Entscheidend wird es bei dieser Frage sein, ob der Arbeitnehmer darlegen kann, von religiösen Gründen motiviert zu sein. Dieser Nachweis wird umso eher gelingen, wenn es sich um eine anerkannte Religion oder Weltanschauung handelt. Etwas anderes kann gelten, wenn der Arbeitgeber in seinem Betrieb eine Regelung eingeführt hat, die zu „allgemeiner religiöser Neutralität" verpflichtet (→ Rn. 48).

44 Arbeitgeber können sich bei religions- oder weltanschaulich bezogenen Unterscheidungen auf § 8 berufen, wenn dieses Merkmal für die Tätigkeitsausübung wesentlich und entscheidend ist. Das ist zB der Fall bei dem Verkauf und der Herstellung von Nahrungsmitteln, wenn der Arbeitgeber mit einer bestimmten **religionskonformen Produktion** wirbt und die Produkte zwingend durch Anhänger der Religion hergestellt werden müssen (zB das koschere oder das hinduistische Restaurant; Thüsing, ZfA 2001, 397, 407; Meinel/Heyn/Herms, § 8 Rn. 49; Thüsing, Arbeitsrechtlicher Diskriminierungsschutz, Rn. 348; Adomeit/Mohr, § 8 Rn. 64).

45 Es ist nach § 8 **nicht gerechtfertigt,** wenn der private Arbeitgeber den Arbeitnehmer deshalb nicht einstellt, weil er seinem **Erscheinungsbild nach den Kundenerwartungen** nicht entspricht (zB **Kopftuch, Turban, Ordenstracht,** ArbG Berlin 28.3.2012 – 55 Ca 2426/12 – NZA-RR 2012, 627; vgl. dazu auch Meinel/Heyn/Herms, § 8 Rn. 47; Thüsing, Arbeitsrechtlicher Diskriminierungsschutz, Rn. 108). Problematisch kann sein, ob das Kleidungsstück ein religiöses Symbol ist. Nach der Rechtsprechung des EuGH umfasst die Religionsfreiheit (EuGH 14.3.2017 – Rs. C-188/15 (Bougnaoui) – NZA 2017, 375) nicht nur das Recht einen bestimmten Glauben zu haben, sondern ihn auch in der Öffentlichkeit zu bekunden. Nach der deutschen Rechtsprechung kommt es dabei darauf an, ob das Kleidungsstück von der überwiegenden Anzahl der Betrachter als religiöses Kleidungsstück gedeutet werden kann (BVerfG 24.9.2003 – 2 BvR 1436/02 – NJW 2003, 31119). Bei dem „nahtlosen" Ersatz eines Kopftuchs durch eine Wollmütze im Schuldienst hat das BAG dies angenommen (BAG 20.8.2009 – 2 AZR 499/09 – NZA 2010, 227).

46 Das Verbot den Arbeitnehmer aufgrund von Kundenbeschwerden oder nicht erfüllten Kundenerwartungen zu kündigen gilt auch nach den Entscheidungen des EuGH zur Kündigung wegen des Tragens eines Kopftuchs (EuGH 14.3.2017 – Rs. C-188/15 (Bougnaoui) – NZA 2017, 375; EuGH 14.3.2017 – Rs. C-157/15 (Achbita) – NZA 2017, 373; zu den Entscheidungen im Einzelnen → Rn. 48). Im Fall des Tragens einer **Burka** ist allerdings zu differenzieren. Behindert das Kleidungsstück die Arbeitnehmerin so, dass sie die Tätigkeit nicht mehr erbringen kann, ist sie schon nicht geeignet. In diesem Fall liegt keine Diskriminierung vor, da sie der Arbeitgeber dann wegen fehlender Eignung für die Tätigkeit und nicht wegen ihrer Religion schlechter stellt (aA Begründung über die Rechtfertigung, da

Kommunikation erschwert wird, Meinel/Heyn/Herms, § 8 Rn. 53). Dies gilt auch, wenn aus Gründen der Arbeitssicherheit oder unter Hygienegesichtspunkten eine bestimmte Kleidung vorgeschrieben ist (Thüsing, Arbeitsrechtlicher Diskriminierungsschutz, Rn. 349). Der EGMR hat ein Verbot von Gesichtsverschleierungen (Niqab) als eine zulässige Maßnahme in einer demokratischen Gesellschaft anerkannt (EGMR 1.7.2014 – 43835/11 – NJW 2014, 2925). Der Oberste Gerichtshof Wien hat diese Wertung auf ein arbeitsrechtliches Verbot übertragen und es letztlich aus Gründen der Kommunikationserschwernis für zulässig angesehen (Oberste Gerichtshof Wien 25.5.2016 – 9 ObA 117/15 v).

47 Der Arbeitgeber kann dagegen die ein Kopftuch tragende Bewerberin oder bei ihm tätige Arbeitnehmerin nicht wegen ihres Erscheinungsbilds schlechter stellen. Das ist nach der Rechtsprechung des EuGH (14.3.2017 – Rs. C-188/15 (Bougnaoui) – NZA 2017, 375) auch dann der Fall, wenn sich ein einzelner Kunde darüber beschwert, dass die Arbeitnehmerin ein Kopftuch trägt. In der sogenannten **Kopftuchentscheidung** vor Erlass des AGG hatte sich das BAG mit dieser Frage nicht unmittelbar auseinandergesetzt (BAG 10.10.2002 – 2 AZR 472/01 – NZA 2003, 483). Das Gericht hatte dort folgendermaßen argumentiert: Die Arbeitnehmerin könne ihre arbeitsvertragliche Tätigkeit (als Verkäuferin) auch mit Kopftuch leisten. Ihr berechtigtes Interesse sei aber gegen das des Unternehmers abzuwägen, der in bestimmten Grenzen ein einheitliches Erscheinungsbild seiner Arbeitnehmer bestimmen könne. Letztlich ließ es das BAG offen, ob der Arbeitgeber einen Einnahmerückgang hinzunehmen habe. Der Arbeitgeber hatte einen solchen konkreten Nachteil im Prozess nicht vorgetragen. Nach § 8 kann der Arbeitgeber Umsatzrückgänge wegen enttäuschter Kundenerwartungen nicht zum Anlass nehmen, um Arbeitnehmer oder Bewerber wegen ihrer Religion schlechter zu stellen. Nach dem AGG kommt es ausschließlich auf die beruflichen Kenntnisse und Fähigkeiten an. Wie das BAG in der Kopftuchentscheidung folgerichtig klarstellt, wurde die berufliche Tätigkeit nicht durch das religiöse Symbol beeinträchtigt. An den Arbeitgeber werden keine unzumutbaren Anforderungen gestellt, wenn man diese Problematik mit derjenigen der Geschlechterdiskriminierung vergleicht. Ein Arbeitgeber könnte sich nicht gerechtfertigt darauf berufen, eine Frau nicht als Busfahrerin, Unternehmensberaterin, Mechanikerin oder Anwältin einzustellen, wenn dieser Berufsrolle nach den Kundenerwartungen nur ein Mann entsprechen würde. Wie die gesellschaftliche Entwicklung zeigt, hängen diese Erwartungen nicht zuletzt mit der tatsächlichen Verteilung der Rollen zusammen. Will der Arbeitgeber daher ein einheitliches Erscheinungsbild seiner Arbeitnehmer sicherstellen, kann er dies zB durch bestimmte Vorgaben tun, die aber eine Religionsausübung dennoch zulassen (zB einheitliche Kleidung und Kopftuch oder Turban, Verschleierung, ArbG Berlin 28.3.2012 – 55 Ca 2426/12 – NZA-RR 2012, 627).

48 Etwas anderes kann nach der Rechtsprechung des EuGH (14.3.2017 – Rs. C-157/15 (Achbita) – NZA 2017, 373) aber dann gelten, wenn der Arbeitgeber unter bestimmten engen Voraussetzungen zuvor eine allgemeine Regelung zur „religiösen Neutralität“ in seinem Betrieb eingeführt hat. Da

ein solches Neutralitätsgebot unter § 87 Abs. 1 Nr. 1 BetrVG fällt, kann der Arbeitgeber diese Frage nicht ohne den Betriebsrat regeln. Dabei hat der Betriebsrat insbesondere bei den Fragen Ausgestaltungsspielraum, welche Arbeitnehmergruppen von dem Verbot erfasst werden sollen und ob im betrieblichen Einzelfall die Verhältnismäßigkeit gewahrt ist. Zutreffend hat der EuGH eine unmittelbare Diskriminierung verneint, wenn das Neutralitätsgebot alle Arbeitnehmer gleich betrifft (EuGH 14.3.2017 – Rs. C-157/15 (Achbita) – NZA 2017, 373). Da es nicht in allen Religionen üblich ist, bestimmte Kleidung zu tragen (zB Kopftuch) oder bestimmte Gebetszeiten einzuhalten, betrifft das an sich neutrale Verbot religiöser Kleidung oder Handlungen am Arbeitsplatz nicht alle Arbeitnehmer gleich, so dass es sich um eine zu rechtfertigende mittelbare Diskriminierung handelt. Der EuGH prüft die Rechtfertigung der mittelbaren Diskriminierung daher nach Art. 2 Abs. 2 RL 2000/78/EG (EuGH 14.3.2017 – Rs. C-157/15 (Achbita) – NZA 2017, 373, 375) und nimmt eine sachliche Rechtfertigung an, wenn

- die Regelung zuvor eindeutig festgelegt worden ist,
- es sich um Arbeitnehmer mit Kundenkontakt handelt,
- die Regelung kohärent und systematisch umgesetzt wird
- und keine Beschäftigung auf einem Arbeitsplatz ohne sichtbaren Kundenkontakt möglich ist.

Bei der Rechtfertigung des Neutralitätsgebots in dieser Entscheidung ist zu betonen, dass der EuGH ausschließlich im Rahmen des Art. 2 Abs. 2 der Richtlinie argumentiert und deshalb keine Aussagen dazu trifft, was wesentliche und entscheidende tätigkeitsbezogene Anforderungen iSd § 8 sind. Der Maßstab an die Rechtfertigung einer mittelbaren Diskriminierung ist geringer. Der EuGH geht davon aus, dass es die von Art. 16 EU-GRC geschützte unternehmerische Freiheit umfasst, politische oder „religiöse Neutralität" zum Ausdruck zu bringen. Dabei ist aber schon problematisch, was „Neutralität" in diesem Kontext bedeutet. Das Nichttragen von religiöser Kleidung kann nur in einer christlich oder areligiösen Gesellschaft als „normal" bzw. neutral angesehen werden. Aus einer anderen religiösen Perspektive wären andere Bekleidungsvorschriften normal. Will man daher nicht eine bestimmte Sichtweise über andere religiöse oder weltanschauliche Sichtweisen stellen, kann man nur alle gleich zulassen. Das BVerfG (18.10.2016 – 1 BvR 354/11 – NZA 2016, 1522) hat ausgeführt, dass aus der negativen Glaubens- und Bekenntnisfreiheit gem. Art. 4 Abs. 1, 2 GG „zwar die Freiheit" folgt, „kultischen Handlungen eines nicht geteilten Glaubens fernzubleiben" aber nicht „von der Konfrontation mit fremden Glaubensbekundungen, kultischen Handlungen und religiösen Symbolen verschont zu bleiben". Darüber hinaus sei „ein ‚islamisches Kopftuch' in Deutschland nicht unüblich, sondern spiegelt sich im gesellschaftlichen Alltag vielfach wieder." Die Entscheidung des EuGH stellt dagegen im Ergebnis eine areligiöse oder eine religiöse Ansicht ohne zwingende Bekleidungsordnung (zB christliche Religion) als „normal oder neutral" über religiöse oder weltanschauliche Ansichten, die eine bestimmte Bekleidungsordnung vorschreiben.

49 Anders als bei der Argumentation des EGMR für ein Vollverschleierungsverbot (EGMR 1.7.2014 – 43835/11 – NJW 2014, 2925) folgt diese Sichtweise „was als normal" zu gelten hat auch nicht aus einem demokratischen Wertverständnis. Es kann daher – im Gegensatz zu der vom EuGH vertretenen Ansicht – nur um das berechtigte Interesse des Arbeitgebers gehen, dass ihm die Religion des Arbeitnehmers nicht als eigene zugerechnet wird. Nimmt man dies zum Ausgangspunkt, stehen dem Arbeitgeber allerdings andere Möglichkeiten zur Verfügung im Einzelfall zu verdeutlichen, dass die Religion des Arbeitnehmers nicht einer im Betrieb vorherrschenden Religion oder Weltanschauung gleichzusetzen ist. Das kann zB dadurch geschehen, dass bei Kundeneinsätzen mit mehreren Arbeitnehmern ein Arbeitnehmer ohne religiöse Kleidung mitarbeitet. Bei Einzeleinsätzen kann der Arbeitgeber – falls dies überhaupt erforderlich ist – darauf hinweisen, dass die vom Arbeitnehmer repräsentierte Religion nicht für das Unternehmen steht. Es kann auch in Frage gestellt werden, ob dies überhaupt der Fall ist. In der Vergangenheit wäre niemand darauf gekommen, bei einem Schalterangestellten mit Turban anzunehmen, dass dem Arbeitgeber diese mit dem Turban konnotierten religiösen Vorstellungen zugerechnet werden können. Darüber hinaus kann bei den vom EuGH diskutierten „Neutralitätsregelungen" das Problem einer Mehrfachdiskriminierung bestehen. Kann die Arbeitnehmerin nachweisen, dass im Betrieb nur Frauen mit Kopftuch betroffen sind, steigen die Anforderungen an eine Rechtfertigung (mangels Anhaltspunkten im Sachverhalt vom EuGH nicht geprüft).

50 Zur Frage, inwieweit **Kennzeichen anderer Religionszugehörigkeit** in der staatlichen Erziehung im öffentlichen Dienst, also in **Schulen, Kindergärten** etc, zugelassen werden sollen hat das BVerfG (27.1.2015 – 1 BvR 741/10 – NJW 2015, 1359) an seiner Rechtsprechung (BVerfG 24.9.2003 – 2BvR 1436/02 – NJW 2003, 3111) festgehalten, dass die Religionen gleich zu behandeln sind und ein pauschales Verbot religiöser Symbole unzulässig ist. Nur in besonderen konkreten Konfliktsituationen kann das Tragen religiöser Symbole untersagt sein, wenn im Einzelfall zB der Schulfrieden gefährdet ist (BVerfG 18.10.2016 – 1 BvR 354/11 – NZA 2016, 1522; folgend LAG Berlin-Brandenburg 9.2.2017 – 14 Sa 1038/16 – NZA-RR 2017, 378; aA die vorherige Rechtsprechung des BAG 12.8.2010 – 2 AZR 593/09 – NZA-RR 2011, 162 in Kindergärten; BAG 10.12.2009 – 2 AZR 55/09 – NZA-RR 2010, 383). Werden christliche Symbole zugelassen, kann einer Lehrerin das Tragen eines Kopftuchs nicht untersagt werden (Meinel/Heyn/Herms, § 8 Rn. 56). Da das Tragen des Kopftuchs von Art. 4 GG umfasst ist, kann einer Rechtsreferendarin das Tragen eines Kopftuchs ohne gesetzliche Grundlage nicht untersagt werden (VG Augsburg 30.6.2016 – Au 2K 15.457 – AuR 2016, 388). Besteht eine solche Grundlage, ist dieser Eingriff in die Religionsfreiheit nach der Ansicht des BVerfG jedoch gerechtfertigt, da es sich um einen zeitlich begrenzten Eingriff handelt, der zur Wahrung der Neutralität der Rechtspflege erforderlich ist (BVerfG 27.6.2017 – 2 BvR 1333/17 – NJW 2017, 2333). Zwingend ist diese Argumentation jedoch nicht, da die richterliche Neutralität schon in der Robe zum Ausdruck kommt. Der EGMR (26.11.2015 – 64846/11 (Ebrahimi) – NZA-RR 2017, 62) hat das Kopftuchverbot im öffentlichen

Dienst in einem staatlichen Krankenhaus aufgrund einer gesetzlichen Grundlage jedenfalls dann als gerechtfertigt angesehen, wenn diese Verpflichtung zur Neutralität einheitlich im Sinne eines laizistischen Prinzips im gesamten öffentlichen Dienst gilt. Das ist in Deutschland nicht der Fall. Im Gegenteil: Das BVerfG (24.9.2003 – 2BvR 1436/02 – NJW 2003, 3111) hat betont, dass die „dem Staat gebotene religiös-weltanschauliche Neutralität ... nicht als eine distanzierende im Sinne einer strikten Trennung von Staat und Kirche" zu verstehen ist, „sondern als eine offene und übergreifende, die Glaubensfreiheit für alle Bekenntnisse gleichermaßen fördernde Haltung". Die Entscheidung des EuGH in der Rechtssache Achbita (EuGH 14.3.2017 – C-157/15 – NZA 2017, 373, 375) betrifft zwar private und öffentliche Arbeitgeber. Eine generelle Pflicht zur strikten religiösen Neutralität wie in laizistisch geprägten Staaten, die sich auf den gesamten öffentlichen Dienst bezieht, gibt es in Deutschland nicht. Daher können die vom BVerfG aufgestellten Voraussetzungen für den öffentlichen Dienst bestehen bleiben, wonach im Einzelfall der betriebliche Frieden gestört sein muss (BVerfG 18.10.2016 – 1 BvR 354/11 – NZA 2016, 1522). Dass danach der private Arbeitgeber ein Neutralitätsgebot formulieren kann, der öffentliche aber nicht, liegt daran, dass der Staat als Arbeitgeber für den öffentlichen Dienst in der vom EuGH verlangten systematischen und kohärenten Weise von diesem Wahlrecht gerade keinen Gebrauch gemacht hat.

f) Zulässige Differenzierung wegen sexueller Identität

51 Differenzierungen wegen der sexuellen Identität werden in der Regel nicht aus berufsbezogenen Gründen gerechtfertigt werden können, da diese eben keine Rolle bei der Arbeitsleistung spielt (Bauer/Krieger, § 8 Rn. 38; Pallasch, NZA 2013, 1176, 1177). Für Hinterbliebenenrenten hat der EuGH (1.4.2008 – Rs. C-267/06 (Maruko) – NJW 2008, 1649; EuGH 10.5.2011 – Rs. C 147/08 (Römer) – NJW 2011, 2187) angenommen, dass Lebenspartnerschaften mit Ehen vergleichbar sind. Eine Rechtfertigung nach § 8 scheidet für diese und für alle anderen entgeltlichen Leistungen des Arbeitgebers aus. Ein Tätigkeitsbezug nach § 8 kann nur in Ausnahmefällen rechtfertigend sein, wenn es sich um eine der Diskriminierung gerade entgegenwirkende Tätigkeit handelt, zB Beratungs-, aber auch Pressearbeit bei Lesben- oder Schwulenberatungsstellen (Meinel/Heyn/Herms, § 8 Rn. 59; Rust/Falke-Rust, § 8 Rn. 52). Die Grundsätze der Rechtfertigung aufgrund eines besonderen Vertrauensverhältnisses bei der Geschlechterdiskriminierung zB bei Beratungstätigkeiten (→ Rn. 20) sind zu berücksichtigen. Nach dem Einsatz von Frauen in der Bundeswehr und damit der Möglichkeit von Beziehungen zwischen Soldaten ist der Ausschluss von homosexuellen Soldaten nicht zu rechtfertigen (EGMR 27.9.1999 – 33985/96 – NJW 2000, 2089; aA Thüsing, Arbeitsrechtlicher Diskriminierungsschutz, Rn. 352 unter Hinweis auf die ebenfalls eine Differenzierung zulassende ständige Rechtsprechung BVerwG 8.6.1988 – BVerwGE 93, 143). Zu Recht weist Rust/Falke-Rust, § 8 Rn. 55, darauf hin, dass der Ausschluss homosexueller Soldaten aus dem Dienst gerade die Vorurteile aufgreift, denen die Richtlinie 2000/78/EG entgegenwirken soll.

§ 9 Zulässige unterschiedliche Behandlung wegen der Religion oder Weltanschauung

(1) Ungeachtet des § 8 ist eine unterschiedliche Behandlung wegen der Religion oder der Weltanschauung bei der Beschäftigung durch Religionsgemeinschaften, die ihnen zugeordneten Einrichtungen ohne Rücksicht auf ihre Rechtsform oder durch Vereinigungen, die sich die gemeinschaftliche Pflege einer Religion oder Weltanschauung zur Aufgabe machen, auch zulässig, wenn eine bestimmte Religion oder Weltanschauung unter Beachtung des Selbstverständnisses der jeweiligen Religionsgemeinschaft oder Vereinigung im Hinblick auf ihr Selbstbestimmungsrecht oder nach der Art der Tätigkeit eine gerechtfertigte berufliche Anforderung darstellt.

(2) Das Verbot unterschiedlicher Behandlung wegen der Religion oder der Weltanschauung berührt nicht das Recht der in Absatz 1 genannten Religionsgemeinschaften, der ihnen zugeordneten Einrichtungen ohne Rücksicht auf ihre Rechtsform oder der Vereinigungen, die sich die gemeinschaftliche Pflege einer Religion oder Weltanschauung zur Aufgabe machen, von ihren Beschäftigten ein loyales und aufrichtiges Verhalten im Sinne ihres jeweiligen Selbstverständnisses verlangen zu können.

I. Einleitung

1 Die Vorschrift lässt in Abweichung vom allgemeinen Benachteiligungsverbot des § 7 eine unterschiedliche Behandlung von Beschäftigten ausdrücklich zu, wenn diese durch **Religion** oder **Weltanschauung** begründet ist. Sie zielt ausschließlich auf Religions- und Weltanschauungsgemeinschaften als Arbeitgeber. Nur für diese wird bezüglich unterschiedlicher Behandlung von Beschäftigten ein Sondertatbestand geschaffen. Die **Vorschrift** gibt den **Rahmen für zulässige unterschiedliche Behandlung abschließend** vor und stellt eine Ausnahme von dem in §§ 1, 7 Abs. 1 verankerten Grundsatz dar, nach dem wegen Religion oder Weltanschauung gerade kein unterschiedlicher Umgang mit Betroffenen erfolgen darf. Zugleich ergänzt sie den Regelungsgehalt von § 8 Abs. 1 (v. Roetteken, § 8 Rn. 1). Der Ausnahmetatbestand der Regelung beschränkt sich ausschließlich auf religiöse und weltan-

schauliche Aspekte. Dies schließt die Berücksichtigung anderer Merkmale wie etwa die sexuelle Identität bei der Bestimmung beruflicher Anforderungen aus (Adomeit/Mohr, § 9 Rn. 17; Meinel/Heyn/Herms, § 9 Rn. 3; Rust/Falke-Stein, § 9 Rn. 39).

2 Der Regelungsgehalt der Vorschrift schöpft die Möglichkeit einer **abweichenden gesetzlichen Gestaltung** des Art. 4 Abs. 2 der Rahmenrichtlinie aus. Hiernach können Mitgliedstaaten bezüglich der beruflichen Tätigkeiten innerhalb von Kirchen und anderen öffentlichen oder privaten Organisationen, deren Ethos auf religiösen Grundsätzen oder Weltanschauungen beruht, Bestimmungen in ihren zum Zeitpunkt der Annahme der Richtlinie geltenden Rechtsvorschriften beibehalten oder in künftigen Rechtsvorschriften Bestimmungen vorsehen, die zum Zeitpunkt der Annahme dieser Richtlinie bestehende einzelstaatliche Gepflogenheiten widerspiegeln. Möglich sind somit Regelungen, nach denen eine Ungleichbehandlung wegen der Religion oder Weltanschauung einer Person keine Diskriminierung darstellt, wenn die Religion oder die Weltanschauung dieser Person nach der Art dieser Tätigkeiten oder der Umstände ihrer Ausübung eine wesentliche, rechtmäßige und gerechtfertigte berufliche Anforderung angesichts des Ethos der Organisation darstellt. Eine solche gesetzgeberische Ungleichbehandlung muss die verfassungsrechtlichen Bestimmungen und die Grundsätze der Mitgliedstaaten sowie die allgemeinen Grundsätze des Unionsrechts beachten und rechtfertigt keine Diskriminierung aus einem anderen Grund.

3 Zur **Begründung** der Zulässigkeit dieser Differenzierung wird in Erwägungsgrund 24 der Rahmenrichtlinie (ABl. EG Nr. L 303/16 vom 2.12.2000, S. 2) auf die Erklärung Nr. 11 Bezug genommen, die der Schlussakte zum Vertrag von Amsterdam beigefügt ist. Darin wird der Status der Kirchen und weltanschaulichen Gemeinschaften anerkannt; die Gemeinschaft achtet deren Rechtsstatus nach den in den Mitgliedstaaten geltenden Vorschriften. Vor diesem Hintergrund können die Mitgliedstaaten spezifische Bestimmungen über die wesentlichen, rechtmäßigen und gerechtfertigten beruflichen Anforderungen beibehalten oder vorsehen, die Voraussetzung für die Ausübung einer diesbezüglichen beruflichen Tätigkeit sein können.

4 Die Reichweite und der Inhalt entsprechender nationaler Regelungen werden durch den Erwägungsgrund 23 (ABl. EG, Nr. L 303/16 vom 2.12.2000, S. 2) eingeschränkt, der den **Ausnahmecharakter** einer unterschiedlichen Behandlung bei der Tätigkeit für Arbeitgeber aus den Bereichen „Religion" oder „Weltanschauung" verdeutlicht. Hiernach ist eine unterschiedliche Behandlung bei der Tätigkeit von Beschäftigten nur unter sehr begrenzten Bedingungen gerechtfertigt, wenn ein Merkmal, das mit der Religion oder Weltanschauung zusammenhängt, eine wesentliche und entscheidende berufliche Anforderung darstellt, sofern es sich um einen rechtmäßigen Zweck und eine angemessene Anforderung handelt. Diese Erwägung verdeutlicht, dass eine Differenzierung aus religiösen oder weltanschaulichen Gründen die Ausnahme und nicht die Regel darstellt. Für mögliche Ausnahmen zugänglich sind zudem nicht alle Beschäftigungsinhalte, sondern nur solche, die wesentlich oder entscheidend sind. Entspre-

chend muss der Tatbestand in Art. 4 Abs. 2 der Rahmenrichtlinie als Ausnahmetatbestand eng interpretiert werden (ähnlich v. Roetteken, § 9 Rn. 5).

5 Entsprechendes gilt auch für die vergleichbare Regelung in § 9. Diese war bereits im Gesetzesentwurf von 16.12.2004 enthalten (BT-Drs. 15/4538). Allerdings waren dort die den Religionsgemeinschaften **zugeordneten Einrichtungen** noch nicht erwähnt, die nunmehr im Gesetz enthalten sind. Diese Ergänzung hat zu einer Ausweitung des Anwendungsbereichs von § 9 geführt. Im Hinblick auf die Vorgabe in Art. 4 Abs. 2 Rahmenrichtlinie, wo in S. 1 von „anderen öffentlichen und privaten Organisationen, deren Ethos auf religiösen Grundsätzen oder Weltanschauungen beruht" die Rede ist, dürfte dies jedoch richtlinienkonform sein (ähnlich Schrader/Schubert, S. 113, die in der Ergänzung eine Klarstellung der tatsächlich beabsichtigten Rechtslage sehen; Wendeling-Schröder/Stein-Stein, § 9 Rn. 15 sieht keine inhaltliche Veränderung).

6 **Zweifel an der Vereinbarkeit mit der Rahmenrichtlinie** bestehen bezüglich anderer Formulierungen, die in Abweichung vom Gesetzentwurf vom 16.12.2004 (BT-Drs. 15/4538) im aktuellen Text enthalten sind. Dies gilt insbesondere für die Worte in der zweiten Fallalternative am Ende des § 9 Abs. 1, nach der eine unterschiedliche Behandlung zulässig sein soll, wenn dies unter Beachtung des Selbstverständnisses der Religion oder Weltanschauung „eine gerechtfertigte berufliche Anforderung" darstellt. Diese Formulierung bleibt hinter § 9 Abs. 1 des ursprünglichen Gesetzentwurfs zurück, der in fast wörtlicher Übernahme der entsprechenden Formulierung in Art. 4 Abs. 2 Rahmenrichtlinie festlegte, dass eine unterschiedliche Behandlung nur „nach der Art der bestimmten beruflichen Tätigkeit oder der Bedingungen ihrer Ausübung eine wesentliche, rechtmäßige und gerechtfertigte Anforderung darstellt". Eine Begründung für diese sprachliche Abweichung vom Inhalt der Rahmenrichtlinie findet sich in den Gesetzesmaterialien nicht (v. Roetteken, § 9 Rn. 2, vermutet, dass hier eine Anregung der Kirchen aufgegriffen wurde). Um zu einer richtlinienkonformen Auslegung zu kommen, muss die Voraussetzung der „wesentlichen und rechtmäßigen Anforderung" bei der Interpretation des Tatbestandes der „gerechtfertigten beruflichen Anforderungen" in § 9 Abs. 1 mit herangezogen werden.

7 Eine solche Interpretation entspricht der offenkundigen **Intention des Gesetzgebers.** Dieser gibt keine Begründung dafür, warum die Voraussetzungen der „wesentlichen und rechtmäßigen" Anforderungen entfallen sind (unklar in dieser Frage Schrader/Schubert, S. 114, die von einer Übernahme der bisherigen Rechtslage und der bisherigen Anforderungen an die Rechtfertigung unterschiedlicher Behandlung sprechen). So wird in S. 2 der amtlichen Begründung zu § 9 Abs. 1 die Vorgabe der Rahmenrichtlinie zur Ungleichbehandlung aufgrund einer wesentlichen und gerechtfertigten beruflichen Anforderung zunächst zitiert. Im anschließenden S. 3 heißt es dann: „Von dieser Möglichkeit wird mit dieser Vorschrift Gebrauch gemacht". Weiter unten verweist der Gesetzgeber dann ausdrücklich auf die nach dem Erwägungsgrund 24 zulässigen spezifischen Bedingungen beim Vorliegen wesentlicher, rechtmäßiger und gerechtfertigter beruflicher An-

forderungen (BT-Drs. 16/1780, 35 zu § 9 Abs. 1). Der nationale Gesetzgeber verdeutlicht mit dieser Bezugnahme auf den ausführlicheren Text der Rahmenrichtlinie, dass er die als Ausnahmeregelung gestaltete Vorgabe trotz der Textkürzung inhaltlich uneingeschränkt übernimmt. Insoweit müssen die zusätzlichen Merkmale der „wesentlichen" und „rechtmäßigen" Anforderungen bei der **Interpretation von § 9 Abs. 1** mit herangezogen werden (ähnlich wohl auch v. Roetteken, § 9 Rn. 41 f.; Wendeling-Schröder/Stein-Stein, § 9 Rn. 35).

8 Die Zulässigkeit einer unterschiedlichen Behandlung muss unter Beachtung der umfassenderen Formulierung in Art. 4 Abs. 2 sowie unter Berücksichtigung der „sehr begrenzten Bedingungen", von denen im Erwägungsgrund 23 die Rede ist, auch bei der Auslegung des Tatbestandes des § 9 Abs. 1 insbesondere mit Blick auf die Beachtung „wesentlicher" Anforderungen restriktiv bewertet werden.

9 Gegenüber der ersten Fassung des Gesetzes neu aufgenommen wurden die **zugeordneten Einrichtungen**. Diese lassen sich unter die in Art. 4 Abs. 2 der Rahmenrichtlinie enthaltenen „anderen öffentlichen und privaten Organisationen, deren Ethos auf religiösen Grundsätzen oder Weltanschauungen beruht", subsumieren. Eine solche Subsumtion verdeutlicht, dass eine enge Bindung an die verfolgten Ziele bestehen muss und dass kein „allgemeiner Auffangtatbestand" geschaffen wurde, der alle zugeordneten Einrichtungen ohne Rücksicht auf deren konkrete Tätigkeit einbezieht (aA Schrader/Schubert, S. 114, die von einer „quasi generalklauselartigen Einbeziehung" sprechen).

10 Fasst man die vorstehenden Auslegungsüberlegungen zusammen, wird deutlich, dass sich die in § 9 genannten Voraussetzungen schon aufgrund der Einschränkungen, die sich aus den engeren Formulierungen in Art. 4 Abs. 2 Rahmenrichtlinie ableiten, einer weiten Interpretation entziehen. Insbesondere dürfen nicht alle gerechtfertigten beruflichen Anforderungen zur Begründung einer unterschiedlichen Behandlung herangezogen werden, sondern nur solche, die zugleich „wesentlich" und „rechtmäßig" sind. Dies führt insgesamt zur Notwendigkeit einer **engen Auslegung** des Abs. 1 (ähnlich v. Roetteken, § 9 Rn. 5, der im Zweifel für eine enge Auslegung plädiert). Diese ist im Übrigen mit Blick auf den Schutz vor unterschiedlichen Benachteiligungen aus mehreren Gründen gemäß § 4 angebracht.

11 § 9 regelt zwei Themenfelder. Durch **Abs. 1** wird ein genereller Ausnahmetatbestand vom Benachteiligungsverbot des § 7 sowie von der **Zulässigkeit unterschiedlicher Behandlung** wegen gerechtfertigter beruflicher Anforderungen nach § 8 geschaffen. **Abs. 2** räumt Religionsgemeinschaften und zugeordneten Einrichtungen sowie Vereinigungen, die sich die gemeinschaftliche Pflege einer Religion oder Weltanschauung zur Aufgabe machen, einen Anspruch darauf ein, dass sich ihre Beschäftigten **loyal** und **aufrichtig** im Sinne des jeweiligen Selbstverständnisses des Arbeitgebers verhalten.

II. Zulässigkeit unterschiedlicher Behandlung (Abs. 1)

12 In ersten Teil von Abs. 1 wird der **Anwendungsbereich** dieser Vorschrift definiert. Anschließend findet sich eine **abschließende Aufzählung der Voraussetzungen**, die eine unterschiedliche Behandlung aufgrund gerechtfertig-

ter beruflicher Anforderungen zulassen. In einem solchen Fall kann der kirchliche oder weltanschauliche Arbeitgeber an dem Merkmal „Religion" bzw. „Weltanschauung" sowie den damit zusammenhängenden Eigenschaften und Verhaltensweisen anknüpfen. Die Einstellung eines Pfarrers kann daran scheitern, dass er für eine andere Glaubensgemeinschaft wirbt oder den Kirchgang für überflüssig erklärt; ähnliche Umstände können im Anwendungsbereich des § 9 eine Versetzung oder eine Kündigung rechtfertigen.

1. Anwendungsbereich

13 Die Vorschrift lässt in Abweichung von den allgemeinen Vorgaben des Gesetzes in bestimmten Fällen eine unterschiedliche Behandlung wegen der Religion oder Weltanschauung zu, wenn diese bei der Beschäftigung durch **Religionsgemeinschaften** und die ihnen **zugeordneten Einrichtungen** sowie durch **Vereinigungen** zur gemeinschaftlichen Pflege einer Religion oder Weltanschauung erfolgt. Eine Definition der hiermit angesprochenen Arbeitgeber gibt das Gesetz nicht. Diese lassen sich aber durch Rückgriff auf die Verwendung der Begriffe in anderen Normen hinreichend genau bestimmen.

a) Religionsgemeinschaften

14 Zur Ausfüllung des **Begriffs** der Religionsgemeinschaften kann auf Art. 137 WRV zurückgegriffen werden, der gemäß Art. 140 GG Bestandteil des Grundgesetzes ist. In Art. 137 Abs. 2–7 WRV wird zwar von „Religionsgesellschaften" gesprochen. Der Bedeutungsgehalt dieses Begriffs stimmt jedoch mit dem der Religionsgemeinschaft überein (v. Roetteken, § 9 Rn. 26 sieht eine Begriffsidentität). Das Grundgesetz und verschiedene Landesverfassungen gebrauchen beide nur terminologisch unterschiedlich (Pieroth/Görisch, JuS 2002, 937; Korioth, in: Maunz/Dürig, WRV Art. 137 Rn. 13).

15 Der Begriff der „Religionsgemeinschaften" ist (wie der der „Religion") im Kontext des Art. 137 WRV weit zu fassen. Er steht für Verbände mit dem Zweck, gemeinsam religiöse Überzeugungen zu pflegen und sich entsprechend zu betätigen (Korioth, in: Maunz/Dürig, WRV Art. 137 Rn. 14). Zur Feststellung des Vorliegens einer Religionsgemeinschaft kommt es auf die **soziale Relevanz**, die **kirchlichen Organisationsformen** oder auf die **zahlenmäßige Stärke einer Gruppierung** nicht an (v. Campenhausen, in: v. Mangoldt/Klein/Starck, WRV Art. 137 Rn. 23).

16 Die Feststellung, dass eine Religionsgemeinschaft vorliegt, lässt sich anhand einer **Reihe von Anhaltspunkten** treffen. Voraussetzung ist zunächst einmal, dass es sich um einen **auf Dauer** angelegten Zusammenschluss von **mindestens zwei Personen** innerhalb eines bestimmten Gebiets im Geltungsbereich des Grundgesetzes handelt (Korioth, in: Maunz/Dürig, WRV Art. 137 Rn. 14). Die Rechtsform ist unerheblich. Dies folgt aus der Verwendung des Wortes „Zusammenschluss" in Art. 137 Abs. 2 S. 2 WRV (Morlok, in: Dreier, GG, WRV Art. 137 Rn. 28). Religionsgemeinschaften können sich deshalb sowohl als Körperschaften des öffentlichen Rechts

wie auch als solche des privaten Rechts organisieren (weitere Beispiele für Rechtsformen unter → § 20 Rn. 24; vgl. allg. v. Roetteken, § 9 Rn. 27).

17 Eine Religionsgemeinschaft muss von einem **religiösen Konsens** getragen werden, der sich auf den Sinn menschlicher Existenz bezieht und wesentliche Prinzipien der Lebensgestaltung umfasst (Korioth, in: Maunz/Dürig, WRV Art. 137 Rn. 14). Der religiös motivierte Zusammenschluss muss sich weiterhin in Form eines Bekenntnisses nach außen und in der Erfüllung religiös motivierter Aufgaben manifestieren (Korioth, in: Maunz/Dürig, Art. 140 GG, 137 WRV Rn. 14; BVerwG NVwZ 1996, 61 f.; v. Campenhausen/de Wall, Staatskirchenrecht, S. 166 f., die darauf hinweisen, dass ein formuliertes Glaubensbekenntnis nach dem Vorbild der christlichen Kirchen nicht erforderlich ist).

18 Charakteristisch für das Vorliegen einer Religion und damit für das Bestehen einer Religionsgemeinschaft ist das Vorhandensein eines **transzendenten Bezugs**. Der Begriff „Transzendenz" steht für Erklärungen der menschlichen Existenz und der Welt, die aus einem mit wissenschaftlichen Methoden nicht zu erschließenden Zusammenhang stammen (Kokott, in: Sachs (Hrsg.), GG Art. 4 Rn. 17).

19 Der **Begriff** der Religionsgemeinschaften umfasst sowohl die großen Volkskirchen in der BRD wie insbesondere die römisch-katholische Kirche und die evangelischen Landeskirchen. Er beinhaltet aber auch alle anderen Weltreligionen und Glaubensgemeinschaften (etwa Orthodoxe Kirchen, Islam, Judentum) sowie ältere oder neuere Religionsgemeinschaften (etwa Altkatholische Kirche, Altlutheraner, Evangelische Brüder Unität, Methodisten, Mennoniten, Quäker, Baptisten usw) und die sog Sekten (etwa Mormonen, Neuapostolische, Zeugen Jehovas; vgl. v. Campenhausen, in: v. Mangoldt/Klein/Starck, WRV Art. 137 Rn. 18).

20 Entscheidend für die Feststellung einer Religionsgemeinschaft ist schließlich die **tatsächliche Glaubensausübung**. Nicht ausreichend ist die bloße Behauptung von Personen, eine Religionsgemeinschaft zu sein (BVerfG 5.2.1991 – 2 BvR 263/86 – NJW 1991, 2623). Eine rein individuelle Überzeugung außerhalb organisatorischer Strukturen fällt nicht in den Anwendungsbereich der Vorschrift, sondern in den allgemeinen verfassungsrechtlichen Schutzbereich der individuellen Gewissens- und Meinungsfreiheit.

21 Nicht vom Begriff der Religion bzw. der Religionsfreiheit erfasst werden **Vereinigungen** oder **Organisationen**, die religiöse Lehren als Vorwand für die verfolgten wirtschaftlichen Ziele benutzten. Die **„Scientology Kirche Hamburg eV"** ist deshalb keine Religionsgemeinschaft (BAG 22.3.1995 – 5 AZB 21/94 – NZA 1995, 823; ebenso Adomeit/Mohr, § 2 Rn. 36, die eine Anerkennung als Religionsgemeinschaft nicht ausschließen; ähnlich auch EGMR 5.4.2007 – 18147/02 (Church of Scientology Moskow/Russia), der eine entsprechende Anerkennung jedenfalls nicht völlig ausschließt). Eine Benachteiligung von Mitgliedern dieser Organisation ist keine Diskriminierung aus religiösen Gründen (→ § 1 Rn. 58 f.).

b) Zugeordnete Vereinigungen

22 Wie Religionsgemeinschaften selbst werden nach dem Wortlaut des § 9 Abs. 1 **die ihnen zugeordneten Vereinigungen** behandelt. Dieser Begriff übernimmt Grundsätze in das Gesetz, die insbesondere das Bundesverfassungsgericht in seiner Rechtsprechung zu Art. 137 Abs. 3 WRV entwickelt hat. Voraussetzung für eine Gleichstellung zugeordneter Vereinigungen mit der Religionsgemeinschaft ist nach der Rechtsprechung des Bundesverfassungsgerichts lediglich, dass Vereinigungen nach dem kirchlichen Selbstverständnis berufen sind, einen Teil des kirchlichen Auftrags eigenständig wahrzunehmen bzw. zu erfüllen (BVerfG 22.10.2014 – 2 BvR 661/12 – BVerfGE 137, 273 = NZA 2014, 1387; BVerfG 4.6.1985 – 2 BvR 1718/83 – BVerfGE 70, 138, 162 = NJW 1986, 367; vgl. auch die amtliche Begründung zum Gesetzentwurf vom 15.12.2004, BT-Drs. 15/4538, 42; zur Kritik an dieser weiten Definition vgl. Rust/Falke-Stein, § 9 Rn. 149 ff., der zutreffend von einer „konturlosen Formel" spricht und eine Bindung an den kirchlichen Sendungsauftrag fordert).

23 Die Einführung dieses Tatbestands führt zu einer erheblichen Ausweitung des Anwendungsbereichs des Gesetzes. Problematisch ist in diesem Zusammenhang mit Blick auf die vom Bundesverfassungsgericht vorgenommene Anknüpfung an das Selbstverständnis, dass Religions- und Weltanschauungsgruppen damit **praktisch selbst darüber entscheiden können**, bei welchen zugeordneten Einrichtungen unterschiedliche Behandlungen von Beschäftigten erfolgen können (zum Selbstverständnis → Rn. 33 ff.).

24 Grundlegende **Voraussetzung für die Zuordnung** einer Vereinigung zu einer Religionsgemeinschaft ist die Wahrnehmung von Aufgaben aus dem religiösen Bereich, die typischerweise auf den Feldern der Caritas und der Diakonie erfolgen. Hierzu können Tätigkeiten im Bereich Kranken- und Altenpflege, Kinderbetreuung, Jugendarbeit, Beratung, Lebenshilfe usw zählen (vgl. weitere Beispiele unter → § 20 Rn. 25), wenn sie der unmittelbaren Ausfüllung und Umsetzung religiöser oder weltanschaulicher Ziele dienen. Auf die Rechtsform der zugeordneten Einrichtung soll es nicht ankommen (BVerfG 22.10.2014 – 2 BvR 661/12 – BVerfGE 137, 273 = NZA 1204, 1387). Diese normative Voraussetzung kann somit auch von **religiösen Vereinen** erfüllt werden, die für sich nicht als Religionsgemeinschaften anzusehen sind, weil sie, anders als Religionsgemeinschaften, nur eine partielle Zielsetzung haben (ErfK-Schlachter, § 9 Rn. 2; Muckel, § 29 Rn. 827 f.; Korioth, in: Maunz/Dürig, WRV Art. 137 Rn. 16).

25 In jedem Fall ausgeschlossen bleibt die Anwendung der Vorschrift auf zugeordnete Vereinigungen, bei denen die **religiöse Zielrichtung** hinter die Verfolgung betriebswirtschaftlicher Ziele zurücktritt. Steht eine Gewinnerzielungsabsicht ganz überwiegend im Vordergrund, können Organisationen und Einrichtungen das Privileg der Selbstbestimmung nicht in Anspruch nehmen (BVerfG 22.10.2014 – 2 BvR 661/12 – BVerfGE 137, 273 = NZA 14, 1387). Dies ist etwa bei gewinnwirtschaftlich arbeitenden Brauereien oder Druckereien der Fall, die einer Religionsgemeinschaft gehören. Entsprechendes kann für **kommerziell betriebene Behinderten-Tagesstätten** (BAG 7.4.1981 – AP § 118 BetrVG 1972 Nr. 16) oder für eine als **GmbH betriebene Wohnungsbau- und Siedlungsgesellschaft** gelten, de-

ren Gesellschafterin eine Religionsgemeinschaft ist (enger aber BAG 23.10.2002 – AP § 118 BetrVG 1972 Nr. 72, nach dem der karitative Zweck nicht ausgeschlossen ist, wenn noch ein Mindestmaß an kirchlichen Einflussmöglichkeiten gegeben ist; aA Rust/Falke-Stein, § 9 Rn. 140, der zutreffend darauf verweist, dass keine karitative Leistung vorliegt, wenn eine Kostenerstattung durch Dritte erfolgt). Die Wahrnehmung religiöser oder weltanschaulicher Aufgaben außerhalb von Kirchen oder entsprechender Organisationen oder Vereinigungen (etwa die Tätigkeit von Religionslehrern an staatlichen Schulen) unterfällt nicht der Regelung des § 9 (Rust/Falke-Stein, § 9 Rn. 114 f.). Keine zugeordnete Einrichtung ist eine kirchliche Zusatzversorgungskasse (LAG Hessen 8.7.2011 – 3 Sa 742/10 – EzA-SD 2012, Nr. 4, 9).

c) Vereinigungen zur gemeinschaftlichen Pflege einer Religion

26 Unterschiedliche Behandlungen sind auch bei der Beschäftigung durch Vereinigungen zulässig, die sich unter Beachtung ihres Selbstverständnisses die gemeinschaftliche Pflege einer Religion zur Aufgabe gemacht haben. Auf die Rechtsform der Vereinigung kommt es für eine Einbeziehung in den Geltungsbereich des § 9 nicht an.

27 In Betracht kommen nach der Rechtsprechung des Bundesverfassungsgerichts alle Vereinigungen, die sich nur die partielle Pflege des religiösen oder weltanschaulichen Lebens ihrer Mitglieder zum Ziel gesetzt haben. **Voraussetzung** für die Privilegierung ist, dass der Zweck der Vereinigung gerade auf die Erreichung eines solchen Ziels gerichtet ist (BVerfG 11.10.1977 – 2 BvR 209/76 – BVerfGE 46, 73 = NJW 1978, 581 unter II 2 a der Gründe). Als Vereinigungen in diesem Sinn kommen insbesondere organisatorisch oder institutionell mit Kirchen verbundene Zusammenschlüsse wie **kirchliche Orden** in Betracht, deren Daseinszweck unmittelbar auf die Intensivierung gesamtkirchlicher Aufgaben zielt. Einschlägige Vereinigungen können weiterhin religiös oder weltanschaulich ausgerichtete Ordensgemeinschaften, Schwesternschaften oder Klöster sein (Adomeit/Mohr, § 9 Rn. 11; v. Roetteken, § 9 Rn. 30). Auch **Koranschulen** werden erfasst (Adomeit/Mohr, § 9 Rn. 11). Darüber hinaus lassen sich unter den Begriff der Vereinigung im hier zu diskutierenden Sinn auch andere selbstständige oder unselbstständige Vereinigungen subsumieren, wie etwa **Stiftungen** oder **Trägervereine**, die **kirchliche Krankenhäuser**, **Schulen** oder **Pflegeheime** betreiben, sowie **konfessionelle Vereine**, wenn ihr Zweck die Pflege und Förderung religiöser Bekenntnisse ist. Entsprechendes gilt für die Verkündigung des Glaubens ihrer Mitglieder. Ob eine Zugehörigkeit besteht, die im hier zu diskutierenden Rahmen eine unterschiedliche Behandlung von Beschäftigten nach sich ziehen kann, lässt sich aus dem Ausmaß der institutionellen Verbindung mit einer Religionsgemeinschaft oder der Art der mit der Vereinigung verfolgten Ziele ableiten (BVerfG 11.10.1977 – 2 BvR 209/76 – BVerfGE 46, 73 = NJW 1978, 581).

d) Vereinigungen zur gemeinschaftlichen Pflege einer Weltanschauung

28 Im weltanschaulichen Bereich privilegiert § 9 Abs. 1 nicht die Weltanschauungsgemeinschaften selbst, sondern nur Vereinigungen, die sich die gemeinschaftliche Pflege einer Weltanschauung zur Aufgabe machen. Diese

unterschiedliche Formulierung dürfte in erster Linie der Tatsache geschuldet sein, dass es, anders als im Bereich der Religionsgemeinschaften, keine übergeordneten „Weltanschauungsgemeinschaften" gibt. Da aber zur Ausgestaltung der „Vereinigungen" keine zwingenden Vorgaben existieren, ist diese Unterscheidung theoretischer Natur und rechtlich ohne Bedeutung (ebenso Wendeling-Schröder/Stein-Stein, § 9 Rn. 22). Dies gilt umso mehr unter Beachtung von Art. 137 Abs. 7 WRV, durch den die weltanschaulichen Vereinigungen den Religionsgesellschaften gleichgestellt werden. Insoweit kann für „weltanschauliche Vereinigungen" auch das Synonym „Weltanschauungsgemeinschaft" verwendet werden.

29 Der **Begriff** der „Vereinigungen zur gemeinschaftlichen Pflege einer Weltanschauung" (bzw. der Begriff der „Weltanschauungsgemeinschaft") steht für Zusammenschlüsse, die „durch ihre Lehre eine wertende Stellungnahme zum Ganzen der Welt bieten und damit eine Antwort auf die Frage nach Ursprung, Sinn und Ziel der Welt und des Lebens der Menschen geben will" (v. Campenhausen, in: v. Mangoldt/Klein/Starck, WRV Art. 137 Rn. 300), wobei die Erklärung eine „innerweltliche" ist. Weitere Voraussetzung für eine verfassungsrechtliche Privilegierung ist das Bestehen eines Zusammenschlusses von mehreren Personen, der durch einen umfassenden inhaltlichen Grundkonsens oder durch ein einheitliches Bekenntnis getragen wird (BVerwG 23.3.1971 – BVerwGE 37, 344, 366 ff.; v. Campenhausen, in: v. Mangoldt/Klein/Starck, WRV Art. 137 Rn. 300). Diese Voraussetzungen erfüllt etwa der **Marxismus** als gesamtgesellschaftliche Theorie oder die **anthroposophische Bewegung** Rudolf Steiners (Nachweise unter → § 1 Rn. 64). Erfasst werden darüber hinaus auch **freireligiöse Gemeinden** (v. Roetteken, § 9 Rn. 29).

30 Da an das Vorliegen einer Weltanschauungsgemeinschaft iSv § 9 Abs. 1 die Anforderung gestellt wird, dass eine umfassende Zielsetzung vorliegt und dass diese von einer festen Überzeugung ihrer Mitglieder getragen wird, kommt beispielsweise eine Einbeziehung von Vereinigungen nicht in Betracht, deren Handeln **nur auf Teilaspekte** der Lebensgestaltung oder des persönlichen Handlungsspielraums abzielt. Entsprechend dem Begriff der Weltanschauung in Art. 4 Abs. 1 GG genügt auch die Vermittlung bestimmter Methoden der Lebensführung nicht. So ist beispielsweise die „**Freikörperkulturbewegung**" nicht als ganzheitliche Weltanschauung zu qualifizieren (Korioth, in: Maunz/Dürig, WRV Art. 137 Rn. 103; v. Campenhausen, in: v. Mangoldt/Klein/Starck, WRV Art. 137 Rn. 300).

31 Grundlage für die Einbeziehung in den Anwendungsbereich des § 9 Abs. 1 ist auch im weltanschaulichen Bereich das **Selbstverständnis** der Vereinigung, das sich auf die unmittelbaren Ziele bezieht.

32 Die Abgrenzung zwischen einer Religionsgemeinschaft und einer Vereinigung zur Pflege einer Weltanschauung kann in Abhängigkeit von den verfolgten Zielen im Einzelfall schwierig sein. Da in beiden Fällen die gleichen gesetzlichen Voraussetzungen gelten, ist eine Differenzierung an dieser Stelle nicht notwendig.

2. Beachtung des Selbstverständnisses bei der Auslegung der Vorschrift

33 Eine unterschiedliche Behandlung von Beschäftigten ist nach der eindeutigen Formulierung in § 9 Abs. 1 unter Beachtung des Selbstverständnisses der jeweiligen Religions- oder Weltanschauungsgemeinschaft zulässig. Die Ausfüllung des unbestimmten Begriffs des „Selbstverständnisses" muss unter Berücksichtigung einer konkreten Glaubens- oder Auffassungslage erfolgen und die dem Begriff zugrunde liegende „Vorstellung von sich selbst" interpretieren. In Abhängigkeit von der religiösen oder weltanschaulichen Ausrichtung kann sich das Selbstverständnis unterschiedlich gestalten. So gehört beispielsweise nach dem Selbstverständnis der katholischen und evangelischen Kirchen zur Religionsausübung nicht nur der Bereich des Glaubens und des Gottesdienstes, sondern auch die Freiheit zur Entfaltung und Wirksamkeit in der Welt, wie es ihrer religiösen und diakonischen Arbeit entspricht (BVerfG 16.10.1968 – 1 BvR 241/66 – BVerfGE 24, 236 = NJW 1969, 31).

34 Im Einzelfall kann der unterschiedliche Gehalt dessen, wofür das „Selbstverständnis" in den verschiedenen Religionen oder Weltanschauungen steht, im Kontext des Gesetzes und insbesondere mit Blick auf die §§ 4, 8 zu Auslegungsschwierigkeiten führen. Beinhaltet beispielsweise das Selbstverständnis einer Religion oder einer Weltanschauung, dass in allen Funktionen einschließlich des technisch-administrativen Bereichs (etwa Hausmeister, Gärtner, Lohnsachbearbeiter in der Verwaltung usw) grundsätzlich nur bekennende Mitglieder beschäftigt werden dürfen, hätte dies eine entsprechende Diskriminierung bei der Stellenbesetzung zur Folge. Eine solche Praxis wäre aber **keine wesentliche berufliche Anforderung mehr** (zur Herleitung dieses Merkmals → Rn. 7).

35 Vor diesem Hintergrund muss der dem Begriff des Selbstverständnisses innewohnende Bewertungsmaßstab im Kontext des Abs. 1 auf die von der jeweiligen Gemeinschaft verfolgten religiösen oder weltanschaulichen Ziele zurückgeführt und auf das Gesetz bezogen neu interpretiert werden (ähnlich Schliemann, NZA 2003, 407, 412). Das Selbstverständnis darf dabei nur noch dann eine entscheidende Rolle spielen, wenn das konkrete Beschäftigungsverhältnis hierzu in einer direkten Beziehung steht. Insoweit kann der Hinweis auf die Kirchenklausel im Grundgesetz und in der Weimarer Verfassung keine Sonderstellung der Kirchen dahin gehend rechtfertigen, dass sie im Wege der Selbstdefinition von allen Beschäftigten ein Verhalten im Sinne der kirchlichen Lehre als arbeitsvertragliche Pflicht verlangen dürfen (zutreffend Wank, Beilage zu NZA Heft 22/2004, S. 16, 23 zum „ersten" Gesetzesentwurf aus dem Jahr 2004; vgl. auch Kummer, S. 56 f.; Reichold, NZA 2001, 1054, 1059). Der Begriff des Selbstverständnisses muss deshalb im Kontext des § 9 Abs. 1 restriktiver interpretiert werden, als dies bisher in der Rechtsprechung des Bundesverfassungsgerichts und des BAG der Fall war, um richtlinienkonform zu sein (ebenso Wank, Beilage zu NZA Heft 22/2004, S. 16, 23; aA Wendeling-Schröder/Stein-Stein, § 9 Rn. 31).

36 Die derzeitige Interpretation der juristischen Reichweite des Selbstverständnisses im arbeitsrechtlichen Bereich wird maßgeblich von einer in langjähriger Rechtsprechung entwickelten Position des Bundesverfassungs-

gerichts bestimmt (vgl. grundlegend die „Rumpelkammerentscheidung" BVerfG 16.10.1968 – 1 BvR 241/66 – BVerfGE 24, 236 = NJW 1969, 31 unter II 2c der Gründe; vgl. auch BVerfG 4.6.1985 – 2 BvR 1703/83, 2 BvR 1718/83, 2 BvR 856/84 – BVerfGE 70, 138 = NJW 1986, 367). Hiernach soll bei der Würdigung dessen, was im Einzelfall als Ausübung von Religion und Weltanschauung zu betrachten ist, das Selbstverständnis der Religions- und Weltanschauungsgemeinschaft nicht außer Betracht bleiben dürfen. Beispielsweise umfasst nach dem Selbstverständnis der katholischen und evangelischen Kirchen Religionsausübung nicht nur den Bereich des Glaubens und der Gottesdienste, sondern auch die Freiheit zur Entfaltung und Wirksamkeit in der Welt, wie es ihrer religiösen und diakonischen Aufgabe entspricht (BVerfG 16.10.1968 – 1 BvR 241/66 – BVerfGE 24, 236 = NJW 1969, 31 unter II 2c der Gründe). Im Selbstverständnis spiegeln sich unmittelbar die Ziele wider, die eine Religionsgemeinschaft bei der Ausübung und Umsetzung ihres Glaubens verfolgt.

37 Entsprechendes soll nach Auffassung des Bundesverfassungsgerichts für alle einer Kirche in bestimmter Weise **zugeordneten Einrichtungen** gelten, bei deren Ordnung und Verwaltung sie grundsätzlich frei ist. Voraussetzung soll lediglich sein, dass die Einrichtungen nach kirchlichem Selbstverständnis ihrem Zweck oder ihren Aufgaben entsprechend berufen sind, „ein Stück Auftrag der Kirche in der Welt wahrzunehmen und zu erfüllen" (BVerfG 11.10.1977 – 2 BvR 209/76 – BVerfGE 46, 73 = NJW 1978, 581 unter II 2a) der Gründe mwN).

38 Die uneingeschränkte Anwendung der Rechtsprechung des Bundesverfassungsgerichts, nach der die Reichweite des für Religions- und Weltanschauungsgemeinschaften bestehenden Privilegs sich allein nach deren Selbstverständnis bestimmt, auf § 9 würde im Ergebnis dazu führen, dass Kirchen sowie Weltanschauungsvereinigungen als Arbeitgeber praktisch selbst entscheiden könnten, in welchen Fällen unterschiedliche Behandlungen zulässig sind und in welchen nicht. Ein solches alleiniges Abstellen auf das Selbstverständnis als Voraussetzung für die Reduzierung des Schutzes vor Diskriminierungen muss allerdings im Kontext der Regelungen zum Verbot der Benachteiligung auf den arbeitsrechtlichen Bereich auf dieselbe **Kritik** treffen wie in anderen Bereichen. Intensiv diskutiert wird dieses Thema beispielsweise bezogen auf die entsprechende Ausnahmeregelung des § 118 Abs. 2 BetrVG, durch die Religionsgemeinschaften und ihre karitativen und erzieherischen Einrichtungen aus dem Anwendungsbereich des BetrVG herausgenommen werden (zum Meinungsstand vgl. etwa Fitting, BetrVG § 118 Rn. 59; DKKW-Wedde, BetrVG § 118 Rn. 123 ff.).

39 Der in diesem Sinne ergangenen älteren Rechtsprechung des Bundesverfassungsgerichts und des Bundesarbeitsgerichts (vgl. grundlegend BVerfG 11.10.1977 – 2 BvR 209/76 – BVerfGE 46, 73 = NJW 1978, 581; diesem folgend BAG 6.12.1977 – 1 ABR 28/77 – BAGE 29, 405 = DB 1978, 943) hat der 6. Senat des Bundesarbeitsgerichts in einer Entscheidung aus dem Jahr 1988 entgegengehalten, dass die arbeitsrechtliche Gleichsetzung einer Einrichtung mit einer Religionsgemeinschaft ein Mindestmaß an Ordnungs- und Verwaltungstätigkeit voraussetzt (BAG 14.4.1988 – 6 ABR 36/86 – BAGE 58, 92 = NJW 1988, 3283 unter B 2 dd) der Gründe). Die

in diesem Fall zu bewertende erzieherische Einrichtung gehört nach Auffassung des 6. Senats nur dann zu einer Religionsgemeinschaft, wenn Kirche und Einrichtung die Erziehung nach Inhalt und Ziel identisch vornehmen und sichergestellt ist, dass die Kirche ihre Vorstellungen zur Gestaltung der Erziehung in der Einrichtung durchsetzen kann (BAG 14.4.1988 – 6 ABR 36/86 – BAGE 58, 92 = NJW 1988, 3283 unter B 2 c) ff. der Gründe). Insoweit trifft die Kirche im konkreten Fall die Beweislast, dass tatsächlich eine Zielidentität vorliegt (vgl. in diesem Sinn auch Korioth, in: Maunz/Dürig, WRV Art. 137 Rn. 29).

40 Die **differenzierte Position des 6. Senats** macht deutlich, dass es bei der Bewertung der „Religionsnähe" einer kirchlichen Einrichtung nicht mehr allein auf das Selbstverständnis ankommen kann. Ein weiterer Bewertungspunkt sind auch die tatsächlichen Verhältnisse in der Beziehung zwischen einer Kirche und einer Einrichtung. Diese müssen deshalb für die Beeinflussung durch das Selbstverständnis in § 9 Abs. 1 herangezogen werden (ähnlich Reichold, NZA 2001, 1055, 1060; Schliemann, NZA 2003, 407, 413). Eine Berufung auf die Privilegierung nach dieser Vorschrift kann nur dann erfolgen, wenn nachgewiesen ist, dass **Zielidentität** zwischen einer Religions- bzw. Weltanschauungsgemeinschaft und einer zugeordneten Einrichtung bzw. einer Vereinigung besteht.

41 Bei der Bewertung müssen darüber hinaus allgemeine Vorgaben der Rahmenrichtlinie Berücksichtigung finden, die im Text des § 9 sprachlich zwar keinen umfassenden Niederschlag gefunden haben, inhaltlich aber nach dem Willen des Gesetzgebers Bestandteil der Vorschrift geworden sind (→ Rn. 7). Zum einen muss bei der Auslegung der Auswirkungen des Selbstverständnisses berücksichtigt werden, dass sich die aus der Vorschrift ableitende Privilegierung der Arbeitgeber nur auf **wesentliche berufliche Anforderungen** beziehen kann. Diese in Art. 4 Abs. 2 der Rahmenrichtlinie, nicht aber in § 9 Abs. 1 enthaltene Begrenzung macht deutlich, dass sich aus dem Selbstverständnis kein allgemeiner Anspruch auf unterschiedliche Behandlung ableiten lässt. Dieser kann vielmehr nur auf den „wesentlichen" Kernbereich von Berufsfeldern wirken, die inhaltlich direkt mit der Vermittlung der Inhalte der Religion oder Weltanschauung befasst sind oder die der unmittelbaren Ausübung des Glaubens oder der Anschauung dienen. Auf eine solche Auslegung weist auch der Erwägungsgrund 23 hin, der ausdrücklich von nur „sehr begrenzten Bedingungen" spricht, unter denen eine „unterschiedliche Behandlung gerechtfertigt sein kann" (ABl. EG Nr. L 303/16 vom 2.12.2000, S. 2).

42 Nach alldem ist das Selbstverständnis einer Religions- oder Weltanschauungsgemeinschaft **kein absoluter und abschließender Maßstab** für die Bewertung der Zulässigkeit einer unterschiedlichen Behandlung. In diesem Bereich kann nicht im Wege der Selbstdefinition ein gesetzlicher Sondertatbestand für alle Beschäftigten geschaffen werden, ohne dass es noch auf eine spezifische Rechtfertigung für die hieraus folgende unterschiedliche Behandlung ankommen kann (Wank, Beilage zu NZA Heft 22/2004, S. 16, 23, vgl. auch Kummer, S. 56 f.; Reichold, NZA 2001, 1054, 1059). Entscheidend ist vielmehr, ob das Handeln einer zugeordneten Einrichtung oder einer Vereinigung **unmittelbar und nachweislich** den Zielen der Religi-

on oder Weltanschauung dient. Ist dies bezogen auf Institutionen oder auf Arbeitsplätze nicht der Fall, scheidet eine Anwendung des § 9 Abs. 1 aus (ähnlich Wank, Beilage zu NZA Heft 22/2004, S. 16, 23 unter Hinweis darauf, dass eine kirchliche „Selbstdefinition" der in der Rahmenrichtlinie enthaltenen Anforderung einer rechtmäßigen und gerechtfertigten beruflichen Anforderung nicht genügt). Damit ist nicht nachvollziehbar, dass die vorstehend zitierte ältere Rechtsprechung des Bundesverfassungsgerichts und des Bundesarbeitsgerichts im Bereich des Antidiskriminierungsrechts weiterhin Bestand hat (ähnlich Wank, Beilage zu NZA Heft 22/2004, S. 16, 23, nach dessen Auffassung diese Rechtsprechung nunmehr „aufgehoben" ist; → Rn. 36 ff.).

43 Vor diesem Hintergrund kann bei der Auslegung des § 9 Abs. 1 nicht mehr darauf abgestellt werden, dass es in das ausschließliche Belieben einer Religions- oder Weltanschauungsgemeinschaft gestellt ist, über die Bestimmung einer zugeordneten Vereinigung oder einer Vereinigung zur gemeinschaftlichen Pflege von Religion oder Weltanschauung und damit über den zur Anwendung kommenden Rechtsrahmen nach Belieben zu entscheiden. Sachgerechter und den allgemeinen Vorgaben der Rahmenrichtlinie mehr entsprechend ist eine Auslegung, die als Voraussetzung für eine gerechtfertigte berufliche Anforderung sowohl ein Mindestmaß an Ordnungs- und Verwaltungstätigkeit der Religionsgemeinschaft für die Einrichtung verlangt (vgl. Fitting, BetrVG § 118 Rn. 59; Meinel/Heyn/Herms, § 9 Rn. 7; v. Roetteken, § 9 Rn. 32) als auch eine institutionelle, tatsächliche Verbindung mit durchsetzbarer Verantwortung zwischen Vereinigung und Religionsgemeinschaft (vgl. hierzu Löwisch AuR 1979, Sonderheft S. 33; ähnlich BAG 14.4.1988 – 6 ABR 36/86 – AP § 118 BetrVG 1972 Nr. 36; kritisch auch ErfK-Schlachter, § 9 Rn. 2, die darauf hinweist, dass die denkbare Einbeziehung von unabhängigen Schwangerschaftsberatungsstellen wie etwa der „Donum Vitae" oder eines privaten Wohnheims religiös gebundener Studenten im Widerspruch zum übrigen Arbeitsrecht stünde).

3. Zulässigkeit unterschiedlicher Behandlung

44 Nach der **abschließenden Aufzählung** im zweiten Halbsatz des Abs. 1 kann eine unterschiedliche Behandlung von Beschäftigten unter Beachtung des Selbstverständnisses der Religion oder Weltanschauung in zwei Fällen eine **gerechtfertigte berufliche Anforderung darstellen.** Einerseits kann die unterschiedliche Behandlung in Hinblick auf das eigene Selbstbestimmungsrecht der Religions- oder Weltanschauungsgemeinschaft erfolgen. Andererseits kann sie nach der Art der Tätigkeit zulässig sein.

4. Selbstbestimmungsrecht

45 Die Festlegung einer gerechtfertigten beruflichen Anforderung, die zu einer unterschiedlichen Behandlung von Beschäftigten führen kann, ist nach der **ersten Alternative** in Abs. 1 zulässig, wenn sie **im Hinblick auf das Selbstbestimmungsrecht** der Religions- oder Weltanschauungsgemeinschaft erfolgt. Diese Voraussetzung hat ihren direkten Ursprung in dem durch Art. 137 Abs. 3, 7 WRV verfassungsmäßig garantierten Recht der Religions- und Weltanschauungsgemeinschaften, ihre internen Angelegenheiten

selbstständig innerhalb der Schranken des für alle geltenden Gesetzes zu ordnen und zu verwalten. Garantiert wird die „innere Gestaltungsfreiheit". Die von Art. 137 WRV erfassten Religions- und Weltanschauungsgemeinschaften haben diesbezüglich das Recht, selbstbestimmt und ohne staatliche Aufsicht oder Bevormundung über ihre inneren Angelegenheiten zu entscheiden (Korioth, in: Maunz/Dürig, WRV Art. 137 Rn. 17). Das aus Art. 137 Abs. 3 WRV abgeleitete Recht besteht unabhängig vom rechtlichen Status. Es kommt mithin nicht darauf an, ob eine Religionsgemeinschaft als öffentlich-rechtliche Körperschaft gemäß Art. 137 Abs. 5 WRV oder als privatrechtlicher Verein ausgestaltet ist. Das völlige Fehlen der Rechtsfähigkeit steht dem Selbstbestimmungsrecht ebenfalls nicht entgegen (v. Campenhausen/de Wall, Staatskirchenrecht, S. 96).

46 **Träger des Selbstbestimmungsrechts** sind Glaubensgemeinschaften, die den Begriff der Religionsgemeinschaft verwirklichen. Als Religionsgemeinschaften sind Vereinigungen anzusehen, deren Mitglieder auf der Grundlage gemeinsamer religiöser Überzeugungen eine bestehende Übereinstimmung über Sinn und Bewältigung des menschlichen Lebens bezeugen (Hey/Forst-Lindemann, § 9 Rn. 8). Damit scheidet beispielsweise eine Berufung von religiös motivierten Vereinen und Gesellschaften auf das aus Art. 137 Abs. 3 WRV abgeleitete Privileg aus (Korioth, in: Maunz/Dürig, WRV Art. 137 Rn. 18).

47 Das Selbstbestimmungsrecht nach Art. 137 Abs. 3 WRV zielt auf das „Ordnen" und „Verwalten" der eigenen Angelegenheiten. „Ordnen" bezieht sich auf den gesamten Bereich der Rechtsetzung von Religionsgemeinschaften in eigenen Angelegenheiten. Sie können insoweit im Rahmen einer eigenständigen und nicht vom Staat abgeleiteten Regelungskompetenz eigenständiges Recht erlassen (Korioth, in: Maunz/Dürig, WRV Art. 137 Rn. 23). Das „Recht zur selbstständigen Verwaltung" beinhaltet die freie Betätigung der Organe der Religionsgemeinschaften zur Verwirklichung der jeweiligen Aufgaben – einschließlich des gerichtlichen und außergerichtlichen Verfahrensrechts – die sich die Glaubensgemeinschaft setzt (v. Campenhausen/de Wall, Staatskirchenrecht, S. 101 f.; Korioth, in: Maunz/Dürig, WRV Art. 137 Rn. 25).

48 Zu den **Angelegenheiten des Selbstbestimmungsrechts** gehören im kirchlichen Bereich beispielsweise Fragen von Lehre und Kultus (etwa Ausgestaltung der Gottesdienste, Verwaltung der Sakramente, praktische Seelsorge, Verfassung und Organisation der Kirchen und sonstiger Religionsgemeinschaften – etwa institutioneller Aufbau, Organisationsstrukturen, Hierarchie –, Ausbildung der Geistlichen, Rechte und Pflichten der Mitglieder, Kirchenein- und Austritt, Recht der Kirchenmitgliedschaft usw).

49 Art. 137 Abs. 3 WRV sichert in seinem Kernbestand damit im Ergebnis die Eigenständigkeit der kirchlichen Dienstverfassung. Es wird verfassungsrechtlich garantiert, dass jede Religionsgemeinschaft ihre Ämter ohne Mitwirkung des Staates oder der bürgerlichen Gemeinde verleihen kann (Richardi, Arbeitsrecht in der Kirche, S. 5). Durch den Verweis in Art. 137 Abs. 7 WRV wird ein entsprechendes Recht auch den Vereinigungen zugestanden, die sich die gemeinschaftliche Pflege einer Weltanschauung zur Aufgabe machen.

50 Im Rahmen der durch das jeweilige Selbstverständnis verfolgten Ziele kann eine Religions- oder Weltanschauungsgemeinschaft zulässigerweise festlegen, dass bestimmte Positionen nur mit Mitgliedern oder „treuen Gefolgsleuten des Glaubens" oder „der Weltanschauung" besetzt werden. Voraussetzung ist jedoch, dass die unterschiedliche Behandlung sich **in objektivierbarer Weise** unmittelbar aus den Glaubens- oder Weltanschauungszielen der Gemeinschaft ableitet (→ Rn. 33 ff.).

51 Vor diesem Hintergrund ist es noch richtlinien- und gesetzeskonform, wenn in Ausfüllung des Selbstbestimmungsrechts festgelegt wird, dass bestimmte exponierte Positionen bei einer religiösen oder weltanschaulichen Gemeinschaft (etwa die Geschäftsführerfunktionen von kirchlichen Krankenhäusern oder von weltanschaulichen Schulen) nur mit Angehörigen der Gemeinschaft besetzt werden (ähnlich Meinel/Heyn/Herms, § 9 Rn. 6; Wendeling-Schröder/Stein-Stein, § 9 Rn. 33). Auch die Festlegung von Regeln oder Ausschlusskriterien für den Zugang zu Priester- und Seelsorgetätigkeiten obliegt selbstverständlich allein der Religionsgemeinschaft (v. Roetteken, § 9 Rn. 45 spricht von einem „echten Anteil an der Gestaltung des religiösen, weltanschaulichen Lebens").

52 Mit Blick auf den Regelungsgehalt des § 9 Abs. 1 unzulässig ist es hingegen, wenn durch eine im Rahmen des Selbstbestimmungsrechts verabschiedete „Binnenverfassung" festgelegt werden würde, dass **alle Tätigkeiten** nur von Angehörigen der Gemeinschaft besetzt werden können. Eine solche Festlegung stünde im offenkundigen Widerspruch zu der Vorgabe der Rahmenrichtlinie, nach der nur wesentliche berufliche Anforderungen festgelegt werden dürfen. Eine entsprechende Begrenzung dürfte sich mithin **nicht auf „glaubensferne" Tätigkeiten** erstrecken, die etwa im administrativen oder gewerblichen Bereich erfolgen. Auch die Einbeziehung von Ärzten oder von Lehrenden in „glaubensfernen" Fächern wird zukünftig nicht mehr gerechtfertigt sein (ErfK-Schlachter, § 9 Rn. 1; Wendeling-Schröder/Stein-Stein, § 9 Rn. 37; Reichold, NZA 2001, 1055, 1060; Schliemann, NZA 2003, 407, 413).

5. Art der Tätigkeit

53 Die Art der Tätigkeit kann nach der zweiten Tatbestandsalternative in § 9 Abs. 1 für die Begründung einer zulässigen Benachteiligung relevant sein, wenn es nach dem Selbstverständnis einer Religion oder einer Weltanschauungsvereinigung eine hierauf bezogen gerechtfertigte berufliche Anforderung gibt.

54 Einschlägig sind nur Anforderungen, die sich für bestimmte Arten von Tätigkeiten unmittelbar aus einem Zusammenspiel von religiösem oder weltanschaulichem Selbstverständnis und konkreter beruflicher Anforderung ergeben. Mit Blick auf die über die Formulierung in Abs. 1 hinausgehenden Vorgaben im Erwägungsgrund 24 zur Rahmenrichtlinie, nach denen neben gerechtfertigten auch **wesentliche und rechtmäßige** Anforderungen bestehen müssen (ABl. EG Nr. L 303/16 vom 2.12.2000, S. 2; → Rn. 7), sind diese **Voraussetzungen eng zu fassen**. Gibt es gerechtfertigte berufliche Anforderungen, aus denen sich eine unterschiedliche Behandlung iSv Abs. 1 ableitet, muss von den jeweiligen Arbeitgebern nicht nur dargelegt werden,

inwieweit diese sich zwingend aus dem Selbstverständnis ableiten und warum sie zur Erreichung des Religions- oder Weltanschauungsziels erforderlich sind. Darüber hinaus muss der Nachweis erbracht werden, dass es sich um wesentliche Anforderungen handelt, die unter Beachtung der Ziele einer Gemeinschaft für die Ausführung der bestimmten Art der Tätigkeit unumgänglich sind.

55 Diese Voraussetzungen können beispielsweise bei Tätigkeiten erfüllt sein, die auf die Vermittlung, Verkündung oder praktische Umsetzung einer Religion oder Weltanschauung abzielen. Insoweit kann es im Rahmen von § 9 Abs. 1 etwa zulässig sein, wenn eine Kirche für die Besetzung einer Stelle im seelsorgerischen Bereich eine aktive Glaubensausübung voraussetzt. Auch eine generelle Festlegung in der Grundordnung einer Kirche, nach der **pastorale, katechetische und leitende Aufgaben** nur an Kirchenangehörige übertragen werden dürfen (vgl. Belling, NZA 2004, 885, der insoweit auf die katholische Grundordnung des kirchlichen Dienstes hinweist; ähnlich Reichold, NZA 2001, 1055, 1060), stellt eine aus der Art der Tätigkeit gerechtfertigte berufliche Anforderung iSv Abs. 1 dar. Ähnliches kann für Tätigkeiten in der Schule einer kirchlichen oder weltanschaulichen Einrichtung gelten, wenn von den **Lehrenden** fachbezogen entsprechende inhaltliche Aussagen verlangt werden. Erfüllt sein kann die Voraussetzung ausnahmsweise durch gewerbliche Tätigkeiten (etwa für Tätigkeiten von Köchen oder Schächtern), wenn etwa die Zubereitung von Speisen oder das Schlachten von Tieren maßgeblich durch religiöse Vorgaben bestimmt wird (Adomeit/Mohr, § 9 Rn. 15; Rust/Falke-Stein, § 9 Rn. 42).

56 Offen bleibt aber mit Blick auf den „Ausnahmecharakter“ der Zulässigkeit unterschiedlicher Behandlungen, ob entsprechende Anforderungen etwa an **Lehrer an kirchlichen Schulen** gestellt werden können, die „glaubens- oder weltanschauungsferne“ Fächer wie etwa **Sportunterricht anbieten** (aA hierzu noch BAG 4.3.1980 – AP Art. 140 GG Nr. 4, das den Kirchenaustritt als Kündigungsgrund anerkannt hat; ähnlich wohl auch Wendeling-Schröder/Stein-Stein, § 9 Rn. 39). Eine so umfassende Einbeziehung aller Tätigkeiten in den Regelungsbereich des § 9 Abs. 1 ist schon mit Blick auf den in der Rahmenrichtlinie zum Ausdruck kommenden Ausnahmecharakter fraglich. Im Einzelfall ist deshalb zu differenzieren. So kann die „Weltanschauungsnähe“ der Lehrerin an einer Waldorfschule als Anforderung „nach Art der Tätigkeit“ im konkreten Fall aufgrund des ganzheitlichen Schulkonzepts schwerwiegender zu bewerten sein als die Arbeit eines Sportlehrers an einer kirchlichen Schule mit einem hohen Anteil andersgläubiger Schüler.

57 Keine aus der Art der Tätigkeit gerechtfertigte berufliche Anforderung liegt vor, wenn ein Zusammenhang zwischen der unmittelbaren Ausübung der Religion oder Weltanschauung und den Inhalten der Beschäftigung fehlt. Dies ist beispielsweise beim Hausmeister einer weltanschaulichen Schule oder beim Buchhalter in einem kirchlichen Krankenhaus der Fall (ähnlich Reichold, NZA 2001, 1055, 1060 für eine Reinigungskraft in einem kirchlichen Krankenhaus; ebenso Bauer/Krieger, § 9 Rn. 15). Einer unterschiedlichen Behandlung steht hier wiederum die allgemeine Vorgabe der Rahmenrichtlinie entgegen, dass nur **wesentliche** Anforderungen zur Grundla-

ge von zulässigen Diskriminierungen gemacht werden können. Insoweit kann die Vorschrift keine Anwendung auf Tätigkeiten und Beschäftigungsverhältnisse finden, die ohne Außenwirkung sind. Gewerbliche Arbeitnehmer, Mitarbeiter in der internen Verwaltung oder in der technischen Verwaltung (etwa in der EDV) können damit allenfalls in seltenen Ausnahmefällen dem Anwendungsbereich des § 9 unterfallen (ähnlich Meinel/Heyn/Herms, § 9 Rn. 9; v. Roetteken, § 9 Rn. 45). Nicht von § 9 erfasst sind weiterhin religionsbedingte Benachteiligungen, wenn selbst die Dienstordnung eines kirchlichen Arbeitgebers keine Zugehörigkeit von Beschäftigten zur Arbeitgeber-Kirche fordert (vgl. ArbG Hamburg 28.8.2009 – 11 Ca 121/09 – AuR 2010, 43 bzgl. der befristeten Beschäftigung einer Heilerziehungshelferin). Die Ausnahmeregelung des § 9 kommt darüber hinaus beispielsweise nicht auf einen **Krankenpfleger** in einem kirchlichen Krankenhaus zur Anwendung, der aus der Kirche ausgetreten ist, weil im Mittelpunkt seiner Tätigkeit nicht die Vertretung der Religion, sondern die Pflege von Patienten steht (ähnlich ArbG Aachen 13.12.2012 – 2 Ca 4226/11 bzgl. der Bewerbung eines konfessionslosen Krankenpflegers bei einem Krankenhaus in kirchlicher Trägerschaft; aA BAG 25.4.2013 – 2 AZR 579/12 – NZA 2013, 1131; BAG 12.12.1984 – 7 AZR 418/83 – BAGE 47, 292 = NJW 1985, 2781; v. Roetteken, § 9 Rn. 45; LAG Rheinland-Pfalz 2.7.2008 – 7 Sa 250/08 – RDG 2008, 232 für die Zulässigkeit der Kündigung einer Pflegemitarbeiterin nach Kirchenaustritt). Es handelt sich somit nicht um eine aus der Art der Tätigkeit gerechtfertigte wesentliche und gerechtfertigte berufliche Anforderung. Die Interessen der Kirche oder der Weltanschauungsvereinigung werden in derartigen Fällen durch die **Loyalitätspflicht gemäß Abs. 2** gewahrt; auch in diesem Rahmen müssen allerdings die Grundrechte der Beschäftigten Berücksichtigung finden (BVerfG 31.1.2001 – 1 BvR 619/92 – NZA 2001, 717; BVerfG 7.3.2002 – 1 BvR 1962/01 – NZA 2002, 609; dazu Däubler, RdA 2003, 204, 206; Meinel/Heyn/Herms, § 9 Rn. 9; allgemein de Beauregard/Baur, NZA-RR 2014, 625). Entsprechendes gilt für Lehrfächer an kirchlichen Schulen ohne unmittelbaren Glaubensbezug, für den Erziehungsbereich usw. Die bisher von der Rechtsprechung des Bundesverfassungsgerichts und des Bundesarbeitsgerichts vertretene gegenteilige Position (vgl. insbes. BVerfG 4.6.1985 – 2 BvR 1703/8, 2 BvR 1718/83, 2 BvR 856/84 – BVerfGE 70, 138 = NJW 1986, 367; BAG 21.2.2001 – 2 AZR 139/00 – NZA 2001, 1136 unter II 3 a der Gründe mit weiteren Nachweisen zur ständigen Rechtsprechung) muss einerseits zukünftig mit den Grundrechten der betroffenen Beschäftigten in Einklang gebracht werden (so ausdrücklich die beiden Kammerentscheidungen BVerfG 31.1.2001 – 1 BvR 619/92 – NZA 2001, 717; BVerfG 7.3.2002 – 1 BvR 1962/01 – NZA 2002, 609). Andererseits sind sie mit Blick auf das AGG zu überprüfen (Wank, Beilage zu NZA Heft 22/2004, S. 16, 23 hält diese Rechtsprechung für „aufgehoben").

58 In keinem Fall Bestand haben kann eine Berufung auf § 9 Abs. 1, wenn es um ein Verhalten oder Handeln von Beschäftigten **außerhalb des Bereichs der Religion** oder **Weltanschauung** geht. Insoweit ist beispielsweise davon auszugehen, dass die sexuelle Orientierung (etwa die Homosexualität von Beschäftigten) durch Kirchen als Arbeitgeber im Regelfall nicht zum Gegenstand einer unterschiedlichen Behandlung von Beschäftigten gemacht

werden darf (anders noch BAG 30.6.1983 – 2 AZR 524/81 – NJW 1986, 1917; ArbG Stuttgart 28.4.2010 – 14 Ca 1585/09 – NZA-RR 2011, 407 bezüglich der zulässigen Absage der Bewerbung einer Erzieherin; wie hier bereits ArbG Lörrach 25.8.1992 – 1 Ca 125/92 – AuR 1993, 151; LAG Baden-Württemberg 24.6.1993 – 11 Sa 39/93 – NZA 1994, 416; Adomeit/Mohr, § 9 Rn. 17 ff.). Ausnahmen sind nur im Bereich der unmittelbaren und herausragenden Vertretung der Religion oder Weltanschauung nach außen denkbar. Im Regelfall ist ein loyales und aufrichtiges Verhalten ausreichend. Außerdem würde jede abweichende Entscheidung die Vorgabe des Richtliniengebers zunichtemachen, wonach die Religions- und Weltanschauungsgemeinschaften nur in gewissem Umfang vom Verbot der **Diskriminierung** wegen Religion und Weltanschauung, nicht aber von den übrigen in § 1 genannten Benachteiligungsgründen und damit auch nicht von dem wegen sexueller Identität **dispensiert** sind.

III. Loyales und aufrichtiges Verhalten (Abs. 2)

59 Durch die Regelung des Abs. 2 wird innerhalb des § 9 eine weitere Ausnahme vom allgemeinen Benachteiligungsverbot des § 7 geschaffen, die auf das individuelle Verhalten der Beschäftigten zielt. Die in Abs. 1 genannten Religions- oder Weltanschauungsgemeinschaften sowie deren Einrichtungen und Vereinigungen können hiernach von ihren Beschäftigten ein loyales und aufrichtiges Verhalten verlangen.

60 Eine **Begriffsbestimmung** dessen, was unter loyalem und aufrichtigem Verhalten zu verstehen ist, findet sich im Gesetz nicht. Die Gesetzesmaterialien geben zur Auslegung ebenfalls keinen Hinweis. Der Gesetzgeber führt lediglich aus, dass es Kirchen und Weltanschauungsgemeinschaften selbst obliegt, diesbezüglich verbindliche innere Regelungen zu schaffen. Er verweist aber ausdrücklich darauf, dass die Frage, welche arbeitsrechtlichen Folgen ein Verstoß gegen derartige Verhaltenspflichten haben kann, unter Berücksichtigung des Grundsatzes der Verhältnismäßigkeit von den Arbeitsgerichten beurteilt werden muss (BT-Drs. 16/1780, 35 f.). Damit wird die Verantwortung für die Auslegung dieser unbestimmten Rechtsbegriffe der Gerichtsbarkeit übertragen.

1. Loyales Verhalten

61 Religions- oder Weltanschauungsgemeinschaften können von den Beschäftigten ein loyales Verhalten im Sinne des jeweiligen Selbstverständnisses verlangen. Die Auslegung dieses Begriffs trifft aufgrund des Fehlens gesetzgeberischer Hilfestellungen auf Probleme. Der Zugang über den gesetzlichen Zusammenhang ist nicht möglich, da der Begriff an keiner anderen Stelle verwendet wird. Nur begrenzt hilfreich ist die sprachliche Auslegung. Der Duden definiert „loyal" als „von wohlwollend-treuer Gesinnung zeugend" (Duden, Bedeutungswörterbuch, 4. Aufl., Mannheim 2010). Diese Definition beinhaltet keine abschließende Klarstellung, die zur Auslegung des Begriffs herangezogen werden könnte. Sie macht aber deutlich, dass ein loyales Verhalten die Interessen derer besonders berücksichtigen muss, an die es sich richtet.

62 Für die Auslegung des Begriffs ist der Rückgriff auf die Vorgaben der Rahmenrichtlinie hilfreich. Diese enthält in Art. 4 Abs. 2 letzter Hs. eine bis auf die Verwendung des Wortes „Ethos" statt „Selbstverständnis" wortgleiche Formulierung. Diese Textgleichheit legt es nahe, zur Auslegung auf die Erwägungsgründe 23 und 24 zurückzugreifen (ABl. EG Nr. L 303/16 vom 2.12.2000, S. 2; → Rn. 7). Diese verdeutlichen, dass die Rahmenrichtlinie Ungleichbehandlungen aufgrund der Religion oder der Weltanschauung als Ausnahmetatbestand („unter sehr begrenzten Bedingungen ...") nur zulässt, wenn ein Merkmal eine **wesentliche** und **entscheidende Anforderung** darstellt und sofern es sich um einen **rechtmäßigen Zweck** und eine **angemessene Anforderung** handelt (Erwägungsgrund 23, aaO). Den Mitgliedstaaten wird nur für diese Ausnahmefälle ein Recht eingeräumt, „spezifische Bestimmungen über wesentliche, rechtmäßige und gerechtfertigte Anforderungen" beizubehalten oder vorzusehen, „die Voraussetzungen für die Ausübung einer diesbezüglichen Tätigkeit sein können" (Erwägungsgrund 24). Der nationale Gesetzgeber hat sich dieser Interpretation erkennbar angeschlossen, wie die ausdrückliche Bezugnahme in der Begründung zu § 9 verdeutlicht (BT-Drs. 16/1780, 35).

63 Der damit festzustellende Ausnahmecharakter, der Grundlage des gesamten § 9 ist, bestimmt die Auslegung der Loyalitätspflichten, die Beschäftigte von Religions- und Weltanschauungsgemeinschaften treffen. Bei der vorzunehmenden Bewertung ist eine **enge Auslegung** geboten. In Betracht kommt nicht jede Loyalitätspflicht, die sich aus dem Selbstverständnis der jeweiligen Gemeinschaft ableitet. Insbesondere das Verhalten im privaten und persönlichen Bereich ist hier im Regelfall nicht relevant. Einschlägig ist vielmehr nur das Maß an Loyalität, das für die Ausübung der konkreten Tätigkeit eine wesentliche, entscheidende und gerechtfertigte berufliche Anforderung darstellt (ähnlich Reichold, NZA 2001, 1055, 1060; Schliemann, NZA 2003, 407, 413). Der Umfang der Loyalität, den Arbeitgeber in diesen Fällen erwarten können, bestimmt sich mithin grundlegend durch die Art der konkreten Tätigkeit und nicht allgemein durch das (umfassende) Selbstverständnis.

64 Ein **hohes Maß an Loyalität** können Religions- und Weltanschauungsgemeinschaften vor diesem Hintergrund beispielsweise bei Tätigkeiten erwarten, die im Bereich der „Verkündigung" angesiedelt sind (etwa Priester, Seelsorger, Lehrende mit durch die Inhalte der Religion oder Weltanschauung geprägten Fächern oder Aufgaben, Repräsentanten, Öffentlichkeitsarbeiter usw; zustimmend Meinel/Heyn/Herms, § 9 Rn. 9). Entsprechendes kann in Abhängigkeit vom Selbstverständnis für Tätigkeiten im Leitungsbereich gelten (etwa leitende Funktionen, Geschäftsführung, leitende Mitarbeiter usw). So hat das Bundesarbeitsgericht in der erneuten Eheschließung eines in einem katholischen Krankenhaus tätigen Chefarztes zwar einen Loyalitätsverstoß gesehen, der eine Benachteiligung nach § 9 Abs. 2 rechtfertigen könnte, die ausgesprochene Kündigung aber zugleich als sozial ungerechtfertigt iSv § 1 KSchG und damit unzulässig qualifiziert (BAG 8.9.2011 – 2 AZR 543/10 – NZA 2012, 443; aA allerdings BVerfG 22.10.2914 – 2 BvR 661/12 – BVerfGE 137, 273 = NZA 2014, 1387; ausführlich → Rn. 77 ff.). Der EMGR hat hingegen im Fall Obst die Kündi-

gung eines Direktors Öffentlichkeit der Mormonenkirche wegen Ehebruchs unter Hinweis auf besondere Loyalitätspflichten bestätigt (EMGR 23.9.2010 – 425/03 – NZA 2011, 277; → Rn. 78).

65 **Reduzierte Loyalitätsanforderungen** bestehen hingegen mit Blick darauf, dass es sich nicht um wesentliche, entscheidende und gerechtfertigte berufliche Anforderungen handelt, für alle **Tätigkeiten**, die **außerhalb der unmittelbaren „Verkündigungsarbeit“** angesiedelt sind bzw. die ohne direkte Leitungs- oder Vorbildfunktionen sind. In diesem Bereich kann ein kirchlicher Arbeitgeber unter Berufung auf das Gebot der Loyalität von seinen Beschäftigten im Regelfall immer ein Mindestmaß an Rücksichtnahme erwarten. Dies beinhaltet beispielsweise, dass Beschäftigte sich nicht öffentlich gegen die jeweilige Religion stellen (vgl. BAG 12.2.2001 – 2 AZR 139/00 – NZA 2001, 1136 bezüglich einer Mitarbeiterin in einem evangelischen Kindergarten, die sich als Mitglied aktiv für die Vereinigung „Universales Leben/Bruderschaft der Menschheit“ eingesetzt hat). Dieses Mindestmaß an Loyalität entspricht den **vertraglichen Nebenpflichten**, die Arbeitnehmer gegenüber Arbeitgebern außerhalb des Religions- oder Weltanschauungsbereichs haben. Hier wäre es beispielsweise in einem staatlichen Krankenhaus aufgrund der bestehenden Verpflichtung zur religiösen Neutralität unzulässig, wenn ein Mitarbeiter missionierend auf Patienten einwirken würde (ArbG Reutlingen 5.1.1993 – 1 Ca 378/92 – KirchE 31, 1). Entsprechendes gilt für das Gebot, sich herausfordernder parteipolitischer Meinungsäußerungen in einem Betrieb zu enthalten (BAG 9.12.1982 – 2 AZR 620/80 – NJW 1984, 1142: Anti-Strauß-Plakette).

66 Nicht mehr in den Bereich der durch § 9 Abs. 2 geregelten Loyalitätspflichten gehören Verhaltensweisen, die zwar mit dem Selbstverständnis einer Gemeinschaft kollidieren, die aber nicht zugleich als wesentliche, rechtmäßige und gerechtfertigte berufliche Anforderung zu qualifizieren sind. So wird beispielsweise kein illoyales Verhalten iSv § 9 Abs. 2 vorliegen, wenn der **Hausmeister** einer Religionsgemeinschaft beispielsweise eine **eingetragene Lebenspartnerschaft** eingeht **oder eine gleichgeschlechtliche Ehe schließt**, weil der Verzicht auf eine gleichgeschlechtliche Beziehung für die konkrete berufliche Tätigkeit weder eine wesentliche und gerechtfertigte berufliche Anforderung darstellt, noch mit Blick auf das für alle Bürger anwendbare Gesetz über die eingetragene **Lebenspartnerschaft** (LPartG) rechtswidrig ist (zur Vereinbarkeit einer Lebenspartnerschaft mit dem christlichen Glauben in der evangelischen Kirche vgl. Adomeit/Mohr, § 9 Rn. 20; Rust/Falke-Stein, § 9 Rn. 153 für nicht demonstrativ zur Schau gestellte Lebenspartnerschaften außerhalb von Führungsaufgaben; zur Unvereinbarkeit von nationalen Bestimmungen, die Nachteile wegen Verstößen gegen kirchliches Eherecht zulassen, mit den Vorgaben der Rahmenrichtlinie vgl. Fischermeier, FS Richardi, S. 884; aA v. Roetteken, § 9 Rn. 53). Eine entsprechende Benachteiligung stünde zudem im Widerspruch zu § 4, da es für die unterschiedliche Behandlung aus mehreren Gründen (Religion bzw. Weltanschauung und sexuelle Identität) keine notwendige Rechtfertigung gibt. Entsprechendes gilt etwa für einen **Arzt** in der chirurgischen Abteilung eines kirchlichen Krankenhauses, der sich zu seiner Homosexualität bekennt (aA v. Roetteken, § 9 Rn. 53; differenziert Rust/Falke-Stein, § 9

Rn. 163, der eine Kündigung außerhalb beruflich herausgehobener Tätigkeiten oder ohne öffentliches Bekenntnis für sittenwidrig hält) oder für eine **Sportlehrerin** an einer kirchlichen oder weltanschaulichen Schule, die aus der Kirche oder aus der Weltanschauungsgemeinschaft **austritt** (dazu Budde, AuR 2005, 353 ff.). In allen diesen Fällen kann der Arbeitgeber unter Hinweis auf die Loyalität lediglich erwarten, dass Beschäftigte das Selbstverständnis des Arbeitgebers insoweit achten, dass sie ihre persönliche Entscheidung nicht aktiv vermitteln oder verbreiten (vgl. BAG 21.2.2001 – 2 AZR 139/00 – NZA 2001, 1136 unter II 4 a) der Gründe, das ausdrücklich feststellt, dass dieses aktive Verhalten „gegenüber der bloßen Mitgliedschaft (…) ein tendenzschädliches Verhalten" darstellt). Bezogen auf eine denkbare Diskriminierung wegen der **Homosexualität** ist zu beachten, dass es sich dabei praktisch immer um eine unzulässige Benachteiligung wegen der sexuellen Identität handelt, die nicht in die Privilegierung des § 9 fällt. Eine Diskriminierung von Homosexuellen ist damit selbst dann nicht zulässig, wenn Glaubensanforderungen gemäß Abs. 2 eine Verpflichtung auf ein loyales Verhalten begründen (zutreffend ErfK-Schlachter, § 9 Rn. 5, zu den entsprechenden Anforderungen in Art. 4 Abs. 2 Abschnitt 1 der Rahmenrichtlinie vgl. Fischermeier, FS Richardi, S. 884).

67 Die veränderte Gesetzessituation macht es in der Konsequenz erforderlich, dass die Positionen der Rechtsprechung zum Thema „Loyalitätsobliegenheiten" bzw. „Verletzung der Loyalitätspflichten" überdacht werden (→ Rn. 59 ff.).

2. Aufrichtiges Verhalten

68 Arbeitgeber im kirchlichen oder weltanschaulichen Bereich können von ihren Beschäftigten ein aufrichtiges Verhalten verlangen. Diese gesetzliche Vorgabe steht unter der **Einschränkung**, dass Aufrichtigkeit nur auf wesentliche, rechtmäßige und gerechtfertigte berufliche Anforderungen der Tätigkeit bezogen werden kann (→ Rn. 33 ff.).

69 Hinweise zur Auslegung dieses Begriffs finden sich in den Materialien zum Gesetz nicht. Der Versuch der Auslegung des Begriffs des aufrichtigen Verhaltens unter Rückgriff auf Positionen der Rechtsprechung führt zu der Feststellung, dass es keine einschlägigen Entscheidungen gibt. Der Begriff wird zwar vereinzelt in Entscheidungen verwendet (vgl. etwa LAG Sachsen 1.2.2000 – 7 Sa 378/99, nach dessen Entscheidung von einem Lehrer ein ehrliches und aufrichtiges Verhalten verlangt werden kann), eine allgemeine Begriffsdefinition erfolgt dort aber nicht. Das LAG Sachsen leitet in der zitierten Entscheidung aus dem festgestellten Fehlen eines ehrlichen und aufrichtigen Verhaltens ohne weitere Begründung lediglich die Folgerung ab, dass deshalb das Vertrauensverhältnis der Arbeitgeberin zum Beschäftigten „im besonderen Maße erschüttert" ist.

70 Eine Annährung an eine Begriffsdefinition auf der sprachlichen Ebene führt zu der Erkenntnis, dass das Adjektiv „aufrecht" mit der Bedeutung „in seinem Wesen echt, für seine Überzeugung einstehend" verbunden ist (Duden, Bedeutungslexikon, 4. Aufl., Mannheim 2010). Überträgt man diese sprachliche Interpretation auf den Gesetzestext, leitet sich hieraus die

Erkenntnis ab, dass Arbeitgeber aus dem religiösen oder weltanschaulichen Bereich von ihren Beschäftigten verlangen können, dass sie für die Inhalte des Glaubens oder der Weltanschauung einstehen. Dieses Verlangen steht allerdings wiederum unter dem Vorbehalt, dass es sich um wesentliche, rechtmäßige und gerechtfertigte berufliche Anforderungen handelt muss. Der Umfang der Aufrichtigkeit, die ein Arbeitgeber im Bereich der Religion oder Weltanschauung verlangen kann, steht damit in enger Abhängigkeit zu der im konkreten Fall ausgeübten Tätigkeit.

71 Ein **aktives Einstehen** für die jeweilige Religion oder Weltanschauung können Arbeitgeber von Beschäftigten verlangen, mit deren Funktion sich **„Verkündigungsaufgaben"** verbinden (etwa im Bereich der Seelsorge) oder die eine Leit- oder Vorbildfunktion haben (etwa leitende Mitarbeiter oder Lehrende mit direktem Bezug zu religiösen oder weltanschaulichen Themen). Diese gerechtfertigten beruflichen Anforderungen können im Lichte des Selbstverständnisses der jeweiligen Gemeinschaft, ähnlich wie bezüglich des loyalen Verhaltens, weit gefasst werden und sich ggf. auch auf den außerdienstlichen Bereich erstrecken.

72 Anders stellt sich die Situation für alle Tätigkeiten dar, deren berufliche Anforderungen keinen direkten Bezug zu „Verkündigungsaufgaben" haben bzw. die weder unmittelbare Leit- und Vorbildfunktion in religiösen oder weltanschaulichen Fragen wahrnehmen, noch im öffentlichen Bereich tätig sind. Der Begriff der Aufrichtigkeit ist in diesen Fällen nicht anders zu interpretieren als gegenüber anderen Arbeitgebern und stellt sich als weitere Variante allgemeiner **vertraglicher Nebenpflichten** dar. Im Rahmen des bestehenden Vertrauensverhältnisses können Arbeitgeber erwarten, dass alle Beschäftigten sich **authentisch verhalten** und nicht subversiv gegen die jeweilige Religion oder Weltanschauung agieren. Darüber hinaus kann Ehrlichkeit bezogen auf Fragen erwartet werden, die sich auf den Glauben oder die Weltanschauung beziehen, wenn diese im Zusammenhang mit beruflichen Anforderungen stehen (Reichold, NZA 2001, 1055, 1060). Allerdings sind hier die allgemeinen **Grenzen des Fragerechts** von Arbeitgebern zu beachten (vgl. hierzu statt vieler Schaub/ArbR-HdB, § 26 Rn. 8 ff.; Däubler, Gläserne Belegschaften?, Rn. 207 ff., jeweils mwN; → § 7 Rn. 35 ff.).

73 Konkret kann ein Arbeitgeber aus dem kirchlichen Bereich vor diesem Hintergrund von Mitarbeitern im „verkündigungsfernen" Bereich eine wahrheitsgemäße Beantwortung der Frage nach der Religionszugehörigkeit erwarten. Keinen „Wahrheitsanspruch" gibt es bezogen auf außerdienstliche Themen wie etwa die sexuelle Identität oder sonstige persönliche Lebensumstände. Diese Themen stehen auch mit Blick auf aufrichtiges Verhalten außerhalb gerechtfertigter beruflicher Anforderungen.

3. Ausfüllung der Begriffe „loyal" und „aufrichtig" durch die Rechtsprechung

74 Die langjährige Rechtsprechung zum Thema „Loyalitätsanforderungen" des Arbeitgebers, kann vor dem Hintergrund der allgemeinen Anforderungen des Gesetzes nicht unverändert aufrechterhalten werden. Es ist mit den allgemeinen Vorgaben der Rahmenrichtlinie, denen sich der nationale Ge-

setzgeber angeschlossen hat (→ Rn. 7), beispielsweise nicht mehr zu vereinbaren, wenn über den Umweg von Loyalitäts- und Aufrichtigkeitsanforderungen **Benachteiligungen wegen anderer Merkmale** als der der Religion oder Weltanschauung erfolgen würden. Bei der Bewertung der Verhältnismäßigkeit von Anforderungen aus dem Bereich der Loyalität und Aufrichtigkeit können nur noch solche Aspekte berücksichtigt werden, die unmittelbar mit der Religion oder Weltanschauung in Zusammenhang stehen und die sich bezogen auf die konkrete berufliche Anforderung unmittelbar aus dem Selbstverständnis der Kirche oder der Weltanschauungsgemeinschaft ableiten lassen. Das loyale und aufrichtige Verhalten kann nur noch bezogen auf die unmittelbaren Themen „Religion" und „Weltanschauung" verlangt werden. Dies berechtigt Religions- und Weltanschauungsgemeinschaften aber schon mit Blick auf die einschränkende Regelung zur Benachteiligung aus mehreren Gründen in § 4 nicht zugleich dazu, Beschäftigte aus anderen in § 1 genannten Gründen zu benachteiligen, wenn eine solche Benachteiligung nicht eine wesentliche, rechtmäßige und gerechtfertigte berufliche Anforderung darstellt. Ausgeklammert bleiben deshalb die in § 1 genannten anderen Gründe der Rasse, der ethnischen Herkunft, des Geschlechts, einer Behinderung, des Alters oder der sexuellen Identität, die ebenfalls dem Schutz vor Benachteiligung unterliegen.

75 Auf dem Prüfstand steht damit insbesondere die Position des Bundesverfassungsgerichts, das sich mit Fragen der Loyalität im kirchlichen Bereich in einer Reihe von Entscheidungen befasst hat (vgl. insbes. BVerfG 22.10.2014 – 2 BvR 661/12 – BVerfGE 137, 273 = NZA 2014, 1387; BVerfG 4.6.1985 – 2 BvR 1703/83, 2 BvR 1718/83, 2 BvR 856/84 – BVerfGE 70, 138 = NJW 1986, 367; zur Rechtsprechung des Bundesarbeitsgerichts vgl. die Nachweise in der Entscheidung BAG 21.2.2001 – 2 AZR 139/00 – NZA 2001, 1136 unter II 3 a und in der EuGH-Vorlage des BAG 28.7.2016 – 2 AZR 746/14 (A) – NZA 2017, 388 unter B.). Das Bundesverfassungsgericht vertritt hierzu die Auffassung, dass die Arbeitsgerichtsbarkeit bei der Bewertung von Loyalitätspflichten im Streitfall die **vorgegebenen kirchlichen Maßstäbe zugrunde zu legen** hat. Es soll hierbei grundsätzlich den verfassten Kirchen überlassen bleiben, verbindlich zu bestimmen, was „die Glaubwürdigkeit der Kirche und ihrer Verkündung erfordert", was „spezifische kirchliche Aufgaben" sind und was „Nähe" zu ihnen bedeutet, welches die „wesentlichen Grundsätze der Glaubenslehre und Sittenlehre" sind und was als – gegebenenfalls schwerer – Verstoß gegen diese anzusehen ist. Auch die Entscheidung darüber, ob und wie innerhalb der im kirchlichen Dienst tätigen Mitarbeiter eine „Abstufung" der Loyalitätspflichten eingreift, soll grundsätzlich eine dem kirchlichen Selbstbestimmungsrecht unterliegende Angelegenheit sein. Einschränkend führt das Bundesverfassungsgericht allerdings aus, dass die Rechtsstellung kirchlicher Arbeitnehmer keineswegs „klerikalisiert" werden soll. Im kirchlichen Bereich bestehe kein kirchliches Statusverhältnis, das die Person total ergreife und auch ihre private Lebensführung voll umfasse (BVerfG 4.6.1985 – 2 BvR 1703/83 – BVerfGE 70, 138 = NJW 1986, 367).

76 Die Absolutheit dieser Argumentation ist nicht aufrechtzuhalten. Diese Feststellung gilt ausdrücklich auch vor dem Hintergrund, dass nach der

bisherigen Rechtsprechung des Bundesverfassungsgerichts im Rahmen eines Stufenverfahrens eine Bewertung von vorliegender Loyalitätspflichtverletzung nicht ausgeschlossen war (vgl. BVerfG 4.6.1985 – 2 BvR 1703/83 – BVerfGE 70, 138 = NJW 1986, 367, unter II 2 a) der Gründe; ebenso Weber in seiner Anmerkung zu dieser Entscheidung, NJW 1986, 371; aA Richardi, S. 88). Da diese Rechtsprechung gerade nicht umfassend auf wesentliche, rechtmäßige und gerechtfertigte berufliche Anforderungen abstellt und hiernach differenziert, ist eine **Neudefinition** angebracht. Entsprechendes gilt für die Rechtsprechung der Arbeitsgerichtsbarkeit, die der Auffassung des Bundesverfassungsgerichts in einer Reihe von Entscheidungen gefolgt ist (vgl. statt vieler die Nachweise in BAG 21.2.2001 – 2 AZR 139/00 – NZA 2001, 1136 unter II 3 a der Gründe). Käme es zu einer solchen Neudefinition, würden sich Entscheidungen wie die vom 16.9.2004 zur Zulässigkeit einer Kündigung wegen einer **zweiten Eheschließung** nach russisch-orthodoxem Ritus (BAG 16.9.2004 – 2 AZR 447/03 – NZA 2005, 1263) wegen des damit verbundenen illoyalen Verhaltens, oder zur Kündigung eines **Gruppenleiters in einer Behindertenwerkstatt** der Diakonie, in der die Mitarbeiter zur Hälfte konfessionslos sind (LAG Brandenburg 13.11.2003 – 2 Sa 410/03 – LAGE § 611 BGB 2002 Kirchliche Arbeitnehmer Nr. 2) nicht wiederholen.

77 Allerdings ist zu beachten, dass das Bundesarbeitsgericht in einem Urteil aus dem Jahr 2011 (BAG 8.9.2011 – 2 AZR 543/10 – NZA 2012, 443) in der zweiten Eheschließung eines Chefarztes eines katholischen Krankenhauses zwar ein illoyales Verhalten gesehen, gleichzeitig aber die Kündigung als sozial ungerechtfertigt iSv § 1 KSchG qualifiziert und zurückgewiesen hat. In den Entscheidungsgründen verweist das Bundesarbeitsgericht sowohl darauf, dass das Krankenhaus für Führungspositionen grundsätzlich auch Menschen einstelle, die nicht katholisch sind, als auch darauf, dass das vorherige Zusammenleben des Chefarztes mit seiner späteren Ehefrau der Arbeitgeberin bekannt war, aber unbeanstandet blieb. Dies deutet darauf hin, dass dem Gericht in Anbetracht der gelebten Realität nicht an einer engen Auslegung bestehender Loyalitätspflichten gelegen ist. Darüber hinaus lässt sich aus der Entscheidung ableiten, dass das Selbstverständnis einer Religionsgemeinschaft keinen absoluten Vorrang vor Grundrechten der Beschäftigten hat (vgl. hierzu Sperber, AuR 2012, 451). Das Bundesverfassungsgericht hat das genannte Urteil allerdings 2014 (BVerfG 22.10.2014 – 2 BvR 661/12 – BVerfGE 137, 273 = NZA 14, 1387) aufgehoben und in der Sache an das Bundesarbeitsgericht zurückverwiesen. Der 2. Senat des Bundesarbeitsgerichts hat seinerseits mit einem Vorabentscheidungsersuchen beim Europäischen Gerichtshof (BAG 28.7.2016 – 2 AZR 746/14 (A) – NZA 2017, 388) um eine grundlegende Klärung gebeten. Im Mittelpunkt dieser Vorlage steht die Frage, ob Art. 4 Abs. 2 Unterabs. 2 RL 2000/78/EG des Rates vom 27.11.2000 zur Festlegung eines allgemeinen Rahmens für die Verwirklichung der Gleichbehandlung in Beschäftigung und Beruf (RL 2000/78/EG) so ausgelegt werden kann, ob eine Kirche bezogen auf ein Krankenhaus verbindlich festlegen kann, dass bei den Anforderungen nach loyalem und aufrichtigem Verhalten an Mitarbeiter in leitenden Positionen danach unterschieden werden kann, ob Arbeitnehmer der Kirche angehören bzw. einer anderen oder gar

keiner Kirche. Für den Fall, dass der Europäische Gerichtshof eine solche Differenzierung für unzulässig hält, möchte das Bundesarbeitsgericht einerseits die Frage beantwortet haben, ob § 9 Abs. 2 im vorliegenden Rechtsstreit unangewendet bleiben kann. Andererseits soll der Europäische Gerichtshof dann die Anforderungen benennen, die an ein Verlangen nach einem loyalen und aufrichtigen Verhalten im Sinne des Ethos der Organisation für ein die Arbeitnehmer einer Kirche oder einer der dort genannten anderen Organisationen zu stellen sind (BAG 28.7.2016 – 2 AZR 746/14 (A) – NZA 2017, 388). In eine ähnliche Richtung zielt das Vorabentscheidungsersuchen des 8. Senats des Bundesarbeitsgerichts, das sich auf den Fall einer nicht berücksichtigten Bewerbung einer konfessionslosen Bewerberin bezieht (BAG 17.3.2016 – 8 AZR 501/14 (A) – BAGE 154, 285 = AuR 2016, 217; vgl. auch Feldhoff, jurisPR-ArbR 10/2017 Anm. 4; Husemann, ZESAR 16, 487). In diesem Rechtsstreit hat der Generalanwalt beim EuGH am 9.11.2017 seinen Schlussantrag vorgelegt (Rs. C-414/16). In diesem Antrag wird zunächst § 9 als eine problematische Vorschrift qualifiziert, die nach seiner Feststellung vom zuständigen Menschenrechtsausschuss der Vereinten Nationen im Hinblick auf die Einhaltung des Übereinkommens der Vereinten Nationen zur Beseitigung jeder Form von Rassendiskriminierung kritisiert wurde (Schlussantrag Rs. C-414/16 Rn. 125). Bezüglich der Auslegung von § 9 im Sinne von Art. 4 Abs. 2 RL 2000/78/EG stellt der Generalanwalt weiter fest, dass ein Arbeitgeber aus dem Bereich der Religionsgemeinschaften nicht verbindlich selbst bestimmen kann, ob eine bestimmte Religion eines Bewerbers nach der Art der Tätigkeit oder den Umständen ihrer Ausübung eine wesentliche, rechtmäßige und gerechtfertigte berufliche Anforderung angesichts seines/ihres Ethos darstellt (Schlussantrag Rs. C-414/16 Rn. 101).

78 Unabhängig von dem vorstehend angesprochenen Rechtsstreit sprechen gegen einen absoluten Vorrang des Selbstverständnisses einer Religionsgemeinschaft vor den Grundrechten der Beschäftigten zudem Argumente, die sich in der Entscheidung Schüth des EGMR (23.9.2010 – 1620/03 – NZA 2011, 279) finden. Der EGMR führt dort aus, dass vor einer Kündigung eine Abwägung zwischen den bestehenden Loyalitätsverpflichtungen und dem Recht auf Achtung des Privat- und Familienlebens erfolgen müsse. Zudem müsse berücksichtigt werden, dass ein von einem kirchlichen Arbeitgeber gekündigter Beschäftigter insbesondere dann, wenn er eine spezifische Qualifikation wie die eines Kirchenmusikers habe, möglicherweise keine entsprechende Anstellung mehr finden kann. Argumente wie diese setzen der Kündigungsberechtigung von kirchlichen Arbeitgebern nach Meinung des EGMR enge Grenzen. Vor diesem Hintergrund gab es Zweifel an der Zulässigkeit der erfolgten Kündigung (vgl. zur Abweisung der erhobenen Restitutionsklage BAG 22.11.2012 – 2 AZR 570/11 – AuR 2012, 501). Der Notwendigkeit einer restriktiven Auslegung von Loyalitätsanforderungen steht auch die gegenläufige Entscheidung des EMGR in Sachen Obst nicht entgegen (EMGR 23.9.2010 – 425/03 – NZA 2011, 277). Durch diese wurde die Kündigung wegen Ehebruchs eines Mitarbeiters der Mormonenkirche zwar bestätigt. Der EGMR begründete seine Entscheidung aber ausdrücklich damit, dass der Beschäftigte aufgrund seiner Tätigkeit als Direktor Öffentlichkeitsarbeit der Kirche erhöhten Loyalitäts-

pflichten unterlag (vgl. zum Ganzen Colneric, FS Lörcher, S. 165 ff.). Dafür, dass die Belange von Religionsgemeinschaften nur in engen Grenzen zu berücksichtigen sind, spricht schließlich das IAO-Übereinkommen Nr. 111 (BGBl. II 1961, 97; hierzu ausführlich Colneric, FS Lörcher, S. 165 ff.).

79 Zusammenfassend lässt sich feststellen, dass Arbeitgeber aus dem religiösen oder weltanschaulichen Bereich ein loyales und aufrichtiges Verhalten nur in einem Umfang verlangen können, wie es der konkreten Art der Tätigkeit und der hiermit verbundenen Position geschuldet ist. Im **Bereich der Verkündigung** bzw. **Darstellung in der Öffentlichkeit** gibt es insoweit hohe Anforderungen. Im Bereich der internen Administration oder bei gewerblichen Tätigkeiten reduzieren sich die Loyalitätspflichten hingegen auf ein Minimum, das in der Verpflichtung besteht, nicht aktiv gegen die Interessen der jeweiligen Religions- oder Weltanschauungsgemeinschaft tätig zu werden. Darüber hinaus können allgemeine Loyalitätspflichten in diesen Bereichen darin bestehen, sich durch Äußerlichkeiten, etwa durch den Verzicht auf das religiös motivierte Tragen eines Kopftuchs bei der Arbeit für eine Religions- oder Weltanschauungsgemeinschaft (BAG 24.9.2014 – 5 AZR 611/12 – NZA 2014, 1407 bezüglich einer Religionsgemeinschaft), abzugrenzen oder bestimmte Verpflichtungen (etwa die Aufforderung an die Schüler einer kirchlichen Schule durch alle Lehrer, zum Morgengebet zu erscheinen) wahrzunehmen.

80 Etwas anderes gilt für „**verkündungsfernere**" **Bereiche**. Hier kann mit Blick auf die schon in der Überschrift von § 9 zum Ausdruck kommende klare Begrenzung auf „Religion" und „Weltanschauung" bei der Auslegung der Begriffe des loyalen und aufrichtigen Verhaltens ausschließlich auf das unmittelbare religiöse oder weltanschauliche Verhalten abgestellt werden. Nur hiermit lässt sich eine unterschiedliche Behandlung im Einzelfall rechtfertigen. Ausgeschlossen bleiben hingegen die anderen in § 1 genannten Gründe. Damit scheidet beispielsweise eine unterschiedliche Behandlung wegen der Homosexualität eines Beschäftigten ebenso aus wie wegen einer Behinderung.

§ 10 Zulässige unterschiedliche Behandlung wegen des Alters

[1]Ungeachtet des § 8 ist eine unterschiedliche Behandlung wegen des Alters auch zulässig, wenn sie objektiv und angemessen und durch ein legitimes Ziel gerechtfertigt ist. [2]Die Mittel zur Erreichung dieses Ziels müssen angemessen und erforderlich sein. [3]Derartige unterschiedliche Behandlungen können insbesondere Folgendes einschließen:

1. **die Festlegung besonderer Bedingungen für den Zugang zur Beschäftigung und zur beruflichen Bildung sowie besonderer Beschäftigungs- und Arbeitsbedingungen, einschließlich der Bedingungen für Entlohnung und Beendigung des Beschäftigungsverhältnisses, um die berufliche Eingliederung von Jugendlichen, älteren Beschäftigten und Personen mit Fürsorgepflichten zu fördern oder ihren Schutz sicherzustellen,**

2. die Festlegung von Mindestanforderungen an das Alter, die Berufserfahrung oder das Dienstalter für den Zugang zur Beschäftigung oder für bestimmte mit der Beschäftigung verbundene Vorteile,
3. die Festsetzung eines Höchstalters für die Einstellung aufgrund der spezifischen Ausbildungsanforderungen eines bestimmten Arbeitsplatzes oder aufgrund der Notwendigkeit einer angemessenen Beschäftigungszeit vor dem Eintritt in den Ruhestand,
4. die Festsetzung von Altersgrenzen bei den betrieblichen Systemen der sozialen Sicherheit als Voraussetzung für die Mitgliedschaft oder den Bezug von Altersrente oder von Leistungen bei Invalidität einschließlich der Festsetzung unterschiedlicher Altersgrenzen im Rahmen dieser Systeme für bestimmte Beschäftigte oder Gruppen von Beschäftigten und die Verwendung von Alterskriterien im Rahmen dieser Systeme für versicherungsmathematische Berechnungen,
5. eine Vereinbarung, die die Beendigung des Beschäftigungsverhältnisses ohne Kündigung zu einem Zeitpunkt vorsieht, zu dem der oder die Beschäftigte eine Rente wegen Alters beantragen kann; § 41 des Sechsten Buches Sozialgesetzbuch bleibt unberührt,
6. Differenzierungen von Leistungen in Sozialplänen im Sinne des Betriebsverfassungsgesetzes, wenn die Parteien eine nach Alter oder Betriebszugehörigkeit gestaffelte Abfindungsregelung geschaffen haben, in der die wesentlich vom Alter abhängenden Chancen auf dem Arbeitsmarkt durch eine verhältnismäßig starke Betonung des Lebensalters erkennbar berücksichtigt worden sind, oder Beschäftigte von den Leistungen des Sozialplans ausgeschlossen haben, die wirtschaftlich abgesichert sind, weil sie, gegebenenfalls nach Bezug von Arbeitslosengeld, rentenberechtigt sind.

I. Allgemeines zu den in § 10 vorgesehenen Rechtfertigungstatbeständen

1 In § 10 sind Rechtfertigungstatbestände für die nach § 7 verbotene Differenzierung wegen des Alters geregelt (zu den Diskriminierungstatbeständen im Einzelnen → Rn. 33 ff.). Mit § 10 will der deutsche Gesetzgeber die europäischen Vorgaben des **Art. 6 Rahmen-Richtlinie 2000/78/EG** umsetzen (vgl. zur Entstehungsgeschichte des Art. 6 Rust/Falke-Bertelsmann, § 10 Rn. 2). § 10 ist daher im Licht der europäischen Regelung auszulegen. Dabei ist grundsätzlich zu beachten, dass die im Grundsatz untersagte Diskriminierung wegen des Alters nur in Ausnahmefällen gerechtfertigt ist (v. Roetteken, § 10 Rn. 23; Schiek, AuR 2006, 145, 147). Ein Hierarchieverhältnis zwischen den einzelnen Diskriminierungsverboten (dazu Hahn, S. 158) existiert nicht. Dies folgt schon aus Art. 21 EU-GRC. Dort sind die Diskriminierungsverbote – auch wegen des Alters – als individuelle Abwehrrechte auf einer Stufe aufgeführt (v. Roetteken, § 10 Rn. 37; Brors, RdA 2012, 346).

2 Im AGG übernimmt der Gesetzgeber die zuvor im gescheiterten **ADG** vorgeschlagene Regelung **wortgleich**. Er stützt den Text im Wesentlichen wortgetreu auf die Vorgaben des Art. 6 RL 2000/78/EG. Schon darin zeigt sich die Problematik des § 10. Wie kann sich eine Umsetzungsvorschrift darin erschöpfen, die umzusetzenden Vorgaben zu wiederholen? Die Rechtfertigungsgründe greifen unabhängig vom Vorliegen des berufsbezogenen Rechtfertigungstatbestands des § 8, der Rechtfertigung einer mittelbaren Diskriminierung gem. § 3 Abs. 2 oder gem. § 5 ein (zum Verhältnis der Normen → Rn. 10). Darüber hinaus zeigt die Entstehungsgeschichte des § 10, dass die Regelung keinesfalls „aus einem Guss" ist. Nachdem in Abweichung vom Vorschlag im ADG in § 2 nach den Neuwahlen von der großen Koalition wohl intendiert war, die Beendigung des Arbeitsverhältnisses vom AGG auszunehmen, vergaß der Gesetzgeber zunächst, § 10 Nr. 6, 7 aF anzugleichen, die sich explizit auf die Kündigung beziehen. Dieses Versehen bereinigte der Gesetzgeber im Gesetz zur Änderung des Betriebsrentengesetzes und strich die entsprechenden Nummern ersatzlos aus dem Gesetzestext (BGBl. I 2006, 2742). Freilich blieb die Gesetzeslage damit weitgehend unklar, da die Ausnahme des Kündigungsschutzes vom Geltungsbereich des AGG europarechtswidrig ist, so dass letztlich doch auf die gestrichenen Nummern Bezug zu nehmen ist.

3 An die Rechtfertigungsgründe nach § 10 aufgrund eines legitimen Ziels (dh Regelungen durch den Gesetzgeber) sind in gleichem Maße die **Tarifvertragsparteien** gebunden, ohne dass ein weiterer Ermessensspielraum besteht (aA Reinartz, öAT 2011, 54; Wendeling-Schröder/Stein, § 10 Rn. 7). Die Gegenansicht berücksichtigt nicht, dass auch bei Handeln der Tarifvertragsparteien nach Art. 21, 51 f. EU-GRC der Gesetzesvorbehalt und die verhältnismäßige Umsetzung gewährleistet sein müssen (→ Rn. 14 ff.). Soweit der EuGH in seinen Entscheidungen zu den Regelaltersgrenzen einen großzügigeren Maßstab angelegt hat, ist dies in der konkreten Sachmaterie begründet (→ Rn. 32).

1. Kritik an der Umsetzung des Art. 6 RL 2000/78/EG in § 10

4 Die Umsetzungsvorschrift des § 10 ist in der Literatur stark kritisiert worden (Bauer/Krieger, § 10 Rn. 8; zum Vorentwurf Preis, NZA 2006, 401, 409: „untauglich"; Reichold/Hahn/Heinrich, NZA 2005, 1270, 1275: „äußerst unglücklich" und Versuch, den Status quo festzuschreiben; König, ZESAR 2005, 218, 224; Rust/Falke-Bertelsmann, § 10 Rn. 47; milder MüKo-Thüsing, § 10 Rn. 18: nur der „zweitschönste Weg"). Tatsächlich kann man sie insgesamt als nicht besonders gelungen bezeichnen. Die Regelung des § 10 verwischt die in Art. 6 der Richtlinie angelegte **Systematik der Rechtfertigungsgründe** und führt damit zur Rechtsunsicherheit. Darüber hinaus hat es der Gesetzgeber versäumt, das bestehende nationale Recht auf Widersprüche zum Verbot der Altersdiskriminierung zu überprüfen (v. Roetteken, § 10 Rn. 10; Schleusener/Suckow/Voigt, § 10 Rn. 3; Reichold/Hahn/Heinrich, NZA 2005, 1270). Daher ist unklar, welche Vorschriften weiter gelten und eine Diskriminierung rechtfertigen können.

a) Unklare Systematik der Rechtfertigungsgründe

5 In § 10 wird die in Art. 6 RL 2000/78/EG angelegte Systematik verwischt (v. Roetteken, § 10 Rn. 2; Bauer/Krieger, § 10 Rn. 11). Nach § 10 S. 1 werden Differenzierungen aufgrund des Alters zugelassen, wenn sie „objektiv angemessen und durch ein legitimes Ziel gerechtfertigt" sind. Diese Generalklausel, die nur vor dem Hintergrund der Vorgaben des Art. 6 der Rahmen-Richtlinie verstanden werden kann, soll nach dem Aufbau des § 10 durch die Nr. 1–6 konkretisiert werden. Der deutsche Gesetzgeber übernimmt in § 10 Nr. 1–4 den Richtlinientext wortgetreu (kritisch dazu v. Roetteken, § 10 Rn. 8). Dabei werden aber Regelungsfälle aus Art. 6 der Rahmen-Richtlinie wiedergegeben, die mit der Generalklausel nichts zu tun haben. Mit der Nr. 4 (betriebliche Altersversorgung) greift der deutsche Gesetzgeber Art. 6 Abs. 2 der Rahmen-Richtlinie auf. Dadurch entsteht der Eindruck, dass es sich bei der Nr. 4 um ein weiteres Beispiel zur Ausfüllung der Generalklausel handelt. Das ist jedoch gerade nicht der Fall. Vielmehr ist dieser in Art. 6 Abs. 2 der Richtlinie genannte Tatbestand eine gesonderte Regelung, die mit der Generalklausel nichts zu tun hat.

6 Darüber hinaus führt § 10 in dem über den Richtlinientext hinausgehenden Teil (Nr. 5–6) zu großen Unsicherheiten. Die Nr. 5–6 des § 10 sollen

nach der Entwurfsbegründung (BT-Drs. 16/1780, 36) sicherstellen, dass das Merkmal „Alter" im Arbeitsrecht auch weiterhin als Unterscheidungskriterium berücksichtigt werden kann.

b) Fehlendes Artikelgesetz

7 Der deutsche Gesetzgeber hat es versäumt, das nationale Recht nach Widersprüchen zum Diskriminierungsverbot zu „durchforsten" (v. Roetteken, § 10 Rn. 10; Preis, NZA 2006, 401, 409) und damit in einem Artikelgesetz klarzustellen, welche diskriminierenden Regelungen seiner Ansicht nach im Rahmen der Richtlinie aus beschäftigungspolitischen Erwägungen, aus arbeitsmarktpolitischen oder berufsbildungsbezogenen Gründen (vgl. Art. 6 Abs. 1 RL 2000/78/EG) gerechtfertigt sind (Reichold/Hahn/Heinrich, NZA 2005, 1270; Bertelsmann, ZESAR 2005, 242; v. Roetteken, § 10 Rn. 10). Daraus ergeben sich insbesondere für die Überprüfung des vor Geltung der Richtlinie erlassenen Rechts Schwierigkeiten. Da der deutsche Gesetzgeber **Widersprüche zum europäischen Recht** nicht selbst ausdrücklich ausgeräumt hat, muss sozusagen im Nachhinein überlegt werden, ob die nationale Vorschrift ein Ziel hat, das mit der Richtlinie zu vereinbaren ist. Problematisch ist dabei, dass der nationale Gesetzgeber eine mögliche Altersdiskriminierung bei Erlass der Vorschrift nicht bedenken musste. Ein solches Verbot existierte im deutschen Recht nicht. In diesen Fällen fehlt die nach Art. 6 Abs. 1 RL 2000/78/EG verlangte Abwägungsentscheidung des Gesetzgebers zwischen dem Diskriminierungsschutz und dem weiteren Allgemeinwohlziel. Will man aber die Zulässigkeit der bisherigen Regelungen überhaupt überprüfen, muss man unterstellen, der Gesetzgeber habe diese Abwägungsentscheidung allein dadurch getroffen, dass er die Vorschriften nicht aufgehoben hat. Sind keine Rechtfertigungsgründe für die diskriminierende nationale Norm erkennbar oder sind die Normzwecke undeutlich, ist die Vorschrift mit dem europäischen Recht nicht zu vereinbaren. Mit dem bestehenden Tarifrecht hat sich der Gesetzgeber gleichfalls nicht im Einzelnen auseinandergesetzt. Auch hier ist unklar, welche Regelungen fortbestehen sollen und welche Konsequenzen aus unzulässigen Regelungen folgen. Problematisch ist es, inwieweit der Gesetzgeber den Tarifvertragsparteien die Kompetenz geben kann, die allgemeinwohlbezogenen politischen Ziele im Sinne des Art. 6 Abs. 1 RL 2000/78/EG selbst zu bestimmen und damit die von ihnen vorgenommenen Diskriminierungen selbst zu rechtfertigen (Bauer/Krieger, § 10 Rn. 11; v. Roetteken, § 10 Rn. 6; Reichold/Hahn/Heinrich, NZA 2005, 1270, 1275; → Rn. 23).

2. Wirkungsweise des europäischen Verbots der Altersdiskriminierung für das nationale Gesetzesrecht nach der Mangold-Entscheidung

8 Mit der Mangold-Entscheidung hatte der EuGH (22.11.2005 – Rs. C-144/04 – NZA 2005, 1345) die in der Literatur (Rust, ZESAR 2005, 197, 200; Annuß, BB 2006, 325; Bauer/Arnold, NJW 2006, 6, 9; Gas, EZW 2005, 737; Reichold, ZESAR 2006, 55; Thüsing, ZIP 2005, 2149; Bauer, NZA 2005, 800, 803; Giesen, SAE 2006, 45, 51; Körner, NZA 2005, 1395, 1397; Preis, NZA 2006, 401, 402; Schiek, AuR 2006, 145) daraufhin viel diskutierte Frage aufgeworfen, ob das Verbot der Diskriminierung wegen des Alters als Ausprägung eines allgemeinen europarechtli-

chen Grundsatzes unabhängig von der Umsetzung durch den nationalen Gesetzgeber unmittelbare Wirkung hat und somit die bisherige Dogmatik zur Wirkungsweise von Richtlinien teilweise aufzugeben ist. Nur bei einer unmittelbaren Wirkung sind richtlinienwidrige nationale Regelungen unwirksam. Nimmt man dagegen eine mittelbare Wirkung an, besteht das europarechtswidrige Altrecht weiter, der Arbeitnehmer hat die Möglichkeit, Staatshaftungsansprüche einzuklagen (Lembke, NJW 2006, 325, 331; zum Schadensersatz EuGH 19.11.1991 – Rs. C-6/90 – NJW 1992, 165; EuGH 8.10.1996 – Rs. C-178/94 – NJW 1996, 314). In den Entscheidungen Mangold (EuGH 22.11.2005 – Rs. C-144/04 – NZA 2005, 1345) und Kücükdevici (EuGH 19.1.2010 – Rs. C-555/07 – NJW 2010, 427) hat der EuGH entschieden, dass „zu Rechtsstreitigkeiten zwischen Privaten" „eine Richtlinie nicht selbst Verpflichtungen für einen Einzelnen begründen kann, so dass ihm gegenüber eine Berufung auf die Richtlinie als solche nicht möglich ist" (EuGH 19.1.2010 – Rs. C-555/07 – NJW 2010, 427, 429), aber „das Verbot der Diskriminierung wegen des Alters ein allgemeiner Grundsatz des Unionsrechts ist" und „das nationale Gericht eine in den Anwendungsbereich des Unionsrechts fallende nationale Bestimmung, die es für mit diesem Verbot unvereinbar hält und die einer unionsrechtskonformen Auslegung nicht zugänglich ist, unangewendet lassen muss" (EuGH 19.1.2010 – Rs. C-555/07 – NJW 2010, 427, 430). Auf diesem Weg erreicht der EuGH, dass die Grundsätze zur Wirkung der Richtlinie als Sekundärrecht aufrechterhalten werden, aber für den Fall eines Verstoßes nationaler Vorschriften gegen das Verbot der Altersdiskriminierung diese von den Gerichten nicht mehr anzuwenden sind. So wird verhindert, dass Staaten bei einer Nichtumsetzung Vorteile haben. Die nationale Rechtsprechung (BAG 26.4.2006 – 7 AZR 500/04 – DB 2006, 1734; BVerfG 6.7.2010 – 2 BvR 2661/06 – NJW 2010, 3422 (Honeywell)) hat dies bestätigt und entgegen der zuvor in der Literatur vertretenen Ansicht (Thüsing, ZIP 2005, 2149, 2151; Reichold, ZESAR 2006, 55, 57) einen Vertrauensschutz in den Bestand der europarechtswidrigen Regelung verneint. Die in der EU-GRC gewährleisteten Rechte sind nun ohnehin primärrechtliche Abwehrrechte, so dass auch das Verbot der Altersdiskriminierung primärrechtlich gilt. Da die Geltung aber auf die Anwendung und Durchführung des Unionsrechts gem. Art. 51 Abs. 1 EU-GRC begrenzt ist, ist weiterhin nicht klar, wie mit „Altvorschriften" umzugehen ist (zu der Gesamtproblematik des Schadensersatzes bei Nichtumsetzung ausführlich → Einl. Rn. 107).

3. Anwendungsbereich

9 Das Verbot der Altersdiskriminierung bezieht sich auf jegliche nicht gerechtfertigte Anknüpfung an das Alter des Arbeitnehmers. Ein Mindestalter sieht das Gesetz nicht vor. Damit sind sowohl **jüngere als auch ältere Arbeitnehmer** geschützt (Schleusener/Suckow/Voigt, § 10 Rn. 6; Wendeling-Schröder/Stein, § 10 Rn. 16). Das Diskriminierungsverbot gilt auch in **Kleinbetrieben**. Die europäischen Vorgaben sehen keine Mindestbeschäftigtenzahlen vor (BAG 23.7.2015 – 6 AZR 457/14; zur Gesetzgebungsgeschichte Wiedemann/Thüsing, NZA 2002, 1234, 1236). Für **Beamte**, Richter, Zivildienstleistende und Beschäftigte des öffentlichen Dienstes findet

§ 10 über § 24 Anwendung. Problematisch ist die Anwendung auf Selbstständige. Zwar greifen die Diskriminierungsverbote gem. § 6 Abs. 3 für Selbstständige entsprechend, soweit es auf den Zugang zur Erwerbstätigkeit (Abschluss des Arbeitsvertrags) oder den beruflichen Aufstieg ankommt. Inwieweit § 10 aber auch für die Altersgrenzen von **Selbstständigen** und **Organmitgliedern** herangezogen werden kann, ist umstritten (v. Roetteken, § 10 Rn. 137; Adomeit/Mohr, § 10 Rn. 131; nur bei wirtschaftlicher Abhängigkeit Richter, S. 128; bei Vorstandsmitgliedern, Kliemt RdA 2015, 232, 234, keine Anwendung, da es nicht um „Zugang" geht; Bauer/v. Medem, NZA 2012, 945). In der Entscheidung Petersen hat der EuGH (12.1.2010 – Rs. C-341/08 – NJW 2010, 587) die Anwendbarkeit der Richtlinie 2000/78/EG auf Altersgrenzen bei Ärzten aus deren Art. 3 Abs. 1 lit. a, c hergeleitet und so den Anwendungsbereich über Einstellung und Beförderung hinaus ausgedehnt. Die Frage ist im nationalen Recht insbesondere bei der Zulässigkeit von Altersgrenzen von Notaren relevant geworden, wobei der BGH zunächst die Anwendbarkeit der Richtlinie verneint hat (BGH 22.3.2010 – NotZ 16/09 – NJW 2010, 3783) und dies in späteren Entscheidungen wegen einer ohnehin möglichen Rechtfertigung offen gelassen hat (BGH 23.7.2012 – NotZ 15/11 – DNotZ 2013, 76). Das BVerfG hat die Altersgrenze als gerechtfertigt angesehen (BVerfG 27.6.2014 – 1 BvR 1313/14), ohne auf die Problematik der Anwendbarkeit einzugehen. Es stellen sich zwei Fragen. Zum einen die Auslegung des Wortlauts der Richtlinie im Hinblick auf Selbstständige. Zum anderen die Kompetenz zur Regelungssetzung. Da das Prinzip der begrenzten Einzelermächtigung nach Art. 5 EUV greift, muss der EU zunächst eine Zuständigkeit zur Regelung der Beschäftigungsverhältnisse von Selbstständigen übertragen worden sein. Dies ist nicht nach Art. 153 AEUV geschehen. Zwar ist der im europäischen Recht verwendete Arbeitnehmerbegriff nicht identisch mit dem nationalen, jedoch wird in Art. 153 AEUV zwischen Selbstständigen und abhängig Beschäftigten unterschieden (Schwarze-Rebhahn/Reiner, AEUV Art. 153 Rn. 3 ff.). Die Richtlinie 2000/78/EG ist nach Art. 19 AEUV erlassen worden, so dass die Gesetzgebungskompetenz „im Rahmen der ... übertragenen Zuständigkeiten" aus der Dienstleistungsfreiheit Art. 57 AEUV hergeleitet werden kann (kritisch zur Ausweitung der Kompetenz auf diesem Weg Tomuschat, ZaöRV 68 (2008), 327). Nach Art. 3 Abs. 1 lit. a RL 2000/78/EG ist bei selbstständiger Tätigkeit zwar nur der Zugang und Aufstieg umfasst. Jedoch legt die Altersgrenze auch eine Zugangsschranke fest, so dass auch Altersgrenzen von Selbstständigen erfasst werden (v. Rotteken, § 6 Rn. 40; aA bzgl. der Ausnahme von Beschäftigungs- und Entlassungsbedingungen bei Organmitgliedern BGH 23.4.2012 – II ZR 163/10 – NZA 2012, 797).

4. Verhältnis zu §§ 8, 5, 3 Abs. 2

10 Die im AGG genannten Rechtfertigungsgründe haben tatbestandlich unterschiedliche Voraussetzungen. § 10 betrifft nur den vom nationalen Gesetzgeber selbst benannten Rechtfertigungsgrund, hinter den das Diskriminierungsverbot aus allgemeinwohlpolitischen Erwägungen zurücktritt. Dieser Rechtfertigungsgrund ist von den Tatbeständen der §§ 8, 5 und § 3 Abs. 2 abzugrenzen (Rust/Falke-Bertelsmann, § 10 Rn. 20 f.; Nollert-Borasio/

Perreng, § 10 Rn. 2; HK-ArbR/Berg, § 10 Rn. 3; Adomeit/Mohr, § 10 Rn. 29). Eine an sich vorliegende Altersdiskriminierung kann nach § 8 gerechtfertigt sein, wenn sie durch eine dort genannte berufliche Anforderung bedingt ist. Handelt es sich um eine mittelbare Altersdiskriminierung, knüpft also der Arbeitgeber zB an die Dauer der Betriebszugehörigkeit oder die Berufserfahrung an, so ist dies bei Vorliegen eines sachlichen Grundes gem. § 3 Abs. 2 zulässig. Im Wortlaut des Art. 6 RL 2000/78/EG wie in § 10 wird inkonsequenterweise nicht zwischen einer unmittelbaren und einer mittelbaren Diskriminierung differenziert (Adomeit/Mohr, § 10 Rn. 11; Rust/Falke-Bertelsmann, § 10 Rn. 23 ff.; aA Meinel/Heyn/Herms, § 10 Rn. 5, die § 10 als speziellere Norm gegenüber § 3 Abs. 2 ansehen; Schleusener/Suckow/Voigt, § 10 Rn. 12 ähnlicher Maßstab; → Rn. 13). Der EuGH hat dies in der Entscheidung Age Concern (EuGH 5.3.2009 – Rs. C-388/07 – NZA 2009, 305) dahin gehend formuliert, dass die Anwendungsbereiche von Art. 2 Abs. 2 der Richtlinie (§ 3 Abs. 2) und Art. 6 (§ 10) nicht deckungsgleich sind, allerdings eine schon nach Art. 2 Abs. 2 RL 2000/78/EG gerechtfertigte Diskriminierung nicht noch an Art. 6 zu überprüfen ist. Die Richtlinie 2000/78/EG durchbricht dies jedoch selbst in Art. 6 Abs. 1 lit. b, wonach auf das Dienstalter oder die Berufserfahrung abgestellt wird. Außerhalb der genannten Bereiche hat § 3 Abs. 2 den breiteren Anwendungsbereich. Der strengere Maßstab des § 10 findet dabei nur bei unmittelbaren Diskriminierungen und den in § 10 selbst genannten mittelbaren Diskriminierungen Anwendung (Blinda, Altersbezogene Regelungen in Sozialplänen – eine Diskriminierung?, S. 116). Diskriminiert der Arbeitgeber einen Arbeitnehmer wegen seines Alters, kann die Maßnahme aber auch dann gerechtfertigt sein, wenn sie als positive Maßnahme bestehende Nachteile wegen des Alters nach § 5 ausgleichen soll. Für die Praxis bedeutet dies: Hat der nationale Gesetzgeber keinen im Rahmen des § 10 wirksamen Rechtfertigungsgrund geschaffen, kann die diskriminierende Maßnahme oder Regelung durchaus nach den anderen genannten Tatbeständen gerechtfertigt sein. Dies gilt insbesondere in den Fällen, in denen eine bestehende altersdiskriminierende Tarifregelung nicht nach § 10 gerechtfertigt werden kann.

II. Generalklausel des § 10 S. 1

11 Eine Differenzierung wegen des Alters ist nach § 10 S. 1 zulässig, wenn sie „objektiv und angemessen und durch ein legitimes Ziel gerechtfertigt ist". Weiterhin wird in § 10 verlangt (vgl. auch Art. 6 RL 2000/78/EG), dass die Mittel zur Umsetzung dieses legitimen Ziels verhältnismäßig sind (→ Rn. 28). Das heißt, sie müssen nach dem Gesetzeswortlaut „angemessen und erforderlich sein". Auf die Geeignetheit des Mittels wird sowohl im Richtlinientext wie auch in seiner Umsetzung nicht explizit eingegangen. Ist jedoch die Maßnahme ungeeignet, das Ziel überhaupt zu erreichen, fehlt es auch an ihrer Angemessenheit.

1. Legitimität des Ziels – Systematik der Ausnahmetatbestände

12 Die Legitimität der Differenzierung ist Voraussetzung jeglicher erlaubter Anknüpfung an das Merkmal „Alter" im Rahmen des § 10. Freilich lässt

die Regelung offen, ob Legitimität bedeutet, dass es sich um ein ansonsten erlaubtes – also nicht ausdrücklich verbotenes und somit illegales – Differenzierungsziel handeln muss oder ob das Ziel der Differenzierung selbst in einer gesetzlichen Regelung aufgegriffen und insoweit positiv „legitimiert" sein muss.

a) Wann ist ein Regelungsziel legitim?

13 Zum Teil wird vertreten, unter dem legitimen Ziel seien nur wichtige **Gemeinwohlinteressen** zu verstehen (Thüsing, ZfA 2001, 397, 408; Wiedemann/Thüsing, NZA 2002, 1234, 1237; Kummer, S. 59; v. Roetteken, § 10 Rn. 13; wohl auch Boecken, NZS 2005, 393, 395; Rust/Falke-Bertelsmann, § 10 Rn. 38; MüKo-Thüsing, § 10 Rn. 12). Zum anderen wird darauf abgestellt, dass sich auch der einzelne Unternehmer auf zB eine ausgewogene Altersstruktur in seinem Betrieb berufen können soll (Linsenmaier, RdA 2003, Sonderbeilage Heft 5, 22, 26; König, ZESAR 2005, 218, 220; Bauer/Krieger, § 10 Rn. 20; Schleusener/Suckow/Voigt, § 10 Rn. 17; kritisch Nollert-Borasio/Perreng, § 10 Rn. 7; Bauschke, § 10 Rn. 4; Meinel/Heyn/Herms, § 10 Rn. 18 a; HK-ArbR/Berg, § 10 Rn. 7). Da sowohl unmittelbare als auch mittelbare Diskriminierungen gerechtfertigt sein könnten, müsse **jeder legitime Zweck** ausreichen, da eine mittelbare Diskriminierung eben durch jedes legitime Ziel gerechtfertigt werden könne (König, ZESAR 2005, 218, 220). Danach ist eine positive Legitimierung in einer Norm nicht erforderlich (Schleusener/Suckow/Voigt, § 10 Rn. 17: Norm muss aber Arbeitgeber zumindest „Flexibilität" einräumen; so wohl auch BAG 23.7.2015 – 6 AZR 457/14). Dabei wird aber übersehen, dass § 10 nur direkte Diskriminierungen erfasst und deshalb ein qualifizierter Grund für diesen direkten Eingriff gegeben sein muss (Schiek-Schmidt, § 10 Rn. 6). Wenn es in Art. 6 Abs. 2 RL 2000/78/EG heißt, die besonderen Rechtfertigungsgründe gälten unbeschadet der Rechtfertigung durch einen sachlichen Grund bei der mittelbaren Diskriminierung, so bedeutet dies nur, dass die Rechtfertigungsgründe in keinem Ausschlussverhältnis stehen.

14 Der EuGH hat nunmehr geklärt, dass unter legitimen Zielen iSd Art. 6 Abs. 1 der Richtlinie ausschließlich sozialpolitische Ziele wie solche aus den Bereichen Beschäftigungspolitik, Arbeitsmarkt oder berufliche Bildung zu verstehen sind (EuGH 6.11.2012 – Rs. C-286/12 – ABl EU 2013, Nr. C 9, 22 mwN, Zwangspensionierung ungarischer Richter). Damit sind zwei Fragen geklärt: Zum einen ist klargestellt, dass nicht jedes allgemeinpolitische Ziel ausreicht. Zum anderen steht nun fest, dass ein „einfacher" sachlicher Grund, zB Individualinteressen des Arbeitgebers, eine Schlechterstellung nach Art. 6 nicht rechtfertigen können, wenn sie nicht in einem Gesetz aufgegriffen worden sind (ErfK-Schlachter, § 10 Rn. 2; Adomeit/Mohr, § 10 Rn. 42; v. Roetteken, § 10 Rn. 79; aA Bauer/Krieger, § 10 Rn. 20). Dies ist kein Widerspruch zu der Rechtmäßgkeit von Maßnahmen des Arbeitgebers gem. § 5, die nach anderen in § 5 geregelten Voraussetzungen gerechtfertigt werden können (→ § 5 Rn. 16). Zur Rechtfertigung einer Diskriminierung im Rahmen des § 10 ist es erforderlich, dass der Gesetzgeber selbst das Ziel und die Mittel in einer Norm formuliert und damit genau bestimmt, wann die im Allgemeininteresse liegenden Ziele dem Diskriminierungsschutz vorgehen. Der Arbeitgeber kann sich nicht auf ein Ziel

zB Sozialschutz berufen, wenn ihm die Norm diese Kompetenz in ihrem Anwendungsbereich nicht direkt einräumt. Nach der Rechtsprechung des EuGH (21.7.2011 – Rs. C-159/10 (Fuchs/Köhler) Rn. 52) kann eine Altersdiskriminierung nach Art. 6 der Richtlinie nämlich nur dann gerechtfertigt werden, wenn es sich sich um im Allgemeininteresse stehende Ziele handelt, „die sich von rein individuellen Beweggründen, die der Situation des Arbeitgebers eigen sind, wie Kostenreduzierung oder Verbesserung der Wettbewerbsfähigkeit, unterscheiden, ohne dass allerdings ausgeschlossen werden kann, dass eine nationale Rechtsvorschrift bei der Verfolgung der genannten rechtmäßigen Ziele den Arbeitgebern einen gewissen Grad an Flexibilität einräumt (vgl. in diesem Sinne EuGH 5.3.2009 – Rs. C-388/07 (Age Concern England) – Slg 2009, I 1569 Rn. 46).“ Das bedeutet, dass das Ziel in der Norm hinreichend bestimmt ist, der Sachverhalt in den Anwendungsbereich der Norm fällt und dem Arbeitgeber im Normtext diese Kompetenz zur Berücksichtigung des geltend gemachten Interesses eingeräumt werden muss. Nur so ist dem Gesetzesvorbehalt aus Art. 52 EU-GRC genügt.

15 Für diese Auslegung spricht auch der Sinn und Zweck des Art. 6 Abs. 1 RL 2000/78/EG. In Art. 6 RL 2000/78/EG werden als gesetzlich legitime Ziele insbesondere solche aus den Bereichen Beschäftigungspolitik, Arbeitsmarkt und berufliche Bildung genannt. Die Aufzählung ist nicht abschließend. Die Verwendung des Wortes „insbesondere“ zeigt aber, dass andere Rechtfertigungen qualitativ den genannten entsprechen müssen. Haushaltserwägungen können zwar den sozialpolitischen Entscheidungen eines Mitgliedstaats zugrunde liegen und die Art oder das Ausmaß der von ihm zu treffenden Maßnahmen beeinflussen, sie sind aber für sich allein keine legitimen Ziele im Sinne des Art. 6 Abs. 1 RL 2000/78 (st. Rspr., EuGH 28.1.2015 – Rs. C-417/13 (Starjakob) mwN). Beschäftigungspolitik, Arbeitsmarkt und berufliche Bildung sind Ziele, die der Gesetzgeber formulieren kann. Diese Auslegung wird durch den **spanischen, französischen, italienischen und niederländischen Wortlaut** des Art. 6 Abs. 1 RL 2000/78/EG gestützt. Dort wird ausdrücklich eine Zielsetzung durch den Gesetzgeber selbst zur Rechtfertigung verlangt („motivos de edad“, „dans le cadre du droit national“, di trattamento collegate all´età“ und „kader van de nationale wetgeving“). Der einzelne Arbeitgeber mag zwar – wie jeder andere Bürger – eine Ansicht zu der Ausgestaltung haben. Er hat aber keine demokratisch legitimierte Entscheidungskompetenz. Die Aufzählung in der Richtlinie zeigt aber, dass mit „legitimen Ziel“ jedenfalls ein gesetzlich gefasstes Ziel zur Verfolgung von **Gemeinwohlinteressen** gemeint ist. Die Vorschrift ist daher nicht dahin auszulegen, dass mit dem legitimen Ziel jegliches, nicht gesetzlich verbotenes Ziel gemeint ist. Da die Gemeinwohlinteressen durch den Gesetzgeber bestimmt werden, ist eine Rechtfertigung der Altersdiskriminierung nur dann zulässig, wenn es sich um ein Ziel handelt, **das der Gesetzgeber einer Norm zugrunde gelegt hat** (so auch Kuras, RdA 2003, Sonderbeilage Heft 5, 11, 15; Hahn, S. 123; Lüderitz, S. 89). Greift der Gesetzgeber ein solches Ziel normativ auf, gibt er zu erkennen, dass es sich zumindest auch um ein Gemeinwohlinteresse handelt (Waltermann, NZA 2005, 1265, 1267). Nur diese Auslegung entspricht der Wertung der EU-GRC. Nach Art. 21 EU-GRC stehen die dort garan-

tierten Rechte unter dem dem Vorbehalt des Art. 52 EU-GRC. Das bedeutet, dass diese Eingriffe gesetzlich in ihrem genauen Umfang bestimmt sein müssen (dazu ausführlich v. Roetteken § 10 Rn. 32).

16 Nach der ständigen Rechtsprechung des EuGH muss das Ziel nicht direkt im Gesetzestext bzw. ausdrücklich in der Gesetzesbegründung stehen. Vielmehr reicht es aus, wenn es Anhaltspunkte gibt, die aus dem allgemeinen Kontext der betreffenden Maßnahme abgeleitet werden können und auf ein derartiges Ziel schließen lassen (EuGH 18.11.2010 – Rs. C-250/09 (Georgiev) – NZA 2011, 29 Rn. 40 mwN). Auf diese Weise ist es auch während des Rechtsstreits möglich, Ziele „nachzulegen" (so in EuGH 21.7.2011 – Rs. C-159/10 (Fuchs, Köhler) – NVwZ 2011, 1249, wo die typisierte Dienstunfähigkeit mit der Verteilungsgerechtigkeit zwischen den Generationen und der günstigen Altersstruktur „modernisiert" wurde).

17 Eine schwierige Frage ist, ob es gegen die Legitimität des Ziels spricht, wenn der Gesetzgeber **widersprüchliche beschäftigungspolitische Ziele** verfolgt (Skidmore, European Law Review 2004, 52). Zwar kann der Gesetzgeber nicht willkürlich von gewählten Zielen abweichen (Art. 3 Abs. 1 GG). Ein Ziel könnte daher wegen einer in sich widersprüchlichen Arbeitsmarktpolitik schon illegitim sein. Freilich wird es schwer sein, direkte Widersprüche bei arbeitsmarktpolitischen Gesetzen aufzuzeigen, die nicht durch eine Auslegung beseitigt werden können. Auf der anderen Seite hat der EuGH bei der Frage der Erforderlichkeit einer Regelung deren Kohärenz im Sinne einer Stimmigkeit mit anderen Regelungen überprüft und bei widersprüchlichen Regelungen eine Rechtfertigung verneint (EuGH 13.11.2014 – Rs C-416/13; EuGH 12.1.2010 – Rs. C-341/08 (Petersen) – NJW 2010, 587, 590).

18 Fehlt eine solche Norm überhaupt, kann sich der einzelne **Arbeitgeber** nicht darauf berufen, einen eigenen arbeitsmarktpolitischen Zweck mit der Maßnahme zu verfolgen. Der Verweis auf eine mittelbare Diskriminierung, die durch jegliches legitime Ziel gerechtfertigt sein kann, geht hier fehl. Handelt es sich um eine mittelbare Diskriminierung, ist die Rechtfertigung nach Art. 2 Abs. 2 RL 2000/78/EG bzw. § 3 Abs. 2 zu prüfen (HK-ArbR/Berg, § 10 Rn. 3). Art. 6 RL 2000/78/EG bzw. § 10 beziehen sich dagegen auf unmittelbare Diskriminierungen, die trotz der direkten Bezugnahme unter engen Voraussetzungen noch zulässig sind (dazu unter Hinweis auf die Entstehungsgeschichte des Art. 6 RL 2000/78/EG Hahn, S. 122).

19 Das bedeutet aber nicht, dass sich der einzelne Arbeitgeber nicht auf gesetzliche Tatbestände wie zB § 1 Abs. 3 KSchG berufen kann, die in erster Linie oder nur zum Teil seinen Interessen dienen. Ein legitimes Ziel im Sinne des Rechtfertigungstatbestandes ist dann anzunehmen, wenn der Gesetzgeber dieses tatbestandlich aufgegriffen hat. Die Aufzählung in Art. 6 RL 2000/78/EG zeigt, dass es nicht auf die subjektive arbeitsmarktpolitische Intention des einzelnen Arbeitgebers oder der kollektiven Interessenvertreter ankommen kann (Adomeit/Mohr, § 10 Rn. 42).

b) Widerspruch von § 10 zur Systematik des Art. 6 RL 2000/78/EG

20 Dieser Sichtweise, dass nur ein gesetzlich normierter Tatbestand Ausnahmen iSv Art. 6 Abs. 1 der Rahmen-Richtlinie begründen kann, kann nicht

entgegengehalten werden, dass in den als Beispielen aufgeführten Tatbeständen der Nr. 4–8 von keiner Norm, sondern einer individualrechtlichen oder kollektivrechtlichen Vereinbarung die Rede ist. Entgegen der in § 10 zugrunde gelegten Systematik, ist die Regelung von Altersgrenzen bei der betrieblichen Absicherung (Nr. 4) gerade kein Beispiel für die Ausgestaltung der Generalklausel. Das folgt aus der Systematik des Art. 6 RL 2000/78/EG. Die Generalklausel ist in der europäischen Vorgabe in Art. 6 Abs. 1 RL 2000/78/EG genannt. Zu diesem Abs. 1 werden drei Regelbeispiele aufgeführt. Davon getrennt schafft der europäische Gesetzgeber einen gesonderten Tatbestand für Ausnahmen vom Diskriminierungsverbot für betriebliche Sozialsysteme in Art. 6 Abs. 2 RL 2000/78/EG. Das ist nur konsequent, da staatliche Sicherungssysteme schon nicht in den Anwendungsbereich der Richtlinie 2000/78/EG gem. Art. 3 Abs. 3 fallen. Der Überprüfungsmaßstab für betriebliche Sicherungssysteme nach Art. 6 Abs. 2 RL 2000/78/EG ist qualitativ völlig anders als derjenige, welcher in der Generalklausel nach Art. 6 Abs. 1 RL 2000/78/EG verlangt wird. Differenzierungen in betrieblichen Sicherungssystemen sind per se zulässig. Der Verhältnismäßigkeitsprüfung nach Art. 6 Abs. 1 der Richtlinie bedarf es nicht.

21 Ebenso kann nicht aufgrund der Nr. 5–6 geschlossen werden, dass auch die Individual- oder Kollektivparteien selbst Ziele festlegen können, hinter denen der Diskriminierungsschutz zurücktritt. Die Aufzählung der Nr. 5–6 ist deshalb besonders verwirrend. Zum einen schließt sie an die Nr. 4 an, die gerade kein Beispiel zur Konkretisierung der Generalklausel, sondern ein gesonderter Regelungstatbestand ist. Zum anderen sind die in den Nr. 5–6 genannten Tatbestände bereits bundesdeutsche Umsetzungen der Generalklausel, die selbstverständlich zunächst den in § 10 S. 1 genannten Anforderungen entsprechen müssen, um wirksam zu sein (Rust/Falke-Bertelsmann, § 10 Rn. 42). Da der deutsche Gesetzgeber aber den Maßstab der Richtlinie (Nr. 1–3) und seine Umsetzungsergebnisse (Nr. 5–6) in eine Aufzählung stellt, wird der Unterschied zwischen Anforderung und Ergebnis verwischt. Die Nr. 5–6 können daher nicht dazu herangezogen werden, dass auch die kollektiven Interessenvertreter oder sogar die einzelnen Arbeitsvertragsparteien über § 10 hinaus eigene Ziele im Sinne der Generalklausel formulieren können, die eine Altersdiskriminierung rechtfertigen können. Vielmehr kann zB iSd § 10 Nr. 5 die Vereinbarung des Höchstalters nur dann eine gerechtfertigte Differenzierung sein, wenn sich § 10 Nr. 5 selbst als richtlinienkonforme Umsetzung der in § 10 S. 1 genannten Generalklausel erweist. Konsequent wäre es dagegen gewesen, die Richtlinie anhand eines Artikelgesetzes im Einzelnen umzusetzen (Rust/Falke-Bertelsmann, § 10 Rn. 47: „Gesetzgeber als Drückeberger"). Inzwischen hat der EuGH (12.10.2010 – Rs. C-45/09 (Rosenbladt) – NJW 2010, 3767) § 10 Nr. 5 als legitime Umsetzung der Generalklausel anerkannt, so dass nach einer Prüfung im Einzelfall auch tarifliche Altersgrenzen danach gerechtfertigt sein können. Auch in diesem Fall ist die Rechtfertigung in der gesetzlichen Regelung – eben § 10 Nr. 5 – und nicht in der Tarifregel zu sehen.

22 Daher ergibt sich für die Regelung folgende **Systematik**, die bei der Überprüfung der Rechtfertigungsgründe zwingend zu berücksichtigen ist:
1. Generalklausel in § 10 S. 1 (= Art. 6 Abs. 1 RL 2000/78/EG),
2. abstrakte Regelbeispiele zur möglichen Konkretisierung der Generalklausel in Nr. 1–3 (= Art. 6 Abs. 1 lit. a–c RL 2000/78/EG),
3. konkrete Umsetzungsversuche des deutschen Gesetzgebers der Generalklausel in Nr. 5–6,
4. Sondertatbestand der zulässigen Altersdifferenzierung bei betrieblichen Sicherungssystemen (= Art. 6 Abs. 2 RL 2000/78/EG).

c) Problem einer Delegationskompetenz des Gesetzgebers

23 Setzt der bundesdeutsche Gesetzgeber selbst zB im BBG aus arbeitsmarktpolitischen Gründen eine Höchstaltersgrenze fest und genügt diese Zielsetzung und das Gesetz selbst den Anforderungen des Art. 6 Abs. 1 RL 2000/78/EG bzw. § 10 Abs. 1, dann kann direkt und zulässig an das Alter angeknüpft werden. Das Problem, ob § 10 Nr. 5 hinreichend bestimmt für eine Umsetzungsnorm und Übertragung der konkreten Entscheidung an die kollektiven Interessenvertreter oder auch an die Arbeitsvertragsparteien ist (Löwisch, DB 2006, 1729, 1730; Reichold/Hahn/Heinrich, NZA 2005, 1270, 1275; Wiedemann/Thüsing, NZA 2002, 1234, 1238; Rust/Falke-Bertelsmann, § 10 Rn. 41; v. Roetteken, § 10 Rn. 15; zweifelnd Bauer/Krieger, § 10 Rn. 11; Löwisch, FS Schwerdtner, S. 769, 773), ist nach der Entscheidung Rosenbladt (EuGH 12.10.2010 – Rs. C-45/09 – NJW 2010, 3767) zumindest für Altersgrenzen bei Rentenbezug entschieden.

2. Objektivität und Angemessenheit der Differenzierung

a) Bedeutung der Objektivität

24 Nach dem Wortlaut des Art. 6 RL 2000/78/EG und der wörtlichen Übernahme in § 10 ist unklar, was unter **Objektivität** der unterschiedlichen Behandlung zu verstehen ist (Meinel/Heyn/Herms, § 10 Rn. 17; Nachvollziehbarkeit: Adomeit/Mohr, § 10 Rn. 45; Bauer/Krieger, § 10 Rn. 21). Als denkbare Auslegungen kommen in Betracht: Eine angemessene, nach einem objektiven Maßstab ermittelte Unterscheidung oder eine objektive und nicht nur subjektiv intendierte bzw. gefühlte Ungleichbehandlung oder eine Unterscheidung, die objektiv ist und damit gerade nicht auf das Alter Bezug nimmt (Bertelsmann, ZESAR 2005, 242, 243; Schiek, NZA 2004, 873, 876), oder eine Unterscheidung, die keine weiteren subjektiven Voraussetzungen verlangt (Boecken, NZS 2005, 393, 395).

25 Da eine Diskriminierung stets nicht nur subjektiv intendiert, sondern objektiv vorliegen muss, kann es auf eine subjektive Zielrichtung nicht ankommen. Darüber hinaus erfasst § 10 bzw. Art. 6 RL 2000/78/EG gerade Fälle der direkten Diskriminierung, so dass es ebenso nicht entscheidend sein kann, dass der Differenzierungsgrund objektiv ein anderer als das Alter ist. Nach der Systematik des Art. 6 Abs. 1 RL 2000/78/EG wird vielmehr verlangt, dass die Differenzierung wegen des Alters objektiv durch ein legitimes Ziel der genannten Art gerechtfertigt ist. Das bedeutet, dass zwar direkt an das Alter angeknüpft wird – anders als bei der mittelbaren

Diskriminierung –, aber die vorgenommene Gruppenbildung durch den vom Gesetzgeber aufgegriffenen Zweck gerechtfertigt ist. In diesem Sinne muss ein sachlicher, dh objektiver Differenzierungsgrund vorliegen, der eben nicht nur im Alter besteht. Dieser Grund muss sich objektiv vom Alter unterscheiden (Nollert-Borasio/Perreng, § 10 Rn. 8).

26 Nach Interpretation des BAG (13.10.2009 – 9 AZR 722/08 – NZA 2010, 327) bedeutet „objektiv gerechtfertigt“ „die Prüfung, ob das verfolgte Interesse auf tatsächlichen und nachvollziehbaren Erwägungen beruht oder die Ungleichbehandlung nur aufgrund von bloßen Vermutungen oder subjektiven Einschätzungen vorgenommen wird.“ In diesem Sinne ist das Merkmal „objektiv“ erster Schritt einer Verhältnismäßigkeitsprüfung, bei welcher die Geeignetheit der Maßnahme zur Zielumsetzung untersucht wird (v. Roetteken, § 10 Rn. 99; Meinel/Heyn/Herms, § 10 Rn. 17; Adomeit/Mohr, § 10 Rn. 45). Der EuGH prüft ebenso die Merkmale „objektiv“ und „angemessen“ nur innerhalb der Verhältnismäßigkeit der eingesetzten Mittel (so zB EuGH 6.11.2012 – Rs. C-286/12 – EuGRZ 2012, 752: „ist zu prüfen, ob die fragliche Regelung durch ein legitimes Ziel gerechtfertigt ist und ob die zu seiner Erreichung eingesetzten Mittel angemessen und erforderlich sind und damit den Verhältnismäßigkeitsgrundsatz wahren.“) Dabei ist das vom Alter zu unterscheidende legitime Ziel **Ausgangspunkt der vorzunehmenden** Verhältnismäßigkeitsprüfung und der **Gruppenbildung**. Nur anhand des legitimen Ziels kann beurteilt werden, ob der Gesetzgeber eine darauf aufbauende und damit sachlich gerechtfertigte Differenzierung vorgenommen hat. Nur eine sachlich durch das Ziel gerechtfertigte Gruppenbildung kann an das Alter anknüpfen. Der legitime Differenzierungsgrund und die damit verbundene tatbestandliche Typisierung werden ausschließlich durch das materielle Regelungsziel bestimmt. Nur wenn das Regelungsziel objektiv feststeht, kann die vom Normgeber getroffene Differenzierung überhaupt auf ihre logische Folgerichtigkeit überprüft und so eine willkürliche Differenzierung ausgeschlossen werden (Bieback, ZSR 2006, 75, 79). Diese Prüfung erinnert an die Prüfungssystematik des Art. 3 GG (dazu Hesse, AöR 109 (1984), 174, 193). Auch hier kann der zu regelnde Lebenssachverhalt theoretisch nach unterschiedlichen Kriterien geordnet werden. Der Normgeber kann in der Regelung Gemeinsamkeiten hervorheben oder Unterschiede betonen. Das Regelungsziel ist Ausrichtungspunkt dieser Ordnung. Die Frage, ob es sich bei den unterschiedlich behandelten Arbeitnehmergruppen um wesentlich gleiche oder ungleiche handelt, kann nur beantwortet werden, wenn das Regelungsziel feststeht. Ist anhand des Gleichheitssatzes zu prüfen, ob ein tatsächlicher Unterschied zwischen den verschiedenen Gruppen vorhanden ist, der auf das abstrakte Regelungsziel folgerichtig Bezug nimmt, so ist bei der Rechtfertigung der Diskriminierung das Regelungsziel entscheidend für die vorzunehmende Gruppenbildung (zur vergleichbaren Prüfung des sachlichen Grundes ausführlich Schüren, FS Gnade, S. 161, 168). Der folgerichtige Rückbezug von dem Tatbestandsmerkmal auf das Regelungsziel ist möglich, wenn die tatbestandliche Typisierung das objektive Regelungsziel als „tatsächlichen Schattenriss“ abzeichnet (zur verfassungsrechtlichen Dogmatik Kirchhoff, Der allgemeine Gleichheitssatz, in: Isensee/Kirchhof (Hrsg.), Handbuch des Staatsrechts 1992, Band V, S. 837, 842). Das be-

deutet praktisch: Wenn das objektiv feststehende Regelungsziel zB ist, ältere Arbeitnehmer aus beschäftigungspolitischen Gründen in der Einstellungssituation besser zu stellen, darf sich die Regelung hinsichtlich der tatsächlichen aus ihr resultierenden Wirkung nicht so auswirken, dass nur ein Teilbereich dieser Gruppe (zB ältere Höherverdienende) besser, andere ältere Beschäftigte aber schlechter gestellt werden. In diesem Fall würde die am objektiv feststehenden Regelungsziel vorgenommene Prüfung dazu führen, dass die Norm schon nicht geeignet ist, das Ziel umzusetzen. Der EuGH prüft diesen Gesichtspunkt unter dem Stichwort „innere Kohärenz" in der Entscheidung Hütter (EuGH 18.6.2009 – Rs. C-88/08 – NZA 2009, 891). In der überprüften Regelung sollten Abiturienten dadurch gleichgestellt werden, dass Vordienstzeiten vor dem 18. Lebensjahr nicht angerechnet werden. Das Merkmal Alter und Schulabschluss sind aber schon nicht deckungsgleich.

b) Angemessenheit des Ziels

27 Nach dem Wortlaut der Norm ist zunächst unklar, in welcher Hinsicht das Ziel angemessen sein soll. Auf die Verhältnismäßigkeit der Umsetzung bezieht sich die Formulierung nicht. Diese ist in § 10 S. 2 geregelt (Schleusener/Suckow/Voigt, § 10 Rn. 18; Nollert-Borasio/Perreng, § 10 Rn. 8; Wendeling-Schröder/Stein, § 10 Rn. 9). Die Angemessenheit des legitimen Zieles kann sich daher nur auf den überlagerten Diskriminierungsschutz selbst beziehen. Das Ziel ist angemessen, wenn es zumindest ebenso gewichtig wie der Diskriminierungsschutz ist. Darin liegt eben die Abwägungsentscheidung des Gesetzgebers (Lüderitz, S. 90). Mit der Festlegung des Ziels erkennt der Gesetzgeber dieses als grundsätzlich geeignet an, den Diskriminierungsschutz in der geregelten Normsituation zurücktreten zu lassen. Dieses Ziel muss gesetzlich festgelegt sein. Bei der Bestimmung des Ziels steht dem Gesetzgeber aber ein **weiter Spielraum** zu. Es sind kaum Fälle denkbar, in denen die gerichtliche Überprüfung zu einer Abweichung vom Willen des Gesetzgebers führt. In der Mangold-Entscheidung nimmt der EuGH mit der Feststellung der Legitimität des Ziels auch dessen Angemessenheit an (EuGH 22.11.2005 – Rs. C-144/04 – NZA 2005, 1345). Der nationale Gesetzgeber bestimmt im Rahmen der Gesetze, welche Ziele Gemeinwohlinteressen dienen. Diese Kompetenz steht der Rechtsprechung schon nach dem Prinzip der Gewaltenteilung nicht zu.

3. Angemessenheit und Erforderlichkeit der Mittel

28 Nach der Rechtsprechung steht dem Gesetzgeber bei der Auswahl der Mittel ein **weiter Ermessensspielraum** zu, um das legitime Ziel durchzusetzen (EuGH 16.10.2007 – Rs. C-411/05 (Palacios de la Villa) – NZA 2007, 1219; EuGH 22.11.2005 – Rs. C-144/04 (Mangold) – NZA 2005, 1345). Wie und für welche Fälle der Regelungstatbestand gefasst wird, ist die verfassungsrechtliche Aufgabe der Gesetzgebung und nicht der Rechtsprechung. Dagegen kann die Verhältnismäßigkeit der Regelung von der Rechtsprechung überprüft werden (EuGH 16.10.2007 – Rs. C-411/05 (Palacios de la Villa) – NZA 2007, 1219). In der Frage, ob ein sachlicher Grund eine Ungleichbehandlung rechtfertigen kann und somit eine an sich

verbotene Diskriminierung zugelassen wird, ist genau diese Prüfung vorzunehmen, so zB bei § 4 TzBfG.

a) Angemessenheit der Mittel

29 Das eingesetzte Mittel, dh die vom nationalen Gesetzgeber erlassene Norm, muss angemessen sein, um das legitime Ziel (→ Rn. 13 ff.) umzusetzen (EuGH 16.10.2007 – Rs. C-411/05 (Palacios de la Villa) – NZA 2007, 1219). Es muss daher zunächst überhaupt geeignet sein, das intendierte Ziel zu verwirklichen. Ist schon ersichtlich, dass das Ziel durch die Norm nicht erreicht wird, kann die Diskriminierung nicht gerechtfertigt sein (v. Roetteken, § 10 Rn. 28). Das ist zB der Fall, wenn durch die Maßnahme eine schon bestehende Altersdiskriminierung noch weiter ausgeprägt wird (EuGH 28.1.2015 – Rs. C-417/13 (Starjakob)). Bei dieser Prüfung kommt es entscheidend auf die dem legitimen Ziel entsprechende Differenzierung nach den vorgeschlagenen Altersgruppen an. In § 10 werden direkte Altersdiskriminierungen gerechtfertigt. Die Regelung knüpft damit direkt an das Alter an. Damit diese tatbestandliche Altersgrenze überhaupt durch ein legitimes Ziel gerechtfertigt werden kann, muss sich in ihr der verfolgte Zweck exakt widerspiegeln. Will der Gesetzgeber junge Arbeitnehmer aus arbeitsmarktpolitischen Gründen fördern, zB durch einfachere Einstellungsbedingungen, so muss sich dieser Zweck durch die Norm bei dieser Gruppe überhaupt verwirklichen lassen. Werden dagegen auch ältere Arbeitnehmer von der Norm begünstigt oder steht nicht fest, dass überhaupt jüngere Arbeitnehmer in den Genuss der Regelung kommen, ist die Norm nicht geeignet, das Ziel zu verwirklichen. Das legitime Ziel muss daher in einem inneren Zusammenhang mit der vorgenommenen Gruppenbildung stehen. Zwar wird man eine empirische Überprüfung nicht verlangen können (Schlachter, RdA 2004, 352, 356; weitergehend Rust/Falke-Bertelsmann, § 10 Rn. 53). Zumindest müssen aber Argumente dafür angeführt werden können, dass das Ziel überhaupt erreichbar ist. Der EuGH hat dies in seiner aktuellen Rechtsprechung mit der Formulierung zum Ausdruck gebracht, dass die Maßnahme zumindest nicht „unvernünftig" sein darf (EuGH 21.7.2011 – Rs. C-159/10 (Fuchs) – NVwZ 2011, 1249 mwN).

30 Entscheidend ist, dass die in der Norm vorgenommene **Gruppenbildung** für diese Zielsetzung geeignet ist. Die Anforderungen an die Prüfung eines sachlichen Grundes bei Ungleichbehandlungen (Schüren, FS Gnade, S. 161, 168) können auf die Prüfung der Angemessenheit der Umsetzungsnormen übertragen werden. In den gesetzgeberischen Ermessensspielraum wird damit nicht eingegriffen. Der Gesetzgeber gibt mit dem objektiven Ziel selbst den Überprüfungsmaßstab vor, an dem er sich allerdings festhalten lassen muss. Diese Überprüfung entspricht der Rechtsprechung des EuGH im Mangold-Urteil (EuGH 22.11.2005 – Rs. C-144/04 – NZA 2005, 1345). Unter Anerkennung des weiten Ermessensspielraums prüft der EuGH, ob sich das Ziel des § 14 Abs. 3 TzBfG aF – berufliche Eingliederung älterer arbeitsloser Arbeitnehmer – durch die in der Norm vorgenommene Gruppenbildung verwirklichen lässt. Der Gesetzgeber hat in § 14 Abs. 3 TzBfG aF die Gruppen „Arbeitnehmer unter und über 52 Jahre" gebildet. Der EuGH stellt fest, dass die Regelung bei bereits beschäftigten Arbeitneh-

mern über 52 Jahren den Arbeitsplatzverlust erleichtert und so dem intendierten Ziel widerspricht. Die vorgenommene Differenzierung aufgrund des Alters steht daher in keinem inneren Zusammenhang mit dem legitimen Ziel; sie ist daher auch nicht als zulässige Benachteiligung zu rechtfertigen. In den Worten des EuGH: „bei Ausnahmen von einem Individualrecht" müssen „die Erfordernisse des Gleichbehandlungsgrundsatzes so weit wie möglich mit denen des angestrebten Ziels in Einklang gebracht werden" (EuGH 22.11.2005 – Rs. C-144/04 – NZA 2005, 1345, 1347). Die Prüfungssystematik **der Angemessenheit der Mittel** folgt daher in Abhängigkeit des legitimen Ziels in **drei Schritten** (zu 1. bis 4. → Rn. 22):

1. Feststellung des legitimen Ziels (zB Eingliederung älterer Arbeitnehmer);
2. Feststellung der mit der Altersanknüpfung verbundenen Gruppenbildung in der nationalen gesetzlichen Regelung (zB Arbeitnehmer unter 52 Jahren und arbeitslose Arbeitnehmer über 52 Jahren);
3. Feststellung des inneren Zusammenhangs zwischen Gruppenbildung infolge der Altersdifferenzierung und dem legitimen Zweck = Differenzierung ist durch legitimes Ziel bedingt und deshalb überhaupt gerechtfertigt.

b) Erforderlichkeit der Mittel

31 Wie bei der Bestimmung des legitimen Ziels steht dem Gesetzgeber bei der Ausgestaltung der Norm ein weiter Ermessensspielraum zu (EuGH 22.11.2005 – Rs. C-144/04 – NZA 2005, 1345). Die Rechtsprechung kann aber überprüfen, ob die Norm verhältnismäßig ist und damit **keine milderen Mittel** existieren, die das Regelungsziel in gleicher Weise verwirklichen (Nollert-Borasio/Perreng, § 10 Rn. 9; Schleusener/Suckow/Voigt, § 10 Rn. 19; ErfK-Schlachter, § 10 Rn. 3). Auch unter diesem Gesichtspunkt hielt § 14 Abs. 3 TzBfG aF der Rechtsprechung des EuGH (EuGH 22.11.2005 – Rs. C-144/04 – NZA 2005, 1345) nicht stand. Da sich die erleichterte Befristungsmöglichkeit ohne Grund auf alle Arbeitnehmer, auch solche mit einem Arbeitsverhältnis bezog, überschritt sie das Erforderliche. Die Schaffung einer Befristungsmöglichkeit für ältere Arbeitnehmer, die eine Zeit lang arbeitslos waren, hätte als milderes Mittel zur Verfügung gestanden. Der EuGH prüft unter diesem Gesichtspunkt in ständiger Rechtsprechung, „ob die in Rede stehende Regelung über das zur Erreichung dieses Ziels Erforderliche hinausgeht und die Interessen der Betroffenen übermäßig beeinträchtigt." Dabei „ist sie in dem Regelungskontext zu betrachten, in den sie sich einfügt, wobei sowohl die Nachteile, die sie für die Betroffenen bewirken kann, als auch die Vorteile zu berücksichtigen sind, die sie für die Gesellschaft im Allgemeinen und die diese bildenden Individuen" bedeuten (EuGH 6.11.2012 – Rs. C-286/12 – EuGRZ 2012, 752 mwN).

c) Unterschiedlicher Prüfungsmaßstab

32 Sowohl in der nationalen (Temming, EuZA 2012, 206, 208; Preis, NZA 2010, 1323; Bayreuther, NJW 2011, 19; Adomeit/Mohr, § 10 Rn. 17) als auch in der europäischen Literatur (Kilpatrick, Industrial Law Journal 2011, 280, 291; Waddington, Industrial Labour Journal 2000, 176) ist kri-

tisiert worden, dass der EuGH die Verhältnismäßigkeit je nach Regelungsgegenstand unterschiedlich streng prüft. Insbesondere bei Regelaltersgrenzen mit der Möglichkeit zum Rentenbezug gewährt der EuGH sowohl bei der Zielbestimmung wie der Umsetzung einen weiten Ermessensspielraum (EuGH 21.7.2011 – Rs. C-159, 160/10 (Fuchs) – NVwZ 2011, 1249; EuGH 12.10.2010 – Rs. C-45/09 (Rosenbladt) – NZA 2010, 1167; EuGH 18.11.2010 – Rs. C-250/09 (Georgiev) – NJW 2011, 42; EuGH 5.7.2012 – Rs. C-141/11 (Hörnfeldt) – NZA 2012, 785). Dagegen wendet der EuGH in anderen Entscheidungen einen strengeren Maßstab an, insbesondere bei der Angemessenheit der Regelung (EuGH 6.11.2012 – Rs. C-286/12 (Tnygesetz) – EuGRZ 2012, 752; EuGH 10.3.2011 – Rs. C-109/09 (Kumpan) – NZA 2011, 397; EuGH 18.6.2009 – Rs. C-88/08 (Hütter) – NZA 2009, 891; EuGH 8.9.2011 – Rs. C-297/10 (Hennings) – NZA 2011, 1100). Der Grund für diese unterschiedlichen Maßstäbe lässt sich dogmatisch nicht rechtfertigen. Vielmehr ist insbesondere vor dem Hintergrund von Art. 21, 52 EU-GRC ein einheitlicher Maßstab zu verlangen, der den Wesensgehalt des individuellen Grundrechts vor Diskriminierung aufgrund des Alters schützt (v. Roetteken, § 10 Rn. 35). Deshalb kann in den unterschiedlichen Maßstäben keine generelle Lockerung gesehen werden. Erklären lassen sich die unterschiedlichen Maßstäbe aus den politischen Vorgaben der Agenda 2020 (Schlussfolgerungen des Vorsitzes, Europäischer Rat 17.6.2010 EUCO 30/10, Anlage 1), wonach es erklärtes beschäftigungspolitisches Ziel ist, in der Altersgruppe der 20–64-jährigen Frauen und Männer eine Beschäftigungsquote von 75 % zu erreichen und Vorruhestandsregelungen und -anreize abzubauen. Hintergrund ist die demographische Entwicklung (Grünberger, EuZA 2011, 171, 174). Implizit wird damit eine Regelaltersgrenze anerkannt. Daher mag der EuGH Regelungen dieser Regelaltersgrenze großzügiger beurteilen (Brors, RdA 2012, 346). Handelt es sich dagegen um andere Bereiche, prüft der EuGH nach einem strengeren Maßstab (EuGH 6.11.2012 – Rs. C-286/12: Absenken der Regelaltersgrenze).

III. Altersdiskriminierungen und ihre möglichen Rechtfertigungen

33 Eine Diskriminierung wegen des Alters liegt vor, wenn der Arbeitnehmer wegen seines Alters weniger günstig behandelt wird als ein vergleichbarer Arbeitnehmer. Ob es sich dabei um einen jungen oder um einen älteren Arbeitnehmer handelt, spielt keine Rolle. Mit dem Begriff des Alters ist das **Lebensalter** allgemein ohne Bevorzugung älterer oder jüngerer Beschäftigter gemeint (→ § 1 Rn. 95; Adomeit/Mohr, § 10 Rn. 2; Bauer/Krieger, § 10 Rn. 4, 5; v. Roetteken, § 10 Rn. 2). Dass auch jüngere Arbeitnehmer geschützt sind, folgt schon daraus, dass die Festsetzung eines Mindestalters für die Einstellung nach Art. 6 Abs. 1 lit. b 2000/78/EG als unmittelbare Diskriminierung besonders gerechtfertigt werden muss. Insoweit geht das europäische Recht über die Altersdiskriminierungsregelungen im amerikanischen Recht hinaus, bei dem im ADEA nur ältere Arbeitnehmer geschützt werden (für die österreichische Umsetzung Rebhahn/Windisch-Graetz, § 17 Rn. 36). Die Diskriminierung wegen des Alters ist praktisch für die gesamte Durchführung des Arbeitsverhältnisses relevant. Schon für die Stellenausschreibung (→ Rn. 74 ff.) über die Einstellung, die Durchfüh-

rung des Arbeitsverhältnisses (vgl. zB Entgelt → Rn. 80) bis zu seinem Ende müssen die Parteien wissen, wann der Arbeitgeber an das Alter anknüpfen darf. Gegen eine Diskriminierung jüngerer Arbeitnehmer kann nicht eingewendet werden, dass diese später mit fortschreitendem Alter ebenfalls in den Genuss von Vergünstigungen kommen, von denen sie momentan noch ausgeschlossen sind (anders Runggaldier, FS Doralt, S. 511, 526). Da es nicht feststeht, ob Arbeitnehmer später tatsächlich besser gestellt werden und so Nachteile ausgeglichen werden, kommt es ausschließlich auf die **Schlechterstellung im Beurteilungszeitpunkt** an.

34 Die Diskriminierung kann unmittelbar oder mittelbar sein (→ Rn. 10 für die Frage, welche Diskriminierungen unter § 10 fallen). Bei einer **direkten Diskriminierung** knüpft der Arbeitgeber an das Alter unmittelbar an. Eine direkte Diskriminierung liegt zB vor, wenn der Arbeitgeber den Arbeitnehmer wegen seines Alters nicht einstellt. Eine **mittelbare Diskriminierung** wegen des Alters liegt vor, wenn eine an sich neutrale Regelung oder Maßnahme dazu führt, dass eine dem Alter nach bestimmbare Gruppe von Arbeitnehmern gegenüber vergleichbaren Arbeitnehmern schlechter gestellt wird, ohne dass es dafür eine Rechtfertigung iSv § 3 Abs. 2 gibt. Mittelbare Diskriminierungen liegen vor, wenn der Arbeitgeber an die Betriebszugehörigkeit oder die Berufserfahrung etc anknüpft. Solche Schlechterstellungen können aber gerechtfertigt sein, wenn ein sachlicher Grund dafür besteht.

35 Ist eine unmittelbare Diskriminierung nicht nach §§ 5, 8 oder § 10 bzw. eine mittelbare nicht nach § 3 Abs. 2 gerechtfertigt, ist diese Maßnahme unzulässig. § 10 ist neben § 8 eine Rechtfertigung für unmittelbare Diskriminierungen. Ist die diskriminierende Maßnahme **nicht** nach diesen Vorschriften **gerechtfertigt**, hat sie keine Rechtswirkung und kann den Arbeitnehmer zu Schadensersatzansprüchen berechtigen. Nach Art. 6 Abs. 1 RL 2000/78/EG werden zur Rechtfertigung insbesondere Ziele aus dem Bereich Arbeitsmarkt, Beschäftigungspolitik und berufliche Bildung genannt. Die Aufzählung ist nicht abschließend, setzt aber voraus, dass es sich um Ziele des Allgemeinwohls handelt (→ Rn. 13).

IV. Abstrakte Regelbeispiele zur Konkretisierung der Generalklausel in den Nr. 1–3

1. Systematik der Beispiele in den Nr. 1–3

36 Der Aufbau des § 10 ist wenig übersichtlich (zur grundsätzlichen Systematik → Rn. 5). Der Anwendungsbereich der in den Nr. 1–3 genannten Beispiele überschneidet sich (zu den identischen Formulierungen in Art. 6 Abs. 1 RL 2000/78/EG Lüderitz, S. 91; vgl. zur nahezu identischen Umsetzung in Österreich Rebhahn/Windisch-Graetz, § 24 ff.). Dem Wortlaut nach erfasst die weit gefasste Nr. 1 allgemein die Zugangsbedingungen zum Beschäftigungsverhältnis. Die Nr. 2 ist eine Rechtfertigung für Mindestaltersgrenzen für den Zugang zum Arbeitsverhältnis und damit verbundene besondere Vorteile. Die Nr. 3 regelt die Festsetzung eines Höchstalters für die Einstellung. Aus dem Spezialitätsverhältnis der Nummern zueinander folgt, dass von der Nr. 1 nur die nach den Nr. 2 und 3 ungeregelten Fallsituationen erfasst werden. Das ist der Rechtfertigungsgrund für Höchstaltersgrenzen bei Berufsaufstieg, Altersgrenzen bei beruflicher Bildung, in Be-

schäftigungs- und Entlassungsbedingungen und Pensionsgrenzen und Altersgrenzen bei der Entlohnung. Die nicht abschließende Aufzählung dient dazu, das nach der Generalklausel erforderliche legitime Ziel zu präzisieren. Darüber hinaus ist in jedem Einzelfall die Verhältnismäßigkeit der Schlechterstellung zu prüfen (v. Roetteken, § 10 Rn. 229; Meinel/Heyn/Herms, § 10 Rn. 13; aA indiziert Verhältnismäßigkeit, Bauer/Krieger, § 10 Rn. 25).

2. Rechtfertigung gem. Nr. 1

37 Nach der Nr. 1 des § 10 können unmittelbare Diskriminierungen wegen des Alters in bestimmten Fällen insbesondere dann gerechtfertigt sein, wenn sie die berufliche Eingliederung von Jugendlichen, älteren Beschäftigten oder Personen mit Fürsorgepflichten schützen oder fördern. Unter Jugendlichen werden zT Arbeitnehmer im Alter vom vollendeten 15. bis zum 18. Lebensjahr verstanden (Rust/Falke-Bertelsmann, § 10 Rn. 72 unter Hinweis auf die Definition in Art. 3 lit. a, c RL 94/33/EG; Meinel/Heyn/Herms, § 10 Rn. 25; aA v. Roetteken, § 10 Rn. 264: Erstreckung auf Auszubildende – also unter 25 Jahren; weite Auslegung nach Schutzzweck Schleusener/Suckow/Voigt, § 10 Rn. 22). Dagegen ist die Nennung älterer Arbeitnehmer nicht konkretisiert. Bei der Bestimmung beider Gruppen sollten die mit der jeweiligen Regelung bezweckten **arbeitsmarktpolitischen Erwägungen** entscheidend sein. Soll eine Diskriminierung gerechtfertigt sein, muss sie hinsichtlich dieses arbeitsmarktpolitischen Ziels erforderlich und angemessen sein. Daher lässt sich entgegen der Ansicht der Rechtsprechung (BAG 13.10.2009 – 9 AZR 722/08 – NZA 2010, 327: 31 Jahre kein älterer Arbeitnehmer) keine abstrakte Altersgrenze für ältere, aber auch für jüngere Arbeitnehmer unabhängig von einer arbeitsmarktbezogenen Förderung nennen (Adomeit/Mohr, § 10 Rn. 50). In der Entscheidung des BAG (13.10.2009 – 9 AZR 722/08 – NZA 2010, 327) ging es um den Schutz vor Versetzung, den das Gericht für diese Altersgruppe verneinte. Es ist daher stets schutzbezogen zu differenzieren. Da es sich bei der Nr. 1 um ein Beispiel für die Konkretisierung der in § 10 Abs. 1 genannten Generalklausel handelt, müssen die dort genannten Rechtfertigungsvoraussetzungen erfüllt sein. Das Alter ist für den Schutz und die Förderung von Jugendlichen und älteren Beschäftigten ein denkbares Kriterium, da es diese Gruppen von den übrigen Arbeitnehmern abgrenzt. Vor diesem Hintergrund wird die Ausnahmeregelung in § 22 MiLoG gerechtfertigt sein, da der Gesetzgeber verhindern will, dass jüngere Arbeitnehmer eine bezahlte Arbeit einer Ausbildung vorziehen (Brors, NZA 2014, 938). Anders ist dies für die Gruppe der Fürsorgepflichtigen. Ob Unterhaltspflichten bestehen, spiegelt sich im Kriterium Alter nur ungenau (Schleusener/Suckow/Voigt, § 10 Rn. 22; Rebhahn/Windisch-Graetz, § 20 Rn. 29; ErfK-Schlachter, § 10 Rn. 4; anders v. Roetteken, § 10 Rn. 252: junge Mütter). Es sind daher kaum Rechtfertigungsgründe einer Altersdiskriminierung zur Förderung von Unterhaltspflichtigen denkbar.

38 Aus dem Spezialitätsverhältnis der in den Nr. 1–3 geregelten Tatbestände folgt, dass nach Nr. 1 nur gerechtfertigt werden können:

- Höchstaltersgrenzen für den Berufsaufstieg,
- Altersgrenzen bei beruflicher Bildung,
- Altersgrenzen für Beschäftigungs- und Entlassungsbedingungen,
- die Pensionsgrenzen,
- Altersgrenzen bei der Entlohnung.

Im Einzelnen sind folgende Fallgestaltungen zu unterscheiden:

a) Altersgrenzen bei beruflicher Bildung

39 Eine gesetzliche Rechtfertigung einer **altersabhängigen beruflichen Bildung** gem. § 10 fehlt im deutschen Recht. Insbesondere finden sich im BBiG dazu keine Regelungen. Es ist daher nicht ersichtlich, in welchen Fällen zum Schutz und zur Förderung von Jugendlichen oder älteren Beschäftigten an das Alter als Voraussetzung der Berufsausbildung angeknüpft werden darf (vgl. für den Fall der Einstellung BAG 24.1.2013 – 8 AZR 429/11 – NZA 2013, 498). Problematisch sind die praktisch häufigen Fälle (dazu Evaluationsbericht AGG S. 42), in denen der Arbeitgeber **ältere Arbeitnehmer von einer beruflichen Weiterbildung ausnimmt**, da es sich für ihn **nicht mehr „lohnt"**. Eine derartige Maßnahme ist eine direkte Diskriminierung, die nicht gerechtfertigt ist. Das BAG hat für den Fall der Höchstaltersgrenzen bei der Einstellung ausgeführt, dass es keinen Beleg dafür gibt, dass ältere Arbeitnehmer schlechter als jüngere lernen (BAG 24.1.2013 – 8 AZR 429/11 – NZA 2013, 498). Über den Ausschluss von beruflicher Weiterbildung nimmt der Arbeitgeber dem älteren Beschäftigten die Möglichkeit, die erforderlichen berufsbezogenen Kenntnisse zu erlangen oder zu vervollständigen. Würde der Arbeitgeber dann auf die fehlenden Kenntnisse abstellen, wäre der Diskriminierungsschutz umgangen. Deshalb ist auch eine mögliche Kündigung, die sich auf fehlende Kenntnisse infolge eines diskriminierenden Ausschlusses von Fortbildungen stützt, selbst diskriminierend. Die Frage der steuerlichen Absetzbarkeit von Ausbildungskosten ist zwar keine arbeitsrechtliche Regelung, fällt aber unter dem Gesichtspunkt des Zugangs zur Beschäftigung unter den Anwendungsbereich der Richtlinie. Dabei kann die erleichterte Möglichkeit Kosten bis zum 30. Lebensjahr absetzen zu können, durch das legitime Ziel jüngeren Menschen über kostengünstigere Ausbildung den Weg zum Arbeitsmarkt zu vereinfachen, gerechtfertigt sein (EuGH 10.11.2016 – Rs. C-548/15 (De Lange)).

40 Nur in vereinzelten **Ausnahmefällen** kann der Arbeitgeber derartige Maßnahmen nach § 8 rechtfertigen, wenn schon zu Beginn der Maßnahme feststeht, dass er den ausgebildeten Arbeitnehmer wegen seines Alters nicht ausreichend einsetzen kann (Bertelsmann, ZESAR 2005, 242, 248; Rust/Falke-Bertelsmann, § 10 Rn. 83; Adomeit/Mohr, § 10 Rn. 138 und MüKo-Thüsing, § 10 Rn. 20 unter Hinweis auf die Grundsätze zur Rückzahlung von Ausbildungskosten). Das wird nur in den seltenen Fällen auftreten, in denen es objektiv feststehende Altersgrenzen (vgl. § 8) gibt (aA Adomeit/Mohr, § 10 Rn. 138: zu enge Voraussetzungen).

b) Altersgrenzen bei Beschäftigungs-, Entlohnungs- und Entlassungsbedingungen

41 In § 10 Nr. 1 bzw. der wortgleichen Regelung in Art. 6 Abs. 1 lit. a RL 2000/78/EG wird dem nationalen Gesetzgeber eine weitreichende Kompetenz gegeben, Rechtfertigungsgründe für Situationen in der Durchführungs- und Beendigungsphase des Arbeitsverhältnisses zu schaffen. In der Nr. 5 (→ Rn. 92) hat der deutsche Gesetzgeber diese Kompetenz für den Fall fester Pensionsgrenzen ausgefüllt. In den übrigen Situationen fehlen oftmals derartige gesetzliche Zielvorgaben, so dass diskriminierende Maßnahmen nur über §§ 8, 5 oder im Fall der mittelbaren Diskriminierung über § 3 Abs. 2 zu rechtfertigen sind.

aa) Staffelung der Urlaubslänge nach Alter

42 Ob die Staffelung von Urlaubstagen mit dem höheren Erholungsbedürfnis älterer Arbeitnehmer gerechtfertigt werden kann, hängt davon ab, wie die Staffelung konkret geregelt ist. Die Rechtsprechung stellt darauf ab, dass die Staffelung das gestiegene Erholungsbedürfnis abbildet. Dabei kann es bei einer Staffelung ab dem 50. Lebensjahr eher „nachvollziehbar sein" (BAG 20.3.2012 – 9 AZR 529/10) eine Rechtfertigung anzunehmen. Bei einer Staffelung von 2 Tagen ab dem 58. Lebensjahr hat das BAG die Alterdiskriminierung als gerechtfertigt angesehen (BAG 21.10.2014 – 9 AZR 956/12 – NZA 2015, 297) und darauf abgestellt, „dass bei körperlich belastenden Berufen das Erholungsbedürfnis im höheren Alter steigt", ohne weitere empirische Belege zu verlangen. Die pauschale Staffelung der Urlaubstage nach Altersstufen, ohne dass eine konkret nachzuweisende höhere Erholungsbedürftigkeit älterer Arbeitnehmer vorliegt, ist dagegen eine nicht nach Nr. 1 zu rechtfertigende Altersdiskriminierung (BAG 15.11.2016 – 9 AZR 534/15: 3 Tage mehr ab 50 Jahre in allen Beschäftigtengruppen innerhalb eines Krankenhauses; BAG 20.3.2012 – 9 AZR 529/10 – NZA 2012, 803 zu § 26 Abs. 1 S. 2 TVöD aF; v. Roetteken, § 10 Rn. 318, der die Regelung unter Nr. 2 fasst). Wird auf eine höhere Erholungsbedürftigkeit abgestellt, muss sich dies in der konkreten Staffelung abbilden. Dabei verneint das BAG schon bei einer Staffelung von drei zusätzlichen Tagen ab dem 30. Lebensjahr und einem weiteren Tag ab dem 40. Lebensjahr, dass es überhaupt um „ältere" Arbeitnehmer geht, die geschützt werden sollen (→ Rn. 37). Eine Rechtfertigung nach Nr. 2 unter dem Gesichtspunkt des Gesundheitsschutzes lehnt das BAG (20.3.2012 – 9 AZR 529/10 – NZA 2012, 803) ab, da die Tarifvertragsparteien dann dem 40-Jährigen mehr Urlaubstage als dem 30-Jährigen gewährt hätten (ebenso bei einer Staffelung ab dem 29. Lebensjahr BAG 18.10.2016 – 9 AZR 1231/16). Unabhängig von dieser Staffelung stellt sich die Frage, ob Regelungen grundsätzlich mit der höheren Erholungsbedürftigkeit älterer Arbeitnehmer gerechtfertigt werden können (so Bertelsmann, ZESAR 2005, 242, 245; Lüderitz, S. 155; Rebhahn/Windisch-Graetz, § 20 Rn. 35; ErfK-Schlachter, § 10 Rn. 5; Wendeling-Schröder/Stein, § 10 Rn. 42; Kuner, öAT 2012, 73 für die Neuregelung im TVöD; aA Meinel/Heyn/Herms, § 10 Rn. 42; differenzierend v. Roetteken, § 10 Rn. 262). **Rechtsfolge** der diskriminierenden Staffelung ist die Anpassung der Urlaubstage für alle Arbeitnehmer nach „oben" (BAG 15.11.2016 – 9 AZR 534/15; BAG

20.3.2012 – 9 AZR 529/10 – NZA 2012, 803, 806). Da die Regelung nach § 7 unwirksam und die Diskriminierung zwingend zu beseitigen ist, bleibt nur die Gewährung der wirksamen Regelung der Höchsturlaubstage. Eine Aussetzung mit einhergehendem zeitlichen Verzug kommt schon deshalb nicht in Betracht, da Diskriminierungen nach der Richtlinie effektiv zu beseitigen sind. Eine Verletzung der Tarifautonomie scheidet aus, da die Tarifvertragsparteien selbst rechtswidrig gehandelt haben. Auch nachwirkende Tarifverträge verstoßen gegen § 7, so dass in jedem Fall die Höchsturlaubstage zu gewähren sind.

43 Wird in der Literatur auf die stärkere Erholungsbedürftigkeit älterer Arbeitnehmer abgestellt (Bertelsmann, ZESAR 2005, 242, 245; Lüderitz, S. 155; Rebhahn/Windisch-Graetz, § 20 Rn. 35), so könnte die Differenzierung aus diesem Grund nach § 5 als positive Maßnahme gerechtfertigt sein. Eine pauschale Argumentation, wonach ältere Arbeitnehmer generell erholungsbedürftiger sind, ist aber unzulässig. Sie greift das Vorurteil vom „alten und müden" Arbeitnehmer auf. Soweit es jedoch stützende empirische Untersuchungen für einen Zusammenhang von Erholungsbedürftigkeit und Alter (zB schwerer körperlicher Arbeit) gibt, kann die Regelung aufrechterhalten werden. Dabei ist aber zu beachten, dass die Erholungsbedürftigkeit stets tätigkeitsabhängig sein wird. So kann es denkbar sein, dass bei Tätigkeiten, deren Belastungen nachweislich mit dem Alter steigen, Urlaubsansprüche entsprechend ansteigen (v. Roetteken, § 10 Rn. 262). Dabei ist zu beachten, dass die Altersstufen den Belastungsanstieg widerspiegeln und nicht pauschal gesetzt werden.

44 Abgesehen von der direkten Anknüpfung an das Alter kann in individual- oder tarifvertraglichen Regelungen die Länge des Urlaubs von der **Dauer der Beschäftigungszeit** abhängig gemacht werden. Darin liegt eine mittelbare Diskriminierung, da auf das sachlich neutrale Kriterium „Beschäftigungszeit" abgestellt wird, aber jüngere Arbeitnehmer gegenüber den älteren schlechter gestellt werden. Eine solche mittelbare Diskriminierung ist aber nach **§ 3 Abs. 2** bei Vorliegen eines sachlichen Grundes gerechtfertigt. Freilich wird ein sachlicher Grund nur dann anzunehmen sein, wenn ein Bezug zwischen der Dauer der Beschäftigung und der Erholungsbedürftigkeit hergestellt werden kann. Das wird regelmäßig nur bei psychisch oder physisch belastenden Tätigkeiten der Fall sein.

bb) Altersteilzeit

45 Durch das Altersteilzeitgesetz wird Arbeitnehmern ab dem 55. Lebensjahr grundsätzlich die Möglichkeit geboten, in Teilzeit zu arbeiten. Praktisch hat die Regelung mit Ende der staatlichen Förderung zum 31.12.2009 (Adomeit/Mohr, § 10 Rn. 71) ihre Bedeutung verloren. Nach § 1 AltersteilzeitG soll ein gleitender Übergang vom Erwerbsleben in die Altersrente ermöglicht werden. In der Regelung liegt eine an das Alter anknüpfende direkte Diskriminierung jüngerer Arbeitnehmer, die keinen Anspruch haben. Zum Teil ist eine Rechtfertigung nach Art. 6 RL 2000/78/EG angenommen worden (Wiedemann/Thüsing, NZA 2002, 1234, 1241; Meinel/Heyn/Herms, § 10 Rn. 36; MüKo-Thüsing, § 10 Rn. 51; als positive Maßnahme gem. § 5 Adomeit/Mohr, § 10 Rn. 74). Dagegen wurde eingewandt, dass

die in § 1 AltersteilzeitG gegebene arbeitsmarktpolitische Begründung unschlüssig ist. Der erleichterte Einstieg jüngerer Arbeitnehmer sei ebenso durch einen allgemeinen erleichterten Anspruch auf Teilzeitarbeit zu erreichen (Lüderitz, S. 93). Darüber hinaus habe die Praxis gezeigt, dass der bezweckte langsame Ausstieg gerade nicht gefördert werde, da Arbeitnehmer während der zweiten Hälfte der Arbeitszeitphase nicht mehr arbeiteten (Bertelsmann, ZESAR 2005, 242, 246; Rust/Falke-Bertelsmann, § 10 Rn. 102; Schiek-Schmidt, § 10 Rn. 14; v. Roetteken, § 10 Rn. 212). Die Maßnahme sei daher überhaupt nicht geeignet, das Ziel zu erreichen (Lüderitz, S. 1 ff.; v. Roetteken, § 10 Rn. 212). Darüber hinaus wird dem Gesetzgeber Inkonsequenz vorgehalten, da es bei dem Verbot der Altersdiskriminierung in erster Linie um eine Integration der älteren Arbeitnehmer gehe (Schmidt/Senne, RdA 2002, 80, 86).

46 Ob die im AltersteilzeitG vorgesehene Differenzierung eine nach § 10 gerechtfertigte Diskriminierung ist, hängt letztlich davon ab, inwieweit der Gesetzgeber die Erfüllung arbeitsmarktpolitischer Ziele empirisch nachweisen muss. **Fraglich** ist aber, ob das Ausscheiden Älterer automatisch dazu führt, dass Stellen frei werden. Legt man einen strengen Maßstab an, müsste eine Kausalität zwischen Ausscheiden und Neuvergabe bestehen. Schon in der Entscheidung vom 16.10.2007 zur Zulässigkeit tariflicher Altersgrenzen hat der EuGH allerdings einen weiten Maßstab angelegt (EuGH 16.10.2007 – Rs. C-411/05 (Palacios de la Villa) – NZA 2007, 1219). Allerdings ist dabei zu beachten, dass es sich in der Entscheidung Palacios um die Bestätigung der Regelaltersgrenze handelte und Vorruhestandsregelungen den erklärten Zielen der Lissabonstrategie (Europäischer Rat 23./24.3.2000 BullEU 3/2000) widersprechen. Daher könnte es sein, dass der EuGH aufgrund eines strengeren Verhältnismäßigkeitsmaßstabs die Geeignetheit der Maßnahme überprüft (v. Roetteken, § 10 Rn. 212).

cc) Altersabhängige Verkürzung der Arbeitszeit

47 Eine Regelung in individual- oder kollektivrechtlichen Vereinbarungen, nach der ein älterer Beschäftigter verpflichtet wird, seine Arbeitszeit zu reduzieren, ist nach der bisherigen Rechtsprechung zulässig gewesen (BAG 18.8.1987 – 1 ABR 30/86 – AP § 77 BetrVG Nr. 23). ZT wird im Schutz älterer Arbeitnehmer eine Rechtfertigung nach Nr. 1 gesehen (LAG Baden Württemberg 29.1.2016 – 17 Sa 84/15 und zumindest ab dem 50. Lebensjahr unter Berücksichtigung der Wertung des BAG 20.3.2012 – 9 AZR 529/10 zu der Staffelung der Urlaubstage; bei einer Besitzstandsregel LAG Hessen 26.5.2015 – 2 Sa 1556/14; VGH München 24.10.2011 – 3 ZB 08.721; aA Bertelsmann, ZESAR 2005, 242, 249; Lüderitz, S. 97; Waltermann, NZA 2005, 1265, 1269; Einzelfallentscheidung Bauer/Krieger, § 10 Rn. 28). Problematisch ist, dass derartige Regelungen eine mit dem Alter einhergehende Leistungsminderung voraussetzen. Es hängt von der konkreten Tätigkeit ab, ob dieser Bezug hergestellt und durch die Regelung verhältnismäßig umgesetzt werden kann (verneint bei einer Arbeitszeitreduzierung ab dem 40. Lebensjahr für alle Beschäftigtengruppen BAG 22.10.2015 – 8 AZR 168/14 – NZA 2016, 1081).

dd) Verdienstsicherungsklauseln

48 Dieselbe Problematik entsteht bei vertraglich vereinbarten Verdienstsicherungsklauseln. Denkbar ist eine Rechtfertigung, wenn ein auszugleichender typischer Leistungsabfall feststeht (Rust/Falke-Bertelsmann, § 10 Rn. 113; Rieble/Zedler, ZfA 2007, 296; HK-ArbR/Berg, § 10 Rn. 11; v. Roetteken, § 10 Rn. 259; grundsätzlich zulässig ErfK-Schlachter, § 10 Rn. 7; Schleusener/Suckow/Voigt, § 10 Rn. 37; Adomeit/Mohr, § 10 Rn. 113; offen gelassen in BAG 15.11.2012 – 6 AZR 359/11 – BB 2013, 500). Eine Rechtfertigung über § 8 wird ausscheiden, da der direkte Berufsbezug derartige Regelungen nicht erfordert.

c) Rechtfertigungsgründe bei Beendigung des Arbeitsvertrags

aa) Befristungen aufgrund des Alters

49 Der EuGH hatte in der Mangold-Entscheidung (EuGH 22.11.2005 – Rs. C-144/04 – NZA 2005, 1345; folgend BAG 26.4.2006 – 7 AZR 500/04 – DB 2006, 1734; aA Adomeit/Mohr, § 10 Rn. 58) § 14 Abs. 3 S. 2 TzBfG aF als ungerechtfertigte Diskriminierung angesehen, da die Vorschrift das an sich legitime Ziel der Integration arbeitsloser älterer Arbeitnehmer nicht verhältnismäßig umsetzte. Anders als die inzwischen bereinigte Fassung, die für erleichterte Befristungen an das Alter und eine viermonatige Beschäftigungslosigkeit iSv § 138 Abs. 1 Nr. 1 SGB III anknüpft, stellte die alte Fassung nur auf das Alter ab. Die Neuregelung ist vom EuGH noch nicht überprüft worden. Ihre Europarechtskonformität ist umstritten (für eine Vereinbarkeit LAG Chemnitz 23.2.2012 – 9 Sa 448/11). Das BAG hat jedenfalls für die erste Befristung zwischen zwei Arbeitsvertragsparteien angenommen, dass die Altersdiskriminierung gerechtfertigt ist, die Entscheidung für andere Fallgestaltungen jedoch ausdrücklich offen gelassen (BAG 28.5.2014 – 7 AZR 60/12 – NZA 2015, 1131). Insbesondere ist problematisch, ob sie den Anforderungen an den Schutz vor Kettenbefristungen genügt (Meinel/Heyn/Herms, § 10 Rn. 27). In einer weiteren Entscheidung hat der EuGH (10.3.2011 – Rs. C-109/09 (Kumpan) – NZA 2011, 397) nämlich zu § 14 Abs. 3 TzBfG aF entschieden, dass die erleichterte Befristung von Arbeitsverhältnissen mit älteren Arbeitnehmern den europäischen Schutzvorschriften zur Befristung widerspricht, wenn sie bei Arbeitnehmern mit hohem Dienstalter, aber einer mehrjährigen Unterbrechung der Beschäftigung zu einer erneuten mehrfachen Befristung führt. Der EuGH stellt in dieser Entscheidung fest, dass Regelungen, die dem Zweck einer Richtlinie zuwiderlaufen, zu einem Rechtsmissbrauch führen können. Nach der Neuregelung sind aber erneute Befristungen nach der viermonatigen Beschäftigungslosigkeit möglich (kritisch zum Begriff der Beschäftigungslosigkeit Sediq, NZA 2009, 524; Richter, Benachteiligungen wegen Alters im Erwerbsleben, 2010, S. 189). Daher wird die Vorschrift europarechtskonform dahin auszulegen sein, dass der Gesamtrahmen von fünf Jahren sich auf die gesamte (auch unterbrochene) Tätigkeit bei einem Arbeitgeber bezieht (Adomeit/Mohr, § 10 Rn. 62).

bb) Diskriminierung wegen des Alters bei Kündigungen

(1) Staffelung der Kündigungsfrist nach § 622 BGB

50 Nach dem Wortlaut von **§ 622 Abs. 2** BGB richtet sich die Länge der Kündigungsfrist nach der Dauer der Betriebszugehörigkeit. Die darin liegende mittelbare Altersdiskriminierung ist gerechtfertigt, da der Gesetzgeber das arbeitsmarktpolitische Ziel verfolgt, ältere Arbeitnehmer wegen ihrer schlechteren Chancen auf dem Arbeitsmarkt zu schützen (BAG 18.9.2014 – 6 AZR 636/13 – NZA 2014, 1400). Die Jahre der Betriebszugehörigkeit sollen dagegen nach Abs. 2 S. 2 der Vorschrift erst ab dem 25. Lebensjahr des Arbeitnehmers berücksichtigt werden. Darin liegt eine ungerechtfertigte Schlechterstellung von Arbeitnehmern unter 25 Jahren (EuGH 19.1.2010 – Rs. C-555/07 – NZA 2010, 85; v. Roetteken, § 10 Rn. 200; Adomeit/Mohr, § 10 Rn. 68; schon zuvor Annuß, BB 2006, 325, 326; Löwisch, in: FS Schwendner, S. 769, 771; Preis, NZA 2006, 401, 408; Waltermann, NZA 2005, 1265, 1270; Rust/Falke-Bertelsmann, § 10 Rn. 164). Zwar erkennt der EuGH das Ziel der Regelung (Flexibilität auf Arbeitgeberseite bei Förderung der erleichterten Einstellung jüngerer Arbeitnehmer) als legitim iSv Art. 6 RL 2000/78/EU an. Das Gericht sah die Umsetzung jedoch als unverhältnismäßig an, da die Regelung unabhängig vom Alter eingreift und somit auch älteren Arbeitnehmern im Zeitpunkt der Kündigung Schutz nimmt. Damit prüft der EuGH in dieser Entscheidung die Umsetzung nach einem strengen Maßstab (zur Erklärung der unterschiedlichen Maßstäbe → Rn. 32). Dieser Verstoß führt zur **Nichtanwendbarkeit** der Norm (EuGH 19.1.2010 – Rs. C-555/07 – NZA 2010, 85, 88; schon zuvor Annuß, BB 2006, 325, 326; Rust/Falke-Bertelsmann, § 10 Rn. 164; Bauer/Krieger, § 10 Rn. 27; Meinel/Heyn/Herms, § 10 Rn. 30). In seiner Entscheidung hat der EuGH keinen **Vertrauensschutz** gewährt. Deshalb sind Regelungen, die in den zeitlichen Anwendungsbereich der Richtlinie fallen, unwirksam, auch wenn sie tarif- oder individualvertragliche Bezugnahmen auf § 622 Abs. 2 S. 2 BGB sind (Anwendung ab 2.12.2006 nach BAG 29.9.2011 – 2 AZR 177/10 – NZA 2012, 754; BAG 9.9.2010 – 2 AZR 714/08 – NZA 2011, 343; für tarifvertragliche Bezugnahme zuvor schon Bertelsmann, ZESAR 2005, 242, 247). **Rechtsfolge** ist die Anpassung nach „oben", also die Gewährung der Kündigungsfrist unter Berücksichtigung der gesamten Beschäftigungszeit (BAG 29.9.2011 – 2 AZR 177/10 – NZA 2012, 754). Die Frist des § 4 KSchG spielt keine Rolle, da es nicht um die grundsätzliche Frage der Beendigung geht (BAG 9.9.2010 – 2 AZR 714/08 – NZA 2011, 343). Bislang sind alle gesetzgeberischen Versuche gescheitert, die Norm zu streichen. Das ist ein unhaltbarer Zustand: Der Gesetzestext ist damit seit über zehn Jahren falsch.

(2) Berücksichtigung des Alters in der Sozialauswahl

51 Mit § 10 Nr. 6 aF hatte der deutsche Gesetzgeber die Generalklausel des Art. 6 Abs. 1 RL 2000/78/EG zunächst umgesetzt. Die Berücksichtigung des Alters innerhalb der Sozialauswahl sollte dem Schutz älterer Arbeitnehmer dienen, da ihre Chancen auf eine Neueinstellung mit zunehmendem Alter sinken (zu Zahlen Schmidt/Senne, RdA 2002, 80, 84). Sie führt daher zu einer **unmittelbaren Diskriminierung jüngerer Arbeitnehmer**. Mit der zunächst geplanten Umsetzung in § 10 Nr. 6 aF wollte der deutsche Gesetz-

geber den Status quo des § 1 Abs. 3 KSchG sichern. Schon dieser Plan ist kritisiert worden (Preis, NZA 2006, 401, 409). Treffend ist der Hinweis, dass es keiner Klarstellung bedurft hätte, wenn § 1 Abs. 3 KSchG ohnehin europarechtskonform ist (Preis, NZA 2006, 401, 409; Linsenmaier, RdA 2003 Sonderbeilage Heft 5, S. 22, 32). In der Literatur ist die zunächst geplante Umsetzung der Generalklausel in § 10 Nr. 6 aF als europarechtskonform angesehen worden (Bertelsmann, ZESAR 2005, 242, 247). Dabei ist aber darauf hingewiesen worden, dass das Kriterium Alter in der Sozialauswahl nicht zu einer automatischen Bevorzugung von älteren Arbeitnehmern führen dürfe (Wiedemann/Thüsing, NZA 2002, 1234, 1241; Schmidt/Senne, RdA 2002, 80, 83, die das Kriterium aber als positive Maßnahme iSv § 5 ansehen). Zum Teil ist aber auch kritisiert worden, die Vorauswahl des Arbeitgebers anhand einer Punktetabelle benachteilige den jüngeren Arbeitnehmer grundlos (Annuß, BB 2006, 325, 326). Entweder müsse ein Sondernachteil der älteren Arbeitnehmer ausgeglichen werden oder es müsse ein weiteres anerkennenswertes Interesse vorliegen. Seien zB die Aussichten des älteren Kollegen auf dem Arbeitsmarkt besser als die des jüngeren, liege eine ungerechtfertigte direkte Altersdiskriminierung vor. Im Zuge des **Zweiten Gesetzes zur Änderung des Betriebsrentengesetzes** (BR-Drs. 741/06) hat der Gesetzgeber in Art. 8 die zunächst **in § 10 Nr. 6 geregelte Rechtfertigung wieder aufgehoben**. Das ist vom Wortlaut des § 2 Abs. 4 her gesehen konsequent, da danach für Kündigungen nur die Bestimmungen zum allgemeinen und besonderen Kündigungsschutz gelten sollen. Vom Wortlaut, Sinn und Zweck der Richtlinie 2000/78/EU war es aber **konsequent falsch**. Die Regelung in § 2 Abs. 4 steht im Widerspruch zu den europäischen Vorgaben, nach denen auch die Beendigung des Arbeitsverhältnisses dem Diskriminierungsverbot unterliegt (Diller/Krieger/Arnold, NZA 2006, 887, 889; Wisskirchen, DB 2006, 1495). Konsequenz ist die europarechtskonforme Auslegung des § 1 Abs. 3 KSchG.

52 Die Berücksichtigung des Lebensalters und der Betriebszugehörigkeit innerhalb der Sozialauswahl nach § 1 Abs. 3 KSchG sind Schlechterstellungen jüngerer Arbeitnehmer. § 1 Abs. 3 KSchG dient dem Schutz älterer Arbeitnehmer wegen schlechterer Chancen auf dem Arbeitsmarkt und ist damit ein legitimes arbeitspolitisches Ziel (BAG 24.10.2013 – 6 AZR 854/11 – NZA 2014, 46; BAG 15.12.2011 – 2 AZR 42/10 – NZA 2012, 1044 mwN; Adomeit/Mohr, § 10 Rn. 82; Meinel/Heyn/Herms, § 10 Rn. 32; Bauer/Krieger, § 10 Rn. 45 b; Schleusener/Suckow/Voigt, § 10 Rn. 65; ErfK-Oetker, KSchG § 1 Rn. 332; KR-Griebeling/Rachow, KSchG § 1 Rn. 673; kritisch v. Roetteken, § 10 Rn. 218; zur Frage der schlechteren Chancen BAG 18.9.2014 – 6 AZR 636/13 – NZA 2014, 1400). Soweit dies anhand von Statistiken bestritten wird (Kaiser/Dahm, NZA 2010, 437), bleibt völlig unberücksichtigt, auf welchem Niveau eine Neueinstellung gefunden wird. Sicherlich findet oft auch der ältere Arbeitnehmer irgendeine Beschäftigung; entscheidend ist jedoch zu welchen Bedingungen. Der Sozialschutz bezieht sich jedoch richtigerweise auf die konkrete ausgeübte Tätigkeit. Zu der erschwerten Vermittelbarkeit dieser Arbeitnehmer tritt eine typische strategische Unterlegenheit von lange im Betrieb tätigen Arbeitnehmern gegenüber dem Arbeitgeber (Brors, Die Abschaffung der Fürsorgepflicht, S. 136). Dieses strategische Ungleichgewicht besteht darin,

dass sich der Arbeitnehmer aufgrund langer Tätigkeit an seinen Arbeitgeber bindet („Lock-In-Effekt"). Bei längerer Betriebszugehörigkeit schwinden die Chancen am Arbeitsmarkt, da sich der Arbeitnehmer in dem Unternehmen spezialisiert. Haben sich zu diesem Zeitpunkt insbesondere Ausbildungs- und Einarbeitungskosten für den Arbeitgeber amortisiert und besteht kein besonderes Interesse an den spezifischen Fähigkeiten des einzelnen Arbeitnehmers, so ist gerade der länger tätige Beschäftigte einer erhöhten Kündigungsgefahr ausgesetzt. Alter und Betriebszugehörigkeit sind beides notwendige Voraussetzungen des Schutzes (BAG 15.12.2011 – 2 AZR 42/10 – NZA 2012, 1044). Stellt man alleine auf die Betriebszugehörigkeit ab, würden ältere Arbeitnehmer bei Tätigkeitswechseln schutzlos gestellt. Gegenüber dem Alter bezieht sich die Betriebszugehörigkeit auf den Aspekt der langen Bindung an einen bestimmten Betrieb. Jedoch darf die Verwendung der Kriterien Alter und Betriebszugehörigkeit nicht dazu führen, dass ältere Arbeitnehmer schematisch als schutzwürdiger angesehen werden. Insoweit ist § 1 Abs. 3 KSchG europarechtskonform auszulegen. Die Regelung in § 1 Abs. 3 KSchG ist danach eine Konkretisierung der Generalklausel des § 10 Abs. 1 Nr. 1, wobei die Verhältnismäßigkeit der Regelung ebenfalls zu prüfen ist.

53 Nach der Rechtsprechung des BAG (24.10.2013 – 6 AZR 854/11 – NZA 2014, 46; BAG 5.11.2009 – 2 AZR 676/08 – NZA 2010, 457) und Teilen der Literatur (Meinel/Heyn/Herms, § 10 Rn. 32 b; KR-Griebeling/Rachow, KSchG § 1 Rn. 674; Bauer/Krieger § 10 Rn. 45 i; APS-Kiel, KSchG § 1 Rn. 642; zum Überblick Lingemann/Beck, NZA 2009, 577) sind linear ansteigende **Punktetabellen** zur Vorauswahl keine Diskriminierung jüngerer Arbeitnehmer, da sie das arbeitsmarktpolitische Ziel des Schutzes älterer Arbeitnehmer verhältnismäßig umsetzen. Problematisch ist dabei die Frage der Erforderlichkeit. Es ist unsicher, ob das Alter – so wie bislang gehandhabt – als lineare Komponente bei der Punktevergabe herangezogen werden kann. Vergibt man pro Lebensjahr einen Punkt, werden jüngere Arbeitnehmer unabhängig von den Chancen am Arbeitsmarkt mit jedem absolvierten Lebensjahr des Älteren schlechter gestellt. Daher wird die lineare Punktevergabe in der Literatur zum Teil als nicht gerechtfertigt angesehen (Rust/Falke-Bertelsmann/Rust, § 7 Rn. 175; Schiek-Schmidt, § 10 Rn. 38; Alenfelder, Rn. 517; v. Roetteken, § 10 Rn. 219; Schleusener/Suckow/Voigt, § 10 Rn. 50; Hamacher/Ulrich, NZA 2007, 657, 662; Bayreuther, DB 2006, 1842, 1845; Willemsen/Schweibert, NJW 2006, 2583, 2586; HK-ArbR/Berg, § 10 Rn. 17; Annuß, BB 2006, 326; Kamanabrou, RdA 2007, 199, 202; Berücksichtigung ambivalent, bis 40 Jahre keine Relevanz: v. Hoyningen-Huene/Linck, KSchG § 1 Rn. 938). Dagegen wird argumentiert, diese Wertung bleibe innerhalb des arbeitgeberischen Ermessensspielraums, so dass Punktetabellen im bisherigen Umfang einsetzbar sind (Worzalla, S. 118 f.). Bei der Beantwortung der Frage ist zu berücksichtigen, dass **Punktetabellen** dem Arbeitgeber schon deshalb einen Beurteilungsspielraum geben, da das Gesetz keine Rangfolge zwischen den Kriterien aufstellt (BAG 24.10.2013 – 6 AZR 854/11 – NZA 2014, 46; BAG 5.12.2002 – 2 AZR 549/01 – NZA 2003, 791; BAG 23.11.2000 – 2 AZR 533/99 – NZA 2001, 601; BAG 18.1.1990 – 2 AZR 357/89 – NZA 1990, 729; BAG 20.10.1983 – 2 AZR 211/82 – NJW 1984, 1648; LAG Hamm

6.7.2000 – 4 Sa 233/00). Der Arbeitgeber kann daher soziale Belange im Einzelfall zu würdigen, zB schlechtere Chancen des zu kündigenden Arbeitnehmers zB durch einen Arbeitsunfall (zur bisherigen Rechtslage Däubler, NZA 2004, 177, 181; Löwisch, KSchG § 1 Rn. 361) berücksichtigen. Diese **abschließende Abwägung der Belange des an sich zu Kündigenden** hinsichtlich seiner Chancen auf dem Arbeitsmarkt gegen diejenigen des aufgrund seines Alters schützenswerten Arbeitnehmers ist auch nach der Aufhebung der ursprünglich vorgesehenen Nr. 6 für den Arbeitgeber möglich. Stellt sich dabei heraus, dass der jüngere Arbeitnehmer gleicher Qualifikation schwerer vermittelbar ist, tritt der Schutz des älteren Arbeitnehmers zurück. Problematisch ist, inwieweit sich der jüngere Arbeitnehmer dabei auf eine familienbedingt eingeschränkte Mobilität berufen darf. An sich wird dieser Umstand bereits über die Unterhaltspflichten berücksichtigt. Der Schutz des Älteren tritt aber zurück, wenn in einem bestimmten Berufsfeld die Erfahrung entscheidend ist. In diesem Fall hat der jüngere Arbeitnehmer die schlechteren Chancen.

Zu der bisherigen Sozialauswahl kommen daher zwei Gesichtspunkte hinzu:

1. Das Alter kann nur dann zugunsten der Schutzwürdigkeit berücksichtigt werden, wenn der ältere Arbeitnehmer typischerweise schlechtere Chancen auf dem Arbeitsmarkt hat.
2. Nach Durchführung der Sozialauswahl hat der Arbeitgeber in einer abschließenden Abwägung festzustellen, dass die Chancen des an sich zu Kündigenden auf dem Arbeitsmarkt nicht schlechter als diejenigen des Arbeitnehmers sind, der aufgrund seines Alters die meisten Sozialpunkte erhalten hat.

54 Umstritten ist, ob es dem Arbeitgeber untersagt ist, auf die wirtschaftliche Absicherung durch die **Rentennähe** abzustellen und diese Arbeitnehmer von vornherein aus der Sozialauswahl herauszunehmen (nicht gerechtfertigt: Rust/Falke-Bertelsmann/Rust, § 7 Rn. 171; HK-ArbR/Berg, § 10 Rn. 17; aA Bauer/Krieger, § 10 Rn. 45 k; Adomeit/Mohr, § 10 Rn. 91; für eine Kündigung im Kleinbetrieb BAG 23.7.2015 – 6 AZR 457/14 – NZA 2015, 1380). Vor Erlass des AGG war dies nach der Rechtsprechung zulässig (LAG Niedersachsen 23.5.2005 – 5 Sa 198/05 – NZA-RR 2005, 584; LAG Hessen 24.6.1999 – 3 Sa 1278/98 – NZA-RR 2000, 74; aA LAG Köln 2.2.2006 – 6 Sa 1287/05 – LAGE § 1 KSchG Sozialauswahl Nr. 51 a; LAG Düsseldorf 21.4.2004 – 12 Sa 1188/03 – LAGE § 1 KSchG Sozialauswahl Nr. 43). Auch wenn die Rentennähe die wirtschaftliche Absicherung der Arbeitnehmer nahe legt, ist ein vollständiger Ausschluss von der Teilhabe am Arbeitsmarkt dadurch nicht gerechtfertigt. Sie widerspricht zudem der europäischen Beschäftigungspolitik (→ Rn. 32), so dass zu erwarten ist, dass der EuGH derartige Regelungen mit einem strengen Verhältnismäßigkeitsmaßstab prüft. Eine solche Regelung ist gegenüber demjenigen Arbeitnehmer unverhältnismäßig, der weiter arbeiten und insoweit auch eine höhere Alterssicherung erzielen möchte. Insoweit ist eine Differenzierung nach der Rentennähe nicht gerechtfertigt. Eine nicht gerechtfertigte Altersdiskriminierung ist bei der Berücksichtigung von Fehlzeiten ge-

geben, wenn dies nur eine Gruppe von älteren Arbeitnehmern betrifft (ArbG Cottbus 23.8.2012 – 11 Ca 10335/12 – EzA SD Nr. 21, 8).

(3) Ausgewogene Personalstruktur iSd § 1 Abs. 3 S. 2 KSchG

55 Nach § 1 Abs. 3 S. 2 KSchG soll nach der ständigen nationalen Rechtsprechung das Interesse des Arbeitgebers an einer ausgewogenen Personalstruktur in der Weise berücksichtigt werden, dass Arbeitnehmer von der Sozialauswahl auszunehmen sind, wenn sich durch ihre Kündigung die für den Betrieb prägende Zusammensetzung der Belegschaft verändert. Durch die Bildung von Altersgruppen in der Sozialauswahl soll der Arbeitgeber daher gerechtfertigt die bestehende **altersmäßige Zusammensetzung der Belegschaft** erhalten können (BAG 28.6.2012 – 6 AZR 682/10 – NZA 2012, 1090; BAG 23.11.2000 – 2 AZR 533/99 – AP § 1 KSchG Betriebsbedingte Kündigung Nr. 114; in der Insolvenz BAG 19.12.2013 – 6 AZR 790/12, NZA-RR 2014, 185; zum Korrekturgesetz LAG Sachsen-Anhalt 13.5.1998 – 3 Sa 694/97 – AuA 1999, 236; KR-Griebeling/Rachow, KSchG § 1 Rn. 645 a; ErfK-Oetker, KSchG § 1 Rn. 347, 347 c; Düwell, S. 66 Rn. 157; Bauer/Krieger, Kündigungsrecht – Reformen 2004, S. 138 f. Rn. 51 f.; Schleusener/Sukow/Voigt, § 10 Rn. 71). Die Berücksichtigung der Altersstruktur führt dazu, dass ältere Arbeitnehmer, die in der Sozialauswahl typischerweise geschützt werden, diesen Schutz verlieren. Daher liegt eine an das Alter anknüpfende unmittelbare Schlechterstellung der älteren Arbeitnehmer vor (KR-Griebeling/Rachor, KSchG § 1 Rn. 645 b). Zwar wird dadurch der gewährte Schutz nur zurückgenommen, jedoch muss dies schon aufgrund Art. 21, 52 EU-GRC aufgrund eines legitimen und verhältnismäßig umgesetzten Ziels geschehen (→ Rn. 58).

56 Die Rechtfertigung dieser Rücknahme des Schutzes unter Verweis auf die Sicherung der **ausgewogenen Altersstruktur** ist problematisch. Sie wird weiterhin kontrovers diskutiert (→ Rn. 57 f.). Eine Entscheidung des EuGH zu dieser Frage fehlt bislang, da sich die Vorlage des ArbG Siegburg (27.1.2010 – 2 Ca 2144/09 – DB 2010, 1466; Anm. Brors, jurisPR-ArbR 16/2010) wegen Beendigung des Rechtsstreits erledigt hat (zu diesem Verfahren ausführlich Buschmann, FS Wank, S. 63, 65). In der nationalen Rechtsprechung wird die Altersgruppenbildung als zulässig angesehen, wenn diese Methode zur Sicherung der bestehenden Altersstruktur geeignet ist und alle Altersgruppen proportional berücksichtigt werden (BAG 19.7.2012 – 2 AZR 352/11 – NZA 2013, 86 mwN; Thüsing, BB 2007, 1506; Bauer/Krieger, NZA 2007, 674; Meinel/Heyn/Herms, § 10 Rn. 33; Schleusener/Sukow/Voigt, § 10 Rn. 71; APS-Kiel, KSchG § 1 Rn. 684; aA Rust/Falke-Bertelsmann/Rust, § 7 Rn. 168; Kohte, jurisPR-ArbR 31/2007, Anm. 1; Hamacher/Ulrich, NZA 2007, 662; Alenfelder, dbr 9/2007, 39). Danach müssen innerhalb des zur Sozialauswahl anstehenden Personenkreises – dh innerhalb der Vergleichsgruppe – nach sachlichen Kriterien Altersgruppen gebildet (Schritt 1), die prozentuale Verteilung der Belegschaft auf die Altersgruppen festgestellt (Schritt 2) und die Gesamtzahl der auszusprechenden Kündigungen diesem Proporz entsprechend auf die einzelnen Altersgruppen verteilt werden (BAG 26.3.2015 – 2 AZR 478/13 – NZA 2015, 1122). Die überproportionale Berücksichtigung einer Altersgruppe verändert die bestehende Altersstruktur und sichert sie nicht nur. Rechts-

folge ist nach Ansicht des BAG, dass nicht nur die Kündigungen unwirksam sind, die unter Beibehaltung des Altersgruppensystems über den eigentlich auf die Altersgruppe entfallenden Anteil hinausgehen (BAG 26.3.2015 – 2 AZR 478/13 – NZA 2015, 1122). Will der Arbeitgeber dagegen im Rahmen von Kündigungen nach § 125 Abs. 1 S. 1 Nr. 2 InsO die bestehende Altersstruktur verändern, muss er dafür ein objektives Bedürfnis darlegen (BAG 19.12.2013 – 6 AZR 790/12 – NZA-RR 2014, 185 verneint).

Letztlich spielt bei der Entscheidung zwischen den Ansichten die Frage der **Darlegungs- und Beweislast** die entscheidende Rolle, da diese durch § 22 geändert worden ist. Für die Herbeiführung einer ausgewogenen Altersstruktur ist der Arbeitgeber dagegen voll darlegungs- und beweispflichtig (LAG Berlin-Brandenburg 19.9.2007 – 15 Sa 1144/07).

Unter welchen Voraussetzungen sich der Arbeitgeber auf eine ausgewogene Altersstruktur berufen kann, war schon vor Erlass des AGG umstritten. Während zT verlangt wurde, dass ein direkter Tätigkeitsbezug zur Rechtfertigung vorhanden sein musste (vgl. BAG 20.4.2005 – 2 AZR 201/04 – NZA 2005, 877; Brors, AuR 2005, 41; KR-Etzel, 7. Aufl., KSchG § 1 Rn. 655; Fischermeier, NZA 1997, 1093; Bütefisch, Die Sozialauswahl, S. 328 f.; Stahlhacke/Preis/Vossen, Kündigung und Kündigungsschutz im Arbeitsverhältnis, Rn. 1140; Quecke, RdA 2004, 89), vertrat die wohl überwiegende und durch das BAG (6.7.2006 – 2 AZR 442/05 – NZA 2007, 139) bestätigte Ansicht, dass es ausreichte, wenn der Arbeitgeber eine Verschlechterung der Altersstruktur für den Fall der Kündigung ohne Altersgruppenbildung darlegen konnte.

57 Die Altersgruppenbildung ist entgegen der nationalen Rechtsprechung nicht in allen Fällen europarechtskonform (Buschmann, FS Wank, S. 63, 70 auch unter Hinweis auf Verstoß gegen Art. 24 RESC und IAO-Abkommen Nr. 158; in allen Fällen, da kein sozialpolitisches Ziel, sondern Wettbewerbsinteresse des Arbeitgebers v. Roetteken, § 10 Rn. 649; aA, aber unter Hinweis auf die unsichere europäische Antwort Meinel/Heyn/Herms, § 10 Rn. 33; aA, zulässig, Gaul/Niklas, NZA-RR 2009, 457). Zwar hat der EuGH in ständiger Rechtsprechung anerkannt, dass eine ausgewogene Altersstruktur im Rahmen eines legitimen sozialpolitischen Ziels liegen kann (EuGH 5.7.2012 – Rs. C-141/11 (Hörnfeldt) – NJW 2012, 2499; EuGH 21.7.2011 – Rs. C-159/10 (Köhler/Fuchs) – NVwZ 2011, 1249; EuGH 18.11.2010 – Rs. C-250/09 (Georgiev) – NJW 2011, 42; EuGH 12.10.2010 – Rs. C-45/09 (Rosenbladt) – NJW 2010, 3767; EuGH 16.10.2007 – Rs. C-411/05 (Palacios) – NJW 2007, 3339). Selbst wenn man in § 1 Abs. 3 S. 2 KSchG eine derartige legitime Zielbestimmung sehen will, folgt daraus nicht automatisch die Verhältnismäßigkeit der Umsetzung. Zwar hat der EuGH in den oben genannten Entscheidungen einen großzügigen Verhältnismäßigkeitsmaßstab angewendet. Dies liegt jedoch allein darin begründet, dass es sich dabei ausschließlich um Sachverhalte handelte, bei denen bei Erreichen der Regelaltersgrenze (65) eine Altersabsicherung bezogen werden konnte. In Entscheidungen, in denen es um die Beendigung vor Erreichen der Regelaltersgrenze ging, hat der EuGH dagegen eine strenge Verhältnismäßigkeitsprüfung vorgenommen (insbesondere

Absenken der Regelaltersgrenze auf 62: EuGH 6.11.2012 – Rs. C-286/12 – EuGRZ 2012, 752, verneint wegen Ungeeignetheit zur Erreichung einer ausgewogenen Altersstruktur; EuGH 12.1.2010 – Rs. C-341/08 (Petersen) – NJW 2010, 587, Inkohärenz von Regelungen; EuGH 13.9.2011 – Rs. C-447/09 (Prigge) – NZA 2011, 1039; EuGH 12.10.2010 – Rs. C-499/08 (Andersen) – NZA 2010, 1341).

Die Argumentation, ein berechtigtes betriebliches Interesse liege darin, dass der Arbeitgeber einem Ausscheiden vieler älterer Mitarbeiter auf einmal durch eine langfristige Personalplanung entgegenwirken muss (LAG Hannover 13.7.2007 – 16 Sa 269/07 – LAGE § 2 AGG Nr. 3), setzt nach der Rechtsprechung des EuGH bei einem Ausscheiden unterhalb der Regelaltersgrenze (EuGH 6.11.2012 – Rs. C-286/12 – EuGRZ 2012, 752) einen entsprechend nachvollziehbaren Vortrag des Arbeitgebers mit konkreten Bezügen zur Altersstruktur und deren zukünftige Veränderung voraus. Bei diesem Vortrag ist ebenfalls zu berücksichtigen, dass nicht alle Arbeitnehmer bis zu ihrem vereinbarten Arbeitsende im Betrieb bleiben. Werden solche Prognosen vorgetragen, sind Fluktuationen ebenso zu berücksichtigen.

58 Entgegen der Ansicht der Rechtsprechung (→ Rn. 55) kann die Absicherung des **Status quo der Altersstruktur** europarechtlich problematisch sein (Buschmann, FS Wank, S. 63, 70, Brors, AuR 2005, 41; vgl. zum alten Recht LAG Schleswig-Holstein 8.7.1994 – 6 Sa 83/94 – BB 1995, 2660). Nach der Rechtslage vor Erlass des AGG sollte die Regelung dazu führen, dass der Arbeitgeber Altersgruppen zwischen den vergleichbaren Arbeitnehmern bilden und die Sozialauswahl innerhalb der jeweiligen Gruppe durchführen konnte. Da aber nicht sicher ist, dass dieser Status quo nicht selbst aufgrund von diskriminierenden Maßnahmen erreicht worden ist, spricht zunächst nichts für seine Beibehaltung und Absicherung. Im Gegenteil: Die nach dem überkommenen Arbeitsrecht noch zulässige „Verjüngung“ der Belegschaften zum Nachteil älterer Arbeitnehmer beruht gerade auf diskriminierenden Maßnahmen (feste Altersgrenzen, § 14 Abs. 3 TzBfG aF etc). Dieser tatsächliche Zustand soll durch das AGG geändert werden. Eine Berufung auf den Status quo kann gerade kontraproduktiv sein. Eine bestimmte Altersstruktur ist daher nur dann erhaltenswert, wenn sie tatsächlich gemischt ist. Zum Teil (APS-Kiel, KSchG § 1 Rn. 684) wird argumentiert, dass es sich bei § 1 Abs. 3 um die Rücknahme eines schon gewährten Schutzes (Schutz älterer Arbeitnehmer in der Sozialauswahl) handele und diese Rücknahme ohne eine Rechtfertigung möglich sei (Bauer/Krieger, § 10 Rn. 45 j „antidiskriminierende“ Wirkung; Thüsing, BB 2007, 1506; Bauer/Krieger, NZA 2007, 674; Nupnau, Anm. zu ArbG Osnabrück, DB 2007, 1200). Die Rücknahme des Schutzes ist jedoch ebenso eine Schlechterstellung, so dass nach dem Gesetz insbesondere nach Art. 21, 51 f. EU-GRC eine Rechtfertigung erforderlich ist (Buschmann, FS Wank, S. 63, 70). Mit der angeführten Argumentation ließe sich auch die Geltung des Diskriminierungsschutzes bei freiwilligen Arbeitgeberleistungen nicht vereinbaren.

59 Das Interesse des Arbeitgebers an einer bestimmten Altersstruktur seiner Belegschaft kann aber über § 8 zu rechtfertigen sein, wenn diese Struktur für die Tätigkeitserbringung im Zusammenwirken der Arbeitnehmer we-

sentliche berufsbezogene Voraussetzung ist. Derartige Fallgruppen werden die Ausnahme sein. Selbst das Beispiel der Erzieherinnen in Kindertagesstätten, bei denen sichergestellt werden soll, dass die Kinder nicht ausschließlich durch die „Großmüttergeneration" betreut werden (Däubler, NZA 2004, 177, 182), ist meines Erachtens nicht zwingend. Entscheidend sind die einzelnen Kenntnisse der Arbeitnehmer und nicht ihr Alter (Rust/Falke-Bertelsmann/Rust, § 7 Rn. 168).

60 Ebenso kann sich der Arbeitgeber nicht auf das Argument berufen, die Altersdurchmischung sei notwendig, da die Leistung im Alter schwinde. Unzulässig wird es ebenso sein, sich auf einen höheren Krankenstand älterer Arbeitnehmer zu berufen (ArbG Frankfurt 29.5.2007 – 11 Ca 8952/06), da reine Kostenargumente eine Diskriminierung nicht rechtfertigen können (LAG Hannover 13.7.2007 – 16 Sa 269/07 – LAGE § 2 AGG Nr. 3).

Erst eine Vorlage beim EuGH wird diese Rechtsfragen klären.

(4) Namensliste nach § 1 Abs. 5 KSchG, Auswahlrichtlinie nach § 1 Abs. 4 KSchG

61 Vereinbaren die Betriebsparteien eine Namensliste, ist die Überprüfung der Kündigungsentscheidung auf eine Altersdiskriminierung nicht ausgeschlossen (BAG 19.7.2012 – 2 AZR 352/11 – NZA 2013, 86; Annuß, BB 2006, 325, 326). Die ungerechtfertigte Altersdiskriminierung führt zu einer gesetzeswidrigen und damit grob fehlerhaften Auswahl (ausführlich dazu Buschmann, FS Wank, S. 63, 69; → § 17 Rn. 30). Zu denken ist auch an eine **mittelbare Diskriminierung**, wenn jüngere oder ältere Arbeitnehmer ohne rechtfertigenden Grund schlechter gestellt werden.

62 Eine **Auswahlrichtlinie** zB nach § 95 BetrVG, die der Sozialauswahl zugrunde gelegt wird, ist ebenfalls am Verbot der Altersdiskriminierung zu überprüfen. Nur wenn die Richtlinie selbst rechtswirksam vereinbart worden ist, beschränkt sich die Überprüfung der Sozialauswahl auf grobe Fehlerhaftigkeit gem. § 1 Abs. 4 KSchG. Verstößt die Auswahlrichtlinie aber selbst gegen das Diskriminierungsverbot, ist sie nichtig und beschränkt die Überprüfung der Sozialauswahl nicht. Allerdings ist zu beachten, dass der Verstoß gegen § 7 nicht automatisch zur Unwirksamkeit der Kündigung führt (ErfK-Oetker, KSchG § 1 Rn. 358; ArbG Osnabrück 3.7.2007 – 3 Ca 199/07 – NZA 2007, 982). Hat der Arbeitgeber eine fehlerhafte Sozialauswahl getroffen, so können sich nicht beliebig viele Arbeitnehmer auf diesen Umstand berufen, sondern es ist zu prüfen, ob die Klagepartei bei einer ansonsten fehlerfreien Sozialauswahl ohnehin hätte gekündigt werden können (BAG 9.11.2006 – 2 AZR 812/05 – DB 2007, 1087). Dies ist aber nur dann der Fall, wenn die Sozialauswahl ansonsten zulässig vorgenommen worden ist.

(5) § 173 SGB IX

63 In § 173 SGB IX (§ 90 SGB IX aF bis 31.12.2017) werden schwerbehinderte Arbeitnehmer von den besonderen Kündigungsregelungen der §§ 168 ff. SGB IX (Zustimmung Integrationsamt) ausgenommen, wenn sie das 58. Lebensjahr vollendet haben, durch bestimmte Leistungen abgesichert sind und sie ihrer Kündigung nicht widersprochen haben. Darin liegt eine un-

mittelbare Diskriminierung älterer Arbeitnehmer, die nicht zu rechtfertigen ist (Bertelsmann, ZESAR 2005, 242, 249; aA wegen Rücknahme des Schutzes ErfK-Rolfs, SGB IX § 90 Rn. 3). Insbesondere kann für die erleichterte Kündigungsmöglichkeit nicht mit der (angeblichen) wirtschaftlichen Absicherung der Arbeitnehmer oder einer diskriminierungsrechtlich irrelevanten Schutzrücknahme argumentiert werden. Die Regelung widerspricht zudem den europäischen Leitlinien zur Beschäftigungspolitik, da sie ein früheres Ausscheiden aus dem Arbeitsmarkt begünstigt (→ Rn. 32).

(6) Staffelung der Abfindungsbeiträge nach § 10 Abs. 2 KSchG

64 In § 10 Abs. 2 KSchG wird die Höhe der Abfindungen an das **Lebensalter** des gekündigten Arbeitnehmers geknüpft. Darin liegt eine unmittelbare Diskriminierung jüngerer Arbeitnehmer. Diese Schlechterstellung kann aber nach der Generalklausel des § 10 S. 1 gerechtfertigt werden. Sinn und Zweck der Regelung ist es, mit der Summe der Abfindung die Nachteile älterer Arbeitnehmer am Arbeitsmarkt auszugleichen und damit eine legitime arbeitsmarktpolitische Zielsetzung zu verfolgen. Da ältere Arbeitnehmer grundsätzlich größere Schwierigkeiten haben, nach dem Arbeitsplatzverlust eine neue Anstellung zu finden, als jüngere Arbeitnehmer, ist die Diskriminierung gerechtfertigt (Löwisch, FS Schwerdtner, S. 769; Annuß, BB 2006, 325, 326), wenn sich diese abnehmenden Chancen in der Staffelung ausdrücken.

(7) Krankheit als Kündigungsgrund

65 Eine Kündigung infolge erhöhter Fehlzeiten durch altersbedingt höhere Krankheitszeiten stellt einen nicht zu rechtfertigenden Verstoß gegen §§ 1, 7 dar (ArbG Frankfurt 29.5.2007 – 11 Ca 8952/06; auch bei der Berücksichtigung in Sozialplänen nur bei älteren Arbeitnehmern ArbG Cottbus 23.8.2012 – 11 Ca 1035/12 – EzA SD Nr. 21, 8). Der klagende Arbeitnehmer hat für eine mittelbare Altersdiskriminierung allerdings konkretes Zahlenmaterial vorzulegen, aus dem sich eine Relation von Alter und Krankenstand für die betreffende Branche ergibt (LAG Baden-Württemberg 18.6.2007 – 4 Sa 14/07 – AuA 2007, 624). Für das Vorliegen der Diskriminierung hat der Arbeitnehmer nach Maßgabe des § 22 die Darlegungs- und Beweislast.

d) Rechtfertigungsgrund für Alter und Betriebszugehörigkeit als Kündigungsschranken

66 Individual- oder tarifvertragliche **Unkündbarkeitsregelungen**, bei denen der Arbeitnehmer typischerweise nach einer bestimmten Betriebszugehörigkeit und ab einem bestimmten Lebensalter nicht mehr ordentlich gekündigt werden kann, sind zulasten jüngerer Arbeitnehmer unmittelbar oder mittelbar diskriminierend (Adomeit/Mohr, § 10 Rn. 93; Meinel/Heyn/Herms § 10 Rn. 34; Linsenmaier, RdA 2003 Sonderbeilage Heft 5, S. 22, 32; LAG Baden-Württemberg 9.12.2011 – 20 Sa 851/10 – ArbR 2012, 296). Sie führen dazu, dass ältere Arbeitnehmer bei betriebsbedingten Kündigungen aufgrund dieses Sonderkündigungsschutzes nicht in die Sozialauswahl einzubeziehen sind. Der Gesetzgeber hatte in der Nr. 7 aF zunächst die Modifikation eingefügt, dass durch derartige Regelungen „der Kündigungs-

schutz anderer Beschäftigter im Rahmen der Sozialauswahl nach § 1 Abs. 3 KSchG" nicht „grob fehlerhaft gemindert" werden darf. Dieser Rechtfertigungsgrund ist kurz nach Inkrafttreten des AGG aufgehoben worden. Zum Teil wird in der Streichung der Norm der Wille gesehen, keine Unkündbarkeiten mehr zuzulassen, so dass diese Regelungen unzulässig sind (Rust/Falke-Bertelsmann, § 10 Rn. 127). Zwar wäre eine gesetzliche Regelung im KSchG sinnvoller gewesen (Preis, NZA 2006, 401, 406), der Gesetzgeber hätte aber wegen der Schwierigkeiten einer genauen Bestimmung eines „Schutzwürdigkeitsalters" die branchen- oder betriebsspezifische Ausfüllung den Tarifvertragsparteien oder den Betriebspartnern überlassen müssen.

67 Zum Teil wird angenommen, dass Unkündbarkeitsregelungen die Umsetzung des nach § 10 S. 3 Nr. 1 legitimen Ziels sind, ältere Arbeitnehmer wegen ihrer schlechteren Chancen am Arbeitsmarkt zu schützen (LAG Baden-Württemberg 9.12.2011 – 20 Sa 85/10 – ArbR 2012, 296; Meynel/Heyn/Herms, § 10 Rn. 34; Adomeit/Mohr, § 10 Rn. 95; Bauer/Krieger, § 10 Rn. 46 ff.; Schleusener/Suckow/Voigt, § 10 Rn. 77). Dagegen wird eingewendet, dass es schon an einer gesetzlichen Umsetzung und damit an einer legitimen (vom Gesetzgeber erlassenen) Umsetzung fehlt (v. Roetteken, § 10 Rn. 691). Folge davon ist es, dass individual- oder kollektivrechtlich keine Unkündbarkeitsregelungen vereinbart werden können. Der EuGH hat in der Entscheidung Rosenbladt (EuGH 12.10.2010 – Rs. C-45/09 – NJW 2010, 3767) angenommen, dass § 10 S. 3 Nr. 5 eine legitime Grundlage für kollektivrechtliche Pensionsgrenzen ist, und keine hohen Anforderungen an die Bestimmtheit der Norm gestellt. Trotz Zweifel an der Europarechtskonformität, ist nicht eindeutig, wie der EuGH entscheiden würde. Nimmt man eine legitime Zielbestimmung an, kann die altersabhängige Unkündbarkeit nicht schematisch zu einer Schlechterstellung jüngerer Arbeitnehmer führen (BAG 20.6.2013 – 2 AZR 295/12 – NZA 2014, 208). Sie ist nur dann eine verhältnismäßige Umsetzung, wenn die Chancen des Älteren tatsächlich schlechter sind. Dies wirkt sich auf das Verfahren bei der Sozialauswahl aus: Es müssen die Belange des an sich zu Kündigenden gegen diejenigen des Unkündbaren abgewogen werden. Das bedeutet, dass der Arbeitgeber vor der Ausnahme des geschützten Arbeitnehmers von der Sozialauswahl stets zu prüfen hat, ob auch in diesem Einzelfall der ältere Arbeitnehmer die schlechteren Chancen am Arbeitsmarkt hat. Nur wenn dies der Fall ist, werden die Belange des zu Kündigenden ausreichend gewürdigt. Danach müssen tarifliche oder individualvertragliche Unkündbarkeitsregelungen diese **Abwägungsmöglichkeit** enthalten, damit sie nicht, wie es der Gesetzgeber in der aufgehobenen Nr. 7 aF formuliert hatte, den Kündigungsschutz anderer Beschäftigter grob fehlerhaft mindern. Das BAG nimmt jedenfalls dann keinen Verstoß gegen das Diskriminierungsverbot an, wenn keine Situation im Prozess vorgetragen wird, in der ein jüngerer Arbeitnehmer konkret wegen des Kündigungsverbots benachteiligt wird (BAG 20.6.2013 – 2 AZR 295/12 – NZA 2014, 208). Fehlt eine Abwägungsmöglichkeit, ist die Regelung in diesem Fall aufrechtzuerhalten (→ Rn. 70).

Theoretisch sind zwei Verfahren möglich, die beide mehrere Schritte vorsehen. Fest steht nämlich, dass die einfache Herausnahme der Unkündbaren ohne eine Einzelabwägung nicht mehr zulässig ist. Denkbar ist, die Arbeitnehmer mit Sonderkündigungsschutz – wie bisher – von vornherein von der Sozialauswahl auszunehmen (Bauer/Krieger, § 10 Rn. 50). Diese besonders geschützten Arbeitnehmer würden dann ohne Sozialdatenvergleich von der Kündigung ausgeschlossen. In einem weiteren Schritt müsste ermittelt werden, welcher besonders geschützte Arbeitnehmer sozial am wenigsten schutzwürdig ist, um dessen Daten in einem dritten Schritt gegen die Daten des sozial schutzwürdigsten der zu Kündigenden abzuwägen. Eine weitere Möglichkeit ist es, die durch die Unkündbarkeitsregelung Geschützten in die Sozialauswahl (virtuell) mit einzubeziehen und ihren Sonderkündigungsschutz nach durchgeführter Sozialauswahl gegen den des eigentlich (dh ohne Sonderkündigungsschutz) zu Kündigenden abzuwägen (Adomeit/Mohr, § 10 Rn. 95; Meynel/Heyn/Herms, § 10 Rn. 34; Alenfelder, Rn. 519; Berg/Natzel, ZfA 2012, 65, 75; in Extremfällen LAG Baden-Württemberg 9.12.2011 – 20 Sa 85/10 – ArbR 2012, 296; aA v. Roetteken, § 10 Rn. 699: Anpassung nach „oben" = Unkündbarkeit für alle Arbeitnehmer). Bei dieser Methode liefe die Sozialauswahl ebenso wie bei der Berücksichtigung von Leistungsträgern nach § 1 Abs. 3 S. 2 KSchG. Entscheidend bei dieser Abwägung wird sein, ob der Geschützte gegenüber dem an sich zu Kündigenden tatsächlich die schlechteren Chancen auf dem Arbeitsmarkt hat. Die Entscheidung zwischen diesen beiden Möglichkeiten hat – obwohl das Ergebnis auf den ersten Blick gleich erscheint – praktische Relevanz. Nur nach der ersten Möglichkeit können die Parteien mit der Vereinbarung des Sonderkündigungsschutzes festlegen, zwischen welchen Arbeitnehmern eine Sozialauswahl überhaupt noch stattfinden soll. Damit könnten sie einen Vertrag zulasten der einzelnen diskriminierten jüngeren Arbeitnehmer schließen. Dies wird aber nicht den europäischen Vorgaben gerecht. Eine schematische Besserstellung scheidet aus. Daher wird die zweite Lösungsmöglichkeit zu favorisieren sein (offen gelassen in BAG 20.6.2013 – 2 AZR 295/12 – NZA 2014, 208). In beiden Lösungsmodellen wird – wie es der Gesetzgeber in § 10 Nr. 7 aF vorgesehen hatte – die Auswahl auf grobe Fehlerhaftigkeit zu überprüfen sein. Eine grobe Fehlerhaftigkeit ist nach der bisherigen Rechtsprechung anzunehmen, wenn die Entscheidung jede Ausgewogenheit vermissen lässt (BAG 20.6.2013 – 2 AZR 295/12 – NZA 2014, 208; BAG 21.7.2005 – 6 AZR 592/04 – NZA 2006, 162). Dies ist der Fall, wenn überhaupt keine Einzelabwägung stattfindet oder der Abwägungsentscheidung (Chancen am Arbeitsmarkt) keine oder falsche Zahlen zugrunde gelegt werden.

68 Für die **Sozialauswahl** bedeutet dies Folgendes:

1. Schritt: Durchführung der Sozialauswahl unter Berücksichtigung der an sich aufgrund des Alters und der Betriebszugehörigkeit unkündbaren Arbeitnehmer.
2. Schritt: Abwägung der Schutzwürdigkeit des an sich (ohne Sonderkündigungsschutz) zu Kündigenden gegen die des Unkündbaren unter dem Gesichtspunkt der Chancen am Arbeitsmarkt.

69 Fraglich ist, ob sich der an sich zu kündigende Arbeitnehmer auf eine **familienbedingte Unflexibilität** berufen kann. Da dies jedoch schon mit seinen Unterhaltspflichten berücksichtigt ist, kann dieses Argument nicht doppelt berücksichtigt werden. Die Interessen des älteren Arbeitnehmers treten aber dann zurück, wenn er ausnahmsweise aufgrund besonderer Qualifikation oder Erfahrung besser vermittelbar ist.

70 Enthalten individual- oder kollektivrechtliche Unkündbarkeitsregelungen nicht gerechtfertigte Diskriminierungen, da etwa keine Einzelabwägung vorgesehen ist, verstoßen sie gegen das Diskriminierungsverbot. Individualvertragliche Regelungen können allerdings gem. **§ 140 BGB** umgedeutet werden, wenn das nichtige Rechtsgeschäft ein wirksames beinhaltet. Für Tarifregeln kommt eine europarechtskonforme Auslegung in Betracht. Das wird zB bei Fehlen einer Einzelabwägung der Fall sein. Wenn die Parteien dem älteren Arbeitnehmer schon nicht den automatischen Vorzug durch den Sonderkündigungsschutz gewähren können, wollen sie im Zweifel eine Lösung aufrechterhalten, die den europarechtlichen Mindestschutz gibt (BAG 20.6.2013 – 2 AZR 295/12 – NZA 2014, 208). Fehlt die Abwägungsmöglichkeit, bedeutet dies aber nicht, dass dem einzelnen geschützten Arbeitnehmer der Kündigungsschutz entzogen werden kann. Vielmehr bleibt der Arbeitgeber an seine Zusage gebunden, da die Ungleichbehandlung zu einer Besserstellung führt, nicht aber zu dem Versagen versprochener Leistungen (LAG Baden-Württemberg 15.3.2007 – 21 Sa 97/06).

Werden Arbeitnehmer in **Dienstvereinbarungen** vor Versetzungen oder Umsetzungen mit zunehmendem Alter nach Punktetabellen geschützt, kann dies zwar nach der nationalen Rechtsprechung grundsätzlich dem beschäftigungspolitischen Ziel des Schutzes älterer Arbeitnehmer dienen (BAG 13.10.2009 – 9 AZR 722/08 – NZA 2010, 327, allerdings nur nach § 10 S. 2, da ab 30 Jahren Arbeitnehmer nicht „älter" iSd Nr. 1 sind, dazu → Rn. 7). Im Rahmen der Verhältnismäßigkeit muss jedoch festgestellt werden, ab welchen Zeitpunkten von einer abnehmenden Fähigkeit zum Wechsel gesprochen werden kann (statistischer Nachweis erforderlich, BAG 13.10.2009 – 9 AZR 722/08 – NZA 2010, 327). Es ist daher ohne Vorliegen von statistischen Nachweisen vom Abschluss derartiger Dienstvereinbarungen abzuraten.

3. Rechtfertigung nach Nr. 2 für den Zugang oder die Vorteilsgewährung im Arbeitsverhältnis

71 Nach der Nr. 2 können für den Zugang zur Beschäftigung und für Vorteile, die mit der Beschäftigung verbunden sind, Mindestgrenzen festgelegt werden, die an das Alter, die Berufserfahrung oder das Dienstalter anknüpfen. Damit kann die Nr. 2 insbesondere Rechtfertigungsgrund für **Mindestaltersgrenzen** sein, wenn damit ein Allgemeinwohlziel im Sinne der Generalklausel des § 10 Abs. 1 verwirklicht werden soll. Über die Berücksichtigung der Berufserfahrung oder des Dienstalters können Entgeltsysteme gerechtfertigt sein, die Betriebstreue oder Erfahrung des Arbeitnehmers entlohnen sollen. Die Honorierung von Betriebstreue kann ein sozialpolitisches Ziel sein (Rebhahn/Windisch-Graetz, § 20 Rn. 30). Kann der Arbeit-

geber erlaubt ein bestimmtes Mindestalter voraussetzen, ist ausnahmsweise auch die **Frage** nach dem Alter im **Einstellungsgespräch** zulässig.

a) Mindestanforderungen für den Zugang zur Beschäftigung

72 Die Rechtfertigung für Mindestaltersgrenzen nach § 10 ist von dem berufsbezogenen Rechtfertigungsgrund des § 8 zu trennen. Mindestaltersgrenzen können nach den in § 10 Abs. 1 genannten Gründen nur dann gerechtfertigt werden, wenn es sich um arbeitsmarktpolitische Gründe handelt. Es hat daher eine Verhältnismäßigkeitsprüfung im Einzelfall zu erfolgen (Bauer/Krieger, § 10 Rn. 29). Im Regelfall sind Mindestaltersgrenzen nicht mehr zulässig; erforderlich ist das Anknüpfen an bestimmte Fähigkeiten (Meinel/Heyn/Herms, § 10 Rn. 43).

73 Nach § 3 BVerfGG wird für die Einstellung als Richter am Bundesverfassungsgericht die Vollendung des 40. Lebensjahrs verlangt. Das AGG ist auf das Dienstverhältnis der Richter gem. § 24 entsprechend anzuwenden. Der Gesetzgeber will mit dieser Mindestaltersgrenze sicherstellen, dass der Einzustellende ein Mindestmaß an Lebens- und Berufserfahrung hat (vgl. auch § 7 Abs. 1 Nr. 3 BBG). Die Diskriminierung jüngerer Arbeitnehmer ist jedoch nicht gerechtfertigt. Das Alter ist kein Kriterium für Berufs- und Lebenserfahrung (Bertelsmann, ZESAR 2005, 242, 245; Schmidt/Senne, RdA 2002, 80, 88; Rust/Falke-Bertelsmann, § 10 Rn. 131 ff.; Meinel/Heyn/Herms, § 10 Rn. 43). Es hat auch keine indizielle Wirkung (anders Linsenmaier, RdA 2003 Sonderbeilage Heft 5, 22, 28; Adomeit/Mohr, § 10 Rn. 115). Dieselbe Argumentation gilt für das in Art. 54 Abs. 1 GG verlangte Mindestalter des Bundespräsidenten bzw. die Mindestaltersgrenzen für Ministerpräsidenten, die verschiedene Länder (zB Bayern und Baden-Württemberg) vorsehen.

b) Konsequenzen für die Einstellungssituation

aa) Stellenausschreibung

74 Ist die Anknüpfung an das Alter nicht gerechtfertigt, darf der Arbeitgeber das Alter in der Stellenausschreibung gem. § 11 nicht als Einstellungsvoraussetzung erwähnen (Linsenmaier, RdA 2003 Sonderbeilage Heft 5, S. 22, 28; Lüderitz, S. 138). Stellenausschreibungen, in denen ein bestimmtes Höchstalter, zB 35 Jahre, oder eine bestimmte Altersgruppe, zB „junge Rechtsanwälte", genannt werden, sind **diskriminierend** (ArbG Stuttgart 5.9.2007 – 29 Ca 2793/07). Eine Diskriminierung kann aber auch vorliegen, wenn auf eine Mitarbeit in einem jungen Team abgestellt wird (BAG 19.5.2016 – 8 AZR 470/14). Dagegen kann der Arbeitgeber weiterhin bestimmte Qualifikationen, zB Examina, oder auch Berufserfahrung als Einstellungsvoraussetzung in der Stellenanzeige verlangen. Das Anknüpfen an Berufserfahrung ist als mittelbare Diskriminierung allerdings ebenso zu rechtfertigen (BAG 19.5.2016 – 8 AZR 470/14). Knüpft der Arbeitgeber in der Stellenanzeige unzulässig an das Alter an und wird ein ernsthafter Bewerber nicht eingestellt, ist der **Diskriminierungsvorwurf nur schwer widerlegbar**. Das BAG hat in einer Entscheidung zur Geschlechterdiskriminierung verlangt, der Arbeitgeber müsse entlastend vortragen, dass das unzulässige Unterscheidungsmerkmal noch nicht einmal eine untergeordnete Rolle in einem Motivbündel gespielt haben dürfe (BAG 5.2.2004 – 8 AZR

112/03 – NZA 2004, 540). Allerdings wurde eine Widerlegung angenommen, wenn der Arbeitgeber mehr ältere Arbeitnehmer eingestellt hatte (ArbG Stuttgart 5.9.2007 – 29 Ca 2793/07). **Schadensersatz** nach § 15 Abs. 2 ist nur zu zahlen, wenn es nicht nur um die formale Position als Bewerber geht, sondern ein Interesse an der Stelle als solcher besteht. Allein die Anzahl der Bewerbungen auf diskriminierende Stellenanzeigen ist kein Indiz für eine rechtsmissbräuchliche Klage (BAG 19.5.2016 – 8 AZR 470/14 – NZA 2016, 1394; zuvor schon LAG Berlin 14.7.2004 – 15 Sa 417/04 – NZA-RR 2005, 124).

bb) Fragerecht des Arbeitgebers nach dem Alter

75 Ist kein Rechtfertigungsgrund nach § 8 gegeben und gibt es keine Rechtfertigung für Höchst- oder Mindestalter bei der Einstellung, ist die **Frage** des Arbeitgebers im Einstellungsgespräch **nach dem Alter des Arbeitnehmers eine unzulässige Diskriminierung** (Bertelsmann, ZESAR 2005, 242, 244, 248; Kuras, RdA 2003, Sonderbeilage zu Heft 5, S. 11, 19; Linsenmaier, RdA 2003 Sonderbeilage Heft 5, S. 22; Lüderitz, S. 138; Leuchten, NZA 2002, 1254, 1257; Rebhahn/Windisch-Graetz, § 17 Rn. 37). Gerechtfertigt darf der Arbeitgeber in der Einstellungssituation daher nur dann nach dem Alter fragen, wenn ein Mindestalter aus berufsbezogenen Gründen (vgl. § 8) gerechtfertigt ist oder wenn altersabhängig eine bestimmte Mindestbeschäftigungszeit bei ihm vorausgesetzt werden kann. Dies sind wenige Ausnahmen. In allen übrigen Fällen ist die Frage nach dem Alter unzulässig. Muss der Arbeitgeber das Alter aus anderen Gründen wissen, zB gerechtfertigte Altersanknüpfung für Leistungen, Berücksichtigung bei der Sozialauswahl, kann er das Alter nach dem Abschluss des Arbeitsvertrags erfragen.

76 Auch der Wunsch des Arbeitgebers, in der Einstellungssituation auf eine **ausgewogene Altersstruktur** (§ 1 Abs. 3 S. 2 KSchG) zu achten, wird in der Regel keine Frage nach dem Alter rechtfertigen (so auch Rust/Falke-Bertelsmann, § 10 Rn. 188; anders Waltermann, NZA 2005, 1265, 1267). Rechtfertigungsgrund könnte insoweit nur § 8 sein, wenn ein bestimmtes Alter für die Tätigkeit des Arbeitnehmers im betrieblichen Zusammenhang hinsichtlich einer bestimmten Altersstruktur erforderlich ist. Ein derartiges betriebliches Interesse ist nur in wenigen Ausnahmefällen anzunehmen. Da nicht davon auszugehen ist, dass die Leistungsfähigkeit grundsätzlich mit dem Alter abnimmt (zusammenfassend zu gerontologischen Studien Boecken, Bd. I, Gutachten (Teil B) für den 62. deutschen Juristentag (1988), S. 54), hat der Arbeitgeber kein berechtigtes Interesse, junge Arbeitskräfte älteren vorzuziehen. Da es ebenso unwahrscheinlich ist, dass alle älteren Arbeitnehmer auf „einen Schlag" aufhören, bleiben oftmals erfahrene Arbeitskräfte, um jüngere einzuarbeiten.

77 Fragt der Arbeitgeber ohne gesetzliche Rechtfertigung nach dem Alter des Arbeitnehmers, so handelt es sich um keine zulässige Frage. Beantwortet der Arbeitnehmer die Frage unzutreffend, kann der Arbeitgeber den Arbeitsvertrag **nicht** gem. **§ 123 BGB** anfechten. Die Täuschung des Arbeitnehmers ist nicht rechtswidrig (BAG 3.12.1998 – 2 AZR 754/97 – NZA 1999, 584). Allerdings wird diese Problematik nicht dieselbe Bedeutung

gewinnen wie die unzulässige Frage nach der Schwangerschaft. Auch aus dem datenlosen Lebenslauf und letztlich dem Vorstellungsgespräch kann der Arbeitgeber auf das Alter des Arbeitnehmers schließen (Waltermann, NZA 2005, 1265, 1268).

c) Mindestanforderungen für Vorteile aus dem Beschäftigungsverhältnis

78 Unter den Anwendungsbereich fallen alle mit dem Arbeitsverhältnis verbundenen Vorteile, wenn sie von einer **Mindestaltersgrenze** abhängen. Höchstaltersgrenzen können nach der Nr. 1 und der Nr. 3 gerechtfertigt sein. Unter den Begriff „Vorteil" fällt jegliche objektive Besserstellung des Arbeitnehmers. Das kann zB der berufliche Aufstieg ab einem bestimmten Lebensalter sein (Lüderitz, S. 91).

79 Unter den Anwendungsbereich der Richtlinie 2000/78/EG und damit auch unter den Anwendungsbereich des AGG fallen alle mit dem Arbeitsverhältnis im Zusammenhang stehende Leistungen. Der Entgeltbegriff ist weit zu fassen, handelt es sich aber um eine steuerrechtliche Vorschrift, in der eine Zusatzbesteuerung von Rentenansprüchen geregelt ist, fällt dies nicht unter den Diskriminierungsschutz (EuGH 2.6.2016 – Rs. C-122/15 – NZA 2016, 753). In vielen früheren individual- oder tarifvertraglichen Regelungen wurde der Arbeitnehmer unter Bezug auf sein Lebensalter entlohnt. Knüpft der Lohn an das Alter des Arbeitnehmers (auch als zusätzliches Merkmal neben der Betriebszugehörigkeit) an, ist dies eine **unmittelbare Diskriminierung**. Zwar kann der jüngere Arbeitnehmer später in den Genuss der höheren Bezüge gelangen, so dass das Differenzkriterium anders als das Geschlecht nicht unabänderlich ist. In der Situation der Leistungsgewährung wird jedoch der jüngere Arbeitnehmer schlechter gestellt. Spätere Vorteile sind schon deshalb nicht zu berücksichtigen (anders wohl Waltermann, NZA 2005, 1265, 1269), da es völlig unsicher ist, ob der Arbeitnehmer sie erhalten wird. Ebenso ist es nicht zulässig, höhere Löhne für ältere Arbeitnehmer mit einem zunehmenden finanziellen Mehraufwand im Alter zu begründen (in diese Richtung aber Wiedemann/Thüsing, NZA 2002, 1234, 1241). Weder will der Arbeitgeber den Arbeitnehmer nach dessen Bedarf bezahlen, noch wäre diese Argumentation rechtfertigend. Entscheidend wäre nämlich dann nur der Mehraufwand und nicht das Alter als Kriterium. Wird der Arbeitnehmer mit zunehmendem Alter besser gestellt, werden **jüngere Arbeitnehmer diskriminiert**. Ebenso kann sich die altersabhängige höhere Lohngruppe aber auch als eine Schlechterstellung des älteren Arbeitnehmers erweisen: Aufgrund des **höheren Einstiegsgehalts** wird er wesentlich **schlechtere Chancen bei einer Neueinstellung** haben. Wird der ältere Arbeitnehmer auf der anderen Seite infolge seines Alters von einer Lohnentwicklung abgekoppelt, wird er gegenüber jüngeren Arbeitnehmern schlechter gestellt. Die altersabhängige Nichtanrechnung von Vordienstzeiten muss durch ein legitimes Ziel gerechtfertigt sein. Der Ausgleich von Nachteilen für Abiturienten rechtfertigt schon deshalb nicht, da Alter und Schulabschluss keine deckungsgleichen Kriterien sind (EuGH 18.6.2009 – Rs. C-88/08 (Hütter) – NZA 2009, 891).

80 Durch die in Art. 6 Abs. 1 RL 2000/78/EG bzw. in § 10 genannten Gründe lässt sich eine **altersabhängige Entlohnung nicht rechtfertigen** (EuGH

8.9.2011 – Rs. C-297/10 (Hennings) – NZA 2011, 1100; zuvor schon ArbG Berlin 22.8.2007 – 86 Ca 1696/07 – AuA 2007, 749; Löwisch, DB 2006, 1729, 1730; Lüderitz, S. 115; Bertelsmann, ZESAR 2005, 242, 245; Rust/Falke-Bertelsmann, § 10 Rn. 142 ff. zu Entgeltabschlägen; v. Roetteken, § 10 Rn. 324; Bauer/Krieger, § 10 Rn. 30; Nollert-Borasio/Perreng, § 10 Rn. 11, 13; Meinel/Heyn/Herms, § 10 Rn. 45; Rieble/Zedler, ZfA 2007, 295; Schiek-Schmidt, § 10 Rn. 19; Adomeit/Mohr, § 10 Rn. 109). Der EuGH hat darauf abgestellt, dass zwar grundsätzlich Berufserfahrung honoriert werden kann, Alter und Berufserfahrung jedoch nicht zwingend deckungsgleich sind und die Umsetzung daher unverhältnismäßig ist (EuGH 8.9.2011 – Rs. C-297/10 (Hennings) – NZA 2011, 1100, 1103). Ebenso verneint der EuGH einen Zusammenhang zwischen Alter und finanziellem Mehraufwand. Die Entlohnung nach dem Alter ist daher eine nicht zu rechtfertigende Diskriminierung. Folgerichtig können Lohnsysteme nicht mehr an das Alter anknüpfen. Insbesondere Entgeltabschlagsregelungen bei jüngeren Arbeitnehmern sind nicht zulässig (Rust/Falke-Bertelsmann, § 10 Rn. 142 ff.). Zu Verdienstsicherungsklauseln → Rn. 48. Ebenso verstößt eine an das Alter anknüpfende tarifliche Anrechnungsklausel, durch die ältere Arbeitnehmer bei Einkommenserhöhungen begünstigt werden, gegen das Diskriminierungsverbot (BAG 18.2.2016 – 700/14 – NZA 2016, 709).

81 Zulässig ist es dagegen, unter bestimmten Voraussetzungen das Entgelt an die Dauer der Betriebszugehörigkeit bzw. an das Dienstalter zu koppeln. Dabei handelt es sich um eine **mittelbare Diskriminierung** (Wiedemann/Thüsing, NZA 2002, 1234, 1241), die in § 10 S. 3 Nr. 2 genannt ist. Dagegen ist eine bloße Stichtagsregelung bzgl. des Bestehens des Arbeitsverhältnisses zu einem bestimmten Zeitpunkt im Jahr keine mittelbare Altersdiskriminierung, da der Bezug zum Alter fehlt (BAG 12.12.2012 – 10 AZR 718/11 – BB 2013, 51). Es ist nicht jegliches Anknüpfen an Betriebszugehörigkeit oder Dienstalter gerechtfertigt. Vielmehr ist im Einzelfall weiter zu prüfen, ob ein sachlicher Grund die Schlechterstellung jüngerer Arbeitnehmer rechtfertigt. Dabei sind drei Argumentationen denkbar.

(1) Zum einen kann der sachliche Grund in der Honorierung von **Betriebstreue** liegen (BAG 15.11.2012 – 6 AZR 359/11 – BB 2013, 500; zum grundsätzlichen Konzept Temming, S. 517). Zwar ist die Betriebstreue nicht neutral, da sie mit zunehmendem Alter steigt. Als mittelbare Diskriminierung kann sie jedoch gerechtfertigt sein, wenn sich der Arbeitgeber sachlich nachvollziehbar gegen eine Fluktuation schützen will, etwa durch die Bindung besonders qualifizierter Arbeitnehmer. In Zeiten hoher Arbeitslosigkeit trägt der Arbeitgeber aber dafür die Darlegungslast. Berücksichtigt der Arbeitgeber allerdings auch Zeiten bei anderen Arbeitgebern, handelt er selbstwidersprüchlich und nicht „kohärent“, so dass er sich nicht auf den sachlichen Grund „Betriebstreue“ berufen kann (v. Roetteken, § 10 Rn. 330).

(2) Darüber hinaus kann es dem Arbeitgeber auch darum gehen, die zunehmende Berufserfahrung und die damit verbundene **bessere Arbeitsleistung** entsprechend besser zu vergüten (EuGH 3.10.2006 – Rs. C-17/05 (Cadman) – NZA 2006, 1205; BVerfG 6.5.2004 – 2 BvL

16/02 – NVwZ 2005, 677; VG Hannover 16.11.2012 – 13 A 4677/12; Glajcar, Altersdiskriminierung durch tarifliche Vergütung, S. 210). Stellt der Arbeitgeber in diesem Zusammenhang auf die Berufserfahrung ab, muss es sich im Einklang mit der insoweit zu übertragenden (Bertelsmann, ZESAR 2005, 242, 245; Kuras, RdA 2003, 11, 19; Linsenmaier, RdA 2003 Sonderbeilage Heft 5, S. 22, 29) Rechtsprechung des EuGH (7.2.1991 – Rs. C-184/89 (Nimz) – NJW 1991, 2207) um eine Tätigkeit handeln, bei welcher der Arbeitnehmer mit zunehmender Erfahrung eine bessere Qualifikation erlangen kann (Schmidt/Senne, RdA 2002, 80, 88). Dabei ist aber hinsichtlich der Darlegungs- und Beweislast zu beachten, dass nach der Rechtsprechung des EuGH zunächst grundsätzlich davon auszugehen ist, dass mit zunehmendem Dienstalter auch die Berufserfahrung und damit die Fähigkeiten des Arbeitnehmers steigen (EuGH 3.10.2006 – Rs. C-17/05 (Cadman) – NZA 2006, 1205; EuGH 7.2.1991 – Rs. C-184/89 – NVwZ 1991, 461). Dabei ist der Arbeitgeber in seiner Entscheidung frei, ob er Zeiten bei anderen Arbeitgebern anrechnet, die zu ähnlichen Kenntnissen führen (EuGH 7.6.2012 – Rs. C-132/11 (Tyrolean Airways) – NZA 2012, 742). Nur wenn der Arbeitnehmer Tatsachen vorträgt, die ernsthafte Zweifel an dieser Typik begründen, muss der Arbeitgeber den Nachweis führen, dass für den konkreten Arbeitsplatz die Fähigkeiten mit längerer Betriebszugehörigkeit steigen. In den übrigen Fällen hat der Arbeitgeber diese Darlegungslast nicht und er kann sich auf die grundsätzliche Typik berufen. Problematisch ist insbesondere, ob ab einem bestimmten Dienstalter überhaupt noch Fähigkeiten hinzugewonnen werden können (ErfK-Schlachter, § 10 Rn. 8). Will der Arbeitgeber dagegen allgemein auf die **Lebenserfahrung** abstellen, sind sowohl das Alter wie auch die Beschäftigungsdauer ungeeignete Kriterien (Rebhahn/Windisch-Graetz, § 20 Rn. 32; MüKo-Thüsing, § 10 Rn. 13), da Lebenserfahrung biographie- und nicht altersabhängig ist.

(3) Ein sachlicher Grund kann auch in einem auf ein „**Lebensarbeitsverhältnis**" konzipierten Vergütungssystem zu sehen sein, bei dem die Entlohnung zunächst unter und mit zunehmenden Beschäftigungsjahren über dem Nutzenwert liegt (dazu grundlegend aus ökonomischer Sichtweise Lazear, Journal of Political Economy 1979, 1261). Auch hierfür trägt der Arbeitgeber die Darlegungs- und Beweislast.

82 Die **Rechtsfolge** bei einer nicht gerechtfertigten Schlechterstellung jüngerer Arbeitnehmer bei der Entlohnung ist umstritten. Es kommt zum einen die Entlohnung nach der höchsten Stufe in Betracht (BAG 10.11.2011 – 6 AZR 148/09 – NZA 2012, 161 für BAT; LAG Berlin-Brandenburg 29.11.2012 – 25 Sa 1146/12 für in der Vergangenheit liegende Ansprüche; VG Frankfurt 20.8.2012 – 9 K 5034/11.F für Richterbesoldung; aA OVG Sachsen-Anhalt 11.12.2012 – 1 L 9/12 für Besoldung/Eingruppierung nach Dienstjahren; Bauer/Krieger, FS Bepler, S. 1, 13 Durchschnittswert; kritisch zur Anpassung nach oben Wank, FS Bepler, S. 585, 600; Wendeling-Schröder, AuR 2015, 49, 52). Ist das System der Maßnahme als solches wirksam und nur eine Stichtagsregelung diskriminierend, ist nach der höchsten Stufe zu entlohnen (BAG 9.11.2015 – 4 AZR 684/12 – NZA 2016, 897). Der EuGH (19.6.2014 – Rs. C-501/12 – NZA 2014, 831) hat in der Rechtssa-

che Specht vertreten, dass die Anhebung „nur dann zur Anwendung (kommt), wenn es ein solches gültiges Bezugssystem gibt" und bei Vorschriften, die eine altersabhängige Beamtenbesoldung vorgesehen haben, ein solches wirksames System verneint. Das BVerwG (30.10.2014 – 2 C 6/13) ist dem gefolgt und hat einen Anspruch auf der höchsten Stufe abgelehnt. Dagegen lässt sich einwenden, dass es sich bei der Entlohnung der durch die Gehaltsendstufe bevorzugten Gruppe nicht um eine Diskriminierung aufgrund des Alters handelt, da schon eine Schlechterstellung fehlt. Es ist ja nicht der Altersbezug als solcher untersagt, sondern nur die Schlechterstellung aufgrund des Alters. Die fehlt aber bei der Gruppe, die den Höchstsatz erhält. Insofern hätte man auch hier den Höchstsatz für die Bemessung heranziehen können, hat dann aber die Ansicht der höchstrichterlichen Rechtsprechung gegen sich. Ein Zahlungsanspruch lässt sich in diesen Fällen über § 15 Abs. 2 und den unionsrechtlichen (Staats)haftungsanspruch begründen. Bei der Höhe des Anspruchs ist zu berücksichtigen, dass dieser entgegen der Rechtsprechung des BVerwG (30.10.2014 – 2 C 6/13) nicht in Anlehnung an § 198 Abs. 3 GVG, § 97 a Abs. 2 S. 3 BVerfGG auf einen Betrag von 100 EUR pro Monat gedeckelt sein kann (VG Frankfurt 13.11.2015 – 9 K 2555/13.F). Der Entschädigungsanspruch nach § 15 Abs. 2 S. 1 und der nach § 198 Abs. 3 GVG, § 97 a Abs. 2 S. 3 BVerfGG haben unterschiedliche Zielsetzungen. Zwar ist es denkbar, dass bei einem Verstoß gegen Diskriminierungsverbote wegen eines überlangen Prozesses zusätzlich ein Anspruch nach § 198 Abs. 3 GVG, § 97 a Abs. 2 S. 3 BVerfGG zuerkannt werden kann. Da die beiden Entschädigungsansprüche andere Zielsetzungen haben, kann die Grenze von 100 EUR nicht maßgeblich für den diskriminierungsrechtlichen Entschädigungsanspruch sein. Nach § 198 Abs. 3 GVG, § 97 a Abs. 2 S. 3 BVerfGG soll eine Entschädigung wegen eines überlangen Prozesse gezahlt und damit die aufgrund der Zeitdauer möglichen Ruf- oder Kreditschädigungen bzw. Nachteile durch mangelnde Planungssicherheit ausgeglichen werden (BSG 12.2.2015 – B 10 ÜG 1/13 R). Dagegen handelt es sich bei § 15 Abs. 2 um einen Entschädigungsanspruch wegen einer Persönlichkeitsrechtsverletzung durch die diskriminierende Handlung (→ § 15 Rn. 16). Dabei ist zu beachten, dass die Entschädigung geeignet sein muss, eine abschreckende Wirkung gegenüber dem Dienstherrn zu haben und dass sie in einem angemessenen Verhältnis zum erlittenen Schaden stehen muss (BVerwG 30.10.2014 – 2 C 6/13). Die Frist des § 15 Abs. 4 S. 1 beginnt bei einer andauernden Diskriminierung mit der letzten Diskriminierungshandlung, da es sich um einen Dauertatbestand handelt (VG Frankfurt 13.11.2015 – 9 K 2555/13 F; bei Persönlichkeitsrechtsverletzungen BAG 11.12.2014 – 8 AZR 838/13; LAG Mecklenburg-Vorpommern 21.7.2015 – 2 Sa 36/15; LAG Rheinland Pfalz 29.10.2015 – 2 Sa 193/15; nicht berücksichtigt VG Aachen 16.7.2015 – 1 K 1462/13).

Die durch die **Überleitungsvorschriften herbeigeführte Besitzstandswahrung** (der alten altersabhängigen Vergütungsstufe) hat der EuGH als verhältnismäßig angesehen (EuGH 19.6.2014 – Rs. C-501/12 (Specht) – NZA 2014, 83; EuGH 8.9.2011 – Rs. C-297/10 (Hennings) – NZA 2011, 1100, 1104; folgend BVerfG 7.10.2015 – 2 BvR 413/15 – NVwZ 2016, 56; BAG 8.12.2011 – 6 AZR 319/09 – NZA 2012, 275; OVG Sachsen-Anhalt

11.12.2012 – 1 L 188/11; LAG Schleswig-Holstein 12.7.2012 – 4 Sa 90/12 – LAGE § 10 AGG Nr. 7; zur Berücksichtigung von fiskalischen Interessen Thüsing/Pötters, EuZW 2015, 935, 937).

4. Bedingungen für die Festsetzung eines zulässigen Höchstalters bei der Einstellung gem. Nr. 3

a) Anwendungsbereich

83 In der Nr. 3 wird dem Gesetzgeber die Möglichkeit gegeben, einen Rechtfertigungstatbestand speziell für Höchstaltersgrenzen bei der Einstellung zu schaffen. Höchstaltersgrenzen für andere Fallsituationen als die Einstellung sind in der Nr. 1 geregelt. Mindestaltersgrenzen können über die Nr. 2 zu rechtfertigen sein. In der Nr. 3 ist als Beispiel genannt, dass der Arbeitgeber ein Höchstalter aufgrund spezifischer Ausbildungsanforderungen oder bezüglich bestimmter Beschäftigungszeiten vor dem Eintritt in den Ruhestand verlangt. Die Formulierung der Nr. 3 wiederholt den Richtlinientext. Aus diesem Grund ist es problematisch, zu beurteilen, ob sich ein beschäftigungspolitisches Ziel allein aus dieser Generalklausel ergibt. Nimmt man eine rechtfertigende gesetzliche Grundlage an (dazu kritisch Meynel/Heyn/Herms, § 10 Rn. 55), ist weiter problematisch, ob dieses Ziel mit den bestehenden Regelungen verhältnismäßig umgesetzt wird. Unter die Nr. 3 fallen nur beschäftigungspolitische Ziele, die Rechtfertigung aus tätigkeitsbezogenen Gründen folgt aus § 8.

b) Höchstaltersgrenzen im Beamtenrecht

84 In der BundeslaufbahnVO und in den LaufbahnVO der Länder werden an verschiedenen Stellen Höchstaltersgrenzen gezogen. Nach der früheren verwaltungsgerichtlichen Rechtsprechung sollte es für die Rechtfertigung der Altersdiskriminierung ausreichen, dass der Dienstherr ein berechtigtes Interesse an einem ausgeglichenen Verhältnis von Dienst- und Ruhestandszeiten hat (BVerwG 26.3.2012 – 2 B 26/11; OVG Münster 1.10.2012 – 6 A 2988/11). Das BVerfG (21.4.2015 – 2 BvR 1322/12 – NVwZ 2015, 1279) hat die Regelung in der LaufbahnVO NRW mangels hinreichender gesetzlicher Grundlage für verfassungswidrig angesehen, gleichzeitig aber auch ausgeführt, dass das Alimentationsprinzip als Versorgung unabhängig von erbrachten synallagmatischen Leistungen auch eine Altersdiskriminierung rechtfertigen könne, der Hinweis auf eine durchmischte Altersstruktur (wie schon zuvor Kühling/Bertelsmann, NVwZ 2010, 87) dagegen nicht. Damit steht nach der Rechtsprechung fest, dass die Generalklausel in Nr. 3 als gesetzliche Grundlage einer Rechtfertigung nicht ausreicht; das beschäftigungspolitische Ziel muss in der Regelung erkennbar sein. Die Neuregelung in § 15 a Abs. 1 LBG ist als Rechtfertigungsgrundlage zur Sicherung des Alimentationsprinzips angesehen worden (VG Düsseldorf 12.12.2016 – 2 K 7762/16; VG Münster 7.10.2016 – 4 K 2122/15). Allein die Rechtfertigung aus haushaltsrechtlichen Gründen trägt dagegen nicht (BVerfG 21.4.2015 – 2 BvR 1322/12 – NVwZ 2015, 1279; OVG Münster 22.1.2013 – 6 A 1171/11). Die Zulässigkeit der Altershöchstgrenze im Beamtenrecht hängt daher davon ab, ob man den Alimentationsgedanken vor dem Hintergrund des Europarechts als Rechtfertigung anerkennt (OVG Münster 18.7.2007 – 6 A 4770/04). Das angemessene Verhältnis von

Dienst- und Pensionszeit kann auch daraus folgen, dass die Höhe der Pension von der Dienstzeit abhängig gemacht wird (dagegen Rust/Falke-Bertelsmann, § 10 Rn. 190; nicht erforderlich: Kühling/Bertelsmann, NVwZ 2010, 87; Klaus, NVwZ 2010, 87). Insbesondere kann nicht pauschal argumentiert werden, Höchstaltersgrenzen rechtfertigten sich aus den hergebrachten Grundsätzen des Berufsbeamtentums. Diese können ebenso diskriminierend sein (Bertelsmann, ZESAR 2005, 242, 248; Rust/Falke-Bertelsmann, § 10 Rn. 185 ff.; Meinel/Heyn/Herms, § 10 Rn. 55; Richter, Benachteiligungen wegen Alters im Erwerbsleben, S. 244), da sie sich nicht zwingend am EU-Recht orientieren (v. Roetteken, § 10 Rn. 351). Der EuGH hat zu diesen Fragen bislang keine Stellung nehmen müssen. In den Entscheidungen zu Höchstaltersgrenzen (EuGH 13.11.2014 – Rs. C-416/13 – NVwZ 2015, 421; EuGH 12.1.2010 – Rs. C-229/08 (Wolf) – EuZW 2010, 142) ging es um die tätigkeitsbezogenen körperlichen Anforderungen (→ § 8 Rn. 25).

c) Höchstaltersgrenzen als berufsspezifische Anforderungen

85 In der Nr. 3 werden zwar berufsspezifische Anforderungen als Rechtfertigungen für Höchstaltersgrenzen bei der Einstellung genannt. Der Gesetzgeber hat jedoch keine Norm erlassen, die diesem Rechtfertigungsgrund zugrunde liegt. Damit scheidet eine Rechtfertigung von Höchstaltersgrenzen bei der Einstellung nach § 10 aus.

86 Eine Rechtfertigung kann sich aber unter dem Gesichtspunkt des § 8 ergeben. Dies gilt für individual- oder kollektivrechtliche Regelungen. So sind Höchstaltersgrenzen bezüglich Beschäftigungszeiten vor Eintritt in den Ruhestand haltbar, wenn ein besonderes **Amortisationsinteresse** des Arbeitgebers an zB übernommenen **Ausbildungskosten** oder einer intensiven Einarbeitungszeit im Sinne einer berufsbezogenen Anforderung festgestellt werden kann (Bertelsmann, ZESAR 2005, 242, 248; Bauer/Krieger, § 10 Rn. 32, 34). Dies gilt aber nur, wenn es sich um eine objektiv feststehende Altersgrenze handelt (vgl. § 8) und der Arbeitnehmer grundsätzlich keinen Einzelnachweis führen kann (vgl. § 8), dass er weiterhin leistungsfähig ist. Die Dauer der Amortisationszeit soll sich nach einer Ansicht nach der Dauer der möglichen Bindung des Arbeitnehmers richten (wobei für das österreichische Recht drei bis fünf Jahre angesetzt werden können, Rebhahn/Windisch-Graetz, § 20 Rn. 37; Schiek-Schmidt, § 10 Rn. 22). Insoweit ist die Rechtsprechung zur Bindung aufgrund von Rückzahlungsklauseln übertragbar. Kann der Arbeitnehmer innerhalb dieser Zeit schon nicht mehr eingesetzt werden, kann der Arbeitgeber bei der Einstellung auf ein Höchstalter verweisen. Dies ist zB bei **Piloten** der Fall, bei denen die Ausbildung lange dauert. Ebenso können Höchstaltersgrenzen nach § 8 zu rechtfertigen sein, wenn für die Tätigkeit ausnahmsweise eine **altersbedingte physische Eignung festgestellt werden kann** (EuGH 13.11.2014 – Rs. C-416/13 – NVwZ 2015, 421; EuGH 12.1.2010 – Rs. C-229/08 (Wolf), EuZW 2010, 142; zu diesen Ausnahmefällen § 8). Kann der Arbeitnehmer dagegen grundsätzlich einen Einzelnachweis seiner Leistungsfähigkeit führen, so darf ihm im Voraus nicht die Möglichkeit genommen werden, eingestellt zu werden.

87 Ist die Festsetzung eines Höchstalters als Altersdiskriminierung gerechtfertigt, muss überlegt werden, ob zudem nicht noch eine **mittelbare Geschlechterdiskriminierung** vorliegen kann. Aufgrund von Kindererziehungszeiten sind Bewerberinnen bei Höchstaltersstufen oftmals von der Einstellung ausgeschlossen (Schmidt/Senne, RdA 2002, 80, 89).

d) Der Sondertatbestand der Altersgrenzen bei betrieblichen Sozialsystemen gem. Nr. 4

88 Der Sondertatbestand der Nr. 4 befreit den Bereich Altersgrenzen in betrieblichen Sozialsystemen in Grenzen von einer besonderen Rechtfertigungslast (Kuras, RdA 2003, Sonderbeilage zu Heft 5, S. 11, 15; Ahrendt, RdA 2016, 129). In Art. 6 Abs. 2 RL 2000/78/EG wird für die Festsetzung von Altersgrenzen für die Mitgliedschaft oder den Bezug von Leistungen sowie für versicherungsmathematische Berechnungen ein gesonderter Tatbestand geschaffen, der vom deutschen Gesetzgeber weitgehend in die Nr. 4 übernommen worden ist. Daraus wird zT geschlossen, dass derartige Altersdiskriminierungen nicht den Voraussetzungen von § 10 S. 1, 2 unterliegen und deshalb in der Regel zulässig sind (BAG 11.8.2009 – 3 AZR 23/08 – NZA 2010, 408; LAG Köln 15.4.2011 – 10 Sa 1405/10 – LAGE § 1 b BetrAVG Nr. 2 nF; folgend Bauer/Krieger, § 10 Rn. 36; De Groot, SEA 2012, 79; aA Adomeit/Mohr, § 10 Rn. 140; v. Roetteken, § 10 Rn. 418: Verhältnismäßigkeitsprüfung nach § 10 S. 1, 2). Die Regelung ist auf den ersten Blick verwirrend, da in § 2 Abs. 2 S. 2 die vorrangige Geltung des BetrAVG geregelt ist. Trotz dieses Widerspruchs zu § 2 Abs. 2 S. 2 wird in der Nr. 4 ein gesonderter Rechtfertigungstatbestand für die Ausgestaltung der betrieblichen Altersversorgung des Arbeitsverhältnisses gesehen (Rust/Falke-Bertelsmann, § 10 Rn. 191). Konsequent wäre es gewesen, die Diskriminierungsregelungen in das Betriebsrentengesetz selbst einzufügen (Bauer/Krieger, § 10 Rn. 36). Das BAG (19.7.2011 – 3 AZR 434/09 – NZA 2012, 155; ebenso Meinel/Heyn/Herms, § 10 Rn. 59; Ahrendt, RdA 2016, 129) nimmt an, dass die Regelungen des BetrAVG dem AGG vorgehen. § 10 S. 3 Nr. 4 kommt danach nur zur Anwendung, wenn es sich um nicht im BetrAVG geregelte Sachverhalte handelt. Allerdings überprüft das BAG die Regelungen des BetrAVG als Vorschriften zur Durchführung des Unionsrechts am Maßstab der Art. 21, 51 f. EU-GRC (Europarechtskonformität offen gelassen in BVerfG 29.5.2012 – 1 BvR 3201/11 – NZA 2013, 164; für eine Prüfung an der Richtlinie und nicht am AGG Adomeit/Mohr § 10 Rn. 139). Der Unterschied besteht in den Anforderungen an die Rechtfertigung, die nach Art. 6 Abs. 1 RL 2000/78/EG mit einem sozialpolitisch motivierten legitimen Ziel höher sind. Nach anderer Ansicht ist § 2 Abs. 2 S. 2 europarechtswidrig, da das BetrAVG eben nicht angepasst worden ist (Steinmeyer, ZfA 2007, 32). Die Vorschrift kann aber europarechtskonform dahin gehend ausgelegt werden, dass ausgehend von § 10 Nr. 4 die Vorschriften des BetrAVG zur Anwendung kommen (Schiek-Schmidt, § 10 Rn. 24). Nicht unter die Privilegierung des Art. 6 Abs. 2 RL 2000/78/EG fallen altersabhängig gestaffelte Leistungen zur betrieblichen Altersversicherung, da diese keine Altersgrenzen als solche sind (EuGH 26.9.2013 – Rs. C-476/11 – EuZW 2013, 951).

Anspruchsberechtigt können nicht nur Beschäftigte oder ihre Erben sein, sondern – soweit sie von den Regelungen der betrieblichen Altersabsicherung umfasst werden – auch Hinterbliebene, die selbst kein Arbeitsverhältnis zum Arbeitgeber des Verstorbenen haben (EuGH 24.11.2016 – Rs. C-443/15 (Parris); EuGH 1.4.2008 – Rs. C-267/06 (Maruko) – NJW 2008, 1649; EuGH 10.5.2011 – Rs. C-147/08 (Römer) – NJW 2011, 2187 für Fälle der Diskriminierung wegen sexueller Identität; nicht problematisiert in EuGH 23.9.2008 – Rs. C-427/06 (Bartsch) – NJW 2008, 3417; v. Roetteken, § 10 Rn. 442: weite Auslegung; Meinel/Heyn/Herms, § 10 Rn. 69; aA Adomeit/Mohr, § 10 Rn. 142).

89 Die Anknüpfung an das Alter ist nach dem Wortlaut der Nr. 4 zulässig. Damit folgt die Regelung der generellen Ausnahme der staatlichen Sozialsysteme vom Anwendungsbereich der Diskriminierungsverbote in Art. 3 Abs. 3 RL 2000/78/EG (zum Anwendungsbereich auf das Sozialrecht Bieback, ZSR 2006, 75, 83; Rust/Falke-Bertelsmann, § 10 Rn. 193), fasst aber die Voraussetzungen enger, da sie an § 10 gebunden werden. Danach muss die Anknüpfung an das Alter im Einzelfall verhältnismäßig sein, wie es der Einleitungssatz von § 10 verlangt (Rust/Falke-Bertelsmann, § 10 Rn. 196; Nollert-Borasio/Perreng, § 10 Rn. 16; Meinel/Heyn/Herms, § 10 Rn. 59; Adomeit/Mohr, § 10 Rn. 23; aA Ring/Siebeck/Woitz, Rn. 239: stets zulässig). Zu Recht weisen Rust/Falke-Bertelsmann, § 10 Rn. 199 und auch Steinmeyer, ZfA 2007, 41 daher darauf hin, dass eine Überprüfung unter Umständen zu Änderungen führt, denn nach § 10 kann es auf die Honorierung der Betriebstreue nicht allein ankommen. Vielmehr muss nach der deutschen Umsetzung ein verhältnismäßiges legitimes Ziel bestimmt werden. Wiederum hat es der Gesetzgeber aber versäumt, diese einzelnen Ziele zu bestimmen und konkret zulässige Differenzierungen zu normieren, wie es in Art. 6 Abs. 2 RL 2000/78/EG möglich gewesen wäre. Nach der Rechtsprechung des BAG (11.8.2009 – 3 AZR 23/08 – NZA 2010, 408) ist die Nr. 4 europarechtskonform; das legitime Ziel liegt in der Förderung der betrieblichen Altersvorsorge. Von diesem Ziel ist es umfasst, wenn der Arbeitgeber bei dieser freiwilligen Leistung (Ahrendt, RdA 2016, 129, 130) jüngeren Arbeitnehmern Anreize für einen langfristigen Abschluss des Arbeitsvertrags geben möchte (LAG Bremen 4.9.2012 – 1 Sa 30/12; LAG Baden-Württemberg 24.9.2012 – 9 Sa 48/12 – EzA SD 12, Nr. 24). Die Regelung bezieht sich auf alle Wege der betrieblichen Altersversorgung – direkte oder externe Versorgung (Meinel/Heyn/Herms, § 10 Rn. 61).

90 Wie sich das Diskriminierungsverbot im Einzelnen auswirkt, ist noch nicht ganz geklärt und wird unterschiedlich beurteilt:

Bedeutung hat die Frage der Altersdifferenzierung bei Zugangsaltersgrenzen, ab denen überhaupt erst ein Bezug möglich ist. Zum Teil werden **Mindestaltersgrenzen** als unzulässig angesehen (Rust/Falke-Bertelsmann, § 10 Rn. 202; Schiek-Schmidt, § 10 Rn. 25). Nach der nationalen Rechtsprechung sind Mindestaltersgrenzen (üblich 30 oder 35 Jahre) als Ausgleich zwischen dem Schutzinteresse der Arbeitnehmer und der unternehmerischen Freiheit des Arbeitgebers vor dem Hintergrund des sozialpolitischen Ziels der Förderung der betrieblichen Altersvorsorge gerechtfertigte Diskriminierungen (BAG 10.12.2013 3 – AZR 796/11 – NZA 2015, 50: Anspruch ab 50 Jahre bei Invalidenrente infolge Berufsunfähigkeit; LAG Rheinland Pfalz 11.11.2011 – 9 Sa 462/11; LAG Köln 18.1.2008 – 11 Sa 1077/07 – ZIP 2008, 1548; Adomeit/Mohr, § 10 Rn. 151). Danach werden jüngere Arbeitnehmer durch eine Altersgrenze weniger stark belastet als ältere Arbeitnehmer, da dem Arbeitnehmer, der vor Vollendung des 35. Lebensjahres aus dem Arbeitsverhältnis ausscheidet, ein langer Zeitraum zur Verfügung steht, sich auf den Verlust der Anwartschaft einzustellen und diesen anderweitig auszugleichen. Problematisch ist, ob in dem letztlich wirtschaftlich begründeten Interesse des Arbeitgebers an langer Betriebszugehörigkeit überhaupt ein legitimes sozialpolitisches Ziel gesehen werden kann. Wenn dabei argumentiert wird, dass das sozialpolitische Ziel gerade in der Förderung der bestehenden Systeme liegt, ist das ein Zirkelschluss, bei dem diskriminierende Systeme erst gar nicht überprüft werden.

Eine ähnliche Frage stellt sich bei **Höchstaltersgrenzen**. Auch hier wird zum Teil vertreten, dass entsprechende Grenzziehungen unzulässig sind (Rust/Falke-Bertelsmann, § 10 Rn. 209; differenzierend Adomeit/Mohr, § 10 Rn. 147 und Meinel/Heyn/Herms, § 10 Rn. 67: bei beitragsorientierten Systemen unzulässig, bei leistungsorientierten Systemen zulässig). Wird die Absicherung wegen der Höchstaltersgrenzen der Verbeamtung insgesamt verweigert, will das BAG diese Frage insgesamt bei der Zulässigkeit von Höchstaltersgrenzen beantworten (BAG 11.12.2012 – 3 AZR 611/10), die es für zulässig hält. Höchstaltersgrenzen liegen nach der Rechtsprechung im berechtigten Interesse des Arbeitgebers, jüngeren Arbeitnehmern Anreize zu einer langjährigen Bindung zu geben (BAG 11.8.2009 – 3 AZR 23/08 – NZA 2010, 408; LAG Bremen 4.9.2012 – 1 Sa 30/12; LAG Baden-Württemberg 24.9.2012 – 9 Sa 48/12 – EzA SD 2012, Nr. 24). Dabei ist aber im Einzelfall zu prüfen, ob das festgesetzte Höchstalter **verhältnismäßig** ist (bei 55 Jahren verhältnismäßig: BAG 18.3.2014 – 3 AZR 69/12 – NZA 2014, 606; bei 50 Jahren verhältnismäßig: BAG 12.11.2013 – 3 AZR 356/12 – NZA 2014, 848, auch keine mittelbare Diskriminierung wegen des Geschlechts, da auch bei Kindererziehungszeiten die Beschäftigung vorher wieder aufgenommen wird; Ahrendt, RdA 2016, 129, 131; unverhältnismäßig bei 45 Jahren: LAG Baden-Württemberg 23.11.2011 – 2 Sa 77/11 – AuA 2012, 176; zweifelnd bei 50 Jahren LAG Baden-Württemberg 24.9.2012 – 9 Sa 48/12 – EzA SD 2012, Nr. 24; Bauer/Krieger, § 10 Rn. 37; Natzel, RdA 2014, 365, unverhältnismäßig, wenn erheblicher Teil des Erwerbslebens noch bevorsteht). **Rechtsfolge** einer diskriminierenden Regelung ist grundsätzlich die Anpassung nach „oben", wobei bis zum Verstreichen der Umsetzungsfrist ein Vertrauensschutz in Betracht kommen kann (LAG Baden-Württemberg 24.9.2012 – 9 Sa 48/12 – EzA SD 2012, Nr. 24).

Nach dem bisherigen § 1 Abs. 1 S. 1 iVm § 1 b Abs. 1 S. 1 BetrAVG hing die **Unverfallbarkeit** einer Anwartschaft auf eine betriebliche Altersversorgung davon ab, dass die Versorgungszusage bereits fünf Jahre bestanden hat und das Arbeitsverhältnis nach Vollendung des 25. Lebensjahres des Arbeitnehmers beendet wird. Für die Vorfassung des § 1 Abs. 1 S. 1 BetrAVG aF (35. Lebensjahr) hatte das BAG eine mittelbare Diskriminierung wegen des Geschlechts als auch eine Altersdiskriminierung verneint

(BAG 28.5.2013 – 3 AZR 635/11 – NZA 2014, 547; BAG 9.10.2012 – 3 AZR 477/10 – NZA-RR 2013, 150; BAG 18.10.2005 – 3 AZR 506/04 – NZA 2006, 1159 für die Rechtfertigung einer Geschlechterdiskriminierung). Nach anderer Ansicht verstieß die Regelung, nach der die Vollendung des 30. Lebensjahres Voraussetzung für die Unverfallbarkeit ist, gegen das Diskriminierungsverbot (Rust/Falke-Bertelsmann, § 10 Rn. 214; v. Roetteken, § 10 Rn. 222, nicht erforderlich). Dagegen werden die Bedenken zwar geteilt, die Regelung aber letztlich doch als unbedingte gesetzliche Ausnahmevorschrift iSv Art. 6 Abs. 2 RL 2000/78/EG als wirksam angesehen (Meinel/Heyn/Herms, § 10 Rn. 64 ohne die Bedenken zu teilen; Adomeit/Mohr, § 10 Rn. 151; Bauer/Krieger, § 10 Rn. 37). Diese Ansicht lässt sich nicht mit dem vom Gesetzgeber eingeschlagenen Weg in § 10 Nr. 4 vereinbaren, da dort in der direkten Umsetzung eine Einzelfallüberprüfung vorgesehen ist, nach der sich die Vorschrift aus den oben genannten Gründen gerade nicht rechtfertigen lässt. An dieser Stelle wirkt sich daher der in → Rn. 88 erörterte Meinungsstreit aus: Während das BAG keine Rechtfertigung nach § 10 Abs. 1 verlangt, sind nach anderer Ansicht auch bei Annahme einer Privilegierung der betrieblichen Altersvorsorge ein legitimes Ziel und seine verhältnismäßige Umsetzung zu prüfen (Bertelsmann, ZESAR 2005, 242, 245; v. Roetteken, § 10 Rn. 222). Folgt man der Literaturansicht ist eine Rechtfertigung zweifelhaft. Die Regelung könnte als Konkretisierung der Generalklausel gem. § 10 Abs. 1 gerechtfertigt sein, wenn sozialpolitische Zwecke eine derartige Grenze verlangen. Der Regelung liegt zugrunde, dass der Gesetzgeber einen Schutz der Anwartschaften vor Vollendung des 25. Lebensjahres deshalb nicht annehmen wollte, weil Arbeitnehmer vor dieser Zeit ihren Arbeitsplatz häufig wechselten (BT-Drs. 7/2843, 7). In der EU-Mobilitätsrichtlinie (2014/50/EU, Abl. L 128/1) wird für die Unverfallbarkeit auf ein Alter von 21 Jahren abgestellt (vgl. zur Frage der Umsetzung Janker/Kelwing, BetrAV 2015, 33). Der deutsche Gesetzgeber hat die Vorgaben durch das Gesetz zur Umsetzung der EU-Mobilitätsrichtlinie in § 1 b Abs. 1 S. 1 BetrAVG umgesetzt (BGBl. I 2015, 2553). Da das Gesetz am 1.1.2018 in Kraft getreten ist, gilt ab diesem Zeitpunkt die neue Grenze von 21 Jahren. Im Zusammenhang mit der betrieblichen Altersversorgung steht das Diskriminierungsverbot des **§ 10 Nr. 4**, wonach bei der Leistungsbemessung und Prämienvergabe dann an das Alter angeknüpft werden kann, wenn dem eine risikoadäquate versicherungsmathematisch berechnete Kalkulation zugrunde liegt. Über dieses Merkmal trifft den Versicherer daher eine Rechtfertigungspflicht, dass es sich um risikorelevante und maßgebliche Kriterien bei der Altersanknüpfung handelt. Soweit Kriterien der versicherungsmathematischen Berechnung von Leistungen dienen (§ 2 Abs. 1 S. 1 BetrAVG), werden sie für zulässig erachtet (Rust/Falke-Bertelsmann, § 10 Rn. 222; Rühl/Viethen/Schmid, S. 75; aA Meinel/Heyn/Herms, § 10 Rn. 65). Die **zeitratierliche Berechnung** der Leistungen nach § 2 BetrAVG für die unverfallbare Anwartschaft bei vorzeitigem Ausscheiden, wobei frühere Betriebszeiten mit einem kleineren Faktor berücksichtigt werden, ist nach Ansicht des BAG eine gerechtfertigte mittelbare Altersdiskriminierung (BAG 19.7.2011 – 3 AZR 434/09 – NZA 2012, 155; Adomeit/Mohr, § 10 Rn. 155). Die Rechtfertigung folgt daraus, dass die Altersabsicherung nach dem üblichen Verständnis als Gegenleistung für die gesamte Laufzeit der Betriebszugehörigkeit bis zum Ausscheiden des Arbeitnehmers gesehen wird (zeitratierliche Betriebstreue) und keine reine Entgeltleistung für die erbrachte Tätigkeit ist. Damit knüpfe die gesetzliche Regelung an ein allgemein akzeptiertes Modell der betrieblichen Altersversorgung an und ermögliche dessen Beibehaltung. Dies diene der Verbreitung der betrieblichen Altersversorgung und damit einem sozialpolitischen Ziel von Allgemeininteresse (BAG 19.7.2011 – 3 AZR 434/09 – NZA 2012, 155). Das ArbG Verden (20.6.2016 – 1 Ca 32/15 B – NZA-RR 2016, 494) hat die Frage dem EuGH vorlegt, ob es europarechtskonform ist, wenn die Höchstbegrenzung der ratierlichen Berechnung der Betriebsrente bei Arbeitnehmern, die vor dem 30. Lebensjahr begonnen haben, dazu führt, dass sie bei längerer Beschäftigungszeit dieselbe Absicherung erhalten wie Arbeitnehmer, die später begonnen haben. Der EuGH (13.7.2017 – Rs. C-354/16 (Kleinsteuber) – NZA 2017, 1047) hat die Höchstbegrenzung zur Kalkulierbarkeit der Altersversorgung als angemessen angesehen und damit eine Diskriminierung wegen des Alters verneint. Das BAG prüft die Diskriminierung nicht gem. § 10 Nr. 4, sondern an Art. 21 EU-GRC, da nach § 2 Abs. 2 S. 2 die konkreten Regelungen des BetrAVG dem AGG als speziellere Regelungen vorgehen. Das BVerfG (29.5.2012 – 1 BvR 3201/11 – NZA 2013, 164) hat eine Verfassungsbeschwerde (Verstoß Art. 101 Abs. 1 S. 2 GG mangels Vorlage) gegen dieses Urteil nicht angenommen und vernünftige Zweifel an der Rechtfertigung der Altersdiskriminierung ausgeschlossen). Nach der nationalen Rechtsprechung wird vorausgesetzt, dass die mit dem deutschen Modell verbundene Honorierung von Betriebstreue durch Altersabsicherung ein europarechtlich akzeptiertes Ziel ist. Dem kann man nur dann folgen, wenn in den Regelungen des BetrAVG als Ausprägung des § 10 ein legitimes Ziel angenommen werden kann, das verhältnismäßig umgesetzt worden ist. Nach der hier vertretenen Ansicht sind die Regelungen des BetrAVG nach Art. 6 RL 2000/78/EG europarechtskonform auszulegen. Es muss sich daher um ein sozialpolitisch legitimes Ziel iSv § 10 Abs. 1 handeln. Dies wird man nur dann bejahen können, wenn angenommen wird, dass der Gesetzgeber die individuellen Interessen des Arbeitgebers an der Betriebstreue des Arbeitnehmers in diesem sozialpolitischen Ziel aufgegriffen hat. Selbst wenn man dies bejaht, ist es fraglich, ob eine Benachteiligung tatsächlich erforderlich ist (Meinel/Heyn/Herms, § 10 Rn. 66 empfehlen eine Neuregelung von § 2 Abs. 1 BetrAVG).

91 Ob **Abstandsklauseln** in Versorgungsordnungen gegen das Diskriminierungsverbot verstoßen, ist bislang europarechtlich nicht geklärt, da der EuGH in der Entscheidung Bartsch (EuGH 23.9.2008 – Rs. C-427/06 – NJW 2008, 3417) einen gemeinschaftsrechtlichen Bezug verneinen konnte, da der Sachverhalt vor Ablauf der Umsetzungsfrist spielte. Der EuGH hat aber in dieser Entscheidung eine Altersdiskriminierung der Hinterbliebenen angeprüft und nicht wegen eines fehlenden Arbeitsverhältnisses verneint (kritisch Bauer/Arnold, NJW 2008, 3377, 3380). Darüber hinaus ist ebenso an eine mittelbare Diskriminierung wegen des Geschlechts zu denken, da bei Ehen mit größerem Altersabstand eher Frauen (als jüngere Ehepartner) von den Leistungen ausgeschlossen werden (Ahrendt, RdA 2016, 129, 135; Schlewig, NZA Beilage 2015, 59, 65). Die Regelung, wonach die Ehe vor dem 60.

Lebensjahr des Berechtigten geschlossen sein muss, hat der EuGH (24.11.2016 – Rs. C-443/15 (Parris)) als Ausgestaltung nach Art. 6 Abs. 2 der Richtlinie anerkannt, da es sich um eine Altersrente handeln kann auch wenn der Hinterbliebene sie geltend macht (Hinterbliebenenversorgung als Form der Altersrente). Anders hat der Dritte Senat (BAG 4.8.2015 – 3 AZR 137/13 – NZA 2015, 1447) den Anspruch des Hinterbliebenen nicht unter die Privilegierung in der Nr. 4 gefasst, da es sich nicht um Ansprüche wegen des Bezugs von Alters- oder Invalidenrenten handele. Es ist fraglich, ob diese enge Auslegung Bestand hat. Nach der nationalen Rechtsprechung und Teilen der Literatur (LAG Niedersachsen 23.6.2011 – 4 Sa 381/11 – NZA-RR 2011, 600; Adomeit/Mohr, § 10 Rn. 160; v. Roetteken, § 10 Rn. 447 unter Hinweis auf die Selbstversorgungsmöglichkeit) sind Abstandsklauseln eine gerechtfertigte Altersdiskriminierung, da sie ein verhältnismäßiges Mittel sind, Versorgungsansprüche berechenbar zu gestalten. Gegen die Rechtfertigung dieser mittelbaren Diskriminierung könnte aber sprechen, dass gerade in diesen Fällen ein Hinterbliebener wegen der längeren Überlebenszeit auf die Versorgung angewiesen ist. Bei Verheiratung nach Beendigung des Arbeitsvertrags hat das BAG (15.10.2013 – 3 AZR 635/11 – NZA 2014, 308; BAG 20.4.2010 – 3 AZR 509/08 – DB 2010, 2000; Bauer/Krieger, NZA 2016, 22) den Ausschluss von Leistungen als gerechtfertigt angesehen. Zum Teil wird darauf hingewiesen, dass die Klausel nicht an das Alter anknüpft, so dass eine dementsprechende Diskriminierung zum Teil verneint wird (Rust/Falke-Bertelsmann, § 10 Rn. 220; aA Meinel/Heyn/Herms, § 10 Rn. 69: zumindest mittelbare Diskriminierung, die bei völligem Ausschluss unverhältnismäßig ist; unzulässig, Schiek-Schmidt, § 10 Rn. 25). Dabei ist aber zu berücksichtigen, dass das Anknüpfen an das Alter des jüngeren Ehepartners ebenso eine Altersdiskriminierung ist.

Wartezeiten, die wegen des Abstellens auf die Betriebszugehörigkeit eine mittelbare Altersdiskriminierung sind, können unter dem Gesichtspunkt „Honorierung der Betriebstreue“ nach § 3 Abs. 2 gerechtfertigt sein (Meinel/Heyn/Herms, § 10 Rn. 68; Adomeit/Mohr, § 10 Rn. 153).

5. Vom deutschen Gesetzgeber vorgenommene Umsetzungen der Generalklausel in § 10 Nr. 5, 6

a) Rechtfertigungsgrund Nr. 5

aa) Voraussetzungen der Rechtfertigung nach Nr. 5

92 Der EuGH hat schon in der Rechtssache Palacios (EuGH 16.10.2007 – Rs. C-411/05 – NZA 2007, 1219) klargestellt, dass Pensionsgrenzen in den **Anwendungsbereich der Richtlinie 2000/78/EG** fallen (zuvor kritisch dazu Rust/Falke-Bertelsmann, § 10 Rn. 242; Waltermann, ZfA 2006, 324). In dem **Erwägungsgrund Nr. 14** der Richtlinie 2000/78/EG wird die Festsetzung von Altersgrenzen für den Eintritt in den Ruhestand vom Diskriminierungsverbot ausgenommen. Nach Ansicht des EuGH beschränkt sich dieser Erwägungsgrund auf die Klarstellung, dass die Richtlinie nicht die Zuständigkeit der Mitgliedstaaten tangiert, das Alter für den Eintritt in den Ruhestand zu bestimmen. Er stehe in keiner Weise der Anwendung der Richtlinie auf nationale Maßnahmen entgegen, mit denen die Bedingungen geregelt werden, unter denen ein Arbeitsvertrag endet, wenn das auf diese

Weise festgesetzte Ruhestandsalter erreicht wird (so schon vor dieser Rechtsprechung Rust/Falke-Bertelsmann, § 10 Rn. 246; Bertelsmann, ZESAR 2005, 242, 250; Linsenmaier, RdA 2003 Sonderbeilage Heft 5, S. 22, 30; Schmidt/Senne, RdA 2002, 80, 84).

Wird im Individual- oder Kollektivvertrag vereinbart, dass das Arbeitsverhältnis automatisch enden soll, wenn der Arbeitnehmer die Voraussetzungen zum Bezug einer Rente erfüllt, so liegt darin eine unmittelbare Altersdiskriminierung. In der Nr. 5 hat der nationale Gesetzgeber eine europarechtskonforme Rechtfertigung für derartige feste Pensionsgrenzen statuiert, um damit die bislang in Deutschland tarifübliche **Altersgrenze** auch nach Erlass des AGG als **status quo** zu halten. Nach der Rechtsprechung des EuGH (5.7.2012 – Rs. C-141/11 (Hörnfeldt) – NJW 2012, 2499; 21.7.2011 – Rs. C-159/10 (Köhler/Fuchs) – NVwZ 2011, 1249; 18.11.2010 – Rs. C-250/09 (Georgiev) – NJW 2011, 42; 12.10.2010 – Rs. C-45/09 (Rosenbladt) – NJW 2010, 3767; 16.10.2007 – Rs. C-411/05 (Palacios) – NJW 2007, 3339) ist in § 10 S. 3 Nr. 5 eine gesetzliche Grundlage gegeben, um aus beschäftigungspolitischen Gründen, bei möglicher Absicherung Regelaltersgrenzen zu vereinbaren (zuvor kritisch dazu Bertelsmann, ZESAR 2005, 242, 250; folgend Adomeit/Mohr, § 10 Rn. 173; Kaiser, Tarifverträge und Altersdiskriminierungsschutz, S. 185). Während nach der Entscheidung Palacios (EuGH 16.10.2007 – Rs. C-411/05 – NJW 2007, 3339) dafür noch eine besondere Norm in Bezug auf die konkrete Arbeitsmarktlage verlangt wurde, hat der EuGH in der Entscheidung Rosenbladt (EuGH 12.10.2010 – Rs. C-45/09 – NJW 2010, 3767) § 10 S. 3 Nr. 5 als gesetzliche Grundlage des beschäftigungspolitischen Ziels anerkannt. Daher ist eine Regelaltersgrenze unter den Voraussetzungen des Art. 6 Abs. 1 RL 2000/78/EG bzw. des § 10 Abs. 1 S. 1 zu rechtfertigen (v. Roetteken, § 10 Rn. 471; Bayreuther, NJW 2012, 2758).

Das Ziel ist es, als Ausdruck der Arbeitsteilung zwischen den Generationen sowohl die Integration jüngerer Arbeitnehmer zu fördern als auch bei Absicherungsmöglichkeit einen Ruhestand zu ermöglichen, der „auf einem Ausgleich zwischen politischen, wirtschaftlichen, sozialen, demografischen und/oder haushaltsbezogenen Erwägungen" beruht (EuGH 12.10.2010 – Rs. C-45/09 (Rosenbladt) – NJW 2010, 3769). Dabei hat der Gesetzgeber einen weiten Ermessensspielraum, ohne dass die Neubesetzung frei werdender Stellen im Einzelnen nachgewiesen werden muss (kritisch dazu zuvor Linsenmaier, RdA 2003 Sonderbeilage Heft 5, S. 22, 30; Schmidt/Senne, RdA 2002, 80, 85; König, ZESAR 2005, 218, 221). Nach Ansicht des EuGH reicht es aus, wenn die Umsetzung zumindest nicht „unvernünftig" ist (EuGH 16.10.2007 – Rs. C-411/05 (Palacios) – NJW 2007, 3341). Hatte der EuGH in Palacios im Rahmen der Verhältnismäßigkeit noch geprüft, ob die Absicherung zumindest nicht unangemessen ist (EuGH 16.10.2007 – Rs. C-411/05 – NJW 2007, 3341), wird dies in Folgeentscheidungen nahezu aufgegeben, so dass die Höhe letztlich keine Rolle spielt (EuGH 5.7.2012 – Rs. C-141/11 (Hörnfeldt) – NJW 2012, 2499; EuGH 12.10.2010 – Rs. C-45/09 (Rosenbladt) – NJW 2010, 3769). Ebenso wenig kommt es nach der Entscheidung in Hörnfeldt für die Verhältnismäßigkeit darauf an, dass der Arbeitnehmer gegen seinen vormaligen Arbeitgeber einen Anspruch auf Wiedereinstellung hat, ohne wegen seines Alters diskriminiert zu werden (so aber noch in Rosenbladt, EuGH 12.10.2010 – Rs. C-45/09 – NJW 2010, 3769). Damit scheint diese widersprüchliche Argumentation nicht mehr aktuell zu sein (Bayreuther, NJW 2012, 2758). Betrachtet man die Entwicklung der Rechtsprechung des EuGH zu den Altersgrenzen, entsteht der Eindruck, dass es sich überhaupt nicht mehr um die Überprüfung eines individuellen Diskriminierungsschutzes des einzelnen Arbeitnehmers handelt (Nettesheim, EuZW 2013, 48, 49). Allerdings greift dieser Prüfungsmaßstab nur dann, wenn es sich um Regelaltersgrenzen handelt. Bei Absenken der Regelaltersgrenzen wendet der EuGH (6.11.2012 – Rs. C-286/12 – AuR 2012, 498: auf 62 Jahre) dagegen wieder einen strengen Maßstab an.

93 In seinen Entscheidungen zu Regelaltersgrenzen weicht der EuGH von einer strengen Verhältnismäßigkeitsprüfung ab (Adomeit/Mohr, § 10 Rn. 176; Mager, FS Säcker, S. 1085; Preis, NZA 2010, 1323; → Rn. 32 zu den unterschiedlichen Maßstäben; zur Bedeutung der Verhältnismäßigkeit innerhalb dieser Rechtsprechung Preis/Temming, NZA 2010, 185), da das Anerkennen einer grundsätzlichen Regelaltersgrenze den europäischen beschäftigungspolitischen Vorgaben entspricht (→ Rn. 32). Daher ist dieser Maßstab nicht auf andere Sachgebiete der Altersdiskriminierung außerhalb der Regelaltersgrenzen zu übertragen. Im Gegenteil entspricht es denselben beschäftigungspolitischen Vorgaben, Vorruhestandsanreize abzubauen. Eine andere Frage ist es, ob der „entspannte" Prüfungsmaßstab auf Altersgrenzen oder befristete Verlängerungen zu übertragen ist, die insgesamt zu einer Verlängerung des Arbeitsverhältnisses über die Regelaltersgrenzen hinaus führen (Bauer/v. Medem, NZA 2012, 945, 951; Bayreuther, NJW 2012, 2758). Da letztlich arbeitsmarktpolitische Erwägungen (einheitliche Regelaltersgrenze nach Maßgabe europäischer Politikstrategien → Rn. 32) hinter den unterschiedlichen Prüfungsmaßstäben des EuGH stehen, wird man die abgesenkten Anforderungen an die Rechtfertigung übertragen können.

94 In der Nr. 5 wird eine „Vereinbarung" vorausgesetzt, die sowohl individualvertraglich wie kollektivrechtlich getroffen werden kann (v. Roetteken, § 10 Rn. 476 ff.) In der nationalen Rechtsprechung sind Regelaltersgrenzen bei möglichem Renten- oder Pensionsbezug in Folge der Rechtsprechung des EuGH anerkannt (für Betriebsvereinbarungen BAG 5.3.2013 – 1 AZR 417/12 – freiwillige Gesamtbetriebsvereinbarung; für individualvertragliche Befristungsabreden BAG 9.12.2015 – 7 AZR 68/14 – NZA 2016, 695; LAG Hamm 17.1.2013 – 8 Sa 1945/10; bei individualvertraglicher Bezugnahmeklausel BAG 18.6.2008 – 7 AZR 116/07 – NZA 2008, 1302; auch bei nachträglicher Befristung LAG Berlin-Brandenburg 10.11.2012 – 12 Sa 1303/12 – BB 2013, 435; zu individualvertraglichen Altersgrenzen Bauer/v. Medem, NZA 2012, 945). Bei individualvertraglichen Altersgrenzen, welche die Regelaltersgrenze ohne Bezug zur gesetzlichen Altersrente nach § 41 S. 2 SGB VI absenken, hat das BAG (18.1.2017 – 7 AZR 236/15 – AP § 620 BGB Aufhebungsvertrag Nr. 49) einen Befristungsgrund nach § 14 Abs. 1 TzBfG unabhängig von der Höhe einer möglichen Abfindung verneint (vorher geprüft unter arbeitsrechtlichen Gleichbehandlungsgesichtspunkten BAG 17.3.2016 – 8 AZR 677/14; aber bejaht bei Verlängerung der Regelal-

tersgrenze, BAG 6.4.2011 – 7 AZR 524/09). Einen Befristungsgrund wird die Rechtsprechung bei Absenken der Regelaltersgrenze daher nur im Rahmen des § 41 S. 2 SGB VI annehmen. Dies entspricht im Ergebnis der Rechtsprechung des EuGH, wonach eine Absenkung der Regelaltersgrenze ohne Tätigkeitsbezug nicht gerechtfertigt ist (→ Rn. 97, 100). In diesem Zusammenhang ist auch die Frage zu behandeln, inwieweit der Arbeitgeber bei Aufhebungsverträgen die Höhe der Abfindungszahlung in Abhängigkeit vom Alter bemessen darf. Unter der Berücksichtigung der Rechtsprechung des EuGH (12.10.2010 – Rs. C-499/08 (Andersen) – NZA 2010, 1341) ist der Ausschluss von älteren Arbeitnehmern bei der Zahlung von sog Turboprämien nicht gerechtfertigt, da auch sie die Abfindung als Wiedereingliederungshilfe nutzen können (Grünberger, EuZA 2011, 171, 178; dagegen schon eine Ungleichbehandlung verneinend BAG 25.2.2010 – 6 AZR 911/08 – NZA 2010, 1341). Die grundsätzliche Wirksamkeit kollektivrechtlicher Regelaltersgrenzen folgt bezüglich der Regelungskompetenz an sich allerdings nicht aus § 10 Nr. 5, sondern aus den jeweiligen allgemeinen Vorschriften. Das ist für die Tarifvertragsparteien § 1 TVG. Bei den Betriebsparteien ist daher nach richtiger Ansicht zu prüfen, ob sich nach dem nationalen Recht eine Regelungskompetenz ergibt (v. Roetteken, § 10 Rn. 482). Dabei kann es sich nur um eine freiwillige Betriebsvereinbarung handeln. Die Wirksamkeit kann aber nicht schon deshalb verneint werden, weil es keine Kompetenz zu nachteiligen Regelungen gibt (v. Roetteken, § 10 Rn. 482; kritisch Temming, S. 357; Adam, AuR 2014, 140). Vielmehr kann der Betriebsrat grundsätzlich alle Fragen des Arbeitsvertrags regeln, wobei die Schranken nach § 77 Abs. 3 BetrVG und das Günstigkeitsprinzip zu beachten sind. Daher werden individualvertraglich unbefristete Arbeitsverhältnisse schon wegen des Günstigkeitsprinzips nicht durch eine neu eingeführte Betriebsvereinbarung befristet (GK-Kreutz, BetrVG § 77 Rn. 340 ff.). Unter Berücksichtigung dieser Grundsätze kann eine Betriebsvereinbarung allerdings auch eine Vereinbarung iSd § 10 S. 3 Nr. 5 sein. Endet das Arbeitsverhältnis automatisch mit Erreichen des 65. oder 67. Lebensjahres bei möglichem Renten- oder Pensionsbezug, ist es damit nach § 14 Abs. 1 Nr. 6 TzBfG wirksam befristet (BAG 18.3.2015 – 1 AZR 853/13 – NZA 2016, 54; LAG Berlin-Brandenburg 10.11.2012 – 12 Sa 1303/12 – BB 2013, 435). Soll durch die Regelung allerdings kein beschäftigungspolitisches Ziel erreicht werden, sondern wird nur auf die Typisierung einer tätigkeitsbezogenen Dienstunfähigkeit abgestellt, ist dies kein rechtfertigendes Ziel (VG Frankfurt 20.8.2012 – 9 K 4663/11.F). Ebenso handelt es sich um kein sozialpolitisches Ziel, wenn durch die Altersgrenze bei öffentlich bestellten und vereidigten Sachverständigen ohne Bezug zur Berufserfahrung ein „geordneter Rechtsverkehr" gewährleistet werden soll (BVerwG 1.2.2012 – 8 C 24/11 – DvBl 2012, 626).

Zu Altersgrenzen für Selbstständige → Rn. 9. Altersgrenzen ohne Bezug zur Absicherung und Erreichen der Regelaltersgrenze lassen sich nur aufgrund tätigkeitsbezogener Fähigkeiten rechtfertigen (→ Rn. 94; Bauer/v. Medem, NZA 2012, 945, 948).

bb) Einzelne feste Altersgrenzen

95 Vor Erlass der Richtlinie und des AGG waren Altersgrenzen in verschiedenen Berufen üblich. Sie wurden von der Rechtsprechung in einer langen

Tradition für zulässig angesehen, müssen aber nunmehr anhand des Diskriminierungsverbots erneut überprüft werden. Zu den tätigkeitsbezogenen Altersgrenzen (zB Piloten) vgl. § 8.

(1) Altersgrenzen für die Zulassung als Kassenarzt

96 Die zunächst in **§ 95 Abs. 7 S. 3 SGB V** geregelte **Zulassung von Kassenärzten** nur bis zum Alter von **68 Jahren** ist eine direkte Diskriminierung wegen des Alters. Die frühere Rechtsprechung musste die Norm zT unter Hinweis auf die fehlende unmittelbare Geltung der Richtlinie 2000/78/EG nicht auf ihre Vereinbarkeit mit dem Diskriminierungsverbot überprüfen (BSG 27.4.2005 – B 6 KA 38/04; LAG Hessen 10.6.2005 – L 6/7 KA 58/04 ER – EuroAS 2006, 237; SG Marburg 23.11.2005 – S 12 KA 38/05 – EuroAS 2006, 31). Zum Teil wurde die Grenze aber auch nach Inkrafttreten des AGG für wirksam gehalten (LSG Schleswig-Holstein 25.5.2007 – L 4 B 406/07). Legitimes Ziel war danach die „Erhaltung der Finanzierbarkeit der gesetzlichen Krankenversicherung" und die Reglementierung des Arbeitsmarktes für Ärzte, um die begrenzte Zulassung als Kassenarzt auch jüngeren Ärzten zu ermöglichen (Lüderitz, S. 162). In der Entscheidung Petersen hat der EuGH (12.1.2010 – Rs. C-341/08 – NJW 2010, 587) die Altersgrenze zwar in Hinblick auf die unbegrenzte Tätigkeit privat praktizierender Ärzte für inkohärent und damit nicht gerechtfertigt angesehen. Dabei ist zu berücksichtigen, dass über das Merkmal Kohärenz nicht der Grund ersetzt werden kann, dh hätte ein tätigkeitsbezogener Grund für eine Altersgrenze vorgelegen, wäre die Regelung gerechtfertigt gewesen, die Kohärenz hätte dann keine Rolle gespielt (Höpfer, ZfA 2010, 449, 473). Zwar hat die Rechtsprechung diese Altersgrenze bislang unter Hinweis auf die abnehmende Leistungsfähigkeit für zulässig angesehen (BVerfG 31.3.1998 – 1 BvR 2167/93 – NZS 1998, 285). Eine solche Argumentation hält dem Diskriminierungsverbot nicht stand, da es keine Untersuchungen gibt, die eine generelle Leistungsabnahme ab diesem Alter belegen. In der Literatur ist deshalb die Altersgrenze von 68 Jahren für die Zulassung von Vertragsärzten für unzulässig gehalten worden (Boecken, NZS 2005, 393, 397; König, ZESAR 2005, 218, 222). Als weiteres Ziel hat das Gericht aber anerkannt, dass die Altersgrenze aufgrund der Zugangschancen jüngerer Ärzte gerechtfertigt sein kann. Dabei stellt der EuGH aber konkret darauf ab, ob tatsächlich jüngere Ärzte keine Möglichkeit haben, an dem begrenzten Markt teilzuhaben (EuGH 12.1.2010 – Rs. C-341/08 – NJW 2010, 587 Rn. 71: „Es ist nämlich darauf hinzuweisen, dass dann, wenn die Zahl der Vertragszahnärzte auf dem betreffenden Arbeitsmarkt, gemessen am Bedarf der Patienten, nicht überhöht ist, der Zugang neuer und insbesondere junger Berufsangehöriger zu diesem Markt normalerweise unabhängig davon möglich ist, ob es Zahnärzte gibt, die ein bestimmtes Alter, im vorliegenden Fall 68 Jahre, überschritten haben.") In dieser Rechtsprechung (für einen freien Beruf, dazu → Rn. 9) wird also im Rahmen der Verhältnismäßigkeit geprüft, ob die Grenze tatsächlich erforderlich ist. Ist die Grenze also zB aufgrund des Ärztemangels nicht erforderlich, ist sie auch nicht gerechtfertigt (wie auch die Änderungen der Zulassungsordnung zeigen). Darüber hinaus ist kritisch zu bedenken, ob die Altersgrenze aus Kostengründen überhaupt gerechtfertigt sein

kann. Will man jedem Arzt die Möglichkeit dieser Tätigkeit geben, ist das Alter nicht das einzige Kriterium dafür. Vielmehr kann auf eine Höchstdauer der Tätigkeit abgestellt werden, nach welcher der Arzt eben nur eine bestimmte Anzahl von Jahren Kassenarzt sein darf. Dies wäre ein gleich geeignetes, aber milderes Mittel.

(2) Altersgrenzen im Hochschulbereich und bei Beamten

97 Altersgrenzen im Hochschulbereich folgen im nationalen Recht den beamtenrechtlichen Altersgrenzen, so zB § 49 Abs. 1 HG NRW iVm § 44 Abs. 1 LBG NRW. Nach der bisherigen Rechtsprechung waren sie zulässig, da Altersgrenzen für Professoren der Förderung des wissenschaftlichen Nachwuchses dienen (BVerfG 10.4.1984 – 2 BvL 19/82 – BVerfGE 67, 1). Allerdings kann man bezweifeln, ob diese Argumentation angesichts der Stellenstreichungen noch zu halten ist (anders Lüderitz, S. 159). In der Entscheidung Georgiev hat der EuGH (18.11.2010 – Rs. C-250/09 – NJW 2011, 42) die Regelaltersgrenze damit gerechtfertigt, dass sie das Ziel der besseren **Zugangschancen** jüngerer Professoren und die **Verteilungsgerechtigkeit** von Professorenstellen auf die Generationen verhältnismäßig umsetzt. In der Entscheidung Fuchs/Köhler überprüfte der EuGH die Altersgrenze von **Staatsanwälten** (EuGH 21.7.2011 – Rs. C-159/10 – NZA 2011, 969). Dabei sah das Gericht das vorgetragene Ziel der Schaffung eines **„günstigen Altersaufbaus“**, der in der gleichzeitigen Beschäftigung von jungen Berufsanfängern und von älteren, erfahreneren Beamten bestehe (EuGH 21.7.2011 – Rs. C-159/10 – NZA 2011, 969 Rn. 47) und das Ziel der Förderung der Einstellung von jungen Beamten als legitim und seine Umsetzung als verhältnismäßig an. Der EuGH räumt dabei dem Gesetzgeber einen weiten Ermessensspielraum ein, den das Gericht nur begrenzen will, wenn die Regelung „unvernünftig“ ist (EuGH 21.7.2011 – Rs. C-159/10 – NZA 2011, 969 Rn. 83). Auch hier zeigt sich der von anderen Sachgebieten abweichende, großzügige Maßstab (→ Rn. 32). Allerdings hat der EuGH bei der Absenkung der Regelaltersgrenze auf 62 (EuGH 6.11.2012 – Rs. C-286/12 – EuGRZ 2012, 752) zwar das Ziel der Schaffung einer günstigen Altersstruktur anerkannt. In der Verhältnismäßigkeitsprüfung legt das Gericht jedoch einen strengeren Maßstab an und verneint die Rechtfertigung, da die Regelung im Einzelnen nicht zu einem Rotationsmechanismus führe, aus dem die gewünschte Altersstruktur folgt. Daher kann zusammengefasst werden, dass die gemischte Altersstruktur nur im Fall der Regelaltersgrenzen bislang großzügig geprüft worden ist.

98 Innerbetriebliche Weisungen in **Hochschularbeitsverhältnissen**, wonach befristete Arbeitsverhältnisse bis zum **40. Lebensjahr** des Arbeitnehmers beendet sein müssen, sind unmittelbare Altersdiskriminierungen, die nicht nach § 10 gerechtfertigt werden können (BAG 6.4.2011 – 7 AZR 524/09 – NJW 2011, 3113; BAG 11.7.2007 – 7 AZR 197/06 musste sich mit dieser Frage nicht beschäftigen, da der Vertrag vor dem Ablauf der Umsetzungsfrist geschlossen worden war).

99 Aus berufsbezogenen Gründen unter Berücksichtigung von Sicherheitsbedenken können unter bestimmten Voraussetzungen die Altersgrenzen in § 5 BPolBG (60 Jahre), § 41 a BBG Bundesfeuerwehr (60 Jahre) nach § 8 ge-

rechtfertigt werden, wenn es empirische Untersuchungen für einen altersbedingten Leistungsabfall ab diesem Lebensalter gibt.

(3) Tarifliche Altersgrenzen und Altersgrenzen in Betriebsvereinbarungen

100 Tariflich vorgesehene feste Altersgrenzen sind in Deutschland üblich, so zB **§ 33 Abs. 1 a TVöD AT** („Das Arbeitsverhältnis endet, ohne dass es einer Kündigung bedarf, mit Ablauf des Monats, in dem der/die Beschäftigte das 65. Lebensjahr vollendet hat"). Sie sind unmittelbare Diskriminierungen wegen des Alters, die weder nach § 10 noch nach § 8 gerechtfertigt sind. Eine generelle Rechtfertigung von festen Altersgrenzen hat der Gesetzgeber in § 10 nicht geschaffen. Liegen aber die Voraussetzungen des Rentenbezugs vor, kann tarifvertraglich eine feste Altersgrenze vereinbart werden, wenn man in der Nr. 5 eine Norm zur Absicherung arbeitsmarktpolitischer Ziele sieht. Der EuGH hält tarifliche Regelaltersgrenzen für zulässig (EuGH 5.7.2012 – Rs. C-141/11 (Hörnfeldt) – NJW 2012, 2499; 12.10.2010 – Rs. C-45/09 (Rosenbladt) – NJW 2010, 3769) und sieht das legitime Ziel (§ 10 S. Nr. 5) als verhältnismäßig umgesetzt an. Tarifvertragliche Altersgrenzen unter der Regelaltersgrenze sind europarechtlich sehr bedenklich. Insoweit ist der Überprüfungsmaßstab aus EuGH (6.11.2012 – Rs. C-286/12 – AuR 2012, 498 auf 62 Jahre) anzuwenden und insbesondere das Argument der Schaffung oder Erhaltung einer bestimmten Altersstruktur wird nicht tragfahig sein. Hintergrund solcher Regelungen werden im Tatsächlichen besonders gute Altersabsicherungen sein, die aber ein Absenken der Regelaltersgrenze nicht rechtfertigen können (Bauer/v. Medem, NZA 2012, 945, 949).

(4) Konsequenzen unwirksamer Altersgrenzen

101 Sind **tarifvertraglich oder individualvertraglich vereinbarte feste Altersgrenzen** nicht gerechtfertigt, so sind sie nichtig. Es handelt sich bei den Vereinbarungen um Befristungsabreden, die dem Anwendungsbereich des TzBfG unterliegen. Will sich der Arbeitnehmer auf die Unwirksamkeit der Befristung berufen, kann er dies nur innerhalb der Frist des **§ 17 TzBfG** (drei Wochen ab dem vereinbarten Ende des Arbeitsverhältnisses) geltend machen. Nur wenn man ein Eingreifen des TzBfG verneint, stellt sich die Frage nach Grenzen für die Geltendmachung. Diese würden durch die mögliche Verjährung oder Verwirkung gezogen. Zwar kann man im laufenden Arbeitsverhältnis in der Regel keine Verwirkung von Lohnansprüchen annehmen (AR-Blattei/Kossens, Verwirkung Rn. 47), nach Ende des Arbeitsverhältnisses kann der Arbeitgeber aber uU darauf vertrauen, dass der Arbeitsvertrag endgültig abgeschlossen ist. Wann dies der Fall ist, muss im Einzelfall beurteilt werden. Die Kenntnis des Arbeitnehmers vom Unwirksamkeitsgrund ist nicht entscheidend (BAG 3.11.1991 – 7 AZR 594/90). Voraussetzung ist ein eindeutiges Verhalten des Arbeitnehmers, woraus der Arbeitgeber berechtigt schließen kann, dass er mit keinen Ansprüchen rechnen muss. Das Zeitmoment ist dabei unterschiedlich gefasst worden: Ein halbes Jahr (ErfK-Preis, BGB § 611 Rn. 593); 1 ½ Jahre nach einem gerichtlichen Vergleich über eine Schlussrechnung erhobene Statusklage (LAG Hessen 16.6.1999 – 2 Sa 1791/98); zehn Monate reichen nicht aus, wenn für den Arbeitnehmer kein Anlass zu schneller Geltendmachung be-

steht (LAG Berlin 16.4.1999 – 19 Sa 267/99), dafür aber ein Zeitraum von über sechs Wochen, wenn der Arbeitgeber nicht mit Ansprüchen rechnen muss (BAG 13.11.1991 – 7 AZR 594/90).

b) Rechtfertigung nach Nr. 6: Altersgrenzen als Bezugsvoraussetzungen in Sozialplänen

102 Nr. 6 soll ein Rechtfertigungsgrund für altersbezogene Staffelungen von Sozialplanabfindungen sein. Dabei werden sowohl nach dem BetrVG zwingend vorgesehene wie auch freiwillige Sozialpläne von der Regelung erfasst (DKKW-Däubler, BetrVG §§ 112, 112 a Rn. 96 ff.; Bauer/Krieger, § 10 Rn. 51). Darüber hinaus ist die Regelung auch auf Abfindungsregelungen außerhalb des BetrVG anzuwenden, zB nach den Personalvertretungsgesetzen (Meinel/Heyn/Herms, § 10 Rn. 85; Bauer/Krieger, § 10 Rn. 51; aA v. Roetteken, § 10 Rn. 565 ff., in diesem Fall greifen § 10 S. 1, 2 ein). Werden Abfindungen nach dem Alter bemessen, kann dies sowohl Vor- als auch Nachteile für ältere Arbeitnehmer haben. Werden Abfindungen mit dem Lebensalter als Multiplikationsfaktor (zB Alter x Betriebszugehörigkeit x Bruttomonatsgehalt) bemessen, werden jüngere Arbeitnehmer durch diese Regelungen unmittelbar diskriminiert. Der Gesetzgeber rechtfertigt diese Vorteile der älteren Arbeitnehmer in der Nr. 6 mit ihren **schlechteren Chancen auf dem Arbeitsmarkt**. Wird bei der Abfindungssumme aber eine mögliche **wirtschaftliche Absicherung durch Rentenbezüge** berücksichtigt, wirkt sich der Faktor Alter nachteilig für ältere Arbeitnehmer aus. In diesen Fällen tritt ab dem frühesten möglichen Rentenbezug an die Stelle der Berechnungsformel ein Pauschalbetrag. Eine solche Regelung ist eine unmittelbare Diskriminierung älterer Arbeitnehmer, die der Gesetzgeber in der Nr. 6 durch die wirtschaftliche Absicherung der älteren Arbeitnehmer rechtfertigen will.

103 Die Umsetzung der Richtlinienvorgaben in der Nr. 6 ist zum Teil als überflüssig (Preis, NZA 2006, 401, 406), aber zulässig (Löwisch, DB 2006, 1729, 1730; Lüderitz, S. 261; Bertelsmann, ZESAR 2005, 242, 247) angesehen worden. Die Staffelung in Sozialplänen sei europarechtskonform. Zum Teil ist aber auch argumentiert worden, dass das Alter nur dann ein anspruchserhöhender Faktor sein könne, wenn damit ein typischerweise eintretender Sondernachteil dieser Gruppe ausgeglichen werde (Annuß, BB 2006, 325, 326; so wohl auch Nollert-Borasio/Perreng, § 10 Rn. 22). Dieser Nachteil müsse aber feststehen, so dass eine formelhafte Berechnung in Zukunft nicht mehr möglich sei. Fraglich ist auch, ob der Rechtfertigungsgrund der Nr. 6 in Zusammenhang mit dem der Nr. 5 zu sehen ist (Bertelsmann, ZESAR 2005, 242, 253): Erst wenn die automatische Beendigung mit Eintreten der Bezugsvoraussetzungen als zulässig angesehen werde, könne überhaupt erst überlegt werden, älteren Arbeitnehmern wegen des baldigen Rentenbezugs eine geringere Abfindung zu zahlen. Gegen eine Rechtfertigung geringerer Abfindungen für ältere Arbeitnehmer ist in der Literatur auch angeführt worden, dass es sich bei der Frage der wirtschaftlichen Absicherung um keinen der in Art. 6 Abs. 1 RL 2000/78/EG aufgeführten Gründe handelt (Leuchten, NZA 2002, 1254, 120; kritisch dazu v. Roetteken, § 10 Rn. 578 ff.). Dagegen wird auch eine Übertragung der Ausgestaltungskompetenz auf die Tarif- und Betriebsvertragsparteien

grundsätzlich für zulässig gehalten (Linsenmaier, RdA 2003 Sonderbeilage Heft 5, 22, 33).

104 Sowohl die Rechtfertigung der Diskriminierung der jüngeren wie der älteren Arbeitnehmer nach der Nr. 6 setzt voraus, dass der nationale Gesetzgeber im Rahmen des Art. 6 RL 2000/78/EG die nähere Ausgestaltung der Sozialpläne den Betriebsparteien überlassen kann und die Regelungen ein legitimes Ziel iSd § 10 S. 3 Nr. 6 verfolgen. Der EuGH hat anerkannt (EuGH 6.12.2012 – Rs. C-152/11 (Odar) – NJW 2013, 587), dass mit einem Sozialplan nach § 112 BetrVG ein beschäftigungspolitisches Ziel, nämlich „ein Ausgleich für die Zukunft, der Schutz der jüngeren Arbeitnehmer sowie die Unterstützung bei ihrer beruflichen Wiedereingliederung" vor dem Hintergrund begrenzter finanzieller Mittel bezweckt ist. Nach §§ 112 ff. BetrVG kann der Betriebsrat mit dem Arbeitgeber einen Sozialplan erstellen. Die Sozialplanabfindungen sollen danach die durch Betriebsänderungen entstehenden wirtschaftlichen Nachteile abmildern. Im erzwingbaren Sozialplanverfahren ist das Ausgestaltungsermessen durch **§ 112 Abs. 5 BetrVG** begrenzt. In der Nr. 6 ist die Berücksichtigung des Alters zum Ausgleich der schlechteren Chancen älterer Arbeitnehmer am Arbeitsmarkt vorgesehen. Nach Ansicht des EuGH ist zwischen Abfindung und Altersabsicherung dahin gehend zu trennen, dass die Abfindung keine zusätzliche Altersabsicherung sein darf, sondern dem Arbeitnehmer die Wiedereingliederung in den Arbeitsmarkt erleichtert (EuGH 12.10.2010 – Rs. C-499/08 (Andersen) – NZA 2010, 1341; Adomeit/Mohr, § 10 Rn. 215). Danach können bei vollständiger Absicherung Ansprüche auf Abfindungen ausgeschlossen sein (Bauer/Krieger, § 10 Rn. 52; nach aA soll die Rechtsprechung in Andersen nicht auf deutsche Sozialpläne übertragbar sein: Wißmann, RdA 2011, 181, 187). Zum Nachteil älterer Arbeitnehmer kann aber bei der Berechnung der Abfindung ihr frühestmöglicher Renten- oder Pensionsbezug nur anspruchsmindernd berücksichtigt werden (EuGH 6.12.2012 – Rs. C-152/11 (Odar) – NJW 2013, 587, 590). Allerdings ist eine solche Regelung unverhältnismäßig, wenn den älteren Arbeitnehmern ab diesem Zeitpunkt die Abfindung insgesamt genommen wird, so dass sie aufgrund ihrer schlechteren Chancen am Arbeitsmarkt gezwungen sind, mit der Altersabsicherung aus dem Arbeitsmarkt auszuscheiden (EuGH 12.10.2010 – Rs. C-499/08 (Andersen) – NZA 2010, 1341, 1343). Nach Ansicht des BAG (26.3.2013 – 1 AZR 813/11 – NZA 2013, 921) folgt aus der Entscheidung des EuGH in der Rechtssache Odar aber nicht, dass den Arbeitnehmern zumindest die Hälfte der Abfindung der übrigen Arbeitnehmer zu zahlen ist. Dagegen wird eine Regelung unverhältnismäßig sein, die neben dem Alter auch die vorzeitige Altersabsicherung aufgrund einer Behinderung anspruchsmindernd berücksichtigt. Dabei wirken sich die schlechteren Chancen des betroffenen Arbeitnehmers auf dem Arbeitsmarkt weiter benachteiligend aus, ohne dass dafür ein sachlich rechtfertigender Grund bestehen würde (EuGH 6.12.2012 – Rs. C-152/11 (Odar) – NJW 2013, 587, 590).

105 Bei der Rechtfertigung altersbezogener Abfindungen muss zwischen der Benachteiligung jüngerer und älterer Arbeitnehmer unterschieden werden:

aa) Benachteiligung jüngerer Arbeitnehmer

106 Nach der nationalen Rechtsprechung ist das Alter weiterhin ein zulässiger Faktor zur Bemessung der Abfindungshöhe, wobei die Einschätzung des Arbeitsmarkts den Betriebsparteien überlassen wird (BAG 26.3.2013 – 1 AZR 813/11 – NZA 2013, 921; LAG Rheinland-Pfalz 26.11.2013 – 3 Sa 271/13; BAG 23.3.2010 – 1 AZR 832/08 – NZA 2010, 774; BAG 12.4.2011 – 1 AZR 743/09 – NZA 2011, 985; dem folgend Meinel/Heyn/Herms, § 10 Rn. 86; Adomeit/Mohr, § 10 Rn. 217). Die **direkte Diskriminierung jüngerer Arbeitnehmer** durch den **Faktor Alter** als Multiplikator bei der Ermittlung der Abfindungssumme ist nur dann gerechtfertigt, wenn überhaupt altersbezogene Nachteile auf dem Arbeitsmarkt ausgeglichen werden sollen. Das bedeutet, dass der Faktor Alter nicht mehr in jedem Fall in der Berechnungsformel berücksichtigt werden darf. Üblich sind in der Praxis Formeln, in denen das Alter ein Multiplikator ist. Damit wird ein 28-jähriger gegenüber einem 25-jährigen Arbeitnehmer besser gestellt, obwohl nicht feststeht, dass seine Chancen auf dem Arbeitsmarkt schlechter sind. Derartige Regelungen sind nicht gerechtfertigte Diskriminierungen des jüngeren Arbeitnehmers. Die Diskriminierung ist erst dann gerechtfertigt, wenn ein Lebensalter als Multiplikator berücksichtigt wird, ab dem die Chancen sich auf dem Arbeitsmarkt überhaupt verschlechtern (v. Roetteken, § 10 Rn. 596; DKKW-Däubler, BetrVG §§ 112, 112 a Rn. 99 f.; Schweibert, S. 1001, 1010; Schiek-Schmidt, § 10 Rn. 32; Einzelfallprüfung Rust/Falke-Bertelsmann, § 10 Rn. 281; Meinel/Heyn/Herms, § 10 Rn. 86: zwar pauschale Einschätzung der Betriebspartner, die aber Arbeitsmarktdaten zugrunde legen sollten). Darüber hinaus darf die Regelung zu keiner schematischen Benachteiligung führen (v. Roetteken, § 10 Rn. 597). Es ist daher eine Härtefallklausel zu vereinbaren, durch die berücksichtigt werden kann, dass auch ein jüngerer Arbeitnehmer mit schlechten Chancen auf dem Arbeitsmarkt eine ähnliche Abfindungssumme erhalten kann.

107 Wird in der Sozialplanregelung darüber hinaus auf die Berücksichtigung der **Betriebszugehörigkeit** abgestellt, handelt es sich um eine mittelbare Diskriminierung jüngerer Arbeitnehmer, die aber in den Wortlaut des § 10 S. 3 Nr. 6 aufgenommen worden ist. Mittelbare Diskriminierungen können unabhängig von § 10 nach § 3 Abs. 2 gerechtfertigt sein, wenn ein sachlich legitimer Grund für die Unterscheidung besteht. Mit der Betriebszugehörigkeit wollen die Betriebsparteien in erster Linie die Betriebstreue des Arbeitnehmers würdigen. Die Sozialplanabfindung hat nach § 112 Abs. 5 zwar den Zweck einer Überbrückungshilfe (Mohr, RdA 2010, 44, 46), jedoch steigt die Schutzbedürftigkeit mit zunehmender Betriebszugehörigkeit, da sich der Arbeitnehmer auf einen bestimmten Arbeitgeber spezialisiert. Unter diesem Gesichtspunkt kann auch das ausschließliche Abstellen auf die Betriebszugehörigkeit als Schlechterstellung jüngerer Arbeitnehmer gerechtfertigt sein (Bauer/Krieger, § 10 Rn. 53 b; Blinda, S. 831; LAG Nürnberg 12.11.2014 – 2 Sa 317/14 bei Vorhandensein einer Kappungsgrenze; kritisch v. Roetteken, § 10 Rn. 603).

bb) Benachteiligung älterer Arbeitnehmer

108 Wird die wirtschaftliche Absicherung älterer Arbeitnehmer durch Rentenansprüche mindernd bei Sozialplanabfindungen berücksichtigt, so ist dies

eine unmittelbare Diskriminierung älterer Arbeitnehmer, die nach Ansicht des EuGH gerechtfertigt sein kann (EuGH 6.12.2012 – Rs. C-152/11 (Odar) – NJW 2013, 587, 590; EuGH 12.10.2010 – Rs. C-499/08 (Andersen) – NZA 2010, 1341, 1343). Entscheidend ist die Verhältnismäßigkeit der Regelungen (→ Rn. 28 ff.). Sozialplanabfindungen sollen unter Versorgungsgesichtspunkten den Verlust des Arbeitsplatzes mildern und eine Überbrückungshilfe bieten. Zwar knüpft auch Nr. 5 an die Möglichkeit des Rentenbezugs an, jedoch unter einem völlig anderen Gesichtspunkt. Während der ältere Arbeitnehmer nach Nr. 5 faktisch unter Hinweis auf die wirtschaftliche Absicherungsmöglichkeit vom Arbeitsmarkt ausgeschlossen wird, geht es in Nr. 6 um die Frage, ob staatliche Leistungen auf die Abfindungssumme angerechnet werden sollen. Werden auch andere staatliche Leistungen angerechnet, so ist es ebenso gerechtfertigt, Rentenansprüche zu berücksichtigen (BAG 9.12.2014 – 1 AZR 102/13 – NZA 2015, 365; LAG Köln 4.6.2007 – 14 Sa 201/07; DKKW-Däubler, BetrVG §§ 112, 112 a Rn. 100 a; Bauer/Krieger, § 10 Rn. 54; Steinkühler, Rn. 329; MüKo-Thüsing, § 10 Rn. 38; in Grenzen zulässig Rust/Falke-Bertelsmann, § 10 Rn. 284). In der nationalen Rechtsprechung liegt entsprechend der Entscheidungen des EuGH der Schwerpunkt auf der Verhältnismäßigkeitsprüfung. Dabei wird differenziert, ob bei Anspruchsminderungen auch auf den vorgezogenen Zeitpunkt der Altersabsicherung abgestellt werden und somit zwischen rentennahen und rentenfernen Arbeitnehmern unterschieden werden kann (BAG 9.12.2014 – 1 AZR 102/13 – NZA 2015, 365: Ausschluss bei Rentenbezug und Ablehnung eines Übernahmeangebots; BAG 23.3.2010 – 1 AZR 832/08 – NZA 2010, 774; LAG Düsseldorf 6.7.2012 – 10 Sa 866/11; verneinend LAG Hamm 29.8.2012 – 4 Sa 668/11: Verhältnismäßigkeit im Einzelfall auf den Sozialplan bezogen). Letztlich wird einzelfallbezogen vor dem Hintergrund der Rechtsprechung des EuGH zu prüfen sein, ob es sich um eine verhältnismäßige Umsetzung handelt, bei der auch das Gesamtvolumen berücksichtigt werden muss (Adomeit/Mohr, § 10 Rn. 217; v. Roetteken, § 10 Rn. 631: Berücksichtigung der Rentenhöhe). Entgegen der früheren nationalen Rechtsprechung (BAG 6.10.2011 – 6 AZN 815/11 – NZA 2011, 1431) ist die Berücksichtigung einer wegen einer **Behinderung vorgezogenen Absicherung** nach der aktuellen Rechtsprechung nicht gerechtfertigt (BAG 17.11.2015 – 1 AZR 938/13 – NZA 2016, 501; EuGH 6.12.2012 – Rs. C-152/11 (Odar) – NJW 2013, 587, 590; DKKW-Däubler, BetrVG §§ 112, 112 a Rn. 100 c; Zange, NZA 2013, 601, 603: Rechtfertigung nur unter hohen Anforderungen; eine Ungleichbehandlung verneinend Göpfert/Dornbusch/Rottmeier, NZA 2015, 1172, 1173). Letztlich wird entscheidend sein, ob das frühere mögliche Renteneintrittsalter die unterschiedliche Behandlung rechtfertigen kann. Räumen die Betriebsparteien älteren Arbeitnehmern bei einem **Wiedereinstellungsanspruch** Vorrang ein, ist dies eine Altersdiskriminierung, die aber über die schlechteren Chancen am Arbeitsmarkt nach § 10 S. 3 Nr. 1 gerechtfertigt ist (LAG Köln 11.5.2012 – 5 Sa 1009/10).

cc) Konsequenzen unzulässiger Sozialplanregelungen

109 Sind Sozialplanabfindungen unzulässig vereinbart worden, sind sie nichtig. Die benachteiligten Arbeitnehmer haben grundsätzlich Anspruch auf die

Abfindung, die ihnen ohne die verbotene Diskriminierung zu gewähren ist, dh ihre **Abfindungen sind nach oben anzuheben** (Meinel/Heyn/Herms, § 10 Rn. 88; Adomeit/Mohr, § 10 Rn. 222; zur bisherigen Rechtslage BAG AP § 112 BetrVG Nr. 47). Allerdings wird zu beachten sein, dass durch den individuellen Anspruch auf Gleichstellung nicht das Gesamtvolumen des Sozialplans gesprengt werden darf (LAG Hamburg 30.6.2006 – 6 Sa 18/06; BAG 21.10.2003 – 1 AZR 407/02 – AP § 112 BetrVG 1972 Nr. 163; aA Göpfert/Dornbusch/Rottmeier, NZA 2015, 1172, 1174 und eine Übertragung auf Sozialtarifverträge verneinend). Dies ist jedoch nicht schon dann anzunehmen, wenn der Dotierungsrahmen überschritten wird (zur bisherigen Rechtslage GK-Oetker, BetrVG §§ 112, 112 a Rn. 285, wonach eine Überschreitung um 1,7 % noch hinzunehmen ist; bei deutlicher Überschreitung des Gesamtvolumens zB 180 % Wegfall der Geschäftsgrundlage DKKW-Däubler, BetrVG §§ 112, 112 a Rn. 112). Bei der Klageart ist daher zu unterscheiden: Handelt es sich um eine noch hinnehmbare Erhöhung und kann die Forderung nach feststehenden Bemessungskriterien beziffert werden, ist die Leistungsklage die zulässige Klageart. In diesen Fällen wird die Klage auf eine Abfindung zu richten sein, die sich ohne Diskriminierung nach einer Umverteilung des angesetzten Volumens berechnet (Rust/Falke-Bertelsmann, § 10 Rn. 278). Allein eine Feststellungsklage ist nicht zielführend und ist wegen der möglichen Leistungsklage unzulässig. Hinsichtlich der zeitlichen Geltendmachung des Anspruchs kann auf das unter → Rn. 101 zur Verwirkung Ausgeführte verwiesen werden. Anders sind dagegen die Fälle zu beurteilen, in denen das Gesamtvolumen deutlich überschritten wird. In diesen Fällen ist der gesamte Sozialplan nichtig. Eine Leistungsklage würde in diesen Fällen die Entscheidungskompetenz der kollektiven Interessenvertreter unterlaufen, da das Gericht nicht an ihrer Stelle verbindlich eine angemessene Lösung finden kann. Für eine solche Entscheidungsbefugnis gibt es keine Kompetenznorm. Daher ist auf Feststellung der Nichtigkeit und Verpflichtung zu Neuverhandlungen zu klagen. Kommen die kollektiven Interessenvertreter dieser Verpflichtung nicht oder verzögert nach, ist an einen Schadensersatzanspruch des Arbeitnehmers wegen der Diskriminierung zu denken. Praktikabel und für alle Beteiligten empfehlenswert sollte in diesen Fällen aber stets die einvernehmliche Lösung sein, die anstelle der Feststellung der Nichtigkeit des Gesamtsozialplans vorzuziehen sein dürfte.

Unterabschnitt 2 Organisationspflichten des Arbeitgebers

§ 11 Ausschreibung

Ein Arbeitsplatz darf nicht unter Verstoß gegen § 7 Abs. 1 ausgeschrieben werden.

I. Vorbemerkungen

1. Allgemeines

1 Die Vorschrift bezweckt, dass schon bei der Ausschreibung einer Stelle eine Benachteiligung bestimmter Gruppen möglicher Bewerber unterbleibt. Sie begründet keine selbstständige Ausschreibungsverpflichtung, verbietet aber jede benachteiligende Form der Stellenausschreibung (amtliche Begründung, BT-Drs. 16/1780, 37). Sie konkretisiert das allgemeine Benachteiligungsverbot auf das Stadium der Anbahnung von Beschäftigungsverhältnissen, was dem Beschäftigtenbegriff des § 6 Abs. 1 (incl. Bewerberinnen und Bewerber) entspricht, und bezieht es auf das **Vorfeld personeller Einzelmaßnahmen**. Neben Einstellungen sind darunter auch Versetzungen innerhalb eines Betriebs oder Unternehmens oder einer Unternehmensgruppe zu verstehen. Damit wird der Tatsache Rechnung getragen, dass regelmäßig durch die Festlegung von Ausschreibungsbedingungen und -kriterien eine Vorauswahl erfolgt, die indes nicht gegen das Diskriminierungsverbot verstoßen darf. Es handelt sich wie schon bei § 611 b BGB aF um eine sog Muss-Vorschrift, dh sie ist zwingend. Ihre Verletzung kann auch dann Rechtsfolgen – aus anderen Vorschriften – begründen, wenn eine nachfolgende personelle Maßnahme selbst nicht gegen das Benachteiligungsverbot verstößt oder gar nicht stattfindet (BAG 23.8.2012 – 8 AZR 285/11 – BB 2012, 2239).

2 Die Bestimmung knüpft an die frühere Regelung des § 611 b BGB (geschlechtsneutrale Stellenausschreibung) an und erweitert das Benachteiligungsverbot auf alle in § 7 Abs. 1 aufgeführten verpönten Benachteiligungszusammenhänge. Gleichzeitig wurde § 611 b BGB aufgehoben, da in dieser Vorschrift enthalten. Mit der Verweisung auf § 7 Abs. 1 wird klargestellt, dass für Ausschreibungen die **gleichen Gleichbehandlungsmaßstäbe gelten wie für Einzelmaßnahmen**. Dies gilt auch hinsichtlich der Ausnahmen nach §§ 8–10 dieses Gesetzes.

3 Die Vorschrift formuliert im Passiv keine Anspruchsgrundlage, sondern eine Verpflichtung in Bezug auf Formen und Inhalte von Arbeitsplatzausschreibungen. Sie ist demzufolge weder verzicht- noch abdingbar. Zur Beurteilung ihrer (Nicht-)Einhaltung kommt es nicht darauf an, ob nachteilig Betroffene vorhanden sind. **Adressat** ist der Arbeitgeber iSd § 6 Abs. 2. Systematisch ergibt sich dies aus der Einordnung in Unterabschnitt 2 (Organisationspflichten des Arbeitgebers), praktisch daraus, dass dieser derartige Ausschreibungen veranlasst. Dass der Arbeitgeber im Gegensatz zu § 611 b BGB aF nicht ausdrücklich benannt ist, verändert diese Stellung nicht (Wendeling-Schröder/Stein-Stein, § 11 Rn. 5; MünchArbR-Oetker,

§ 15 Rn. 6 mwN, auch zu aA). Auch Kleinbetriebe und Privathaushalte sind nicht ausgenommen (Laws, MDR 2013, 625). Aus der **Organisations- und Einstandspflicht**, ggf. iVm §§ 31, 278 BGB, folgt die Zurechnung des Verhaltens von Personen, die bei der Erstellung einer Ausschreibung mitwirken. Dies sind die Personalabteilung oder andere Beschäftigte iSd § 6 Abs. 1 ebenso wie selbstständige **Personalberater oder sonstige Dritte**, die vom Arbeitgeber zu Vermittlungszwecken eingeschaltet werden (MünchArbR-Oetker, § 15 Rn. 6). Dies gilt auch für die Bundesagentur für Arbeit (BA). Deren Verhalten ist dem Arbeitgeber idR zuzurechnen (BAG 5.2.2004 – 8 AZR 112/03 – AP § 611 b BGB Nr. 23 = AuR 2004, 107, 237; ebenso BVerfG 21.9.2006 – 1 BvR 308/03 – NJW 2007, 137). In dieser Entscheidung hat das BVerfG festgehalten, dass die Auffassung, es sei nicht Aufgabe eines (potenziellen) Arbeitgebers, die Gesetzmäßigkeit einer von ihm veranlassten Ausschreibung einer Ausbildungsstelle durch die (damalige) Bundesanstalt (heute Bundesagentur) für Arbeit in der elektronischen Stellenbörse zu überwachen, mit Art. 3 Abs. 2 GG unvereinbar ist (vgl. Wendeling-Schröder/Stein-Stein, § 11 Rn. 6; MünchArbR-Oetker, § 15 Rn. 6). Der Arbeitgeber kann sich von seiner Überwachungspflicht nicht durch Delegation auf Dritte entlasten. So bleibt er insbesondere verantwortlich, wenn er die Auswahl dritten Institutionen überlässt, die dann Einstellungskriterien definieren oder Eignungstest durchführen. Nur für den Sonderfall, dass ein privates Internetportal eine korrekte Internetanzeige „Hotelfachfrau (Hotelfachmann, -frau)“ der BA abschreibt und zu „Hotelfachfrau“ unzulässig verkürzt, hat das LAG Hamm (24.4.2008 – 11 Sa 95/08 – AuR 2008, 360) die Anwendung von § 22 zulasten des Arbeitgebers verneint. Dies kann aber nur gelten, wenn der Arbeitgeber selbst keinen Einfluss darauf hat. Im Übrigen hat dies nur haftungsrechtliche Relevanz. § 11 ist auch in diesem Fall verletzt. Nach EuGH 25.4.2013 – Rs. C-81/12 (Asociatia ACCEPT) ist es zumindest für den Anschein einer Diskriminierung bei der Einstellung nicht erforderlich, dass die dafür verantwortliche Person, die sich als Hauptgeschäftsführer darstellt und in den Medien so wahrgenommen wird, rechtlich befugt ist, den Arbeitgeber zu binden oder bei Einstellungen rechtlich zu vertreten.

2. Vorrangige Grundlagen

4 Die Vorschrift dient, auch wenn dies die amtl. Begründung (BT-Drs. 16/4538, 37) nicht deutlich macht, der **Umsetzung des europäischen Gleichbehandlungsrechts**. Zu nennen sind neben Art. 21, 23 EU-GRC die RL 2000/43/EG Rasse/Herkunft, die Rahmen-RL 2000/78/EG und die RL 2006/54/EG Frauen/Männer. Zur RL 76/207 hatte der EuGH in dem Vertragsverletzungsverfahren Kommission./.Deutschland (EuGH 21.5.1985 – Rs. C-248/83 – Celex-Nr. 68983CJO248) entschieden, dass diese Richtlinie keine Verpflichtung der Mitgliedstaaten begründet, Rechtsvorschriften mit allgemeiner Geltung für die Ausschreibung von Arbeitsplätzen einzuführen. Deshalb könne die damalige Bestimmung des § 611 b BGB nicht als Erfüllung einer durch die RL 76/207 auferlegten Verpflichtung angesehen werden. Allerdings könne man Ausschreibungen von Arbeitsplätzen insoweit nicht vom Anwendungsbereich der RL 76/207 ausnehmen, als diese in einem engen Zusammenhang mit dem Zugang zur Be-

schäftigung stehen und sich auf den Zugang restriktiv auswirken können. In der Entscheidung v. 22.4.1997 (EuGH 22.4.1997 – Rs. C-180/95 (Draehmpaehl) – AuR 1997, 253, dazu Kocher, AuR 1998, 221) nahm er aus Anlass einer Schadensersatzklage eines nach diskriminierender Ausschreibung nicht eingestellten Bewerbers deren Rechtsgrund ohne Weiteres an und entschied nur noch über die Schadensersatzbeschränkungen der damaligen §§ 611 a, 611 b BGB (→ § 15 Rn. 4). Danach hat der Arbeitgeber ferner zu beweisen, dass der Bewerber die zu besetzende Position auch dann nicht erhalten hätte, wenn keine Diskriminierung stattgefunden hätte. Nach der Entscheidung Feryn (EuGH 10.7.2008 – Rs. C-54/07 – NJW 2008, 2767) treten diese Rechtsfolgen auch ein bei öffentlichen Äußerungen, durch die ein Arbeitgeber kundtut, dass er im Rahmen seiner Einstellungspolitik keine Arbeitnehmer einer bestimmten ethnischen Herkunft oder Rasse beschäftigen werde. Solche Äußerungen könnten bestimmte Bewerber ernsthaft davon abhalten, ihre Bewerbungen einzureichen, und damit ihren Zugang zum Arbeitsmarkt behindern. Sie begründen danach eine unmittelbare Diskriminierung bei der Einstellung iSd Art. 2 Abs. 2 Buchst. a RL 2000/43/EG sowie eine Vermutung iSd Art. 8 Abs. 1 RL 2000/43 für das Vorliegen einer unmittelbar diskriminierenden Einstellungspolitik. Es obliegt dann dem Arbeitgeber zu beweisen, dass keine Verletzung des Gleichbehandlungsgrundsatzes vorgelegen hat. Dem entsprechend beziehen Art. 3 Abs. 1 Buchst. a RL 2000/43/EG Rasse/Herkunft, Art. 3 Abs. 1 Buchst. a Rahmen-RL 2000/78/EG und Art. 14 Abs. 1 Buchst. a, b RL 2006/54/EG Frauen/Männer das in ihnen jeweils niedergelegte Diskriminierungsverbot auf die „Bedingungen einschließlich Auswahlkriterien und Einstellungsbedingungen für den Zugang zu unselbstständiger und selbstständiger Erwerbstätigkeit, unabhängig von Tätigkeitsfeld und beruflicher Position, sowie für den beruflichen Aufstieg". Diese Bedingungen werden regelmäßig in der Ausschreibung niedergelegt. Die Vorschrift ist im Lichte dieser Richtlinien zu interpretieren. Schließlich verbietet Art. 1 Abs. 1 **ILO-Übereinkommen 111** über die Diskriminierung in Beschäftigung und Beruf jede Unterscheidung, Ausschließung oder Bevorzugung a) aus den dort verpönten, über § 1 dieses Gesetzes hinausgehenden Gründen; b) wenn sie dazu führt, die Gleichheit der Gelegenheiten oder der Behandlung in Beschäftigung oder Beruf aufzuheben oder zu beeinträchtigen. Nach Art. 1 Abs. 3 **ILO-Übereinkommen** 111 umfasst ist die Zulassung zur Berufsausbildung, zur Beschäftigung und zu den einzelnen Berufen, damit auch Ausschreibungen iSd Vorschrift (→ Einl. Rn. 188 ff.; Schubert, Arbeitsvölkerrecht, S. 119 ff.).

3. Ausschreibung in anderen Vorschriften

5 Nach **§ 93 BetrVG** kann der Betriebsrat verlangen, dass Arbeitsplätze, die besetzt werden sollen, allgemein oder für bestimmte Arten von Tätigkeiten vor ihrer Besetzung innerhalb des Betriebs ausgeschrieben werden. Auch jene Vorschrift begründet für die private Wirtschaft keine generelle Ausschreibungsverpflichtung (BAG 14.12.2004 – EzA BetrVG 2001 § 99 BetrVG Nr. 1 Einstellung), sondern gibt dem Betriebsrat ein Initiativrecht dazu (im Einzelnen DKKW-Buschmann, BetrVG § 93 Rn. 7 ff.). Auf dieser Grundlage kann eine generelle Ausschreibungspflicht nebst Einzelregelun-

gen, dh auch Diskriminierungsverboten, durch Betriebsvereinbarung begründet werden. Für den **öffentlichen Dienst** (dazu → Rn. 35) wird unterstellt, dass die Dienststelle alle bei ihr zu besetzenden Dienstposten verwaltungsintern ausschreibt (Dietz/Richardi, BPersVG § 75 Rn. 464), so dass der Personalrat nicht besonders tätig werden muss, damit eine Ausschreibung erfolgt. Nach **§ 75 Abs. 3 Nr. 14 BPersVG** hat der Personalrat mitzubestimmen, wenn von einer Ausschreibung von Dienstposten, die besetzt werden sollen, abgesehen werden soll, so dass die Dienststelle die Zustimmung des Personalrats hierzu herbeiführen muss. Die Verpflichtung hierzu wird, abgesehen von Art. 33 Abs. 2 GG und § 8 Abs. 1 BBG, als durch das Personalvertretungsrecht selbst begründet angesehen (BVerwG 8.3.1988 – 6 P 32/85 – PersR 1988, 183; Altvater ua, BPersVG § 75 Rn. 68). Weitere Rechtsgrundlagen finden sich in den **Gleichstellungs-** bzw. **Frauenfördergesetzen** des Bundes (§ 6 BGleiG) und der Länder, die auch allgemeine, nicht geschlechtsspezifische Anforderungen aufstellen. Nach **§ 8 BBG** sind zu besetzende Stellen auszuschreiben. Nach § 9 BBG richtet sich die Auswahl der Bewerberinnen und Bewerber nach Eignung, Befähigung und fachlicher Leistung ohne Rücksicht auf die in § 1 dieses Gesetzes genannten Kriterien. Dem stehen gesetzliche Maßnahmen zur Förderung von Beamtinnen zur Durchsetzung der tatsächlichen Gleichstellung im Erwerbsleben, insbesondere Quotenregelungen mit Einzelfallprüfungen, sowie gesetzliche Maßnahmen zur Förderung schwerbehinderter Menschen nicht entgegen (→ Rn. 35).

6 Nach **§ 7 Abs. 1 TzBfG** hat der Arbeitgeber einen Arbeitsplatz, den er öffentlich oder innerhalb des Betriebs ausschreibt, auch als Teilzeitarbeitsplatz auszuschreiben, wenn sich der Arbeitsplatz dazu eignet. Nach **Abs. 2** jener Vorschrift hat der Arbeitgeber die Arbeitnehmer, die ihm den Wunsch nach einer Veränderung der Arbeitszeit angezeigt haben, über entsprechende Arbeitsplätze, die im Betrieb oder Unternehmen besetzt werden sollen, zu informieren. Ebenso hat er die befristet beschäftigten Arbeitnehmer über entsprechende unbefristete Arbeitsplätze zu informieren, die besetzt werden sollen. Die Information kann durch allgemeine Bekanntgabe an geeigneter Stelle im Betrieb und Unternehmen erfolgen. Diese allgemeine Bekanntgabe kommt einer Ausschreibung weitgehend gleich und ist auch an die Kriterien des § 11 gebunden.

4. Gesetzgebungsverfahren

7 Die letztendlich verabschiedete Regelung war bereits im ADG-Entwurf 2005 enthalten und wurde unverändert in den Regierungsentwurf 2006 und in die Beschlussfassung übernommen. Sie war parteipolitisch nicht umstritten, zumal sie an § 611 b BGB aF anknüpfte.

II. Ausschreibung eines Arbeitsplatzes

1. Ausschreibung

8 Das BAG definiert Ausschreibung iSd § 11 als die an eine unbekannte Vielzahl von Personen gerichtete Aufforderung eines Arbeitgebers, sich auf die ausgeschriebene Stelle zu bewerben (BAG 11.8.2016 – 8 AZR 406/14 – BB 2017, 506; enger zu § 93 BetrVG BAG 23.2.1988 – AP § 93 BetrVG 1972

Nr. 2: Aufforderung an alle oder eine bestimmte Gruppe von Arbeitnehmern, sich für bestimmte Arbeitsplätze im Betrieb zu bewerben). Dies erfordert die Bekanntgabe bestimmter stellen- wie aufgabenbezogener Mindestinformationen (DKKW-Buschmann, BetrVG § 93 Rn. 13; Fitting, BetrVG § 93 Rn. 7), aus denen sich die **Merkmale des in Bezug genommenen Arbeitsplatzes** entnehmen lassen. Der gegenüber dem BetrVG weitere Ausschreibungsbegriff des AGG entspricht angesichts seiner europarechtlichen Vorgaben dem des § 611 b BGB aF, ist durch Verzicht auf dessen Formulierung „weder öffentlich noch innerhalb des Betriebes" ohne inhaltliche Veränderung sprachlich gestrafft. Jede – externe oder interne, öffentliche oder innerbetriebliche – Ausschreibung ist diskriminierungsfrei zu gestalten. Dazu gehören Ausschreibungen zur Vorbereitung von Einstellungen und Versetzungen ebenso wie für die Teilnahme an Maßnahmen der beruflichen Aus- und Weiterbildung (BT-Drs. 16/1780, 37 zu § 11; Rust/Falke-Falke, § 11 Rn. 7). Auf die Form oder Rechtsgrundlage einer Ausschreibungsverpflichtung (Gesetz, TV, BV) kommt es nicht an. Erfasst sind Rundschreiben, Mitteilungen am Schwarzen Brett des Arbeitgebers, Anzeigen in Zeitungen, auf der Homepage des Arbeitgebers, im Intranet oder Internet, schließlich auch die mündliche Bekanntgabe offener Stellen, etwa auf einer Betriebsversammlung oder öffentlich (Wendeling-Schröder/Stein-Stein, § 11 Rn. 12; MünchArbR-Oetker, § 15 Rn. 7; vgl. auch EuGH 10.7.2008 – Rs. C-54/07 (Feryn); → Rn. 4). Für Stellenausschreibungen in Online-Bewerbungsportalen gilt nichts anderes als für Printmedien (BAG 15.12.2016 – 8 AZR 418/15). Sind Ausschreibungen mit einem auszufüllenden Einstellungsfragebogen verbunden, ist dieser Bestandteil der Ausschreibung und nach dieser Vorschrift zu behandeln. Der allgemeine Charakter fehlt bei einer gezielten, an eine Einzelperson gerichteten Aufforderung zur Bewerbung (Nollert-Borasio/Perreng, § 11 Rn. 1), was aber im Einzelfall (ohne Rekurs über § 11) gegen § 7 verstoßen könnte (ErfK-Schlachter, § 11 Rn. 1).

9 Die Ausschreibung sollte **möglichst ausführlich und genau** sein, damit nicht im Nachhinein weitere unbenannte Qualifikationsmerkmale eingeführt werden und bei personellen Einzelmaßnahmen den Ausschlag geben, wodurch der Sinn der Ausschreibung unterlaufen würde. Es ist dem Arbeitgeber zwar nicht grundsätzlich verwehrt, sich für die Auswahl eines Bewerbers auf Qualifikationen zu berufen, die in der Ausschreibung nicht gefordert wurden. Erscheint eine bestimmte **Anforderung** aber **nicht in der Stellenausschreibung** und wird sie auch nicht im Bewerbungsverfahren gefordert, so kann sich der Arbeitgeber später darauf zur Begründung der Bevorzugung eines anderen Bewerbers nur berufen, wenn besondere Umstände vorliegen, die erkennen lassen, dass dieser Grund nicht nur vorgeschoben ist. Dies muss besonders kritisch gewürdigt werden, wenn die Anforderung von Frauen typischerweise nicht erfüllt wird, wie etwa die langjährige Berufserfahrung in einem Männerberuf (BVerfG 16.11.1993 – 1 BvR 258/86 – AuR 1994, 110; bestätigt durch BVerfG 21.9.2006 – 1 BvR 308/03 – NJW 2007, 137). Zwar kann der Arbeitgeber über den der Stelle zugeordneten Aufgabenbereich frei entscheiden. Dagegen kann er nicht dadurch, dass er nach der Verkehrsanschauung nicht erforderliche Anforderungen für die Stellenbesetzung formuliert, die Vergleichbarkeit der Situati-

on selbst gestalten und so den Schutz des AGG beseitigen (BAG 19.8.2010 – 8 AZR 466/09 – AuR 2010, 399; BAG 23.8.2012 – 8 AZR 285/11 – AuR 2012, 374). Besondere Sorgfalt ist geboten bei offenen Merkmalen (zB Eignung, Befähigung), die erst ausgefüllt werden müssen, um handhabbare Kriterien zur Unterscheidung von Bewerbern zu liefern. Dasselbe gilt für Blankettverweisungen an Dritte, die dann ggf. (psychologische und andere, assessment center) Tests durchführen. Hier sind die Maßstäbe offen zu legen, nach denen diese erfolgen, um zu verhindern, dass diese diskriminierende Elemente enthalten (zu Testingverfahren ausführlich → § 22 Rn. 100).

2. Arbeitsplatz

10 Der **Begriff** des Arbeitsplatzes nach dieser Vorschrift ist umfassend zu verstehen und reicht damit **weiter als** der des § 93 BetrVG. Der Arbeitsplatz ist nicht statisch, sondern dynamisch in Bezug auf die zu leistenden Arbeitstätigkeiten. Dazu gehören der Ort der Arbeitsleistung, die Art der Tätigkeit oder der Platz in der betrieblichen Organisation (BAG 10.4.1984 – 1 ABR 67/82 – DB 1984, 2198). Der Arbeitsplatz wird durch die jeweilige Arbeitsaufgabe und den Arbeitsinhalt, den Gegenstand der Arbeitsleistung definiert (BAG 26.5.1988 – 1 ABR 18/87 – DB 1988, 2158).

11 Die Bestimmung findet ebenso Anwendung bei bereits vorhandenen und frei werdenden Arbeitsplätzen wie bei der erstmaligen Ausschreibung neu geschaffener Arbeitsplätze. Dazu gehören auch **Teilzeitarbeitsplätze** oder bestimmte während eines Teils der Arbeitszeit auszuführende Tätigkeiten. Arbeitsplätze werden besetzt zunächst durch jede vorgesehene Einstellung oder Versetzung von Arbeitnehmern iSd § 99 Abs. 1 BetrVG einschließlich der vom Arbeitgeber vorgesehenen Beschäftigung von Leiharbeitern (vgl. BAG 7.6.2016 – 1 ABR 33/14 – NZA 2016, 1226; BAG 15.10.2013 – 1 ABR 25/12, zu einem vorübergehenden Einsatz von mindestens 4 Wochen, vgl. § 95 Abs. 3 BetrVG). Ausschreibung iSd Vorschrift ist damit auch die von einem Entleiher an Verleiher gerichtete Anforderung von Leiharbeitern. Das Gleiche gilt für freie Mitarbeiter, wenn diese in den Betrieb eingegliedert werden, um zusammen mit Arbeitnehmern den arbeitstechnischen Zweck des Betriebs durch weisungsgebundene Tätigkeit zu verwirklichen (BAG 27.7.1993 – 1 ABR 7/93 – AP § 93 BetrVG 1972 Nr. 3; DKKW-Buschmann, BetrVG § 93 Rn. 7; Fitting, BetrVG § 93 Rn. 5, jeweils zur Ausschreibungsverpflichtung nach § 93 BetrVG). Schon nach dem BetrVG mit erfasst sind die Arbeitsplätze sog AT-Angestellter. Der Arbeitsplatzbegriff des **§ 156 SGB IX** umfasst neben Arbeitnehmerinnen und Arbeitnehmern alle Stellen, auf denen Beamtinnen und Beamte, Richterinnen und Richter sowie Auszubildende und andere zu ihrer beruflichen Bildung Eingestellte beschäftigt werden.

12 Der Arbeitsplatz- und damit der Ausschreibungsbegriff nach dieser Vorschrift reicht weiter als nach dem BetrVG und dem SGB IX. Er ist insbesondere nicht an die Begründung oder Veränderungen von Arbeitsverhältnissen iSd allgemeinen Arbeitsrechts geknüpft, sondern nur im **Zusammenhang mit dem in § 6 dieses Gesetzes geregelten eigenständigen Beschäftigtenbegriff** zu verstehen (vgl. ausführliche Kommentierung dort). Genannt

werden zunächst Arbeitnehmerinnen und Arbeitnehmer unabhängig von ihrem Beschäftigtenstatus, damit auch sog leitende Angestellte (vgl. auch die mit diesem Gesetz neu gefasste Vorschrift des § 27 Abs. 1 SprAuG). Namentlich hervorgehoben werden neben Arbeitnehmern weiter die zu ihrer Berufsbildung Beschäftigten, arbeitnehmerähnliche Personen einschließlich Heimarbeiter und Gleichgestellte, Bewerber für ein Beschäftigungsverhältnis und ausgeschiedene Beschäftigte. Schließlich erfasst der im Gesetzgebungsverfahren bereits 2005 aus dem Abschnitt Zivilrecht in den Abschnitt Beschäftigtenschutz des Gesetzes übernommene § 6 Abs. 3 hinsichtlich der Bedingungen für den Zugang zur Erwerbstätigkeit sowie den beruflichen Aufstieg auch Selbstständige. Dazu gehören etwa sog Freie Mitarbeiter und Franchise-Nehmer. Dieses weite Verständnis entspricht den RL 2000/43/EG und 2000/78/EG, die jeweils in Art. 3 Abs. 1 a zwischen unselbstständiger und selbstständiger Erwerbstätigkeit nicht differenzieren. Der **erweiterte Beschäftigtenbegriff** erfasst damit alle im und für den Betrieb beschäftigten bzw. zu beschäftigenden Personen, unabhängig von ihrem Rechtsstatus (ebenso jurisPK-BGB-Overkamp, § 11 Rn. 8). Dies bedeutet nicht, dass der Arbeitgeber alle von ihm vorgesehenen Ausschreibungen generell an alle Beschäftigten iSd § 6 zu richten hat, sondern dass Ausschreibungen, die sich auf Beschäftigungen iSd § 6 beziehen, also auch solche für „Freie" Mitarbeiterstellen, das Benachteiligungsverbot zu beachten haben (ebenso KDZ-Zwanziger, 7. Aufl. 2008, § 11 Rn. 4, in folgenden Aufl. nicht kommentiert; MünchArbR-Oetker, § 15 Rn. 8).

13 Aus dem erweiterten Beschäftigtenbegriff des § 6 bestimmt sich die **Bezugsgruppe für die Anwendung des besonderen Prüfungsmaßstabs** der (unmittelbaren oder mittelbaren) Diskriminierung nach § 3 Abs. 2. Eine mittelbare Diskriminierung liegt zB auch vor, wenn der Arbeitgeber bei Beförderungen Beschäftigte iSd § 6 unterschiedlich behandelt, indem er etwa besondere (Führungs-)Positionen überwiegend als Stellen für „Freie Mitarbeiter" ausschreibt und dabei Anforderungen setzt, die typischerweise von den als Arbeitnehmer Beschäftigten nicht erfüllt werden, oder die dazu führen, dass vielleicht Personen eines bestimmten Geschlechts in besonderer Weise benachteiligt werden. Hier ist nach § 3 Abs. 2 im Einzelfall zu prüfen, ob die Differenzierung durch ein rechtmäßiges Ziel sachlich gerechtfertigt ist und die Mittel zur Erreichung dieses Ziels angemessen und erforderlich sind. Der unterschiedliche Beschäftigtenstatus reicht hierfür jedenfalls nicht aus. Unzulässig wäre auch eine – nur an die Arbeitnehmer, nicht aber an ständig beschäftigte „Freie" Mitarbeiter oder umgekehrt – gerichtete Ausschreibung, die dazu führt, dass eine der im AGG geschützten Personengruppen in besonderer Weise belastet wird (enger MünchArbR-Oetker § 15 Rn. 8).

3. Verstoß gegen § 7

a) Grundsatz der Merkmalsneutralität

14 Der Wortlaut verweist zwar nur auf § 7. Jedoch gelten auch insofern die Rechtfertigungsgründe nach § 3 Abs. 2, §§ 5, 8–10. Liegt ein solcher generell, dh gegenüber der „unbekannten Vielzahl potenzieller Bewerber" vor, ist auch § 11 nicht verletzt (BAG 11.8.2016 – 8 AZR 406/14 – BB 2017,

506). Individuelle Besonderheiten einzelner Bewerber vermögen dagegen die Rechtswidrigkeit einer Ausschreibung nicht zu heilen. Dass die Ausschreibung als solche oder ihr Zeitpunkt einen Verstoß gegen §§ 1, 7 begründen, wird nur ausnahmsweise (etwa Ausnutzen einer zeitweilig inkongruenten Beschäftigungsstruktur) auftreten. Regelmäßig geht es um die in ihr enthaltenen Merkmale, Kriterien und Anforderungen. Gegenüber der aufgehobenen Vorschrift des § 611 b BGB wird das Benachteiligungsverbot auf alle Tatbestände des § 1 erstreckt. Die dort genannten „verpönten" Gesichtspunkte dürfen – abgesehen von den Ausnahmetatbeständen der §§ 8–10, 20 – weder positiv noch negativ Inhalt einer Ausschreibung sein. Diese ist vielmehr „**merkmalsneutral**" zu gestalten (Huke/Schütt, JbArbR 2007, III 2 a; vgl. auch Laws, MDR 2013, 625). Eine Ausnahme wird nur gelten, wenn ausdrücklich für Behinderte ein Vorrang statuiert wird, da die Nichtbehinderung nach diesem Gesetz nicht besonders geschützt ist (ebenso Rust/Falke-Falke, § 11 Rn. 20). Das **Neutralitätsgebot** ist bereits verletzt, wenn nur einer von mehreren Bestandteilen eines Anforderungsprofils mittelbar oder unmittelbar an ein Merkmal des § 1 anknüpft (Rust/Falke-Falke, § 11 Rn. 15). Auf Verschulden kommt es gem. § 3 Abs. 1, 5 nicht an. Ein Diversity Management in Form einer ausdrücklichen Berücksichtigung unterschiedlicher „Identitäten" in Ausschreibungen wäre damit nur ausnahmsweise unter den besonderen Voraussetzungen des § 5 (→ § 5 Rn. 14) vereinbar (vgl. auch Wendeling-Schröder, AuR 2015, 49 ff.).

15 Ein **Verstoß gegen das Neutralitätserfordernis** kann sich aus der Unternehmensdarstellung, aus Tätigkeitsbezeichnungen und persönlichen Anforderungen oder der Art der beizufügenden Bewerbungsunterlagen ergeben (vgl. Wendeling-Schröder/Stein-Stein, § 11 Rn. 15 ff.). Erhöhte Aufmerksamkeit muss **umschreibenden Begriffen** gewidmet werden, die im Einzelfall zu einer **mittelbaren Diskriminierung** iSd § 3 Abs. 2 führen können (ebenso MünchArbR-Oetker, § 15 Rn. 8). Ein angefordertes **Lichtbild** könnte zwar Rückschlüsse auf Geschlecht, Alter oder ethnische Herkunft zulassen (Rust/Falke-Falke, § 11 Rn. 28; Huke/Schütt, JbArbR 2007, III 2 b). Jedoch stellt die äußere Identifizierbarkeit von Bewerbern idR noch keine Benachteiligung in der Ausschreibung iSd § 7 mit der Folge des § 22 dar, da hierdurch kein Kriterium aufgestellt wird und Personalmaßnahmen ohnehin typischerweise mit vorhergehenden Personalgesprächen verbunden sind. Allerdings lässt sich das berechtigte Interesse des Arbeitgebers an dieser visuellen Information als zeitlich erstrangige Erkenntnisquelle nur schwer begründen.

b) Einzelne Merkmale

aa) Rasse, ethnische Herkunft

16 Als Diskriminierung wegen **ethnischer Herkunft** (→ § 1 Rn. 26 ff.) unzulässig wäre das Kriterium der Staatsangehörigkeit. Für das Erfordernis von Sprachkenntnissen ist nach § 3 Abs. 2 maßgeblich, ob diese notwendige Voraussetzung der Arbeitstätigkeit sind (A. Maier, AuR 2008, 113; Gutmann, AuR 2008, 81 ff.: Sprachlosigkeit als Rechtsproblem). Beispiele: Anforderung „Kenntnisse der deutschen Schriftsprache" in der Stellenbeschreibung für einen Arbeiter in der Spritzgussabteilung eines Automobilzulieferers – zulässig zwecks optimaler Erledigung anfallender Arbeit iVm

ISO/TS 16949 (BAG 28.1.2010 – 2 AZR 764/08 – AuR 2010, 135); „sehr gute Englisch- und Deutschkenntnisse" als Voraussetzung für die Einstellung eines Softwareentwicklers oder einer Softwareentwicklerin in einem international agierenden Unternehmen – zulässig (LAG Baden-Württemberg 15.1.2016 – 19 Sa 27/15); „sehr gutes Deutsch" für einen „Spezialist Software" – zulässig (LAG Nürnberg 5.10.2011 – 2 Sa 171/11 – LAGE § 11 AGG Nr. 1), allerdings mit nicht überzeugenden Begründungen: „nicht aus diskriminierenden Motiven ... Arbeitgeber, der für andere Dienstleistungen erbringt ... bei einem namhaften Unternehmen." Daraus leitet sich die Rechtfertigung nicht ab. Zutreffend dagegen LAG Bremen (29.6.2010 – 1 Sa 29/10 – AuR 2010, 523): Probezeitkündigung einer Arbeitnehmerin wegen ihres russischen Akzents als Diskriminierung mit der Folge einer Entschädigung aus § 15. Die Anforderung „Deutsch als Muttersprache" benachteiligt regelmäßig Personen wegen der ethnischen Herkunft gegenüber anderen Personen in besonderer Weise iSv § 3 Abs. 2. Sie bewirkt eine mittelbare Diskriminierung wegen der ethnischen Herkunft (BAG 29.6.2017 – 8 AZR 402/15 – AuR 2018, 46). Eine Rechtfertigung für diese Anforderung ist nicht ersichtlich.

bb) Geschlecht

17 Schon nach § 611 a BGB aF durfte der Arbeitgeber den Arbeitsplatz weder inner- noch außerbetrieblich nur für **Männer** oder nur für **Frauen** ausschreiben, es sei denn, dass ein bestimmtes Geschlecht unverzichtbare Voraussetzung für die betreffende Tätigkeit war. Dieses Verbot ergibt sich nun aus § 11 iVm § 7 Abs. 1, 2 (vgl. auch BVerfG 16.11.1993 – 1 BvR 258/86 – AuR 1994, 110, das aus Art. 3 Abs. 2 GG eine Auslegung des § 611 a BGB aF ableitete, dass Arbeitsuchende bei der Begründung des Arbeitsverhältnisses wirksam vor Benachteiligungen wegen des Geschlechts geschützt werden müssen; ebenso BVerfG 21.9.2006 – 1 BvR 308/03, NJW 2007, 137). Unzulässig sind sowohl die unmittelbare (§ 3 Abs. 1) als auch die mittelbare (§ 3 Abs. 2) Aufnahme eines **Geschlechts** als positive oder negative Einstellungs- oder Beförderungsbedingung in die Ausschreibung, desgleichen die Aufnahme von damit im Zusammenhang stehenden Merkmalen. So indiziert die Anforderung einer „langjährigen ununterbrochenen Berufserfahrung" eine mittelbare Benachteiligung von Frauen, die ihre Karriere typischerweise durch Mutterschutz und Elternzeit unterbrechen (Nollert-Borasio/Perreng, § 11 Rn. 3; jurisPK-BGB-Overkamp, § 11 Rn. 8). Wenn geforderte Mindestgrößen eine mittelbare Diskriminierung wegen des Geschlechts darstellen (so EuGH 18.10.2017 – Rs. C-409/16 – AuR 2017, 515 mAnm Müller-Wenner, mwN; LAG Köln 25.6.2014 – 5 Sa 75/14 – AuR 2014, 294), müsste dasselbe auch für Höchstgrößen gelten.

18 Nach § 8 ist eine unterschiedliche Behandlung nur wegen **wesentlicher und entscheidender unterschiedlicher beruflicher Anforderungen** erlaubt. Die Begründung zum Gesetzentwurf vom 16.12.2004 (BT-Drs. 15/4538, 32) nannte hierzu den Beruf eines Mannequins. Auch wegen des Gleichberechtigungsgrundsatzes des Art. 3 GG ist diese Ausnahme eng zu fassen. Fast alle Berufe, die in der Vergangenheit zwingend einem Geschlecht zugeschrieben wurden, werden es heute nicht mehr. Für zulässig iSd § 8 Abs. 1 hält das BAG (28.5.2009 – 8 AZR 536/08 – AuR 2009, 369) die Aus-

schreibung nur für Frauen für eine Betreuungsstelle in einem Mädcheninternat, wenn dort Nachtdienst geleistet werden soll; ferner (BAG 18.3.2010 – 8 AZR 77/09 – DB 2010, 1534) für die Stelle einer kommunalen Gleichstellungsbeauftragten mit Schwerpunkt Integrationsarbeit mit zugewanderten Frauen.

19 Die **Neutralität** hat **sprachlich** zum Andruck zu kommen. Zu verwenden sind entweder die männliche und weibliche Fassung oder nur eine Fassung mit genereller Verweisung auf beide Geschlechter, neutrale Formulierungen oder Abkürzungen, was überdies Platz spart. Eine Stellenausschreibung unter der Überschrift „Geschäftsführer" verletzt jedenfalls dann das Gebot zur geschlechtsneutralen Stellenausschreibung nach §§ 7 Abs. 1, 11, wenn nicht im weiteren Text der Anzeige auch weibliche Bewerber angesprochen werden (OLG Karlsruhe 13.9.2011 – 17 U 99/10 – DB 2011, 2256). Dies gilt auch auf unterer Ebene. Unschön erscheint dann allerdings die von Falke (Rust/Falke-Falke, § 11 Rn. 17) vorgeschlagene zwar neutrale, aber abwertende Formulierung „Kraft". Ebenso unzulässig wäre ein Abstellen auf Merkmale, die überwiegend von einem Geschlecht erfüllt werden, von dem anderen nicht, etwa die **Erfüllung der Wehrpflicht bzw. des Kriegsdienstes**, was überdies eine unmittelbare Benachteiligung wegen der Weltanschauung (Pazifismus, so ausdrücklich Europ. Menschenrechtskommission 16.5.1977, Nr. 7050/75 Arrowsmith; ebenso Schiek/Kocher-Schiek, § 1 Rn. 23; → § 7 Rn. 45, 84, 88) und eine Verletzung von Art. 4 Abs. 3 GG darstellt. Der EuGH (7.12.2000 – Rs. C-79/99 (Schnorbus) – NZA 2001, 141, 143 Rn. 43 ff.) hielt zwar die in der Berücksichtigung des Wehr- oder Ersatzdienstes bei der Wartezeit zum Referendariat liegende mittelbare Benachteiligung weiblicher Bewerber für gerechtfertigt, da sie durch sachliche Gründe gerechtfertigt sei und allein zum Ausgleich der Verzögerung beitragen soll, die sich aus der Erfüllung einer Dienstpflicht ergibt. Abzustellen ist aber auch danach nur auf die zeitliche Verzögerung, nicht auf den Dienst als solchen. Auf dieser Grundlage dürfen Ersatz-/Zivildienstleistende nicht schlechter behandelt werden als Wehrdienstleistende bzw. wäre ihnen bei längerer Dienstzeit sogar ein entsprechender Vorrang einzuräumen.

20 Die im öffentlichen Dienst geläufige Formulierung „Bewerbungen von Frauen sind erwünscht" wird zulässig sein, wenn Frauen in der bestimmten Führungsposition unterdurchschnittlich repräsentiert sind. Ein absoluter **Frauenvorrang** scheidet dagegen bereits in der Ausschreibung aus (zu §§ 6, 8 BGleiG → Rn. 35). Problematisch sind Stellenausschreibungen selektiv in zielgruppenspezifischen Medien (zB nur in Frauenzeitschriften oder Internet), die faktisch zu einer Bevorzugung der Zielgruppe führen (Hayen, JbArbR 2007, II 1.2.2.; KDZ-Zwanziger, 7. Aufl. 2008, § 11 Rn. 6, in späteren Aufl. nicht kommentiert; Schiek-Schmidt, § 11 Rn. 5; Rust/Falke-Falke, § 11 Rn. 30; aA jurisPK-BGB-Overkamp, § 11 Rn. 13).

cc) Religion oder Weltanschauung

21 Zur Klärung, ob und in wieweit Religionsgemeinschaften und ihnen zugeordnete Einrichtungen, gestützt auf § 9 bzw. Art. 4 Abs. 2 RL 2000/78, eine bestimmte **Religionszugehörigkeit** zur **Voraussetzung einer Beschäfti-**

gung machen können, hat das BAG (17.3.2016 – 8 AZR 501/14 (A), AuR 2016, 217) dem EuGH (Rs. C-414/16) folgende Fragen vorgelegt: 1. Ist Art. 4 Abs. 2 RL 2000/78/EG dahin auszulegen, dass ein Arbeitgeber ... – bzw. die Kirche für ihn – verbindlich selbst bestimmen kann, ob eine bestimmte Religion eines Bewerbers nach der Art der Tätigkeit oder der Umstände ihrer Ausübung eine wesentliche, rechtmäßige und gerechtfertigte berufliche Anforderung angesichts seines/ihres Ethos darstellt? 2. Sofern erste Frage verneint wird: Muss eine Bestimmung des nationalen Rechts – wie hier § 9 Abs. 1 Alt. 1 AGG –, wonach eine unterschiedliche Behandlung wegen der Religion bei der Beschäftigung durch Religionsgemeinschaften und die ihnen zugeordneten Einrichtungen auch zulässig ist, wenn eine bestimmte Religion unter Beachtung des Selbstverständnisses dieser Religionsgemeinschaft im Hinblick auf ihr Selbstbestimmungsrecht eine gerechtfertigte berufliche Anforderung darstellt, ... unangewendet bleiben? 3. Sofern erste Frage verneint wird, zudem: Welche Anforderungen sind an die Art der Tätigkeit oder die Umstände ihrer Ausübung als wesentliche, rechtmäßige und gerechtfertigte berufliche Anforderung angesichts des Ethos der Organisation gem. Art. 4 Abs. 2 RL 2000/78/EG zu stellen. Nach dem Schlussantrag des Generalanwalts v. 9.11.2017 – Rs. C-41/16 ist Art. 4 Abs. 2 RL 2000/78/EG dahin auszulegen, dass ein Arbeitgeber – bzw. die Kirche für ihn – nicht verbindlich selbst bestimmen kann, ob eine bestimmte Religion eines Bewerbers nach der Art der Tätigkeit oder den Umständen ihrer Ausübung eine wesentliche, rechtmäßige und gerechtfertigte berufliche Anforderung angesichts seines/ihres Ethos darstellt.

22 Die in der Ausschreibung zulässigerweise gestellten Anforderungen bilden zugleich die Grenze und dürfen während des weiteren Einstellungsverfahrens nicht verschärft werden. Verlangt etwa eine kath. Arbeitgeberin in der Stellenausschreibung für eine weder dem pastoralen noch dem erzieherischen Bereich zuzuordnende Stelle einer Personalsachbearbeiterin, die nicht zu dem in Art. 3 Abs. 2 KathKiGrdO genannten Aufgabenkreis gehört, lediglich eine positive Einstellung zu den Grundlagen/Zielen eines kath. Trägers, so kann sie von diesem selbst gesetzten Anforderungsprofil für die Dauer des Bewerbungsverfahrens nicht mehr abweichen. (LAG Niedersachsen 14.12.2016 –17 Sa 288/16, rkr., mit der Folge des § 15). Abgesehen von den Voraussetzungen des § 9 dürfen Anzeigen oder Ausschreibungen nicht an Religion oder Weltanschauung anknüpfen. Unzulässig wäre zB ein Hinweis auf einen „streng katholisch geführten Betrieb" (Schleusener/Suckow/Voigt-Suckow, § 11 Rn. 43; jurisPK-BGB-Overkamp, § 11 Rn. 18).

dd) Behinderung

23 Problematisch sind Anforderungen an den Gesundheitszustand, die ein erhöhtes Benachteiligungspotenzial für **behinderte Menschen** aufweisen (Kania/Merten, ZIP 2007, 8 ff.), etwa die Anforderung besonderer „Kommunikationsstärke" (LAG Köln 26.1.2012 – 9 Ta 272/11 – PersR 2012, 234), erst recht die „uneingeschränkte körperliche und geistige Leistungsfähigkeit" (Rust/Falke-Falke, § 11 Rn. 20). Eine Ausschreibung ist typischerweise geeignet, behinderte Bewerber zu benachteiligen, wenn sich nur Menschen bewerben können, die nicht vom Schicht- oder Wechseldienst befreit

sind (VG Freiburg 23.2.2016 – 5 K 774/14). Das Merkmal „Belastbarkeit" erscheint problematisch, auch wenn Behinderte nicht notwendig weniger belastbar sind. Ein Führerschein ist nur zu verlangen, wenn die spezifische Tätigkeit einen solchen voraussetzt (jurisPK-BGB-Overkamp, § 11 Rn. 16).

ee) Alter

24 Nach Auffassung des BAG (15.12.2016 – 8 AZR 418/15) existiert kein Erfahrungssatz des Inhalts, dass der Arbeitgeber mit der Frage nach dem Alter eines/r Bewerbers/in signalisiert, lediglich Interesse an der Beschäftigung jüngerer Mitarbeiter/innen zu haben. Nur ausnahmsweise zulässig ist aber die Ausschreibung von Arbeitsplätzen nur bis zu einer bestimmten Altersstufe (**Höchstalter**) unter dem Gesichtspunkt der **Altersdiskriminierung** (→ § 10 Rn. 83 ff.). § 10 S. 1, 2 verlangt eine Einzelfallprüfung, ob die unterschiedliche Behandlung wegen des Alters objektiv und angemessen und durch ein legitimes Ziel gerechtfertigt ist. Die Mittel zur Erreichung dieses Ziels müssen angemessen und erforderlich sein. Nach § 10 Nr. 3 lässt sich die Festsetzung eines Höchstalters für die Einstellung nur rechtfertigen durch spezifische Ausbildungsanforderungen eines bestimmten Arbeitsplatzes oder durch die Notwendigkeit einer angemessenen Beschäftigungszeit vor dem Eintritt in den Ruhestand, was wörtlich Art. 6 Abs. 1 Buchst. c RL 2000/78/EG entspricht. Dass ein bestimmtes Alter eine sinnvolle Ausbildung ausschließt, wird angesichts des gesellschaftlich und auch vom BVerfG als Gemeinwohlbelang anerkannten Prinzips des lebenslangen Lernens (BVerfG 15.12.1987 – 1 BvR 563/85 – AuR 1988, 186 = DB 1988, 709) nur in besonderen Ausnahmefällen anzunehmen sein (Weber, AuR 2002, 404), die im Einzelfall besonders begründet werden müssen. Insbesondere ist die Erwartung, dass der Beschäftigte sich aufgrund seines Alters zu einer notwendigen Aus- und Weiterbildung nicht mehr in der Lage sehen wird oder dass er anschließend nicht mehr die vom Arbeitgeber gewünschte Flexibilität aufbringen wird, keine spezifische Ausbildungsanforderung iSd Vorschrift (vgl. auch Kommentierung zu § 10). Auch die Notwendigkeit einer angemessenen Beschäftigung vor dem Eintritt in den Ruhestand wird nur ausnahmsweise gegeben sein. Letzteres Merkmal betrifft vornehmlich Beamtenverhältnisse mit entsprechender Beamtenversorgung. Für die private Wirtschaft kommt dieser Gesichtspunkt regelmäßig nicht zum Tragen. Schon daraus ergibt sich, dass generelle **Höchstaltersgrenzen für die Einstellung in Ausschreibungen regelmäßig unzulässig** sind, da sie nicht an die vorstehend aufgeführten Einzelfallbedingungen anknüpfen (BAG 8.12.2010 – 7 ABR 98/09 – AuR 2011, 267; BAG 21.6.2012 – 8 AZR 188/11 – NJW 2013, 555). Die überwiegende Rspr. zu Einstellungshöchstgrenzen (vgl. nur BVerfG 21.4.2015 – 2 BvR 1322/12: öD NRW – unzulässig; EuGH 12.1.2010 – Rs. C-229/08: 30 Jahre für Feuerwehr – zulässig; EuGH 13.11.2014 –Rs. C-416/13: 30 Jahre für Gemeindepolizisten – unzulässig; EuGH 15.11.2016 – Rs. C-258/15: 35 Jahre für allg. Vollzugspolizei – zulässig) ist zum Beamtenrecht ergangen und wird unter → § 10 Rn. 83 ff. ausführlich behandelt. Wo Höchstgrenzen schon im Beamtenrecht unzulässig sind, gilt dies erst recht in privaten Rechtsverhältnissen.

25 Eine **unmittelbare Diskriminierung** liegt vor, wenn die Ausschreibung eine Selbstdarstellung des Arbeitgebers („junges, dynamisches Team“) enthält, die ältere Bewerber faktisch ausschließt (BAG 19.5.2016 – 8 AZR 470/14; BAG 11.8.2016 – 8 AZR 406/14; Huke/Schütt, JbArbR 44 (2007), III 2 a; KDZ-Zwanziger, 7. Aufl. 2008, § 11 Rn. 5, in späteren Aufl. nicht kommentiert). Damit scheidet auch die Suche nach „Berufsanfängern“ in Stellenanzeigen aus. Zutreffend hat das BAG (19.8.2010 – 8 AZR 530/09 – AuR 2011, 35) im Falle eines abgewiesenen Volljuristen erkannt, dass eine Stellenausschreibung grundsätzlich gegen das Altersdiskriminierungsverbot verstößt, wenn ein „junger“ Bewerber gesucht wird.

26 Als **mittelbare Diskriminierung** unzulässig wäre es, Stellen im ersten Berufsjahr auszuschreiben (BAG 18.8.2009 – 1 ABR 47/08 – AuR 2009, 310; 2010, 223; LAG Hessen 6.3.2008 – 9 TaBV 251/07 – AuR 2008, 315) oder in Stellenanzeigen nach „Berufsanfängern“ zu suchen: Bewerber mit einer längeren Berufserfahrung weisen gegenüber Berufsanfängern und gegenüber Bewerbern mit erster oder kurzer Berufserfahrung typischerweise ein höheres Lebensalter auf, so dass diese Anforderung geeignet ist, ältere gegenüber jüngeren Personen wegen des Alters in besonderer Weise zu benachteiligen (BAG 19.5.2016 – 8 AZR 583/14; ebenso BAG 15.12.2016 – 8 AZR 454/15 – AuR 2017, 265: „gerade frisch gebacken aus einer kaufmännischen Ausbildung“; LAG Hamm 13.6.2017 – 14 Sa 1427/16 – AuR 2018, 105: Verstärkung unseres jungen Teams mit einem „frisch gebackenen Juristen“). Sucht ein öffentlicher Arbeitgeber in einer an „Berufsanfänger“ gerichteten Stellenanzeige für ein Traineeprogramm „Hochschulabsolventen/Young Professionells“ (sic!) und lehnt er einen 36-jährigen Bewerber mit Berufserfahrung bei einer Rechtsschutzversicherung und als Rechtsanwalt ab, so ist dies ein Indiz für eine Benachteiligung dieses Bewerbers wegen seines Alters. Der Arbeitgeber trägt dann die Beweislast dafür, dass ein solcher Verstoß nicht objektiv vorgelegen hat. Er darf sich darauf berufen, dass der Bewerber aufgrund seiner im Vergleich zu Mitbewerbern schlechteren Examensnoten nicht in die eigentliche Auswahl einbezogen worden ist (BAG 24.1.2013 – 8 AZR 429/11 – AuR 2013, 103; aA noch Wichert/Zange, DB 2007, 970, die dieses Anforderungsprofil für Anwälte mit dem geringeren Anfangsgehalt, der „Lernfähigkeit“ und „Unverbildetheit“ zu rechtfertigen versuchten. Derartige Argumente sind selbst altersdiskriminierend. Wird in solchen Fällen ein Bewerber abgewiesen, kann nur im Einzelfall ein Schadensersatzanspruch nach § 15 unter dem Gesichtspunkt des Rechtsmissbrauchs ausgeschlossen sein, wenn der Bewerber nicht die Stelle erhalten, sondern nur den formalen Status als Bewerber erlangen möchte mit dem alleinigen Ziel der Entschädigung (EuGH 28.7.2016 – Rs. C-423/15 (Kratzer) – NJW 2016, 2796; dem folgend BAG 26.1.2017 - 8 AZR 848/13; ausführlich → § 15 Rn. 64).

ff) Sexuelle Identität

27 Die Ausschreibung einer Stelle für ein Ehepaar beinhaltet eine mögliche Benachteiligung wegen **sexueller Identität** (Nollert-Borasio/Perreng, § 11 Rn. 3).

4. Ausschreibung als Teilzeitarbeitsplatz

28 § 7 Abs. 1 TzBfG enthält die Verpflichtung, den Arbeitsplatz auch als **Teilzeitarbeitsplatz** auszuschreiben, wenn er sich hierfür eignet. Eine generelle Ausschreibungsverpflichtung ergibt sich auch daraus nicht (BAG 14.12.2004 – 1 ABR 54/03 – EzA BetrVG 2001 § 99 BetrVG Nr. 1 Einstellung). Die Verpflichtung des Arbeitgebers geht nur dahin (ausführlich Fischer, AuR 2001, 325; Herbert/Hix, DB 2002, 2377; TZA-Buschmann, TzBfG § 7 Rn. 2 ff.), im Falle einer von ihm vorgesehenen Ausschreibung den Arbeitsplatz auch als Teilzeitarbeitsplatz auszuschreiben, es sei denn, der Arbeitsplatz eignet sich hierfür nicht. Auf eine besondere Besetzungsbereitschaft kommt es danach nicht an. Dies gilt auch, wenn der Arbeitgeber aus personalpolitischen oder anderen Gründen zu einer Besetzung in Teilzeit nicht bereit ist oder wenn er eine Besetzung in Vollzeit für geeigneter hält. § 7 TzBfG beinhaltet nur die Verpflichtung zur Ausschreibung (auch) in Teilzeit. Ein **Anspruch auf Ausschreibung in Vollzeit** lässt sich weder daraus noch aus der Teilzeit-RL 97/81/EG ableiten (BAG 18.2.2003 – 9 AZR 272/01 – AuR 2003, 316). Allerdings ist auch bei einer Ausschreibung in Teilzeit ein Arbeitnehmer nicht gehindert, einen individuellen Anspruch auf bevorzugte Berücksichtigung nach § 9 TzBfG iVm § 5 Abs. 3 Buchst. b RL 97/81/EG geltend zu machen, wenn sich dadurch das insgesamt angebotene Stundenvolumen nicht erhöht, sondern nur anders organisiert wird (TZA-Buschmann, TzBfG § 9 Rn. 2; Fischer, AuR 2005, 255; aA ErfK-Preis, TzBfG § 9 Rn. 5). Errichtet der Arbeitgeber, anstatt Arbeitszeiten aufstockungswilliger Arbeitnehmer zu verlängern, weitere Teilzeitarbeitsplätze ohne höhere Arbeitszeit, müssen für diese Entscheidung arbeitsplatzbezogene Sachgründe bestehen (BAG 15.8.2006 – 9 AZR 8/06 – BAGE 119, 194; BAG 1.6.2011 – 9 AZR 781/07 – NZA 2011, 1435 mwN). Andernfalls hat der Arbeitnehmer wegen unterbliebener Verlängerung der Arbeitszeit einen Schadensersatzanspruch (BAG 1.6.2011 – 9 AZR 781/07 – NZA 2011, 1435).

29 Hinsichtlich der Verpflichtung zur Ausschreibung in Teilzeit kommt es nur darauf an, ob sich der Arbeitsplatz hierfür eignet. Die **objektive Eignung** ist nur ausgeschlossen, wenn die am Arbeitsplatz anfallenden Arbeitstätigkeiten und Aufgaben den Umfang einer Vollzeitbeschäftigung ausmachen und nicht auf mehrere Personen aufgeteilt werden können. Dagegen kommt es nicht darauf an, ob sich eventuell geeignete Bewerber für eine Teilzeitbeschäftigung finden lassen, da dies die Eignung grundsätzlich nicht in Frage stellt und im Übrigen typischerweise erst nach einer Ausschreibung feststehen wird. Es handelt sich um einen der Auslegung zugänglichen Rechtsbegriff, der gerichtlich voll überprüfbar ist und bei dem dem Arbeitgeber kein Beurteilungsspielraum zukommt. Er kann sich der Ausschreibungspflicht auch nicht unter Hinweis auf eine sog unternehmerische Entscheidung entziehen, alle oder einzelne Arbeitsplätze nur in Vollzeit zu besetzen (ebenso Fischer, AuR 2001, 326; aA ErfK-Preis, TzBfG § 7 Rn. 3, jeweils mwN auch zur aA). Eine Wertungsparallele zur Auslegung der entgegenstehenden „betrieblichen Gründe“ iSd § 8 Abs. 4 S. 1 TzBfG ist angesichts der unterschiedlichen Formulierung und Funktion nicht zu ziehen (so aber Herbert/Hix, DB 2002, 2377 mwN).

30 Zwar ist die Benachteiligung aus Gründen der Teilzeit kein verpöntes Merkmal iSd § 1 dieses Gesetzes. Hier könnte es sich aber um eine **mittelbare Frauendiskriminierung** handeln. Die in der Rspr., in Art. 2 Buchst. b RL 2004/113/EG v. 13.12.2004 und anderen Richtlinien sowie in § 3 Abs. 2 dieses Gesetzes anerkannte Rechtsfigur der „mittelbaren Diskriminierung" ist erst anhand der Teilzeitdiskriminierung entstanden (ausführlich Schlachter/Heinig-Ulber, § 14 Teilzeit, Rn. 15 ff.; TZA-Dieball, Europäisches Recht, S. 163 ff.). Für Teilzeit besteht zwar das Benachteiligungsverbot des § 4 TzBfG. Damit ist aber ein Rückgriff auf den Gedanken der mittelbaren Frauendiskriminierung und damit des Benachteiligungsverbots des § 7 nicht ausgeschlossen. Dies bedeutet, dass bei Teilzeitbenachteiligung als mittelbare Frauendiskriminierung auch die Ansprüche und Verfahrensmöglichkeiten nach dem AGG gegeben sind, etwa der Unterlassungsanspruch des Betriebsrats oder der im Betrieb vertretenen Gewerkschaft nach § 17 Abs. 2. Diese könnten ein Beschlussverfahren nach jener Vorschrift auch gegen den Arbeitgeber anhängig machen, der einen für eine Besetzung in Teilzeit geeigneten Arbeitsplatz zu Unrecht nicht in Teilzeit ausschreibt.

III. Beteiligung der Arbeitnehmervertretung

31 § 93 BetrVG gibt dem Betriebsrat ein als **Mitbestimmungsrecht gestaltetes Initiativrecht** (Richardi-Thüsing, BetrVG § 93 Rn. 2). Die Pflicht zur Ausschreibung der Arbeitsplätze wird damit durch das **Verlangen des Betriebsrats** begründet. Hierfür bestehen keine besonderen Formvorschriften, so dass der Betriebsrat die Ausschreibung grundsätzlich auch mündlich verlangen kann. Schriftform ist aber sinnvoll (Musterantrag des Betriebsrats in DKKWF-Buschmann, BetrVG § 93 Rn. 2). Das Verlangen kann auch in der Einleitung eines arbeitsgerichtlichen Beschlussverfahrens liegen mit dem Antrag, dem Arbeitgeber aufzugeben, Einstellungen nicht ohne Ausschreibung der Arbeitsplätze und nicht ohne vorherige Unterrichtung des Betriebsrats durchzuführen (LAG Hessen 2.11.1999 – 4 TaBV 31/99 – AuR 2000, 316).

32 Der Betriebsrat kann die Ausschreibung **allgemein** für alle Arbeitsplätze des Betriebs oder für **bestimmte Arten und Tätigkeiten** verlangen. Es ist umstritten, ob die Vorschrift auch für einzelne konkrete Arbeitsplätze gilt (dagegen LAG Köln 1.4.1993 – LAGE § 93 BetrVG 1972 Nr. 2; GK-Kraft/Raab, BetrVG § 93 Rn. 16; Fitting, BetrVG § 93 Rn. 5; Richardi-Thüsing, § 93 Rn. 7; dafür DKKW-Buschmann, BetrVG § 93 Rn. 9, mwN auch zu aA). Stellt der Betriebsrat jedenfalls fest, dass nur ein Teil der zu besetzenden Arbeitsplätze ausgeschrieben wird, kann er zulasten des Arbeitgebers die Ausschreibung sämtlicher frei werdender Stellen fordern. Der Nachweis eines besonderen rechtlichen Interesses ist nicht erforderlich.

33 Zum Initiativrecht des Betriebsrats gehört auch das Verlangen, **auf welche Weise** die Stellenausschreibung durchgeführt werden soll, zB durch Aushang am „Schwarzen Brett", durch Rundschreiben, Veröffentlichung in der Werkszeitschrift oder auf elektronischem Weg (Kuhn/Wedde, AiB 1992, 549 f.; Heither, AR-Blattei, Betriebsverfassung XIV C, Rn. 65; Fitting, BetrVG § 93 Rn. 6). Dies ist im Rahmen des AGG von Bedeutung, da

auch die Form der Ausschreibung diskriminierungsfrei zu gestalten ist (→ Rn. 15). § 93 BetrVG verlangt anders als diese Vorschrift (dazu → Rn. 8) **schriftliche Bekanntgabe** (GK-Kraft/Raab, BetrVG § 93 Rn. 24). Nach Auffassung des BAG (7.6.2016 – 1 ABR 33/14 – NZA 2016, 1226) unterliegt die Festlegung der in der Ausschreibung enthaltenen Einstellungskriterien nicht der Mitbestimmung (kritisch DKKW-Buschmann, BetrVG § 93 Rn. 10 mwN auch zu aA). Die Verpflichtung zur diskriminierungsfreien Ausschreibung nach dieser Vorschrift ist jedenfalls nicht verhandelbar. Sie ist nicht Gegenstand der Mitbestimmung, sondern der Überwachung des Rechtsvollzugs nach § 80 BetrVG. Dafür sind dem Betriebsrat die erforderlichen Unterlagen zur Verfügung zu stellen (DKKW-Buschmann, BetrVG § 93 Rn. 25; Richardi-Thüsing, BetrVG § 93 Rn. 4).

34 Über die innerbetriebliche Ausschreibung von Arbeitsplätzen werden häufig **Betriebsvereinbarungen** abgeschlossen, die dann die §§ 11, 7 Abs. 2 zu beachten haben (Muster in DKKWF-Buschmann, BetrVG § 93 Rn. 4). Das ist vor allem zu empfehlen, wenn die Ausschreibung umfassendere Angaben enthalten soll. Dem Verlangen des Betriebsrats nach einer diskriminierungsfreien Stellenausschreibung muss der Arbeitgeber aber auch nachkommen, wenn eine Betriebsvereinbarung nicht abgeschlossen worden ist (vgl. BAG 7.11.1977 – 1 ABR 55/75 – AP § 100 BetrVG 1972 Nr. 1; BAG 27.7.1993 – 1 ABR 7/93 – AP § 93 BetrVG 1972 Nr. 3; Richardi-Thüsing, BetrVG § 93 Rn. 14). Auch wenn der Arbeitgeber meint, dass kein Arbeitnehmer des Betriebs für eine zu besetzende Stelle in Betracht komme oder Interesse habe, ist die innerbetriebliche Ausschreibung vorzunehmen (LAG Hessen 2.11.1999– 4 TaBV 31/99 – AuR 2000, 316). Für Beschäftigte iSd § 6, die nicht Arbeitnehmer iSd BetrVG sind, hat der Betriebsrat zwar kein Mitbestimmungs- bzw. Initiativrecht aus § 93 BetrVG. Er kann aber nach § 17 Abs. 1 dem Arbeitgeber dessen gesetzliche Verpflichtungen vorhalten und seine Mitbestimmungsmöglichkeiten so gestalten, dass nicht für die Beschäftigung in nicht-arbeitsrechtlichen Verhältnissen andere Antidiskriminierungsmaßstäbe gelten als für Arbeitnehmer. Verstößt eine vom Arbeitgeber veranlasste Ausschreibung gegen § 7 Abs. 1, stehen ihm arbeitsgerichtlich die Verfahrensmöglichkeiten des § 17 Abs. 2 zur Verfügung (→ Rn. 38).

IV. Öffentlicher Dienst

35 Im öffentlichen Dienst wird unterstellt, dass die Dienststelle alle bei ihr zu besetzenden Dienstposten verwaltungsintern ausschreibt (→ Rn. 5; § 8 BBG). Das **Mitwirkungsrecht des Personalrats** erstreckt sich auch auf die Entscheidung des Dienststellenleiters, ob Stellen dienststellenintern auszuschreiben sind (BVerwG 9.1.2007 – BVerwG 6 P 6.06 – PersR 2007, 213). Aufgrund des durch Art. 33 GG gewährleisteten Rechts auf Zugang zu einem öffentlichen Amt ist der öffentliche Arbeitgeber gehalten, das Anforderungsprofil ausschließlich nach objektiven Kriterien festzulegen. Deshalb wäre es zB unzulässig, einen für die Art der auszuübenden Tätigkeit nicht erforderlichen Ausbildungsabschluss zu verlangen (BAG 12.9.2006 – 9 AZR 807/05 – PersR 2007, 198). Nach § **6 BGleiG** darf die Dienststelle (Bundesverwaltung, -gerichte) Arbeitsplätze weder öffentlich noch intern

nur für Männer oder Frauen ausschreiben. Der Text darf **nicht nur auf ein Geschlecht zugeschnitten** sein. Die Arbeitsplätze sind auch bei Vorgesetzten- und Leitungsaufgaben in Teilzeit auszuschreiben, soweit zwingende dienstliche Belange nicht entgegenstehen. Sind Frauen in einzelnen Bereichen unterrepräsentiert, sollen freie Arbeitsplätze, ggf. öffentlich, ausgeschrieben werden, um die Zahl von Bewerberinnen zu erhöhen. Ausschreibungen müssen mit den Arbeitsplatzanforderungen übereinstimmen und das Anforderungs- und Qualifikationsprofil enthalten. § 8 S. 1 BGleiG verpflichtet die Dienststelle zur **bevorzugten Berücksichtigung von Frauen bei gleicher Qualifikation**, sofern Frauen in einzelnen Bereichen unterrepräsentiert sind und nicht in der Person des Mitbewerbers liegende Gründe überwiegen (dazu BVerwG 30.6.2011 – 2 C 19.10 – ZTR 11, 636; 27.9.2011 – 2 VR 3.11 – DÖD 2012, 16). Die Gleichstellungs- bzw. Frauenfördergesetze des Bundes und der Länder stellen auch allgemeine, nicht geschlechtsspezifische Anforderungen auf. Schließlich sind nicht nur nationale Gesetze, sondern auch die Gleichbehandlungsrichtlinien zu beachten. Nach st. Rspr. des EuGH ist der öffentliche Arbeitgeber auch an sekundäres Unionsrecht unmittelbar gebunden.

V. Prozessuale Fragen

36 **Individuelle Klageverfahren** von Beschäftigten iSd § 6 gegen rechtswidrige Ausschreibungen als solche sind weder in diesem noch in anderen Gesetzen vorgesehen. Eine rechtswidrige Ausschreibung wird nur in Ausnahmefällen eine Verletzung des Persönlichkeitsrechts eines einzelnen Arbeitnehmers darstellen, etwa wenn diese gezielt so erfolgt, dass dadurch der Tatbestand des § 3 Abs. 3 erfüllt wird. Regelmäßig scheiden auch Ansprüche aus § 823 BGB aus (Wendeling-Schröder/Stein, § 11 Rn. 25 ff.). Das BAG (14.11.2013 – 8 AZR 997/12) verneint auch einen vom konkreten Bewerbungsverfahren losgelösten, einer „Popularklage" ähnelnden individuellen Anspruch auf Unterlassung künftiger diskriminierender Ausschreibungen bzw. auf künftige diskriminierungsfreie Neuausschreibungen. Nach einer weiteren – verkürzten – Aussage des BAG (11.8.2016 – 8 AZR 406/14 – BB 2017, 506) knüpft das AGG an einen Verstoß gegen § 11 überhaupt keine unmittelbaren Rechtsfolgen. Die diskriminierende Ausschreibung im Vorfeld einer darauf beruhenden personellen Maßnahme wie der Einstellung kann aber zu einem **individualrechtlichen Entschädigungsanspruch** führen. Dieser ergab sich bis zum Jahr 2006 aus § 611 a BGB aF (BAG 5.2.2004 – 8 AZR 112/03 – AuR 2004, 107, 237; BVerfG 16.11.1993 – 1 BvR 258/86 – AuR 1994, 110), seither aus § 15 Abs. 1. Die Entschädigung ergibt sich nicht aus der Ausschreibung als solcher, sondern aus einer individuellen Benachteiligung, etwa Nichteinstellung wie im Falle des BAG (5.2.2004 – 8 AZR 112/03 – AuR 2004, 107, 237) bei geschlechtsbezogener Benachteiligung (so auch Antwort der Bundesregierung v. 10.9.2007 auf parl. Anfrage, BT-Drs. 16/6316).

Enthält aber eine Ausschreibung diskriminierende Kriterien, wird nach **§ 22 regelmäßig vermutet**, dass die Benachteiligung darauf beruht (ebenso Rust/Falke-Falke, § 11 Rn. 23; Schiek-Schmidt, § 11 Rn. 6; zum früheren § 611 b BGB BAG 5.2.2004, – 8 AZR 112/03 – AuR 2004, 107, 237;

BVerfG 11.9.2006 – 1 BvR 308/03 – NJW 2007, 137). Die **Beweislastregelung** des § 22 gibt dem Arbeitgeber bei Glaubhaftmachung einer Benachteiligung nach § 1 auf, deren sachliche Rechtfertigung darzulegen und zu beweisen. Mit der Darlegung eines in der Ausschreibung liegenden Verstoßes gegen § 7 Abs. 1 ist diese Voraussetzung regelmäßig erfüllt. Obwohl § 11 wörtlich nur auf § 7 Abs. 1 verweist, soll diese Vermutung nach dem BAG (19.5.2017 – 8 AZR 470/14) nur greifen, wenn die Ausschreibung gegen § 11 verstößt, dh die Diskriminierung nicht nach §§ 8–10 zulässig ist (im Einzelnen → § 22 Rn. 62). Allerdings ist der Arbeitgeber für Rechtfertigungsgründe seinerseits beweispflichtig (BAG 19.5.2016 – 8 AZR 454/15; BAG 15.12.2016 – 8 AZR 454/15, zu § 3 Abs. 2). Beruht der Inhalt der Ausschreibung auf einer **Betriebsvereinbarung**, haftet der Arbeitgeber nach § 15 Abs. 2 nur bei Vorsatz oder grober Fahrlässigkeit, was das Interesse von Arbeitgebern, hierüber Betriebsvereinbarungen zu schließen, steigern mag, aber angesichts der verfassungsrechtlichen Schutzpflicht aus Art. 3 GG (BVerfG 16.11.1993 – 1 BvR 258/86 – AuR 1994, 110) sowie der europarechtlichen Vorgaben (vgl. EuGH 16.1.2014 – Rs. C-429/12 (Pohl); EuGH 25.4.2013 – Rs. C-81/12 (Asociata); EuGH 17.7.2008 – Rs. C-303/06 (Colemn)) zweifelhaft ist. Allerdings ist die diskriminierende Bestimmung selbst nach § 7 Abs. 2 unwirksam, verpflichtet den Arbeitgeber also nicht zur Umsetzung.

37 Kommt der Arbeitgeber dem Verlangen des Betriebsrats nach einer innerbetrieblichen Stellenausschreibung nicht rechtmäßig nach, kann der Betriebsrat bei einer vom Arbeitgeber angestrebten Besetzung des nicht ausgeschriebenen Arbeitsplatzes seine **Zustimmung nach § 99 Abs. 2 Nr. 5 BetrVG verweigern**. Dieser Fall liegt somit auch vor, wenn der Arbeitgeber die Ausschreibung zwar vornimmt, diese aber gegen § 7 verstößt (KDZ-Zwanziger, 7. Aufl. 2008, § 11 Rn. 9; Schiek-Schmidt, § 11 Rn. 7; Wendeling-Schröder/Stein, § 11 Rn. 30). Dies gilt auch bei einfachen, nicht nur bei „groben" Verstößen. Kommt es zwischen Arbeitgeber und Betriebsrat zum Streit über Umfang, Art und Weise der innerbetrieblichen Stellenausschreibung, entscheidet das Arbeitsgericht im Beschlussverfahren (§§ 2 a, 80 ff. ArbGG).

38 Es entspricht der Rechtsnatur der Ausschreibung als allgemeiner Erklärung, dass diese nicht individuell, sondern **kollektiv zur gerichtlichen Überprüfung gestellt** werden soll. Verstößt die vom Arbeitgeber vorgesehene Ausschreibung grob gegen das Benachteiligungsverbot des § 7, können ihn der Betriebsrat oder die im Betrieb vertretene Gewerkschaft im Wege des **Beschlussverfahrens** nach § 17 Abs. 2 auf **Unterlassung bzw. Leistung** in Anspruch nehmen. In einem solchen Verfahren hat das BAG auf Antrag des Betriebsrats einer Arbeitgeberin die Angabe des ersten Berufs-/Tätigkeitsjahres iS einer als Höchstanforderung verstandenen Voraussetzung in ihren innerbetrieblichen Stellenausschreibungen untersagt, da dies eine mittelbare Diskriminierung älterer Bewerber darstellt (BAG 18.8.2009 – 1 ABR 47/08 – AuR 2009, 310; 2010, 223). Der Betriebsrat kann dieses Begehren mit einem neuen Verlangen auf Durchführung einer diskriminierungsfreien Ausschreibung kombinieren (→ § 17 Rn. 39 ff.). In der Praxis haben sich diskriminierende Ausschreibungen als klassischer Fall dieses Be-

schlussverfahrens erwiesen. Die Rechtswidrigkeit einer diskriminierenden Betriebsvereinbarung kann der Betriebsrat aber auch ohne groben Verstoß feststellen lassen.

39 Die **Auslegung** des Textes veröffentlichter Stellenanzeigen durch das LAG unterliegt wie die Auslegung typischer Willenserklärungen bzw. von AGB der vollen **revisionsrechtlichen Überprüfung** (BAG 11.8.2016 – 8 AZR 406/14 – BB 2017, 506). Danach ist die Ausschreibung nach ihrem objektiven Inhalt und typischen Sinn einheitlich so auszulegen, wie sie von verständigen und redlichen potenziellen Bewerbern unter Abwägung der Interessen der normalerweise beteiligten Verkehrskreise verstanden wird, wobei die Verständnismöglichkeiten des durchschnittlichen Bewerbers zugrunde zu legen sind (BAG 15.12.2016 – 8 AZR 418/15).

§ 12 Maßnahmen und Pflichten des Arbeitgebers

(1) [1]Der Arbeitgeber ist verpflichtet, die erforderlichen Maßnahmen zum Schutz vor Benachteiligungen wegen eines in § 1 genannten Grundes zu treffen. [2]Dieser Schutz umfasst auch vorbeugende Maßnahmen.

(2) [1]Der Arbeitgeber soll in geeigneter Art und Weise, insbesondere im Rahmen der beruflichen Aus- und Fortbildung, auf die Unzulässigkeit solcher Benachteiligungen hinweisen und darauf hinwirken, dass diese unterbleiben. [2]Hat der Arbeitgeber seine Beschäftigten in geeigneter Weise zum Zwecke der Verhinderung von Benachteiligung geschult, gilt dies als Erfüllung seiner Pflichten nach Absatz 1.

(3) Verstoßen Beschäftigte gegen das Benachteiligungsverbot des § 7 Abs. 1, so hat der Arbeitgeber die im Einzelfall geeigneten, erforderlichen und angemessenen Maßnahmen zur Unterbindung der Benachteiligung wie Abmahnung, Umsetzung, Versetzung oder Kündigung zu ergreifen.

(4) Werden Beschäftigte bei der Ausübung ihrer Tätigkeit durch Dritte nach § 7 Abs. 1 benachteiligt, so hat der Arbeitgeber die im Einzelfall geeigneten, erforderlichen und angemessenen Maßnahmen zum Schutz der Beschäftigten zu ergreifen.

(5) [1]Dieses Gesetz und § 61 b des Arbeitsgerichtsgesetzes sowie Informationen über die für die Behandlung von Beschwerden nach § 13 zuständigen Stellen sind im Betrieb oder in der Dienststelle bekannt zu machen. [2]Die Bekanntmachung kann durch Aushang oder Auslegung an geeigneter Stelle oder den Einsatz der im Betrieb oder der Dienststelle üblichen Informations- und Kommunikationstechnik erfolgen.

I. Vorbemerkungen

1. Allgemeines

1 § 12 gestaltet wie schon § 2 BeschSchG (Beschäftigtenschutzgesetz) das AGG als Gesetz zum Schutze der Beschäftigten aus, den vor allem der Arbeitgeber zu gewährleisten hat. Diese **Schutzpflicht** besteht unabhängig von einer betrieblichen Veranlassung tatsächlicher oder möglicher Benachteiligungen und erfasst auch Benachteiligungen, die von dritten Personen (Abs. 4) ausgehen. Die Entstehung oder Fortdauer eines feindlichen Arbeitsumfelds, wodurch Persönlichkeitsrechte der Betroffenen ebenso beeinträchtigt werden können wie durch den Missbrauch betrieblicher bzw. dienstlicher Machtpositionen, soll verhindert werden. Eine dem Abs. 1 entsprechende Verpflichtung des Arbeitgebers, die erforderlichen (auch vorbeugenden) Maßnahmen zu treffen, um die Beschäftigten vor Benachteiligungen wegen des Geschlechts in Bezug auf das Entgelt zu schützen sowie festgestellte Benachteiligungen zu beseitigen, formulieren §§ 6 Abs. 2, 19 EntgTranspG (**Entgelttransparenzgesetz**). §§ 10 ff. EntgTranspG regeln ein Verfahren zur Erfüllung individueller Auskunftsansprüche unter Einbeziehung des Betriebsrats, §§ 17 ff. EntgTranspG ein betriebliches Prüfverfahren.

2 Die Vorschrift beschreibt **Arbeitgeberpflichten** zu Organisation und Prävention (Abs. 1, 2) einerseits, zu organisatorischen und personellen Maßnahmen als Reaktion auf eingetretene Benachteiligungen durch Dritte (Abs. 3, 4) andererseits. Für sein eigenes Verhalten ist der Arbeitgeber – auch unabhängig von dieser Vorschrift – ohnehin verantwortlich, ebenso für eine Anweisung zur Benachteiligung einer Person (§ 3 Abs. 5). Benachteiligungen iSd § 7 werden aber nur in einem geringeren Teil der Fälle nachweisbar von dem Arbeitgeber oder der Arbeitgeberin selbst vorgenommen oder veranlasst sein. Die Vorschrift begründet für den Arbeitgeber deshalb eine **besondere Verantwortung** nicht nur für eigenes Verhalten, sondern auch für die Organisation seines Betriebs oder Unternehmens, in abgeschwächter Form auch für das Verhalten von Beschäftigten, auf die er mit den gebotenen Maßnahmen zur Verhinderung von Benachteiligung einwirken kann, ggf. auch muss. Bei festgestellten Verstößen gegen das Benachteiligungsverbot wird es ihm zur Pflicht gemacht, arbeitsrechtliche Maßnahmen bis hin zur Kündigung gegen den/die Verletzer/in zu veranlassen, um damit die Benachteiligung zu unterbinden. Präventive und repressive Verpflichtungen nach dieser Vorschrift stehen kumulativ nebeneinander und ersetzen sich nicht.

3 Wie § 11 regelt auch diese Vorschrift in Passivform **Verpflichtungen** des Arbeitgebers, nicht Anspruchsgrundlagen. Dies wirft dann jeweils Fragen auf, inwieweit diesen arbeitgeberseitigen Verpflichtungen individuell oder kollektiv einklagbare Rechte gegenüberstehen (dazu → Rn. 24; zum „Recht auf angemessene Vorkehrungen" ausführlich Kocher/Wenckebach, SR 2013, 17 ff.).

Verpflichtete **Arbeitgeber** sind nach § 6 Abs. 3 ua natürliche und juristische Personen, bei Arbeitnehmerüberlassung auch die Entleiher. Sie sind dann beide nicht nur Adressaten des Benachteiligungsverbots des § 7, sondern auch der Organisationspflichten nach § 12.

Für den **Verleiher-Arbeitgeber** bedeutet dies zB eine besondere Schutzpflicht nach Abs. 4 in Bezug auf die Einsatzbedingungen bei Entleihern, etwa zur Unterbindung von Belästigungen nach § 3 Abs. 3 (vgl. BAG 15.3.2011 – 10 AZB 49/10 – AuR 2011, 452 mAnm Karthaus, zum zulässigen Arbeitsrechtsweg für Klagen des Leiharbeiters gegen den Entleiher; → Rn. 32). Für die Praxis noch relevanter ist die Verpflichtung des als Arbeitgeber iSd § 6 fungierenden Entleihers, dafür zu sorgen, dass die bei ihm eingesetzten Leiharbeiter nicht durch ihn selbst oder den Verleiher-Arbeitgeber entgegen § 7 benachteiligt werden. Dies betrifft zunächst seine eigenen Einsatzbedingungen. Hier hat er Benachteiligungen von Stamm- wie Leiharbeitnehmern gleichermaßen zu unterbinden. Bei Schulungsmaßnahmen hat er die Leiharbeitnehmer einzubeziehen (Oberwetter, BB 2007, 1110). Ein Verstoß gegen die Organisationspflicht und § 7 wäre etwa ersichtlich, würden einheimische Beschäftigte als Stammarbeitnehmer des Entleihers, Migranten dagegen nur oder überwiegend (erst) als Leiharbeitnehmer eingesetzt. Auch ein wirksamer Tarifvertrag nach § 8 Abs. 2 AÜG rechtfertigt ggf. zwar die Abweichung vom equal pay des AÜG, nicht aber von den Gleichbehandlungs- und Organisationspflichten nach dieser Vorschrift. Dies gilt erst recht, wenn Ent- und Verleiher in einem konzernrechtlichen Verhältnis zueinander stehen. Die notwendige Abhilfe wäre in diesem Fall die Übernahme der Leiharbeitnehmer in ein Arbeitsverhältnis zum Entleiher.

Während bei den Verleihern weitgehend weder Betriebsräte noch eingespielte Verfahrensweisen zur Durchsetzung von Diskriminierungsverboten vorhanden sind, treffen die Verpflichtungen aus dieser Vorschrift uU den **Entleiher** auch in Bezug auf die Arbeitsbedingungen von Leiharbeitnehmern und Benachteiligungen, die vom Verleiher ausgehen bzw. von diesem zu verantworten sind. Andernfalls hätte die Aufspaltung der Arbeitgeberpflichten bei Arbeitnehmerüberlassung zur Folge, dass sich der gesetzlich angestrebte Schutz der Leiharbeitnehmer vor Benachteiligungen und insbesondere Belästigungen in der Praxis erheblich mindern würde. Hier könnte die Inaussichtstellung der Auflösung von Geschäftsbeziehungen durch den Entleiher ein wirksames Mittel sein, um vom Verleiher ausgehende Belästigungen iSd § 3 Abs. 3 zu unterbinden.

2. Vorrangige Grundlagen

4 Die amtliche Begründung (BT-Drs. 16/1780, 37) weist darauf hin, dass Abs. 5 (Bekanntmachungspflichten) der Umsetzung von Art. 10 RL 2000/43/EG Rasse/Herkunft, Art. 12 Rahmen-RL 2000/78/EG und Art. 8 RL 76/207/EWG Frauen/Männer dient. Darüber hinaus entspricht der Grundsatz der Gleichbehandlung in Beschäftigung und Beruf einem **allgemeinen Prinzip des Unionsrechts** (EuGH 22.11.1005 – Rs. C-144/04 (Mangold) – AuR 2006, 167, mAnm Schiek, 145; EuGH 19.1.2010 – Rs. C-555/07 (Kücükdeveci) – AuR 2010, 264; vgl. auch Art. 8, 19 AEUV, Art. 21, 23 EU-GRC). Daraus folgt die Verantwortung des Arbeitgebers für die Förderung der Gleichbehandlung am Arbeitsplatz, was an verschiedenen Stellen in **Einzelrichtlinien** ausgesprochen wird, so in Art. 8 b Abs. 3 RL 2002/73/EG v. 23.9.2002, Art. 2 Abs. 4 und 5 RL 76/207/EWG und

Art. 2 Abs. 2 ii RL 2000/78/EG. Art. 5 dieser RL verlangt angemessene Vorkehrungen für Menschen mit Behinderungen. Auch heißt es etwa in Begründungserwägung 9 der RL 2002/73/EG, dass die Arbeitgeber und die für Berufsbildung zuständigen Personen ersucht werden sollen, Maßnahmen zu ergreifen, um im Einklang mit den innerstaatlichen Rechtsvorschriften und Gepflogenheiten gegen alle Formen der sexuellen Diskriminierung vorzugehen und insbesondere präventive Maßnahmen zur Bekämpfung der Belästigung und der sexuellen Belästigung am Arbeitsplatz zu treffen. **Art. 2 UN-BRK** definiert „angemessene Vorkehrungen" als notwendige und geeignete Änderungen und Anpassungen, die keine unverhältnismäßige oder unbillige Belastung darstellen und die, wenn sie in einem bestimmten Fall erforderlich sind, vorgenommen werden um zu gewährleisten, dass Menschen mit Behinderungen gleichberechtigt mit anderen alle Menschenrechte und Grundfreiheiten genießen oder ausüben können; zum ILO-Übereinkommen Nr. 111 → Einl. Rn. 188 ff.; Schubert, Arbeitsvölkerrecht, S. 119 ff.

3. Gesetzgebungsverfahren

5 **§ 2 Abs. 1 BeschSchG** hatte bereits Arbeitgeber und Dienstvorgesetzte verpflichtet, die Beschäftigten vor sexueller Belästigung am Arbeitsplatz zu schützen. Ausdrücklich sollte dieser Schutz auch vorbeugende Maßnahmen umfassen. § 4 Abs. 1 Nr. 1 BeschSchG hatte bei sexuellen Belästigungen den Arbeitgeber verpflichtet, die im Einzelfall angemessenen arbeitsrechtlichen Maßnahmen wie Abmahnung, Umsetzung, Versetzung oder Kündigung zu ergreifen. Letztere Vorschrift entspricht Abs. 4, erstere Abs. 1. Das BeschSchG wurde mit Inkrafttreten dieses Gesetzes aufgehoben.

§ 12 des Entwurfs v. 14.12.2004 (BT-Drs. 15/4538) wurde im Verlaufe des Gesetzgebungsverfahrens 2005 durch Einfügung eines Abs. 2 S. 2 abgeschwächt. Die endgültig verabschiedete Fassung entspricht wörtlich dem **Gesetzentwurf der Bundesregierung** v. 8.6.2006 (BT-Drs. 16/1780). Eine gleich lautende Regelung trifft § 10 des gleichzeitig verkündeten Soldatinnen- und Soldaten-Gleichbehandlungsgesetzes.

II. Maßnahmen und Pflichten

1. Abs. 1

6 Die Vorschrift begründet im Rahmen einer **Generalklausel** die Verpflichtung des Arbeitgebers, konkrete, geeignete Maßnahmen zum Schutze der Beschäftigten vor Benachteiligungen wegen eines in § 1 genannten Grundes zu treffen. Benachteiligung versteht sich iSd §§ 1–5, 8–10, dh der verpönten Gründe (§ 1), des Anwendungsbereichs (§ 2), der Begriffsbestimmungen (§ 3), der spezifischen Rechtfertigungen. Sie erfasst damit unmittelbare wie mittelbare Benachteiligung incl. (sexuelle) Belästigung (§ 3 Abs. 3, 4). Die Formulierung (Benachteiligung*en* im Plural, wegen *eines* Grundes im Singular) ist missverständlich: Gemeint ist der Schutz vor jeglicher Benachteiligung wegen jedes in § 1 genannten Grundes. Ein besonderes Schutzbedürfnis besteht erst recht vor Mehrfachbenachteiligungen iSd § 4 dieses Gesetzes. Der Sinn dieser Vorschrift besteht darin, dass sie es dem Arbeitgeber nicht überlässt abzuwarten, ob Benachteiligungen eintreten, um

dann ggf. mit Sanktionen zu reagieren. Die Bestimmung hat damit **präventiven Charakter**. Sie geht über einen reinen Unterlassungsbefehl hinaus, indem sie der Verantwortung des Arbeitgebers für den Schutz seiner Beschäftigten selbst vor Dritten Rechnung trägt und von ihm die geeigneten und erforderlichen aktiven Maßnahmen verlangt, die dazu führen, dass Benachteiligungen unterbleiben. Das „auch" in S. 2 stellt klar, dass sich diese Schutzpflichten mit dem Eintritt von Benachteiligungen nicht erschöpfen, sondern dann erst recht bestehen (so auch amtl. Begründung BT-Drs. 16/1780, 25: „Organisationspflichten der Arbeitgeber, die die erforderlichen Maßnahmen im Einzelfall sowie vorbeugende Maßnahmen umfassen"; enger jurisPK-BGB-Overkamp, § 12 Rn. 2: nur Prävention, was indes mit Wortlaut und ratio der Norm kollidiert). Richtig ist, dass im Einzelfall getroffene Maßnahmen die Prävention nicht überflüssig machen.

7 Die Begründung spricht nur von Benachteiligungen durch Arbeitskollegen oder Dritte, wie etwa Kunden. Diese sind auch umfasst, jedoch nicht ausschließlich. Notwendig ist auch ein Schutz vor **Benachteiligungen durch den Arbeitgeber** selbst (jurisPK-BGB-Overkamp, § 12 Rn. 2; Nollert-Borasio/Perreng, § 12 Rn. 1). Dies ergibt sich schon aus der Vorschrift des § 7, an die der Arbeitgeber unmittelbar gebunden ist. Eine Benachteiligung iSd § 7 Abs. 1, die dem Arbeitgeber zuzurechnen ist, stellt nach § 7 Abs. 3 eine arbeitsvertragliche Pflichtverletzung dar. Diese Verpflichtung lässt sich auch nicht über Abs. 2 S. 2 minimieren.

8 Nach allgemeinen arbeitsrechtlichen Grundsätzen obliegt dem Arbeitgeber eine **Organisationspflicht**, zu gewährleisten, dass verbindliche öffentlich-rechtliche und privatrechtliche Bestimmungen zum Schutz der Beschäftigten in Betrieb und Unternehmen auch eingehalten werden. Hiermit hat der Gesetzgeber kein Neuland betreten. Die Grundpflichten des Arbeitgebers nach diesem Gesetz gestalten sich ähnlich wie nach §§ 3 ff. **ArbSchG**. Nach § 4 ArbSchG hat der Arbeitgeber die Arbeit so zu gestalten, dass Gefährdungen möglichst vermieden bzw. möglichst gering gehalten werden, sind Gefahren an ihrer Quelle zu bekämpfen, hat der Arbeitgeber durch eine Beurteilung der für die Beschäftigten mit ihrer Arbeit verbundenen Gefährdung zu ermitteln, welche Maßnahmen erforderlich sind (§ 5 ArbSchG; vgl. auch § 618 BGB). Dieser Zusammenhang wird noch deutlicher, berücksichtigt man, dass das Arbeitsschutzgesetz bereits vor Inkrafttreten des AGG einschlägige, sich mit diesem Gesetz teilweise überschneidende Vorschriften kannte und noch kennt. So sind nach § 4 Nr. 6, 8 ArbSchG spezielle Gefahren für besonders schutzbedürftige Beschäftigtengruppen (zB Behinderte) zu berücksichtigen bzw. mittelbar oder unmittelbar geschlechtsspezifisch wirkende Regelungen nur zulässig, wenn dies aus biologischen Gründen zwingend geboten ist.

9 Wie das BAG mehrfach hervorgehoben hat (BAG 6.5.2003 – 1 ABR 13/02 – AuR 2004, 70 mAnm Krabbe-Rachut; BAG 29.4.2004 – 1 ABR 30/02 – EzA BetrVG 2001 § 77 Nr. 8), hat der Arbeitgeber seinen Betrieb so zu organisieren, dass die gesetzlichen oder tariflichen Bestimmungen eingehalten werden. Der Arbeitgeber darf insofern nicht tatenlos zuschauen. Ihm obliegt die Verantwortung für die Führung des Betriebs, was mit dem Hinweis auf § 77 BetrVG begründet wird. Daraus schließt das BAG zu Recht

die Organisationspflicht des Arbeitgebers, durch entsprechende Maßnahmen (im konkreten Fall Datenerhebung zur Arbeitszeit zwecks Ermöglichung entsprechender Reaktionen) zu gewährleisten, dass diese Schutzvorschriften eingehalten werden (grundsätzlich zur Organisationspflicht Kohte, FS Wissmann, 2005, S. 331 ff., 346). Diese **Organisationspflicht iS einer Eigenverantwortung**, nicht als Haftung für fremdes Handeln, besteht auch hinsichtlich der Einhaltung des AGG durch Betrieb und Unternehmen (ebenso DDZ-Zwanziger, § 12 Rn. 74). Beispielhaft hat der Arbeitgeber der Personalabteilung klare Vorgaben zu geben, damit nicht nach § 1 „verpönte" Merkmale wie Rasse, ethnische Herkunft, Weltanschauung und sexuelle Identität in **Personalakten** gespeichert werden.

10 Darüber hinaus erweitert Abs. 1 die Schutzpflicht des Arbeitgebers in zweierlei Weise: Zum einen sind die Beschäftigten mit den im Einzelfall geeigneten, erforderlichen Maßnahmen (Abs. 4) auch vor Benachteiligungen durch Dritte zu schützen (→ Rn. 29). Zum anderen verzichtet die Vorschrift auf einen besonderen Bezug zum Arbeitsplatz. § 2 Abs. 1 BeschSchG hatte Arbeitgeber und Dienstvorgesetzte noch verpflichtet, die Beschäftigten vor sexueller Belästigung am Arbeitsplatz zu schützen. Allerdings wurde schon jene Norm nicht gegenständlich auf den Arbeitsplatz bezogen, sondern funktional auf die berufliche Sphäre, auf deren Organisation und Gestaltung der Arbeitgeber Einfluss nehmen kann (ErfK-Schlachter, 7. Aufl., BeschSchG § 2 Rn. 2). Der **Arbeitsplatzbezug** ist nun ausdrücklich kein Tatbestandsmerkmal der Vorschrift, ebenso wenig wie der Bezug zu **Betrieb** oder **Unternehmen**. Andererseits beschränkt sich das Direktionsrecht des Arbeitgebers auf Betrieb und Unternehmen. Grundsätzlich ist deshalb der Arbeitgeber auch gehalten, gegen Benachteiligungen außerhalb des räumlichen Arbeitsplatzes vorzugehen, sofern nur ein funktionaler Zusammenhang mit dem Arbeitsverhältnis besteht, bspw. Dienstreisen, Fortbildungen, Betriebsfeiern. Je weiter sich die Quelle der Benachteiligung vom funktionalen Arbeitsplatz entfernt, desto geringere Anforderungen sind an die Einwirkungspflichten des Arbeitgebers zu stellen.

11 Welche Maßnahmen der Arbeitgeber trifft, stellt ihm das Gesetz frei. In der Literatur (Göpfert/Siegrist, ZIP 2006, 1714 f.; Rust/Falke-Falke, § 12 Rn. 9) wird von einem Beurteilungsspielraum gesprochen, was jedoch in dieser Allgemeinheit missverständlich ist und den Arbeitgeber nicht entlastet, wenn die von ihm getroffenen Maßnahmen keinen Erfolg haben. Auszugehen ist vom Begriff der **Erforderlichkeit**. Diese beurteilt sich nach objektiven Gesichtspunkten. Es handelt sich um einen gerichtlich überprüfbaren Rechtsbegriff, dessen Ausfüllung sich nach den Umständen des Einzelfalls richtet. Das Gesetz geht aber in Übereinstimmung mit den umzusetzenden europäischen Richtlinien grundsätzlich davon aus, dass Maßnahmen erforderlich sind. Ein **Beurteilungsspielraum** besteht dann nur bei der Auswahl mehrerer gleichrangig in Frage kommender Maßnahmen. Infrage kommen Schulungen, Hinweise auf Betriebsversammlungen, Aushänge, Handbücher, Richtlinien, Rundschreiben, Intranet-Circulars, auch bauliche Veränderungen. Der reine Aushang des Gesetzes und/oder die Einrichtung einer Beschwerdestelle, wozu der Arbeitgeber nach Abs. 5 bzw. § 13 ohnehin verpflichtet ist, reichen nicht. Die Verpflichtung des Arbeitgebers kann

immer nur so weit gehen, wie er rechtlich und tatsächlich zur Erfüllung in der Lage ist (ebenso amtliche Begründung, BT-Drs. 16/1780). Insofern richten sich die von ihm zu verlangenden Maßnahmen abgestuft nach seiner Nähe zur Ursache der Benachteiligung und nach seinen Möglichkeiten ihrer Beseitigung.

- Für **eigenes Verhalten** sowie für das Verhalten der Personalabteilung und von Vorgesetzten ist der Arbeitgeber unmittelbar verantwortlich und kann sich auch nicht nach Abs. 2 S. 2 entlasten. Hier hat er klare Weisungen bzw. Handbücher auszugeben, dass keine Benachteiligungen in Bezug auf die in § 1 genannten verpönen Merkmale auftreten; die Einhaltung dieser Weisungen ist kontinuierlich zu überwachen. Es handelt sich um eine Verpflichtung auf Dauer, deren Erfüllung sich nicht in einem einmaligen Akt erschöpft. Zugleich ist die Struktur der bestehenden Arbeitsbeziehungen, insbesondere der Arbeitsverträge, dahin gehend zu überprüfen, ob diese zu nach § 1 unzulässigen Benachteiligungen führen. Schließlich sind die bestehenden kollektiven Regelungen, insbesondere Betriebs- und Dienstvereinbarungen, daraufhin zu überprüfen, ob sie Diskriminierungen enthalten (anschauliche Beispiele bei Hayen, JbArbR 2007, II 1.1.; ders., AuR 2007, 6 ff.). Sollte sich dies herausstellen, hat der Arbeitgeber die notwendigen Maßnahmen, ggf. Vertragsanpassungen oder -kündigungen zu ergreifen, um eine diskriminierungsfreie Ausgestaltung zu gewährleisten. Diese Vorgabe gilt auch für den Abschluss neuer Betriebsvereinbarungen, ggf. auch im Verfahren der Einigungsstelle nach § 76 BetrVG. Zum Schutze der Schwerbehinderten ist darüber hinaus die besondere Präventionspflicht nach § 167 SGB IX zu beachten.
- Gegenüber den **Beschäftigten** in Betrieb und Unternehmen hat der Arbeitgeber auf Schulungen, aber auch auf Betriebsversammlungen, in schriftlicher Form oder im Intranet, deutlich zu machen, dass persönliche Benachteiligungen nach § 7 in Ausübung ihres Beschäftigungsverhältnisses vertragliche Pflichtverletzungen darstellen und in Betrieb und Unternehmen nicht geduldet werden. Schon im eigenen Interesse im Hinblick auf die Beweislastregelung des § 22 sollte er diese Maßnahmen schriftlich dokumentieren. Betriebs- und Personalrat haben nach § 80 Abs. 2 BetrVG/§ 68 Abs. 2 BPersVG Anspruch auf Vorlage dieser Unterlagen.
- Auf **außerdienstliches Verhalten** der Beschäftigten hat der Arbeitgeber grundsätzlich keinen Einfluss. Er ist auch kein Schiedsrichter in privaten Angelegenheiten der Beschäftigten, zumal solche Angelegenheiten auch nicht diesem Gesetz unterliegen (arg. aus § 7 Abs. 3: Benachteiligung als Verletzung vertraglicher Pflichten, was einen Zusammenhang mit dem Arbeitsverhältnis voraussetzt). Insofern kann er Appelle aussprechen, hat aber weder Rechtspflicht noch Rechtsmacht, schlichtend oder repressiv tätig zu werden (ebenso Rust/Falke-Falke, § 12 Rn. 37; Thüsing, Arbeitsrechtlicher Diskriminierungsschutz, Rn. 684).

12 Die Vorschrift spricht allgemein von **Schutz vor Benachteiligung**. Aus der Stellung als Arbeitgeber ergibt sich allerdings keine Schutzpflicht für jedermann, unabhängig von den Voraussetzungen des zivilrechtlichen Benach-

2006, 173; DKKW-Buschmann, BetrVG § 84 Rn. 27). Nach Auffassung des BAG (22.7.2008 – 1 ABR 40/07 – NJW 2008, 3731; insofern zustimmend DKKW-Klebe, BetrVG § 87 Rn. 62; aA LAG Hessen 18.1.2007 – 5 TaBV 31/06 – AuR 2007, 394, Vorinstanz) haben diese mitbestimmungspflichtigen Elemente nicht die Wirkung, dass die gesamte Richtlinie der Mitbestimmung unterliegt (→ Rn. 32).

16 Stellt der Arbeitgeber unter Berufung auf seine Schutzpflicht nach dieser Vorschrift allgemeine Grundsätze für das Verhalten seiner Beschäftigten auf, dürfen diese nicht ihrerseits gegen Grundrechte der Beschäftigten verstoßen. Dies gilt etwa hinsichtlich des Schutzes vor sexueller Belästigung. Zur **Würde des Menschen** iSd Art. 1 GG gehört die Sexualität selbst. Deswegen darf den Beschäftigten keine bestimmte Sexualmoral verordnet werden. Das Gesetz kann nicht dazu herangezogen werden, Sexualität als solche, sexuelle Beziehungen, Kontakte und Annäherungen zwischen Beschäftigten, auch nicht zwischen Vorgesetzten und Mitarbeitern, zu diskreditieren (ebenso LAG Düsseldorf 14.11.2005 – 10 TaBV 46/05 – AuR 2006, 132; Kolle/Deinert, AuR 2006, 177 ff.; DKKW-Buschmann, BetrVG § 80 Rn. 42). Der Verstoß gegen die Würde des Menschen lässt sich auch nicht durch Zustimmung des Betriebs-/Personalrats bzw. der Beschäftigten selbst heilen.

17 Ist der Arbeitgeber unmittelbar nach § 7 verantwortlich oder verletzt er seine Schutzpflicht nach dieser Vorschrift, können der Betriebsrat oder die im Betrieb vertretene Gewerkschaft ein arbeitsgerichtliches Verfahren nach § 17 Abs. 2 gegen ihn anhängig machen (Begründung, BT-Drs. 16/1780, 40).

2. Abs. 2

18 Abs. 2 stellt für den Arbeitgeber eine **Soll-Vorschrift** auf, seinen Einfluss auf die Beschäftigten dahin gehend geltend zu machen, dass Benachteiligungen iSd § 7 unterbleiben. Die Vorschrift macht deutlich, dass bei Maßnahmen zum Schutz vor Benachteiligung vor allem der beruflichen Fort- und Weiterbildung eine erhebliche Bedeutung zukommt (amtliche Begründung, BT-Drs. 16/1780). Eine Schulung ist eine Form der systematischen Wissensvermittlung, die auf Interaktion zwischen Lehrenden und Lernenden setzt sowie Fragen und Feedback mit dem Ziel ermöglicht, das vermittelte Wissen in konkreten Situationen anwenden zu können (Rust/Falke-Falke, § 12 Rn. 20). Sie geht damit über reine Information hinaus. Die Schulungen richten sich nicht nur an Führungskräfte, dh leitende oder sog außertarifliche Angestellte, sondern an alle Beschäftigten (ebenso Huke/Schütt, JbArbR 2007, III 3 a; Schiek-Schmid, § 12 Rn. 5). Zwar haben derartige Schulungen nicht notwendigerweise in jedem Betrieb und bei jedem Arbeitgeber stattzufinden. Der Gesetzgeber geht mit der Konstruktion einer Soll-Vorschrift aber davon aus, dass dies überwiegend der Fall sein wird, sofern nicht im Einzelfall der Nachweis geführt wird, dass dies nicht notwendig ist, weil zB der Arbeitgeber seinen Verpflichtungen in anderer Weise nachgekommen ist.

19 Abs. 2 S. 2 macht es für den Arbeitgeber attraktiv, **Schulungen** für seine Beschäftigten zum Zwecke der Verhinderung von Benachteiligung durchzuführen, indem damit die Erfüllung der Verpflichtungen aus Abs. 1 fingiert wird. Dies kann dazu führen, dass sich ein gewisser Schulungsmarkt aus-

breiten wird, was rechtspolitisch durchaus nicht zu kritisieren ist, wenn es dem Ziel des Schutzes vor Benachteiligungen dient. In Betrieben mit Betriebsrat ist dessen Mitbestimmung nach § 98 Abs. 6 BetrVG (Hayen, JbArbR 2007, II 1.2.3.; ders., AuR 2007, 8; Nollert-Borasio/Perreng, § 12 Rn. 6; Rust/Falke-Falke, § 12 Rn. 17; Schiek-Schmidt, § 12 Rn. 4; Wendeling-Schröder/Stein-Stein, § 12 Rn. 21; DKKW-Buschmann, BetrVG § 98 Rn. 15) zu beachten. Dies gilt auch, wenn der Arbeitgeber die Bildungsmaßnahme zusammen mit Dritten oder über ein drittes Institut durchführt (im Einzelnen DKKW-Buschmann, BetrVG § 98 Rn. 6). Weitere Mitbestimmungsgrundlage ist § 87 Abs. 1 Nr. 1 BetrVG, jedenfalls soweit keine abschließende gesetzliche Regelung besteht. Allerdings berechtigt auch § 87 Abs. 1 Nr. 1 BetrVG die Betriebsparteien nicht, in die private Lebensführung einzugreifen (BAG 22.7.2008 – 1 ABR 40/07 – AuR 2008, 310). In Dienststellen mit Personalrat ergibt sich dessen Mitbestimmung aus § 75 Abs. 3 Nr. 7, ggf. auch aus Nr. 15 BPersVG bzw. LPersVG (VG Frankfurt/M. 10.9.2007 – 23 L 1680/07 – PersR 2007, 527–530). Einzelheiten können in einer Betriebs-/Dienstvereinbarung geregelt werden (Muster bei Nollert-Borasio/Perreng, Anhang; DKKWF-Buschmann, BetrVG §§ 96–98, II 2). Für Betriebsräte besteht darüber hinaus ein **eigenständiger Schulungsanspruch** aus § 37 Abs. 6 iVm § 40 BetrVG (LAG Hessen 25.10.2007 – 9 TaBV 84/07 – AuA 2008, 442). Derartige Seminare werden durch Fortbildungsveranstaltungen nach dieser Vorschrift weder verbraucht noch obsolet, da sie sich in Funktion und Inhalt unterscheiden (Wendeling-Schröder/Stein-Stein, § 12 Rn. 23).

20 Dies bedeutet nicht, dass sich Arbeitgeber generell mit Hinweis auf durchgeführte Schulungen entlasten bzw. die Verantwortung für die Gewährleistung der Gleichbehandlung abgeben können. Abs. 2 betrifft nur individuelles Verhalten der Beschäftigten bei der Ausübung ihres Beschäftigungsverhältnisses, auf das der Arbeitgeber einwirken kann und soll. Für **eigenes Verhalten** bleibt er weiter verantwortlich. Führt er zB Schulungen durch, in denen auf die Unzulässigkeit von Benachteiligungen nach diesem Gesetz hingewiesen wird, zeigen sich aber nach Maßgabe des § 22 Zeichen von Benachteiligung in der Rekrutierungs- oder Beförderungspraxis, indem zB Behinderte nicht befördert werden, geht der Hinweis auf Schulungen ins Leere. Das Gleiche wäre etwa der Fall, wenn auf Schulungen der Grundsatz der Gleichberechtigung der Geschlechter postuliert wird, in der Praxis aber die Freistellung von Müttern zur Pflege kranker Kinder oder zu Terminen in Kindergarten und Schule anstandslos erfolgt, von Vätern aber nicht. Das Verhalten von Vorgesetzten oder der Personalabteilung wird dem Arbeitgeber nach allgemeinen arbeitsrechtlichen Grundsätzen unmittelbar zugerechnet, auch wenn er sich öffentlich bzw. auf Schulungen zu einem anderen Verhalten bekennt (→ Rn. 9).

21 Darüber hinaus tritt die Fiktion des Abs. 2 S. 2 nur ein, wenn die Schulung „in geeigneter Weise“ erfolgt (Schiek-Schmidt, § 12 Rn. 5). Der Maßstab hierfür ergibt sich wiederum aus dem Erforderlichkeitsbegriff des Abs. 1. Abs. 2 betrifft die von Beschäftigten ausgehenden Benachteiligungen zulasten anderer Beschäftigter. Treten trotz der durchgeführten Schulungen etwa weiterhin Benachteiligungen auf, so muss davon ausgegangen werden, dass

die Schulung allein nicht geeignet war, das angestrebte Ziel herbeizuführen. In diesem Falle ist der Arbeitgeber gehalten, weitere Maßnahmen zur Unterbindung von Benachteiligungen einzuleiten, wie sie sich etwa aus Abs. 1 (→ Rn. 11) und Abs. 3 ergeben können (ebenso ErfK-Schlachter, § 12 Rn. 2). Die Schulungen sind in regelmäßigen Abständen (3–5 Jahre) zu wiederholen und aufzufrischen (Bauer/Krieger, § 12 Rn. 23; Rust/Falke-Falke, § 12 Rn. 28). Der **Begriff der Eignung** ist nicht in allen Betrieben und Dienststellen gleich zu verstehen, sondern richtet sich vor allem nach Erforderlichkeit und vorhandenen rechtlichen Möglichkeiten des Arbeitgebers.

3. Abs. 3

22 Abs. 3 verpflichtet den Arbeitgeber in Anlehnung an § 4 Abs. 1 BeschSchG aF, bei einem Verstoß eines oder mehrerer Beschäftigter gegen das Benachteiligungsverbot des § 7 die im Einzelfall **geeigneten, erforderlichen und angemessenen Maßnahmen** zur Unterbindung der Benachteiligung zu ergreifen. Als Beispiel nennt die Vorschrift Abmahnung, Umsetzung, Versetzung oder Kündigung. Die Aufzählung ist nicht abschließend (BT-Drs. 16/1780, 37). Praktische Maßnahmen wären auch Freistellungen bzw. vorläufige Umsetzungen. Gemeint sind jeweils Maßnahmen gegen den Störer, nicht etwa die Versetzung der benachteiligten Person.

23 Voraussetzung ist ein Verstoß gegen § 7 durch einen Beschäftigten. Wie zu Abs. 1 versteht sich Benachteiligung iSd §§ 1–5, 8–10, dh der verpönten Gründe (§ 1), des Anwendungsbereichs (§ 2), der Begriffsbestimmungen (§ 3). Sie erfasst damit unmittelbare wie mittelbare Benachteiligung. Man wird wiederum hinzulesen müssen, dass ein funktionaler Zusammenhang mit dem Arbeitsverhältnis besteht und dass die unterschiedliche Behandlung nicht nach §§ 5, 8–10 gerechtfertigt ist. Bei (sexueller) Belästigung (§ 3 Abs. 3, 4) scheidet jede Rechtfertigung aus. Trotz der missverständlichen Formulierung im Plural reicht es aus, wenn **ein Beschäftigter zum Nachteil eines anderen Beschäftigten** gegen das Benachteiligungsverbot verstoßen hat. Es ist nicht ersichtlich, dass der Gesetzgeber den schon in § 4 Abs. 1 BeschSchG aF eindeutigen Einzelfallbezug aufheben und die Pflicht des Arbeitgebers zur angemessenen Reaktion insofern reduzieren wollte. Der Verstoß muss objektiv vorliegen – bloßer (auch begründeter) Verdacht reicht nicht (Schleusener/Suckow/Voigt-Suckow, § 12 Rn. 19 f.), begründet aber eine Aufklärungsverpflichtung des Arbeitgebers (Bauer/Krieger, § 12 Rn. 30).

24 Nach § 7 Abs. 3 stellt die Benachteiligung eines Beschäftigten iSd § 7 Abs. 1 durch einen anderen Beschäftigten eine **Verletzung vertraglicher Pflichten** gegenüber dem Arbeitgeber dar. Je nach Schwere des Verstoßes eröffnen sich daraus Reaktionsmöglichkeiten des Arbeitgebers. Ohne diese Vorschrift wäre er frei, zu entscheiden, ob er diese Verstöße zum Anlass für juristische Maßnahmen nimmt oder nicht. Sein dahin gehendes **Ermessen** wird insofern **eingeschränkt.** § 12 Abs. 3 begründet für den benachteiligten Arbeitnehmer den **individuellen Anspruch auf ermessensfehlerfreie Entscheidung** über die gegen den Störer zu treffenden personellen Maßnahmen (BAG 25.10.2007 – 8 AZR 593/06 – AuR 2008, 119). Spielraum besteht

nicht mehr bezüglich des „Ob“, sondern lediglich bezüglich des „Wie“, dh nur noch bei der Auswahl zwischen mehreren gleichermaßen geeigneten Gegenmaßnahmen (ErfK-Schlachter, § 12 Rn. 3), soweit diese „zur Unterbindung der Benachteiligung geeignet, erforderlich und angemessen“ sind. Geeignet iSd Verhältnismäßigkeit sind nur solche Maßnahmen, von denen der Arbeitgeber annehmen darf, dass sie die Benachteiligung für die Zukunft abstellen und damit eine Wiederholung ausschließen (BAG 9.6.2011 – 2 AZR 323/10; LAG Hamm 3.3.2016 – 15 Sa 1669/15, rkr.). Kein Anspruch besteht auf Maßnahmen, die diese Qualifikation nicht erfüllen bzw. darüber hinausgehen. Der Spielraum kann sich im Einzelfall auf „0“ reduzieren, wenn „nach objektiver Betrachtungsweise eine rechtsfehlerfreie Ermessensentscheidung des Arbeitgebers nur das Ergebnis haben kann, eine bestimmte Maßnahme zu ergreifen“, auf deren Durchführung der Arbeitnehmer sodann Anspruch hat (BAG 25.10.2007 – 8 AZR 593/06 – AuR 2008, 119).

25 Voraussetzung ist in jedem Fall, dass die **Maßnahme des Arbeitgebers rechtlich zulässig** und individuell durchsetzbar ist, was sich nach allgemeinem Arbeits- bzw. Vertragsrecht richtet. Die Voraussetzungen für die Zulässigkeit der in diesem Absatz bezeichneten Maßnahmen werden hierdurch nicht verändert (ebenso DDZ-Zwanziger, § 12 Rn. 74). So hatte das BAG (8.6.2000 – 2 ABR 1/00 – AuR 2001, 271 mAnm Linde) zutreffend schon zum BeschSchG aF festgestellt, dass die vom Arbeitgeber danach zu treffenden Schutzmaßnahmen gegen sexuelle Belästigung am Arbeitsplatz ihn nicht berechtigen, einen der sexuellen Belästigung beschuldigten Arbeitnehmer zu entlassen, wenn diesem die entsprechende Tat nicht nachgewiesen werden kann. Schon § 4 BeschSchG aF gewährt(e), wie das BAG festhielt, insoweit kein eigenständiges, von diesen Voraussetzungen unabhängiges Kündigungsrecht. Auf die **Beweislastregelung** des § 611 a Abs. 1 S. 3 aF BGB ist das BAG nicht eingegangen. Sie ist in Verfahren zwischen dem Arbeitgeber und einem der Benachteiligung beschuldigten Beschäftigten ebenso wenig einschlägig wie die Nachfolgeregelung des § 22 (ebenso Göpfert/Siegrist, ZIP 2006, 1714; Rust/Falke-Falke, § 12 Rn. 40; vgl. auch Kommentierung zu § 22). Auch die zugrunde liegenden Richtlinien formulieren die Beweislastregelung ausdrücklich zugunsten der Personen, die sich durch die Nichtanwendung des Gleichbehandlungsgrundsatzes für verletzt halten. Somit hat der Arbeitgeber die rechtlichen Voraussetzungen der von ihm gegen einzelne Beschäftigte veranlassten vertragsrechtlichen Maßnahmen, insbesondere Kündigungen, nach allgemeinen Grundsätzen darzulegen und ggf. nachzuweisen. Nach dem BAG (29.6.2017 – 2 AZR 302/16 – NJW 2017, 3018; 25.3.2004 – 2 AZR 341/03 – EzA BAT § 54 Nr. 86) kann die sexuelle Belästigung einer Arbeitnehmerin durch ihren Vorgesetzten je nach Intensität einen wichtigen Grund zu einer außerordentlichen Kündigung darstellen, dies allerdings nur, wenn das sexuelle Verhalten von der Betroffenen erkennbar abgelehnt wurde, was nach außen in Erscheinung treten muss. Eine erkennbare Ablehnung kann sich auch aus den Umständen ergeben, die dann aber ebenfalls vom Arbeitgeber zu belegen sind. Schließlich ist nach allgemeinen Maßstäben des Kündigungsrechts im Rahmen der Verhältnismäßigkeit zu prüfen, ob nicht eine Versetzung als milderes Mittel in Frage kommt. Der **Verhältnismäßigkeitsgrundsatz** wird durch

Abs. 3 konkretisiert. Geeignet iSd Verhältnismäßigkeit sind nur solche Maßnahmen, von denen der Arbeitgeber annehmen darf, dass sie die Benachteiligung für die Zukunft abstellen, dh eine Wiederholung ausschließen (BAG 9.6.2011 – 2 AZR 323/10 – NJW 2012, 407). Dass der Gesetzgeber die Kündigungsmöglichkeiten des Arbeitgebers nicht erweitern wollte, ergibt sich auch aus der im Gesetzgebungsverfahren durch Änderungsantrag v. 27.6.2006 veränderten Fassung des § 2 Abs. 4, nach dem für Kündigungen ausschließlich die Bestimmungen zum allgemeinen und besonderen Kündigungsschutz gelten sollen (wie hier Wendeling-Schröder/Stein-Stein, § 12 Rn. 37). Nach BAG (20.11.2014 – 2 AZR 651/13, BAGE 150, 109–116; ebenso LAG Baden-Württemberg 1.2.2013 – 12 Sa 90/11; LAG Hamm 3.3.2016 – 15 Sa 1669/15; LAG Niedersachsen 6.12.2013 – 6 Sa 391/13, alle rkr.) bedarf es nach dem Verhältnismäßigkeitsgrundsatz einer Abmahnung nur dann nicht, wenn bereits ex ante erkennbar ist, dass eine Verhaltensänderung in Zukunft auch nach Abmahnung nicht zu erwarten steht, oder es sich um eine so schwere Pflichtverletzung handelt, dass selbst deren erstmalige Hinnahme dem Arbeitgeber nach objektiven Maßstäben unzumutbar und damit offensichtlich – auch für den Arbeitnehmer erkennbar – ausgeschlossen ist. Die Rechtfertigung einer Kündigung bleibt danach abhängig von den Umständen des Einzelfalls (weitere Nachweise zu Verfahren im Zusammenhang mit sexueller Belästigung bei Linde, S. 128, 139 ff.).

26 Welche Maßnahmen geeignet, erforderlich und angemessen sind, richtet sich nach den Umständen des Einzelfalls, hängt von der Schwere des Vorfalls ab sowie von dem Umstand, ob es sich um eine einmalige oder eine wiederholte Verfehlung handelt. Auf Verschulden kommt es grundsätzlich nicht an, da Abs. 3 nur einen Verstoß eines Beschäftigten gegen das Benachteiligungsverbot voraussetzt (so schon Schiek, BeschSchG § 2 Rn. 12). Bei den einzelnen vom Arbeitgeber durchzuführenden Maßnahmen, zB der verhaltensbedingten Kündigung, wird **Verschulden** gleichwohl zu prüfen sein. Dabei sind die Verstöße gegen die einzelnen Diskriminierungstatbestände grundsätzlich als gleichrangig zu betrachten, so dass die bisher ergangene Rechtsprechung zur sexuellen Diskriminierung bzw. Belästigung (Nachweise in der Kommentierung zu § 7) weitgehend auf die anderen Benachteiligungstatbestände zu übertragen ist.

27 Abs. 3 stellt die vom Arbeitgeber zu treffenden Maßnahmen nicht unter einen allgemeinen **Zumutbarkeitsvorbehalt**. Dem Arbeitgeber ist jedoch nicht zuzumuten, individuelle arbeits- bzw. vertragsrechtliche Maßnahmen gegen beschuldigte einzelne Beschäftigte durchzuführen, die für ihn mit einem hohen Risiko behaftet sind und möglicherweise Entschädigungsansprüche des zu Unrecht beschuldigten Beschäftigten gegen den Arbeitgeber auslösen könnten (vgl. BAG 25.10.2007 – 8 AZR 593/06 – AuR 2008, 119). Dies gilt etwa bei sog **Verdachtskündigungen**. Sie sind in ihren Voraussetzungen und Rechtsfolgen sehr umstritten (vgl. nur KR-Etzel, KSchG § 1, Rn. 505 ff.; Deinert, AuR 2005, 285 ff.). Es besteht für den Arbeitgeber das Risiko einer möglicherweise arbeitsgerichtlich erzwungenen Wiedereinstellung des gekündigten Beschäftigten, sollte sich der Verdacht nicht

bestätigen. Solange noch keine endgültigen Erkenntnisse vorliegen, kommen nur vorläufige Reaktionen in Betracht.

28 Unter den Voraussetzungen des **§ 104 BetrVG** kann der Betriebsrat vom Arbeitgeber die Entlassung oder Versetzung verlangen. Dies setzt voraus, dass ein Arbeitnehmer durch gesetzwidriges Verhalten oder durch eine grobe Verletzung der in § 75 Abs. 1 BetrVG enthaltenen Grundsätze, insbesondere durch rassistische oder fremdenfeindliche Betätigungen, den Betriebsfrieden wiederholt ernstlich gestört hat. Dabei ist zu berücksichtigen, dass § 75 BetrVG mit Inkrafttreten dieses Gesetzes ebenfalls angepasst worden ist und alle Diskriminierungstatbestände nach § 1 erfasst. Der Anspruch ist im Beschlussverfahren durchsetzbar.

4. Abs. 4

29 Abs. 4 verpflichtet den Arbeitgeber, geeignete **Schutzmaßnahmen** zu ergreifen, wenn ein Beschäftigter bei der Ausübung seiner Tätigkeit durch Dritte, die nicht Beschäftigte iSd § 6 sind, nach § 7 benachteiligt wird. Voraussetzung ist wie nach Abs. 3 eine effektiv eingetretene bzw. stattfindende Benachteiligung (→ Rn. 23). Die Einschränkung „bei Ausübung ihrer Tätigkeit" schließt Benachteiligungen im privaten Bereich außerhalb des Arbeitsverhältnisses aus. Eine Betroffenheit mehrerer Beschäftigter ist wiederum nicht erforderlich. Die amtliche Begründung (BT-Drs. 16/1780, 37) nennt beispielhaft die Schikanierung eines Auslieferungsfahrers durch einen Kunden wegen seiner ethnischen Herkunft. Die Bestimmung trägt der Tatsache Rechnung, dass Beschäftigte bei der Ausübung ihrer Tätigkeit häufig mit anderen Personen, insbesondere Beschäftigten aus anderen Unternehmen, in Beziehung treten, teilweise auch auf deren Betriebsgelände arbeiten. Dies gilt erst recht bei gemeinsamen Betrieben mehrerer Unternehmen iSd § 1 BetrVG. In diesen Fällen erscheint die Herausnahme der benachteiligten Person aus der Kundenbeziehung problematisch, da sie sich selbst als Benachteiligung oder Maßregelung darstellen könnte (vgl. § 16 Abs. 2; → § 16 Rn. 31 ff.; Schiek-Schmidt, § 12 Rn. 14). Als einvernehmliche Lösung ist sie indes denkbar.

30 Die in Abs. 3 bezeichneten arbeitsvertragsrechtlichen Maßnahmen gegen Beschäftigte sind hier nicht möglich. Die Vorschrift verpflichtet den Arbeitgeber deshalb zur Ergreifung der zum Schutze der Beschäftigten gebotenen **Maßnahmen gegen Dritte.** Die Vorschrift nennt dazu keine Beispiele, formuliert ausdrücklich auch keinen Vorbehalt der unternehmerischen Entscheidung. Dieser ist auch nicht hineinzulesen. Dem stehen Wortlaut und ratio der Norm entgegen (aA jurisPK-BGB-Overkamp, § 12 Rn. 2, die ua höfliche Bitten empfiehlt). Beispielhaft ist sexuelle Belästigung iSd § 3 Abs. 4 auch nicht mit Hinweis auf unternehmerische Freiheit zu dulden. Infrage kommen Maßnahmen wie geschäftliche Abmahnungen, Hausverbote, Kündigung der Geschäftsbeziehungen. Wie etwa das BAG (27.4.2004 – 1 ABR 7/03 – AuR 2004, 106, 238 = DuD 2004, 433 ff.; dazu Hornung/Steidle, AuR 2005, 201 ff. hinsichtlich der Einhaltung des Datenschutzes) entschieden hat, kann der Arbeitgeber gegenüber dem Mitbestimmungsrecht des Betriebsrats nach § 87 BetrVG nicht einwenden, ihm seien Verhaltensregeln oder technische Überwachungseinrichtungen von einem Ver-

tragspartner vorgegeben. Er muss ggf. durch entsprechende Vertragsgestaltung sicherstellen, dass die ordnungsgemäße Wahrnehmung der Mitbestimmungsrechte des Betriebsrats gewährleistet ist. Dies bedeutet, dass er seine rechtlichen Möglichkeiten notfalls auch gegenüber Dritten durchzusetzen hat. Eignung, Erforderlichkeit und Angemessenheit hängen vom Einzelfall ab. Zuzustimmen ist, dass die Erteilung eines Lokalverbots durch einen Gastwirt gegenüber einem die Kellnerin belästigenden Gast eher erwartet werden kann als die Beendigung einer Kundenbeziehung, von der die wirtschaftliche Existenz des Unternehmens abhängt (Schiek-Schmidt, § 12 Rn. 14). Aber auch in letzterem Fall ist erforderlich, dass der Beschäftigte auf andere Weise effektiv geschützt wird. Im Verhältnis zwischen Entleiher-Arbeitgeber (iSd § 6) und Verleiher wird sich diese Problematik in dieser Schärfe nicht stellen. Der Entleiher ist verpflichtet, die in seinem Betrieb eingesetzten Arbeitnehmer vor sexuellen Belästigungen zu schützen (BAG 29.6.2017 – 2 AZR 302/16 – NJW 2017, 3018). Dass die Existenz des Entleihers von der Beziehung zum Verleiher abhängt, ist schwer vorstellbar. Stellt also der Entleiher gegen § 7 verstoßende Benachteiligungen durch den Verleiher gegenüber den bei ihm eingesetzten Leiharbeitern fest, denen der Entleiher nicht abhilft, hat er die Geschäftsbeziehung aufzulösen und umgekehrt.

5. Abs. 5

31 Mit der **Bekanntmachungsverpflichtung** werden dahin gehende Vorgaben der Gleichbehandlungsrichtlinien umgesetzt (→ Rn. 4). Sie bestand gem. Art. 2 ArbREG-AnpassungsG bereits zuvor hinsichtlich der §§ 611 a ff. BGB aF Erforderlich ist, dass der Adressatenkreis von der Bekanntmachung Kenntnis erlangen kann (BT-Drs. 16/1780, 37). Daraus ergibt sich die Form der Bekanntmachung. Hier sind die gleichen Medien zu verwenden, wie auch sonst vom Arbeitgeber gewählt, zB Aushang, Auslegung, Intranet, E-Mail-Verteiler. Nach dem ArbG Stuttgart (18.1.2012 – 20 Ca 1059/11) erfüllt ein Arbeitgeber seine Bekanntmachungspflicht gem. § 12 Abs. 5, wenn er den Text des AGG und des § 61 b ArbGG betriebsüblich in das Intranet einstellt. Dies erscheint problematisch, im Hinblick auf den Zweck, den Beschäftigten die Wahrnehmung ihrer Rechte zu erleichtern (BT-Drs. 16/1780, 37). Der bloße Verweis auf Internetadressen reicht auch nicht aus. Angesichts des Beschäftigtenbegriffs des § 6 Abs. 1, der auch Bewerber und ausgeschiedene Personen erfasst, ist diese Kenntnisnahme, insbesondere hinsichtlich der für die Behandlung von Beschwerden zuständigen Stellen, bei einer Bekanntmachung nur im Betrieb oder in der Dienststelle nicht vollständig gewährleistet. Wie unter → § 13 Rn. 19 dargelegt, ist eine an falscher Stelle eingelegte Beschwerde an die zuständige Stelle weiterzuleiten.

Rechtsfolge des Abs. 5 ist nur die **Bekanntmachungsverpflichtung.** Die Notwendigkeit der Einrichtung einer eigenständigen, mit Entscheidungskompetenzen ausgestatteten Beschwerdestelle ergibt sich daraus nicht (Hayen, JbArbR 2007, II 1.2.6.; dafür aber Huke/Schütt, JbArbR 2007, III 3 b). Die bloße Mitteilung des Arbeitgebers über die Empfangszuständigkeit auf seiner Seite für die Entgegennahme von Beschwerden (etwa der

Personalabteilung) unterliegt noch nicht der Mitbestimmung des Betriebsrats, wenn der Arbeitgeber damit nicht vom gesetzlich vorgeschriebenen Verfahren abweicht oder dessen Inhalt ergänzt (ArbG Hamburg 20.2.2007 – BB 2007, 779; ebenso Gach/Julis, BB 2007, 773). Mitbestimmungspflichtig sind Einführung und Ausgestaltung bestimmter Melde- und Beschwerdeverfahren (BAG 22.7.2008 – 1 ABR 40/07 – AuR 2008, 310, 406, sog Ethik-Richtlinie) sowie des Verfahrens einer Beschwerdestelle (→ Rn. 15). Das Mitbestimmungsrecht umfasst auch ein entsprechendes Initiativrecht (BAG 21.7.2009 – 1 ABR 42/08 – AuR 2009, 310; Nollert-Borasio, AuR 2008, 335). Nach dem BAG (21.7.2009 – 1 ABR 42/08 – AuR 2009, 310) hat der Betriebsrat keine Mitbestimmung bei der Frage, wo der Arbeitgeber die Beschwerdestelle errichtet und wie er diese personell besetzt. Schließlich ist auch die mitbestimmte Regelung insoweit begrenzt, als dadurch das individualrechtliche Beschwerderecht nicht beeinträchtigt werden darf. Auch die Zuständigkeit der Einigungsstelle darf nicht eingeschränkt werden. Die Unterlassung der Bekanntmachung begründet noch keine Ansprüche aus § 15 Abs. 5 (Schleusener/Suckow/Voigt-Suckow, § 12 Rn. 70; Bauer/Krieger, § 12 Rn. 43; Adomeit/Mohr, § 12 Rn. 54), wohl aber das Verfahren nach § 17 Abs. 2.

III. Prozessuale Fragen

32 Rechte des Betriebsrats oder der im Betrieb vertretenen Gewerkschaft aus § 17 Abs. 2 bei einem groben Verstoß des Arbeitgebers gegen seine Verpflichtungen aus dieser Vorschrift sind im arbeitsgerichtlichen **Beschlussverfahren** anhängig zu machen, ebenso Verfahren nach § 104 BetrVG (→ Rn. 28). Für Klagen der Arbeitnehmer iSd § 5 ArbGG (einschließlich Klagen eines Leiharbeitnehmers gegen den Entleiher, so BAG 15.3.2011 – 10 AZB 49/10 – AuR 2011, 452 mAnm Karthaus; weiterhin Heimarbeiter, Gleichgestellter, arbeitnehmerähnliche Personen) ist das arbeitsgerichtliche **Urteilsverfahren** einschlägig. Für Selbstständige iSd § 6 Abs. 3 sind die ordentlichen Gerichte zuständig (§ 5 Abs. 1 S. 3 ArbGG). Alle Beschäftigten iS dieses Gesetzes können sich bei Nichterfüllung der Verpflichtungen des Arbeitgebers aus dieser Vorschrift gem. § 13 beschweren sowie unter den Voraussetzungen des § 14 die Leistung verweigern (vgl. Kommentierung dort).

Unterabschnitt 3 Rechte der Beschäftigten

§ 13 Beschwerderecht

(1) [1]Die Beschäftigten haben das Recht, sich bei den zuständigen Stellen des Betriebs, des Unternehmens oder der Dienststelle zu beschweren, wenn sie sich im Zusammenhang mit ihrem Beschäftigungsverhältnis vom Arbeitgeber, von Vorgesetzten, anderen Beschäftigten oder Dritten wegen eines in § 1 genannten Grundes benachteiligt fühlen. [2]Die Beschwerde ist zu prüfen und das Ergebnis der oder dem beschwerdeführenden Beschäftigten mitzuteilen.

(2) Die Rechte der Arbeitnehmervertretungen bleiben unberührt.

I. Vorbemerkungen

1. Allgemeines

1 Die Vorschrift formuliert ein privatrechtliches **Verfahren der Konfliktlösung** innerhalb des Betriebs, des Unternehmens oder der Dienststelle. Angeknüpft wird an die in § 12 beschriebenen Organisationspflichten des Arbeitgebers. Daraus ergibt sich ein subjektives Verfahrensrecht der Beschäftigten, anknüpfend an die gefühlte Benachteiligung wegen eines in § 1 genannten Grundes. Für den Arbeitgeber ergeben sich daraus besondere Prüfungs-, Behandlungs- und Mitteilungspflichten gegenüber der/dem/den Beschwerde führenden Beschäftigten. Insofern erfüllt dieses Verfahren **präventive Funktionen** (Schiek-Kocher, § 13 Rn. 4). Es ermöglicht dem Arbeitgeber, frühzeitig und außergerichtlich von diskriminierungsrelevanten Strukturen im Betrieb Kenntnis zu erhalten und Gegenmaßnahmen einzuleiten.

2 Das Beschwerderecht ist grundsätzlich **individualrechtlicher Natur** und besteht unabhängig von der Existenz oder dem Verhalten kollektiv gebildeter Arbeitnehmervertretungen. Es gilt auch für (Klein-)Betriebe und Dienststellen, in denen die Voraussetzungen für die Bildung einer Arbeitnehmervertretung nicht bestehen. Deren Rechte bleiben nach Abs. 2 unberührt. Gerade die Abgrenzung zu Beschwerderechten nach anderen Vorschriften bzw. die Verknüpfung mit den sich daraus ergebenden Möglichkeiten haben für Verfahren nach diesem Gesetz einen besonderen Erkenntniswert.

2. Vorrangige Grundlagen

3 Die Vorschrift dient, auch wenn dies die amtliche Begründung (BT-Drs. 16/1780, 37) nicht deutlich macht, der **Umsetzung von Bestimmungen der Antidiskriminierungsrichtlinien**.

- So verpflichtet Art. 7 RL 2000/43/EG die Mitgliedstaaten sicherzustellen, dass alle Personen, die sich durch die Nichtanwendung des Gleichbehandlungsgrundsatzes in ihren Rechten für verletzt halten, ihre Ansprüche aus dieser Richtlinie auf dem Gerichts- und/oder Verwaltungsweg sowie, wenn die Mitgliedstaaten es für angezeigt halten, in **Schlichtungsverfahren** geltend machen können, selbst wenn das Verhältnis, während dessen die Diskriminierung vorgekommen sein soll, bereits beendet ist. Art. 7 Abs. 2 regelt die Verfahrensbeteiligung von Verbänden, Organisationen oder anderen juristischen Personen namens oder zur Unterstützung der **beschwerten Person**. Art. 9 RL 2000/43/EG (Schutz vor Viktimisierung) setzt die Möglichkeit einer Beschwerde voraus, indem Maßnahmen zum Schutz des Einzelnen vor Benachteiligungen aus **Reaktion auf eine Beschwerde** gefordert werden.

- In der Gleichbehandlungsrahmenrichtlinie 2000/78/EG entsprechen diesen Vorschriften die Art. 9 (Rechtsschutz) und 11 (Schutz vor Viktimisierung) wörtlich mit dem einzigen Unterschied, dass sich Art. 11 RL 2000/78/EG ausdrücklich auf das Verhältnis von Arbeitnehmern und ihrem Arbeitgeber bezieht und ausdrücklich einen **Schutz vor Entlassung** oder anderen Benachteiligungen durch den Arbeitgeber als **Reaktion auf eine Beschwerde** anordnet.
- Art. 6 Abs. 1 RL 76/207/EWG idF der RL 2002/73/EG verpflichtet ähnlich wie Art. 7 RL 2000/43/EG und Art. 9 RL 2000/78/EG die Mitgliedstaaten, wenn diese es für angezeigt halten, zu einem Schlichtungsverfahren, selbst wenn das Verhältnis, während dessen die Diskriminierung vorgekommen sein soll, bereits beendet ist. Art. 6 Abs. 3 RL 76/207/EWG und Art. 9 Abs. 2 RL 2000/78/EG verpflichten die Mitgliedstaaten sicherzustellen, dass bestimmte Verbände und Organisationen sich entweder im Namen der beschwerten Person oder zu deren Unterstützung und mit deren Einwilligung an den in der Richtlinie vorgesehenen Gerichts- und/oder Verwaltungsverfahren beteiligen können. Art. 8 a RL 2002/73/EG rechnet es zu den Aufgaben der einzurichtenden unabhängigen Antidiskriminierungsstelle, der Beschwerde eines Opfers wegen Diskriminierung nachzugehen. Darauf gründen sich vor allem die Bestimmungen des 6. Abschnitts dieses Gesetzes nach §§ 25 ff. über die einzurichtende unabhängige Antidiskriminierungsstelle des Bundes. Schließlich verpflichtet Art. 7 RL 2002/73/EG die Mitgliedstaaten im Rahmen ihrer nationalen Rechtsordnung, nicht nur die Arbeitnehmer, sondern auch die Arbeitnehmervertreter vor Entlassung oder anderen Benachteiligungen durch den Arbeitgeber zu schützen, die als **Reaktion auf eine Beschwerde** innerhalb des betreffenden Unternehmens oder auf die Einleitung eines Verfahrens zur Durchsetzung des Gleichbehandlungsgrundsatzes erfolgen. Diese Formulierung setzt die Existenz kollektiv bestimmter Arbeitnehmervertreter sowie deren maßgebliche Beteiligung innerhalb eines Beschwerdeverfahrens voraus und gibt dieser Vorschrift ebenso wie § 85 BetrVG eine – zumindest teilweise – europarechtliche Grundlage.
- Art. 11 Rahmenrichtlinie 89/398/EWG Gesundheit v. 12.6.1989 (ABl. EG Nr. I 183/1, DKL Nr. 441, S. 1199 ff.) beinhaltet ein Anhörungs- und Beteiligungsrecht der Arbeitnehmer bzw. deren Vertreter unter Einschluss des Rechts, den Arbeitgeber um geeignete Maßnahmen zu ersuchen und ihm diesbezügliche Vorschläge zu unterbreiten (Abs. 3) und sich ggf. an die zuständige Behörde zu wenden (Abs. 6), wenn sie der Auffassung sind, dass die vom Arbeitgeber getroffenen

Maßnahmen und bereitgestellten Mittel nicht ausreichen. Abs. 4 enthält für die genannten Arbeitnehmer und -vertreter in diesem Zusammenhang ein spezifisches Benachteiligungsverbot. Diese Vorschrift zog das BAG (3.6.2003 – 1 ABR 19/02 – AuR 2003, 478) zur Beurteilung der Frage heran, ob die Kommunikation zwischen Betriebsrat und Überwachungsbehörden aus dem Gesichtspunkt der vertrauensvollen Zusammenarbeit gem. § 2 BetrVG beschränkt werden kann, ließ diese Frage aber letztlich offen und stützte seine Entscheidung verunglückt auf Gesichtspunkte des Datenschutzes (vgl. DKKW-Buschmann, BetrVG § 89 Rn. 25 mwN).

4 Die Untersuchung der **Internationalen Arbeitsorganisation IAO** (Examination of grievances and communications within the undertaking. International Labour conference report no. 7, Genf 1965) unterstreicht die Bedeutung von Arbeitnehmerbeschwerden (Workers grievances, fancied or real, are inevitable in the day to day relation between the management and workers within undertakings) und bildet die Grundlage für die Empfehlung Nr. 130 betr. die Untersuchung von Beschwerden im Unternehmen mit dem Ziel ihrer Beilegung von 1967. Nr. II 3 gibt zunächst eine weite Definition (any measure or situation which concerns the relation between employer and worker), die Regelungs- und Rechtsstreitigkeiten nach deutschem Verständnis ebenso einschließt wie Individual- und Kollektivtatbestände, wenn es sich nur um Beschäftigungsbedingungen handelt. Keine der Vorschriften der Empfehlung soll dazu führen, den Arbeitsrechtsweg zu beschränken, wo er nach nationalen Vorschriften eröffnet wird. Gelingt es nicht, die Beschwerde beizulegen, stellt die Empfehlung zur endgültigen Beilegung unterschiedliche Lösungswege zur Verfügung, darunter ein Schiedsverfahren oder den Rechtsweg zu Arbeits- oder anderen Gerichten.

5 Art. 13 **EMRK** vom 4.11.1950 (BGBl. 1952 II, 686, 953) regelt Beschwerdemöglichkeiten bei Verletzung der Rechte oder Freiheiten der Konvention: „Sind die in der vorliegenden Konvention festgelegten Rechte und Freiheiten verletzt worden, so hat der Verletzte das Recht, eine wirksame Beschwerde bei einer nationalen Instanz einzulegen, selbst wenn die Verletzung von Personen begangen worden ist, die in amtlicher Eigenschaft gehandelt haben". Art. 6 CERD verlangt für Opfer von Rassendiskriminierung wirksamen Schutz und wirksame Rechtsbehelfe.

6 **Ausländische Rechtsordnungen** räumen dem Beschwerderecht im Zusammenhang mit Diskriminierungen oder allgemein einen hervorragenden Stellenwert ein. Zu erwähnen sind die französischen Gesetze v. 16.11.2001 zum Kampf gegen Diskriminierungen bzw. zur Berufsgleichheit zwischen Frauen und Männern (dazu Le Friant, AuR 2003, 51, 56), wonach es zu den grundlegenden Aufgaben der Beschäftigtenvertreter gehört, dem Arbeitgeber individuelle oder kollektive Beschwerden mitzuteilen und die Gewerbeaufsicht über Klagen oder Beanstandungen hinsichtlich der Anwendung der Arbeitsnormen zu informieren. Die gerügte Beeinträchtigung kann das Ergebnis einer diskriminierenden Maßnahme sein. Im Falle der Uneinigkeit über das Bestehen der Beeinträchtigung kann in einem beschleunigten Verfahren der Conseil de Prud'hommes angerufen werden (im Einzelnen Le Friant, AuR 2003, 51, 56). Von erstrangiger Bedeutung ist

die Beschwerde (Grievance) in angelsächsischen Ländern, namentlich USA und Kanada. Nach Auffassung amerikanischer Wissenschaftler handelt es sich bei Beschwerdeverfahren um „The most important aspect of labor relations" (Miner/Miner, Personal and Industrial Relations, 3. Aufl. 1985, S. 568). Grievance procedure beruht dort fast ausschließlich auf tariflicher Grundlage, reduziert sich damit auf den sog unionized sector. Diese Hervorhebung steht freilich im Zusammenhang mit der schwachen Ausprägung des individualrechtlichen Rechtsschutzes der Arbeitnehmer vor staatlichen Gerichten (vgl. Gamillscheg, Kollektives Arbeitsrecht I, S. 257 f.; Buschmann, FS Däubler, 1999, 315 ff.; Aaron, RdA 1978, 274 ff.; Kohler, AuR 1998, 434 ff.; Breisig, Betriebliche Konfliktregulierung durch Beschwerdeverfahren in Deutschland und in den USA 1996, jeweils mwN auch zu anderen Ländern).

3. Beschwerderechte in anderen Gesetzen

7 Die Gesetzesbegründung zu Abs. 1 (BT-Drs. 16/1780, 38) betont, dass die Vorschrift keine Neuerung enthält, da entsprechende Beschwerdemöglichkeiten bereits nach geltendem Recht bestehen, was im Grundsatz zutrifft. Die wichtigsten Beschwerdevorschriften sind §§ **84 ff. BetrVG**. Sie eröffnen die Beschwerde beim Arbeitgeber oder beim Betriebsrat, wenn sich der Arbeitnehmer vom Arbeitgeber oder von Arbeitnehmern des Betriebs benachteiligt oder ungerecht behandelt oder in sonstiger Weise beeinträchtigt fühlt. Eine Konfliktlösung kann nach § 85 Abs. 2 BetrVG über die Einigungsstelle erfolgen (ausführlich dazu → Rn. 47 ff.). Dem entsprechen im öffentlichen Dienst die Entgegennahme und Behandlung von Beschwerden von Beschäftigten durch die Personalvertretung (§ **68 Abs. 1 Nr. 3 BPersVG**) sowie durch die Jugend- und Auszubildendenvertretung (§ 61 Abs. 1 Nr. 3 BPersVG; entsprechende Vorschriften in den Landespersonalvertretungsgesetzen). Die Einigungsstelle als Konfliktlösung über Beschwerden ist hier nicht vorgesehen, dagegen aber generell über Maßnahmen, die der Durchsetzung der tatsächlichen Gleichberechtigung von Frauen und Männern, insbes. bei der Einstellung, Beschäftigung, Aus-, Fort- und Weiterbildung und dem beruflichen Aufstieg dienen (§ 76 Abs. 2 Nr. 10 BPersVG). Weitere Beschwerderechte für den **öffentlich-rechtlichen Bereich** finden sich in § 171 BBG, § 36 Abs. 2 BeamtStG (Remonstrationsrecht), § 11 Soldatinnen- und Soldaten-GleichbehandlungsG, § 41 ZivildienstG, §§ 12 f., 23 Gesetz über den Vertrauensmann der Zivildienstleistenden v. 16.1.1991, geändert 14.6.2009, BGBl. I, 1229, kommentiert bei Altvater ua, BPersVG, Anhang VI. Nach § **178 Abs. 1 Nr. 3 SGB IX** hat die Schwerbehindertenvertretung ua die Aufgabe, Anregungen und Beschwerden von schwerbehinderten Menschen entgegenzunehmen und, falls sie berechtigt erscheinen, durch Verhandlung mit dem Arbeitgeber auf eine Erledigung hinzuwirken; sie unterrichtet die schwerbehinderten Menschen über den Stand und das Ergebnis der Verhandlungen. Der Vollständigkeit halber zu erwähnen ist der gesetzlich vorgesehene, in der Praxis wenig relevante Kündigungseinspruch des Arbeitnehmers beim Betriebsrat nach § 3 KSchG. Bedeutsamer ist das Beschwerderecht in Fragen der Sicherheit und des Gesundheitsschutzes nach § 17 Abs. 2 ArbSchG. Weitere Beschwerderechte finden sich in §§ 127 f. Seearbeitsgesetz sowie in einzelnen Tarifver-

trägen (vgl. DKKW-Buschmann, BetrVG § 84 Rn. 1; ders., FS Däubler, 1999, S. 312).

4. Gesetzgebungsverfahren

8 Schon das **Beschäftigtenschutzgesetz** kannte in § 3 ein besonderes Beschwerderecht der betroffenen Beschäftigten im Falle einer sexuellen Belästigung. Diese Vorschrift wurde wie dieses Gesetz insgesamt durch Art. 4 des Gesetzes zur Umsetzung europäischer Richtlinien zur Verwirklichung des Grundsatzes der Gleichbehandlung aufgehoben. Der **Gesetzentwurf** v. 16.12.2004 (BT-Drs. 15/4538) hatte noch das Recht formuliert, sich bei „einer zuständigen Stelle" des Betriebs ... zu beschweren. Die **Änderungsvorschläge** v. 16.3.2005 wählten dagegen die Pluralform „den zuständigen Stellen des Betriebs, des Unternehmens oder der Dienststelle", womit ein Versehen des Gesetzentwurfes ausgeglichen wurde. Diese Formulierung wurde auch in den Entwurf 2006 unverändert übernommen. Parteipolitisch umstritten war sie nicht.

II. Beschwerdegegenstand

9 Gegenstand der Beschwerde ist die **gefühlte Benachteiligung** des/der Beschäftigten wegen eines in § 1 genannten Grundes. Ob diese Benachteiligung objektiv vorliegt, ist keine Frage der Zulässigkeit der Beschwerde, sondern ihrer Begründung (ebenso MünchArbR-Oetker, § 15 Rn. 31).

10 Die gerügte Benachteiligung muss vom **Arbeitgeber, von Vorgesetzen, anderen Beschäftigten oder Dritten** ausgehen, was weiter reicht als § 84 BetrVG: „Arbeitgeber oder Arbeitnehmer des Betriebs". Für den Arbeitgeberbegriff ist die Legaldefinition in § 6 Abs. 1 maßgeblich. Arbeitgeber iSd Vorschrift sind bei Arbeitnehmerüberlassung auch der Entleiher (§ 6 Abs. 2 S. 2) sowie der Auftraggeber oder Zwischenmeister (§ 6 Abs. 2 S. 3) sowie bei selbstständigen, nicht im Arbeitsverhältnis stehenden Beschäftigten iSd § 6 Abs. 1 allgemein der Auftraggeber. Während das Verhalten des Arbeitgebers bzw. von Vorgesetzen dem Arbeitgeber direkt zuzurechnen ist, eröffnet Abs. 1 S. 1 bezüglich des Verhaltens von anderen Beschäftigen oder Dritten eine Klärungsmöglichkeit auch hinsichtlich der Personen, für deren Verhalten er nur indirekt bzw. nach Maßgabe des § 12 verantwortlich ist. Für das Handeln oder Unterlassen dritter Personen ist der Arbeitgeber im Allgemeinen gar nicht verantwortlich, kann aber ggf. auf sie einwirken. Gemeint sind zB Auftraggeber, Eigentümer eines Gewerbeparks oder Einkaufszentrums bzw. deren Mitarbeiter oder Kunden. So könnte sich ein Beschäftigter in einem Einkaufszentrum mit mehreren Betreiberfirmen und einem dritten Grundstückseigentümer bei seinem Arbeitgeber beschweren, wenn er von Vertretern oder nur Beschäftigten eines der anderen Unternehmen benachteiligt wird.

11 Die Beschwerde setzt einen **Zusammenhang der Benachteiligung mit dem Beschäftigungsverhältnis** voraus. Das Gesetz wählt damit eine weite Fassung, die über die Figuren des Erfüllungsgehilfen nach § 278 BGB bzw. des Verrichtungsgehilfen nach § 831 BGB hinausgeht. Ein räumlicher oder zeitlicher Zusammenhang ist ausreichend, indes nicht zwingend erforderlich, wenn sich dieser Zusammenhang aus anderen Gesichtspunkten ergibt

(ebenso Schiek-Kocher, § 13 Rn. 9). Nicht notwendig ist ein schuldrechtliches Verhältnis zwischen benachteiligender und benachteiligter Person, ebenso wenig ein Zusammenhang etwa mit dem Arbeitsverhältnis der benachteiligenden Person. Beschwerdefähig wäre etwa die Zurückweisung eines Auslieferungsfahrers durch Kunden aus Gründen der Rasse oder wegen der ethnischen Herkunft, ebenso die sexuelle Belästigung durch Arbeitnehmer eines dritten Betriebs in einem Einkaufszentrum oder die Nichteinladung zu einer für alle anderen Beschäftigten offenen Feier, auch wenn es sich nicht um eine betriebliche Veranstaltung im Sinne der Unfallversicherung handelt. Möglicher Beschwerdegegenstand ist auch die Speicherung, Nutzung oder Übermittlung von Bewerberdaten oder auch nur des Namens eines Bewerbers als sog AGG-Hopper, womit der Vorwurf einer rechtsmissbräuchlichen Inanspruchnahme der Schutzvorschriften dieses Gesetzes verbunden wird. Ein von einem Stuttgarter Anwaltsbüro betriebenes sog **AGG-Archiv** zur Demaskierung angeblicher AGG-Hopper wurde nach Beanstandung des Innenministeriums Baden-Württemberg als Aufsichtsbehörde wegen Verstoßes gegen das BDSG geschlossen (AuR 2009, 306).

12 Die gefühlte Benachteiligung kann **einzelne oder mehrere Beschäftigte** betreffen. Die Vorschrift ist zwar im Plural formuliert, verlangt aber nicht, dass eine Gruppe vermeintlich oder tatsächlich Benachteiligter Beschwerde erhebt. Beschwerdefähig ist auch die von einem einzelnen Beschäftigten empfundene Benachteiligung nur seiner Person aus einem in § 1 genannten Grund. Es muss sich aber immer um eine **individuell gefühlte Benachteiligung** handeln. Sog. Popularbeschwerden über allgemeine Missstände im Betrieb werden von dieser Vorschrift nicht erfasst. Ebenso wenig gemeint ist die Beschwerde einer Gruppe von Beschäftigten über eine allgemeine, nicht aber die Beschwerdeführer erfassende Benachteiligung von Mitgliedern dieser Gruppe aus einem in § 1 genannten Grund. Für die Beschwerdefähigkeit kommt es gar nicht darauf an, ob der Beschwerdeführer einer solchen Gruppe objektiv angehört. Dann kann eine derartige tatsächliche oder vermeintliche Gruppenzugehörigkeit auch keinen Beschwerdevorgang eröffnen, wenn eine individuelle gefühlte Benachteiligung nicht vorgetragen wird (HK-ArbR/Berg, § 13 Rn. 4; Schleusener/Suckow/Voigt-Suckow, § 13 Rn. 18; zu einer von mehreren Beschäftigten vorgebrachten Beschwerde → Rn. 14).

III. Beschwerdeverfahren

1. Beschwerdeführer

13 Wie die anderen Regelungen dieses Abschnittes knüpft auch das Beschwerderecht an den **Beschäftigtenbegriff** an, wie er in § 6 definiert ist (vgl. ausführliche Kommentierung dort). Beschwerdeberechtigt sind ua Arbeitnehmer incl. Auszubildende, leitende Angestellte, arbeitnehmerähnliche Personen, Bewerber für ein Beschäftigungsverhältnis, unabhängig davon, ob dies später zustande kommt oder nicht, Personen, deren Beschäftigungsverhältnis beendet ist, also nicht mehr besteht, Beamte und Richter (§ 24 Nr. 1, 2). So könnten abgelehnte Bewerber gegen eben diese Ablehnung Beschwerde einlegen und dabei geltend machen, dass die Ablehnung ihrer

Einstellung gegen die Grundsätze der §§ 1, 3, 7 verstößt. Nach Oetker (NZA 2008, 264) scheiden Bewerber, ausgeschiedene Personen, Selbstständige und Organmitglieder aus dem Kreis der nach § 13 beschwerdeberechtigten Personen aus, da für sie der in dieser Norm vorausgesetzte „Zusammenhang mit ihrem Beschäftigungsverhältnis" nicht erkennbar sei. Diese Reduktion überzeugt nicht, da der Begriff des „Beschäftigungsverhältnisses" eben iSd § 6 zu verstehen ist und auch die zugrunde liegenden Richtlinien für dieses Verfahren den erweiterten Beschäftigtenbegriff zugrunde legen. Mit diesem weiten Begriff geht die Vorschrift über andere Beschwerderechte, die ein im Vollzug befindliches Arbeits- bzw. Beschäftigungsverhältnis voraussetzen, hinaus. Bei Arbeitnehmerüberlassung gilt auch der Entleiher als Arbeitgeber mit der Folge, dass sich der überlassene Arbeitnehmer bei diesem beschweren kann, obwohl zwischen beiden kein Arbeitsverhältnis besteht (vgl. BAG 15.3.2011 – 10 AZB 49/10 – AuR 2011, 452 mAnm Karthaus, zum zulässigen Arbeitsrechtsweg für Klagen des Leiharbeitnehmers gegen den Entleiher). Nach § 6 Abs. 3 können auch Selbstständige, dh „freie Mitarbeiter" eine Beschwerde einlegen, soweit es die Bedingungen für den Zugang zur Erwerbstätigkeit sowie den beruflichen Aufstieg betrifft. Das für das Arbeitsverhältnis typische soziale Abhängigkeitsverhältnis ist kein Merkmal der Beschwerde nach diesem Gesetz.

14 Der individualrechtliche Charakter des Beschwerdeverfahrens (→ Rn. 12) schließt nicht aus, dass die Beschwerde auch – ggf. gleichzeitig – von **mehreren Beschäftigten** eingelegt werden kann, wenn diese sich individuell benachteiligt fühlen. Im Unterschied etwa zu § 84 BetrVG, entsprechend aber der Vorgängerbestimmung des § 3 BeschSchG aF ist die Vorschrift ausdrücklich im Plural formuliert. Es gibt auch keinen vernünftigen Grund, einem Beschäftigten das Beschwerderecht nur deshalb zu versagen, weil außer ihm gleichzeitig auch andere Beschäftigte sich beeinträchtigt fühlen. Das gleichzeitige Vortragen einer oder mehrerer Beschwerden durch mehrere beschwerte Beschäftigte ist deshalb keine unzulässige Popularbeschwerde, sondern eine Bündelung zulässiger Individualbeschwerden (ebenso HK-ArbR/Berg, § 13 Rn. 4; Schiek-Kocher, § 13 Rn. 5; zum BetrVG vgl. DKKW-Buschmann, BetrVG § 84 Rn. 20 mwN).

15 Da die Beschwerde nur an die **gefühlte Benachteiligung** anknüpft, kommt es nicht darauf an, ob der Beschwerdeführer der in Bezug genommenen Personengruppe tatsächlich angehört (ebenso Schiek-Kocher, § 13 Rn. 6). Wer sich wegen vermeintlicher Homosexualität benachteiligt fühlt, kann darüber Beschwerde führen, ohne homosexuell zu sein oder darüber Angaben zu machen. Felix Mendelssohn-Bartholdy, Komponist ua der Reformations-Sinfonie und evangelisch getauft, könnte mit vielen anderen posthum Richard Wagners ua gegen ihn gerichtetes Pamphlet „über das Judenthum in der Musik" zum Gegenstand einer Beschwerde machen.

16 Obwohl die Beschwerde typischerweise von **Minderheiten** erhoben werden kann, ist dies nicht notwendig der Fall. Der Beschwerdeführer kann auch rügen, dass er zu Recht oder zu Unrecht einer Mehrheitsgruppe zugerechnet wird, die gegenüber einer Minderheit aus einem in § 1 genannten Grund benachteiligt wird.

2. Zuständige Stellen des Betriebs, des Unternehmens oder der Dienststelle

17 Der Gesetzentwurf 2005 hatte noch von einer zuständigen Stelle gesprochen, was aber auf ein Redaktionsversehen zurückzuführen war, so dass die Begründung hierunter bspw. Vorgesetzte, Gleichstellungsbeauftragte oder eine betriebliche Beschwerdestelle verstand. Der in der Beschlussfassung gewählte Plural entspricht der Formulierung des § 3 BeschSchG aF Die Beschwerde kann damit alternativ oder kumulativ auch an mehrere zuständige Stellen gerichtet werden. Die Norm unterstellt, dass Beschwerdestellen in Betrieb, Unternehmen oder Dienststelle vorhanden sind. Das Bindewort „oder" hat nicht die Funktion, betriebliche Adressaten zugunsten unternehmens- oder sogar konzernweiter Stellen auszuschließen (so aber jurisPK/Harwart, § 13 Rn. 3). Vielmehr gibt sie dem Beschwerdeführer ein **Wahlrecht unter mehreren adressierbaren Stellen**.

18 Der **Arbeitgeber** (§ 6 Abs. 2) hat für die Entgegennahme von Beschwerden eine zuständige Stelle einzurichten bzw. zu organisieren. Bei Arbeitnehmerüberlassung ist auch der Entleiher zur Entgegennahme und Behandlung von Beschwerden von Leiharbeitnehmern verpflichtet (so der Fall des BAG (19.4.2012 – 2 AZR 258/11 – DB 2012, 2404). Jeder Arbeitgeber kann dabei unter Berücksichtigung etwaiger Tarifverträge/Betriebs-/Dienstvereinbarungen generell festlegen, wer für die Entgegennahme von Beschwerden zuständig ist (GK-Franzen, BetrVG § 84 Rn. 16), dabei allerdings **nicht willkürlich** eine Zuständigkeit begründen (Richardi-Thüsing, BetrVG § 84 Rn. 12), die die tatsächliche Ausübung des Beschwerderechts erschweren könnte. Es muss sich nicht um eine eigens zu diesem Zweck geschaffene Stelle handeln (Nollert-Borasio/Perreng, § 13 Rn. 2). Beschwerdestelle kann auch die Personalabteilung sein. Die Einrichtung zusätzlicher Beauftragter ist nicht erforderlich. Externe Stellen sind aber auszuschließen, was sich aus Wortlaut und Funktion (ungehinderter und unkomplizierter Zugang) ergibt (Wendeling-Schröder/Stein-Stein, § 13 Rn. 12; aA Nollert-Borasio/Perreng, § 13 Rn. 2).

19 Die Ausübung des Beschwerderechts ist nicht von der vorherigen Einrichtung einer besonderen Beschwerdestelle abhängig. Ist diese noch nicht erfolgt, kann die Beschwerde an den unmittelbaren Vorgesetzten und – wenn sich die Beschwerde gegen diesen richtet – an dessen Vorgesetzten adressiert werden (HK-ArbR/Berg, § 13 Rn. 7; Thüsing, Arbeitsrechtlicher Diskriminierungsschutz, Rn. 587). Zudem ist die Beschwerde an die Personalabteilung zulässig. Auch die an falscher Stelle des Arbeitgebers eingelegte Beschwerde ist nicht unwirksam, sondern an die zuständige Stelle weiterzuleiten (GK-Franzen, BetrVG § 84 Rn. 17). Nach § 12 Abs. 5 hat der Arbeitgeber die für die Behandlung von Beschwerden nach dieser Vorschrift zuständigen Stellen im Betrieb oder in der Dienststelle bekannt zu machen, was durch Aushang oder Auslegung an geeigneter Stelle oder durch Einsatz der im Betrieb oder der Dienststelle üblichen Informations- und Kommunikationstechnik erfolgen kann. Hierbei handelt es sich jedoch nur um eine **Bekanntmachungsverpflichtung** hinsichtlich der Empfangszuständigkeit aufseiten des Arbeitgebers. Eine Regelungsbefugnis hinsichtlich anderer für

die Entgegennahme der Beschwerde in Frage kommender Gremien oder Personen (→ Rn. 23, 45 ff.) ist damit nicht verbunden.

20 Nach § 86 BetrVG können die **Einzelheiten des betriebsverfassungsrechtlichen Beschwerdeverfahrens** durch Tarifvertrag/Betriebsvereinbarung festgelegt sowie eine betriebliche Beschwerdestelle anstelle der Einigungsstelle eingerichtet werden. Jene Vorschrift regelt nur rudimentär den Regelungsspielraum, nicht die **Mitbestimmung des Betriebsrats**, für die § 87 BetrVG maßgeblich ist. Regelungen über ein besonderes Ermittlungsverfahren in der betrieblichen Bearbeitung eingelegter Beschwerden einschließlich Befragung und Verhör von Beschwerdeführern durch dafür eingesetzte Ermittler unterliegen der Mitbestimmung nach § 87 Abs. 1 Nr. 1 BetrVG. Dies gilt auch bei der Umsetzung des Befragungsersuchens US-amerikanischer sog EEO-investigators = Ermittler, die im Rahmen eines dort gesetzlich geregelten Beschwerdeverfahrens gegen Diskriminierungen tätig werden, in der Dienststelle bzw. im Betrieb (BAG 27.9.2005 – 1 ABR 32/04 – AuR 2006, 173, zu § 75 Abs. 3 Nr. 15 BPersVG). Keine Mitbestimmung besteht bei der bloßen Mitteilung des Arbeitgebers über die Empfangszuständigkeit auf seiner Seite für die Entgegennahme von Beschwerden (etwa der Personalabteilung), wenn der Arbeitgeber damit nicht vom gesetzlich vorgeschriebenen Verfahren abweicht oder dessen Inhalt ergänzt. Mitbestimmungspflichtig sind jedoch Einführung und Ausgestaltung bestimmter Melde- und Beschwerdeverfahren (BAG 22.7.2008 – 1 ABR 40/07 – AuR 2008, 310, 406, sog Ethik-Richtlinie) sowie des Verfahrens, in dem Arbeitnehmer ihr Beschwerderecht nach dieser Vorschrift wahrnehmen können (BAG 21.7.2009 – 1 ABR 42/08 – AP § 13 AGG Nr. 1). Die Mitbestimmung umfasst auch ein entsprechendes Initiativrecht. Danach hat der Betriebsrat kein Mitbestimmungsrecht bei der Frage, wo der Arbeitgeber die Beschwerdestelle errichtet und wie er diese personell besetzt. Schließlich ist auch die mitbestimmte Regelung insoweit begrenzt, als dadurch das individualrechtliche Beschwerderecht nicht beeinträchtigt werden darf. Auch die Zuständigkeit der Einigungsstelle nach § 85 BetrVG darf nicht eingeschränkt werden.

21 Die **personelle Besetzung** von Beschwerdestellen sollte sinnvollerweise vorhandene betriebliche „diversities" berücksichtigen, zB Geschlechter, Altersgruppen, Einwanderer …

22 **Zuständige Stellen** nach diesem Gesetz sind solche, die **Arbeitgeberfunktionen** wahrnehmen können (Schiek-Kocher, § 13 Rn. 13 mwN). Mögliche weitere Adressaten von Beschwerden außerhalb dieser Vorschrift sind der Betriebsrat/Personalrat (vgl. § 85 BetrVG, § 68 Abs. 1 Nr. 3 BPersVG), die Jugend- und Auszubildendenvertretung (§ 61 Abs. 1 Nr. 3 BetrVG, § 61 Abs. 1 Nr. 3 BPersVG; entsprechende Vorschriften in den Landespersonalvertretungsgesetzen), die Schwerbehindertenvertretung (§ 178 Abs. 1 Nr. 3 SGB IX), der Vertrauensmann der Zivildienstleistenden, Gleichstellungsbeauftragte oder betriebliche Beschwerdestellen. Gewerkschaftliche Vertrauensleute können aufgrund von Tarifverträgen/Betriebs-/Dienstvereinbarungen im Betrieb, Unternehmen oder der Dienststelle mit besonderen Rechten zur Behandlung von Beschwerden ausgestattet sein. Die Möglichkeit derartiger – weiterer – Beschwerden entbindet den Arbeitgeber nicht von seinen

Verpflichtungen aus dieser Vorschrift (HK-ArbR/Berg, § 13 Rn. 6). Religiöse Vertreter sind in der Vorschrift nicht angesprochen.

3. Beschwerde nach außen

23 Die Beschwerde an eine Stelle außerhalb des Betriebs/Unternehmens oder der Dienststelle ist in dieser Vorschrift nicht angesprochen, aber auch nicht ausgeschlossen. Der Beschwerdeführer kann sich je nach Einzelfall auch an **außerbetriebliche Stellen** wenden, ohne dass innerbetriebliche Beschwerdemöglichkeiten vorher erschöpft sein müssen (Hinrichs, JArbR, Bd. 18 [1980], S. 35 ff.; KDZ-Zwanziger, 7. Aufl. 2008, § 13 Rn. 10). Vorschriften, die zur Begründung eines Vorrangs des innerbetrieblichen Verfahrens angeführt werden (vgl. DKKW-Buschmann BetrVG § 84 Rn. 4 f.) wie § 17 ArbSchG, betreffen die Beschwerde nach diesem Gesetz gerade nicht. Ein derartiger Vorrang würde auch den zugrunde liegenden europäischen Gleichbehandlungsrichtlinien (→ Rn. 3) sowie Art. 10 EMRK widersprechen (EGMR 21.7.2011 – 28274/08 (Heinisch) – AuR 2011, 355; dem EGMR ausdrücklich folgend LAG Baden-Württemberg 3.8.2011 – 13 Sa 16/11 – AuR 2011, 503). Dies ergibt sich schon daraus, dass die Beschwerde nach dem AGG nicht an ein Arbeitsverhältnis mit den daraus abgeleiteten Nebenpflichten anknüpft und auch außerhalb des Vollzugs des Beschäftigungsverhältnisses zulässig ist. Es wäre auch mit der Einheitlichkeit des hier geregelten Beschwerdeverfahrens unvereinbar, würde man etwa die Beschwerdemöglichkeiten von Arbeitnehmern nach außen engeren Voraussetzungen unterwerfen als Beschwerden anderer Personen (zur Antidiskriminierungsstelle des Bundes vgl. Kommentierung zu § 26). Die Beschwerde eines Leiharbeitnehmers an den Entleiher ist keine Beschwerde nach außen, da Letzterer selbst Arbeitgeber iSd § 6 Abs. 2 S. 2 ist.

4. Form der Beschwerde

24 Die Beschwerde ist an **keine besondere Form oder Frist** gebunden (vgl. GK-Franzen, BetrVG § 84 Rn. 21; Richardi-Thüsing, BetrVG § 84 Rn. 13). Ihre Einlegung erfolgt während der Arbeitszeit und wird auf diese angerechnet (ebenso Schiek-Kocher, § 13 Rn. 24; DKKW-Buschmann, BetrVG § 84 Rn. 25; HK-ArbR/Berg, § 13 Rn. 9; KDZ-Zwanziger, 7. Aufl. 2008, § 13 Rn. 5). Weder besteht eine Verpflichtung, die dadurch angefallene Zeit nachzuarbeiten, noch mindert sich das Arbeitsentgelt. Der Arbeitgeber darf Beschäftigte für die Einlegung der Beschwerden nicht auf Pausen bzw. Zeiten außerhalb der individuellen Arbeitszeit verweisen (GK-Franzen, BetrVG § 84 Rn. 20). Auch arbeitsschutzrechtlich handelt es sich um Arbeitszeit iSd § 2 Abs. 1 ArbZG, nicht dagegen um Ruhepausen, die durch freie Verfügung und den Erholungszweck gekennzeichnet sind (OVG Münster 10.5.2011 – 4 A 1403/08 – AuR 2011, 311 zur Teilnahme an der Betriebsversammlung; Buschmann/Ulber, ArbZG § 2 Rn. 12). Der Arbeitgeber ist auch nicht berechtigt, ihre weitere Behandlung von besonderen Formvorschriften, Fristen oder weiteren Voraussetzungen abhängig zu machen.

25 Im Rahmen der Einbringung der Beschwerde, aber auch des anschließenden, die Prüfung und weitere Behandlung der Beschwerde betreffenden

Verfahrens kann der Beschäftigte ein **Mitglied der Beschäftigten-/Arbeitnehmervertretung zur Unterstützung oder Vermittlung hinzuziehen** (vgl. § 16 Abs. 1 S. 2; § 84 Abs. 1 S. 2 BetrVG; MünchArbR-Oetker, § 15 Rn. 35). Nach der Ratio des Gesetzes gilt dies nicht nur für Arbeitnehmer iSd Arbeitsrechts, da der Betriebsrat nach § 17 eine besondere Kompetenz für alle Beschäftigten iSd § 6 hat (enger MünchArbR-Oetker, § 15 Rn. 35). Es liegt allein bei dem sich beschwerenden Beschäftigten, welches Mitglied der Arbeitnehmervertretung er hinzuzieht. Die Arbeitnehmervertretung kann deshalb nicht von sich aus durch Beschluss festlegen, welches ihrer Mitglieder diese Aufgabe übernehmen soll (DKKW-Buschmann, BetrVG § 84 Rn. 26). Eine besondere Schweigepflicht für das beteiligte Mitglied der Arbeitnehmervertretung sieht das Gesetz nicht vor. Gleichwohl darf das Mitglied der Arbeitnehmervertretung, ebenso wie der Arbeitgeber, das allgemeine Persönlichkeitsrecht des Beschwerdeführers nicht verletzen und ihm bekannt werdende, den persönlichen Lebensbereich des Beschwerdeführers berührende Fakten, die nicht allgemein bekannt sind, nicht an andere weitergeben (DKKW-Buschmann, BetrVG § 84 Rn. 26).

26 Der Beschwerdeführer kann die Beschwerde **höchstpersönlich** vorbringen, sich aber auch durch andere, etwa Mitglieder der Arbeitnehmervertretung, seine Gewerkschaft oder einen Rechtsanwalt (vgl. auch Art. 7 Abs. 2 RL 2000/43/EG; Art. 6 Abs. 3 RL 2002/73/EG) sowie Antidiskriminierungsverbände (vgl. Art. 9. Abs. 2 RL 2000/78/EG; ebenso HK-ArbR/Berg, § 13 Rn. 9; Wiedemann, Die Gleichbehandlungsgebote im Arbeitsrecht, 2001, S. 80) **vertreten lassen**. In Vertretung, etwa über den Betriebsrat, können Beschwerden auch anonym vorgebracht werden. Sie setzen dann nicht die förmlichen Pflichten nach Abs. 1 S. 2 in Kraft, können aber eine sinnvolle Funktion erfüllen, indem sie auf Missstände hinweisen, auf die der Arbeitgeber dann nach § 12 zu regieren hat (Zimmermann, AuR 2016, 226).

27 Die Einlegung der Beschwerde erfolgt grundsätzlich auf eigene **Kosten** des Beschwerdeführers. Dieser darf aber nicht mit sonstigen Kosten (etwa des Arbeitgebers) aus der Beschwerde belastet werden. Unzulässig wäre auch die Kürzung des Lohns/Gehalts für den für die Einlegung der Beschwerde aufgewandten Zeitraum (KDZ-Zwanziger, 7. Aufl. 2008, § 13 Rn. 5).

28 Richtet sich die Beschwerde gegen Maßnahmen des Arbeitgebers, so hat sie für sich noch keine **aufschiebende Wirkung** in der Form, dass deren Durchführung in Folge der Beschwerde bis zur Entscheidung über diese zunächst ausgesetzt werden müsste. Auch ein Fristablauf wird nicht gehemmt. Im Einzelfall kann aber ein Zurückbehaltungs- bzw. Leistungsverweigerungsrecht nach § 14 infrage kommen (vgl. Kommentierung dort). Im Rahmen von Entschädigungs- und Schadensersatzansprüchen nach § 15 verhindert die Beschwerde, dass sich der Arbeitgeber auf Nichtwissen beruft und demzufolge eine fortdauernde Pflichtverletzung nicht zu vertreten habe (vgl. § 15 Abs. 3). Die Beschwerde kann jederzeit ohne Zustimmung des Arbeitgebers, des Beschwerdegegners oder der zuständigen Stelle zurückgenommen werden (HK-ArbR/Berg, § 13 Rn. 10). Dies entbindet den Arbeitgeber aber nicht von seinen Verpflichtungen aus § 12.

5. Beschwerdeziel

29 Die Beschwerde richtet sich grundsätzlich auf **Feststellung einer Benachteiligung** wegen eines in § 1 genannten Grundes. Weiteres Ziel ist die **Abhilfe** durch den Arbeitgeber oder durch Dritte, dh die Beseitigung der Benachteiligung. Erkennt der Arbeitgeber die Beschwerde als berechtigt an, kann dieses Anerkenntnis die Grundlage sein für Maßnahmen des Arbeitgebers zur Beseitigung der Beeinträchtigung, soweit diese in seiner Rechtsmacht stehen (→ Rn. 32 ff.). Dies bedeutet nach der Rspr. (LAG Hessen 6.9.2005 – 4 TaBV 107/05 – AuR 2006, 173; BAG 22.11.2005 – 1 ABR 50/04 – AP § 85 BetrVG 1972 Nr. 2 = AuR 2006, 253), dass die Beschwerde die konkreten tatsächlichen Umstände benennen muss, die sie als zu vermeidende Beeinträchtigung des Arbeitnehmers ansieht. Der Arbeitnehmer kann damit auch einen konkreten Antrag auf Abhilfemaßnahmen verbinden (BAG 22.11.2005 – 1 ABR 50/04 – AP § 85 BetrVG 1972 Nr. 2 = AuR 2006, 253).

6. Behandlung der Beschwerde

30 Nach S. 2 ist die Beschwerde zu **prüfen** und das Ergebnis der oder dem beschwerdeführenden Beschäftigten **mitzuteilen**. Adressat dieser Prüfungs- und Mitteilungspflicht sind alle für die Entgegennahme von Beschwerden zuständigen Stellen. Allerdings kann ein Beschäftigter nicht gerichtlich erzwingen, dass sich etwa ein Betriebsrat/Personalrat mit der Beschwerde befasst. Geschieht dies nicht, so kann je nach Einzelumständen des Falles eine grobe Amtspflichtverletzung gegeben sein. Geboten ist ein faires Verfahren (MünchArbR-Oetker, § 15 Rn. 35), eine zügige und gewissenhafte Aufklärung des Sachverhalts mit allen dem Arbeitgeber zur Verfügung stehenden zumutbaren Mitteln. Nach dem Grundsatz des *audiatur et altera pars* ist es im Allgemeinen sinnvoll, auch die Person, über die Beschwerde geführt wird, vor einer Entscheidung zu hören. Der Beschwerdeführer hat einen rechtlichen Anspruch auf einen Bescheid, mit dem ihm zur Kenntnis gegeben wird, ob und inwieweit die Beschwerde für berechtigt gehalten wird oder nicht. Bedarf es hierzu einer längeren Untersuchung, so muss ihm die angesprochene Stelle innerhalb einer angemessenen Frist einen Zwischenbescheid erteilen (vgl. DKKW-Buschmann, BetrVG § 84 Rn. 28).

31 Für den Bescheid über die Behandlung der Beschwerde schreibt das Gesetz **keine besondere Form** vor. Die Mitteilung kann schriftlich oder mündlich erfolgen. Sie muss jedoch eindeutig sein, da sie uU zu Rechtsfolgen (Abhilfeanspruch, Leistungsverweigerungsrecht nach § 14) führen kann. Wird die Beschwerde abgelehnt, bedarf es einer Begründung.

7. Abhilfeanspruch

32 Die Vorschrift regelt **keinen eigenständigen Abhilfeanspruch** als Reaktion auf eine berechtigte Beschwerde. Sie ist zunächst nur auf **Verfahrensdurchführung** gerichtet (Wendeling-Schröder/Stein-Stein, § 13 Rn. 10). Insofern ergänzen sich das Beschwerdeverfahren und die einzelnen in diesem Gesetz beschriebenen individual- und kollektivrechtlichen Ansprüche auf Unterlassung, Abhilfe, Entschädigung oder Schadensersatz. Letztere bestehen indes grundsätzlich auch ohne förmliche Einleitung eines Beschwerdeverfah-

rens und werden durch jenes allenfalls konkretisiert. Das innerbetriebliche Beschwerdeverfahren ist aber keine Verfahrensvoraussetzung vor der Beschreitung des Rechtswegs (ebenso Schiek-Kocher, § 13 Rn. 22; KDZ-Zwanziger, 7. Aufl. 2008, § 13 Rn. 9).

33 Die vom Arbeitgeber zu treffenden **Schutzmaßnahmen** ergeben sich aus § 12. Danach hat der Arbeitgeber eine umfassende Organisationspflicht dahin gehend, dass nicht Beschäftigte iSd § 7 benachteiligt werden. Dieser Schutz umfasst ebenso vorbeugende Maßnahmen wie die Unterlassung und Beseitigung eingetretener Beeinträchtigungen. Aus § 12 Abs. 3 kann sich bei einer von konkreten Beschäftigten ausgehenden Benachteiligung eine Pflicht des Arbeitgebers zur Einleitung arbeitsrechtlicher Maßnahmen ergeben, soweit deren Voraussetzungen vorliegen. Trotz der ggf. dazu bestehenden Rechtspflicht gegenüber dem Beschwerdeführer ist dieser in diesem arbeits- oder disziplinarrechtlichen Verfahren nicht Beteiligter und nach der Rspr. auch nicht etwa zur Drittanfechtung bei Einstellung berechtigt (VG Kassel 25.9.2012 – 28 K 112/12.KS.D). Gehen die Benachteiligungen von dritten Personen aus, mit denen kein Beschäftigungsverhältnis besteht, kann der Arbeitgeber gleichwohl gehalten sein, die geeigneten, erforderlichen und angemessenen Maßnahmen zum Schutz der Beschäftigten zu ergreifen (§ 12 Abs. 4).

34 Neben den Verpflichtungen aus diesem Gesetz steht die **Abhilfeverpflichtung nach §§ 84 Abs. 2, 85 Abs. 3 S. 2 BetrVG**. Die betriebsverfassungsrechtliche Abhilfeverpflichtung beinhaltet eine eigenständige aus dem Beschwerdeverfahren resultierende Rechtsfolge. Voraussetzung ist die Anerkennung der Beschwerde als berechtigt durch den Arbeitgeber nach § 84 Abs. 2 BetrVG oder deren Ersetzung durch die Einigungsstelle nach § 85 Abs. 2 S. 2 BetrVG. Die Anerkennung führt zu einer vertraglichen Selbstbindung des Arbeitgebers (DKKW-Buschmann, BetrVG § 84 Rn. 30; Fitting, BetrVG § 84 Rn. 18; Richardi-Thüsing, BetrVG § 84 Rn. 23; ähnlich GK-Franzen, BetrVG Rn. 26). Wird ein Verstoß gegen das Benachteiligungsverbot des § 7 gerügt, beinhaltet ihre Anerkennung ein Schuldanerkenntnis. Die maßgebliche Rechtsgrundlage des Abhilfeanspruchs ergibt sich aber auch in diesem Fall aus § 84 Abs. 2 BetrVG, was zB bedeutet, dass Verjährungsfristen neu in Gang gesetzt werden. Wurde eine Beeinträchtigung in sonstiger Weise gerügt, also kein Rechtsanspruch des benachteiligten Arbeitnehmers geltend gemacht, wird mit der Anerkennung der Abhilfeanspruch konstitutiv begründet (Richardi-Thüsing, BetrVG § 84 Rn. 24 f. mwN). Das Gleiche gilt, wenn die Berechtigung der Beschwerde durch die Einigungsstelle bejaht wird. Es kommt dann nicht mehr darauf an, dass der Arbeitgeber die Beschwerde für nicht berechtigt gehalten hat (DKKW-Buschmann, BetrVG § 85 Rn. 25; GK-Franzen, BetrVG § 85 Rn. 23; Richardi-Thüsing, BetrVG § 85 Rn. 35).

35 Die Beschwerde oder der Ausgang des Beschwerdeverfahrens führen nicht zu einer unmittelbaren Veränderung in der **Rechtssituation zwischen Arbeitgeber und anderen Beschwerdegegnern**, hier Vorgesetzten, anderen Beschäftigten oder Dritten. Ob der Arbeitgeber gegenüber Beschäftigten etwa eine Abmahnung, Umsetzung, Versetzung oder Kündigung iSd § 12 Abs. 3 aussprechen kann, bestimmt sich allein nach dem Verstoß gegen das Be-

nachteiligungsverbot des § 7 Abs. 1, nicht nach der Behandlung des Beschwerdeverfahrens. Liegt kein verhaltensbedingter Kündigungsgrund iSd § 1 KSchG vor, kann dieser auch nicht über die Anerkennung einer Beschwerde oder den Beschluss der Einigungsstelle hergestellt werden. Der Ausgang des Beschwerdeverfahrens kann dagegen den **Ermessensspielraum** des Arbeitgebers dahin gehend **einschränken**, ob er von den ihm zur Verfügung stehenden rechtlichen Mitteln gegen einen Beschäftigten oder einen Dritten Gebrauch macht oder nicht. Da die Beschwerdestelle Arbeitgeberfunktionen wahrnimmt, bindet sie diesen insofern wie in der Betriebsverfassung: Hat die Beschwerdestelle eine unzulässige Benachteiligung anerkannt, kann der Arbeitgeber dieselbe nicht mehr verneinen (aA jurisPK/Harwart, § 13 Rn. 3 mwN). Dabei ist allerdings der Grundsatz der Verhältnismäßigkeit zu beachten (vgl. BAG 9.6.2011 – 2 AZR 323/10 – NJW 2012, 407; ausführlich → § 12 Rn. 25). Auch die **Beweislastregelung** des § 22 ist auf das Verhältnis zwischen Arbeitgeber und Beschäftigten bzw. Dritten nicht zulasten Letzterer anzuwenden. Sie gilt zugunsten des Beschwerdeführers, der eine Benachteiligung gem. § 7 geltend macht, nicht zugunsten eines Arbeitgebers gegenüber anderen Beschäftigten oder dritten Personen.

36 § 3 Abs. 2 **BeschSchG aF** hatte noch eine eigenständige Abhilfeverpflichtung im Ausgang eines Beschwerdeverfahrens festgelegt, um die Fortsetzung einer festgestellten Belästigung zu unterbinden. Auch wenn diese ausdrückliche Bestimmung in Abs. 1 S. 2 nicht mehr enthalten ist, ergibt sich daraus keine inhaltliche Beschränkung, da sich diese Verpflichtung schon aus § 12 ergibt. Bereits unter der Geltung des BeschSchG hatte aber die Rechtsprechung anerkannt, dass die vom Arbeitgeber gem. § 2 BeschSchG zu treffenden vorbeugenden Schutzmaßnahmen gegen sexuelle Belästigung am Arbeitsplatz den Arbeitgeber nicht berechtigen, einen der sexuellen Belästigung beschuldigten Arbeitnehmer zu entlassen, wenn ihm eine entsprechende Tat nicht nachgewiesen werden kann. Auch § 4 BeschSchG gewährte insofern kein Kündigungsrecht (BAG 8.6.2000 – AuR 2001, 271 mAnm Linde). Dies gilt auch, wenn die Initiative zu Maßnahmen wegen einer rechtswidrigen Benachteiligung vom Betriebsrat ausgeht. Nach Auffassung des ArbG Wesel (31.3.1993 – 3 BV 35/92 – AiB 1993, 570 = AuR 1993, 305) ist der Betriebsrat verpflichtet, Maßnahmen zum Schutz vor sexueller Belästigung am Arbeitsplatz beim Arbeitgeber zu beantragen. Danach hat er über derartige Maßnahmen ein Mitbestimmungsrecht gem. § 87 Abs. 1 Nr. 1 BetrVG.

8. Maßregelungsverbot

37 Ein besonderes **Verbot der Maßregelung** von Beschäftigten wegen der Inanspruchnahme von Rechten nach diesem Gesetz, dh auch der Einlegung einer Beschwerde, ergibt sich aus **§ 16 Abs. 1**, auf dessen ausführliche Kommentierung zu verweisen ist. Diese Bestimmung (Vorgängervorschrift § 4 Abs. 3 BeschSchG) entspricht § 84 Abs. 3 BetrVG zur betriebsverfassungsrechtlichen Beschwerde sowie dem allgemeinen Maßregelungsverbot des § 612 a BGB. Das Maßregelungsverbot gilt gleichermaßen für die Beschwerde beim Arbeitgeber wie für die Beschwerde beim Betriebs- oder

Personalrat. Mit dem Maßregelungsverbot werden Art. 9 RL 2000/43/EG, Art. 11 RL 2000/78/EG und Art. 7 RL 2002/73/EG umgesetzt. § 9 EntgTranspG regelt ein Maßregelungsverbot für Beschäftigte bei der Inanspruchnahme von Rechten nach diesem Gesetz sowie für Personen, welche die Beschäftigten hierbei unterstützten oder als Zeuginnen oder Zeugen aussagen. Einen besonderen Maßregelungsschutz verlangt auch der europäische Ausschuss für soziale Rechte in Bezug auf die Gleichbehandlung männlicher und weiblicher Arbeitnehmer nach Art. 4 Nr. 3 der **Europäischen Sozialcharta** und sieht diesen in st. Rspr. in Deutschland durch die Möglichkeit einer gerichtlichen Auflösung des Arbeitsverhältnisses mit gedeckelter Abfindung nach §§ 9, 10 KSchG als nicht ausreichend gewährleistet an (Conclusions XVIII-2 [2007], Germany, wiederholt in Conclusions XIX-3 [2010], Germany, AuR 2011, 107 ff., 110).

38 Maßnahmen des Arbeitgebers, die dagegen verstoßen, etwa Versetzungen, sind unwirksam und können **Schadensersatzansprüche** auslösen. **Kündigungen**, die wegen einer Beschwerde ausgesprochen werden, sind auch dann unwirksam, wenn der Arbeitnehmer noch keinen Kündigungsschutz genießt. Ausnahmen sind nur im Hinblick auf Begleitumstände und Inhalt der Beschwerde denkbar, zB völlig haltlose schwere Anschuldigungen in beleidigendem Ton (ebenso LAG Köln 20.1.1999 – LAGE § 626 BGB Nr. 128; ausführlich DKKW-Buschmann, BetrVG § 84 Rn. 34).

39 Das **Maßregelungsverbot** gilt auch dann, wenn sich herausstellen sollte, dass die objektiven Voraussetzungen für ein Beschwerderecht nach dieser Vorschrift entgegen der Annahme des Beschäftigten tatsächlich nicht vorlagen oder die Beschwerde sich als **unbegründet** erweist (LAG Koln 20.1.1999 – 8 (10) Sa 1215/98 – LAGE § 626 BGB Nr. 128; ArbG Kassel 11.2.2009 – 8 Ca 424/08 – AE 2009, 255).

40 Das **Maßregelungsverbot** gilt nicht nur gegenüber dem Arbeitgeber, sondern auch **gegenüber anderen Beschäftigten oder sonstigen Dritten**, über die Beschwerde geführt wird. Werden von dem beschwerdeführenden Beschäftigten Anschuldigungen gegen einen anderen Beschäftigten erhoben, besteht für diesen kein Anspruch gegen den Beschwerdeführer auf Unterlassung der Behauptungen, die Gegenstand des Beschwerdeverfahrens sind (LAG Hessen 28.6.2000 – 8 Sa 195/99 – AuR 2001, 272 mAnm Linde). Das LAG macht davon eine Ausnahme, wenn die Behauptungen bewusst unwahr oder leichtfertig aufgestellt wurden (kritisch dazu Linde aaO; vgl. auch Schiek-Kocher, § 13 Rn. 25). Wird nach Beendigung eines erfolglosen Beschwerdeverfahrens ein entsprechendes Unterlassungsbegehren gegen den Beschwerdeführer auf eine Verletzung des Persönlichkeitsrechts des anderen Arbeitnehmers gestützt, so indiziert dessen Beeinträchtigung nicht die Rechtswidrigkeit des Beschwerdevorbringens (vgl. auch BAG 4.6.1998 – EzA § 823 BGB Nr. 9 zu einem Entlassungsverlangen nach § 104 BetrVG). Vielmehr ist davon auszugehen, dass der Beschwerdeführer in Wahrnehmung berechtigter Interessen handelt. Ähnlich wie bei gerichtlichem Sachvortrag ist es nicht statthaft, wenn eine gerügte Partei im Wege einer Unterlassungs- oder Schadensersatzklage gegen den Beschwerdeführer vorgeht, um dessen tatsächlichen oder rechtlichen Vortrag zu unterbinden (kritisch zu dieser Parallele Wendeling-Schröder/Stein-Stein, § 13

Rn. 31). Nach dem OLG Dresden (18.3.2013 – 4 U 2067/12) ist die Beschwerde nach dieser Vorschrift privilegiert. Für eine Unterlassungsklage besteht kein Rechtsschutzbedürfnis.

41 Einen besonderen Schutz genießen auch **Beschäftigtenvertreter**, die die beschwerte Person bei der Einlegung oder Bearbeitung der Beschwerde unterstützen (§ 16 Abs. 1 S. 2; → § 16 Rn. 12 ff.) oder die einer Amtspflicht zur Behandlung der eingelegten Beschwerde nachkommen. Europarechtlich wird dieser Schutz durch Art. 7 RL 76/207/EWG idF der RL 2002/73/EG iVm Art. 27 EU-GRC gefordert und zwar als „Schutz der Arbeitnehmervertreter vor Entlassung oder anderen Benachteiligungen durch den Arbeitgeber, die als Reaktion auf eine Beschwerde innerhalb des betreffenden Unternehmens oder auf die Einleitung eines Verfahrens zur Durchsetzung des Gleichbehandlungsgrundsatzes erfolgen". Dieser Schutz gebietet sich auch aufgrund des von der Bundesrepublik Deutschland ratifizierten IAO-Übereinkommens Nr. 135 über Schutz und Erleichterungen für Arbeitnehmervertreter im Betrieb v. 23.6.1971 (abgedruckt bei DKL, Nr. 212 mit Einleitung von Bobke/Lörcher), weiterhin aus der Revidierten Europäischen Sozialcharta (RESC) idF v. 3.5.1996, Teil I Nr. 28, schließlich aus Art. 7 RL 2002/14/EG v. 11.3.2002 (ABl. EG Nr. L 080/30 v. 23.3.2002) zur Festlegung eines allgemeinen Rahmens für die Unterrichtung und Anhörung der Arbeitnehmer in der EG, verfassungsrechtlich aus Art. 12, 20 GG (im Einzelnen vgl. DKKW-Buschmann, BetrVG § 78 Rn. 3–6).

42 Für den **Betriebsrat**, der eine Beschwerde aufgreift und an den Arbeitgeber heranträgt, gilt das Benachteiligungsverbot des § 78 BetrVG gegenüber dem Arbeitgeber und gegenüber dritten Personen. Dies gilt auch im Falle einer Beschwerde über das Verhalten anderer Beschäftigter des Betriebs. Diese können deshalb nicht im Wege einer Unterlassungs- oder Schadensersatzklage gegen den Betriebsrat oder seine Mitglieder vorgehen. Insbesondere obliegt dem Betriebsrat ihnen gegenüber nicht die Beweislast für die Richtigkeit der Tatsachen (anschaulich zum Vorwurf ausländerfeindlichen Verhaltens ArbG Offenbach 23.10.2001 – 5 Ca 138/01 – AuR 2002, 272 mAnm Buschmann). Auch der Betriebsrat handelt in **Wahrnehmung berechtigter Interessen.** Dies gilt auch, wenn sich herausstellen sollte, dass die objektiven Voraussetzungen für eine Beschwerde entgegen der Annahme des Betriebsrats tatsächlich nicht vorlagen oder sich die Beschwerde als unbegründet erweist (LAG Köln 20.1.1999 – 8 (10) Sa 1215/98 – LAGE § 626 BGB Nr. 128; BAG 4.6.1998 – 8 AZR 786/96 – EzA § 823 BGB Nr. 9 zu einem Entlassungsverlangen nach § 104 BetrVG).

43 Für den **Personalrat** ergibt sich ein inhaltlich gleichwertiger Schutz aus § 8 BPersVG und entsprechenden Vorschriften der Landespersonalvertretungsgesetze, für Mitglieder der **Schwerbehindertenvertretung** und Gesamtschwerbehindertenvertretung aus §§ 179 Abs. 2, 180 Abs. 7 SGB IX.

44 Der besondere Schutz der Arbeitnehmervertretungen gilt für deren gesamte **Amtszeit.** Die Vorschriften können **Vor- und Nachwirkungen** entfalten, wenn die Benachteiligung oder Begünstigung im Hinblick auf die zukünftige oder bereits beendete Tätigkeit erfolgt. Spezialvorschriften mit einer konkreten Sanktionsandrohung sind vor allem §§ 119, 121 BetrVG. Daneben haben og allgemeine Schutzvorschriften die Funktion eines Auffangtat-

bestandes sowie eines Schutzgesetzes iSd § 823 Abs. 2 BGB und können uU Schadensersatz- bzw. Unterlassungsansprüche auslösen.

IV. Verknüpfung mit Beschwerderechten nach anderen Vorschriften

1. Verhältnis zu §§ 84, 85 BetrVG

a) Betriebe mit Betriebsrat

45 Obwohl schon die Begründung des Entwurfes v. 16.12.2004 (BT-Drs. 15/4538, 34; wiederholt in BT-Drs. 16/1780) darauf hinweist, dass die Beschwerde nach dieser Vorschrift keine Neuerung enthält und entsprechende Beschwerdemöglichkeiten bereits nach geltendem Recht, dh aus anderen Vorschriften bestehen (gemeint ist vor allem die betriebsverfassungsrechtliche Beschwerde), sind die Beschwerdemöglichkeiten nach beiden Vorschriften **nicht identisch**, sondern stehen **kumulativ nebeneinander**:

- Anders als das Betriebsverfassungsgesetz eröffnet § 13 auch die Beschwerdemöglichkeit über dritte **Personen**, die nicht in einem Rechtsverhältnis, insbes. nicht in einem Arbeitsverhältnis zum Arbeitgeber stehen. Beschwerdeberechtigt sind ferner auch **Nicht-Arbeitnehmer**, was sich aus dem erweiterten Beschäftigtenbegriff des § 6 ergibt, während die betriebsverfassungsrechtliche Beschwerde nur von Arbeitnehmern eingelegt werden kann.
- Die Beschwerde nach § 13 beschränkt sich auf die gefühlte Benachteiligung wegen eines in § 1 genannten Grundes, während die betriebsverfassungsrechtliche Beschwerde umfassend gestaltet ist und jede gefühlte Benachteiligung, ungerechte Behandlung oder sonstige Beeinträchtigung zum Gegenstand haben kann. Schließlich eröffnet die beim Betriebsrat eingelegte Beschwerde nach § 85 BetrVG die **Konfliktlösung über die Einigungsstelle** nach § 85 Abs. 2 S. 3 BetrVG. Da die Beschwerde nach § 1 grundsätzlich zu den beschwerdefähigen Gegenständen des § 85 BetrVG gehört, kann damit grundsätzlich auch die Beschwerde nach dem AGG zu einem Einigungsstellenverfahren mit den dort angelegten Möglichkeiten eines einvernehmlichen oder mehrheitlichen Spruchs führen.

b) Betriebe ohne Betriebsrat

46 Ebenso wie die Beschwerde nach dem AGG ist auch die betriebsverfassungsrechtliche Beschwerde grundsätzlich individualrechtlicher Natur. Sie ist damit auch in einem **betriebsratslosen Betrieb** möglich. Lediglich die Möglichkeit der Konfliktlösung über die Einigungsstelle setzt die Existenz eines Betriebsrats und dessen Anrufung voraus.

c) Verfahren der Einigungsstelle

47 Das Einigungsstellenverfahren kommt nicht für alle Beschäftigten, sondern nur für Arbeitnehmer iSd BetrVG in Betracht. Es setzt voraus, dass der Betriebsrat die Beschwerde für begründet erachtet, eine Verständigung mit dem Arbeitgeber nicht zustande kommt und der **Betriebsrat** deshalb die **Einigungsstelle anruft**. Eine Anrufung der Einigungsstelle durch den Arbeitgeber oder durch den beschwerdeführenden Arbeitnehmer selbst ist nicht möglich.

48 Das Verfahren der Einigungsstelle bestimmt sich nach § 76 BetrVG. Nach § 76 Abs. 2 BetrVG besteht die Einigungsstelle aus einer gleichen Anzahl von Beisitzern, die vom Arbeitgeber und Betriebsrat bestellt werden, und einem unparteiischen Vorsitzenden, auf dessen Person sich beide Seiten einigen müssen. Kommt eine Einigung über die Person des Vorsitzenden nicht zustande, so bestellt ihn das Arbeitsgericht. Für dieses arbeitsgerichtliche Verfahren gilt § 100 ArbGG. Nach § 100 Abs. 1 S. 2 ArbGG kann der Antrag auf Bestellung der Einigungsstelle und des Vorsitzenden wegen fehlender Zuständigkeit nur zurückgewiesen werden, wenn die Einigungsstelle offensichtlich unzuständig ist. Der **Maßstab der offensichtlichen Unzuständigkeit** gilt nicht nur für die Frage der Unzuständigkeit der Einigungsstelle im engeren Sinne, sondern auch für alle sonstigen im Zusammenhang mit der Entscheidung zu prüfenden Fragen, zB die Einlegung der Beschwerde, den Beschäftigtenbegriff, die Zuständigkeit des Betriebsrats usw (vgl. LAG Nürnberg 5.4.2005 – 7 TaBV 7/05 – AuR 2005, 278; ausführlich zur Anrufung der Einigungsstelle und zur arbeitsgerichtlichen Bestellung DKKW-Berg, BetrVG § 76 Rn. 47 ff.).

49 Bei einer betriebsverfassungsrechtlichen Beschwerde ist nach § 85 Abs. 2 S. 3 BetrVG der die Einigung zwischen Arbeitgeber und Betriebsrat ersetzende **Spruch ausgeschlossen, soweit Gegenstand der Beschwerde ein Rechtsanspruch** ist. Dies könnte bei einer Beschwerde wegen eines in § 1 genannten Grundes problematisch sein, da bei einer Diskriminierung nach dieser Vorschrift zweifellos Rechtsansprüche im Raume stehen. Die Tragweite dieses besonderen Ausschlusses der Spruchfähigkeit der Einigungsstelle ist schon im Betriebsverfassungsrecht höchst umstritten. Dies ergibt sich daraus, dass das Verhältnis zwischen Arbeitnehmer und Arbeitgeber weitgehend rechtlich strukturiert ist und im Allgemeinen dem Arbeitnehmer gegen Diskriminierungen Abwehransprüche, etwa aus § 1004 BGB, Schadensersatzansprüche aus § 823 BGB, nicht zuletzt der Abhilfeanspruch nach § 84 Abs. 2 BetrVG zustehen. Hinzu kommen nach dem AGG Entschädigungs- und Schadensersatzansprüche nach §§ 15 f. sowie Organisationspflichten des Arbeitgebers nach § 12. Sie stehen aber im Ergebnis der verbindlichen Entscheidung der Einigungsstelle über eine Beschwerde nicht entgegen.

50 Der **Abhilfeanspruch** nach § 12 sowie nach § 84 Abs. 2 BetrVG ist **kein Rechtsanspruch** iSd § 85 Abs. 2 S. 3 BetrVG. Er ist die gesetzlich angeordnete Rechtsfolge des zulässigen Spruchs der Einigungsstelle, beseitigt also nicht seine eigenen Voraussetzungen. Deshalb ist der verbindliche Spruch der Einigungsstelle nur ausgeschlossen, wenn ohne diesen Spruch bereits ein rechtlich konkretisierter Leistungsanspruch, der mit dem Beschwerdegegenstand identisch ist, besteht (vgl. DKKW-Buschmann, BetrVG § 85 Rn. 11, 16 ff.; ebenso Richardi-Thüsing, BetrVG § 85 Rn. 20).

51 Der verbindliche Einigungsstellenspruch ist nicht schon dann ausgeschlossen, wenn nur Rechtsfragen im Raume stehen, sondern erst, wenn der Beschwerdegegenstand ein **förmlicher Rechtsanspruch** ist. Der „Anspruch" definiert sich als das Recht, von einem anderen ein Tun oder Unterlassen zu verlangen (§§ 194, 218 BGB), was mit einer Leistungsklage gerichtlich geltend zu machen ist. Ein bloßes Rechtsverhältnis, selbst wenn es ein Fest-

stellungsinteresse für ein Feststellungsurteil begründet, steht der Einigungsstelle damit nicht entgegen (im Einzelnen vgl. Buschmann, FS Däubler, S. 324). Gelangt die Einigungsstelle nach Überprüfung zu dem Ergebnis, dass eine Diskriminierung iSd § 1 vorliegt, bestätigt sie keinen Rechtsanspruch, sondern trifft eine **Feststellungsentscheidung**. Abhilfe-, Entschädigungs- oder Schadensersatzansprüche setzen derartige Feststellungen möglicherweise voraus, sind jedoch damit nicht identisch, hindern somit einen verbindlichen Spruch der Einigungsstelle nicht. Eine andere Betrachtung würde der gesetzlichen Wertung, die dem Spruch der Einigungsstelle einen rechtlichen Rahmen gibt, widersprechen.

52 Gelangt die Einigungsstelle nach Prüfung zu dem Ergebnis, dass der Arbeitnehmer mit seiner Beschwerde einen förmlichen in diesem oder in anderem Gesetz statuierten Rechtsanspruch geltend gemacht hat, hat sie festzustellen, dass die Voraussetzungen des § 85 Abs. 2 S. 3 BetrVG vorliegen, sie mithin keinen die Einigung ersetzenden Spruch treffen kann. Diese Entscheidung ist, auch wenn sie einvernehmlich erfolgt, zu begründen, da sie für den Arbeitnehmer bedeutet, dass seine Beschwerde zurückgewiesen wird (vgl. auch ArbG Marburg 30.10.1998 – 2 BV 9/98 – AuR 1999, 365, das mit einer ausführlichen **Begründung unter Feststellung von Rechtsansprüchen** einen Bestellungsantrag nach § 98 ArbGG aF (jetzt § 100 ArbGG) zurückgewiesen hat).

53 Der Entscheidungsspielraum der Einigungsstelle ist insofern begrenzt, als sie ihre **Entscheidung nur über die Berechtigung der Beschwerde, nicht über die einzelnen Abhilfemaßnahmen** ausübt. Sie kann damit Entscheidungen des Arbeitgebers negativ belegen bzw. eine Diskriminierung feststellen, nicht jedoch bestimmte Maßnahmen, insbes. keine Entschädigung oder einen Schadensersatz summenmäßig beziffern. Sie muss dagegen deutlich und konkret aussprechen, worin genau die Berechtigung der Beschwerde bzw. die Verletzung gesehen wird (vgl. auch LAG Hessen 6.9.2005 – 4 TaBV 88/05 – AuR 2006, 173; BAG 22.11.2005 – 1 ABR 50/04 – AuR 2006, 253; DKKW-Buschmann, BetrVG § 85 Rn. 23). Die Feststellung, die Beschwerde sei berechtigt, ist nur ausreichend, wenn diese wiederum so eindeutig formuliert ist, dass damit die Grundlage für ein individualrechtliches Abhilfeverfahren gegeben ist. Die Einigungsstelle muss die festgestellte Diskriminierung deshalb so präzisieren, dass hieraus auch der Arbeitgeber ableiten kann, mit welchen legitimen Mitteln er auf das von der Einigungsstelle missbilligte Verhalten und den missbilligten Zustand reagieren kann bzw. muss. Umgekehrt kann der Arbeitgeber der Einigungsstelle nicht durch einfache Erklärung den Boden entziehen, er erkenne die Beschwerde als berechtigt an (LAG Hamm 5.10.1988 – 12 TaBV 46/88. Da das Einigungsstellenverfahren eröffnet ist, hat die Einigungsstelle in diesem Fall als einvernehmliche Entscheidung die Berechtigung der Beschwerde konkret festzustellen.

2. Verhältnis zu § 68 BPersVG und zu § 178 SGB IX

54 Die Diskriminierung nach § 1 berechtigt im Allgemeinen zur Einlegung der Beschwerde auch nach diesen Vorschriften. Sie eröffnet damit die Möglichkeit, den **Personalrat** bzw. die **Schwerbehindertenvertretung** in die Konflikt-

lösung mit einzubeziehen, was sich allerdings aus dieser Vorschrift schon selbst ergibt. Beschwerden nach § 171 BBG sind nicht an den Personalrat, sondern an den Dienststellenleiter zu richten. Das besondere Einigungsstellenverfahren wie im Betriebsverfassungsrecht ist bei diesen Beschwerden nicht vorgesehen.

3. Kollektive Regelungen

55 Nach § 86 BetrVG können die **Einzelheiten des Beschwerdeverfahrens** durch Tarifvertrag und Betriebsvereinbarung geregelt werden. Hierbei kann bestimmt werden, dass in Fällen des § 85 Abs. 2 BetrVG an die Stelle der Einigungsstelle eine betriebliche Beschwerdestelle tritt. Ein derartiger Tarifvertrag oder eine Betriebsvereinbarung betrifft grundsätzlich auch die Beschwerde nach dem AGG. Sie kann aber hierdurch weder ausgeschlossen noch inhaltlich beschränkt werden. Die Regelungsbefugnis bezieht sich nur auf das Verfahren, nicht auf den Gegenstand der Beschwerde oder ihre Begründung. Ebenso wird es nicht zulässig sein, durch kollektive Regelung unmittelbare Rechtspflichten dritter Personen zu konstruieren, gegen die sich die Beschwerde richtet. Diese müssen im Einzelfall nach Maßgabe dieses Gesetzes festgestellt werden.

V. Verhältnis zur Individualklage

56 Wie ausgeführt stehen die Abhilfe-, Unterlassungs-, Entschädigungs- oder Schadensersatzansprüche aus diesem Gesetz der Einleitung des Beschwerdeverfahrens nicht entgegen. Umgekehrt schließt das Beschwerdeverfahren die Geltendmachung derartiger Ansprüche nicht aus. Es besteht auch **kein Vorrang des Beschwerdeverfahrens** oder etwa eine Obliegenheit, zunächst eine innerbetriebliche Beschwerde einzulegen, bevor der Rechtsweg beschritten wird (Nollert-Borasio/Perreng, § 13 Rn. 9; Rust/Falke-Bücker, § 13 Rn. 1). Unter Umständen können beide Verfahren auch parallel durchgeführt werden. Für die Beschäftigten empfiehlt es sich, aus Sicherheitsgründen Beschwerde einzulegen, bevor sie von ihrem **Leistungsverweigerungsrecht** nach § 14 Gebrauch machen (Nollert-Borasio/Perreng, § 13 Rn. 9; Schiek-Kocher, § 13 Rn. 28). Zwingend ist ein solcher Vorrang jedoch auch nicht.

VI. Prozessuale Fragen

57 Die Entgegennahme und Entscheidung einer Beschwerde kann vom Arbeitnehmer dem Arbeitgeber gegenüber im **arbeitsgerichtlichen Urteilsverfahren** gerichtlich durchgesetzt werden. Dies gilt auch für Klagen eines Leiharbeitnehmers gegen den Entleiher (BAG 15.3.2011 – 10 AZB 49/10 – AuR 2011, 452 mAnm Karthaus). Für Verfahren zwischen Betriebsrat und Arbeitgeber im Zusammenhang mit der Einigungsstelle ist das **arbeitsgerichtliche Beschlussverfahren** einschlägig. Das Arbeitsgericht ist nach §§ 2 Abs. 1 Nr. 3, 2 a Abs. 1 Nr. 1 ArbGG allerdings nur zuständig für Verfahren von Arbeitnehmern iSd ArbGG bzw. des BetrVG, nicht für Verfahren von sonstigen Beschäftigten, die nach dem AGG zur Einlegung einer Beschwerde befugt sind. Hierfür ist der **ordentliche Rechtsweg** gegeben.

§ 14 Leistungsverweigerungsrecht

[1]Ergreift der Arbeitgeber keine oder offensichtlich ungeeignete Maßnahmen zur Unterbindung einer Belästigung oder sexuellen Belästigung am Arbeitsplatz, sind die betroffenen Beschäftigten berechtigt, ihre Tätigkeit ohne Verlust des Arbeitsentgelts einzustellen, soweit dies zu ihrem Schutz erforderlich ist. [2]§ 273 des Bürgerlichen Gesetzbuchs bleibt unberührt.

I. Vorbemerkungen

1. Allgemeines

1 Die Vorschrift berechtigt den oder die Beschäftigten, ihre Tätigkeit ohne Verlust des Entgeltanspruchs einzustellen, wenn der Arbeitgeber keine ausreichenden Maßnahmen zur Unterbindung einer Belästigung oder sexuellen Belästigung am Arbeitsplatz ergreift (BT-Drs. 16/1780, 38). Dieses Recht dient dem individuellen Schutz der von der Gefahr einer (sexuellen) Belästigung betroffenen Beschäftigten. Ihm korrespondiert eine entsprechende Verpflichtung des Arbeitgebers gegenüber den betroffenen Beschäftigten. Mittelbar kann die Ausübung des Leistungsverweigerungsrechts oder dessen bloße Erwartung zur Verwirklichung der in § 1 genannten Ziele beitragen, indem auch ein erkenntnisfördernder wirtschaftlicher Druck ausgeübt wird, um die notwendigen geeigneten Maßnahmen zu ergreifen (für eine ausdrückliche Präventivfunktion Schiek-Kocher, § 14 Rn. 2). Im Vordergrund steht aber der Schutzcharakter, der auch dem Gesichtspunkt der **Menschenwürde am Arbeitsplatz** Rechnung trägt. Es ist niemandem zumutbar, unter Bedingungen zu arbeiten, die die Würde der betreffenden Person verletzen, was schließlich ein Tatbestandsmerkmal des hier in Bezug genommenen Begriffs der „Belästigung" (§ 3 Abs. 3) ist. Das Recht zur Einstellung der Tätigkeit ist unabdingbar und unverzichtbar. Der Betroffene kann jedoch trotz der im Tatbestand vorausgesetzten Erforderlichkeit von seiner Wahrnehmung absehen.

2. Gesetzgebungsverfahren

2 Bereits § 4 Abs. 2 BeschSchG hatte **sexuell belästigten Beschäftigten** das Recht eingeräumt, die Tätigkeit am betreffenden Arbeitsplatz ohne Verlust des Arbeitsentgelts und der Bezüge einzustellen, soweit dies zu ihrem Schutz erforderlich ist. Der Gesetzentwurf v. 18.12.2004 (BT-Drs. 15/4583) hatte das Leistungsverweigerungsrecht noch auf alle Benachteiligungen wegen eines in § 1 genannten Grundes bezogen. Mit den Änderungsvorschlägen v. 16.3.2005 wurde es beschränkt auf Belästigung und sexuelle Belästigung am Arbeitsplatz. Dem folgten der Gesetzentwurf der Bundesregierung v. 8.6.2006 (BT-Drs. 16/1780) und die abschließende Beschlussfassung von Bundestag und Bundesrat. Für die in S. 1 nicht erfass-

ten weiteren Benachteiligungsfälle des § 3 kommt die Ausübung des Zurückbehaltungsrechts nach § 273 BGB in Betracht (S. 2).

3. Verwandte Rechtsgrundlagen

3 § 9 Abs. 3 ArbSchG geht davon aus, dass sich die Beschäftigten bei unmittelbarer erheblicher Gefahr durch sofortiges **Verlassen der Arbeitsplätze** in Sicherheit bringen (Entfernungsrecht), was nachvollziehbar ist. Der Arbeitgeber muss dies ermöglichen. § 273 BGB regelt das Zurückbehaltungsrecht des (Leistungs-)Schuldners. Diese Vorschrift hat ebenfalls im Arbeitsschutz iVm § 618 BGB und dem ArbSchG erhebliche Bedeutung.

II. Voraussetzungen des Leistungsverweigerungsrechts

4 Berechtigt sind die „**Beschäftigten**" iSd § 6, dh nicht nur Arbeitnehmer iSd allgemeinen Arbeitsrechts. Dies entspricht § 4 Abs. 2 BeschSchG. Trotz der missverständlichen Plural-Formulierung handelt es sich um ein individuelles Recht, das von einem/einer einzelnen Beschäftigten wahrgenommen werden kann. Die Formulierung stellt andererseits klar, dass dieses Recht auch von mehreren Beschäftigten gleichzeitig wahrgenommen werden kann, ohne damit etwa den Charakter eines Arbeitskampfes anzunehmen (ebenso jurisPK/Harwart, § 14 Rn. 17). Der Arbeitgeberbegriff ergibt sich aus § 6 Abs. 2. Bei Arbeitnehmerüberlassung kann dies auch der Entleiher sein.

5 Voraussetzung ist, dass Maßnahmen des Arbeitgebers zur Unterbindung einer Belästigung oder sexuellen Belästigung am Arbeitsplatz erforderlich sind und der Arbeitgeber diese nicht oder in offensichtlich ungeeigneter Form ergreift. Hier gilt eine **objektive Betrachtung** sowohl hinsichtlich der eingetretenen oder drohenden Belästigung als auch der Erforderlichkeit der Einstellung der Tätigkeit. Anders als bei der Beschwerde nach § 13 reicht allein die gefühlte Beeinträchtigung nicht. Der Beschäftigte trägt also das Risiko einer Fehleinschätzung der Tatbestandsvoraussetzungen. Dagegen verlangt die Norm keine Offensichtlichkeit bzw. Zweifelsfreiheit der Belästigung und setzt auch keine besondere Form des Nachweises gegenüber dem Arbeitgeber voraus (missverständlich Rust/Falke-Eggert-Weyand, § 14 Rn. 3). Die Verpflichtung zu Maßnahmen des Arbeitgebers kann sich aus § 7 oder § 12 ergeben, wenn die Belästigung entweder vom Arbeitgeber selbst ausgeht (gegen eine Anwendung von S. 1 auf diesen Fall Schiek-Kocher, § 14 Rn. 6, 14: nur § 273 BGB) oder ihm zuzurechnen ist oder wenn er seiner Schutzpflicht im konkreten Fall nicht ausreichend nachkommt. Insofern kann auf die Kommentierung zu § 12 verwiesen werden. Dagegen ist es nicht erforderlich, dass die Belästigung bereits eingetreten ist (str.). Der Wortlaut setzt dies nicht voraus. Zwar reicht es nicht, wenn der Arbeitgeber die schon bei abstrakter Gefahr erforderlichen generalpräventiven Maßnahmen nach § 12 Abs. 1 unterlassen hat (Wendeling-Schröder/Stein-Stein, § 14 Rn. 2). Die Vorschrift hat aber auch präventive Funktion und setzt bereits ein, wenn der Arbeitgeber seiner Präventionspflicht nicht in der geforderten Weise nachkommt und dem Betroffenen eine (sexuelle) Belästigung persönlich konkret droht (Meinel/Heyn/Herms, § 14 Rn. 7). Auch bei bereits eingetretener Belästigung ist diese Bedrohung (Wiederho-

lungsgefahr) maßgeblich, wird aber indiziert, wenn die Belästigung stattgefunden und der Arbeitgeber keine geeigneten Maßnahmen getroffen hat. Der für das Verfahren nach § 17 Abs. 2 geforderte grobe Verstoß des Arbeitgebers ist ebenso wie dessen **Verschulden** kein Merkmal dieser Vorschrift.

6 Das Leistungsverweigerungsrecht besteht bei (sexueller) Belästigung (§ 3 Abs. 3, 4). Auf andere Formen der Benachteiligung iSd § 7 ist die Vorschrift nicht analog anwendbar. Hier kommt § 273 BGB in Frage. § 4 Abs. 2 BeschSchG hatte das Leistungsverweigerungsrecht noch ausschließlich auf den Fall der sexuellen Belästigung bezogen. Auch wenn der im ursprünglichen Entwurf (→ Rn. 2) enthaltene Bezug auf alle Benachteiligungsgründe des § 1 nicht Gesetz geworden ist, ist insofern eine Ausweitung eingetreten, als nun sowohl Belästigung als auch sexuelle Belästigung erfasst sind. Maßgeblich sind die Definitionen in § 3 Abs. 3, 4. Die Belästigung iSd § 3 Abs. 3 erfasst im Grundsatz alle Benachteiligungsfälle des § 1, wenn diese bewirken, dass die **Würde der betreffenden Person verletzt** und damit ein **feindliches Umfeld** iSd § 3 Abs. 3 geschaffen wird. Unter diesen Voraussetzungen können auch andere als sexuelle Benachteiligungen ein Leistungsverweigerungsrecht begründen. Dies wäre zB der Fall, wenn ein Arbeitgeber nicht dagegen einschreitet, wenn es etwa ein Arbeitnehmer offen ablehnt, mit Beschäftigten einer bestimmten Hautfarbe, Herkunft oder Religion zusammenzuarbeiten und/oder diese betriebsöffentlich verunglimpft (vgl. etwa den Fall BAG 1.7.1999 – 2 AZR 676/98 – AuR 2000, 72, mAnm Korinth: „Arbeit macht frei – Türkei schönes Land"), oder wenn menschenverachtende Juden-Witze vor einem größeren Publikum gerissen werden (vgl. den Fall BAG 5.11.1992 – 2 AZR 287/92 – AuR 1993, 124). Ebenso erfasst sind die Fälle des sog **Mobbings**, soweit damit der Tatbestand des § 3 Abs. 3 erfüllt ist (→ § 3 Rn. 91; ebenso Rust/Falke-Eggert-Weyand, § 14 Rn. 1). Die Besonderheit des Mobbings liegt darin, dass eine Gesamtschau vorzunehmen ist, ob einzelne Verletzungen des Persönlichkeitsrechts ein übergreifendes systematisches Vorgehen darstellen, somit in einem Zusammenhang stehen (BAG 16.5.2007 – 8 AZR 709/06 – AuR 2007, 211).

7 Weitere Voraussetzung ist eine **persönliche Betroffenheit** des/der Beschäftigten. Es reicht nicht, wenn Mitglieder einer Personengruppe belästigt werden, diese Benachteiligung den konkreten Beschäftigten aber nicht persönlich betrifft, oder wenn der Arbeitgeber allgemein seiner Schutzpflicht nach § 12 Abs. 1 nicht nachkommt (Rust/Falke-Eggert-Weyand, § 14 Rn. 5). Der etwa in Sachsen vor einigen Jahren erhobene Vorwurf der sexuellen Belästigung männlicher Mitarbeiter durch einen prominenten Minister würde nicht alle männlichen Mitarbeiter des Ministeriums zur Einstellung ihrer Tätigkeit berechtigen. Eine solche persönliche Betroffenheit kann allerdings bei einer Belästigung iSd § 3 Abs. 3 gegeben sein, wenn das in dieser Vorschrift beschriebene feindliche Umfeld nicht nur eine einzelne Person, sondern eine Gruppe von Beschäftigten betrifft, was in den unter → Rn. 6 genannten Beispielsfällen regelmäßig der Fall sein wird.

8 Eine **offensichtlich ungeeignete Maßnahme** liegt vor, wenn Belästigte nicht dem Einflussbereich des Belästigenden entzogen werden oder keine Vor-

kehrungen getroffen sind, die Belästigungen durch diesen zumindest unwahrscheinlich werden zu lassen (Wendeling-Schröder/Stein-Stein, § 14 Rn. 4). Wie schon § 4 Abs. 2 BeschSchG enthält auch diese Vorschrift den Vorbehalt, dass die Einstellung der Tätigkeit zum Schutze des Beschäftigten **erforderlich** ist. Daraus wird der Grundsatz der **Verhältnismäßigkeit** abgeleitet (Nollert-Borasio/Perreng, § 14 Rn. 4 ff.; Rust/Falke-Eggert-Weyand, § 14 Rn. 17; Schiek-Kocher, § 14 Rn. 10). Daran trifft zu, dass die Leistung nur verweigert werden darf, wenn der Schutz nicht durch mildere, weniger einschneidendere Reaktionen erreicht werden kann. Eine darüber hinausgehende Verhältnismäßigkeitsprüfung iS einer bei vorliegender Erforderlichkeit anzustellenden zusätzlichen Abwägung verlangt die Vorschrift dagegen nicht. Sie lässt sich allenfalls als allgemeine Schranke jeder Rechtsausübung begründen (wie hier jurisPK/Harwart, § 14 Rn. 17). Das Gleiche gilt für die weitere in diesem Zusammenhang genannte Einschränkung für den Fall, dass öffentliche oder private Rechtsgüter von mindestens gleicher Bedeutung wie das Persönlichkeitsrecht und die Gesundheit der Belästigten unmittelbar gefährdet sind (BT-Drs. 15/4538, 38; Schiek-Kocher, § 14 Rn. 10). Sie ist deshalb auf enge **Ausnahmefälle** (Notfalloperation, Feuerwehreinsatz) zu begrenzen, deren Erforderlichkeit die Wahrnehmung individueller Rechte überwiegt. Demgegenüber besteht keine allgemeine Sonderstellung der Arbeitnehmer des öffentlichen Dienstes, etwa „wegen der sachgerechten und kontinuierlichen Erfüllung öffentlicher Aufgaben mit Blick auf die Gemeinwohlverpflichtung des öffentlichen Dienstes" (so aber Begründung des Gesetzentwurfs zu § 24, BT-Drs. 16/1780, 49; wie hier Wendeling-Schröder/Stein-Stein, § 14 Rn. 6). Sie ergibt sich weder aus dieser Vorschrift noch aus § 24 (s. dort).

9 Auch wenn das Leistungsverweigerungsrecht numerisch hinter der Beschwerde eingeordnet ist, ist die Erhebung der **Beschwerde** nach § 13 ebenso wie die Erhebung einer Klage nach § 15 keine konstitutive Voraussetzung für die Einstellung der Leistungen (ebenso Wendeling-Schröder/Stein-Stein, § 14 Rn. 6). Die Beschwerde ist dagegen ohne Zweifel sinnvoll, um dem Arbeitgeber die besondere Notwendigkeit entsprechender Reaktionen zu verdeutlichen. Deswegen ist der Arbeitgeber regelmäßig vor der Ausübung des Leistungsverweigerungsrechts hierüber zu informieren (ErfK-Preis, BGB § 611 Rn. 852). Ihm ist regelmäßig Gelegenheit zu geben, den Sachverhalt aufzuklären und die geeigneten Maßnahmen zu ergreifen. Hat er dies getan, ist eine Leistungsverweigerung nicht bzw. nicht mehr angemessen. Gleichwohl sind Konstellationen denkbar, in denen es sich für die Beschäftigten aus Gründen der Selbstachtung nicht gebietet abzuwarten, ob und wie der Arbeitgeber von einer Beschwerde Kenntnis nimmt und darauf reagiert. Dies gilt erst recht, wenn die Belästigung vom Arbeitgeber selbst ausgeht.

III. Rechtsfolgen

10 Macht der Arbeitnehmer von seinem Leistungsverweigerungsrecht berechtigt Gebrauch, liegt keine Vertragsverletzung vor. Auf sein Verhalten kann keine Kündigung gestützt werden (DDZ-Zwanziger, AGG Rn. 69). Die Bestimmung hat gegenüber § 4 Abs. 2 BeschSchG eine sprachliche, aber auch

inhaltliche Änderung erfahren: Nach jener Vorschrift waren die Beschäftigten berechtigt, „ihre Tätigkeit am Arbeitsplatz einzustellen". Daraus wurde früher geschlossen, dass das Recht auf Arbeitseinstellung nur den konkreten **Arbeitsplatz** betreffe (ErfK-Schlachter, BeschSchG § 4 Rn. 5). Diese Begrenzung ist entfallen. Die Tätigkeit kann insgesamt eingestellt werden (ErfK-Schlachter, § 14 Rn. 1; KDZ-Zwanziger, 7. Aufl. 2008, § 14 Rn. 4). Allerdings ergibt sich aus dem Halbsatz „soweit dies zu ihrem Schutz erforderlich ist", dass der Arbeitgeber den Beschäftigten andere diskriminierungsfreie Arbeitsplätze zuweisen kann, soweit er vertraglich dazu berechtigt ist (§ 106 GewO). Eine Erweiterung des Direktionsrechts ergibt sich aus dieser Vorschrift nicht.

Allerdings ist der Arbeitsplatzbezug anders als nach dem Wortlaut des § 4 Abs. 2 BeschSchG insofern formuliert, als ausdrücklich nur Belästigungen am Arbeitsplatz erfasst sind. Eine Einschränkung ist damit indes nicht verbunden. Der Arbeitsplatz ist nicht gegenständlich, ortsbezogen, sondern funktional zu verstehen und erfasst den beruflichen Bereich, auf den der Arbeitgeber Einfluss nehmen kann (Rust/Falke-Eggert-Weyand, § 14 Rn. 4; Wendeling-Schröder/Stein-Stein, § 14 Rn. 3). Dazu gehören auch Wasch-, Toiletten-, Sitzungsräume, Cafeteria, Dienstfahrten, Seminare, Betriebsfeiern, Betriebssport. Belästigungen im privaten Bereich ohne Zusammenhang mit dem Arbeitsverhältnis werden nicht erfasst.

11 § 4 Abs. 2 BeschSchG hatte noch festgehalten, dass die Einstellung der Arbeitstätigkeiten ohne Verlust des „Arbeitsentgelts und der Bezüge" erfolgt. Zwar ist der Hinweis auf die „Bezüge" in § 14 nicht mehr enthalten. Eine inhaltliche Beschränkung ergibt sich daraus aber nicht. Die Berechnung ist, ggf. unter Berücksichtigung tariflicher Regelungen, nach dem **Lohnausfallprinzip** vorzunehmen (Rust/Falke-Eggert-Weyand, § 14 Rn. 19; Nicolai, AGG, Rn. 626). Berechtigt iSd Vorschrift sind nicht nur Arbeitnehmer, sondern alle Beschäftigten iSd § 6, also auch soweit sie kein Arbeitsentgelt erhalten. Ihre Vergütung berechnet sich dann wie in anderen Fällen bezahlter Freistellung, etwa nach § 616 BGB. § 615 Abs. 2 BGB ist nicht anzuwenden. Eine Anrechnung dessen, was der Beschäftigte während der Ausübung des Zurückbehaltungsrechts erspart, erwirbt oder zu erwerben böswillig unterlässt, findet nicht statt (jurisPK/Harwart, § 14 Rn. 27).

12 Soweit Beschäftigte unter den Voraussetzungen dieser Vorschrift ihr Recht auf Leistungsverweigerung in Anspruch nehmen, ist jede **Maßregelung** nach § 16 verboten. Dazu gehört auch die Zufügung finanzieller Nachteile, etwa Streichung von Zulagen, erfolgsabhängiger Vergütung, Prämien usw, sofern sich diese Konsequenz nicht schon aus § 14 ergibt. Wer nur in Ausübung eines vermeintlichen, objektiv nicht bestehenden Rechts seine Tätigkeit einstellt, unterliegt nicht dem Schutz des Maßregelungsverbots. Allerdings ist ein Umkehrschluss auf ein dann bestehendes (verhaltensbedingtes) Kündigungsrecht nicht zulässig. Häufig wird es an dem für arbeitsvertragliche Konsequenzen, die über die Entgeltkürzung hinausgehen, erforderlichen Verschulden fehlen, unverschuldeter Rechtsirrtum (ausführlich → § 16 Rn. 22 ff.; für einen generellen Ausschluss von Abmahnung oder verhaltensbedingter Kündigung bei irrtümlicher Inanspruchnahme des Leistungsverweigerungsrechts Schiek-Kocher, § 14 Rn. 11).

IV. Zurückbehaltungsrecht

13 S. 2 spricht aus, dass das Zurückbehaltungsrecht des § 273 BGB ausdrücklich unberührt bleibt. Dieses spielt, vor allem iVm § 618 BGB, im Arbeitsschutz eine wesentliche Rolle (vgl. BAG 8.5.1996 – 5 AZR 315/95 – AuR 1996, 506; BAG 19.2.1997 – 5 AZR 947/94 – AuR 1997, 120, 289; auch § 9 ArbSchG). Das LAG Berlin (12.3.1999 – 2 Sa 53/98 – AuR 1999, 278) hat allgemein ein Zurückbehaltungsrecht anerkannt, wenn der Arbeitgeber keine zumutbaren Arbeiten anweist. Deswegen bleibt das **Zurückbehaltungsrecht grundsätzlich in allen Fällen der unmittelbaren oder mittelbaren Benachteiligung** iSd §§ 1, 3 anwendbar, wenn die Fortführung der Arbeitsleistung dem Beschäftigten aus diesem Grund unzumutbar ist. Praktisch wird dafür weniger Raum gegeben sein, da sich die Lösung gerade der kritischen Fälle aus § 3 Abs. 3, 4 ergeben wird. Nach der Auffassung, die § 14 S. 1 nicht auf den Fall anwendet, dass die Belästigung durch den Arbeitgeber selbst erfolgt (so Schiek-Kocher, § 14 Rn. 6, 14), ist hier nur § 273 BGB anzuwenden. Jedenfalls lässt sich der Ausübung des Zurückbehaltungsrechts nicht der Einwand entgegenhalten, der Gesetzgeber habe mit § 14 eine spezielle, nur auf die Tatbestände der (sexuellen) Belästigung am Arbeitsplatz beschränkte Regelung getroffen.

V. Prozessuale Fragen

14 Streitigkeiten über das Bestehen und/oder die Ausübung des Leistungsverweigerungs-/Zurückbehaltungsrechts sind für und gegen Arbeitnehmer iSd § 5 ArbGG im arbeitsgerichtlichen **Urteilsverfahren** anhängig zu machen. Dies gilt auch, wenn ein Leiharbeitnehmer seine Arbeitsleistung gegenüber dem Entleiher verweigert (BAG 15.3.2011 – 10 AZB 49/10 – AuR 2011, 452 mAnm Karthaus). An die Bestimmtheit dahin gehender Feststellungsanträge stellt das BAG (23.1.2007 – 9 AZR 557/06 – AP § 611 BGB Mobbing Nr. 4) hohe Anforderungen in Bezug auf Begründung, konkrete Dauer und Ausmaß. Hauptsacheverfahren werden wegen Zeitablaufs überwiegend ins Leere gehen. Andererseits besteht wegen des dargestellten erheblichen Risikos für Arbeitnehmer Bedarf an einer raschen gerichtlichen Klärung. Infrage kommen **einstweilige Unterlassungsverfügungen**, die sich in erster Linie gegen (sexuelle) Belästigungen selbst richten und ferner dem Arbeitgeber Sanktionen im Zusammenhang mit der Wahrnehmung dieses Rechts untersagen. Einstweilige Feststellungsanträge über das Bestehen und/oder die Ausübung des Leistungsverweigerungs-/Zurückbehaltungsrechts werden dagegen als unzulässig erachtet (LAG Köln 24.11.2010 – 5 Ta 361/10).

§ 15 Entschädigung und Schadensersatz

(1) [1]Bei einem Verstoß gegen das Benachteiligungsverbot ist der Arbeitgeber verpflichtet, den hierdurch entstandenen Schaden zu ersetzen. [2]Dies gilt nicht, wenn der Arbeitgeber die Pflichtverletzung nicht zu vertreten hat.

(2) [1]Wegen eines Schadens, der nicht Vermögensschaden ist, kann der oder die Beschäftigte eine angemessene Entschädigung in Geld verlangen. [2]Die

Entschädigung darf bei einer Nichteinstellung drei Monatsgehälter nicht übersteigen, wenn der oder die Beschäftigte auch bei benachteiligungsfreier Auswahl nicht eingestellt worden wäre.

(3) Der Arbeitgeber ist bei der Anwendung kollektivrechtlicher Vereinbarungen nur dann zur Entschädigung verpflichtet, wenn er vorsätzlich oder grob fahrlässig handelt.

(4) [1]Ein Anspruch nach Absatz 1 oder 2 muss innerhalb einer Frist von zwei Monaten schriftlich geltend gemacht werden, es sei denn, die Tarifvertragsparteien haben etwas anderes vereinbart. [2]Die Frist beginnt im Falle einer Bewerbung oder eines beruflichen Aufstiegs mit dem Zugang der Ablehnung und in den sonstigen Fällen einer Benachteiligung zu dem Zeitpunkt, in dem der oder die Beschäftigte von der Benachteiligung Kenntnis erlangt.

(5) Im Übrigen bleiben Ansprüche gegen den Arbeitgeber, die sich aus anderen Rechtsvorschriften ergeben, unberührt.

(6) Ein Verstoß des Arbeitgebers gegen das Benachteiligungsverbot des § 7 Abs. 1 begründet keinen Anspruch auf Begründung eines Beschäftigungsverhältnisses, Berufsausbildungsverhältnisses oder einen beruflichen Aufstieg, es sei denn, ein solcher ergibt sich aus einem anderen Rechtsgrund.

I. Vorbemerkungen

1 § 15 schafft einen Anspruch auf **Entschädigung und Schadensersatz** gegen den Arbeitgeber wegen Diskriminierungen (rechtsvergleichende Hinweise bei Schiek-Kocher, § 15 Rn. 4 ff.; insbes. zum englischen Recht Wenckebach, S. 137 ff.; Kaufmann, S. 105 ff.; zum französischen Recht Strauß, S. 119 ff.; zur Versicherbarkeit s. Koch, VersR 2007, 288 ff.; Rolfs, VersR 2009, 1001 ff.). Umfasst werden materieller und immaterieller Schaden. Eine Parallelvorschrift findet sich in § 12 SoldGG. § 15 gilt gem. § 21 Abs. 2 GenDG entsprechend im Falle einer Benachteiligung wegen genetischer Eigenschaften und im Falle einer Benachteiligung wegen der Weige-

rung, Gendiagnostik vornehmen zu lassen oder deren Ergebnisse zu offenbaren. Die Norm betrifft nur Ansprüche gegen den Arbeitgeber. Ansprüche wegen Verstößen gegen das zivilrechtliche Benachteiligungsverbot (§§ 19 f.) sind in § 21 geregelt. Schadensersatzansprüche bei diskriminierenden Kündigungen werden durch § 2 Abs. 4 (dazu → § 2 Rn. 291 ff.) nicht gesperrt (LAG Bremen 29.6.2010 – 1 Sa 29/10 – NZA-RR 2010, 510, 512; KR-Treber, § 15 Rn. 17; Jacobs, RdA 2009, 193, 196; Wenckebach, AuR 2010, 499, 502; Blessing, S. 183 ff.; vgl. jedenfalls für Entschädigungsansprüche auch Nollert-Borasio/Perreng, § 15 Rn. 19 b; jurisPK/Weth, § 15 Rn. 8; aA Bauer, FS v. Hoyningen-Huene, S. 29, 39 f.; Günther/Frey, NZA 2014, 584, 589; Schmitz-Scholemann/Brune, RdA 2011, 129, 135; ferner Uhl, S. 108 f., 129, 134: nur bei Kündigungen, die nicht unter das KSchG fallen). Das BAG teilt diese Ansicht jedenfalls für den Fall einer schwerwiegenden Persönlichkeitsrechtsverletzung (BAG 12.12.2013 – 8 AZR 838/12 – AP § 15 AGG Nr. 17 Rn. 19 = EzA § 15 AGG Nr. 23 m. krit. Anm. Adam; BAG 21.4.2016 – 8 AZR 402/14 – NZA 2016, 1131 Rn. 13; dazu Feldhoff, Streit 2015, 111, 112).

2 Anders als der allgemeine zivilrechtliche Schadensersatzanspruch nach § 21 (→ § 21 Rn. 83 ff.) kann der arbeitsrechtliche nicht zu einem Kontrahierungszwang führen (Abs. 6).

3 Die Vorschrift geht zurück auf die Sanktionsbestimmungen der Richtlinien in Art. 15 RL 2000/43/EG, Art. 17 RL 2000/78/EG und Art. 8 d RL 1976/207/EWG idF des Art. 1 RL 2002/73/EG (nunmehr Art. 25 RL 2006/54/EG) sowie die Schadensersatzbestimmung in Art. 6 Abs. 2 RL 1976/207/EWG idF des Art. 1 RL 2002/73/EG (nunmehr Art. 18 RL 2006/54/EG). Nach diesen Bestimmungen legen die Mitgliedstaaten die erforderlichen Maßnahmen für Fälle von Verstößen gegen die Diskriminierungsverbote fest. Weiter heißt es in den Richtlinien, dass die **Sanktionen**, „die auch Schadensersatzleistungen an die Opfer umfassen können", wirksam, verhältnismäßig und abschreckend sein müssten (zur Gewerbeuntersagung als möglicher Konsequenz beharrlicher oder sonst massiver Verletzungen des AGG Lindner, GewArch 2008, 436 ff.).

4 Das entspricht der Rechtsprechung des Gerichtshofes zur Gleichbehandlungsrichtlinie 1976/207/EWG, wonach im Falle der Entscheidung eines Mitgliedstaates für die Durchsetzung der Richtlinienziele mittels Schadensersatzansprüchen eine **wirksame und abschreckende** Sanktion geschaffen werden muss (EuGH 22.4.1997 – Rs. C-180/95 (Draehmpaehl) – AP § 611 a BGB Nr. 13). Nicht gefordert ist danach, dass überhaupt ein Schadensersatz vorgeschrieben wird, erforderlich ist nur, dass geeignete Sanktionen gewählt werden (so auch für die RL 2000/78/EG Kummer, S. 85; Hahn, S. 140; anders wohl für RL 2000/78/EG und 2000/43/EG Högenauer, S. 141 f., der aus der Neufassung der Gender-Richtlinie unter Einschluss einer Schadensersatzpflicht (→ Rn. 6) folgert, die Lösung über Schadensersatzregelungen sei aus Sicht der Gemeinschaft die „vorzuziehende Sanktionsart"). Ein „Portoparagraf", wie er in § 611 a BGB in früheren Fassungen vorgesehen war, genügt dazu nicht (EuGH 10.4.1984 – Rs. C-14/83 (v. Colson und Kamann) – Slg 1984, 1891; → Rn. 21 ff.).

Die deutsche Arbeitsgerichtsbarkeit musste sich deshalb vorübergehend damit behelfen, dass sie Entschädigungen wegen Verletzungen des Allgemeinen Persönlichkeitsrechts aus § 823 Abs. 1 BGB zusprach (BAG 14.3.1989 – 8 AZR 447/87 – AP § 611 BGB Nr. 5). Nachdem der deutsche Gesetzgeber dann den § 611 a BGB aF insoweit nachgebessert hatte, dass diese Norm nunmehr eine Entschädigung für Diskriminierungen wegen des Geschlechts vorsah, blieb freilich weiterhin Nachbesserungsbedarf. Denn dem Erfordernis einer abschreckenden Sanktion genügt nach der Rechtsprechung ein Entschädigungsanspruch dann nicht, wenn er von einem **Verschulden** des Diskriminierenden abhängt (EuGH 8.11.1990 – Rs. C-177/88 (Dekker) – Slg 1990 I-3941 Rn. 23 ff.; EuGH 22.4.1997 – Rs. C-180/95 (Draehmpaehl) – AP § 611 a BGB Nr. 13; zweifelnd allerdings Wank, Anm. zu BAG 18.3.2010 – 8 AZR 1044/08 – AP § 15 AGG Nr. 3). 5

Darüber hinaus verlangt Art. 18 RL 2006/54/EG (ehemals Art. 6 Abs. 2 der Gender-Richtlinie 76/207/EWG, in der Fassung der RL 2002/73/EG) für den Fall eines Schadens aus einer Diskriminierung tatsächlichen und wirksamen Schadensausgleich oder -ersatz, der auf eine abschreckende und dem erlittenen Schaden angemessene Weise erfolgen muss. Eine inhaltliche Beschränkung dieser Anforderung auf materielle Schadensersatzansprüche ist nicht vorgesehen. 6

Nach S. 2 dieser Bestimmung darf eine höhenmäßige Beschränkung des Schadensersatzes nur für die Fälle erfolgen, dass der Arbeitgeber den Nachweis erbringen kann, dass der Schaden allein in der Verweigerung der Berücksichtigung der Bewerbung besteht. Auch das entspricht bereits früherer Rechtsprechung. Der EuGH hatte mit Blick auf § 611 a BGB aF entschieden, dass eine Beschränkung der Entschädigung auf drei Monatsgehälter allein für die Bewerber zulässig ist, die auch bei diskriminierungsfreier Auswahl die Stelle nicht bekommen hätten. Jedoch wurde eine kumulative Begrenzung der Schadensersatzansprüche sämtlicher vom Arbeitgeber diskriminierter Bewerber auf sechs Monatsgehälter für richtlinienwidrig erklärt (EuGH 22.4.1997 – Rs. C-180/95 (Draehmpaehl) – AP § 611 a BGB Nr. 13). 7

Nicht gefordert hatte die Rechtsprechung des EuGH, dass das nationale Recht einen **Kontrahierungszwang** für den Fall der Diskriminierung wegen des Geschlechts vorsehen müsse (EuGH 10.4.1984 – Rs. C-14/83 (v. Colson und Kamann) – Slg 1984, 1891 Rn. 18 f.; dasselbe gilt für die neuen Richtlinien 2000/43/EG und 2000/78 EG, s. Erwägungsgründe 17 u. 18 der RL 2000/78/EG; ferner Lingscheid, S. 102; Hahn, S. 142). Daran hat sich durch die Ablösung der RL 76/207/EG mit der RL 2006/54/EG nichts geändert, weil diese einen Schadensausgleich oder -ersatz verlangt, mithin von vornherein eine Beschränkung auf pekuniäre Rechtsfolgen gestattet. 8

Zu beachten ist, dass § 15 keine sog Eins-zu-eins-Umsetzung der genannten Richtlinienbestimmungen darstellt. Soweit deutsches Recht dabei in Details über Richtlinienforderungen hinausgeht, muss eine europarechtskonforme (richtlinienkonforme) Auslegung daran nicht scheitern. Denn dann könnten sich unterschiedliche Auslegungsergebnisse ergeben, je nachdem, ob es sich gerade um einen Normteil mit unionsrechtlichem Unterbau handelt oder nicht. Derartige „**gespaltene Auslegungen**" sind aber grund- 9 sätzlich im Interesse der Gleichbehandlung **zu vermeiden** (BGH 9.4.2002 – XI ZR 91/99 – NJW 2002, 1881, 1884; zu den Grenzen s. auch BGH 17.10.2012 – VIII ZR 226/11 – JZ 2013, 189; → Einl. Rn. 88).

10 § 15 tritt an die Stelle des § 611 a Abs. 2 BGB aF, soweit dieser Schadensersatz bzw. Entschädigung für eine Diskriminierung wegen des Geschlechts regelte. Ferner wird durch diese Bestimmung der alte § 81 Abs. 2 Nr. 2 ff. SGB IX aF ersetzt, der die Folgen eines Verstoßes gegen das Verbot der Diskriminierung wegen einer Behinderung regelte. Das AGG enthält eine Konkretisierung des allgemeinen Verbots der Diskriminierung wegen einer Behinderung, vgl. § 164 Abs. 2 S. 2 SGB IX (dazu Deinert, in: SWK Behindertenrecht, Benachteiligungsverbot Rn. 1 ff.; Kohte, in: Feldes/Kohte/Stevens-Bartol, § 63 Rn. 7, geht demgegenüber von der Existenz eines daneben fortbestehenden Diskriminierungsverbots in § 164 SGB IX (bis 31.12.2017: § 81 SGB IX), und nicht nur von dessen Konkretisierung durch das AGG aus; ebenso Porsche, FS Kohte, S. 39, 43). Während § 81 SGB IX aF vordergründig nur schwerbehinderte Menschen erfasste, dies freilich im Wege richtlinienkonformer Auslegung auf jedwede Behinderung zu erstrecken war (BAG 3.4.2007 – 9 AZR 823/06 – AP § 81 SGB IX Nr. 14), hat sich das Problem durch das AGG, das in § 1 lediglich an eine „Behinderung" anknüpft, erledigt (vgl. BAG 16.2.2012 – 8 AZR 697/10 – NZA 2012, 667, 669). Im Übrigen ist § 15 dem § 611 a BGB aF und dem früheren § 81 Abs. 2 Nr. 2 ff. SGB IX aF, die ebenfalls der Begegnung unzulässiger Diskriminierungen dienten, nachgebildet, so dass Rechtsprechung und Schrifttum zu diesen Bestimmungen im Umfange der Übereinstimmung auch für § 15 herangezogen werden können (vgl. für das Verhältnis zwischen § 611 a BGB aF und § 81 SGB IX aF BAG 15.2.2005 – 9 AZR 635/03 – AP § 81 SGB IX Nr. 7).

11 Zum Verhältnis zu anderen Vorschriften → Rn. 143 ff.

12 In früheren Gesetzentwürfen war diese Vorschrift bereits enthalten, allerdings ergänzt um den früheren § 16 des ADG-E. Dieser enthielt eine **Haftung** des Arbeitgebers **für** Diskriminierungen durch **Dritte** (Beschäftigte und sonstige Dritte). Diese Bestimmung sah eine verschuldensunabhängige Haftung vor und wurde deshalb schon als sachlich nicht gerechtfertigte Gefährdungshaftung eingeordnet und polemisch mit der Tierhalterhaftung verglichen (Picker, ZfA 2005, 167, 170), freilich unter Verkennung, dass das Haftungskonzept des § 15, welches auf § 16 ADG-E übertragen werden sollte, keines der Gefährdungshaftung ist. Die rechtspolitische Problematik wurde damals aber noch im weiteren Gesetzgebungsverfahren aufgegriffen. Ihr wurde durch Streichung der fraglichen Bestimmung Rechnung getragen und so fehlt diese auch heute. Das bedeutet aber nicht, dass der Arbeitgeber für keinerlei Diskriminierungen durch Dritte einzustehen hätte. Seine Haftung richtet sich vielmehr nach allgemeinen Vorschriften (→ Rn. 154 ff.).

13 § 15 hat einen doppelten **Normzweck**. Neben den gängigen zivilrechtlichen Gesichtspunkt des **Schadensausgleichs** tritt eine spezial- und wohl auch generalpräventive Aufgabe, dem Grundsatz der Nichtdiskriminierung durch geeignete **Sanktionen** zum Durchbruch zu verhelfen (BAG 18.6.2015 – 8 AZR 848/13 (A) – NZA 2015, 1063 Rn. 23; Wank, Beilage zu NZA

Heft 22/2004, S. 16, 25). Denn der Wert eines Diskriminierungsverbots steht und fällt mit den Rechten der diskriminierten Person bzw. den Sanktionen, die der Diskriminierer zu gewärtigen hat (Busche, Effektive Rechtsdurchsetzung und Sanktionen bei Verletzung richtliniendeterminierter Diskriminierungsverbote, in: Leible/Schlachter (Hrsg.), S. 159). Dabei muss man sehen, dass die Sanktionsfunktion einerseits Präventionselemente enthalten kann (→ Rn. 14), die dem Schadensersatzrecht traditionell schon zumindest als Nebenzweck innewohnen, andererseits aber auch Genugtuungselemente, die im Sühnegedanken wurzeln (Bohn, S. 38 ff.). Prävention und Sühne werden in der zivilrechtlichen Diskussion zu wenig auseinandergehalten (Wagner, AcP 206 [2006], 352, 361 ff.). Zugleich muss man aber auch sehen, dass der Genugtuungsgedanke gerade bei immateriellen Einbußen wiederum eine gewisse Nähe zum Schadensausgleichszweck aufweist (richtig J. Mohr, S. 122, der es aber versäumt, hieraus Schlussfolgerungen zu ziehen).

14 Unzutreffend ist es, wenn insoweit von einem Strafschadensersatz gesprochen wird (etwa Benecke/Kern, EuZW 2005, 360, 363; Wank, Beilage zu NZA Heft 22/2004, S. 16, 19, 25; J. Mohr, S. 119 ff.; für § 611 a BGB aF Herrmann, ZfA 1996, 19, 35 ff.; Kandler, S. 213; Bohn, S. 125 ff.; in der rechtspolitischen Diskussion auch Kummer, S. 99 ff.). Wenngleich dem Schadensersatz ein **Sanktionszweck** zukommt, ist dieser **durch den Schadensausgleichsgesichtspunkt begrenzt** (BAG 21.6.2012 – 8 AZR 364/11 – DB 2012, 2579, 2582; KR-Treber, § 15 Rn. 7; Kaufmann, S. 88; Stoffels, RdA 2009, 204, 206; Thüsing/Stiebert, FS v. Hoyningen-Huene, S. 487, 490; Walker, NZA 2009, 5, 7 ff.; Deinert, AiB 2006, 741, 743; ders., DB 2007, 398, 398 f.; iE auch Bader, S. 215 ff.; Zoppel, S. 151 f.; → Rn. 88; vgl. auch für Österreich Enzelsberger, Anm. zu OGH 2.9.2008 – 8 ObA 59/08 x – ZAS 2009, 231, 235; ebenso für § 611 a BGB aF Wagner, AcP 206 [2006], 352, 393 ff., besonders S. 398: „am Schaden des Diskriminierungsopfers orientierte Bemessung des Ersatzanspruchs (…), damit in diesem Rahmen wirksame Abschreckung gewährleistet ist"; wohl auch Herrmann, ZfA 1996, 19, 41; ähnl. auch Bader, S. 215 ff.; Zweifel an Europarechtskonformität allerdings bei Schiek, NZA 2004, 873, 880): Der Geschädigte bekommt nicht mehr ersetzt, als ihm an Schaden – wenn auch unter Einschluss der immateriellen Schäden – entstanden ist. Zwar lässt sich ein immaterieller Schaden nicht exakt beziffern, so dass dem Gericht bei der Bemessung der Entschädigung ein Spielraum zukommt. Andererseits darf die Entschädigung kein Ausmaß einnehmen, das zum Ausgleich der immateriellen Einbuße nicht mehr erforderlich ist. In diesem Rahmen bleibt aber eine erhebliche Bandbreite, innerhalb derer unter Beachtung des Schadensausgleichszwecks genügend Raum für die Berücksichtigung von Sanktionszwecken bleibt. Diese Begrenzung des Sanktionszwecks durch den Schadensausgleichszweck war offenbar für das BAG (15.2.2005 – 9 AZR 635/03 – AP § 81 SGB IX Nr. 7) der Grund, keine verfassungsrechtlichen Bedenken gegen den Entschädigungsanspruch eines diskriminierten Bewerbers nach § 81 Abs. 2 Nr. 3 SGB IX aF, der auch bei diskriminierungsfreier Auswahl nicht berücksichtigt worden wäre, anzumelden. Angesichts der Begrenzung durch die Schadensausgleichsfunktion sind Milliarden-$-Klagen, wie beispielsweise im Fall von Betty Dukes gegen Wal-Mart

(s. Featherstone, Mitb 6/2007, S. 44), im deutschen Rechtsleben nicht zu erwarten (zu einer Klage auf 500.000 EUR immerhin: Bericht in dbr 5/2008, 25 f.; dazu die rechtsökonomische Analyse bei Frenzel, SozF 2012, 1 ff.). Andererseits fügt sich eine solche Schadensersatznorm zwanglos in das Konzept abschreckender Sanktionen ein, insofern nach der Rechtsprechung des EuGH die Sanktion „in einem angemessenen Verhältnis zum erlittenen Schaden" stehen muss (EuGH 22.4.1997 – Rs. C-180/95 (Draehmpaehl) – AP § 611 a BGB Nr. 13 Rn. 27, 32). Wenn verschiedentlich angenommen wird, der EuGH habe abschreckende „Strafen" gefordert (so etwa Korthaus, S. 218, die von einem Gebot des Strafschadensersatzes spricht), ist dies unzutreffend; gefordert wurden Maßnahmen mit abschreckender Wirkung, was vor allem verhaltenssteuernde Elemente im Sinn hat (Wagner, AcP 206 [2006], 352, 394, 398 ff.). Im Gegenteil hat der EuGH inzwischen klargestellt, dass die Mitgliedstaaten nach der Gender-Richtlinie 2006/54/EG zwar einen Strafschadensersatz einführen dürften, dazu europarechtlich indes nicht gezwungen seien (EuGH 17.12.2015 – Rs. C-407/14 (Arjona Camacho) – EuZW 2016, 183 mAnm Krieger; dazu Schubert, EuZA 2016, 480 ff.; Looschelders, GPR 2016, 179). Insofern gilt im Übrigen nichts anderes als beim Schutz des Allgemeinen Persönlichkeitsrechts im Rahmen des § 823 Abs. 1 BGB, wo die Entschädigung ebenfalls ungeachtet pönaler Elemente keine Strafe an sich darstellt (BVerfG 14.2.1973 – 1 BvR 112/65 – NJW 1973, 1221, 1226 (Soraya); BGH 5.10.2004 – VI ZR 255/03 – NJW 2005, 215). Dadurch ist zugleich etwaigen verfassungsrechtlichen Bedenken, die in der Konsequenz für pönale Elemente des Schadensersatzes über den Schadensausgleich hinaus ein Verschulden fordern (Staudinger/Annuß, Neubearbeitung 2005, BGB § 611 a Rn. 94) oder die Entschädigung als unwiderlegbaren immateriellen Schaden begreifen wollen (so Soergel-Raab, BGB § 611 a Rn. 53), von vornherein die Spitze genommen.

15 Richtig ist zwar, dass die Richtlinien – mit Ausnahme der Gender-Richtlinie (→ Rn. 6) – keine Sanktion durch Schadensersatzansprüche fordern (→ Rn. 3 f.). Das bedeutet indes nicht, dass der Gesetzgeber nicht auch im Wege des Schadensersatzes die Durchsetzung der Antidiskriminierung verfolgen dürfte. Unionsrechtlich ist dies ein von der Richtlinie als möglich anerkannter Weg und nach innerstaatlichem (Verfassungs-)Recht steht dem ebenfalls nichts entgegen (Bohn, S. 223 ff.). Das mag man rechtspolitisch bedauern (so etwa Benecke/Kern, EuZW 2005, 360, 362 ff.; Wank, Beilage zu NZA Heft 22/2004, S. 16, 19). Doch sind Sanktionsaufgaben **dem deutschen Privatrecht** entgegen verbreiteter Behauptung (etwa Herms/Meinel, DB 2004, 2370, 2373; Kamanabrou, ZfA 2006, 327, 336 f.; in anderen Zusammenhängen auch etwa Flume, ZIP 2000, 1427, 1428 f.) auch sonst **nicht fremd** (Bohn, S. 68 ff.; AnwK-Franzen, 1. Aufl. 2005, BGB § 611 a Rn. 37). Das gilt namentlich für den Bereich der Prävention (Wagner, AcP 206 (2006), 352, 363 f.). Im Rahmen des Gender-Bereichs ist dies nunmehr sogar europarechtlich zwingend geboten (→ Rn. 6).

16 Auch ist darauf hinzuweisen, dass der Entschädigung nach § 823 Abs. 1 BGB bei Verletzung des Allgemeinen Persönlichkeitsrechts neben der Genugtuungsfunktion vor allem eine Präventionsfunktion zukommt. Danach

ist im Interesse eines effektiven Schutzes des Persönlichkeitsrechts Präventionsgesichtspunkten Rechnung zu tragen (BGH 15.11.1994 – VI ZR 56/94 – NJW 1995, 861; BGH 5.12.1995 – VI ZR 332/94 – NJW 1996, 984, 985; BGH 1.12.1999 – I ZR 49/97 – NJW 2000, 2195, 2197; BGH 5.10.2004 – VI ZR 255/03 – NJW 2005, 215; Wagner, AcP 206 [2006], 352, 384 ff.; Palandt-Sprau, BGB § 823 Rn. 130; PWW/Lingemann, § 15 Rn. 7). Das ist auf die Entschädigung nach § 15 zu übertragen, weil es auch hier um das Erfordernis effektiven Schutzes vor Rechtsverletzungen geht (→ Rn. 4) und das Schutzgut gleichermaßen das Persönlichkeitsrecht ist (→ Rn. 57).

17 **In rechtspolitischer Hinsicht** darf im Übrigen hinterfragt werden, ob die Forderung nach alternativen Bußgeldtatbeständen (Kamanabrou, ZfA 2006, 327, 337 f.; Wank, FS Richardi, S. 441, 454) den Arbeitgeber weniger belasten würde. Der Unterschied kann eigentlich nur im Empfänger der Leistung liegen. Dann aber ist fraglich, ob es sachgerecht ist, wenn die Staatskasse oder mittelbar Dritte von Diskriminierungen anstelle des Opfers profitieren. Soweit argumentiert wird, dass die privatrechtliche Lösung erhebliche Missbrauchsmöglichkeiten eröffne (Bauer/Thüsing/Schunder, NZA 2006, 774, 775; vgl. auch zu Ängsten vor „AGG-Hoppern" Diller, BB 2006, 1968 ff.; ders., NZA 2007, 1321 ff.), denen über die öffentlich-rechtliche Lösung begegnet werden könne, ist nicht nachvollziehbar, ob schon die Inanspruchnahme eines von der Rechtsordnung vorgesehenen Rechts als „missbräuchlich" angesehen wird oder ob an das betrügerische Erschleichen von Ansprüchen gedacht wird. Letzteres war übertriebene Panikmache, die anfängliche befürchtete „Klagelawine", die das AGG angeblich auslösen sollte, ist nämlich ausgeblieben (vgl. iwd 50/2008, 8; Kittner, ASO, Einleitung zum AGG, zu III mwN).

II. Ersatz materieller Schäden (Abs. 1)

1. Allgemeines

18 Abs. 1 regelt einen Anspruch auf Ersatz des materiellen Schadens. Der Anspruch ist verschuldensabhängig nach S. 2. Anspruchsvoraussetzungen sind mithin (1.) Pflichtverletzung und (2.) Verschulden des Arbeitgebers. Letzteres ist aber, um es vorwegzunehmen, nur auf dem Papier der Fall, weil auf das Verschuldenserfordernis wegen des Vorrangs des Unionsrechts zu verzichten ist (→ Rn. 31).

19 Hingegen sind Vereinbarungen in Verträgen (auch in Tarifverträgen, → Rn. 106, auch in Betriebs- und Dienstvereinbarungen, BAG 13.10.2009 – 9 AZR 722/08 – AP § 7 AGG Nr. 1 Rn. 46), die gegen das Benachteiligungsverbot verstoßen, schon gem. § 7 Abs. 2 **nichtig**. Dabei muss es entgegen der Grundregel des § 139 BGB bei der Wirksamkeit des Restvertrages bleiben. Anders ist es freilich, wenn der Gesamtvertrag gegen ein Diskriminierungsverbot verstößt. Auch einseitige Rechtsgeschäfte müssen der Nichtigkeit anheimfallen. Denn den Vertragsparteien fehlt im Hinblick auf § 7 Abs. 1 die rechtsgeschäftliche Macht zur anderweitigen Gestaltung (iE ebenso, aber unter Rückgriff auf § 134 BGB, Armbrüster, ZRP 2005, 41, 43; gleichermaßen Annuß, BB 2006, 1629, 1634: § 7 Abs. 2 als ausdrückliche Regelung der an sich aus § 134 BGB folgenden Rechtsfolge speziell für

Vereinbarungen; ebenso Kamanabrou, ZfA 2006, 327, 331 f.; Schlachter, ZESAR 2006, 391, 397; unklar insoweit die amtliche Begründung BT-Drs. 16/1780, 34; wohl für eine Analogie zu § 7 Abs. 2 Schrader/Schubert, Rn. 493; für die Anwendung des § 134 BGB bei Verstößen gegen § 611 a BGB aF auch Schlachter, S. 170; zur Abgrenzung der Grenzen rechtsgeschäftlicher Gestaltungsmacht vom Verbotsgesetz s. Deinert, Zwingendes Recht, Rn. 56 ff.). Bei Kündigungen (zur Problematik des § 2 Abs. 4 → § 2 Rn. 288 ff.) ist allerdings bei Meidung der Wirksamkeitsfiktion die dreiwöchige Klagefrist nach §§ 4, 7 KSchG zu beachten. Eine geltungserhaltende Reduktion muss in allen diesen Fällen ausscheiden (Schrader/Schubert, Rn. 525). Ältere Vereinbarungen aus der Zeit vor Inkrafttreten des AGG können nachträglich unzulässig und damit unwirksam geworden sein (vgl. BAG 16.12.2008 – 9 AZR 985/07 – NZA-RR 2010, 32, 33).

20 Die Nichtigkeit einer Vertragsklausel löst die Probleme häufig nur unzureichend, wichtiger noch ist die Frage nach dem Ersatzprogramm. Der Gesetzgeber hat es versäumt, diese Frage zu regeln (v. Roetteken, § 7 Rn. 5), so dass es bei den bereits bisher bekannten Grundsätzen dazu bleibt. Anerkannt ist, dass Verstöße gegen den allgemeinen Gleichbehandlungsgrundsatz zu einem **Anspruch auf Gleichbehandlung** führen können (BAG 14.8.2007 – 9 AZR 943/06 – NZA 2008, 99; BAG 17.3.2010 – 5 AZR 168/09 – NZA 2010, 696; ausführlich Wiedemann, S. 82 ff.). Die vertragliche Bindung des Arbeitgebers gegenüber den Angehörigen der bevorzugten Gruppe steht einer Gleichbehandlung im Wege der Verschlechterung grundsätzlich entgegen (BAG 25.4.2017 – 1 AZR 427/15 – NZA 2017, 1346 Rn. 33; näher Schiek, Differenzierte Gerechtigkeit, S. 155 f.). Auch ein solcher Gleichbehandlungsanspruch wird durch § 15 nicht berührt (vgl. amtliche Begründung BT-Drs. 16/1780, 38; Rühl/Schmid/Viethen, S. 83). Allerdings zaudert die Rechtsprechung ein wenig, wenn die Angleichung zu einer erheblichen Ausweitung des Gesamtleistungsvolumens führen würde, weil die Gruppe der Bevorzugten relativ klein ist (BAG 13.2.2002 – 5 AZR 712/00 – NZA 2003, 215, 216 f.; vgl. auch Lingemann/Gotham, NZA 2007, 663, 667; zurückhaltend auch Kamanabrou, ZfA 2006, 327, 333 f., unter Hinweis auf uU drohende unzumutbare Belastungen des Arbeitgebers) sowie insgesamt, wenn es um insgesamt nicht zuzumutende Belastungen in Bereichen geht, die nicht das Entgelt betreffen (BAG 14.5.2013 – 1 AZR 44/12 – NZA 2013, 1160 Rn. 24 ff.). Im Falle gleichheitswidriger Tarifvertragsbestimmungen gilt diese Einschränkung nicht, weil die Tarifvertragsparteien regelmäßig kein Leistungsvolumen in diesem Sinne vorsehen (BAG 24.9.2003 – 10 AZR 675/02 – NZA 2004, 611, 614). Weitergehend noch hat das BAG für sämtliche verfassungs- und europarechtlichen Diskriminierungsverbote die Vorenthaltung der Bevorzugung einer kleinen Gruppe für ausgeschlossen gehalten, so dass immer ein Anspruch auf Gleichbehandlung besteht (BAG 13.2.2002, – 5 AZR 712/00 – NZA 2003, 215, 216 f.; s. auch HWK-Rupp, § 7 Rn. 5; aA Lingemann/Müller, BB 2007, 2006, 2013). Das gilt auch bei gleichheitswidrigen Tarifbestimmungen (BAG 10.11.2011 – 6 AZR 148/09 – NZA 2012, 161; BAG 10.11.2011 – 6 AZR 481/09 – NZA-RR 2012, 100; Wiedemann, NZA 2007, 950 ff.; differenzierend Krebber, EuZA 2009, 200, 202 ff.). Das entspricht auch der Rechtsprechung des EuGH (etwa EuGH 4.12.1986 –

Rs. 71/85 (FNV/Niederländischer Staat) – Slg 1986, 3855; EuGH 17.1.2008 – Rs. C 246/06 (Navarro) – NZA 2008, 287 Rn. 38), der in Diskriminierungsfällen grundsätzlich verlangt, dass die Gleichbehandlung hergestellt wird durch Gewährung der Vergünstigung an die bisher benachteiligte Gruppe. Insgesamt geht die Rechtsprechung davon aus, dass Diskriminierungen durch einen Gleichbehandlungsanspruch der Benachteiligten auszugleichen sind, wenn die Benachteiligung – wie regelmäßig bei unzulässigen Vergütungsdifferenzen – nicht durch bloße Nichtanwendung der Regelung beseitigt werden kann, sog **„Anpassung nach oben"** (BAG 25.3.2015 – 5 AZR 458/13 – NZA 2015, 1059 Rn. 32; BAG 22.10.2015 – 8 AZR 168/14 – NZA 2016, 1081 Rn. 62; Grünberger, S. 715 f.). Namentlich wenn eine Rückforderung erbrachter Leistungen an die Begünstigten mit Rücksicht auf Ausschlussfristen oder Vertrauensschutzgesichtspunkte ausscheidet, muss ungeachtet erheblicher finanzieller Belastungen des Arbeitgebers eine Angleichung nach oben erfolgen (BAG 18.2.2016 – 6 AZR 700/14 – NZA 2016, 709 Rn. 32). Zu beachten ist allerdings, dass der EuGH bei unzulässig altersdiskriminierenden Vergütungssystemen den befristeten Übergang zu einem nicht diskriminierenden System unter Besitzstandswahrung für die durch das alte System Begünstigten grundsätzlich für zulässig hält (EuGH 8.9.2011 – Rs. C-297/10 ua (Hennigs und Mai) – NZA 2011, 1100). Und zumindest (so die Deutung durch Löwisch/Becker, EuZ 2015, 83, 90) für die Zeit vor Erlass des Urteils in der Rechtssache Hennigs und Mai, in dem die Unzulässigkeit von an das Alter anknüpfenden Vergütungssystemen festgestellt wurde, hat der Gerichtshof eine „Anpassung nach oben" nicht verlangt, wenn es bei dem diskriminierenden Vergütungsgruppensystem insgesamt an einer Bezugsgröße fehle, die den nicht diskriminierten Beamten zugutekomme, weil potenziell alle Beamte durch ein solches System benachteiligt würden (EuGH 19.6.2014 – Rs. C-501/12 ua (Specht ua) – NZA 2014, 831 Rn. 94 ff.; vgl. auch BAG 27.4.2017 – 6 AZR 119/16 – NZA 2017, 116 Rn. 45 ff.) dazu Löwisch/Becker, EuZA 2015, 83 ff.; Lingemann, NZA 2014, 827 ff.; Bauer/Krieger, NZA 2016, 1041, 1045 f.). Diese Grundsätze stehen aber der weitergehenden Rechtsprechung des BAG zur „Anpassung nach oben" nicht entgegen (BAG 25.4.2017 – 1 AZR 427/15 – NZA 2017, 1346 Rn. 32). Demgegenüber möchte das BVerwG in solchen Fällen Gleichbehandlungsansprüche in seinem Zuständigkeitsbereich ausschließen (BVerwG 30.10.2014 – 2 C 3.13 – BVerwGE 150, 255 Rn. 13 ff.; BVerwG 6.4.2017 – 2 C 20.15 – NZA-RR 2017, 506 Rn. 8).

21 Demgegenüber sind **Rechtsgeschäfte mit Dritten**, die im Zusammenhang mit der Diskriminierung erfolgen, insbesondere der Abschluss eines Arbeitsvertrages bei diskriminierender Auswahlentscheidung, wirksam (s. für § 611 a BGB aF Soergel-Raab, § 611 a BGB Rn. 41.

22 Zu weiteren Ansprüchen neben Abs. 1 und 2 → Rn. 143 ff.

23 Bei Verletzung der Diskriminierungsverbote kann der **Betriebsrat** die Zustimmung zu einer personellen Einzelmaßnahme gem. § 99 Abs. 2 Nr. 1 BetrVG verweigern (NK-GA/Euler/Schneider, § 15 Rn. 16; Deinert, in: SWK Behindertenrecht, Benachteiligungsverbot Rn. 4; aA für § 611 a BGB aF Kandler, S. 107 f.) oder Bedenken gegen eine Kündigung nach § 102

Abs. 2 BetrVG äußern (MüKo-Müller-Glöge, 4. Aufl. 2005, BGB § 611 a Rn. 55). Ein entsprechendes Beteiligungsrecht hat der Personalrat nach §§ 75 Abs. 1, 77 Abs. 2 Nr. 1 BPersVG.

24 Ein Schadensersatzanspruch iSd Abs. 1 ist weder beitragspflichtiges Arbeitsentgelt iSd § 14 SGB IV noch einkommensteuerpflichtig, soweit es sich nicht in Wirklichkeit um einen Ersatz für entgangenes Einkommen handelt (vgl. Macher, NZA 2007, 252; Cornelius/Lipinski, BB 2007, 496, 498 ff.; Wendeling-Schröder/Stein-Stein, § 15 Rn. 54).

2. Pflichtverletzung

25 Das Gesetz bezeichnet in S. 2 (betreffend das Verschuldenserfordernis) den Verstoß gegen das Benachteiligungsverbot als „Pflichtverletzung". Genau genommen handelt es sich bei § 15 Abs. 1 mithin um eine **Spezialnorm zu § 280 Abs. 1 BGB** (ggf. iVm § 311 Abs. 2 BGB; für eine deliktische Qualifizierung dagegen Hey/Forst-Forst, § 15 Rn. 18 ff.; für eine vertragliche bzw. quasivertragliche Qualifizierung dagegen v. Roetteken, § 15 Rn. 16 b). In ihrem Anwendungsbereich geht sie deshalb § 280 BGB vor (BAG 21.6.2012 – 8 AZR 188/11 – DB 2012, 2521, 2523; Schiek-Kocher, § 15 Rn. 66; Wendeling-Schröder/Stein-Stein, § 15 Rn. 88; Brummer, S. 105; Stoffels, RdA 2009, 204, 214; aA KR-Treber, § 15 Rn. 8; MüKo-Thüsing, § 15 Rn. 23; ders., Arbeitsrechtlicher Diskriminierungsschutz, Rn. 539; ders., Beilage zu NZA Heft 22/2004, S. 3, 15; v. Roetteken, § 15 Rn. 113 f.; Rust/Falke-Bücker, § 15 Rn. 57; Palandt-Weidenkaff, § 15 Rn. 10; Nollert-Borasio/Perreng, § 15 Rn. 8; Fischinger, Anm. zu BAG 15.3.2012 – 8 AZR 37/11 – AP § 15 AGG Nr. 11). Allerdings ist § 284 BGB auf den Anspruch aus § 15 Abs. 1 analog anwendbar (dazu ausführlich → § 21 Rn. 42). Im Falle anderer Pflichtverletzungen als Benachteiligungen bleibt § 280 Abs. 1 BGB indes anwendbar (Brummer, S. 106). In Betracht kommen insoweit insbesondere die Pflichten nach § 12 (→ Rn. 61). Anders als bei der Haftung nach § 15 (→ Rn. 30 ff.) ist bei § 280 BGB aber ein Verschulden als tatbestandliche Voraussetzung erforderlich. In Bezug auf die Haftung des Staates für diskriminierende Regelungen (vgl. EuGH 19.6.2014 – Rs. C-501/12 ua (Specht ua) – NZA 2014, 831 Rn. 98 ff.) handelt es sich zwar um eine Konkretisierung des Staatshaftungsanspruchs für unionsrechtswidriges Recht. Letzterer wird aber nicht durch § 15 verdrängt (BGH 23.7.2015 – III ZR 4/15 – BGHZ 206, 260 Rn. 13; aA VG Düsseldorf 1.4.2016 – 26 K 8347/12, Rn. 53 ff.; VG Münster 1.10.2015 – 4 K 433/13, Rn. 176 ff.).

26 Tatbestandlich setzt Abs. 1 eine „**Benachteiligung**" voraus und verweist damit auf §§ 7, 3 (vgl. BAG 25.4.2013 – 8 AZR 287/08 – DB 2013, 2509 Rn. 28; BeckOGK/Benecke, § 15 Rn. 15 f.). Eingeschlossen sind damit Belästigungen, sexuelle Belästigungen und Anweisungen zur Benachteiligung. Eine unzulässige Frage im Rahmen eines Vorstellungsgesprächs ist freilich noch keine Benachteiligung, sondern erst die daran geknüpfte Einstellungsentscheidung (Kania/Merten, ZIP 2007, 8, 12; → Rn. 28). Auch im Übrigen genügt das Vorliegen eines Diskriminierungsmerkmals iSd § 1 nicht, erforderlich ist vielmehr ein Kausalzusammenhang zwischen der unterschiedlichen Behandlung und dem Vorliegen des Merkmals (BAG

22.10.2009 – 8 AZR 642/08 – AP § 15 AGG Nr. 2; BAG 28.4.2011 – 8 AZR 515/10 – AP § 15 AGG Nr. 7). Eine Benachteiligung kann bereits in der Nichteinladung zu einem Vorstellungsgespräch liegen. Allein dies ist die von § 3 Abs. 1 S. 1 geforderte ungünstigere Behandlung (BAG 7.4.2011 – 8 AZR 679/09 – NZA-RR 2011, 494, 496; Diller, NZA 2007, 1321, 1323). Die Benachteiligung liegt in der Versagung einer Chance (BAG 17.8.2010 – 9 AZR 839/08 – NZA 2011, 153, 155; BAG 16.2.2012 – 8 AZR 697/10 – NZA 2012, 667, 669; BAG 23.8.2012 – 8 AZR 285/11 – DB 2012, 2811, 2812). Der Arbeitgeber kann dann einem Anspruch aus § 15 nicht dadurch entgehen, dass er die Stelle am Ende nicht besetzt (BAG 23.8.2012 – 8 AZR 285/11 – DB 2012, 2811, 2812; Hey/Forst-Forst, § 15 Rn. 74). Zur Frage mangelnder Ernsthaftigkeit der Bewerbung oder fehlender objektiver Eignung des Bewerbers → Rn. 64 ff.

27 Grundsätzlich haftet der Arbeitgeber für seine selbst vorgenommenen Benachteiligungen. Allerdings muss er sich analog § 278 BGB das **Verhalten Dritter** (bzw. der Organe, § 31 BGB) **zurechnen lassen**, derer er sich beispielsweise bei der Stellenausschreibung bedient (BAG 22.8.2013 – 8 AZR 563/12 – NZA 2014, 82 Rn. 37; zutr. Kummer, S. 116 f.; Koch, VersR 2007, 288, 291; Brummer, S. 93 f.; Hey/Forst-Forst, § 15 Rn. 19; Palandt-Weidenkaff, § 15 Rn. 3; so auch iE BAG 5.2.2004 – 8 AZR 112/03 – AP § 611 a BGB Nr. 23 für geschlechtsspezifische Stellenausschreibung durch BA; vgl. auch Rebhahn-Kletečka, § 12 Rn. 14). Dies ist zumindest mit Blick auf das Verbot der Diskriminierung wegen des Geschlechts verfassungsrechtlich auch geboten (vgl. dazu BVerfG 21.9.2006 – 1 BvR 308/03 – NZA 2007, 195; krit. dazu Adomeit/Mohr, NZA 2007, 2522 ff.). Soweit bei Stellenausschreibungen Personalvermittler auftreten und dem Diskriminierungsopfer der dahinterstehende, passivlegitimierte Arbeitgeber nicht bekannt ist, hat es einen Auskunftsanspruch gegen den Vermittler (ArbG Bitterfeld-Wolfen 13.8.2012 – 7 C 303/12 – AiB 2013, 400; Diller, NZA 2007, 649, 652; aA Fischer, NJW 2009, 3547, 3548). Im Hinblick auf die Ausschlussfrist des Abs. 4 (→ Rn. 117 ff.) wird angenommen, der Auskunftsanspruch könne im Wege der einstweiligen (Leistungs-)Verfügung verfolgt werden (Schwab, NZA 2007, 178; nach ArbG Bitterfeld-Wolfen 13.8.2012 – 7 C 303/12 – AiB 2013, 400, 401, muss der Auskunftsanspruch seinerseits innerhalb der Frist des Abs. 4 geltend gemacht werden). Eine andere Ansicht geht jedoch davon aus, dass bis zur Auskunftserteilung die Frist nicht laufen könne (Diller, NZA 2007, 649, 653). Dem ist zuzustimmen, da die Frist erst ab Kenntnis der Benachteiligung zu laufen beginnen kann (→ Rn. 120 ff.) und die Kenntnis der Benachteiligung auch eine Kenntnis der Person des Anspruchsgegners voraussetzt. Dieser Auskunftsanspruch ist zu unterscheiden von der Frage eines Auskunftsanspruchs in Bezug auf die Auswahlentscheidung unter mehreren Bewerbern (dazu → § 22 Rn. 40 ff.).

28 Dabei sind nicht alle zum Indiz einer Diskriminierung und somit zur Beweiserleichterung nach § 22 führenden Handlungen (→ § 22 Rn. 33) für sich selbst schon Benachteiligungen. Sie begründen deshalb selbst keinen Schadensersatzanspruch (VG Münster 13.2.2007 – 4 K 2032/05; VG Trier 24.5.2005 – 6 K 736/06.TR), können aber zur Beweislastumkehr hinsicht-

lich des Vorliegens einer Diskriminierung und zum Schadensersatzanspruch wegen dieser Diskriminierung führen (VGH Mannheim 21.9.2005 – 9 S 1357/05 – NJW 2006, 538).

29 Erforderlich ist des Weiteren der haftungsbegründende **objektive Zurechnungszusammenhang** (Kausalität, Adäquanz, Schutzzweckzusammenhang; allg. zur Zurechnung etwa PWW/Luckey, BGB § 249 Rn. 48 ff.; Däubler, BGB kompakt, Kap. 26 Rn. 61 ff.) zwischen Diskriminierung (Benachteiligung) und Schadenseintritt (BAG 20.6.2013 – 8 AZR 482/12 – AP § 22 AGG Nr. 8; Voggenreiter, in: Rudolf/Mahlmann, GlBR, § 8 Rn. 54 ff.). Insoweit gilt nichts anderes als auch sonst im Schadensersatzrecht.

3. Verschulden

30 Aus der – von § 280 Abs. 1 BGB bekannten – Gesetzestechnik, wonach der Anspruch auf Schadensersatz nicht besteht, wenn der Arbeitgeber die Pflichtverletzung nicht zu vertreten hat, muss man schließen, dass die Beweislast mit Blick auf das Vertretenmüssen den Arbeitgeber trifft (BGH 23.4.2012 – II ZR 163/10 – DB 2012, 1499; zust. Paefgen, Anm. zu BGH 23.4.2012 – II ZR 163/10 – ZIP 2012, 1296, 1299). Im Ergebnis ist die Beweislastfrage allerdings komplexer (→ Rn. 179 ff.); er muss sich also entlasten.

31 Das Erfordernis wirksamer und abschreckender Sanktion steht der verschuldensabhängigen Ausgestaltung des Schadensersatzanspruchs entgegen (→ Rn. 5; offengelassen von BAG 18.5.2017 – 8 AZR 74/16 – NZA 2017, 1530 Rn. 53 f.). Dem lässt sich nicht entgegenhalten, mit dem Anspruch auf eine Entschädigung werde diesem Erfordernis Genüge getan, weil die Persönlichkeitsverletzung vor allem durch die Entschädigung aufgefangen werde (→ § 21 Rn. 44; vgl. BVerwG 25.7.2013 – 2 C 12.11 – BVerwGE 147, 244 Rn. 57 f.; Bauer/Krieger, § 15 Rn. 15; Bauer/Evers, NZA 2006, 893; Walker, NZA 2009, 5, 6; Wendeling-Schröder/Stein-Stein, § 15 Rn. 16; ferner Boemke/Danko, § 9 Rn. 40, die nur im Gender-Bereich eine Ausnahme machen wollen; wie hier: KR-Treber, § 15 Rn. 11). Gerade dann, wenn der materielle Schaden erheblich ist, wird der effektive Schutz vor Diskriminierungen, wie er von der EuGH-Rechtsprechung gefordert wird, durch das Verschuldenserfordernis relativiert (Stoffels, RdA 2009, 204, 210; Thüsing, Beilage zu NZA Heft 22/2004, S. 3, 16). Ebenso wenig überzeugt die Ansicht, wonach eine Haftung für vermutetes Verschulden den unionsrechtlichen Vorgaben genügt (Lobinger, Entwicklung, Stand und Perspektiven des europäischen Antidiskriminierungsrechts, S. 29 f.). Das ist schlechterdings nicht zu vereinbaren mit den Vorgaben der Rechtsprechung des EuGH (→ Rn. 5). Das Verschuldenserfordernis ist mithin **unionsrechtswidrig** (Schiek-Kocher, § 15 Rn. 20; Hey/Forst-Forst, 15 Rn. 66 f.; Zoppel, S. 152 f.; Wagner/Potsch, JZ 2006, 1085, 1091; MüKo-Thüsing, § 15 Rn. 33; Feuerborn, JR 2008, 485, 490; Deinert, DB 2007, 398, 399; iE ebenso Stork, ZEuS 2005, 1, 47; ebenso für Fälle mittelbarer Diskriminierungen Schlachter, ZESAR 2006, 391, 398; EUArbR/Mohr, RL 2000/78/EG Art. 17 Rn. 5; aA Bader, S. 327 ff.). Hinzu kommt, dass § 611 a BGB aF und § 81 SGB IX aF verschuldensunabhängigen Ersatz des materiellen wie immateriellen Schadens vorsahen (vgl. BAG 12.9.2006 –

9 AZR 807/05 – DB 2007, 747, 748), so dass Abs. 1 demgegenüber einen nach Art. 8 e Abs. 2 RL 1976/207/EWG idF des Art. 1 RL 2002/73/EG (nunmehr Art. 27 Abs. 2 RL 2006/54/EG) und Art. 8 Abs. 2 RL 2000/78/EG unzulässigen Rückschritt bedeuten würde, wäre der Anspruch verschuldensabhängig ausgestaltet (Thüsing, Beilage zu NZA Heft 22/2004, S. 3, 16; Rust/Falke-Bücker, § 15 Rn. 11 ff.; Stoffels, RdA 2009, 204, 210). Dass die neue Regelung nicht für alle darunter fallenden Arbeitnehmer eine Verschlechterung der Rechtslage bedeutet (namentlich für diejenigen nicht, die zuvor überhaupt nicht unter ein Diskriminierungsverbot fielen), steht dem nicht entgegen. Nach der Rechtsprechung des EuGH ist insoweit zwar wohl zu fordern, dass ein erheblicher Teil der unter die Richtlinie fallenden Arbeitnehmer von diesem Rückschritt betroffen wäre (vgl. EuGH 24.6.2010 – Rs. C-98/09 (Sorge) – NZA 2010, 805 Rn. 42 ff., in Bezug auf ein Verbot der Senkung des „allgemeinen" Schutzniveaus, was in Art. 8 Abs. 2 RL 2000/78/GG ebenfalls der Maßstab ist). Das ist im Hinblick auf die Benachteiligung wegen des Geschlechts und wegen der Behinderung aber ohne Weiteres gegeben. Folge der Europarechtswidrigkeit ist die **Unanwendbarkeit des richtlinienwidrigen innerstaatlichen Rechts**, insoweit dieses primärrechtlich unterfüttert ist (vgl. EuGH 22.11.2005 – Rs. C-144/04 (Mangold) – NJW 2005, 3695 = AP Richtlinie 2000/78/EG Nr. 1 mAnm Wiedemann, Rn. 77; dem folgend BAG 26.4.2006 – 7 AZR 500/05 – NZA 2006, 1162). Das ist vorliegend im Hinblick auf Art. 21, 23 EU-GRC der Fall (vgl. Preis/Sagan/Grünberger, § 3 Rn. 237, 266). Daher greift der Anspruch **verschuldensunabhängig** (v. Roetteken, § 15 Rn. 51; Bauer/Thüsing/Schunder, NZA 2006, 774, 776; Hey/Forst-Forst, § 15 Rn. 70; Lehmann, S. 41 f.; iE auch BeckOGK/Benecke, § 15 Rn. 31 ff.; aA Kaufmann, S. 30 ff.; BeckOK/Roloff, § 15 Rn. 3; wohl auch NK-GA/Euler/Schneider, § 15 Rn. 4; ferner [Verzicht auf Verschuldenserfordernis nur im Verhältnis zum Staat] MüKo-Thüsing, § 15 Rn. 23; Uhl, S. 149 ff.). Der Einwand, anders als in der Mangold-Entscheidung gehe es nicht um ein primärrechtliches Diskriminierungsverbot, sondern lediglich um die Verfehlung der durch Richtlinien geforderten Effektivität der Sanktion (vgl. Stoffels, RdA 2009, 204, 211; ferner Voggenreiter, in: Rudolf/Mahlmann, GlBR, § 8 Rn. 58; Blessing, S. 171 f.), trifft in seiner Grundannahme nicht zu. Denn die Versagung einer angemessenen Sanktion für die Verletzung eines primärrechtlichen Diskriminierungsverbots (vgl. Art. 21 EU-GRC) verletzt selbst das Diskriminierungsverbot. Dasselbe Ergebnis wird zum Teil durch europarechtskonforme Auslegung des Begriffs des Vertretenmüssens im Sinne von Zurechnung (Meinel/Heyn/Herms, § 15 Rn. 35; KR-Treber, § 15 Rn. 13; MünchArbR-Oetker, § 15 Rn. 49) zu erreichen versucht, zum Teil durch europarechtskonforme Auslegung des Entschädigungsbegriffs in Abs. 2, der auch einen eventuellen materiellen Schaden aufnehmen soll, falls dieser ohne Verschulden hervorgerufen wurde (Nollert-Borasio/Perreng, § 15 Rn. 11, 21 a). Zumindest aber ist ein Vorabentscheidungsersuchen nach Art. 267 AEUV geboten (Rust/Falke-Bücker, § 15 Rn. 13).

32 Soweit von anderer Seite ausgeführt wird, unabweisbare Voraussetzung des Schadensersatzanspruchs sei Vorsatz, weil die Diskriminierung motivationsbezogen sei (Adomeit/Mohr, § 15 Rn. 25), ist dies zu undifferenziert. Es wird nämlich nicht sauber zwischen Benachteiligungstatbestand und da-

raus folgender Schadensersatzverpflichtung getrennt. Das wäre nur unschädlich, wenn jeder Diskriminierungstatbestand auf die Motivation abstellen würde. Das ist indes nicht der Fall, sondern nur bei der unmittelbaren Diskriminierung (→ § 1 Rn. 21; ferner Maier-Reimer, NJW 2006, 2577, 2579). In diesem Fall wird ein Schadensersatz mangels Vorsatzes ausscheiden, aber nicht, weil dies eine Voraussetzung des § 15 wäre, sondern weil es an einer Benachteiligung „wegen" eines verpönten Merkmals fehlt.

33 Ungeachtet der Unionsrechtswidrigkeit: Verschulden umfasst Vorsatz und Fahrlässigkeit, § 276 BGB. Den Arbeitgeber trifft zu seiner Entlastung eine **Dokumentationsobliegenheit** (v. Steinau-Steinrück/Schneider/Wagner, NZA 2005, 28, 31; Kosten entstehen dadurch nach der Regierungsbegründung nur „in unwesentlicher Höhe", BT-Drs. 16/1780, 3). Um eine Obliegenheit handelt es sich, weil der Arbeitgeber zwar nicht zur Dokumentation verpflichtet ist, deren Unterlassen aber für ihn nachteilige Folgen zeitigen kann.

34 Verschulden von **Erfüllungsgehilfen** wird dem Arbeitgeber gem. § 278 BGB zugerechnet.

4. Schaden

35 Zu ersetzen ist der Schaden, den der Arbeitnehmer aus der Diskriminierung davonträgt. Dem Umstand, dass das europarechtliche Erfordernis einer abschreckenden Wirkung (→ Rn. 3 f.) im Wortlaut des § 15 nicht (mehr – der Entwurf aus 2004 [→ Einl. Rn. 9] sah derartiges noch vor) auftaucht, ist nicht etwa die Möglichkeit einer restriktiven Auslegung zu entnehmen (so aber v. Steinau-Steinrück/Schneider/Wagner, NZA 2005, 28, 29). Im Gegenteil wäre bei Bedarf das nationale Recht EU-rechtskonform auszulegen.

36 Beim materiellen Schadensersatzanspruch gibt es mit Recht **keine Höchstgrenze.** Diese ist der Schadensausgleichsfunktion (→ Rn. 13 f.) nämlich schon immanent. Zu ermitteln ist nach der **Differenzhypothese** (Hey/Forst-Forst, § 15 Rn. 81) die Vermögenseinbuße: Wie stellt sich das jetzige Vermögen im Vergleich zu dem Vermögen dar, das der Geschädigte ohne die Diskriminierung hätte? Im Falle eines Anspruchs auf Gleichbehandlung etwa wird es regelmäßig an einem Vermögensschaden fehlen. Im Ergebnis ebenso verneint das BVerwG einen Schadensersatzanspruch bei diskriminierenden Besoldungssystemen, die durch rückwirkendes Gesetz korrigiert wurden (BVerwG 30.10.2014 – 2 C 3.13 – BVerwGE 150, 255 Rn. 83). Für eine Begrenzung der Ansprüche auf das negative Interesse gibt es keinen Grund (LAG Berlin 26.11.2008 – 15 Sa 517/08 – AuR 2009, 134, 136; Stoffels, RdA 2009, 204, 212; ErfK-Schlachter, § 15 Rn. 4; aA, wonach Abs. 1 privatrechtssystemkonform nur das negative Interesse iSe Vermögensbegleitschadens erfassen kann, Bader, S. 194 ff.). Insbesondere folgt dies nicht aus § 15 Abs. 6 (aA Heyn/Meinel, NZA 2009, 20, 22 f.; Bauer/Evers, NZA 2006, 893, 894). Der Ausschluss eines Anspruchs auf Abschluss eines Arbeitsvertrages besagt nichts darüber, wie der Vermögensschaden zu berechnen ist. Umgekehrt lässt sich aus Abs. 6 viel eher ein Argument dafür herleiten, dass es auch um das positive Interesse geht (Hey/

Forst-Forst, § 15 Rn. 80). Würde § 15 Abs. 1 allein den Ersatz des negativen Interesses gestatten, bedürfte es dieser Regelung nämlich überhaupt nicht (Stoffels, RdA 2009, 204, 212).

37 Ein Schaden ist zunächst dort zu verneinen, wo ein Rechtsgeschäft des Arbeitgebers nichtig ist (Soergel-Raab, BGB § 611 a Rn. 46).

38 Im Falle eines (aus anderen Rechtsgründen bestehenden) **Anspruchs auf Einstellung oder Aufstieg** (→ Rn. 151 f.) ist zu beachten, dass es insoweit am materiellen Schaden fehlt, weil der Anspruchsgegner unmittelbar auf Erfüllung in Anspruch genommen werden kann. Ebenso fehlt es in der Regel am materiellen Schaden im Falle einer unwirksamen Kündigung, insofern hat man es mit einer Naturalrestitution zu tun, Annahmeverzugsansprüche folgen aus § 615 BGB (BAG 12.12.2013 – 8 AZR 838/12 – AP § 15 AGG Nr. 17 Rn. 20; Bauer, FS v. Hoyningen-Huene, S. 29, 39). Daneben kommen aber Ansprüche aus § 15 Abs. 2 wegen immaterieller Schäden in Betracht (BAG 12.12.2013 – 8 AZR 838/12 – AP § 15 AGG Nr. 17; BAG 19.12.2013 – 6 AZR 190/12 – NZA 2014, 372 Rn. 38). Letztere kommen auch neben einer Abfindung nach §§ 9, 10 KSchG in Betracht und mindern angesichts des anderen Zwecks auch nicht derartige Abfindungen (vgl. Däubler, Anm. zu BAG 12.12.2013 – 8 AZR 838/12 – AP § 15 AGG Nr. 17; aA Günther/Frey, NZA 2014, 584, 589).

39 Für Diskriminierungen bei der Einstellung ist in Bezug auf den materiellen Schadensersatz zunächst an den Ersatz der **Bewerbungskosten** zu denken (Rühl/Schmid/Viethen, S. 87; Meinel/Heyn/Herms, § 15 Rn. 39; aA Nollert-Borasio/Perreng, § 15 Rn. 18): Zwar handelt es sich dabei um Sowieso-Kosten, die als frustrierte Aufwendungen an sich nicht ersatzfähig sind (s. näher dazu mwN Medicus, Bürgerliches Recht, Rn. 825 ff.). Jedoch geht es bei dem Anspruch nach § 15 um eine Konkretisierung des Anspruchs aus § 280 BGB, so dass die Ersatzfähigkeit unter Berücksichtigung von § 284 BGB zu bejahen ist (aA Wisskirchen, DB 2006, 1491, 1499; zur entsprechenden Anwendbarkeit des § 284 BGB → Rn. 25). Das gilt zumal deshalb, weil zu der Vorgängernorm § 611 a BGB aF dasselbe unter Rückgriff auf dessen Entstehungsgeschichte angenommen wurde (Staudinger-Annuß, Neubearbeitung 2005, BGB § 611 a Rn. 99). Insgesamt ist daher davon auszugehen, dass das negative Interesse ersatzfähig ist (Lehmann, S. 46 ff.).

40 Grundsätzlich kommt ein Ersatz von Prozesskosten im Wege des Schadensersatzes gem. § 12 a ArbGG nicht in Betracht (GMP-Germelmann, ArbGG § 12 a Rn. 8 ff.). Konsequenz wäre, dass das Diskriminierungsopfer gegebenenfalls auf seinen Prozesskosten sitzen bliebe. Dies ist mit dem Erfordernis wirksamer und abschreckender Sanktion (Rn. 3 f.) nicht zu vereinbaren, so dass der Ersatzanspruch aus § 15 Abs. 1 in EU-rechtskonformer Auslegung des § 12 a ArbGG nicht durch letztere Bestimmung gesperrt wird (Rust/Falke-Bücker, § 15 Rn. 26 ff.; Schiek-Kocher, § 15 Rn. 16; Lehmann, S. 53 ff.; Wendeling-Schröder/Stein-Stein, § 15 Rn. 22; aA BeckOK/Roloff, § 15 Rn. 4).

41 Ein Ersatz des Vermögensschadens kommt aber in vorderster Linie für denjenigen in Betracht, der bei diskriminierungsfreier Auswahl eingestellt

worden wäre. Jeder andere bleibt in Hinblick auf den zumeist sehr geringen materiellen Schaden vor allem wegen des immateriellen Schadens nach Abs. 2 anspruchsberechtigt. Rechtspolitische Kritik, durch die Schadensersatznorm werde der Sinn zivilrechtlicher Schadensersatznormen verfehlt (s. Wank, Beilage zu NZA Heft 22/2004, S. 16, 18), überzeugt daher nicht.

42 Besteht der Schaden aus einer Benachteiligung in der **Verweigerung eines** sonst zustande gekommenen **Vertrags** (ebenso im Falle der diskriminierenden verweigerten Verlängerung eines befristeten Vertrags, vgl. dazu ArbG Mainz 2.9.2008 – 3 Ca 1133/08), wird vereinzelt angenommen, der Anspruch müsse sich auf den Vertrauensschaden beschränken, da anderenfalls ein „Endlos-Schaden" zugesprochen werde, obwohl die hypothetische Entwicklung des verhinderten Vertragsverhältnisses völlig unsicher sei (Meinel/Heyn/Herms, § 15 Rn. 43 ff.; der Sache nach ebenso Wendeling-Schröder/Stein-Stein, § 15 Rn. 20) bzw. der Ersatz des Erfüllungsschadens demgegenüber systemwidrig sei (Bader, S. 194 ff.). Hiergegen spricht allerdings, dass es in § 15 Abs. 1 keinerlei Ansatzpunkt für eine solche Beschränkung auf das negative Interesse gibt (→ Rn. 36). Im Fall des § 628 BGB will die Rechtsprechung (etwa BAG 22.4.2004 – 8 AZR 269/03 – AP § 628 BGB Nr. 18) allerdings den Vertragsaufhebungsschaden auf die Vergütungsdifferenz für die Dauer eines Arbeitsverhältnisses bis zum nächstmöglichen Kündigungstermin begrenzen. Im vorliegenden Zusammenhang wird deshalb vielfach erwogen, in Anlehnung an diese Rechtsprechung den Schadensersatz zu beschränken (Annuß, BB 2006, 1629, 1634; Kania/Merten, ZIP 2007, 8, 14; Deinert, DB 2007, 398, 400; NK-GA/Euler/Schneider, § 15 Rn. 3; KR-Treber, § 15 Rn. 22; Kittner/Zwanziger/Deinert-Zwanziger, § 99 Rn. 167; Bauer/Krieger, § 15 Rn. 27; Hey/Forst-Forst, § 15 Rn. 82; Voggenreiter, in: Rudolf/Mahlmann, GlBR § 8 Rn. 61; Thüsing/Stiebert, FS v. Hoyningen-Huene, S. 487, 488; Bauer/Krieger, NZA 2016, 1041, 1043; für Österreich Rebhahn-Kletečka, § 12 Rn. 26; gegen jede zeitliche Begrenzung Hjort/Richter, AR-Blattei SD 800.1 Rn. 160; und mit rechtspolit. Kritik Schrader/Schubert, Rn. 508; Bauer/Thüsing/Schunder, NZA 2006, 774, 776; für eine Begrenzung auf sechs Monate bei § 611 a BGB – ohne nähere Begründung – ArbG Berlin 13.7.2005 – 86 Ca 24618/04 – NZA-RR 2005, 608 ff.; grundsätzliche Bedenken gegen die Berücksichtigung einer fiktiven Kündigungsmöglichkeit des Arbeitgebers bei Schlachter, Anm. zu EuGH 22.4.1997 – Rs. C-180/95 (Draehmpaehl) – AP § 611 a BGB Nr. 13; allerdings für eine Anrechnung unterlassenen Erwerbs nach § 254 BGB Kocher, AuR 1998, 221, 223).

43 Konsequent scheint es auf den ersten Blick, die genannte Rechtsprechung auf die vorliegende Fallgestaltung zu übertragen (vgl. 1. Aufl. Rn. 39). Ihr lässt sich jedenfalls nicht entgegenhalten, auf diese Weise würde eine Kündigung fingiert, die der Arbeitgeber rechtmäßig gar nicht erklären könnte, weil die diskriminierende Kündigung ja ihrerseits unzulässig sei (so Schiek-Kocher, § 15 Rn. 14, 17; Rust/Falke-Bücker, § 15 Rn. 23; Boemke/Danko, § 9 Rn. 56; Bezani/Richter, § 15 Rn. 271; zur Problematik des § 2 Abs. 4 → § 2 Rn. 288 ff.). Maßgeblich ist insoweit, dass der Arbeitgeber in den ersten sechs Monaten nach § 1 Abs. 1 KSchG kündigen kann, ohne dass es auf eine soziale Rechtfertigung ankommt. Für diese Zeit kann der Arbeit-

nehmer mithin keinen bzw. nur beschränkten Bestandsschutz reklamieren, so dass der feststellbare Schaden sich zunächst auf die Dauer der Kündigungsfrist beschränken muss (aber → Rn. 45).

44 Wenn die Rechtsprechung bei § 628 BGB bei der Bemessung des Vertragsaufhebungsschadens im Falle der abgenötigten Eigenkündigung des Arbeitnehmers eine ergänzende Entschädigung entsprechend §§ 9, 10 KSchG zuspricht (BAG 26.7.2001 – 8 AZR 739/00 – AP § 628 BGB Nr. 13; ebenso ErfK-Müller-Glöge, BGB § 628 Rn. 28 ff.), wäre dem aber nicht für den Fall des verweigerten Vertragsschlusses zu folgen, weil der Arbeitnehmer hier noch keinen Bestandsschutz genießt (MüKo-Thüsing, § 15 Rn. 28; Adomeit/Mohr, § 15 Rn. 39; aA für den Fall verweigerter Vertragsverlängerung KR-Treber, § 15 Rn. 23 f.). Ebenso wenig kann man bei verweigertem Aufstieg aus § 10 KSchG eine zusätzliche Grenze des Schadensersatzanspruchs ableiten (so aber Bauer/Evers, NZA 2006, 893, 895; PWW/Lingemann, § 15 Rn. 5). Auch insoweit würde verkannt, dass es sich hier nicht um ein Problem des Bestandsschutzes handelt. Beim verweigerten Aufstieg kann man freilich keine Beschränkung auf die Dauer bis zum nächsten Kündigungstermin vornehmen. Vergleichsmaßstab wäre insoweit die Änderungskündigung, für die nun allerdings im Allgemeinen das Erfordernis sozialer Rechtfertigung nach §§ 1, 2 KSchG Platz greift (Simon/Greßlin, BB 2007, 1782, 1787).

45 Der Lösung der Rechtsprechung zu § 628 BGB ist der **BGH** allerdings für den Fall eines Schadensersatzanspruchs eines Arbeitnehmers gegen seine Gewerkschaft aus **§ 280 BGB** wegen mangelhafter Prozessführung mit dem Argument entgegengetreten, dass der Arbeitnehmer im Falle des § 628 BGB auf den Bestandsschutz verzichte und hierfür einen Ausgleich erhalte, während im Fall der schlechten Prozessführung ein diametral entgegenstehender Fall vorliege, bei dem der Arbeitnehmer gegen seinen Willen den Arbeitsplatz verliere und daher eine **Einschränkung seines Schadensersatzes nicht hinnehmen** müsse. Eventuellen Unwägbarkeiten des künftigen Arbeitslebens sei nicht durch Beschränkung des Ersatzanspruchs, sondern gegebenenfalls durch **Abänderungsklage** (§ 323 ZPO) Rechnung zu tragen (BGH 24.5.2007 – III ZR 176/06 – NJW 2007, 2043). Ergänzend ist auf die Möglichkeiten des § 287 ZPO hinzuweisen (MüKo-Thüsing, § 15 Rn. 29). Diese Erwägungen sind **auf den Fall des verweigerten Vertragsschlusses zu übertragen**. Denn auch hier kann unbestreitbar ein Endlosschaden eintreten, der deshalb grundsätzlich zu ersetzen ist (HK-ArbR/Berg, § 15 Rn. 6; Lehmann, S. 65 ff.; wohl auch MünchArbR-Oetker, § 15 Rn. 53). Den Arbeitnehmer darauf sitzen zu lassen, gibt es keinen Anlass (LAG Berlin 26.11.2008 – 15 Sa 517/08 – AuR 2009, 134; jurisPK/Weth, § 15 Rn. 29). Aus diesem Grunde ist es unzutreffend, wenn angenommen wird, die sich so ergebende „Endloshaftung" laufe auf einen „verfassungsrechtlich problematischen Strafschadensersatz hinaus" (so Stoffels, RdA 2009, 204, 212). Die Verweisung des Arbeitnehmers auf Ersatz der verlorenen Chance (so Kaufmann, S. 52 ff.) überzeugt vor diesem Hintergrund ebenso wenig wie jene auf die durchschnittliche Verweildauer eines Arbeitnehmers in einem Arbeitsverhältnis (so v. Roetteken, § 15 Rn. 43 b;

BeckOGK/Benecke, § 15 Rn. 43; wohl auch Frenzel, SozF 2012, 1, 5) *de lege ferenda* → Rn. 46).

46 *De lege ferenda* wäre der Vorschlag des DAV (Stellungnahme in: NZA 8/2005, VI, IX), den Anspruch mit Blick auf die Vertragsverweigerung auf die Dauer einer fiktiven Probezeit bis zu sechs Monaten unter dem Vorbehalt eines längeren Lösungsverbotes für den Arbeitgeber zu beschränken, sicher erwägenswert. *De lega lata* lässt sich dies entgegen ArbG Berlin (13.7.2005 – 86 Ca 24618/04 – NZA-RR 2005, 608, 612 f.) allerdings nicht begründen, denn es würde zwar unterstellt, dass die Probezeit überstanden würde, danach aber das Arbeitsverhältnis beendet worden wäre. Unionsrechtlich wäre eine solche Lösung unbedenklich, weil der Sanktionszweck durch den Schadensausgleichszweck begrenzt wird (→ Rn. 14). Diskussionswürdig ist zudem ein Vorschlag Wagners (AcP 206 [2006], 352, 396; vgl. auch Wagner/Potsch, JZ 2006, 1085, 1096 f.), auf die durchschnittliche Beschäftigungsdauer im betroffenen Beruf und in dem jeweiligen Unternehmen abzustellen, doch dürfte dies erhebliche praktische Probleme bereiten (krit. auch Boemke/Danko, § 9 Rn. 57). Der Anspruch wegen verweigerten Vertragsschlusses steht nur demjenigen zu, mit dem der Arbeitgeber ohne die Diskriminierung einen Vertrag geschlossen hätte. Weitere Personen mit reeller Einstellungschance sind hingegen nur nach Abs. 2 berechtigt (aA Wagner/Potsch, JZ 2006, 1085, 1095).

47 Zu beachten ist allerdings, dass der Schaden **nur für ein Arbeitsverhältnis** bestehen kann. Wer sich auf mehrere Stellen bewirbt und dabei mehrfach wegen diskriminierender Auswahlentscheidung zurückgewiesen wurde, kann nicht die Vergütungen aus mehreren Arbeitsverhältnissen als Schäden deklarieren (Hanau, ZIP 2006, 2189, 2193). Es kommt darauf an, welches Arbeitsverhältnis der Bewerber angetreten hätte. Zumeist wird dies das zuerst angebotene sein. Anderweitiger Zwischenverdienst ist ebenso anzurechnen wie der Bezug von Arbeitslosengeld (Willlemsen/Schweibert, NJW 2006, 2583, 2589).

48 War das avisierte Arbeitsverhältnis ein befristetes, so beschränkt sich der Schadensersatz auf die Vergütung bis zum Ende der Befristung (Steinkühler, Rn. 370). Wegen § 15 Abs. 3 TzBfG ist im Allgemeinen auch kein kürzerer Zeitraum zu veranschlagen.

49 Nach der allgemeinen Regelung des § 254 BGB ist ein **Mitverschulden** (bzw. eine Mitverursachung) des Diskriminierungsopfers grundsätzlich zu berücksichtigen. Allerdings scheint dies eine eher theoretische Größe. Bei Belästigungen und sexuellen Belästigungen (§ 3 Abs. 3, 4) dürfte zudem eher die Konstellation vorliegen, dass es ausnahmsweise an der Unerwünschtheit der betreffenden Verhaltensweise fehlt. Wichtiger scheint in dem Zusammenhang die Schadensminderungsobliegenheit (vgl. Hey/Forst-Forst, § 15 Rn. 89). In dem Zusammenhang müssen weitergehende Ersatzansprüche ausscheiden, wenn der Arbeitnehmer, der im Rahmen des beruflichen Aufstiegs benachteiligt wurde, sich nicht um andere Aufstiegsstellen bewirbt (Kaufmann, S. 69). Das gilt allerdings nur, wenn dem Arbeitgeber der Nachweis gelingt, dass der Arbeitnehmer im Falle einer Bewerbung erfolgreich gewesen wäre.

50 Freilich könnte man unter dem Gesichtspunkt des Mitverschuldens erwägen, ob nicht das Opfer eine Obliegenheit trifft, von seinem **Beschwerderecht nach § 13** Gebrauch zu machen. Dies ist allerdings **abzulehnen**. Ein Mitverschulden liegt vor, wenn die Sorgfalt außer Acht gelassen wird, die nach Lage der Dinge erforderlich scheint, um sich selbst vor Schaden zu bewahren (Palandt-Grüneberg, BGB § 254 Rn. 1). Zwar wird man eine Obliegenheit zu diesbezüglichem Hinweis in dem – seltenen – Fall anerkennen müssen, dass der Benachteiligte die Diskriminierung erkennt, diese aber dem Benachteiligenden selbst erkennbar verborgen geblieben ist. Doch ist es in erster Linie Sache des Diskriminierenden selbst, derartigen Benachteiligungen vorzubeugen, so dass er dem Opfer nach Treu und Glauben nicht entgegenhalten kann, es habe sich ja beschweren können. Aus demselben Grunde kann dem Benachteiligten nicht vorgeworfen werden, wenn er keine Konkurrentenklage erhoben hat (Kossens, in: Kossens/von der Heide/Maaß, SGB IX § 81 Rn. 42; aA VGH Mannheim 10.9.2013 – 4 Sa 547/12 – NZA-RR 2014, 159, 164, unter insoweit unzutr. Heranziehung von BVerwG 16.4.2013 – 2 B 145.11, wo es in Rn. 11 allerdings um Schadensminderung durch Inanspruchnahme von Primärrechtsschutz bei Amtshaftungsansprüchen ging). Ebenso wird man verfahren müssen, wenn der Arbeitnehmer keine fristgerechte **Kündigungsschutzklage** gegen eine diskriminierende Kündigung erhebt (LAG Baden-Württemberg 17.3.2014 – 1 Sa 23/13 – LAGE § 15 AGG Nr. 19; zur Problematik des § 2 Abs. 4 → § 2 Rn. 288 ff.). Er ist also nicht verpflichtet, den aus einer unzulässigen Kündigung entstehenden Schaden gering zu halten bzw. zu verhindern. Die Klagefrist des § 4 KSchG präkludiert auf keinen Fall Ansprüche nach § 15 Abs. 1 (Jacobs, RdA 2009, 193, 196). Die Wirksamkeitsfiktion nach Verstreichen der Klagefrist hindert auch nicht, Schadensersatzansprüche daraus herzuleiten, dass zu Unrecht gekündigt wurde (aA Blessing, S. 190). Denn sie fingiert die Beendigungswirkung der Kündigung, nicht aber deren materielle Rechtmäßigkeit (Wenckebach, AuR 2010, 499, 503). Entsprechendes gilt für eine **Befristungskontrollklage** nach § 17 TzBfG: Wurde die Frist versäumt, mag das Arbeitsverhältnis wirksam beendet sein. Ein darauf gestützter Schadensersatzanspruch ist dadurch nicht ausgeschlossen, unterliegt aber der zweimonatigen Ausschlussfrist nach § 15 Abs. 4.

51 Nimmt der **Arbeitnehmer** die Diskriminierung zum Anlass einer außerordentlichen Kündigung, so ist zu unterscheiden. War die Kündigung unwirksam, weil es an einem wichtigen Grund mangelte, kann aus ihr auch kein Schaden resultieren. War sie hingegen wirksam, so folgt schon aus § 628 Abs. 2 BGB die Ersatzfähigkeit des Vertragsaufhebungsschadens. Die Rechtsprechung sieht in § 628 BGB im Übrigen eine Spezialnorm, die andere Ansprüche wegen des Vertragsaufhebungsschadens verdrängt (BAG 22.4.2004 – 8 AZR 269/03 – AP § 628 BGB Nr. 18). Allerdings kann dies nur den materiellen Schaden aus der Vertragsaufhebung betreffen, nicht indes den aus der Diskriminierung folgenden immateriellen Schaden. Hier ist im Übrigen der Bestandsschutzverlust entsprechend §§ 9, 10 KSchG mit zu entschädigen (BAG 26.7.2001 – 8 AZR 739/00 – AP § 628 BGB Nr. 13; ErfK-Müller-Glöge, BGB § 628 Rn. 28 ff.).

52 Aus Abs. 6 lässt sich die Wertung entnehmen, dass auch in Diskriminierungsfällen ein Vertragspartner nicht aufgedrängt werden darf. Das muss umgekehrt erst recht für das Diskriminierungsopfer gelten (→ Rn. 148). Der Arbeitgeber kann sich also einer Zahlungspflicht nicht dadurch entledigen, dass er sich nunmehr zum Vertragsschluss erbietet (v. Roetteken, § 15 Rn. 42 a; aA Bader, S. 240 f.; Bauer/Krieger, § 15 Rn. 68). Dasselbe lässt sich auch aus § 249 Abs. 2 S. 1 BGB herleiten (Stoffels, RdA 2009, 204, 211). Ebenso wenig kann dem Arbeitnehmer unter dem Gesichtspunkt der Schadensminderungsobliegenheit nach § 254 BGB entgegengehalten werden, er habe doch das nunmehrige Vertragsangebot des Arbeitgebers annehmen können (Deinert, DB 2007, 398, 400).

5. Aktiv- und Passivlegitimation

53 Anspruchsberechtigt ist grundsätzlich der Geschädigte, was mit Blick auf die Schutzrichtung des § 7 bedeutet, dass dies der **Arbeitnehmer** ist. Darüber hinaus ist jeder andere Beschäftigte im Sinne der §§ 6 Abs. 1, 24 anspruchsberechtigt (v. Roetteken, § 15 Rn. 26 b; BeckOGK/Benecke, § 15 Rn. 33). Dazu gehören insbesondere auch Bewerber um ein Arbeitsverhältnis. Nicht berechtigt ist derjenige, der zwar an sich einen Nachteil hat, im Falle einer mittelbaren Benachteiligung aber nicht zur Gruppe der Merkmalsträger gehört, so dass ein teilzeitbeschäftigter Mann keine Ansprüche aus mittelbarer Benachteiligung von Frauen durch eine Maßnahme zum Nachteil von Teilzeitkräften herleiten kann (MüKo-Thüsing, § 15 Rn. 6, 7; BeckOGK/Benecke, § 15 Rn. 33). Eine Abtretung von Ansprüchen ist aber nach den §§ 398 ff. BGB möglich (ebenso Hey/Forst-Forst, § 15 Rn. 28). Dasselbe gilt für den Gläubigerwechsel durch Gesamtrechtsnachfolge (Hey/Forst-Forst, § 15 Rn. 28). Im Übrigen kommt eine Prozessstandschaft nach allgemeinen Grundsätzen sowie im Falle einer Diskriminierung wegen einer Behinderung nach § 23 Abs. 4 iVm § 85 SGB IX in Betracht.

54 Die Bestimmung ist gem. § 6 Abs. 3 entsprechend anwendbar auf Organmitglieder (vgl. BGH 23.4.2012 – II ZR 163/10 – DB 2012, 1499; dazu auch Paefgen, Anm. zu BGH 23.4.2012 – II ZR 163/10 – ZIP 2012, 1296, 1297; vgl. zuvor bereits Reufels/Molle, NZA-RR 2011, 281 ff.).

55 Passiv legitimiert ist allein der **Arbeitgeber** (BAG 23.1.2014 – 8 AZR 118/13 – AP § 15 AGG Nr. 18 Rn. 26; Brummer, S. 64; Annuß, BB 2006, 1629, 1634; Koch, VersR 2007, 288, 290; Wagner/Potsch, JZ 2006, 1085, 1089; BeckOGK/Benecke, § 15 Rn. 14, 17; weitergehend Hey/Forst-Forst, § 15 Rn. 38 ff.), nicht aber eine etwaige Konzernmutter. Im Falle eines zwischenzeitlichen Betriebsübergangs haftet auch der Betriebserwerber nach § 613 a Abs. 2 BGB gesamtschuldnerisch mit dem bisherigen Arbeitgeber (BeckOGK/Benecke, § 15 Rn. 18; Bauer/Krieger, § 15 Rn. 30 b; Hey/Forst-Forst, § 15 Rn. 64). Auch für den Spezialfall der Einschaltung eines Personalvermittlers für die Anwerbung von Arbeitnehmern gilt nichts anderes (BAG 23.1.2014 – 8 AZR 118/13 – AP § 15 AGG Nr. 18 Rn. 26). Ungeachtet des Umstandes, dass der Personalvermittler „Herr des Verfahrens" sein mag (darauf stellt Diller, NZA 2007, 649, 650 ff., ab), ändert dies nichts daran, dass § 15 die Ersatz- und Entschädigungspflichten dem Arbeitgeber auferlegt (Oberwetter, BB 2007, 1109, 1111). Dieser haftet dann

gegebenenfalls auch für Pflichtverletzungen des Dritten (→ Rn. 27). Eine Haftung Dritter kommt im Übrigen auch nach anderen Vorschriften in Betracht (→ Rn. 165 ff.). Zudem kann sich die Haftung des Arbeitgebers auch auf Diskriminierungen durch Dritte erstrecken (→ Rn. 154 ff.).

III. Ersatz immaterieller Schäden (Abs. 2)

1. Allgemeines

56 Diskriminierungen wegen verpönter Merkmale stellen im Allgemeinen Verletzungen des Allgemeinen Persönlichkeitsrechts dar (Schiek-Kocher, § 15 Rn. 32; Lobinger, AcP 216 (2016), 18, 84 ff., 91 ff.; Bader, S. 125 ff.; aA für § 611 a BGB aF Kandler, S. 149 ff.). Soweit sie von den Diskriminierungsverboten des Art. 3 Abs. 3 GG erfasst sind, folgt dies bereits aus den verfassungsrechtlichen Benachteiligungsverboten (BAG 15.2.2005 – 9 AZR 635/03 – AP § 81 SGB IX Nr. 7 für die Diskriminierung wegen einer Behinderung; BAG 14.3.1989 – 8 AZR 447/87 – AP § 611 a BGB Nr. 5 für die Diskriminierung wegen des Geschlechts). Zum Verhältnis zu Staatshaftungsansprüchen gilt nichts anderes als beim Schadensersatzanspruch (→ Rn. 25).

57 Das zeigt, dass der Entschädigungsanspruch aus Abs. 2 ein solcher wegen einer Persönlichkeitsverletzung ist (vgl. BAG 14.3.1989 – 8 AZR 447/87 – AP § 611 a BGB Nr. 5; Deinert, AiB 2006, 741, 741 f.; KR-Treber, § 15 Rn. 26; Wendeling-Schröder/Stein-Stein, § 15 Rn. 31; Bader, S. 126 ff.; aA [in Bezug auf den vergleichbaren § 21 Abs. 2 S. 3] Grünberger, S. 732 f.), der schon aus diesem Grunde keine etwa unzulässige Zivilstrafe darstellen kann (vgl. BAG 15.2.2005 – 9 AZR 635/03 – AP § 81 SGB IX Nr. 7). Grundsicherungsrechtlich steht er einem Schmerzensgeldanspruch gleich, so dass er nach § 11 a Abs. 2 SGB II bei der Ermittlung der Hilfebedürftigkeit nicht zu berücksichtigen ist (BSG 22.8.2012 – B 14 AS 164/11 R – SozR 4-4200 § 11 Nr. 54).

58 Der Anspruch auf Ersatz des immateriellen Schadens stellt eine gesetzliche Ausnahme zur Grundregel des § 253 Abs. 1 BGB dar, wonach immaterielle Schäden, außer in den Fällen des § 253 Abs. 2 BGB, nicht zu ersetzen sind. Diese war EU-rechtlich erforderlich (→ Rn. 3 f.), die vom Bundesrat (Stellungnahme vom 19.6.2006, BT-Drs. 16/1852, 2) geforderte Beschränkung des Schadensersatzes auf Vermögensschäden folglich nicht haltbar. Dabei ist die Entschädigung immer auf Geld gerichtet.

59 Die Entschädigung ist gem. § 14 SGB IV kein sozialversicherungspflichtiges Entgelt. Zumeist fehlt es schon an einer sozialversicherungsrechtlichen Beschäftigung (§ 7 SGB IV), aus der diese als Einnahme resultieren könnte, aber auch im Falle einer Beschäftigung handelt es sich um keine Einnahme aus dieser, sondern um einen Schadensausgleich. Auch ist die Entschädigung keine solche für entgangenen Verdienst durch Arbeit, die gem. §§ 19 Abs. 1, 24 Nr. 1 EStG, § 2 Abs. 1, 2 Nr. 4 LStDV der Lohnsteuerpflicht unterläge (Bauer/Günther, NJW 2007, 113), sondern eine solche für den immateriellen Schaden aus der Persönlichkeitsverletzung (FG Rheinland-Pfalz 21.3.2017 – 5 K 1594/14 – NZA-RR 2018, 54; vgl. für Schadensersatzansprüche BFH 20.9.1996 – VI R 57/95 – BB 1997, 28). Der Anspruch ist

pfändbar und unterfällt daher der Insolvenzmasse (LAG Baden-Württemberg 23.9.2011 – 18 Sa 49/11 – NZA-RR 2012, 33).

2. Anspruchsvoraussetzungen

60 Tatbestandliche Voraussetzung des Anspruchs ist schlicht eine unzulässige **Benachteiligung** (BAG 22.1.2009 – 8 AZR 906/07 – AP § 15 AGG Nr. 1; BAG 22.10.2009 – 8 AZR 642/08 – AP § 15 AGG Nr. 2; BAG 7.7.2011 – 2 AZR 396/10 – NZA 2012, 34, 36; BAG 22.8.2013 – 8 AZR 563/12 – NZA 2014, 82 Rn. 34; zu dieser Voraussetzung → Rn. 26). Der Anspruch ist gegen den Arbeitgeber gerichtet. Auch soweit der Dienstherr eines Beamten in Vollzug eines diskriminierenden Gesetzes gehandelt hat, haftet er nach § 15 Abs. 2 (BVerwG 30.10.2014 – 2 C 6/13 – BVerwGE 150, 234 Rn. 58; vgl. zum Ganzen Ebenhoch-Combs, RiA 2015, 103 ff.). Pflichtverletzungen Dritter muss der Arbeitgeber sich gegebenenfalls zurechnen lassen (→ Rn. 27; Brummer, S. 101 f.). Ein diskriminierender Dritter, etwa ein Personalvermittler, haftet aber ggf. für die durch ihn begangene Persönlichkeitsrechtsverletzung selber nach § 823 Abs. 1 BGB (OLG Celle 13.2.2014 – 13 U 37/13). Auch wenn es in der Sache um Persönlichkeitsverletzungen geht (→ Rn. 57), heißt das nicht, dass der Anspruch von denselben Voraussetzungen abhängt wie ein solcher aus Persönlichkeitsverletzung nach § 823 Abs. 1 BGB. Insbesondere ist die **Schwere der Verletzung** für die Anspruchsentstehung (anders für die Bemessung der Entschädigung, → Rn. 85) **unerheblich** (BAG 22.1.2009 – 8 AZR 906/07 – AP § 15 AGG Nr. 1 mAnm Deinert und Anm. Schlachter; v. Roetteken, § 15 Rn. 55; KR-Treber, § 15 Rn. 29; Jacobs, RdA 2009, 193, 195; Hey/Forst-Forst, § 15 Rn. 93; Zoppel, S. 161; anderes gilt hingegen für einen auf § 823 Abs. 1 BGB gestützten Anspruch, BAG 24.9.2009 – 8 AZR 636/08 – NZA 2010, 159, 163). Die Gegenansicht (MüKo-Thüsing, § 15 Rn. 8 f.; Bauer/Thüsing/Schunder, NZA 2005, 32, 35; Thüsing, Beilage zu NZA Heft 22/2004, S. 3, 15) findet keine Grundlage im Gesetz. Genügend ist allein die Benachteiligung (Schrader/Schubert, Rn. 485; Bauer/Evers, NZA 2006, 893, 896). Das BAG hat klargestellt, dass allenfalls in ungewöhnlichen Ausnahmefällen eine Entschädigung dann ausscheiden kann, wenn die Benachteiligung so geringe Auswirkungen hat, dass eine Entschädigung außer Verhältnis dazu stünde (BAG 22.1.2009 – 8 AZR 906/07 – AP § 15 AGG Nr. 1). Auch entfällt die Benachteiligung nicht dadurch, dass die fragliche Maßnahme unwirksam ist (BAG 22.1.2009 – 8 AZR 906/07 – AP § 15 AGG Nr. 1). Vielmehr treten die Folgen der §§ 7 Abs. 2, 15 nebeneinander (Schlachter, Anm. zu BAG 22.1.2009 – 8 AZR 906/07 – AP § 15 AGG Nr. 1).

61 Von der Benachteiligung zu unterscheiden ist die Verletzung von Organisationspflichten nach § 12 (KR-Treber, § 15 Rn. 30; aA Koch, VersR 2007, 288, 290; wohl auch Göpfert/Siegrist, NZA 2007, 473, 476; Hoch, BB 2007, 1732, 1733). Das Gesetz differenziert zwischen dem Benachteiligungsverbot gem. § 7 und den Organisationspflichten gem. § 12. Die Verletzung der Organisationspflichten ist mithin nicht nach § 15 schadensersatzbewehrt, sondern nach §§ 280, 823 BGB (wie hier Willemsen/Schwei-

bert, NJW 2006, 2583, 2591; → Rn. 157 ff.; KR-Treber, § 15 Rn. 30; Schäfer, S. 280 ff.; aA Brummer, S. 153 ff.).

62 Die Benachteiligung muss **kausal** auf einem Verhalten des Arbeitgebers (oder Dritter, das ihm zuzurechnen ist, → Rn. 27, 60) beruhen. Nicht erforderlich ist irgendeine weitergehende Kausalität der Benachteiligung für weitere Rechtsverletzungen, denn die Benachteiligung selbst beinhaltet den tatbestandlichen Erfolg der Persönlichkeitsrechtsverletzung (das übersieht Bader, S. 126 f., Fn. 9). Deshalb ist es unzutreffend, eine Diskriminierung zu verneinen, wenn eine Stelle trotz diskriminierender Auswahlentscheidung am Ende gar nicht besetzt wird (wie hier BAG 23.8.2012 – 8 AZR 285/11 – DB 2012, 2811, 2812; MüKo-Thüsing, § 15 Rn. 18; entgegen LAG Düsseldorf 1.2.2002 – 9 Sa 1451/01 – NZA-RR 2002, 345; LAG Rheinland-Pfalz 30.11.2006 – 4 Sa 727/06). Dementsprechend liegt bereits im Verfahrensverstoß regelmäßig eine Benachteiligung (v. Roetteken, NZA-RR 2013, 337, 340). So führt bereits die Benachteiligung durch Nichteinladung zu einem Vorstellungsgespräch regelmäßig zu Entschädigungsansprüchen (→ Rn. 26). Ebenso falsch ist es, wenn behauptet wird, der Gesetzgeber verlange einen besonders festzustellenden Schaden, der aber idR fehle, weil es sich bei der Diskriminierung in aller Regel um keine Persönlichkeitsverletzung handele (so für § 611 a BGB aF Kandler, S. 190 ff. mit S. 149 ff.). Das Gesetz macht die Benachteiligung als solche entschädigungspflichtig, die Forderung nach einer Feststellung eines besonderen (immateriellen) Schadens ist iE unerlaubte Gesetzeskorrektur. Sachlich lässt sich dies als unwiderlegliche Vermutung eines immateriellen Schadens begreifen (Adomeit/Mohr, § 15 Rn. 51), rechtstechnisch ist es so, dass allein die Benachteiligung tatbestandliche Voraussetzung des Entschädigungsanspruchs ist.

63 Grundsätzlich können mehrere Personen gleichzeitig Opfer einer Diskriminierung sein, nicht etwa nur der bestplatzierte Bewerber, wie sich schon aus der Vorschrift des S. 2 sowie aus § 61 b ArbGG erschließen lässt (s. für § 611 a BGB aF BAG 5.2.2004 – 8 AZR 112/03 – AP § 611 a BGB Nr. 23).

64 Anspruch auf eine Entschädigung wegen **Diskriminierung bei der Einstellung** konnte nach § 611 a Abs. 2 BGB aF nur „der Bewerber" haben. Entsprechendes galt für § 81 Abs. 2 Nr. 2 SGB IX aF. Daraus folgte, dass nur derjenige einen Anspruch haben kann, der objektiv überhaupt für die in Aussicht gestellte Stelle in Betracht kommt und sich subjektiv ernsthaft beworben hat (vgl. BAG 12.11.1998 – 8 AZR 365/97 – AP § 611 a BGB Nr. 16; dagegen J. Mohr, S. 125 f., wonach Strafschadensersatz auch eine wirtschaftliche Belohnung für die Verfolgung des objektiven Rechts umfassen muss; ähnlich auch Kummer, S. 93; dabei wird verkannt, dass diese Normen keinen Strafschadensersatz regeln,→ Rn. 14).

Auch wenn der Gesetzestext nicht mehr auf „Bewerber" abstellt (s. aber § 6 Abs. 1 S. 2), hat die Rechtsprechung diesen Weg zunächst fortgesetzt: Fehlte es dem Bewerber an der **objektiven Eignung** für die in Aussicht genommene Stelle, sollte keine „vergleichbare Situation" vorliegen, die eine Benachteiligung iSd § 3 begründen kann (BAG 18.3.2010 – 8 AZR 77/09 – NZA 2010, 872, 873 f.; BAG 18.3.2010 – 8 AZR 1044/08 – AP § 15 AGG Nr. 3; BAG 19.8.2010 – 8 AZR 370/09 – NZA 2011, 200, 201; BAG

19.8.2010 – 8 AZR 466/09 – DB 2011, 359, 360; BAG 16.2.2012 – 8 AZR 697/10 – NZA 2012, 667, 669; BAG 14.11.2013 – 8 AZR 997/12 – NZA 2014, 489 Rn. 29; vgl. auch Kern, S. 148 f.). Diese Rechtsprechung wurde zwischenzeitlich aufgegeben, so dass es auf die objektive Eignung für einen Entschädigungsanspruch **nicht** mehr **ankommen** kann. Das wurde gestützt einerseits darauf, dass § 15 Abs. 2 S. 2 eine Entschädigung auch für diejenigen vorsieht, die bei benachteiligungsfreier Auswahl nicht eingestellt worden wären, andererseits darauf, dass dieses Erfordernis die Durchsetzung der Rechte nach den Richtlinien übermäßig erschweren würde, weil für eine Vergleichsbetrachtung dann auch die objektive Eignung der nicht benachteiligten Bewerber oder in Ermangelung solcher die eines potenziellen, nicht benachteiligten Bewerbers parallel zu überprüfen wäre (BAG 19.5.2016 – 8 AZR 470/14 – NZA 2016, 1394 Rn. 24 ff.; vgl. zuvor bereits BAG 22.10.2015 – 8 AZR 384/14 – NZA 2016, 625 Rn. 23; BAG 20.1.2016 – 8 AZR 194/14 – NZA 2016, 681 Rn. 21). Einzuräumen ist, dass diese Argumentation keineswegs zwingend ist (krit. insbes. Wank, RdA 2017, 259, 261 f.). Zu Recht wurde darauf hingewiesen, dass § 15 Abs. 2 S. 2 letztlich nur die Unterscheidung zwischen dem bestplatzierten Bewerber und anderen ermöglicht, nicht aber zwischen geeigneten und ungeeigneten (Schmidt, in: Thüsing ua, ZfA 2016, 407, 418). Auch bedarf es nicht der vom BAG angesprochenen Vergleichsbetrachtung, vielmehr genügt ein Vergleich zwischen einem Anspruchsteller und dem Anforderungsprofil (Schmidt, in: Thüsing ua, ZfA 2016, 407, 419). Im Ergebnis überzeugt die Rechtsprechung aber dennoch. Schutz vor Persönlichkeitsverletzungen (→ Rn. 56) muss auch demjenigen gewährt werden, dessen Persönlichkeit verletzt wurde, obwohl er für eine Stelle ungeeignet ist (aA auf Grundlage der Annahme, dass das AGG nicht Schutz vor Persönlichkeitsverletzungen, sondern nur vor Verletzungen der Chancengleichheit gewähre, Schmidt, in: Thüsing ua, ZfA 2016, 407, 419). Hinzu kommt, dass die notwendige Abgrenzung zwischen objektiver Eignung einerseits und persönlicher Qualifikation andererseits auf eine übermäßige Erschwerung der Geltendmachung der aus der Unionsrechtsordnung folgenden Rechte hinauslaufen kann (BAG 11.8.2016 – 8 AZR 4/15 – NZA 2017, 310 Rn. 30 ff.).

Fehlt es dem Bewerber hingegen an der **subjektiven Ernsthaftigkeit** der Bewerbung, sollte nach bisheriger Rechtsprechung ein Anspruch ebenfalls ausscheiden, weil mangels ernsthafter Bewerbung überhaupt keine Benachteiligung vorliegen könne (BAG 17.8.2010 – 9 AZR 839/08 – NZA 2011, 153, 158). Zudem hat das BAG darauf hingewiesen, dass eine bloß formale Bewerbung mit dem Ziel, den Status als Bewerber zu erlangen, um anschließend Ansprüche nach § 15 geltend zu machen, eine unbeachtliche Willenserklärung sei, so dass letztlich die Grundlage eines Anspruchs entfällt (BAG 18.6.2015 – 8 AZR 848/13 (A) – NZA 2015, 1063 Rn. 15). Allerdings hat es dem EuGH die Frage vorgelegt, ob der Ausschluss von Ansprüchen sogenannter Scheinbewerber unionsrechtskonform sei (BAG 18.6.2015 – 8 AZR 848/13 (A) – NZA 2015, 1063; dazu Schmidt, ZESAR 2015, 427). Darauf hat der EuGH entschieden, dass ein solcher Scheinbewerber sich nicht auf den Schutz der Richtlinien berufen könne und dies im Sinne eines Missbrauchsverbots unter der Voraussetzung angenommen, dass in objektiver Hinsicht eine dem Zweck der Regelung nicht entsprechende formale Einhaltung der Voraussetzungen vorliege und in subjektiver Hinsicht, dass der Zweck des Handelns im Wesentlichen in der Erlangung eines ungerechtfertigten Vorteils liege (EuGH 28.7.2016 – Rs. C-423/15 (Kratzer) – NZA 2016, 1014; dazu Kocher, GPR 2017, 113 ff.; Kappler, AuR 2017, 33 ff.; Baeck/Winzer/Hies, NZG 2016, 1218 ff.). Der Sache nach geht es dabei um den Einwand des **Rechtsmissbrauchs** im Hinblick auf die Ausnutzung der durch treuwidriges Verhalten verschafften günstigen formalen Rechtsposition als Bewerber (BAG 19.5.2016 – 8 AZR 470/14 – NZA 2016, 1394 Rn. 32 ff.; BAG 11.8.2016 – 8 AZR 4/15 – NZA 2017, 310 Rn. 38, 43 ff.; Hey/Forst-Forst, § 15 Rn. 167 ff.; Bauer/Krieger, NZA 2016, 1041 f.; Schiefer/Worzalla, DB 2017, 1207 ff.; vgl. bereits Jacobs, RdA 2009, 193, 199; Nollert-Borasio/Perreng, § 15 Rn. 21; Schleusener/Suckow/Voigt-Voigt, § 15 Rn. 33; für eine Differenzierung nach Bewerbern, die überhaupt nicht in den Anwendungsbereich des Antidiskriminierungsrechts fallen, und solchen die rechtsmissbräuchlich handeln, Benecke, EuZA 2017, 47, 52 ff.). Die Feststellung des Rechtsmissbrauchs setzt in **objektiver** Hinsicht voraus, dass die Ziele des Diskriminierungsschutzes verfehlt werden, und in **subjektiver** Hinsicht, dass das Ziel verfolgt wird, einen ungerechtfertigten Vorteil durch willkürliche Schaffung der Voraussetzungen eines Entschädigungsanspruchs herbeizuführen (BAG 11.8.2016 – 8 AZR 4/15 – NZA 2017, 310 Rn. 52). Die Würdigung als rechtsmissbräuchliche Bewerbung ist als Anwendung eines unbestimmten Rechtsbegriffes nur **eingeschränkt revisibel** mit Blick auf die Verkennung des Rechtsbegriffs, die hinreichende Auseinandersetzung mit dem Prozessstoff bei der Subsumtion und dessen umfassende Würdigung sowie Widerspruchsfreiheit und Verstöße gegen Rechtssätze, Denkgesetze und Erfahrungssätze (BAG 19.5.2016 – 8 AZR 470/14 – NZA 2016, 1394 Rn. 46).

65 Zurückhaltung ist allerdings bei der Annahme einer nicht ernstlich gewollten Bewerbung geboten, aus der auf Rechtsmissbrauch geschlossen werden soll. So kann allein der Umstand, dass ein behinderter Bewerber gegen bestimmte erkennbar verlangte Arbeitszeiten Vorbehalte hat und sich gleichwohl bewirbt, für sich allein wohl noch nicht auf mangelnde Ernstlichkeit schließen lassen, weil er es zumindest für möglich gehalten haben kann, gleichwohl einen Arbeitsplatz bekommen zu können. Rolfs weist mit Recht darauf hin, dass letztlich jede Bewerbung nur eine invitatio ad offerendum ist und der Bewerber sich letztlich vorbehält, erst auf ein entsprechendes Angebot des Arbeitgebers zu entscheiden, ob er zu den offerierten Bedingungen Verträge schließen möchte (Rolfs, NZA 2016, 586, 588). Anders kann es sein, wenn weitere Umstände des Falles entsprechende Zweifel unterstützen (vgl. den Fall LAG Hessen 8.1.2015 – 11 Sa 408/14, Rn. 27 ff.). Möglich ist es aber auch, dass ein nicht vollständig geeigneter Bewerber sich bewirbt, um sozialrechtliche Sanktionen zu vermeiden (Rolfs, NZA 2016, 586, 588). Auch wenn er dabei auf eventuelle Diskriminierungen spekuliert, muss in diesem Falle der Rechtsmissbrauchseinwand ausscheiden (zutreffend Klocke, jurisPR-ArbR 37/2016, Anm. 6). Im Übrigen ist nicht bei jeder Stellenausschreibung davon auszugehen, dass das Anforderungsprofil unter allen Aspekten zwingend ist, vielmehr können auch Qua-

lifikationen benannt sein, deren Vorhandensein der Arbeitgeber für wünschenswert, aber nicht unverzichtbar hält (BAG 11.8.2016 – 8 AZR 4/15 – NZA 2017, 310 Rn. 57). Allein aus einer hohen Zahl der vom Anspruchsteller geschriebenen Bewerbungen kann nicht auf mangelnde Ernstlichkeit geschlossen werden (BAG 21.7.2009 – 8 AZR 431/08 – NZA 2009, 1087, 1091; BAG 19.5.2016 – 8 AZR 470/14 – NZA 2016, 1394 Rn. 50; VGH Mannheim 21.9.2005 – 9 S 1357/05 – NJW 2006, 538). Eine hohe Zahl von Bewerbungen muss vielmehr gerade auch von dem ausgehen, der trotz Arbeitswillens bislang keine Beschäftigung finden konnte (BAG 17.8.2010 – 9 AZR 839/08 – NZA 2011, 153, 158; Jacobs, RdA 2009, 193, 199; Wendeling-Schröder/Stein-Stein, § 15 Rn. 10; Deinert, AiB 2006, 741, 753). Auch hier können aber weitere Umstände die Annahme einer rechtsmissbräuchlichen Vorgehensweise stützen (LAG Hamburg 19.2.2014 – 3 Sa 39/13 – NZA-RR 2014, 343).

66 Vor diesem Hintergrund macht es auch keinen Unterschied, wenn eine **hohe Zahl** der **Bewerbungen auf diskriminierende Anzeigen** erfolgte (so auch iE BAG 19.5.2016 – 8 AZR 470/14 – NZA 2016, 1394 Rn. 50 ff.; BAG 11.8.2016 – 8 AZR 4/15 – NZA 2017, 310 Rn. 60 ff.). Die gegenteilige Ansicht etwa des OLG Karlsruhe (13.9.2011 – 17 U 99/10 – NZA-RR 2011, 632, 635) verkehrt die Rolle des Opfers einer Benachteiligung in die eines Täters. Die Behauptung, eine Vielzahl von Diskriminierungsklagen sei ein Indiz für mangelnde Ernsthaftigkeit, weil ein ernsthafter Bewerber „nicht so häufig diskriminierende Ablehnungen" erhalte (Kern, S. 192), entbehrt jeder empirischen Grundlage oder praktischen Lebenserfahrung (iE wie hier ErfK-Schlachter, § 15 Rn. 13). Vielmehr muss die Möglichkeit, dass der Bewerber an der jeweils in Rede stehenden Stelle ernsthaft interessiert war, ausgeschlossen sein, was bei einem systematischen und zielgerichteten Vorgehen mit Gewinnerzielungsabsicht der Fall wäre (vgl. BAG 11.8.2016 – 8 AZR 4/15 – NZA 2017, 310 Rn. 67 ff.). Auch sagt die Zahl der Klagen wegen (vermeintlicher) Diskriminierungen in der Vergangenheit nichts über die Frage rechtsmissbräuchlicher Bewerbungen, vielmehr handelt es sich um die zulässige Wahrnehmung von Rechten (BAG 11.8.2016 – 8 AZR 4/15 – NZA 2017, 310 Rn. 59). Ebenso wenig lässt sich aus früheren Entschädigungsforderungen auf Rechtsmissbrauch schließen. Das sieht das BAG ebenso, zumindest soweit die Forderungen sich jedenfalls im „üblichen" Rahmen bis drei Monatsverdiensten (vgl. § 15 Abs. 2 S. 2) bewegen (BAG 11.8.2016 – 8 AZR 4/15 – NZA 2017, 310 Rn. 70; aA OLG Karlsruhe 13.9.2011 – 17 U 99/10 – NZA-RR 2011, 632, 635). Aber auch überzogene Forderungen können Ausdruck der Tiefe einer Verletzung sein. Das Betreiben einer Datei über Anspruchsteller nach § 15 ist mit Blick darauf wenig aussagekräftig. Die von einer Stuttgarter Anwaltskanzlei betriebene Datei wurde inzwischen eingestellt, nachdem auch datenschutzrechtliche Bedenken durch das baden-württembergische Innenministerium (abgedruckt in: AuR 2008, 307; aA Kern, S. 200 ff.) geäußert wurden (zur – verneinten – Frage der Haftung der Archivbetreiber gegenüber den Betroffenen OLG Stuttgart 11.4.2013 – 2 U 111/12 – NZA-RR 2013, 423). Alle genannten Umstände können allerdings im Verbund mit weiteren Umständen den Schluss auf Rechtsmissbrauch gestatten. So hat das BAG darauf hingewiesen, dass ein Arbeitgeber vortragen könne, dass ein Bewerber sich

allein auf augenscheinlich diskriminierende Annoncen beworben und vergleichbare „unverdächtige" Anzeigen im selben Medium nicht zum Anlass einer Bewerbung genommen hat (BAG 11.8.2016 – 8 AZR 4/15 – NZA 2017, 310 Rn. 72). Eher ist es denkbar, dass keine ernsthafte Bewerbung vorliegt, wenn der Arbeitnehmer spätere Einladungen zu Vorstellungsgesprächen auf gleiche Stellen abgelehnt hat (vgl. ArbG Kiel 9.2.2006 – ö.D. 5 Ca 1995 d/05). Allerdings kommt es auf den Einzelfall an. Die Ablehnung kann auch gerade darauf beruhen, dass der Arbeitnehmer die Einladung zum Vorstellungsgespräch im Hinblick auf frühere mögliche Benachteiligungen als Farce deutet. Auch der beabsichtigte Wechsel in eine sozial niedriger bewertete Beschäftigung mit erheblicher Gehaltseinbuße legt die Möglichkeit einer subjektiv nicht ernsthaft beabsichtigten Bewerbung nahe, wenn es dafür keine plausiblen Gründe gibt (vgl. LAG Rheinland-Pfalz 11.1.2008 – 6 Sa 522/07 – NZA-RR 2008, 343, 344). Allein der Umstand, dass der Arbeitnehmer sich aus einem bestehenden Arbeitsverhältnis heraus bewirbt, rechtfertigt aber noch nicht die Annahme, dass die Bewerbung nicht ernsthaft sei (BAG 16.9.2008 – 9 AZR 791/07 – AP § 81 SGB IX Nr. 15). Das BVerwG (3.3.2011 – 5 C 16/10 – NJW 2011, 2452) hat entschieden, dass ein Entschädigungsanspruch nicht ausgeschlossen ist, wenn der Bewerber keinen vorläufigen Rechtsschutz gegen die Besetzung der Stelle in Anspruch genommen hat, und darauf hingewiesen, dass der Entschädigungsanspruch bereits an die Benachteiligung während des Bewerbungsverfahrens anknüpft (→ Rn. 26). Folgerichtig kann das Unterlassen eines Antrags im vorläufigen Rechtsschutz die Ernsthaftigkeit der Bewerbung nicht infrage stellen. Ob „deplatzierte Angaben in der Bewerbung" (OLG Karlsruhe 13.9.2011 – 17 U 99/10 – NZA-RR 2011, 632, 635) die mangelnde Ernsthaftigkeit der Bewerbung indizieren, lässt sich nur im Einzelfall ermitteln. Hinweise auf bisher von vielen Arbeitgebern als relevant angesehene Eigenschaften der Person können aber jedenfalls niemals als deplatziert bezeichnet werden. Das betrifft etwa Behinderung, Alter oder Geschlecht.

67 Da S. 2 die Entschädigung für Bewerber, die auch bei benachteiligungsfreier Auswahl nicht eingestellt worden wären, beschränkt, kann der Anspruch **nicht nur dem bestgeeigneten** Bewerber zustehen (BAG 17.12.2009 – 8 AZR 670/08 – NZA 2010, 383, 384; BAG 17.8.2010 – 9 AZR 839/08 – NZA 2011, 153, 157). Vielmehr hat jeder Bewerber, der diskriminiert wird, Anspruch auf eine Entschädigung. Dagegen sollte die Entschädigung für diejenigen, die für die in Aussicht genommene Stelle überhaupt nicht **geeignet** waren, ausscheiden (BAG 17.12.2009 – 8 AZR 670/09 – NZA 2010, 383, 384; weitergehend zu Unrecht Wank, Anm. zu BAG 18.3.2010 – 8 AZR 1044/08 – AP § 15 AGG Nr. 3). Richtiger Ansicht nach ist eine Diskriminierung allerdings nicht dadurch ausgeschlossen, dass eine Bewerbung aussichtslos war, weil dem Bewerber die objektive Eignung fehlte (→ Rn. 64).

68 Der Entschädigungsanspruch ist aber nicht auf Fälle der Diskriminierung bei der Einstellung beschränkt. Er kommt vielmehr auch bei sonstigen unzulässigen Benachteiligungen nach § 7 in Betracht.

69 **Haftungsausschlüsse** nach § 104 SGB VII scheiden regelmäßig aus (Nollert-Borasio/Perreng, Rn. 17). Zum einen ist die Persönlichkeitsrechtsverletzung kein Personenschaden iSd Norm. Zum anderen wird die Diskriminierung im seltensten Fall einen Versicherungsfall iSd § 7 SGB VII darstellen (Wendeling-Schröder/Stein-Stein, § 15 Rn. 40; vgl. für Fälle der Belästigung und des Mobbings BAG 25.10.2007 – 8 AZR 593/06 – AP § 611 BGB Mobbing Nr. 6; ferner Schäfer, S. 291 f.) – falls doch wird es sich um Vorsatzfälle handeln, bei denen das Haftungsprivileg ohnehin nicht greift. Im Zusammenhang mit sexueller Belästigung wurde die Ansicht vertreten, dass es paradox sei, wenn die schwerere Belästigung mit Gesundheitsschäden zum Anspruchsausschluss führe, nicht hingegen die „leichtere" Verletzung „nur" des Allgemeinen Persönlichkeitsrechts (Wagner, Zivilrechtliche Haftung für sexuelle Belästigung am Arbeitsplatz, in: GS Heinze, 2005, S. 969, 982 f.). Das überzeugt indes nicht. Denn auch bei der Diskriminierung mit gesundheitlichen Einbußen bleibt der zugleich bestehende Eingriff in das Persönlichkeitsrecht bestehen, der auch nicht dem Anspruchsausschluss nach § 104 SGB VII unterliegt, weil insoweit ein anderes Rechtsgut betroffen ist. Ohnehin verstieße die Anwendung des Haftungsprivilegs bei Diskriminierungen gegen die unionsrechtlichen Vorgaben (Brummer, S. 112 ff.).

3. Verschulden

70 Der Anspruch ist **verschuldensunabhängig** ausgestaltet (BGH 23.4.2012 – II ZR 163/10 – DB 2012, 1499, 1505; BAG 16.9.2008 – 9 AZR 791/07 – AP § 81 SGB IX Nr. 15; BAG 22.1.2009 – 8 AZR 906/07 – AP § 15 AGG Nr. 1; BAG 22.8.2013 – 8 AZR 563/12 – NZA 2014, 82 Rn. 37; KR-Treber, § 15 Rn. 32; Hey/Forst-Forst, § 15 Rn. 94; Bauer/Krieger, § 15 Rn. 32; Meinel/Heyn/Herms, § 15 Rn. 54; Schleusener/Suckow/Voigt-Voigt, § 15 Rn. 40; Schiek-Kocher, § 15 Rn. 27; Jacobs, RdA 2009, 193, 196; Willemsen/Schweibert, NJW 2006, 2583, 2589; Deinert, DB 2007, 398, 401; aA Mohr, SAE 2008, 106 f.). Das Verschuldenserfordernis in Abs. 1 S. 2 greift nicht für Ansprüche aus Abs. 2. Insoweit gilt iE nichts anderes als für den zivilrechtlichen Schadensersatzanspruch (→ § 21 Rn. 65). Schon die systematische Auslegung spricht dafür, weil nur Abs. 1 über den Ersatz materieller Schäden im Wortlaut das Verschuldenserfordernis formuliert, nicht hingegen Abs. 2 über den Ersatz immaterieller Schäden. Auch würde die Annahme eines Verschuldenserfordernisses im Ergebnis einen EU-rechtlich unzulässigen (Art. 8 Abs. 2 RL 2000/78/EG, Art. 8 a RL 1976/207/EWG idF der RL 2002/73/EG) Rückschritt gegenüber § 611 a Abs. 2 BGB aF, § 81 Abs. 2 Nr. 2 ff. SGB IX aF bedeuten (Perreng/Nollert-Borasio, AiB 2006, 459, 463; aA Worzalla, S. 158, wonach § 611 a BGB hinsichtlich des Vermögensschadens verschuldensabhängig ausgestaltet gewesen sein soll [sic!]). Ein Verzicht auf das Verschuldenserfordernis ist zudem EU-rechtlich geboten (→ Rn. 5, 31; ferner Voggenreiter, in: Rudolf/Mahlmann, GlBR, § 8 Rn. 65, wonach freilich der Anspruch verschuldensabhängig ausgestaltet sein soll, weil die klare Regelung einer europarechtskonformen Auslegung entgegenstehe). Verfassungsrechtliche Gesichtspunkte („keine Strafe ohne Schuld") stehen dem nicht entgegen, denn es geht wie gezeigt (→ Rn. 15) nicht um eine Strafe (aA Maties, Anm. zu BAG 15.2.2005 –

9 AZR 635/03 – AP § 81 SGB IX Nr. 7). Rechtspolitische Forderungen nach einer Beschränkung auf verschuldete Pflichtverletzungen (etwa DAV-Stellungnahme, in: NZA 8/2005, VI, IX) sind deshalb nicht tragfähig. Es handelt sich mithin um eine verschuldensunabhängige Haftung, die keine Gefährdungshaftung ist (Armbrüster, KritV 2005, 41, 42; aA Korthaus, S. 296; Kittner/Zwanziger/Deinert-Zwanziger, § 93 Rn. 171). Das Verschulden ist allerdings bei der Bemessung der Entschädigung zu berücksichtigen (→ Rn. 85). Bislang noch nicht diskutiert ist der Vorschlag, die verschuldensunabhängige Haftung gleichwohl von der Verschuldensfähigkeit (§ 276 Abs. 1 S. 2 BGB iVm §§ 827, 828 BGB) abhängig zu machen (so für das österreichische Recht Rebhahn-Kletečka, § 12 Rn. 39). In das Konzept wirksamer und abschreckender Sanktion unabhängig von der Frage eines Verschuldens (→ Rn. 4 f.) passt aber auch dies nicht.

71 Das Kollektivvertragsprivileg des Abs. 3 sieht allerdings eine Haftung bei der Anwendung kollektivrechtlicher Vereinbarungen nur für Vorsatz und grobe Fahrlässigkeit vor (→ Rn. 101 ff.).

4. Summenmäßige Beschränkung

72 Im Falle einer Diskriminierung bei der Einstellung statuiert S. 2 eine **Obergrenze** von drei Monatsgehältern, die nicht überschritten werden darf. Dabei handelt es sich um eine Obergrenze und **nicht** um einen **Regelsatz**. Keinesfalls erhalten diskriminierte Bewerber deshalb grundsätzlich eine Entschädigung von **drei Monatsgehältern**.

73 Der **Begriff des Monatsverdienstes** war in § 611 a Abs. 3 S. 2 BGB aF legaldefiniert. Zwar enthält Abs. 2 keine solche Definition. Gleichwohl kann auf die alte Definition zurückgegriffen werden (Meinel/Heyn/Herms, § 15 Rn. 65; Wendeling-Schröder/Stein-Stein, § 15 Rn. 45). Danach ist im Sinne eines Lohnausfallprinzips darauf abzustellen, was der Arbeitnehmer verdient hätte, wäre er eingestellt worden (BAG 17.8.2010 – 9 AZR 839/08 – NZA 2011, 153, 158), nicht hingegen, welche Vergütung ein Bewerber sich vorgestellt hätte (LAG Hamburg 3.4.2013 – 4 Ta 4/13, Rn. 8). Zur Bestimmung dessen ist in erster Linie darauf zu schauen, was der nun eingestellte Bewerber verdient. Allerdings sind all die Zuschläge abzuziehen, die einen Ausgleich für Aufwendungen darstellen, die nur bei tatsächlicher Arbeitsleistung entstehen (Soergel-Raab, § BGB 611 a Rn. 57). Dazu zählen Schmutz- und Erschwerniszulagen nicht (aA Staudinger-Annuß, Neubearbeitung 2005, BGB § 611 a Rn. 89), wohl aber beispielsweise Trennungsentschädigungen. Abzustellen ist auf den Bruttoverdienst (BAG 17.8.2010 – 9 AZR 839/08 – NZA 2011, 153, 158; Kossens, in: Kossens/von der Heide/Maaß, SGB IX § 81 Rn. 47).

74 Die Beschränkung betrifft nur Bewerber, die auch bei diskriminierungsfreier Auswahl nicht eingestellt worden wären. Allein der Umstand der Verletzung des Persönlichkeitsrechts führt hier zur Entschädigung, unabhängig von der Kausalität für die Einstellungsentscheidung.

75 Diese Beschränkung bietet dem **Arbeitgeber** freilich nur **relativen Schutz** gegen Schadensersatzansprüche erheblichen Ausmaßes. Diskriminiert er nämlich im Rahmen einer „Bewerbungswelle“ in großem Stil, schuldet er

jedem einzelnen Bewerber die – wenn auch höhenmäßig beschränkte – Entschädigung (→ Rn. 7 aE).

76 Demgegenüber unterliegt die Entschädigung des Bewerbers, dessen Bewerbung bei diskriminierungsfreier Auswahl Erfolg gehabt hätte (zur Beweislast → Rn. 183) keiner Beschränkung (→ Rn. 7). Die Bezeichnung als Bestqualifizierter (so etwa Rust/Falke-Bücker, § 15 Rn. 12, 21; Adomeit/Mohr, § 15 Rn. 58) ist insofern allerdings irreführend, als der Arbeitgeber jenseits Art. 33 Abs. 2 GG nicht verpflichtet ist, sich für den Besten zu entscheiden, er darf bei seiner Entscheidung nur eben nicht diskriminieren. Besser spricht man daher vom bestplatzierten Bewerber. In tatsächlicher Hinsicht kann sich dabei für den Arbeitgeber im Übrigen ergeben, dass bei einer Auswahlentscheidung mehrere sog Bestplatzierte keine Deckelung ihrer Entschädigung hinnehmen müssen, wenn der Arbeitgeber nämlich hinsichtlich dieser Frage gegenüber mehreren Bewerbern beweisfällig bleibt (zur Beweislast des Arbeitgebers → Rn. 183).

77 Bei § 611 a BGB aF und § 81 SGB IX aF galt die summenmäßige Beschränkung kraft Verweisung auch für den **beruflichen Aufstieg**. Eine entsprechende Regelung fehlt in § 15. Gleichwohl ist die Beschränkung im Wege des Erst-Recht-Schlusses auf den beruflichen Aufstieg zu übertragen (BAG 17.8.2010 – 9 AZR 839/08 – NZA 2011, 153, 158; Wendeling-Schröder/Stein-Stein, § 15 Rn. 48; Hey/Forst-Forst, § 15 Rn. 97; aA BeckOGK/Benecke, § 15 Rn. 64; Nollert-Borasio/Perreng, § 15 Rn. 28). Das bedeutet, dass die Entschädigung drei Monatsvergütungen nicht übersteigen darf. Demgegenüber kann sie nicht dahin verstanden werden, dass die dreifache Vergütungsdifferenz zwischen der Aufstiegs- und der aktuell ausgeübten Position die Höchstgrenze markiere (so aber Wisskirchen, DB 2006, 1491, 1499; für § 164 SGB IX Kossens, in: Kossens/von der Heide/Maaß, SGB IX § 81 Rn. 52; Neumann, in: Neumann/Pahlen/Majerski-Pahlen, SGB IX § 81 Rn. 20; wie hier BAG 17.8.2010 – 9 AZR 839/08 – NZA 2011, 153, 158; VGH Mannheim 10.9.2013 – 4 Sa 547/12 – NZA-RR 2014, 159, 163; Hey/Forst/Forst, § 15 Rn. 97; Meinel/Heyn/Herms, § 15 Rn. 72). Die Gesetzesverfasser zum alten § 611 a BGB aF, der auf die entsprechende Regelung für die Einstellung verwies, gingen bereits von der hier vertretenen Lösung aus (amtliche Begründung BT-Drs. 13/10242, 8). Dafür spricht auch, dass die Persönlichkeitsverletzung im Falle der Auswahl bei Aufstiegsentscheidungen keine geringere ist bzw. sein muss als im Falle der Einstellungsentscheidung (BAG 17.8.2010 – 9 AZR 839/08 – NZA 2011, 153, 158). Zudem zwingt das Gebot richtlinienkonformer Auslegung zu dieser Lösung, weil anderenfalls die Entschädigung auf eine lediglich symbolische Größenordnung reduziert würde (vgl. auch die amtliche Begründung zu § 611 a Abs. 5 BGB aF, BT-Drs. 13/10242, 8), was europarechtlich unzulässig wäre (→ Rn. 3 ff.). Ein ausnahmsweises Anknüpfen an die Vergütungsdifferenz im Einzelfall (in der amtlichen Begründung BT-Drs. 13/10242, 8, zu § 611 a Abs. 5 BGB erwogen) wird man deshalb auch nur für ganz außergewöhnliche Fälle gestatten dürfen.

5. Bemessung der Entschädigung

78 Bei der Bemessung der Entschädigung muss der Sanktionsgesichtspunkt (→ Rn. 14) berücksichtigt werden.

79 In die Abwägung ist deshalb wegen des Normzwecks des Schadensausgleichs (→ Rn. 13) zunächst die **erlittene Persönlichkeitsverletzung** einzustellen. Die hypothetischen Chancen bei diskriminierungsfreier Auswahl müssen hier berücksichtigt werden (vgl. Müller-Wenner, in: Müller-Wenner/Winkler, SGB IX § 81 Rn. 57). Im Falle einer Anweisung zur Diskriminierung ist auch darauf abzustellen, ob der **Anweisung Folge geleistet** wurde (→ § 3 Rn. 116).

80 Fraglich ist, ob ein **Mitverschulden** des Arbeitnehmers nach § 254 BGB zu berücksichtigen ist. Mit Blick darauf, dass ein solches das Maß der Persönlichkeitsverletzung grundsätzlich zu reduzieren geeignet ist, ist dies zu bejahen (KR-Treber, § 15 Rn. 40; Wendeling-Schröder/Stein-Stein, § 15 Rn. 39; aA Schleusener/Suckow/Voigt-Voigt, § 15 Rn. 55). Im Falle einer diskriminierenden Kündigung vermindert eine unterlassene Kündigungsschutzklage aber nicht den Entschädigungsanspruch (LAG Bremen 29.6.2010 – 1 Sa 29/10 – NZA-RR 2010, 510, 512). Die Wirksamkeitsfiktion des § 7 KSchG führt zu keiner anderen Bewertung (aA Bauer, FS v. Hoyningen-Huene, S. 29, 39). Sie fingiert zwar die Wirksamkeit der Kündigung, nicht aber, dass keine Diskriminierung vorliege. Dasselbe gilt für eine etwa unterlassene Konkurrentenklage (VGH Mannheim 10.9.2013 – 4 Sa 547/12 – NZA-RR 2014, 159, 162).

81 Unter dem Blickwinkel des Schadensausgleichs ist des Weiteren zu berücksichtigen, ob die Persönlichkeitsverletzung bereits durch Erfüllung von Gleichbehandlungsansprüchen oder den **materiellen Schadensersatz** ausgeglichen wurde (Nollert-Borasio/Perreng, § 15 Rn. 24; dies verkennt Kaufmann, S. 76). So wird die geringere Vergütung wegen der sexuellen Orientierung zumeist durch Nachzahlen der höheren Vergütung jedenfalls zum Teil ausgeglichen (vgl. OVG Lüneburg 25.2.2014 – 5 LA 204/13 – NZA-RR 2014, 329, 330 f.: „Erheblichkeitsschwelle" nicht erreicht). Wegen der Persönlichkeitsverletzung kann gleichwohl daneben eine weitere Entschädigung geboten sein (BVerwG 30.10.2014 – 2 C 6.13 – BVerwGE 150, 234; LAG Rheinland-Pfalz 13.5.2015 – 5 Sa 436/13 – NZA-RR 2015, 517; 17.3.2014 – 1 Sa 23/13 – LAGE § 15 AGG Nr. 19; aA wohl Löwisch/Becker, EuZA 2015, 83, 89). Das wird namentlich bei allen Fällen mittelbarer Benachteiligung der Fall sein. Die Annahme, das Zusprechen einer immateriellen Entschädigung wegen der Benachteiligung durch geringere Vergütung sei „schlicht falsch" (Thüsing, Beilage zu NZA Heft 22/2004, S. 3, 15), ist ihrerseits schlicht falsch (zutr. Meinel/Heyn/Herms, § 15 Rn. 74; Schiek, Differenzierte Gerechtigkeit, S. 155 f.). Vielmehr hat der BGH klargestellt, dass grundsätzlich materieller und immaterieller Schadensersatz nebeneinander zu gewähren sind, so dass eine automatische Reduzierung der Entschädigung wegen eines daneben bestehenden Schadensersatzanspruchs ausscheidet (BGH 23.4.2012 – II ZR 163/10 – DB 2012, 1499, 1505; zust. Lunk, RdA 2013, 110, 115). Gerade in Fällen unmittelbarer Diskriminierungen und insbesondere in Vorsatzfällen kann die Verletzung des Persönlichkeitsrechts durch Nachzahlung der Vergütungsdiffe-

renz nicht ohne Weiteres ausgeglichen werden. Die Trennung zwischen materiellem und immateriellem Schadensersatz ist mithin kein gesetzgeberischer Fehlgriff (so aber Korthaus, S. 196), sondern dringend notwendig gewesen, um sich der beiden Gesichtspunkte bewusst zu werden. Grundsätzlich ausgeschlossen ist es aber, materielle Ersatzansprüche in die Entschädigung einzubeziehen (BAG 18.3.2010 – 8 AZR 1044/08 – AP § 15 AGG Nr. 3). Sie können nach Abs. 1 beansprucht werden. Demgegenüber scheint es nachvollziehbar, wenn das BAG den fehlenden Kündigungsschutz in einem neuen Arbeitsverhältnis im Rahmen des Entschädigungsanspruchs berücksichtigen will (BAG 21.6.2012 – 8 AZR 364/11 – DB 2012, 2579, 2582), denn dieser lässt sich konkret als Schadensposition im Rahmen von Abs. 1 weder berechnen noch schätzen.

82 Das zeigt sich auch am umgekehrten Fall, dass ein Arbeitnehmer eine Diskriminierung im bestehenden Arbeitsverhältnis zum Anlass einer **fristlosen Kündigung** nimmt. Der Ersatz materieller Schäden richtet sich dabei nach § 628 Abs. 2 BGB (→ Rn. 51). Dies wird aber kaum jemals genügen, den immateriellen Schaden auszugleichen, den der Arbeitnehmer dann nach Abs. 2 ersetzt verlangen kann.

83 Auch mindert sich die Entschädigung nicht dadurch, dass der Arbeitgeber dem Arbeitnehmer nunmehr einen Vertragsschluss anbietet. Aus der Wertung des Abs. 6 lässt sich entnehmen, dass der Arbeitnehmer sich hierauf nicht einzulassen braucht (→ Rn. 52). Darüber hinaus vermag auch ein tatsächlich später erfolgter Vertragsschluss oder eine Beschäftigung die erfolgte Benachteiligung als solches nicht ohne Weiteres wieder zu beseitigen, so dass eine Entschädigung auch von daher nicht ausgeschlossen ist (BAG 22.8.2013 – 8 AZR 563/12 – NZA 2014, 82 Rn. 53 ff.; OVG Lüneburg 18.10.2016 – 5 LA 208/15 – DVBl. 2017, 52). Das BAG weist zudem auf die damit verbundene Umgehungsgefahr hin, wonach der Arbeitgeber zunächst den Bewerber benachteiligen und bei späterer „Rüge" sich um Heilung bemühen könnte (BAG 22.8.2013 – 8 AZR 563/12 – NZA 2014, 82 Rn. 61). Ebenso wenig stellt die Unwirksamkeit einer Kündigung infrage, dass ein immaterieller Schaden verbleibt, der nach § 15 Abs. 2 auszugleichen ist (→ Rn. 38). Das ist insbesondere denkbar, wenn bewusst ohne Einholung behördlicher Zustimmungen bei Schwangerschaft (ArbG Berlin 8.5.2015 – 28 Ca 18485/14) oder Schwerbehinderung (ArbG Neumünster 1.7.2015 – 3 Ca 332a/15) gekündigt wird.

84 Im Übrigen ist zu beachten, dass – auch wenn der materielle Schadensersatz ein Stück weit entschädigt – der Schadensersatz immer nur einen Mindestschaden darstellen kann, weil sonst wertungswidersprüchlich der Anspruch des bestplatzierten Bewerbers hinter dem eines nicht bestplatzierten Bewerbers zurückbleiben könnte (KR-Pfeiffer, 8. Aufl. 2007, AGG Rn. 143).

85 Bei der Entschädigungsbemessung sind auch die **Schwere, Art und Dauer des Verstoßes sowie Folgen für den Arbeitnehmer** (BAG 18.3.2010 – 8 AZR 1044/08 – AP § 15 AGG Nr. 3) und das **Ausmaß des Verschuldens** zu berücksichtigen (BAG 22.1.2009 – 8 AZR 906/07 – AP § 15 AGG Nr. 1; BGH 23.4.2012 – II ZR 163/10 – DB 2012, 1499, 1505; MüKo-Thüsing, § 15 Rn. 12; Schleusener/Suckow/Voigt-Voigt, § 15 Rn. 48), wo-

bei dies schon den Sanktionsgesichtspunkt mitberücksichtigt. Gleichwohl lässt sich ein Grundsatz, dass die Entschädigung im Falle der Diskriminierung bei Kündigung höher ausfallen müsse als im Falle der Diskriminierung bei der Einstellung, nicht aufstellen (so Voggenreiter, in: Rudolf/Mahlmann, GlBR, § 8 Rn. 69). Dies ließe sich allein im Hinblick auf die materielle Einbuße durch Bestandsschutzverlust begründen. Diese aber ist bereits nach Abs. 1 auszugleichen. Nicht überzeugend ist es auch, wenn das BAG offensichtlich die Berücksichtigung des Umstandes, dass es um eine befristete Stelle geht, für unbedenklich hält (BAG 16.9.2008 – 9 AZR 791/07 – AP § 81 SGB IX Nr. 15). Denn die Frage der Befristung besagt nichts über den immateriellen Schaden. Eventuelle **Wiedergutmachungsbemühungen** des Arbeitgebers sind ebenfalls zu berücksichtigen (BAG 22.1.2009 – 8 AZR 906/07 – AP § 15 AGG Nr. 1; BAG 18.3.2010 – 8 AZR 1044/08 – AP § 15 AGG Nr. 3; aber auch → Rn. 52).

86 Im Falle einer **Diskriminierung aus mehreren Gründen** muss dies eine Erhöhung der Entschädigung zur Folge haben (amtliche Begründung, BT-Drs. 16/1780, 38; Schiek, NZA 2004, 873, 880; Schiek-Kocher, § 15 Rn. 35; Schleusener/Suckow/Voigt-Voigt, § 15 Rn. 55; Wendeling-Schröder/Stein-Stein, § 15 Rn. 39; Korthaus, S. 218; krit. Walker, NZA 2009, 5, 10; zur österreichischen Rechtslage vgl. Apostolovski/Apostolovski, DRdA 2012, 472). Dafür sprechen sowohl der Zweck des Schadensausgleichs als auch der Sanktionszweck.

87 Des Weiteren sind aber auch die **wirtschaftlichen Verhältnisse des Arbeitgebers** in die Abwägung mit einzubeziehen (BAG 21.6.2012 – 8 AZR 364/11 – DB 2012, 2579, 2582; KR-Treber, § 15 Rn. 39; Bauer/Krieger, § 15 Rn. 36; Herms/Meinel, DB 2004, 2370, 2373; Feldhoff, Streit 2015, 111, 114; aA v. Roetteken, § 15 Rn. 59 b). Denn nur auf diesem Wege lässt sich eine Entschädigung festsetzen, die den Arbeitgeber von künftigen Diskriminierungen abhalten kann. Im Falle einer Haftung des Arbeitgebers für Dritte (→ Rn. 154 ff.) ist bei der Bemessung der Entschädigung darauf abzustellen, dass der Arbeitgeber spezialpräventiv zur Einhaltung seiner Organisationspflichten angehalten werden muss.

88 Die Berücksichtigung der wirtschaftlichen Verhältnisse kann allerdings zugunsten des Arbeitgebers nur eingeschränkt erfolgen, insoweit sie keinesfalls hinter derjenigen Entschädigung zurückbleiben darf, die erforderlich ist, die erlittene Beeinträchtigung des Persönlichkeitsrechts auszugleichen. Insoweit kann sie den Arbeitgeber nicht entlasten (Schleusener/Suckow/Voigt-Voigt, § 15 Rn. 51; anders für den Fall einer Gefährdung von Arbeitsplätzen Kittner/Zwanziger/Deinert-Zwanziger, § 93 Rn. 172). Nur in dem Rahmen, in dem die Schadensausgleichsfunktion der Entschädigung **Spielraum** belässt, können Sanktionsgesichtspunkte einfließen (vgl. MüKo-Thüsing, § 15 Rn. 13 ff.; vgl. auch BAG 18.3.2010 – 8 AZR 1044/08 – AP § 15 AGG Nr. 3). Das wird übersehen, wenn vertreten wird, bei einer Mehrheit von Diskriminierungsopfern müsse zunächst die erforderliche Sanktion bestimmt und sodann auf die diskriminierten Bewerber verteilt werden (so für § 611 a BGB aF Staudinger-Annuß, Neubearb. 2005, BGB § 611 a Rn. 103; wie hier wohl Schiek-Kocher, § 15 Rn. 43). Gleichwohl muss, um dem Sanktionsgesichtspunkt angemessen Rechnung tragen zu

können, gewährleistet sein, dass anderweitige Entschädigungspflichten des Arbeitsgebers mit Blick auf weitere Diskriminierungsopfer aus demselben Vorgang im Blick behalten werden. Anders als etwa in Österreich (s. Rebhahn-Kletečka, § 12 Rn. 18) ist dies durch die Verfahrensvorschriften in § 61 b ArbGG ermöglicht (→ Rn. 132 ff., 174 ff.). In diesem Rahmen kann insbesondere auch berücksichtigt werden, wenn ein mit der Bewerbersuche beauftragter Dritter zunächst die Offenlegung der Identität des Arbeitgebers beharrlich verweigert (OLG Karlsruhe 13.9.2011 – 17 U 99/10 – NZA-RR 2011, 632, 635).

89 Demgegenüber sind die **wirtschaftlichen Verhältnisse des Arbeitnehmers** von vornherein **unbeachtlich** (Jacobs, RdA 2009, 193, 203; Schubert, EuZA 2016, 480, 487; v. Roetteken, § 15 Rn. 59 b; aA MüKo-Thüsing, § 15 Rn. 12). Sie haben weder Einfluss auf die Höhe der erlittenen immateriellen Einbuße noch sind sie für den Sanktionszweck maßgeblich.

90 Bisheriges Wohlverhalten mit Blick auf die relevanten Diskriminierungsverbote kann daher ebenfalls nur in vorerwähntem Rahmen Berücksichtigung finden (vgl. BAG 17.8.2010 – 9 AZR 839/08 – NZA 2011, 153, 157; krit. Wendeling-Schröder/Stein-Stein, § 15 Rn. 39; zu weit HK-SGB IX/Trenk-Hinterberger, SGB IX § 81 Rn. 60; zu eng Boemke/Danko, § 9 Rn. 67).

91 Zu Recht wird demgegenüber vertreten, dass im **Wiederholungsfall** (jedenfalls im vorgenannten Rahmen) eine deutliche Heraufsetzung der Entschädigung in Betracht komme (ErfK-Schlachter, § 15 Rn. 10; v. Roetteken, § 15 Rn. 59; HWK-Rupp, § 15 Rn. 8; Feldhoff, Streit 2015, 111, 114; einschränkend Schubert, EuZA 2016, 480, 486 f.; aA Thüsing/Stiebert, FS v. Hoyningen-Huene, S. 487, 493 f.; zur Berücksichtigung von Wiederholungsfällen BAG 18.3.2010 – 8 AZR 1044/08 – AP § 15 AGG Nr. 3; Walker, NZA 2009, 5, 10). Dass das deutsche Recht keinen Strafschadensersatz vorsieht, stellt die Berücksichtigung von Wiederholungsfällen nicht infrage. Vielmehr kann dieser Umstand in dem Rahmen, der unter dem Schadensausgleichsgesichtspunkt verbleibt, berücksichtigt werden.

92 Schließlich ist unter dem Gesichtspunkt der **Generalprävention** darauf zu achten, dass die Entschädigung geeignet sein muss, Arbeitgeber generell von Diskriminierungen dieser Art abzuhalten (Lehmann, S. 143). Die öffentlichen Diskussionen und gerade die insoweit geäußerten Befürchtungen von Arbeitgeberseite illustrieren nur zu deutlich, dass die generalpräventive Wirkung solcher Entschädigungsverpflichtungen nicht zu gering geschätzt werden darf.

93 Auch wenn die Rechtsprechung sich darauf bislang nicht eingelassen hat, scheint es geboten, ungeachtet des Umstands, dass die Bemessung der Entschädigung von zahlreichen Umständen des Einzelfalls abhängt, zumindest **für Fälle diskriminierender Auswahlentscheidungen**, gleichsam für den Normalfall einer Diskriminierung eine **Faustregel** zu formulieren, von der ausgehend dann Abweichungen nach unten und oben mit Blick auf die besonderen Umstände des Einzelfalls vorgenommen werden können (krit. dagegen Treber, NZA 1998, 857, 858, Fn. 39). Dabei taugt § 10 KSchG als Anlehnungspunkt nicht, weil er eine Entschädigung für einen Arbeitsplatzverlust und nicht für eine Persönlichkeitsrechtsverletzung regelt (so aber

für § 81 SGB IX, jetzt § 164 SGB IX nF, Müller-Wenner, in: Müller-Wenner/Winkler, SGB IX § 81 Rn. 58; krit. dazu Großmann, in: GK-SGB IX, § 81 Rn. 268). Dasselbe gilt (entgegen MüKo-Müller-Glöge, 4. Aufl. 2005, BGB § 611 a Rn. 74) für die Heranziehung von § 113 Abs. 3 BetrVG; dieser Gesichtspunkt ist vielmehr beim materiellen Schadensersatz für den Fall zu berücksichtigen, dass eine Diskriminierung zum Verlust des Bestandsschutzes im Arbeitsverhältnis führt (→ Rn. 42 einerseits und → Rn. 51 andererseits).

94 Richtigerweise wird man bei der Formulierung einer Faustregel an Abs. 2 S. 2 ansetzen müssen, wonach derjenige Bewerber, der bei diskriminierungsfreier Auswahl nicht eingestellt worden wäre, nicht mehr als drei Monatsgehälter als Entschädigung beanspruchen kann. Ausgehend davon, dass die Haftung des Arbeitgebers gegenüber dem Bewerber, der bei diskriminierungsfreier Auswahlentscheidung erfolgreich gewesen wäre, nicht beschränkt werden darf (→ Rn. 7), ließ sich deshalb nach altem Recht für Normalfälle eine Entschädigung bei vier Monatsverdiensten als Entschädigung für den fiktiv erfolgreichen Bewerber und zwei Monatsverdiensten für alle anderen veranschlagen, damit genügend Raum für Abweichungen nach oben und unten blieb (Kittner/Zwanziger/Deinert-Zwanziger, § 93 Rn. 172 f.; ähnlich für § 164 SGB IX nF: Großmann, in: GK-SGB IX, § 81 Rn. 262).

95 Das lässt sich allerdings nicht unbesehen auf § 15 übertragen. Denn anders als § 611 a BGB aF, § 81 SGB IX aF sieht § 15 keine einheitliche Entschädigung, die materiellen und immateriellen Schadensersatz umfasst, mehr vor. Vielmehr gibt es für den Ersatz des materiellen Schadens eine eigenständige Regelung in Abs. 1, so dass für die Entschädigung nach Abs. 2 die mit dem abzuschließenden Arbeitsvertrag entgangene Vergütung nicht mehr zu berücksichtigen ist. Demgegenüber wird man für die Entschädigung derjenigen Bewerber, die auch bei diskriminierungsfreier Auswahl ohne Erfolg geblieben wären, weiterhin an der Faustregel von zwei Monatsverdiensten festhalten können, weil sie nach unten Spielraum belässt und nach oben immerhin noch eine Steigerung um 50 % gestattet. Denn die Obergrenze von drei Monatsgehältern muss für Extremfälle vorbehalten bleiben (vgl. OVG Hamburg 27.6.2013 – 1 Bf 108/12). Dem lässt sich auch nicht etwa ein fehlendes berechtigtes Genugtuungsinteresse für den Normalfall entgegenhalten. Denn dadurch würde die in der diskriminierenden Auswahlentscheidung liegende Persönlichkeitsverletzung schlicht verkannt. Dem lässt sich auch nicht entgegenhalten, dass es vergleichbar verletzende willkürliche Einstellungsentscheidungen geben könne, in denen es ebenfalls keine Entschädigung gebe (so Staudinger-Annuß, Neubearb. 2005, BGB § 611 a Rn. 101). Der maßgebliche Unterschied liegt nämlich darin, dass die Rechtsordnung die Willkür hinsichtlich der in § 1 genannten Merkmale gesetzlich untersagt, andere Willkür hingegen hinnimmt (§ 311 BGB).

96 Es fragt sich dann nur noch, wie die Entschädigung für die Persönlichkeitsverletzung des Bewerbers, der bei diskriminierungsfreier Auswahl eingestellt worden wäre, zu bemessen ist. Zunächst einmal ist die Obergrenze von drei Monatsgehältern für nicht bestplatzierte Bewerber nicht zugleich eine Untergrenze für den bestplatzierten Bewerber (BAG 17.8.2010 –

9 AZR 839/08 – NZA 2011, 153, 158; BGH 23.4.2012 – II ZR 163/10 – DB 2012, 1499, 1505). Einerseits scheint in diesem Fall die Persönlichkeitsverletzung schwerer zu wiegen als bei demjenigen, der auch sonst der Konkurrenz erlegen wäre (aA ArbG Düsseldorf 10.6.2008 – 11 Ca 754/08 – NZA-RR 2008, 511, 514). Andererseits ist zu berücksichtigen, dass die Persönlichkeitsverletzung schon ein Stück weit durch den Ersatz des materiellen Schadens ausgeglichen wird (→ Rn. 81; vgl. auch Walker, NZA 2009, 5, 9; iE ähnlich Thüsing/Stiebert, FS v. Hoyningen-Huene, S. 487, 492: der immaterielle Schaden sei für alle Beteiligten gleich), so dass es sachgerecht erscheint, auch in diesem Fall eine Entschädigung in Höhe von zwei Monatsvergütungen zu veranschlagen. Im Ergebnis bedeutet dies, dass der diskriminierte Bewerber **im Regelfall zwei Monatsvergütungen** als Entschädigung **neben dem Ersatz eines eventuellen materiellen Schadens** nach Abs. 1 verlangen kann (ähnlich wohl ArbG Berlin 13.7.2005 – 86 Ca 24618/04 – NZA-RR 2005, 608, 612 f., wo für einen etwas „überdurchschnittlichen" Fall drei Monatsvergütungen für den Ausgleich des immateriellen Schadens nach § 81 Abs. 2 SGB IX aF veranschlagt wurden). Insgesamt ist schwer auszumachen, was die **Praxis** der Instanzgerichte kennzeichnet. Möglicherweise wird sich hier **eher an einer Monatsvergütung** für den Regelfall **orientiert**, (vgl. etwa Lehmann, S. 158 ff.; Walker, NZA 2009, 5, 10).

97 Für den beruflichen Aufstieg wurde eine Halbierung dieser „Einsatzwerte" erwogen (für § 611 a BGB aF: Zwanziger, DB 1998, 1330, 1331; für § 164 SGB IX nF: Großmann, in: GK-SGB IX, § 81 Rn. 283). Das lässt sich ebenfalls unter einer strikten Trennung von Ersatz materieller Schäden und Entschädigung wegen der Persönlichkeitsverletzung nicht mehr aufrechterhalten. Vielmehr ist davon auszugehen, dass die Persönlichkeitsverletzung bei diskriminierender Auswahlentscheidung in Bezug auf den beruflichen Aufstieg kaum geringer wiegen dürfte. Hinzu kommt für denjenigen Bewerber, der bei diskriminierungsfreier Auswahl erfolgreich gewesen wäre, dass der materielle Schadensersatz idR nicht besonders üppig ausfallen wird und mithin zur Kompensation weit weniger noch als bei Einstellungsdiskriminierungen taugen wird. Es empfiehlt sich daher, **auch bei beruflichen Aufstiegsentscheidungen,** für den Regelfall von einer Entschädigung im Umfang von zwei Monatsvergütungen (in der erstrebten Beschäftigung) auszugehen.

98 Zu beachten ist, dass es sich hier in zweifacher Hinsicht um eine Faustregel handelt. Zum einen müssen die Umstände des Einzelfalls grundsätzlich berücksichtigt werden. Zum anderen ist zu beachten, dass die immaterielle **Einbuße nur eingeschränkt in Relation zum Einkommen** messbar ist (BeckOGK/Benecke, § 15 Rn. 53; Schiek, NZA 2004, 873, 880; Kamanabrou, ZfA 2006, 327, 338; Wank, FS Richardi, S. 441, 445, 447; Wagner/Potsch, JZ 2006, 1085, 1094; aA offenbar – ohne Begründung – BAG 14.3.1989 – 8 AZR 447/87 – AP § 611 a BGB Nr. 5). Für Diskriminierungen im bestehenden Arbeitsverhältnis hält das BAG die Vergütung für vollkommen unerheblich (BAG 22.1.2009 – 8 AZR 906/07 – AP § 15 AGG Nr. 1). Insbesondere bei niedrigeren Einkommen wird die genannte Faustregel daher zu kurz greifen und „Zuschläge" erfordern, während bei höhe-

ren Einkommenslagen auch Gegenteiliges gelten kann. Besser wäre vor diesem Hintergrund eine gesetzliche Ausweisung von Euro-Beträgen, wie dies beispielsweise in Österreich der Fall ist (zur Rechtslage in Österreich vgl. etwa Majoros, DRdA 2007, 515 ff.). Nimmt man allerdings die vorstehenden Relativierungen ernst und zieht in Betracht, dass Maßstab jeder Entschädigung keinesfalls ein in Aussicht genommenes Gehalt, sondern immer die Persönlichkeitsverletzung sein muss, ist der **Vorwurf eines Verfassungsverstoßes** (vgl. Traut, in: Thüsing ua, ZfA 2016, 407, 432) **nicht überzeugend.** Die in Aussicht genommene Vergütung taugt für den ersten Zugriff bei der Bestimmung eine angemessene Entschädigung mit Rücksicht auf den Lebensstandard des Betroffenen (insoweit ähnlich Traut, in: Thüsing ua, ZfA 2016, 407, 431), dabei darf es aber nicht sein Bewenden haben.

6. Aktiv- und Passivlegitimation

99 Anspruchsberechtigter Geschädigter ist der **Arbeitnehmer** sowie sonst jeder Beschäftigte im Sinne des § 6 Abs. 1, 3 sowie § 24 (→ Rn. 53 f. für den Ersatz von Vermögensschäden). In entsprechender Anwendung kommen gem. § 6 Abs. 3 auch Organmitglieder als Anspruchsberechtigte in Betracht (vgl. BGH 23.4.2012 – II ZR 163/10 – DB 2012, 1499). Ansprüche können nach §§ 398 ff. BGB abgetreten werden oder im Wege der Gesamtrechtsnachfolge übergehen (→ Rn. 53). Der Anspruch ist wie jeder Schmerzensgeldanspruch (Palandt-Grüneberg, BGB § 253 Rn. 22), aber anders als ein Entschädigungsanspruch wegen Persönlichkeitsrechtsverletzung nach § 823 Abs. 1 BGB (vgl. BGH 29.4.2014 – VI ZR 246/12 – JZ 2014, 1053 mAnm Schubert) vererblich. Eine Prozessstandschaft ist nach allgemeinen Grundsätzen sowie im Falle einer Diskriminierung wegen einer Behinderung nach § 23 Abs. 4 iVm § 85 SGB IX möglich.

100 Passiv legitimiert ist allein der **Arbeitgeber** bzw. potenzielle Arbeitgeber (BAG 23.1.2014 – 8 AZR 118/13 – AP § 15 AGG Nr. 18; LAG Rheinland-Pfalz 25.1.2012 – 9 Ta 17/12 – NZA-RR 2012, 272; Brummer, S. 64 ff.; BeckOK/Roloff, § 15 Rn. 7; Annuß, BB 2006, 1629, 1634; für den Ersatz materieller Schäden → Rn. 55). Der Wortlaut ist insoweit zwar nicht eindeutig. Dies ergibt sich aber aus der Systematik, nach der Abs. 2 gewissermaßen noch derselbe Atemzug des Abs. 1 über den materiellen Schaden für den immateriellen Schaden ist. Eine Haftung Dritter nach anderen Vorschriften ist möglich (→ Rn. 165 ff.). Eine Erstreckung der Arbeitgeberhaftung auch auf Diskriminierungen durch Dritte kommt in Betracht (→ Rn. 154 ff.).

IV. Kollektivvertragsprivileg (Abs. 3)

101 Nach Abs. 3 ist der Arbeitgeber bei der Anwendung von Kollektivverträgen nur dann zur Entschädigung verpflichtet, wenn er mindestens grob fahrlässig handelt. Kollektivverträge in diesem Sinne sind **Tarifverträge, Betriebs- und Dienstvereinbarungen.** Ob auch Vereinbarungen im Rahmen des sog **Dritten Weges** der Kirchen hierunter fallen, ist umstr. Diese wirken zwar nicht normativ, maßgeblich scheint nach dem Gesetzeszweck allerdings der kollektive Charakter der Vereinbarung (→ Rn. 105), was auch bei kirchlichen Vereinbarungen der Fall ist (in diesem Sinne MüKo-Thü-

sing, § 15 Rn. 36; KR-Treber, § 15 Rn. 45). Ein entsprechendes Privileg gibt es für die Diskriminierung durch Anwendung diskriminierender Gesetzesvorschriften nicht (vgl. Franzen, RIW 2010, 577, 581; Gaul/Koehler, BB 2010, 503 ff.), so dass Arbeitgeber, sieht man einmal von der Unanwendbarkeit des Abs. 3 (→ Rn. 108) ab, für gesetzliches Unrecht schärfer haften würden als für kollektivvertragliches Unrecht!

102 **Ansprüche auf Gleichbehandlung** vermag das Kollektivvertragsprivileg ohnehin **nicht auszuschließen** (→ Rn. 107). Es kann nur um darüber hinausgehenden Schadensersatz und Entschädigung gehen.

103 Die Regelung ist rechtspolitisch zweifelhaft (Jacobs, RdA 2009, 193, 197), vor allem aber unionsrechtswidrig (dazu → Rn. 108; krit. mit Blick darauf, dass der Arbeitgeber überhaupt ersatzpflichtig sein soll, wenn er Tarifverträge anwendet, Wiedemann, NZA 2007, 950, 953 f.). Der **Normzweck** erschließt sich nicht ohne Weiteres. In der Regierungsbegründung heißt es: „Die Richtlinien übertragen den Sozialpartnern bei der Umsetzung der Richtlinien eine gesteigerte Verantwortung. Die vermutete ‚höhere Richtigkeitsgewähr' rechtfertigt es, die Rechtsfolgen benachteiligender kollektiver Regelungen anders auszugestalten als bei Maßnahmen, für die der Arbeitgeber allein verantwortlich ist." (BT-Drs. 16/1780, 38). Freilich ist schon der erste Satz dieser Ausführungen unrichtig. Die Richtlinien nehmen nicht die Sozialpartner in die Verantwortung, sondern verlangen in erster Linie von den Mitgliedstaaten – an diese sind die Richtlinien gerichtet –, dass sie den sozialen Dialog fördern, wenn auch mit dem Ziel, dass die Sozialpartner selbst Verantwortung übernehmen. Nicht nachvollziehbar ist auch, inwieweit daraus eine „höhere Richtigkeitsgewähr" kollektiver Vereinbarungen folgen soll (Hey/Forst-Forst, § 15 Rn. 103). Den Richtlinien ist Derartiges jedenfalls nicht zu entnehmen, wie auch dort keine Erleichterung der Haftung iSd Privilegs nach Abs. 3 vorgesehen ist. Schließlich ist diese Sicht auch nach innerstaatlichen Grundsätzen ein Novum. Zwar wird dem Tarifvertrag in der Tat eine Richtigkeitsgewähr zuerkannt. Jedoch bedeutet dies allein die Vermutung richtiger Inhalte iSv gerechten Inhalten, so dass sich eine Inhaltskontrolle des Tarifvertrages verbietet (BAG 3.10.1969 – 3 AZR 400/68 – AP § 15 AZO Nr. 12; BAG 30.9.1971 – 5 AZR 146/71 – AP § 620 BGB Befristeter Arbeitsvertrag Nr. 36; Kittner/Zwanziger/Deinert-Deinert, § 8 Rn. 141). Hingegen ist mit dem Begriff, wie er in der Regierungsbegründung verwendet wird, etwas ganz anderes gemeint, nämlich die Frage der rechtlichen Richtigkeit. Eine solche Richtigkeitsvermutung kommt Tarifverträgen nun aber nach allgM nicht zu (KR-Treber, § 15 Rn. 44). Vielmehr unterliegen Tarifverträge grundsätzlich einer Rechtskontrolle (näher Kittner/Zwanziger/Deinert-Deinert, § 8 Rn. 142 ff.). Für Betriebsvereinbarungen gilt dies allemal (Kittner/Zwanziger/Deinert-Deinert, § 12 Rn. 46 ff.). In der Literatur wird zudem auf das Paradoxon hingewiesen, dass einerseits der Arbeitgeber auf die Rechtmäßigkeit von Kollektivverträgen soll vertrauen dürfen, während er andererseits nach der Rechtsprechung des BAG (26.4.2006 – 7 AZR 500/05 – NZA 2006, 1162) im Nachgang zur Mangold-Entscheidung (EuGH 22.11.2005 – Rs. C-144/04 (Mangold) – NJW 2005, 3695 = AP Richtlinie 2000/78/EG Nr. 1 mAnm Wiedemann) keinen Vertrauensschutz in Anspruch nehmen kann, wenn er

eine gesetzliche Regelung (im Fall § 14 Abs. 3 S. 4 TzBfG aF) anwendet (Meinel/Heyn/Herms, § 15 Rn. 82; Adomeit/Mohr, § 15 Rn. 86).

104 Vor diesem Hintergrund kann Abs. 3 überhaupt nur einschlägig sein, wenn der Arbeitgeber einen Kollektivvertrag mit diskriminierendem Inhalt anwendet, nicht aber schon dann, wenn er einen Tarifvertrag in diskriminierender Weise falsch anwendet (BAG 16.2.2012 – 8 AZR 697/10 – NZA 2012, 667, 673; NK-GA/Euler/Schneider, § 15 Rn. 10; Flohr/Ring-Ring/Siebeck/Weitz, Rn. 205).

105 In der Sache ging es dem Gesetzgeber dabei offenbar darum, eine Art verantwortlichkeitsmildernden **Rechtsirrtums** zu kodifizieren (Hey/Forst-Forst, § 15 Rn. 103), allerdings mit der Besonderheit, dass der Arbeitgeber nicht wie nach allgemeinen Grundsätzen schon für jede fahrlässig fehlerhafte rechtliche Beurteilung haften soll (vgl. Palandt-Grüneberg, BGB § 276 Rn. 22), sondern nur für die grob fahrlässige. Einsichtig ist dies kaum (krit. auch Kamanabrou, ZfA 2006, 327, 339; vgl. auch ErfK-Schlachter, § 15 Rn. 15). Allerdings muss dies schon deshalb ins Leere gehen, weil es auf ein Verschulden des Arbeitgebers aus europarechtlichen Gründen gar nicht ankommen darf (→ Rn. 108).

106 Demgegenüber wird man in dem Kollektivvertragsprivileg nicht eine Art rechtfertigenden Notstandes in dem Sinne erkennen können, dass der Arbeitgeber der zwingenden Wirkung des Tarifvertrages nach §§ 4, 5 TVG nicht entgehen könnte. Denn die Tarifnorm diskriminierenden Inhalts ist ihrerseits gem. § 7 Abs. 2 nichtig (BT-Drs. 16/1780, 38; BAG 29.9.2011 – 2 AZR 177/10 – NZA 2012, 754).

107 Das Kollektivvertragsprivileg gilt nach der systematischen Stellung für den Anspruch auf Ersatz des materiellen wie des immateriellen Schadens. Allerdings ist in der Regelung von einer „Entschädigung" die Rede, was typischerweise eine für den Ersatz immaterieller Schäden gebräuchliche Wendung ist (aA KR-Treber, § 15 Rn. 42). Sie taucht auch im Rahmen des § 15 nur bei Abs. 2 auf. Eine Übertragung auf den materiellen Schadensersatzanspruch muss deshalb ausscheiden (aA Annuß, BB 2006, 1629, 1635; Bauer/Evers, NZA 2006, 893, 897; Bauer/Krieger, § 15 Rn. 45; Krebber, EuZA 2009, 200, 215). Das Kollektivvertragsprivileg **betrifft** mithin **nur die Entschädigung** für immaterielle Einbußen (Schiek-Kocher, § 15 Rn. 51; Hey/Forst-Forst, § 15 Rn. 117; v. Roetteken, § 15 Rn. 67; jurisPK/Weth, § 15 Rn. 49; Schlachter, ZESAR 2006, 391, 398). Das bedeutet allerdings nicht, dass der Arbeitgeber nach dem Gesetzeskonzept für materielle Schäden in Anwendung von Kollektivverträgen überhaupt nicht haften würde, sondern im Gegenteil immer unter den Voraussetzungen des Abs. 1 (Flohr/Ring-Ring/Siebeck/Weitz, Rn. 305). **Unberührt** durch das Kollektivvertragsprivileg des Abs. 3 bleibt der **Anspruch** des Arbeitnehmers gegen seinen Arbeitgeber **auf Gleichbehandlung** im Falle diskriminierender Tarifvertragsbestimmungen (BAG 10.11.2011 – 6 AZR 148/09 – NZA 2012, 161, 166; BAG 10.11.2011 – 6 AZR 481/09 – NZA-RR 2012, 100, 106; Willemsen/Schweibert, NJW 2006, 2583, 2591).

108 Sachlich führt das Kollektivvertragsprivileg zu einer Abhängigkeit eines Teils der Entschädigungsansprüche vom Verschulden. Das ist mit den EU-

rechtlichen Erfordernissen (→ Rn. 5, 31) nicht zu vereinbaren und deshalb **europarechtswidrig** (Hey/Forst-Forst, § 15 Rn. 105 ff.; Brummer, S. 284 ff.; Bauer/Thüsing/Schunder, NZA 2005, 32, 35; Schlachter, ZESAR 2006, 391, 398; KR-Treber, § 15 Rn. 46; Wendeling-Schröder/Stein-Stein, § 15 Rn. 59; krit. auch Palandt-Weidenkaff, § 15 Rn. 7; MünchArbR-Oetker, § 15 Rn. 57; ferner Jacobs, RdA 2009, 193, 197; offengelassen von BAG 22.1.2009 – 8 AZR 906/07 – AP § 15 AGG Nr. 1; aA Krebber, EuZA 2009, 200, 214; ferner Schleusener/Suckow/Voigt-Voigt, § 15 Rn. 58, allerdings mit der nicht zutr. Ansicht, die Sozialpartner seien nicht in gleichem Maße wie der Arbeitgeber an die Diskriminierungsverbote gebunden). Mit Blick auf den Vorrang des Unionsrechts ist diese Bestimmung **nicht anzuwenden** (Grünberger, S. 734; Meinel/Heyn/Herms, Rn. 81; v. Roetteken, § 15 Rn. 68 a; iE ebenso Schiek-Kocher, § 15 Rn. 52; vgl. zuletzt zu dieser Frage EuGH 19.1.2010 – Rs. C-555/07 (Kücükdeveci) – NZA 2010, 85; BAG 9.9.2010 – 2 AZR 714/08 – NZA 2011, 343; BAG 26.4.2006 – 7 AZR 500/05 – NZA 2006, 1162; aA BeckOK/Roloff, § 15 Rn. 10; für Unanwendbarkeit nur im Verhältnis zum Staat KR-Treber, § 15 Rn. 46; MüKo-Thüsing, § 15 Rn. 40; Jacobs, RdA 2009, 193, 198). Im Falle eines Rechtsirrtums kann dies bei der Bemessung der Entschädigung berücksichtigt werden (Schiek-Kocher, § 15 Rn. 53; BeckOGK/Benecke, § 15 Rn. 75.4). Die weiteren Ausführungen haben nur Bedeutung für den Fall, dass man dieser Ansicht nicht folgen wollte. Auch hier liegt ein Vorabentscheidungsersuchen zum EuGH nach Art. 267 AEUV nahe (Rust/Falke-Bücker, § 15 Rn. 46).

109 Das Kollektivvertragsprivileg soll auch Platz greifen, wenn der Kollektivvertrag nicht normativ (§§ 4, 5 TVG), sondern nur kraft vertraglicher **Bezugnahme** gilt (amtliche Begründung BT-Drs. 16/1780, 38; ErfK-Schlachter, § 15 Rn. 14; Bauer/Krieger, § 15 Rn. 42; Annuß, BB 2006, 1629, 1635; Jacobs, RdA 2009, 193, 197; Richardi, NZA 2006, 881, 885). Das liegt durchaus auf Linie der Vorstellung des Gesetzgebers von einer Art gesteigerter Weisheit der Kollektivvertragsparteien. Allerdings wird man diese Ansicht nur für den Fall einer umfassenden (nicht nur teilweisen, Schleusener/Suckow/Voigt-Voigt, § 15 Rn. 63) Verweisung auf den für das Arbeitsverhältnis einschlägigen Tarifvertrag gelten lassen können. Denn die Metall-Tarifparteien beispielsweise können ihre branchenbezogene „Weisheit“ sicher nicht zB für den Medienbereich reklamieren (aA MüKo-Thüsing, § 15 Rn. 38).

110 **Grobe Fahrlässigkeit** bei Anwendung eines Kollektivvertrages muss man dann annehmen, wenn sich der diskriminierende Charakter der Regelung aufdrängt. Das ist spätestens dann der Fall, wenn sich eine Rechtsprechung oder hL zu dieser Erkenntnis durchgerungen hat (v. Steinau-Steinrück/Schneider/Wagner, NZA 2005, 28, 31; aA Kamanabrou, ZfA 2006, 327, 340, unter Hinweis auf angebliche Rechtsunsicherheit), doch kann auch aus anderen Gründen eine Diskriminierung ins Auge springen. Nicht überzeugend ist die Annahme, der Arbeitgeber handele erst dann grob fahrlässig, wenn die Regelung nach „gefestigter Rechtsprechung“ unzulässig sei (Lingemann/Gotham, NZA 2007, 663, 669). Das ist keine grobe Fahrlässigkeit, sondern Vorsatz (vgl. KR-Treber, § 15 Rn. 43). Nicht einsichtig ist

im Übrigen, warum bei allgemeinverbindlichen Tarifverträgen angeblich grobe Fahrlässigkeit ausscheiden soll (Lingemann/Gotham, NZA 2007, 663, 669). Es fragt sich, warum ein allgemeinverbindlicher Tarifvertrag eine höhere Rechtmäßigkeitsvermutung mit sich bringen soll als andere Tarifverträge.

111 Nicht geregelt ist die **Haftung der Kollektivvertragsparteien selbst.** In der Regierungsbegründung heißt es dazu, eine Haftung der Tarifvertragsparteien bzw. Betriebsparteien fordere das Europäische Recht nicht und werde „auch durch dieses Gesetz nicht begründet" (BT-Drs. 16/1780, 38). Das bedeutet allerdings noch nicht, dass damit eine Haftung der Kollektivvertragsparteien ausgeschlossen wäre (aA wohl Bauer/Thüsing/Schunder, NZA 2005, 32, 35). Auch das Europäische Recht schließt eine solche nicht aus. Im Gegenteil müssen die Kollektivvertragsparteien selber als Diskriminierer durch Anweisung (§ 3 Abs. 5) haften (näher dazu → § 3 Rn. 117 ff.).

V. Ausschlussfrist (Abs. 4)

112 Abs. 4 regelt eine Ausschlussfrist für die Geltendmachung von Ansprüchen. Eindeutig bezieht sich dies nur auf Ansprüche „nach den Absätzen 1 oder 2", so dass Ansprüche auf anderer Grundlage (→ Rn. 143 ff.) nicht von der Ausschlussfrist erfasst sein sollten (wie hier KR-Treber, § 15 Rn. 50; für außervertragliche Ansprüche Koch, VersR 2007, 288, 292; Thüsing, Arbeitsrechtlicher Diskriminierungsschutz, Rn. 563; Hjort/Richter, AR-Blattei SD 800.1 Rn. 179; Fischinger, Anm. zu BAG 15.3.2012 – 8 AZR 37/11 – AP § 15 AGG Nr. 11; aA Bauer/Krieger, § 15 Rn. 67; Adomeit/Mohr, § 15 Rn. 105; Bauer/Evers, NZA 2006, 893, 897; Simon/Greßlin, BB 2007, 1782, 1786). Freilich können für solche Ansprüche andere Fristen greifen, diese können auch dem beamtenrechtlichen Grundsatz zeitnaher Geltendmachung unterliegen (VGH Kassel 11.5.2016 – 1 A 1926/15 – ZBR 2017, 54, 55 f.; zur unionsrechtlichen Zulässigkeit s. EuGH 19.6.2014 – Rs. C-501/12 ua (Specht ua) – NZA 2014, 831 Rn. 110 ff.). Die Ausschlussfrist greift nach dem eindeutigen Wortlaut allerdings sowohl für Schadensersatzansprüche nach Abs. 1 als auch für Entschädigungsansprüche nach Abs. 2 (BAG 21.6.2012 – 8 AZR 188/11 – DB 2012, 2521, 2523). Die Rechtsprechung hält sie aber auch für **anwendbar auf deliktische Ansprüche**, weil sie ansonsten leerliefe, wenn zwar vertragliche Ansprüche befristet werden, deliktische Ansprüche gleichwohl geltend gemacht werden könnten (BAG 21.6.2012 – 8 AZR 188/11 – DB 2012, 2521, 2524; zust. Göpfert, Anm. zu BAG 21.6.2012 – 8 AZR 188/11 – AP § 15 AGG Nr. 12; vgl. auch Walker, NZA 2009, 5, 11; Meinel/Heyn/Herms, § 15 Rn. 88; aA v. Roetteken, § 15 Rn. 69 a). Die Begründung ist allerdings nicht zwingend, denn sie wird auf den Zweck der Ausschlussfrist im Hinblick auf die Beweislastregel des § 22 bezogen. Die Rechtsprechung geht allerdings selber davon aus, dass § 22 auf konkurrierende deliktische Ansprüche gar nicht anwendbar ist (dazu → Rn. 143; zu dieser Überlegung bereits zuvor Jacobs, RdA 2009, 193, 200). Insoweit hat das BAG nunmehr klargestellt, dass die Anschlussfrist jedenfalls auf solche Schadensersatzansprüche, auf die § 22 nicht anzuwenden ist, keine Anwendung findet (BAG 18.5.2017 – 8 AZR 74/16 – NZA 2017, 1530, Rn. 91 f.). Die Aus-

schlussfrist des Abs. 4 ist nach der Rechtsprechung auch **nicht analogiefähig**, so dass beispielsweise Schadensersatzansprüche wegen Mobbings (BAG 11.12.2014 – 8 AZR 838/13 – NZA 2015, 808 Rn. 22) oder Staatshaftungsansprüche für diskriminierende Gesetze (BGH 23.7.2015 – III ZR 4/15 – BGHZ 206, 260 Rn. 13; v. Roetteken, § 15 Rn. 100 a) nicht der Frist unterliegen. Ebenso wenig sind Gleichbehandlungsansprüche (→ Rn. 20) der Ausschlussfrist unterworfen (BAG 22.10.2015 – 8 AZR 168/14 – NZA 2016, 1081 Rn. 64; LAG Rheinland-Pfalz 4.8.2014 – 5 Sa 509/13, Streit 2015, 120, 121). Demgegenüber sind Ansprüche wegen der mittelbaren Folgen unterschiedlich gezahlter Vergütungen unter Umständen nur als Schadensersatzansprüche geltend zu machen, etwa wegen zu geringen Krankengeldes, welche wiederum der Ausschlussfrist unterliegen (LAG Rheinland-Pfalz 13.1.2016 – 4 Sa 616/14 – NZA-RR 2016, 347 Rn. 31). Zur Geltendmachung der Unwirksamkeit einer diskriminierenden Kündigung (zur Problematik des § 2 Abs. 4 → § 2 Rn. 288 ff.) ist allerdings die dreiwöchige Klagefrist des § 4 KSchG zu beachten, bei deren Verstreichen die Wirksamkeitsfiktion des § 7 KSchG greift.

113 An die Ausschlussfrist schließt sich eine dreimonatige Klagefrist nach § 61 b Abs. 1 ArbGG an (→ Rn. 132 ff.). Beide zusammen bilden den Mechanismus einer **zweistufigen Ausschlussfrist**.

114 Es handelt sich um eine **materiellrechtliche Ausschlussfrist** (BAG 15.3.2012 – 8 AZR 37/11 – AP § 15 AGG Nr. 11; Bamberger/Roth-Fuchs, § 15 Rn. 9). Nach Verstreichen der Frist scheidet deshalb die Wiedereinsetzung in den vorigen Stand aus. Die Verfristung ist nicht nur auf Einrede, sondern von Amts wegen zu beachten (BAG 15.3.2012 – 8 AZR 37/11 – AP § 15 AGG Nr. 11; Meinel/Heyn/Herms, § 15 Rn. 85).

115 Die Vorschrift findet gesetzliche Vorbilder in § 611 a Abs. 4 BGB aF, § 81 Abs. 2 Nr. 4 SGB IX aF. Derartige Fristen sind nach Art. 7 Abs. 3 RL 2000/43/EG, Art. 9 Abs. 3 RL 2000/78/EG, Art. 17 Abs. 3 RL 2006/54/EG EU-rechtlich ausdrücklich zulässig. Allerdings müssen sie den unionsrechtlichen Grundsätzen der Gleichwertigkeit und der Effektivität (dazu ausführlich EuGH 29.10.2009 – Rs. C-63/09 (Pontin) – NZA 2009, 1327, 1329 f.; EuGH 8.7.2010 – Rs. C-246/09 (Bulicke) – NZA 2010, 869, dazu Anm. Rust/Eggert-Weyand, ZESAR 2011, 186 ff.; Kolbe, EuZA 2011, 65 ff.) genügen. Das war hinsichtlich des Fristbeginns nicht zweifelsfrei, kann aber in europarechtskonformer Auslegung gewährleistet werden (→ Rn. 124; weitergehend iSe Verstoßes gegen europarechtliche Vorgaben v. Roetteken, NZA-RR 2013, 337, 344).

116 Der Gesetzgeber hat von der Möglichkeit, die Ansprüche nach Abs. 1 unter eine Ausschlussfrist zu stellen, Gebrauch gemacht, um die aus der Beweislastverteilung in § 22 resultierenden Dokumentationsobliegenheiten des Arbeitgebers in zumutbarem Rahmen zu halten (BT-Drs. 16/1780, 38; Rühl/Schmid/Viethen, S. 86). Dabei war zunächst eine Frist von drei Monaten vorgesehen. Sie wurde auf Vorschlag des Rechtsausschusses zur Vermeidung bürokratischen Aufwandes des Arbeitgebers auf zwei Monate abgekürzt; für den Arbeitnehmer sei dies zumutbar, weil die Frist erst ab Kenntniserlangung beginne (BT-Drs. 16/2022, 12). Diese Länge blieb durch den EuGH unbeanstandet, sie verstoße nicht gegen den Effektivitäts-

grundsatz (EuGH 8.7.2010 – Rs. C-246/09 (Bulicke) – NZA 2010, 869, 871). Auch das BAG hatte insoweit keine Bedenken (BAG 24.9.2009 – 8 AZR 705/08 – DB 2010, 618, 619 f.; BAG 18.5.2017 – 8 AZR 74/16 – NZA 2017, 1530 Rn. 39 ff. (Äquivalenzprinzip), 55 ff. (Effektivitätsprinzip); Bedenken wegen der Verschlechterungsverbote [→ Rn. 31] allerdings bei Fischinger, NZA 2010, 1048, 1049; Jacobs/Frieling, Anm. zu EuGH 8.7.2010 – Rs. C-246/09 (Bulicke) – EzA AGG § 15 Nr. 8; Wendeling-Schröder/Stein-Stein, § 15 Rn. 67; offengelassen von BAG 18.5.2017 – 8 AZR 74/16 – NZA 2017, 1530 Rn. 65).

1. Geltendmachung in erster Stufe

117 Der Entschädigungsanspruch ist innerhalb einer Frist von zwei Monaten schriftlich geltend zu machen. Damit ist der Gesetzgeber zur früheren Frist nach § 611 a BGB aF zurückgekehrt, nachdem die jüngste Fassung des § 611 a BGB aF eine vorrangige Kopplung der Ausschlussfrist an die im avisierten Arbeitsverhältnis geltende Ausschlussfrist vorsah. Eine solche Synchronisation ist nunmehr nur noch über die Tarifdispositivität der Frist möglich. Die Länge der Frist dürfte europarechtlich unbedenklich sein (Wagner/Potsch, JZ 2006, 1085, 1092 f.; ausführl. KR-Treber, § 15 Rn. 49; aA Schiek-Kocher, § 15 Rn. 56).

118 Die Zweimonatsfrist greift, „es sei denn, die Tarifvertragsparteien haben etwas anderes vereinbart". Sie ist also **tarifdispositiv**. Dabei kann die anderweitige Vereinbarung speziell gerade in Hinblick auf die Ausschlussfrist nach § 15 Abs. 4 S. 1 getroffen sein. Es kommt aber auch eine anderweitige Vereinbarung durch generelle tarifvertragliche Ausschlussfrist in Betracht. Demgegenüber ist sie wegen § 31 individualvertraglich nicht zulasten des Arbeitnehmers abkürzbar (BT-Drs. 16/1780, 53; PWW/Lingemann, § 15 Rn. 18; v. Roetteken, § 15 Rn. 73). Soweit tarifdispositives Gesetzesrecht auch im Falle einer Bezugnahme auf den verschlechternden Tarifvertrag wirken soll, ist dies regelmäßig im Gesetz erwähnt. § 15 Abs. 4 S. 1 enthält keine solche Regelung. Im Falle einer Bezugnahme auf einen Tarifvertrag, der eine kürzere Frist vorsieht, bleibt es daher bei der zweimonatigen Frist des § 15 Abs. 4 S. 1 (aA Jacobs, RdA 2009, 193, 201).

119 „Etwas anderes" iSd Vorschrift kann sowohl eine **Verkürzung** der Ausschlussfrist sein als auch eine **Verlängerung** (Schrader/Schubert, Rn. 571; v. Roetteken, § 15 Rn. 71; BeckOGK/Benecke, § 15 Rn. 90). Rein praktisch wird es aber kaum zu Verkürzungen kommen, weil die wenigsten tarifvertraglichen Ausschlussfristen kürzer als zwei Monate sind. Eine Verkürzung wäre auch europarechtlich bedenklich, insoweit sie die Effektivität der Sanktion infrage stellen würde (→ § 31 Rn. 5). Als absolute Untergrenze wird man im Hinblick auf die gesetzliche Wertung des § 4 KSchG wohl eine dreiwöchige Frist betrachten müssen (Jacobs, RdA 2009, 193, 201). Hingegen ist die Regelung des **Fristbeginns nicht tarifdispositiv** (→ Rn. 121).

120 Für den **Fristbeginn** maßgeblich ist der Zugang einer Ablehnung, ansonsten die Kenntnisnahme des Beschäftigten von der Benachteiligung. Für die Kenntnisnahme von der Benachteiligung ist sicher nicht die juristisch zutreffende Bewertung zu fordern, sondern die Kenntnisnahme von den zu-

grunde liegenden Tatsachen. Dazu reicht aber nicht die Kenntnisnahme von dem benachteiligenden Ereignis (so wohl Annuß, BB 2006, 1629, 1635), hinzukommen muss eine Kenntnis all jener Tatsachen, aus denen sich ergibt, dass dieses Ereignis als Benachteiligung zu bewerten ist. Nicht die Absage auf eine Bewerbung ist daher maßgebliche Tatsache, hinzukommen muss die Kenntnis von dem Umstand, dass die Auswahlentscheidung in Hinblick auf ein verpöntes Merkmal erfolgte.

121 Diese Anknüpfung an die Kenntnis ist **europarechtlich erforderlich**, weil eine Klagefrist nach der Rechtsprechung des EuGH die Effektivität der Durchsetzung des Europarechts nicht unmöglich machen oder übermäßig erschweren darf (EuGH 16.5.2000 – Rs. C-78/98 (Preston ua) – AP Art. 141 EG Nr. 1 Rn. 33 ff.; EuGH 22.2.2001 – Rs. C-52/99, C-53/99 (Camarotto und Vignone) – Slg 2001, I-1395 Rn. 30; Högenauer, S. 216). Vor diesem Hintergrund steht die Regelung des Fristbeginns auch nicht zulasten des Diskriminierungsopfers zur Disposition der Tarifvertragsparteien.

122 Erforderlich ist die **positive Kenntnis** von der Benachteiligung. Die grob fahrlässige Unkenntnis wird dem im Gesetz nicht gleichgestellt (BAG 15.3.2012 – 8 AZR 37/11 – AP § 15 AGG Nr. 11; aA Schütt/Wolf, S. 71; Nollert-Borasio/Perreng, § 15 Rn. 39). Dabei wird die Frist bereits ausgelöst, wenn der Arbeitnehmer die für § 22 notwendigen Indiztatsachen kennt (BAG 15.3.2012 – 8 AZR 37/11 – AP § 15 AGG Nr. 11; Kolbe, EuZA 2011, 65, 71; krit. Wendeling-Schröder/Stein-Stein, § 15 Rn. 75). Bei unklarer und zweifelhafter Rechtslage beginnt die Frist erst mit einer höchstrichterlichen Klärung (BVerwG 30.10.2014 – 2 C 6/13 – BVerwGE 150, 234 Rn. 51; BVerwG 6.4.2017 – 2 C 20.15 – NZA-RR 2017, 506 Rn. 11); auf eine Kenntnis des Anspruchsstellers von dieser Klärung kommt es dabei aber nicht an (VGH Kassel 15.9.2015 – 1 A 861/15 – NZA-RR 2016, 102 Rn. 25; VGH Kassel 11.5.2016 – 1 A 1926/15 – ZBR 2017, 54, 57). Bei **Dauertatbeständen** beginnt die Frist aber erst mit Beseitigung des Zustands zu laufen (BAG 24.9.2009 – 8 AZR 705/08 – DB 2010, 618 Rn. 59; LAG Rheinland-Pfalz 13.8.2014 – 4 Sa 519/13 – NZA-RR 2015, 236 Rn. 29; Schiek-Kocher, § 15 Rn. 60; Bauer/Krieger, § 15 Rn. 52; Göpfert/Siegrist, NZA 2007, 473, 477). Soweit eine Benachteiligung prozesshaft entsteht, was namentlich bei Belästigungen der Fall sein kann, lässt sich nicht sicher feststellen, wann die Belästigung vorlag und frühestens Kenntnis gegeben sein konnte. Entsprechend der Rechtsprechung zum Mobbing (BAG 16.5.2007 – 8 AZR 709/06 – NZA 2007, 1154, 1159) kann die Frist erst mit der letzten vorgetragenen Handlung beginnen (BAG 18.5.2017 – 8 AZR 74/16 – NZA 2017, 1530 Rn. 95 ff.). Nicht um einen Dauertatbestand handelt es sich aber, wenn die Verletzungen durch die diskriminierende Behandlung nur fortdauern (BAG 24.9.2009 – 8 AZR 705/08 – DB 2010, 618, 620). Die Frist beginnt dann in jedem Fall mit der letzten Diskriminierungshandlung.

123 Bei der Ablehnung einer Bewerbung oder eines beruflichen Aufstiegs beginnt die Frist mit **Zugang der Ablehnung**. Die Ablehnung ist eine rechtsgeschäftsähnliche Handlung (BAG 29.6.2017 – 8 AZR 402/15 – NZA 2018, 33 Rn. 21 ff.). Da es keine Formvorschriften für Ablehnungen gibt,

muss dies nicht schriftlich geschehen. Der Arbeitgeber tut aber in Hinblick auf seine diesbezügliche Beweislast (→ Rn. 186) gut daran, zu Dokumentationszwecken die Schriftform einzuhalten. Entscheidend ist, ob aus Sicht des Bewerbers aus dem Verhalten des Arbeitgebers die Erklärung zu entnehmen ist, dass die Bewerbung keine Aussicht auf Erfolg hat (BAG 29.6.2017 – 8 AZR 402/15 – NZA 2018, 33 Rn. 23). Bloßes Schweigen des Arbeitgebers ist aber auch bei längeren Zeiträumen nicht als Ablehnung anzusehen, so dass die Frist dadurch nicht in Gang gesetzt wird (BAG 29.6.2017 – 8 AZR 402/15 – NZA 2018, 33 Rn. 20).

124 Nach dem Gesetzeswortlaut soll die Ablehnung offenbar der Kenntnisnahme von der Benachteiligung in den anderen Fällen gleichstehen. Da allerdings die Frist aus europarechtlichen Gründen von der Kenntnis von der Benachteiligung abhängen muss (→ Rn. 121) und der Gesetzeswortlaut dem nicht entgegensteht, ist **in richtlinienkonformer Auslegung** davon auszugehen, dass die Frist **frühestens** mit Zugang der Ablehnung beginnt, jedoch nicht vor Kenntnisnahme von der Diskriminierung, die wesentlich später liegen kann (ebenso BAG 15.3.2012 – 8 AZR 37/11 – AP § 15 AGG Nr. 11; BVerwG 16.4.2013 – 2 B 145/11; Walker, NZA 2009, 5, 10; Fischinger, NZA 2010, 1048, 1051 f.; HK-ArbR/Berg, § 15 Rn. 12; v. Roetteken, § 15 Rn. 88 a; Hey/Forst-Forst, § 15 Rn. 127; KR-Treber, § 15 Rn. 57; Schiek-Kocher, § 15 Rn. 59; Wendeling-Schröder/Stein-Stein, § 15 Rn. 74; ErfK-Schlachter, § 15 Rn. 17; Rust/Eggert-Weyand, Anm. zu EuGH 8.7.2010 – Rs. C-246/09 (Bulicke), ZESAR 2011, 186 ff.; Kolbe, EuZA 2011, 65, 70; Thüsing/Stiebert, FS v. Hoyningen-Huene, S. 487, 496 ff.; aA Jacobs/Frieling, Anm. zu EuGH 8.7.2010 – Rs. C-246/09 (Bulicke) – EzA AGG § 15 Nr. 8, wonach eine Auslegung oder Rechtsfortbildung in diesem Sinne scheitert und stattdessen ein Staatshaftungsanspruch gegeben sein soll). Dadurch kann zwar eine einheitliche Verhandlung aller Ansprüche unmöglich gemacht werden (→ Rn. 133), doch ist dies wegen der europarechtlichen Zwänge hinzunehmen (Göpfert, Anm. zu BAG 21.6.2012 – 8 AZR 188/11 – AP § 15 AGG Nr. 12). Umgekehrt genügt aber eine mögliche Kenntnis von der Benachteiligung noch nicht, um die Frist in Gang zu setzen. Vor Zugang der Ablehnung kann die Frist nicht zu laufen beginnen (BAG 17.8.2010 – 9 AZR 839/08 – NZA 2011, 153, 155). Zugang in diesem Sinn ist gegeben, wenn die Ablehnung so in den Machtbereich des Bewerbers gelangt ist, dass dieser unter normalen Umständen davon Kenntnis nehmen konnte, gleichgültig, ob er tatsächlich Kenntnis genommen hat (LAG Hessen 1.11.2016 – 8 Sa 301/16 – DB 2017, 1215).

125 Verhandlungen über den Anspruch bewirken analog § 203 BGB eine **Hemmung** (aA Bauer/Krieger, § 15 Rn. 58; Adomeit/Mohr, § 15 Rn. 15).

126 Zur Wahrung der Ausschlussfrist ist die **schriftliche Geltendmachung** erforderlich. Dafür gelten grundsätzlich §§ 125 ff. BGB. Da die Geltendmachung aber keine Willenserklärung, sondern eine rechtsgeschäftsähnliche Handlung ist und nach der Interessenlage eine eigenhändige Unterschrift (§ 126 BGB) nicht erforderlich erscheint, lässt die Rechtsprechung die Wahrung der Textform (§ 126 b) genügen (BAG 19.8.2010 – 8 AZR 530/09 – NZA 2010, 1412, 1414 f.). Telefax und E-Mail genügen damit

ebenfalls zur „schriftlichen Geltendmachung" (aA Annuß, BB 2006, 1629, 1635; Boemke/Danko, § 9 Rn. 47). Die Einhaltung der Schriftform oder der elektronischen Form (§ 126 a BGB) genügt erst recht. Allemal genügt die **gerichtliche Geltendmachung** der Ansprüche (BAG 7.7.2011 – 2 AZR 396/10 – NZA 2012, 34, 36; BAG 21.6.2012 – 8 AZR 188/11 – DB 2012, 2521, 2522). Eine Befristungskontrollklage genügt zur Geltendmachung von Ansprüchen nach § 15 allerdings nicht (BAG 21.2.2013 – 8 AZR 68/12 – NJW 2013, 2699 Rn. 20). Nichts anderes kann dann für eine Kündigungsschutzklage gelten (aA v. Roetteken, § 15 Rn. 79).

127 Diese Geltendmachung muss dem Arbeitgeber **zugehen**. Im Falle der gerichtlichen Geltendmachung ist dies erst mit Zustellung der Klageschrift an den Arbeitgeber der Fall. Allerdings wirkt eine Zustellung demnächst iSd § 167 ZPO auf den Zeitpunkt des Eingangs der Klage bei Gericht zurück (BAG 22.5.2014 – 8 AZR 662/13 – AP § 15 AGG Nr. 19, m. krit. Anm. Kolbe; zust. hingegen Nebe, RdA 2015, 353, 354 ff.; Hey/Forst-Forst, § 15 Rn. 135). Denn die Rechtsprechung geht davon aus, dass es sich auch bei der Frist des § 15 Abs. 4 um eine Frist handelt, die durch Zustellung gewahrt werden soll. Zwar habe der Arbeitgeber durch die Anwendung von § 167 ZPO zunächst keine sichere Kenntnis, ob noch Ansprüche geltend gemacht werden. Umfassende Sicherheit habe er aber auch sonst nicht, etwa im Hinblick auf Ansprüche aus anderen Rechtsvorschriften, die nach Abs. 5 nicht gesperrt sind. Für die Fristberechnung gelten im Übrigen §§ 187 ff. BGB.

128 Ansprüche sind **beim Arbeitgeber** geltend zu machen, nicht bei Dritten (LAG Düsseldorf 14.2.2008 – 11 Sa 1939/07 – SAE 2007, 112; Mohr, SAE 2008, 106, 108). Hat der Arbeitgeber Dritte mit der Bewerbersuche beauftragt, muss vom Dritten zumindest innerhalb der Frist verlangt werden, die Identität des Arbeitgebers preiszugeben (OLG Karlsruhe 13.9.2011 – 17 U 99/10 – NZA-RR 2011, 632, 633). In aller Regel wird dieser Dritte aber auch als Empfangsbote des Arbeitgebers anzusehen sein, wenn Bewerbungen an den Dritten zu richten waren. Die Frist ist dann gewahrt, wenn ein Anspruchsschreiben an den Dritten gerichtet wird und innerhalb der Frist mit einer Weitergabe an den Arbeitgeber zu rechnen ist. Unklar ist, ob die (schriftliche) Anrufung der Beschwerdestelle nach § 13 zur Geltendmachung genügt (vgl. Gach/Julis, BB 2007, 773, 774). Wenn der Arbeitgeber eine Beschwerdestelle einrichtet, wird man zumindest von einer Empfangsbotenschaft ausgehen müssen, so dass die Frist (erst) gewahrt ist, wenn nach dem gewöhnlichen Lauf der Dinge mit einer Weiterleitung an den Arbeitgeber zu rechnen ist (vgl. BGH 15.3.1989 – VIII ZR 303/87 – NJW-RR 1989, 757). Es empfiehlt sich deshalb unabhängig von der Beschwerde eine Geltendmachung direkt beim Arbeitgeber.

129 Dabei genügt es nach dem Gesetzeswortlaut, wenn „Ein Anspruch" geltend gemacht wird. Ausreichend ist es danach, wenn verdeutlicht wird, dass ein Anspruch wegen einer Diskriminierung verfolgt wird. Eine **Bezifferung** der Anspruchshöhe ist hingegen **nicht erforderlich** (BAG 16.9.2008 – 9 AZR 791/07 – AP § 81 SGB IX Nr. 15; BAG 22.1.2009 – 8 AZR 906/07 – AP § 15 AGG Nr. 1 mAnm Deinert und Anm. Schlachter; KR-Treber, § 15 Rn. 53; Palandt-Weidenkaff, § 15 Rn. 8; MünchArbR-Oetker,

§ 15 Rn. 63; aA Bauer/Krieger, § 15 Rn. 56; Adomeit/Mohr, § 15 Rn. 88). Auch ist es nicht erforderlich, dass der Arbeitnehmer darlegt, aus welchen Tatsachen er im Einzelnen eine Diskriminierung herleitet, denn es geht nur darum, dass der Arbeitgeber möglichst rasch Kenntnis davon erlangt, welche möglichen Ansprüche auf ihn zukommen. Die Rechtsprechung lässt eine Klage auf **Entschädigung wegen Behinderungsdiskriminierung** nicht zur Fristwahrung für eine auf gleichem Sachverhalt beruhende Entschädigung wegen Altersdiskriminierung genügen (→ Rn. 140). Das erscheint im Hinblick auf den Zweck der Ausschlussfrist bedenklich, denn der Arbeitgeber kann sich in jedem Fall darauf einstellen, dass er wegen diskriminierenden Verhaltens in Anspruch genommen wird.

130 **Wiederkehrende Ansprüche** müssen nur einmal geltend gemacht werden (Thüsing, Arbeitsrechtlicher Diskriminierungsschutz, Rn. 561).

131 Auch Beamte müssen ihre Ansprüche nach § 15 **nicht früher geltend machen** als in der Frist des § 15 Abs. 4 (BVerwG 30.10.2014 – 2 C 6.13 – BVerwGE 150, 234 Rn. 55; vgl. auch für § 12 SoldGG BVerwG 30.10.2014 – 2 C 36.13 – ZBR 2015, 275).

2. Klagefrist in zweiter Stufe

132 Die zweite Stufe der Ausschlussfrist ist die Klagefrist nach § 61 b ArbGG. Die Klagefrist galt bereits früher für Entschädigungsansprüche nach § 611 a BGB aF, während es an einer vergleichbaren Regelung für Ansprüche nach § 81 Abs. 2 SGB IX aF fehlte. Sie beträgt drei Monate nach schriftlicher Geltendmachung. Die Frist bezieht sich allerdings auf die Begründung eines Arbeitsverhältnisses und den beruflichen Aufstieg und ist daher bei Ansprüchen arbeitnehmerähnlicher Personen nicht anzuwenden (Schiek-Kocher, § 15 Rn. 73; anders möglicherweise BAG 20.6.2013 – 8 AZR 482/12 – AP § 22 AGG Nr. 8, wo bei einer arbeitnehmerähnlichen Person dennoch die Ausschlussfrist geprüft wurde). Ohnehin gilt sie nur vor den Arbeitsgerichten, nicht vor den ordentlichen Gerichten (OLG Karlsruhe 13.9.2011 – 17 U 99/10 – NZA-RR 2011, 632, 633) oder den Verwaltungsgerichten (VG Sigmaringen 15.9.2015 – 7 K 4881/13, Rn. 34 f.).

133 Die Ausschlussfrist schützt den Arbeitgeber nicht nur dadurch, dass sie Rechtssicherheit in überschaubarem Zeitraum verschafft. Sie ist vor allem notwendig, um die gemeinsame gerichtliche Behandlung aller Ansprüche wegen Benachteiligung nach den **besonderen Verfahrensbestimmungen** des § 61 b Abs. 2, 3 ArbGG (→ Rn. 174 ff.) zu ermöglichen. Wenngleich dies mit Blick auf die frühere Deckelung der Ansprüche aller Diskriminierungsopfer noch notwendiger erschien, ist die Zusammenführung mehrerer Verfahren gleichwohl nicht obsolet geworden, nachdem diese Summenbegrenzung zwischenzeitlich aufgehoben wurde. Insbesondere ist nur auf diese Weise eine Berücksichtigung aller Entschädigungsansprüche im Rahmen einer einheitlichen Auswahlentscheidung mit Blick auf den Sanktionszweck möglich (→ Rn. 88). Allerdings ist dies auch nicht mit letzter Vollständigkeit zu erreichen, weil die Geltendmachungsfrist erst mit Kenntnis von der Benachteiligung beginnt (→ Rn. 124) und sich an diese erst die Klagefrist anschließt, so dass es möglich ist, dass Bewerber erst Kenntnis von der Be-

nachteiligung erhalten und somit noch fristgerecht ihre Ansprüche geltend machen können, wenn das Verfahren nach § 61 b ArbGG bereits beendet ist.

134 Nach § 61 b Abs. 1 ArbGG muss ein Anspruch auf Entschädigung innerhalb einer Frist von drei Monaten nach der schriftlichen Geltendmachung erhoben werden. Es handelt sich um eine **materiellrechtliche Ausschlussfrist**, deren Versäumung zum Anspruchsuntergang führt (ErfK-Koch, ArbGG § 61 b Rn. 2). Der Anspruch geht unter, ohne dass es einer diesbezüglichen Einrede bedarf. Eine Wiedereinsetzung in den vorigen Stand ist nicht möglich. Eine verspätet erhobene Klage ist zwar zulässig, wegen § 61 b Abs. 1 ArbGG aber unbegründet.

135 Die Frist bezieht sich nur auf Entschädigungsansprüche nach § 15 Abs. 2. Dagegen ist vom Schadensersatz keine Rede, so dass Ansprüche, mit denen allein ein materiellrechtlicher Schaden ersetzt werden soll, nicht der Klagefrist unterliegen (BAG 20.6.2013 – 8 AZR 482/12 – AP § 22 AGG Nr. 8; Kaufmann, S. 98 ff.; aA BeckOGK/Benecke, § 15 Rn. 97; Kania/Merten, ZIP 2007, 8, 15; Kittner/Zwanziger/Deinert-Zwanziger, § 93 Rn. 189; NK-GA/Euler/Schneider, § 15 Rn. 13; Rust/Falke-Bücker, § 15 Rn. 54; weitergehend noch für Geltung der Klagefrist für sämtliche Ansprüche Bauer/Krieger, § 15 Rn. 67). Diese Unterscheidung macht auch Sinn, denn der Zweck der Verfahrenskonzentration (→ Rn. 133) betrifft nur die immateriellen Schäden.

136 Auf eine Kenntnis des Klägers von der Frist kommt es nicht an. Allerdings wird vertreten, dass im Falle der Verletzung der Auslegungspflicht hinsichtlich § 61 b ArbGG nach § 12 Abs. 5 die Frist nicht zu laufen beginne (Rust/Falke-Bücker, § 15 Rn. 55). Im Übrigen wird dies aber in aller Regel weniger ein Problem sein als die Kenntnis von der Diskriminierung. Da die erste Stufe der Ausschlussfrist aber nicht vor Kenntnis zu laufen beginnt, kann auch die zweite Stufe nicht ohne diesbezügliche Kenntnis ablaufen.

137 Die Frist beträgt drei Monate **ab schriftlicher Geltendmachung**. Dazu dürfen die Frist nach § 15 Abs. 4 und jene nach § 61 b Abs. 1 ArbGG nicht einfach (auf fünf Monate) zusammengezählt werden. Entscheidend für den Fristbeginn ist der Zugang des Verlangens nach Entschädigung beim Arbeitgeber.

138 Die erste Stufe kann gleich durch die gerichtliche Klage gewahrt werden. Die Klage ist dann schriftliche Geltendmachung iSd Abs. 4. Sie muss dann aber die Frist des § 15 Abs. 4 wahren, so dass die Einhaltung einer dreimonatigen Frist, wie in § 61 b Abs. 1 ArbGG vorgesehen, nicht zur Fristwahrung genügt, wenn auf die vorherige schriftliche Geltendmachung verzichtet wurde (ErfK-Koch, ArbGG § 61 b Rn. 3).

139 Die Frist berechnet sich nach §§ 187 ff. BGB.

140 Zur Fristwahrung genügt eine Leistungsklage mit **unbeziffertem Klageantrag** (→ Rn. 172). Die Erwirkung eines Mahnbescheides wird zur Wahrung der Klagefrist ebenfalls genügen (so noch Kittner/Zwanziger-Zwanziger, 3. Aufl. 2005, § 111 Rn. 106; anders jetzt Kittner/Zwanziger/Deinert-Zwanziger, 9. Aufl. 2017, § 93 Rn. 185), weil bei alsbaldiger Abgabe nach Widerspruch die Streitsache nach § 696 Abs. 3 ZPO als mit Zustellung des

Mahnbescheides rechtshängig geworden gilt. Allerdings begibt sich der Antragsteller damit der Möglichkeit, die Höhe der Entschädigung in das Ermessen des Gerichts zu stellen. Die Rechtsprechung lässt eine Klage auf **Entschädigung wegen Behinderungsdiskriminierung** nicht zur Fristwahrung für eine auf gleichem Sachverhalt beruhende **Entschädigung wegen Altersdiskriminierung** genügen (BAG 26.9.2013 – 8 AZR 650/12 – NZA 2014, 258 Rn. 17). Ebenso wenig wie bei der Ausschlussfrist kann das überzeugen. Denn der Arbeitgeber kann sich darauf einstellen, dass eine Entschädigung gefordert wird und die Verfahrenskonzentration (→ Rn. 133) wird dadurch ebenfalls ermöglicht. Nicht genügen kann aber eine Klage hinsichtlich eines anderen Gegenstandes als einer Diskriminierungsentschädigung.

141 Genügend zur Fristwahrung ist der rechtzeitige Eingang bei Gericht, wenn eine Zustellung demnächst erfolgt (§ 167 ZPO).

142 Auch wenn das zuerst angegangene Arbeitsgericht auf Antrag des Arbeitgebers ausschließlich zuständig wird für die Klagen aller übrigen Bewerber, muss jeder andere Bewerber die für ihn geltende Klagefrist einhalten. Die **Fristwahrung** durch einen Bewerber **wirkt nicht zugunsten der anderen**.

VI. Verhältnis zu anderen Vorschriften (Abs. 5)

143 Auch §§ 823 Abs. 1, 826 BGB können **Schadensersatzansprüche** wegen der mit einer unerlaubten Diskriminierung verbundenen Persönlichkeitsrechtsverletzung bzw. sittenwidrigen Schädigung begründen (Busche, Effektive Rechtsdurchsetzung und Sanktionen bei Verletzung richtliniendeterminierter Diskriminierungsverbote, in: Leible/Schlachter (Hrsg.), S. 159, 168 f.; Säcker, ZEuP 2006, 1, 4 f.; Wendeling-Schröder/Stein-Stein, § 15 Rn. 89, 91; aA Nollert-Borasio/Perreng, § 15 Rn. 19 a: Verdrängung des § 823 Abs. 1 BGB durch § 15 Abs. 2). Dasselbe gilt für § 823 Abs. 2 BGB iVm § 7 (Schleusener/Suckow/Voigt-Voigt, § 15 Rn. 26; Schrader/Schubert, Rn. 504; Rust/Falke-Bücker, § 15 Rn. 59; aA Stoffels, RdA 2009, 204, 215; Thüsing, Beilage zu NZA Heft 22/2004, S. 3, 16). Derartige Ansprüche bestehen neben solchen aus § 15 (BAG 21.6.2012 – 8 AZR 188/11 – DB 2012, 2521, 2523; Jacobs, RdA 2009, 193, 195; aA Bamberger/Roth-Fuchs, § 15 Rn. 11). Zur Ausschlussfrist in diesen Fällen → Rn. 112. Andererseits greift die Beweiserleichterung des § 22 ebenfalls nicht (BAG 21.6.2012 – 8 AZR 188/11 – DB 2012, 2521, 2523; Bauer/Krieger, § 15 Rn. 67 a).

144 Dasselbe gilt für Ansprüche auf **Beseitigung und** ggf. **Unterlassung** aus § 1004 BGB (amtliche Begründung BT-Drs. 16/1780, 38; Schiek-Kocher, § 15 Rn. 65; v. Roetteken, § 15 Rn. 116 ff.; Hey/Forst-Forst, § 15 Rn. 163; BeckOGK/Benecke, § 15 Rn. 103). Zu denken ist insoweit an einen Anspruch auf Unterlassung von Verletzungen des Persönlichkeitsrechts aus § 823 Abs. 1 iVm § 1004 BGB analog. Aber auch wegen der Verletzung des Benachteiligungsverbots sind Beseitigungs- und Unterlassungsanspruch analog § 1004 BGB möglich (Küttner-Kania, Diskriminierung, Rn. 127; Bader, S. 392 ff.).

145 Demgegenüber wird § 280 BGB durch § 15 als lex specialis verdrängt, soweit die Pflichtverletzung in der Benachteiligung liegt (→ Rn. 25).

VII. Kein Kontrahierungszwang (Abs. 6)

146 Ob nach allgemeinen Grundsätzen ein Schadensersatzanspruch wegen Diskriminierung bei einer Auswahlentscheidung angesichts eines vermeintlichen Vorrangs der Privatautonomie jedenfalls für die Fälle ausscheiden muss, in denen der Bewerber über andere Anbieter Marktzugang findet (so Palandt-Ellenberger, BGB Vor § 145 Rn. 10; Busche, Effektive Rechtsdurchsetzung und Sanktionen bei Verletzung richtliniendeterminierter Diskriminierungsverbote, in: Leible/Schlachter (Hrsg.), S. 159, 169), kann letztlich dahinstehen. Jedenfalls steht es dem Gesetzgeber frei, sich gegen einen Kontrahierungszwang zu entscheiden (rechtspolitische Kritik bei Busch, S. 54 f.). Er muss dann allerdings hinreichend wirksame anderweitige Sanktionen schaffen (→ Rn. 3 ff.), wie dies durch Abs. 1, 2 – jedenfalls bei richtlinienkonformer Auslegung – geschehen ist.

147 Der Ausschluss des Kontrahierungszwangs kann zugunsten anderer Arbeitnehmer wirken (Armbrüster, ZRP 2005, 41, 43), etwa wenn sonst wegen eines Abschlusszwangs einem anderen Arbeitnehmer im Nachgang gekündigt werden könnte.

148 Abs. 6 ist zudem eine allgemeine Wertentscheidung zu entnehmen, wonach trotz Diskriminierung im Arbeitsrecht kein Vertragspartner aufgedrängt werden darf (aA Horcher, RdA 2014, 93, 97 f.). Aus diesem Grunde führt die Verweigerung der Verlängerung eines befristeten Arbeitsvertrages nicht zu einem Verlängerungsanspruch (vgl. Hanau, ZIP 2006, 2189, 2201; Stoffels, RdA 2009, 204, 214; ferner MüKo-Thüsing, § 15 Rn. 51, der Abschlusszwänge im Wege der Naturalrestitution als ausgeschlossen ansieht); ebenso wenig die Verweigerung entgegen § 9 TzBfG den Arbeitnehmer bei einer Arbeitsplatzbesetzung zu berücksichtigen (BAG 18.7.2017 – 9 AZR 259/16 – NZA 2017, 1401 Rn. 38 ff.). Denn die dahinterstehende Einsicht ist die, dass das für ein Arbeitsverhältnis vorausgesetzte Vertrauensverhältnis auf diese Weise gar nicht erst entstehen kann (vgl. Korthaus, S. 219). Das BAG wendet diesen Rechtsgedanken sogar analog auf alle Fälle der maßregelnden (§ 612 a BGB) Verweigerung einer Vertragsverlängerung an (BAG 21.9.2011 – 7 AZR 150/10 – DB 2012, 524; → § 16 Rn. 44). Darüber hinaus hat es den Ausschluss eines fingierten Arbeitsverhältnisses zwischen Entleiher und Leiharbeitnehmer bei nicht nur vorübergehender Überlassung nach altem Recht ua mit Hinweis auf § 15 Abs. 6 begründet (BAG 10.12.2013 – 9 AZR 51/13 – NZA 2014, 196 Rn. 33). Desgleichen wurde die Bestimmung als Argument gegen einen Wiedereinstellungsanspruch nach gerichtlich in menschenrechtskonventionswidriger Weise gebilligter Kündigung herangezogen (BAG 20.10.2015 – 9 AZR 743/14 – NZA 2016, 299 Rn. 19 f. = AuR 2016, 246 mAnm Buschmann). Demgegenüber scheidet ein Anspruch auf Abschluss eines Folgevertrages im Wege des Schadensersatzes nicht aus, wenn der Arbeitgeber unter Verstoß gegen § 78 BetrVG den Abschluss eines Folgevertrages verweigert hat, weil neben dem individuellen Interesse des Betriebsratsmitglieds auch das kollektive Interesse der vertretenen Belegschaft durch § 78 BetrVG geschützt wird (BAG 25.6.2014 – 7 AZR 847/12 – NZA 2014, 1029 Rn. 31 ff.; zust. Horcher, RdA 2014, 93, 100; iE auch Pallasch, RdA 2015, 108, 113 f.; vgl. ferner Kohte, FS Wank, S. 245. 248 ff.). Die entsprechende Anwendung von

Abs. 6 gilt erst recht für das Diskriminierungsopfer. Es kann nicht auf einen nunmehr angebotenen Vertragsschluss verwiesen werden (→ Rn. 52). Anders ist es hingegen bei der Unwirksamkeit einer Befristung. Sie macht aus dem befristeten Arbeitsverhältnis ein unbefristetes, drängt dem Arbeitgeber aber keinen unerwünschten Vertragspartner auf (BAG 6.4.2011 – 7 AZR 524/09 – NZA 2011, 970, 973; vgl. auch Schleusener/Suckow/Voigt-Voigt, § 15 Rn. 86; aA Meinel/Heyn/Herms, § 15 Rn. 101).

149 Abs. 6 stellt nur klar, dass aus § 15 kein Anspruch auf Begründung eines Beschäftigungs- oder Berufsausbildungsverhältnisses oder auf einen beruflichen Aufstieg folgt. Demgegenüber können sich Einstellungs- oder Beförderungsansprüche **aus anderen Rechtsgründen** ergeben.

150 Abs. 6 legt nahe, dass die **Diskriminierung** als solche **niemals taugliche Argumentationsbasis für einen Einstellungsanspruch** – gleich auf welcher Anspruchsgrundlage beruhend – sein soll. Dafür spricht auch die systematische Stellung hinter Abs. 5, der das Verhältnis zu anderen Ansprüchen regelt, was indiziert, dass es in Abs. 6 nicht mehr nur um Ansprüche nach § 15 Abs. 1 und 2 geht. Auch die Regierungsbegründung, in der beispielhaft auf einen tarifvertraglichen Bewährungsaufstieg hingewiesen wird (BT-Drs. 16/1780, 38), deutet auf dieses Verständnis, da es dort um einen Anspruch geht, der nicht auf das Vorliegen einer Benachteiligung gestützt wird.

151 Anderweitige Ansprüche auf Einstellung oder Aufstieg können sich beispielsweise aus Vertrag, aber auch insbesondere aus **Art. 33 Abs. 2 GG** ergeben (ErfK-Schlachter, § 15 Rn. 21; Düwell, BB 2006, 1741, 1744). Allerdings hat der öffentliche Dienstherr einen Beurteilungsspielraum, der häufig keinen unmittelbaren Anspruch begründen kann, sondern nur einen solchen auf Neubescheidung der Bewerbung, weil das Gericht sich insoweit nicht an die Stelle des Dienstherrn setzen kann (vgl. BAG 5.3.1996 – 1 AZR 590/92 (A) – AP Art. 3 GG Nr. 226).

152 Ansprüche auf beruflichen **Aufstieg** können sich insbesondere **aus Tarifverträgen** ergeben, zB in Form eines Bewährungsaufstiegs (amtliche Begründung BT-Drs. 16/1780, 38).

153 Sonstige Ansprüche auf Naturalrestitution, etwa auf Entfernung einer Abmahnung aus der Personalakte, sind durch Abs. 6 nicht ausgeschlossen (Palandt-Weidenkaff, § 15 Rn. 4).

VIII. Haftung für Dritte

154 Die ursprünglich vorgesehene Haftung für das Verhalten Dritter (→ Rn. 12) ist nicht Gesetzesinhalt geworden.

155 Allerdings haftet der Arbeitgeber für Anweisungen zur Benachteiligung, weil diese ihrerseits Benachteiligungen sind (§ 3 Abs. 5) und als solche nach § 15 schadensersatzpflichtig machen. Hinzu kommt eine Haftung für Pflichtverletzungen Dritter, die dem Arbeitgeber nach allgemeinen zivilrechtlichen Grundsätzen zuzurechnen sind (→ Rn. 27, 60). Beim verschuldensunabhängigen Entschädigungsanspruch kommt es nicht auf ein Verschulden der eingeschalteten Dritten an (BAG 22.8.2013 – 8 AZR 563/12 – NZA 2014, 82 Rn. 37). Auch ist unerheblich, ob die von ihm eingesetz-

ten Erfüllungs- oder Verrichtungsgehilfen ihre Kompetenzen im Innenverhältnis überschreiten (BAG 22.8.2013 – 8 AZR 563/12 – NZA 2014, 82 Rn. 40). Ansonsten scheidet eine Haftung des Arbeitgebers nach § 15 aus (Simon/Greßlin, BB 2007, 1782, 1784; aA Seel, MDR 2006, 1321, 1324: Haftung für alle Benachteiligungen aus der Sphäre des Arbeitgebers). Auch wenn der Gesetzeswortlaut insoweit nicht zweifelsfrei ist, ist dies zumindest der Gesetzgebungsgeschichte zu entnehmen, wonach die früher vorgesehene Vorschrift über die Haftung für Dritte nicht wieder aufgenommen wurde. Auch die Formulierung des Abs. 1 S. 2, der auf das Verschulden des Arbeitgebers abhebt, bedeutet ein kleines Indiz in diese Richtung.

156 Unabhängig von § 15 kommen aber auch **andere Anspruchsgrundlagen** für einen Schadensersatzanspruch gegen den Arbeitgeber wegen Diskriminierungen durch Dritte in Betracht (zur Haftung des Arbeitgebers für Belästigungen durch seine Angestellten nach englischem Recht s. Wicke, Anm. zu Court of Appeal, 16.3.2005 (Majrowski v. Guys and St. Thomass NHS Trust) – ZEuP 2007, 342, 345 ff.). Diese setzen allerdings sämtlich ein **Verschulden** des Arbeitgebers bzw. ein ihm zuzurechnendes Verschulden seiner Erfüllungsgehilfen voraus. Lediglich bei der Verrichtungsgehilfenhaftung (→ Rn. 161) wird dieses Verschulden vermutet. Hinzu kommt, dass diese Ansprüche überwiegend wegen § 253 Abs. 1 BGB nur zum Ersatz des materiellen Schadens führen und deshalb keine Entschädigungsansprüche (Schmerzensgeld) zu begründen vermögen.

157 Den Arbeitgeber kann ein **Organisationsverschulden** treffen (Bauer/Krieger, § 15 Rn. 19). Ihn trifft die Pflicht, seinen Betrieb im Rahmen des Möglichen und Zumutbaren so zu organisieren, dass Rechtsgüter Dritter nicht verletzt werden (BAG 16.5.2007 – 8 AZR 709/06 – NZA 2007, 1154, 1164; MüKo-Wagner, BGB § 823 Rn. 97 f.). Es handelt sich insoweit um besondere Verkehrspflichten zur Vermeidung von Gefahren im Rahmen des arbeitsteiligen Prozesses (PWW/Schaub, BGB § 823 Rn. 127). Verletzt er diese Verkehrspflicht, haftet er nach § 823 Abs. 1 BGB. Ob ohne Weiteres derartige Verkehrspflichten zum Schutz Beschäftigter vor Diskriminierungen durch andere bestehen, kann letztlich offenbleiben. Denn jedenfalls sind diese Organisationspflichten spezialgesetzlich **in § 12 konkretisiert** (BAG 25.10.2007 – 8 AZR 593/06 – AP § 611 BGB Mobbing Nr. 6; so wohl auch Schiek-Kocher, § 15 Rn. 22). In diesem Sinne ist der Arbeitgeber zum präventiven und reaktiven Schutz gegen Diskriminierungen einschließlich Belästigungen, wie beispielsweise in Stalking-Fällen (Göpfert/Siegrist, NZA 2007, 473, 475) oder bei Kündigungsverlangen (Deinert, RdA 2007, 275, 280), verpflichtet. Anspruch auf eine konkrete Schutzmaßnahme besteht allerdings in aller Regel nicht (BAG 25.10.2007 – 8 AZR 593/06 – AP § 611 BGB Mobbing Nr. 6). Dabei ist hinsichtlich der (Soll-)Schulungsobliegenheit nach § 12 Abs. 2 zu beachten, dass deren Erfüllung zwar den Arbeitgeber in Hinblick auf seine Schutzpflichten nach § 12 Abs. 1 entlastet (→ § 12 Rn. 18 ff.), dies indes nicht umgekehrt bedeuten muss, dass die Verletzung der Schulungsobliegenheit ohne Weiteres zur Haftung für Schäden durch Diskriminierung seitens Dritter führt (Meinel/Heyn/Herms, § 15 Rn. 21; aA wohl Stoffels, RdA 2009, 204, 207). Insoweit wurde reklamiert, dass eine Vermeidung der Diskriminierung durch eine Schulung

letztlich nicht gewährleistet sei (Simon/Greßlin, BB 2007, 1782, 1784). Allerdings muss der Arbeitgeber diese mangelnde Kausalität gem. § 22 beweisen (→ Rn. 179; aA Simon/Greßlin, BB 2007, 1782, 1786).

158 Zudem kann man diese Organisationspflichten aus § 12 auch als **Schutzgesetze** iSd § 823 Abs. 2 BGB ansehen (zutr. Annuß, BB 2006, 1629, 1635; Simon/Greßlin, BB 2007, 1782, 1785).

159 Überdies wird man die Organisationspflichten des Arbeitgebers aus § 12 als **arbeitsvertragliche Nebenpflichten** iSd § 241 Abs. 2 BGB mit der Folge ansehen müssen, dass der Arbeitgeber im Falle ihrer (schuldhaften) Verletzung nach § 280 Abs. 1 BGB haftet (Annuß, BB 2006, 1629, 1635; Kamanabrou, ZfA 2006, 327, 342). Dabei muss er sich Pflichtverletzungen und das Verschulden seiner **Erfüllungsgehilfen** nach § 278 BGB zurechnen lassen (Stoffels, RdA 2009, 204, 207; Wendeling-Schröder/Stein-Stein, § 15 Rn. 7). Juristische Personen trifft die **Organhaftung nach § 31 BGB** (BAG 14.3.1989 – 8 AZR 447/87 – AP § 611 a BGB Nr. 5; BGH 23.4.2012 – II ZR 163/10 – DB 2012, 1499, 1503; Stoffels, RdA 2009, 204, 207; Wendeling-Schröder/Stein-Stein, § 15 Rn. 8; Brummer, S. 125, 208 f.).

160 Allerdings ist nicht jeder Arbeitnehmer Erfüllungsgehilfe bei der Erfüllung der Pflichten zum Schutz der Beschäftigten nach § 12. Erfüllungsgehilfe in Bezug auf diese Pflichten ist nur der Arbeitnehmer, den der Arbeitgeber gerade zu deren Erfüllung herangezogen hat (vgl. Nollert-Borasio/Perreng, § 15 Rn. 7; Annuß, BB 2006, 1629, 1634; Stoffels, RdA 2009, 204, 208 f.; ausführlich Meinel/Heyn/Herms, § 15 Rn. 13 ff.; für Verstöße gegen das BeschSchG aF und für Mobbingfälle auch Wagner, Zivilrechtliche Haftung für sexuelle Belästigung am Arbeitsplatz, in: GS Heinze, 2005, S. 969, 977 mwN; für Verstöße gegen die Fürsorgepflicht BAG 16.5.2007 – 8 AZR 709/06 – NZA 2007, 1154, 1162; Liu, S. 83; zu eng [nur Weisungsbefugte] allerdings Bauer/Evers, NZA 2006, 893, 894). Deshalb können Arbeitnehmer, die durch Arbeitskollegen diskriminiert werden, sich nicht unter Berufung auf §§ 280, 278 BGB an den Arbeitgeber wenden, solange weder er noch einer seiner Erfüllungsgehilfen die Pflichten aus § 12 verletzt hat. Eine uneingeschränkte Garantiehaftung für jedwedes vom Arbeitgeber nicht beherrschbare vertragswidrige Verhalten des anderen erschiene nicht mehr als angemessene Sanktion im Sinne der Richtlinien. Etwas anderes folgt auch nicht aus § 7 Abs. 3. Die Bestimmung begründet eine Pflicht des Arbeitnehmers im Verhältnis zum Arbeitgeber, macht aber nicht jeden Arbeitnehmer zum Erfüllungsgehilfen des Arbeitgebers hinsichtlich jeder Pflicht (Hanau, ZIP 2006, 2189, 2201). Auch die Arbeitnehmervertreter sind nicht ohne Weiteres Erfüllungsgehilfen des Arbeitgebers (Meinel/Heyn/Herms, § 15 Rn. 22).

161 Da allerdings die Arbeitskollegen Verrichtungsgehilfen des Arbeitgebers sind, haftet dieser gem. **§ 831 BGB** aus vermutetem Verschulden für deren Diskriminierungen, wenn sie einen Deliktstatbestand erfüllen (→ Rn. 166), solange er sich nicht exkulpieren kann (Brummer, S. 187 ff.). In diesem Umfang haftet der Arbeitgeber auch für Arbeitnehmer, die gänzlich auf eigene Faust handeln (zur strafrechtlichen Verantwortlichkeit Schramm, Anm. zu BGH 20.10.2011 – 4 StR 71/11 – JZ 2012, 967, 969 ff.; Ladiges,

SR 2013, 29 ff.). Für Organe haftet der Arbeitgeber gem. § 31 BGB (→ Rn. 159).

162 Für **außenstehende Dritte** hat der Arbeitgeber idR nicht über §§ 278, 831 BGB einzustehen. Wo er allerdings Dritte, etwa Personalvermittler, im Rahmen eines Anbahnungsverhältnisses einschaltet, können auch diese als seine Erfüllungsgehilfen anzusehen sein (Schäfer, S. 150 ff.) darüber hinaus trifft den Arbeitgeber eine Schutzpflicht nach § 12 Abs. 4, deren Verletzung zu seiner deliktsrechtlichen Verantwortung nach § 823 Abs. 1, 2 BGB und zur Vertragshaftung nach §§ 280, 241 Abs. 2 BGB führt.

163 **Haftungsbeschränkungen** nach § 104 SGB VII sind in Fällen der Diskriminierung durch Dritte – wie auch in sonstigen Diskriminierungsfällen – absolute Ausnahme, weil die Verletzung des Persönlichkeitsrechts – ebenso wenig wie der materielle Schaden – ein „Personenschaden" iSd § 104 SGB VII ist und die Diskriminierung regelmäßig keinen Versicherungsfall iSd § 7 SGB VII darstellen wird (→ Rn. 69).

164 Einen **Rückgriffsanspruch** hat der Arbeitgeber gegen den Beschäftigen gem. §§ 280, 241 Abs. 2 BGB (Wendeling-Schröder/Stein-Stein, § 15 Rn. 105). Denn § 7 Abs. 3 stellt insoweit klar, dass die Beschäftigten eine Pflicht zu diskriminierungsfreiem Verhalten – auch gegenüber Arbeitskollegen und nicht nur gegenüber Untergebenen – als Vertragspflicht trifft (→ § 7 Rn. 343; ausführlich Wank, Beilage zu NZA Heft 22/2004, S. 16, 18). Durch Verletzung dieser Vertragspflicht macht der Arbeitnehmer sich dann schadensersatzpflichtig (Stoffels, RdA 2009, 204, 209). Im Falle der gesamtschuldnerischen Haftung kommen auch Ausgleichsansprüche des Arbeitgebers aus § 426 Abs. 1, 2 BGB in Betracht (Nollert-Borasio/Perreng, § 15 Rn. 43). Eine Haftungsbeschränkung nach den Grundsätzen des innerbetrieblichen Schadensausgleichs (s. BAG (GS) 12.6.1992 – GS 1/89 – AP § 611 BGB Haftung des Arbeitnehmers Nr. 101; BAG (GS) 27.9.1994 – GS 1/89 (A) – AP § 611 BGB Haftung des Arbeitnehmers Nr. 103) scheidet aus (BAG 25.10.2007 – 8 AZR 593/06 – AP § 611 BGB Mobbing Nr. 6). Denn diese kommt nur bei betrieblich veranlassten Tätigkeiten zur Anwendung. Für diskriminierendes Verhalten wird es dazu regelmäßig am betriebsbezogenen Charakter des Verhaltens fehlen (s. dazu näher mwN ErfK-Preis, BGB § 619 a Rn. 12; aA Brummer, S. 118 ff.). Anders kann es in Fällen mittelbarer Benachteiligungen sowie bei Arbeitnehmern in Personalverantwortung (etwa bei Stellenausschreibung seitens des Personalbüros) sein.

IX. Haftung Dritter

165 Ist es nicht der Arbeitgeber, sondern ein Dritter, der den Arbeitnehmer diskriminiert, kommen Ansprüche nach § 15 nicht in Betracht, weil nur der Arbeitgeber passiv legitimiert ist (→ Rn. 55). Das gilt sowohl für Diskriminierungen durch gänzlich Außenstehende als auch für Diskriminierungen durch andere Arbeitnehmer (Arbeitskollegen). Freilich kann der Arbeitgeber insoweit selbst als Diskriminierender in der Pflicht sein, als er Anweisender iSd § 3 Abs. 5 ist.

166 Unabhängig von einer eventuell daneben bestehenden Haftung des Arbeitgebers kommt eine Haftung des unmittelbar selbst Handelnden **nach ande-**

ren Vorschriften in Betracht. Insoweit ist an eine Verletzung des allgemeinen Persönlichkeitsrechts (§ 823 Abs. 1 BGB) oder eine sittenwidrige Schädigung (§ 826 BGB) zu denken (Wendeling-Schröder/Stein-Stein, § 15 Rn. 107). Des Weiteren kommt eine Haftung wegen der Verletzung eines Schutzgesetzes (§ 823 Abs. 2 BGB) in Betracht. Als Schutzgesetze sind etwa zu nennen die §§ 174 ff. StGB.

167 Haftungsbeschränkungen nach § 105 SGB VII kommen aus den entsprechenden Erwägungen in → Rn. 163 regelmäßig nicht in Betracht.

168 Wo der Arbeitnehmer nach den Grundsätzen des innerbetrieblichen Schadensausgleichs (ausnahmsweise) haftungsfrei wäre (→ Rn. 164), haftet er gegenüber dem Benachteiligungsopfer. Er hat aber einen **Freistellungsanspruch** gegen seinen Arbeitgeber (s. etwa BAG 23.6.1988 – 8 AZR 300/85 – AP § 611 BGB Haftung des Arbeitnehmers Nr. 94).

169 Arbeitgeber und Arbeitnehmer haften als Gesamtschuldner. Außer in den Fällen des Freistellungsanspruchs ist der Arbeitnehmer im Innenverhältnis allein verpflichtet.

170 Der Arbeitgeber hat gegebenenfalls Ansprüche gegen dritte Vertragspartner, wenn Schäden durch Erkrankung oder Fluktuation seiner diskriminierten Arbeitnehmer entstehen (Wendeling-Schröder/Stein-Stein, § 15 Rn. 108). Wegen der Entgeltfortzahlungskosten kann der Arbeitgeber auch nach § 6 EFZG vorgehen (Wendeling-Schröder/Stein-Stein, § 15 Rn. 109).

X. Prozessuale Hinweise

1. Klageerhebung

171 Ansprüche der Arbeitnehmer auf Schadensersatz und Entschädigung sind im arbeitsgerichtlichen **Urteilsverfahren** zu verfolgen (§ 2 Nr. 3 a–d ArbGG). Für Klagen wegen Diskriminierung bei Bewerbung um eine Beamten-/Richterstelle ist hingegen der Verwaltungsrechtsweg eröffnet (OVG Koblenz 22.6.2007 – 2 F 10 596/07 – NZA-RR 2007, 491). Das gilt auch dann, wenn im Falle einer erfolgreichen Bewerbung auf ein Amt die Stelle mit dem konkreten Bewerber nur in einem privatrechtlichen Arbeitsverhältnis besetzt worden wäre (VGH Baden-Württemberg 28.4.2011 – 4 S 1078/11).

172 Hinsichtlich der Entschädigung nach Abs. 2 stellt sich für den (potenziellen) Arbeitnehmer das Problem einer genauen **Bezifferung** der Anspruchshöhe. Die Rechtsprechung lässt es insoweit für die notwendige Bestimmtheit des Antrags genügen, wenn der Kläger ohne konkrete Benennung die Höhe des Zahlungsanspruchs in das Ermessen des Gerichts stellt, vorausgesetzt, er benennt die Tatsachen, die das Gericht zur Bemessung heranziehen soll, und gibt die Größenordnung der geltend gemachten Forderung an (BAG 22.1.2009 – 8 AZR 906/07 – AP § 15 AGG Nr. 1; BAG 17.8.2010 – 9 AZR 839/08 – NZA 2011, 153). In diesem Fall entgeht er der Gefahr eines teilweisen Unterliegens für den Fall, dass die gerichtliche Entscheidung hinter einem konkreten Antrag zurückbliebe. Einer Feststellungsklage fehlt wegen der so gegebenen Möglichkeit einer Leistungsklage regelmäßig das Feststellungsinteresse (ErfK-Koch, ArbGG § 61 b Rn. 4).

173 Für den Anspruch auf Entschädigung ist die **Klagefrist** nach § 61 b Abs. 1 ArbGG (→ Rn. 132 ff.) zu beachten, die allerdings keine prozessuale Frist, sondern materiellrechtliche Ausschlussfrist ist. Für das Verfahren bei Entschädigungsansprüchen gelten dann die besonderen Verfahrensvorschriften des § 61 b Abs. 2 ArbGG.

2. Verfahren bei Entschädigungsansprüchen

174 Werden von mehreren Einstellungs- oder Aufstiegsbewerbern Entschädigungsansprüche nach Abs. 2 geltend gemacht, wird das zuerst angegangene Arbeitsgericht gem. § 61 b Abs. 2 ArbGG auf Antrag des Arbeitgebers **ausschließlich zuständig** für alle übrigen Klagen. Voraussetzung ist allerdings die grundsätzliche Zuständigkeit dieses Gerichts, ein an sich unzuständiges Gericht kann nicht nach § 61 b Abs. 2 ArbGG zuständig werden. Der Antrag des Arbeitgebers ist an keine Form gebunden. In der Berufungsinstanz kann er wegen § 48 ArbGG iVm § 17 a Abs. 5 GVG nicht mehr gestellt werden.

175 Bei welchem Gericht die Klage **zuerst** erhoben wurde, richtet sich nach dem Zeitpunkt der **Zustellung** an den Arbeitgeber (§ 253 Abs. 1 ZPO). Mangels Ermittelbarkeit, bei welchem Gericht zuerst Klage erhoben wurde, erfolgt eine Zuständigkeitsbestimmung entsprechend § 36 ZPO durch das nächsthöhere Gericht (ErfK-Koch, ArbGG § 61 b Rn. 5).

176 Die anderen Gerichte müssen die Klagen von Amts wegen an dieses Gericht **verweisen**. Es erfolgt eine **Verbindung** zur gemeinsamen Verhandlung und Entscheidung (§ 61 b Abs. 2 S. 2 ArbGG).

177 Auf Antrag des Arbeitgebers findet die mündliche Verhandlung nicht vor Ablauf von sechs Monaten seit Erhebung der ersten Klage statt. Das bedeutet, dass die **Verzögerung der Verhandlung** voraussetzt, dass mindestens zwei Klagen anhängig sind, denn sonst kann es keine „Erhebung der ersten Klage" geben (GMP-Germelmann, ArbGG § 61 b Rn. 28; aA ErfK-Koch, ArbGG § 61 b Rn. 6). Erforderlich ist auf jeden Fall ein Antrag des Arbeitgebers, der nicht schon im zuständigkeitsbezogenen Antrag nach § 61 b Abs. 2 S. 1 ArbGG implizit enthalten ist (ErfK-Koch, ArbGG § 61 b Rn. 6). Der Antrag ist an keine Form gebunden.

178 Die Ausübung des Ermessens hinsichtlich der Entschädigung ist **revisionsgerichtlich** nur auf die zutreffende Auslegung der Rechtsnorm, auf die Überschreitung der Ermessensgrenzen, auf Berücksichtigung des Parteivorbringens und auf die Beachtung von Denk- und Erfahrungssätzen überprüfbar (BGH 23.4.2012 – II ZR 163/10 – DB 2012, 1499, 1504; vgl. auch BAG 18.3.2010 – 8 AZR 1044/08 – AP § 15 AGG Nr. 3).

3. Beweislast

179 Grundsätzlich ist davon auszugehen, dass nach der Beweislastregel des § 22 der Arbeitnehmer durch Indizien die Voraussetzungen einer Benachteiligung beweisen kann, was dann zur Folge hätte, dass der Arbeitgeber die Beweislast dafür trägt, dass kein Verstoß gegen die Bestimmungen zum Schutz vor Benachteiligungen vorgelegen hat. Das ist dahin zu verstehen, dass die Beweiserleichterung nicht nur den Tatbestand der Benachteiligung

nach §§ 7 ff. erfasst, sondern **sämtliche Tatbestandselemente** der Schutzvorschriften (→ § 22 Rn. 18 ff.).

180 Nach der **allgemeinen Beweislastregel**, nach der jede Partei die ihr günstigen Tatsachen nachweisen muss, trifft den Anspruchssteller die Darlegungs- und Beweislast für die anspruchsbegründenden Tatsachen. Allerdings enthält § 15 nur eine anspruchsbegründende Norm für diskriminierungsbedingte Schäden materieller und immaterieller Art, während die Konkretisierung der Voraussetzungen weitgehend durch negative Formulierungen erfolgt. Das Vorliegen dieser negativen Voraussetzungen als anspruchsausschließende Tatsachen muss der Arbeitgeber darlegen und beweisen. Im Einzelnen bedeutet das:

181 Hinsichtlich des **Verschuldens** als Voraussetzung des Anspruchs auf Ersatz des materiellen Schadens trägt der Arbeitgeber die Beweislast (→ Rn. 30). Freilich ist dieses Erfordernis unionsrechtswidrig und deshalb unbeachtlich, so dass es auf diesen Beweis gar nicht ankommen kann (→ Rn. 31). Ebenso wenig ist das Verschulden beim immateriellen Schadensersatz beweisbedürftig, denn dort ist es schon kraft Gesetzes keine tatbestandliche Voraussetzung.

182 Hinsichtlich der **Benachteiligung** als anspruchsbegründende Pflichtverletzung (→ Rn. 25) gilt § 22 ohnehin.

183 Nach dem Gesetzeswortlaut („Die Entschädigung darf (…) nicht übersteigen, wenn der oder die Beschäftigte auch bei benachteiligungsfreier Auswahl nicht eingestellt worden wäre.“) nicht ganz eindeutig scheint die Beweislast mit Blick auf die für die **summenmäßige Beschränkung** des Anspruchs relevante Frage, ob ein Bewerber bei diskriminierungsfreier Auswahl eingestellt worden wäre (zur materiellrechtlichen Bedeutung dieser Frage → Rn. 72 ff.). In richtlinienkonformer Auslegung ist die Frage im Sinne einer Beweislast des Arbeitgebers zu beantworten (BAG 19.8.2010 – 8 AZR 530/09 – NZA 2010, 1412, 1416; Boemke/Danko, § 9 Rn. 79; Wendeling-Schröder/Stein-Stein, § 15 Rn. 54). Denn die Richtlinie 2006/54/EG gestattet in Art. 18 S. 2 die Statuierung einer Höchstgrenze nur für den Fall, dass der Arbeitgeber nachweisen kann, dass der Bewerber auch bei diskriminierungsfreier Auswahl nicht eingestellt worden wäre (→ Rn. 7). Entsprechendes hatte der EuGH bereits für die alte Genderrichtlinie 76/207/EWG entschieden (EuGH 22.4.1997 – Rs. C-180/95 (Draehmpaehl) – AP § 611 a BGB Nr. 13 Rn. 36). Nach der Rechtsprechung ist aber nicht ausgeschlossen, dass der Bewerber im Rahmen einer abgestuften Darlegungslast zunächst geltend machen muss, dass er bei benachteiligungsfreier Auswahl eingestellt worden wäre (BAG 19.8.2010 – 8 AZR 530/09 – NZA 2010, 1412, 1416). Nicht genügend ist es aber, wenn der Arbeitgeber darauf nur erwidern kann, es gebe noch andere gleich geeignete Bewerber (aA Bauer/Krieger, § 15 Rn. 30 a). Damit ist nicht bewiesen, dass bei diskriminierungsfreier Auswahl der andere Bewerber erfolgreich gewesen wäre. Zudem würde dies ermöglichen, alle Bewerber gegeneinander auszuspielen, so dass am Ende gar keiner als bestplatzierter Erfolg haben könnte.

184 Vom Arbeitnehmer zu beweisen wären nach allem – neben der Benachteiligung (mit der Erleichterung des § 22), **Schaden** und haftungsbegründende sowie -ausfüllende **objektive Zurechnung** (vgl. BAG 19.8.2010 – 8 AZR 530/09 – NZA 2010, 1412, 1417; krit. v. Roetteken, NZA-RR 2013, 337, 342 f.). Dabei wird man es – ungeachtet der Auslegung von § 22 (→ Rn. 179) – belassen müssen, weil dies keine Frage der Einhaltung der „Bestimmungen zum Schutz vor Benachteiligung" mehr ist. Während beim Entschädigungsanspruch nach Abs. 2 den Arbeitgeber die Beweislast trifft, dass der Arbeitnehmer bei diskriminierungsfreier Auswahl ebenfalls nicht eingestellt worden wäre, trifft den Arbeitnehmer im Rahmen des Anspruchs auf Ersatz des Vermögensschadens nach Abs. 1 die Beweislast, dass er ohne die Benachteiligung mit seiner Bewerbung erfolgreich gewesen wäre (BAG 19.8.2010 – 8 AZR 530/09 – NZA 2010, 1412, 1417; BGH 23.4.2012 – II ZR 163/10 – DB 2012, 1499, 1504). Eine Beweiserleichterung kommt dem Arbeitnehmer zugute, wenn nach der Lebenserfahrung davon auszugehen ist, dass bei diskriminierungsfreiem Vorgehen des Arbeitgebers ein Vertrag geschlossen worden wäre, der so nun nicht geschlossen wurde (BAG 26.1.2017 – 8 AZR 736/15 – NZA 2017, 854 Rn. 48).

185 Die Darlegungs- und Beweislast für eine **rechtsmissbräuchliche Bewerbung** (→ Rn. 64), trägt der Arbeitgeber (BAG 19.5.2016 – 8 AZR 470/14 – NZA 2016, 1394 Rn. 35). Er kann sich einschlägiger Indizien bedienen, die sich beispielsweise daraus ergeben können, dass der Bewerber eine bessere Stelle mit höherer Vergütung bereits innehatte (Diller, BB 2006, 1968, 1969; ferner Wendeling-Schröder/Stein-Stein, § 15 Rn. 10) oder dass er sich ausschließlich auf vermeintlich diskriminierende Ausschreibungen, nicht aber auch auf insoweit unverdächtige Anzeigen im selben Medium beworben hat (→ Rn. 66). Wenig aussagekräftig ist der Hinweis auf eine Vielzahl von Diskriminierungsklagen des den Anspruch geltend machenden Arbeitnehmers (Diller, BB 2006, 1968, 1970). Das kann auch schlicht seinen Grund darin haben, dass jemand häufig diskriminiert wird (→ Rn. 66). Gelingt dem Arbeitgeber der Nachweis von Indizien für rechtsmissbräuchliches Verhalten, muss der Bewerber dartun, warum sein Verhalten eine andere Erklärung als rechtsmissbräuchliches Vorgehen im Hinblick auf eine Entschädigung hat (BAG 11.8.2016 – 8 AZR 4/15 – NZA 2017, 310 Rn. 73).

186 Hinsichtlich der **Ausschlussfrist**, namentlich des Beginns der Frist, trifft den Arbeitgeber schon nach allgemeinen Grundsätzen die Beweislast (vgl. auch Kolbe, EuZA 2011, 65, 71). Er muss mithin auch den Zugang der Ablehnung einer Bewerbung hinsichtlich Einstellung oder Aufstieg (BAG 19.8.2010 – 8 AZR 530/09 – NZA 2010, 1412, 1414), vor allem aber Kenntnis des Bewerbers von der Diskriminierung (→ Rn. 124), nachweisen. Den Arbeitnehmer trifft die Darlegungs- und Beweislast hinsichtlich des Zeitpunkts des Zugangs seiner schriftlichen Geltendmachung der Ansprüche (BAG 19.8.2010 – 8 AZR 530/09 – NZA 2010, 1412, 1414).

§ 16 Maßregelungsverbot

(1) [1]Der Arbeitgeber darf Beschäftigte nicht wegen der Inanspruchnahme von Rechten nach diesem Abschnitt oder wegen der Weigerung, eine gegen diesen Abschnitt verstoßende Anweisung auszuführen, benachteiligen. [2]Gleiches gilt für Personen, die den Beschäftigten hierbei unterstützen oder als Zeuginnen oder Zeugen aussagen.

(2) [1]Die Zurückweisung oder Duldung benachteiligender Verhaltensweisen durch betroffene Beschäftigte darf nicht als Grundlage für eine Entscheidung herangezogen werden, die diese Beschäftigten berührt. [2]Absatz 1 Satz 2 gilt entsprechend.

(3) § 22 gilt entsprechend.

I. Vorbemerkungen

1 Die Vorschrift ergänzt und konkretisiert § 612 a BGB, der ein allgemeines Maßregelungsverbot für die Ausübung von Rechten enthält. Daneben enthält die Rechtsordnung zahlreiche weitere Maßregelungsverbote, zB in § 84 Abs. 3 BetrVG oder § 5 TzBfG. Ferner gibt es häufig tarifvertragliche Maßregelungsverbote mit umfassendem Schutz. § 16 enthält eine Ergänzung dieser Maßregelungsverbote. Weder verdrängt er die anderen noch wird er durch diese verdrängt. Ein Arbeitnehmer kann sich deshalb, womöglich, auf mehrere Benachteiligungsverbote stützen. § 16 hat aber als lex specialis Vorrang vor § 612 a BGB (Schiek-Kocher, § 16 Rn. 26; Adomeit/Mohr, § 16 Rn. 10; Staudinger/Richardi/Fischinger, BGB § 612 a Rn. 9), soweit sich die Anwendungsbereiche decken.

2 Eine Parallelvorschrift zu § 16 ist in § 13 SoldGG enthalten.

3 Der Schutz des Opfers vor Maßregelungen für die Verfolgung seiner Rechte ist **unionsrechtlich** auf die Opferschutzbestimmungen in Art. 9 RL 2000/43/EG, Art. 11 RL 2000/78/EG und Art. 7 RL 76/207/EWG idF des Art. 1 RL 2002/73/EG (nunmehr Art. 24 RL 2006/54/EG) zurückzuführen. Dabei fordert letztgenannte Bestimmung auch einen entsprechenden Schutz der Arbeitnehmervertreter. Soweit die Vorschriften des deutschen Rechts über die Richtlinienvorgaben hinausgehen (etwa beim Zeugenschutz), ist eine eventuelle europarechtskonforme Auslegung zur **Vermeidung gespaltener Auslegungen** gleichwohl auch auf diese Inhalte zu erstrecken (für § 612 a BGB ebenso DDZ-Däubler, BGB § 612 a Rn. 3; zur Vermeidung gespaltener Auslegungen allgemein BGH 9.4.2002 – XI ZR 91/99 – NJW 2002, 1881, 1884; s. aber auch BGH 17.10.2012 – VIII ZR 226/11 – JZ 2013, 189; dazu auch → Einl. Rn. 88).

4 Die Ausweitung des Maßregelungsschutzes auf **unterstützende Personen** nach Abs. 1 S. 2 war zumindest für den Gender-Bereich europarechtlich notwendig. Denn sie war (entgegen Hadeler, NZA 2003, 77, 80) nur zum Teil durch § 15 KSchG, § 103 BetrVG gewährleistet, weil der Maßregelungsschutz nach Art. 7 RL 76/207/EWG idF des Art. 1 RL 2002/73/EG (nunmehr Art. 24 RL 2006/54/EG) sich nicht auf Entlassungen beschränkt, sondern sich auf den Schutz vor „anderen Benachteiligungen" erstreckt.

5 Nach der Rechtsprechung des EuGH ist das Maßregelungsverbot Ausdruck eines allgemeinen Rechtsgrundsatzes des Unionsrechts (EuGH 22.9.1998 – Rs. C-185/97 (Coote) – Slg 1998 I-5199 Rn. 21).

6 § 612 a BGB hätte trotz des weiten Umfangs, den Rechtsprechung und Literatur ihm gegeben haben, den Umfang des hier normierten Maßregelungsverbotes nicht vollständig abgedeckt (aA Mohr, S. 339). Das betrifft insbesondere Teile der in Abs. 2 geregelten Erstreckung auf den Schutz tatsächlicher Verhaltensweisen des Betroffenen und den Schutz unterstützender Personen, schließlich betrifft dies die Beweislastregel in Abs. 3. Diese Ausweitung war allerdings nur mit Blick auf den Schutz unterstützender Personen und nur im Anwendungsbereich der Gender-Richtlinie europarechtlich erforderlich.

7 Herausgekommen ist eine teilweise Wiederholung mit Ergänzungen der weiter bestehenden Regelung des § 612 a BGB. Insoweit kann auf Erkenntnisse aus Rechtsprechung und Literatur zu § 612 a BGB zurückgegriffen werden (MüKo-Thüsing, § 16 Rn. 4; Rühl/Schmid/Viethen, S. 87).

8 **Zweck** des Maßregelungsverbotes ist ein flankierender Schutz der Arbeitnehmerschutzrechte (vgl. für § 612 a BGB HWK/Thüsing, BGB § 612 a Rn. 2), indem die Entscheidung über deren Ausübung nicht von der Furcht vor Repressalien beeinflusst ist (BAG 14.2.2007 – 7 AZR 95/06 – BB 2007, 1118, 1119; Preis/Sagan/Grünberger, § 3 Rn. 271). Damit die Rechte nicht nur auf dem Papier stehen und Arbeitnehmer nicht zum faktischen Rechtsverzicht genötigt werden, soll ihnen die freie Willensbildung und -betätigung hinsichtlich der Ausübung ihrer Rechte gewährleistet werden (vgl. für § 612 a BGB MüKo-Müller-Glöge, BGB § 612 a Rn. 2; NK-BGB/Klappstein, BGB § 612 a Rn. 2). Man kann insofern von sekundärer Viktimisierung sprechen, als es um die Sanktionierung einer Reaktion darauf geht, dass das Opfer sich wehrt (Benecke, NZA 2011, 481, 484; Wendeling-Schröder/Stein-Stein, § 16 Rn. 1). Das Maßregelungsverbot dient mithin der **Effektuierung der** anderweitig geregelten **Rechte** (Schiek-Kocher, § 16 Rn. 1).

9 Der Sache nach handelt es sich um Spezialfälle der Sittenwidrigkeit (BAG 14.2.2007 – 7 AZR 95/06 – BB 2007, 1118, 1119) und des Rechtsmissbrauchs (für § 612 a BGB DDZ-Däubler, BGB § 612 a Rn. 5 f.; MüKo-Müller-Glöge, BGB § 612 a Rn. 2 mwN).

10 Daraus folgt dann notwendig, dass das Benachteiligungsverbot als Arbeitnehmerschutzrecht zugunsten des Arbeitnehmers **zwingendes Recht** ist (für § 612 a BGB MüKo-Müller-Glöge, BGB § 612 a Rn. 2).

II. Verbot der Maßregelung wegen der Rechtsausübung (Abs. 1)

1. Anwendungsbereich

11 Abs. 1 regelt das Verbot, an die Ausübung von Rechten Benachteiligungen zu knüpfen. Insoweit ist § 16 deckungsgleich mit § 612 a BGB. Allerdings ist § 16 sachlich auf den Schutz der Ausübung von Rechten nach dem Abschnitt 2 beschränkt, während § 612 a BGB die Ausübung jedweder Rechte betrifft. Nur die **Rechte der Beschäftigten zum Schutz vor Belästigungen** werden also erfasst.

12 Damit ist der **persönliche Anwendungsbereich** auf die Beschäftigten (§ 6 Abs. 1, einschließlich der Arbeitnehmerähnlichen gem. Abs. 1 Nr. 3 [insoweit abweichend von § 612 a in der Auslegung der Rechtsprechung, BAG 14.12.2004 – 9 AZR 23/04 – jurisPR-ArbR 21/2005, Anm. 5]) beschränkt, die Schutzrechte nach §§ 7 ff. in Anspruch nehmen (MüKo-Thüsing, § 16 Rn. 12). Dies ist allerdings europarechtswidrig (→ § 21 Rn. 14). Der Anwendungsbereich wird ergänzt um die Gruppe der Beschäftigten, die den Beschäftigten bei der Rechtsausübung unterstützen. Nach dem Gesetzeswortlaut kommt es nicht darauf an, ob eine unterstützende Person dazu kraft gesetzlicher Aufgabe (etwa als Arbeitnehmervertreter oder nach § 13 Abs. 1) zuständig ist. Allerdings wird man mit Blick auf den Normzweck keinen Schutz dieser Personen annehmen können, soweit sie sich **rechtswidrig** verhalten (jurisPK/Harwart, § 16 Rn. 6). Wer beispielsweise als Arbeitskollege zum (rechtswidrigen) Streik aufruft, um die Rechte anderer Beschäftigter zum Schutz vor Diskriminierungen durchzusetzen, kann sich deshalb nicht auf den Schutz des Maßregelungsverbotes verlassen, wenn er deswegen abgemahnt wird. Letztlich gilt insoweit nichts anderes als für die unmittelbaren Rechtsträger selbst (→ Rn. 21). Sie werden nur in der Ausübung ihrer Rechte geschützt; wer seine berechtigten Interessen jedoch rechtswidrig verfolgt, handelt aber nicht in Ausübung seiner Rechte. Nach anderer Ansicht soll der Maßstab der Rechtswidrigkeit hingegen zu unpräzise sein, stattdessen wird auf die Frage des Rechtsmissbrauchs abgestellt und unter diesem Gesichtspunkt insbesondere „whistleblowing" zulasten des Arbeitgebers mit Blick auf unzulässige Diskriminierungen diskutiert (Hey/Forst-Forst, § 16 Rn. 30 ff.). Das überzeugt indes nicht, denn es geht dabei gleichermaßen um die Frage der Rechtmäßigkeit einer Verletzung der Verschwiegenheitspflicht eines Arbeitnehmers. Nicht rechtswidrig ist es allerdings, gerichtliche Klage zu erheben (→ Rn. 18) oder vom Beschwerderecht nach § 13 Gebrauch zu machen (Bauer/Krieger, § 16 Rn. 15 a; vgl. auch Erman-Belling/Riesenhuber, § 16 Rn. 7), selbst wenn sich die Klage bzw. Beschwerde am Ende als unbegründet erweist (Palandt-Weidenkaff, § 16 Rn. 3). Rechtswidrig ist eine unbegründete Klage oder Beschwerde nur dann, wenn sie in rechtsmissbräuchlicher Absicht erhoben wurde (Bauer/Krieger, § 16 Rn. 15 a).

13 Der Schutz der **unterstützenden Person** verlangt eine Unterstützung einer Person, die ihre Rechte geltend macht. Aber auch Unterstützer von Unterstützern werden geschützt (Hey/Forst-Forst, § 16 Rn. 17). Der Begriff ist weit zu verstehen und umfasst ein „Beistehen" in jeder Form, etwa auch durch Beratung oder Aufklärung (jurisPK/Harwart, § 16 Rn. 9). Abstrakte Tätigkeiten ohne konkreten Bezug zu einer benachteiligten Person, werden

aber nicht erfasst (Hey/Forst-Forst, § 16 Rn. 28). Soweit das Diskriminierungsopfer seine Rechte nicht geltend macht, gibt es nach § 16 auch keinen Schutz für Unterstützer. Allerdings sind Betriebsräte nach §§ 78 S. 2, 80 Abs. 1 Nr. 1 BetrVG insoweit geschützt (vgl. Schiek-Kocher, § 16 Rn. 13). Außerdem regelt § 16 Abs. 2 S. 2, dass Abs. 1 S. 2 über den Schutz von Unterstützern und Zeugen entsprechend gelte, wenn das Opfer Benachteiligungen zurückweise oder dulde. Für die Unterstützung der Zurückweisung von Benachteiligungen gilt Abs. 1 S. 2 aber ohnehin unmittelbar. Deshalb hätte die Verweisung in Abs. 2 S. 2 keinen Anwendungsbereich, wenn sie nicht gerade die Unterstützung von Opfern betreffen würde, die sich selber nicht wehren (vgl. Benecke, NZA 2011, 481, 485). Im Ergebnis ist es für den Schutz des Unterstützers also **unerheblich, ob der Benachteiligte seine Rechte selber geltend macht** oder nicht (Benecke, NZA 2011, 481, 485).

14 Ob die unterstützte Person die **Unterstützung wünscht**, ist **unerheblich.** Auch der sich aufdrängende Unterstützer wird geschützt (MüKo-Thüsing, § 16 Rn. 11; BeckOGK/Benecke, § 16 Rn. 12; Erman-Belling/Riesenhuber, § 16 Rn. 11). Auf den Willen des Diskriminierungsopfers kommt es damit nicht an (Benecke, NZA 2011, 481, 485; NK-GA/Euler/Schneider, § 16 Rn. 2).

15 Die Ansicht, offensichtlich unbedeutende Unterstützungsmaßnahmen fielen nicht unter das Maßregelungsverbot (Bauer/Krieger, § 16 Rn. 11; BeckOGK/Benecke, § 16 Rn. 11), lässt sich nicht begründen (Meinel/Heyn/Herms, § 16 Rn. 11); das Gesetz sieht keine qualitativen Anforderungen vor.

16 Schließlich werden auch **Zeugen** in den Schutz des Maßregelungsverbotes einbezogen. Dadurch wird der Schutz vor Benachteiligungen verstärkt, indem potenziellen Zeugen die Befürchtung derartiger Maßregelungen zumindest ein Stück weit genommen wird. Die Zeugenstellung in diesem Sinne ist nicht auf Gerichts- (so Worzalla, S. 177) und Verwaltungsverfahren beschränkt (so Bauer/Krieger, § 16 Rn. 13), sondern betrifft beispielsweise auch interne Untersuchungen (v. Roetteken, § 16 Rn. 34). Aussagen gegenüber Fremden, etwa Journalisten, können freilich gegen die Verschwiegenheitspflicht verstoßen. Nicht geschützt ist aber der Zeuge, der nicht wahrheitsgemäß aussagt (Palandt-Weidenkaff, § 16 Rn. 3; MüKo-Thüsing, § 16 Rn. 10; Meinel/Heyn/Herms, § 16 Rn. 12; BeckOGK/Benecke, § 16 Rn. 15). Kein Maßregelungsschutz besteht auch für den geständigen Diskriminierungstäter (Palandt-Weidenkaff, § 16 Rn. 2). Dies verstieße schon gegen das unionsrechtliche Gebot wirksamer und abschreckender Sanktion (→ § 15 Rn. 4).

17 Die Benachteiligung erfolgt nach dem Gesetzeswortlaut durch den **Arbeitgeber**. Zu Recht wird aber angenommen, das Maßregelungsverbot erstrecke sich auf jeden, der Arbeitgeberfunktionen ausübe und sei sachlich nicht von der formalen Stellung als Arbeitsvertragspartei abhängig (BeckOGK/Benecke, § 16 Rn. 3; ErfK-Schlachter, § 16 Rn. 1; Boemke/Danko, § 9 Rn. 83; iE ebenso Rühl/Schmid/Viethen, S. 68).

2. Inanspruchnahme von Rechten oder Weigerung, Anweisung auszuführen

18 Anknüpfungspunkt ist zunächst die **Inanspruchnahme von Rechten** nach Abschnitt 2. Das setzt nicht zwingend das Geltendmachen eines Rechts (BeckOK/Roloff, § 16 Rn. 2) voraus, bereits das bloße „Berühmen“ oder die Ankündigung, das Recht geltend zu machen, darf nicht zum Anlass einer Benachteiligung genommen werden (BeckOGK/Benecke, § 16 Rn. 6). Nach dem Gesetzeswortlaut muss es nicht zwingend um die Inanspruchnahme von Rechten durch denjenigen gehen, der Rechte in Anspruch nimmt. Denkbar ist dies, wenn ein Arbeitskollege das Beschwerderecht nach § 13 zugunsten eines benachteiligten Arbeitnehmers ausübt und der benachteiligte Arbeitnehmer darauf gemaßregelt wird. Auch dieser Fall muss angesichts des offenen Wortlauts im Interesse eines effektiven Schutzes vor Diskriminierungen von § 16 erfasst sein (vgl. – offenlassend – für eine Maßregelung iSd § 612 a BGB wegen des Mitbestimmungsverhaltens des Betriebsrats BAG 18.9.2007 – 3 AZR 639/06 – AP § 77 BetrVG 1972 Betriebsvereinbarung Nr. 33). § 16 beantwortet nicht, welche Rechte ein Arbeitnehmer ausüben darf. Dies wird vielmehr von anderen Bestimmungen des 2. Abschnitts beantwortet. In Betracht kommen insoweit Beschwerderecht (§ 13), Leistungsverweigerungsrecht (§ 14) und Geltendmachen von Ansprüchen auf Schadensersatz bzw. Entschädigung (§ 15). Fraglich ist, ob die Verfolgung von Ansprüchen „aus anderen Rechtsvorschriften“ (§ 15 Abs. 5) ebenfalls unter dem Schutz des Maßregelungsverbotes steht. Da solche Ansprüche letztlich immer darauf gerichtet sind, nach §§ 7 ff. unzulässigen Benachteiligungen entgegenzutreten, ist das zu bejahen. Insoweit sind namentlich Rechte nach dem EntgTranspG bedeutsam. Des Weiteren gehört hierzu die Verfolgung eines Anspruchs auf Gleichbehandlung (v. Roetteken, § 16 Rn. 26). Zur Inanspruchnahme von Rechten in diesem Sinne gehört schließlich auch die **gerichtliche Verfolgung** dieser Rechte (jurisPK/Harwart, § 16 Rn. 5). Dies gilt nicht nur unter dem Gesichtspunkt, dass die gerichtliche Verfolgung die Inanspruchnahme eines Rechtes darstellt, sondern auch unter dem Gesichtspunkt, dass die Inanspruchnahme gerichtlichen Schutzes ihrerseits ein Recht iSd § 16 Abs. 1 darstellt. Sie ist zwar nicht in Abschnitt 2 geregelt, doch wird man dies im Wege richtlinienkonformer Auslegung in den Tatbestand des Abs. 1 hineinlesen müssen, weil die Richtlinien die „Einleitung eines Verfahrens“ zum Anknüpfungspunkt der Opferschutzvorschriften machen. Weil die gerichtliche Verfolgung von Rechten ihrerseits ein Recht darstellt, kann es nicht darauf ankommen, ob der Arbeitnehmer am Ende vor Gericht obsiegt. Schon die Inanspruchnahme gerichtlicher Hilfe ist ein Recht, und zwar auch wenn dies im Ergebnis unbegründet ist. Nur für Fälle willkürlicher oder mutwilliger Klagen ist dies anders zu sehen (für § 612 a BGB BAG 23.2.2000 – 10 AZR 1/99 – AP §§ 22, 23 BAT Lehrer Nr. 80; MüKo-Müller-Glöge, BGB § 612 a Rn. 11; PWW/Lingemann, BGB § 612 a Rn. 2; vgl. auch BAG 9.2.1995 – 2 AZR 389/94 – NZA 1996, 249, 251).

19 Entsprechendes gilt auch für unberechtigte Beschwerden (Palandt-Weidenkaff, § 16 Rn. 3; Rust/Falke-Bücker, § 16 Rn. 8; Meinel/Heyn/Herms, § 16 Rn. 16; Hjort/Richter, AR-Blattei SD 800.1 Rn. 57).

20 Die Inanspruchnahme des Rechts kann in jeder erdenklichen Form geschehen, zB im Erheben von Ansprüchen (Bauer/Krieger, § 16 Rn. 8), Einwendungen oder Einreden (für § 612 a BGB MüKo-Müller-Glöge, BGB § 612 a Rn. 8).

21 Rechtlich nicht gestattetes Verhalten ist nicht geschützt (ErfK-Preis, BGB § 612 a Rn. 5). Voraussetzung sind vielmehr bestehende Rechte.

22 Voraussetzung ist, dass das Recht, das der Arbeitnehmer ausübt, tatsächlich besteht. Wer nur in Ausübung eines **vermeintlichen Rechts**, das in Wirklichkeit gar nicht besteht, handelt, unterliegt nicht dem Schutz des Maßregelungsverbots (Meinel/Heyn/Herms, § 16 Rn. 15; Nollert-Borasio/Perreng, § 16 Rn. 4; Schleusener/Suckow/Voigt-Voigt, § 16 Rn. 12; NK-GA/v. Steinau-Steinrück/Schneider, § 3 Rn. 3; BeckOGK/Benecke, § 16 Rn. 5; dies., NZA 2011, 481, 484; MünchArbR-Oetker, § 15 Rn. 65; NK-BGB/Legerlotz, § 16 Rn. 3; vgl. für § 612 a BGB DDZ-Däubler, BGB § 612 a Rn. 12; MüKo-Müller-Glöge, BGB § 612 a Rn. 6, 10; krit. Faulenbach, S. 84 f.; aA Schiek-Kocher, § 16 Rn. 8; Schlachter/Heinig-Kocher, § 5 Rn. 254; Grünberger, S. 720). Allerdings kann es dann an dem für arbeitsvertragliche Konsequenzen häufig erforderlichen Verschulden fehlen, wenn der Rechtsirrtum seinerseits unverschuldet war (vgl. Schleusener/Suckow/Voigt-Voigt, § 16 Rn. 12; Wendeling-Schröder/Stein-Stein, § 16 Rn. 4; HK-ArbR/Berg, § 16 Rn. 4 zum Rechtsirrtum → § 3 Rn. 124). Auch wird der Arbeitgeber den Arbeitnehmer zunächst über seinen Irrtum aufklären müssen (Nollert-Borasio/Perreng, § 16 Rn. 9; Erman-Belling/Riesenhuber, § 16 Rn. 7; v. Roetteken, § 16 Rn. 27). Zudem ist eine Einschränkung für den Fall zu machen, dass der Arbeitnehmer ein nur vermeintliches Recht auf gerichtlichem Wege in Anspruch nimmt. Dann ist es aber nicht dieses (vermeintliche) materielle Recht, dessen Inanspruchnahme in Rede steht, sondern das tatsächlich bestehende Recht, auch nur vermutete Rechte vorbehaltlich der Willkür und Mutwilligkeit gerichtlich zu verfolgen (→ Rn. 18).

23 Alternativ zur Inanspruchnahme von Rechten steht auch die **Weigerung**, eine gegen diesen Abschnitt verstoßende Anweisung auszuführen, unter dem Schutz des Maßregelungsverbotes. Das kann auf zweierlei Weise verstanden werden.

24 Zunächst kommt in Betracht, die Weigerung, Weisungen benachteiligenden Inhalts auszuführen, hierunter zu subsumieren. Beispielhaft sei auf den Fall des ArbG Wuppertal (10.12.2003 – 3 Ca 4927/03 – LAGE § 626 BGB 2002 Nr. 2 a) hingewiesen, wo die Weigerung eines personalzuständigen Arbeitnehmers, die Weisung, keine türkischen Arbeitnehmer einzustellen, zu befolgen, mit einer Kündigung (zur Anwendbarkeit von § 16 auch auf maßregelnde Kündigungen → Rn. 27) quittiert wurde. Angesprochen ist damit das (vermeintliche) **Direktionsrecht**. Allerdings sind Weisungen, die gegen §§ 7 ff. verstoßen, bereits unwirksam (→ § 15 Rn. 19). Andererseits könnte man bezweifeln, ob die Weigerung der Befolgung einer unwirksamen Weisung als Inanspruchnahme von Rechten anzusehen ist und schon deshalb unter dem Schutz des Maßregelungsverbotes stünde. Jedoch wird man dies auf jeden Fall als Zurückweisung benachteiligender Verhaltensweisen iSd Abs. 2 anzusehen haben. Insoweit hätte es der Alternative einer

Weigerung, eine gegen den Abschnitt 2 verstoßende Anweisung auszuführen, gar nicht bedurft.

25 Des Weiteren kann man aber diese Alternative auch so verstehen, dass sich die **angewiesene Person** im Falle einer Anweisung iSd § 3 Abs. 5 weigern darf, ohne dafür benachteiligt zu werden (Adomeit/Mohr, § 16 Rn. 21). Dass diese angewiesene Person sich weigern darf, der Anweisung nachzukommen, folgt schon aus einer entsprechenden Pflicht, die sich daraus ergibt, dass die verlangte Verhaltensweise ihrerseits eine nach §§ 3, 7 ff. iVm § 7 Abs. 3 unzulässige Diskriminierung darstellt. Dieses Recht und diese Pflicht, Anweisungen zur Diskriminierung nicht zu befolgen, werden durch Alt. 2 effektuiert.

26 Was über eine Weigerung hinausgeht, darf sanktioniert werden, soweit dieses rechtswidrig ist (MüKo-Thüsing, § 16 Rn. 8). Doch ist das eine pure Selbstverständlichkeit; der Arbeitgeber muss grundsätzlich rechtswidriges Verhalten nicht hinnehmen.

3. Benachteiligung

27 Die Reaktion des Arbeitgebers muss sich in einer Benachteiligung des Betroffenen äußern. Dabei ging es dem Gesetzgeber mit dem Benachteiligungsbegriff ganz offensichtlich um den weiten Benachteiligungsbegriff, wie er in § 7 Abs. 1 (→ § 7 Rn. 3 ff.) und beispielsweise auch in § 612 a BGB verwendet wurde. Nicht gemeint ist hingegen eine Benachteiligung in dem technischen Sinne des § 3 (Palandt-Weidenkaff, § 16 Rn. 3; Erman-Belling/Riesenhuber, § 16 Rn. 2). Als Benachteiligung ist damit jedwedes Verhalten aufzufassen, das die **Situation** für den Arbeitnehmer **verschlechtert** (ErfK-Schlachter, § 16 Rn. 2). Benecke (NZA 2011, 481, 485) formuliert treffend, es gehe nicht um den Vergleich von Personen, sondern um den Vergleich von Situationen. Die Verschlechterung der Situation kann rechtsgeschäftlicher oder tatsächlicher Natur sein. Auch das **Vorenthalten von Vorteilen** ist eine Benachteiligung (BeckOGK/Benecke, § 16 Rn. 17; HK-ArbR/Berg, § 16 Rn. 3; Wendeling-Schröder/Stein-Stein, § 16 Rn. 11; für § 612 a BGB BAG 21.9.2011 – 7 AZR 150/10 – DB 2012, 524, 525; BAG 17.3.2010 – 5 AZR 168/09 – NZA 2010, 696, 698; BAG 6.12.2006 – 4 AZR 798/05 – DB 2007, 1362, 1364; BAG 14.2.2007 – 7 AZR 95/06 – BB 2007, 1118, 1119; DDZ-Däubler, BGB § 612 a Rn. 2; Staudinger/Richardi/Fischinger, BGB § 612 a Rn. 32). Insoweit stellt die Rechtsausübung ein absolutes Differenzierungsverbot in Anwendung des Gleichbehandlungsgrundsatzes dar (Faulenbach, S. 95 ff.). Dabei kommt auch eine Kündigung in Betracht. § 2 Abs. 4 wird man, wenn man dessen Anwendbarkeit nicht ohnehin schon an der Europarechtswidrigkeit scheitern lässt (→ § 2 Rn. 288 ff.), insoweit teleologisch reduzieren müssen, weil der Gesetzgeber die Problematik der Maßregelungskündigung gar nicht im Blick hatte (Rust/Falke-Bücker, § 16 Rn. 12; zust. HK-ArbR/Berg, § 16 Rn. 3). Hinzu kommt, dass unter Geltung des § 612 a BGB, der nunmehr verdrängt ist (→ Rn. 1), Schutz vor maßregelnden Kündigungen bestand, von dem kaum anzunehmen ist, dass er nunmehr aufgegeben werden sollte (Schleusener/Suckow/Voigt, § 16 Rn. 5). Immaterielle Vor- oder Nachteile können ebenfalls als Benachteiligungen beachtlich sein, wenn sie bei ver-

ständiger Würdigung als rechtserheblich zu betrachten sind (für § 612 a BGB MüKo-Müller-Glöge, BGB § 612 a Rn. 15). Die Benachteiligung muss sich **nicht** in einer **Ungleichbehandlung** ausdrücken (für § 612 a BGB HWK/Thüsing, BGB § 612 a Rn. 3; Faulenbach, S. 94 f.). Die Benachteiligung kann auch durch **Unterlassen**, etwa Verweigerung der Höhergruppierung (für § 612 a BGB HWK/Thüsing, BGB § 612 a Rn. 6) oder Abstandnahme von Überstundenzuweisungen (BAG 7.11.2002 – 2 AZR 742/00 – AP § 615 BGB Nr. 100; LAG Berlin 9.6.2006 – 6 Sa 445/06 – NZA-RR 2007, 12), erfolgen.

28 Auf eine wie auch immer geartete soziale Inadäquanz kann es nicht ankommen (Schiek-Kocher, § 16 Rn. 6; Meinel/Heyn/Herms, § 16 Rn. 19). Jede Sanktion rechtmäßigen Verhaltens ist inadäquat (MüKo-Thüsing, § 16 Rn. 13). Unerheblich ist auch, ob die Benachteiligung rechtswidrig ist (vgl. auch Wendeling-Schröder/Stein-Stein, § 16 Rn. 13, wonach jede Benachteiligung rechtswidrig ist).

29 **Nicht erforderlich** ist, dass die Benachteiligung durch den Arbeitgeber für sich **rechtswidrig** ist. Wo dies der Fall ist, genügt es idR bereits, wenn der Arbeitnehmer sich hierauf beruft. Das Maßregelungsverbot führt vielmehr zur Unzulässigkeit einer sonst an sich gestatteten Benachteiligung. So kann etwa der Arbeitgeber ein Fehlverhalten, das ihn zur Kündigung berechtigen würde, dennoch nicht zum Anlass einer Kündigung nehmen, wenn dies – uU deutlich später – wegen der Inanspruchnahme von Antidiskriminierungsrechten geschieht.

4. „Wegen"

30 Die Benachteiligung muss „wegen" der Inanspruchnahme von Rechten bzw. der Weigerung eine Anweisung auszuführen erfolgen. Das setzt zum einen Kausalität im Sinne der **conditio sine qua non-Formel** voraus (für § 612 a BGB HWK/Thüsing, BGB § 612 a Rn. 10; MüKo-Müller-Glöge, BGB § 612 a Rn. 16; Erman-Belling/Riesenhuber, § 16 Rn. 8). Die Annahme, eine Maßregelung liege vor, wenn es keinen anderen sachlichen Grund für die Benachteiligung gebe (ErfK-Schlachter, § 16 Rn. 2), ist allerdings zu eng. Es genügt zumindest, wenn das Arbeitnehmerverhalten **tragendes Motiv** für die Arbeitgeberreaktion gewesen ist (BeckOGK/Benecke, § 16 Rn. 18; Erman-Belling/Riesenhuber, § 16 Rn. 8; Nollert-Borasio/Perreng, § 16 Rn. 11; Schiek-Kocher, § 16 Rn. 11; Wendeling-Schröder/Stein-Stein, § 16 Rn. 12; Palandt-Weidenkaff, § 16 Rn. 3; Benecke, NZA 2011, 481, 485; für § 612 a BGB BAG 21.9.2011 – 7 AZR 150/10 – DB 2012, 524, 525; BAG 17.3.2010 – 5 AZR 168/09 – NZA 2010, 696, 698; BAG 15.7.2009 – 5 AZR 486/08 – DB 2009, 2496, 2497; krit. Soergel/Raab, BGB § 612 a Rn. 9). Insoweit muss Vorsatz, nicht aber Absicht gegeben sein (für § 612 a BGB NK-BGB/Klappstein, BGB § 612 a Rn. 13). Dabei kommt es aber nicht auf ein Verschulden des Arbeitgebers an, so dass auch Rechtsirrtümer unbeachtlich sind (in diesem Sinne wohl auch Boemke/Danko, § 9 Rn. 86; für § 612 a BGB aF MüKo-Müller-Glöge, BGB § 612 a Rn. 16). Im Interesse des effektiven Schutzes vor Diskriminierungen spricht allerdings einiges dafür, es ebenso wie beim Benachteiligungsbegriff (→ § 1 Rn. 20) schon genügen zu lassen, wenn das Arbeitnehmerverhalten bei

einem Motivbündel neben anderen Gründen Berücksichtigung fand. Doch ist angesichts der Rechtsprechung zum allgemeinen Maßregelungsverbot mit einem Meinungswandel so schnell nicht zu rechnen. Die Richtlinienbestimmungen dürften aber nach ihrem Wortlaut („Reaktion"; engl.: „reaction") dazu im Wege einer **europarechtskonformen Auslegung** zwingen. Insofern ist ein Vorabentscheidungsersuchen an den EuGH angezeigt. Der Einwand, Arbeitnehmer sollten zwar unbefangen ihre Rechte ausüben können, andererseits aber nicht gegen rechtmäßiges Arbeitgeberverhalten immunisiert werden (vgl. Benecke, NZA 2011, 481, 483 f.), trägt insoweit nicht. Denn auch bei Zulassung der Maßregelung im Falle eines bloßen Begleitmotivs wäre ein effektiver Schutz für die unbefangene Rechtsausübung nicht gewährleistet.

III. Verbot der Anknüpfung an Reaktionen des Diskriminierungsopfers (Abs. 2)

31 Die Reaktion des Beschäftigten auf eine benachteiligende Verhaltensweise darf nach Abs. 2 nicht als Grundlage einer Entscheidung herangezogen werden. Der Sache nach geht es um ein Verwertungsverbot (Benecke, NZA 2011, 481, 485). Dabei gelten die Ausführungen zum Anwendungsbereich bei Abs. 1 entsprechend (→ Rn. 11 ff.). Insbesondere wird der Schutz auf Unterstützende und Zeugen durch Verweisung aus Abs. 1 S. 2 ausgeweitet.

32 Die mit dem Maßregelungsverbot intendierte Effektuierung der Rechte der Beschäftigten (→ Rn. 8) wird verstärkt dadurch, dass es dem Opfer einer Benachteiligung ermöglicht wird, sich darauf zu berufen, dass unerlaubte Diskriminierungen rechtswidrig und nichtig sind. Will man die Weigerung, eine unverbindliche, da diskriminierende, Arbeitgeberweisung zu befolgen, nicht schon als Inanspruchnahme von Rechten iSd Abs. 1 ansehen (→ Rn. 24), liegt darin zumindest eine **Zurückweisung** benachteiligender Verhaltensweisen, die nach Abs. 2 den Schutz des Maßregelungsverbotes genießt.

33 Doch darf man den Tatbestand der Zurückweisung nicht derart eng führen, dass damit nur die Berufung auf die Rechtswidrigkeit oder Unverbindlichkeit eines Arbeitgeberverhaltens erfasst wird. Unter Berücksichtigung des Normzwecks (→ Rn. 8) muss man vielmehr jede **Erkennbarmachung der Ablehnung eines diskriminierenden Verhaltens** als Zurückweisung verstehen. Erst dies erlaubt den selbstbewussten Umgang der Beschäftigten mit jenen Merkmalen, derentwegen nicht diskriminiert werden darf.

34 Darüber hinaus darf auch die **Duldung** eines benachteiligenden Verhaltens nicht zur Entscheidungsgrundlage des Arbeitgebers gemacht werden. Der Schutz der Beschäftigtenrechte kann nämlich nicht nur dadurch gefährdet werden, dass der Arbeitgeber unangenehme Folgen an die Wahrnehmung der Rechte knüpft, sondern auch dadurch, dass der Verzicht auf die Geltendmachung der Beschäftigtenrechte positiv sanktioniert wird. Insoweit sind die Arbeitnehmerschutzrechte nach §§ 7 ff. untauglich als Verhandlungsmasse. Das folgt auch aus ihrer Unabdingbarkeit nach § 31. Insoweit lässt sich die großzügige Haltung der Rechtsprechung zu § 612 a BGB, wonach sog tarifliche Turboprämien nicht gegen das Maßregelungsverbot verstoßen, weil der Arbeitnehmer frei entscheiden kann, ob er Kündigungs-

schutzklage erheben oder die Prämie in Anspruch nehmen möchte (BAG 6.12.2006 – 4 AZR 798/05 – DB 2007, 1362, 1364), im vorliegenden Kontext nicht durchhalten. Ein solches Wahlrecht zugunsten des Verzichts auf Diskriminierungsschutz ist im Rahmen des § 16 ausgeschlossen. Freilich wird der Beschäftigte sich im Allgemeinen hinsichtlich der Begünstigung nicht beklagen. Duldungen in der Vergangenheit haben aber auch **keine präjudizielle Wirkung**: Der Arbeitnehmer darf gleichwohl jederzeit die Beachtung der Diskriminierungsverbote einfordern. Der Arbeitgeber ist an einer Rückforderung eventueller Vorzüge nach § 817 S. 2 BGB gehindert (Thüsing, Arbeitsrechtlicher Diskriminierungsschutz, Rn. 618).

35 Zurückweisung bzw. Duldung müssen sich auf benachteiligende **Verhaltensweisen** des Arbeitgebers beziehen. Nicht nur rechtsgeschäftliches Verhalten des Arbeitgebers kann mithin als Gegenstand der Duldung bzw. Zurückweisung erfasst sein, sondern auch rein tatsächliches Verhalten.

36 Die Zurückweisung bzw. Duldung darf nicht als **Grundlage für eine Entscheidung** herangezogen werden. Die neutrale Formulierung richtet sich nicht allein an den Arbeitgeber, sondern an jeden, der eine Entscheidung trifft. Soweit damit gerichtliche Entscheidungen angesprochen sind, ist das im Grunde selbstverständlich, weil die Gerichte an Gesetz und Recht gebunden sind (Art. 1 Abs. 3 GG). Wichtiger ist dies für gestaltende Entscheidungen, beispielsweise der Betriebsparteien in Ausübung der Betriebsvereinbarungsautonomie oder der Einigungsstelle, etwa wenn diese einen Sozialplan verbindlich beschließt. Schließlich ist das Arbeitgeberverhalten angesprochen. Auch dieser ist aber nicht im Rahmen des Normenvollzugs betroffen, sondern insoweit er autonome Entscheidungen trifft, etwa indem er von einer Kündigungsmöglichkeit Gebrauch macht, ein Vertragsänderungsangebot unterbreitet oder Urlaub gewährt.

37 Zur **Grundlage einer Entscheidung** wird die Duldung bzw. Zurückweisung dann gemacht, wenn das Arbeitnehmerverhalten Anknüpfungspunkt für die Entscheidungsfindung ist. Irgendein Benachteiligungsmotiv muss dazu nicht vorliegen, anders als bei Abs. 1 ist das Wörtchen „wegen" nicht ausgesprochen. In der Literatur wird beispielsweise ein Verstoß gegen § 16 angenommen, wenn der Arbeitgeber zunächst seine Pflichten zugunsten eines Beschäftigten, der Stalking-Opfer ist, wahrnimmt, sich dann aber im Hinblick auf die erheblichen Belastungen für den Betrieb (zB geänderte Arbeitszeiten, Heimwegbegleitung) und die betriebliche Angewiesenheit auf den diskriminierenden Arbeitnehmer, vom diskriminierten Arbeitnehmer trennt (Göpfert/Siegrist, NZA 2007, 473, 477).

38 In der Sache muss die Entscheidung aber irgendeinen Nachteil objektiver Natur mit sich bringen, allein das subjektive Empfinden kann nicht genügen (Voggenreiter, in: Rudolf/Mahlmann, GlBR, § 8 Rn. 137). Allerdings kann bei neutralen Maßnahmen (zB Versetzung) ein Nachteil bereits darin liegen, dass die Maßnahme den subjektiven Präferenzen des Arbeitnehmers entgegensteht.

39 Grundsätzlich kann die **Entscheidung zeitlich vor** die Duldung bzw. Zurückweisung fallen (Rust/Falke-Bücker, § 16 Rn. 11; aA Adomeit/Mohr, § 16 Rn. 17; Meinel/Heyn/Herms, § 16 Rn. 21). Anderenfalls wäre die Vor-

schrift des Abs. 2 für die Duldungsfälle weitestgehend bedeutungslos. Denn kein Arbeitnehmer, der ein diskriminierendes Verhalten erduldet hat, wird sich beklagen, wenn dies später zu seinen Gunsten zur Grundlage einer Entscheidung gemacht wird. Noch weitergehend muss es genügen, wenn die Duldung oder Zurückweisung überhaupt nicht erfolgt, sondern lediglich eine **Entscheidung „für den Fall, dass …“** gefällt wird, die zu entsprechendem Verhalten nötigen soll (wie hier Wendeling-Schröder/Stein-Stein, § 16 Rn. 20; Erman-Belling/Riesenhuber, § 16 Rn. 8; für § 612 a BGB Staudinger/Richardi/Fischinger, BGB § 612 a Rn. 33; NK-BGB/Klappstein, BGB § 612 a Rn. 10, nach denen jede vorausgehende Maßnahme bereits genügen soll, die hiergegen erhobene Kritik, der Sinn und Zweck von § 612 a BGB stehe der Annahme einer antizipierenden Maßregelung entgegen [so HWK/Thüsing, BGB § 612 a Rn. 8], trifft jedenfalls für § 16 nicht zu).

40 Grundsätzlich genügt es, wenn die Entscheidung den Arbeitnehmer **„berührt“**. Dass sie ihn unmittelbar betrifft, wird nicht verlangt. Es reicht, wenn sie **mittelbar** auch den Arbeitnehmer **trifft**. Beispielsweise läge ein Fall des Abs. 2 vor, wenn der Arbeitgeber Frauen zur Sanierung des Betriebes geringere Vergütungen zahlt und nur mit jenen den Ausschluss einer betriebsbedingten Kündigung vereinbart, die sich dies gefallen lassen haben, so dass diejenigen, die die Lohngleichheit eingefordert haben, bei einer Sozialauswahl schlechter dastünden.

IV. Rechtsfolgen

41 Die Benachteiligung bzw. die Heranziehung für eine Entscheidung „darf“ unter den Voraussetzungen von Abs. 1 bzw. Abs. 2 nicht erfolgen. Es wird angenommen, es handele sich um ein Verbotsgesetz iSd § 134 BGB (Bezani/Richter, § 16 Rn. 324; Wendeling-Schröder/Stein-Stein, § 16 Rn. 14; MünchArbR-Oetker, § 15 Rn. 68; für § 612 a BGB HWK/Thüsing, BGB § 612 a Rn. 31; MüKo-Müller-Glöge, BGB § 612 a Rn. 20; Staudinger/Richardi/Fischinger, BGB § 612 a Rn. 31; Faulenbach, S. 120; Benecke, NZA 2011, 481, 482). Dies ist dogmatisch nicht einwandfrei, denn es handelt sich um eine Grenze rechtsgeschäftlicher Gestaltungsmacht (zur Abgrenzung vom Verbotsgesetz s. Deinert, Zwingendes Recht, Rn. 56 ff.). Im Ergebnis läuft dies aber auf dasselbe hinaus. **Rechtsgeschäfte**, die gegen Abs. 1 oder 2 verstoßen, sind schon ohne Weiteres **unwirksam**.

42 Das gilt auch für **Verträge** zwischen Arbeitgeber und Arbeitnehmer, die gegen das Maßregelungsverbot verstoßen. Das (vermeintliche) Einverständnis des Arbeitnehmers ändert daran nichts, da die Willenserklärung des Arbeitgebers unwirksam ist und damit der vertragliche Konsens entfällt. § 139 BGB ist aber im Allgemeinen nicht anwendbar, weil der Schutzzweck der §§ 7 ff. sonst unterlaufen würde. Der Restvertrag wird deshalb zumeist wirksam bleiben.

43 Andere Maßnahmen als Rechtsgeschäfte fallen nicht der Unwirksamkeit anheim. Sie sind aber **rechtswidrig** mit allen daraus folgenden Konsequenzen. Der Arbeitnehmer kann deshalb Beseitigung und gegebenenfalls Unterlassung verlangen (Meinel/Heyn/Herms, § 16 Rn. 23; Wendeling-Schröder/Stein-Stein, § 16 Rn. 17; für § 612 a BGB Staudinger/Richardi/Fischin-

ger, BGB § 612 a Rn. 33; ErfK-Preis, BGB § 612 a Rn. 23). Er kann deshalb auch tatsächliches Verhalten verlangen wie zB Rücknahme einer „Degradierung" durch Entfernung aus dem erweiterten Geschäftsführungskreis (vgl. für § 612 a BGB LAG Köln 19.9.2006 – 9 (4) Sa 173/06 – BB 2007, 388 [Ls.]) oder Entfernung einer Abmahnung aus der Personalakte (Wendeling-Schröder/Stein-Stein, § 16 Rn. 16). Er kann sich auch auf das Zurückbehaltungsrecht nach § 273 BGB berufen (für § 612 a BGB MüKo-Müller-Glöge, BGB § 612 a Rn. 21; Staudinger/Richardi/Fischinger, BGB § 612 a Rn. 33). Zudem ist die Maßnahme eine Pflichtverletzung iSd § 280 BGB, die einen Schadensersatzanspruch nach sich ziehen kann (BAG 18.5.2017 – 8 AZR 74/16; Bezani/Richter, § 16 Rn. 324; BeckOK/Roloff, § 16 Rn. 6; NK-BGB/Legerlotz, § 16 Rn. 1). Demgegenüber ist die Maßregelung für sich noch keine Benachteiligung iSd § 3 (Schiek-Kocher, § 16 Rn. 27) und kann daher insoweit keine Schadensersatzansprüche nach § 15 auslösen (BAG 18.5.2017 – 8 AZR 74/16; BeckOK/Roloff, § 16 Rn. 6; MüKo-Thüsing, § 16 Rn. 16; ders., Arbeitsrechtlicher Diskriminierungsschutz Rn. 617; Hey/Forst-Forst, § 16 Rn. 57; NK-BGB/Legerlotz, § 16 Rn. 8). Allerdings muss man § 16 als Schutzgesetz iSd § 823 Abs. 2 BGB ansehen mit der Folge, dass rechtswidrige Maßregelungen auch aus diesem Gesichtspunkt zum Schadensersatz berechtigen können (Schiek-Kocher, § 16 Rn. 17; MüKo-Thüsing, § 16 Rn. 15; NK-BGB/Legerlotz, § 16 Rn. 1; Erman-Belling/Riesenhuber, § 16 Rn. 13; vgl. BAG 18.5.2017 – 8 AZR 74/16; ferner für § 612 a BGB aF Schlachter, S. 217; HWK/Thüsing, BGB § 612 a Rn. 31; MüKo-Müller-Glöge, BGB § 612 a Rn. 23; Staudinger/Richardi/Fischinger, BGB § 612 a Rn. 33).

44 Das Maßregelungsverbot kann im Fall des Unterlassens **anspruchsbegründend** wirken; wenn nämlich ein Anspruch nicht begründet wurde, der ohne die Maßregelung begründet worden wäre (BAG 23.2.2000 – 10 AZR 1/99 – AP §§ 22, 23 BAT Lehrer Nr. 80; v. Roetteken, § 16 Rn. 50; Adomeit/Mohr, § 16 Rn. 34; Meinel/Heyn/Herms, § 16 Rn. 23; Erman-Belling/Riesenhuber, § 16 Rn. 13; Staudinger/Richardi/Fischinger, BGB § 612 a Rn. 34; Faulenbach, S. 123 ff.; krit. MüKo-Müller-Glöge, BGB § 612 a Rn. 22). Allerdings hat das BAG zuletzt offengelassen, ob § 612 a BGB – für § 16 würde insoweit wohl nichts anderes gelten – selbst unmittelbar anspruchsbegründend wirkt, zugleich aber auf die Möglichkeit einer Verbindung mit anderen Anspruchsgrundlagen hingewiesen (BAG 21.9.2011 – 7 AZR 150/10 – DB 2012, 524, 525). Im Fall einer Zurücksetzung kommt daher ein Anspruch auf Gleichbehandlung in Betracht (BAG 21.9.2011 – 7 AZR 150/10 – DB 2012, 524, 525; Benecke, NZA 2011, 481, 482; für § 612 a BGB: ErfK-Preis, BGB § 612 a Rn. 23). Ebenfalls ließen sich auch aus §§ 823 Abs. 2, 249 Abs. 1 BGB iVm § 16 Ansprüche begründen, ferner aus § 280 BGB. Ein Einstellungsanspruch soll daraus aber nicht erwachsen können (Schleusener/Suckow/Voigt-Voigt, § 16 Rn. 17; Thüsing, Arbeitsrechtlicher Diskriminierungsschutz Rn. 617). Weitergehend noch sieht das BAG Einstellungsansprüche nach verbotener Maßregelung insgesamt als entsprechend § 15 Abs. 6 ausgeschlossen an (BAG 21.9.2011 – 7 AZR 150/10 – DB 2012, 524, 526; zur entsprechenden Anwendung von § 15 Abs. 6 → § 15 Rn. 148).

V. Beweislast (Abs. 3)

45 Nach der allgemeinen Beweislastregel würde den Arbeitnehmer die Darlegungs- und Beweislast hinsichtlich der Voraussetzungen des Maßregelungsverbotes treffen, weil er sich auf die Unzulässigkeit der Benachteiligung oder Entscheidung beruft (vgl. für § 612 a BGB BAG 16.9.2004 – 3 AZR 511/03 – AP § 102 BetrVG 1972 Nr. 142; MüKo-Müller-Glöge, BGB § 612 a Rn. 24; Staudinger/Richardi/Fischinger, BGB § 612 a Rn. 35).

46 Nun ordnet Abs. 3 an, dass die Beweislastregel des § 22 entsprechend gilt. Was dies konkret bedeutet, erschließt sich nicht von selbst. Die Regierungsbegründung ist wenig hilfreich, dort heißt es: „Die Regelung der Beweislastverteilung findet auch im Fall eines Verstoßes des Arbeitgebers gegen das Maßregelungsverbot des § 16 Anwendung" (BT-Drs. 16/1780, 39). Zwei Deutungen kommen in Betracht: Entweder soll nur hinsichtlich der Benachteiligung als tatbestandlicher Grundlage von Abs. 1 und 2 die Beweiserleichterung Platz greifen oder aber es gibt auch eine Beweiserleichterung hinsichtlich des Vorliegens einer Maßregelung. Richtig kann nur die zweite Deutung sein, denn für eine Regelung im Sinne der ersten Deutung gab es gar keinen Bedarf, weil es sich dann um einen Streitfall handelt, bei dem § 22 ohnehin unmittelbar anwendbar ist. Abs. 3 enthält folglich eine **Beweiserleichterung** auch hinsichtlich des Vorliegens einer unerlaubten Maßregelung (BeckOGK/Benecke, § 16 Rn. 29 f.; NK-BGB/Legerlotz, § 16 Rn. 9; jurisPK/Harwart, § 16 Rn. 25; Erman-Belling/Riesenhuber, § 16 Rn. 14; Schiek-Kocher, § 16 Rn. 23 f.; MüKo-Thüsing, § 16 Rn. 14; Schleusener/Suckow/Voigt-Voigt, Rn. 19; Bauer/Krieger, § 16 Rn. 22; Meinel/Heyn/Herms, § 16 Rn. 29; Rust/Falke-Bücker, § 16 Rn. 21; Wendeling-Schröder/Stein-Stein, § 16 Rn. 24; HK-ArbR/Berg, § 16 Rn. 6; Peick, S. 86). Dasselbe ergibt sich allerdings auch aus **§ 22**, wenn man ihn zutreffend dahin versteht, dass im Falle eines auf Indizien gestützten Beweises der Diskriminierung den **Arbeitgeber die Beweislast** trifft, dass er die Antidiskriminierungsvorschriften vollumfänglich eingehalten hat (→ § 22 Rn. 17 ff.). Demnach ist Abs. 3 eine Bekräftigung des allgemeinen Grundsatzes aus § 22. Wollte man dieser Ansicht nicht folgen, würde Folgendes gelten:

47 Nach der systematischen Stellung in Abs. 3 bezieht sich die Beweislastregelung sowohl auf Maßregelungen nach Abs. 1 als auch auf Entscheidungen nach Abs. 2.

48 Die entsprechende Geltung von § 22 kann nur bedeuten, dass der Arbeitnehmer zunächst im Streitfall für **Fälle des Abs. 1** beweisen muss, dass er Rechte nach Abschnitt 2 in Anspruch genommen hat (→ Rn. 18 ff.) oder sich geweigert hat, eine Anweisung, die gegen diesen Abschnitt verstößt, auszuführen (→ Rn. 23 ff.). Dabei kann er sich dann hinsichtlich des in diesem Zusammenhang maßgeblichen Merkmals unmittelbar auf die Erleichterung durch die Regelung des § 22 stützen. Des Weiteren muss er beweisen, dass der Arbeitgeber ihn benachteiligt hat (→ Rn. 27 f.). Hinsichtlich des problematischen Merkmals **„wegen"** (→ Rn. 30), das eine innere Tatseite beim Arbeitgeber betrifft, genügt es dann – dies ist die entsprechende Anwendung von § 22 gem. Abs. 3 –, dass der Arbeitnehmer **Indizien** beweist, die vermuten lassen, dass die Benachteiligung eben gerade we-

gen des betreffenden Arbeitnehmerverhaltens erfolgte (Benecke, NZA 2011, 481, 486). Insbesondere ein zeitlich enger Zusammenhang kann dieses Indiz bieten (LAG Kiel 25.7.1989 – 1 (3) Sa 557/88 – LAGE § 612 a BGB Nr. 4; BeckOGK/Benecke, § 16 Rn. 19; Schleusener/Suckow/Voigt-Voigt, § 16 Rn. 19; Meinel/Heyn/Herms, § 16 Rn. 29; HK-ArbR/Berg, § 16 Rn. 6). Gelingt dies, muss der Arbeitgeber den Beweis erbringen, dass die Benachteiligung aus anderen Gründen erfolgte, so dass die Vermutung entkräftet wird. Das entspricht im Übrigen der Beweislastverteilung bei § 612 a BGB (BAG 11.8.1992 – 1 AZR 103/92 – AP Art. 9 GG Arbeitskampf Nr. 124; Schlachter, S. 217 f.; DDZ-Däubler, BGB § 612 a Rn. 23; HWK/Thüsing, BGB § 612 a Rn. 35; ErfK-Preis, BGB § 612 a Rn. 22).

49 Für **Fälle des Abs. 2** bedeutet dies, dass der Arbeitnehmer die ihn betreffende Entscheidung und eine eventuelle Zurückweisung oder Duldung benachteiligender Verhaltensweisen darlegt und beweist. Dass diese **als Grundlage für die Entscheidung herangezogen** wurde, muss er entweder beweisen oder aber er muss **Indizien** beweisen, die dies vermuten lassen. Der Arbeitgeber muss in letzterem Fall den Beweis erbringen, dass das Arbeitnehmerverhalten nicht als Grundlage der Entscheidung herangezogen wurde, so dass sich die Vermutung als unrichtig erweist.

50 Bei einer **„für den Fall, dass…“-Entscheidung** (→ Rn. 39) muss der Arbeitnehmer den Inhalt der Entscheidung darlegen und beweisen und Indizien beweisen, dass diese Entscheidung von seinem Verhalten (Duldung oder Zurückweisung einer benachteiligenden Verhaltensweise) abhängen soll. Der Arbeitgeber muss Letzteres durch Beweis des Gegenteils dann entkräften.

VI. Prozessuale Hinweise

51 Im Regelfall werden Verstöße gegen das Maßregelungsverbot inzident im Rahmen eines Prozesses um die Wirksamkeit arbeitgeberseitiger Rechtsgeschäfte oder um Ansprüche des Arbeitnehmers geprüft. So wird die maßregelnde und deshalb unwirksame Weisung zum Annahmeverzug führen und die Frage der Maßregelung im Rahmen der Frage nach einem Anspruch aus § 615 S. 1 BGB zu klären sein. Bei der Geltendmachung der Unwirksamkeit einer maßregelnden Kündigung ist die Klagefrist nach §§ 4, 7 KSchG zu beachten.

52 Unter Beachtung der Subsidiarität kommt eine Feststellungsklage in Betracht, dass eine bestimmte Maßnahme rechtswidrig oder unwirksam sei, etwa die Feststellung, dass der Arbeitnehmer eine maßregelnde Überstundenanordnung nicht zu befolgen habe.

Unterabschnitt 4 Ergänzende Vorschriften

§ 17 Soziale Verantwortung der Beteiligten

(1) Tarifvertragsparteien, Arbeitgeber, Beschäftigte und deren Vertretungen sind aufgefordert, im Rahmen ihrer Aufgaben und Handlungsmöglichkeiten an der Verwirklichung des in § 1 genannten Ziels mitzuwirken.

(2) [1]In Betrieben, in denen die Voraussetzungen des § 1 Abs. 1 Satz 1 des Betriebsverfassungsgesetzes vorliegen, können bei einem groben Verstoß des Arbeitgebers gegen Vorschriften aus diesem Abschnitt der Betriebsrat oder eine im Betrieb vertretene Gewerkschaft unter der Voraussetzung des § 23 Abs. 3 Satz 1 des Betriebsverfassungsgesetzes die dort genannten Rechte gerichtlich geltend machen; § 23 Abs. 3 Satz 2 bis 5 des Betriebsverfassungsgesetzes gilt entsprechend. [2]Mit dem Antrag dürfen nicht Ansprüche des Benachteiligten geltend gemacht werden.

I. Vorbemerkungen

1. Allgemeines

1 Die Vorschrift dient insgesamt der Verwirklichung des in § 1 genannten Ziels. Sie geht davon aus, dass dieses im gemeinsamen Interesse der in Abs. 1 genannten Parteien liegt, so dass alle einen Beitrag dazu leisten können und sollen. Anders als bei wirtschaftlichen Konflikten um Macht und Verteilung hat keine dieser Parteien ein grundsätzliches Interesse an Ungleichbehandlung als solcher. Abs. 1 richtet deshalb seinen Appell mit gleicher Intensität an unterschiedliche Adressaten. Zu verbotenen Benachteiligungen kann es aber kommen, wenn etwa ein Arbeitgeber **selektive Arbeitsmarktvorteile** ausnutzt, die sich spiegelbildlich als verbotene Benachteiligung iSd § 7 auswirken. Solche Benachteiligungen sind nicht tätigkeitsbezogen und verletzen deshalb den Gleichheitsgrundsatz.

Die Vorschrift belegt die **Anerkennung des kollektiven Arbeitsrechts** und seiner Akteure bei der Regelung der Beschäftigungsbedingungen und Konfliktlösung. Sie setzt zunächst auf das Eigeninteresse der Betroffenen einschließlich ihrer Vertretungen und kollektiven Organisationen im Wege von Solidarität, Diskurs und Kommunikation. Abs. 2 bietet ein Verfahren der Rechtsdurchsetzung gegen Arbeitgeber an, das in der Betriebsverfassung erprobt und bewährt ist. Der „**Kampf ums Recht**" (Jhering, 1872) vollzieht sich auch in arbeitsgerichtlichen Beschlussverfahren, indem er dazu beiträgt, ein gesetzmäßiges Verhalten des Arbeitgebers sicherzustellen und den Grundsatz der Gleichbehandlung zu effektivieren.

2. Vorrangige Grundlagen

2 Abs. 1 setzt Art. 11 Abs. 2 RL 2000/43/EG, Art. 2 Abs. 5, Art. 13 Abs. 2 RL 2000/78/EG sowie Art. 8 b Abs. 2, 3 RL 76/207/EWG bzw. RL 2002/73/EG um (amtliche Begründung BT-Drs. 16/1780, 39). Zu

Abs. 2 nennt die amtliche Begründung keine ausdrücklichen Vorgaben. Allerdings erwarten die Begründungserwägung 19 und Art. 7 Abs. 2 RL 2000/43/EG, Erwägung 29 und Art. 9 Abs. 2 RL 2000/78/EG, Erwägung 20 und Art. 6 Abs. 3 RL 2002/73/EG, Art. 8 Abs. 3 RL 2004/113/EG einen angemessenen **Rechtsschutz** mit der Möglichkeit der **Beteiligung von Verbänden,** selbst wenn das Verhältnis, währenddessen die Diskriminierung vorgekommen sein soll, bereits beendet ist. Erwägung 26 der RL 2000/43/EG, Erwägung 35 der RL 2000/78/EG, Erwägung 22 und Art. 8 d RL 2002/73/EG, Erwägung 27 sowie Art. 14 RL 2004/113/EG erwarten wirksame, verhältnismäßige und abschreckende **Sanktionen** für den Fall, dass gegen die aus der Richtlinie erwachsenden Verpflichtungen verstoßen wird. Art. 7 RL 2002/73/EG verlangt den **Schutz der Arbeitnehmervertreter** vor Entlassung oder anderen Benachteiligungen durch den Arbeitgeber, die als Reaktion auf die Einleitung eines Verfahrens zur Durchsetzung des Gleichbehandlungsgrundsatzes erfolgen. Mithin gehen die Richtlinien davon aus, dass Arbeitnehmervertreter derartige Verfahren führen können, wie es in Abs. 2 der Fall ist. Abs. 2 kompensiert zudem **individualrechtliche Rechtsschutzdefizite.** So verneint zB das BAG (14.11.2013 – 8 AZR 997/12) individuelle Ansprüche auf Unterlassung diskriminierender Ausschreibungen bzw. auf diskriminierungsfreie Neuausschreibungen. Nach einer – verkürzten – Aussage des BAG (11.8.2016 – 8 AZR 406/14 – BB 2017, 506) knüpft das AGG an einen Verstoß gegen § 11 überhaupt keine unmittelbaren Rechtsfolgen (→ § 11 Rn. 36). Das kollektive Verfahren schließt solche Lücken. Der Vorwurf einer Übererfüllung europarechtlicher Vorgaben ist unbegründet.

3. Gesetzgebungsverfahren

3 Abs. 1 blieb während des gesamten Gesetzgebungsverfahrens (im Entwurf 2005 als § 18 Abs. 1) unverändert und war nicht umstritten. Abs. 2 hatte im Entwurf 2005 (als § 18 Abs. 2, BT-Drs. 15/4538) sowie im Entwurf v. 8.6.2006 (BT-Drs. 16/1780) eine andere Formulierung. Die letztendlich beschlossene Fassung ergibt sich aus dem Änderungsantrag von CDU/CSU und SPD v. 27.6.2006 (Ausschuss-Drs. 16(11)337). Eingefügt wurde in S. 1 die Begrenzung auf **Betriebe** iSd § 1 Abs. 1 S. 1 BetrVG, sodann die Voraussetzung eines „groben" Verstoßes des Arbeitgebers, schließlich S. 2, was in der Begründung des Antrags insgesamt als Klarstellung verstanden wird. Die Regelung gehörte im Vorfeld der parlamentarischen Beschlussfassung zu den umstrittensten Teilen des Gesetzes, wurde da freilich bisweilen mit § 23 verwechselt.

II. Mitwirkung an der Verwirklichung des Grundsatzes der Gleichbehandlung (Abs. 1)

1. Aufforderung zur Mitwirkung

4 Entsprechend der Vorgehensweise in den europäischen Richtlinien spricht die Bestimmung eine Aufforderung an die Parteien zu gemeinsamem Handeln aus. Es handelt sich um Handlungsaufforderungen, aus denen sich keine unmittelbar durchsetzbaren **Verpflichtungen** der Parteien untereinander, gegeneinander oder gegenüber Dritten ergeben. Die Vorschrift statuiert

aber ausdrücklich **Handlungsrechte** und stellt klar, dass die genannten, vor allem kollektiven Parteien die Ziele dieses Gesetzes mit ihren jeweiligen Mitteln und Durchsetzungsverfahren verfolgen können und sollen. Dies überschneidet sich mit § 75 BetrVG, § 166 SGB IX (Inklusionsvereinbarung zwischen Arbeitgeber, Schwerbehindertenvertretung, Betriebs- bzw. Personalrat) oder § 6 Abs. 1 EntgTranspG. §§ 10 ff. EntgTranspG formulieren ein Verfahren zur Erfüllung individueller Auskunftsansprüche unter Einbeziehung des Betriebsrats, §§ 17 ff. EntgTranspG ein betriebliches Prüfverfahren.

2. Tarifvertragsparteien

5 Tarifvertragsparteien sind nach § 2 Abs. 1 TVG Gewerkschaften, einzelne Arbeitgeber sowie Vereinigungen von Arbeitgebern. Sie sind in ihrer Tarifpolitik autonom. Es besteht keine Rechtspflicht zur Verhandlung, geschweige denn zum Abschluss von Tarifverträgen. Tarifvertragsparteien, die diesem Ziel nicht nachkommen, machen sich dann auch nicht regresspflichtig. Gleichwohl geht der Gesetzgeber davon aus, dass die Tarifvertragsparteien durch **autonomes Handeln** an der Verwirklichung des Ziels mitwirken. Dies kann durch den Abschluss von Tarifverträgen erfolgen, was auch geschieht. Gleichbehandlung ist als Bestandteil der „Arbeits- und Wirtschaftsbedingungen" legitimer Gegenstand von Tarifpolitik. So sind tarifliche Regelungen zum Schutze von Schwerbehinderten oder von älteren Arbeitnehmern, zur Gleichbehandlung und Förderung von Teilzeitbeschäftigten oder von Frauen durchaus üblich (Nachweise bei Kempen/Zachert-Buschmann, TVG § 1 Rn. 698 ff.). Sie müssen sich, um nicht eine umgekehrte Diskriminierung zu bewirken, an § 7 Abs. 2 dieses Gesetzes im Lichte von Art. 9 Abs. 3 GG messen lassen. Im Übrigen **erschöpfen sich die Aufgaben der Tarifvertragsparteien nicht im Abschluss von Tarifverträgen. Mitgliederbetreuung** im Betrieb sowie gewerkschaftlicher **Rechtsschutz** einschließlich Prozessvertretung dienen ebenfalls diesem Ziel.

6 Die Tarifparteien sind aufgefordert, **tarifliche Regelungen im Hinblick auf die Einhaltung des Gleichbehandlungsgebots zu überprüfen.** Tarifregelungen, die (wie etwa Frauenabschläge) eine direkte Benachteiligung iSd § 1 enthalten, gehören überwiegend der Geschichte an. Sie wären nach § 7 Abs. 2 unwirksam. Teilweise besteht noch Korrekturbedarf bei Altersgrenzen bzw. -staffelungen (→ § 10 Rn. 41 ff.). Soweit Tarifverträge ihre Regelungen noch auf Vollzeitbeschäftigte oder Teilzeitbeschäftigte ab einem bestimmten Mindestquorum beschränken oder etwa geringfügig Beschäftigte ausschließen, liegt darin regelmäßig nicht nur ein Verstoß gegen § 4 TzBfG, sondern auch gegen § 7 iVm § 3 Abs. 2 (mittelbare Frauendiskriminierung, vgl. Laux/Schlachter-Laux, TzBfG § 4 Rn. 204 f., 223 ff.). Die Rechtsprechung räumt den Tarifvertragsparteien zwar einen **weiten Regelungsspielraum** ein, auch bei der Beachtung des allgemeinen Gleichheitssatzes des Art. 3 Abs. 1 GG sowie der Diskriminierungsverbote des Art. 3 Abs. 2, 3 GG (BAG 27.5.2004 – 6 AZR 129/03 – EzA GG Art. 9 Nr. 80 = AuR 2004, 478; ErfK-Dieterich, GG Art. 3 Rn. 46 ff.; Däubler-Däubler, Einl. Rn. 124 a ff., 178 ff.; Kempen/Zachert-Kempen, TVG, Grundlagen Rn. 223). Personenkreise, die – wie etwa Teilzeitbeschäftigte – durch ein

Diskriminierungsverbot geschützt sind, können aber nicht durch Herausnahme aus dem persönlichen Geltungsbereich eines Tarifvertrags ausgeschlossen werden (Laux/Schlachter-Laux, TzBfG § 4 Rn. 226 mwN).

3. Arbeitgeber

7 Der Arbeitgeberbegriff iS dieses Gesetzes ergibt sich aus § 6 Abs. 2 (s. Kommentierung dort). Für den Arbeitgeber besteht eine besondere **Organisationspflicht** nach § 12. Im Übrigen ist er unmittelbar an das Benachteiligungsverbot des § 7 gebunden.

4. Beschäftigte

8 Der **Beschäftigtenbegriff** iS dieses Gesetzes ergibt sich aus § 6. Die Beschäftigten sind Adressaten und geschützte Personen nach § 7. Die Vorschrift stellt klar, dass sie im Betrieb Initiativen zur Verwirklichung des in § 1 genannten Ziels unternehmen können, ohne damit ihren Arbeitsvertrag zu verletzen. Derartige Initiativen lassen sich nicht als „parteipolitische Betätigung, Störung des Betriebsfriedens, Verletzung von Treuepflichten, von Geboten zu politischer Mäßigung oder von ungeschriebenen Grundregeln der Arbeitsverhältnisses“ disqualifizieren, selbst wenn der Arbeitgeber oder andere Beschäftigte daran Anstoß nehmen. § 104 BetrVG stellt demgegenüber klar, dass die grobe Verletzung der in § 75 Abs. 1 BetrVG enthaltenen Grundsätze den Betriebsfrieden stört. Insofern unterstreicht die Vorschrift für die Beschäftigten auch die Bedeutung des Grundrechts der **Meinungsfreiheit** und Meinungsäußerungsfreiheit im Betrieb, zB für sog. Whistleblower. Nach § 86 a BetrVG können sich Arbeitnehmer auch mit Vorschlägen an den Betriebsrat wenden, um das in § 1 genannte Ziel zu verwirklichen.

5. Vertretungen der Beschäftigten

9 Infrage kommen Betriebs- und Personalrat, Sprecherausschuss der leitenden Angestellten, Jugend- und Auszubildendenvertretung, Schwerbehindertenvertretung, Mitarbeitervertretungen in kirchlichen Einrichtungen. Die Vorschrift geht davon aus, dass die Förderung der Gleichbehandlung zu ihren gesetzlichen Aufgaben gehört. Dies ergibt sich für den Betriebsrat auch aus §§ 75, 80 Abs. 1 BetrVG, dort insbes. Nr. 1, 2 a, 4, 6, 7; für den Personalrat aus §§ 67, § 68 Abs. 1 Nr. 2, 4, 5, 5 a, 6 BPersVG sowie entsprechenden Regelungen der LPersVG. Die **Förderungsaufträge aus jenen und diesem Gesetz sind nicht ganz identisch, sondern ergänzen sich**. Die Diskriminierungsverbote der §§ 1, 7 können sich (bis auf die Behinderung – die Bevorzugung Behinderter ist nicht verboten) zweiseitig auswirken, dh sie untersagen im Grundsatz gleichermaßen die Benachteiligung von Frauen wie von Männern, von Muslimen wie von Christen, von Alten wie von Jungen usw. Dem entspricht das **Verbot unterschiedlicher Behandlung** in § 75 Abs. 1 BetrVG mit den zusätzlichen (verpönten) Merkmalen Abstammung, Nationalität, politische oder gewerkschaftliche Betätigung oder Einstellung. Geschlechtsneutral gestalten sich auch § 80 Abs. 1 Nr. 2 a, 2 b BetrVG (Gleichstellung von Frauen und Männern bzw. Vereinbarkeit von Familie und Erwerbstätigkeit). Dagegen enthalten § 80 Abs. 1 Nr. 6, 7

BetrVG Förderungsaufträge nur zugunsten von älteren bzw. ausländischen Arbeitnehmern, was vordergründig widersprüchlich erscheint (vgl. Busch, AGG, S. 69), aber deutlich macht, dass der Gesetzgeber hier von einer besonderen gruppenspezifischen Förderungspflicht ausgeht, die über Diskriminierungsverbote hinausgeht. Diese Vorschriften beinhalten im Wesentlichen Informations-, Initiativ-, Mitwirkungs-, Beteiligungs- und Diskursrechte. Betriebliche Vereinbarungen sind genauso wie Tarifverträge (→ Rn. 6) auf die Einhaltung des Gleichbehandlungsgebots zu überprüfen und ggf. zu korrigieren. Allerdings verpflichtet dieses Gesetz Betriebsräte/Personalräte nicht, dazu besondere Ausschüsse zu bilden (LAG Niedersachsen 24.2.2009 – 10 TaBV 55/08 – NZA-RR 2009, 532).

10 Für die Mitglieder der Arbeitnehmervertretung, die nach dieser Vorschrift initiativ werden können, ergibt sich ein besonderer **Schulungsbedarf**, so dass regelmäßig auch Schulungs- und Bildungsveranstaltungen iSd § 37 Abs. 6 BetrVG notwendig werden (LAG Hessen 25.10.2007 – 9 TaBV 84/07 – AuA 2008, 442: Betriebsratsseminar zum AGG von knapp vier Tagen; DKKW-Wedde, BetrVG § 37 Rn. 115; KDZ-Zwanziger, 7. Aufl. 2008, § 17 Rn. 1; Nollert-Borasio/Perreng, § 17 Rn. 7). Den Sinn von Schulungen verdeutlicht auch § 12 Abs. 2. Derartige Seminare werden durch Fortbildungsveranstaltungen nach dieser Vorschrift wechselseitig weder verbraucht noch obsolet, da sie sich in Funktion und Inhalt unterscheiden (Wendeling-Schröder/Stein, § 12 Rn. 23).

11 § 17 Abs. 1 begründet keinen eigenständigen Mitbestimmungstatbestand. Die Ziele dieses Gesetzes fließen aber ein in die **konkreten Beteiligungstatbestände der Arbeitnehmervertretungen:** etwa bei Personalplanung (§ 92 Abs. 2 BetrVG), Ausschreibung von Arbeitsplätzen (§ 93 BetrVG), Personalfragebögen, persönlichen Angaben in schriftlichen Arbeitsverträgen sowie allgemeinen Beurteilungsgrundsätzen (§ 94 BetrVG), personellen Auswahlrichtlinien einschließlich Entlassungsbedingungen (§ 95 BetrVG), betrieblichen Bildungsmaßnahmen (§§ 96–98 BetrVG), personellen Einzelmaßnahmen (§ 99 BetrVG), Fragen der Ordnung des Betriebs und des Verhaltens der Arbeitnehmer im Betrieb (§ 87 Abs. 1 Nr. 1 BetrVG) sowie nach entsprechenden Vorschriften der Personalvertretungs- und Mitarbeitervertretungsgesetze. Bspw. könnte der Betriebsrat nach § 99 Abs. 2 Nr. 1 BetrVG einer diskriminierenden Einzelmaßnahme seine Zustimmung verweigern oder nach § 98 Abs. 4 BetrVG über die Einigungsstelle die gleichheitswidrige Nichtberücksichtigung einzelner Arbeitnehmer bei Bildungsmaßnahmen verhindern (DKKW-Buschmann, BetrVG § 96 Rn. 37 f.).

12 Zwar ist der Betriebsrat nach dem BetrVG grds. nur für Arbeitnehmer iSd BetrVG zuständig, nicht für **sonstige Beschäftigte** iSd § 6. Um aber die Verwirklichung der Gleichbehandlung im Betrieb überprüfen zu können, kann daraus ein **Informationsanspruch** erwachsen, der sich auch auf sonstige Beschäftigte bezieht. Das Gleichbehandlungsgebot dieses Gesetzes ist nämlich auf alle Beschäftigten zu beziehen, nicht nur auf Arbeitnehmer des Betriebsinhabers bzw. iSd allgemeinen Arbeitsrechts. Um überprüfen zu können, ob eine **Ungleichbehandlung zwischen Arbeitnehmern und sonstigen Beschäftigten**, insbesondere freien Mitarbeitern, zu einer Benachteiligung iSd § 1 führt, benötigt der Betriebsrat auch Informationen über die Be-

schäftigungsbedingungen letzterer Personen. Nach § 13 Abs. 3 EntgTranspG sowie § 80 BetrVG hat der Arbeitgeber dem Betriebsausschuss Einblick in die Listen über die Bruttolöhne und -gehälter der Beschäftigten zu gewähren und diese aufzuschlüsseln. Die Entgeltlisten müssen nach Geschlecht aufgeschlüsselt alle Entgeltbestandteile enthalten, einschließlich übertariflicher Zulagen und solcher Zahlungen, die individuell ausgehandelt und gezahlt werden. Die Entgeltlisten sind so aufzubereiten, dass der Betriebsausschuss im Rahmen seines Einblicksrechts die Auskunft ordnungsgemäß erfüllen kann. Im Hinblick auf die Überprüfung der Einhaltung dieses Gesetzes kann der Betriebsrat weiter beantragen, dass der Arbeitgeber ihm die Bruttoentgelte aufgeschlüsselt nach möglichen objektiven Benachteiligungsmerkmalen des § 1 aufbereitet (Hayen, AiB 2006, 730, 733; ErfK-Kania, § 17 Rn. 27 hinsichtlich des Geschlechts; aA Kleinebrink, FA 2006, 295, 297). Dies ist dem Arbeitgeber regelmäßig möglich hinsichtlich solcher Merkmale wie des Alters oder des Geschlechts, ggf. auch hinsichtlich der Religion oder Behinderung, soweit ihm diese Informationen (etwa aus Anzeigen des Arbeitnehmers oder der Steuerkarte) vorliegen. Dagegen verpflichten weder dieses Gesetz noch der Auskunftsanspruch des Betriebsrats aus § 80 Abs. 2 BetrVG den Arbeitgeber zu Ermittlungen bzw. zur Klassifizierung der Beschäftigten nach Maßgabe der nach § 1 verpönten weiteren Merkmale wie Rasse, ethnische Herkunft, Weltanschauung, sexuelle Identität. Ob ein Beschäftigter objektiv Träger eines bestimmten Merkmals ist, ist für den Diskriminierungsschutz nicht maßgeblich (ausführlich → § 1 Rn. 106 f.). Deswegen ist auch der Begriff des Merkmalsträgers nicht immer hilfreich.

III. Gerichtliches Verfahren (Abs. 2)

1. Grundsatz

13 Abs. 2 schafft eine besondere gerichtliche Verfahrensmöglichkeit mit dem Ziel, ein diesem Gesetz entsprechendes Verhalten des Arbeitgebers sicherzustellen. Der Gesetzgeber greift dabei auf die als **positiv bewerteten Erfahrungen aus dem Betriebsverfassungsrecht** zurück, in dem ein derartiges Verfahren seit langem existiert und auf das sich die Betriebsparteien wie auch die Rechtsprechung eingestellt haben. Zugleich betont er die Verantwortung des Betriebsrats und der im Betrieb vertretenen Gewerkschaft, die in jenem Verfahren antragsbefugt sind, für die Effektivierung der Ziele dieses Gesetzes (vgl. Begründung, BT-Drs. 16/1780, 40).

14 Die **rechtstechnische Konstruktion** dieses besonderen Verfahrensrechts ist wenig geglückt (Richardi, NZA 2006, 886): Die Bestimmung nennt teilweise eigene Verfahrensvoraussetzungen wie Bezugnahme auf den Betriebsbegriff des § 1 BetrVG, Antragsbefugnis von Betriebsrat und Gewerkschaft, grober Verstoß des Arbeitgebers gegen Vorschriften aus diesem Abschnitt. Zum anderen wird sowohl hinsichtlich der Voraussetzungen als auch der Rechtsfolgen auf § 23 Abs. 3 BetrVG verwiesen, was den (unzutreffenden) **Anschein einer Rechtsgrundverweisung** hervorrufen könnte. § 23 BetrVG kennt aber andere Voraussetzungen als § 17 Abs. 2, nämlich den groben Verstoß des Arbeitgebers gegen seine Verpflichtungen aus dem BetrVG, und dient auch anderen Zielen: Zweck des § 23 Abs. 3 BetrVG ist

es, ein gesetzmäßiges Verhalten des Arbeitgebers im Rahmen der betriebsverfassungsrechtlichen Ordnung sicherzustellen. Zur betriebsverfassungsrechtlichen Ordnung gehören zwar die in § 75 BetrVG geregelten Grundsätze für die Behandlung der Betriebsangehörigen, in denen sich ua auch die Ziele des § 1 dieses Gesetzes wiederfinden (die Vorschrift wurde gleichzeitig angepasst), nicht aber alle „Vorschriften aus diesem Abschnitt". Dass es sich nicht um eine Rechtsgrundverweisung handelt, zeigt auch S. 1 letzter Hs. Danach gilt § 23 Abs. 3 S. 2–5 BetrVG entsprechend. Eine entsprechende Geltung wäre nicht verständlich, wenn das Antragsrecht von Betriebsrat und Gewerkschaft im Einzelfall direkt aus § 23 BetrVG, dh aus allen Voraussetzungen dieser Vorschrift, begründet werden müsste.

15 Die **Rechtsnatur des Verfahrens nach § 23 Abs. 3 BetrVG** wurde in der betriebsverfassungsrechtlichen Literatur unterschiedlich beurteilt. Auch die Rechtsprechung ist nicht ganz einheitlich. Das BAG meinte in seiner Entscheidung v. 22.2.1983 (BAG 22.2.1983 – 1 ABR 27/81 – AP § 23 BetrVG 1972 Nr. 2 = AuR 1983, 283), in der es einen allgemeinen Unterlassungsanspruch des Betriebsrats gegen mitbestimmungswidriges Verhalten des Arbeitgebers noch verneinte, diese Vorschrift sei eine materiellrechtliche Anspruchsgrundlage und nicht nur eine Norm des Verfahrensrechts, die besondere Antragsrechte im Beschlussverfahren gewährt (so noch Fitting, BetrVG § 23 Rn. 49; aA Richardi-Thüsing, BetrVG § 23 Rn. 75: Zwangsverfahren zur Geltendmachung fremder Rechte). Diese Annahme sollte seinerzeit dazu dienen, die Ablehnung weiterer Ansprüche des Betriebsrats aus anderen Rechtsgrundlagen zu begründen. Diese Rechtsprechung hat der 1. Senat des BAG später (BAG 3.5.1994 – 1 ABR 24/93 – AuR 1995, 67 mAnm Derleder) jedoch aufgegeben. In der Entscheidung v. 29.4.2004 (BAG 29.4.2004 – 1 ABR 30/02 – BB 2004, 2220 – Daimler Benz) unterscheidet der Senat hinsichtlich der Durchführung von Betriebsvereinbarungen zutreffend zwischen dem Anspruch des Betriebsrats aus Vertrag und der Befugnis der Gewerkschaft aus § 23 BetrVG, den Arbeitgeber bei groben Verstößen in Anspruch zu nehmen. In den Entscheidungen v. 8.6.1999 (BAG 8.6.1999 – 1 ABR 67/98 – DB 1999, 1275, 2218) und v. 28.5.2002 (BAG 28.5.2002 – 1 ABR 32/01 – NZA 2003, 166) wurde die Möglichkeit eines Unterlassungsanspruchs des Betriebsrats aus § 23 Abs. 3 BetrVG bei einem groben Verstoß des Arbeitgebers gegen seine Pflichten aus § 75 BetrVG zwar im Grundsatz bejaht, im Einzelfall allerdings verneint. Im Beschluss BAG 16.11.2004 – 1 ABR 53/03 – AP § 82 BetrVG 1972 Nr. 3 wurde die Befugnis des Betriebsrats anerkannt, eine streitige, sich aus § 82 BetrVG ergebende Rechtsposition der Arbeitnehmer im Verhältnis zur Arbeitgeberin feststellen zu lassen: „Er handelt insoweit im Rahmen einer sich aus § 23 Abs. 3 S. 1 BetrVG ergebenden **gesetzlichen Prozessstandschaft.**" Diese Hinweise zeigen, dass § 23 BetrVG ganz unterschiedliche Fallkonstellationen kennt, aus denen sich jedenfalls nicht die dogmatische Einordnung des besonderen Verfahrens im Rahmen des AGG ergibt.

16 § 17 Abs. 2 begründet eine **eigenständige prozessuale Antragsbefugnis** für Betriebsrat und Gewerkschaft unter den in der Vorschrift selbst genannten Voraussetzungen dieses Gesetzes. Die Verweisung auf § 23 BetrVG erfasst das dort geregelte Verfahren, nämlich das arbeitsgerichtliche Beschlussver-

fahren zur Erzwingung eines rechtstreuen Verhaltens. Beide Normen setzen einen groben Verstoß des Arbeitgebers voraus. Materiell maßgeblich sind aber die in § 17 ausdrücklich bezeichneten Vorschriften dieses Gesetzes, so dass es nicht darauf ankommt, ob der Arbeitgeber damit zugleich gegen Pflichten aus dem BetrVG verstößt (ebenso ErfK-Schlachter, Rn. 3 f.; Hayen, AuR 2007, 9; Kittner/Zwanziger/Deinert/Heuschmid-Zwanziger, Arbeitsrecht-Handbuch, 9. Aufl. 2017, § 17 Rn. 7; Schiek-Kocher, § 17 Rn. 16; Walk/Shipton, BB 2010, 1921). Die Konstruktion eines eigenständigen materiellrechtlichen Rechtsanspruchs des Betriebsrats bzw. der Gewerkschaft auf Einhaltung der Verpflichtungen des Arbeitgebers aus diesem Abschnitt ist hierfür nicht erforderlich. Gäbe es ihn, ließe er sich auch nicht auf die Unterbindung **grober Verstöße** begrenzen. Es handelt sich auch **nicht um ein Mitbestimmungsrecht**, sondern um eine **Antragsbefugnis** (Rust/Falke-Bertelsmann, § 17 Rn. 43). Die Einhaltung der Verpflichtungen des Arbeitgebers aus diesem Gesetz steht nicht zur Disposition der Betriebsparteien. Ebenso wenig ist das Verfahrensrecht nach dieser Vorschrift verzichtbar. Es lässt sich auch nicht durch Tarifvertrag ausschließen (vgl. auch § 31). Die Verweisung auf das betriebsverfassungsrechtliche Verfahren hat ferner Bedeutung für die Zuständigkeit von Betriebsrat, Gesamt- und Konzernbetriebsrat, Modalitäten der Beschlussfassung, Kostentragung nach § 40 BetrVG usw. Daneben können Verfahrensmöglichkeiten aus § 23 iVm § 75 BetrVG bestehen (vgl. Fitting, BetrVG § 23 Rn. 60 mwN), etwa bei Benachteiligungen aus Gründen der Abstammung, Nationalität sowie politischen oder gewerkschaftlichen Betätigung (Schiek-Kocher, § 17 Rn. 34; gegen einen allgemeinen Beseitigungs- und Unterlassungsanspruch des Betriebsrats aus § 75 BetrVG LAG Berlin-Brandenburg 20.8.2015 – 21 TaBV 336/15 – BB 2015, 3131 mit einem Umkehrschluss aus dieser Vorschrift; krit. dazu und für eine teleologische Extension des § 23 Abs. 3 BetrVG Klocke, jurisPR-ArbR 18/2016, Anm. 6).

2. Antragsvoraussetzungen

17 Die im Gesetzgebungsverfahren eingefügte Beschränkung auf **Betriebe** nach § 1 Abs. 1 S. 1 BetrVG bedeutet, dass der Betrieb idR mindestens fünf ständige wahlberechtigte Arbeitnehmer hat, von denen drei wählbar sind. Ist in derartigen Betrieben kein Betriebsrat gewählt oder stellt der Betriebsrat keinen Antrag, kann ggf. die Gewerkschaft allein das Verfahren anhängig machen. In nicht betriebsratsfähigen Kleinstbetrieben ist auch diese Möglichkeit nicht gegeben (zur Kritik Hayen, AuR 2007, 11). Obwohl nur auf § 1 Abs. 1 BetrVG verwiesen wird, sind auch **gemeinsame Betriebe** mehrerer Unternehmen erfasst. Diese Rechtsfigur ergibt sich schon aus § 1 Abs. 1 BetrVG. § 1 Abs. 2 BetrVG enthält nur eine dahin gehende Rechtsvermutung. Auszugehen ist von dem auch für die Betriebsratsbildung maßgeblichen Betriebsbegriff. Ebenso erfasst sind zusammengefasste Betriebe aufgrund einer Regelung nach § 3 BetrVG, nicht aber zusätzliche betriebsverfassungsrechtliche Gremien und Vertretungen nach § 3 Abs. 1 Nr. 4, 5, da es sich bei ihnen nicht um Betriebsräte handelt; ebenso wenig kirchliche Organisationen (§ 118 Abs. 2 BetrVG) und Dienststellen nach öffentlichem Recht (§ 130 BetrVG).

18 Aus der **Beschränkung auf Betriebsrat und Gewerkschaften** folgt, dass andere Arbeitnehmervertretungen, etwa Personalräte, Mitarbeitervertretungen, Sprecherausschüsse, aber auch Antidiskriminierungsverbände iSd § 23 (abgesehen von Gewerkschaften), dieses Verfahren nicht führen können (Rust/Falke-Bertelsmann, § 17 Rn. 40). Im Rahmen ihrer Zuständigkeiten können Verfahren aber auch von Gesamtbetriebsrat und Konzernbetriebsrat eingeleitet werden, da §§ 51 Abs. 5, 59 Abs. 1 BetrVG insoweit verweisen (Rust/Falke-Bertelsmann, § 17 Rn. 61). Dies wäre zB der Fall bei einer unternehmens-, konzernbezogenen Ethik-Richtlinie mit benachteiligenden Inhalten. Die Wirkungen eines solchen Verfahrens betreffen dann auch Betriebe ohne Betriebsrat bzw. nicht betriebsratsfähige Betriebe.

19 Eine **Gewerkschaft** ist im Betrieb vertreten, wenn mindestens ein Mitglied Arbeitnehmer des Betriebs ist und nicht zu den leitenden Angestellten zählt (BAG 25.3.1992 – AuR 1993, 88; DKKW-Berg, BetrVG § 2 Rn. 79 mwN). Es gelten hier die gleichen Maßstäbe wie in der Betriebsverfassung, die diese Anforderung an verschiedenen Stellen kennt. Auf die Tarifzuständigkeit der den Antrag stellenden Gewerkschaft kommt es nicht an (BAG 10.11.2004 – 7 ABR 19/04 – AuR 2005, 164; BAG 13.3.2007 – 1 ABR 24/06 – AuR 2007, 326).

20 **Antragsgegner** ist der Arbeitgeber, wie er in § 6 dieses Gesetzes definiert wird, aus dem sich auch der **Beschäftigtenbegriff des AGG** ergibt, der wiederum weiter reicht als der Arbeitnehmerbegriff des BetrVG. Damit werden möglicherweise auch Arbeitgeber (zB Entleiher) in das Beschlussverfahren einbezogen, die keine arbeitsrechtlichen Verträge mit den vom Betriebsrat repräsentierten Beschäftigten abgeschlossen haben (ebenso Hayen, AuR 2007, 10). Ebenso sind Beschlussverfahren zulässig, die keine Benachteiligung der Arbeitnehmer iSd BetrVG, sondern anderer Beschäftigter, zB leitender Angestellter oder Bewerber, zum Gegenstand haben (ErfK-Schlachter, § 17 Rn. 2; Schiek-Kocher, § 17 Rn. 18). Diese besondere Verfahrensart dient dem Zweck der Verwirklichung der Ziele dieses Gesetzes. Betriebsrat und Gewerkschaft sind insofern Instrumente der Rechtsordnung und machen keine Ansprüche aus einem „betriebsverfassungsrechtlichen Grundverhältnis“ oder mitgliedschaftliche Interessen aus Arbeitsverhältnissen geltend. Anders als Abs. 1 enthält Abs. 2 keine Beschränkung „im Rahmen ihrer Aufgaben und Handlungsmöglichkeiten“. Diese werden vielmehr erweitert. Deshalb kann (nicht muss) die Gewerkschaft auch **zugunsten nicht oder anders organisierter Beschäftigter** tätig werden (ErfK-Schlachter, § 17 Rn. 3). Schließlich besteht kein Grund, einzelne Arbeitgeber iSd § 6 zu privilegieren, indem sie anders als andere Arbeitgeber bei groben Rechtsverstößen von den Konsequenzen dieses Verfahrens ausgenommen wären. Bei einem gemeinsamen Betrieb mehrerer Unternehmen kann der Antrag auch, ggf. mit differenzierter Antragstellung, gegen eine Mehrzahl von Antragsgegnern gerichtet werden.

21 **Einzelne Beschäftigte** sind in diesem Verfahren weder Antragsteller noch Antragsgegner noch sonstige Beteiligte (ebenso Klumpp, NZA 2006, 905). Sie sind ggf. als Zeugen zu hören. Eine Zustimmung einzelner Beschäftigter, deren Benachteiligung gerügt wird, ist nicht erforderlich. Erklärungen,

ob sie ein derartiges Verfahren wünschen oder nicht, sind prozessual unbeachtlich (vgl. auch § 31).

3. Grober Verstoß gegen Vorschriften aus diesem Abschnitt

22 Die Einleitung des gerichtlichen Verfahrens setzt einen groben Verstoß des Arbeitgebers gegen Vorschriften aus diesem Abschnitt voraus. Vorschriften aus diesem Abschnitt sind die §§ 6–18 (Schutz der Beschäftigten vor Benachteiligung). Alle Vorschriften können damit nicht gemeint sein, so etwa nicht die Definitionen in §§ 6, 8–10. Gemeint sind **Verstöße gegen Rechtspflichten des Arbeitgebers auf Durchführung bestimmter Maßnahmen, Duldung oder Unterlassung**, die sich aus den §§ 7, 11–16 ergeben. Ein kollektiver Bezug ist nicht erforderlich (Walk/Shipton, BB 2010, 1921).

23 Im Vordergrund steht das **Benachteiligungsverbot des § 7**, soweit die Benachteiligung dem Arbeitgeber selbst über sein eigenes Handeln oder über seine Organisation zuzurechnen ist. Hierfür kommen sämtliche Ungleichbehandlungen in Betracht, die mittelbar oder unmittelbar an einen oder mehrere der nach § 1 verpönten Gründe anknüpfen.

Beispiel für Verfahren gegen mittelbare Diskriminierung: Historisch ist das Verbot der **Teilzeit-Diskriminierung** noch vor Verabschiedung der Teilzeit-Richtlinie 97/81/EG und des § 4 TzBfG aus dem **Verbot der mittelbaren Frauendiskriminierung** entwickelt worden (vgl. TZA-Buschmann, TzBfG § 4 Rn. 7 ff.). Unabhängig von den vorhandenen unmittelbaren Anspruchsgrundlagen ist dieser Gesichtspunkt nach wie vor relevant. Mittelbare Frauendiskriminierung in Form von Teilzeitdiskriminierung verstößt gegen § 7 iVm § 3 Abs. 2. Mithin können Betriebsrat/Gewerkschaft zB ein Verfahren nach Abs. 2 regelmäßig auch dagegen anhängig machen, dass Teilzeit-, insbes. geringfügig Beschäftigte von bestimmten betrieblichen Leistungen wie Urlaubs-/Weihnachtsgeld, Essens-/Fahrgeld, Sparförderung, Altersversorgung, die Vollzeitbeschäftigte erhalten, ausgeschlossen werden.

24 Ein praktischer Schwerpunkt sind Verfahren im Zusammenhang mit (aus Gründen des § 1 nicht vorgenommenen) **Einstellungen**. Bereits die Nichteinladung zu einem Vorstellungsgespräch kann eine unzulässige Benachteiligung iSd § 7 darstellen, wenn diese Einladung wegen einem dem Bewerber zugeschriebenen Merkmal unterblieben ist (BAG 23.8.2012 – 8 AZR 285/11 – AuR 2012, 374). Um eine unmittelbare Diskriminierung wegen der **Rasse oder der ethnischen Herkunft** bei der Einstellung iSd Art. 2 Abs. 2 Buchst. a RL 2000/43/EG handelt es sich bei der öffentlichen Äußerung eines Arbeitgebers, er werde keine Arbeitnehmer einer bestimmten ethnischen Herkunft oder Rasse einstellen. Solche Äußerungen können bestimmte Bewerber ernsthaft davon abhalten, ihre Bewerbungen einzureichen, und damit ihren Zugang zum Arbeitsmarkt behindern (EuGH 10.7.2008 – Rs. C-54/07 (Feryn) – AuR 2008, 319). Möglicher Verfahrensgegenstand sind Benachteiligungen im Vollzug von Beschäftigungsverhältnissen. So könnten Betriebsrat und/oder Gewerkschaften gegen die Aufnahme „verpönter" Merkmale wie Rasse, ethnische Herkunft, Weltanschauung und sexuelle Identität in die **Personalakten** vorgehen und deren Entfernung fordern. Eine Diskriminierung liegt vor, wenn ein US-amerikanisches Unternehmen, das US-amerikanischen Sicherheitsbestimmungen

unterliegt, formal die (russische) Staatsangehörigkeit zum Anknüpfungspunkt einer Ungleichbehandlung (sog „TR"[= trade restricted]-Zusatz im E-Mail-Verkehr) nimmt (nicht überzeugend aA LAG Sachsen 17.9.2010 – 3 TaBV 2/10 – NZA-RR 2011, 72, das sich mit dieser Begründung einer Auseinandersetzung mit dem innerstaatlichen Stellenwert amerikanischer Bestimmungen entzieht; zurückhaltender zu Letzterem BAG 27.9.2005 – 1 ABR 32/04 – AuR 2006, 173). Das Gleiche gilt bei unterschiedlicher Bezahlung oder Begründung **unterschiedlicher Statusverhältnisse.**

Beispiel: Mit einer Person mit geäußertem Kinderwunsch wird ein **befristetes Arbeitsverhältnis** abgeschlossen (vgl. ArbG Wiesbaden 12.2.1992 – 6 Ca 2/92 – AiB 1992, 298). Ein in diesem Verfahren angreifbarer Verstoß liegt auch vor, wenn Arbeitsverträge wie im Fall eines sächsischen Großklinikums (Ausgangsfall von BAG 3.12.2008 – 5 AZR 62/08 – AP § 307 BGB Nr. 42) die **formularmäßige Versicherung** der Arbeitnehmer/innen enthalten, **nicht schwanger bzw. schwerbehindert** zu sein.

25 Das Gleiche gilt, wo das Benachteiligungsverbot in Bezug genommen wird, etwa bei einer **Ausschreibung, die Beschäftigtengruppen diskriminiert** (→ § 11 Rn. 16 ff., mwN zur Rspr.). Unzulässig, weil **altersdiskriminierend,** und damit in diesem Verfahren angreifbar ist zB eine Ausschreibung, in der Mitarbeiter im ersten Berufsjahr gesucht werden (BAG 18.8.2009 – 1 ABR 47/08 – AuR 2009, 310; AuR 2010, 223; LAG Hessen 6.3.2008 – 9 TaBV 251/07 – AuR 2008, 315). BAG und LAG erkannten darin einen groben Verstoß des Arbeitgebers gegen §§ 11, 7, 1 und verpflichteten diesen auf Unterlassung. Auch die weiteren unter → § 11 Rn. 16 ff. beschriebenen Fallkonstellationen im Zusammenhang mit Ausschreibungen könnten jeweils Gegenstand eines Verfahrens nach § 17 Abs. 2 sein. Ein Verstoß könnte auch vorliegen, wenn entgegen § 7 TzBfG eine **Ausschreibung nur in Vollzeit** erfolgt und dadurch Frauen mittelbar diskriminiert werden (§ 3 Abs. 2). Auch der umgekehrte Fall ist denkbar, dass nach Volumen und Struktur der ausgeschriebenen Arbeitsplätze Beschäftigungen in Teilzeit wie Vollzeit gleichermaßen möglich sind, eine Ausschreibung aber nur in Gestalt von Teilzeitarbeitsplätzen erfolgt, wodurch Männer diskriminiert werden könnten. In diesem Verfahren kann auch gegen diskriminierende Einstellungsfragebögen bzw. Fragen in Einstellungsgesprächen (dazu → § 7 Rn. 35 ff.) vorgegangen werden.

26 Zu denken ist an einen Verstoß des Arbeitgebers gegen die **Schutzpflicht** aus § 12 (vgl. amtliche Begründung, BT-Drs. 16/1780, 40). Diese ist relevant bei **sexueller Belästigung** (ArbG Berlin 27.1.2012 – 28 BV 17992/11 – EzA-SD 2012, Nr. 10, 6). Nach diesem Beschluss kann der Betriebsrat vom Arbeitgeber gem. § 17 Abs. 2 S. 1 aktive Maßnahmen zur Unterbindung und zum Schutz gegen die Wiederholung einschlägiger Übergriffe des Geschäftsführers, hier: Umfassen der Hüften; Griff nach dem Po, fordern, soweit und solange der AG nicht selber bereits erfolgversprechend tätig geworden ist. Dabei ist das Prinzip der Verhältnismäßigkeit zu wahren. Nachdem der Arbeitgeber den Geschäftsführer im Einzelfall gerügt und für den Fall der Wiederholung Konsequenzen bis hin zur Abberufung als Geschäftsführers in Aussicht gestellt hatte, hat das ArbG den weiteren Antrag des Betriebsrats abgelehnt, den Geschäftsführer von sämtlichen Aufgaben

zu entbinden, die ihn in „direkten Kontakt" zum weiblichen Personal bringen könnten. Weiter in Frage kommt ein Verstoß gegen Verfahrenspflichten des Arbeitgebers bei einer **Beschwerde** nach § 13, wenn er diese nicht in der gebotenen Weise behandelt oder zum Anlass für Maßregelungen der Beschwerdeführer nimmt; gegen seine Duldungs- und Vergütungspflicht bei der Ausübung des **Leistungsverweigerungsrechts** nach § 14, wenn er mit dem Vorwurf der beharrlichen Arbeitsverweigerung und des Vertragsbruchs gegen den oder die Beschäftigten vorgeht; gegen das **Maßregelungsverbot** des § 16, wenn er Bewerberdaten unter dem **Vorwand des sog AGG-Hoppings** speichert, nutzt oder weitergibt, so dass sie in eine zentrale von arbeitgebernahen Anwaltsbüros geführte Datei einfließen. Dies wirkt sich wie eine **„schwarze Liste"** zulasten der Bewerber aus, die von ihren Rechten aus diesem Gesetz Gebrauch machen. Maßgeblich ist, dass ein Pflichtenverstoß des Arbeitgebers zum Gegenstand des Verfahrens gemacht wird. Das Handeln von Erfüllungsgehilfen ist dem Arbeitgeber im Rahmen des § 278 BGB zuzurechnen (Schiek-Kocher, § 17 Rn. 19). Wiederum ist nicht erforderlich, dass sich dieser Verstoß zum Nachteil der vom Betriebsrat vertretenen Beschäftigten ausgewirkt hat (→ Rn. 1). Das Verfahren kann also auch die Benachteiligung von leitenden Angestellten, Leiharbeitern oder Bewerbern zum Gegenstand haben (→ Rn. 20; ebenso Schiek-Kocher, § 17 Rn. 17 f.; ErfK-Schlachter, § 17 Rn. 2). Bei einem Pflichtenverstoß durch dritte Personen, die für ihn keine Arbeitgeberbefugnisse ausüben, ist der Arbeitgeber nur nach Maßgabe des § 12 verantwortlich.

27 Nicht abschließend entschieden ist, wie in diesem Verfahren gegen **diskriminierende Entlassungen bzw. Kündigungen** vorgegangen werden kann. Dies könnte etwa der Fall sein, wenn der Arbeitgeber eine soziale Auswahl nach Geschlecht oder ethnischer Herkunft vornimmt, zB Frauen das Arbeitsverhältnis kündigt, Männern nicht oder umgekehrt, oder wenn er vorzugsweise Arbeitnehmer mit Migrationshintergrund kündigt (anschaulich LAG Bremen 29.6.2010 – 1 Sa 29/10 – AuR 2010, 523 (zust. Wenckebach, S. 499): Entschädigung nach § 15 nach Probezeitkündigung, die deshalb erfolgt ist, weil die Klägerin mit russischem Akzent spricht und die Beklagte dies für ihren Geschäftsbetrieb für unvorteilhaft hielt. Der Geschäftsführer habe gesagt, was die Kunden denken sollten, was das für ein Scheißladen sei, wenn hier nur die Ausländer angestellt seien ..., dass man es sich nicht leisten könne, Arbeitnehmer mit Akzent zu beschäftigen). Der grobe Verstoß gegen Vorschriften aus diesem Abschnitt liegt unzweifelhaft vor. Zwar trifft § 2 Abs. 4 dieses Gesetzes eine Bereichsausnahme für den Kündigungsschutz. Diese verstößt allerdings gegen vorrangiges Europarecht (ausführlich → § 2 Rn. 288 ff.), da die Antidiskriminierungsrichtlinien diese Bereichsausnahme nicht kennen (ebenso LAG Bremen 29.6.2010 – 1 Sa 29/10 – AuR 2010, 523; Benecke, AuR 2007, 230; Annuß, BB 2006 1630; Thüsing, NZA 2006, 777; offen gelassen BAG 19.6.2007 – 2 AZR 304/06 – AuR 2008, 75). Der **EuGH** hat in der Entscheidung Chacon Navas (EuGH 11.7.2006 – Rs. C-13/05 – NZA 2006, 839 = AuR 2006, 292) keinen Zweifel gelassen, dass eine Kündigung wegen „Behinderung" einen Verstoß gegen die Rahmenrichtlinie 2000/78 dargestellt hätte. In den Entscheidungen Mangold (EuGH 22.11.2005 – Rs. C-144/04 – AuR 2006, 167 mAnm Schiek: Altersbefristung) und Kücükdeveci (EuGH 19.1.2010 –

Rs. C-555/07 – AuR 2010, 264: Kündigungsfrist) hat er den Grundsatz der **Gleichbehandlung in Beschäftigung und Beruf als Bestandteil des primären Gemeinschafts-(jetzt Unions-)rechts** (jetzt Art. 21, 23 EU-GRC) verstanden, dessen Verletzung dazu führt, dass die abweichende nationale Norm nicht anzuwenden ist. Dies müsste dann auch für § 2 Abs. 4 gelten (vgl. auch ArbG Osnabrück 5.2.2007 – 3 Ca 721/06 – AuR 2007, 103; 3.7.2007 – 3 Ca 199/07 – AuR 2007, 321).

28 Das BAG (6.11.2008 – 2 AZR 523/07 ua – AuR 2009, 358) versteht § 2 Abs. 4 in individuellen Kündigungsschutzverfahren nicht als Anwendungsausschluss: „Während es [das Gesetz] nämlich in § 2 Abs. 1 Nr. 2 AGG seine Anwendung ausdrücklich auf diskriminierende Entlassungen und damit auch Kündigungen vorsähe, schlösse es sie in § 2 Abs. 4 AGG aus. Es widerspricht aber den Auslegungsgrundsätzen, ein Gesetz ohne Not in einem Sinne zu verstehen, der dem Verbot des Selbstwiderspruchs zuwiderliefe und daher auch nicht als ‚Sinn', sondern nur als der deutlichste Fall von ‚Un-Sinn' bezeichnet werden könnte." Das BAG hat versucht, mit einer „Einpassung der Diskriminierungsverbote in das Kündigungsschutzrecht" den Ausspruch der Unwirksamkeit des § 2 Abs. 4 zu vermeiden. Der sich bei individuellen Kündigungsschutzklagen anbietende Weg, die Frage der unmittelbaren Drittwirkung des Europarechts offen zu lassen und den Diskriminierungsschutz in die Überprüfung der Rechtswirksamkeit der streitbefangenen Kündigung einfließen zu lassen, erscheint im Rahmen dieses Beschlussverfahrens nicht gangbar. Verstößt aber die Bereichsausnahme gegen primäres Unionsrecht, unterliegt der Kündigungsschutz jedenfalls insoweit dem AGG, als damit nicht eine neue Verfahrensart mit dem Ziel der Feststellung eröffnet wird, dass ein Arbeitsverhältnis durch eine individuelle Kündigung nicht aufgelöst ist. Dagegen bleiben Verfahren nach § 15 (dazu LAG Bremen 29.6.2010 – 1 Sa 29/10 – AuR 2010, 523; zust. Wenckebach, S. 499; BAG 12.12.2013 – 8 AZR 838/12) ebenso wie nach § 17 möglich. Dies gilt auch und vor allem in Bezug auf Diskriminierungen von Beschäftigten iSd § 6, deren Beschäftigungsverhältnis dem Kündigungsschutzgesetz nicht unterliegt. Wären für sie die Wege nach diesem Gesetz nicht eröffnet, bestünde für sie gar kein Rechtsschutz, was den Vorgaben der Gleichbehandlungsrichtlinien (→ Rn. 2) und dem Grundrecht auf Rechtsschutz nach Art. 47 EU-GRC widerspräche. Deswegen sind gegen § 1 verstoßende Kündigungen auch im Kleinbetrieb nach § 134 BGB unwirksam (BAG 19.12.2013 – 6 AZR 190/12; BAG 23.7.2015 – 6 AZR 457/14 – BAGE 152, 134; wN zur Rspr. bei Benecke, AuR 2016, 9).

29 Nach diesen Grundsätzen ist das Beschlussverfahren nach Abs. 2 grundsätzlich möglich, wenn die vom Arbeitgeber getroffene soziale Auswahl eine gegen § 7 verstoßende **Altersdiskriminierung** enthält. Europarechtlich ist die Bildung sog **Altersgruppen**, gestützt auf § 1 Abs. 3 S. 2 KSchG (Sicherung einer ausgewogenen Altersstruktur), außerordentlich problematisch. Das ArbG Siegburg hatte durch Beschluss (ArbG Siegburg 27.1.2010 – 2 Ca 2144/09 – AuR 2010, 327, Balaban) den EuGH angerufen und ihm gem. Art. 267 AEUV zur Vorabentscheidung die Frage vorgelegt, ob Art. 6 RL 2000/78 EG dieser Altersgruppenpraxis entgegensteht. Zu einer Entscheidung ist es nur deshalb nicht gekommen, weil unmittelbar nach und

offenbar vor dem Hintergrund des Ablaufs der mündlichen Verhandlung vor dem EuGH (5.4.2011 – Rs. C-86/10) der im Ausgangsverfahren beklagte Arbeitgeber den Kläger mit sofortiger Wirkung wiedereingestellt und damit dem Kündigungsschutzverfahren die Grundlage entzogen hatte. Der Vorlagebeschluss wurde daraufhin zurückgenommen und das Vorabentscheidungsverfahren eingestellt. Unbeeindruckt davon hielt das BAG (6.11.2008 – 2 AZR 523/07 – AuR 2009, 358; BAG 15.12.2011 – 2 AZR 42/10 – NZA 2012, 1044; zu § 125 InsO BAG 19.12.2013 – 6 AZR 790/12 – DB 2014, 781) Altersgruppen für durch Art. 6 RL 2000/78/EG gerechtfertigt, und legte nicht vor. Zutreffend sah Benecke (AuR 2009, 326, 331) Teile der Begründung der Rspr. (v. 6.11.2008) mehr vom Willen getragen, die geltende Praxis zu retten, als von den Anforderungen der EuGH-Rspr. Gerade vor dem Hintergrund des Luxemburger Verfahrens verbleiben erhebliche Zweifel, ob der EuGH zu dem gleichen Ergebnis kommen würde (ausführlich Brors, Berücksichtigung des Alters in der Sozialauswahl, § 10 Rn. 51 ff.; Buschmann, FS Wank, S. 63 ff.; Bertelsmann, AuR 2007, 369; Wenckebach, AuR 2008, 70–73). Deswegen verlangt inzwischen das BAG zu § 1 Abs. 3 S. 2 KSchG (BAG 26.3.2015 – 2 AZR 478/13 – NJW 2015, 3116), dass innerhalb des zur Sozialauswahl anstehenden Personenkreises nach sachlichen Kriterien Altersgruppen gebildet, die prozentuale Verteilung der Belegschaft auf die Altersgruppen festgestellt und die Gesamtzahl der auszusprechenden Kündigungen diesem Proporz entsprechend auf die einzelnen Altersgruppen verteilt werden müssen. Andernfalls ist die gesamte Sozialauswahl nach Altersgruppen hinfällig.

30 Aus europarechtlicher Sicht ist die **Privilegierung einer Namensliste** in § 1 Abs. 5 S. 2 KSchG (Überprüfung der sozialen Auswahl nur auf grobe Fehlerhaftigkeit) unbeachtlich (→ § 10 Rn. 61 f.). Auch nach § 7 Abs. 2 sind altersdiskriminierende Namenslisten unwirksam. Um Widersprüche zu vermeiden, sind dann diskriminierende Interessenausgleiche einschließlich Namenslisten stets als grob fehlerhaft zu verstehen. Zudem bezieht sich die Einschränkung des § 1 Abs. 5 KSchG nur auf individuelle Kündigungsschutzverfahren, nicht auf das Verfahren nach § 17 Abs. 2. Schon auf Basis der og Rspr. des BAG sind danach Verfahren nach § 17 gegen Altersgruppen zulässig, die vorgenannte Kriterien nicht erfüllen. Für den Fall einer grundsätzlichen Korrektur durch den EuGH könnten sich die Verfahren gegen die Bildung von Altersgruppen insgesamt richten.

31 Die grundsätzliche Zulässigkeit dieses Verfahrens im Zusammenhang mit Entlassungen bzw. Kündigungen bedeutet nicht, dass Betriebsrat oder Gewerkschaft im eigenen Namen Kündigungsschutzklagen einreichen, sondern dass die spezifischen, kollektiven Antragsrechte nach dieser Vorschrift auch den Ausspruch, die Vollziehung sowie die Rücknahme von Kündigungen zum Gegenstand haben können, die gegen das Benachteiligungsverbot verstoßen (ebenso Benecke, AuR 2007, 232; Busch, AGG, S. 73; Hayen, AuR 2007, 6, 10; ders., JbArbR 2007, II 1.2.5; Wenckebach, AuR 2008, 70–73; DKKW-Buschmann, BetrVG § 23 Rn. 378; DDZ-Zwanziger, 10. Aufl. 2017, AGG Rn. 65). Aus der in dieser Vorschrift gewählten Gesetzesfassung im Singular ergibt sich, dass dieser Antrag auch schon nach einem einzelnen groben Verstoß gestellt werden kann. Das

Gleiche gilt für Diskriminierungen in Bezug auf Kündigungsumstände wie insbes. Kündigungsfristen (vgl. EuGH 19.1.2010 – Rs. C-555/07 (Kücükdeveci) – AuR 2010, 264). Aus der **Unterschiedlichkeit der Streitgegenstände** folgt, dass die Anwendbarkeit des Kündigungsschutzgesetzes keine Voraussetzung dieses Verfahrens ist. Anträge nach dieser Vorschrift können sich deshalb auch gegen Kündigungen in der **Probezeit** bzw. in **Kleinbetrieben** iSd § 23 KSchG richten.

32 Sowohl § 17 Abs. 2 als auch § 23 Abs. 3 BetrVG begrenzen das Verfahren auf einen **„groben" Verstoß**. Diese doppelte Hervorhebung beinhaltet keine besondere Qualifizierung gegenüber dem im Betriebsverfassungsrecht geläufigen Terminus. Von da aus kann an die zu § 23 BetrVG erfolgte Konturierung des Merkmals angeknüpft werden (BAG 18.8.2009 – 1 ABR 47/08 – AuR 2010, 223; LAG Sachsen 17.9.2010 – 3 TaBV 2/10 – NZA-RR 2011, 72; DKKW-Trittin, BetrVG § 23 Rn. 201; Fitting, BetrVG § 23 Rn. 64; weitere Beispiele für grobe Pflichtverletzungen bei Rust/Falke-Bertelsmann, § 17 Rn. 56).

33 Die grobe Pflichtverletzung muss **objektiv erheblich und offensichtlich schwerwiegend** sein (BAG 18.8.2009 – 1 ABR 47/08 – AuR 2010, 223; Fitting, BetrVG § 23 Rn. 14, 62 mwN). Auf ein **Verschulden** oder eine Gefährdung des Betriebsfriedens kommt es nicht an. Die Vorschrift hat keinen Strafcharakter und will auch nicht individuelle Schuld sühnen. Das arbeitsgerichtliche Erkenntnisverfahren ist allein auf die Durchsetzung eines künftigen rechtmäßigen Verhaltens des Arbeitgebers gerichtet. Dafür kommt es aber auf die individuelle Vorwerfbarkeit des eingetretenen Verstoßes nicht an (ebenso Richardi-Thüsing, BetrVG § 23 Rn. 94).

34 Zu § 23 BetrVG wird in Rspr. und Lit. (BAG 29.4.2004 – 1 ABR 30/02 – AP § 77 BetrVG 1972 Nr. 3 (Daimler-Benz); Fitting, BetrVG § 23 Rn. 63; kritisch DKKW-Trittin, BetrVG § 23 Rn. 205, jeweils mwN auch zur aA) die Auffassung vertreten, ein grober Verstoß liege nicht vor, wenn der Arbeitgeber in einer schwierigen und ungeklärten Rechtsfrage nach einer **vertretbaren Rechtsansicht** handle und diese verteidige. Diese auch in der Betriebsverfassung umstrittene Überlegung wird sich kaum auf das Verfahren nach dem AGG übertragen lassen (aA BAG 18.8.2009 – 1 ABR 47/08 – AuR 2010, 223; wie hier Hayen, AuR 2007, 10). Letztlich privilegiert sie den **Rechtsirrtum** des Arbeitgebers. Diese innere Tatsache wird schwer zu ermitteln sein. Das Verfahren nach § 17 Abs. 2 soll aber gerade einen Weg darstellen, für die Zukunft Rechtssicherheit herzustellen. Da kann es auf einen Irrtum nicht ankommen (Walk/Shipton, BB 2010, 1921). Jedenfalls ist der Verstoß gegen den Wortlaut des Gesetzes immer „grob". Auf Unkenntnis des AGG kann sich niemand berufen.

35 Auch ein **einmaliger Verstoß** kann grob sein, sofern er objektiv erheblich ist. Andererseits können gerade durch Wiederholung leichtere Verstöße zu einem groben Verstoß werden (Richardi-Thüsing, BetrVG § 23 Rn. 93). Hier ist auf einen Unterschied in den Formulierungen des § 23 Abs. 3 BetrVG und des § 17 Abs. 2 aufmerksam zu machen. Während das BetrVG von „groben Verstößen" spricht, wählt § 17 Abs. 2 ausdrücklich den Singular, was Missverständnisse ausschließt. Voraussetzung ist nach dem Gesetzeswortlaut aber, dass der grobe Verstoß eingetreten ist. Die sichere Er-

wartung eines Verstoßes oder die Drohung damit reichen nicht, sofern dies nicht selbst einen solchen Verstoß darstellt.

36 Nicht erforderlich ist der Eintritt eines **Schadens** oder einer **sonstigen Beeinträchtigung** seitens der Beschäftigten. Für die Zulässigkeit dieses Verfahrens lässt die Bestimmung auch den folgenlosen Verstoß ausreichen. Erst recht kommt es nicht darauf an, ob der Verstoß Arbeitnehmer iSd BetrVG betrifft, die vom Betriebsrat vertreten werden.

37 Ist ein grober Verstoß eingetreten, ist eine besondere **Wiederholungsgefahr** nicht mehr zu prüfen. Sie ist nicht Tatbestandsmerkmal dieser Vorschrift und wird auch nicht im Rahmen des § 23 BetrVG eigenständig geprüft, wenn der grobe Verstoß einmal eingetreten ist (BAG 23.6.1992 – 1 ABR 11/92 – AP § 23 BetrVG Nr. 20; Fitting, BetrVG § 23 Rn. 65). Deswegen kann sich ein Arbeitgeber nicht mit der Zusicherung entlasten, er werde sich künftig rechtmäßig verhalten (BAG 23.6.1992 – 1 ABR 11/92 – AP § 23 BetrVG Nr. 20). Etwas anderes könnte gelten, wenn etwa aufgrund einer Beschwerde eines Beschäftigten oder der Rüge des Betriebsrats oder der Gewerkschaft neue Rechtstatsachen geschaffen werden, zB der Abschluss eines Tarifvertrages oder einer Betriebsvereinbarung über diskriminierungsfreie Ausschreibungen.

4. Rechte aus § 23 Abs. 3 S. 1 BetrVG

38 Nach der in Bezug genommenen betriebsverfassungsrechtlichen Vorschrift kann das Gericht auf Antrag dem Arbeitgeber aufgeben, eine Handlung zu unterlassen, die Vornahme einer Handlung zu dulden oder eine Handlung vorzunehmen. Maßgeblich ist die **konkrete Antragstellung**. Der Antrag muss deshalb hinreichend bestimmt sein (§ 81 ArbGG). Auch mehrere Anträge und Hilfsanträge sind zulässig, etwa um zu vermeiden, dass der Antrag insgesamt als zu weitgehender Globalantrag zurückgewiesen wird. Der Hilfsantrag sollte den konkret zugrunde liegenden Verstoß ausdrücklich aufnehmen, während der Hauptantrag etwa die Unterlassung von Benachteiligungen wegen des verpönten Merkmals bei personellen Einzelmaßnahmen zum Gegenstand haben könnte.

39 Welcher Antrag zu stellen ist, richtet sich wesentlich nach dem gerügten groben Verstoß. Am einfachsten ist die Antragstellung bei Unterlassung und Duldung, schwieriger bei Leistungsanträgen:

- **Unterlassung** ist zu beantragen, wenn der gerügte Verstoß des Arbeitgebers in einer rechtswidrigen Handlung besteht, die unterlassen werden kann, etwa der persönlichen Benachteiligung von Beschäftigten iSd § 7, der Aufnahme diskriminierender Merkmale in die Personalakten oder der Maßregelung iSd § 16. Dies gilt auch im Entgeltbereich. Schwieriger zu begründen wäre der gegen den Arbeitgeber gerichtete Antrag, einer benachteiligten Gruppe, zB jüngeren Arbeitnehmern, die Entgeltdifferenz im Vergleich zu die gleichen Tätigkeiten verrichtenden älteren Arbeitnehmern zu zahlen, einfacher dagegen der Antrag auf Unterlassung der Benachteiligung der jüngeren Beschäftigten, die darin liegt, dass der Arbeitgeber diesen für die gleiche Tätigkeit monatlich x EUR weniger zahlt als diesen älteren Beschäftigten (Beispiel bei Rust/Falke-Bertelsmann, § 17 Rn. 49; vgl. auch den Fall des BAG 14.8.2007

– 9 AZR 943/06 – AuR 2007, 314: zwei angestellten Lehrerinnen werden beamtenähnliche Leistungen wie Versorgungs- und Beihilfeleistungen, Reise- und Umzugskostenerstattungen verweigert, die den männlicher Lehrkräften gewährt werden).

- Ein Antrag auf **Duldung** kommt in Frage bei der Wahrnehmung von Rechten der Beschäftigten nach diesem Gesetz, etwa des Leistungsverweigerungsrechts nach § 14 oder des Beschwerderechts nach § 13, zB im Hinblick auf eine Beschwerde beim Betriebsrat während der Arbeitszeit. Im Falle von Repressalien lassen sich diese Anträge mit Unterlassungsanträgen kombinieren.
- **Leistungsanträge** beziehen sich im Wesentlichen auf die in § 12 enthaltenen Maßnahmen und Pflichten des Arbeitgebers. Diese könnten einmal ansetzen an einem groben Verstoß durch rechtswidriges Handeln wie etwa einer diskriminierenden Ausschreibung, hinsichtlich der schon der Unterlassungsantrag einschlägig ist. Indes erschöpft sich das Begehren des Betriebsrats nicht in der Unterlassung diskriminierender Ausschreibungen, sondern erfasst die Durchführung rechtmäßiger Ausschreibungen, für die der Betriebsrat nach § 93 BetrVG ein Initiativrecht hat, so dass er sie in seinen Antrag aufnehmen kann. Angesichts unterschiedlicher Auffassungen in der Arbeitsgerichtsbarkeit hinsichtlich der richtigen Tenorierung kann es auch hier angeraten sein, mehrere Anträge zu kombinieren.
- Besondere Sorgfalt bei der Antragstellung ist geboten, wenn der **gerügte Verstoß** des Arbeitgebers in einem **Unterlassen** besteht. Ein konkreter Leistungsantrag ist zu stellen, wenn für den Arbeitgeber nur eine rechtmäßige Handlungsweise zur Verfügung steht, zB diskriminierungsfreie Ausschreibungen vorzunehmen oder eingelegte Beschwerden nach diesem Gesetz zu prüfen und das Ergebnis dem beschwerdeführenden Beschäftigten mitzuteilen. Hat der Arbeitgeber dies unterlassen, liegt regelmäßig auch ein grober Verstoß vor, dies übrigens nicht nur gegen die Verpflichtung aus §§ 11, 13, sondern auch gegen §§ 84, 93 BetrVG. Ein konkreter Leistungsantrag ist zu stellen bei einer Ermessenreduzierung auf Null, zB wenn farbige Beschäftigte zu einem – auch freiwilligen – Betriebsausflug nicht eingeladen werden. Soweit dem Arbeitgeber allerdings Handlungsermessen bleibt, kann der Antrag (ggf. als Hilfsantrag) auf ermessensfehlerfreie Entscheidung bzw. Durchführung geeigneter, erforderlicher und angemessener Maßnahmen gestellt werden, was insbesondere im Rahmen des § 12 häufig geboten sein wird.

40 Isolierte Anträge auf **Feststellung** eines Rechtsverhältnisses oder eines Rechtsverstoßes sowie Anträge auf **Folgenbeseitigung** bzw. Restitution sind in diesem Verfahren nicht zulässig, da sie in § 23 Abs. 3 BetrVG nicht vorgesehen sind. Zu erwägen sind Anträge auf Zwischenfeststellung, wodurch auch künftige Verfahren entbehrlich werden könnten (Rust/Falke-Bertelsmann, § 17 Rn. 54: Hilfsantrag auf Feststellung einer unzulässigen Diskriminierung). Der Vorteil wäre die Klärung der Rechtsfrage, so dass eine künftige Berufung auf eine vermeintlich unklare Rechtslage nicht mehr möglich wäre. Auf jeden Fall müsste das besondere Feststellungsinteresse hierzu schon im Antrag deutlich gemacht werden.

41 Nach Abs. 2 S. 2 dürfen mit dem Antrag nicht **Ansprüche des Benachteiligten** geltend gemacht werden. Dabei handelt es sich um die Entschädigungs- oder Schadensersatzansprüche nach § 15. Insofern handelt es sich um eine Klarstellung (amtliche Begründung, Ausschuss-Drs. 16(11)337, 2). Derartige Ansprüche werden auch über § 23 Abs. 3 BetrVG nicht durchgesetzt. Eine Überschneidung findet aber auch bei Unterlassungs-, Duldungs- oder Leistungsanträgen nicht statt, wie sie in diesem Verfahren gestellt werden können. Die Vorschrift monopolisiert solche Anträge auf die hier bezeichneten Antragsteller (zur Begrenzung individuellen Rechtsschutzes etwa gegen diskriminierende Ausschreibungen → Rn. 2). Soweit individuelle Verfahren möglich bleiben, haben sie einen **anderen Streitgegenstand**, gekennzeichnet durch individuelle Antragsbefugnis und Rechtsschutzbedürfnis, konkreten, personenbezogenen Antrag und nicht an einen groben Verstoß gebunden. Der Antrag des Betriebsrats abstrahiert von diesen konkret personenbezogenen Voraussetzungen (so auch Hayen, AuR 2007, 11) und ist deshalb auch allgemein, dh nicht auf die Person eines oder einer benachteiligten Beschäftigten bezogen, tenoriert. Einer teleologischen Reduktion der Vorschrift (so aber Klumpp, NZA 2006, 906; wie hier Hayen, AuR 2007, 11) bedarf es nicht. Deswegen findet auch keine „Aufrechnung" des Ordnungsgeldes gegenüber dem Ersatz des immateriellen Schadens (so wohl Klumpp, NZA 2006, 906) statt (wie hier Rust/Falke-Bertelsmann, § 17 Rn. 83).

5. Prozessuale Fragen

42 Es handelt sich um ein arbeitsgerichtliches **Beschlussverfahren** iSd §§ 80 ff. ArbGG mit der Möglichkeit einer Beschwerde an das LAG und ggf. Rechtsbeschwerde an das BAG. Beteiligte sind der Betriebsrat, die im Betrieb vertretene Gewerkschaft und der Arbeitgeber, nicht aber Beschäftigte, auch nicht soweit deren Benachteiligung gerügt wird. Sie sind ggf. als Zeugen zu hören. Eine einstweilige Verfügung ist nach Maßgabe des § 85 ArbGG möglich (KDZ-Zwanziger, 7. Aufl. 2008, § 17 Rn. 13; Schleusener/Suckow/Voigt-Schleusener, § 17 Rn. 30; aA Bauer/Krieger, § 17 Rn. 26). Das Verfahren ist gerichtskostenfrei.

43 Die materielle **Beweislast** in Verfahren nach § 17 Abs. 2, die (nach vorrangiger Amtsermittlung iSd § 83 ArbGG, eingeschränkter Untersuchungsgrundsatz) allerdings erst in einer non liquet-Situation Bedeutung gewinnt, richtet sich nach § 22 (→ § 22 Rn. 126 ff. mwN; ebenso KDZ-Zwanziger, 7. Aufl. 2008, § 17 Rn. 13; uneingeschränkt für die Anwendung des § 22 im Beschlussverfahren Rust/Falke-Falke, § 22 Rn. 31; dagegen BauerKrieger, § 17 Rn. 28). „Partei" iSd Vorschrift sind auch Betriebsrat und Gewerkschaft. Dieses Ergebnis ergibt sich auch aus europarechtskonformer Auslegung. Art. 8 Abs. 4 iVm Art. 7 Abs. 2 RL 2000/43/EG, Art. 10 Abs. 4 iVm Art. 9 Abs. 2 RL 2000/78/EG, Art. 9 Abs. 4 iVm Art. 8 Abs. 3 RL 2004/113/EG beziehen die Beweislastregelung ausdrücklich auf das Verfahren unter Beteiligung von Verbänden, Organisationen und juristischen Personen. Der Betriebsrat ist zwar weder Verband (die Gewerkschaft schon) noch juristische Person; es wäre aber wertungswidersprüchlich, die Beweislastregelung in Verfahren einzelner Beschäftigter und der Gewerk-

schaft zur Anwendung kommen zu lassen, in Verfahren des Betriebsrats aber nicht. Parallel laufende Arbeitsgerichtsverfahren könnten sonst möglicherweise zu unterschiedlichen Ergebnissen kommen, dies nicht wegen unterschiedlicher Rechts-, insbes. Anspruchsgrundlagen, was die Rechtsordnung aushält, sondern wegen unterschiedlicher Tatsachenwürdigung des gleichen Lebenssachverhalts durch das gleiche Gericht (Hayen, AuR 2007, 12). Für das Verfahren der einstweiligen Verfügung gelten die Regeln der Glaubhaftmachung nach §§ 935, 294 ZPO.

44 Die **Zwangsvollstreckung** richtet sich nach § 23 Abs. 3 S. 2–5 BetrVG. Insofern ist auf die einschlägige betriebsverfassungsrechtliche Kommentierung zu verweisen.

45 Ein danach zu verhängendes **Ordnungs- oder Zwangsgeld** mindert sich nicht dadurch, dass einem benachteiligten Beschäftigten individuelle Ansprüche auf Entschädigung/Schadensersatz aus § 15 zustehen und von diesem beigetrieben werden. Das Gleiche gilt bei individuellen Ansprüchen auf Unterlassung oder Beseitigung. Umgekehrt mindern sich auch diese individuellen Ansprüche nicht aufgrund von Zwangsvollstreckungsmaßnahmen nach dieser Vorschrift. Eine Anrechnung findet nicht statt (→ Rn. 41).

§ 18 Mitgliedschaft in Vereinigungen

(1) Die Vorschriften dieses Abschnitts gelten entsprechend für die Mitgliedschaft oder die Mitwirkung in einer

1. Tarifvertragspartei,
2. Vereinigung, deren Mitglieder einer bestimmten Berufsgruppe angehören oder die eine überragende Machtstellung im wirtschaftlichen oder sozialen Bereich innehat, wenn ein grundlegendes Interesse am Erwerb der Mitgliedschaft besteht,

sowie deren jeweiligen Zusammenschlüssen.

(2) Wenn die Ablehnung einen Verstoß gegen das Benachteiligungsverbot des § 7 Abs. 1 darstellt, besteht ein Anspruch auf Mitgliedschaft oder Mitwirkung in den in Absatz 1 genannten Vereinigungen.

I. Vorbemerkung

1. Allgemeines

1 § 18 enthält Regelungen für das **Innenrecht der genannten Vereinigungen** und ist damit trotz Stellung im Abschnitt 2 des Gesetzes keine Vorschrift des Arbeitsrechts, sondern des **Vereinsrechts**. Sehr groß ist seine Bedeutung in der Praxis nicht, da sich in Zeiten sinkenden Organisationsgrades die Vereinigungen über Mitglieder freuen dürften. Zudem ist aus der Vergangenheit vor dem AGG nahezu keine veröffentlichte Rechtsprechung bekannt, in der es um die mit dem AGG verbotenen Benachteiligungen oder vergleichbare Konflikte gegangen wäre. § 18 dient der **Umsetzung** der jeweils wortgleichen Art. 3 Abs. 1 Buchst. d RL 76/207/EWG, 2000/43/EG und 2000/78/EG.

§ 18 zieht – allerdings in wenig konsequenter Weise – die Folgerungen aus **§ 2 Abs. 1 Nr. 4**. Er scheint zum einen vom Wortlaut enger zu sein, da er nur die Tarifvertragsparteien und nicht alle „Beschäftigten- oder Arbeitgebervereinigungen" nennt. Zum anderen ist er weiter, weil er Vereinigungen mit besonderer Machtstellung einbezieht.

2. Vereinigungsfreiheit

2 § 18 ist eine Ausgestaltung des Grundrechts der **Vereinigungsfreiheit** (**Art. 9 Abs. 1 GG**) und der **Koalitionsfreiheit** (**Art. 9 Abs. 3 S. 1 GG**). Damit ist auch die kollektive Vereinigungsfreiheit gewährleistet. Diese umfasst die freie Entscheidung über die Gründung der Organisation und damit zusammenhängende Fragen wie Ziel, Form und Zeitpunkt der Gründung, Eigenständigkeit der Organisation, Rechtsform, Namensführung, Verfahren der Willensbildung. Der Gesetzgeber hat sich bei der Ausgestaltung an den Schutzgütern des Art. 9 GG zu orientieren und muss Regeln bereitstellen, die die freie Assoziation und Selbstbestimmung der Mitglieder ermöglichen. Er kann Schutzvorkehrungen gegen übermächtige Verbände treffen, zB die unbegründete Ablehnung einer Mitgliedschaft korrigieren, wenn der Verein eine überragende Machtstellung im wirtschaftlichen oder sozialen Bereich innehat und wenn ein bedeutendes Interesse an der Mitgliedschaft besteht (grundlegend zur Vereinigungsfreiheit: BVerfG 24.2.1971 – 1 BvR 438/68 – BVerfGE 30, 227 = NJW 1971, 231; BVerfG 1.3.1979 – 1 BvR 532/77 – BVerfGE 50, 290; BVerfG 26.6.1991 – 1 BvR 779/85 – BVerfGE 84, 212; Schmidt-Bleibtreu/Klein, GG Art. 9 Rn. 11 f.; v. Münch/Kunig-Löwer, GG Art. 9 Rn. 35 „Innere Ordnung"; Seifert/Hömig, GG Art. 9 Rn. 3). § 18 hält sich an diesen verfassungsrechtlichen Rahmen und orientiert sich im Wortlaut erkennbar an der Rechtsprechung des BGH hierzu (→ Rn. 10 ff., 31).

II. Normadressaten

3 § 18 richtet sich an die in Abs. 1 genannten Vereinigungen – als Oberbegriff für Vereine und Gesellschaften – und ihre Mitglieder. Die **Rechtsform** spielt keine Rolle. § 18 ist also anwendbar auf eV, nicht eingetragene Vereine, GbR, Kapitalgesellschaften, auch öffentlich-rechtliche Körperschaften (→ Rn. 14). Für eine Beschränkung des Abs. 1 Nr. 1 auf natürliche Personen (so aber Bauer/Krieger, § 18 Rn. 7) besteht kein Anhaltspunkt. Bei Ar-

beitgebern, die Mitglied eines Arbeitgeberverbandes sind, handelt es sich doch in aller Regel um juristische Personen. Die Vorschrift dient dem **Schutz von Einzelpersonen** gegenüber den genannten Vereinigungen. Gemäß **Abs. 1 aE** gilt § 18 auch für Einzelvereine gegenüber deren **jeweiligen Zusammenschlüssen**. Er dient also auch dem **Schutz der Vereinigungen** selbst **gegenüber Dachorganisationen**. Dies ist nach der veröffentlichten Rechtsprechung offenbar häufiger problematisch (→ Rn. 12 f.; zum Schutz von Personenzusammenschlüssen allgemein → § 1 Rn. 115 ff.). Ist die **Vereinigung selbst Arbeitgeber**, gilt gegenüber den dort Beschäftigten nicht § 18, sondern Abschnitt 2 unmittelbar. Abs. 1 Nr. 1 ist ein **Unterfall** des Abs. 1 Nr. 2 (Schleusener/Suckow/Voigt-Suckow, § 18 Rn. 6; Schiek-Kocher, § 18 Rn. 4), so dass eine genaue Abgrenzung zwischen beiden nicht notwendig ist.

1. Tarifvertragspartei (Abs. 1 Nr. 1)

4 Abs. 1 Nr. 1 nennt als Normadressaten die Tarifvertragsparteien und bestimmt damit zunächst eng die in den EU-Richtlinien in Art. 3 Abs. 1 genannten „Arbeitnehmer- oder Arbeitgeberorganisationen". Tarifvertragsparteien sind gemäß **§ 2 Abs. 1 TVG** nur **Gewerkschaften**, einzelne Arbeitgeber und **Vereinigungen von Arbeitgebern**. Einzelne Arbeitgeber sind in § 18 nicht gemeint. Die entsprechende Geltung wäre hier überflüssig, da der Abschnitt ohnehin schon für den Arbeitgeber gilt. Eine Arbeitnehmer- oder Arbeitgeberorganisation ist nach ständiger Rechtsprechung und herrschender Literatur (zB Wiedemann/Oetker, TVG, 7 Aufl. 2007, Rn. 171 ff.; Däubler-Peter, TVG § 2 Rn. 2 ff.; Fuchs, Tarifvertragsrecht, Rn. 21 ff.; HzA-Dörner, 18/1 Rn. 155 ff.) **tariffähig**, dh sie kann Tarifvertragspartei sein, wenn sie folgende **Voraussetzungen** kumulativ erfüllt: Sie muss freiwillig auf privatrechtlicher Grundlage mit demokratischer Organisation gebildet sein, insbesondere mit freier Ein- und Austrittsmöglichkeit (**Freiwilligkeit**). Sie muss auf Dauer angelegt bzw. eine gewisse Stabilität in zeitlicher Hinsicht besitzen. Sie muss gegnerfrei und auch unabhängig von Dritten, wie Staat, Parteien, Religionsgemeinschaften (**Gegnerfreiheit, Unabhängigkeit**), sowie überbetrieblich organisiert sein. Sie muss den Willen haben, Tarifverträge abzuschließen (**Tarifwilligkeit**). Hierzu muss sie ausreichend mächtig sein, dh sie muss Durchsetzungskraft gegenüber dem sozialen Gegenspieler und eine gewisse Leistungsfähigkeit der Organisation aufweisen (**Mächtigkeit**). Für Tarifvertragsparteien auf Arbeitgeberseite wird letzteres Kriterium nicht verlangt. Strittig ist, ob die Bereitschaft zum Arbeitskampf oder die Anerkennung der staatlichen Rechtsordnung, insbesondere des Tarif- und Schlichtungsrechts ebenfalls Voraussetzung ist. Aufgrund klarer gesetzlicher Formulierung umfasst Abs. 1 Nr. 1 auch die **Handwerksinnungen**, da ihnen und ihren Zusammenschlüssen außerhalb von § 2 TVG per Gesetz (**§§ 54 Abs. 3 Nr. 1, 82 Nr. 3 HandwO**) die Tariffähigkeit verliehen wurde.

5 Da der Begriff Tarifvertragspartei in § 2 TVG und in der Rechtsprechung fest definiert ist, fallen **nur Vereinigungen, die diese Voraussetzungen erfüllen,** unter Abs. 1 Nr. 1 (Bauer/Krieger, § 18 Rn. 5; MüKo-Thüsing, § 18 Rn. 3). Eine erweiternde Auslegung ist daher nicht möglich. Der Gesetzes-

entwurf formulierte zunächst richtlinienkonform „Vereinigung der Arbeitgeber und Beschäftigten". In den Gesetzesberatungen wurde der Text geändert in dem – europarechtlich untauglichen (→ Rn. 8) – Versuch, den Anwendungsbereich zu beschränken (BT-Drs. 15/5717, 37). Dabei wurde offenbar auch übersehen, § 2 Abs. 1 Nr. 4 anzupassen.

2. Andere Vereinigung (Abs. 1 Nr. 2)

6 Über die Tarifvertragsparteien hinaus unterliegen durch Abs. 1 Nr. 2 auch andere Vereinigungen den Bindungen des § 18, wenn entweder ihre Mitglieder einer bestimmten Berufsgruppe angehören oder die Vereinigungen eine überragende Machtstellung im wirtschaftlichen oder sozialen Bereich innehaben und ein grundlegendes Interesse am Erwerb der Mitgliedschaft besteht.

7 Die Vereinigung einer **Berufsgruppe** (**Abs. 1 Nr. 2 Alt. 1**) beschränkt sich nicht auf Arbeitnehmer oder Arbeitgeber bestimmter Berufe, sondern erstreckt sich auch auf Selbstständige, insbesondere freie Berufe oder Unternehmer – auch wenn die Vereinigung nicht die Funktion eines Arbeitgeberverbandes wahrnimmt.

8 Nach Art. 3 Abs. 1 Buchst. d der umgesetzten Richtlinien sollen sich die Regelungen auf jede „**Arbeitnehmer- oder Arbeitgeberorganisation**" beziehen. Die Beschränkung in Abs. 1 Nr. 1 auf Tarifvertragsparteien ist hierfür zu eng; so etwa bei nicht tariffähigen **Koalitionen im Sinne des Art. 9 Abs. 3 GG**, bspw. einigen der im Christlichen Gewerkschaftsbund CGB zusammengeschlossenen Arbeitnehmerorganisationen. Soweit einer **nicht tariffähigen Arbeitnehmerorganisation** Mitglieder einer bestimmten Berufsgruppe angehören, fallen sie unter Abs. 1 Nr. 2 Alt. 1. Aber auch andere nicht tariffähige Arbeitnehmerorganisationen, die nicht die Angehörigen nur einer ganz bestimmten Berufsgruppe repräsentieren, sind in **richtlinienkonformer Auslegung** unter Abs. 1 Nr. 2 Alt. 1 zu fassen. Die Arbeitnehmer einer Branche können hier als eine „Berufsgruppe" interpretiert werden (zur richtlinienkonformen Auslegung allgemein → Einl. Rn. 81 ff.). In dieser Auslegung passt § 18 dann auch zu § 2 Abs. 1 Nr. 4.

9 Ein „grundlegendes Interesse am Erwerb der Mitgliedschaft" ist für Abs. 1 Nr. 2 Alt. 1 nicht erforderlich (aA Schleusener/Suckow/Voigt-Suckow, § 18 Rn. 26, 33 ff.; Schiek-Kocher, § 18 Rn. 9). Dies ergibt sich aus richtlinienkonformer Auslegung. Denn in Art. 3 Abs. 1 Buchst. d der hier umgesetzten Richtlinien ist eine solche einschränkende Voraussetzung nicht vorgesehen. Die Voraussetzung stammt vielmehr aus der deutschen Rechtsprechung, die mit der Alt. 2 des Abs. 1 Nr. 2 ins Gesetz übernommen wurde.

10 **Abs. 1 Nr. 2 Alt. 2** geht über die Richtlinien hinaus. Er knüpft im Wortlaut erkennbar an die bestehende **Rechtsprechung des BGH** zum Vereinsrecht an (→ Rn. 2, 12, 31). Danach unterliegt die grundrechtlich geschützte **Vereinigungsfreiheit** Bindungen, v.a. einer Aufnahmepflicht, wenn die Vereinigung eine **Monopolstellung** oder zumindest eine **überragende Machtstellung im wirtschaftlichen oder sozialen Bereich** innehat und wenn der Bewerber ein wesentliches oder **grundlegendes Interesse am Erwerb der Mitgliedschaft** hat (vgl. MüKo-Reuter, BGB Vor § 21 Rn. 108 ff.; Palandt-Ellenberger, BGB § 25 Rn. 10 f.; Staudinger-Weick, BGB § 35 Rn. 28 f.; sowie

die sonstige Literatur zum Vereinsrecht). Dies ist insbesondere der Fall, wenn die Vereinigung den Zweck hat, **Gruppeninteressen** zu repräsentieren gegenüber dem Staat und anderen gesellschaftlichen Gruppen, wenn sie **staatliche Leistungen** vermittelt oder andere **öffentliche Funktionen** wahrnimmt.

11 Die Bedeutung beschränkt sich nicht auf Berufs- und ähnliche Verbände zur Vertretung wirtschaftlicher oder beruflicher Interessen, sondern erstreckt sich auch auf Freizeitaktivitäten, vor allem auf **Sportverbände** (Bauer/Krieger, § 18 Rn. 11 f.). Die soziale Machtstellung und das grundlegende Interesse an einer Mitgliedschaft können hier bspw. durch die Eröffnung von Teilnahmemöglichkeiten an nationalen oder internationalen Wettkämpfen, durch die Erteilung von Trainer- und Schiedsrichterlizenzen oder die Verteilung staatlicher oder kommunaler Förderungen entstehen. Nach aA (MüKo-Thüsing, § 18 Rn. 8; Schleusener/Suckow/Voigt-Suckow, § 18 Rn. 43 f.) ist eine Einschränkung auf Vereinigungen mit Bezug zum Beruf bzw. zum Arbeits- und Wirtschaftsleben geboten. Es drohe sonst eine Vielzahl von Vereinigungen, auch reine Geselligkeitsvereine, unter § 18 zu fallen, ohne dass der Gesetzgeber dies beabsichtigt hätte. Diese Ansicht ist jedoch zu eng. Das AGG ist ein allgemein zivilrechtliches Gesetz. Der Gesetzgeber ist in § 18 absichtlich über die bloße Übernahme des Mindestinhalts der Richtlinien hinausgegangen und hat die deutsche Rechtsprechung zum allgemeinen Vereinsrecht wortwörtlich übernommen – und diese war überwiegend zu Sportverbänden ergangen (→ Rn. 12). Neben Abs. 1 Nr. 1, 2 Alt. 1 bliebe für Nr. 2 Alt. 2 sonst kein eigenständiger Anwendungsbereich übrig. Überdies haben auch Sportverbände durchaus einen erheblichen Bezug zum Arbeits- und Wirtschaftsleben, bspw. der Deutsche Fußballbund. Sie haben zudem häufig Funktionen einer Berufsvereinigung von Profisportlern.

12 Der Bindung unterliegen: **Spitzenverband der Kreditgenossenschaften** gegenüber genossenschaftlich organisiertem Kreditinstitut (BGH 24.10.1988 – II ZR 311/87 – NJW 1989, 1724, 1726; OLG Köln 29.10.1992 – 18 U 35/92 – DWiR 1993, 196); **Deutscher Sportbund** (BGH 2.12.1974 – II ZR 78/72 – NJW 1975, 771 = BGHZ 63, 282); **Sportfachverband** (BGH 10.12.1985 – KZR 2/85 – NJW-RR 1986, 583; OLG Düsseldorf 27.11.1986 – 10 U 46/86 – NJW-RR 1987, 503); Zusammenschluss der Sportvereine innerhalb einer Stadt gegenüber Einzelverein (BGH 23.11.1998 – II ZR 54/98 – NJW 1999, 1326); **Badischer Sängerbund** gegenüber Chor von Schwulen (LG Karlsruhe 11.8.2000 – 2 O 243/00 – NJW-RR 2002, 11); **Stadtjugendring** eV gegenüber Verein homosexueller Jugendlicher (LG Heidelberg 12.1.1990 – 5 O 149/89 – NJW 1991, 927).

13 **Nicht anwendbar:** örtlicher Mieterverein (LG Münster 27.9.1973 – 15 O 242/73 – MDR 1974, 310); gemeinnützige Wohnungsbaugenossenschaft (OLG Köln 15.9.1965 – 2 U 21/65 – OLGZ 66, 132); örtlicher Brieftaubenzüchterverein (OLG Düsseldorf 29.12.2004 – VI(Kart) 22/04 – SpuRt 2007, 26); politische Partei, dort gelten die Sonderregelungen des § **10 ParteiG** (BGH 29.6.1987 – II ZR 231/84 – BGHZ 101, 193, 200).

3. Öffentlich-rechtliche Körperschaften?

14 Fraglich ist, ob § 18 auch auf öffentlich-rechtliche Körperschaften anwendbar ist. Der Wortlaut „Vereinigungen" spricht dagegen. Darunter werden in aller Regel Vereine und Gesellschaften des Privatrechts verstanden. Auch zielt das Gesetz vor allem auf das Arbeitsrecht und sonstiges Zivilrecht. Jedoch ist das AGG nicht darauf beschränkt. In § 24 wird es auf öffentlich-rechtliche Dienstverhältnisse erstreckt. Über Abs. 1 Nr. 1 ist das Gesetz bereits auf öffentlich-rechtliche Tarifvertragsparteien (Handwerksinnungen) anwendbar (→ Rn. 4). Entscheidend ist jedoch, dass § 18 Richtlinien der EU umsetzt. Es kann deshalb nicht darauf ankommen, ob eine Berufsgruppe privat- oder öffentlich-rechtlich organisiert ist. Die nationalen Regelungen und Gepflogenheiten bei der Rechtsform können nicht über die Reichweite der umzusetzenden Richtlinien entscheiden (zur richtlinienkonformen Auslegung allg. → Einl. Rn. 81 ff.). Nach **Art. 3 Abs. 1 der Richtlinien** gelten diese „für alle Personen in öffentlichen und privaten Bereichen einschließlich öffentlicher Stellen". Die „Organisation, deren Mitglieder einer bestimmten Berufsgruppe angehören" ist hiernach nicht auf privatrechtliche Rechtsformen begrenzt. Im Übrigen kann der Schutz vor Diskriminierungen gerade in öffentlich-rechtlichen Körperschaften nicht geringer sein als in privatrechtlichen Vereinigungen. Das europarechtliche Verbot der Diskriminierung aufgrund Staatsangehörigkeit hat der EuGH auf öffentlich-rechtliche Berufskammern in Luxemburg und Arbeiterkammern in Österreich angewandt (EuGH 18.5.1994 – Rs. C-118/92 – Slg 1994, I-1891 150; EuGH 8.5.2003 – Rs. C-171/01 (Wählergruppe Gemeinsam) – Slg 2003, I-4301; → § 2 Rn. 41). Abs. 1 Nr. 2 ist nach **richtlinienkonformer Auslegung** daher auf die deutschen öffentlich-rechtlich organisierten **Berufskammern** anwendbar (VG Trier 29.4.2009 – 5 K 806/08.TR; allgM), jedenfalls soweit sie aufgrund von Gesetzen des Bundes bestehen, bspw. Rechtsanwaltskammern, Handwerkskammern, Kassenärztliche Vereinigungen.

15 Bei **berufsständischen Versorgungswerken** ist die Anwendbarkeit jedoch problematisch. Der Bund hat keine Gesetzgebungsbefugnis dazu, Bestimmungen über die Leistungen eines Versorgungswerkes der Angehörigen eines freien Berufes zu erlassen (BVerwG 25.7.2007 – 6 C 27/06 – BVerwGE, 129, 129 = NJW 2008, 101). Das AGG ist somit nicht anwendbar (aA noch die 2. Aufl.; MüKo-Thüsing, § 18 Rn. 9; Bauer/Krieger, § 18 Rn. 9, Schleusener/Suckow/Voigt-Suckow, § 18 Rn. 36; offengelassen OVG Koblenz 26.5.2010 – 6 A 10320/10 – BB 2010, 1596). Es ist somit Sache der Länder, hier die EU-Richtlinien in ihren Gesetzen umzusetzen. Dem sind sie bisher nicht nachgekommen, obwohl die Fristen zur Umsetzung der Richtlinien seit 2003 bzw. 2007 abgelaufen sind. Der Einzelne kann somit einen direkten Anspruch aus der jeweiligen Richtlinie bzw. auf Schadensersatz wegen der Nichtumsetzung haben (allg. → Einl. Rn. 95, 97 ff.; s. konkret v. Roetteken, NVwZ 2008, 615). Nicht jede der Richtlinien betrifft jedoch den hier maßgeblichen Geltungsbereich der Rentenversicherung/sozialen Sicherheit. Bei der Richtlinie 2000/43/EG zur Diskriminierung nach Rasse oder der ethnischen Herkunft ist dies der Fall (vgl. Art. 3 Abs. 1 RL 2000/43/EG). Die Richtlinie 2000/78/EG zur Diskriminierung

nach Religion, Weltanschauung, Behinderung, Alter, sexueller Ausrichtung in Beschäftigung und Beruf findet auf eine berufsständische Versorgungseinrichtung keine Anwendung, denn Leistungen der staatlichen Systeme der sozialen Sicherheit und damit gleichgestellte Systeme sind vom Geltungsbereich dieser Richtlinie ausgeschlossen (Art. 3 Abs. 3 RL 2000/78/EG; BVerwG 25.7.2007 – 6 C 27/06 – BVerwGE, 129, 129 = NJW 2008, 101; aA v. Roetteken, NVwZ 2008, 615). Die Richtlinie 2006/54/EG zur Gleichbehandlung der Geschlechter ist ebenfalls nicht einschlägig, da sie nur auf betriebliche Systeme der sozialen Sicherheit Anwendung findet (Art. 7 Abs. 1 RL 2006/54/EG), wozu die berufsständischen Versorgungswerke nicht gehören (aA v. Roetteken, NVwZ 2008, 615).

III. Verbot der Diskriminierung

16 Die Vorschriften des Abschnitts 2 (§§ 6–17) zum Schutz vor Benachteiligung gelten entsprechend für die genannten Vereinigungen. Das heißt, die Regelungen zum Benachteiligungsverbot wegen der in § 1 genannten Gründe (§ 7 Abs. 1), zu den Rechtfertigungsgründen (§§ 8–10), den Organisationspflichten (§§ 11, 12) sowie zu den Rechtsfolgen, einschließlich Schadensersatz, Entschädigung und Maßregelungsverbot (§ 7 Abs. 2, 3, §§ 13–16) gelten für die Vereinigungen gegenüber ihren Mitgliedern und Mitgliedschaftsbewerbern entsprechend. Die grundrechtlich geschützte **Vereinigungsfreiheit** (→ Rn. 2) verlangt hierbei aber eine angemessene **Berücksichtigung** (Bauer/Krieger, § 18 Rn. 18).

17 Wichtig ist vor allem die **Mitgliedschaft** selbst. Dies bedeutet, dass die **Aufnahme** eines Bewerbers in eine der Vereinigungen nicht aus den in § 1 genannten Gründen abgelehnt und ein **Ausschluss** nicht damit begründet werden darf. Bspw. wären die Beschränkung der Mitglieder auf eine bestimmte ethnische Herkunft oder die Festlegung von Altersgrenzen unzulässige Benachteiligungen. Dies gilt auch für Rentner und Pensionäre, die von einer Gewerkschaft nicht wegen ihres Status oder ihres Alters abgewiesen werden dürfen, zumal ja sogar eine Kompetenz zur tariflichen Regelung der betrieblichen Altersversorgung besteht. Auch eine Differenzierung von Mitgliedern oder Mitgliedergruppen mit unterschiedlichen Rechten und Pflichten, die an die in § 1 genannten Gründe anknüpfen, ist unzulässig (§ 7, § 134 BGB). Das Gleiche gilt hinsichtlich der **Mitwirkungsrechte** der Mitglieder, aktivem und passivem **Wahlrecht**, Funktion als Vereinsvorstand oÄ, Rede-, Informationsrechten. Eine Benachteiligung in der Mitgliedschaft hinsichtlich der **Inanspruchnahme von Leistungen** solcher Vereinigungen für ihre Mitglieder (bspw. Beratungs- und andere Serviceleistungen, Veranstaltungen, Fortbildungsangebote, Teilhabe am Vereinsvermögen oder öffentlichen Subventionen) ist verboten. Eine Beschränkung des Benachteiligungsverbots auf formale Mitwirkungsrechte im Verein genügt den umgesetzten EU-Richtlinien (vgl. Art. 3 Abs. 1 Buchst. d der Richtlinien) und dem im Gesetz selbst formulierten Anwendungsbereich (vgl. § 2 Abs. 1 Nr. 4) nicht. Gemeint ist also die **gesamte Betätigung** des Mitglieds in der Vereinigung, einschließlich der benachteiligungsfreien Inanspruchnahme von Leistungen (Bauer/Krieger, § 18 Rn. 16; Palandt-Wei-

denkaff, § 18 Rn. 3; MüKo-Thüsing, § 18 Rn. 13; aA Schiek-Kocher, § 18 Rn. 16, 18, die bzgl. Leistungen auf §§ 19 ff. verweist).

1. Rechtfertigung unterschiedlicher Behandlung

18 Die Benachteiligung kann **gemäß § 5 gerechtfertigt** sein, wenn die Maßnahme dazu dient, den **Eintritt von Nachteilen zu verhindern oder bestehende Benachteiligungen auszugleichen** (ausführlich Schiek-Kocher, § 18 Rn. 13). Danach sind Vereinigungen, die satzungsgemäß und tatsächlich diesem Zweck dienen, zulässig, auch wenn sie auf einem der in § 1 genannten Merkmale aufbauen, bspw. Vereine, die sich der besonderen Förderung Behinderter, Jugendlicher oder Senioren widmen oder sich für die Gleichberechtigung von Frauen oder Homosexuellen engagieren. Solche Organisationen sollen nach wie vor zulässig sein, wenn deren Zweck hauptsächlich darin besteht, die besonderen Bedürfnisse dieser Personen zu fördern (vgl. Abs. 26 der Erwägungen der Richtlinie 2000/78/EG; Abs. 15 RL 76/207/EWG; Abs. 17 RL 2000/43/EG). Aber auch hier kann der Zweck der Vereinigung nicht jede unterschiedliche Behandlung rechtfertigen. Jede **Maßnahme**, die zu einer Benachteiligung führt, muss nach § 5 einzeln für sich genommen **geeignet und angemessen** sein, bestehende Nachteile zu verhindern oder auszugleichen. So wäre bspw. das Verbot der Mitgliedschaft eines Nichtbetroffenen grundsätzlich nicht geeignet, denn der Vereinszweck als solcher wird dadurch in der Regel nicht gefährdet (Bsp.: Unter-60-Jähriger in einem Seniorenclub, ein Nichtbehinderter in einem Behindertenverein).

19 Fraglich ist, ob Arbeitnehmer- oder Berufsgruppenvereinigungen, die bewusst auf eine **Religion oder Konfession** ausgerichtet sind, Mitglieder bzw. Bewerber benachteiligen dürfen, die nicht dieser Religion bzw. Konfession angehören. Die Verweigerung der Mitgliedschaft oder von Mitwirkungsrechten ist jedenfalls eine **unmittelbare Benachteiligung** iSd §§ 1, 3 Abs. 1. Sie ist im Hinblick auf ihr Selbstbestimmungsrecht **über** § **9 nur gerechtfertigt**, soweit es sich um die Religionsgemeinschaft selber (→ § 9 Rn. 14 ff.) oder eine Vereinigung handelt, „die sich die gemeinschaftliche Pflege einer Religion oder Weltanschauung zur Aufgabe macht" (→ § 9 Rn. 26 f., 28 ff.). Denkbar ist auch die Rechtfertigung von Benachteiligungen bei der **Übernahme bestimmter Funktionen,** bspw. **Vereinsvorstand**, in der Vereinigung entsprechend §§ **8 Abs. 1, 9 Abs. 1** aE, wenn das Bekenntnis eine angemessene bzw. nach Art der Tätigkeit gerechtfertigte Anforderung darstellt. Im Übrigen dürfte eine Rechtfertigung nicht möglich sein.

20 Problematisch ist, ob die Mitgliedschaft oder bestimmte Mitgliedschaftsrechte vom **Alter** abhängig gemacht werden können, zB **Altersgrenzen** in Jugendorganisationen oder **unterschiedlich hohe Beiträge** für Jugendliche oder Senioren. Die unterschiedliche Behandlung ist dann zulässig, wenn die Maßnahme objektiv und angemessen, durch ein legitimes Ziel gerechtfertigt und im Übrigen verhältnismäßig ist (§ **10 Abs. 1 S. 1, 2**). Die **Förderung der besonderen Bedürfnisse der Jugend** bspw. bei der Ausbildung und der Eingliederung in das Arbeitsleben kann deren Bevorzugung – und damit die Benachteiligung anderer Altersgruppen – in den Vereinigungen rechtfertigen (vgl. § 10 Abs. 1 S. 3 Nr. 1). Die Jugendorganisation einer Ge-

werkschaft, die diese Zwecke tatsächlich verfolgt, ist damit zulässig. Das Gleiche gilt entsprechend für ältere Menschen. Eine gewerkschaftliche Satzungsbestimmung, die es ausschließt, **Personen im Rentenalter** noch **als Mitglied aufzunehmen**, lässt sich nicht rechtfertigen. Auch die Bezüge von Rentnern können durch die Gewerkschaften beeinflusst werden – sei es durch Tarifverträge im Bereich der betrieblichen Altersversorgung, sei es durch Tariflohnerhöhungen, die mit Zeitverzögerung auf die Renten durchschlagen. Rentner, die während ihres aktiven Berufslebens nicht Gewerkschaftsmitglied waren, müssen dennoch das Recht behalten, sich als Rentner-Mitglied für ihre Interessen einzusetzen.

2. Inhaltskontrolle von Satzungen

21 Regelungen (**Satzungen und Vereinsordnungen**), die gegen das Benachteiligungsverbot verstoßen, sind **unwirksam nach § 7 Abs. 2** (vgl. Art. 16 RL 2000/78/EG; Art. 3 Abs. 2 RL 76/207/EWG). Sie unterliegen insoweit der **richterlichen Inhaltskontrolle**. Sind einzelne Bestimmungen nichtig, so bleibt die Satzung grundsätzlich im Übrigen wirksam, § 139 BGB gilt nicht (BGH 6.3.1967 – II ZR 231/64 – BGHZ 47, 172; Palandt/Ellenberger, BGB § 25 Rn. 5; MüKo-Reuter, BGB § 25 Rn. 24). An die Stelle der nichtigen Bestimmungen treten die dispositiven Vorschriften des BGB. Dennoch entstehende Satzungslücken sind vom zuständigen Organ (idR Mitgliederversammlung) unverzüglich zu schließen.

3. Mitgliedschaft oder Mitwirkung (Abs. 2)

22 Gemäß Abs. 2 hat der einzelne **Mitgliedschaftsbewerber** – anders als bei der Einstellung oder dem Aufstieg eines Beschäftigten (§ 15 Abs. 6) – einen **Anspruch** auf die erstrebte **Mitgliedschaft**. Die umzusetzenden Richtlinien sehen eine solche Rechtsfolge nicht vor. Dieser Anspruch auf Mitgliedschaft besteht, wenn deren Ablehnung einen Verstoß gegen das Benachteiligungsverbot des § 7 Abs. 1 darstellt. Dies entspricht der bisherigen Rechtsprechung zur Aufnahmepflicht im Vereinsrecht. Ein Anspruch besteht auch dann, wenn ein **satzungsgemäßes Hindernis** (bspw. erforderliche Mehrheit in der Mitgliederversammlung; nur ein Verein für jedes Fachgebiet im Verband zulässig) entgegenstehen sollte (BGH 2.12.1974 – II ZR 78/72 – NJW 1975, 771, 773 = BGHZ 63, 282; LG Heidelberg 12.1.1990 – 5 O 149/89 – NJW 1991, 927). Eine Abwägung der beiderseitigen Interessen kann aber im Ergebnis dazu führen, dass ein Anspruch auf Aufnahme in den Dachverband verneint wird (KG 5.5.1992 – 19 U 6735/91 – NJW-RR 1993, 183 wegen unzumutbarem Namen des die Aufnahme begehrenden Schwulen-Vereins).

23 Ebenso besteht ein Anspruch auf **Mitwirkung** der Mitglieder in der Vereinigung, wenn die Ablehnung gegen ein Benachteiligungsverbot des § 7 Abs. 1 verstößt. So haben Betriebsrentner in einer Gewerkschaft das durchsetzbare Recht, sich am innergewerkschaftlichen Entscheidungsprozess beim Abschluss von Tarifverträgen mit betriebsrentenrechtlichen Regelungen zu beteiligen. Ein Ausschluss von diesen tarifpolitischen Entscheidungsprozessen ist ein Verstoß gegen das Verbot der Diskriminierung wegen des Alters (BAG 17.6.2008 – 3 AZR 409/06 – NZA 2008, 1244). Al-

lerdings ist es für die Wirksamkeit des Tarifvertrages nach außen unerheblich, ob und wie die Betriebsrentner beteiligt waren, denn die Wirksamkeit der Tarifnormen kann aus Gründen der Rechtssicherheit nicht von den inneren Vorgängen innerhalb einer Tarifvertragspartei abhängig gemacht werden (BAG 11.8.2009 – 3 AZR 23/08 – NZA 2010, 408). Der Anspruch erstreckt sich auf alle Mitgliedschaftsrechte, einschließlich der Inanspruchnahme der **Leistungen solcher Vereinigungen** für ihre Mitglieder. Die Beschränkung des Wortlauts auf die Mitwirkung ist zu eng (→ Rn. 17).

24 Die **Ausschlussfristen** des § 15 Abs. 4 und des § 61 b Abs. 1 ArbGG **gelten nicht** für die Ansprüche aus Abs. 2. Der Wortlaut des § 15 Abs. 4 verweist nur auf § 15 Abs. 1, 2, also Schadensersatz und Entschädigung und nicht auf die in § 18 normierten Ansprüche auf Mitgliedschaft und Mitwirkung. Das ArbGG mit § 61 b Abs. 1 ArbGG ist nicht anwendbar, weil die Arbeitsgerichte nicht zuständig sind (→ Rn. 26). Vor allem aber würde die verbotene Benachteiligung sonst fortdauern und wäre durch diese Ausschlussfrist dauerhaft gesichert, was dem Gesetzeszweck und den umgesetzten EU-Richtlinien völlig widersprechen würde.

4. Schadensersatz und Entschädigung

25 Daneben hat der Einzelne in entsprechender Anwendung des Abschnitts 2 des AGG Ansprüche auf Schadensersatz (§ 15 Abs. 1) und Entschädigung (§ 15 Abs. 2), die in der **Ausschlussfrist von zwei Monaten** schriftlich geltend zu machen sind (§ 15 Abs. 4). § 61 b Abs. 1 ArbGG ist **nicht** anwendbar, da die Arbeitsgerichte nicht zuständig sind (→ Rn. 26). Die **Höhe** der Entschädigung richtet sich nach der wirtschaftlichen und persönlichen Bedeutung für den Betroffenen sowie der Schwere des Verstoßes. In Anlehnung an § 15 Abs. 2 S. 2 könnten drei Jahresbeiträge angenommen werden. Auf jeden Fall ist bei der Bemessung der Entschädigung zu berücksichtigen, ob und inwieweit die verbotene Benachteiligung schon durch den unmittelbaren Anspruch gemäß § 18 Abs. 2 beseitigt wurde bzw. hätte beseitigt werden können. Der unmittelbare Anspruch nach § **18 Abs. 2 hat Vorrang** gegenüber der nur entsprechend anwendbaren Entschädigungsregelung des § 15 Abs. 2. Er kann eine Entschädigung auch ganz ausschließen. Wer die Möglichkeit der Beseitigung der Benachteiligung nicht nutzt, kann dafür dann nicht eine umso höhere Entschädigung verlangen (**kein „dulde und liquidiere“**). Der Entschädigungsanspruch erhielte sonst Strafcharakter.

IV. Prozessuale Hinweise

26 Für Rechtsstreitigkeiten nach § 18 ist bei zivilrechtlichen Vereinigungen der **Rechtsweg zu den ordentlichen Gerichten** zu beschreiten, nicht zu den Arbeitsgerichten, auch nicht bei Tarifvertragsparteien (vgl. §§ 2, 2 a ArbGG). Bei öffentlich-rechtlichen Körperschaften ist der Rechtsweg zu den **Verwaltungsgerichten** eröffnet (§ 40 Abs. 1 VwGO).

27 Sieht die Satzung einen **vereinsinternen Rechtsbehelf** vor, so ist dieser grundsätzlich vor einer gerichtlichen Nachprüfung auszuschöpfen. Dies ist ausnahmsweise nach Treu und Glauben nicht erforderlich, wenn bspw. das Ergebnis von vornherein feststeht und der Rechtsbehelf eine bloße Förmelei darstellen würde (BGH 22.9.1960 – II ZR 59/60 – NJW 1960, 2143).

Die gerichtliche Nachprüfung ist nicht allein deshalb ausgeschlossen, weil in der satzungsgemäßen Ausschlussfrist kein Rechtsmittel eingelegt wurde (BGH 6.3.1967 – II ZR 231/64 – BGHZ 47, 172).

28 Die **Beweislastregel des § 22** ist auch beim Anspruch aus § 18 anwendbar (Müko-Thüsing, § 18 Rn. 15; Bauer/Krieger, § 18 Rn. 27; Rust/Falke, § 18 Rn. 35). Der Verweis lediglich auf die Vorschriften des Abschnitts 2 bedeutet nicht, dass die Beweislastregel hier nicht gelten soll, denn sie gilt auch für den Abschnitt 2 des Gesetzes. Nach § 22 genügt es, dass das Mitglied/Nichtmitglied Indizien vorträgt und beweist, die eine Benachteiligung bzgl. Mitgliedschaft, Mitwirkung, Leistungen der Vereinigung wegen eines der in § 1 genannten Gründe vermuten lassen. Die Vereinigung hat dann ihrerseits die Beweislast dafür, dass keine verbotene Diskriminierung vorliegt (im Einzelnen → § 22 Rn. 1 ff.). Die Regelungen über **Antidiskriminierungsverbände** nach **§ 23** gelten auch bei der Wahrnehmung von Rechten aus § 18 (im Einzelnen → § 23 Rn. 1 ff.).

29 Eine **einstweilige Verfügung** gerichtet auf vorläufige Mitgliedschaft ist möglich (OLG Düsseldorf 26.9.1997 – 22 U 52/97 – NJW-RR 1998, 328; Palandt-Ellenberger, BGB § 25 Rn. 10).

30 Der Rechtsstreit wegen Mitgliedschaftsrechten in einem Verein ist häufig eine nicht vermögensrechtliche Angelegenheit. Der **Gegenstandswert** ist dann nach § 48 Abs. 2 GKG zu bestimmen. Stehen wirtschaftliche Zwecke im Vordergrund, wird ein vermögensrechtlicher Anspruch geltend gemacht, so dass der Wert nach § 48 Abs. 1 GKG, § 3 ZPO zu bestimmen ist. Die Annahme eines Jahresmitgliedsbeitrags dürfte in der Regel bei einem Streit um die Mitgliedschaft der Bedeutung der Sache nicht gerecht werden. Wenn ideelles und wirtschaftliches Interesse zusammentreffen, ist strittig, ob die Werte zu differenzieren und dann zu addieren sind (vgl. Zöller-Herget, ZPO § 3 Rn. 16 „Vereine“).

V. Andere Anspruchsgrundlagen

31 Die Geltung sonstiger Benachteiligungsverbote oder Gebote der Gleichbehandlung wird durch das AGG nicht berührt (vgl. § 2 Abs. 3). Die Rechtsprechung zum Vereinsrecht, die schon vor Inkrafttreten des AGG bestand, kommt (mit Ausnahme der Entschädigung für immaterielle Einbußen) über die **zivilrechtlichen Generalklauseln** und **Art. 3, 9 GG** im Wesentlichen zu gleichen Ergebnissen. Vereinigungen mit einer Monopolstellung oder einer überragenden wirtschaftlichen oder sozialen Machtstellung unterliegen Bindungen, v.a. einem Aufnahmezwang, wenn der Bewerber ein bedeutendes Interesse an der Mitgliedschaft hat. Über **§§ 826, 249 BGB** besteht ein Schadensersatzanspruch auf Aufnahme in den Verein (vgl. BGH 2.12.1974 – II ZR 78/72 – NJW 1975, 771 = BGHZ 63, 282; BGH 10.12.1984 – II ZR 91/84 – NJW 1985, 1216 = BGHZ 93, 151; ausführlich MüKo-Reuter, BGB Vor § 21 Rn. 108 ff.; Palandt-Ellenberger, BGB § 25 Rn. 10 f. sowie die gesamte vereinsrechtliche Literatur). Die Verweigerung der Mitgliedschaft aus Gründen der Rasse, der ethnischen Herkunft, einer Behinderung, der sexuellen Identität, häufig auch der Religion wäre auch nach früherer Rechtsprechung sittenwidrig. Eine **richterliche Inhaltskontrolle von**

Vereinssatzungen und -ordnungen findet bereits über **§§ 242, 315 BGB** statt.

32 Bei **Wirtschafts- und Berufsvereinigungen** ergibt sich gemäß **§ 20 Abs. 6 GWB** (§ 27 GWB aF) ein Anspruch auf Aufnahme bei sachlich nicht gerechtfertigter ungleicher Behandlung. Die Nichtigkeit entgegenstehender vertraglicher Abmachungen ergibt sich dann aus § 134 BGB, ein Anspruch auf Unterlassung und Schadensersatz (mit einem Anspruch auf Vertragsschluss) aus § 33 GWB, § 823 Abs. 2 BGB iVm § 20 Abs. 6 GWB.

33 Nach **Art. 8 VO (EWG) Nr. 1612/68** hat jeder Arbeitnehmer, der die **Staatsangehörigkeit** eines Mitgliedstaats besitzt, in jedem anderen Mitgliedstaat Anspruch auf gleiche Behandlung wie ein Inländer hinsichtlich Mitgliedschaft in Gewerkschaften und der Ausübung gewerkschaftlicher Rechte (zur EuGH-Rspr. auch → Rn. 14).

Abschnitt 3 Schutz vor Benachteiligung im Zivilrechtsverkehr

§ 19 Zivilrechtliches Benachteiligungsverbot

(1) Eine Benachteiligung aus Gründen der Rasse oder wegen der ethnischen Herkunft, wegen des Geschlechts, der Religion, einer Behinderung, des Alters oder der sexuellen Identität bei der Begründung, Durchführung und Beendigung zivilrechtlicher Schuldverhältnisse, die

1. typischerweise ohne Ansehen der Person zu vergleichbaren Bedingungen in einer Vielzahl von Fällen zustande kommen (Massengeschäfte) oder bei denen das Ansehen der Person nach der Art des Schuldverhältnisses eine nachrangige Bedeutung hat und die zu vergleichbaren Bedingungen in einer Vielzahl von Fällen zustande kommen oder
2. eine privatrechtliche Versicherung zum Gegenstand haben,

ist unzulässig.

(2) Eine Benachteiligung aus Gründen der Rasse oder wegen der ethnischen Herkunft ist darüber hinaus auch bei der Begründung, Durchführung und Beendigung sonstiger zivilrechtlicher Schuldverhältnisse im Sinne des § 2 Abs. 1 Nr. 5 bis 8 unzulässig.

(3) Bei der Vermietung von Wohnraum ist eine unterschiedliche Behandlung im Hinblick auf die Schaffung und Erhaltung sozial stabiler Bewohnerstrukturen und ausgewogener Siedlungsstrukturen sowie ausgeglichener wirtschaftlicher, sozialer und kultureller Verhältnisse zulässig.

(4) Die Vorschriften dieses Abschnitts finden keine Anwendung auf familien- und erbrechtliche Schuldverhältnisse.

(5) [1]Die Vorschriften dieses Abschnitts finden keine Anwendung auf zivilrechtliche Schuldverhältnisse, bei denen ein besonderes Nähe- oder Vertrauensverhältnis der Parteien oder ihrer Angehörigen begründet wird. [2]Bei Mietverhältnissen kann dies insbesondere der Fall sein, wenn die Parteien oder ihre Angehörigen Wohnraum auf demselben Grundstück nutzen. [3]Die Vermietung von Wohnraum zum nicht nur vorübergehenden Gebrauch ist in der Regel kein Geschäft im Sinne des Absatzes 1 Nr. 1, wenn der Vermieter insgesamt nicht mehr als 50 Wohnungen vermietet.

I. Überblick: Differenzierung nach einzelnen Gründen

1 **§ 19 Abs. 1** enthält ein allgemeines zivilrechtliches Diskriminierungsverbot in Bezug auf eine Benachteiligung aus Gründen **der Rasse** oder wegen **der ethnischen Herkunft**, des **Geschlechts, der Religion, einer Behinderung, des Alters** und **der sexuellen Identität** bei der Begründung, Durchführung und Beendigung privatrechtlicher Schuldverhältnisse. Mit Begründung, Durchführung und Beendigung zivilrechtlicher Schuldverhältnisse werden sämtliche Stadien des rechtsgeschäftlichen Kontakts erfasst. Zur „Beendigung" zählt auch die Anfechtung, obwohl das angefochtene Schuldverhältnis gem. § 142 Abs. 1 BGB als von Anfang an nichtig gilt (OLG Saarbrücken, VersR 2009, 1522). Der sachliche Anwendungsbereich des **§ 19 Abs. 1 Nr. 1** beschränkt sich aber auf **Massengeschäfte** (→ Rn. 25 ff.), dh diejenigen Schuldverhältnisse, die typischerweise ohne Ansehen der Person zu vergleichbaren Bedingungen in einer Vielzahl von Fällen zustande kommen oder bei denen der personellen Auswahl des Vertragspartners eine **nachrangige Bedeutung** zukommt (→ Rn. 40). Das Diskriminierungsverbot gilt nach § 19 Abs. 1 Nr. 2 auch für alle **privatrechtlichen Versicherungen** (→ Rn. 41 ff.).

2 Im Unterschied zu der Konzeption des Diskussionsentwurfs eines Gesetzes zur Verhinderung von Diskriminierungen im Zivilrecht aus 2001 (abgedruckt in Loccumer Protokolle 40/03, S. 490 ff.) hat der Gesetzgeber davon abgesehen, ein allgemeines zivilrechtliches Diskriminierungsverbot in das **BGB** aufzunehmen und stattdessen mit den **§§ 19** ff. sondergesetzliche Regelungen im Rahmen des **AGG** geschaffen (instruktiv zum zivilrechtlichen Diskriminierungsschutz in anderen Ländern, MüKo-Thüsing, Vor § 19 Rn. 25, Schmidt-Kessel, in: Leible/Schlachter, Diskriminierungsschutz durch Privatrecht, 53).

3 Die **Rechtsfolgen eines Verstoßes** gegen das Diskriminierungsverbot regelt § 21. Danach kann der Benachteiligte Unterlassung, Beseitigung sowie Schadensersatz bzw. Entschädigung verlangen. § 20 Abs. 1 normiert einen **Rechtfertigungsgrund** in Bezug auf Benachteiligungen wegen der Religion, einer Behinderung, des Alters, der sexuellen Identität oder des Geschlechts. Liegen seine Voraussetzungen vor, ist eine **Verletzung des Benachteiligungsverbots** nach § 19 Abs. 1 gerechtfertigt und Ansprüche aus § 21 entfallen.

§ 19 Abs. 1, 2 ist zudem ein Verbotsgesetz iSv § 134 BGB, so dass zB eine gegen das Diskriminierungsverbot verstoßende Vertragskündigung nichtig wäre (Gaier/Wendtland, Rn. 258).

4 In Bezug auf die Merkmale **Rasse** oder **ethnische Herkunft** erfüllt § 19 Abs. 1 nur teilweise die Vorgaben des **Art. 3 Abs. 1 lit. h** der **Antirassismusrichtlinie.** Diese kennt keine Restriktion in der Weise, dass nur solche Güter und Dienstleistungen erfasst wären, die „**ohne Ansehen der Person**" der Öffentlichkeit zur Verfügung stehen. Insoweit wird der Richtlinie aber durch § 19 Abs. 2 iVm § 2 Abs. 1 Nr. 8 Rechnung getragen.

5 Soweit § 19 Abs. 1 das Merkmal **Geschlecht** enthält, dient die Vorschrift der Umsetzung von Art. 3 Abs. 1 der **Gender-Richtlinie Zivilrecht**, die beim zivilrechtlichen Schutz im Unterschied zu der **Antirassismusrichtlinie** darauf abstellt, dass es sich um Güter und Dienstleistungen handeln muss, „die der Öffentlichkeit **ohne Ansehen der Person** zur Verfügung stehen" (zum Vorschlag dieser Richtlinie Riesenhuber/Franck, JZ 2004, 529).

6 Im Hinblick auf seinen auf Massengeschäfte und vergleichbare Geschäfte eingeschränkten Anwendungsbereich, hat das geschlechtsspezifische Benachteiligungsverbot des § 19 Abs. 1 in zweifacher Hinsicht Kritik erfahren. Die Regelung wird zum einen als **europarechtswidrig** eingestuft, mit der Begründung die Gender-Richtlinie Zivilrecht verlange einen ebenso umfassenden Schutz vor Geschlechterdiskriminierung, wie ihn das AGG bei Benachteiligungen aufgrund der Rasse oder wegen der ethnischen Herkunft gewährt (Korell, Jura 2006, 1, 4; Rust/Falke-Bittner/Rödl, § 19 Rn. 30).

Zum anderen wird unter Hinweis auf den verfassungsrechtlichen Förderauftrag zur tatsächlichen Gleichberechtigung der Geschlechter aus **Art. 3 Abs. 2 S. 2 GG** ein weitergehender Schutz zugunsten des Merkmals Geschlecht gefordert (Stellungnahme des Deutschen Juristinnenbundes Teil II – Anlagen zum Wortprotokoll 595, 601 f., Protokoll Nr. 15/51, Stellungnahme von Raasch, ebenda 237, 241 f.).

7 Bei der europarechtlich motivierten Kritik erscheint zunächst fraglich, ob die Vermutung, für die Geschlechterdiskriminierung sei von der Gender-Richtlinie ein gleiches Schutzniveau im Zivilrecht vorgegeben, zutrifft. Schon die von der Fassung des Art. 3 Abs. 1 lit. h der Antirassismusrichtlinie abweichende Formulierung „ohne Ansehen der Person" in Art. 3 Abs. 1 dieser Richtlinie deutet bei ansonsten gleicher Wortwahl eher auf das Gegenteil hin (so MüKo-Thüsing, § 19 Rn. 11; aA Schiek-Schiek, § 19 Rn. 17, die in der Verwendung der Worte „ohne Ansehen der Person" lediglich eine Klarstellung der Tatbestandsvoraussetzung „der Öffentlichkeit zur Verfügung stehen" sieht). Richtig ist aber, dass Art. 3 Abs. 1 der Gen-

der-Richtlinie Zivilrecht die weiteren Erfordernisse des § 19 Abs. 1 Nr. 1 „in einer Vielzahl von Fällen und zu vergleichbaren Bedingungen" nicht ausdrücklich enthält. Darin dürfte aber keine europarechtswidrige Einschränkung liegen, weil diese Erfordernisse eng mit der Richtlinienvorgabe „ohne Ansehen der Person" zusammenhängen. Die häufige und standardisierte Leistungserbringung ist quasi nur die andere Seite der Medaille von Geschäften, bei denen das Ansehen der Person keine Rolle spielt. Sollte allerdings (in praktisch kaum denkbaren) Fällen ein Geschäft ohne Ansehen der Person vorliegen, bei denen die Vielzahl von Fällen oder die vergleichbaren Bedingungen zweifelhaft sind, wird im Rahmen einer restriktiven, richtlinienkonformen Auslegung allein auf den Tatbestand „ohne Ansehen der Person" abzustellen sein (Rühl/Schmid/Viethen, S. 118, MüKo-Thüsing, § 19 Rn. 14, dagegen für eine entsprechende Änderung des Gesetzestextes, Antidiskriminierungsstelle des Bundes (Hrsg.), Evaluation des AGG, 116).

Zutreffend an der aus **Art. 3 Abs. 2 S. 2 GG** abgeleiteten Kritik ist, dass der dort enthaltene Förderauftrag wegen seiner objektiven Dimension mittelbar in Privatrechtsverhältnisse hineinwirkt und deshalb insoweit in Bezug auf das Geschlecht zumindest ein weitergehender Spielraum besteht als hinsichtlich des Verbots der Benachteiligung wegen der Rasse oder der Herkunft nach Art. 3 Abs. 3 GG (ausführlich dazu Britz, VVDStL Bd. 64, 355, 364 f. mwN). Fraglich ist aber, ob wegen der divergierenden Vorgaben der **Gender-Richtlinie Zivilrecht** einerseits und der **Antirassismusrichtlinie** andererseits (→ Rn. 4 f.), denen die gesetzliche Differenzierung folgt, ein größerer verfassungsrechtlicher Spielraum aus **Art. 3 Abs. 2 S. 2 GG** auch genutzt werden konnte. Die Beantwortung dieser Frage hängt davon ab, inwieweit die Gender-Richtlinie Zivilrecht ihren Anwendungsbereich abschließend und verbindlich festlegt, da nur dann, wenn keine determinierenden Richtlinienvorgaben vorhanden sind, überhaupt ein Handlungsspielraum besteht (Schöbener/Stork, ZEuS 2004, 43, 50). Aus Art. 7 Abs. 1 der Gender-Richtlinie Zivilrecht ergibt sich, dass den Mitgliedstaaten ausdrücklich die Einführung von Vorschriften gestattet ist, die günstiger als die Richtlinienvorgaben sind. Damit gibt diese Richtlinie den Mitgliedstaaten nur Mindeststandards vor (Riesenhuber/Franck, JZ 2004, 529, 536), die zwar nicht unter-, aber durchaus überschritten werden dürfen. Dazu gehört auch die Möglichkeit, den Anwendungsbereich zu erweitern (aA insoweit die Stellungnahme von Nickel, Teil II – Anlagen zum Wortprotokoll 197, 208, Protokoll Nr. 15/51). Im Hinblick auf das Merkmal Geschlecht wäre demnach ein weitergehendes gesetzliches Benachteiligungsverbot, welches in seinem Anwendungsbereich nicht auf Massengeschäfte und vergleichbare Geschäfte beschränkt ist, europa- und verfassungsrechtlich zumindest möglich gewesen (weitergehend im Sinne einer gesetzgeberischen Verpflichtung zur Schaffung eines solchen Verbots die Stellungnahmen des Deutschen Juristinnenbundes Teil II – Anlagen zum Wortprotokoll 595, 601 f. und von Raasch, ebenda 237, 241, Protokoll Nr. 15/51).

II. Über die Rahmenrichtlinie hinausgehende Regelungen

8 Soweit sich das zivilrechtliche Benachteiligungsverbot in § 19 Abs. 1 auch auf die Merkmale Religion, Alter, Behinderung und sexuelle Identität bezieht, bestehen keine unionsrechtlichen Vorgaben nach der Rahmenrichtlinie, da diese **keinen zivilrechtlichen Schutz** vorgibt. Dadurch ist der Gesetzgeber aber nicht gehindert, Diskriminierungsverbote für Bereiche einzuführen, für welche das Unionsrecht dies nicht vorschreibt. Nach Art. 8 dieser Richtlinie sind die Mitgliedstaaten ermächtigt, im Hinblick auf die Wahrung des Gleichbehandlungsgrundsatzes **günstigere Vorschriften** einzuführen.

9 Der Gesetzgeber begründet die insoweit **„überschießende" Richtlinienumsetzung** (zu diesem Begriff und den Konsequenzen für die Auslegung, → Einl. Rn. 88) damit, dass eine Beschränkung auf die europarechtlich gebotenen Merkmale Geschlecht, Rasse oder ethnische Herkunft deshalb problematisch wäre, weil damit Benachteiligungen von Menschen aufgrund der Religion oder Weltanschauung, des Alters, einer Behinderung oder der sexuellen Identität ungeregelt bleiben würden. Deshalb ist das Benachteiligungsverbot breiter angelegt, um in wesentlichen Bereichen des alltäglichen Rechtslebens Regelungen für alle Diskriminierungsmerkmale zu schaffen (amtliche Begründung BT-Drs. 16/1780, 26). Ein entscheidendes Motiv für die überobligationsmäßige Einbeziehung auch der Merkmale der Rahmenrichtlinie in das zivilrechtliche Diskriminierungsverbot des § 19 Abs. 1 ist damit die Vermeidung einer **Hierarchisierung** beim Diskriminierungsschutz (zustimmend insoweit Stellungnahme von Bielefeldt, Teil II – Anlagen zum Wortprotokoll 141, 147, Protokoll Nr. 15/51). Der Gesetzgeber hat **einen horizontalen Ansatz** gewählt, der sich an Art. 19 AEUV (früher Art. 13 EGV) orientiert und – bis auf das Merkmal Weltanschauung (→ Rn. 16 f.) – alle dort aufgeführten Merkmale umfasst. Dieser horizontale Ansatz bietet auch den Vorteil, **Mehrfachdiskriminierungen** nach § 4 wirksam begegnen zu können (Stellungnahme von Bielefeldt, Teil II – Anlagen zum Wortprotokoll 141, 147).

Vermieden wird indessen nur eine Hierarchisierung unterschiedlicher Merkmale, nicht aber eine Hierarchisierung ihres Schutzniveaus, wie der Vergleich der Anwendungsbereiche von § 19 Abs. 1 einerseits und von § 19 Abs. 2 andererseits deutlich macht (→ Rn. 4 f.).

1. Kritik wegen Eingriffs in die Privatautonomie

10 Die bereits in § 319 a BGB des Diskussionsentwurfs aus 2001 (abgedruckt in Loccumer Protokolle 40/03, 490) und in § 20 Abs. 1 des Gesetzentwurfs aus der 15. Legislaturperiode (ADG, BT-Drs. 15/4538) vorgesehene Einbeziehung der Merkmale der Rahmenrichtlinie hat heftige, teilweise polemische Kritik ausgelöst, die vielfach auf einem abstrakten und oft ideologischen Argumentationsniveau stecken geblieben ist (Derleder/Sabetta, WM 2005, 3). Einige Beispiele für die vehemente Kritik sind die Vorwürfe der Schaffung eines Gesinnungsprivatrechts (Stellungnahme von Pfeiffer, Teil II – Anlagen zum Wortprotokoll 221, 227, Protokoll Nr. 15/51) oder einer semantischen Erziehungsdiktatur bzw. eines jakobinischen Tugendwächtertums (Säcker, ZRP 2002, 286, 287; umfassende Literaturübersicht

bei Schöbener/Stork, ZEuS 2004, 43, 46 Fn. 12; Britz, VVDStRL Bd. 64, 355, 358; instruktiv zur Bewertung der Kritik aus österreichischer Sicht Rebhahn-Rebhahn, Einl. Rn. 40).

11 Sachliche Einwände sind der Vorwurf einer unangemessenen **Beschränkung der Privatautonomie** (zB Stellungnahme des Deutschen Anwaltvereins durch den Zivilrechtsausschuss Teil II – Anlagen zum Wortprotokoll 489, 494 f., Protokoll Nr. 15/51; Stellungnahme von Pfeiffer, ebenda 221, 233 f.) und die **Leugnung eines gesetzlichen Handlungsbedarfs** unter Hinweis auf existierende zivilrechtliche Regelungen zum Diskriminierungsschutz (Säcker, BB-Special 6/2004, 16).

12 Durch ein Privatpersonen auferlegtes Benachteiligungsverbot aus den in § 19 Abs. 1 genannten Gründen greift das AGG in die durch **Art. 2 Abs. 1 GG** geschützte Privatautonomie ein, die das Recht gewährt, den Vertragspartner frei zu wählen und den Inhalt des Vertrags frei zu gestalten. Auch bereichsspezifische Grundrechte, wie etwa die Eigentumsgarantie des Vermieters aus **Art. 14 GG**, können berührt sein (amtliche Begründung BT-Drs. 16/1780, 39 f.). Diese Grundrechtseingriffe, insbesondere in Bezug auf die Privatautonomie, rechtfertigt der Gesetzgeber mit einer **Schutzpflicht des Staates** zugunsten potenzieller Vertragspartner. Die Vertragsfreiheit steht auch der schwächeren Seite zu (dazu auch → Einl. Rn. 77). Zu Recht wird darauf hingewiesen, dass Diskriminierungsverbote auch die Funktion haben, die tatsächlichen Voraussetzungen für die Inanspruchnahme der Vertragsfreiheit zu sichern (Looschelders, JZ 2012, 105, 106). Zur Vertragsfreiheit gehört aber auch die Möglichkeit zum tatsächlichen Abschluss von Verträgen (amtliche Begründung BT-Drs. 16/1780, 40). Geschützt ist nicht nur die Freiheit, keine Verträge schließen zu müssen, sondern primär die Freiheit aller, Verträge schließen zu können (so pointiert und zutreffend Eichenhofer, Teil II – Anlagen zum Wortprotokoll 171, 173, Protokoll Nr. 15/51). Dies ist aber in Fällen diskriminierender Vertragsverweigerung bislang nicht gegeben, weil es an einem ausdrücklich geregelten Instrumentarium fehlt.

13 Zur Bekämpfung von Diskriminierungen stellt das geltende Recht zwar die Generalklauseln der §§ 138, 242 BGB und die Deliktsvorschriften der §§ 823, 826 BGB zur Verfügung (Einzelheiten → Einl. Rn. 65 ff.). Mit diesen Regelungen ist es aber nicht möglich, auf alle Fälle sozial unerwünschter Benachteiligungen angemessen zu reagieren (amtliche Begründung BT-Drs. 16/1780, 39). Der Gesetzgeber hatte demnach eine Balance herzustellen, die einerseits die Grundlagen der Privatautonomie (freie Auswahl des Vertragspartners, freie Bestimmung des Vertragsinhalts) auf der Anbieterseite berücksichtigt und andererseits die Voraussetzung schafft, dass sich diese Prinzipien für alle Bürgerinnen und Bürger gleichermaßen realisieren können (amtliche Begründung BT-Drs. 16/1780, 40). Der Herstellung dieses verfassungsrechtlich gebotenen Ausgleichs sollen die Beschränkung des **§ 19 Abs. 1** auf **Massengeschäfte** und **vergleichbare Geschäfte**, die in **§ 19 Abs. 4, 5** vorgesehenen **Ausnahmen für das Familien- und Erbrecht** sowie für Schuldverhältnisse mit engem Bezug zur Privatsphäre und schließlich die in **§ 20** normierten **Rechtfertigungsmöglichkeiten** dienen (amtliche Begründung BT-Drs. 16/1780, 26; zust. im Hinblick auf die verfassungsrecht-

liche Zulässigkeit, Stellungnahme von Nickel, Teil II – Anlagen zum Wortprotokoll 197, 207 f., Protokoll Nr. 15/51; ablehnend Stellungnahme von Pfeiffer, ebenda 221, 233 ff.; sehr instruktiv zur Frage, ob die Vertragsfreiheit privatrechtlichen Diskriminierungsverboten entgegensteht, Britz, VVDStRl Bd. 64, 355, 365 ff.). Im Übrigen ist darauf hinzuweisen, dass die in Art. 2 Abs. 1 GG gewährleistete Privatautonomie im Hinblick auf die durch die Antirassismusrichtlinie und die Gender-Richtlinie Zivilrecht vorgegebenen Merkmale der Rasse oder ethnischen Herkunft bzw. des Geschlechts als Prüfmaßstab keine Rolle spielen dürfte, weil hier die Richtlinien allein die determinierenden Vorgaben enthalten, von denen der Gesetzgeber nicht abweichen kann (Schöbener/Stork, ZEuS 2004, 43, 50 f.; Stellungnahme von Nickel, Teil II – Anlagen zum Wortprotokoll 197, 208, Protokoll Nr. 15/51). Insoweit kommt nur die Überprüfung am Maßstab des EU-Rechts in Betracht, die aber zu keinerlei Bedenken gegenüber der Rechtmäßigkeit führt (→ Einl. Rn. 120 ff.).

14 Soweit ein gesetzgeberischer Handlungsbedarf unter Hinweis auf bestehende zivilrechtliche Regelungen (zB §§ 138, 242, 823, 826, 1004 BGB) überhaupt bestritten wird (Säcker, BB-Special 6/2004, 16 ff.), würde eine schlichte Verweisung auf diese Vorschriften formal nicht den Anforderungen an die ordnungsgemäße Umsetzung der Antirassismusrichtlinie und der Gender-Richtlinie Zivilrecht genügen. Nach der ständigen Rechtsprechung des EuGH (17.10.1991 – Rs. C-58/89 (KOM/Deutschland) – Slg 1991, 5023) müssen, sofern eine Richtlinie Rechte und Pflichten Einzelner begründet, diese durch zwingende Vorschriften umgesetzt werden, damit den Betroffenen ihre europarechtlich gewährleisteten Rechte hinreichend klar und genau erkennbar werden, so dass sie diese vor nationalen Gerichten geltend machen können. Die Umsetzungsvorschriften müssen so bestimmt, transparent und klar sein, dass der Einzelne wissen kann, welche Rechte und Pflichten er hat (EuGH 13.9.2001 – Rs. C-417/99 (KOM/Spanien) – Slg 2001 I-6015 Rn. 38 mwN). Der Verweis auf die Generalklauseln des Privatrechts und die dazu ergangene Rechtsprechung nationaler Gerichte erfüllt diese Kriterien nicht. Hinzu kommt, dass in Abrede gestellt wird, dass es eine ständige Rechtsprechung hinsichtlich dieser Generalklauseln in Deutschland überhaupt gibt (Stellungnahme von Mahlmann, Teil II – Anlagen zum Wortprotokoll 187, 189, Protokoll Nr. 15/51). Auch inhaltlich widersprechen sowohl das Verschuldenserfordernis als auch die Beweislastverteilung des deutschen Deliktsrechts den Vorgaben der beiden Richtlinien (Armbrüster Teil II – Anlagen zum Wortprotokoll 135, Protokoll Nr. 15/51). Der Gesetzgeber kommt im Übrigen selbst zu der Einschätzung, dass weder die Generalklauseln noch die deliktsrechtlichen Regelungen des BGB das passende Instrumentarium an die Hand geben, um auf alle Fälle sozial nicht erwünschter Unterscheidungen angemessen reagieren zu können (amtliche Begründung BT-Drs. 16/1780, 39, ebenso Armbrüster, in: Rudolf/Mahlmann, GlBR, § 7 Rn. 5 mwN). Insoweit ist es unter dem Gesichtspunkt der Gewährleistung eines einheitlichen Diskriminierungsschutzes nur folgerichtig, in § 19 Abs. 1 auch die Merkmale Religion, Behinderung, Alter und sexuelle Identität der Rahmenrichtlinie aufzunehmen, für die ein zivilrechtlicher Schutz europarechtlich nicht vorgegeben ist. Andernfalls stünde den Personen, die diese Merkmale aufweisen und

deswegen eine Benachteiligung geltend machen, nur das als unzureichend erkannte Instrumentarium des BGB zur Verfügung.

15 Insgesamt hat der Gesetzgeber versucht, der **Kritik** an der „überschießenden" Richtlinienumsetzung in erheblichem Umfang **Rechnung zu tragen** (im Einzelnen → Rn. 12). Dabei ist ein kompliziertes Regel-Ausnahme-Verhältnis zustande gekommen, das bisweilen den Eindruck vermittelt, mit einer Hand werde das gegeben, was mit der anderen wieder genommen werde. Ein letztes Zugeständnis an die Kritiker erfolgte in dem Änderungsantrag der Fraktionen der CDU/CSU und SPD vom 27.6.2006 zu dem Gesetzentwurf (Ausschuss-Drs. 16(11)337) durch die **Streichung des Merkmals Weltanschauung** in der jetzt geltenden Regelung des § 19 Abs. 1 (eingehend → Rn. 16 ff., kritisch hierzu ebenfalls Rühl/Schmid/Viethen, S. 108) und die Aufnahme eines weiteren Ausnahmetatbestandes in § 19 Abs. 5. Danach ist die Vermietung zum nicht nur vorübergehenden Gebrauch in der Regel kein Geschäft iSv § 19 Abs. 1 Nr. 1, wenn der Vermieter **nicht mehr als 50 Wohnungen** vermietet (→ Rn. 70).

2. Insbesondere: Herausnahme des Merkmals Weltanschauung

16 Bis zu seiner abschließenden Beratung durch den Rechtsausschuss des Deutschen Bundestages umfasste der Gesetzentwurf in § 19 Abs. 1 noch das Merkmal Weltanschauung (kritisch dazu bereits Stellungnahme von Säcker, Teil II – Anlagen zum Wortprotokoll 271, 277 f., Protokoll Nr. 15/51). Daran wurde in der Beschlussempfehlung des Rechtsausschusses (BT-Drs. 16/2022, 8 f.) aber nicht mehr festgehalten. Wegen der Befürchtung, Anhänger rechtsradikalen Gedankenguts könnten sich unter Berufung auf ihre „Weltanschauung" Zugang zu Geschäften verschaffen, die ihnen aus anerkennenswerten Gründen verweigert werden, soll dieses Merkmal im Zivilrecht nicht mehr geschützt sein (BT-Drs. 16/2022, 28; zur EU-rechtskonformen Auslegung des Begriffs → § 1 Rn. 65 ff.). Unterbunden werden soll damit offensichtlich eine missbräuchliche Berufung auf das Merkmal, denn die Begründung geht davon aus, dass der Begriff eng zu verstehen ist, als eine mit der Person verbundene Gewissheit über bestimmte Aussagen zum Weltganzen sowie zur Herkunft und zum Ziel menschlichen Lebens, der die allgemeine politische Gesinnung gerade nicht erfasst (BT-Drs. 16/2022, 28). Die Rechtsprechung hat diese Begrenzung der Reichweite des Diskriminierungsschutzes bestätigt. Der BGH verweist ausdrücklich auf die Gesetzesbegründung und sieht politische als auch weltanschauliche Überzeugungen von dem Diskriminierungsverbot des § 19 Abs. 1 nicht erfasst (BGH 9.3.2012 – V ZR 115/11 zum Hausverbot eines Hotels gegenüber einem Parteivorsitzenden; BGH 15.1.2013 – XI ZR 22/12, Rn. 24, abrufbar unter: www.bundesgerichtshof.de, letzter Zugriff: 19.2.2018).

17 Da die Rahmenrichtlinie für das Merkmal Weltanschauung keinen zivilrechtlichen Diskriminierungsschutz vorgibt, unterliegt die Streichung dieses Merkmals **keinen EU-rechtlichen Bedenken**. Allerdings ist ihre verfassungsrechtliche Zulässigkeit zu prüfen, insbesondere in Bezug auf Art. 4 Abs. 1 GG. Die in dieser Verfassungsnorm enthaltenen Gewährleistungen zugunsten von Religion und Weltanschauung werden zu einem einheitlichen

Grundrecht der „Religions- und Weltanschauungsfreiheit" zusammengefasst (BVerfGE 24, 236, 245; st. Rspr.). Beide sind deshalb in gleicher Weise geschützt (Jarrass/Pieroth, GG Art. 4 Rn. 7 mwN). Wegen der erfolgten selektiven Streichung kann sich eine Verkürzung des gemeinsamen grundrechtlichen Schutzbereichs zulasten des Merkmals Weltanschauung ergeben. Personen, die deswegen eine Benachteiligung geltend machen, sind gegenüber Personen schlechter gestellt sein, die sich auf eine Benachteiligung wegen der Religion berufen. Letztere können sich ua auf das verschuldensunabhängige Benachteiligungsverbot des § 19 Abs. 1 und die in § 22 vorgesehene Beweiserleichterung stützen, während Erstere auf die verschuldensabhängige Haftung nach BGB verwiesen sind. Zudem ist die Streichung des Merkmals Weltanschauung auch nicht geeignet und erforderlich, um die vom Gesetzgeber bezweckte Ausnahme für politische Anschauungen zu erreichen. Das AGG ist insoweit verfassungskonform auszulegen, als Weltanschauungen im klassischen Sinne (zu dem umfassenderen EU-rechtlichen Begriff, der hier ohne Bedeutung ist, → § 1 Rn. 65 ff.) wie eine Religion behandelt werden müssen.

III. Unzulässige Benachteiligung nach Abs. 1

18 Nach § 19 Abs. 1 ist eine Benachteiligung aus Gründen der Rasse oder wegen der ethnischen Herkunft, des Geschlechts, der Religion, einer Behinderung, des Alters oder der sexuellen Identität bei Begründung, Durchführung und Beendigung sog Massengeschäfte (→ Rn. 25 ff.) oder vergleichbarer Geschäfte (→ Rn. 40) unzulässig. Im Hinblick auf den Begriff der Benachteiligung ist zunächst auf einige **Unterschiede** zwischen dem in Abschnitt 2 des AGG geltenden **arbeitsrechtlichen Benachteiligungsbegriff** und dem **zivilrechtlichen** im Abschnitt 3 einzugehen.

1. Begrifflichkeiten

19 Anders als beim arbeitsrechtlichen Benachteiligungsverbot des § 7 ist in § 19 nicht bestimmt, dass dieses Benachteiligungsverbot auch dann gilt, wenn die benachteiligende Person das Vorliegen eines **Diskriminierungsmerkmals nur annimmt.** Mit diesem Grundsatz wird richtigerweise der Umstand berücksichtigt, dass Menschen allein aufgrund ihres äußeren Erscheinungsbildes oft bestimmte Eigenschaften oder Verhaltensweisen zugeschrieben werden. Es kann aber keinen Unterschied machen, ob jemand als Sinti oder als angeblicher Sinti benachteiligt wird. Unverständlich erscheint es deshalb, dass § 19 Abs. 1 keine ähnliche Bestimmung wie § 7 Abs. 1 enthält. Auch hier ist in der Praxis denkbar, dass jemand sein Gegenüber für homosexuell hält oder ihm eine bestimmte ethnische Herkunft zuschreibt (so auch Stellungnahme des Deutschen Juristinnenbundes Teil II – Anlagen zum Wortprotokoll 595, 604 f., Protokoll Nr. 15/51; Stellungnahme von Derleder, ebenda, 165, 166). Es ist deshalb eine Gleichstellung vorzunehmen (ebenso Rust/Falke-Bittner, § 19 Rn. 5; MüKo-Thüsing, Vor § 19 Rn. 14; eingehender → § 1 Rn. 106 f.).

20 Zu den im Rahmen des § 19 verbotenen Benachteiligungen zählen die in § 3 definierten Tatbestände der unmittelbaren (Abs. 1) und der mittelbaren Benachteiligung (Abs. 2). Die Vorschrift des § 3 Abs. 1 S. 2, die eine Be-

nachteiligung einer Frau wegen Schwangerschaft und Mutterschaft einer unmittelbaren Benachteiligung wegen des Geschlechts gleichstellt, ist dem Wortlaut nach nur auf den Bereich des Arbeitsrechts (§ 2 Abs. 1 Nr. 1–4) beschränkt, obwohl Art. 4 lit. a der Gender-Richtlinie Zivilrecht eine entsprechende Regelung ausdrücklich vorgibt. Sieht man in dieser Regelung eine Klarstellungsfunktion, dass im Fall einer Schwangerschaftsdiskriminierung eine verdeckte unmittelbare Geschlechterdiskriminierung und nicht bloß eine mittelbare Benachteiligung wegen des Geschlechts vorliegen soll, ist der Rechtsgedanke dieser Vorschrift auch auf § 19 Abs. 1 zu erstrecken (so zu Recht Meinel/Heyn/Herms, § 3 Rn. 12; Adomeit/Mohr, § 3 Rn. 92; aA AG Hannover, VersR 2009, 348). Auch der verweigerte Mietvertragsabschluss mit einer schwangeren Wohnungsuchenden stellt demnach eine unmittelbare Benachteiligung wegen des Geschlechts dar.

Von den in § 3 Abs. 3–5 enthaltenen Begriffsbestimmungen **der Belästigung, sexuellen Belästigung und Anweisung**, die ebenfalls **Benachteiligungen** darstellen, erstreckt sich die sexuelle Belästigung (§ 3 Abs. 4) dem Wortlaut nach ebenfalls nur auf den arbeitsrechtlichen Teil (§ 2 Abs. 1 Nr. 1–4), obwohl Art. 2 lit. d der Gender-Richtlinie auch hier eine entsprechende Regelung vorgibt. Bedenken bestehen im Hinblick darauf, ob diese Einschränkungen beim zivilrechtlichen Benachteiligungsverbot europarechtskonform sind (Stellungnahme des Deutschen Juristinnenbundes Teil II – Anlage zum Wortprotokoll 595, 605, Protokoll Nr. 15/51; Schiek-Schiek, § 3 Rn. 62).

21 Nach Einschätzung des Gesetzgebers wird es im Anwendungsbereich des zivilrechtlichen Benachteiligungsverbots eines Rückgriffs auf den **Begriff der (sexuellen) Belästigung** selten bedürfen: Wer im Rahmen eines Vertrags eine Person wegen der in § 1 genannten Merkmale belästigt, lässt die nach § 241 Abs. 2 BGB gebotene Rücksichtnahme auf die Rechte, Rechtsgüter und Interessen der anderen Partei außer Acht und verletzt damit seine vertraglichen Pflichten. Dies gilt nach § 311 Abs. 2 BGB auch bereits in der vorvertraglichen Phase, also bei der Aufnahme von Vertragsverhandlungen, der Anbahnung eines Vertrags oder bei ähnlichen geschäftlichen Kontakten (amtliche Begründung BT-Drs. 16/1780, 33). Daneben können Handlungen, die das Persönlichkeitsrecht, die Gesundheit oder die sexuelle Selbstbestimmung verletzen, Schadensersatz- oder Schmerzensgeldansprüche auslösen (§§ 823 Abs. 1, 253 Abs. 2 BGB). Auch können entsprechende Handlungen strafrechtliche Konsequenzen nach sich ziehen (amtliche Begründung BT-Drs. 16/1780, 33).

22 Diese Sicht dürfte zutreffend sein. Zweifel daran, ob das Deliktsrecht tatsächlich eine wirksame Sanktion bereithält, wenn zwischen den Parteien noch kein Vertrag besteht, überzeugen nicht. Zwar verlangen die §§ 823 ff. BGB im Unterschied zu den europarechtlichen Vorgaben der Richtlinien (→ Rn. 20) ein **Verschulden** des Anspruchsgegners, doch dürfte dieses **im Fall einer (sexuellen) Belästigung unschwer zu belegen** sein. Bedenkt man noch den zusätzlichen strafrechtlichen Schutz des Diskriminierungsopfers, ist der Einschätzung der amtlichen Begründung beizupflichten, dass eine gesonderte Umsetzung nicht erforderlich war (Rühl/Schmid/Viethen,

S. 112; aA Eggert-Weyand, Belästigung am Arbeitsplatz, 144, Antidiskriminierungsstelle des Bundes (Hrsg.), Evaluation des AGG, 32).

Zweifel sind allerdings angebracht, ob diese Form der „Umsetzung" den formalen Anforderungen der ständigen Rechtsprechung des EuGH zu Bestimmtheit, Transparenz und Klarheit von Umsetzungsvorschriften für die Betroffenen entspricht (→ Rn. 14).

23 Im Bereich des zivilrechtlichen Benachteiligungsverbots des § 19 ist die Anweisung zu einer Benachteiligung nach Auffassung des Gesetzgebers regelmäßig durch zivilrechtliche Zurechnungsnormen wie §§ 31, 278, 831 BGB erfasst (amtliche Begründung BT-Drs. 16/1780, 33).

24 Diese **Auffassung** ist zum einen mit Blick auf § 831 BGB **problematisch**. Die Vorschrift setzt ein (vermutetes) Verschulden des Geschäftsherrn voraus, auf das es im Rahmen des Diskriminierungsverbots der Antirassismusrichtlinie und somit auch im Rahmen der in ihrem Art. 2 Abs. 4 geregelten Fall der Anweisung nicht ankommt. Man könnte allerdings evtl. im Wege der richtlinienkonformen Auslegung eine unwiderlegbare Verschuldensvermutung annehmen. Im Übrigen erscheint es fernliegend, dass der Anweisende bei Erteilung einer diskriminierenden Weisung nicht zumindest die im Verkehr erforderliche Sorgfalt außer Acht gelassen hat. Zum anderen setzt ein Vertretenmüssen des Anweisenden im Rahmen der §§ 31, 278, 831 BGB grundsätzlich ein Fehlverhalten der Hilfsperson voraus. Wenn die amtliche Begründung davon ausgeht, diese Sachverhalte seien regelmäßig schon über die zivilrechtlichen Zurechnungsnormen zu erfassen, geht sie implizit vom weisungsgemäßen Handeln des Vordermanns aus. Wie ist es aber rechtlich zu beurteilen, wenn der Vordermann die benachteiligende Weisung nicht ausführt, sondern es vorzieht, sich neutral zu verhalten? Dann wäre es nur zu einem erfolglosen „Versuch der Diskriminierung" durch den Hintermann gekommen. Entscheidend ist, ob in diesem Fall ein eigenständiges Verbot der benachteiligenden Anweisung nötig ist. Dies wird man im Deliktsrecht verneinen können. Auch im Vertragsrecht hat die Person, die eigentlich diskriminiert werden sollte, mangels Ausführung der Anweisung keinen Nachteil erlitten: Entweder ist der Vertrag zwischen ihr und dem vertretenen Hintermann wirksam oder sie hat gem. § 179 Abs. 1 BGB einen Schadensersatzanspruch gegen den Vertreter ohne Vertretungsmacht. Für die erste Lösung würde das zivilrechtliche Diskriminierungsverbot des § 19 sprechen. Ein Kompensationsanspruch gegen den Hintermann scheidet dann aber mangels Schaden aus. Der Anweisende haftet mithin in keinem Fall für die Weisung. Anders verhält es sich mit dem Weisungsempfänger: Er müsste dem Hintermann im Innenverhältnis wegen der Überschreitung seines „rechtlichen Dürfens" Ersatz leisten. Um den Vordermann von einer Haftung freizustellen, muss zur europarechtskonformen Umsetzung der Benachteiligungsbegriff auch im Zivilrecht das Verbot benachteiligender Anweisungen umfassen (eingehend dazu Stork, ZEuS 2005, 1, 37 f.).

2. Fall der Massengeschäfte (Abs. 1 Nr. 1 Alt. 1)

25 § 19 Abs. 1 Nr. 1 erfasst in der ersten Alternative zunächst Massengeschäfte als Anwendungsbereich des zivilrechtlichen Benachteiligungsverbots. Dabei handelt es sich um einen **neuen Rechtsbegriff**.

Die Einführung neuer Begriffe ist stets von Rechtsunsicherheit begleitet (Stork, ZEuS 2005, 1, 27). Die Prognosen, dieser Begriff werde wegen des Kriteriums „**ohne Ansehen der Person**“ nur schwer handhabbar sein (so Stellungnahme von Nicolai, Teil II – Anlagen zum Wortprotokoll 211, 218, Protokoll Nr. 15/51) und ein nicht unerhebliches Maß an Rechtsunsicherheit mit sich bringen, das den Rechtsverkehr lange belasten werde (so Pfeiffer, ebenda, 221, 232), haben sich aber nicht bestätigt.

Unter den Begriff des Massengeschäfts lassen sich zunächst die völlig problemlosen Fälle der **Bargeschäfte des täglichen Lebens** subsumieren, wie sie zB im Einzelhandel, in Hotels und Gaststätten (offengelassen in Bezug auf Beherbergungsverträge, BGH 9.3.2012 – V ZR 115/11 – abrufbar unter: www.bundesgerichtshof.de, letzter Zugriff: 19.2.2018) oder in Freizeiteinrichtungen (Fitnessstudio, AG Hagen 9.6.2008 – 140 C 26/08 – abrufbar unter: www.nrwe.de, letzter Zugriff: 19.2.2018) getätigt werden. Hier schließen gewerbliche Anbieter Verträge über Konsumgüter oder standardisierte Dienstleistungen ohne Ansehen der Person und zu vergleichbaren Bedingungen in einer Vielzahl von Fällen ab. Bei derartigen Vertragsverhältnissen übersteigt in der Regel das Angebot die Nachfrage, so dass es auch ökonomisch unvernünftig wäre, zahlungswillige und zahlungsfähige Kunden abzuweisen (Stork, ZEuS 2005 1, 25). Die Person des Kunden spielt allenfalls bei der Beachtung gesetzlicher Verkaufsverbote eine Rolle. Wegen bestimmter Altersgrenzen nach dem Jugendschutzgesetz ist beispielsweise die Abgabe von alkoholischen Getränken oder Tabakwaren erst ab einem bestimmten Alter erlaubt (vgl. §§ 9, 10 JuSchG).

26 Insgesamt hat das AGG nach wie vor eine überaus geringe Relevanz in der Rechtsprechungstätigkeit der Zivilgerichte (Antidiskriminierungsstelle des Bundes (Hrsg.), Evaluation des AGG, 161). In den bislang relativ wenigen gerichtlichen Entscheidungen spielten vor allem Fälle diskriminierender Vertragsbedingungen bei der Anmeldung zu einen Fitnessstudio (LG Aachen 19.5.2017 – 2 S 26/17) und Vertragsverweigerungen bei dem Zugang zu Diskotheken eine Rolle (AG Hannover 25.11.2015 – 549 C 129993; AG München 17.12.2014 – 159 C 278/13; AG Hannover 14.8.2013 – 462 C 10744/12, bei allen: diskriminierende Zutrittsverweigerung wegen der ethnischen Herkunft beim Zugang zu einer Diskothek; AG Leipzig 1.5.2012 – 118 C 1036/12: diskriminierende Einlassverweigerung beim Zugang zu einem Club; AG Bremen 20.1.2011 – 25 C 278/10: diskriminierende Einlassverweigerung wegen der Hautfarbe beim Zugang zu einer Diskothek; AG Oldenburg 23.7.2008 – 2 C 2126/07; diskriminierende Einlassverweigerung wegen der ethnischen Herkunft zu einer Diskothek; AG Berlin 24.2.2011 – 6 C 544/09: diskriminierende Einlassverweigerung aufgrund des männlichen Geschlechts beim Zugang zu einem Club; näher zur Rechtsprechung zum zivilrechtlichen Benachteiligungsverbot, Franke, NJ 2010, 233). Vereinzelt wurde die Rechtsprechung auch mit Fällen von Mehrfachdiskriminierung befasst. So sah das OLG Stuttgart in der

Abweisung eines männlichen Afrikaners beim Zugang zu einer Diskothek eine Mehrfachdiskriminierung wegen der Hautfarbe und seines männlichen Geschlechts, ohne dies jedoch bei der Bemessung der Entschädigung besonders zu berücksichtigen (OLG Stuttgart 12.12. 2011 – 10 U 106/11 – NJW 2012, 1085 mAnm Liebscher). In Bremen und Niedersachsen kann gegen diskriminierende Einlasspraktiken bei Diskotheken oder Clubs jetzt auch aufgrund entsprechender Änderungen der jeweiligen Gaststättengesetze gewerberechtlich vorgegangen werden. Entsprechende Benachteiligungen wegen der ethnischen Herkunft oder der Religion, in Bremen darüber hinaus wegen einer Behinderung, der sexuellen oder geschlechtlichen Identität oder der Weltanschauung können mit einer Geldbuße geahndet werden (vgl. § 12 Abs. 1 Nr. 15, Abs. 3 BremGastG; § 11 Abs. 1 Nr. 14, Abs. 2 NGastG; näher dazu Vogt/Kappler, KJ 2016, 371, 375). Damit wird der zivilrechtliche Diskriminierungsschutz durch ordnungsrechtliche Sanktionen in durchaus sinnvoller Weise ergänzt und Betroffenen mehr Optionen im Vorgehen gegen solche Diskriminierungen eingeräumt. Darüber hinaus kann in besonders krassen Fällen auch ein strafrechtliches Vorgehen angebracht sein. So hat das AG Wunsiedel die Strafbarkeit eines Wirts wegen Volksverhetzung bejaht, der vor seinem Lokal ein Schild mit der Aufschrift „Asylanten müssen draußen bleiben" neben dem Bild eines Hundes aufgestellt hatte (AG Wunsiedel 17.11.2016 – 218 Js 10248/16). Über einen interessanten Fall von Mehrfachdiskriminierung beim Zugang zu Clubs hatte die Niederländische Gleichbehandlungskommission zu befinden. Sie sah in der Einlasspraxis vieler Clubs, Männern, die nicht von Frauen begleitet werden, den Zutritt zu verweigern, eine unmittelbare Diskriminierung wegen des Geschlechts, da für Frauen nicht die gleiche Anforderung galt. Darüber hinaus stellte die Gleichbehandlungskommission fest, dass eine solche Einlasspraxis auch eine mittelbare Diskriminierung homosexueller Männer wegen ihrer sexuellen Ausrichtung darstellt (Europäische Zeitschrift zum Antidiskriminierungsrecht Nr. 11, Dezember 2010, 74).

27 Auslegungsfragen wirft der Begriff des Massengeschäfts aber **jenseits der Bargeschäfte des täglichen Lebens** auf. Dies gilt für die Frage, wer als Anbieter solcher Verträge in Betracht kommt und wie die drei konstitutiven Elemente („typischerweise ohne Ansehen der Person", „in einer Vielzahl von Fällen", „zu vergleichbaren Bedingungen") im Einzelnen zu bestimmen sind.

28 Aus Sicht des Gesetzgebers sind in der Regel nur diejenigen Leistungen von dem Benachteiligungsverbot in § 19 Abs. 1 Nr. 1 erfasst, die von **Unternehmern** iSv **§ 14 BGB** erbracht werden, dh von natürlichen oder juristischen Personen, die in Ausübung ihrer gewerblichen oder beruflichen Tätigkeit handeln. Diese Voraussetzung wird aus dem Erfordernis des Vorliegens einer Vielzahl von Fällen abgeleitet. So ist etwa der Verkauf von Gebrauchtwagen für den gewerblichen Kfz-Händler ein Geschäft, das er in einer Vielzahl von Fällen abwickelt, während dies für eine Privatperson nicht der Fall ist. Der mit dem Benachteiligungsverbot zwangsläufig verbundene Eingriff in die Vertragsfreiheit lässt sich nach der amtlichen Begründung bei Unternehmen auch eher rechtfertigen, weil sie sich mit ihrem Leistungsangebot in die öffentliche Sphäre begeben und es damit grund-

sätzlich an die Allgemeinheit richten (amtliche Begründung BT-Drs. 16/1780, 41). Der Forderung, die Unternehmereigenschaft des Anspruchsgegners als weitere Tatbestandsvoraussetzung in das Benachteiligungsverbot aufzunehmen (so Stork, ZEuS 2005, 1 ff., 29), ist der Gesetzgeber aber zu Recht nicht gefolgt. Einbezogen wären dadurch zum einen auch solche Unternehmer, die individualisierte Leistungen erbringen, welche auf einer Risikoprüfung oder einer individuellen Auswahl des Vertragspartners beruhen (hierauf weist Stork, ZEuS 2005, 1 ff., 28 selbst hin). Zum anderen sind durchaus Fälle denkbar, in denen Privatpersonen, zB auf Flohmärkten oder im Internet, Geschäfte in einer Vielzahl von Fällen tätigen und abwickeln. Festzuhalten bleibt, dass der Gesetzgeber zwar idealtypisch von Unternehmern als Anbietern von Massengeschäften ausgeht, dass jedoch Privatpersonen als Anbieter grundsätzlich nicht ausgeschlossen sind (ebenso Gaier/Wendtland, Rn. 20; Rust/Falke-Bittner, § 19 Rn. 10; Schiek-Schiek, § 19 Rn. 10; Adomeit/Mohr, § 2 Rn. 132).

29 Entscheidend für die Bestimmung des Begriffs Massengeschäft ist damit die Frage, wann eine **Vielzahl von Fällen** vorliegt. Nach der amtlichen Begründung ist dies aus Sicht der Anbieterseite zu bestimmen, denn an sie und nicht an den nachfragenden Kunden ist das Benachteiligungsverbot adressiert (BT-Drs. 16/1780, 41). Es kommt demnach nicht darauf an, ob das Geschäft abstrakt betrachtet oder aus der Nachfragersicht in einer Vielzahl von Fällen abgewickelt werden kann (Stork, ZEuS 2005 1, 29). Die auf die subjektive Anbieterperspektive abstellende Begriffsbildung bedarf jedoch einer Korrektur durch quantitative Kriterien, da sonst das Vorliegen des Merkmals nicht mehr überprüfbar wäre. Für die Frage, bei welcher Zahl von Geschäften es sich um ein Massengeschäft handelt, stellt die amtliche Begründung nur recht unbestimmt auf **Fälle** ab, **die häufig auftreten**, und schließt nur einmalige Sachverhalte aus (BT-Drs. 16/1780, 41; kritisch dazu auch Stellungnahme von Pfeiffer, Teil II – Anlagen zum Wortprotokoll 221, 232, Protokoll Nr. 15/51). Für die Bestimmung eines quantitativen Kriteriums kann aber **§ 19 Abs. 5 S. 3** herangezogen werden. Danach ist die Vermietung von Wohnraum zum nicht vorübergehenden Gebrauch in der Regel kein Geschäft im Sinne von § 19 Abs. 1 Nr. 1, wenn der Vermieter insgesamt **nicht mehr als 50 Wohnungen** vermietet. Zwar betrifft diese im Änderungsantrag der Fraktionen der CDU/CSU und SPD vom 27.7.2006 zu dem Gesetzentwurf (Ausschussdrucks. 16(11) 337) eingefügte Ausnahmeregelung dem Wortlaut nach nur Wohnraummietverhältnisse. Der darin enthaltene Grundgedanke einer widerlegbaren Vermutung (Ausschussdrucks. 16(11) 337, 3), bis zu welcher Zahl von Geschäften zumindest kein Massengeschäft oder vergleichbares Geschäft anzunehmen ist, sollte aber generell für die Bestimmung des Merkmals einer Vielzahl von Fällen in § 19 Abs. 1 Nr. 1 nutzbar gemacht werden (ebenso Palandt-Grüneberg, § 19 Rn. 2; Bauer/Krieger, § 19 Rn. 7). Die Gegenmeinung fordert als Minimum eine Zahl von drei Fällen und beruft sich dabei auf die Rspr. des BGH (NJW-RR 2002, 13) zur Auslegung von § 305 Abs. 1 S. 1 BGB, nach der für das Vorliegen von Allgemeinen Geschäftsbedingungen verlangt wird, dass diese „für eine Vielzahl von Verträgen" vorformuliert sind (MüKo-Thüsing, § 19 Rn. 37; Schiek-Schiek, § 19 Rn. 10). Daran überzeugt nicht, dass zur Bestimmung des Begriffs „Vielzahl" auf die Recht-

sprechung zu einem identischen Begriff in einer gesetzlichen Bestimmung mit anderer Zielsetzung zurückgegriffen wird (aA Adomeit/Mohr, § 2 Rn. 133, die demgegenüber der Vorzug einer einheitlichen Betrachtungsweise betonen). Dabei bleibt außer Betracht, dass das AGG in § 19 Abs. 5 S. 3 selbst entsprechende Anhaltspunkte für eine Auslegung enthält. Die Zugrundelegung eines derart niedrigen Schwellenwertes für eine „Vielzahl" von Fällen dürfte schließlich auch dem vom Gesetzgeber verfolgten Zweck, eine Balance zwischen Privatautonomie und Diskriminierungsschutz herzustellen, widersprechen (BT-Drs. 16/1780, 40), insbesondere wenn man die Anbieterseite nicht auf Unternehmer iSv § 14 BGB beschränkt sieht. Die Rechtsprechung war bislang kaum damit befasst, wann „eine Vielzahl von Fällen" vorliegt, weil dieses Tatbestandsmerkmal in den allermeisten Fällen außer Frage stand (→ Rn. 26). Lediglich das LG Köln hat sich in einer Entscheidung eingehender damit beschäftigt und bei einer zumindest achtmaligen Vermietung einer privaten Villa für Hochzeitsfeiern über fünf Jahre hinweg eine „Vielzahl von Fällen" iSd § 19 Abs. 1 angenommen (LG Köln NJW 2016, 510). In dieser Entscheidung hat das Gericht aber klargestellt, dass sich im Hinblick auf die unterschiedlichen Arten von Schuldverhältnissen, auf die die Vorschrift Anwendung findet, eine Orientierung an starren Zahlen verbietet und alleine die Umstände des Einzelfalles maßgeblich sind. Diese lagen aus Sicht des Gerichts in der regelmäßigen Vermietung der Villa in dem genannten Zeitraum.

30 Weiterhin muss es sich bei Massengeschäften um Schuldverhältnisse handeln, die typischerweise „**ohne Ansehen der Person**" begründet, durchgeführt und beendet werden. Ein Schuldverhältnis wird ohne Ansehen der Person begründet, durchgeführt oder beendet, wenn hierbei die **verpönten Merkmale** des § 19 Abs. 1 typischerweise **keine Rolle spielen**. Die Einordnung als Massengeschäft erfolgt damit nach einer allgemeinen, typisierenden Betrachtung. Als Beispiel werden Freizeiteinrichtungen genannt (Badeanstalten uÄ), die typischerweise für Angehörige jeden Geschlechts und jedes Alters zugänglich sind (amtliche Begründung BT-Drs. 16/1780, 41; kritisch zu der typisierenden Betrachtungsweise die Stellungnahme von Pfeiffer, Teil II – Anlagen zum Wortprotokoll 221, 232, Protokoll Nr. 15/51).

31 Möglich bleibt es demnach, auf Kriterien abzustellen, die weder unmittelbar noch mittelbar an die in § 19 Abs. 1 genannten Merkmale anknüpfen. Häufig hängt ein Vertrag neben der Zahlungswilligkeit und Zahlungsfähigkeit von weiteren spezifischen Umständen ab, die sich aus Treu und Glauben, aus der Verkehrssitte oder der Natur des Schuldverhältnisses ergeben. Beispiele sind der Taxifahrer, der einen Fahrgast mit extrem verschmutzter Kleidung nicht befördern muss, oder ein Gastwirt, der einen randalierenden Besucher aus der Gaststätte weisen darf (amtliche Begründung BT-Drs. 16/1780, 41). In diesen Fällen wird an das **Verhalten des jeweiligen Kunden** angeknüpft und dessen Regelverstoß gegenüber dem „Durchschnittskunden" zur Grundlage einer Vertragsverweigerung gemacht, so dass schon tatbestandsmäßig keine Benachteiligung gegeben ist. Dabei können Gesichtspunkte der Schadensverhütung bzw. Schutzpflichten zugunsten Dritter für die zulässige Differenzierung ausschlaggebend sein. Anders liegt

jedoch der Fall, wenn beispielsweise ein **Diskothekeninhaber** Jugendliche einer bestimmten ethnischen Herkunft abweist, weil er mit anderen Jugendlichen gleicher Herkunft früher negative Erfahrungen (zB Drogenhandel) gemacht hat oder bestimmte Quoten für ein Geschlecht vorgibt (AG Berlin 24.2.2011 – 6 C 544/09). Hier wird gerade nicht ein konkretes abweichendes Verhalten zum Anlass für die Differenzierung genommen, sondern pauschal an missliebige Vorerfahrungen mit anderen Personen der Merkmalsgruppe angeknüpft (s. dazu Derleder/Sabetta, WuM 2005, 3, 6). Ebenso wenig kann ein Anbieter **diskriminierende Präferenzen seiner Kunden** als Grundlage für eine Differenzierung heranziehen. Wer als Gastwirt beispielsweise Homosexuelle oder behinderte Menschen abweist, weil er um sein Geschäftsergebnis durch das Fernbleiben und Abwandern seiner heterosexuellen oder nichtbehinderten Kundschaft zur Konkurrenz fürchtet, knüpft unmittelbar an die durch § 19 Abs. 1 geschützten Merkmale der **sexuellen Identität** bzw. **Behinderung** an. Dabei ist es unerheblich, ob er eigene oder (vorgeschobene) diskriminierende Präferenzen Dritter zur Grundlage seiner Entscheidung macht (instruktiv zu diesen Fällen Somek, Rechtliches Wissen, S. 221 ff., zur Frage einer möglichen Rechtfertigung → § 20 Rn. 17).

32 Ebenso wenig wie diskriminierende Kundenpräferenzen zum Tragen kommen dürfen, können persönliche (zB religiöse) Überzeugungen des Anbieters bei Massengeschäften eine Rolle spielen, um einen Vertragsschluss abzulehnen. Dies folgt für religiöse Überzeugungen im Umkehrschluss aus der Regelung des § 20 Abs. 1 S. 2 Nr. 4, nach der eine entsprechende Rechtfertigungsmöglichkeit nur Religionsgemeinschaften und ihnen zugeordneten Einrichtungen eingeräumt wird. So kann ein Hotelbetreiber einem homosexuellen Paar nicht die Vermietung eines Doppelzimmers unter Berufung auf seine christliche Überzeugung verweigern (zum vergleichbaren Fall aus Großbritannien s. Britischer Court of Appeal, 10.2.2012, Case No B2/2011/0313) oder ein muslimischer Taxifahrer die Beförderung eines jüdischen Fahrgastes ablehnen.

33 Die Frage, welche Kriterien **zulässige Unterscheidungsmerkmale** sind, dürfte in der Praxis nicht immer einfach zu entscheiden sein. Zu erwarten ist aber, dass hier die Rechtsprechung **Fallgruppen** herausbilden wird. Zulässige Differenzierungskriterien sind zunächst grundsätzlich **alle** die **Merkmale**, die **von § 19 Abs. 1 nicht erfasst** sind und die auf sozial üblichen sowie gesellschaftlich akzeptierten Vorstellungen beruhen. So können Gastwirte, Taxifahrer oder Fluggesellschaften ihre Bewirtungs- und Beförderungsleistungen nur Nichtrauchern oder Nichtraucherinnen anbieten, weil Raucher oder Raucherinnen nicht durch das Benachteiligungsverbot geschützt sind und der Nichtraucherschutz gesellschaftlich weitgehend akzeptiert ist. Ebenso können etwa gehobene Restaurants eine bestimmte Abendgarderobe verlangen, weil das Aussehen einer Person nicht vom Benachteiligungsverbot erfasst wird. Anders liegt der Fall aber, wenn eine Muslima wegen des **Tragens eines Kopftuchs** abgewiesen wird, weil dann an das durch § 19 Abs. 1 geschützte Merkmal Religion angeknüpft wird (instruktives Fallbeispiel dazu, das von der niederländischen Gleichbehandlungskommission entschieden wurde, bei Rust/Falke-Bittner, § 19 Rn. 13). Auch die auf

einem generellen Hundeverbot beruhende Weigerung eines Restaurantbetreibers, einen blinden Gast, der auf seinen Blindenführhund angewiesen ist, zu bewirten, kann eine mittelbare Benachteiligung wegen einer Behinderung darstellen (Entscheidung der slowenischen Gleichbehandlungskommission, mitgeteilt in Europäische Zeitschrift zum Antidiskriminierungsrecht Nr. 8 (Juli 2009), 73). Diese wäre auch in Deutschland nicht durch das legitime Ziel der Beachtung hygienischer Vorschriften gerechtfertigt, da das Mitführen eines solchen Hundes grundsätzlich nicht zu einer nachteiligen Beeinflussung von Lebensmitteln führt (so schon die Begründung zu § 2 Nr. 2 des Entwurfs der Lebensmittelhygiene-VO vom 5.8.1997. Daran hat sich mit Inkrafttreten der aktuellen Lebensmittelhygiene-VO am 8.8.2007 nichts geändert). Zulässige Unterscheidungskriterien sind die **Zahlungsfähigkeit** und Zahlungswilligkeit des Kunden (Handyvertrag, AG Potsdam 10.7.2008 – 22 C 25/08 – MMR 2008, 769). Sie können im Einzelfall zur Differenzierung herangezogen werden, denn das AGG schützt nicht die Mittellosen. Werden über den Einzelfall hinaus neutrale Kriterien zur **Feststellung der Bonität** herangezogen, kann sich die Frage einer **mittelbaren Benachteiligung** nach § 3 Abs. 2 stellen. So ist es etwa im Versandhandel üblich, von Neukunden wegen vermuteter Bonitätsrisiken bei der ersten Bestellung eine Vorauszahlung durch Überweisung oder eine Zahlung per Kreditkarte zu verlangen. Dabei bedienen sich die Unternehmen bei der Bewertung von Transaktionsrisiken häufig sog standardisierter und objektivierter Prognoseverfahren. Falls **Hausfrauen** oder **ältere Menschen** danach auffallend häufiger vorleistungspflichtig sind als Männer oder Jüngere, ist eine mittelbare Benachteiligung nach § 3 Abs. 2 zu prüfen, wobei sich die Frage der zulässigen Ungleichbehandlung bereits auf der Tatbestandsebene und nicht erst der Ebene der Rechtfertigung stellt (amtliche Begründung BT-Drs. 16/1780, 43). Danach müsste für solche Prognoseverfahren ein rechtmäßiges Ziel vorliegen und das Verfahren zur Zielerreichung angemessen und erforderlich sein. Während ein rechtmäßiges Ziel im Ausschluss vermuteter Bonitätsrisiken zu sehen ist, müsste der Anbieter im Einzelfall darlegen, inwieweit die Berücksichtigung und Gewichtung bestimmter Kriterien im Rahmen solcher Prognoseverfahren zur Bonitätsfeststellung geeignet und erforderlich sind. Gleiches gilt, wenn ein Anbieter im Rahmen solcher Prognoseverfahren generell die nichtdeutsche Staatsangehörigkeit eines Kunden als Differenzierungsmerkmal heranzieht, weil etwa bei Leistungsstörungen die Durchsetzung von Rechtsansprüchen im Ausland deutlich schwieriger ist als bei im Inland ansässigen Kunden. Für die Verwender solcher Bewertungsverfahren dürfte hierin einiger „Sprengstoff“ liegen, weil sie zur Offenlegung ihrer Kriterien verpflichtet werden können (ebenfalls für eine Offenlegung entsprechender Kriterien, Schürnbrand, BKR 2007, 305, 310).

34 Aus der vom Gesetzgeber vorgenommenen Einordnung eines Schuldverhältnisses als Massengeschäft nach einer allgemeinen, typisierenden Betrachtungsweise (amtliche Begründung BT-Drs. 16/1780, 41) folgt, dass eine Differenzierung im Einzelfall nach einem in § 19 Abs. 1 genannten Merkmal bei der Auswahl des Vertragspartners lediglich einer Rechtfertigung nach § 20 zugänglich ist. So stehen Freizeiteinrichtungen wie Badeanstalten typischerweise für Angehörige jeden Geschlechts offen. Die Diffe-

renzierung nach diesem Merkmal, zB **gesonderte Öffnungszeiten in einer Badeanstalt ausschließlich für Frauen**, ist also nur zulässig, sofern sie nach § 20 wegen eines sachlichen Grundes gerechtfertigt ist (amtliche Begründung BT-Drs. 16/1780, 41). Nicht erst auf der Ebene der Rechtfertigung sind aber solche Fälle zu entscheiden, in denen der **Leistungsanbieter aufgrund persönlicher Umstände und Fähigkeiten** nach einem Merkmal des **§ 1 differenzieren muss:** Ein Damenfriseur, der wegen seiner Ausbildung nur Frauen entsprechende Dienstleistungen anbieten kann, handelt schon nicht tatbestandsmäßig. Ebenso wenig verpflichten die zivilrechtlichen Vorschriften des AGG Anbieter dazu, ihr Leistungsangebot umzugestalten. So handelt es sich um keine (mittelbare) Benachteiligung, wenn ein Restaurantbetreiber keine Speisen anbietet, die bestimmten religiösen Speisevorschriften entsprechen (Rühl/Schmid/Viethen, S. 111, aA Maier-Reimer, NJW 2006, 2577, 2580, der eine mittelbare Benachteiligung vorbehaltlich der Prüfung ihrer sachlichen Rechtfertigung bejaht). Aus der typisierenden Betrachtungsweise eines Schuldverhältnisses als Massengeschäft folgt auch, dass eine **Differenzierung aufgrund gesetzlicher Pflichten** bereits den Massengeschäftscharakter eines Schuldverhältnisses für Personen, die durch diese gesetzlichen Bestimmungen geschützt werden, ausschließt. So sind Tabakwaren und Alkohol gerade nicht für Angehörige jeden Alters zugänglich, weil die §§ 9, 10 JuSchG ein Mindestalter für den Erwerb vorschreiben. Damit ist der Verkauf dieser Gegenstände in Bezug auf das Merkmal Alter kein Massengeschäft.

35 Weil Massengeschäfte regelmäßig „ohne Ansehen der Person" zustande kommen, werden diese Verträge (und andere Schuldverhältnisse) typischerweise auch **„zu vergleichbaren Bedingungen"** begründet, durchgeführt und beendet. Die Gleichbehandlung bei der Erbringung der Leistung ist letztlich Spiegelbild der Tatsache, dass der Anbieter bei der Auswahl des Vertragspartners nicht unterscheidet. Unerheblich ist dabei, ob einzelne Vertragspartner wegen eines besonderen Verhandlungsgeschicks im Einzelfall Preisnachlässe erreichen (amtliche Begründung BT-Drs. 16/1780, 41). Dabei ist die Verwendung **Allgemeiner Geschäftsbedingungen (AGB)** durch den Anbieter ein Indiz für vergleichbare Bedingungen (ebenso MüKo-Thüsing, § 19 Rn. 35).

36 Besondere Bedeutung wird in der Praxis der Frage zukommen, inwieweit **Dauerschuldverhältnisse** vom Begriff des Massengeschäfts erfasst sind. Ein Dauerschuldverhältnis unterscheidet sich von dem auf eine einmalige Leistung gerichteten Schuldverhältnis dadurch, dass aus ihm während seiner Laufzeit ständig neue Leistungs-, Neben- und Schutzpflichten entstehen (Palandt-Grüneberg, BGB § 314 Rn. 2). Gesetzlich geregelte Dauerschuldverhältnisse sind **Miete, Pacht, Darlehen, Dienstvertrag, Verwahrung und die Gesellschaft.** Darüber hinaus können auch **Kauf, Werkvertrag, Bürgschaft und Maklervertrag** je nach Ausgestaltung im Einzelfall ein Dauerschuldverhältnis darstellen (Palandt-Grüneberg, BGB § 314 Rn. 2). Aus Sicht des Gesetzgebers wird es sich bei **Mietverträgen über Wohnräume** meist nicht um Massengeschäfte im Sinne des § 19 Abs. 1 Nr. 1 (Alt. 1) handeln, denn die Anbieter von Wohn- oder Geschäftsräumen wählen ihren Vertragspartner regelmäßig individuell nach vielfältigen Kriterien aus

dem Bewerberkreis aus. Anders kann es sich verhalten, wenn etwa der Vertragsschluss über Hotelzimmer oder Ferienwohnungen **über das Internet abgewickelt** und hierbei auf eine individuelle Mieterauswahl verzichtet wird (amtliche Begründung BT-Drs. 16/1780, 42). Zu den Einschränkungen für die Wohnraummiete → Rn. 46 ff., 69 ff. (Abs. 3, 5). Auch **Kreditgeschäfte** sollen meist auf einer individuellen Risikoprüfung beruhen, so dass es sich deshalb regelmäßig nicht um Massengeschäfte handeln soll (amtliche Begründung BT-Drs. 16/1780, 42). Der Auffassung des Gesetzgebers, dass die Rechtsbeziehungen bei Dauerschuldverhältnissen generell auf einer individuellen Auswahl des Vertragspartners beruhen und solche Verträge nur in den seltensten Fällen ohne Ansehen der Person abgeschlossen werden, ist grundsätzlich beizupflichten. Im Hinblick auf den pauschalen Ausschluss von Kreditverträgen aus dem Kreis der Massengeschäfte, ist diese Sicht aber wenig überzeugend. Außer Streit ist, dass die individuell ausgehandelte Kreditfinanzierung komplexer Großprojekte zweifelsohne aus dem Kreis der Massengeschäfte ausscheidet (Schürnbrand, BKR 2007, 305, 306). Zu denken ist aber an den **Konsumentenkredit**, bei dem es sich häufig um typisierte und standardisierte Dienstleistungen des Bankgewerbes handeln wird, die gerade nicht auf die Person des einzelnen Kunden individuell zugeschnitten sind (so zutr. Stellungnahme der Verbraucherzentrale Bundesverband Teil II – Anlagen zum Wortprotokoll, 761, 766, ebenso Gaier/Wendtland, Rn. 24; MüKo-Thüsing, § 19 Rn. 27 in Bezug auf sog Sofort-Kleinkredite, die nach Maßgabe einer standardisierten Risikoprüfung an nahezu jedermann ausgekehrt werden; aA Schürnbrand, BKR 2007 305, 307, mit allerdings überzogenen Anforderungen an das Erfordernis „ohne Ansehen der Person", das nur dann vorliegen soll, wenn für den Anbieter wegen der Art des Rechtsgeschäfts überhaupt kein sachlich begründeter Anlass besteht, individuelle Kundenmerkmale zu ermitteln). Im Gegensatz zu Wohnraummietverträgen ist bei diesen Krediten nicht ersichtlich, dass außer der Bonität des Kunden (im umfassenden Sinn) wesentlich andere Kriterien seiner Person bei der Entscheidung über eine Kreditvergabe eine Rolle spielen könnten.

37 Umstritten ist ferner inwieweit **ausreichend gesicherte Kredite** zu Massengeschäften zählen. Praktisch kann diese Fallgruppe insbesondere bei der Ablehnung von Krediten an ältere Menschen werden. Hier wird die Auffassung vertreten, dass trotz vollständiger Absicherung insbesondere bei langfristigen Realkreditverträgen der Person des Darlehensnehmers eine maßgebliche Bedeutung zukommt. Verwiesen wird darauf, dass auch die vollständige Sicherung nichts am Interesse des Kreditinstituts an der vertragsgemäßen Bedienung des Kredits durch den Darlehensnehmer ändere. Darüber hinaus verursachten Sicherheitenverwertungen nicht nur erhebliche Kosten und internen Arbeitsaufwand, sondern wirkten sich auch rufschädigend aus, wenn beispielsweise die Zwangsversteigerung des Wohneigentums eines privaten Darlehensnehmers betrieben wird (Schürnbrand, BKR 2007, 305, 307). Das erste Argument ist nicht von der Hand zu weisen. Es stellt jedoch einseitig auf ein geschäftstypisches Begleitrisiko ab, um damit die Notwendigkeit einer Vergabe in „Ansehen der Person" des Kreditnehmers zu begründen. Überdies werden Kosten für die Verwertung von Sicherheiten ohnehin dem Darlehensnehmer angelastet. Eine Minderung

des Ansehens in der Öffentlichkeit lässt sich nicht aus der bloßen Verwertung von Sicherheiten herleiten. Ihr können Kreditgeber wie alle anderen Betreiber von Zwangsvollstreckungen durch geeignete Öffentlichkeitsarbeit begegnen. Bei Rufschädigung durch unzutreffende Darstellung sind ggf. Abwehransprüche geltend zu machen.

Die Gegenmeinung verweist zutreffend darauf, dass wenn genügend Sicherheiten zur Verfügung stehen, die Person des Schuldners bei der Risikoberechnung keinen Unterschied macht. Gestützt wird diese Auffassung durch den Rechtsgedanken des § 416 Abs. 1 S. 2 BGB, der für den Fall der Hypothekenschuld das Schweigen des Gläubigers ausnahmsweise als Zustimmung zu einem Schuldnerwechsel gelten lässt (MüKo-Thüsing, § 19 Rn. 27).

Diese Auffassung ist auch nach dem Inkrafttreten des § 505 a Abs. 1 S. 2 (2. Fall) BGB, wonach ein Darlehensgeber einen Immobiliar-Verbraucherdarlehensvertrag nur abschließen darf, wenn aus der Kreditwürdigkeitsprüfung hervorgeht, dass es wahrscheinlich ist, dass der Darlehensnehmer seinen Verpflichtungen, die im Zusammenhang mit dem Darlehensvertrag stehen, vertragsgemäß nachkommen wird, weiterhin vertretbar. Denn der Darlehensnehmer kann seinen Verpflichtungen nicht nur durch Tilgung und Zinszahlung vertragsgemäß nachkommen. Auch bei vollständiger Rückführung des Darlehens durch die Verwertung von Sicherheiten zugunsten des Darlehensgebers kommt der Darlehensnehmer seinen Verpflichtungen nach. Ansonsten könnte die Kreditwürdigkeitsprüfung bei Darlehensnehmern im Rentenalter zur Altersdiskriminierung missbraucht werden. Sie erschöpft sich aber in ihrer Sicherungsfunktion für den Darlehensgeber (jurisPK/Schwintowski, BGB § 505 a Rn. 5).

38 Im Bereich von **sonstigen Bankdienstleistungen außerhalb des Kreditgeschäfts** werden von § 19 Abs. 1 Nr. 1 etwa das gewöhnliche Einlagengeschäft und Giroverträge auf Guthabenbasis zur Abwicklung des laufenden Zahlungsverkehrs erfasst (Schürnbrand, BKR 2007, 305, 306; Rösmann, Kontrahierungspflichten der Kreditwirtschaft aufgrund von Selbstverpflichtungen und § 21 AGG, S. 273; aA in Bezug auf Giroverträge Bauer/Krieger, § 19 Rn. 9).

Seit dem 19.6.2016 hat jeder Verbraucher in Deutschland aufgrund des Zahlungskontengesetzes (ZKG) vom 11.4.2014 (BGBl. I, 720) Anspruch auf ein Zahlungskonto mit grundlegenden Funktionen (Basiskonto), ungeachtet seiner Bonität (vgl. § 31 ZKG). Das ZKG setzt die europäische Zahlungskontenrichtlinie (Richtlinie 2014/92/EU des Europäischen Parlaments und Rates vom 23.7.2014 über die Vergleichbarkeit von Zahlungskontoentgelten, den Wechsel von Zahlungskonten und den Zugang zu Zahlungskonten mit grundlegender Funktion (ABl. L 257/214 v. 28.8.2014) in deutsches Recht um. § 3 ZKG enthält ein allgemeines Benachteiligungsverbot. Danach dürfen Verbraucher mit rechtmäßigem Aufenthalt in der EU, die innerhalb der EU den Abschluss eines Zahlungsdienstrahmenvertrags über die Führung eines Zahlungskontos beantragen, von Instituten bei Eröffnung eines solchen Kontos weder aufgrund ihrer Staatsangehörigkeit, ihrer Sprache oder ihres Wohnsitzes noch aus anderen in Art. 21 EU-GRC genannten Gründen benachteiligt werden. Lehnt ein Kreditinstitut aus den in

§ 19 Abs. 1 Nr. 1 genannten Gründen, die teilidentisch mit den in Art. 21 EU-GRC genannten Gründen sind, den Antrag eines Verbrauchers auf Abschluss eines Basiskontovertrags ab, so liegt darin auch ein Verstoß gegen das zivilrechtliche Benachteiligungsverbot des AGG, da der Basiskontovertrag nach dem ZKG durch Verzicht auf eine Bonitätsprüfung als Massengeschäft, zumindest als massengeschäftsähnliches Schuldverhältnis anzusehen ist. Neben den im ZKG vorgesehenen Möglichkeiten gegen eine Antragsablehnung vorzugehen (Beschwerde bei der BaFin, Beantragung eines Verwaltungsverfahrens, Klage gegen das Kreditinstitut auf Abschluss eines Basiskontovertrags (§ 51 ZKG), Einschaltung der Schlichtungsstelle bei der Bundesbank) besteht deshalb hier auch die Möglichkeit Ansprüche auf Schadensersatz und Entschädigung gem. § 21 Abs. 2 geltend zu machen.

39 Bei ärztlichen und Krankenhausbehandlungsverträgen (→ § 2 Rn. 49) wird überwiegend ein Massengeschäftscharakter verneint (MüKo-Thüsing, § 2 Rn. 31; für massengeschäftsähnliche Verträge iSv § 19 Abs. 1 Nr. 1 Alt. 2: Elsuni, Diskriminierung im Gesundheitswesen, S. 18; Jörk/Kobes, Benachteiligungen im zivilen Rechtsverkehr nach den Regelungen des AGG von Menschen mit Behinderung, für die nach § 1896 BGB eine Betreuerin/ein Betreuer gestellt ist, S. 59). Hingewiesen wird darauf, dass es sich um Verträge handelt, die auf einem Vertrauensverhältnis aufbauen (Elsuni, Diskriminierung im Gesundheitswesen, S. 18) und solche Verträge, die auf personalisierte Dienstleistungen gerichtet sind (MüKo-Thüsing, § 2 Rn. 31). Diese Begründung vermag allerdings nicht zu überzeugen. Der Hinweis auf ein Vertrauensverhältnis greift schon deshalb nicht, weil eine ärztliche Dienstleistung keinen privaten Charakter hat, was aber Voraussetzung für die Anwendbarkeit der Ausnahmeregelung des § 19 Abs. 5 S. 1 wäre (→ Rn. 67). Richtig ist zwar, dass bei medizinischen Heilbehandlungen gewisse Persönlichkeitsmerkmale, die durch das AGG geschützt sind, wie Geschlecht, Alter oder Behinderung eine Rolle spielen können. Diese Merkmale dürfen aber nicht für das Zustandekommen eines Behandlungsvertrages ausschlaggebend sein. Dies ergibt sich für Kassenpatienten bereits aus der insoweit abschließenden Regelung des § 13 Abs. 7 des Bundesmantelvertrags für Ärzte. Danach ist der Vertragsarzt nur für den Fall berechtigt, eine Behandlung abzulehnen, dass der Patient nicht die elektronische Gesundheitskarte vorlegt, dh keinen Krankenversicherungsschutz nachweist. Behandlungsverträge sind demnach grundsätzlich als Massengeschäfte einzustufen (aA Bauer/Krieger § 19 Rn. 9 a).

3. Fall der vergleichbaren Geschäfte (Abs. 1 Nr. 1 Alt. 2)

40 § 19 Abs. 1 Nr. 1 Alt. 2 erfasst auch Rechtsgeschäfte, bei denen das **Ansehen der Person** zwar eine Rolle spielt, diese Voraussetzung jedoch eine **nachrangige Bedeutung** hat (amtliche Begründung BT-Drs. 16/1780, 42). Die Verwendung des Begriffs „**Beinahe-Massengeschäfte**" (so Stork, ZEuS 2005, 1, 26) erscheint wenig treffend, weil die 2. Alt. mit den Erfordernissen „in einer Vielzahl von Fällen" und „zu vergleichbaren Bedingungen" die gleichen Tatbestandsvoraussetzungen hat, die gerade auch das Massengeschäft der 1. Alt. ausmachen. Deshalb erscheint hier der Begriff „**vergleichbare Geschäfte oder Schuldverhältnisse**" vorzugswürdig. Da die

2. Alt. damit die **Massengeschäfte mit umfasst**, könnte die 1. Alt. ersatzlos gestrichen werden (so Stellungnahme von Derleder, Teil II – Anlagen zum Wortprotokoll 165, 167 Protokoll Nr. 15/51; für eine ersatzlose Streichung der 2. Alt. Armbrüster, Stellungnahme Teil II – Anlagen zum Wortprotokoll 135 ff., 137, Protokoll Nr. 15/51, mit dem pauschalen Vorwurf, die Einführung dieses Kriteriums sei nicht hinreichend justiziabel). Die Regelung ist allerdings offenbar als Auffangtatbestand konzipiert, für Fälle in denen ein Ansehen der Person nicht zweifelsfrei verneint werden kann (Rühl/Schmid/Viethen, S. 124; MüKo-Thüsing, § 19 Rn. 41). Die amtliche Begründung zu dieser Vorschrift fällt erstaunlich kurz aus. Als Beispiel wird lediglich der **große Wohnungsanbieter** genannt, der eine Vielzahl von Wohnungen anbietet (BT-Drs. 16/1780, 42). Von der insoweit umfassenderen Regelung in § 19 Abs. 1 Nr. 1 Alt. 2 scheinen nach dem Willen des Gesetzgebers demnach grundsätzlich auch Dauerschuldverhältnisse, zumindest aber Mietverträge erfasst zu werden.

Ansonsten lässt der Gesetzgeber aber Fragen offen. Klärungsbedarf besteht, was unter **nachrangiger Bedeutung** zu verstehen ist. Praktisch brauchbar scheint die Definition, nach der das Ansehen der Person des Vertragspartners dann nachrangige Bedeutung hat, wenn es zwar bei der Entscheidungsfindung Berücksichtigung findet, aber anderen Faktoren erheblich höheres Gewicht zukommt. Bei Abwägung im Einzelfall ist es also ein Kriterium, aber eines, dass durch viele andere Kriterien aufgewogen werden kann (so MüKo-Thüsing, § 19 Rn. 42 mit weiteren graduell abgestuften Definitionen des Begriffs). Unabhängig davon soll die Person des Geschäftspartners nur dann nachrangige Bedeutung haben, wenn sie für den Anbieter nicht als Individuum, sondern lediglich als Träger von Bonitätsdaten von Interesse ist (MüKo-Thüsing, § 20 Rn. 43). Offen bleibt auch, wer als **Anbieter** solch vergleichbarer Geschäfte in Betracht kommt. Die amtliche Begründung legt durch die beispielhafte Erwähnung großer Wohnungsanbieter den Schluss nahe, dass ausschließlich Unternehmer iSv § 14 BGB in Frage kommen, doch ist nicht erkennbar, dass nicht genauso wie in der 1. Alt. verfahren werden sollte.

4. Versicherungsverträge (Abs. 1 Nr. 2)

41 Ein Versicherungsgeschäft liegt vor, wenn gegen Entgelt für den Fall eines ungewissen Ereignisses bestimmte Leistungen übernommen werden, wobei das übernommene Risiko auf eine Vielzahl durch die gleiche Gefahr bedrohter Personen verteilt wird und der Risikoübernahme eine auf dem Gesetz der großen Zahl beruhende Kalkulation zugrunde liegt (BVerwG 29.9.1992 – 1 A 26/91 – VersR 1993, 1217). Während Abs. 1 Nr. 1 (Massengeschäfte und vergleichbare Schuldverhältnisse) nur solche Versicherungsarten erfassen würde, bei denen der Versicherer typischerweise auf die Prüfung individueller Risikofaktoren verzichtet (zB Reiserücktrittsversicherungen), bezieht Abs. 1 Nr. 2 als Spezialvorschrift zu Nr. 1 (BT-Drs. 16/1780, 42) **sämtliche privatrechtlichen Versicherungsverhältnisse** in das zivilrechtliche Benachteiligungsverbot ein. Das hat große Bedeutung für die Versicherungswirtschaft, die für Risikoabschätzungen stark auf personenbezogene Risikomerkmale abstellt und damit häufig anhand der pönalisier-

ten Merkmale differenziert (Armbrüster, Benachteiligungsverbot, S. 7). Der in § 19 Abs. 1 Nr. 2 etablierte Benachteiligungsschutz wird in § 20 Abs. 2 aber relativiert, indem dort unter bestimmten Voraussetzungen Differenzierungen aufgrund verpönter Merkmale gestattet werden (→ § 20 Rn. 35 ff.). Das Diskriminierungsverbot für Versicherungen gilt aufgrund der Übergangsvorschrift des § 33 Abs. 4 für Vertragsschlüsse und Vertragsänderungen ab dem 22.12.2007.

Im Gegensatz zur Sozialversicherung (gesetzliche Kranken-, Renten-, Unfall-, Arbeitslosen- und Pflegeversicherung), die dem Bürger in der Regel ohne Ansehen der Person zwangsweise auferlegt wird und einen gesetzlich normierten Inhalt hat, ist bei privatrechtlichen Versicherungen eine Diskriminierung möglich, weil für sie prinzipiell **Vertragsfreiheit** herrscht (**Abschluss- und Inhaltsfreiheit**). Zumeist gibt es weder für den Versicherer noch für den Versicherten einen Abschlusszwang und es besteht auch inhaltliche Gestaltungsfreiheit hinsichtlich des Leistungsumfangs sowie der Prämienhöhe. Anders als die einkommensabhängigen Beiträge zur Sozialversicherung sind die Prämien der Privatversicherung prinzipiell risikobezogen.

42 Die amtliche Begründung für die Einbeziehung auch der keinen Massengeschäftscharakter tragenden privatrechtlichen Versicherungen in das Benachteiligungsverbot lautet (BT-Drs. 16/1780 S. 42):

„Im Bereich der Privatversicherung besteht ... auch bei individueller Risikoprüfung ein Bedürfnis, sozial nicht zu rechtfertigende Unterscheidungen zu unterbinden. Versicherungen decken häufig elementare Lebensrisiken ab; deshalb kann der verweigerte Vertragsschluss für den Benachteiligten schwerwiegende Auswirkungen haben."

Solche wichtigen Privatversicherungen sind zB Lebens-, private Berufsunfähigkeits-, Kranken-, Unfall- und Rentenversicherungen sowie Haftpflicht- und Feuerversicherungen. Der eindeutig **sämtliche** privatrechtlichen Versicherungen erfassende Wortlaut in Abs. 1 Nr. 2 kann gleichwohl nicht dadurch auf einer zweiten Ebene relativiert werden, dass Versicherungen gegen verhältnismäßig geringfügige Lebensrisiken (etwa Reisegepäck-, Reiserücktritts- oder Rechtsschutzversicherungen) weniger strengen Rechtfertigungsmaßstäben als den Anforderungen in § 20 Abs. 2 unterworfen werden (Palandt-Grüneberg, § 20 Rn. 8; → § 20 Rn. 35; aA MüKo-Thüsing, § 19 Rn. 47).

43 **Gruppenversicherungen** im Zusammenhang mit Beschäftigungsverhältnissen zB zur Alters-, Krankheits- oder Todesfallversorgung fallen als Schuldverhältnis zwischen Beschäftigten und Arbeitgeber (auch Vereinigungen iSd § 18 Abs. 1 Nr. 2 → § 18 Rn. 3) bzw. Versicherungsgesellschaft (Valutaverhältnis) in den Anwendungsbereich des zweiten Abschnitts und nicht des zivilrechtlichen Benachteiligungsverbots (Raulf, NZA-Beilage 2012, 88, 90). Gem. Erwägungsgrund 15 sowie Art. 3 Abs. 4 gilt das Benachteiligungsverbot der Gender-Richtlinie Zivilrecht im Versicherungswesen nur für private, freiwillige und von Beschäftigungsverhältnissen unabhängige Versicherungen und Rentensysteme. Die Versicherungsleistungen an die (ehemals) Beschäftigten sind aber Teil des Arbeitsentgelts und abhängig

vom Beschäftigungsverhältnis (Raulf, NZA-Beilage 2012, 88, 98; Birk, BetrAV 2012, 7, 8; zur Gender-Richtlinie nF BGH 8.3.2017 – XII ZB 697/13 – NJW 2017, 2547). Meist handelt es sich bei den zugrunde liegenden Versicherungen um Verträge zugunsten Dritter, bei denen der Arbeitgeber Versicherungsnehmer und Prämienschuldner ist, der Anspruch auf die Versicherungsleistung aber den Versicherten zusteht (§§ 43 Abs. 2, 44 Abs. 1 VVG). Etwas anderes gilt nur für die Vorsorge, die Selbstständige unabhängig von Berufsverbänden und berufsständischen Versorgungswerken treffen, die eine Versicherung nach § 19 Abs. 1 Nr. 2 mit beruflichem Bezug sein kann (vgl. Erwägungsgrund 10 der Richtlinie 2010/41/EU zur Gleichbehandlung von Männern und Frauen, die eine selbstständige Erwerbstätigkeit ausüben). Selbst wenn die Versorgung der Beschäftigten in einer Form organisiert wird, bei welcher der Arbeitgeber nicht unmittelbar selbst Vertragspartner wird (zu den unterschiedlichen Durchführungswegen der betrieblichen Altersversorgung → § 2 Rn. 131 ff.; Temming, BetrAV 2012, 391, 393), sind wegen des Entgeltcharakters die §§ 2 Abs. 1 Nr. 2, 7 einschlägig (Birk, DB 2011, 819, 820; Raulf, NZA-Beilage 2012, 88, 98; aA für die Rentenversicherungsverträge ohne Arbeitgeberbeteiligung Döring, VW 2012, 122). Nur das **Schuldverhältnis zwischen Versicherungsgesellschaft und Arbeitgeber** (Deckungsverhältnis) stellt bei Gruppenversicherungen ein zivilrechtliches Schuldverhältnis dar, das iSd § 19 Abs. 1 Nr. 2 „eine privatrechtliche Versicherung zum Gegenstand" hat (Birk, BetrAV 2012, 7, 8; vgl. BGH 8.3.2017 – XII ZB 697/13 – NJW 2017, 2547; aA Raulf, NZA-Beilage 2012, 88, 90, 98 mit dem weder vom AGG-Wortlaut noch von der amtlichen Begründung gedeckten Einschränkung, das zivilrechtliche Benachteiligungsverbot gelte nur zugunsten von „Verbrauchern" bzw. „privaten Konsumenten" und damit nicht für Arbeitgeber als Versicherungsnehmer). Denn bei Ablehnung des Vertragsschlusses wegen eines verbotenen Unterscheidungsmerkmals wird der Arbeitgeber benachteiligt, wenn ihm der erstrebte Versicherungsschutz für seinen Arbeitnehmer versagt wird. Die Ansprüche aus § 21 setzen nicht voraus, dass der Benachteiligte selbst Träger des Diskriminierungsmerkmals ist (→ § 1 Rn. 109 ff.; vgl. zur sog assoziierten Diskriminierung EuGH 17.7.2008 – Rs. C-303/06 (Coleman) – NJW 2008, 2763; dies übersieht die Gegenmeinung Raulf, NZA-Beilage 2012, 88, 90). § 2 Abs. 2 S. 2, wonach für die betriebliche Altersversorgung das Betriebsrentengesetz gilt, schließt die Geltung des § 19 Abs. 1 Nr. 2 für eine vom Arbeitgeber abgeschlossene Direktversicherung nicht aus, sondern stellt nur die kumulative Anwendbarkeit des BetrAVG klar (MüKo-Thüsing, § 19 Rn. 53; Palandt-Grüneberg, § 19 Rn. 4).

44 Soweit der Gesetzgeber hinter den Vorgaben der Gender-Richtlinie Zivilrecht zurückgeblieben ist, die in Art. 5 Abs. 1 Gleichbehandlung nicht nur im Bereich des Versicherungswesens, sondern auch im Bereich „verwandter Finanzdienstleistungen" vorschreibt, lässt sich dieser Umsetzungsmangel durch eine richtlinienkonforme weite Auslegung korrigieren (Rust/Falke-Rödl, § 19 Rn. 53 ff., der zB die Versicherungsvermittlung als verwandte Finanzdienstleistung ansieht).

5. Sonstige Verträge (Abs. 2)

45 Abs. 2 enthält **ein weitergehendes zivilrechtliches Benachteiligungsverbot** aus Gründen der Rasse oder wegen der ethnischen Herkunft (für eine Ausweitung der Vorschrift auch auf das Merkmal „Geschlecht", Schiek-Schiek, § 19 Rn. 18; zum Hintergrund dieser Forderung → Rn. 6 f.). Sein Anwendungsbereich erstreckt sich auf sämtliche zivilrechtlichen Schuldverhältnisse, die von § 2 Abs. 1 Nr. 5–8 erfasst sind. Insoweit wird auf die Kommentierung zu dieser Vorschrift verwiesen. Von besonderer Bedeutung ist dabei § 2 Abs. 1 Nr. 8, der Art. 3 Abs. 1 lit. h der Antirassismusrichtlinie umsetzt. Erfasst werden damit nicht nur die in § 19 Abs. 1 genannten Massengeschäfte oder vergleichbaren Geschäfte, sondern auch einmalige Schuldverhältnisse aller Art, die den Zugang zu Gütern und Dienstleistungen einschließlich Wohnraum zum Gegenstand haben, sofern der Vertragsschluss öffentlich angeboten wird. Wegen der Ausnahmen insbesondere bei Mietverhältnissen s. § 19 Abs. 3, 5 (→ Rn. 46 ff., 69 ff.).

Vom erweiterten Anwendungsbereich des § 19 Abs. 2 sind damit auch sämtliche Bankdienstleistungen und -produkte erfasst, dh Kreditinstitute dürfen hier niemals aufgrund der Rasse oder wegen der ethnischen Herkunft diskriminieren (Rösmann, Kontrahierungspflichten der Kreditwirtschaft aufgrund von Selbstverpflichtungen und § 21 AGG, S. 273). Soweit Kreditinstitute in der Praxis beim Abschluss oder der Kündigung entsprechender Verträge auf die Staatsangehörigkeit des Kunden abstellen, kann hierin eine mittelbare Diskriminierung wegen der ethnischen Herkunft gesehen werden. Diese kann zwar durch die Erfüllung gesetzlicher Verpflichtungen durch die Kreditinstitute sachlich gerechtfertigt sein (zB der Durchführung einer Identifizierung nach § 4 Geldwäschegesetz. Soweit sich Kreditinstitute auf solche Verpflichtungen berufen, ist aber genau deren Umfang und Reichweite zu prüfen. So rechtfertigt beispielsweise die Anfang 2012 in Kraft getretene EU-Verordnung über restriktive Maßnahmen gegen den Iran (VO (EU) Nr. 267/2012, ABl. EG Nr. L 88, 1 ff.) nicht die Kündigung von Konten iranischer Staatsangehöriger, weil diese Verordnung keine diesbezügliche Verpflichtung enthält (zur Reichweite dieser VO OLG Hamburg 30.5.2012 – 13 W 17/12 – WM 2012, 1243).

Nach der Rechtsprechung des EuGH liegt in der Praxis eines Kreditinstituts, bei einem außerhalb eines EU-Mitgliedstaats geborenen Darlehensnehmers einen zusätzlichen Identitätsnachweis (zB Aufenthaltserlaubnis) zu verlangen, keine unmittelbare oder mittelbare Diskriminierung wegen der ethnischen Herkunft im Sinne der Antirassismusrichtlinie vor. Aus Sicht des EuGH kann das Geburtsland für sich genommen keine allgemeine Vermutung der Zugehörigkeit zu einer bestimmten ethnischen Gruppe begründen, die das Vorliegen einer unmittelbaren oder untrennbaren Verbindung zwischen diesen beiden Begriffen belegen kann (EuGH 6.4.2017 – Rs. C-668/15, Rn. 20).

IV. Sonderregelung für Wohnungsmietverträge (Abs. 3)

1. Vorbemerkung

46 Trotz seiner systematischen Stellung in § 19 enthält Abs. 3 einen **besonderen Rechtfertigungstatbestand für Wohnungsvermietungen**, was sich ins-

bes. an der Formulierung („ist eine unterschiedliche Behandlung ... zulässig“) zeigt (so auch MüKo-Thüsing, § 19 Rn. 75; Bauer/Krieger, § 19 Rn. 14; Hey/Forst-Weimann, § 19 Rn. 142; Staudinger/Serr, § 19 Rn. 68; aA Erman/Armbrüster, § 19 Rn. 26: Spezialregelung zum Tatbestand). Soweit es um die in § 20 Abs. 1 S. 1 genannten Merkmale geht, bedeutet § 19 Abs. 3 nichts weiter als eine Konkretisierung des sachlichen Grundes für den Bereich der Wohnungsvermietung; insoweit hat die Vorschrift also lediglich deklaratorische Bedeutung. Nur bezüglich „Rasse“ und ethnische Herkunft, für die § 20 Abs. 1 S. 1 nicht gilt, ist zu prüfen, ob § 19 Abs. 3 konstitutiv einen neuen Rechtfertigungsgrund einführen will, was nicht mit der Antirassismusrichtlinie zu vereinbaren wäre, die neben der Rechtfertigung aufgrund positiver Maßnahmen (Art. 5) im Bereich des Zivilrechts keine Ausnahme vom Verbot der unmittelbaren Benachteiligung erlaubt (verneinend hierzu → Rn. 54 ff.). Was den Inhalt der Rechtfertigung betrifft, so hat der Gesetzgeber, um dem Anliegen insbesondere der Wohnungswirtschaft Rechnung zu tragen, einige strukturpolitische Fördergrundsätze des § 6 Nr. 3, 4 WoFG wörtlich übernommen (BT-Drs. 16/1780, 42), wonach eine unterschiedliche Behandlung im Hinblick auf die Schaffung und Erhaltung sozial stabiler Bewohnerstrukturen und ausgewogener Siedlungsstrukturen sowie ausgeglichener wirtschaftlicher, sozialer und kultureller Verhältnisse zulässig ist. Die Vorschrift wirft verschiedene Auslegungsfragen auf, die letztlich der EuGH wird klären müssen. Das Committee on the Elimination of Racial Discrimination hat sich besorgt über die möglichen negativen Auswirkungen der Vorschrift gezeigt und Deutschland ermuntert, eine Änderung von § 19 Abs. 3 zu erwägen, um Art. 5 Buchst. e Ziff. iii der Anti-Rassismus-Konvention Rechnung zu tragen (CERD/C/DEU/CO/18, S. 4). Auch die von der Antidiskriminierungsstelle des Bundes in Auftrag gegebene Evaluation des AGG empfiehlt die ersatzlose Streichung der Vorschrift für die Kategorien „Rasse“ und ethnische Herkunft (Berghahn/Klapp/Tischbirek, Evaluation des AGG, S. 114 f.).

2. Anwendungsbereich

47 Abs. 3 gilt nach dem eindeutigen Gesetzeswortlaut nur **bei der Vermietung von Wohnraum**, also nicht für den Verkauf von Wohnungen oder Wohnhäusern, obwohl auch der **Verkauf** den Zugang zu und die Versorgung mit Wohnraum betrifft (§ 2 Abs. 1 Nr. 8; → § 2 Rn. 63). Bei Verkäufen ist auch die analoge Anwendung mangels einer planwidrigen Regelungslücke unzulässig. Aufgrund des fehlenden Massengeschäftscharakters bzw. der fehlenden Ähnlichkeit mit Massengeschäften stellt sich die Frage einer Rechtfertigung bei Immobilienverkäufen jedoch ohnehin nur für die Gründe „Rasse“ und ethnische Herkunft. Ein Rückgriff auf § 20 Abs. 1 S. 1 ist in diesen Fällen ausgeschlossen.

48 Die Rechtfertigungsmöglichkeit des Abs. 3 kommt vor allem **großen Vermietungsgesellschaften** zugute, da es sich bei deren Mietverträgen um Geschäfte iSd Abs. 1 Nr. 1 Alt. 2 handelt (→ Rn. 70 f.) und sie deshalb das zivilrechtliche Benachteiligungsverbot hinsichtlich sämtlicher verpönter Merkmale beachten müssen. Für **kleine Vermieter** ist dieser Rechtferti-

gungsgrund nur insoweit von Bedeutung, als sie einen Wohnungsbewerber aus Gründen der „Rasse“, wegen der ethnischen Herkunft oder des Geschlechts ablehnen wollen. Hinsichtlich aller anderen verpönten Merkmale gilt das zivilrechtliche Benachteiligungsverbot für sie ohnehin nicht, weil sie keine Geschäfte iSd Abs. 1 Nr. 1 betreiben. Für „Rasse“ und ethnische Herkunft erstreckt Abs. 2 das Benachteiligungsverbot indessen auf „sonstige“ zivilrechtliche Schuldverhältnisse, also auch auf solche öffentlich angebotenen Vermietungsgeschäfte, bei denen das Ansehen der Person eine wichtige Bedeutung hat; für das „Geschlecht“ ist die Obergrenze in Abs. 5 S. 3 aus europarechtlichen Gründen nicht anwendbar, so dass Abs. 1 Nr. 1 insoweit auch für Vermieter mit weniger als 50 Wohnungen gilt (→ Rn. 71). Sind aber mithin auch die kleinen Vermieter dem Verbot der Benachteiligung aus Gründen der „Rasse“, wegen der ethnischen Herkunft und des Geschlechts unterworfen, so können ihnen die speziellen Rechtfertigungsgründe des Abs. 3 nicht versagt werden (so für „Rasse“ und ethnische Herkunft auch MüKo-Thüsing, § 19 Rn. 80; aA Bauer/Krieger, § 19 Rn. 14; Palandt-Grüneberg, § 19 Rn. 6).

Die zu rechtfertigende **unterschiedliche Behandlung** wird hauptsächlich in der Ablehnung der Vermietung an den betroffenen Wohnungsbewerber bestehen, kann sich aber zB auch in dem Verlangen nach einem höheren Mietpreis als von anderen Mietern gefordert oder in der Kündigung eines bereits abgeschlossenen Mietvertrages wegen des verpönten Merkmals äußern.

3. Entscheidungsspielraum des Vermieters

49 Zur Rechtfertigung der unterschiedlichen Behandlung genügt es nicht, dass der Vermieter sie nach seiner subjektiven Vorstellung „im Hinblick“ auf die genannten rechtfertigenden Zielsetzungen vorgenommen hat. Es kommt darauf an, welche Strukturen bei **objektiver** Betrachtung zur Integration der verschiedenen Bevölkerungsgruppen geboten sind (MüKo-Thüsing, § 19 Rn. 84; Palandt-Grüneberg, § 19 Rn. 6; Hey/Forst-Weimann, § 19 Rn. 144). Der Vermieter muss ein schlüssiges wohnungspolitisches Konzept darlegen (MüKo-Thüsing, § 19 Rn. 83; Bauer/Krieger, § 19 Rn. 14; Palandt-Grüneberg, § 19 Rn. 6). Außerdem muss die Ungleichbehandlung zur Erreichung des Zieles **angemessen und erforderlich** sein. Diese zusätzlichen Voraussetzungen sind bei allen Ausnahmen vom Benachteiligungsverbot mitzulesen (vgl. § 3 Abs. 2, §§ 5, 8 Abs. 2).

4. Rechtfertigende Zielsetzungen

50 Die in Abs. 3 genannten Zielsetzungen müssen nicht kumulativ vorliegen, sondern stehen in einem Alternativverhältnis (MüKo-Thüsing, § 19 Rn. 80). Inhaltlich sind sie in der amtlichen Begründung nur vage näher erläutert worden. Es heißt dort:

„Die europäische Stadt setzt auf Integration und schafft damit die Voraussetzung für ein Zusammenleben der Kulturen ohne wechselseitige Ausgrenzung. Je stärker der soziale Zusammenhalt, desto weniger kommt es zu Diskriminierungen wegen der ethnischen Herkunft oder aus anderen im

Gesetz genannten Gründen. Diese Prinzipien finden sich beispielsweise in § 6 des Wohnraumförderungsgesetzes …“ (BT-Drs. 16/1780, 42).

Daraus lässt sich aber immerhin ein grundsätzliches Bekenntnis zur Strategie der sozialräumlichen Integration – im Gegensatz zur Segregation – entnehmen.

51 Bei den **sozial stabilen Bewohnerstrukturen** dürfte es deshalb in erster Linie um die Verhinderung ethnischer Segregation gehen. Deren Ursachen sind sozialer und ökonomischer Natur. So meiden Haushalte mit und ohne Migrationshintergrund, die es sich leisten können, gemischtethnische bzw. sozial schwache Wohnquartiere. Relevante soziale Kriterien sind eine Nachbarschaft mit ähnlichen sozialen oder ethnischen Merkmalen sowie die Nähe zu Verwandten. Eine wichtige Rolle spielen darüber hinaus die Bildungseinrichtungen in den Quartieren, der soziale Wohnungsbau und die kommunale Praxis der Wohnraumvergabe. Schließlich führen Diskriminierungserfahrungen dazu, dass zB Betroffene rassistischer Diskriminierung ihre Wohnungssuche auf Stadtteile beschränken, in denen bereits viele Menschen mit Zuwanderungsgeschichte leben (Antidiskriminierungsstelle des Bundes, Fair mieten – fair wohnen, 2015, S. 25). Gesicherte Erkenntnisse zum Ausmaß der Segregation in Deutschland liegen kaum vor. Die Auswertung statistischer Daten zeigt jedoch, dass sie weder von der Größe einer Stadt noch vom Anteil der Ausländer oder Zuwanderer an der jeweiligen Wohnbevölkerung abhängig ist (Sachverständigenrat deutscher Stiftungen für Integration und Migration, Jahresgutachten 2012, S. 101 f.). Die Verhinderung von Segregation und damit die Schaffung sozial stabiler Bewohnerstrukturen ist mithin eine komplexe stadtentwicklungspolitische Aufgabe, wozu auch eine von Anfang an gemischte Belegung von Neubaugebieten, die allmähliche Auflösung ethnischer Quartiere und die Bewahrung einer multikulturellen Zusammensetzung („Schaffung und Erhaltung“) gehören.

52 Anders liegt es bei den **ausgewogenen Siedlungsstrukturen**. Eine Relevanz dieses Rechtfertigungsgrundes für das Benachteiligungsverbot ist nicht zu erkennen. Siedlungsstrukturen dienen in erster Linie der Raumordnung und -abgrenzung, um Aussagen über die Verteilung der Bevölkerung im Raum sowie die Nutzung von Flächen und Einrichtungen machen zu können. Eine unmittelbare Benachteiligung bestimmter Bevölkerungsgruppen iSd Abs. 1 S. 1 ist insoweit nicht möglich, als es nicht um die Begründung, Durchführung und Beendigung der Mietverhältnisse geht. Eine mittelbare Benachteiligung bestimmter Gruppen durch die Siedlungsstruktur kommt zwar grundsätzlich in Betracht – wenn zB in einem klimatisch angenehmeren oder verkehrsmäßig besser angeschlossenen Stadtteil ausschließlich teurer Wohnraum errichtet wird, so dass dieses Viertel geringverdienenden Minderheiten faktisch verschlossen bleibt –, scheidet bei der Schaffung oder Erhaltung einer „ausgewogenen“ Siedlungsstruktur aber gerade aus.

53 Bei den Bemühungen um **ausgeglichene wirtschaftliche, soziale und kulturelle Verhältnisse** geht es zB um die Mischung von einkommensschwachen und besser verdienenden, von kinderlosen und kinderreichen, von jungen und alten Mietern. Wer etwa das Zusammenleben der Generationen för-

dern und deshalb der Überalterung der Bewohner einer Wohnanlage entgegenwirken will, muss für die Neuvermietung eine Altersgrenze ziehen.

5. Mit der Antirassismusrichtlinie nur als positive Maßnahme vereinbar

54 Im Zusammenhang mit dem rechtfertigenden Bestreben nach sozial stabilen Bevölkerungsstrukturen und ausgeglichenen kulturellen Verhältnissen stellt sich insbesondere die **Frage nach der Zulässigkeit** von ethnischen Förderquoten, aufgrund derer die einer Gruppe angehörenden Bewerber so lange bevorzugt werden, bis die Quote erfüllt ist.

55 Ihre Vereinbarkeit mit Art. 5 RL 2000/43/EG setzt jedoch voraus, dass mit der gezielten Vermietung an bestimmte Personen oder Personengruppen **bestehende Nachteile wegen der ethnischen Herkunft** verhindert oder ausgeglichen werden sollen, es sich also um **positive Maßnahmen** iSd § 5 handelt (AG Hamburg-Barmbek 3.2.2017 – 811 b C 273/15; Staudinger/Serr, § 19 Rn. 76; Berghahn/Klapp/Tischbirek, Evaluation des AGG, S. 115). Dieses Ziel muss sich aus dem wohnungspolitischen Konzept des Vermieters (→ Rn. 49) ergeben, das Indizien für bestehende (oder zukünftige) Nachteile der geförderten ethnischen Gruppe – etwa ihre erhebliche Unterrepräsentanz – enthalten muss. Den Bezugsrahmen für diese Nachteile können die Wohnbevölkerung des jeweiligen Stadtviertels bzw. der Region oder die gesamtgesellschaftlichen Verhältnisse bilden. Deshalb ist es zulässig, dass eine Vermietungsgesellschaft, die bereits an überproportional viele Mieter mit Migrationshintergrund vermietet hat, diese auch weiterhin fördert, solange Nachteile auf gesellschaftlicher Ebene fortbestehen (für Quoten auf dem Arbeitsmarkt: Klose/Merx, Positive Maßnahmen, S. 21). Eine Förderung gesamtgesellschaftlich nicht benachteiligter Gruppen wird dagegen nur ausnahmsweise zulässig sein, da ihre Unterrepräsentanz in aller Regel nicht Folge von Benachteiligungen ist, sondern andere Ursachen hat (→ Rn. 51). Nach Ausschöpfung der Quote endet die Förderung der jeweiligen Gruppe mit der Folge, dass jede ungleiche Behandlung wegen der ethnischen Herkunft verboten ist. Eine begrenzende Quotierung mit der Folge, dass nun die zunächst geförderte Gruppe weniger günstig behandelt wird, ist mit den Voraussetzungen von Art. 5 RL 2000/43/EG nicht vereinbar. Die Förderquote für eine Gruppe zieht auch keinen Zwang zur Berücksichtigung aller Gruppen nach sich (aA Wank, Beilage zu NZA Heft 22/2004, S. 16, 25). Das AGG bezweckt die Gleichbehandlung benachteiligter Gruppen mit der Mehrheit und erlaubt zu diesem Zweck die Förderung durch positive Maßnahmen in § 5. Es verpflichtet aber weder dazu, positive Maßnahmen zu ergreifen (vgl. Klose, Mehr Verbindlichkeit wagen, S. 40), noch schreibt es eine Gleichbehandlung in dem Sinne vor, dass die Maßnahme auch auf andere benachteiligte Gruppen erstreckt werden müsste (→ § 5 Rn. 33).

56 Nicht zu rechtfertigen sind hingegen inoffizielle oder informelle Quotierungen, die das Konzept „Integration durch Segregation" verfolgen und aus Rücksicht auf die (vermeintlichen) Wünsche von (zukünftigen) Mietern den Anteil bestimmter ethnischer Gruppen begrenzen (zur Unbeachtlichkeit von Kundenerwartungen vgl. EuGH 10.7.2008 – Rs. C-54/07 (Centrum voor gelijkheid van kansen en voor racismebestrijding/Firma Feryn

NV) – NJW 2008, 2767). Solche Strategien, die im Unterschied zu einer Förderquote nicht auf Anteilsgewährung, sondern auf Ausschluss der Minderheit abzielen, wirken benachteiligend und sind damit durch die Richtlinie, aber auch durch § 19 verboten, weil der deutsche Gesetzgeber in der amtlichen Begründung (→ Rn. 50) klargestellt hat, dass Abs. 3 die räumliche Integration, nicht aber die Segregation der Minderheiten bezweckt. Ausdrücklich heißt es dort (S. 42): „Selbstverständlich ist damit keineswegs eine Unterrepräsentanz bestimmter Gruppen zu rechtfertigen." Um einem Diskriminierungsverdacht vorzubeugen, ist den Wohnungsgesellschaften die Führung von Wartelisten zu empfehlen (Rust/Falke-Eggert, § 19 Rn. 119).

57 Abs. 3 dürfte bei dieser restriktiven, an § 5 orientierten Auslegung mit der Antirassismusrichtlinie vereinbar sein (so im Ergebnis auch Hinz, ZMR 2006, 826, 828; MüKo-Thüsing, § 19 Rn. 85; PWW/Lingemann, § 19 Rn. 9; Armbrüster, in: Rudolf/Mahlmann, GlBR, § 7 Rn. 109; Schmidt-Räntsch, FS Blanke, S. 381, 392; Rust/Falke-Eggert, § 19 Rn. 120 ff., der allerdings eine positive Maßnahme verneint und sich stattdessen auf Erwägungsgrund 9 der Antirassismusrichtlinie stützt, der die Ziele des sozialen Zusammenhalts und der Solidarität nennt; aA Gaier/Wendtland, Rn. 127, der Abs. 3 richtlinienkonform dahin gehend auslegen will, dass eine an die Ethnie anknüpfende Ungleichbehandlung von dem Rechtfertigungsgrund nicht erfasst wird; zweifelnd Schiek-Schiek, § 19 Rn. 23). Erforderliche und angemessene ethnische Höchstquoten für die Belegung von Wohnvierteln, Wohnanlagen, aber auch einzelnen Häusern sind somit grundsätzlich gerechtfertigt, wenn sie zugleich Förderquoten sind. Sie bilden interne Richtwerte, bis zu deren Erreichen die Vermietungsgesellschaft von einer Unterrepräsentanz der geförderten Gruppe ausgeht und diese fördern will, ohne sie bei Erreichen der Höchstquote mit Verweis darauf abzulehnen (was eine unzulässige begrenzende Quotierung wäre → Rn. 55).

58 Für ihre Zulässigkeit spricht auch die europapolitische Zweckmäßigkeit ihrer Erprobung. Wenn man sie nicht als positive Maßnahmen anerkennen wollte, so wäre durch die Antirassismusrichtlinie den Mitgliedstaaten eine Integrationspolitik mithilfe von Förderquoten untersagt, die der Entstehung ethnischer Ghettos und – in der Folge – reiner Minderheitsschulen (§ 2 Abs. 1 Nr. 7) entgegenwirken sollen. Es ist indes nicht anzunehmen, dass die EG mit der Antirassismusrichtlinie in der durchaus nicht abschließend geklärten Frage, ob die sozialräumliche Durchmischung oder die – freiwillige – Trennung verschiedener Ethnien der Integration zuträglicher ist (Schiek-Schiek, § 19 Rn. 23 verweist auf neuere Studien, wonach unausgewogene Strukturen weniger durch ethnische Gruppen als durch die Massierung sozial Benachteiligter entstehen), die politische Wahl- und Experimentierfreiheit ihrer Mitgliedstaaten ausschalten, also mittelbar den Wettbewerb verschiedener Integrationskonzepte verhindern wollte.

59 Für **mittelbare ethnische Quoten**, die sich zB hinter der Ablehnung wegen der Religionszugehörigkeit oder wegen Kinderreichtums verbergen können, gelten → Rn. 54 ff. entsprechend bei der Prüfung, ob eine Benachteiligung vorliegt und gegebenenfalls sachlich gerechtfertigt ist (§ 3 Abs. 2).

60 Offen gelassen hat der Gesetzgeber die Frage, ob das Konzept der Integration nicht nur für ganze Straßenzüge und Stadtviertel, sondern auch im engeren Umfeld der Wohnung, also zB innerhalb des Gebäudes, anwendbar ist. Bezüglich des Merkmals „Rasse" und ethnische Herkunft ist dies nur als positive Maßnahme nach § 5 denkbar. Bezugsrahmen für die Feststellung einer Unterrepräsentanz wird in der Praxis jedoch nicht das einzelne Gebäude oder der Straßenzug, sondern das Stadtviertel sein, da sich bei kleineren räumlichen Einheiten das Problem der datenschutzrechtskonformen Erhebung der erforderlichen Daten durch den Vermieter stellt.

61 Bei der Aufstellung von **Höchstquoten für die Träger anderer verpönter Merkmale** als der ethnischen Herkunft sind die Vermieter durch die hinsichtlich dieser Merkmale uneingeschränkte Rechtfertigungsmöglichkeit nach §§ 20 S. 1, 19 Abs. 3 freier gestellt. Hier können auch Abwehrquoten zulässig sein, wenn ein sachlicher Grund anzuerkennen ist. Gegen die Träger nicht verpönter Merkmale gerichtete Quoten sind ohnehin erlaubt, sofern keine mittelbare Benachteiligung wegen eines in § 1 genannten Merkmals dahintersteht.

62 Außerhalb von ethnischen Förderquoten stellen sich hinsichtlich der Wohnraumdiskriminierung nichtdeutscher und deutscher Mietinteressenten mit Migrationshintergrund insbesondere die Fragen der mittelbaren Diskriminierung und der Abgrenzung von Vorurteilen des Vermieters zur legitimen Verfolgung seiner finanziellen Interessen. Eine **mittelbare Diskriminierung wegen ethnischer Herkunft** kommt bei folgenden Vergabekriterien in Betracht: Nachweis der Aufenthaltsbewilligung, Nachweis genügender finanzieller Mittel, Kinderzahl, Zahl der Bewohner, Kenntnis der lokalen Umgangssprache, Nacht- und Schichtarbeit. Es ist dann zu prüfen, inwieweit diese Kriterien durch das legitime finanzielle Interesse des Vermieters iSd § 3 Abs. 2 sachlich gerechtfertigt sowie angemessen und erforderlich sind (Schiess Rütimann, WuM 2006, 12 ff.; vgl. auch Rust/Falke-Eggert, § 19 Rn. 88).

V. Herausnahme von familien- und erbrechtlichen Schuldverhältnissen (Abs. 4)

63 Familien- und erbrechtliche Schuldverhältnisse sind vom Geltungsbereich des zivilrechtlichen Benachteiligungsverbots ausgenommen. Die amtliche Begründung, „weil sie sich grundlegend von den Verträgen des sonstigen Privatrechts unterscheiden" (BT-Drs. 16/1780, 42), ist für Sinn und Zweck dieser Ausnahmeregelung wenig aufschlussreich. Es mag die Erwägung dahinter stehen, dass aufgrund von im Familienkreis verborgenen Einzelfallentscheidungen keine generelle Ausgrenzung droht (Neuner, JZ 2003, 57, 63). Fraglich ist, ob die Vorschrift überhaupt konstitutive Bedeutung hat. Für alle Diskriminierungsgründe außer „Rasse" und ethnische Herkunft ist dies allein deshalb zu verneinen, weil es sich bei familien- und erbrechtlichen Schuldverhältnissen nie um Massengeschäfte iSd Abs. 1 Nr. 1 handelt; denn es fehlen die dafür erforderliche Bedeutungslosigkeit bzw. nachrangige Bedeutung der Person und die Vielzahl von Fällen mit vergleichbaren Bedingungen. Aber auch hinsichtlich des Diskriminierungsverbots aus Gründen der „Rasse" und ethnischen Herkunft, das auch bei Individualge-

schäften gilt (Abs. 2), erscheint die Ausnahmeregelung des Abs. 4 nicht erforderlich: Zum einen sind familien- und erbrechtliche Schuldverhältnisse in aller Regel nicht von § 2 Abs. 1 Nr. 5–8 erfasst, zum anderen greift in diesen Fällen die das Privat- und Familienleben schützende Ausnahme des § 19 Abs. 5 für besondere Nähe- und Vertrauensverhältnisse ein. Auch die in der amtlichen Begründung (S. 42) angeführten Vereinbarungen über eine vorweggenommene Erbfolge, die, obwohl Rechtsgeschäfte unter Lebenden (BGH 30.1.1991 – IV ZR 299/89 – NJW 1991, 1345), wegen des unmittelbaren Zusammenhangs zum Erbrecht ebenfalls von Abs. 4 erfasst sein sollen, werden nicht öffentlich angeboten und würden außerdem wegen der engen persönlichen Beziehung zwischen den Vertragspartnern schon unter den Schutz der Privatsphäre nach Abs. 5 fallen. Abs. 4 entfaltet nach alledem nur klarstellende Bedeutung und spielt in der (veröffentlichten) Rechtsprechung dementsprechend keine Rolle.

64 Der sachliche Anwendungsbereich der Vorschrift wird in der Gesetzesbegründung nicht erläutert. **Familienrechtliche Schuldverhältnisse** sind die Rechtsverhältnisse der durch Ehe, Verwandtschaft, Schwägerschaft oder Lebenspartnerschaft (§ 11 LPartG) verbundenen Personen, jedoch nur, soweit sie spezifisch familienrechtliche Regelungsgegenstände betreffen, zB Vereinbarungen über Zugewinnausgleich oder Unterhalt. Nicht familienrechtliche Verträge, wie Kauf- oder Dienstverhältnisse zwischen Angehörigen, werden zwar nicht von Abs. 4 erfasst, können jedoch unter die Bereichsausnahme des Abs. 5 für besondere Nähe- oder Vertrauensverhältnisse fallen (MüKo-Thüsing, § 19 Rn. 88). Mit **erbrechtlichen Schuldverhältnissen** sind anscheinend Rechtsbeziehungen gemeint, die durch die gesetzliche oder testamentarische Erbfolge entstehen (so auch Gaier/Wendtland, Rn. 40), auch wenn es sich dabei nicht um Schuldverhältnisse handelt, weil eine letztwillige Verfügung zwischen dem Erblasser und den Begünstigten bzw. Benachteiligten keine Leistungspflicht und damit kein Schuldverhältnis begründet. Nach anderer Ansicht erfasst Abs. 4 nur Erbverträge, Erbverzicht, Verträge über den Erbausgleich unter künftigen Miterben, Erbauseinandersetzungsvereinbarungen sowie sonstige Abmachungen unter den Nachlassbeteiligten (MüKo-Thüsing, § 19 Rn. 89). Die Frage ist jedoch letztlich rein theoretischer Natur, da das Benachteiligungsverbot des § 19 hier aus den oben genannten Gründen (→ Rn. 63) ohnehin nicht anwendbar sein wird. Etwas anderes gilt allein für den Erbschaftskaufvertrag, wenn man ihn als erbrechtliches Schuldverhältnis einordnen will (vgl. MüKo-Thüsing, § 19 Rn. 89).

65 Das Nichteingreifen des AGG gegenüber familien- und erbrechtlichen Schuldverhältnissen schließt nicht aus (§ 2 Abs. 3), dass diese im Falle einer Diskriminierung wegen Verstoßes gegen **Art. 3 GG** sittenwidrig und damit nach **§ 138 BGB** unwirksam sein können. Nach st. Rspr. des BVerfG kommt den Grundrechten bei der Interpretation zivilrechtlicher Generalklauseln maßgebliche Bedeutung zu (vgl. auch BGH 9.3.2012 – V ZR 115/11 – NJW 2012, 1725, wonach eine zivilrechtliche Bindung dazu führt, dass die Grundrechte aus Art. 2 Abs. 1, Art. 5 Abs. 1, Art. 12, Art. 14 GG bei der gebotenen Abwägung hinter das Persönlichkeitsrecht aus Art. 2 Abs. 1 GG des von einem Hausverbot Betroffenen sowie das

Diskriminierungsverbot des Art. 3 GG zurücktreten, da diese über §§ 138, 242 BGB ebenfalls mittelbar in das Zivilrecht einwirken). Bei Testamenten steht dem Gleichheitsgrundrecht allerdings die aus der Erbrechtsgarantie des Art. 14 Abs. 1 S. 1 GG hergeleitete Testierfreiheit gegenüber, aufgrund derer der Erblasser grundsätzlich nicht zu einer Gleichbehandlung seiner Abkömmlinge gezwungen ist (zB BVerfG 22.3.2004 – 1 BvR 2248/01 – NJW 2004, 2008). In Ausnahmefällen kann jedoch eine den Differenzierungsverboten des Art. 3 Abs. 3 GG widerstreitende letztwillige Verfügung sittenwidrig sein, wenn die letztwillige Verfügung nach dem festgestellten Willen des Erblassers und den Umständen des Einzelfalles, insbesondere der Reichweite und den Auswirkungen des Testaments, darauf gerichtet und auch objektiv geeignet ist, den Betroffenen wegen des Merkmals, an das die Differenzierung anknüpft, nachhaltig in seiner Würde herabzusetzen (BGH 2.12.1998 – IV ZB 19/97 – NJW 1999, 566, 569 f.). Dies mag etwa der Fall sein, wenn ein Erblasser eines seiner Enkelkinder wegen dessen Hautfarbe auf den Pflichtteil setzt. Die Diskriminierungsverbote des AGG sind auch bei der Ausfüllung des Begriffs der Sittenwidrigkeit zu berücksichtigen. Dabei kann die Schlechterbehandlung eines Erben nicht nur dann sittenwidrig sein, wenn dieser selbst Träger des verpönten Merkmals ist, sondern auch, wenn erbrechtliche Schuldverhältnisse benutzt werden, um zB die Heirat mit einem Ausländer zu verhindern (zur sog assoziierten Diskriminierung → Rn. 43). Mit seinem pauschalen Ausschluss familien- und erbrechtlicher Schuldverhältnisse wird Abs. 4 der verfassungsrechtlich gebotenen Abwägung nicht gerecht und erscheint daher nicht nur als gesellschaftspolitisch (Nollert-Borasio/Perreng, Rn. 8), sondern auch mit Blick auf das Verbot der Absenkung des bereits vorhandenen Schutzniveaus (Art. 6 Abs. 2 RL 2000/43/EG) bedenklich.

VI. Verträge mit besonderem Nähe- oder Vertrauensverhältnis (Abs. 5)

1. Grundsatz (S. 1)

66 Auch die **weitere Ausnahme vom zivilrechtlichen Benachteiligungsverbot** für Schuldverhältnisse, bei denen ein besonderes Nähe- oder Vertrauensverhältnis der Parteien oder ihrer Angehörigen begründet wird, entfaltet bisher wenig praktische Bedeutung. Die Vorschrift wird laut amtlicher Begründung auf die Antirassismusrichtlinie (Erwägungsgrund 4) und auf die Gender-Richtlinie Zivilrecht (Erwägungsgrund 3 und Art. 3 Abs. 1) gestützt, soll jedoch auch für diejenigen zivilrechtlichen Benachteiligungsverbote gelten, die nicht auf der Umsetzung von Richtlinien beruhen, also für die Merkmale Religion, Behinderung, Alter und sexuelle Identität (BT-Drs. 16/1780, 42). Insoweit und auch für das Merkmal des Geschlechts wird sie aber kaum relevant werden, weil hinsichtlich dieser Merkmale das Benachteiligungsverbot nur bei Massengeschäften und mit ihnen vergleichbaren Geschäften gilt (Abs. 1). Bei diesen Geschäften, für die definitionsgemäß das Ansehen der Person keine oder nur nachrangige Bedeutung hat, dürfte ein besonderes Nähe- oder Vertrauensverhältnis von vornherein ausscheiden (Palandt-Grüneberg, § 19 Rn. 8; so im Ergebnis auch LG Köln 13.11.2015 – 10 S 137/14 – NJW 2016, 510 Rn. 21). Denn wer ein solches begründen will, wird sich mit der Persönlichkeit seines Vertragspart-

ners sorgfältig befassen. Anders liegt es bei Benachteiligungen aus Gründen der „Rasse" oder wegen der ethnischen Herkunft, für die das weitergehende Benachteiligungsverbot des Abs. 2 iVm § 2 Abs. 1 Nr. 5–8 gilt. Es kann zumindest nicht ausgeschlossen werden, dass bei den dort genannten Schuldverhältnissen – insbesondere über Güter und Dienstleistungen, die der Öffentlichkeit zur Verfügung stehen – ein enges persönliches Verhältnis der Parteien iSd Abs. 5 begründet wird.

67 Die gebotene richtlinienkonforme Auslegung des Abs. 5 schränkt jedoch seinen Anwendungsbereich jedenfalls für die Merkmale „Rasse" und ethnische Herkunft stark ein. Die Antirassismusrichtlinie sieht keine Ausnahme für den „Nähe"- oder „Vertrauens"-Bereich vor (Berghahn/Klapp/Tischbirek, Evaluation des AGG, S. 114 f.). Der für ihre Auslegung maßgebliche Erwägungsgrund 4 verlangt stattdessen – und gestattet damit –, dass der „Schutz der Privatsphäre und des Familienlebens sowie der in diesem Kontext getätigten Geschäfte" gewahrt bleibt (hierzu näher Armbrüster, in: Rudolf/Mahlmann, GlBR, § 7 Rn. 84). Abs. 5 ist deshalb richtlinienkonform dahin gehend auszulegen, dass er den Schutz von **Privatsphäre und Familienleben** bezweckt (so im Ergebnis auch MüKo-Thüsing, § 19 Rn. 99, 107). Es geht dabei um die Privatsphäre des Anbieters, nicht um die des benachteiligten Kunden (MüKo-Thüsing, § 19 Rn. 104, 107; Palandt-Grüneberg, § 19 Rn. 8). Damit steht die amtliche Begründung (BT-Drs. 16/1780, 42) insoweit in Einklang, als sie besagt, dass Abs. 5 dem Erwägungsgrund 4 der Richtlinie Rechnung tragen und gewährleisten soll, dass nicht unverhältnismäßig in den engsten Lebensbereich der durch das Benachteiligungsverbot verpflichteten Person eingegriffen wird. Nicht mit der Richtlinie in Einklang zu bringen und daher abzulehnen ist jedoch die darauf folgende Definition, wonach ein besonderes Nähe- oder Vertrauensverhältnis auch darauf beruhen könne, „dass es sich um ein für die durch das Benachteiligungsverbot verpflichtete Person besonders bedeutendes Geschäft handelt oder dass der Vertrag besonders engen und lang andauernden Kontakt der Vertragspartner mit sich bringen würde."

Die schwerwiegende wirtschaftliche Bedeutung eines Geschäfts hat nichts mit der Frage zu tun, ob der Vertrag das Privatleben des Anbieters berührt (so auch Rust/Falke-Bittner, § 19 Rn. 137; Gaier/Wendtland, Rn. 51; Hey/Forst-Weimann, § 19 Rn. 225; Staudinger/Serr, § 19 Rn. 114). Ebenso wenig greift Abs. 5 ein, wenn der Vertrag einen engen und langen Kontakt begründet, der sich aber außerhalb der Privatsphäre abspielt (so auch MüKo-Thüsing, § 19 Rn. 107). Es wäre auch nicht einzusehen, weshalb rassistisches Verhalten bei wirtschaftlich bedeutenden Verträgen und bei Dauerschuldverhältnissen mit engem, aber nicht privatem Kontakt erlaubt sein sollte. Deshalb bietet Abs. 5 keine Handhabe dafür, zB den Verkauf eines Hauses oder Betriebes, selbst wenn er eine Verfügung über das Vermögen im Ganzen iSd § 1365 BGB darstellen sollte, oder die Erbringung von Dienstleistungen, die beruflichen, nicht privaten Charakter tragen, wie zB ärztliche Betreuung, Krankengymnastik und Privatunterricht, wegen der ethnischen Herkunft des die Dienstleistung nachfragenden Vertragspartners abzulehnen.

Aufgrund dieser richtlinienkonformen Auslegung läuft Abs. 5 allerdings weitgehend leer, da eine Versorgung mit öffentlich angebotenen Gütern oder Dienstleistungen, die zugleich die Privatsphäre des Anbieters berührt, nur selten vorkommen dürfte. Auf Verträge mit Haushaltshilfe- und Pflegekräften findet Abs. 5 keine Anwendung (aA Rust/Falke-Bittner, § 19 Rn. 133; Armbrüster, in: Rudolf/Mahlmann, GlBR, § 7 Rn. 86). Wenn die Haushalts- oder Pflegekraft auf der Nachfragerseite steht, kommt § 19 Abs. 5 gar nicht in Betracht. Adressat des zivilrechtlichen Diskriminierungsverbots iSd § 2 Abs. 1 Nr. 8 („Zugang zu" und „Versorgung mit") ist der Anbieter eines Gutes oder einer Dienstleistung, der einen Nachfrager benachteiligen will. Wer eine Stelle für eine Haushaltshilfe oder Pflegekraft anbietet, offeriert hingegen einen Arbeitsplatz und fällt damit unter die Vorschriften des zweiten Abschnitts des AGG (Schutz der Beschäftigten vor Benachteiligung), für den § 19 Abs. 5 nicht gilt. Nur wenn die Haushalts- oder Pflegekraft auf der Anbieterseite steht, ist überhaupt der Anwendungsbereich des § 19 Abs. 5 eröffnet. Zwar soll auch dann ein Beschäftigungsverhältnis begründet werden, jedoch geht es diesmal nicht um die Diskriminierung des Arbeitnehmers, sondern um die des Arbeitgebers, die vom zweiten Abschnitt nicht erfasst wird. Das Dienstleistungsangebot der Haushalts- oder Pflegekraft berührt indessen nicht ihr Privat- oder Familienleben, sondern nur ihr Berufsleben. Etwas anderes mag für Schuldverhältnisse iSd § 2 Abs. 1 Nr. 5–7 gelten, da das Diskriminierungsverbot hier auch für den Nachfragenden gilt. Abhängig davon, ob zB der Nachhilfeunterricht in der Privatwohnung des Lehrers oder des Schülers stattfindet, kann sich entweder der Lehrende oder der Lernende auf den Schutz seiner Privatsphäre berufen, da diese auch in räumlicher Hinsicht geschützt wird (Abs. 5 S. 2). Für die Prostitution wird Abs. 5 schon deshalb nicht relevant, weil der Vertrag ohnehin keine Verpflichtung der Prostituierten begründet (Palandt-Ellenberger, BGB Anh. § 138 ProstG § 1 Rn. 2). Ob die Auswahl neuer Gesellschafter einer Personengesellschaft unter Abs. 5 fällt (so Bauer/Krieger, § 19 Rn. 19; Gaier/Wendtland, Rn. 48; Palandt-Grüneberg, § 19 Rn. 8; zweifelnd PWW/Lingemann, § 19 Rn. 11), kann dahinstehen, weil es sich hier nicht um ein Schuldverhältnis iSd § 2 Abs. 1 Nr. 5–8 handelt. Als (Finanz-)Dienstleistung vom Benachteiligungsverbot, nicht aber von Abs. 5 erfasst ist dagegen die Beteiligung an einer Kapitalgesellschaft, es sei denn, die Anteile werden in einem engen familiären Rahmen gehalten (Erman/Armbrüster, § 19 Rn. 36).

68 Auch bei der Auslegung des Begriffs „**Angehörige**" ist der Zweck der Vorschrift zu beachten, den Schutz der Privatsphäre und des Familienlebens sowie der in diesem Kontext getätigten Geschäfte zu gewährleisten (Antirassismusrichtlinie Erwägungsgrund 4). Es sind daher auf jeden Fall die Mitglieder des engeren Familienkreises, nämlich Eltern, Kinder, Ehe- und Lebenspartner und Geschwister gemeint (Palandt-Grüneberg, § 19 Rn. 8; PWW/Lingemann, § 19 Rn. 11; für die Einbeziehung auch entfernterer Verwandter: Rust/Falke-Eggert, § 19 Rn. 147; MüKo-Thüsing, § 19 Rn. 110). Im Wesentlichen dürfte Übereinstimmung mit dem Begriff der Familienangehörigen iSd § 573 Abs. 2 Nr. 2 BGB bestehen (BT-Drs. 16/1780, 42), so dass auch Nichten und Neffen einzubeziehen sind (BGH 27.1.2010 – VIII ZR 159/09 – NJW 2010, 1290, 1291 mit Verweis auf die Regelungen über

das Zeugnisverweigerungsrecht). Bei entfernteren Verwandten ist als zusätzliches Kriterium auf die konkrete persönliche oder soziale Bindung im Einzelfall abzustellen (BGH 27.1.2010 – VIII ZR 159/09 – NJW 2010, 1290, 1291; Rust/Falke-Eggert, § 19 Rn. 147; MüKo-Thüsing, § 19 Rn. 110). Auch der nichteheliche nichtlebenspartnerschaftliche Lebensgefährte dürfte unter diesen Bedingungen geschützt sein (Rust/Falke-Bittner, § 19 Rn. 132; Gaier/Wendtland, Rn. 47).

2. Sonderregelung für Wohnungsmiete (S. 2)

69 Der zweite Satz, dass bei **Mietverhältnissen** ein besonderes Nähe- und Vertrauensverhältnis insbesondere dann bestehen kann, wenn die Parteien oder ihre Angehörigen **Wohnraum auf demselben Grundstück** nutzen, hat keine konstitutive Bedeutung, sondern dient nur der Klarstellung. Geschützt wird – der Sache nach nicht unbedingt überzeugend – nur die Privatsphäre des Vermieters und seiner Angehörigen, nicht die seiner Mieter. Die Angehörigen (zum Begriff → Rn. 68) werden auch dann geschützt, wenn die Privatsphäre des Vermieters selbst nicht berührt wird, weil er zB an einem anderen Ort lebt und die Angehörigen nie besucht (so auch MüKo-Thüsing, § 19 Rn. 110, 117; aA Gaier/Wendtland, Rn. 47). Das Wort „kann" ist wörtlich zu nehmen: Das Wohnen auf demselben Grundstück führt möglicher-, aber nicht notwendigerweise ein besonderes Nähe- und Vertrauensverhältnis herbei (anders anscheinend BT-Drs. 16/1780, 43). Eine formalistische Betrachtung, die trotz fehlender Nähe allein auf die Identität der Parzelle abstellt, würde weder dem Schutzzweck des Abs. 5, der nur Eingriffe in den engsten, privaten Lebensbereich verhindern will (amtliche Begründung S. 42), noch den entsprechenden Vorgaben der RL 2000/43/EG und RL 2004/113/EG gerecht. Selbst eine widerlegbare Vermutung eines besonderen Näheverhältnisses bei Wohnen auf demselben Grundstück (Armbrüster, in: Rudolf/Mahlmann, GlBR, § 7 Rn. 88) wird weder vom Wortlaut noch vom Zweck des Gesetzes gedeckt. Sicherlich vom Benachteiligungsverbot befreit ist zB, wer Untermieter in eine selbstgenutzte Wohnung oder ein selbstgenutztes Einfamilienhaus aufnehmen will (Nollert-Borasio/Perreng, Rn. 9). Andererseits ist der Eigentümer eines großen Wohnblocks, der ein Penthouse auf dem Dach oder ein auf derselben Parzelle gelegenes Einfamilienhaus bewohnt, nicht befreit. In anderen Fällen, insbesondere wenn der Eigentümer eines Mehrfamilienhauses eine der Wohnungen selbst oder für seine Angehörigen nutzt, wird stets eine **Einzelfallprüfung** stattfinden müssen, ob die Atmosphäre zwischen den Hausbewohnern von besonderer Nähe und Vertrauen geprägt ist (so auch Rust/Falke-Eggert, § 19 Rn. 140; Gaier/Wendtland, Rn. 48; MüKo-Thüsing, § 19 Rn. 113; auf das Kriterium der „nahezu täglichen Begegnung" abstellen will Hey/Forst-Weimann, § 19 Rn. 305 ff.). Dies dürfte hauptsächlich von der Zahl der Wohnungen abhängen und bei mehr als vier Wohneinheiten in der Regel nicht mehr in Betracht kommen, weil in größeren Häusern zumeist Anonymität herrscht (U.S. Civil Rights Act von 1968, 42 U.S.C. 3601 ff., Sec. 803 (b) (2): Ausgenommen vom housing-Diskriminierungsverbot sind vom Eigentümer bewohnte Häuser mit nicht mehr als drei anderen Wohnungen). Jedoch kommt auch in größeren Häusern ein besonderes Näheverhältnis des Vermieters zu den Bewohnern der

an seine Wohnung unmittelbar angrenzenden Wohnungen in Betracht (MüKo-Thüsing, § 19 Rn. 114). Für eine analoge Anwendung des Abs. 5 bei enger räumlicher Verbindung von Wohnraum, der auf verschiedenen Grundstücken liegt, so zB bei Reihenhäusern (dafür Armbrüster, in: Rudolf/Mahlmann, GlBR, § 7 Rn. 90), ist angesichts des Ausnahmecharakters der Vorschrift kein Raum. Im Falle eines besonderen Näheverhältnisses soll dem Vermieter insbesondere kein Vertragspartner aufgezwungen werden. Zugleich sind damit Ansprüche auf Ersatz von Schäden ausgeschlossen, die auf die Vertragsverweigerung zurückzuführen sind (BT-Drs. 16/1780, 43).

3. Großvermietung als Fall des § 19 Abs. 1 Nr. 1 (S. 3)

70 S. 3 zieht eine quantitative Obergrenze (50 Wohnungen), bis zu der die Wohnraumvermietung in der Regel noch kein Geschäft iSd Abs. 1 Nr. 1 darstellt. Gesetzessystematisch gehört diese Regelung daher eigentlich dorthin und nicht in Abs. 5. Die **Vermietung von Wohnraum** ist ein den Massengeschäften iSd § 19 Abs. 1 Nr. 1 vergleichbares Geschäft, wenn sie **in großem Umfang**, insbes. von **Wohnungsunternehmen** betrieben wird. In der amtlichen Begründung (BT-Drs. 16/1780, 42) heißt es zutreffend, dass es sich bei der Überlassung von Räumen meist nicht um Massengeschäfte im Sinne der ersten Alternative handeln wird, weil die Anbieter von Wohn- und Geschäftsräumen ihren Vertragspartner regelmäßig individuell nach vielfältigen Kriterien aus dem Bewerberkreis auswählen. Jedoch werde vielfach die zweite Alternative (nachrangige Bedeutung des Ansehens der Person) eingreifen, wenn ein großer Wohnungsanbieter eine Vielzahl von Wohnungen anbiete. Die Wohnungsbaugesellschaften haben demgegenüber im Gesetzgebungsverfahren geltend gemacht, dass sie in jedem Einzelfall auf die Verträglichkeit des neuen Mieters mit der vorhandenen Gemeinschaft achten (Stellungnahme des GdW S. 5). Diesem Einwand ist der Gesetzgeber für Großvermieter jedoch nicht gefolgt. Nicht nur aus der den Willen des Gesetzgebers erhellenden Begründung (teleologische Auslegung), sondern auch aus der Gesetzessystematik (systematische Auslegung) ergibt sich, dass große Vermieter dem zivilrechtlichen Benachteiligungsgebot unterworfen sein sollen. Denn das für sämtliche in § 1 genannten Diskriminierungsmerkmale geltende Benachteiligungsverbot des § 19 Abs. 1 Nr. 1 iVm § 2 Abs. 1 Nr. 8, das gerade auch Benachteiligungen in Bezug auf Wohnraum verbietet, würde hinsichtlich aller verpönten Merkmale außer „Rasse" und ethnische Herkunft (§ 19 Abs. 2) leerlaufen, wenn nicht wenigstens die Großvermieter Verbotsadressaten wären. Auch wenn es in der Beschlussempfehlung des Rechtsausschusses zur Begründung der Einführung der Grenzzahl von 50 Wohnungen heißt, „der Nachweis, dass auch größere Vermieter dem Ansehen der Person des konkreten Mieters mehr als nur nachrangige Bedeutung beimessen", bleibe möglich (BT-Drs. 16/2022, 13), ist ein solcher Nachweis mit dem Gesetzeszweck grundsätzlich nicht vereinbar (aA Armbrüster, in: Rudolf/Mahlmann, GlBR, § 7 Rn. 55; Bauer/Krieger, § 19 Rn. 21; Rust/Falke-Eggert, § 19 Rn. 151 f.; MüKo-Thüsing, § 19 Rn. 119, 121; Hey/Forst-Weimann, § 19 Rn. 344). Eine Anwendbarkeit des Benachteiligungsverbots trotz Vermietung von weniger als 50 Wohnungen ist dagegen bei Kleinvermietern mit der Rechts-

form einer juristischen Person anzunehmen (so auch Rust/Falke-Eggert, § 19 Rn. 155 ff.).

71 Die **Grenze** zwischen großen und kleinen Vermietern hat der Gesetzgeber bei **50 Wohnungen** gezogen, indem er in § 19 Abs. 5 S. 3 die – widerlegbare (Ausschuss-Drs. 16(11)337 S. 3) – Vermutung statuiert hat, dass die Vermietung von Wohnraum kein Geschäft iSd Abs. 1 Nr. 1 ist, wenn der Vermieter (nicht der ggf. beauftragte Hausverwalter) insgesamt nicht mehr als 50 Wohnungen vermietet (zur Berechnung des Bestandes s. Hinz, ZMR 2006, 826, 827). Der Antirassismusrichtlinie, die auch bei Individualgeschäften keine Diskriminierung erlaubt, hat der Gesetzgeber durch § 19 Abs. 2 Rechnung getragen. Dagegen besteht hinsichtlich der **Gender-Richtlinie Zivilrecht** ein Umsetzungsdefizit. Zwar bezieht sich diese Richtlinie nur auf Güter und Dienstleistungen, die der Öffentlichkeit (gänzlich) ohne Ansehen der Person zur Verfügung stehen (Art. 3 Abs. 1), bezieht also die zweite Alternative des § 19 Abs. 1 Nr. 1 (nachrangige Bedeutung der Person) nicht mit ein, und nennt im Gegensatz zur Antirassismusrichtlinie den Wohnraum im Regelungstext nicht ausdrücklich. Erwägungsgrund 16, wonach eine unterschiedliche Behandlung bei der Vermietung von Wohnraum zum Schutz der Privatsphäre ausnahmsweise zulässig sein kann, wenn der Eigentümer selbst in der Wohnstätte wohnt, zeigt jedoch, dass das Diskriminierungsverbot der Richtlinie selbst diesen Fall (Vermietung selbst genutzten Wohnraums) zunächst erfasst und die unterschiedliche Behandlung erst im Wege der Rechtfertigung (Art. 4 Abs. 5) für ausnahmsweise zulässig erklärt. Da ein legitimer Zweck, der Abs. 5 S. 3 rechtfertigen könnte, jedoch nicht ersichtlich ist, und die Zahl von 50 Wohnungen deutlich über den Bereich des Privat- und Familienlebens (Art. 3 Abs. 1) hinausgeht, ist die Regelung insoweit europarechtswidrig und unterliegt für Fälle der Geschlechterdiskriminierung dem **unionsrechtlichen Anwendungsverbot** (so auch Schiek-Schiek, → § 19 Rn. 26; Berghahn/Klapp/Tischbirek, Evaluation des AGG, S. 115 f.; aA Hey/Forst-Weimann, § 19 Rn. 323).

Für die Merkmale Religion, Behinderung, Alter und sexuelle Identität, dürfte Abs. 5 S. 3 mit dem europarechtlichen Gleichheitsgrundsatz (vgl. EuGH 12.12.2002 – Rs. C-442/00 (Rodriguez Caballero/Fondo de Garantia Salarial) – NZA 2003, 211) und mit Art. 3 Abs. 1 GG vereinbar sein, da dem Gesetzgeber insoweit ein weiter Gestaltungsspielraum bei der Entscheidung zusteht, welche Merkmale maßgebend für eine Ungleichbehandlung sind; als Differenzierungsgrund kommt jede vernünftige Erwägung in Betracht (st. Rspr. BVerfG; zB BVerfG 6.6.2011 – 1 BvR 2712/09 – NJW 2011, 2869, 2870). Als solche reicht aus, dass zum einen nur Großvermieter über eine Marktstärke verfügen, die insgesamt zu erheblichen gruppenspezifischen Ausgrenzungen führen kann (Neuner, JZ 2003, 57, 63), und dass zum anderen ein großer Vermieter, weil er zu seinen Mietern ein weniger persönliches Verhältnis pflegt als ein kleiner, das Diskriminierungsverbot in geringerem Maße als belastend empfindet. Eine analoge Anwendung des Schwellenwerts von 50 Schuldverhältnissen auf Kauf-, Werk- oder Dienstverträge (so Bauer/Krieger, § 19 Rn. 22) scheitert nicht nur am Ausnahmecharakter der Vorschrift und der Frage, auf welchen zeitlichen Rahmen sich diese „Faustregel“ beziehen sollte, sondern auch daran, dass

Abs. 5 S. 3 gerade als Spezialregelung für die Wohnungsvermieter eingeführt wurde (Erman/Armbrüster, § 19 Rn. 45).

72 Die Vermutung, dass ein Vermieter mit nicht mehr als 50 Wohnungen keine Geschäfte iSd Abs. 1 Nr. 1 betreibt, gilt nicht für die Vermietung zum nur **vorübergehenden Gebrauch** (§ 549 Abs. 2 Nr. 1 BGB), also zB nicht für die Vermietung von Hotelzimmern oder Ferienwohnungen. Hier ist bei einem Vertragsschluss über das Internet sogar von einem Massengeschäft iSd Abs. 1 Nr. 1 Alt. 1 (BT-Drs. 16/1780, 42) und im Übrigen regelmäßig auch dann von einem massengeschäftsähnlichen Vertrag auszugehen (Abs. 1 Nr. 1 Alt. 2), wenn der Vermieter weniger als 50 Einheiten vermietet (Rust/Falke-Eggert, § 19 Rn. 162).

73 Auch Unternehmen mit **Werkwohnungen** haben eine Vielzahl von Wohnungen zu vergeben, jedoch gilt für sie, weil der weite unionsrechtliche Entgeltbegriff die Sozialleistungen des Arbeitgebers umfasst, nicht das zivilrechtliche, sondern das schärfere arbeitsrechtliche Diskriminierungsverbot der §§ 2 Nr. 2, 7, bei dem die für das Zivilrecht gegebene Rechtfertigungsmöglichkeit des sachlichen Grundes (§§ 20 Abs. 1 S. 1, 19 Abs. 3) fehlt. Das hindert das Unternehmen aber nicht daran, Auswahlkriterien wie zB Dauer der Betriebszugehörigkeit oder Bedürftigkeit festzulegen, solange diese keine ungerechtfertigte mittelbare Benachteiligung wegen eines verpönten Merkmals darstellen (§ 3 Abs. 2).

§ 20 Zulässige unterschiedliche Behandlung

(1) [1]Eine Verletzung des Benachteiligungsverbots ist nicht gegeben, wenn für eine unterschiedliche Behandlung wegen der Religion, einer Behinderung, des Alters, der sexuellen Identität oder des Geschlechts ein sachlicher Grund vorliegt. [2]Das kann insbesondere der Fall sein, wenn die unterschiedliche Behandlung

1. der Vermeidung von Gefahren, der Verhütung von Schäden oder anderen Zwecken vergleichbarer Art dient,
2. dem Bedürfnis nach Schutz der Intimsphäre oder der persönlichen Sicherheit Rechnung trägt,
3. besondere Vorteile gewährt und ein Interesse an der Durchsetzung der Gleichbehandlung fehlt,
4. an die Religion eines Menschen anknüpft und im Hinblick auf die Ausübung der Religionsfreiheit oder auf das Selbstbestimmungsrecht der Religionsgemeinschaften, der ihnen zugeordneten Einrichtungen ohne Rücksicht auf ihre Rechtsform sowie der Vereinigungen, die sich die gemeinschaftliche Pflege einer Religion zur Aufgabe machen, unter Beachtung des jeweiligen Selbstverständnisses gerechtfertigt ist.

(2) [1]Kosten im Zusammenhang mit Schwangerschaft und Mutterschaft dürfen auf keinen Fall zu unterschiedlichen Prämien oder Leistungen führen. [2]Eine unterschiedliche Behandlung wegen der Religion, einer Behinderung, des Alters oder der sexuellen Identität ist im Falle des § 19 Abs. 1 Nr. 2 nur zulässig, wenn diese auf anerkannten Prinzipien risikoadäquater

Kalkulation beruht, insbesondere auf einer versicherungsmathematisch ermittelten Risikobewertung unter Heranziehung statistischer Erhebungen.

I. Überblick

1 Die Gleichbehandlungsrichtlinien schreiben den Schutz vor Benachteiligungen im Zivilrecht in unterschiedlicher Weise vor, was sich auf die Möglichkeiten der Rechtfertigung auswirkt. Für die Merkmale Religion oder Weltanschauung, Behinderung, Alter und sexuelle Identität ist nach der Rahmenrichtlinie kein zivilrechtlicher Schutz geboten. Insoweit unterliegt der Gesetzgeber bei „überobligationsmäßiger" Einbeziehung dieser Merkmale keinerlei Richtlinienvorgaben und kann deshalb durch Schaffung von weitgehenden Rechtfertigungsgründen den Schutz auch wieder einschränken. Trotz fehlender europäischer Restriktionen bleibt der Gesetzgeber aber an das **Grundgesetz** gebunden. Nach **Art. 3 Abs. 3 GG** ist die Schaffung privatrechtlicher Diskriminierungsverbote nicht eindeutig vorgegeben, sondern streitig (ausführlich dazu Britz, VVDStRL Bd. 64, 355, 360 ff. mwN). Anders als die Rahmenrichtlinie erfasst Art. 3 Abs. 3 GG mit der **„Religion"** (**religiöse Anschauungen**) und der **„Behinderung"** zudem nur einen Ausschnitt der Richtlinien-Merkmale und nennt weder das „Alter" noch die „sexuelle Identität". Soweit der Gesetzgeber in § 19 ein privatrechtliches Diskriminierungsverbot in Bezug auf die Merkmale der Rahmenrichtlinie eingeführt hat, stand ihm dabei ein weiter Gestaltungsspielraum auch bei der Schaffung einschränkender Regelungen zu. Gebunden ist er insoweit nur an **Gründe der Rechtsetzungsgleichheit** (Stellungnahme Mahlmann Teil II – Anlagen zum Wortprotokoll, 187, 192, Protokoll Nr. 15/51), um einen möglichst einheitlichen, nicht willkürlich differenzierenden Diskriminierungsschutz zu gewährleisten. Diesen Anforderungen dürfte die Regelung in **§ 20 Abs. 1** genügen, da sie im Hinblick auf die Merkmale der Rahmenrichtlinie eine **einheitliche** und **gemeinsame** Einschränkung vorsieht.

2 Für das Merkmal **„Geschlecht“** ist der zivilrechtliche Schutz durch Art. 3 Abs. 1 der Gender-Richtlinie Zivilrecht für Güter und Dienstleistungen, „die der Öffentlichkeit ohne Ansehen der Person zur Verfügung stehen“, vorgeschrieben. Im Text dieser Richtlinie ist eine Einschränkungsmöglichkeit in Art. 4 Abs. 5 ausdrücklich erwähnt. Ebenso enthalten die Erwägungsgründe 12, 16 und 17 entsprechende Anhaltspunkte. Diese werden in der amtlichen Begründung aufgegriffen (BT-Drs. 16/1780, 43) und zur Grundlage für die in § 20 Abs. 1 getroffene gesetzgeberische Entscheidung gemacht, wonach es **einen einheitlichen und gemeinsamen Rechtfertigungsgrund** für Benachteiligungen wegen des Geschlechts und wegen der in der Rahmenrichtlinie genannten Merkmale gibt (kritisch zu dieser Konzeption insbesondere im Hinblick auf den staatlichen Förderauftrag zur Geschlechtergleichberechtigung in Art. 3 Abs. 2 S. 2 GG die Stellungnahme des Deutschen Juristinnenbundes, Teil II – Anlagen zum Wortprotokoll, 595, 602, Protokoll Nr. 15/51). Der staatliche Forderauftrag in Art. 3 Abs. 2 S. 2 GG hinsichtlich der Geschlechtergleichberechtigung könnte hier tatsächlich bezüglich der Ausgestaltung eines privatrechtlichen Diskriminierungsverbots weitergehende Vorgaben als Art. 3 Abs. 3 GG enthalten (ausführlich dazu Britz VVDStRL Bd. 64, 355, 364 f. mwN). Folge wäre, dass der Gesetzgeber durchaus zwischen geschlechtsbezogenen Benachteiligungen einerseits und solchen wegen Merkmalen der Rahmenrichtlinie andererseits hätte differenzieren können. Dem würden auch nicht die Vorgaben der Gender-Richtlinie Zivilrecht entgegenstehen, zumal ihr Art. 7 Abs. 1 den Mitgliedstaaten ua ausdrücklich die Einführung von Vorschriften gestattet, die günstiger als die Richtlinienvorgaben sind (→ § 19 Rn. 5 f.).

3 Bei der Antirassismusrichtlinie fehlt zum einen im Hinblick auf Güter und Dienstleistungen, die in der Gender-Richtlinie Zivilrecht vorgesehene Restriktion, dass diese „ohne Ansehen der Person“ der Öffentlichkeit zur Verfügung stehen müssen (**Art. 3 Abs. 1 lit. h**). Bei **unmittelbaren Benachteiligungen** aus Gründen **der Rasse** oder wegen **der ethnischen Herkunft** besteht zum anderen im zivilrechtlichen Geltungsbereich dieser Richtlinie ausdrücklich nur eine Rechtfertigungsmöglichkeit nach Art. 5 aufgrund positiver Maßnahmen, während bei **mittelbaren Benachteiligungen** nach Art. 2 Abs. 2 lit. b Sachgründe für eine unterschiedliche Behandlung bereits auf der Tatbestandsebene in Betracht kommen. Dementsprechend lässt § 20 Abs. 1 das Benachteiligungsverbot des § 19 Abs. 2 unberührt (amtliche Begründung BT-Drs. 16/1780, 43). Eine Begrenzung des diesbezüglichen Schutzes hat der Gesetzgeber gleichwohl vorgenommen, und zwar durch den besonderen Rechtfertigungsbestand des § 19 Abs. 3 für Wohnungsmietverträge (→ § 19 Rn. 46 ff.) und über eine auf den Erwägungsgrund 4 der Richtlinie gestützte Beschränkung des Anwendungsbereichs in § 19 Abs. 5 S. 1 (zur Frage der Zulässigkeit dieser Einschränkung → § 19 Rn. 66 f.).

4 § 20 Abs. 1 normiert einen Rechtfertigungsgrund in Bezug auf **unmittelbare Benachteiligungen im Sinne von § 3 Abs. 1 sowie Anweisungen zu Benachteiligungen gem. § 3 Abs. 5** wegen der Religion, einer Behinderung, des Alters, der sexuellen Identität oder des Geschlechts. Liegen seine Voraussetzungen vor, ist eine Verletzung des Benachteiligungsverbots nach

§ 19 Abs. 1 nicht gegeben; etwaige Ansprüche aus § 21 entfallen. Bei einer Belästigung im Sinne von § 3 Abs. 4 kommt eine Rechtfertigung regelmäßig nicht in Betracht, weil sie immer sozial verwerflich ist (amtliche Begründung BT-Drs. 16/1780, 35).

5 Die Regelung findet nur auf **unmittelbare Benachteiligungen** Anwendung, nicht hingegen auf mittelbare Benachteiligungen im Sinne von § 3 Abs. 2. Hier sind Fragen der zulässigen Ungleichbehandlung bereits auf der Tatbestandsebene und nicht erst der Ebene der Rechtfertigung zu prüfen (amtliche Begründung BT-Drs. 16/1780, 43; aA Adomeit/Mohr, § 20 Rn. 3). Auf Rechtfertigungsgründe nach § 20 kommt es regelmäßig nicht mehr an (amtliche Begründung BT-Drs. 16/1780, 33).

6 Bei Mehrfachdiskriminierungen ist § 4 zu beachten (s. die dortigen Erläuterungen). Dort wird klargestellt, dass bei Benachteiligungen wegen mehr als einem Merkmal jeder der entsprechenden Gründe einer eigenen Rechtfertigung bedarf. Ist etwa eine behinderte Frau betroffen, so bedarf nicht nur die Benachteiligung wegen des Geschlechts, sondern auch die wegen der Behinderung der Rechtfertigung nach § 20 Abs. 1.

7 Obwohl die §§ 19 ff. sondergesetzlich im AGG geregelt sind, stellen sie grundsätzlich einen Bestandteil der als Einheit zu sehenden Privatrechtsordnung dar (amtliche Begründung BT-Drs. 16/1780, 45). Deren Prinzipien werden nicht verdrängt, was § 32 zusätzlich deutlich macht. Andere Rechtfertigungsmöglichkeiten können daher neben § 20 bestehen; allerdings ist etwa für die **Rechtfertigungsgründe nach §§ 227 ff. BGB** (insbes. **Notwehr**) kein Anwendungsbereich ersichtlich.

8 Da die Vorschrift als Rechtfertigungsgrund ausgestaltet ist, muss nach allgemeinen zivilprozessualen Grundsätzen der Anbieter die Zulässigkeit der unterschiedlichen Behandlung darlegen und beweisen (amtliche Begründung BT-Drs. 16/1780, 43).

II. Rechtfertigung durch sachlichen Grund (Abs. 1 S. 1)

9 § 20 Abs. 1 S. 1 enthält den Grundsatz, dass Unterscheidungen zulässig sind, für die ein sachlicher Grund vorliegt. Nach der amtlichen Begründung bedarf die Feststellung eines sachlichen Grundes einer **wertenden Beurteilung im Einzelfall** nach den Grundsätzen von Treu und Glauben und entzieht sich einer abschließenden Konkretisierung. Sachliche Gründe können sich zunächst aus dem Charakter des Schuldverhältnisses ergeben. Die relevanten Umstände können aus der Sphäre desjenigen stammen, der die Unterscheidung trifft, aber auch aus der des Betroffenen (amtliche Begründung BT-Drs. 16/1780, 43).

10 Auslegung und Konkretisierung des etwas konturenlosen Begriffs des „sachlichen Grundes“ werden dadurch erleichtert, dass § 20 Abs. 1 S. 2 **Regelbeispiele** nennt, die die wichtigsten Fallgruppen umreißen. Wie die Verwendung des Wortes „insbesondere“ im Gesetzestext zeigt, haben die in § 20 Abs. 1 S. 2 Nr. 1–4 enthaltenen Fälle keinen abschließenden Charakter, sondern geben lediglich eine Richtschnur und Orientierungshilfe bei der Auslegung des Merkmals „sachlicher Grund“ (amtliche Begründung BT-Drs. 16/1780, 43). Insoweit illustrieren sie aber den Grad der geforder-

ten Prüfungsintensität (Schiek-Schiek, § 20 Rn. 3). Diese Regelungstechnik, mit einem allgemeinen Rechtfertigungstatbestand und Regelbeispielen als nicht abschließender Typisierung, soll es erlauben viele Standardfälle problemlos über die Regelbeispiele zu lösen, während bei problematischen Fällen eine sachgerechte Abwägung im Einzelfall ermöglicht wird (so Rühl/Schmid/Viethen, S. 132 Fn. 96; dagegen skeptisch mit Blick auf die Rechtsanwendung, wegen der Anhäufung von unbestimmten Rechtsbegriffen in § 20 Abs. 1 S. 1 und den nachfolgenden Regelbeispielen, MüKo-Thüsing, § 20 Rn. 9; instruktiv dazu auch Rath/Rütz, NJW 2007, 1498, die einen erheblichen Begründungsaufwand in der Anwendung der Vorschrift gerade bei alltäglichen Fallgestaltungen sehen). In der Praxis ist daher in einem ersten Schritt zu prüfen, ob ein Fall der Nr. 1–4 vorliegt.

11 Für den Fall, dass kein Regelbeispiel erfüllt ist, stellt sich die Frage, inwieweit sich Anbietende auf sachliche Gründe berufen können. Angesichts des gesetzlichen Ziels (§ 1), nicht nur symbolischen, sondern im Einzelfall wirksamen Schutz vor Benachteiligungen zu gewährleisten, müssen die sachlichen Gründe **von einigem Gewicht** und von diesem her auch mit einem Regelbeispiel vergleichbar sein (Armbrüster, in: Rudolf/Mahlmann, GlBR, § 7 Rn. 135). Dabei können auch Art. 4 Abs. 5 und der Erwägungsgrund 16 der Gender-Richtlinie Zivilrecht zur Auslegung herangezogen werden. Diese beziehen sich zwar nur auf das Merkmal Geschlecht. Da das AGG aber für dieses Merkmal und die übrigen Merkmale der Rahmenrichtlinie in § 20 einen einheitlichen und gemeinsamen Rechtfertigungsgrund vorsieht (→ Rn. 2), sind die hier enthaltenen Maßstäbe für Einschränkungen auch hinsichtlich der übrigen Merkmale anwendbar. Danach kann eine unterschiedliche Behandlung durch ein legitimes Ziel gerechtfertigt sein, soweit die Mittel zur Zielerreichung angemessen und erforderlich sind. Der Grundsatz der Verhältnismäßigkeit ist daher schon als ungeschriebene Tatbestandsvoraussetzung in § 20 Abs. 1 S. 1 hineinzulesen (im Ergebnis ebenso Stork, ZEuS 2005, 1, 43; MüKo-Thüsing, § 20 Rn. 12; Rust/Falke-Bittner, § 20 Rn. 6; Schiek-Schiek, § 20 Rn. 2; für eine ausdrückliche Aufnahme des Verhältnismäßigkeitsgrundsatzes im Gesetzestext, Antidiskriminierungsstelle des Bundes (Hrsg.), Evaluation des AGG, S. 121). Die Gegenmeinung stellt ausschließlich auf den Wortlaut des § 20 Abs. 1 S. 1 ab, der im Vergleich zu §§ 8 Abs. 1, 3 Abs. 2 eine Verhältnismäßigkeitsprüfung nicht ausdrücklich erwähnt (Bauer/Krieger, § 20 Rn. 6; Adomeit/Mohr, § 20 Rn. 14). Dabei bleibt aber die Möglichkeit einer europarechtskonformen Auslegung im Lichte des Art. 4 Abs. 5 der Gender-Richtlinie Zivilrecht unberücksichtigt.

Schließlich ist auch zu berücksichtigen, dass Rechtfertigungstatbestände grundsätzlich eng auszulegen sind. Dies folgt aus der in § 1 festgelegten Zielsetzung des Gesetzes (MüKo-Thüsing, § 20 Rn. 6 mwN).

III. Gesetzliche Beispielsfälle

1. Abs. 1 S. 2 Nr. 1

12 § 20 Abs. 1 S. 2 Nr. 1 rechtfertigt eine unterschiedliche Behandlung, wenn sie der **Vermeidung von Gefahren, der Verhütung von Schäden** oder **anderen Zwecken vergleichbarer Art** dient. Wie die Verwendung der Formulie-

rung „oder anderen Zwecken vergleichbarer Art" zeigt, sind Gefahrenvermeidung und Schadenverhütung nicht abschließend zu verstehen. Die amtliche Begründung stellt bei **Nr. 1** insbesondere auf die Notwendigkeit ab, die Beachtung von **Verkehrssicherungspflichten** (dazu im Einzelnen Palandt-Sprau, BGB § 823 Rn. 45 ff.) bei Massengeschäften durchzusetzen (BT-Drs. 16/1780, 43). Die Vorschrift trägt damit zum einen den Interessen von Anbietenden Rechnung, Haftungsrisiken auszuschließen, die sich bei einer Beachtung des Benachteiligungsverbots aus § 19 Abs. 1 ergeben könnten, und berücksichtigt zum anderen das Interesse an Schadensverhütung auf der Nachfrageseite sowie bei Dritten und der Allgemeinheit (Gaier/Wendtland, Rn. 101). Beispiele sind hier Freizeitparks und Jahrmärkte, wo es erforderlich sein kann, den Zugang zu Fahrangeboten, Schiffsschaukeln uÄ für Menschen mit einer körperlichen Behinderung zu beschränken oder auf Begleitpersonen zu bestehen. Eine Verpflichtung zur Schaffung eines entsprechenden Angebots zur Vermeidung von Gefahren für behinderte Menschen, beispielsweise durch Absenkung von Geschwindigkeiten entsprechender Fahrgeschäfte besteht dagegen nicht (Armbrüster, in: Rudolf/Mahlmann, GlBR, § 7 Rn. 141; Rühl/Schmid/Viethen, S. 135 f.). Unter Beachtung des Verhältnismäßigkeitsgrundsatzes kann aber das Bestehen auf einer Begleitperson im Vergleich zum völligen Benutzungsausschluss das mildere Mittel sein, um das Ziel der Schadensvermeidung zu erreichen (so Schiek-Schiek, § 20 Rn. 4; AG Augsburg 15.2.2016 – 17 C 4503/15 im Hinblick auf den Zutritt einer sehbehinderten Frau zu einem Erlebnisbad).

13 Bei Flugreisen können im Rahmen der Nr. 1 die Ausnahmen der europäischen Verordnung über die Rechte von behinderten Flugreisenden und Flugreisenden mit eingeschränkter Mobilität Berücksichtigung finden (VO (EG) 1107/2006, ABl. Nr. L 204, 1 ff. v. 26.7.2006; eingehend dazu Franke, ZESAR 2009, 22 ff.). Die Verordnung regelt eine grundsätzliche Beförderungspflicht für den genannten Personenkreis, von der Art. 4 Abs. 1 lit. a, b aber Ausnahmen vorsieht. Eine Buchung kann aus Gründen der Behinderung oder eingeschränkten Mobilität des Fluggastes verweigert werden, um geltenden gesetzlichen oder behördlichen Sicherheitsanforderungen nachzukommen (Art. 4 Abs. 1 lit. a VO (EG) 1107/2006) oder weil eine Anbordnahme aus technischen Gründen (Größe des Luftfahrzeugs oder der Türen) bzw. die Beförderung physisch unmöglich ist (Art. 4 Abs. 1 lit. b VO (EG) 1107/2006). Soweit solche Sicherheitsanforderungen beispielsweise die Vorlage eines Flugtauglichkeitsattests bei Menschen mit bestimmten Behinderungen vorschreiben, kann die Fluggesellschaft bei einer Weigerung die Buchung oder Anbordnahme ablehnen.

14 Ein weiteres Beispiel für eine zulässige unterschiedliche Behandlung wegen des Geschlechts im Rahmen von Nr. 1 sind Flugreisebeschränkungen für Schwangere (Palandt-Grünberg, § 20 Rn. 3). Nach Auffassung des LG Bremen kann das Tragen eines Kopftuchs aus religiösen Motiven in einem Fitnessstudio aus Gründen der Gesundheitsgefahr zur Verhinderung von Verletzungen beim Training untersagt werden (LG Bremen NJW-RR 2014, 206). Wiederholt waren die Gerichte auch mit der Mitnahme von Elektromobilen (sog E-Scootern) in Bussen befasst, die für gehbehinderte Menschen ein wichtiges Hilfsmittel zur eigenständigen Fortbewegung darstel-

len. Das OLG Schleswig sah ein pauschales und undifferenziertes Verbot von Elektromobilen in Bussen nicht durch § 20 Abs. 1 Nr. 1 gerechtfertigt, weil es die möglichen Gefahren durch den Transport solcher Mobile nicht hinreichend belegt sah (OLG Schleswig NJW-RR 2016, 749 mit zust. Anm. Welti/Wenckebach, VuR 2016, 194). Demgegenüber haben sowohl das OVG Münster (15.6.2015 – 13 B 159/15) als auch das LG Kiel (12.8.2016 – 17 O 108/15) entsprechende Mitnahmeverbote aufgrund von überwiegenden Sicherheitsbedenken für gerechtfertigt gehalten.

Schließlich ist es auch zulässig, den Zugang zu riskanten Betätigungen wie zB Bungee-Springen und vergleichbaren Sportarten von einem bestimmten Alter abhängig zu machen. Auf Nr. 1 können sich auch Einrichtungen zum Schutz für Opfer von sexueller Gewalt berufen, die nur Angehörigen eines Geschlechts Zuflucht bieten (BT-Drs. 16/1780, 43).

15 Die Vorschrift hat erhebliche **Kritik** erfahren. Kritisiert wird, dass sie zu wenig konkret und zu paternalistisch formuliert ist (Stellungnahme des Deutschen Frauenrates Teil II – Anlagen zum Wortprotokoll 519, 520, Protokoll Nr. 15/51). Befürchtet wird, dass § 20 Abs. 1 S. 2 Nr. 1 ein Einfallstor für die nahezu beliebige Ausgrenzung insbesondere von Frauen oder behinderten Menschen ist, weil sich irgendeine Gefahr, ein denkbarer Schaden oder andere Zwecke vergleichbarer Art leicht finden lassen, um den Zutritt oder die Teilhabe zu verweigern (Stellungnahme des Deutschen Juristinnenbundes Teil II – Anlagen zum Wortprotokoll, S. 595 ff., 604, Protokoll Nr. 15/51). Ein illustratives Beispiel ist hier, dass Blinden die Auffahrt in einem Fernsehturm verwehrt wird, weil es bei ihnen im Falle einer Notevakuierung Schwierigkeiten und Gefahr für Leib und Leben geben könnte (Stellungnahme des Deutschen Paritätischen Wohlfahrtsverbandes, Teil II – Anlagen zum Wortprotokoll, S. 463, 465, Protokoll Nr. 15/51). Forderungen nach einer Streichung der Vorschrift oder nach einer Erhöhung der Rechtfertigungsschwelle (Begrenzung auf erhebliche Gefahren für Gesundheit oder Leben) konnten sich aber im Gesetzgebungsverfahren nicht durchsetzen.

16 Damit § 20 Abs. 1 S. 2 Nr. 1 nicht zu einem bloßen Begründungsgebot für unterschiedliche Behandlungen degeneriert, ist es wichtig, neben der Beachtung des Verhältnismäßigkeitsgrundsatzes (→ Rn. 12) darauf zu achten, dass die fachlich erforderlichen Maßnahmen zur **Gefahrenabwehr nicht beliebig ausgedehnt** werden. Für alle denkbaren, auch die entferntesten Möglichkeiten eines Schadenseintritts braucht keine Vorsorge getroffen zu werden (Palandt-Sprau, BGB § 823 Rn. 51). Die Gefahrenbewertung und -prognose sollte deshalb auf Tatsachen beruhen und in sich schlüssig sein; ein „Restrisiko“ kann niemals genügen. Dabei sind übertriebene und willkürliche Anforderungen ausgeschlossen (amtliche Begründung BT-Drs. 16/1780, 43). Bei bestimmten riskanten Sportarten oder Freizeitbeschäftigungen (→ Rn. 12) kann beispielsweise ein bestimmter körperlicher und geistiger Reifegrad verlangt werden und eine an das Lebensalter geknüpfte Zugangsbeschränkung deshalb gerechtfertigt sein. Der Prognosespielraum des Anbieters umfasst hier, ob er diese Leistung schon an Personen mit 16, 17 oder erst mit 18 Jahren erbringen will. Nicht zulässig ist es dagegen, wenn sich die Prognose auf rein subjektive Einschätzungen stützt und der

Anbieter entsprechende Verträge nur mit Frauen schließen will, die mindestens das 45. Lebensjahr vollendet haben, weil Angehörige dieser Personengruppe nach seiner Auffassung besonders vorsichtig handeln (so das Beispiel bei Gaier/Wendtlandt, Rn. 103).

17 Nach der sich aus der amtlichen Begründung ergebenden Tendenz, Sinn und Zweck des § 20 Abs. 1 S. 2 Nr. 1 insbesondere auf die Vermeidung von Schäden, die aus der Verletzung von Verkehrspflichten resultieren können, zu begrenzen, folgt aber, dass diese Rechtfertigungsmöglichkeit nicht ohne Weiteres zur Vermeidung **anderer Schäden** in Betracht kommt. Befürchtet beispielsweise ein Gastwirt durch die Anwesenheit behinderter Menschen in seinem Lokal einen Umsatzrückgang, weil sich Nichtbehinderte durch deren Anblick und Verhalten gestört fühlen, so wird er die Zutrittsverweigerung für Behinderte nicht auf diese Vorschrift stützen können (zur vergleichbaren Problematik von Kundenerwartungen im Arbeitsrecht → § 8 Rn. 10 ff.). Bedenklich ist in dieser Hinsicht die Entscheidung des LG Hannover, nach der der Ausschluss von unter 16 Jahre alten Gästen bei der Buchung eines Hotels keine Altersdiskriminierung darstellt, weil in der Ausrichtung des Hotels auf Ruhe und Wellness ein sachlicher Grund gem. § 20 Abs. 1 liegen soll (LG Hannover 23.1.2013 – 6O115/129). In der Entscheidung wird damit dem Geschäftskonzept eines Hotelbetreibers pauschal Vorrang vor dem Diskriminierungsschutz einräumt.

Inwieweit solche Differenzierungen aus wirtschaftlichen Gründen, die auf diskriminierenden Präferenzen anderer Kunden beruhen, zulässig sind, ist daher im Rahmen der Generalklausel des § 20 Abs. 1 S. 1 zu prüfen. Dabei ist auf die dort (→ Rn. 11) entwickelten Auslegungsgrundsätze zurückzugreifen.

Von vornherein nicht für eine Rechtfertigung in Betracht kommen werden bloß vage Befürchtungen auf Anbieterseite, so beispielsweise, dass die Anwesenheit behinderter Menschen zu einem Ausbleiben anderer Gäste und damit zu wirtschaftlichen Einbußen führe (ähnlich MüKo-Thüsing, § 20 Rn. 22). Hier dürfte es schon tatsächlich an einem sachlichen Grund iSd § 20 Abs. 1 S. 1 fehlen, da nur auf Mutmaßungen abgestellt wird. Auch der Verlust einzelner Kunden oder eines eher unbedeutenden Teils der Kundschaft dürfte noch keinen sachlichen Grund ergeben. Wenn man wie hier die Auffassung vertritt, dass solche Gründe von ihrem Gewicht her auch den Regelbeispielen vergleichbar sein müssen (→ Rn. 11), scheiden geringfügige Umsatzeinbußen aus. Erst in dem praktisch eher unwahrscheinlichen Fall des Verlustes der gesamten Kundschaft oder großer Teile von ihr, etwa weil alle oder die meisten Gäste ein Lokal wegen der Anwesenheit behinderte Gäste verlassen (wollen), könnte ein sachlicher Grund von erheblichem Gewicht gesehen werden. Allein ausschlaggebend kann hier aber nicht nur Umfang und Höhe der Umsatzeinbuße sein. Andernfalls würde der mit § 1 intendierte Diskriminierungsschutz nicht nur vollständig hinter der rationalen Berücksichtigung von Vorurteilen anderer Gäste zurücktreten. Deren Vorurteile würden darüber hinaus auch indirekt verfestigt (s. Somek, Rechtliches Wissen, S. 225 f.). In der Abwägung ist deshalb ebenfalls zu berücksichtigen, als wie sozial verwerflich oder sozial adäquat sich solche Kundenpräferenzen darstellen. Je verwerflicher die Kundenwünsche sind, desto größer ist die damit verbundene Herabwürdigung der Betroffenen, und desto höher sind die Anforderungen an die wirtschaftlichen Einbußen durch die Kundenreaktion (MüKo-Thüsing, § 20 Rn. 22). Eine ablehnende Kundenreaktion, die sich allein auf ein Merkmal, beispielsweise das äußere Erscheinungsbild eines behinderten Menschen bezieht, dürfte unter keinen Umständen als sozialadäquat gelten, um einen Ausschluss zu rechtfertigen. Darüber hinaus ist zu fordern, dass auch untrennbare Zusammenhangseigenschaften mit einem Merkmal (→ § 3 Rn. 41), wie Essgewohnheiten oder Verhaltensweisen bei bestimmten Behinderungen, hinzunehmen sind, um die gleichwertige Teilnahme an der sozialen Aktivität eines Restaurantbesuchs zu garantieren. Im Rahmen der Verhältnismäßigkeitsprüfung ist schließlich auch zu fragen, ob nicht ein milderes Mittel als der Ausschluss von einer Bewirtung zur Verfügung steht.

Keinen sachlichen Grund zur Vermeidung von Schadensersatzansprüchen dürfte nach Inkrafttreten des AGG die Berufung auf die frühere Rechtsprechung bieten, die Störungen durch geistig behinderte Menschen als Reisemangel iSd §§ 651 a ff. BGB angesehen hat (→ Einl. Rn. 68). Diese Rechtsprechung dürfte mit Geltung des Benachteiligungsverbots in § 19 Abs. 1 Nr. 1 überholt sein, die Prognose ihrer Fortführung erscheint deshalb unbegründet und kann von Reiseveranstaltern nicht mehr zur Rechtfertigung eines Ausschlusses behinderter Menschen herangezogen werden (aA MüKo-Thüsing, § 20 Rn. 23).

2. Abs. 1 S. 2 Nr. 2

18 Nach § 20 Abs. 1 S. 2 Nr. 2 ist eine unterschiedliche Behandlung dann zulässig, wenn sie dem Bedürfnis nach **Schutz der Intimsphäre oder der persönlichen Sicherheit** Rechnung trägt. Strukturell ähnelt dieser Rechtfertigungsgrund einer positiven Maßnahme im Sinne von § 5. Die amtliche Begründung nennt als Beispiele für den Schutz der Intimsphäre nach Geschlechtern getrennte Öffnungszeiten in Schwimmbädern und Saunen, die als sozial erwünscht und gesellschaftlich weiterhin akzeptiert gelten (BT-Drs. 16/1780, 44). Wegen seiner optionalen Natur als Rechtfertigungsgrund verpflichtet § 20 Abs. 1 S. 2 Nr. 2 aber hier nicht zu einer Gleichbehandlung. So haben beispielsweise Männer keinen Anspruch auf getrennte Öffnungszeiten, wenn – anders als bei Frauen – aus Anbietersicht ein tatsächlicher Bedarf hierfür nicht besteht, weil etwa in der Vergangenheit ein entsprechendes Angebot von Männern nur wenig oder überhaupt nicht genutzt wurde. Wie die Beispiele zeigen, wird der Rechtfertigungsgrund des § 20 Abs. 1 S. 2 Nr. 2 **insbesondere Ungleichbehandlungen wegen des Geschlechts** betreffen. Der Begriff Intimsphäre weist darauf hin, dass hier sittliche oder moralische Vorstellungen eine gemeinsame Erbringung an sich geschlechtsneutraler Dienstleistungen nicht zulassen (Riesenhuber/Franck, JZ 2004, 529, 530). Nicht herangezogen werden kann die Vorschrift deshalb bei der Beeinträchtigung rein **ästhetischer Empfindungen**. Beispielsweise wird sich ein Gastwirt nicht auf eine Rechtfertigung nach § 20 Abs. 1 S. 2 Nr. 2 berufen können, um behinderte Menschen vom Besuch seiner Speisegaststätte auszuschließen, weil sich Nichtbehinderte durch de-

ren Anblick oder Essgewohnheiten „belästigt“ fühlen (→ Rn. 17, zur entsprechenden Problematik im Reisevertragsrecht → Einl. Rn. 68).

19 Die Vorschrift rechtfertigt Unterscheidungen nur, wenn sie aus nachvollziehbaren Gründen erfolgen. Da nicht jedes **subjektive Sicherheitsbedürfnis** ausreichend sein wird, dürfte Maßstab das Empfinden eines objektiven Dritten in der Rolle des Betroffenen sein (Stork, ZEuS 2005, 1, 44). Die amtliche Begründung nennt hier als Beispiel Frauenparkplätze in Parkhäusern, die deshalb gerechtfertigt sein können, weil Frauen in weit höherem Maße als Männer der Gefahr ausgesetzt sind, Opfer von Straftaten gegen die sexuelle Selbstbestimmung zu werden (s. auch LAG Mainz 29.9.2011 – 10 Sa 314/11, das diesen Gesichtspunkt für die Bevorzugung von Frauen bei der Zuteilung eines betriebsnahen Firmenparkplatzes hervorhebt). Nicht gerechtfertigt sind in diesem Zusammenhang aber faktische Ausgrenzungen bestimmter Gruppen (Rühl/Schmid/Viethen, S. 137). Nicht erforderlich ist dagegen der Nachweis einer konkreten Bedrohungslage. Allerdings kann eine auf Xenophobie beruhende pauschale Angst vor „dem Islam“ oder „den Juden“ keine Ungleichbehandlung wegen des Merkmals Religion rechtfertigen (amtliche Begründung BT-Drs. 16/1780, 44). Gleiches gilt zB auch für die Ablehnung homosexueller Vertragspartner aufgrund der allgemeinen Furcht vor einer HIV-Infektion.

3. Abs. 1 S. 2 Nr. 3

20 § 20 Abs. 1 S. 2 Nr. 3 rechtfertigt eine unterschiedliche Behandlung, soweit sie **besondere Vorteile gewährt** und **ein Interesse an der Durchsetzung der Gleichbehandlung** fehlt, dh die Vorteilsgewährung sozial erwünscht oder Bestandteil des Wettbewerbs ist (Palandt-Grüneberg, § 20 Rn. 5). Seitens des Anbieters muss der primäre Zweck darin bestehen, eine bestimmte Personengruppe zu bevorteilen, und nicht eine andere Personengruppe zu benachteiligen (Bauer/Krieger, § 20 Rn. 9). Strukturell ähnelt dieser Rechtfertigungsgrund nur sehr bedingt einer positiven Maßnahme nach § 5, da im Unterschied zu dieser nicht verlangt wird, dass durch die Vorzugsbehandlung bestehende Nachteile ausgeglichen werden (Stork, ZEuS 2005 1, 44 f.). Zu den typischen Anwendungsfällen gehören zum einen Preisnachlässe oder andere Sonderkonditionen bei der Anbahnung, Durchführung oder Beendigung von Massengeschäften für weniger leistungsfähige Gruppen wie Schüler, Studenten oder Senioren, die dann häufig auch **soziale Vergünstigungen** iSv **§ 2 Abs. 1 Nr. 6** sind (→ § 2 Rn. 51). Bei dieser Art der Vorteilsgewährung existieren innerhalb der bevorzugten Gruppe häufig bestimmte Altersgrenzen. Studierende erhalten zB Preisnachlässe bei Eintrittspreisen nur bis zu einem bestimmten Lebensalter, das sich meist an der Höchstaltersgrenze für den Kindergeldbezug bemisst. Soweit dadurch solche Studierende, die diese Altersgrenze überschritten haben, von diesen Preisnachlässen ausgeschlossen sind, kommt eine Rechtfertigung nach § 20 Abs. 1 S. 2 Nr. 3 nicht in Betracht. Ein Interesse an der Durchsetzung der Gleichbehandlung kann hier nicht in Abrede gestellt werden, weil auch ältere Studierende zu der Gruppe der wirtschaftlich weniger Leistungsfähigen gehören können. Eine Rechtfertigung wäre nur über die Generalklausel des § 20 Abs. 1 S. 1 denkbar. Ein sachlicher Grund könnte darin gese-

hen werden, dass mit einer solchen Altersgrenze innerhalb einer begünstigten Gruppe der zu fördernde Personenkreis beschränkt werden soll, damit Vergünstigungen nicht über Gebühr und ggf. missbräuchlich in Anspruch genommen werden. Da eine solche Einschränkung aber dem Grundsatz der Verhältnismäßigkeit genügen müsste (→ Rn. 11), erscheint das Abstellen auf das Merkmal Alter jedenfalls dann problematisch, wenn der Anbieter sich durch eine keinen großen Aufwand erfordernde Kontingentierung vor einer übermäßigen Inanspruchnahme schützen kann.

Erfasst sind zum andern auch zielgruppenorientierte Verkaufsfördermaßnahmen, wo die Begünstigung die gezielte Ansprache von Kundenkreisen bezweckt (Rust/Falke-Bittner, § 20 Rn. 14). Im Vordergrund stehen hier sachliche wirtschaftliche Erwägungen, bei denen die Ungleichbehandlung durch kein demütigendes Element gekennzeichnet ist, zB sog „Ü-30-Parties" (Kossack, Rechtsfolgen eines Verstoßes gegen das Benachteiligungsverbot im allgemeinen Zivilrechtsverkehr, S. 102). Ein weiteres Beispiel hierfür ist die Werbeaktion einer Elektrohandelskette, jede Woche preisgünstige Sonderangebote nur an Angehörige einer bestimmten Gruppe zu machen, zB Wasserkocher für Frauen und Staubsauger für Rentner anzubieten (Beispiel bei Stork, ZEuS 2005, 1 ff., 45). Auch Tanzschulen, die für Kurse mit „Männermangel" Männern die Teilnahme verbilligt oder gratis anbieten, werden sich auf die Nr. 3 berufen können (vgl. auch AG Gießen 29.5.2011 – 47 C 12/11 in Bezug auf die für Frauen kostenlose Mitgliedschaft bei einer Online-Partnerbörse. Diese liegt nach Auffassung des Gerichts auch im Interesse der zahlungspflichtigen Männer, da sich durch den kostenlosen Zugang nach der Lebenserfahrung deutlich mehr Frauen anmelden als bei einem kostenpflichtigen Angebot, so dass Männern eine größere Auswahl an potenziellen Partnerinnen zur Verfügung steht). Weitere Beispiele, in denen die Rechtsprechung eine Rechtfertigung nach § 20 Abs. 1 S. 2 Nr. 3 bei einer unterschiedlichen Behandlung wegen des Alters angenommen hat, betreffen ermäßigte Tickets für Schüler und Senioren im Öffentlichen Personennahverkehr (AG Mannheim 6.6.2008 – 10 C 34/08 – NJW 2008, 3442; AG Düsseldorf 11.5.2010 – 58 C 1687/10, abrufbar unter: www.nrwe.de, letzter Zugriff: 19.2.2018).

Dagegen wird sich auf § 20 Abs. 1 S. 2 Nr. 3 beispielsweise nicht der Friseur berufen können, der unterschiedliche Preise für Damen- und Herrenfrisuren berechnet. Bei der Preisgestaltung dürfte nicht im Vordergrund stehen, gezielt Männer als Kunden zu gewinnen. Die meist höheren Preise für Damenfrisuren beruhen auf einem in der Regel höheren Aufwand bei der Leistungserbringung. Insoweit kann aber ein sachlicher Grund für die Ungleichbehandlung von Frauen vorliegen und eine Rechtfertigung nach der Generalklausel des § 20 Abs. 1 S. 1 gegeben sein (so Adomeit/Mohr, § 20 Rn. 21; anders Rath/Rüth, NJW 2007, 1498, 1500, wo die teleologische Auslegung herangezogen wird, um eine rechtswidrige, sozial verwerfliche Ungleichbehandlung zu verneinen).

21 Im Allgemeinen werden die meisten der entsprechenden Vergünstigungen als sozial erwünscht betrachtet. Wollte man diese Praktiken verbieten, würden Anbieter nicht mit der Erstreckung auf alle Kunden reagieren, sondern auf jegliche Vergünstigung verzichten. Erforderlich ist aber, dass tatsäch-

lich auch ein Vorteil gewährt wird. Das wäre etwa bei einer Preisgestaltung nicht der Fall, bei der das regulär geforderte Entgelt weit über dem Marktpreis liegt, so dass es dem Anbietenden nur darum geht, den Kundenkreis auf diejenigen zu beschränken, die Adressaten der „besonderen Vorteile", in Wahrheit aber des Normalpreises sind (amtliche Begründung BT-Drs. 16/1780, 44).

4. Abs. 1 S. 2 Nr. 4

a) Überblick

22 Nach § 20 Abs. 1 S. 2 Nr. 4 ist, kurz gefasst, eine **Ungleichbehandlung wegen der Religion** erlaubt, wenn sie durch die individuelle Religionsfreiheit einer Einzelperson oder die kollektive Religionsfreiheit bzw. das Selbstbestimmungsrecht der Religionsgemeinschaften gerechtfertigt ist. Bei verfassungskonformer Auslegung der Vorschrift müssen **Weltanschauungen** wie eine Religion behandelt werden (→ § 19 Rn. 17). Auch Nr. 4 gibt nur ein Regelbeispiel, das den Bereich des religiös motivierten Handelns nicht abschließend normiert. Von seinem Wortlaut nicht erfasste sonstige Benachteiligungen wegen der Religion können daher im Einzelfall durch sachliche Gründe iSd § 20 Abs. 1 S. 1 ebenfalls gerechtfertigt sein (BT-Drs. 16/1780, 44, wo versehentlich „Gründe im Sinne des § 21" steht). Das Regelbeispiel unterliegt keinen einschränkenden Richtlinienvorgaben. Die beiden Richtlinien, die Benachteiligungen im Zivilrecht erfassen – die Antirassismus-Richtlinie und die Gender-Richtlinie Zivilrecht –, betreffen nicht das Merkmal Religion (→ Rn. 1). Das Regelbeispiel in Nr. 4 wird in besonderem Maße bestimmt durch höherrangiges Recht wie Art. 3 Abs. 3 GG (Verbot der Benachteiligung oder Bevorzugung wegen der Religion), Art. 4 GG (Glaubens- und Bekenntnisfreiheit), Art. 7 Abs. 4, 5 GG (vgl. zur Privatschulfreiheit bei einem Kopftuchverbot LG Bonn 20.3.2015 – 1 O 365/14), Art. 140 GG iVm Art. 137 Abs. 3 WRV (Selbstbestimmungsrecht der Religionsgesellschaften) sowie Art. 10, 21 EU-GRC und Art. 9 EMRK. Seine unbestimmt gefassten Vorgaben sind, entsprechend der Rechtsprechung des Bundesverfassungsgerichts, verfassungs- und grundrechtskonform auszulegen. Sollte im Einzelfall eine Benachteiligung wegen der Religion eine mittelbare Benachteiligung wegen der ethnischen Herkunft darstellen, greift nicht Nr. 4 ein, sondern es ist zu prüfen, ob die Voraussetzungen des § 3 Abs. 2 vorliegen. Für das Vorliegen eines sachlichen Grundes gilt im Ergebnis jedoch der gleiche Maßstab (Frings, Expertise islamische Religionszugehörigkeit, S. 51).

b) Anwendungsbereich

aa) Personeller Anwendungsbereich

23 Der personelle Anwendungsbereich erfasst neben den ausdrücklich genannten Religionsgemeinschaften, den ihnen zugeordneten Einrichtungen sowie den Vereinigungen, die sich die gemeinschaftliche Pflege einer Religion zur Aufgabe machen (kollektive Religionsfreiheit), auch Einzelpersonen (individuelle Religionsfreiheit), die einen anderen wegen dessen Religion benachteiligen. Die benachteiligenden **Einzelpersonen** brauchen keine Gläubigen, sondern können zB auch religionsfeindlich gesonnene Atheisten

sein. Mit der „Ausübung der Religionsfreiheit" schützt das AGG ebenso wie Art. 4 GG auch die Ausübung der negativen Religionsfreiheit (→ § 1 Rn. 61). Wegen der Beschränkung des § 20 Abs. 1 auf Massen- oder vergleichbare Geschäfte iSd § 19 Abs. 1 Nr. 1 (→ Rn. 28, 35) kommen als benachteiligende Einzelpersonen hauptsächlich Gewerbetreibende in Betracht, die Kunden mit einer anderen oder keiner Religionszugehörigkeit nicht beliefern bzw. bedienen wollen. Bei den juristischen Personen im Anwendungsbereich des § 20 Abs. 1 S. 2 Nr. 4 schließen sich eine hauptsächliche Gewinnerzielungsabsicht und die Ausübung des Selbstbestimmungsrechts der Religionsgemeinschaften zum Teil aus (→ Rn. 25).

24 Der Begriff **Religionsgemeinschaften** ist so wie in Art. 137 WRV zu verstehen (zu den einzelnen Voraussetzungen einer Religionsgemeinschaft → § 9 Rn. 14 ff.). Er umfasst einerseits die mit dem Status einer Körperschaft des öffentlichen Rechts ausgestatteten Religionsgemeinschaften wie die evangelische, katholische oder russisch-orthodoxe Kirche, den Zentralrat der Juden oder kleinere Sondergemeinschaften wie zB die Zeugen Jehovas oder die Bahá'i-Gemeinde (vgl. BVerfG 19.12.2000 – 2 BvR 1500/97 – NJW 2001, 429; BVerwG 28.11.2012 – 6 C 8/12; Liste der Körperschaften auf personenstandsrecht.de unter „Praktische Informationen", letzter Zugriff 9.2.2018). Andererseits zählen auch privatrechtlich organisierte Religionsgemeinschaften wie die vielen muslimischen Gemeinden mit dem Status rechtsfähiger oder nicht rechtsfähiger Vereine dazu (bisher hat lediglich die muslimische Ahmadiyya-Gemeinde den Körperschaftsstatus). Eine Religionsgemeinschaft besteht überdies nicht erst mit Existenz einer juristischen Person; unabhängig von der Rechtsfähigkeit genügt jedes Minimum an Organisation, welches immer entsteht, wenn sich Menschen auf der Grundlage eines gemeinsamen Glaubens zur Erfüllung sich daraus ergebender Aufgaben vereinigen (BVerwG 23.2.2005 – 6 C 2/04 – NJW 2005, 2101). Als Religionsgemeinschaften kommen auch Gruppierungen innerhalb des Islam und gegebenenfalls innerhalb der sunnitischen oder schiitischen Glaubensrichtung dieser Religion in Betracht, deren Glaubensrichtung sich von derjenigen anderer islamischer Gemeinschaften unterscheidet (BVerfG 15.1.2002 – 1 BvR 1783/99 – BVerfGE 104, 337, 354). Die Entscheidung, ob es sich um eine Religion und eine Religionsgemeinschaft handelt, obliegt letztlich den Gerichten (BVerfG 5.2.1991 – 2 BvR 263/86 – BVerfGE 83, 341, 353). Zum Begriff der **Weltanschauungsgemeinschaft** → § 9 Rn. 28 ff.

25 Mit dem Begriff der den Religionsgemeinschaften **zugeordneten Einrichtungen** (näher hierzu → § 9 Rn. 22 ff.) können sich auch alle einem Träger des nach Art. 137 WRV geschützten Selbstbestimmungsrechts in bestimmter Weise (vgl. zB die Zuordnungsrichtlinie des Rates der EKD vom 8.12.2007, Abl.EKD 2007, S. 405) zugeordneten Institutionen, Gesellschaften, Organisationen und Einrichtungen auf § 20 Abs. 1 S. 2 Nr. 4 berufen, und zwar unabhängig von ihrer Rechtsform. Voraussetzung ist, dass sie nach dem glaubensdefinierten Selbstverständnis ihrem Zweck und ihrer Aufgabe entsprechend berufen sind, ein Stück des Auftrags der Kirche bzw. Religionsgemeinschaft wahrzunehmen und zu erfüllen (vgl. BVerfG 4.6.1985 – 2 BvR 1718/83 – BVerfGE 70, 138, 162; BVerfG 22.10.2014 –

2 BvR 661/12 – NZA 2014, 1387; amtliche Begründung des Entwurfs vom 16.12.2004 – BT-Drs. 15/4538, 42). Das verlangt einerseits nach einer verwaltungsmäßigen Verflechtung, aufgrund derer der Träger des Selbstbestimmungsrechts über ein Mindestmaß an Einflussmöglichkeiten verfügt, um auf Dauer eine Übereinstimmung der religiösen Betätigung der Einrichtung mit seinen Vorstellungen gewährleisten zu können (BAG 24.9.2014 – 5 AZR 611/12 – BAGE 149, 144–168). Andererseits bedarf die Wahrnehmung des Auftrags einer Religionsgemeinschaft regelmäßig eines sozial-karitativen oder diakonischen Wirkens der Einrichtung. Daher handelt es sich insbesondere um Einrichtungen, die Pflegeservices bei Krankheit, Behinderung und Alter, Erziehungs- und Bildungsangebote oder Hilfen in materiellen und seelischen Notlagen anbieten. Zu den einer Religionsgemeinschaft zugeordneten Einrichtungen zählen daher zB Krankenhäuser, Diakoniestationen, Heime und Hospize, Altentagesstätten, Friedhöfe, Kindergärten, Ferien- und Freizeitangebote, Schulen, Jugendwohnheime, Hochschulen, Studentenförderung und Erwachsenenbildungsstätten, Beratungsstellen, Telefonseelsorge, Bahnhofsmissionen, Suppenküchen sowie Ausgabestellen für Lebensmittel, Kleidung und Einrichtungsgegenstände. Auch muss die religiöse Zielsetzung das bestimmende Element der Tätigkeit der zugeordneten Einrichtung sein. Ganz überwiegend der Gewinnerzielung dienende Organisationen und Einrichtungen sind nicht in diesem Sinne zugeordnet, da bei ihnen der enge Konnex zum glaubensdefinierten Selbstverständnis aufgehoben ist (vgl. BVerfG 22.10.2014 – 2 BvR 661/12 – NZA 2014, 1387; näher hierzu → § 9 Rn. 25). Das ist bspw. der Fall bei der Vermietung von Gemeindesälen für private Hochzeitsfeiern, der Verpachtung entweihter Kirchen zur Nutzung als Restaurant uÄ. Nicht jede soziale Komponente in der Tätigkeit der Einrichtung kann für die Zuordnung genügen, so dass diese zB beim Gewähren einer betrieblichen Altersversorgung an Kirchenbeschäftigte – mangels einer darüber hinausgehenden Förderung des Bekenntnisses – durch eine evangelische Zusatzversorgungskasse zweifelhaft erscheint (LG Köln 1.10.2012 – 20 O 180/12 – ZMV 2013, 56). Beim Anknüpfen an das Selbstverständnis von Religionsgemeinschaften gilt mehr noch als bei anderen Rechtfertigungsgründen, dass die Ausnahmetatbestände eng auszulegen sind (zum Grundsatz der engen Auslegung → Rn. 11). Unter Zugrundelegung der bundesverfassungsgerichtlichen Interpretation des Begriffs „Selbstverständnis" wären sie anderenfalls einer ausufernden Selbstentscheidungsmacht der Religionsgemeinschaften ausgesetzt (→ § 9 Rn. 23).

26 Schließlich können sich auch **religionspflegende Vereinigungen** (näher hierzu → § 9 Rn. 26 f.) auf das Selbstbestimmungsrecht nach Art. 137 WRV berufen. Typische Beispiele für derartige rechtlich selbstständige und konfessionsgebundene Zusammenschlüsse sind Ordensgemeinschaften, konfessionelle Jugendvereine oder die Trägervereine für einer Religionsgemeinschaft zugeordnete Einrichtungen wie bspw. Krankenhäuser. Kennzeichnend ist, dass sie zumindest in Teilaspekten neben einer Religionsgemeinschaft und kraft einer selbst gesetzten Übereinkunft das religiöse Leben ihrer Mitglieder pflegen (vgl. ErfK-Schlachter, § 9 Rn. 2)

bb) Sachlicher Anwendungsbereich

27 Nr. 4 betrifft eine unterschiedliche Behandlung, die an die Religion eines Menschen anknüpft, insbesondere die **Benachteiligung Glaubensfremder und Bevorzugung von Glaubensgenossen**. Die unterschiedliche Behandlung kann zB in der bevorzugten Bedienung oder Zulassung von Angehörigen der eigenen Religion oder im gänzlichen Ausschluss Religionsfremder, in günstigeren Leistungsbedingungen für Religionszugehörige oder in erleichterten Möglichkeiten der Vertragsbeendigung gegenüber Religionsfremden bestehen. Auch eine Bevorzugung Dritter wegen deren Religion (zB von Muslimen gegenüber Konfessionslosen durch katholische Personen) ist im Prinzip unzulässig und bedarf im Einzelfall der Rechtfertigung. Eine Benachteiligung **wegen der Religion** schließt den Fall ein, dass eine Person wegen ihrer **Religionslosigkeit** ungünstiger behandelt wird (→ Rn. 23). Denn das AGG will nicht Religionen schützen, sondern verbietet es, Religion als Differenzierungskriterium zu benutzen. Die Verpönung des Merkmals Religion durch das AGG ist das zivilrechtliche Gegenstück zum an den Staat gerichteten Differenzierungsverbot des Art. 3 Abs. 3 GG, der auch die negative Religionsfreiheit schützt (Starck, in: v. Mangoldt/Klein/Starck, GG Art. 3 Rn. 402; zu Art. 4 GG BVerfG 24.9.2003 – 2 BvR 1436/02 – BVerfGE 108, 282, 298 f.). Dagegen stellt die religiös motivierte Weigerung, einen Pfarrsaal für Hochzeitsfeiern auch homosexuellen Paaren zur Verfügung zu stellen (vgl. AG Neuss 25.7.2003 – 77/32 C 6064/02 – NJW 2003, 3785), keine Benachteiligung wegen der Religion, sondern wegen der sexuellen Identität dar. Eine Rechtfertigung kommt daher nur unter den Voraussetzungen des § 20 Abs. 1 S. 1 in Betracht (→ Rn. 22).

28 Erfasst werden **Massengeschäfte** und vergleichbare Geschäfte (§ 19 Abs. 1 Nr. 1) iSd § 2 Abs. 1 Nr. 5–8, ausgenommen sind privatrechtliche Versicherungen (→ Rn. 23, 35). Kultische Handlungen wie Gottesdienst, Taufe, Trauung und Beerdigung sind wegen ihres sakralen Charakters von vornherein keine Dienstleistungen, ebenso wenig wie die mitgliedschaftliche Aufnahme in eine Religionsgemeinschaft oder religionspflegende Vereinigung. Die Einrichtungen der Religionsgemeinschaften erbringen zumeist Dienstleistungen (vor allem Pflege, Erziehung und Bildung), liefern zT aber auch Güter (unterstützende Sachleistungen).

Das in der amtlichen Begründung (BT-Drs. 16/1780, 45) genannte **Anwendungsbeispiel** des muslimischen Metzgers, der nicht an Frauen ohne Kopftuch verkaufen will, setzt voraus, dass er einer islamischen Glaubensrichtung anhängt, die aus religiösen Gründen den Frauen das Tragen eines Kopftuchs vorschreibt (vgl. BVerfG 24.9.2003 – 2 BvR 1436/02 – BVerfGE 108, 282, 298 f.). Sofern er auch Frauen mit nichtmuslimischem Kopftuch bediente und lediglich das unbedeckte Haar bei Frauen ablehnte, käme lediglich eine mittelbare Bevorzugung der Frauen seines eigenen Glaubens in Betracht, die bei Vorliegen eines sachlich rechtfertigenden Grundes – der allerdings nicht ersichtlich ist – nach § 3 Abs. 2 schon tatbestandlich ausscheiden würde.

c) Grundsatz

29 Die Ungleichbehandlung wegen der Religion des anderen muss im Hinblick auf die Ausübung der Religionsfreiheit oder auf das Selbstbestimmungsrecht der Religionsgemeinschaften, der ihnen zugeordneten Einrichtungen und der religionspflegenden Vereinigungen unter Beachtung des jeweiligen Selbstverständnisses gerechtfertigt sein.

aa) Religionsfreiheit, Selbstbestimmungsrecht und Selbstverständnis

30 Die Ausübung der **Religionsfreiheit** (Art. 4 Abs. 1 GG) schützt das Recht des Einzelnen, sein gesamtes Verhalten an den Lehren seines Glaubens auszurichten und dieser Überzeugung gemäß zu handeln (BVerfG 24.9.2003 – 2 BvR 1436/02 – BVerfGE 108, 282, 297), beispielsweise auch bei seiner gewerblichen Tätigkeit. Jedoch genügt nicht die bloße Behauptung bestimmter Glaubensgebote, sondern der Gläubige muss die absolute Verbindlichkeit des Gebots für sich und einen Gewissenskonflikt als Konsequenz aus dem Zwang, der eigenen Glaubensüberzeugung zuwiderzuhandeln, konkret, substantiiert und objektiv nachvollziehbar darlegen (BT-Drs. 16/1780, 45 unter Bezug auf BVerwG 25.8.1993 – 6 C 8.91 – BVerwGE 94, 82, 88; BAG 24.2.2011 – 2 AZR 636/09 – NJW 2011, 3319). Sein Vortrag muss ergeben, ihm sei wegen einer aus einer spezifischen Sachlage folgenden Gewissensnot heraus nicht zuzumuten, die an sich vertraglich vorgesehene Leistung zu erbringen (vgl. zu den entsprechenden Anforderungen im Beschäftigungsbereich BAG 24.2.2011 – 2 AZR 636/09 – NJW 2011, 3319).

31 Das **Selbstbestimmungsrecht** der Religionsgemeinschaften ergibt sich aus Art. 140 GG iVm Art. 137 Abs. 3 WRV, wonach jede Religionsgesellschaft ihre Angelegenheiten – innerhalb des für alle geltenden Gesetzes – selbstständig ordnet und verwaltet. Es kommt auch den ihnen zugeordneten Einrichtung sowie den religionspflegenden Vereinigungen zugute (→ Rn. 25 f.; näher hierzu → § 9 Rn. 45 ff.).

32 Die Forderung nach **Beachtung des jeweiligen Selbstverständnisses** erweitert den Anwendungsbereich des Art. 137 Abs. 3 WRV in den privatrechtlichen Bereich hinein. Sie stellt zugunsten der religiösen Gemeinschaften und ihrer Einrichtungen klar, dass bei der Würdigung dessen, was im Einzelfall als Religionsausübung einzuordnen ist, das Selbstverständnis der Religionsgemeinschaft nicht außer Betracht bleiben darf (BVerfG 16.10.1968 – 1 BvR 241/66 – BVerfGE 24, 236, 247 f.; zur restriktiven Berücksichtigung des Selbstverständnisses im Bereich des Antidiskriminierungsrechts → § 9 Rn. 33 ff.). Die Reichweite der Glaubensfreiheit des Einzelnen (Art. 4 Abs. 1, 2 GG) wird nicht nur von den konkreten Überzeugungen des einzelnen Gläubigen bestimmt, sondern maßgeblich auch vom Selbstverständnis der jeweiligen Religionsgemeinschaft oder auch nur einer Teilgruppe (BVerfG 15.1.2002 – 1 BvR 1783/99 – BVerfGE 104, 337; BVerfG 24.9.2003 – 2 BvR 1436/02 – BVerfGE 108, 282, 298 f.; für eine Beschränkung auf zwingende Gebote der Religionsgemeinschaft auch Classen, S. 54 ff.).

bb) Rechtfertigung aufgrund von Abwägung

33 Schließlich muss die Ungleichbehandlung im Hinblick auf die Religionsfreiheit bzw. das Selbstbestimmungsrecht der Religionsgemeinschaft „**gerechtfertigt**" sein. Das setzt eine Abwägung voraus, die zu dem Ergebnis führt, dass im konkreten Fall der Schutz vor Diskriminierungen wegen des Habens oder Nichthabens einer Religion im Zivilrechtsverkehr hinter der durch Art. 4 GG verbürgten Religionsfreiheit bzw. dem durch Art. 140 GG iVm Art. 137 Abs. 3 WRV garantierten Selbstbestimmungsrecht zurücktreten muss. Auf beiden Seiten der Abwägung steht also die verfassungsrechtlich geschützte Religionsfreiheit. Dabei kann die negative Glaubensfreiheit die positive begrenzen und umgekehrt (BVerfG 16.10.1979 – 1 BvR 647/70 – BVerfGE 52, 223, 241, 246 f.). Besonders zu beachten ist aber, dass § 19 Abs. 1 mit dem Verbot der Benachteiligung wegen der Religion das aus der Glaubensfreiheit anderer und der Menschenwürde folgende verfassungsrechtliche Toleranzgebot (vgl. BVerfG 17.12.1975 – 1 BvR 63/68 – BVerfGE 41, 29, 51) verfolgt. Auf Seiten der benachteiligten Person ist immer auch Art. 3 Abs. 3 GG in die Abwägung einzubeziehen. Zusätzlich dazu und in Anbetracht dessen, dass ein Glaubenskonflikt durch das Bedienen Anders- oder Nichtgläubiger selten in Betracht kommt (→ Rn. 30), wird eine Rechtfertigung nach § 20 Abs. 1 S. 2 Nr. 4 bei benachteiligenden Einzelpersonen nur in absoluten Ausnahmefällen denkbar sein. Eine Rechtfertigung scheidet von vorneherein für die Dienstleister aus, die Glaubenskonflikte bzw. ihre negative Religionsfreiheit gegenüber religiösen Bekundungen ihrer Kundschaft schon aufgrund ihrer Berufsordnung nicht geltend machen dürfen (zB gelobt die Ärzteschaft, keinen Unterschied ua nach der Religion zu machen, (Muster-)Berufsordnung der Bundesärztekammer, Stand 2015; zu ärztlichen Behandlungen als Geschäft iSd § 19 Abs. 1 Nr. 1 → Rn. 39; ähnliche Regelungen auch in den Berufsordnungen freier Berufe wie Immobilienverwaltung, Physiotherapie oder Logopädie). Auch dort, wo die Dienstleistung wie bei konfessionell getragenen Schulen und Kindergärten (anteilig) durch den Staat finanziert wird, ist eine Rechtfertigung zumindest fraglich (Nollert-Borasio/Perreng, § 20 Rn. 4).

34 Für die kollektive Religionsfreiheit gilt in der Abwägung speziell, dass das Selbstbestimmungsrecht der Religionsgemeinschaften gewährleistet ist „innerhalb der Schranken des für alle geltenden Gesetzes" (Art. 137 Abs. 3 WRV). Ein religionsspezifisches Ausnahmerecht ist unzulässig, sowohl zugunsten als auch zulasten der Religionsgemeinschaften, und kann das Selbstbestimmungsrecht nicht wirksam einschränken (Korioth, in: Maunz/Dürig, WRV Art. 137 Rn. 48). Das AGG selbst ist kein solches Sonderrecht, das ungeeignet wäre, das Selbstbestimmungsrecht verfassungskonform einzuschränken (aA Palandt/Grüneberg, § 20 Rn. 6). Die gesamten Vorgaben des Zivilrechts gehören zu den für alle geltenden Gesetzen iSd Art. 137 Abs. 3 WRV (BGH 11.2.2000 – V ZR 271/99 – NJW 2000, 1555), weil die Religionsgemeinschaften sich auf die Ebene der Privatautonomie begeben. Damit verlassen sie den rein internen Bereich und richten sich die entsprechenden Gesetze also nicht gezielt auf die Organisation der religionseigenen Angelegenheiten oder das Wahrnehmen des geistig-religiösen Auftrags (ErfK-Schmidt, GG Art. 4 Rn. 42). Innerhalb der Schranken-

regelung sind einerseits das Selbstbestimmungsrecht der Religionsgemeinschaften und andererseits die damit kollidierenden Rechte Dritter oder sonstige Verfassungsgüter in ein angemessenes Verhältnis zu bringen, anhand der vom BVerfG entwickelten Wechselwirkungskonzeption: „Art. 137 Abs. 3 WRV gewährleistet in Rücksicht auf das zwingende Erfordernis friedlichen Zusammenlebens von Staat und Kirche sowohl das selbstständige Ordnen und Verwalten der eigenen Angelegenheiten durch die Kirchen als auch den staatlichen Schutz anderer für das Gemeinwesen bedeutsamer Rechtsgüter. Dieser Wechselwirkung ist durch entsprechende Güterabwägung Rechnung zu tragen“ (BVerfG 11.4.1972 – 2 BvR 75/71 – BVerfGE 33, 23, 29; BVerfG 25.3.1980 – 2 BvR 208/76 – BVerfGE 53, 366, 400 f.; Korioth, in: Maunz/Dürig, WRV Art. 137 Rn. 47). Dem Selbstbestimmungsrecht kann insoweit besonderes Gewicht zukommen, wie gewährleistet ist, dass Gesetze nicht ihren Schutzzweck verfehlen (ErfK-Schmidt, GG Art. 4 Rn. 41, 42). Berührt eine Gleichbehandlung Nicht- oder Andersgläubiger die wesentlichen Glaubensgrundsätze einer Religionsgemeinschaft, wird das Selbstbestimmungsrecht eher überwiegen. Das gilt nicht, wenn die Gemeinschaft bereits in der Vergangenheit Ausnahmen und Abstriche von ihren wesentlichen Grundsätzen zugelassen hat (BAG 8.9.2011 – 2 AZR 543/10 – NJW 2012, 1099). Ausschlaggebendes Gewicht haben kann in dieser Abwägung außerdem das unverzichtbare Schutzminimum der Glaubens- und Bekenntnisfreiheit nach Art. 4 Abs. 1 GG, die Intensität des umstrittenen Eingriffs ebenso wie der Umstand, dass die Vertragspartner mit dem Abschluss des Vertrags in eine Begrenzung grundrechtlicher Freiheiten eingewilligt haben (LAG Hamm 17.2.2012 – 18 Sa 867/11 – PflR 2012, 781). Sind aber die verfügbaren Dienstleistungen in den Einrichtungen der Religionsgemeinschaften vom Leitbild des Dienstes am Nächsten und der Hilfe in sozialer Not geprägt, wird man die grundrechtlichen Positionen der abgewiesenen oder nachrangig bedienten Anders- oder Nichtgläubigen tendenziell als überwiegend und den Eingriff in das Selbstbestimmungsrecht als gering ansehen müssen. Eine Rangordnung bei knappen Schlafplätzen in Obdachlosenunterkünften, die sich an der Religion der Obdachlosen statt an ihrem zeitliche Eintreffen ausrichtet, wäre nicht sachlich iSd Abs. 1 S. 2 Nr. 4.

IV. Sonderregelung für Versicherungsverträge (Abs. 2)

1. Einleitung

a) Überblick

35 Die Vorschrift enthält in **S. 1** zunächst die gesetzliche Klarstellung, dass eine Ungleichbehandlung wegen der Kosten von Schwangerschaft und Mutterschaft untersagt und keiner Rechtfertigung zugänglich ist (→ Rn. 38 ff.). S. 1 aF, der geschlechtsabhängige Differenzierungen unter bestimmten Anforderungen erlaubte, ist infolge eines EuGH-Urteils (EuGH 1.3.2011 – Rs. C-236/09 (Test-Achats) – NJW 2011, 907, nachstehend „**Test-Achats-Urteil**“) aufgehoben worden und gilt gem. **§ 33 Abs. 5** nur noch für **vor dem 21.12.2012 geschlossene Verträge** (→ § 33 Rn. 24 ff.).

S. 2 enthält einen besonderen Rechtfertigungsgrund für **Differenzierungen im privaten Versicherungswesen aufgrund risikoadäquater Kalkulation**. Die

Rechtfertigungsmöglichkeit ist auf die Merkmale Religion (sowie bei verfassungskonformer Auslegung Weltanschauung, → § 19 Rn. 17), Behinderung, Alter und sexuelle Identität beschränkt. Im Verhältnis zu der umfassenden Rechtfertigungsmöglichkeit wegen eines sachlichen Grundes nach Abs. 1 S. 1 handelt es sich um eine **einschränkende Sonderregelung**. Danach kann im Versicherungsrecht zur Rechtfertigung von Ungleichbehandlungen nicht jeder sachliche Grund genügen, sondern nur die in Abs. 2 S. 2 genannten risikokalkulatorischen Gründe. Ein Rückgriff auf den allgemeinen Rechtfertigungsgrund des § 20 Abs. 1 S. 1 kommt daneben nicht in Frage (so aber Armbrüster, VersR 2006, 1297, 1301; Adomeit/Mohr, § 20 Rn. 5; wie hier Bauer/Krieger, § 20 Rn. 3; Gaier/Wendtland, Rn. 96 und die Bundesregierung, die andernfalls bei der Streichung von § 20 Abs. 2 S. 1 aF den Rückgriff auf § 20 Abs. 1 bei Differenzierungen aufgrund des Geschlechts ausdrücklich hätte ausschließen müssen; → § 33 Rn. 26; eine ausdrückliche Regelung fordert Hoffmann, VersR 2012, 1073, 1075 f.).

36 Privatrechtliche Versicherungsverträge (→ § 19 Rn. 41 ff.) unterliegen **hinsichtlich sämtlicher verpönter Merkmale** dem Diskriminierungsverbot (§ 19 Abs. 1 Nr. 2). Für „Rasse" und ethnische Herkunft sowie seit dem 21.12.2012 für das Geschlecht gilt das Verbot ausnahmslos. Die Antirassismus-Richtlinie sah von vorneherein keine Ausnahmen vom Verbot der unmittelbaren Diskriminierung vor (zur mittelbaren Diskriminierung ethnischer Minderheiten durch Platzhalter-Risikoindikatoren in der Kfz-Haftpflichtversicherung vgl. Schiek, Differenzierte Gerechtigkeit, S. 213, 227). Im Übrigen war schon nach § 81 e aF des Gesetzes über die Versicherungsaufsicht (VAG) eine Prämiendifferenzierung wegen der Staatsangehörigkeit oder der ethnischen Zugehörigkeit unzulässig. Die ursprünglich für geschlechtsbezogene Differenzierungen vorgesehene Ausnahme in Art. 5 Abs. 2 der Gender-Richtlinie Zivilrecht wurde vom EuGH für unwirksam erklärt (EuGH 1.3.2011 – Rs. C-236/09 (Test-Achats) – NJW 2011, 907) und die entsprechende Regelung in S. 1 aF mit Wirkung vom 21.12.2012 aufgehoben (→ § 33 Rn. 24). Hinsichtlich aller übrigen Merkmale wird hingegen der in § 19 Abs. 1 Nr. 2 proklamierte scheinbar strenge Diskriminierungsschutz im Versicherungswesen, der auf den ersten Blick die Gleichbehandlung zB alter und junger Versicherungsnehmer zu gebieten scheint, durch § 20 Abs. 2 S. 2 stark eingeschränkt (Schiek-Schiek, § 20 Rn. 8: „Legitimierung der aktuarischen Diskriminierung"). Danach kann jede Differenzierung anhand von Religion (bzw. Weltanschauung), Behinderung, Alter und sexuelle Identität zulässig sein, wenn diese Merkmale, kurz gesagt, das versicherte Risiko erhöhen. Bezweckt wird in erster Linie ein Schutz vor willkürlichen Differenzierungen (BT-Drs. 16/1780, 45; OLG Karlsruhe 27.5.2010 – 9 U 156/09 – NJW 2010, 2668). Der Willkürschutz soll anhand der Vorgabe eines statistischen Nachweises der Risikorelevanz des Merkmals und nach korrekter versicherungsmathematischer Verarbeitung dieser Statistik gewährleistet werden. Die Rahmenrichtlinie steht dieser Einschränkung nicht entgegen, da sie nur die arbeitsrechtliche, nicht aber eine zivilrechtliche Diskriminierung untersagt. Nach der seit 2008 im Entwurfsstadium verbliebenen zivilrechtlichen sog 5. Richtlinie wären nur für Alter und Behinderung Ausnahmen vom Diskriminierungsschutz im Versicherungsbereich vorgesehen (Art. 2 Nr. 7 KOM (2008) 426; → § 2 Rn. 46).

Zu fragen ist allerdings, ob die nach S. 2 wegen der Religion, des Alters oder einer Behinderung sowie bei Altverträgen wegen des Geschlechts nach § 33 Abs. 5 S. 1 erlaubte Ungleichbehandlung im Versicherungswesen mit dem Gleichbehandlungsgebot bzw. dem Förderauftrag der deutschen Verfassung (Art. 3 Abs. 2, 3 GG) und mit dem unionsrechtlichen Grundsatz der Entgeltgleichheit für Männer und Frauen (Art. 157 AEUV) sowie dem Diskriminierungsverbot und dem Gleichheitsgrundsatz von Männern und Frauen (Art. 21, 23 EU-GRC) vereinbar ist (hierzu näher → Rn. 46 ff., → § 33 Rn. 32 ff.).

b) Prinzip der individuellen risikogerechten Kalkulation

37 Mit der Erlaubnis zu einer ungünstigeren Behandlung wegen eines verpönten Merkmals, das einen Risikofaktor darstellt, hat der Gesetzgeber das die private Versicherungswirtschaft beherrschende Prinzip der sog individuellen risikogerechten Kalkulation anerkannt. In der amtlichen Begründung heißt es (BT-Drs. 16/1780, 45): „Sind die Voraussetzungen von Abs. 2 erfüllt, bleibt bei der Vertragsgestaltung (insbesondere der Prämien- oder Leistungsbestimmung), aber auch bei der Entscheidung über den Vertragsschluss selbst, die Berücksichtigung der von diesem Gesetz erfassten Risiken möglich. Die Einbeziehung sämtlicher Privatversicherungsverträge (einschließlich ihrer Anbahnung, Durchführung und Beendigung) in den Anwendungsbereich des allgemeinen privatrechtlichen Benachteiligungsverbots soll vor Willkür schützen; sie soll aber nicht die auch im Interesse der Versicherten erforderliche Differenzierung nach dem ex-ante beurteilten individuellen Risiko unmöglich machen. Diese Differenzierung nämlich gehört zu den Grundprinzipien der privaten Versicherung."

Eine **Prämiendifferenzierung** wird indessen durch das Grundprinzip versicherungsmathematischer Kalkulation nicht zwingend vorgeben. Dieses verlangt, dass das übernommene Risiko auf eine Vielzahl durch die gleiche Gefahr bedrohter Personen verteilt wird und der Risikoübernahme eine auf dem Gesetz der großen Zahl beruhende Kalkulation zugrunde liegt (BGH 23.11.2016 – IV ZR 50/16 – NJW 2017, 393). Danach könnte der geschätzte Gesamtkapitalbedarf aber auch durch die Zahl der Versicherten geteilt und von diesen eine Einheitsprämie gefordert werden. Bei Prämiendifferenzierungen handelt es sich vielmehr um durch den Versicherungswettbewerb veranlasste unternehmerische Entscheidungen, die der **Gefahr adverser Selektion** seitens der Versicherungsnehmer zu begegnen suchen (Schiek, Differenzierte Gerechtigkeit, S. 219). Da die Versicherungsnehmer mit der geringsten Schadenswahrscheinlichkeit allgemein zu den Versicherern mit der größten Differenzierung wechseln (vgl. zum Begriff der adversen Selektion Armbrüster, Benachteiligungsverbot, S. 15; MüKo-Thüsing, § 33 Rn. 14), versuchen die Versicherer, die individuelle Schadenserwartung im Voraus zu schätzen und unter Bildung von Risikoklassen die Beitrags- oder Leistungshöhe möglichst ausdifferenziert zu staffeln. Viele unmittelbare Schadensursachen sind indes nicht, nur schwer oder nur mit nicht akzeptierten Methoden zuverlässig erfassbar (zB in der Krankenversicherung genetische Veranlagung, ungesunde Lebensweise, gefährliche Sportarten, Rauchen). Insofern behelfen sich die Versicherer mit einfach festzustellenden sogenannten **Risikoindikatoren**, die statistisch signifikant mit der Schadenserwartung korrelieren (Wandt, VersR 2004, 1341, 1342). Dazu gehören auch verpönte Merkmale, die in der Privatversicherung eine große Rolle spielen (vgl. die Aufstellung in den Leitlinien vom 22.12.2011, K(2011)9497, S. 10 ff.). So wurde der Faktor Geschlecht von den privaten Krankenversicherern auch weiterhin als Proxy für andere Indikatoren des Morbiditätsrisikos herangezogen (Dörfler/Wende, ZVersWiss 2010, 17, 37). Obwohl seit Inkrafttreten des AGG Schwangerschaftskosten bei den Prämien auf beide Geschlechter verteilt werden und werden müssen (§§ 25, 27 Abs. 4 Krankenversicherungsaufsichtsverordnung (KVAV), mit allerdings zu engen zeitlichen Grenzen, → Rn. 39) zahlten beihilfeversicherte Frauen 2015 im Schnitt 15 EUR, nicht-beihilfeversicherte Frauen sogar durchschnittlich 60 EUR höhere Beiträge für die private Krankenversicherung als Männer (Albrecht/Sander, S. 34). Von Männern werden andererseits höhere Prämien in der Risikolebensversicherung (wegen geringerer Lebenserwartung) sowie in der Unfall- und der Kfz-Versicherung verlangt (wegen größerer Unfallhäufigkeit). Auch das Alter und Behinderungen führen zB in der Krankenversicherung zu Beitragszuschlägen oder Risikoausschlüssen. Dagegen werden Religion oder Weltanschauung und sexuelle Identität europaweit kaum als Risikofaktoren verwendet (Civic Consulting, S. 80; entsprechend sieht der Entwurf zur 5. RL keine Ausnahmen vom Schutz im Versicherungsbereich für diese Diskriminierungsgründe vor, Art. 2 Nr. 7 KOM (2008) 426). Das AGG macht die Differenzierung anhand der individuellen risikogerechten Kalkulation nicht unmöglich, erschwert es den Versicherern jedoch, an der zuvor üblichen Bildung ihrer Risikogruppen nach den geschützten Merkmalen festzuhalten (Rust/Falke-Rödel, § 19 Rn. 58 f.).

2. Keine Benachteiligung wegen Schwangerschaft und Mutterschaft (S. 1)

38 Gem. **S. 1** bzw. für Altverträge **§ 33 Abs. 5 S. 2** dürfen Kosten, die im Zusammenhang mit **Schwangerschaft und Mutterschaft** entstehen, auf keinen Fall zu unterschiedlichen Prämien und Leistungen führen. Dies ist durch die Gender-Richtlinie Zivilrecht (Art. 5 Abs. 3) ausdrücklich vorgeschrieben. Das Verbot betrifft vor allem die private Krankenversicherung, die seit Inkrafttreten des AGG bei der Kalkulation von Tarifen die Leistungen für Schwangerschaft und Mutterschaft gleichmäßig auf beide Geschlechter verteilt und zu verteilen hat (§ 27 Abs. 4 KVAV; Zahlenbericht der privaten Krankenversicherung 2015, S. 71). Weil die wahrheitsgemäße Beantwortung von Fragen zu Krankheiten, die mit Schwangerschaft und Mutterschaft einhergehen, nicht erheblich für die Prämien und Leistungen sein dürfen, berechtigen Falschbeantwortung und Verschweigen die Krankenversicherer weder zum Rücktritt noch zur Kündigung (OLG Hamm 12.1.2011 – I-20 U 102/10 – VersR 2011, 514).

39 Ursprünglich war das Verbot in §§ 20 Abs. 2 S. 1, 33 Abs. 5 S. 2 als „sozialpolitisch motivierte" (Gegen-)Ausnahme zu der gem. § 20 Abs. 2 S. 1 aF bzw. § 33 Abs. 5 S. 1 möglichen Rechtfertigung einer geschlechtsbezogenen Benachteiligung durch risikogerechte Kalkulationen konzipiert (vgl. BT-Drs. 16/1780, 45 sowie zu dieser Rechtfertigungsmöglichkeit bei Altverträ-

gen → § 33 Rn. 24 ff.). Andernfalls wären Benachteiligungen wegen Schwangerschaft und Mutterschaft als untrennbar mit dem Geschlecht verbundene Differenzierungsmerkmale (vgl. BAG 18.9.2014 – 8 AZR 753/13 – BB 2015, 506) dieser Rechtfertigung zugänglich gewesen. Entscheidend ist, dass die Fortpflanzung ein gesamtgesellschaftliches Anliegen darstellt und deshalb ihre Kosten nicht allein den Frauen aufgebürdet werden dürfen, sondern solidarisch von der Gesamtheit der Versicherungsnehmer getragen werden müssen. Diese Ratio gebietet eine Auslegung der Vorschrift im Sinne aller medizinischen **Fortpflanzungskosten**. Umlagefähig und -pflichtig sind zunächst alle Kosten, für deren Entstehung oder Höhe Schwangerschaft oder Mutterschaft zumindest mitursächlich waren, auch die Kosten der Behandlung von Schwangerschaftskomplikationen (OLG Hamm 12.1.2011 – I-20 U 102/10 – VersR 2011, 514). Mutterschaft meint hier nicht die soziale Elternrolle – sonst müsste auch die Vaterschaft geschützt werden –, sondern die biologisch begründete Schwäche und Schutzbedürftigkeit der Frau im Zusammenhang mit einer kurz bevorstehenden oder gerade erfolgten Entbindung (BAG – 18.9.2014 – 8 AZR 753/13 – BB 2015, 506; Riesenhuber, in: Leible/Schlachter, S. 123, 131). Andererseits geht aus dem Gesetz keine Gleichsetzung mit dem zeitlich befristeten Schutzzeitraum des § 3 Abs. 2 MuSchG hervor (so aber Hey-Weimann, § 20 Rn. 98). Kausal sind Schwangerschaft und Mutterschaft auch für die Kosten, die durch Vorsorgeuntersuchungen während der Schwangerschaft und Untersuchungen entstehen, die der Erkennung von Missbildungen des Embryos dienen, sowie die Kosten für Schwangerschaftsabbrüche. Das gilt ferner für die Entbindung und die Behandlung von durch den Geburtsvorgang verursachten Gesundheitsstörungen (einschließlich zB einer postnatalen Depression), der medizinischen Betreuung von fehlgeschlagenen Schwangerschaften (Fehlgeburten) und von durch das Stillen entstandenen Krankheiten. Auch die Kosten der modernen Fortpflanzungsmedizin, insbesondere von Fertilitätsbehandlungen, die eine Schwangerschaft erst ermöglichen, sollten ebenfalls zu den Schwangerschaftskosten gezählt werden (Rust/Falke, § 20 Rn. 33). Hingegen dürfte die Empfängnisverhütung nicht unter S. 1, § 33 Abs. 5 S. 2 fallen, weil sie nicht der Fortpflanzung dient (aA Wrase/Baer, NJW 2004, 1623, 1625, wonach die Kosten für Verhütung jedenfalls mit Schwangerschaft und Geburt im Zusammengang stehen). Dasselbe gilt für gynäkologische Untersuchungen zur Krebsvorsorge. Die engen zeitlichen Grenzen, in denen § 25 KVAV Leistungen wegen Schwangerschaft und Mutterschaft definiert (acht Monate vor einer Geburt bis einen Monat nach einer Geburt), sind in diesem Zusammenhang unbeachtlich).

40 Schwangere und Mütter dürfen weder bei den Vertragskonditionen noch bei der Entscheidung über den Vertragsschluss oder bei der Kündigung benachteiligt werden (→ § 33 Rn. 26). Problematisch ist, dass **Schwangerschaft in der privaten Krankenversicherung** als **Versicherungsfall** definiert wird (§ 192 VVG). Daher wird das Versicherungsangebot unter Ausschluss von Leistungen für Schwangerschaft und Entbindung zT nicht als Verstoß gegen das AGG angesehen, wenn die Versicherungsnehmerin bereits schwanger ist (AG Hannover 26.8.2008 – 534 C 5012/08 – VersR 2009, 348; zustimmend Adomeit/Mohr, § 20 Rn. 42; Armbrüster, Benachteili-

gungsverbot, S. 11). Sie werde behandelt wie jede andere Person, bei welcher der Versicherungsfall bereits eingetreten sei und sich das zu versichernde Risiko verwirklicht habe. Das sei nicht zuletzt dem Grundprinzip der Versicherungswirtschaft geschuldet, wonach das Versicherungsgeschäft ein ungewisses Ereignis voraussetzt (dazu auch → § 19 Rn. 41). Diese Argumentation ist zu Recht auf Ablehnung gestoßen (Bauer/Krieger, § 20 Rn. 14; Looschelders, VersR 2011, 421; Karczewski, RuS 2012, 521, 524; abweichend wohl auch LG Hamburg 26.1.2012 – 332 O 200/11 – VersR 2012, 983 sowie OLG Hamm 12.1.2011 – I-20 U 102/10 – VersR 2011, 514, die Ansprüche nach dem AGG wegen Verfristung verneinen, aber grundsätzlich eine Benachteiligung nach § 3 im Falle der Nichtverlängerung bzw. des Rücktritts oder der Kündigung der Versicherung bei bestehender Schwangerschaft bzw. bereits eingetretenen Schwangerschaftskomplikationen angenommen haben). Sie übersieht, dass der Versicherungsfall „Schwangerschaft" nur bei Schwangeren vorkommt und die Klägerin schon deshalb nicht wie jede/r andere Versicherungsnehmer/in behandelt wird. Sie verbietet sich überdies allein aufgrund der Zielsetzung des absoluten Benachteiligungsverbots des § 20 Abs. 2 S. 1 bzw. § 33 Abs. 5 S. 2. Die erwarteten Kosten einer Schwangerschaft dürfen nie zu unterschiedlichen Leistungen führen, auch dann nicht, wenn es für den Versicherer kein ungewisses Ereignis, sondern eine Tatsache ist, dass die Kosten anfallen werden. Im Einklang mit Art. 4 Abs. 1 der Gender-Richtlinie Zivilrecht darf es keine wie auch immer geartete Schlechterstellung von Frauen aufgrund von Schwangerschaft geben. § 20 Abs. 2 S. 1 durchbricht ohnehin privatrechtliche Versicherungsprinzipien, so dass nicht ersichtlich ist, weswegen diese Prinzipien bei den Kosten bereits schwangerer Versicherungsnehmerinnen vorrangig sein sollten. Deswegen darf die Definition von Schwangerschaft als Versicherungsfall der privaten Krankenversicherung in § 192 VVG nur im Sinne einer Besserstellung von Schwangeren verstanden werden, mit der Folge, dass sie einen Anspruch auf Kostenübernahme haben, obwohl eine Schwangerschaft keine Krankheit ist.

41 Auch bei transsexuellen Versicherungsnehmern trifft nach dem bisherigen Verständnis von **Transsexualität** der geschützte Diskriminierungsgrund Geschlecht mit einem **Versicherungsfall der privaten Krankenversicherung** zusammen. Transsexualität wird von der Rechtsprechung unter Verweis auf die Internationale statistische Klassifikation der Krankheiten als Krankheit und damit als Versicherungsfall iSd § 192 VVG bewertet (ICD-10 F 64.0; BSG 11.9.2012 – B 1 KR 3/12 R). Da das Wunschgeschlecht bei diesen Personen kein bestimmender Faktor ist (→ § 33 Rn. 28), darf es auch hier keine Leistungsausschlüsse für transsexuell-spezifische Krankheitskosten geben. Das Verbot von Benachteiligungen wegen des Geschlechts nach § 19 Abs. 1 Nr. 2 galt insoweit bereits bei den Altverträgen ohne Ausnahme. Im Hinblick auf Transsexualität unzutreffend beantwortete Gesundheitsfragen berechtigen nicht zu Rücktritt oder Kündigung, da sich die richtige Beantwortung nicht negativ auf die Prämien und Leistungen hätte auswirken dürfen (anders noch zur Rechtslage vor Inkrafttreten des AGG OLG Frankfurt/M. 5.12.2001 – 7 U 40/01 – VersR 2002, 559). Insgesamt darf die Festlegung von Versicherungsfällen, auch wenn sie den Betroffe-

nen Ansprüche auf Versicherungsleistungen geben soll, nicht den Diskriminierungsschutz aushebeln.

3. Benachteiligung wegen weiterer Merkmale (S. 2)

42 S. 2 regelt die Voraussetzungen, unter denen Versicherer die Merkmale **Religion** (womit bei verfassungskonformer Auslegung auch Weltanschauung gemeint ist, → § 19 Rn. 17), **Behinderung, Alter und sexuelle Identität** als Risikofaktoren heranziehen können. Voraussetzung ist, dass die Ungleichbehandlung auf anerkannten Prinzipien risikoadäquater Kalkulation beruht, insbesondere auf einer versicherungsmathematisch ermittelten Risikobewertung unter Heranziehung statistischer Erhebungen. Die Anforderungen an eine Rechtfertigung waren im Vergleich zur ursprünglich vorgesehenen Rechtfertigungsmöglichkeit bei geschlechtsbezogenen Differenzierungen nach S. 1 aF bzw. § 33 Abs. 5 S. 1 weniger streng geregelt. Im Gegensatz dazu braucht das Merkmal im Rahmen des S. 2 kein „bestimmender Faktor bei der Risikobewertung" und brauchen die statistischen Daten nicht „relevant" und „genau" zu sein (→ § 33 Rn. 27 ff.). Als weiterer Unterschied zu S. 1 aF bzw. § 33 Abs. 5 S. 1 kann S. 2 auch die Zugangsdiskriminierung rechtfertigen (→ § 33 Rn. 26). Da das Test-Achats-Urteil des EuGH (→ § 33 Rn. 24 ff.) nur in Bezug auf die Gender-Richtlinie Zivilrecht gilt, wirkt es sich auf S. 2 und die dort genannten Merkmale nicht aus (Leitlinien vom 22.12.2011, K(2011)9497, S. 6 Rn. 18 ff.). Sofern die sog 5. Richtlinie in Kraft tritt, wären allerdings erhöhte Anforderungen an die Risikokalkulation umzusetzen und zu beachten. Der Richtlinienentwurf lässt Ausnahmen im Versicherungsbereich nur bei Alter und Behinderung zu und verlangt dafür relevante und exakte versicherungsmathematische oder statistische Daten (Art. 2 Nr. 7 KOM (2008) 426).

43 Wie die vorgeschriebene Risikobewertung „unter Heranziehung statistischer Erhebungen" durchzuführen ist, hat der Gesetzgeber nicht klar vorgegeben. Mit der Annahme, „dass als Risikomerkmale ohnehin nur solche Umstände geeignet sind, die zu vertretbaren Kosten statistisch erfassbar sind und einen deutlichen statistischen Zusammenhang mit der Schadenserwartung haben", ging er zunächst von der grundsätzlichen Verfügbarkeit der für eine Rechtfertigung benötigten statistischen Erhebungen aus (vgl. BT-Drs. 16/1780, 45). Auf die anzustellenden versicherungsmathematischen Ermittlungen dürfte sich die gesetzgeberische Erläuterung beziehen, wonach der Begriff der anerkannten Prinzipien risikoadäquater Kalkulation sich als eine „Zusammenfassung der Grundsätze" darstellt, „die von Versicherungsmathematikern bei der Berechnung von Prämien und Deckungsrückstellungen anzuwenden sind." Zu diesen Grundsätzen zählt er gesetzliche Grundlagen (zB §§ 11, § 65 VAG sowie aufgrund dieser Vorschrift erlassene Rechtsverordnungen, § 341 f. HGB für die Lebensversicherung), „bestimmte Rechnungsgrundlagen, mathematische Formeln und kalkulatorische Herleitungen", anerkannte medizinische Erfahrungswerte und Einschätzungstabellen der Rückversicherer sowie „falls vorhanden oder bei vertretbarem Aufwand erstellbar, auch statistische Grundlagen (zB Sterbetafeln)" (BT-Drs. 16/1780, 45). Insgesamt trifft die Versicherungen eine gesteigerte Darlegungs- und Beweislast hinsichtlich der Einhaltung der

versicherungsmathematischen Grundsätze (BT-Drs. 16/1780, 45; OLG Saarbrücken 9.9.2009 – 5 U 26/09 – VersR 2009, 1522).

44 Obwohl die in § 33 Abs. 5 S. 1 hinsichtlich des Geschlechts genannte **Relevanz** des Merkmals (→ § 33 Rn. 29) in S. 2 nicht ausdrücklich angesprochen wird, ist sie auch dort als Voraussetzung der Benachteiligung mitzulesen. Dies folgt daraus, dass eine Rechtfertigung nur bei einem „deutlichen statistischen Zusammenhang mit der Schadenserwartung" in Betracht kommt (→ Rn. 43), sowie aus dem versicherungsrechtlichen Gleichbehandlungsgebot. Bei Anlegung dieser Maßstäbe bestehen gegen einige herkömmliche Tarifgruppen im privaten Versicherungswesen Bedenken hinsichtlich der versicherungsmathematischen Schlüssigkeit der Differenzierung. Das trifft zB auf die verbreitete Berechnung höherer Prämien für ältere Versicherungsnehmer in den unterschiedlichsten Versicherungsbranchen wie Kfz-, Reiserücktritts- oder Rechtsschutzversicherung zu (→ Rn. 47 und Berghahn/Klapp/Tischbirek, Evaluation des AGG, S. 123). Insbesondere muss der Versicherer bei der Wahl seiner Mittel den Verhältnismäßigkeitsgrundsatz beachten. Er darf zB nicht den Vertragsschluss verweigern, wenn er das erhöhte Risiko des Merkmalsträgers durch mildere Mittel wie eine höhere Prämie oder einen Leistungsausschluss auffangen kann. Zu der Frage, ob **statistische Erhebungen unabdingbar** sind, verhält sich die Begründung trotz der Vorgabe eines deutlichen statistischen Zusammenhangs mit der Schadenserwartung widersprüchlich. Sie schreibt die Heranziehung statistischer Grundlagen nur vor, „falls vorhanden oder mit vertretbarem Aufwand erstellbar" (BT-Drs. 16/1780, 45). Eine Berücksichtigung statistisch nicht gesicherter Vermutungen ließe sich indes schwerlich mit dem Ziel des AGG, Vorurteile zu bekämpfen, und der den Versicherern auferlegten gesteigerten Darlegungs- und Beweislast vereinbaren. Insofern ist von ihnen ein statistischer Nachweis oder aber der Übergang zu einem Einheitstarif zu verlangen (→ § 33 Rn. 29). Für die Berechnung der Beiträge in der substitutiven Krankenversicherung sind statistische Grundlagen in § 146 Abs. 1 Nr. 1 VAG sogar ausdrücklich vorgeschrieben. „Anerkannte medizinische Erfahrungswerte" und „Einschätzungstabellen der Rückversicherer", denen keinerlei statistische Erhebungen zugrunde liegen, genügen daher nicht (aA OLG Karlsruhe 27.5.2010 – 9 U 156/09 – NJW 2010, 2668; Armbrüster, VersR 2006, 1297, 1300). Der Verweis auf die eigenen Annahmegrundsätze des Versicherers genügte dagegen dem OLG Saarland im Rahmen des § 20 Abs. 2 S. 3 aF für die Frage, ob ein Versicherer einen Vertrag aus risikokalkulatorischen Gründen nicht mit dem gleichen Inhalt geschlossen hätte, sofern die vorgetragene Risikoerheblichkeit nach allgemeiner Lebenserfahrung plausibel ist und der Versicherungsnehmer dem nicht widerspricht (OLG Saarbrücken 9.9.2009 – 5 U 26/09 – VersR 2009, 1522). Diese Auslegung genügt aber schwerlich den Anforderungen der „gesteigerten" Darlegungslast der Versicherer und muss wohl vor dem Hintergrund gesehen werden, dass Ausgangspunkt des Streits das Verschweigen einer schweren Vorerkrankung war. Allenfalls lässt sich dem Umstand, dass in S. 2, anders als in § 33 Abs. 5 S. 1, nicht von „genauen" statistischen Daten die Rede ist, entnehmen, dass notfalls auch eine grobe Statistik ausreichen kann. Die **anerkannten Prinzipien risikoadäquater Kalkulation**, die in den in der Begründung genannten §§ 11, 65 VAG, § 341 f.

HGB nur bezüglich der Deckungsrückstellungen näher beschrieben sind, müssen im Streitfall durch ein Sachverständigengutachten ermittelt werden. Dabei darf „anerkannt" nicht dahin gehend missverstanden werden, dass damit alle von den Versicherern in der Vergangenheit übereinstimmend praktizierten Kalkulationsgrundsätze vom Gesetzgeber gebilligt worden und somit der Prüfung entzogen sind. „Anerkannt" sind vielmehr nur diejenigen Prinzipien, die auch im Lichte des Benachteiligungsverbots betrachtet noch anzuerkennen sind.

45 Eine **Behinderung** (zur Definition → § 1 Rn. 78 ff.) muss von einer **Vorerkrankung** abgegrenzt werden, die eine Ungleichbehandlung auch unabhängig von den Voraussetzungen des § 20 Abs. 2 S. 2 erlaubt. Behinderung und Krankheit dürfen allerdings nicht in einem Maße künstlich voneinander getrennt werden, dass Menschen, deren Behinderung durch eine Vorerkrankung verursacht ist, mit dem Verweis darauf vom Diskriminierungsschutz ausgenommen sind, sie würden nicht wegen ihrer Behinderung, sondern wegen der zugrunde liegenden Krankheit abgelehnt (so aber bei einem wegen einer angeborenen Muskelschwäche zu 100 % behinderten Kläger das OLG Karlsruhe 27.5.2010 – 9 U 156/09 – NJW 2010, 2668). § 19 Abs. 1 Nr. 2 würde dann bei Behinderungen zu einem großen Teil leerlaufen (laut Statistischem Bundesamt werden 86,4 % der Behinderungen in Deutschland durch eine Krankheit verursacht, Statistisches Bundesamt, Statistik der schwerbehinderten Menschen, Kurzbericht 2015, S. 5). Nicht jede Krankheit ist automatisch eine Behinderung. Bei jedem Anknüpfen an Krankheiten muss aber geprüft werden, ob dies zu einer mittelbaren Benachteiligung wegen einer Behinderung führt (BAG 28.4.2011 – 8 AZR 515/10 – NJW 2011, 2458; LAG Baden-Württemberg, 24.2.2012 – 12 Sa 40/11). Dort, wo eine Krankheit im konkreten Fall auch die Voraussetzungen einer Behinderung erfüllt, greift der Diskriminierungsschutz. Maßgeblich kommt es für den Behinderungsbegriff auf das Vorliegen einer Beeinträchtigung und auf deren Dauerhaftigkeit an (→ § 1 Rn. 78 ff.). Dabei muss auch der Maßstab der UN-Behindertenrechtskonvention (→ Einl. Rn. 167 ff.) berücksichtigt werden (BVerfG 23.3.2011 – 2 BvR 882/09 – BVerfGE 128, 282; BAG 19.12.2013 – 6 AZR 190/12 – BAGE 147, 60). So definiert Art. 1 UN-BRK Behinderungen als langfristige körperliche, seelische, geistige Beeinträchtigungen oder Sinnesbeeinträchtigungen, welche die Betroffenen in Wechselwirkung mit verschiedenen Barrieren an der vollen, wirksamen und gleichberechtigten Teilhabe an der Gesellschaft hindern können. Die Frage des Vorliegens einer Beeinträchtigung hängt damit nicht nur von der individuellen Konstitution, sondern auch und vor allem davon ab, ob die Gesellschaft einen bestimmten Zustand in einer Weise negativ bewertet, dass dies zu einer Einschränkung der gesellschaftlichen Teilhabe der Betroffenen führt (BAG 19.12.2013 – 6 AZR 190/12 – BAGE 147, 60). Danach müssen verstärkt Krankheiten als Behinderung eingestuft werden (Hirschberg, DIMR-Positionen, Nr. 4, S. 3), selbst wenn die einhergehende Beeinträchtigung eine normale Teilhabe grundsätzlich ermöglicht, es aber aufgrund der Wertung Dritter zu Teilhabeausschlüssen kommt. Nicht zuletzt aus Gründen der Rechtssicherheit ist daher dem Ansatz zu folgen, auch die **von Behinderung Bedrohten** zumindest in den Schutz des § 19 Abs. 1 Nr. 2 einzubeziehen (Armbrüster, Benachteiligungs-

verbot, S. 21; Wendeling/Schröder/Stein, § 1 Rn. 54). § 20 Abs. 2 S. 2 greift dann auch bei den Vorerkrankungen, die den Eintritt einer Behinderung überwiegend wahrscheinlich machen (vgl. Knickrehm/Opperman, SGB IX § 2 Rn. 13). Solche Vorerkrankungen können bei der Begründung und Durchführung von Versicherungen auch aus praktischen Gründen nicht von der eigentlichen Behinderung getrennt werden (MüKo-Thüsing, § 20 Rn. 69) und sind insgesamt als Behinderung im Sinne des AGG zu behandeln. Schließlich geht es den Versicherern bei ihren Prognosen darum einzugrenzen, dass und in welchem Ausmaß sie zur Leistung verpflichtet sind; wie wahrscheinlich es etwa in der privaten Krankenversicherung ist, dass bestimmte medizinische Leistungen in Anspruch genommen werden. Dabei werden sie bei der Beurteilung der Wahrscheinlichkeit ihrer Leistungspflicht im Falle einer Vorerkrankung die Möglichkeit körperlicher, geistiger oder seelischer Beeinträchtigungen einbeziehen, also letztlich eine Behinderung zugrunde legen (vgl. BGH 25.5.2011 – IV ZR 191/09 – NJW 2011, 3149). Sind die **Gesundheitsfragen** im Vorfeld des Vertragsschlusses falsch beantwortet worden und wird der Vertrag eines behinderten Versicherungsnehmers deshalb angefochten, liegt gleichwohl keine Benachteiligung wegen einer Behinderung vor. Grund für die Anfechtung ist die Täuschungshandlung, so dass er gleich behandelt wird wie andere täuschende Versicherungsnehmer (BGH 25.5.2011 – IV ZR 191/09 – NJW 2011, 3149; vgl. § 22 VVG).

46 Für die **Vereinbarkeit** des § 20 Abs. 2 S. 2 **mit höherrangigem Recht** ist hinsichtlich der über die Generalklauseln der §§ 138, 242 BGB mittelbar wirkenden Grundrechte in Bezug auf **Behinderungen** insbesondere Art. 3 Abs. 3 S. 2 GG zu beachten (BVerfG 24.3.2016 – 1 BvR 2012/13 – NJW 2016, 3013). Eine rechtliche Schlechterstellung behinderter Menschen ist danach nur zulässig, wenn **zwingende Gründe** dafür vorliegen (BVerfG 19.1.1999 – 1 BvR 2161/94 – NJW 1999, 1853; BVerfG 24.3.2016 – 1 BvR 2012/13 – NJW 2016, 3013). Die nachteiligen Auswirkungen müssen unerlässlich sein, um behinderungsbezogenen Besonderheiten Rechnung zu tragen (OLG Hamm 26.2.2002 – 15 W 385/01 – NJW 2002, 3410). Solche zwingenden Gründe werden in behinderungsbedingten Risikoerhöhungen im Versicherungswesen zwar gesehen (LG Mannheim 29.5.2007 – 3 O 394/06), um im Einklang mit Art. 3 Abs. 3 S. 2 GG zu stehen, müssen im Rahmen des § 20 Abs. 2 S. 2 bei Benachteiligungen aufgrund einer Behinderung jedoch eindeutige Risikoprognosen zu der speziellen Behinderung im Zusammenhang mit der in Rede stehenden Versicherungsart verlangt werden. In der Berufsunfähigkeitsversicherung sind eher zwingende Gründe für behinderungsbedingte Nachteile vorstellbar als bei einer Reisegepäckversicherung. Diskriminierende Ungleichbehandlungen wegen der **Religion** sind im Bereich privater Versicherungen bisher nicht bekannt geworden (MüKo-Thüsing, § 20 Rn. 72); sollten sie auftreten, würde auch hier der hohe Maßstab des Art. 3 Abs. 3 S. 1 GG gelten.

47 Bei einer Ungleichbehandlung wegen des **Alters** ist zunächst zu unterscheiden zwischen altersbedingt schwächerer Konstitution und altersabhängigem Verhalten, dessen Berücksichtigung auf ein unzulässiges Vorurteil hinausläuft (→ § 33 Rn. 29, 34). So bestehen bei der Kfz-Haftpflichtversiche-

rung gegen Alterstarife abgesehen von der zweifelhaften statistischen Grundlage auch deshalb Bedenken, weil es um ein unterstelltes unfallträchtigeres Verhalten geht. Aber auch der Zusammenhang zwischen dem kalendarischen Alter und einem Abbau körperlicher und geistiger Leistungsfähigkeit wird von der gerontologischen Forschung zunehmend in Frage gestellt. Intellektuelle Leistungen von 20- und 70-Jährigen mit einer vergleichbaren Schulbildung sind weitgehend identisch; kalendarisches und biologisches Alter können um bis zu zehn Jahre voneinander abweichen. Neben unterschiedlichen natürlichen Anlagen spielen dabei soziale Faktoren wie zB sozialer Status, Bildung, Umwelteinflüsse, berufliche und private Belastung eine Rolle. Es sei daher wenig sinnvoll, „das [kalendarische] Alter einer Person zu einem umfassenden Merkmal für die gesellschaftliche Steuerung und Struktur des individuellen Lebenslaufs zu machen" (Müller, Alter und Recht, 2011, S. 35, 38 mwN). Demgegenüber kann eine statistisch höhere Unfallfrequenz, längere Heildauer und im Vergleich zu jüngeren Versicherten ungünstigere Heilungsprognose weniger günstige Bedingungen für ältere Versicherte in der privaten Unfallversicherung rechtfertigen (LG Waldshut-Tiengen 31.5.2016 – 1 O 14/16, nrkr).

48 Auch wenn die Diskriminierungsgründe **sexuelle Identität** und **Alter** in Art. 3 Abs. 3 GG fehlen und entsprechende Ungleichbehandlungen daher lediglich an Art. 3 Abs. 1 GG und Art. 21 EU-GRC zu messen sind (vgl. OVG Hamburg 15.5.2012 – 1 Bs 44/12 – NordÖR 2012, 563), gilt auch hier ein **strenger Prüfungsmaßstab**. So ergeben sich aus dem Gleichheitssatz je nach Regelungsgegenstand und Differenzierungsmerkmal unterschiedliche Grenzen für den Gesetzgeber, die vom bloßen Willkürverbot bis zu einer strengen Bindung an Verhältnismäßigkeitserfordernisse reichen. Bei einer ungleichen Behandlung von Personengruppen unterliegt der Gesetzgeber regelmäßig einer umso strengeren Bindung, je mehr nach personenbezogenen Merkmalen differenziert wird (BVerfG 14.12.1994 – 1 BvR 720/90 – NJW 1995, 2977, 2979). Eine über das bloße Willkürverbot hinaus am Verhältnismäßigkeitsprinzip orientierte Gleichheitsprüfung hat das BVerfG insbesondere bei Differenzierungen wegen des Alters (BVerfG 26.1.1993 – 1 BvL 38/92 – NJW 1993, 1517) und der sexuellen Identität (BVerfG 21.7.2010 – 1 BvR 611/07 – NJW 2010, 2783, 2784) gefordert. Danach ist § 20 Abs. 2 S. 2 dahin gehend verfassungskonform einzuschränken, dass auch Differenzierungen wegen der sexuellen Identität und des Alters nur dann zulässig sind, wenn Gründe von solcher Art und solchem Gewicht bestehen, dass sie die ungleichen Rechtsfolgen rechtfertigen können. Dies wird für Ungleichbehandlungen wegen des Alters bei Lebens- und Krankenversicherungen grundsätzlich der Fall sein, da sich die Wahrscheinlichkeit des Eintritts des Versicherungsfalls hier statistisch nachweisbar mit steigendem Lebensalter erhöht. Ein generelles Aufnahmehöchstalter in der Krankenversicherung oder eine Vertragsverweigerung gegenüber einem homosexuellen Mann im Hinblick auf ein angeblich erhöhtes HIV-Risiko dürften sich dagegen kaum mit dem Verhältnismäßigkeitsgrundsatz vereinbaren lassen.

4. Rechtsfolgen unzulässiger Benachteiligung

49 Verweigert der Versicherer den Vertragsschluss, so kann dem Versicherungsnehmer nach § 21 Abs. 1 S. 1 ein Kontrahierungsanspruch zustehen (→ § 21 Rn. 28, 83 ff.). Der Anspruch auf den Vertragsschluss setzt voraus, dass aufgrund vor allem weitestgehend standardisierter Vertragsinhalte hinreichend bestimmt ist, zu welchen Bedingungen der Vertrag geschlossen worden wäre (BGH 25.5.2011 – IV ZR 191/09 – NJW 2011, 3149). Das ist in der durch die Verwendung Allgemeiner Versicherungsbedingungen geprägten Versicherungsbranche häufig der Fall (Beckmann/Matusche-Beckmann, Versicherungsrechts-Handbuch, § 10 Rn. 2). Hat der Versicherer dem Versicherungsnehmer benachteiligende Konditionen auferlegt, so sind diese nichtig (→ § 21 Rn. 104, 106). Für die abgelaufene Vertragszeit besteht ein Bereicherungs- und ein Schadensersatzanspruch nach § 21 Abs. 2 S. 1, der zB auf Rückerstattung eines gezahlten Prämienzuschlags gerichtet ist, und für die Zukunft ein Unterlassungsanspruch nach § 21 Abs. 1 S. 2. Kumulativ zum Kontrahierungs- und zum Anspruch auf Ersatz des materiellen Schadens steht dem Versicherungsnehmer nach § 21 Abs. 2 S. 3 ein Anspruch auf Entschädigung wegen Verletzung seines Persönlichkeitsrechts zu.

5. Übergangsregelung

50 Nach § 33 Abs. 4 S. 1 erfasst das Benachteiligungsverbot – mit Ausnahme des Merkmals „Rasse“ und ethnische Herkunft (→ § 33 Rn. 23) – keine vor dem 22.12.2007 begründeten Altverträge. Gem. § 33 Abs. 4 S. 2 gilt S. 1 zwar nicht für spätere Änderungen von Altverträgen. Dies darf jedoch nicht so verstanden werden, dass zB prozentuale Prämienanhebungen wegen der allgemeinen Teuerung verboten sind, soweit damit ein merkmalbedingter Zuschlag perpetuiert wird, der in Neuverträgen unzulässig wäre; denn sonst würde der in § 33 Abs. 4 S. 1 vorgesehene Bestandsschutz für Altverträge allmählich ausgehebelt. § 33 Abs. 4 S. 2 ist restriktiv dahin gehend auszulegen, dass damit nur solche Änderungen gemeint sind, die eine Benachteiligung wegen eines verpönten Merkmals neu in den Vertrag einführen würden (so auch Armbrüster, VersR 2006, 1297, 1306; vgl. auch LG Waldshut-Tiengen 31.5.2016 – 1 O 14/16, nrkr). Ein „alter“ Versicherungsnehmer kann daher seine Benachteiligung nur durch Kündigung seines Vertrages und Abschluss eines neuen vermeiden (was aber die Portabilität seiner Altersrückstellungen voraussetzt). Zugunsten homosexueller Versicherungsnehmer kann allerdings grundsätzlich eine Vertragsanpassung nach den Grundsätzen über den Wegfall der Geschäftsgrundlage gem. § 313 Abs. 1 BGB zur Einbeziehung ihres Lebenspartners als „Hinterbliebenen“ in die private Rentenversicherung in Betracht kommen, wenn der Versicherungsvertrag vor dem Inkrafttreten des LPartG abgeschlossen wurde (BGH 26.4.2017 – IV ZR 126/16 – NJW 2017, 2191). Gegen § 33 Abs. 4 bestehen hinsichtlich der Merkmale „Rasse“ und ethnische Herkunft Bedenken, da die Antirassismus-Richtlinie eine solche Privilegierung der Versicherungswirtschaft nicht vorsieht (Schiek-Schiek, § 33 Rn. 5).

51 Für Versicherungsverträge, die zwischen dem 22.12.2007 und dem 21.12.2012 geschlossen wurden schreibt die Übergangsbestimmung in § 33

Abs. 5 S. 1 die in § 20 Abs. 2 **S. 1 aF** für Privatversicherungen geregelten Bedingungen für eine Schlechterbehandlung wegen des Geschlechts fort (→ § 33 Rn. 24 ff.).

§ 21 Ansprüche

(1) [1]Der Benachteiligte kann bei einem Verstoß gegen das Benachteiligungsverbot unbeschadet weiterer Ansprüche die Beseitigung der Beeinträchtigung verlangen. [2]Sind weitere Beeinträchtigungen zu besorgen, so kann er auf Unterlassung klagen.

(2) [1]Bei einer Verletzung des Benachteiligungsverbots ist der Benachteiligende verpflichtet, den hierdurch entstandenen Schaden zu ersetzen. [2]Dies gilt nicht, wenn der Benachteiligende die Pflichtverletzung nicht zu vertreten hat. [3]Wegen eines Schadens, der nicht Vermögensschaden ist, kann der Benachteiligte eine angemessene Entschädigung in Geld verlangen.

(3) Ansprüche aus unerlaubter Handlung bleiben unberührt.

(4) Auf eine Vereinbarung, die von dem Benachteiligungsverbot abweicht, kann sich der Benachteiligende nicht berufen.

(5) [1]Ein Anspruch nach den Absätzen 1 und 2 muss innerhalb einer Frist von zwei Monaten geltend gemacht werden. [2]Nach Ablauf der Frist kann der Anspruch nur geltend gemacht werden, wenn der Benachteiligte ohne Verschulden an der Einhaltung der Frist verhindert war.

I. Vorbemerkungen

1 § 21 regelt Ansprüche auf Beseitigung und Unterlassung (Abs. 1) sowie Schadensersatz (Abs. 2) (rechtsvergleichend mit dem italienischen Recht und dem Draft Common Frame of Reference Haberl, GPR 2009, 202 ff.; rechtsvergleichend mit dem französischen Recht Strauß, S. 222 ff., 309 f.). Letzterer umfasst materiellen wie immateriellen Schadensersatz (zur Versicherbarkeit s. Koch, VersR 2007, 288 ff.). Die Ansprüche unterliegen einer zweimonatigen Ausschlussfrist (Abs. 5).

2 § 21 betrifft nur Verstöße gegen das zivilrechtliche Benachteiligungsverbot; für den Bereich des Arbeitsrechts gilt § 15.

3 Die Norm beruht auf den Sanktionsbestimmungen in Art. 15 RL 2000/43/EG und Art. 14 RL 2004/113/EG. Danach legen die Mitgliedstaaten die erforderlichen Maßnahmen bzw. **Sanktionen** für Fälle von Verstößen gegen die Diskriminierungsverbote fest. Weiter heißt es in den Richtlinien, dass die Sanktionen, „die auch Schadensersatzleistungen an die Opfer umfassen können", wirksam, verhältnismäßig und abschreckend sein müssten (zur Gewerbeuntersagung als mögliche Konsequenz beharrlicher oder sonst massiver Verletzungen des AGG Lindner, GewArch 2008, 436 ff.).

4 Das entspricht dem bereits zuvor erreichten Stand der Rechtsprechung zur Gender-Richtlinie 76/207/EWG (→ § 15 Rn. 4 ff.), die freilich für das zivilrechtliche Benachteiligungsverbot nicht einschlägig ist. Die genannte Rechtsprechung ist aber auch für die hier einschlägigen Richtlinien relevant, da die Sanktionsregeln in allen Antidiskriminierungsrichtlinien einander gleichen (so iE auch BT-Drs. 16/1780, 46).

5 Nach dieser Rechtsprechung (zum Folgenden → § 15 Rn. 4 ff.) ist ein Mitgliedstaat nicht verpflichtet, die Sanktionen im Wege des Schadensersatzes festzulegen (vgl. Franzen, Diskriminierungsverbote und Privatautonomie, in: Juristische Studiengesellschaft Jahresband 2004, S. 49, 59). Das ergibt sich auch aus dem eindeutigen Wortlaut der genannten Richtlinienbestimmungen. Entscheidet sich ein Mitgliedstaat allerdings für den Weg des Schadensersatzes, muss es sich nach der Rechtsprechung um eine **wirksame und abschreckende** Sanktion handeln. Diese muss zwar nicht zwingend in einem Kontrahierungszwang bestehen (vgl. auch Erwägungsgründe 17 und 18 der RL 2000/78/EG; vgl. Rust/Falke-Bittner, § 21 Rn. 15). Ein bloß symbolischer Schadensersatz genügt jedoch nicht. In diesem Fall darf die Entschädigung auch nicht von einem Verschulden des Benachteiligenden abhängig gemacht werden. Auch ist die Statuierung einer Höchstgrenze für den Schadensersatz in den Fällen unzulässig, in denen es ohne die Diskriminierung zum Vertragsschluss gekommen wäre. Die Ansprüche mehrerer Diskriminierungsopfer dürfen nicht gemeinsam gedeckelt werden.

6 Darüber hinaus verlangt Art. 8 Abs. 2 RL 2004/113/EG (Versorgungs-Richtlinie) für den Fall eines Schadens aus einer Diskriminierung tatsächlichen und wirksamen Schadensausgleich oder -ersatz, der auf eine abschreckende und dem erlittenen Schaden angemessene Weise erfolgen muss. Dieser Anspruch darf seiner Höhe nach nicht begrenzt werden (Riesenhuber/Franck, EWS 2005, 245, 250, der Wortlaut ist allerdings etwas missverständlich). Dabei gibt es keinen Anhaltspunkt dafür, dass diese Bestimmung auf einen materiellen Schadensersatzanspruch beschränkt sein soll.

7 Der **deutsche** Gesetzgeber hat sich für eine umfassende **Lösung über den Schadensersatz** entschieden. Auch wenn dies rechtspolitisch bemängelt wird (Benecke/Kern, EuZW 2005, 360, 362 ff.), ist es hinzunehmen (dazu auch → § 15 Rn. 15 ff.). Für den Gender-Bereich war dies ohnehin alternativlos (→ Rn. 6). Ein Vorbild findet die Bestimmung in den arbeitsrechtlichen Vorschriften von § 611 a Abs. 2 BGB aF und § 81 Abs. 2 Nr. 2 SGB IX

aF, die von § 15 abgelöst wurden. Daher können Rechtsprechung und Literatur zu diesen Bestimmungen teilweise für die Auslegung von § 21 herangezogen werden.

8 Zum Verhältnis zu anderen Vorschriften → Rn. 17, 99 ff.

9 Anders als im arbeitsrechtlichen Bereich (→ § 15 Rn. 146 ff.) kann der Schadensersatz auch zu einem **Kontrahierungszwang** führen (→ Rn. 83 ff.). Ein solcher wird zwar von den Richtlinien nicht gefordert, kann sich aber als wirksame und abschreckende Sanktion (→ Rn. 5) darstellen.

10 Mit Blick auf den dargestellten europarechtlichen Hintergrund ergibt sich ein doppelter **Normzweck**. Einerseits bezweckt § 21 – neben dem **Integritätsschutz** durch Beseitigungs- und Unterlassungsanspruch – einen gerechten Schadensausgleich. Zudem soll Diskriminierungen durch **Sanktionen** im spezial- und wohl auch generalpräventiven Sinne entgegengetreten werden. Der Sanktionszweck ist freilich **durch den Zweck des Schadensausgleichs begrenzt** (→ § 15 Rn. 14; Hey/Forst-Kremer, § 21 Rn. 82; ferner OLG Stuttgart 12.12.2011 – 10 U 106/11 – VersR 2012, 329, 330), weshalb die Bezeichnung als Strafschadensersatz (so Flohr/Ring-Flohr, Rn. 436) nicht zutrifft (iE ebenso Zoppel, S. 151 f.). Gleichwohl ist im Rahmen der zum Schadensausgleich zu gewährenden Entschädigung der Präventionszweck zu berücksichtigen (AG Tempelhof-Kreuzberg 19.12.2014 – 25 C 357/14 – WuM 2015, 73, 78).

11 Die Regelung eines Schadensersatzanspruchs mit Sanktionscharakter ist verfassungsrechtlich unbedenklich und europarechtlich zulässig; sie ist dem deutschen Privatrecht auch nicht grundsätzlich fremd (→ § 15 Rn. 15).

12 In **rechtspolitischer** Hinsicht ist die Lösung über den Schadensersatz einer Bußgeldlösung vorzuziehen, weil Leistungsempfänger das Opfer und nicht der insoweit unbeteiligte Staat bzw. Dritte sind. Zudem wird dieser Lösung nachgesagt, effizienter und moderner zu sein (MüKo-Thüsing, 6. Aufl., 2012, § 21 Rn. 5).

13 Die Ansprüche aus § 21 sind privatrechtlicher Natur, so dass die Vorschriften des Bürgerlichen Rechts, etwa §§ 249 ff. BGB für den Schadensersatz, ohne Weiteres anwendbar sind.

14 Auch Fragen der Wirksamkeit von Rechtsgeschäften sind in § 21 geregelt (Abs. 4), ferner das Verhältnis zu anderen Ansprüchen (Abs. 3). Demgegenüber fehlt es an **Viktimisierungsvorschriften**, die von Art. 9 RL 2000/43/EG und Art. 10 RL 2004/113/EG gefordert sind und in § 16 für den arbeitsrechtlichen Bereich geregelt wurden. Dies ist klar richtlinienwidrig (zust. Hey/Forst-Kremer, § 21 Rn. 1 ff.; vgl. auch Wendeling-Schröder/Stein-Wendeling-Schröder, § 21 Rn. 2; aA BeckOGK/Groß, § 21 Rn. 14).

15 § 21 enthält keine abschließende Regelung des Sanktionsinstrumentariums. Zu vielfältig sind die weiteren Fragestellungen, die einer zivilrechtlichen Beantwortung bedürfen, etwa die Frage, ob der Makler, der entgegen der Anforderung des Vermieters unter Beachtung des Gleichbehandlungsgrundsatzes Angehörige ethnischer Minderheiten als Mieter nachweist, seine Courtage verlangen kann (dazu Derleder/Sabetta, WuM 2005, 3, 8 f.; vgl. auch Erman-Armbrüster, § 21 Rn. 29).

II. Beseitigungs- und Unterlassungsanspruch (Abs. 1)

16 Abs. 1 regelt einen Beseitigungs- und Unterlassungsanspruch. Entsprechendes ist in der arbeitsrechtlichen Regelung des § 15 nicht enthalten. Dort können solche Ansprüche aus §§ 823 Abs. 1, 1004 BGB analog bei Verletzung des Allgemeinen Persönlichkeitsrechts folgen (→ § 15 Rn. 144).

17 Die Ansprüche bestehen **„unbeschadet weiterer Ansprüche"**. Damit ist einerseits klargestellt, dass andere Ansprüche auf Beseitigung oder Unterlassung neben dem aus Abs. 1 bestehen. Zu denken ist hier an §§ 823 Abs. 1, 1004 BGB wegen Verletzung des Allgemeinen Persönlichkeitsrechts. Darüber hinaus kommen als „weitere" Ansprüche iSd Norm auch solche in Betracht, die weiter reichen. Das sind insbesondere Ansprüche auf Schadensersatz, die namentlich im Falle der Naturalrestitution über die bloße Beseitigung hinausreichen können. Für das Verhältnis zu Schadensersatzansprüchen nach Abs. 2 → Rn. 37. Bereicherungsrechtliche Gewinnabschöpfungsansprüche scheiden allerdings in aller Regel aus, weil das Diskriminierungsopfer regelmäßig den Gewinn, der aus der Diskriminierung hervorgegangen ist, nicht auch selber hätte realisieren können (Lobinger, AcP 216 (2016), 28, 98 ff.).

18 Passivlegitimiert für Schadensersatz- und Entschädigungsanspruch ist der **Störer** durch Benachteiligung. Soweit die Benachteiligung von einem Arbeitnehmer ausgeht, wäre an sich dieser der Störer, an den sich das Opfer zu halten hat, ohne an den Arbeitgeber herantreten zu können. Im Interesse eines Gleichklangs mit arbeitsrechtlichen Wertungen ist jedoch der Arbeitgeber in diesen Fällen als Störer anzusehen (MüKo-Thüsing, § 21 Rn. 13; NK-BGB/Legerlotz, § 21 Rn. 6).

19 Anspruchsverpflichteter kann auch ein **mittelbarer Störer** sein (Gaier/Wendtland-Gaier, Rn. 1990; aA Adomeit/Mohr, § 21 Rn. 7), etwa der Vermieter, der gegen Belästigungen von Hausbewohnern einschreiten kann und dies gleichwohl duldet (Hinz, SchlHA 2007, 265, 272). Die meisten Fälle, die an sich mittelbare Störer betreffen, fallen allerdings unter die Benachteiligung durch Anweisung (§ 3 Abs. 5) und werden dadurch kraft Gesetzes Fälle unmittelbarer Störung (MüKo-Thüsing, § 21 Rn. 12).

1. Beseitigungsanspruch

20 Der Anspruch auf Beseitigung setzt zunächst voraus, dass eine **Benachteiligung** gegeben ist (Staudinger/Rolfs, § 21 Rn. 3). Erforderlich ist mithin eine Diskriminierung nach §§ 3, 19 f. Das schließt Belästigungen, sexuelle Belästigungen und Anweisungen zur Benachteiligung ein.

21 Anspruchsgegner ist der Vertragspartner bzw. potenzielle Vertragspartner (OLG München 12.3.2014 – 15 U 2395/13 – ZD 2014, 570, 572). Wenngleich der Beseitigungsanspruch kein Verschulden voraussetzt, muss dieser sich **Pflichtverletzungen Dritter** analog § 278 BGB zurechnen lassen (OLG München 12.3.2014 – 15 U 2395/13 – ZD 2014, 570, 573; für den arbeitsrechtlichen Bereich → § 15 Rn. 27, 60, 155). Zu denken ist in diesem Zusammenhang zB an den Makler des Vermieters, der Angehörigen ethnischer Minderheiten mitteilt, für sie gebe es keine Wohnungen, oder an den Türsteher einer Disco, der behinderten Menschen den Zutritt verwehrt. Ju-

ristische Personen müssen sich das Verhalten ihrer Organe nach § 31 BGB zurechnen lassen.

22 Es gibt Handlungen, die zwar für sich keine Benachteiligungen darstellen, aber als Indizien zum Nachweis einer Diskriminierung gem. § 22 taugen, zB die Frage des Vermieters nach der Religion des Mietinteressenten. Sie begründen, solange sie nicht selbst schon eine Diskriminierung darstellen, keinen Beseitigungsanspruch. Gelingt aber mit ihrer Hilfe über § 22 der Nachweis einer Benachteiligung, besteht der Beseitigungsanspruch wegen dieser Benachteiligung (→ § 15 Rn. 27).

23 Die Benachteiligung muss zu einer **Beeinträchtigung** geführt haben. Der Begriff ist weit auszulegen. Beim eigentumsrechtlichen Beseitigungsanspruch aus § 1004 BGB liegt eine Beeinträchtigung in jedem dem Inhalt des Eigentums (§ 903) widersprechenden Eingriff in die rechtliche oder tatsächliche Herrschaftsmacht des Eigentümers (Palandt-Bassenge, BGB § 1004 Rn. 6; s. auch etwa BGH 4.2.2005 – V ZR 142/04 – NJW 2005, 1366). Übertragen auf unzulässige Diskriminierungen bedeutet dies, dass jede Missachtung des Rechts des Privatrechtssubjekts auf Respektierung des Grundsatzes der Gleichbehandlung als Beeinträchtigung zu verstehen ist. Daraus folgt, dass einerseits der Beeinträchtigungsbegriff derart weit ist, dass er in der Benachteiligung an sich aufgeht, andererseits seine Grenze durch die angeordnete Rechtsfolge darin findet, dass nur solche Beeinträchtigungen vom Anspruch erfasst werden, die beseitigt werden können. Der Begriff der Beeinträchtigung hat hier also **keine eigenständige Bedeutung.**

24 Die **Beeinträchtigung muss noch fortdauern** (MüKo-Thüsing, § 21 Rn. 9; Gaier/Wendtland-Gaier, Rn. 191; jurisPK/Overkamp, § 21 Rn. 5 f.; Wendeling-Schröder/Stein-Wendeling-Schröder, § 21 Rn. 8). Denn eine nicht mehr fortdauernde Beeinträchtigung lässt sich nicht beseitigen.

25 Zum Teil wird angenommen, die Beeinträchtigung müsse **rechtswidrig** sein, was indes indiziert und im Falle einer Rechtfertigung der Benachteiligung ausgeschlossen sei (Tüsing/v. Hoff, VersR 2007, 1, 8 f.; NK-BGB/Legerlotz, § 21 Rn. 5). Im Allgemeinen geht diese Prüfung aber schon im Tatbestand der Benachteiligung auf. Ob es jenseits der Bestimmungen des AGG denkbar ist, dass Rechtfertigungsgründe eingreifen (Gaier/Wendtland-Gaier, Rn. 188; Rust/Falke-Bittner, § 21 Rn. 5), scheint zweifelhaft (MüKo-Thüsing, § 21 Rn. 10; aA BeckOGK/Groß, § 21 Rn. 22).

26 Nicht erforderlich ist ein **Verschulden** (MüKo-Thüsing, § 21 Rn. 7; Bauer/Krieger, § 21 Rn. 4; jurisPK/Overkamp, § 21 Rn. 2; Schreier, JuS 2007, 308; vgl. für § 1004 BGB Palandt-Bassenge, BGB § 1004 Rn. 13). Es genügt ein objektiver Verstoß gegen das Benachteiligungsverbot (vgl. BT-Drs. 16/1780, 46).

27 **Rechtsfolge** ist ein Anspruch auf **Beseitigung** der Beeinträchtigung. Nach hM (Thüsing/v. Hoff, VersR 2007, 1, 9; vgl. zu § 1004 BGB mwN PWW/Englert, BGB § 1004 Rn. 6) bedeutet Beseitigung nicht Wiederherstellung des früheren Zustandes (Naturalrestitution), sondern Beseitigung der Störung für die Zukunft. Insbesondere meint Beseitigung die Beseitigung der Störung, nicht ihrer Folgen (vgl. Palandt-Grüneberg, § 21 Rn. 3; Hey/

Forst-Kremer, § 21 Rn. 23; Wendeling-Schröder/Stein-Wendeling-Schröder, § 21 Rn. 9). Soweit im Schrifttum zu § 1004 BGB teilweise vertreten wird, das Wesen der Beeinträchtigung sei die Verletzung der rechtlichen Integrität, so dass die Beseitigung eine Wiederherstellung der rechtlichen Integrität verlange (Picker, Der negatorische Beseitigungsanspruch, 1972, S. 49 ff., 157 ff.; Staudinger-Gursky, Neubearb. 2013, BGB § 1004 Rn. 3 ff.), verwischt dies die Grenzen zwischen Schadensersatz und Beseitigung. Jedenfalls für § 21, wo Schadensersatz und Beseitigung nebeneinander geregelt sind und der Schadensersatz zudem gleichermaßen verschuldensunabhängig geschuldet wird (→ Rn. 44), kann dem deshalb hier nicht gefolgt werden.

28 Die Beseitigung kann tatsächlicher oder rechtlicher Art sein (Wagner/Potsch, JZ 2006, 1085, 1098). Zu denken ist zB an den Abbau einer Barriere oder den Abschluss eines Vertrages. Auch Ansprüche auf Gleichbehandlung mit der bevorzugten Gruppe im Sinne einer „**Angleichung nach oben**" erwachsen aus dem Benachteiligungsverbot (BeckOGK/Groß, § 21 Rn. 8). Somit kann ein Beseitigungsanspruch grundsätzlich in einen **Kontrahierungszwang** münden (Grünberger, S. 726 ff.; Staudinger/Rolfs, § 21 Rn. 2; MüKo-Thüsing, § 21 Rn. 17 ff.; Schiek-Schiek, § 21 Rn. 8 ff.; Bauer/Krieger, § 21 Rn. 6; BeckOGK/Groß, § 21 Rn. 31 ff.; NK-BGB/Legerlotz, § 21 Rn. 11; Sprafke, S. 232 ff.; Armbrüster, KritV 2005, 41, 44; Bezzenberger, AcP 196 (1996), 395, 428 ff.; Thüsing/v. Hoff, NJW 2007, 21 f.; Schmidt-Räntsch, NZM 2007, 6, 14; Schreier, JuS 2007, 308; Wagner/Potsch, JZ 2006, 1085, 1098; Payandeh, JuS 2015, 695, 700; aA jurisPK/Overkamp, § 21 Rn. 41; Palandt-Grüneberg, § 21 Rn. 3; Looschelders, JZ 2012, 105, 111). Dies wäre nicht etwa Naturalrestitution, sondern unmittelbare Störungsbeseitigung. Denn jede diskriminierende Zugangsverweigerung ist fortdauernde Diskriminierung bis zum Zeitpunkt der Zugangsgewährung. Zum Vertragsschluss ist zu bemerken, dass § 21 einem Kontrahierungszwang über einen Beseitigungsanspruch nicht entgegensteht (Wendt/Schäfer, JuS 2009, 206 ff.; → Rn. 83 ff.). Dagegen lässt sich nicht einwenden, dass es schließlich jedem freistehe, mit wem er Verträge schließe, so dass die Störungs-(Diskriminierungs-)Beseitigung gar nicht im Vertragsschluss liegen könne (so Armbrüster, NJW 2007, 1494, 1497). Dadurch würde nämlich verkannt, dass es allein dann eine Störungsbeseitigung geben kann, wenn die Störung in der diskriminierenden Vertragsverweigerung als solcher liegt, nicht aber schon dann, wenn diskriminiert wurde und ohnehin kein Vertrag zustande gekommen wäre. Häufig kann aber die Unmöglichkeit (→ Rn. 30) der Beseitigung dem Anspruch entgegenstehen. Der verweigerte Discobesuch kann nicht durch Vertragsschluss am nächsten Tag beseitigt werden. In diesem Fall besteht aber regelmäßig ein Anspruch auf Unterlassung, der auf den Abschluss künftiger Verträge gerichtet sein kann (→ Rn. 35).

29 Im Übrigen ist der Ansicht, die die Beseitigung der Benachteiligung in der diskriminierungsfreien Entscheidung sieht (Hinz, SchlHA 2007, 265, 272; Armbrüster, in: Rudolf/Mahlmann, GlBR, § 7 Rn. 166; Hey/Forst-Kremer, § 21 Rn. 27), nicht zu folgen (jurisPK/Overkamp, § 21 Rn. 11). Die Störung folgt daraus, dass so und nicht anders entschieden wurde, eine „Neu-

bescheidung“ kann diese Störung nicht beseitigen, sondern beinhaltet ein aliud (vgl. Grünberger, S. 730). Aus diesem Grunde erledigen sich auch Überlegungen zu den Grenzen einer Berufung auf eine später geänderte Geschäftspolitik (dazu Armbrüster, in: Rudolf/Mahlmann, GlBR, § 7 Rn. 167). Das schließt es freilich nicht aus, dass ein Kontrahierungszwang im Einzelfall wegen Verfehlens anderer Voraussetzungen für den Vertragsschluss (zB Mindestalter, ausreichende Solvenz oÄ) ausscheidet (vgl. Erman-Armbrüster, § 21 Rn. 3). Daraus lässt sich aber kein bloßer „Neubescheidungsanspruch“ ableiten, der dem Diskriminierenden erneute Entscheidungsfreiheit einräumt, obwohl er sich zunächst bei seiner Entscheidung vom verpönten Merkmal hat leiten lassen.

30 Soweit die Beseitigung nicht möglich ist, ist der Anspruch ausgeschlossen, § 275 BGB (für § 1004 BGB Palandt-Bassenge, BGB § 1004 Rn. 43 mwN; Baur/Stürner, § 12 Rn. 17).

31 Die **Kosten** der Beseitigung trägt der zur Beseitigung Verpflichtete.

2. Unterlassungsanspruch

32 Der Unterlassungsanspruch verlangt zunächst die **Voraussetzungen des Beseitigungsanspruchs** (→ Rn. 20 ff.), mit anderen Worten: eine **Benachteiligung**. Dass eine Beseitigung möglich ist, gehört nicht zu diesen Voraussetzungen, vielmehr schließt die Unmöglichkeit den an sich bestehenden Beseitigungsanspruch aus. Nicht erforderlich ist insbesondere auch ein Verschulden, der Unterlassungsanspruch besteht ebenfalls verschuldensunabhängig.

33 Erforderlich ist des Weiteren die Besorgnis weiterer Benachteiligungen. Dabei kommt es aber nicht darauf an, ob der Benachteiligte weitere Benachteiligungen subjektiv befürchtet. Entscheidend ist eine objektive Besorgnis. Man spricht deshalb von einer **Wiederholungsgefahr**. Sie wird definiert als die auf Tatsachen gegründete, objektiv ernstliche Besorgnis weiterer Störungen (BGH 19.10.2004 – VI ZR 292/03 – NJW 2005, 594, 595 für § 1004 BGB). Erforderlich ist, dass die Beeinträchtigung droht, ein Verdacht genügt nicht (BT-Drs. 16/1780, 46). Aktivlegitimiert ist aber allein derjenige, der im Rechtssinne benachteiligt zu werden droht (vgl. Derleder, NZM 2007, 625, 629), das (potenzielle) Diskriminierungsopfer (→ Rn. 49).

34 Wiederholungsgefahr kann ausnahmsweise bereits vor der ersten Benachteiligung gegeben sein. Der Kläger muss dann nicht erst eine Diskriminierung abwarten, bevor er Unterlassung verlangt (Palandt-Grüneberg, § 21 Rn. 4; MüKo-Thüsing, § 21 Rn. 38; Schiek-Schiek, § 21 Rn. 14; Gaier/Wendtland-Gaier, Rn. 198; BeckOK-Wendtland, § 21 Rn. 3, 11). Es handelt sich dann um einen **vorbeugenden Unterlassungsanspruch**. Erforderlich ist allerdings, dass die Diskriminierung objektiv ernsthaft droht (vgl. BGH 19.6.1951 – I ZR 77/50 – BGHZ 2, 394; BeckOGK/Groß, § 21 Rn. 41; Wendeling-Schröder/Stein-Wendeling-Schröder, § 21 Rn. 11; MüKo-Baldus, BGB § 1004 Rn. 289).

35 **Rechtsfolge** ist ein materiellrechtlicher (BeckOGK/Groß, § 21 Rn. 38) Anspruch auf Unterlassung. Das kann mehr sein als bloße Untätigkeit. Soweit

die Diskriminierung durch Untätigkeit erfolgte, etwa Verweigerung eines Vertragsschlusses, erfordert die Unterlassung Tätigwerden (im Beispiel durch Vertragsschluss).

III. Schadensersatz (Abs. 2)

36 Abs. 2 fasst Ansprüche auf Ersatz materieller und immaterieller Schäden unter dem Oberbegriff „Schaden" in S. 1 zusammen. Das folgt aus der Regelung in S. 3. Danach kann wegen eines Schadens, der nicht Vermögensschaden ist, eine Entschädigung in Geld verlangt werden.

37 Wenn auch Beseitigungs- und Unterlassungsansprüche nach Abs. 1 unbeschadet weiterer Ansprüche bestehen und deshalb Schadensersatzansprüche grundsätzlich nicht ausschließen (→ Rn. 17), ist doch das **Verhältnis zwischen Ansprüchen nach Abs. 1 und solchen nach Abs. 2** nicht ganz eindeutig. Die Regierungsbegründung bezeichnet Beseitigungs- und Unterlassungsansprüche als „Primäransprüche", die Ansprüche nach Abs. 2 hingegen als „Sekundäransprüche" (BT-Drs. 16/1780, 46). Das ist sicher nicht so gemeint, dass Schadensersatz nur in Betracht kommt, wenn Unterlassung und/oder Beseitigung verweigert werden. Allerdings kann es an einem Schaden fehlen, wenn die Beeinträchtigung beseitigt wurde. Nichts spricht hingegen dafür, dass das Diskriminierungsopfer sich auf eine Störungsbeseitigung anstelle eines Schadensersatzanspruchs einlassen muss. Vielmehr besteht hier **Anspruchskonkurrenz**. So kann derjenige, dem ein Vertragsschluss verweigert wurde, statt Beseitigung im Wege des Vertragsschlusses, die Mehrkosten eines Deckungsgeschäfts im Wege des Schadensersatzes verlangen. Auch wird die Schadensminderungsobliegenheit nach § 254 BGB in aller Regel zu keinem anderen Ergebnis zwingen, weil es regelmäßig nicht zumutbar ist, sich weiter auf den Diskriminierer einzulassen.

1. Materieller Schaden

a) Pflichtverletzung

38 Tatbestandliche Voraussetzung ist eine Pflichtverletzung. Denn nach S. 2 scheidet der Schadensersatzanspruch aus, wenn der Benachteiligende „die Pflichtverletzung" nicht zu vertreten hat. Sie besteht im Verstoß gegen das zivilrechtliche Diskriminierungsverbot der §§ 19 f. Insoweit gilt nichts anderes als für den arbeitsrechtlichen Anspruch nach § 15. § 21 Abs. 2 verdrängt deshalb in seinem Anwendungsbereich § 280 BGB (Hinz, SchlHA 2007, 265, 273; Schmidt-Räntsch, NZM 2007, 6, 13; → § 15 Rn. 25; aA MüKo-Thüsing, § 21 Rn. 80; BeckOGK/Groß, § 21 Rn. 88; Koch, VersR 2007, 288, 295; Looschelders, JZ 2012, 105, 111). Auch hier gilt, dass Verhaltensweisen, die selbst nicht diskriminieren, sondern nur die Beweislastumkehr nach § 22 erlauben, für sich allein keine Pflichtverletzung darstellen und mithin nicht zum Schadensersatz führen können. Gelingt wegen dieser allerdings der Nachweis einer Diskriminierung, kann aus der Diskriminierung der Anspruch auf Schadensersatz hergeleitet werden (→ § 15 Rn. 28).

39 Erforderlich ist ein objektiver **Zurechnungszusammenhang** zwischen Diskriminierung und Schaden (→ § 15 Rn. 29).

40 Ungeachtet der Verschuldensunabhängigkeit des Schadensersatzanspruchs muss sich derjenige, der sich zur Erledigung seiner Angelegenheiten **Dritter** bedient, analog § 278 BGB deren **Pflichtverletzungen** zurechnen lassen (→ Rn. 21). Dabei ist aber sorgfältig die Erfüllungsgehilfeneigenschaft zu prüfen. Der Mieter etwa, der einen Nachmieter sucht, ist nicht Erfüllungsgehilfe des Vermieters, sondern wird in eigener Angelegenheit tätig (Rolfs, NJW 2007, 1489, 1493). Juristischen Personen werden Pflichtverletzungen ihrer Organe nach § 31 BGB zugerechnet (Staudinger/Rolfs, § 21 Rn. 5).

41 Nach der Gesetzesbegründung müssen, wenn der Benachteiligte Schadensersatz wegen Leistungsverzögerung oder statt der Leistung verlangt, die zusätzlichen Voraussetzungen aus § 280 Abs. 2, 3 BGB iVm §§ 281 ff. BGB gegeben sein (BT-Drs. 16/1780, 46; auch Flohr/Ring-Flohr, Rn. 432). Das kann nicht überzeugen, weil der Anspruch aus § 15 Abs. 2 S. 1 an die Stelle des Anspruchs aus § 280 BGB tritt und diesen verdrängt (→ Rn. 38). Die in § 15 formulierten Voraussetzungen sind daher abschließend (Schmidt-Räntsch, NZM 2007, 6, 14).

42 Allerdings kommt eine analoge Anwendung des § 284 BGB in Betracht, so dass das Diskriminierungsopfer Ersatz **vergeblicher Aufwendungen** verlangen kann. Das lässt sich mit folgender Begründung vertreten. Obwohl die Haftung des Diskriminierenden eher der c.i.c. nahezustehen scheint, rückt der Folgenbeseitigungsanspruch aus Abs. 1 in Gestalt des Kontrahierungszwangs (→ Rn. 83 ff.) in die Nähe eines Leistungsanspruchs, so dass man den Schadensersatzanspruch aus § 15 Abs. 2 S. 1 als einem Schadensersatzanspruch statt der Leistung vergleichbar ansehen muss. Zu diesem aber ist der Anspruch aus § 284 eine Alternative, so dass die Analogie geboten ist (Schmidt-Räntsch, NZM 2007, 6, 14). Wer dem nicht nähertreten will, wird gemäß der Rechtsprechung nach der sog Rentabilitätsvermutung zu verfahren haben (Schmidt-Räntsch, NZM 2007, 6, 14), wonach zu vermuten ist, dass Aufwendungen, die im Hinblick auf einen Vertrag gemacht werden, durch Vorteile aus der vereinbarten Gegenleistung wieder erwirtschaftet worden wären (BGH 15.3.2000 – XII ZR 81/97 – NJW 2000, 2342, 2343).

b) Verschulden

43 Erforderlich ist nach dem Wortlaut des S. 2 des Weiteren ein Verschulden des Benachteiligenden (Staudinger/Rolfs, § 21 Rn. 5). Die Bestimmung enthält – wie § 280 Abs. 1 S. 2 BGB – eine Beweislastregel, nach der sich der Anspruchsgegner entlasten muss. Die Problematik ist allerdings komplexer (→ Rn. 125). Demgegenüber ist der Ersatz immaterieller Schäden von vornherein verschuldensunabhängig ausgestaltet (→ Rn. 65).

44 Die Vereinbarkeit des Verschuldenserfordernisses mit dem EU-Recht erscheint zweifelhaft (dies und die Frage, welche Konsequenzen sich aus einem Unionsrechtsverstoß ergäben, hat das BVerfG (28.1.2013 – 1 BvR 274/12 – NJW 2013, 1727 Rn. 19) als schwierige Rechtsfrage bezeichnet, die die Gerichte nicht schon im Prozesskostenhilfeverfahren unter dem Aspekt der Erfolgsaussichten klären dürfen). Zum Erfordernis einer abschreckenden Wirkung eines Schadensersatzanspruchs als Sanktion gegen Diskriminierungen hatte der EuGH im Zusammenhang mit der Gender-Richt-

linie 76/207/EWG entschieden, dass ein solcher nicht verschuldensabhängig ausgestaltet sein dürfe (EuGH 22.4.1997 – Rs. C-180/95 (Draehmpaehl) – AP § 611 a BGB Nr. 13; dazu → § 15 Rn. 5). Doch wird die Ansicht vertreten, dies dürfe nicht verabsolutiert werden, entscheidend sei der effektive Schutz vor Angriffen auf das Persönlichkeitsrecht des Diskriminierungsopfers, so dass materielle Schäden gewissermaßen als Begleitschäden vom Verschuldenserfordernis abhängig gemacht werden dürften, das bei zielgerichteten Diskriminierungen ohnehin erfüllt sei (Busche, Effektive Rechtsdurchsetzung und Sanktionen bei Verletzung richtliniendeterminierter Diskriminierungsverbote, in: Leible/Schlachter (Hrsg.), S. 159, 176; ähnl. auch Haberl, GPR 2009, 202, 206 f.) bzw. dass verschuldensunabhängige Beseitigungs- und Unterlassungsansprüche zum Schutz des Opfers genügten (Derleder, NZM 2007, 625, 633 Fn. 40). Überzeugend ist das nicht. Denn der effektive Schutz vor Diskriminierungen ist keineswegs immer durch den Ausgleich der immateriellen Entschädigung gewährleistet, namentlich dann nicht, wenn – wie wahrscheinlich oftmals – der materielle Schaden erheblich höher ist. Dasselbe gilt dann für die Erwägung, das Gebot wirksamer und abschreckender Sanktion sei bereits durch den Folgenbeseitigungsanspruch, der uU zu einem Kontrahierungszwang führen könne (dazu → Rn. 83 ff.), erfüllt (so Hinz, SchlHA 2007, 265, 273 f.; Wagner/Potsch, JZ 2006, 1085, 1099; vgl. auch Rühl/Schmid/Viethen, S. 164 f.). Die Regelung ist mithin **europarechtswidrig** (Zoppel, S. 152 ff.; Stork, ZEuS 2005, 1, 47; MüKo-Thüsing, § 21 Rn. 48; Rust/Falke-Bittner, § 21 Rn. 24; Zweifel an der Europarechtskonformität auch bei Maier-Reimer, NJW 2006, 2577, 2581; im Zusammenhang mit der arbeitsrechtlichen Regelung → § 15 Rn. 31; zurückhaltend allerdings Schiek-Schiek, § 21 Rn. 22; aA Erman-Armbrüster, § 21 Rn. 1; Hey/Forst-Kremer, § 21 Rn. 47 ff.; jurisPK/Overkamp, § 21 Rn. 34). Folge der Verletzung des EU-Rechts ist die Unanwendbarkeit des richtlinienwidrigen innerstaatlichen Rechts (vgl. EuGH 22.11.2005 – Rs. C-144/04 (Mangold) – NJW 2005, 3695 Rn. 77 = AP Richtlinie 2000/78/EG Nr. 1 mAnm Wiedemann), so dass auch der Anspruch auf Ersatz des materiellen Schadens **verschuldensunabhängig** ist (zustimmend, soweit es um „Rasse", ethnische Herkunft und Geschlecht geht, weil nur für diese eine entsprechende Bestimmung in den Richtlinien verlangt wird (→ Rn. 3), iE also für eine gespaltene Rechtsanwendung BeckOGK/Groß, § 21 Rn. 51). Zum selben Ergebnis kann man über die Annahme gelangen, dass der Schuldner in richtlinienkonformer Auslegung verschuldensunabhängig jede Diskriminierung zu vertreten habe und dementsprechend eine strengere Haftung iSd § 276 Abs. 1 BGB bestimmt sei (so Looschelders, JZ 2012, 105, 111). Denn die Regelung stellt durch Versagung angemessener Vorkehrungen gegen Diskriminierungen selber eine Verletzung des Diskriminierungsverbots dar (→ § 15 Rn. 31).

45 Das lässt sich auch nicht mit dem Argument hinwegdiskutieren, dass der Benachteiligungstatbestand an eine Motivation knüpfe und insoweit Vorsatz vorsehe (Adomeit/Mohr, § 21 Rn. 12). Denn das trifft allein für die unmittelbare Diskriminierung zu, während es sonst nicht auf die Motivation ankommt (näher zum Ganzen → § 15 Rn. 32).

46 Verschulden umfasst nach § 276 BGB Vorsatz und Fahrlässigkeit. Ein Rechtsirrtum entschuldigt im Allgemeinen nicht (Derleder, NZM 2007, 625, 633). Verschulden der Erfüllungsgehilfen wird gem. § 278 BGB zugerechnet. Aus der Notwendigkeit eines Entlastungsbeweises folgt für den Arbeitgeber, wenn man denn ungeachtet der Europarechtswidrigkeit (→ Rn. 44) auf das Verschulden abstellen würde, eine **Dokumentationsobliegenheit** des Vertragspartners (→ § 15 Rn. 33).

c) Schaden

47 Mit Blick auf die Rechtsfolge Schadensersatz wird bisweilen bemängelt, dass hier zu vieles unklar sei (etwa Braun, ZTR 2005, 244, 247), dabei jedoch übersehen, dass sich die aufgeworfenen Fragen nach allgemeinen Grundsätzen bei Anwendung der §§ 249 ff. BGB beantworten lassen (→ Rn. 13). Eine **Höchstgrenze** des Schadensersatzes gibt es nicht (→ Rn. 54).

48 Der Schaden ist grundsätzlich nach der **Differenzhypothese** (→ § 15 Rn. 36) zu berechnen (MüKo-Thüsing, § 21 Rn. 54). Auch Rechtsverfolgungskosten sind zu ersetzen (AG Tempelhof-Kreuzberg 19.12.2014 – 25 C 357/14 – WuM 2015, 73, 78; BeckOGK/Groß, § 21 Rn. 52; Hey/Forst-Kremer, § 21 Rn. 78; vgl. für den Fall der Haftung für Dritte OLG Köln 19.1.2010 – 24 U 51/09 – NJW 2010, 1676, 1677), desgleichen frustrierte Aufwendungen im Hinblick auf einen später verweigerten Vertragsschluss (OLG Köln 19.1.2010 – 24 U 51/09 – NJW 2010, 1676, 1677).

49 Geschädigt sein kann **jedes Benachteiligungsopfer**. Das bedeutet freilich nicht, dass jeder, der ein geschütztes Merkmal nach § 1 aufzuweisen hat (also jeder Mensch), nur deshalb Schadensersatz beanspruchen könnte, weil mit ihm kein Vertrag geschlossen wurde (so Braun, ZTR 2005, 244, 247). Vielmehr ist nur derjenige anspruchsberechtigt, dem der Vertragsschluss objektiv zurechenbar im Wege einer Benachteiligung nach §§ 19 f. verweigert wurde. Um ein bemühtes Beispiel aufzugreifen: Wer ein Auto dem erstbesten Interessenten verkauft, schuldet niemandem Schadensersatz, weil er den späteren Verkauf an andere unterlassen hat. Im Übrigen gilt: Wo diskriminierende Auswahlentscheidungen getroffen werden, erleidet einen materiellen Schaden nur, wer bei benachteiligungsfreier Auswahl berücksichtigt worden wäre. Jedes andere Diskriminierungsopfer ist dann auf den immateriellen Schaden verwiesen.

50 Am Schaden wird es regelmäßig fehlen, wenn ein Rechtsgeschäft oder eine Vertragsklausel **nichtig** ist (→ Rn. 104). Dann genügt es, die Nichtigkeit als Einwendung zu erheben.

51 Ein **Mitverschulden** bzw. eine Mitverursachung des Opfers ist theoretisch nach § 254 BGB mitzuberücksichtigen, wird praktisch aber kaum jemals vorliegen. Auch wird man dem Opfer nicht abverlangen können, sich aktiv gegen die Diskriminierung zu wenden, weil es in erster Linie Sache des Benachteiligenden ist, Benachteiligungen der verpönten Art vorzubeugen (→ § 15 Rn. 50).

52 Grundsätzlich ist bereits aus arbeitsrechtlichen Zusammenhängen (→ § 15 Rn. 7) bekannt, dass **jedes Diskriminierungsopfer** (→ Rn. 49) seinerseits Schadensersatz fordern kann, ohne dass etwa die Summe der Ansprüche

der Opfer gedeckelt wäre. Es ist auch gar nicht einzusehen, warum dies anders sein sollte.

53 Soweit unabhängig von der Diskriminierung ein Vertragsschluss auch aus anderen Gründen nicht stattgefunden hätte, fehlt es am materiellen Schaden aus dem Ausbleiben des Vertrages. Es bleibt dann nur ein Anspruch auf die Entschädigung nach S. 3.

54 Bei vereitelten Dauerschuldverhältnissen fragt sich, für welche **Dauer** der Schadensersatz, der regelmäßig eine Preisdifferenz beträgt, gefordert werden kann. Auch hier hilft ein Blick auf die Parallelproblematik im Arbeitsrecht (→ § 15 Rn. 42 ff.). Nach der Differenzhypothese kommt es allein auf einen Vergleich der tatsächlichen mit der hypothetischen Vermögenslage an, so dass für eine etwaige Beschränkung auf den Zeitraum bis zum nächstmöglichen Kündigungstermin kein Raum ist (iE wie hier Strauß, S. 311; NK-BGB/Legerlotz, § 21 Rn. 21; anders noch in der 1. Aufl.; ferner MüKo-Thüsing, 21 Rn. 58; Bauer/Krieger, § 21 Rn. 11). Anders als im Falle des § 628 BGB geht es nicht um einen Ausgleich für den Verzicht auf den Bestand des Dauerschuldverhältnisses, sondern um das Interesse an dessen Existenz (ausführlich dazu → § 15 Rn. 45). Der BGH hat dies etwa am Beispiel des Verlustes eines Arbeitsvertrages durch schlechte Rechtsbesorgung durchexerziert und betont, ein **„Endlos-Schaden"** bis zur Rente sei prinzipiell nicht zu beschränken (BGH 24.5.2007 – III ZR 176/06 – NJW 2007, 2043).

55 Insgesamt muss mit Blick auf das Gebot effektiver Sanktion der Einwand rechtmäßigen Alternativverhaltens abgeschnitten werden (aA Erman-Armbrüster, § 21 Rn. 9 f.). Der Taxichauffeur, der den Homosexuellen nicht befördert, eben weil dieser homosexuell ist, muss den entgangenen Verdienst daher auch dann ersetzen, wenn er die Beförderung wegen schmutziger Kleidung hätte verweigern können.

56 Der Schadensersatz umfasst gem. § 252 BGB auch den **entgangenen Gewinn**. Wer vom Taxichauffeur unter Hinweis auf die ethnische Herkunft nicht befördert wird, kann deshalb Ersatz der Gewinne aus dadurch entgangenen Geschäften verlangen (BT-Drs. 16/1780, 46).

57 Ein Schaden kann allerdings entfallen, soweit die Diskriminierung bereits beseitigt wurde bzw. deren Beseitigung durch den Diskriminierten verlangt wird. Doch muss das Opfer einer Diskriminierung sich nicht auf einen Vertragsschluss mit dem Benachteiligenden zur Geringhaltung bzw. Beseitigung des Schadens einlassen (→ Rn. 37).

d) Aktiv- und Passivlegitimation

58 **Anspruchsberechtigt** ist grundsätzlich das Opfer der Diskriminierung (→ Rn. 49). Der Anspruch kann nach den Regeln der §§ 398 ff. BGB abgetreten werden. Er ist auch pfändbar und kann in die Insolvenzmasse bei Insolvenz des Anspruchsberechtigten fallen. Prozessstandschaft ist nach allgemeinen Grundsätzen sowie in den Fällen des § 23 Abs. 4 iVm § 85 SGB IX möglich.

59 **Passiv legitimiert** ist derjenige, der die Benachteiligung verübt hat bzw. dem sie zuzurechnen ist. Das kann auch ein Makler oder sonstiger Vermittler

sein (Derleder, NZM 2007, 625, 630; ders., NZM 2009, 310 ff.; gegen LG Aachen 17.3.2009 – 8 O 449/07 – NZM 2009, 318; ebenso Warnecke, juris-PR MietR 12/2009, Anm. 4).

2. Immaterieller Schaden

a) Allgemeines

60 Die Regelung des Entschädigungsanspruchs ist eine nach § 253 Abs. 1 BGB erforderliche gesetzliche Bestimmung, dass ein immaterieller Schaden ersatzpflichtig sei. Die Verletzung eines Diskriminierungsverbotes ist im Allgemeinen zugleich eine Verletzung des Allgemeinen Persönlichkeitsrechts. Das folgt auch aus den Diskriminierungsverboten des Art. 3 Abs. 3 GG, soweit diese einschlägig sind. Mit Blick auf das Erfordernis einer wirksamen und abschreckenden Sanktion (→ Rn. 5) bedurfte es auch einer Regelung zum Ersatz des immateriellen Schadens (rechtspolit. Krit. bei Maier-Reimer, NJW 2006, 2577, 2581). Eine etwa unzulässige Zivilstrafe ist damit nicht verbunden (vgl. für § 81 SGB IX aF BAG 15.2.2005 – 9 AZR 635/03 – AP § 81 SGB IX Nr. 7). Teilweise wird der Anspruch als gegenüber anderen Ausgleichsmöglichkeiten subsidiär angesehen (MüKo-Thüsing, § 21 Rn. 61; BeckOGK/Groß, § 21 Rn. 60). Das entbehrt jedoch jeder gesetzlichen Grundlage.

b) Pflichtverletzung

61 Erforderlich ist eine Pflichtverletzung ebenso wie beim materiellen Schadensersatzanspruch (→ Rn. 38 ff.). Pflichtverletzungen Dritter werden analog § 278 BGB zugerechnet (→ Rn. 21, 40).

62 Nach dem Gesetzeswortlaut genügt **jede Benachteiligung** als tatbestandliche Voraussetzung. Einer schweren Persönlichkeitsverletzung bedarf es nicht (Zoppel, S. 161; Grünberger, S. 732; Staudinger/Rolfs, § 21 Rn. 12; aA Lehner, S. 399 ff.; NK-BGB/Legerlotz, § 21 Rn. 23; Palandt-Grüneberg, § 21 Rn. 6; Gaier/Wendtland-Gaier, Rn. 233; Hey/Forst-Kremer, § 21 Rn. 88; BeckOK-Wendtland, § 21 Rn. 26; Hinz, SchlHA 2007, 265, 274; einschränkend OLG Hamm 12.1.2011 – I-20 U 102/10 – VersR 2011, 514, 516: „gewisse Intensität"). Dies entspricht auch der Rechtsprechung zur arbeitsrechtlichen Parallelvorschrift in § 15 (→ § 15 Rn. 60). Daraus, dass in der Regierungsbegründung Gegenteiliges angenommen wurde (BT-Drs. 16/1780, 46), kann nichts anderes geschlossen werden, weil sonst dem Erfordernis einer wirksamen und abschreckenden Sanktion (→ Rn. 5, 60) nicht genügt würde.

63 Wo im Rahmen einer Auswahlentscheidung Diskriminierungen erfolgen, kann dies **mehrere Opfer** treffen, nicht nur denjenigen, der bei diskriminierungsfreier Auswahlentscheidung zum Zuge gekommen wäre. Dass der Gesetzgeber hiervon ausging, lässt sich an § 15 Abs. 2 S. 2 ablesen, wo Ansprüche der Bewerber, die auch bei diskriminierungsfreier Auswahl nicht zum Zuge gekommen wären, der Höhe nach begrenzt sind. Bemerkenswerterweise kennt § 21 allerdings **keine** entsprechende **summenmäßige Begrenzung** für diese Fälle (Bauer /Krieger, § 21 Rn. 11). Eine analoge Anwendung des § 15 Abs. 2 S. 2 muss aus diesem Grunde ausscheiden (so aber Hinz, ZMR 2006, 826, 830). Vor Schadensersatzforderungen erheblichen

Ausmaßes kann der Entscheider sich daher nur selber schützen, indem er Diskriminierungen unterlässt.

64 Entgegen der Vorauflage ist davon auszugehen, dass auch derjenige, der einen Vertrag anträgt oder eine invitatio ad offerendum abgibt, obwohl er davon ausgehen musste, dass er **objektiv** als Vertragspartner **nicht in Betracht kommt**, etwa weil er bestimmte Ausschreibungskriterien nicht erfüllt, dennoch benachteiligt werden kann (→ § 15 Rn. 64). Wer beispielsweise eine Wohnung mieten möchte, obwohl er nicht die Solvenz aufweist, die der Vermieter fordert, muss es sich trotzdem nicht gefallen lassen, wenn er etwa wegen seiner ethnischen Herkunft abgelehnt wird. Anders sieht es aus, wenn **subjektiv kein ernsthaftes Interesse** an der Vertragsbeziehung besteht und der Kontakt nur aufgenommen wurde, um eine Diskriminierung zu provozieren und eine Entschädigung in der Folge zu erstreiten. In diesem Falle kann der Einwand des **Rechtsmissbrauchs** erhoben werden (→ § 15 Rn. 64). Dies ist aber nicht schon daraus zu schließen, dass jemand sich beispielsweise bei zahlreichen Vermietern um eine Wohnung bemüht hat. Im Gegenteil können auch tatsächliche Diskriminierungen in der Vergangenheit ein solches Verhalten herausgefordert haben.

c) Verschuldensunabhängige Haftung

65 Keine Voraussetzung des Entschädigungsanspruchs wegen immateriellen Schadens ist ein Verschulden des Benachteiligenden (BeckOGK/Groß, § 21 Rn. 61; NK-BGB/Legerlotz, § 21 Rn. 22; jurisPK/Overkamp, § 21 Rn. 33; PWW/Lingemann, § 21 Rn. 4; Bauer/Krieger, § 21 Rn. 12; Wagner/Potsch, JZ 2006, 1085, 1098 f.; Vogt/Kappler, KJ 2016, 371; Grünberger, S. 734 f.; aA Palandt-Grüneberg, § 21 Rn. 6; Wendeling-Schröder/Stein-Wendeling-Schröder, § 21 Rn. 22; Erman-Armbrüster, § 21 Rn. 13; ders., in: Rudolf/Mahlmann, GlBR, § 7 Rn. 182; Rühl/Schmid/Viethen, S. 158; Flohr/Ring-Flohr, Rn. 437; Schreier, JuS 2007, 308, 312). Zwar ließe sich aus dem Umstand, dass die Entschädigung den immateriellen Teil des Schadens betrifft, und dem weiteren Umstand, dass der Schadensersatzanspruch mangels Verschuldens ausgeschlossen sein soll, schließen, dass auch der immaterielle Schadensersatzanspruch verschuldensabhängig ausgestaltet sein soll. Doch spricht die systematische Stellung der Norm über das Verschuldenserfordernis (S. 2) hinter der Regelung des materiellen Schadensersatzanspruchs (S. 1) und vor der Regelung des immateriellen Schadensersatzanspruchs (S. 3) für das Gegenteil. Als weiteres Indiz für die hier vertretene Lösung ist anzuführen, dass anderenfalls der Rückschritt gegenüber dem zuletzt verschuldensunabhängig ausgestalteten § 611 a BGB aF noch größer würde (Busche, Effektive Rechtsdurchsetzung und Sanktionen bei Verletzung richtliniendeterminierter Diskriminierungsverbote, in: Leible/Schlachter (Hrsg.), S. 159, 176). Nichts anderes gilt für das Verhältnis zu § 81 Abs. 2 Nr. 3 SGB IX aF (vgl. zum dortigen Fehlen eines Verschuldenserfordernisses Braun, ZTR 2005, 174). Schließlich entspricht dies den Erfordernissen des EU-Rechts (→ Rn. 5, 44). Aus diesem Grund greift auch das Argument, S. 3 sei keine eigenständige Anspruchsgrundlage (dagegen Flohr/Ring-Flohr, Rn. 435), nicht durch (so aber Thüsing/v. Hoff, VersR 2007, 1, 9; Rust/Falke-Bittner, § 21 Rn. 21). Die Bestimmung lässt sich zumindest als eine solche lesen und muss in Hinblick auf die europarechtli-

chen Anforderungen auch so gelesen werden. Hinzu kommt die Parallele zu den arbeitsrechtlichen Ansprüchen (Hinz, SchlHA 2007, 265, 274; zum Verschulden bei den arbeitsrechtlichen Ansprüchen → § 15 Rn. 30 ff., 70 f.). Es handelt sich nach allem um eine verschuldensunabhängige Haftung, die keine Gefährdungshaftung ist (Armbrüster, KritV 2005, 41, 42).

d) Bemessung der Entschädigung

66 Normzweck ist einerseits Sanktion und andererseits Schadensausgleich, wobei die Entschädigung ungeachtet des Sanktionszwecks nicht hinter dem Ausgleich des erlittenen immateriellen Schadens zurückbleiben darf und andererseits nicht über den Nichtvermögensschaden hinausgehen darf. Im Rahmen dessen ist für Sanktionserwägungen Raum (→ Rn. 10; → § 15 Rn. 14, 88). Bemängelt wird freilich, dass die Gerichte oftmals unter diesem Aspekt zu „geizig" urteilen würden, wenn etwa bei Zutrittsverweigerung zur Disco aus rassistischen Gründen Entschädigungen zwischen 300 und 500 EUR ausgeurteilt würden (Vogt/Kappler, KJ 2016, 371, 373).

67 Ausgangspunkt muss deshalb immer die erlittene **Persönlichkeitsverletzung** sein (AG Tempelhof-Kreuzberg 19.12.2014 – 25 C 357/14 – WuM 2015, 73, 78; Schrader/Schubert, Rn. 831; Hey/Forst-Kremer, § 21 Rn. 85). Insoweit kann auch die Bekanntgabe gegenüber Dritten relevant werden (Armbrüster, KritV 2005, 41, 49). Dasselbe gilt für die Angewiesenheit des Opfers auf die Leistung des Anbieters (Armbrüster, KritV 2005, 41, 49). Im Falle der Anweisung zur Diskriminierung (§ 3 Abs. 5) ist auch zu berücksichtigen, ob der Anweisung die Gefolgschaft versagt wurde (→ § 3 Rn. 116).

68 Zu prüfen ist unter dem Blickwinkel des Schadensausgleichs dann weiter, ob der immaterielle Schaden zumindest zum Teil durch materiellen Schadensersatz (zB Differenzkosten für anderweitige Wohnung) oder Beseitigung der Beeinträchtigung (zB Abschluss des begehrten Mietvertrages) **ausgeglichen** wurde bzw. wird (näher → § 15 Rn. 81; vgl. auch BeckOGK/Groß, § 21 Rn. 59). Allerdings kann in solchen Fällen gleichwohl eine Persönlichkeitseinbuße zurückbleiben, die eine weitergehende Entschädigung rechtfertigt (BeckOK-Wendtland, § 21 Rn. 27). Auch kann ein diskriminierendes Mieterhöhungsverlangen in diesem Sinne Entschädigungsansprüche auslösen, selbst wenn es rechtlich unwirksam ist oder (vgl. AG Tempelhof-Kreuzberg 19.12.2014 – 25 C 357/14 – WuM 2015, 73) der Mieter es zum Anlass einer Eigenkündigung nimmt.

69 **Schwere des Verstoßes** (LG Köln 13.11.2015 – 10 S 137/14 – NJW 2016, 510, 512; AG Tempelhof-Kreuzberg 19.12.2014 – 25 C 357/14 – WuM 2015, 73, 78) und Ausmaß des **Verschuldens** sind ebenfalls zu berücksichtigen (vgl. Armbrüster, KritV 2005, 41, 49; Rust/Falke-Bittner, § 21 Rn. 23). Dies bewegt sich schon an der Grenze zwischen Schadensausgleich und Sanktion. Dasselbe gilt hinsichtlich des Vorliegens einer Diskriminierung aus mehreren Gründen. In diesem Fall muss es wie im Arbeitsrecht (→ § 15 Rn. 86) zu einer höheren Entschädigung kommen (Schiek-Schiek, § 21 Rn. 21).

70 Die **wirtschaftlichen Verhältnisse** des Benachteiligenden (LG Köln 13.11.2015 – 10 S 137/14 – NJW 2016, 510, 512) können nur unter dem

Sanktionsgesichtspunkt eine Rolle spielen. Keinesfalls dürfen sie dafür herhalten, eine unter dem Gesichtspunkt des Schadensausgleichs gebotene Entschädigung zu reduzieren (→ § 15 Rn. 87 f.).

71 Ebenfalls nur unter dem Gesichtspunkt der Sanktion kann **bisheriges Wohlverhalten** des Benachteiligenden mit Blick auf die relevanten Diskriminierungsverbote Berücksichtigung finden. Es kann aber nicht zur Erhöhung oder Senkung der zum Schadensausgleich erforderlichen Entschädigung herhalten (→ § 15 Rn. 90).

72 Auch Wiederholungsfälle sind zu berücksichtigen (LG Köln 13.11.2015 – 10 S 137/14 – NJW 2016, 510, 512; Rust/Falke-Bittner, § 21 Rn. 23; Armbrüster, KritV 2005, 41, 49). Einzubeziehen sind auch diskriminierende Verhaltensweisen aus der Vergangenheit gegenüber den eigenen Beschäftigten im arbeitsrechtlichen Bereich (MüKo-Thüsing, § 21 Rn. 63). Dasselbe gilt umgekehrt für Wiedergutmachungsbemühungen des Anbieters (LG Köln 13.11.2015 – 10 S 137/14 – NJW 2016, 510, 512; Armbrüster, KritV 2005, 41, 49).

73 Schließlich muss unter dem Gesichtspunkt der **Generalprävention** darauf Bedacht genommen werden, inwieweit die Entschädigungsleistung geeignet ist, vergleichbare Anbieter von gleichen Diskriminierungen abzuhalten (→ § 15 Rn. 92).

74 Anders als bei § 15 gibt es **keine Möglichkeit**, die gegen den Benachteiligenden aus einem einheitlichen Diskriminierungsvorgang erhobenen **Ansprüche prozessual zu kanalisieren**. Eine Zusammenschau mehrerer Ansprüche als eine Tat im Rechtssinne im Hinblick auf den Sanktionscharakter lässt sich damit kaum bewerkstelligen. Dies darf aber andererseits auch nicht überbewertet werden, weil durch eine solche Zusammenschau mit Blick auf den Sanktionszweck ohnehin keine Reduzierung der Entschädigungsansprüche erfolgen dürfte, soweit dies hinter dem Schadensausgleichszweck zurückbliebe (→ § 15 Rn. 88).

75 Anders als im Arbeitsrecht fällt es schwer, **Faustregeln** für die Bemessung der Entschädigung bei Persönlichkeitsverletzungen aufzustellen, weil die denkbaren Fälle zu vielgestaltig sind. Mag man bei Mietverträgen noch darüber nachdenken, die Entschädigung nach der Miete zu bemessen, wird ein entsprechendes Vorgehen bei einer Hausratversicherung über geringe Beträge oder gar beim Discobesuch fragwürdig und muss schließlich bei rein faktischen Diskriminierungen, wie etwa verweigertem Zugang zur Einkaufspassage, vollends versagen. Hier ist ähnlich wie bei Verletzungen des Allgemeinen Persönlichkeitsrechts und Schmerzensgeldansprüchen vorzugehen. Richterliche Schadensschätzung (§ 287 ZPO) findet einen breiten Anwendungsbereich.

76 Damit Entschädigungen allerdings nicht allzu aus der Luft gegriffen erscheinen, sollten die Diskriminierungen immer mit anderen Fällen verglichen werden. Insofern bietet sich ein **Querblick auf die arbeitsrechtliche Seite** an. Dort wurde empfohlen, für den Regelfall einer Diskriminierung bei einer Auswahlentscheidung von zwei Monatsvergütungen auszugehen (→ § 15 Rn. 93 ff.). Beim Vergleich mit dieser Faustregel wäre dann insbesondere darauf Bedacht zu nehmen, inwieweit das diskriminierende Mo-

ment an Intensität hinter dem arbeitsrechtlichen Pendant zurückbleibt oder gar noch über dieses hinausgeht. Das hängt namentlich von der Bedeutung der jeweiligen Entscheidung für die Lebensgestaltung des Einzelnen ab.

e) Aktiv- und Passivlegitimation

77 Hierzu gelten die Ausführungen unter → Rn. 58 f. entsprechend. Der Anspruch ist auch vererblich (→ § 15 Rn. 99).

3. Haftung Dritter und für Dritte

a) Haftung für Dritte

78 Eine Regelung zur Haftung für Dritte enthalten §§ 19 ff. nicht. Diese richtet sich deshalb nach allgemeinen Vorschriften.

79 Zu erwähnen ist insoweit zunächst die Haftung unmittelbar aus § 21, wenn Pflichtverletzungen des Dritten dem Anbieter unmittelbar nach § 278 oder § 31 BGB **zuzurechnen** sind (→ Rn. 40, 61). Außerdem haftet der Anbieter schon selbst im Falle einer **Anweisung** zur Diskriminierung iSd § 3 Abs. 5.

80 Für Benachteiligungen durch **Verrichtungsgehilfen** haftet er unter den Voraussetzungen des § 831 BGB (vgl. etwa OLG Köln 19.1.2010 – 24 U 51/09 – NJW 2010, 1676; Staudinger/Rolfs, § 21 Rn. 8).

81 Nur im untypischen Einzelfall scheint eine Verletzung vertraglicher **Schutzpflichten** oder deliktischer **Organisationspflichten** zum Schutz vor Benachteiligungen durch Dritte denkbar, die eine Haftung nach § 280 oder nach § 823 Abs. 1 BGB nach sich ziehen kann. Zu denken ist etwa daran, dass das Wohnungsunternehmen einen Klempner trotz bekannter Belästigungen aus rassistischen Gründen in der Vergangenheit zur Instandsetzung des Waschbeckens in der gemieteten Wohnung schickt. Aus dem Umstand, dass es an einer spezialgesetzlichen Regelung wie in § 12 für den Bereich des Arbeitsrechts fehlt, kann nicht geschlossen werden, dass eine Haftung für Organisationsverschulden nach allgemeinen Grundsätzen (→ § 15 Rn. 157) nicht bestünde (so aber wohl Koch, VersR 2007, 288, 294).

b) Haftung Dritter

82 Sofern der Dritte nicht selbst einem Benachteiligungsverbot nach § 7 oder nach § 19 unterliegt und deshalb für die durch ihn begangenen Benachteiligungen nach § 15 oder § 21 haftet, kommt dessen Eigenhaftung nach § 823 Abs. 1 BGB wegen Verletzung des Allgemeinen Persönlichkeitsrechts des Opfers in Betracht, ferner nach § 823 Abs. 2 BGB iVm einem Schutzgesetz, etwa §§ 185 ff. StGB (insg. zur strafrechtlichen Verantwortlichkeit Schramm, Anm. zu BGH 20.10.2011 – 4 StR 71/11 – JZ 2012, 967, 969 ff.; Ladiges, SR 2013, 29 ff.), oder nach § 826 BGB (→ § 15 Rn. 166). In diesem Fall kommt es zu einer gesamtschuldnerischen Haftung. Für den Ausgleich ist zunächst auf die zu den Anweisungsfällen (→ § 3 Rn. 122 ff.) beschriebenen Grundsätze zu verweisen, ferner auf die besonderen Regeln im Arbeitsverhältnis (→ § 15 Rn. 168 f.). Ansonsten wird der Dritte im Innenverhältnis gem. § 840 Abs. 2 BGB vorrangig verpflichtet sein.

IV. Ungeregeltes Problem des Kontrahierungsanspruchs

83 Schon rein **schadensrechtlich** kann man über einen Kontrahierungszwang (in Form eines auf Naturalrestitution gerichteten Anspruchs aus § 826 BGB) in Fällen von Verstößen gegen die Diskriminierungsverbote aus Art. 3 Abs. 1, 3 GG nachdenken (Röttgen, S. 175 ff.). Im Antidiskriminierungsrecht lässt sich ein solcher auf § 21 Abs. 2 S. 2 stützen (Rolfs, NJW 2007, 1489, 1493; BeckOK-Wendtland, § 21 Rn. 13 ff.; einschränkend Lobinger, AcP 216 (2016), 28, 96 ff.; aA Hey/Forst-Kremer, § 21 Rn. 236 ff.; Looschelders, JZ 2012, 105, 111). Dem wird freilich von anderer Seite ein vermeintlicher Primat der Privatautonomie entgegengehalten (Busche, Privatautonomie und Kontrahierungszwang, S. 292 ff.; ders., Effektive Rechtsdurchsetzung und Sanktionen bei Verletzung richtliniendeterminierter Diskriminierungsverbote, in: Leible/Schlachter (Hrsg.), S. 159, 169; Armbrüster, in: Rudolf/Mahlmann, GlBR, § 7 Rn. 189 ff.; Armbrüster, ZRP 2005, 41, 43; ders., NJW 2007, 1494, 1495 ff.; Koch, VersR 2007, 288, 294; Adomeit/Mohr, § 21 Rn. 6; Lehner, S. 401 ff.; differenzierend Franzen, Diskriminierungsverbote und Privatautonomie, in: Juristische Studiengesellschaft Jahresband 2004, S. 49, 62 ff.; ferner Sprafke, S. 133 ff.: nur bei menschenwürderelevanter Stigmatisierung; aA insg. Thüsing/v. Hoff, NJW 2007, 21, 25). Auch aus dem **Beseitigungsanspruch** lässt sich ein Kontrahierungszwang rechtstechnisch herleiten (→ Rn. 28).

84 Nach ursprünglicher Planung sollte diese Problematik zum Teil durch Normierung eines Kontrahierungszwangs ausdrücklich geregelt werden. Das wäre verfassungsrechtlich nicht bedenklich und hätte auch aus einfachrechtlichen Erwägungen nicht infrage gestellt werden können. Europarechtlich wird ein solcher Kontrahierungszwang durch Art. 3 Abs. 2 RL 2004/113/EG zwar zumindest nahegelegt, wenn es dort zum Anwendungsbereich heißt, die Richtlinie berühre nicht die freie Wahl des Vertragspartners, solange diese nicht vom Geschlecht abhängig gemacht werde (Busche, Effektive Rechtsdurchsetzung und Sanktionen bei Verletzung richtliniendeterminierter Diskriminierungsverbote, in: Leible/Schlachter (Hrsg.), S. 159, 161 f.). Erst recht gilt dies für den zugrunde liegenden Erwägungsgrund (14), in dem die Privatautonomie betont und bestätigt wird, dass eine Reihe subjektiver Gründe für die Wahl des Vertragspartners zulässig sei, diese Wahl indes nicht vom Geschlecht des Vertragspartners abhängig gemacht werden dürfe. Andererseits ist ein Kontrahierungszwang aber auch nicht ausdrücklich gefordert (zutr. Rafi, RuP 2005, 218, 219; Schiess-Rütimann, WuM 2006, 12, 15 f.; → Rn. 5; teilweise aA Zoppel, S. 184 ff.). Dessen ungeachtet ist die ursprünglich vorgesehene Regelung aber jedenfalls nicht Gesetz geworden.

85 Das bedeutet jedoch keineswegs, dass ein Kontrahierungszwang nunmehr einfachrechtlich ausgeschlossen wäre. Vielmehr ist, wie ein Vergleich mit dem ausdrücklichen Ausschluss eines Kontrahierungszwangs im Arbeitsrecht in § 15 Abs. 6 zeigt, die Frage schlicht **ungeregelt** geblieben. Tendenziell legt diese Bestimmung sogar den Umkehrschluss nahe (vgl. MüKo-Thüsing, § 21 Rn. 19; Thüsing/v. Hoff, NJW 2007, 21; Wendeling-Schröder/Stein-Wendeling-Schröder, § 21 Rn. 15). Demgegenüber kann aus § 15 Abs. 6 nicht der Erst-recht-Schluss gezogen werden, wonach ein Abschluss-

zwang ausscheiden müsse, wenn sogar im Arbeitsrecht, wo die Persönlichkeitsrelevanz von Diskriminierungen viel größer sei, ein solcher ausgeschlossen sei (so Frimmel, S. 117 f.). Dadurch wird verkannt, dass § 15 Abs. 6 seine Bedeutung vor allem daraus speist, dass es um eine dauerhafte Leistungserbringung des Arbeitnehmers in eigener Person geht.

86 Die Begründung zum früheren ADG-Entwurf (BT-Drs. 15/4538, 43 f.) ging bezüglich der geplanten Regelung des Kontrahierungszwangs in § 22 Abs. 2 S. 1 davon aus, dass es sich insoweit um keine eigenständige Anspruchsgrundlage handele, der Anspruch sich vielmehr schadensersatzrechtlich aus dem Gesichtspunkt der **Naturalrestitution** oder aus einem **quasi-negatorischen Beseitigungsanspruch** ergebe. Sie stützte sich also auf die zuvor (→ Rn. 83) erwähnte Sichtweise. Es bleibt also dabei, dass im Wege des Schadensersatzes oder der Beseitigung ein Vertragsabschluss verlangt werden kann. Aus der Beseitigung der Regelung dieses früheren Entwurfs, die der Sache nach nur einen Hinweis auf etwas anderenorts Geregeltes darstellt, kann jedenfalls nicht geschlossen werden, dass dadurch auch die in Bezug genommene Regelung beseitigt werden sollte (Bauer/Krieger, § 21 Rn. 6; Rühl/Schmid/Viethen, S. 151 ff.; Thüsing/v. Hoff, NJW 2007, 21, 22; aA Worzalla, S. 212).

87 Nicht beiseiteschieben lässt sich der Kontrahierungszwang mit dem Bemerken, der Diskriminierte sei an einem Kontrahierungszwang gar nicht interessiert. Ihm gehe es allein um den Ausgleich des Angriffs auf die persönliche Integrität (Busche, Effektive Rechtsdurchsetzung und Sanktionen bei Verletzung richtliniendeterminierter Diskriminierungsverbote, in: Leible/Schlachter (Hrsg.), S. 159, 174 f.). Das mag zwar in vielen Fällen so sein, das Opfer kann dann aber von der Verfolgung eines entsprechenden Anspruchs absehen (zutr. Röttgen, S. 178). Für die übrigen Fälle läuft die Argumentation hingegen auf eine Bevormundung hinaus, die durch nichts, insbesondere nicht durch den Schutz des Diskriminierungsopfers, zu rechtfertigen ist (zust. Grünberger, S. 731; Haberl, GPR 2009, 202, 206; aA Lehner, S. 404). Ebenso wenig lässt sich behaupten, der Angriff auf die Person werde durch einen erzwungenen Vertragsschluss jedenfalls nicht besser kompensiert als durch einen Anspruch auf immateriellen Schadensersatz (so Armbrüster, ZRP 2005, 41, 43). Wer will das messen?

88 Auch soweit diese Überlegungen **rechtspolitisch** motiviert sind, vermögen sie nicht zu überzeugen. Wer die Befriedungsfunktion des Privatrechts durch einen Kontrahierungszwang gefährdet sieht (so etwa Armbrüster, ZRP 2005, 41, 43; ders., NJW 2007, 1494, 1497; Thüsing/v. Hoff, NJW 2007, 21, 25; Lehner, S. 404; aA Sprafke, S. 243 ff.), sollte auch bedenken, dass der aufgedrängte Vertragsschluss zwar beim Diskriminierer Unfrieden stiften mag, indes der versagte Vertragsschluss, etwa die Verweigerung des Abschlusses eines Mietvertrages, keinen größeren Frieden beim Diskriminierten erzeugen wird. Auch lässt sich das Abschlussinteresse des Diskriminierten nicht mit dem Argument hinwegdiskutieren, dass nicht die Vertragsverweigerung anstößig sei, sondern die Zurücksetzung der Person (Armbrüster, ZRP 2005, 41, 43). Denn eine Rechtsordnung tut gut daran, dem zu widerrechtlichem Handeln Gewillten schon gar nicht die Mittel dazu an die Hand zu geben. Auch ist meines Erachtens nach kein Bedenken

daraus ersichtlich, dass der Diskriminierer auf diese Weise auch noch einen Geschäftsgewinn mache (Armbrüster, KritV 2005, 41, 47). Denn immerhin nimmt das Diskriminierungsopfer dies billigend in Kauf.

89 Was schließlich die Betonung der Privatautonomie angeht (→ Rn. 83), darf **in verfassungsrechtlicher Hinsicht** nicht übersehen werden, dass ein Kontrahierungszwang für Diskriminierungsopfer die Privatautonomie stärkt. Das muss nicht in jedem Fall durch die Schutzpflichtlehre (BVerfG 25.2.1975 – 1 BvF 1/74 ua – BVerfGE 39, 1, 42 – Schwangerschaftsabbruch I; BVerfG 8.8.1978 – 2 BvL 8/77 – BVerfGE 49, 89, 140 f. – Kalkar; BVerfG 7.2.1990 – 1 BvR 26/84 – BVerfGE 81, 242, 255 – Handelsvertreter; BVerfG 10.1.1995 – 1 BvF 1/90 ua – BVerfGE 92, 26, 46 – Internationales Seeschifffahrtsregister; zur Anwendung der Schutzpflichtlehre auf Diskriminierungsverbote Dammann, S. 84 ff.) geboten sein (dafür allerdings Wrase, ZESAR 2005, 229, 241). Doch kann die Beschränkung der Privatautonomie des Diskriminierers im Namen der Privatautonomie seines Opfers allemal gerechtfertigt sein (Wrase, ebd.; iE ebenso, nur unter stärkerer Betonung der Persönlichkeitsrechte der Opfer, Neuner, JZ 2003, 57 ff.; zum Bezug von Diskriminierungsverboten und strukturellen Ungleichgewichtslagen Schiek, Differenzierte Gerechtigkeit, S. 312 ff.). Dies wird vollkommen missachtet, wenn der Versuch angestellt wird, die negative Abschlussfreiheit des Diskriminierenden im Wege praktischer Konkordanz mit einem Gleichheitsrecht des Diskriminierten zum Ausgleich zu bringen (Armbrüster, NJW 2007, 1494, 1497; ebenso freilich mit anderem Ausgang, Thüsing/v. Hoff, NJW 2007, 21, 25). Hier steht eben auch ein Freiheitsrecht im Raum (vgl. Wendt/Schäfer, JuS 2009, 206, 209). Es ist auch nicht überzeugend, wenn unter Berufung auf die Privatautonomie des Diskriminierers das Opfer auf einen wirtschaftlichen Ausgleich verwiesen wird, der den Täter ja doch viel härter treffe (Armbrüster, NJW 2007, 1494, 1496 f.; vgl. auch Adomeit/Mohr, § 21 Rn. 10). Warum soll der Täter dann nicht die angeblich geringere Sanktion hinnehmen, wenn dies doch die unmittelbarste Beseitigung der Diskriminierung ist? Es erscheint „nicht akzeptabel, dass demjenigen, der die ihm garantierte Vertragsfreiheit bewusst gegen fundamentale Entscheidungen der Verfassung einsetzt, nicht aktiv entgegengetreten wird" (Gaier/Wendtland-Gaier, Rn. 209).

90 Im Ergebnis ist daher festzuhalten, dass sich ein Kontrahierungsanspruch des Diskriminierungsopfers grundsätzlich aus einem Schadensersatzanspruch im Wege der Naturalrestitution oder aus einem Beseitigungsanspruch ergeben kann. Der Kontrahierungszwang kann dabei auf **Vertragsbegründung**, aber auch auf **Vertragsänderung oder -aufhebung** gerichtet sein (vgl. Thüsing/v. Hoff, NJW 2007, 21, 23; iE auch Purnhagen, NJW 2013, 113, 117).

91 Voraussetzung des Kontrahierungszwangs ist, dass es **ohne die Diskriminierung zum Vertragsschluss** bzw. zur Vertragsänderung **gekommen** wäre (Derleder, NZM 2007, 625, 631 Fn. 32; Thüsing/v. Hoff, NJW 2007, 21, 23 f.; Wagner/Potsch, JZ 2006, 1085, 1098; Haberl, GPR 2009, 202, 206; Sprafke, S. 233 ff.). Bei Massengeschäften, bei denen die Kapazitäten im Zeitpunkt der Diskriminierung nicht erschöpft waren, wird das ohne Weiteres anzunehmen sein (Thüsing/v. Hoff, NJW 2007, 21, 23). War das Op-

fer einziger Interessent, kann der Anbieter gleichwohl nicht die Flucht in den Vertragsverzicht antreten mit der Argumentation, er hätte am Ende gänzlich vom Vertrag Abstand nehmen können (MüKo-Thüsing, § 21 Rn. 24; Gaier/Wendtland-Gaier, Rn. 213). Zur Beweislast hinsichtlich des hypothetischen Vertragsschlusses → Rn. 126.

92 Überdies hat ein Kontrahierungszwang zur Voraussetzung, dass das Geschäft **hinreichend bestimmt** ist (Haberl, GPR 2009, 202, 206). Das wird man annehmen müssen, wenn die Parteien ein Geschäft intendierten, das im betreffenden Segment üblich ist (Thüsing/v. Hoff, NJW 2007, 21, 24).

93 Ein Kontrahierungszwang ist nach **§ 275 BGB** allerdings ausgeschlossen, wenn die Leistung unmöglich geworden ist (Sprafke, S. 235 ff.; Schiek-Schiek, § 21 Rn. 11; Schmidt-Räntsch, NZM 2007, 6, 14; Rolfs, NJW 2007, 1489, 1493 f.; Thüsing/v. Hoff, NJW 2007, 21, 14 f.; Hinz, SchlHA 2007, 265, 273; Haberl, GPR 2009, 202, 206), zB weil die Wohnung inzwischen anderweitig vermietet wurde. Gerade bei Massengeschäften wird dies eher selten sein. Möglich scheint dies aber beispielsweise, wenn ein Wohnungsunternehmen derzeit keine vergleichbare Wohnung frei hat. Im Übrigen ist zu bedenken, dass Unmöglichkeit nicht schon dann gegeben ist, wenn der Schuldner aktuell nicht leisten kann, sondern erst dann, wenn er sich nicht mehr dazu instand setzen kann, etwa indem er die ausverkaufte Ware nachbeschafft (vgl. Gaier/Wendtland-Gaier, Rn. 217; Thüsing/v. Hoff, NJW 2007, 21, 24). Sofern durch kollusiven Vertragsschluss die Unmöglichkeit herbeigeführt wurde, ist dieser Vertrag im Übrigen unwirksam (→ Rn. 107). Eine vergleichbare andere Leistung (zB andere freie Wohnung) wird aber nicht geschuldet (Rolfs, NJW 2007, 1489, 1494).

94 Nicht ohne Weiteres ausgeschlossen ist ein Kontrahierungszwang, wenn der Verletzte die Leistung anderweitig am Markt erhalten kann (so Palandt-Grüneberg, § 21 Rn. 7; Koch, VersR 2007, 288, 294). Die Folgenbeseitigung ist unter keinen derartigen Vorbehalt gestellt. In den Grenzen des Rechtsmissbrauchs kann das Diskriminierungsopfer sich deshalb weiter an den Täter halten.

95 Mangels besonderer Regelung des Kontrahierungszwangs bleibt allerdings unklar, wie die **konkreten Vertragsbedingungen** zu bestimmen sind. Natürlich geht der Anspruch darauf, einen Vertrag so zu schließen, wie er ohne die Diskriminierung abgeschlossen worden wäre. Doch ist dessen Inhalt nicht immer leicht zu ermitteln. Die **Beweiserleichterung** des § 22 kommt dem Diskriminierungsopfer dabei nicht zustatten, sofern diese sich allein auf den Diskriminierungstatbestand bezieht (Busche, Effektive Rechtsdurchsetzung und Sanktionen bei Verletzung richtliniendeterminierter Diskriminierungsverbote, in: Leible/Schlachter (Hrsg.), S. 159, 172 f.). Aber auch unter Berücksichtigung des Umstandes, dass § 22 dahin zu verstehen ist, dass im Falle eines Indizienbeweises einer Benachteiligung der Anspruchsgegner beweisen muss, dass die Vorschriften zum Schutz vor Diskriminierungen eingehalten wurden (→ § 22 Rn. 16 ff.), kommt man zu keinem anderen Ergebnis, weil diese Frage nicht mehr die Voraussetzungen einer Vorschrift zum Schutz vor Diskriminierungen betrifft, sondern die Rechtsfolgen.

96 Daraus lässt sich allerdings nicht ableiten, dass der diskriminierende Anbieter die Konditionen unter dem Primat der Vertragsfreiheit bestimmen könne (so allerdings Busche, ebd. S. 173). Auch ein nach § 315 Abs. 3 BGB kontrollierbares Leistungsbestimmungsrecht (Rust/Falke-Bittner, § 21 Rn. 18; MüKo-Thüsing, § 21 Rn. 28; Thüsing/v. Hoff, NJW 2007, 21, 24) muss ausscheiden. Es handelt sich allein um ein **beweisrechtliches Problem.** Allerdings wird dies im praktischen Ergebnis wegen der Beweislast des Diskriminierten (→ Rn. 95) kaum zu Unterschieden führen. Dies könnte nur anders sein, wenn die Forderungen der RL 2000/43/EG und der RL 2004/113/EG einem solchen Ergebnis entgegenstünden. Mit Blick auf die Beweislast stellen diese Richtlinien aber keine über § 22 hinausgehenden Forderungen auf. Ein Verstoß gegen die Richtlinien könnte daher nur dann vorliegen, wenn das Erfordernis wirksamer und abschreckender Sanktion (→ Rn. 3 ff.) und tatsächlichen und wirksamen Schadensausgleichs oder -ersatzes (→ Rn. 6) nicht mehr gewahrt würde, weil durch die Beweislastverteilung der Kontrahierungszwang ins Leere laufen könnte. Insoweit scheint es in der Tat bedenklich, wenn ein Teil der europarechtlich geforderten Sanktionen im innerstaatlichen Recht zwar materiell geregelt ist, faktisch aber an der Beweisnot des Anspruchsberechtigten scheitern muss. Hier bietet sich eine **materiellrechtliche Korrektur** durch Abstellen auf den **hypothetischen Parteiwillen** an. Im Zweifel entspricht dieser der **Üblichkeit** (vgl. §§ 612, 632 BGB).

97 Das sollte aber den **Nachweis eines abweichenden Parteiwillens** für den Fall des Vertragsschlusses sowohl nach oben als auch nach unten nicht ausschließen.

98 Sollte es, was möglich ist (!), mehreren Bewerbern gelingen, nachzuweisen, dass es ohne die Benachteiligung zum Vertragsschluss gekommen wäre (bzw. dem Anbieter hinsichtlich mehrerer Bewerber der Beweis misslingen, dass er mit ihnen jeweils keinen Vertrag geschlossen hätte → Rn. 126), kommt aber nur Leistung an einen in Betracht, etwa Abschluss des Mietvertrages über eine bestimmte Wohnung, wird man die Bewerber als Gesamtgläubiger iSd § 428 BGB ansehen müssen mit der Folge, dass der Abschluss mit einem die Schuld gegenüber allen zum Erlöschen bringt (Derleder/Sabetta, WuM 2005, 3, 6).

V. Verhältnis zu deliktsrechtlichen Ansprüchen (Abs. 3)

99 Aus der Formulierung („bleiben unberührt") muss man schließen, dass deliktische Ansprüche iSd Abs. 3 auch weitergehen können als solche nach Abs. 1, 2 (vgl. auch die diesbezügliche Befürchtung in der DAV-Stellungnahme, NZA 8/2005, VI, IX, in der deshalb eine entsprechende Korrektur vorgeschlagen wurde, die der Gesetzgeber allerdings nicht aufgriff).

100 In Betracht kommen zB Ansprüche aus § 823 Abs. 2 BGB iVm § 185 StGB, wenn eine Diskriminierung mit einer Beleidigung verbunden ist (vgl. BT-Drs. 16/1780, 47). Darüber hinaus ist auch § 19 – ebenso wie § 7 im arbeitsrechtlichen Bereich (→ § 15 Rn. 143) – ein Schutzgesetz (Schiek-Schiek, § 21 Rn. 25; aA Staudinger/Rolfs, § 21 Rn. 7; MüKo-Thüsing, § 21 Rn. 77; Adomeit/Mohr, § 21 Rn. 15; Bauer/Krieger, § 21 Rn. 14; Erman-Armbrüster, § 21 Rn. 22; ders., in: Rudolf/Mahlmann, GlBR, § 7 Rn. 200;

Thüsing/v. Hoff, VersR 2007, 1, 9). Zu denken ist auch an Ansprüche aus § 823 Abs. 1 BGB wegen Verletzung des Allgemeinen Persönlichkeitsrechts (Röttgen, S. 116 f.), in Ausnahmefällen auch an § 826 BGB (Röttgen, S. 118 f.).

101 Die Ausschlussfrist des Abs. 5 gilt nach dessen eindeutigem Wortlaut („Ansprüche nach den Absätzen 1 und 2") nicht für deliktische Ansprüche.

VI. Verhältnis zu sonstigen Ansprüchen

102 Abs. 3 regelt nur das Verhältnis zu deliktischen Ansprüchen. Das Verhältnis zu vertraglichen Ansprüchen bleibt dadurch ungeregelt.

103 Für das Verhältnis zu Ansprüchen aus § 280 BGB aus (ggf. vorvertraglicher) Pflichtverletzung ist festzustellen, dass diese durch § 21 Abs. 2 in dessen Anwendungsbereich verdrängt werden (→ Rn. 38). Zum Verhältnis von Beseitigungs-/Unterlassungsanspruch und Schadensersatzanspruch nach Abs. 2 → Rn. 37. Im Übrigen kann sich der Benachteiligte auch auf jeden anderen Anspruch stützen (BeckOK-Wendtland, § 21 Rn. 38).

VII. Zwingendes Recht (Abs. 4)

104 Nach §§ 19 f. sind Benachteiligungen bei zivilrechtlichen Schuldverhältnissen unzulässig. Den Privatrechtssubjekten fehlt insoweit die rechtsgeschäftliche Gestaltungsmacht, so dass diskriminierende **vertragliche Vereinbarungen** ebenso ohne Weiteres wie **einseitige Rechtsgeschäfte**, für die die Bestimmung entsprechend gelten muss (so iE die allgM, vgl. MüKo-Thüsing, § 21 Rn. 84 mwN; BeckOGK/Groß, § 21 Rn. 66 f.; Gaier/Wendtland-Gaier, Rn. 257; Flohr/Ring-Flohr, Rn. 440), nichtig sind (zumeist wird allerdings das Vorliegen eines Verbotsgesetzes angenommen, amtliche Begründung BT-Drs. 16/1780, 47; MüKo-Thüsing, § 21 Rn. 82; Armbrüster, ZRP 2005, 41, 43; Stork, ZEuS 2005, 1, 48; Annuß, BB 2006, 1629, 1634; zur Abgrenzung der Grenzen rechtsgeschäftlicher Gestaltungsmacht vom Verbotsgesetz s. Deinert, Zwingendes Recht, Rn. 56 ff.).

105 Die **nachträgliche Verfügung** über Ansprüche, die aus der Verletzung von Diskriminierungsverboten entstanden sind, ist allerdings möglich (Armbrüster, in: Rudolf/Mahlmann, GlBR, § 7 Rn. 194).

106 Die Nichtigkeit einzelner Vertragsklauseln führt allerdings nicht zur Gesamtnichtigkeit des Vertrages. In Abs. 4 ist geregelt, dass sich der Benachteiligende auf eine Vereinbarung, die vom Benachteiligungsverbot abweicht, **nicht berufen** könne. Auf diese Weise wird erreicht, dass entgegen der Grundregel des § 139 BGB der **Restvertrag wirksam** bleibt (PWW/Lingemann, § 21 Rn. 5; Rust/Falke-Bittner, § 21 Rn. 33; Schiek-Schiek, § 21 Rn. 27; Gaier/Wendtland-Gaier, Rn. 255), weil sonst der Schutz des Diskriminierungsopfers häufig ins Gegenteil verkehrt würde (vgl. Stork, ZEuS 2005, 1, 49; ebenso iE Schreier, JuS 2007, 308, 312). Eines Rückgriffs auf §§ 138, 242 BGB (dazu Röttgen, S. 123 ff.) sowie § 307 BGB (dazu bezüglich § 9 AGBG aF Schiek, Differenzierte Gerechtigkeit, S. 375 ff.) bedarf es jedenfalls seit der Regelung in Abs. 4 nicht mehr. Das kann auch zur Reduzierung von Leistungspflichten führen (MüKo-Thüsing, § 21 Rn. 88; Lehner, S. 406). In diesem Sinne sind etwa Prämien in Versiche-

rungsverträgen, die unter Verstoß gegen das Verbot der Diskriminierung wegen des Geschlechts höhere Prämien für Frauen vorsehen, insoweit unwirksam (Prunhagen, NJW 2013, 113, 116).

107 Wenn im Zusammenhang mit einer Diskriminierung gleichzeitig **Rechtsgeschäfte mit Dritten** geschlossen werden (namentlich bei vertragsvorbereitenden Auswahlentscheidungen), werden diese Drittgeschäfte nicht von der Nichtigkeitsfolge erfasst (für den arbeitsrechtlichen Bereich → § 15 Rn. 21). Anderes gilt gem. § 138 BGB im Falle kollusiver Anspruchsvereitelung (Hinz, SchlHA 2007, 265, 273; Schmidt-Räntsch, NZM 2007, 6, 14).

108 Ein Vertrag, der auf die **Diskriminierung Dritter** gerichtet ist, ist regelmäßig nach § 134 BGB iVm §§ 7 ff., 19 ff. nichtig.

VIII. Ausschlussfrist (Abs. 5)

109 Abs. 5 enthält eine von Amts wegen zu prüfende (NK-BGB/Legerlotz, § 21 Rn. 30) Ausschlussfrist für die Verfolgung von Schadensersatzansprüchen nach dem Vorbild der früheren arbeitsrechtlichen Bestimmungen in § 611 a Abs. 4 BGB aF, § 81 Abs. 2 Nr. 4 SGB IX aF, die durch die Parallelvorschrift in § 15 Abs. 4 abgelöst wurden. Die Ausschlussfrist ist nur auf **Ansprüche „nach den Absätzen 1 und 2“** (Beseitigungs-, Unterlassungs- und Schadensersatzansprüche) anwendbar. Andere Ansprüche unterliegen damit nicht der Ausschlussfrist (BeckOGK/Groß, § 21 Rn. 81; MüKo-Thüsing, § 21 Rn. 70; Erman-Armbrüster, § 21 Rn. 30; Hinz, SchlHA 2007, 265, 274; Rolfs, NJW 2007, 1489, 1494; Thüsing/v. Hoff, VersR 2007, 1, 9; Koch, VersR 2007, 288, 295; aA Bauer/Krieger, § 21 Rn. 16). Die Gegenansicht der Rspr. des BAG zu § 15 Abs. 4 ist nicht überzeugend (dazu → § 15 Rn. 112).

110 Die Ausschlussfrist ist **einstufig**. Eine Klagefrist wie in § 61 b ArbGG für Ansprüche gegen Arbeitgeber (→ § 15 Rn. 132 ff.) gibt es nicht.

111 Europarechtlich ist eine solche Fristenregelung gem. Art. 7 Abs. 3 RL 2000/43/EG und Art. 8 Abs. 4 RL 2004/113/EG gestattet. Sie verletzt auch nicht das Gebot effektiver Rechtsdurchsetzung (OLG Hamm 12.1. 2011 – I-20 U 102/10 – VersR 2011, 514, 517; MüKo-Thüsing, § 21 Rn. 71; aA Rust/Falke-Bittner, § 21 Rn. 43; zum Gebot der effektiven Rechtsdurchsetzung → § 15 Rn. 115, 124), weil mangels rechtzeitiger Kenntnis der maßgeblichen Tatsachen eine Geltendmachung auch nach Fristablauf noch möglich ist (Adomeit/Mohr, Rn. 21; zur nachträglichen Geltendmachung → Rn. 114).

112 Die Frist soll dem Anspruchsgegner Rechtssicherheit in überschaubarer Zeit verschaffen (BT-Drs. 16/1780, 47; Armbrüster, in: Rudolf/Mahlmann, GlBR, § 7 Rn. 196). Dabei wurde die ursprünglich vorgesehene Frist von drei Monaten auf Vorschlag des Rechtsausschusses zur Verringerung bürokratischen Aufwandes für Anbieter (BT-Drs. 16/2022, 13) auf zwei Monate abgekürzt und so ihren historischen Vorbildern in § 611 a Abs. 4 BGB aF, § 81 Abs. 2 Nr. 4 SGB IX aF weiter angenähert.

113 Es handelt sich um eine **materiellrechtliche Ausschlussfrist** (amtliche Begründung BT-Drs. 16/1780, 47). Die Versäumung der Frist vernichtet den

Anspruch (Thüsing/v. Hoff, VersR 2007, 1, 9). Nach deren Versäumen ist eine Wiedereinsetzung in den vorigen Stand ausgeschlossen. Sachlich wird allerdings dasselbe durch die Möglichkeit nachträglicher Geltendmachung im Falle unverschuldeter Fristversäumnis in S. 2 erreicht. Die Versäumung der Frist ist von Amts wegen zu beachten (AG Mannheim 6.6.2008 – 10 C 34/08 – NJW 2008, 3442, 3443).

114 Die **Frist beginnt** mit Anspruchsentstehung (AG Mannheim 6.6.2008 – 10 C 34/08 – NJW 2008, 3442, 3443; Wendeling-Schröder/Stein-Wendeling-Schröder, § 21 Rn. 29), dh mit dem Moment, in dem die tatbestandlichen Voraussetzungen gegeben sind. Das ist der Zeitpunkt, in dem die **Diskriminierung vollendet** wurde. Anders als bei § 15 Abs. 4 beginnt die Frist nicht erst mit Kenntnis vom Verstoß (unzutr. insoweit der Bericht des Rechtsausschusses in BT-Drs. 16/2022, 13; abw. auch Nollert-Borasio/Perreng, § 21 Rn. 5). Allerdings läuft es weithin auf dasselbe hinaus, wenn bei unverschuldeter Fristversäumnis der Anspruch auch nach Fristablauf noch geltend gemacht werden kann. Denn die **unverschuldete Unkenntnis** von einer Diskriminierung stellt eine solche unverschuldete Verhinderung an der Einhaltung der Frist dar (Rust/Falke-Bittner, § 21 Rn. 41; darüber hinaus will Schiek-Schiek, § 21 Rn. 31, eine angemessene Frist zur Prüfung der Anspruchsvoraussetzungen aufschlagen). Ein Unterschied besteht allerdings darin, dass es für die arbeitsrechtliche Ausschlussfrist nach § 15 Abs. 4 allein auf die positive Kenntnis ankommt, eine verschuldete Unkenntnis von der Benachteiligung mithin den Lauf der Frist nicht in Gang setzen kann (→ § 15 Rn. 122), während dies bei der zivilrechtlichen Frist anders ist. Doch wird man im Ausschluss bei verschuldeter Fristversäumnis noch keine europarechtlich bedenkliche (→ § 15 Rn. 121) übermäßige Erschwerung der Effektivität der Rechtsdurchsetzung sehen können. Im Falle wiederkehrender Anspruchsentstehung (zB bei Miete oder anderen Dauerschuldverhältnissen) beginnt die Ausschlussfrist für jeden Zeitabschnitt von Neuem gesondert zu laufen (AG Mannheim 6.6.2008 – 10 C 34/08 – NJW 2008, 3442, 3443).

115 Bei Unterlassungsansprüchen ist die Wiederholungsgefahr ein Dauertatbestand, so dass die Frist nicht mit Anspruchsentstehung (drohende Benachteiligung oder erstmalige Benachteiligung mit Wiederholungsgefahr) zu laufen beginnen kann. Es macht aber auch keinen Sinn, auf den Zeitpunkt der Beendigung des Zustands (für die arbeitsrechtliche Frist → § 15 Rn. 122) oder darauf abzustellen, dass innerhalb der zweimonatigen Frist vor Geltendmachung noch eine Wiederholungsgefahr bestanden hat, weil der Unterlassungsanspruch mit Ausschluss der Wiederholungsgefahr entfällt. Richtigerweise wird man Abs. 5 teleologisch dahin gehend reduzieren müssen, dass er **für Unterlassungsansprüche keine Geltung** hat (aA Hey/Forst-Kremer, § 21 Rn. 166 ff.; Meinel/Heyn/Herms, 1. Aufl. 2007, § 21 Rn. 27: Fristbeginn mit Zuwiderhandlung).

116 Für die Fristberechnung sind §§ 187 ff. BGB maßgeblich.

117 Unter dem Gesichtspunkt **unverschuldeter Verhinderung an der Fristeinhaltung** sind vor allem Fälle bedeutsam, in denen die Kenntnisnahme von der Benachteiligung erst später möglich wurde. Das ist namentlich bei mittelbaren Diskriminierungen der Fall, aber auch wenn sich nicht unmittelbar

aufdrängt, dass eines der verpönten Merkmale herangezogen wurde. Soweit es einen diesbezüglichen Anhaltspunkt gibt, muss sich das Opfer selbst um Klärung der Hintergründe bemühen, um nicht dem Vorwurf verschuldeter Fristversäumnis ausgesetzt zu sein. Gleichzeitig kann ein vorsorgliches Geltendmachen eines Anspruchs geboten sein.

118 Für das **nachträgliche Geltendmachen** im Falle unverschuldeter Fristversäumnis fehlt eine Frist. Allerdings wird man dann die Zweimonatsfrist ab Erkennen der Diskriminierung laufen lassen müssen (so auch PWW/Lingemann, § 21 Rn. 6; Bauer/Krieger, § 21 Rn. 16; Rühl/Schmid/Viethen, S. 161; Maier-Reimer, NJW 2006, 2577, 1582). Alles andere verstieße gegen das europarechtliche Gebot effektiver Rechtsdurchsetzung (→ § 15 Rn. 121, 124). Der Ansicht, die analog § 121 Abs. 1 S. 1 BGB Unverzüglichkeit fordert (Palandt-Grüneberg, § 21 Rn. 8; Wendeling-Schröder/Stein-Wendeling-Schröder, § 21 Rn. 31; MüKo-Thüsing, § 21 Rn. 69; Staudinger/Rolfs, § 21 Rn. 16; Adomeit/Mohr, § 21 Rn. 21; Gaier/Wendtland-Gaier, Rn. 252; Erman-Armbrüster, § 21 Rn. 31; ders., in: Rudolf/Mahlmann, GlBR, § 7 Rn. 197; Rolfs, NJW 2007, 1489, 1494; Hinz, SchlHA 2007, 265, 275), kann deshalb ebenso wenig beigetreten werden wie dem Vorschlag einer Analogie zu §§ 233 f. ZPO (so jurisPK/Overkamp, § 21 Rn. 49).

119 Der Anspruchsgegner ist nicht verpflichtet, den Benachteiligten auf den Umstand der Benachteiligung hinzuweisen. Bemüht er sich allerdings aktiv um Vertuschung, so ist es ihm aus dem Gesichtspunkt des **Rechtsmissbrauchs** (§ 242 BGB) verwehrt, sich auf die Fristversäumung zu berufen.

120 Zur Fristwahrung genügt jedwedes **Geltendmachen**. Es handelt sich um eine geschäftsähnliche Handlung (BeckOGK/Groß, § 21 Rn. 84; Staudinger/Rolfs, § 21 Rn. 17). Irgendeine Form ist – anders als bei § 15 Abs. 4 – nicht gefordert (Wendeling-Schröder/Stein-Wendeling-Schröder, § 21 Rn. 31). Das Verlangen nach Schadensersatz muss dem Benachteiligenden aber zugehen (Erman-Armbrüster, § 21 Rn. 32). Erfolgt die Geltendmachung im Klagewege, ist die Frist im Falle alsbaldiger Zustellung ebenso wie bei arbeitsrechtlichen Klagen (→ § 15 Rn. 127) nach § 167 ZPO gewahrt (BeckOGK/Groß, § 21 Rn. 84; Hey/Forst-Kremer, § 21 Rn. 191 ff.; aA AG Mannheim 6.6.2008 – 10 C 34/08 – NJW 2008, 3442, 3443).

121 Es genügt, wenn „ein Anspruch" geltend gemacht wird. Weder bedarf es der rechtlichen Begründung noch einer **Bezifferung** (Palandt-Grüneberg, § 21 Rn. 8). Notwendig ist nur, dass der Anspruchsgegner erkennt, dass ein Anspruch aus einer (möglichen) Benachteiligung hergeleitet wird (→ § 15 Rn. 129).

IX. Prozessuale Hinweise

122 Die Zulässigkeit einer Klage für Ansprüche nach § 21 kann landesgesetzlich nach § 15 a Abs. 1 Nr. 4 EGZPO von einem vorherigen Güteversuch abhängig gemacht werden.

123 **Beseitigungsansprüche** sind im Wege der Leistungsklage zu verfolgen. Dasselbe gilt für den **Unterlassungsanspruch**. Dabei ist die störende Diskrimi-

nierung im Antrag genau zu bezeichnen. Der Antrag muss so gefasst sein, dass eine eventuelle Auswahlbefugnis des Störers hinsichtlich der Beseitigung nicht eingeschränkt wird (Gaier/Wendtland-Gaier, Rn. 199; BeckOK-Wendtland, § 21 Rn. 9). Die tatbestandlichen Voraussetzungen des Beseitigungs- und Unterlassungsanspruchs wären vom Kläger als ihm günstige Tatsachen darzulegen und zu beweisen. Beim Unterlassungsanspruch ist die Wiederholungsgefahr aber aus der Diskriminierung heraus im Grundsatz zu vermuten und muss durch den Anspruchsgegner widerlegt werden (vgl. BGH 12.12.2003 – V ZR 38/03 – NJW 2004, 1035, 1036 für § 1004 BGB). Das Versprechen, auf weitere Diskriminierungen zu verzichten, genügt dafür idR nicht. Anders wird es sein, wenn es von einem Vertragsstrafeversprechen begleitet ist (Gaier/Wendtland-Gaier, Rn. 197) oder die Beeinträchtigung in einer einmaligen Sondersituation geschah (Gaier/Wendtland-Gaier, Rn. 197). Richtigerweise wird man hier aber ohnehin § 22 als einschlägig ansehen müssen (→ § 22 Rn. 17 ff.), so dass der Anspruchsgegner, wenn der Anspruchsteller erst einmal die Indizien für den Tatbestand einer Benachteiligung beigebracht hat, die Einhaltung der Diskriminierungsschutzvorschriften zu beweisen hat. Hinsichtlich der Benachteiligung als anspruchsbegründender Tatsache beim **Beseitigungs-/Unterlassungsanspruch** wie beim **Schadensersatzanspruch** wäre die **Beweiserleichterung** aus § 22 ohne Weiteres anwendbar. Im Falle eines vorbeugenden Unterlassungsanspruchs (→ Rn. 34) muss der Anspruchssteller allerdings eine Erstbegehungsgefahr darlegen und im Streitfall beweisen (Erman-Armbrüster, § 21 Rn. 7).

124 Beim **Schadensersatz** muss der Anspruchsteller Schaden und haftungsbegründende sowie -ausfüllende objektive Zurechnung darlegen und beweisen. Hieran kann auch § 22 nichts ändern, weil es sich insoweit nicht mehr um eine Frage der „Einhaltung der Bestimmungen zum Schutz vor Benachteiligungen“ handelt.

125 Unter Ausblendung von § 22 würde hinsichtlich des **Verschuldens** Folgendes gelten: Der auf materiellen Schadensersatz in Anspruch genommene Benachteiligende müsste sich an sich mit Blick auf sein Verschulden entlasten (→ Rn. 43). Das kann ohnehin zumeist (s. aber Schiek, Differenzierte Gerechtigkeit, S. 369) nur bei mittelbaren Diskriminierungen praktisch werden und setzt dort voraus, dass bei gebotener Sorgfalt nicht erkennbar war, dass die scheinbar neutralen Maßnahmen iE zu einer nicht gerechtfertigten Diskriminierung führen (BT-Drs. 16/1780, 46). Ohnedies ist das Verschuldenserfordernis aber europarechtswidrig und deshalb unbeachtlich (→ Rn. 44). Beim Anspruch auf Ersatz des immateriellen Schadens kommt es schon nach dem Gesetzeswortlaut gar nicht auf ein Verschulden an (→ Rn. 65). Die Beweiserleichterung des § 22 ist für diesen Kontext mithin ohne Bedeutung.

126 Der **Anspruch auf Vertragsschluss** (Kontrahierungszwang) ist im Wege der Leistungsklage zu verfolgen. Das Urteil ersetzt die erforderliche Willenserklärung des (Zwangs-)Vertragspartners (§ 894 ZPO). Der Antrag sollte zweckmäßigerweise verbunden werden mit einem Antrag auf Gewährung der vertraglichen Leistung, etwa der Überlassung der Mietwohnung (Derleder/Sabetta, WuM 2005, 3, 6). Gegebenenfalls kommt eine einstweilige

Verfügung in Betracht, um den Anspruchsverlust durch Unmöglichkeit (→ Rn. 93) zu verhindern (aA Hinz, SchlHA 2007, 265, 273, allerdings auf der – hier abgelehnten [→ Rn. 29] – Basis eines Anspruchs auf diskriminierungsfreie Entscheidung, der durch einen entsprechenden Anspruch eines Konkurrenten torpediert werde). Die Beweislast für die Voraussetzungen richtet sich nach allgemeinen Regeln, also nach der Beweislastverteilung beim Beseitigungsanspruch (→ Rn. 123) oder beim Schadensersatzanspruch (→ Rn. 123 f.). Nach der allgemeinen Beweislastregel trüge der Anspruchsteller (Diskriminierte) die Beweislast dafür, dass es ohne die Diskriminierung zum Vertragsschluss gekommen wäre (Armbrüster, ZRP 2005, 41, 43; Derleder, NZM 2007, 625, 631 Fn. 32, 633). Allerdings greift hier wieder die Beweiserleichterung des § 22 (→ Rn. 123), so dass im Falle des Nachweises einer Benachteiligung der Anspruchsgegner die Beweislast dafür trägt, dass auch ohne die Diskriminierung ein Vertragsschluss nicht zustande gekommen wäre (Schiek-Schiek, § 21 Rn. 11; aA Thüsing/v. Hoff, NJW 2007, 21, 23; Hinz, SchlHA 2007, 265, 273). Hinsichtlich der Inhalte eines Vertrages, der im Wege des Kontrahierungszwangs zustande kommen soll, ist auf den hypothetischen Parteiwillen abzustellen (→ Rn. 96). Wer einen abweichenden Parteiwillen reklamiert, muss dessen Inhalt beweisen. Dies ist keine Frage von § 22 mehr, weil es insoweit nicht mehr darum geht, ob ein „Verstoß gegen die Bestimmungen zum Schutz vor Benachteiligung vorgelegen hat" (→ Rn. 95).

127 Ansprüche auf Vertragsschluss können nur ausnahmsweise im Wege des einstweiligen Rechtsschutzes verfolgt werden (Gaier/Wendtland-Gaier, Rn. 221). Denn derartige Verfügungen laufen auf eine Leistungsverfügung hinaus, die nur unter engen Voraussetzungen zulässig ist, nämlich bei Existenzgefährdung oder Notlage oder bei drohender Anspruchsvereitelung (Brox/Walker, Rn. 1611 ff.). Bei Dauerschuldverhältnissen ist aber an einen vorläufigen Vertrag für die Dauer des Prozesses zu denken.

128 Der Anspruch auf eine Entschädigung nach Abs. 2 S. 3 muss nicht im Leistungsantrag **beziffert** werden. Es genügt zur Bestimmtheit des Antrags, wenn die Entschädigung in das Ermessen des Gerichts gestellt wird, vorausgesetzt, es werden die Tatsachen benannt, die zur Bemessung heranzuziehen sind, und es wird eine Vorstellung von der Größenordnung geäußert (AG Tempelhof-Kreuzberg 19.12.2014 – 25 C 357/14 – WuM 2015, 73, 74; → § 15 Rn. 172). Auf diese Weise kann der Kläger der Gefahr eines teilweisen Unterliegens für den Fall entgehen, dass das Gericht hinter dem konkreten Antrag zurückbleibt. Soweit gleichzeitig Ersatz des materiellen Schadens begehrt wird, ist der Antrag hingegen zu beziffern.

129 Besondere Verfahrensvorschriften für Entschädigungsansprüche, wie sie § 61 b Abs. 2, 3 ArbGG für das arbeitsgerichtliche Verfahren enthalten (→ § 15 Rn. 174 ff.), gibt es nicht.

130 Der Ablauf der **Ausschlussfrist** ist eine dem Anspruchsgegner günstige Tatsache und daher von diesem zu beweisen. Das betrifft den Beweis der Anspruchsentstehung als Fristbeginn. Demgegenüber muss der Anspruchsteller die Voraussetzungen für den Fortbestand des Anspruchs trotz Verstreichenlassens der Frist darlegen und beweisen.

Abschnitt 4 Rechtsschutz

§ 22 Beweislast

Wenn im Streitfall die eine Partei Indizien beweist, die eine Benachteiligung wegen eines in § 1 genannten Grundes vermuten lassen, trägt die andere Partei die Beweislast dafür, dass kein Verstoß gegen die Bestimmungen zum Schutz vor Benachteiligung vorgelegen hat.

I. Vorbemerkungen

1 § 22 sieht für den Rechtsschutz bei Diskriminierungen eine Erleichterung der Darlegungslast, eine Absenkung des Beweismaßes und eine Umkehr der Beweislast vor (BAG 29.6.2017 – 8 AZR 402/15; BAG 18.5.2017 – 8 AZR 74/16; BAG 26.1.2017 – 8 AZR 736/15; BAG 15.12.2016 – 8 AZR 418/15). Wenn im Streitfall die eine Partei Indizien beweist, die eine Benachteiligung wegen eines in § 1 genannten Grundes vermuten lassen, trägt nach § 22 die andere Partei die Beweislast dafür, dass kein Ver-

stoß gegen die Bestimmungen zum Schutz vor Benachteiligung vorgelegen hat. Danach genügt eine Person, die sich für diskriminiert hält, ihrer Darlegungslast bereits dann, wenn sie Indizien vorträgt, die mit überwiegender Wahrscheinlichkeit darauf schließen lassen, dass eine Benachteiligung wegen eines in § 1 genannten Grundes erfolgt ist (BAG 18.5.2017 – 8 AZR 74/16; BAG 11.8.2016 – 8 AZR 375/15). Dabei sind alle Umstände des Rechtsstreits in einer Gesamtwürdigung des Sachverhalts zu berücksichtigen.

Besteht die Vermutung einer Benachteiligung, trägt die andere Partei die Darlegungs- und Beweislast dafür, dass der Gleichbehandlungsgrundsatz nicht verletzt worden ist (BAG 29.6.2017 – 8 AZR 402/15; BAG 18.5.2017 – 8 AZR 74/16; BAG 26.1.2017 – 8 AZR 736/15; BAG 11.8.2016 – 8 AZR 375/15; EuGH 16.7.2015 – Rs. C-83/14). Hierfür gilt jedoch das Beweismaß des Vollbeweises. Der Arbeitgeber muss Tatsachen vortragen und ggf. beweisen, aus denen sich ergibt, dass ausschließlich andere als die in § 1 genannten Gründe zu einer ungünstigeren Behandlung geführt haben.

II. Entstehungsgeschichte und amtliche Begründung

2 Die jetzige Fassung der Vorschrift beruht auf einem **Beschluss des Bundestages vom 28.6.2006** (vgl. BT-Drs. 16/2022). Mit ihm wurde der bisherige Gesetzentwurf der Bundesregierung (vgl. BT-Drs. 16/1780 v. 8.6.2006), unter anderem auf Anregung des Bundesrates (vgl. BR-Drs. 329/06 v. 16.6.2006), in mehreren Punkten **abgeändert**; dabei erhielt § 22 seine heute gültige Fassung. Bis zu diesem Zeitpunkt hatte die Vorschrift folgenden Wortlaut:

„Wenn im Streitfall die eine Partei Tatsachen glaubhaft macht, die eine Benachteiligung wegen eines in § 1 genannten Grundes vermuten lassen, trägt die andere Partei die Beweislast dafür, dass andere als in § 1 genannte, sachliche Gründe die unterschiedliche Behandlung rechtfertigen oder die unterschiedliche Behandlung wegen eines in § 1 genannten Grundes nach Maßgabe dieses Gesetzes zulässig ist."

Diese Formulierung hatte wortgleich die Regelung in Art. 4 RL 97/80/EG des Rates vom 15.12.1997 über die Beweislast bei Diskriminierung aufgrund des Geschlechtes aufgenommen und entsprach damit den ebenfalls wortgleichen Regelungen, deren Umsetzung dieses Gesetz dient und die in → Einl. Rn. 3 aufgeführt sind. § 22 lehnt sich in seiner Konzeption und in seinem Wortlaut eng an die genannten Vorschriften an (Grobys, NZA 2006, 898; Hoentzsch, DB 2006, 2631).

3 Die **amtliche Begründung** der in Kraft getretenen Fassung (vgl. BT-Drs. 16/2022, 7 zu Nr. I.7.) weist darauf hin, dass mit der jetzigen Formulierung eine Rechtsänderung gegenüber dem Entwurf vom 8.6.2006 nicht verbunden ist und die **Vorgaben der einschlägigen Richtlinien** nach wie vor erfüllt werden. Die Änderungen seien erfolgt, da die Diskussion um das Allgemeine Gleichbehandlungsgesetz gezeigt habe, „dass der – bereits in § 611 a BGB (aF) – verwendete Begriff der ‚Glaubhaftmachung' oftmals dahin gehend missverstanden wird, er beziehe sich auf § 294 ZPO und lasse die eidesstattliche Versicherung als Beweismittel zu" (vgl. auch BR-Drs.

329/06, 3). Und an anderer Stelle in der Begründung heißt es: „Es ist insoweit eine sprachliche Neufassung zur Bestimmung des Beweismaßes erfolgt“. Dies sei eine erforderliche Klarstellung für die Praxis (vgl. BT-Drs. 16/2022, 7 zu Nr. I.7.). Wegen der gegen diese Interpretation bestehenden Bedenken wird auf → Rn. 4, 16 ff. verwiesen.

III. Neuregelung europarechtskonform

4 Thüsing (NZA 2006, 774) hat unter Hinweis auf den Text der Richtlinien (vgl. zB Art. 10 RL 2000/78/EG) **Zweifel an der Europarechtskonformität der Änderung** geäußert.

Bei der Beurteilung dieser Frage ist zu berücksichtigen, dass zu § 611 a Abs. 1 S. 3 BGB aF inzwischen geklärt war, dass die Glaubhaftmachung nicht als **Glaubhaftmachung** iSd § 294 ZPO zu verstehen ist. Verlangt war lediglich eine Darlegung, die eine Benachteiligung wegen eines in § 611 a BGB aF aufgeführten Grundes als **wahrscheinlich** erscheinen lässt. Die Glaubhaftmachung bedeutete eine **Beweismaßabsenkung** (vgl. BAG 5.2.2004 – 8 AZR 122/03 – NZA 2004, 540; Prütting, FS 50 Jahre Bundesarbeitsgericht, S. 1311, 1316; ders., RdA 1999, 107, 111; vgl. jetzt MüKo-Thüsing, § 22 Rn. 2; Windel, RdA 2007, 1, 2). Dass § 294 ZPO in § 22 AGG nicht konkludent in Bezug genommen wurde, ergibt sich auch aus der englischen Fassung der Beweislastrichtlinie, wo an gleicher Stelle von „established facts“ gesprochen wird.

An der Übereinstimmung dieser Auslegung des Begriffs „Glaubhaftmachung“ mit den Richtlinien 76/207/EWG und 77/187/EWG sind denn auch in letzter Zeit zu Recht keine ernsthaften Zweifel mehr geäußert worden. Eine materielle Veränderung der Beweislastregeln ist durch die verabschiedete Fassung des Gesetzes nicht erfolgt, da nur die von Rechtsprechung und Literatur getragene Auslegung des Begriffes umgesetzt wurde. Auch die geforderte **Darlegung und das Beweisen von Indizien** ist eine Art „Glaubhaftmachung“ (vgl. auch Grobys, NZA 2006, 898; im Ergebnis auch v. Roetteken, § 22 Rn. 34 ff., insbes. Rn. 38; Schaub-Linck, § 36 Rn. 132; vgl. auch MüKo-Thüsing, § 22 Rn. 2, der zu dem gleichen Ergebnis durch eine „europarechtskonforme Auslegung“ kommt). Auch Düwell (BB 2006, 1741, 1744) bezeichnet die Neufassung des § 22 als „Klarstellung“. Die Vorschrift ist deshalb **in diesem Punkt europarechtskonform** (so auch Hoentzsch, DB 2006, 2631; Bauer/Krieger, § 22 Rn. 3; vgl. aber → Rn. 16 ff., insbes. → Rn. 18 ff.).

IV. Sinn und Zweck der Vorschrift

5 Die **Beweislastregel des AGG** modifiziert die Grundregeln des deutschen Zivilprozessrechts, die auch im arbeitsgerichtlichen Verfahren anzuwenden sind (§ 46 Abs. 2 ArbGG). Danach hat grundsätzlich stets der Anspruchsteller die Beweislast für die rechtsbegründenden Tatbestandsmerkmale, der Anspruchsgegner die Beweislast für die rechtshindernden, rechtsvernichtenden und rechtshemmenden Merkmale (Baumgärtel, Beweislastpraxis, S. 108 ff.; Prütting, Gegenwartsprobleme, S. 265 ff.; ders., RdA 1999, 107, 109; zur Darlegungs- und Beweislast bei behaupteten Verstößen ge-

gen sonstige Gleichbehandlungsgebote → § 2 Rn. 278 ff.; Zöller/Greger, ZPO Vor § 284 Rn. 17 a ff.; Bauer/Krieger, § 22 Rn. 6).

6 Diskriminierungen finden allerdings selten offen statt. Der klagenden Partei, die in der Regel Anspruchstellerin ist und sich diskriminiert fühlt, wird der Beweis der Tatsachen, die die Diskriminierung bedingen, häufig nicht gelingen. Die diskriminierte Person kann die Tatsachen, die sich in der Sphäre des „Diskriminierers" abspielen, sehr oft nicht kennen (zB Tatsachen, die die Behandlung anderer Bewerber für einen Arbeitsplatz, eine Wohnung betreffen, das Verhalten gegenüber anderen gekündigten Personen etc). Schon gar nicht kann die diskriminierte Person in der Regel den **Nachweis einer bestimmten Motivation des Diskriminierenden** erbringen (vgl. Prütting, FS 50 Jahre Bundesarbeitsgericht, S. 1311, 1314).

1. Beweiserleichterung/Beweismaßabsenkung

7 § 22 soll deshalb den diskriminierten Personen, die in der Regel die Anspruchsteller sein werden, eine Beweiserleichterung verschaffen (ausführlich: Wörl, Die Beweislast nach dem AGG, 2009; Katrina, Die Beweislastverteilung des § 22 AGG, 2013; Schulze, Die Beweislastregel des § 22 AGG, 2014; Stein, NZA 2016, 849 ff.). Es soll eine Beweismaßabsenkung erfolgen (vgl. auch Windel, RdA 2007, 1 f.; Bauer/Krieger, 22 Rn. 6; Schaub/Linck, § 36 Rn. 135). Den Betroffenen, zB den Arbeitnehmern und Arbeitnehmerinnen, den Wohnungssuchenden, den Menschen anderer Ethnie, soll der strenge Nachweis von diskriminierenden Tatsachen erspart werden, zumal diese sich häufig in der Sphäre der potenziellen „Diskriminierer", zB der Arbeitgeber, der Wohnungsinhaber usw, abgespielt haben und deshalb den betroffenen Personen kaum bekannt sein dürften. Denn **Richtlinienziel** ist eine **Erleichterung der prozessualen Anforderungen für die klagende Partei** auf der Grundlage des unionsrechtlichen Schutzniveaus (vgl. Schlachter, RdA 1998, 321, 323, s. auch BAG 18.5.2017 – 8 AZR 74/16). Der Benachteiligte muss – so hat Grobys es ausgedrückt – die Suche nach einem unzulässigen Motiv nicht alleine leisten (Grobys, NZA 2006, 898).

2. Kein Anscheinsbeweis nach deutschem Sprachgebrauch

8 Der **17. Erwägungsgrund zur Beweislastrichtlinie 97/80/EG** weist darauf hin, dass der klagenden Partei unter Umständen keine wirksamen Mittel der Rechtsdurchsetzung bleiben, wenn „der Beweis des Anscheins" einer Diskriminierung nicht dazu führt, der beklagten Partei den Beweis dafür aufzuerlegen, dass ihr Verhalten in Wirklichkeit nicht diskriminierend ist. Und auch die amtliche Begründung zu der jetzigen Fassung des Gesetzes spricht von „Anscheinsbeweis", der erbracht ist, wenn sog Vermutungstatsachen vorgetragen werden, „aus denen sich schließen lässt, dass die unterschiedliche Behandlung auf einem nach § 1 Abs. 1 unzulässigen Grund beruht" (BT-Drs. 16/2022 unter I.7.).

9 Dennoch, darauf hat Schlachter (RdA 1998, 321, 324) schon zu § 611 a BGB aF zu Recht hingewiesen, kann aus diesen Formulierungen nicht geschlossen werden, es werde ein **Anscheinsbeweis** nach deutschem Sprachgebrauch für das Vorliegen einer Diskriminierung statuiert. Ein Anscheinsbe-

weis ist das angemessene Mittel zur Verringerung der Beweisnot, wenn aus den konkreten räumlichen und zeitlichen Verhältnissen ein Erfahrungssatz dahin gehend hergeleitet werden kann, dass eine Rechtsverletzung typischerweise kausal für den nachfolgenden Schaden ist (Schlachter, RdA 1998, 321, 324). Eine Verringerung des Beweismaßes ist hingegen mit dem Anscheinsbeweis nicht verbunden (MüKo-ZPO/Prütting, ZPO § 286 Rn. 52; Schlachter, RdA 1998, 321, 324; ebenso MünchArbR-Oetker, § 15 Rn. 88 ff.; jurisPKB/S. Overkamp, § 22 Rn. 6). Hingewiesen werden soll durch diese Formulierung nur auf die Beweismaßabsenkung (→ Rn. 7) und die vorgesehenen Beweiserleichterungen.

V. Zweistufige Beweisführung

1. Gesetzesentwurf vom 8.6.2006

10 Der Gesetzentwurf vom 8.6.2006 (BT-Drs. 16/1780) sah ebenso wie § 611 a BGB aF eine zweistufige Beweisführung vor (vgl. zu § 611 a BGB aF BAG 5.2.2004 – 8 AZR 112/03 – AP § 611 a BGB Nr. 23; Westenberger, S. 130; Prütting, RdA 1999, 107, 111). Der Anspruchsteller, so der Entwurf des Gesetzes, musste zunächst Tatsachen glaubhaft machen, die eine Benachteiligung wegen eines in § 1 genannten Grundes vermuten lassen (**erste Stufe**). Gelang ihm dies, trug die andere Partei – also der Arbeitgeber/Wohnungseigentümer etc – die Beweislast dafür, dass die Voraussetzungen des § 1 nicht vorliegen oder Rechtfertigungsgründe bestehen (**zweite Stufe**) (vgl. Schlachter, RdA 1998, 321, 323).

2. In Kraft getretene Fassung

11 An dieser Darlegungs- und Beweislastverteilung hat sich auch durch die Gesetz gewordene Fassung des § 22 nichts geändert, wie sich eindeutig aus dem Wortlaut der Vorschrift ergibt (vgl. amtliche Begründung BT-Drs. 16/2022 zu I.7.; Düwell, BB 2006, 1741, 1743 f.; Grobys, NZA 2006, 898, 900; im Ergebnis auch Windel, RdA 2007, 1, 4).

12 Zwar findet eine Überprüfung des Unionsrechts am Maßstab des Grundgesetzes im Normalfall nicht statt (→ Einl. Rn. 125 ff.), die **Beweislastverteilung** in § 611 a BGB aF hat das BVerfG allerdings stets als mit der Bedeutung und der Tragweite des **Art. 3 Abs. 2 GG in Einklang stehend** angesehen (vgl. BVerfG 23.8.2000 – 1 BvR 1032/00 – NZA 2000, 1184; BVerfG 21.9.2006 – 1 BvR 308/03 – NZA 2007, 195).

3. Behauptungslast folgt der Beweislast

13 Derjenige, der für eine bestimmte Tatsache die objektive Beweislast trägt, muss diese **Tatsache** auch **behaupten**. Im Falle des § 22 ist insoweit zu berücksichtigen, dass die **Beweislast in zeitliche Stufen aufgeteilt** ist. Zunächst trägt der Anspruchsteller, zB der Arbeitnehmer, die „Last des Vortrags von Indiztatsachen", die eine Benachteiligung annehmen lassen, also von Vermutungstatsachen, die, lägen sie denn vor, mit überwiegender Wahrscheinlichkeit auf die Kausalität des verpönten Merkmals zur Benachteiligung schließen lassen (vgl. auch Thüsing, Arbeitsrechtlicher Diskriminierungsschutz, Rn. 646). Daran anschließend trägt der Anspruchsgegner, zB der Arbeitgeber, die Darlegungs- und Beweislast, dass keine Dis-

kriminierung vorliegt. Entsprechend diesen beiden, vom Gesetz zeitlich getrennten Schritten ist bei der Beurteilung durch die Gerichte zu berücksichtigen, dass zunächst der Anspruchsteller, zB der Arbeitnehmer, die Tatsachen oder Indiztatsachen vortragen muss, mit denen er das Gericht von dem Vorliegen eines Tatbestandes dieses Gesetzes überzeugen will, und erst im Anschluss daran der Beklagte alle diejenigen Tatsachen behaupten muss, durch deren Beweis er letztlich eine Diskriminierung ausschließen will (vgl. Prütting, FS 50 Jahre Bundesarbeitsgericht, S. 1311, 1321; Grobys, NZA 2006, 898, 900; vgl. auch Gaier/Wendtland, Rn. 167 ff.).

14 Die **Kritik** von Prütting (RdA 1999, 107, 111), die Regelung sei unpraktikabel, da sie den Richter zwinge, sich seine Überzeugung über dasselbe Tatbestandsmerkmal in zeitlich getrennten Stufen zu bilden und damit eine wohl nicht realisierbare Spaltung der richterlichen Überzeugungsbildung vorzunehmen, ist nicht berechtigt. Sie unterschätzt das Abstraktionsvermögen von Richtern. Es ist nicht außergewöhnlich, dass zunächst die „Schlüssigkeit“ des Tatsachenvortrags, hier des Vortrags von Indizien, die die Überzeugung des Richters vom Vorliegen eines Tatbestandes nach § 1 bedingen (im Einzelnen → Rn. 31 ff.), geprüft wird und im Anschluss daran die Erheblichkeit des Vorbringens des Anspruchsgegners unter die Lupe genommen wird: hier die Frage, ob die „Vermutungstatsachen“ widerlegt sind oder einer der Tatbestände der §§ 8–10 dargelegt ist (→ Rn. 103 ff.).

4. Maßgeblicher Zeitpunkt für die Beurteilung

15 Maßgeblicher Zeitpunkt für die Frage, ob ein Diskriminierungstatbestand vorliegt, ist der **Zeitpunkt der Entscheidung** zB **über die (personelle) Maßnahme** selbst (BVerfG 16.11.1993 – 1 BvR 258/86 – AP § 611 a BGB Nr. 9; BVerfG 23.8.2000 – 1 BvR 1032/00 – AP BGB § 611 a Nr. 19). Auf diesen Zeitpunkt bezieht sich deshalb auch nach dem AGG die Darlegungs- und Beweislastverteilung von diskriminierten Personen und „Diskriminierern“, also zB Arbeitnehmern oder Wohnungssuchenden einerseits und Arbeitgebern oder Wohnungsinhabern andererseits. Ein **Nachschieben von Gründen** durch den Anspruchsgegner ist nach der genannten Entscheidung des BVerfG nur **unter sehr eingeschränkten Voraussetzungen möglich** und zwar nur dann, wenn objektiv geeignete Auswahlgründe tatsächlich unberücksichtigt blieben, aber im Streit um die Verletzung dieses Gesetzes entdeckt und nachträglich vorgebracht werden (vgl. BVerfG 16.11.1993 – 1 BvR 258/86 – NZA 1994, 745–747; → Rn. 116 wegen des Nachschiebens von Rechtfertigungsgründen).

VI. Indizienbeweis für alle Merkmale der Diskriminierungstatbestände?

1. Herrschende Meinung

16 Die Neufassung des Gesetzes hat eine zu § 611 a Abs. 1 S. 3 BGB aF bestehende **Streitfrage** im Sinne der herrschenden Meinung zu klären versucht. Zu § 611 a Abs. 1 S. 3 BGB aF wurde heftig darüber diskutiert, ob sich die Glaubhaftmachung, die durch die Neufassung durch die Formulierung „wenn eine Partei Indizien beweist“ ersetzt wurde, auf den gesamten Diskriminierungstatbestand einschließlich der konkreten unterschiedlichen Behandlung bezieht, oder ob die Glaubhaftmachung nur den besonderen

Grund der Benachteiligung, also insbesondere die Anknüpfung des Arbeitgebers an das „verpönte" Merkmal betrifft. Die überwiegende Auffassung in der Literatur hat zu § 611 a Abs. 1 S. 3 BGB aF die Auffassung vertreten, die diskriminierte Person müsse zunächst die ungleiche Behandlung gegenüber einem oder mehreren anderen Arbeitnehmern in vollem Umfang beweisen. Dazu gehöre sowohl das Vorliegen einer Maßnahme, zB durch den Arbeitgeber (zB Einstellung, Beförderung, Weisung), als auch das Betroffensein der diskriminierten Person, zB das Vorliegen einer objektiven Benachteiligung des Arbeitnehmers, von dieser Maßnahme. Deshalb müsse zB der Arbeitnehmer den Zugang seiner Bewerbung bei Einstellung oder Beförderung beweisen. Diese Beweislastverteilung gelte sowohl für die Fälle unmittelbarer Ungleichbehandlung als auch für die Fälle mittelbarer Ungleichbehandlung (vgl. Prütting, FS 50 Jahre Bundesarbeitsgericht, S. 1360; KR-Treber, § 22 Rn. 9; Grobys, NZA 2006, 898, 900; Hanau, FS Gnade, S. 351; Klumpp, NZA 2005, 848, 852; zum AGG auch ErfK-Schlachter, § 22 Rn. 2; Rust/Falke-Falke, § 22 Rn. 18; Schiek-Kocher, § 22 Rn. 11; Rühl/Schmid/Viethen, S. 166 f.; Bauer/Krieger, § 22 Rn. 6; wohl auch Palandt-Grüneberg, § 22 Rn. 2 (der Verletzte muss mit Indizien beweisen, dass er gegenüber einer anderen Person ungünstiger behandelt wird; hierzu gehört auch der Beweis für den Zugang der Bewerbung); Krieger, FS Bauer, S. 613 f.; auch KZD-Zwanziger, § 92 Rn. 159 ff.). Dem ist die Rechtsprechung gefolgt. Auch das BAG hat in der Entscheidung vom 19.8.2010 (8 AZR 530/09 – NZA 2010, 1412 ff.), in der die weniger günstige Behandlung des Klägers unstreitig war, ausdrücklich darauf abgestellt, dass bei einem Entschädigungsanspruch nach § 15 Abs. 2 S. 1 hinsichtlich der Kausalität zwischen Nachteil und verpöntem Merkmal eine **Beweislastregelung** getroffen ist, die sich auf die Darlegungslast auswirkt. Der Beschäftigte genügt danach seiner Darlegungslast, wenn er Indizien vorträgt, die seine Benachteiligung wegen eines verbotenen Merkmals vermuten lassen (vgl. auch BAG 5.2.2004 – 8 AZR 112/03 – AP § 611 a BGB Nr. 23, in dieser Entscheidung war ebenfalls das Vorliegen einer Maßnahme – geschlechtsspezifische Stellenausschreibung – unstreitig; ferner LAG Köln 21.7.2004 – 3 Sa 411/04 – LAGE § 307 BGB 2002 Nr. 4 a; vgl. auch LAG München 19.12.2002 – 2 Sa 259/02; OVG Lüneburg 10.1.2012 – 5 LB 9/10 – DÖD 2012, 88 ff.; aA jedoch die rechtskräftige Entscheidung des LAG Baden-Württemberg 1.2.2011 – 22 Sa 67/10 – LAGE § 22 AGG Nr. 5). Nach Auffassung der hM betrifft die Beweismaßabsenkung nur die Behauptung, die Benachteiligung beruhe auf einem der **in § 1 genannten Diskriminierungstatbestände**. Dieser Auffassung kann nicht gefolgt werden (→ Rn. 17 ff.).

2. Wortlaut und amtliche Begründung

17 Der jetzige Wortlaut und die amtliche Begründung der Vorschrift lassen keinen Zweifel daran, dass der Gesetzgeber diese zu § 611 a BGB aF bestehende Problematik, die auch bei der „alten" Fassung des § 22 (BT-Drs. 16/1780) aufgetreten wäre, im Sinne der herrschenden Meinung und der Rechtsprechung des BAG (5.2.2004 – AP § 611 a BGB Nr. 23) lösen wollte. Der **Wortlaut** der Vorschrift könnte voraussetzen, dass eine **Benachteiligung vorliegen muss** und die Beweismaßabsenkung nur für die Tatsachen, die diese – feststehende – Benachteiligung wegen eines in § 1 genannten

Grundes vermuten lassen, gelten soll. Die amtliche Begründung (BT-Drs. 16/2022) weist darauf hin, dass nach den Grundsätzen des Europäischen Rechts derjenige, der sich benachteiligt fühlt, in einem Rechtsstreit die Beweislast trägt; die Beweislast für das Vorliegen einer Diskriminierung treffe daher auch nach der Rechtsprechung des Europäischen Gerichtshofes grundsätzlich denjenigen, der sich diskriminiert glaubt. „Bewiesen werden muss daher zunächst, dass der Benachteiligte gegenüber einer anderen Person ungünstig behandelt worden ist, wodurch ein Indiz für eine Ungleichbehandlung aber noch nicht bewiesen ist" (vgl. BT-Drs. 16/2022, Begründung zu Nr. I.7., so auch Annuß, BB 2006, 1629, 1635; Grobys, NZA 2006, 898, 900). Auch Bauer/Krieger gehen davon aus, dass „nur" im Hinblick auf die Kausalität des Benachteiligungsgrundes die Beweismaßabsenkung gilt (Bauer/Krieger § 22 Rn. 6; auch Bezani/Richter, § 22 Rn. 168; Boemke/Danko, § 10 Rn. 7 f.; Schleusener/Suckow/Voigt, § 22 Rn. 21 f.; ErfK-Schlachter, § 22 Rn. 2).

Diese sich auf den Wortlaut berufende Auslegung ist aber keinesfalls zwingend. Der zweite Halbsatz, der ein Relativsatz ist, kann auch auf den gesamten Inhalt des ersten Halbsatzes bezogen werden. Eine von der amtlichen Begründung getragene Formulierung müsste lauten: „Steht im Streitfall eine Benachteiligung der einen Partei fest und beweist diese Partei Indizien, die eine Benachteiligung wegen eines in § 1 genannten Grundes vermuten lassen, ...". Es spricht deshalb mehr für eine Auslegung dahin gehend, dass ein **Indizienbeweis für alle Tatbestandsmerkmale** möglich ist (LAG Baden-Württemberg 1.2.2011 – 22 Sa 67/10 – LAGE 22 AGG Nr. 5; vgl. dazu auch Windel, RdA 2007, 1, 2; ders., RdA 2011, 193; zustimmend: Gaier/Wendtland, Rn. 137 ff.; Meinel/Heym/Herms, § 22 Rn. 21; v. Roetteken, § 22 Rn. 55 ff.; Schaub/Linck, § 36 Rn. 136; Nollert-Borasio/Perreng, § 22 Rn. 7).

3. Verstoß gegen Beweislastregeln der Richtlinien

a) Vereinbarkeit mit Richtlinien und Rechtsprechung des EuGH

18 Es erscheint fraglich, ob mit dem verabschiedeten Text – geht man von der Interpretation des Gesetzgebers, der in der amtlichen Begründung zum Ausdruck kommt, und der herrschenden Meinung in der Literatur schon zu § 611 a BGB aF, aber jetzt auch zu § 22 aus – die Vorgaben des Europäischen Rechts erfüllt werden. Alle Regelungen über die Beweislast in den erwähnten **Richtlinien** (→ Rn. 2), deren Umsetzung das Gesetz dienen soll, fordern die Mitgliedstaaten auf zu gewährleisten, „dass immer dann, wenn Personen, die sich durch die Nichtanwendung des Gleichbehandlungsgrundsatzes für verletzt halten und bei einem Gericht oder einer anderen zuständigen Stelle Tatsachen glaubhaft machen, die das Vorliegen einer unmittelbaren oder mittelbaren Diskriminierung vermuten lassen, es dem Beklagten obliegt zu beweisen, dass keine Verletzung des Gleichbehandlungsgrundsatzes vorgelegen hat" (vgl. zB Art. 8 RL 2000/43/EG vom 29.6.2000, Art. 10 Abs. 1 RL 2000/78/EG; so auch EuGH 17.7.2008 – Rs. C-303/06 (Coleman) – NZA 2008, 932 ff.). Und auch die **Begründungserwägung 21** zu der erstgenannten Richtlinie weist darauf hin, dass eine Änderung der Regeln für die Beweisverteilung geboten ist, „wenn ein

glaubhafter Anschein einer Diskriminierung besteht." Es wird also bzgl. der Beweiserleichterung auf den gesamten Diskriminierungstatbestand verwiesen. Ein Unterschied für einzelne Merkmale der Diskriminierungstatbestände wird nicht gemacht. Nach **der Begründungserwägung Nr. 31 der RL 2000/78/EG** ist eine Änderung der Regeln der Beweislast geboten, wenn ein glaubhafter Anschein einer Diskriminierung besteht. Dabei definiert Art. 2 Abs. 2 a RL 2000/78/EG es als unmittelbare Diskriminierung, wenn eine Person wegen der Religion oder der Weltanschauung, einer Behinderung, des Alters oder der sexuellen Ausrichtung in einer vergleichbaren Situation eine weniger günstige Behandlung erfährt, als eine andere Person erfahren hat oder erfahren würde. Indem die Richtlinien den Begriff „Diskriminierung" benutzen, fassen sie die Benachteiligung und den Benachteiligungsgrund zusammen. Sie verweisen bezüglich der Beweiserleichterung auf den gesamten Diskriminierungstatbestand, ohne zwischen dessen einzelnen Elementen zu unterscheiden (LAG Baden-Württemberg 1.2.2011 – 22 Sa 67/10 – LAGE § 22 AGG Nr. 5; Schaub/Linck, § 36 Rn. 136; Deinert/Neumann-Deinert, § 17 Rn. 103; Windel, RdA 2007, 1, 2; Peick, § 10 II 5 ff.).

19 Auch **Sinn und Zweck des § 22** sprechen für diese Auslegung. Die Regelung trägt dem Umstand Rechnung, dass das diskriminierende Element in einer bestimmten Handlung, Vereinbarung oder Maßnahme für den Arbeitnehmer häufig nur schwer nachweisbar ist. Dies gilt insbesondere bei Auswahlentscheidungen bei Bewerbungen, da ein abgelehnter Bewerber als Außenstehender naturgemäß keinen Einblick in interne Entscheidungsprozesse und deren Begründung im Einzelnen haben kann (LAG Baden-Württemberg 1.2.2011 – 22 Sa 67/10 – LAGE § 22 AGG Nr. 5; Grobys, NZA 2006, 898 f.).

20 Auch der EuGH geht von einer **umfassenden Beweismaßabsenkung** bei § 22 aus. So hat er entschieden, dass eine sich (zu Unrecht) ungleich vergütet fühlende Arbeitnehmerin dann, wenn dem Entlohnungssystem des Arbeitgebers jede Durchschaubarkeit fehlt, nur darzulegen hat, dass das durchschnittliche Entgelt weiblicher Arbeitnehmer niedriger ist als das vergleichbare Entgelt männlicher Arbeitnehmer. Voraussetzung ist in diesem Fall lediglich, dass eine weibliche Arbeitnehmerin „auf der Grundlage einer relativ großen Zahl von Arbeitnehmern belegt", dass eine unterschiedliche Bezahlung von Männern und Frauen erfolgt (EuGH 27.10.1993 – Rs. C-127/92 (Enderby) – AP EWG-Vertrag Art. 119 Nr. 50). Der **EuGH fordert** damit **nicht den vollen Beweis** für eine Benachteiligung, sondern lässt insoweit Indiztatsachen ausreichen (vgl. auch EuGH 17.10.1989 – Rs. C-109/88 (Danfoss) – AP EWG-Vertrag Art. 119 Nr. 19; EuGH 10.3.2005 – Rs. C-196/02 (Nikoloudi) – NZA 2005 807, 810; EuGH 10.7.2008 – Rs. C-54/07 (Feryn) – NZA 2008, 929 ff.). Darüber hinaus hat der EuGH zu Art. 6 RL 76/207/EWG des Rates vom 9.2.1976 entschieden, dass die Mitgliedstaaten verpflichtet sind, „die innerstaatlichen Vorschriften zu erlassen, die notwendig sind, damit jeder, der sich durch eine Diskriminierung für beschwert hält, seine Rechte gerichtlich geltend machen kann". Nach dieser Vorschrift, so der EuGH, haben die Mitgliedstaaten Maßnahmen zu treffen, die so wirksam sind, dass das Ziel der

Richtlinie erreicht wird, und dafür Sorge zu tragen, dass die Betroffenen die ihnen dadurch verliehenen Rechte auch tatsächlich vor den innerstaatlichen Gerichten geltend machen können. Die in Art. 6 **vorgeschriebene gerichtliche Kontrolle**, so der EuGH, ist Ausdruck eines allgemeinen Rechtsgrundsatzes, der den gemeinsamen Verfassungstraditionen der Mitgliedstaaten zugrunde liegt und auch in Art. 6 EMRK vom 4.11.1950 verankert ist (vgl. EuGH 22.9.1998 – Rs. C-185/97 (Coote) – NZA 1998, 1223, 1224). In der Entscheidung Coleman hat der EuGH – ohne Einschränkung – ausgeführt: „Es ist somit Sache von Frau C. gemäß Art. 10 Abs. 1 der Richtlinie 200/78 Tatsachen glaubhaft zu machen, die das Vorliegen einer nach dieser Richtlinie verbotenen Diskriminierung wegen einer Behinderung vermuten lassen" (vgl. EuGH 17.7.2008 – Rs. C-303/06 – NZA 2008, 932).

Die genannten Richtlinien verlangen mithin auch nach der Rechtsprechung des EuGH eine **Beweiserleichterung für alle Tatbestandsmerkmale der Diskriminierung.** Die Beweismaßabsenkung bezieht sich also sowohl auf die **Benachteiligung** als auch auf den **Benachteiligungsgrund** (so auch Fuchs/Marhold, S. 157; v. Roetteken, § 22 Rn. 52 ff.; Schaub/Linck, § 36 Rn. 136; Peick, § 10 II 5 ff.). Andernfalls ist die Verpflichtung der Mitgliedstaaten, die effektive Einhaltung der einschlägigen Bestimmungen des Unionsrechts und der innerstaatlichen Umsetzungsnormen sicherzustellen, nicht erfüllt (vgl. ferner EuGH 22.9.1998 – Rs. C-185/97 (Coote) – NZA 1998, 1223, 1224; vgl. auch zu § 611 a BGB aF: Röthel, NJW 1999, 611, 614; Zwanziger, DB 1998, 1330, 1333; auch Windel, RdA 2007, 1, 2; Meinel/Heyn/Herms, § 22 Rn. 5; Flohr/Ring-Treumann, Rn. 467; zu den Ausnahmen → Rn. 29, 30 f., 55: voller Beweis für Geltendmachungs- und Klagefrist sowie Zugehörigkeit zu einer geschützten Gruppe).

21 Auch zum **österreichischen Gleichbehandlungsgesetz**, das – ähnlich wie die deutsche Fassung vom 8.6.2006 – eine Glaubhaftmachung des Diskriminierungstatbestandes verlangt (vgl. § 12 Abs. 12 öGlBG), wird die Auffassung vertreten, dass die **Beweiserleichterung** sich auf **alle Elemente des Diskriminierungstatbestandes** beziehen muss und die Beweislastrichtlinie diese Beweiserleichterung für alle von der klagenden Partei darzulegenden Tatsachen verlangt (vgl. Rebhahn-Rebhahn, § 5 Rn. 69). Diesem Gebot kommt § 22, folgt man der amtlichen Begründung, nicht nach.

b) Richtlinienkonforme Auslegung

22 Allerdings besteht eine **Verpflichtung** zur richtlinienkonformen Auslegung des nationalen Rechts. Darunter ist zu verstehen, dass das den Richtlinieninhalt umsetzende nationale Recht **im Lichte des Wortlauts und des Zweckes der Richtlinie** auszulegen ist, um das von Art. 249 Abs. 3 EGV genannte Ziel zu erreichen (vgl. Steinmeyer, in: Hanau/Steinmeyer/Wank, § 10 Rn. 48 ff.). Innerstaatliche Gerichte und Behörden haben bei der Auslegung und Anwendung des umgesetzten Rechts den Richtlinieninhalt und den unionsrechtlichen Charakter der Richtlinie zu beachten. Wie jede andere Auslegungsregel greift der Grundsatz der richtlinienkonformen Auslegung allerdings nur ein, wenn das nationale Recht überhaupt einen **Spielraum** eröffnet (vgl. Steinmeyer, in: Hanau/Steinmeyer/Wank, § 10 Rn. 48;

zur europarechtskonformen Auslegung nationalen Rechts vgl. auch EuGH 5.10.2004 – Rs. C-397/01 (Pfeiffer) – AP EWG RL Nr. 93/104 Nr. 12; im Einzelnen → Einl. Rn. 81 ff.).

23 Der erste Halbsatz des § 22 lässt sich in jedem Fall richtlinienkonform auch auf den **gesamten Inhalt des zweiten Halbsatzes** beziehen. Die Worte „wenn … die eine Partei Indizien beweist" können – und müssen aus den genannten Gründen (→ Rn. 18 ff.) – auch auf die „Benachteiligung" und nicht nur auf die Worte „wegen eines in § 1 genannten Grundes" bezogen werden (→ Rn. 17 f.). Dies bedeutet, dass für alle von den **Anspruchstellern darzulegenden Merkmale**, also sowohl für das Vorliegen einer unterschiedlichen Behandlung als auch für die Tatsachen, die dafür sprechen, dass diese Behandlung auf einem der in § 1 genannten Gründe beruht, als auch für die Benachteiligung die **Beweismaßabsenkung gilt** (wie hier: LAG Baden-Württemberg 1.2.2011 – 22 Sa 67/10 – LAGE § 22 AGG Nr. 5; Windel, RdA 2007, 1, 2; ders., RdA 2011, 193, 196; Deinert, DB 2007, 398, 402; ders., in: Deinert-Neumann, § 17 Rn. 103; Gaier/Wendtland, Rn. 134 ff. unter Hinweis auf Art. 8, 9 RL 2000/43/EG, RL 2004/113/EG; auch v. Roetteken, § 22 Rn. 52 ff.; Peick, § 10 II 5 ff.; Schleusener/Suckow/Voigt, § 22 Rn. 39 ff.). Folgt man also der herrschenden Meinung, muss man über die richtlinienkonforme Interpretation ebenfalls zur hier vertretenen, auf einer streng wörtlichen Auslegung beruhenden Auffassung kommen (→ Rn. 17 f.).

c) Bedeutung der unterschiedlichen Auffassungen

24 Die hier vertretene Auffassung wird allerdings nur in einer überschaubaren Anzahl von Fällen **Auswirkungen** haben, da für die Tatsache der Benachteiligung die Erbringung des Vollbeweises häufig nicht schwerfallen wird (zB: Tatsache, dass ein anderer Bewerber die Stelle/die Wohnung bekommen hat, dass ein Mann besser bezahlt wird als eine Frau etc.; zust. Meinel/Heyn/Herms, § 22 Rn. 6). Andererseits ist nicht auszuschließen, dass die unterschiedlichen Auffassungen im Einzelfall entscheidungserheblich werden, zB wenn es um den Zugang einer Bewerbung, die aus einem verpönten Grund nicht zum Zuge gekommen ist, geht. Indiz für den Zugang wäre zB die Aussage eines Zeugen, der den Einwurf der Bewerbung in den Briefkasten beobachtet hat. Ein Vollbeweis könnte aber nicht erbracht werden, da der Einwurf nicht den Zugang beweist (wie hier Gaier/Wendtland, Rn. 137 f.; für die Erbringung des Vollbeweises aber LAG Hamburg 11.2.1987 – 7 Sa 55/86 – LAGE § 611 a BGB Nr. 3). Andererseits gibt es einige Fallkonstellationen, bei denen die Unterschiede im **Umfang der Beweismaßabsenkung** von Bedeutung sind, zB immer dann, wenn keine „aktuelle Vergleichsperson" vorhanden ist: Bewirbt sich beispielsweise lediglich ein schwerbehinderter Mensch auf einen Arbeitsplatz, kann aus einer Absage weder auf eine Diskriminierung noch auf das Fehlen einer Diskriminierung geschlossen werden. Nur der Arbeitgeber kann offenlegen, aus welchem Grund die Absage erfolgte. Beruhte sie auf einem gemäß § 1 verpönten Motiv, liegt zweifellos eine entschädigungspflichtige Diskriminierung vor. Dass es weitere aktuelle Bewerber gibt, die in gleicher Weise behandelt werden wie der Anspruchsteller, ändert an der Bewertung jedenfalls dann nichts, wenn diese nicht geeignet sind: Bewerben sich zB eine

ausreichend qualifizierte Frau und ein nicht qualifizierter Mann auf eine Stelle, für die ein Mann gesucht wird, so mag im Ergebnis keiner der beiden Bewerber eine Zusage erhalten. In diesem Fall liegt gleichwohl eine unmittelbare Benachteiligung vor, da die Bewerberin, wenn sie über das männliche Geschlecht verfügt hätte, die Stelle erhalten hätte. Hier ist die Benachteiligung bereits eingetreten, wenn die Bewerberin keine Zusage erhalten hat (LAG Baden-Württemberg 1.2.2011 – 22 Sa 67/10 – LAGE § 22 AGG Nr. 5; NK-GA/v. Steinau-Steinrück/Schneider, § 3 Rn. 5). Schließlich kann aber auch dann nichts anderes gelten, wenn es weitere geeignete Bewerber gibt. Selbst wenn niemand zum Vorstellungsgespräch eingeladen oder eingestellt wird, ist für den Bewerber nicht ersichtlich, warum dies geschieht.

So ist es denkbar, dass **allen Bewerbern aus sachwidrigen Gründen** abgesagt wird, zB dem einen wegen des Geschlechts, dem nächsten wegen einer Behinderung und einem dritten wegen seiner Rasse. In dieser Situation wäre ein Entschädigungsanspruch begründet. Lassen in diesem Fall Indizien eine Diskriminierung vermuten, ist auch das Eingreifen der Beweiserleichterung gerechtfertigt. Nur der Arbeitgeber kennt die Gründe der Absage und kann klären, ob ausschließlich andere als die verpönten Gründe für die Entscheidung maßgeblich waren (LAG Baden-Württemberg 1.2.2011 – 22 Sa 67/10 – LAGE § 22 AGG Nr. 5; vgl. auch v. Roetteken, § 22 Rn. 58 ff.). Bei der **mittelbaren Diskriminierung** genügt es nach § 3 Abs. 2 ohnehin, die „Möglichkeit der Benachteiligung“ darzutun (vgl. auch v. Roetteken, § 22 Rn. 58 ff.).

4. Anwendungsbereich

a) Alle Formen der Benachteiligung erfasst?

25 Die Vorschrift gilt für alle Formen der Benachteiligung **gemäß § 3**, mithin für unmittelbare und mittelbare Benachteiligungen, auch für alle Fälle von Belästigungen und Anweisungen für Benachteiligungen (so auch Rust/Falke-Falke, § 22 Rn. 35; Schiek-Kocher, § 22 Rn. 8; Gaier/Wendtland, Rn. 137 f.; v. Roetteken, § 22 Rn. 5 ff.). Sie gilt nicht nur für Diskriminierungsopfer, sondern zB auch für den Arbeitgeber, der sich im Rahmen seiner Fürsorgepflicht um die Aufklärung einer diskriminierenden Handlung bemüht.

Die Beweislastregeln gelten für **alle Ansprüche im technischen Sinne**, also auch für die aus den §§ 14, 15 Abs. 1–4 (Ausnahmen → Rn. 29, 30 f.), §§ 16, 21 Abs. 1, 2 (vgl. auch Rust/Falke-Falke, § 22 Rn. 36 ff.; Schiek-Kocher, § 22 Rn. 8; v. Roetteken, § 22 Rn. 7; APS-Preis, Grundl. J Rn. 43; ErfK-Schlachter, § 22 Rn. 11). Denn die Regelung bezieht sich nach der hier vertretenen Auffassung schon ihrem Wortlaut nach ganz allgemein auf alle Streitfälle, in denen das Vorliegen einer Benachteiligung wegen eines in § 1 genannten Grundes streitig ist (v. Roetteken, § 22 Rn. 5 ff.). Die **Beweiserleichterung** betrifft mithin nicht nur den Tatbestand der Benachteiligung nach den §§ 7 ff., sondern erfasst **sämtliche Tatbestandselemente der Schutzvorschriften** (Schiek-Kocher, § 22 Rn. 8; Deinert, § 15 Rn. 157; Rust/Falke-Falke, § 22 Rn. 36; aA hM → Rn. 16). Bezüglich der Beweislast in den Fällen, in denen wegen Verstoßes gegen das Benachteiligungsverbot ein Kontrahierungsgebot gegeben ist → § 21 Rn. 95 ff., 126 ff.. Bei einem aus § 21 folgenden Unterlassungsanspruch bzgl. der Beweislast → § 21 Rn. 123.

26 Für die hier vertretene Auffassung einer **Anwendung der Beweislastregeln auf alle Tatbestände** spricht im Übrigen auch der **Wortlaut** der Beweislastregeln in den Richtlinien, der nicht nach Anspruchsgrundlagen differenziert. Danach sollen immer dann Beweiserleichterungen eintreten, wenn Personen, die Träger eines verpönten Merkmals sind und sich für verletzt halten, entsprechende Tatsachen glaubhaft machen (so auch Rust/Falke-Falke, § 22 Rn. 40; v. Roetteken, § 22 Rn. 5 ff.; differenzierend Gaier/Wendtland, Rn. 142). Die Gegenauffassung des BAG und der hM (vgl. Meinel/Heym/Herms, § 22 Rn. 8; Bauer/Krieger, § 22 Rn. 5) überzeugt nicht. Der Hinweis auf § 15 Abs. 2 trägt nicht; betrifft dieser doch erkennbar die materiellrechtliche Seite eines Anspruchs, sagt aber nichts über die Beweislastverteilung aus. Wegen des nicht abschließenden Charakters von § 32 → § 32 Rn. 3.

b) Insbesondere der Anspruch auf Lohnzahlung

27 Zu Recht weist Windel (RdA 2007, 1, 8) darauf hin, dass die Beweislastregeln auch sonstige Ansprüche betreffen, etwa den Anspruch auf Lohnzahlung, der wegen einer gegen das AGG verstoßenden nichtigen Bestimmung höher sein muss, so dass er nachzuzahlen ist. Darauf hinzuweisen ist, dass der aufgehobene § 612 Abs. 3 S. 3 BGB aF eine entsprechende Anwendung des § 611 a Abs. 1 S. 3 BGB aF vorsah. Windel (RdA 2007, 1, 8) ist zuzustimmen, wenn er ausführt, dass im Wege der richtlinienkonformen Auslegung § 22 unmittelbar für eine solche Lohnzahlungsklage angewandt werden muss, weil die „Situation" der ungleichen Entlohnung von der Beweislastrichtlinie explizit geregelt werden sollte.

c) Weitere Verfahren aufgrund eines Verstoßes gegen das AGG

28 Gleiches gilt auch für andere Verfahren, die unmittelbare Folge eines Verstoßes gegen das Gleichbehandlungsgesetz sind, zB Klagen auf Gewährung anderer Leistungen als Lohn, zB Klage auf **Urlaub oder** die **Geltendmachung von Pflichtverletzungen** (§ 7 Abs. 3), aber auch für die Rückabwicklung von ausgetauschten Leistungen bei **Unwirksamkeit von Vereinbarungen** (§ 7 Abs. 2) bzw. bei ausgeschlossener Berufung auf vertragliche Vereinbarungen nach § 21 Abs. 4 (vgl. auch Schiek-Kocher, § 22 Rn. 8; aA Meinel/Heym/Herms, § 22 Rn. 8; Bauer/Krieger, § 22 Rn. 5; wohl auch BAG 19.8.2010 – 8 AZR 530/09 – NZA 2010, 1412 ff.; dazu auch → Rn. 29).

29 Ob auch bei **Verletzungen des allgemeinen Persönlichkeitsrechts** (§§ 823 Abs. 1, 253 Abs. 2 BGB), der Geltendmachung eines **Unterlassungsanspruchs nach § 1004 BGB** und für diskriminierende Kündigungen (weitere Beispiele bei Rust/Falke-Falke, § 22 Rn. 41, 42) die Anwendung der Beweislastregelungen nach dem AGG in Betracht kommt, ist umstritten (grds. dafür: ErfK-Schlachter, § 22 Rn. 12; MüKo-Thüsing, § 22 Rn. 5; MünchArbR-Oetker, § 15 Rn. 94; Schleusener/Suckow/Voigt, § 22 Rn. 9 ff.; Grobys, NZA 2006, 898, 899; Rust/Falke-Falke, § 22 Rn. 39 ff.); wegen andernfalls entstehender erheblicher **Wertungswidersprüche** ist § 22

– zumindest analog (so Hjort/Richter, AR-Blattei 800.1, Rn. 208) – auch für diese Verfahren anzuwenden (für die Eröffnung der Möglichkeit eines Anscheinsbeweises: ErfK-Schlachter, § 22 Rn. 12; dagegen: Windel, RdA 2007, 1, 8; APS-Preis, Grundl. J, Rn. 74; wohl auch BAG 19.8.2010 – 8 AZR 530/09 – NZA 2010, 1412 ff. und BAG 15.3.2012 – 8 AZR 37/11 – NZA 2012, 910 für Ansprüche aus der Verletzung des Persönlichkeitsrechts nach § 823 BGB iVm Art. 2 Abs. 1 GG). § 22 ist **auch bei vorbereitenden Verfahren** – zB Prozesskostenhilfeverfahren – anzuwenden (vgl. v. Roetteken, § 22 Rn. 5) und bei Disziplinarverfahren gegen Beamte zB bei Verdacht einer sexuellen Belästigung (v. Roetteken, § 22 Rn. 11).

30 Bei einem **Schadensersatzanspruch nach § 15 Abs. 1**, der einen Anspruch auf Ersatz des durch die verbotene Benachteiligung entstandenen Schadens begründet, gilt § 22 nicht für die Bemessung der Ansprüche auf Schadensersatz einschließlich der haftungsausfüllenden Kausalität (BAG 26.1.2017 – 8 AZR 736/15; BAG 11.8.2016 – 8 AZR 406/14; BAG 20.6.2013 – 8 AZR 482/12). Der Anspruchsteller muss daher darlegen und ggf. beweisen, dass seine Schlechterstellung – eine Benachteiligung wegen eines in § 1 genannten Grundes unterstellt – auch tatsächlich zu einem Schaden geführt hat bzw. führen wird. So hat das BAG (19.8.2010 – 8 AZR 530/09 – NZA 2010, 1412 ff.) zu Recht festgestellt, dass für den Umstand, dass ein Bewerber die Stelle ohne die unzulässige Benachteiligung tatsächlich erhalten hätte, also für die haftungsausfüllende Kausalität zwischen der Benachteiligung und dem entstandenen Schaden, nach den allgemeinen Beweislastregeln der Bewerber darlegungs- und beweispflichtig ist (s. auch BAG 11.8.2016 – 8 AZR 406/14; BAG 26.1.2017 – 8 AZR 736/15). Von dieser allgemeinen Regel macht nach Auffassung des BAG § 15 Abs. 2 nur für den Entschädigungsanspruch eine Ausnahme, die für den Schadensersatzanspruch nach § 15 Abs. 1 nicht gilt. Aus der Gesetzesformulierung und der Systematik des § 15 Abs. 2 S. 2 folgt, dass der Arbeitgeber, der gegen das Benachteiligungsverbot verstoßen hat, darlegen und ggf. beweisen muss, dass der Bewerber auch bei benachteiligungsfreier Auswahl nicht eingestellt worden wäre und damit die in § 15 Abs. 2 S. 2 geregelte Höchstgrenze für die Entschädigungshöhe zum Tragen kommt. § 15 Abs. 2 S. 2 formuliert nämlich eine Ausnahme vom Grundsatz der Angemessenheit und enthält mithin eine (teilweise) rechtsvernichtende Einwendung, die der Anspruchsgegner darzulegen und zu beweisen hat. Eine dem § 15 Abs. 2 S. 2 vergleichbare Bestimmung enthält § 15 Abs. 1 nicht (BAG 19.8.2010 – 8 AZR 530/09 – NZA 2010, 1412 ff.; vgl. v. Roetteken, § 22 Rn. 104, der jedoch zu Recht darauf hinweist, dass der in § 15 Abs. 2 enthaltene Rechtsgedanke zu berücksichtigen ist; ähnlich Windel, RdA 2011, 193; vgl. insoweit auch EuGH 22.4.1997 – Rs. C-180/95 (Draempaehl) – NZA 1997, 645, 647).

VII. „Indizienbeweis“ – Einzelheiten

1. Begriff des Indiz

31 Der Anspruchsteller muss zunächst **Indizien beweisen**, die eine Benachteiligung wegen eines in § 1 genannten Grundes vermuten lassen, also für den Tatbestand der Diskriminierung. Das Wort Indiz leitet sich ab aus dem La-

teinischen „Indicium", was mit „Anzeichen", aber auch mit „Beweis" übersetzt wird. Im Deutschen bedeutet ein Indiz „eine Tatsache, die auf das Vorhandensein einer anderen Tatsache schließen lässt" (vgl. Wahrig, Deutsches Wörterbuch, „Indiz"). Es wird aber auch als „verdächtiger Umstand" und „Grund zu Verdacht" (Wahrig aaO) übersetzt. Der Indizienbeweis dient dem Nachweis tatbestandsfremder Behauptungen, die einen Schluss auf das Vorliegen des fraglichen Tatbestandsmerkmals zulassen (ErfK-Schlachter, § 22 Rn. 3; MüKo-ZPO-Prütting, ZPO § 284 Rn. 25).

2. „Vermuten lassen"

a) Vermutungstatsachen

32 Die Worte „vermuten lassen" sollen allerdings **nicht** eine **Vermutungsregelung** iSd **§ 292 ZPO bedeuten** (so auch Gaier/Wendtland, Rn. 144). Prütting (FS 50 Jahre Bundesarbeitsgericht, S. 1311, 1317), weist zu Recht darauf hin, dass im Falle gesetzlicher Vermutungen gerade das Gesetz selbst für das Vorhandensein einer Tatsache eine Vermutung aufstellt, was bei § 611 a BGB aF und – so ist zu ergänzen – bei § 22 aber gerade nicht der Fall sei. Der Gesetzestext meint nicht eine tatsächliche Vermutung, denn die Konsequenz einer tatsächlichen Vermutung ist in keinem Fall eine echte Beweislastumkehr, die aber nach dem Gesetzeswortlaut letztlich erfolgen soll (Prütting, FS 50 Jahre Bundesarbeitsgericht, S. 1311, 1318).

33 Solche Vermutungstatsachen können, je nach Diskriminierungstatbestand, in **verschiedenen tatsächlichen Verhaltensweisen begründet** sein, die die Annahme einer Benachteiligung wegen eines verbotenen Merkmals nahelegen (vgl. zu § 611 a BGB aF: BVerfG 16.11.1983 – 1 BvR 258/86 – AP § 611 a BGB Nr. 9). Es genügen Indizien, die aus einem regelhaft einer diskriminierten Person gegenüber geübten Verhalten auf eine solchermaßen motivierte Entscheidung und eine Benachteiligung schließen lassen (BAG 5.2.2004 – 8 AZR 112/03 – AP § 611 a BGB Nr. 23; Pfarr/Bertelsmann, Diskriminierung im Erwerbsleben, S. 74; Schlachter, Wege zur Gleichberechtigung, S. 406). Dies ist der Fall, wenn die vorgetragenen Tatsachen **aus objektiver Sicht mit überwiegender Wahrscheinlichkeit** darauf schließen lassen, dass die Benachteiligung wegen dieses Merkmals erfolgt ist. Durch die Verwendung der Wörter „Indizien" und „vermuten" bringt das Gesetz zum Ausdruck, dass es zB hinsichtlich der Kausalität zwischen einem der in § 1 genannten Gründe und einer ungünstigeren Behandlung genügt, **Hilfstatsachen** vorzutragen, die zwar nicht zwingend den Schluss auf die Kausalität zulassen, die aber die Annahme rechtfertigen, dass die **Kausalität gegeben** ist (aus der älteren Rechtsprechung: BAG 21.6.2012 – 8 AZR 364/11 – NZA 2012, 1345 ff.; BAG 27.1.2011 – 8 AZR 580/09 – NZA 2011, 737 ff.; BAG 20.5. 2010 – 8 AZR 287/08 (A) – NZA 2010, 1006–1009; BAG 17.12.2009 – 8 AZR 670/08 – NZA 2010/383): Es reicht aus, wenn nach **allgemeiner Lebenserfahrung eine überwiegende Wahrscheinlichkeit** für eine Verknüpfung der Benachteiligung mit dem verpönten Merkmal besteht, anders ausgedrückt: Die Tatsachen brauchen also nicht zu einem zwingenden Schluss der Benachteiligung wegen eines verpönten Merkmals zu führen; es genügt, wenn nach allgemeiner Lebenserfahrung eine größere Wahrscheinlichkeit für ein **diskriminierendes Motiv**

spricht als dagegen (vgl. auch: BAG 7.7.2011 – 2 AZR 396/10 – NZA 2012, 34; LAG Hannover 12.3.2010 – 10 Sa 583/09 – LAGE § 15 AGG Nr. 11; vgl. Windel RdA 2011, 193, 197; Grobys, NZA 2006, 898, 900; Hjort/Richter, AR-Blattei 800.1, Rn. 200; Thüsing, Arbeitsrechtlicher Diskriminierungsschutz, Rn. 651; Bauer/Krieger, § 22 Rn. 4; Schaub/Linck, § 36 Rn. 136; Flohr/Ring-Treumann, Rn. 498; Gaier/Wendtland, Rn. 145, 148; KZD-Zwanziger, § 92 Rn. 159 f.; Krieger, FS Bauer, 613, 615; v. Roetteken, § 22 Rn. 81 ff., 89). Vermutungsfolge ist dann die Belastung des Anspruchsgegners mit dem Beweis des Gegenteils (Gaier/Wendtland, Rn. 145; KR-Treber, § 22 Rn. 20): Als Verfassungsverstoß wird angesehen, wenn vom Gericht Umstände, die erfahrungsgemäß eine Diskriminierung wegen des Geschlechts vermuten lassen, übersehen werden (BVerfG 16.11.1993 – 1 BvR 258/86 – NJW 1994, 647 f.).

34 Nach der neueren Rechtsprechung des 8. Senats des BAG genügt eine Person, die sich durch eine Verletzung des Gleichbehandlungsgrundsatzes für beschwert hält, ihrer Darlegungslast bereits dann, wenn sie Indizien vorträgt, die mit überwiegender Wahrscheinlichkeit darauf schließen lassen, dass eine Benachteiligung wegen eines in § 1 genannten Grundes erfolgt ist (BAG 29.6.2017 – 8 AZR 402/15; BAG 26.1.2017 – 8 AZR 736/15; BAG 11.8.2016 – 8 AZR 375/15; BAG 19.5.2016 – 8 AZR 470/14). Dabei sind – der Rechtsprechung des EuGH folgend – alle Umstände des Rechtsstreits in einer Gesamtwürdigung des Sachverhalts zu berücksichtigen (EuGH 25.4.2013 – Rs. C-81/12; EuGH 19.4.2012 – Rs. C-415/10). Besteht die Vermutung einer Benachteiligung, trägt die andere Partei die Darlegungs- und Beweislast dafür, dass der Gleichbehandlungsgrundsatz nicht verletzt worden ist (vgl. auch EuGH 16.7.2015 – Rs. C-83/14). Hierfür gilt jedoch das Beweismaß des sog Vollbeweises. Der Arbeitgeber muss Tatsachen vortragen und ggf. beweisen, aus denen sich ergibt, dass ausschließlich andere als die in § 1 genannten Gründe zu einer ungünstigeren Behandlung geführt haben (BAG 29.6.2017 – 8 AZR 402/15).

b) Anforderungen an den Vortrag und den Beweis von Indiztatsachen

35 Grundsätzlich gilt auch hier, dass zunächst der Anspruchsteller die **Hilfstatsachen substantiiert**, dh unter Angabe von Zeit, Ort und Beteiligten darlegen muss (vgl. Gaier/Wendtland, Rn. 146). Werden diese substantiiert bestritten – aber auch nur dann – muss der Kläger diese **Hilfstatsachen** nach bisher hM beweisen, mithin Beweis antreten (vgl. BAG 22.7.2010 – 8 AZR 1012/08 – NZA 2011, 93 ff.; BAG 17.12.2009 – 8 AZR 670/08 – NZA 2010, 383 ff.; BAG 22.10.2009 – 8 AZR 642/08 – NZA 2010, 280 ff.; BVerwG 3.3.2011 – 5 C 16/10 – NJW 2011, 2452 ff.; Rühl/Schmid/Viethen, S. 165; Krieger, FS Bauer, S. 613, 614; ErfK-Schlachter, § 22 Rn. 3). Die hM führt zu einer **Verschärfung der Anforderungen gegenüber** der Vorgängernorm des **§ 611 a BGB aF**, die gerade nicht erfolgen sollte. In der amtlichen Begründung zu § 22 (BT-Drs. 16/2022 = Beil. zu NZA 16/2006, S. 31; → Rn. 2, 3) heißt es:

„Die Diskussion des Allgemeinen Gleichbehandlungsgesetzes hat gezeigt, dass der – bereits in § 611 a BGB – verwendete Begriff der „Glaubhaftmachung" oftmals dahin gehend missverstanden wird, er beziehe sich auf

§ 294 ZPO und lasse die eidesstattliche Versicherung als Beweismittel zu. Es ist insoweit eine sprachliche Neufassung zur Bestimmung des Beweismaßes erfolgt. Dies ist eine erforderliche Klarstellung für die Praxis; eine Rechtsänderung ist damit nicht verbunden. Die Vorgaben der einschlägigen Richtlinien werden nach wie vor erfüllt."

Es hat deshalb eine richtlinienkonforme Auslegung dahin gehend zu erfolgen, dass auch für die Indiztatsachen die Beweiserleichterung angenommen wird und nur eine überwiegende Wahrscheinlichkeit ihres Eintritts ausreicht (ArbG Berlin 12.11.2007 – 86 Ca 4035/07 – NZA 2008, 492–496; v. Roetteken, § 22 Rn. 67 f.; Schleusener/Suckow/Voigt, § 22 Rn. 41; Windel, RdA 2011, 193, 196; vgl. auch Schiek-Kocher, § 22 Rn. 16; MüKo-Thüsing, § 22 Rn. 10 f.; KR-Treber, § 22 Rn. 10 ff.; MünchArbR-Oetker, § 15 Rn. 90; Peick, § 10 II 5 ff.). Werden die Vermutungstatsachen nicht hinreichend bestritten, so reicht ihr bloßer Vortrag aus, um die Beweislastumkehr zu begründen.

36 Aber **auch wenn man der bisherigen hM folgt**, muss die Schwierigkeit, relevante Hilfstatsachen zu erfahren (zB externe Stellenbewerber), von den Gerichten aufgrund des **Richtlinienziels** einer **Gewährung der effektiven Rechtsdurchsetzung** berücksichtigt werden. Je weniger Hilfstatsachen der Anspruchsteller aufgrund seiner Stellung – zB im Betrieb, als Vertragspartner, als Wohnungssuchender – erfahren kann, umso geringer müssen die Anforderungen an den Vortrag der klagenden Partei sein (vgl. Schlachter, RdA 1998, 321, 326; Palandt-Grüneberg, § 22 Rn. 2; vgl. auch amtliche Begründung BT-Drs. 16/1780, 47). Es gilt auch hier der **Grundsatz der freien richterlichen Überzeugungsbildung des § 286 ZPO** (BAG 24.4.2008 – 8 AZR 257/07 – NZA 2008, 1351, 1354; Windel, RdA 2007, 1, 4 – insbesondere auch zur möglichen **Heranziehung von Erfahrungssätzen**; Windel, RdA 2011, 193, 197; → Rn. 49).

37 Darauf, dass der Anspruchsteller die Vermutungslage auch dadurch verwirklichen kann, dass er **Behauptungen** vorträgt, **die unmittelbar die unzulässige Benachteiligung belegen** sollen, weisen Gaier/Wendtlandt, Rn. 146, zu Recht hin.

38 Es reicht zudem aus, dass die Person, die eine Benachteiligung begeht, das Vorliegen eines Diskriminierungsmerkmals nur annimmt. Auch der „Versuch am untauglichen Objekt" stellt grundsätzlich eine **verbotene Benachteiligung** dar (BAG 17.12.2009 – 8 AZR 670/08 – NZA 2010, 383 ff.; Windel, RdA 2011, 193 ff.).

39 Auch wird das Gericht, um dem Ziel des Gesetzes gerecht zu werden, sehr extensiv von **§ 138 ZPO Gebrauch machen** müssen (so auch MüKo-Thüsing, § 22 Rn. 11). Sollten zB die Hilfstatsachen, die eine betroffene Person vorträgt, nach Auffassung des Gerichts nicht ausreichen, um einen Rückschluss auf einen Tatbestand des Gesetzes zuzulassen, wird dem Kläger Gelegenheit zur „Nachbesserung" gegeben werden müssen. Ohnehin hängt die **Intensität des erforderlichen Vortrags** von den Möglichkeiten des Anspruchstellers ab, an Informationen heranzukommen (→ Rn. 36).

Für eine Verlagerung der Darlegungslast in den Fällen, in denen der Träger des verpönten Merkmals nicht über ausreichende Kenntnisse über die Vorgänge und Tatsachen verfügt, die zu der nach Auffassung des Anspruchstellers diskriminierenden Handlung geführt haben, tritt v. Roetteken ein (v. Roetteken § 22 Rn. 92; → Rn. 40 ff.).

c) Auskunftsanspruch gegen „Diskriminierer"

40 Es wird auch immer wieder Situationen geben, in denen die diskriminierte Person nur ganz geringe Anhaltspunkte für eine Diskriminierung zB durch den angestrebten Vertragspartner hat. Der abgelehnte Bewerber, der Nichtbeförderte, der Bewerber um eine Wohnung usw werden häufig in Beweisnot kommen, weil sie oft noch nicht einmal wissen, ob ein Bewerber des anderen Geschlechts, einer anderen Ethnie etc eingestellt oder befördert worden ist bzw. den Vertrag mit dem Wohnungsvermieter abgeschlossen hat. Hanau hat schon frühzeitig auf dieses Problem hingewiesen und nur „ein Mittel gesehen", um zB den Bewerber aus dieser **Beweisnot** zu befreien, ohne ihn, wie es bei einer völligen Beweislastumkehr wäre, zu Klagen auf Verdacht oder sogar ins Blaue hinein anzuhalten: nämlich einen **Auskunftsanspruch für den Bewerber**, wie ihn auch ein Entwurf der europäischen Richtlinie vorgesehen hatte (Hanau, FS Gnade, S. 351, 361). Hanau weist darauf hin, dass sich die in der Diskussion über den Entwurf vorgebrachten Bedenken wegen des Datenschutzes verringern lassen, wenn man den Auskunftsanspruch nicht auf alle Bewerber, sondern nur auf den Eingestellten oder Beförderten bezieht, sich auf bestimmte Grunddaten beschränkt und zusätzlich den Nachweis verlangt, dass der klagende Bewerber selbst die aus der Ausschreibung oder sonst ersichtliche Mindestqualifikation für die Stelle erfüllte. Mit Recht vertritt Hanau die Auffassung, dass nur ein solcher Auskunftsanspruch (bei § 611 a BGB aF) das „Gleichberechtigungspostulat" effektiv werden lassen könne (vgl. Hanau, FS Gnade, S. 351, 362). Hanau meint allerdings, dass der Auskunftsanspruch nur „de lege ferenda" – also durch ein zu schaffendes Gesetz – geschaffen werden kann.

41 Das **BAG** hat in seiner älteren Rechtsprechung allerdings einen Anspruch auf Auskunft eines abgelehnten Bewerbers aus einem vorvertraglichen Schuldverhältnis bzw. nach § 242 BGB abgelehnt, da der Auskunftsanspruch nach Auffassung des BAG eine Sonderverbindung zwischen den Parteien voraussetzt, die danach **nur in einem bestehenden Arbeitsverhältnis** angenommen werden kann. Allein die Tatsache, dass eine Person Informationen besitzt, die das Informationsbedürfnis einer anderen Partei befriedigen können, begründe keine Auskunftspflicht (BAG 20.5.2010 – 8 AZR 287/08 (A) – NZA 2010, 1006 ff.). Das BAG erwähnt in Rn. 25 zwar ausdrücklich, dass für einen Auskunftsanspruch, der eine Sonderverbindung zwischen den Parteien voraussetzt, auch eine Rechtsbeziehung bei der Anbahnung einer Rechtsbeziehung in Betracht kommt, meint dann aber, dass als weitere Voraussetzung hinzukommen müsse, dass der Auskunftsbegehrende einen bereits dem Grunde nach feststehenden Leistungsanspruch darlege. Auch aus dem AGG konnte nach Auffassung des BAG kein entsprechender Anspruch hergeleitet werden (BAG 20.5.2010 – 8 AZR 287/08 (A) – NZA 2010, 1006 ff.).

d) Kritik an der Rechtsprechung des BAG

42 Der Auffassung des BAG kann nicht gefolgt werden. Ein **vorvertragliches Schuldverhältnis**, aus dem ein solcher Anspruch abgeleitet werden kann, wird nämlich gemäß § 311 Abs. 2 Nr. 1 BGB durch die Aufnahme von Vertragsverhandlungen begründet. Vertragsverhandlungen muss man aber auch schon dann annehmen, wenn zB die Parteien darüber verhandeln, ob der Arbeitnehmer den vom Arbeitgeber angebotenen Vertrag überhaupt annehmen will, mithin über den Abschluss eines konkret in Aussicht genommenen Vertragsverhältnisses an sich verhandelt wird (vgl. Gotthardt, Arbeitsrecht nach der Schuldrechtsreform, Rn. 151). Ein vorvertragliches Schuldverhältnis entsteht gemäß § 311 Abs. 2 Nr. 2 BGB auch bei Anbahnung eines Vertrages, wenn der eine Teil im Hinblick auf eine etwaige rechtsgeschäftliche Beziehung dem anderen Teil die Möglichkeit zur Einwirkung auf seine Rechte, Rechtsgüter und Interessen gewährt oder diese ihm anvertraut. Deshalb ist von einem **vorvertraglichen Schuldverhältnis** bei einer Bewerbung auf eine ausgeschriebene Stelle oder bei bekundetem Interesse an einer angebotenen Wohnung auszugehen (vgl. Gotthardt, Arbeitsrecht nach der Schuldrechtsreform, Rn. 152). Der Schwerpunkt der vorvertraglichen Pflichten liegt nicht nur bei den Schutzpflichten, sondern insbesondere im Arbeitsrecht auch bei den Aufklärungspflichten, die das Informationsgefälle zwischen den Parteien ausgleichen sollen (vgl. Erman-Westermann, BGB § 241 Rn. 14). Als **Nebenverpflichtung aus diesem vorvertraglichen Anbahnungsverhältnis** (vgl. zum Begriff auch Schaub-Linck, § 26 Rn. 1) und dem Sinn und Zweck des AGG – Gebot der effektiven Rechtsdurchsetzung (vgl. EuGH 22.9.1998 – Rs. C-185/97 (Coote) – NZA 1998, 1223, 1224; aber → Rn. 17) ist ein Auskunftsanspruch gegen „den angestrebten Vertragspartner" und erst recht gegen einen „bestehenden" abzuleiten (so auch Thüsing, Arbeitsrechtlicher Diskriminierungsschutz, Rn. 648; Schiek-Kocher, § 22 Rn. 3 unter Hinweis auf die Praxis in England und § 22 Fn. 27; KDZ-Zwanziger, § 22 Rn. 25; für einen Auskunftsanspruch in einem bestehenden Arbeitsverhältnis auch Rust/Falke-Falke, § 22 Rn. 112 und HWK/Rupp, § 22 Rn. 1, der den Anspruch aus § 242 BGB ableitet; vgl. auch Nollert-Borasio/Perreng, § 22 Rn. 21 ff.). Wegen des Umfanges des Auskunftsanspruches und der datenschutzrechtlichen Bedenken sollte dem Vorschlag von Hanau gefolgt werden (→ Rn. 40; ähnlich auch MüKo-Thüsing, § 22 Rn. 8; letztlich auch Schleusener/Suckow/Voigt, § 22 Rn. 36 ff.; zum Auskunftsanspruch auch bei Verstößen gegen sonstige, nicht auf dem AGG fußende Gleichbehandlungsgebote → § 2 Rn. 285; aA Grobys, NZA 2006, 898, 903).

Mit der Rechtsprechung des **EuGH** (→ Rn. 43) wird allerdings die **Rechtsverfolgung für die Kläger** bei einer abgelehnten Bewerbung auch ohne Auskunftsanspruch zumindest leichter, denn zwei einfach vorzutragende Indizien sprechen schon einmal für das Vorliegen einer Kausalität: die Auskunftsverweigerung und die Geeignetheit.

Zu erinnern ist daran, dass in einem bestehenden Arbeitsverhältnis auch das BAG von einem Auskunftsanspruch ausgeht (→ Rn. 41).

e) Auskunftsanspruch nach der Rechtsprechung des EuGH?

43 Auf den Vorlagebeschluss des BAG (20.5.2010 – 8 AZR 287/08 (A) – NZA 2010, 1006 ff.) hat der EuGH entschieden, dass die Richtlinien 2000/78/EG, 2006/54/EG und 2000/43/EG für einen Arbeitnehmer, der schlüssig darlegt, dass er die in einer Stellenausschreibung genannten Voraussetzungen erfüllt, und dessen Bewerbung nicht berücksichtigt wurde, **keinen Anspruch auf Auskunft** darüber vorsehen, ob der Arbeitgeber am Ende des Einstellungsverfahrens einen anderen Bewerber eingestellt hat (EuGH 19.4.2012 – Rs. C-415/10 (Meister) – NZA 2012, 493–495). Der EuGH ermahnt aber die nationalen Gerichte, darüber zu wachen, dass die **Auskunftsverweigerung** durch den Arbeitgeber im Rahmen des Nachweises von Tatsachen, die das Vorliegen einer unmittelbaren oder mittelbaren Diskriminierung zum Nachteil der Klägerin des Ausgangsverfahrens vermuten lassen, nicht die Verwirklichung der mit den Richtlinien 2000/43, 2000/78 und 2006/54 verfolgten Ziele zu beeinträchtigen droht. Das nationale Gericht habe insbesondere bei der Klärung der Frage, ob es genügend Indizien gibt, um die Tatsachen, die das Vorliegen einer solchen Diskriminierung vermuten lassen, als nachgewiesen ansehen zu können, alle Umstände des Ausgangsrechtsstreits zu berücksichtigen, zu denen auch der Umstand, dass der Arbeitgeber des Ausgangsverfahrens der Klägerin jeden Zugang zu den Informationen verweigert zu haben scheint, deren Übermittlung sie begehrt, gehöre. Es kann deshalb nach der Rechtsprechung des EuGH nicht ausgeschlossen werden, dass die **Verweigerung jedes Zugangs zu Informationen** durch einen Beklagten ein **Gesichtspunkt** sein kann, der im Rahmen des Nachweises von Tatsachen, die das Vorliegen einer unmittelbaren oder mittelbaren Diskriminierung vermuten lassen, heranzuziehen ist.

Aufschlussreich ist, dass der EuGH entgegen der Auffassung des BAG im Vorlagebeschluss darauf hinweist, dass die **objektive Eignung der Klägerin** für die ausgeschriebene Stelle durchaus ein **berücksichtigungsfähiges Indiz** im Rahmen des § 22 sein könne (→ Rn. 67). Der EuGH hatte allerdings nur darüber zu entscheiden, ob aus den Richtlinien ein Auskunftsrecht abzuleiten ist, nicht aber darüber, ob das nationale Recht einen eigenen Anspruch auf Auskunft gibt; insoweit bestehen allerdings auch Zweifel, ob seine Entscheidung mit dem Gebot der effektiven Rechtsdurchsetzung in Einklang zu bringen ist.

Nach der neueren Rechtsprechung des BAG begründet der Umstand, dass der Arbeitgeber dem Arbeitnehmer vorgerichtlich keine Auskunft über den letztlich eingestellten Bewerber erteilt hatte, nicht die Vermutung der Benachteiligung gemäß § 22 (BAG 15.12.2016 – 8 AZR 418/15). Zur Begründung führte das Gericht allerdings im konkreten Fall mangelhafte Darlegungen der Bewerberin zur Notwendigkeit ihres Begehrens an (s. dazu Stein, NZA 2016, 849 ff.).

f) Wechselnde/Widersprüchliche Auskünfte

44 Zu Recht hat das BAG allerdings entschieden, dass gegebene falsche oder in sich widersprüchliche Begründungen für eine benachteiligende Maßnahme **Indizwirkung** haben können. Denn ein nicht erläutertes Auswechseln

von Begründungen für ein Verhalten lässt nach allgemeiner Lebenserfahrung den Schluss zu, dass die zunächst gegebene Begründung unzutreffend war. Stellt sich die neue Begründung als im Widerspruch zum alten eigenen Verhalten stehende Argumentation dar, indiziert dies, dass die eigentlichen Gründe unerlaubt waren und genügt daher, um die Beweislast dem Anspruchsgegner aufzubürden (BAG 21.6.2012 – 8 AZR 364/11 – NZA 2012, 1345 ff.; s. auch jurisPK/S. Overkamp, § 22 Rn. 37).

g) Auskunftsanspruch gegen Dritte

45 Ein Auskunftsanspruch gegen **einen vom Arbeitgeber eingeschalteten Personalvermittler** ist ebenfalls gegeben. Das europarechtliche Gebot, dass die Richtlinien wirksam umgesetzt werden müssen, lässt einen solchen Anspruch zwingend erforderlich erscheinen. Andernfalls könnte sich der Arbeitgeber, zB durch Einschaltung eines Dritten und Veröffentlichung von Chiffre-Anzeigen, leicht der Schadensersatzverpflichtung nach § 15 Abs. 2 entziehen (Diller, NZA 2007, 649, 652 auch zum Rechtsweg; Schwab, NZA 2007, 178 ff.; aA Thüsing, Arbeitsrechtlicher Diskriminierungsschutz, Rn. 67; MüKo-Thüsing, § 22 Rn. 13).

h) Vorvertraglicher Anspruch auf Gleichbehandlung statt Auskunftsanspruch?

46 Von Roetteken hält einen Auskunftsanspruch für überflüssig. Die Darlegungs- und Beweislast verlagere sich schon dann auf den „Diskriminierer" (Arbeitgeber/Wohnungsinhaber), wenn der Träger des verpönten Merkmals Vermutungstatsachen dargelegt habe, dass die Bewerbung eingegangen ist und er das Anforderungsprofil erfüllt (v. Roetteken, § 22 Rn. 64). Den Interessenten für zB einen Arbeitsplatz oder eine Wohnung stehe für einen Vertragsabschluss nach § 19 ein **vorvertraglicher Anspruch auf Gleichbehandlung** zu, dessen Erfüllung die Gegenseite darlegen müsse (v. Roetteken, § 22 Rn. 64). Diese Auffassung ist sehr weitgehend, sie stützt sich auf die allgemeine Beweislastregel, dass keine Partei Umstände vortragen muss, von denen sie keine Kenntnis hat. Gerade dieser Nachteil soll aber durch die Darlegung von Tatsachen, die eine Benachteiligung wegen eines in § 1 genannten Grundes vermuten lassen, beseitigt werden. Folgte man der Auffassung von v. Roetteken, genügte jede Behauptung ins Blaue hinein, um eine vollständige Darlegungs- und Beweislastumkehrung bzgl. des Anspruchsgegners auszulösen. Dieser Auffassung ist deshalb nicht zu folgen. Sie ist nach der Rechtsprechung des EuGH auch nicht geboten. Wie weit die Darlegungslast im Einzelnen geht, hängt von den Umständen des Einzelfalls ab (→ Rn. 35 f.).

i) Keine Behauptungen ins Blaue hinein

47 Die Regelungen über die Darlegung von Indiztatsachen sollen Behauptungen ins Blaue hinein verhindern (BAG 25.4.2013 – 8 AZR 287/08; vgl. schon Lorenz, DB 1980, 1745, 1746; Armbrüster, ZRP 2005, 41, 43; MüKo-Thüsing, § 22 Rn. 11). Allein die Behauptung der **Zugehörigkeit zu einer durch dieses Gesetz geschützten Gruppe,** wie „Ich bin homosexuell" oder „Ich bin 55 Jahre alt und deshalb nicht eingestellt worden", reicht nicht aus, um die Anspruchsvoraussetzungen darzulegen. Würde man eine

solche Behauptung genügen lassen, könnte jeder, der zu der durch das Gesetz geschützten Personengruppe gehört, und ein Merkmal, das nicht in die Entscheidung einfließen darf, erfüllt, ohne jeden weiteren Anhaltspunkt versuchen, seine angeblichen Rechte durchzusetzen (vgl. BAG 25.4.2013 – 8 AZR 287/14; LAG Hamburg 11.2.2015 – 5 Sa 33/14; LAG Hamburg 9.11.2007 – H 3 Sa 102/07 – LAGE § 15 AGG Nr. 2; LAG Köln 13.12.2010 – 2 Sa 924/10 – NZA-RR 2011, 75). Hinzu kommt, dass bestimmte Merkmale – wie zB Alter und Geschlecht – für jeden Menschen kennzeichnend sind. Mit einem solchen Vortrag kann unter Umständen die Benachteiligung, dh **die vergleichsweise schlechtere Behandlung**, dargetan werden, nicht aber, dass die Benachteiligung gerade auf einem Diskriminierungstatbestand beruht (vgl. LAG Köln 28.6.2012 – 6 Sa 207/12 – jurisPR-ArbR 11/2013, Nr. 5 mAnm Bertzbach; Düwell, jurisPR-ArbR 28/2006, Anm. 7; Bauer/Krieger, § 22 Rn. 11). Auch der Vortrag des Bewerbers, einen anderen Bewerber mit besseren als seinen fachlichen Kenntnissen könne es objektiv kaum geben, ist lediglich eine nicht durch Tatsachenvortrag untermauerte Mutmaßung und kein Tatsachenvortrag (BAG 20.5.2010 – 8 AZR 287/08 – NZA 2010, 1006). Der Anspruchsteller muss weitere Anhaltspunkte durch den Vortrag von (Hilfs-)Tatsachen liefern, die auf eine auf einem verpönten Merkmal beruhende Diskriminierung schließen lassen. Bei Benachteiligungen in einem **Kleinbetrieb** ist allerdings sehr zurückhaltend mit dem Hinweis, die Behauptung der Benachteiligung sei „ins Blaue" erfolgt, umzugehen: Hat ein Merkmalsträger eine vergleichbare Tätigkeit wie alle oder die meisten anderen Beschäftigten ausgeübt und wird er bei einer Maßnahme (zB Beförderung, Möglichkeit Überstunden abzuleisten) nicht berücksichtigt bzw. als Einziger gekündigt, so kann dies in einem Kleinbetrieb als Indiz für eine Benachteiligung ausreichen; hat der Merkmalsträger jedoch eine Sonderfunktion ausgeübt (einzige Sekretärin in einem Handwerksbetrieb), dürfte der Vortrag, man sei nicht berücksichtigt (oder bei einer Kündigung: berücksichtigt) worden, nicht ausreichen (vgl. Däubler, AiB 2006, 614, 738).

j) Anwendung des § 448 ZPO

48 Natürlich kann die anspruchstellende Partei zB bei **Äußerungen unter vier Augen in Beweisnot** geraten. Der Europäische Gerichtshof für Menschenrechte hat aber für derartige Fälle auf den Grundsatz des „fairen Verfahrens" hingewiesen, der in Art. 6 EMRK festgelegt ist. Die diskriminierte Person kann sich selbst als Beweismittel in das Verfahren einbringen (vgl. EGMR 27.10.1993 – 37/1992/382/460 – NJW 1995, 1413 ff.). Das Einfallstor für das deutsche Verfahrensrecht ist insoweit § 448 ZPO, aber auch § 141 ZPO. Die Voraussetzungen einer Parteivernehmung auf eigenen Antrag liegen in der Regel vor. Die **diskriminierte Person kann ihre Vernehmung durchsetzen**. Insoweit kommt eine Vernehmung von Amts wegen in Betracht (BAG 11.8.2016 – 8 AZR 4/15). Denn es gehört zu den für einen fairen Prozess und einen wirkungsvollen Rechtsschutz in bürgerlichen Rechtsstreitigkeiten unerlässlichen Verfahrensregeln, dass das Gericht die Richtigkeit bestrittener Tatsachen nicht ohne hinreichende Prüfung bejaht (BVerfG 21.2.2001 – 2 BvR 140/00 – NJW 2001, 2531). Hat ein Gespräch allein zwischen den Parteien stattgefunden oder zwischen dem Kläger und

einem Zeugen, der sich zum Zeitpunkt des Gesprächs in der Parteistellung befand, kann die für den Inhalt des Gesprächs beweisbelastete Partei Beweis antreten, indem sie ihre eigene Anhörung oder Vernehmung beantragt (vgl. BAG 11.8.2016 – 8 AZR 4/15; BAG 25.5.2007 – 3 AZN 1155/06 – BB 2007, 1851 f.; BAG 19.11.2008 – 10 AZR 671/07 – NZA 2009, 318 ff.; BGH 27.9.2005 – XI ZR 216/04 – NJW-RR 2006, 61 f.; Zwanziger, DB 1997, 766; Gaier/Wendtland, Rn. 147; Peick, § 10 II B I 3; s. auch die amtliche Begründung zum Gesetzentwurf der Bundesregierung BT-Drs. 16/1780, 47). Dies gilt ganz besonders bei Belästigungen und sexuellen Belästigungen (Schleusener/Suckow/Voigt, § 22 Rn. 23).

k) Überzeugung des Gerichts

49 Das Gericht muss davon überzeugt werden, dass eine **überwiegende Wahrscheinlichkeit** für das **Vorliegen eines Diskriminierungstatbestandes** und **für die Kausalität** zwischen diesem und den Nachteilen besteht. Auch die **Benachteiligung** aus diesen Gründen muss überwiegend wahrscheinlich sein (vgl. BAG 5.2.2004 – 8 AZR 112/03 – AP § 611 a BGB Nr. 23; BAG 15.2.2005 – 9 AZR 635/03 – AP § 81 SGB IX Nr. 7; Pfarr/Bertelsmann, Diskriminierung im Erwerbsleben, S. 74; Prütting, FS 50 Jahre Bundesarbeitsgericht, S. 1317; KDZ-Zwanziger, § 22 Rn. 19; ErfK-Schlachter, § 22 Rn. 3; Schiek-Kocher, § 22 Rn. 16; Gaier/Wendtland, Rn. 154; auch BT-Drs. 16/1780, 47). Bei der Würdigung des Parteivorbringens dürfen die Gerichte keine **Gesichtspunkte** außer Acht lassen, die erfahrungsgemäß **auf eine Diskriminierung hindeuten** (vgl. zu § 611 a BGB aF: BVerfG 16.11.1993 – 1 BvR 258/86 – AP § 611 a BGB Nr. 9; vgl. auch Grobys, NZA 2006, 898, 900, 902; Schiek-Kocher, § 22 Rn. 17 f.). Es gilt auch hier der **Grundsatz der freien richterlichen Überzeugungsbildung** des § 286 ZPO (Windel, RdA 2007, 1, 4 – insbesondere auch zur möglichen Heranziehung von Erfahrungssätzen; ders., RdA 2011, 193, 197; Müko-Thüsing, § 22 Rn. 11; Thüsing, Arbeitsrechtlicher Diskriminierungsschutz, Rn. 651). Zu berücksichtigen ist dabei allerdings, dass das BVerfG den Schutzzweck des Art. 3 Abs. 2 GG bei der Auslegung dann als verletzt ansieht, wenn die Auffassung des Gerichts keinen wirksamen Schutz vor einer Diskriminierung bietet. Das ist zB dann der Fall, wenn im Text des Online-Stellendienstes der Bundesanstalt für Arbeit auf eine offene Ausbildungsstelle und die **Bevorzugung männlicher Bewerber** bei dem Arbeitgeber hingewiesen wird, dieser Vortrag dann aber vom Landesarbeitsgericht als nicht ausreichend für die Glaubhaftmachung einer Tatsache für die Benachteiligung wegen des Geschlechts angesehen wird (BVerfG 21.9.2006 – 1 BvR 308/03 – NZA 2007, 195, 196). Wenn dem Gericht die – nicht bestrittenen – Vermutungstatsachen des Anspruchstellers eher plausibel erscheinen als das Bestreiten und die zur Widerlegung vorgetragenen Tatsachen, kann deshalb die diskriminierte Person im Rechtsstreit obsiegen, ohne dass über den gegenseitigen Vortrag Beweis erhoben werden muss. Bei der **mittelbaren Diskriminierung** ist zu beachten, dass die Benachteiligungsgefahr der dem Anschein nach neutralen Vorschriften, Kriterien, Verfahren abzuschätzen und mit den Indizien und Erfahrungssätzen im Rahmen der Beweiswürdigung daraufhin zu bewerten ist, ob die überwiegende Wahrscheinlichkeit dafür spricht, dass die anspruchstellende Partei im zu ent-

scheidenden Fall **objektiv benachteiligt** wurde (Gaier/Wendtland, Rn. 155; Windel, RdA 2007, 1, 5; vgl. auch MüKo-Thüsing, § 22 Rn. 17). Es reicht zum Beispiel aus, dass auf der Grundlage einer relativ großen Zahl von Arbeitnehmern belegt wird, dass das **durchschnittliche Entgelt weiblicher Arbeitnehmer niedriger** ist als das der männlichen Arbeitnehmer (EuGH 17.10.1989 – Rs. C-109/88 (Danfoss) – NZA 1990, 772–775; Schiek-Kocher, § 22 Rn. 40; s. auch die Erläuterungen zum EntgTranspG). Auch aus Statistiken können sich Indizien für eine Geschlechtsdiskriminierung ergeben. Doch müssen sich diese nach der Rechtsprechung des BAG konkret auf den betreffenden Arbeitgeber beziehen und im Hinblick auf dessen Verhalten aussagekräftig sein (BAG 22.7.2010 – 8 AZR 1012/08; s. auch BAG 26.1.2017 – 8 AZR 848/13; zur Entgeltdiskriminierung bei der freien Mitarbeiterin einer Fernsehanstalt s. ArbG Berlin 1.2.2017 – 56 Ca 5365/15).

Zum **Prüfungsschema**, das **englische Gerichte** bzgl. der Feststellung einer diskriminierenden Handlung anwenden, vgl. Thüsing, Arbeitsrechtlicher Diskriminierungsschutz, Rn. 655.

3. Indiztatsachen bezüglich aller Tatbestandsmerkmale

50 Die (Hilfs-)Tatsachen müssen sich auf alle Anspruchsvoraussetzungen beziehen (→ Rn. 16 ff.).

51 Dies sind bei der **unmittelbaren Diskriminierung** nach § 3 Abs. 1 S. 1

- das **„negative Betroffensein“**, die „weniger günstige Behandlung“ (vgl. Däubler, ZfA 2006, 476 ff.; Rebhahn-Rebhahn, § 5 Rn. 65);
- die **Vergleichsgröße**, also die Frage, ob eine weniger günstige Behandlung vorliegt und damit nach der gesetzlichen Definition der Hinweis auf zB andere Beschäftigte in einer vergleichbaren Situation (vgl. Däubler, ZfA 2006, 476 ff.; Rebhahn-Rebhahn, § 5 Rn. 65);
- dass diese weniger günstige Behandlung im Verhältnis zu einer Vergleichsperson auf einem **„verpönten Merkmal“ nach § 1 beruht** (vgl. Däubler, ZfA 2006, 476 ff.; Rebhahn-Rebhahn, § 5 Rn. 65). Hierzu gehören auch die Fälle der verdeckten Diskriminierung, also die Fälle, in denen eine Benachteiligung nicht explizit an einem verpönten Merkmal anknüpft, sondern auf andere Gesichtspunkte gestützt wird, die die Diskriminierung verdecken (vgl. Däubler, ZfA 2006, 476 ff.); mit anderen Worten: Es handelt sich um Gründe, die nur „vorgeschoben“ sind.

52 Bei der **mittelbaren Diskriminierung sind darzulegen**

- die „Vorschriften, Kriterien oder Verfahren, also Regeln, die nicht an den verpönten Merkmalen anknüpfen, aber nur dem Anschein nach neutral sind“,
- die vergleichbare Situation der Arbeitnehmer oder sonstiger Vergleichsgruppen,
- die Benachteiligung zu einer zu bildenden Vergleichsgruppe.

(Vgl. zum Ganzen Däubler, ZfA 2006, 476 ff. sowie Erl. zu § 3 u. bzgl. der Darlegungs- und Beweislast auch → Rn. 49; MüKo-Thüsing, § 22 Rn. 17 zur Vermutungswirkung bei mittelbarer Diskriminierung).

53 Entgegen einer in der Literatur und in der amtlichen Begründung vertretenen Auffassung (vgl. Schubert/Schrader, Rn. 112; v. Steinau-Steinrück/

Schneider/Wagner, NZA 2005, 28, 31; → § 24 Rn. 78; amtliche Begründung BT-Drs. 16/1780, 33) müssen die diskriminierten Personen nicht Indizien für das Fehlen sachlicher Rechtfertigungsgründe bei der mittelbaren Diskriminierung darlegen. Eine solche Beweislastverteilung würde dem Gebot des effektiven Rechtsschutzes (vgl. EuGH 22.9.1998 – Rs. C-185/97 (Coote) – NZA 1998, 1223, 1224) sowie dem Richtlinienziel widersprechen. Es bleibt deshalb auch bei der mittelbaren Diskriminierung dabei, dass zB der Arbeitgeber die Beweislast dafür trägt, dass nicht auf das Geschlecht, das Alter oder andere zu beachtende Merkmale bezogene sachliche Gründe eine unterschiedliche Behandlung rechtfertigen (HWK-Rupp, § 22 Rn. 1; MüKo-Thüsing, § 22 Rn. 17; Meinel/Heyn/Herms, § 22 Rn. 11). Der diskriminierten Person ist es in den meisten Fällen gar nicht möglich, Erkenntnisse über mögliche Rechtfertigungsgründe des Anspruchsgegners zu bekommen.

54 Bei der **mittelbaren Diskriminierung** muss der Diskriminierte die Gruppen benennen, innerhalb derer sich eine Maßnahme ungleich zB auf die Geschlechter auswirkt; dabei muss er nicht die genauen Zahlen darlegen, zu welchem Anteil zB Frauen und Männer von einer Maßnahme erfasst werden (vgl. BAG 19.8.1992 – 5 AZR 513/91 – AP § 242 BGB Gleichbehandlung Nr. 102). Es genügt der Vortrag eines **möglichen statistischen Überwiegens** (vgl. EuGH 6.12.2007 – Rs. C-300/06 (Voß); EuGH 27.10.1993 – Rs. C-127/92 (Enderby) – AP EWG-Vertrag Art. 119 Nr. 50; MüKo-Thüsing, § 22 Rn. 7, 17; → Rn. 80 und insbes. → § 3 Rn. 49 ff.; beim **Fehlen von statistischen Daten** → § 3 Rn. 60 ff. und → § 7 Rn. 89 ff.; bei **Intransparenz der Differenzierung** → Rn. 101 f.).

4. Voller Beweis für Geltendmachungs- und Klagefrist und Zugehörigkeit zu einer geschützten Gruppe

55 Bei der Darlegungs- und Beweislast für die **Wahrung der Geltendmachungs- und Klagefrist** nach §§ 15 Abs. 4, 21 Abs. 5 bzw. § 61 b ArbGG gilt hier weiterhin die allgemeine prozessuale Regel, wonach grundsätzlich der Anspruchsteller die Darlegungs- und Beweislast für die rechtsbegründenden Tatbestandsmerkmale trägt, während der Anspruchsgegner die rechtsvernichtenden, rechtshindernden und rechtshemmenden Tatbestandsmerkmale darlegen und ggf. beweisen muss (BGH 14.1.1991 – II ZR 190/89 – BGHZE 113, 222; BAG 20.4.2010 – 3 AZR 553/08 – NZA 2011, 175–176). Zu § 15 hat das BAG entschieden, dass im Rahmen der Frage der fristgerechten Geltendmachung von Ansprüchen nach § 15 Abs. 1, 2 der Arbeitgeber darzulegen und ggf. zu beweisen hat, dass und wann die Frist nach § 15 Abs. 4 S. 1 durch Zugang der Ablehnung beim Bewerber in Lauf gesetzt worden ist (BAG 19.8.2010 – 8 AZR 530/09 – NZA 2010, 1412 ff.; v. Roetteken, § 15 Rn. 89; Deinert, § 15 Rn. 164), während der Arbeitnehmer darzulegen und ggf. zu beweisen hat, wann seine schriftliche Geltendmachung dem Arbeitgeber zugegangen ist (BAG 19.8.2010 – 8 AZR 530/09 – NZA 2010, 1412 ff.; Schiek-Kocher, § 15 Rn. 61; Bauer/Krieger, § 22 Rn. 8). Für § 21 gilt nichts anderes. Aus Sinn und Zweck des Gesetzes ist zu folgern, dass dieses die Beweismaßabsenkung nur für die Tatbestandsmerkmale, die zu einer „Beweisnot“ aufgrund

der Schwierigkeit im Bereich des „Diskriminierers" entstandene Tatsachen zu erfahren, nicht aber für die im Bereich des Anspruchstellers entstehenden Tatsachen, eingeführt hat.

Aus demselben Grund ist auch der **Nachweis zur Zugehörigkeit zu einer vor Benachteiligung besonders geschützten Gruppe** ausgenommen von der Beweislastverteilung. Dies ergibt sich eindeutig aus dem Erwägungsgrund 31 der RL 2000/78/EG (vgl. v. Roetteken, § 22 Rn. 57; MüKo-Thüsing, § 22 Rn. 5). Zu Recht weist allerdings v. Roetteken darauf hin, dass § 7 Abs. 1 Hs. 2 einen **Verstoß gegen das Diskriminierungsverbot auch dann eintreten lässt**, wenn der Arbeitgeber das Vorliegen eines in § 1 genannten Merkmals nur annimmt. Bei der Anwendung des § 22 bedeutet dies, dass auch insoweit die Diskriminierungsvermutung genügt (v. Roetteken, § 22 Rn. 57; Windel, RdA 2011, 193; vgl. auch BAG 17.12.2015 – 8 AZR 421/14; BAG 17.12.2009 – 8 AZR 670/08 – NZA 2010, 383, 384).

5. Motivbündel/Gesamtbetrachtung aller Indizien

56 Wann der Tatbestand erfüllt ist, ist im Wesentlichen eine **Frage des Einzelfalles**. Zu beachten ist aber, dass eine Benachteiligung zB auch dann vorliegt, wenn neben der Diskriminierung aufgrund eines Tatbestandes des AGG auch noch andere Gründe für die Maßnahme maßgeblich waren. Ausreichend ist es, wenn in einem Motivbündel zB des Arbeitgebers, das die Entscheidung beeinflusst hat, der **diskriminierte Tatbestand als ein Kriterium enthalten** ist (vgl. BVerfG 16.11.1993 – 1 BvR 258/86 – BVerfGE 89, 276 = NZA 1994, 745; BAG 23.7.2015 – 6 AZR 457/14; BAG 18.9.2014 – 8 AZR 753/13; BAG 18.9.2014 – 8 AZR 759/13; BAG 26.9.2013 – 8 AZR 650/12; BAG 27.1.2011 – 8 AZR 483/09 – NZA 2011, 689 mAnm v. Roetteken, jurPraxArbR 1/2012 Anm. 5; BAG 3.2.2004 – 8 AZR 112/03 – AP § 611 a BGB Nr. 23; BAG 27.4.2000 – 8 AZR 295/99; LAG Schleswig-Holstein 8.11.2005 – 5 Sa 277/05 – AuR 2006, 245; vgl. auch Grobys, NZA 2006, 898, 900; Hjort/Richter, AR-Blattei 800.1, Rn. 203; Schiek-Kocher, § 22 Rn. 21; Nollert-Borasio/Perreng, § 22 Rn. 10). Der Kausalzusammenhang zwischen nachteiliger Behandlung und dem Merkmal nach § 1 ist mithin nach der Rspr. des BAG bereits dann gegeben, wenn die Benachteiligung an das Merkmal anknüpft oder durch sie motiviert ist (vgl. BT-Drs. 16/1780, 32 zu § 3 Abs. 1). Dabei ist es nicht erforderlich, dass der betreffende Grund das ausschließliche Motiv für das Handeln des Benachteiligenden ist. Ausreichend ist vielmehr, dass das verpönte Merkmal Bestandteil eines Motivbündels ist, welches die **Entscheidung beeinflusst** hat (vgl. BAG 18.9.2014 – 8 AZR 753/13; BAG 21.6.2012 – 8 AZR 364/11 – NZA 2012, 1345; BAG 27.1.2011 – 8 AZR 580/09 – EzA AGG § 22 Nr. 3 zum Merkmal Behinderung; BAG 22.10.2009 – 8 AZR 642/08 – NZA 2010, 280; BAG 19.8.2010 – 8 AZR 530/09 – AP AGG § 15 Nr. 5 = EzA AGG § 15 Nr. 10 zum Merkmal Alter; BAG 17.8.2010 – 9 AZR 839/08 – AP § 15 AGG Nr. 4; BAG 17.12.2009 – 8 AZR 670/08 – NZA 2010, 383 ff.; Bauer/Krieger, § 7 Rn. 14; Schleusener/Suckow/Voigt-Schleusener, § 3 Rn. 12; ErfK-Schlachter, § 7 Rn. 4; Windel, RdA 2011, 193, 194). Auf ein **schuldhaftes Handeln** oder gar eine

Benachteiligungsabsicht kommt es nicht an (vgl. BAG 23.7.2015 – 6 AZR 457/14; BAG 17.8.2010 – 9 AZR 839/08 – AP § 15 AGG Nr. 4).

57 Reichen die Hilfstatsachen jede für sich nicht aus, eine Vermutung zu begründen, ist eine **Gesamtbetrachtung aller Indizien erforderlich**. Dazu bedarf es keines roten Fadens, der die verschiedenen Hilfstatsachen praktisch miteinander verknüpft (BAG 27.1.2011 – 8 AZR 483/09 – NZA 2011, 689 mAnm v. Roetteken, jurPraxArbR 1/2012 Anm. 5).

6. Träger mehrerer Merkmale (intersektionelle Benachteiligung/ Mehrfachdiskriminierung)

58 Träger mehrerer „verpönter Merkmale“ sind **besonders gefährdet**, Opfer einer Benachteiligung zu werden (→ § 4 Rn. 15). Trägt der Benachteiligte zu einem oder mehreren Merkmalen Indizien vor, die auf eine Benachteiligung hinweisen, müssen die **Anforderungen an die Tatsachen**, die zur Überzeugung des Gerichts von der Wahrscheinlichkeit der diskriminierenden Handlung führen, **geringer** sein, da die Wahrscheinlichkeit, diskriminiert zu werden, per se größer ist als bei Trägern „nur“ eines „verpönten Merkmals“ (→ § 4 Rn. 16). Allerdings hat das BAG zu Recht darauf hingewiesen, dass das Zusammenspiel mehrerer Merkmale in einer Person – wie zB Alter, Geschlecht und ethnische Herkunft – allein noch nicht dazu führt, dass von einer vom AGG verbotenen intersektionellen Benachteiligung oder Mehrfachdiskriminierung auszugehen ist (BAG 15.12.2016 – 8 AZR 418/15). Denn jede Ungleichbehandlung ist für sich hinsichtlich der Merkmale in § 1 auf ihre Rechtfertigung zu überprüfen. Zu erinnern ist auch hier an die Rechtsprechung, die darauf hinweist, dass allein die Tatsache Merkmalsträger zu sein, noch nicht zur Bejahung von Indiztatsachen ausreicht (→ Rn. 47)

VIII. Diskriminierende Handlungen Dritter

59 Ein Diskriminierungstatbestand kann auch dann gegeben sein, wenn ein **Dritter** und nicht der potenzielle Vertragspartner die Diskriminierung begangen hat (zB Wobst, NZA-RR 2016, 508 ff.; kritisch: Thüsing, Arbeitsrechtlicher Diskriminierungsschutz, Rn. 667). So hat das BAG entschieden (BAG 5.2.2004 – 8 AZR 112/03 – AP § 611 a BGB Nr. 23), dass der Diskriminierungstatbestand auch von der **Bundesanstalt für Arbeit** zulasten eines Arbeitgebers erfüllt werden kann, wenn diese eine nicht geschlechtsneutrale Anzeige schaltet. Wenn der Arbeitgeber sich zur Stellenausschreibung eines Dritten bedient und dieser Dritte die Pflicht zur geschlechtsneutralen Stellenausschreibung verletzt, so ist dies dem Arbeitgeber zuzurechnen. Den Arbeitgeber trifft auch im Falle der Fremdausschreibung die Sorgfaltspflicht, die Ordnungsmäßigkeit der Ausschreibung zu überwachen. Es geht nach Auffassung des BAG dabei nicht um die Zurechnung des Verschuldens des eingeschalteten Dritten, sondern allein um die Zurechnung von dessen Handlungsbeitrag im vorvertraglichen Vertrauensverhältnis, so dass im Ergebnis eine volle Verantwortlichkeit desjenigen besteht, der sich des Dritten bedient (vgl. BAG 17.12.2009 – 8 AZR 670/08 – NZA 2010, 383 ff.). Auf die Kommentierungen zu **§ 278 BGB** wird an

dieser Stelle ergänzend verwiesen (vgl. dazu auch BVerfG 21.9.2007 – 1 BvR 308/03 – NZA 2007, 195, 197).

IX. Beispiele

1. Einzelne Fälle

60 Im Folgenden werden einige Beispiele für einen zureichenden Vortrag von Indizien im Verfahren erörtert (vgl. im Übrigen die Kommentierung zu den einzelnen Diskriminierungstatbeständen):

a) Einstellungen/Beförderungen

61 **Äußerungen oder Verhaltensweisen** des Arbeitgebers bzw. der für ihn tätigen Personen können ein Indiz darstellen, wenn die Äußerung oder Verhaltensweise auf ein diskriminierendes Verhaltensmuster schließen lässt. Anhaltspunkt kann auch sein, ob und in welchem Ausmaß ein Arbeitgeber seinen Schutz- und Unterrichtungspflichten nach § 12 Abs. 1, 2 genügt hat (vgl. v. Roetteken, § 22 Rn. 107; jurisPK/S. Overkamp, § 22 Rn. 29). Auch ein früheres Verhalten, das bereits den Anforderungen eines Diskriminierungsverbots unterlag, kann ein Indiz sein, wie zB das Ankündigen, in einer bestimmten Weise verfahren zu wollen (EuGH 10.7.2008 – Rs. 54/07 (Feryn) – NZA 2008, 929, Äußerung eines Arbeitgebers, er werde keine Arbeitnehmer einer bestimmten ethnischen Herkunft oder Rasse einstellen; v. Roetteken, § 22 Rn. 108; Grobys, NZA 2006, 898, 902).

aa) Einleitung eines Einstellungsverfahrens

62 Grundsätzlich gilt, dass gegen ein Benachteiligungsverbot verstoßende Stellenanzeigen für sich allein ein hinreichendes Indiz dafür sind, dass ein Bewerber, der ein in der Anzeige genanntes Merkmal nicht aufweist, aus diesem Grund nicht eingestellt wurde (LAG Baden-Württemberg 20.3.2009 – 9 Sa 5/09). Bei der Einstellung kann zB die Ausschreibung einer Stelle unter Verstoß gegen § 11 oder gegen § 6 BGleiG ein Indiz sein (BVerfG 21.9.2006 – 1 BvR 308/03 – NZA 2007, 195, 196; BAG 29.6.2017 – 8 AZR 402/15; BAG 26.1.2017 – 8 AZR 73/16; BAG 26.1.2017 – 8 AZR 848/13; BAG 15.12.2016 – 8 AZR 418/15; BAG 11.8.2016 – 8 AZR 406/14; BAG 11.8.2016 – 8 AZR 809/14; BAG 19.8.2010 – 8 AZR 530/09 – NZA 2010, 1412; BAG 5.2.2004 – 8 AZR 112/03 – AP § 611 BGB Nr. 23; LAG Düsseldorf 1.2.2002 – 9 Sa 1451/01 – LAGE § 611 a BGB nF Nr. 5; LAG Köln 8.11.2000 – 3 Sa 974/00 – NZA-RR 2001, 232; Meinel/Heyn/Herms, § 22 Rn. 22; Bauer/Krieger, § 22 Rn. 11; KR-Treber, § 22 Rn. 15 f.).

Der Hinweis auf die **Angabe eines bestimmten Lebensalters**, das von dem Bewerber erwartet wird („Mitarbeiter im Alter zwischen 35 und 45 Jahren gesucht"), kann als Indiztatsache gewertet werden, da die Festlegung eines Mindestalters nur in wenigen Fällen gerechtfertigt sein wird, § 10 Nr. 2, 3 (vgl. Grobys, NJW-Spezial 2007, 81). Entsprechendes gilt für jede fehlerhafte Ausschreibung nach § 11 (→ § 11 Rn. 16 ff.; wegen der – unzulässigen, da diskriminierenden – Stellenanzeige „junge Bewerber gesucht" vgl. BAG 24.4.2008 – 8 AZR 257/07 – NZA 2010, 1412; zur Suche nach „Berufseinsteigern/Berufsanfängern" mit erster bzw. geringer Berufserfahrung

s. die beiden Entscheidungen BAG 11.8.2016 – 8 AZR 4/15, 8 AZR 809/14; zur Suche nach einer Person, die „gerade frisch gebacken aus einer kaufmännischen Ausbildung kommt“ s. BAG 15.12.2016 – 8 AZR 454/15; zum Anforderungskriterium eines Hochschulabschlusses, der „nicht länger als 1 Jahr zurück liegt oder innerhalb der nächsten Monate erfolgt“ s. BAG 26.1.2017 – 8 AZR 848/13; zu den Formulierungen „erste Berufserfahrung“ und „Berufsanfänger“ s. BAG 26.1.2017 – 8 AZR 73/16). Die Formulierung in einer Stellenanzeige „wir bieten einen sicheren Arbeitsplatz in einem jungen motivierten Team“ soll nach LAG Nürnberg (16.5.2012 – 2 Sa 574/11 – BB 2012, 2176) keine Indiztatsache sein (dazu kritisch Bertzbach, jurisPR-ArbR 50/2012 Anm. 1). Dass die Entscheidung des LAG Nürnberg zumindest nach der Rechtsprechung des BAG nicht zu halten ist, ergibt sich aus den vorgenannten BAG-Entscheidungen und schon aus der Entscheidung BAG 24.1.2013 – 8 AZR 429/11 – BB 2013, 307–308: Die **Anzeige „Berufsanfänger für das Traineeprogramm Hochschulabsolventen/Young Professionals“** ist als Indiz für eine Benachteiligung bei Ablehnung eines 36-jährigen Bewerbers angesehen worden (vgl. auch zu **Werbemaßnahmen**, die auf die corporate identity und damit auf ein Einstellungsmuster schließen lassen und damit als Indiz für die Benachteiligung zB Älterer herangezogen werden können, v. Roetteken, § 22 Rn. 220); die Begrenzung einer innerbetrieblichen Stellenausschreibung auf Arbeitnehmer im ersten Berufsjahr kann auf eine unzulässige mittelbare Benachteiligung wegen des Alters hinweisen (BAG 18.8. 2009 – 1 ABR 47/08 – NZA 2010, 222 ff.; s. auch BAG 11.8.2016 – 8 AZR 4/15). Gleiches gilt für das Angebot einer Tätigkeit „mit einem jungen dynamischen Team“ (BAG 11.8.2016 – 8 AZR 406/14). Als Indiztatsache ist zu werten, wenn der Einstellende äußert, dass der Altersdurchschnitt zu hoch sei und keine Alten mehr eingestellt werden (LAG Berlin-Brandenburg 20.9.2012 – 26 Sa 757/12 – NZA-RR 2013, 67–68). Der Hinweis des Arbeitgebers an eine ältere Stellenbewerberin, die von ihr angegebenen EDV-Kenntnisse seien veraltet, reicht als Indiztatsache nicht aus (LAG Köln 27.8.2008 – 9 Sa 649/08 – AuR 2009, 102). Ebenso ist allein die Einstellung eines jüngeren Bewerbers noch keine Indiztatsache (BAG 15.12.2016 – 8 AZR 418/15).

Indiztatsache kann die Unterlassung einer **Ausschreibung von Stellen in Teilzeit** unter Verstoß gegen § 6 Abs. 1 S. 3 BGleiG sein; dasselbe gilt, wenn die Ausschreibung eines Arbeitsplatzes in Teilzeit entgegen § 7 Abs. 1 TzBfG unterbleibt (vgl. ausführlich: v. Roetteken, § 22 Rn. 121 ff.; ErfK-Preis, TzBfG § 7 Rn. 2 f., der in letzterem Fall auf das dem Arbeitgeber zustehende Ermessen hinweist; ablehnend: LAG Hamburg 19.2.2014 – 3 Sa 39/13). Der Begriff „Geschäftsführer“ in einer Stellenanzeige ist ohne weitere Zusätze nicht als geschlechtsneutrale Stellenausschreibung zu werten und löst die Beweislastumkehr für den Arbeitgeber aus, die er nicht schon durch den Nachweis, eine Bewerberin zum Vorstellungsgespräch eingeladen zu haben, ausräumen kann (OLG Karlsruhe 13.9.2011 – 17 U 99/10 – DB 2011, 2256 ff.). Keine Indizwirkung, wenn für den **Nachtdienst in einem Mädcheninternat** eine „Erzieherin/Sportlehrerin“ gesucht wird (BAG 28.5.2009 – 8 AZR 536/08 – NZA 2009, 1016–1022).

Werden in einer Ausschreibung **Personen einer bestimmten Merkmalsgruppe** aufgefordert sich zu bewerben, liegt keine Indizwirkung vor, wenn die Ausschreibung sich insoweit auf eine gesetzliche Grundlage stützt (wie zB bei Unterrepräsentanz von Frauen in den Landesgleichstellungsgesetzen, vgl. auch § 8 HGlG; vgl. v. Roetteken, § 22 Rn. 128).

63 Von Roetteken sieht unter Hinweis auf eine Entscheidung des BVerfG (16.1.1993 – 1 BvR 258/86 – BVerfGE 89, 276, 287) in der Verletzung von Verfahrensregelungen, die zumindest auch den Schutz vor Benachteiligungen iSd § 1 bewirken sollen, einen absoluten Verfahrensfehler, mit der Konsequenz, dass damit einhergehende Beeinträchtigungen der Chancen von Personen für eine Einstellung, eine berufliche Qualifizierung oder einen beruflichen Aufstieg schon als solche zur nicht rechtfertigungsfähigen Diskriminierung der durch die Verfahrensregelung begünstigten Personen führen, mit der Folge, dass derartige Verstöße nicht mehr benötigt werden, um lediglich eine Vermutung zu begründen.

64 Indiztatsache ist auch regelmäßig die Anforderung **„Deutsch als Muttersprache"** (Diskriminierung wegen Ethnie; vgl. dazu BAG 29.6.2017 – 8 AZR 402/15; BAG 15.12.2016 – 8 AZR 418/15; ArbG Berlin 11.2.2009 – 55 Ca 16952/08 – NZA-RR 2010, 16, zust. Anm. Tolmein, jurisPR-ArbR 24/2009 Anm. 1; LAG Nürnberg 5.10.2011 – 2 Sa 171/11 – LAGE § 11 AGG Nr. 1, das aber die Auffassung vertritt, dass sich aus der Gesamtwürdigung der Anzeige, zB der gleichzeitig aufgenommen Forderung nach bestimmten Fremdsprachenkenntnissen ergeben kann, dass die Indizwirkung nicht besteht). Das BAG (15.12.2016 – 8 AZR 418/15) hat festgestellt, dass jedenfalls dann noch kein Indiz iSv § 22 gegeben ist, wenn in einem Online-Bewerbungsformular verschiedene Sprachniveaus („Deutsch als Muttersprache", Deutsch verhandlungssicher", „Deutsch fortgeschritten" und „Deutsch Grundkenntnisse") zur Auswahl standen. Zwar sei die „Muttersprache" typischerweise mittelbar mit der Herkunft und damit auch mit dem in § 1 genannten Grund „ethnische Herkunft" verknüpft. Der Begriff betreffe den primären Spracherwerb und meine die Sprache, die man als Kind (typischerweise von den Eltern) gelernt hat. Doch lasse sich dem Online-Bewerbungsformular nicht mit überwiegender Wahrscheinlichkeit entnehmen, dass der Arbeitgeber nur „Muttersprachler" gesucht habe und anderweitig erworbene Sprachkenntnisse nicht genügen lassen wollte.

Ein Bewerbungsverfahren, das für Postzusteller einen **telefonischen Erstkontakt** vorsieht, um die **Deutschkenntnisse festzustellen**, ist als Indiztatsache zu bewerten (vgl. ArbG Hamburg 26.1.2010 – 25 Ca 282/09 – AuR 2010, 233; Kohte/Rosendahl, jurisPR-ArbR 45/2010 Anm. 1). Keine Indiztatsache ist die Zurückweisung eines Bewerbers aufgrund mangelnder Sprachkenntnisse, wenn diese für die Aufgabe unabweisbar sind (ArbG Berlin 26.9.2007 – 14 Ca 10357/07 – LAGE § 15 AGG Nr. 1 mAnm Tolmein, jurisPR-ArbR 4/2008 Anm. 3). Die Anforderung „sehr gutes Deutsch" in einer Stellenanzeige für „Spezialist Software (w/m)" kann Indiztatsache für die mittelbare Benachteiligung eines nicht zum Vorstellungsgespräch eingeladenen Bewerbers mit Migrationshintergrund wegen dessen ethnischer Herkunft sein (LAG Nürnberg 5.10.2011 – 2 Sa 171/11

– LAGE 3 11 AGG Nr. 1; s. aber andererseits: LAG Hamburg 19.5.2015 – 5 Sa 79/14). Wird die Bewerbung eines Menschen mit Sprechstörung wegen fehlender „Kommunikationsstärke“ und „großer Kommunikationsprobleme“ abgelehnt, kann darin die Benachteiligung wegen einer Behinderung zu sehen sein (LAG Köln 26.1.2012 – 9 Ta 272/11 – NZA-RR 2012, 216).

65 Der Umstand, dass eine **ausgeschriebene Stelle bereits vor Eingang einer Bewerbung besetzt** wurde, schließt nicht generell eine Benachteiligung iSv § 3 Abs. 1 aus, denn die Chance auf Einstellung oder Beförderung kann dem Bewerber oder Beschäftigten auch durch eine diskriminierende Gestaltung des Bewerbungsverfahrens genommen werden (BAG 11.8.2016 – 8 AZR 4/15; BAG 19.5.2016 – 8 AZR 470/14; BAG 17.8.2010 – 9 AZR 839/08 – NZA 2011, 153). Es kommt insoweit auf die Umstände des Einzelfalles an, zB darauf, ob eine vom Arbeitgeber gesetzte Bewerbungsfrist unterlaufen wird und/oder ob Anhaltspunkte dafür vorliegen, dass eine bereits vor Eingang der Bewerbung erfolgte Stellenbesetzung gleichwohl zu einer Benachteiligung des nicht berücksichtigten Bewerbers führt. Wegen des **Einschaltens eines Dritten beim Schalten der Anzeigen** → Rn. 59.

66 Die Ablehnung einer Bewerberin für eine Nachwuchsstelle im **Management eines Landhandelsbetriebs**, weil die persönliche Kontaktpflege mit „Kunden, die ausschließlich männlichen Geschlechts seien, teilweise die Teilnahme an Unterhaltungen und Vergnügungen beinhalte, die einer Frau nicht zugemutet werden könne …“, ist diskriminierend (vgl. ArbG Hamburg 7.3.1985 – 8 Ca 124/81 – DB 1985, 1402). Andererseits hat das LAG Berlin entschieden, dass die Tatsache, dass der Arbeitgeber in einer Zeitungsanzeige **Altenpflegerinnen oder Krankenschwestern** sucht, nicht die Annahme einer Benachteiligung von Krankenpflegern wegen des Geschlechts begründet, wenn tatsächlich ein Mann als Altenpfleger eingestellt wurde (LAG Berlin 16.5.2001 – 13 Sa 393/01 – PflR 2001, 439). Dem Urteil ist zuzustimmen; die tatsächliche Entscheidung des Arbeitgebers widerlegt die Vermutungstatsache. Dies gilt auch für alle anderen Fallgestaltungen, in denen eine Person, die Träger des verpönten Merkmals ist, tatsächlich eingestellt wird.

Andererseits kann der Hinweis, dass in einem Betrieb für die ausgeschriebenen Tätigkeiten **in der Vergangenheit nur Männer eingestellt** wurden, die Bewerberin aber eine Frau ist, als Vermutungstatsache für eine Diskriminierung ausreichen (zum Vortrag, es würden Frauen im gebärfähigen Alter nur befristet eingestellt, vgl. LAG Köln 21.7.2004 – 3 Sa 411/04 – LAGE § 307 BGB 2002 Nr. 4 a). Einer in der Literatur vertretenen Auffassung, bei der Diskriminierung wegen des Geschlechts müsse die diskriminierte, nicht eingestellte Person auch vortragen, welchen Geschlechts die eingestellte Person ist, kann nicht gefolgt werden. Einem diskriminierten Arbeitnehmer wird es in der Regel nicht gelingen, ausfindig zu machen, wer tatsächlich eingestellt wurde. Deshalb müssen nur allgemeine Anhaltspunkte durch Indiztatsachen dargelegt werden; diese können zB darin liegen, dass die weibliche **Bewerberin** ihre **Qualifikation** für den ausgeschriebenen Arbeitsplatz **nachweist** und bei der Vorstellungsrunde im Übrigen nur Männer anwesend waren (Schiek/Horstkötter, NZA 1998, 863, 866; Meinel/Heym/Herms, § 22 Rn. 22).

Eine arbeitgeberseitige handschriftliche Anmerkung „ein Kind 7 Jahre alt!" auf dem an die weibliche Bewerberin zurückgesandten Lebenslauf kann von dem Verbot unmittelbarer Benachteiligung gemäß § 3 Abs. 1 erfasst sein (BAG 18.9.2014 – 8 AZR 753/13). Als Indiztatsache ausreichend sind solche von tradierten Rollenmustern ausgehenden Äußerungen regelmäßig, da diese die Grundlage der Personalauswahl verdeutlichen können. Das BAG hat zu Recht darauf hingewiesen, dass dem offensichtlich die pauschale Annahme zugrunde liegt, eines der beiden Geschlechter sei für die Kinderbetreuung zuständig und als Arbeitskraft daher weniger flexibel oder nur mit Einschränkungen verfügbar.

Es ist nicht diskriminierend, wenn in einer Stellenanzeige ein „Softwareentwickler" gesucht wird, aber durch die unmittelbar anschließende Kennzeichnung „(m/w)" die Geschlechtsneutralität der Suche klargestellt wird (BAG 15.12.2016 – 8 AZR 418/15; LAG Hamburg 19.2.2014 – 3 Sa 39/13).

67 Nach der **Rechtsprechung des EuGH** (19.4.2012 – Rs. C-415/10 (Meister) – NZA 2012, 493–495) sprechen zwei in der Regel ohne Schwierigkeiten vorzutragende Indizien für das Vorliegen einer Kausalität: die Auskunftsverweigerung des Arbeitgebers über den eingestellten Bewerber und die Geeignetheit des Abgewiesenen (im Einzelnen → Rn. 43 f.). Nach derselben Entscheidung ist auch als Indiztatsache zugunsten des Trägers des verpönten Merkmals zu werten, wenn er trotz Erfüllung der Ausschreibungsvoraussetzungen nicht zu einem Vorstellungsgespräch eingeladen wird (vgl. dazu auch Heuschmid, jurisPR-ArbR 25/2012 Anm. 1; BAG 16.2.2012 – 8 AZR 697/10 – NZA 2012, 667; BAG 22.10.2015 – 8 AZR 384/14).

68 Werden **Bewerbungen aller Träger eines verpönten Merkmals** von vornherein **aussortiert** (zB alle Frauen, alle über 40-Jährigen), ist dies ein Indiz für eine Benachteiligung im Sinne dieses Gesetzes. Hingegen kann allein die Tatsache, dass ein Angehöriger eines anderen Geschlechts oder mit einer anderen Hautfarbe eingestellt wird, ohne das Hinzutreten weiterer Merkmale nicht ausreichen, um die Voraussetzungen einer Diskriminierung darzutun, da allein diese Tatsache nicht dafür spricht, dass ein verbotener Grund nach § 1 vorliegt (vgl. Busch, S. 58; Schiek-Kocher, § 22 Rn. 28, die allerdings darauf hinweisen, dass dies nicht gilt, wenn die – kaum nachzuweisende – Situation eintritt, dass der anderen Seite nur Merkmale bekannt waren, die eine Vergleichbarkeit indizieren, die andere Seite aber nicht zu begründen vermag, weshalb eine Benachteiligung/differenzierte Behandlung erfolgte). Die **französische Rechtsprechung** hat auch als Indiztatsache gewertet, dass in der Küche des Moulin Rouge in Paris nur schwarze Köche, als Kellner/innen jedoch nur Europäer/innen eingestellt wurden (vgl. die Nachweise bei Schiek-Kocher, § 22 Rn. 30). Das ArbG Stuttgart (15.4.2010 – 17 Ca 8907/09 – NZA-RR 2010, 344) hat nicht als Indiztatsache gewertet, dass auf den zurückgeschickten Unterlagen eines abgelehnter Bewerbers der **Vermerk „Ossi"** mit einem daneben eingekreisten Minuszeichen angebracht war und bei früheren Tätigkeiten zwei Mal handschriftlich „DDR" angefügt wurde: „Ossis" seien keine abgrenzbare Eth-

nie. Dieser Entscheidung ist nicht zu folgen (vgl. dazu Däubler, § 1 Rn. 43, 43 a und Bertzbach, jurPR-ArbR 24/2010 Anm. 1). Problematisch die Entscheidung des LAG Sachsen (17.9.2010 – 3 TaBV 2/10), dass keine Indizwirkung in dem Vermerk auf zurückgesandten Bewerbungsunterlagen „TR“ (Trade restricted) einer russischen Bewerberin zu sehen ist (vgl. dazu Däubler, § 1 Rn. 43 ff.).

69 Aber auch die Darlegung einer unterdurchschnittlichen (gegenüber anderen Abteilungen des Betriebes oder anderen vergleichbaren Betrieben) **Beschäftigung älterer Arbeitnehmer** (vgl. Küttner/Kania, Diskriminierung Rn. 131) oder der **Beschäftigung nur männlicher Arbeitnehmer** (vgl. ArbG Düsseldorf 7.10.1999 – 9 Ca 4209/99 – DB 2000, 381; v. Roetteken, § 22 Rn. 70) oder die Einladung von nur 25- bis 30-jährigen Bewerbern (vgl. Boemke/Danko, § 10 Rn. 14) kann als Indiztatsache bei Nichtberücksichtigung einer Bewerbung ausreichen. Für den Fall des Bestehens eines undurchsichtigen Einstellungs- und Beförderungssystems → Rn. 101.

70 Hingegen ist der Hinweis in einer Ausschreibung, ein **Lichtbild** einzureichen, nur ein **schwaches Indiz** für eine Diskriminierung, das alleine nicht ausreicht, um eine Benachteiligung vermuten zu lassen, da hierfür auch nicht diskriminierende Gründe vorliegen können (so auch Meinel/Heyn/Herms, § 22 Rn. 24; jurisPK/S. Overkamp, § 22 Rn. 36). **Zusammen mit anderen Indizien** könnte es allerdings von Trägern „verpönter Merkmale“ (Alten, Farbigen, erkennbar Behinderten etc) genutzt werden, die Darlegungslast nach § 22 zu erfüllen (Thüsing, Arbeitsrechtlicher Diskriminierungsschutz, Rn. 653 u. 659 ff.; MüKo-Thüsing, § 22 Rn. 12; Boemke/Danko, § 10 Rn. 22; strenger (in der Regel Indiztatsache): v. Roetteken, § 22 Rn. 129). Das Gleiche gilt für die Anforderung von **Lebensläufen. Unproblematisch** ist die Anforderung von Angaben zum bisherigen **beruflichen Werdegang**, insbesondere dann, wenn in der Anzeige ein besonderes Anforderungsprofil verlangt wird. Die **Anrede „Herr“** bei einer Absage auf die Bewerbung einer weiblichen Bewerberin reicht als Indiztatsache nicht aus, da es ein schlichter Fehler bei der Bearbeitung des Schreibens sein kann (ArbG Düsseldorf 9.3.2011 – 14 Ca 908/11 – BB 2011, 948; zur Auswahl der Anrede in einem Online-Bewerbungsformular zwischen „Frau“ und „Herr“ s. BAG 15.12.2016 – 8 AZR 418/15). Das **zweimalige Zurücksenden einer Initiativbewerbung** eines Trägers eines verpönten Merkmals außerhalb eines Stellenausschreibungs- oder Stellenbesetzungsverfahrens hat keinerlei Indizwirkung (LAG München 5.5.2011 – 3 Sa 1241/10 – LAGE § 22 AGG Nr. 7).

71 Noch in den Personalakten enthaltene **Daten** aus einer Zeit **vor Inkrafttreten des AGG** begründen in der Regel keine Vermutung für eine Diskriminierung. Dagegen spricht allein schon der nicht gegebene zeitliche Zusammenhang mit einer diskriminierenden Handlung.

72 Ob es ausreicht, als Indiztatsache auf **bestimmte Werbemaßnahmen** oder eine andere Art der Selbstdarstellung, zB im Sinne einer bestimmten Corporate Identity, zu verweisen (zB bei Werbung nur mit jungen, sportlichen oder nur mit älteren Menschen), wenn man als Bewerber, der diesem Bild nicht entspricht, nicht eingestellt wurde, erscheint fraglich. Allein die Außendarstellung sagt nichts darüber aus, wie zB die Einstellungspolitik in

nicht öffentlichkeitswirksamen Bereichen, wie zB technischen Diensten, Verwaltungsabteilungen etc, ist. Dass für die Werbung auf Personen zurückgegriffen wird, die das Produkt glaubwürdig vertreten können, kann zudem durch § 8 gerechtfertigt sein (→ Rn. 62 für „Grenzfälle"; zum Ganzen auch → § 7 Rn. 10 ff. und → § 11 Rn. 16 ff).

bb) Verfahrensfehler

73 Verletzungen von Pflichten, die der Arbeitgeber nicht befolgt, obwohl sie dem Schutz der Träger eines verpönten Merkmals nach § 1 dienen, kommen als Indiztatsachen in Betracht (vgl. BAG 17.8.2010 – 9 AZR 839/08 – NZA 2011, 153). Die bei einer Bewerbung von **behinderten Menschen** zu beachtenden und bei ihrer Verletzung als zu berücksichtigende Indiztatsachen für eine Benachteiligung in Betracht zu ziehenden Tatbestände sind unter → Rn. 83 ff. zusammengefasst.

74 Nach der Rechtsprechung des BAG soll ein **Verstoß gegen** die in § 167 Abs. 2 SGB IX (**Betriebliches Eingliederungsmanagement/BEM**; bis zum 31.12.2017: § 84 Abs. 2 SGB IX) geregelten, die Wiedereingliederung eines Langzeiterkrankten erleichternden Pflichten kein Indiz für eine diskriminierende und damit unzulässige krankheitsbedingte Kündigung eines behinderten Menschen sein (BAG 28.4.2011 – 8 AZR 515/10 – NJW 2011, 2458, 2461; von Kossens, jurisPR-ArbR 35/2011 Anm. 1; aA: ArbG Bremen-Bremerhaven 24.9.2013 – 3 Ca 3021/13). Zu Recht kritisiert v. Roetteken diese Auffassung als das Ziel der Regelung verfehlend, da aus der Erweiterung des Schutzbereiches auf Langzeiterkrankte – aber nicht Behinderte im Sinne des SGB IX – nicht geschlossen werden kann, dass die Vorschrift nicht vorrangig Menschen mit Behinderungen schützen will, wie sich nicht zuletzt aus ihrer Stellung im SGB IX ergibt (v. Roetteken, § 22 Rn. 173). Dass die Entscheidung des BAG zu kurz greift, ergibt sich auch bei einem Vergleich mit der Rechtsprechung des EuGH, der die Prüfung verlangt, ob der Arbeitgeber alle nach RL 2000/78 EG erforderlichen Maßnahmen getroffen hat (EuGH 11.7.2006 – Rs. C-13/05 (Chácon Navas) – NZA 2006, 89; vgl. auch v. Roetteken, § 22 Rn. 174).

cc) Absage eines angekündigten Einstellungsgespräches

75 Wird die Einladung zu einem Auswahlgespräch entgegen einer Ankündigung oder üblichen Praxis nicht in die Tat umgesetzt, ist dies ein Indiz für die Benachteiligung des Trägers des verpönten Merkmals. Denn nach der Rechtsprechung des BVerfG wird der Schutzzweck von Art. 3 Abs. 2 GG bei der Auslegung und Anwendung von Schutzvorschriften verkannt, wenn zB bei der Prüfung, ob eine geschlechtsspezifische Diskriminierung vorliegt, nicht auf eine mögliche Beeinträchtigung der Chancen des Stellenbewerbers durch eine – die endgültige Auswahlentscheidung nicht berührende – Verfahrensgestaltung eingegangen wird. Davon ist auszugehen, wenn keine Einladung zum Vorstellungsgespräch entgegen ursprünglicher Ankündigung durch den Stellenausschreibenden erfolgt (BVerfG 16.11.1993 – 1 BvR 258/86 – NZA 1994, 745). In dieser Absolutheit kann der Auffassung nicht zugestimmt werden. Zumindest müssen **weitere Indizien**, wie die Absage aller Träger eines verpönten Merkmals (zB aller Frauen, aller Asiaten), hinzukommen (zu Recht kritisch: MüKo-Thüsing, § 22 Rn. 12).

Eine unterbliebene Einladung zu einem Vorstellungsgespräch führt nach Auffassung des ArbG Karlsruhe (26.1.2016 – 2 Ca 425/15 – NZA-RR 2016, 294 ff.) bei einer wiederholten Bewerbung nicht die Vermutungswirkung des § 22 herbei, wenn der Bewerber kurz zuvor an einem Bewerbungsgespräch teilgenommen hatte.

dd) Bewerbungs- und Beförderungsgespräche

76 Die gleichen Grundsätze wie bei Einstellungen gelten für Bemerkungen und Fragen in einem Vorstellungs- bzw. Beförderungsgespräch. Die Tatsache, dass **vergleichbare Beschäftigte** zu einem Gespräch über einen Beförderungsposten eingeladen werden, der Träger des verpönten Merkmals aber nicht, kann ein ausreichendes Indiz sein (vgl. LAG Köln 10.5.1990 – 8 Sa 462/89 – LAGE § 611 a BGB Nr. 5). Das Gleiche gilt, wenn **entgegen** § 7 **BGleiG** oder vergleichbarem Landesrecht weniger Frauen als Männer an einem Vorstellungsgespräch teilgenommen haben, obwohl es noch genügend Frauen mit entsprechender Qualifikation gab, die hätten teilnehmen können. Die Vermutung einer Benachteiligung gilt auch für die Frauen, die teilgenommen haben, da das Nichteinladen der erforderlichen Anzahl von Frauen auf die mangelnde Bereitschaft des Arbeitgebers schließen lässt, die Schutzvorschrift zB des § 7 BGleiG einzuhalten (vgl. v. Roetteken, § 22 Rn. 133).

77 Die Frage nach der **Religion** und/oder nach der **sexuellen Identität** (vgl. Küttner/Kania, Diskriminierung Rn. 29; Thüsing, Arbeitsrechtlicher Diskriminierungsschutz, Rn. 677 ff.; Boemke/Danko, § 10 Rn. 26 f.) ist Indiztatsache. Die Frage nach einer **Schwerbehinderung** kann Indiztatsache sein (vgl. Schiek, NZA 2004, 873, 881; Joussen, NZA 2007, 174 ff.; differenzierend, wenn die Frage darauf abzielt zu erfahren, ob der Stellenbewerber für die beabsichtigte vertragliche Tätigkeit überhaupt geeignet ist: LAG Hamm jurisPR-ArbR 1/2007 Nr. 4 mit zustimmender Anm. Tolmein; (umstritten) verneinend (Frage grundsätzlich nicht erlaubt): Deinert, in: Deinert/Neumann, § 17 Rn. 17; vgl. auch BAG 7.7.2011 – 2 AZR 396/10 – NZA 2012, 34, 37 und BAG 26.6.2014 – 8 AZR 547/13 zur (unbedenklichen) Frage, welche Einschränkungen hinsichtlich des Arbeitsplatzes sich aus einer in den Bewerbungsunterlagen angegebenen Behinderung ergeben). Grundsätzlich ist der von Deinert vertretenen strengen Auffassung zuzustimmen, da jede andere Entscheidung im Widerspruch zur Wertentscheidung des Art. 3 Abs. 3 S. 2 GG stünde. Allerdings kommt dann, wenn ein berechtigtes Interesse des Arbeitgebers besteht, die Geeignetheit des Bewerbers für den Arbeitsplatz zu erfahren, eine Rechtfertigung im Rahmen des § 8 in Betracht (vgl. dazu v. Roetteken, § 22 Rn. 152; s. auch BAG 26.6.2014 – 8 AZR 547/13). Im bestehenden Arbeitsverhältnis ist die Frage nach der Schwerbehinderung wegen des Eingreifens des Sonderkündigungsschutzes nach 6 Monaten zulässig (BAG 16.2.2012 – NZA 2012, 555). **Fragen nach Erkrankungen** können für eine Vermutung, der Arbeitgeber nehme eine Behinderung an, sprechen (BAG 17.12.2009 – 8 AZR 670/08 – NZA 2010, 383, 387). Dies gilt ganz besonders, wenn aus den Fragen Rückschlüsse auf bestimmte Behinderungen möglich werden (Thüsing, Arbeitsrechtlicher Diskriminierungsschutz, Rn. 678); Fragen nach der **ethnischen Zugehörigkeit**, aber auch die **Überschreitung des Fragerechts** in

anderen Fällen (→ § 7 Rn. 35 ff.) und die **nachfolgende Nichteinstellung** bzw. **Nichtbeförderung** können Indiztatsachen sein (vgl. auch Thüsing, RdA 2005, 257, 260; ders., NZA 2006, 774, 776 auch mit weiteren Beispielen aus dem anglo-amerikanischen Recht). Auch Fragen nach **Alkohol- und Drogenkonsum** oder -abhängigkeit, nach **einer Aufenthalts- oder Arbeitserlaubnis, Gewerkschafts- oder Parteizugehörigkeit,** können als Indiztatsachen bzgl. des Vorliegens eines Diskriminierungstatbestandes gewertet werden (vgl. Wisskirchen/Bissels, NZA 2007, 169, 171; Thüsing, Arbeitsrechtlicher Diskriminierungsschutz, Rn. 678 ff.). Die Frage nach der **Nationalität** kann als „Umgehungsfrage" bzgl. des verpönten Merkmals „Rasse" oder ethnische Herkunft eine Indiztatsache sein (aA v. Roetteken, § 22 Rn. 155). Fragen nach dem **Familienstand**, nach **Familienpflichten**, nach **Kinderbetreuung**, die auf eine mittelbare Benachteiligung von Frauen, aber auch Männern, die Familienpflichten übernehmen, schließen lassen, sind Indiztatsachen (v. Roetteken, § 22 Rn. 155; für die Kinderbetreuungsfrage weitere Indizien verlangend: Bauer/Krieger, § 22 Rn. 11; aA LAG Niedersachsen 4.8.2011 – 5 Sa 1351/10; zu Statistiken als Indiztatsachen → Rn. 80; auch Krieger, Diskriminierung bei Beförderungsentscheidungen, in: FS Bauer, S. 613, 615 ff.).

Hinweise zu den **Einkommensverhältnissen**, dem **Familieneinkommen**, der Hinweis an eine Bewerberin, die Stelle solle mit einem Mann besetzt werden, und der weiteren Bemerkung, im Übrigen sei doch ihr Ehemann Arzt, können Indiztatsachen für eine Diskriminierung sein (vgl. v. Roetteken, § 22 Rn. 157). Gerade in letzterer Bemerkung kommt die mit dem AGG nicht in Einklang zu bringende Auffassung, eine Frau solle nur dann einen Beruf ausüben, wenn das Familieneinkommen nicht durch die Tätigkeit des Mannes gewährleistet sei, deutlich zum Ausdruck (vgl. auch LAG Schleswig-Holstein 17.4.1990 – 2 Sa 561/89 – LAGE § 611 a Nr. 7; zum Ganzen auch Däubler, § 7 Rn. 20 ff.; Boemke/Danko, § 10 Rn. 26). Wegen der Frage, ob **deutsch Muttersprache** ist → Rn. 64.

Wegen Pflichtverletzungen durch Nichtbefolgung von Vorschriften, die zur Förderung der Chancen schwerbehinderter Menschen geschaffen wurden (→ Rn. 83 ff.). Die vorstehenden Ausführungen gelten ebenfalls für **Fragebögen** (vgl. dazu ArbG Stuttgart 16.3.2011 – 30 Ca 1772/10).

ee) Insbesondere: Die Frage nach der Schwangerschaft

78 Die Frage nach der Schwangerschaft ist nach ganz herrschender Meinung ein **Indiz für eine Benachteiligung** wegen des Geschlechts. Das Gleiche gilt für Umgehungsfragen nach der **Familienplanung** (dazu auch Däubler, § 7 Rn. 25; vgl. ferner Wisskirchen/Bissels, NZA 2007, 169, 173; Schrader, DB 2006, 2573; Busch, S. 78; Boemke/Danko, § 10 Rn. 26; v. Roetteken, § 22 Rn. 154; MüKo-Thüsing, § 22 Rn. 12; einschränkend: BAG 24.4.2008 – 8 AZR 257/07 – NZA 2008, 1351: weitere Hilfstatsachen erforderlich; BAG 27.11.2011 – 8 AZR 483/09 – NZA 2011, 689 mit abl. Anm. v. Roetteken, jurisPR-ArbR 1/2012 Anm. 5; LAG Berlin-Brandenburg 28.6.2011 – 3 Sa 917/11 – NZA-RR 2011, 623; vgl. auch zu weiteren problematischen Formulierungen beim **Einsatz von Fragebögen** Grobys, NJW-Spezial 2007, 81).

ff) Offenbaren eines verpönten Merkmals

79 Fraglich ist, ob das freiwillige Offenbaren von verpönten Merkmalen („Ich bin homosexuell") und das Nichteinladen zu einem Vorstellungs- bzw. Beförderungsgespräch oder das Einstellen/Befördern eines Heterosexuellen ausreicht, um eine Benachteiligung zu indizieren. Dies wird man ohne das Hinzutreten weiterer Indiztatsachen (alle Homosexuellen, auch die, die zu einem Gespräch eingeladen wurden, werden nicht genommen, der Träger des verpönten Merkmals ist besser qualifiziert etc) nicht annehmen können (vgl. auch Bauer/Krieger, § 22 Rn. 10).

gg) Indizwirkung von Statistiken

80 Statistiken, um eine mittelbare Diskriminierung darzulegen (vgl. Müko-Thüsing, § 22 Rn. 14), müssen **aussagekräftig** sein, um eine **Beweislastumkehr** herbeizuführen (EuGH 27.10.1993 – Rs. C-427/11 (Enderby) – NZA 1994, 797). Lediglich allgemeine Daten, etwa über Arbeitslosenquoten bestimmter Altersgruppen oder von arbeitslosen Ausländern, reichen nicht aus. Gleiches gilt etwa hinsichtlich des allgemeinen Vortrags einer abgelehnten Bewerberin, im IT-Bereich seien generell überwiegend Männer beschäftigt (BAG 15.12.2016 – 8 AZR 418/15). Aber dem konkreten statistischen Nachweis, dass in einem Unternehmen auf einer Führungsebene, in bestimmten Abteilungen oder überhaupt im gesamten Betrieb nur eine geringe Anzahl oder keine Frauen tätig sind, kann eine Vermutungswirkung für eine Benachteiligung beigemessen werden (vgl. LAG Berlin-Brandenburg 26.11.2008 – 15 Sa 517/08 – LAGE § 22 AGG Nr. 1; Dahm, BB 2011, 1792; v. Roetteken, § 22 Rn. 193 ff.; Nollert-Borasio/Perreng, § 22 Rn. 13 f.; Wiedemann, Gleichbehandlungsgebote, S. 32 f.; Wendeling-Schröder/Stein, § 22 Rn. 28; Windel, RdA 2011, 193 ff.; vgl. auch Krieger, FS Bauer, S. 613, 615 ff.), uU auch wegen der Undurchschaubarkeit der Einstellungskriterien (→ Rn. 102; v. Roetteken, § 22 Rn. 195). Das Gleiche gilt, wenn in einem Betrieb keine oder nur eine im Verhältnis zur übrigen Belegschaft geringe Anzahl von Überfünfzigjährigen beschäftigt wird (v. Roetteken, § 22 Rn. 193; Däubler, AiB 2007, 97 f.).

Auch das BAG hat grundsätzlich anerkannt, dass **Statistiken** Indizien für eine **Benachteiligung** sein können (BAG 26.1.2017 – 8 AZR 848/13; BAG 18.9.2014 – 8 AZR 753/13; BAG 21.6.2012 – 8 AZR 364/11 – NZA 2012, 1345; BAG 27.1.2011 – 8 AZR 483/09 – NZA 2011, 689 ff.; BAG 22.7.2010 – 8 AZR 1012/08 – NZA 2011, 93–104; ErfK-Schlachter, § 22 Rn. 7; zurückhaltender: Göpfert, Statistikbeweis und Allgemeines Gleichbehandlungsgesetz, in: FS Bauer, S. 65 ff.; Bauer/Krieger, NZA 2016, 1041, 1042 f.; jurisPK/S. Overkamp, § 22 Rn. 39). **Statistiken** kommt nach der Rechtsprechung des BAG umso eher ein Indizwert zu, je konkreter sich diese auf den konkreten Betrieb/die konkrete Abteilung/den Arbeitsplatz beziehen (vgl. BAG 21.6.2012 – 8 AZR 364/11 – NZA 2012, 1345; BAG 22.7.2010 – 8 AZR 1012/08 – NZA 2011, 93 ff.; Bauer/Krieger, § 22 Rn. 11; MüKo-Thüsing, § 22 Rn. 14; Windel, RdA 2011, 193 ff.; Krieger, FS Bauer, S. 613, 615 ff.). Ob allein das Verhältnis zwischen dem Frauenanteil im Betrieb und dem in oberen Führungsetagen einen Rückschluss auf die Benachteiligung von Frauen zulässt, ist fraglich, da die Aussagekraft der Statistiken sehr von der Art des Betriebes abhängt (zB einerseits ein Montagebetrieb, der in der Montageabteilung 80 % Frauen ohne Ausbildung, aber gut ausgebildete Männer in den oberen Hierarchieebenen beschäftigt, andererseits ein Beratungsbüro mit gut ausgebildeten Frauen auf den unteren Hierarchieebenen und mit im Verhältnis dazu wenigen Männern in den oberen Ebenen; vgl. auch Windel, RdA 2011, 193 ff.; s. auch die Erläuterungen zum EntgTranspG). Die **darunterliegende Hierarchieebene** muss nach Schlachter in jedem Fall in die Betrachtung mit einbezogen werden (ErfK-Schlachter, § 22 Rn. 7). **Der Entscheidung des BAG** (27.1.2011 – 8 AZR 483/09 – NZA 2011, 689 ff.), das die Auffassung vertritt, den Arbeitgebern könnten die gesellschaftlichen Verhältnisse – zB Unterrepräsentanz von Frauen – nicht zugerechnet werden, da sie nicht in der Lage und schon gar nicht verpflichtet seien, gesellschaftliche Gegebenheiten, die der Erwerbstätigkeit oder dem Aufstieg von Frauen entgegenstünden, in ihrer Personalpolitik auszugleichen, kann in dieser Absolutheit nicht gefolgt werden. Das BAG setzt sich mit dieser Auffassung in Widerspruch zu der Rechtsprechung des EuGH, der für den Anschein einer Diskriminierung bereits ausreichen lässt, wenn die benachteiligte Gruppe relativ konstant einen Abstand zur besser gestellten Gruppe aufweist (EuGH 27.10.1993 – Rs. C-127/92 (Enderby) – NZA 1993, 797; ausführliche, berechtigte Kritik an der Rechtsauffassung des BAG bei v. Roetteken, § 22 Rn. 195 ff.). Nicht zu folgen ist deshalb auch insoweit der Entscheidung des BAG (21.6.2012 – 8 AZR 364/11 – NJW Spezial, 742), wonach es ausreicht, dass in einem Betrieb keine Arbeitnehmer nichtdeutscher Herkunft beschäftigt werden, im gesamten Unternehmen jedoch Arbeitnehmer aus 13 Nationen arbeiten. Der Arbeitgeber kann, wenn die Statistiken für eine Benachteiligung der Träger eines verpönten Merkmals sprechen, natürlich nachweisen, dass seine Personalentscheidung nicht diskriminierend ist, zB wegen des Prinzips der Bestenauslese im öffentlichen Dienst. Ein **Abstellen auf den Bewerberkreis** als Kriterium für die Beurteilung, zB ob die Einstellung diskriminierend ist, kommt allerdings nicht in Betracht, da die Bewerberlage bereits auf den diskriminierenden Strukturen beruhen kann (v. Roetteken § 22 Rn. 195 ff.). **Vergleichsgruppen** müssen eine bestimmte **Mindestgröße** haben, um Zufallsergebnisse zu vermeiden (vgl. Göpfert, FS Bauer, S. 65 ff.). Bisher hat die Rechtsprechung keine generellen Regeln aufgestellt, ab wann ein Aussagewert und damit eine Indiztatsache gegeben ist. Eine feste Größe wird auch nicht festgelegt werden können, da sie auch davon abhängt, wie groß die Differenz innerhalb der zu vergleichenden Personengruppen ist (vgl. auch Göpfert FS Bauer, S. 65 ff.); das Gleiche gilt für die Frage, wann die Unterschiede ausreichend signifikant sind. Erreichen jedoch in einem **Vergütungssystem** 90 % der Männer und 50 % der Frauen signifikant höhere Lohnstufen, reicht dies als Indiztatsache aus (Schleusener/Suckow/Voigt, § 22 Rn. 32; Boemke/Danko, § 10 Rn. 14; s. auch LAG Rheinland-Pfalz 23.3.2017 – 5 Sa 454/15; s. auch die Erläuterungen zum EntgTranspG).

81 Indizwirkung ist auch beizumessen, wenn ein türkischer Ladeninhaber nur türkische männliche Arbeitnehmer einstellt (Vermutungswirkung für die Benachteiligung von Frauen bzw. Menschen anderer Ethnie; vgl. auch Meinel/Heyn/Herms, § 22 Rn. 26; zur Indizwirkung von Statistiken auch Schiek-Kocher, § 22 Rn. 30).

hh) Ernsthaftigkeit der Bewerbung

82 Bislang bestand weitgehend Einigkeit, dass Indiztatsachen nur bei einer **ernsthaften Bewerbung** heranzuziehen sind. So hat das LAG Berlin (30.3.2006 – 10 Sa 2395/05 – NZA-RR 2006, 513) entschieden, dass auch dann, wenn eine Stellenanzeige für eine „Chefsekretärin/Assistentin für den Geschäftsführer …“ vorliegt, ein nicht berücksichtigter männlicher Bewerber sich nicht auf diese Indiztatsache berufen kann, wenn seine berufliche Vita nicht erkennen lässt, dass er irgendwelche Erfahrungen in der Organisation eines Chefsekretariats hatte. Dies gelte insbesondere, wenn in der Stellenanzeige auch Sprachkenntnisse verlangt werden, die der Bewerber nicht hat. Nach Auffassung des LAG Berlin liegt eine ernsthafte Bewerbung auch dann nicht vor, wenn der Bewerber in seiner Bewerbung nicht darauf hinweist, dass er die in der Stellenanzeige besonders hervorgehobenen Voraussetzungen für die Tätigkeit erfüllt (zB Sprachkompetenz). Auch das Nennen einer **Einkommensvorstellung**, die **erheblich über dem Marktüblichen** liegt, könne dafür sprechen, dass eine ernsthafte Bewerbung nicht gegeben ist (LAG Berlin 30.3.2006 – 10 Sa 2395/05 – NZA-RR 2006, 513). Aber warum soll ein „ernsthafter“ hochqualifizierter Bewerber nicht hohe Gehaltsforderungen stellen? Und ein Hinweis im Bewerbungsschreiben auf die Erfüllung der Anforderungen ist zumindest dann nicht erforderlich, wenn sie sich aus den Bewerbungsunterlagen ergibt. Allerdings kann andererseits auch aus den Bewerbungsunterlagen selbst hervorgehen, dass **eine ernsthafte Bewerbung nicht gewollt** ist (zB Bewerbungsfoto „vor dem Schachbrett sitzend“, Bewerbungstext eingeleitet mit „Ceterum Censeo“, Angabe im Lebenslauf „seit … im Zuge der Reform Hartz IV auf Bahnhofspennerniveau verharzt“ – vgl. LAG Stuttgart 13.8.2007 – 3 Ta 119/07 – juris PR-ArbR 38/2007 Nr. 3 mAnm Brors). Die offenkundige fehlende Ernsthaftigkeit kann sich nach einer Entscheidung des LAG Köln auch aus provokantem Auftreten im Bewerbungsverfahren ergeben (vgl. LAG Köln 10.2.2010 – 5 Ta 408/09 – NZA-RR 2010, 234).

Allerdings hat das BAG in seiner neueren Rechtsprechung auf den formalen Bewerberbegriff abgestellt und klargestellt, dass es auf die subjektive Ernsthaftigkeit der Bewerbung nicht ankomme (BAG 19.5.2016 – 8 AZR 470/14). Auch hält es nicht länger an dem Merkmal der „objektiven Eignung“ des Bewerbers für die ausgeschriebene Stelle fest (BAG 11.8.2016 – 8 AZR 406/14; BAG 26.1.2017 – 8 AZR 848/13). Die Fälle dieser Fallgruppe seien vielmehr im Rahmen des Rechtsmissbrauchseinwands zu prüfen.

b) Behinderung

83 Nach der Rechtsprechung des BAG reicht die Möglichkeit der Kausalität einer Behinderung eines Arbeitnehmers für dessen Benachteiligung nicht aus (BAG 26.1.2017 – 8 AZR 736/15). Danach verlangt § 22 für die Annahme der Kausalitätsvermutung Indizien, die mit überwiegender Wahrscheinlichkeit darauf schließen lassen, dass eine Benachteiligung wegen eines in § 1 genannten Grundes erfolgt ist. Als Vermutungstatsachen für einen Kausalzusammenhang mit der Schwerbehinderung kommen Pflichtverletzungen in Betracht, die der Arbeitgeber begeht, indem er Vorschriften nicht befolgt, die Verfahrens- und/oder Förderpflichten zugunsten schwer-

behinderter Menschen enthalten (BAG 26.1.2017 – 8 AZR 736/15). Denn solche Pflichtverletzungen sind geeignet, den Anschein zu erwecken, an der Beschäftigung schwerbehinderter Menschen uninteressiert zu sein und sogar möglichen Vermittlungsvorschlägen und Bewerbungen von arbeitsuchenden schwerbehinderten Menschen aus dem Weg gehen zu wollen (BAG 26.6.2014 – 8 AZR 547/13). Eine unterbliebene Einladung zu einem Vorstellungsgespräch für den öffentlichen Dienst führt grundsätzlich die Vermutungswirkung herbei (BAG 22.8.2013 – 8 AZR 563/12). Unterlässt es der öffentliche Arbeitgeber entgegen § 165 SGB IX, einen schwerbehinderten, fachlich geeigneten Bewerber zu einem Vorstellungsgespräch einzuladen, stellt dies eine Indiztatsache dar. Ein solcher Verfahrensfehler kann auch nicht nachträglich durch Nacheinladung zum Vorstellungsgespräch geheilt werden (BAG 22.8.2013 – 8 AZR 563/12).

Das BAG hat schon früh zu **§ 81 SGB IX aF (seit 1.1.2018: § 164 SGB IX)** geurteilt, dass die Vermutung einer Benachteiligung sich auch aus der **Verletzung „allgemeiner Arbeitgeberpflichten"** ergeben kann, zB wenn der Arbeitgeber die Schwerbehindertenvertretung entgegen § 81 Abs. 1 S. 4 SGB IX (jetzt: § 164 Abs. 1 S. 4 SGB IX) über die Bewerbung eines schwerbehinderten Menschen nicht unmittelbar nach Eingang unterrichtet und sie auch nicht bei der Entscheidung beteiligt, ob ein Arbeitsplatz mit einem schwerbehinderten Menschen besetzt werden kann. Die Nichtbeteiligung der Schwerbehindertenvertretung, so das BAG, lässt auf eine Benachteiligung wegen der Schwerbehinderung schließen (BAG 17.8.2010 – 9 AZR 839/08 – NZA 2011, 153; BAG 15.2.2005 – 9 AZR 635/03 – AP § 81 SGB IX Nr. 7; zuletzt: BAG 20.1.2016 – 8 AZR 194/14; auch v. Roetteken, § 22 Rn. 137 f., 176; Bauer/Krieger, § 22 Rn. 11). Wenn der Arbeitgeber gegen die Unterrichtungspflicht über den Eingang einer Bewerbung schwerbehinderter Menschen verstößt, kann die Schwerbehindertenvertretung die ihr gesetzlich zugewiesenen Funktionen nicht erfüllen; dies genügt als Indiz. Wegen des vor Ablauf der Bewerbungsfrist und vor Einreichung der Bewerbung eines schwerbehinderten Menschen abgeschlossenen Bewerbungsverfahrens → Rn. 65.

Wird **die Schwerbehindertenvertretung** entgegen § 164 Abs. 1 SGB IX nicht beteiligt, liegt eine Indiztatsache iSd § 22 vor (BAG 26.1.2017 – 8 AZR 736/15; BAG 20.1.2016 – 8 AZR 194/14; BAG 17.8.2010 – 9 AZR 839/08 – NZA 2011, 153). Die **Nichteinladung** eines schwerbehinderten Menschen zum Vorstellungsgespräch durch einen öffentlichen Arbeitgeber entgegen § 165 S. 3 SGB IX (bis 31.12.2017: § 82 S. 2 SGB IX) ist eine Indiztatsache (vgl. BVerwG 3.3.2011 – 5 C 16/10 – NZA 2011, 977; BAG 21.7.2009 – 9 AZR 431/08 – NZA 2009, 1087, 1089; BAG 16.2.2012 – 8 AZR 697/10 – NZA 2012, 667; BAG 22.8.2013 – 8 AZR 563/12; LAG Sachsen-Anhalt 7.6.2017 – 5 Sa 339/16; v. Roetteken, § 22 Rn. 137 f.; Bauer/Krieger, § 22 Rn. 11; Schiek/Kocher, § 22 Rn. 33; Wendeling-Schröder/Stein, § 22 Rn. 23; zu den Maßnahmen, die der Arbeitgeber bei Eingang der Bewerbung eines schwerbehinderten Menschen bzw. Mitteilung der Behinderung nach Ablauf der Bewerbungsfrist ergreifen muss, vgl. BAG 18.11.2008 – 9 AZR 643/07 – NZA 2009, 728). Die Verletzung dieser Pflichten ist ein Indiz für die Benachteiligung. Die Verletzung der Verpflichtung des Arbeitgebers zur Förderung des schwerbehinderten Menschen kann ein Indiz für eine Diskriminierung sein (vgl. EuGH 11.7.2006 – Rs. C-13/05 (Chacón Navas) – NZA 2006, 839; Domröse, NZA 2006, 1320, 1322; → § 7 Rn. 50; wegen der Verletzung der Pflicht des Arbeitgebers, bei Vorliegen der Voraussetzungen des § 164 Abs. 1 S. 7 SGB IX (bis zum 31.12.2017: § 81 Abs. 1 S. 7 SGB IX) die Angelegenheit mit der Schwerbehindertenvertretung zu erörtern, und den Folgen des Unterlassens dieser Verpflichtung vgl. BAG 18.11.2008 – 9 AZR 431/08 – NZA 2009, 79, 82; v. Roetteken, § 22 Rn. 180). Von einer Indizwirkung ist auszugehen, wenn der Arbeitgeber eine Prüfung nach § 164 Abs. 1 S. 1, 6 SGB IX (bis 31.12.2017: § 81 Abs. 1 S. 1, 6 SGB IX) unterlässt, keine Verbindung mit der BA gemäß § 164 Abs. 1 S. 2 SGB IX (vormals: § 81 Abs. 1 S. 2 SGB IX) aufnimmt bzw. der öffentliche Arbeitgeber keine Mitteilung von freien Stellen an die BA vornimmt, ganz gleich ob er sie extern oder intern besetzen will (vgl. BAG 18.11.2008 – 9 AZR 643/07 – NZA 2009, 728; BAG 12.9.2006 – 9 AZR 807/05 – AP § 81 SGB IX Nr. 13; Gagel, jurisPR-ArbR 26/2008 Anm. 4; v. Roetteken, § 22 Rn. 183; aA LAG Saarland 13.2.2008 – 1 TaBV 15/07 – LAGE § 82 SGB IX Nr. 2). Zu Recht weist allerdings v. Roetteken darauf hin, dass die **Indizwirkung** im letzteren Fall **entfällt**, wenn aufgrund verbindlicher haushaltsrechtlicher Maßnahmen feststeht, dass externe Bewerber nicht in Betracht kommen (v. Roetteken, § 22 Rn. 184); auch die **Verfehlung der durch § 154 Abs. 1 SGB IX** (vormals: § 71 Abs. 1 SGB IX) **vorgegebenen Beschäftigungsquote** kann auf die mangelnde Erfüllung der Pflichten aus § 164 Abs. 1 SGB IX hinweisen und damit als Indiztatsache in Betracht kommen (vgl. ausführlich v. Roetteken, § 22 Rn. 185 f. zu den Folgen einer Pflichtverletzung nach § 164 Abs. 1 S. 9 SGB IX (vormals: § 81 Abs. 1 S. 9 SGB IX) – Nichtunterrichtung des betroffenen Bewerbers über die Besetzung der Stelle mit einem anderen – vgl. LAG Berlin-Brandenburg 20.12.2011 – 3 Sa 1505/11 – BB 2012, 1088; Beyer, jurisPR-ArbR 25/2012 Anm. 3). Wenn der schwerbehinderte Mensch allerdings bereits an einem anderen Auswahlverfahren mit identischem Anforderungsprofil teilgenommen hat, soll dies keine Indizwirkung haben (ArbG Karlsruhe 26.1.2016 – 2 Ca 425/15 – NZA-RR 2016, 294 ff.). Das Nichtbestehen einer Schwerbehindertenvertretung stellt allerdings kein Indiz iSv § 22 dar, da der Arbeitgeber nicht für deren Bildung verantwortlich ist (LAG Sachsen-Anhalt 7.6.2017 – 5 Sa 339/16).

84 Der Arbeitgeber muss **wissen bzw. wissen können**, dass es sich um einen Bewerber handelt, der die Voraussetzungen des § 2 Abs. 2, 3 SGB IX erfüllt (BAG 18.11.2008 – 9 AZR 431/08 – NZA 2009, 79, 82; vgl. Bauer/Krieger, § 22 Rn. 11; v. Roetteken, § 22 Rn. 139; Nollert-Borasio/Perreng, § 22 Rn. 10 b). Da eine Frage nach der Behinderung unzulässig ist, muss der schwerbehinderte Mensch in der Regel selbst diese Mitteilung machen. Übersehen Mitarbeiter des Arbeitgebers bei der Vorauswahl den Hinweis, ist dieser **Fehler dem Arbeitgeber zuzurechnen** (→ Rn. 59; BAG 16.9.2008 – 9 AZR 791/07 – NZA 2009, 79); unrichtig deshalb die Entscheidung des LAG Nürnberg, das den Fehler einer Bürokraft bei der Auswertung der Bewerbungsunterlagen nicht dem Arbeitgeber zugerechnet hat (LAG Nürnberg 1.4.2004 – 7 SHa 4/04 – LAGE § 81 SGB IX Nr. 1).

85 Nach § 165 S. 4 SGB IX (vormals: § 82 S. 3 SGB IX) ist die Einladung entbehrlich, wenn dem Bewerber offensichtlich die fachliche Eignung fehlt. Um das erkennen zu können, ist ein **Anforderungsprofil** erforderlich, an dem die Geeignetheit/Ungeeignetheit gemessen werden kann (BAG 16.9.2008 – 9 AZR 791/07 – NZA 2009, 79; BAG 16.2.2012 – 8 AZR 697/10 – NZA 2012, 667; BVerwG 3.3.2011 – 5 C 16/10 – NZA 2011, 977; zur offensichtlichen Ungeeignetheit: LAG Schleswig-Holstein 8.11.2005 – 5 Sa 277/05 – AuR 2006, 245; v. Roetteken, § 22 Rn. 140). Die Einladung ist allerdings dann nicht entbehrlich, wenn Bewerber mit besserer Eignung vorhanden sind, da die Regelung abschließend ist. Die bessere Eignung von Mitbewerbern schließt eine Benachteiligung nicht aus. Die **Benachteiligung** liegt bereits vor, **wenn der schwerbehinderte Mensch nicht in die Auswahl einbezogen wurde** (BAG 17.8.2010 – 9 AZR 839/08 – NZA 2011 153; BVerwG 3.3.2011 – 5 C 16/10 – NZA 2011, 977; v. Roetteken, § 22 Rn. 142 mit Hinweis auf die Kommentarliteratur zu § 82 SGB IX aF). Keinen Einfluss auf die Verpflichtung zur Einladung hat die Erfüllung der **Mindestbeschäftigungsquote** (BAG 17.8.2010 – 9 AZR 839/08 – NZA 2011 153).

86 Nach der Entscheidung des EuGH (11.7.2006 – Rs. C-13/05 (Chacón Navas) – NZA 2006, 839) steht allerdings fest, dass allein die Tatsache, dass jemand **aus krankheitsbedingten Gründen gekündigt** wird, nicht zugleich ein Indiz für eine Diskriminierung wegen einer Behinderung sein kann (vgl. auch MüKo-Thüsing, § 22 Rn. 12).

Wegen Fragen nach einer Behinderung oder auch Krankheit im Einstellungsgespräch → Rn. 73.

c) Kündigungen/Aufhebungsverträge

87 Auch bei Kündigungen gilt, dass **Äußerungen** über das Geschlecht, die sexuelle Identität, die Herkunft etc des zu Kündigenden als Indiz für eine Benachteiligung im Sinne dieses Gesetzes in Betracht kommen. Dies gilt ganz besonders, wenn sie in einem **zeitlichen Zusammenhang mit der Kündigung** stehen (vgl. zur Anwendung des Gesetzes auf Beendigungstatbestände LAG Bremen 29.6.2010 – 1 Sa 29/10 – NZA-RR 2010, 510 ff.; speziell zur Anwendung von § 22 auf Kündigungstatbestände: APS-Preis, Grundl. J, Rn. 71 ff., 76, 78; ErfK-Schlachter, § 22 Rn. 11; KR-Treber, § 22 Rn. 5, 6; → § 2 Rn. 288 ff.). Auch die (**andere**) **Behandlung von gleichgelagerten Kündigungssachverhalten in der Vergangenheit** bei Mitarbeitern, die kein verpöntes Differenzierungskriterium aufweisen, kann ein Indiz sein (Hamacher/Ulrich, NZA 2007, 657, 661). Äußert ein Arbeitgeber, dass er „Schwule nicht leiden kann“, ist die Kündigung auch dann unwirksam, wenn der Arbeitgeber den **Betrieb** so **umorganisiert**, dass er den homosexuellen Mitarbeiter auch aus betriebsbedingten Gründen kündigen kann (APS-Preis, Grundl. J, Rn. 71 h unter Hinweis auf BAG 22.4.2004 – 2 AZR 385/03 – AP § 2 KSchG 1969 Nr. 74). Auch bei **betriebsbedingten Kündigungen** kann bei Vorliegen von Vermutungstatsachen für eine Diskriminierung nicht mehr nur darauf abgestellt werden, ob die unternehmerische Entscheidung offensichtlich willkürlich ist, zB wenn ein Betrieb, in dem nur Frauen oder besonders viele Ausländer tätig sind, geschlossen

wird, ein anderer Betrieb, in dem gleiche Tätigkeiten erledigt werden und keine Besonderheiten in der Belegschaftsstruktur vorhanden sind, aber weiter besteht (vgl. Thüsing, Arbeitsrechtlicher Diskriminierungsschutz, Rn. 111; Hamacher/Ulrich, NZA 2007, 657, 661). Werden bei der **Sozialauswahl** bei gleicher sozialer Betroffenheit der für eine Kündigung in Betracht kommenden Arbeitnehmer nur ein homosexueller bzw. der älteste Arbeitnehmer der Vergleichsgruppe gekündigt, sind dies Indiztatsachen für eine Diskriminierung, die der Arbeitgeber widerlegen muss (vgl. auch Hamacher/Ulrich, NZA 2007, 657, 662; wegen der **Berücksichtigung des Lebensalters bei der Sozialauswahl** und der Indizwirkung vgl. Hamann/Ulrich, NZA 2007, 657, 662 und Lingemann/Gotham, NZA 2007, 663, 664; vgl. für weitere Beispiele Schiek/Horstkötter, NZA 1998, 863; auch LAG Köln 8.11.2000 – 3 Sa 974/00 – NZA-RR 2001, 232; bzgl. der **Situation in Kleinbetrieben** → § 7 Rn. 238, 305). Weist der Arbeitgeber (im Kleinbetrieb) in dem Kündigungsschreiben auf die „Pensionsberechtigung" des Arbeitnehmers hin, kann dies zur Vermutung gemäß § 22 führen (BAG 23.7.2015 – 6 AZR 457/14). Der Ausspruch einer **krankheitsbedingten Kündigung wegen erheblicher Fehlzeiten** stellt per se kein ausreichendes Indiz für eine Benachteiligung wegen einer Behinderung dar (BAG 22.10.2009 – 8 AZR 642/08 – NZA 2010, 280 ff.; BAG 28.4.2011 – AZR 515/10 – NJW 2011, 2458, 2461). **Ältere Arbeitnehmer**, die ein Arbeitgeber generell **von einem Personalabbau ausnimmt**, werden grundsätzlich auch dann nicht iSv § 3 Abs. 1 S. 1 unmittelbar gegenüber jüngeren Arbeitnehmern benachteiligt, wenn der Personalabbau durch freiwillige Aufhebungsverträge unter Zahlung attraktiver Abfindungen erfolgen soll (BAG 25.2.2010 – 6 AZR 911/08 – NZA 2010, 561 ff.), ihnen aber zugleich Altersteilzeitverträge anbietet. Denn wegen der Besonderheiten des Alterskriteriums als Anknüpfungspunkt einer Diskriminierung sieht die RL 2000/78/EG abweichend von der üblichen Systematik unionsrechtlicher Diskriminierungsverbote nicht nur in Art. 2 Abs. 2 b bei mittelbaren Diskriminierungen Rechtfertigungsmöglichkeiten vor, sondern eröffnet in Art. 6 RL 2000/78/EG auch bei unmittelbar an das Alter anknüpfenden Maßnahmen die Möglichkeit, diese durch den Nachweis ihrer Verhältnismäßigkeit zu rechtfertigen.

Ob der Hinweis, für den Gekündigten sei nunmehr ein **Angehöriger des anderen Geschlechts eingestellt** worden, ausreicht, erscheint fraglich (so aber Schiek/Horstkötter, NZA 1998, 863, 866; Schiek-Kocher, § 22 Rn. 29). Es muss zumindest eine **weitere Indiztatsache hinzukommen**, zB die nicht neutrale Ausschreibung der Stelle, Bemerkungen des Arbeitgebers im Zusammenhang mit der Stelle, die auf einen Diskriminierungstatbestand hinweisen (zum Ganzen auch → § 7 Rn. 21 ff.).

d) Sonstige Benachteiligungen im Arbeitsverhältnis

88 Die **unterlassene Höhergruppierung/Beförderung** eines Trägers eines Merkmals nach § 1 kann ein Indiz für eine Diskriminierung sein (vgl. BAG 23.2.2000 – 10 AZR 1/99 – NZA 2001, 680; s. auch LAG Rheinland-Pfalz 23.3.2017 – 5 Sa 454/15 – Geschlechtsdiskriminierung; → Rn. 76 ff.). Das Gleiche gilt, wenn zur Ablehnung auf **die bevorstehende Verrentung/Pensionierung** verwiesen wird (Diskriminierung wegen des Al-

ters). Aus **früheren Personalentscheidungen**, die stets zur Höhergruppierung von Männern führten, kann, wenn gleich qualifizierte Frauen zur Verfügung stehen, auf eine Diskriminierung der Frauen geschlossen werden (vgl. dazu BAG 22.7.2010 – 8 AZR 1012/08 – NZA 2011, 93, 101); das Gleiche gilt, wenn Äußerungen gefallen sind, „man wolle **keine Frauen** (oder andere Träger eines verpönten Merkmals) **im oberen Führungsbereich** (BAG 22.7.2010 – 8 AZR 1012/08 – NZA 2011, 93, 101). Wird einer Frau eine Beförderungsstelle angeboten und im Zusammenhang mit der **Anzeige einer Schwangerschaft ein Mann auf die Stelle befördert**, ist dies ein Indiz für eine Benachteiligung der schwangeren Frau (BAG 27.1.2001 – 8 AZR 483/09 – NZA 2011, 692 f.; v. Roetteken, § 22 Rn. 168; jurisPK/S. Overkamp, § 22 Rn. 37); wird einer erfolglosen **Bewerberin mitgeteilt, sie solle sich auf ihr Kind freuen**, und diese Äußerung im Nachhinein als „Trostpflaster" deklariert, liegt darin eine Indiztatsache (v. Roetteken, § 22 Rn. 170; einschränkend: BAG 27.11.2011 – 8 AZR 483/09 – NZA 2011, 692 f.). Bei internen Beförderungen kann für die Beurteilung, ob eine Diskriminierung vorliegt, auch auf den Anteil der Merkmalsträger in den Bereichen, aus denen ausgewählt wird, abgestellt werden (vgl. Dahm, BB 2011, 1792, 1794).

Bei einer Verletzung des Grundsatzes **„gleiches Entgelt für gleichwertige Arbeit"** müssen Indiztatsachen für die Gleichwertigkeit der Arbeit vorgetragen werden, um zu begründen, dass die ungleiche Behandlung zB wegen des Geschlechts erfolgte (LAG Rheinland-Pfalz 23.3.2017 – 5 Sa 454/15; Schiek-Kocher, § 22 Rn. 36; s. dazu die Erläuterungen zum EntgTranspG).

Auch die **Undurchschaubarkeit einer Entlohnungspraxis** kann als Tatsachenvortrag für eine diskriminierende Behandlung zum Beispiel von Frauen ausreichen (vgl. EuGH 27.10.1993 – Rs. C-127/92 (Enderby) – NZA 1994, 797–799; BAG 23.9.1992 – 4 AZR 30/92 – AP § 612 BGB Diskriminierung Nr. 1; vgl. auch Schiek-Kocher, § 22 Rn. 26, 39; v. Roetteken, § 22 Rn. 41 ff.). Allerdings muss nach der Rechtsprechung des EuGH die „vergleichbare Lage", also die Tatsache der gleichwertigen Tätigkeit, in vollem Umfang vom Anspruchsteller bewiesen werden (EuGH 26.6.2001 – Rs. C-381/99 (Brunnhofer) – NZA 2001, 883 ff.; → Rn. 57). Hier kann der Auskunftsanspruch gemäß § 10 ff. EntgTranspG helfen. Wird dieser trotz vorliegender Voraussetzungen nicht erfüllt, gilt dies als Indiz für eine Benachteiligung wegen des Geschlechts iSv § 22 (BT-Drs. 18/11133, 66). Die Normstruktur von § 22 und § 15 Abs. 5 EntgTranspG ist gleich. Im Übrigen stellt das EntgTranspG in § 2 Abs. 2 fest, dass das AGG unberührt bleibt (zum Auskunftsanspruch s. zB Franzen, NZA 2017, 814 ff.).

89 Vereinbarungen von **besonders niedrigen Löhnen**, aber auch rein faktische Vorgänge, wie zB ein selektiver **Einsatz von Kontrollmaßnahmen** bzgl. bestimmter Merkmalsträger, können Hinweise geben.

90 Bei der **Nichtberücksichtigung bei Überstundenanordnungen** kann der Hinweis des Arbeitgebers, man müsse dafür sorgen, dass immer ausreichend männliche Sozialarbeiter anwesend seien, als Vermutungstatsache ausreichen (vgl. Schiek/Horstkötter, NZA 1998, 863, 866). Eine die Vermutungswirkung auslösende Benachteiligung kann auch in der unterblie-

benen Aufstockung der Wochenarbeitszeit liegen (s. BAG 26.1.2017 – 8 AZR 736/15 – Behinderung).

91 Bezogen auf die **mittelbare Diskriminierung von Frauen** in Teilzeitarbeitsverhältnissen und die Beweislastverteilung in diesen Fällen kann auf die Kommentarliteratur zum Teilzeit- und Befristungsgesetz sowie auf die einschlägige Rechtsprechung des BAG verwiesen werden (vgl. BAG 20.11.1990 – 3 AZR 613/89 – NZA 1991, 635, 636; BAG 14.10.1986 – 3 AZR 66/83 – AP EWG-Vertrag Art. 119 Nr. 11; dazu auch Thüsing, Arbeitsrechtlicher Diskriminierungsschutz, Rn. 709 ff.).

e) Indizwirkung durch zeitlichen Zusammenhang

92 Die Vermutung einer Benachteiligung wegen einer **Schwangerschaft** kann sich etwa aus dem **engen zeitlichen Zusammenhang einer Maßnahme** mit der Schwangerschaftsanzeige ergeben (vgl. LAG Hamm 6.6.1991 – 16 Sa 1558/90 – BB 1991, 1865 mAnm Mauer, BB 1991, 1867; jurisPK/S. Overkamp, § 22 Rn. 37; MüKo-Thüsing, § 22 Rn. 12; aA LAG Berlin 19.10.2006 – 2 Sa 1776/06 – LAGE § 611 a BGB 2002 Nr. 2; jurisPRArbR 7/2007 Nr. 1 m. abl. Anm. Bertzbach; → Rn. 78; aA Meinel/Heyn/Herms, § 22 Rn. 20; bzgl. der Indizwirkung **einer Nichtverlängerung eines befristeten Arbeitsverhältnisses einer Schwangeren** und der gleichzeitigen Verlängerung der Arbeitsverhältnisse Nichtschwangerer: LAG Köln 6.4.2009 – 5 Ta 89/09 – NZA-RR 2009, 526; vgl. auch v. Roetteken, § 22 Rn. 165).

93 Besteht kein zeitlicher Zusammenhang mehr zwischen Erhebung zB statistischer Daten und der diskriminierenden Maßnahme des Arbeitgebers, kann die Vermutungswirkung entfallen. Früher erhobene Daten, die noch in den Personalakten enthalten sind, begründen nur dann eine Indizwirkung, wenn sie, um neue Personalentscheidungen herbeizuführen, in Listen, Personaltableaus etc verarbeitet werden (vgl. v. Roetteken, § 22 Rn 161; Bauer/Krieger, § 22 Rn 11).

f) Stalking

94 Das sog Stalking ist als Belästigung iSd § 3 Abs. 3 anzusehen. Nach der hier vertretenen Auffassung gilt für alle Tatbestandmerkmale die Beweismaßabsenkung (→ Rn. 7, 16 ff.). Das Stalking-Opfer muss mithin sowohl Indiztatsachen für die Tatsachen, aus denen „Belästigungshandlungen" folgen, als auch für die Kausalität eines in § 1 genannten Grundes für die „Stalking"-Handlungen darlegen. Es kann ausreichend sein, dass ein Vorgesetzter das Stalking-Opfer längere Zeit anruft, Liebesbriefe schreibt, Handküsse zuwirft etc (vgl. dazu Göpfert/Siegrist, NZA 2007, 473, 477; zum Zusammenhang zwischen Stalking-Handlungen gegenüber Behinderten und § 1 vgl. Göpfert/Siegrist, NZA 2007, 473, 477).

g) Besetzung von Auswahlgremien

95 Sind Regelungen zur Besetzung von Auswahlgremien zum Schutze einer bestimmten Personengruppe verletzt (zB Nichthinzuziehung der Frauenbeauftragten/Gleichstellungsbeauftragten nach §§ 19 Abs. 1, 20 BGleiG), kann dies eine Indiztatsache zB für die Benachteiligung von Frauen sein (vgl. ausführlich v. Roetteken, § 22 Rn. 146, 187).

h) Besondere Pflichten des öffentlichen Arbeitgebers

96 § 39 VwVfG gilt auch für Bewerbungsablehnungen – zumindest von Beamten, die sich auf Beförderungsposten bewerben. Wird eine bestehende Begründungspflicht verletzt, kann dies eine Indizwirkung auslösen (vgl. v. Roetteken, § 22 Rn. 199 f.). Gleiches gilt, wenn der Dienstherr bei einer Bewerbung im öffentlichen Dienst die **Akteneinsicht verweigert** (vgl. v. Roetteken, § 22 Rn. 199 f.). Auch **Fehler im Auswahlverfahren** können eine Diskriminierung vermuten lassen (v. Roetteken, § 22 Rn. 199 f.). So darf sich der öffentliche Arbeitgeber bei Bewerbungen von behinderten Menschen nicht auf Gründe für die Ablehnung stützen, die die fachliche Eignung betreffen, solange das in der Ausschreibung festgelegte Mindestniveau nicht unterschritten wird (ErfK-Schlachter, § 22 Rn. 5).

i) Zielvorgaben in Frauenförder- und Gleichstellungsplänen

97 Ist die Anhebung des Frauenanteils in Bereichen, in denen eine entsprechende Unterrepräsentation besteht, vorgeschrieben (zB § 11 Abs. 1, 2 BGleiG und entsprechende Landesgesetze für den öffentlichen Dienst), liegt in der Verfehlung der Vorgaben ein Indiz für die Benachteiligung. Das Gleiche gilt, wenn die Gleichstellungs- bzw. Frauenförderpläne die gesetzlichen Vorgaben zu ihrer Erstellung und die danach zu entwickelnden Zielquoten verfehlen (VG Frankfurt/M. 18.12.2008 – 9 L 2310/08 F – Entscheidungssammlung zum BGleiG E.IV.7.3 HGlG 2006/2007 § 10 Nr. 1; v. Roetteken, § 22 Rn. 191, 192).

j) Beispiele außerhalb des Arbeitsverhältnisses

98 Die erfolglose Bewerbung um eine Wohnung, der verweigerte Besuch einer Gaststätte, die Nichtvermietung eines Hotelzimmers an ein homosexuelles Paar, allgemeine negative Bemerkungen über die Ethnie, die Hautfarbe, die sexuelle Identität („an Türken oder Schwule vermiete ich grundsätzlich nicht", „... haben keinen Zutritt") können Indiztatsachen sein (Rühl/Schmid/Viethen, S. 168; zur bisherigen Rechtsprechung wegen verweigerter Vertragsabschlüsse → Einl. Rn. 65 ff. und Thüsing, NZA 2006, 774, 776; Rühl/Schmid/Viethen, S. 169). Auch die **Werbung** für eine **Leistung oder deren Ausschreibung**, die sich ausdrücklich nur an Personen mit einem bestimmten der in § 1 erwähnten Merkmale richten oder diese Personen ausschließen, können als Indiztatsachen gewertet werden (Schiek-Kocher, § 22 Rn. 23). Werden **Waren** allgemein und/oder öffentlich angeboten und dem Angehörigen zB einer ethnischen Minderheit verweigert, ist dies ein Indiz für eine Diskriminierung, wenn dem Unternehmen die Minderheitszugehörigkeit bekannt war (Schiek-Kocher, § 22 Rn. 26).

k) Sexuelle Belästigungen

99 Bei der Geltendmachung von sexuellen Belästigungen müssen in der Regel keine gesonderten Indiztatsachen vorgetragen werden, die eine Vermutungswirkung mit einem Zusammenhang mit dem geschützten Merkmal „Geschlecht" auslösen. Allerdings werden die Betroffenen häufig Schwierigkeiten haben, die Belästigung an sich darzutun (vgl. Rust/Falke-Falke, § 22 Rn. 68).

Bei **Belästigungen iSd § 3 Abs. 3** sollte der Vortrag neben konkreten Hinweisen auf Ort und Zeit auch auf das von Anfeindungen, Erniedrigungen und Beleidigungen gekennzeichnete Umfeld eingehen (vgl. Rust/Falke-Falke, § 22 Rn. 70).

2. „Testingverfahren"

100 Bei Testingverfahren wird eine **Vergleichsperson** – als Testperson – eingesetzt, um zu überprüfen, ob ein Verhalten gegenüber einer Person, bei der eines der in § 1 genannten Merkmale vorliegt, gleichermaßen auch gegenüber der Vergleichsperson, bei der dieses nicht der Fall ist, erfolgt. Tritt eine unterschiedliche Behandlung ein, spricht dies für ein Vorliegen eines Diskriminierungstatbestandes (so auch MüKo/Thüsing, § 22 Rn. 11; Bauer/Krieger, § 22 Rn. 11; Schiek-Kocher, § 22 Rn. 35; Boemke/Danko, § 10 Rn. 17; jurisPK/S. Overkamp, § 22 Rn. 42), es sei denn, der Anspruchsgegner (zB Arbeitgeber, Wohnungsinhaber, Gastwirt), der einen Träger eines verpönten Merkmals „diskriminierend" behandelt hat, legt dar und beweist im Wege des „Vollbeweises" (→ Rn. 103), dass es Gründe für die unterschiedliche Behandlung gibt, die keinen Tatbestand des § 1 erfüllen. Die amtliche Begründung (vgl. BT-Drs. 16/1780, 47) weist ausdrücklich darauf hin, dass auch die Ergebnisse solcher Testingverfahren Indizien für eine Diskriminierung durch den Anspruchsgegner erbringen können. Dieses Testingverfahren wird im Arbeitsrecht nicht häufig zum Einsatz kommen, es wird schwierig sein, einen Kollegen zu finden, der zB „testet", ob auch bei ihm ein bestimmtes Verhalten zu einer Abmahnung oder Kündigung führt. Nicht auszuschließen ist allerdings, dass sich dieselbe Person unter einem ausländischen und einem deutschen Namen bewirbt. Wird sie nur unter dem deutschen Namen zum Vorstellungsgespräch eingeladen, könnte hierin ein Indiz für eine Diskriminierung liegen, wenn sie nicht eingestellt wird (vgl. Thüsing, NZA 2006, 774, 776; ders., Arbeitsrechtlicher Diskriminierungsschutz, Rn. 652; auch Bauer/Krieger, § 22 Rn. 11; Rühl/Schmid/Viethen, S. 169; v. Roetteken, § 22 Rn. 69). Denkbar ist der Einsatz von Testpersonen zB auch bei der **Wohnungssuche**, bei **Gaststätten- oder Diskothekenbesuchen** etc (zur Bedeutung der Testings für Musterverfahren vgl. Schiek-Kocher, § 22 Rn. 35).

3. Intransparenz der Differenzierung

101 In Fällen der mittelbaren Diskriminierung kann zumindest bei Intransparenz der Differenzierungen der **Vortrag des statistisch überwiegenden negativen Betroffenseins eines Geschlechts ausreichen** (vgl. EuGH 17.10.1989 – Rs. C-109/88 (Danfoss) – AP Art. 119 EWG-Vertrag Nr. 27; EuGH 26.6.2001 – Rs. C-381/99 (Brunnhofer) – NZA 2001 883, 886; BAG 23.9.1992 – 4 AZR 30/92 – AP § 612 BGB Diskriminierung Nr. 1; weitergehend für die mittelbare Diskriminierung Schiek/Horstkötter, NZA 1998, 863, 866). Mit den Angaben, die die Feststellung einer statistischen Diskriminierung erlauben, ist zB der Arbeitnehmer seiner Darlegungs- und Beweislast nachgekommen (vgl. BAG 23.9.1992 – 4 AZR 30/92 – AP § 612 BGB Diskriminierung Nr. 1). Die mittelbare Diskriminierung muss nicht stets durch einen Zahlenvergleich mit der zu bildenden Vergleichsgruppe

dargelegt werden. Es können auch **Plausibilitätserwägungen** ausreichen. So hat der EuGH entschieden, dass die Gewährung einer Geldleistung zur Deckung der den Hinterbliebenen eines Arbeitnehmers entstehenden Bestattungskosten nicht von der Bestattung in dem die Leistung gewährenden Mitgliedstaat abhängig gemacht werden darf. Die darin liegende mittelbare Diskriminierung von Wanderarbeitern wurde allein aufgrund von Plausibilitätserwägungen festgestellt (vgl. EuGH 23.5.1996 – Rs. C-237/94 – Slg 1996, 1-2617). In der „Enderby"-Entscheidung hat es der EuGH ausreichen lassen, dass „bei einer **relativ** großen **Anzahl**" von weiblichen Arbeitnehmern das durchschnittliche Entgelt bei „undurchsichtigem Lohnsystem" geringer ist als das von männlichen Arbeitnehmern. Es kommt darauf an, ob sich für einen verständigen Dritten tatsächlich ein **plausibler Zusammenhang zwischen den vorgetragenen Hilfstatsachen und den behaupteten Motiven** erkennen lässt (EuGH 27.10.1993 – Rs. C-127/92 (Enderby) – NZA 1994, 797–799; Grobys, NZA 2006, 898, 902; MüKo-Thüsing, § 22 Rn. 7; → Rn. 80).

102 Der EuGH hat als Indiztatsache für einen Verstoß gegen das Gleichbehandlungsgebot ausreichen lassen, dass der Arbeitgeber ein **Einstellungssystem** verwendet, **dem eine hinreichende Durchschaubarkeit fehlt** (EuGH 30.6.1988 – Rs. C-318/86 (Kommission./.Frankreich) – EuGHE 1998, 3359 = DVBl 1989, 756–758). Es wurde festgestellt, dass die französische Republik gegen die EWG-Richtlinie 207/76 verstoßen hat, da sie für die Ernennung von Beamten in den „Corps" undurchschaubare Ausnahmeregelungen verabschiedet hat. Aus dieser Entscheidung muss der Schluss gezogen werden, dass es für die Darlegung und den Beweis einer Diskriminierung zB bei einer nicht erfolgten Einstellung/Beförderung ausreicht, Tatsachen vorzutragen, die eine **mangelnde Durchschaubarkeit eines Einstellungs- oder Beförderungssystems** indizieren. Der Arbeitgeber wäre dann verpflichtet darzulegen, dass die betreffende Person tatsächlich nicht, zB bei Beförderungen, wegen eines in § 1 genannten Merkmals diskriminiert wurde (v. Roetteken, § 22 Rn. 2, 58 ff.; zum EntgTranspG s. Göpfert/Giese, NZA 2018, 209).

X. Beweislast „der anderen Partei"

1. Vollbeweis

103 „Die andere Partei", also der Anspruchsgegner („Diskriminierer"), trägt die Beweislast dafür, dass kein Verstoß gegen die Bestimmungen zum Schutz der Benachteiligung vorgelegen hat (§ 22 Hs. 3). Dies betrifft sowohl die subjektive Beweisführungslast als auch die objektive Feststellungslast für den Fall des „non liquet". Zur Widerlegung der Vermutung einer Benachteiligung wegen eines in § 1 genannten Grundes ist der **volle Beweis des Gegenteils** erforderlich (vgl. auch zu § 611 a BGB aF: ErfK-Schlachter, § 22 Rn. 9; Prütting, RdA 1999, 107, 111; Schiek-Kocher, § 22 Rn. 20; Gaier/Wendtland, Rn. 173 ff.; Schaub/Linck, § 36 Rn. 139; Palandt-Grüneberg, § 22 Rn. 3; Windel, RdA 2011, 193, 198; v. Roetteken, § 22 Rn. 222); eine **„Gegenglaubhaftmachung" ist nicht zulässig** (so auch Gaier/Wendtland, Rn. 160; KDZ-Zwanziger, § 22 Rn. 23). Durch einen solchen Vollbeweis kann der Anspruchsgegner (zB Arbeitgeber) die Vermu-

tungswirkung aufheben. Dies gilt für Tatsachen, die belegen sollen, dass die Benachteiligung nicht aus einem der in § 1 genannten Gründe erfolgt ist, für Gründe nach §§ 5, 8, 9, 10, 20, nach denen eine unterschiedliche Behandlung zulässig sein kann, für Gründe, die eine mittelbare Benachteiligung nach § 3 Abs. 2 rechtfertigen sowie für Gründe nach § 15 Abs. 1 S. 2 (→ Rn. 120). Beim Vollbeweis wird eine **„überzeugende Wahrscheinlichkeit“** verlangt (vgl. BGH NJW 1973, 946; Bauer/Evers, NZA 2006, 893, 895), während bei der Glaubhaftmachung nur eine überwiegende Wahrscheinlichkeit erforderlich ist (→ Rn. 33). Es reicht nicht aus, dass der „Diskriminierer“ darlegt und beweist, es **bestehe kein innerer Zusammenhang** zwischen Indiz und den weiteren Gründen für das Verfahren (Windel, RdA 2011, 193). Deshalb kann zB die Nichtbeteiligung einer Schwerbehindertenvertretung nicht deshalb als Vermutungstatsache ausscheiden, weil andere nachvollziehbare Gründe dargelegt und bewiesen werden (vgl. v. Roetteken, § 22 Rn. 223). Das **verpönte Merkmal darf auch nicht als eines von vielen in einem Motivbündel** enthalten sein (BAG 23.7.2015 – 6 AZR 457/14; BAG 18.9.2014 – 8 AZR 753/13; BAG 21.7.2009 – 9 AZR 431/08 – NZA 2009, 1087, 1090), mithin überhaupt nicht mitursächlich sein (Bauer/Krieger, § 22 Rn. 13; v. Roetteken, § 22 Rn. 223).

104 Wenn der Anspruchsgegner die von der diskriminierten Person vorgetragenen (Indiz-)Tatsachen substantiiert **bestreitet**, dann müssen diese **in vollem Umfang von der anspruchstellenden Person bewiesen werden** (vgl. zB APS-Preis, Grdl. J, Rn. 79). Gelingt dieser Beweis nicht, kommt es auf den Beweis des Gegenteils nicht mehr an.

105 Der von einer diskriminierten Person in Anspruch Genommene kann auch **alle Vermutungstatsachen widerlegen**. Eine bloße Erschütterung der Umstände, die durch die Indiztatsachen vorgetragen wurden, genügt nicht. Der Anspruchsgegner muss zudem den **Vollbeweis für die angebotene Alternativbegründung** erbringen (vgl. Schliemann, Arbeitsrecht Rn. 32). Er kann dies, indem er Tatsachen oder weitere Hilfstatsachen beweist, aus denen sich ergibt, dass trotz der Vermutungstatsachen der Tatbestand einer mittelbaren oder unmittelbaren Diskriminierung nicht erfüllt ist bzw. die vorgebrachten Vermutungstatsachen unrichtig sind (KR-Treber, § 22 Rn. 20; Boemke/Danko, § 10 Rn. 34).

106 **Verbleibende Zweifel** an einer Widerlegung der Vermutungstatsachen, die die klagende Partei vorgetragen hat, gehen **zulasten der anderen Partei**, also des Arbeitgebers, des Wohnungseigentümers etc (vgl. Schlachter, RdA 1998, 321, 323).

107 Für eine gänzliche **Umkehr der Beweislast** in den Fällen, in denen der Träger des „verpönten Merkmals“ keine Kenntnis über die Gründe der Benachteiligung hat, zB bei der Ablehnung von Einstellungen, der Ablehnung eines Bewerbers für eine Wohnung etc., tritt v. Roetteken ein (v. Roetteken, § 22 Rn. 35, 39). Diese Auffassung ist als zu weitgehend abzulehnen (wegen eines Auskunftsanspruchs → Rn. 40, 43, 45; bei Undurchschaubarkeit des Einstellungssystems → Rn. 102).

2. Einzelne Beispielfälle

a) Auswahlentscheidungen

108 Das BVerfG hat entschieden, dass die **Geschlechtsbedingtheit** einer unmittelbar benachteiligenden Entscheidung vom Arbeitgeber auch bei der unmittelbaren Diskriminierung nicht dadurch widerlegt werden kann, dass er nachweist, die Maßnahme hätte ebenso getroffen werden können, falls der Arbeitnehmer dem anderen Geschlecht angehört hätte (vgl. BVerfG 16.11.1993 – 1 BvR 258/06 – AP § 611 a BGB Nr. 9; BAG 27.4.2000 – 8 AZR 295/99). **Entscheidend** ist nicht, **welche Beweggründe der Arbeitgeber gehabt haben könnte**, sondern welche er tatsächlich hatte, und welche er zum Gegenstand des Bewerbungsprozesses gemacht hat (vgl. auch Grobys, NJW-Spezial 2007, 81).

Das BAG hat andererseits geurteilt, dass die Vermutung einer Diskriminierung wegen einer Behinderung dadurch widerlegt werden kann, dass der nicht eingestellte Arbeitnehmer die **in der Zeitungsanzeige deutlich hervorgehobenen, erforderlichen Kenntnisse** (hier: Fähigkeit, Schreibmaschine zu schreiben) **nicht erfüllte** (vgl. BAG 15.2.2005 – 9 AZR 635/03 – NZA 2005, 870, 872; MüKo-Thüsing, § 22 Rn. 20; Boemke/Danko, § 10 Rn. 35; Schaub/Linck, § 36 Rn. 139), also zB die Nichteinladung/Nichteinstellung nicht mit der Behinderung/dem Geschlecht/dem Alter zusammenhing. Er muss also Tatsachen vortragen und im Bestreitensfalle beweisen, dass es ausschließlich andere Gründe waren als die verpönten Merkmale, die zur Ablehnung der Bewerbung geführt haben (BAG 11.8.2016 – 8 AZR 406/14; BAG 19.5.2016 – 8 AZR 470/14 – NZA 2016, 1394; BAG 19.8.2010 – 8 AZR 530/09 – NZA 2010, 1412; Schaub/Linck, § 36 Rn. 139).

Das ArbG Hannover hat die Auffassung vertreten, dass der Arbeitgeber seine **Auswahlentscheidung mit Gründen rechtfertigen** kann, die **nicht Inhalt des Ablehnungsschreibens** geworden sind, wenn er darlegt und beweist, dass diese Gründe tatsächlich für ihn maßgeblich waren (ArbG Hannover 15.11.1990 – 5 Ca 388/90 – EzA § 611 a BGB Nr. 6; zu der eingeschränkten Möglichkeit des Nachschiebens von Gründen → Rn. 116). Allerdings hat Müller-Wenner zu Recht darauf hingewiesen, dass die vom Arbeitgeber für die von ihm vorgenommene unterschiedliche Behandlung vorgetragenen sachlichen Gründe stets einer sehr **kritischen Beurteilung zu unterziehen** sind (Müller-Wenner, SGB IX, Teil 2, SGB IX § 81 Rn. 52). Andernfalls stellt die im Gesetz verankerte Beweislastumkehr eine für den Arbeitgeber zu leicht zu überwindende Barriere dar. In der Regel lassen sich nämlich Ablehnungskriterien, wie Ausbildungsdefizite oder Mangel an Erfahrung, ohne Weiteres finden (vgl. auch Körner, NZA 2001, 1046, 1048; Grobys, NZA 2006, 898, 901 f.).

109 Allein die Behauptung, dass ein anderer **Bewerber besser geeignet sei, reicht nicht** zur Verteidigung aus (BAG 5.2.2004 – 8 AZR 112/03 – NJW 2004, 2112, 2114; BAG 21.7.2008 – 9 AZR 431/08 – NZA 2009, 1087; Schaub/Linck, § 36 Rn. 139; Meinel/Heyn/Herms, § 22 Rn. 30; Boemke/Danko, § 10 Rn. 36; aA Palandt-Grüneberg, § 22 Rn. 3). Die Gerichte dürfen nicht zulassen, dass sich der von einer diskriminierten Person in Anspruch Genommene hinter phantasievollen Ausflüchten und diffusen Er-

klärungen „verschanzt" (Grobys, NZA 2006, 898, 902). Sucht ein Arbeitgeber in einer **Stellenanzeige einen „Geschäftsführer"**, reicht die Behauptung, er habe eine andere weibliche Bewerberin zu einem Vorstellungsgespräch eingeladen, nicht aus, um den Diskriminierungstatbestand auszuschließen (OLG Karlsruhe 13.9.2011 – 17 U 99/10 – DB 2011, 2256 ff.).

Auch insoweit gilt, dass ein Arbeitgeber/Wohnungsinhaber etc eine **unmittelbare Diskriminierung nicht dadurch widerlegen** kann, dass er nachweist, die Maßnahme hätte ebenso getroffen werden können, falls der Betroffene einer Gruppe, die nicht ein verpöntes Merkmal trägt, angehört hätte (MüKo-Thüsing, § 22 Rn. 20; → Rn. 108). War dem in Anspruch Genommenen das verpönte **Merkmal nicht bekannt**, muss er diese Tatsache und die Tatsache, dass er keine Kenntnis haben musste, beweisen, was praktisch kaum gelingen kann (Rühl/Schmid/Viethen, S. 169; Palandt-Grüneberg, § 22 Rn. 3; Wendeling-Schröder/Stein, § 22 Rn. 24).

b) Kündigungen

110 Wegen der Geltung des Gesetzes auch für Beendigungstatbestände im Arbeitsverhältnis → Rn. 87; → § 2 Rn. 288 ff.. **Bei Kündigungen** kann der Arbeitgeber **Vermutungstatsachen widerlegen**, indem er zB die Straftat, deren er den Arbeitnehmer bezichtigt, nachweist. Auch die Tatsache, dass **mehrere Arbeitnehmer**, die nicht Träger eines verpönten Merkmals sind, **zur gleichen Zeit betriebsbedingt gekündigt** wurden, kann die Vermutungswirkung beseitigen.

c) Besondere Pflichten des öffentlichen Arbeitgebers

111 Ein Arbeitgeber des öffentlichen Dienstes kann die Vermutung der Benachteiligung **schwerbehinderter Beschäftigter** wegen ihrer Behinderung durch eine Verletzung seiner Pflichten nach §§ 164, 165 SGB IX (bis zum 31.12.2017: §§ 81 Abs. 1, 82 SGB IX) nicht allein mit dem Hinweis widerlegen, der schwerbehinderte Bewerber erfülle nicht den in der Stellenausschreibung verlangten formalen Ausbildungsabschluss einer bestimmten Hochschulart (zB Fachhochschuldiplom), wenn dieser für die auszuübende Tätigkeit gar nicht erforderlich ist. Der öffentliche Arbeitgeber ist gehalten, das Anforderungsprofil ausschließlich nach objektiven Kriterien festzulegen (BAG 11.8.2016 – 8 AZR 375/15; BAG 12.9.2006 – 9 AZR 807/05 – AP § 81 SGB IX Nr. 13; BVerwG 3.3.2011 – 5 C 16/10 – NZA 2011, 977, 982; kritisch insoweit v. Medem, NZA 2007, 545). Ob der schwerbehinderte Mensch für die zu besetzende Stelle offensichtlich fachlich ungeeignet ist, ist anhand eines Vergleichs zwischen dem Anforderungsprofil und dem fachlichen Leistungsprofil des Bewerbers zu ermitteln (BAG 11.8.2016 – 8 AZR 375/15). Dieses Profil bindet den Arbeitgeber für die Dauer des Auswahlverfahrens (BAG 11.8.2016 – 8 AZR 375/15; BAG 12.9.2006 – 9 AZR 807/05 – AP § 81 SGB IX Nr. 13; BVerwG 3.3.2011 – 5 C 16/10 – NZA 2011, 977, 982). Der öffentliche Arbeitgeber muss zudem die wesentlichen Auswahlerwägungen noch vor der Bekanntgabe der Auswahlentscheidung in einem schriftlichen Auswahlvermerk dokumentieren und diesen im Verfahren vorlegen (BVerfG 9.7.2007 – 2 BvR 206/07 – NVwZ 2007, 1178; v. Roetteken, § 22 Rn. 231).

d) Vergütungen

112 Für eine unterschiedliche Vergütung zB von Männern und Frauen, Weißen und Farbigen etc bei gleichwertiger Arbeit dürfen nunmehr allein **leistungsbedingte Unterschiede maßgebend** sein, die auch vom Arbeitgeber als Tatsachen, die eine Diskriminierung ausschließen, dargelegt werden können. Für den Arbeitgeber ist es deshalb notwendig, diese leistungsbedingten Unterschiede zu dokumentieren. Da der Gleichbehandlungsgrundsatz gleiche Vergütungen nur für gleiche oder gleichwertige Arbeit gebietet, ist den Arbeitgebern dringend zu empfehlen, **Unterschiede bei der Tätigkeit zu dokumentieren** und eine Tätigkeitsbeschreibung anzufertigen (vgl. dazu Schrader, DB 2006, 2571, 2574; zur Dokumentation auch → Rn. 121).

e) Kriterium Dienstalter

113 Der EuGH hat entschieden, dass der Rückgriff auf das Kriterium des Dienstalters in der Regel zur **Erreichung des legitimen Ziels** geeignet ist, die Berufserfahrung zu honorieren, die den Arbeitnehmer befähigt, seine Arbeit besser zu verrichten (EuGH 3.10.2006 – Rs. C-17/05 (Cadman) – AP Art. 141 EG Nr. 15). Allerdings ist darauf hinzuweisen, dass das Urteil nur den Zweck von Dienstaltersstufen beleuchtet, und zwar den der Auswirkung von Berufserfahrung auf das Verrichten der Arbeit. Andere Zwecke und Motive, wie zB die Belohnung für Betriebstreue, müssen weiterhin gerechtfertigt werden (vgl. dazu Winter, jurisPR-ArbR 45/2006, Nr. 1).

f) Verfahren außerhalb des Arbeitsrechts

114 Der **Diskothekenbesitzer** kann den Nachweis, nicht diskriminiert zu haben, zB dadurch erbringen, dass er beweist, dass die Diskothek überfüllt war und auch andere Gäste, die nicht Träger des verpönten Merkmals sind, nicht mehr eingelassen wurden. Der Wohnungsinhaber kann sich zB darauf berufen, dass er der kinderreichen Familie einer bestimmten Ethnie deshalb nicht einen Mietvertrag angeboten hat, weil er schon bei allen vorhergehenden Vermietungen kinderlose Mieter wegen seines eigenen Ruhebedürfnisses bevorzugt hat.

g) Sexuelle und andere Belästigungen

115 Belästigungen und sexuelle Belästigungen sind nach § 3 Abs. 3, 4 grundsätzlich nicht zu rechtfertigen (vgl. Grobys, NZA 2006, 898, 901; Palandt-Grüneberg, § 22 Rn. 3).

3. Nachschieben von Rechtfertigungsgründen

a) Beschränkung

116 Zu beachten ist, dass das BVerfG schon 1993 zur prozessualen Effektuierung des Gleichheitsrechts aus Art. 3 Abs. 2 GG eine **Beschränkung der Befugnis des Arbeitgebers zum „Nachschieben von Rechtfertigungsgründen"** im Prozess angenommen hat. Nach Auffassung des BVerfG ist es notwendig, dass der Arbeitnehmer die nach § 611 a BGB aF glaubhaft gemachte Diskriminierung tatsächlich entkräftet. Ein nachträglich vorgebrachter Grund zB für die Bevorzugung des Bewerbers eines anderen Geschlechts kann danach nur dann als sachlich anerkannt werden, wenn besondere

Umstände erkennen lassen, dass der Arbeitgeber diesen Grund nicht nur vorgeschoben hat. Das BVerfG hat im Rahmen des Art. 3 Abs. 2 GG für die Frage der Benachteiligung bei einer Einstellung als Beispiel genannt, dass die „Aufgabenstellung sich geändert hat" oder „dass ein Bewerber ausgewählt worden ist, der für die Aufgabe derart prädestiniert ist, dass mit seiner Bewerbung zum Zeitpunkt der Ausschreibung nicht habe gerechnet werden können" (BVerfG 16.11.1993 – 1 BvR 258/86 – AP § 611 a BGB Nr. 9; vgl. auch LAG Frankfurt/M. 11.3.1988 – 15/10 Sa 817/87 – LAGE § 611 a BGB Nr. 4; Großmann, in: GK-SGB IX, § 81 Rn. 46; Zimmer, NJW 1994, 1203, 1204; Palandt-Grüneberg, § 22 Rn. 3; APS-Preis, Grundl. J, Rn. 77). Eine besonders **kritische Würdigung** ist nach Auffassung des BVerfG dann geboten, wenn der nachträglich vorgebrachte Gesichtspunkt zB bei der Geschlechtsdiskriminierung von den Angehörigen eines Geschlechts nicht erfüllt wird, wie zB längere Berufserfahrung in „traditionellen Männerberufen" (BVerfG 16.11.1993 – 1 BvR 258/86 – AP § 611 a BGB Nr. 9; BVerfG 23.8.2000 – 1 BvR 1032/00 – AP § 611 a BGB Nr. 19; zustimmend: Schaub/Linck, § 36 Rn. 140; Schleusener/Suckow/Voigt, § 22 Rn. 48 ff.; kritisch zu dieser Rechtsprechung KR-Treber, § 22 Rn. 23; Zimmer, NJW 1994, 1203; Grobys, NZA 2006, 898, 901; Windel, RdA 2007, 1, 7). Nichts anderes gilt für das AGG. Die **Interessenlage ist beim AGG identisch**, eine Beweiserleichterung für den Anspruchsgegner sollte nicht erfolgen (vgl. BT-Drs. 16/2022, 7 zu I.7 v. 28.6.2006). Quintessenz aus dieser Rechtsauffassung ist, dass das **Anforderungsprofil bereits in der Stellenausschreibung definiert** und festgeschrieben werden sollte. Auch nach der dieser Rechtsprechung des BVerfG kritisch gegenüberstehenden Literaturmeinung muss der Arbeitgeber/Wohnungsinhaber etc in jedem Fall **darlegen und beweisen**, dass er die Entscheidung tatsächlich auf einen **nicht diskriminierenden Grund** gestützt hat (Grobys, NZA 2006, 898, 901). Gründe, die zum Zeitpunkt des behaupteten diskriminierenden Verhaltens noch nicht vorlagen, scheiden aus (Schiek-Kocher, § 22 Rn. 52; v. Roetteken, § 22 Rn. 225; Bauer/Krieger, § 22 Rn. 13). Zum Nachschieben von Gründen und zum spätest möglichen Zeitpunkt für das Darlegen von rechtfertigenden Gründen → § 2 Rn. 286).

117 Im Übrigen wird es entscheidend darauf ankommen, ob der „Diskriminierer" nachweist, dass **ausschließlich** andere, **nicht diskriminierende Erwägungen für die konkrete Entscheidung maßgeblich waren** und auch tatsächlich im Entscheidungszeitpunkt angestellt worden sind (vgl. Rust/Falke-Falke, § 22 Rn. 82). Kaum zu widerlegende Indiztatsachen sind Verfahrensverstöße, weil kaum zu rechtfertigen ist, dass ein Verfahren gewählt wurde, das die Belange der Träger des verpönten Merkmals missachtet. Aber auch dann kann dem Arbeitgeber nach der Rechtsprechung des BAG die Rechtfertigung gelingen, zB dann, wenn er nachweist, dass personalpolitische Erwägungen – wie zB die Vermeidung der Beschäftigung „Überqualifizierter" – leitend waren (BAG 20.1.2016 – 8 AZR 194/14). Bei Ausschreibungen wird es schwierig sein nachzuweisen, dass die diskriminierenden Passagen irrelevant waren (warum wurden sie dann veröffentlicht?).

b) Keine Präklusion von Rechtfertigungsgründen

118 Aus dieser Rechtsprechung kann allerdings keine Präklusion von Rechtfertigungsgründen abgeleitet werden, wenn der Arbeitgeber dem ihn aufgrund eines Tatbestandes des AGG in Anspruch Nehmenden die **Differenzierungsgründe nicht sofort mitteilt**. Das AGG hat keinen allgemeinen Begründungszwang für diskriminierungsfreies Handeln statuiert (Grobys, NZA 2006, 898, 903). Das gilt insbesondere dann, wenn man der diskriminierten Person einen Auskunftsanspruch zubilligt (→ Rn. 40 ff.; zur evtl. Begründungspflicht des öffentlichen Arbeitgebers → Rn. 111; zum Zeitpunkt, zu dem Gründe spätestens geltend gemacht werden können, → § 2 Rn. 286).

c) Gelegenheit zur Nachbesserung

119 Auch dem Anspruchsgegner muss das Gericht in der Regel **Gelegenheit zur Nachbesserung** geben. Es gelten die Ausführungen zu → Rn. 39 entsprechend.

4. Beweis eines Tatbestandes gemäß § 3 Abs. 2, § 5 bzw. §§ 8–10 und § 20

120 Der Anspruchsgegner, zB der Arbeitgeber, kann seiner Darlegungs- und Beweislast auch genügen, indem er die Voraussetzungen eines die Diskriminierung ausschließenden Tatbestandes dieses Gesetzes darlegt und beweist (vgl. auch KR-Treber, § 22 Rn. 20; v. Steinau-Steinrück/Schneider/Wagner, NZA 2005, 28, 31; Meinel/Heyn/Herms, § 22 Rn. 33; Bauer/Krieger, § 22 Rn. 13). Der Arbeitgeber kann zB darlegen und beweisen, dass das Nicht-Vorliegen des „verpönten Merkmals" für die ausgeschriebene Stelle erforderlich ist. Dies wird häufig im künstlerischen Bereich („Sopranistin", „jugendlicher Liebhaber in einem Theaterstück") vorkommen, kann aber grundsätzlich für alle Diskriminierungstatbestände der Fall sein (vgl. im Einzelnen die Kommentierung zu § 3 Abs. 2, § 5, §§ 8–10, § 20; vgl. auch Grobys, NZA 2006, 898, 899; Schiek-Kocher, § 22 Rn. 54; bzgl. des Zeitpunktes für einen entsprechenden Vortrag → § 2 Rn. 286).

5. Dokumentation der Entscheidungsfindung

121 Die Entlastung des Anspruchsgegners, zB des Arbeitgebers, in der zweiten Stufe (→ Rn. 10 ff.) wird nicht immer leicht sein. Der Arbeitgeber wird gut daran tun, wenn er zB die Grundlagen der Entscheidung bei einer Einstellung, bei einer Entlassung, bei einer Beförderung, bei einem Vertragsabschluss **dokumentiert** durch **Aufzeichnung der Kriterien**, die für seine Entscheidung relevant waren und die deutlich machen, warum die entscheidungsrelevanten Kriterien in Bezug auf die Bewerber, die Träger eines verpönten Merkmals sind, keinen Diskriminierungstatbestand erfüllten (vgl. Leuchten, NZA 2002, 1254, 1256; Wisskirchen, DB 2006, 1491, 1495; Bauer/Krieger, § 22 Rn. 13; zum Vorschlag für ein **Protokoll über Bewerbergespräche** vgl. Schrader, DB 2006, 2571, 2572; bzgl. der Festlegung von unterschiedlichen Gehältern und Lohnerhöhungen → Rn. 112).

122 Den Arbeitgebern ist auch zu empfehlen, im Auswahlverfahren jede wie auch immer geartete Bezugnahme auf das Geschlecht, die zB in der Frage

nach einer Schwangerschaft liegen kann, sowie auf andere Tatsachen, die auf einen **Diskriminierungstatbestand** gemäß § 1 hinweisen könnten, zu vermeiden (vgl. Zimmer, NJW 1994, 1203; Wisskirchen, DB 2006, 1491, 1494; Thüsing, NZA 2006, 774, 776; dazu ausführlich Schrader, DB 2006, 2571, 2572).

123 Auch sollten **Bewerbungsunterlagen** nicht sofort **zurückgeschickt** werden (zu den Anforderungen an eine Bewerbung vgl. Thüsing, NZA 2006, 774, 776; Schrader, DB 2006, 2571, 2573), um die getroffene Personalentscheidung im Streitfall besser begründen zu können. Die Unterlagen sollten aufbewahrt werden, bis die Frist **zur Geltendmachung von Ansprüchen wegen Diskriminierung** abgelaufen ist (vgl. Wisskirchen DB 2006, 1491, 1496). Zur Gestaltung von **Absagen an nicht eingestellte/beförderte Bewerber** vgl. auch Grobys, NJW-Spezial 2007, 81.

6. Berufen auf Rechtsmissbrauch

124 Auch wenn der Arbeitgeber sich auf Rechtsmissbrauch berufen will, also zB behauptet, die angeblich diskriminierte Person habe den Anspruch, der geltend gemacht wird, nicht ernsthaft verfolgen wollen, zB sich gar nicht ernsthaft auf eine Stelle bewerben wollen, so trägt er hierfür die volle Darlegungs- und Beweislast (BAG 18.6.2015 – 8 AZR 848/13 (A)).

Das Verbot des Rechtsmissbrauchs ist nach der Rechtsprechung des EuGH (28.7.2016 – Rs. C-423/15 (Kratzer) mAnm Kocher, GPR 2017, 113ff.) ein anerkannter Grundsatz des Unionsrechts. Denn eine betrügerische oder missbräuchliche Berufung auf das Unionsrecht ist nicht gestattet. Nach dieser Rechtsprechung verlangt die Feststellung einer missbräuchlichen Praxis das Vorliegen eines objektiven und eines subjektiven Elements. Dabei ist auf eine Gesamtwürdigung der objektiven Umstände abzustellen. Die Prüfung, ob die Tatbestandsvoraussetzungen einer missbräuchlichen Praxis erfüllt sind, hat gemäß den Beweislastregeln des nationalen Rechts zu erfolgen. In der vorgenannten Entscheidung, die auf einen Vorlagebeschluss des BAG erging (BAG 18.6.2015 – 8 AZR 848/13 (A) – NZA 2015, 1063), hat der EuGH sodann klar festgestellt, dass einer Person, die sich auf eine ausgeschriebene Stelle nur formal bewirbt, nicht der Schutz der EU-Richtlinie – und damit der nationalstaatlichen Ausprägung in Form des AGG – zugutekommt.

Das BAG hat jedoch in seinen Entscheidungen für den durchgreifenden Rechtsmissbrauchseinwand gemäß § 242 BGB sehr enge Voraussetzungen postuliert (so BAG 26.1.2017 – 8 AZR 848/13; BAG 11.8.2016 – 8 AZR 4/15; BAG 11.8.2016 – 8 AZR 809/14; vorher schon im Urteil BAG 19.5.2016 – 8 AZR 470/14). Der Rechtsmissbrauchseinwand greife zwar durch, wenn der Anspruchsteller sich nicht beworben haben sollte, um die ausgeschriebene Stelle zu erhalten, sondern es ihm nur darum gegangen sei, den formalen Status als Bewerber iSv § 6 Abs. 1 S. 2 zu erlangen mit dem ausschließlichen Ziel, eine Entschädigung geltend zu machen. Aber viele Anhaltspunkte dafür, lässt der 8. Senat des BAG dem Anspruchsgegner nicht: weder die Tatsache, dass sich auf eine hochqualifizierte Stelle mit einer weitgehend inhaltslosen, floskelhaften Bewerbung, die sich nicht ernsthaft auf die speziellen Anforderungen der Stelle bezieht, beworben wurde, noch die Tatsache, dass sich der Anspruchsteller gezielt auf diskriminierend erscheinende Stellenanzeigen beworben hat, sollen von Belang sein. Das BAG verlangt für die Bejahung des Rechtsmissbrauchs ein „systematisches und zielgerichtetes Vorgehen" des Anspruchstellers als eine Art „Geschäftsmodell". Ein solches könne nur dann angenommen werden, wenn über die im Streitfall vom Arbeitgeber konkret ausgeschriebene Stelle hinaus in demselben Medium weitere (diskriminierungsunverdächtige) Stellen ausgeschrieben gewesen seien, auf die sich der Anspruchsteller hätte bewerben können, er dies aber unterlassen hat (BAG 11.8.2016 – 8 AZR 4/15).

125 Die Rechtsprechung des 8. Senats des BAG zum Rechtsmissbrauchseinwand ist praxisfern, da sie den Anspruchsgegner in kaum zu bewältigende Beweisschwierigkeiten bringt. Sie übersieht zudem, dass zum Nachteil von echten Diskriminierungsopfern richterliche Arbeitskapazitäten in den Instanzgerichten in nicht unerheblichem Maß durch sog AGG-Hopper und uneinsichtige Dauerkläger gebunden werden. Hier wäre mehr Handlungsspielraum für die Instanzgerichte hilfreich. Bislang hat das BAG der Praxis noch keine Anhaltspunkte dafür aufgezeigt, wann der Rechtsmissbrauchseinwand tatsächlich einmal durchgreift. Auch der EuGH stellt auf eine Gesamtwürdigung der objektiven Umstände ab und lässt viel Spielraum für die Feststellung des Rechtsmissbrauchs. Sollte das BAG jedoch an seiner diesbezüglichen Rechtsprechung festhalten, bleiben in der Praxis kaum Anwendungsmöglichkeiten für diese Rechtsfigur.

XI. Darlegungs- und Beweislast im Beschlussverfahren nach § 17

126 Im Beschlussverfahren nach § 23 BetrVG, auf den § 17 Abs. 2 Bezug nimmt, gilt grundsätzlich ein **„eingeschränkter Untersuchungsgrundsatz"** (vgl. ErfK-Kania, ArbGG § 80 Rn. 1 und ErfK-Kania, ArbGG § 83 Rn. 1). Das Gericht hat danach im Rahmen der gestellten Anträge den für die Entscheidung erheblichen Sachverhalt zu erforschen. Der Umfang der Ermittlungspflicht bestimmt sich aus dem Vorbringen der Beteiligten. Sie müssen die Anhaltspunkte liefern, in welche Richtung die Gerichte weitere Tatsachen ermitteln müssen (vgl. GK-ArbGG/Dörner, ArbGG § 83 Rn. 133). Es ist **fraglich, ob diese Grundsätze** auch für Verfahren, in denen der Betriebsrat Verstöße nach diesem Gesetz geltend macht, **anwendbar sind.**

127 Eine **europarechtskonforme** Auslegung (→ Rn. 18 f.) der Regelungen über den Rechtsschutz in den in → Rn. 4 genannten Richtlinien (vgl. zB Art. 9 Abs. 2 und Art. 10 der RL 2000/78 EG) könnte dafür sprechen, § 22 auch auf das Verfahren nach § 17 anzuwenden (→ § 17 Rn. 43). Allerdings lassen die **Regelungen über die Beweislast** in den genannten Richtlinien auch zu, dass die **Mitgliedstaaten davon absehen**, diese auf Verfahren anzuwenden, in denen die **Ermittlung des Sachverhalts dem Gericht obliegt** (vgl. zB Art. 10 Abs. 5 RL 2000/78/EG). Zudem weist zB die Erwägung Nr. 32 zu RL 2000/78/EG ausdrücklich darauf hin, dass von der Ausnahmeregelung die Verfahren erfasst sind, in denen „die klagende Partei den Beweis des Sachverhalts, dessen Ermittlung dem Gericht ... obliegt, nicht anzutreten braucht". Von dieser Möglichkeit hat der Gesetzgeber **für die Verfahren nach § 17 Abs. 2 Gebrauch gemacht.** § 22 spricht von „Parteien", im Be-

schlussverfahren gibt es nur „Beteiligte". Das Beschlussverfahren mit seiner eingeschränkten Amtsermittlungsmaxime wird nicht erwähnt. Eine Beweisführungslast gibt es zudem in dieser Verfahrensart nicht (vgl. BAG 21.10.1980 – 6 ABR 41/78 – AP § 54 BetrVG Nr. 1 unter III. 4. der Gründe). Der Untersuchungsgrundsatz verpflichtet das Gericht bei entsprechendem Vortrag zu einer Beweisaufnahme von Amts wegen. Es kann und muss den Beteiligten lediglich die Bezeichnung geeigneter Beweismittel aufgeben. Ein Beweisantritt ist nicht erforderlich (vgl. ErfK-Kania, ArbGG § 83 Rn. 5). Es spricht deshalb alles dafür, dass der Gesetzgeber „davon abgesehen" hat, die Beweislastregelungen auf das Beschlussverfahren auszudehnen. Das Verfahren nach § 17 Abs. 2 **unterliegt deshalb den Regeln über das Beschlussverfahren** nach §§ 80 ff. ArbGG (zust. Meinel/Heyn/Herms, § 22 Rn. 10; vgl. auch Besgen, BB 2007, 213, 216 u. Besgen/Roloff, NZA 2007, 670, 673; aA v. Roetteken, § 22 Rn. 8, 76; Peick, § 8 II 2; → § 17 Rn. 43).

128 Die Gerichte werden allerdings auch zu berücksichtigen haben, dass im Beschlussverfahren die **Regeln über die objektive Beweislast gelten** (vgl. GK-ArbGG/Dörner, ArbGG § 83 Rn. 153; HWK-Bepler, ArbGG § 83 Rn. 8). Diese richtet sich auch im Beschlussverfahren nach der dem Verfahren zugrunde liegenden materiellen Vorschrift oder den allgemeinen zivilprozessualen Grundsätzen (ErfK-Kania, ArbGG § 83 Rn. 5). **Zweifel an der Erweislichkeit einer Tatsache** gehen im Regelfall auch im Beschlussverfahren zulasten des Beteiligten, der ansonsten von ihrem Vorliegen begünstigt worden wäre (vgl. ErfK-Kania, ArbGG § 83 Rn. 5; HWK/Bepler, ArbGG § 83 Rn. 8; v. Roetteken, § 22 Rn. 8).

129 In Verfahren nach § 17 Abs. 2 muss das Gericht in dem äußerst seltenen Fall eines **„non liquet"** die **Grundsätze** zur Darlegungs- und Beweislast **nach § 22 anwenden**: zB sind Indiztatsachen, die der Betriebsrat für einen Diskriminierungstatbestand vorgetragen hat, zunächst aufzuklären, wenn das Gericht nicht von ihrer Wahrheit überzeugt ist (vgl. HWK-Bepler, ArbGG § 83 Rn. 5); sprechen diese mit überwiegender Wahrscheinlichkeit für das Vorliegen eines Diskriminierungstatbestandes, wird in einem zweiten Schritt aufzuklären sein, ob die gegen eine Diskriminierung sprechenden, vom Arbeitgeber vorgetragenen Tatsachen sich als richtig erweisen, „bewiesen werden können". Ist dies nicht der Fall, bleiben also **Zweifel** an dem Vorliegen von Gründen, nach denen eine Diskriminierung ausscheidet, geht dies **zulasten des Arbeitgebers**, dem Antrag des Betriebsrates ist stattzugeben (vgl. auch Gaier/Wendtland, Rn. 140; v. Roetteken, § 22 Rn. 76).

XII. Darlegungs- und Beweislast im einstweiligen Verfügungsverfahren

130 Im einstweiligen Verfügungsverfahren hat der Antragsteller **Verfügungsanspruch und Verfügungsgrund glaubhaft** zu machen (§§ 936, 920 Abs. 2 ZPO). Für die Glaubhaftmachung gilt **§ 294 ZPO**. Der Anspruchsteller muss für die Benachteiligung oder Belästigung als Tatbestandsvoraussetzung des Verfügungsanspruchs dem Gericht die **überwiegende Wahrscheinlichkeit vermitteln**, die auch § 22 für die Verlagerung der Beweislast auf den Antragsgegner verlangt (vgl. Gaier/Wendtland, Rn. 183). Der **An-**

spruchsgegner trägt die volle Beweislast für das Nichtvorliegen einer Benachteiligung oder Belästigung wie im Hauptsacheverfahren. Eine Gegenglaubhaftmachung ist auch im einstweiligen Verfügungsverfahren nicht möglich (vgl. Gaier/Wendtland, Rn. 183).

XIII. Darlegungs- und Beweislast im verwaltungsgerichtlichen Verfahren

131 Zur Darlegungs- und Beweislastverteilung in den in § 24 erwähnten Fällen → § 24 Rn. 77 ff., der allerdings zum Umfang der Darlegungs- und Beweislast der Anspruchsteller eine gegenüber der hier vertretenen Meinung (→ Rn. 18 f.) einschränkende Auffassung vertritt (wie hier aber auch Schiek-Kocher, § 22 Rn. 8; Gaier/Wendtland, Rn. 140; v. Roetteken, § 22 Rn. 7).

XIV. Gesetze, Tarifverträge, Betriebsvereinbarungen, Schiedsgerichte, Einigungsstellenverfahren

132 Zur Darlegungs- und Beweislast bei behaupteten Verstößen gegen sonstige Gleichbehandlungsgebote in Gesetzen, Tarifverträgen und Betriebsvereinbarungen → § 2 Rn. 284, 288 ff. Zu Recht weist v. Roetteken unter Hinweis auf die Begründungserwägung 12 zur RL 97/80/EG darauf hin, dass die Grundsätze der Beweislastverteilung auch im Schiedsgerichtsverfahren und im Einigungsstellenverfahren gelten, wenn die Einigungsstelle zB über eine Beschwerde nach §§ 84 ff. BetrVG entscheidet (vgl. v. Roetteken, § 22 Rn. 6 und Begründungserwägung Nr. 30 zu RL 2006/54/EG).

§ 23 Unterstützung durch Antidiskriminierungsverbände

(1) [1]Antidiskriminierungsverbände sind Personenzusammenschlüsse, die nicht gewerbsmäßig und nicht nur vorübergehend entsprechend ihrer Satzung die besonderen Interessen von benachteiligten Personen oder Personengruppen nach Maßgabe von § 1 wahrnehmen. [2]Die Befugnisse nach den Absätzen 2 bis 4 stehen ihnen zu, wenn sie mindestens 75 Mitglieder haben oder einen Zusammenschluss aus mindestens sieben Verbänden bilden.

(2) [1]Antidiskriminierungsverbände sind befugt, im Rahmen ihres Satzungszwecks in gerichtlichen Verfahren als Beistände Benachteiligter in der Verhandlung aufzutreten. [2]Im Übrigen bleiben die Vorschriften der Verfahrensordnungen, insbesondere diejenigen, nach denen Beiständen weiterer Vortrag untersagt werden kann, unberührt.

(3) Antidiskriminierungsverbänden ist im Rahmen ihres Satzungszwecks die Besorgung von Rechtsangelegenheiten Benachteiligter gestattet.

(4) Besondere Klagerechte und Vertretungsbefugnisse von Verbänden zu Gunsten von behinderten Menschen bleiben unberührt.

I. Vorbemerkungen

1 Gemäß § 23 können Antidiskriminierungsverbände Benachteiligte bei der Durchsetzung ihrer Ansprüche unterstützen. Ihnen wird jedoch kein allgemeines Verbandsklagerecht eingeräumt, sondern sie können lediglich in Gerichtsverfahren als Beistände auftreten und im Rahmen ihres Satzungszwecks Rechtsangelegenheiten Benachteiligter besorgen. Die Regelung bleibt hinter den Maßnahmen anderer EU-Mitgliedstaaten zurück, ist allerdings nicht europarechtswidrig.

II. Entstehungsgeschichte

2 § 23 wurde durch den Beschluss des Bundestages vom 28.6.2006 (vgl. BT-Drs. 16/2022) gegenüber der Fassung, die der Drs. 16/1780 vom 8.6.2006 zugrunde lag, geändert. Während in der ursprünglichen Fassung vom 8.6.2006 in § 23 Abs. 2 festgelegt war, dass die Antidiskriminierungsverbände „als Bevollmächtigte und Beistände Benachteiligter in der Verhandlung“ aufzutreten befugt sind, wurde ihnen die **„Bevollmächtigtenbefugnis“** durch die am 28.6.2006 verabschiedete Fassung des Gesetzes in § 23 und wenig später auch im Arbeitsgerichtsgesetz **wieder genommen.**

3 Die vom Bundestag am 28.6.2006 beschlossenen Änderungen beruhten auf der **Stellungnahme des Bundesrats** vom 16.6.2006, der als eine von sieben

Änderungen „die Möglichkeit der Unterstützung durch Antidiskriminierungsverbände als Bevollmächtigte zu streichen (§ 23)" für erforderlich hielt (vgl. BR-Drs. 329/06, 3). Die letzten Änderungen fußten auf Änderungsanträgen der Fraktionen CDU/CSU und SPD zum Gesetzesentwurf der Bundesregierung zum Entwurf eines Zweiten Gesetzes zur Änderung des Betriebsrentengesetzes (BR-Drs. 741/06). Wegen der Änderungsanträge im Einzelnen wird auf die Ausschussdrucksache des Ausschusses für Arbeit und Soziales 16(11)**371 neu** vom 26.9.2006 verwiesen.

4 Durch die Vorschrift sollen die Mitwirkungsbefugnisse von Verbänden, die sich die Bekämpfung von Benachteiligungen zur Aufgabe gemacht haben, gestärkt werden, damit sie den Gleichbehandlungsgrundsatz effektiv durchsetzen können als Ergänzung zu den individualrechtlichen Ansprüchen und der Tätigkeit der Antidiskriminierungsstelle (BT-Drs. 16/1780, 47 und 15/4538, 45).

1. Keine Vertretungsbefugnis vor dem Arbeitsgericht

5 Der Gesetzgeber hatte die am 28.6.2006 beschlossenen Änderungen des Entwurfs vom 8.6.2006 nicht besonders gut durchdacht. Er hatte zwar in § 23 die Bevollmächtigtenbefugnis gestrichen, aber vergessen, die **Ergänzung des § 11 ArbGG**, die „eine Vertretung durch Vertreter der in § 23 bezeichneten Verbände bei der Geltendmachung eines Rechts wegen eines Verstoßes gegen das Benachteiligungsverbot" vorsah, **zu streichen**.

Es bestand daher zunächst nach Inkrafttreten des Gesetzes eine Vertretungsbefugnis der in § 23 bezeichneten Verbände in arbeitsgerichtlichen Verfahren in der ersten Instanz bis zum Inkrafttreten des Zweiten Gesetzes zur Änderung des Betriebsrentengesetzes. **Antidiskriminierungsverbände** sind seit diesem Zeitpunkt nicht mehr vor den Arbeitsgerichten vertretungsbefugt (vgl. Bauer/Krieger, § 23 Rn. 3).

2. Herausnahme der Antidiskriminierungsverbände als Bevollmächtigte europarechtskonform

6 Die **Herausnahme der Antidiskriminierungsverbände als Bevollmächtigte** ist **mit dem EU-Recht vereinbar.** In Art. 9 RL 2000/78/EG des Rates vom 27.11.2000, der überschrieben ist mit „Rechtsschutz", heißt es zB in Abs. 2: „Die Mitgliedstaaten stellen sicher, dass Verbände, Organisationen oder andere juristische Personen, die gemäß den in ihrem einzelstaatlichen Recht festgelegten Kriterien ein rechtmäßiges Interesse daran haben, für die Einhaltung der Bestimmungen dieser Richtlinie zu sorgen, sich **entweder** im Namen der beschwerten Person **oder** zu deren Unterstützung und mit deren Einwilligung an den in dieser Richtlinie zur Durchsetzung der Ansprüche vorgesehenen Gerichts- und/oder Verwaltungsverfahren beteiligen können".

7 Und auch die Begründungserwägung 29 der genannten Richtlinie verlangt nichts anderes (zweifelnd Düwell, jurisPR-ArbR 28/2006 Anm. 7). Nach dieser Erwägung „sollten" die Opfer von Diskriminierungen über einen angemessenen Rechtsschutz verfügen. Und weiter heißt es: „Um einen effektiven Schutz zu gewährleisten, **sollte** auch die Möglichkeit bestehen, dass sich Verbände oder andere juristische Personen unbeschadet der nationalen Verfahrensordnung bezüglich der Vertretung und Verteidigung

vor Gericht bei einem entsprechenden Beschluss der Mitgliedstaaten im Namen eines Opfers **oder** zu seiner Unterstützung an einem Verfahren beteiligen."

Sowohl Art. 9 Abs. 2 RL 2000/78/EG als auch die Erwägung 29 – entsprechende Regelungen sind auch in den übrigen Richtlinien (→ Einl. Rn. 3) enthalten – lassen es deshalb zu, dass „nur" Unterstützungshandlungen von den Antidiskriminierungsverbänden geleistet werden. Die Vertretung vor Gericht wird als Alternative zu einer „Unterstützung" im Gerichts- oder Verwaltungsverfahren gesehen. Die Regelung des § 23 ist damit vereinbar (vgl. dazu auch MüKo-Thüsing, 5. Aufl., § 23 Rn. 2 f.; Rust/Falke, § 23 Rn. 7). Der deutsche Gesetzgeber hat sich für die Möglichkeit des Prozessbeistandes und der Rechtsberatung entschieden und damit die Vorgaben der Richtlinien erfüllt (aA Schiek-Kocher, § 23 Rn. 17 ff.; v. Roetteken, § 23 Rn. 13 ff., 46 zu den Konsequenzen aus ihrer Auffassung; beide Autoren übersehen allerdings, dass der **Wortlaut** der Richtlinien und der Begründungserwägungen die Vertretung und die Unterstützung alternativ („*oder*") zulassen, bzw. sehr „weich" formulieren: Es „sollte" die Möglichkeit der Vertretung bestehen).

3. Europarechtswidrigkeit der Beschränkung auf gerichtliche Verfahren

8 Die Bestimmung dürfte hingegen europarechtswidrig sein, soweit sie die Befugnis, unterstützend tätig zu werden, auf gerichtliche Verfahren beschränkt. Der eindeutige Wortlaut der in → Rn. 6 zitierten Richtlinie lässt eine solche Beschränkung nicht zu. Insoweit ist die Richtlinie nicht umgesetzt und gilt direkt (vgl. v. Roetteken, § 23 Rn. 31 f.).

III. Abs. 1

1. Legaldefinition

9 Abs. 1 S. 1 enthält eine Legaldefinition des **Antidiskriminierungsverbandes**. Es muss sich um einen Personenzusammenschluss handeln, der nicht gewerbsmäßig und nicht vorübergehend die besonderen Interessen benachteiligter Personen oder Personengruppen wahrnimmt. In Betracht kommen **Vereine**, die sich um die besonderen Interessen von Migrantinnen und Migranten kümmern, aber auch Verbände, die sich spezifisch für die Rechte von Frauen oder Männern, für die besonderen Interessen älterer Menschen, für Menschen mit Behinderungen oder für gleichgeschlechtliche Lebensweisen engagieren (vgl. amtliche Begründung BT-Drs. 16/1780, 48), wobei kennzeichnend für einen Verein ist, dass sich Personen zur Verwirklichung eines gemeinsamen Zwecks auf Dauer zusammenschließen und sich dabei körperschaftlich organisieren. Die körperschaftliche Verfassung kommt in der Regel in einem Vereinsnamen, in der Vertretung durch einen Vorstand und in der Unabhängigkeit des Zusammenschlusses vom Wechsel der Mitglieder zum Ausdruck (vgl. BGH, LMBGB § 81 Nr. 11; Gaier/Wendtland, Rn. 262). Kapitalgesellschaften kommen nicht in Betracht (Schiek-Kocher, § 23 Rn. 5).

10 Das Gesetz hat sich in mehreren Tatbestandsmerkmalen an § 4 des „Gesetzes über Unterlassungsklagen bei Verbraucherrechts- und anderen Verstößen" (Unterlassungsklagengesetz – UKlaG vom 27.8.2002) orientiert.

2. Keine Rechtsfähigkeit erforderlich

11 **Abs. 1** verlangt, entgegen § 4 Abs. 2 UKlaG, nicht, dass die Verbände rechtsfähig sind. Dies ergibt sich ua deutlich daraus, dass die amtliche Begründung (vgl. BT-Drs. 16/1780, 48) zwar auf das Unterlassungsklagengesetz verweist, der Gesetzestext selbst aber die Rechtsfähigkeit entgegen § 4 UKlaG nicht vorschreibt. Wegen der Vielfalt der Verbände, die als Unterstützer der Diskriminierten in Betracht kommen, wollte der Gesetzgeber offensichtlich auf die Rechtsfähigkeit verzichten. Es können also auch nichtrechtsfähige Einheiten als Beistände auftreten (vgl. MüKo-Thüsing, 5. Aufl., § 23 Rn. 7; wegen der – im Ergebnis – Unerheblichkeit dieses Merkmals → Rn. 36).

3. Keine Gewerbsmäßigkeit

12 Die Personenzusammenschlüsse dürfen die **Interessenwahrnehmung nicht gewerbsmäßig** wahrnehmen. Die Tätigkeit darf **nicht** auf **Erzielung dauernder Einnahmen** durch Aufklärung, Beratung, Unterstützung gerichtet sein; vielmehr muss sich der Verband **grundsätzlich aus eigenen Mitteln** wie Mitgliedsbeiträgen, Spenden, Fördermitteln usw finanzieren (vgl. Palandt-Grüneberg, § 23 Rn. 2; Palandt-Grüneberg, UKlaG § 4 Rn. 6; v. Roetteken, § 23 Rn. 28; Bauer/Krieger, § 23 Rn. 6).

4. Nicht nur vorübergehende Tätigkeit

13 Die Tätigkeit darf nicht nur vorübergehend erfolgen, sie muss nach der Satzung **auf Dauer angelegt** sein. Anhaltspunkte dafür sind ein **„stabiler“ organisatorischer Aufbau**, eine Geschäftsstelle (vgl. MüKo-Thüsing, 5. Aufl., § 23 Rn. 9), **Bestehen des Verbandes seit einem halben Jahr** (v. Roetteken, § 23 Rn. 23). Zusammenschlüsse zur Unterstützung bestimmter diskriminierter Personen **aus einem bestimmten Anlass** – und nur für diesen Anlass – haben deshalb **nicht die Befugnisse** nach Abs. 2–4 (so auch Schiek-Kocher, § 23 Rn. 7). Auch muss der Verband die Interessen tatsächlich wahrnehmen und **nicht nur Ziele** nach diesem Gesetz **vorschieben**. Er darf nicht in Wahrheit ganz andere Interessen verfolgen (Gaier/Wendtland, Rn. 265).

5. Satzung

a) Grundsatz

14 Schließlich müssen die Personenzusammenschlüsse sich eine Satzung geben, in der die Wahrnehmung der besonderen Interessen von benachteiligten Personen oder Personengruppen **nach Maßgabe von § 1** verankert ist (→ Rn. 9). Der **Zweck** des Verbandes sollte deutlich aus der Satzung hervorgehen, um Probleme bei der Unterstützung im gerichtlichen Verfahren zu vermeiden (→ Rn. 21).

Diese **Tätigkeit** braucht nicht die einzige **Aufgabe** des Verbandes zu sein (vgl. BGH 20.3.1986 – VII ZR 191/85 – NJW 1986, 1613), darf aber auch nicht nur eine untergeordnete Nebenaufgabe sein (vgl. Bauer/Krieger, § 23 Rn. 6; Palandt-Grüneberg, UKlaG § 4 Rn. 6; MüKo-Thüsing, 5. Aufl., § 23 Rn. 8). Nach v. Roetteken (§ 23 Rn. 26) müssen mindestens zu 25 % die besonderen Interessen von Diskriminierungsopfern wahrgenommen werden. Die Festlegung auf eine bestimmte Prozentzahl erscheint, wie jede schematische Festlegung, problematisch. Es sollte nach den Umständen im Einzelfall entschieden werden. Voraussetzung ist lediglich, dass die Interessenwahrnehmung ein „wesentliches Verbandsziel" ist (vgl. BGH 20.3.1986 – VII ZR 191/85 – NJW 1986, 1613). Die **Betätigung** muss sich in jedem Fall **am Satzungszweck orientieren** (v. Roetteken, § 23 Rn. 37).

b) Einzelne Fälle

aa) Beschränken auf einzelne Gruppen oder Bundesländer

15 Eine **Beschränkung auf bestimmte Merkmale oder Behinderungen** (zB Blinde) ist unproblematisch (so auch MüKo/Thüsing, 5. Aufl., § 23 Rn. 8; Gaier/Wendland, Rn. 264). Die Befugnisse sind dann allerdings auf den Satzungszweck (zB Beistand nur für Blinde) beschränkt (weitere Beispiele bei Gaier/Wendland, Rn. 264). Auch eine **räumliche Beschränkung** der Zuständigkeit ist zulässig (Schiek-Kocher, § 23 Rn. 12; MüKo-Thüsing, 5. Aufl., § 23 Rn. 8). Die Befugnis, Tätigkeiten zu entfalten, ist dann auch entsprechend beschränkt (zB nur für Benachteiligte aus dem entsprechenden Bundesland, für das der Verband nach seiner Satzung zuständig ist; Beispiele bei Thüsing/Burg, ZTR 2007, 71, 73).

bb) Kirchen und Religionsgemeinschaften

16 Ob auch Kirchen und Religionsgemeinschaften in Betracht kommen, erscheint **zweifelhaft** (so aber Schiek-Kocher, § 23 Rn. 4). Ihr Zweck ist sehr viel umfassender und die Wahrnehmung der Interessen bestimmter benachteiligter Personen, ihre Beratung (→ Rn. 25) und die Beistandsgewährung vor Gericht spielt – wenn überhaupt – eine völlig untergeordnete Rolle.

cc) Gewerkschaften und Arbeitgeberverbände

17 Zweifelhaft ist auch, ob Arbeitgeberverbände und Gewerkschaften als Verbände im Sinne dieses Gesetzes angesehen werden können (bejahend für Gewerkschaften: Nollert-Borasio/Perreng, § 23 Rn. 3, zweifelnd: Palandt-Grüneberg, § 23 Rn. 2; verneinend v. Roetteken, § 23 Rn. 26). **Verbände**, die sich zur Aufgabe machen, **nur die Interessen einer Seite**, also zB nur die Diskriminierung von Trägern des verpönten Merkmals von Arbeitnehmern, die ihre Mitglieder sind, zu vertreten, erfüllen die Voraussetzungen des § 23 Abs. 1 nicht. Ein **Fußballverein**, der sich vorwiegend an die Mitglieder einer bestimmten Ethnie richtet, erfüllt die Voraussetzungen nicht (Gaier/Wendtland, Rn. 263).

Nur **Organisationen**, die sich zumindest zu einem nicht unwesentlichen Teil ihres Aufgabengebietes generell **gegen Diskriminierung** engagieren, erfüllen die Voraussetzungen (Schiek-Kocher, § 23 Rn. 6). Wegen der seit 1.7.2008 geltenden Fassung des § 11 ArbGG und den daraus folgenden Konsequenzen → Rn. 26

dd) Keine Vertretung des potenziellen Diskriminierers

18 Eine Verfahrensbeteiligung, zB auf Seiten und zugunsten desjenigen, der wegen Missachtung des Gleichbehandlungsgrundsatzes oder wegen anderer Diskriminierungshandlungen in Anspruch genommen wird, scheidet

aus. Die prozessuale bzw. **Vertretungsrolle** ist insoweit **eingeschränkt auf die diskriminierten Personengruppen**, die sich aus der Satzung ergeben (v. Roetteken, § 23 Rn. 13).

6. Mitgliederzahl

a) Mitgliederzahl des einzelnen Verbandes

19 Der Gesetzgeber hat es „wegen der großen Heterogenität der in Betracht kommenden Verbände" nicht für zweckmäßig gehalten, ein zentrales Anerkennungsverfahren einzuführen, wie es zB in § 4 UKlaG verankert oder nach § 13 Abs. 3 des Gesetzes zur Gleichstellung behinderter Menschen erforderlich ist (vgl. amtliche Begründung, BT-Drs. 16/1780, 48). Um Klagen durch unzählige Kleinvereine zu verhindern, stellt das Gesetz allerdings Mindestanforderungen hinsichtlich der Mitgliederzahl auf. Es verlangt **mindestens 75 Mitglieder pro Verband.** Die in der Literatur diskutierte Frage, ob es sich bei den Mitgliedern um natürliche Personen handeln muss (so Bauer/Krieger, § 23 Rn. 8; Staudinger/Serr, § 23 Rn. 12) oder ob auch juristische Personen mitzählen (so v. Roetteken, § 23 Rn. 20; Palandt-Grüneberg, § 23 Rn. 2; jurisPK/S.Overkamp, § 23 Rn. 7), dürfte in der Praxis kaum von Bedeutung sein. Nach dem Wortlaut der Vorschrift spricht alles für die letztere Auffassung. Das Gesetz spricht von „Mitgliedern". Im Vereinsrecht ist unstreitig, dass Mitglieder auch juristische Personen sein können.

b) Dachverbände

20 Bei Dachverbänden ist die Mitgliedschaft von sieben (Einzel-)Verbänden erforderlich. Offen bleibt, ob diese sieben Verbände ihrerseits wiederum 75 Mitglieder haben müssen. Aus Sinn und Zweck der Regelung ist abzuleiten, dass der **Zusammenschluss von sieben (Einzel-)Verbänden**, der sich eine Satzung gegeben hat, nach der er die besonderen Interessen von benachteiligten Personen oder Personengruppen nach Maßgabe von § 1, die sich ihrerseits zu einem Einzelverband zusammengeschlossen haben, wahrnimmt, auch dann die Voraussetzungen des Gesetzes erfüllt, wenn die Einzelverbände weniger Mitglieder als 75 haben. Ansonsten wäre eine gesonderte Regelung der Klagebefugnis eines Dachverbandes nicht sinnvoll, weil dann auch jeder einzelne Verband ohnehin klagebefugt wäre. Aus diesem Grunde ist davon auszugehen, dass bei einem Zusammenschluss von sieben Antidiskriminierungsverbänden, die die Voraussetzungen des S. 1 erfüllen, bei entsprechender Gestaltung der Satzung unabhängig von der Mitgliederzahl eine Klagebefugnis gegeben ist (Bauer/Krieger, § 23 Rn. 9; aA v. Roetteken, § 23 Rn. 29, der verlangt, dass alle sieben Verbände ihrerseits die Voraussetzungen des Abs. 1 S. 1 erfüllen).

7. Nachweis im gerichtlichen Verfahren

21 Der Beistand hat im gerichtlichen Verfahren nachzuweisen, dass der Verband die **Voraussetzungen des Gesetzes** erfüllt. Die im Gerichtsverfahren auftretende Person muss auf Aufforderung des Gerichts auch nachweisen, dass sie entweder **durch Satzung** oder **Vollmacht** des Vorstandes des Verbandes berechtigt ist, für diesen aufzutreten. Die Voraussetzungen (zB die

erforderliche Mitgliederzahl) müssen zum **Zeitpunkt der mündlichen Verhandlung** vorliegen (MüKo-Thüsing, 5. Aufl., § 23 Rn. 11 f.). Die **Darlegungs- und Beweislast** für das Vorliegen der Voraussetzungen trägt derjenige, der sich des Verbandes als Beistand bedient (Bauer/Krieger, § 23 Rn. 10).

IV. Abs. 2

1. Grundsatz

22 Abs. 2 regelt zunächst die Befugnis der Antidiskriminierungsverbände, **bei Verfahren ohne Anwaltszwang als Beistand der diskriminierten Person in der Verhandlung aufzutreten**. Die Bestimmung gilt nicht für das Strafverfahren (vgl. amtliche Begründung, Drs. 16/1780, 48) und auch nicht für Verwaltungsverfahren – zum Beispiel im Arbeitsschutz (Schiek-Kocher, § 23 Rn. 10; v. Roetteken, § 23 Rn. 31; aA: jurisPK/S. Overkamp, § 23 Rn. 8 Fn. 34). Der Verband, der die Voraussetzungen des Abs. 1 erfüllt und bei dem eine entsprechende Tätigkeit aus der Satzung abzuleiten, besser noch als Satzungszweck verankert ist (vgl. Bauer/Krieger, § 23 Rn. 11), kann im zivilprozessualen Verfahren als Beistand einer diskriminierten Person auftreten, wenn der konkrete Benachteiligungsfall zum Satzungszweck gehört. Ein Verband, der sich für die Belange der Gleichgeschlechtlichen engagiert, kann deshalb nicht in einem Verfahren wegen Altersdiskriminierung auftreten (→ Rn. 15; s. auch: Staudinger/Serr, § 23 Rn. 16). Die Befugnis umfasst nicht nur Ansprüche aus § 21. Entscheidend ist, dass die eingeklagten **Rechte** auch **aus einer Verletzung der Benachteiligungsverbote** hergeleitet werden. Deshalb besteht auch bei einer Verletzung des allgemeinen Persönlichkeitsrechts nach § 823 Abs. 1 BGB oder wegen Verletzung des Benachteiligungsverbots als Schutzgesetz die Möglichkeit, Verbände zur Unterstützung hinzuzuziehen (vgl. Gaier/Wendtland, Rn. 271).

2. Einwilligung

23 Ausdrücklich schreibt das Gesetz zwar nicht vor, dass eine Verfahrensbeteiligung von der Einwilligung des oder der Betroffenen abhängig ist. Der Gesetzgeber ist offensichtlich davon ausgegangen, dass sich die notwendigen **Vorgaben auch für eine Einwilligung aus § 90 ZPO ergeben**. Eine Klarstellung in § 23 wäre jedoch geboten gewesen, da die Richtlinien ausdrücklich vorschreiben, dass eine solche Einwilligung erfolgen muss (vgl. Art. 17 Abs. 2 RL 2006/54/EG; vgl. auch Rust/Falke-Micklitz, § 23 Rn. 8). Eine Beteiligung kann nicht ohne deren Einverständnis erfolgen. Ein Verfahrensbeitritt ohne Einwilligung ist unzulässig (vgl. v. Roetteken, § 23 Rn. 13; Rust/Falke-Micklitz, § 23 Rn. 3; Staudinger/Serr, § 23 Rn. 17).

3. Anwendung des § 90 ZPO

24 Die Rechte und Pflichten der Antidiskriminierungsverbände richten sich nach § 90 ZPO. § 23 Abs. 2 beschränkte die Möglichkeit eines Auftretens als Beistand zunächst auf Verfahren, für die die jeweilige Prozessordnung keinen Anwaltszwang vorschrieb. Im Zuge einer Reform auch der entsprechenden Regelung des § 90 ZPO wurde die Beschränkung mit Wirkung zum 1.1.2008 gestrichen (Bauer/Krieger, § 23 Rn. 11).

§ 90 ZPO lautet:

(1) In der Verhandlung können die Parteien mit Beiständen erscheinen. Beistand kann sein, wer in Verfahren, in denen die Partei den Rechtsstreit selbst führen kann, als Bevollmächtigter zur Vertretung in der Verhandlung befugt ist. Das Gericht kann andere Personen als Beistand zulassen, wenn dies sachdienlich ist und hierfür nach den Umständen des Einzelfalles ein Bedürfnis besteht. § 79 Abs. 3 S. 1 und 3 und Abs. 4 gilt entsprechend.

(2) Das vom Beistand Vorgetragene gilt als von der Partei vorgebracht, insoweit es nicht von dieser sofort widerrufen oder berichtigt wird.

a) Beistand vor Gerichten

25 Die Richtlinien sehen keine Beschränkung der Beistandsmöglichkeiten auf bestimmte Instanzen vor (Rn. 8). Seit 1.7.2008 ist – europarechtskonform – das **Auftreten** von Beiständen zumindest in der mündlichen Verhandlung **in allen Instanzen der Zivil- und Arbeitsgerichte** möglich (Bauer/Krieger, § 23 Rn. 13). Allerdings ist auf die Ausschlussmöglichkeit gemäß § 79 Abs. 3 ZPO hinzuweisen, wenn es dem Beistand an der Fähigkeit zum geeigneten Vortrag fehlt, zB durch ungebührliches Verhalten, durch Anschreien des Gerichts, Trunkenheit vor Gericht, fortdauerndes Reden trotz Wortentzugs oder mangelnde Kompetenz zum Vortrag etc (vgl. Bauer/Krieger, § 23 Rn. 14).

26 **§ 11 Abs. 6 ArbGG** ist der Vorschrift des **§ 90 ZPO angepasst** und sieht ausdrücklich vor, dass Parteien in den Verhandlungen mit Beiständen erscheinen können. Beistand kann auch nach dieser Vorschrift sein, wer in Verfahren, in denen die Parteien den Rechtsstreit selbst führen können, als Bevollmächtigter zur Vertretung in der Verhandlung befugt ist. Dazu zählen nach § 11 Abs. 2 Nr. 3 ArbGG auch **selbstständige Vereinigungen von Arbeitnehmern mit sozial- oder berufspolitischer Zwecksetzung**. Darunter können bei entsprechenden Satzungsbestimmungen auch Antidiskriminierungsverbände fallen (s. dazu GMP-Germelmann/Künzl, ArbGG § 11 a Rn. 136 f.). Auch hier besteht eine Untersagungsmöglichkeit für das Gericht, wenn der Beistand nicht in der Lage ist, das Sach- und Streitverhältnis sachgerecht darzustellen (§ 11 Abs. 6 S. 4 ArbGG iVm § 11 Abs. 3 S. 3 ArbGG).

b) Begriffsdefinition „Beistand“

27 Beistand iSv § 23 ist derjenige, der im Parteiprozess neben der anwesenden Partei, im Anwaltsprozess neben dem anwesenden Prozessbevollmächtigten, auftritt, um die Partei durch Ausübung der Parteirechte zu unterstützen (Zöller-Vollkommer, ZPO § 90 Rn. 2). Der **Beistand** ist **nicht Prozessbevollmächtigter der Partei**. Anders als der Stellvertreter wird er nicht an Stelle der Partei, sondern neben ihr oder ihrem gesetzlichen Vertreter, zB einem Anwalt, tätig (vgl. Musielak-Weth, ZPO § 90 Rn. 5; jurisPK/S. Overkamp, § 23 Rn. 9).

c) Prozessfähigkeit der handelnden Person

28 § 90 ZPO setzt Prozessfähigkeit (§§ 51, 52 ZPO) des Beistandes voraus (wie hier: Gaier/Wendtland, Rn. 270). Sie ist erforderlich, da der Beistand **Prozesshandlungen** vornehmen soll, dh die Person, die der Antidiskriminie-

rungsverband entsendet, muss diese Voraussetzung erfüllen. Diese Voraussetzung gilt aber nur für die handelnde Person, nicht für den Verband selbst (Rn. 11).

d) Keine Vollmacht erforderlich

29 Der **Beistand bedarf keiner Vollmacht** (vgl. Zöller-Vollkommer, ZPO § 90 Rn. 2; Thüsing/Burg, ZTR 2007, 71, 75). Seine Legitimation ergibt sich daraus, dass die Partei ihn im Prozess mitbringt und für sich vortragen lässt (Musielak-Weth, ZPO § 90 Rn. 5; MüKo-Thüsing, 5. Aufl., § 23 Rn. 18; Gaier/Wendtland, Rn. 272; Adomeit/Mohr, § 23 Rn. 20). Dies gilt auch für den Fall, dass **Nichtmitgliedern** Beistand geleistet wird, was grundsätzlich zulässig ist (v. Roetteken, § 23 Rn. 48) bzw. vom Verband sogar intendiert sein muss (→ Rn. 16 f.). Die **Rechtsposition** des Beistandes ist also an die **Anwesenheit der Partei** gebunden. Sie endet, wenn sich die Partei aus dem Saal entfernt (Musielak-Weth, ZPO § 90 Rn. 5).

e) Rechte des Beistandes

30 Der Beistand darf mit Wirkung für die Partei **alle Prozesshandlungen** vornehmen, zu denen die mündliche Verhandlung Anlass bietet und **die der Partei selbst auch gestattet sind** (vgl. Zöller-Vollkommer, ZPO § 90 Rn. 5; Gaier/Wendtland, Rn. 272). Auch im Anwaltsprozess bleiben seine Befugnisse auf die Rechte beschränkt, die auch der erschienenen Partei zustehen (Musielak-Weth, ZPO § 90 Rn. 1). Der Vortrag des Beistandes ist der der Partei, wenn diese nicht sofort widerspricht oder den Vortrag berichtigt (vgl. § 90 ZPO bzw. für das Verwaltungsverfahren § 173 VwGO und für das Arbeitsgerichtsverfahren § 11 Abs. 6 ArbGG). Das **Widerrufsrecht** des § 90 Abs. 2 ZPO ist nicht nur auf tatsächliche Erklärungen beschränkt, sondern **bezieht sich auch auf Anträge** sowie auf **Anerkenntnis- und Verzichtserklärungen** (vgl. Musielak-Weth, ZPO § 90 Rn. 5). Widerspricht die Partei nicht, dann eignet sie sich den Vortrag des Beistandes stillschweigend an (so auch MüKo-Thüsing, 5. Aufl., § 23 Rn. 18; Musielak-Weth, ZPO § 90 Rn. 5), mit der Folge, dass ihr die Äußerungen wie eigene zugerechnet werden (Bauer/Krieger, § 23 Rn. 12 insbes. auch zu evtl. **Folgen im Kündigungsschutzprozess** bei beleidigenden Äußerungen des Beistandes gegen den Arbeitgeber).

4. Keine Zustellung an Beistand

31 Da sich die Rechtsstellung des Beistandes nur auf die mündliche Verhandlung erstreckt, haben Zustellungen nicht an ihn, sondern **an die Partei** zu erfolgen (vgl. zu § 625 ZPO: BGH 1.2.1995 – XII ZB 178/94 – NJW 1995, 1225; Musielak-Weth, ZPO § 90 Rn. 5).

5. Kosten

32 Nach allgemeinen Regeln werden die Kosten von der Partei, die unterstützt wird, getragen. Sie sind als Teil der außergerichtlichen Kosten der Partei im Prozess **im Falle des Obsiegens zu erstatten** (vgl. Zöller-Vollkommer, ZPO § 90 Rn. 5). Allerdings wird im **Arbeitsgerichtsverfahren** davon ausgegangen, dass § 12 a Abs. 1 S. 1 ArbGG, wonach die Prozessbeteiligten in der

ersten Instanz ihre Kosten selbst zu tragen haben, materiellrechtliche Wirkungen hat und auch **materiellrechtliche Kostenerstattungsansprüche** gänzlich **ausschließt** (vgl. BAG 30.4.1992 – 8 AZR 288/91 – AP § 12 a ArbGG Nr. 6; aA Schiek-Kocher, § 15 Rn. 16, die einen materiellrechtlichen Kostenerstattungsanspruch annimmt. Nach dieser Auffassung können die Kosten zwar nicht im Kostenerstattungsverfahren, wohl aber durch eine gesonderte Klage geltend gemacht werden).

Die **Kostenerstattung bei Obsiegen durch den Gegner** erfolgt nur, wenn sie zur zweckentsprechenden Rechtsverfolgung **notwendig** war. Fraglich ist, ob eine solche Notwendigkeit besteht, wenn außer dem Beistand auch noch ein weiterer Prozessbevollmächtigter, zB ein Anwalt oder im Arbeitsgerichtsverfahren ein Gewerkschaftssekretär, auftritt.

Teilweise wird eine Kostenerstattung auch im Falle des Obsiegens generell abgelehnt (so Bauer/Krieger, § 23 Rn. 15).

In dieser Absolutheit kann dieser Auffassung jedoch nicht gefolgt werden. Bei besonders schweren Diskriminierungen oder bei Diskriminierungen, die erst im Laufe des Rechtsstreits auftreten, können die Voraussetzungen auch dann vorliegen, wenn „schon" ein Prozessbevollmächtigter tätig ist. Letztlich wird man die Beantwortung dieser Frage **von den Umständen des Einzelfalles abhängig** machen müssen. Hinzu kommt, dass die Beschränkung durch das Gesetz zur Neuregelung des Rechtsberatungsrechts (BGBl. I 2007, 2840 ff.) weggefallen ist (→ Rn. 1) und auch § 90 Abs. 1 nF das Auftreten von Beiständen in der mündlichen Verhandlung in allen Instanzen inzwischen zulässt (→ Rn. 24, 26). Es spricht deshalb viel dafür – außer in Bagatellfällen –, die Frage, ob die Kosten von Beiständen in der zweiten und dritten Instanz von der unterliegenden Partei zu erstatten sind, „großzügiger" zu betrachten.

Die **Höhe der Kosten** richtet sich, wenn Anwälte als Beistände auftreten, nach dem RVG (VV 3100 ff.), in allen anderen Fällen nach § 16 JVEG iVm § 91 Abs. 1 S. 2 ZPO (vgl. Zöller-Vollkommer, ZPO § 90 Rn. 6).

V. Abs. 3

1. Ausnahme vom Rechtsberatungsverbot

33 Nach Abs. 3 sind Antidiskriminierungsverbände vom Verbot der außergerichtlichen und gerichtlichen Rechtsberatung freigestellt. Es wird eine **Ausnahme von dem Erfordernis nach § 1 RBerG (Rechtsberatungsgesetz)** statuiert. Für alle Tätigkeiten, die satzungsgemäß zum Aufgabengebiet des Antidiskriminierungsverbandes gehören und die sich auf die Geltendmachung von Rechten nach diesem Gesetz beziehen, ist keine behördliche Erlaubnis erforderlich (Nollert-Borasio/Perreng, § 23 Rn. 9).

2. Rechtsbesorgung und Beratungstätigkeit

34 Rechtsbesorgung umfasst jede Tätigkeit, die das Ziel verfolgt und geeignet ist, Rechte zu verwirklichen und Rechtsverhältnisse zu gestalten (MüKo-Thüsing, 5. Aufl., § 23 Rn. 21). Aufgrund dieser durch Gesetz gestatteten Befugnis dürfen die Verbände Benachteiligte **vor und in einem Gerichtsverfahren beraten** und ihnen Hilfe bei der Vorbereitung von Klagen und

Schriftsätzen leisten, ohne dass es hierzu eines Auftretens als Prozessbevollmächtigte bedarf (vgl. amtliche Begründung BT-Drs. 16/2022, 8). Auch von Gerichtsverfahren unabhängige Rechtsberatung ist zulässig, allerdings beschränkt auf den Gegenstand eines Tatbestandes nach diesem Gesetz (wie hier auch: Gaier/Wendtland, Rn. 274).

VI. Abs. 4

35 Nach § 85 SGB IX können dann, wenn behinderte Menschen in ihren Rechten aus dem SGB IX verletzt werden, an ihrer Stelle und mit ihrem Einverständnis Behindertenverbände klagen. In diesem Fall müssen alle Verfahrensvoraussetzungen wie bei einem Rechtsschutzersuchen durch den behinderten Menschen selbst vorliegen.

In § 164 Abs. 2 SGB IX ist zusätzlich bestimmt, dass Arbeitgeber schwerbehinderte Beschäftigte nicht wegen ihrer Behinderung benachteiligen dürfen. S. 2 der Vorschrift verweist auf die Regelungen des AGG.

Abs. 4 stellt klar, dass das **Klagerecht der Behindertenverbände** insoweit erhalten bleibt. Wegen der Einzelheiten dieses Klagerechts wird auf die Kommentierungen zu § 85 SGB IX verwiesen (bzw. bis 31.12.2017 § 63 SGB IX aF).

VII. Vertretungsbefugnis nach anderen Gesetzen

36 Darauf hinzuweisen ist, dass Verbände auch Verstöße gegen zivilrechtliche Benachteiligungsverbote nach dem **Unterlassungsklagengesetz** (UKlaG) und dem **Gesetz gegen den unlautereren Wettbewerb** (UWG) verfolgen können. Allerdings müssen sie dann die Voraussetzungen dieser Gesetze erfüllen.

1. UKlaG

a) Diskriminierende Allgemeine Geschäftsbedingungen

37 Nach **§ 1 UKlaG** besteht ein **Unterlassungsanspruch**, wenn in allgemeinen Geschäftsbedingungen Bestimmungen, die gegen die AGB-Regelung des BGB verstoßen, verwandt werden. Die **Klage** kann aber auch **auf** die **Unwirksamkeit** wegen Verstoßes gegen ein gesetzliches Verbot oder gegen zwingendes Recht gestützt werden (vgl. MüKo-Thüsing, 5. Aufl., § 23 Rn. 23; Gaier/Wendtland, Rn. 280 f.). Nach der amtlichen Begründung (BT-Drs. 16/1780, 48) können bei Geschäftsbedingungen, die gegen das AGG verstoßen, die Voraussetzungen, eine Unterlassungsklage und/oder einen Widerrufsanspruch gemäß § 1 UKlaG zu erheben, gegeben sein, weil ein Verstoß gegen die gesetzlichen Bestimmungen die entsprechenden Klauseln unwirksam macht. Hinzuweisen ist auch auf die Klagemöglichkeit nach § 2 UKlaG, wonach ein Unterlassungsanspruch bei verbraucherschutzgesetzwidrigen Praktiken besteht (zur Frage ob § 19 ein Verbraucherschutzgesetz iSv § 2 UKlaG ist s. OLG Hamm 3. 3.2017 – I-12 U 104/16; OLG Schleswig-Holstein 11.12.2015– 1 U 64/15 betr. ein von Nahverkehrsunternehmen verhängtes Verbot zur Mitnahme von E-Scootern in Bussen).

b) Voraussetzungen nach § 4 UKlaG

38 Allerdings muss der Antidiskriminierungsverband, wenn er Klage erheben will, gemäß § 4 UKlaG in die **Liste qualifizierter Einrichtungen** eingetragen werden, die beim Bundesverwaltungsamt geführt wird. Eintragungsfähig sind **nur rechtsfähige Verbände**, also zB eingetragene Vereine. Allerdings hat der BGH auch den **Gesellschaften bürgerlichen Rechts Rechtsfähigkeit zuerkannt** (vgl. BGH 18.2.2002 – II ZR 331/00 – BGHZE 146, 341; so schon LAG Bremen 5.12.1997 – 4 Sa 258/97 – LAGE § 705 BGB Nr. 3; Palandt-Sprau, BGB § 705 Rn. 24 ff.). Deshalb dürfte auch wegen der Verweisungsregelung in § 54 BGB der **nicht rechtsfähige Verein** als Träger von Rechten und Pflichten, als Rechtssubjekt, das **parteifähig** ist, anerkannt sein (vgl. Palandt-Ellenberger, BGB § 54 Rn. 7). Der Verband muss ferner seit mindestens einem Jahr bestehen und aufgrund seiner bisherigen Tätigkeit die Gewähr für eine sachgerechte Aufgabenerfüllung bieten. Nach Auffassung des Gesetzgebers (vgl. amtliche Begründung, BT-Drs. 16/1780, 49) werden Antidiskriminierungsverbände die Voraussetzung für die Eintragung in die Liste der qualifizierten Einrichtungen erfüllen, wenn sie aktiv die **Aufklärung und Beratung der von ihnen vertretenen Personenkreise** im Hinblick auf den Verbraucherschutz betreiben (zur Kritik an dieser Regelung vgl. Falke/Rust-Micklitz, § 23 Rn. 25). Nach dem UKlagG sind Dachverbände bereits vertretungsbefugt, wenn sie nur zwei (und nicht sieben) Mitgliedsverbände haben (vgl. MüKo-Thüsing, 5. Aufl., § 23 Rn. 26).

2. UWG

39 Für die Klagebefugnis nach UWG ergibt sich letztlich nichts anderes. Auch hier können qualifizierte Einrichtungen **Rechtsverstöße im Verbraucherinteresse** geltend machen. Antidiskriminierungsverbände unterliegen aber den gleichen Restriktionen wie beim UKlaG, da sie auch in die Liste qualifizierter Einrichtungen nach § 4 UKlaG eingetragen sein müssen, wenn sie diskriminierende Wettbewerbshandlungen gerichtlich untersagen lassen wollen. Auf die Kommentierungen zum UWG wird verwiesen (vgl. auch MüKo-Thüsing, 5. Aufl., § 23 Rn. 31; Thüsing/Burg, ZTR 2007, 71, 77).

3. BetrVG

40 Letztlich ist auf § 17 AGG und § 23 BetrVG hinzuweisen, die auch Betriebsräten oder im Betrieb vertretenen Gewerkschaften die Möglichkeit geben, dem Arbeitgeber diskriminierendes Verhalten untersagen zu lassen. Dies kommt nach einer Entscheidung des BAG (14.11.2013 – 8 AZR 997/12) auch bei diskriminierenden Stellenausschreibungen des Arbeitgebers in Betracht. Eine „Popularklage“ auf künftige Unterlassung diskriminierender Ausschreibungen ist allerdings unzulässig.

Abschnitt 5 Sonderregelungen für öffentlich-rechtliche Dienstverhältnisse

§ 24 Sonderregelung für öffentlich-rechtliche Dienstverhältnisse

Die Vorschriften dieses Gesetzes gelten unter Berücksichtigung ihrer besonderen Rechtsstellung entsprechend für

1. Beamtinnen und Beamte des Bundes, der Länder, der Gemeinden, der Gemeindeverbände sowie der sonstigen der Aufsicht des Bundes oder eines Landes unterstehenden Körperschaften, Anstalten und Stiftungen des öffentlichen Rechts,
2. Richterinnen und Richter des Bundes und der Länder,
3. Zivildienstleistende sowie anerkannte Kriegsdienstverweigerer, soweit ihre Heranziehung zum Zivildienst betroffen ist.

I. Überblick

1. Gleichbehandlungsrechtliche Regelungskreise im Dienstrecht und ihre Abgrenzung

1 § 24 ordnet die entsprechende Anwendung der Regelungen des AGG auf **öffentlich-rechtliche Dienstverhältnisse** an. Die entsprechende Anwendung hat dabei die **Besonderheiten dieser Rechtsverhältnisse** zu berücksichtigen, die sich insbesondere aus den Fürsorge- und Schutzpflichten des Dienstherrn und den qualifizierten Pflichten der Beamten und Beamtinnen, der Rechtsstellung der Richter und Richterinnen und dem Gebot ihrer Unabhängigkeit (Art. 97 Abs. 1 GG) ergeben können.

2 **Sinn der Regelung** ist es, auch für das öffentliche Dienstrecht das menschenrechtliche Ziel des unionsrechtlichen Gleichbehandlungsschutzes zu verwirklichen (vgl. zu diesen Zielen Mahlmann, in: Rudolf/Mahlmann, GlBR, § 1). Dabei geht es einerseits konkret um die **Abwehr ungerechtfertigter Ungleichbehandlungen**, andererseits aber auch darum, **gerechtfertigten Ungleichbehandlungen** angemessenen und normativ präzisierten Raum zu bieten. Die kritische Reflexion von Unterscheidungskriterien kann einer Rationalisierung der Gestaltung des öffentlichen Dienstes dienen. Die bisherige Entwicklung – etwa bei der Überprüfung von hergebrachten Altersgrenzen – zeigt, dass das Gleichbehandlungsrecht tatsächlich diese rationalisierende Wirkung haben kann. Normen, die **Schutz gegen Diskriminierung für öffentlich-rechtliche Dienstverhältnisse** gewähren, gibt es in verschiedener Form. Einige von ihnen wurden seit dem Inkrafttreten des AGG den Anforderungen des Europarechts angepasst.

3 An erster Stelle ist **Art. 3 GG** zu nennen, der in seinen verschiedenen normativen Wirkungsdimensionen das Dienstrecht unmittelbar gestaltet. Die Diskriminierungsverbote aus Art. 3 Abs. 2 S. 1, 3, Abs. 3 GG erfassen Geschlecht, Abstammung, Rasse, Sprache, Heimat und Herkunft, Glauben, religiöse oder politische Anschauungen und Behinderung. Von den verbotenen Merkmalen des § 1 werden Geschlecht, Rasse, Religion und Behinderung ausdrücklich genannt, die ethnische Herkunft wird von den verfassungsrechtlichen Begriffen der Rasse und Herkunft, und die Weltanschauung vom Glauben erfasst. Von den durch § 1 verbotenen Merkmalen werden also nur das Alter und die sexuelle Identität nicht durch Art. 3 Abs. 2 S. 1, 3, Abs. 3 GG geregelt. Alter und sexuelle Identität sind aber höchstpersönliche Merkmale, bei denen Ungleichbehandlungen nach der Rechtsprechung des BVerfG nur möglich sind, wenn sie einer strikten Anwendung des Verhältnismäßigkeitsgrundsatzes genügen (BVerfG 26.1.1993 – 1 BvL 38/92, 1 BvL 40/92, 1 BvL 43/92 – BVerfGE 88, 87, 96). Der Schutz, den für diese Merkmale der allgemeine Gleichheitssatz verwirklicht, steht dem Schutz aus Art. 3 Abs. 2, Abs. 3 GG nicht nach. Denn richtiger Ansicht nach ist auch bei diesen eine Ungleichbehandlung möglich, wenn sie den Verhältnismäßigkeitsgrundsatz nicht verletzt (Bonner Kommentar-Rüfner, 76. Lfg. Mai 1996, GG Art. 3 Rn. 575; Sachs-Osterloh, GG Art. 3 Rn. 241 ff., 254; v. Münch/Kunig-Boysen, GG Art. 3

Rn. 132; aA Sachs, Besondere Gleichheitsgarantien, HStR VIII, 3. Aufl., 2010, § 128 Rn. 54 ff.). Dies entspricht auch der Regelung des Unionsrechts (vgl. Mahlmann, in: Rudolf/Mahlmann, GlBR, § 3 Rn. 44).

4 Hinsichtlich Geschlecht und Behinderung erlauben Art. 3 Abs. 2 S. 2 GG und Art. 3 Abs. 3 S. 2 GG **bevorzugende Maßnahmen**. Ob dies auch für andere Merkmale gilt, ist umstritten, ist aber im Grundsatz bei Einhaltung des Verhältnismäßigkeitsprinzips insbesondere in Hinblick auf eine unionsrechtskonforme Auslegung von Art. 3 GG und die entsprechenden Regelungen im Unionsrecht, Art. 5 RL 2000/43/EG, Art. 7 RL 2000/78/EG, Art. 3 RL 2006/54/EG, Art. 6 RL 2004/113/EG, zu bejahen. Hier eröffnet § 5 nun ausdrücklich einfachgesetzlich entsprechende Möglichkeiten (näher → § 5 Rn. 6 ff.).

5 Die Konkretisierung des Gleichheitssatzes aus Art. 3 GG ist **Art. 33 Abs. 2 GG**, dessen **positiver Regelungskern** durch den Bezug auf Eignung, Befähigung und fachliche Leistung die verfassungskräftige **Verankerung des Leistungsprinzips als normativer Leitmaßstab** nicht nur für die Einstellung, sondern umfassend für die Laufbahn im öffentlichen Dienst von der Ernennung bis zum Ruhestand bildet (v. Münch/Kunig-Kunig, GG § 33 Abs. 2 Rn. 14). **Implizierter negativer Regelungskern** ist dagegen **ein Diskriminierungsverbot:** Indem das Leistungsprinzip für maßgeblich erklärt wird, werden andere Kriterien, zB die vom AGG verpönten, für Auswahlentscheidungen im Dienstrecht normativ ausgeschlossen. Dies heißt allerdings nicht, dass sie faktisch keine Rolle spielten, wie zB das Problem der politischen Ämterpatronage illustriert.

6 Die Regelung aus Art. 3 GG und Art. 33 Abs. 2 GG (Art. 33 Abs. 3 GG betont nur das sich aus diesen beiden Normen bereits Ergebende) wird im speziellen öffentlichen Dienstrecht konkretisiert. **§ 9 S. 1 BBG** wiederholt die Maßgeblichkeit des Leistungsprinzips und spricht ein ausdrückliches Verbot von Diskriminierungen aus, das sich neben anderen Merkmalen auf alle vom AGG geregelten Merkmale außer Alter erstreckt. Der Nichteinbezug von Alter in § 9 BBG ist rechtlich ohne Konsequenz, weil das Diskriminierungsverbot aus § 24 iVm §§ 1, 7 wegen der Regelungslücke im Spezialgesetz auflebt (→ Rn. 8). Im Übrigen sind die Richtlinien im vertikalen Verhältnis unmittelbar anwendbar (→ Rn. 13; iE ebenso Schiek-Welti, § 24 Rn. 4). § 9 BeamtStG entspricht § 9 BBG.

7 Auch in **§ 67 BPersVG** ist ein Diskriminierungsverbot enthalten, das mit dem AGG den Regelungsanforderungen des Unionsrechts angepasst worden ist.

8 Diese Regelungen gehen als **lex specialis** dem AGG vor (§ 2 Abs. 3). Subsidiär kommen daneben die Regelungen des AGG zur Anwendung. Sofern in den Landesbeamtengesetzen die Anpassung an die unionsrechtliche Rechtslage vollzogen ist, gilt das auch für diese.

9 Auf Landesebene bestehende oder eingeführte abweichende Sonderregelungen hinsichtlich sexueller Belästigung werden durch das AGG verdrängt, das insofern nur die sowieso maßgeblichen unionsrechtlichen Regelungen wiederholt.

10 Weitere relevante Sonderregelungen zur Barrierefreiheit für Behinderte enthält das **Behindertengleichstellungsgesetz**.

11 Ergänzend zum **Bundesgleichstellungsgesetz** sind die Regelungen des AGG maßgeblich, insbesondere in Bezug auf die Definition der Diskriminierung.

12 Sonderregelungen für Soldaten und Soldatinnen schaffen das 2005 in Kraft getretene **Soldaten- und Soldatinnengleichstellungsgesetz (SGleiG)** und das **Soldatinnen- und Soldatengleichbehandlungsgesetz (SoldGG**; → Rn. 85). Die Regelungen des AGG sind nicht, auch nicht entsprechend, auf Soldatinnen und Soldaten anwendbar, was sich aus einem Umkehrschluss aus § 24 ergibt (BVerwG 27.8.2015 – 1 WB 25.15, Rn. 17). Eine Berufung auf das AGG berührt die Zulässigkeit einer Klage aber nicht (BVerwG 27.8.2015 – 1 WB 25.15, Rn. 17).

13 Durchweg ist das angewandte Recht – vom Verfassungsrecht bis zum Landesrecht – aufgrund des Anwendungsvorrangs des Unionsrechts **richtlinienkonform auszulegen** (st. Rspr., vgl. EuGH 10.4.1984 – Rs. C-14/83 (von Colson und Kamann) – Slg 1984, 1891, Rn. 26; EuGH 5.10.2004 – Rs. C-397/01 (Pfeiffer) – Slg 2004, I-8835, Rn. 113). Qualifizierte Normen der Richtlinien können im vertikalen Verhältnis zum Staat nach Ablauf der Umsetzungsfrist **unmittelbar angewandt** werden. Dazu müssen sie **inhaltlich unbedingt**, dh vorbehaltlos und ohne Bedingung anwendbar und **hinreichend genau** sein. Letzteres ist der Fall, wenn sie eine unzweideutige Verpflichtung aussprechen, der unbestimmte Rechtsbegriffe nicht entgegenstehen (EuGH 4.12.1974 – Rs. C-41/74 (Van Duyn) – Slg 1974, 1337, Rn. 12; EuGH 5.10.2004 – Rs. C-397/01 (Pfeiffer) – Slg 2004, I-8835, Rn. 103; dazu → Einl. Rn. 96). **Unmittelbar anwendbar** sind jedenfalls das **Diskriminierungsverbot** und das **Rechtfertigungsregime** der Richtlinien (die unmittelbare Anwendbarkeit auch der Rechtfertigungsgründe impliziert EuGH 22.11.2005 – Rs. C-144/04 (Mangold) – Slg 2005, I-9981). Tatbestandsausschluss oder Rechtfertigung kann nicht nur auf Ziele gestützt werden, die ausdrücklich in Regelungen enthalten sind, sondern auch auf solche, die sich aus dem Regelungskontext ergeben (EuGH 16.10.2007 – Rs. C-411/05 (Palacios de la Villa) – NZA 2007, 1219 Rn. 56–57).

14 Die **Gesetzgebungskompetenz** folgt für die Bundesbeamten aus Art. 73 Nr. 8 GG, für Bundesrichter aus Art. 98 Abs. 1 GG, für Kriegsdienstverweigerer und Zivildienstleistende aus Art. 73 Abs. 1 Nr. 1 GG. Die auf Art. 74 a Abs. 1, 75 Abs. 1 Nr. 1 GG zu Beamten der Länder, Gemeinden und Gemeindevertretungen bzw. auf Art. 74 a Abs. 4, 98 Abs. 3 S. 2 GG zu Landesrichtern beruhenden Regelungen gelten nach der Föderalismusreform nach Art. 125 a Abs. 1, 125 b Abs. 1 GG als Bundesrecht fort, das durch Landesrecht ersetzt werden kann, sofern es nicht als Bundesrecht auch nach der neuen Kompetenzordnung erlassen werden könnte. Nach Art. 74 Nr. 27 GG erstreckt sich die konkurrierende Gesetzgebung auf die Statusrechte und -pflichten der Beamten der Länder, Gemeinden und anderen Körperschaften des öffentlichen Rechts sowie der Richter in den Ländern mit Ausnahme der Laufbahnen, Besoldung und Versorgung. In diesen letzteren Bereichen können die Länder tätig werden. Materiell ergibt sich dadurch aber keine (einschränkende) Abweichungsbefugnis von den Regelungen des AGG, denn diese sind unionsrechtlich weitgehend determiniert.

Auch für andere als Bundesbeamte oder -richter sind die Benachteiligungsverbote und andere Regelungen des Unionsrechts im Übrigen unmittelbar anwendbar und fordern richtlinienkonforme Auslegung (→ Rn. 13).

2. Benachteiligungsverbot, Tatbestandsausschluss und Rechtfertigung

15 Das Benachteiligungsverbot nach § 7 Abs. 1 formuliert eine im Grundsatz bereits durch die Verfassung vorgegebene Regelung (→ Rn. 3). Von besonderer Bedeutung für das Dienstrecht sind aber die **unionsrechtskonformen Begriffsbestimmungen**. Die Unterscheidung von unmittelbarer und mittelbarer Ungleichbehandlung ist zwar schon seit langem durch das BVerfG als Konkretisierung von Art. 3 GG aufgenommen worden und somit auch für das Dienstrecht relevant (BVerfG 27.11.1997 – 1 BvL 12/91 – BVerfGE 97, 35, 43; BVerfG 30.1.2002 – 1 BvL 23/96 – BVerfGE 104, 373, 393), erfährt aber durch § 3 Abs. 1 und Abs. 2 eine Präzisierung auf dem Stand der Entwicklung des Unionsrechts. Dabei ist die Einbeziehung einer hypothetischen Vergleichsperson hervorzuheben (§ 3 Abs. 1). Damit kommt es nicht mehr darauf an, dass im realen Vergleich eine Benachteiligung vorliegt, wenn diese im hypothetischen Fall vorgekommen wäre. Auch die Konkretisierungen des Diskriminierungsbegriffs durch den EuGH sind von Bedeutung. Diskriminierungen sind auch dann gegeben, wenn die ungerechtfertigte Ungleichbehandlung eine Person wegen ihrer besonderen Verbindung zu einer dritten Person trifft (EuGH 17.8.2008 – Rs. C-303/06 (Coleman) – Slg 2008, I-5603 Rn. 50, 51). Auch die Ankündigung eines diskriminierenden Verhaltens reicht aus, um eine Diskriminierung zu begründen (EuGH 10.7.2008 – Rs. C-54/07 (Feryn) – Slg 2008, I-5187, Rn. 25).

16 Die Definition der **Belästigung** schafft konkrete Maßstäbe, die ua für die Fallgruppe des Mobbing relevant sind. Für die **sexuelle Belästigung** wird eine Vereinheitlichung erreicht, die ältere Legaldefinitionen überlagert.

17 Auch die **Anweisung zur Benachteiligung** wird ausdrücklich geregelt (§ 3 Abs. 5). Hierbei handelt es sich allerdings nicht um jede Art von Hervorrufung eines Benachteiligungsentschlusses. Vielmehr wird ein entsprechendes Weisungsverhältnis vorausgesetzt (zutreffend Thüsing, Beilage zu NZA Heft 22/2004, S. 3, 8).

18 Ebenfalls von Bedeutung ist die **ausdrückliche und differenzierte Regelung der Rechtfertigung von Ungleichbehandlungen** (§§ 8, 10) einschließlich positiver Maßnahmen (§ 5). Durch diese Regelungen wird der unionsrechtlich wie verfassungsrechtlich maßgebliche **Verhältnismäßigkeitsgrundsatz bereichsspezifisch konkretisiert**. Neben der allgemeinen Rechtfertigungsklausel aufgrund wesentlicher und entscheidender beruflicher Anforderungen (§ 8) werden Sonderregelungen für das Merkmal Alter (§ 10) geschaffen, die praktisch besonders relevant sind. Die Regelungen zur Religion (§ 9) betreffen Religions- und Weltanschauungsgemeinschaften.

19 Tatbestandsausschluss und Rechtfertigung beziehen sich auf die unmittelbare und mittelbare Benachteiligung. Auch die Anweisung zur Benachteiligung kann erfasst werden. Die Belästigung und sexuelle Belästigung können dagegen nicht gerechtfertigt werden.

20 Für die unterschiedliche Behandlung aufgrund **mehrerer verbotener Gründe** wird klargestellt, dass eine Rechtfertigung sich auf alle Gründe erstrecken muss, derentwillen die unterschiedliche Behandlung erfolgt (§ 4; s. Erläuterung dort).

II. Persönlicher Anwendungsbereich

21 Das AGG ist nach § 24 Nr. 1 auf **alle Beamtinnen und Beamte des Bundes, der Länder und Gemeinden, der Gemeindeverbände** sowie der sonstigen der Aufsicht des Bundes oder eines Landes unterstehenden Körperschaften, Anstalten und Stiftungen des öffentlichen Rechts entsprechend anwendbar (zu Fragen der Kompetenz → Rn. 14). Auf die **Arbeiter und Angestellten im öffentlichen Dienst** ist das AGG direkt anwendbar. Die Beschäftigten der Religionsgesellschaften werden, auch wenn sie Körperschaften des öffentlichen Rechts bilden, von § 24 nicht erfasst. Auch **Richterinnen und Richter** (§ 24 Nr. 2) werden einbezogen, wobei der verfassungsrechtliche Richterbegriff (Art. 92, 97 GG) zur Konkretisierung herangezogen werden kann (vgl. dazu v. Münch/Kunig-Meyer, GG Art. 92 Rn. 5; Art. 97 Rn. 11). § 24 ist nicht notwendig auf Tätigkeiten iSv § 2 Abs. 1 beschränkt, sondern soll die Anwendbarkeit des Gesetzes auf öffentlich-rechtliche Dienstverhältnisse originär regeln. Damit werden neben Berufsrichtern auch nebenamtliche und ehrenamtliche Richter erfasst, nicht aber Richter außerhalb der staatlichen Gerichtsbarkeiten (zB private Schiedsgerichtsbarkeit, Vereins-, Verbandsgerichtsbarkeit, ebenso MüKo-Thüsing, § 24 Rn. 5; aA v. Roetteken, § 24 Rn. 13, 14; Meinel/Heyn/Herms, § 24 Rn. 8). Auch **Zivildienstleistende** und **anerkannte Kriegsdienstverweigerer**, soweit ihre Heranziehung zum Zivildienst betroffen ist (§ 24 Nr. 3), werden einbezogen. Aus Art. 3 Abs. 4 RL 2000/78/EG lässt sich im Umkehrschluss die unionsrechtliche Gebotenheit einer Regelung des Diskriminierungsschutzes für einen Dienst entnehmen, der an Stelle des Dienstes in den Streitkräften tritt (aA v. Roetteken, § 24 Rn. 15; MüKo-Thüsing, § 24 Rn. 8). Die Grundentscheidung für eine Wehrpflicht nur für Männer in Art. 12 a Abs. 1 GG liegt als Entscheidung über die Organisation der Streitkräfte bei den Mitgliedstaaten (EuGH 11.3.2003 – Rs. C-186/01 (Dory) – Slg 2003 I-2479, Rn. 36–41). Unter der Voraussetzung dieser Grundentscheidung kann das unionsrechtliche Gleichbehandlungsrecht aber Anwendung finden. Solange die Wehrpflicht ausgesetzt bleibt, sind diese Regelungen jedoch praktisch nicht relevant.

Für sonstige öffentlich-rechtliche Dienst- und Amtsverhältnisse (vgl. zB § 26 Abs. 2) folgt ein Benachteiligungsverbot aus dem unmittelbar anwendbaren Unionsrecht bzw. die analoge Anwendung des § 24 Nr. 1 (so v. Roetteken, § 24 Rn. 19).

III. Sachlicher Anwendungsbereich

1. Ernennung

a) Benachteiligungsverbot

22 Das Verbot von Benachteiligungen aufgrund der verpönten Gründe bedeutet positiv formuliert, dass sich die **Ernennung am Leistungsprinzip zu orientieren** hat (§ 9 S. 1 BBG). § 9 S. 1 BBG erfasst alle durch das AGG ver-

pönten Merkmale außer Alter (→ Rn. 6; zur unionsrechtlichen Bestimmung dieser Begriffe Mahlmann, in: Rudolf/Mahlmann, GlBR, § 3 Rn. 62, 73 ff.) sowie die in Art. 3 Abs. 2 und 3 GG genannten. Sprache wird (wie Heimat) nicht aufgeführt, ist aber wegen Art. 3 Abs. 3 GG und der Möglichkeit mittelbarer Benachteiligungen aufgrund der ethnischen Herkunft zu berücksichtigen. Die Notwendigkeit von Sprachvoraussetzungen im öffentlichen Dienst ist ein Problem der Rechtfertigung von Ungleichbehandlungen und nicht durch Tatbestandsausschluss zu lösen (→ Rn. 40). § 9 S. 1 BBG ist hinsichtlich der **Begriffsbestimmungen** der Benachteiligung durch die Regelungen des AGG zu ergänzen (→ Rn. 8). Erfasst werden also **unmittelbare und mittelbare Benachteiligungen, Belästigungen und Anweisungen zur Benachteiligung**. Die Benachteiligung kann auch in einem **Unterlassen** liegen, etwa durch **Nichterfüllung einer gesetzlich begründeten Handlungspflicht** wie in § 165 S. 3, 4 SGB IX (Einladung von Schwerbehinderten zum Vorstellungsgespräch, es sei denn fachliche Eignung fehlt offensichtlich; BVerwG 3.3.2011 – 5 C 16.10 zu § 82 S. 2, 3 SGB IX aF; vgl. aber BAG 19.5.2016 – 8 AZR 470/14, Rn. 18, nach dem die objektive Eignung kein Kriterium für eine gleichbehandlungsrechtlich vergleichbare Situation ist). Das Benachteiligungsverbot gilt für alle Arten des Dienstes in gleicher Weise. Eine **Bereichsausnahme für Kernbereiche hoheitlicher Tätigkeit** (etwa die Polizei) existiert nicht und wäre unionsrechtlich unzulässig (EuGH 15.5.1986 – Rs. C-222/84 (Johnston) – Slg 1986, 1651, Rn. 38; zu Soldaten → Rn. 85 ff.).

Beispiel: Ein Verbot sichtbar getragener religiöser Symbole (zB Ordenshabit, Kopftuch, Kippa, Turban) bestimmter Religionen bildet eine unmittelbare Benachteiligung aufgrund der Religion (so BVerfG 27.1.2015 – 1 BvR 471/10, 1 BvR 1181/10 – BVerfGE 138, 296 Rn. 127, 154). Dies kann auch versteckt erfolgen, etwa wenn eine Regelung sich zwar nicht ausdrücklich auf eine spezifische Religion bezieht, aber allein oder vor allem diese Religion zu erfassen bestimmt ist, zB die Regelungen der Schulgesetze der Länder, die intendieren, nur spezifisch qualifizierte religiöse Symbolik, insbesondere das islamische Kopftuch, nicht aber religiöse Symbolik schlechthin zu verbieten (vgl. zB § 59 Abs. 2 BayEUG, verfassungsgemäß nach BayVGH 15.1.2007 – 11-VII-05; vgl. Anm. Mahlmann, Myops 2007, 39 ff.). Diese Regelungen wurden in der gerichtlichen Praxis aber durch verfassungs- und unionsrechtsgemäße Reduktion gegen die Intention des Gesetzgebers ausgelegt, um die Gleichbehandlung der Religionen zu gewährleisten (BVerwG 24.6.2004 – 2 C 45/03 – BVerwGE 121, 140; BVerwG 16.12.2008 – 2 B 46/08, Rn. 13 zu einer aus muslimischem Glauben getragenen Mütze; ähnlich VG Düsseldorf 5.6.2007 – 2 K 6225/06 zu § 57 Abs. 4 SchulG-NRW; zur Notwendigkeit der Gleichbehandlung der Religionen auch BVerfG 24.9.2003 – 2 BvR 1436/02 – BVerfGE 108, 282, 313). Eine solche Auslegung überschreitet die Grenzen zulässiger verfassungskonformer Auslegung. Eine Regelung, die die Darstellung christlicher und abendländischer Bildungs- und Kulturwerte oder Traditionen privilegiert, stellt eine gleichheitswidrige Benachteiligung aus Gründen des Glaubens und der religiösen Anschauungen dar (Art. 3 Abs. 3 S. 1, Art. 33 Abs. 3 GG; vgl. BVerfG 27.1.2015 – 1 BvR 471/10, 1 BvR 1181/10, Rn. 123 ff.). Ein allgemeines Verbot religiöser Symbole bildet zwar keine unmittelbare Diskriminierung aufgrund der Religion (EuGH 14.3.2017 – Rs. C-157/15 (Achbita), Rn. 32), kann aber eine mittelbare Benachteiligung bilden, wenn bestimmte Religionen, etwa weil allein sie sichtbare Symbolik zu wichtigen Religionsinhalten zählen, besonders benachteiligt werden. Werden durch die Regelungen die Symbole verschiedener Religionen erfasst (zB Kippa, Mönchs- oder Nonnenhabit, Kopftuch), liegt eine solche mittelbare Diskriminierung nicht vor. Ein allgemeines Verbot des Tragens sichtbarer religiöser Symbole aufgrund einer abstrakten Gefahr der Störung des Schulfriedens verstößt gegen die in Art. 4 GG verbürgte Religionsfreiheit (vgl. BVerfG 27.1.2015 – 1 BvR 471/10, 1 BvR 1181/10, Rn. 82 ff.; BVerfG 18.10.2016 – 1 BvR 354/11) und kann eine „faktische" oder mittelbare Diskriminierung aufgrund des Geschlechts bilden (vgl. BVerfG 27.1.2015 – 1 BvR 471/10, 1 BvR 1181/10, Rn. 142 ff.). Eine unmittelbare Diskriminierung aufgrund der Religion kann in Bezug auf Art. 4, 3 GG und Art. 33 Abs. 2 GG sowie § 7 nach § 8 als wesentliche und entscheidende berufliche Anforderung in Ausnahmefällen gerechtfertigt werden. Dies ist etwa dann der Fall, wenn eine hinreichend konkrete Gefährdung oder Störung des Schulfriedens oder der staatlichen Neutralität in einer beachtlichen Zahl von Fällen vorliegt. Dann können religiöse Bekundungen durch das äußere Erscheinungsbild nicht erst im konkreten Einzelfall, sondern etwa für bestimmte Schulen oder Schulbezirke über eine gewisse Zeit auch allgemeiner unterbunden werden (vgl. BVerfG 27.1.2015 – 1 BvR 471/10, 1 BvR 1181/10, Rn. 113, 154). Unter diesen Umständen ist auch eine mittelbare Diskriminierung aufgrund des Geschlechts tatbestandlich ausgeschlossen bzw. verfassungsrechtlich gerechtfertigt (vgl. BVerfG 27.1.2015 – 1 BvR 471/10, 1 BvR 1181/10, Rn. 155). Eine mittelbare Diskriminierung aufgrund der Religion kann aus Sicht des EuGH aufgrund einer allgemeinen, unternehmerischen Neutralitätspolitik jedenfalls für Mitarbeiter im Außendienst gerechtfertigt werden (EuGH 14.3.2017 – Rs. C-157/15 (Achbita), Rn. 35 ff.), nicht jedoch aufgrund von spezifischen Kundenwünschen (EuGH 14.3.2017 – Rs. C-188 (Bougnaoui), Rn. 37 ff. für den Fall einer unmittelbaren Diskriminierung). Eine Übertragung dieser Rechtsprechung auf öffentlich-rechtliche Dienstverhältnisse ist nicht geboten, da es hier schon an einer schutzwürdigen unternehmerischen Freiheit fehlt, so dass sich die Frage gar nicht stellt, ob diese höher als die Religionsfreiheit der Betroffenen im Rahmen der Einschätzung der Angemessenheit und Erforderlichkeit der Anforderung zu gewichten sei.

23 Die Grundvoraussetzung für die Berufung in das Beamtenverhältnis ist, dass ein Bewerber **Deutscher** iSv **Art. 116 GG ist oder die Staatbürgerschaft eines EU-Mitgliedstaates besitzt**, es sei denn, dass er die Staatsbürgerschaft eines anderen Vertragsstaates des Abkommens über den Europäischen Wirtschaftsraum oder eines Drittstaates, dem die Bundesrepublik Deutschland und die Europäische Union vertraglich einen entsprechenden Anspruch auf Anerkennung der Berufsqualifikationen eingeräumt haben, besitzt (§ 7 Abs. 1 Nr. 1 BBG). Diese Regelung verstößt als lex specialis zu § 7 nicht – als unmittelbare oder mittelbare Benachteiligung – gegen das unionsrechtliche Benachteiligungsverbot, obwohl dieses nicht nur für EU-Staatsbürger oder sonst qualifizierte Staatsbürger, sondern für Drittstaatler

insgesamt gilt (vgl. Erwägungsgrund 13 RL 2000/43/EG, Erwägungsgrund 12 RL 2000/78/EG). Art. 3 Abs. 2 RL 2000/43/EG bzw. Art. 3 Abs. 2 RL 2000/78/EG nehmen unterschiedliche Behandlungen aufgrund der Staatsangehörigkeit ausdrücklich vom Anwendungsbereich der Richtlinien aus.

24 Auch die **Beschränkung bestimmter Beamtenverhältnisse auf Deutsche** iSd **Art. 116 GG** (§ 7 Abs. 2 BBG, ebenso § 9 Nr. 1 DRiG) ist weiter allein an den unionsrechtlichen Vorgaben aus Art. 45 Abs. 4 AEUV zu messen (dazu grundlegend EuGH 17.12.1980 – Rs. C-149/79 (Kommission/Belgien) – Slg 1980, 3881, Rn. 10).

25 Die **Ausschreibung** nach § 8 Abs. 1 S. 1 BBG (zu Ausnahmen vgl. § 8 Abs. 1 S. 3 BBG) darf – wie in § 11 – nicht unter Verstoß gegen das Benachteiligungsverbot des § 9 S. 1 BBG erfolgen. Für das Geschlecht wird dieser Grundsatz ausdrücklich wiederholt (§ 8 Abs. 2 BBG, § 6 BGleiG). Das Benachteiligungsverbot ist auch im Verfahren, das zur Ernennung führt, zu verwirklichen. **Fragen nach den verpönten Merkmalen** oder Umständen, die auf ihr Vorliegen oder Nichtvorliegen schließen lassen (dazu allgemein im Arbeitsrecht → § 7 Rn. 35ff.), sind deshalb nur zulässig, wenn eine unmittelbare Ungleichbehandlung aufgrund ihres Vorliegens gerechtfertigt ist oder wenn eine mittelbare Ungleichbehandlung durch objektive Gründe tatbestandsmäßig ausgeschlossen wird (→ Rn. 26 ff.).

b) Rechtfertigung

26 Eine **unmittelbare Ungleichbehandlung** kann nach §§ 8, 10 gerechtfertigt werden. Dabei ist zu berücksichtigen, dass nach st. Rspr. des EuGH nicht der Grund, auf den die Ungleichbehandlung gestützt ist, sondern ein mit diesem Grund in Zusammenhang stehendes Merkmal eine wesentliche und entscheidende berufliche Anforderung bilden muss (vgl. EuGH 15.11.2016 – Rs. C-258/15 (Sorondo), Rn. 33).

27 Die **bevorzugte Berücksichtigung bestimmter Personengruppen** ist unter den positiven Maßnahmen zu behandeln (→ Rn. 58 ff.).

28 Die Wahrung der **religiösen und weltanschaulichen Neutralität des Staates** durch die Bediensteten bildet eine wesentliche und entscheidende berufliche Anforderung, die den Verhältnismäßigkeitsgrundsatz nicht verletzt (§ 8 Abs. 1). **Sichtbar getragene religiöse Symbole** begründen allein noch keine Verletzung dieser Pflicht. Vielmehr muss eine **Prognose** im Einzelfall unter Berücksichtigung der Funktion des Bediensteten ergeben, dass der Betreffende keine Gewähr für die Wahrung der Neutralitätspflicht liefert. Dabei ist nach den Anforderungen des betreffenden Amtes je nach seiner Eigenart zu differenzieren. Andernfalls fehlt es im Fall einer unmittelbaren Benachteiligung aufgrund der Religion (→ Rn. 22) an einer Rechtfertigung. Außerdem liegt eine unverhältnismäßige Einschränkung der Religionsfreiheit vor (zu Letzterem grundlegend Böckenförde, NJW 2001, 723; zur Diskussion Mahlmann, ZRP 2004, 123 ff.; zum ideengeschichtlichen Hintergrund ders., in: Mahlmann/Rottleuthner, Ein neuer Kampf der Religionen?, 2006, S. 75 ff.; BVerfG 27.1.2015 – 1 BvR 471/10, 1 BvR 1181/10, Rn. 82 ff., aA BVerfG 24.9.2003 – 2 BvR 1436/02 – BVerfGE 108, 282 ff.: Verbot und Erlaubnis des islamischen Kopftuchs mit GG sowohl gleichheits- wie frei-

heitsrechtlich vereinbar; BVerwG 4.7.2002 – 2 C 21/01 – BVerwGE 116, 359 ff.: nur Verbot wird Neutralitätspflicht gerecht). Bei einer mittelbaren Benachteiligung (→ Rn. 22) fehlt es in diesem Fall bereits an einem objektiven Grund. In qualifizierten Einzelfällen, die eine konkrete Gefahr für wichtige Gemeinschaftsgüter wie Schulfrieden und Neutralitätspflicht begründen, kann ein (begrenztes) Verbot gerechtfertigt werden (BVerfG 27.1.2015 – 1 BvR 471/10, 1 BvR 1181/10, Rn. 113, 154; → Rn. 22). Ein Verbot des Tragens sichtbarer religiöser Symbole bedarf im juristischen Vorbereitungsdienst einer Rechtsgrundlage in Form eines formellen Parlamentsgesetzes (VG Augsburg 30.6.2016 – Au 2 K 15.457; s. aber auch BVerfG 27.6.2017 – 2 BvR 1333/17). Der **EGMR** hat ein Verbot des Kopftuches in laizistisch geprägten Staaten mit der EMRK für vereinbar, aber keineswegs für geboten gehalten (EGMR 15.2.2001 – 42393/98 – NJW 2001, 2871 – Dahlab; EGMR 10.11.2005 – 44774/98 – http://www.echr.coe.int – Sahin).

29 Die **politische Treuepflicht** der Beamten und Beamtinnen (zum Inhalt vgl. Kunig, in: Schoch, BesVerwR, 15. Aufl. 2013, 6. Kap. Rn. 79) kann die Nichternennung aufgrund von **weltanschaulichen Gründen** rechtfertigen (bei Richtern vgl. § 9 Nr. 2 DRiG), da der Begriff der Weltanschauung bei unionsrechtskonformer Auslegung auch umfassende politische Anschauungen, wenn auch nicht politische Meinungen zu Einzelfragen einschließt (vgl. Mahlmann, in: Rudolf/Mahlmann, GlBR, § 3 Rn. 99; weitergehend → § 1 Rn. 62 ff.). Bei der Konkretisierung der Angemessenheit der Anforderung iSv § 8 müssen die Vorgaben des sekundären Unionsrechts beachtet werden, das seinerseits im Lichte der Unionsgrundrechte als höherrangigem Unionsrecht auszulegen ist. Bei ihrer Konkretisierung ist die Rspr. des EGMR für den EuGH eine wichtige Leitlinie. Demnach sind für die Angemessenheit einer Ungleichbehandlung die Funktion und der Rang des jeweiligen Beamten, das dienstliche Verhalten, die individuellen Vorstellungen des Bewerbers und die Frage zu beachten, ob eine Partei oder Vereinigung, der der Betreffende angehört, verboten ist oder nicht (EGMR 26.9.1995 – 17851/91 – NJW 1996, 375 Rn. 59, 60 – Vogt zur Entlassung aufgrund von Aktivitäten für die DKP; zum Teil anders BVerfG 22.5.1975 – 2 BvL 13/73 – BVerfGE 39, 334 ff.; BVerwG 29.10.1981 – 1 D 50/80 – BVerwGE 73, 263, 276; zur Rspr. des EGMR BVerwG 18.5.2001 – 2 WD 42/00, 2 WD 43/00 – BVerwGE 114, 258, 264). Letztendlich ist eine **funktional differenzierende Einzelfallentscheidung** maßgeblich (vgl. ebenso Kunig, in: Schoch, BesVerwR, 15. Aufl. 2013, 6. Kap. Rn. 81–83; für eine funktionsbezogene Bestimmung der Treuepflicht für Lehrbeauftragte BVerwG 19.1.1989 – 7 C 89/87 – BVerwGE 81, 212 ff.).

30 Die Institution der **politischen Beamten** (§ 36 BBG) kann durch die Bedürfnisse einer durch die konstitutionelle Rolle der Parteien bei der politischen Willensbildung entscheidend geprägten Demokratie gerechtfertigt werden, die durch Art. 21 Abs. 1 GG verfassungskräftig gesichert wird. Anderes gilt für die **politische Ämterpatronage** (vgl. v. Münch/Kunig-Kunig, GG § 33 Rn. 17).

31 Das Recht des öffentlichen Dienstes kennt weiterhin verschiedene **Regelungen zu Mindest- oder Höchstalter**. Diese können insbesondere nach § 10

Nr. 1–3 gerechtfertigt werden. Auch ein Rückgriff auf positive Maßnahmen (§ 5) oder ihre Rechtfertigung als wesentliche und entscheidende berufliche Anforderungen (§ 8 Abs. 1) ist denkbar. Dabei ist die **letztlich entscheidende Verhältnismäßigkeitsprüfung** in Bezug auf jede Regelung und den betroffenen Sachbereich differenziert vorzunehmen, wobei einige Argumente eine herausgehobene Rolle spielen (vgl. § 8, zT enger § 10):

32 Alter kann bei der Verhältnismäßigkeitsprüfung als **Indikator für das geforderte Mindestmaß an Leistungsfähigkeit** herangezogen werden (EuGH 12.1.2010 – Rs. C-229/08 (Wolf) – Slg 2010-1, Rn. 40, 41 zur körperlichen Leistungsfähigkeit als Voraussetzung der Eignung für den Dienst in der Feuerwehr; EuGH 15.11.2016 – Rs. C-258/15 (Sorondo) zur Altergrenze von 35 wegen beruflicher Anforderungen im Polizeidienst; BVerwG 23.2.2012 – 2 C 76.10, Rn. 15). Hier geht es um eine wesentliche und entscheidende berufliche Anforderung (Art. 4 RL 2000/78/EC), nicht um eine Rechtfertigung nach Art. 6 RL 2000/78/EG (EuGH 12.1.2010 – Rs. C-229/08 (Wolf) – Slg 2010-1, Rn. 40), und entsprechend um Maßstäbe für die Anwendung von § 8. Dabei reicht ein Bezug auf die „allgemeine Lebenserfahrung" aber nicht aus. Es sind vielmehr tatsächliche, zB gerontologische, arbeits- oder sportmedizinische Erkenntnisse heranzuziehen, die die Indizwirkung für die Angehörigen einer bestimmten Altersgruppe begründen. Eine Prüfung der Leistungsfähigkeit in jedem Einzelfall wird dagegen nicht möglich sein (vgl. ähnlich EuGH 12.1.2010 – Rs. C-229/08 (Wolf) – Slg 2010-1, Rn. 41 zu arbeits- und sportmedizinischen Untersuchungen zur körperlichen Leistungsfähigkeit; EuGH 15.11.2016 – Rs. C-258/15 (Sorondo), Rn. 47; Nussberger, JZ 2002, 524, 531 f.; OVG Berlin-Brandenburg 28.6.2010 – OVG 4 S 98.09; vgl. aber VG Frankfurt 23.5.2007 – 9 E 937/06: Einsatz eines Polizisten in Einsatzhundertschaft von individueller Leistungsfähigkeit abhängig, nicht vom Lebensalter). Wenn eine besondere Eignungsprüfung möglich ist, bildet sie ein milderes Mittel als eine abstrakte Altersgrenze (EuGH 13.11.2014 – Rs. C-416/13 (Vital Pérez), Rn. 55). Bei Altersgrenzen ist aber sorgfältig je nach Tätigkeitsbereich zu differenzieren: Für einen öffentlich bestellten und vereidigten Sachverständigen „EDV im Rechnungswesen und Datenschutz", „EDV in der Hotellerie" werden zB keine besonderen Anforderungen vorausgesetzt, die allgemein nur Jüngere erfüllen könnten. Die Sach- und Fachkunde ist insofern im konkreten Einzelfall zu beurteilen (BVerwG 1.2.2012 – 8 C 24.11, Rn. 21). Bei Mindestaltersregelungen (vgl. zB § 22 Abs. 1 S. 2 BDSG: 35), die durch Lebenserfahrung oder Reife begründet werden, kann eine Rechtfertigung zweifelhaft sein. Dabei ist auf andere relevante Wertungen hinzuweisen, zB hinsichtlich des Bundeskanzlers, für den kein Mindestalter besteht (anders für den Bundespräsidenten, Art. 54 Abs. 1 S. 2 GG, oder für Bundesverfassungsrichter, § 3 BVerfGG).

33 Nach ständiger Rspr. des EuGH bilden nur sozialpolitische Ziele legitime Ziele iSv Art. 6 RL 2000/78/EC (vgl. EuGH 13.9.2011 – Rs. C-447/09 (Prigge) – www.curia.eu, Rn. 81). Eine **Altersgrenze kann mit der Eingliederung jüngerer Arbeitnehmer** begründet werden (Art. 6 RL 2000/78/EC, § 10 Nr. 1) da es sich insoweit um ein legitimes sozialpolitisches Ziel handelt, wenn das Verhältnismäßigkeitsprinzip gewahrt wird (EuGH

6.11.2012 – Rs. C-286/12 (Kommission/Ungarn) – www.curia.eu, Rn. 62; EuGH 21.7.2011 – Rs. C-159/10, C-160/10 (Fuchs u. Köhler/Hessen) – www.curia.eu, Rn. 49, 50) und die soziale Absicherung der Betroffenen gewährleistet ist (EuGH 16.10.2007 – Rs. C-411/05 (Palacios de la Villa) – NZA 2007, 1219). Dieses Argument wurde zB auch vom BVerfG zur Rechtfertigung der Herabsetzung der Altersgrenze für Hochschullehrer von 68 auf 65 herangezogen (vgl. BVerfG 10.4.1984 – 2 BvL 19/82 – BVerfGE 67, 1 ff.). Die Wahrung des Ausgleiches der Interessen der verschiedenen Generationen an Beschäftigung wird vom EuGH in st. Rspr. anerkannt (vgl. EuGH 12.1.2010 – Rs. C-341/08 (Petersen) – Slg 2010 I-47, Rn. 68; EuGH 12.10.2010 – Rs. C-45/09 (Rosenbladt) – Slg 2010 I-9391, Rn. 62). Der Eingliederung muss eine kohärente Regelung tatsächlich dienen können und sie durch widersprüchliche Regelungen gerade nicht verfehlen (EuGH 6.11.2012 – Rs. C-286/12 (Kommission/Ungarn) – www.curia.eu, Rn. 66 ff.).

Weitere legitime Ziele bilden die **Schaffung einer ausgewogenen Altersstruktur von jüngeren und älteren Beamten**, um die Personalplanung zu optimieren und damit etwaigen Rechtsstreitigkeiten über die Fähigkeit des Beschäftigten, seine Tätigkeit über eine bestimmte Altersgrenze hinaus auszuüben, unter gleichzeitiger Bereitstellung einer leistungsfähigen Verwaltung vorzubeugen (EuGH 21.7.2011 – Rs. C-159/10, C-160/10 (Fuchs u. Köhler/Hessen) – www.curia.eu, Rn. 50; vgl. auch BVerwG 23.2.2012 – 2 C 76.10, Rn. 40).

34 Eine **ausgewogene Altersstruktur** ist kein Selbstzweck, der Ungleichbehandlungen allein rechtfertigen könnte. Sie kann nur im Hinblick auf **konkrete Erfordernisse** der Dienststelle (zB der Ansprache und Verständigung im Polizeidienst mit Bürgern über Generationen hinweg, der Didaktik im Lehrbetrieb) und allgemein zur Wahrung der **intergenerationellen Kontinuität** der Dienstabläufe gerechtfertigt werden, durch die Kenntnisse und Fertigkeiten an Jüngere weitergegeben werden (vgl. dazu EuGH 21.7.2011 – Rs. C-159/10, C-160/10 (Fuchs u. Köhler/Hessen) – www.curia.eu, Rn. 49; EuGH 18.10.2011 – Rs. C-250/09, C-268/09 (Georgiev) – www.curia.eu, Rn. 46; EuGH 15.11.2016 – Rs. C-258/15 (Sorondo), Rn. 44 ff.). Die Verhältnismäßigkeit der entsprechenden Maßnahmen muss allerdings nachgewiesen werden (EuGH 13.11.2014 – Rs. C-416/13 (Vital Pérez), Rn. 49 ff.). Die Berücksichtigung einer ausgewogenen Altersstruktur führt nicht zu Willkür, denn es muss sachliche Gründe (wie die beispielhaft genannten) für die betreffende Altersstruktur geben, was Willkür gerade ausschließt (aA zB v. Roetteken, Anm. zu OVG Münster 15.3.2007 – 6 A 4625/04 – jurisPR-ArbR 26/2007 Anm. 3).

35 Aufgrund der unstrittigen unmittelbaren, **vertikalen Wirkung von Richtlinien** im Verhältnis Staat/Bediensteter (→ Rn. 13) sind Regelungen, die nicht unionsrechtskonform ausgelegt werden können, nicht anzuwenden.

36 Eine Altersgrenze bei der **Einstellung kann für bestimmte Tätigkeitsfelder** (vgl. zB § 5 BPolLV) dadurch gerechtfertigt werden, dass eine hinlänglich große Anzahl an Beschäftigten den entsprechenden körperlichen Anforderungen gewachsen sein muss (EuGH 12.1.2010 – Rs. C-229/08 (Wolf) –

Slg 2010-1, Rn. 43 zum Feuerwehrdienst; BVerwG 23.2.2012 – 2 C 76.10, Rn. 15).

37 Altersgrenzen bestehen auch aufgrund von § **48 BHO**: Bei Einstellungen von Bewerbern, die das 40. Lebensjahr vollendet haben, bedarf es einer Einwilligung des Bundesministeriums der Finanzen, die grundsätzlich bis zum 50. Lebensjahr erteilt wurde. Diese Regelung kann im Grundsatz nach § 10 Nr. 3 in Bezug auf angemessene Beschäftigungszeiten vor dem Eintritt in den Ruhestand gerechtfertigt werden, wobei zu berücksichtigen ist, dass es sich nicht um eine starre Grenze handelt. **Weitere Altersgrenzen** können durch das Interesse an einem ausgewogenen Verhältnis zwischen Lebensdienstzeit und erworbenen Versorgungsansprüchen gerechtfertigt werden. Dabei ist ein angemessener Ausgleich zwischen dem Leistungsprinzip aus Art. 33 Abs. 2 GG und dem aus Art. 33 Abs. 5 GG erwachsenen Lebenszeit- und Alimentationsprinzip herzustellen, der unionsrechtskonform ist. Die Regelung von § 14 Abs. 4, 1 BeamtVG (19,5 Jahre für Mindestversorgung) kann ein Indiz für die Verhältnismäßigkeit einer Regelung, nicht aber eine starre Vorgabe zur Höchstaltersbestimmung bilden (BVerwG 23.2.2012 – 2 C 76.10, Rn. 24). Entsprechend wurde etwa eine landesrechtliche Höchstaltersgrenze für den Zugang zum Beamtenverhältnis für Lehrer von 40 Lebensjahren bei einem ergänzenden Ausnahmenregime, das besondere Lebensumstände wie Dienstzeiten, Kindererziehungszeiten etc berücksichtigt, für gerechtfertigt gehalten (BVerwG 23.2.2012 – 2 C 76.10, Rn. 27 ff.; BVerwG 19.2.2009 – 2 C 18.07, Rn. 14 ff.). Benachteiligungen von Wahlbeamten aufgrund des Alters können durch das Bedürfnis gerechtfertigt werden, dass Amtsträger ihr Amt möglichst während der gesamten Amtszeit ausüben (VG Düsseldorf 29.9.2016 – 26 L 3215/16).

38 Verschiedene legitime Ziele, die eine Ungleichbehandlung rechtfertigen können, müssen in einen **kohärenten Regelungszusammenhang** gebracht werden. Geschieht dies nicht, kann einer Regelung die Rechtfertigung fehlen (vgl. EuGH 18.6.2009 – Rs. C-88/08 (Hütter) – Slg 2009, I-5325, Rn. 46).

39 Bei **mittelbaren Benachteiligungen** wird durch das Vorliegen objektiver Gründe bereits der Tatbestand ausgeschlossen, sofern die Mittel zur Erreichung des Zieles verhältnismäßig sind (§ 3 Abs. 2). Dies ist zB für die bevorzugte Einstellung aufgrund abgeleisteten **Wehrdienstes** oder Zivildienstes etwa im juristischen Vorbereitungsdienst relevant. Diese mittelbare Benachteiligung – an das Geschlecht wird nicht unmittelbar angeknüpft – ist durch den Zeitverlust der Bevorzugten aufgrund der Dienstpflicht sachlich begründet (EuGH 7.12.2000 – Rs. C-79/99 (Schnorbus) – Slg 2000, I-10997, Rn. 34: keine unmittelbare Diskriminierung).

40 Die Nichternennung aufgrund von **Sprachfähigkeiten** kann eine mittelbare Diskriminierung aufgrund der ethnischen Herkunft bilden, etwa bei Deutschen mit Migrationshintergrund. Die dienstlichen Erfordernisse des Sprachgebrauchs können einen objektiven Grund für diese mittelbare Ungleichbehandlung, ebenso wie eine Rechtfertigung einer möglichen unmittelbaren Ungleichbehandlung aufgrund von Sprache bilden (→ Rn. 22). Sprechen ohne **Akzent** kann dabei nicht gefordert werden.

Die **Bewährung in gesundheitlicher Hinsicht** setzt voraus, dass nach der prognostischen Einschätzung des Dienstherrn künftige Erkrankungen des Beamten und dauernde vorzeitige Dienstunfähigkeit mit einem hohen Grad von Wahrscheinlichkeit ausgeschlossen werden können (vgl. zB BVerwG 18.7.2001 – 2 A 5/00 – NVwZ 2001, 49). Eine unmittelbare oder mittelbare Benachteiligung ist in Bezug auf diese Prognose nur zu erwägen, wenn eine Behinderung, keine Krankheit vorliegt (vgl. zu dieser Abgrenzung EuGH 11.7.2006 – Rs. C-13/05 (Chacón Navas) – http://curia.europa.eu; zu langfristigen Erkrankungen als Behinderung EuGH 1.12.2016 – Rs. C-395/15 (Douidi)). Die Abwägung im Rahmen des Tatbestandsausschlusses oder der Rechtfertigung muss die Gebotenheit angemessener Vorkehrungen (→ Rn. 46) für Behinderte berücksichtigen (vgl. EuGH 11.7.2006 – Rs. C-13/05 (Chacón Navas), Rn. 50; restriktiv Schiek-Welti, § 24 Rn. 6). Zwingende Erfordernisse der Polizeidiensttauglichkeit können eine ungerechtfertigte Ungleichhandlung ausschließen (VG Schleswig 15.12.2016 – 12 A 331/15).

Mindestanforderungen an die Körpergröße müssen durch konkrete, sachlich nachvollziehbare dienstliche Anforderungen begründet werden (VG Schleswig 26.3.2015 – 12 A 120/14 zum Tatbestandsausschluss von mittelbaren Diskriminierungen von Frauen in diesem Fall).

2. Beförderung

a) Benachteiligungsverbot

41 Für die Beförderung gilt durch den Verweis von § 22 BBG auf § 9 S. 1 BBG das für die Einstellung Gesagte. Es gilt also auch hier das durch das Benachteiligungsverbot bestärkte **Leistungsprinzip**. Bei der dienstlichen Beurteilung schwerbehinderter Beamter ist nur eine durch die Behinderung bedingte quantitative Minderleistung zu berücksichtigen. In qualitativer Hinsicht sind dagegen die für alle Beamten geltenden Beurteilungsmaßstäbe anzulegen (OVG Saarlouis 24.2.2017 – 1 A 94/16).

b) Rechtfertigung

42 Zu Ungleichbehandlungen aufgrund des **Alters**, insbesondere bei **Mindest- oder Höchstalter** → Rn. 31 ff. **Mindestaltersgrenzen für den Aufstieg in eine höhere Laufbahn** in Laufbahnverordnungen verstoßen gegen Art. 33 Abs. 2 GG und § 7. Ein Bewerber kann wegen seines geringeren Alters nur dann nicht berücksichtigt werden, wenn aufgrund seines Alters eine Beurteilung seiner Bewährung (noch) nicht möglich ist. Ansonsten ist das Lebensalter kein Indikator für die Eignung für das entsprechende Amt. Längere Wartezeiten für jüngere Bewerber als für ältere sind ebenfalls unzulässig, da sie keinen Bezug zum Leistungsprinzip besitzen (BVerwG 27.9.2012 – 2 C 74.10).

Die Berücksichtigung des **Dienstalters** kann eine **mittelbare Diskriminierung aufgrund des Alters** bilden. Bei nach Ausschöpfung aller Kriterien festgestellter gleicher Qualifikation kann das Dienstalter als **Hilfskriterium** herangezogen werden, da es als Indikator von Berufserfahrung immerhin einen Bezug zum Leistungsprinzip hat (OVG Münster 21.3.2006 – 6 B 228/06). Der EuGH hat das Dienstalter als Indikator für Berufserfahrung anerkannt (EuGH 19.6.2014 – Rs. C-501/12 bis C-506/12, C-540/12, C-541/12 (Specht), Rn. 50). Aufgrund von Zeiten etwa der Kinderversorgung können bestimmte Anforderungen an das Dienstalter **eine mittelbare Diskriminierung von Frauen** bilden (vgl. VG Saarland 4.7.2007 – 2 L 500/07: Nichteinbeziehung in Beförderungsauswahl wegen Inanspruchnahme von Elternzeit).

Der Dienstherr muss beim beruflichen Aufstieg das Gebot der angemessenen Vorkehrungen nach Art. 5 RL 2000/78 berücksichtigen (EuGH 11.7.2006 – Rs. C-13/05 (Chacón Navas), Rn. 50).

3. Arbeitsbedingungen

a) Benachteiligungsverbot

43 Den Dienstherrn trifft eine allgemeine **Fürsorge- und Schutzpflicht** (§ 78 BBG, § 45 BeamtStG) die auch die Abwehr von Diskriminierungen aufgrund der verbotenen Gründe erfasst. Berücksichtigt ein Dienstherr die Schwangerschaft einer Bediensteten als Grund für die Ablehnung ihrer Rückkehr an ihren Arbeitsplatz vor dem Ende des Erziehungsurlaubs, so liegt eine unmittelbare Diskriminierung aufgrund des Geschlechts vor (OVG Magdeburg 21.4.2011 – 1 L 26/10).

44 **§ 67 Abs. 1 S. 1 BPersVG** statuiert weiter die Pflicht für die Dienststelle und Personalvertretung, dass alle Angehörigen der Dienststelle nach Recht und Billigkeit behandelt werden, insbesondere dass das an die unionsrechtlichen Vorgaben angepasste Gleichbehandlungsgebot beachtet wird.

45 Entsprechend gilt § 12 nur subsidiär, insoweit er die Handlungspflichten weiter spezifiziert, etwa in Hinblick auf präventive Maßnahmen (§ 12 Abs. 1 S. 2), zB durch Fortbildung (§ 12 Abs. 2 S. 1). Dass eine Benachteiligung mit dienstrechtlichen Instrumenten zu unterbinden ist (§ 12 Abs. 3), auch wenn sie von Dritten ausgeht (§ 12 Abs. 4), ergibt sich bereits aus der Fürsorge- und Schutzpflicht.

46 Die unionsrechtlichen Anforderungen der **angemessenen Vorkehrungen** für **Menschen mit Behinderung** werden im AGG nicht ausdrücklich geregelt. Für Behinderte und Schwerbehinderte sind angemessene Vorkehrungen insbesondere durch die Regelungen des SGB IX vorgesehen. Auch § 7 Abs. 1 iVm § 1 BGG ist heranzuziehen. Im Übrigen ist die Fürsorgepflicht des Dienstherrn richtlinienkonform iSv Art. 5 RL 2000/78/EG auszulegen (EuGH 11.7.2006 – Rs. C-13/05 (Chacón Navas), Rn. 50). Sie kann einen Anspruch auf Teilzeitbeschäftigung umfassen, wenn dies dem Arbeitgeber zumutbar ist (vgl. EuGH 11.4.2013 – Rs. C-335/11 (Ring), Rn. 48 ff.).

47 Die (**sexuelle**) **Belästigung** (§ 3 Abs. 3, 4), ergänzt die Fallgruppe des Mobbings (vgl. dazu Grigoleit, in: Battis, BBG § 78 Rn. 11 mwN).

b) Rechtfertigung

48 Zu den Rechtfertigungsgründen → Rn. 28 ff.

Bei **Richtern mit Behinderungen** ist je nach Fallkonstellation, Verfahrensart, funktionalen Anforderungen und unter Berücksichtigung der Gebotenheit ausgleichender angemessener Vorkehrungen (→ Rn. 46) zu differenzieren. **Blinde Richter** sind etwa nicht schlechthin im Hinblick auf § 8 Abs. 1

gerechtfertigt daran gehindert, in der Hauptverhandlung im Strafverfahren mitzuwirken. Eine Rechtfertigung kommt aber für einzelne Funktionen in Betracht. Der Grundsatz der Unmittelbarkeit verlangt die Aufnahme visueller Eindrücke in der Hauptverhandlung auch in Bezug auf die non-verbale Kommunikation mit dem Angeklagten. Die Ansicht, ein blinder Richter könne deshalb nicht Vorsitzender Richter einer erstinstanzlichen Strafkammer sein, kann deshalb gerechtfertigt werden, ohne dass andere Funktionen im Kollegialgericht damit ausgeschlossen wären (vgl. BGH 17.12.1987 – 4 StR 440/87 – BGHSt 35, 164; BVerfG 10.1.1992 – 2 BvR 347/91 – NJW 1992, 2075: blinder Richter als Vorsitzender Richter einer Berufungskammer jedenfalls kein Verstoß gegen Gleichheitssatz, Willkürverbot oder Grundsatz fairen Verfahrens; BVerfG 10.3.2004 – 2 BvR 577/01 – NJW 2004, 2150: Streichung von Blinden von Schöffenliste mit Art. 3 Abs. 3 S. 2 GG vereinbar, offengelassen, ob Streichung in Bezug auf Unmittelbarkeitsgrundsatz aber auch rechtsstaatlich geboten; kritisch insbes. mit Hinweis auf strafprozessuale Lockerungen des Unmittelbarkeitsgrundsatzes und eigene Wahrnehmungsmöglichkeiten von Blinden Reichenbach, NJW 2004, 3160; entsprechende Problematik, zB bei Tauben oder Stummen im Hinblick auf Grundsatz der Mündlichkeit; zu anderen Verfahrensarten vgl. zB BVerwG 27.4.1982 – 6 C 140.81 – DVBl. 1982, 1144: Mitwirkung eines blinden Richters an mündlicher Verhandlung mit Parteivernehmung zulässig).

4. Besoldung, sonstiges Entgelt

a) Benachteiligungsverbot

49 Eine Differenzierung der Besoldung nach den verbotenen Merkmalen ist untersagt. Auch Beihilfeleistungen (EuGH 6.12.2012 – Rs. C-124/11, C-125/11, C-143/11 (Dittrich ua) – www.curia.eu, Rn. 43; zur geschlechtsneutralen Ausgestaltung von Beihilfeleistungen BVerwG 31.1.2002 – 2 C 1/01 – NJW 2002, 2045: Perücke auch für Männer ohne Altersgrenze) und Versorgungsbezüge von Beamten und Richtern werden erfasst.

50 Die **Nichtgewährung von Vergünstigungen für Verpartnerte** bildet keine unmittelbare Benachteiligung aufgrund des Geschlechts, da die Vergünstigung männlichen und weiblichen Verpartnerten gleichermaßen versagt wird (vgl. EuGH 17.2.1998 – Rs. C-249/96 (Grant) – Slg 1998, I-621, Rn. 27; dazu Mahlmann, in: Rudolf/Mahlmann, GlBR, § 3 Rn. 24; aA Stöber, NJW 2006, 1774 f.). Laut EuGH und BVerfG handelt es sich um eine **unmittelbare Benachteiligung aufgrund der sexuellen Orientierung**, da das Institut der eingetragenen Lebenspartnerschaft sich nach der Intention des Gesetzgebers an gleichgeschlechtlich orientierte Menschen richte und in der Lebenswirklichkeit von diesen auch zur Begründung einer rechtlich abgesicherten dauerhaften Paarbeziehung genutzt werde (EuGH 1.4.2008 – Rs. C-267/06 (Maruko) – Slg 2008, I-1757, Rn. 72; BVerfG 7.7.2009 – 1 BvR 1164/07, Rn. 90 ff. – www.bverfg.de; zur Gleichstellung im Dienstrecht internationaler Organisationen Bruns/Belau, NVwZ 2007, 552. Auch wenn berücksichtigt wird, dass das Eingehen von Ehe und Lebenspartnerschaft formal nicht an eine bestimmte sexuelle Orientierung gebunden ist, werden bei einer Anknüpfung an die Lebenspartnerschaft bei der

Versagung von Begünstigungen überproportional Menschen gleichgeschlechtlicher sexueller Orientierung betroffen, weswegen jedenfalls eine **mittelbare Benachteiligung aufgrund der sexuellen Orientierung** gegeben ist (so auch BVerfG 20.9.2007 – 2 BvR 855/06, Rn. 21).

b) Rechtfertigung

51 Das verfassungsrechtliche Gebot aus Art. 6 GG, die Ehe zu fördern, bildet keinen objektiven, das Verhältnismäßigkeitsprinzip wahrenden und unionsrechtskonformen Grund iSv § 3 Abs. 1 bzw. Abs. 2 für die mittelbare Benachteiligung (BVerfG 7.7.2009 – 1 BvR 1164/07 – www.bverfg.de, Rn. 99 ff.; aA noch BVerfG 20.9.2007 – 2 BvR 855/06, Rn. 23 – www.bverfg.de; BVerwG 26.1.2006 – 2 C 43/04 – NJW 2006, 1828 (Familienzuschlag der Stufe 1); BVerwG 25.7.2007 – 6 C 27/06 (zur Hinterbliebenenversorgung eines überlebenden Lebenspartners); BGH 14.2.2007 – IV ZR 267/04 (keine Zusatzversorgung öffentlicher Dienst für eingetragene Lebenspartnerschaft); vgl. aber BVerwG 28.10.2010 – 2 C 52.09, Rn. 10 ff.: Auslandszuschlag für Lebenspartner; BVerwG 28.10.2010 – 2 C 47.09: Anspruch auf Hinterbliebenenversorgung für Lebenspartner; BVerwG 28.10.2010 – 2 C 10.09: Familienzuschlag für Lebenspartner; BAG 29.4.2004 – 6 AZR 101/03: Ortszuschlag bei eingetragener Lebenspartnerschaft durch Schließung lückenhaften Tarifvertrages; BAG 26.10.2006 – 6 AZR 307/06: Ortszuschlag bei eingetragener Lebenspartnerschaft: kein Lückenschluss im kirchlichen Bereich wegen Ethos der religiösen Gemeinschaft).

Art. 6 Abs. 1 GG streitet nicht gegen gleiche Rechte und Pflichten von gleichgeschlechtlichen Lebenspartnern (vgl. BVerfG 17.7.2002 – 1 BvF 1/01, 1 BvF 2/01 – BVerfGE 105, 313, 346, 348: Möglichkeit, aber kein Gebot der Besserstellung der Ehe gegenüber anderen Lebensformen; BVerfG 7.7.2009 – 1 BVR 1164/07 – www.bverfg.de, Rn. 101 ff.; anders BVerfG 20.9.2007 – 2 BvR 855/06 – www.bverfg.de, Rn. 18: Differenzierungsgebot, das Verhältnismäßigkeitsprinzip wahren muss, Rn. 23: Art. 6 GG verfassungsunmittelbarer Differenzierungsgrund). Für eine Gleichbehandlung spricht eine teleologische Interpretation des Art. 6 Abs. 1 GG: Die Einrichtungsgarantie der Ehe steht als personale Autonomiegewährleistung, nicht als Sicherung der biologischen Reproduktion des Staatsvolkes unter dem besonderen Schutz des Staates. Dem Schutz persönlicher Entfaltung im partnerschaftlichen Bereich dient aber auch die Lebenspartnerschaft. Das Maß der Förderung der Ehe wird im Übrigen nicht dadurch verringert, dass Verpartnerten ebenfalls die Vergünstigung gewährt wird. Bei der Förderung kann es insofern nur um absolute, nicht relative Vorteile gehen. Die Rechtfertigung der Privilegierung der Ehe, auch der kinderlosen, liegt in der auf Dauer übernommenen, auch rechtlich verbindlichen Verantwortung für den Partner. Die Lebenspartnerschaft unterscheidet sich aber gerade hierin nicht von der Ehe. Privilegierungen der Ehe sind insofern nur gegenüber anderen Formen der Partnerschaft gerechtfertigt, die eine dauerhafte Verantwortungsgemeinschaft nicht begründen, nicht aber gegenüber der Lebenspartnerschaft (BVerfG 7.7.2009 – 1 BVR 1164/07 – www.bverfg.de, Rn. 102). Die unmittelbar anwendbare, auch gegenüber dem GG Anwendungsvorrang genießende RL 2000/78/EG sieht ebenfalls keinen Differenzierungsgrund der relativen Besserstellung von Ehen vor (Erwägungsgrund 22 bezieht sich darauf, ob ein Staat überhaupt gleichgeschlechtliche Partnerschaften zulässt, nicht darauf, dass diese – wenn sie geschaffen werden –, gleich behandelt werden müssen (EuGH 1.4.2008 – Rs. C-267/06 (Tadao Maruko) – http://curia.europa.eu, Rn. 59 f.; anders etwa BVerwG 26.1.2006 – 2 C 43/04, Rn. 18; BAG 26.10.2006 – 6 AZR 307/06, Rn. 42; BGH 14.2.2007 – IV ZR 267/04, Rn. 20; zur unionsrechtlichen Wertung des Art. 9 EU-GRC zugunsten der Möglichkeit gleichgeschlechtlicher Lebenspartnerschaften Mahlmann, Cardozo J. of IntL & Comp. Law, 2004, S. 903, 917; EuGH 31.5.2001 – Rs. C-122/99 P, C-125/99 – P (D und Königreich Schweden/Rat) – NVwZ 2001, 1259 ist durch Revision des EG-Beamtenstatuts überholt; vgl. dessen Anhang VII Art. 1 2 c).

Einfachrechtliche oder tatsächliche Unterschiede zwischen Verheirateten und Lebenspartnern, die eine Ungleichbehandlung rechtfertigen könnten, ergeben sich nicht aus dem mittelbaren Beitrag des Ehe- bzw. Lebenspartners für das Gelingen eines Arbeitsverhältnisses, da dieser Beitrag sich in beiden Fällen nicht unterscheidet (BVerfG 7.7.2009 – 1 BVR 1164/07 – www.bverfg.de, Rn. 108). Sie ergeben sich auch nicht aus einem typischerweise unterschiedlichen Versorgungsbedarf, insbesondere wegen Lücken in der Erwerbsbiografie aufgrund von Kindererziehungszeiten. In beiden Partnerschaftsformen können Kinder aufwachsen und vergleichbare Berufsorientierungen bzw. Verantwortungsübernahmen für die Kindererziehung bestehen (BVerfG 7.7.2009 – 1 BVR 1164/07 – www.bverfg.de, Rn. 112 f.). Erziehungsbedingte Lücken in der Erwerbsbiografie können durch entsprechende Regelungen berücksichtigt werden, die nicht an den Familienstand anknüpfen (BVerfG 7.7.2009 – 1 BVR 1164/07 – www.bverfg.de, Rn. 114 ff.). Die Einführung der Ehe auch für gleichgeschlechtliche Partnerschaften hat diese Wertungen bestätigt.

Die Förderung von Kindern bildet hingegen einen möglichen Differenzierungsgrund bei Vergünstigungen.

Das **Besoldungsdienstalter** kann nach § 10 Nr. 2 entsprechend Art. 6 Abs. 1 lit. b RL 2000/78/EG im Rahmen des Verhältnismäßigkeitsgrundsatzes für die Besoldung Bedeutung gewinnen (§ 27 Abs. 1 S. 2 BBesG), da es – anders als das Lebensalter – jedenfalls Berufserfahrung indiziert. Es ist aus unionsrechtlicher Sicht ein legitimes Ziel der Entgeltpolitik, ua die Berufserfahrung zu honorieren, die den Beschäftigten befähigt, seine Tätigkeit besser zu verrichten. Eine typisierende Betrachtung ist dabei zulässig, bis vom Beschäftigten plausibel gemacht wird, dass die Berücksichtigung des Dienstalters ungeeignet ist (EuGH 3.10.2006 – Rs. C-17/05 (Cadman) – http://curia.europa.eu; EuGH 19.6.2014 – Rs. C-501/12 bis C-506/12, C-540/12, C-541/12 (Specht), Rn. 50). Eine höhere Einstufung älterer Beamten allein aufgrund des Lebensalters bildet eine nicht gerechtfertigte Ungleichbehandlung (EuGH 19.6.2014 – Rs. C-501/12 bis C-506/12, C-540/12, C-541/12 (Specht), Rn. 50 ff.; BVerwG 30.10.2014 – 2 C 3/13 bis 2 C 11/13 ua, Rn. 16). Bei der **Gewährung von Bekleidungsgeld** als Aufwandsentschädigung bildet eine Unterscheidung nach dem Lebensalter eine unmittelbare Benachteiligung, die nicht gerechtfertigt ist. Der Aufwand für Dienstkleidung verringert sich nicht mit zunehmendem Alter (VG Frankfurt 29.6.2007 – 9 E 5341/06).

5. Beendigung des Dienstverhältnisses

a) Benachteiligungsverbot

52 Bei der Beendigung des Dienstverhältnisses ist das Benachteiligungsverbot zu beachten, etwa bei der **Entfernung aus dem Beamtenverhältnis** wegen Disziplinarvergehen (§ 10 BDG, zB aufgrund der Weltanschauung, vgl. dazu EGMR 26.9.1995 – 17851/91 – NJW 1996, 375 Rn. 59, 60 – Vogt), bei der Ermessensentscheidung zur Entlassung der Beamten auf Probe (§ 34 Abs. 1, insbesondere Nr. 1, 2) und auf Widerruf nach § 37 Abs. 1 BBG. Bei der vorzeitigen **Versetzung in den Ruhestand** wegen Dienstunfähigkeit aufgrund nachträglich eintretender Behinderung, insbesondere § 44 BBG, ist europarechtskonform die Pflicht zu angemessenen Vorkehrungen für Menschen mit Behinderungen zu berücksichtigen (Art. 5 RL 2000/78/EG; → Rn. 46; EuGH 11.7.2006 – Rs. C-13/05 (Chacón Navas), Rn. 50; VG Frankfurt/M. 6.10.2014 – 9 K 450/12.F; Rudolf, in: Rudolf/Mahlmann, GlBR, § 6 Rn. 98).

b) Rechtfertigung

53 Bei der unmittelbaren Benachteiligung aufgrund der Weltanschauung bei Beendigung des Dienstverhältnisses wegen **Verletzung der politischen Treuepflicht** ist eine funktionsdifferenzierte Einzelfallprüfung entscheidend (→ Rn. 29). Gegebenenfalls kann eine Umsetzung das mildere Mittel zur Behebung der Konflikte bilden. Die Regelung des § 54 Abs. 1 BBG zur Möglichkeit, sog **politische Beamte** jederzeit in den einstweiligen Ruhestand zu versetzen, kann durch die Bedürfnisse einer von Parteien geprägten Demokratie (Art. 21 Abs. 1 GG) gerechtfertigt werden (→ Rn. 30). Die fortdauernde Übereinstimmung mit den grundsätzlichen politischen Ansichten und Zielen der Regierung ist eine wesentliche und entscheidende berufliche Anforderung (§ 8), die für die betroffene Leitungsebene auch aus unionsrechtlicher Perspektive angemessen ist.

54 Das vollendete 67. Lebensjahr bildet die Altersgrenze für den gesetzlichen Eintritt des Beamten auf Lebenszeit in den **dauernden Ruhestand** (§ 51 BBG, § 48 Abs. 1 DRiG). Diese und ähnliche Regelungen können im Grundsatz durch § 10 Nr. 1 in Hinblick auf die Eingliederung Jüngerer in den öffentlichen Dienst, auf intergenerationelle Kontinuität, aber auch in Hinblick auf die typisierende Indizwirkung des Alters für die Leistungsfähigkeit gerechtfertigt werden (→ Rn. 31 ff.).

55 Letztere kann besondere Bedeutung für **niedrigere Altersschwellen** gewinnen, die durch die besonderen physischen und psychischen Anforderungen eines bestimmten Amtes gerechtfertigt werden können, zB die Altersgrenze von 62 im Polizeivollzugsdienst (§ 5 BPolBG) für die Feuerwehr der Bundeswehr (§ 51 Abs. 3 BBG; vgl. zum Polizeivollzugsdienst BGH 23.7.2015 – III ZR 4/15).

56 Bedeutsam ist für die Verhältnismäßigkeit dabei das Vorhandensein von **Ausnahmeregelungen**, vgl. § 53 Abs. 3 BBG und entsprechende Regelungen auf Landesebene (vgl. BGH 23.7.2015 – III ZR 4/15).

6. Mitgliedschaft in Vereinigungen

57 Die Wahrnehmung der Koalitionsfreiheit der Beamten (Art. 9 Abs. 3 S. 1 GG, § 116 Abs. 1 BBG) wird vom AGG in den Geltungsbereich des Benachteiligungsverbotes einbezogen (§ 2 Abs. 1 Nr. 4).

IV. Positive Maßnahmen

58 Art. 3 Abs. 2 S. 2 GG sieht die Zulässigkeit positiver Maßnahmen zur Förderung der Beseitigung von Nachteilen aufgrund des **Geschlechts** vor. Positive Maßnahmen zugunsten von Menschen mit **Behinderungen** erlaubt Art. 3 Abs. 3 S. 2 GG. Einfachgesetzlich konkretisiert dies für Schwerbehinderte etwa die 5 %-Quote des § 154 Abs. 1 SGB IX. Auch § 9 Abs. 1 S. 2 BBG eröffnet entsprechende Möglichkeiten.

59 Ergänzend sind die Regelungen des AGG heranzuziehen, das positive Maßnahmen für alle verbotenen Merkmale entsprechend Art. 5 RL 2000/43/EG, Art. 7 RL 2000/78/EG, Art. 3 RL 2006/54/EG, Art. 6 RL 2004/113/EG erlaubt (§ 5). Sinn dieser Regelungen ist, Chancengleichheit durch beschränkte Herstellung von Ergebnisgleichheit zu verwirklichen. Dies ist sinnvoll und gerechtfertigt, weil fehlende Ergebnisgleichheit ein Indikator für fehlende Chancengleichheit sein kann (vgl. Mahlmann, in: Rudolf/Mahlmann, GlBR, § 1 Rn. 43 f.).

60 Die Maßstäbe für positive Maßnahmen hat der EuGH für das Merkmal Geschlecht differenzierend konkretisiert. Danach ist eine **bevorzugte Behandlung** im Grundsatz zulässig, wenn die Ungleichbehandlung verhältnismäßig ist, insbesondere indem die **Möglichkeit zur Einfallprüfung** gewährleistet ist (EuGH 17.10.1995 – Rs. C-450/93 (Kalanke) – Slg 1995, I-3069; EuGH 11.11.1997 – Rs. C-409/95 (Marschall) – Slg 1997, I-6363, Rn. 31: bevorzugte Einstellung möglich, wenn Härtefallklausel; EuGH 28.3.2000 – Rs. C-158/97 (Badek) – Slg 2000, I-1875, Rn. 23: bevorzugte Beförderung, Rn. 55: Hälfte der Ausbildungsplätze Frauen, es sei denn, nicht genug Bewerberinnen; EuGH 6.7.2000 – Rs. C-407/98 (Abrahamsson) – Slg 2000, I-5539, Rn. 56: Vorrang von Frauen schon bei „hinreichender Qualifikation" nicht möglich; EuGH 7.12.2000 – Rs. C-79/99 (Schnorbus) – Slg 2000, I-10997, Rn. 44–46: vorrangige Einstellung von männlichen Referendaren wegen Wehrpflicht nicht unverhältnismäßig; EuGH 19.3.2002 – Rs. C-476/99 (Lommers) – Slg 2002, I-2891, Rn. 50: Zulässigkeit eines Kindergartens nur für Frauen, Notfallregelung für Männer). Diese Maßstäbe sind auch auf die **anderen verpönten Merkmale** im Grundsatz anwendbar, sofern ein faktischer Gleichstellungsbedarf festgestellt wird, der nach Art. 5 RL 2000/43/EG, Art. 7 RL 2000/78/EG, Art. 3 RL 2006/54/EG, Art. 6 RL 2004/113/EG Voraussetzung der Zulässigkeit positiver Maßnahmen ist (→ § 5 Rn. 15 ff.).

61 Hinsichtlich des Merkmals **Alter** kann zudem die Förderung der Eingliederung Jüngerer oder Älterer in die Berufstätigkeit eine Rolle spielen (§ 10 Nr. 1).

62 Bei Bevorzugung von Personen bestimmter **ethnischer Herkunft** ist zu differenzieren. Erfolgt die Bevorzugung zum Ausgleich bestehender Nachteile, ist § 5 maßgeblich. Erfolgt sie, weil die ethnische Herkunft eine wesentli-

che und entscheidende berufliche Anforderung ist, ist § 8 Abs. 1 heranzuziehen. Letzteres kann zB die bevorzugte Berücksichtigung von Bewerbern mit Migrationshintergrund für den Polizeidienst rechtfertigen, wie in einigen Bundesländern angestrebt, da ein Personalbestand mit unterschiedlichem ethnischem Hintergrund die effiziente Aufgabenerfüllung der Polizei in einer pluralistischen Gesellschaft befördern kann (für eine Regelung in dieser Richtung vgl. zB § 4 Abs. 4, 5 Berl.-PartIntG).

63 Es gibt kein **abstraktes Prioritätsverhältnis der Förderung** der einen gegenüber der anderen Gruppe, etwa iS eines allgemeinen Vorrangs der Frauen- vor der Schwerbehindertenförderung oder umgekehrt. Entsprechende Maßnahmen können nur im Zusammenhang der besonderen Gegebenheiten des Einzelfalls bewertet werden, die Gründe liefern können, dem einen Ziel unter den konkreten Umständen einen Vorrang einzuräumen. Kollisionen der verschiedenen Gleichstellungsziele werden sich nicht vermeiden lassen, wobei der Dienstherr bei ihrer Lösung einen Gestaltungsspielraum genießt, dabei aber jedenfalls das Willkürverbot zu beachten hat.

V. Rechtsfolgen

1. Ernennung und Beförderung

a) Anspruch auf diskriminierungsfreien Zugang zu Ämtern

64 Wird bei der **Ernennung** zulasten eines Bewerbers aufgrund der verpönten Merkmale entschieden, kann diese Entscheidung nicht rückgängig gemacht werden. Einem Anspruch auf Ernennung schließt § 15 Abs. 6 aus. Aufgrund des Grundsatzes der Ämterstabilität hat der Beschwerte keinen Folgenbeseitigungsanspruch auf Rücknahme der Ernennung (ebenso entsprechend § 15 Abs. 6). Insofern muss der Beschwerte durch einstweiligen Rechtsschutz (§ 123 VwGO) die Ernennung vorläufig unterbinden und durch Anfechtungsklage gegen die Ernennung des Dritten sowie Verpflichtungsklage (auf ermessensfehlerfreie Entscheidung oder – in Sonderfällen des zum Ernennungsanspruch verdichteten Ermessens – auf Ernennung) die eigene Ernennung befördern (sog **Konkurrentenklage**). Anderes ist nur denkbar, wenn der Dienstherr es unterlässt, die Möglichkeit effektiven Rechtsschutzes des Mitbewerbers zu sichern, weil er insbesondere die Mitteilung der Auswahlergebnisse versäumt, oder den Konkurrenten entgegen einer einstweiligen Anordnung nach § 123 VwGO doch ernennt. Dann ist für den Übergangenen eine Planstelle zu schaffen (vgl. BVerwG 21.8.2003 – 2 C 14/02 – BVerwGE 118, 370, 375). Der Grundsatz der Ämterstabilität steht der Aufhebung einer Ernennung nicht entgegen, wenn ein herkömmlicher gesetzlicher Rücknahmetatbestand (vgl. zB § 12 BeamtStG) erfüllt ist (BVerwG 4.11.2010 – 2 C 16.09).

65 Diese Grundsätze sind entsprechend auf den Fall der **Beförderung** eines Dritten unter Verletzung des Benachteiligungsverbots anzuwenden (BVerwG 21.8.2003 – 2 C 14/02 – BVerwGE 118, 370 ff.; Grigoleit, in: Battis, BBG § 22 Rn. 16 ff.).

b) Schadensersatzansprüche

66 Verstöße gegen das Benachteiligungsverbot können Schadensersatzansprüche begründen. Insofern tritt § 15 neben andere Anspruchsgrundlagen (**Er-**

nennung: Anspruch auf Schadensersatz wegen c. i. c. bei Anbahnung eines Beamtenverhältnisses, OVG Hamburg 14.3.1997 – Bf I 24/96 – NordÖR 1998, 155; Battis, in: Battis, BBG § 9 Rn. 35: Anspruch aus Art. 33 Abs. 2 GG; **Beförderung:** Haftung aus Verletzung einer im öffentlich-rechtlichen Dienstverhältnis wurzelnden Verbindlichkeit, die verschuldensabhängig ist, BVerwG 21.12.2000 – 2 C 39/99 – BVerwGE 112, 308, 313, immaterielle Schäden nicht erfasst, BVerwG 21.2.1991 – 2 C 48/88 – BVerwGE 88, 60, 63; Art. 34 GG, § 839 BGB, auch für immaterielle Schäden). Für Ansprüche aus § 15 Abs. 1 S. 1 ist der Verwaltungsrechtsweg nach § 71 DRiG, § 54 Abs. 1 BeamtStG, § 40 Abs. 2 S. 2 VwGO eröffnet (OVG Rheinland-Pfalz 22.6.2007 – 2 F 10596/07).

67 Bei für **Ernennung und Beförderung** kausaler Benachteiligung kann der **besser qualifizierte Benachteiligte** allerdings durch entsprechende Rechtsbehelfe (→ Rn. 64) den Schaden abwenden. Unterlässt er dies, entfällt entsprechend dem Rechtsgrundsatz des § 254 Abs. 2 BGB bzw. § 839 Abs. 3 BGB ein Ersatzanspruch (ähnlich BVerwG 17.10.1985 – 2 C 12/82 – NVwZ 1986, 481: unterlassene Gegenvorstellung; Rudolf, in: Rudolf/Mahlmann, GlBR, § 6 Rn. 91). Das Entstehen immaterieller Schäden wird durch die ermessensfehlerfreie Entscheidung ausgeschlossen (Rudolf, in: Rudolf/Mahlmann, GlBR, § 6 Rn. 91).

68 Erfolgt allerdings eine **Ernennung oder Beförderung** entgegen einer einstweiligen Anordnung nach § 123 VwGO, ist ein Schadensersatzanspruch neben dem Anspruch auf Ernennung (→ Rn. 64) für die Vergangenheit gegeben (BVerwG 21.8.2003 – 2 C 14/02 – BVerwGE 118, 370, 375).

69 Bei nicht-kausaler Benachteiligung des **weniger qualifizierten Bewerbers** wird nur ein immaterieller Schaden entstehen. Dieser Schaden kann nach § 15 Abs. 2 ersetzt werden, ohne dass dies vom Verschulden des Dienstherrn abhängig wäre. Der Entschädigungsanspruch im Fall der Nichteinladung zum Vorstellungsgespräch entgegen § 165 S. 3, 4 SGB IX setzt nicht voraus, dass um vorläufigen Rechtsschutz mit dem Ziel nachgesucht wurde, dem Beklagten die anderweitige Vergabe der Stelle vorläufig zu untersagen und ihm aufzugeben, dem Kläger ein Vorstellungsgespräch zu gewähren (BVerwG 3.3.2011 – 5 C 16.10, 5 C 16/10, Rn. 34 zu § 82 S. 2, 3 SGB IX aF). Eine Pflicht, den Schaden abzuwenden, besteht insofern nicht (anders zB VG Regensburg 2.5.2012 – Rn. 1 K 11.563).

70 Voraussetzung bei materiellen Schäden ist nach § 15 Abs. 1 ebenso wie für die Anspruchsgrundlagen aus öffentlich-rechtlichen Leistungsstörungen und Art. 34 GG, § 839 BGB das Verschulden des Dienstherrn (→ Rn. 66). Ein Schadensersatzanspruch wegen nicht gewährter Beihilfe an einen Lebenspartner trotz Vorliegens einer Diskriminierung ist bis zur Klärung der Rechtslage im Jahr 2012 durch den EuGH ausgeschlossen, weil der Dienstherr das Unterlassen der Beihilfegewährung nicht zu vertreten hat (VG Berlin 4.5.2016 – VG 26 K 238.14). Hinsichtlich der **unionsrechtlichen Anforderungen** an den Schadensersatz bei Verletzungen des Prinzips der Gleichbehandlung hat der EuGH ausgesprochen, dass Schadensersatz bei einer Entscheidung des Gesetzgebers für eine zivilrechtliche Haftung **verschuldensunabhängig** zu gewähren sei, ohne dabei zwischen materiellen und immateriellen Schäden zu differenzieren (EuGH 22.4.1997 – Rs. C-180/95

(Draehmpaehl) – Slg 1997, I-2195, Rn. 37). Auf öffentlich-rechtliche Schadensersatzansprüche hat der EuGH diese Rspr. nicht erstreckt, allerdings fragt sich, warum ein öffentlicher Dienstherr insoweit bei unionsrechtskonformer Auslegung ein Haftungsprivileg genießen sollte. Der **Ersatz immaterieller Schäden nach § 15 Abs. 2** setzt keinen Nachweis eines konkreten immateriellen Schadens, dh die Feststellung von persönlich belastenden Folgen einer Benachteiligung, voraus. Er liegt in der erfolgten Diskriminierung selbst (BVerwG 30.10.2014 – 2 C 3/13 bis 2 C 11/13 ua). Er kann auch auf die unterlassene Anpassung der Gesetzeslage an Unionsrecht gestützt werden (BVerwG 30.10.2014 – 2 C 3/13 bis 2 C 11/13 ua; zur Übertragbarkeit auf das Richteramt VG Berlin 16.9.2016 – 7 K 156.1). Die ungerechtfertigte Ungleichbehandlung liegt bei der Besoldung in der monatlichen Auszahlung der Bezüge, muss aber nur einmal geltend gemacht werden (BVerwG 30.10.2014 – 2 C 3/13 bis 2 C 11/13 ua). Bei unklarer Rechtslage beginnt der Lauf der Ausschlussfrist des § 15 Abs. 4 S. 1 mit der höchstrichterlichen Klärung der entsprechenden Rechtslage (BVerwG 30.10.2014 – 2 C 3/13 bis 2 C 11/13 ua) Die Diskriminierung liegt bereits in der ursprünglichen Festsetzung des Besoldungsdienstalters, wird in den nachfolgenden Bezugszahlungen aber vom Willen des Dienstherrn getragen erneuert (so zB VGH Hessen 11.5.2016 – 1 A 1926/15, anders zB VG Düsseldorf 10.4.2016 – 26 K 8357/12). Ein Dauertatbestand im Sinne einer kumulativ durch Einzelakte geschaffenen Diskriminierung liegt nicht vor (VGH Hessen 11.5.2016 – 1 A 1926/15). Die parallele Verfolgung von Entschädigungsansprüchen gegenüber mehreren Dienstherrn ist nicht zwingend rechtsmissbräuchlich, da dieses Vorgehen sich aus der Notwendigkeit ergeben kann, mehrere Bewerbungen parallel zu verfolgen (BVerwG 3.3.2011 – 5 C 16.10, 5 C 16/10, Rn. 33). Ein **unionsrechtlicher Staatshaftungsanspruch** besteht mangels hinreichend qualifizierten Verstoßes gegen Unionsrecht vor Verkündigung entsprechender, die Rechtslage klärender Urteile des EuGH auch bei vorliegender Diskriminierung nicht (vgl. BVerwG 30.10.2014 – 2 C 3/13 bis 2 C 11/13 ua zu altersdiskriminierenden Besoldungsregelungen und EuGH 8.9.2011 – Rs. C-297/10, C-298/10 (Hennigs und Mai) – Slg 2011, I-7965). Die Ausschlussfrist des § 15 Abs. 4 S. 1 ist auf diesen Anspruch nicht anwendbar (BGH 23.7.2015 – III ZR 4/15; OVG Nordrhein-Westfalen 8.2.2017 – 3 A 1972/15). Der Grundsatz der zeitnahen Geltendmachung eines Anspruchs, dh im laufenden Haushaltsjahr, gilt auch für diesen Anspruch (BVerwG 17.9.2015 – 2 C 26/14; OVG Nordrhein-Westfalen 8.2.2017 – 3 A 1972/15). Der unionsrechtliche Haftungsanspruch besteht neben den Ansprüchen aus § 15 Abs. 1, 2, da er sich anders als diese auf legislative Unionsrechtsverstöße bezieht (BGH 23.7.2015 – III ZR 4/15; VGH Hessen 11.5.2016 – 1 A 1926/15).

2. Arbeitsbedingungen

71 Werden die Arbeitsbedingungen unter Verletzung des Benachteiligungsverbotes gestaltet, hat der Beamte einen auf Rückgängigmachung der tatsächlichen Folgen einer Fürsorgepflichtverletzung gerichteten **Folgenbeseitigungsanspruch**.

72 Daneben können **Ersatzansprüche** für materielle und immaterielle Schäden aus Verletzung des Benachteiligungsverbots aus § 15 entstehen (auch hier neben der Haftung aus Verletzung einer im öffentlich-rechtlichen Dienstverhältnis wurzelnden Verbindlichkeit, die verschuldensabhängig ist, BVerwG 21.12.2000 – 2 C 39/99 – BVerwGE 112, 308, 313, immaterielle Schäden nicht erfasst, BVerwG 21.2.1991 – 2 C 48/88 – BVerwGE 88, 60, 63; Art. 34 GG, § 839 BGB, hier auch für immaterielle Schäden). Auch bei Mobbing-Situationen besteht eine Schadensabwendungs- und minderungspflicht (VG Bayreuth 24.5.2016 – B 5 K 14/106).

3. Besoldung

73 Bei Benachteiligungen bei der Besoldung und anderen Leistungen ist der Vorteil der benachteiligten Gruppe zu gewähren, bis eine andere Regelung getroffen wird (st. Rspr. seit EuGH 8.4.1976 – Rs. C-43/75 (Defrenne II) – Slg 1976, 455, Rn. 14/15). Wenn eine Diskriminierung potenziell alle Beamten betrifft, fehlt es an einem diskriminierungsfreien Bezugssystem. Eine Angleichung ist diesem Fall nicht möglich (BVerwG 30.10.2014 – 2 C 3/13 bis 2 C 11/13 ua). Ein Verbot von **Verschlechterungen, das alle gleichmäßig** und unabhängig von den verpönten Merkmalen trifft, ist dem unionsrechtlich geprägten Benachteiligungsverbot selbst nicht zu entnehmen (vgl. EuGH 28.9.1994 – Rs. C-200/91 (Coloroll Pension Trustees) – Slg 1994, I-4387, Rn. 33).

4. Entlassung

74 Eine aufgrund von Verletzung des Benachteiligungsverbots ergangene **Entlassungsverfügung** kann als gestaltender Verwaltungsakt durch Anfechtungsklage aufgehoben werden, so dass das Dienstverhältnis fortbesteht.

VI. Rechtsdurchsetzung

1. Beschwerden

75 Nach § 125 Abs. 1 BBG kann der Beamte Anträge und Beschwerden vorbringen. Das Beschwerderecht nach § 13 ist insoweit subsidiär. Daneben besteht das Recht, sich an den Personalrat zu wenden.

2. Leistungsverweigerungsrecht

76 § 24 schreibt eine Anwendung der Regelungen des AGG auf öffentlich-rechtliche Dienstverhältnisse unter Berücksichtigung der besonderen Rechtsstellung der Beamten, Richter und Zivildienstleistenden vor. Ein Recht auf Leistungsverweigerung (§ 14) ist mit dieser öffentlich-rechtlichen Dienststellung, insbesondere der Treuepflicht, im Grundsatz nicht vereinbar (zur parallelen Problematik des Streikrechts, Kunig, in: Schoch, BesVerwR, 15. Aufl. 2013, Kap. 6 Rn. 176). Es auch ist unionsrechtlich nicht geboten. Der Gesetzgeber macht insofern von seiner **Wahlfreiheit** Gebrauch. § 14 sieht zwar eine abgestufte Regelung vor. Dennoch ist es zulässig, trotz Belästigung, keinen oder ungeeigneten Maßnahmen des Dienstherrn zur Unterbindung der Belästigung und Erforderlichkeit der Leistungsverweigerung zur Beendigung der Diskriminierung dem Vollzug der Dienstpflicht Vorrang einzuräumen, dem Bediensteten also das Ertragen

der Belästigung (vorübergehend) zuzumuten. Das Bedürfnis dazu ist bei bestimmten Dienstpflichten um des Schutzes Dritter willen offensichtlich, etwa bei der Gefahrenabwehr oder im Rahmen der Gerichtsbarkeit, besteht aber auch für andere Fälle. Ein Leistungsverweigerungsrecht kann deshalb nur in den Fällen möglich sein, in denen der Dienst nicht mehr ordnungsgemäß ausgeführt werden kann (vgl. auch Rudolf, in: Rudolf/Mahlmann, GlBR, § 6 Rn. 96; Meinel/Heyn/Herms, § 24 Rn. 45: Interessenabwägung im Einzelfall; weitergehend mit umgekehrtem Regel-Ausnahmeverhältnis BT-Drs. 16/1780, 49; Battis/Nebel, Auswirkungen des Allgemeinen Gleichbehandlungsgesetzes auf das öffentliche Dienstrecht, in: Hanau/Thau/Westermann (Hrsg.), Gegen den Strich, FS Adomeit, 2008, S. 12).

3. Beweislast

a) Anwendbarkeit

77 Die **Beweiserleichterung** des § 22 ist auch auf die verwaltungsgerichtliche Durchsetzung des Gebots der Gleichbehandlung anzuwenden. Art. 8 Abs. 5 RL 2000/43/EG, Art. 10 Abs. 5 RL 2000/78/EG, Art. 9 Abs. 5 RL 2004/113/EG, Art. 19 Abs. 3 RL 2006/54/EG sehen vor, dass die Mitgliedstaaten davon absehen können, die Beweiserleichterung nach Art. 8 Abs. 1 RL 2000/43/EG, Art. 10 Abs. 1 RL 2000/78/EG, Art. 9 Abs. 1 RL 2004/113/EG, Art. 19 Abs. 1 RL 2006/54/EG auf Verfahren anzuwenden, bei denen der Untersuchungsgrundsatz wie im Verwaltungsprozess nach § 86 VwGO und nicht der Beibringungs- oder Verhandlungsgrundsatz wie im Zivilprozess gilt. Dies ist durch das AGG nicht geschehen (zur Lage im Beschlussverfahren nach § 17 → § 22 Rn. 126).

b) Abweichung vom Regelbeweismaß

78 Eine entsprechende Anwendung von § 22 unter Beachtung des **Untersuchungsgrundsatzes** hat folgende Konsequenzen. § 22 verlangt hinsichtlich Ungleichbehandlung und Vorhandensein der Umstände, die den Tatbestand einer mittelbaren Diskriminierung ausschließen und die Rechtfertigung einer unmittelbaren Benachteiligung begründen, die volle Überzeugung des Gerichts, lässt aber hinsichtlich der Kausalität von Merkmal und Ungleichbehandlung die überwiegende Wahrscheinlichkeit genügen (zum Unionsrecht vgl. Mahlmann, in: Rudolf/Mahlmann, GlBR, § 3 Rn. 130–131; weitergehend → § 22 Rn. 22–24). Dies kann auf den Verwaltungsprozess übertragen werden. § 22 modifiziert dann hinsichtlich des Vorliegens der Kausalität des Merkmals für die Ungleichbehandlung den Grundsatz, dass auch im Verwaltungsprozess die volle Überzeugung des Gerichts Voraussetzung für die Annahme des Vorliegens eines Umstandes ist. Es handelt sich insofern um eine **gesetzlich angeordnete Abweichung vom Regelbeweismaß**, vergleichbar § 23 Abs. 1 S. 2 SGB X (vgl. zur Senkung des Beweismaßes allgemein Höfling/Rixen, in: Sodan/Ziekow (Hrsg.), VwGO § 108 Rn. 86; Redeker/von Oertzen, VwGO, Kommentar, 16. Aufl. 2014, VwGO § 108 Rn. 1). Die Regelung ist eine positiv-rechtliche Regelung des Grundsatzes der Möglichkeit der Beweismaßreduzierung aufgrund sachtypischen Beweisnotstandes (vgl. dazu allgemein Höfling/Rixen, in: Sodan/Ziekow (Hrsg.), VwGO § 108 Rn. 95 ff.). Beispiel: Die Nichteinladung

zum nach § 165 S. 3, 4 SGB IX gebotenen Vorstellungsgespräch begründet eine Vermutung für die Kausalität von Behinderung und Benachteiligung. Die offenkundige Nichteignung für die ausgeschriebene Stelle bemisst sich allein nach den in der Ausschreibung konkretisierten Maßstäben (BVerwG 3.3.2011 – 5 C 16.10, 5 C 16/10 zu § 82 S. 2, 3 SGB IX aF; vgl. aber BAG 19.5.2016 – 8 AZR 470/14, Rn. 27 ff., nach dem die objektive Eignung kein Kriterium der gleichbehandlungsrechtlich vergleichbaren Situation sei).

c) Non-liquet

79 § 22 ist weiter im Rahmen der **materiellen Beweislast** bei einem non-liquet heranzuziehen, um zu bestimmen, zu wessen Lasten die Unaufklärbarkeit bestimmter Tatsachen zu werten ist, für deren Vorliegen also nicht die überwiegende Wahrscheinlichkeit spricht. Ausgangspunkt ist der Grundsatz, dass die Nichterweislichkeit bestimmter Tatsachen zulasten des Beteiligten geht, der aus der fraglichen Tatsache eine für ihn günstige Rechtsfolge ableitet (BVerwG 21.8.2003 – 2 C 14/02 – BVerwGE 118, 370, 379), der Kläger also die materielle Beweislast für die rechtsbegründenden, der Beklagte für die rechtshindernden, rechtsvernichtenden und rechtshemmenden Merkmale trägt.

80 Die **Unaufklärbarkeit der Ungleichbehandlung** selbst geht danach zulasten des Klägers, da diese ein rechtsbegründendes Merkmal ist. Daran ändert auch § 22 nichts. Die **Unaufklärbarkeit des Vorliegens eines Tatbestandsausschlusses einer mittelbaren** bzw. **einer Rechtfertigung einer unmittelbaren Benachteiligung** ist dagegen schon nach allgemeinen Grundsätzen zulasten des Beklagten zu werten. Denn hierbei handelt es sich um rechtshindernde bzw. rechtsvernichtende Merkmale. Da § 22 eine Verbesserung für den Kläger intendiert, hat die materielle Beweislast für die Kausalität des Merkmals beim Beklagten zu liegen. Die **Unaufklärbarkeit hinsichtlich der Kausalität** des Merkmals geht mithin zu seinen Lasten.

81 Bei der **Beweiserleichterung** handelt es sich um keinen Anscheinsbeweis. Hierzu ist ein ursächlicher Zusammenhang zwischen einem bestimmten Ereignis und einer bestimmten Folge nötig, der nach allgemeiner Lebenserfahrung vorliegt (BVerwG 23.5.1962 – C 39/60 – BVerwGE 14, 181, 184).

4. Unterstützung durch Verbände

82 Die Beschwerten können durch **Antidiskriminierungsverbände** nach § 23 Abs. 1 unterstützt werden (§ 23 Abs. 2).

5. Antidiskriminierungsstelle des Bundes

83 Bedienstete können sich an die Antidiskriminierungsstelle des Bundes wenden (s. dazu Hühn, in: Rudolf/Mahlmann, GlBR, § 9).

6. Maßregelungsverbot

84 Ein Maßregelungsverbot (§ 16) ergibt sich bereits aus der Fürsorge- und Schutzpflicht des Dienstherrn (§ 78 BBG) und ist für den Sonderfall der gewerkschaftlichen Betätigung in § 91 Nr. 2 BBG geregelt.

VII. Anhang: Soldatinnen- und Soldaten-Gleichbehandlungsgesetz (SoldGG)

1. Einleitung

85 Das Gesetz über die Gleichbehandlung der Soldatinnen und Soldaten (Soldatinnen- und Soldaten-Gleichbehandlungsgesetz – SoldGG) ist als Art. 2 des Gesetzes zur Umsetzung europäischer Richtlinien zur Verwirklichung des Grundsatzes der Gleichbehandlung am 18.8.2006 in Kraft getreten. Der Gesetzgeber, der sich wie im Fall des Soldatinnen- und Soldatengleichstellungsgesetzes (SGleiG) für ein eigenständiges Regelungswerk entschieden hat, folgt dabei unter Berücksichtigung der **militärischen Besonderheiten** dem arbeitsrechtlichen Teil des AGG.

a) Ziele

86 Das SoldGG soll die Richtlinien 2000/43/EG und 2000/78/EG umsetzen und dient daher in erster Linie der Bekämpfung von Benachteiligungen aus Gründen der **„Rasse“**, der **ethnischen Herkunft**, der **Religion**, der **Weltanschauung** und der **sexuellen Identität** (§ 1 Abs. 1 SoldGG). Benachteiligungen aufgrund des **Geschlechts**, die bereits nach Maßgabe des SGleiG verboten sind, erfasst das SoldGG nur in Form von **Belästigung** und **sexueller Belästigung** und tritt insoweit an die Stelle des BSchG (§ 1 Abs. 2 S. 1 SoldGG).

Von einer Umsetzung der Rahmenrichtlinie hinsichtlich der Merkmale **Alter** und **Behinderung** durfte der Gesetzgeber wegen des entsprechenden Mitgliedstaatenwahlrechts in Art. 3 Abs. 4 der Richtlinie absehen (BVerwG 11.3.2008 – 1 WB 8/08 – Buchholz 450.1 § 5 WBO Nr. 1). Die Bundesregierung begründet die Bereichsausnahme mit dem überragenden Erfordernis der Einsatzbereitschaft und Schlagkraft der Streitkräfte (BT-Drs. 16/1780, 27). Nicht höchstrichterlich entschieden ist bisher die Frage, ob diese Bereichsausnahme umfassend zu verstehen ist und insbesondere auch die **Besoldung** der Soldatinnen und Soldaten erfasst. Dafür spricht, dass Art. 3 Abs. 4 sich – nach dem Wortlaut – auf die Streitkräfte des Mitgliedstaates als Ganzes und nicht nur auf einzelne Handlungen oder bloße Teilbereiche bezieht. Aus Erwägungsgrund Nr. 19 S. 1 der Richtlinie könnte sich dagegen ergeben, dass die Besoldung der Soldatinnen und Soldaten nicht erfasst sein soll, weil insoweit kein (direkter) Bezug zur Einsatzfähigkeit und der Schlagkraft der Streitkräfte besteht, um deren Sicherung es bei der Bereichsausnahme geht (offen gelassen von BVerwG 30.10.2014 – 2 C 36/13 – juris Rn. 12).

Allein der Regelungsgehalt des § 164 Abs. 2 SGB IX, soweit er iVm § 211 Abs. 3 S. 2 SGB IX für **schwerbehinderte Soldaten** gilt, wurde durch § 18 SoldGG übernommen (§ 1 Abs. 2 S. 2 SoldGG).

87 Nach § 1 Abs. 3 sind alle Soldaten, insbesondere solche mit Vorgesetzten- und Führungsaufgaben, aufgefordert, in ihrem Aufgabenbereich an der Verwirklichung der Ziele des SoldGG mitzuwirken. Dies gilt auch für den Dienstherrn sowie für Personen und Gremien, die Beteiligungsrechte wahrnehmen, insbesondere für Gleichstellungsbeauftragte und deren Stellvertreterinnen. Die Streichung des Verweises auf das Soldatenbeteiligungsrecht in S. 2 durch Art. 4 G v. 31.7.2008 (BGBl. I, 1629) wird mit der Vermeidung

unnötigen künftigen Gesetzgebungsbedarfs begründet (BT-Drs. 16/7955, 33); angesichts der abstrakten Formulierung der alten Fassung erschließt sich die Notwendigkeit dieser Gesetzgebung jedoch nicht unmittelbar. Die Norm konkretisiert die Fürsorgepflicht des Vorgesetzten in § 10 Abs. 3 SG (Soldatengesetz) und des Dienstherrn in § 31 Abs. 1 SG (Stauf, SG § 10 Rn. 3, § 31 Rn. 1).

b) Anwendungsbereich

88 § 6 SoldGG dehnt den persönlichen Anwendungsbereich über Personen, die aufgrund der Wehrpflicht oder freiwilliger Verpflichtung bereits in einem Wehrdienstverhältnis stehen (**Soldaten** iSd § 1 Abs. 1 S. 1 SG), auf **Wehrpflichtige** und **freiwillige Bewerber** aus, die im Zusammenhang mit der Begründung eines solchen Dienstverhältnisses mit der Bundeswehr in Kontakt treten. Seit der Aussetzung der Wehrpflicht in Friedenszeiten zum 1.7.2011 sind damit vor allem Männer und Frauen erfasst, die gem. §§ 58 b ff. SG freiwillig Wehrdienst leisten wollen (vgl. auch § 58 f SG). Der sachliche Anwendungsbereich in § 2 Abs. 1 SoldGG umfasst das gesamte **soldatische Dienstverhältnis** von der Ausschreibung (vgl. dazu § 9 SoldGG) bis zum Ausscheiden aus dem Dienst, daneben die **berufliche Bildung** und die **Interessenvertretung** und entspricht damit § 2 Abs. 1 Nr. 1–4 (zu den Besonderheiten öffentlich-rechtlicher Dienstverhältnisse → Rn. 22 ff.). Der Unterbindung von Belästigungen aufgrund des Geschlechts und sexuellen Belästigungen im täglichen Dienst, die seit der europarechtlich gebotenen allgemeinen Öffnung der Bundeswehr für Frauen im Dezember 2000 (Gesetz zur Änderung des SG und anderer Vorschriften v. 19.12.2000, BGBl. I, 1815; EuGH 11.1.2000 – Rs. C-285/98 (Kreil) – Slg 2000, I-69) vermehrt auftreten, soll die Hervorhebung der Anwendbarkeit auf den **Dienstbetrieb** in § 2 Abs. 1 Nr. 1 SoldGG dienen (→ Rn. 100). Im Geltungsbereich des SoldGG ist das AGG nicht, auch nicht entsprechend, anwendbar (BVerwG 18.10.2007 – 1 WB 67/06 – Buchholz 449.2 § 43 SLV 2002 Nr. 1). So schließt auch § 18 SoldGG als lex specialis eine ergänzende Anwendung des AGG bei der Benachteiligung schwerbehinderter Soldaten über § 164 Abs. 2 S. 2 SGB IX iVm § 211 Abs. 3 S. 2 SGB IX aus (aA v. Roetteken, jurisPR-ArbR 24/2012 Anm. 4). Wo eine gem. § 6 SoldGG geschützte Person dagegen im Zivilrechtsverkehr wie jeder andere Bürger von Diskriminierungen betroffen ist, kommt das AGG zur Anwendung (BT-Drs. 16/1780, 27).

c) Organisationspflichten des Dienstherrn

89 Als Konkretisierung des Benachteiligungsverbots in § 7 SoldGG (→ Rn. 93 f.) verbietet § 9 SoldGG diskriminierende **Personalwerbung** und **Dienstpostenbekanntgaben** und ergänzt damit das Gebot geschlechtsneutraler Ausschreibung in § 6 SGleiG. Verstöße werden in beiden Fällen regelmäßig zu Ersatzansprüchen nach § 12 SoldGG führen (v. Roetteken, BGleiG, B.II.30, SGleiG § 6 Rn. 2).

90 In weitgehender Übereinstimmung mit § 12 regelt § 10 SoldGG die vom Dienstherrn zum Schutz vor Benachteiligungen zu ergreifenden **Maßnahmen und Pflichten** und konkretisiert damit zugleich die allgemeine Fürsorgepflicht des Dienstherrn in § 31 SG. Dabei ist „Managing diversity“, der

ressourcenorienierte Umgang mit Vielfalt, für die Bundeswehr nicht nur angesichts der demografischen Entwicklung zu einer wesentlichen Herausforderung geworden (Kümmel in: Kümmel, Die Truppe wird bunter, 2012, S. 9). Mit der Unterzeichnung der „Charta der Vielfalt" hat sich das BMVg im Jahr 2012 zur Anerkennung, Wertschätzung und Einbeziehung von Vielfalt bekannt. Am Zentrum Innere Führung wurde inzwischen eine Zentrale Koordinierungsstelle Interkulturelle Kompetenz (ZKIkK) gegründet (vgl. auch Nr. 620 der ZDv 10/1). Verstöße von Soldaten gegen die Diskriminierungsverbote in §§ 7, 8 SoldGG, die zugleich Dienstpflichten iSd § 23 Abs. 1 SG begründen (BT-Drs. 16/1780, 54), können im Rahmen von § 10 Abs. 3 SoldGG als **Dienstvergehen** nach der Wehrdisziplinarordnung geahndet werden. In Fällen körperlicher Misshandlung oder entwürdigender Behandlung sind daneben §§ 30, 31 Wehrstrafgesetz zu beachten.

d) Gleichbehandlungsrecht außerhalb des SoldGG

91 Ebenfalls zum 18.8.2006 wurde der in **§ 3 Abs. 1 SG** geregelte und zuvor (mit Ausnahme der Sprache) Art. 3 Abs. 3 S. 1 GG folgende Katalog von **Berücksichtigungsverboten** § 1 Abs. 1 SoldGG entsprechend erweitert. Soldaten sind danach ohne Rücksicht auf Geschlecht, sexuelle Identität, Abstammung, „Rasse", Glauben, Weltanschauung, religiöse oder politische Anschauungen, Heimat, ethnische oder sonstige Herkunft zu ernennen und zu verwenden. Das am 1.1.2005 in Kraft getretene und dem BGleiG nachgebildete **SGleiG** dient neben dem bereits erwähnten Schutz vor **Benachteiligungen aufgrund des Geschlechts** auch der Förderung von Soldatinnen und der Vereinbarkeit von Familie und Dienst.

Wie das AGG (vgl. § 2 Abs. 3) bezweckt auch das SoldGG **keine vollständige und abschließende Regelung** des Schutzes vor Benachteiligung, wie sich aus § 2 Abs. 2 S. 1 SoldGG ergibt, so dass insbesondere die verfassungsrechtlichen Diskriminierungsverbote aus Art. 3 Abs. 3 GG weiterhin zu berücksichtigen sind (VG Ansbach 16.7.2014 – AN 11 K 13.01954 – juris Rn. 24).

2. Diskriminierungsverbote

92 Der **Begriff der Benachteiligung** in § 3 SoldGG entspricht ebenso wie die Voraussetzungen an die Rechtfertigung einer **unterschiedlichen Behandlung wegen mehrerer Gründe** in § 4 SoldGG und die Zulässigkeit **positiver Maßnahmen** in § 5 SoldGG den Regelungen in §§ 3–5.

a) Benachteiligungsverbot und Rechtfertigung

93 § 7 SoldGG unterscheidet in seinen beiden Absätzen wenig geglückt zwischen Benachteiligungen wegen eines in § 1 Abs. 1 SoldGG genannten Grundes (Abs. 1) und Benachteiligungen in Form von Belästigungen, sexuellen Belästigungen und Anweisungen zu solchen Handlungen (Abs. 2). Offenbar wollte der Gesetzgeber mit § 7 Abs. 2 SoldGG **allein Benachteiligungen aufgrund des Geschlechts** erfassen (BT-Drs. 16/1780, 54), was jedoch im **Wortlaut** nicht zum Ausdruck gekommen ist und sich nur systematisch erschließt, da zB Belästigungen aufgrund der sexuellen Identität bereits als besondere Form der Benachteiligung (§ 3 Abs. 3 SoldGG) unter

§ 7 Abs. 1 SoldGG fallen. Auch kann aus der Klarstellung des § 7 Abs. 2 SoldGG, wonach die darin genannten Handlungen soldatische Dienstpflichten verletzen, ausweislich der Gesetzesbegründung **nicht** der **Umkehrschluss** gezogen werden, dass dies für Diskriminierungen iSd § 7 Abs. 1 SoldGG nicht gelten soll (BT-Drs. 16/1780, 54). Schließlich wird es auch für die in § 7 Abs. 2 SoldGG genannten Handlungen ausreichen, dass der Diskriminierende das Vorliegen eines bestimmten Geschlechts nur annimmt (vgl. § 7 Abs. 1 S. 2 SoldGG; Eichen, SoldGG § 7 Rn. 3). Aus dem Fehlen einer § 7 Abs. 2 entsprechenden Regelung, wonach vertragliche Bestimmungen, die gegen ein Diskriminierungsverbot verstoßen, unwirksam sind, kann angesichts des lediglich deklaratorischen Charakters von § 7 Abs. 2 (BT-Drs. 16/1780, 34) und vor dem Hintergrund der Verpflichtungen aus Art. 14 RL 2000/43/EG und Art. 16 RL 2000/78/EG nicht geschlossen werden, dass benachteiligende Bestimmungen im Anwendungsbereich des SoldGG grundsätzlich wirksam bleiben.

94 Während Benachteiligungen wegen des Geschlechts gem. § 5 SGleiG nur zulässig sind, soweit ein bestimmtes Geschlecht **unverzichtbare Voraussetzung** für die auszuübende Tätigkeit ist (zu den europarechtlichen Anforderungen an eine Rechtfertigung: EuGH 26.10.1999 – Rs. C-273/97 (Sirdar) – Slg 1999, I-7403, Rn. 21 ff.; mit kritischer Anm. Kämmerer, EuR 2000, 102, 115 f.), lässt § 8 SoldGG (§ 8 Abs. 1 entsprechend) Benachteiligungen aufgrund eines in § 1 Abs. 1 SoldGG genannten Grundes zu, wenn dieser Grund wegen der Art der dienstlichen Tätigkeit oder der Bedingungen ihrer Ausübung eine **wesentliche und entscheidende berufliche Anforderung** darstellt, sofern der Zweck rechtmäßig und die Anforderung angemessen ist.

b) „Rasse“ und ethnische Herkunft

95 Die **Deutscheneigenschaft** als Voraussetzung für eine Berufung zum Berufs- oder Zeitsoldaten in § 37 Abs. 1 Nr. 1 SG ist mit dem SoldGG und dessen europarechtlichen Vorgaben vereinbar (vgl. Art. 3 Abs. 2 RL 2000/43/EG bzw. Art. 3 Abs. 2 RL 2000/78/EG). Anforderungen an Kenntnisse der deutschen Sprache im Rahmen der Ernennung und Verwendung (vgl. § 3 SG) können eine mittelbare Benachteiligung aufgrund der ethnischen Herkunft darstellen. Als sachliche Rechtfertigung iSd § 3 Abs. 2 kommt in jedem Fall die Verständigungsfähigkeit in deutscher Sprache in Betracht. Weitergehende Anforderungen dürfen dabei jedoch nicht über das für die jeweilige Tätigkeit wirklich Erforderliche hinausgehen (→ § 7 Rn. 39; Eichen, SoldGG § 1 Rn. 7). Mit Wirkung zum 1.5.2016 wurde der Zuständigkeitsbereich des Stabselements „Chancengerechtigkeit“ um die Themen Vielfalt und Inklusion erweitert. Auf der Grundlage einer themenspezifischen Lagefeststellung soll ein Konzept „Vielfalt und Inklusion“ für den Geschäftsbereich des BMVg erarbeitet werden. In Reaktion auf die durch Thilo Sarrazin ausgelöste Integrationsdebatte gründeten Soldaten mit und ohne Migrationshintergrund 2011 den Verein „Deutscher Soldat eV“, der Impulse für eine gelingende Integration in der Bundeswehr geben will.

c) Religion und Weltanschauung

96 Schon vor Inkrafttreten des SoldGG war die Pflicht zur Teilnahme an der Gemeinschaftsverpflegung in § 18 SG mit Rücksicht auf Art. 4 Abs. 1, Abs. 2 GG verfassungskonform dahin gehend auszulegen, dass sie für die Einhaltung **religiöser Speisevorschriften** Raum lässt (BVerwG 10.1.1979 – 8 C 27/77 – BVerwGE 57, 215, 219 f.). Entsprechendes muss für andere religiöse Verhaltensregeln wie zB Gebets- oder Bekleidungsvorschriften gelten. Als Rechtfertigung etwaiger Benachteiligungen kommen neben der religiösen und weltanschaulichen Neutralitätspflicht (→ Rn. 28) **nur zwingende dienstliche Verpflichtungen** in Betracht (so zu Einschränkungen von Art. 4 Abs. 2 GG Eichen, in: Walz/Eichen/Sohm, SG § 36 Rn. 22; zum Verhältnis von Uniform- und religiösen Bekleidungsvorschriften vgl. auch U.S. Supreme Court, Goldman v. Weinberger, 475 U.S. 503 (1986)). Angesichts der steigenden Anzahl von Soldatinnen und Soldaten anderer Glaubensüberzeugungen oder einer anderen Glaubensrichtung hat der Verteidigungsausschuss des Deutschen Bundestages das BMVg aufgefordert, die – bisher ausschließlich katholische und evangelische – **Militärseelsorge** (§ 36 SG) um andere Religionen und Konfessionen zu erweitern. Seit dem 1.7.2015 besteht die Zentrale Ansprechstelle für Soldatinnen und Soldaten anderer Glaubensrichtungen (ZASaG) am Zentrum Innere Führung, deren Aufgabe es ua ist, Soldatinnen und Soldaten der Bundeswehr, die nicht der evangelischen oder katholischen Kirche angehören, bei Bedarf seelsorgerische Betreuung zu vermitteln.

97 Zur Rechtfertigung von Ungleichbehandlungen aufgrund der Weltanschauung kommt die über die weltanschauliche Neutralitätspflicht hinausgehende **politische Treuepflicht** in Betracht. Dabei ist zwischen § 8 SG, der für alle Soldaten (also auch für Wehrpflichtige) eine entsprechende disziplinarrechtlich bewehrte Dienstpflicht statuiert, und § 37 Abs. 1 Nr. 2 SG zu unterscheiden, der als Einstellungsvoraussetzung für Bewerber um ein Dienstverhältnis als Berufs- oder Zeitsoldat gilt (BVerwG 7.7.2004 – 6 C 17/03 – NJW 2005, 85: Entlassung eines NPD-Kreisvorsitzenden aus dem Grundwehrdienst; BVerwG 18.5.2001 – 2 WD 42/00, 43/00 – BVerwGE 114, 258: Funktionärstätigkeit von Berufssoldaten bei „Die Republikaner"). Den Anforderungen, die an eine funktional-differenzierende Einzelfallentscheidung zu stellen sind (→ Rn. 29), genügt es nicht, wenn die Benachteiligung eines Soldaten allein mit der Mitgliedschaft in einer vom Verfassungsschutz beobachteten, nicht verbotenen Partei ohne weitere Prüfung der Verfassungstreue des Soldaten gerechtfertigt wird (so aber BVerwG 14.9.1999 – 1 WB 40/99, 41/99, 42/99 – BVerwGE 111, 22).

d) Sexuelle Identität

98 Bis zum Jahr 2000 kam es bei der **Begründung soldatischer Dienstverhältnisse** und beim **beruflichen Aufstieg** regelmäßig zu Benachteiligungen aufgrund der sexuellen Identität mit der Folge, dass homosexuelle Soldaten nicht als Soldaten auf Zeit oder Berufssoldaten übernommen wurden bzw. mit Versetzungen rechnen mussten (Sohm, in: Walz/Eichen/Sohm, SG § 37 Rn. 35; BT-Drs. 13/8950, 3 f.). BMVg und Rechtsprechung versuchten diese Ungleichbehandlung damit zu rechtfertigen, dass Homosexualität aufgrund der fehlenden Toleranz bei auszubildenden Soldaten (und deren An-

gehörigen) und dem daher drohenden Autoritätsverlust einen **Eignungsmangel** iSd §§ 3 Abs. 1, 37 Abs. 1 Nr. 3 SG für die Verwendung als Vorgesetzte und Ausbilder darstelle (so zuletzt noch: BVerwG 18.11.1997 – 1 WB 48/97 – NVwZ-RR 1998, 244; OVG Lüneburg 16.12.1998 – 2 M 4436/98 – NVwZ-RR 1999, 772). Nachdem der EGMR klargestellt hatte, dass Diskriminierungen einer homosexuellen Minderheit nicht mit (vermeintlichen) Vorurteilen einer heterosexuellen Mehrheit gerechtfertigt werden können (EGMR 27.9.1999 – 33985/96, 33986/96 – NJW 2000, 2089, 2093), erklärte das BMVg im Jahr 2000, dass homosexuelle Soldaten keinen Verwendungseinschränkungen mehr unterliegen und die sexuelle Identität **kein Eignungskriterium** mehr darstellt (BT-Drs. 14/4023, 1 f.). Auch das BVerwG hat daraufhin seine nach der sexuellen Identität differenzierende Rechtsprechung zu **homosexuellem Verhalten** innerhalb der Bundeswehr mit Verweis auf das LPartG und die gewandelten gesellschaftlichen Anschauungen aufgegeben. So macht es für die disziplinarrechtliche Bewertung keinen Unterschied mehr, „ob es sich um hetero- oder homosexuell bedingtes Fehlverhalten oder um persönlichkeitsbedingte Neigungssexualität handelt" (BVerwG 9.10.2001 – 2 WD 10/01 – BVerwGE 115, 174; dies übersieht offenbar MüKo-Thüsing, § 8 Rn. 37). Anfang 2017 fand erstmalig ein Workshop „Sexuelle Orientierung und Identität in der Bundeswehr" statt, dessen Ziel es war, Wissen in der Bundeswehr darüber zu verbreiten, wie ein Arbeitsumfeld gestaltet werden kann, in dem sich Bundeswehrangehörige gleich welcher sexuellen Orientierung und Identität respektiert fühlen und einbringen können.

e) Behinderung

99 Nach § 18 Abs. 1 S. 1 SoldGG dürfen **schwerbehinderte Soldaten** bei einer Maßnahme, insbesondere beim beruflichen Aufstieg oder bei einem Befehl, nicht wegen ihrer Behinderung benachteiligt werden. Eine Benachteiligung liegt auch dann vor, wenn einem schwerbehinderten Soldaten ein gesetzlich eingeräumter Vorteil vorenthalten wird, durch den Nachteile aufgrund der Schwerbehinderung verhindert oder ausgeglichen werden sollen (BVerwG 15.12.2011 – 2 A 13/10 – NVwZ-RR 2012, 320, 321). Einen solchen Vorteil begründet etwa § 165 S. 3 SGB IX, wonach schwerbehinderte Bewerber unter den dort genannten Bedingungen einen Anspruch darauf haben, von einem öffentlichen Arbeitgeber zu einem Vorstellungsgespräch eingeladen zu werden (BVerwG 15.12.2011 – 2 A 13/10 – NVwZ-RR 2012, 320, 321; → Rn. 22, 104). Eine unterschiedliche Behandlung ist nach § 18 Abs. 1 S. 2 nur dann zulässig, wenn sie die Art der auszuübenden Tätigkeit zum Gegenstand hat und für diese Tätigkeit eine bestimmte körperliche Funktion, geistige Fähigkeit oder seelische Gesundheit wesentliche und entscheidende berufliche Anforderung ist. Darüber hinaus können sich schwerbehinderte Soldaten auf die Beachtung des Art. 3 Abs. 3 S. 2 GG und Art. 20 Abs. 1 GG konkretisierenden **Fürsorgeerlasses** berufen (BVerwG 19.8.2004 – 1 WDS VR 5/04 – Buchholz 236.1 § 10 SG Nr. 54). Eine **Bevorzugung** von Soldaten, die aus bestimmten Gründen eine Wehrdienstbeschädigung erlitten haben, im Hinblick auf ihre körperliche Eignung ermöglicht § 3 Abs. 2 SG.

Andere Personen, insbesondere Bewerber um ein soldatisches Dienstverhältnis, sollen sich dagegen weder auf § 18 SoldGG noch auf Art. 3 Abs. 3 S. 2 GG berufen können (Eichen, in: Walz/Eichen/Sohm, SG § 3 Rn. 52). Auch hier erscheint jedoch eine Lösung auf der **Rechtfertigungsebene** einem pauschalen Tatbestandsausschluss vorzugswürdig. Die für den von Art. 87 a Abs. 1 GG gebotenen Erhalt der Funktionsfähigkeit der Bundeswehr erforderlichen beruflichen Anforderungen sind dabei im Einzelfall mit dem verfassungsrechtlichen Diskriminierungsverbot abzuwägen.

f) Geschlecht

100 Schutz vor Benachteiligungen wegen des Geschlechts bietet das SoldGG nur im Hinblick auf **Belästigung und sexuelle Belästigung** (→ Rn. 86; zum Ausmaß sexueller Belästigungen in der Bundeswehr vgl. ausführlich die empirische Untersuchung von Kümmel, Truppenbild mit Dame, 2008, S. 66 ff.). Die Voraussetzungen einer **sexuellen Belästigung** (§ 3 Abs. 4 SoldGG) sind nicht nur bei einem aus sexuellen Motiven aufgezwungenen Kuss (BVerwG 23.6.2011 – 2 WD 21.10 – Buchholz 449 § 7 SG Nr. 56 Rn. 35) oder einer Berührung in der unmittelbaren Nähe des Genitalbereichs (BVerwG 6.7.2016 – 2 WD 18/15 – juris Rn. 50), sondern auch bei der Aufforderung, sich nach Mitternacht aus offensichtlich dienstfremden Gründen im Vorraum der Herrentoilette einzufinden, erfüllt (BVerwG 23.6.2011 – 2 WD 21/10 – Buchholz 449 § 7 SG Nr. 56). Dagegen stellt die „Zwangskommunikation" in Form zahlreicher, aus außerdienstlichen Gründen nach Zapfenstreich zugesandter SMS für sich genommen noch keine **Belästigung** iSd § 3 Abs. 3 SoldGG dar (BVerwG 23.6.2011 – 2 WD 21/10 – Buchholz 449 § 7 SG Nr. 56). EinVorgesetzter, der belästigt, verstößt nicht nur gegen seine Pflicht zum treuen Dienen aus § 7 SG sondern auch gegen seine ihn treffende Fürsorgepflicht (§ 10 Abs. 3 SG) und Kameradschaftspflicht (§ 12 S. 2 SG) und verhält sich damit achtungs- und vertrauensunwürdig iSd § 17 Abs. 2 S. 1 SG (BVerwG 6.7.2016 – 2 WD 18/15 – juris Rn. 53 ff.). Das hohe Gewicht eines Verstoßes gegen § 3 Abs. 4 SoldGG ergibt sich schon daraus, dass der Gesetzgeber dieses Verhalten ausdrücklich untersagt und selbst zur Dienstpflichtverletzung erklärt hat (BVerwG 23.6.2016 – 2 WD 21/15 – juris Rn. 28). Gegen die Fürsorgepflicht des Vorgesetzten verstößt darüber hinaus jedes Anfassen von Untergebenen, es sei denn, es bleibt zur unmittelbaren Durchsetzung eines Befehls kein anderes Mittel (Stauf, SG § 10 Rn. 4).

Ein solches, die **Würde verletzendes Verhalten** verliert auch durch ein Einverständnis des Betroffenen diesen Charakter nicht, so dass eine Einwilligung der Geschädigten auch keine Rechtfertigung einer derartigen Pflichtverletzung ist (BVerwG 6.7.2016 – 2 WD 18/15 – juris Rn. 51).

3. Rechtsfolgen

101 Während § 11 Abs. 2 SoldGG Personen, die noch nicht in einem Wehrdienstverhältnis stehen, ein eigenständiges, § 13 entsprechendes Beschwerderecht einräumt, werden Soldaten auf die **Wehrbeschwerdeordnung** (WBO) verwiesen. Dabei ist zu beachten, dass eine Beschwerde nach § 11 Abs. 2 SoldGG auch von mehreren Personen eingelegt werden kann, wenn

diese sich individuell benachteiligt fühlen (→ § 13 Rn. 14), § 1 Abs. 4 WBO dagegen gemeinschaftliche Beschwerden für unzulässig erklärt.

102 Die Regelungen von **Entschädigung und Schadensersatz** in § 12 SoldGG entsprechen – unter Berücksichtigung der öffentlich-rechtlichen Besonderheiten (→ Rn. 64 ff.) – § 15. Dabei ist zu beachten, dass bei militärischen Verwendungsentscheidungen von der Rechtsprechung (echte) **Konkurrentenklagen** zugelassen werden. Auch nach Besetzung eines Dienstpostens kann (und muss) der benachteiligte Soldat daher Verpflichtungsklage vor den Truppendienstgerichten erheben (BVerwG 26.9.2000 – 1 WB 73/00 – Buchholz 236.1 § 3 SG Nr. 23). Ein Entschädigungsanspruch schwerbehinderter Soldaten ergibt sich daneben aus § 18 Abs. 2 SoldGG.

103 Während ein Leistungsverweigerungsrecht iSd § 14 für Soldaten nicht besteht, stimmen das **Maßregelungsverbot** in § 13 SoldGG und die **Beweislastregelung** in § 15 SoldGG weitgehend mit §§ 16, 22 überein.

104 § 18 Abs. 1 S. 3 SoldGG sieht eine spezielle Beweislastregelung bei Benachteiligungen wegen der **Behinderung** vor (zur Beweislast im verwaltungsgerichtlichen Verfahren → Rn. 77 ff.). Danach trägt der Dienstherr die Beweislast für das Bestehen eines nicht auf die Behinderung bezogenen sachlichen Grundes oder einer wesentlichen und entscheidenden beruflichen Anforderung, wenn der schwerbehinderte Soldat Indizien beweist, die eine Benachteiligung vermuten lassen. Ein solches Indiz begründet insbesondere die Verletzung der Einladungspflicht aus § 165 S. 3 SGB IX (BVerwG 15.12.2011 – 2 A 13/10 – NVwZ-RR 2012, 320, 321; → Rn. 78; zum Entschädigungsanspruch → Rn. 69). Eine dem Maßregelungsverbot in § 13 SoldGG vergleichbare Regelung für schwerbehinderte Soldaten fehlt dagegen. Trotz der Beschränkung von § 13 SoldGG auf den zweiten Abschnitt (§§ 6–14 SoldGG) erscheint eine verfassungskonforme Ausdehnung auf § 18 SoldGG zur Vermeidung einer nicht zu rechtfertigenden Ungleichbehandlung im Hinblick auf Art. 3 Abs. 3 S. 2 GG aus Gründen der Systemgerechtigkeit geboten (vgl. dazu Rudolf, in: Rudolf/Mahlmann, GlBR, § 6 Rn. 20; Eichen, SoldGG § 18 Rn. 6). Das Gleiche gilt für § 14 SoldGG, der nach seinem Wortlaut die Diskriminierung schwerbehinderter Soldaten in Vereinigungen nicht erfasst.

105 Für Definition und Befugnisse der **Antidiskriminierungsverbände** in § 16 SoldGG kann auf § 23 verwiesen werden. Gem. § 17 SoldGG können sich auch die in § 6 SoldGG genannten Personen an die **Antidiskriminierungsstelle des Bundes** (§§ 25–30) wenden. Nicht unbedenklich im Hinblick auf die europarechtlich gebotene Unabhängigkeit der Stelle ist ihre Weiterleitungspflicht nach § 27 Abs. 2 S. 3 zB an den **Wehrbeauftragten** des Deutschen Bundestages (Art. 45 b GG; Hühn, in: Rudolf/Mahlmann, GlBR, § 9 Rn. 21 f., 31).

Abschnitt 6 Antidiskriminierungsstelle

§ 25 Antidiskriminierungsstelle des Bundes

(1) Beim Bundesministerium für Familie, Senioren, Frauen und Jugend wird unbeschadet der Zuständigkeit der Beauftragten des Deutschen Bun-

destages oder der Bundesregierung die Stelle des Bundes zum Schutz vor Benachteiligungen wegen eines in § 1 genannten Grundes (Antidiskriminierungsstelle des Bundes) errichtet.

(2) [1]Der Antidiskriminierungsstelle des Bundes ist die für die Erfüllung ihrer Aufgaben notwendige Personal- und Sachausstattung zur Verfügung zu stellen. [2]Sie ist im Einzelplan des Bundesministeriums für Familie, Senioren, Frauen und Jugend in einem eigenen Kapitel auszuweisen.

1 Ein wirksamer Schutz vor Diskriminierung setzt voraus, dass Benachteiligungsfragen umfassend analysiert sowie entsprechende Erfahrungen und Erkenntnisse zusammengeführt werden. Ebenso wichtig ist es, von Benachteiligung Betroffenen in dieser Situation Hilfestellung anzubieten. Art. 13 RL **2000/43/EG**, Art. 8 a RL **2002/73/EG** zur Änderung der RL **76/207/EG** – Letztere seit dem 15.8.2006 RL 2006/54/EG (Genderrichtlinie nF; Art. 20) – und Art. 12 RL **2004/113/EG** sehen dementsprechend vor, dass jeder Mitgliedstaat eine oder mehrere **Stellen** bezeichnet, deren Aufgabe darin besteht, die Verwirklichung des Grundsatzes der Gleichbehandlung aller Personen ohne Diskriminierung aufgrund der jeweiligen Merkmale zu fördern. Die Geschlechterrichtlinien 2002/73/EG und 2004/113/EG konkretisieren die Aufgabenbeschreibung dahin gehend, dass die Verwirklichung der Gleichbehandlung auch zu analysieren, zu beobachten und zu unterstützen ist.

2 Bei diesen Stellen kann es sich nach den Vorgaben der Richtlinien um dieselben Stellen handeln, die auf nationaler Ebene die Aufgabe haben, für den Schutz der Menschenrechte, für die Wahrung der Rechte des Einzelnen oder für die Verwirklichung des Grundsatzes der Gleichbehandlung einzutreten. Die Richtlinien haben den Mitgliedstaaten also einen weiten **Spielraum** eingeräumt, was die **Schaffung** bzw. **organisatorische Anbindung** der Stelle(n) angeht. Ihnen steht es frei, bereits vorhandene Einrichtungen mit den vorgegebenen Aufgaben zu betrauen oder aber neue Stellen zu schaffen.

3 § 25 regelt die **Errichtung** der Antidiskriminierungsstelle des Bundes sowie grundlegende Fragen ihrer Ansiedlung und Ausstattung. Der Gesetzgeber hat sich für die Errichtung einer neuen Stelle entschieden und verdeutlicht dadurch nicht nur den **Stellenwert** des Schutzes vor Benachteiligungen, sondern erleichtert den Betroffenen auch den Zugang zu Beratung und Hilfestellung durch das Angebot einer **zentralen** Anlaufstelle. Durch die Vorgaben zur Einbindung bestehender Stellen und Vernetzung mit anderen Stellen auch auf Landes- und regionaler Ebene (§ 29) wird dabei zugleich den föderalen Strukturen Rechnung getragen.

4 Die Antidiskriminierungsstelle des Bundes wird gemäß **Abs. 1** beim **Bundesministerium für Familie, Senioren, Frauen und Jugend** errichtet. Entsprechend der Vorgabe zur Unabhängigkeit der Aufgabenwahrnehmung der Stelle, die auch in den Vorschriften zur Rechtsstellung der Leitung der Antidiskriminierungsstelle des Bundes (§ 26) und zur Aufgabenstellung (§ 27) verankert ist, handelt es sich um eine rein **organisatorische** Anbindung an das Bundesministerium für Familie, Senioren, Frauen und Jugend.

Abs. 1 stellt klar, dass die Errichtung der Antidiskriminierungsstelle des Bundes die **Zuständigkeiten** anderer Beauftragter des Deutschen Bundestages oder der Bundesregierung **unberührt** lässt. Dadurch wird sichergestellt, dass die Errichtung einer neuen Stelle nicht zu Doppelzuständigkeiten und Mehraufwand führt. Der Konflikt zwischen dem Wunsch nach einer neuen zentralen Anlaufstelle einerseits und den häufig geäußerten Befürchtungen zusätzlicher Bürokratie andererseits wird damit sinnvoll aufgelöst (aA Bauer/Krieger, §§ 25–30 Rn. 4; ebenso Adomeit/Mohr, §§ 25–30 Rn. 4, mit dem Hinweis, dass es zur Vermeidung bürokratischen Mehraufwands sowie von Aufgabenüberschneidungen und Doppelzuständigkeiten nähergelegen hätte, Spezialzuständigkeiten zu schaffen). 5

Beauftragte im Sinne dieser Vorschrift sind hinsichtlich der Merkmale Rasse oder ethnische Herkunft sowie Religion oder Weltanschauung, soweit Personen mit Migrationshintergrund betroffen sind, die Beauftragte der Bundesregierung für Migration, Flüchtlinge und Integration sowie der Beauftragte der Bundesregierung für Aussiedlerfragen und nationale Minderheiten, hinsichtlich des Merkmals Behinderung die Beauftragte der Bundesregierung für die Belange von Menschen mit Behinderungen. 6

Die Antidiskriminierungsstelle des Bundes dient „dem Schutz vor Benachteiligungen wegen eines in § 1 genannten Grundes". Ihre **Zuständigkeit** umfasst damit den Geltungsbereich der vier EU-Antidiskriminierungsrichtlinien 2000/43/EG, 2000/78/EG, 76/207/EWG und 2004/113/EG, mithin die Diskriminierungsmerkmale **Rasse** oder **ethnische Herkunft, Geschlecht, Religion** oder **Weltanschauung, Behinderung, Alter** und **sexuelle Identität.** Da lediglich die Richtlinien 2000/43/EG, 76/207/EWG und 2004/113/EG die Bezeichnung einer oder mehrerer Stellen vorsehen, ist der Gesetzgeber mit der Einbeziehung der Merkmale der **Rahmenrichtlinie** 2000/78/EG (Religion oder Weltanschauung, Behinderung, Alter und sexuelle Identität) also über die EU-Vorgaben hinausgegangen. Nach der Gesetzesbegründung zu § 25 beruht dies darauf, dass die Aufklärung der Betroffenen hinsichtlich ihrer **neuen Rechte** und deren Unterstützung bei der Verfolgung dieser Rechte im Mittelpunkt der Beratung stehen würde und sich diese hinsichtlich aller genannten Diskriminierungsmerkmale aus den in den Abschnitten 2, 3 und 4 des AGG enthaltenen Regelungen zum Schutz vor Benachteiligungen in Beschäftigung und Beruf sowie im Zivilrechtsverkehr und zum Rechtsschutz ergeben. Unabhängig hiervon wäre es aber auch **sinnwidrig** und zudem nicht vermittelbar gewesen, die Angebote der Antidiskriminierungsstelle des Bundes auf bestimmte Diskriminierungsmerkmale zu **beschränken** und sie denjenigen Personen zu verweigern, die sich wegen eines in der RL 2000/78/EG genannten Merkmals benachteiligt fühlen. Dies hätte zu einer gerade bei der Umsetzung von Antidiskriminierungsrichtlinien absurden Situation geführt. Deshalb ist es zu **begrüßen**, dass die Regelung insoweit über eine **„1:1"-Umsetzung hinausgeht**. Auch wird so der Eindruck vermieden, dass „bestimmte Diskriminierungen weniger verboten seien als andere" (Raasch, ZESAR 5–6/2005, 209, 216). 7

Abs. 2 sieht vor, dass der Antidiskriminierungsstelle des Bundes die für die Aufgabenerfüllung notwendige **Personal- und Sachausstattung** zur Verfügung zu stellen und in einem eigenen **Kapitel** des Einzelplans des Bundes- 8 ministeriums für Familie, Senioren, Frauen und Jugend auszuweisen ist. Diese Regelung ist Ausfluss der **unabhängigen** Aufgabenwahrnehmung der Antidiskriminierungsstelle des Bundes (s. hierzu auch Anmerkungen zu § 26 und § 27). Sie gewährleistet nicht nur, dass die Arbeitsfähigkeit der Antidiskriminierungsstelle des Bundes sichergestellt ist, sondern auch, dass durch die Ausweisung in einem eigenen Kapitel die Mittel eigenverantwortlich und unabhängig verwaltet werden können.

9 Welche Ausstattung der Antidiskriminierungsstelle des Bundes im Ergebnis „notwendig" iSd § 25 Abs. 2 ist, ergibt sich jeweils im Laufe ihrer Tätigkeit. Für eine effektive Aufgabenwahrnehmung ist eine hinreichende Ausstattung unerlässlich.

§ 26 Rechtsstellung der Leitung der Antidiskriminierungsstelle des Bundes

(1) [1]Die Bundesministerin oder der Bundesminister für Familie, Senioren, Frauen und Jugend ernennt auf Vorschlag der Bundesregierung eine Person zur Leitung der Antidiskriminierungsstelle des Bundes. [2]Sie steht nach Maßgabe dieses Gesetzes in einem öffentlich-rechtlichen Amtsverhältnis zum Bund. [3]Sie ist in Ausübung ihres Amtes unabhängig und nur dem Gesetz unterworfen.

(2) Das Amtsverhältnis beginnt mit der Aushändigung der Urkunde über die Ernennung durch die Bundesministerin oder den Bundesminister für Familie, Senioren, Frauen und Jugend.

(3) [1]Das Amtsverhältnis endet außer durch Tod

1. mit dem Zusammentreten eines neuen Bundestages,
2. durch Ablauf der Amtszeit mit Erreichen der Altersgrenze nach § 51 Abs. 1 und 2 des Bundesbeamtengesetzes,
3. mit der Entlassung.

[2]Die Bundesministerin oder der Bundesminister für Familie, Senioren, Frauen und Jugend entlässt die Leiterin oder den Leiter der Antidiskriminierungsstelle des Bundes auf deren Verlangen oder wenn Gründe vorliegen, die bei einer Richterin oder einem Richter auf Lebenszeit die Entlassung aus dem Dienst rechtfertigen. [3]Im Falle der Beendigung des Amtsverhältnisses erhält die Leiterin oder der Leiter der Antidiskriminierungsstelle des Bundes eine von der Bundesministerin oder dem Bundesminister für Familie, Senioren, Frauen und Jugend vollzogene Urkunde. [4]Die Entlassung wird mit der Aushändigung der Urkunde wirksam.

(4) [1]Das Rechtsverhältnis der Leitung der Antidiskriminierungsstelle des Bundes gegenüber dem Bund wird durch Vertrag mit dem Bundesministerium für Familie, Senioren, Frauen und Jugend geregelt. [2]Der Vertrag bedarf der Zustimmung der Bundesregierung.

(5) [1]Wird eine Bundesbeamtin oder ein Bundesbeamter zur Leitung der Antidiskriminierungsstelle des Bundes bestellt, scheidet er oder sie mit Beginn des Amtsverhältnisses aus dem bisherigen Amt aus. [2]Für die Dauer des Amtsverhältnisses ruhen die aus dem Beamtenverhältnis begründeten

Rechte und Pflichten mit Ausnahme der Pflicht zur Amtsverschwiegenheit und des Verbots der Annahme von Belohnungen oder Geschenken. [3]Bei unfallverletzten Beamtinnen oder Beamten bleiben die gesetzlichen Ansprüche auf das Heilverfahren und einen Unfallausgleich unberührt.

Die Ausgestaltung der **Rechtsstellung** der Leitung der Antidiskriminierungsstelle des Bundes in **Abs. 1** folgt den Vorgaben zur **unabhängigen** Aufgabenwahrnehmung der Art. 13 RL 2000/43/EG, Art. 8 a RL 76/207/EWG und Art. 12 RL 2004/113/EG. Die Leitung steht in einem besonderen **öffentlich-rechtlichen Amtsverhältnis** zum Bund und ist in Ausübung ihres Amtes unabhängig und nur dem Gesetz unterworfen. Das Amtsverhältnis ist ähnlich ausgestaltet wie beispielsweise das der Bundesdatenschutzbeauftragten, der Vorstandsmitglieder der Deutschen Bundesbank bzw. des Präsidenten der Bundesnetzagentur. Eine unabhängige Aufgabenwahrnehmung setzt voraus, dass die Leitung der Stelle – **frei von staatlichem Einfluss** – nicht in Hierarchien eingebunden ist und keiner inhaltlichen Weisungsbefugnis unterliegt. 1

Die Unabhängigkeit der Leitung soll nach der Gesetzesbegründung auch eine hohe **Akzeptanz** der Antidiskriminierungsstelle des Bundes bei den von Diskriminierung Betroffenen ermöglichen, deren Probleme häufig persönlicher und existenzieller Natur sind und die sich deshalb bevorzugt an eine Stelle wenden werden, die die Gewähr für eine unabhängige Unterstützung bietet (vgl. insgesamt Hühn, in: Rudolf/Mahlmann, GlBR, § 9 Rn. 9 ff.). 2

Gemäß **Abs. 2** wird das Amtsverhältnis mit der Aushändigung einer Ernennungsurkunde begründet. Die Aushändigung erfolgt der in § 25 vorgesehenen organisatorischen Ansiedlung entsprechend durch die Bundesministerin oder den Bundesminister für Familie, Senioren, Frauen und Jugend. 3

Abs. 3 benennt als gesetzlichen Fall der Beendigung des Amtsverhältnisses zunächst das Zusammentreten eines neuen Bundestages (kritisch hierzu unter Hinweis auf die Vorgaben des Unionsrechts: v. Roetteken, § 26 Rn. 13). Eine erneute Ernennung der bisherigen Leitung wird dadurch nicht ausgeschlossen. Die Kopplung des Amtsverhältnisses an die Dauer einer **Legislaturperiode** stellt eine Abweichung vom Entwurf eines Antidiskriminierungsgesetzes aus dem Jahr 2004 (BT-Drs. 15/4538) dar, der zur stärkeren Verdeutlichung der Unabhängigkeit vorsah, dass die Amtszeit „nach Ablauf von vier Jahren" enden sollte. In der Tat hätte eine Entkopplung der Amtszeit von der Legislaturperiode die von staatlichem Einfluss freie Aufgabenwahrnehmung noch sichtbarer gemacht (so auch Bauer/Krieger, §§ 25–30 Rn. 8, Adomeit/Mohr, §§ 25–30 Rn. 6 und Hey/Forst-Forst, §§ 25–30 Rn. 26, 27, die in der Kopplung an die Legislaturperiode die Schaffung einer gewissen politischen Abhängigkeit sehen; sowie Meinel/Heyn/Herms, § 26 Rn. 6; Hühn, in: Rudolf/Mahlmann, GlBR, § 9 Rn. 17). Die Beendigung des Amtsverhältnisses durch Erreichen der in Abs. 3 Nr. 2 genannten Altersgrenze wird unter Altersdiskriminierungsaspekten teilweise kritisch gesehen (Rust/Falke, § 26 Rn. 3; v. Roetteken, § 26 Rn. 24). 4

Abs. 4 sieht vor, dass das Rechtsverhältnis der Leitung der Antidiskriminierungsstelle des Bundes gegenüber dem Bund durch Vertrag mit dem Bun- 5 desministerium für Familie, Senioren, Frauen und Jugend geregelt wird und dieser der Zustimmung der Bundesregierung bedarf. Regelungsbedürftig werden insbesondere Fragen der Bezahlung und Versorgung, der Ausübung von Nebentätigkeiten, Vertretungsfragen (zu Letzterem aA v. Roetteken, § 26 Rn. 95) und Fragen der Dienst- und Rechtsaufsicht sein. Teilweise wird in der Regelung des Rechtsverhältnisses durch Vertrag und dem Verzicht auf eine gesetzliche Regelung ein Verstoß gegen das Rechtsstaatsprinzip und den Gewaltenteilungsgrundsatz des GG gesehen (Adomeit/Mohr, §§ 25–30 Rn. 7 unter Verweis auf Philipp, NVwZ 2006, 1235, 1236).

6 Die Vorschrift des **Abs. 5** S. 1, nach der eine **Bundesbeamtin** oder ein **Bundesbeamter**, die oder der zur Leitung der Antidiskriminierungsstelle des Bundes bestellt wird, mit Beginn des Amtsverhältnisses aus dem bisherigen Amt ausscheidet, folgt wiederum der Vorgabe zur **Unabhängigkeit**. Diese erfordert es, dass für die Dauer der Leitung der Antidiskriminierungsstelle **keine beamtenrechtliche Verpflichtung** gegenüber dem Bund bestehen darf, die einer unabhängigen Tätigkeit entgegenstehen würde. Da nach S. 2 die Rechte und Pflichten aus dem Beamtenverhältnis für die Dauer des Amtsverhältnisses (lediglich) ruhen, müssen jedoch die Pflicht zur Amtsverschwiegenheit (§ 61 BBG – Bundesbeamtengesetz) und die des Verbots der Annahme von Belohnungen und Geschenken (§ 70 BBG) für das dem Grunde nach weiterbestehende Beamtenverhältnis **fortgelten**. Dementsprechend können gemäß S. 3 auch bei unfallverletzten Beamtinnen oder Beamten die aus der Verletzung folgenden besonderen Rechte (§§ 30 ff. BeamtVG – Beamtenversorgungsgesetz) nicht erlöschen.

§ 27 Aufgaben

(1) Wer der Ansicht ist, wegen eines in § 1 genannten Grundes benachteiligt worden zu sein, kann sich an die Antidiskriminierungsstelle des Bundes wenden.

(2) [1]Die Antidiskriminierungsstelle des Bundes unterstützt auf unabhängige Weise Personen, die sich nach Absatz 1 an sie wenden, bei der Durchsetzung ihrer Rechte zum Schutz vor Benachteiligungen. [2]Hierbei kann sie insbesondere

1. über Ansprüche und die Möglichkeiten des rechtlichen Vorgehens im Rahmen gesetzlicher Regelungen zum Schutz vor Benachteiligungen informieren,
2. Beratung durch andere Stellen vermitteln,
3. eine gütliche Beilegung zwischen den Beteiligten anstreben.

[3]Soweit Beauftragte des Deutschen Bundestages oder der Bundesregierung zuständig sind, leitet die Antidiskriminierungsstelle des Bundes die Anliegen der in Absatz 1 genannten Personen mit deren Einverständnis unverzüglich an diese weiter.

(3) Die Antidiskriminierungsstelle des Bundes nimmt auf unabhängige Weise folgende Aufgaben wahr, soweit nicht die Zuständigkeit der Beauftragten der Bundesregierung oder des Deutschen Bundestages berührt ist:

1. Öffentlichkeitsarbeit,
2. Maßnahmen zur Verhinderung von Benachteiligungen aus den in § 1 genannten Gründen,
3. Durchführung wissenschaftlicher Untersuchungen zu diesen Benachteiligungen.

(4) [1]Die Antidiskriminierungsstelle des Bundes und die in ihrem Zuständigkeitsbereich betroffenen Beauftragten der Bundesregierung und des Deutschen Bundestages legen gemeinsam dem Deutschen Bundestag alle vier Jahre Berichte über Benachteiligungen aus den in § 1 genannten Gründen vor und geben Empfehlungen zur Beseitigung und Vermeidung dieser Benachteiligungen. [2]Sie können gemeinsam wissenschaftliche Untersuchungen zu Benachteiligungen durchführen.

(5) Die Antidiskriminierungsstelle des Bundes und die in ihrem Zuständigkeitsbereich betroffenen Beauftragten der Bundesregierung und des Deutschen Bundestages sollen bei Benachteiligungen aus mehreren der in § 1 genannten Gründe zusammenarbeiten.

1 Wie bereits ausgeführt (→ § 25 Rn. 7), wird die Zuständigkeit der Antidiskriminierungsstelle des Bundes auch auf die Merkmale der RL 2000/78/EG ausgedehnt, so dass sich gemäß **Abs. 1** alle Personen an diese Stelle wenden können, die sich wegen eines in § 1 genannten Grundes benachteiligt fühlen. **Anrufungsberechtigt** ist jede Person, die meint, aus Gründen der Rasse oder wegen der ethnischen Herkunft, des Geschlechts, der Religion oder Weltanschauung, einer Behinderung, des Alters oder der sexuellen Identität benachteiligt worden zu sein und einen entsprechenden Sachverhalt darlegt. Dadurch, dass daneben **keine weiteren Bedingungen** an die Anrufungsberechtigung geknüpft werden, wird sichergestellt, dass die Unterstützungsangebote der Antidiskriminierungsstelle des Bundes für die Betroffenen **leicht** zu erreichen sind und rasch in Anspruch genommen werden können. Insbesondere ist die Unterstützung nicht davon abhängig, ob der von den Betroffenen geschilderte Sachverhalt **tatsächlich** ein gesetzliches Benachteiligungsverbot berührt (ebenso v. Roetteken, § 27 Rn. 34; kritisch zur Berufung auf außerhalb des AGG gesetzlich untersagte Benachteiligungen unter Hinweis auf die Zuständigkeit der Antidiskriminierungsstelle des Bundes gemäß § 25 Abs. 1: Adomeit/Mohr, §§ 25–30 Rn. 8). Gerade in Fällen mittelbarer Diskriminierung werden die Betroffenen ein möglicherweise benachteiligendes Verhalten nicht an eindeutigen Sachverhalten festmachen können.

2 **Formvorgaben** für die Anrufung existieren nicht. Die Betroffenen können sich formlos, mündlich, telefonisch, schriftlich oder auf elektronischem Weg an die Antidiskriminierungsstelle des Bundes wenden. Die Anrufung ist auch nicht an eine bestimmte **Frist** gebunden.

3 Mit der Festlegung der **Aufgaben** der Antidiskriminierungsstelle werden die Vorgaben der Art. 13 RL **2000/43/EG**, Art. 8 a RL **76/207/EG** und Art. 12 RL **2004/113/EG** umgesetzt. Die Mitgliedstaaten stellen danach sicher, dass es zu den Zuständigkeiten der Stellen gehört, die Opfer von Diskriminierungen **auf unabhängige Weise** dabei zu unterstützen, ihrer Beschwerde wegen Diskriminierung nachzugehen, unabhängige Untersuchun-

gen zum Thema der Diskriminierung durchzuführen sowie unabhängige Berichte zu veröffentlichen und Empfehlungen zu allen Aspekten vorzulegen, die mit diesen Diskriminierungen in Zusammenhang stehen.

4 **Abs. 2** S. 1 sieht die **Unterstützung** der Betroffenen bei der Durchsetzung ihrer Rechte zum Schutz vor Benachteiligungen vor und unterstreicht dabei die unabhängige Aufgabenwahrnehmung. S. 2 Nr. 1–3 konkretisiert diese Aufgabe dahin gehend, dass die Stelle über etwaige Ansprüche und Möglichkeiten des rechtlichen Vorgehens **informieren**, Beratung durch andere Stellen **vermitteln** und eine **Schlichtungsfunktion** übernehmen kann. Es handelt sich hierbei um eine beispielhafte Aufzählung, die Raum für eine weitergehende praxisgerechte Ausgestaltung der Unterstützungsfunktion belässt (ebenso MüKo-Thüsing, § 27 Rn. 45).

5 Die **Information** über Möglichkeiten der Rechtsdurchsetzung (Nr. 1) wird in **allgemeiner** Form erfolgen; eine **Rechtsberatung** im formalen Sinne findet nicht statt. § 8 Abs. 1 Nr. 2 RDG lässt diese nur im Rahmen der jeweiligen Aufgaben und Zuständigkeiten zu. § 27 Abs. 2 sieht über die (allgemeine) Information hinaus jedoch keine Einzelfallberatung vor (so auch MüKo-Thüsing, § 27 Rn. 4; Bauer/Krieger, §§ 25–30 Rn. 12; Meinel/Heyn/Herms, § 27 Rn. 4; Hühn, in: Rudolf/Mahlmann, GlBR, § 9 Rn. 27; Wendeling-Schröder/Stein, §§ 25–30 Rn. 4; Schleusener/Suckow/Voigt, §§ 25–30 Rn. 7; bezogen auf den Begriff der Information ebenso v. Roetteken, § 27 Rn. 51, aber mit dem Hinweis, dass eine darüber hinausgehende individuelle Rechtsberatung nicht ausgeschlossen sei).

6 Die Möglichkeit der Vermittlung der **Beratung** durch **andere Stellen** (Nr. 2) gewährleistet, dass den Betroffenen die jeweils hilfreichste Unterstützung zugänglich gemacht wird und sie gegebenenfalls auch einzelfallbezogene Beratung erhalten.

7 Die **Schlichtungsfunktion** der Antidiskriminierungsstelle des Bundes (Nr. 3) greift den Gedanken der Erwägungsgründe 24 RL 2000/43/EG und 25 RL 2004/113/EG auf. Danach würde der Diskriminierungsschutz verstärkt, wenn Stellen auch für die „Prüfung möglicher Lösungen" und „Bereitstellung konkreter Hilfsangebote" zuständig wären. Die Gesetzesbegründung weist darauf hin, dass der **Beteiligtenbegriff** nicht im Sinne bestehender Verfahrensordnungen zu verstehen ist, sondern zum einen die Person umfasst, die sich nach § 27 Abs. 1 an die Antidiskriminierungsstelle des Bundes gewandt hat, und zum anderen die Person, gegen die ein Benachteiligungsvorwurf erhoben wird. Die vorgesehene Möglichkeit einer einvernehmlichen Konfliktbereinigung soll dem Umstand Rechnung tragen, dass Opfer von Benachteiligungen die gerichtliche Auseinandersetzung oftmals als **belastend** empfinden und ihnen eine konkrete und praktische Verbesserung ihrer Situation durch eine fortan benachteiligungsfreie Behandlung wichtiger ist als ein möglicherweise **langwieriger Rechtsstreit** mit unsicherem Ausgang. Es wird im jeweiligen Einzelfall zu prüfen sein, wie hoch die Bereitschaft der Beteiligten ist, tatsächlich zu einer gütlichen Einigung zu gelangen. Ein wichtiges Instrument ist in diesem Zusammenhang die in § 28 verankerte Befugnis der Antidiskriminierungsstelle des Bundes, die **Beteiligten** um **Stellungnahmen** zu ersuchen.

8 Vereinzelt wird die Aufgabe, eine gütliche Einigung anzustreben, als gewisser **Eingriff** in die Unabhängigkeit der Arbeit der Antidiskriminierungsstelle des Bundes angesehen, da es in bestimmten Fällen durchaus im öffentlichen Interesse liegen könne, einen Musterprozess zu führen (Raasch, ZESAR 5–6/2005, 209, 216). Wie aus der oben erwähnten Gesetzesbegründung hervorgeht, obliegt die Entscheidung, wie weit der Versuch einer gütlichen Einigung betrieben wird, jedoch nicht der Antidiskriminierungsstelle des Bundes. Dies soll vielmehr von der **Bereitschaft** und dem **Interesse** der Beteiligten abhängig gemacht werden. Die Antidiskriminierungsstelle des Bundes übernimmt insoweit lediglich eine **neutrale** und **moderierende** Funktion (Bauer/Krieger, §§ 25–30 Rn. 13; aA v. Roetteken, § 27 Rn. 62). „Unabhängigkeit" im Sinne von Neutralität besteht zudem gerade darin, sich nicht als einseitige Interessensvertretung anzusehen, sondern **unparteiisch** zu bleiben (Cormack/Niessen, Europäische Zeitschrift zum Antidiskriminierungsrecht, Nr. 1 2005, 25, 28). Das Hinwirken auf eine gütliche Einigung stellt deshalb auch keinen Eingriff in die Unabhängigkeit der Antidiskriminierungsstelle des Bundes dar (MüKo-Thüsing, § 27 Rn. 6 a).

9 Abs. 2 **S. 3** greift die Vorgabe des § 25 Abs. 1 auf, nach der die Zuständigkeit anderer Beauftragter des Deutschen Bundestages oder der Bundesregierung **unberührt** bleiben soll. Anliegen, für die diese zuständig sind, sind deshalb entsprechend **weiterzuleiten**. Dies ist nicht nur zur Vermeidung von Mehrfachbearbeitung und bürokratischem Aufwand erforderlich, sondern gewährleistet auch, dass die auf langjähriger Erfahrung und Kompetenz anderer bestehender Stellen beruhende Arbeit wie bisher fortgesetzt werden kann. Die Weiterleitungspflicht wird vereinzelt als Eingriff in die Unabhängigkeit der Antidiskriminierungsstelle des Bundes angesehen. Hinzu komme, dass Beauftragte, an die Anliegen weitergeleitet würden, nicht über eine vergleichbare Unabhängigkeit verfügten (Hühn, in: Rudolf/Mahlmann, GlBR, § 9 Rn. 21; v. Roetteken, § 27 Rn. 24, 72, 73).

Das Erfordernis des **Einverständnisses** der betroffenen Person zur Weiterleitung trägt **datenschutzrechtlichen** Belangen Rechnung. Die Weiterleitung hat **unverzüglich** zu erfolgen, damit eine rasche Behandlung des Anliegens gesichert ist.

10 **Abs. 3** benennt – wiederum unter dem Vorbehalt der Zuständigkeit anderer Beauftragter des Deutschen Bundestages oder der Bundesregierung – weitere unabhängig wahrzunehmende Aufgaben der Antidiskriminierungsstelle des Bundes.

Eine umfassende **Öffentlichkeitsarbeit** ist grundlegend für eine effektive Aufgabenerfüllung der Antidiskriminierungsstelle des Bundes und wichtiger Bestandteil des Schutzes vor Benachteiligungen. Sie dient auch der Umsetzung der **Vorgaben** der Art. 10 RL 2000/43/EG, Art. 8 RL 76/207/EWG, Art. 12 RL 2000/78/EG und Art. 15 RL 2004/113/EG, nach denen die Mitgliedstaaten dafür Sorge tragen, dass die gemäß den Richtlinien getroffenen Maßnahmen allen Betroffenen in geeigneter Form bekannt gemacht werden. Die Öffentlichkeitsarbeit diente zunächst der **Bekanntmachung** der neu errichteten Antidiskriminierungsstelle des Bundes und ihrer **Aufgaben**. Seit Aufnahme ihrer Tätigkeit geht es vor allem weiterhin darum, die

Unterstützungsangebote im Einzelnen vorzustellen und über **Rechte** der Betroffenen und die Möglichkeiten ihrer **Durchsetzung** sowie sich aus dem AGG ergebende Pflichten zu informieren. Bestandteil der Öffentlichkeitsarbeit sind auch Themenjahre zu bestimmten Diskriminierungsgründen (Franke/Schlenzka, Handbuch Diskriminierung, S. 723, 735).

11 Die Antidiskriminierungsstelle des Bundes berücksichtigt dabei, dass die Informationen breit gestreut und **allen Zielgruppen** im Sinne der unter das AGG fallenden Merkmale zugänglich gemacht werden müssen. Es werden deshalb **verschiedene** Informationsformen und -wege praktiziert (zB Informationsveranstaltungen, Kampagnen, Tagungen, Internet, Printmaterialien, ua in verschiedenen Sprachen, Berücksichtigung des Zugangs bei Behinderungen). Informationen sind ua über die Homepage der Antidiskriminierungsstelle des Bundes (www.antidiskriminierungsstelle.de) abrufbar.

12 **Nr. 2** ist allgemein gehalten und benennt **Maßnahmen** zur **Verhinderung** von Benachteiligungen aus den in § 1 genannten Gründen als weitere Aufgabe der Antidiskriminierungsstelle des Bundes. Dieser obliegt damit auch jede Form von **Präventionsarbeit**. Die Gesetzesbegründung verweist hier beispielhaft auf das Angebot und die Durchführung einschlägiger **Fortbildungen** durch die Stelle in Betrieben. Der Präventionsgedanke ist auch bei der Konzipierung der Öffentlichkeitsarbeit von erheblicher Bedeutung. Die Entwicklung von Maßnahmen zur Prävention von Benachteiligungen wird in engem Zusammenhang mit den Erkenntnissen aus der Beratungstätigkeit der Antidiskriminierungsstelle des Bundes, den wissenschaftlichen Untersuchungen und Berichten stehen. Hieraus ergeben sich Anhaltspunkte für sinnvolle vorbeugende Maßnahmen.

13 **Nr. 3** greift mit der Aufgabe der Durchführung **wissenschaftlicher Untersuchungen** eine weitere Vorgabe der Richtlinien auf. Die Unabhängigkeit der Untersuchungen wird nicht nur durch deren Wissenschaftlichkeit gesichert, sondern ebenso wie die übrige Aufgabenwahrnehmung auch durch die **Unabhängigkeit** der Antidiskriminierungsstelle des Bundes. Die Gesetzesbegründung weist darauf hin, dass die Antidiskriminierungsstelle des Bundes diese Untersuchungen auch an Dritte, zB wissenschaftliche Einrichtungen, vergeben kann.

14 **Abs. 4** S. 1 sieht als **gemeinsame Aufgabe** der Antidiskriminierungsstelle des Bundes und der in ihrem Zuständigkeitsbereich betroffenen Beauftragten der Bundesregierung und des Deutschen Bundestages die **Berichterstattung** gegenüber dem Deutschen Bundestag im Vierjahresabstand und die Abgabe von **Empfehlungen** zur Beseitigung und Vermeidung dieser Benachteiligungen aus den in § 1 genannten Gründen vor. Die gemeinsamen Berichte über Benachteiligungen führen die **Erfahrungen** und **Erkenntnisse** der Antidiskriminierungsstelle des Bundes und der anderen genannten Stellen **zusammen**. Benachteiligungsfragen werden auf diese Weise umfassend beleuchtet. Dazu tragen außerdem die in § 30 vorgesehene Beratung durch den Beirat und die Erkenntnisse aus der Vernetzungsarbeit nach § 29 bei (s. jeweils dort). Die gemeinsame Berichterstattung ist auch insoweit von Bedeutung, als sie **merkmalsübergreifende Benachteiligungsfragen** sichtbar machen wird. Diese werden – neben den Erkenntnissen aus der Ombudstätigkeit und den wissenschaftlichen Untersuchungen – wesentlich für die Er-

arbeitung der **Empfehlungen** sein. Der erste gemeinsame Bericht der Antidiskriminierungsstelle des Bundes und der in ihrem Zuständigkeitsbereich betroffenen Beauftragten der Bundesregierung und des Deutschen Bundestages mit dem Schwerpunkt mehrdimensionale Diskriminierung wurde im Dezember 2010 vorgelegt, der zweite gemeinsame Bericht zu Diskriminierung im Bildungsbereich und im Arbeitsleben im August 2013, der dritte gemeinsame Bericht zu Diskriminierung in Deutschland im September 2017.

15 Nach **S. 2** können die Antidiskriminierungsstelle des Bundes und die Beauftragten der Bundesregierung und des Deutschen Bundestages **gemeinsam wissenschaftliche Untersuchungen** zu Benachteiligungen durchführen. Im Gegensatz zur Pflicht gemeinsamer Berichte und Empfehlungen ist die gemeinsame Durchführung von Untersuchungen **fakultativ**. In allen genannten Aufgabenbereichen lässt Abs. 4 aber die **Möglichkeit** jeweils **eigener** Berichte, Empfehlungen und Untersuchungen ohnehin unberührt.

16 **Abs. 5** enthält eine Sollvorgabe zur **Zusammenarbeit** der Antidiskriminierungsstelle des Bundes und der Beauftragten der Bundesregierung und des Deutschen Bundestages im Falle von **Mehrfachdiskriminierungen**. Wie sich diese im Einzelnen gestalten kann, lässt die Regelung offen. Wichtiger Ansatzpunkt sind sicherlich die gemeinsamen **Berichte, Empfehlungen** und wissenschaftlichen **Untersuchungen**. Weitere geeignete Vorgehensweisen werden sich in der Praxis der Zusammenarbeit entwickeln.

§ 28 Befugnisse

(1) Die Antidiskriminierungsstelle des Bundes kann in Fällen des § 27 Abs. 2 Satz 2 Nr. 3 Beteiligte um Stellungnahmen ersuchen, soweit die Person, die sich nach § 27 Abs. 1 an sie gewandt hat, hierzu ihr Einverständnis erklärt.

(2) [1]Alle Bundesbehörden und sonstigen öffentlichen Stellen im Bereich des Bundes sind verpflichtet, die Antidiskriminierungsstelle des Bundes bei der Erfüllung ihrer Aufgaben zu unterstützen, insbesondere die erforderlichen Auskünfte zu erteilen. [2]Die Bestimmungen zum Schutz personenbezogener Daten bleiben unberührt.

1 Wenn die Antidiskriminierungsstelle des Bundes von der Möglichkeit Gebrauch macht, eine **gütliche Beilegung** zwischen den Beteiligten anzustreben, kann sie diese gemäß **Abs. 1** um Stellungnahmen ersuchen. Eine Verpflichtung zur Abgabe besteht nicht. Die Regelung zielt darauf ab, der Antidiskriminierungsstelle des Bundes die für eine gütliche Einigung notwendige Aufklärung des Sachverhalts zu erleichtern und ihr damit eine differenzierte umfassende Beratung zu ermöglichen. Auf Seiten der Beteiligten wiederum wird möglicherweise die **Gesprächsbereitschaft** erhöht, wenn beide Seiten zunächst Gelegenheiten erhalten, den Sachverhalt aus ihrer jeweiligen Sicht darzulegen.

2 Stellungnahmen können nur eingeholt werden, soweit die Person, die sich an die Antidiskriminierungsstelle des Bundes gewandt hat, hierzu ihr **Ein-**

verständnis erklärt hat. Auf diese Weise werden **datenschutzrechtliche** Belange gewahrt. Der betroffenen Person muss die Entscheidung überlassen bleiben, ob sie sich mit den Beteiligten auseinandersetzen oder andere Arten der Unterstützung ihres Anliegens in Anspruch nehmen will (einschränkend insoweit v. Roetteken, § 28 Rn. 17; kritisch zum Vorbehalt des Einverständnisses der Betroffenen: Hey/Forst-Forst, §§ 25–30 Rn. 41).

3 **Abs. 2 S. 1 verpflichtet** die dort genannten Stellen zur Unterstützung der Antidiskriminierungsstelle des Bundes bei der Erfüllung ihrer Aufgaben, insbesondere zur Erteilung der **erforderlichen Auskünfte**, wobei nach S. 2 datenschutzrechtliche Bestimmungen unberührt bleiben (für eine analoge Anwendung: MüKo-Thüsing, § 28 Rn. 7). Die Regelung ist **§ 15 Abs. 3 BGG** (Gesetz zur Gleichstellung behinderter Menschen vom 27.4.2002, BGBl. I, 1467) nachgebildet. Der Antidiskriminierungsstelle des Bundes stehen damit – abgesehen vom eigenständigen Akteneinsichtsrecht – die gleichen **Auskunftsrechte** gegenüber allen Bundesbehörden und sonstigen öffentlichen Stellen des Bundes zu wie der oder dem Beauftragten der Bundesregierung für die Belange von Menschen mit Behinderungen.

§ 29 Zusammenarbeit mit Nichtregierungsorganisationen und anderen Einrichtungen

Die Antidiskriminierungsstelle des Bundes soll bei ihrer Tätigkeit Nichtregierungsorganisationen sowie Einrichtungen, die auf europäischer, Bundes-, Landes- oder regionaler Ebene zum Schutz vor Benachteiligungen wegen eines in § 1 genannten Grundes tätig sind, in geeigneter Form einbeziehen.

1 § 29 setzt die Vorgaben aus Art. 12 RL 2000/43/EG, Art. 8 c RL 76/207/EG, Art. 14 RL 2000/78/EG und Art. 11 RL 2004/113/EG um (kritisch zur Frage der ausreichenden Umsetzung des Unionsrechts v. Roetteken, § 29 Rn. 7–9). Eine entsprechende Verpflichtung enthält Art. 22 RL 2006/54/EG. Danach fördern die Mitgliedstaaten den **Dialog** mit geeigneten **Nichtregierungsorganisationen** bzw. einschlägigen **Interessengruppen**, die gemäß ihrer nationalen Rechtsvorschriften und Gepflogenheiten ein rechtmäßiges Interesse daran haben, sich an der Bekämpfung von Diskriminierungen zu beteiligen, um den Grundsatz der Gleichbehandlung bzw. dessen Einhaltung zu fördern (kritisch zur Beschränkung des § 29 auf das Erfordernis einer einschlägigen Tätigkeit anstelle eines rechtmäßigen berechtigten Interesses sowie zur fehlenden Definition der geeigneten Form der Einbeziehung: MüKo-Thüsing, § 29 Rn. 5 f.).

2 Die Antidiskriminierungsstelle des Bundes erhält damit einen umfassenden Auftrag zur **Vernetzung** der verschiedenen Akteure auf allen Ebenen. Neben den Nichtregierungsorganisationen und den Stellen anderer Mitgliedstaaten der EU sind dies auf Landes- bzw. kommunaler Ebene zum Beispiel Landesministerien, kommunale Gleichstellungsbeauftragte, Ausländer- oder Bürgerbeauftragte. Die Vernetzung der verschiedenen Stellen ist auch vor dem Hintergrund wichtig, dass die Antidiskriminierungsstelle des Bun-

des gemäß § 27 Abs. 2 Nr. 2 **Beratung** durch andere Stellen **vermitteln** kann. Diese Kooperation setzt ebenso wie der eigene Beratungsauftrag eine genaue Kenntnis der Strukturen und Angebote zum Schutz vor Benachteiligungen voraus.

§ 30 Beirat

(1) [1]Zur Förderung des Dialogs mit gesellschaftlichen Gruppen und Organisationen, die sich den Schutz vor Benachteiligungen wegen eines in § 1 genannten Grundes zum Ziel gesetzt haben, wird der Antidiskriminierungsstelle des Bundes ein Beirat beigeordnet. [2]Der Beirat berät die Antidiskriminierungsstelle des Bundes bei der Vorlage von Berichten und Empfehlungen an den Deutschen Bundestag nach § 27 Abs. 4 und kann hierzu sowie zu wissenschaftlichen Untersuchungen nach § 27 Abs. 3 Nr. 3 eigene Vorschläge unterbreiten.

(2) [1]Das Bundesministerium für Familie, Senioren, Frauen und Jugend beruft im Einvernehmen mit der Leitung der Antidiskriminierungsstelle des Bundes sowie den entsprechend zuständigen Beauftragten der Bundesregierung oder des Deutschen Bundestages die Mitglieder dieses Beirats und für jedes Mitglied eine Stellvertretung. [2]In den Beirat sollen Vertreterinnen und Vertreter gesellschaftlicher Gruppen und Organisationen sowie Expertinnen und Experten in Benachteiligungsfragen berufen werden. [3]Die Gesamtzahl der Mitglieder des Beirats soll 16 Personen nicht überschreiten. [4]Der Beirat soll zu gleichen Teilen mit Frauen und Männern besetzt sein.

(3) Der Beirat gibt sich eine Geschäftsordnung, die der Zustimmung des Bundesministeriums für Familie, Senioren, Frauen und Jugend bedarf.

(4) [1]Die Mitglieder des Beirats üben die Tätigkeit nach diesem Gesetz ehrenamtlich aus. [2]Sie haben Anspruch auf Aufwandsentschädigung sowie Reisekostenvergütung, Tagegelder und Übernachtungsgelder. [3]Näheres regelt die Geschäftsordnung.

1 Die in **Abs. 1 S. 1** vorgesehene Bildung eines **Beirats**, in dem die Organisationen vertreten sind, die sich den Schutz vor Benachteiligungen aus Gründen der Rasse oder wegen der ethnischen Herkunft, des Geschlechts, der Religion oder Weltanschauung, einer Behinderung, des Alters oder der sexuellen Identität zum Ziel gesetzt haben, dient nicht nur der Umsetzung der bereits unter → § 29 Rn. 1 erläuterten Vorgaben der Richtlinien zum Dialog mit Nichtregierungsorganisationen (Art. 12 RL 2000/43/EG, Art. 22 RL 2006/54/EG, Art. 14 RL 2000/78/EG und Art. 11 RL 2004/113/EG). Es wird auf diese Weise auch sichergestellt, dass deren **Erfahrungen** und **Kompetenzen** in die Tätigkeit der Antidiskriminierungsstelle des Bundes einfließen und im Interesse des gemeinsamen Zieles der Bekämpfung von Diskriminierungen nutzbar gemacht werden (kritisch zur Erforderlichkeit der Bildung eines Beirats: Bauer/Krieger, §§ 25–30 Rn. 23; kritisch zur Erfüllung der unionsrechtlichen Vorgaben: v. Roetteken, § 30 Rn. 11 ff.). Teilweise wird bemängelt, dass unklar bleibe, wer die geforderten Qualifikationen besitzt (Meinel/Heyn/Herms, § 30 Rn. 9; Bauer/Krie-

ger, §§ 25–30 Rn. 25; Adomeit/Mohr, §§ 25–30 Rn. 18; aA v. Roetteken, § 30 Rn. 30).

2 Über die im Beirat vertretenen Organisationen wiederum werden die Anliegen der Antidiskriminierungsstelle des Bundes in das **öffentliche Bewusstsein** transportiert. Die Gesetzesbegründung spricht insoweit von der Möglichkeit, „in die Zivilgesellschaft hineinzuwirken und das Bewusstsein für eine Kultur der Antidiskriminierung zielgenauer zu fördern".

3 Die Einbindung des Beirats erfolgt nach **S. 2** dergestalt, dass er die Antidiskriminierungsstelle des Bundes bei der Vorlage von Berichten und Empfehlungen **berät** und hierzu sowie zu wissenschaftlichen Untersuchungen **eigene Vorschläge** unterbreiten kann.

4 Die Mitglieder des Beirats sowie jeweils eine Stellvertretung werden nach **Abs. 2 S. 1** vom Bundesministerium für Familie, Senioren, Frauen und Jugend, bei dem die Antidiskriminierungsstelle des Bundes angesiedelt ist, **berufen**. Die Gesetzesbegründung stellt klar, dass die Stellvertretung das Mitglied bei dessen Verhinderung mit allen Rechten und Pflichten des ordentlichen Mitglieds vertritt. Die Berufung erfolgt **im Einvernehmen** mit der Leitung der Antidiskriminierungsstelle des Bundes. Auch eine **entsprechende Zuständigkeit** der Beauftragten der Bundesregierung oder des Deutschen Bundestages wird wie bereits an anderer Stelle insofern berücksichtigt, als die Berufung auch im Einvernehmen mit diesen erfolgen muss. Der Beirat wird verwaltungsmäßig durch das Bundesministerium für Familie, Senioren, Frauen und Jugend unterstützt.

5 **S. 2–4** benennen die vorgesehenen **Mitglieder** des Beirats und sehen als **Sollvorgabe** eine Gesamtzahl von **16 Personen** vor, wobei der Beirat entsprechend den Vorgaben des Bundesgremienbesetzungsgesetzes **geschlechterparitätisch** besetzt sein soll. Angesichts der zahlreichen denkbaren Mitglieder – als solche vorgesehen sind Vertreterinnen und Vertreter gesellschaftlicher Gruppen und Organisationen sowie Expertinnen und Experten in Benachteiligungsfragen – erscheint die vorgegebene Höchstzahl der Mitglieder erheblich zu **niedrig**. Auf der anderen Seite muss der Beirat **arbeitsfähig** bleiben, um seine Aufgaben effektiv wahrnehmen zu können. Unter diesem Aspekt ist eine entsprechende Begrenzung sinnvoll.

6 Zum **Auswahlverfahren** enthält die Vorschrift **keine** weiteren Vorgaben. Die Gesetzesbegründung sieht lediglich vor, dass die Berufung nach einem **festzulegenden transparenten** Auswahlverfahren erfolgt. Dies lässt Spielraum unter anderem für die Handhabung der unter → Rn. 5 angesprochenen Begrenzung der Mitgliederzahl. Grundsätzlich denkbar ist beispielsweise eine Rotationsregelung, durch die den verschiedenen Gruppierungen jeweils eine aktive Rolle im Beirat ermöglicht würde. Das Fehlen einer gesetzlichen Regelung des Auswahlverfahrens und die Übertragung dieser Aufgabe an das Bundesministerium für Familie, Senioren, Frauen und Jugend wird teilweise als Schwächung der demokratischen Legitimation des Beirats angesehen (MüKo-Thüsing, § 30 Rn. 7).

7 Mit § 30 werden zugleich auch die Vorgaben aus Art. 11 RL 2000/43/EG und Art. 8 b RL 76/207/EWG sowie Art. 13 RL 2000/78/EG zum **sozialen Dialog** umgesetzt. Die Gesetzesbegründung hebt hervor, dass deshalb bei

entsprechenden Berufungen die Vertretung der **Tarifpartner** im Beirat sicherzustellen ist (kritisch zur Einbeziehung der Sozialpartner: v. Roetteken, § 30 Rn. 32).

8 Die in **Abs. 3** vorgesehene, der Zustimmung des Bundesministeriums für Familie, Senioren, Frauen und Jugend unterliegende Geschäftsordnung des Beirats wird Verfahrensfragen wie solche der Berufung und Beschlussfassung, des Sitzungsturnus und des Vorsitzes zum Gegenstand haben.

9 Nach **Abs. 4 S. 1** handelt es sich bei der Tätigkeit als Beiratsmitglied um eine ehrenamtliche Tätigkeit. Die Berufung kann nach der Gesetzesbegründung daher abgelehnt und jederzeit niedergelegt werden. Als Folge der ehrenamtlichen Tätigkeit steht den Mitgliedern des Beirats eine Aufwandsentschädigung zu; sie erhalten außerdem Reisekostenvergütung, Tagegelder und Übernachtungsgelder (**S. 2**). Einzelheiten werden gemäß **S. 3** Gegenstand der Geschäftsordnung sein.

Abschnitt 7 Schlussvorschriften

§ 31 Unabdingbarkeit

Von den Vorschriften dieses Gesetzes kann nicht zu Ungunsten der geschützten Personen abgewichen werden.

1. Zweck der Vorschrift

1 Nach der amtlichen Begründung (BT-Drs. 16/1780, 53) ergibt sich die Unabdingbarkeit des Diskriminierungsschutzes aus den „**europarechtlichen Vorgaben**". Die Richtlinien sprechen dieses Thema aber **nur indirekt** an. Art. 14 Buchst. b der Antirassismus-Richtlinie und der gleichlautende Art. 16 Buchst. b der Rahmenrichtlinie verpflichten die Mitgliedstaaten, dafür zu sorgen, dass die mit dem Gleichbehandlungsgrundsatz nicht zu vereinbarenden Bestimmungen in Arbeits- und Tarifverträgen für nichtig erklärt oder erklärt werden können oder eine entsprechende Änderung erfahren. Dies legt den Schluss nahe, dass weder „alte", schon bestehende, noch „neue", nach Umsetzung der Richtlinien getroffene Vereinbarungen die Diskriminierungsmöglichkeiten erweitern können (etwas anders Wank, Beilage zu NZA Heft 22/2004, S. 24). Dahinter steht der Grundansatz der Regelung, die im Kern die Menschenwürde der schwächeren Seite schützen und beschäftigungspolitische Ziele erreichen will (→ § 1 Rn. 5). Mit diesem Anspruch ist die freie Abdingbarkeit unvereinbar; dies gilt gleichermaßen für Individual- wie für Kollektivverträge (Meinel/Heyn/Herms, § 31 Rn. 6; v. Roetteken, § 31 Rn. 16) und erst recht für einseitige Maßnahmen im Rahmen des Direktionsrechts (Schleusener/Suckow/Voigt-Suckow, § 31 Rn. 3). Insoweit hat § 31 nur Verdeutlichungsfunktion. Auch § 611 a BGB aF wurde im Übrigen als unabdingbar angesehen (MüKo/Müller-Glöge, 4. Aufl., BGB § 611 a Rn. 6).

2 Der zwingende Charakter bezieht sich auf das gesamte AGG (Meinel/Heyn/Herms, § 31 Rn. 1) und deshalb auch auf die **Gründe**, die eine **mittelbare Diskriminierung** im Sinne des § 3 Abs. 2 ausschließen können. Auch ein **Tarifvertrag** kann beispielsweise nicht bestimmen, dass schon

eine „sachliche Rechtfertigung" genüge, ohne dass die Erforderlichkeit und Angemessenheit des eingesetzten Mittels überprüft werden müsste. Weiter wäre es unzulässig, bestimmte Schlechterstellungen aus dem Benachteiligungsbegriff auszunehmen, etwa in einer **Betriebsvereinbarung** zu bestimmen, ein vom Arbeitgeber angebotener Aufhebungsvertrag oder eine von ihm offerierte Beförderung sei niemals negativ zu bewerten und könne mangels Benachteiligungseffekt deshalb auch nicht diskriminierend wirken. Der **Betriebsrat** ist zwar keine „geschützte Person", doch können seine Rechte aus § 17 Abs. 2 schon deshalb nicht abbedungen werden, weil dies gegen allgemeine betriebsverfassungsrechtliche Grundsätze verstoßen würde (zum Verbot, den gesetzlichen Schutzstandard zu unterschreiten, s. DKKW-Däubler, Einl. Rn. 85 ff. mwN).

3 **§ 21 Abs. 4** behandelt die Spezialfrage, dass eine diskriminierende Abrede in einem Vertrag nicht etwa über § 139 BGB zu dessen Nichtigkeit führt; vielmehr kann sich der diskriminierende Teil lediglich nicht auf die fragliche Bestimmung berufen. Dies gilt in gleicher Weise im Bereich des **Arbeitsrechts** (Bauer/Krieger, § 31 Rn. 21).

4 Auf einmal entstandene **Ansprüche** kann **nach Beendigung des Arbeitsverhältnisses verzichtet** werden, da die arbeitnehmertypische Abhängigkeit in diesem Augenblick nicht mehr in gleicher Weise besteht (differenzierend v. Roetteken, § 31 Rn. 23 ff., der nur den Anspruch auf Gleichbehandlung als solchen für unverzichtbar hält, aber nicht auf die Beendigung des Arbeitsverhältnisses abstellt). Insoweit gelten dieselben Grundsätze wie im Rahmen des § 12 EFZG (Thüsing, Arbeitsrechtlicher Diskriminierungsschutz, Rn. 88; Meinel/Heyn/Herms, § 31 Rn. 8). Andernfalls wäre eine vergleichsweise Einigung von vorneherein unmöglich gemacht (Bauer/Krieger, § 31 Rn. 15). Eine Ausgleichsquittung erfasst Ansprüche wegen erlittener Diskriminierung allerdings nur dann, wenn sie in unzweideutiger Weise in Bezug genommen sind, da sie nicht zum normalen Erscheinungsbild des Arbeitsverhältnisses gehören, unter das ein Schlussstrich gezogen werden soll (zu anderen Fällen, in denen Ansprüche nur „ausdrücklich" abbedungen werden können, s. Däubler/Bonin/Deinert-Däubler, BGB § 305 c Rn. 36 f.). Bei bestehendem Arbeitsverhältnis ist ein sog Tatsachenvergleich möglich, wonach sich die Parteien über das Vorliegen bestimmter Umstände verständigen (v. Roetteken, § 31 Rn. 27).

2. Erweiterung des Diskriminierungsschutzes

5 Den Mitgliedstaaten und im Rahmen des § 5 auch den Sozialpartnern und den Arbeitsvertragsparteien bleibt es unbenommen, den Diskriminierungsschutz über das gesetzliche Niveau hinaus auszudehnen (Meinel/Heyn/Herms, § 31 Rn. 2). So könnte man beispielsweise auf die kurzen Fristen des § 15 Abs. 4 verzichten (v. Roetteken, § 31 Rn. 12) oder **jede über sechs Wochen hinausgehende Erkrankung** entsprechend der „Eingriffsschwelle" für das Eingliederungsmanagement (§ 167 Abs. 2 SGB IX nF) wie eine „einfache Behinderung" behandeln und damit über die einschlägige Rechtsprechung des EuGH (11.7.2006 – Rs. C-13/05 (Chacón Navas) – DB 2006, 1617) hinausgehen. Weiter wäre es möglich, die **Schwelle für die Umkehrung der Beweislast** nach § 22 niedriger zu bestimmen (zustimmend

Meinel/Heyn/Herms, § 31 Rn. 10 aE) und außerdem einen ausdrücklichen Auskunftsanspruch einzuräumen. Was **„günstiger"** ist, ergibt sich durch einen **Einzelvergleich**; so wäre es unzulässig, etwa eine Obergrenze für den Schadensersatzanspruch nach § 15 Abs. 2 einzuführen und im Gegenzug die Frist zur Geltendmachung nach § 15 Abs. 4 zu verlängern (Bauer/Krieger, § 31 Rn. 19; Meinel/Heyn/Herms, § 31 Rn. 10; v. Roetteken, § 31 Rn. 29; wohl auch Schleusener/Suckow/Voigt-Suckow, § 31 Rn. 9). Erst recht bleibt die Befugnis unberührt, Diskriminierungsverbote einzuführen oder weiterzuentwickeln, die an anderen Merkmalen als denen des § 1 anknüpfen (vgl. § 2 Abs. 3).

3. Ausnahmen

6 Nach **§ 15 Abs. 4 S. 1** müssen die Ansprüche nach Abs. 1 oder 2 dieser Vorschrift innerhalb einer Frist von zwei Monaten schriftlich geltend gemacht werden, „es sei denn, die Tarifvertragsparteien haben etwas anderes vereinbart." Nach der Amtlichen Begründung zu § 31 gilt die Unabdingbarkeit „insbesondere auch" für die Fristen zur Geltendmachung des Entschädigungsanspruchs in § 15 Abs. 4. Beides lässt sich nur dadurch in Einklang bringen, dass man den Tarifparteien in § 15 Abs. 4 lediglich das **Recht** einräumt, **längere Fristen vorzusehen**. Auch wäre es mit Rücksicht auf den unionsrechtlichen Grundsatz des effektiven Rechtsschutzes (EuGH 22.9.1998 – Rs. C-185/97 (Coote) – NZA 1998, 1223 Rn. 21) unzulässig, die Zweimonatsfrist des § 15 Abs. 4 S. 1 bereits mit der Entstehung des Anspruchs beginnen zu lassen und keine Kenntnis vorauszusetzen (→ § 15 Rn. 122). Dass die Frist erst mit der Kenntnis eines für Diskriminierung sprechenden Indizes beginnt, ist mittlerweile in der Rechtsprechung des BAG (15.3.2012 – 8 AZR 37/11 – NZA 2012, 910) anerkannt.

7 Keine Ausnahme im eigentlichen Sinn liegt dann vor, wenn die gesetzliche Norm an einem **bestimmten Verhalten des „Opfers"** anknüpft, dieses sich aber **gerade anders** verhält. Die Belästigung nach § 3 Abs. 3 und die sexuelle Belästigung nach § 3 Abs. 4 setzen jeweils „unerwünschte" Verhaltensweisen voraus. Ist die fragliche Person mit der spezifischen Behandlung einverstanden, liegt keine Belästigung vor (Wank, Beilage zu NZA Heft 22/2004, S. 24). Besteht allerdings bereits ein durch „Einschüchterungen, Anfeindungen, Erniedrigungen, Entwürdigungen oder Beleidigungen gekennzeichnetes Umfeld", ist selbst bei widerspruchsloser Hinnahme nicht von der „Erwünschtheit" des Verhaltens auszugehen. Auch in anderen Fällen ist darauf zu achten, dass der **Arbeitnehmer frei und in voller Kenntnis der Sachlage** handelt. Ebenso hat der EuGH (5.10.2004 – Rs. C-391/01–C-403/01 (Pfeiffer) – NZA 2004, 1145, 1149 Rn. 82) für den **Verzicht auf Rechte nach der Arbeitszeitrichtlinie** entschieden: „Bei jeder Abweichung von diesen Mindestvorschriften muss in vollem Umfang gewährleistet sein, dass der betroffene Arbeitnehmer, wenn er auf ein ihm unmittelbar durch die Richtlinie eingeräumtes soziales Recht verzichtet, dies frei und in voller Sachkenntnis tut. Diese Anforderungen sind um so bedeutsamer, als der Arbeitnehmer als die schwächere Partei des Arbeitsverhältnisses anzusehen ist, so dass verhindert werden muss, dass der Arbeitgeber den Willen des

Vertragspartners umgehen oder ihm eine Beschränkung seiner Rechte auferlegen kann, ohne dass dieser dem ausdrücklich zugestimmt hätte."

8 Davon ist der andere Fall zu unterscheiden, dass sich jemand **gar nicht in die Situation** bringt, **Diskriminierungsopfer werden zu können:** Mit Rücksicht auf den Ruf des Arbeitgebers bewirbt man sich als Frau nicht, wegen des Rufs der Diskothek versucht ein Mensch mit dunkler Hautfarbe schon gar nicht, dort Einlass zu bekommen. Beruht dies auf einer öffentlichen Erklärung des Arbeitgebers, die Träger bestimmter Merkmale (zB Ausländer oder Schwule) nicht einzustellen, so liegt nach der Rechtsprechung des EuGH (10.7.2008 – Rs. C-54/07 (Feryn) – NZA 2008, 929) gleichwohl eine Diskriminierung vor, auch wenn es an einem konkreten „Opfer" fehlt. In solchen wie in anderen Fällen einer „Vermeidungsstrategie" kann neben staatlichen Sanktionen (die es bei uns nicht gibt) nur ein Verbandsklagerecht helfen; Ansätze hierfür bietet § 17 Abs. 2.

§ 32 Schlussbestimmung

Soweit in diesem Gesetz nicht Abweichendes bestimmt ist, gelten die allgemeinen Bestimmungen.

1. Bedeutung der Vorschrift

1 § 32 ist im Grunde Ausdruck der Unsicherheit des Gesetzgebers, der möglichst wenig am überkommenen arbeitsrechtlichen System ändern wollte. Dass dieses in beträchtlichem Umfang bereits Diskriminierungsverbote kannte (näher dazu → Einl. Rn. 32 ff.), wird dabei nicht zur Kenntnis genommen. In der Sache handelt es sich im Grunde um eine **Selbstverständlichkeit:** Wenn ein bestimmtes Sachgebiet im Arbeits- und Zivilrecht neu geregelt wird, so bleiben selbstredend die übrigen Vorschriften unberührt, soweit sich das neue Gesetz nicht als abschließende Sonderregelung versteht (ebenso im Ergebnis Bauer/Krieger, § 32 Rn. 3: Klarstellung).

2. Übereinstimmende Einzelregelungen

2 Das AGG hat an verschiedenen Stellen ausdrücklich hervorgehoben, dass die allgemeinen arbeits- und zivilrechtlichen Vorschriften weiterhin zur Anwendung kommen. Im Einzelnen gilt Folgendes:

- Nach **§ 2 Abs. 3** werden andere Benachteiligungsverbote (zB wegen der Zugehörigkeit zu einem anderen EU-Mitgliedstaat) nicht berührt.
- **§ 13 Abs. 2** lässt im Rahmen des Beschwerderechts die Befugnisse der betrieblichen Interessenvertretung unberührt.
- Auch das Leistungsverweigerungsrecht nach § 14 S. 1 hindert nicht einen Rückgriff auf das Zurückbehaltungsrecht nach § 273 BGB (so ausdrücklich **§ 14 S. 2**).
- **§ 15 Abs. 5** lässt ausdrücklich Ansprüche auf Schadensersatz und Entschädigung gegenüber dem Arbeitgeber unberührt, die sich für Betroffene „aus anderen Rechtsvorschriften" ergeben.
- Im zivilrechtlichen Bereich ist **§ 21 Abs. 3** insofern enger, als er nur Ansprüche aus unerlaubter Handlung erwähnt. Angesichts der Grundsatz-

entscheidung des § 32 dürfte allerdings alles dafürsprechen, dass auch Ansprüche aus Vertrag oder aus vor- und nachvertraglichen Rechtsbeziehungen nicht ausgeschlossen sein sollen.
- § 23 Abs. 4 lässt das Klagerecht der Behindertenverbände unberührt.

3. Abschließende Sonderregelungen?

3 Wann von abschließenden Sonderregelungen die Rede sein kann, scheint wenig erörtert. **Eindeutig** dürfte dies nur bei **§ 15 Abs. 6** zu bejahen sein, der einen Anspruch auf Begründung eines Arbeitsverhältnisses bzw. auf Beförderung wegen Verletzung von Diskriminierungsverboten ausschließt. Damit ist zugleich gesagt, dass der Anspruch auf Naturalrestitution nach § 249 S. 1 BGB in den Fällen nicht Platz greift, in denen bei diskriminierungsfreiem Verhalten des Arbeitgebers eine Einstellung bzw. eine Beförderung erfolgt wäre. Andere Beispiele sind nicht ersichtlich. So wird man nicht davon ausgehen können, dass etwa das Verbot der Benachteiligung wegen Behinderung einen **Rückgriff auf Art. 3 Abs. 3 S. 2 GG** ausschließt. Auch kann eine unmittelbar diskriminierende Kündigung weiterhin wegen Verstoßes gegen Art. 1 und Art. 2 GG beanstandet werden (so BAG 23.6.1994 – 2 AZR 617/93 – NZA 1994, 1080 für die Kündigung wegen Homosexualität). Dabei kann sogar § 22 entsprechende Anwendung finden (Bauer/Krieger, § 32 Rn. 5).

§ 33 Übergangsbestimmungen

(1) Bei Benachteiligungen nach den §§ 611 a, 611 b und 612 Abs. 3 des Bürgerlichen Gesetzbuchs oder sexuellen Belästigungen nach dem Beschäftigtenschutzgesetz ist das vor dem 18. August 2006 maßgebliche Recht anzuwenden.

(2) [1]Bei Benachteiligungen aus Gründen der Rasse oder wegen der ethnischen Herkunft sind die §§ 19 bis 21 nicht auf Schuldverhältnisse anzuwenden, die vor dem 18. August 2006 begründet worden sind. [2]Satz 1 gilt nicht für spätere Änderungen von Dauerschuldverhältnissen.

(3) [1]Bei Benachteiligungen wegen des Geschlechts, der Religion, einer Behinderung, des Alters oder der sexuellen Identität sind die §§ 19 bis 21 nicht auf Schuldverhältnisse anzuwenden, die vor dem 1. Dezember 2006 begründet worden sind. [2]Satz 1 gilt nicht für spätere Änderungen von Dauerschuldverhältnissen.

(4) [1]Auf Schuldverhältnisse, die eine privatrechtliche Versicherung zum Gegenstand haben, ist § 19 Abs. 1 nicht anzuwenden, wenn diese vor dem 22. Dezember 2007 begründet worden sind. [2]Satz 1 gilt nicht für spätere Änderungen solcher Schuldverhältnisse.

(5) [1]Bei Versicherungsverhältnissen, die vor dem 21. Dezember 2012 begründet werden, ist eine unterschiedliche Behandlung wegen des Geschlechts im Falle des § 19 Absatz 1 Nummer 2 bei den Prämien oder Leistungen nur zulässig, wenn dessen Berücksichtigung bei einer auf relevanten und genauen versicherungsmathematischen und statistischen Daten beruhenden Risikobewertung ein bestimmender Faktor ist. [2]Kosten im Zusam-

menhang mit Schwangerschaft und Mutterschaft dürfen auf keinen Fall zu unterschiedlichen Prämien oder Leistungen führen.

I. Einleitung

1 Die Vorschrift bestimmt, wann das AGG und wann das zuvor geltende Recht anzuwenden ist. Sie unterscheidet zwischen dem arbeitsrechtlichen (Abs. 1) und dem zivilrechtlichen Teil, bei dem nach Diskriminierungsgründen differenziert und überdies eine Sonderregelung für Versicherungsverträge vorgesehen wird (Abs. 2–4). Das Änderungsgesetz vom 2.12.2006 (BGBl. I, 2742) enthält keine Übergangsvorschriften, so dass man davon ausgehen muss, dass die ursprüngliche Fassung des AGG bis zu seinem Inkrafttreten galt (eher zur Annahme einer Rückwirkung neigend Adomeit/Mohr, § 33 Rn. 3). Dies ist allerdings nur dann von praktischer Bedeutung, wenn man – etwa im Rahmen des § 10 S. 3 Nr. 6, 7 aF – zu abweichenden Ergebnissen kommt, was wenig wahrscheinlich sein dürfte. Das Änderungsgesetz vom 3.4.2013 (BGBl. I, 610), mit dem das Test-Achats-Urteil (EuGH 1.3.2011 – Rs. C-236/09 (Test-Achats) – NJW 2011, 907) umgesetzt wurde, trat rückwirkend zum 21.12.2012 in Kraft. Abs. 5 enthält eine Regelung für Altverträge, die vor dem 21.12.2012 geschlossen wurden.

II. Übergangsregeln zum arbeitsrechtlichen Teil

1. Zeitkollisionsnorm des Abs. 1

2 **Benachteiligungen**, die **vor Inkrafttreten des AGG** eingetreten sind, müssen nach früherem Recht beurteilt werden. Dies gilt über den Gesetzeswortlaut

hinaus nicht nur für Fälle der Diskriminierung wegen des Geschlechts und der sexuellen Belästigung; vielmehr sind auch **alle** anderen **Fälle von Diskriminierungen** einschließlich des § 81 Abs. 2 S. 2 SGB IX aF erfasst (ebenso BAG 17.12.2009 – 8 AZR 670/08 – NZA 2010, 383 und für § 81 Abs. 2 S. 2 SGB IX Adomeit/Mohr, § 33 Rn. 4; Bauer/Krieger, § 33 Rn. 7; v. Roetteken, § 33 Rn. 7; Meinel/Heyn/Herms, § 33 Rn. 2: Redaktionsversehen). Dies wird in der Amtlichen Begründung hinreichend deutlich gemacht (BT-Drs. 16/1780, 53). Für eine rückwirkende Inkraftsetzung des AGG existieren in den nicht ausdrücklich genannten Bereichen keinerlei Anhaltspunkte.

3 Obwohl es sich beim Arbeitsverhältnis um ein Dauerschuldverhältnis handelt, sieht Abs. 1 anders als zB Art. 229 § 5 S. 2 EGBGB im Bereich der Schuldrechtsreform und anders als die Abs. 2–4 **keine Übergangsfrist** vor. Zu fragen ist deshalb danach, zu welchem **Zeitpunkt die Benachteiligung** erfolgte.

4 Soweit es um **rechtsgeschäftliches Tun** geht, ist eine zeitliche Zuordnung in der Regel problemlos möglich. Bei der Nichteinstellung und Nichtbeförderung wie bei der Kündigung geht es nach der Rechtsprechung darum, wann die **Entscheidung** getroffen wurde (BAG 17.12.2009 – 8 AZR 670/08 – NZA 2010, 383); auf den Zugang oder die Bekanntgabe soll es nicht ankommen (BAG 17.12.2009 – 8 AZR 670/08 – NZA 2010, 383 Rn. 34; ebenso die ganz herrschende Auffassung in der Literatur: s. Bauer/Krieger, § 33 Rn. 8 und Meinel/Heyn/Herms, § 33 Rn. 4, jeweils mwN). Dies hat den Nachteil, dass der Betroffene in erhebliche Unsicherheit geraten kann. Wurde aus den Gründen des § 1 mit einem Arbeitnehmer ein schlechterer Arbeitsvertrag als mit einem vergleichbaren anderen Beschäftigten geschlossen, so ist der Zeitpunkt des Vertragsschlusses maßgebend. Erfolgte eine Ablehnung noch unter dem alten Recht, wurde dann jedoch unter dem AGG unter Berufung auf dieses Gleichbehandlung verlangt, so ist nach Auffassung des BAG (25.2.2010 – 6 AZR 911/08 – NZA 2010, 561, 562 Rn. 18) das AGG anwendbar; es liege noch kein „abgeschlossener Sachverhalt" vor. Ist dieser im Einzelfall gegeben, kann das AGG nicht auf solche Vorgänge erstreckt werden; dies wäre eine (echte) Rückwirkung, die nur ausnahmsweise erlaubt ist (BAG 25.3.2015 – 5 AZR 458/13 – NZA 2015, 1059). Werden jedoch unter altem Recht abgeschlossene Arbeitsverträge nach Inkrafttreten des AGG von diesem erfasst, ist das eine sog unechte Rückwirkung; sie ist ohne Weiteres zulässig, wenn lediglich die allgemeine Erwartung enttäuscht wurde, an der gesetzlichen Rechtslage werde sich nichts ändern (BAG 25.3.2015 – 5 AZR 458/13 – NZA 2015, 1059). Für die **Ausschreibung** einer Stelle gilt § 11 aber nur dann, wenn sie nach Inkrafttreten des AGG erfolgte. Was vorher legal war, kann unter dem AGG nicht einmal als Indiz für eine Diskriminierung gewertet werden (Bauer/Krieger, § 33 Rn. 11; aA v. Roetteken, § 33 Rn. 11).

5 Eine **Vertragsbestimmung**, die nach früherem Recht bei ihrem Abschluss legal war, aber **nunmehr** gegen das AGG verstößt, wird **nach § 7 Abs. 2 unwirksam** (ebenso Adomeit/Mohr, § 33 Rn. 19; Bauer/Krieger, § 33 Rn. 12; Meinel/Heyn/Herms, § 33 Rn. 5 a; Schleusener/Suckow/Voigt-Suckow, § 33 Rn. 5). Dies folgt schon aus einem Gegenschluss zu den Abs. 2–4, die bei

zivilrechtlichen „Alt-Verträgen" nur die Änderungen dem AGG unterstellen. Es gilt gleichermaßen für Kollektiv- wie für Individualverträge. Praktische Bedeutung hat dies insbesondere für **Altersgrenzen**, die vor dem 18.8.2006 vereinbart wurden, aber erst jetzt im Einzelfall Wirksamkeit entfalten: Sie unterliegen dem AGG (BAG 17.6.2009 – 7 AZR 112/08 (A) – NZA 2009, 1355, 1360 Rn. 36 ff.). Der Grundsatz, dass sich die Zulässigkeit von Befristungen ausschließlich nach der Sach- und Rechtslage im Zeitpunkt des Vertragsabschlusses bestimmt, steht nicht entgegen, da das AGG entscheidend auf den Zeitpunkt der Benachteiligung abstellt (BAG 17.6.2009 – 7 AZR 112/08 (A) – NZA 2009, 1355, 1360 Rn. 36 ff.). Dies gilt auch für sonstige Formen der Befristung (Adomeit/Mohr, § 33 Rn. 20; Meinel/Heyn/Herms, § 33 Rn. 5 a).

6 Bei **Weisungen** und **faktischen Benachteiligungen** kann ein diskriminierender Dauertatbestand entstehen. Dieser ist nach neuem Recht zu beurteilen, wenn er nach Inkrafttreten des AGG fortbesteht (ebenso Schleusener/Suckow/Voigt-Suckow, § 33 Rn. 4). Dies kann beispielsweise auch in Fällen der Belästigung praktische Bedeutung gewinnen (v. Roetteken, § 33 Rn. 12; Wendeling-Schröder/Stein § 33 Rn. 6); fällt auch nur eine Benachteiligungshandlung in den zeitlichen Geltungsbereich des AGG, ist dieses auf den gesamten „Dauertatbestand" anwendbar (LAG Hessen 7.2.2012 – 2 Sa 1411/10).

2. Rechtszustand vor Inkrafttreten des AGG

7 Die Antirassismus-Richtlinie war nach ihrem Art. 16 Abs. 1 S. 1 bis zum 19.7.2003, die Rahmenrichtlinie nach ihrem Art. 18 Abs. 1 S. 1 bis 2.12.2003 umzusetzen. Bei der Gender-Richtlinie aF lief die Frist am 5.10.2005 ab. Sinnvollerweise ist daher zwischen Vorgängen zu unterscheiden, die sich **vor Ablauf der Umsetzungsfrist, und** solchen, die sich **danach** abgespielt haben.

a) Benachteiligungen vor Ablauf der Umsetzungsfrist

8 Solange die genannten Enddaten für die Umsetzung nicht erreicht waren, galt überkommenes deutsches Antidiskriminierungsrecht (dazu im Einzelnen → Einl. Rn. 33 ff.). Eine richtlinienkonforme Interpretation wäre in solchen Fällen möglich, aber nicht zwingend geboten (→ Einl. Rn. 87). Die **praktische Bedeutung** dieser Frage dürfte **gering** sein, da nichts von solchen Verfahren bekannt geworden ist. Vor 2003 war die Sensibilität für diskriminierungsrechtliche Fragen noch wenig ausgeprägt, zumal die Diskussion im Schrifttum nach einigen Vorläufern erst 2002 wirklich begonnen hatte.

9 Im Falle der **Altersgrenzen für Piloten** hat das BAG (15.2.2012 – 7 AZR 946/07 – NZA 2012, 866) angenommen, sie seien **schon vor Inkrafttreten des AGG** wegen Verstoßes gegen das primärrechtliche Verbot der Altersdiskriminierung **unwirksam**, die entsprechenden tariflichen Regelungen seien unanwendbar gewesen. Angesichts der primärrechtlichen Garantien der anderen Diskriminierungsverbote (→ Einl. Rn. 108) muss man davon ausgehen, dass dieser Grundsatz nicht auf die Benachteiligung wegen Alters beschränkt ist. **Von welchem Zeitpunkt** an eine solche Wirkung des Primärrechts angenommen werden kann, blieb unentschieden; der zur Erörte-

rung stehende Tarifvertrag stammte aus dem Jahre 2005. Denkbar ist, dass die Rechtsprechung schon mit dem Erlass der Richtlinien im Jahre 2000 eine „Aktivierung“ des primärrechtlichen Diskriminierungsverbots annehmen würde.

b) Benachteiligung nach Ablauf der Umsetzungsfrist

10 Nachdem die Bundesrepublik ihren Verpflichtungen aus den Richtlinien nicht nachgekommen war (zur Verurteilung durch den EuGH → Einl. Rn. 6), bestand für alle Gerichte als Teil der deutschen Staatsgewalt die **Verpflichtung**, das deutsche Recht im Rahmen des Möglichen **richtlinienkonform zu interpretieren** (so auch Hoppe-Wege, Anm. zu ArbG Wuppertal LAGE § 626 BGB 2002 Nr. 2 a; Klumpp, NZA 2005, 848, 851; Thüsing, NJW 2003, 3441, 3444; darauf verweist auch v. Roetteken, § 33 Rn. 8. Zur richtlinienkonformen Auslegung im Einzelnen → Einl. Rn. 81 ff.). Dies ist allerdings nur insoweit möglich, als die Richtlinie nachvollziehbare Vorgaben enthält und nationale Rechtsnormen sich nicht nach Wortlaut und Zweck in eindeutigem Widerspruch zur Richtlinie befinden. Die richtlinienkonforme Auslegung betrifft auch Normen, die das Verhältnis von Privaten untereinander regeln.

11 Im vorliegenden Zusammenhang stößt eine richtlinienkonforme Auslegung auf **keine prinzipiellen Schwierigkeiten**. Die Diskriminierungsverbote der **Richtlinien** sind so **präzise**, dass sie selbst unmittelbar angewandt werden könnten, was das ArbG Berlin (13.7.2005 – 86 Ca 24618/04 – NZA-RR 2005, 608) für das Bürger-Staat-Verhältnis angenommen hat. Dabei sind Schranken, wie sie durch Art. 4 der Antirassismus- bzw. der Rahmen-Richtlinie vorgesehen und heute in § 8 niedergelegt sind, mit zu beachten (so auch ArbG Berlin 13.7.2005 – 86 Ca 24618/04 – NZA-RR 2005, 608). Bei anderen, weniger „selbstverständlichen“ **Eingriffsermächtigungen** muss sich der Richter in die Position eines die beteiligten Interessen billig abwägenden Gesetzgebers begeben. Andernfalls würde der wenig einleuchtende Effekt eintreten, dass Diskriminierungsverbote vor der Umsetzung einen fast unbeschränkten Anwendungsbereich hätten, während sie später wieder deutlich reduziert würden. Soweit **Gesetzentwürfe** bestanden, können diese unterstützend herangezogen werden.

12 Rechte und Pflichten aus dem „**Anbahnungsverhältnis**“ bestimmen sich nach **§ 242 BGB**, der eine richtlinienkonforme Auslegung unschwer möglich macht. Die **Einstellungsentscheidung** selbst hat zumindest **§ 138 Abs. 1 BGB** zu beachten, so dass sich Diskriminierungsverbote auch hier in das nationale Recht integrieren lassen. Bei der Ausübung seines Direktionsrechts hat der Arbeitgeber nach § 106 S. 1 GewO „**billiges Ermessen**“ zu beachten. Die Kündigung muss nach § 1 Abs. 2 KSchG **sozial gerechtfertigt** sein oder (außerhalb des Geltungsbereichs des KSchG) im **Einklang mit Treu und Glauben** stehen. Was mögliche Sanktionen betrifft, so kommt ein Entschädigungsanspruch wegen Eingriffs in das allgemeine Persönlichkeitsrecht in Betracht; zu diesem Mittel hatte die Rechtsprechung auch im Rahmen des § 611 a BGB aF gegriffen, als dieser den Vorgaben des damaligen Gemeinschaftsrechts noch nicht entsprach (BAG 14.3.1989 – 8 AZR

447/87 – NZA 1990, 21 = DB 1989, 2279; BAG 14.3.1989 – 8 AZR 351/86 – NZA 1990, 24 = DB 1989, 2279).

13 Die richtlinienkonforme Auslegung wirkt sich einmal auf der **Tatbestandsseite** aus. Eine Diskriminierung kann aus allen in § 1 genannten Gründen erfolgen. Außerdem kann das Vorliegen einer unmittelbaren Diskriminierung auch auf eine Benachteiligung gegenüber einer **hypothetischen Vergleichsperson** gestützt werden. Bei der mittelbaren Diskriminierung ist der **statistische Nachweis** des weit überwiegenden negativen Betroffenseins **nicht mehr erforderlich**; die besondere Benachteiligung bestimmter Merkmalsträger kann auch auf andere Weise plausibel gemacht werden. Beim Merkmal „Alter" sind die möglichen Schranken nach Art. 6 der Rahmenrichtlinie zu beachten. Auch wäre es wenig einleuchtend, wollten Gerichte beispielsweise die tarifliche oder arbeitsvertragliche Begünstigung Älterer auch in Fällen für unwirksam erklären, die nunmehr durch § 10 aufrechterhalten sind.

14 Was die Rechtsfolgen angeht, so sind **rechtsgeschäftliche Maßnahmen** wie Kündigung, Versetzung usw im Falle einer Diskriminierung **unwirksam** (so auch für die Kündigung bereits KR-Pfeiffer, 7. Aufl., BGB § 611 a Rn. 46 a). Bei Nichteinstellungen und faktischen Benachteiligungen kommt ein **Entschädigungsanspruch** wegen Beeinträchtigung des allgemeinen Persönlichkeitsrechts in Betracht. Dieses kann erweiternd in dem Sinne ausgelegt werden, dass auch eine mittelbare Diskriminierung nach § 3 Abs. 2 als Eingriff gewertet wird, der einen Ersatzanspruch auslöst (Klumpp, NZA 2005, 848, 851). Die Richtlinien verlangen zwar als Sanktion nicht zwingend einen Schadensersatzanspruch, sondern würden auch eine strafrechtliche oder ordnungswidrigkeitenrechtliche Lösung zulassen. Da diese aber nach bisherigem Recht nicht zur Verfügung stand, bleibt nur der Rückgriff auf den Schadensersatz. Dieser muss auch im Falle der Nichteinstellung und der Nichtbeförderung genügen. Einen Kontrahierungszwang anzunehmen, wäre wenig sinnvoll, da dies einen Widerspruch zum damaligen § 611 a Abs. 2 BGB aF schaffen und damit zu einer unschlüssigen Gesamtlösung führen würde (ebenso Klumpp, NZA 2005, 848, 851; Thüsing, NJW 2003, 3441, 3444).

15 Ansprüche wegen Verletzung des allgemeinen Persönlichkeitsrechts sind **verschuldensabhängig**. Soweit der Arbeitgeber im konkreten Fall ohne Verschulden gehandelt hat (was insbesondere bei der mittelbaren Diskriminierung leicht vorstellbar ist), kann der gemeinschaftsrechtlichen Vorgabe nach verschuldensunabhängiger Haftung (EuGH 20.4.1997 – Rs. C-180/95 (Draehmpaehl) – NZA 1997, 645 = AP § 611 a BGB Nr. 13) nicht Rechnung getragen werden, da die richtlinienkonforme Auslegung hier versagt. Es bleibt ein **Schadensersatzanspruch gegen die Bundesrepublik** wegen Nichterfüllung ihrer aus den Richtlinien folgenden Pflichten (Einzelheiten → Einl. Rn. 99 ff.).

III. Übergangsregeln zum zivilrechtlichen Teil

1. Benachteiligung aus Gründen der Rasse oder wegen der ethnischen Herkunft (Abs. 2)

a) Neues Recht bei Umsatzgeschäften und bei Dauerschuldverhältnissen

16 Nach Abs. 2 gilt das neue Recht nur für solche Schuldverhältnisse, die **nach seinem Inkrafttreten** begründet wurden. Maßgebend ist bei Verträgen der Zugang der Annahmeerklärung (Meinel/Heyn/Herms, § 33 Rn. 8; v. Roetteken, § 33 Rn. 17). Der Anbietende kann sich dann nicht mehr auf das alte Recht berufen (Bauer/Krieger, § 33 Rn. 15; Meinel/Heyn/Herms, § 33 Rn. 8); dies würde gegen den zwingenden Charakter des AGG verstoßen. Dies ist völlig sachgerecht und wird von niemandem kritisiert: Wer in der Vergangenheit eine Waschmaschine kaufen, einen Versicherungsvertrag schließen oder eine Disko besuchen wollte, ist bei etwaigen Schwierigkeiten auf das bisherige Recht verwiesen. Kommt es **nach neuem Recht erneut** zu einer diskriminierenden **Ablehnung** eines Vertragsabschlusses oder zur Gewährung schlechterer Bedingungen, würde das AGG eingreifen; insoweit ist der Zeitpunkt der benachteiligenden Handlung maßgebend (Nicolai, § 1 Rn. 19).

17 Bei **Dauerschuldverhältnissen** wie bei Miet- oder bei Bierlieferungsverträgen liegen die Dinge anders. Nach Abs. 2 S. 2 ist dann, wenn sie vor Inkrafttreten des AGG begründet wurden, das **neue Recht nur** dann anzuwenden, **wenn** es sich um eine **„Änderung"** handelt. Dies ist insofern erstaunlich, als damit diskriminierenden Vertragsbedingungen eine Art Ewigkeitsgarantie gewährt wird, sofern der Diskriminierer alles beim Alten lassen will (europarechtliche Bedenken auch bei Bauer/Krieger, § 33 Rn. 4, die eine Schadensersatzpflicht der Bundesrepublik erwägen).

18 Die **Amtliche Begründung** (BT-Drs. 16/1780, 53) ist etwas **nuancierter,** läuft aber im Kern auf dieselbe Aussage hinaus. Bei Dauerschuldverhältnissen würden die neuen Vorschriften „bei der Durchführung" gelten, was Auswirkungen „insbesondere im Bereich der Kündigung" haben könne. Die Regelung des Abs. 2 S. 2 wolle sicherstellen, dass Dauerschuldverhältnisse nicht „auf unabsehbare Zeit" von der Anwendung des neuen Rechts ausgenommen blieben. Dieses sei „beispielsweise" auf Anpassungen des Entgelts für die Leistung bei langfristigen Verträgen oder aber auf Kündigungen anwendbar. Weiter heißt es: „Nicht beabsichtigt ist aber ein Eingriff in das bei Vertragsschluss begründete Verhältnis von Leistung und Gegenleistung, denn dem stünde das Verbot der Rückwirkung entgegen. Das ursprünglich begründete Synallagma des Austauschverhältnisses bleibt unberührt."

19 Durch die Amtliche Begründung wird einmal deutlich, dass der Begriff **„Änderung"** nicht nur vertragliche Abmachungen, sondern **auch Kündigungen erfasst** (ebenso Bauer/Krieger, § 33 Rn. 20). Ob **diskriminierende Bedingungen** (im Fitnessstudio müssen sich Ausländer besonders intensive Kontrollen gefallen lassen) erfasst sind, erscheint **zweifelhaft;** der Gesetzestext spricht dagegen, die Begründung könnte einen solchen Schluss tragen. **Ausgeschlossen** soll demgegenüber eine **Korrektur des Verhältnisses von Leistung und Gegenleistung** sein. Wurde ein „Ausländerzuschlag" von

15 % auf die ortsübliche Vergleichsmiete verlangt, kann daran grundsätzlich nichts mehr geändert werden.

20 Die Antirassismus-Richtlinie kennt einen solchen Ausnahmetatbestand nicht. Wie nicht zuletzt ihr Art. 14 deutlich macht, verpflichtet sie die Mitgliedstaaten dazu, auch für die Änderung diskriminierender Regelungen und Verträge zu sorgen. Dies betrifft nicht nur künftige Abmachungen (was selbstverständlich ist), sondern gerade auch den Status quo. Der **Gesetzgeber** hat sich insoweit **über** die Vorgabe der **Richtlinie hinweggesetzt** (ebenso v. Roetteken, § 33 Rn. 21). Ob in dieser Frage der **Anwendungsvorrang** des primärrechtlichen Diskriminierungsverbots (EuGH 22.11.2005 – Rs. C-144/04 (Mangold) – NZA 2005, 1345) greift, hängt davon ab, ob man dessen sachlichen Geltungsbereich auch auf zivilrechtliche Beziehungen erstreckt. Dies könnte man mit der Begründung bejahen, dem Richtliniengeber komme insoweit eine Konkretisierungskompetenz zu; entsprechend hatte der EuGH (22.11.2005 – Rs. C-144/04 (Mangold) – NZA 2005, 1345) insbesondere zu den Grenzen des Verbots der Altersdiskriminierung argumentiert. Eine definitive Klärung wird erst durch eine erneute EuGH-Entscheidung möglich sein (wie hier Meinel/Heyn/Herms, Rn. 11; für Anwendungsvorrang v. Roetteken, § 33 Rn. 22; Schiek-Schiek, § 33 Rn. 3). Das **Verbot der Rückwirkung** greift hier **nicht**, da es sich um einen Fall der sog unechten Rückwirkung handelt und für die Umsetzung der Richtlinie ein Zeitraum von drei Jahren zur Verfügung stand, der genügend Spielraum für eine Anpassung für die Zukunft ließ.

b) Rechtslage vor Inkrafttreten des AGG

21 Die Antirassismus-Richtlinie war nach ihrem Art. 16 Abs. 1 S. 1 bis zum 19.7.2003 umzusetzen. Im Anschluss daran war – nicht anders als im Arbeitsrecht – eine **richtlinienkonforme Auslegung** geboten. Im Anbahnungsverhältnis kann in gleicher Weise wie im arbeitsrechtlichen Bewerbungsverfahren vorgegangen und eine aus Treu und Glauben folgende Pflicht zu diskriminierungsfreiem Verhalten bejaht werden. Die Verweigerung des Vertragsabschlusses wegen rassischer oder ethnischer Gründe stellt ein **sittenwidriges Tun** dar, das zum Schadensersatz verpflichtet. Schlechtere Vertragsbedingungen, die an die sog Rasse oder die ethnische Herkunft anknüpfen, sind unzulässig; dem Betroffenen sind die **Normalbedingungen** einzuräumen. Insoweit ergeben sich keine prinzipiellen Abweichungen von der arbeitsrechtlichen Lösung. Auch kommt ein Entschädigungsanspruch wegen Verletzung des allgemeinen Persönlichkeitsrechts in Betracht.

2. Benachteiligung aus den anderen Gründen des § 1 (Abs. 3)

22 Das spätere Inkrafttreten des § 19 Abs. 1 und die Beibehaltung „alter" Dauerschuldverhältnisse weckte zunächst keine unionsrechtlichen Bedenken, weil sich die **Rahmenrichtlinie nicht** auf das **Zivilrecht** erstreckt. Die darin liegende Ungleichbehandlung ist hinzunehmen; auch im Zusammenhang mit Art. 13 EG (heute: Art. 19 AEUV) wurde bislang nicht behauptet, der umfassendere Anwendungsbereich der Antirassismus-Richtlinie und der beschränktere der Rahmenrichtlinie seien mit dieser Vorschrift oder dem sonstigen primären Unionsrecht nicht zu vereinbaren. Verletzt ist al-

lerdings die Gender-Richtlinie Zivilrecht, die spätestens bis 21.12.2007 umzusetzen war (v. Roetteken, § 33 Rn. 25; Schiek-Schiek, § 33 Rn. 4).

3. Versicherungsverträge (Abs. 4)

23 Der späte Stichtag (22.12.2007) lässt sich mit der **Gender-Richtlinie Zivilrecht** vereinbaren. Auch der Bestandsschutz für Altverträge erweckt keine Bedenken, da nur die (über die Richtlinien hinausgehende) Vorschrift des § 19 Abs. 1, nicht aber die des § 19 Abs. 2 angesprochen ist (Meinel/Heyn/Herms, § 33 Rn. 15, 17; vgl. auch v. Roetteken, § 33 Rn. 29).

4. Ausnahme von der Unisex-Regel für Altverträge (Abs. 5)

24 Infolge des **Test-Achats-Urteils des EuGH** (1.3.2011 – Rs. C-236/09 (Test-Achats) – NJW 2011, 907) wurde § 20 Abs. 2 S. 1 aF, der geschlechtsabhängige Differenzierungen bei Versicherungsverträgen unter bestimmten Anforderungen erlaubte, aufgehoben und gilt gem. Abs. 5 nur noch für vor dem 21.12.2012 geschlossene Verträge (→ § 20 Rn. 35 ff.). Der EuGH hatte Art. 5 Abs. 2 der Gender-Richtlinie Zivilrecht, der § 20 Abs. 2 S. 1 aF zugrunde lag, wegen fehlender Kohärenz mit Wirkung vom 21.12.2012 für ungültig erklärt. Das Urteil führte dazu, dass private Versicherungen spätestens seit dem 21.12.2012 geschlechtsunabhängig kalkuliert werden müssen. Zuvor geschlossene Versicherungsverträge sind der Unisex-Regel entzogen, solange sie nicht im Sinne eines wirtschaftlichen Neuabschlusses geändert werden (→ Rn. 25). Bei diesen ist eine unterschiedliche Behandlung wegen des Geschlechts bei den Prämien und Leistungen nur zulässig, wenn dessen Berücksichtigung bei einer auf relevanten und genauen versicherungsmathematischen und statistischen Daten beruhenden Risikobewertung ein bestimmender Faktor ist. Wegen der zweifelhaften Vereinbarkeit von geschlechterspezifischen Kalkulationen mit höherrangigem Recht (→ Rn. 32 ff.), hätte jedoch auf diese Übergangsbestimmung verzichtet und hätten alle Versicherungsverträge ab dem 21.12.2012 der Unisex-Regel unterworfen werden sollen.

a) Vor dem 21.12.2012 geschlossene Altverträge

25 Die Rechtfertigungsmöglichkeit nach S. 1 aF bleibt gemäß der Übergangsbestimmung in § 33 Abs. 5 auf vor dem 21.12.2012 geschlossene Altverträge anwendbar. Das „Test-Achats-Urteil" soll nach Auffassung der EU-Kommission nur für Neuverträge bzw. solche Änderungen in Altverträgen umzusetzen sein, die wirtschaftlich einem Neuabschluss ähneln (Leitlinien vom 22.12.2011, K(2011)9497, S. 4 Rn. 11 ff.; zustimmend Hoffmann, VersR 2012, 1073, 1077; Armbrüster, VW 2012, 752; nach aA sollen auch Altverträge auf geschlechtergleiche Versicherungsbedingungen umzustellen sein können, vgl. Looschelders, VersR 2011, 421, 428; Lüttringhaus, EuZW 2011, 296, 299; Temming, BetrAV 2012, 391, 392; Purnhagen, NJW 2013, 113, 114 ff.: Neuverträge ab Inkrafttreten der Gender-Richtlinie Zivilrecht am 21.12.2007). Neuverträge sollen nach den Vorgaben der EU-Kommission nur beiderseitig ausdrücklich einwilligungspflichtige Vertragsänderungen sein (Leitlinien vom 22.12.2011, K(2011)9497, S. 4 Rn. 11 ff.). Der Begriff „ausdrücklich" zeigt, dass nicht auch aufgrund fin-

gierter Zustimmung eintretende Änderungen gemeint sind (zweifelnd Hoffmann, VersR 2012, 1073, 1077), sondern nur solche aufgrund eines neuen Konsenses (Armbrüster VW 2012, 752). Bereits im Vertrag angelegte automatische Änderungen wie die Vertragsverlängerung bei nicht rechtzeitiger Kündigung oder Beitrags- und Leistungsdynamiken richten sich demnach nach dem alten Recht (Leitlinien vom 22.12.2011, K(2011)9497, S. 4 Rn. 13; Unterkofler, VW 2012, 272; Armbrüster VW 2012, 752). In der privaten Krankenversicherung können Versicherte mit Altverträgen freiwillig in die neuen Unisex-Tarife wechseln (§ 204 VVG). Unberührt bleibt das Recht der Versicherungen bei der medizinischen Risikoprüfung geschlechtsspezifische Gesundheitsrisiken abzufragen (zB bei Männern einen PSA-Test durchzuführen, Einzelbeispiele Leitlinien vom 22.12.2011, K(2011)9497, S. 14 f.). Sofern die Ergebnisse zu Leistungsausschlüssen oder Beitragserhöhungen führen, handelt es sich um Benachteiligungen, die an den Gesundheitszustand oder familiäre Vorbelastungen einer konkreten Person anknüpfen, nicht aber unmittelbar an ihr Geschlecht (Leitlinien vom 22.12.2011, K(2011)9497, S. 5 Rn. 14; Armbrüster, VW 2012, 752 mwN).

26 Die Formulierung **„bei den Prämien und Leistungen“** macht deutlich, dass die Rechtfertigungsmöglichkeit nach § 33 Abs. 5 S. 1 auf die Versicherungsbedingungen beschränkt ist. Eine Zugangsdiskriminierung, dh die Verweigerung einer Versicherung oder deren Kündigung wegen des Geschlechts, ist entgegen der amtlichen Begründung (BT-Drs. 16/1780, 45) nicht erfasst. Dies folgt(e) bereits aus den Vorgaben der RL 2004/113/EG, die in Art. 5 Abs. 2 Unterschiede ebenfalls nur „bei den Prämien und Leistungen“ zugelassen hat. Aber auch der Vergleich mit § 20 Abs. 2 S. 2, dessen Anwendungsbereich der Gesetzgeber ausdrücklich für jede „unterschiedliche Behandlung“ geöffnet hat, spricht dafür, dass § 33 Abs. 5 S. 1 nur für das „Wie“, nicht aber für das „Ob“ des Versicherungsverhältnisses gilt. Auch kann der Versicherer insoweit nicht auf die weitergehende Rechtfertigungsmöglichkeit des § 20 Abs. 1 S. 1 (sachlicher Grund) zurückgreifen (→ § 20 Rn. 35; Schiek-Schiek, § 20 Rn. 9; aA Adomeit/Mohr, § 20 Rn. 35, wonach Abs. 2 S. 1 aF auch die Zugangsdiskriminierung erfasste).

b) Geschlecht als bestimmender Faktor

27 Die aus Art. 5 Abs. 2 der Gender-Richtlinie Zivilrecht übernommene Forderung, dass das Geschlecht ein bestimmender Faktor sein muss, stellt vergleichsweise strenge Rechtfertigungsanforderungen auf. Diese haben eine über den § 20 Abs. 2 S. 2 prägenden Willkürschutz hinausreichende wichtige Bedeutung (→ § 20 Rn. 36). Für einen bestimmenden Faktor genügt es nicht, wenn das Geschlecht „nur ein Differenzierungskriterium unter vielen“ ist, „sondern es muss sich um einen maßgeblichen Faktor bei der Beurteilung der versicherten Risiken handeln, wenn auch nicht unbedingt um den einzigen“ (BT-Drs. 16/1780, 45 und Erwägungsgrund 19 der Richtlinie). Aus dem englischem Text der Richtlinie (determining factor), dem französischen (facteur déterminant) und insbesondere dem schwedischen (avgörande factor, dh ausschlaggebender Faktor) geht deutlicher als aus dem deutschen Wort „bestimmend“ hervor, dass weder jede mitwirkende Kausalität des betreffenden Geschlechts für das Ergebnis der Schadens-

schätzung noch seine bloß relative Präponderanz im Vergleich zu anderen Risikofaktoren genügt. Es muss sich vielmehr um eine quantitative Anforderung handeln, die ein – absolut betrachtet – beträchtliches Gewicht des mitwirkenden Faktors Geschlecht verlangt (zustimmend Weimann, in: Hey/Forst § 20 Rn. 81). **Sinn und Zweck** dieser Anforderung dürften in dem Bestreben des Richtliniengebers zu erblicken sein, im Wege eines Kompromisses an dem versicherungsrechtlichen Diskriminierungsverbot des Art. 5 Abs. 1 der Gender-Richtlinie Zivilrecht wenigstens in denjenigen Fällen uneingeschränkt, dh ohne die Möglichkeit einer Rechtfertigung, festzuhalten, in denen die durch das Geschlecht hervorgerufene Risikoerhöhung so geringfügig ist, dass den anderen Versicherungsnehmern, die diesem Geschlecht nicht angehören, zugemutet werden kann, die Mehrkosten solidarisch mitzutragen. Die weitere Frage, ob insoweit auf die **Schadenserwartung des Vertrages eines einzelnen Merkmalsträgers** im Vergleich zu einem Nicht-Merkmalsträger oder auf die Schadenserwartung der Verträge sämtlicher bei diesem Versicherer versicherten Merkmalsträger im Vergleich zur Schadenserwartung aller anderen Versicherungsnehmer abzustellen ist, ist schwierig. Obwohl es unter dem Gesichtspunkt der Zumutbarkeit für die anderen Versicherungsnehmer eigentlich nicht nur auf die Risikoerhöhung durch das Geschlecht im Einzelfall, sondern auch auf das Zahlenverhältnis zwischen den bei dem jeweiligen Versicherer versicherten Angehörigen dieses Geschlechts und den anderen Versicherungsnehmern ankommt, wird wegen der Schwankungen dieses Zahlenverhältnisses aus Praktikabilitätsgründen auf den Einzelvertrag abgestellt werden müssen (zustimmend Weimann, in: Hey/Forst, § 20 Rn. 82). Wie der erforderliche Anteil des Merkmals an der Schadenserwartung größenmäßig festzulegen bzw. einzugrenzen ist, ist offen. Je nachdem, wie hoch dieser Anteil mindestens anzusetzen ist, könnten verschiedene bislang praktizierte Geschlechtsdifferenzierungen nunmehr schon deshalb unzulässig sein, weil der Risikofaktor Geschlecht nicht „bestimmend" ist (vgl. zu Zweifeln am bestimmenden Einfluss des Geschlechts auf die Lebenserwartung BGH 8.3.2017 – XII ZB 697/13 – NJW 2017, 2547).

28 Fraglich ist, inwieweit das Geschlecht bei **transsexuellen Menschen** als bestimmender Faktor iSd § 33 Abs. 5 S. 1 herangezogen werden kann. Nach der Rechtsprechung des EuGH schützt der Grundsatz der Gleichbehandlung von Männern und Frauen auch vor Diskriminierungen aufgrund einer Geschlechtsumwandlung (vgl. Erwägungsgrund 3 Gender-Richtlinie nF), so dass sich die Schlechterstellung transsexueller Versicherungsnehmer mit Altverträgen nach § 33 Abs. 5 S. 1 richtet. Der BGH nahm bei einer Mann-zu-Frau transsexuellen Klägerin zumindest eine abstrakte Erhöhung des Leistungsrisikos für die beklagte private Krankenversicherung an, da sie nunmehr der Risikogruppe Frau zugeordnet werden müsse (BGH 9.5.2012 – IV ZR 1/11 – NJW 2012, 2733). Er lehnte die nachträgliche Einstufung der Klägerin in den Frauentarif schließlich allein aufgrund versicherungsrechtlicher Vorschriften ab und prüfte das AGG nicht. Das Wunschgeschlecht hätte aber auch nicht als bestimmender Faktor iSd § 20 Abs. 2 S. 1 aF bzw. § 33 Abs. 5 S. 1 herangezogen werden dürfen. Soweit höhere Tarife in der Krankenversicherung auf biologische Faktoren wie eine naturwissenschaftlich determinierte höhere Lebenserwartung von Frauen zu-

rückgeführt werden (vgl. Schwintowski, VersR 2011, 164, 167), ändert sich diese biologische Disposition mit der Angleichung an das Wunschgeschlecht nicht. Das Wunschgeschlecht ist diesbezüglich kein bestimmender Faktor. Nach der hier vertretenen Auffassung können andere nicht-biologische geschlechtsspezifische Faktoren, bei denen das Geschlecht stellvertretend für ein bestimmtes Rollenverhalten als Platzhalter fungiert, überdies nicht herangezogen werden (→ Rn. 34). Eine Rechtfertigung nach § 33 Abs. 5 S. 1 würde schließlich am Fehlen von Daten scheitern, die eine stichhaltige Aussage über das Wunschgeschlecht einer transsexuellen Person als Risikofaktor erlauben.

c) Relevanz der Daten

29 Die Forderung, dass die Risikobewertung auf relevanten Daten beruhen muss, wirft ebenfalls schwierige Wertungsfragen auf. Die unbestimmte amtliche Begründung, relevant und genau seien nur Daten, die eine stichhaltige Aussage über das Merkmal Geschlecht als versicherungsmathematischen Risikofaktor erlaubten (BT-Drs. 16/1780, 45), schöpft die Bedeutung des Kriteriums Relevanz nicht aus. Relevant sind **Tatsachen, welche die Schadenswahrscheinlichkeit erhöhen**. Hierin liegen Probleme verborgen. Zum einen setzt Relevanz eine **ausreichende Differenzierung** voraus (vgl. Schlussanträge der GA Kokott vom 15.5.2014 – Rs. C-318/13 (X), Rn. 41 ff.). ZB darf der Versicherer, der für eine private Rentenversicherung von Frauen wegen deren höherer Lebenserwartung höhere Prämien verlangen will, nicht auf den Unterschied zur Zeit der Geburt (5 Jahre für die Gesamtbevölkerung nach Sterbetafel statistisches Bundesamt 2012/2014, aktuelle Sterbetafel für Deutschland, abzurufen auf www.destatis.de, letzter Zugriff: 24.4.2017), sondern nur auf den Unterschied der restlichen Lebenserwartung zu Beginn des Rentenalters abstellen (im Jahre 2012/14 im Alter von 67 Jahren 3,01 Jahre; aktuelle Sterbetafel für Deutschland, www.destatis.de). Im Einzelfall wird zu prüfen sein, welcher Grad der Differenzierung vom Versicherer mit vertretbarem Kostenaufwand vorgenommen werden kann (vgl. BT-Drs. 16/1780, 45). Zum anderen drängt sich unter dem Gesichtspunkt der Relevanz das Ergebnis auf, dass die **Beschränkung auf das Geschlecht als einzigem leicht zu ermittelnden Risikofaktor unzulässig** ist (so auch Schlussanträge der GA Kokott vom 15.5.2014 – Rs. C-318/13 (X), Rn. 46), wenn bekanntermaßen auch andere, risikonähere Faktoren eine wichtige Rolle spielen, der Versicherer diese aber in seine Risikobewertung nicht einbezieht, weil sie schwierig zu ermitteln sind (→ Rn. 35), sich ändern können oder weil ihre Berücksichtigung zu Konflikten mit gesellschaftlichen Wertvorstellungen führen würde (Hensche, NZA 2004, 828, 829; zB in der Rentenversicherung niedrigere Beiträge für die – kürzer lebenden – Raucher und Arbeiter, höhere Beiträge für die – länger lebenden – Besserverdienenden, insbesondere Akademiker, Berücksichtigung der genetischen Veranlagung; gleichwohl für deren Zulässigkeit Armbrüster, VersR 2006, 1297, 1300; zweifelnd Looschelders, in: Leible/Schlachter, S. 254; dagegen schon BVerwG 17.5.1988 – 1 A 42/84 – BVerwGE 79, 326 bzgl. Ausländertarife in der Kfz-Versicherung; Schiek-Schiek, § 20 Rn. 8, die von fortgesetzter Bildung von Stereotypen und Vorurteilen durch die Erhebung von Statistiken in Anknüpfung an

Diskriminierungsgründe spricht). Die häufig vertretene Ansicht, die versicherungstechnische Differenzierung dürfe sich auf leicht messbare und praktikable Risikoindikatoren beschränken (Armbrüster, ZRP 2005, 41, 42; Raulf/Gunia, NZA 2003, 534, 535; Sodan, ZVersWiss 2004, 539, 552; Wandt, VersR 2004, 1341, 1344; dagegen Schlussanträge der GA Kokott vom 30.9.2010 – Rs. C-236/09, Rn. 66 ff., die Praktikabilitäts- und finanzielle Erwägungen insgesamt nicht gelten lässt), begegnet unter dem Gesichtspunkt der Relevanz – aber auch des versicherungsrechtlichen und des mittelbar wirkenden grundgesetzlichen Gleichbehandlungsgebots – selbst dann Bedenken, wenn der leicht feststellbare Risikoindikator relevant, dh zugleich ein Risikofaktor ist. Denn die Ignorierung anderer, ebenfalls relevanter Faktoren bewirkt automatisch die Überbewertung der Relevanz des einzig berücksichtigten Risikoindikators und führt auf diese Weise dazu, dass die Angehörigen der einzig berücksichtigten Risikogruppe benachteiligt werden (vgl. Schlussanträge der GA Kokott vom 15.5.2014 – Rs. C-318/13 (X), Rn. 51). Richtigerweise dürfte hier ebenfalls zunächst zu fragen sein, ob der Versicherer nicht auch die konkurrierenden Schadensursachen mit einem vertretbaren Kosten- und Verwaltungsaufwand berücksichtigen kann. Sollte ihm dies nicht möglich oder er hierzu nicht willens sein, ist allerdings weiter zu prüfen, ob der Versicherer zur Vermeidung von Willkür dann nicht auf die Berücksichtigung des einen leicht zu ermittelnden Risikofaktors gleichfalls verzichten und stattdessen einen Einheitstarif wählen muss (→ Rn. 35). Dazu ist er auf jeden Fall dann verpflichtet, wenn die außer Acht gelassenen Risikomerkmale für den Schadenserwartungswert kausal sind, das verwendete Merkmal hingegen bloß ein Risikoindikator, dh lediglich statistisch relevant ist.

d) Genauigkeit und Publizität der Daten

30 Im Rahmen des § 33 Abs. 5 S. 1 haben Versicherer eine besonders gesteigerte Darlegungs- und Beweislast hinsichtlich **genauer versicherungsmathematischer und statistischer Daten**. Genau sind nur Daten, die eine stichhaltige Aussage über das in Frage stehende Merkmal erlauben. Sie müssen statistisch erfasst worden sein und einen deutlichen statistischen Zusammenhang mit der Schadenserwartung haben. Die Daten müssen deshalb verlässlich sein sowie regelmäßig aktualisiert und **der Öffentlichkeit zugänglich** gemacht werden (BT-Drs. 16/1780, 45). § 10 a Abs. 2 a VAG aF, welcher ebenfalls in Umsetzung des Test-Achats-Urteil aufgehoben wurde (→ Rn. 24), sah vor: „Ein Versicherungsunternehmen, das unterschiedliche Prämien oder Leistungen für Frauen und Männer vorsieht, hat die versicherungsmathematischen und statistischen Daten zu veröffentlichen, aus denen die Berücksichtigung des Geschlechts als Faktor der Risikobewertung abgeleitet wird; diese Daten sind regelmäßig zu aktualisieren. Bei Daten, die bereits von anderen Stellen veröffentlicht worden sind, genügt ein Hinweis auf diese Veröffentlichung." Da § 33 Abs. 5 das Erfordernis genauer versicherungsmathematischer und statistischer, dh nach der Gesetzesbegründung öffentlich zugänglicher geschlechtsspezifischer Daten fortschreibt (vgl. Palandt-Heinrichs, § 33 Rn. 5), sind die Aktualisierungs- und Veröffentlichungspflichten gem. § 10 a Abs. 2 a VAG aF auch nach Einführung der Unisex-Tarife weiter relevant (aA die Bundesregierung, BT-Drs.

17/9342, 136). Für Altverträge stellt sich damit weiterhin die besonders kontrovers diskutierte Frage nach der Veröffentlichung **betriebsinterner Daten**, die Versicherungen erheben, um unter Geheimhaltung gegenüber der Konkurrenz bessere Risikokalkulationen und Angebote machen zu können (Armbrüster, Benachteiligungsverbot, S. 16 f.). Insoweit wird bei der notwendigen Interessenabwägung der Schutz von Geschäftsgeheimnissen hinter den Interessen der benachteiligten Versicherungsnehmer zurückstehen müssen (vgl. dazu auch BVerfG 28.12.1999 – 1 BvR 2203/98 – VersR 2000, 214; so auch Looschelders, in: Leible/Schlachter, S. 156; aA Weimann, in: Hey/Forst § 20 Rn. 91). Auch die Einschaltung eines neutralen, zur Verschwiegenheit verpflichteten Dritten (Aktuars, Treuhänders oder der BaFin, so der Vorschlag von Armbrüster, VersR 2006, 1297, 1306) genügt dem Öffentlichkeitserfordernis nicht. Die amtliche Begründung (BT-Drs. 16/1780, 45) hat das in Art. 5 Abs. 2 der Genderrichtlinie Zivilrecht vorausgesetzte „öffentlich" im Sinne des Urheberrechts ausgelegt, wenn dort die öffentliche Zugänglichkeit verlangt wird. Urheberrechtlich setzt eine Veröffentlichung voraus, dass ein Werk an einem öffentlich zugänglichen Ort für einen nicht von vornherein bestimmt abgegrenzten Personenkreis wahrnehmbar ist (Erbs/Kohlhaas/Kaiser, UrhG § 6 Rn. 1 f.). Dem genügt das nicht allgemein einsehbare Hinterlegen der Daten bei einer einzelnen Stelle folglich nicht (aA Armbrüster, Benachteiligungsverbot, S. 18). Anhand der Versicherungsmathematik muss der Versicherer beweisen, dass er das statistisch höhere Risiko rechnerisch korrekt in eine Beitragserhöhung oder in einen Risikozuschlag umgesetzt, dh die Merkmalsträger nicht etwa in überproportionalem Umfang ungünstiger behandelt hat. Abzulehnen ist die Ansicht, die gerichtliche Kontrolle der Datengenauigkeit sei auf unvertretbare Risikozuordnungen der Versicherer zu beschränken (mit Verweis auf die darin liegende unangemessene Verkürzung des Rechtsschutzes Armbrüster, Benachteiligungsverbot, S. 17). Zudem können sich bei Dauerschuldverhältnissen die Rechtfertigungsvoraussetzungen im Laufe der Zeit mit der Folge ändern, dass die Rechtfertigung entfällt. Wenn sich die Vermutung bestätigt, dass das Geschlecht aufgrund geänderter Lebensweisen bzw. Arbeitsteilung zwischen Männern und Frauen kein bestimmender Faktor für die Lebenserwartung usw ist (Schlussanträge der GA Kokott vom 30.9.2010 – Rs. C-236/09; BGH 8.3.2017 – XII ZB 697/13 – NJW 2017, 2547; → Rn. 27 f.), können auch Altverträge geschlechtseinheitlich zu behandeln sein, weil die Rechtfertigungsvoraussetzungen des § 33 Abs. 5 S. 1 entfallen sind. Das Gleiche gilt, wenn Daten zu Geschlechtsunterschieden nicht mehr relevant und genau sind. Sie müssen deshalb auf dem aktuellen Stand gehalten und nach der hier vertretenen Auffassung auch weiter veröffentlicht werden.

e) Auskunftspflicht des Versicherers

31 Es besteht eine Auskunftspflicht des Versicherers hinsichtlich der Daten, wenngleich diese in § 33 Abs. 5 S. 1 nicht ausdrücklich geregelt ist. Ein **Auskunftsanspruch des Versicherungsnehmers** ergibt sich aber jedenfalls nach allgemeinem Schuldrecht aus Treu und Glauben (§ 242 BGB), weil der Versicherungsnehmer ohne Einblick in die dem Versicherer vorliegenden Daten darüber im Ungewissen bleibt, ob ihm die aus einer etwaigen

ungerechtfertigten Schlechterbehandlung folgenden Ansprüche und Einwände zustehen. Im Unterschied zu anderen Auskunftsberechtigten braucht der Versicherungsnehmer nicht darzulegen, dass der Diskriminierungsanspruch oder -einwand, den er mithilfe der Information geltend machen will, wahrscheinlich besteht (vgl. Palandt-Heinrichs, BGB § 260 Rn. 6). Dies folgt aus dem Charakter des § 33 Abs. 5 S. 1 als Rechtfertigungsgrund, dessen Voraussetzungen derjenige darzulegen und zu beweisen hat, der sich darauf beruft, hier also der Versicherer. Der Auskunftsanspruch des Versicherungsnehmers erstreckt sich auch auf die Frage, ob der Versicherer ihn überhaupt wegen eines verpönten Merkmals ungünstiger behandelt, und auf den Umfang der Benachteiligung, dh die Höhe des Beitragsunterschieds bzw. Risikozuschlags. Denn hierbei handelt es sich um für die Vertragsentscheidung erhebliche Umstände, über die der Versicherer aufklären muss (vgl. zur Verletzung der Beratungspflicht bei fehlendem Hinweis auf das Alter als Ablehnungsgrund LG Stuttgart 17.11.2000 – 12 O 359/00 – VersR 2002, 835).

f) Vereinbarkeit des § 33 Abs. 5 S. 1 mit höherrangigem Recht

32 An der Vereinbarkeit geschlechtsspezifischer Versicherungsbedingungen mit höherrangigem Recht bestanden schon bei Inkrafttreten des § 20 Abs. 2 S. 1 aF Zweifel. **Unisex-Tarife** waren zu diesem Zeitpunkt nur für die Pflegeversicherung (§ 23 iVm § 110 Abs. 1 Nr. 2 lit. d, Abs. 3 Nr. 3 SGB XI) und seit 2006 für die Riester-Rente (§ 1 Abs. 1 S. 1 Nr. 2 AltZertG – Altersvorsorgeverträge-Zertifizierungsgesetz; zur verfassungsrechtlichen Problematik der Übergangsregelung vgl. Temming, ZESAR 2005, 72, 77 ff.) gesetzlich vorgeschrieben. Diese Zweifel bestehen hinsichtlich der in Altverträgen fortgeltenden geschlechtsdifferenzierenden Tarife namentlich hinsichtlich des grundgesetzlichen Gleichbehandlungs- und Gleichstellungsgebotes nach Art. 3 Abs. 2, 3 GG und/oder aufgrund des unionsrechtlichen Gebotes der Entgeltgleichheit für Männer und Frauen in Art. 157 AEUV sowie dem Diskriminierungsverbot wegen des Geschlechts und dem Gleichheitsgrundsatz von Männern und Frauen (Art. 21, 23 EU-GRC), fort (für die Unvereinbarkeit Wrase/Baer, NJW 2004, 1623, 1625; in diese Richtung tendierend auch Hensche, NZA 2004, 828, 829; wohl auch Schiek-Schiek, § 20 Rn. 10; aA Looschelders, in: Leible/Schlachter, S. 151 f.). Das europäische Primärrecht (Art. 157 AEUV sowie Art. 21, 23 EU-GRC) und Art. 3 GG haben Anwendungsvorrang vor dem einfachgesetzlichen § 33 Abs. 5 S. 1. Der EuGH hat die Frage nach der Vereinbarkeit mit EU-Primärrecht nicht beantwortet, da er Art. 5 Abs. 2 der Gender-Richtlinie Zivilrecht gleichsam nur auf die innere Kohärenz mit den Richtlinienzielen geprüft hat (→ Rn. 24).

33 Handelt es sich bei einem Altvertrag über eine private Rentenversicherung um eine **betriebliche Altersversorgung**, bestimmt sich die Vereinbarkeit mit höherrangigem Recht wegen des Entgeltcharakters der betrieblichen Altersversorgung vorrangig nach Art. 157 AEUV, wonach es keine geringere monatliche Altersrente für Frauen bei gleicher oder gleichwertiger Arbeit geben darf. Entsprechendes gilt für Regelungen der Beamtenversorgung, bei denen das BVerwG grundsätzliche Zweifel an der Vereinbarkeit mit Art. 157 AEUV geäußert hat, wenn diese unterschiedliche Sterbetafeln für

Männer und Frauen zur Ermittlung der statistischen Lebenserwartung zugrunde legen (BVerwG 5.9.2013 – 2 C 47/11 – NVwZ-RR 2014, 394). Für die Vereinbarkeit von Geschlechterunterschieden in berufsbezogenen privaten Rentenversicherungen mit höherrangigem Recht gelten darüber hinaus aus Gründen der Rechtseinheit die gleichen Maßstäbe wie für außerberufliche Rentenversicherungen; es wird auch das Test-Achats-Urteil zu beachten sein, obwohl es sich ausdrücklich nur auf die Gender-Richtlinie Zivilrecht bezieht (BGH 8.3.2017 – XII ZB 697/13 – NJW 2017, 2547; Jurk/Wilhelm, BB 2012, 381, 382; Temming, BetrAV 2012, 391, 395; Birk, DB 2011, 819, 820; zur unterschiedlichen Anwendbarkeit der arbeitsrechtlichen und zivilrechtlichen Benachteiligungsverbote bei Versicherungen mit Erwerbsbezug → § 19 Rn. 43). Art. 9 Abs. 1 Buchst. h der Gender-Richtlinie nF, der ebenfalls geschlechtsspezifische Berechnungen in Versicherungen ohne zeitliche Grenze zulässt, entspricht jedoch dem für ungültig erklärten Art. 5 Abs. 2 der Gender-Richtlinie Zivilrecht (in diese Richtung wohl auch EuGH 3.9.2014 – Rs. C-318/13 (X), so dass man auch hier von der Unvereinbarkeit mit Art. 21, 23 EU-GRC ausgehen muss (→ Rn. 37; Temming, BetrAV 2012, 391, 394; in diese Richtung auch BGH 8.3.2017 – XII ZB 697/13 – NJW 2017, 2547). Zwar ist die Vorschrift nicht im arbeitsrechtlichen Benachteiligungsverbot des AGG umgesetzt worden (Raulf, NZA-Beilage 2012, 88, 92; Birk, BetrAV 2012, 7, 9), bei geschlechtsbezogenen Risikokalkulationen in der betrieblichen Altersversorgung wurde eine entsprechende ungeschriebene Geltung jedoch angenommen (Raulf, NZA-Beilage 2012, 88, 92 mwN; aA Birk, BetrAV 2012, 7, 9: Rechtfertigung nur nach § 8 möglich, und damit wohl nach dem entsprechenden verfassungsrechtlichen Maßstab zwingender biologischer Gründe, dazu → Rn. 34).

34 **Andere private Rentenversicherungsverträge** sind nur am Maßstab des Gleichbehandlungs- und Gleichstellungsgebotes des Art. 3 Abs. 2, Abs. 3 GG sowie Art. 21, 23 EU-GRC zu prüfen, die über die Generalklauseln des Zivilrechts und über das speziell für die Lebensversicherung (einschließlich der Rentenversicherung) geltende Gleichbehandlungsgebot des § 138 Abs. 2 VAG auch die Gestaltung privater Versicherungsverträge binden (mittelbare Drittwirkung der Grundrechte; Schiek, Differenzierte Gerechtigkeit, S. 230, 361 ff.; Wrase/Baer, NJW 2004, 1623, 1624, 1626 f.). Danach sind **geschlechtsdifferenzierende Rentenversicherungstarife unzulässig.** Sie stellen eine unmittelbare Ungleichbehandlung wegen des Geschlechts dar. Das gilt auch dort, wo das Geschlecht – aus Gründen der leichteren Handhabbarkeit – als Platzhalter für die eigentlich risikorelevanten anderen Faktoren herangezogen wird, die bei dem als Unterscheidungsfaktor benannten Geschlecht nicht immer, sondern nur statistisch häufiger auftreten (Schlussanträge der GA Kokott vom 30.9.2010 – Rs. C-236/09, Rn. 59 ff.; → Rn. 29). Nicht gefolgt werden kann der Ansicht, geschlechtsbezogene Tarife knüpften in Wirklichkeit gar nicht an das Geschlecht, sondern an andere, geschlechtsneutrale Risikofaktoren an, die bei den Angehörigen des einen Geschlechts signifikant häufiger aufträten, wie zB die höhere Lebenserwartung der Frauen (so zB v. Koppenfels-Spies, VersR 2004, 1085, 1090; Steinmeyer, NZA 2004, 1257, 1259; zweifelnd Lorenz, VW 2004, 1640, 1642); etwas anderes gilt nur für echte und eigenständige Ri-

sikofaktoren mit einer geschlechtsspezifischen Komponente wie zB das Risiko einer Brustkrebserkrankung (→ Rn. 25 zur weiterhin zulässigen medizinischen Risikoprüfung sowie Leitlinien vom 22.12.2011 – K(2011)9497, S. 6 Rn. 17). An diesem Ergebnis kann die Platzhalterfunktion des Geschlechts nichts ändern. Denn die Angehörigen des jeweiligen Geschlechts werden dann nicht mehr als Individuen, sondern als Gruppe behandelt. Nach Art. 3 Abs. 3 GG darf indessen „niemand" wegen seines Geschlechtes benachteiligt werden, wozu das Recht gehört, unbenachteiligt anders zu sein als andere Mitglieder der Gruppen, denen man nach den in dieser Bestimmung genannten Merkmalen angehört (BVerfG 7.11.2008 – 2 BvR 1870/07 – NJW 2009, 661, 663). Der Sinn des Diskriminierungsverbots besteht ua gerade darin, die Gruppenzugehörigkeit aus der Betrachtung auszuschließen und so das Individuum vor Vorurteilen und vor gruppenbezogenen Nachteilen zu schützen (Hensche, NZA 2004, 832; Schiek, Differenzierte Gerechtigkeit, S. 232 ff.; Temming, ZESAR 2005, 72, 74; Wrase/Baer, NJW 2004, 1623, 1624; so im Ergebnis auch Begründung des Kommissionsvorschlags zur Gender-Richtlinie Zivilrecht, abgedruckt in VersR 2004, 39, 42 f.; vgl. UK House of Lords 9.12.2004 – UKHL 55 – R v. Immigration Officer ... and others: „Treating an individual on the basis of a stereotype can be discriminatory, regardless of whether the stereotype is accurate or otherwise."). Eine geschlechtsbezogene Ungleichbehandlung ist aber nach der Rechtsprechung des BVerfG nur zulässig, soweit sie zur Lösung von Problemen, die ihrer Natur nach nur entweder bei Männern oder bei Frauen auftreten können, zwingend erforderlich ist. Sofern bei einer direkten Diskriminierung eine Rechtfertigung überhaupt möglich ist, reichen also soziale Befunde, die dem tradierten Rollenverständnis von Mann und Frau entsprechen, dh verhaltensbedingte Unterschiede, nicht aus (BVerfG 28.1.1992 – 1 BvR 1025/82 – NZA 1992, 270). Vielmehr kommen als Rechtfertigungsgründe **nur biologische Unterschiede** in Betracht (BGH 8.3.2017 – XII ZB 697/13 – NJW 2017, 2547; Felix/Sangi, ZESAR 2011, 257, 260), die im Übrigen nicht gefolgert werden dürfen aus einer statistisch deutlichen Häufung einer Eigenschaft bei einem Geschlecht (BVerfG 7.11.2008 – 2 BvR 1870/07 – NJW 2009, 661). Die längere Lebenserwartung der Frauen beruht indessen nach allgemeiner Ansicht – wenn überhaupt – zum geringeren Teil auf biologischen, im Übrigen aber auf psychosozialen und Verhaltensgründen (so auch BGH 8.3.2017 – XII ZB 697/13 – NJW 2017, 2547; vgl. nur Looschelders, VersR 2011, 421, 425 mwN; Schiek, Differenzierte Gerechtigkeit, S. 225; Temming, ZESAR 2005, 72, 74). Hinsichtlich des etwaigen biologischen Anteils kommt es darauf an, ob ein zwingender Grund für eine geringere Altersrente der Frauen gegeben ist.

35 Mit dem Standard des **zwingenden Grundes** wird eine geschlechtsbezogene Benachteiligung einer strengen Verhältnismäßigkeitsprüfung unterworfen. Zwingende versicherungstechnische Gründe, insbesondere die dauernde Erfüllbarkeit der Leistungspflicht des Versicherers, stehen einer Einheitsprämie nicht entgegen (Schiek, Differenzierte Gerechtigkeit, S. 215; Felix/Sangi, ZESAR 2011, 257, 261; aA Wandt, VersR 2004, 1341, 1345). Dies zeigt schon die langjährige Verwendung von Unisex-Tarifen in anderen Mitgliedstaaten, zB für die Krankenversicherung in Frankreich und Groß-

britannien (Begründung des Kommissionsvorschlags VersR 2004, 39, 42) sowie in Dänemark und Irland (dort mit Risikoausgleich) und für die Rentenversicherung in Frankreich (Rothgang/Höppner/Borchert/Becker/Glaeske, S. 87), wie auch die Tatsache, dass in den USA mehrere Bundesstaaten Geschlechtsdiskriminierung im Versicherungswesen verboten haben. Auch andere zwingende Gründe sind nicht ersichtlich. Es ist nicht geboten, das auch der Privatversicherung immanente Prinzip des Ausgleichs zwischen guten und schlechten Risiken, welches von den Versicherern zB hinsichtlich von Erbkrankheiten durch Verzicht auf Gentests bewusst praktiziert wird, gerade bei der unterschiedlichen Lebenserwartung von Männern und Frauen enden zu lassen (Schlussanträge des GA van Gerven vom 28.4.1993 – Rs. C-109/91 (Ten Oever) – Slg 1993, I-4893 Rn. 35 ff.). Das auf die Angleichung der Lebensverhältnisse von Männern und Frauen zielende Gleichstellungsgebot des Art. 3 Abs. 2 S. 2 GG (BVerfG 18.11.2003 – 1 BvR 302/96 – BVerfGE 109, 64) gebietet eher das Gegenteil. Schließlich liefert auch das Argument, der Versicherer dürfe das Geschlecht als Risikoindikator benutzen, weil keine besseren Faktoren praktikabel seien (→ Rn. 29), keinen zwingenden Grund. Praktische Schwierigkeiten erkennt das BVerfG nur dann als zwingende Gründe an, wenn sie unüberwindbar sind, nicht aber, wenn sie lediglich unter Zweckmäßigkeitsaspekten berechtigt sind (BVerfG 25.10.2005 – 2 BvR 524/01 – BVerfGE 114, 357; allenfalls Schwierigkeiten, aber keine unüberwindbaren Hindernisse bringen alternative Risikodifferenzierungen in der Praxis mit sich, Armbrüster, Benachteiligungsverbot, S. 41 ff.). Falls der Versicherer wirklich nur mittels einer geschlechtsbezogenen Statistik differenzieren kann, muss er auf eine Differenzierung ganz verzichten und eine Einheitsprämie wählen (→ Rn. 29). Dafür spricht auch, dass die Umsetzung des „Test-Achats-Urteils" nach einem Bericht der Kommission europaweit nur unerhebliche bzw. moderate Auswirkungen auf die Preisgestaltung im Versicherungswesen hatte (Bericht vom 5.5.2015 über die Anwendung der Richtlinie 2004/113/EG, COM(2015) 190 final, S. 13). Ganz offenbar können Privatversicherungen auch unter einer Unisex-Regel versicherungswirtschaftlich betrieben werden.

36 Fehlt es an zwingenden Gründen für eine Ungleichbehandlung, lässt sich diese nur noch im Wege einer Abwägung mit kollidierendem Verfassungsrecht legitimieren (BVerfG 25.10.2005 – 2 BvR 524/01 – BVerfGE 114, 357). Art. 3 Abs. 2, Abs. 3 GG sind gegenüberzustellen die Berufs- und Unternehmensfreiheiten der Versicherungen nach Art. 12 Abs. 1 GG und subsidiär Art. 2 Abs. 1 GG (Wrase/Baer, NJW 2004, 1623, 1626). Der Eingriff in diese Freiheiten wiegt allerdings nicht schwer genug (auch nicht bei der befürchteten adversen Selektion (→ § 20 Rn. 37), Wallrabenstein, in: Brömmelmeyer, S. 108), da die Versicherungen lediglich anders kalkulieren müssen. Ihnen wird nicht die Risikokalkulation an sich verboten (Wrase/Baer, NJW 2004, 1623, 1626; vgl. zu alternativen Risikodifferenzierungen Armbrüster, Benachteiligungsverbot, S. 41 ff.).

37 Auch im Rahmen der Art. 21, 23 EU-GRC kommt eine Ungleichbehandlung wegen des Geschlechts nur in Betracht, wenn sie mit klar geschlechtsspezifischen – und deshalb wohl biologisch begründeten – Unterschieden

zwischen Männern und Frauen belegt werden kann (Schlussanträge der GA Kokott vom 30.9.2010 – Rs. C-236/09, Rn. 60 ff.; Mönnich, VersR 2011, 1092, 1093; Temming, BetrAV 2012, 391, 397). Das ist bei statistischen Geschlechtsunterschieden, die Ausdruck veränderbarer Ernährungs- und Konsumgewohnheiten usw sein können, nicht der Fall. Da der EuGH das Verbot der Geschlechtsdiskriminierung besonders streng prüft (insbesondere bei der Entgeltgleichheit, Däubler-Schiek, Einl. Rn. 410; Temming, BetrAV 2012, 391, 397), dürfte er die Verwendung des Geschlechts, wenn es stellvertretend für schwerer ermittelbare Risikofaktoren steht, als nicht erforderlich und damit unvereinbar mit Art. 21, 23 EU-GRC ansehen (Schlussanträge der GA Kokott vom 30.9.2010 – Rs. C-236/09, Rn. 67 f.; Temming, BetrAV 2012, 391, 397).

38 Für die private Krankenversicherung muss in rechtlicher Hinsicht dasselbe gelten. Frauen sind nicht biologisch krankheitsanfälliger als Männer (Wrase/Baer, NJW 2004, 1623, 1625). Der Faktor Geschlecht scheint weder bestimmend noch relevant zu sein. So wird die unterschiedliche Inanspruchnahme von Gesundheitsleistungen weniger vom biologischen Geschlecht als vielmehr von individuellen (psychosozialen) Faktoren beeinflusst (Dörfler/Wende, ZVersWiss 2010, 17, 38). Weibliche Versicherte verursachen tendenziell im Kindesalter geringere, im mittleren Alter höhere und im höheren Alter wieder geringere Kosten als männliche Versicherte (vgl. WIP-Diskussionspapier 1/16, S. 8, 11, 13, http://www.wip-pkv.de/fileadmin/user_upload/Mehrumsatz_und_Leistungsausgaben_2016.pdf, letzter Zugriff: 24.2.2017). Der Zahlenbericht der privaten Krankenversicherung 2015 weist dagegen einen geschlechtsspezifischen Kostenunterschied aus, wenn auch keinen gewichtigen. Danach verursachen Frauen, die am Vollversichertenbestand einen Anteil von 31,51 % haben, 38,49 % der Versicherungskosten, während auf Männer (50,54 % der Versicherten) 54,69 % der Kosten entfallen. Die übrigen 6,82 % der Kosten werden von Kindern (17,95 % der Versicherten) verursacht (Zahlenbericht der privaten Krankenversicherung 2015, S. 27, 56).

g) Rechtsetzungserfordernis für Altverträge?

39 Hält man Männer- und Frauentarife nicht schon wegen Verstoßes gegen Art. 3 GG sowie Art. 21, 23 EU-GRC für unwirksam, so stellt sich die Frage, ob ein Rechtsetzungserfordernis besteht, Unisex-Tarife im Privatversicherungsrecht auch für Altverträge allgemein vorzuschreiben anstelle und im Gegensatz zu der Übergangsregelung in § 33 Abs. 5 S. 1. Dies könnte sich sowohl aus dem Test-Achats-Urteil des EuGH als auch aus dem an den Staat gerichteten Gebot des Art. 3 Abs. 2 S. 2 GG ergeben, die Angleichung der tatsächlichen Lebensverhältnisse von Männern und Frauen zu fördern (dagegen Wandt, VersR 2004, 1341, 1346). Durch § 33 Abs. 5 S. 1 werden Altverträge langfristig der Unisex-Regel entzogen sein, weil Kündigung und Neuabschluss für die Versicherungsnehmer häufig unwirtschaftlich sein werden (Mönnich, VersR 2011, 1092, 1098 ff.). Das dürfte nicht im Sinne des EuGH sein, der gerade die zeitliche Unbegrenztheit geschlechtsbezogener Ausnahmen für unvereinbar mit den EU-Grundrechten befunden hat (Lüttringhaus, EuZW 2011, 296, 299). Diskutiert wird auch, ob der Staat, wenn er den Leistungsumfang der gesetzlichen, auf Gleichbe-

handlung bzw. Solidarität der Geschlechter beruhenden Sozialversicherung verringert und die Bürger zur Ergänzung ihrer Alters- und Gesundheitsvorsorge auf den privaten Versicherungsmarkt verweist („dritte Säule"), das sozialversicherungsrechtliche Verbot geschlechtsdifferenzierender Beiträge im Wege zivilrechtlicher Gesetzgebung auf die private Versicherungswirtschaft ausdehnen muss (dafür Temming, ZESAR 2005, 72, 75; vgl. auch Begründung des Kommissionsvorschlags, VersR 2004, 39, 43; dagegen zB Lorenz, VW 2004, 1640; vermittelnd, nämlich für die Aufrechterhaltung der sozialversicherungsrechtlichen Prinzipien nur bei der Grundsicherung, Raulfs/Gunia, NZA 2003, 534, 538). Eine rückwirkende Anpassung von Altverträgen an die Unisex-Regel ist nicht angebracht, da in die Geltung der Ausnahmen von dieser Regel nach Art. 5 Abs. 2 der Gender-Richtlinie Zivilrecht bzw. § 20 Abs. 2 S. 1 aF bis zum Test-Achats-Urteil ein schützenswertes Vertrauen gebildet wurde und gebildet werden durfte (Temming, BetrAV 2012, 391, 399; Felix/Sangi, ZESAR 2011, 257, 263). Auch geht das BVerfG bei mit Art. 3 Abs. 3 GG unvereinbaren Allgemeinen Versicherungsbedingungen nicht von einer Unwirksamkeit ex tunc aus, weil einerseits die Gestaltungsspielräume des Gesetzgebers bei der Beseitigung von Verstößen gegen Gleichheitsrechte und andererseits Störungen des finanziellen Gleichgewichts im Versicherungssystem sowie die Grundrechtspositionen anderer Versicherter zu berücksichtigen sind (BVerfG 28.4.2011 – 1 BvR 1409/10 – NJW 2011, 2639). Abzulehnen ist daher eine Anwendung der Unisex-Regel auf Altverträge ab dem Zeitpunkt des Inkrafttretens der Gender-Richtlinie Zivilrecht am 21.12.2007, selbst wenn diese gegen GG und EU-GRC verstoßen (aA Purnhagen, NJW 2013, 113, 114 ff.). Mit Ungültigkeit des Art. 5 Abs. 2 der Gender-Richtlinie Zivilrecht bzw. § 20 Abs. 2 S. 1 aF zum 21.12.2012 besteht allerdings ein Rechtsetzungserfordernis, Altverträge ab diesem Zeitpunkt auf Unisex umzustellen (Birk, DB 2011, 819, 819; Felix/Sangi, ZESAR 2011, 257, 263).

Gesetz zur Förderung der Entgelttransparenz zwischen Frauen und Männern (Entgelttransparenzgesetz – EntgTranspG)[1]

Vom 30. Juni 2017 (BGBl. I S. 2152)
(FNA 800-30)

Literatur:

Achatz, Juliane/Gartner, Hermann/Glück, Timea, Bonus oder Bias? Mechanismen geschlechtsspezifischer Entlohnung, Kölner Zeitschrift für Soziologie und Sozialpsychologie 2005, Vol. 57, 466–493; *Allmendinger, Jutta/Leuze, Kathrin/Blank, Joanna M.*, 50 Jahre Geschlechtergerechtigkeit und Arbeitsmarkt, in: bpb (Hrsg.), Aus Politik und Zeitgeschichte 24–25/2008, S. 18; *Auspurg, Katrin/Hinz, Thomas/Sauer, Carsten*, Why Should Women Get Less? Evidence on the Gender Pay Gap from Multifactorial Survey Experiments, American Sociological Review 2017, Vol. 82(1), S. 179–210; *Benecke, Martina*, Umfang und Grenzen des Maßregelungsverbots und des Verbots der „Viktimisierung". Der Konflikt nach dem Konflikt, NZA 2011, 481; *Bischoff, Sonja*, Wer führt in (die) Zukunft? Männer und Frauen in Führungspositionen der Wirtschaft in Deutschland – die 5. Studie, Deutsche Gesellschaft für Personalführung (Hrsg.), Bielefeld 2010; *BMSFSJ* (Hrsg.), Das Entgelttransparentgesetz. Ein Leitfaden für Arbeitgeber sowie für Betriebs- und Personalräte, Berlin 2017; *BMSFSJ* (Hrsg.), Transparenz für mehr Entgeltgleichheit. Einflüsse auf den Gender Pay Gap (Berufswahl, Arbeitsmarkt, Partnerschaft, Rollenstereotype und Perspektiven der Bevölkerung für Lohngerechtigkeit zwischen Frauen und Männern, Berlin 2015; *BMSFSJ* (Hrsg.), Entgeltungleichheit zwischen Frauen und Männern in Deutschland. Dossier, Berlin 2009, online: https://www.bmfsfj.de/blob/93658/c1757c72aacc7f34f2d0e96d5414aee2/entgeltungleichheit-dossier-data.pdf (10.2.2018); *Böttger, Barbara*, Das Recht auf Gleichheit und Differenz: Elisabeth Selbert und der Kampf der Frauen um Art. 3.2. Grundgesetz, Münster 1990; *Boemke, Burkhard/Danko, Franz-Ludwig*, AGG im Arbeitsrecht, Heidelberg 2007; *Boll, Christina/Leppin Julian S.*, Die geschlechtsspezifische Lohnlücke in Deutschland: Umfang, Ursachen und Interpretation. Wirtschaftsdienst, Nr. 4/2015, S. 249–254, online: https://archiv.wirtschaftsdienst.eu/jahr/2015/4/die-geschlechtsspezifische-lohnluecke-in-deutschland-umfang-ursachen-und-interpretation/ (13.8.2017); *Busch, Anne*, Der Einfluss der beruflichen Geschlechtersegregation auf den „Gender Pay Gap". Zur Bedeutung geschlechtlich konnotierter Arbeitsinhalte, Kölner Zeitschrift für Soziologie und Sozialpsychologie (Köln Z Soziol) 2013, Vol. 65, 301–338; *Busch, Anne/Holst, Elke*, Der Gender Pay Gap in Führungspositionen: Warum die Humankapitaltheorie zu kurz greift, Femina Politica 2010, Vol. 19, 91–102; *Carl, Andrea-Hilla/Krehnke, Anna*, Geschlechterdiskriminierung bei der betrieblichen Grundentgeltfindung. Positionen und Perspektiven von Management, Betriebsrat und Beschäftigten, Wiesbaden 2004; *Cohen, Philip N./Huffman, Matt L.*, Working for the woman? Female managers and the Gender Wage Gap. American Sociological Review 2007, Vol. 72, S. 681–704; *Colneric, Ninon*, Entgeltgleichheit und Outsourcing. Die Urteile Lawrence und Allonby des EuGH, in: Kohte, Wolfhard/Dörner, Hans-Jürgen/Anzinger, Rudolf (Hrsg., Arbeitsrecht im sozialen Dialog, Festschrift für Hellmut Wißmann zum 65. Geburtstag, München 2005, S. 535–545; *Däubler, Wolfgang*, Lohngleichheit von Mann und Frau als Rechtsproblem, AuR 1981, 193–202; *Däubler, Wolfgang/Bonin, Birger/Deinert, Olaf* (Hrsg.), AGB-Kontrolle im Arbeitsrecht. Kommentar zu den §§ 305 bis 310 BGB, 4. Aufl., München 2014 (zitiert: Däubler/Bonin/Deinert-Bearbeiter); *Degner, Theresia*, Der Streit um Gleichheit und Differenz in der Bundesrepublik Deutschland seit 1945, in: Gerhard, Ute (Hrsg.), Frauen in der Geschichte des Rechts. Von der frühen Neuzeit bis zur Gegenwart, S. 871–899; *DGB*, Stellungnahme des Deutschen Gewerkschaftsbundes zum Entwurf des Gesetzes zur Förderung der Transparenz von Entgeltstrukturen zwischen Frauen und Männern, 22.2.2017; *Dieterich, Thomas*, Die Grundrechtsbindung von Tarifverträgen, in: Schlachter, Monika (Hrsg.), Tarifautonomie für ein neues Jahrhundert, Festschrift für Günther Schaub zum 65. Geburtstag, München 1998, S. 117–134;

1 Verkündet als Art. 1 G zur Förderung der Transparenz von Entgeltstrukturen v. 30.6.2017 (BGBl. I, 2152); Inkrafttreten gem. Art. 3 dieses G am 6.7.2017.

Drohsel, Petra, Die Lohndiskriminierung der Frauen, Marburg 1986; *Eberling, Antje*, Unwirksame AGB-Verpflichtung zur Verschwiegenheit über Arbeitsvergütung. Anmerkung zu LAG-Rostock v. 21.10.2009 – 2 SA 183/09, jurisPR-ArbR 28/2010, Anm. 2; *Ehlscheid, Christoph/Meine, Hartmut/Ohl, Kay* (Hrsg.), Handbuch Arbeit – Entgelt – Leistung. Tarifanwendung im Betrieb, Frankfurt/M., 2006; *Eurostat*, Gender pay gap statistics, online: http://ec.europa.eu/eurostat/statistics-explained/index.php/Gender_pay_gap_statistics#Main_statistical_findings (29.7.2017); *Franzen, Martin*, Anwendungsfragen des Auskunftsanspruchs nach dem Entgelttransparenzgesetz (EntgTranspG), NZA 2017, 814–819; *Fuchs, Harald/Köstler, Roland/Pütz, Lasse*, Handbuch zur Aufsichtsratswahl. Wahlen der Arbeitnehmervertreter nach dem Mitbestimmungsgesetz und dem Drittelbeteiligungsgesetz, 6. Aufl., Frankfurt/M. 2016; *Göpfert, Burkhard/Pfister, Sina*, Entgelttransparenz und Business Judgment – erste Hinweise zum Umgang mit einem „Gender-Gap“, ZIP 30/2017, 1401–1405; *Grabenwarter, Christoph* (Hrsg.), Europäischer Grundrechteschutz, Enzyklopädie Europarecht Band 2, Baden-Baden 2014 (zitiert: Grabenwarter-Bearbeiter); *Grabka, Markus/Jotzo, Björn/Rasner, Annika/Westermeier, Christian*, Der Gender Pension Gap verstärkt die Einkommensungleichheit von Männern und Frauen im Rentenalter, DIW-Wochenbericht 5/2017, S. 87–96; *Grimm, Veronika/Lang, Julia/Stephan, Gesine*, Tarifverträge und die Lohnlücke zwischen Männern und Frauen: Empirische Evidenz aus Zerlegungsanalysen, Industrielle Beziehungen (IB) 2016, Vol. 23/3, S. 309–333; *Heinrich, Juliane*, Gleicher Lohn für gleiche Arbeit. Entgeltgleichheit als Kriterium in der öffentlichen Auftragsvergabe des Bundes, Brühl 2009; *Helm, Rüdiger/Becker, Christian/Huberl, Michael/Müller, Andreas/Müller, Thomas*, Entgeltgerechtigkeit durch Implementierungsmethoden, AuR 1/2018, 18–23; *Herb, Anja*, Gesetz für die gleichberechtigte Teilhabe an Führungspositionen – Umsetzung in der Praxis, DB 4/2015, 964–870; *Jaehrling, Karen*, Wo das Sparen am leichtesten fällt – Reinigungs- und Pflegehilfskräfte im Krankenhaus, in: Bosch, Gerhard (Hrsg.), Arbeiten für wenig Geld. Niedriglohnbeschäftigung in Deutschland, Frankfurt 2007, S. 175–210; *Joachimiak, Walter*, Frauenverdienste – Männerverdienste: Wie groß ist der Abstand wirklich?, in: STATmagazin: Verdienste und Arbeitskosten 03/2013, Wiesbaden, online: https://www.destatis.de/DE/Publikationen/STATmagazin/VerdiensteArbeitskosten/2013_03/PDF2013_03.pdf?__blob=publicationFile (13.2.2018); *Jochmann-Döll, Andrea*, Entgelttransparenz herstellen und Entgeltgleichheit prüfen – mit eg-check.de, RdA 2017, 169–177; *Jochmann-Döll, Andrea*, Gleicher Lohn für gleichwertige Arbeit: ausländische und deutsche Konzepte und Erfahrungen, München 1990; *Jochmann-Döll, Andrea/Ranftl, Edeltraud*, Impulse für die Entgeltgleichheit?, Berlin 2010; *Klenner, Christina*, Gender Pay Gap – die geschlechtsspezifische Lohnlücke und ihre Ursachen, WSI-Policy Brief 7/2016, Düsseldorf 2016, online: https://www.boeckler.de/pdf/p_wsi_pb_7_2016.pdf (13.2.2018); *Kocher, Eva*, Das Entgelttransparenzgesetz: ein Gesetz (nur) für Betriebsräte?, AuR 1/2018, 8–18; *Kocher, Eva*, Entgeltgleichheit nach Art. 157 AEUV. Anmerkung zur Entscheidung des LAG Baden-Württemberg vom 21.10.2013 – 1 Sa 7/13, ZESAR 3/2014, 142–145; *Kocher, Eva*, Grundsatz der Entgeltgleichheit im AGG, in: Klammer, Ute/Motz, Markus (Hrsg.), Neue Wege – Gleiche Chancen. Expertisen zum Ersten Gleichstellungsbericht der Bundesregierung, Wiesbaden 2011, S. 165–198; *Kocher, Eva*, Tarifliche Übergangsregelungen im Interesse des Diskriminierungsschutzes. Grenzen der europarechtlichen Zulässigkeit, ZESAR 2011, 265–271; *Kocher, Eva* et al (Sachverständigenkommission zum Zweiten Gleichstellungsbericht der Bundesregierung), Erwerbs- und Sorgearbeit Gutachten für den Zweiten Gleichstellungsbericht der Bundesregierung gemeinsam neu gestalten, Berlin 2017, online: www.gleichstellungsbericht.de/gutachten2gleichstellungsbericht.pdf (10.3.2018); *Kocher, Eva/Porsche, Stefanie/Wenckebach, Johanna*, Mittelbare Geschlechtsdiskriminierung bei der Besoldung von Grundschullehrkräften nach A 12. Gutachten für die GEW, Frankfurt/M. 2016, online: https://www.gew.de/fileadmin/media/publikationen/hv/Gleichstellung/Verschiedenes/Rechtsgutachten_Kocher_2016-web.pdf (20.2.2018); *Krell, Gertraude*, Entgelt(un)gleichheit: Grundfragen und Grundlagen, in: Krell, Gertraude/Sieben, Barbara/Ortlieb, Renate (Hrsg.), Chancengleichheit durch Personalpolitik, 6. Aufl., Wiesbaden 2011, S. 331–342; *Krell, Gertraude/Winter, Regine*, Anforderungsabhängige Entgeltdifferenzierung: Orientierungshilfen auf dem Weg zu einer diskriminierungsfreieren Arbeitsbewertung, in: Krell, Gertraude/Sieben, Barbara/Ortlieb, Renate (Hrsg.), Chancengleichheit durch Personalpolitik, 6. Aufl., Wiesbaden 2011, S. 343–360; *Kuhn, Anke/Schwindling, Jan*, Eine Chance auf Lohngerechtigkeit? Was durch das neue Entgelttransparenzgesetz auf die unternehmerische

Praxis zukommt, DB 2017, 785–789; *Leimeister, Jan Marco/Zogaj, Shkodran*, Neue Arbeitsorganisation durch Crowdsourcing, Böckler-Arbeitspapier Nr. 287, Düsseldorf 2013, online: https://www.boeckler.de/pdf/p_arbp_287.pdf (2.3.2018); *Lillemeier, Sarah*, Der „Comparable Worth"-Index als Instrument zur Analyse des Gender Pay Gap. Arbeitsanforderungen und Belastungen in Frauen- und Männerberufen, WSI-Working Paper 205, Düsseldorf, Oktober 2016, online: https://www.boeckler.de/pdf/p_wsi_wp_205.pdf (10.3.2018); *Lillemeier, Sarah*, Der Entgeltgleichheit einen Schritt näher. Die EVA-Liste zur Evaluierung von Arbeitsbewertungsverfahren, BMFSFJ-Publikation (Hrsg.), Berlin 2014; *von Mangoldt, Herrmann/Klein, Friedrich/Starck, Christian* (Hrsg.), Kommentar zum Grundgesetz: GG. Präambel, Art. 1–19, 7. Aufl., München 2018 (zitiert: Bearbeiter, in: v. Mangoldt/Klein/Starck); *Meine, Hartmut/Ohl, Kay/Rohnert, Richard*, Handbuch Arbeit – Entgelt – Leistung. Entgelt-Rahmentarifverträge im Betrieb, 6. Aufl., Frankfurt/M. 2014; *Meine, Hartmut/Sadowsky, Robert/Schulz, Hartmut*, „Wird bezahlt, was verlangt wird?" Eingruppierung, Arbeitsbewertung, Qualifikation, in: Ehlscheid, Christoph/Meine, Hartmut/Ohl, Kay (Hrsg.), Handbuch Arbeit – Entgelt – Leistung. Tarifanwendung im Betrieb, Frankfurt/M., 2006, S. 98–201; *Nipperdey, Hans Carl*, Gleicher Lohn der Frau für gleiche Leistung, Köln 1951; *Oerder, Lena*, Zur Entgeltgleichheit von Frauen und Männern. Rechtssoziologische Erkenntnisse und Analysen neuer Informationsrechte, Baden-Baden 2015; *Oechsler, Walter, A.*, Personal und Arbeit. Grundlagen des Human Resource Management und der Arbeitgeber-Arbeitnehmer-Beziehungen, München 2011; *Pfarr, Heide*, Gesetz zur Durchsetzung der Entgeltgleichheit im Parlament, djbZ 3/2012, 97–101; *Pfarr, Heide*, Entgeltgleichheit in kollektiven Entgeltsystemen. Aufgabe für die Tarifparteien, die Rechtsprechung, aber auch die Gesetzgebung, in: Oetker, Hartmut/Preis, Ulrich/Rieble, Volker, 50 Jahre Bundesarbeitsgericht, München 2004, S. 779–794, online: www.boeckler.de/pdf/wsi_pfarr_gesetzentwurf_entgeltgleichheit.pdf (10.03.2018); *Pfarr, Heide M.*, Die arbeitnehmerähnliche Person, in: Engelen-Kefer, Ursula (Hrsg.), Arbeitsrecht in der Bewährung: Festschrift für Karl Kehrmann, Köln 1997, S. 75–98; *Pfarr, Heide M./Bertelsmann, Klaus*, Diskriminierung im Erwerbsleben. Ungleichbehandlungen von Frauen und Männern in der Bundesrepublik Deutschland, Baden-Baden 1989; *Pfarr, Heide/Bertelsmann, Klaus*, Lohngleichheit. Zur Rechtsprechung bei geschlechtsspezifischer Entgeltdiskriminierung, Stuttgart (u.a.) 1981; *Pütz, Lasse/Weckes, Marion*, Geschlechtergerechtigkeit erfordert mehr! Anmerkungen zur starren Geschlechterquote für Aufsichtsräte, WSI-Mitt. 8/2014, 637–644; *Ranftl, Edeltraud/Buchinger, Birgit/Gschwandtner, Ulrike/Meggeneder, Oskar* (Hrsg.), Gleicher Lohn für gleichwertige Arbeit. Praktische Beispiele diskriminierungsfreier analytischer Arbeitsbewertung, München und Mehring 2002; *REFA* Methodenlehre der Betriebsorganisation: Teil Anforderungsübermittlung (Arbeitsbewertung), München 1987; *v. Roetteken, Torsten*, Unionsrechtliche Aspekte des Schadensersatzes und der Entschädigung bei Diskriminierungen, NZA-RR 2013, 337–346; *Sacksofsky, Ute*, Mittelbare Diskriminierung und das Allgemeine Gleichbehandlungsgesetz. Expertise für die Antidiskriminierungsstelle des Bundes, 2010, online: www.antidiskriminierungsstelle.de/RedaktionBMFSFJ/RedaktionADS/PDF-Anlagen/20100913-expertise-mittelbare-diskriminierung,property=pdf,bereich=ads,sprache=de,rwb=true.pdf (1.3.2018); *Schiek, Dagmar* (Hrsg.), Allgemeines Gleichbehandlungsgesetz (AGG). Ein Kommentar aus europäischer Perspektive, München 2007 (zitiert: Schiek-Bearbeiter); *Schiek, Dagmar*, Zweites Gleichberechtigungsgesetz für die Privatwirtschaft, Textausgabe mit Kurzkommentierung, Köln 1995; *Schlachter, Monika*, Kommentierung EntgTranspG, in: Müller-Glöge/Preis/Schmidt (Hrsg.), Erfurter Kommentar zum Arbeitsrecht, 18. Aufl. 2018 (zitiert: ErfK-Schlachter); *Schlachter, Monika/Heinig, Michael* (Hrsg.), Europäisches Arbeits- und Sozialrecht, Enyklopädie Europarecht Band 7, Baden-Baden 2016 (zitiert: Schlachter/Heinig-Bearbeiter); *Schlachter, Monika*, Wege zur Gleichberechtigung, München 1993; *Schmidt, Marlene*, Statement zum Thema Entgeltgleichheit, djbZ 1/2011, 4–9; *Schulz, Georg R.*, Kommt das Entgeltgleichheitsgesetz?, ArbR Aktuell 2016, 467–469; *Schmidt, Jörg*, Entgeltgleichheit – Die gesamtwirtschaftliche Perspektive. Welche Ursachen hat der Gender Pay Gap?, Institut der Deutschen Wirtschaft (IW)-Kurzbericht 3/2016, online: https://www.iwkoeln.de/studien/iw-kurzberichte/beitrag/entgeltgleichheit-die-gesamtwirtschaftliche-perspektive-welche-ursachen-hat-der-gender-pay-gap-287547?highlight=gender%252Bpay%252Bgap (13.3.2018); *Schmidt, Jörg*, Betriebliche Analyse von Lohngleichheit – mit Logib-D! Erwiderung auf Tondorf, DB, 17/2010, 957–958; *Schwarze, Jürgen/Becker, Ulrich/Hatje, Armin/Schoo, Johann* (Hrsg.), EU-Kommentar, 3. Auf., Baden-Baden 2012 (zitiert: Schwarze-Bearbeiter); *Schwitzer, Helga*, Der weite Weg zu ERA – Frauendiskriminierung in den Tarifverträgen der Metall- und Elektroindustrie, in: Hohmann-Dennhardt, Christine/Körner, Marita/Zimmer, Reingard, Geschlechtergerechtigkeit, Festschrift für Heide Pfarr, Baden-Baden 2010, S. 346–360; *von Steinau-Steinrück, Robert*, Mehr Transparenz bei den Gehältern ab Juli 2017?, NJW-Spezial 2017, 306–307; *Teichmann, Christoph/Rüb, Carolin*, Die gesetzliche Geschlechterquote in der Privatwirtschaft, BB 16/2015, 898–906; *Tondorf, Karin*, Logib-D: Anwendungsprobleme vorprogrammiert – Replik auf Dr. Jörg Schmidt, DB 17/2010, 959–960; *Tondorf, Karin*, Betriebliche Prüfung von Lohngleichheit – mit Logib-D?, DB 17/2010, 616–617; *Tondorf, Karin*, Gleiches Entgelt für gleichwertige Arbeit?, in: Ranftl, Edeltraud/Buchinger, Birgit/Gschwandtner, Ulrike/Meggeneder, Oskar (Hrsg.), Gleicher Lohn für gleichwertige Arbeit. Praktische Beispiele diskriminierungsfreier analytischer Arbeitsbewertung, München und Mehring 2002, S. 23–40; *Tondorf, Karin/Jochmann-Döll, Andrea*, Von der Entgeltdifferenz zur Entgeltgleichheit der Geschlechter?, WSI-Mitt. 3/2011, 115–122; *Tondorf, Karin/Jochmann-Döll, Andrea*, (Geschlechter-) Gerechte Leistungsvergütung? Vom (Durch-)Bruch des Leistungsprinzips in der Entlohnung, Hamburg 2005; *Waas, Bernd*, Geschlechterquoten für die Besetzung der Leitungsgremien von Unternehmen. Bewertung der aktuellen Entwürfe aus unionsrechtlicher und rechtsvergleichender Sicht, HSI-Schriftenreihe Band 3, Saarbrücken 2012; *Winter, Regine*, Gleiches Entgelt für gleichwertige Arbeit. Ein Prinzip ohne Praxis, Baden-Baden 1998; *Winter, Regine/Zimmer, Reingard*, Kommentierung § 1 TVG, in: Däubler, Wolfgang (Hrsg.), Tarifvertragsgesetz mit Arbeitnehmerentsendegesetz, Kommentar, 4. Aufl., Baden-Baden 2017 (zitiert: Däubler-Winter/Zimmer); *Wißmann, Hellmuth*, Die tarifliche Bewertung unterschiedlicher Tätigkeiten und das gemeinschaftsrechtliche Verbot der mittelbaren Geschlechtsdiskriminierung, in: Schlachter, Monika (Hrsg.), Tarifautonomie für ein neues Jahrhundert: Festschrift für Günter Schaub zum 65. Geburtstag, 1998, S. 793–810; *Zimmer, Reingard*, Betriebsräte als Akteure der Geschlechtergerechtigkeit. Betriebsverfassungsrechtliche Handlungsmöglichkeiten in Bezug auf Nichtdiskriminierung, Gleichstellung und Vereinbarkeit von Beruf und Privatleben, AuR 3/2014, 88–92.

Einleitung

I. Vorbemerkung

1 Das „Gesetz zur Förderung der Transparenz von Entgeltstrukturen" (**Entgelttransparenzgesetz**, EntgTranspG) ist am 6.7.2017 in Kraft getreten. Ausweislich seines § 1 ist beabsichtigt, „das Gebot des gleichen Entgelts für Frauen und Männer bei gleicher oder gleichwertiger Arbeit durchzusetzen". Sollte es dennoch zu einer Entgeltdiskriminierung kommen, ist diese zu beseitigen.

II. Unionsrechtlicher Hintergrund

2 Das EntgTranspG setzt die in **Art. 157 Abs. 1 AEUV** enthaltene Verpflichtung der EU-Mitgliedstaaten, „die Anwendung des **Gebots des gleichen Entgelts für Männer und Frauen bei gleicher und gleichwertiger Arbeit**" sicherzustellen, in nationales Recht um. Diese Verpflichtung ist zudem in Art. 23 Abs. 1 EU-GRC normiert, die mit Inkrafttreten des Vertrags von Lissabon seit dem 1.12.2009 gem. Art. 6 Abs. 1 EUV dem Primärrecht

gleichrangig ist. Das Gebot der Entgeltgleichheit von Männern und Frauen wurde bereits bei Gründung der Europäischen Wirtschaftsgemeinschaft 1957 mit Unterzeichnung der Römischen Verträge in Art. 119 EWG-Vertrag verankert, zum damaligen Zeitpunkt allerdings lediglich bezogen auf gleiche Arbeit. Das Motiv waren reine Wettbewerbsgründe, so wollte Frankreich Wettbewerbsverfälschungen durch Länder, in denen kein Entgeltgleichheitsgebot galt, verhindern (Grabenwarter-Schmahl, § 15 Rn. 7; Schwarze-Rebhahn, AEUV Art. 157 Rn. 1; Schmidt, djbZ 2011, 4, 5; Winter, S. 87). Da das EntgTranspG der Umsetzung des Entgeltgleichheitsgebotes des Unionsrechts dient, ist es nach Maßgabe des europäischen Rechts auszulegen (ErfK-Schlachter, § 1 Rn. 2).

3 Auf **sekundärrechtlicher Ebene** wird das Verbot der Entgeltdiskriminierung wegen des Geschlechts durch Art. 4 **RL 2006/54/EG** konkretisiert, der gegenüber Art. 14 Abs. 1 lit. c RL 2006/54/EG die lex specialis darstellt. Die Entwicklung des Sekundärrechtsschutzes auf Unionsebene gestaltet sich zu der Thematik Entgeltgleichheit wie folgt:

- Mit der Richtlinie 75/117/EWG des Rates vom 10.2.1975 zur Angleichung der Rechtsvorschriften der Mitgliedstaaten über die Anwendung des Grundsatzes des gleichen Entgelts für Männer und Frauen (ABl. EG Nr. L 45, 19) wurde das Prinzip der Entgeltgleichheit nicht nur für gleiche, sondern auch für gleichwertige Arbeit festgeschrieben. Die RL wurde ergänzt durch:
- Richtlinie 97/80/EG des Rates vom 15.12.1997 über die Beweislast bei Diskriminierung aufgrund des Geschlechts (ABl. EG Nr. L 14, 6 vom 20.1.1998), die mit der RL 98/52/EG des Rates vom 13.7.1998 (ABl. EG Nr. L 205, 66) auch auf das Vereinigte Königreich und Nordirland Anwendung fand.
- Richtlinie 76/207/EWG vom 2.2.1976 (ABl. EG Nr. L 39, 40) zur Verwirklichung des Grundsatzes der Gleichbehandlung von Männern und Frauen thematisierte zudem die Bekämpfung von Diskriminierungen wegen des Geschlechts im Bereich Beschäftigung und Beruf, überarbeitet durch die
- Richtlinie 2002/73/EG vom 23.9.2002 (geänderte Gleichberechtigungsrichtlinie; ABl. EG Nr. L 269, 15 vom 5.10.2002), die auch als erste Gender-RL bezeichnet wird.
- Diese Richtlinien wurden zu der einheitlichen **neuen Gender-Richtlinie 2006/54/EG** des Europäischen Parlaments und des Rates vom 5.7.2006 „zur Verwirklichung des Grundsatzes der Chancengleichheit und Gleichbehandlung von Männern und Frauen in Arbeits- und Beschäftigungsfragen“ zusammengefasst (ABl. EU Nr. L 204, 23 vom 26.7.2006). Ausweislich Art. 33 Abs. 1 war die RL bis zum 15.8.2008 umzusetzen; am 15.8.2009 traten die ihr zugrunde liegenden vier Richtlinien (75/117/EWG, 76/207/EWG, 86/378/EWG und 97/80/EG) außer Kraft. Seit 15.8.2008 ist in Bezug auf Diskriminierung wegen des Geschlechts diese „konsolidierte Gender-Richtlinie“ die Bezugsgröße für die unionskonforme Auslegung (zur richtlinienkonformen Auslegung → AGG Einl. Rn. 81 ff.).

III. Verfassungsrechtlicher Hintergrund

4 Art. 3 Abs. 2 S. 1 GG normiert: „Männer und Frauen sind gleichberechtigt". Zudem darf gem. Art. 3 Abs. 3 GG „niemand darf wegen seines Geschlechts, (…) benachteiligt oder bevorzugt werden." Art. 3 Abs. 2 S. 1 und Abs. 3 GG entsprechen einander (BVerfG 28.1.1987 – 1 BvR 455/82 – BVerfGE 74, 163, 179) und sind als einheitlicher Regelungskomplex zu behandeln (Epping/Hillgruber-Kischel, GG Art. 3 Rn. 183). Das Diskriminierungsverbot in Art. 3 Abs. 2 GG umfasst alle Bereiche, mithin auch das Verbot der Entgeltdiskriminierung. Diskriminierung von Frauen beim Entgelt wurde bereits 1948/49 im Parlamentarischen Rat diskutiert und vom Hauptausschuss einstimmig dem Schutzauftrag des neu zu schaffenden Grundrechts Art. 3 Abs. 2 GG aF zugeordnet, was protokollarisch festgehalten ist (vgl. StenProt. der 42. Sitzung des HptA vom 18.1.1949, S. 543, sowie: Böttger, S. 224; Maunz/Dürig-Langenfeld, GG Art. 3 Rn. 1; Nipperdey, S. 4 ff.; Pfarr/Bertelsmann, S. 43). Der Normenkomplex von Art. 3 Abs. 2 S. 1 GG und Art. 3 Abs. 3 S. 1 GG umfasst daher auch das Verbot der Diskriminierung bei der Entlohnung von Männern und Frauen (BMFSFJ 2017, S. 8; Böttger, S. 224; Degner, in: Frauen in der Geschichte des Rechts, S. 871, 872; Maunz/Dürig-Langenfeld, GG Art. 3 Rn. 1; Nipperdey, S. 4 ff.; Pfarr/Bertelsmann, S. 43). Das **Entgeltgleichheitsgebot ist** somit **bereits in der Verfassung verankert** (zum Schutz vor Diskriminierung aufgrund mittelbarer Wirkung von Grundrechten → AGG Einl. Rn. 49 ff.).

IV. Entstehungsgeschichte: Von § 612 Abs. 3 BGB zum EntgTranspG

5 Das Entgeltgleichheitsgebot wurde auf einfachgesetzlicher Ebene **1980** mit dem **Gesetz über die Gleichbehandlung von Männern und Frauen am Arbeitsplatz** (Arbeitsrechtliches EG-Anpassungsgesetz, BGBl. 1980 I, 1308 f.) in **§ 612 Abs. 3 BGB** normiert und damit in nationales Recht umgesetzt. § 612 Abs. 3 BGB (aF) lautete: „Bei einem Arbeitsverhältnis darf für gleiche oder gleichwertige Arbeit nicht wegen des Geschlechts des Arbeitnehmers eine geringere Vergütung vereinbart werden als bei einem Arbeitnehmer des anderen Geschlechts. Die Vereinbarung einer geringeren Vergütung wird nicht dadurch gerechtfertigt, dass wegen des Geschlechts des Arbeitnehmers besondere Schutzvorschriften gelten. § 611 a Abs. 1 S. 3 ist entsprechend anzuwenden". § 612 Abs. 3 BGB ergänzte das mit § 611 a BGB aF ebenfalls neu formulierte allgemeine Verbot der Diskriminierung aufgrund des Geschlechts im Arbeitsleben (umfassend zum damaligen Gesetz: Pfarr/Bertelsmann, S. 53 ff.). Damit wurden die entsprechenden EG-Richtlinien (→ Rn. 3) mit vier Jahren Verspätung umgesetzt (Winter, S. 227 mwN).

6 In Umsetzung weiterer EU-Antidiskriminierungsrichtlinien (RL 2000/43/EG, RL 2000/78/EG, RL 2002/73/EG u. RL 2004/113/EG, mittlerweile neu gefasst in RL 2006/54/EG) wurde **2006** das **Allgemeine Gleichbehandlungsgesetz** geschaffen (vom 14.8.2006, BGBl. I, 1897), das neben der Diskriminierung aufgrund des Geschlechts auch die Benachteiligung aufgrund weiterer (in § 1 AGG normierter) Merkmale untersagt (§ 7 Abs. 1 AGG). **Sämtliche Diskriminierungstatbestände wurden somit in einem Gesetz zusammengefasst,** §§ 611 a, 612 Abs. 3 S. 1 BGB aF gestri-

chen. In § 8 Abs. 2 AGG übernommen wurde lediglich der Wortlaut des ehemaligen § 612 Abs. 3 S. 2 BGB, wonach die Vereinbarung einer geringeren Vergütung für gleiche und gleichwertige Tätigkeit (wegen eines in § 1 AGG genannten Grundes) nicht dadurch gerechtfertigt wird, dass auf einen dieser Gründe bezogen besondere Schutzvorschriften gelten.

7 Auch wenn der **Grundsatz der Gleichheit des Entgelts von Frauen und Männern im AGG** Erwähnung findet (vgl. § 2 Abs. 2 Nr. 1 AGG sowie § 8 Abs. 2 AGG) und somit unzweifelhaft vom Gesetz umfasst ist, hat der Gesetzgeber **das Verbot der Entgeltdiskriminierung nicht** wie in § 612 Abs. 3 S. 1 BGB aF **explizit formuliert**. Mangels Transparenz wurde die neue Gesetzeslage in Bezug auf Entgeltdiskriminierung daher als Verschlechterung und nicht als Verbesserung wahrgenommen (Däubler-Winter/Zimmer, TVG § 1 Rn. 489; Kocher 2011, S. 165 (173); Schiek-Schmidt, AGG § 8 Rn. 6), das Verbot der Entgeltdiskriminierung ergab sich lediglich aus einer Zusammenschau verschiedener Bestimmungen. So untersagt § 7 Abs. 1 AGG die Benachteiligung von Beschäftigten aus den in § 1 AGG genannten Merkmalen, zu denen auch das Geschlecht zählt. § 2 Abs. 1 Nr. 2 AGG konkretisiert weiter, dass Benachteiligungen bei den Beschäftigungs- und Arbeitsbedingungen unzulässig sind und schließt ausdrücklich Benachteiligungen beim Arbeitsentgelt ein (wie hier: Däubler-Winter/Zimmer, TVG § 1 Rn. 489; Kocher 2011, S. 165 (172); Schiek-Schmidt, AGG § 8 Rn. 6 mwN). Das BAG stützte den Anspruch auf gleiches Entgelt der Geschlechter bei gleicher oder gleichwertiger Arbeit unter Verweis auf die Regierungsbegründung (BT-Drs. 16/1780, 35) hingegen auf die Wertung von § 2 Abs. 1 Nr. 2 AGG iVm § 8 Abs. 2 AGG (BAG 10.12.1997 – 4 AZR 264/96 – NZA 1998, 599 (D. I. 3. c) cc); BAG 11.12.2007 – 3 AZR 249/06 – NZA 2008, 532, 536). Im Ergebnis führte die Unklarheit in Bezug auf die Anspruchsgrundlage dazu, dass die Kommentierungen zur Frage der Entgeltgleichheit von Frauen und Männern **nicht leicht auffindbar** waren. Da der Entgeltgleichheitsanspruch sich bereits aus dem AGG ergab, musste jedoch nicht (zwingend) auf Art. 157 Abs. 1 AEUV zurückgegriffen werden. Da das AGG in Umsetzung von EU-Richtlinien geschaffen wurde, ist es jedoch **unionsrechtskonform auszulegen**, so dass auf diesem Wege das Unionsrecht heranzuziehen ist (zur unionsrechtskonformen Auslegung → AGG Einl. Rn. 81 ff.; ErfK-Schlachter, § 1 Rn. 2; ErfK-Wißmann, AEUV Vor Rn. 35 ff.).

8 Anläufe zur Schaffung einer **gesetzlichen Grundlage zur Herstellung von Entgeltgleichheit von Frauen und Männern** wurden bereits in vergangenen Legislaturperioden gemacht. Ausgehend von der Überlegung, dass Individualklagen den Grundsatz der Entgeltgleichheit nicht flächendeckend durchsetzen können, legte Heide Pfarr bereits 2004 Überlegungen für einen Gesetzentwurf vor, in dem die Tarifvertragsparteien dazu verpflichtet werden sollten, kollektive Entgeltsysteme auf mögliche Diskriminierung zu überprüfen und ggf. zu überarbeiten (Pfarr, FS-BAG, S. 779, 792 f.). Diese Überlegungen orientierten sich an dem Verfahrensgesetz der kanadischen Provinz Ontario (vgl. zu dem kanadischen Gesetz: Winter, S. 315 ff.; Dißars, AuR 1994, 448), fanden unter der Schröder-Regierung jedoch keine Mehrheit. **2012** wurde die Thematik erneut aufgegriffen, als die SPD-

Bundestagsfraktion den Entwurf für ein **Gesetz zur Durchsetzung des Entgeltgleichheitsgebotes für Frauen und Männer** (Entgeltgleichheitsgesetz) vorlegte (BT-Drs. 17/9781; vgl. zudem Pfarr, djbZ 3/2012, 97 ff.; Pfarr, WSI-Mitt. 5/2011, 253). Dieser enthielt sehr viel **weitgehendere Bestimmungen**, als das aktuelle EntgTranspG. Nach dem damaligen Entwurf sollte das Gesetz bereits bei mehr als 15 Beschäftigten Anwendung finden (aktuell mehr als 200 Beschäftigte, vgl. § 12 Abs. 1). Vorgesehen war, Einblick in die Entgeltfestlegung zu gewähren, zudem wurden ausdrücklich auch arbeitnehmerähnliche Personen vom Anwendungsbereich erfasst, während das EntgTranspG auf diese keine Anwendung findet (vgl. § 5 Abs. 2). Vor allem aber sollte eine **Überprüfung der betrieblichen Entlohnungspraxis** in Bezug auf Entgeltdiskriminierung **verpflichtend festgeschrieben** werden; im Falle festgestellter Entgeltdiskriminierung war eine betriebliche Einigungsstelle vorgesehen (BT-Drs. 17/9781). Zwar sprachen sich verschiedene Stimmen für ein EntgeltgleichheitsG aus (vgl. die Entschließungsanträge der Bundestagsfraktion Bündnis 90/Die Grünen, BT-Drs. 17/8897, und des Landes Baden-Württemberg im Bundesrat, BR-Drs. 129/12). Die Regierungsfraktionen von CDU/CSU und FDP setzten im März 2013 jedoch auf die **freiwillige Mitwirkung der Unternehmen**, so dass der **Gesetzentwurf keine Mehrheit fand.**

9 Da sich die große Koalition in der Koalitionsvereinbarung von 2013 auf ein Tätigwerden des Gesetzgebers in Sachen Entgeltgleichheit geeinigt hatte, legte das BMFSFJ im Dezember 2015 einen **ersten Entwurf für ein „Lohngerechtigkeitsgesetz“** vor, der jedoch innerhalb der Koalition nicht durchsetzbar war. Eine Einigung wurde nach vielen Kompromissen erst im Oktober 2016 erzielt. Einwände des Kanzleramtes führten zu erneuten Verhandlungen im Kabinett und einer weiteren inhaltlichen Abschwächung, bis schlussendlich das „Gesetz zur Förderung der Entgelttransparenz zwischen Frauen und Männern“ (EntgTranspG) verabschiedet wurde, das **am 6.7.2017 in Kraft getreten** ist. Die Effektivität des immer weiter abgeschwächten Gesetzes darf bezweifelt werden (vgl. die umfassende Kritik von Kocher, AuR 1/2018, 8 ff.). Waren im ersten Gesetzentwurf noch Auskunftsrechte über das betriebliche Lohngefüge für Betriebsrat und Gewerkschaften vorgesehen, so ist mittlerweile **nur noch ein individueller Auskunftsanspruch der Beschäftigten** selbst geben, der zudem nur bei mehr als 200 Beschäftigten zur Anwendung kommt. Innerhalb eines bestehenden Arbeitsverhältnisses machen Beschäftigte jedoch selten Ansprüche gegen den Arbeitgeber geltend, weshalb nicht zu erwarten ist, dass es zu der arbeitgeberseitig befürchteten Klagewelle (vgl. Thüsing, BB 2017, 565, 568; Göpfert/Pfister, ZIP 2017, 1401, 1402) kommen wird. Betriebliche Prüfverfahren werden zudem nur angeregt, sind jedoch nicht verpflichtend festgeschrieben (vgl. §§ 17 f.). Der Ansatz des Gesetzes wird im Übrigen in § 6 Abs. 1 S. 1 deutlich: Arbeitgeber „sind aufgefordert“, an der Verwirklichung der Entgeltgleichheit „mitzuwirken“ – die **Verantwortlichkeit des Arbeitgebers für eine diskriminierungsfreie Entlohnung wird nicht benannt.** Ob ein solch schwaches Gesetz zur Durchsetzung von Entgeltgleichheit zwischen Männern und Frauen beiträgt, darf mit Recht bezweifelt werden (ähnlich: Franzen, NZA 2017, 814, 819; Kocher, AuR 1/2018, 8 ff.).

Abschnitt 1 Allgemeine Bestimmungen

§ 1 Ziel des Gesetzes

Ziel des Gesetzes ist es, das Gebot des gleichen Entgelts für Frauen und Männer bei gleicher oder gleichwertiger Arbeit durchzusetzen.

1 Mit dem EntgTranspG hat der Gesetzgeber ein **neues Stammgesetz zum Thema Entgeltgleichheit** geschaffen. Der Gesetzgeber beabsichtigt darauf hinzuwirken, dass unmittelbare und mittelbare Entgeltdiskriminierung aufgrund des Geschlechts beseitigt wird. Das gesetzgeberische Ziel soll ua durch die Überwindung intransparenter individueller oder kollektiver Entgeltfindungsprozesse, mithin durch mehr Transparenz bei den Entgeltstrukturen und bei der Entgeltpraxis erreicht werden (BT-Drs. 18/11133, 47). Mit dieser Zielsetzung erkennt der Gesetzgeber an, dass in der Bundesrepublik Deutschland keine Entgeltgleichheit zwischen den Geschlechtern gegeben ist. In der Tat war der durchschnittliche Bruttostundenverdienst abhängig beschäftigter Frauen in der Privatwirtschaft 2016 mit 16,26 EUR deutlich niedriger als der von Männern (20,71 EUR), der **Gender Pay Gap** betrug somit **21 %** (PM. Statistisches Bundesamt 14.3.2017, online: https://www.destatis.de/DE/PresseService/Presse/Pressemitteilungen/2017/03/PD17_094_621.html (29.1.2018), obwohl Frauen und Männer mittlerweile eine nahezu gleichwertig hohe Berufsqualifikation haben. Der Verdienstunterschied zwischen Frauen und Männern in Deutschland liegt deutlich über dem EU-Durchschnitt, wo er für das Jahr 2015 16,3 % betrug (Eurostat, http://ec.europa.eu/eurostat/statistics-explained/index.php/Gender_pay_gap_statistics#Main_statistical_findings (29.2.2018), die Zahlen geben allerdings nur Auskunft über die Entgeltdifferenz abhängig Beschäftigter). Die Entwicklung von 1970–2016 zugrunde gelegt, wäre erst in etwa 120 Jahren ein GenderPay Gap von nahe null in Westdeutschland erreicht (Sachverständigenkommission zum 2. Gleichstellungsbericht der BReg, 2017, S. 67). In tarifgebundenen Unternehmen (Flächen-Tarifvertrag) ist die Lohnlücke nach Untersuchungen um 10 % niedriger, als in nicht tarifgebundenen Unternehmen (Grimm/Lang/Stephan, IB 2016, Vol. 23/3, 309 ff.). Die Entgeltlücke an sich sagt allerdings noch nichts über die Gründe der unterschiedlichen Entlohnung aus, nicht die gesamten 21 % an geringerer Entlohnung sind direkt auf das Geschlecht zurückzuführen. Von einer **bereinigten Lohnlücke** spricht man daher, wenn die Löhne von Frauen und Männern mit denselben, individuellen Merkmalen, mithin Frauen und Männer mit dem gleichen Bildungsniveau, in den gleichen Berufen und Branchen, auf der gleichen Führungsebene, derselben Beschäftigungsform (Vollzeit-, Teilzeit- und geringfügige Beschäftigung), etc verglichen werden (Klenner 2016, S. 6), wobei die bereinigte Lohnlücke jedoch geschlechtsdiskriminierende Arbeitsbewertungen nicht berücksichtigt (→ § 4 Rn. 5 ff.). Die Höhe der bereinigten Lohnlücke ist unter ÖkonomInnen daher umstritten (für die bereinigte Lohnlücke argumentierend: Schmidt, IW-Kurzbericht 3/2016, mwN; kritisch: Klenner 2016, S. 6 f.; Krell, 2011, Entgelt(un)gleichheit, S. 331 (332 f.); Lillemeier, 2014, S. 9; Tondorf/Jochmann-Döll, WSI-Mitt. 3/2011, 115 ff.). So wird bspw. kritisiert, dass bei dem statistischen Verfahren zur Berechnung der „bereinigten" Lohnlücke

lediglich die Kriterien der Führungs- und Qualifikationsanforderungen in den Kriterienkatalog zur Beurteilung der Anforderungen und Belastungen einfließen (vgl. www.destatis.de/DE/Service/Glossar/L/Leistungsgruppen.html), nicht aber weitere Kriterien (Lillemeier, 2014, S. 9 f.; → § 4 Rn. 5 ff.). Das statistische Bundesamt errechnet für das Jahr 2014 eine „bereinigte" Lohnlücke von 6 % (Statistisches Bundesamt, PM vom 14.3.2017, online: https://www.destatis.de/DE/PresseService/Presse/Pressemitteilungen/2017/03/PD17_094_621.html (13.2.2018), vgl. zudem Joachimiak, STATmagazin 03/2013), während das Institut der Deutschen Wirtschaft auf anderer Datenbasis nur auf einen „bereinigten Wert" von weniger als 3,8 % kommt (Schmidt, IW-Kurzbericht 3/2016, S. 3). Aufgrund der Unterschiede zwischen den Geschlechtern ist ein Teil der unbereinigten Lohnlücke zu erklären (BMSFSJ, 2009, Dossier Entgeltungleichheit, S. 7 f.).

2 Die **Gründe für die Unterschiede bei der Entlohnung von Frauen und Männern** sind vielfältig, so wirken sich einerseits Erwerbsunterbrechungen und Teilzeittätigkeit negativ auf die Lohnentwicklung aus, zudem sind Frauen extrem selten unter den Spitzenverdienern im Management von Großunternehmen zu finden, was auch als **vertikale Segregation** (Segmentation) bezeichnet wird (Allmendinger/Leuze/Blank, S. 18, 23; BMSFSJ 2009, S. 7, 14 f.; EU-KOM 2013, S. 6; Krell, 2011, S. 331, 332; Shepala/Viviano 1984, 47). Hinzu kommt eine **horizontale Segregation** in sog „Frauen"- und „Männerberufe", also von Frauen und Männern dominierte Tätigkeiten (dies setzt voraus, dass ein Geschlecht zu 70 % oder mehr in diesem Segment vertreten ist, Lillemeier, 2014, S. 9, Fn. 4). In den Bereichen mit hohem Frauenanteil, ist die Entlohnung deutlich niedriger, als in Branchen, in denen überwiegend Männer tätig sind (BMFSFJ 2017, S. 5; BMSFSJ 2009, S. 12 f.; EU-KOM 2013, S. 5; Busch/Holst, Femina Politica 2010, Vol. 19, 91 ff.; Cohen/Huffman, American Sociol. Review 2007, Vol. 72, 681 ff.; Krell, 2011, S. 331, 332; Lillemeier, 2016, 1 ff.) da **weibliche Tätigkeiten** auf dem Arbeitsmarkt **abgewertet werden**, während in Männerberufen dominierende, typisch männlich konnotierte Arbeitsinhalte, eine monetäre Aufwertung erfahren (Achatz/Gartner/Glück, Kölner Zeitschrift für Soziologie und Sozialpsychologie 2005, Vol. 57, 466 ff.; Busch, Köln Z Soziol 2013, Vol. 65, 301, 302 ff.; Lillemeier, 2016, 5 ff.). In sog Frauenberufen benötigte Fähigkeiten scheinen weniger als fachliches Können eingeordnet zu werden, denn als weibliche Charaktereigenschaften, die keine besondere Qualität darstellen und daher nicht gesondert zu honorieren sind (EU-KOM 2013, S. 6; → § 4 Rn. 8 ff.). Eine Debatte über die mangelnde Bewertung von Frauenarbeit ist daher überfällig. Individuelle und auch kollektive Entgeltverhandlungen konnten die traditionell schlechtere Bewertung typischer Frauenberufe bislang nicht nachhaltig überwinden (BMSFSJ 2009, S. 10).

3 Auch **rückständige Auffassungen über Geschlechterstereotype** tragen zur unterschiedlichen Entlohnung von Frauen und Männern bei. So zeigt eine neuere soziologische Untersuchung, dass sowohl Männer als auch Frauen die niedrigere Entlohnung von Frauen zum Teil sogar bis zu einem gewissen Ausmaß als fair erachten (Auspurg/Hinz/Sauer, American Sociological Review 2017, Vol. 1/82(1), 179, 180 ff.; vgl. auch BMSFSJ 2009, S. 28 f.).

Es wäre jedoch verfehlt, hieraus zu schließen, Frauen wären insgesamt mit einer geringeren Entlohnung zufrieden, weisen doch frühere Untersuchungen durchaus auf eine Unzufriedenheit weiblicher Beschäftigter wegen nicht leistungsgerechter Entlohnung hin (Krell in: Chancengleichheit und Personalpolitik, 2011, S. 331, 335; in Bezug auf weibl. Führungskräfte, vgl. Bischoff, 2010, S. 138 f.). Neoklassisch orientierte ökonomische Ansätze erachten lediglich den „bereinigten" Gender Pay Gap als gleichstellungspolitisch relevante Größe (Schmidt, IW-Kurzbericht 3/2016, S. 3), alles Weitere seien „rein private" Entscheidungen, die im Übrigen legitime Marktergebnisse wiedergäben (IW, PM vom 20.6.2016). Diese Schlussfolgerung kann jedoch die Verdienstunterschiede zwischen „weiblichen" und „männlichen" Berufen nicht legitimieren (Lillemeier, 2016, S. 8). Außerdem wird ignoriert, dass **auch die statistisch „erklärbaren" Differenzen** zu wesentlichen Teilen **auf einer Benachteiligung von Frauen im Betrieb, auf dem Arbeitsmarkt und in der Gesellschaft beruhen** (Klenner 2016, S. 6 f.; Boll/Leppin, Wirtschaftsdienst, 4/2015, 249, 252 f.). Zu berücksichtigen ist ferner, dass bereits Art. 3 Abs. 2 GG einen Verfassungsauftrag enthält, der auf die **Überwindung überkommener Rollenverteilungen** gerichtet ist (BVerfG 24.1.1995 – 1 BvL 18/93, 1 BvR 569/94, 1 BvR 403/94, 1 BvL 7/94, 1 BvL 6/94, 1 BvL 5/94 – BVerfGE 92, 91, 112 f.; BVerfG 25.10.2005 – 2 BvR 524/01 – BVerfGE 114, 357, 370 f.; Baer/Markard, in: v. Mangoldt/Klein/Starck, GG Art. 3 Rn. 354; Maunz/Dürig-Langenfeld, GG Art. 3 Abs. 2 Rn. 59 ff.).

4 Das individuelle Gehalt beeinflusst zudem maßgeblich die Höhe der Anwartschaften in der gesetzlichen Rentenversicherung und hat somit Auswirkungen auf die Höhe der Rente. Geschlechtsspezifische Verdienstunterschiede führen daher auch zu unterschiedlichen Rentenhöhen von Frauen und Männern. Nicht zuletzt die Unterbrechungen der Erwerbstätigkeit von Frauen aufgrund von Erziehung oder Pflege führen zu einer **verstärkten Einkommensungleichheit von Männern und Frauen im Rentenalter**. Nach Berechnungen von WissenschaftlerInnen des DIW beträgt der **Gender-Pension-Gap** (Unterschied bei den durchschnittlichen Rentenbezügen von Männern und Frauen) 42 % in Westdeutschland und 23 % in Ostdeutschland (Grabka/Jotzo/Rasner/Westermeier, DIW-Wochenbericht 5/2017, 87 ff.).

§ 2 Anwendungsbereich

(1) Dieses Gesetz gilt für das Entgelt von Beschäftigten nach § 5 Absatz 2, die bei Arbeitgebern nach § 5 Absatz 3 beschäftigt sind, soweit durch dieses Gesetz nichts anderes bestimmt wird.

(2) [1]Das Allgemeine Gleichbehandlungsgesetz bleibt unberührt. [2]Ebenfalls unberührt bleiben sonstige Benachteiligungsverbote und Gebote der Gleichbehandlung sowie öffentlich-rechtliche Vorschriften, die dem Schutz oder der Förderung bestimmter Personengruppen dienen.

I. Anwendungsbereich

1 Der Anwendungsbereich des Gesetzes bezieht sich auf die in § 5 Abs. 2 definierten Beschäftigten und geht somit über den Kreis der ArbeitnehmerInnen hinaus (s. Kommentierung zu § 5). Der Gesetzgeber nimmt hierbei Bezug auf den Geltungsbereich der Diskriminierungsverbote im Unionsrecht, der nicht auf Arbeitsverhältnisse begrenzt ist, sondern Beschäftigung und Beruf allgemein erfasst (ErfK-Schlachter, AGG § 2 Rn. 1). Erfasst werden **alle Beschäftigten, auch die nur faktischen Beschäftigungsverhältnisse** (BT-Drs. 18/11133, 48).

II. Diskriminierungsverbote in anderen Gesetzen

2 Nach § 2 Abs. 2 S. 1, 2 bleiben Benachteiligungsverbote und Gleichbehandlungsgebote, die auf dem AGG oder anderen Rechtsvorschriften beruhen, wie bspw. § 4 TzBfG, **vom EntgTranspG unberührt**. Gleiches gilt für öffentlich-rechtliche Vorschriften zum Schutz bestimmter Personengruppen, wie Mutter- oder Jugendschutzvorschriften und Vorschriften zum Schutz von Menschen mit Behinderung. Dadurch soll einerseits klargestellt werden, dass das EntgTranspG lediglich der Durchsetzung des Entgeltgleichheitsgebotes dient und **keine vollständige und abschließende Regelung des Schutzes vor Benachteiligung** darstellt (BT-Drs. 18/11133, 48; zu Benachteiligungsverboten und Gleichbehandlungsgeboten außerhalb des AGG → AGG § 2 Rn. 200 ff.). Darüber hinaus wird durch § 2 Abs. 2 S. 2 klargestellt, dass **Schutzvorschriften nicht zur Rechtfertigung eines geringeren Entgelts herangezogen werden dürfen** (BT-Drs. 18/11133, 48). Das Entgelt ist vielmehr nur nach der zu leistenden Arbeit ohne Rücksicht darauf zu bestimmen, ob sie von einem Mann oder einer Frau geleistet wird. Eine generelle Schlechterstellung ist unzulässig (vgl. BAG 15.1.1955 – AP Art. 3 GG Nr. 4; BAG 6.4.1955 – AP Art. 3 GG Nr. 7; BAG 23.3.1957 – AP Art. 3 GG Nr. 16). § 1 Abs. 2 S. 2 stellt zudem durch die Formulierung „Förderung bestimmter Personengruppen“ klar, dass insbesondere die Rechte der Gleichstellungsbeauftragten in der öffentlichen Verwaltung von dem Gesetz unberührt bleiben (vgl. Kommentierung zu § 24).

3 Für **entgeltbezogene Benachteiligungen wegen des Geschlechts** geht das EntgTranspG dem AGG **als lex specialis** vor, soweit es eine abschließende Regelung trifft, im Übrigen bleibt das AGG unberührt. Trifft das EntgTranspG zu einer Frage keine Regelung bleibt somit das AGG anwendbar (Kocher, AuR 2018, 8, 9). Beschäftigte, die beim Entgelt diskriminiert werden, haben grundsätzlich Anspruch auf die gleiche Entlohnung, wie sie die Arbeitnehmer des anderen Geschlechts erhalten. Hierbei handelt es sich um **Erfüllungsansprüche**, die nicht der Frist des § 15 Abs. 4 AGG unterliegen (LAG Rheinland-Pfalz 14.8.2014 – 5 Sa 509/13 – NZA-RR 2015, 14, 15), sondern für die vielmehr die allgemeine Verjährungsfrist von drei Jahren aus § 195 BGB greift. Da das AGG „unberührt“ bleibt, ist **bei allen nicht im EntgTranspG abschließend geklärten Fragen auf das AGG zurückzugreifen**. Das EntgTranspG wird folglich in verschiedenen Bereichen durch das AGG ergänzt, so ist bspw. für Schadensersatz- und Entschädigungsansprüche § 15 AGG einschlägig und in Bezug auf die Verantwortlichkeit von Betriebsräten und auch Gewerkschaften, werden die Normen

des 2. Abschnitts des EntgTranspG durch § 17 Abs. 2 AGG ergänzt. Anwendbar bleibt auch § 8 Abs. 2 AGG, der die Zahlung einer geringeren Vergütung unter Berufung auf besondere Schutzvorschriften zugunsten des Geschlechts verbietet (ErfK-Schlachter, AGG § 2 Rn. 1). In Bezug auf die Beweislast bei Entgeltklagen kommt es zu einem Zusammenspiel von § 11 Abs. 3 EntgTranspG und § 22 AGG, da die im Rahmen des Auskunftsverfahrens nach §§ 10 ff. erlangte Information über den statistischen Median des Vergleichsentgelts Indizien darstellen können, die eine Benachteiligung wegen des Geschlechts iSv § 22 AGG vermuten lassen (→ § 11 Rn. 6 ff.; zweifelnd: Franzen, NZA 2017, 814, 816 f.).

§ 3 Verbot der unmittelbaren und mittelbaren Entgeltbenachteiligung wegen des Geschlechts

(1) Bei gleicher oder gleichwertiger Arbeit ist eine unmittelbare oder mittelbare Benachteiligung wegen des Geschlechts im Hinblick auf sämtliche Entgeltbestandteile und Entgeltbedingungen verboten.

(2) [1]Eine unmittelbare Entgeltbenachteiligung liegt vor, wenn eine Beschäftigte oder ein Beschäftigter wegen des Geschlechts bei gleicher oder gleichwertiger Arbeit ein geringeres Entgelt erhält, als eine Beschäftigte oder ein Beschäftigter des jeweils anderen Geschlechts erhält, erhalten hat oder erhalten würde. [2]Eine unmittelbare Benachteiligung liegt auch im Falle eines geringeren Entgelts einer Frau wegen Schwangerschaft oder Mutterschaft vor.

(3) [1]Eine mittelbare Entgeltbenachteiligung liegt vor, wenn dem Anschein nach neutrale Vorschriften, Kriterien oder Verfahren Beschäftigte wegen des Geschlechts gegenüber Beschäftigten des jeweils anderen Geschlechts in Bezug auf das Entgelt in besonderer Weise benachteiligen können, es sei denn, die betreffenden Vorschriften, Kriterien oder Verfahren sind durch ein rechtmäßiges Ziel sachlich gerechtfertigt und die Mittel sind zur Erreichung dieses Ziels angemessen und erforderlich. [2]Insbesondere arbeitsmarkt-, leistungs- und arbeitsergebnisbezogene Kriterien können ein unterschiedliches Entgelt rechtfertigen, sofern der Grundsatz der Verhältnismäßigkeit beachtet wurde.

(4) Die §§ 5 und 8 des Allgemeinen Gleichbehandlungsgesetzes bleiben unberührt.

I. Verbot der Entgeltdiskriminierung wegen des Geschlechts

1 Abs. 1 formuliert ein **ausdrückliches Verbot der geschlechtsbedingten Entgeltdiskriminierung**, das sich sowohl auf gleiche, als auch auf gleichwertige Arbeit bezieht, wie in § 4 definiert. Untersagt ist zudem nicht nur die direkte, unmittelbare, sondern auch die mittelbare Benachteiligung wegen des Geschlechts bei der Entlohnung. Das Gesetz setzt damit Art. 4 RL 2006/54/EG um (BT-Drs. 18/11133, 48), der in Abs. 1 die Beseitigung der mittelbaren und unmittelbaren geschlechtsbedingten Diskriminierung in Bezug auf sämtliche Entgeltbestandteile und -bedingungen normiert. Das Verbot ist im Zusammenspiel mit dem in § 7 formulierten Anspruch

auf diskriminierungsfreie Entlohnung zu sehen. Die in Abs. 2 S. 1 gegebene Definition einer unmittelbaren Benachteiligung übernimmt wortgleich die Definition aus § 3 Abs. 1 S. 1 AGG, welche (wörtlich) auf Art. 2 RL 2006/54/EG zurückgeht und wendet diese auf den speziellen Tatbestand der Entgeltdiskriminierung an. Bereits Art. 157 Abs. 1 AEUV untersagt die Ungleichbehandlung bei der Entlohnung sowohl **unmittelbar als auch mittelbar** aufgrund des Geschlechts (→ Einl. Rn. 2; vertiefend: ErfK-Schlachter, AEUV Art. 157 Rn. 16 ff.). Unerheblich für die Anwendung des Entgeltgleichheitsgebotes ist, ob die Entgeltregelungen individualvertraglich festgelegt wurden oder Bestandteil einer kollektiven Regelung, mithin Bestandteil einer Betriebsvereinbarung oder eines Tarifvertrages sind. Das **Verbot der Entgeltdiskriminierung wegen des Geschlechts gilt umfassend**, im Privatrecht ebenso wie für Staatsbedienstete und stellt eine legitime Einschränkung der Vertragsfreiheit aus Art. 2 Abs. 1 GG bzw. der Tarifautonomie aus Art. 9 Abs. 3 GG dar (BMFSFJ 2017, S. 9 f.; (ErfK-Schlachter, AGG § 3 Rn. 2); Winter, 1998, S. 154 ff., 213).

II. Unmittelbare Entgeltbenachteiligung

2 Die Definition der unmittelbaren Entgeltbenachteiligung des § 3 Abs. 2 orientiert sich an der Definition der unmittelbaren Benachteiligung in § 3 Abs. 1 AGG, die auf Art. 2 Abs. 1 a RL 2006/54/EG zurückgeht. Eine **unmittelbare**, mithin direkte **geschlechtsbezogene Entgeltbenachteiligung** ist demnach gegeben, wenn eine Beschäftigte **wegen ihres Geschlechts ein geringeres Entgelt erhält**, als ein Beschäftigter des anderen Geschlechts, der die **gleiche Tätigkeit** ausübt (vgl. § 4 Abs. 1) oder eine Tätigkeit, die bei genauerer Betrachtung **als gleichwertig einzuordnen** ist (vgl. § 4 Abs. 2). Bei einer nach Zeit bezahlten gleichen oder gleichwertigen Tätigkeit ist die Entlohnung des Angehörigen eines Geschlechts somit niedriger, als die des anderen. Erfolgt die Entlohnung nach Akkord, muss das Entgelt für gleiche oder gleichwertige Tätigkeiten auf Basis einer Maßeinheit festgesetzt werden, die geeignet ist, weiblichen und männlichen Beschäftigten eine gleich hohe Gesamtvergütung zu gewährleisten (BT-Drs. 18/11133, 48). In Bezug auf die körperliche Schwere einer Arbeit darf das Bewertungssystem kein Geschlecht benachteiligen. Es muss auf gemeinsamen Kriterien beruhen und so beschaffen sein, dass Diskriminierungen aufgrund des Geschlechts ausgeschlossen werden, mithin Anforderungen bewerten, die für unterschiedliche Geschlechter günstig sind (EuGH 28.2.2013 – Rs. C-427/11 (Kenny) – NZA 2013, 315 Rn. 3; EuGH 1.7.1986 – Rs. C-237/85 (Rummler) – Slg 1986, 2101; vgl. Kommentierung zu § 4). In Anlehnung an § 3 Abs. 1 S. 2 AGG stellt § 2 Abs. 2 S. 2 zudem klar, dass eine **unmittelbare Benachteiligung aufgrund des Geschlechts** auch dann gegeben ist, wenn einer Frau **aufgrund von Schwangerschaft oder Mutterschaft** ein geringeres Entgelt gezahlt wird (vgl. EuGH 8.11.1990 – Rs. C-177/88 (Dekker) – NZA 1991, 171).

3 Die geringere Entlohnung muss „**wegen des Geschlechts**" erfolgt sein. Die Benachteiligung ist folglich entweder durch das Merkmal Geschlecht motiviert bzw. die benachteiligende Person knüpft bei der Entlohnung daran an. Einer **Benachteiligungsabsicht bedarf es jedoch nicht** (zu § 3 AGG:

BAG 18.9.2014 – 8 AZR 753/13; BAG 26.6.2014 – 8 AZR 547/13; BAG 21.7.2009 – 9 AZR 431/08 – NZA 2009, 1087), es reicht aus, wenn das Geschlecht Bestandteil eines Motivbündels war, das die streitbefangene Entscheidung beeinflusst hat (BAG 22.7.2010 – 8 AZR 1012/08 – NZA 2011, 93; BAG 20.5.2010 – 8 AZR 287/08 – NZA 2010, 1006; BAG 18.3.2010 – 8 AZR 77/09 – NZA 2010, 872). Bei einer direkt an das Geschlecht anknüpfenden Differenzierung wird die Kausalität regelmäßig vorliegen (ErfK-Schlachter, AGG § 3 Rn. 2), was zT verkannt wird (vgl. BAG 22.7.2010 – 8 AZR 1012/08 – NZA 2011, 93; ArbG Berlin 1.2.2017 – 56 Ca 5356/15 – AiB 6/2017, 46).

4 Die Ausgestaltung der Norm zeigt eindeutig, dass die in § 3 Abs. 3 angesiedelte **Möglichkeit der Rechtfertigung nur für die mittelbare Benachteiligung** beim Entgelt gilt, **unmittelbare Entgeltbenachteiligungen können** somit **nicht gerechtfertigt werden**. Entgeltbezogene Konstellationen, die nach § 8 Abs. 1 AGG eine unterschiedliche Entlohnung der Geschlechter rechtfertigen würden, sind nicht denkbar. Mittlerweile werden Frauen und Männer bei gleicher Tätigkeit zumeist auch gleich entlohnt; problematisch ist vielmehr die Frage, wann eine gleichwertige Tätigkeit vorliegt (vgl. § 4 Abs. 2 nebst Kommentierung). Dennoch sind immer noch einzelne Fälle unmittelbarer Diskriminierung bei der Entlohnung dokumentiert, wie bspw. der einer Schuhfabrik aus Rheinland-Pfalz, wo Frauen für vergleichbare Tätigkeiten mit mehr als einen Euro weniger pro Stunde entlohnt wurden als Männer (vgl. LAG Rheinland-Pfalz 14.8.2014 – 5 Sa 509/13 – NZA-RR 2015, 14).

III. Mittelbare Entgeltbenachteiligung

5 Die Definition der mittelbaren Entgeltbenachteiligung des § 3 Abs. 3 orientiert sich an der Definition der mittelbaren Benachteiligung in § 3 Abs. 2 AGG. Eine **mittelbare Diskriminierung** ist somit gegeben, wenn **dem Anschein nach neutrale Entgeltregelungen oder Arbeitsbewertungsverfahren** Beschäftigte **des einen Geschlechts** gegenüber Beschäftigten des anderen Geschlechts in besonderer Weise bei der Entgeltfestlegung **benachteiligen** können. Das Differenzierungskriterium, das zur Benachteiligung bei der Entlohnung führt, setzt bei der mittelbaren Diskriminierung somit nicht am Geschlecht oder an der Schwangerschaft, sondern an solchen Merkmalen an, die **von einem Geschlecht erheblich häufiger** als von dem anderen Geschlecht erfüllt werden (ErfK-Schlachter, AGG § 3 Rn. 9; Thüsing, NZA 2004, Sonderbeilage Heft 22, 3, 7). Nach der Rechtsprechung des EuGH müssen „wesentlich mehr Inhaber der geschützten persönlichen Eigenschaft benachteiligt (sein), als Personen, die diese Eigenschaft nicht besitzen" (vgl. EuGH 16.7.2015 – Rs. C-83/14 (CHEZ Razpredelenie Bulgaria) – NZA 2015, 1247 Rn. 101; EuGH 17.7.2014 – Rs. C-173/13 (Leone und Leone) – BeckRS 2014, 81243 Rn. 41; EuGH 13.5.1986 – Rs. C-170/84 (Bilka) – NZA 1986, 599 Rn. 31). Die Prüfung mittelbarer Diskriminierung wird zweistufig geprüft: Im ersten Schritt ist festzustellen, ob eine **„Ungleichbehandlung"** oder **„Benachteiligung"** vorliegt; ist das der Fall, geht es im zweiten Schritt darum, ob dafür eine **objektive Rechtfertigung**

gegeben ist. Diskriminierung ist folglich eine Ungleichbehandlung ohne Rechtfertigung.

6 Wenn die nachteilige Wirkung also **typischerweise überwiegend Angehörige eines Geschlechtes trifft**, ist zu vermuten, dass gerade die Geschlechtszugehörigkeit maßgebliche Ursache der Entgeltbenachteiligung ist (EuGH 17.7.2014 – Rs. C-173/13 (Leone und Leone); EuGH 7.6.2012 – NZA 2012, 742; EuGH 27.10.1993 – NZA 1994, 797; ErfK-Schlachter, AGG § 3 Rn. 9; Dahm, BB 2010, 1792, 1793). Es kommt somit nicht darauf an, ob die Ungleichbehandlung bewusst und absichtlich erfolgt (→ AGG § 3 Rn. 81; Bauer/Krieger, AGG § 3 Rn. 29; Meinel/Heyn/Herms, AGG § 3 Rn. 30; Schleusener/Suckow/Voigt, AGG § 3 Rn. 93; Kocher, ZESAR 2014, 142, 144; Kocher/Porsche/Wenckebach, 2016, S. 23; ErfK-Schlachter, AGG § 3 Rn. 5), bei mittelbarer Benachteiligung geht es vielmehr um die (häufig unbewusste) Marginalisierung und Ausschließung diskriminierter Gruppen (Sacksofsky 2010, S. 17). Die mittelbare Benachteiligung kann allerdings durch sachliche Gründe gerechtfertigt sein, diese sind ausweislich der Gesetzesbegründung zum AGG, die zur Auslegung des EntgTranspG ebenfalls heranzuziehen ist (BT-Drs. 18/11133, 49), bereits auf **Tatbestandsebene** zu prüfen (BT-Drs. 16/1780, 32 f.; BT-Drs. 18/11133, 49; vgl. auch Däubler-Schrader/Schubert, AGG § 3 Rn. 67).

7 **Klassische Beispiele** mittelbarer Entgeltdiskriminierung aufgrund des Geschlechts beziehen sich darauf, dass in **geringer Teilzeit erwerbstätige Beschäftigte** bei bestimmten Entgeltbestandteilen ohne sachlichen Grund nicht berücksichtigt werden, unter der Voraussetzung, dass davon in besonderer Weise Frauen betroffen sind (EuGH 9.9.1999 – Rs. C-281/97 (Krüger) – NZA 1999, 1151; EuGH 7.2.1991 – Rs. C-184/89 (Nimz) – Slg 1991, I-297; EuGH 27.6.1990 – Rs. C-33/89 (Kowalska) – NZA 1990, 771 Rn. 16; EuGH 13.7.1989 – Rs. C-171/88 (Rinner-Kühn) – NZA 1990, 437 Rn. 12; EuGH 13.5.1986 – Rs. C-170/84 (Bilka) – NZA 1986, 599 Rn. 31). Seit die Diskriminierung aufgrund von Teilzeitbeschäftigung in § 4 Abs. 1 TzBfG untersagt ist, hat die mittelbare Diskriminierung von Frauen in diesem Bereich an Bedeutung verloren. Aktuelle Beispiele beziehen sich daher auf andere Sachverhalte. Als mittelbare Benachteiligung wegen des Geschlechts ordnete der EuGH in der Rechtssache Leone Regelungen für den öffentlichen Dienst in Frankreich ein, die einerseits den sofortigen Pensionsanspruch bei Versetzung in den vorzeitigen Ruhestand aufgrund von Kindererziehungszeiten sowie darüber hinaus eine vergünstigte Berücksichtigung dieser Zeiten bei der Bestimmung des Dienstalters bewirkten. Die **dem Anschein nach neutralen Vorschriften** führten zu einer mittelbaren Diskriminierung männlicher Beamter, da die Vorschriften auf einer Bedingung beruhen, die weibliche Beamte aufgrund des verpflichtend ausgestalteten Mutterschaftsurlaubs (von mind. 16 Wochen) stets erfüllen, männliche hingegen kaum (EuGH 17.7.2014 – Rs. C-173/13 (Leone) – BeckRS 2014, 81243 Rn. 41 ff.). Einschlägige Kriterien, die eine **mittelbare Entgeltdiskriminierung von Frauen darstellen**, könnten bspw. in der Nichtberücksichtigung von Kinderbetreuungszeiten (Elternzeit) für Sozialplanleistungen liegen (solange Frauen noch überproportional dafür „zuständig" sind). Wobei hier neben dem Verbot der mittelbaren Diskriminierung von Frauen

von der Rechtsprechung vor Inkrafttreten des AGG die Wertungen von Art. 6 Abs. 1, 2 GG berücksichtigt wurden (BAG 12.11.2002 – 1 AZR 58/02 – NZA 2003, 1287). Wie Untersuchungen zeigen, stellt auch die geringere Besoldung verbeamteter GrundschullehrerInnen (überwiegend Frauen) im Vergleich zu GymnasiallehrerInnen (deutlich geringerer Prozentsatz an Frauen), eine mittelbare Diskriminierung aufgrund des Geschlechts dar (vgl. ausführlich: Kocher/Porsche/Wenckebach, 2016, S. 25 ff., mwN).

Mittelbare Diskriminierung ist nicht einfach zu identifizieren, da sie in der Regel struktureller Natur und damit tief im Gefüge von Entgeltsystemen (auch tarifvertraglichen) eingebettet ist. Die schlechtere Entlohnung verbirgt sich hinter Vorschriften, Kriterien oder Verfahren, die in ihrer Formulierung und Ausgestaltung geschlechtsneutral erscheinen, in ihrer Wirkung jedoch Frauen beim Entgelt benachteiligen. Mittelbare Diskriminierung setzt voraus, dass die **benachteiligte und die begünstigte Gruppe miteinander vergleichbar** sind (BAG 27.1.2011 – 6 AZR 526/09 – NZA 2011, 1361; BAG 6.10.2011 – NZA 2011, 1431; BAG 8.6.2005 – 4 AZR 412/04 – NZA 2006, 611; BT-Drs. 16/1780, 30; → AGG § 3 Rn. 49; Boemke/Danko, AGG § 3 Rn. 16; ErfK-Schlachter, AGG § 3 Rn. 9). 8

Grundsätzlich können sich **aus Statistiken Indizien für die Benachteiligung eines Geschlechts** ergeben, die Rechtsprechung setzt allerdings voraus, dass die Statistiken aussagekräftig sind (EuGH 27.10.1993 – Rs. C-127/92 (Enderby) – NZA 1997, 797 Rn. 16; BAG 8.6.2005 – 4 AZR 412/04 – NZA 2006, 611; vgl. zudem Erwägungsgrund 15 zur RL 2000/43/EG = Erwägungsgrund 14 zur RL 2000/78/EG). Nach der Rechtsprechung des EuGH ist eine mittelbare Diskriminierung dann anzunehmen, wenn sich aus den verfügbaren statistischen Daten ergibt, dass ein wesentlich geringerer Prozentsatz der weiblichen als der männlichen Beschäftigten die durch diese Regelung aufgestellten Voraussetzungen erfüllen kann (EuGH 6.12.2007 – Rs. C-300/06 (Voß) Rn. 41 – Slg 2007, 1-10573; EuGH 9.2.1999 – Rs. C-167/97 (Seymour Smith und Perez) – Slg 1999, 1-623 Rn. 59). In diesem Fall hat der Arbeitgeber den Nachweis zu erbringen, dass der Unterschied durch Faktoren sachlich gerechtfertigt ist, die nicht auf einer Geschlechterdiskriminierung fußen (EuGH 27.10.1993 – Rs. C-127/92 (Enderby) – NZA 1997, 797 Rn. 19). **Aussagekräftig sind statistischen Daten**, wenn sie sich auf eine ausreichende Zahl von Personen beziehen, nicht rein zufällige oder konjunkturelle Erscheinungen widerspiegeln (EuGH 28.2.2013 – Rs. C-427/11 (Kenny) – NZA 2013, 315 Rn. 43; EuGH 27.10.1993 – Rs. C-127/92 (Enderby) – NZA 1997, 797 Rn. 19; EuGH 9.2.1999 – Rs. C-167/97 (Seymour Smith und Perez) – Slg 1999, 1-623 Rn. 62). Ab welchem Prozentsatz das der Fall ist, haben weder der EuGH, noch das BAG allgemein bestimmt. Es kommt vielmehr auf den Einzelfall an. Da der Wortlaut der Norm darauf abstellt, dass das andere Geschlecht „in besonderer Weise" benachteiligt werden kann, sind **Bagatellunterschiede nicht erfasst** (→ AGG § 3 Rn. 66). So hat der EuGH einen Unterschied von 8,5 % zwischen männlichen und weiblichen Beschäftigten als nicht ausreichend erachtet (EuGH 9.2.1999 – Rs. C-167/97 (Seymour-Smith & Perez) – Slg 1999, I-623). Der in der Literatur für den früheren 9

§ 611 a BGB aF diskutierten Relationsunterschied von 75 % (Bauer/Krieger, AGG § 3 Rn. 26; wohl auch ErfK-Schlachter, AGG § 3 Rn. 10; Wißmann, FS Wlotzke, S. 807, 815) erscheint angesichts des Schutzgedankens der Norm sehr hoch. Eine sinnvolle Grenze könnte in der aus der arbeitsrechtlichen Rechtsprechung in anderem Kontext bekannten **2/3-Grenze (rund 67 %)** liegen (→ AGG § 3 Rn. 56), kommen weitere Indizien hinzu, wird ein geringerer Prozentsatz ausreichen können. Statistiken sind als Indizien gut geeignet, aber keineswegs zwingend, da Differenzierungsmaßnahmen auch dann mittelbar diskriminierend sind, wenn sie den Nachteil lediglich auslösen können (ErfK-Schlachter, AGG § 3 Rn. 12; ErfK-Schlachter, § 3 Rn. 4). **Ein wichtiger Faktor bei der mittelbaren Diskriminierung von Frauen ist die „allgemeine Verkehrsanschauung"**, bspw. über den Wert von Tätigkeiten. Für eine mittelbare Diskriminierung spricht, dass hauptsächlich von Frauen ausgeübte Tätigkeiten unterbewertet werden (→ § 4 Rn. 5 ff.).

10 Mittelbare Benachteiligung bei der Entlohnung kann jedoch **durch sachliche Gründe gerechtfertigt** sein, sofern die bewirkte Ungleichbehandlung zwischen den beiden Arbeitnehmerkategorien **durch objektive Faktoren sachlich gerechtfertigt** ist, die nicht auf einer Diskriminierung aufgrund des Geschlechts basieren (EuGH 17.7.2014 – Rs. C-173/13 (Leone und Leone) – BeckRS 2014, 81243 Rn. 41; EuGH 28.2.2013 – Rs. C-427/11 (Kenny) – NZA 2013, 315; EuGH 6.12.2007 – Rs. C-300/06 (Voß) – NZA 2008, 31; EuGH 26.6.2001 – Rs. C-381/99 (Brunnhofer) – NZA 2001, 883; EuGH 13.7.1989 – Rs. C-171/88 (Rinner-Kühn) – NZA 1990, 437 Rn. 12; vgl. zudem: Sacksowsky 2010, S. 5). Für das Vorliegen der Rechtfertigungsgründe ist der Arbeitgeber beweispflichtig (ErfK-Schlachter, § 3 Rn. 8). Der Gesetzeswortlaut weist darauf hin, dass die eingesetzten Mittel **verhältnismäßig**, mithin **geeignet** sein müssen, das **angestrebte legitime Ziel zu erreichen** und zudem **erforderlich** und **angemessen** zu sein haben. Nicht ausreichend für eine sachliche Rechtfertigung ist, dass die Entgelte für gleichwertige Tätigkeiten von männlichen und weiblichen Beschäftigten in unterschiedlichen Tarifverträgen kodifiziert wurden. Dies gilt zumindest dann, wenn es sich um die gleichen Tarifvertragsparteien handelt – auch wenn die Tarifverträge für sich betrachtet, keine diskriminierenden Bestimmungen enthalten (EuGH 27.10.1993 – Rs. C-127/92 (Enderby) – NZA 1997, 797 Rn. 23). Hier würde die Umgehung des Verbots der Entgeltdiskriminierung durch Aufspaltung von Tarifverträgen ermöglicht. Auch sozial- und beschäftigungspolitische Ziele reichen zur Rechtfertigung nicht aus (EuGH 9.9.1999 – Rs. C-281/97 (Krüger) – NZA 1999, 1151 Rn. 29 ff.). Das unionsrechtliche Entgeltgleichheitsgebot richtet sich nicht nur an den Gesetzgeber, sondern auch an die Tarifvertragsparteien (ErfK-Schlachter, § 3 Rn. 8). Weder haushaltsrechtliche Vorgaben können eine Diskriminierung beim Arbeitsentgelt rechtfertigen (EuGH 24.2.1994 – Rs. C-343/92 (Roks) – Slg 1994 I-587 Rn. 35), noch allgemeine Behauptungen wie bspw. der bloße Verweis auf „beschäftigungspolitische Maßnahmen" (BT-Drs. 18/11133).

11 Zu **anerkannten Rechtfertigungsgründen** gehören Kriterien, die sich auf besondere Flexibilität oder auf die Anpassungsfähigkeit an Arbeitszeiten

und -orte beziehen, die Berufsausbildung oder die Anzahl der Berufsjahre der Beschäftigten, sofern sie für die Ausführung der spezifischen übertragenen Aufgaben von Bedeutung sind und somit zu den Bedürfnissen und Zielen des Unternehmens in Beziehung stehen (EuGH 27.10.1993 – Rs. C-127/92 (Enderby) – NZA 1997, 797 Rn. 25; EuGH 17.101989 – Rs. C-109/88 (Danfoss) – NZA 1990, 772 Rn. 22–24; vgl. zudem BAG 27.1.2011 – 6 AZR 526/09 – NZA 2011, 1361; ArbG Heilbronn 3.4.2007 – 5 Ca 12/07 – FD-ArbR 2007, 240272; BMFSFJ 2017, S. 11). Die Verwendung von Erfahrungsstufen (unter Bezugnahme auf das Dienstalter) kann zulässig sein, sofern die Berufserfahrung Beschäftigte dazu befähigt, ihre Arbeit besser zu verrichten (EuGH 3.10.2006 – Rs. C-17/05 (Cadman) – NZA 2006, 1205 Rn. 33 ff.).

12 Der EuGH hat auch die **Lage auf dem Arbeitsmarkt** als **Rechtfertigungsgrund** anerkannt, wenn bestimmte Kräfte nur über erhöhte Zulagen gewonnen werden können. Zwar muss die Marktlage für die Festlegung der Höhe des Entgelts so bedeutsam sein, dass sie den Unterschied bei der Entlohnung sachlich rechtfertigen kann (EuGH 27.10.1993 – Rs. C-127/92 (Enderby) – NZA 1997, 797 Rn. 26 ff.). Dieses Kriterium ist jedoch **nur schwer nachprüfbar und** zudem **nicht wertungsfrei**. Auch das vom EuGH als Rechtfertigungsgrund anerkannte Interesse des Arbeitgebers an guten Arbeitsbeziehungen mit der betrieblichen oder gewerkschaftlichen Interessenvertretung, das neben anderen objektiven Umständen berücksichtigt werden darf, sofern dieses dem wirklichen Bedürfnis des Arbeitgebers entspricht (EuGH 28.2.2013 – Rs. C-427/11 (Kenny) – NZA 2013, 315 Rn. 46 ff.), ist als subjektiver Faktor ein eher zweifelhaftes Kriterium – auch die Sozialpartner sind an das Verbot der Entgeltdiskriminierung gebunden (ErfK-Schlachter, § 3 Rn. 8).

Zwar wurden durch die Judikatur des EuGH detailreiche Kriterien erarbeitet, dennoch scheint die Figur der mittelbare Diskriminierung insbesondere in Bezug auf Entgeltdiskriminierung (oder geschlechtsbezogene Diskriminierung bei der Beförderung) auf große Unsicherheit in der **Rechtsprechung** zu stoßen, wurden doch die vom EuGH entwickelten **Kriterien äußerst restriktiv angewandt**. So wurde bspw. die Geschlechterverteilung in der Gesamtbelegschaft im Verhältnis zu der Geschlechterverteilung in den Führungspositionen nicht als Indiz gewertet (alle 27 Führungspositionen waren mit Männern besetzt, obwohl Frauen zwei Drittel der Belegschaft stellten), da sie nicht als Bezugspunkt der konkreten Maßnahme aussagekräftig seien (vgl. LAG Berlin-Brandenburg 12.2.2009 – 2 Sa 2070/08 – NZA-RR 2009, 357).

13 § 3 Abs. 4 stellt klar, dass die §§ 5, 8 AGG unberührt bleiben, mithin uneingeschränkt anwendbar sind. Der Gesetzgeber wollte zudem verdeutlichen, dass das **Konzept der positiven Maßnahmen** iSv § 5 AGG auch **im Anwendungsbereich des Entgelttransparenzgesetzes** Berücksichtigung finden kann. Damit wird betont, dass sowohl der Gesetzgeber als auch die Tarifvertragsparteien (bzw. die betrieblichen Partner) und einzelne Arbeitgeber gezielte Maßnahmen zur Förderung bisher bei der Entlohnung benachteiligter Gruppen durchführen können (BT-Drs. 18/11133, 50). Grundgesetzliche Gewährleistungen wie der Handlungsauftrag aus Art. 3

Abs. 2 S. 2 GG spielen auch bei der Auslegung privatrechtlicher Normen des Diskriminierungsschutzes eine Rolle, so ist das Staatsziel des Art. 3 Abs. 2 GG auch in den Fallkonstellationen des EntgTranspG als prinzipielle Maßgabe zu berücksichtigen (zu Art. 3 Abs. 2 GG: Baer/Markard, in: v. Mangoldt/Klein/Starck, GG Art. 3 Rn. 364). Positive Maßnahmen bezogen auf das Merkmal „Geschlecht", werden im Bereich des Erwerbslebens **in aller Regel nur zugunsten von Frauen** in Betracht kommen, da Männer im Berufsleben als das traditionell dominierende Geschlecht gegenüber Frauen typischerweise bevorzugt und nicht benachteiligt werden. Sind Männer in bestimmten Bereichen der traditionellen Frauenberufe unterrepräsentiert, können positive Maßnahmen zu ihren Gunsten nur zulässig sein, wenn im Einzelfall ausreichende Hinweise darauf bestehen, dass Männer aufgrund ihres Geschlechts **tatsächlich geringere Chancen als Frauen** haben (→ AGG § 5 Rn. 36).

14 Darüber hinaus betont § 3 Abs. 4, dass § 8 Abs. 2 AGG weiterhin ergänzend zur Anwendung kommt, Gleiches gilt für Vorschriften des AGG, die sich nicht auf die Entgeltdiskriminierung beziehen (wie bspw. § 8 Abs. AGG). Die Norm will zudem, dass **wegen des Geschlechts bestehende Schutzvorschriften** (bspw. zum Mutterschutz) keinesfalls **die Vereinbarung eines geringeren Entgelts rechtfertigen** (BT-Drs. 18/11133, 50), wobei Abs. 4 nicht auf gesetzliche Vorschriften begrenzt ist (ErfK-Schlachter, § 3 Rn. 13). Das Entgelt ist nur nach der zu leistenden Arbeit zu bestimmen, unabhängig davon, ob sie von einem Mann oder einer Frau geleistet wird. Eine generelle Schlechterstellung ist unzulässig (vgl. BAG 15.1.1955 – 1 AZR 305/54 – AP Art. 3 GG Nr. 4; BAG 6.4.1955 – 1 AZR 365/54 – AP Art. 3 GG Nr. 7; BAG 23.3.1957 – 1 AZR 305/54 – AP Art. 3 GG Nr. 16).

§ 4 Feststellung von gleicher oder gleichwertiger Arbeit, benachteiligungsfreie Entgeltsysteme

(1) Weibliche und männliche Beschäftigte üben eine gleiche Arbeit aus, wenn sie an verschiedenen Arbeitsplätzen oder nacheinander an demselben Arbeitsplatz eine identische oder gleichartige Tätigkeit ausführen.

(2) [1]Weibliche und männliche Beschäftigte üben eine gleichwertige Arbeit im Sinne dieses Gesetzes aus, wenn sie unter Zugrundelegung einer Gesamtheit von Faktoren als in einer vergleichbaren Situation befindlich angesehen werden können. [2]Zu den zu berücksichtigenden Faktoren gehören unter anderem die Art der Arbeit, die Ausbildungsanforderungen und die Arbeitsbedingungen. [3]Es ist von den tatsächlichen, für die jeweilige Tätigkeit wesentlichen Anforderungen auszugehen, die von den ausübenden Beschäftigten und deren Leistungen unabhängig sind.

(3) Beschäftigte in unterschiedlichen Rechtsverhältnissen nach § 5 Absatz 2 können untereinander nicht als vergleichbar nach Absatz 1 oder als in einer vergleichbaren Situation nach Absatz 2 befindlich angesehen werden.

(4) [1]Verwendet der Arbeitgeber für das Entgelt, das den Beschäftigten zusteht, ein Entgeltsystem, müssen dieses Entgeltsystem als Ganzes und auch die einzelnen Entgeltbestandteile so ausgestaltet sein, dass eine Benachteili-

gung wegen des Geschlechts ausgeschlossen ist. [2]Dazu muss es insbesondere

1. die Art der zu verrichtenden Tätigkeit objektiv berücksichtigen,
2. auf für weibliche und männliche Beschäftigte gemeinsamen Kriterien beruhen,
3. die einzelnen Differenzierungskriterien diskriminierungsfrei gewichten sowie
4. insgesamt durchschaubar sein.

(5) [1]Für tarifvertragliche Entgeltregelungen sowie für Entgeltregelungen, die auf einer bindenden Festsetzung nach § 19 Absatz 3 des Heimarbeitsgesetzes beruhen, gilt eine Angemessenheitsvermutung. [2]Tätigkeiten, die aufgrund dieser Regelungen unterschiedlichen Entgeltgruppen zugewiesen werden, werden als nicht gleichwertig angesehen, sofern die Regelungen nicht gegen höherrangiges Recht verstoßen.

(6) Absatz 5 ist sinngemäß auch auf gesetzliche Entgeltregelungen anzuwenden.

I. Vorbemerkung

1 § 4 enthält in Abs. 1 und 2 eine **Definition von gleicher und gleichwertiger Arbeit** und legt die zu berücksichtigenden Kriterien fest. Die Definitionen werden erstmalig gesetzlich kodifiziert. Darüber hinaus normiert § 4 in Abs. 4 die Kriterien für geschlechtsneutrale Arbeitsbewertungsverfahren bzw. geschlechtsneutrale Entgeltsysteme. Die Norm konkretisiert insofern vor allem Art. 4 S. 2 RL 2006/54/EG und greift die entsprechende Rechtsprechung des EuGH auf. Der Paragraf gliedert sich in fünf Absätze.

II. Gleiche Arbeit weiblicher und männlicher Beschäftigter (Abs. 1)

2 Unter **gleicher Arbeit** iSv § 4 Abs. 1 ist **identische und gleichartige Arbeit männlicher und weiblicher Beschäftigter** zu verstehen. Gleiche Arbeit ist somit gegeben, wenn weibliche und männliche Beschäftigte an verschiedenen oder nacheinander an demselben Arbeitsplatz identische oder gleichartige Tätigkeiten ausführen. Auch die Arbeitsleistung des (männlichen) Vorgängers am Arbeitsplatz ist somit ein geeigneter Vergleichsmaßstab (vgl. EuGH 28.9.1994 – Rs. C-200/91 – NZA 1994, 1073; BAG 26.1.2005 – 4

AZR 509/03 – NZA 2005, 1059 Rn. 26), sofern die Rahmenbedingungen gleichgeblieben sind. Dies setzt voraus, dass **Beschäftigte sich bei Bedarf ersetzen können**. Abzustellen ist auf die tatsächlichen Anforderungen des Arbeitsplatzes und nicht auf vertragliche Vereinbarungen oder die tarifliche Einstufung (ErfK-Schlachter, AEUV Art. 157 Rn. 10; Schlachter, 1993, S. 127 mwN zur Rspr.). Bereits Art. 157 Abs. 2 lit. b AEUV normiert (→ Einl. Rn. 1), „dass für eine nach Zeit bezahlte Arbeit das Entgelt bei gleichem Arbeitsplatz gleich ist", wohingegen Art. 157 Abs. 2 lit. a AEUV festlegt, dass bei Tätigkeiten nach Akkord das Entgelt „aufgrund der gleichen Maßeinheit festgesetzt wird". Entlohnung nach Akkord spielt in der Praxis heute keine große Rolle mehr, die gleichen Kriterien für männliche und weibliche Beschäftigte müssten jedoch auch in Bezug auf die Festsetzung des Prämienlohnes in der Produktion und auf die Festsetzung von Zielvereinbarungen zugrunde gelegt werden. Der EuGH hat in einer Entscheidung keine gleiche Arbeit als gegeben gesehen, bei der eine gleiche Tätigkeit über einen erheblichen Zeitraum von Beschäftigten mit unterschiedlicher Berufsberechtigung ausgeübt wurde, einem (männlichen) Arzt und einer (weiblichen) Psychologin (EuGH 11.5.1999 – Rs. C-309/97 (Wiener Betriebskrankenkasse) – Slg 1999 I-2907 Rn. 19 ff.). Dass Arzt und Psychologin die gleiche Tätigkeit ausübten, wirft Fragen zu der rechtlichen Wertung des EuGH auf. Allerdings war der Arzt aufgrund seiner Qualifikation in dem zugrunde liegenden Fall breiter einsetzbar und dieser Faktor wurde als zentral eingeordnet (vgl. ErfK-Schlachter, AEUV Art. 157 Rn. 10), da grundsätzlich darauf abzustellen ist, **ob die unterschiedliche Qualifikation für die tatsächliche Arbeitsleistung von Bedeutung** ist.

3 Wird **gleiche Arbeit ungleich bezahlt**, so handelt es sich in der Regel um eine **unmittelbare Diskriminierung** (→ § 3 Rn. 2 f.), die sowohl offen als auch verdeckt vorliegen kann (weitere Beispiele bei Pfarr/Bertelsmann, Diskriminierung im Erwerbsleben, S. 307; zu den bereits in den 50er-Jahren vom BAG für unzulässig erklärten tariflichen Lohnabschlagsklauseln vgl. Pfarr/Bertelsmann, Lohngleichheit, S. 63 ff., 380 ff.; Drohsel, S. 108 ff.; Schiek, Gleichberechtigungsgesetz, BGB § 612 Rn. 10). Diese direkte Form der Entgeltdiskriminierung ist vereinzelt noch immer anzutreffen, allerdings eher auf einzelvertraglicher Ebene (vgl. Winter, FS Pfarr, S. 320, 321, Fn. 6; LAG Rheinland-Pfalz 13.5.2015 – 5 Sa 436/13; 14.8.2014 – 5 Sa 509/13 – NZA-RR 2015, 14; 13.8.2014 – 4 Sa 517/13, sowie Kocher mit der Besprechung einer unbefriedigenden Entscheidung des LAG Baden-Württemberg – ZESAR 2014, 142 ff.)

III. Gleichwertige Arbeit weiblicher und männlicher Beschäftigter (Abs. 2)

1. Einleitung

4 § 4 Abs. 2 S. 1 definiert erstmalig den 1980 mit § 612 Abs. 3 BGB (aF) eingeführten Begriff der **gleichwertigen Arbeit** (EG-Anpassungsgesetz vom 13.8.1980, BGBl. I, 1308; → Einl. Rn. 5 f.). Dieser stellt einen Sonderfall der unmittelbaren Entgeltdiskriminierung dar (Schiek-Kocher, AGG § 22 Rn. 36). Weibliche und männliche Beschäftigte üben demnach eine **gleichwertige Arbeit** aus, wenn ihre **Arbeitssituation** – unter Berücksichtigung

einer Gesamtheit von objektiven Faktoren – als **vergleichbar** angesehen werden kann, ohne dass sie die gleiche Tätigkeit ausüben. Es geht also um die Frage, ob komplett unterschiedliche Tätigkeiten dennoch wertemäßig auf einer Anforderungsebene angesiedelt sind. Bislang war die Bewertung der Faktoren, die zur Überprüfung von gleichwertiger Arbeit herangezogen werden, der Rechtsprechung überlassen (vgl. bspw. EuGH 30.3.2000 – Rs. C-236/98 (Jämo) – NJW 1981, 2639; EuGH 26.6.2001 – Rs. C-381/99 (Brunnhofer) – Slg 2001 I-4977 Rn. 43). Weder Art. 157 AEUV noch die Richtlinie 2006/54/EG treffen Aussagen dazu, wann Tätigkeiten als gleichwertig einzuordnen sind. Wie schon vom EuGH in diversen Entscheidungen herausgearbeitet, normiert § 4 Abs. 2 S. 2, dass zu den zu berücksichtigenden Faktoren „**die Art der Arbeit, die Ausbildungsanforderungen und die Arbeitsbedingungen**" gehören, wobei die Aufzählung nicht abschließend ist (vgl. EuGH 28.2.2013 – Rs. C-427/11 (Kenny) – NZA 2013, 315 Rn. 27; EuGH 26.6.2001 – Rs. C-381/99 (Brunnhofer) – Slg 2001 I-4977 Rn. 50; EuGH 31.5.1995 – Rs. C-400/93 (Royal Copenhagen) – Slg 1995, I-1275 Rn. 32, 33; EuGH 11.5.1999 – Rs. C-309/97 (Wiener Gebietskrankenkasse) – Slg 1999, I-2907 Rn. 17). § 4 Abs. 2 S. 3 stellt zudem klar, dass „von den tatsächlichen, **für die jeweilige Tätigkeit wesentlichen Anforderungen** auszugehen" ist, was einer anforderungsbezogenen Bewertung entspricht. Da gem. § 4 Abs. 2 S. 2 jedoch auch die absolvierte Ausbildung zu berücksichtigen ist, sind auch qualifikationsbezogene Kriterien einzubeziehen. Unklar ist die Gewichtung der anforderungsbezogenen und qualifikationsbezogenen Kriterien zueinander. Festzuhalten ist, dass **nur solche Aus- und Fortbildungen in die Arbeitsbewertung einfließen** dürfen, die **für die konkret auszuübende Arbeit relevant** sind (Kocher/Porsche/Wenckebach, 2016, S. 26). Hat eine Vergleichsperson des anderen Geschlechts bspw. eine höhere Ausbildung absolviert, die jedoch für die Ausübung der konkreten Tätigkeit nicht von Bedeutung ist, so darf die Ausbildung bei der Bewertung keine Berücksichtigung finden. Ausweislich der Gesetzesbegründung, sind die genannten **Faktoren in einer Zusammenschau zu beurteilen.** Die vergleichbaren Tätigkeiten müssen daher insgesamt miteinander verglichen werden, notwendig ist „eine **gerechte Berücksichtigung aller Kriterien**" (EuGH 1.7.1986 – Rs. C-237/85 (Rummler) – Slg 1986 S. 2110), die zudem verhältnismäßig zu gewichten sind. Die Kriterien müssen zudem unabhängig von den konkreten Beschäftigten und ihren Leistungen sein (§ 4 Abs. 2 S. 3, letzter Hs.); die Betonung der Unabhängigkeit der Tätigkeitsbewertung von den die Tätigkeit ausübenden Beschäftigten verdeutlicht zudem, dass **Persönlichkeitsmerkmale keine zulässigen Unterkategorien darstellen** (BMFSFJ 2017, S. 18). Gleichwertige Arbeit ist folglich gegeben, „wenn die zu verrichtenden Tätigkeiten hinsichtlich der Anforderungen und Belastungen ein objektiv vergleichbares Bewertungsergebnis erreichen" (BT-Drs. 18/11133, 52).

2. Methoden der Arbeitsbewertung

5 Der Wertbegriff stellt auf die **Methoden der Arbeitsbewertung** ab, der **Maßstab** muss **objektiv und diskriminierungsfrei** (Däubler-Winter/Zimmer, TVG § 1 Rn. 515; ErfK-Schlachter, AEUV Art. 157 Rn. 11) und auf sämtliche Tätigkeiten in allen Branchen anwendbar sein (BT-Drs. 18/11133, 51;

Helm et al, AuR 2018, 18). Bei der **Arbeitsbewertung** werden grundsätzlich folgende Kriterien berücksichtigt: **Können, Grad der Verantwortung, Grad der Belastung und Grad der Umgebungseinflüsse**, die erbracht bzw. ausgehalten werden müssen, damit durchschnittliche Beschäftigte die Tätigkeit bewältigen können. Diese Kriterien haben ihren Ursprung in dem in den 1950er-Jahren erarbeiteten Genfer Schema der Arbeitsbewertung (vgl. Carl/Krehnke, S. 42 f.; sowie: REFA, 1987, S. 43; Helm et al, AuR 2018, 18). Psychosoziale Anforderungen fanden zum damaligen Zeitpunkt keinerlei Berücksichtigung. Heute spielen **psychische Belastungen** eine immer größere Rolle im Arbeitsleben und müssen daher auch bei der Bewertung Berücksichtigung finden. In Bezug auf die physischen Arbeitsbedingungen wird zumeist auf die Schwere der körperlichen Tätigkeit abgestellt und diese nur im Hinblick auf dynamische Muskelarbeit bewertet. Zu berücksichtigen ist jedoch auch statische Muskelarbeit wie bspw. Stehen oder einseitig dynamische Muskelarbeit (zum Beispiel Montage kleiner Teile), wie sie für viele, sog „Frauenberufe", typisch ist (BT-Drs. 18/11133, 51). In Bezug auf den **Grad der Verantwortung** einer Tätigkeit ist zu differenzieren, es kann sich sowohl um **Verantwortung für Maschinen oder für ein hohes Budget** handeln, aber auch um die **Verantwortung für Menschen im Rahmen sozialer Tätigkeiten** (BT-Drs. 18/11133, 51). Wird Letztere von Arbeitsbewertungssystemen nicht berücksichtigt, so kann dies zu einer Unterbewertung typischer Arbeitsplätze von Frauen führen. Zu unterscheiden sind **summarische und analytische Verfahren der Arbeitsbewertung.**

6 **Summarische Bewertungsverfahren** betrachten die Tätigkeit als Ganzes und bewerten entweder durch Reihung (**Rangfolgeverfahren**), bei der Arbeitsplätze durch Paarvergleich nach dem ihnen zugedachten Wert aufgelistet werden. Vorstellungen über den Wert einer Tätigkeit schlagen sich so direkt nieder und sind nicht transparent (Krell/Winter, Anforderungsabhängige Entgeltdifferenzierung, S. 343, 349). Die Bewertung kann aber auch durch Stufung mittels Entgeltgruppenverfahren erfolgen (Lohn-, Gehalts-, Vergütungs- oder Besoldungsgruppen), welche Kriterien und Merkmale zur Beschreibung der Stufen verwenden, wie die erforderliche Ausbildung oder die Schwere der Arbeit, die jedoch nicht unabhängig voneinander, sondern „summarisch" betrachtet werden. Zum Teil werden auch Anforderungskataloge mit Tatbestandsmerkmalen sowie teilweise Tätigkeitsbeispiele als Eingruppierungshilfe erstellt (Bartölke/Foit/Gohl/Kappler/Ridder/Schumann, S. 23 ff.; Däubler-Winter/Zimmer, TVG § 1 Rn. 412; Krell, Verfahren der Arbeitsbewertung, S. 43, 45 ff.; Kempen/Zachert-Absenger/Stein, TVG § 1 Rn. 191; Krell/Winter, S. 343, 349). Entscheidend für die adäquate Abbildung der anfallenden Tätigkeiten ist die **Auswahl der aufgeführten Tatbestandsmerkmale.** Die Tätigkeiten werden bei der Summarik als Ganzes betrachtet, idR **ohne** dass **objektive Bewertungskriterien** genannt werden. **Summarische Entgeltsysteme** in Tarifverträgen haben oft auch **analytische Komponenten**, bspw. wenn einzelne Arbeitsvorgänge nach festgelegten Merkmalen bewertet werden (Oechsler, S. 403). Abgestellt wird bspw. auf den Grad der Schwierigkeit der Tätigkeit (besondere Schwierigkeit, schwierig, einfach, einfachst etc), den Entscheidungs- und Handlungsspielraum beim Ausführen etc. Die genannten Bewertungskriterien werden jedoch nicht immer systematisch im Vergleich zu den auftre-

tenden Arbeitsanforderungen genannt (vgl. weiterführend mit Bsp. aus der Rspr. Däubler-Winter/Zimmer, TVG § 1 Rn. 412). Summarische Bewertungssysteme werden daher als intransparent und besonders diskriminierungsanfällig kritisiert (weiterführend: Däubler-Winter/Zimmer, TVG § 1 Rn. 517; Krell/Winter, S. 343, 349 f.; Jochmann-Döll/Ranftl, Impulse für die Entgeltgleichheit, 2010, S. 111, 157; Tondorf, 2002, S. 23, 26 ff.; vgl. auch: Lillemeier, 2014, S. 19). Kritisiert wird insbesondere, dass einzelne Kriterien wie bspw. „Schwere der Arbeit" **nicht diskriminierungsfrei ausgelegt** werden und zudem **wesentliche Anforderungen** für charakteristische Belastungen an sog Frauenarbeitsplätzen **keine Berücksichtigung** finden (Däubler-Winter/Zimmer, TVG § 1 Rn. 517; Krell/Winter, S. 343, 349).

7 Bei **analytischen Bewertungsverfahren** werden die Tätigkeiten untergliedert und **einzelne Arbeitsanforderungen bewertet**. Es werden somit ausgewählte Bewertungskriterien zur einzelnen Bewertung jeder Tätigkeit erarbeitet, um dann durch Reihung und Stufung Teilarbeitswerte für jedes Kriterium zu erhalten. Die Kriterien gehen oftmals zurück auf das Genfer Schema: Können, Verantwortung, Belastung und Umgebungseinflüsse (vgl. zum Genfer Schema: Carl/Krehnke, S. 42 f.; Helm et al, AuR 2018, 18; Winter/Krell, S. 343, 351). Durch Gewichtung der Kriterien wird ein Gesamtarbeitswert ermittelt. Auf betrieblicher Ebene werden mittels Arbeitsbeschreibungen die zu bewertenden Tätigkeiten beschrieben und **nach den ausgewählten Merkmalen getrennt bewertet**. Erst zum Schluss wird die Addition der Einzelwerte vorgenommen (Däubler-Winter/Zimmer, TVG § 1 Rn. 413; Jochmann-Döll, Gleicher Lohn, S. 59; Meine/Sadowsky/Schulz, S. 182; Meine/Ohl/Rohnert, S. 146 f.). Auch bei dieser Methodik können bei Definition und Gewichtung der Kriterien typische Tätigkeiten von Frauen zu gering bewertet werden. Probleme gibt es zudem bei der diskriminierungsfreien betrieblichen Implementierung (Helm et al, AuR 2018, 18; Kocher, AuR 2018, 8, 12; Zimmer, AuR 3/2014, 88 ff.). Analytische Verfahren der Arbeitsbewertung haben jedoch das **größere Potenzial an Transparenz und Durchschaubarkeit** (Däubler-Winter/Zimmer, TVG § 1 Rn. 413; Kempen/Zachert-Absenger/Stein, TVG § 1 Rn. 193; Oerder, S. 36; die Entwicklung hin zu den ERA-Tarifverträgen in der Metall- und Elektroindustie nachzeichnend: Schwitzer, FS-Pfarr, S. 346 ff.).

IV. Kriterien für diskriminierungsfreie Entgeltsysteme (Abs. 4)

1. Entgeltsystem

8 Die **Tätigkeitsanforderungen werden im Entgeltsystem abgebildet**, für das § 4 Abs. 4 Vorgaben macht, die bei der Verwendung durch den Arbeitgeber zu beachten sind. Dies gilt sowohl für tarifgebundene Arbeitgeber (vgl. § 3 Abs. 1 TVG) als auch für solche, die Tarifverträge mittels arbeitsvertraglicher Bezugnahmeklausel zur Anwendung bringen. Unter Entgeltsysteme fallen ausweislich der Gesetzesbegründung „alle Systeme, die in irgendeiner Form das Entgelt der Beschäftigten bei einem Arbeitgeber bestimmen oder beeinflussen". Hierbei handelt es sich „um **alle betrieblichen oder kollektivrechtlichen Bewertungs-, Einstufungs- oder sonstigen Entgeltsysteme** sowie Entgeltsysteme, die auf gesetzlicher Grundlage beruhen" (BT-Drs. 18/11133, 52), mithin Tarifverträge bzw. Betriebsvereinbarungen iSv § 87

Abs. 1 Nr. 10, 11 BetrVG (in nicht-tarifgebundenen Unternehmen), sowie arbeitgeberseitig festgelegte Entlohnungsgrundsätze. Dem Arbeitgeber wird insoweit eine Ergebnisverantwortung dafür übertragen, kein diskriminierendes Entgeltsystem zu verwenden (ErfK-Schlachter, § 4 Rn. 7). In bundesdeutschen Tarifverträgen dominieren summarische Bewertungsverfahren (→ Rn. 6; sowie für weitere Hintergrundinformationen: Däubler-Winter/Zimmer, TVG § 1 Rn. 409, 412; Wiedemann-Thüsing, TVG § 1 Rn. 473). Gem. § 4 Abs. 4 müssen nicht nur die einzelnen Entgeltbestandteile, sondern auch das **Entgeltsystem als Ganzes** so ausgestaltet sein, dass **keine Benachteiligung wegen des Geschlechts** stattfinden kann. Das Entgeltsystem als solches muss folglich geschlechtsneutral sein und **auf geschlechtsneutralen Arbeitsbewertungen basieren**. Für eine diskriminierungsfreie Arbeitsbewertung ist von Bedeutung, welche Kriterien verwandt und wie diese miteinander ins Verhältnis gesetzt werden. Der Gesetzgeber hat diesbzgl. Mindestkriterien festgelegt, die Arbeitsbewertungsverfahren selbst aber nicht vorgegeben (BT-Drs. 18/11133, 53; vgl. zudem: BMFSFJ 2017, S. 12 f.) und ist tätig geworden, nachdem die Entgeltdiskriminierung von Frauen jahrzehntelang kritisiert wurde. Forschungen und Analysen über die tarifliche Bewertung frauendominierter Tätigkeiten zeigen seit Jahrzehnten, dass auch Tarifverträge Einfallstore für ungerechtfertigte Unterschiede bei der Bewertung weiblicher und männlicher Tätigkeiten enthalten (Rohmert/Rutenfranz, 1975; Lillemeier, 2014 und 2016; Pfarr, 2004, S. 797 ff.). Zum Teil geht dies auf jahrzehntealte Bewertungen zurück, die noch nicht beseitigt wurden; zum Teil hat dies aber mit fortbestehender **Geringschätzung frauendominierter Tätigkeiten** zu tun (Sachverständigengutachten, S. 67 f.). Bereits im Jahre 1991 kam eine Studie der OECD zu dem Ergebnis, dass die „Marktsignale" aufgrund der Unterbewertung von Arbeit in sog Frauenberufen verfälscht seien (OECD, Gestaltung des Strukturwandels, S. 32). Tarifliche Eingruppierungsvorschriften oder standardisierte Unternehmerentscheidungen können jedoch nur dann Anhaltspunkte für gleichwertige Tätigkeiten geben (ErfK-Schlachter, AEUV Art. 157 Rn. 11), sofern diese nicht selbst diskriminierende Faktoren zugrunde legen und die Eingruppierung diskriminierungsfrei erfolgte. Ohnehin kann die Eingruppierung in die gleiche Entgeltgruppe nur eines von mehreren Indizien für gleichwertige Arbeit darstellen (EuGH 26.6.2001 – Rs. C-381/99 (Brunnhofer) – Slg 2001 I-4977), wobei **jeder einzelne Entgeltbestandteil für sich betrachtet werden muss** (EuGH 17.5. 1990 – Rs. C-262/88 (Barber) – NZA 1990, 775).

2. Objektive Berücksichtigung der Art der zu verrichtenden Tätigkeit (Nr. 1)

9 Eine Benachteiligung wegen des Geschlechts ist ausgeschlossen, wenn die **Art der zu verrichtenden Tätigkeit** durch die **Differenzierungskriterien objektiv berücksichtigt** wird und **alle relevanten Tätigkeitsaspekte vollständig beschrieben werden**. Werden Teilaspekte von Tätigkeiten, die überwiegend von Frauen ausgeübt werden, nicht erfasst, so liegt eine Entgeltdiskriminierung vor (BT-Drs. 18/11133, 53; vgl. zudem: ErfK-Schlachter, § 4 Rn. 8; Oechsler, S. 390; sowie vertiefend: Däubler-Winter/Zimmer, TVG § 1 Rn. 410 ff., mwN). Das könnte bspw. der Fall sein, wenn bei Pflegekräften

die Schwere der Arbeit nicht hinreichend als Kriterium gewürdigt wird oder die psychosozialen Faktoren nicht berücksichtigt werden. Interaktions- und Kommunikationsfähigkeiten wie Beraten, Überzeugen, Motivieren oder andere emotionale Belastungen, bspw. durch Kontakt mit Schwerkranken oder zu aggressiven und unzufriedenen Kunden, müssen folglich ebenfalls Berücksichtigung finden (Krell/Winter, S. 343, 353; Lillemeier, 2014, S. 19 ff.; Tondorf, 2002, S. 23, 26 ff.). Viele (überwiegend von Frauen ausgeübte) **Tätigkeiten im Dienstleistungssektor** dürften somit **unterbewertet** sein.

3. Gemeinsame Kriterien für weibliche und männliche Beschäftigte (Nr. 2)

10 Das verwendete Entgeltsystem muss darüber hinaus **auf für weibliche und männliche Beschäftigte gemeinsamen Kriterien beruhen**, tatsächlich verrichtete Arbeit ist ihrem Wesen nach zu entlohnen. Zur Bewertung von „Frauenarbeit“ müssen dieselben Differenzierungskriterien verwendet werden, wie zur Bewertung überwiegend von Männern ausgeübten Tätigkeiten (BT-Drs. 18/11133, 53). Wird in einem System nach Arbeitern und Angestellten unterschieden, so müssen folglich für beide Gruppen **einheitliche Kriterien** zugrunde gelegt werden. So ist die Leitung einer Wirtschaftseinheit einheitlich zu bewerten, unabhängig davon, ob es sich um eine Großküche oder eine Werkstatt handelt. Der EuGH erachtet zudem Kriterien als nicht zulässig, die sich lediglich auf Werte stützen, die den Fähigkeiten eines Geschlechts angepasst sind (EuGH 1.7.1986 – Rs. C-237/85 (Rummler) – Slg 1986, 2110 Rn. 23). Kriterien, die in typischen „Männerberufen“ Berücksichtigung finden, wie bspw. körperliche Anstrengungen (zB in Form von Heben und Tragen bestimmter Gewichte), müssen auch in „typischen Frauenberufen“ wie bspw. der Alten- und Krankenpflege sowie der Kindererziehung oder auch an Supermarktkassen berücksichtigt und als Vergütungskriterium gewichtet werden (Däubler-Winter/Zimmer, TVG § 1 Rn. 508; vgl. zudem: Winter, FS Pfarr, S. 328 und Jaehrling, S. 175 ff.). Auch dem Kriterium der „Erfahrung“ wird in Entgeltsystemen oftmals ein unterschiedlicher Wert bei männlich oder weiblich geprägten Tätigkeiten zugemessen (Däubler-Winter/Zimmer, TVG § 1 Rn. 508, 538 m. Bsp. zur Rspr.). Besonders deutliche Beispiele für unterschiedliche Maßstäbe an die Bewertung von „Frauenarbeit“ und „Männerarbeit“ finden sich in den Entgeltordnungen des öffentlichen Dienstes, nachdem das Entgeltsystem des BAT nicht reformiert, sondern im Wesentlichen in TV-L und TVöD übernommen wurde (vgl. mwN Däubler-Winter/Zimmer, TVG § 1 Rn. 508, Fn. 1414).

4. Diskriminierungsfreie Gewichtung (Nr. 3)

11 Die einzelnen Differenzierungskriterien sind zudem **diskriminierungsfrei auszulegen und zu gewichten** (Nr. 3). Dies beinhaltet ausweislich der Gesetzesbegründung, dass die körperliche Beanspruchung einer Tätigkeit nicht unzulässig hoch bewertet werden darf, wenn zugleich die psychische Beanspruchung einer gleichwertigen Tätigkeit gering oder gar nicht bewertet wird (BT-Drs. 18/11133, 53). Diskriminierungsfreie Gewichtung der einzelnen Kriterien setzt zudem voraus, dass **Kriterien, die für ein Geschlecht**

günstiger sind, nicht mehrfach bewertet werden. Das kann bspw. der Fall sein, wenn neben „überwiegend eigenen Entscheidungen" zudem „ein entsprechendes Maß an Verantwortung" bewertet und honoriert wird, da Tätigkeiten, die bestimmte Entscheidungskompetenzen beinhalten, idR zugleich durch die Verantwortung für diese Entscheidungen geprägt sind (vgl. vertiefend: Tondorf, 2002, S. 23, 31 f.). Beispiele aus der Praxis für die Unterbewertung typischer „Frauentätigkeiten", sind die mangelnde Berücksichtigung von Aus- und Weiterbildung; so werden frühere Ausbildungen als Friseurin, Schneiderin etc bei der Eingruppierung in Industrieberufen (bspw. in der Metallindustrie) nicht berücksichtigt, obwohl die erworbenen Fähigkeiten durchaus praktisch verwertbar sind (Winter, Gleiches Entgelt, S. 68). Auch bei den Anforderungen an Tätigkeiten in Vorzimmern werden erforderliche Kompetenzen von Frauen nicht in ausreichendem Maße honoriert (Däubler-Winter/Zimmer, TVG § 1 Rn. 508; vgl. auch Göhle-Sander, Anm. zu BAG 22.1.2003 – 4 ABR 18/02 –jurisPR-ArbR 15/2003 Anm. 4).

5. Durchschaubarkeit des Entgeltsystems (Nr. 4)

12 Diskriminierung kann nur entdeckt und verhindert werden, wenn das Entgeltsystem insgesamt durchschaubar ist, daher ist die **Durchschaubarkeit des Entgeltsystems** ein zentrales Kriterium. **Mangelnde Transparenz steht der Verwirklichung des Grundsatzes des gleichen Entgelts entgegen.** Mangelt es einem eingesetzten Entgeltsystem an Durchschaubarkeit, so liegt eine mittelbare Diskriminierung von Frauen vor, wenn diese im Durchschnitt eine deutlich niedrigere Entlohnung für gleichwertige Tätigkeiten erhalten als männliche Beschäftigte. Dies gilt auch, wenn sich aufgrund der unklaren Kriterien nicht näher bestimmen lässt, welches Merkmal zu der unterschiedlichen Entlohnung führt, da den KlägerInnen eine genauere Beweisführung ja gerade nicht möglich ist (EuGH 27.10.1993 – Rs. C-127/92 (Enderby) – NZA 1994, 797; EuGH 17.10.1989 – Rs. C-109/88 (Danfoss) – NZA 1990, 772 Rn. 16). Wie der EuGH in der Rechtssache „Barber" betont, bezieht sich das Erfordernis der Durchschaubarkeit des Entgeltsystems auf alle Vergütungsbestandteile (EuGH 17.5.1990 – Rs. C-262/88 (Barber) – Slg1990 I, 1889 Rn. 33). Lässt sich in einem Entgeltsystem nicht nachvollziehen, nach welchen Differenzierungsmaßstäben die Einstufung durchgeführt wird, so mangelt es an der erforderlichen Durchschaubarkeit. Einige summarische Verfahren der Arbeitsbewertung dürften diesen Kriterien nicht gerecht werden (Winter, Gleiches Entgelt, S. 117).

13 **Arbeitsbewertende Instrumente zur Prüfung der Entgeltgleichheit** zwischen Frauen und Männern, die eine **diskriminierungsfreie Bewertung** ermöglichen, sind bspw. mit **EG-Check** bereits vorhanden (s. Tondorf/Jochmann-Döll, www.eg-check.de, sowie Antidiskriminierungsstelle des Bundes: www.antidiskriminierungsstelle.de/eg-check/DE/Was_ist_eg-check/_node.html, 20.2.2018). Es handelt sich dabei um ein Instrumentarium, das verschiedene Instrumente enthält, die einzeln oder in Kombination angewandt werden können, um jeden **einzelnen Entgeltbestandteil** (anforderungsbezogenes Grundentgelt; erfahrungsbezogene Stufensteigerungen; Leistungsvergütung; Überstundenvergütung sowie Erschwerniszuschläge) **gesondert zu**

prüfen. Angeleitet wird das Erstellen vergleichender Statistiken mit anonymisierten Entgeltdaten von Frauen und Männern im Betrieb und das Durchführen von Regelungschecks zur Prüfung kollektiver oder arbeitgeberseitiger Entgeltsysteme, sowie Paarvergleiche zwischen einem weiblich dominierten und einem männlich dominierten Arbeitsplatz (vgl. weiterführend: Jochmann-Döll, RdA 2017, 169; Tondorf, FS Pfarr, S. 334; Krell/Tondorf, djbZ 2011, 174, 176; Tondorf, AiB 2011, 25 ff.; Krell, Entgelt(un)gleichheit, S. 331, 337 ff.; Tondorf/Jochmann-Döll, WSI-Mitt. 2011, 115). Nicht geeignet zu sein scheint das Verfahren Logib-D (**Lohn**gleichheit **i**m **B**etrieb – **D**eutschland, vgl. Schmidt, DB 2010, 957 f.), das ein **Instrumentarium zur Prüfung der betrieblichen Entgeltdifferenz** darstellt, mit dem sich untersuchen lässt, welcher Anteil der Entgeltlücke objektiv gerechtfertigt ist und welcher nicht sachlich erklärt werden kann. Damit fußt Logib-D auf der Vorstellung, Entgeltdifferenzen von Frauen und Männern ließen sich durch unterschiedliche Investitionen von Frauen und Männern in ihr persönliches Humankapital objektiv rechtfertigen (Humankapitaltheorie). Es dient somit der Errechnung der bereinigten Lohnlücke zwischen Frauen und Männern (→ § 1 Rn. 1). Da die konkrete Tätigkeit, die von Frauen und Männern ausgeübt wird, jedoch nicht Prüfgegenstand ist, ist es als Instrument für die Praxis nicht geeignet (vgl. weiterführend die Kritik von Tondorf, DB 2010, 616 f.; dies., DB 2010, 959 f., sowie Jochmann-Döll, RdA 2017, 169).

V. Vergleichbarkeit der Tätigkeiten (Abs. 3)

14 Beschäftigte, die eine Benachteiligung beim Entgelt bezogen auf eine gleichwertige Tätigkeit geltend machen, können die **zu vergleichende Tätigkeit** – und somit die Vergleichsperson – **frei auswählen**. Um die Indizwirkung nach § 22 AGG auszulösen, kann entweder der über § 10 ff. in Erfahrung gebrachte Median der Vergleichstätigkeit (→ § 11 Rn. 8) oder eine besser bezahlte Person des anderen Geschlechts benannt werden – ob einzelne Angehörige des anderen Geschlechts weniger bezahlt bekommen, ist insoweit unerheblich (vgl. Colneric, FS-Dieterich, S. 58; Schiek-Kocher, AGG § 22 Rn. 37). Bislang gerichtlich zu beurteilen war die Frage der Gleichwertigkeit von Pflegehelferinnen und Kleinbusfahrern (Bsp. aus Großbritannien, vgl. Hegewisch/Gregory, S. 269, 278), von Kantinenarbeiterinnen und männlichen Arbeitern des Übertagebergbaus oder Pförtnern (Bsp. aus Großbritannien, vgl. Hegewisch/Gregory, S. 269, 275) oder von Sozialarbeiterinnen und Ingenieuren (BAG 10.12.1997 – 4 AZR 264/96 – AP § 612 BGB Diskriminierung Nr. 3; vgl. zudem Wißmann, FS Schaub, S. 793, 797; Winter, Gleiches Entgelt; Feldhoff, Gleicher Lohn; Pfarr, FS Bundesarbeitgericht, S. 780; Winter, FS Pfarr, S. 320). Angesichts der **horizontalen Segregation** auf dem Arbeitsmarkt in sog „Frauen"- und „Männerberufe (→ § 1 Rn. 2 ff.) drängen sich Vergleiche von Tätigkeiten aus unterschiedlichen Sektoren auf. So könnte bspw. auch eine Physiotherapeutin einen Vergleich mit einem – erheblich besser bezahlten – Ingenieur anstreben. Hierbei handelt es sich allerdings um einen branchenübergreifenden Vergleich, der nicht ganz unproblematisch ist, da die Rahmenbedingungen in unterschiedlichen Branchen sehr verschieden sein können. Zudem sind derart unterschiedliche Branchen idR von unterschiedlichen Gewerkschaf-

ten mit unterschiedlichen Tarifverträgen tarifiert. Diese haben durchaus unterschiedliche Traditionen und Tarifpraktiken. Höhere Löhne in einer Branche mögen zudem mit intensiven Arbeitskämpfen erstritten worden sein.

15 § 4 Abs. 3 schließt dezidiert aus, dass **Beschäftigte in unterschiedlichen Rechtsverhältnissen** nach § 5 Abs. 2 im Hinblick auf entgeltbezogene Geschlechtsunterschiede **miteinander verglichen** werden. Nach diesem Konzept soll ein Vergleich zwischen Beschäftigten mit Arbeitnehmerstatus und solchen im Beamtenverhältnis nicht zulässig sein, ebenso wenig die Vergleichbarkeit mit RichterInnen oder SoldatInnen. Gründe für diese formale Abgrenzung gibt der Gesetzgeber nicht an, sie wären bspw. bezogen auf Lehrkräfte mit Arbeitnehmerstatus und verbeamtete Lehrkräfte auch nicht ersichtlich. Der EuGH hat in Diskriminierungsfällen die Vergleichbarkeit unterschiedlicher durch Tarifverträge definierter Tätigkeiten dann nicht verneint, wenn die Entgelte für gleichwertige Tätigkeiten von männlichen und weiblichen Beschäftigten bei **demselben Arbeitgeber** in unterschiedlichen Tarifverträgen kodifiziert wurden, diese aber von den **gleichen Tarifparteien abgeschlossen wurden**, damit eine Umgehung des Gleichbehandlungsgrundsatzes durch Aufspaltung in verschiedene Tarifwerke ausgeschlossen ist (EuGH 27.10.1993 – Rs. C-127/92 (Enderby) – NZA 1997, 797 Rn. 22 f.; → § 3 Rn. 7 ff; vgl. zudem: Däubler-Winter/Zimmer, TVG § 1 Rn. 520). In einer Entscheidung jüngeren Datums wurde zudem die Vergleichbarkeit befristet beschäftigter Aushilfskräfte mit BeamtInnen als zulässig erachtet, da sich die Beschäftigten „in einer vergleichbaren Lage" befanden (EuGH 9.7.2015 – Rs. C-177/14 (Regojo Dans) – NZA 2016, 95). Die Konzeption des deutschen Gesetzgebers erscheint daher zu eng (ebenfalls kritisch: ErfK-Schlachter, § 4 Rn. 5).

16 Rechtspolitisch ist ohnehin ein **Vergleich von Tätigkeiten über alle Branchen hinweg** notwendig, um die mangelnde Wertschätzung typisch weiblicher Tätigkeiten (bspw. im Erziehungsbereich) zu thematisieren und Änderungen herbeizuführen. Juristisch wurde die Grenze durch den EuGH wie folgt definiert: Wurden verschiedene Tätigkeiten in unterschiedlichen Tarifverträgen, aber durch die gleichen Tarifvertragsparteien tarifiert, so ist eine Vergleichbarkeit gegeben. Handelt es sich hingegen um andere Tarifvertragsparteien, so liegt keine Vergleichbarkeit vor (vgl. Colneric, FS-Wißmann, S. 535, 541 f.; Rieble, RdA 2011, 36, 43; Wißmann, FS Schaub, S 793; vgl. zudem BAG 3.4.2003 – 6 AZR 633/01 – NZA 2003, 1286). Begründet wird dies in erster Linie mit der Tarifautonomie (vgl. umfassend: Winter, Entgeltgleichheit, S. 153 ff., mwN). Bemisst sich die Entlohnung nicht nach einem Tarifvertrag, so erschließt sich die Begrenzung der Vergleichbarkeit auf die gleiche Branche nicht. Abzustellen ist in diesem Fall lediglich auf die **Vergleichbarkeit der Tätigkeit** nach den genannten Kriterien.

VI. Angemessenheitsvermutung für Tarifverträge (Abs. 5)

17 Für **tarifvertragliche Entgeltregelungen** hat der Gesetzgeber eine **Angemessenheitsvermutung** normiert (vgl. BAG 21.5.2014 – 4 AZR 50/13, 120/13 – NZA 2015, 115; BAG 22.4.2010 – 6 AZR 966/08 – NZA 2010, 947),

Gleiches gilt für Entgeltregelungen, die auf einer bindenden Festsetzung nach § 19 HAG beruhen. Den Tarifvertragsparteien kommt angesichts der in **Art. 9 Abs. 3 GG garantierten Tarifautonomie ein weiter Gestaltungsspielraum** samt autonomer Regelungsbefugnis zu, zudem haben sie eine Einschätzungsprärogative in Bezug auf die sachlichen Gegebenheiten und die betroffenen Interessen (BT-Drs. 18/11133, 53; BAG 11.12.2013 – 10 AZR 736/12 – NZA 2014, 669; ErfK-Schmidt, GG Art. 3 Rn. 26; Kittner/Zwanziger/Deinert-Zwanziger, § 92 Rn. 13). Sie sind nicht verpflichtet, die jeweils zweckmäßigste, vernünftigste oder gerechteste Lösung zu wählen (BAG 27.5.2004 – 6 AZR 129/03 – NZA 2004, 1399 mwN; vgl. zudem EuGH 8.9.2011 – Rs. C-297/10, C-298/10 (Hennigs) – NZA 2011, 1100). Die Vermutung, dass tarifrechtliche Entgeltregelungen diskriminierungsfrei sind, ist mit der Angemessenheitsvermutung jedoch nicht verbunden (ErfK-Schlachter, § 4 Rn. 9), insoweit ist die gesetzliche Formulierung wenig geglückt (kritisch: Kocher, AuR 2018, 8, 11).

18 Auch wenn Art. 3 GG keine direkte Anwendung auf privatrechtliche Rechtssubjekte findet, so müssen die **Tarifpartner** doch bei ihrer tariflichen Normsetzung höherrangiges Recht beachten, worauf der Gesetzgeber in § 4 Abs. 5 S. 2, letzter Hs. hinweist. Die Tarifvertragsparteien haben daher **die Gleichheitsgrundrechte als fundamentale Werteentscheidungen** und somit auch das **Diskriminierungsverbot aufgrund des Geschlechts aus Art. 3 Abs. 2 GG** zu beachten (BAG 19.1.2016 – 9 AZR 564/14 – NZA 2016, 776; BAG 16.10.2014 – 6 AZR 661/12 – NZA 2015, 827; BAG 22.4.2010 – 6 AZR 966/08 – NZA 2010, 947; BAG 18.3.2010 – 6 AZR 434/07 – NZA 2010, 824; → AGG § 2 Rn. 228 f.; weiterführend: Dieterich, FS-Schaub, S. 117, 128 ff.). Hierauf hat auch der EuGH in zahlreichen Entscheidungen verwiesen (EuGH 7.2.1991 – Rs. C-184/89 (Nimz) – DB 1991, 660; EuGH 27.6.1990 – Rs. C-33/89 (Kowalska) – NZA 1990, 771; EuGH 15.12.1994 – Rs. C-399/92 (Helmig) – AP § 611 BGB Teilzeit Nr. 7; EuGH 8.4.1976 – Rs. C-43/75, (Defrenne II) – BeckEuRS 1976, 53615). Insoweit findet eine **Begrenzung der Angemessenheitsvermutung** statt, die zT auch als unionsrechtskonforme Auslegung der Norm charakterisiert wird (Kocher, AuR 2018, 8, 12). Die tarifliche Eingruppierung von Tätigkeiten ist daher lediglich ein erstes **Indiz** für die Gleichwertigkeit von Tätigkeiten, die der gleichen Entgeltgruppe zugeordnet sind (EuGH 26.6.2001 – Rs. C-381/99 (Brunnhofer) – NZA 2001, 883 Rn. 44 ff.). Abs. 6 verweist zudem darauf, dass auch der Gesetzgeber an die Grundrechte gebunden ist, was sich bereits aus Art. 1 Abs. 3 GG ergibt. Bei der Besoldung seiner BeamtInnen hat somit auch der Staat die Gewährleistungen aus Art. 3 Abs. 2 GG zu beachten.

19 **Tätigkeiten, die in unterschiedlichen Entgeltgruppen** eingeordnet sind, sollen aufgrund der Angemessenheitsvermutung gem. Abs. 5 S. 2 als **nicht gleichwertig angesehen** werden. Das gilt jedoch nur, wenn Tarifverträge selbst **keine diskriminierenden Regelungen enthalten** (aA wohl Rieble, RdA 2011, 36 (43), da auch die Tarifpartner an das Verbot der Diskriminierung aufgrund des Geschlechts gebunden sind (→ Rn. 8, 17). Diese Begrenzung der Vergleichbarkeit leuchtet nicht ein, insbesondere, da auch auf betriebli-

cher Ebene Probleme mit geschlechtsgerechter Eingruppierung bestehen (Helm et al, AuR 2018, 18 ff.).

§ 5 Allgemeine Begriffsbestimmungen

(1) Entgelt im Sinne dieses Gesetzes sind alle Grund- oder Mindestarbeitsentgelte sowie alle sonstigen Vergütungen, die unmittelbar oder mittelbar in bar oder in Sachleistungen aufgrund eines Beschäftigungsverhältnisses gewährt werden.

(2) Beschäftigte im Sinne dieses Gesetzes sind

1. Arbeitnehmerinnen und Arbeitnehmer,
2. Beamtinnen und Beamte des Bundes sowie der sonstigen der Aufsicht des Bundes unterstehenden Körperschaften, Anstalten und Stiftungen des öffentlichen Rechts,
3. Richterinnen und Richter des Bundes,
4. Soldatinnen und Soldaten,
5. die zu ihrer Berufsbildung Beschäftigten sowie
6. die in Heimarbeit Beschäftigten sowie die ihnen Gleichgestellten.

(3) [1]Arbeitgeber im Sinne dieses Gesetzes sind natürliche und juristische Personen sowie rechtsfähige Personengesellschaften, die Personen nach Absatz 2 beschäftigen, soweit durch dieses Gesetz nichts anderes bestimmt wird. [2]Für die in Heimarbeit Beschäftigten und die ihnen Gleichgestellten tritt an die Stelle des Arbeitgebers der Auftraggeber oder Zwischenmeister.

(4) [1]Tarifgebundene Arbeitgeber im Sinne dieses Gesetzes sind Arbeitgeber, die einen Entgelttarifvertrag oder Entgeltrahmentarifvertrag aufgrund von § 3 Absatz 1 des Tarifvertragsgesetzes anwenden. [2]Von Satz 1 erfasst werden auch Arbeitgeber, die einen Entgelttarifvertrag aufgrund der Tarifgeltung einer Allgemeinverbindlichkeitserklärung nach § 5 des Tarifvertragsgesetzes oder Entgeltregelungen aufgrund einer bindenden Festsetzung nach § 19 Absatz 3 des Heimarbeitsgesetzes anwenden.

(5) Tarifanwendende Arbeitgeber im Sinne dieses Gesetzes sind Arbeitgeber, die im Geltungsbereich eines Entgelttarifvertrages oder Entgeltrahmentarifvertrages die tariflichen Regelungen zum Entgelt durch schriftliche Vereinbarung zwischen Arbeitgeber und Beschäftigten verbindlich und inhaltsgleich für alle Tätigkeiten und Beschäftigten übernommen haben, für die diese tariflichen Regelungen zum Entgelt angewendet werden.

I. Entgelt (Abs. 1)

1 Der Begriff des Entgelts lässt sich unterteilen in Grundentgelt, leistungsabhängige Entgeltbestandteile (Boni) sowie weitere Bestandteile wie Zulagen, Zusatzleistungen (wie bspw. die betriebliche Altersversorgung) und materi-

elle Beteiligungen sowie nicht monetäre Leistungen (Krell, 2011, S. 331, 336 f.). Das Gesetz legt – in Übereinstimmung mit der Rechtsprechung von BAG und EuGH – einen **weiten Entgeltbegriff** zugrunde, der neben der regulären Grundvergütung **sämtliche Arten gegenwärtiger oder künftiger Vergütungen umfasst,** in bar oder in Sachleistungen, die der Arbeitgeber einer/m Beschäftigten **aufgrund des Beschäftigungsverhältnisses** unmittelbar oder mittelbar gewährt (vgl. BAG 14.8.2007 – 9 AZR 943/06; EuGH 30.3.2000 – Rs. C-236/98 (Jämo) – Slg 2000 I-2206; BT-Drs. 18/11133, 54). Unerheblich ist, ob die Leistungen aufgrund des Arbeitsvertrages, kraft Rechtsvorschrift oder freiwillig vom Arbeitgeber erbracht werden (EuGH 21.10.1999 – Rs. C-333/97 (Lewen) – NZA 1999, 1325; EuGH 4.6.1992 – Rs. C-360/90 (Bötel) – NZA 1992, 687; → AGG § 7 Rn. 101 ff. m. weiteren Bsp.), auch ein faktisches Arbeitsverhältnis ist ausreichend (ErfK-Schlachter, § 5 Rn. 3). Dieser Begriff des Entgeltes entstammt Art. 157 Abs. 2 S. 1 AEUV. Sachleistungen im og Sinne wie Dienstwagen, Tankgutscheine, Essensmarken, Kitaplätze oÄ und auch Abfindungen sind entsprechend ihres finanziellen Wertes zu berücksichtigen (vgl. ErfK-Schlachter, AEUV Art. 157 Rn. 7 mwN; Streinz-Eichenhofer, AEUV Art. 157 Rn. 9; Schulz, ArbR Aktuell 2016, 467). Vom Entgeltbegriff erfasst sind sowohl Vergütungsregelungen aus Individualarbeitsverträgen als auch aus Tarifverträgen, Betriebs- oder Dienstvereinbarungen. Diese können auch nur mittelbar eine Auswirkung auf die Vergütung haben, wie bspw. Eingruppierungsregelungen eines Tarifvertrages oder außertarifliche Vergütungssysteme (BT-Drs. 18/11133, 54). Ungeachtet der in Anlehnung an das Unionsrecht verwendeten Terminologie „in bar", umfasst die Entgeltdefinition auch bargeldlos, bspw. durch Überweisung getätigte Geldleistungen jeder Art (BT-Drs. 18/11133, 54). In der Praxis gehören **sämtliche Entgeltformen** zum Entgelt, einschließlich Sonderzahlungen und sog neuer Entgeltformen wie Aktienoptionen (Däubler-Winter/Zimmer, TVG § 1 Rn. 513). Einen Anhaltspunkt bieten können die Vorgaben in § 108 Abs. 1 GewO zur Abrechnung des Arbeitsentgelts. Weitere Informationen sowie Fallbeispiele für Entgeltabrechnungen sind auf der Website des BMAS abrufbar: www.bmas.de/SharedDocs/Downloads/DE/PDF-Meldungen/entgeltbescheinigung-pdf-Fallbeispiele.pdf?__blob=publicationFile&v=2, 10.3.2018).

2 Ausweislich der Gesetzesbegründung fällt auch das System der **betrieblichen Altersvorsorge** unter den Entgeltbegriff, da es sich bei Leistungen dieses Systems um solche des Arbeitsgebers aufgrund des Beschäftigungsverhältnisses handelt; anders als im gesetzlichen System der sozialen Sicherung (BT-Drs. 18/11133, 54). Wie der EuGH bereits 1971 in der Rs. Defrenne I ausführte, folgt die Rente nicht als „Ruhelohn" dem Beschäftigungslohn, so dass die im gesetzlichen Sozialversicherungssystem gewährte Altersrente keine Vergütung darstellt. Auch der Arbeitgeberanteil in der Systemfinanzierung kann daher nicht als mittelbare Zahlung des Arbeitsgebers eingeordnet werden (EuGH 25.5.1971 – Rs. C-80/70 (Defrenne-I) – Slg 1971, 445). Im Fall einer gerichtlichen Kontrolle wird **jeder Entgeltbestandteil für sich betrachtet,** da die Kontrolle ansonsten kaum möglich und somit die praktische Wirksamkeit der Norm gemindert wäre (st. Rspr., vgl. nur EuGH 27.5.2004 – Rs. C-285/02 (Elsner-Lakeberg) – Slg 2004, I-5861). **Sämtliche Entgeltformen** wie Grundentgelt, Zeitentgelt, Leistungsentgelt,

Zulagen, Gratifikationen, Sachleistungen und auch die Bereitstellung von Dienstwagen zur Nutzung in der Freizeit sowie von Dienstwohnungen etc, sind folglich getrennt zu betrachten (st. Rspr., vgl. in Bezug auf Zulagen: EuGH 26.6.2001 – Rs. C-381/99 (Brunnhofer) – Slg 2001, I-4961 Rn. 35; s. zudem mit weiteren Bsp. Däubler-Winter/Zimmer, TVG § 1 Rn. 513 f.).

II. Beschäftigte (Abs. 2)

3 **Das in § 7 normierte Entgeltgleichheitsgebot gilt für „Beschäftigte"** sowohl in der Privatwirtschaft als auch im öffentlichen Dienst des Bundes. Unter den persönlichen Anwendungsbereich des Gesetzes fallen **gem. § 5 Abs. 2 nicht nur ArbeitnehmerInnen**, sondern auch **BeamtInnen, RichterInnen, SoldatInnen, Auszubildende, HeimarbeiterInnen sowie Letzteren Gleichgestellte**. Die Definition des § 5 Abs. 2 stellt auf den **weiten europäischen Arbeitnehmerbegriff** ab. **ArbeitnehmerInnen** iSd Art. 157 Abs. 1 AEUV sind **alle abhängig beschäftigten Personen**; der Begriff wird **autonom unionsrechtlich bestimmt** (Preis/Sagan-Sagan, § 1 Rn. 110 ff.; Streinz-Eichenhofer, AEUV Art. 157 Rn. 9). Nicht nur solche, die aufgrund eines privatrechtlichen Vertrages beschäftigt werden, sondern **auch BeamtInnen** fallen folglich unter den Beschäftigtenbegriff des EntgTranspG (EUGH 30.1.2004 – Rs. C-256/01 (Allonby) – Slg 2004, I-873; EuGH 21.10.1999 – Rs. C-333/97 (Lewen) – Slg 1999, I-7243; EuGH 2.10.1997 – Rs. C-100/95 (Kording) – NZA 1997, 1221; EuGH 24.5.1988 – Rs. C-318/86 (Kommission/Frankreich) – Slg 1988, 3559; EuGH 15.5.1986 – Rs. C-222/84 (Johnston) – Slg 1986, 1651).

4 Der Gesetzestext bezieht sich lediglich auf **BeamtInnen und RichterInnen des Bundes** sowie der sonstigen der Aufsicht des Bundes unterstehenden Körperschaften, Anstalten und Stiftungen des öffentlichen Rechts. **Landes- und KommunalbeamtInnen** sind nicht erwähnt, so dass sich die Frage stellt, ob sie vom Anwendungsbereich ausgenommen sind. Dafür spricht, dass ihre Besoldung seit der Föderalismusreform von 2006 nicht mehr dem Bundes-, sondern dem Landesgesetzgeber untersteht. Die Gesetzesbegründung enthält jedoch keinen Hinweis in diese Richtung, sondern nimmt neben § 6 Abs. 1 auch § 24 AGG in Bezug (BT-Drs. 18/11133, 54), der den Anwendungsbereich des AGG auch für BeamtInnen der Länder und Kommunen eröffnet. Das EntgTranspG enthält zudem keine eigenständigen Regelungen zur Besoldung von BeamtInnen, sondern normiert mit dem Verbot der Entgeltdiskriminierung **grundrechtliche Fragen von grundsätzlicher Bedeutung**, die von Arbeitgebern oder den Tarifparteien zu beachten sind. Zudem werden mit dem Gesetz nicht nur grundrechtliche Wertungen aus Art. 3 Abs. 2 GG, sondern auch Unionsrecht umgesetzt, was als Konkretisierung des bundesgesetzlichen AGG nur bundeseinheitlich Sinn macht. Auch Sinn und Zweck sprechen für eine Anwendung auch auf BeamtInnen (und RichterInnen) der Länder und Kommunen, da das Ziel des Gesetzes, das Gebot der Entgeltgleichheit bei gleicher oder gleichwertiger Arbeit durchzusetzen, nur über ein Gesetz mit Anwendungsbereich für alle BeamtInnen erreicht werden kann (ähnlich: ErfK-Schlachter, § 5 Rn. 6). Da der Bundesgesetzgeber nach wie vor die Gesetzgebungskompetenz für grundlegende Statusangelegenheiten auch in Bezug auf die Landesbeamten

hat (Art. 74 Abs. 1 Nr. 27 GG), ist keine Sperrwirkung gegeben, und auch bei Ländern und Kommunen beschäftigte BeamtInnen und RichterInnen sind vom Anwendungsbereich des EntgTranspG erfasst (iErg wie hier: von Steinau-Steinrück, NJW-Spezial 2017, 306). Es wäre jedoch sinnvoll gewesen, der Gesetzgeber hätte dies deutlich formuliert und eine entsprechende Regelung in das BeamtStG aufgenommen (Beamtenstatusgesetz v. 17.6.2008 (BGBl. I, 1010), in der Fassung v. 8.6.2017 (BGBl. I, 1570), anstatt die Frage der Rechtsprechung zu überlassen.

5 Gem. § 5 Abs. 2 sind auch **in Heimarbeit Beschäftigte** vom Anwendungsbereich des Gesetzes erfasst. Hierunter fallen gem. **§ 2 Abs. 1 HAG** (vom 14.3.1951, BGBl. I, 191) Personen, die in selbst gewählter Arbeitsstätte (eigener Wohnung oder selbst gewählter Betriebsstätte) allein oder mit ihren Familienangehörigen **im Auftrag von Gewerbetreibenden** erwerbsmäßig arbeiten, jedoch die Verwertung der Arbeitsergebnisse dem unmittelbar oder mittelbar Auftrag gebenden Gewerbetreibenden überlassen. HeimarbeiterInnen tragen kein Absatzrisiko und nehmen nicht am Unternehmensgewinn teil. Maßgebliches Kriterium ist ihre **Schutzbedürftigkeit**, die aus der tatsächlichen bzw. **wirtschaftlichen Abhängigkeit** vom Auftraggeber resultiert (BVerfG 11.2.1976 – 2 BvL 2/73 – DB 1976, 727). Sonstige Personen können sich gem. § 1 Abs. 2 HAG **den in Heimarbeit Beschäftigten gleichstellen lassen**, „wenn dieses **wegen ihrer Schutzbedürftigkeit gerechtfertigt** erscheint". Dies ist gem. § 1 Abs. 4 HAG bei der zuständigen Arbeitsbehörde (oberste Arbeitsbehörde des Landes, § 1 Abs. 4 S. 2 HAG iVm § 3 Abs. 1 HAG) zu beantragen (vgl. zum Verfahren: RVO zur Durchführung des HAG vom 27.1.1976 (BGBl. I, 221), in der Fassung vom 31.10.2006 (BGBl. I, 2407). Moderne Formen der Heimarbeit können Telearbeit oder Crowdworking sein (Kittner/Zwanziger/Deinert-Becker, § 118; Leimeister/Zogaj, S. 43 ff.; wobei Crowdworking in der Praxis zumeist auf freiberuflicher Basis ausgeübt wird.

6 Im Unterschied zum AGG (und zum ersten Entwurf des Gesetzes) führt **§ 5 Abs. 2 arbeitnehmerähnliche Personen** nicht als Beschäftigte auf, was aufgrund des expliziten Unterschiedes zum AGG (und zum ersten Entwurf des Gesetzes) darauf hindeutet, dass diese **nicht vom Anwendungsbereich erfasst** sein sollen. Als arbeitnehmerähnlich sind selbstständig Tätige einzuordnen, die sich von ArbeitnehmerInnen (vgl. § 611 a Abs. 1 BGB) durch **den Grad ihrer persönlichen Abhängigkeit** unterscheiden, bspw. weil sie nicht in die fremde betriebliche Organisation eingegliedert sind oder über Ort und Zeit ihrer Tätigkeit verfügen können. Dennoch sind sie **wirtschaftlich abhängig** (bzw. „wirtschaftlich unselbstständig", § 6 Abs. 1 Nr. 3 AGG) und vergleichbar einer/m ArbeitnehmerIn **sozial schutzbedürftig** (§ 12 a Abs. 1 Nr. 1 TVG). Die **wirtschaftliche Abhängigkeit** tritt an die Stelle der persönlichen Abhängigkeit (BAG 15.2.2011 – 10 AZR 111/11 – NZA 2012, 733) und wird durch § 12 a Abs. 1 Nr. 1 lit. a, b TVG näher erläutert. Danach ist die arbeitnehmerähnliche Person in zeitlicher oder finanzieller Hinsicht im Wesentlichen nur für einen Auftraggeber tätig; mindestens die Hälfte ihres Erwerbseinkommens wird von nur einer Person bezogen. Werden künstlerische, schriftstellerische oder journalistische Leistungen erbracht, so reicht es aus, wenn ein Drittel des Erwerbseinkommens

von einem Auftraggeber stammt (§ 12 a Abs. 3 TVG). § 12 a Abs. 1 Nr. 1 TVG stellt zudem darauf ab, dass die Tätigkeit aufgrund von Werk- oder Dienstvertrag erfolgt und die geschuldete Leistung persönlich sowie im Wesentlichen ohne MitarbeiterInnen erbracht wird. Der/die wirtschaftlich Abhängige muss jedoch der gesamten sozialen Stellung nach **einem Arbeitnehmer vergleichbar sozial schutzbedürftig** sein (ständige Rechtsprechung, vgl. BAG 17.6.1999 – 5 AZB 23/98 – NZA 1999, 1175; BAG 30.8.2000 – 5 AZB 12/00 – NZA 2000, 1359; BAG 21.12.2010 – 10 AZB 14/10 – NZA 2011, 309; vgl. zudem: Däubler-Schrader/Schubert, AGG § 6 Rn. 42 ff., sowie umfassend: Pfarr, FS Kehrmann, 1997, S. 75, 76). Aufgrund der vergleichbaren Schutzbedürftigkeit, leuchtet der Ausschluss dieser Personengruppe nicht ein (ebenfalls kritisch: ErfK-Schlachter, § 5 Rn. 6; Kocher, AuR 2018, 8, 10); eine nähere Begründung für den Ausschluss gibt der Gesetzgeber nicht.

7 Es stellt sich die Frage, ob die **Einordnung arbeitnehmerähnlicher Personen** aufgrund des **europarechtlichen Bezuges** anders zu beurteilen ist. Im Anwendungsbereich von Art. 157 AEUV ist der Arbeitnehmerbegriff **autonom unionsrechtlich zu definieren** (→ Rn. 3), **auf das nationale Begriffsverständnis kann nicht zurückgegriffen werden** (EuGH 14.10.2010 – Rs. C-428/09 (Union Syndicale Solidaire Isère) – BeckRS 2010, 91197 Rn. 30; EuGH 20.9.2007 – Rs. C-116/06 (Kiiski) – NZA 2007, 1274 Rn. 26). **Der Arbeitnehmerstatus ist anhand** objektiver Kriterien zu definieren, die das Arbeitsverhältnis im Hinblick auf die Rechte und Pflichten der Betroffenen kennzeichnen. **Der EuGH definiert in** ständiger Rechtsprechung die **weisungsgebundene Leistungserbringung gegen Vergütung** als wesentliches Kennzeichen des Arbeitnehmerstatus (EuGH 4.12.2014 – Rs. C-413/13 (FNV) – GRUR Int. 2015, 384, 386 Rn. 34; EuGH 21.12.2013 – Rs. C-46/12 – DÖV 2013, 356 Rn. 40 mwN; EuGH 10.9.2014 –Rs. C-270/13 (Haralambidis) – EuZW 2014, 946 Rn. 28), geht aber in seiner Auslegung über das nationale Recht hinaus. So sieht der Gerichtshof die Arbeitnehmereigenschaft auch dann als gegeben an, wenn nach innerstaatlichem Recht eine Einordnung als selbstständige Dienstleistungserbringung erfolgt, die Tätigkeit jedoch faktisch insbesondere im Hinblick auf die Wahl von Zeit, Ort und Inhalt der Arbeit weisungsgebunden ausgeübt wird und keine Beteiligung am geschäftlichen Risiko des Arbeitgebers gegeben ist, die Person aber in das Unternehmen eingegliedert ist, was zur wirtschaftlichen Einheit mit dem Arbeitgeber führt (EuGH 4.12.2014 – Rs. C-413/13 (FNV) – GRUR Int. 2015, 384, 386 Rn. 36; EuGH 16.9.1999 – Rs. C-22/98 (Becuua) – EU:C:1999:419, Rn. 26). So wurden freiberuflich tätige OrchestermusikerInnen, die nach deutschem Recht als arbeitnehmerähnlich zu charakterisieren wären, vom EuGH unionsrechtlich als ArbeitnehmerInnen eingeordnet (EuGH 4.12.2014 – Rs. C-413/13 (FNV) – GRUR Int. 2015, 384, 386 Rn. 36; ähnlich: EuGH 13.1.2004 – Rs. C-256/01 (Allonby) – NZA 2004, 201 Rn. 71). In Bezug auf die OrchestermusikerInnen wurde daher geprüft, ob sie über mehr Autonomie und Flexibilität verfügen, als die gleiche Tätigkeit ausübende ArbeitnehmerInnen (EuGH 4.12.2014 – Rs. C-413/13 (FNV) – GRUR Int. 2015, 384, 386 Rn. 37). Gleiches dürfte für Gruppierungen wie „feste Freiberufliche“ beim Rundfunk gelten, auch hier wäre zu prüfen, ob sie

über eine größere Autonomie und Flexibilität verfügen, als RedakteurInnen im Arbeitnehmerstatus. Ist nach den genannten Kriterien eine unionsrechtliche Einordnung als ArbeitnehmerIn zu bejahen, gelten die fraglichen Arbeitnehmerähnlichen nach unionskonformer Auslegung als Beschäftigte iSv § 5 Abs. 2, so dass der Anwendungsbereich des EntgTranspG auch für sie erfüllt sein kann. Anderenfalls ist unter europarechtskonformer Auslegung auf das AGG zurückzugreifen (iErg wie hier: ErfK-Schlachter, § 5 Rn. 6; Kocher, AuR 2018, 8, 10).

III. Arbeitgeber (Abs. 3)

8 § 5 Abs. 3 regelt den Begriff des Arbeitgebers und orientiert sich dabei an der Definition in § 6 Abs. 2 AGG. Unter Arbeitgeber fallen somit natürliche und juristische Personen, die Beschäftigte (iSv Abs. 2) beschäftigen. Der Gesetzgeber hat einen **weiten Begriff des Arbeitgebers** gewählt, der **sowohl im Privatsektor als auch** auf **öffentliche Arbeitgeber** Anwendung findet (BT-Drs. 18/11133, 55; → AGG § 6 Rn. 63 ff.), wobei keine Aussage zum Verhältnis LeiharbeitnehmerIn – Entleiher getroffen wurde.

IV. Tarifgebundene Arbeitgeber (Abs. 4)

9 § 5 Abs. 4 S. 1 definiert **tarifgebundene Arbeitgeber** als solche, die nach § 3 Abs. 1 TVG tarifgebunden sind, mithin Mitglieder der Tarifvertragsparteien sowie Einzelarbeitgeber, die selbst Tarifverträge abgeschlossen haben. Unter Tarifvertragsparteien fallen gem. § 2 Abs. 1 TVG auf Arbeitgeberseite einzelne Arbeitgeber sowie Arbeitgeberverbände. Der Gesetzgeber definiert folglich in erster Linie **Arbeitgeber, für welche die Rechtsnormen eines Tarifvertrages normativ iSv § 4 Abs. 1 TVG gelten**, als solche im Sinne des Gesetzes (vgl. Däubler-Deinert, TVG § 4 Rn. 195 ff.; Kempen/Zachert-Stein, TVG § 4 Rn. 134). Gem. Abs. 4 S. 2 fallen unter tarifgebundene Arbeitgeber auch diejenigen, bei denen der Tarifvertrag aufgrund einer Allgemeinverbindlicherklärung nach § 5 TVG zur Anwendung kommt oder die auf einer bindenden Festsetzung nach § 19 Abs. 3 HAG beruhen (BT-Drs. 18/11133, 55).

V. Tarifanwendende Arbeitgeber (Abs. 5)

10 In Bezug auf das Verfahren nach § 14 werden nicht tarifgebundene Arbeitgeber den tarifgebundenen gleichgestellt, wenn sie **Tarifverträge anwenden, ohne selbst normativ dazu nach § 4 Abs. 1 TVG verpflichtet zu sein.** Als tarifanwendend definiert der Gesetzgeber in Abs. 5 dementsprechend solche Arbeitgeber, die im Geltungsbereich eines Entgelt- oder Entgeltrahmentarifvertrages mittels **einzelvertraglicher Bezugnahmeklauseln in den Arbeitsverträgen** ihrer Beschäftigten die tariflichen Normen **verbindlich und inhaltsgleich zur Anwendung bringen.** Indem er auf den Geltungsbereich der Tarifverträge abstellt, beschränkt der Gesetzgeber die Möglichkeit der **Bezugnahme auf Tarifverträge aus der gleichen Tarifregion** (dem gleichen Tarifgebiet); dies erfolgt, um sicherzustellen, dass die individualrechtlich vereinbarten Entgelte denen regionaler Entgelt- oder Entgeltrahmentarifverträge entsprechen, den Beschäftigten mithin das regional Übliche für die jeweilige Tätigkeit gezahlt wird. Da Tarifverträge das Produkt komplexer

Aushandlungsprozesse darstellen und der Gesetzgeber Missbrauch verhindern möchte, darf ausweislich der Gesetzesbegründung lediglich **der gesamte Entgelt- oder Entgeltrahmentarifvertrag in Bezug genommen werden**, die Übernahme lediglich einiger Abschnitte ist nicht zulässig (BT-Drs. 18/11133, 55; ErfK-Schlachter, § 5 Rn. 11). Die „Orientierung" an einem Tarifvertrag ist nur dann ausreichend, wenn wirklich alle geldwerten Vorteile bis hin zu vermögenswirksamen Leistungen von der Bezugnahme erfasst sind. Der Gesetzgeber hat in §§ 14 f. unterschiedliche Verfahren für tarifgebundene und nicht-tarifgebundene Arbeitgeber vorgesehen, wobei tarifgebundene Arbeitgeber privilegiert werden. Warum diese Privilegierung auch für nicht-tarifgebundene Arbeitgeber gelten soll, die lediglich Tarifverträge zur Anwendung bringen, erschließt sich nicht.

§ 6 Aufgaben von Arbeitgebern, Tarifvertragsparteien und betrieblichen Interessenvertretungen

(1) [1]Arbeitgeber, Tarifvertragsparteien und die betrieblichen Interessenvertretungen sind aufgefordert, im Rahmen ihrer Aufgaben und Handlungsmöglichkeiten an der Verwirklichung der Entgeltgleichheit zwischen Frauen und Männern mitzuwirken. [2]Die zuständigen Tarifvertragsparteien benennen Vertreterinnen und Vertreter zur Einhaltung des Entgeltgleichheitsgebots im Sinne dieses Gesetzes und zur Wahrnehmung der Aufgaben nach § 14 Absatz 3.

(2) [1]Arbeitgeber sind verpflichtet, die erforderlichen Maßnahmen zu treffen, um die Beschäftigten vor Benachteiligungen wegen des Geschlechts in Bezug auf das Entgelt zu schützen. [2]Dieser Schutz umfasst auch vorbeugende Maßnahmen.

I. Mitwirkung an der Verwirklichung der Entgeltgleichheit (Abs. 1 S. 1)

1 Abs. 1 S. 1 formuliert die in § 17 Abs. 1 AGG normierten **Aufgaben für Arbeitgeber, Tarifvertragsparteien sowie betriebliche Interessenvertretungen** (Personal- und Betriebsräte) im Hinblick auf das **Entgeltgleichheitsgebot** und benennt damit die Akteure, die im Rahmen ihrer Aufgaben und Handlungsmöglichkeiten für die Einhaltung und Durchsetzung des Entgeltgleichheitsgebots verantwortlich sind. **Hauptakteur** bei der Verwirklichung der Entgeltgleichheit ist naturgemäß der **Arbeitgeber**, hat dieser es doch als **Vertragspartner der Beschäftigten** in der Hand, für gleiche und gleichwertige Arbeit männlicher und weiblicher Beschäftigter keine ungleiche Entlohnung zu entrichten. Grundgesetzliche Gewährleistungen aus Art. 3 Abs. 2 S. 2 GG spielen auch bei der Auslegung privatrechtlicher Normen des Diskriminierungsschutzes eine Rolle, so ist das Staatsziel des Art. 3 Abs. 2 GG auch in den Fallkonstellationen des EntgTranspG als prinzipielle Maßgabe

zu berücksichtigen (vgl. zu Art. 3 Abs. 2 GG: Baer/Markard, in: v. Mangoldt/Klein/Starck, GG Art. 3 Rn. 364).

II. Pflichten der Betriebs- und Personalräte

2 § 6 Abs. 1 fordert die Betriebsparteien dazu auf, an der Verwirklichung der Entgeltgleichheit zwischen den Geschlechtern mitzuwirken und konkretisiert insoweit die in § 17 AGG kodifizierte Aufforderung, AGG-relevante Benachteiligungen oder Behinderungen zu beseitigen bzw. zu verhindern (DKKW-Buschmann, BetrVG § 80 Rn. 38; Helm et al, AuR 2018, 18 ff.). § 13 Abs. 2, 3 normiert zudem als **Aufgabe des Betriebsrates** (bzw. des Betriebsausschusses), vom Arbeitgeber erstellte **Listen über die Bruttolöhne** und -gehälter der Beschäftigten **in Bezug auf mögliche Entgeltdiskriminierung auszuwerten** und dem Auskunftsersuchen der Beschäftigten gem. §§ 14 Abs. 1 und 15 Abs. 2 nachzukommen (→ § 14 Rn. 1 ff.; → § 15 Rn. 1 ff.). Diese Bestimmungen ergänzen die betriebsverfassungsrechtliche Aufgabenzuweisung, wonach **Betriebsräte** gem. § 80 Abs. 1 Nr. 1 BetrVG darüber zu wachen haben, dass die zugunsten der ArbeitnehmerInnen geltenden **Gesetze, Tarifverträge und Betriebsvereinbarungen eingehalten werden**; § 6 Abs. 1 S. 1 verdeutlicht nunmehr, dass hierunter auch die **Verpflichtungen aus dem EntgTranspG** fallen (vgl. DKKW-Buschmann, BetrVG § 80 Rn. 1, 9). Ohnehin hat der Betriebsrat gem. § 80 Abs. 1 Nr. 2 a BetrVG die Aufgabe, die Durchsetzung der tatsächlichen Gleichstellung von Frauen und Männern, insbes. bei der Einstellung, Beschäftigung, Aus-, Fort- und Weiterbildung sowie dem beruflichen Aufstieg zu fördern, Gleiches gilt für die Vereinbarkeit von Beruf und Familie (Nr. 2 b) (zu Betriebsräten als Akteuren der Geschlechtergerechtigkeit s. Zimmer, AuR 2014, 88 ff.; Helm et al, AuR 2018, 18 ff.). Kommt kein tarifliches Entgeltsystem zur Anwendung sondern findet die Lohngestaltung auf betrieblicher Ebene statt, so hat der Betriebsrat bei der Wahrnehmung seiner Mitbestimmungsrechte aus § 87 Abs. 1 Nr. 10 BetrVG darauf zu achten, dass die **aufgestellten Entlohnungsgrundsätze diskriminierungsfrei** sind, Gleiches gilt bei der Festsetzung leistungsbezogener Entgelte (§ 87 Abs. 1 Nr. 11 BetrVG, vgl. DKKW-Klebe, BetrVG § 87 Rn. 298 ff; Helm et al, AuR 2018, 18, 19 ff.). Bei der Bildung von Entgeltgruppen dürfen bspw. typische Tätigkeiten weiblicher Beschäftigter nicht niedrigeren Entgeltgruppen zugewiesen werden, als Tätigkeiten typischer Männerberufe (BMFSFJ, Leitfaden 2017, S. 25 f.; → § 4 Rn. 4 ff.). Wird auf ein tarifliches Entlohnungssystem zurückgegriffen, so ist für eine diskriminierungsfreie Entlohnung zudem die richtige, **diskriminierungsfreie Eingruppierung** von großer Bedeutung (grundlegend: Carl/Krehnke, S. 191 ff; Helm et al, AuR 2018, 18 ff.). Gem. § 99 Abs. 2 Nr. 1 BetrVG kann der Betriebsrat in Unternehmen mit idR mehr als 20 wahlberechtigten Arbeitnehmern die Zustimmung zu einer Eingruppierung (oder Umgruppierung) verweigern, wenn diese gegen ein Gesetz verstoßen würde, bspw. durch eine zu niedrige, diskriminierende Eingruppierung einer Arbeitnehmerin (vgl. zu § 99 BetrVG: DKKW-Bachner, BetrVG § 99 Rn. 66 ff; Helm et al, AuR 2018, 18, 21 f.). Entsprechende Verpflichtungen der Personalräte sind in den Personalvertretungsgesetzen der Länder normiert.

III. Pflichten der Tarifvertragsparteien (Abs. 1 S. 2)

3 Auch die Tarifvertragsparteien haben bei der **Normsetzung durch Tarifverträge das Gebot der geschlechtergerechten Entlohnung zu beachten** (→ § 4 Rn. 4 ff.). Nach S. 2 benennen die zuständigen Tarifvertragsparteien Zuständige für den Themenbereich der Entgeltgleichheit, an die sich die Beschäftigten wenden können (→ § 13 Rn. 5, → 14 Rn. 2 ff.).

IV. Pflichten des Arbeitgebers (Abs. 2)

4 **Hauptakteur** bei der Verwirklichung der Entgeltgleichheit ist der **Arbeitgeber**, der es als **Vertragspartner der Beschäftigten** in der Hand hat, für gleiche und gleichwertige Arbeit männlicher und weiblicher Beschäftigter keine ungleiche Entlohnung zu entrichten. Anders als bei anderen Diskriminierungstatbeständen kann dieser nicht von Kollegen oder Kunden, sondern nur vom Arbeitgeber verwirklicht werden. Dieser schuldet seinen Beschäftigten bereits aus dem Arbeitsvertrag nicht nur die vereinbarte bzw. übliche Vergütung (§§ 611 a Abs. 2, 612 BGB), sondern ein benachteiligungsfreies Entgelt (BMFSFJ 2017, S. 24). Das EntgTranspG betont an verschiedenen Stellen das Verbot der Entgeltdiskriminierung aufgrund des Geschlechts bzw. das Gebot der benachteiligungsfreien Entlohnung (vgl. §§ 3, 7). Dieses beinhaltet für den Arbeitgeber, auch **vorbeugende Maßnahmen gegen Entgeltdiskriminierung** zu ergreifen (vgl. zur Arbeitgebersicht: Carl/Krehnke, S. 197; ErfK-Schlachter, § 6 Rn. 3 f.), bspw. sein Entlohnungssystem in Bezug auf mögliche Diskriminierung zu überprüfen, wozu Arbeitgeber mit mehr als 500 Beschäftigten gem. §§ 17, 18 verpflichtet sind (→ § 17 Rn. 26). Als präventive Maßnahmen kommt neben der Schulung der Personalverantwortlichen in Bezug auf geschlechtergerechte Entlohnung auch die gezielte Förderung von Frauen in Führungspositionen in Frage. **Maßnahmen zur besseren Vereinbarkeit von Familie und Beruf** (für beide Geschlechter) sowie die Einrichtung von Betriebskindergärten etc können zudem dazu beitragen, die Entgeltlücke zwischen den Geschlechtern im Betrieb zu minimieren.

§ 7 Entgeltgleichheitsgebot

Bei Beschäftigungsverhältnissen darf für gleiche oder für gleichwertige Arbeit nicht wegen des Geschlechts der oder des Beschäftigten ein geringeres Entgelt vereinbart oder gezahlt werden als bei einer oder einem Beschäftigten des anderen Geschlechts.

1 § 7 ergänzt das in § 3 kodifizierte **Verbot der Diskriminierung bei der Entlohnung** um das Gebot, bei gleichen und gleichwertigen Tätigkeiten unabhängig vom Geschlecht das gleiche Entgelt zu zahlen. Damit wird ein **subjektives Recht** der Beschäftigten normiert, **bei gleicher oder gleichwertiger Arbeit ohne Rücksicht auf das Geschlecht gleich entlohnt zu werden**. Das Gebot der Entgeltgleichheit für gleiche oder gleichwertige Arbeit geht auf den früheren § 612 Abs. 3 S. 1 BGB (aF) zurück (→ Einl. Rn. 5). Beschäftigte haben folglich einen **Erfüllungsanspruch auf diskriminierungsfreie Entlohnung**, weitere inhaltliche Details hat der Gesetzgeber nicht festge-

schrieben. Dieser Anspruch gilt unabhängig von der Betriebsgröße für alle Beschäftigten (iSv § 5 Abs. 2). Insoweit ist auf die bisherige Rechtsprechung bei entsprechenden Diskriminierungsfällen zurückzugreifen, wonach Beschäftigte **Anspruch auf Angleichung ihrer Vergütung nach oben haben,** bis eine diskriminierungsfreie Regelung geschaffen wird (Schulz, ArbRAktuell 2016, 467, 468; → § 8 Rn. 2 ff.), im Übrigen gilt § 15 AGG. Der Arbeitgeber hat Diskriminierungen für die Zukunft zu verhindern und für die Vergangenheit zu beseitigen (BAG 20.3.2012 – 9 AZR 529/10 – NZA 2012, 803). Mangels spezialgesetzlicher Regelungen greift die allgemeine Verjährungsfrist des § 195 BGB von drei Jahren.

§ 8 Unwirksamkeit von Vereinbarungen

(1) Bestimmungen in Vereinbarungen, die gegen § 3 oder § 7 verstoßen, sind unwirksam.

(2) [1]Die Nutzung der in einem Auskunftsverlangen erlangten Informationen ist auf die Geltendmachung von Rechten im Sinne dieses Gesetzes beschränkt. [2]Die Veröffentlichung personenbezogener Gehaltsangaben und die Weitergabe an Dritte sind von dem Nutzungsrecht nicht umfasst.

I. Rechtsfolge eines Verstoßes

1 Bestimmungen, die gegen das in §§ 3, 7 normierte Verbot der unmittelbaren und mittelbaren Entgeltdiskriminierung wegen des Geschlechts verstoßen, sind unwirksam, **entsprechende Klauseln** somit **nichtig.** Die Norm ist angelehnt an § 7 Abs. 2 AGG, der die Unwirksamkeit von Bestimmungen normiert, die gegen das allgemeine Diskriminierungsverbot verstoßen. Wie auch die AGG-Norm, spricht § 8 Abs. 1 von „Vereinbarungen“, ohne weitere Präzisierungen vorzunehmen. Erfasst sind neben **Klauseln in Individualarbeitsverträgen** auch solche in Kollektivverträgen wie **Tarifverträgen** oder **Betriebsvereinbarungen** (EuGH 12.12.2013 – Rs. C-267/12 – NZA 2014, 153; BAG 17.9.2013 – 1 ABR 26/12 – NZA 2014, 269; BAG 13.10.2009 – 9 AZR 722/08 – NZA 2010, 327 Rn. 46; vgl. auch BT-Drs. 18/11133, 57). Hierunter fallen auch Kollektivverträge eigener Art wie der Interessenausgleich nach § 112 BetrVG oder EBR-Errichtungsvereinbarungen sowie betriebliche Übungen (→ AGG § 7 Rn. 25; HK-ArbR-Berg, AGG § 7 Rn. 16). Unwirksam sind zudem Regelungen in **kirchlichen Arbeitsverträgen,** die gegen das Diskriminierungsverbot verstoßen (→ AGG § 7 Rn. 25; Meinel/Heyn/Herms, AGG § 7 Rn. 33). Die Unwirksamkeit bezieht sich jedoch – in Abweichung von § 139 BGB – nur auf den diskriminierenden Teil der Vereinbarung, da die Nichtigkeit der gesamten Norm mit dem Schutzzweck des Diskriminierungsverbotes nicht zu vereinbaren wäre. Unwirksam ist also nur die Vergütungsabrede im Arbeitsvertrag bzw. in der Kollektivvereinbarung (→ AGG § 7 Rn. 28, 126; v. Roetteken, AGG § 7 Rn. 42; zum Tarifvertrag: BAG 16.11.2011 – 4 AZR 856/09 – NZA-RR 2012, 308).

2 Das EntgTranspG trifft selbst keine Aussage darüber, was **anstelle der unwirksamen Vorschriften** gilt. Unter Anknüpfung an die Rechtsprechung des

EuGH (vgl. EuGH 27.6.1990 – Rs. C-33/89 (Kowalska) – Slg 1990, I-2591 Rn. 19 f.; EuGH 7.2.1991 – Rs. C-184/89 (Nimz) – Slg 1991, I-297 Rn. 18 ff.; EuGH 20.3.2003 – Rs. C-187/00 (Kutz-Bauer) – Slg 2003, I-2741 Rn. 72; BAG 19.11.2002 – 3 AZR 631/97 – NZA 2003, 380; BAG 7.9.2004 – 3 AZR 550/03 – NZA 2005, 1239), haben Beschäftigte, die beim Entgelt diskriminiert werden, grundsätzlich **Anspruch auf die gleiche Entlohnung**, wie sie die Arbeitnehmer der nicht diskriminierten Gruppe erhalten. Bei diesem **Anspruch auf die vorenthaltene Leistung** handelt es sich um **Erfüllungsansprüche**, die nicht der Frist des § 15 Abs. 4 AGG unterliegen (LAG Rheinland-Pfaz 14.8.2014 – 5 Sa 509/13 – NZA-RR 2015, 14), sondern für die vielmehr die allgemeine Verjährungsfrist von drei Jahren aus § 195 BGB greift.

3 Mittlerweile ist allgemein anerkannt, dass die Rechtsfolge bei einer Entgeltdiskriminierung somit die **Angleichung nach oben** ist (→ AGG § 7 Rn. 127; Däubler-Winter/Zimmer, TVG § 1 Rn. 544; Pfarr/Bertelsmann, S. 312 f.; Pfarr, FS 50 Jahre BAG, S. 779, 789; Schulz, ArbRAktuell 2016, 467, 468; Thüsing, Rn. 499; Winter, Gleiches Entgelt, S. 168 ff.; Wiedemann, NZA 2007, 950). Dies gilt **auch bei diskriminierenden Regelungen in Tarifverträgen**, hier ist die Beseitigung der Diskriminierung innerhalb des diskriminierenden Systems durch Angleichung nach oben geboten (vgl. EuGH 11.9.2003 – Rs. C-77/02 (Steinicke) – Slg 2003, I-9027 Rn. 72; EuGH 20.3.2003 – Rs. C-187/00 (Kutz-Bauer) – Slg 2003, I-2741 Rn. 75; EuGH 15.1.1998 – Rs. C-15/96 (Schöning-Kougebetopoulou) – Slg 1998, I-47 Rn. 33 ff.; EuGH 7.2.1991 – Rs. C-184/89 (Nimz) – Slg 1991, I-297 Rn. 16–21 ff.; EuGH 27.6.1990 – Rs. C-33/89 (Kowalska) – Slg 1990, I-2591 Rn. 17 ff. Zur Alterdiskriminierung nach BAT iE ebenso BAG 10.11.2011 – 6 AZR 481/09 – ZTR 2012, 38 Rn. 15, 22, 37). Der EuGH hat nur in sehr speziellen Einzelfällen von Altersdiskriminierung eine Angleichung nach oben verweigert, wenn es nicht möglich war, eine Kategorie bevorzugter Beschäftigter zu benennen, da alle durch das Einstufungssystem gleichermaßen betroffen waren und somit kein diskriminierungsfreies Bezugssystem vorhanden war (EuGH 19.6.2014 – Rs. C-501/12, C-540/12, C-541/12 (Specht) – NZA 2014, 831 Rn. 95 ff.; EuGH 28.1.2015 – Rs. C-417/13 (Starjacob) – NZA 2015, 217). Bei der Umstellung eines in Bezug auf die Bewertung der Arbeit **diskriminierenden kollektivvertraglichen Entlohnungssystems** ist eine **angemessene Übergangszeit** zulässig, innerhalb derer die diskriminierenden Regelungen fortbestehen dürfen, bis die Tarifvertragsparteien neue, nicht-diskriminierende Bewertungssysteme entwickelt haben. Auf diese Weise soll **verhindert** werden, dass einzelne Beschäftigte durch die Umstellung auf das diskriminierungsfreie System **Entgelteinbußen** erleiden (EuGH 8.9.2011 – Rs. C-297/10, C-298/10 (Hennigs) – NZA 2011, 1100; Däubler-Winter/Zimmer, TVG § 1 Rn. 547; Kocher, ZESAR 2011, 265 ff.).

4 Gestützt darauf, dass die frühere Rechtsprechung des BAG für ähnliche Fälle keine Angleichung nach oben vorsah (vgl. BAG 10.11.2011 – 6 AZR 481/09 – ZTR 2012, 38 Rn. 23 mwN), gibt es in der Literatur in Deutschland nach wie vor Stimmen, die eine „Anpassung nach unten" diskutieren oder „die übliche Vergütung" in entsprechender Anwendung von § 612

Abs. 2 BGB vorschlagen (Kamanabrou, RdA 2006, 321, 334; Bauer/Krieger, AGG § 7 Rn. 26, 30; weitere Nachweise bei Meinel/Heyn/Herms, AGG § 7 Rn. 43). Da das Unionsrecht jedoch **effektive Sanktionen** im Falle des **Verstoßes gegen Diskriminierungsverbote** verlangt, bleibt bei Entgeltdiskriminierungen festzuhalten: Wird eine solche festgestellt und wurden noch keine Maßnahmen zur Wiederherstellung der Gleichbehandlung erlassen, kann der Grundsatz der Gleichbehandlung nur dadurch gewahrt werden, dass den Angehörigen der benachteiligten Gruppe dieselben Vorteile gewährt werden wie diejenigen, die den Angehörigen des anderen Geschlechts zugutekommen (Däubler-Winter/Zimmer, TVG § 1 Rn. 544; Thüsing, Rn. 499). Gibt es eine konkrete Vergleichsperson, ist die Entlohnung entsprechend dieser Vergleichsperson voll (nach oben) anzugleichen.

5 Problematisch ist die Frage nach der **Bezugsperson, wenn keine einheitliche Bezugsgröße** vorhanden ist, bspw. weil **Zulagen zwar nur an Männer** gezahlt werden, aber in sehr **unterschiedlicher Höhe** und keiner inneren Ordnung folgend. Der EuGH hat zu dieser Frage noch nicht Stellung zu nehmen gehabt. Ausgehend davon, dass die gebotene Rechtsfolge bei einer unzulässigen Benachteiligung die vollständige Beseitigung der Diskriminierung ist, kann in solchen Fällen nur die Angleichung an den männlichen Kollegen mit den höchsten Zulagen infrage kommen, da bei einem Abstellen auf den Durchschnittswert (vgl. Däubler, AuR 1981, 193 ff.) im Vergleich zu den Kollegen mit den darüber liegenden Zulagen nach wie vor eine nicht zu rechtfertigende Ungleichbehandlung bestehen würde. **Geboten ist** nicht „ein bisschen weniger Diskriminierung", sondern „**Nichtdiskriminierung**" (Däubler-Winter/Zimmer, TVG § 1 Rn. 544), mithin die vollständige Beseitigung der diskriminierenden Differenzierung bei der Gewährung von Zulagen. Dieses Ergebnis wird auch durch das unionsrechtliche Erfordernis effektiver Sanktionen gestützt.

6 Wird eine Klage auf die Ergebnisse des **Auskunftsanspruchs nach §§ 10 ff.** gestützt, so beziehen sich die erlangten Informationen jedoch nicht auf das höchste Gehalt der Vergleichsgruppe, sondern auf den **statistischen Median**, mithin den Wert, der an **mittlerer Stelle in der Vergleichsgruppe** steht. Dieser wird mangels Aussagekraft in der Literatur überwiegend kritisch beurteilt (Bauer/Romero, NZA 2017, 411; Grimm/Freh, ArbRB 2017, 2009; dies., ArbRB 2017, 184; Franzen, NZA 2017, 816; Oberthür, NJW 2017, 2233; v. Steinau-Steinrück, NJW-Spezial 2017, 307; Thüsing, BB 2017, 567). Der Median gibt lediglich einen Hinweis darauf, wie das Entgelt eines Beschäftigten im Verhältnis zur Vergleichsgruppe einzuordnen ist (BMFSFSJ, Leitfaden, S. 22). **Nur wenn keine weiteren Informationen vorliegen**, wird die **Angleichung nach oben auf den Wert des Median** zu erfolgen haben (→ § 11 Rn. 9; iErg ebenso Kuhn/Schwindling, DB 2017, 785; offen gelassen Oberthür, NJW 2017, 2233). Das wäre jedoch ein sehr unbefriedigendes Ergebnis, da eine Klage, die mithilfe des zur Durchsetzung des gleichen Entgelts von Frauen und Männern geschaffenen Auskunftsanspruchs eingereicht wird, zu einem schlechteren Ergebnis führte, als eine Klage, die sich auf anderweitig erlangte Informationen stützt. Insoweit ist jede Beschäftigte gut beraten, nach dem Auskunftsersuchen weitere Informationen einzuholen, bevor Klage eingereicht wird.

7 Ebenso wie bei Verstößen gegen das im AGG normierte Benachteiligungsverbot, kommt als Rechtsfolge bei Verstößen gegen §§ 3, 7 EntgTranspG zudem ein quasi-negatorischer **Beseitigungsanspruch** analog § 1004 BGB in Betracht (zum AGG: BT-Drs. 16/1780, 38), da die Entgeltdiskriminierung einen Eingriff in das allgemeine Persönlichkeitsrecht darstellt (vgl. BAG 19.12.2013 – 6 AZR 190/12 – NZA 2014, 372 Rn. 38; LAG-Rheinland-Pfalz – NZA-RR 2015, 14, 15; BT-Drs. 16/1780, 38; Däubler-Däubler, AGG § 7 Rn. 18 b; v. Roetteken, AGG § 7 Rn. 23; v. Roetteken, NZA-RR 2013, 337, 345; Schiek-Schmidt, AGG § 7 Rn. 1), zumindest aber gegen ein Schutzgesetz im Sinne des § 823 Abs. 2 BGB verstößt (Meinel/Heyn/Herms, AGG § 7 Rn. 7; Schiek-Schmidt, AGG § 7 Rn. 1). In Bezug auf **Schadensersatz und Entschädigung** ist mangels Regelungen im EntgTranspG insoweit auf **§ 15 Abs. 1, 2 AGG** zurückzugreifen (vgl. § 2 Abs. 2 S. 1).

II. Schutz personenbedingter Informationen

8 Angesichts des Zwecks des EntgTranspG, den in Art. 3 Abs. 2 S. 1 GG verankerten Grundsatz der Gleichberechtigung von Frau und Mann im Hinblick auf das Entgelt durchzusetzen, dürfen die durch das im Abschnitt 2 normierte Verfahren **erlangten Informationen** nur dazu genutzt werden, **um den Anspruch auf Entgeltgleichheit oder ähnliche Rechte durchzusetzen.** Zulässig ist somit auch, mithilfe der erlangten Informationen Rechte aus dem AGG oder dem BetrVG geltend zu machen (vgl. Gesetzesbegründung, BT-Drs. 18/11133, 57). Der Gesetzgeber begründet das **Verbot,** die in einem Auskunftsverlangen erlangten **Informationen über die Gehaltshöhe anderer MitarbeiterInnen an Dritte weiterzugeben** oder anderweitig zu veröffentlichen, mit der Vertraulichkeit von Gehältern und dem Schutz der Persönlichkeitsrechte der Beschäftigten (BT-Drs. 18/11133, 57). Da sich das Auskunftsverlangen der einzelnen Beschäftigten jedoch gem. § 11 Abs. 3 S. 2 nur auf das Vergleichsentgelt des auf Vollzeitäquivalente hochgerechneten statistischen Medians des durchschnittlichen monatlichen Bruttoentgelts von mindestens sechs vergleichbaren Kollegen des anderen Geschlechts bezieht (→ § 11 Rn. 3 ff.) und Rückschlüsse auf einzelne Beschäftigte somit nicht möglich sind, bindet die Norm vor allem **Mitglieder des Betriebsausschusses** (iSv § 27 BetrVG), des Betriebsrats oder eines nach § 28 Abs. 1 S. 3 BetrVG beauftragten Ausschusses, die iRd Beantwortung des Auskunftsverlangens **Einblick in das Bruttoentgelt der Beschäftigten** erhalten und dieses nach den einzelnen Entgeltbestandteilen aufschlüsseln. Diese Gruppen sind nicht zur Veröffentlichung der Listen über Bruttoentgelte oder zu deren Weitergabe berechtigt, weder an einzelne Beschäftigte, noch an Dritte. Zwar unterliegen diese Gruppen bereits der Geheimhaltungspflicht nach § 80 Abs. 4 BetrVG iVm § 79 BetrVG, diese Normen beziehen sich jedoch nur auf Betriebs- oder Geschäftsgeheimnisse, die vom Arbeitgeber ausdrücklich als geheimhaltungsbedürftig bezeichnet worden sind (vgl. DKKW-Buschmann, BetrVG § 79 Rn. 7 ff.). § 8 Abs. 2 S. 2 hingegen untersagt die Veröffentlichung personenbezogener Gehaltsangaben und die Weitergabe an Dritte, ohne dass dieses gesondert erklärt werden müsste. Die Norm steht in engem systematischen Zusammenhang mit den Vorgaben in § 12 Abs. 3 und § 14 Abs. 4 S. 2 und ergänzt anderweitig be-

stehende betriebsverfassungsrechtliche, arbeitsvertragliche, wettbewerbsrechtliche und datenschutzrechtliche Vorschriften (§§ 82 Abs. 2 S. 3, 83 Abs. 1 S. 2, 99 Abs. 1 S. 3, 102 Abs. 2 S. 5, 120 Abs. 2 BetrVG; § 17 UWG sowie § 5 BDSG; vgl. Däubler/Klebe/Wedde-Däubler, BDSG § 5 Rn. 1 ff.).

III. Unwirksamkeit von Verschwiegenheitsklauseln über die Gehaltshöhe

9 In vielen Arbeitsverträgen finden sich Klauseln, welche die Beschäftigten zu **Stillschweigen über die Höhe ihrer Bezüge** verpflichten. Eine allgemeine Verschwiegenheitspflicht der ArbeitnehmerInnen, über den Inhalt ihres Arbeitsvertrages Stillschweigen zu bewahren, ist nicht existent (LAG Mecklenburg-Vorpommern 19.2.2004 – 1 Sa 356/03; Preis-Rolfs, Arbeitsvertrag, V 20 Rn. 35). Allerdings verpflichtet § 241 Abs. 2 BGB – in Ergänzung zu § 17 UWG – dazu, Betriebs- und **Geschäftsgeheimnisse** nicht an Dritte weiterzugeben. Hierunter fallen betriebs- oder geschäftsbezogenen Tatsachen, die nur einem eng begrenzten Personenkreis bekannt sind und die der **Arbeitgeber** geheim halten will, da er daran ein **berechtigtes** (rechtliches oder wirtschaftliches) **Interesse** hat (BAG 16.3.1982 – 3 AZR 83/79 – DB 1982, 2247; Däubler/Bonin/Deinert-Däubler, AGB-Kontrolle, Anhang Rn. 387; Hümmerich/Reufels-Reufels, Kap. 1 Rn. 3225; Preis-Rolfs, Arbeitsvertrag, V 20 Rn. 18). Die **Gehaltsdaten werden in der Regel nicht darunterfallen**. Zwar hat das BAG in den 1980er-Jahren anerkannt, dass Lohn- und Gehaltsdaten als Teil der betriebswirtschaftlichen Kalkulation über Umsätze und Gewinnmöglichkeiten im Ausnahmefall ein Geschäftsgeheimnis darstellen können, an dessen Geheimhaltung der Arbeitgeber ein berechtigtes Interesse hat. Die Argumentation stützte sich damals jedoch vor allem darauf, dass in dem Verlagsbetrieb – im Unterschied zum produktiven Gewerbe – insbesondere die Kalkulation der Gehälter einen wesentlichen Faktor für den wirtschaftlichen Erfolg ausmachte (BAG 26.2.1987 – 6 ABR 46/84 – BAGE 55, 96, 103 f. Rn. 18 f.). Das ist jedoch in der heutigen Dienstleistungsgesellschaft eher die Regel als die Ausnahme, und vermag keinen zentralen Faktor mehr für ein Überwiegen des berechtigten Interesses des Arbeitgebers darstellen. Dieses ist ohnehin mit dem berechtigten Interesse der ArbeitnehmerInnen abzuwägen.

10 **Arbeitsvertragliche Klauseln**, in denen sich ArbeitnehmerInnen zum **Stillschweigen über die Höhe der Entlohnung verpflichten**, werden durch §§ 134, 138, 242 BGB sowie insbesondere durch die **AGB-Kontrolle nach §§ 305 ff. BGB** begrenzt (Däubler/Bonin/Deinert-Däubler, AGB-Kontrolle, Anhang Rn. 389; Preis-Rolfs, Arbeitsvertrag, V 20 Rn. 33 f.). Derartige Klauseln sind in der Regel **gem. § 307 Abs. 1 S. 1 BGB unwirksam**, da sie die Arbeitnehmerseite entgegen Treu und Glauben **unangemessen benachteiligen** (LAG Mecklenburg-Vorpommern 21.10.2009 – 2 Sa 183/09 – AuR 2010, 343). Zwar wird der Arbeitgeber nicht selten ein Interesse an der vertraglichen Erweiterung der Geheimhaltungspflicht haben, damit die Kalkulationsgrundlage für seine Personalkosten nicht der Konkurrenz bekannt wird (Clemens/Kreft/Krause-Klumpp, AGB-ArbR, BGB § 307 Rn. 254; Ebeling, jurisPR-ArbR 28/2010, C; Preis-Rolfs, Arbeitsvertrag, V 20 Rn. 36). ArbeitnehmerInnen haben jedoch einen Anspruch darauf, bei

der Lohnfindung nicht diskriminiert zu werden, was mittlerweile in §§ 3, 7 kodifiziert ist. Wie das LAG Mecklenburg-Vorpommern ausführt, ist der Vergleich des Entgelts mit KollegInnen das probate Mittel um festzustellen, ob eine Entgeltdiskriminierung vorliegt – was jedoch nur erfolgversprechend ist, wenn auch die eigenen Daten preisgegeben werden. Könnten derartige Gespräche durch den Arbeitgeber untersagt werden, so hätten ArbeitnehmerInnen kein erfolgversprechendes Mittel, um gegen Entgeltdiskriminierung gerichtlich vorzugehen (LAG Mecklenburg-Vorpommern 21.10.2009 – 2 Sa 183/09 – AuR 2010, 343), daran hat sich auch mit Inkrafttreten des EntgTranspG nichts geändert. Gerade weil ein relativ weiter Schutz über die gesetzlichen Regelungen zur Geheimhaltung besteht, wird zumeist das Arbeitnehmerinteresse deutlich überwiegen, so dass entsprechende Geheimhaltungsklauseln gem. § 307 Abs. 1 S. 1 BGB unwirksam sind (Clemens/Kreft/Krause-Klumpp, AGB-ArbR, BGB § 307 Rn. 254). Dieses Ergebnis wird noch durch die **Koalitionsfreiheit aus Art. 9 Abs. 3 GG** gestützt, da entsprechende Klauseln es ebenfalls untersagen, der Gewerkschaft die eigene Lohnhöhe mitzuteilen. Das ist jedoch nicht nur satzungsgemäße Pflicht eines Gewerkschaftsmitgliedes zur Berechnung der Beitragshöhe, Gewerkschaften benötigen die Kenntnis über die Lohnstruktur eines Unternehmens zudem als Grundlage für sinnvolle Planungen von Arbeitskämpfen (LAG Mecklenburg-Vorpommern 21.10.2009 – 2 Sa 183/09 – AuR 2010, 343; Däubler/Bonin/Deinert-Däubler, AGB-Kontrolle, Anhang Rn. 389; Preis-Rolfs, Arbeitsvertrag, V 20 Rn. 36). Die Literatur hat sich daher ganz überwiegend der Auffassung des LAG Mecklenburg-Vorpommern angeschlossen und erachtet entsprechende Verschwiegenheitsklauseln als unwirksam (Clemens/Kreft/Krause-Klumpp, AGB-ArbR, BGB § 307 Rn. 254; Däubler/Bonin/Deinert-Däubler, AGB-Kontrolle, Anhang Rn. 389; HK-ArbR-Boemke/Ulrici, BGB Anh. zu §§ 307–309 Rn. 60; Preis-Rolfs, Arbeitsvertrag, V 20 Rn. 36; aA Ebeling, jurisPR-ArbR 28/2010).

§ 9 Maßregelungsverbot

[1]Der Arbeitgeber darf Beschäftigte nicht wegen der Inanspruchnahme von Rechten nach diesem Gesetz benachteiligen. [2]Gleiches gilt für Personen, welche die Beschäftigten hierbei unterstützen oder als Zeuginnen oder Zeugen aussagen. [3]§ 16 des Allgemeinen Gleichbehandlungsgesetzes bleibt unberührt.

I. Verbot der Maßregelung wegen der Rechtsausübung (S. 1)

1 Die Vorschrift ergänzt § 612 a BGB, der ein allgemeines **Maßregelungsverbot** für das Geltendmachen von Rechten enthält (vgl. ErfK-Preis, BGB § 612 a Rn. 13 ff.) und § 16 AGG, der dieses in Bezug auf die Ausübung von Rechten nach dem AGG konkretisiert. **Geschützt ist** nach § 9 **jedes Berufen auf das geschlechtsspezifische Diskriminierungsverbot in Bezug auf das Entgelt,** sei es durch ein Auskunftsersuchen nach § 10 ff. über das durchschnittliche Entgelt von Vergleichspersonen, aber auch Klageeinreichung auf benachteiligungsfreie Entlohnung als letztes Mittel zur Durchsetzung des Anspruchs auf Entgeltgleichheit (S. 1). Die Benachteiligung ist festzustellen durch **Vergleich vor und nach Geltendmachung der Entgeltdiskriminierung;** ein Nachteil ist bei Verschlechterung der bisherigen Rechtsposition gegeben (BAG 15.9.2009 – 9 AZR 685/08 – AP § 611 BGB Lehrer, Dozenten Nr. 186). Die Vorschrift untersagt jede Form der Benachteiligung, die Nachteile können sowohl rechtlicher als auch tatsächlicher Art sein (→ AGG § 16 Rn. 27 ff.). Das Benachteiligungsverbot als Schutzrecht zugunsten der Beschäftigten stellt **zwingendes Recht** dar (→ AGG § 16 Rn. 10; für § 612 a BGB: MüKo-Müller-Glöge, BGB § 612 a Rn. 2). Der EuGH ordnet das Maßregelungsverbot als Ausdruck eines allgemeinen Rechtsgrundsatzes des Unionsrechts ein (EuGH 22.9.1998 – Rs. C-185/97 (Coote) – Slg 1998 I-5199 Rn. 21) und sieht das Recht auf effektiven Rechtsschutz als verletzt, wenn der Arbeitgeber nachteilige Maßnahmen als Reaktion auf Beschwerden durchführt (EuGH 14.10.2010 – Rs. C-243/09 – NZA 2010, 1344). Das Maßregelungsverbot bewirkt die Stärkung der Rechte der Beschäftigten, da Arbeitnehmerrechte nur dann sinnvoll sind, wenn Beschäftigte sie ohne Sorge vor Nachteilen ausüben können (Benecke, NZA 2011, 481). Insoweit handelt es sich um ein bedeutsames Recht, dass jedoch in der Praxis oft leerläuft, da Beschäftigte die gemaßregelt werden, sich entweder nicht trauen, deswegen gegen Ihren Arbeitgeber vorzugehen oder zumindest Probleme haben werden, den Nachweis der Kausalität zu erbringen.

II. Maßregelungsschutz für unterstützende Personen oder ZeugInnen (S. 2)

2 **Vor Maßregelung geschützt** sind nach S. 2 auch Personen, welche **die Beschäftigten bei der Geltendmachung ihrer Rechte** aus dem EntgTranspG **unterstützen** oder aber **als ZeugInnen aussagen.** Das setzt voraus, dass eine Beschäftigte Rechte aus dem EntgTranspG geltend macht (→ AGG § 16 Rn. 13). Das Gesetz sieht keine qualitative Anforderung an die Unterstützungshandlung vor, geschützt sind daher jegliche Unterstützungsmaßnahmen, seien sie auch noch so marginal (→ AGG § 16 Rn. 15). Durch die Einbeziehung auch von ZeugInnen, wird der Schutz vor Benachteiligung noch verstärkt. Diese müssen nicht in einem Gerichtsverfahren aussagen, geschützt sind auch ZeugInnen, die sich in unternehmensinternen Untersuchungen äußern (→ AGG § 16 Rn. 16; v. Roetteken, AGG § 16 Rn. 34). Keinen Schutz erhalten jedoch ZeugInnen, die nicht wahrheitsgemäß aussagen (→ AGG § 16 Rn. 16; Meinel/Heyn/Herms, AGG § 16 Rn. 12).

III. Kausalität

3 Unzulässig ist jede ungünstigere Behandlung, die in einem **unmittelbaren Zusammenhang mit der Geltendmachung der Rechte aus dem EntgTranspG** steht. Die **Motivation des Arbeitgebers** muss sich auf das Geltendmachen der Rechte aus dem EntgTranspG beziehen. Nach herrschender Meinung muss die Rechtsausübung allerdings das wesentliche Motiv bzw. der tragende Beweggrund gewesen sein und nicht nur in irgendeiner Weise ursächlich bzw. der äußerliche Anlass für die weniger günstige Behandlung (BAG 22.10.2015 – 2 AZR 569/14 – NZA 2016, 417; BAG 17.3.2010 – 5 AZR 168/09 – NZA 2010, 696; BAG 14.3.2007 – 5 AZR 420/06 – NZA 2007, 862; BAG 22.9.2005 – 6 AZR 607/04 – NZA 2006, 429; BAG 16.9.2004 – 2 AZR 511/03 – AP § 102 BetrVG 1972 Nr. 142; BAG 22.5.2003 – 2 AZR 426/03 – AP § 1 KSchG 1969 Wartezeit Nr. 18; ErfK-Preis, BGB § 612 a Rn. 11; MüKo-Müller-Glöge, BGB § 612 a Rn. 8). Das Erfordernis einer solchen Benachteiligungsabsicht führt jedoch zu einem engen Anwendungsbereich der Norm, da der Nachweis oftmals in der Praxis nur schwer zu erbringen ist (DDZ-Däubler, BGB § 612 a Rn. 17, 22). Im Interesse eines effektiven Diskriminierungsschutzes spricht daher viel dafür, es bereits ausreichen zu lassen, wenn das Beschäftigtenverhalten bei einem Motivbündel neben anderen Gründen berücksichtigt wurde (→ AGG § 16 Rn. 4).

IV. Rechtsfolge

4 Eine **im Widerspruch zum Maßregelungsverbot stehende Sanktion ist** nach § 9 S. 1 **nichtig** und die **Benachteiligung** somit **zu beseitigen**. Die Beschäftigte ist folglich so zu stellen, als wäre die Maßregelung nicht erfolgt; eine ggf. vorenthaltene Leistung ist somit zu gewähren (DDZ-Däubler, BGB § 612 a Rn. 20; KR-Treber, BGB § 612 a Rn. 25 f.; Schaub-Linck, § 108 Rn. 22 f.). Darüber hinaus kann eine solche Maßregelung Schadensersatzansprüche nach § 280 Abs. 1 BGB auslösen, insoweit bestehen keine Unterschiede zu § 612 a BGB oder § 16 AGG, so dass auf die entsprechende Kommentierung verwiesen werden kann (→ AGG § 16 Rn. 41 ff.

Abschnitt 2 Individuelle Verfahren zur Überprüfung von Entgeltgleichheit

§ 10 Individueller Auskunftsanspruch

(1) [1]Zur Überprüfung der Einhaltung des Entgeltgleichheitsgebots im Sinne dieses Gesetzes haben Beschäftigte einen Auskunftsanspruch nach Maßgabe der §§ 11 bis 16. [2]Dazu haben die Beschäftigten in zumutbarer Weise eine gleiche oder gleichwertige Tätigkeit (Vergleichstätigkeit) zu benennen. [3]Sie können Auskunft zu dem durchschnittlichen monatlichen Bruttoentgelt nach § 5 Absatz 1 und zu bis zu zwei einzelnen Entgeltbestandteilen verlangen.

(2) [1]Das Auskunftsverlangen hat in Textform zu erfolgen. [2]Vor Ablauf von zwei Jahren nach Einreichen des letzten Auskunftsverlangens können Be-

schäftigte nur dann erneut Auskunft verlangen, wenn sie darlegen, dass sich die Voraussetzungen wesentlich verändert haben.

(3) Das Auskunftsverlangen ist mit der Antwort nach Maßgabe der §§ 11 bis 16 erfüllt.

(4) Sonstige Auskunftsansprüche bleiben von diesem Gesetz unberührt.

I. Vorbemerkungen

1. Regelungsgehalt

1 Die Vorschrift sieht als ein **Kernstück des Gesetzes** zur Überprüfung der Einhaltung des Entgeltgleichheitsgebots nach § 7 einen **individuellen Auskunftsanspruch** der Beschäftigten (→ § 5 Rn. 3 ff.) gegen den Arbeitgeber vor. Die nähere Ausgestaltung richtet sich nach den §§ 11–14. Nach § 12 Abs. 1 ist der Auskunftsanspruch auf **Betriebe** ab einer Größe von **mehr als 200 Beschäftigten** bei demselben Arbeitgeber beschränkt (→ § 12 Rn. 1 ff.). Er erstreckt sich nach § 11 Abs. 1 grundsätzlich auf die **Kriterien und Verfahren der Entgeltfindung** sowie das Entgelt der Beschäftigten des jeweils anderen Geschlechts derselben Beschäftigtengruppe mit gleicher oder gleichwertiger Tätigkeit (**Vergleichsentgelt,** → § 11 Rn. 3). Kein Anspruch auf Auskunft bezüglich des Vergleichsentgelts ist nach § 12 Abs. 3 gegeben, wenn die **Vergleichsgruppe** aus **weniger als sechs Beschäftigten** besteht (→ § 12 Rn. 11).

2 Soweit die Kriterien und Verfahren der Entgeltfindung auf **gesetzlichen oder tariflichen Regelungen oder auf einer bindenden Festlegung nach § 19 HAG** beruhen, genügt nach § 11 Abs. 2 die Nennung dieser Regelungen und die Angabe, wo diese Regelungen eingesehen werden können (→ § 11 Rn. 2). Auch im Übrigen unterscheiden §§ 14, 15 bezüglich der Anforderungen an die Auskunftserteilung und der Folgen einer nicht erteilten Auskunft zwischen **tarifgebundenen und tarifanwendenden Arbeitgebern** nach § 5 Abs. 4, 5 (→ § 5 Rn. 9, 10) einerseits und **nicht tarifgebundenen und nicht tarifanwendenden Arbeitgebern** andererseits, wobei für tarifgebundene und tarifanwendende Arbeitgeber in vielfacher Hinsicht Erleichterungen gelten (→ § 11 Rn. 3, → § 14 Rn. 7).

3 Sofern ein **Betriebsrat** besteht, ist dieser nach § 14 Abs. 1, 2 sowie § 15 Abs. 2 für die Erteilung der Auskunft **vorrangig zuständig** (zur Kritik daran → § 14 Rn. 3 ff.). Er kann nach § 14 Abs. 1 S. 4 von dem Arbeitgeber verlangen, dass diese die Auskunftsverpflichtung übernimmt (→ § 14 Rn. 2). Die Arbeitgeber können die Erfüllung der Auskunftsverpflichtung nach § 14 Abs. 2 aber auch an sich ziehen (ebd.). Nach § 16 finden die §§ 11–14 im **öffentlichen Dienst** sinngemäß Anwendung (→ § 16 Rn. 1 ff.).

2. Zweck des Auskunftsanspruchs

4 Zweck des Auskunftsanspruchs ist es, die **Durchsetzung** des **Anspruchs auf gleiches Entgelt** für gleiche oder gleichwertige Arbeit zu **erleichtern** (BT-Drs. 18/11133, 2). Der Auskunftsanspruch dient dazu, die insbesondere im Bereich der mittelbaren Diskriminierung (→ § 3 Rn. 5 ff.) bestehenden Informationsdefizite abzubauen, damit die Betroffenen ihrer Darlegungs- und Beweislast nach § 22 AGG nachkommen können (vgl. BT-Drs. 18/11133, 58). Außerdem soll der Auskunftsanspruch die Betroffenen ua im Rahmen der Wahrnehmung ihres Beschwerderechts nach § 84 BetrVG bei der Einschätzung unterstützen, ob eine geschlechtsspezifische Benachteiligung gegeben sein könnte, und ihre Position zB in Entgeltverhandlungen verbessern (BT-Drs. 18/11133, 23). Ob die konkrete Ausgestaltung des Auskunftsanspruchs diesen Zweck erreichen kann, ist allerdings zweifelhaft (dazu → Rn. 6; → § 11 Rn. 2, 3, 7 ff.; → § 12 Rn. 1; → § 13 Rn. 4; → § 14 Rn. 3 ff., 7, 9 f.; → § 15 Rn. 8). Im Übrigen hilft ein individueller Auskunftsanspruch auch schon deshalb nicht viel weiter, weil die Hemmschwelle für eine individuelle Klage insbesondere im bestehenden Arbeitsverhältnis sehr hoch ist (Winter, FS für Pfarr, S. 329; Kocher, Expertisen zum 1. Gleichstellungsbericht der BReg, S. 181). Um dem Entgeltgleichheitsgebot zur praktischen Wirksamkeit zu verhelfen, bedarf es kollektiver Durchsetzungsinstrumente wie sie beispielsweise im Entwurf der SPD-Fraktion für ein Gesetz zur Durchsetzung des Entgeltgleichheitsgebotes für Frauen und Männer von Mai 2012 vorgesehen sind (BT-Drs. 17/9781, dazu Pfarr, djbZ 2012, 99 ff.) oder eines Verbandsklagerechts für Gleichstellungsverbände und Gewerkschaften bzw. der Durchsetzung durch staatlicher Institutionen wie in einigen anderen Mitgliedstaaten der Europäischen Union (näher dazu Kocher, Expertisen zum 1. Gleichstellungsbericht der BReg, S. 186 f.; dies., AuR 2018, 18).

II. Inhalt der Vorschrift

5 Die Vorschrift **normiert** außer dem **Auskunftsanspruch** als solchen die **Anforderungen an** die **Geltendmachung** des Anspruchs (Abs. 1 S. 2, Abs. 2 S. 1), **wann** der Anspruch erneut geltend gemacht werden kann (Abs. 2 S. 2), über **welche Faktoren** des Entgelts vergleichbarer Beschäftigter Auskunft verlangt werden kann (Abs. 1 S. 3) und **wann** der Anspruch **erfüllt** ist (Abs. 3). Außerdem wird in Abs. 4 klarstellt, dass **sonstige Auskunftsansprüche unberührt** bleiben (→ Rn. 10).

1. Gegenstand des Auskunftsanspruchs

6 Gegenstand des Auskunftsanspruchs sind nach § 11 Abs. 1 zum einen die **Kriterien und Verfahren der Entgeltfindung** und zum anderen das Entgelt, das Beschäftigte des anderen Geschlechts, die eine gleiche oder gleichwertige Tätigkeit (→ § 4 Rn. 2 ff.) ausüben, erhalten (**Vergleichsentgelt**). Nach § 11 Abs. 2 S. 1 gehören zu den Kriterien und Verfahren der Entgeltfindung sowohl die Kriterien und Verfahren für die Festlegung des eigenen Entgelts als auch die Kriterien und Verfahren zur Festlegung des Vergleichsentgelts. Hinsichtlich des Vergleichsentgelts kann nach § 10 Abs. 1 S. 3 Auskunft über das **durchschnittliche monatliche Bruttoentgelt** nach § 5

Abs. 1 (→ § 5 Rn. 1) **und bis zu zwei einzelne Entgeltbestandteile** verlangt werden, wobei sich die für die Auskunft erforderlichen Angaben nach § 11 Abs. 2, 3 richten (→ § 11 Rn. 2 ff.). Die **Beschränkung** auf nur zwei einzelne Entgeltbestandteile soll nach der Gesetzesbegründung dem Ausgleich zwischen dem individuellen Recht der Beschäftigten auf Auskunft und dem damit einhergehenden Aufwand für die Arbeitgeber dienen (BT-Drs. 18/11133, 58). Das **überzeugt nicht.** Denn während mit einer umfassenden Auskunft über alle Bestandteile des Vergleichsentgelts für die Arbeitgeber nur ein geringer Mehraufwand verbunden sein dürfte, weil sie ohnehin über nach einzelnen Entgeltbestandteilen aufgeschlüsselte Entgeltlisten verfügen müssen (→ § 13 Rn. 3), wird durch die Beschränkung der Auskunft auf zwei Entgeltbestandteile letztlich das Ziel des Gesetzes, mehr Transparenz beim Entgelt zur Durchsetzung des Entgeltgleichheitsgebots (→ § 1 Rn. 1; → § 10 Rn. 4) herzustellen (BT-Drs. 18/11133, 20 f.), verfehlt (vgl. dazu auch die Empfehlungen der Europäischen Kommission vom 7.3.2014 zur Stärkung des Grundsatzes des gleichen Entgelts für Frauen und Männer durch Transparenz (2014/124/EU, Abschnitt 2 Nr. 3, ABl. EU Nr. L 69, 112). Zum einen ist keineswegs sichergestellt, dass Auskunft verlangende Beschäftigte Kenntnis davon haben, aus welchen Bestandteilen sich das maßgebliche Vergleichsentgelt zusammensetzt und welche Entgeltbestandteile wesentlich sein könnten (zu Letzerem Langemann/Wilking, BB 2017, 503). Zum anderen bezieht sich das Entgeltgleichheitsgebot des § 7 nach § 3 Abs. 1 und § 4 Abs. 4 in Übereinstimmung mit dem EU-Recht nicht nur auf bestimmte Teile des Entgelts, sondern auf alle Entgeltbestandteile, wobei bei der Überprüfung, ob ein Verstoß gegen das Entgeltgleichheitsgebot vorliegt, jeder Entgeltbestandteil gesondert zu betrachten ist (→ § 5 Rn. 1 f.; vgl. zur Kritik an der Beschränkung auch djb, Stellungnahme, A-Drs. 18 (13) 107 g, 7 und DGB, Stellungnahme, A-Drs. 18 (13) 107 j, 14.

2. Geltendmachung und Zeitpunkt der Geltendmachung

7 Nach Abs. 2 S. 1 bedarf das Auskunftsverlangen der **Textform** iSd § 126 b BGB. Danach kann die Auskunft sowohl schriftlich als auch elektronisch per E-Mail verlangt werden. Dabei ist anzugeben, auf was sich die Auskunft konkret beziehen soll (Kuhn/Schwindling, DB 2017, 786), nur auf die Kriterien und das Verfahren der Entgeltfindung bezüglich des eigenen Entgelts und/oder des Vergleichsentgelts oder auch auf das Vergleichsentgelt als solches und im letzten Fall nur auf das durchschnittliche monatliche Bruttoentgelt oder auch auf einzelne Entgeltbestandteile und wenn ja, welche (→ Rn. 6). Darüber hinaus ist nach Abs. 1 S. 2 in zumutbarer Weise **eine gleiche oder gleichwertige Tätigkeit** (Vergleichstätigkeit, → § 4 Rn. 2, 4 ff.) zu **benennen.** Da die Beschäftigten in der Regel nicht über ausreichend Informationen für die Ermittlung der Vergleichstätigkeit verfügen, genügt es, eine gleiche oder gleichwertige Tätigkeit möglichst konkret zu beschreiben (vgl. BT-Drs. 18/11133, 58; Grimm/Freh, ArbRB 2017, S008) und anzugeben, weshalb die Tätigkeit gleich oder gleichwertig sein soll (Kuhn/Schwindling, DB 2017, 785).

8 Nach Abs. 2 S. 1 kann der Auskunftsanspruch erneut frühestens nach **Ablauf von zwei Jahren** nach dem letzten Auskunftsverlangen erhoben werden, es sei denn, die oder der Beschäftigte legt in dem Auskunftsverlangen dar, dass sich die **Voraussetzungen wesentlich geändert** haben. Dies ist zB der Fall bei einem Stellenwechsel, bei einem Aufstieg in den außertariflich vergüteten Bereich (AT-Bereich) oder einer Änderung des im Betrieb angewandten Entgeltsystems (weitere Bsp. bei ErfK-Schlachter, § 10 Rn. 5). Machen Beschäftigte zunächst nur einen Teil ihres Auskunftsanspruchs (→ Rn. 6) geltend, gilt die Wartefrist von zwei Jahren nur für diesen Teil des Auskunftsanspruchs. Nach § 25 Abs. 1 gelten **Übergangsbestimmungen.** Danach kann der Auskunftsanspruch erstmals am 6.1.2018 geltend gemacht werden. Außerdem beträgt bei innerhalb der ersten drei Jahre bis einschließlich 5.1.2021 geltend gemachten Auskunftsverlangen die Wartefrist bis zur möglichen erneuten Geltendmachung abweichend von Abs. 2 S. 1 drei Jahre (→ § 25 Rn. 1 ff.).

3. Erfüllung des Auskunftsanspruchs

9 Abs. 3 bestimmt, dass der Auskunftsanspruch mit der Antwort **nach Maßgabe** der **§§ 11–16** erfüllt ist.

4. Verhältnis zu anderen Auskunftsansprüchen

10 Nach Abs. 4 bleiben **sonstige Auskunftsansprüche unberührt.** Sie werden durch den Auskunftsanspruch nicht verdrängt, sondern bleiben daneben bestehen. Das betrifft insbesondere Auskunftsansprüche aus arbeitsvertraglicher Nebenpflicht nach § 241 Abs. 2 BGB oder § 242 BGB (→ AGG § 2 Rn. 285; aA BeckOK/Roloff, § 10 Rn. 47).

§ 11 Angabe zu Vergleichstätigkeit und Vergleichsentgelt

(1) Die Auskunftsverpflichtung erstreckt sich auf die Angabe zu den Kriterien und Verfahren der Entgeltfindung nach Absatz 2 und auf die Angabe zum Vergleichsentgelt nach Absatz 3.

(2) [1]Die Auskunftsverpflichtung zu den Kriterien und Verfahren der Entgeltfindung erstreckt sich auf die Information über die Festlegung des eigenen Entgelts sowie des Entgelts für die Vergleichstätigkeit. [2]Soweit die Kriterien und Verfahren der Entgeltfindung auf gesetzlichen Regelungen, auf tarifvertraglichen Entgeltregelungen oder auf einer bindenden Festsetzung nach § 19 Absatz 3 des Heimarbeitsgesetzes beruhen, sind als Antwort auf das Auskunftsverlangen die Nennung dieser Regelungen und die Angabe, wo die Regelungen einzusehen sind, ausreichend.

(3) [1]Die Auskunftsverpflichtung in Bezug auf das Vergleichsentgelt erstreckt sich auf die Angabe des Entgelts für die Vergleichstätigkeit (Vergleichsentgelt). [2]Das Vergleichsentgelt ist anzugeben als auf Vollzeitäquivalente hochgerechneter statistischer Median des durchschnittlichen monatlichen Bruttoentgelts sowie der benannten Entgeltbestandteile, jeweils bezogen auf ein Kalenderjahr, nach folgenden Vorgaben:

1. **in den Fällen des § 14 sowie in den Fällen einer gesetzlichen Entgeltregelung ist das Vergleichsentgelt der Beschäftigten des jeweils anderen Geschlechts anzugeben, die in die gleiche Entgelt- oder Besoldungsgruppe eingruppiert sind wie der oder die auskunftverlangende Beschäftigte;**
2. **in den Fällen des § 15 ist das Vergleichsentgelt aller Beschäftigten des jeweils anderen Geschlechts anzugeben, die die erfragte Vergleichstätigkeit oder die nach § 15 Absatz 4 ermittelte Vergleichstätigkeit ausüben.**

(4) Auf kollektiv-rechtliche Entgeltregelungen der Kirchen oder der öffentlich-rechtlichen Religionsgesellschaften ist Absatz 2 Satz 2 und Absatz 3 Nummer 1 entsprechend anzuwenden.

I. Inhalt der Auskunftsverpflichtung

1 Die Vorschrift **gestaltet** den **Gegenstand** des Auskunftsanspruchs weiter aus (→ § 10 Rn. 6). Darüber hinaus **regelt** sie den **Inhalt** der Auskunftsverpflichtung der Arbeitgeber.

1. Allgemein

a) Kriterien und Verfahren der Entgeltfindung

2 Die Verpflichtung zur Auskunft über die Kriterien und Verfahren der Entgeltfindung nach Abs. 1, 2 bezieht sich auf das **Entgeltsystem** bzw. die Entgeltregelungen, die Grundlage für die Festlegung des Entgelts der oder des Auskunft verlangenden Beschäftigten und des Vergleichsentgelts sind (BT-Drs. 18/11113, 59). Soweit die Kriterien und Verfahren der Entgeltfindung auf **gesetzlichen oder tarifvertraglichen Regelungen oder auf einer bindenden Festlegung nach § 19 HAG** beruhen, soll nach Abs. 2 S. 2 die Nennung dieser Regelungen sowie die Angabe, wo diese Regelungen eingesehen werden können, ausreichend sein. Dies ist insofern problematisch, als zB Tarifverträge in den Betrieben nicht immer regelgerecht umgesetzt werden, sondern sich nicht selten eine abweichende **betriebsspezifische Tarifpraxis** herausbildet (s. dazu auch djb, Stellungnahme, A-Drs. 18 (13) 107g, 5 und DGB, Stellungnahme, A-Drs. 18 (13) 107j, 11, 14; ErfK-Schlachter, § 11 Rn. 6; Kocher, AuR 2018, 12). In diesem Fall kann sich der Arbeitgeber nicht auf Abs. 2 S. 2 berufen. Da den betrieblichen Akteuren jedoch häufig gar **nicht bewusst** ist, dass vom Tarifvertrag abwichen wird, droht insoweit der Auskunftsanspruch leerzulaufen. **Lehnt** sich das betriebliche Entgeltsystem hingegen nur **an einem Tarifvertrag an**, findet die Beschränkung der Auskunftspflicht ohnehin keine Anwendung, weil dann das Entgeltsystem nicht auf den tarifvertraglichen Regelungen beruht, sondern sich lediglich daran orientiert. Gleiches gilt, wenn **zusätzlich zum Tarifentgelt weitere Entgelte** gezahlt werden, was gerade in größeren Unternehmen häufig der Fall ist. In solchen Fällen ist jedenfalls auch über die Kriterien und Verfah-

ren, nach denen diese Entgelte gezahlt werden, umfassend Auskunft zu geben (Franzen, NZA 2017, 817; ebenso BMFSFJ, Leitfaden EntgTranspG, 44; darüber hinausgehend Kocher, AuR 2018, 14). Entsprechendes gilt bezüglich der **außertariflich vergüteten Angestellten** (AT-Angestellte, Franzen, NZA 2017, 818). Gegenüber dieser Personengruppe kann sich ein Arbeitgeber von vornherein nicht auf die vereinfachten Regelungen für tarifgebundene und tarifanwendende Arbeitgeber berufen. Gegen eine Ausweitung des Abs. 3 Nr. 2 auf Betriebsvereinbarungen über Eingruppierungssysteme für AT-Angestellte spricht, dass sich diese Regelung ebenso wie Abs. 2 S. 2 ersichtlich auf gesetzlich bzw. tarifvertraglich geregelte Eingruppierungssysteme bezieht (wie hier Kocher, AuR 2018, 14; aA Franzen, NZA 2017, 818).

b) Vergleichsentgelt

3 Bezüglich des Vergleichsentgelts ist nach Abs. 3 S. 2 jeweils der **statistische Median** der auf **Vollzeitäquivalente** hochgerechneten durchschnittlichen monatlichen Bruttoentgelte und der benannten Entgeltbestandteile (→ § 10 Rn. 7) der Beschäftigen der Vergleichsgruppe bezogen auf das **vorangegangene Kalenderjahr** (BT-Drs. 18/11133, 58) anzugeben. Bei Sachleistungen ist deren finanzieller Wert und bei Beschäftigten, die erst kürzer als ein Kalenderjahr beschäftigt sind, deren tatsächliche Beschäftigungsdauer zugrunde zu legen (BT-Drs. 18/11133, 60). Soweit nach Abs. 3 S. 2 Nr. 1 in Betrieben **tarifgebundener und tarifanwendender Arbeitgeber** (→ § 5 Rn. 9 f.) in die Vergleichsgruppe nur die Beschäftigten des jeweils anderen Geschlechts einzubeziehen sind, die in die gleiche Entgeltgruppe wie die oder der auskunftsverlangende Beschäftigte eingruppiert sind, ist die Vorschrift nicht mit dem Unionsrecht vereinbar (ebenso ErfK-Schlachter, § 11 Rn. 6, näher dazu auch → § 4 Rn. 18).

4 Der statistische Median bezieht sich nicht auf den Durchschnitt der Bruttoentgelte der Vergleichsgruppe. Es handelt sich um einen **statistischen Wert**, der dem Bruttoentgelt entspricht, das **an mittlerer Stelle** steht, wenn man die durchschnittlichen monatlichen Bruttoentgelte der Beschäftigten der Vergleichsgruppe der Höhe nach sortiert. Besteht die Vergleichsgruppe aus einer geraden Anzahl an Beschäftigten entspricht der Median dem Durchschnitt der beiden in der Mitte stehenden Bruttoentgelte (Bauer/Romero, NZA 2017, 411; Grimm/Freh, ArbRB 2017, 184; s. dazu auch BMFSFJ, Leitfaden EntgTranspG, S. 49 f.). Der statistische Median besagt, dass die Hälfte der Vergleichsgruppe nicht mehr bzw. höchstens so viel verdient. Gegenüber dem arithmetischen Mittel oder Durchschnittwert hat der statische Median einerseits den Vorteil, dass er gegenüber sog Ausreißern beim Vergleichsentgelt unempfindlich ist, und andererseits den Nachteil, dass nicht alle Vergleichsentgelte berücksichtigt werden (vgl. Bauer/Romero, NZA 2017, 411).

2. Kirchen und öffentlich-rechtliche Religionsgemeinschaften

5 Nach Abs. 4 sind die für tarifvertragliche Entgeltregelungen geltenden Vorschriften auf Entgeltregelungen der Kirchen und öffentlich-rechtlichen Religionsgemeinschaften einschließlich deren karitativen und erzieherischen

Einrichtungen, die auf dem sog **Dritten Weg** zustande gekommen sind, (BT-Drs. 18/11133, 61) entsprechend anzuwenden.

II. Bedeutung des Auskunftsanspruchs im Entgelt- und/oder Entschädigungsprozess

6 Im Rechtsstreit über ein höheres Entgelt und/oder eine Entschädigung wegen Verstoßes gegen das Entgeltgleichheitsgebot nach § 7 gelten für die klagenden Beschäftigten nach § 22 AGG **Beweiserleichterungen.** Es genügt, wenn sie Indizien darlegen und ggf. beweisen, die mit überwiegender Wahrscheinlichkeit auf eine Benachteiligung wegen des Geschlechts beim Entgelt schließen lassen. Gelingt dies, trägt der Arbeitgeber die Beweislast dafür, dass kein Verstoß gegen das Entgeltgleichheitsgebot vorliegt. (zum Meinungsstreit, ob sich die Beweislastregel des § 22 AGG nur auf den Kausalzusammenhang zwischen der Benachteiligung und einem Merkmal iSd § 1 AGG zB dem Geschlecht oder auch auf die Benachteiligung als solche bezieht, → AGG § 22 Rn. 16 ff.). Indizien für einen Verstoß gegen das Entgeltgleichheitsgebot können sich aus dem Vergleichsentgelt sowie den Kriterien und Verfahren der Entgeltfindung ergeben, wenn Letztere nicht diskriminierungsfrei ausgestaltet (→ § 4 Rn. 8 ff.) oder nicht durchschaubar sind (EuGH 17.10.1989 – Rs. 109/88 (Danfoss) – NZA 1990, 772; → § 4 Rn. 12). Ein Indiz für einen Verstoß gegen das Entgeltgleichheitsgebot kann dann auch darin bestehen, dass weibliche Beschäftigte bei gleicher oder gleichwertiger Tätigkeit statistisch erheblich weniger verdienen als männliche Beschäftigte (EuGH 27.10.1993 – Rs. C-127/92 (Enderby) – NZA 1994, 797; vgl. zum Ganzen auch Franzen, NZA 2017, 816 f.).

7 Fraglich ist aber, ob es als Indiz für einen Verstoß gegen das Entgeltgleichheitsgebot nach § 7 schon ausreichend ist, wenn der im Rahmen der Erfüllung des Auskunftsanspruchs nach § 10 mitgeteilte **Median des Vergleichsentgelts** merklich höher ist als das eigene Entgelt der oder des Auskunft verlangenden Beschäftigten oder ob es noch weiterer Indizien bedarf. In diesem Zusammenhang wird in der Literatur zu Recht darauf hingewiesen, dass der statistische Median des Entgelts des jeweils anderen Geschlechts für sich gesehen **wenig aussagekräftig** ist (Oberthür, NJW 2017, 2233; Bauer/Romero, NZA 2017, 411; Thüsing, BB 2017, 567; Grimm/Freh, ArbRB 2017, S009; dies., ArbRB 2017, 184; Franzen, NZA 2017, 816; v. Steinau-Steinrück, NJW-Spezial 2017, 307; Kocher AuR 2018, 16). Stellt man nur auf den Median der Vergleichsgruppe ab, ist es ohne Weiteres möglich, dass das konkrete Entgelt einer weiblichen Beschäftigten unter dem Median der männlichen Vergleichsgruppe liegt, gleichwohl beide Geschlechter jeweils gleich bezahlt werden. Auch der umgekehrte Fall ist möglich, dass das Entgelt einer weiblichen Beschäftigten über dem Entgeltmedian der männlichen Vergleichsgruppe liegt, gleichwohl das Entgeltsystem männliche Beschäftigte grundsätzlich bevorzugt (Thüsing, BB 2017, 567 mit weiteren Beispielen; Grimm/Freh, ArbRB 2017, S009; DGB, Stellungnahme, A-Drs. 18 (13) 107 j, 4). Denn bei einem bloßen Vergleich des eigenen Entgelts mit dem statistischen Mittelwert der Entgelte der Vergleichsgruppe hängt das Vergleichsergebnis wesentlich auch von den individuellen Verhältnissen der oder des Auskunft verlangenden Beschäftigten

ab, wie der Dauer der Betriebszugehörigkeit oder der Berufserfahrung. Um feststellen zu können, ob gleiche oder gleichwertige Arbeit tatsächlich gleich bezahlt wird, ist zumindest ein Vergleich mit dem Median der eigenen Gruppe oder Gesamtgruppe aus beiden Geschlechtern erforderlich (Oberthür, NJW 2017, 2233). Besser wäre es noch, wenn zusätzlich auch noch ein Vergleich zwischen dem Durchschnittsentgelt der Vergleichsgruppe und dem Durchschnittsentgelt der eigenen Gruppe bzw. der Gesamtgruppe vorgenommen würde (vgl. Thüsing, BB 2017, 567; Bauer/Romero, NZA 2017, 411).

8 Nach Sinn und Zweck des Auskunftsanspruchs, die Durchsetzung des Anspruchs auf gleiches Entgelt für gleiche oder gleichwertige Arbeit zu erleichtern (→ § 10 Rn. 4) ist jedoch davon auszugehen, dass der **Gesetzgeber** dem Median der Vergleichsgruppe, sofern dieser deutlich höher als das eigene Entgelt ist, jedenfalls dann eine **ausreichende Indizwirkung** nach § 22 AGG **beimisst**, wenn sich aus den mitgeteilten Kriterien und Verfahren der Entgeltfindung keine gegenläufigen Gesichtspunkte ergeben (vgl. dazu ErfK-Schlachter, AGG § 22 Rn. 4; ähnlich auch BeckOK/Roloff, § 10 Rn. 22, 33, 36). Dafür spricht auch, dass ein nicht tarifgebundener und nicht tarifanwendender Arbeitgeber, wenn er dem Auskunftsanspruch nicht nachkommt, nach § 15 Abs. 5 von vornherein die gesamte Beweislast dafür trägt, dass kein Verstoß gegen das Entgeltgleichheitsgebot gegeben ist (→ § 15 Rn. 6 f.). Es obliegt dann dem Arbeitgeber, im Entgelt- und/ oder Entschädigungsprozess sachliche Gründe vorzutragen, die ein vom Median der Vergleichsgruppe abweichendes Entgelt rechtfertigen (v. Steinau-Steinrück, NJW-Spezial 2017, 307).

9 Das bedeutet aber zugleich, dass allein auf der Grundlage des Auskunftsanspruchs nach § 10 nur ein **Entgelt in Höhe des Medians der Vergleichsgruppe** geltend gemacht werden kann (vgl. Kuhn/Schwindling, DB 2017, 785, offen gelassen Oberthür, NJW 2017, 2233). Befürchtungen, dass dies zu einer unendlichen Entgeltspirale innerhalb der Gruppe der sich auf das Entgeltgleichheitsgebot berufenden Beschäftigten führen könnte (Kuhn/ Schwindling, DB 2017, 785), sind schon deshalb unberechtigt, weil Vergleichsmaßstab nicht der Median der eigenen Gruppe, sondern der Median der Vergleichsgruppe ist.

§ 12 Reichweite

(1) Der Anspruch nach § 10 besteht für Beschäftigte nach § 5 Absatz 2 in Betrieben mit in der Regel mehr als 200 Beschäftigten bei demselben Arbeitgeber.

(2) Die Auskunftspflicht nach § 10 umfasst

1. nur Entgeltregelungen, die in demselben Betrieb und bei demselben Arbeitgeber angewendet werden,
2. keine regional unterschiedlichen Entgeltregelungen bei demselben Arbeitgeber und
3. keinen Vergleich der Beschäftigtengruppen nach § 5 Absatz 2 untereinander.

(3) [1]Bei der Beantwortung eines Auskunftsverlangens ist der Schutz personenbezogener Daten der auskunftverlangenden Beschäftigten sowie der vom Auskunftsverlangen betroffenen Beschäftigten zu wahren. [2]Insbesondere ist das Vergleichsentgelt nicht anzugeben, wenn die Vergleichstätigkeit von weniger als sechs Beschäftigten des jeweils anderen Geschlechts ausgeübt wird. [3]Es ist sicherzustellen, dass nur die mit der Beantwortung betrauten Personen Kenntnis von den hierfür notwendigen Daten erlangen.

I. Mindestbeschäftigtenzahl

1. Regelungsgehalt und allgemeine Kritik

1 Nach Abs. 1 besteht der Auskunftsanspruch nach § 10 nur „in **Betrieben** mit in der Regel **mehr als 200 Beschäftigten bei demselben Arbeitgeber**". Das bedeutet, dass nicht nur zahlreiche kleine und mittlere Unternehmen, sondern auch viele größere Unternehmen mit dezentraler Organisationstruktur von der Anwendung ausgenommen sind (vgl. Steinheimer/Cloppenburg, NWB 2017, 952; Bauer/Romero, NZA 2017, 409; Fuhlrott/Ritz, ArbR 2017, 212). Solche Unternehmen sind insbesondere im Handel und im gesamten Dienstleistungssektor anzutreffen und damit in Bereichen, in denen Frauen überproportional häufig beschäftigt sind (vgl. dazu auch v. Platen, Stellungnahme, A-Drs. 18 (13) 1072, 2; DGB, Stellungnahme, A-Drs. 18 (13) 107 j, 4). Ferner sind die Beschäftigten **in gemeinsamen Betrieben mehrerer Unternehmen** – anders als zB bei den Schwellenwerten nach § 23 Abs. 1 KSchG oder § 99 Abs. 1 BetrVG – nicht zusammenzurechnen, sondern getrennt zu betrachten (für viele Kania, NZA 2017, 819; Grimm/Freh, ArbRB 2017, S007).

2 **Sachliche Gründe**, die eine **derartige Einschränkung des Anwendungsbereichs** des Auskunftsanspruchs rechtfertigen könnten, sind **nicht erkennbar**. Es ist weder anzunehmen, dass sich das Bedürfnis zur Erleichterung der Durchsetzung des Entgeltgleichheitsgebots (→ § 10 Rn. 4) auf größere Betriebe beschränkt. Noch ist davon auszugehen, dass Betriebe mit einer Größe von 200 und weniger Beschäftigten generell mit der Erteilung der Auskunft überfordert wären. Dementsprechend sehen auch weder die Empfehlungen der Europäischen Kommission vom 7.3.2014 zur Stärkung des Grundsatzes des gleichen Entgelts für Frauen und Männer durch Transparenz (2014/124/EU, ABl. EU Nr. L 69, 112), noch das Gutachten der Sachverständigenkommission zum Zweiten Gleichstellungsbericht der Bundesregierung (2017) eine solche Beschränkung vor. In den Empfehlungen 2014/124/EU ist für den Auskunftsanspruch überhaupt keine Mindestbeschäftigtenzahl vorgesehen (Abschnitt II Nr. 3 der Empfehlungen). Lediglich die Berichterstattungspflicht und die Pflicht zur Durchführung eines Entgeltaudits werden von einer Mindestbeschäftigtenzahl von 50 bzw. 250 abhängig gemacht, wobei nicht an den Betrieb, sondern an das Unternehmen angeknüpft wird (Abschnitt II Nr. 4, 5 der Empfehlungen). Nach dem

Gutachten der Sachverständigenkommission zum Zweiten Gleichstellungsbericht der Bundesregierung sind von dem Auskunftsanspruch allenfalls Betriebe mit bis zu zehn Beschäftigten auszunehmen, weil diese meist nur über eine geringe Finanzausstattung und Verwaltungskapazität verfügten und es auch sonst gute Gründe gebe, weshalb der Auskunftsanspruch kein geeignetes Instrument sei, um Informationen zur Entgeltfindung zu erhalten (SV-Kommission zum 2. Gleichstellungsbericht der BReg, Gutachten S 67).

2. Vereinbarkeit mit Art. 3 Abs. 1 GG

3 Daraus ergeben sich **Zweifel**, ob die Beschränkung des Auskunftsanspruchs auf Betriebe mit in der Regel mehr als 200 Beschäftigten mit **dem allgemeinen Gleichheitssatz des Art. 3 Abs. 1 GG vereinbar** ist. Denn die Beschränkung führt dazu, dass nur ein **kleiner Teil** der nach § 5 Abs. 2 unter das Entgelttransparenzgesetz fallenden **Beschäftigten** in den Genuss des **Auskunftsanspruchs** kommt und der **weit überwiegende Teil ausgeschlossen** bleibt. Nach den Angaben in der Gesetzesbegründung sind von etwa 31 Mio. in der Privatwirtschaft Beschäftigten nur etwa 14 Mio. in Unternehmen mit mehr als 200 Beschäftigten tätig (BT-Drs. 18/11133, 30). Diese Zahl reduziert sich nochmals deutlich, wenn man berücksichtigt, dass Abs. 1 nicht auf die Größe des Unternehmens, sondern auf die Betriebsgröße abstellt (→ Rn. 1). Im öffentlichen Dienst sieht es ausgehend von den Angaben in der Gesetzesbegründung ganz ähnlich aus. Danach sind von insgesamt 2,8 Mio. im öffentlichen Dienst beschäftigten ArbeitnehmerInnen, BundesbeamtInnen und SoldatInnen nur etwas mehr als 1 Mio. in Behörden mit in der Regel mehr als 200 Beschäftigten tätig (BT-Drs. 18/11133, 30).

4 Eine derartige Ungleichbehandlung ist mit **Art. 3 Abs. 1 GG nur vereinbar**, wenn es hierfür **unter Berücksichtigung des Beurteilungs- und Gestaltungsspielraums des Gesetzgebers hinreichende Sachgründe** gibt. Welche Anforderungen an die Sachgründe zu stellen sind, hängt vom jeweiligen Regelungsgegenstand und den Differenzierungsmerkmalen ab. Sie können **vom bloßen Willkürverbot bis zu einer strengen Bindung an Verhältnismäßigkeitserfordernisse** reichen. Je weniger die Differenzierungsmerkmale für Einzelne verfügbar sind, dh je weniger diese die Verwirklichung der Merkmale beeinflussen können, oder je mehr sich die Merkmale den in Art. 3 Abs. 3 GG ausdrücklich benannten Merkmalen annähern, desto strenger sind die Anforderungen. Eine strengere Bindung des Gesetzgebers kann sich auch aus den jeweils betroffenen Freiheitsrechten ergeben (zum Ganzen BAG 23.2.2016 – 9 AZR 293/15 – NZA 2016, 703 Rn. 45 mwN; ausführlich Britz, NJW 2014, 346 ff.). Es gibt zwar – soweit ersichtlich – **keine belastbaren Zahlen**, dass in Betrieben unterhalb des Schwellenwerts **deutlich mehr Frauen als Männer** beschäftigt sind (zum Anteil der weiblichen Beschäftigten in kleinen und mittleren Unternehmen nach einer Erhebung des Statistischen Bundesamts von 2014, DESTATIS, Verdienststrukturerhebung – Ergebnisse für Deutschland, Fachserie 16 Heft 1 – 2014, S. 133, abrufbar unter www.destatis.de) und damit weibliche Beschäftigte gegenüber männlichen Beschäftigten iSd Art. 3 Abs. 3 GG mittelbar benachtei-

ligt sein könnten (zu den Anforderungen an eine mittelbare Benachteiligung durch Schwellenwerte BVerfG 27.1.1998 – 1 BvL 22/93 – NZA 1998, 469 unter B. II. der Gründe; EuGH 30.11.1993 – Rs. C-189/91 – EuZW 1994, 91 Rn. 30). Jedoch beschränken sich die Anforderungen auch nicht nur auf ein bloßes Willkürverbot. Es gilt vielmehr ein **mittlerer Prüfmaßstab**. Denn ob Beschäftigte in größeren oder kleineren Betrieben tätig sind, hängt einerseits von **persönlichen**, den **Freiheitsbereich** der oder des einzelnen Beschäftigten **berührenden Umständen** ab wie Berufswahl, Wohnort und persönlicher Präferenz, und andererseits von durch die oder den einzelnen Beschäftigten **nicht beeinflussbare Arbeitsmarktfaktoren**, welche Unternehmen welche Arbeitsplätze anbieten und wie groß die Konkurrenzkampf um diese Arbeitsplätze ist. Zudem dient der Auskunftsanspruch der Durchsetzung des Entgeltgleichheitsgebots und steht damit in Zusammenhang mit dem Gleichstellungsauftrag der Verfassung aus Art. 3 Abs. 2 GG (dazu Maunz/Dürig-Langenfeld, GG Art. 3 Abs. 2 Rn. 20; ErfK-Schmidt, GG Art. 3 Rn. 81 ff.).

5 In der Gesetzbegründung wird als Grund für den Schwellenwert von 200 Beschäftigten der **Gleichklang mit** der **Regelung** in § 27 Abs. 1 S. 1 BetrVG iVm § 9 BetrVG genannt (BT-Drs. 18/111/33, 43, 61), wonach in Betrieben mit in der Regel mehr als 200 Beschäftigten ein **Betriebsausschuss** zu bilden ist, dem dann nach § 80 Abs. 2 S. 2 Hs. 2 BetrVG das Recht auf Einsicht in die Bruttoentgeltlisten zusteht. Dieser Grund ist aber schon deshalb nicht tragfähig, weil es nach der ständigen Rechtsprechung des BAG gerade nicht gerechtfertigt ist, das Recht auf Einsicht in die Bruttoentgeltlisten nach § 80 Abs. 2 S. 2 Hs. 2 BetrVG auf größere Betriebe zu beschränken (vgl. Fitting, BetrVG § 80 Rn. 71). Vielmehr steht in kleineren Betrieben, in denen kein Betriebsausschuss existiert, dieses Recht der oder dem Betriebsratsvorsitzenden oder einem anderen vom Betriebsrat beauftragten Mitglied zu (BAG 16.8.1995 – 7 ABR 63/94 – NZA 1996, 330 mwN). Als **objektiver Rechtfertigungsgrund** für den Schwellenwert kommt vielmehr nur der für die Arbeitgeber mit dem Auskunftsanspruch verbundene Aufwand in Betracht (s. dazu BT-Drs. 18/11133, 31 ff.) und das Bedürfnis, kleine und mittlere Unternehmen wegen deren **geringerer Wirtschaftskraft** und ihrer damit einhergehenden **geringeren Verwaltungskapazitäten** zu entlasten. Dabei mag der konkrete Schwellenwert von 200 Beschäftigten sich noch im Rahmen des Beurteilungs- und Gestaltungsspielraums des Gesetzgebers halten. Dies gilt allerdings nicht, soweit an den Betrieb anknüpft wird. Denn die Frage, ob ein Unternehmen mit der Erfüllung des Auskunftsanspruchs bei pauschalierender Betrachtung tendenziell überfordert ist, hängt nicht von der Größe des einzelnen Betriebes, sondern von der **Größe des jeweiligen Unternehmens** ab, zumal in größeren Unternehmen mit dezentraler betrieblicher Struktur in der Regel eine zentrale Personalverwaltung existiert.

6 Eine verfassungskonforme Auslegung des Begriffs Betrieb ist anders als bei der Kleinbetriebsklausel nach § 23 Abs. 1 KSchG (BVerfG 27.1.1998 – 1 BvL 15/87 – NZA 1998, 470 unter II. 4. b) bb) der Gründe) nicht möglich. Denn angesichts des in § 17 Abs. 1 geregelten Schwellenwertes für das betriebliche Prüfverfahren, der an den Arbeitgeber bzw. das Unternehmen

anknüpft (→ § 17 Rn. 3), ist davon auszugehen muss, dass der Gesetzgeber den Auskunftsanspruch bewusst von der Betriebsgröße abhängig machen wollte.

3. Berücksichtigung von LeiharbeitnehmerInnen

7 Bei der Mindestbeschäftigtenzahl sind **LeiharbeitnehmerInnen** entgegen einer in der Literatur vertretenen Meinung (Kuhn/Schwindling, DB 2017, 786; Gaul, ArbRB 2017, 48; Grimm/Freh, ArbRB 2017, S007, dies., ArbRB 2017, 182; offen gelassen Bauer/Romero, NZA 2017, 410; wie hier ErfK-Schlachter, § 12 Rn. 1) im Entleihbetrieb mitzurechnen. Das ergibt sich schon daraus, dass in der Gesetzesbegründung an den Betriebsausschuss (BT-Drs. 18/11133, 61), der nach § 27 Abs. 1 BetrVG iVm § 9 BetrVG in Betrieben mit in der Regel mehr als 200 ArbeitnehmerInnen zu bilden ist, angeknüpft wird und im Rahmen des § 9 BetrVG (BAG 13.3.2013 – 7 ABR 69/11 – NZA 2013, 789) wie generell bei den betriebsverfassungsrechtlichen Schwellenwerten LeiharbeitnehmerInnen mitzuzählen sind (siehe zB BAG 2.8.2017 – 7 ABR 51/15 – NZA 2017, 1343 Rn. 25). Dies entspricht auch dem Zweck des Gesetzes, Arbeitgeber ab einer bestimmten wirtschaftlichen Stärke zu erfassen. Diese Stärke drückt sich auch in der Beschäftigung von LeiharbeitnehmerInnen aus. Dagegen spricht auch nicht, dass nach Abs. 1 bei gemeinsamen Betrieben mehrerer Unternehmen auf das jeweilige Unternehmen abzustellen ist. Denn dies schließt lediglich eine Gesamtbetrachtung der Wirtschaftskraft der beteiligten Unternehmen aus, ändert aber nichts daran, dass sich die Wirtschaftskraft eines Unternehmens auch in der Anzahl der beschäftigten LeiharbeitnehmerInnen ausdrückt. Dass LeiharbeitnehmerInnen den Auskunftsanspruch nach § 10 ihrerseits nicht gegenüber dem Entleihunternehmen geltend machen können, sondern sich an ihren Vertragsarbeitgeber wenden müssen und es insoweit auf die Größe des Betriebes des Verleihunternehmens, der regelmäßig nicht nur die bei einem einzelnen Entleiher beschäftigten LeiharbeitnehmerInnen erfasst, ankommt, steht dem ebenfalls nicht entgegen (vgl. dazu BAG 24.8.2016 – 7 ABR 2/15 – NZA 2017, 269).

II. Vergleichsrahmen

8 Nach Abs. 2 Nr. 1, 2 umfasst die Auskunftspflicht nur die Entgeltregelungen, die „in **demselben Betrieb** bei **demselben Arbeitgeber**“ angewendet werden und sich auf **dieselbe Region** beziehen. Danach erstreckt sich die Auskunftspflicht weder auf Entgeltregelungen, die in einem gemeinsamen Betrieb vom jeweils anderen Unternehmen angewandt werden, noch auf Entgeltregelungen, die in einem anderen Betrieb desselben Arbeitgebers Anwendung finden (kritisch dazu ErfK-Schlachter, § 12 Rn. 2). Ferner werden, wenn sich der Betrieb des Arbeitgebers über mehrere Regionen erstreckt und für die jeweiligen Regionen unterschiedliche Entgeltregelungen gelten, nur die Entgeltregelungen erfasst, die sich auf dieselbe Region beziehen. Soweit es in der Gesetzesbegründung hiervon abweichend heißt, innerhalb einer Region oder eines Gebietes sei ein Vergleich vom mehreren Betrieben zulässig (BT-Drs. 18/11133, 62) steht dies im Widerspruch zum klaren Wortlaut der Vorschrift und der gesamten Konzeption des Entgelt-

transparenzgesetzes (zur Kritik an der Konzeption djb, Stellungnahme, A-Drs. 18 (13) 107g, 9; DGB, Stellungnahme, A-Drs. 18 (13) 107j, 15) und hat im Gesetz auch sonst keinen Niederschlag gefunden. Unklar ist auch, was unter dem Begriff „Region" zu verstehen ist. Diesbezüglich bietet sich an, auf die räumlichen Geltungsbereiche der einschlägigen Tarifverträge zurückgreifen (ebenso ErfK-Schlachter, § 12 Rn. 3; vgl. auch Kuhn/Schwindling, DB 2017, 787 sowie Grimm/Freh, ArbRB 2017, S008, die vorschlagen, auf Wirtschaftsregionen abzustellen).

9 In Abs. 2 Nr. 3 wird nochmals klargestellt, dass sich die Auskunftspflicht **nicht** auf einen **Vergleich** der in § 5 Abs. 2 genannten **Beschäftigtengruppen** untereinander erstreckt (dazu → § 4 Rn. 15).

III. Größe der Vergleichsgruppe – Datenschutz

10 Nach Abs. 3 S. 1 ist bei der Beantwortung eines Auskunftsverlangens der **Schutz** der **personenbezogenen Daten** der oder des Auskunft verlangenden Beschäftigten und der Beschäftigten der Vergleichsgruppe zu wahren.

11 Um dies sicherzustellen und um zu gewährleisten, dass die Angaben zum **Vergleichsentgelt** auch **aussagekräftig** sind und nicht auf bloßen Zufällen beruhen (→ § 3 Rn. 9), bestimmt Abs. 3 S. 2, dass das Vergleichsentgelt nicht anzugeben ist, wenn die **Vergleichsgruppe** aus **weniger als sechs Beschäftigten** besteht (BT-Drs. 18/11133, 62; Langemann/Wilking, BB 2017, 503; kritisch djb, Stellungnahme, A-Drs. 18 (13) 107g, 9; DGB, Stellungnahme, A-Drs. 18 (13) 107j, 5, die davon ausgehen, dass die Anonymität auch schon ab einer geringeren Zahl von Beschäftigten gewahrt wäre). Dabei sind nach dem Sinn und Zweck der Regelung auch **LeiharbeitnehmerInnen** berücksichtigen, soweit sich deren Vergütung nicht nach einem Tarifvertrag richtet, sondern sie nach § 10 Abs. 4 S. 1 AÜG Anspruch auf **„Equal Pay"** haben. Im Übrigen kommt es nur darauf an, wie viele Beschäftigte die Vergleichstätigkeit ausüben, nicht hingegen darauf, ob die **gesamte Vergleichsgruppe oder nur ein Teil** die im Auskunftsverlangen erfragten **Entgeltbestandteile erhält** und wie groß dieser Teil der Vergleichsgruppe ist (ebenso BMFSFJ, Leitfaden EntgTranspG, S. 51). Soweit hiergegen **Datenschutzgründe** vorgebracht werden (Bauer/Romero, NZA 2017, 412), überzeugt dies schon deshalb nicht, weil auch hinsichtlich der einzelnen Entgeltbestandteile nur der statistische Median mitzuteilen ist und sich die Auskunft weder auf die Anzahl der Beschäftigten noch die Beschäftigten selbst bezieht, die den Entgeltbestandteil erhalten (→ § 11 Rn. 3). Soweit die Beschäftigten, die einen bestimmten Entgeltbestandteil erhalten, aufgrund der mitzuteilenden Kriterien und Verfahren der Entgeltfindung für die Auskunft verlangenden Beschäftigten identifizierbar sind, ist die Erhebung, Verarbeitung und Nutzung dieser personenbezogenen Daten (vgl. Gola-Gola, DS-GVO Art. 2 Rn. 9 ff., Art. 4 Rn. 3 ff.) nach dem Entgelttransparenzgesetz erlaubt. Dies folgt aus § 26 Abs. 1 S. 1 BDSG in der am 25.5.2018 in Kraft tretenden Neufassung vom 30.6.2017 (BDSG nF, BGBl. I, 2097; bisher § 32 Abs. 1 S. 1 BDSG) iVm Art. 88 der ab dem 25.5.2018 geltenden Verordnung (EU) 2016/679 des Europäischen Parlaments und des Rates vom 27.4.2016 zum Schutz natürlicher Personen bei der Verarbeitung personenbezogener Daten, zum freien Datenverkehr und

zur Aufhebung der Richtlinie 95/46/EG (Datenschutz-Grundverordnung, kurz: DS-GVO, ABl. EU Nr. L 119, 1; näher zu § 26 BDSG nF u. Art. 88 DS-GVO Düwell/Brink, NZA 2017, 1081 ff.; dies., NZA 2016, 665 ff.; Wybitul, NZA 2017, 413 ff.), jedenfalls aber aus Art. 6 Abs. 1 Buchst. c DS-GVO (dazu Gola-Schulz/Gola, DS-GVO Art. 6 Rn. 39 ff. sowie Wybitul, NZA 2017, 415 zur Anwendbarkeit neben § 26 BDSG nF) und § 24 Abs. 1 Nr. 2 BDSG nF (bisher § 4 Abs. 1 bzw. § 28 Abs. 1 Nr. 2 BDSG).

12 Schließlich verlangt Abs. 3 S. 3 sicherzustellen, dass von den für die Auskunft notwendigen Daten **nur** die mit der Beantwortung **betrauten Personen Kenntnis** erlangen.

§ 13 Aufgaben und Rechte des Betriebsrates

(1) [1]Im Rahmen seiner Aufgabe nach § 80 Absatz 1 Nummer 2 a des Betriebsverfassungsgesetzes fördert der Betriebsrat die Durchsetzung der Entgeltgleichheit von Frauen und Männern im Betrieb. [2]Dabei nimmt der Betriebsrat insbesondere die Aufgaben nach § 14 Absatz 1 und § 15 Absatz 2 wahr. [3]Betriebsverfassungsrechtliche, tarifrechtliche oder betrieblich geregelte Verfahren bleiben unberührt.

(2) [1]Der Betriebsausschuss nach § 27 des Betriebsverfassungsgesetzes oder ein nach § 28 Absatz 1 Satz 3 des Betriebsverfassungsgesetzes beauftragter Ausschuss hat für die Erfüllung seiner Aufgaben nach Absatz 1 das Recht, die Listen über die Bruttolöhne und -gehälter im Sinne des § 80 Absatz 2 Satz 2 des Betriebsverfassungsgesetzes einzusehen und auszuwerten. [2]Er kann mehrere Auskunftsverlangen bündeln und gemeinsam behandeln.

(3) [1]Der Arbeitgeber hat dem Betriebsausschuss Einblick in die Listen über die Bruttolöhne und -gehälter der Beschäftigten zu gewähren und diese aufzuschlüsseln. [2]Die Entgeltlisten müssen nach Geschlecht aufgeschlüsselt alle Entgeltbestandteile enthalten einschließlich übertariflicher Zulagen und solcher Zahlungen, die individuell ausgehandelt und gezahlt werden. [3]Die Entgeltlisten sind so aufzubereiten, dass der Betriebsausschuss im Rahmen seines Einblicksrechts die Auskunft ordnungsgemäß erfüllen kann.

(4) Leitende Angestellte wenden sich für ihr Auskunftsverlangen nach § 10, abweichend von den §§ 14 und 15, an den Arbeitgeber.

(5) [1]Der Arbeitgeber erklärt schriftlich oder in Textform gegenüber dem Betriebsrat für dessen Beantwortung des Auskunftsverlangens, ob eine § 5 Absatz 5 entsprechende Anwendung der tariflichen Regelungen zum Entgelt erfolgt. [2]Der Betriebsrat bestätigt gegenüber den Beschäftigten schriftlich oder in Textform die Abgabe dieser Erklärung. [3]Die Sätze 1 und 2 gelten in den Fällen des § 14 Absatz 3 Satz 3 entsprechend.

(6) Gesetzliche und sonstige kollektiv-rechtlich geregelte Beteiligungsrechte des Betriebsrates bleiben von diesem Gesetz unberührt.

I. Vorbemerkung

1 Die Vorschrift **regelt** die **Aufgaben** und **Rechte** des **Betriebsrats** und des **Betriebsausschusses** im Zusammenhang mit dem Entgeltgleichheitsgebot nach § 7 und dem Auskunftsanspruch nach § 10. Ferner bestimmt Abs. 4, dass die **leitenden Angestellten** ihr Auskunftsverlangen an den Arbeitgeber zu richten haben.

II. Aufgaben des Betriebsrats

2 In Abs. 1 S. 1, 2 wird klargestellt, dass zu den **Aufgaben des Betriebsrats** nach § 80 Abs. 1 Nr. 2 a BetrVG auch die Förderung der **Durchsetzung** des **Entgeltgleichheitsgebots** nach § 7 im Betrieb gehört und dies auch die nach § 14 Abs. 1 und § 15 Abs. 2 vorrangig dem Betriebsrat zugewiesene Aufgabe umfasst (Holler, NZA 2017, 825), die **Auskunftsverlangen** der Beschäftigten **zu beantworten** (→ § 14 Rn. 2; → § 15 Rn. 2). Ferner wird in Abs. 1 S. 3 sowie in Abs. 6 klarstellt, dass die **weiteren Rechte** des Betriebsrats durch das Entgelttransparenzgesetz **nicht berührt** werden, sondern daneben zur Anwendung kommen (BT-Drs. 18/11133, 62, 63; näher zu den sonstigen Rechten des Betriebsrats in Bezug auf das Entgeltgleichheitsgebot Zimmer, AuR 2014, 88 ff.).

III. Einsichtsrecht in aufgeschlüsselte und aufbereitete Bruttoentgeltlisten

3 Nach Abs. 2 hat der nach § 27 BetrVG zu bildende Betriebsausschuss oder ein nach § 28 Abs. 1 S. 3 BetrVG beauftragter Ausschuss zur Erfüllung der Aufgaben des Betriebsrats nach Abs. 1 das **Recht**, die **Bruttoentgeltlisten** iSd § 80 Abs. 2 S. 2 BetrVG **einzusehen und auszuwerten**, wobei der Ausschuss mehrere Auskunftsverlangen bündeln und gemeinsam behandeln kann. Im Gegenzug ist der Arbeitgeber nach Abs. 3 S. 1 verpflichtet, dem Betriebsausschuss Einblick in die Bruttoentgeltlisten zu gewähren. Der Arbeitgeber ist – anders als nach § 80 Abs. 2 S. 2 BetrVG, wonach der Betriebsrat keinen Anspruch auf Herstellung entsprechender Listen hat (BAG 14.1.2014 – 1 ABR 54/12 – NZA 2014, 738 Rn. 20) – nach Abs. 3 verpflichtet, solche Listen vorzuhalten (Kania, NZA 2017, 820). Diese müssen **alle Entgeltbestandteile**, unabhängig davon, auf welcher Grundlage sie gezahlt werden (BT-Drs. 18/11133, 63), **nach dem Geschlecht aufgeschlüsselt** enthalten und so aufbereitet sein, dass der Betriebsausschuss die Auskunft im Rahmen seines Einsichtsrechts ordnungsgemäß erfüllen kann. Das bedeutet, dass die Bruttoentgeltlisten so gestaltet sein müssen, dass der Betriebsausschuss insbesondere das erfragte Vergleichsentgelt ermitteln kann. Dazu benötigt er eine **auf Vollzeitentgelte hochgerechnete und nach Entgelthöhe sortierte Auflistung**, mit der er den Median des durchschnittlichen monatlichen Bruttoentgelts und der erfragten Entgeltbestandteile berechnen kann (vgl. BT-Drs. 18/11133, 63).

4 Zweifelhaft ist, ob es trotz der Komplexität der Auskunft (→ § 11 Rn. 3 f.; → § 12 Rn. 8 f., 11) sinnvoll ist, dass dem Betriebsausschuss oder dem beauftragten Ausschuss – wie im Rahmen des § 80 Abs. 2 BetrVG – **nur** ein **Einsichtsrecht** zusteht (kritisch auch DGB, Stellungnahme, A-Drs. 18 (13) 107 j, 16 f.; Kania, NZA 2017, 820; BeckOK/Roloff, § 13 Rn. 6). Denn durch das bloße Einsichtsrecht wird eine **zusätzliche Fehlerquelle** geschaffen (Kania, NZA 2107, 820). Auch können mehrfache Einsichtnahmen notwendig werden. Sofern der Arbeitgeber nicht freiwillig bereit ist, dem Betriebsausschuss die Bruttoentgeltlisten zumindest vorrübergehend zur Verfügung zu stellen (vgl. dazu Kania, NZA 2107, 820; Zimmer, AuR 2014, 89), könnte es deshalb angezeigt sein, dass der Betriebsrat von seinem Recht nach § 14 Abs. 1 S. 4 Gebrauch macht und verlangt, dass der Arbeitgeber die Erteilung der Auskunft selbst übernimmt (→ § 14 Rn. 2). Das Einsichtsrecht des Betriebsausschusses oder des beauftragten Ausschusses in die aufgeschlüsselten und aufbereiteten Bruttoentgeltlisten (→ Rn. 3) wird dadurch nicht berührt, weil der Betriebsrat im Rahmen der Erfüllung seiner Aufgaben nach Abs. 1 S. 1 iVm mit § 80 Abs. 1 Nr. 2 a BetrVG generell auf aussagefähige Entgeltlisten angewiesen ist (Kania, NZA 2107, 820; BeckOK/Roloff, § 13 Rn. 5).

IV. Anwendung tariflicher Entgeltregelungen

5 Abs. 5 S. 1 bestimmt, dass der **Arbeitgeber** verpflichtet ist, **gegenüber** dem **Betriebsrat** schriftlich oder in Textform zu **erklären**, ob er mit allen Beschäftigten die Anwendung der einschlägigen Entgelttarifverträge im Arbeitsvertrag schriftlich vereinbart hat und damit tarifanwendender Arbeitgeber iSd § 5 Abs. 5 ist (→ § 5 Rn. 10). Der **Betriebsrat** hat dann nach Abs. 5 S. 2 **gegenüber** den **Beschäftigten** schriftlich oder in Textform die Abgabe dieser Erklärung zu **bestätigen**. Besteht **kein Betriebsrat** und haben nach § 14 Abs. 3 S. 3 die VertreterInnen der zuständigen **Tarifvertragsparteien** (→ § 6 Rn. 3) die Auskunftserteilung für den Arbeitgeber übernommen (→ § 14 Rn. 6), gilt dies nach Abs. 5 S. 3 entsprechend. Nicht geregelt ist, wie **sichergestellt** wird, dass die **Erklärung** des Arbeitgebers auch **zutreffend** ist. Zur Überprüfung der Einhaltung des Nachweisgesetzes ist nach der Rechtsprechung des BAG dem Betriebsrat, wenn ein mit dem Betriebsrat nach § 94 Abs. 1 BetrVG abgestimmter Standard-/Formulararbeitsvertrag verwendet wird, nach § 80 Abs. 2 iVm Abs. 1 Nr. 1 BetrVG regelmäßig nur der **Standardarbeitsvertrag vorzulegen** (BAG 19.10.1999 – 1 ABR 75/98 – NZA 2000, 146). Ein Anspruch auf Vorlage der mit den einzelnen Beschäftigten abgeschlossenen Arbeitsverträge soll der Betriebsrat nur haben, wenn konkrete Anhaltspunkte bestehen, dass von dem Standardarbeitsvertrag abgewichen wird (vgl. BAG 19.10.1999 – 1 ABR 75/98 – NZA 2000, 146 Rn. 74). Dies reicht zur Kontrolle, ob der Arbeitgeber tatsächlich tarifanwendender Arbeitgeber iSv § 5 Abs. 5 ist, nicht aus. Vielmehr sind dem Betriebsrat auf dessen Verlangen, wenn der Arbeitgeber bei der Erfüllung des Auskunftsanspruchs die **für tarifanwendende Arbeitgeber geltenden Vereinfachungen** für sich **in Anspruch nehmen** will, nach § 80 Abs. 1 S. 2 iVm Abs. 1 Nr. 1 und 2 a BetrVG die **Arbeitsverträge sämtlicher Beschäftigten** vorzulegen, wobei es genügt, wenn der Name der oder des Beschäftigten, die Entgeltregelungen und die Verweisungsklausel kenntlich

sind (vgl. BAG 16.8.2011 – 1 ABR 22/10 – NZA 2012, 342 Rn. 35; aA ErfK-Schlachter, § 13 Rn. 8, die davon ausgeht, der Betriebsrat habe kein Recht, die Richtigkeit der Erklärung des Arbeitgebers zu überprüfen). Der Einwilligung der Beschäftigten bedarf es nicht (vgl. BAG 7.2.2012 – 1 ABR 46/10 – NZA 2012, 744 Rn. 17; dazu auch Kort, NZA 2010, 1267).

§ 14 Verfahren bei tarifgebundenen und tarifanwendenden Arbeitgebern

(1) [1]Beschäftigte tarifgebundener und tarifanwendender Arbeitgeber wenden sich für ihr Auskunftsverlangen nach § 10 an den Betriebsrat. [2]Die Vorgaben bestimmen sich nach § 13. [3]Der Betriebsrat hat den Arbeitgeber über eingehende Auskunftsverlangen in anonymisierter Form umfassend zu informieren. [4]Abweichend von Satz 1 kann der Betriebsrat verlangen, dass der Arbeitgeber die Auskunftsverpflichtung übernimmt.

(2) [1]Abweichend von Absatz 1 Satz 1 kann der Arbeitgeber die Erfüllung der Auskunftsverpflichtung generell oder in bestimmten Fällen übernehmen, wenn er dies zuvor gegenüber dem Betriebsrat erläutert hat. [2]Die Übernahme kann jeweils längstens für die Dauer der Amtszeit des jeweils amtierenden Betriebsrates erfolgen. [3]Übernimmt der Arbeitgeber die Erfüllung der Auskunftsverpflichtung, hat er den Betriebsrat umfassend und rechtzeitig über eingehende Auskunftsverlangen sowie über seine Antwort zu informieren. [4]Die Beschäftigten sind jeweils darüber zu informieren, wer die Auskunft erteilt.

(3) [1]Besteht kein Betriebsrat, wenden sich die Beschäftigten an den Arbeitgeber. [2]Der Arbeitgeber informiert die Vertreterinnen und Vertreter der zuständigen Tarifvertragsparteien nach § 6 Absatz 1 Satz 2 über seine Antwort zu eingegangenen Auskunftsverlangen. [3]Der Arbeitgeber sowie die Vertreterinnen und Vertreter der zuständigen Tarifvertragsparteien können vereinbaren, dass die Vertreterinnen und Vertreter der zuständigen Tarifvertragsparteien die Beantwortung von Auskunftsverlangen übernehmen. [4]In diesem Fall informiert der Arbeitgeber diese umfassend und rechtzeitig über eingehende Auskunftsverlangen. [5]Die Beschäftigten sind jeweils darüber zu informieren, wer die Auskunft erteilt.

(4) [1]Soweit die Vertreterinnen und Vertreter der zuständigen Tarifvertragsparteien nach Absatz 3 Satz 3 das Auskunftsverlangen beantworten, hat der Arbeitgeber diesen auf Verlangen die zur Erfüllung ihrer Aufgaben erforderlichen Informationen bereitzustellen. [2]Diese unterliegen im Rahmen ihrer Aufgaben der Verschwiegenheitspflicht.

I. Vorbemerkung

1 Die Vorschrift regelt das **Verfahren** zur Erfüllung des Auskunftsanspruchs nach § 10 in Betrieben **tarifgebundener und tarifanwendender Arbeitgeber** (§ 5 Rn. 9 f.) und ist nach der gesamten Konzeption des Gesetzes nur anwendbar, wenn über das Tarifentgelt hinaus **keine weiteren Entgelte** gezahlt werden. Werden neben der tariflichen Vergütung auch übertarifliche Leistungen erbracht, richtet sich das Verfahren, da das Auskunftsverlangen nur einheitlich beantwortet werden kann, nach § 15.

II. Zuständigkeit und sonstige Verfahrensregelungen

1. Zuständigkeit des Betriebsrats

2 Nach Abs. 1 S. 1 ist für die Erteilung der Auskunft nach § 11 **vorrangig der Betriebsrat zuständig.** Besteht ein Betriebsrat, müssen sich die Beschäftigten mit ihrem Auskunftsverlangen nach § 10 an diesen wenden. Der Betriebsrat hat den **Arbeitgeber** nach Abs. 1 S. 3 über eingehende Auskunftsverlangen in anonymisierter Form umfassend zu informieren. Nach Abs. 1 S. 4 kann der Betriebsrat im Einzelfall **verlangen,** dass der **Arbeitgeber die Auskunftserteilung übernimmt** (vgl. BT-Drs. 18/11133, 64). Nach Abs. 2 S. 1, 2 kann aber auch der **Arbeitgeber** generell oder in bestimmten Fällen die Erfüllung des Auskunftsanspruchs längstens für die Dauer der Amtszeit des jeweiligen Betriebsrats **an sich ziehen.** Er ist nach Abs. 2 S. 1 lediglich verpflichtet, dies dem Betriebsrat vor der Übernahme zu erläutern. In diesem Fall hat der Arbeitgeber nach Abs. 2 S. 3 den Betriebsrat umfassend und rechtzeitig über die eingehenden Auskunftsverlangen sowie die erteilte Auskunft zu unterrichten. Außerdem hat er nach Abs. 2 S. 4 die Beschäftigten darüber zu informieren, wer die Auskunft erteilt. Nach dem Zweck der Regelung, Klarheit zu schaffen, besteht diese Verpflichtung auch in den Fällen, in denen der Betriebsrat die Übernahme der Auskunftserteilung durch den Arbeitgeber verlangt hat (vgl. BT-Drs. 18/11133, 64). Entsprechendes gilt nach § 15 Abs. 2 in Betrieben nicht tarifgebundener und nicht tarifanwendender Arbeitgeber (→ § 15 Rn. 2).

3 Diese **generelle Verlagerung** der Erfüllung des Auskunftsanspruchs auf den Betriebsrat ist insoweit **problematisch,** als sich der Auskunftsanspruch an den Arbeitgeber richtet und es grundsätzlich nicht zu den Aufgaben des Betriebsrats gehört, als gewählter Repräsentant der Belegschaft Pflichten des Arbeitgebers gegenüber den Beschäftigten zu erfüllen. Außerdem verfügt der Betriebsrat vielfach selbst nicht über die Informationen, die für eine ordnungsgemäße Erteilung der Auskunft erforderlich sind (Kania, NZA 2017, 819), sondern muss sich diese erst bei dem Arbeitgeber beschaffen (ebenso DAV, Stellungnahme Nr. 22/2017, S. 12 f. sowie mit Kritik an der gesamten Ausgestaltung des Verfahrens DGB, Stellungnahme, A-Drs. 18 (13) 107 j, 7 f.). Dies ist nicht nur umständlich, ineffektiv und fehleranfällig (vgl. auch DAV, Stellungnahme Nr. 22/2017, S. 13), sondern führt auch darüber hinaus noch zu weiteren Problemen, die den Auskunftsanspruch weitgehend entwerten (→ Rn. 9 f.; → § 15 Rn. 8 f.). Um zu gewährleisten, dass der Auskunftsanspruch nach § 10 effektiv durchsetzbar ist und die erteilten Auskünfte die tatsächlichen Verhältnisse im Betrieb widerspiegeln, wäre es sehr viel **sinnvoller** gewesen, die Verantwort-

lichkeit für die Erfüllung des Auskunftsanspruchs bei dem Arbeitgeber zu belassen und dem Betriebsrat ein **Beteiligungsrecht** einzuräumen (vgl. dazu auch djb, Stellungnahme, A-Drs. 18 (13) 107g, 9). In der Literatur wird Arbeitgebern teilweise geraten, zur Vermeidung von Fehlern bei der Auskunftserteilung und der damit möglicherweise verbundenen Kosten, sowie um die Prüfung der Gleichwertigkeit der angegebenen Vergleichstätigkeit selbst in der Hand zu behalten, die Erteilung der Auskunft generell an sich zu ziehen (Kuhn/Schwindling, DB 2017, 788 f.; Gaul, ArbRB 2017, 49, Grimm/Freh, ArbRB 2017, S010).

4 Sofern durch die anonymisierte Information an den Arbeitgeber die **Hemmschwelle** für die Auskunftsverlangen **niedergehalten** (Holler, NZA 2017, 824) oder vermieden werden soll, dass Auskunft verlangende Beschäftigte Nachteile befürchten müssen (so etwa Grimm/Freh, ArbRB 2017, S010), stellt dies **keinen hinreichenden Grund** für die Vermischung der Verantwortung des Arbeitgebers mit den Aufgaben des Betriebsrats dar. Denn die vorstehenden Regelungen können dieses Ziel ohnehin nicht erreichen, weil sie insoweit in sich widersprüchlich sind. Einerseits sollen die Auskunft verlangenden Beschäftigten nach Abs. 1 S. 3 gegenüber dem Arbeitgeber anonym bleiben können. Andererseits soll der Betriebsrat den Arbeitgeber über die eingehenden Auskunftsverlangen umfassend informieren, wodurch die Gefahr einer Identifizierbarkeit besteht. Deshalb soll nach der Gesetzesbegründung unter einer „umfassenden“ Information wohl auch nur die Mitteilung der Beschäftigtengruppe iSv § 5 Abs. 2 und der erfragten Entgeltbestandteile zu verstehen sein (BT-Drs. 18/11133, 64). Ferner soll der Betriebsrat nach Abs. 1 S. 4 von dem Arbeitgeber verlangen können, dass dieser die Auskunft selbst erteilt. Dazu ist der Arbeitgeber aber nur in der Lage, wenn er auch die von der oder dem Auskunft verlangenden Beschäftigten konkret ausgeübte Tätigkeit kennt und weiß, welche Tätigkeiten die oder der Beschäftigte im Auskunftsverlangen als gleich oder gleichwertig benannt hat (→ § 10 Rn. 7). Auch dadurch wird die Gefahr der Identifizierbarkeit weiter erhöht. Schließlich kann der Arbeitgeber die Auskunftserteilung nach Abs. 2 auch an sich ziehen. In diesem Fall müssen die Beschäftigten ihr Auskunftsverlangen von vornherein an den Arbeitgeber richten, was jede Anonymität ausschließt.

5 Im Ergebnis führt die systemwidrige Zuweisung der Erfüllung des Auskunftsanspruchs an den Betriebsrat nur dazu, dass die **Verantwortung des Arbeitgebers** für die Einhaltung des Entgeltgleichheitsgebots **verschleiert** und die Lösung etwaiger mit dem Entgeltgleichheitsgebot verbundener Verteilungskonflikte (dazu Franzen, NZA 2017, 819) innerhalb der Belegschaft dem Betriebsrat bzw. den Beschäftigten selbst überantwortet wird (vgl. djb, Stellungnahme, A-Drs. 18 (13) 107g, 9). Außerdem ist der Auskunftsanspruch gegenüber dem Betriebsrat nicht durchsetzbar (→ Rn. 9 ff.).

2. Betriebe ohne Betriebsrat

6 Besteht kein Betriebsrat, ist das **Auskunftsverlangen** nach Abs. 3 S. 1 **an den Arbeitgeber** zu richten. Dieser ist dann nach Abs. 3 S. 2 verpflichtet, die VertreterInnen der zuständigen Tarifvertragsparteien (→ § 6 Rn. 3) über seine Antwort auf die eingegangenen Auskunftsverlangen zu infor-

mieren. Nach Abs. 3 S. 3 kann er **mit** den **VertreterInnen der zuständigen Tarifvertragsparteien** aber auch eine **Vereinbarung** treffen, dass diese die Beantwortung der Auskunftsverlangen übernehmen. In diesem Fall hat er nach Abs. 3 S. 4 und Abs. 4 S. 1 die VertreterInnen der zuständigen Tarifvertragsparteien umfassend und rechtzeitig über die eingehenden Auskunftsverlangen zu informieren und diesen auf Verlangen die für die Auskunft erforderlichen Informationen zur Verfügung zu stellen. Nach Abs. 4 S. 2 unterliegen die VertreterInnen der zuständigen Tarifvertragsparteien der **Verschwiegenheitspflicht**. Ferner hat der Arbeitgeber nach Abs. 3 S. 5 die **Beschäftigten** über die mit den VertreterInnen der zuständigen Tarifvertragsparteien getroffene Vereinbarung zu **informieren**.

III. Form und Frist der Auskunftserteilung sowie Rechtsfolgen einer unterlassenen Auskunft

7 Anders als nach § 15 Abs. 3 für Betriebe nicht tarifgebundener und nicht tarifanwendender Arbeitgeber (→ § 15 Rn. 4) ist in § 14 für die Beantwortung der Auskunftsverlangen **weder** eine **bestimmte Form noch** eine **bestimmte Frist** vorgesehen. Die Vorschrift enthält im Gegensatz zu § 15 Abs. 5 (→ § 15 Rn. 6 ff.) auch **keine Sanktionsregelung**, wenn der Arbeitgeber seinen Pflichten im Zusammenhang mit der Auskunftserteilung nicht nachkommt. Anhaltspunkte, dass es sich hierbei um ein Versehen handelt und der Gesetzgeber nicht bewusst auf derartige Regelungen verzichtet hat, sind nicht gegeben. Mangels einer planwidrigen Lücke kommt deshalb auch keine analoge Anwendung der in Betrieben nicht tarifgebundener und nicht tarifanwendender Arbeitgeber geltenden Regelungen in Betracht (Langemann/Wilking, BB 2017, 504; Franzen, NZA 2017, 819; aA Holler, NZA 2017, 824 f. und Kocher, AuR 2018, 15 bezüglich der Frist). Allerdings kann einer unterlassenen, nicht vollständigen oder erheblich verspäteten Auskunft unter Umständen eine **indizielle Wirkung** im Rahmen des § 22 AGG zukommen (vgl. ErfK-Schlachter, § 14 Rn. 9 unter Verweis auf EuGH 19.4.2012 – Rs. C-415/10 (Meister) – NZA 2012, 493). Da für die Auskunft keine bestimmte Form vorgesehen ist, kann sie auch mündlich erteilt werden, wobei sich die Textform schon aus Beweisgründen empfiehlt. Im Übrigen sind die eingehenden Auskunftsverlangen grundsätzlich sofort zu beantworten. Liegen die für die Beantwortung erforderlichen Informationen nicht vor, sondern müssen erst noch beschafft werden, ist hierfür nach § 241 Abs. 2 BGB bzw. § 242 BGB eine angemessene Frist einzuräumen. Welche Frist angemessen ist, hängt davon ab, welche Informationen fehlen, wie aufwendig es ist, diese zu beschaffen, und über welche Verwaltungskapazitäten der Arbeitgeber verfügt.

8 Soweit teilweise angenommen wird, dass Beschäftigte entsprechend § 15 Abs. 3 S. 1 (→ § 15 Rn. 4) und der darin enthaltenen gesetzlichen Wertung **mindestens drei Monate** abwarten müssten, bevor sie Auskunftsklage erheben können (Franzen, NZA 2017, 819; ähnlich auch Gaul, ArbRB 2017, 49, weniger weitgehend Langemann/Wilking, BB 2017, 504; Grimm/Freh, ArbRB 2017, 185, die empfehlen, sich lediglich an der 3-Monatsfrist des § 15 Abs. 3 zu orientieren), **überzeugt** das schon deshalb **nicht**, weil in tarifgebundenen oder tarifanwendenden Betrieben die Anforderungen an die

Auskunftserteilung und der damit verbundene Aufwand wesentlich geringer sind als in nicht tarifgebundenen und nicht tarifanwendenden Betrieben (Grimm/Freh, ArbRB 2017, 185). Tarifgebundene oder tarifanwendende Arbeitgeber können, wenn sie über das tarifliche Entgelt hinaus keine weiteren Entgelte zahlen, hinsichtlich der Kriterien und Verfahren der Entgeltfindung einfach auf die einschlägigen Tarifverträge verweisen und müssen darüber hinaus nur mitteilen, wo diese einzusehen sind (→ § 11 Rn. 2). Sie müssen auch nicht prüfen, ob es sich bei der im Auskunftsverlangen angegebenen Vergleichstätigkeit um eine gleiche oder gleichwertige Tätigkeit handelt, und im Zweifel eine andere Vergleichstätigkeit benennen (→ § 15 Rn. 5), da bei der Bestimmung des Vergleichsentgelts nur die Beschäftigten des anderen Geschlechts einzuziehen sind, die in die gleiche Entgeltgruppe eingruppiert sind wie die oder der Auskunft verlangende Beschäftigte (→ § 11 Rn. 3).

IV. Durchsetzung des Auskunftsanspruchs

9 Wenn der **Arbeitgeber** für die Erteilung der Auskunft **zuständig** ist (→ Rn. 2, 6) und die Auskunft nicht, nicht rechtzeitig oder nicht ordnungsgemäß erfüllt, können die Beschäftigten ihren Auskunftsanspruch gegen den Arbeitgeber im Wege einer **Auskunftsklage** durchsetzen. Zuständig sind nach § 2 Abs. 1 Nr. 3 Buchst. a ArbGG die Arbeitsgerichte im Urteilsverfahren. Ist dagegen der **Betriebsrat zuständig** (Rn. 2), ist dies nicht möglich, weil nicht der Arbeitgeber, sondern der Betriebsrat verpflichtet ist, die Auskunft zu erteilen. Der individuelle Auskunftsanspruch nach § 10 besteht zwar ausschließlich gegenüber dem Arbeitgeber (BT-Drs. 18/11133, 58), ist dann aber über den Betriebsrat wahrzunehmen (BT-Drs. 18/11133, 23) und deshalb **nicht gegenüber** dem **Arbeitgeber durchsetzbar** (ebenso Holler, NZA 2017, 825; aA BeckOK/Roloff, § 10 Rn. 3; wohl auch ErfK-Schlachter, § 14 Rn. 3 sowie Kocher, AuR 2018, 17).

10 Es gibt auch keine Möglichkeit, den Auskunftsanspruch gegenüber dem Betriebsrat gerichtlich durchzusetzen (ebenso DAV, Stellungnahme Nr. 22/2017, S. 13). Kommt der **Betriebsrat** seiner Pflicht zur Auskunftserteilung nicht oder nur unzureichend nach, liegt darin zwar eine Verletzung seiner betriebsverfassungsrechtlichen Pflichten nach § 13 Abs. 1 iVm mit § 80 Abs. 1 Nr. 2 a BetrVG (→ § 13 Rn. 2), die nach **§ 23 Abs. 1 BetrVG** unter Umständen sogar die Auflösung des Betriebsrats zur Folge haben kann, bedeutet aber nicht notwendigerweise, dass die einzelnen Beschäftigten den Betriebsrat auf Auskunftserteilung in Anspruch nehmen können. Es ist schon fraglich, ob es tatsächlich einen echten Anspruch gegen den Betriebsrat gibt. Auch soweit die individuellen Mitwirkungs- und Beschwerderechte der Beschäftigten nach den §§ 81 ff. BetrVG ein Tätigwerden des Betriebsrats oder einzelner Mitglieder des Betriebsrats vorsehen, wird nämlich ein gerichtlich durchsetzbarer Anspruch ganz überwiegend abgelehnt (zum jeweiligen Meinungsstand Fitting, BetrVG § 84 Rn. 23, Fitting, BetrVG § 85 Rn. 14; Richardi-Thüsing, BetrVG § 84 Rn. 32, Richardi-Thüsing, BetrVG § 85 Rn. 13; Holler, NZA 2017, 823). Aber auch dann, wenn man davon ausgeht, dass die Beschäftigten gegenüber dem Be-

triebsrat einen **eigenen auf § 80 Abs. 1 Nr. 2 a BetrVG gegründeten betriebsverfassungsrechtlichen Anspruch** haben, der nach § 2 a Abs. 1 Nr. 1 ArbGG im Beschlussverfahren geltend zu machen ist (so Holler NZA 2017, 825 f.), kommt lediglich ein **Feststellungsantrag** in Betracht. Einem Leistungsantrag auf Auskunftserteilung fehlt das Rechtsschutzbedürfnis, weil ein entsprechender **Leistungstitel** von vornherein **nicht vollstreckbar** wäre (vgl. zum fehlenden Rechtsschutzinteresse in derartigen Fällen BAG 21.1.2010 – 6 AZR 785/08 – NZA 2010, 413 Rn. 10). Zwar sind auch im Beschlussverfahren ergangene Beschlüsse nach § 85 Abs. 1 ArbGG grundsätzlich vollstreckbar. Da der Betriebsrat jedoch nur ein partiell vermögensfähiges Gremium ist (Fitting, BetrVG § 1 Rn. 197), kann gegen ihn nach § 888 ZPO kein Zwangsgeld und erst recht keine Zwangshaft festgesetzt werden (ErfK-Koch, ArbGG § 85 Rn. 2; GMP-Spinner, ArbGG § 85 Rn. 17). Ein gegen das Gremium gerichteter Leistungstitel könnte auch nicht gegen die einzelnen Mitglieder des Betriebsrats vollstreckt werden (BAG 28.5.2014 – 7 ABR 36/12 – NZA 2014, 1213 Rn. 22). Bei der Auskunftspflicht handelt es sich um keine materiellrechtliche Pflicht eines einzelnen Betriebsratsmitglieds, so dass eine Vollstreckung gegen einzelne Betriebsratsmitglieder auch unter diesem Gesichtspunkt nicht in Betracht kommt (vgl. zu einer derartigen Konstellation LAG Berlin-Brandenburg 17.1.2018 – 17 TaBV 1299/17). Eine Titelumschreibung ist ebenfalls nicht möglich (ErfK-Koch, ArbGG § 85 Rn. 2; GMP-Spinner, ArbGG § 85 Rn. 18).

11 Anders verhält es sich, wenn kein Betriebsrat besteht und der Arbeitgeber mit **VertreterInnen der zuständigen Tarifvertragsparteien** vereinbart hat, dass diese die Beantwortung der Auskunftsverlangen übernehmen (→ Rn. 6). Zwar sind auch die VertreterInnen der zuständigen Tarifvertragsparteien nicht als Erfüllungsgehilfen des Arbeitgebers anzusehen, sondern übernehmen die Beantwortung der Auskunftsverlangen als **eigene Verpflichtung** (aA Holler NZA 2017, 285 Fn. 24). Dies ergibt sich schon aus den Regelungen in Abs. 3 S. 4 und Abs. 4 S. 1 zu den Informationspflichten des Arbeitgebers gegenüber den VertreterInnen der Tarifvertragsparteien (→ Rn. 6), da es dieser andernfalls nicht bedurft hätte. Allerdings können die Beschäftigten ihren Auskunftsanspruch in diesem Fall unmittelbar **gegenüber den Tarifvertragsparteien** vor den Arbeitsgerichten im Urteilsverfahren durchsetzen (aA Kocher, AuR 2018, 17). Die Zuständigkeit der Arbeitsgerichte ergibt sich aus **§ 2 Abs. 1 Nr. 1 ArbGG**, wonach die Gerichte für Arbeitssachen für Rechtstreitigkeiten zwischen Tarifvertragsparteien und Dritten aus Tarifverträgen ausschließlich zuständig sind. Zwar handelt es sich bei dem Auskunftsverlangen nicht um einen Anspruch aus einem Tarifvertrag. Bei der gebotenen weiten Auslegung der Zuständigkeitstatbestände des Arbeitsgerichtsgesetzes (GMP-Schlewing, ArbGG § 2 Rn. 6) sind unter § 2 Abs. 1 Nr. 1 ArbGG jedoch auch solche Rechtsstreitigkeiten zu fassen, die – wie in Betrieben tarifgebundener und tarifanwendender Arbeitgeber der Auskunftsanspruch nach § 10 – eine **Klage auf diskriminierungsfreie Vergütung aus einem Tarifvertrag vorbereiten** bzw. erst ermöglichen sollen (→ § 10 Rn. 4).

§ 15 Verfahren bei nicht tarifgebundenen und nicht tarifanwendenden Arbeitgebern

(1) Beschäftigte nicht tarifgebundener und nicht tarifanwendender Arbeitgeber wenden sich für ihr Auskunftsverlangen nach § 10 an den Arbeitgeber.

(2) Besteht ein Betriebsrat, gilt § 14 Absatz 1 und 2 entsprechend.

(3) [1]Der Arbeitgeber oder der Betriebsrat ist verpflichtet, die nach § 10 verlangten Auskünfte innerhalb von drei Monaten nach Zugang des Auskunftsverlangens in Textform zu erteilen. [2]Droht Fristversäumnis, hat der Arbeitgeber oder der Betriebsrat die auskunftverlangende Beschäftigte oder den auskunftverlangenden Beschäftigten darüber zu informieren und die Antwort ohne weiteres Verzögern zu erteilen.

(4) [1]Der Arbeitgeber oder der Betriebsrat gibt an, inwiefern die benannte Vergleichstätigkeit überwiegend von Beschäftigten des jeweils anderen Geschlechts ausgeübt wird. [2]Hält der Arbeitgeber oder der Betriebsrat die erfragte Vergleichstätigkeit nach den im Betrieb angewendeten Maßstäben für nicht gleich oder nicht gleichwertig, hat er dies anhand dieser Maßstäbe nachvollziehbar zu begründen. [3]Dabei sind die in § 4 genannten Kriterien zu berücksichtigen. [4]Der Arbeitgeber oder der Betriebsrat hat in diesem Fall seine Auskunft auf eine seines Erachtens nach gleiche oder gleichwertige Tätigkeit zu beziehen. [5]Soweit der Betriebsrat für die Beantwortung des Auskunftsverlangens zuständig ist, hat der Arbeitgeber dem Betriebsrat auf Verlangen die zur Erfüllung seiner Aufgaben erforderlichen Informationen bereitzustellen.

(5) [1]Unterlässt der Arbeitgeber die Erfüllung seiner Auskunftspflicht, trägt er im Streitfall die Beweislast dafür, dass kein Verstoß gegen das Entgeltgleichheitsgebot im Sinne dieses Gesetzes vorliegt. [2]Dies gilt auch, wenn der Betriebsrat aus Gründen, die der Arbeitgeber zu vertreten hat, die Auskunft nicht erteilen konnte.

I. Vorbemerkung

1 Die Vorschrift regelt das **Verfahren** zur Erfüllung des Auskunftsanspruchs nach § 10 in Betrieben **nicht tarifgebundener und nicht tarifanwendender Arbeitgeber** (→ § 5 Rn. 9 f.).

II. Zuständigkeit

2 In Abs. 1, 2 ist geregelt, wer für die Erteilung der Auskunft zuständig ist. Nach Abs. 2 gilt § 14 Abs. 1 und 2 entsprechend. Das bedeutet, dass auch in Betrieben nicht tarifgebundener oder nicht tarifanwendender Arbeitgeber, wenn ein **Betriebsrat** besteht, dieser für die Erteilung der Auskunft **vorrangig** zuständig ist, im Einzelfall von dem Arbeitgeber aber verlangen

kann, dass dieser die Beantwortung des Auskunftsverlanges übernimmt (näher dazu und zur Kritik an dieser Konzeption → § 14 Rn. 2 ff.). An den Arbeitgeber ist das Auskunftsverlangen nur dann zu richten, wenn kein Betriebsrat besteht oder der Arbeitgeber nach § 14 Abs. 2 S. 1 die Erfüllung der Auskunftsverpflichtung an sich gezogen hat (→ § 14 Rn. 2).

3 Damit der Betriebsrat seinen Aufgaben (→ § 13 Rn. 2) insoweit auch nachkommen kann, stellt Abs. 4 S. 5 nochmals klar, dass der Arbeitgeber verpflichtet ist, **dem Betriebsrat** auf Verlangen die dafür **erforderlichen Informationen** bereitzustellen.

III. Zeitliche und förmliche Anforderungen

4 Nach Abs. 3 S. 1 sind die Auskunftsverlangen **innerhalb von drei Monaten** nach ihrem Eingang in **Textform** zu beantworten. Ist die **Einhaltung dieser Frist** trotz ernsthaften Bemühens (BT-Drs. 18/11133, 65) **nicht möglich**, müssen – je nachdem, wer zuständig ist – der Betriebsrat oder der Arbeitgeber die betroffenen Beschäftigten hierüber informieren und die Antwort ohne weiteres Zögern, dh unverzüglich bzw. ohne schuldhaftes Zögern (ebenso Grimm/Freh, ArbRB 2017, S011) oder – einfacher gesagt – so schnell wie irgend möglich erteilen.

IV. Inhaltliche Anforderungen

5 Nach Abs. 4 S. 1 ist bei der Erteilung der Auskunft anzugeben, ob und inwiefern die im Auskunftsverlangen benannte **Vergleichstätigkeit** (→ § 10 Rn. 7) **überwiegend von Beschäftigten des jeweils anderen Geschlechts ausgeübt** wird. Halten der Betriebsrat oder der Arbeitgeber die **benannte Vergleichstätigkeit für nicht gleich oder gleichwertig** (ebd.), sind sie nach Abs. 4 S. 2, 3 verpflichtet, dies anhand der in § 4 Abs. 1, 2 genannten Kriterien (→ § 4 Rn. 2 f. 4 ff.) **nachvollziehbar begründen**. Darüber hinaus müssen sie nach Abs. 4 S. 4 angeben, welche **andere** überwiegend von dem jeweils anderen Geschlecht ausgeübte **Tätigkeit** ihres Erachtens nach gleich oder gleichwertig ist und bezüglich dieser Vergleichstätigkeit **Auskunft** iSv § 11 Abs. 1 (→ § 11 Rn. 2 ff.) erteilen. Das heißt, ein Auskunftsverlangen ist in jedem Fall zu beantworten (vgl. BT-Drs. 18/11133, 66), auch dann, wenn der Arbeitgeber oder der Betriebsrat zu dem Ergebnis kommen, dass es keine solche Vergleichstätigkeit gibt (ähnlich auch Grimm/Freh, ArbRB 2017, S011). Dadurch wird zugleich verhindert, dass der Arbeitgeber oder auch der Betriebsrat den Auskunftsanspruch einfach vereiteln können, indem sie sich auf den Standpunkt stellen, bei der im Auskunftsverlangen angegebenen Vergleichstätigkeit handele es sich nicht um eine gleiche oder gleichwertige Tätigkeit.

V. Rechtsfolgen einer unterlassenen Auskunft

6 Kommt der Arbeitgeber seiner Verpflichtung zur Auskunftserteilung nicht nach, sieht Abs. 5 S. 1 eine **Beweislastverlagerung** zu seinen Lasten vor. Im Streitfall obliegt es dann dem Arbeitgeber zu beweisen, dass kein Verstoß gegen das Entgeltgleichheitsgebot nach § 7 vorliegt. Hintergrund der Regelung ist die Überlegung, dass die Nichterfüllung des Auskunftsverlangens Zweifel an der Rechtstreue des Arbeitgebers aufkommen lässt und dies als

Indiz für einen Verstoß gegen das Entgeltgleichheitsgebot gewertet wird (BT-Drs. 18/11133, 66). Die Beweislastverlagerung führt dazu, dass der Arbeitgeber im Entgelt- und/oder Entschädigungsprozess darlegen und ggf. beweisen muss, dass er der oder dem Beschäftigten **das gleiche Entgelt** wie Beschäftigten des jeweils anderen Geschlechts mit gleicher oder gleichwertiger Tätigkeit zahlt **oder** die **unterschiedliche Bezahlung** aus Gründen, die nichts mit einer Diskriminierung aufgrund des Geschlechts zu tun haben, **sachlich gerechtfertigt** ist (ebenso Thüsing, BB 2017, 568, der die Regelung allerdings für zu weitgehend hält; aA Oberthür, NJW 2017, 2232, die meint, die Beweislast für das Vorliegen eines Nachteils in Form eines geringeren Entgelts verbleibe bei der oder dem Beschäftigten; zur sachlichen Rechtfertigung → § 3 Rn. 10 ff.).

7 Die Vorschrift findet nicht nur dann Anwendung, wenn der Arbeitgeber vollständig untätig bleibt, sondern auch dann, wenn er die Auskunft **nicht fristgemäß** iSv Abs. 3 (→ Rn. 4) erteilt, weil dies einer Nichtauskunft gleichkommt (vgl. dazu auch BMFSFJ, Leitfaden EntgTranspG, S. 57). Darüber hinaus liegt nach der Gesetzesbegründung eine nicht erteilte Auskunft auch dann vor, wenn sich der Arbeitgeber zu einem der im Auskunftsverlangen erfragten Entgeltbestandteile gar nicht äußert (BT-Drs. 18/11133, 66). Daraus ist zu schließen, dass zwar **nicht** schon **jede fehlerhafte oder jede nicht ganz vollständige Auskunft** zu einer Verlagerung der Beweislast führen soll (aA Gaul, ArbRB 2017, 49), sondern allenfalls ein zusätzliches Indiz im Rahmen der Beweislastverteilung nach § 22 AGG ist. Zu einer Beweislastverlagerung kommt es jedoch immer dann, wenn der Arbeitgeber in seiner Antwort entweder zum **durchschnittlichen monatlichen Bruttoentgelt** der Vergleichsgruppe oder zu den im Auskunftsverlangen erfragten **Entgeltbestandteilen** oder auch nur zu einem der erfragten Entgeltbestandteile (→ § 10 Rn. 6) **überhaupt keine Angaben** macht (ebenso ErfK-Schlachter, § 15 Rn. 10; aA wohl Grimm/Freh, ArbRB 2017, S011; dies., ArbRB 2017, 185; Langemann/Wilking, BB 2017, 504). Das Gleiche muss gelten, wenn sich der Arbeitgeber in seiner Antwort zwar zum **Vergleichsentgelt** (Median) bezogen auf die drei Elemente (→ § 11 Rn. 3) äußert, aber keinerlei Angaben zu den **Kriterien und Verfahren der Entgeltfindung** (→ § 11 Rn. 2) macht oder umgekehrt sich nur zu den Kriterien und Verfahren äußert. Diese Abgrenzung macht auch Sinn, weil sie ohne Schwierigkeiten durchführbar ist. Schließlich liegt eine Nichtauskunft auch dann vor, wenn der Arbeitgeber **bewusst** eine **Falschauskunft** erteilt (ähnlich auch BeckOK/Roloff, § 10 Rn. 43). Dies wird sich aber nur sehr selten nachweisen lassen, weil dafür entsprechende Informationen erforderlich sind.

8 **Beantwortet** der **Betriebsrat** ein Auskunftsverlangen **nicht**, nicht fristgemäß oder unvollständig im zuletzt genannten Sinne (→ Rn. 7), wirkt sich dies nach Abs. 5 S. 2 nur **zulasten des Arbeitgebers** aus, **wenn** der Betriebsrat die Auskunft aus Gründen, die der Arbeitgeber **zu vertreten** hat, nicht, nicht fristgerecht oder nicht unvollständig erteilen konnte. Das ist dann der Fall, wenn der Arbeitgeber dem Betriebsrat die Informationen, die dieser für die Beantwortung des Auskunftsverlangen benötigt, nicht oder nicht rechtzeitig gegeben hat (BT-Drs. 18/11133, 66). Verletzt allein der Be-

triebsrat seine Pflichten (→ § 14 Rn. 10), hat dies keine Auswirkungen auf die Darlegungs- und Beweislast.

VI. Durchsetzung des Auskunftsanspruchs

9 Für die Durchsetzung des Auskunftsanspruchs in nicht tarifgebundenen oder nicht tarifanwendenden Betrieben gelten die **gleichen Grundsätze wie in tarifgebundenen oder tarifanwendenden Betrieben**, so dass auf die Kommentierung dort (→ § 14 Rn. 9 f.) verwiesen werden kann.

§ 16 Öffentlicher Dienst

[1]Der Anspruch nach § 10 besteht auch für Beschäftigte des öffentlichen Dienstes nach § 5 Absatz 2 Nummer 1 bis 5 in Dienststellen mit in der Regel mehr als 200 Beschäftigten. [2]Die §§ 11 bis 14 sind sinngemäß anzuwenden.

1 **S. 1** der Vorschrift knüpft an die Definition des Beschäftigtenbegriffs in § 5 Abs. 2 an und **stellt** nochmals **klar**, dass auch im öffentlichen Dienst Beschäftigte Auskunft nach § 10 verlangen können, wobei hinsichtlich der nach § 12 Abs. 1 erforderlichen Mindestbeschäftigtenzahl auf die **Dienststelle** abzustellen ist.

2 Nach **S. 2** sind die §§ 11–14 auf den Auskunftsanspruch der Beschäftigten des öffentlichen Dienstes **sinngemäß anzuwenden**. Nach dem Wortlaut der Regelung bedeutet das, dass einerseits die in den §§ 11–14 geregelten **Aufgaben, Rechte und Pflichten des Betriebsrats** den **Beschäftigtenvertretungen des öffentlichen Dienstes** obliegen, und anderseits der öffentliche Arbeitgeber verpflichtet ist, seine nach den §§ 11–14 gegenüber dem Betriebsrat bestehenden Pflichten gegenüber diesen Gremien zu erfüllen. Soweit sich die §§ 11–14 wie beispielsweise § 13 Abs. 1 S. 1 auf bereits **bestehende Aufgaben, Rechte und Pflichten** nach dem Betriebsverfassungsgesetz (§ 80 Abs. 1 Nr. 2 a BetrVG), dem Bundespersonalvertretungsgesetz (§ 68 Abs. 1 Nr. 5 a BPersVG) bzw. den Landespersonalvertretungsgesetzen, dem für die BundesrichterInnen (§ 5 Abs. 2 Nr. 3) geltenden Deutschen Richtergesetz (§ 52 DRiG) und dem Soldatinnen- und Soldatenbeteiligungsgesetz (§ 19 Abs. 3 Nr. 5 SBG) beziehen, ist dies unproblematisch, weil die Vorschrift insoweit nur deklaratorische Bedeutung hat. Soweit durch die §§ 11–14 **neue Aufgaben, Rechte und Pflichten** begründet werden, steht dem im Hinblick auf den öffentlichen Dienst des Bundes ebenfalls nichts entgegen, da der Bund insoweit nach Art. 73 Abs. 1 Nr. 8, Art. 98 Abs. 1 GG bzw. Art. 73 Abs. 1 Nr. 1 GG die ausschließliche Gesetzgebungskompetenz besitzt (BVerfG 3.10.1957 – 2 BvL 7/56 – NVwZ 1988, 329; Maunz/Dürig-Uhle, GG Art. 73 Rn. 186, 188 zu Art. 98 Abs. 1 GG und Art. 73 Abs. 1 Nr. 1 GG). Für eine Erweiterung der Aufgaben, Rechte und Pflichten der **Personalvertretungen außerhalb des öffentlichen Dienstes des Bundes** hat der Bund hingegen **keine Gesetzgebungskompetenz** (vgl. Richardi/Dörner/Weber-Richardi, Einl. Rn. 17). Es handelt sich weder um eine Angelegenheit des Arbeitsrechts, noch um eine Statusangelegenheit der Beamten iSd der konkurrierenden Gesetzgebung nach Art. 74 Abs. 1 Nr. 12 bzw. Nr. 27 GG. Die

Gesetzgebungskompetenz liegt nach Art. 70 Abs. 1 GG vielmehr bei den Ländern. Entgegen den Ausführungen in der Gesetzesbegründung (BT-Drs. 18/11133, 25) scheidet auch eine Kompetenz des Bundes als Annex oder kraft Sachzusammenhangs aus, weil nicht ersichtlich ist, dass für eine sinnvolle Umsetzung des Auskunftsanspruchs nach § 10 eine Erweiterung der Aufgaben, Rechte und Pflichten der Personalräte der Länder und Kommunen erforderlich ist (zu den Voraussetzungen der Annexkompetenz oder der Gesetzgebungskompetenz kraft Sachzusammenhangs BeckOK-GG-Seiler, GG Art. 70 Rn. 23 sowie ausführlich Maunz-Dürig-Uhle, GG Art. 70 Rn. 67 ff., 71 ff.). Es wäre im Gegenteil sehr viel sinnvoller und effektiver, wenn sich die Beschäftigten mit ihren Auskunftsverlangen direkt an den öffentlichen Arbeitgeber wenden könnten und sich nicht auf den Personalrat verweisen lassen müssten (→ § 14 Rn. 3 ff.). S. 2 ist deshalb **verfassungskonform** einschränkend dahin **auszulegen**, dass die §§ 11–14, soweit sie sich auf Aufgaben, Rechte und Pflichten des Betriebsrats sowie Rechte und Pflichten gegenüber dem Betriebsrat beziehen, im öffentlichen Dienst der Länder und Kommunen sinngemäß nur insoweit anzuwenden sind, als die Landespersonalvertretungsgesetze entsprechende Aufgaben, Rechte und Pflichten vorsehen.

3 Soweit die **Rechte und Pflichten der Beschäftigtenvertretungen** des öffentlichen Dienstes nach den bestehenden beschäftigungsvertretungsrechtlichen Vorschriften über die in den §§ 11–14 vorgesehenen Rechte und Pflichten **hinausgehen**, bleibt es dabei. Denn zum einen sind die §§ 11–14 lediglich ihrem Sinn nach entsprechend anzuwenden. Zum anderen erklärt S. 2 auch § 13 Abs. 6 für sinngemäß anwendbar, wonach das Entgelttransparenzgesetz die gesetzlichen und sonstigen kollektivrechtlich geregelten Beteiligungsrechte des Betriebsrats unberührt lässt. So sind zB nach § 68 Abs. 3 S. 2 BPersVG dem Personalrat die aufgeschlüsselten und aufbereiteten Bruttoentgeltlisten (§ 13 Abs. 3) nicht nur zur Einsicht vorzulegen, sondern, soweit dies für die Auswertung nach § 13 Abs. 2 erforderlich ist, darüber hinaus auch zeitweise zur Verfügung zu stellen (vgl. BVerwG 23.1.2002 – 6 P 5/01 – AP § 68 BPersVG Nr. 7).

4 Hinsichtlich der **Kirchen** und **öffentlich-rechtlichen Religionsgemeinschaften** stellt sich das Problem der Gesetzgebungskompetenz nicht, da diese, auch wenn sie öffentlich-rechtlich organisiert sind, funktional nicht zum öffentlichen Dienst gehören (BVerfG 25.11.1980 – 2 BvL 7/76 ua – NJW 1981, 971) und daher auch nicht unter § 16 fallen.

Abschnitt 3 Betriebliche Verfahren zur Überprüfung und Herstellung von Entgeltgleichheit

§ 17 Betriebliche Prüfverfahren

(1) [1]Private Arbeitgeber mit in der Regel mehr als 500 Beschäftigten sind aufgefordert, mithilfe betrieblicher Prüfverfahren ihre Entgeltregelungen und die verschiedenen gezahlten Entgeltbestandteile sowie deren Anwendung regelmäßig auf die Einhaltung des Entgeltgleichheitsgebots im Sinne dieses Gesetzes zu überprüfen. [2]Nimmt in einem Konzern das herrschende

Unternehmen auf die Entgeltbedingungen mindestens eines Konzernunternehmens entscheidenden Einfluss, kann das herrschende Unternehmen das betriebliche Prüfverfahren nach Satz 1 für alle Konzernunternehmen durchführen.

(2) Wird ein betriebliches Prüfverfahren durchgeführt, hat dies in eigener Verantwortung der Arbeitgeber mithilfe der Verfahren nach § 18 und unter Beteiligung der betrieblichen Interessenvertretungen zu erfolgen.

I. Vorbemerkungen

1. Regelungsgehalt

1 Die Vorschrift sieht als **weiteres Kernstück des Gesetzes** ein **betriebliches Prüfverfahren** zur Überprüfung der Einhaltung des Entgeltgleichheitsgebots vor. Private Unternehmen mit mehr als 500 Beschäftigten werden aufgefordert, ein solches Verfahren durchzuführen und regelmäßig zu wiederholen. Dabei wird in der Gesetzesbegründung klargestellt, dass das Verfahren nicht verpflichtend, sondern **freiwillig** ist. (BT-Drs. 18/11133, 67). Für die Wiederholungen wird ein Zeitraum von nicht mehr als fünf Jahren empfohlen (BT-Drs. 18/11133, 68). Entscheidet sich ein Arbeitgeber, ein betriebliches Prüfverfahren durchzuführen, hat er die Vorgaben des **§ 18** zu **beachten** und die **betrieblichen Interessenvertretungen** zu **beteiligen** (→ Rn. 9; → § 18 Rn. 5). Nach § 18 Abs. 4 sind die Ergebnisse des Prüfverfahrens in einem **Ergebnisbericht** zusammenzufassen. Ob dieser Ergebnisbericht im **Betrieb veröffentlicht** wird, bleibt dem **Arbeitgeber überlassen** (→ § 18 Rn. 6). Ergeben sich aus dem betrieblichen Prüfverfahren Benachteiligungen wegen des Geschlechts, ist der Arbeitgeber nach § 19 verpflichtet, **geeignete Maßnahmen** zu deren **Beseitigung** zu ergreifen (→ § 19 Rn. 1). Ferner sind nach § 20 Abs. 2 S. 1 die Beschäftigten über die Ergebnisse des betrieblichen Prüfverfahrens zu informieren (→ § 20 Rn. 3).

2. Problem der Freiwilligkeit

2 Aufgrund der Freiwilligkeit des betrieblichen Prüfverfahrens ist wegen des damit verbundenen Aufwands und des sich möglicherweise daraus ergebenden Anpassungsbedarfs mit den entsprechenden ökonomischen Auswirkungen mit einer **nennenswerten Resonanz** bei den Unternehmen **nicht zu rechnen** (djb, Stellungnahme, A-Drs.-18(13)107g, 10; Langemann/Wilking, BB 2017, 505). Teilweise wird das Verfahren sogar als „Totgeburt“ bezeichnet (Thüsing, BB 2017, 568). Zwar empfehlen einzelne Autoren die erstmalige Durchführung des betrieblichen Prüfverfahrens, um Imageschäden vorzubeugen, bisherige Ungleichbehandlungen aufzudecken und der Geltendmachung von Auskunftsansprüchen der Beschäftigten zuvorzukommen (Kuhn/Schwindling, DB 2017,789; ähnlich auch Fuhlrott/Ritz, ArbR 2017, 213). Andere dagegen warnen unter Hinweis auf mögli-

che Nachforderungen, die Gefahr einer Klagewelle und damit verbundene Haftungsrisiken für im Unternehmen verantwortlich handelnde Personen regelrecht vor der Durchführung eines solchen Verfahrens (Bauer/Günther/Romero, NZA 2017, 812 f.; Grimm/Freh, ArbRB 2017, S012; Thüsing, BB 2017, 568) oder raten zu Umgehungsstrategien (Bauer/Günther/Romero, NZA 2017, 812 f.). Auch wenn die Befriedigung von Nachforderungen zur Herstellung der Entgeltgleichheit kein Schaden im Rechtssinne ist (vgl. BGH 25.10.2012 – IX ZR 207/11 – NJW 2013, 540 Rn. 28; aA wohl Thüsing BB 2017, 568), erscheint es wenig sinnvoll, wenn nicht sogar kontraproduktiv, einerseits die Durchführung des betrieblichen Prüfverfahrens nicht verpflichtend vorzuschreiben, andererseits aber den Unternehmen aufzuerlegen, die Ergebnisse des Prüfverfahrens gegenüber den Beschäftigten offenzulegen. Wenn man ernsthaft daran interessiert ist, strukturelle Benachteiligungen wegen des Geschlechts bei der Bezahlung abzubauen, bedarf es eines gesetzlich verpflichtenden Prüfverfahrens (siehe dazu auch die Empfehlungen der SV-Kommission zum 2. Gleichstellungsbericht der BReg, Gutachten, S. 67).

II. Inhalt der Vorschrift

1. Geltungsbereich

3 Die Vorschrift gilt nach Abs. 1 S. 1 nur für **private Unternehmen** mit **in der Regel mehr als 500 Beschäftigten**. Dadurch soll sichergestellt werden, dass nur Unternehmen erfasst werden, die aufgrund ihrer technischen und personellen Organisation in der Lage sind, die erforderlichen Daten und Angaben mit vertretbarem Aufwand zu erfassen (BT-Drs. 18/11133, 68). Demgegenüber sehen die Empfehlungen der Europäischen Kommission vom 7.3.2014 zur Stärkung des Grundsatzes des gleichen Entgelts für Frauen und Männer durch Transparenz (2014/124/EU) die Durchführung von Entgeltaudits bereits ab einer Unternehmensgröße von 250 Beschäftigten vor (Abschnitt II Nr. 5 der Empfehlungen, ABl. EU Nr. L 69, 115). Soweit es in der Gesetzesbegründung heißt, dass es in Konzernen, in denen das herrschende Unternehmen auf die Entgeltbedingungen mindestens eines Konzernunternehmens entscheidenden Einfluss nimmt, nicht auf die **Größe der einzelnen Konzernunternehmen** sondern auf die Größe des Konzerns ankommt (BT-Drs. 18/11133, 68), mag dies zwar wünschenswert sein, hat aber im Gesetz selbst keinen Niederschlag gefunden. Das bedeutet aber nicht, dass Unternehmen mit in der Regel weniger als 500 Beschäftigten gehindert wären, ein betriebliches Prüfverfahren durchzuführen.

4 Nicht nachvollziehbar ist, weshalb der gesamte **öffentlichen Dienst** aus dem Geltungsbereich **ausgenommen** worden ist (ebenso DGB, Stellungnahme, A-Drs. 18 (13) 107 j, 18; ErfK-Schlachter, § 17 Rn. 2). Zwar haben öffentliche Arbeitgeber auf das Entgeltgefüge von BeamtInnen, RichterInnen und SoldatInnen keinen unmittelbaren Einfluss, weil die Festlegung der Besoldung dem Gesetzgeber vorbehalten ist. Hinsichtlich der Tarifbeschäftigten unterscheiden sie sich jedoch nicht von privaten tarifgebundenen Arbeitgebern.

2. Gegenstand und Zweck des betrieblichen Prüfverfahrens

5 Gegenstand des betrieblichen Prüfverfahrens sind nach Abs. 1 S. 1 die im Unternehmen angewandten **Entgeltregelungen**, dh die Kriterien und Verfahren nach denen sich die betriebliche Entgeltfindung richtet (→ § 11 Rn. 2), sowie **deren Anwendung** bezogen sowohl auf das **Gesamtentgelt** als auch auf die **einzelnen Entgeltbestandteile** (BT-Drs. 18/11133, 67). Ziel des betrieblichen Prüfverfahrens ist es, die Entgeltregelungen und deren Umsetzung in der betrieblichen Praxis auf **strukturelle Benachteiligungspotentiale** und **diskriminierende Entgeltunterschiede** wegen des Geschlechts zu überprüfen (vgl. BMSFFJ, Leitfaden EntgTranspG, S. 58).

3. Zuständigkeit und weitere Verfahrensanforderungen

6 Nach Abs. 2 ist für die Durchführung des betrieblichen Prüfverfahrens der **Arbeitgeber verantwortlich**, es sei denn, das Unternehmen gehört einem **Konzern** an und das herrschende Unternehmen nimmt auf die Entgeltbedingungen mindestens eines Konzernunternehmens entscheidenden Einfluss. In diesem Fall kann nach Abs. 1 S. 2 das **herrschende Unternehmen** das betriebliche Prüfverfahren **für alle Konzernunternehmen** durchführen. Darauf, ob das herrschende Unternehmen auf die Entgeltbedingungen der übrigen Konzernunternehmen Einfluss nimmt, kommt es nach dem eindeutigen Wortlaut des Gesetzes nicht an.

7 Grundsätzlich ist für ein Unternehmen ein **einheitliches betriebliches Prüfverfahren** durchzuführen und bei mehreren Unternehmen **für jedes Unternehmen einzeln.** Abweichend davon kann, wenn sich das Unternehmen über mehrere Regionen iSv § 12 Abs. 2 Nr. 2 erstreckt, nach § 18 Abs. 3 S. 3 für **jede Region** ein eigenes betriebliches Prüfverfahren durchgeführt werden (BT-Drs. 18/11133, 70; Bauer/Günther/Romero, NZA 2017, 812). Gleiches gilt, wenn es in einem Unternehmen mehrere nach § 12 Abs. 2 Nr. 3 nicht miteinander zu vergleichende Beschäftigtengruppen gibt. In diesem Fall kann das Prüfverfahren auch **getrennt nach Beschäftigtengruppen** durchgeführt werden (BT-Drs. 18/11133, 70). Umgekehrt kann in einem Konzern das herrschende Unternehmen, wenn es auf die Entgeltbedingungen **mehrerer Konzernunternehmen** Einfluss ausübt, die betrieblichen Prüfverfahren für diese Unternehmen **gleichzeitig** durchführen, wobei jedoch gewährleistet sein muss, dass jedes einzelne Unternehmen eigens geprüft und den jeweiligen Besonderheiten der Beschäftigtenstrukturen Rechnung getragen wird (BT-Drs. 18/11133, 68).

8 Da das betriebliche Prüfverfahren aber insgesamt freiwillig ist, kann der Arbeitgeber auch frei darüber entscheiden, **welche Betriebe, Betriebsteile** oder auch **Tätigkeiten** in das betriebliche Prüfverfahren einbezogen werden sollen (BT-Drs. 18/11133, 68) und ob für **jeden Betrieb** ein **gesondertes Prüfverfahren** oder ein **unternehmensweit einheitliches Prüfverfahren** durchgeführt werden soll (Kania, NZA 2017, 819).

9 Nach Abs. 2 ist das betriebliche Prüfverfahren mithilfe der in § **18 näher bestimmten Verfahren** durchzuführen. Außerdem sind bei der Durchführung des Prüfverfahrens die **betrieblichen Interessenvertretungen** zu beteiligen (→ § 18 Rn. 5). Dadurch soll verhindert werden, dass das Verfahren gänzlich der Beliebigkeit der Unternehmen überlassen bleibt und Gefahr

läuft, seinen Zweck zu verfehlen (vgl. BT-Drs. 18/11133, 68). Welche Interessenvertretung zuständig ist, der örtliche Betriebsrat, der Gesamtbetriebsrat oder der Konzernbetriebsrat, hängt davon ab, ob das betriebliche Prüfverfahren für jeden Betrieb gesondert, unternehmenseinheitlich bzw. für mehrere Betriebe gemeinsam oder im Konzern vom herrschenden Unternehmen für mehrere Unternehmen gleichzeitig durchgeführt wird (Kania, NZA 2017, 819).

§ 18 Durchführung betrieblicher Prüfverfahren

(1) In das betriebliche Prüfverfahren sind die Tätigkeiten einzubeziehen, die demselben Entgeltsystem unterliegen, unabhängig davon, welche individualrechtlichen, tarifvertraglichen und betrieblichen Rechtsgrundlagen zusammenwirken.

(2) [1]Betriebliche Prüfverfahren haben aus Bestandsaufnahme, Analyse und Ergebnisbericht zu bestehen. [2]Der Arbeitgeber ist unter Berücksichtigung betrieblicher Mitwirkungsrechte frei in der Wahl von Analysemethoden und Arbeitsbewertungsverfahren. [3]Es sind valide statistische Methoden zu verwenden. [4]Die Daten sind nach Geschlecht aufzuschlüsseln. [5]Dabei ist der Schutz personenbezogener Daten zu wahren.

(3) [1]Bestandsaufnahme und Analyse haben die aktuellen Entgeltregelungen, Entgeltbestandteile und Arbeitsbewertungsverfahren zu erfassen und diese und deren Anwendung im Hinblick auf die Einhaltung des Entgeltgleichheitsgebots im Sinne dieses Gesetzes auszuwerten. [2]Dabei ist § 4 zu beachten. [3]§ 12 Absatz 1 und 2 ist sinngemäß anzuwenden. [4]Bei gesetzlichen, bei tarifvertraglichen Entgeltregelungen und bei Entgeltregelungen, die auf einer bindenden Festsetzung nach § 19 Absatz 3 des Heimarbeitsgesetzes beruhen, besteht keine Verpflichtung zur Überprüfung der Gleichwertigkeit von Tätigkeiten. [5]Auf kollektiv-rechtliche Entgeltregelungen der Kirchen oder der öffentlich-rechtlichen Religionsgesellschaften ist Satz 4 entsprechend anzuwenden.

(4) Die Ergebnisse von Bestandsaufnahme und Analyse werden zusammengefasst und können betriebsintern veröffentlicht werden.

I. Vorbemerkung

1 Die Vorschrift regelt die **Reichweite** sowie den **Umfang** des betrieblichen Prüfverfahrens und enthält weitere **Vorgaben** für dessen **Durchführung**.

II. Reichweite und Umfang des betrieblichen Prüfverfahrens

2 Nach Abs. 1 sind in das Prüfverfahren alle **Tätigkeiten** einzubeziehen, die **demselben Entgeltsystem** unterliegen, unabhängig davon, auf welchen

Rechtsgrundlagen das Entgeltsystem beruht. Dadurch soll sichergestellt werden, dass die gesamte betriebliche Entgeltpraxis mit allen Facetten erfasst wird und nicht nur bestimmte Teile davon (BT-Drs. 18/11133, 69.)

III. Inhaltliche Vorgaben

3 Abs. 2 S. 1 bestimmt, dass das betriebliche Prüfverfahren aus **drei** aufeinander aufbauenden **Phasen** bestehen muss: **Bestandsaufnahme, Analyse** und **Ergebnisbericht** (zu Letzterem → Rn. 6). Im Übrigen kann der Arbeitgeber nach Abs. 2 S. 2 die **Analysemethoden** und **Arbeitsbewertungsverfahren frei wählen.** In Abs. 2 S. 3 wird lediglich vorgegeben, dass es sich um **valide statistische Methoden** handeln muss, wobei unklar bleibt, was darunter konkret zu verstehen sein soll. Die Gesetzesbegründung hilft auch nur insoweit weiter, als darin als geeignete Prüfinstrumente beispielhaft das **„eg-check"-Verfahren**" (dazu näher Jochmann-Döll, RdA 2017, 169 ff.; Tondorf, FS f. Pfarr, S. 340 ff.) und der **ILO-Leitfaden „Gendergerechtigkeit stärken – Entgeltgleichheit sicherstellen"** (abrufbar unter www.ilo.org/berlin/publikationen-und-forschung/WCMS_526195/lang--de/index.htm) genannt werden (BT-Drs. 18/11133, 69; näher zu geeigneten Prüfverfahren → § 4 Rn. 13). Ferner heißt es in Abs. 2 S. 4, 5, dass die Daten im Rahmen der Bestandsaufnahme nach Geschlecht aufzuschlüsseln sind und der Schutz personenbezogener Daten zu wahren ist. Das betriebliche Prüfverfahren verliert dadurch, dass klare Vorgaben für die anzuwendenden Prüfinstrumente fehlen, für die Durchsetzung des Entgeltgleichheitsgebots weiter an Bedeutung (vgl. DGB, Stellungnahme, A-Drs. 18 (13) 107 j, 19; zur Freiwilligkeit des Prüfverfahrens → § 17 Rn. 2).

4 Abs. 3 S. 1 stellt klar, dass bei der Bestandsaufnahme und deren Analyse jeweils auf die **aktuellen Entgeltregelungen, Entgeltbestandteile** und **Arbeitsbewertungsverfahren** abzustellen ist. Abs. 3 S. 2, 3 bestimmt, dass für das Prüfverfahren inhaltlich, räumlich und personell die **gleichen Vergleichsmaßstäbe wie** für den **Auskunftsanspruch** gelten (→ § 10 Rn. 7; → § 12 Rn. 8) und die in § 4 Abs. 4 vorgesehenen **Anforderungen** an ein **diskriminierungsfreies Entgeltsystem** zu beachten sind. Schließlich ist in Abs. 3 S. 4 geregelt, dass bei **gesetzlichen** und **tarifvertraglichen Entgeltregelungen** sowie **Entgeltregelungen**, die auf einer bindenden Festsetzung **nach § 19 Abs. 3 des Heimarbeitsgesetzes** beruhen, keine Verpflichtung zur Überprüfung der Gleichwertigkeit von Tätigkeiten iSv § 4 Abs. 2 (→ § 4 Rn. 4) besteht (dazu → § 4 Rn. 8, → § 11 Rn. 3). Nach Abs. 3 S. 5 gilt dies auch für die auf dem sog Dritten Weg zustande gekommenen Entgeltregelungen der **Kirchen** und **öffentlich-rechtlichen Religionsgemeinschaften**.

IV. Beteiligungsrechte des Betriebsrats, Gesamtbetriebsrats oder Konzernbetriebsrats

5 Nach § 17 Abs. 2 sind die betrieblichen Interessenvertretungen an der **Durchführung des betrieblichen Prüfverfahrens** zu beteiligen. Weiter sind nach Abs. 2 S. 2 bei der **Wahl der Analysemethoden und Arbeitsbewertungsverfahren** die Beteiligungsrechte der betrieblichen Interessenvertretungen zu berücksichtigen. Dazu, wie die Beteiligung konkret ausgestaltet sein soll, verhalten sich beide Vorschriften nicht. Allerdings wird in der Geset-

zesbegründung zu Abs. 2 S. 2 ausdrücklich klargestellt, dass **keine neuen Beteiligungsrechte** geschaffen werden sollen (BT-Drs. 18/11133, 69). Das bedeutet, dass die betrieblichen Interessenvertretungen nur insoweit zu beteiligen sind, als sich Beteiligungsrechte aus anderen Vorschriften ergeben. Wird ein IT-gestütztes Prüfverfahren eingesetzt und ist dieses objektiv nicht nur geeignet, die Einhaltung des Entgeltgleichheitsgebots nach § 7 zu überprüfen, sondern auch das Verhalten oder die Leistung der Beschäftigten zu überwachen, besteht ein Mitbestimmungsrecht nach § 87 **Abs. 1 Nr. 6 BetrVG** (Kania, NZA 2017, 821). Im Übrigen beschränken sich die Beteiligungsrechte der betrieblichen Interessenvertretungen auf die in § 20 Abs. 1 BetrVG und § 80 Abs. 2 S. 1, 2 iVm Abs. 1 Nr. 2 a BetrVG vorgesehenen **Unterrichtungsrechte einschließlich der Vorlage von Unterlagen** (Oberthür, NJW 2017, 2233; vgl. auch Gaul, ArbRB 2017, 50; Kuhn/Schwindling, DB 2017, 789; → § 20 Rn. 1 f.). Die betriebliche Interessenvertretung hat damit weder die Möglichkeit, die Durchführung eines betrieblichen Prüfverfahrens von sich aus zu erzwingen, noch kann sie dessen Ausgestaltung entscheidend beeinflussen (kritisch dazu DGB, Stellungnahme, A-Drs. 18 (13) 107 j, 18 ff.; vgl. auch SV-Kommission zum 2. Gleichstellungsbericht der BReg, Gutachten, S. 68).

V. Ergebnisbericht und Bekanntgabe

6 Nach Abs. 4 sind die Bestandsaufnahme und die Analyse sowie deren **Ergebnisse** in einem **Bericht** zusammenzufassen. Der Bericht kann **betriebsintern veröffentlicht** werden, muss es aber nicht.

§ 19 Beseitigung von Entgeltbenachteiligungen

Ergeben sich aus einem betrieblichen Prüfverfahren Benachteiligungen wegen des Geschlechts in Bezug auf das Entgelt, ergreift der Arbeitgeber die geeigneten Maßnahmen zur Beseitigung der Benachteiligung.

1 Die Vorschrift nimmt den **Arbeitgeber** in die **Verantwortung** und stellt klar, dass, wenn sich aus dem betrieblichen Prüfverfahren geschlechtsdiskriminierende Benachteiligungen ergeben, der Arbeitgeber verpflichtet ist, unverzüglich (BT-Drs. 11133, 71) **geeignete Maßnahmen** zu deren **Beseitigung** zu ergreifen. Allerdings fehlen geeignete Instrumente oder Mechanismen, diese Verpflichtung auch praktisch durchzusetzen (zu solchen Instrumenten im Entwurf der SPD-Fraktion für ein Gesetz zur Durchsetzung des Entgeltgleichheitsgebotes für Frauen und Männer von Mai 2012, BT-Drs. 17/9781, Pfarr, djbZ 2012, 99 ff.). Bis die Anpassung der benachteiligenden Regelungen erfolgt ist, gilt die Verpflichtung zur „Anpassung nach oben“ (ErfK-Schlachter, § 19 Rn. 1).

§ 20 Mitwirkung und Information

(1) Der Arbeitgeber hat den Betriebsrat über die Planung des betrieblichen Prüfverfahrens rechtzeitig unter Vorlage der erforderlichen Unterlagen zu unterrichten.

(2) [1]Die Beschäftigten sind über die Ergebnisse des betrieblichen Prüfverfahrens zu informieren. [2]§ 43 Absatz 2 und § 53 Absatz 2 des Betriebsverfassungsgesetzes sind zu beachten.

I. Informationspflichten gegenüber dem Betriebsrat

1 Abs. 1 normiert in Ergänzung des § 80 Abs. 2 BetrVG ein **Informationsrecht** des **Betriebsrats** bezüglich des betrieblichen Prüfverfahrens. Beabsichtigt der Arbeitgeber, ein betriebliches Prüfverfahren durchzuführen, ist er verpflichtet, den Betriebsrat rechtzeitig über seine **Planungen einschließlich der vorgesehenen Methoden und Verfahren** zu unterrichten und ihm die erforderlichen Unterlagen vorzulegen. Entsprechendes gilt im Fall eines betriebsübergreifenden oder unternehmensweiten Prüfverfahrens für den **Gesamtbetriebsrat** und im Fall eines mehrere Unternehmen gleichzeitig erfassenden Prüfverfahrens für den **Konzernbetriebsrat** (→ § 17 Rn. 6 f.).

2 Außerdem ist der Betriebsrat über die **Ergebnisse des betrieblichen Prüfverfahrens** zu unterrichten. Ferner ist ihm auf Verlagen der **Ergebnisbericht** vorzulegen. Dies gilt unabhängig davon, dass Abs. 1 hierzu keine Regelung enthält. Das Informationsrecht ergibt sich schon aus § 80 Abs. 2 iVm Abs. 1 Nr. 2 a BetrVG.

II. Informationspflichten gegenüber den Beschäftigten

3 Nach Abs. 2 S. 1 sind die Beschäftigten über die **Ergebnisse des betrieblichen Prüfverfahrens** zu informieren. Die Information obliegt dem Arbeitgeber, auch wenn die Vorschrift ihn nicht ausdrücklich als Verpflichteten benennt (BT-Drs. 18/11133, 71). Dies folgt daraus, dass die Verantwortung für das betriebliche Prüfverfahren nach § 17 Abs. 2 bei dem Arbeitgeber liegt. Soweit in der Gesetzesbegründung darüber hinaus von einer Information durch die betriebliche Interessenvertretung die Rede ist, kann es sich nur um eine ergänzende Informationspflicht handeln.

4 Abs. 2 S. 2 stellt klar, dass sich der **Bericht** über den **Stand der Gleichstellung von Frauen und Männern im Betrieb**, den der Arbeitgeber nach § 43 Abs. 2 BetrVG einmal jährlich auf einer **Betriebsversammlung** und nach § 53 Abs. 2 Nr. 2 BetrVG einmal jährlich auf einer **Betriebsräteversammlung** zu erstatten hat, auch auf die Durchführung des betrieblichen Prüfverfahrens und dessen Ergebnisse bezieht.

Abschnitt 4 Berichtspflichten für Arbeitgeber

§ 21 Bericht zur Gleichstellung und Entgeltgleichheit

(1) [1]Arbeitgeber mit in der Regel mehr als 500 Beschäftigten, die zur Erstellung eines Lageberichts nach den §§ 264 und 289 des Handelsgesetzbu-

ches verpflichtet sind, erstellen einen Bericht zur Gleichstellung und Entgeltgleichheit, in dem sie Folgendes darstellen:
1. ihre Maßnahmen zur Förderung der Gleichstellung von Frauen und Männern und deren Wirkungen sowie
2. ihre Maßnahmen zur Herstellung von Entgeltgleichheit für Frauen und Männer.

[2]Arbeitgeber, die keine Maßnahmen im Sinne des Satzes 1 Nummer 1 oder 2 durchführen, haben dies in ihrem Bericht zu begründen.

(2) Der Bericht enthält außerdem nach Geschlecht aufgeschlüsselte Angaben
1. zu der durchschnittlichen Gesamtzahl der Beschäftigten sowie
2. zu der durchschnittlichen Zahl der Vollzeit- und Teilzeitbeschäftigten.

I. Verpflichtung zur Berichtserstellung bei idR mehr als 500 Beschäftigten (Abs. 1)

1 Abs. 1 S. 1 verpflichtet Arbeitgeber mit idR **mehr als 500 Beschäftigten** dazu, einen **Bericht zum Thema Gleichstellung und Entgeltgleichheit** zu verfassen, sofern es sich um ein Unternehmen handelt, das **nach §§ 264 ff., 289 HGB zur Erstellung eines Lageberichtes verpflichtet** ist. Die Norm gilt mithin ausschließlich für private Arbeitgeber; verpflichtet werden lediglich Kapitalgesellschaften. Unter Zugrundelegung der aktuellen Zahlen von Destatis, sind somit lediglich rund 9.000 Unternehmen zur Berichtserstellung verpflichtet (https://www.destatis.de/DE/ZahlenFakten/GesamtwirtschaftUmwelt/UnternehmenHandwerk/Unternehmensregister/Tabellen/UnternehmenRechtsformenWZ2008.html, 20.2.2018). Wird der normierte Schwellenwert lediglich nicht erreicht, da (eine) Stelle(n) noch nicht wieder nachbesetzt werden konnte(n), so ist diese Position aufgrund der Formulierung „in der Regel“ mitzuzählen. Wie auch bei der Berechnung anderer arbeitsrechtlicher Schwellenwerte (bspw. im BetrVG oder DrittelbG), ist die Anzahl der Beschäftigten des im regelmäßigen Gang befindlichen Betriebes maßgeblich (BT-Drs. 18/11133, 72), abgestellt wird auf den Beschäftigtenbegriff des § 5.

2 Der Gesetzgeber orientierte sich bei dem Schwellenwert von idR mehr als 500 Beschäftigten in Bezug auf das betriebliche Prüfverfahren (§§ 17 ff.) und die Berichtspflicht (§§ 21 ff.) offensichtlich an dem **„Gesetz für die gleichberechtigte Teilhabe von Frauen und Männern an Führungspositionen in der Privatwirtschaft und im öffentlichen Dienst“**, das 2015 in Kraft trat (BGBl. I, 642) und ua eine Verpflichtung zur Berichterstattung über die festgelegten Zielgrößen (einer AG, SE, KGaA, GmbH, eG und VVaG) des Frauenanteils in Aufsichtsräten, Vorständen sowie den beiden Führungsebenen unterhalb der Geschäftsleitung enthält (vgl. Fuchs/Köstler/Pütz, HdB-AR-Wahl, Rn. 716 ff.; Herb, DB 2015, 964 ff.; Teichmann/Rüb, BB 2015, 259 ff.; Pütz/Weckes, WSI-Mitt. 2014, 637 ff.; Röder/Arnold, NZA 2015, 279 ff.; Waas 2012, jeweils mwN). Mit diesem **hohen Schwellenwert** wollte der Gesetzgeber ausweislich der Gesetzesbegründung sicherstellen, dass nur Arbeitgeber unter die Berichtspflicht fallen, „die aufgrund ihrer technischen und personellen Organisation in der Lage sind, die erforderli-

chen Daten und Angaben mit vertretbarem Aufwand zu erfassen", da sie „über eine entsprechende digitalisierte Personalaktenbearbeitung verfügen und daher die für die Berichtspflicht notwendigen Daten mithilfe von technischen Systemen schnell und verhältnismäßig unkompliziert abrufen können" (BT-Drs. 18/11133, 72). Hier scheint der Gesetzgeber die **aktuelle technische Entwicklung** nicht ausreichend zu würdigen, auch KMUs unterhalb des angesetzten Schwellenwertes führen mittlerweile keine händische Personalverwaltung mehr durch. Allein die seit Dezember 2013 verpflichtende elektronische Übermittlung von Beschäftigtendaten iRv ELStAM (elektronische Lohnsteuerabzugsmerkmale) an die Steuerbehörden erfordert eine elektronische Datenverarbeitung (www.elstam-info.de/, 20.2.2018). Diese Verpflichtung besteht auch für Kleinstunternehmen, die diesbzgl. idR ein Steuerberatungsbüro beauftragen. Der hohe Schwellenwert ist somit nicht durch Sachgründe zu erklären und dürfte vielmehr politisch motiviert sein. Großbritannien beschritt einen anderen Weg, so legen die in sec. 2 des Equality Acts zum April 2017 eingeführten Regelungen zum Reporting über den Gender Pay Gap lediglich einen Schwellenwert von 250 Beschäftigten zugrunde (The Equality Act 2010 (Gender Pay Gap Information) Regulations 2017, No. 172, online: www.legislation.gov.uk/uksi/2017/172/pdfs/uksi_20170172_en.pdf (20.2.2018); vgl. vertiefend: Göpfert/Pfister, ZIP 2017, 1401, 1403).

II. Inhalt der Berichterstattung

3 Inhaltlich verpflichtet die Norm sowohl zur **Berichterstattung über Maßnahmen zur Herstellung von Entgeltgleichheit für Frauen und Männer** (Abs. 1 Nr. 2), als auch zur Berichterstattung **über Maßnahmen zur Förderung der Gleichstellung von Frauen und Männern und deren Wirkungen** (Abs. 1 Nr. 1), die sich auf andere Aspekte der Gleichstellung der Geschlechter beziehen. Hierunter können jegliche Gleichstellungsmaßnahmen fallen, bspw. Maßnahmen zur gezielten Förderung von Frauen in Führungspositionen, wie Schulungsmaßnahmen von Führungskräften zu benachteiligungsfreier Personalauswahl, AGG-Schulungen zu Gleichbehandlung und Geschlechtergleichstellung, aber auch Maßnahmen zur besseren Vereinbarkeit von Beruf und Privatleben für Berufstätige mit Kindern, wie das Bereitstellen eines Betriebskindergartens oder Maßnahmen wie Homeoffice, die ein flexibles Arbeiten ermöglichen (vgl. BMFSFJ, Leitfaden, 2017, S. 67 f.). Gem. Abs. 2 hat der Gleichstellungsbericht zwingend die **nach Geschlechtern aufgeschlüsselte Gesamtzahl der im Berichtszeitraum Beschäftigten** anzugeben, Gleiches gilt für die **durchschnittliche Zahl der Vollzeit- und Teilzeitbeschäftigten**, auch diese sind **nach Geschlechtern aufgeschlüsselt** aufzuführen. LeiharbeitnehmerInnen sind ausweislich der Gesetzesbegründung mit einzubeziehen (BT-Drs. 18/11133, 73).

4 Unter **Maßnahmen zur Herstellung von Entgeltgleichheit** fallen **alle Maßnahmen, die der Umsetzung des Entgeltgleichheitsgebots aus §§ 3, 7 dienen**. Ausweislich der Gesetzesbegründung kann der Bericht zur Entgeltgleichheit auch die Benennung der grundlegenden Entgeltregelungen und Arbeitsbewertungsverfahren umfassen, es erstaunt allerdings, dass der Gesetzgeber die Veröffentlichung dieser Parameter lediglich auf freiwilliger

Basis (vgl. BT-Drs. 18/11133, 73), nicht aber als verpflichtenden Bestandteil der Berichterstattung vorsieht. Unterziehen private Arbeitgeber ihre Entgeltregelungen und die verschiedenen gezahlten Entgeltbestandteile einem betrieblichen Prüfverfahren iSv §§ 17 f. (→ § 17 Rn. 1 ff.), so kann auch diese Information Bestandteil des abzugebenden Gleichstellungsberichtes sein, auch hier hat der Gesetzgeber darauf verzichtet, die Veröffentlichung der Daten zwingend vorzuschreiben (vgl. BT-Drs. 18/11133, 73; → § 17 Rn. 1 ff.; → § 18 Rn. 6). Veröffentlicht ein berichtspflichtiges Unternehmen die Ergebnisse des betrieblichen Prüfverfahrens nicht im Gleichstellungsbericht, so bleibt es lediglich bei der in § 20 Abs. 2 S. 1 kodifizierten Verpflichtung zur Information der Beschäftigten über die Ergebnisse (→ § 20 Rn. 3). Zum Teil wird Unternehmen jedoch iSe ordentlichen und gewissenhaften Geschäftsführung iSv § 93 Abs. 1 S. 1 AktG empfohlen, sämtliche Informationen, einschließlich der zum betrieblichen Prüfverfahren zu publizieren (Göpfert/Pfister, ZIP 2017, 1401, 1402).

III. Rechtsfolge eines Verstoßes

5 Die Vorschrift normiert **lediglich die Verpflichtung zur Berichterstattung,** verpflichtet die erfassten Unternehmen jedoch nicht dazu, auch tatsächlich Maßnahmen zur Gleichstellung von Frauen und Männern zu ergreifen. Werden **keine solchen Maßnahmen durchgeführt**, so ist dieses lediglich gem. § 21 Abs. 1 S. 2 nach dem sog „comply or explain-Prinzip“ in dem Bericht **nachvollziehbar zu begründen** (Kuhn/Schwindling, DB 2017, 785, 789). Die Begründung muss nachvollziehbar darlegen, warum es dem Unternehmen nicht möglich war, im Berichtszeitraum entsprechende gleichstellungspolitische Maßnahmen zu ergreifen, sie darf sich nicht in Floskeln erschöpfen (BT-Drs. 18/11133, 73). Im Zusammenspiel mit weiteren Indizien kann ein Unterbleiben von Maßnahmen zur Gleichstellung oder zur Überwindung der Entgeltbenachteiligung von Frauen oder eine unrichtige Darstellung im Bericht zur **Umkehr der Beweislast nach § 22 AGG** führen (wohl auch: Kuhn/Schwindling, DB 2017, 785, 789). Die Vorschrift legt zwar keine Sanktionen für den Fall unrichtiger Angaben fest, AnwältInnen sehen dennoch „erhebliche Risiken“ und warnen vor Imageschaden und möglichen Entgeltnachzahlungen (Kuhn/Schwindling, DB 2017, 785, 789; ähnlich auch Göpfert/Pfister, ZIP 2017, 1401, 1402).

§ 22 Berichtszeitraum und Veröffentlichung

(1) [1]Arbeitgeber nach § 21 Absatz 1, die tarifgebunden nach § 5 Absatz 4 sind oder die tarifanwendend nach § 5 Absatz 5 sind und die gemäß § 13 Absatz 5 erklärt haben, tarifliche Regelungen zum Entgelt nach § 5 Absatz 5 anzuwenden, erstellen den Bericht alle fünf Jahre. [2]Der Berichtszeitraum umfasst die vergangenen fünf Jahre.

(2) [1]Alle anderen Arbeitgeber nach § 21 Absatz 1 erstellen den Bericht alle drei Jahre. [2]Der Berichtszeitraum umfasst die vergangenen drei Jahre.

(3) [1]Die Angaben nach § 21 Absatz 2 beziehen sich nur auf das jeweils letzte Kalenderjahr im Berichtszeitraum. [2]Ab dem zweiten Bericht sind für die

genannten Angaben die Veränderungen im Vergleich zum letzten Bericht anzugeben.

(4) Der Bericht nach § 21 ist dem nächsten Lagebericht nach § 289 des Handelsgesetzbuches, der dem jeweiligen Berichtszeitraum folgt, als Anlage beizufügen und im Bundesanzeiger zu veröffentlichen.

I. Inhalt der Vorschrift

1 § 22 enthält die formellen Vorgaben für die Berichterstattung nach § 21.

II. Berichtszeitraum

2 Die gleichstellungspolitische Berichterstattung nach § 21 hat gem. § 25 Abs. 2 erstmals 2018 zu erfolgen, darzustellen sind die Maßnahmen und Daten für das Kalenderjahr 2016 (BMFSFJ, Leitfaden, 2017, S. 69). **Ab dem zweiten Bericht** wird **zwischen tarifgebundenen** (oder tarifanwendenden) **und nicht tarifgebundenen** (oder tarifanwendenden) **Unternehmen unterschieden.**

1. Tarifgebundene Unternehmen

3 Wie schon bezogen auf den in § 10 normierten Auskunftsanspruch, wird auch hinsichtlich der Berichtspflicht zwischen tarifgebundenen und nicht tarifgebundenen Unternehmen unterschieden, wobei tarifanwendende Unternehmen den tarifgebundenen gleichgestellt sind (→ § 5 Rn. 10). **Tarifgebundene** (und tarifanwendende) **Unternehmen** werden insoweit **privilegiert**, als für sie ein **längerer Turnus** vorgegeben ist, der **Gleichstellungsbericht** ist lediglich alle **fünf Jahre** zu erstellen. Der Berichtszeitraum bezieht sich somit auf die vergangenen fünf Jahre (§ 22 Abs. 1 S. 1, 2), wobei die statistischen Angaben (vgl. § 21 Abs. 2) lediglich für das jeweils letzte Kalenderjahr des Berichtszeitraumes erbracht werden müssen (§ 22 Abs. 3 S. 1). Ab dem zweiten Bericht (im Jahr 2023) sind gem. § 22 Abs. 3 S. 2 zahlenmäßige Veränderungen zum letzten Bericht anzugeben. Veränderungen der **nach Geschlechtern aufgeschlüsselten Gesamtzahl der Beschäftigten** (einschließlich Voll- und Teilzeitbeschäftigter) sind folglich deutlich aufzuführen. Unternehmen, die Tarifverträge zur Anwendung bringen, ohne normativ iSv § 4 Abs. 1 TVG gebunden zu sein (→ § 5 Rn. 8 f.), müssen die Anwendung der Tarifverträge mittels einer Erklärung nach § 13 Abs. 5 erklären (→ § 13 Rn. 5).

2. Nicht-tarifgebundene Unternehmen

4 Für Unternehmen, die **nicht** iSv § 3 Abs. 1 TVG **tarifgebunden** sind und auch **keine Tarifverträge zur Anwendung bringen**, gilt ein kürzerer Berichtszeitraum, sie haben gem. § 22 Abs. 2 S. 1 **alle drei Jahre einen Gleichstellungsbericht** zu erstellen. Der Berichtszeitraum bezieht sich somit auf die vergangenen 3 Jahre (§ 22 Abs. 2 S. 2), wobei die statistischen Angaben

(vgl. § 21 Abs. 2) lediglich für das jeweils letzte Kalenderjahr des Berichtszeitraumes erbracht werden müssen (§ 22 Abs. 3 S. 1). Ab dem zweiten Bericht (im Jahr 2021) sind gem. § 22 Abs. 3 S. 2 zahlenmäßige Veränderungen der Beschäftigtenzahlen zum letzten Bericht (nach Geschlechtern aufgeschlüsselt) anzugeben.

III. Veröffentlichung des Berichtes

5 Der Gleichstellungsbericht ist (gem. Abs. 4) dem nach § 289 HGB zu veröffentlichenden **Lagebericht im Jahr nach dem Ende des jeweiligen Berichtszeitraumes beizufügen** und im Bundesanzeiger zu veröffentlichen. Der Bericht ist jedoch **kein Bestandteil des Lageberichtes** und der Jahresabschlussunterlagen, sondern wird lediglich als Anlage beigefügt, so dass die im HGB normierten Vorschriften und Rechtsfolgen nicht für den Gleichstellungsbericht gelten (BT-Drs. 18/11133, 74).

Abschnitt 5 Evaluation, Aufgabe der Gleichstellungsbeauftragten, Übergangsbestimmungen

§ 23 Evaluation und Berichterstattung

(1) [1]Die Bundesregierung evaluiert nach Inkrafttreten dieses Gesetzes laufend die Wirksamkeit dieses Gesetzes und informiert alle vier Jahre, erstmals zwei Jahre nach Inkrafttreten, über die Ergebnisse. [2]Die Evaluation hat die Umsetzung des Gebots des gleichen Entgelts für Frauen und Männer bei gleicher oder gleichwertiger Arbeit in allen Betriebs- und Unternehmensformen und -größen darzustellen, die unter den Anwendungsbereich des Abschnittes 2 dieses Gesetzes unterfallen.

(2) Über die Entwicklung des Gebots des gleichen Entgelts für Frauen und Männer bei gleicher oder gleichwertiger Arbeit in Betrieben mit in der Regel weniger als 200 Beschäftigten berichtet die Bundesregierung alle vier Jahre, erstmals zwei Jahre nach Inkrafttreten dieses Gesetzes.

(3) Die Bundesregierung hat in die Evaluation nach Absatz 1 und in die Berichterstattung nach Absatz 2 die Stellungnahme der Sozialpartner miteinzubeziehen.

I. Inhalt der Vorschrift

1 Die Norm trifft in drei Absätzen Regelungen zu Inhalt und Umfang der Evaluation des Gesetzes sowie zur Berichterstattung über die Entwicklung in Betrieben mit weniger als 200 Beschäftigten.

II. Evaluation des Gesetzes (Abs. 1)

2 Abs. 1 S. 1 verpflichtet die Bundesregierung zur **regelmäßigen externen Evaluierung des EntgTranspG in Bezug auf seine Wirksamkeit**. Die Wirksamkeit des Gesetzes in **Betrieben mit idR mehr als 200 Beschäftigten** ist erstmals zwei Jahre nach dem Inkrafttreten des Gesetzes zu untersuchen; die Untersuchung erfolgt ausweislich der Gesetzesbegründung nach wissenschaftlichen Standards unter Zugrundelegung quantitativer und qualitativer Methoden sowie der Nutzung der üblichen amtlichen Datenquellen,

bspw. des Statistischen Bundesamtes sowie des Instituts für Arbeitsmarkt und Berufsforschung (BT-Drs. 18/11133, 74). Alle vier Jahre ist über die Ergebnisse der Evaluation zu berichten. Die Evaluation umfasst alle Abschnitte des Gesetzes, so dass die Wirksamkeit in Bezug auf Entgeltgleichheit auch bei öffentlichen Arbeitgebern zu evaluieren ist. Daher „ist vor Einbringung des Evaluationsberichtes in das Bundeskabinett das Einvernehmen mit dem Bundesministerium des Innern in die Evaluation herzustellen" (BT-Drs. 18/11133, 74). Um der Tatsache Rechnung zu tragen, dass Entgeltgleichheit ohne die Sozialpartner als verantwortliche Akteure der Lohngestaltung nicht beseitigt werden kann, sind diese gem. Abs. 3 verpflichtend in die Evaluation einzubeziehen.

III. Berichterstattung über die Entwicklung der Entgeltgleichheit in Betrieben mit idR weniger als 200 Beschäftigten (Abs. 2)

3 Abs. 2 verpflichtet die **Bundesregierung** ferner zur **Berichterstattung** über die Entwicklung der Entgeltgleichheit von Frauen und Männern **in Betrieben mit idR weniger als 200 Beschäftigten**, für die der in §§ 10 ff. normierte Auskunftsanspruch nicht eröffnet ist. Auch dieser Bericht hat erstmals zwei Jahre nach dem Inkrafttreten des Gesetzes zu erfolgen; im Übrigen wurde ein 4-Jahres-Turnus festgelegt. Die Stellungnahme der Sozialpartner ist gem. Abs. 3 mit einzubeziehen.

§ 24 Aufgabe der Gleichstellungsbeauftragten

Die Gleichstellungsbeauftragten in der Bundesverwaltung und in den Unternehmen und den Gerichten des Bundes sowie die Beauftragten, die in Unternehmen für die Gleichstellung von Frauen und Männern zuständig sind, haben die Aufgabe, den Vollzug dieses Gesetzes in Bezug auf die Durchsetzung des Gebots des gleichen Entgelts bei gleicher oder gleichwertiger Arbeit für Frauen und Männer zu fördern.

1 § 24 stellt klar, dass sowohl **Gleichstellungsbeauftragte** der Bundesverwaltung, der Unternehmen und Gerichte des Bundes als auch entsprechende Beauftragte in der Privatwirtschaft die **Aufgabe** haben, **den Vollzug des EntgTranspG zu fördern**, um dadurch **auf die Durchsetzung des Entgeltgleichheitsgebots hinzuwirken**. Die Norm ist lediglich klarstellend, da der Schutz vor Benachteiligung wegen des Geschlechts gem. § 25 Abs. 1 BGleiG bereits bislang zu den Aufgaben bundesbediensteter Gleichstellungsbeauftragter zählte. Entgeltbenachteiligung von Frauen war somit bereits bislang von § 25 Abs. 1 BGleiG erfasst, wenngleich nicht explizit normiert. Für Unternehmen der Privatwirtschaft verdeutlicht die Norm die Notwendigkeit einer/s Beauftragten für Gleichstellungsbelange. Es ist davon auszugehen, dass in der Praxis die im Unternehmen für Beschwerden nach dem AGG zuständige Stelle (→ AGG § 13 Rn. 17 ff.) auch für Gleichstellungsfragen zuständig sein wird. Führt ein Unternehmen oder eine Dienststelle ein **betriebliches Prüfverfahren iSv §§ 17 ff.** durch, so ist die **Gleichstellungsbeauftragte an dem Prozess zu beteiligen**; für den öffentlichen Dienst des Bundes war diese Aufgabe bereits von § 25 Abs. 2 Nr. 2

BGleiG erfasst. Die bereits für Gleichstellungsbeauftragte in anderen Gesetzen kodifizierten Aufgaben bleiben im Übrigen durch § 24 unberührt.

§ 25 Übergangsbestimmungen

(1) [1]Der Auskunftsanspruch nach § 10 kann erstmals sechs Kalendermonate nach dem 6. Juli 2017 geltend gemacht werden. [2]Soweit der Auskunftsanspruch nach Satz 1 dann innerhalb von drei Kalenderjahren erstmals geltend gemacht wird, können Beschäftigte abweichend von § 10 Absatz 2 Satz 2 erst nach Ablauf von drei Kalenderjahren erneut Auskunft verlangen. [3]Satz 2 gilt nicht, soweit die Beschäftigten darlegen, dass sich die Voraussetzungen wesentlich verändert haben.

(2) Der Bericht nach § 21 ist erstmals im Jahr 2018 zu erstellen.

(3) Abweichend von § 22 Absatz 1 Satz 2 und Absatz 2 Satz 2 umfasst der Berichtszeitraum für den ersten Bericht nur das letzte abgeschlossene Kalenderjahr, das dem Jahr 2017 vorausgeht.

I. Erstmalige Geltendmachung des Auskunftsanspruchs (Abs. 1 S. 1)

1 § 25 Abs. 1 normiert, dass Beschäftigte den **Auskunftsanspruch** nach § 10 nicht bereits mit Inkrafttreten des EntgTranspG geltend machen können, sondern **erstmals sechs Monate danach**, mithin **vom 6.1.2018 an.** Damit sollte den Arbeitgebern ausreichend Zeit gegeben werden, ihren Verpflichtungen aus diesem Gesetz nachzukommen, wie bspw. eine vollständige und aktuelle Auflistung der im Betrieb gezahlten Bruttoentgelte zu erstellen (BT-Drs. 18/11133, 75).

II. Übergangsvorschrift zur Wartefrist nach § 10 Abs. 2 S. 2

2 Um den Einstieg in die Anwendung des Gesetzes zu erleichtern, normiert Abs. 2 S. 2 in Abweichung zu § 10 Abs. 2 S. 2 eine **längere Wartefrist nach erstmaliger Geltendmachung des Auskunftsanspruchs.** Wurde vom Auskunftsanspruch **erstmalig** Gebrauch gemacht, so greift eine Wartefrist von drei Kalenderjahren; erst danach greift die Grundregel des § 10 Abs. 2 S. 2, wonach die Wartezeit zwei Jahre beträgt (→ § 10 Rn. 8).

III. Keine Wartefrist bei wesentlichen Veränderungen (Abs. 1 S. 3)

3 Die Wartefrist entfällt innerhalb der ersten drei Jahre **bei wesentlichen Veränderungen** der Voraussetzungen. Dies ist bspw. der Fall bei einem Stellenwechsel, bei einem Aufstieg in den außertariflich vergüteten Bereich (AT-Bereich) oder einer Änderung des im Betrieb angewandten Entgeltsystems (→ § 10 Rn. 8).

Literaturverzeichnis

Adam, Patrice: Harcèlement moral: quelques réflexions autour de l'affaire Eutelsat, Droit Ouvrier 2006, 1–4

Adam, Roman: Anmerkung zu BAG 12.12.2013 – 8 AZR 838/12 – EzA § 15 AGG Nr. 23

Adam, Roman: Diskriminierung durch Altersgrenzen, AuR 2014, 140

Adomeit, Klaus: Diskriminierung – Inflation eines Begriffs, NJW 2002, 1622–1623

Adomeit, Klaus: Schutz gegen Diskriminierung – eine neue Runde, NJW 2003, 1162

Adomeit, Klaus; Mohr, Jochen: Allgemeines Gleichbehandlungsgesetz, Kommentar zum AGG und zu anderen Diskriminierungsverboten, 2. Aufl., Stuttgart ua 2011

Adomeit, Klaus; Mohr, Jochen: Benachteiligung von Bewerbern (Beschäftigten) nach dem AGG als Anspruchsgrundlage für Entschädigung und Schadensersatz, NZA 2007, 179–184

Adomeit, Klaus; Mohr, Jochen: Die mittelbare Diskriminierung als Instrument überindividueller Verhaltenssteuerung, RdA 2011, 102

Adomeit, Klaus; Mohr, Jochen: Rechtsgrundlagen und Reichweite des Schutzes vor diskriminierenden Kündigungen, NJW 2009, 2255–2258

Adomeit, Klaus; Mohr, Jochen: Verantwortung von Unternehmen für diskriminierende Stellenanzeigen durch Dritte?, NJW 2007, 2522

Ahrendt, Martina: Zum Schutz vor Diskriminierungen in der betrieblichen Altersversorgung durch das Allgemeine Gleichbehandlungsgesetz, RdA 2016, 129

Albrecht, Martin; de Millas, Christoph; Hildebrandt, Susanne; Schliwen, Anke: Die Bedeutung von Wettbewerb im Bereich der privaten Krankenversicherungen vor dem Hintergrund der erwarteten demografischen Entwicklung, Forschungsprojekt des Bundesministeriums für Wirtschaft und Technologie, 2010; abrufbar unter Publikationen: www.iges.de (Zitierweise: Albrecht/De Millas/Hildebrandt/Schliwen)

Altvater, Lothar; Baden, Eberhard; Kröll, Michael; Lemcke, Martin; Peiseler, Manfred: Bundespersonalvertretungsgesetz. Kommentar für die Praxis, 7. Aufl., Frankfurt aM 2011 (Zitierweise: Altvater ua)

Amato, Fabricio: Le nuove direttive comunitarie sul divieto di discriminazione. Riflessioni e prospettive per la realizzazione di una società multietnica, Lavoro e Diritto (LD) 2003, 127–145

Ambrosius, Barbara: Mittelbare Frauendiskriminierung bei der betrieblichen Krankenversicherung, AuR 2005, 86–90

Annuß, Georg: Grundfragen der Entschädigung bei unzulässiger Geschlechtsdiskriminierung, NZA 1999, 738–744

Annuß, Georg: Das Verbot der Altersdiskriminierung als unmittelbar geltendes Recht. Zu den Folgen des Urteils EuGH, BB 2005, 2748, BB 2006, 325–327

Annuß, Georg: Das Allgemeine Gleichbehandlungsgesetz im Arbeitsrecht, BB 2006, 1629–1636

Annuß, Georg und Thüsing, Gregor (Hrsg.): Kommentar zum Teilzeit- und Befristungsgesetz, 3. Aufl., Frankfurt aM 2012

Appel, Helga ua: Handbuch zur Gleichstellung der Geschlechter im Arbeitsrecht, Stuttgart 1998

Arens, Wolfgang; Beckmann, Dirk: Die anwaltliche Beratung des GmbH-Geschäftsführers, Bielefeld/Soest 2006 (Zitierweise: Arens/Beckmann, Die anwaltliche Beratung des GmbH-Geschäftsführers)

Armbrüster, Christian: Antidiskriminierungsgesetz – ein neuer Anlauf, ZRP 2005, 41–44

Armbrüster, Christian: Benachteiligungsverbot und Rechtfertigungsgründe beim Abschluss privatrechtlicher Versicherungen, Expertise im Auftrag der Antidiskriminierungsstelle des Bundes, 2010; abrufbar unter Publikationen: www.ads.de (Zitierweise: Armbrüster, Benachteiligungsverbot)

Armbrüster, Christian: Sanktionen wegen Diskriminierung, KritV 2005, 41–51

Armbrüster, Christian: Bedeutung des Allgemeinen Gleichstellungsgesetzes für private Versicherungsverträge, VersR 2006, 1297–1306

Armbrüster, Christian: Kontrahierungszwang im Allgemeinen Gleichbehandlungsgesetz?, NJW 2007, 1494

Armbrüster, Christian: Schein und Sein der EU-Leitlinien und VAG-Novelle, VW 2012, 752–753

Ascheid, Reiner; Preis, Ulrich; Schmidt, Ingrid (Hrsg.): Kündigungsrecht. Großkommentar zum gesamten Recht der Beendigung von Arbeitsverhältnissen, 5. Aufl., München 2017 (Zitierweise: APS-Bearbeiter)

Bachmann, Gregor: Zur Umsetzung einer Frauenquote im Aufsichtsrat, ZIP 2011, 1131–1139

Bader, Johannes: Arbeitsrechtlicher Diskriminierungsschutz als Privatrecht, Funktion und Schutz der arbeitsrechtlichen Benachteiligungsverbote des AGG, Berlin 2012 (zugl. Heidelberg, Univ., Diss. 2011/12).

Bader, Peter; Etzel, Gerhard ua: Gemeinschaftskommentar zum Kündigungsschutzgesetz und zu sonstigen kündigungsschutzrechtlichen Vorschriften, 11. Aufl., Köln 2016 (Zitierweise: KR-Bearbeiter)

Baeck, Ulrich; Lösler, Annette: Neue Entwicklungen im Arbeitszeitrecht, NZA 2005, 247–250

Baeck, Ulrich; Winzer, Thomas; Hies, Dominic: EuGH vom 28.7.2016 (C-423/15) – Das Ende des AGG-Hopping?, NZG 2016, 1218–212

Baer, Susanne: „Ende der Privatautonomie" oder grundrechtlich fundierte Rechtssetzung? Die deutsche Debatte um das Antidiskriminierungsrecht, ZRP 2002, 290–294

Baer, Susanne: Europäische Richtlinien gegen Diskriminierung, ZESAR 2004, 204–213

Bärenz, Christian: Die Auslegung der überschießenden Umsetzung von Richtlinien am Beispiels des Gesetzes zur Modernisierung des Schuldrechts, DB 2003, 375–376

Bamberger, Heinz Georg; Roth, Herbert: Kommentar zum BGB, 3. Aufl., München 2012 (Zitierweise: Bamberger/Roth-Bearbeiter)

Barbera, Marzia: Eguaglianza e differenza nella nuova stagione del diritto antidiscriminatorio comunitario, GDLRI 2003, 399–421

Barnard, Catherine: The Future of Equality Law: Equality and Beyond, in: Barnard, Catherine; Deakin, Simon; Morris, Gillian (Hrsg.), The Future of Labour Law. Liber Amicorum Bob Hepple QC, Oxford and Portland/Oregon 2004, S. 213–228

Battis, Ulrich, Bundesbeamtengesetz, Kommentar, 5. Aufl. 2017

Bauer, Jobst-Hubertus: Europäische Antidiskriminierungsrichtlinien und ihr Einfluss auf das deutsche Arbeitsrecht, NJW 2001, 2672–2677

Bauer, Jobst-Hubertus: Ein Stück aus dem Tollhaus: Altersbefristung und der EuGH, NZA 2005, 800–803

Bauer, Jobst-Hubertus: Rechtsfolgen (auch) diskriminierender Kündigungen, in: Festschrift v. Hoyningen-Huene, 2014, S. 29–42

Bauer, Jobst-Hubertus; Arnold, Christian: AGG-Probleme bei vertretungsberechtigten Organmitgliedern, ZIP 2008, 993–1003

Bauer, Jobst-Hubertus; Arnold, Christian: Verbot der Altersdiskriminierung – Die Bartsch-Entscheidung des EuGH und ihre Folgen, NJW 2008, 3377

Bauer, Jobst-Hubertus; Arnold, Christian: Auf „Junk" folgt „Mangold" – Europarecht verdrängt deutsches Arbeitsrecht, NJW 2006, 6–12

Bauer, Jobst-Hubertus; Evers, Malte: Schadensersatz und Entschädigung bei Diskriminierung – Ein Fass ohne Boden?, NZA 2006, 839

Bauer, Jobst-Hubertus; Evers, Malte: Schadensersatz und Entschädigung bei Diskriminierung – Ein Fass ohne Boden?, NZA 2006, 893–898

Bauer, Jobst-Hubertus; Günther, Jens: Steuerfreie Entschädigung statt steuerpflichtiger Abfindung?, NJW 2007, 113

Bauer, Jobst-Hubertus; Günther, Jens; Romero Sibylle: Offene Fragen des Entgelttransparenzgesetzes – was Arbeitgeber beachten sollten, NZA 2017, 809–814

Bauer, Jobst-Hubertus; Krieger, Steffen: Allgemeines Gleichbehandlungsgesetz, 4. Aufl., München 2015 (Zitierweise: Bauer/Krieger)

Bauer, Jobst-Hubertus; Krieger, Steffen: Ein Halleluja für die Anwaltschaft?, BB-Special 2004, Nr. 6 S. 20–24

Bauer, Jobst-Hubertus; Krieger, Steffen: Altersdiskriminierende Tarifverträge und ihre Rechtsfolgen, in: Festschrift für K. Bepler, Arbeitsgerichtsbarkeit und Wissenschaft 2012, S. 1–14

Bauer, Jobst-Hubertus; Krieger, Steffen: 10 Jahre AGG – Tops und Flops, NZA 2016, 1041–1046

Bauer, Jobst-Hubertus; Krieger, Steffen: BAG kippt Spätehenklauseln, NZA 2016, 22

Bauer, Jobst Hubertus; von Medem, Andreas: Altersgrenzen zur Beendigung von Arbeitsverhältnissen – Was geht, was geht nicht?, NZA 2012, 945

Bauer, Jobst-Hubertus; Romero, Sibylle: Der individuelle Auskunftsanspruch nach dem Entgelttransparenzgesetz, NZA 2017, 409–413

Bauer, Jobst-Hubertus; Thüsing, Gregor; Schunder, Achim: Entwurf eines Gesetzes zur Umsetzung europäischer Antidiskriminierungsrichtlinien, NZA 2005, 32–36

Bauer, Jobst-Hubertus; Thüsing, Gregor; Schunder, Achim: Das Allgemeine Gleichbehandlungsgesetz – Alter Wein in neuen Schläuchen, NZA 2006, 775–778

Baumbach, Adolf (Begr.), fortgeführt von Lauterbach, Wolfgang, bearbeitet von Albers, Jan und Hartmann, Peter: ZPO, 63. Aufl., München 2005

Baumbach, Adolf; Hueck, Alfred: GmbHG, 20. Aufl., München 2013 (Zitierweise: Bearbeiter, in: Baumbach/Hueck, GmbH-Gesetz)

Baumgärtel, Gottfried: Beweislastpraxis im Privatrecht: Die Schwierigkeiten der Beweislastverteilung und die Möglichkeiten ihrer Überwindung, Köln ua 1996

Baur, Fritz; Stürner, Rolf: Sachenrecht, 18. Aufl., München 2009

Bauschke, Hans-Joachim: Allgemeines Gleichbehandlungs-gesetz im öffentlichen Dienst, Neuwied 2007

Bayreuther, Frank: Der neue Kündigungsschutz schwerbehinderter Arbeitnehmer nach § 95 II SGB IX, NZA 2017, 87–91

Bayreuther, Frank: Altersgrenzen, Altersgruppenbildung und der Ausschluss rentennaher Arbeitnehmer aus Sozialplänen, NJW 2011, 19

Bayreuther, Frank: Altersgrenzen, Kündigungsschutz nach Erreichen der Altersgrenze und die Befristung von „Altersrentnern", NJW 2012, 2758

Bayreuther, Frank: Drittbezogene und hypothetische Diskriminierungen, NZA 2008, 986–990

Bayreuther, Frank: Kündigungsschutz im Spannungsfeld zwischen Gleichbehandlungsgesetz und europäischem Antidiskriminierungsrecht, DB 2006, 1842–1847

Beckmann, Michael; Matusche-Beckmann, Annemarie (Hrsg.): Versicherungsrechts-Handbuch, 3. Aufl., München 2015 (Zitierweise: Beckmann/Matusche-Beckmann)

Bell, Mark; Waddington, Lisa: Reflecting on inequalities in European equality law, European Law Review 28 (2003), S. 349–369

Bell, Mark: Anti-Discrimination Law and the European Union, 2. Aufl. Oxford 2004

Bell, Mark: Antidiscrimination Law in Transition: The European Union and Racism, in: Käling (Hrsg.), Das Verbot ethnisch-kultureller Diskriminierung, Basel 1999, S. 27–46

Bell, Mark: Beyond European Labour Law? Reflections on the EU Racial Equality Directive, European Law Journal 8 (2002), 384–399

Belling, Detlev W.: Umsetzung der Antidiskriminierungsrichtlinie im Hinblick auf das kirchliche Arbeitsrecht, NZA 2004, 885–889

Belorgey, Jean-Michel: De quelques problèmes liés à la prohibition et à lélimination des discriminations, DS 2002, S. 683–689

Benda, Ernst: Notwendigkeit und Möglichkeit positiver Aktionen zugunsten von Frauen im öffentlichen Dienst. Gutachten im Auftrag der Leitstelle Gleichstellung der Frau in Hamburg, Hamburg 1986

Benecke, Martina: Altersgruppen und Punktetabellen bei der Sozialauswahl – Neue BAG-Rechtsprechung zu Kündigungsschutz und Europarecht, AuR 2009, 326–331

Benecke, Martina: Kündigungen zwischen Kündigungsschutz und Diskriminierungsschutz, AuR 2007, 229–234

Benecke, Martina: Missbrauch europarechtlicher Schutzvorschriften: AGG-Hopper vor dem EuGH, EuZA 2017, 47–56

Benecke, Martina: Umfang und Grenzen des Maßregelungsverbots und des Verbots der „Viktimisierung", Der Konflikt nach dem Konflikt, NZA 2011, 481–486

Benecke, Martina: Missbrauch europarechtlicher Schutzvorschriften: AGG-Hopper vor dem EuGH, EuZA 19 (2017), 47–56

Benecke, Martina; Kern, Gisela: Sanktionen im Antidiskriminierungsrecht: Möglichkeiten und Grenzen der Umsetzung der Europäischen Richtlinien im deutschen Recht, EuZW 2005, 360

Berghahn, Sabine; Klapp, Micha; Tischbirek, Alexander: Evaluation des AGG, erstellt im Auftrag der Antidiskriminierungsstelle des Bundes, 2016

Berka, Walter: Das islamische Kopftuch: Antidiskriminierung und Religionsfreiheit in den Rechtssachen Achbita und Bougnaoui, EuZA 10 (2017), 465–484

Bertelsmann, Klaus: Altersdiskriminierung im Arbeitsrecht, ZESAR 2005, 242–253

Bertelsmann, Klaus: Kündigungen nach Altersgruppen und das AGG, AuR 2007, 369–373

Bertelsmann, Klaus: Zwangsweise Beendigung des Arbeitsverhältnisses mit 65, in: FS Pfarr, Geschlechtergerechtigkeit – Festschrift für Heide Pfarr 2010, S. 170–184

Bertelsmann, Klaus: Die Drei-Wochen-Frist für Kündigungsschutzklagen gegen diskriminierende Kündigungen im Spannungsfeld europarechtlicher Präklusionsvorgaben, NZA 2016, 855 - 862

Bertzbach, Martin: Anmerkung zu LAG Berlin 19.10.2006, Az. 2 Sa 1776/06, jurisPR-ArbR 7/2007, Nr. 1

Besgen, Nicolai: Die Auswirkungen des AGG auf das Betriebsverfassungsrecht, BB 2007, 213

Besgen, Nicolai; Roloff, Sebastian: Grobe Verstöße des Arbeitgebers gegen das AGG, Rechte des Betriebsrats und der Gewerkschaften, NZA 2007, 670

Bezani, Thomas; Richter, Marcus: Das Allgemeine Gleichbehandlungsgesetz im Arbeitsrecht, Köln 2006

Bezzenberger, Tilman: Ethnische Diskriminierung, Gleichheit und Sittenordnung im bürgerlichen Recht, AcP 196 (1996), 395

Bieback, Karl-Jürgen: Die mittelbare Diskriminierung wegen des Geschlechts: Ihre Grundlagen im Recht der EU und ihre Auswirkungen auf das Sozialrecht der Mitgliedstaaten, Baden-Baden 1997

Bieback, Karl-Jürgen: Diskriminierungs- und Behinderungsverbote im europäischen Arbeits- und Sozialrecht, in: Eichenhofer, Eberhard/Zuleeg, Manfred (Hrsg.): Die Rechtsprechung des Europäischen Gerichtshofs zum Arbeits- und Sozialrecht im Streit, Köln 1995, S. 103

Bieback, Karl-Jürgen: Schutz vor Diskriminierungen gegenüber Systemen der sozialen Sicherheit. Altes und neues Diskriminierungsrecht der Richtlinien 79/7/EWG und der Richtlinie 2000/43/EG und das deutsche Sozialrecht. In: Rust ua (Hrsg.): Die Gleichbehandlungsrichtlinien der EU und ihre Umsetzung in Deutschland, Rehburg-Loccum 2003, S. 93–117

Bieback, Karl-Jürgen: Beziehen sich die Diskriminierungsverbote der Rahmenrichtlinie 2000/78/EG auch auf das deutsche Sozialrecht?, ZESAR 2006, 143–149

Bieback, Karl-Jürgen: Die mittelbare Diskriminierung wegen des Geschlechts: Ihre Grundlagen im Recht der EU und ihre Auswirkungen auf das Sozialrecht der Mitgliedstaaten, Baden-Baden 1997

Bieber, Roland; Epiney, Astrid; Haag, Marce; Kotzur, Markusl: Die Europäische Union. Europarecht und Politik, 12. Aufl., Baden-Baden 2016

Bieder, Marcus: Altersdiskriminierung bei nach dem Alter unterscheidender Auswahl der Adressaten von Aufhebungsvertragsangeboten, AuR 2010, 268–269

Bieräugel, Roland; Nüchter, Oliver; Schmid, Alfons: Einstellungen der Bevölkerung zu Mindestlöhnen in Deutschland, WSI-Mitteilungen 2010, 50–57

Biltgen, Francois: Die Rechtsprechung des EuGH zu den Grundrechten des Arbeitslebens. Unter besonderer Berücksichtigung der Europäischen Sozialcharta, NZA 2016, 1245–1252

Birk, Ulrich-Arthur: Pflicht zu Unisextarifen in der betrieblichen Altersversorgung – auch für die Vergangenheit?, BetrAV 2012, 7–11

Birk, Ulrich-Arthur: Pflicht zu Unisextarifen in der betrieblichen Altersversorgung? – Auswirkungen der EuGH-Entscheidung vom 1.3.2011, DB 2011, 819-821

Birk, Rolf: Altersdiskriminierung im Arbeitsrecht – kollisionsrechtlich betrachtet, in: Basedow, J. (ua), Private Law in the International Arena, FS Siehr, Zürich 2000, S. 45–59

Blanke, Thomas; Hoffmann, Jürgen: Auf dem Weg zu einem Europäischen Sozialmodell, KJ 2006, 134–150

Blanke, Thomas; Hoffmann, Jürgen: Auf dem Weg zu einem Europäischen Sozialmodell, KJ 2006, 134–150

Blanke, Thomas; Rose, Edgar (Hrsg.): Collective Bargaining and Wages in Comparative Perspective. Germany, France, The Netherlands, Sweden and United Kingdom, The Hague 2005

Blessing, Steffen: Rechtsfolgen diskriminierender Kündigungen unter Geltung des Allgemeinen Gleichbehandlungsgesetzes, Baden-Baden 2011 (zugl. Augsburg, Univ., Diss. 2011).

Blinda, Nina: Altersbezogene Regelungen in Sozialplänen – eine Diskriminierung?, Diss. Bremen 2009

Blomeyer, Wolfgang; Rolfs, Christian; Otto, Klaus: Betriebsrentengesetz, 5. Aufl., München 2010 (Zitierweise: Blomeyer/Rolfs/Otto, BetrAVG)

Boecken, Winfried: Wie sollte der Übergang vom Erwerbsleben in den Ruhestand rechtlich gestaltet werden?, Gutachten B für den 62. DJT, München 1988

Boecken, Winfried: Die Altersgrenze von 68 Jahren für Vertragsärzte aus EG-rechtlicher Sicht, NZS 2005, 393–400

Boecken, Winfried; Düwell, Franz Josef; Diller, Martin; Hanau, Hans (Hrsg.); Gesamtes Arbeitsrecht, Baden-Baden 2016 (Zitierweise: NK-GA/Bearbeiter)

von Bogdandy, Armin (Hrsg.): Europäisches Verfassungsrecht, 2. Aufl., Heidelberg 2009

Boemke, Burkhard; Danko, Franz-Ludwig: AGG im Arbeitsrecht, Heidelberg 2007

Bohn, Frank: Der Sanktionsgedanke im Bürgerlichen Recht, Berlin 2005

Bonnard-Plancke, Laetitia; Verkindt, Pierre-Yves: La lutte contre la discrimination syndicale Millésime 2005, DS 2006, 393–401

Bonnechère, Michèle: Vers une consolidation jurisprudentielle du droit international des droits de l'Homme, Droit Ouvrier 2006, p. 1–4

Bonner Kommentar zum Grundgesetz, hrsg. v. Kahl, Wolfgang; Waldhoff, Christian; Walter, Christian, Loseblatt, Stand: Dez. 2017

Borzaga, Matteo: Accomodating Differences: Discrimination and Equality at Work in the International Labor Law, Vermont Law Review 2006

van Boven, Theo: The Concept of Discrimination in the International Convention on the Elimination of All Forms of Racial Discrimination, in: Käling (Hrsg.), Das Verbot ethnisch-kultureller Diskriminierung, Basel 1999, S. 9–26

Brandt, Jochen: Schöne neue Welt, AiB 2016, 16

Braun, Johann: Forum: Übrigens – Deutschland wird wieder totalitär, JuS 2002, 424–425

Braun, Stefan: Der Entschädigungsanspruch schwerbehinderter Menschen wegen der Benachteiligung in einem Beschäftigungsverhältnis, ZTR 2005, 174–180

Braun, Stefan: Antidiskriminierung bis zur Diskriminierung, ZTR 2005, 244–248

Braunroth, Anna: Zurück auf Los: Diskriminierung und Auskunft bei Bewerbungen, AuR 2012, 343–346

Brinkmeier, Friederike: Der allgemeine völkerrechtliche Diskriminierungsschutz, insbesondere nach Art. 26 des Internationalen Paktes über bürgerliche und politische Rechte, in: Klein (Hrsg.), Rassische Diskriminierung – Erscheinungsformen und Bekämpfungsmöglichkeiten, Berlin 2002, S. 81–115

Brinkmeier, Friederike: Die Bundesrepublik Deutschland und die Deutsche Demokratische Republik unter dem Regime des Internationalen Paktes über bürgerliche und politische Rechte, in: Klein (Hrsg.), MenschenRechtsMagazin. Themenheft 25 Jahre Internationale Menschenrechtspakte, Potsdam 2002, S. 97–125

Britz, Gabriele: Der allgemeine Gleichheitssatz in der Rechtsprechung des BVerfG, Anforderungen an die Rechtfertigung von Ungleichbehandlungen durch Gesetz, NJW 2014, 346–351

Britz, Gabriele: Die Individualbeschwerde nach Art. 14 des Internationalen Übereinkommens zur Beseitigung jeder Form von Rassendiskriminierung, EuGRZ 2002, 381–391

Britz, Gabriele: Diskriminierungsschutz und Privatautonomie, VVDStRL 64 (2005) 355–402

Brömmelmeyer, Christoph; Heiss, Helmut; Meyer, Ulrich; Rückle, Dieter; Schwintowski, Hans-Peter; Wallrabenstein, Astrid (Hrsg.): Allgemeines Gleichbehandlungsgesetz. Private Krankenversicherung und Gesundheitsreform. Schwachstellen der VVG-Reform, Versicherungswissenschaftliche Studien, Band 34, Baden-Baden 2009 (Zitierweise: Bearbeiter, in: Brömmelmeyer)

Brors, Christiane: Trial and Error beim Diskriminierungsschutz, RdA 2003, 223–228

Brors, Christiane: Berechtigtes Informationsinteresse und Diskriminierungsverbot – Welche Fragen darf der Arbeitgeber bei Einstellung eines behinderten Bewerbers stellen?, DB 2003, 1734–1736

Brors, Christiane: Die Darlegung der Sozialauswahl nach der Reform des Kündigungsschutzgesetzes und im Rahmen der Richtlinie 2000/78/EG, AuR 2005, 41–45

Brors, Christiane: Wann ist eine Altersdiskriminierung nach der Rechtsprechung des EuGH gerechtfertigt?, RdA 2012, 346

Brors, Christiane: Europäische Rahmenbedingungen für den Mindestlohn und seine Ausnahmen, NZA 2014, 938

Brose, Wiebke: Das erkrankte Kind des Arbeitnehmers im Arbeits- und Sozialrecht, NZA 2011, 719–724

Brose, Wiebke; Greiner, Stefan; Preis, Ulrich: Kleidung im Arbeitsverhältnis. Persönlichkeitsrechtliche Schranken arbeitsrechtlicher Regelungen, NZA 2011, 369–380

Brown, Christopher: The Race Directive: Towards Equality for All the Peoples of Europe?, Yearbook of European Law 21 (2002), S. 195–227

Brox, Hans; Walker, Wolf-Dietrich: Zwangsvollstreckungsrecht, 9. Aufl., Köln ua 2011

Brummer, Paul: Die Haftung des Arbeitgebers für Benachteiligungen seiner Beschäftigten durch andere Beschäftigte und Dritte, Frankfurt/M 2017 (zugl. Göttingen, Univ., Diss. 2014/15)

Brummund, Fabian: Kohärenter Grundrechtsschutz im Raum der Freiheit, der Sicherheit und des Rechts. Einordnung von Titel V AEUV in das grundrechtliche Mehrebenensystem des Europäischen Verfassungsverbundes, Baden-Baden 2011

Bruun, Niklas: Prohibition of Discrimination under Article 14 European Convention on Human Rights, in: Dorssemont/Lörcher/Schömann (Hrsg.), The European Convention on Human Rights and the Employment Relation, Oxford/Portland 2013, S. 367–379

Bryde, Brun-Otto: Die Tätigkeit des Ausschusses gegen jede Form der Rassendiskriminierung (CERD), in: Klein (Hrsg.), Rassische Diskriminierung – Erscheinungsformen und Bekämpfungsmöglichkeiten, Berlin 2002, S. 61–79

Bryde, Brun-Otto: Grundrechte der Arbeit und Europa, Sonderbeilage zu RdA Heft 5/2003, S. 5–10

Bryde, Brun-Otto: Sexuelle Identität, Gleichheitssatz und Diskriminierungsverbot, in: Hirschfeld-Eddy-Stiftung (Hrsg.), Vom Verbot zur Gleichberechtigung. Die Rechtsentwicklung zu Homosexualität und Transsexualität in Deutschland, Festschrift für Manfred Bruns, 2012, S. 14–26

Budde, Petra: Kirchenaustritt als Kündigungsgrund? – Diskriminierung durch kirchliche Arbeitgeber vor dem Hintergrund der Antidiskriminierungsrichtlinie 2000/78/EG, AuR 2005, 353–359

Bundesministerium für Familie, Senioren, Frauen und Jugend: Das Entgelttransparenzgesetz, Ein Leitfanden für Arbeitgeber sowie für Betriebs- und Personalräte, 2017, abrufbar unter www.bmfsfj.de/blob/jump/118298/das-entgelttransparenzgesetz-ein-leitfaden-fuer-arbeitgeber-sowie-fuer-betriebs-und-personalraete-data.pdf (Zitierweise: BMFSFJ, Leitfaden EntgTranspG)

Burg, Indra: Positive Maßnahmen zwischen Unternehmerfreiheit und Gleichbehandlung, Berlin 2009

Busch, Sebastian: Antidiskriminierungsgesetz kommt doch, AiB 2006, 331–333

Busch, Sebastian: Ziel verfehlt. Weshalb das AGG keine Umsetzung des europarechtlich vorgegebenen Mindestschutzes darstellt, AiB 2006, 467–470

Busch, Sebastian: Allgemeines Gleichbehandlungsgesetz. Die Umsetzung in der Betriebsratspraxis, Frankfurt aM 2007

Busch, Sebastian, Diskriminierungsschutz und Integration, AiB 2007, 101–103

Busche, Jan: Privatautonomie und Kontrahierungszwang, Tübingen 1999

Buschmann, Rudolf; Dieball, Heike; Stevens-Bartol, Eckart: Das Recht der Teilzeitarbeit, 2. Aufl., Frankfurt aM 2001 (Zitierweise: TZA-Bearbeiter)

Buschmann, Rudolf; Ulber, Jürgen: Arbeitszeitgesetz, 8. Aufl. Frankfurt aM 2015

Buschmann, Rudolf: Die betriebsverfassungsrechtliche Beschwerde, in: Klebe/Wedde/Wolmerath (Hrsg.), Recht und soziale Arbeitswelt, Festschrift für Wolfgang Däubler, Frankfurt/M. 1999, S. 311–327

Buschmann, Rudolf: Geschlechtergerechtigkeit, Emanzipation, Beruf und Familie, in: Hohmann-Dennhardt/Körner/Zimmer (Hrsg.), Geschlechtergerechtigkeit, Festschrift für Heide Pfarr, Baden-Baden 2010, S. 424–459

Buschmann, Rudolf: Altersdiskriminierung in der Namensliste, in: Festschrift für Wank, München 2014, S. 63

Calliess, Christian; Ruffert, Matthias (Hrsg.), Kommentar zum EUV/AEUV, 5. Aufl., München 2016

Callsen, Raphael: Kündigungsschutz behinderter Menschen bei grenzüberschreitenden Sachverhalten, ZESAR 2016, 21–26

von Campenhausen, Axel und de Wall, Heinrich: Staatskirchenrecht, 4. Aufl., München 2006

Canaris, Claus-Wilhelm: Die richtlinienkonforme Auslegung und Rechtsfortbildung im System der juristischen Methodenlehre, in: Koziol/Rummel (Hrsg.), Im Dienste der Gerechtigkeit. Festschrift für Franz Bydlinski, Wien New York 2002, S. 47–103

Chege, Victoria: Multidimensional Discrimination in EU-Law: Sex, Race and Ethnicity, Diss., 2011

Civic Consulting: Study on the use of age, disability, sex, religion or belief, racial or ethnic origin and sexual orientation in financial services, in particular in the insurance and banking sectors, Final report - Part I: Main Report, commissioned by and prepared for the use of the European Commission, 2010 (Zitierweise: Civic Consulting)

Classen, Claus Dieter: Religionsfreiheit und Staatskirchenrecht, Tübingen 2003

Colneric, Ninon: Das Verbot der Diskriminierung wegen einer Behinderung in der Rechtsprechung des EuGH, in: Faber, Ulrich; Feldhoff, Kerstin; Nebe, Katja; Schmidt, Kristina; Waßer, Ursula (Hrsg.), Gesellschaftliche Bewegungen – Recht unter Beobachtung und in Aktion, Festschrift für Wolfhard Kohte, Baden-Baden 2016, S. 243–258

Colneric, Ninon: Anmerkung zur Entscheidung des BAG vom 27.4.1988 – 4 AZR 707/87 – AiB 1988, 307–309

Colneric, Ninon: Entgeltgleichheit und Outsourcing, in: Kohte, Wolfhard; Dörner, Hans-Jürgen; Anzinger, Rudolf (Hrsg.), Arbeitsrecht im sozialen Dialog, FS Wissmann, München 2005, S. 535–545

Cormack, Janet; Niessen, Jan: Die Unabhängigkeit von Gleichbehandlungsstellen, EZADR 2005, 25

Cornelius, Kai; Lipinski, Wolfgang: Diskriminierungsabrede im Aufhebungsvertrag, Lottogewinn oder „Sozialversicherungsbetrug" und Steuerhinterziehung?, BB 2007, 496

Cornelissen, Robert: 25 Years of Regulation (EEC) No. 1408/71. Its Achievements and Its limits, in: Swedish National Social Insurance Board (Hrsg.), 25 Years of Regulation (EEC) No. 1408/71 on social security for migrant workers, Stockholm 1997, S. 25

Davy, Ulrike: Das Verbot der Diskriminierung wegen einer Behinderung im deutschen Verfassungsrecht und im Gemeinschaftsrecht, SDSRV 2002, 7

Dälken, Michaela: Managing Diversity. Betriebs- und Dienstvereinbarungen, Analyse und Handlungsempfehlungen, Frankfurt aM 2012

Däubler, Wolfgang; Hjort, Jens Peter; Schubert, Michael; Wolmerath, Martin (Hrsg.): *siehe* Handkommentar Arbeitsrecht

Däubler, Wolfgang: Anmerkung zu BAG 12.12.2013 – 8 AZR 838/12 – AP § 15 AGG Nr. 17

Däubler, Wolfgang: Das Arbeitsrecht 1, 16. Aufl., Reinbek 2006

Däubler, Wolfgang: Das Arbeitsrecht 2, 12. Aufl., Reinbek 2009

Däubler, Wolfgang: BGB kompakt, 3. Aufl., München 2008

Däubler, Wolfgang: Gläserne Belegschaften? Das Handbuch zum Arbeitnehmerdatenschutz, 7. Aufl., Frankfurt aM 2017

Däubler, Wolfgang: Rechtswidrige Unternehmerentscheidung und betriebsbedingte Kündigung, DB 2012, 2100

Däubler, Wolfgang: Schulung und Fortbildung von betrieblichen Interessenvertretern, 5. Aufl., Frankfurt aM 2004

Däubler, Wolfgang: Kündigungsschutz für Arbeitnehmer, Düsseldorf 2006

Däubler, Wolfgang (Hrsg.): Tarifvertragsgesetz mit Arbeitnehmer-Entsendegesetz, Kommentar, 4. Aufl., Baden-Baden 2016 (Zitierweise: Däubler-Bearbeiter)

Däubler, Wolfgang: Market and Social Justice in the EC – the Other Side of the Internal Market, Gütersloh 1991

Däubler, Wolfgang: Auf dem Weg zu einem europäischen Arbeitsrecht?, in: Krämer/Micklitz/Tonner (Hrsg.), Liber amicorum Norbert Reich, Baden-Baden 1997, S. 441–458

Däubler, Wolfgang: Internet und Arbeitnehmerdatenschutz, AiB extra 2015, 29 ff.

Däubler, Wolfgang: Neue Akzente im Arbeitskollisionsrecht, RIW 2000, 255–260

Däubler, Wolfgang: Das kirchliche Arbeitsrecht und die Grundrechte der Arbeitnehmer, RdA 2003, 204–209

Däubler, Wolfgang: Neues zur betriebsbedingten Kündigung, NZA 2004, 177–184

Däubler, Wolfgang: Das Verbot der Ausgrenzung einzelner Bevölkerungsgruppen – Existenzminimum und Arbeitslosengeld II, NZS 2005, 225–231

Däubler, Wolfgang: Weltanschauung auf europäisch, NJW 2006, 2608–2609

Däubler, Wolfgang: Was bedeutet Diskriminierung nach künftigem Recht?, ZfA 2006, 479–491

Däubler, Wolfgang: Kein Diskriminierungsschutz bei Kündigungen?, AiB 2006, 738–741

Däubler, Wolfgang: Die Kündigung als unmittelbare Diskriminierung, AiB 2007, 22–26

Däubler, Wolfgang: Die Kündigung als mittelbare Diskriminierung, AiB 2007, 97–100

Däubler, Wolfgang: Gleichheit statt Freiheit? Zum Grundrechtsschutz des Arbeitnehmers, GS Zachert, Baden-Baden 2010, S. 227–238

Däubler, Wolfgang: Rechtswidrige Unternehmerentscheidung und betriebsbedingte Kündigung, DB 2012, 2100–2103

Däubler, Wolfgang; Deinert, Olaf; Zwanziger, Bertram (Hrsg.): Kündigungsschutzrecht, 10. Aufl., Frankfurt aM 2017 (Zitierweise: DDZ-Bearbeiter)

Däubler, Wolfgang; Kittner, Michael; Lörcher, Klaus: Internationale Arbeits- und Sozialordnung, 2. Aufl., Köln 1994

Däubler, Wolfgang; Kittner, Michael; Klebe, Thomas; Wedde, Peter (Hrsg.): Betriebsverfassungsgesetz mit Wahlordnung und EBR-Gesetz, 16. Aufl., Frankfurt aM 2018 (Zitierweise: DKKW-Bearbeiter)

Däubler, Wolfgang; Kittner, Michael; Klebe, Thomas; Wedde, Peter (Hrsg.): Betriebsverfassungsgesetz, Formularbuch, 3. Aufl., Frankfurt aM 2015 (Zitierweise: DKKWF)

Däubler, Wolfgang; Klebe, Thomas: Crowdwork: Die neue Form der Arbeit – Arbeitgeber auf der Flucht, NZA 2015, 1032 ff.

Dammann, Jens C.: Die Grenzen zulässiger Diskriminierung im allgemeinen Zivilrecht, Berlin 2005

Dauner-Lieb, Barbara; Heidel, Thomas; Ring, Gerhard (Hrsg.), Nomos Kommentar BGB, Bd. 1, Bd. 2 Teilbd. 2, 3. Aufl. Baden-Baden 2016 (Zitierweise: NK-BGB/Bearbeiter)

Dauner-Lieb, Barbara; Langen, Werner (Hrsg.): Anwaltkommentar BGB, Band 2: Schuldrecht, Teilband 2: §§ 611 bis 853, Bonn 2005

Décaux, Emmanuel: La Réforme du Pacte International Relatif aux Droits Économiques, Sociaux et Culturels, in: Mélanges en l'honneur de Nicolas Valticos, Paris 1999, S. 407–415

Degener, Theresia: Verfassungsrechtliche Probleme mit der Behindertendiskriminierung in Deutschland, KJ 2000, 425

Deinert, Olaf: Zwingendes Recht. Grenzen rechtsgeschäftlicher Gestaltungsmacht und Verbotsgesetz. Umgehungsproblematik und teilweise Aufrechterhaltung unzulässiger Rechtsgeschäfte, Köln 2002

Deinert, Olaf: Internationales Arbeitsrecht. Deutsches und europäisches Arbeitskollisionsrecht, Tübingen 2013

Deinert, Olaf: Soloselbständige zwischen Arbeitsrecht und Wirtschaftsrecht: Zur Notwendigkeit eines erweiterten Sonderrechts für Kleinunternehmer als arbeitnehmerähnliche Personen, Baden-Baden 2015

Deinert, Olaf: Anwendungsprobleme der arbeitsrechtlichen Schadensersatzvorschriften im neuen AGG, DB 2007, 398

Deinert, Olaf: Die Druckkündigung im Lichte der Diskriminierungsverbote, RdA 2007, 275

Deinert, Olaf: Die Verdachtskündigung – Neues zu einem alten Thema?, AuR 2005, 285

Deinert, Olaf: Diskriminierungen sind Persönlichkeitsrechtsverletzungen, Welche Ansprüche können in welcher Höhe erhoben werden?, AiB 2007, 741

Deinert, Olaf/Neumann, Volker: Rehabilitation und Teilhabe behinderter Menschen, Handbuch, SGB IX, 2. Aufl., Baden-Baden 2009

Deinert, Olaf; Welti, Felix: Stichwort-Kommentar Behindertenrecht, Baden-Baden 2014 (Zitierweise: SWK Behindertenrecht/Bearbeiter).

Delbrück, Jost: Die Konvention der Vereinten Nationen zur Beseitigung jeder Form der Diskriminierung der Frau von 1979 im Kontext der Bemühungen um einen völkerrechtlichen Schutz der Menschenrechte, in: von Münch, Ingo (Hrsg.), Festschrift für Hans-Jürgen Schlochauer, Berlin New York 1981, S. 247–270

Denninger, Erhard; Hoffmann-Riem, Wolfgang; Schneider, Hans-Peter; Stein, Ekkehart: Kommentar zum Grundgesetz für die Bundesrepublik Deutschland, Stand: August 2002 (Zitierweise: AK-GG-Bearbeiter)

Derleder, Peter: Gleichbehandlung im Abseits des Wohnungsmarktes, NZM 2009, 310.

Derleder, Peter; Sabetta, Giuseppe: Die Umsetzung eines Diskriminierungsverbots im Wohnraummietrecht, WuM 2005, 3–10

Desbarats, Isabelle und Reynès, Brigitte: Âge et Conditions du Travail, DS 2003, 1067–1076

Dethloff, Nina: Registrierte Partnerschaften in Europa, ZeuP 2004, 59–74

Deutscher Anwaltsverein (DAV), Ausschuss Arbeitsrecht: Stellungnahme zum Entwurf eines Gesetzes zur Förderung der Transparenz von Entgeltstrukturen, Stellungahme Nr. 22/2017, abrufbar unter https://anwaltverein.de/de/newsroom/sn-22-17-entgelttransparenzgesetz-entgtranspg (Zitierweise: DAV, Stellungnahme Nr. 22/2017)

Deutscher Gewerkschaftsbund (DGB): Schriftliche Stellungnahme in der öffentlichen Anhörung des Ausschusses für Familie, Senioren, Frauen und Jugend des Deutschen Bundestages am 6.3.2017, A-Drucks. 18 (13) 107 j (Zitierweise: DGB, Stellungnahme A-Drucks. 18 (13) 107 j)

Deutscher Juristinnenbund e.V. (djb): Schriftliche Stellungnahme in der öffentlichen Anhörung des Ausschusses für Familie, Senioren, Frauen und Jugend des Deutschen Bundestages am 6.3.2017, A-Drs. 18 (13) 107g (Zitierweise: djb, Stellungnahme, A-Drucks. 18 (13) 107g)

Devetzi, Stamatia: Die Kollisionsnormen des Europäischen Sozialrechts, Berlin 2001

Dickens, Linda: Antidiscrimination legislation: exploring and explaining the impact on womens employment, in: McCarthy (ed.), Legal Interventions in Industrial Relations: Gains and Losses, 1992, S. 131

Dickerhof-Borello, Elisabeth: Zur Befristung von Arbeitsverhältnissen auf das Renteneintrittsalter, AuR 2009, 251–252

Dill, Ricarda: Die Antidiskriminierungs-Richtlinien der EU und das deutsche Staatskirchenrecht, ZRP 2003, 318–322

Diller, Martin: BB-Forum: „AGG-Hopping" – und was man dagegen tun kann!, BB 2006, 1968

Diller, Martin: Einstellungsdiskriminierung durch Dritte, NZA 2007, 649–653

Diller, Martin; Krieger, Steffen; Arnold, Christian: Kündigungsschutzgesetz plus Allgemeines Gleichbehandlungsgesetz, NZA 2006, 887–892

Döge, Peter: Der Diversity-Check – Vielfalt als Baustein zukunftsfähiger Organisationen, in: Heinrich-Böll-Stiftung (Hrsg.), Positive Maßnahmen. Von Antidiskriminierung zu Diversity, Schriften zur Demokratie, Band 24, Berlin 2010, S. 158–163

Dörfler, Janine; Wende, Susanne: Ursachen geschlechtsspezifischer Kostenunterschiede in der Privaten Krankenversicherung – Eine empirische Untersuchung unter besonderer Berücksichtigung der Anforderungen des AGG, ZVersWiss 2010, 17–39

Döring, Andreas: Differenzierung oder Diskriminierung? – Auswirkungen der Leitlinien der Europäischen Kommission zum EuGH-Urteil „Test-Achats", VW 2012, 122–125

Döse, Annegret: Die anonyme Bewerbung und das Berliner Partizipations- und Integrationsgesetz. Zwei „positive Maßnahmen" auf dem Prüfstand, NZA 2012, 781–782

Domröse, Ronny: Krankheitsbedingte Kündigung als Verstoß gegen das Verbot der Diskriminierung wegen einer Behinderung in Beschäftigung und Beruf?, NZA 2006, 1320–1325

Dorssemont, Filip; Lörcher, Klaus; Schömann, Isabelle (Hrsg.): The European Convention on Human Rights and the Employment Relation, Oxford/Portland 2013

Dreier, Horst: Grundgesetz, Kommentar, 2. Aufl., Tübingen 2004 (Zitierweise: Bearbeiter in Dreier)

Dreyer, Eva: Race Relations Act 1976 und Rassendiskriminierung in Großbritannien, Baden-Baden 2000

Düwell, Franz-Josef: Das AGG – ein neuer Versuch zur Umsetzung der Antidiskriminierungsrichtlinien in das Arbeitsrecht, jurisPR-ArbR 28/2006 Anm. 7

Düwell, Franz-Josef: Die Neuregelung des Verbots der Benachteiligung wegen Behinderung im AGG, BB 2006, 1741–1745

Düwell, Franz-Josef: Gesetz zur Förderung gleichberechtigter Teilhabe in Führungsgremien, FA 2012, 354

Düwell, Josef; Brink, Stefan: Beschäftigtendatenschutz nach der Umsetzung der Datenschutzgrundverordnung: viele Änderungen und wenig Neues, NZA 2017, 1081–1085

Düwell, Josef; Brink, Stefan: Die EU-Datenschutz-Grundverordnung und der Beschäftigtendatenschutz, NZA 2016, 665–668

Ebenhoch-Combs, Andrea: Die Anknüpfung an das Lebensalter in der Besoldung, RiA 2015, 103–108

Ebsen, Handbuch des Verfassungsrechts, 2. Aufl., 1994

Edenfeld, Stefan: Offene arbeitsrechtliche Fragen im SGB IX, NZA 2012, 713–720

Eggert-Weyand, Sabine: Belästigung am Arbeitsplatz, Frankfurt/M., Berlin, Bern, Brüssel, New York, Oxford, Wien 2010

Ehlers, Dirk: Europäische Grundrechte und Grundfreiheiten, 3. Aufl., Berlin 2009

Eichen, Klaus: Kommentar zum Gesetz über die Gleichbehandlung der Soldatinnen und Soldaten (Soldatinnen- und Soldaten-Gleichbehandlungsgesetz – SoldGG, 1. Aufl., Baden-Baden 2012 (Online-Kommentar)

Eichenhofer, Eberhard; Abig, Constanze: Zugang zu steuerfinanzierten Sozialleistungen nach dem Staatsangehörigkeitsprinzip?, Münster 2004

Eichenhofer, Eberhard; Wenner, Ulrich: Kommentar zum Sozialgesetzbuch I, IV, X, Wannagat Sozialversicherungsrecht, Köln 2012

Eichenhofer, Eberhard: Internationales Sozialrecht, München 1994

Eichenhofer, Eberhard: Deutsches Sozialhilferecht und europäisches Gemeinschaftsrecht, ZfF 1999, 109–110

Eichenhofer, Eberhard: Verbot der indirekten Diskriminierung wegen der Staatsangehörigkeit – Rechtsfigur zur Lückenschließung im Europäischen Sozialrecht?, DRdA 2002, 79–85

Eichenhofer, Eberhard: Diskriminierung wegen der Rasse, ethnischen Herkunft, des Alters und der Behinderung. Vieldeutigkeiten und Operationalisierungsprobleme aus gemeinschaftsrechtlicher Sicht, in: Rust/Däubler ua (Hrsg.), Loccumer Protokolle 40/2003, Rehburg-Loccum 2003, S. 73–90

Eichenhofer, Eberhard: Umsetzung europäischer Antidiskriminierungsrichtlinien in deutsches Sozialrecht, Sonderbeilage zu NZA Heft 22/2004, S. 26–31

Eichenhofer, Eberhard: Diskriminierungsschutz und Privatautonomie, DVBl 2004, 1078–1086

Eichenhofer, Eberhard: Gesetzliche Altersgrenze im Vertrags(zahn)arztrecht: Kann nach dem AGG alles beim Alten bleiben?, SGb 2007, 580–585

Eichinger, Julia: Grundsatz der Gleichbehandlung hinsichtlich des Zugangs zur Beschäftigung, zur Berufsausübung und zum beruflichen Aufstieg sowie in Bezug auf die Arbeitsbedingungen (Richtlinie 76/207/EWG), in: Oetker/Preis EAS B 4200

Ellis, Evelyn: Social Advantages: A new lease of life?, CMLR 40 (2003), 639–659

Elsuni, Sarah: Diskriminierung im Gesundheitswesen. Rechtswissenschaftliches Fachgutachten unter Mitarbeit von Maria Ketteler 2010 (abrufbar unter Studien, Berichte, Materialien: www.berlin.de/lb/ads)

Epiney, Astrid; Freiermuth Abt, Marianne: Das Recht der Gleichstellung von Mann und Frau in der EU, Baden-Baden 2003

Epping, Volker; Hillgruber, Christian (Hrsg.): BeckOK Grundgesetz, München 2017 (Zitierweise: BeckOK-GG-Bearbeiter)

Erbs, Georg; Kohlhaas, Max; Ambs, Friedrich (Hrsg.): Strafrechtliche Nebengesetze, 191. Ergänzungslieferung, München 2012 (Zitierweise: Erbs/Kohlhaas/Kaiser)

Erfurter Kommentar zum Arbeitsrecht, herausgegeben von Müller-Glöge, Rudi; Preis, Ulrich; Schmidt, Ingrid, 17. Aufl., München 2017, 18. Aufl. 2018 (Zitierweise: ErfK-Bearbeiter)

Erman, Walter (Begr.), herausgegeben von Westermann, Harm-Peter; Grunewald, Barbara; Meier-Reimer, Georg: Handkommentar zum BGB, 15. Aufl., Münster 2017

Esser, Josef; Schmidt, Eike: Schuldrecht, Band I, Allgemeiner Teil, Teilband 2, 8. Aufl., Heidelberg 2000

Etzel, Gerhard; Bader, Peter; Fischermeier, Ernst; Friedrich, Hans-Wolf; Griebeling, Jürgen; Lipke, Gert-Albert; Pfeiffer, Thomas; Rost, Friedhelm; Spilger, Andreas Michael; Vogt, Norbert; Weigand, Horst; Wolff, Ingeborg: Gemeinschaftskommentar zum Kündigungsschutzrecht und zu sonstigen kündigungsschutzrechtlichen Vorschriften, 11. Aufl., München/Unterschleißheim 2016 (Zitierweise: KR-Bearbeiter)

Europäische Kommission: Vorschlag für eine Richtlinie des Europäischen Parlaments und des Rates zur Gewährleistung einer ausgewogeneren Vertretung von Frauen und Männern unter den nicht geschäftsführenden Direktoren/Aufsichtsratsmitgliedern börsennotierter Gesellschaften und über damit zusammenhängende Maßnahmen, 2012

Falke, Josef: Der soziale Dialog. Neue Säule des Schutzes vor Diskriminierung?, ZESAR 2004, 244–256

Faulenbach, Daniel: Das arbeitsrechtliche Maßregelungsverbot (§ 612 a BGB), Heidelberg 2005

Feest, Johannes; Lesting, Wolfgang (Hrsg.): Kommentar zum Strafvollzugsgesetz (AK-StVollzG), 6. Aufl., Neuwied 2012

Featherstone, Liza: Betty Dukes gegen Wal-Mart, Mitb 2007, 44

Feldes, Wener; Kohte, Wolfhard; Stevens-Bartol, Eckart (Hrsg.): SGB IX, 3. Aufl., Frankfurt/M. 2015 (Zitierweise: Feldes/Kohte/Stevens-Bartol).

Feldhoff, Kerstin: Entschädigung nach dem AGG bei Kündigung unter Missachtung des Mutterschutzgesetzes, Streit 2015, 111–114

Felix, Dagmar; Sangi, Roya: „Unisex-Tarife" in der Privatversicherung, ZESAR 2011, 257–264

Feuerborn, Andreas: Nachbesserungsbedarf beim Diskriminierungsschutz im Arbeitsrecht – Baumängel der Vorschriften des Allgemeinen Gleichbehandlungsgesetzes, JR 2008, 485.

Finkin, Matthew W.: Die Bedeutung des Arbeitsrechts für die Wirtschaftsleistung in Deutschland aus Sicht der USA, RdA 2002, 333–343

Fischer, Thomas, Diskriminierung durch Dritte bei der Bewerberauswahl, NJW 2009, 3547–3550

Fischer, Ulrich: Verletzung der Ausschreibungsverpflichtung nach § 7 Abs. 1 TzBfG und Zustimmungsverweigerung nach § 99 Abs. 2 BetrVG, AuR 2001, 325

Fischer, Ulrich: Zustimmungsverweigerung wegen unterbliebener Ausschreibung in Teilzeit, AuR 2005, 255

Fischinger, Philipp: Anm. zu BAG AP § 15 AGG Nr. 11

Fitting, Karl (Begr.); Engels, Gerd; Schmidt, Ingrid; Trebinger, Yvonne; Linsenmaier, Wolfgang: Betriebsverfassungsgesetz mit Wahlordnung. Handkommentar, 28. Aufl., München 2016 (Zitierweise: Fitting)

Flohr, Eckhard; Ring, Gerhard (Hrsg.): Das neue Gleichbehandlungsgesetz, Münster 2006 (Zitierweise: Flohr/Ring-Bearbeiter)

Flume, Werner: Vom Beruf unserer Zeit für Gesetzgebung, ZIP 2000, 1427

Foljanty, Lena; Lembke, Ulrike (Hrsg.): Feministische Rechtswissenschaft, 2. Aufl., Baden-Baden 2012

Franke, Bernhard: Das zivilrechtliche Benachteiligungsverbot des Allgemeinen Gleichbehandlungsgesetzes in der Rechtsprechung, NJ 2010, 233–240

Franke, Bernhard: Die neue europäische Verordnung über Rechte von behinderten Flugreisenden und Flugreisenden mit eingeschränkter Mobilität, ZESAR 2009, 22–25

Franke, Bernhard: Drei auf einen Streich? Die Umsetzung der EU-Gleichbehandlungsrichtlinien, in: König/Lange ua, Loccumer Protokolle 71/2003, S. 309–314

Franke, Bernhard; Merx, Andreas: Positive Maßnahmen – Handlungsmöglichkeiten nach § 5 AGG, AuR 2007, 235–239

Franke, Bernhard; Schlenzka, Nathalie: Die Antidiskriminierungsstelle des Bundes, in: Scherr/El-Mafaalani/Yüksel (Hrsg.), Handbuch Diskriminierung, S. 723–743

Franzen, Martin: Privatrechtsangleichung durch die Europäische Gemeinschaft, Berlin New York 1999

Franzen, Martin: Diskriminierungsverbote und Privatautonomie, Gedanken zur Umsetzung der EG-Richtlinien 2000/43 und 2000/78 im allgemeinen Privatrecht, in: Juristische Studiengesellschaft Jahresband 2004, Heidelberg 2005, S. 49

Franzen, Martin: Anwendungsfragen des Auskunftsanspruchs nach dem Entgelttransparenzgesetz (EntgTranspG), NZA 2017, 814–819

Franzen, Martin; Gallner, Inken; Oetker, Hartmut (Hrsg.): Kommentar zum europäischen Arbeitsrecht, München 2016 (Zitierweise: EUArbR/Bearbeiter)

Fredman, Sandra: Discrimination Law, Oxford 2002

Fredman, Sandra: Women and the Law, Oxford 1997

Fredman, Sandra (ed.): Discrimination and human rights – The Case of Racism, 2001

Fredman, Sandra; Spencer, Sarah: Age as Equality Issue, Oxford and Portland/Oregon 2003

Frenzel, Hartmund H.: Effizienzsteigerung des AGG – eine rechtsökonomische Analyse, SozF 2012, 1.

Fries, Michaela: Die Bedeutung von Artikel 5 (f.) der Rassendiskriminierungskonvention im deutschen Recht. Diskriminierung durch Private beim Zugang zu Gaststätten, Berlin Heidelberg ua, 2003

Frimmel, Daniela: Der Schutz vor Benachteiligung im Zivilrechtsverkehr – Eine Untersuchung der Implementierung europäischer gleichbehandlungsrechtlicher Vorgaben in das deutsche Recht, Chemnitz ua 2013 (zugl. Chemnitz, TU, Diss. 2012)

Frings, Dorothee: Diskriminierung aufgrund der islamischen Religionszugehörigkeit im Kontext Arbeitsleben – Erkenntnisse, Fragen und Handlungsempfehlungen, Diskriminierungen von Musliminnen und Muslimen im Arbeitsleben und das AGG, Expertise im Auftrag der Antidiskriminierungsstelle des Bundes, 2010; abrufbar unter Publikationen: www.ads.de (Zitierweise: Frings, Expertise islamische Religionszugehörigkeit)

Francois-Poncet, Raphaele; Deilmann, Barbara; Otte, Sabine: Frauenquote in französischen Aufsichts- und Verwaltungsräten – ist eine Quote auch in Deutschland zulässig?, in: NZG 2011, 450–454

Frowein, Jochen Abr.; Peukert, Wolfgang: Europäische Menschenrechtskonvention. EMRK-Kommentar, 3. Aufl., Kehl ua 2009

Fuchs, Harald; Köstler, Roland; Pütz, Lasse, Handbuch zur Aufsichtsratswahl. Wahlen der Arbeitnehmervertreter nach dem Mitbestimmungsgesetz und nach dem Drittelbeteiligungsgesetz, 6. Aufl., Frankfurt 2016

Fuchs, Maximilian: Elemente der Antidiskriminierung im deutschen Arbeitsrecht, ZESAR 2006, 377–385

Fuchs, Maximilian; Marhold, Franz: Europäisches Arbeitsrecht, 2. Aufl., Wien 2006

Fuchsloch, Christine: Das Verbot der mittelbaren Geschlechtsdiskriminierung. Ableitung, Analyse und exemplarische Anwendung auf staatliche Berufsausbildungsförderung, Baden-Baden 1995

Fuhlrott, Michael: Der arbeitsrechtliche Gleichbehandlungsgrundsatz als Anspruchsnorm, ArbRAktuell 2015, 141–144

Fuhlrott, Michael; Ritz, Sebastian: Mehr Transparenz beim Entgelt – ein Überblick über das neue Gesetz, ArbR 2017, 211–214

Gach, Bernt; Julis, Susanne: Beschwerdestelle und -verfahren nach § 13 Allgemeines Gleichbehandlungsgesetz, BB 2007, 773

Gaier, Reinhard; Wendtland, Holger: Allgemeines Gleichbehandlungsgesetz, AGG, Eine Einführung in das Zivilrecht, München 2006 (Zitierweise: Gaier/Wendtland-Bearbeiter)

Gamillscheg, Franz: Kollektives Arbeitsrecht, Bd. 1, München 1997

Gamillscheg, Franz: Zum Fall Mahlburg, EuGH, Urt. v. 3.2.2000, NZA 2000, 255, in: Hohloch ua (Hrsg.), Festschrift Stoll, Tübingen 2002, S. 21–32

Ganner, Michael: Selbstbestimmung im Alter: Privatautonomie für alte und pflegebedürftige Menschen in Österreich und Deutschland, Wien New York 2005

Garrido Pérez, Eva: El Tratamiento comunitario de la Discapacidad: Desde s. u. Consideración como una anomalía social a la Noción del Derecho a la Igualdad de Oportunidades, Temas Laborales No 59 (2001), 165–192

Gas, Tonio: Die unmittelbare Anwendbarkeit von Richtlinien zulasten Privater im Urteil „Mangold“, EuZW 2005, 737

Gaul, Björn: Das geplante Gesetz zur Förderung der Transparenz von Entgeltstrukturen – Auf welchen Aufwand sich die Praxis schon jetzt einstellen sollte, ArbRB 2017, 47

Gaul, Björn; Niklas, Thomas: Keine Altersdiskriminierung durch Sozialauswahl mit Altersgruppen, NZA-RR 2009, 457

Gay, Vivienne: The transposition of the new European Anti-Discrimination Directives into English employment law, Sonderbeilage zu NZA Heft 22/2004, S. 31–49

Gebauer, Martin; Wiedmann, Thomas: Zivilrecht unter europäischem Einfluss, 2. Aufl., Stuttgart 2010 (Zitierweise: Bearbeiter, in: Gebauer/Wiedmann)

Geiger, Rudolf; Khan, Daniel-Erasmus; Kotzur, Markus: EUV/AEUV. Kommentar, 6. Aufl., München 2017

Gelazis, Nida M.: The European Union and the Statelessness Problem in the Baltic States, European Journal of Migration and Law 6 (2004), 225–242

Germelmann, Claas-Hinrich; Matthes, Hans-Christoph; Prütting, Hanns; Müller-Glöge, Rudi: Arbeitsgerichtsgesetz, 9. Aufl., München 2017 (Zitierweise: GMP-Bearbeiter)

Geschke, Daniel: Vorurteile, Differenzierung und Diskriminierung – sozialpsychologische Erklärungsansätze, APuZ 16–17/2012, 1–2

Giesen, Richard: Verbotene Altersdiskriminierung durch befristete Arbeitsverträge mit Arbeitnehmern ab 52 Jahren, SAE 2006, 45–53

Glajcar, Jakob: Altersdiskriminierung durch tarifliche Vergütung, Diss., Freiburg 2011

Gola, Peter (Hrsg.): Datenschutz-Grundverordnung, München 2017 (Zitierweise: Gola-Bearbeiter)

Goldschmidt, Jenny: Reasonable Accomodation in EU equality law in a broader perspective, ERA-Forum 2007, 39–48

González Biedma, Eduardo: La apariencia fisica del trabajador y el contrato de trabajo: una aproximación al probleme, in: Casas Baamonde; Durán López; Cruz Villalon (coord.), Las Transformaciones del Derecho del Trabajo en el Marco de la Constitución espanola. Estudios en Homenaje als Profesor Miguel Rodríguez-Pinero y Bravo-Ferrer, Madrid 2006, S. 673–694

Göpfert, Burkhard: Anmerkung zu BAG AP § 15 AGG Nr. 12

Göpfert, Burkard; Dornbusch, Gregor; Rottmeier, Daniala: „Odar“ – Diskriminierung bei Sozialplanabfindung – auch im Sozialtarifvertrag?, NZA 2015, 1172

Göpfert, Burkard; Siegrist, Carolin: Stalking – Nach Inkrafttreten des Allgemeinen Gleichbehandlungsgesetzes auch ein Problem für Arbeitgeber?, NZA 2007, 473

Gotthardt, Michael: Arbeitsrecht nach der Schuldrechtsreform, 2. Aufl., München 2003

Gounalakis, Georgios; Gounalakis, Kathrin: Rechtsprobleme der Vertragsgestaltung bei privaten Unterrichtseinrichtungen, RdJB 1997, 229–237

Grabenwarter, Christoph (Hrsg.): Europäischer Grundrechteschutz, Enzyklopädie Europarecht, Band 2, Baden-Baden 2014 (Zitierweise: Grabenwarter-Bearbeiter)

Grabenwarter, Christoph; Pabel, Katharina: Europäische Menschenrechtskonvention, ein Studienbuch, 5. Aufl., München 2012

Gramß-Siegismund, Kirstin: Altersgrenzen der Berufssoldatinnen und Berufssoldaten als Diskriminierungsproblem. Eine Betrachtung vor dem Hintergrund der Richtlinie 2000/78/EG, Frankfurt/Main 2017

Graue, Bettina: Der deutsche und europäische öffentliche Dienst zwischen rechtlicher und faktischer Gleichberechtigung der Geschlechter, Frankfurt aM 2004

Grimm, Detlef; Freh, Stefan: Das Gesetz zur Förderung der Transparenz von Entgeltstrukturen, ArbRB 2017, S001–S013

Grobys, Marcel: Die Beweislast im Antidiskriminierungsprozess, NZA 2006, 898

Grobys, Marcel: Einstellung von Arbeitnehmern im Lichte des AGG, NJW-Spezial 2007, 81

von der Groeben, Hans; Schwarze, Jürgen (Hrsg.): Kommentar zum Vertrag über die Europäische Union und zur Gründung der Europäischen Gemeinschaft, 6. Aufl., Baden-Baden 2004

De Groot, Simone: Vereinbarkeit von Höchstaltersgrenzen in der betrieblichen Altersversorgung mit dem AGG, SEA 2012, 79

Großmann, Ruprecht ua: Gemeinschaftskommentar zum Sozialgesetzbuch – Rehabilitation und Teilhabe behinderter Menschen, Loseblattausgabe (Stand: Dezember 2012) Neuwied

Gruber, Joachim: Zwei problematische Punkte des AGG: Die Anforderung eines Passfotos und die Suche nach dem „muttersprachlichen Mitarbeiter m/w“, NZA 2009, 1247

Grünberger, Michael: Personale Gleichheit, Baden-Baden 2013 (zugl. Köln, Univ., Habil. 2011)

Grünberger, Michael: Altersdiskriminierung und Abfindungsansprüche, EuZA 2011, 171

Grundmann, Stefan; Riesenhuber, Karl: Die Auslegung des Europäischen Privat- und Schuldvertragsrechts, JuS 2001, 529–536

Guarriello, Fausta: Il Nuovo Diritto Antidiscriminatorio, GDLRI 2003, 341–349

Günther, Jens; Frey, Anna: Diskriminierende Kündigungen, Behindertenbegriff, angemessene Vorkehrungen und Entschädigung, NZA 2014, 584–589

Gutmann, Rolf: Sprachlosigkeit als Rechtsproblem, AuR 2008, 81–85

Habscheid, Walther J.: Arbeitsverweigerung aus Glaubens- und Gewissensnot?, JZ 1964, 246–249

Hadeler, Indra: Die Revision der Gleichbehandlungsrichtlinie 76/207/EWG – Umsetzungsbedarf für das deutsche Arbeitsrecht, NZA 2003, 77–81

Hahn, Oliver: Auswirkungen der europäischen Regelung zur Altersdiskriminierung im deutschen Arbeitsrecht, Baden-Baden 2006

Hailbronner, Kay: Die Antidiskriminierungsrichtlinien der EU, ZAR 2001, 254–259

Hanau, Peter: Die Beweislast bei Klagen wegen Benachteiligung bei Einstellungen und Beförderungen von Arbeitnehmern wegen des Geschlechts, FS Gnade, Köln 1992, S. 351–366

Hanau, Peter: Das Allgemeine Gleichbehandlungsgesetz (arbeitsrechtlicher Teil) zwischen Bagatellisierung und Dramatisierung, ZIP 2006, 2189–2201

Hanau, Peter; Preis, Ulrich: Zur mittelbaren Diskriminierung wegen des Geschlechts, ZfA 1988, 177

Hanau, Peter; Steinmeyer, Heinz-Dietrich; Wank, Rolf: Handbuch des europäischen Arbeits- und Sozialrechts, München 2002

Handkommentar Arbeitsrecht, hrsg. von Däubler, Wolfgang; Hjort, Jens Peter; Hummel, Dieter; Wolmerath, Martin; 4. Aufl., Baden-Baden 2017 (Zitierweise: HK-ArbR/Bearbeiter)

Hannett, Sarah: Equality at the Intersections: The Legislative and Judicial Failure to Tackle Multiple Discrimination, Oxford Journal of Legal Studies 23 (2003), 65–68

Haratsch, Andreas: Die Antidiskriminierungspolitik der EU – Neue Impulse durch Art. 13 EGV?, in: Klein (Hrsg.), Rassische Diskriminierung – Erscheinungsformen und Bekämpfungsmöglichkeiten, Berlin 2002, S. 195–227

Haratsch, Andreas: Die Bedeutung der UN-Menschenrechtspakte für die Europäische Union, in: Klein (Hrsg.), MenschenRechtsMagazin. Themenheft 25 Jahre Internationale Menschenrechtspakte, Potsdam 2002, S. 29–54

Hartmeyer, Elisabeth, Kopftuchverbot in privaten Unternehmen – Religiöses Symbol und „corporate identity“, EuZA 10 (2017), 545–554

Hauck, Karl; Noftz, Wolfgang (Hrsg.): Sozialgesetzbuch: SGB IX, Rehabilitation und Teilhabe behinderter Menschen, Berlin, Loseblatt, Stand: 2012

Haverkate, Görg; Huster, Stefan: Europäisches Sozialrecht, Baden-Baden 1999

Hayen, Ralf-Peter: Das AGG und die Betriebsräte, AiB 2006, 730–737

Hayen, Ralf-Peter: Die Bedeutung des Allgemeinen Gleichbehandlungsgesetzes für die Interessenvertretungen, JbArbR 44 (2007), 23–59

Hayen, Ralf-Peter: Handlungsmöglichkeiten und Durchsetzungsdefizite für Interessenvertretungen nach dem Allgemeinen Gleichbehandlungsgesetz, AuR 2007, 5 ff.

Heinrich, Juliane: Gleicher Lohn für gleiche Arbeit. Entgeltgleichheit als Kriterium in der öffentlichen Auftragsvergabe des Bundes, Arbeiten zu Verwaltungsstudium und Praxis 12, Brühl 2009

Helbig, Silvia: Neue UN-Behindertenkonvention, AiB 2010, 230–232

Hendricks, Frank; van Bever, Aline: Article 8 ECHR: Judicial Patterns of Employment Privacy, in: Dorssemont/Lörcher/Schömann (Hrsg.), The European Convention on Human Rights and the Employment Relation, Oxford/Portland 2013, S. 183–208

Hensche, Detlef: Betriebliche Altersversorgung und Diskriminierungsverbot, NZA 2004, 828–832

Hensche, Detlef: Gleiche Arbeit – ungleiche Rente? Private Zusatzversorgung und Diskriminierungsverbot, AuR 2002, 167–171

Henssler: Die „AÜG-Reform" – Definition des Arbeitsvertrages im neuen § 611 a BGB, AÖ 2017, 5 ff.

Henssler, Martin; Willemsen, Heinz Josef; Kalb, Heinz-Jürgen (Hrsg.): Arbeitsrecht. Kommentar, 7. Aufl., Köln 2016 (Zitierweise: HWK-Bearbeiter)

Hepple, Bob: Race and Law in Fortress Europe, MLR 67 (2004), 1–15

Herberger, Maximilian; Martinek, Michael; Rüßmann, Helmut; Weth, Sephan; Würdiger, Markus (Hrsg.), juris Praxiskommentar BGB, Bd. 2, Schuldrecht, 8. Aufl. 2017 (Zitierweise: jurisPK/Bearbeiter)

Herms, Sascha; Meinel, Gernod: Vorboten einer neuen Ära: Das geplante Antidiskriminierungsgesetz, DB 2004, 2370–2373

Herrmann, Elke: Die Abschlussfreiheit – ein gefährdetes Prinzip. Zugleich ein Versuch einer dogmatischen Erfassung der vorvertraglichen Regelungen des § 611 a BGB, ZfA 1996, 19

Heß, Burkhard: Rechtsfragen des Vorabentscheidungsverfahrens, RabelsZ 66 (2002), 470–502

Hess, Harald; Schlochauer, Ursula; Worzalla, Michael; Glock, Dirk; Nicolai, Andrea (unter Mitarbeit von Rose, Franz-Josef): Kommentar zum Betriebsverfassungsgesetz, 8. Aufl., Köln 2011 (Zitierweise: Hess ua Bearbeiter)

Hesse, Konrad: Der Gleichheitssatz in der neueren deutschen Verfassungsentwicklung, AöR 109 (1984), 174–198

Hey, Thomas; Forst, Gerrit (Hrsg.): Kommentar zum AGG, 2. Aufl., Frankfurt aM 2015 (Zitierweise: Bearbeiter, in: Hey/Forst oder Hey/Forst-Bearbeiter)

Hinrichs, Lars; Stütze, Sebastian: Die Sprache im Arbeitsverhältnis nach fünf Jahren AGG: Eine Bestandsaufnahme, NZA-RR 2011, 113

Hinrichs, Oda; Zwanziger, Bertram: Allgemeines Gleichbehandlungsgesetz – Ende des arbeitsrechtlichen Gleichbehandlungsgrundsatzes?, Erwiderung auf Maier/Mehlich, DB 2007, 110, DB 2007, 574–577

Hinz, Werner: Allgemeines Gleichbehandlungsgesetz – Überlegungen zur Umsetzung in der mietrechtlichen Praxis (Teil 2), ZMR 2006, 826

Hinz, Werner: Allgemeines Gleichbehandlungsgesetz und Miete, SchlHA 2007, 265

Hirschberg, Marianne; Deutsches Institut für Menschenrechte, Positionen Nr. 4: Behinderung: Neues Verständnis nach der Behindertenrechtskonvention (Zitierweise: Hirschberg, DIMR-Positionen)

Hlava, Daniel: Kopftuchverbot am Arbeitplatz – Spannungsverhältnis zwischen Arbeitgeberwille und Religionsfreiheit, AuR 2017, 456 - 459

Hoch, Sebastian: Wer nicht schult, zahlt? – Schulungen nach dem Allgemeinen Gleichbehandlungsgesetz, BB 2007, 1732

Högenauer, Nikolaus: Die europäischen Richtlinien gegen Diskriminierung im Arbeitsrecht. Analyse, Umsetzung und Auswirkung der Richtlinien 2000/43/EG und 2000/78/EG im deutschen Arbeitsrecht, Hamburg 2002

Höpfner, Clemens: Altersdiskriminierung und europäische Grundrechte, ZfA 2010, 449

Hoentzsch, Susanne: Europarechtskonformität und Auslegung der Beweislastregel in § 22 AGG, DB 2006, 2631

Hoffmann, Jochen: Die Umsetzung des EuGH-Urteils „Test Achats" in Deutschland, VersR 2012, 1073–1078

Hohmann-Dennhardt, Christine; Körner, Marita; Zimmer, Reingard (Hrsg.): Geschlechtergerechtigkeit. Festschrift für Heide Pfarr, Baden-Baden 2010

Holler, Daniel E.: EntgTranspG – Ein durchsetzbarer Arbeitnehmeranspruch gegen den Betriebsrat?, NZA 2017, 822–828

Hoppe, Christian; Wege, Donat: Anmerkung zum Urteil des ArbG Wuppertal v. 10. Dezember 2003, § 626 BGB 2002 Nr. 2 a

Horcher, Michael: Kontrahierungszwang im Arbeitsrecht – unter besonderer Berücksichtigung von § 15 Abs. 6 AGG, RdA 2014, 93–102

Hornung, Gerrit: Mitbestimmung des Betriebsrats – Einführung biometrischer Kontrolleinrichtungen zur Arbeitszeiterfassung, AuR 2007, 400–401

Hornung, Gerrit; Steidle, Roland: Biometrie am Arbeitsplatz – sichere Kontrollverfahren versus ausuferndes Kontrollpotential, AuR 2005, 201–207

Horstkötter, Inge; Schiek, Dagmar: Kündigungsschutz und Geschlechtsdiskriminierung nach dem arbeitsrechtlichen Beschäftigungsförderungsgesetz 1996, AuR 1998, 227–232

Hosking, David L.: Great expectations: protection from discrimination because of disability in Community Law, European Law review 31 (2006), 667–689

Huber, Bertold: Das Arbeitsrecht der illegal beschäftigten Drittstaatsangehörigen. Die Umsetzung der Richtlinie 2009/52/EG (Sanktionsrichtlinie), NZA 2012, 477–481

Hughes, Pauline: Disability Discrimination and the Duty to make Reasonable Adjustments: Recent Developments, ILJ 33 (2004), 358–366

Huke, Rainer; Schütt, Kristina: Die Bedeutung des AGG für die Unternehmen, JbArbR 44 (2007), 61–72

Hummer, David: Zum Anwendungsvorrang von EG-Richtlinien im Zivilrecht, EuZW 2007, 268–272

Hunold, Wolf: Ausgewählte Rechtsprechung zum Antidiskriminierungsrecht, NZA-RR 2009, 113–123

Hunold, Wolf: Ausgewählte Rechtsprechung zur Gleichberechtigung im Betrieb, NZA-RR 2006, 561–568 und 617–625

Husmann, Manfred: Auswirkungen des neuen Anti-Diskriminierungsrechts auf das Sozialrecht, NZA Beilage 2008, Nr. 2, 94–102

Husmann, Manfred: Das Allgemeine Gleichbehandlungsgesetz (AGG) und seine Auswirkungen auf das Sozialrecht, ZESAR 2007, 13 ff., 58 ff.

Husmann, Manfred: Die EG-Gleichbehandlungs-Richtlinien 2000/2002 und ihre Umsetzung in das deutsche, englische und französische Recht, ZESAR 2005, 107–114 und 167–175

Husemann, Tim: Die Information über die Schwerbehinderung im Arbeitsverhältnis, RdA 2014, 16–25

Izzi, Daniela: Discriminazione senza comparazione? Appunti sulle direttive comunitarie „di seconda generazione", GDLRI 2003, 423–432

Janker, Sabine; Kelwig, Michael: Die EU-Mobilitätsrichtlinie und ihre Umsetzung in deutsches Recht, BetrAV 2015, 33

Jarass, Hans D.: Charta der Grundrechte der Europäischen Union. Kommentar, München 2010

Jarass, Hans D.; Pieroth, Bodo: Grundgesetz für die Bundesrepublik Deutschland, 12. Aufl., München 2012

Jauernig, Othmar (Hrsg.): Bürgerliches Gesetzbuch mit Allgemeinem Gleichbehandlungsgesetz, 14. Aufl., München 2011 (Zitierweise: Jauernig-Bearbeiter)

Jeammaud, Antoine: Du principe dégalité de traitement des salariés, DS 2004, 694–702

Jestaedt, Matthias: Diskriminierungsschutz und Privatautonomie, VVDStRL 64 (2005), 298–354

Jochmann-Döll, Andrea: Entgelttransparenz herstellen und Entgeltgleichheit prüfen – mit eg-check.de, RdA 2017, 169–177

Jörk, Susette und Kobes, Anne: Benachteiligungen im zivilen Rechtsverkehr nach den Regelungen des AGG von Menschen mit Behinderung, für die nach § 1896 BGB eine Betreuerin/ein Betreuer bestellt ist. Rechtsexpertise im Auftrag der Antidiskriminierungsstelle des Bundes, 2010 (abrufbar unter Publikationen: www.ads.de)

Joussen, Jacob: Die Diskriminierung behinderter Arbeitnehmer – Europäische Vorgaben und das Umsetzungsbedürfnis in Deutschland – ZESAR 2005, 375–383

Joussen, Jacob: Schwerbehinderung, Fragerecht und positive Diskriminierung nach dem AGG, NZA 2007, 174–178

Joussen, Jacob; Husemann, Tim; Mätzig, Sarah: Fortbildungsveranstaltungen und das AGG – Zu Lücken und Weiterentwicklungsbedarf im Gleichbehandlungsrecht, RdA 2014, 279–285

Junker, Abbo: Internationales Arbeitsrecht in der geplanten Rom I-Verordnung, RIW 2006, 401–408

Junker, Abbo; Aldea, Oliver: Augenmaß im Europäischen Arbeitsrecht – die Urteile Adeneler und Navas, EuZW 2007, 13–17

Jurk, Andreas; Wilhelm, Bernd: Änderung 2012: Unisextarife in der betrieblichen Altersversorgung?, BB 2012, 381–384

Kadelbach, Stefan: Zwingendes Völkerrecht, Berlin 1992

Käling, Walter (Hrsg.): Das Verbot ethnisch-kultureller Diskriminierung. Verfassungs- und menschenrechtliche Aspekte, Basel 1999

Kahler, Björn: Unisextarife im Versicherungswesen – Grundrechtsprüfung durch den EuGH, NJW 2011, 894–897

Kainz, Willi Johannes: Wesentliche Änderungen durch das neue Bundesteilhabegesetz, NZS 2017, 649–655

Kaiser, Dagmar; Dahm, Katharina: Sozialauswahl ohne Lebensalter!, NZA 2010, 437

Kaiser, Eva Maria: Tarifverträge und Altersdiskriminierungsschutz, Diss. Köln 2011

Kamanabrou, Sudabeh: Die arbeitsrechtlichen Vorschriften des Allgemeinen Gleichbehandlungsgesetzes, RdA 2006, 321–339

Kamanabrou, Sudabeh: Europarechtliche Bedenken gegen die Klagefrist bei Kündigungen wegen Betriebsübergangs, NZA 2004, 950–952

Kamanabrou, Sudabeh: Rechtsfolgen unzulässiger Benachteiligung im Antidiskriminierungsrecht, ZfA 2006, 327

Kamanabrou, Sudabeh: Vertragsgestaltung und Antidiskriminierung, NZA 2006, Beilage 3, S. 138–146

Kandler, Johanna: Sanktionsregelungen für Verstöße gegen die EG-Gleichbehandlungsrichtlinie (76/207/EWG) im deutschen Recht, Heidelberg 2003

Kania, Thomas: Betriebsratsbeteiligung bei der Durchsetzung von Entgelttransparenz, NZA 2017, 819–822

Kania, Thomas; Merten, Sonja: Auswahl und Einstellung von Arbeitnehmern unter Geltung des AGG, ZIP 2007, 8

Kania, Thomas; Sansone, Piero: Möglichkeiten und Grenzen des Pre-Employment-Screenings, NZA 2012, 360–364

Karczewski, Christoph: Vorvertragliche Anzeigepflichten, §§ 19 ff. VVG nF, §§ 16 ff. VVG aF, RuS 2012, 521–532

Kasprzyk, Izabela; Altersdiskriminierung im deutschen Arbeitsrecht, Hamburg 2014

Kaufmann, Mathias: Schadensersatz und Entschädigung in Folge von Diskriminierung im deutschen und englischen Arbeitsrecht – Eine rechtsvergleichende Studie unter Berücksichtigung des Europarechts, Frankfurt/M. 2014 (zugl. Hagen, Fernuniv., Diss. 2014)

Kay, Rosemarie; Suprinoviĉ, Olga; Werner, Arndt: Deckung des Fachkräftebedarfs in kleinen und mittleren Unternehmen: Situationsanalyse und Handlungsempfehlungen, IfM-Materialien, Institut für Mittelstandsforschung (ifM), Bonn, Nr. 200, abrufbar unter https://www.econstor.eu/handle/10419/51544 (Zitierweise: Kay/Suprinoviĉ/Werner, ifM-Materialien Nr. 200)

Kempen, Otto Ernst; Zachert, Ulrich (Hrsg.): TVG, 5. Aufl., Frankfurt aM 2013

Kempter, Michael; Koch, Jürgen: Frauenquote im Arbeitsrecht – Verfassungsrechtliche und AGG-rechtliche Aspekte, BB 2012, 3009–3014

Kern, Jan: Professionelle Diskriminierungskläger im Arbeitsrecht. Eine dogmatische Analyse, Baden-Baden 2009 (zugl. Trier, Univ., Diss. 2009)

Kerschbaumer, Judith: Gleichbehandlung von Frauen und Männern, AiB 2005, 151–155

Kilpatrick, Claire: The Court of Justice and Labour Law in 2010: A New EU Discrimination Law Architecture, Industrial Law Journal 2011, 280, 291

Kindler, Peter: BB-Kommentar, BB 2001, 11–13

Kittner, Michael: Arbeits- und Sozialordnung, 43. Aufl., Frankfurt aM 2018 (Zitierweise: ASO)

Kittner, Michael; Kohler, Thomas, Kündigungsschutz in Deutschland und den USA, Beilage 4 zu BB Heft 2000, 1–29

Kittner, Michael; Zwanziger, Bertram; Deinert, Olaf; Heuschmid, Johannes (Hrsg.): Arbeitsrecht, Handbuch für die Praxis, 9. Aufl., Frankfurt aM 2017 (Zitierweise: Kittner/Zwanziger/Deinert-Bearbeiter)

Klebe, Thomas; Wroblewski, Andrej: Individuelle und kollektive Freiheit im Arbeitsrecht – Gedächtnisschrift für Ulrich Zachert 2010, S. 313–325

Klein, Eckart (Hrsg.): 20 Jahre Übereinkommen zur Beseitigung jeder Form von Diskriminierung der Frau (CEDAW), Studien zu Grund- und Menschenrechten, Heft 5, Potsdam 2000

Klein, Eckart (Hrsg.): MenschenRechtsMagazin. Themenheft 25 Jahre Internationale Menschenrechtspakte, Potsdam 2002

Klein, Eckart (Hrsg.): Rassische Diskriminierung – Erscheinungsformen und Bekämpfungsmöglichkeiten, Berlin 2002

Klein, Eckart: Schutz von Menschenrechten der Frauen nach dem Internationalen Pakt über bürgerliche und politische Rechte, in: ders. (Hrsg.), 20 Jahre Übereinkommen zur Beseitigung jeder Form von Diskriminierung der Frau (CEDAW), Potsdam 2000, S. 31–52

Kliemt, Michael; Altersgrenzen für Vorstandsmitglieder?, RdA 2015, 232

Klose, Alexander: Mehr Verbindlichkeit wagen – positive Pflichten zu Positiven Maßnahmen, in: Heinrich Böll Stiftung (Hrsg.): Positive Maßnahmen – Von Antidiskriminierung zu Diversity, 2010, S. 40–51

Klose, Alexander; Merx, Andreas: Positive Maßnahmen zur Verhinderung oder zum Ausgleich bestehender Nachteile im Sinne des § 5 AGG, Expertise im Auftrag der Antidiskriminierungsstelle des Bundes, 2010; abrufbar unter Publikationen: www.ads.de (Zitierweise: Klose/Merx, Positive Maßnahmen)

Klumpp, Steffen: Diskontinuität und ihre Folgen im Antidiskriminierungsrecht, NZA 2005, 848–854

Klumpp, Steffen: § 23 BetrVG als Diskriminierungssanktion, NZA 2006, 904

Knickrehm, Sabine (Hrsg.): Gesamtes Soziales Entschädigungsrecht, 1. Aufl., Baden-Baden 2012 (Zitierweise: Knickrehm/Bearbeiter)

Koberski, Wolfgang; Asshoff, Gregor; Eustrup, Gabriele: Arbeitnehmer-Entsendegesetz und Mindestarbeitsbedingungengesetz. Kommentar, 3. Aufl., München 2011

Koch, Jens: EU-Kompetenz für eine Frauenquote in den Führungsgremien von Aktiengesellschaften, ZHR 175 (2011), 827

Koch, Robert: Versicherung von Haftungsrisiken nach dem Allgemeinen Gleichbehandlungsgesetz, VersR 2007, 288

Kocher, Eva: Grundsatz der Entgeltgleichheit im AGG, in: Klammer, Ute; Motz, Markus (Hrsg.), Neue Wege – Gleiche Chancen. Expertisen zum Ersten Gleichstellungsbericht der Bundesregierung, Wiesbaden 2011, S. 165–198 (Zitierweise: Kocher, Expertisen zum 1 Gleichstellungsbericht der BReg)

Kocher, Eva: Die „Verbandsklage“ in den Antidiskriminierungsrichtlinien der EU, in: König/Lange ua (Hrsg.), Gleiches Recht – gleiche Realität? Welche Instrumente bieten Völkerrecht, Europarecht und nationales Recht für die Gleichstellung von Frauen?, Loccumer Protokolle 71/03, Rehborg-Loccum 2003, S. 185–207

Kocher, Eva: Gleichstellung von Frauen und Männern – Die Anforderungen der EG-Richtlinie 2002/73/EG, AiB 2004, 654–659

Kocher, Eva: Instrumente der effektiven Rechtsdurchsetzung. „Verbandsklagerecht“ der Richtlinien, in: Rust/Däubler ua (Hrsg.), Loccumer Protokolle 40/2003, Rehburg-Loccum 2003, S. 301–319

Kocher, Eva: Instrumente einer Europäisierung des Prozessrechts. Zu den Anforderungen an den kollektiven Rechtsschutz im Antidiskriminierungsrecht, ZEuP 2004, 260–275

Kocher, Eva: Tarifliche Übergangsregelungen im Interesse des Diskriminierungsschutzes. Grenzen der europarechtlichen Zulässigkeit, ZESAR 2011, 265–271

Kocher, Eva: Umfang und Reichweite des Diskriminierungsschutzes im Sozialrecht, SGb 2011, 545

Kocher, Eva: Verfassungsrechtliche Anforderungen an die Umsetzung des Gleichbehandlungsgebots – Zur Neuregelung des § 611 a BGB und Streichung des § 61 b ArbGG, AuR 1998, 221–226

Kocher, Eva: Vom Diskriminierungsverbot zum „Mainstreaming“. Anforderungen an eine Gleichstellungspolitik für die Privatwirtschaft, RdA 2002, 167–173

Kohte, Wolfhard: Der Forstsetzungsanspruch, in: Festschrift Wank, 2014, S. 245–258

Kohte, Wolfhard, Der Beitrag der Betriebsverfassung zur Realisierung des Arbeitszeitrechts, in: Kohte, Wolfhard; Dörner, Hans-Jürgen; Anzinger, Rudolf (Hrsg.), Arbeitsrecht im sozialen Dialog. Festschrift für Hellmut Wissmann zum 65. Geburtstag, München 2005, S. 331–347

Köhler, Matthias: Alternative Beschäftigungsformen am Beispiel Crowdworking, Arbeitswelt 4.0, 2017, S. 61 ff.

König, Doris: Antidiskriminierungsrichtlinien vor der Umsetzung. Gedanken zum Dialog mit den NGOs, ZRP 2003, 315–318

König, Doris: Die Diskriminierungsverbote im Übereinkommen der Vereinten Nationen zur Beseitigung jeder Form der Diskriminierung der Frau (CEDAW), ZESAR 2004, 214–219

König, Doris: Das Verbot der Altersdiskriminierung – ein Diskriminierungsverbot zweiter Klasse?, in: Gaitanides u.a (Hrsg.), Europa und seine Verfassung, FS Zuleeg, Baden-Baden 2006, S. 341–361

König, Doris; Lange, Joachim; Rust, Ursula; Schöpp-Schilling, Hanna-Beate (Hrsg.): Gleiches Recht – gleiche Realität? Welche Instrumente bieten Völkerrecht, Europarecht und nationales Recht für die Gleichstellung von Frauen?, Loccumer Protokolle 71/2003, Rehburg-Loccum 2004

König, Doris: Handlungsbedarf bei der Umsetzung des Altersdiskriminierungsverbots?, ZESAR 2005, 218–224

Körber, Torsten: Grundfreiheiten und Privatrecht, Tübingen 2004

Körner, Marita: Wirksamer Beschäftigtendatenschutz im Lichte der Europäischen Datenschutz-Grundverordnung (DS-GVO), HSI-Schriftenreihe, Frankfurt 2017

Körner, Marita: Der Dialog des EuGH mit den deutschen Arbeitsgerichten, NZA 2001, 1046–1049

Körner, Marita: Europäisches Verbot der Altersdiskriminierung in Beschäftigung und Beruf, NZA 2005, 1395–1398

Körner, Marita: Frauen in die Aufsichtsräte – die skandinavischen Regelungen verbindlicher Teilhabe als Modell für Deutschland, in: Hohmann-Dennhardt, Christine; Körner, Marita; Zimmer, Reingard (Hrsg.), Geschlechtergerechtigkeit. Festschrift für Heide Pfarr, Baden-Baden 2010, S. 218–231.

Kötter, Ute: Anmerkung zu EuGH Rs. C-302/02 – Effing, ZESAR 2005, 436–437

Kohte, Wolfhard: Die Verantwortung für Prävention im Arbeitsleben von Arbeitgebern, Rehabilitationsträgern und Integrationsamt, in: Igl, Gerhard; Welti, Felix; Felix, Dagmar (Hrsg.), Gesundheitliche Prävention im Sozialrecht, Wiesbaden 2003

Kokott, Juliane: Zur Gleichstellung von Mann und Frau – Deutsches Verfassungsrecht und europäisches Gemeinschaftsrecht, NJW 1995, 1049–1057

Kolbe, Sebastian, Anmerkung zu BAG AP § 15 AGG Nr. 19

Kolbe, Sebastian: Fristen für Entschädigungsansprüche des Diskriminierungsopfers, EuZA 2011, 65 ff.

Kolle, Tina; Deinert, Olaf: Liebe ist Privatsache, AuR 2006, 177–184

v. Koppenfels-Spies, Katharina: Schwangerschaft und Schwerbehinderung – zwei weiterhin unbeliebte Fragen im Arbeitsrecht, AuR 2004, 43–47

v. Koppenfels-Spies, Katharina: Der Gleichbehandlungsgrundsatz im Versicherungsrecht, VersR 2004, 1085–1090

Kort, Michael: Schranken des Ausspruchs des Betriebsrats auf Information gem. § 80 BetrVG über Personaldaten der Arbeitnehmer, NZA 2010, 1267–1272

Kort, Michael: Zur Gleichbehandlung im deutschen und europäischen Arbeitsrecht, insbesondere beim Arbeitsentgelt teilzeitbeschäftigter Betriebsratsmitglieder, RdA 1997, 277–284

Korthaus, Hannah: Das neue Antidiskriminierungsrecht, Die Richtlinien 2000/43/EG und 2000/78/EG und die Auswirkungen auf das deutsche Arbeitsrecht, Aachen 2006

Kossak, Jana: Rechtsfolgen eines Verstoßes gegen das Benachteiligungsverbot im allgemeinen Zivilrechtsverkehr, Frankfurt/M. 2009 (zugl., Hamburg, Diss. 2009)

Kossens, Michael; Dopatka, Friedrich Wilhelm (Hrsg.): SGB IX, Rehabilitation und Teilhabe behinderter Menschen mit Behindertengleichstellungsgesetz, 4. Aufl., München 2015

Krebber, Sebastian: Internationales Privatrecht des Kündigungsschutzes bei Arbeitsverhältnissen, Baden-Baden 1999

Krebber, Sebastian: Rechtsfolgen einer Diskriminierung durch gesetzliche und kollektivvertragliche Regelungen, EuZA 2009, 200

Krell, Gertraude; Sieben, Barbara: Diversity Management: Chancengleichheit für alle und auch als Wettbewerbsvorteil, in: Krell, Gertraude (Hrsg.): Chancengleichheit durch Personalpolitik, 6. Aufl., Wiesbaden 2011, S. 155–174.

Krell, Gertraude; Tondorf, Karin: Leistungsabhängige Entgeltdifferenzierung, in: Krell (Hrsg.), Chancengleichheit durch Personalpolitik, 4. Aufl., Wiesbaden 2004

Krieger, Steffen: Diskriminierung bei Beförderungsentscheidungen, in: Festschrift für Jobst-Hubertus Bauer, München 2010, S. 613 ff.

Krimphove, Dieter: Europäisches Arbeitsrecht, 2. Aufl., München 2001

Kühling, Jürgen; Bertelsmann, Klaus: Höchstaltersgrenzen bei der Einstellung von Beamten, NVwZ 2010, 87

Kümmel, Gerhard (Hrsg.): Die Truppe wird bunter: Streitkräfte und Minderheiten, Baden-Baden 2012 (Zitierweise: Kümmel, Die Truppe wird bunter)

Küttner, Wolf-Dieter: Personalbuch 2017, 24. Aufl., München 2017 (Zitierweise: Küttner-Bearbeiter, Stichwort)

Kuhn, Anke; Schwindling, Jan: Eine Chance auf Lohngerechtigkeit?! – Was durch das neue Entgelttransparenzgesetz auf die unternehmerische Praxis zukommt, DB 2017, 785–789

Kummer, Pierre M.: Umsetzungsanforderungen der neuen arbeitsrechtlichen Antidiskriminierungsrichtlinie (RL 2000/78/EG), Frankfurt aM 2003

Kuner, Markus: Altes und neues Urlaubsrecht im TVöD, öAT 2012, 73

Kuras, Gerhard: Verbot der Diskriminierung wegen des Alters. Herausforderung für die Rechtsprechung und Motor für ein europäisches Arbeitsrecht?, Sonderbeilage zu RdA Heft 5/2003, S. 11–21

Lachwitz, Klaus; Schellhorn, Walter; Welti, Felix (Hrsg.): Handkommentar zum SGB IX, Rehabilitation und Teilhabe behinderter Menschen, 3. Aufl., München 2010 (Zitierweise: HK-SGB IX/Bearbeiter)

Ladeur, Karl-Heinz; Augsberg, Ino: Toleranz – Religion – Recht Die Herausforderung des „neutralen“ Staates durch neue Formen von Religiosität in der postmodernen Gesellschaft, Tübingen 2007

Ladiges, Manuel: Die strafrechtliche Garantenpflicht des Vorgesetzten, SR 2013, 29

Langemann, Moritz; Wilking, Felix: Mehr Entgeltgerechtigkeit zwischen Frauen und Männern? – Bundeskabinett beschließt Entwurf des Entgelttransparenzgesetzes, BB 2017, 501–506

Langenfeld, Christine: Die Gleichbehandlung von Mann und Frau im Europäischen Gemeinschaftsrecht, Baden-Baden 1990

Langer, Rose: Zukunftsperspektiven des europäischen Sozialrechts. Koordinierendes Sozialrecht und Gleichbehandlung von Männern und Frauen, in: v. Maydell, Bernd; Schulte, Bernd (Hrsg.), Zukunftsperspektiven des europäischen Sozialrechts, Berlin 1995, S. 25 ff.

Langlois, Philippe: Que faire de l'interdiction de la discrimination selon lâge?, DS 2006, 155–157

Lanquetin, Marie-Thérèse: L'égalité de traitement entre les hommes et les femmes en matière d'emploi et de travail. À propos de la directive 2006/54/CE du 5 juillet 2006 (directive „refonte“), DS 2007, 861–878

Larenz, Karl: Lehrbuch des Schuldrechts, Band I, Allgemeiner Teil, 14. Aufl., München 1987

Laskawy, Dirk Helge; Rehfeld, Eileen: Sozialplanauslegung – Altersdifferenzierung im Sozialplan – gestaffelte Abfindungshöhe, AuR 2009, 361–362

Laskowski, Silke Ruth: Positive Maßnahmen als Option: Integrationsvereinbarungen nach § 83 SGB IX als Lehrbeispiel?, in: Rust ua (Hrsg.), Die Gleichbehandlungsrichtlinien und ihre Umsetzung in Deutschland, Rehburg/Loccum 2003, S. 261–276

Laskowski, Silke Ruth; Welti, Felix: Die Integrationsvereinbarung nach § 83 SGB IX: Modell für die Umsetzung „positiver Maßnahmen“ nach Maßgabe der europäischen Gleichbehandlungsrichtlinien?, ZESAR 2003, 215–222

Laux, Helga; Schlachter, Monika: Teilzeit- und Befristungsgesetz, 2. Aufl., München 2011

Lazear, Edward P.: Why is there mandatory retirement?, Journal of Political Economy 1979, 1261

Le Friant, Martine: Das Prinzip der Nichtdiskriminierung im französischen Recht: Zum Stand der Debatte, Sonderbeilage zu NZA Heft 22/2004, S. 49–59

Le Friant, Martine: Rechtstechniken im Kampf gegen die Diskriminierungen: Die Lage in Frankreich, AuR 2003, 51–56

Leder, Tobias: Das Diskriminierungsverbot wegen einer Behinderung, Berlin 2006

Lehmann, Lukas: Die Höhe des finanziellen Ausgleichs nach § 15 Abs. 1 und 2 AGG unter besonderer Berücksichtigung der Rechtsprechung des EuGH, Konstanz 2010 (zugl. Augsburg, Univ., Diss. 2010)

Leible, Stefan; Schlachter, Monika (Hrsg.): Diskriminierungsschutz durch Privatrecht, München 2006

Lembke, Mark: Die sachgrundlose Befristung von Arbeitsverträgen in der Praxis, NJW 2006, 325–332

Lembke, Ulrike: Menschenrechtliche Diskriminierungsverbote, in: Foljanty, Lena; Lembke, Ulrike (Hrsg.), Feministische Rechtswissenschaft, 2. Aufl., Baden-Baden 2012

Lenz, Carl Otto; Borchardt, Klaus-Dieter (Hrsg.): EU-Verträge. Kommentar, 6. Aufl., Köln 2012

Leuchten, Alexius: Der Einfluss der EG-Richtlinien zur Gleichbehandlung auf das deutsche Arbeitsrecht, NZA 2002, 1254–1261

Liebscher, Doris: Erweiterte Horizonte: Allgemeines Gleichbehandlungsgesetz und europäische Antidiskriminierungsrichtlinien, in: Foljanty, Lena; Lembke, Ulrike (Hrsg.), Feministische Rechtswissenschaft, 2. Aufl., Baden-Baden 2012

Lieske, Steffen: Diskriminierungsschutz und unternehmerische Freiheit, Diss. Berlin 2011

Linde, Godela: Basta! Gegen sexuelle Belästigung am Arbeitsplatz, Köln 2015

Lindner, Josef Franz: Die Ausweitung des Diskriminierungsschutzes durch den EuGH, NJW 2008, 2750–2752

Lindner, Josef Franz: Grundrechtsschutz gegen gemeinschaftsrechtliche Öffnungsklauseln – zugleich ein Beitrag zum Anwendungsbereich der EU-Grundrechte, EuZW 2007, 71–75

Lingemann, Stefan: Diskriminierung in Entgeltsystemen – Ende der Anpassung nach oben?, NZA 2014, 827–829

Lingemann, Stefan; Beck, Charlotte: Auswahlrichtlinie, Altersgruppenbildung und Altersdiskriminierung, NZA 2009, 577

Lingemann, Stefan; Gotham, Meike: AGG – Benachteiligungen wegen des Alters in kollektivrechtlichen Regelungen, NZA 2007, 663

Lingemann, Stefan; Müller, Matthias: Die Auswirkungen des Allgemeinen Gleichbehandlungsgesetzes auf die Arbeitsvertragsgestaltung, BB 2007, 2006

Lingscheid, Anja: Antidiskriminierung im Arbeitsrecht, Berlin 2004

Linsenmaier, Wolfgang: Das Verbot der Diskriminierung wegen des Alters, Sonderbeilage zu RdA Heft 5/2003, S. 22–33

Liu, Shih-Hao: Arbeitsrechtliche Diskriminierung durch Arbeitnehmer, Frankfurt aM 2002

Lobinger, Thomas: Entwicklung, Stand und Perspektiven des europäischen Antidiskriminierungsrechts, Heidelberg 2015

Lobinger, Thomas: Perspektiven der Privatrechtsdogmatik am Beispiel des allgemeinen Gleichbehandlungsrechts, AcP 216 (2016), 28–106

Löwisch, Manfred: Die Auswirkungen der Gleichstellungsrahmenrichtlinie der EG auf die altersspezifischen Regelungen des Kündigungsrechts, FS Schwerdtner, 2004, S. 769–774

Löwisch, Manfred: Kollektivverträge und Allgemeines Gleichbehandlungsgesetz, DB 2006, 1729–1732

Löwisch, Manfred; Becker, Martina: Abschied von der „Angleichung nach oben“, EuZA 2015, 83–91

Looschelders, Dirk: Aktuelle Auswirkungen des EU-Rechts auf das deutsche Versicherungsvertragsrecht unter besonderer Berücksichtigung der geschlechtsspezifischen Tarifierung, VersR 2011, 421–429

Looschelders, Dirk: Diskriminierung und Schutz vor Diskriminierung im Privatrecht, JZ 2012, 105–114

Looschelders, Dirk: Keine unionsrechtliche Pflicht der Mitgliedstaaten zur Gewährung von Strafschadensersatz bei Diskriminierung aufgrund des Geschlechts, GPR 2016, 179–181

Looschelders, Dirk (Hrsg.), Beck Onlinegroßkommentar, AGG, 2017 (Zitierweise: BeckOGK/Bearbeiter)

Lorenz, Egon (Hrsg.): Karlsruher Forum 2002: Schuldrechtsmodernisierung, Karlsruhe 2003

Lorenz, Egon (Hrsg.): Karlsruher Forum 2004: Haftung wegen Diskriminierung nach derzeitigem und zukünftigem Recht, Karlsruhe 2005

Lorenz, Egon: Unisex-Tarife: Aktuelle Erkenntnisse im Lichte juristischer Wertung, VW 2004, 1640–1646

Lorenz, Martin: Gesetz über die Gleichbehandlung von Männern und Frauen am Arbeitsplatz und über die Erhaltung von Ansprüchen bei Betriebsübergang, DB 1980, 1745–1747

Lüderitz, Martin: Altersdiskriminierung durch Altersgrenzen, 2005

Lüke, Gerhard; Wax, Peter (Hrsg.): Münchener Kommentar zur Zivilprozessordnung, 2. Aufl., München 2000 (s. unter Rauscher)

Lunk, Stefan: Allgemeine Gleichbehandlung von Beschäftigten: Anspruch eines GmbH-Geschäftsführers auf Ersatz des Erwerbsschadens wegen Benachteiligung aufgrund Ablehnung seiner erneuten Bewerbung nach Ablauf der befristeten Amtszeit, RdA 2013, 110–115

Lüttringhaus, Jan D.: Europaweit Unisex-Tarife für Versicherungen!, EuZW 2011, 296–300

Lüttringhaus, Jan D.: Grenzüberschreitender Diskriminierungsschutz – Das internationale Privatrecht der Antidiskriminierung, Tübingen 2010

Lyon-Caen, Gérard: Différence de traitement ou discrimination selon lâge, DS 2003, 1047–1050

Mävers, Gunther: Die Mitbestimmung der Arbeitnehmer in der Europäischen Aktiengesellschaft, Baden-Baden 2002

Mager, Ute: Altersdiskriminierung – Eine Untersuchung zu Konzept und Funktionen eines ungewöhnlichen Diskriminierungsverbots, FS Säcker, München 2011, S. 1075

Mahlmann, Matthias: Gleichheitsschutz und Privatautonomie. Probleme und Perspektiven der Umsetzung der Richtlinie 2000/43/EG gegen Diskriminierungen aufgrund von Rasse und ethnischer Herkunft, ZEuS 2002, 407–425

Mahlmann, Matthias: Gerechtigkeitsfragen im Gemeinschaftsrecht, in: Rust, Ursula ua (Hrsg.), Die Gleichbehandlungsrichtlinien der EU und ihre Umsetzung in Deutschland, Loccumer Protokolle Nr. 40/03, Rehburg/Loccum 2003, S. 47–72

Maidowski, Ulrich: Umgekehrte Diskriminierung, Berlin 1989

Maier, Arne: Deutschkenntnisse als Einstellungskriterium – AGG, AuR 2008, 112–113

Maier-Reimer, Georg: Das Allgemeine Gleichbehandlungsgesetz im Zivilrechtsverkehr, NJW 2006, 2577

Maier, Götz A.; Mehlich, Tobias: Das Ende des richterrechtlich entwickelten arbeitsrechtlichen Gleichbehandlungsgrundsatzes?, DB 2007, 110–113

Mallmann, Hartwig: Diversity Management. Personelle Vielfalt in den Betrieben, AiB 2012, 298–302

Mallmann, Hartwig: Gegen HIV/AIDS-Diskriminierung. Schutzmöglichkeiten nach dem AGG, AiB 2008, 212–217

Mangoldt, Hermann v. (Begr.); Klein, Friedrich (fortgeführt); Starck, Christian (Hrsg.). Kommentar zum Grundgesetz, 3 Bände, 6. Aufl., München 2010 (Zitierweise: Bearbeiter, in: v. Mangoldt/Klein/Starck)

Manknell, David: Discrimination on Grounds of Sexual Orientation, Harassment, and Liability for Third Parties, ILJ 32 (2003), 297–309

Maschke, Manuela; Zurholt, Gerburg: Chancengleich und familienfreundlich, 2. Aufl., Frankfurt aM 2013

Maunz, Theodor; Dürig, Günter (Begr.); Herzog, Roman; Papier, Hans-Jürgen; Fabio, Udo di (Hrsg.): Grundgesetz, Loseblatt-Kommentar, Stand: August 2012

Mayer, Christian; Schürnbrand, Jan: Einheitlich oder gespalten? – Zur Auslegung nationalen Rechts bei überschießender Umsetzung von Richtlinien, JZ 2004, 545–552

McInerney, Siobhan: Basis for action against race discrimination in E. U. law, European Law Review 27 (2002), 72–79

McInerney, Siobhan: Equal treatment between persons irrespective of racial or ethnic origine: a comment, European Law Review 25 (2000), 317–323

von Medem, Andreas: Beweis und Vermutung bei diskriminierender Einstellung, NZA 2007, 545

Medicus, Dieter; Petersen, Jens: Bürgerliches Recht, 26. Aufl., München ua 2017

Meenan, Helen: Age Equality after the Employment Directive, MJ 10 (2003), 9–38

Meenan, Helen: Age: The Individual and the Law, Irish Law Times 2002, 154–158 und 170–172

Meinel, Gernod; Heyn, Judith; Herms, Sascha: Allgemeines Gleichbehandlungsgesetz, 2. Aufl., München 2010

Merx, Andreas; Drossou, Olga (Hrsg.): Positive Maßnahmen. Von Antidiskriminierung zu Diversity, Heinrich-Böll-Stiftung, Schriften zur Demokratie, Bd. 24, Berlin 2011, online: http://www.boell.de/downloads/Endf_Positive_Massnahmen.pdf

Messingschlager, Thomas: „Sind Sie schwerbehindert?“ – Das Ende einer (un)beliebten Frage, NZA 2003, 301–305

Metzger, Kathrin: Die Bedeutung des Allgemeinen Gleichbehandlungsgesetzes (AGG) für die Vermietungspraxis der Wohnungswirtschaft, WuM 2007, 47–51

Meyer, Jürgen (Hrsg.): Kommentar zur Charta der Grundrechte der Europäischen Union, 4. Aufl., Baden-Baden 2014

Meyer, Michael: Kündigungsschutz im Kleinbetrieb oder in der Wartezeit nach der Grundrechtecharta?, NZA 2014, 993–998

Meyer-Ladewig, Jens: Konvention zum Schutz der Menschenrechte und Grundfreiheiten, 3. Aufl., Baden-Baden 2011

Mönnich, Ulrike: Unisex: Die EuGH-Entscheidung vom 1.3.2011 und die möglichen Folgen, VersR 2011, 1092–1103

Mohn, Astrid Sybille: Der Gleichheitssatz im Gemeinschaftsrecht: Differenzierungen im europäischen Gemeinschaftsrecht und ihre Vereinbarkeit mit dem Gleichheitssatz, Kehl ua 1990

Mohr, Jochen: Altersdifferenzierungen im Sozialplan nach deutschem und europäischem Recht, RdA 2010, 44

Mohr, Jochen: Anm. zu BAG 22.6.2011 – 8 AZR 48/10 – AP § 3 AGG Nr. 8

Mohr, Jochen: Schutz vor Diskriminierungen im Europäischen Arbeitsrecht. Die Rahmenrichtlinie 2000/78/EG vom 27. November 2000 – Religion, Weltanschauung, Behinderung, Alter oder sexuelle Ausrichtung, Berlin 2004

Mohr, Jochen: Altersdiskriminierung durch Stellenausschreibung für „Young Professionals“?, NZA 2014, 459

Montag, Jerzy: Ausblick auf die kommende Legislaturperiode. Politik für mehr Bürgerrechte, ZRP 2003, 18–20

Montoya Melgar, Alfredo: El Derecho del Trabajo como instrumento de igualdad de mujeres y hombres, in: Casas Baamonde ua (coord.), Las transformaciones del Derecho del Trabajo en el marco de la Constitución espanola, Estudios en Homenaje al Profesor Miguel Rodríguez Pinero y Bravo-Ferrer, Madrid 2006, S. 411–432

Moos, Flemming; Bandehzadeh, Mana; Bodenstedt, Kai: Datenschutzrechtliche Zulässigkeit der Aufbewahrung von Bewerberdaten unter Berücksichtigung des AGG, DB 2007, 1194–1197

Moreau, Marie-Ange: Les justifications des discriminations, DS 2002, 1112–1124

Moreiro González, Carlos J.: Un nuevo marco juridico europeo para la igualdad de trato, ZeuS 2000, 445–464

Müller, Thomas: Alter und Recht, Das menschliche Alter und seine Bedeutung für das Recht unter besonderer Berücksichtigung des europäischen und nationalen Antidiskriminierungsrechts, Europäische Hochschulschriften Reihe II, Bd. 5184, 2011 (Zitierweise: Müller, Alter und Recht)

Müller-Wenner, Dorothee; Winkler, Jürgen: Besondere Regelungen zur Teilhabe schwerbehinderter Menschen – SGB IX, 2. Aufl., München 2011

von Münch, Ingo (Hrsg.): Festschrift für Hans-Jürgen Schlochauer, Berlin New York 1981

von Münch, Ingo; Kunig, Philip: Grundgesetzkommentar in zwei Bänden, 6. Aufl. 2012 (Zitierweise: v. Münch/Kunig-Bearbeiter)

Münchener Handbuch des Gesellschaftsrechts, 3. Aufl., München 2009 (Zitierweise: Bearbeiter, in: Münch. HdB GesR)

Münchener Handbuch zum Arbeitsrecht, 2 Bände, herausgegeben von Richardi, Reinhard; Wlotzke, Otfried; Wissmann, Hellmut; Oetker, Hartmut, 3. Aufl., München 2009 (Zitierweise: MünchArbR-Bearbeiter)

Münchener Kommentar zum BGB, herausgegeben von Säcker, Franz-Jürgen; Rixecker, Roland; Oetker, Hartmut: Band 1, 7. Aufl., München 2015; Band 4, 7. Aufl. München 2016; Band 5, 6. Aufl., München 2013; Band 7, 7. Aufl., München 2017 (Zitierweise: MüKo-Bearbeiter)

Musielak, Hans-Joachim; Ball, Wolfgang: Kommentar zur ZPO, 10. Aufl., München 2013

Nassibi, Ghazaleh: Die Durchsetzung der Ansprüche auf Schaffung behinderungsgerechter Arbeitsbedingungen, NZA 2012, 720–725

Natzel, Ivo: Altersgrenzen als Bestand kollektivvertraglicher Versorgungsregelungen, RdA 2014, 365

Nebe, Katja: Diskriminierungsschutz erwerbstätiger Eltern behinderter Kinder – EuGH stärkt den Schutz vor drittbezogener bzw. sog assoziierter Diskriminierung, in: Deutsche Vereinigung für Rehabilitation, Diskussionsforum A, Diskussionsbeitrag 1/2011 v. 14.1.2011

Nebe, Katja: Zur Verpflichtung des Arbeitgebers, mithilfe angemessener Vorkehrungen behinderten Menschen gleichberechtigte berufliche Teilhabe zu ermöglichen und zur fristgerechten Geltendmachung von Schadensersatzansprüchen – Besprechung des Urteils BAG v. 22.5.2014 – 8 AZR 662/13, RdA 2015, 353–361

Nettesheim, Martin: Diskriminierungsschutz ohne Benachteiligung?, EuZW 2013, 48

Neuhold, Brita; Pirstner, Renate; Ulrich, Sylvia: Menschenrechte – Frauenrechte. Internationale, europarechtliche und innerstaatliche Dimensionen, Innsbruck 2003

Neumann, Dirk; Pahlen, Ronald; Majerski-Pahlen, Monika: Sozialgesetzbuch IX – Rehabilitation und Teilhabe behinderter Menschen, 12. Aufl., München 2010

Neumann, Volker (Hrsg.): Rehabilitation und Teilhabe behinderter Menschen, Handbuch SGB IX, Baden-Baden 2004 (Zitierweise: Neumann/Bearbeiter)

Neuner, Jörg: Die Stellung Körperbehinderter im Privatrecht, NJW 2000, 1822–1833

Neuner, Jörg: Diskriminierungsschutz durch Privatrecht, JZ 2003, 57–66

Nickel, Rainer: Gleichheit und Differenz in der vielfältigen Republik: Plädoyer für ein erweitertes Antidiskriminierungsrecht, Baden-Baden 1999

Nickel, Rainer: Handlungsaufträge zur Bekämpfung von ethnischen Diskriminierungen in der neuen Gleichbehandlungsrichtlinie 2000/43/EG, NJW 2001, 2668–2672

Nicolai, Andrea: Das Allgemeine Gleichbehandlungsgesetz – AGG in der anwaltlichen Praxis, Bonn 2006

Niessen, Jan: Making the Law Work. The Enforcement and Implementation of Anti-Discrimination Legislation, European Journal of Migration and Law 5 (2003), 249–257

Niessen, Jan; Cormack, Janet: Considerations for establishing single equality bodies and integrated equality legislation. Towards the uniform and dynamic implementation of EU anti-discrimination legislation: The role of specialized bodies; Report of the seventh experts´ meeting (17–18 June 2004), National specialized equality bodies in the wake of the EC anti-discrimination directives, S. 20

Nogler, Luca (a cura di): Le Attività Autonome, Torino 2006

Nollert-Borasio, Christiane; Perreng, Martina: Allgemeines Gleichbehandlungsgesetz (AGG), Basiskommentar, 4. Aufl., Frankfurt aM 2015

Novara, Fabian, Bewerberauswahl nach Kundenwünschen?, NZA 2015, 142

Nowak, Manfred: U.N. Covenant on civil and political rights, CCPR-Commentary, Kehl ua 2005

Nussberger, Angelika: Altersgrenzen als Problem des Verfassungsrechts, JZ 2002, 524–532

Oberthür, Nathalie: Das Gesetz zur Förderung der Transparenz von Entgeltstrukturen – ein Beitrag zu mehr Entgeltgerechtigkeit oder bürokratische Riesenkrake?, NJW 2017, 2228–2234

Oberwetter, Christian: Das Allgemeine Gleichbehandlungsgesetz im Bereich der Personaldienstleistungen, BB 2007, 1109

Oberwetter, Christian: Ein Jahr AGG – erste Erfahrungen mit der Rechtsprechung, BB 2007, 1847

Oetker, Hartmut: Ausgewählte Probleme zum Beschwerderecht des Beschäftigten nach § 13 AGG, NZA 2008, 264

OHare, Ursula: Enhancing European Equality Rights: A New Regional Framework, MJ 8 (2001), 133–165

Olbrich, Hanna; Krois, Christopher: Das Verhältnis von „Frauenquote“ und AGG, NZA 2015, 1288

Ölz, Martin: Die Kernarbeitsnormen der Internationalen Arbeitsorganisation im Licht der neuen handelspolitischen „Sozialklausel“ der Europäischen Union, ZIAS 2002, 319–359

Oliver, Hazel: Sexual Orientation Discrimination: Perceptions, Definitions and Genuine Occupational Requirements, ILJ 33 (2004), 1–21

Oppermann, Dagmar: Europäische und nationale Strategien zur Integration behinderter Menschen in den Arbeitsmarkt, ZESAR 2004, 284–291

Oppermann, Dagmar: Sozialschutz im Allgemeinen Gleichbehandlungsgesetz – Zur Umsetzung der europäischen Antidiskriminierungsrichtlinien, ZESAR 2006, 432–437

Oppermann, Thomas; Classen, Claus-Dieter; Nettesheim, Martin: Europarecht. Ein Studienbuch, 7. Aufl., München 2016

Ossenbühl, Fritz: Frauenquoten für Leitungsorgane von Privatunternehmen, NJW 2012, 417–422

Paefgen, Walter: Anm. zu BGH 23.4.2012 – II ZR 163/10 – ZIP 2012, 1296

Pahlen, Ronald: Die Frage nach der Schwerbehinderteneigenschaft vor der Einstellung und Art. 3 Abs. 3 Satz 2 GG, RdA 2001, 143–150

Palandt, Otto (Begr.), BGB, 77. Aufl. 2018 (Zitierweise: Palandt-Bearbeiter)

Pallasch, Ulrich: Benachteiligungsverbote und Vertragsabschlussfreiheit, RdA 2015, 108–114

Pallasch, Ulrich, Homosexualität als Kündigungsgrund, NZA 2013, 1176

Pallasch, Ulrich: Diskriminierungsverbot wegen Schwangerschaft bei der Einstellung, NZA 2007, 306–310

Papier, H.J.; Heidebach, Martin: Die Einführung einer gesetzlichen Frauenquote für die Aufsichtsräte deutscher Unternehmen unter verfassungsrechtlichen Aspekten, ZGR 2011, 305–333

Payandeh, Mehrdad: Rechtlicher Schutz vor rassistischer Diskriminierung, JuS 2015, 695–700

Peers, Steve: Implementing equality? The Directive on long-term resident third-country nationals, Eur. Law Review 29 (2004), 437–460

Peick, Kai Stefan: Darlegungs- und Beweislast nach § 22 Allgemeines Gleichbehandlungsgesetz, Berlin 2009

Pélissier, Jean: Âge et perte demploi, DS 2003, 1061–1066

Pennings, Frans: European Social security Law, 5th ed., Antwerp 2010

Pennings, Frans: Introduction to European Social security Law, 2nd ed., The Hague 1998

Perreng, Martina; Nollert-Borasio, Christiane: Allgemeines Gleichbehandlungsgesetz. Basiskommentar, 3. Aufl., Köln 2011

Perreng, Martina; Nollert-Borasio, Christiane: Das Allgemeine Gleichbehandlungsgesetz. Inhalt der gesetzlichen Regelungen und Konsequenzen für die Praxis, AiB 2006, 459–466

Peter, Gabriele: Gesetzlicher Mindestlohn, Baden-Baden 1995

Peter, Gabriele; Kempen, Otto Ernst; Zachert, Ulrich: Rechtliche und rechtspolitische Aspekte der Sicherung von tariflichen Mindeststandards. Rechtsgutachten für das Ministerium für Wirtschaft und Arbeit des Landes Nordrhein-Westfalen, Düsseldorf 2003

Petri, Bernd; Stähler, Thomas: Menschenrechte und Behinderung, ZESAR 2008, 167–171

Pfarr, Heide: Gesetz zur Durchsetzung der Entgeltgleichheit im Parlament, djbz 2012, 97–101

Pfarr, Heide; Bertelsmann, Klaus: Diskriminierung im Erwerbsleben. Ungleichbehandlungen von Frauen und Männern in der Bundesrepublik Deutschland, Baden-Baden 1989

Pfeiffer, Thomas: Das Internationale Privatrecht der Nichtdiskriminierung, in: Festschrift Schwerdtner, 2004, S. 775–788

Philipp, Otmar: Neue Richtlinie zu Chancengleichheit und Gleichbehandlung, EuZW 2005, 515

Picker, Christian: Der EuGH und der Auskunftsanspruch des abgelehnten Bewerbers – Meisterhaft!, NZA 2012, 641–646

Picker, Eduard: Der negatorische Beseitigungsanspruch, Bonn 1972

Picker, Eduard: Antidiskriminierungsgesetz – Der Anfang vom Ende der Privatautonomie?, JZ 2002, 880–882

Picker, Eduard: Antidiskriminierung als Zivilrechtsprogramm?, JZ 2003, 540–545

Picker, Eduard: Antidiskriminierung im Zivil- und Arbeitsrecht, ZfA 2005, 167

Picker, Eduard: Antidiskriminierungsprogramme im freiheitlichen Privatrecht, in: Lorenz, Egon (Hrsg.): Karlsruher Forum 2004: Haftung wegen Diskriminierung nach derzeitigem und künftigem Recht, Karlsruhe 2005, S. 7–115

Picker, Eduard: Antidiskriminierung und Miete, DWW 2004, 212–214

Piepenstock, Wolfgang: Zur Durchsetzung internationaler Sozialrechte, in: Faber/ Frank (Hrsg.), Demokratie in Staat und Wirtschaft, Festschrift für Ekkehart Stein, Tübingen 2002, S. 377–386

von Platen, Henrike: Schriftliche Stellungnahme in der öffentlichen Anhörung des Ausschusses für Familie, Senioren, Frauen und Jugend des Deutschen Bundestages am 6.3.2017, A-Drs. 18 (13) 107e (Zitierweise: v. Platen, A-Drs. 18 (13) 107g)

Plötscher, Stefan: Der Begriff der Diskriminierung im Europäischen Gemeinschaftsrecht. Zugleich ein Beitrag zur einheitlichen Dogmatik der Grundfreiheiten des EG-Vertrages, Berlin 2003

Porsche, Stefanie: Bedeutung, Auslegung und Realisierung des Konzepts der positiven Maßnahmen nach § 5 AGG im unionsrechtlichen Kontext. Mit vergleichenden Überlegungen zum italienischen Recht, Baden-Baden 2016

Porsche, Stefanie: Von der Exklusion zur Inklusion: Die ausnahmsweise Zulässigkeit der tätigkeitsneutralen Frage nach der (Schwer)Behinderung, §§ 83 SGB IX, 5 AGG, Festschrift für Kohte, Baden-Baden 2012, S. 39

Porsche, Stefanie: Anm. zu EuGH 9.3.2017 – Rs. C-406/15 Milkova, ZESAR 2017, 444-455

Potz, Andrea: Öffentliche Äußerungen eines Unternehmers im Lichte des europäischen Gleichbehandlungsrechts, ZESAR 2008, 495–505

Prehm, Stefanie; Hellenkemper, Dagmar: Eine Bewertung von Frauenquoten aus arbeitsrechtlicher Sicht, NZA 2012, 960–963

Preis, Ulrich; Temming, Felipe: Der EuGH, das BVerfG und der Gesetzgeber – Lehren aus Mangold II, NZA 2010, 185

Preis, Ulrich: Arbeitsrecht. Praxis-Lehrbuch zum Individualarbeitsrecht, 4. Aufl., Köln 2012

Preis, Ulrich: Religiöse Symbole und Arbeitsrecht, in: Muckel (Hrsg.), Kirche und Religion im sozialen Rechtsstaat, FS Rüfner, Berlin 2003, S. 655–680

Preis, Ulrich: Verbot der Altersdiskriminierung als Gemeinschaftsgrundrecht, NZA 2006, 401–410

Preis, Ulrich: Diskriminierungsschutz zwischen EuGH und AGG, ZESAR 2007, 249–256 und 308–315

Preis, Ulrich: Schlangenlinien in der Rechtsprechung des EuGH zur Altersdiskriminierung, NZA 2010, 1323

Preis, Ulrich; Sagan, Adam (Hrsg.), Europäisches Arbeitsrecht, Köln 2015 (Zitierweise: Preis/Sagan/Bearbeiter)

Prütting, Hanns: Beweisrecht und Beweislast im arbeitsgerichtlichen Diskriminierungsprozess, FS 50 Jahre BAG, S. 1311–1326

Prütting, Hanns: Die Beweislast im Arbeitsrecht, RdA 1999, 107–112

Prütting, Hanns: Gegenwartsprobleme der Beweislast: Eine Untersuchung moderner Beweislasttheorien und ihrer Anwendung, insbes. im Arbeitsrecht, München 1983

Prütting, Hanns; Wegen, Gerhard; Weinreich, Gerd (Hrsg.): BGB, Kommentar, 12. Aufl., Neuwied ua 2017 (Zitierweise: PWW/Bearbeiter)

Purnhagen, Kai: Nach dem Ablauf der Übergangsfrist des Unisex-Urteils – Rechtsfolgen für das Versicherungsvertragsrecht, NJW 2013, 113–118

Raasch, Sibylle: Diskriminierungsschutz auf neuen Wegen: Verfahrensbeteiligung und Antidiskriminierungsstelle im Entwurf eines deutschen Antidiskriminierungsgesetzes, ZESAR 2005, 209–217

Rafi, Anusheh: Gleichheit durch Kontrahierungszwang? Einige Gedanken zur Debatte über das Antidiskriminierungsgesetz (BT-Drs. 15/4538), RuP 2005, 218

Raif, Alexander; Ginal, Jens: Entschädigung – geschlechtsbezogene Benachteiligung – Beförderung, AuR 2009, 97

Rath, Michael; Rütz, Eva Maria: Ende der „Ladies Night", der „Ü-30-Parties" und der Partnervermittlung im Internet? – Risiken und Nebenwirkungen des allgemeinen zivilrechtlichen Diskriminierungsverbots der §§ 19, 20 AGG, NJW 2007, 1498–1500

Raulf, Markus: Unisex in der betrieblichen Altersversorgung oder: Nach dem Urteil ist vor dem Urteil, Sonderbeilage zu NZA Heft 3/2012, 88–99

Raulf, Markus; Gunia, Susanne: Zwang zur geschlechtsneutralen Kalkulation in der betrieblichen Altersversorgung?, NZA 2003, 534–540

Rauscher, Thomas (Hrsg.): Münchener Kommentar zur ZPO, 4. Aufl., München 2012 (Zitierweise: MüKo-ZPO-Bearbeiter)

Rebhahn, Robert (Hrsg.): Kommentar zum Gleichbehandlungsgesetz, Wien 2005 (Zitierweise: Rebhahn-Bearbeiter)

Rebmann, Kurt ua, s. Münchener Kommentar zum BGB

Redenius-Hövermann, Julia: Zur Frauenquote im Aufsichtsrat, ZIP 2010, 660

Reich, Norbert: Handelsvertreter-Richtlinie unabdingbar gegenüber Drittlandprinzipal, EuZW 2001, 51–52

Reich, Norbert: „Mangold" und kein Ende – oder doch?, EuZW 2007, 198–199

Reichold, Hermann: Europa und das deutsche kirchliche Arbeitsrecht. Auswirkungen der Antidiskriminierungs-Richtlinie 2000/78/EG auf kirchliche Arbeitsverhältnisse, NZA 2001, 1054–1060

Reichold, Hermann: Sozialgerechtigkeit versus Vertragsgerechtigkeit – arbeitsrechtliche Erfahrungen mit Diskriminierungsregeln, JZ 2004, 384–393

Reichold, Hermann: Der Fall Mangold: Entdeckung eines europäischen Gleichbehandlungsprinzips?, ZESAR 2006, 55–58

Reichold, Hermann: Aktuelle Rechtsprechung des EuGH zum Europäischen Arbeitsrecht, JZ 2006, 549–556

Reichold, Hermann: „Trial and Error": deutsche Probleme bei der Umsetzung der Antidiskriminierungsrichtlinien 2002 bis 2005, ZESAR 2006, 386–391

Reichold, Hermann; Hahn, Oliver; Heinrich, Martin: Neuer Anlauf zur Umsetzung der Antidiskriminierungs-Richtlinien: Plädoyer für ein Artikelgesetz, NZA 2005, 1270–1276

Reinartz, Oliver: Diskriminierende Regelungen in Tarifverträgen – nicht in jedem Einzelfall unwirksam?, öAT 2011, 54

Reiserer, Kerstin; Heß-Emmerich, Ulrike: Der GmbH-Geschäftsführer, 2. Aufl., Heidelberg 2001 (Zitierweise: Reiserer/Heß-Emmerich, Der GmbH-Geschäftsführer)

Rengeling, Hans-Werner; Szczekalla, Peter: Grundrechte in der Europäischen Union. Charta der Grundrechte und Allgemeine Rechtsgrundsätze, Köln Berlin München 2004

Resch, Reinhard: Anmerkung zu EuGH Rs. C-19/02, ZESAR 2005, 341–342

Reufels, Martin; Molle, Karl: Diskriminierungsschutz von Organmitgliedern, NZA-RR 2011, 281

Richardi, Reinhard: Arbeitsrecht in der Kirche, München 1999

Richardi, Reinhard: Neues und Altes – Ein Ariadnefaden durch das Labyrinth des Allgemeinen Gleichbehandlungsgesetzes, NZA 2006, 881–887

Richardi, Reinhard: Der Arbeitsvertrag im Lichte des neuen § 611 a BGB, NZA 2017, 36

Richardi, Reinhard (Hrsg.), bearbeitet von Richardi, Reinhard; Thüsing, Gregor; Annuß, Georg: Betriebsverfassungsgesetz mit Wahlordnung. Kommentar, München 2012

Richardi, Reinhard; Dörner, Hans-Jürgen; Weber, Christoph: Personalvertretungsrecht, Kommentar, 4. Aufl. München 2012 (Zitierweise: Richardi/Dörner/Weber-Bearbeiter)

Richardi, Reinhard; Wlotzke, Otfried; Wißmann, Hellmut; Oetker, Hartmut (Hrsg.): Münchener Handbuch zum Arbeitsrecht, 3. Aufl., München 2009

Richter, Claudia: Benachteiligungen wegen Alter im Erwerbsleben, Diss. Bonn 2010

Rieble, Volker: Entgeltgleichstellung der Frau, RdA 2011, 36

Riesenhuber, Karl: System und Prinzipien des Europäischen Vertragsrechts, Berlin 2003

Riesenhuber, Karl: Kein Fragerecht des Arbeitgebers. Ein Beitrag zum System des Datenschutzes und zur Systematik des BDSG, NZA 2012, 771–776

Riesenhuber, Karl; Franck, Jens-Uwe: Verbot der Geschlechtsdiskriminierung im Europäischen Vertragsrecht, JZ 2004, 529–538

Riesenhuber, Karl; Franck, Jens-Uwe: Das Verbot der Geschlechtsdiskriminierung beim Zugang zu Gütern und Dienstleistungen, EWS 2005, 245

Rivas, Vañó: La Prohibición de Discriminación por Orientación Sexual en la Directiva 2000/78, Temas Laborales No. 59/2001, 193–220

Rixen, Stephan: Rettung für den altersdiskriminierten Vertragsarzt durch den EuGH, ZESAR 2007, 345

Rodriguez Pinero, Miguel: El Derecho del Trabajo y el empleo de la mujer, Relaciones Laborales 8/2006, 1–14

Röder, Gerhard; Arnold, Christian: Geschlechterquoten und Mitbestimmungsrecht – Offene Fragen der Frauenförderung, NZA 2015, 279–285

Röder, Gerhard; Arnold, Christian: Zielvorgaben zur Förderung des Frauenanteils in Führungspositionen, NZA 2015, 1281–1288

Roellecke, Gerd: Keine Freiheit den Feinden der Freiheit!, NJW 1993, 3306–3308

von Roetteken, Torsten: Anmerkung zu BVerwG 15.12.2011 – 2 A 13/10, jurisPR-ArbR 24/2012 Anm. 4

von Roetteken, Torsten: Europarechtliche Weiterentwicklung des Diskriminierungsverbots, PersR 2004, 138 ff.

von Roetteken, Torsten: AGG, Loseblatt, Heidelberg (Stand: 2018)

von Roetteken, Torsten: Unionsrechtliche Aspekte des Schadensersatzes und der Entschädigung bei Diskriminierungen, NZA-RR 2013, 337–346

Rösmann, Peter: Kontrahierungspflichten der Kreditwirtschaft aufgrund von Selbstverpflichtungen und § 21 AGG, Frankfurt/M. 2009 (zugl. Münster, Diss. 2009)

Rothballer, Thomas: Berufliche Anforderungen im AGG, Berlin 2016

Röthel, Anne: Beweislast und Geschlechterdiskriminierung – Zur Umsetzung der Richtlinie 97/80/EG, NJW 1999, 611–615

Röttgen, Klaus: Der zivilrechtliche Schutz vor Diskriminierung und seine verfahrensrechtliche Gewährleistung. Eine Untersuchung unter besonderer Berücksichtigung der Richtlinie 2000/43/EG sowie rechtspolitischer und rechtsvergleichender Aspekte, München 2004

Rottleutner, Hubert; Mahlmann, Matthias: Diskriminierung in Deutschland. Vermutungen und Fakten, Baden-Baden 2011

Rohe, Mathias: Schutz vor Diskriminierung aus religiösen Gründen im europäischen Arbeitsrecht – Segen oder Fluch?, in: Recht der Wirtschaft und Arbeit in Europa, Gedächtnisschrift Wolfgang Blomeyer, Berlin 2004, S. 217–240

Rolfs, Christian: AGG-Hopping, NZA 2016, 586–590

Rolfs, Christian: Allgemeine Gleichbehandlung im Mietrecht, NJW 2007, 1489

Rolfs, Christian: Die Versicherbarkeit der arbeitsrechtlichen Risiken des AGG, VersR 2009, 1001

Rolfs, Christian; Paschke, Derk: Die Pflichten des Arbeitgebers und die Rechte schwerbehinderter Arbeitnehmer nach § 81 SGB IX, BB 2002, 1260–1262

Rolfs, Christian; Wessel, Sandra: Aktuelle Rechtsprechung und Praxisfragen zur Benachteiligung wegen des Geschlechts, NJW 2009, 3329

Rolfs, Christian; Giesen, Richard; Kreikebohm, Ralf; Udsching, Peter (Hrsg.): Beckscher Online Kommentar Arbeitsrecht, Stand 2017 (Zitierweise: BeckOK/Bearbeiter)

Roth, Günter H.; Altmeppen, Holger: GmbHG, 7. Aufl., München 2012 (Zitierweise: Roth/Altmeppen, GmbHG)

Rothgang, Heinz; Höppner, Karin; Borchert, Lars; Becker, Roland; Glaeske, Gerd: Differenzierung privater Krankenversicherungstarife nach Geschlecht, Baden-Baden 2007

Rottleuther, Hubert; Mahlmann, Matthias: Diskriminierung in Deutschland. Vermutungen und Fakten, Baden-Baden 2011

Rudolf, Beate; Mahlmann, Matthias (Hrsg.): Gleichbehandlungsrecht, Baden-Baden 2007 (Zitierweise: Bearbeiter, in: Rudolf/Mahlmann, GlBR)

Rühl, Wolfgang; Schmid, Matthias; Viethen, Hans Peter: Allgemeines Gleichbehandlungsgesetz (AGG), München 2007

Runggaldier, Ulrich: Das neue „Antidiskriminierungsrecht" der EU – Bestandsaufnahme und Kritik, in: Festschrift Peter Doralt, Wien 2004, S. 511–528

Rupp, Hans-Jürgen: Die unmittelbare Benachteiligung nach § 3 Abs. 1 AGG, RdA 2009, 307

Rust, Ursula: Neue Chancen in der Vielfalt der Rechte und der Handelnden?, ZESAR 2004, 199–203

Rust, Ursula: Konsequenzen einer Nichtumsetzung des Richtliniengleichbehandlungsrechts der Europäischen Union, ZESAR 2005, 197–209

Rust, Ursula; Däubler, Wolfgang; Falke, Josef; Lange, Joachim; Plett, Konstanze; Scheiwe, Kirsten; Sieveking, Klaus (Hrsg.): Die Gleichbehandlungsrichtlinien der EU und ihre Umsetzung in Deutschland. Loccumer Protokolle 40/2003, Rehburg-Loccum 2003

Rust, Ursula; Eggert-Weyand, Sabine: Anm. zu EuGH 8.7.2010 – Rs. C-246/09 (Bulicke) – ZESAR 2011, 186

Rust, Ursula; Falke, Josef (Hrsg.): Allgemeines Gleichbehandlungsgesetz mit weiterführenden Vorschriften, Berlin 2007

Sachverständigenkommission zum Zweiten Gleichstellungsbericht der Bundesregierung (2017): Erwerb und Sorgearbeit gemeinsam neu gestalten – Gutachten für den Zweiten Gleichstellungsbericht der Bundesregierung, abrufbar unter www.gleichstellungsbericht.de/gutachten2gleichstellungsbericht.pdf (Zitierweise: SV-Kommission zum 2. Gleichstellungsbericht der BReg, Gutachten)

Säcker, Franz-Jürgen: „Vernunft statt Freiheit!" – Die Tugendrepublik der neuen Jakobiner. Referentenentwurf eines privatrechtlichen Diskriminierungsgesetzes, ZRP 2002, 286–290

Säcker, Franz-Jürgen: Europäische Diskriminierungsverbote und deutsches Zivilrecht, BB-Special 2004, Nr. 6, S. 16–19

Säcker, Franz-Jürgen: Vertragsfreiheit und Schutz vor Diskriminierung, ZeuP 2006, 1–5

Sachs, Michael (Hrsg.): Grundgesetz, 7. Aufl., München 2014

Sacksofsky, Ute: Das Grundrecht auf Gleichberechtigung, 2. Aufl., Baden-Baden 1996

Sacksofsky, Ute: Die Rechtsprechung des Europäischen Gerichtshofs zu Frauenfördermaßnahmen – ein Puzzle aus vier Teilen, RdJB 2002, 193–203

Sacksofsky, Ute: Positive Maßnahmen und Verfassungsrecht, ZESAR 2004, 208–213

Sagan, Adam: Die Sanktion diskriminierender Kündigungen nach dem Allgemeinen Gleichbehandlungsgesetz, NZA 2006, 1257–1260

Savatier, Jean: Conditions de licéité dun licenciement pour port du voile islamique, DS 2004, 354–358

Schäfer, Bernhard; Weiß, Norman: Das Individualbeschwerdeverfahren vor dem UN-Menschenrechtsausschuss, in: König/Lange ua, Loccumer Protokolle 71/2003, S. 97–138

Schäfer, Johannes: Die Verantwortlichkeit des Arbeitgebers für diskriminierendes Verhalten Dritter, Baden-Baden 2013 (zugl. Hannover, Univ., Diss. 2013)

Schaub, Günter (Begr.): Arbeitsrechts-Handbuch, bearbeitet von Koch, Ulrich; Linck, Rüdiger; Treber, Jürgen; Vogelsang, Hinrich, 16. Aufl., München 2016 (Zitierweise: Schaub/Bearbeiter bzw. Schaub/ArbR-HdB oder Schaub/Bearbeiter)

Schaub, Günter: Ist die Frage nach der Schwerbehinderung zulässig?, NZA 2003, 299–301

Schaub, Günter; Schrader, Peter; Straube, Gunnar; Vogelsang, Hinrich: Arbeitsrechtliches Formular- und Verfahrenshandbuch, 10. Aufl., München 2013 (Zitierweise: Schaub/Schrader/Straube/Vogelsang)

Scherf, Manfred: Die Umsetzung des Internationalen Paktes über wirtschaftliche, soziale und kulturelle Rechte vom 19. Dezember 1966 in die Rechtsordnung der Bundesrepublik Deutschland, Frankfurt aM 1990

Scherpe, Jens: Auf dem Weg zur Ehe für gleichgeschlechtliche Paare. Die Rechtsentwicklung im internationalen Vergleich, in: Hirschfeld-Eddy-Stiftung (Hrsg.), Vom Verbot zur Gleichberechtigung. Die Rechtsentwicklung zu Homosexualität und Transsexualität in Deutschland. Festschrift für Manfred Bruns, 2012, S. 82–95

Schiefer, Bernd; Ettwig, Volker; Worzalla, Michael: Ein Jahr Allgemeines Gleichbehandlungsgesetz, DB 2007, 1977–1982

Schiek, Dagmar; Dieball, Heike; Horstkötter, Inge; Seidel, Lore; Vieten, Ulrike M.; Wankel, Sibylle: Frauengleichstellungsgesetze des Bundes und der Länder, 2. Aufl., Frankfurt aM 2002 (Zitierweise: Schiek ua Bearbeiter)

Schiek, Dagmar: Anmerkung zu BAG vom 5.3.1996 – 1 AZR 590/92 (A) – AP Nr. 226 zu Art. 3 GG

Schiek, Dagmar: A New Framework on Equal Treatment of Persons in EC Law?, European Law Journal 8 (2002), 290–314

Schiek, Dagmar: Differenzierte Gerechtigkeit. Differenzierungsschutz und Vertragsrecht, Baden-Baden 2000

Schiek, Dagmar: Diskriminierung wegen „Rasse“ oder „ethnischer Herkunft“ – Probleme der Umsetzung der RL 2000/43/EG im Arbeitsrecht, AuR 2003, 44–51

Schiek, Dagmar: Economic and Social Integration. The Challenge for EU Constitutional Law, Cheltenham 2012

Schiek, Dagmar: Europäisches Arbeitsrecht, 3. Aufl., Baden-Baden 2007

Schiek, Dagmar: Gleichbehandlungsrichtlinien der EU – Umsetzung im deutschen Arbeitsrecht, NZA 2004, 873–884

Schiek, Dagmar: Grundsätzliche Bedeutung der gemeinschaftsrechtlichen Diskriminierungsverbote nach der Entscheidung Mangold, AuR 2006, 145–159

Schiek, Dagmar (Hrsg.): Allgemeines Gleichbehandlungsgesetz (AGG), Ein Kommentar aus europäischer Perspektive, 2007 (Zitierweise: Schiek-Bearbeiter)

Schiek, Dagmar; Horstkötter, Inge: Kündigungsschutz via Diskriminierungsverbot, NZA 1998, 863–868

Schiess Rütimann, Patricia M.: Vertragsverweigerung gegenüber ausländischen Mietinteressenten. Das EU-Recht und das gescheiterte deutsche Antidiskriminierungsgesetz, WuM 2006, 12

Schlachter, Monika: Benachteiligung wegen besonderer Verbindungen statt Zugehörigkeit zu einer benachteiligten Gruppe, RdA 2010, 104–109

Schlachter, Monika: Wege zur Gleichberechtigung. Vergleich des Arbeitsrechts der Bundesrepublik Deutschland und der Vereinigten Staaten, München 1993

Schlachter, Monika: Grundsatz des gleichen Entgelts nach Art. 119 EWG-Vertrag und der Richtlinie 75/117/EWG, in: Oetker/Preis EAS B 4100

Schlachter, Monika: Altersgrenzen angesichts des gemeinschaftsrechtlichen Verbots der Altersdiskriminierung, in: Richardi, Reinhard; Reichold, Hermann (Hrsg.), Altersgrenzen und Alterssicherung im Arbeitsrecht. Wolfgang Blomeyer zum Gedenken, München 2003, S. 355–373

Schlachter, Monika: Richtlinie über die Beweislast bei Diskriminierung, RdA 1998, 321–326

Schlachter, Monika: Gemeinschaftsrechtliche Grenzen der Altersbefristung, RdA 2004, 352–358

Schlachter, Monika: Das Arbeitsrecht im Allgemeinen Gleichbehandlungsgesetz, ZESAR 2006, 391–399

Schlachter, Monika: Mandatory Retirement and Age Discrimination under EU Law, The International Journal of Comparative Labour Law and Industrial Relations 2011, 287 ff.

Schlachter, Monika; Heinig, Hans Michael (Hrsg.): Europäisches Arbeits- und Sozialrecht, Baden-Baden 2016 (Zitierweise: Schlachter/Heinig-Bearbeiter)

Schleusener, Aino: Europarechts- und Grundgesetzwidrigkeit des § 622 II 2 BGB, NZA 2007, 358–361

Schleusener, Aino; Suckow, Jens; Voigt, Burkhard: AGG, Kommentar zum Allgemeinen Gleichbehandlungsgesetz, 4. Aufl., Neuwied 2013

Schleusener, Aino: Diskriminierungsfreie Einstellung zwischen AGG und Frauenförderungsgesetz, NZA-Beilage 2016, 50–56

Schlewing, Anja: Aktuelle Rechtsprechung des BAG zur betrieblichen Altersversorgung unter besonderer Berücksichtigung europäischer Entwicklungen, NZA Beilage 2015, 59

Schliemann, Harald (Hrsg.): Das Arbeitsrecht im BGB, 2. Aufl., Berlin ua 2002

Schmidt, Claudia; Heidemann, Ralf: Punkteschemata bei Sozialauswahl, AiB 2012, 44–46

Schmidt, Ingrid: Lebenspartnerschaftsgesetz und öffentlicher Dienst – Zum Dominoeffekt eines Antidiskriminierungsgesetzes, in: Kohte, Wolfhard; Dörner, Hans-Jürgen; Anzinger, Rudolf (Hrsg.), Arbeitsrecht im sozialen Dialog, Festschrift für Hellmut Wißmann zum 65. Geburtstag, München 2005, S. 80–93

Schmidt, Marlene: Das Arbeitsrecht der Europäischen Gemeinschaft, Baden-Baden 2001

Schmidt, Marlene; Senne, Daniela: Das gemeinschaftsrechtliche Verbot der Altersdiskriminierung und seine Bedeutung für das deutsche Arbeitsrecht, RdA 2002, 80–89

Schmidt, Maximilian: Anmerkung zu BAG 18.6.2015 – 8 AZR 848/13 (A) – ZESAR 2015, 427

Schmidt-De Caluwe, Raimund, „Man soll auch nicht sagen dürfen: Du erhältst keine Arbeitslosenunterstützung, wenn Du nicht schippst, – Die sanktionierte Pflicht zum „Ein-Euro-Job“ als verbotener Arbeitszwang, in: Faber, Ulrich; Feldhoff, Kerstin; Nebe, Katja; Schmidt, Kristina; Waßer, Ursula (Hrsg.): Gesellschaftliche Bewegungen – Recht unter Beobachtung und in Aktion, Festschrift für Wolfhard Kohte, Baden-Baden 2016, S. 791–815

Schmidt-Kessel, Martin: Fremde Erfahrungen mit zivilrechtlichen Diskriminierungsverboten, in: Leible, Stefan; Schlachter, Monika (Hrsg.), Diskriminierungsschutz durch Privatrecht, München 2006, 53–71

Schmidt-Räntsch, Jürgen: Auswirkungen des Allgemeinen Gleichbehandlungsgesetzes auf das Mietrecht, NZM 2007, 6

Schmidt-Räntsch, Jürgen: EG-Diskriminierungsverbote im deutschen Mietrecht, FS Hubert Blank, München 2006, S. 381–396

Schmitt, Jochen: Beschäftigungsanspruch – Schwerbehinderung – Darlegung, Anmerkung zu BAG Urteil vom 10.5.2005, 9 AZR 230/04, RdA 2007, 53

Schmitz-Scholemann, Christoph; Brune, Ulrike, Die Rechtsprechung des Bundesarbeitsgerichts zum Allgemeinen Gleichbehandlungsgesetz – Eine Zwischenbilanz, RdA 2011, 129–142

Schneider-Sievers, Astrid: Gemeinschaftsrechtliche Vorgaben für ein Verbot der Diskriminierung behinderter Menschen in Beschäftigung und Beruf, in: Kohte, Wolfhard; Dörner, Hans-Jürgen; Anzinger, Rudolf (Hrsg.), Arbeitsrecht im sozialen Dialog. Festschrift für Hellmut Wissmann zum 65. Geburtstag, München 2005, S. 588–598

Schöbener, Burkhard; Stork, Florian: Anti-Diskriminierungsregelungen der Europäischen Union im Zivilrecht – zur Bedeutung der Vertragsfreiheit und des Rechts auf Privatleben, ZEuS 2004, 43–82

Schöpp-Schilling, Hanna-Beate: Bedeutung und Auswirkungen des Frauenrechtsübereinkommens, in: Klein (Hrsg.), 20 Jahre Übereinkommen zur Beseitigung jeder Form von Diskriminierung der Frau (CEDAW), Potsdam 2000, S. 13–30

Schöpp-Schilling, Hanna-Beate: Aufgaben und Arbeitsmethoden der UN-Menschenrechtsausschüsse am Beispiel des CEDAW-Ausschusses. Relevanz für CEDAW-Vertragsstaaten und Zivilgesellschaft in Europa, in: König/Lange ua, Loccumer Protokolle 71/2003, S. 37–66

Schöpp-Schilling, Hanna-Beate: Effektivität von Abkommen zum Schutz der Menschenrechte am Beispiel der CEDAW, Die Friedens-Warte 1999, 205–228

Scholten, Ingo: Diskriminierungsschutz im Privatrecht?, Köln ua 2004

Schrader, Peter: Gestaltungsmöglichkeiten des Arbeitgebers nach Inkrafttreten des AGG, DB 2006, 2571

Schrader, Peter; Klagges, Rhea-Christina: Arbeitsrecht und schwerbehinderte Menschen, NZA-RR 2009, 169–176

Schrader, Peter; Schubert, Jens: Das neue AGG. Das Gleichbehandlungsrecht in der anwaltlichen Praxis, 2. Aufl., Baden-Baden 2009

Schrader, Peter; Straube, Gunnar: Ist das AGG international zwingendes (Arbeits-)Recht?, NZA 2007, 184–187

Schramm, Henrik: Ungewisse und diffuse Diskriminierung, Tübingen 2013

Schreier, Michael: Das Allgemeine Gleichbehandlungsgesetz – wirklich ein Eingriff in die Vertragsfreiheit?, KJ 2007, 278–286

Schreier, Michael: Das AGG in der zivilrechtlichen Fallbearbeitung, JuS 2007, 308

Schubert, Claudia: Schadensersatz wegen diskriminierender Entlassung – Keine Pflicht zur Einführung eines Strafschadensersatzes, EuZA 2016, 480–489

Schüppen, Mathias; Walz, Susanne, „Mitbestimmungslücke“ und mangelhafte Berichterstattung über die „Frauenquote“. Auswirkungen auf das Prüfungsergebnis, WPg 22/2015, 1155–1161

Schüren, Peter: Die Abschaffung der Altersgrenzen im öffentlichen Dienst in den USA, ZBR 1983, 223–227

Schüren, Peter: Gestaltungsfreiheit der Tarifvertragsparteien beim sachlichen Grund in § 2 BeschFG 1990, ZTR 1992, 355–359

Schüren, Peter: Ungleichbehandlungen im Arbeitsverhältnis, FS Gnade, Köln 1992, S. 161–171

Schüren, Peter; Hamann, Wolfgang (Hrsg.): Arbeitnehmerüberlassungsgesetz. Kommentar, 4. Aufl., München 2010

Schürnbrand, Jan: Die Grenzen richtlinienkonformer Rechtsfortbildung im Privatrecht, JZ 2007, 910, 918

Schürnbrand, Jan: Auswirkungen des Allgemeinen Gleichbehandlungsgesetzes auf das Recht der Bankgeschäfte, BKR 2007, 305–311

Schütt, Kristina; Wolf, Roland: Das neue Allgemeine Gleichbehandlungsgesetz, 2. Aufl., Berlin 2006

Schulte, Bernd: Die UN-Behindertenrechtskonvention, ZESAR 2012, 69–74 und 112–120

Schulte, Susanne; Dillmann, Franz: Erste Hürden auf der Langstrecke beruflicher Teilhabe: Interdisziplinäre Betrachtung von Eignungstests und Auswahlverfahren für Menschen mit Behinderungen, ZTR 2017, 524 – 528 und 577 - 585

Schwab, Norbert; Weth, Stephan: Arbeitsgerichtsgesetz, 2. Aufl., Köln 2008 (Zitierweise: Bearbeiter, in: Schwab/Weth, ArbGG)

Schwab, Rouven: Diskriminierende Stellenanzeigen durch Personalvermittler, NZA 2007, 178–179

Schwarze, EU-Kommentar, 3. Aufl., Baden-Baden 2012

Schwefer, Patrick: Die Wirksamkeit Allgemeiner Geschäftsbedingungen in Fitness-Verträgen, Münster, Diss. 2002

Schweibert, Ulrike: Alter als Differenzierungskriterium in Sozialplänen, in: Bauer/Beckmann ua (Hrsg.), Arbeitsgemeinschaft Arbeitsrecht im Deutschen Anwaltsverein. Festschrift zum 25-jährigen Bestehen, Bonn 2006, S. 1001–1012

Schwintowski, Hans-Peter: Geschlechtsdiskriminierung durch risikobasierte Versicherungstarife?, VersR 2011, 164–172

Sediq, Caroline: Rentnerbeschäftigung im Lichte des demographischen Wandels, NZA 2009, 524

Seifert, Achim: Arbeitslosengeldanspruch – Ruhen – Sperrzeit bei Verwirklichung der negativen Religions- und Bekenntnisfreiheit – wichtiger Grund – Unwirksamkeit der verhaltensbedingten Kündigung, AuR 2006, 450 f.

Seifert, Achim: Die horizontale Wirkung von Grundrechten. Europarechtliche und rechtsvergleichende Überlegungen, EuZW 2011, 696–701

Simitis, Spiros (Hrsg.): Bundesdatenschutzgesetz, Kommentar, 8. Aufl., Baden-Baden 2014

Skidmore, Paul: Schutz vor Diskriminierungen im englischen Arbeitsrecht, AuR 2005, 360–363

Skidmore, Paul: The European Employment Strategy and labour law: A German case study, Eur. Law Review 29 (2004), 52–73

Simon, Oliver; Greßlin, Martin: AGG: Haftung des Arbeitgebers bei Benachteiligungen durch Beschäftigte und Dritte, BB 2007, 1782

Sodan, Helge: EU-Osterweiterung und sozial Sicherungssysteme, JZ 2002, 53–60

Sodan, Helge: „Unisex-Tarife" – Gleichbehandlung von Männern und Frauen im privatrechtlichen Versicherungswesen, ZVersWiss 2004, 539–556

Sodan, Helge; Ziekow, Jan (Hrsg.): Verwaltungsgerichtsordnung, Kommentar, 4. Aufl., Baden-Baden 2014

Soergel, Theodor (Begr.): Kommentar zum BGB, Band 4/1, 12. Aufl., Stuttgart ua 1998 (Zitierweise: Soergel-Bearbeiter)

Somek, Alexander: Rechtliches Wissen, Frankfurt aM 2006

Spickhoff, Andreas: Medizinrecht, München 2011

Sprafke, Susanne: Diskriminierungsschutz durch Kontrahierungszwang, Vertragsabschlusspflicht aus § 21 AGG im System der Kontrahierungspflichten, Kassel 2013 (zugl. Kassel, Univ., Diss. 2013)

Sprenger, Markus: Aktuelle Tendenzen des EuGH im Diskriminierungsrecht – Rechtsprechung oder Rechtsfortbildung?, BB 2008, 2405–2409

Staeglich, Simone: Rechte und Pflichten aus der Unionsbürgerschaft, ZeuS 2003, 485–531

Stalder, Patricia: Antidiskriminierungsmaßnahmen der Europäischen Gemeinschaft nach Art. 13 EG-Vertrag – unter besonderer Berücksichtigung der Rassismusbekämpfung und des Minderheitenschutzes, Diss. Bonn 2001

Staudinger, Julius v. (Begr.); Annuß, Georg; Richardi, Reinhard: Kommentar zum BGB mit Einführungsgesetz und Nebengesetzen, Vorbem. zu § 611 ff., §§ 611–615, Neubearbeitung 2015, Berlin 2015; §§ 557–580 a, Neubearbeitung 2017; §§ 985-1011, Neubearbeitung 2012 (Zitierweise: Staudinger/Bearbeiter)

Stauf, Wolfgang: Soldatengesetz, Baden-Baden 2012

von Steinau-Steinrück, Robert: Mehr Transparenz bei den Gehältern ab Juli 2017, NJW-Spezial 2017, 306

von Steinau-Steinrück, Robert; Schneider, Volker; Wagner, Tobias: Der Entwurf eines Antidiskriminierungsgesetzes: Ein Beitrag zur Kultur der Antidiskriminierung, NZA 2005, 28–32

Steinheimer, Jörg; Cloppenburg, Sonia: Entgelttransparenzgesetz – Förderung der Lohngerechtigkeit zwischen Männern und Frauen, NWB 2017, 950–953

Steinkühler, Bernhard: Allgemeines Gleichbehandlungsgesetz (AGG), Berlin 2007

Steinmeyer, Heinz-Dietrich: Gleichbehandlung und private und betriebliche Alterssicherung – eine unendliche Geschichte?, NZA 2004, 1257–1261

Stolleis, Michael: Geschichte des Sozialrechts in Deutschland, Stuttgart 2003

Stork, Florian: Das Antidiskriminierungsrecht der Europäischen Union und seine Umsetzung in das deutsche Zivilrecht, Frankfurt aM 2006 (zugl. Köln, Univ., Diss. 2005/2006).

Stork, Florian: Das Gesetz zum Schutz vor Diskriminierungen im Zivilrecht, ZeuS 2005, 1 ff.

Strauß, Brigitte: Schutz vor Diskriminierung durch Privatpersonen im Straf-, Arbeits- und Zivilrecht, Darstellung des französischen Rechts mit Vergleich zum deutschen Recht vor dem Hintergrund der Umsetzung EU-rechtlicher Vorgaben, Frankfurt/M. 2013 (zugl. Kiel, Univ., Diss. 2011)

Streinz, Rudolf: Europarecht, 9. Aufl., Heidelberg ua 2012

Streinz, Rudolf (Hrsg.): EUV/EGV – Vertrag über die Europäische Union und Vertrag zur Gründung der Europäischen Gemeinschaft, 2. Aufl., München 2012

Streinz, Rudolf: Die Auslegung des Gemeinschaftsrechts durch den EuGH, ZEuS 2004, 387–414

Stünker, Joachim: Schwerpunkte der rechtspolitischen Vorhaben in der 15. Legislaturperiode, ZRP 2003, 17–20

Temming, Felipe: Altersdiskriminierung im Arbeitsleben, Diss. München 2008

Temming, Felipe: Diskriminierende Beendigung der Arbeitsverträge von Piloten bei Vollendung des 60. Lebensjahres, EuZA 2012, 206

Temming, Felipe: Unisex-Tarife auf dem verfassungsrechtlichen und europarechtlichen Prüfstand, ZESAR 2005, 72–82

Temming, Felipe: Unisex-Tarife in der betrieblichen Altersversorgung? Zu den Auswirkungen des EuGH-Urteils „Test-Achats“, BetrAV 2012, 391–401

Tettinger, Peter J.; Stern, Klaus: Europäische Grundrechtecharta. Kommentar, München 2006

Thüsing, Gregor: Zulässige Ungleichbehandlung weiblicher und männlicher Arbeitnehmer – Zur Unverzichtbarkeit im Sinne des § 611 a Abs. 1 Satz 2 BGB, RdA 2001, 319–325

Thüsing, Gregor: Anmerkung zu EuGH vom 19.3.2002, C-476/99 – Lommers, DB 2002, 1452–1455

Thüsing, Gregor: Arbeitsrechtlicher Diskriminierungsschutz, Das Allgemeine Gleichbehandlungsgesetz und andere arbeitsrechtliche Benachteiligungsverbote, 2. Aufl., München 2013 (Zitierweise: Thüsing, Arbeitsrechtlicher Diskriminierungsschutz)

Thüsing, Gregor: Gedanken zur Effizienz arbeitsrechtlicher Diskriminierungsverbote, RdA 2003, 257–264

Thüsing, Gregor: Das Arbeitsrecht der Zukunft? – Die deutsche Umsetzung der Antidiskriminierungs-Richtlinien im internationalen Vergleich, Sonderbeilage zu NZA Heft 22/2004, S. 3–16

Thüsing, Gregor: Der Fortschritt des Diskriminierungsschutzes im Europäischen Arbeitsrecht – Anmerkungen zu den Richtlinien 2000/43/EG und 2000/78/EG – ZfA 2001, 397–418

Thüsing, Gregor: Handlungsbedarf im Diskriminierungsrecht. Die Umsetzungserfordernisse aufgrund der Richtlinien 2000/78/EG und 2000/43/EG, NZA 2001, 1061–1064

Thüsing, Gregor: Religion und Kirche im neuen Anti-Diskriminierungsrecht, JZ 2004, 172–179

Thüsing, Gregor: Richtlinienkonforme Auslegung und unmittelbare Geltung von EG-Richtlinien im Anti-Diskriminierungsrecht, NJW 2003, 3441–3449

Thüsing, Gregor: Kleiderordnungen, JZ 2006, 223–230

Thüsing, Gregor: Vom Kopftuch als Angriff auf die Vertragsfreiheit, NJW 2003, 405–407

Thüsing, Gregor ua: Zum Geburtstag: 10 Jahre AGG – 10 Gedanken – 10 Autoren, ZfA 2016, 407–437

Thüsing, Gregor; Lambrich, Thomas: Das Fragerecht des Arbeitgebers – aktuelle Probleme zu einem klassischen Thema, BB 2002, 1146–1153

Thüsing, Gregor; Leder, Tobias: Die Entwicklung des US-amerikanischen Arbeitsrechts in den Jahren 2001, 2002 und 2003, NZA 2004, 1310–1317

Thüsing, Gregor; Pötters, Stephan: Altersdiskriminierung in Besoldungs- und Vergütungssystemen, EuZW 2015, 935

Thüsing, Gregor; Stiebert, Tom: Sanktionen einer verbotenen Diskriminierung: Geklärtes und Ungeklärtes zu § 15 AGG, in: Festschrift v. Hoyningen-Huene, 2014, S. 487–500

Thüsing, Gregor; Wege, Donat: Behinderung und Krankheit bei Einstellung und Entlassung, NZA 2006, 136–139

Thüsing, Gregor; von Hoff, Konrad: Private Versicherungen und das Allgemeine Gleichbehandlungsgesetz, VersR 2007, 1

Thüsing, Gregor und von Hoff, Konrad: Vertragsschluss als Folgenbeseitigung: Kontrahierungszwang im zivilrechtlichen Teil des Allgemeinen Gleichbehandlungsgesetzes, NJW 2007, 21

Tobler, Christa: Indirect Discrimination, Antwerpen Oxford 2005

Tolmein, Oliver: Anmerkung zu LAG Hamm 19.10.2006, Az. 15 Sa 764/06, jurisPR-ArbR 1/2007 Nr. 4

Tomandl, Theodor; Schrammel, Walter (Hrsg.): Arbeitsrechtliche Diskriminierungsverbote, Wien 2005

Tomuschat, Christian: Equality and Non-Discrimination under the International Covenant on Civil and Political Rights, in: von Münch, Ingo (Hrsg.), Festschrift für Hans-Jürgen Schlochauer, Berlin New York 1981, S. 691–716

Tomuschat, Christian: Gleichheit in der Europäischen Union, ZaöRV 68 (2008), 327

Tondorf, Karin: Entgeltgleichheit prüfen – aber mit welchen Instrumenten, in: Hohmann-Dennhardt, Christine; Körner, Marita; Zimmer, Reingard (Hrsg.), Festschrift für Heide Pfarr, Baden-Baden 2010, S. 334–345 (Zitierweise: Tondorf, FS Pfarr)

Treber, Jürgen: Arbeitsrechtliche Neuerungen durch das „Gesetz zur Änderung des Bürgerlichen Gesetzbuchs und des Arbeitsgerichtsgesetzes“, NZA 1998, 856–863

Trechsel, Stefan: Überlegungen zum Verhältnis zwischen Art. 14 EMRK und dem 12. Zusatzprotokoll, in: Wolfrum (Hrsg.), Gleichheit und Nichtdiskriminierung im nationalen und internationalen Menschenrechtsschutz, Berlin Heidelberg New York 2003, S. 119–134

Triebel, Matthias: Bekämpfung von Diskriminierungen nach Artikel 13 EG, ZESAR 2007, 211–216

Uhl, Kathrin: Anwendbarkeit und Rechtsfolgen des § 15 AGG bei diskriminierenden Kündigungen, Hamburg 2016 (zugl. Augsburg, Univ., Diss. 2015)

Tschöpe, Ulrich (Hrsg.): Anwalts-Handbuch Arbeitsrecht, 7. Aufl., Köln 2011 (Zitierweise: Bearbeiter, in: Tschöpe, Anwalts-Handbuch Arbeitsrecht)

Uduak, Archibong: Eine vergleichende Analyse in der Europäischen Union, in Kanada, in den USA und in Südafrika, im Auftrag der Europäischen Kommission, Luxemburg 2009, http://www. ec.europa.eu/social/BlobServlet?docId=2745&langId=de

Ulber, Jürgen (Hrsg.): Arbeitnehmerüberlassungsgesetz. Kommentar, 4. Aufl., Frankfurt aM 2011

Ulber, Jürgen: Die AÜG-Reform: Neuregelung zur Diskriminierung und zum funktionswidrigen Einsatz von Leiharbeitnehmern, AuR 6/2017, 238–241

Ullenboom, Detlef: Toleranz, Respekt und Kollegialität. Betriebs- und Dienstvereinbarungen, Frankfurt aM 2012

Unterkofler, Markus; Krüger, Ralf; Wilsch, Wolfgang; Lang, Kathrin: Gender-Richtlinie – der Nebel lichtet sich, VW 2012, 272–273

Valdés Dal-Ré, Fernando: Libertad religiosa y contrato de trabajo, in: Casas Baamonde; Durán López; Cruz Villalon (coord.): Las Transformaciones del Derecho del Trabajo en el Marco de la Constitución espanola. Estudios en Homenaje al Profesor Miguel Rodriguez-Pinero y Bravo-Ferrer, Madrid 2006, S. 565–613

Vickers, Lucy: Approaching Religious Discrimination at Work: Lessons from Canada, The International Journal of Comparative Labour Law and Industrial relations 20 (2004), 177–200

Vogel, Hans-Jochen: Verfassungsreform und Geschlechterverhältnis. Zur Ergänzung des Art. 3 Abs. 2 GG durch ein Staatsziel Frauenförderung, in: FS Ernst Benda, Heidelberg 1995, S. 359 ff.

Vogt, Vinzent; Kappler, Katrin, „Du kommst hier nicht rein!“ Zur Änderung des Gaststättengesetzes in Bremen und Niedersachsen, KJ 2016, 371–376

Waas, Bernd: Geschlechterquoten für die Besetzung der Leitungsgremien von Unternehmen. Bewertung der aktuellen Entwürfe aus unionsrechtlicher und rechtsvergleichender Sicht, Saarbrücken 2012

Waas, Bernd: Die neue EG-Richtlinie zum Verbot der Diskriminierung aus rassischen oder ethnischen Gründen im Arbeitsverhältnis, ZIP 2000, 2151–2155

Waddington, Lisa; Bell, Mark: More Equal than Others: Distinguishing European Union Equality Directives, CMLR 38 (2001), 587–611

Waddington, Lisa: The Development of a New Generation of Sex Equality Directives, MJ 11 (2004), 3–11

Wahrig, Gerhard: Deutsches Wörterbuch, Gütersloh 2000

Wagner, Gerhard: Prävention und Verhaltenssteuerung durch Privatrecht – Anmaßung oder legitime Aufgabe?, AcP 206 (2006), 352

Wagner, Gerhard; Potsch, Nicolas: Haftung für Diskriminierungsschäden nach dem Allgemeinen Gleichbehandlungsgesetz, JZ 2006, 1085

Walker, Wolf-Dietrich: Anmerkung zu BAG 12.11.1998 – 8 AZR 365/97 – SAE 2000, 64

Waltermann, Raimund: Verbot der Altersdiskriminierung – Richtlinie und Umsetzung, NZA 2005, 1265–1270

Waltermann, Raimund: Altersdiskriminierung und europäisches Gemeinschaftsrecht, ZESAR 2007, 361

Walz, Dieter; Eichen, Klaus; Sohm, Stefan: Soldatengesetz, Kommentar, Heidelberg 2006

Wandt, Manfred: Geschlechtsabhängige Tarifierung in der privaten Krankenversicherung, VersR 2004, 1341–1346

Wank, Rolf: Altersgrenzen in Tarifverträgen nach der EuGH-Rechtsprechung, in: FS Bepler, S. 585

Wank, Rolf: Anm. zu BAG 18.3.2010 – 8 AZR 1044/08 – AP § 15 AGG Nr. 3

Wank, Rolf: Diskriminierung in Europa – die Umsetzung der europäischen Antidiskriminierungsrichtlinien aus deutscher Sicht, Sonderbeilage zu NZA Heft 22/2004, S. 16–26

Wank, Rolf: EG-Diskriminierungsverbote im Arbeitsrecht, in: Kohte, Wolfhard; Dörner, Hans-Jürgen; Anzinger, Rudolf (Hrsg.), Arbeitsrecht im sozialen Dialog, FS Wissmann, München 2005, S. 599–618

Wank, Rolf: Von ungeeigneten Bewerbern und schwangeren Bewerberinnen – oder von der Kunst des „distinguishing“, in: Annuß, Georg; Picker, Eduard; Wissmann, Hellmut (Hrsg.): FS für Reinhard Richardi zum 70. Geburtstag, München 2007, S. 441–459

Waquet, Philippe: Le principe dégalité en droit du travail, DS 2003, 276–282

Wasmuth, Johannes: Zur Verfassungsmäßigkeit der eingetragenen Lebenspartnerschaft, Der Staat 2002, 47–71

Wasmuth, Johannes: Verfassungsrechtliche Notwendigkeit der Rehabilitierung Homosexueller wegen strafrechtlicher Verfolgung durch die bundesdeutsche Justiz, in: Recht im Wandel seines sozialen und technologischen Umfeldes, FS für Manfred Rehbinder, Zürich 2002, S. 777–817

Weber, Claus: Das Verbot altersbedingter Diskriminierung nach der Richtlinie 2000/78/EG – eine neue arbeitsrechtliche Dimension, AuR 2002, 401–405

Weckes, Marion, Beginnender Kulturwandel oder absehbare Stagnation bei 30 %? Die Geschlechterverteilung im Aufsichtsrat der vier Leitindizes, MBF-Report Nr. 21, Hans-Böckler-Stiftung, März 2016, online: www.boeckler.de/pdf/p_mbf_report_2016_21.pdf (23.7.2017)

Weckes, Marion: Geschlechterverteilung in Vorständen und Aufsichtsräten, Düsseldorf 2013

Wege, Donat: Religion im Arbeitsverhältnis. Freiheitsgarantien und Diskriminierungsschutz in Kooperation, Berlin 2007

Weiß, Norman: Für eine bessere Durchsetzung wirtschaftlicher, sozialer und kultureller Menschenrechte – braucht der Sozialpakt ein Fakultativprotokoll?, in: Klein (Hrsg.), MenschenRechtsMagazin. Themenheft 25 Jahre Internationale Menschenrechtspakte, Potsdam 2002, S. 151–160

Wells, Katie: The Impact of the Framework Employment Directive on UK Disability Discrimination law, ILJ 32 (2003), 253–273

Welti, Felix: Das AGG – Behinderungsbegriff und praktische Konsequenzen für das Sozialrecht, Sozialrecht aktuell 2007, 161

Welti, Felix: Das neue SGB IX – Recht der Rehabilitation und Teilhabe behinderter Menschen, NJW 2001, 2210–2215

Welti, Felix: Kommentar: Positive Maßnahmen als Option: Integrationsvereinbarungen nach § 83 SGB IX als Lehrbeispiel?, in: Rust ua (Hrsg.), Die Gleichbehandlungsrichtlinien der EU und ihre Umsetzung in Deutschland, Rehburg-Loccum 2003, S. 277–288

Welti, Felix: Gleichbehandlung behinderter Menschen im Arbeitsleben, ZESAR 2007, 47–48

Welti, Felix: Leistungen zur Teilhabe als Elemente aktivierender Intervention, in SDSRV Bd. 52 (2004), 85

Wenckebach, Johanna: Altersdiskriminierende Kündigung – Altersgruppenbildung, AuR 2008, 70–73

Wenckebach, Johanna: Antidiskriminierungsrechtliche Aspekte des Kündigungsschutzes in Deutschland und England, Baden-Baden 2012 (zugl. Bremen, Univ., Diss. 2012)

Wenckebach, Johanna: Immaterieller Schadensersatz wegen diskriminierender Probezeitkündigung, AuR 2010, 499–504

Wenckebach, Johanna: Was leistet die Antidiskriminierungsstelle des Bundes?, AuR 2008, 340–345

Wendeling-Schröder, Ulrike: Diskriminierung und Privilegierung im Arbeitsleben, in: Bauer, Jobst Hubertus; Boewer, Dietrich (Hrsg.), Festschrift Schwerdtner, 2003, S. 269–287

Wendeling-Schröder, Ulrike: Grund und Grenzen gemeinschaftsrechtlicher Diskriminierungsverbote im Zivil- und Arbeitsrecht, NZA 2004, 1320–1323

Wendeling-Schröder, Ulrike: Neues zum AGG – aktuelle Rechtsprechung, AuR 2015, 49–53

Wendeling-Schröder, Ulrike; Stein, Axel: Allgemeines Gleichbehandlungsgesetz, München 2008 (Zitierweise: Wendeling-Schröder/Stein-Bearbeiter)

Wendt, Stephan; Schäfer, Frank: Kontrahierungszwang nach § 21 I 1 AGG?, JuS 2009, 206

Wernsmann, Rainer: Bindung Privater an Diskriminierungsverbote durch Gemeinschaftsrecht, JZ 2005, 224–233

Westenberger, Stefan: Die Entschädigungs- und Beweislastregelungen des § 611 a BGB im Lichte des deutschen und des europäischen Rechts, Sprockhövel 2001

Whittle, Richard; Bell, Mark: Between social policy and Union citizenship: the Framework Directive on equal treatment in employment, Eur. Law Review 27 (2002), 677–691

Whittle, Richard: The Framework Directive for equal treatment in employment and occupation: an analysis from a disability rights perspective, Eur. Law Review 27 (2002), 303–326

Wichert, Joachim; Zange, Julia: AGG: Suche nach Berufsanfängern in Stellenanzeigen, DB 2007, 970–973

Wiedemann, Herbert: Die Gleichbehandlungsgebote im Arbeitsrecht, Tübingen 2001

Wiedemann, Herbert: Gerechtigkeit durch Gleichbehandlung, in: Oetker ua (Hrsg.), 50 Jahre Bundesarbeitsgericht, München 2004, S. 265–285

Wiedemann, Herbert; Thüsing, Gregor: Der Schutz älterer Arbeitnehmer und die Umsetzung der Richtlinie 2000/78/EG, NZA 2002, 1234–1242

Wiedemann, Herbert; Thüsing, Gregor: Fragen zum Entwurf eines zivilrechtlichen Anti-Diskriminierungsgesetzes, DB 2002, 463–470

Wiese, Günther; Kreutz, Peter; Oetker, Hartmut; Raab, Thomas; Weber, Christoph; Franzen, Martin: Betriebsverfassungsgesetz. Gemeinschaftskommentar, 9. Aufl., München Neuwied 2010 (Zitierweise: GK-Bearbeiter)

Willekens, Harry: Das belgische allgemeine Antidiskriminierungsgesetz und die Umsetzung der EU-Richtlinien 2000/43, 2000/78 und 2002/73: Zwischen politischer Korrektheit und dubioser Wirksamkeit, in: Rust/Däubler ua (Hrsg.), Loccumer Protokolle 40/2003, Rehburg-Loccum 2003, S. 155–176

Willemsen, Heinz-Josef; Sagan, Adam: Die Auswirkungen der europäischen Grundrechtecharta auf das deutsche Arbeitsrecht, NZA 2011, 258–262

Willemsen, Heinz-Josef; Schweibert, Ulrike: Schutz der Beschäftigten im Allgemeinen Gleichbehandlungsgesetz, NJW 2006, 2583–2592

Winter, Regine: Diskriminierungsfreie(re) Entgeltgestaltung – leider immer noch ein Prinzip ohne Praxis in: Hohmann-Dennhardt, Christine; Körner, Marita; Zimmer, Reingard (Hrsg.), Festschrift für Heide Pfarr, Baden-Baden 2010, S. 320–333 (Zitierweise: Winter, FS Pfarr)

Winter, Regine: Mittelbare Diskriminierung bei gleichwertiger Arbeit, ZTR 2001, 7–15

Winter, Regine: Anmerkung zu EuGH Urteil vom 3.10.2006 – C 17/05 „Cadman“, jurisPR-ArbR 45/2006, Anmerkung 1

Wisskirchen, Gerlind: Der Umgang mit dem Allgemeinen Gleichbehandlungsgesetz – Ein „Kochrezept“ für Arbeitgeber, DB 2006, 1491–1499

Wisskirchen, Gerlind; Bissels, Alexander: Das Fragerecht des Arbeitgebers bei Einstellung unter Berücksichtigung des AGG, NZA 2007, 169–174

Wissmann, Timm: Abfindungsbeschränkungen bei Möglichkeit des Bezugs von Altersrente, RdA 2011, 181

Wobst, Felix: Diskriminierungen durch Kunden, Geschäftspartner und verbundene Unternehmen – Das AGG und betriebsfremde Dritte, NZA-RR 2016, 508 ff.

Wöhlermann, Katharina: Die richtlinienkonforme Auslegung im Europäischen Arbeitsrecht. Perspektiven und Barrieren für eine europäische Rechtsmethodik am Beispiel arbeitsrechtlicher Gleichbehandlungsrichtlinien, Stuttgart ua 1998

Wolf, Manfred; Neuner, Jörg: Allgemeiner Teil des Bürgerlichen Rechts, 10. Aufl., München 2012

Wölfl, Thomas: „Vernunft statt Freiheit" – Die Tugendrepublik der neuen Jakobiner, ZRP 2003, 297

Wörgetter, Aloisia: Politische Bemerkungen zum neuen Beschwerderecht für Frauen im Rahmen der VN-Frauenrechtskonvention, in: Klein (Hrsg.), 20 Jahre Übereinkommen zur Beseitigung jeder Form von Diskriminierung der Frau (CEDAW), Potsdam 2000, S. 53–59

Wolf, Elisa Maria: Druckkündigungen mit diskriminierendem Hintergrund, Frankfurt aM 2012 (zugl. Göttingen, Univ., Diss 2010/11)

Wolf, Roland: Unsicherheiten im deutschen Arbeitsrecht: Trotz AGG und alledem, AuA 2007, 26–27

Wolfrum, Rüdiger (Hrsg.): Gleichheit und Nichtdiskriminierung im nationalen und internationalen Menschenrechtsschutz, Berlin Heidelberg New York 2003

Wolmerath, Martin: Mobbing, 4. Aufl., Baden-Baden 2013

Worzalla, Michael: Das neue Allgemeine Gleichbehandlungsgesetz. Neue Vorschriften – Handlungsanweisungen – Muster, Freiburg/Berlin/München 2006

Wrase, Michael: Verfassungsrechtliche Ansatzpunkte für einen Diskriminierungsschutz beim öffentlichen Angebot von Gütern und Dienstleistungen, ZESAR 2005, 229

Wrase, Michael; Baer, Susanne: Unterschiedliche Tarife für Männer und Frauen in der privaten Krankenversicherung – ein Verstoß gegen den Gleichheitssatz des Grundgesetzes?, NJW 2004, 1623–1627

Wulfers, Christian; Hecht, Diana: Altersdiskriminierung durch Tarifbestimmungen – Eine Analyse des TVöD und TV-L, ZTR 2007, 475–483

Wybitul, Tim: Der neue Beschäftigtendatenschutz nach § 26 BDSG und Art. 88 DSGVO, NZA 2017, 413–419

Zange, Julia: Diskriminierung bei Berechnung einer Sozialplanabfindung, NZA 2013, 601

Ziekow, Jan: Möglichkeiten und Grenzen der Verbesserung der Chancen von Personen mit Migrationshintergrund im öffentlichen Dienst, DÖV, 2014, 765–776

Zimmer, Maximilian: Diskriminierung wegen des Geschlechts bei der Einstellung von Arbeitnehmern und Art. 3 Abs. 2 GG, NJW 1994, 1203–1205

Zimmer, Reingard: Das Recht der Internationalen Arbeitsorganisation (§ 5), in: Schlachter, Monika/Heuschmid, Johannes/Ulber, Daniel (Hrsg.), Arbeitsvölkerrecht. Handbuch, Baden-Baden, 2018

Zimmer, Reingard: Wirkungsweise und Implementierung der Standards der Internationalen Arbeitsorganisation in Deutschland, in: Däubler, W./Zimmer, R. (Hrsg.), Arbeitsvölkerrecht, Baden-Baden 2013, S. 29–41

Zimmer, Reingard: Betriebsräte als Akteure der Geschlechtergerechtigkeit, AuR 2014, 88–92

Zimmer, Reingard: Der Grundsatz der Gleichbehandlung in der Leiharbeitsrichtlinie 2008/104/EG und seine Umsetzung ins deutsche Recht, NZA 2013, 289–294

Zimmer, Reingard: Geringfügige Beschäftigung von Frauen – ein prekärer Zustand, in: Hohmann-Dennhardt, Christine; Körner, Marita; Zimmer, Reingard (Hrsg.), Geschlechtergerechtigkeit. Festschrift für Heide Pfarr, Baden-Baden 2010, S. 296–310

Zimmer, Reingard: Entgeltgleichheit und Begrenzung der Flexibilisierung geringfügiger Beschäftigung durch kollektivvertragliche Regelungen, in: WSI-Mitteilungen 1/2012, 50–57

Zimmer, Reingard: Soziale Mindeststandards und ihre Durchsetzungsmechanismen, Baden-Baden 2008

Zöller, Richard; Geimer, Reinhold; Greger, Reinhard: Kommentar zur ZPO, 29. Aufl., Köln 2012

Zöllner, Wolfgang: Altersgrenzen beim Arbeitsverhältnis jetzt und nach Einführung eines Verbots der Altersdiskriminierung, in: Recht der Wirtschaft und Arbeit in Europa, Gedächtnisschrift Wolfgang Blomeyer, Berlin 2004, S. 517–533

Zoppel, Moritz: Europäische Diskriminierungsverbote und Privatrecht, Tübingen 2015 (zugl. Diss. Wien, Univ.)

Zuleeg, Manfred: Der Internationale Pakt über wirtschaftliche, soziale und kulturelle Rechte, RdA 1974, 321–332

Zwanziger, Bertram: Arbeitsrechtliche Standardsituationen und Parteivernehmung, DB 1997, 776–778

Zwanziger, Bertram: Die Neuregelung des Verbots der Geschlechterdiskriminierung im Arbeitsrecht, DB 1998, 1330–1333

Zwanziger, Bertram: Die Neuregelung des Verbots der Benachteiligung wegen Behinderung im AGG, BB 2006, 1741–1745

Zwanziger, Bertram: Rechtliche Rahmenbedingungen für „Ein-Euro-Jobs“, AuR 2004, 8–15

Stichwortverzeichnis

Fette Zahlen bezeichnen die Paragrafen, magere die Randnummern.